中国改革开放新时期年鉴

1992年

中国民主法制出版社
2014·北京

图书在版编目（CIP）数据

中国改革开放新时期年鉴 . 1992 年 / 王振川主编 . — 北京 : 中国民主法制出版社 , 2014.4

ISBN 978-7-5162-0514-3

Ⅰ . ①中…　Ⅱ . ①王…　Ⅲ . ①改革开放—中国—1992—年鉴　Ⅳ . ① D61-54

中国版本图书馆 CIP 数据核字（2014）第 066695 号

图书出品人: 肖启明
图 书 策 划: 刘海涛
责 任 编 辑: 石　松　董　理

书　名 / 中国改革开放新时期年鉴（1992 年）
作　者 / 王振川　主编

出 版 · 发 行 / 中国民主法制出版社
地　址 / 北京市丰台区玉林里 7 号（100069）
电　话 / 63055259（总编室）　63057714（发行部）
传　真 / 63055259
http: //www.npcpub.com
E-mail: mzfz@ npcpub.com
经　销 / 新华书店
开　本 / 16 开　787 毫米 ×1092 毫米
印　张 / 64.5　**字数** / 2250 千字
版　本 / 2014 年 4 月第 1 版　2014 年 4 月第 1 次印刷
印　刷 / 涿州市星河印刷有限公司印刷

书　号 / ISBN 978-7-5162-0514-3
定　价 / 800.00 元

《中国改革开放新时期年鉴》编委会

日期索引

【一月】

【二月】

【三月】

【四月】

【五月】

【六月】

【七月】

【八月】

【九月】

【十月】

【十一月】

【十二月】

1月1日

全国政协举行新年茶话会

上午，党和国家领导人江泽民、李鹏、乔石、田纪云、丁关根、薄一波、宋任穷、杨白冰、温家宝、刘澜涛等同300多位各界人士出席茶话会。

全国政协副主席王任重受全国政协主席李先念的委托主持茶话会。

中共中央总书记江泽民发表讲话。

致公党中央主席董寅初代表各民主党派、无党派民主人士和全国工商联讲话。董寅初说，在新的一年里，要在爱国主义、社会主义旗帜下，更加紧密地团结起来，继续坚持“长期共存，互相监督，肝胆相照，荣辱与共”的方针，为国家的长治久安，为实现祖国和平统一和中华民族的振兴而努力奋斗。

出席茶话会的有全国人大常委会副委员长：彭冲、阿沛·阿旺晋美、赛福鼎·艾则孜、严济慈、荣毅仁、廖汉生、陈慕华、费孝通、孙起孟、雷洁琼；全国政协副主席：方毅、周培源、王光英、赵朴初、屈武、马文瑞、钱学森、钱伟长、胡绳、程思远、钱正英、丁光训；全国政协秘书长：宋德敏；各民主党派、全国工商联负责人：彭清源、李赣骝、何鲁丽、高天、叶笃义、冯之浚、丁石孙、吴修平、万国权、冯梯云、白大华、冯克熙、陈舜礼、葛志成、楚庄、叶至善、陈难先、毛之芬、方荣欣、章师明、田光涛、沈其震、杨纪珂、陆榕树、王宋大、徐采栋、郝诒纯、吴阶平、赵伟之、蔡子民、林盛中、吴克泰、陈仲颐、潘渊静、叶宝珊、孙孚凌、经叔平。

出席茶话会的还有全国人大部分在京常委，全国政协部分在京常委，中央、国家机关、北京市负责人和有关部门负责人，部分国务院参事、中央文史馆员和各界知名人士。

中共中央总书记江泽民在全国政协新年茶话会上发表讲话

各位同志、各位朋友：

在新的一年到来之际，我们大家欢聚一堂。我代表中共中央、国务院、中央军委，向在座各位，向各民主党派和无党派爱国人士祝贺新年。借此机会，向全国各族工人、农民、知识分子和广大干部，向解放军指战员、武警官兵，向台湾同胞、港澳同胞和海外侨胞，向帮助我国进行建设的国际友人，致以亲切的问候，祝新年快乐，工作顺利！

过去的一年，是我国执行十年规划和“八五”计划纲要的头一年，这个头开得不错。这一年里，尽管国际风云变幻，我们坚定不移地走自己的路，以经济建设为中心，坚持四项基本原则，坚持改革开放，取得了新的成绩。安定团结的政治局面进一步得到巩固。经济稳定发展。改革开放迈出较大步伐。我国农业在大灾之年仍然获得较好收成，工业生产稳步增长，市场销售趋向活跃，物价基本稳定，进出口贸易持续扩大，国家外汇储备增加，人民生活继续改善。我们坚持独立自主的和平外交政策，在和平共处五项原则的基础上，积极发展同周边国家、发展中国家和一切友好国家的关系，为国内社会主义现代化建设和改革开放创造了有利的国际环境。取得这些成绩，是不容易的。这是全国各族人民团结奋斗的结果，是各民主党派、无党派爱国人士同中国共产党风雨同舟、和衷共济的结果，充分显示了中华民族的强大凝聚力。

中国共产党十一届三中全会以来，经过十多年的实践，中国各族人民越来越深切地认识到，建设有中国特色的社会主义，这条路我们走对了。在新的一年里，我们要继续全面贯彻执行党的基本路线和各项方针政策，继续认真执行十年规划和“八五”计划纲要，落实去年9月中央工作会议关于搞好国营大中型企业的决策，落实十三届八中全会关于加强农业和农村工作的决定，把经济工作和其他各项工作做得更好，促进国民经济持续稳定协调发展和社会的全面进步。

经过三年来的努力，治理整顿任务已经基本完成。在新的一年里，我们要进一步解放思想，实事求是，积极稳妥地在改革开放方面迈出更大步伐。要以建立适应社会主义有计划商品经济发展的、计划经济和市场调节相结合的经济体制和运行机制为目标，在经济体制改革上做出新的成绩。要围绕调整结构、提高效益，搞好国营大中型企业，重点是深化企业内部改革，特别是转换企业机制。深化农村改革的重点，是继续稳定以家庭联产承包为主的责任制，不断完善统分结合的双层经营体制，积极发展社会化服务体系，逐步壮大集体经济实力。要继续调动农民的积极性，提高农村生产力，通过一部分人、一部分地区先富起来，引导农民逐步实现共同富裕。要继续扩大多方位的对外开放，改善投资环境，促进对外贸易和对外经济技术交流。要精简机构，提高工作效率，转变领导机关作风，深化政治体制改革，发展社会主义民主，健全社会主义法制，巩固和发展安定团结的政治局面。

社会主义制度的自我完善和发展，是我们改革开放的出发点和归宿。我们必须紧紧跟随时代的脚步前进，永远和人民群众在一起，不断地总结人民群众的实践经验，坚持正确的东西，革除弊端，有所创造。中华民族是具有优良传统和独创精神的伟大民族，是善于吸收人类社会进步中一切文明成果的伟大民族，又是经得起任何风浪考验的伟大民族。在社会主义的改革开放中,中华民族必将越来越迸发出蓬勃的生机。

今年第四季度,中国共产党将召开第十四次全国代表大会。党的十四大,对于顺利实现我国现代化建设第二步战略目标,对于进一步巩固和发展我国社会主义事业,具有至关重要的意义,将产生巨大而深远的影响。从各方面做好准备工作,开好这次大会,是今年我国社会政治生活中最重要的事情。坚持和改善中国共产党的领导,加强党的建设,是做好各项工作的根本保证,也是全国各族人民和各民主党派、无党派爱国人士对我们党的厚望。十三届四中全会以来,这方面的工作取得了许多进展。在新的一年里,我们要继续聚精会神地抓好党的建设,进一步提高广大党员执行党的基本路线的自觉性,努力增强党与群众的密切联系,从严治党,严肃党纪,坚持不懈地开展反腐败斗争,纠正不正之风,从各个方面提高党的战斗力。

当前,世界格局正处于新旧交替之中,我们生活的星球并不安宁。无论国际形势怎样复杂多变,我们都将坚持独立自主的和平外交政策,在和平共处五项原则的基础上,同世界一切愿意同我国发展友好关系的国家保持和发展友好合作关系,广交朋友,支持正义事业,维护世界和平,为建立符合世界各国人民利益的国际经济政治新秩序,做出应有的贡献。

中国共产党领导的多党合作和政治协商制度,是我国的基本政治制度。人民政协是我国广泛的爱国统一战线组织,是发扬社会主义民主的重要渠道。中国共产党将继续按照"长期共存,互相监督,肝胆相照,荣辱与共"的方针,加强同各民主党派和无党派爱国人士的亲密合作。我们诚恳地希望人民政协积极履行政治协商、民主监督的职能。在经济建设和改革开放中,在社会主义民主和法制建设中,在社会主义精神文明建设中,以及在执政党的建设中,我们都要认真听取各民主党派、无党派爱国人士和各人民团体、各界人士的意见、建议和批评,做到国家大事大家来出主意、想办法,大家来办,共同为推进我国社会主义现代化建设而奋斗。

各位同志、各位朋友,在新的一年到来的时候,我们深切思念广大的台湾同胞、港澳同胞和海外侨胞,更加感到完成祖国和平统一大业是海峡两岸人民共同的心愿和根本利益所在。现在,我们已经按照"和平统一、一国两制"的方针,解决了香港、澳门在本世纪内回归祖国的问题。我们已经提出:中国共产党和中国国民党派出代表进行接触,以便创造条件,就正式结束两岸敌对状态,早日实现两岸直接三通,双向交流,逐步实现和平统一进行谈判。在商谈中,可以邀请两岸其他政党、团体有代表性的人士参加。希望国民党和我们一道来多做实事。我们再次正告那些热衷于搞"台独"的分裂主义分子,不要错打算盘,玩火自焚。我们坚信,经过海峡两岸人民坚持不懈的共同努力,祖国统一大业一定会早日实现。

"天时人事日相催,冬至阳生春又来。"九十年代已经过去两年了。在新的一年里,让我们再接再厉,同心同德,抓紧时机,埋头苦干,以社会主义现代化建设和改革开放的优异成绩,迎接党的十四大召开!

谢谢大家。

《人民日报》发表社论《在改革开放中稳步发展——元旦献词》

中国友好观光年揭开序幕

外交部发言人就朝鲜北南双方草签无核化宣言答记者问

外交部发言人在北京回答记者提问时说,中国对朝鲜北南双方草签《关于朝鲜半岛无核化共同宣言》表示欢迎。

外交部发言人说,"朝鲜北南双方代表经过协商草签了《关于朝鲜半岛无核化共同宣言》,这是朝鲜北南双方共同努力的结果,我们对此表示欢迎,并希望朝鲜半岛无核化的目标能够早日实现。"

1991年新闻出版10件大事

近日出版的《新闻出版报》评出1991年新闻界、出版界10件大事。

新闻界的10件大事是:《中国新闻工作者职业道德准则》通过并公布;首都20家报纸和全国30家省报编校质量评比;国务院新闻办公室成立;40年来大陆记者第一次踏足台湾;中央电视台开始通过"亚洲1号"卫星转播节目;中国记协与中宣部新闻局表彰抗洪救灾报道中成绩卓著的新闻工作者;《中国的人权状况》白皮书发表;"中国新闻奖"在京颁奖;9名中青年优秀新闻工作者荣获首届范长江新闻奖;新中国成立以来第一次报业经营先进集体、个人表彰大会召开。

该报还评出全国实行书刊印刷定点制度、全国范围内开展整顿压缩音像单位工作等出版界10件大事。

1月2日

广东大亚湾核电站一次并网成功

中国和乌兹别克斯坦在塔什干签署两国建交联合公报

中华人民共和国政府和乌兹别克斯坦共和国政府

根据两国人民的利益和愿望,决定两国自1992年1月2日起建立大使级外交关系。

两国政府同意,在相互尊重主权和领土完整、互不侵犯、互不干涉内政、平等互利、和平共处的原则基础上,发展两国之间的友好合作关系。

乌兹别克斯坦共和国政府承认中华人民共和国政府关于维护中国领土完整的立场,只同作为中国唯一合法政府的中华人民共和国政府建立和保持关系。

中华人民共和国政府支持乌兹别克斯坦共和国政府为维护民族独立、发展经济所做的努力,支持乌兹别克斯坦共和国加入联合国和其他国际组织。

两国政府决定,在塔什干市开设中华人民共和国大使馆,在北京市开设乌兹别克斯坦共和国大使馆,同意在平等互利的基础上,根据国际惯例,互相为对方在其外交代表履行职务方面提供一切必要的协助。

中华人民共和国政府和乌兹别克斯坦共和国政府在塔什干签订经济贸易协定

1月3日

致公党九届四中全会在北京举行

会议深入学习中共中央总书记江泽民"七一"讲话和在全国政协新年茶话会上的讲话,学习中共中央工作会议、中共十三届八中全会文件,着重研究加强致公党自身建设和更好地发挥参政议政、民主监督等问题,总结了致公党一年来的工作,提出今年的工作任务。

会议听取并审议通过董寅初主席代表九届中央常务委员会所作的工作报告。

会议于6日结束。

《人民日报》发表评论员文章《积极推进农村社会化服务体系建设》

全国政协视察团考察三峡工程并提出六项具体建议

全国政协视察团在《关于视察三峡工程情况的报告》中谈到以下6点:

一、希望党中央、国务院对兴建三峡工程及早做出决断,提交全国人民代表大会审议通过,早日上马,争取"八五"期间开始施工准备。鉴于此项工程任务艰巨、复杂,应有一个具有高度权威的坚强的领导机构和一支过得硬的干部职工队伍。

二、做好移民工作是建设三峡工程的重要一环。建议认真总结推广开发性移民试点工作经验,根据实际情况及时修订移民规划。要抓好计划生育工作,落实移民开发资金。要多建投资少、见效快,既能安置移民,又较容易办的小型集体加工企业。适当放宽政策,使安置移民的企业有活力。

三、三峡工程建设要贯彻改革的方针,走具有中国特色的重点工程建设的新路,做到统一管理,政企分开,所有者与经营者分开,搞开发经营性的建设。有关部门要认真总结葛洲坝工程建设、管理、使用的经验教训,为三峡工程所用。

四、自力更生、多门路、多渠道筹集建设资金。三峡工程所需资金要精打细算,周密计划。要防止一拥而上"吃"三峡工程。三峡工程要更多地利用自筹资金,广泛集资,发行爱国公债、三峡工程建设债券,向国外贷款和争取港、澳、台同胞和海外华侨的支持。

五、做好宣传工作。报纸、电视、广播应实事求是地、深入浅出地宣传三峡工程的必要性和可行性,耐心解答疑问,统一认识,增强团结,调动全国各族人民,包括各党派、各团体、各界人士的积极性,支持三峡工程的兴建,进一步振奋民族精神,增强全国人民的凝聚力。

六、三峡工程的建设周期长,防洪预期效益在相当一段时间内难以发挥。长江中下游,特别是湖北、湖南两省,要继续抓紧当前的防洪工作,加快自身防洪、蓄洪工程建设的步伐。同时,还应增加投资,认真做好长江流域尤其是上游干支流域的植树造林、绿化荒山的工作,防止水土流失。

农业部发布《乡镇企业组建和发展企业集团暂行办法》和《乡镇联营企业暂行规定》

中国和哈萨克斯坦代表在阿拉木图签署建交联合公报

中华人民共和国政府和哈萨克斯坦共和国政府根据两国人民的利益和愿望,决定两国自1992年1月3日起建立大使级外交关系。

两国政府同意,在相互尊重主权和领土完整、互不侵犯、互不干涉内政、平等互利、和平共处原则基础上,发展两国之间的友好合作关系。

哈萨克斯坦共和国政府承认中华人民共和国政府是中国的唯一合法政府,台湾是中国领土不可分割的一部分。哈萨克斯坦共和国政府确认不和台湾建立任何形式的官方关系。

中华人民共和国政府支持哈萨克斯坦共和国政府为维护民族独立、发展经济所做的努力。

两国政府同意,在平等互利的基础上,根据国际惯例,互相为对方在其外交代表履行职务方面提供一切必要的协助。

乌兹别克斯坦总统卡里莫夫在塔什干总统府会见由外经贸部部长李岚清和外交部副部长田增佩率领的中国政府代表团

国务院副总理吴学谦在中南海紫光阁会见挪威前首相现议会外委会成员叙瑟

1月4日

全国拥军优属拥政爱民工作领导小组在北京举行第二次全体会议

会议号召全国军民更加广泛深入地开展拥军优属拥政爱民活动，以坚强的军政军民团结为社会主义现代化建设提供重要的政治保证，迎接中国共产党第十四次全国代表大会的召开。

会议总结1991年全国双拥工作情况。会议认为，1991年全国的双拥工作进入了一个新的发展阶段，全国军民认真贯彻落实党中央、国务院、中央军委关于双拥工作的一系列指示，按照江泽民总书记提出的“同呼吸、共命运、心连心”的要求，双拥工作正在向社会化、制度化、经常化方向发展，军政军民团结是历史上最好时期之一。

会议部署1992年全国双拥工作，要求继续深入贯彻落实第一次全国双拥工作会议精神，紧紧围绕促进国家和军队的稳定发展这个主题，充分发挥军政军民团结的政治优势，增强全国军民的凝聚力，形成巩固社会主义制度、促进我国经济和社会全面进步的强大精神力量。

国务委员、全国双拥工作领导小组组长陈俊生在会上说，在新的历史时期，做好拥军优属、拥政爱民工作，是为国家的稳定和发展提供重要的政治保证，其根本目的是要让亿万军民紧密地团结在党的周围，深入贯彻党的“一个中心、两个基本点”的基本路线，同呼吸、共命运、心连心，为建设有中国特色的社会主义而共同奋斗。

会议讨论、通过命名第二批全国双拥模范城（县）的有关问题。

共青团中央下发《中国共产主义青年团基层组织建设纲要》

中国矿藏资源储量居世界第三位探明储量达148种矿种齐全配套

中共中央总书记江泽民在中南海会见日本内阁副首相兼外务大臣渡边美智雄

江泽民说，我们要教育后代注意吸取历史教训，“前事不忘，后事之师。”中日两国发展关系有许多有利条件。双方有着许多共同利益，我们都是同一代人，我们共同努力，发展中日关系，使两国人民世世代代友好，这将是功在当代，利在千秋。江泽民说，中日两国文化传统相近，两国相互了解比较容易。我们对两国关系乃至全球形势都要有长远的眼光。“风物长宜放眼量。”国际形势风云变幻，但中国处理国与国之间关系仍然遵循和平共处五项原则。世界上有各种类型的国家，应该和平相处。中国从来不主张输出自己的价值观念和意识形态。国与国之间的争端，应当和平协商解决，而不应诉诸武力。在谈及中美关系时，江泽民说，中美关系虽然有所停滞，但两国之间的共同利益依然存在，只要两国从共同利益出发，求同存异，特别是尊重对方的价值观念和历史传统，而不是强加于人，中美关系是能够搞好的。

国务院总理李鹏在中南海会见日本内阁副首相兼外务大臣渡边美智雄

中共中央政治局常委宋平在人民大会堂会见由维瓦尔多·巴尔博扎率领的巴西各主要政党众议院党团领袖代表团

国务院副总理朱镕基在中南海紫光阁会见澳大利亚联邦行政会议副主席格雷厄姆·理查森

外交部部长钱其琛在钓鱼台国宾馆同日本外务大臣渡边美智雄会谈

国务委员兼外交部长钱其琛上午在钓鱼台国宾馆同日本国内阁副首相兼外务大臣渡边美智雄举行会谈。两位外长就中日邦交正常化20周年纪念活动和双边关系交换意见，并取得广泛的共识。

关于双边关系，钱其琛说，长期、稳定地发展中日睦邻合作关系，是中国政府的一项基本政策，不会改变。在本世纪的最后10年里，双方应该在中日联合声明和中日和平友好条约的基础上，进一步发展两国的友好合作关系，为21世纪中日友好打下更坚实的基础。在当前复杂多变的国际形势下，中日两国加强在国际事务中的协调与磋商，共同为本地区乃至世界的和平与发展作出贡献，这是我们的责任。

两国外长还就朝鲜半岛局势交换意见，对朝鲜北、南双方最近谈判取得进展、朝鲜半岛形势走向缓和给予高度评价。钱其琛希望日朝建交谈判取得进展，认为这有利于日朝双方，也有利于朝鲜半岛的和平与稳定。他希望有关各方把握住目前的有利时机，通过协商早日实现建立朝鲜半岛无核区的目标。

在谈及柬埔寨形势时，两国外长指出，中日两国都是巴黎协定的签字国，愿意为协定的执行而努力。钱其琛说，为了执行巴黎协定，柬各方应捐弃前嫌，实现民族和解。尽管在执行协定的过程中还会出现这样那样的问题，但按照协定，政治解决柬埔寨问题是大势所趋。

钱其琛向渡边通报了不久前美国国务卿贝克访华的情况，认为访问有助于中美关系的恢复与发展。他表示，只要美国方面切实履行贝克国务卿访华时双方达成的谅解，恪守和平共处五项原则和中美3个联合公报，中美关系一定会得到改善和发展。

两国外长还就原苏联的形势交换了意见。钱其琛说，中国承认原苏联各共和国的独立，与各国建交谈判正在进行中，中国希望前苏联各共和国局势稳定，经济发展。

外交部副部长徐敦信、日本驻中国大使桥本恕等参加会谈。会谈后，钱其琛设午宴款待渡边美智雄。

外经贸部部长李岚清和哈萨克斯坦对外经济关系部部长阿比舍夫在杜尚别签署中哈发展经济贸易关系会谈纪要并就两国互设商务代表处换文

塔吉克斯坦总统纳比耶夫在杜尚别总统府会见由外经贸部部长李岚清外交部副部长田曾佩率领的中国政府代表团

外经贸部部长李岚清在杜尚别同塔吉克斯坦副总理萨马多夫会谈

双方就促进中塔两国的经济贸易关系广泛交换意见。

当天，中国政府特使、副外长田曾佩同塔吉克外交部长卡尤莫夫就两国关系等问题广泛地交换意见并达成共识。

双方一致确认，将继续承担中国同原苏联签订的条约和协议所规定的义务，1989年和1991年中苏联合公报的各项基本原则今后将继续作为发展中塔关系的指导原则。

卡尤莫夫重申塔吉克政府在台湾问题上一贯不变的原则立场，表示中国只有一个政府，即中华人民共和国政府，台湾是中国的一个省，塔吉克将不会同台湾建立任何形式的官方联系。

双方还就建立两国外交关系问题达成协议。

中国政府代表外交部副部长田曾佩和塔吉克斯坦政府代表外交部副部长拉赫马图拉耶夫在杜尚别签署两国建交公报

中华人民共和国政府和塔吉克斯坦共和国政府根据两国人民的利益和愿望以及联合国宪章的原则，决定两国自1992年1月4日起建立大使级外交关系。

两国政府同意，在相互尊重主权和领土完整、互不侵犯、互不干涉内政、平等互利、和平共处的原则基础上，发展两国之间的友好合作关系。

塔吉克斯坦共和国政府承认中华人民共和国政府是中国的唯一合法政府，台湾是中国领土不可分割的一部分。塔吉克斯坦共和国政府确认不和台湾建立任何形式的官方关系。

中华人民共和国政府和塔吉克斯坦共和国政府将促进扩大和加深两国之间的政治、经贸、科技和文化的往来。

中华人民共和国政府和塔吉克斯坦共和国政府主张通过和平谈判解决国际问题和地区冲突。

两国政府同意，在平等互利的基础上，根据国际惯例和维也纳外交关系公约的原则，相互为对方在其外交代表履行职务方面提供一切必要的协助。

哈萨克斯坦总统纳扎尔巴耶夫在阿拉木图总统府会见由外经贸部部长李岚清率领的中国政府代表团

中国政府代表王荩卿和乌克兰政府代表马卡列维奇在基辅签署两国建交公报

中华人民共和国政府和乌克兰政府根据两国人民的利益和愿望，决定自1992年1月4日起建立大使馆级的外交关系。

中华人民共和国政府和乌克兰政府同意，在和平共处、相互尊重主权和领土完整、互不侵犯、互不干涉内政、平等互利及和平解决争端的原则基础上发展两国之间的友好合作关系。

乌克兰政府承认中华人民共和国维护中国领土完整的立场，只同中国的唯一合法政府——中华人民共和国政府建立和保持关系。

中华人民共和国政府尊重乌克兰的领土完整。

两国政府同意，在平等互利的基础上，根据公认的国际法准则互相为对方在其全权代表履行职务方面提供一切必要的协助。

国家教委在北京举行贯彻施行《中华人民共和国未成年人保护法》座谈会

国家教委邀请在北京部分全国人大代表、全国政协委员、有关方面的专家学者、大中小学教育工作者和教育科研人员、儿童工作者举行座谈会，就《中华人民共和国未成年人保护法》的贯彻实施，听取意见。国家教委副主任柳斌对全国中小学贯彻实施《保护法》，提出要保护未成年人受教育的权利；尊重未成年人的人格；保障学生的人身和生命安全；禁止利用教育、教学进行宗教活动；学校要与社会、家庭密切配合，使各项措施得以妥善落实。

1月5日

最高人民法院就宣传贯彻《中华人民共和国未成年人保护法》发出通知

最高人民法院近日发出通知，要求各级人民法院认真学习宣传贯彻《中华人民共和国未成年人保护法》。

通知要求各级人民法院继续贯彻有关会议和文件的精神，积极开展少年刑事审判工作。尚未建立少年法庭的，今年1月要抓紧建立起来，做到未成年人刑事案件全部由少年法庭审理；已建立的少年法庭要巩固已经开创的工作局面。办理未成年人刑事案件，要扎扎实实做好寓教于审、惩教结合的工作，防止形式主义、走过场；要注意研究新情况、新问题，大胆尝试，不断探索，使已有的规定不断完善。还应注意围绕对未成年人被告人如何适用刑法规定，掌握从轻，减轻幅度等问题，进行调查研究，不断总结经验。在聘请特邀陪审员、未成年罪犯的就业就学、未成年罪犯的帮教与改造等方面，要加强与工青妇及教育等部门的协作配合，积极参与社会治安综合治理。

中纪委调查组肯定藁城海兴“两公开一监督”经验

河北省藁城市、海兴县积极推行“两公开、一监督、一约束”制度。中央纪委、河北省纪委、省监察厅联合调查组对这一经验给予了肯定，指出，这一作法对加强党风廉政建设、密切党群关系、维护社会安定、促进经济发展发挥了重要作用。

联合调查组指出，藁城市开始搞“两公开一监督”的目的是为了解决群众反映强烈的不正之风问题。这项制度在河北实践3年来，超出了原来的预想，显示出它的多种功能，得到干部群众的普遍拥护。

——推动了党风廉政建设。藁城市自1988年以后从未发生过截留、倒卖柴油和化肥的事。海兴县过去职工群众反映强烈的招工转干、农转非、招生走后门问题基本杜绝。

——推进了民主建设。海兴县实行这一制度后的两年时间里，共收到群众对发展生产等方面的合理建议836条。

——密切了党群关系。干部在政策、法规内活动，群众对一些较复杂问题能够了解、体谅干部的难处，干群之间架起相互理解的桥梁。两市县干群激化矛盾的恶性事件再没有发生过，集体上访大大减少。

——解决了工作难点。藁城市丽阳镇堤上村乱占宅基地，有的户不交公粮，长期落后。新上任的28岁的党支部书记阎明日与一班人靠“两公开一监督”，两个月解决了几年的疑难问题。180多户盖新房不交旧宅基的全部交了，超计划生育的问题也解决了，堤上村落后变先进。

——促进了经济发展。1990年藁城市进入全省综合经济指标十强县市之一，列第八位，工农业总产值达12.5亿元，比上年增长8.7%。粮食贡献是全省最大的县市之一。海兴县经济发展加快，1990年工农业总产值比上年增长22%，财政总收入比上年增长28.4%。

联合调查组指出，藁城、海兴的经验给我们深刻的启示。实践已经证明并将继续证明，“两公开一监督”制度是新时期改革开放、搞活经济形势下一种抑制不正之风的廉政制度和带有民主性的工作制度。对于一项新的制度，只要认准是正确的，就应该克服困难，大力推行。推行中必须坚持实事求是的原则。在注意发挥制度的作用的同时，还要实行综合治理。

全国部分县、乡(镇)配备科技领导干部

目前全国1200多个县配备了科技副县长，25000多个乡(镇)配备了科技副乡(镇)长，全国每年参加科技兴农的科技人员多达50万人。

《人民日报》发表评论员文章《坚定不移地稳定家庭联产承包为主的责任制》

1991年，我们国家经受了重大考验，政局稳定，社会安定，经济进一步向好的方向发展，其中原因很多，农业和农村的稳定与发展是一个重要的因素。农民占中国人口的绝大多数。农村稳定，全国就稳定。而农村的稳定与发展，又是坚持和稳定以家庭联产承包为主的责任制等一系列基本政策的结果。因此，在党的十三届八中全会上，党中央再次强调了保持农村基本政策长期稳定的重要性。

家庭联产承包为主的责任制是党的农村基本政策中最主要的。它是我国农民在党的领导下的伟大创造，也是农村一项最重要的变革。它的核心就是把集体经济单纯的统一经营改变为统分结合的双层经营，集体不仅保持了土地等基本生产资料的所有权，而且还具有生产服务、协调管理、资源开发、兴办企业、资产积累等统一经营职能；农户向集体实行承包，家庭经营成为集体经济内部的一个重要经营层次。承包以后，“交够了国家的，留够了集体的，剩下都是自己的”，这就极大地调动了广大农民的生产积极性，克服了管理过分集中和分配平均主义等弊端。实行服务配套的双层经营，使集体统一经营和服务的优越性与农户分散经营的积极性都得到充分发挥。正由于我们坚持实行并不断完善以家庭联产承包为主的责任制，10多年来，我国农村才取得了举世公认的成就，解决了11亿人口的温饱问题，为城市改革和社会稳定提供了物质条件和宝贵经验。稳定农村基本政策，最主要的就是要稳定家庭联产承包责任制这一政策。

实践证明，以家庭联产承包为主的责任制不仅适合我国现有生产力水平，符合农民的意愿，而且能够进一步调动农民的社会主义积极性，推动农村经济向现代化迈进。近年来，一些发达地区并没有改变家庭联产承包责任制，而是通过大力发展社会化服务的办法，使多种先进科学技术得到普遍应用，粮食生产跃上亩产1吨的新台阶，土地产出率也大幅度提高，高产高效益农业显露端倪。他们的实践开阔了人们的眼界，使人们更看清了家庭联产承包责任制的巨大潜力。只要认真做好完善工作，它完全能够适应农业现代化的需要。

目前，部分农民中仍不同程度地存在着怕变心理，他们主要是怕家庭联产承包责任制有变。以往的弯路，给农民留下的伤痕太深了；一些地方工作中的偏差，又不断引起农民的猜疑。我们有责任结合社会主义思想教育等活动，向农民兄弟进一步解释清楚。要十分明确地告诉他们，家庭联产承包责任制绝不是权宜之计，它是我们党在长期实践中尊重农民创造的一种必然选择；是我们党要在农村长期坚持稳定的一项基本制度；稳定并不断完善它，也是建设有中国特色社会主义的一项重要内容。家庭联产承包责任制促进了生产的发展，深受农民欢迎，我们绝不会违背经济规律，违反群众意愿，轻易改变它。这一点务请农民兄弟相信、放心，也希望广大农村工作干部特别注意。

当然，稳定不等于绝对地保持现状。应当看到，以家庭联产承包为主的责任制仍有不完善之处，比如在一些地方集体经营的层次还比较弱，影响了家庭经营积极性的发挥和集体经济实力的壮大等等，这需要在实践中不断加以完善，使薄弱的环节得到加强，双层经营体制更加健全。一家一户办不了、办不好或办着不合算的事，有人来帮助办，这不仅不会削弱家庭经营层次，而且更有利于家庭经营积极性的发挥。需要注意的是，在完善中一定要从实际出发，因地制宜，量力而行，一定要充分尊重农民的意愿，尊重经济发展的规律，切忌头脑发热，更不能采取收回承包地、大幅度提高土地承包费等手段来“加强”社会化服务和“壮大”集体经济实力，以免造成不必要的震动。壮大集体经济实力，应多从开辟新的生产领域、开发闲置资源等方面下功夫，家庭联产承包责任制只能加强，不能削弱。总之，要在稳定的前提下完善，完善的目的是保护和进一步调动农民的积极性，是促进以家庭联产承包为主的责任制在更高层次上的稳定与发展。大量事实说明，对这种完善，农民是欢迎的。

国务院调整国务院清产核资领导小组组成人员名单

组　长：王丙乾（国务委员兼财政部部长）

副组长：叶　青（国家计委副主任）

张彦宁（国务院生产办公室副主任）

张佑才（财政部副部长）

周正庆（人民银行副行长）

汤丙午（国有资产局局长）

成　员：（略）

全国人大代表团向全国人大常委会提交出访纳米比亚肯尼亚两国报告

应纳米比亚和肯尼亚议会的邀请，由孙起孟副委员长率领的全国人大代表团于1991年11月27日至12月11日访问了纳米比亚共和国和肯尼亚共和国。

报告说，代表团在出访期间，广泛宣传了我国国内稳定发展的政治经济形势和继续改革开放的大好局面；介绍了我国人民代表大会制度和中国共产党领导的多党合作和政治协商制度；阐述了我国对外政策及对重大国际问题的态度，并就一些共同关心的问题同这两个国家交换了意见，达到了建立联系、增进了解、促进友好合作和国家关系进一步发展的目的，访问是成功的。

报告说，在会见会谈中，代表团着重阐明了我国关于反对霸权主义和强权政治和建立国际新秩序的主张，重申中国独立自主的和平外交政策最基本的内容是和平共处五项原则，其核心是互不干涉内政。不断加强同第三世界国家、包括非洲国家的友谊、团结和合作是我国对外政策的基本点。中国支持非洲国家维护国家主权，排除外来干涉，根据本国国情选择自己的政治制度和发展道路。支持南非人民的正义斗争，欢迎南非发生的积极变化。希望南非各方继续努力，推进和平进程，以建立一个统一、民主和种族平等的新南非。

纳米比亚领导人在谈话中感谢中国在纳米比亚争取独立斗争时期提供的政治、军事、外交和物质支持。肯尼亚总统莫伊说，肯、中两国人民一直是很好的朋友，两国关系一直非常密切。

报告说，战后几十年完成了非殖民化的非洲已有五十三个国家，在联合国和国际政治舞台上有着举足轻重的地位。然而多数国家经济上发展仍十分缓慢，困难十分严重。由于我国在非洲地区贯彻执行了正确的外交政策和援外方针，有很高的威望。在争取建立国际政治、经济新秩序的斗争中，非洲国家与我国有着许多共同语言。报告建议，今后，要根据非洲各国不断变化的具体情况，不失时机地多做工作，以利于切实贯彻我独立自主的和平外交政策，在国际事务中发挥我国应起的作用。

中华人民共和国政府代表田曾佩和吉尔吉斯斯坦共和国政府代表伊马纳利耶夫在比什凯克签署两国建交公报

中华人民共和国政府和吉尔吉斯斯坦共和国政府根据两国人民的利益和愿望，决定两国自 1992 年 1 月 5 日起建立大使级外交关系。

两国政府同意，在相互尊重主权和领土完整、互不侵犯、互不干涉内政、平等互利、和平共处的原则基础上，发展两国之间的友好合作关系。

吉尔吉斯斯坦共和国政府承认中华人民共和国政府是中国的唯一合法政府，台湾是中国领土不可分割的一部分。吉尔吉斯斯坦共和国政府确认不和台湾建立任何形式的官方关系。

中华人民共和国政府支持吉尔吉斯斯坦共和国政府维护民族独立、发展经济所做的努力。

两国政府同意，在平等互利的基础上，根据国际惯例，互相为对方在其外交代表履行职务方面提供一切必要的协助。

国务院副总理吴学谦在钓鱼台国宾馆会见日本外务大臣渡边美智雄

外经贸部部长李岚清和塔吉克斯坦对外经济联络部长米尔佐耶夫签署中塔两国政府经济贸易协定并就两国互设代表处换文

中国乒乓球协会名誉主席李瑞环在北京接见获得世界杯乒乓球赛男女团体冠军的中国选手

1月6日

中共中央政治局常委李鹏在中南海紫光阁会见由维尔瓦多·巴尔博扎率领的巴西各主要政党众议院党团领袖代表团

国务院在北京召开全国经济体制改革工作会议

国务院总理李鹏主持会议并讲话。姚依林、吴学谦、邹家华、朱镕基、王丙乾、宋健、李贵鲜等出席会议。

全国经济体制改革工作会议是继全国计划会议、全国财政工作会议和全国企业技术进步工作会议后的第四个重要会议。它的主要议题是：贯彻落实去年 9 月中央工作会议和党的十三届八中全会精神，以促进经济结构调整、提高经济效益为目标，继续探索计划经济与市场调节相结合的具体途径，以搞好国营大中型企业、转换企业经营机制、把企业推向市场为重点，讨论深化经济体制改革的有关重要问题，部署今年的各项改革工作。

国家经济体制改革委员会主任陈锦华在会议上作了题为《以转换企业经营机制为重点，进一步深化经济体制改革》的讲话。党中央和国务院对经济体制改革工作十分重视和关心。为开好这次会议，国务院领导人专门听取了会议准备情况的汇报，并对今年经济体制改革的指导思想、重点等一系列问题作了重要指示。各省、自治区、直辖市及计划单列市主管经济体制改革工作的领导人、经济体制改革部门负责人和国务院有关部门的负责人参加了会议。

国务院关于下达十年规划和“八五”计划分地区人口指标的通知

各省、自治区、直辖市人民政府：

国务院同意国家计委、国家计生委编制的《十年规划和“八五”计划分地区人口指标》，现将这个控制指标发给你们，请按此执行。

九十年代是我国社会主义现代化建设历史进程中非常重要的时期，也是我国控制人口增长的关键时期。各级政府要严格按照《中共中央、国务院关于加强计划生育工作严格控制人口增长的决定》(中发〔1991〕9 号)精神，加强对计划生育工作的领导，努力工作，实现十年规划和“八五”计划人口控制目标。

国务院

一九九二年一月六日

十年规划和“八五”计划分地区人口指标

一、总人口(万人)

地区	1990 年末	1995 年末	2000 年末
全国	114333	122700	129400
北京市	1086	1159	1210
天津市	884	960	990
河北省	6159	6585	6910
山西省	2899	3108	3280
内蒙古	2163	2313	2452
辽宁省	3967	4185	4400

吉林省	2483	2650	2780
黑龙江	3543	3790	3990
上海市	1337	1390	1423
江苏省	6767	7200	7480
浙江省	4168	4390	4558
安徽省	5675	6152	6500
福建省	3037	3300	3515
江西省	3810	4112	4395
山东省	8493	9040	9480
河南省	8649	9330	9800
湖北省	5439	5840	6130
湖南省	6128	6580	6900
广东省	6346	6875	7305
广　西	4261	4595	4900
海南省	663	731	790
四川省	10813	11529	12129
贵州省	3268	3565	3850
云南省	3731	4051	4353
西　藏	222	245	270
陕西省	3316	3575	3765
甘肃省	2255	2430	2580
青海省	448	489	525
宁　夏	470	517	570
新　疆	1529	1690	1845

二、增加人数和年均增长率

地区	增加人数(万人)		年均增长率(‰)	
	"八五"	十年	"八五"	十年
全国	8367	15067	14.23	12.46
北京市	73	124	13.1	10.87
天津市	76	106	16.63	11.39
河北省	426	751	13.47	11.57
山西省	209	381	14.02	12.42
内蒙古	150	289	13.5	12.62
辽宁省	218	433	10.76	10.41
吉林省	167	297	13.1	11.36
黑龙江	247	447	13.57	11.95
上海市	53	86	7.81	6.25
江苏省	433	713	12.48	10.07
浙江省	222	390	10.43	8.98
安徽省	477	825	16.27	13.67
福建省	263	478	16.75	14.72
江西省	302	585	15.37	14.39
山东省	547	987	12.56	11.05
河南省	681	1151	15.27	12.57
湖北省	401	691	14.33	12.03
湖南省	452	772	14.34	11.94
广东省	529	959	16.14	14.17
广　西	334	639	15.21	14.07
海南省	68	127	19.72	17.68
四川省	716	1316	12.91	11.55
贵州省	297	582	17.55	16.52
云南省	320	622	16.59	15.54
西　藏	23	48	19.91	19.77
陕西省	259	449	15.15	12.78
甘肃省	175	325	15.06	13.55
青海省	41	77	17.67	15.99
宁　夏	47	100	19.24	19.48
新　疆	161	316	20.22	18.96

全国乡镇企业家表彰会和全国乡镇企业工作会议在北京召开

中国政府代表外交部副部长田曾佩和土库曼斯坦政府代表外交部部长库利耶夫在阿什哈巴德签署两国建交公报

中华人民共和国政府和土库曼斯坦政府根据两国人民的利益和愿望，决定两国自 1992 年 1 月 6 日起建立大使级外交关系。

两国政府同意，在相互尊重主权和领土完整、互不侵犯、互不干涉内政、平等互利、和平共处的原则基础上，发展两国之间的友好合作关系。

双方重申，中华人民共和国政府是中国的唯一合法政府，台湾是中华人民共和国领土不可分割的一部分。

中华人民共和国政府反对同其有外交关系的国家和台湾建立任何形式的官方关系。土库曼斯坦政府支持中华人民共和国的这一立场。

中华人民共和国政府支持土库曼斯坦政府维护民族独立、发展经济所做的努力。

两国政府同意，在平等互利的基础上，根据国际惯例，互相为对方在其外交代表履行职务方面提供一切必要的协助。

吉尔吉斯斯坦共和国总统阿卡耶夫在比什凯克总统府会见由对外经济贸易部部长李岚清和外交部副部长田曾佩率领的中国政府代表团

中华人民共和国政府和吉尔吉斯斯坦共和国政府

在比什凯克签订经济贸易协定

中国基督教全国会议在北京结束

会议决定继续坚持“三自”(自治、自养、自传)原则,进一步办好中国的基督教会;并号召全国基督教信徒不断提高爱国主义觉悟,在党的领导下,同全国人民一道,更好地投入建设有中国特色的社会主义事业中去。

会议选举了丁光训为新一届的中国基督教三自爱国运动委员会主席和中国基督教协会会长。

周恩来纪念馆在江苏淮安落成

邓小平为周恩来纪念馆题写馆名。江泽民、杨尚昆、李鹏、李先念等为纪念馆题词。江泽民的题词是:“学习周恩来同志的高尚品德,全心全意为人民服务”;杨尚昆的题词是:“人民的好总理周恩来”;李鹏的题词是:“学习周恩来同志对革命事业无限忠诚,对人民无限热爱的崇高品德”;李先念的题词是:“学习周恩来同志,全心全意为人民服务”。

中共中央政治局委员、国务委员李铁映为纪念馆落成剪彩。

周恩来纪念馆坐落在淮安市桃花垠,分为主馆、附馆和其他附属设施三个部分。

陈毅铜像在北京中国棋院落成

1月7日

国家主席杨尚昆在新加坡总统黄金辉于总统府国家宫举行的欢迎宴会上发表讲话

新加坡总理吴作栋到总统府国家宫拜会国家主席杨尚昆

拜会时,吴作栋总理还向杨主席通报了美国总统布什访问新加坡的情况,杨主席也向吴作栋总理通报了日本外相渡边访华的情况。

国务院在中南海举行党外人士座谈会

国务院总理李鹏在座谈会上说,1991 年,国务院在以江泽民同志为核心的党中央领导下,认真执行全国人大审议通过的国民经济和社会发展计划。工作中也得到了全国政协和各民主党派的支持。他说,在过去的一年里,国务院认真、积极地贯彻执行了邓小平同志倡导的党的基本路线,这就是以经济建设为中心、坚持四项基本原则、坚持改革开放,各项工作都取得了明显的或一定的成就。

李鹏在谈到今年的工作时提出,1992 年国民经济的任务是,进一步深化改革,扩大开放,在巩固和发展治理整顿成果和坚持总量平衡的基础上,把经济工作转移到调整经济结构、提高效益的轨道上来,保持国民经济持续、稳定、协调地发展。

李鹏强调,1992 年要重点做好六个方面的工作:要继续努力,为经济建设创造一个和平的国际环境和国内安定团结的政治局面;经济建设要保持持续、稳定、协调地发展;要进一步深化改革;要进一步扩大对外开放;教育、科技、文化、新闻等部门的工作都应有相应的发展和进步;国务院及其所属部委,在反腐败斗争和廉政建设中起表率作用。

李鹏在谈到当前形势时说,现在,中国政治稳定,经济发展,社会安定,全国人民正满怀信心地走有中国特色的社会主义道路,社会主义旗帜将永远在我们 960 万平方公里的土地上高高飘扬。经过治理整顿,我国经济运行的客观条件是比较好的,只要政策、措施得当,今年经济可望保持稳定发展的好势头,并将进一步向好的方向发展。

李鹏最后说,国务院作为国家最高行政机关,将继续接受全国人大、全国政协和人民群众的监督。他希望各民主党派和无党派爱国人士多提意见和建议,以便把国务院的工作做得更好。

全国工商联主席荣毅仁、民盟中央主席费孝通、民建中央主席孙起孟、全国工商联副主席王光英、农工党中央主席卢嘉锡、致公党中央副主席杨纪珂等,先后在会上发言。他们在发言中充分肯定了 1991 年的工作和取得的成绩。他们表示,在新的一年里,要继续支持国务院的工作,为实现我国第二个战略目标献计献策,以优异成绩迎接中共十四大的召开。他们在发言中,还就进一步做好 1992 年的工作,特别是对发展经济,深化改革,提高效益,搞好大中型企业,发展科技教育兴农,发挥中心城市的作用,重视乡镇企业的发展,以及地区间经济发展不平衡,建设项目投资方式,大江大河的治理与开发等问题,提出了一些建设性意见。他们希望国务院继续支持和帮助各民主党派和工商联的工作,使他们在经济建设中发挥更大的作用。

出席座谈会的各民主党派、全国工商联负责人和无党派人士还有屈武、雷洁琼、董寅初、严济慈、蔡子民、阿沛·阿旺晋美、程思远等。

国务院副总理姚依林、田纪云、邹家华、朱镕基、国务委员王丙乾、宋健、李贵鲜,出席会议。

中共中央政治局候补委员、书记处书记、中央统战部部长丁关根,以及中央统战部等有关方面负责人也出席会议。

《纪念陈毅》大型图册出版发行座谈会在人民大会堂举行

全国高级法院院长会议在北京召开

最高人民法院院长任建新在会议上部署 1992 年工作。

任建新向各省、自治区、直辖市高级法院院长、军事法院院长以及计划单列市、各省会市、铁路中级法院院长传达江泽民总书记、李鹏总理对这次会议所作的重要指示。

全国各级人民法院去年紧紧围绕经济建设这个中心,开展审判工作,为保障国家和社会稳定,促进国民经济的发展作出了积极的努力。据统计,1991 年 1 至 11 月,共审结各类一审案件 247 万余件,其中刑事案件 36 万余件,经济纠纷案件 47 万余件(诉讼标的总金额达 229 亿元),民事案件 161 万余件,行政案件 2 万余件。

任建新在以《进一步加强审判工作,维护社会稳定,保障经济发展》为题的报告中强调,各级人民法院对严重危害社会治安的犯罪分子,要坚决依法从重惩处。对贪污、贿赂、挪用公款等严重经济犯罪,要依法严惩,清除腐败现象,促进廉政建设。对涉及国营大中型企业在生产和经营中发生的各种纠纷,特别是争议额大、对生产发展影响大的案件,要及时立案、及时审理、及时执行,维护企业的合法权益。法院要积极参与清理"三角债",加强商标、专利、著作权等知识产权案件的审理,妥善处理好在深化企业改革和国家宏观调控中出现的各类案件。

同时,任建新提出,各地法院还要妥善处理好农村承包合同纠纷案件,正确处理乡镇企业的经济纠纷案件,加强对农村购销合同纠纷案件的审理,认真处理好发展农业社会化服务中出现的各类案件。努力为加强农业和农村工作服务,促进农村经济的发展。

在谈到 1992 年全国法院的工作任务时,任建新特别突出了要为搞好国营大中型企业和发展农村经济服务,保障和促进社会主义经济建设的发展。

中共中央总书记江泽民政治局常委李鹏对法院工作提出要求

中共中央总书记江泽民、中央政治局常委李鹏近日分别对我国法院工作作出重要指示。

江泽民指出,1991 年法院工作成绩显著,对维护社会安定,促进经济发展起了重要作用。搞经济建设必须有一个稳定的社会政治环境,古今中外,概莫能外。

江泽民强调,我们必须继续坚持以经济建设为中心,坚持四项基本原则,坚持改革开放,把建设有中国特色的社会主义事业,不断推向前进。坚持人民民主专政是四项基本原则之一,它是建设有中国特色的社会主义的有力保障。愈是扩大改革开放,愈要坚持它,不能有丝毫的削弱。这样才能更好地保证改革开放的顺利进行。希望法院的同志今年继续努力,取得新的成绩。

李鹏指出,人民法院是国家的审判机关。在党的领导下,法院工作做得是好的,发挥了人民民主专政工具的职能。希望在新的一年里,各级法院能更好地贯彻党的基本路线,在复杂的国际形势面前,保持清醒头脑,向一切破坏国家安全,破坏社会正常秩序的犯罪分子,进行不懈的斗争。同时依法进行经济审判,以保证改革开放、经济建设顺利进行。

中共中央政治局常委乔石在人民大会堂会见参加中国基督教全国会议的代表

乔石说,中国基督教会坚持在"三自"爱国的原则下办好教会,这很好,希望通过这次会议把教会工作做得更好。

中共中央政治局候补委员、书记处书记、中央统战部部长丁关根,全国人大常委会副委员长彭冲,国务委员陈俊生等参加会见。

外交部发言人就朝鲜北南双方为实现朝鲜半岛无核化所作努力发表谈话

外交部发言人发表谈话,对朝鲜北南双方为实现朝鲜半岛无核化所作的努力表示欢迎和赞赏。

发言人说,1 月 7 日,朝鲜外交部发言人发表声明宣布,朝鲜政府决定将签署核保障协定并接受核查。同日,南朝鲜国防部发言人宣布,取消原定于今年春天举行的美韩"协作精神—92"联合军事演习。

发言人说,"这是朝鲜北南双方作出的重要努力,有助于进一步缓和朝鲜半岛局势和实现朝鲜半岛无核化。我们对此表示欢迎和赞赏。"

土库曼斯坦总统尼亚佐夫在阿什哈巴德总统府会见由外经贸部部长李岚清和外交部副部长田曾佩率领的中国政府代表团

尼亚佐夫介绍了土库曼斯坦的国内情况和独立后的对外政策。李岚清转达了杨尚昆主席和李鹏总理对尼亚佐夫的亲切问候,对代表团受到的热情款待表示感谢。他说,代表团与土库曼斯坦方面的会谈很顺利,今后两国的合作前景广阔。尼亚佐夫也请李岚清转达他对中国领导人的谢意。

李岚清同土库曼副总理奥托切尔措夫签署两国政府经贸协定,并就互设商务代表处换文;同土库曼对外经济联络委员会主席库利耶夫签署中土经济贸易合作会谈纪要。中国政府特使、外交部副部长田曾佩同土库曼外长库利耶夫签署中土建交联合公报。尼亚佐夫总统出席签字仪式。

中华人民共和国政府和土库曼斯坦政府在阿什哈巴德签订经济贸易协定

由对外经济贸易部部长李岚清和外交部副部长田曾佩率领的中国政府代表团结束对土库曼斯坦的访问乘飞机离开阿什哈巴德回国

中共中央总书记江泽民考察中国科学院半导体研究所和化学研究所

7日、8日上午，江泽民先后前往中国科学院半导体研究所、化学研究所考察工作。

江泽民分别来到两个研究所的半导体超晶格国家重点实验室、半导体材料物理开放实验室、北京海特光电子技术公司、国家光电子工艺中心和分子反应动力学国家实验室、扫描隧道显微学研究室、细钼丝、工程塑料、电子塑封料研究室、有机固体及C60研究室，了解科学研究和实验的有关情况。

在同半导体所和化学所的科技人员座谈时，科技人员们围绕着科技体制改革、科研成果转化、人才培养、解决科技人员后顾之忧等问题，坦率地提出了自己的意见和建议。

在仔细听取大家的发言后，江泽民指出，邓小平同志提出的科学技术是第一生产力的论断符合社会发展的客观规律，其深远意义已越来越为人们所认识。我们一定要充分认识科学技术对发展国民经济的巨大推动作用，继续坚持把科学技术放到重要的位置上。

江泽民指出，科学技术的发展日新月异、永无止境。在追赶世界先进水平方面，我们既要有雄心壮志，又要有实事求是的科学态度。要根据我国的实际情况，有重点地进行高技术跟踪和科技攻关，发挥自己的优势，集中兵力打歼灭战，尽可能避免重复和浪费。要调动各类人员的积极性，搞基础研究与搞开发研究的部门和人员要合理分工，做到人尽其才，物尽其用。他希望广大科技人员把基础研究、应用研究和开发工作更好地衔接起来，促进科技成果向生产领域转化，为促进我国高新技术产业的发展和加快国家经济建设服务。

江泽民在讲话中还对青年科技工作者寄予厚望，勉励他们树立崇高的理想和事业心，立志扎根在中国的土地上，继承老一辈科学家的优良传统，发奋图强，把中国的科学技术搞上去。

和江泽民一起考察的还有中共中央书记处候补书记温家宝、国务委员宋健，中国科学院院长周光召陪同考察。

全国铁路科学技术大会在北京召开

会议总结了改革开放十年来铁路科技成就，确定了90年代铁路科技发展的方针，表彰了全国铁路优秀知识分子和高级工人技师，部署了铁路科技发展战略和计划纲要以及今后十年科技兴路的目标和任务。会议提出，90年代要大力采用先进技术，提高铁路科技水平。“八五”末期，电力内燃牵引承担运量的比重提高到85％，运煤专线开行万吨级重载列车，繁忙干线开行7000～8000吨级组合列车。“九五”期间，牵引动力基本实现电气化、内燃化，力争建成一至二段时速200公里以上的高速铁路。会议于1月11日日结束。

国家教委在北京召开1992年教育工作会议

中国婚姻家庭研究会成立陈慕华当选为会长

1月8日

新加坡资政李光耀到香格里拉饭店拜会正在新加坡访问的国家主席杨尚昆

会见中，杨尚昆和李光耀就中国和东盟国家的合作、中美关系以及其他共同关心的问题深入地交换看法。

国务院总理李鹏在中南海同乡镇企业家座谈

100名全国乡镇企业家正在北京参加全国乡镇企业家表彰会和全国乡镇企业工作会议。李鹏在听取了江苏省江阴市华西农工商实业公司总经理吴仁宝关于华西村的发展情况，辽宁省大连市杨树房实业总公司总经理李桂莲关于发展外向型经济问题的汇报以后讲话。

李鹏说，发展乡镇企业是党中央、国务院根据我国国情为实现国民经济发展战略目标作出的战略决策，这一决策没有变，也不会变。他说，在这次会议上大家交流了经验，好的经验要加以推广。

李鹏说，十多年来，乡镇企业得到了迅速发展，去年全国乡镇企业实现总产值达1万多亿元。他说，如果没有乡镇企业的发展，就很难增加农村的收入，很难增加对农业的投入，很难减轻农民的负担，很难提高农民的生活水平。李鹏说，发展乡镇企业改变了农村的经济结构，有利于农村精神文明建设，有利于保持农村社会的稳定，有利于巩固农村基层政权，改善了城乡关系、工农关系。总之，发展乡镇企业作用大，好处多，我们要继续正确引导乡镇企业的发展，沿着这条路子走下去。

李鹏认为进一步搞好乡镇企业最重要的一条就是要因地制宜，不搞一刀切。他说，对乡镇企业要加强分类指导，发展方向大体上有四个方面：一是对当地农副产品搞深加工，二是开发利用当地的自然资源，三是为当地的大中型企业生产配套产品,四是发展外向型企业。李鹏希望乡镇企业要认真执行党和国家的方针政策,特别是产业政策,不搞盲目的重复建设。

李鹏在谈到乡镇企业的所有制问题时说,从总体上来看是以集体所有制为主,也允许一部分私人和个体企业存在。他指出,乡镇企业内部的分配要公正,平均主义不是公正,只有按劳分配才是公正。但根据我国的国情,在分配上既要有差距,差距又不能太大。

李鹏强调,乡镇企业今后要继续注意两件事,一是不忘记对农业生产的支持,要注意对农业的投入;二是注意发展社会公益事业,为当地的社会保障事业、文化教育事业的发展,为农民物质生活和精神生活水平的提高作出应有的贡献。

国务院副总理田纪云、国务委员陈俊生等领导参加座谈会。

国务院副总理田纪云在中华全国工商业联合会第六届执行委员会第四次会议上发表讲话

去年,党中央批转了中央统战部《关于工商联若干问题的请示》,并作出了重要批语,对工商联工作做了重大调整。中央这个文件不仅是指导工商联工作的纲领性文件,而且也是我党开展统一战线工作的重要文献,贯彻落实好中央这个文件,对引导我国非公有制经济的健康发展,具有重要的现实意义和深远的历史意义。

工商联作为中国共产党领导下的具有统一战线性质的人民团体,作为以统战性为主,兼有经济性和民间性的民间商会,具有经济人才济济的优势和特点。工商联成立以来,对我国社会主义建设做出了特有的贡献。在对资本主义工商业的社会主义改造时期,它积极贯彻党和政府和平改造资本主义工商业的方针和赎买政策,团结、教育、推动广大私营工商业者走上社会主义道路。社会主义改造基本完成之后,它组织推动工商业者进行学习和自我教育,发挥专长,为社会主义建设服务。十一届三中全会以来,根据党的基本路线,工商联作为原工商界的人民团体,以原工商业者为主体,开展了以经济建设为中心、为改革开放服务的各项活动,并取得了很大的成绩。这一切,党中央和国务院领导同志都曾给予高度评价。尤其当我国出现了新的非公有制经济成分时,工商联特有的历史传统、优势和作用更为党中央所重视。中央在批转中央统战部《关于工商联若干问题的请示》的"通知"中指出:"在我国,非公有制经济成分作为公有制经济的有益补充,将在相当长的历史时期内存在和发展。现在亟须有一个党领导的、主要是做非公有制经济代表人士思想政治工作的人民团体","工商联作为党领导下的以统战性为主,兼有经济性、民间性的人民团体,可以配合党和政府承担这方面的任务,成为党和政府联系非公有制经济的一个桥梁"。党中央期望工商联做好非公有制经济代表人士的思想政治工作,对非公有制经济代表人士进行团结、帮助、引导、教育,逐步培养起一支坚决拥护党的领导的积极分子队伍。这些工作,无疑会丰富中国特色的社会主义的内容。贯彻落实好中央文件,做好非公有制经济代表人士的统战工作,意义是十分重大的。我认为有以下三点意义,供大家参考。

第一,有助于建设有中国特色的社会主义。

江泽民同志在庆祝建党七十周年大会上的讲话中指出,有中国特色社会主义经济的基本要求是:必须坚持以生产资料公有制为主体,允许和鼓励其他经济成分的适当发展,既不能脱离生产力发展水平搞单一的公有制,又不能动摇公有制经济的主体地位,不能搞私有化。两条路不能走,就是私有化和大锅饭这两条路不能走。改革开放以来,我们在总结历史经验的基础上,从我国生产力发展的实际状况出发,对各种经济成分制定了明确的政策,逐步形成了以公有制为主体的多种经济成分并存的所有制结构。这也是具有中国特色社会主义的体现。

我国的非公有制经济成分,首先是在农村发生历史性变化的过程中诞生的。正如党的十三届八中全会所指出的那样,农村普遍实行了以家庭联产承包为主的责任制,逐步建立起统分结合的双层经营体制,有利于集体统一经营的优越性和农户承包经营的积极性都得到发挥;在发展集体经济的同时,个体经济、私营经济也有了较大发展,以集体经济为主体的多种经济成分并存的格局已经形成。据有关资料统计,全国个体工商户、私营企业及从业人员,大多数在农村。在我国的城市和沿海地区,由于我们的开放政策、改革政策、经济特区政策和沿海开放地区政策,随着对外经济交往的增多,私营经济和"三胞"投资企业也迅速发展起来,并辐射到西部地区。这对发展生产、方便生活、繁荣经济、扩大就业、增加税收、脱贫致富都带来很大的益处。

目前,非公有制经济在整个国民经济中虽然比重不大,但对整个社会经济生活的影响和作用,不能忽视。在这种情况下,党和政府既要关心作为国民经济主体的公有制经济的发展,也应使非公有制经济健康发展,从各个不同侧面对非公有制经济进行引导和管理。非公有制经济的存在和发展是由我国现阶段生产力发展水平所决定的,既不能以人为的方法压制它们的发展,也不能脱离客观实际盲目引导它们向公有制经济过渡,正如中央文件指出的:对现在的私营企业主,不应和过去的工商业者简单地类比和等同,更不是要像五十年代那样对他们进行社会主义改造。这是我党对待非公有制经济成分的一项基本政策。在这个问题上,我们一定要同党中央保持一致。有的地方为了“壮大集体经济”,以所谓“赎买”之类的错误做法变更农村企业的所有制关系,或把个体、私营企业收归集体,这种做法是不符合中央精神的,引起农民的强烈不满和抵制。在利用外资方面,有的同志认为速度太快了,担心外商投资企业这种经济成分冲击社会主义公有制的主导地位,这种看法是不全面的。改革开放以来的实践特别是经济特区和沿海开放地区的实践已经证明,我们完全有能力综合运用法律、行政和经济手段,将三资企业纳入有利于社会主义商品经济发展的轨道。我们对于贯彻党的基本政策,要十分自觉,十分坚定,不能有任何的随意性。个体、私营经济是公有制经济的补充,应当发挥其积极作用,限制其消极作用,不能动辄取缔,只能加强管理和引导。这是我们实现第二步战略目标要把握好的一个基本问题。

应当说,建立有中国特色的社会主义从内容到形式都是极其丰富的,非公有制经济成分不仅是有中国特色的社会主义经济的一个组成部分,也为我党的爱国统一战线注入了新的内容,要使其健康发展,需要党和政府及有关群众团体都来做好工作。只要我们的工作做好了,非公有制经济成分就会成为我党统战工作中的稳定的因素,就会巩固我党的统一战线,就会成为公有制经济的有益的补充,从而促进我国安定团结的政治局面的形成,推进四化建设和改革开放事业的发展,为和平统一祖国、实施“一国两制”做出贡献。爱国统一战线的巩固,又有利于非公有制经济成分的长期存在、适当发展,有利于建设有中国特色的社会主义。

第二,有利于党对非公有制经济成分的领导。

党的十一届三中全会以后,我国的阶级关系发生了根本的变化,剥削阶级已经消灭,知识分子成为工人阶级的一部分;在工人、农民、知识分子之外,又出现了数以万计的“三胞”投资者,数以十万计的私营企业者,数以千万计的个体工商户。一九九〇年,我国的非公有制经济的工业产值已占全国的百分之九点八;社会商品零售额已占全国的百分之二十一点四。非公有制经济已成为我国国民经济的一个组成部分,其成员又是宪法承认并保护的一部分公民;他们的生产经营也是公有制经济必要的、有益的补充。非公有制经济成分不同于我国一般意义上的体力劳动者和脑力劳动者,其生产资料为私人所有;一部分人因雇佣一定数量的工人而不能加入中国共产党,另一部分人还生活在资本主义制度的国家和地区。这是有中国特色社会主义的一种复杂现象,并将长期存在。

党和政府要不要和非公有制经济人士建立联系,要不要通过一个组织去做他们的工作,要不要实现对这部分人的领导?毫无疑问,回答是肯定的。如果不这样做,那就是放弃了党对非公有制经济的领导,放弃了这部分群众,放弃了这一块思想工作的阵地,放弃了改革开放的部分成果。如果对他们采取放任自流,敬而远之的办法,那将给我们的事业带来严重的后果。

中国共产党以历史唯物主义和辩证唯物主义为自己的世界观和指导思想。既然我们党制定了允许非公有制经济存在和发展的政策,我们就应担负起对他们的领导和教育的责任。既然我们党曾通过工商联这一组织,对民族工商业者进行教育并取得了历史性的成果,我们就应一如既往地信任这一组织,并赋予它新的历史使命和健全它的工作职能,使之做好非公有制经济成分的工作。既然我们党要求非公有制经济对公有制经济起到有益、必要的补充作用,我们就应与之建立起某种政治关系,促使其健康发展,尽管他们中的一部分人不能入党,也决不意味着党抛弃他们,而是与他们之中的代表性人士建立一种政治上的统战关系,以利于调动一切积极因素,团结一切可以团结的力量,有效地抵制和挫败国内外一切敌对势力对我推行“分化”、“西化”的阴谋。

第三,有益于开拓党的思想政治工作的新领域。

代表人民利益、深入群众心间、并经过马克思主义科学理论提高、概括的思想政治工作,是我党强大的精神武器。我党在工人、农民、知识分子和解放军战士中进行思想政治工作,积累了丰富的经验,对民族资产阶级、小资产阶级进行思想政治工作也取得了正反两方面的经验和教训。这项工作在新的历史时期中还要继续加强和不断完善。目前,我们对在党的方针政策的支持、鼓励下发展起来的非公有制经济人士思想政治工作规律的认识,还处于起始阶段,还不那么得心应手;非公有制经济还没有形成一支既善于生产经营、熟悉市场、科学管理,又讲求职业道德,理解社会发展规律、政治上拥护党的积极分子队伍。个体工商户既是劳动者,又是生产资料的私有者。对私营企业主,我们既不能将他们和过去的工商业者简单地类比和等同,不能采用五十年代社会主义改造的方式对待他们,又要看到他们占有生产资料、占有部分非劳动收入及与雇工之间的矛盾关系。“三胞”投资者除了上述情况外,由于他们长期生活在资本主义社会,其意识形态、生活方式、价值观念与我们迥然不同,二者之间只能求同存异。这些情况,无疑对我们的思想政治工作提出了新的课题、新的要求、新的内容,是一个全新的领域。

对非公有制经济代表人士进行思想政治工作,这和我党通常的思想政治工作有一致之处,但也有一些独特的规律和办法,需要我们在实践中大胆探索,因人而异，全面总结。我们的基本方针是“团结、帮助、引导、教育”，基本要求是“爱国、敬业、守法”，最终的目标是要看积极分子队伍的质量与数量是否与我国整个社会主义事业相适应、相一致。这种思想政治工作的规律、方法，有几点是可提出讨论的。首先它突出地表现出党的统战工作的特征，要求我们运用统战工作的立场和方法，去做好思想政治工作。其次，它一定要结合工作对象的社会属性进行。第三，要发挥工商联和其他有关团体的自我教育、自我管理、自我服务、自我约束的作用。第四，要严格分清罪与非罪、合法与违法的界限；对不属于违法犯罪中的问题，要用思想政治工作和群众工作的方法解决。

目前，我们的思想政治工作还要继续加强和改进。加强不是形式主义的加强，改进也不是改掉党的宗旨。对非公有制经济成分的思想政治工作还要在社会主义的实践中，不断开拓，不断探索，不断总结经验。

田纪云说，同志们，党中央把做非公有制经济代表人士的思想政治工作和民间商会的工作赋予工商联，可谓对工商联是极其信任并寄予厚望的。这个文件不但解决了工商联后继无人、一代而亡的顾虑，而且为工商联开辟了新的领域，赋予了新的职能，充实了新的内容。工商联要贯彻好中央文件精神，正像有的同志所说的那样，需要党委重视工商联的工作，政府支持工商联的工作，工商联的干部热爱工商联的工作，非公有制经济代表人士了解工商联的工作。国务院认为，各级政府及有关部门也要学好中央文件，支持工商联开展各方面的活动。各有关部门应积极和统战部经常研究工商联的工作，协调有关工商社团和工商联的关系，主动委托和批准工商联多做一些政府部门对非公有制经济成分管不过来或不宜出面的工作，充分信任工商联组织，发挥工商联对会员自我教育、自我管理、自我约束的优良传统，使其成为政府得力的助手和畅通的桥梁。从而在非公有制经济成分中，培养起一支新的、坚决拥护党的领导的、与党团结合作的积极分子队伍，以带动他们的同行，为社会稳定、改革开放、四化建设和祖国统一服务。这项工作的成功，将对建设有中国特色的社会主义做出重要贡献。

国务院批准开放广东番禺南沙港口岸

国办发出《关于做好外轮和远洋国轮港口供应工作的通知》

首届中国外商投资企业出口商品交易会在厦门开幕

《人民日报》发表社论《祝愿中俄关系进一步发展祝贺中国和乌兹别克斯坦等国建交》

国务委员宋健在航空航天部工作会议上就航空航天工业把科技优势变为经济生产优势发表讲话

宋健强调，航空航天工业要继续努力，把科技优势变为经济优势和生产优势，建立科技“长入”经济的转化机制。

宋健说，航空航天部有118个研究所，人才济济、成果累累，是国务院所属部委中科技实力最强的部门，但航空航天工业的高科技产品开发和产品结构调整问题仍然没有从根本上解决。航空航天工业中每年都有成千项科技成果可以转为民用。但到目前为止，航空航天工业200多个企业中有1/3还没有自己的支柱性产品。

宋健要求，在“八五”期间，科研事业单位要发挥自己的技术优势，积极进行高技术的开发，主动做科技成果的转化工作。作为一个高技术产业，航空航天工业企业要从销售总额中提取较多的份额，用于解决新技术开发和吸收新科技成果的投入问题。

宋健还提出，航空航天工业必须有志在万里、走向世界的勇气和魄力，把产品推到国际市场去竞争。宋健说，现在航空航天工业开发的民品还不能完全体现出航空航天的技术优势，许多产品面临竞争力下降的局面，因此，航空航天工业要加快适应国际市场的速度，开发具有航空航天特色的新产品。

中国农民体育协会在北京召开工作会议

1月9日

国务院总理李鹏在中南海会见出席全国能源工作会议的代表

李鹏提出，要深化改革、扩大开放，转换企业经营机制，在新的一年里把我国能源工业搞得更好。

李鹏说，去年以来，我国经济保持稳定增长的势头，能源工业发挥了很大的作用。一次性能源总量预计可达10.4亿吨标准煤。原煤、石油、天然气和电力生产都取得了好成绩。他代表党中央国务院向能源战线的广大职工和家属表示亲切的慰问。

李鹏说，我国目前能源紧张的形势虽有所缓解，但是也要看到，随着我国经济的发展，对能源的需求量将不断增加，我们切不可放松自己的努力。能源工业要继续向生产的广度和深度进军。煤炭要多采用先进技术，提高综采率；石油工业要在继续稳定东部老油田生产和开发西部油气田上作出更大努力。电力建设特别是水电的开发要抓紧进行；考虑到我国能源工业的构成，要适当发展核电。李鹏强调，我们在能源工作上要一手抓生产、开发，一手抓节约，这是一个长期的方针。

全国林业厅局长会议在北京结束

会议上，林业部宣布分别授予广东、湖南、广西等省、市、自治区“造林成绩优异奖”、“造林质量优秀奖”、“控制森林资源消耗成绩显著奖”等称号，还表彰了一批林业先进单位和个人。田纪云、陈俊生等向获奖代表颁发了奖状和奖杯。

国务院副总理田纪云在会上说，各地必须对林业发展的内涵有深刻的认识，并把林业发展与农业、水利建设结合起来；要坚持农业综合开发，做到山、水、田、林、路综合治理，农、林、牧、副、渔各业全面发展，要坚持在水利建设中实行综合治理，做到工程措施和生物措施相结合，充分发挥林业的生态屏障作用。他强调，只有对林业的经济、生态和社会效益，对林业的地位和作用有一个全面的认识，才能从各方面采取措施大力支持林业的发展，为整个国民经济的发展和生态环境的改善做出贡献。

针对我国消灭森林资源“赤字”的新形势，田纪云说，这是一个了不起的成绩，但应当看到，这仅是一个良好的开端。目前各地林业发展还不平衡，工作中还有薄弱环节，林业的现状与发展国民经济和改善生态环境的要求还不适应，发展林业的任务还十分艰巨。

会议上，林业部提出“建设绿色屏障，办好绿色产业”的新对策和一整套具体措施，这将使我国进一步增加森林资源，提高林业的综合效益。

国家副主席王震致信海南农垦局召开的庆祝海南农垦创建 40 周年大会

国家主席杨尚昆在新加坡接受新加坡记者采访

杨尚昆下午在下榻的香格里拉饭店接受新加坡广播局记者的采访。

有记者问，中国将采取什么措施来吸引更多的外国投资。杨尚昆回答说：“中国政治稳定、社会安定，经过三年治理整顿，经济正朝持续、稳定、协调的方向发展，计划经济与市场调节相结合的运行机制逐步建立。这为外商投资企业创造了较好的经营环境。”杨尚昆说：“在中国投资的软环境也在逐步改善。全国各地，特别是沿海地带，建设了大量基础设施和生活服务设施；制定了 200 多个涉外经济法律、法规；颁布了一系列鼓励外商投资的优惠规定；改革了外资管理体制，下放项目审批权，简化审批手续等。我们先后创办了五个经济特区和十几个经济技术开发区，以优惠条件吸引外资，取得了成果。当然，有些方面不够理想，存在一些问题。我们正努力改进和完善。随着我国改革的深入和开放的扩大，外国企业家到中国投资的条件会越来越好。”

杨尚昆指出：“中新两国经济合作已有较好的基础，目前新加坡在华投资项目近 500 个，总金额达 8 亿多美元，其中多数已取得良好的经济效益。我们欢迎更多的新加坡企业家到中国投资。我们相信在双方的共同努力下，中新经济合作将向新的深度和广度发展。”

谈到当前的国际形势时，杨尚昆说：“随着苏联的解体，美苏在亚太地区的对峙已不复存在。战后几十年的历史表明，大国在该地区的军事争夺与对峙带来的只是动荡和冲突，无助于和平与发展。中国不希望这种情况再次出现。和平与发展是本地区各国共同利益所在。在当今动荡的国际形势下，亚洲形势相对来说比较好，正在走向缓和与稳定。我们希望亚洲各国能把握住这一历史机遇，在平等互利的基础上加强合作，使该地区形势进一步走向稳定与发展，经济更加繁荣、昌盛，人民更加富裕、幸福。”他说：“中国作为亚太国家的一员，历来重视本地区的和平与发展，并为此作出了自己的贡献。目前中国正在集中精力进行现代化建设，需要一个长期和平的外部环境，首先是周边的和平环境。我们愿意在和平共处五项原则的基础上继续发展同亚太各国的友好合作关系，同亚太地区各国一道共同为实现该地区的和平与发展而努力。”

当记者问中国对日本在亚太地区扮演什么样的角色有何看法时，杨尚昆说：“近 40 多年来，日本的经济取得了很大的成就，其根本原因在于日本战后选择了和平发展的道路，这不仅给日本人民带来了好处，也有利于亚洲和世界的和平。中国希望日本继续走这条道路，欢迎日本在维护世界和平、促进人类进步方面发挥更大的作用。日本作为亚洲的发达国家，在政治、经济、技术和文化方面致力于本地区和世界的和平与发展，是会受到亚洲国家和国际社会欢迎的。”杨尚昆指出：“由于历史原因，日本以任何形式向海外派兵都是十分敏感的问题，这不仅日本国内有很多人不赞成，也引起了包括中国在内的亚洲各国的关注。中国一向希望日本政府在处理这类问题时能慎重行事。”

国务委员钱其琛在巴马科会晤马里总理苏马纳·萨科

中国和亚美尼亚政府间经济贸易协定在亚美尼亚首都埃里温签署

中国和塞内加尔签署两国 1992—1994 年文化合作协议执行计划

首届(1991 年度)茅以升科技教育奖在北京北方交通大学举行颁奖大会

国家教委主任李铁映在部分分管教育的副省长座谈会上发表讲话

今天召开这样一个座谈会,主要是想利用国家教委 1992 年工作会议这个机会,与各省的负责同志一起分析、讨论一下教育战线面临的形势和任务。

一、关于当前教育形势问题

对于当前的教育形势,大家认为总的形势是好的,这一点认识比较一致。从这个基本认识出发,还有不同的看法:有些同志认为,这几年,教育事业发展很快,教育工作取得了很大成绩,但是,我们的工作主要是"还账",还"物质"账,还"素质"账,还"思想政治工作"和"德育"的账。还有些同志认为"教育发展已差不多了","教育应该让路了","教育已超前发展了"。

我认为,经过了"文革"这场浩劫后,我国的教育事业经历了一个恢复和发展的过程。这些年来,我们虽然恢复了正常的教学秩序,恢复和发展了教育事业,但是,教育多年来的"欠账"确实很多。物质条件的基础比较差,教师素质也亟待提高。还有,资产阶级自由化思潮的泛滥,学校的德育和思想政治工作在一个时期遭到了很大的削弱。随着我国经济的发展和各项改革的深入,原有教育体制的一些弊端也暴露出来,教育不适应经济建设需要的问题也突出了,教育的发展和改革的任务越来越重。这些矛盾和问题交织在一起,使得我们的工作是在非常困难的情况下进行的。这些年,各级党和政府及教育行政部门确实做了大量的工作,全国人民对教育给予了极大的支持,教育工作取得了很大的成绩。这期间,党中央、国务院在教育方面采取了许多重大战略措施,制定了一些重要的方针和政策,解决了一些教育战线面临的十分紧迫的问题,教育事业不断发展,教育改革不断深入。但是我们必须认识到,我们这些年的工作是带有"恢复"性质的,还了一些"欠账"之后,教育发展和改革的各项方针政策还只能说"正在落实",离"真正落实"还差得很远,根本不存在什么"超前发展"的问题,我们才刚刚开始走上建设有中国特色的社会主义教育的轨道。

在肯定四十年来特别是近十多年来教育事业取得的显著成就的同时,我们必须看到,我国教育总体上还是比较落后的。我们正在落实"百年大计、教育为本"的思想,正在落实党和国家的教育方针,正在落实邓小平同志关于建设有中国特色社会主义的一系列论述,特别是关于教育工作的论述。教育的战略地位在实际工作中还没有真正落实,教育投入不足,教师待遇偏低,办学条件较差;教育思想、教育内容和教育方法程度不同地脱离实际;学校思想政治工作还比较薄弱;教育体制和运行机制不适应经济和社会发展的需要。总之,在分析教育形势的时候,我们要把困难和问题说透一点,要增强紧迫感和责任感,要充分认识教育在我国社会主义现代化建设中的战略地位,对教育的发展和改革工作,任何时候都不能放松。

二、关于当前教育的主要任务

当前,教育的发展和改革究竟要解决哪些关键问题?我看主要是四个方面:

第一,在社会主义现代化建设过程中,一定要始终坚持把教育放在优先发展的战略地位,要以此来统一各级领导干部和教育行政部门的思想认识

近十年来,我们在教育方面最大的突破,就是讲明了教育与现代化建设的关系,讲清了教育发展与民族振兴的关系,这是一个很大的拨乱反正。"文革"时为什么把教育摧垮了?有一个重要原因就是当时有些人把教育仅仅看成是政治范畴的,没有看成是现代化建设的根本,是国家发展的基础。一定要反复宣传论述教育的战略地位。战略地位动摇了,教育的其他问题都无从解决。对此决不能动摇。今后,改革开放不仅要坚持,而且要加速、要扩大。除非发生世界大战或其他难以预料的重大事件,我们都要紧紧抓住经济建设这个中心不放,既要坚持四项基本原则,又要坚持改革开放。对此不能有丝毫的动摇。我们到 2000 年要翻两番,实现小康,这是最大的政治。我们的教育应当也必须与这个最大的政治挂钩。

第二,要全面贯彻教育方针,全面提高教育质量,不断扩大和深化教育改革

当前,教育面临的重要任务就是全面贯彻教育方针,全面提高教育质量。近几年,我们提出了"依靠人民办教育,办好教育为人民"的指导思想,"七五"期间,除各级财政增加了教育投入外,广大群众、社会各界捐资办学的热情很高,群众拿出了不少钱来改善办学条件。对此,教育战线必须作出回报,在做好"依靠人民办教育"这上篇文章的同时,要做好"办好教育为人民"这下篇文章。这是我们不可推卸的责任,如果搞不好,群众就会对教育不满意,就不会再支持教育。我国的改革开放政策之所以能够继续坚定不移地执行下去,就是因为得到了群众的支持。教育工作也是这个道理。全国的教育经费,1980 年是近 80 亿元,1991 年达到 730 多亿元,其中约三分之一是多渠道筹集的,这三分之一中,群众个人的钱不少。我过去就与山东省的同志谈过,到了一定时候,群众会问,教育战线向我们

要了那么多钱，到底有哪些成效？去年，我同姜春云、赵志浩同志讨论过，请山东省做好“办好教育为人民”这下篇文章，全面贯彻教育方针，全面提高教育质量。山东有条件创造出经验，搞好了，在山东召开现场会，介绍和推广经验。也希望其他省抓出经验和典型来。

全面贯彻教育方针，全面提高教育质量，必须不断深化教育改革，不依靠改革，就完成不了教育担负的重任，就满足不了经济建设和人民群众日益增长的需要。这些年，已不断出台了一些教育改革的措施，但还不够，要有新的改革措施和政策。我看，起码有这样几条是很重要的：一是，实行分级办学、分级管理的体制，“依靠人民办教育，办好教育为人民”，多渠道筹措教育资金，这是很大的一场改革，这几年的实践证明是很有成效的，要继续坚持和完善。二是，教育要为全国经济建设服务，为当地经济发展服务，为人民群众的幸福和富裕服务，其中一个重要措施就是大力发展多层次、多形式的职业技术教育。发展职业技术教育是工业化、现代化的必然要求，职业技术教育是直接为工业化服务的，可以说是工业化的基础。大力发展职业技术教育，我认为是当前我国教育上的最大的一项改革。“八五”期间，如果我们培养出一大批适应社会主义现代化建设需要的、有职业技术能力的人才，那么就为奔小康作出了很大贡献。三是，要改变片面升学率这根指挥棒。七十二行，行行出状元，怎么能用分数把学生卡死呢？我们是在培养不同层次、不同类型的为社会服务的人才，要因材施教，不能脱离孩子们的具体情况，片面地用分数、升学来衡量学生和教育的水平。对此，教育部门要转变观念，要在体制、教材、教学教法等方面进行改革。例如，在小学、初中教育阶段，除了对因各种原因学习不好的学生在文化学习上给予更多的关心和帮助外，在中小学里，引入一些职业技术教育因素，也是提高教育质量的重要措施。四是，要不断完善和改革从小学到大学以至研究生的教育制度。例如，完善城市中小学就近入学制度；高中要实行“会考”制度；研究生要实行助教、助研制度；高校农、医、师专业如何建立起更好地为农村服务的制度；进行教材的改革，改变“万人一书，千校一面”的状况，等等。要全面贯彻教育方针，全面提高教育质量，使我们的制度和政策导向与方针一致起来，还有许多值得研究的问题。在改革问题上，要解放思想，开拓进取。

第三，切实解决教师的实际困难，大力提高教师素质，建设一支德才兼备的教师队伍

教师问题始终是教育战线的核心问题。教师的质量决定着教育的质量，教师的思想政治水平决定着学生的思想政治水平，教师的业务水平决定着学生掌握和运用知识的水平。

当前，教师工作面临三大问题，即待遇、地位和提高问题。待遇包括工资、住房、医疗和退休四个方面。地位主要指社会地位和相应的表彰奖励制度。提高是指提高思想政治素质和业务素质。这些年来，我们在教师的待遇，地位方面上作了不少呼吁，在提高教师素质方面花了很大力量，各地做了大量工作，情况有所改善，但措施不够有力，问题还没有解决好。教育部门要首先研究这些问题，没有解决问题的一套切实措施，教师队伍的建设是搞不好的。切实解决教师的实际困难，大力提高教师特别是中青年教师的素质，建设一支德才兼备的教师队伍，是教育事业发展的一个根本措施，“八五”期间要作为一项重要任务来落实。

第四，为高等教育深化改革打好基础，当前要重点抓好高校内部管理体制改革

国家教委直属的南京大学和东南大学两所学校，从去年开始，经过充分酝酿后，已经开始进行校内管理体制改革的试点。我们准备近期在南京召开国家教委直属高校 1992 年工作会议，进一步研究高校内部管理体制改革问题，并准备进一步扩大改革试点学校。这项改革，在“八五”期间要基本铺开，要在相当部分有条件的高校进行。建议各省结合自己的实际情况，着手抓好这项改革。这项改革要有领导、有步骤地进行，要经过试点，经过充分讨论，并要得到广大教职工的支持。各高校的情况有所不同，因此，改革的内容、深度不会完全一样，不会是一个模式，但改革的方向、原则是一致的。进行这项改革的学校需要有一些条件，其中有两个必要条件，一是有坚强的党政领导班子；二是有稳定的资金来源。高校内部管理体制改革，是关系到探索有中国特色社会主义大学的办学模式和学校管理制度问题，我们要抓紧做好这件事。

国家体委主任伍绍祖就海峡两岸体育交往发表谈话

新年到来之际，伍绍祖就海峡两岸体育交往发表谈话。

伍绍祖说：“过去的一年中，大陆接待了来自台湾地区的体育界人士 111 批共 2102 人次，其中来参加国际性体育比赛的有 35 批 775 人次，比 1990 年还多 557 人次。在交流的层次上也有新的突破。”伍绍祖举例说，中国台北奥委会主席张丰绪先生一年 4 次来大陆访问，副主席兼秘书长李庆华先生两次来大陆访问；在北京举行的第 16 届亚洲棒球锦标赛上，台北派出 38 人的代表队前来参加，另外还有 200 人的拉拉队和 30 名记者到现场助威和采访；有 29 名选手参加了北京第一届世界武术锦标赛；在广州举行的第一届世界女子足球锦标赛上，中国台北队表现出色，深受大陆球迷的

喜爱。

伍绍祖说，特别值得一提的是，海峡两岸体育交流取得了一些突破性的进展。台湾的原住民少数民族体育代表队参加了去年11月在广西举行的第4届全国少数民族传统体育运动会，这是台湾选手第一次参加大型的全国运动会。中国台北奥委会主席张丰绪先生观摩了开幕式的盛况，全国人大常委会委员长万里接见了他。两岸高层人士参加的第一届高尔夫球比赛在北京举行，对推动两岸的交流起了很好的作用。

在谈及海峡两岸体育交流的前景时，伍绍祖说："我希望在新的一年里，大力全面地推动两岸的体育交流，力争早日实现双向交流，使大陆运动员能够顺利地到祖国宝岛去访问、比赛。祖国和平统一是全中国人民的共同愿望，是人心所向的事，只要努力，一定能够实现。我对这一点是满怀信心的。"

1月10日

中共中央政治局常委乔石在人民大会堂与全国高级法院院长座谈

乔石指出，政法部门当前的主要任务是，认真贯彻党的十三届八中全会和去年中央工作会议精神，继续维护社会稳定，努力为经济建设和改革开放，为搞好国营大中型企业和加强农业、农村工作创造良好的社会环境，做好各项安全保障工作和法律服务工作。

乔石说，近几年，全国各级法院每年办理将近300万件案子，使大批违法犯罪分子得到了应有的惩罚，为国家和人民挽回了大量经济损失。

乔石指出，在法院的审判工作中，对于严重危害社会治安的刑事犯罪分子，要继续依法从重从快惩处。要认真贯彻邓小平同志提出的"一手抓改革开放、一手抓打击经济犯罪"的指示，从严判处严重的经济犯罪分子，尤其是严重的贪污贿赂犯罪分子。同时，要结合审判工作积极参与落实社会治安综合治理的其他措施。

乔石说，法院贯彻党的十三届八中全会和中央工作会议精神，除依法惩治刑事犯罪和经济犯罪外，还要通过审判活动，运用法律手段调整经济关系，这也是直接为经济建设服务。经济审判、民事审判、乃至行政审判，对国家的经济发展和社会的安定都有很重要的作用。

乔石指出，法院的基本职责就是在党的领导下，依照法律和司法程序，独立审判各类案件。最重要的就是要严格依法办事，做到有法必依，执法必严，违法必究。

在谈到人民法官队伍建设时，乔石说，总的看，法官队伍是好的，是忠于党、忠于人民、忠于社会主义事业的，是有战斗力的。但是，也确有少数干警经不住考验，搞钱权交易，贪赃枉法，徇私舞弊。这不能不引起我们注意。一定要坚持"从严治院"，努力建设一支政治上坚强、业务上精通、作风上过硬、刚正不阿的人民法官队伍。

座谈会由最高人民法院院长任建新主持。

马来西亚最高元首苏丹·阿兹兰·沙阿陛下在吉隆坡王宫会见国家主席杨尚昆

全国十大杰出民警表彰大会在北京举行

获得这一称号的十名民警是：福州铁路公安处政治处副主任陈善珉、黑龙江省东宁县公安局局长刘平、西藏自治区聂拉木公安边防检查站站长拉吉、天津市公安局五处副处长周云彪、山东省淄博市公安局淄川分局刑警队副队长鞠俊瑞、河北省保定市公安局交警支队副队长汤敏增、湖北省武汉市公安局户政管理处副处长邓泽顺、辽宁省铁法市公安局大明派出所所长王立军、陕西省西安市公安局碑林分局户政科科长梁春芳、云南省施甸县公安局副局长陈新民。唯一的女民警梁春芳还被全国妇联授予全国"三八"红旗手称号。

经济体制改革工作会议在北京结束

国务院总理李鹏主持会议并讲话。

李鹏说，这次会议开得是好的，贯彻了去年党的中央工作会议和十三届八中全会的精神，达到了统一思想、明确政策、坚定信心的目的。相信这次会议对推动今年经济体制改革将起重要作用。

李鹏说，目前我们的国家政治稳定，社会安定，经济进一步向好的方向发展，治理整顿的任务基本完成。通过治理整顿，为改革创造了一个比较宽松的环境，并且使改革有所前进。在这种形势下，要加快改革的步伐，适当加大改革的分量。

李鹏指出，改革的性质是社会主义制度的自我完善。通过改革，要建立起有中国特色的社会主义。改革的方向是建立社会主义有计划的商品经济新体制和计划经济与市场调节相结合的运行机制。希望今年在如何结合得更好方面有进一步进展，总结出更多更好的经验。

李鹏说，要正确处理改革、发展和稳定的关系。我们改革的目的是为了发展社会生产力，这里面既包括速度，又包括效益。改革必须在稳定的条件下进行，特别是企业转换经营机制，关系到企业的安定和职工的切身利益。一些重大改革措施涉及国家、集体、个人三者之间的利益，广大群众既从改革中有所得，也有所贡献。

李鹏说，对于改革，我们的态度应该既是积极的，又是稳妥的。一切要通过试点，取得经验后再进行推广。在试验中要大胆一点，在全面推广的时候要慎重一点。还要坚持“先立后破”的原则，以保证我们的经济工作能够按照正常的秩序来进行。

李鹏说，转换企业经营机制，重点之一是打破企业的“铁饭碗”、“铁交椅”和“大锅饭”。这就要改革劳动用工制度、人事制度包括干部和技术人员的流动制度、分配制度，在企业中建立激励机制。为做到这一点，要实行优化或合理劳动组合，生产第一线应是精兵强将，并提倡第三产业从企业中逐步分离出来或者交给社会去办，或使之成为独立的经济实体。在分配上要打破“大锅饭”。实行按劳分配，就会有差距。没有差距，就不可能产生激励机制。但在中国现有的条件下，差距又不能太大。特别是国营企业的领导干部，还是要提倡奉献精神，以密切干部与群众的关系。

李鹏强调，转换企业经营机制要靠企业本身的努力，同时各级政府、各个部门也要创造必要的条件。政府对企业要加强宏观指导和监督，但不应干涉企业的内部具体事务，使企业能够真正自主经营、自负盈亏。

李鹏指出，把企业推向市场是企业改革的核心，不论是国营企业还是集体企业，都应树立市场观念，通过市场来检验自己生产的产品，满足市场的需要。

李鹏在谈到对企业的宏观调控时说，我们的宏观调控，有行政手段、经济手段，还有舆论导向。我们今后要更多地运用经济杠杆进行宏观调控。对基本建设项目，要用计划手段调控，以保证资源的合理配置，使经济能够协调地发展。从总的方向看，我国指令性计划要逐步缩小，指导性计划和市场调节将进一步扩大，统购包销的体制要逐步取消。

朱镕基副总理也在会上讲话。

国务院副总理姚依林、田纪云、邹家华，国务委员李铁映、王丙乾、陈希同、陈俊生出席会议。

国务院副总理朱镕基在全国经济体制改革工作会议上发表题为《关于制定转换企业经营机制条例的几个问题》的讲话

企业改革是整个经济体制改革的中心环节。今年改革的重点是企业改革，特别是全民所有制企业经营机制的转换。

近几年来，各地在贯彻实施《全民所有制工业企业法》(以下简称《企业法》)，推进企业改革方面做了大量工作，比较普遍地实行了承包经营责任制，同时进行了股份制、租赁制和税利分流等方面的试点，企业的活力有所增强。但同改革的目标相比，就是说，要推动企业走上市场，使之成为自主经营、自负盈亏的社会主义商品生产者和经营者，具有自我发展和自我约束的能力，还有很大的距离。

去年中央工作会议把搞好国营大中型企业的问题提高到巩固社会主义经济基础的高度来认识，同时，对于内因和外因的关系做了正确的分析，强调转换企业经营机制的重要意义。对此，我们应当有正确的认识，要有紧迫感。目前国营工业企业有相当一部分亏损或濒于亏损，这个问题如果拖得太久，是会坐吃山空的。所以，我在去年 12 月全国企业技术进步工作会议上提出“不能再等五年了，三年就要扭转过来。”去年下半年已经抑制住了效益滑坡的趋势，今年就应有所好转，明年应该进一步好转，这样才能推进整个国民经济的健康发展。怎样扭亏为盈？总的精神是要把经济工作真正转移到调整结构、提高效益的轨道上来，具体政策在去年中央工作会议上定了二十条。问题在于要真正贯彻这二十条，必须紧紧抓住转换企业经营机制这个关键，否则是贯彻不好的。

为了促进企业转换经营机制，国务院将尽快制定《企业法》的实施条例。对此，李鹏总理作过三点重要指示。根据我的理解作如下说明。

第一点，《企业法》包含的内容很全面，但是，当前要制定《企业法》的实施条例，不能搞得太复杂。包罗万象，这个条例就出不了台。只能把重点摆在转换企业经营机制这一关键问题上，对这个问题也只能就一些主要方面作出明确的规定，其他细节还有待今后再补充。有些方面虽然也是贯彻《企业法》的问题，但一下子顾不过来。比如，已有的三个条例，就是《全民所有制工业企业厂长工作条例》、《中国共产党工业企业基层组织工作条例》和《全民所有制工业企业职工代表大会条例》，其中某些内容也需要完善、修改。实际上，在这三个方面，各地方、各企业都有些好的做法，问题正在实践中逐步解决，但要形成条文还要有一个过程。所以今年还是要集中精力搞好转换企业经营机制这个条例。

第二点，这个条例很重要的一点是要用法律的语言来界定所有权和经营权。这里要特别强调，一个厂长对国家授予其管理和经营的国家财产，负有什么责任，你不能把国家财产吃掉，要保值、增殖。现在我们有的同志对放权让利讲得很多，当然也是应该的，属于企业的权力应该放下去。但是对一个企业、一个厂长应对国家承担什么责任讲得太少了。现在有的企业把国家财产吃空了，也没人过问。企业亏损，奖金照发，管理混乱，厂长照当，这个状况不能再继续下去了。

第三点，这个条例一定要落实企业的经营管理自主权，核心是人事、劳动和工资奖金分配权。同时也要解决投资和分配两个约束机制，投资不能没有风险机制，分配不能过分地向个人倾斜。说到底，就是要解决企业包盈不包亏的问题。企业从国家拿到很多条件，盈利了，它得到许多好处；亏损了，它没有任何经济和法律责任，那不行。如果这个问题解决不了，这个条例就是不成功的。

国务院已经决定《全民所有制工业企业转换经营机制暂行条例》要在今年尽快出台。准备用三个月写出初稿，然后用三个月协调国务院各部门意见，因为问题不在地方而在国务院有关部门。很多地方同志顾虑这个条例发下去有没有用，我看关键是我们政府各部门意见是否一致。各部门有各部门的实际问题，不大容易统一。最乐观的估计是上半年把协调工作做好，7月1日发布试行。这是最理想的情况了。为了搞好这项工作，我昨天上午对10个省的同志提出要求，请他们把国家体改委现在拿出的这个条例草案带回去。大家认为这个条例草案虽然还不成熟，但有比没有好得多，并给予了较高的评价。我请他们1月23日在国务院生产办召开的各省、区、市经委主管企业工作的主任会议上，把修改好的本子带来，或者另起炉灶，自己另搞一个也可以。请这10个省的同志回去向省委、省政府主要领导同志汇报，一定按期交卷。要动员各地体改委、经委、计委及企业界的同志共同来修改。今天我也向其他省、区、市同志提出这个要求，请回去后把文本修改好，开会时带来。有的同志说要求太快了。同志们，你们不是说着急吗，我们也很着急。其实现在企业存在的问题大家都清清楚楚，就是要拿出解决的办法来。我对有关部门特别是劳动部、人事部、财政部、银行等部门的同志也提出了要求，请他们回去后向主要领导同志汇报，并把这个条例草案改出来。修改时不能回避矛盾，而要提出你们的意见，觉得哪里不行就提出修改意见，大家都来探索改革的路子。

下面我就如何修改这个条例草案谈几点意见：

一、明确方向，分期达标

这个条例不是只管一两年，而是长期起作用的，同时又只能是逐步完善的。要先把这个法规立起来，明确改革的目标方向，但是，达到目标要有个过程，只能逐步达到。有了目标、规范和达标的步骤，同时还要有配套措施，否则也实现不了。例如：企业没有辞退职工的自主权，就不能自主经营、自负盈亏。企业要能够辞退职工，就必须完善配套政策、措施，比如要健全待业保险等社会保障制度，搞好转业培训，建立职业介绍所，有领导地广开生产经营门路、兴建公共工程、发展第三产业，并给以必要的税收优惠政策等。条例不包括这些内容，“劳动力的合理配置”和“关停并转”就很难顺利进行，甚至可能产生负面效果。

有的只好提出目标，以后再分步骤实现。例如，企业拥有自主定价权是转换企业经营机制的重要条件。理顺价格和形成合理的价格机制，要积极抓紧进行，价格要有计划地逐步放开。当前，消费资料产品绝大部分已经供过于求，因此除个别产品还要由物价部门直接定价外，可以由企业自主定价。生产资料产品中，大多数产品都可放开价格，少数关系国计民生的产品，如石油、煤炭等，供求缺口较大，现在还要由国家管理价格。但是改革的目标要明确，这些暂时实行“双轨制”价格的生产资料产品，都要逐步实行价格“并轨”，并向市场价格靠拢。具体实施时，则要考虑生产下游产品的企业和社会的承受能力，积极而又稳妥地进行。

二、划分责权，转变职能

制定条例要把重点放在划分责权方面。国家把管理权授予企业了，企业应该向国家承担什么任务，承担什么责任，条例都要有明确规定。总是完不成任务，厂长就应该下台，不能容忍企业连年处于亏损状况。亏损一年要黄牌警告，第二年要“以观后效”，如果继续亏损，那就对不起，再好的厂长也要请他“另谋高就”了，这就是“责”。既然给了他这个“责”，就要给予他相应的权力。也就是说，政府各部门只能对他进行监督。我们的责任就是监督他不能把国家财产给吃掉了，他承担的任务要完成。至于他怎样完成任务，我们在微观上不干预，但要有宏观调控，那就是要通过国家法律、政策以及国家宏观指导和间接调控来实行监督。企业的发展规划、经营决策，你都要去干预，那不行。现行的许多制度，甚至对包括项目审批制度，都要逐步进行改革。如果企业建立了自我约束的投资机制，银行也建立了一个贷款风险机制，就是说银行也有经济责任，不再把风险转嫁给国家，都有了约束机制，层层审批就没有必要了。现在你审批项目，企业也不照你的做；你不批准，企业也照样上。当然这不能允许，但实际又管不住，所以说，要划分责权。

对企业怎样进行监督？可以考虑一些组织形式，比如说有些资本主义国家的国营企业的监事会可以借鉴。我想我们的大型企业是不是也应该有这么一个监督机制。监事会可以包括政府代表、职工代表、企业界的代表、银行界的代表，以及管理学家的代表。由监事会来监督审计。但实际上真正的财务账目，是委托会计师事务所、会计公司来审计的。据我了解，国外的会计公司是很厉害的，比财政部门的一些驻厂专管员要厉害得多，是按法律办事，不是按个人意志办事的。会计公司如果营私舞弊，要受到严厉的惩罚。一年前，一个国家的一个大会计公司，因为一桩舞弊案子，被宣布破产。破产采取扫地出门的办法，会计公司所有合伙人的财产全部没收,只留给他们一部小汽车。所以,会计公司是要承担法律责任的,不能营私舞弊。公司的财务报告只要会计公司一签字,哪些能打入成本,哪些不能打入成本,就定了。财政部门就根据这个来审定企业是否偷税漏税。如有漏税或其他侵吞国家财产的行为,构成犯法,你就得罚款、坐牢。我们是不是也可以采取这样的形式,在厂长任期内进行审计。如果等任期满了以后去审计,厂子都搞垮了,几千万、上亿元都"黄"掉了,再去审计,再撤他的职,还有什么用?!我看每年都应该对每一个大型企业以及部分中型企业进行审计,检查它们的资产负债表和损益计算书。当然,这就要相应改革现有的企业会计制度,使之符合国际经济规范。同时,要加强会计师事务所、会计公司的建设和管理。现在许多地方在进行股份制企业试点和公开发行股票,但是又没有改革会计制度和经过合格的会计公司进行审计,这是不能得到社会承认和保障公众利益的。

要求企业转换经营机制,政府机关必须转变职能,否则,企业的经营管理自主权不能落实。要按照"政企分开,职能转变,宏观管住,微观放开"的原则,把政府机关的职能转变和机构改革、精兵简政结合起来,并对计划、投资、财政、税收、金融、商业、外贸、物资、劳动、人事等现行体制进行改革,才能真正保证企业自主权的落实,完成企业经营机制的转换。

这里有一个重要问题,就是国家的所有权如何体现。目前有几种意见:一是由国有资产管理局代表国家对企业行使所有权;二是由行业主管部门或集团总公司代表国家行使所有权;三是成立国家投资公司,代表国家作为企业的"老板"来行使所有权;四是由行业主管部门委托某一机构,包括企业的董事会来行使所有权。所有权包含什么内容,有的同志提出政府不但要对一切企业行使社会行政管理权,还要对国有企业行使运营管理权,即对企业的国有资产保值、增殖负责。问题是如果像这样一个"所有权的代表",职能又难以明确界定,很难保证不与企业的经营管理自主权碰头,你又要"行政管理",又要"运营管理",又要对企业资产的保值、增殖负责,那你能不干预企业的"经营决策"吗?企业的"婆婆"已经够多了,再有一个"老板",问题就更加复杂了。我有个初步的想法,是不是所有的企业都要有一个"所有权代表"?似乎不一定要找出一个"所有权代表",因为全民所有制企业的所有权属于全体人民,人民委托政府行使国家所有权,政府又把经营管理权授予企业。政府主要通过政策、法律来进行间接的宏观管理,通过获取资产收益、税收、监督企业经营状况和考核企业领导人业绩来体现所有权,而不是靠行政指令直接管理企业。这个问题存在不同意见,今后还可继续探讨,现在形成条例的条件还不成熟。

所谓"政企分开",就是说政府主要搞好宏观调控,制定法律法规、发展战略和产业政策,控制总量平衡,调整产业布局,综合运用经济杠杆,汇集并向企业提供经济信息。政府行为主要运用经济手段,按价值规律、市场规律办事。

政府行业管理部门的职能,也主要是做好"规划、协调、监督、服务",不干预企业的"人、财、物"和经营决策自主权。所谓监督也主要是通过法律手段,利用社会组织和律师、会计师等"国家不付工资的经济警察"来实施。这比政府机构直接干预的效果要好得多,政风、党风也会好得多。

三、定出规范,依法治厂

条例中所有条款都应该用法律语言,要讲得很明确,要把实质性的矛盾提出来,敢于去碰硬,提出解决的办法。笼统地写,你回避了矛盾,那就是说你根本不准备去解决问题。可以说,这个条例,很多问题都是针对各部门现行的不合理规定的。那就要改革,对现行的规定进行改革。不改革,这个条例是解决不了问题的。如果把这个条例制定出来了,变成一个全国的法规,我看企业就好管了。依法治厂,就可以从严。违反了条例规定,就六亲不认,该处分就处分,该撤职就撤职。

关于分配,关键是要控制工资总额。转换企业经营机制必须包括自我积累、自我改造、自我发展。因此,企业工资总额的增长不能高于该企业经济效益的增长;职工实际平均工资的增长也不能高于该企业劳动生产率(按净产值计算)的增长。现在的工效挂钩办法,存在着挂盈不挂亏、挂上不挂下的现象,需要完善。同时,也应解决企业有效益、有工资基金而不能发奖金等控制过死的问题。为了落实企业的分配自主权,可以考虑由企业根据国家规定的工资和效益挂钩比例的办法自行确定工资总额。为便于控制,工资总额必须包括所有工资奖金、津贴等工资性支出,所有单项奖都应纳人工资总额之中。在工资总额的限度内,企业可自主决定企业内部的工资形式和奖金分配办法。但是必须接受财政、银行审计等政府有关部门的监督,有条件的可以逐步由国家认可的会计事务所审查、监督。企业的经济效益要包括全面的指标,不能只是一个指标,特别不能只是产值指标。大家倾向于用实现利税来综合代表企业的经济效益。企业应该考虑将效益增长的部分首先用于资产的增殖。如果企业效益增长快,相应的工资增长也快,可以提取一部分用于建立工资储备基金。今年盈余,明年亏了,可以用来弥补。如果企业没有工资基金储备,今年盈利多,全部分光了;

明年亏了,奖金还要发,又没钱,就找银行借钱,或者挪用专项资金,吃老本。这不行。

总之,制定条例要抓住几个重点,切实解决几个关键性问题,重点要十分明确,可操作性要强。可操作性不强,那就没有必要搞条例了,因为我们已经有《企业法》了,制定这个条例的目的就是为了使《企业法》能够进一步贯彻实施。

劳动部和国务院生产办公室发出对关停企业被精简职工实行待业保险的通知

通知说,为了保障企业关停后被精简职工的基本生活,决定对经省、自治区、直辖市人民政府或其授权的市(设区的市或相当于设区的市一级)人民政府,或国务院有关产业主管部门批准关停的,已缴纳待业保险基金的企业中被精简的职工,比照 1986 年国务院《国营企业职工待业保险暂行规定》有关对濒临破产企业法定整顿期间被精简职工的规定实行待业保险。

这些关停企业在法定整顿期间,为组织职工开展生产自救和转业训练确需待业保险基金扶持的,可按照 1990 年 3 月 23 日劳动部《关于使用职工待业保险基金解决部分企业职工生活问题的通知》中有关规定办理。

通知要求对被精简的职工,各地劳动部门要及时办理待业登记,按照规定发放失业救济金及有关费用,并根据待业职工特点和社会需求,有针对性地组织转业训练,扶持待业职工开展生产自救。对符合用工单位要求的,在同等条件下优先推荐就业。

中国人民银行和各专业银行交通银行保险公司的全国分行行长分公司总经理会议在北京召开

中国人民银行行长李贵鲜在会上说,去年的金融形势相对平稳,银行各项贷款和货币发行基本上控制在国家批准的计划指标之内。贷款结构比较合理。与上年比较,新增贷款中,农业贷款比重上升了 2 个百分点,技改贷款比重上升了 5.5 个百分点,流动资金贷款比重下降了 1.2 个百分点。这种信贷结构的调整,对于支持农业发展和搞好国营大中型企业起了积极作用。但是,资金占用多、使用效益差的问题仍比较突出。

李贵鲜要求各家各级金融机构,继续努力吸收各项存款,保持信贷资金来源稳定增长。严格控制贷款总规模。要把支持农业放在信贷工作的首位,积极发展农村保险事业,继续增加对国营大中型企业的信贷投入。对继续生产积压产品的企业,开户银行采取停贷限贷措施后,其他银行不得以任何借口对其发放贷款。同时,要管好用好国家重点建设项目和大中型建设项目的资金,防止出现新的重复建设、盲目建设。

李贵鲜强调,银行要把支持发展第三产业作为支持调整产业结构的一项重要工作来抓。积极支持创汇效益好的出口产品的生产和收购,积极帮助和督促外贸企业、物资企业和商业企业处理库存积压,保持合理的库存结构和储备,加速资金周转。

外交部部长钱其琛同几内亚外交部长让·特拉奥雷在科纳克里举行第一轮会谈

芬兰总统毛诺·科伊维斯托接见中国新任驻芬兰大使乔宗淮

全国人大常委会委员长万里在人民大会堂会见由议长海茵兹·费舍尔率领的奥地利国民议会代表团

国家教委 1992 年教育工作会议结束

国务院总理李鹏,副总理姚依林、田纪云、邹家华、朱镕基,国务委员李铁映、王丙乾、陈希同、陈俊生等出席会议。

李鹏在会上发表讲话指出,近年来,全党全社会对教育工作重要地位和作用的认识发生了很大变化。中央的方针逐步深入人心。许多省、市、自治区还提出了"科教兴省"的方针。他希望各级政府继续重视和关心教育工作,加强对教育工作的领导。他说,在发展教育事业和深化教育改革中,会遇到一些矛盾,单靠教育部门难以解决,需要地方政府加强统筹和协调。中央有关部门要支持地方根据本地实际情况为发展和改革教育作出的决策。他提出,随着经济的进一步发展,各地要尽力增加一些教育经费。同时,地方在执行中央大政方针和有关政策的前提下,要支持通过多种渠道筹措教育经费。

李鹏强调,要把建设一支又红又专的教师队伍,全面提高教育质量,摆在教育工作的突出位置。他说,我国教师队伍总体上是好的。但从发展的需要看,无论是思想政治素质,还是业务素质,都有一个提高的问题。今后,在继续改善办学物质条件的同时,不断提高教师的思想政治和业务素质。他希望各地政府多为广大教师办一些事,继续改善他们的工作条件和生活条件。同时,学校还要稳步进行人事制度和分配制度的改革,进一步提高办学质量和效益,并通过改革建立起一个能够激励和调动广大教师积极性的内部运行机制。

会议期间,国务委员兼国家教委主任李铁映和部分省市的负责人进行座谈,听取他们对当前教育形势的分析和对教育工作的意见。李铁映在座谈中就进一步强化教育的战略地位，确保90年代教育事业持续、稳定、协调发展；全面贯彻党的教育方针，加大改革的分量和步伐，提高教育质量；加强教师队伍建设，提高教师待遇等问题发表讲话。

30个省、自治区、直辖市主管教育的负责人在会上交流了深化教育改革和发展教育事业的经验。国家教委提出了今后教育工作的思路，并部署了今年的工作。国家教委提出，1992年各地教育部门要全面组织实施教育事业"八五"计划和十年规划，保证教育事业持续稳步协调发展；扩大并深化城市、农村教育体制的综合改革和高等教育体制的改革，并相应深化各级各类教育的改革；要继续增加对教育的投入，进一步改善办学条件和教师待遇。

宁夏烟草专卖局原局长杨杰因贪污受贿被判无期徒刑

宁夏回族自治区烟草专卖局原局长、党组书记兼自治区烟草公司经理杨杰等人贪污受贿一案经宁夏回族自治区高级人民法院终审判决，杨杰及公司销售处长王艳菊被判处无期徒刑，剥夺政治权利终身；其他7名同案犯分别被判处有期徒刑，另有2名被告被免予刑事处分。执法机关已依法追缴、没收赃款赃物20万元，没收个人财产6.5万元。

1月11日

中共中央总书记江泽民在钓鱼台国宾馆会见日本社会党委员长田边诚

江泽民代表中共中央对代表团的来访表示热烈欢迎。他说，今年是中日邦交正常化二十周年，现在中日关系很好，相信通过二十周年的纪念活动，两国友好合作关系将得到进一步发展。

江泽民说，日本社会党为发展中日友好关系，为维护亚洲及世界和平作出了积极的努力。日本社会党许多朋友为中日友好事业贡献了毕生的精力，我们对此表示感谢。

江泽民对中国共产党同日本社会党的友好合作关系得到不断发展表示高兴。他说，田边诚先生多次来中国访问，是中国人民熟悉的老朋友，相信通过这次访问将推进我们两党关系和两国人民友好关系的发展。

江泽民说，由于中国实行改革开放政策，国力得到增强，经济得到发展，人民生活水平得到提高。实践证明，这个政策是十分正确的。中国将坚定不移地沿着建设有中国特色的社会主义道路走下去。

江泽民还同日本客人就共同关心的国际问题交换意见。

国家主席杨尚昆在吉隆坡希尔顿饭店会见马来西亚总理马哈蒂尔

杨尚昆和马哈蒂尔总理就双边关系、国际形势和其他共同感兴趣的问题交换意见，取得广泛的一致。

对近几年来两国关系的发展，双方都表示满意。杨尚昆说，中马是近邻，历史上有着传统的友好往来。近年来，两国关系取得了长足进展。两国经济互补性强，合作领域很广阔。他说："我们欢迎马来西亚商人到中国投资，也鼓励我们的公司到马来西亚投资，两国可以交换的商品还很多，应该进一步努力扩大双边贸易。中国愿意同马来西亚在平等互利、共同发展的基础上加强各个领域的合作，使两国友好关系再迈上一个新台阶。"

关于当前国际形势，双方都认为，国际形势发生了剧烈变化，以前的两极体制已经结束，一些地区冲突也逐步趋向政治解决，然而世界局势仍然动荡不安，世界仍面临严峻挑战，建立公正合理的国际政治、经济新秩序是各国人民的共同希望。杨尚昆说，马哈蒂尔多次关于国际新秩序的论述讲得很有道理。他指出："我们认为，新的国际秩序应包括政治经济两个方面，应该建立在和平共处五项原则和联合国宪章的基础上，核心是互不干涉内政。国家不分大小、贫富、强弱，都应一律平等，都有权参与国际事务。建立国际政治、经济新秩序是各国人民的共同任务，我们愿同马来西亚和世界各国为此共同努力。"

谈到人权问题时，杨尚昆说："人权是当今国际社会普遍关心的问题，中国向来重视人权。我们认为人权有广泛的内容，对于广大发展中国家来说，生存权和发展权是最基本的人权。观察各国的民主自由人权状况时，不能离开那个国家的历史文化传统、经济发展状况和社会制度，不能把一个国家和集团提出的标准作为唯一标准强加给别国，更不能利用人权干涉别国内政。"

关于中国和东盟的关系，杨尚昆说，东盟国家和中国是近邻，近年来，彼此关系有了很大发展，现在中国同东盟6国都已建立了外交关系，同东盟各国的友好合作关系已进入了全面发展的新时期。中国与东盟对话的进程已经开始。

会见时，吴学谦、徐敦信、王文东和中国驻马大使金桂华等在座。

全国国家安全机关政治工作会议在北京召开

国家安全部部长贾春旺在会上作大力加强国家安全机关政治工作和加强国家安全干部队伍建设的报告。会议以党的十三届四中全会至八中全会精神和党中央有关加强国家安全工作的一系列重要指示为指导，总结国家安全部组建以来的政治工作经验，研究新形势下国家安全机关政治工作和队伍建设面临的新情况、新问题，明确今后一个时期国家安全机关政治工作的指导思想、主要任务和措施。

会议认为，国家安全部组建8年来，各级国家安全机关在党中央、国务院和各级党委、政府的领导下，认真贯彻执行党的十一届三中全会以来的路线、方针、政策，坚持一手抓业务工作，一手抓队伍建设，坚持"从严治警"的方针，大力加强党的建设、干部队伍建设和思想政治工作，狠抓廉政建设和依法行政，使国家安全机关的政治工作得到了加强，干部队伍的政治素质、业务水平有了明显提高，经受住了各种考验。

会议认为，当前国内外形势都有新的发展和变化，国家安全机关的政治工作面临着新的情况和新的问题，干部队伍面临着反对和平演变的考验，改革开放和发展商品经济的考验，执政的考验。国家安全机关的政治工作要以马克思列宁主义、毛泽东思想为指导，继承和发扬我党政治工作的优良传统，服从和服务于党在社会主义初级阶段的基本路线，保证党在政治上、思想上、组织上对国家安全工作的绝对领导，保证党和人民赋予国家安全机关的各项任务的完成。

国务院总理李鹏在中南海紫光阁会见由议长海茵兹·费舍尔率领的奥地利国民议会代表团

李鹏向奥地利客人介绍了中国国内的情况，重点介绍了农村深化改革、科技兴农、在农村建立各种服务体系的问题和进一步提高国营大中型企业的经济效益的问题。李鹏还介绍了当前我国在粮食价格、住房等方面采取的改革措施。他强调说，中国的改革是在政治和社会稳定的前提下进行的。每一项改革措施的实行都充分考虑到企业和人民群众的承受能力。他说，我们改革开放已经10多年了，我们计划再经过10年，使计划经济和市场调节的经济模式逐步形成一个完整的体系。

李鹏说，中国重视发展同奥地利的关系，中国也重视同其他西欧国家的关系。中奥建交以来，两国关系的发展是顺利的，彼此之间没有根本利害冲突，双方可以共同探讨进一步发展经济、文化等各方面关系的可能性。

在谈到人权问题时，李鹏说，我们不反对就人权问题进行平等的、心平气和的讨论，目的在于增进了解，做到这一点的前提是相互尊重。我们反对别国借人权问题干涉中国的内政和施加压力。

全国工商联第六届执行委员会第四次会议下午在北京闭幕

中共中央政治局委员、国务院副总理田纪云到会讲话。

中共中央政治局候补委员、书记处书记、中央统战部部长丁关根指出，工商联是在党领导下，主要做非公有制经济代表人士的思想政治工作，成为党和政府联系他们的桥梁，政府管理非公有制经济的助手，这是历史赋予工商联的光荣而艰巨的任务。

丁关根指出，对非公有制经济代表人士进行工作的基本方针是：团结、帮助、引导、教育，不是像50年代那样搞社会主义改造。这是我们在工作中必须掌握的政策。团结、帮助、引导、教育是完整的、统一的。团结就是要在爱国主义、社会主义的旗帜下，团结他们为改革开放、建设四化、振兴中华而奋斗。帮助就是要维护他们的合法权益，反映他们的正确意见，在政策允许和可能的范围内，帮助他们解决一些实际困难，为他们提供各种服务。引导就是引导他们在发展生产、活跃经济、方便人民生活、解决待业和对外开放等方面发挥积极作用，抑制其盲目发展不利于国家宏观调控和不利于社会收入分配协调的消极作用，使其发展范围趋于比较合理，真正起到有益的补充作用。要引导他们遵纪守法，文明经营，照章纳税，获取合理利润；积极扩大再生产，从事国家允许并符合产业政策的行业，带动更多的人共同致富；克服冲击国家计划，盲目经营，偷税漏税，追求暴利的行为。教育主要内容是爱国、敬业、守法，对非公有制经济代表人士的教育应有不同的层次：对三胞投资者主要是介绍党和政府的方针、政策、法令、法规，要求他们遵纪守法，办好企业，热爱祖国，振兴中华；对个体工商户、私营企业主进行党的基本路线教育，包括坚持四项基本原则和改革开放的教育，爱国主义、集体主义教育，法制法规教育，职业道德教育。通过教育，使他们正确对待国家，社会和个人的利益关系，遵守国家的政策法令，履行应尽的社会责任。丁关根最后说，当前，最关键的是要集中精力把经济搞上去，把我们自己的事情办好。在新的一年里，让我们遵照党的"一个中心、两个基本点"的基本路线，坚持党的领导，坚定社会主义信念，搞好精神文明建设，团结、稳定、改革、发展，按照既定的目标，把工商联工作推向前进。团结一心，共同奋斗，在中国共产党的领导下，实现历史赋予工商联的光荣使命，为建设有中国特色的社会主义作出新贡献。

在闭幕会上，全体执行委员一致通过了《中华全国工商业联合会第六届执行委员会第四次会议决议》。决议号召工商联各级组织及广大会员，认真贯彻执行中共中央对工商联工作的指示精神，充分发挥统一战线性质的人民团体和民间商会的作用，发扬"爱国、敬业、守法"的传统，扎实工作，为迎接党的十四大召开、为建设有中国特色的社会主义做出新的贡献。

全国省市区纪委书记、监察厅(局)长会议在北京召开

根据中共中央、国务院的决定,中纪委、监察部从今年开始合署办公,实行一套工作机构,履行党的纪律检查和行政监察两项职能的体制。

全国交通工作会议在北京开幕

国务院副总理朱镕基在讲话中强调要继续深化改革,扩大开放,依靠地方,服务群众,促进交通运输和基础设施产业的迅速发展。

朱镕基充分肯定交通战线广大干部职工的优异成绩。他希望交通运输要有更大发展,为振兴我国工业提供雄厚基础。要通过继续深化改革,重点是搞好企业内部改革,转换内部经营机制;同时依靠地方,继续加快发展交通运输和基础设施发展。

党和国家领导人江泽民、乔石、宋平等参观第二届全国轻工业博览会

国务院总理李鹏在北京接见参加全国轻工业厅局长会议代表

李鹏说,轻工业生产关系到国计民生,与广大人民群众的生活有密切的联系,党中央和国务院十分重视轻工业的发展。改革开放以来,我国的轻工业有了很大发展。不管是轻工产品的产量、质量,还是花色品种,都有很大的提高和增加。现在,我国市场繁荣,商品琳琅满目;有更多的轻工产品进入国际市场,改变了我国出口产品的结构,成为出口创汇的重要产业。但是,轻工战线的同志不能满足。在新的一年里,轻工业面临着调整产品结构,增加花色品种,提高产品质量,改进售后服务,提高经济效益等很多任务,需要继续努力。

李鹏说,要把轻工企业进一步推向市场。只有产品满足市场的需求,企业才会有生命力。我们不仅要注意城市的市场变化,同时要进一步开拓农村市场。要有更多的适合不同地区、不同层次农村农民需要的各种产品。企业要深入了解市场,要仔细分析老年人需要什么,儿童需要什么,青年人需要什么。沿海和内地市场需求有什么不同。现在一些轻工企业的困难主要是由于产品不适销对路或生产能力大于市场的需要引起的。如果解决了走向市场过程中的薄弱环节,我国轻工业生产将出现新的前景。

李鹏说,轻工企业扩大出口大有可为。要通过多种途径、多种形式,使一批轻工企业的产品更多地进入国际市场。这是改革开放的需要。轻工企业要有适合国际市场需要的质量高、包装好的产品和建立销售渠道和网点。对一些新产品和新兴行业,要加强研究和开发。既要继承和发扬我国优秀的传统技术,又要引进和吸收国外的先进技术。对老产品要及时更新换代,同时要重视关系到千家万户的小商品的生产,使我国轻工业在 90 年代登上新台阶。

国务院副总理朱镕基主持座谈会并讲话。

国务院副总理田纪云在国办召开的农科教三结合工作座谈会上发表《农科教结合是实现农村小康的根本途径》的讲话

第一,90 年代实现农村的"小康"有没有可能?我们回答是肯定的,完全有可能。

党的十一届三中全会以来,我们在农村进行了广泛而深刻的改革,逐步制定和采取了一系列正确的政策、措施,特别是实行了以家庭联产承包为主要形式的责任制,从而大大调动了广大农民的生产积极性,为我国农业注入了新的生机和活力。最近,党的十三届八中全会作出的《决定》,给广大农民吃了一个最大的"定心丸"。人的积极性,是生产力最基本的要素。不管什么措施都得通过人去做,没有人的积极性,什么措施都没有用。所以,要稳定和完善农村政策,坚持这样做,实现"小康"就有保证。

关于进一步增强对农业的投入问题,《决定》也作了明确的规定。现在实际上已引起了各级政府的重视。

我们讲发展农业一靠政策、二靠科技、三靠投入,这里讲了一个政策、一个投入问题。政策是把农民的心稳住了,解决了积极性的问题。投入是解决了生产的物质保障问题,为生产的发展创造了客观条件。从这两点讲,形势是好的。

第二,实现"小康"目标具备不具备条件?我的回答也是肯定的,条件是不错的。

首先,种植业方面的潜力仍然很大。虽然,我们粮食生产已经达到 4250 亿公斤以上,但是只要继续努力,进一步增加粮食产量是有可能的。不一定要扩大多少种植面积,重点是在提高单产上下功夫。全国 15 亿亩耕地,如果平均每亩提高 50 公斤的产量,那就增加 750 亿公斤,提高 100 公斤,就可以增加 1500 亿公斤。关键是大面积提高单产,这要靠科技。

其次,完全有条件进一步拓宽农业生产领域,开发新的资源,向农业生产的广度和深度进军。我们要树立大农业的思想。现代农业不单纯是一个种植业,它必须包括林业、牧业、渔业以及各种养殖业等等,还必须包括作为农业命脉的水利建设。多种经营,农林牧副渔全面发展，这就是广度和深度。开发新的农业资源，也是拓宽农业生产领域，向广度、深度进军的一项重大措施。

再一个就是要调整农业生产结构，走优质高效的路子。农业生产不能单纯追求数量，要讲质量、讲效益，要让农民生产同样数量的东西可以卖得更好的价钱。这也是帮助农民致富、实现"小康"的一个重要途径。也是拓宽生产领域、向广度和深度进军的重要问题。

还有一个问题，发展农村经济，仅仅搞种植业，仅仅搞多种经营，仅仅靠农产品的优质高效，还不够。今后10年要实现农村的"小康"，以至下步的现代化，必须大力发展第二、三产业，特别是乡镇企业，必须把从事种植业的劳动力转移相当一部分到非农产业。在这方面，要有一个大的突破。无工不富决不是个口号。现在东部、中部、西部之间富裕程度的差距在哪里？我看，主要的一条是西部乡镇企业发展水平低。这不仅是农村经济发展和改革问题，还涉及农业剩余劳动力的出路问题。

第三，推动农村科技进步，提高广大农民的科学文化素质，培养一大批掌握现代科学技术的人才，是把我们的有利条件变成现实生产力的关键所在。

我们走了不少地方，对各地的发展情况也进行了比较，深深感到农民素质、干部素质不同，生产和工作水平就不一样。人才问题，是致富的根本问题。如果一个村能培养一、两个善于带领群众致富的人才，我看比给多少钱都重要。我们要发展农业生产力，实现"小康"，就必须抓科技、抓人才。如果说科技是农业和农村经济发展的动力，我看掌握科学技术的人就是这个动力的基础。没有一定科学文化素质的人，科技是变不成生产力的。把农业发展同科技开发、智力开发结合起来，这是生产力发展的客观要求。

我们这次座谈会，说它重要，就重要在引起大家对农业、科技、教育相结合的重视。对农科教结合，不仅在宣传上要造舆论，提高思想认识，而且在实际工作中要加以重视，并采取一些政策措施促进结合的落实。我看，实行农科教结合是实现"小康"目标的最根本途径。我们从现在起，就应当把农科教结合提到议事日程上来，加以重视，加以研究。农科教结合，对三者都有利。对农业来讲，是促进了农业生产力的进一步解放；对科研部门来讲，是科技有了用武之地；对教育来讲，是方向、目标更明确了，发展更健康了，形成了三者互为条件、互相推动的良性运行机制。

会议于8日至11日召开。

全国100个农村能源综合建设县工作会议在北京开幕

会议在总结我国"六五"、"七五"期间农村能源综合建设试点示范工作经验的基础上，部署安排"八五"期间100个县的农村能源综合建设工作。

国家主席杨尚昆在吉隆坡就中马关系和一些重大国际问题回答记者提问

关于中马贸易合作问题，杨尚昆说，近几年，中马经贸发展迅速。1988年到1991年11月，双边贸易均保持了两位数的增长。估计1991年双边全年贸易额达13亿美元左右，创历史最高纪录。中马贸易的互补性很强，潜力很大，可交换的商品很多，经济技术合作也各具优势。他希望1992年两国的经贸界人士增加来往，加深了解，努力扩大合作领域，发展双向贸易和技术贸易，把合作潜力变为现实行动。

在回答记者提出的中国对"东亚经济会议"的建议有何看法时，杨尚昆说，亚太地区是当今世界上经济增长最快、最有活力的地区。中国作为亚太地区国家，十分重视本地区各国之间的经济合作。面对国际上经济区域化和集团化的挑战，亚太地区国家也在探索区域经济合作的途径。中国一向重视并积极参加亚太地区的经济合作，认为此种合作机制应是开放的、互利的，并且符合本地区多样性的特点。中国已参加了亚太经济合作部长级会议。对马来西亚提出的成立"东亚经济会议"的建议，中国一开始就持积极态度，并一直关注其发展。中国认为这一构想对推进地区经济合作是有积极意义的。

谈及发达国家日益增长的贸易保护主义时，杨尚昆指出，这种倾向是国际贸易发展的一个障碍，不仅损害了发展中国家的利益，而且从长远看对发达国家也会带来不利的影响。有鉴于此，发展中国家应加强磋商，协调行动，维护共同的利益。

在谈到苏联的解体和东欧的剧变时，杨尚昆说，一种社会制度或者一种社会变革有无生命力，关键要看它是否符合本国的国情，是否促进社会生产力的发展，是否能改善人民的生活。中华人民共和国成立后，特别是实行改革开放以来，在经济建设和改善人民生活方面取得了举世公认的成就。现在中国政治稳定，经济发展，民族团结，社会安定。苏联的解体、东欧的剧变使中国人民更加坚定了走建设有中国特色的社会主义道路的信心。

有记者问杨尚昆主席如何看待中国在世界新秩序中所起的作用，杨尚昆说，中国主张在互相尊重主权和领土完整、互不侵犯、互不干涉内政、平等互利、和平共处五项原则基础上建立国际新秩序。其核心是尊重各国人民决定自己命运的权利。世界是属于世界人民的，国际新秩序要靠世界各国和各国人民共同来建设。国家不分大小、贫富、强弱均有权参与。中国将同各国一道为建立一个和平、稳定、公正、合理的国际新秩序作出贡献。

国务院总理李鹏在中南海紫光阁会见日本社会党委员长田边诚率领的日本社会党访华团

几内亚总统兰萨纳·孔戴在科纳克里会见国务委员钱其琛

外交部部长钱其琛在科纳克里同几内亚计划和国际合作部长易卜拉希马·西拉举行会谈

双方就中几两国在各个领域里的合作交换意见，并对这种富有成果的合作表示满意。

会谈结束后，钱其琛和西拉部长分别代表本国政府签署经济和技术合作协定。

中国美国贸易问题研讨会在北京举行

美中贸易委员会商务咨询服务部主任彭启仁、美国政府国际贸易委员会负责国际贸易关税政策及实务的专家苏麟、美中贸易委员会高级商务顾问包婷雅、中国贸促会驻美首席代表卢龙等就如何进一步发展中美贸易，作了研究和讨论。

中共中央政治局常委宋平视察中国农业科学院并与农业科学家座谈

在座谈会上，卢良恕、鲍文奎、庄巧生、刘志澄、刘更另等科学家发言，感谢中央对农业科技工作和农业科学家的关怀，并就农业科技体制、农业科技投入、农业科技人才培养等问题，提出意见。

宋平在座谈会上指出，中国农科院建院以来取得很大成绩，为经济建设作出了很大贡献，是农业科技战线上的一支主力军。发展我国农业，一靠政策，二靠科技，三靠投入。政策、方针问题党中央、国务院都已作出明确的规定，问题是要进一步落实。在谈到农业科研体制问题时宋平说，农业科研体制要考虑农业的特点，考虑农业自然区划，避免分散、重复，把有限的财力、物力用好。要树立大农业思想，充分利用现有耕地，并着眼于水面、滩涂、草原、丘陵、山区的合理开发和利用。要解决好科研、开发和推广的结合，增强科研单位的活力，逐步建立农业科技发展基金。宋平还希望老科学家继续多作贡献，培养更多的青年人，使我们这个农业大国，在农业科技上对世界作出更大的贡献。座谈结束时，中国农业科学院党组书记沈桂芳表示要认真贯彻宋平的指示，以搞好科研工作的实际行动来回答党中央领导同志对农业科研工作的关心。

今年全面实行高中毕业会考制

1月12日

全国卫生工作会议在北京召开

国务委员李铁映出席会议并讲话。李铁映指出，卫生发展的根本出路在于深化改革，通过改革来建立适合我国国情、国力的卫生体制，用有限的卫生投入取得更高的健康效果。改革态度要积极，但措施要周密，步子要稳妥。1992 年要进一步抓好各省试点工作，在总结过去经验的基础上，加快医疗制度改革的进程。

会议上，卫生部部长陈敏章指出，卫生事业是公益性的福利事业，卫生事业的根本出路在于深化改革。卫生管理体制的改革要同社会医疗保健制度的改革配套实施，动员全社会共同投入。

会上着重讨论了《中国卫生发展与改革纲要》。会上还研究部署了今年的卫生工作。

九三学社八届四中全会在北京开幕

会议认为，不久前召开的中国共产党中央工作会议和十三届八中全会，分别就搞好国营大中型企业、加强农业和农村工作作出的决定、决策，对于促进国民经济持续、稳定、协调发展，实现我国社会主义建设第二步战略目标，具有十分重要的意义，充分体现了以江泽民同志为核心的中共中央，紧紧抓住经济建设这个中心，坚持四项基本原则，坚持改革开放，建设有中国特色的社会主义的坚定决心。

会议要求九三学社各级组织和全体成员深入学习贯彻中共中央工作会议和中共十三届八中全会精神，坚定不移地走有中国特色的社会主义道路，在认真搞好自身建设的基础上，努力发挥参政党的作用，充分发挥智力密集的优势，为振兴经济，增强综合国力，特别是在科技教育兴农、扶贫开发、发展高科技产业、搞好国营大中型企业技术改造等方面，献计出力，多做好事、实事。

九三学社中央名誉主席金善宝，副主席郝诒纯、安振东、王文元、杨櫵、吴阶平、陈明绍、陈学俊、赵伟之和中央委员、候补中央委员 184 人出席会议。九三学社中央参议委员会主任王淦昌和中央参议委员 26 人参加会议。

陕西户县发现明代建筑瑰宝公输堂

1月13日

中纪委监察部作出《关于党的纪律检查机关和国家行政监察机关在案件查处工作中分工协作的补充规定》

规定说，为更好地贯彻中共中央纪律检查委员会和监察部《关于党的纪律检查机关和国家行政监察机关在案件查处工作中分工协作的暂行规定》，进一步加强纪律检查机关和行政监察机关在案件查处工作中的协调配合，现在要求：

一、党的纪律检查机关负责受理对各级党组织的检举、控告，对党委、顾委、纪委、人大、政府、政协、军队、法院、检察院、工会、共青团、妇联、武装部等机关团体及其各部门和各类企业事业单位中的中共党员和农村党员违反党纪行为的检举、控告。

二、国家行政监察机关负责受理对国家行政机关及其工作人员和国家行政机关任命的其他人员违反政纪行为的检举、控告。

三、对国家行政机关中的中共党员和国家行政机关任命的其他人员中的中共党员，违反政纪同时又违反党纪行为的检举、控告，纪律检查机关和行政监察机关均可受理。向纪律检查机关和行政监察机关同时提出检举、控告的，双方均应受理。纪律检查机关或者行政监察机关如收到纯属对方受理范围的检举、控告，应及时转送对方。

四、本规定以下各条所称案件，是指涉及双方均有管辖权的同级党委管理的同级政府所属各部门正副职党员领导干部、下一级政府正副职党员领导干部、由国家行政机关任命的其他人员中的党员领导干部的案件，和立案机关认为重要的其他案件。

五、纪律检查机关和行政监察机关对属于本机关受理范围的检举、控告或者领导同志批示办理的案件，在受理后，按照各自的职权范围进行检查或者调查。双方均有权受理的案件，由一方受理时，受理方应将案情和立案决定向另一方通报。必要时可邀请另一方联合办案。事实查清后，需要移送另一方作出处理的，应提前通报另一方，并将立案根据、调查报告、主要证据、与本人见面材料、处分决定等（复制件）抄送给另一方。另一方的处理结果，应及时通报给对方。如果另一方认为事实不清或证据不足，可以向对方查询，也可以自行调查，并将调查情况通报对方。

六、纪律检查机关和行政监察机关同时受理的案件，双方应通报各自的立案决定，并协商检查、调查案件的办法。一方可邀请另一方联合查办，并确定主办机关，或者由一方进行查处，并将查处结果通报另一方。

在联合查办案件的过程中，双方应当密切配合，加强协作。双方联合调查后，应当按照各自的职权和有关规定，分别审理，作出处理决定，并将处理结果抄送对方。在作出处分决定前，双方应充分交换意见，尽可能使党纪、政纪处分相协调。在双方下达处分决定时，应尽可能同步进行。

七、纪律检查机关和行政监察机关对于双方联合调查的和均要给予处分的案件，在公开报道处分决定时，应事先协商报道事宜，并尽可能同步进行。

八、对因同一行为受到党纪、政纪两种处分不服提出的申诉，原经协商由一方承办的，由承办机关负责复查或者复审，并将复查或者复审结论及有关材料抄送另一方。属于双方联合调查的，可由主办机关先行复查或者复审，也可联合复查或者复审。因同一行为受到党纪、政纪两种处分的，如本人只对一种处分提出申诉，由给予这种处分的机关复查或者复审，并将结论通报另一方。

九、纪律检查机关和行政监察机关均有权受理而由一方查处的案件，其案件材料由负责查处的机关归档。另一方应将对方移送来的案件材料归入本机关档案。

属于双方联合调查的案件，案卷正本由主办机关负责归档，副本由另一方负责归档。分别审理的处分材料正本分别归档。

十、本规定自发布之日起执行。过去的规定与本规定不一致的，按照本规定执行。

全国发展研究中心主任会议在北京召开

国务院发展研究中心主任马洪在会上作题为《努力提高政策咨询研究工作水平，更好地适应新形势下的决策要求》的报告。

马洪在报告中提出，各级发展研究中心要"更多地注重现实的紧迫问题的研究"。他列出的国务院发展研究中心1992年11个重点研究课题包括：关于保持国民经济持续稳定协调发展，防止经济过热和通货膨胀问题；关于发展农村社会化服务体系问题；关于改革和完善国营大中型企业经营机制问题；关于建立和健全社会保障体系问题；关于定期分析经济形势问题等等。

《人民日报》发表评论员文章《进一步发扬改革精神》

国务院总理李鹏在人民大会堂接见出席"八五"全国100个农村能源综合建设县工作会议的代表

国务院副总理田纪云在全国海关关长会议上发表

讲话

田纪云强调，海关是促进保卫改革开放的一条重要战线，海关工作要进一步发挥服务和把关职能，更积极更主动地为改革开放服务。

国务院总理李鹏接见中国国际旅行社第一届导游翻译工作会议代表

国务院总理李鹏在人民大会堂会见即将离任的秘鲁大使比利亚兰 卢旺达大使卡拉马盖·奥古斯坦以及突尼斯新任大使穆罕默德·哈比卜·卡巴奇

塞内加尔总统阿卜杜·迪乌夫在达喀尔会见国务委员兼外交部部长钱其琛

外交部部长钱其琛和塞内加尔外交部长吉博·卡在达喀尔举行会谈

中央军委发布命令给海军航空兵某师记集体三等功

中央军委最近发布命令，给海军航空兵某师记集体三等功。

由中央军委主席江泽民签署的命令说，海军航空兵某师在去年夏季参加江苏常州和安徽肥东地区抗洪救灾中，坚决贯彻执行党中央、国务院和中央军委的命令、指示，牢记我军宗旨，不畏艰难，团结奋战，先后抢救和转移5200多名群众，抢运各种物资4000多吨，加固堤坝8200多米，为保卫国家财产和人民生命安全做出了显著贡献。

海军航空兵某师官兵关键时刻过得硬，是他们平时严格训练，严格要求，全面加强部队建设的结果。他们连续安全飞行12年，1990年被评为“全军军事训练先进单位”。他们与驻地21个单位挂钩，共建社会主义精神文明，现有16个被县、市评为精神文明单位。

中国大型信息系统建设初具规模

1991年获得国家科技奖励的958项优秀科研成果高校完成223项

1月14日

中共中央国务院在北京召开中央民族工作会议

中共中央总书记江泽民在开幕式上作题为《加强各民族大团结，为建设有中国特色的社会主义携手前进》的讲话。

中共中央政治局常委、国务院总理李鹏主持开幕式。乔石、宋平、田纪云、丁关根、温家宝、阿沛·阿旺晋美、赛福鼎·艾则孜、廖汉生、陈俊生、杨静仁、司马义·艾买提、罗干等出席开幕式。参加这次会议的有56个民族的350多名代表。

中共中央总书记江泽民在中央民族工作会议上作题为《加强各民族大团结，为建设有中国特色的社会主义携手前进》的讲话

同志们：

党中央、国务院召开的这次中央民族工作会议，是进一步动员全党和全国各族人民，加强各民族的大团结，齐心协力地为实现现代化建设第二步战略目标而奋斗的重要会议。开好这次会议，对于做好今后的民族工作，建设有中国特色的社会主义，必将起到重大的作用。参加这次会议的，有各省、自治区、直辖市和自治州的负责同志，党中央、国务院和有关部门的负责同志，以及长期从事民族工作的一些老同志。我代表党中央、国务院，向全国各族人民，向所有为民族团结进步事业作出贡献的同志们，表示亲切的慰问和崇高的敬意！

下面，我讲几点意见。

一、我国民族工作的巨大成就

民族问题始终是我国革命和建设中的一个重大问题。中国共产党从一成立就非常重视民族问题，积极探索解决民族问题的正确途径。新中国的诞生，开辟了我国各民族历史的新纪元。经过几十年的努力，我们的民族工作取得了巨大成就，积累了丰富的经验，为我们继续做好民族工作奠定了坚实的基础。

在旧中国，各族人民备受压迫剥削，少数民族群众尤其灾难深重。我们党领导各族人民推翻了帝国主义、封建主义和官僚资本主义三座大山，共同缔造了中华人民共和国，彻底废除了一切民族压迫制度，实现了各民族一律平等。建国初期，在全国范围内进行了大规模的民族调查和识别工作。几十个解放前不被承认和处于无权状态的少数民族，堂堂正正地成为祖国大家庭里平等的一员。我们还取消、更改了旧中国遗留下来的对少数民族带有歧视、侮辱性的地名、族名和其他称谓。各民族的宗教信仰和风俗习惯得到充分尊重。各族人民都享有宪法和法律所规定的民主、自由权利和平等的发展权利，都以高度的政治热情和主人翁精神积极参与管理社会事务，平等地商讨和决定国家大事。

在旧中国，少数民族的经济和社会发展长期停滞落后。有的民族仍处在封建农奴制阶段或奴隶制阶段，还有十多个民族保留着浓厚的原始公社制的残余。

新中国成立后，我们党根据少数民族广大群众的愿望，经过同各方面协商，从多种社会形态并存的实际情况出发，采取不同的步骤和方式，先后在民族地区进行了民主改革和社会主义改造，解决了少数民族内部的阶级压迫、阶级剥削问题，确立了社会主义制度。许多原来发展程度较低的少数民族，跨越几个社会发展阶段，实现了社会发展的巨大飞跃。这是中华民族发展史上的伟大变革。

我们全面推行了民族区域自治制度。这种制度把国家的集中统一与少数民族聚居地区的区域自治有机结合起来，把政治因素与经济因素有机结合起来，是完全适合我国国情的解决民族问题的基本制度，是我们党和各族人民的一个伟大创举。全国先后建立了五个自治区、三十个自治州、一百二十四个自治县。在少数民族散居地区，还建立了一千七百多个民族乡。一九八四年又颁布实施了《中华人民共和国民族区域自治法》。这对于保障少数民族充分行使当家作主的权利，对于促进民族地区的发展、边疆的稳定和维护国家的统一，发挥了重要的作用。

四十多年来，特别是改革开放以来，民族地区经济落后的面貌发生了巨大变化。一九九〇年，民族自治地方工农业总产值达到两千二百七十三亿元，比一九五二年增长九点八倍，其中工业总产值增长四十六点三倍；城乡社会商品零售总额达到七百八十一亿元，比一九五二年增长三十九倍。一九九〇年与一九八〇年相比，五个自治区的国民生产总值和国民收入都增长了一点三倍。经过四十多年建设，民族地区农牧业的落后状况有了明显改变；过去基本上没有现代工业的大多数民族地区，现在已经建成了一大批工业企业，包括许多国家重点项目；能源、交通、通讯等基础设施显著改善；对外开放的步伐加快，边境贸易取得了突破性进展。一九九〇年，民族自治地方农牧民人均纯收入达到五百四十六元，大部分少数民族群众解决了温饱问题，一部分人已经开始过上比较宽裕的生活。

少数民族和民族地区的教育、科技、文化、卫生、体育等事业有了很大发展。国家根据民族地区的实际情况，大力发展基础教育，在牧区和边远地区举办寄宿、半寄宿制学校。民族地区办起了一批培养少数民族人才的大专院校，全国兴办了十二所民族学院，许多大学开办了民族班，还兴办了一批民族干部学校和职业学校，培养了大批具有大中专学历的少数民族干部和各种建设人才。民族地区的科技事业发展很快，科技水平逐步提高，实用科学技术得到较好的推广。少数民族的语言文字受到尊重和保护，优秀的文化传统得到继承和发扬。全国用少数民族文字出版的报纸杂志已有一百多种。民族地区的广播电视覆盖率大大提高。中央人民广播电台和地方广播电台，每天用二十一种少数民族语言广播。民族自治地方的医药卫生事业包括民族传统医药有了较大发展，一九九〇年拥有的医疗床位比一九五二年增加了二十三点五倍。民族体育运动蓬勃开展，广大少数民族群众的身体素质有了明显提高。

四十多年来，各族人民同心同德，共同为维护和促进祖国的统一、安定和昌盛，作出了巨大贡献。我国各民族的大团结，经受了各种严峻考验。不论是国际上发生什么样的剧变，还是国内出现什么样的风波，我国各民族都是和睦相处，同舟共济，患难与共的，充分体现了中华民族的强大凝聚力。我们可以自豪地说，中国各民族的大团结是稳固的，这是我国社会进步、经济发展、政治稳定的重要保证。

我国民族工作所以取得如此巨大的成就，最基本的经验，就是我们党始终把马克思主义的基本原理同中国民族的具体实际相结合，坚持各民族平等、团结、互助的原则，坚持实行民族区域自治制度，在建设社会主义事业中促进各民族的共同繁荣，走出了一条具有中国特色的解决民族问题的正确道路。过去的成就和经验是来之不易的。在长期的革命和建设中，毛泽东、周恩来、刘少奇、朱德同志和邓小平同志等老一辈无产阶级革命家，为解决中国的民族问题，建立和发展社会主义的民族关系，发展马克思主义的民族理论，作出了巨大贡献，给我们创造了宝贵的精神财富。我们要坚定不移地把老一辈无产阶级革命家开创的民族团结进步事业继续推向前进。

二、充分认识民族工作的长期性、复杂性、重要性

我国有五十五个少数民族，人口近一亿，陆地边疆绝大部分地区是少数民族聚居区。民族自治地方地广物博，面积占全国总面积的百分之六十四。全国的绝大多数县、市都有两个以上民族共居。这是我国的基本国情之一。我们必须从振兴中华民族的高度，从巩固和发展我国社会主义事业的高度，充分认识民族工作的长期性、复杂性和重要性。

大家知道，民族、阶级、国家都有自己产生、发展和消亡的客观规律。随着社会经济文化的发展，各民族互相学习、互相影响，共同因素会不断增多，但民族特点、民族差异将长久存在。只要有民族存在，就有民族问题存在。民族问题既包括民族自身的发展，又包括民族之间，民族与阶级、国家之间等方面的关系。在社会历史发展的长河中，民族问题对过去、现在和未来社会，都具有重大的影响。

社会主义时期是各民族发展繁荣的时期，社会主义条件下的民族关系基本上是劳动人民之间的关系，

但民族问题依然复杂,民族工作的任务依然繁重。一是各民族政治上的平等实现后,在经济、文化发展上的差别依然存在,旧社会在民族问题上的遗毒不是短时期内可以完全消除的。二是各民族的根本利益是一致的,但在某些具体权益,主要是经济权益方面,民族之间仍会发生一些矛盾和纠纷。三是在风俗习惯和语言文字等方面,由于相互了解或尊重不够,也容易造成某些误会和纠纷。四是民族问题在一些地方往往和宗教问题交织在一起,如果对宗教问题处理不慎或不当,也会影响民族关系甚至酿成冲突。五是由于种种原因,有些人有时会做出伤害民族感情、损害民族团结的事,甚至违法犯罪。尤其值得我们警惕的是,国际敌对势力明目张胆地支持我国内部的极少数分裂主义分子,正在加紧对我们进行渗透、破坏和颠覆活动。利用民族问题打开缺口,是国内外敌对势力进行和平演变的重要手段。在这种错综复杂的情况下,我们更应该高度重视民族问题,采取正确的方针政策,认真妥善地加以解决。

历史发展表明:国家统一、民族团结,则政通人和、百业兴旺;国家分裂、民族纷争,则丧权辱国、人民遭殃。中国是这样,外国也是这样。毛泽东同志早就指出:"国家的统一,人民的团结,国内各民族的团结,这是我们的事业必定要胜利的基本保证。"我们一定要进一步做好民族工作,巩固和发展社会稳定、民族和睦的局面,为我国社会主义现代化建设和改革开放事业提供强有力的保证。

少数民族和民族地区的经济社会发展,直接关系到我国整个现代化建设目标的顺利实现。民族地区的现代化同全国其他地区的现代化,少数民族的振兴同整个中华民族的振兴,是密不可分、互相促进的。推动各民族发展进步和共同繁荣不仅是个经济问题,而且是个政治问题。我国经济的发展,离不开东部地区,也离不开中、西部地区包括民族地区的经济振兴。西部民族地区的多种丰富资源和某些产业,在我国经济发展中占有举足轻重的地位,蕴藏着巨大的发展潜力。加快中、西部包括民族地区的开发建设,已成为我国经济发展的必然走向。生产力的合理布局和地区经济的协调发展,对国家的现代化建设和各民族的团结进步,都具有重大的意义。

三、九十年代民族工作的主要任务

九十年代是我国社会主义现代化建设的关键时期,也是促进各民族共同进步、共同繁荣的关键时期。各级党委和政府必须密切联系各个少数民族和民族地区的实际,坚定不移地全面贯彻执行党的基本路线,巩固和发展社会主义的民族关系,坚持和完善民族区域自治制度,为实现现代化建设的第二步战略目标共同奋斗。

(一)加快少数民族和民族地区经济发展,使之逐步与全国的发展相适应。

现阶段,我国的民族问题,比较集中地表现在少数民族和民族地区迫切要求加快经济文化的发展。邓小平同志早就说过,不把经济搞好,民族区域自治就是空的。在新的历史时期,搞好民族工作,增强民族团结的核心问题,就是要积极创造条件,加快发展少数民族和民族地区的经济文化等各项事业,促进各民族的共同繁荣。这既是少数民族和民族地区人民群众的迫切要求,也是我们社会主义民族政策的根本原则。近几年来,我国社会经济发展中的区域间协调发展问题,已引起越来越多同志的关心。党中央和国务院对此是重视的,已经对我国的区域政策,特别是对少数民族地区、革命老区和贫困地区的问题,采取了一系列措施,作出了专门安排。各部门和各地方要认真贯彻落实,务必抓出成效。

九十年代,少数民族地区一定要全面完成十年规划和"八五"计划中所确定的各项任务。党和国家对少数民族和民族地区已经实行的各项优惠政策,要继续执行,并根据不断变化的情况及时完善和改进。随着经济的发展和国力的增强,要逐步增加对少数民族地区的投入,以增强这些地区的自我发展能力。国务院已经决定,"八五"计划期间,对民族自治地方的全民所有制单位固定资产的投资,要高于"六五"、"七五"期间的实际水平。支援不发达地区的发展资金,将有较多增加。有关省、自治区也应适当增加对所辖少数民族聚居地区的投资。同时,要加强比较发达地区对不发达地区的对口支援,大力开展多层次、多渠道、多形式的横向联系,包括经济合作和教育、科技、文化等方面的智力支援。这是比较发达地区义不容辞的历史责任。有关部门和地方应在总结以往经验的基础上,加强对这方面工作的组织领导。

少数民族和民族地区要获得较快的发展,既需要国家的扶持和比较发达地区的帮助,更需要进一步发扬自力更生、艰苦奋斗的精神,充分发挥和依靠当地各族人民的积极性、创造性,集中力量把经济建设搞上去。要努力改善能源、交通、通讯等基础设施。在改造现有产业、提高效益的前提下,根据国内外市场需要,积极开发资源,优化产业结构、产品结构和企业组织结构,实现良性循环。同时,要继续抓紧做好少数民族和民族地区的扶贫工作,争取尽快解决少数民族贫困群众的脱贫致富问题。

几十年来,为开发民族地区丰富的资源,发展当地经济,国家和民族自治地方已经兴办了一批能源、交通等基础设施和不少门类的工矿企业及其他事业,这对改变当地面貌和促进少数民族的发展起了很大作用。但也有一部分大中型企业与当地经济和少数民族的发展结合不够。今后要有计划地帮助当地发展工交企业和农副产品供应基地，以带动当地发展与群众致富。在民族地区兴办的企业，都要采取切实措施，使少数民族干部和职工在企业中有一定的比例，并对他们加强培养和提高。我们一定要使少数民族从开发当地资源中得到经济实惠。同时，注意保护和改善生态环境。

（二）大力发展少数民族和民族地区的社会事业，促进各民族的全面进步。

发展教育、科技、文化和卫生、体育等各项社会事业，努力提高少数民族的科学文化、思想道德水平和身体素质，抓好社会主义精神文明建设，是发展社会生产力的需要，是各民族共同繁荣的内在要求。

要积极发展民族教育。民族教育是整个教育事业的组成部分，是民族工作的重要方面，应在教育结构、专业设置、教学内容、学制、办学形式等方面，逐步走出一条适应少数民族和民族地区实际的路子。要努力改善办学条件，办好各级各类民族学校，提高教育质量，为民族地区培养更多的经济、技术、管理等方面的专业人才。在通用本民族语言文字的地区，要因地制宜地搞好“双语教学”，并大力推广普通话。

要大力发展科技事业，积极引进人才和先进技术设备，改造传统产业和传统产品，提高经济效益。要建立和健全农村牧区的科技推广体系，加强实用科技的普及、培训和示范推广。要在工作条件、生活待遇等方面制定优惠政策，鼓励科技人员在民族地区建功立业。

巩固和扩展社会主义思想文化阵地，是发展少数民族和民族地区文化事业的根本任务。要弘扬各民族优秀的文化传统，同时要加强各民族之间的文化交流，继续搞好民族地区特别是乡村的文化活动设施的建设与管理。文化工作者要坚持深入基层为少数民族人民服务。要保障各民族使用和发展本民族语言文字的自由。进一步做好民族语言文字的广播、电视和新闻出版工作，不断提高边远民族地区的广播电视覆盖率。

要积极发展医疗卫生事业。逐步改善医疗条件，帮助培养医疗卫生技术人员，建立健全各级医疗、防疫网络，挖掘和发展民族医药，切实改变一些地方缺医少药的状况。要积极开展民族体育活动，增强群众的体质。各地要制订和完善适合少数民族实际的计划生育政策，扎实细致地加以贯彻，实行优生优育，并切实做好妇幼保健工作。

（三）坚持改革开放，不断增强少数民族和民族地区的自我发展活力。

改革开放是实现各民族共同繁荣的必由之路。民族地区的改革应坚持从实际出发，注意吸收外地的好经验，但不能简单地套用。要区别情况，分类指导，快慢得当，慎重稳进。今后凡是与少数民族和民族地区密切相关的重大改革，必须重视各个地方和民族的特殊情况，注意听取当地的意见，先试点后推行。

民族地区要加强同沿海地区的经济联系，加快对外开放的步伐，充分利用各种有利条件，结交新伙伴，开拓新市场。要把扩大陆地边境的对外开放，作为我们整个对外开放的重要组成部分，有计划有步骤地加以实施。要选择一些连接国际国内交通干线、条件较好的边境城镇，作为对外开放的窗口，发展双边、多边或转口贸易，具备条件的，还应积极发展出口加工。国家有关部门要努力帮助民族地区引进国外资金、设备、技术，提供必要的优惠和便利。在扩大开放，发展边境贸易和经济技术合作的同时，必须切实加强管理，注意克服消极因素，做到既促进经济发展，又促进睦邻友好，保持边境地区的稳定。

（四）坚持与完善民族区域自治制度，全面贯彻落实《民族区域自治法》。

我们必须建立和健全同实施《民族区域自治法》配套的法规体系和监督机制，使自治法在建设有中国特色的社会主义事业中更好地发挥作用。近几年，党和国家为贯彻实施自治法已先后就牧区建设、扶贫工作、民族贸易和民族特需用品生产供应等重要问题发出指示。最近，国务院又发出关于进一步贯彻实施《民族区域自治法》若干问题的通知。中央有关部门和各级政府都要制定实施自治法的规定或措施。涉及少数民族和民族地区的政策、法规，要体现自治法的精神，有助于自治法的实施。要抓紧制定自治条例和单行条例。已制定的要总结经验，不断完善。国家和没有自治地方的省、市，要制定保障杂居散居少数民族权利的法规。到本世纪末，要形成比较完备的社会主义民族法规体系和监督机制。

完善民族区域自治制度、全面贯彻落实《民族区域自治法》的关键，在于大力培养少数民族干部，加强民族地区的干部队伍建设。

四十多年来，成千上万的汉族干部、工人、知识分子、解放军指战员，响应党的号召，到少数民族地区工作和生活，与少数民族人民打成一片，亲密无间。他们奉献青春和力量，为兄弟民族的发展和民族地区的繁荣进步，做出了很大的贡献。各族人民对他们是永志不忘的。今后，国家将继续为民族地区培养和输送优秀人才。汉族同志和少数民族同志，要继续发扬互相尊重、互相学习的优良传统，齐心协力，艰苦奋斗，共同为少数民族和民族地区的繁荣与发展做出更大的贡献。

少数民族干部与本民族有着广泛而密切的联系，

是我们党做好民族工作的骨干力量。民族干部的状况又是衡量一个民族发展水平的重要标志。现在，少数民族干部已从一九五〇年的一万多名增加到二百零六万，形成了包括党务、政务、经济、教育、科技、文化、卫生等各方面人才的宏大队伍。这些同志，为我国各民族的团结进步和民族地区的发展做出了重大贡献，并越来越多地承担起各项工作的重要责任。为适应社会主义现代化建设和改革开放的需要，各级党委要以更大的力量，进一步加强对少数民族干部，特别是中高级干部和各种科技、管理人才的培养。既要在数量上有计划地扩大，更要在提高素质、改善结构上下大功夫；既要注意选任一批能在九十年代起骨干作用的干部，更要注意选任一批跨世纪的优秀中青年干部。这是一项事关大局的重要工作，应作出规划，分步实施，做出更显著的成绩，以保证各级领导权始终牢牢掌握在忠于马克思主义的人手里，保证民族团结进步事业不断前进。

（五）进一步加强各民族的大团结，坚决维护祖国的统一。

我国历来是一个统一的多民族国家，在漫长的历史发展中，经过长期的锤炼，形成了具有强大内聚力的中华民族。把我国各民族维系于一个统一的大家庭中而又世代传承的纽带，主要有三个：一是国家的长期统一；二是各民族相依共存的经济文化联系；三是近代以来各民族在抵御外来侵略和长期革命斗争中结成的休戚与共关系。新中国成立后，确立了各民族平等、团结、互助的社会主义民族关系，并且载入了我国宪法和民族区域自治法。不久前，党的十三届七中全会和七届全国人大四次会议，根据宪法的精神、形势的发展和各族人民的愿望，把建立和发展平等互助、团结合作、共同繁荣的社会主义民族关系，作为建设具有中国特色的社会主义的一项重要原则。宪法的上述规定和七中全会、七届全国人大四次会议阐述的原则，精神是一致的，就是坚持平等、互助、团结、合作，以促进各民族的共同繁荣。为了加强各民族大团结，既要反对大民族主义，也要反对地方民族主义。在全国，要注意处理好汉族与少数民族的关系。在民族自治地方，还要注意处理好自治民族与其他民族的关系。处理这方面的问题必须慎重，严格区分两类不同性质的矛盾，贯彻正确处理人民内部矛盾的原则，是什么问题就解决什么问题。对于民族间发生的纠纷，要冷静分析，耐心疏导，及时加以排解。对于个别不听劝阻、蓄意制造事端、触犯法律的，不论出身于哪个民族，都要依法处理。涉及民族关系问题，各民族的干部和共产党员，要严格按照法律和政策办事，发挥模范带头作用，促进民族关系的改善。要继续在全国开展表彰民族团结进步先进集体和先进人物的活动。在多民族居住区，尤其是边疆民族地区，还要注意加强军队与地方政府和少数民族的团结，搞好拥军优属、拥政爱民和军民共建两个文明的活动，表彰在“双拥”、“共建”活动中涌现出来的先进集体与先进人物。

为了维护祖国的统一，我们必须同极少数分裂主义分子进行坚决的斗争。在中国近代史上，民族分裂活动从来都是外国侵略势力策动的，民族分裂主义分子从来都是外国侵略势力割取我国边疆领土的内应力量。他们既背叛了祖国，也出卖了自己的民族，是国家和民族的罪人。我们要依靠各族人民群众，坚决反对和揭露台独分子妄图把台湾从我国分离出去的罪恶活动；警惕和反对国际上某些政治势力支持逃亡国外的分裂主义分子，利用“泛伊斯兰主义”、“泛突厥主义”或打着其他旗号，在我国某些地区煽动分裂的图谋。我在这里着重讲讲西藏的情况。西藏自古以来就是中国的领土。这是无可辩驳的历史事实。西藏和平解放以来，以藏族为主的各族人民在政治、经济、文化等方面享受到了平等的权利，广大农奴当家做了主人。国家不仅在经济上直接对西藏给予了大力帮助，还制定了许多优惠政策，帮助西藏各族人民发展经济文化教育事业，并取得了巨大成就。这是不存偏见的人们有目共睹的。但是，极少数分裂主义分子，无视历史和现实，一直没有停止过分裂祖国的活动。他们勾结国际敌对势力，披着宗教外衣，打着“民主、自由、人权”和民族的旗号，在国内制造骚乱甚至暴乱，破坏西藏的安定团结；在国外捏造种种虚妄不实之词，欺骗不明真相的人们和国际社会，制造所谓“西藏问题”，并企图使之国际化。对他们背叛民族、分裂祖国的行径，包括西藏人民在内的十一亿多中国各族人民是决不答应的。同时，我在这里还要重申，只要达赖喇嘛放弃西藏独立的主张，停止分裂祖国的活动，我们仍然欢迎他回归祖国。但是闹独立不行，半独立、变相独立也不行。中央的大门始终是开着的，除了不能谈西藏独立问题，其他问题都可以谈。

四、进一步加强党对民族工作的领导

中国共产党是领导我国社会主义事业的核心力量，也是中华民族团结统一的核心力量。为了适应国际形势和国内建设的需要，继续解决好我国的民族问题，必须进一步加强党对民族工作的领导。

加强党对民族工作的领导，首先要坚定不移地全面贯彻执行党的基本路线，坚持实事求是、一切从实际出发，解决好我国的民族问题。在制定和实施具体政策措施时，应当充分注意我国民族众多、发展不平衡的状况和少数民族、民族地区所具有的特殊性。为了提高决策的科学性，应该加强调查研究，了解新情况，研究新问题，及时对现实生活提出的重大实践和理论问题作出尽可能正确的回答。

在各民族干部群众中，要大力加强马克思主义民族观和党的民族政策的教育。我们党运用马列主义、毛泽东思想观察和处理民族问题，在几十年的实践中，形成了一系列基本的观点和政策。这主要是：民族的产生、发展和消亡是一个漫长的历史过程，民族问题将长期存在；社会主义阶段是各民族共同繁荣兴旺的时期，各民族间的共同因素在不断增多，但民族特点、民族差异将继续存在；民族问题是社会总问题的一部分，民族问题只有在解决整个社会问题的过程中才能逐步解决，我国现阶段的民族问题只有在建设社会主义的共同事业中才能逐步解决；各民族不分人口多少、历史长短、发展程度高低，都对祖国的文明做出了贡献，都应该一律平等，应该加强各民族人民的大团结，维护祖国的统一；大力发展社会生产力是社会主义时期民族工作的根本任务，各民族要互相帮助，实现共同进步和繁荣；民族区域自治是中国共产党人对马克思主义民族理论的重大贡献，是解决我国民族问题的基本制度；努力造就一支宏大的德才兼备的少数民族干部队伍，是做好民族工作和解决民族问题的关键；民族问题和宗教问题在一些地方往往交织在一起，在处理民族问题时，还要注意全面地正确地贯彻落实党的宗教政策。今后，我们还要根据新的情况和经验，对这些基本观点和政策，继续加以充实和发展。

处理好民族问题，做好民族工作，是涉及全局的大问题。从中央到地方，各级党委和政府，都要把民族工作切实管起来，健全和完善各级政府的民族工作机构，选派得力干部充实民族工作部门，并注意逐步改善他们的工作条件。各级党委和政府的主要负责同志，要亲自过问民族工作，帮助解决实际问题。

要切实抓好少数民族和民族地区党的思想建设、组织建设和作风建设。深入开展爱国主义、集体主义和社会主义思想教育，提高广大党员执行党的基本路线和民族政策的自觉性；不断发展壮大少数民族和民族地区中党的队伍，增强基层党组织的战斗力，把它们建设成为模范执行党的路线方针政策的坚强堡垒和团结各族群众的核心。目前一些地方基层党组织存在软弱涣散的现象，要抓紧帮助它们改变面貌。要教育我们的同志懂得，共产党员特别是党员干部，不论出身于哪个民族，都要牢固树立马克思主义的世界观，通过自己的模范作用，影响和带领本民族和各民族群众，沿着有中国特色的社会主义道路奋勇前进。

同志们，不管国际风云如何变幻，只要全国各族人民在党的领导下，同呼吸，共命运，心连心，团结奋斗，共建现代化大业，社会主义的中国一定会以更加磅礴的气势屹立于世界的东方，中华民族一定会以强健的雄姿跻身于世界先进民族之林。

中共中央政治局常委乔石在北京接见全国国家安全机关政工会议代表

中共中央总书记江泽民、国务院总理李鹏等在人民大会堂会见中国银行表彰大会代表

江泽民、李鹏、姚依林、田纪云、陈慕华、王丙乾、李贵鲜等领导人，下午在人民大会堂会见出席纪念中国银行成立80周年暨表彰大会的代表。

表彰会对在中国银行服务30年以上的2421名职工进行了表彰。

全国地矿工作会议在北京召开

在全国地矿工作会议上，国务院副总理邹家华指出，由于长期以来矿产资源实行无偿开采，造成了矿产资源的快速消耗和严重浪费，使供需形势日趋严峻。因此，制定与实施征收矿产资源补偿费的办法，实现矿产资源的有偿开采，建立地质勘查工作投入产出的良性循环机制，具有重大意义。

邹家华指出，解决地勘投入严重不足的根本出路在于深化改革，今后，除中央财政继续逐步增加收入，以支持公益性地质工作和高风险的普查工作外，要充分发挥地方、部门和企事业单位的积极性；地方安排的地质勘查项目要纳入同级经济和社会发展计划，逐步做到由地方财政投入；企事业单位要求安排的地质勘查项目由受益单位承担费用。

地矿部部长朱训在谈到“八五”及今后10年地勘工作发展的总体设想时说，要实施4项计划——探宝计划、减灾计划、科技兴地计划、安居乐业计划；进入两个轨道——地质矿产资源勘查开发活动进入法制轨道及进入有计划商品经济发展轨道。

国务院总理李鹏副总理姚依林田纪云等在北京同出席全国银行 保险会议的代表座谈

座谈会在人民大会堂举行。李鹏、姚依林、田纪云、王丙乾、李贵鲜和罗干等领导与出席会议的代表，就认真贯彻党的十三届八中全会和中央工作会议精神，巩固发展治理整顿成果，深化金融改革等问题，进行了座谈。

李鹏在座谈时说，去年我国政治稳定、社会安定，经济进一步向好的方向发展，改革开放迈开较大步伐，这些成绩的取得，是与金融战线广大干部职工的努力分不开的。他指出，去年，我国金融形势相对平稳，是各地方、各部门认真贯彻执行治理整顿和深化改革方针的结果，是金融系统认真贯彻执行党中央、国务院一系列指示精神的结果。

李鹏强调，我们要继续争取农业一九九二年有一个好的收成。只有农村稳定，全国才能稳定；只有农业发展，国民经济才能发展。他要求各方面都要继续大力支援农业，金融部门要进一步做好农业信贷工作，在改善经营、加强管理的同时，增加农业投入，适当增加对乡镇企业的贷款规模，使农村经济登上一个新台阶。李鹏说，在新的一年里，金融系统要采取措施，压缩流动资金的占用量，加速资金的周转，挖掘资金潜力，提高资金效益。这不仅需要银行的努力，也要靠各级政府和企业的努力。他要求把这件事作为一件大事来抓。李鹏指出，金融系统要支持国营大中型企业，调整结构，提高效益。这是一项长期的工作，但也要在今年有所作为，有所前进。金融部门要配合有关部门帮助企业做好清理"三角债"的工作，支持企业的技术改造，为进一步搞好大中型企业而努力。谈到证券市场问题时，李鹏说，为生产建设筹集长期稳定的资金，是金融改革的一个重要内容。发行股票、债券是集资的一种形式。总的来讲，证券市场要逐步发展，我们对待这个问题要采取既积极又慎重的态度。要总结积累经验，建立比较完善的规章制度，培训经营管理人才，进一步扩大证券交易市场，为社会主义经济建设服务。

李鹏说，我国的保险事业在社会主义建设中，在克服各种自然灾害给生产、生活所造成的困难中发挥了重要作用。随着改革的深入和经济的发展，我国保险事业将大有可为，任重而道远。保险事业要为保持社会稳定、支持改革开放和经济发展作出更大贡献。

关于金融系统的队伍建设问题。李鹏指出，有着二百多万职工的金融队伍总的来说是好的。为适应形势发展的需要，金融队伍数量要发展，素质要提高，要吸收各种专业人才，要建设过硬的社会主义金融队伍。金融系统要继续开展教育、清理、整顿的工作，树立严格的纪律，提倡奉献精神，强化管理，堵塞漏洞，纠正不正之风。对各地银行发生的经济案件要认真查清，严肃处理。他希望大家加强对社会主义金融理论的研究，熟悉国际金融市场，更好地为社会主义经济发展服务。

座谈会由国务委员兼中国人民银行行长李贵鲜主持。中国人民银行副行长郭振乾、中国工商银行山东省分行行长李保良、中国农业银行吉林省分行行长张文仲、中国人民保险公司四川省分公司副总经理庞锦发、中国人民银行上海市分行行长毛应梁，先后就金融系统的工作，支持搞好国营大中型企业、支持农业、发展保险事业、发展与完善证券市场等问题，发表意见。

第 29 次全国邮电工作会议在北京召开

中国社会发展科学研究会成立费孝通宋健担任名誉理事长李绪鄂为理事长

1 月 15 日

中共中央总书记江泽民在上海考察

江泽民于 1 月 15 日至 18 日在上海考察工作时指出，全党要始终不渝地全面贯彻党的基本路线，进一步解放思想，加快改革开放的步伐，转变作风，狠抓落实，一心一意把经济建设搞上去。

在上海期间，江泽民由中共上海市委书记吴邦国、市长黄菊和南京军区政委史玉孝等陪同，重点考察了浦东新区、闵行经济技术开发区和漕河泾高技术开发区；实地察看了南浦大桥和杨浦大桥、地铁、合流污水治理工程工地等重大基础设施，以及宝钢、上钢三厂、马桥乡旗忠村等工厂、农村，还考察了上海证券交易所。他与广大干部群众接触谈心，与上海各界人士和党政军负责人会见。江泽民对上海政治稳定、社会稳定、经济发展，特别是改革开放的新进展和各方面发生的新变化表示满意。江泽民指出，上海在我国占有重要的战略地位，是重要的工商业城市和港口城市，联系着全国和世界各地，把上海建设好，搞好浦东的开发，将对全国的发展起重要作用。党中央、国务院非常关心、支持上海的工作和浦东新区的开发，老一辈无产阶级革命家也对上海人民寄予厚望。江泽民希望上海各级党政领导坚定不移地继续贯彻执行党的十一届三中全会以来的路线、方针、政策，牢牢把握党的"一个中心、两个基本点"的基本路线，带领全市人民努力奋斗，在深化改革、扩大开放、推进"两个文明"建设方面迈出新步伐。

考察期间，江泽民十分关心上海高新技术产业的发展进程，先后考察了位于闵行、漕河泾经济技术开发区内的新华电站控制工程有限公司、爱梯恩梯通讯设备有限公司和贝岭微电子制造有限公司等中外合资的高技术企业。江泽民对中外双方的成功合作表示赞赏，并欢迎更多的外国厂商前来中国投资。他希望上海进一步改善投资环境，扩大对外开放。江泽民说，科学技术是第一生产力，这已被实践证明是千真万确的。我国经济建设要取得长足的发展和进步，离不开高新技术的开发和应用。我们要把加强国内科研工作和学习国外先进技术很好地结合起来，使科学技术在我国经济建设中起到"倍增器"的作用。上海是人才荟萃之地，具有科研、教育和人才的优势。他要求上海党政领导采取切实措施，使科研优势尽快转化为产业优势，促进上海的经济发展。

江泽民在考察期间，对上海一批德才兼备的中青年领导干部在实践中健康成长表示欣慰，并提出希望。江泽民说，长江后浪推前浪，建设具有中国特色的社会主义现代化强国是一项前所未有的宏伟事业，需要一批又一批忠于马克思主义、具有真才实学和密切联系群众的优秀中青年干部。江泽民要求各级党政领导机关一定要精兵简政，精简会议，提高工作效率。他说，现在中央的大政方针已定，关键在于狠抓落实。各级干部要切实转变思想作风和工作作风，深入实际，多办实事，不求形式，务求实效。

江泽民在上海期间，曾与金融、财政等部门的部分人员进行了座谈讨论。江泽民指出，进一步发挥金融、财政、税收、保险等经济手段的宏观调控作用，是我国经济稳定发展中必须解决好的一个重要问题。随着改革的深入，经济的发展，需要我们不断地总结经验，探索和建立一整套具有中国特色的宏观经济调控体系。这个问题应当引起各级领导的高度重视。

考察期间，江泽民还看望了中国人民解放军驻沪部队指战员、武警官兵和公安干警，勉励他们学习和发扬“南京路上好八连”的优良传统和作风，为维护社会安定，促进国家经济建设继续作出新贡献。

随同考察的还有杨德中、叶青、刘明璞、马忠臣、回良玉等。

澳门基本法起草委员会在广州举行主任委员扩大会议

中华人民共和国澳门特别行政区基本法起草委员会第二次主任委员扩大会议在广州举行。

起草委员会主任委员姬鹏飞，副主任委员胡绳、王汉斌、马万祺、何鸿燊、雷洁琼、钱伟长、何厚铧、李后、郭东坡，秘书长鲁平及专题小组的召集人出席会议。

这次主任委员扩大会议是在草委会关于“中央和澳门特别行政区的关系”、“居民的基本权利和义务”、“政治体制”、“经济”、“文化和社会事务”五个专题小组根据内地和澳门各界人士的意见，分别对澳门特别行政区基本法（草案）征求意见稿的相关条文进行修改和补充后召开的。

会议听取鲁平秘书长所作的关于《澳门特别行政区基本法（草案）汇编稿》的说明，并审议五个专题小组的工作报告，拟出《澳门特别行政区基本法（草案）讨论稿》，提交今年3月召开的起草委员会第八次全体大会讨论。

国务院总理李鹏在钓鱼台国宾馆会见香港九龙仓集团有限公司主席吴光正

国务院批准《中国残疾人事业“八五”计划纲要（1991年—1995年）》

《中国残疾人事业五年工作纲要（1988年—1992年）》实施三年，已取得重大成绩。在我国社会主义现代化建设进入实现第二步战略目标的新阶段，为使残疾人事业与经济、社会协调发展，依据《国民经济和社会发展十年规划和第八个五年计划纲要》，国家制定《中国残疾人事业“八五”计划纲要（1991年—1995年）》。“五年工作纲要”后两年的任务已纳入其中。“八五”计划期间实施本计划纲要。

一、“五年工作纲要”前三年的执行情况

一九八八年九月国务院批转《中国残疾人事业五年工作纲要》后，各级政府和有关部门相继采取了一系列重要措施：国务院和地方政府建立残疾人事业协调机构；组建各级残疾人联合会；制定《全国残疾人三项康复工作实施方案》、《关于发展特殊教育的若干意见》，并分别召开两次全国工作会议予以贯彻；宣传社会主义的人道主义，采取多种形式扶助残疾人；开展残疾人自强活动，表彰优秀残疾人；响应《关于残疾人的世界行动纲领》，参与“联合国残疾人十年”活动；公布施行《中华人民共和国残疾人保障法》（以下简称《残疾人保障法》）。

三年来，经过各地方、各部门和全社会的共同努力，我国残疾人事业以较快的速度发展，成效显著：

康复　一九八八年至一九九〇年底，全国完成白内障复明手术四十三万例、小儿麻痹后遗症矫治手术十四万例、聋儿听力语言训练一万人，分别完成五年总任务的85%、46%和33%；白内障手术脱盲率为99.7%，小儿麻痹后遗症矫治手术有效率为98.7%，聋儿语训效果明显。康复的基础性工作已经起步，社区康复逐步展开。

教育　一九八八年至一九九〇年底，进入普通学校接受义务教育的残疾学生增加；初级中等以下特殊教育学校由五百七十七所发展到八百二十所，普通学校附设的特殊教育班由五百九十九个发展到二千六百五十一个，在校学生由五万七千人发展到十万五千人，分别增长42%、342%、81%；建立残疾人职业培训中心二十三个；近五千名残疾人进入普通中等职业学校和高等学校学习。

劳动就业　系统地重申了对福利企业的税收优惠政策，法律规定了按比例安排残疾人就业的原则，确认了盲人按摩的医疗性质，许多地区对农村残疾人生产劳动做出扶助规定。现有福利企业已达到四万一千个，六十五万残疾人在其中就业；盲人按摩医院（诊所）达到八百多所；分散在普通单位就业的残疾人，平均占职工总数的0.93%；相当一批残疾人个体从业；60%以上农村残疾人参加生产劳动。

文化生活　为残疾人服务、反映残疾人生活的读物和影视作品增多；残疾人活动场所增加，文化、体育、娱乐活动活跃，参与面扩大；国际比赛与交流取得突出成果，赢得赞誉。

福利　实行了盲人读物邮件免费寄递，盲人免费乘坐市内公共交通工具；残疾人的服务设施有所增加；许多地方减免残疾人的税收、学杂费、公益事业费和其他社会负担；不少公共场所和服务机构给予残疾人优先服务和照顾。

环境　颁布《方便残疾人的城市道路和建筑物设计规范》，城市开始采取无障碍措施。对残疾人事业的宣传，增进了理解和交流，越来越多的人支持残疾人事业，残疾人的自强精神和参与意识增强。

但是，应当看到，我国残疾人事业起点较低，仍然滞后于经济、社会发展水平，残疾人还面临相当多的困难和问题．必须继续给予高度重视。

二、“八五”计划期间的总目标和指导方针

残疾人事业是我国社会主义事业的组成部分。发展残疾人事业，有利于经济发展、社会稳定、文化繁荣和精神文明，必须认真做好“八五”计划期间的残疾人工作。

(一)总目标

“八五”计划期间总的要求是：进一步改善残疾人平等参与社会生活的物质条件和精神环境，缩小残疾人事业与国民经济和社会发展水平的差距，使残疾人参与机会增多，参与范围扩大，自身素质提高，生活状况改善。

——残疾人的温饱问题初步解决；

——残疾人接受康复、教育、医疗保健的人数增加；

——残疾人劳动就业率提高；

——残疾人文化生活日渐丰富；

——残疾人服务设施增多；

——残疾人自强精神和参与能力增强；

——有中国特色的残疾人事业法律体系、政策体系、业务体系、工作体系和残疾人组织体系初步确立。

(二)基本指导方针

——贯彻《残疾人保障法》。依法规范公民行为，依法发展残疾人事业，保障残疾人以平等权利、同等机会、充分参与社会生活，共享社会物质文化成果。

——实行“讲求实效、打好基础”的发展方针。着重解决残疾人迫切需要、又有可能满足的基本需求，并重点实施那些受益广、见效决、效益好的项目，使残疾人得到切实利益；同时，注重残疾人事业体系和基础设施建设，为有中国特色的残疾人事业持续、稳定、协调发展奠定基础。

——坚持“社会化”的工作原则。将残疾人事业纳入国民经济和社会发展的全局，各项业务分别列入国家有关事业领域，整体研究，统筹规划，同步发展，形成既适应残疾人特点又与相关事业一体化的业务体系；建立以政府为主导、社会为基础、有关部门与残疾人联合会各司其职的工作体系：实行以政府为领导，广泛动员社会力量，各方密切配合，各尽其力、互为补充、相互促进的社会化管理方式。

——发挥残疾人和残疾人组织的作用。密切联系残疾人，激励残疾人的自强精神，发挥残疾人的能动性；完善残疾人组织，增强残疾人组织的活力，发挥残疾人组织的效能。

三、“八五”计划期间的主要任务、指标和措施

(一)康复

“八五”计划期间，在完成“五年工作纲要”规定的八十三万例三项康复任务的基础上，再完成五十万例白内障复明手术、六万例小儿麻痹后遗症矫治手术、二万名聋儿听力语言训练和二万名低视力残疾者配用助视器的任务，使重点康复项目在一九八八年至一九九五年期间累计完成一百四十三万例；探索建立社会化、开放式的精神残疾防治康复体系；开展智力残疾的预防和康复，逐步走上轨道，得到发展；开展残疾人后期康复训练，使训练渠道拓宽、内容扩充、人数增加。

实现上述任务指标的主要措施是：

1. 国务院有关部门和中国残疾人联合会制定各项实施方案，各地方和有关部门认真组织实施。

2. 逐步在全国四分之一的三级综合医院设立康复科(室)；有计划地在省及大中城市残疾人联合会建立和改造后期康复训练机构(场所)；每个县(区)至少建立一个社区康复站；编写残疾人康复丛书，指导残疾人广泛开展家庭训练。

3. 加强聋儿听力语言训练基础建设，建立、完善三十个聋儿康复中心，四百个语训部、一批基层语训点，形成与家庭训练有机结合的听力语言训练体系；组织开发、生产和供应测听、助听、语训设备；培养专业队伍。

4. 选择三十个市，三十个县进行精神残疾综合防治康复试点，当地政府、有关部门及精神病院、社区、单位、家庭密切配合，各尽其责，使精神残疾者安定情绪、缓解症状、解除关锁、参加劳动、改善生活。取得经验后，在全国逐步推广。

5. 在智力残疾高发地区，制定地方性法规，控制遗传因素导致的智力残疾；选择若干典型地区，进行病因调查分析，采取措施防治，总结经验予以推广。家庭与幼儿园、儿童福利院、学校、社区相结合，对智力残疾儿

童进行生活自理能力训练和智力开发;举办城镇医疗站、农村生产福利院以及其他福利性生产安置单位,组织成年智力残疾人参加适当劳动和能力训练。

6. 地方各级政府增加康复经费投入,国务院有关部门和社会团体继续下达专项补助经费。

(二)教育

"八五"计划期间,使可以接受普通教育的残疾儿童、少年与当地其他儿童,少年的义务教育水平同步;使需要接受特殊教育的视力、听力、言语和智力残疾儿童、少年的初等义务教育入学率,在城市和发达与比较发达的地区达到60%左右,中等发展地区达到30%左右,困难地区有较大提高;使残疾人职业技术教育得到发展;使符合国家规定录取标准的残疾考生进入普通高级中等以上学校学习;使高级中等以上特殊教育起步。

为实现以上任务指标,各级各类普通教育机构必须依照《残疾人保障法》的规定,招收可以接受普通教育的残疾人;对于残疾人的特殊教育,采取以下主要措施:

1. 各级政府和教育主管部门要切实把残疾儿童、少年特殊教育纳入义务教育轨道,统筹规划,部署、实施和检查。

——统计义务教育对象时,必须包括残疾儿童、少年,并将视力、听力,言语和智力残疾儿童、少年专项列出。

——普及义务教育计划中,要明确规定特殊教育的任务指标,并制定专项实施办法。

——督导、检查、验收义务教育工作时,要将特殊教育任务指标的执行情况作为其中的内容或标准。

——建立以特殊教育学校为骨干、普通学校附设特殊教育班和随普通班就读为主体的特殊教育格局。

"八五"计划期间,一九九一年前已宣布普及初等教育并有一定生源的县,力争县有特殊教育学校、乡(镇)有特殊教育班,并普遍开展随班就读;对其他地区也要有明确要求。

2. 建立、完善三十所残疾人职业技术教育中心,其中十所达到国家中等职业技术学校标准。条件较好的特殊教育学校,逐步开设职业班;有条件的城市开办残疾人职业中学。

3. 有条件的省、自治区、直辖市,试办盲人、聋人普通高中。创办长春大学特殊教育学院。试点并推广残疾儿童早期教育。对残疾职工进行扫盲。鼓励残疾人自学成才。

4. 在国家教委直属师范大学增加特殊教育专业的布点。每省(自治区、直辖市)要有一个特殊教育师资培养、培训基地。陆续在各级普通师范院校开设特殊教育课程。

5. 长期以来残疾人教育经费严重不足,为尽快改变落后局面,各级政府要增加特殊教育经费投入。

地方各级政府应将特殊教育学校、残疾人职业技术教育中心列入计划,安排基建投资;将其事业费纳入正常渠道,并按照"两个增长"的原则逐步增加;从征收的教育费附加中拨出一定比例用于义务教育阶段的特殊教育。"八五"计划期间,国务院有关部门及社会团体继续拨给地方特殊教育专项补助费。

(三)劳动就业

"八五"计划期间,落实对残疾人劳动就业的扶持、保护规定,使福利企业稳定、发展、提高,残疾职工数量增加;"按比例安排残疾人就业"工作起步;残疾人个体从业和村残疾人参加生产劳动的组织、指导和服务工作得到加强;通过多种渠道和各方面努力,使城乡残疾人就业率提高10%左右。为此:

1. 各级政府和有关部门,要将残疾人劳动就业纳入各地劳动就业计划,统筹安排,做好待业登记、职业培训,就业介绍与分配、待业保险和其他就业的组织工作。

2. 加强福利企业管理,坚持以安排残疾人就业为宗旨的办厂方向,落实优惠政策、技术改造和专产保护措施;民政部门、劳动服务公司、残疾人组织、街道和乡镇要进一步办好福利企业,为残疾人提供更多的就业岗位。

3. 地方政府要进行"按比例安排残疾人就业"的试点,取得经验,逐步推广。

4. 依托各地残疾人联合会设立残疾人劳动服务机构,形成纳入城镇劳动服务系统和农村社会化服务体系的残疾人劳动服务网络。残疾人劳动服务机构协助政府和有关部门,开展残疾人待业调查;就业登记、能力评估、职业培训和就业介绍,咨询、指导;组织残疾人开办集体企业、从事个体经营和开办私营企业,帮助残疾人到工商行政管理部门办理营业执照手续,落实扶持措施;为村残疾人生产劳动提供综合配套服务。政府有关部门要指导、支持残疾人劳动服务网的建设和工作。

(四)扶贫

《国民经济社会发展十年规划和第八个五年计划纲要》中要求,在我国绝大多数人口已解决温饱的基础上,"八五"计划期间基本解决尚属贫困群众的温饱问题,进而在本世纪内使人民生活达到小康水平。目前,全国贫困人口中,残疾人占半数左右,并且随着贫困面的缩小,所占比例增大。解决残疾人的温饱问题,是实现国家第二步战略目标的要求和社会主义制度的本质体现,必须予以高度重视,采取有效措施,在"八五"计划期间使残疲人的温饱问题得到初步解决。

1. 各级政府及贫困地区经济开发领导机构，要将贫困残疾人列为扶贫对象，将扶助残疾人脱贫纳入扶贫工作，在扶贫资金和物资上给予安排和照顾。

2. 开展康复扶贫。各地贫困地区经济开发领导机构、残疾人工作机构和有关部门要密切配合，在采取生产、科技、教育、救济等扶贫措施的同时，针对残疾人的功能障碍，采取康复手段，帮助残疾人改善功能、参加生产劳动、脱离贫困。

3. 不仅贫困地区，其他地区也都有相当数量的贫困残疾人，为扶持其脱贫，“八五”计划期间国家要安排一部分扶贫贴息贷款，用于残疾人的康复扶贫。

4. 地方各级政府要规定对农村残疾人的扶持办法。减轻其社会负担，并通过农村社会化服务体系，为残疾人提供优先服务和特别扶助。

(五)用品用具

残疾人用品用具的特异性强，供需信息不通，产品的开发、生产、供应、维修缺乏组织和服务，大多数残疾人得不到必需的辅助用具、特殊用品。为逐步改变这一状况，“八五”计划期间，要建立全国残疾人用品用具供应服务总站、六十个供应服务站和一批供应服务点，逐步形成供应服务网络。供应服务站依托同级残疾人联合会，为非盈利性单位，对残疾人特殊需要的生活自助具、特殊教育用具、文化体育用品、生产辅助器具、功能补偿器械以及其他用品用具等，进行供需调查、信息咨询，产品组织、商品供需、维修服务、质量监督。政府有关部门应对供应服务网络的建设和残疾人用品用具的开发、生产、供应、维修、服务给予扶持。

(六)文化生活

“八五”计划期间，发挥社会公众文化体系的作用，辅之以残疾人专门设施和特殊手段，使残疾人广泛参与各种文化、体育、娱乐活动，精神文化生活日趋丰富。

1. 出版、影视、文学艺术等单位，要努力为残疾人提供更多的作品。为适应残疾人特殊需要，部分影视作品增加字幕；开办电视手语节目；组织和扶持盲文读物，盲人有声读物、聋人读物、弱智人读物和特殊教育教材的编写出版。

2. 广泛开展群众性体育活动，培养残疾人运动员，提高竞技运动水平。开好第三届全国残疾人运动会，办好第六届远东及南太平洋地区残疾人运动会，参加第九届残疾人奥运会，争取优异成绩。

3. 积极开展残疾人文化娱乐活动，办好残疾人艺术团，提高特殊艺术水平，举办第三届全国残疾人艺术汇演，开展对外交流。

4. 公共文化、体育场所要为残疾人提供方便和照顾，并逐步增添适合残疾人需要的内容和设施；大中城市要设立残疾人活动场所，其他地区和残疾人集中的单位要因地制宜地开辟残疾人活动站(室)。

(七)社会环境

弘扬社会主义的人道主义，振奋自强不息的精神，培育团结、友爱，互助的风尚，创造文明进步的社会环境。

1. 宣传、教育、新闻、出版等单位，要通过各种形式和渠道，颂扬扶残助残的美德，倡导理解、尊重、关心、帮助残疾人的道德风尚；反映残疾人顽强拼搏的事迹，激励自尊、自信、自强、自立的精神；宣传残疾人事业，增进社会的理解与支持。

2. 在全社会开展“全国助残日”活动，在少年儿童中开展“红领巾助残”活动，在残疾人组织中开展“建家做友”活动，在残疾人中开展“自强”活动。

3. 表彰助残先进集体、先进个人和“自强模范”，评选、奖励促进残疾人事业发展与社会文明进步的优秀精神文化产品。

(八)法制建设

“八五”计划期间，要通过法制建设，使广大公民保障残疾人合法权益的法律意识增强，依法办事；使残疾人事业法律体系进一步完善，依法管理，依法发展。

1. 各级政府和有关部门，要认真组织学习、宣传、贯彻《残疾人保障法》，将其纳入“二五”普法规划，在广大公民中深入开展宣传教育；采取切实措施，使保障残疾人权益的法律、法规得到认真遵守和执行；要制定给予残疾人特别扶助的具体规定；并进行督促、检查。

2. 国务院有关部门要制定《残疾人教育条例》、《残疾人劳动就业条例》等行政法规和有关规章。

3. 各省、自治区，直辖市人民政府应当积极协助同级人大常委会结合本地实际，制定《残疾人保障法》的实施办法，将法律规定的原则具体化。

“八五”计划期间，还要完善残疾人事业的指标体系，加强信息、统计科技工作，开展残疾预防，发展盲人按摩医疗，实施《方便残疾人的城市道路和建筑物设计规范》，开展国际交流与合作。

残疾人事业是文明、进步、高尚的事业。发展残疾人事业是国家实现第二步战略目标的重要内容。各级人民政府要给予更多的关注与支持，要以高度负责的精神，采取切实有力的措施，完成本纲要规定的任务。

国家计委　国家教委　民政部　司法部
财政部　人事部　劳动部　文化部
广播影视部　卫生部　国家体委
中国人民银行　国家工商局　国家税务局
国务院贫困地区经济开发领导小组
中国残疾人联合会

1991年12月12日

国务院批准首批55家试点企业集团

国务院关于选择100个左右大型企业集团进行试点的决定,已进入实施阶段,首批55个企业集团已经国务院批准,成为试点企业集团。

全国机械电子工业厅局长会议在北京召开

国务院总理李鹏致信向全国机电行业广大干部职工表示慰问。朱镕基副总理到会并讲话。

李鹏在信中指出:机电工业承担着为国民经济各部门、国防建设提供先进技术装备,为人民提供耐用消费品的任务,已成为我国最大的工业部门。李鹏希望,机电行业结合面临的"加强宏观调控,进行结构调整,提高企业素质"的任务,认真贯彻中共中央工作会议和十三届八中全会的精神,努力工作,把机电工业的改革与发展推向前进。

会议回顾了1991年机电工业生产大幅度增长,经济效益有所回升的情况。会议提出了今年机电工业的主要任务:以搞活大中型企业为中心,加强宏观调控,进行结构调整,提高企业素质,集中全力狠抓结构调整、技术进步、产品质量、经济效益,努力开创机电工业改革与发展的新局面。

会议于20日结束。

国务院纠风办通报表彰能源部和有关部门在全面整顿农村电价减轻农民负担中取得成效

全国整顿农村电价,纠正农村供电中的不正之风取得成效,国务院纠正行业不正之风办公室日前发出通报予以表彰。

1991年,能源部和各地政府在纠正行业不正之风工作中,动员各级电力部门与物价部门密切配合,以解决农电电价高,农民用电难问题为突破口,强化管理,端正行业作风,扎扎实实地为农民办实事,在降低农电电价,减轻农民负担方面取得了阶段性明显成效。经过一年的努力,全国已有65%的乡照明电价实现了"计价合理,价格稳定",共减轻农民不合理的电费负担13亿元。

国务院纠正行业不正之风办公室在通报中指出,能源部大力纠正农村供电中的不正之风,全面整顿农村电价,为广大农民办了一件实事,对于调动农民的积极性,发展农村经济,密切党和政府与人民群众的联系,将起到积极作用。希望能源部巩固已有的成果,力争1992年把全国农村照明电价降到当地合理水平,并进一步提高农村供电的保证率。通报要求各地区、各部门在新的一年里开展纠正行业不正之风工作,要紧紧围绕贯彻落实中央工作会议和党的十三届八中全会精神,学习、借鉴能源部的做法和经验,结合自己的业务建设和队伍建设,为搞好大中型企业,为支援农业和农村经济发展,为推进"两个文明"建设,扎扎实实地解决一两个群众关心的热点问题,办一两件实事,以纠正行业不正之风的丰硕成果迎接党的十四大召开。

外交部部长钱其琛在阿比让同科特迪瓦外交部长阿马拉·埃西会谈

全国环境保护厅局长会议在北京召开

国务委员、国务院环委会主任宋健出席会议并讲话。宋健在回顾1991年全国环保工作取得的成就时说,过去的一年,全国环境法制建设在完善立法、加强执法和执法检查方面有了进一步加强,参加环境综合整治定量考核的城市已占全国城市总数的一半,许多城市的环境状况得到改善,限期治理污染已经形成制度,很多地方和行业的万元产值"三废"排放量有较大幅度的下降,"三废"处理率和达标率明显增长。在国际环境保护双边合作领域中也取得了新进展,去年各项环境保护贷款项目总额达6.3亿美元。

宋健强调,在我国经济持续发展的情况下,全国去年环境质量状况继续处于稳定状态,这是一个不小的成绩。因为我们不仅制定和完善了环境保护的宏观政策和指导方针,而且制定了一整套操作性强的环境管理制度,这是我国环境保护事业史上的创举。宋健要求各级环境保护部门和有关环境监督管理部门,切实担负起法律赋予的职责,有效行使法律赋予的权力,严格地进行环境执法监督,同一切污染和破坏环境的现象作坚决的、不懈的斗争。环保部门要联合有关部门,共同向污染大气和水体、排放固体废物、噪声等危害环境、破坏自然生态、偷猎濒危野生动物和盗伐濒危野生植物的各种违法行为作勇敢的斗争,对严重违法的单位和个人要追究法律责任,并在报纸、电台、电视上点名公布。

国家环保局局长曲格平在会议上作题为《努力做好1992年环境保护工作》的报告。

国务院总理李鹏致信全国环保厅局长会议要求进一步推进环境与经济协调发展

李鹏在信中指出:"中国政府愿意与世界各国一起,为参与和推动全球环境合作做出自己的贡献。"信中说,"现在,我国环境保护的任务仍然十分艰巨。各级人民政府和各有关部门要高度重视,大力支持,进一步推进环境与经济协调发展。"

1月16日

全国双拥模范城(县)命名大会在北京举行

全国双拥模范城(县)命名大会在人民大会堂举行。大会宣布39个市(区)县荣获全国双拥模范城、双拥模范县荣誉称号,号召全国军民更加深入地开展双拥活动,进一步加强军政军民团结。

正在外地考察工作的中共中央总书记、中央军委主席江泽民专门打电话对在首都召开的全国双拥模范城(县)命名大会表示祝贺,并对在大会上受到表彰的先进单位表示祝贺。

杨尚昆、李鹏、姚依林、宋平、邹家华、杨白冰、陈希同、陈俊生等领导在会前会见全国双拥模范城(县)的代表。

大会由全国双拥工作领导小组、民政部、解放军总政治部联合召开。国务委员、全国双拥工作领导小组组长陈俊生主持会议。

国务院总理李鹏在大会上讲话。

国务院总理李鹏在全国双拥模范城(县)命名大会上发表讲话

同志们:

今天,全国双拥工作领导小组和国家民政部、解放军总政治部,在这里隆重举行双拥模范城(县)命名大会。我代表党中央、国务院,向被授予全国双拥模范城、双拥模范县荣誉称号的39个市(区)县表示热烈的祝贺!向为保卫祖国安全、保卫社会主义建设做出巨大贡献的人民解放军指战员和武警部队指战员,向烈军属、革命伤残军人、转业复员退伍军人和军队离退休干部,表示亲切的慰问!向关心和支持人民军队建设的各族人民,表示衷心的感谢!

拥军优属、拥政爱民,是我们党、政府、军队和我国各族人民的优良传统,是中国革命和建设事业取得胜利的重要法宝。半个多世纪以来,无论是在我们党领导人民夺取政权的革命战争年代,还是在巩固政权、进行社会主义建设的和平时期,人民军队总是和人民紧紧地站在一起的。人民军队热爱人民,人民拥护自己的军队。坚强的军政军民团结,为夺取革命和建设的胜利,起到了十分巨大的作用。党的十一届三中全会以来,全国军民在邓小平同志倡导的建设有中国特色社会主义的路线指引下,适应改革开放的新形势,大力发扬军民一致的优良传统,广泛开展拥军优属、拥政爱民活动,军政军民团结有了新的发展。党的十三届四中全会以来,在以江泽民同志为核心的党中央领导下,国务院又对双拥工作制定了具体的政策和作了一系列的部署,使广大军民提高了对双拥工作的认识,提高了双拥工作的水平,涌现出一大批具有时代特色的双拥先进典型。今天命名的双拥模范城、双拥模范县,就是其中的突出代表。

创建双拥模范城(县)活动,是双拥工作的一个创举。这一活动在各级党委、政府的统一领导下,以拥军优属、拥政爱民为基本内容,以加强军政军民团结、促进社会主义现代化建设为基本目标,把物质文明建设和精神文明建设结合起来,把加强军政军民团结同经济建设和社会发展结合起来,充分调动了全社会的积极性,使双拥工作向着经常化、社会化、制度化方向发展,加强了军民的互助与合作,发展了"同呼吸、共命运、心连心"的新型军政军民关系。邓小平同志为双拥模范城、双拥模范县的题词,极大地鼓舞了创建双拥模范城(县)的活动,正在我国政治生活中产生重要的影响。

我国的社会主义现代化建设已经进入一个新的历史时期。在90年代,我们能不能顺利实现国民经济和社会发展的第二步战略目标,关系到我国社会主义事业的兴衰成败,关系到中华民族的前途命运。我国的社会主义现代化建设,是在复杂严峻的国际环境中进行的。世界旧的格局已经打破,新的格局正在形成的过程中。面对国际政治风云的急剧变幻,关键是要把我们自己的事情办好,把国民经济搞上去,充分发挥社会主义制度的优越性。处在这样一个重要的历史时期,我们更加需要全国各族人民万众一心,艰苦奋斗,更加需要坚强的军政军民团结,为社会主义现代化建设提供重要的政治保证。从根本上说,做好拥军优属、拥政爱民工作,就是做好维护国家长治久安、维护社会稳定的工作。各级党政军领导要从这样的战略高度,把双拥工作当作事关全局、涉及长远的大事,深入持久地、扎扎实实地抓下去。

做好双拥工作,必须加强宣传教育。中国共产党领导下的人民解放军,是捍卫社会主义祖国,建设有中国特色社会主义的钢铁长城。各级党委、政府要根据国际国内形势的变化,搞好国防教育,广泛宣传人民军队在夺取政权、巩固政权、保卫人民和平劳动中的光荣历史和传统,在维护祖国尊严、维护国家稳定中的重要地位和作用,使人民群众真正懂得:"没有一个人民的军队,便没有人民的一切"。人民解放军要继续深入进行"爱人民、学人民、为人民"的教育,始终不渝地履行全心全意为人民服务的宗旨,使广大指战员牢固树立来自人民、服务于人民的思想,自觉做到尊重政府,热爱人民,纪律严明,秋毫无犯,使这支军队在群众的心目中永远是自己的军队,使人民军队和人民永远保持血肉相连,水乳交融的亲密关系。

做好双拥工作,必须紧紧围绕和贯彻执行党的基本路线:以经济建设为中心,坚持四项基本原则,坚持改革开放。这是我国各民族人民的共同的政治信念,也是军政军民团结的政治基础。要从国家的根本利益出发,在以经济建设为中心的前提下,进一步加强国防建设。各级党委、政府要把支持军队的建设和改革作为自己义不容辞的责任,努力帮助驻军解决战备、训练、国防施工和科研等各方面的实际问题,扎实做好军队转业干部、复员退伍军人和军队离退休干部的安置工作,做好烈军属和伤残军人的优抚工作。人民解放军各部队在完成战备、训练等各项任务的同时,要积极参加和支援国家基本建设工程、农田水利建设和社会公益事业,奋勇参加抢险救灾,全力保护国家财产和人民群众的生命安全。

做好双拥工作,加强军政军民团结,必须党政军齐抓共管,全社会形成合力。为了加强全国双拥工作的领导,国务院、中央军委成立了"全国双拥工作领导小组",统一指导和协调全国的双拥工作。各地也相继成立了双拥工作领导机构。要充分发挥这些机构的协调和指导作用,推动双拥工作的发展。

同志们!我国的社会主义现代化建设正在朝着既定的正确目标前进,我国的军政军民团结已经进入了一个新的发展阶段。让我们在以江泽民同志为核心的党中央领导下,把双拥工作做得更好。以更加优异的成绩,迎接开展拥军优属、拥政爱民活动50周年!迎接党的第十四次全国代表大会召开!

全国监察厅局长会议在北京召开

广东省七届人大五次会议选举朱森林为省长

党和国家领导人李鹏 姚依林 宋平 邹家华 倪志福在人民大会堂会见全国地质勘查功勋单位的代表

李鹏向来自深山旷野、戈壁海洋的功勋地质勘查队的代表表示祝贺。他说,地质工作非常重要,是国民经济的先行和基础,希望你们继续发扬艰苦奋斗的优良传统,为我国的地质勘查事业,为完成"八五"计划,为建设有中国特色的社会主义作出更大的贡献。

中国银行在北京举行纪念成立80周年大会

国务院副总理姚依林、全国人大常委会副委员长陈慕华、国务委员王丙乾、李贵鲜出席。

中国银行海外机构所在国家的驻华使节、国际组织驻中国代表、外国金融界、商社驻中国代表及国务院有关部委、公司人员参加了大会。

中共中央政治局常委李瑞环在吉林及黑龙江考察

1月16日至22日,李瑞环分别在吉林省省长王忠禹,黑龙江省委书记孙维本、省长邵奇惠的陪同下,先后考察长春、吉林、哈尔滨等市,深入到工厂和文艺单位,同企业领导、理论、新闻、文艺工作者进行座谈。他听取了省委的工作汇报,对两省认真贯彻去年中央工作会议和党的十三届八中全会精神,给予了充分肯定。

在考察中,李瑞环指出,今年是实施"八五"计划、十年规划的第二年,面临着错综复杂的国际形势和艰巨繁重的国内建设任务,特别是今年第四季度要召开党的第十四次全国代表大会,这些都需要有一个团结、稳定的政治局面。为此宣传思想部门要坚持正面宣传为主,报道改革开放和现代化建设的巨大成就,讴歌人民群众创造新生活的英雄业绩,鼓舞和启迪人们解放思想,开拓进取,积极向上。要搞好正面教育,帮助广大干部群众正确认识形势,进一步增强建设有中国特色社会主义的信心,珍惜和维护我们今天来之不易的稳定局面。要加强和改进思想政治工作,协调关系,化解矛盾、理顺情绪、"活血化瘀",在全社会造成民主和谐、欢快团结的良好气氛,以调动一切积极因素搞好社会主义现代化建设。总之,宣传思想部门要振奋精神,增进团结,力戒空谈,扎实工作,为巩固和发展团结、稳定的政治局面作出应有的贡献。

李瑞环在走访居民家庭时说,春节是我国人民最隆重的传统节日。各级领导干部要深入基层,体察群众的冷暖,帮助群众解决实际困难,切实安排好节日期间的物质文化生活,让人民群众过一个欢乐、祥和、文明的春节。

中共中央政治局常委乔石在广东考察

乔石于1月16日至18日在中共广东省委书记谢非、副书记郭荣昌陪同下,在梅州、汕头和潮州市的农村、工厂、学校和科研等单位进行考察参观,同工人、农民、科研人员、大学生和基层干部进行交谈。

乔石对当地经济建设的发展十分关心,希望广大干部群众辛勤劳动,努力发展生产。在梅州市石扇镇,乔石参观了新修建的5000多亩水果生产基地,察看村民郑维胜的沙田柚果园。当乔石听到郑维胜靠党的好政策种果树致富时,称赞他辛勤劳动,发展生产所取得的成绩。

在汕头经济特区,乔石参观了《汕头特区十年成就展览》。乔石称赞汕头经济特区发展快。他说,这些项目的建设很重要,具有很大的经济和社会效益。乔石还考察了汕头特区烤鳗联合公司和潮州市潮绣厂等一些外向型企业。他对外向型企业大力发展高新技术产品出口,参与国际市场竞争表示赞赏。乔石指出,外向型企业要不断提高产品质量，进一步开拓国际市场，争取更大的发展。

在考察中，乔石很关心了解群众的生产和生活情况。在梅州卷烟厂里，乔石同生产车间的工人进行交谈，希望工人树立主人翁的思想，搞好生产。在企业参观后，乔石都叮嘱那里的干部代他向工人问好，并给大家拜个早年，祝大家生活愉快。

乔石在考察期间，还参观了叶剑英故居、汕头大学、潮州西湖涵碧楼革命史料陈列馆和居民住宅小区。

国务院总理李鹏在中南海与参加全国冶金工作会议的代表进行座谈

李鹏说，去年我国钢铁工业取得了可喜的成绩，钢产量突破七千万吨，而且在增产急需品种、提高产品质量方面也有较大进步。这表明，发展冶金工业走主要依靠现有企业挖潜改造的路子是正确的。他代表国务院向钢铁战线广大职工表示亲切地慰问和衷心地感谢，同时希望冶金行业继续沿着这条路子走下去，在提高质量、增加品种、降低消耗、提高效益上取得更显著的进步。

李鹏说，去年冶金工业虽然取得的成绩很大，但亏损企业仍占一定比例。因此，希望冶金行业进一步深化改革，转换经营机制，特别要在人事制度、劳动用工制度和工资分配制度上深化改革，建立起有利于调动广大职工积极性的激励机制。为了使这项工作顺利开展，要考虑到多余人员的妥善安排。目前首先要精兵强将上一线，并在分配上拉开档次；企业的生活服务部门要与生产经营分离，逐步成为独立核算的优质服务的经济实体。

李鹏指出，冶金行业要根据国家长远规划的要求，在国家产业政策指导下，抓紧制定钢铁行业的调整和发展规划。今后不论是重点钢铁企业还是地方钢铁企业，都要在产业政策指导下部署企业的发展，防止盲目发展。

李鹏说，尽管冶金行业调整结构工作的难度很大，但企业不要等待，要主动、积极地做好调整结构工作。

邹家华、朱镕基和罗干等出席座谈会。

科特迪瓦总统费利克斯·乌弗埃—博瓦尼在亚穆苏克罗总统府会见国务委员兼外交部部长钱其琛

国务委员兼外交部部长钱其琛在亚穆苏克罗拜会科特迪瓦国民议会议长贝埃迪

国家教委全国教育事业 10 年规划和“八五”计划要点

一、80 年代教育事业的发展，为今后十年教育的发展和改革奠定了良好的基础

党的十一届三中全会以来，在党中央、国务院的正确领导下，经过全党全社会各方面的共同努力，我国教育事业取得了巨大的成就。

各级各类教育事业都有不同程度的发展和提高。

——九年义务教育开始有计划、有步骤地实施。普及小学教育取得突破性进展。1990 年，全国小学在校生 12241 万人，全国 76%的县基本普及了小学教育；初中在校生 3917 万人，多数城市普及了初中教育，幼儿教育和特殊教育稳步发展。

——职业技术教育规模迅速扩大，中等教育结构发生可喜变化。1990 年，全国高中阶段职业技术学校在校生总数 605 万人，是 1980 年在校生总数的 2.7 倍。占整个高中阶段在校生总数的比例已从 1980 年的 18.9%提高到 45.8%。全国各类培训机构 10 年培训近亿人次，其中 2000 个就业训练中心，10 年培训待业青年 1500 万人。

——高等教育培养出大批专门人才，初步形成多层次、多形式，学科门类基本齐全的体系。1900 年，全国高等教育在校生总数 382 万人。其中普通高等学校在校本、专科学生 206 万人，在校（所）研究生 9.3 万人，成人高等学校在校本、专科学生 167 万人。1981～1990 年 10 年中，全国培养本、专科毕业生 784 万人，硕士毕业生 17.7 万人，博士毕业生 0.6 万人、财经、政法、师范及一些新兴、边缘学科得到了加强。十年动乱造成的各条战线人才匮乏、青黄不接的局面已经得到很大缓解。

高等学校科技工作有了很大发展，几乎涉及国家科学技术的各个层次和所有领域，与各地区、各行业建立了广泛的联系。在基础研究、应用研究、高技术研究、推广应用等方面取得了许多令人瞩目的成果，高等学校已成为国家科学技术发展的重要方面军。

——成人教育和岗位培训得到前所未有的发展，为提高劳动者素质、培养急需建设人才、实现我国干部队伍“四化”做出了重大贡献。10 年中，扫除文盲 3850 万人，近 3 千万职工补习了初中文化和初级科学技术知识；有 2 亿农民接受了各种类型的文化技术教育和实用技术培训；数以千万计的干部、职工接受了各种形式的岗位培训。自学考试制度建立以来，到 1990 年底，已有 53 万人获得了大专以上毕业证书。

教育体制改革和教学领域改革取得了初步成效。基础教育实行地方负责、分级管理的体制，在全国，尤其在农村调动了社会各方面的积极性，涌现出一批重视教育并取得显著成绩的地区、部门和单位、在全国 1/3县的 3000 多个乡带头实施燎原计划，推动了教育

同科技、农业的结合、城市、农村、企业的教育综合改革取得了初步成效、各级各类学校积极改革教学内容、课程设置和教育方法，高等和中等专业教育在改革招生、毕业生分配制度等方面也进行了有益的尝试。

党的十三届四中全会以来，加强和改进了学校的思想政治工作和品德教育，德育在学校工作中的首要位置正在得到落实，促进了学校安定团结和整个社会的稳定。

各级各类学校师资队伍经过整顿、充实、培训，政治、业务素质明显提高。1990 年，全国教师队伍已达到 1077 万人、教师学历达标率小学为 74%，初中为 47%，高中为 46%。

中央和地方各级政府努力增加教育投人，社会各界多渠道筹措教育资金，使各级各类学校办学条件有了不同程度的改善。1989 年国家财政预算内教育经费支出占国家财政支出的比例达到 13.19%。中小学危房比例由 1980 年的 17%下降到 1990 年的 3.07%。

国际教育交流和合作不断扩大。重视国外教育的研究，积极参加国际教育学术交流活动，聘请了一批外国专家和华裔学者，接收了一批来华留学生，改革开放以来，已有 5 万多出国留学人员学成回国。

80 年代我国教育工作取得的巨大成就，是我国现代化建设巨大成就的重要组成部分，为 90 年代教育事业的发展和改革奠定了良好的基础。

在充分肯定 10 年来教育事业取得显著成绩的同时。还必须清醒看到，目前我国教育在总体上还比较落后。还不能很好地适应社会主义建设的需要，一些地方教育在实际工作中还没有摆到应有的位置。当前比较突出的问题是：在办学指导思想上，一度发生的忽视思想政治教育的失误虽然有所改变，但思想政治教育薄弱的状况尚未根本扭转，教育思想、教学内容和教学方法脱离社会实际需要的现象不同程度地存在；在事业发展方面，基础教育仍然比较薄弱，职业技术教育还不发达，高等教育的学校布局、层次及科类(专业)结构不尽合理，成人教育转向以岗位培训为重点的轨道还需要有一个过程；教育管理水平较低，教育质量、办学效益亟待提高；教育投人仍然不足，学校办学经费紧张，影响教学质量和师生生活，教师工资待遇低，住房短缺，一些地方青年教师队伍不够稳定，人才流向不合理。

二、90 年代教育工作的基本指导方针

(一)充分认识 90 年代是我国教育事业发展非常关键的时期，努力把教育工作提高到一个新水平

党的十三届七中全会指出，在我国社会主义现代化建设的历史进程中，本世纪最后 10 年是非常关键的时期。国家的强盛、民族的振兴靠人才，人才的培养靠教育。发展教育事业，提高全民族素质，是建设社会主义的根本大计，在 90 年代能否改变教育事业落后于社会主义现代化建设需要的状况，不仅关系到 21 纪末我国现代化建设的第二步战略目标的实现，还关系到 21 世纪的建设大业。当今世界政治风云变幻多端，经济、科技竞争日趋剧烈，我们既要粉碎国际敌对势力对我国实行“和平演变”的图谋，高举社会主义旗帜，又要迎接世界经济竞争、科技革命的挑战，把经济建设搞上去，发挥社会主义的优越性。历史赋予教育战线以艰巨而又紧迫的任务。我们要面向现代化、面向世界、面向未来，坚持“教育必须为社会主义建设服务，社会主义建设必须依靠教育”的指导思想，振奋精神。埋头苦干，把教育工作提高到一个新水平，为提高全民族素质，促进经济建设和社会进步做出更大的贡献。

(二)坚定不移地把教育放在优先发展的战略地位，使教育同经济协调发展并适当超前

把科学技术和教育事业放在优先发展的战略地位，使经济建设转到依靠科技进步和提高劳动者素质的轨道上来，是我国社会主义建设指导思想上的一个重要发展。确立教育的战略地位，对我国的现代化建设至关重要。从根本上说，教育是社会主义现代化的基础工程，也是促进国民经济持续、稳定、协调发展的重要保证。教育的周期长，因此必须适度超前。十一届三中全会以来，党中央关于加强教育工作的战略决策，正在逐步成为各级领导的共识，成为全社会和广大人民群众的积极行动。各级政府在考虑今后 10 年经济和社会发展总体规划时，必须认真确立党中央关于把教育放在优先发展的战略地位的指导思想，增强发展和依靠教育的紧迫感，纠正一些同志中存在的对优先发展教育的模糊认识，在实际工作中，努力增加对教育的投人，同时要加强领导，使教育更好地为社会主义建设服务，使教育与经济相互促进、协调发展。

(三)坚持教育的社会王义方向，把培养社会主义事业的建设者和接班人作为学校的根本任务

今后 10 年，各级各类学校都要全面贯彻教育必须为社会主义现代化服务，必须同生产劳动相结合，培养德、智、体全面发展的建设者和接班人的方针，把坚定正确的政治方向放在第一位，以此作为学校的共同任务和学校各项工作的依据和出发点。

在我国，坚持四项基本原则同资产阶级自由化的斗争将长期存在，“和平演变”与反“和平演变”的斗争将长期存在，学校是抵御国内外敌对势力向我们争夺接班人的前沿阵地。能否坚持教育的社会主义方向关系国家的前途和命运。在办学指导思想上，要认真吸取过去一度忽视德育的教训，花大力改变学校思想政治和品德教育薄弱的状况，有针对性地采取各种形式

的教育，提高广大师生坚持四项基本原则的自觉性和抵制资产阶级自由化思想侵蚀的能力。坚持在马列主义、毛泽东思想指导下，按照年龄特点对学生进行爱国主义、集体主义、社会主义和国情教育，实行理论与实践相结合，脑力劳动与体力劳动相结合，知识分子与工农群众相结合。使广大学生逐步提高社会主义觉悟，确立正确的政治方向，树立科学世界观和正确人生观，努力成长为有理想、有道德、有文化、有纪律的社会主义新人。

（四）把提高教育质量放在突出地位，协调稳定地发展教育事业，保证教育更有效地为社会主义现代化服务

今后 10 年，要采取得力措施，把全面提高教育质量作为整个教育工作的重点，力争上一个新台阶。发展教育事业要正确处理数量与质量的关系，坚持在保证质量的前提下有步骤地发展。

要坚持把深化改革、治理整顿和发展结合起来，根据社会主义事业的需要，大力调整教育结构和专业结构，理顺各个教育层次的关系，以形成基础教育、职业技术教育、普通高等教育和成人教育协调发展的格局。

坚持从我国国情和各地实际出发，因地制宜、分区规划、分类指导、分步推进，保证教育事业持续、稳定、协调发展，促进教育在党的领导下，主动适应现代化建设的实际需要，不断提高教育质量，要切实重视支持少数民族地区和边远地区、山区教育事业发展，使其逐步缩小同沿海、发达地区的差距。民族地区和经济落后的边远地区、山区应当从本地区的经济、地理和教育基础出发，制定切合实际的教育规划，把发展民族教育同振兴当地经济、治穷脱贫紧密结合起来，把国家的扶持和教育发达地区的支援同发扬本民族、本地区人民自力更生，艰苦奋斗优良传统结合起来，促进民族地区和贫困地区教育事业的发展和教育质量的不断提高。

（五）高度重视师资队伍建设和学校管理队伍建设，充分发挥广大教职工的办学积极性

教育发展和改革归根结底要依靠广大教师和干部的智慧和力量。不断加强师资队伍建设，充分发挥广大教师和干部的积极性，是振兴教育的根本所在，也是我们制定教育政策的一个基点、今后，要把师资队伍建设摆在突出的位置，采取有效措施全面提高教育者的思想政治水平和业务素质。在全社会发扬尊重知识、尊重人才和尊师重教的良好风尚，不断提高教师的社会地位和生活待遇，在逐步改善他们的工作和生活条件方面做一些切切实实而有成效的工作，鼓励广大教师为发展教育事业，提高全民族素质，推进社会主义事业作出更大贡献。

新时期教育的发展和改革对各级各类学校的领导干部提出了新的更高要求，造就一批又红又专的教育管理专家，是发展社会主义教育事业的可靠保证。要重视学校领导班子的建设，坚持德、才兼备，完善学校领导干部的遴选、任用、考评、监督等项制度。要采取多种途径对学校领导干部和各级教育行政管理干部进行培训，提高他们的思想政治素质、业务能力和管理水平。

（六）坚持多渠道筹措教育经费，努力改善办学条件

我国是世界上教育规模最大的国家，但国家财力有限。从我国的实际出发，筹措教育经费是教育发展与改革所面临的一个重大课题，要确立以国家财政拨款为主，多渠道筹措教育经费的体制，牢固树立"人民教育人民办，办好教育为人民"的观念。

今后 10 年，中央和地方各级政府都要逐步增加教育投入，完善多渠道筹措教育经费的体制，使各级各类学校的办学条件有显著改善。各级教育行政部门和学校，都要努力使教育更好地为发展社会主义事业，为繁荣经济，提高群众物质文化水平服务。

（七）坚定不移地推进改革、开放，不断增强社会主义教育的生机与活力

90 年代要在认真总结过去 10 年改革开放经验的基础上，坚定不移地进一步推进教育的改革开放，同时，要坚持改革开放的社会主义方向，使改革开放成为促进教育事业发展的强大动力。今后 10 年，要随着国家经济体制、政治体制改革的深化，坚持从我国国情和各地实际出发，围绕坚持社会主义办学方向，全面贯彻教育方针，坚持教育同生产劳动、社会实践相结合，提高教育质量，更有效地为社会主义建设服务等核心问题，深化教育思想、教学内容和教学方法的改革。要继续推进教育体制改革，加强国家宏观调控机制，增强地方政府对教育的决策权和统筹权。同时，要进一步发动社会各界、人民群众支持教育，办好教育，充实改善学校的办学条件，全面落实党的知识分子政策，发挥学校办学的主动性和教职工的积极性。教育改革要与国家劳动、人事、工资制度改革配套进行。

既要坚持国际教育交流与合作，又要认识到国际上渗透与反渗透、"和平演变"与反"和平演变"的复杂斗争。在对世界各国已有了解的基础上，要区别不同情况，有针对性地扩大国际交流与合作，切实做到以彼之长补我之短，改进智力援外工作，并通过教育和学术交流，广交朋友

三、90 年代教育发展的主要目标

到本世纪末，我国教育工作奋斗的总目标是：初步建立起适应社会主义现代化需要、面向 21 世纪、具有中国特色的社会主义教育体系。今后 10 年，全国教育

发展的主要目标是：

——在全国普及初等义务教育的基础上，大部分地区，即城镇以及目前经济中等发达的农村地区，基本普及九年（或初中阶段）义务教育，小学和初中合格毕业生在同龄人口中的比例有较大提高。在有条件的大城市市区试行普及高中阶段教育。

——大力发展职业技术教育，使农村绝大多数新增劳动力接受程度不同的职业技术教育或培训；企业新增职工接受必需的职前教育和岗位培训。到本世纪末，建设一批水平较高的、能起骨干和示范作用的职业技术学校，每县一般都要办好一所综合性的骨干职业技术学校，大力发展多种形式的短期职业技术培训，逐步形成具有中国特色的职业技术教育体系的框架，走出适合国情的发展职业技术教育的路子。

——高等教育要根据社会需要，在合理调整结构，大力提高质量的基础上适度发展，积极为城乡经济、社会发展培养专门人才、高级专门人才，基本满足经济建设和社会发展的需要，国家制定高等学校分类原则和相应的政策措施，使各种类型的学校各有侧重、相互衔接、合理分工，在各自的层次上办出特色和水平。今后10年或更长时间，中央要集中投资办好若干所重点高等学校，部委和省也要重点投资办好一、两所代表本行业、本地区先进水平的高等学校。要加强一批重点学科点的建设，使其在科学技术水平上达到或接近发达国家同类学科水平，做到博士生的培养立足于国内。同时，使一批高等专科学校办出自己的特色。

——积极发展成人教育。加强思想政治和职业道德教育，提高全体劳动者的社会主义觉悟和道德水准。要坚持多种形式多种途径的办学路子，大力开展岗位培训和继续教育，不断提高企业职工队伍的技术和专业水平，提高广大农民运用农业新技术的能力。要在继续整顿成人高等学历教育的基础上，办好成人高等学校，切实提高教育质量。要十分重视扫盲工作，争取到2000年全国基本上扫除青壮年文盲。

——建设好一支具有良好政治、业务素质的各级各类学校教师队伍。通过培训提高和补充新的合格教师，使绝大多数中小学教师和中等职业技术学校教师具有合格的政治素质和国家规定的学历标准，并能够更好地胜任教育教学工作，形成骨干教师队伍。在大城市和部分经济发达地区的小学和初中教师中具有专科和本科学历的教师比例要逐步提高。

——大力改善各级各类学校的办学条件，使其分期分批达到国家和地方规定的设置标准。

今后10年，教育事业的发展规模是：

到2000年，全国各级各类学校在校生总规模将由1990年的1.8亿人增加到2.2亿多人，10年净增加学生4500万人左右。其中小学在校生将达到145亿人，10年增加2300万人左右；初中在校生将达到5500万人，10年增加1600万人左右；各类中等职业技术学校在校生将达到1240万人（中等技术学校240万人，中等师范学校60万人，成人中等专业学校150万人，职业高中550万人，技工学校240万人），10年增加500万人左右；普通高中在校生将达到800万人，10年增加80万人左右；普通高等学校在校生将达到280万人，10年增加65万人左右；成人高等学历教育“九五”期间招生略有增加，到2000年在校生将达到170万人。在各级各类教育中，在校生人数增加最多的是小学和初中。发展速度最快的是职业高中和技工学校，10年中在校生分别年平均递增8.3%和6.1%，“九五”期间分别为9.3%和7.0%以上。高等教育前5年在校生规模基本稳定，后5年适当发展，年平均递增5%左右。

按照这个设想，经过10年的努力，高等学校将为国家培养输送毕业生1097万人（其中研究生32万人，本科生375万人，专科生690万人），各类中等职业技术学校将培养毕业生3019万人（其中，中等技术学校毕业生604万人，中等师范学校毕业生225万人，成人中等专业学校毕业生460万人，职业高中毕业生1200万人，技工学校毕业生530万人）。到本世纪末，全国专门人才队伍将明显扩大，结构趋于合理，素质和水平将有显著提高，教育事业大体适应我国经济和社会发展的需要。

四、“八五”期间教育发展的基本任务

“八五”期间，教育事业要把重点放在调整内部结构、深化教育改革，充实改善办学条件和大力提高教育质量上，经过调整、改革、充实、提高和有选择地发展，使教育事业走上持续、稳定、协调发展的轨道，为“九五”时期的发展和提高打好坚实基础。

（一）基础教育

要积极贯彻落实《中华人民共和国义务教育法》和本地区实施义务教育的规划目标。“八五”期间，占全国人口80%以上的地区普及初等义务教育，占全国人口40%左右的地区普及初中阶段义务教育。

已经普及小学教育的地方，小学教育的主要任务是充实完善学校设施，提高师资素质和教育质量。尚未普及小学教育的地区，首先要扎扎实实地普及小学教育，切实解决辍学问题，堵住新文盲的产生。对经济文化落后、办学困难较多的边远山区、民族聚居地区，中央和地区都要采取扶持政策，积极创造条件，首先认真抓好普及初小义务教育。到1995年，全国小学在校生将由1990年的1.2亿人增加到1.3亿人。

“八五”期间，初中教育要在办好现有学校的基础上，有计划稳步发展。大城市要着力解决好普及九年义务教育中遇到的“入学双高峰”问题，控制城区二部制比例上升；一般农村地区要搞好学校布局调整，充实办学条件，提高师资水平，并积极创造条件加以发展，在有条件的地区进行小学初中教育阶段“五四”学制试验。到1995年全国初中在校生将由1990年的3917万人增加到4512万人。

普通高中现有的总规模原则上稳定，着重提高教育质量。已经普及初中的大城市，普通高中规模偏小的可以适当发展。普通高中办得过多和经济落后的地区，应适当调减规模，或实行高三分流。坚持抓好升学制度的改革，继续扭转片面追求升学率和偏科现象。1995年全国普通高中计划招生257万人，在校生将达到750万人。

要坚持动员社会力量，进一步办好和发展大中城市幼儿教育，有条件的农村要积极发展学前教育。

要重视盲、聋、哑和弱智儿童少年教育，并在适当阶段实行文化教育和技术教育相结合。

（二）职业技术教育

要统筹安排，大力发展城乡职业技术教育。普通中等专业教育，要充分利用现有办学条件，调整服务面向和专业结构，扩大招生，达到规定的办学规模。职业高中要积极发展，专业设置通过调整，逐步适应当地的实际需要。技工教育要根据城市就业结构和大中型企业需要调整布局，积极发展，扩大规模，改善条件，提高质量。要认真实行“先培训、后就业”的原则，使从业者岗前受到必需的职业培训，某些技术性强的岗位必须持技术证书上岗。“八五”期间，各类普通中等职业技术学校在校生人数占高中阶段在校生的比重，要由1990年的45.8%提高到50%以上，同时要广泛开展灵活多样的短期技术培训，继续办好职业培训中心，重视学徒培训。1995年，全国中等专业学校招生88万人，在校生将达到254万人；全国职业高中计划招生145万人，在校生将达到350万人；全国技工学校计划招生65万人，在校生将达到171万人。

（三）普通高等教育

“八五”期间，要坚持方向，稳定规模，优化结构，深化改革，改善条件，提高质量。研究生教育、本科教育和专科教育在“八五”前期基本稳定现有规模，“八五”后期根据需要和可能，适当发展专科教育，逐步提高专科教育的比重。重点抓好普通院校的调整，优化高等教育的布局和专业结构，力争5年内使高教结构和办学条件有明显改善，教学质量和办学效益得到提高。要继续重点建设好若干所高等学校和一批重点学科，适当扩大博士生的培养能力，本科专业要进一步拓宽专业服务范围，减少专业种类，增强适应性。一部分理论性强的专业要拓宽服务方向，在继续重视培养理论研究人才的同时，将重点放在培养应用型人才上。专科专业要面向实际应用，办出特色。“八五”期间，全国研究生每年招生3万人左右，1995年计划招收硕士生2.9万人、博士生0.6万人；全国在校（所）研究生将达到10万人左右。1995年全国普通高等学校年度本专科计划招生约65万人，在校生将达到210万人左右。

（四）成人教育

要根据调整产业结构和提高企业素质的要求，对在岗和转换工作岗位的人员大力开展岗位培训和继续教育。在90%左右的乡（镇）和80%左右的行政村建立和办好农民文化技术学校。使1.5亿青壮年农民接受并熟练掌握一至两项实用生产技术。对广大农民进行社会主义教育。计划扫除文盲2000万人，同时搞好脱盲学员的巩固、提高工作。

要总结各种办学形式的办学规律，按照扬长避短和学用一致的原则改进成人高等学历教育。进一步调整结构和布局，改善办学条件，保证必要的教学环节配套，努力办好一批成人高等学校，保证培养规格和教育质量。“八五”期间，全国成人高等学历教育每年招生安排40万人左右，以逐步提高生源质量。成人中专学校要调整布局，充实条件提高质量，1995年全国招生安排50万人左右，在校生预计达到150万人左右。

要进一步完善自学考试制度，稳妥地发展自学考试教育。

（五）民族教育

要根据民族区域自治法的有关规定，从民族地区的实际出发，把加强基础教育办好师范教育、发展职业技术教育和成人教育作为工作重点，努力提高民族教育质量，培养适量的高级人才。除文化教育水平较高的地区外，大部分少数民族聚居地区，应集中力量重点抓好小学教育，注意提高女儿童的入学率。从有利于民族发展和相互交流出发，重视双语教学，并从小学适当年级开始，学习汉语文。认真办好寄宿制中小学校、民族预科班和民族高等院校，培养适应民族地区需要的各类人才。

加强沿海和经济发达地区、内地学校对民族地区的对口协助支援，选调一些民族学生、教师和管理干部到内地学校进修提高。继续开展内地教师支边，为民族地区对口培养师资。要进一步做好智力援藏工作。

（六）坚持开放方针，促进国际教育交流与合作的进一步发展

要坚持中央提出的“按需派遣，德才兼备，保证质量，学用一致”的方针，继续完善有关政策法规，做好出国留学人员的选派、管理工作和留学回国人员的招聘和安置工作。积极开展国际交流与合作，加强智力援外工作，选派一批教师出国任教。积极做好来华留学

生的接受、培养工作和在华留学生的管理、教育工作。

五、着重抓好的几项主要工作和采取的措施

为了落实90年代教育工作的基本指导方针和实现上述奋斗目标，需要着重抓好的几项工作和采取的措施是：

(一)加强学校党的思想和组织建设，理顺和完善学校思想政治工作的领导体制

要进一步明确学校党组织和校长的职责分工，配备好领导班子，发挥基层党组织的战斗堡垒作用和共青团、工会、学生会等群众组织的积极作用，建立、健全学生和教职工思想政治工作体制。高等学校原则上实行党委领导下的校(院)长负责制，中小学实行校长负责制，上级党委要加强对中小学党的工作和教育工作的领导。

要从管理机制上引导和促进加强学校思想政治工作，调整和完善招生、毕业生分配、职务评聘、工资晋级和出国留学的政策和规定。坚持正确的政策导向，切实体现培养德才兼备人才的精神。

建立、健全各项规章制度，从严治校。形成良好的校风和学风。要动员全社会关心和爱护青少年的健康成长，形成社会教育、家庭教育和学校教育相结合的新格局。

(二)深化教育改革，建立有活力的办学体制和管理机制

为满足社会对教育日益增长的需求，要逐步建立以政府办学为主体的社会各界共同办学体制。这种办学体制大体设想为：学前教育以社会各界办学为主，小学教育以地方政府办学为主；职业技术教育和成人教育，除部分骨干学校由政府办学外，在当地政府统筹、支持下，城市主要由行业、企业、事业单位办学和各方面联合办学；农村由多方集资办学；高等教育以中央和省、自治区、直辖市两级政府办学为主。在加强和改善中央宏观管理的前提下，要加强地方管理职能，发展中央主管部门行业职能。中等以下的各类教育要给地方以更多的统筹权、决策权。高等教育要由中央和省级政府实行宏观管理和指导。通过立法和政策、计划、拨款、评估等手段，引导高等学校建立主动适应社会实际需要、自我约束的机制。

各省(自治区、直辖市)和有关部门要加强对城市、农村、企业、高等学校的综合改革，以及其他教育改革实验工作的领导，组织各部门密切合作，积极实施，认真总结、推广成功经验。继续推进农村“三教统筹”、“农科教结合”和“燎原计划”，把科教兴农落到实处。

要重视学校体育卫生国防教育工作，提高学生健康水平，增强国防观念。尤其要把小学、初中阶段学校的体育，卫生工作抓好，采取措施保护学生视力，尽快使各地农村学校学生都能接受体育卫生教育。

要加强教育与生产劳动相结合、学校同社会相结合，推动教育改革和教育质量的提高。企业和有关单位要支持帮助学校，尤其要帮助高等学校解决生产实习、社会实践活动中遇到的实际问题，共同担负起培养社会主义接班人的社会责任。

要根据现代化建设的实际需要，努力做好专门人才教育的层次、学科结构和专业结构的调整工作。专业结构调整是高等学校改革的重要内容，要在修订高等学校专业目录和做好专业点清理工作的基础上，统筹规划，合理调整。

要进一步完善相应的政策和办法，推动中央有关部门和各省、自治区、直辖市所属高等学校完成治理整顿任务，合理布局和结构调整，促进跨地区、跨部门的联合办学和校际合作。中央部门要与地方协商，将其高等院校可为各省、自治区、直辖市培养人才的数量、科类告知地方，由地方根据人才需求和地方高等学校培养能力，统筹规划，制定适合地方需要的招生来源方案，通过招生和毕业生分配等环节，调整学校培养与社会需求的关系。

继续有步骤地推进大中专招生、毕业生分配制度的改革。在高中会考基础上，稳步推进高考制度改革。对由国家分配的高等学校毕业生，在人事制度未作相应改革前，仍实行按计划为主的分配办法；同时要在国家计划指导下，逐步实施在一定范围内，学校推荐、学生选报志愿、用人单位择优录用办法。高等学校、中等专业学校及技工学校，在保证全民所有制企事业单位用人需要的同时，要面向非全民所有制单位培养人才，积极进行毕业生不包分配的改革试点。

制订和健全有关教育法规，引导社会力量兴办职业技术教育和成人中小学教育：岗位培训和继续教育。

(三)加强高等学校科学技术工作，提高教育科学研究水平，努力为社会、经济发展服务

高等学校要充分发挥学科门类齐全、专家学者集中、新生力量聚集的优势，组织精干力量从事基础科学和应用科学的研究，积极承担国家科技攻关项目和提高科学技术水平的任务，为我国科学技术的发展做出更大的贡献。要面向经济建设，大力开展技术开发、推广应用和咨询服务，发展与地方、产业部门、研究机构的横向联系，建立多种形式的教学、科研、生产联合体，通过多种途径，努力为我国社会、经济发展服务。

要充分发挥重点高等学校教学、科研的骨干作用，使其在整体水平上逐步达到或接近世界水平、要加快国内研究生培养基地和大学教师进修基地的建设，特别是博士点建设。调整学位授权点的学科结构和地区布局，提高博士和硕士的培养数量和质量。要继续试

行博士后教育，办好博士后流动站，造就高级专门人才。加强导师队伍建设，培养和造就新一代学术带头人和指导教师。

进一步加强高等学校社会科学学科的建设，充分发挥高等学校社会科学研究力量在国家政治、经济和思想文化建设中的作用。要坚持以马克思主义为指导，重点加强对建设有中国特色的社会主义重大理论问题和实际问题的研究，特别要加强对 90 年代我国经济和社会发展以及改革开放中重大问题的研究，为社会主义物质文明和精神文明建设服务。切实加强哲学、社会科学研究队伍，尤其是中青年队伍的建设。

教育科学研究要以马克思主义为指导，加强对教育发展和改革中重大理论和实际问题的研究，加强对教育实践和历史经验的总结，继承和发扬教育的优良传统。密切教育科研同教育决策、教育实践的联系，发挥教育科研对教育改革实践的指导作用，逐步建立有中国特色的社会主义教育理论。

（四）切实加强教师队伍建设，认真办好师范院校

各地要制定教师队伍建设规划，健全教师管理法规，使管理工作有正确的导向，逐步控制化、科学化。要重视和解决高等学校骨干教师断层问题，加强中青年教师培养和学术梯队建设，坚持和完善教师参加社会实践的制度。办好教师进修院校，搞好继续教育。中小学教师培训以提高教育教学能力为主，同时重视学历达标，提高政治思想素质和业务能力。争取绝大多数小学教师到 1993 年、多数初、高中教师到 1995 年，都能达到国家要求的学历标准或取得专业考核合格证书。

各地应抓紧做好高等和中等师范院校的建设规划和基础教育、职业技术教育师资的供需平衡工作。在安排“八五”计划时，要把加强师范教育和师资培训工作作为发展教育工作的战略措施，继续增加师范教育专款，加强师范院校建设，力争用 5 年或者再长一些时间实现师范院校办学条件标准化，在有条件的大城市和经济发达地区，试办面向小学的五年制师范。

师范院校要为基础教育服务。加强思想政治工作和学生专业思想教育，采取措施解决师范生生源和招生地区结构问题，培养合格的中小学教师。综合性大学和其他有关院校也应承担一定的师资培养、培训任务，鼓励非师范院校的大学毕业生到中、小学任教。建立相应的政策机制，提高毕业生的到岗率。

“八五”期间，有条件的高等院校应设立职业技术师范部（系）。各省、自治区、直辖市及有关部委要指定一批高等职业技术专科学校和普通中专学校，作为职业技术学校实习指导教师的培养和培训基地。要积极试办技艺型的高级职业学校，以培养高效操作人才和技能教师。

要逐步改善教师的工资、住房、医疗、保险状况，今后一个时期，尤其要在提高工资水平和改善住房条件方面取得实效。要改革教育系统工资制度，逐步建立符合教育特点的新的教师工资序列。要允许各省、自治区、直辖市根据国家的规定，制定本地区提高教师工资待遇的补充规定。鼓励学校根据自身条件，积极试行校内工资待遇改革。各级政府要制定改善本地区教师住房计划；采取优惠政策，逐步解决教师住房低于当地居民平均居住水平的问题。

改革教师职称制度，引导教师在本职岗位上教书育人，勤奋工作，积极奉献。对职业技术教育的技能师资，应视其特点制定相应的职称评审办法。中央和地方要制定奖励条例，开展尊师重教活动，对做出贡献的教师，给予精神和物质奖励。

要严格控制并逐步减少民办教师数量，给优秀的民办教师提供培训、深造的机会，杜绝新的不合格教师的产生。“八五”期间，国家和地方要采取措施，将一部分考核合格的民办教师转为公办教师。

（五）加强校舍和教学设施建设，改善办学条件

“八五”期间，各级政府要把改善学校的办学条件，首先是校舍建设列为重要工作，抓紧抓好，并在投资安排上实行倾斜政策，使教育基建投资有较多增加，使学校尽快达到规定的设置标准。各级各类学校要将教师住房，尤其要把高等学校中青年教师住房建设放在突出位置，并注意基础设施的建设和维护，消除隐患，确保教学秩序、工作秩序和师生安全。中小学校兴建新校舍、改造旧校舍的任务仍然十分繁重，要继续动员各方面的力量，增加教育基建投资。要做到新增危房当年解决。

中小学实验室建设，要视不同地区的财力和实施义务教育的进度进行规划。高等学校要加强基础实验室建设，购齐基本实验装备，力争开出基础课及专业基础课规定的全部教学实验。加强学生的基本功训练，提高实验操作能力，要重视教学仪器设备的开发生产，提高教学仪器的国产化水平。提倡自制教具，注意提高制作质量。

大力发展电化教育和远距离教学手段，国家计划发射一颗教育卫星，各地要积极建立卫星地面接收站，装备录、放像设备，逐步形成覆盖全国县、乡的电视教育网络。地方政府和有关部门应帮助中小学办好一批勤工俭学基地，并在生产经营劳动中给予必要的支持。高等学校要办好校办产业，重点发展高新技术产业，促进高校科技成果的商品化和产业化。

学校要继续改善后勤管理，提高服务水平，保证各项任务的顺利完成。

(六)加强教材建设,重视图书管理工作

"八五"期间,高等教育教材工作要着重提高质量,适当发展品种,力争系统配套。要抓好高等专科教育各科的基础课和主要专业课教材的编审出版,坚持优秀教材的评奖制度。要继续做好中小学教材的编写、出版、发行工作,保证"课前到书,人手一册"。1995年前,国家教委要推荐几套适合不同学制、不同层次要求,各具特色的九年义务教育教材和若干种单科教材。编辑出版一批职业技术教育的系列教材。各地要注意加强乡土教材、地方性教材建设。

争取5年左右时间,城市中小学和农村完小以上学校都建立图书馆(室),高等学校图书馆要保证教学参考书的收藏并提供优质服务,逐步提高图书管理水平。

(七)努力增加教育收入,切实加强经费管理

根据《中共中央关于教育体制改革的决定》中提出的"两个增长"的原则和中央关于增加对教育投入的方针,中央和地方财政预算内安排的教育经费(含基建投资)应当逐年增长,并切实保证生均公用经费同步增长。"八五"期间,各级政府财政预算支出中教育经费所占比例,都应当逐步提高。中央部委和地方政府,也要根据教育事业发展的实际情况,建立教育专项资金,有计划、有重点地解决一些突出的问题。

继续调动社会各方面办学积极性,多渠道筹措教育资金。各地要加强城乡教育附加费征管工作。在严格执行国家政策原则前提下,继续提倡、鼓励群众捐资助学,设立各种教育基金。各地应按照学校的不同情况,适当调整学费、杂费标准。

要切实加强对教育经费的管理,认真贯彻勤俭办学的方针,厉行节约,反对铺张浪费,健全和完善财务管理法规、制度,把有限的教育经费管好用好,努力提高学校经费的使用效益。

(八)完善教育法规,加强评估和督导

要从我国的实际出发,总结历史的经验,加快教育立法步伐,制定出基本的教育法律和法规,争取到本世纪末,初步建立起具有我国特色的教育法规体系的框架。地方要从各自的实际出发,制定相应的地方性教育法规。要建立、健全教育评估、督导制度和教育行政复议制度;加强教育法制宣传,完善教育立法和执法监督系统,使教育工作逐步走上依法治教的轨道。

(九)加强对教育工作的领导和管理

各地方、各部门应当根据《中国教育发展和改革纲要(草案)1990—2000年(送审稿)》和本规划要点精神,结合各自的实际,在认真调查研究的基础上,制订好本地区、本部门教育事业十年规划和"八五"计划,并把它纳入地区、部门的经济建设和社会发展的中长期规划和年度计划,认真组织实施,加强检查和监督,在执行中发现问题及时解决,使教育规划真正成为对教育事业进行宏观调控的有力手段。

教育事业是全党全民的事业,必须得到各级政府和各部门、社会各方面的全力支持。各级政府要像抓经济工作那样抓教育、保教育,进一步加强对教育工作的领导和管理。各级教育领导部门应更加自觉地贯彻执行党的基本路线,努力落实各项方针政策和具体措施,加强教育管理改革和宏观指导工作,增强教育管理决策的科学性,使我国的教育事业沿着持续、稳定、协调发展的轨道前进。

辽宁出版社出版的《国学丛书》出版座谈会在北京举行

全国卫生工作会议在人民大会堂结束

全国卫生工作会议,着重讨论今后十年《我国卫生发展与改革纲要》。与会代表对90年代卫生发展的目标、任务、工作方针和战略重点等一系列重大问题有了更明确的认识,对当前如何加大改革的分量,通过改革寻求卫生事业发展的路子,也有了一些新的思路。会议同时讨论了公费医疗制度改革设想,提出卫生管理体制和运行机制改革,一定要同社会医疗保健制度改革密切结合起来,互相协调,互相配合,才能真正建立起适合国情、适合人民保健需求的卫生服务体系,建立起具有中国特色的卫生体制。

会议对在近年来卫生改革实践中涌现出来的234个先进集体和447名模范个人进行表彰。卫生部部长陈敏章称这些集体和个人是医疗卫生界的优秀代表,是全国人民所尊敬的保护人民健康的杰出卫士。

全国人大常委会副委员长陈慕华出席表彰会。

1月17日

全国各省自治区直辖市双拥办公室主任会议在北京召开

全国双拥工作领导小组组长、国务委员陈俊生,全国双拥工作领导小组副组长周文元、曾庆红、李昌安、范宝俊等出席会议并讲话。

会议认为,双拥工作伴随着我们党、政府、军队和人民走过了半个世纪的光辉历程。明年是毛泽东主席等老一辈无产阶级革命家倡导的双拥活动50周年,全国各地、全军各部队要充分利用这一大好时机,通过扎扎实实的工作,把双拥活动提高到一个新的水平。各地要切实把双拥工作摆在事关国家和军队稳定与发展的战略位置,进一步深化宣传教育;进一步加强对创建

双拥模范城(县)活动的指导,把双拥工作的各项任务落实到基层。

外经贸部副部长吴仪和美国贸易代表希尔斯在美国贸易代表办公室会议厅签署《关于保护知识产权的谅解备忘录》

本着双边贸易关系协定的合作精神,并根据有关国际协定的原则,中华人民共和国政府(中国政府)和美利坚合众国政府(美国政府)就以下条款达成相互谅解。

第一条

一、中国政府将按照中华人民共和国专利法提供下述水平的保护:

(一)专利的客体。专利应授予所有化学发明,包括药品和农业化学物质,而不论其是产品还是方法。

(二)授予的权利。专利授权阻止他人未经专利权人同意,制造、使用或销售专利的客体。方法专利授权阻止他人未经专利权人同意,使用该方法以及使用、销售或进口由该方法直接生产的产品。

(三)保护的期限。发明专利的保护期限为自专利申请提出之日起二十年。

(四)强制许可。1. 专利权的享有不因发明的地点、技术领域以及产品为进口或当地生产而受歧视。2. 在中国法律允许未经权利人的许可而使用专利客体的情况下,包括政府使用或经政府批准的第三方的使用,下列各项规定应予尊重:批准这种使用应一事一议;只有当申请使用者在使用前曾按合理的商业条款和条件请求权利人允许其使用,并在合理长的时间内未得到这种允许时,才可允许这种使用。在全国紧急状态或其他非常紧急的情况下,或在为公共目的的非商业性使用的情况下,政府可以放弃这种要求。但是,在处于全国紧急状态或在其他非常紧急的情况下,应在合理时间内尽快通知权利人;对于为公共目的的非商业性使用,如果在未进行专利检索的情况下,政府或订约人知道,或有明显的理由知道一个有效的专利会被政府或为政府所用,则应立即通知权利人;此种使用的范围和时间应受允许此种使用的目的的约束;此种使用应是非独占的;除与有权享受此种使用的该部分企业或信誉一起,此种使用不可转让;允许任何此种使用应主要为供应中国国内市场;当导致授权这种使用的情况停止存在或可能不再发生时,在考虑对被授权使用人合法利益提供充分保护的前提下,这种使用的授权可被终止。接到提出的请求后,主管机关应有权对这种情况是否继续存在进行审查;在每一种情况中,应根据此种许可的经济价值,向权利人支付充分的报酬;任何有关授权此种使用决定的合法性应受司法审查或其他较高当局的独立审查;任何有关这种使用的报酬的决定应受司法审查或其他较高当局的独立审查;当允许此种使用是为补救经司法或行政程序认定的反竞争行为时,前述第 2 项和第 6 项规定的条件可不适用。在此情况下,在确定报酬的数额时,可以考虑对反竞争行为进行纠正的需要。当导致这种许可的条件有可能发生时,主管机关有权拒绝终止此种授权使用;

当此种使用是由于某一专利("第二专利")在不侵犯另一专利("第一专利")的情况下不能被实施而授权时,还应符合下列各项条件:与第一专利中的发明相比,第二专利中的发明具有重大经济意义的重要技术进步;第一专利权人有权在合理的条件下,取得使用第二专利中的发明的交叉许可证;除非与第二专利一起转让,对第一专利的此种经许可的使用不能转让。

二、中国政府应向其立法机关提交提供本条第一款规定保护水平的议案,并尽最大努力使修改后的专利法于一九九三年一月一日前通过并实施。

三、两国政府重申根据保护工业产权巴黎公约(斯德哥尔摩文本一九六七年)对对方的承诺,并继续承诺按照国民待遇原则为对方的自然人和法人提供专利保护。

四、如果美国政府成为某国际公约成员国,该公约要求美国提供自申请日起至少二十年的专利期限,美国将修改其法律履行该义务。

第二条

两国政府确认,保护工业产权巴黎公约所确立的专利保护的地域原则和专利独立原则应当得到尊重。

中国政府同意采取行政措施保护具备下列条件的美国药品、农业化学物质产品的发明:

(一)在中国现行法律修改之前不给予独占权保护;

(二)自一九八六年一月一日至一九九三年一月一日之间获得禁止他人在美国制造、使用或者销售的独占权;

(三)尚未在中国销售。

对满足上述条件的产品发明享有美国独占权的权利人,应当向中国主管部门提出要求行政保护的申请,包括提供下述文件:

1. 美国主管部门颁发的证明该权利人享有该独占权的文件副本;

2. 美国有关主管部门颁布的准许制造或销售该产品的文件副本;

3. 该独占权所有人与中国法人(包括外资企业、中外合资或者合作经营企业)签订的在中国制造和/或销售该产品的合同副本。

中国有关主管部门将按照公布的有关获得制造、销售许可的中国法律、法规，审查该申请。对这种许可不得附加特殊规定或要求，应及时审查批准。在此之后，中国有关主管部门将向行政保护申请人发给授权制造、销售该产品的行政保护证书。中国有关主管部门将在行政保护期内禁止未获得行政保护证书的人制造或销售该产品。行政保护期为自获得该产品的行政保护证书之日起七年零六个月。上述行政保护自一九九三年一月一日起施行。

第三条

一、中国政府将加入保护文学、艺术作品的伯尔尼公约(伯尔尼公约)(一九七一年巴黎文本)。中国政府将于一九九二年四月一日前向立法机关提交加入该公约的议案和尽最大努力使该议案于一九九二年六月三十日前获得通过。该议案通过后，中国政府将向世界知识产权组织提交加入书，于一九九二年十月十五日前生效。

二、中国政府将加入保护唱片制作者防止其唱片被擅自复制的公约(日内瓦公约)，并于一九九二年六月三十日前向立法机关提交加入该公约的议案。中国政府将尽最大努力使该议案于一九九三年二月一日前通过。中国政府将提交批准书，该公约将于一九九三年六月一日前生效。

三、中国加入伯尔尼公约和日内瓦公约后，上述公约将是中华人民共和国民法通则第一百四十二条所指的国际条约。根据该条规定，如果伯尔尼公约和日内瓦公约与中国国内法律、法规有不同之处，将适用国际公约，但中国在公约允许的情况下声明保留的条款除外。

四、就中国著作权法及其实施条例与伯尔尼公约、日内瓦公约和本备忘录的不同之处，中国政府将于一九九二年十月一日前颁布新条例使之与公约和备忘录一致。这些新条例还将澄清现行条例，特别将解释：适用于所有作品和录音制品的独占性发行权包括通过出租提供复制品以及这一专有权利在复制品首次销售后仍然存在。如果两者之间有不同之处，执行公约和本备忘录的条例优先于适用本国作品的条例。

这些新条例除适用于伯尔尼联盟成员国国民创作的作品外，还适用于合同关系、合资企业或外资企业、外国合资企业或合作企业委托情况下创作的作品，在这些情况中伯尔尼联盟成员国国民将是版权所有者或版权所有者之一。

中国政府将向立法机关提交修订其著作权法的议案，并在合理的时间内尽最大努力使这一议案通过和实施。

五、两国政府将表明伯尔尼公约和日内瓦公约在各自法律中的地位，并在本备忘录签字后三十天内或在加入每个公约后三十天内(以较晚时间为准)将公约的规定通知主管实施著作权法和条例的司法及行政机关。两国政府将颁布和相互提供就与执行公约或本备忘录有关任何法律、法规的管理和解释向行政或司法机关发出的指示的文本，时间不迟于该指示发出后三十天。

六、中国政府同意，不迟于伯尔尼公约在中国生效之日，承认并将计算机程序按照伯尔尼公约的文学作品保护，按照公约规定的保护对计算机程序的保护不要求履行手续，并提供五十年的保护期。

七、中国加入伯尔尼公约后，所有在伯尔尼联盟成员国起源并未在起源国进入公有领域的作品，将在中国受到保护。对在中国和美国建立双边版权关系之前发生的对美国的原始作品或作品复制本的商业规模的使用，将不追究责任。对在建立双边版权关系之后发生的这种使用，法律和条例的条款将充分适用。法人或自然人在中国和美国建立双边版权关系之前为特定目的而拥有和使用一作品的特定复制本，该法人或自然人可以继续使用该作品的复制本而不承担责任，条件是该复制本不以任何不合理地损害该作品版权所有者合法利益的方式复制和使用。

八、上述第七款的原则，包括对责任的限制，应适用于录音制品。

九、中国政府将承认本谅解备忘录为中华人民共和国著作权法第二条所指的协议，在此基础上对美国国民在中国加入伯尔尼公约和日内瓦公约前在中国境外发表的作品，包括计算机程序和录音制品，给予保护。此种保护将于本谅解备忘录签字之后六十天开始生效。

在本谅解备忘录规定承诺的基础上，美国政府将采取必要措施使中国国民及其作品依据美国著作权法获得受保护的资格，此种受保护的资格将于本谅解备忘录签字之后六十天开始生效。

第四条

一、为确保根据保护工业产权巴黎公约第十条之二的规定有效地防止不正当竞争，中国政府将制止他人未经商业秘密所有人同意以违反诚实商业惯例的方式披露、获取或使用其商业秘密，包括第三方在知道或理应知道其获得这种信息的过程中有此种行为的情况下获得、使用或披露商业秘密。

二、只要符合保护条件，商业秘密的保护应持续下去。

三、中国政府的主管部门将于一九九三年七月一日前向立法机关提交提供本条规定保护水平的议案，并将尽最大努力于一九九四年一月一日前使该议案通过并实施。

第五条

两国政府将在各自境内及边境采取有效的办法和救济，以避免或制止对知识产权的侵犯，并遏制进一步的侵犯。在采取这些办法和救济时，两国政府应提供禁止滥用的保障，并应避免为合法贸易制造障碍。

第六条

两国政府同意，应一方要求，可就知识产权的保护和实施问题，尤其就本谅解备忘录的义务问题及时磋商。两国政府同意，根据本备忘录进行的首次磋商将包括讨论执行伯尔尼公约和本备忘录的新条例。这些讨论将在起草条例时予以考虑。

第七条

美国政府承认中国政府在改进知识产权保护方面取得的进展和中国政府已同意采取的步骤将会进一步改善对知识产权的保护，预期这些承诺将得到充分履行，因此将于本谅解备忘录签字之日终止根据美国贸易法特殊301条款发起的调查并取消把中国指定为重点国家。

加纳国家元首罗林斯在阿克拉会见国务委员兼外交部部长钱其琛

外交部部长钱其琛在阿克拉同加纳外交部部长奥贝德·阿萨莫阿举行会谈

1月18日

邓小平在武昌深圳珠海上海等地视察时发表谈话

（1992年1月18日—2月21日）

（一）

一九八四年我来过广东。当时，农村改革搞了几年，城市改革刚开始，经济特区才起步。八年过去了，这次来看，深圳、珠海特区和其他一些地方，发展得这么快，我没有想到。看了以后，信心增加了。

革命是解放生产力，改革也是解放生产力。推翻帝国主义、封建主义、官僚资本主义的反动统治，使中国人民的生产力获得解放，这是革命，所以革命是解放生产力。社会主义基本制度确立以后，还要从根本上改革束缚生产力发展的经济体制，建立起充满生机和活力的社会主义经济体制，促进生产力的发展，这是改革，所以改革也是解放生产力。过去，只讲在社会主义条件下发展生产力，没有讲还要通过改革解放生产力，不完全。应该把解放生产力和发展生产力两个讲全了。

要坚持党的十一届三中全会以来的路线、方针、政策，关键是坚持“一个中心、两个基本点”。不坚持社会主义，不改革开放，不发展经济，不改善人民生活，只能是死路一条。基本路线要管一百年，动摇不得。只有坚持这条路线，人民才会相信你，拥护你。谁要改变三中全会以来的路线、方针、政策，老百姓不答应，谁就会被打倒。这一点，我讲过几次。如果没有改革开放的成果，“六·四”这个关我们闯不过，闯不过就乱，乱就打内战，“文化大革命”就是内战。为什么“六·四”以后我们的国家能够很稳定？就是因为我们搞了改革开放，促进了经济发展，人民生活得到了改善。所以，军队、国家政权，都要维护这条道路、这个制度、这些政策。

在这短短的十几年内，我们国家发展得这么快，使人民高兴，世界瞩目，这就足以证明三中全会以来路线、方针、政策的正确性，谁想变也变不了。说过去说过来，就是一句话，坚持这个路线、方针、政策不变。改革开放以来，我们立的章程并不少，而且是全方位的。经济、政治、科技、教育、文化、军事、外交等各个方面都有明确的方针和政策，而且有准确的表述语言。这次十三届八中全会开得好，肯定农村家庭联产承包责任制不变。一变就人心不安，人们就会说中央的政策变了。农村改革初期，安徽出了个“傻子瓜子”问题。当时许多人不舒服，说他赚了一百万，主张动他。我说不能动，一动人们就会说政策变了，得不偿失。像这一类的问题还有不少，如果处理不当，就很容易动摇我们的方针，影响改革的全局。城乡改革的基本政策，一定要长期保持稳定。当然，随着实践的发展，该完善的完善，该修补的修补，但总的要坚定不移。即使没有新的主意也可以，就是不要变，不要使人们感到政策变了。有了这一条，中国就大有希望。

（二）

改革开放胆子要大一些，敢于试验，不能像小脚女人一样。看准了的，就大胆地试，大胆地闯。深圳的重要经验就是敢闯。没有一点闯的精神，没有一点“冒”的精神，没有一股气呀、劲呀，就走不出一条好路，走不出一条新路，就干不出新的事业。不冒点风险，办什么事情都有百分之百的把握，万无一失，谁敢说这样的话？一开始就自以为是，认为百分之百正确，没那么回事，我就从来没有那么认为。每年领导层都要总结经验，对的就坚持，不对的赶快改，新问题出来抓紧解决。恐怕再有三十年时间，我们才会在各方面形成一整套更加成熟、更加定型的制度。在这个制度下的方针、政策，也将更加定型化。现在建设中国式的社会主义，经验一天比一天丰富。经验很多，从各省的报刊材料看，都有自己的特色。这样好嘛，就是要有创造性。

改革开放迈不开步子，不敢闯，说来说去就是怕资本主义的东西多了，走了资本主义道路。要害是姓“资”还是姓“社”的问题。判断的标准，应该主要看是否有利于发展社会主义社会的生产力，是否有利于增强社会主义国家的综合国力，是否有利于提高人民的生活水平。对办特区，从一开始就有不同意见，担心是不是搞资本主义。深圳的建设成就，明确回答了那些有这样那样担心的人。特区姓“社”不姓“资”。从深圳的情况看，公有制是主体，外商投资只占四分之一，就是外资部分，我们还可以从税收、劳务等方面得到益处嘛！多搞点“三资”企业，不要怕。只要我们头脑清醒，就不怕。我们有优势，有国营大中型企业，有乡镇企业，更重要的是政权在我们手里。有的人认为，多一分外资，就多一分资本主义，“三资”企业多了，就是资本主义的东西多了，就是发展了资本主义。这些人连基本常识都没有。我国现阶段的“三资”企业，按照现行的法规政策，外商总是要赚一些钱。但是，国家还要拿回税收，工人还要拿回工资，我们还可以学习技术和管理，还可以得到信息、打开市场。因此，“三资”企业受到我国整个政治、经济条件的制约，是社会主义经济的有益补充，归根到底是有利于社会主义的。

计划多一点还是市场多一点，不是社会主义与资本主义的本质区别。计划经济不等于社会主义，资本主义也有计划；市场经济不等于资本主义，社会主义也有市场。计划和市场都是经济手段。社会主义的本质，是解放生产力，发展生产力，消灭剥削，消除两极分化，最终达到共同富裕。就是要对大家讲这个道理。证券、股市，这些东西究竟好不好，有没有危险，是不是资本主义独有的东西，社会主义能不能用？允许看，但要坚决地试。看对了，搞一两年对了，放开；错了，纠正，关了就是了。关，也可以快关，也可以慢关。也可以留一点尾巴。怕什么，坚持这种态度就不要紧，就不会犯大错误。总之，社会主义要赢得与资本主义相比较的优势，就必须大胆吸收和借鉴人类社会创造的一切文明成果，吸收和借鉴当今世界各国包括资本主义发达国家的一切反映现代社会化生产规律的先进经营方式、管理方法。

走社会主义道路，就是要逐步实现共同富裕。共同富裕的构想是这样提出的：一部分地区有条件先发展起来，一部分地区发展慢点，先发展起来的地区带动后发展的地区，最终达到共同富裕。如果富的愈来愈富，穷的愈来愈穷，两极分化就会产生，而社会主义制度就应该而且能够避免两极分化。解决的办法之一，就是先富起来的地区多交点利税，支持贫困地区的发展。当然，太早这样办也不行，现在不能削弱发达地区的活力，也不能鼓励吃“大锅饭”。什么时候突出地提出和解决这个问题，在什么基础上提出和解决这个问题，要研究。可以设想，在本世纪末达到小康水平的时候，就要突出地提出和解决这个问题。到那个时候，发达地区要继续发展，并通过多交利税和技术转让等方式大力支持不发达地区。不发达地区又大都是拥有丰富资源的地区，发展潜力是很大的。总之，就全国范围来说，我们一定能够逐步顺利解决沿海同内地贫富差距的问题。

对改革开放，一开始就有不同意见，这是正常的。不只是经济特区问题，更大的问题是农村改革，搞农村家庭联产承包，废除人民公社制度。开始的时候只有三分之一的省干起来，第二年超过三分之二，第三年才差不多全部跟上，这是就全国范围讲的。开始搞并不踊跃呀，好多人在看。我们的政策就是允许看。允许看，比强制好得多。我们推行三中全会以来的路线、方针、政策，不搞强迫，不搞运动，愿意干就干，干多少是多少，这样慢慢就跟上来了。不搞争论，是我的一个发明。不争论，是为了争取时间干。一争论就复杂了，把时间都争掉了，什么也干不成。不争论，大胆地试，大胆地闯。农村改革是如此，城市改革也应如此。

现在，有右的东西影响我们，也有“左”的东西影响我们，但根深蒂固的还是“左”的东西。有些理论家、政治家，拿大帽子吓唬人的，不是右，而是“左”。“左”带有革命的色彩，好像越“左”越革命。“左”的东西在我们党的历史上可怕呀！一个好好的东西，一下子被他搞掉了。右可以葬送社会主义，“左”也可以葬送社会主义。中国要警惕右，但主要是防止“左”。右的东西有，动乱就是右的！“左”的东西也有。把改革开放说成是引进和发展资本主义，认为和平演变的主要危险来自经济领域，这些就是“左”。我们必须保持清醒的头脑，这样就不会犯大错误，出现问题也容易纠正和改正。

（三）

抓住时机，发展自己，关键是发展经济。现在，周边一些国家和地区经济发展比我们快，如果我们不发展或发展得太慢，老百姓一比较就有问题了。所以，能发展就不要阻挡，有条件的地方要尽可能搞快点，只要是讲效益，讲质量，搞外向型经济，就没有什么可以担心的。低速度就等于停步，甚至等于后退。要抓住机会，现在就是好机会。我就担心丧失机会。不抓呀，看到的机会就丢掉了，时间一晃就过去了。

我国的经济发展，总要力争隔几年上一个台阶。当然，不是鼓励不切实际的高速度，还是要扎扎实实，讲求效益，稳步协调地发展。比如广东，要上几个台阶，力争用二十年的时间赶上亚洲“四小龙”。比如江苏等发展比较好的地区，就应该比全国平均速度快。

又比如上海，目前完全有条件搞得更快一点。上海在人才、技术和管理方面都有明显的优势，辐射面宽。回过头看，我的一个大失误就是搞四个经济特区时没有加上上海。要不然，现在长江三角洲，整个长江流域，乃至全国改革开放的局面，都会不一样。

从我们自己这些年的经验来看，经济发展隔几年上一个台阶，是能够办得到的。我们真正干起来是一九八〇年。一九八一、一九八二、一九八三这三年，改革主要在农村进行。一九八四年重点转入城市改革。经济发展比较快的是一九八四年至一九八八年。这五年，首先是农村改革带来许多新的变化，农作物大幅度增产，农民收入大幅度增加，乡镇企业异军突起。广大农民购买力增加了，不仅盖了大批新房子，而且自行车、缝纫机、收音机、手表"四大件"和一些高档消费品进入普通农民家庭。农副产品的增加，农村市场的扩大，农村剩余劳动力的转移，又强有力地推动了工业的发展。这五年，共创造工业总产值六万多亿元，平均每年增长百分之二十一点七。吃、穿、住、行、用等各方面的工业品，包括彩电、冰箱、洗衣机，都大幅度增长。钢材、水泥等生产资料也大幅度增长。农业和工业，农村和城市，就是这样相互影响、相互促进。这是一个非常生动、非常有说服力的发展过程。可以说，这个期间我国财富有了巨额增加，整个国民经济上了一个新的台阶。一九八九年开始治理整顿。治理整顿，我是赞成的，而且确实需要。经济"过热"，确实带来一些问题。比如，票子发得多了一点，物价波动大了一点，重复建设比较严重，造成了一些浪费。但是，怎样全面地来看那五年的加速发展？那五年的加速发展，也可以称作一种飞跃，但与"大跃进"不同，没有伤害整个发展的机体、机制。那五年的加速发展功劳不小，这是我的评价。治理整顿有成绩，但评价功劳，只算稳的功劳，还是那五年加速发展也算一功？或者至少算是一个方面的功？如果不是那几年跳跃一下，整个经济上了一个台阶，后来三年治理整顿不可能顺利进行。看起来我们的发展，总是要在某一个阶段，抓住时机，加速搞几年，发现问题及时加以治理，尔后继续前进，从根本上说，手头东西多了，我们在处理各种矛盾和问题时就立于主动地位。对于我们这样发展中的大国来说，经济要发展得快一点，不可能总是那么平平静静，稳稳当当。要注意经济稳定、协调地发展，但稳定和协调也是相对的，不是绝对的。发展才是硬道理。这个问题要搞清楚。如果分析不当，造成误解，就会变得谨小慎微，不敢解放思想，不敢放开手脚，结果是丧失时机，犹如逆水行舟，不进则退。

从国际经济来看，一些国家在发展过程中，都曾经有过高速发展时期，或若干高速发展阶段。日本、南朝鲜、东南亚一些国家和地区，就是如此。现在，我们国内条件具备，国际环境有利，再加上发挥社会主义制度能够集中力量办大事的优势，在今后的现代化建设的过程中，出现若干个发展速度比较快、效益比较好的阶段，是必要的，也是能够办到的。我们就是要有这个雄心壮志！

经济发展得快一点，必须依靠科技和教育。我说科学技术是第一生产力。近一二十年来，世界科学技术发展得多快啊！高科技领域的一个突破，带动一批产业的发展。我们自己这几年，离开科学技术能增长得这么快吗？要提倡科学，靠科学才有希望。近十几年来我国科技进步不小，希望在九十年代，进步得更快，每一行都树立一个明确的战略目标，一定要打赢。高科技领域，中国也要在世界占有一席之地。我是个外行，但我要感谢科技工作者为国家作出的贡献和争得的荣誉。大家要记住那个年代，钱学森、李四光、钱三强那一批老科学家，在那么困难的条件下，把两弹一星和好多高科技搞起来。应该说，现在的科学家更幸福，因此对他们的要求会更多。我说过，知识分子是工人阶级的一部分。老科学家、中年科学家很重要，青年科学家也很重要。希望所有出国学习的人回来。不管他们过去的政治态度怎么样，都可以回来，回来后妥善安排。这个政策不能变。告诉他们，要做出贡献，还是回国好。希望大家通力合作，为加快发展我国科技和教育事业多做实事。搞科技，越高越好，越新越好。越高越新，我们也就越高兴。不只我们高兴，人民高兴，国家高兴。对我们的国家要爱，要让我们的国家发达起来。

（四）

要坚持两手抓，一手抓改革开放，一手抓打击各种犯罪活动。这两只手都要硬。打击各种犯罪活动，扫除各种丑恶现象，手软不得。广东二十年赶上亚洲"四小龙"，不仅经济要上去，社会秩序、社会风气也要搞好，两个文明建设都要超过他们，这才是有中国特色的社会主义。新加坡的社会秩序算是好的，他们管得严，我们应当借鉴他们的经验，而且比他们管得更好。开放以后，一些腐朽的东西也跟着进来了，中国的一些地方也出现了丑恶的现象，如吸毒、嫖娼、经济犯罪等。要注意很好地抓，坚决取缔和打击，决不能任其发展。新中国成立以后，只花了三年时间，这些东西就一扫而光。吸鸦片烟、吃白面，世界上谁能消灭得了？国民党办不到，资本主义办不到。事实证明，共产党能够消灭丑恶的东西。在整个改革开放过程中都要反对腐败。对干部和共产党员来说，廉政建设要作为大事来抓。还是要靠法制，搞法制靠得住些。总之，只要我们的生产力发展，保持一定的经济增长速度，坚持两手抓，社会主义精神文明建设就可以搞上去。

在整个改革开放的过程中，必须始终注意坚持四项基本原则。十二届六中全会我们提出反对资产阶级自由化还要搞二十年，现在看起来还不止二十年。资产阶级自由化泛滥，后果极其严重。特区搞建设，花了十几年时间才有这个样子，垮起来可是一夜之间啊。垮起来容易，建设就很难。在苗头出现时不注意，就会出事。

依靠无产阶级专政保卫社会主义制度，这是马克思主义的一个基本观点。马克思说过，阶级斗争学说不是他的发明，真正的发明是关于无产阶级专政的理论。历史经验证明，刚刚掌握政权的新兴阶级，一般来说，总是弱于敌对阶级的力量，因此要用专政的手段来巩固政权。对人民实行民主，对敌人实行专政，这就是人民民主专政。运用人民民主专政的力量，巩固人民的政权，是正义的事情，没有什么输理的地方。我们搞社会主义才几十年，还处在初级阶段。巩固和发展社会主义制度，还需要一个很长的历史阶段，需要我们几代人、十几代人，甚至几十代人坚持不懈地努力奋斗，决不能掉以轻心。

（五）

正确的政治路线要靠正确的组织路线来保证。中国的事情能不能办好，社会主义和改革开放能不能坚持，经济能不能快一点发展起来，国家能不能长治久安，从一定意义上说，关键在人。

帝国主义搞和平演变，把希望寄托在我们以后的几代人身上。江泽民同志他们这一代可以算是第三代，还有第四代、第五代。我们这些老一辈的人在，有分量，敌对势力知道变不了。但我们这些老人呜呼哀哉后，谁来保险？所以，要把我们的军队教育好，把我们的专政机构教育好，把共产党员教育好，把人民和青年教育好。中国要出问题，还是出在共产党内部。对这个问题要清醒，要注意培养人，要按照“革命化、年轻化、知识化、专业化”的标准，选拔德才兼备的人进班子。我们说党的基本路线要管一百年，要长治久安，就要靠这一条。真正关系到大局的是这个事。这是眼前的一个问题，并不是已经顺利解决了，希望解决得好。“文化大革命”结束，我出来后，就注意这个问题。我们发现靠我们这老一代解决不了长治久安的问题，于是我们推荐别的人，真正要找第三代。但是没有解决问题，两个人都失败了，而且不是在经济上出问题，都是在反对资产阶级自由化的问题上栽跟头。这就不能让了。我在一九八九年五月底还说过，现在就是要选人民公认是坚持改革开放路线并有政绩的人，大胆地放进新的领导机构里，使人民感到我们真心诚意搞改革开放。人民，是看实践。人民一看，还是社会主义好，还是改革开放好，我们的事业就会万古长青！

要进一步找年轻人进班子。现在中央这个班子年龄还是大了点，六十过一点的就算年轻的了。这些人过十年还可以，再过二十年，就八十多岁了，像我今天这样聊聊天还可以，做工作精力就不够了。现在中央的班子干得不错嘛！问题当然还有很多，什么时候问题都不会少。我们这些人关键是不管事，让新上来的人放手干，看着现在的同志成熟起来。老年人自觉让位，在旁边可以帮助一下，但不要作障碍人的事。对于办得不妥当的事，也要好心好意地帮，要注意下一代接班人的培养。我坚持退下来，就是不要在老年的时候犯错误。老年人有长处，但也有很大的弱点，老年人容易固执，因此老年人也要有点自觉性。越老越不要最后犯错误，越老越要谦虚一点。现在还要继续选人，选更年轻的同志，帮助培养。不要迷信。我二十几岁就做大官了，不比你们现在懂得多，不是也照样干？要选人，人选好了，帮助培养，让更多的年轻人成长起来。他们成长起来，我们就放心了。现在还不放心啊！说到底，关键是我们共产党内部要搞好，不出事，就可以放心睡大觉。十一届三中全会确立的这条中国的发展路线，是否能够坚持得住，要靠大家努力，特别是要教育后代。

现在有一个问题，就是形式主义多。电视一打开，尽是会议。会议多，文章太长，讲话也太长，而且内容重复，新的语言并不很多。重复的话要讲，但要精简。形式主义也是官僚主义。要腾出时间来多办实事，多做少说。毛主席不开长会，文章短而精，讲话也很精练。周总理四届人大的报告，毛主席指定我负责起草，要求不得超过五千字，我完成了任务。五千字，不是也很管用吗？我建议抓一下这个问题。

学马列要精，要管用的。长篇的东西是少数搞专业的人读的，群众怎么读？要求都读大本子，那是形式主义的，办不到。我的入门老师是《共产党宣言》和《共产主义ABC》。最近，有的外国人议论，马克思主义是打不倒的。打不倒，并不是因为大本子多，而是因为马克思主义的真理颠扑不破。实事求是是马克思主义的精髓。要提倡这个，不要提倡本本。我们改革开放的成功，不是靠本本，而是靠实践，靠实事求是。农村搞家庭联产承包，这个发明权是农民的。农村改革中的好多东西，都是基层创造出来，我们把它拿来加工提高作为全国的指导。实践是检验真理的唯一标准。我读的书并不多，就是一条，相信毛主席讲的实事求是。过去我们打仗靠这个，现在搞建设、搞改革也靠这个。我们讲了一辈子马克思主义，其实马克思主义并不玄奥。马克思主义是很朴实的东西，很朴实的道理。

（六）

我坚信，世界上赞成马克思主义的人会多起来的，因为马克思主义是科学。它运用历史唯物主义揭示了人类社会发展的规律。封建社会代替奴隶社会，资本主义代替封建主义，社会主义经历一个长过程发展后必然代替资本主义。这是社会历史发展不可逆转的总趋势，但道路是曲折的。资本主义代替封建主义的几百年间，发生过多少次王朝复辟？所以，从一定意义上说，某种暂时复辟也是难以完全避免的规律性现象。一些国家出现严重曲折，社会主义好像被削弱了，但人民经受锻炼，从中吸收教训，将促使社会主义向着更加健康的方向发展。因此，不要惊慌失措，不要认为马克思主义就消失了，没用了，失败了。哪有这回事！

世界和平与发展这两大问题，至今一个也没有解决。社会主义中国应该用实践向世界表明，中国反对霸权主义、强权政治，永不称霸。中国是维护世界和平的坚定力量。

我们要在建设有中国特色的社会主义道路上继续前进。资本主义发展几百年了，我们干社会主义才多长时间！何况我们自己还耽误了二十年。如果从建国起，用一百年时间把我国建设成中等水平的发达国家，那就很了不起！从现在起到下世纪中叶，将是很要紧的时期，我们要埋头苦干。我们肩膀上的担子重，责任大啊！

中共中央总书记江泽民在江苏考察

江泽民于 1 月 18 日至 25 日在江苏省委书记沈达人、省长陈焕友和南京军区政委史玉孝的陪同下，在徐州、连云港、无锡、常州、镇江、泰州和南京考察工作。

考察期间，江泽民反复强调，中央的大政方针已定，现在的关键是要狠抓各项工作的落实。各级党政领导要切实转变作风，进一步密切联系群众，始终不渝地贯彻执行党的“一个中心、两个基本点”的基本路线，扎实工作，为实现我国现代化建设第二步战略目标努力奋斗。他充分肯定了江苏省委在全省大力倡导“求实、务实、落实”的工作作风的做法，指出，切实转变各级领导机关的工作作风，进一步密切联系群众，多办实事，力戒形式主义，是当前加强党的建设必须着力解决好的重要问题。各级领导机关应大力精简会议和减少各级领导过多的事务性活动，腾出时间和精力，深入实际，深入群众，调查研究，督促检查，解决实际问题，这样才能使党的方针政策真正得到落实。同时，要继续抓好廉政建设，坚决惩治腐败。对领导干部要从严要求，从严执纪。在改革开放、发展商品经济的条件下，共产党员更加需要自觉保持清正廉洁。在这方面，我们必须以实际行动取信于民。

江泽民考察的重点是国营大中型企业经营状况如何。他到了徐州重型机械厂、华晶电子集团公司、常州柴油机厂、镇江锚链厂、泰州春兰制冷设备厂、扬子石化公司、南京汽车制造厂等大中型企业实地调查，就企业内部机制转换，加速技术改造，加快新产品开发，以及提高劳动者素质和加强科学管理等问题，与企业的干部职工和科技人员深入地交换了意见。

江泽民考察了无锡县东绛镇第三化纤厂、采油设备厂等乡镇企业，他对这些企业在发展农村经济中所起的作用给予了高度评价。他对随行的省市干部说，农村经济越发展，越要重视加强精神文明建设，要结合农民的思想实际，用群众喜闻乐见的形式来进行爱国主义、集体主义和社会主义教育，建设好具有中国特色的社会主义新农村。

江泽民在南京大学、紫金山天文台考察时，对广大知识分子在党的领导下，为我国现代化建设作出的重大贡献甚为赞赏。他在南京大学亲切会见了新老学部委员和师生代表。

考察期间，时逢春节临近，江泽民看望了地方和军队的老同志、驻苏解放军指战员、武警官兵和公安干警，向他们祝贺春节。24 日晚，江泽民参加了南京军民春节联欢晚会。

随同考察的还有杨德中、叶青、刘明璞、马忠臣、回良玉等。

中央民族工作会议在北京结束

中共中央政治局常委宋平主持大会。田纪云、吴学谦、丁关根、邹家华、阿沛·阿旺晋美、赛福鼎·艾则孜、廖汉生、陈俊生、杨静仁、司马义·艾买提等出席会议。

中共中央政治局常委、国务院总理李鹏在大会上发表讲话。

出席中央民族工作会议的 56 个民族的代表，认真学习和深入讨论了江泽民的重要讲话，总结了成绩，交流了经验，提高了认识，明确了任务，振奋了精神。

在会议的讨论中，代表们提出搞好民族工作必须贯彻好党和政府的宗教政策，正确处理宗教问题。

最后宋平要求代表们回去以后认真传达江泽民总书记的重要报告、李鹏总理的总结讲话，宣传大会精神，认真抓好贯彻落实，把我国民族工作搞得更好。

国务院总理李鹏在中央民族工作会议闭幕式上发表讲话

李鹏指出，江泽民同志代表党中央、国务院在这次会议上的讲话，是指导我们进一步做好民族工作的纲领性文件，全党同志和全国各族人民一定要深刻领会讲话精神，更加团结一致，执行党的基本路线，为建设有中国特色的社会主义携手前进，把党的民族工作提高到一个新水平，把我国各民族的团结进步事业推向一个新的发展阶段。李鹏在讲话中深刻阐述了加强民族团结的重要性。他说，加强民族团结，维护祖国统一，促进经济和社会的稳定发展，是中华民族的最高利益，是全国各族人民的共同愿望。在我们这样一个统一的多民族国家里，无论是革命还是建设，都离不开各族人民的团结奋斗。他强调，各民族的团结和民族内部的团结，关键在于各族干部，尤其是领导干部的团结。各民族的共产党员和干部都要做民族团结的表率。不利于团结的话不说，不利于团结的事不做。只要全国各族人民高举团结的旗帜，共同努力，我们就能战胜各种困难，取得各项事业的胜利。

李鹏说，党中央、国务院一直很重视加快民族地区经济和社会发展问题。我们的总政策和最终目标，是要实现全国各地区和各族人民的共同富裕，实现各民族的共同繁荣。解决这个问题，总的说来主要靠三条：一是国家的继续扶持；二是经济比较发达地区的对口支援；三是民族地区自身的奋斗。这三个方面要统筹规划，有机结合，形成合力，这样就能发挥更大的作用。但是，归根结底要依靠民族地区各族人民进一步发扬自力更生艰苦奋斗精神，不断增强自我发展的能力。他说，需要明确地讲清一个方针性问题，国家和有关部门在民族地区开发资源，兴办工厂企业，建设各种项目和基地，都要树立着眼于带动和促进民族地区经济发展的指导思想。

李鹏指出，从今年开始，要适当加快改革开放的步伐，加大改革开放的分量。全国是这样，民族地区也是这样。为了适应改革开放形势的需要，少数民族地区和民族地区的广大干部，要进一步解放思想，积极探索。一方面要同国内比较发达地区加强多层次的横向经济联系，扩大双方经济技术合作；另一方面要积极发展边境贸易，扩大陆地边境的对外开放。

李鹏在讲话中再次强调培养少数民族干部的重要性，提出今后既要继续注意扩大少数民族干部的数量，更要注意改善结构，提高素质。要从各地区、各部门和各民族的实际出发，注意多培养少数民族的经济、科技、管理人才。各部门、各系统、各行业，应积极主动采取多种办法和形式，对口帮助民族地区培养各种专业人才。要教育各民族的干部和共产党员，不论出身哪个民族，都要牢固树立马克思主义的世界观，要从各民族的共同利益出发认识和解决问题，努力克服和消除不利于民族团结进步事业的各种思想与观念。

在会议的讨论中，代表们提出搞好民族工作必须贯彻好党和政府的宗教政策，正确处理宗教问题。李鹏认为，这个意见很好。他强调，在处理民族与宗教关系时，要着眼于民族的发展和进步，着眼于把各族人民中信教与不信教的群众紧密地团结起来，共同致力于社会主义建设。

李鹏要求各部门、各地区要把这次会议的精神传达好，贯彻好。要结合这次会议精神的传达，在全国各族干部群众中，进行一次马克思主义民族观和党的民族政策的教育。要在统一认识的基础上，结合本部门、本地区的实际情况，提出落实会议精神的措施。落实得好不好，不仅是民族地区的事情，也是全国各地区、各部门的共同责任。国务院各部门尤其要做落实的表率，做出落实这次会议的具体要求和部署。

李鹏最后说，这次会议以后，我国的民族工作将会出现一个新的局面，我国的民族团结进步事业将会更加兴旺发达。让我们更加紧密地团结起来，在以江泽民同志为核心的党中央领导下，为促进各民族的共同繁荣而努力奋斗。

国务院副总理朱镕基在中南海会见石油工业领导干部会议代表

朱镕基讲话中肯定了我国石油工业在过去一年中取得的成绩，并代表李鹏总理向石油战线的广大干部、科技人员和工人表示慰问。

中国和蒙古经贸和科技合作委员会第二次会议在北京举行

中国轻工业部部长曾宪林和蒙古人民共和国政府助理总理乔·普勒布道尔吉共同主持会议。双方就两国间今后新的合作途径和合作领域等问题进行会谈。

会议开始前，曾宪林和普勒布道尔吉还进行了小范围的会谈，就两国经贸、科技合作及其他问题交换了意见。下午，中蒙两国政府签署经济技术合作议定书和中蒙经贸和科技合作委员会第二次会议纪要以及中国政府向蒙古政府赠送一批一般物资的换文。签字仪式前，国务院副总理田纪云在中南海紫光阁会见了乔·普勒布道尔吉一行，并同他们就发展两国友好关系以及经贸科技合作等问题进行了交谈。

外经贸部部长李岚清在外交部吹风会上答记者问

李岚清中午在外交部举办的吹风会上对中外记者说，中美两国在16日就知识产权保护问题达成的协议，对双方都是一件好事，将有力地推动两国贸易和经济技术合作的进一步发展。这一协议是中美双方互相谅解、互相让步的结果。比如在对美国化学、药品专利在中国市场保护期限问题上，起初双方意见不一，经过多次谈判，双方都作了让步，最终取得了一致。他强调:“中国人说话是算数的,协议中要求中国方面做的,我们都将严肃认真地做好。”

在回答外国记者关于中国对外贸易市场多元化问题时,李岚清说,多元化并不是要缩小对美国、日本、西欧、香港等中国主要贸易伙伴的出口,而是在保持和发展这些市场的同时,积极扩大其他国家和地区的市场。

这些措施包括:

一、逐步将关税总水平降到关贸总协定要求的发展中国家的水平,并根据产业政策和经济发展水平来确定各个进口商品的税率。今年内取消进口调节税,并逐步使人民币汇率合理化,实行单一浮动汇率制。

二、尽快制定《外贸法》、《反倾销法》等法规,依法管理进口,并采用国际通行做法对国内幼稚工业实行必要的保护。

三、减少进口许可证管理商品范围。现有的53种进口许可证管理商品,近期内取消十六种,两三年内使进口许可证管理商品范围减少2/3。

四、按照关贸总协定的规则,规范其他进口管理的技术措施。

五、增强进口管理的透明度。现有进口管理内部文件,需继续执行的,要尽早对外公布。今后凡涉及进口管理的规章,都要经对外经济贸易部统一对外发布。

中国国际友好联络会第二届理事会第一次会议在人民大会堂举行

中华人民共和国政府和摩尔多瓦共和国政府在基什纳乌签订经济贸易协定

摩尔多瓦共和国总理穆拉夫斯基在基什尼奥夫会见由对外经济贸易部部长助理刘山在率领的中国政府经济贸易代表团全体成员

全国政协科技委员会和中国科协在北京联合举办首都科技界新春茶话会

中共中央政治局委员李铁映在首都科技界新春茶话会上发表讲话

去年下半年,党中央先后召开了中央工作会议和十三届八中全会,对进一步做好国营大中型企业工作、加强农业和农村工作,进行了研究和部署。这表明我们党将始终不渝地坚持“一个中心,两个基本点”的基本路线,一心一意把国内的事情办好。邓小平同志关于科学技术是第一生产力的英明论断,是指导我国经济和社会发展的一个极其重要的马克思主义的思想。我们在努力实现第二步战略目标的过程中,要大力发展科学技术,推动经济与科技、教育的结合,使经济建设真正转移到依靠科技进步和提高劳动者素质的轨道上来。在新旧世纪交替的重要历史时期,我们要进一步增强全体干部和广大群众的科技意识,把握新科技革命带来的机遇和挑战,不断提高我国的综合国力,巩固和完善社会主义制度,把建设有中国特色社会主义的伟大事业继续推向前进。

科技工作者是新的生产力的开拓者。去年,国务院、中央军委授予钱学森同志“国家杰出贡献科学家”荣誉称号,国务院向各条战线做出突出贡献的部分科技人员发放了政府特别津贴证书。这体现了党和国家对科技人才的极大尊重。我们要进一步贯彻落实党和国家的知识分子政策,尽可能为广大科技工作者创造良好的工作、学习、生活条件。相信我们的科技人员一定会在实现九十年代宏伟任务,迎接二十一世纪新的挑战中大展宏图,做出无愧于时代的贡献。

全国气象局长会议在武昌召开

会议表彰去年抗洪斗争中的先进集体和个人。国务院总理李鹏致信表示祝贺。

贺信说:“1991年我国部分地区发生了历史上罕见的洪涝灾害。广大气象工作人员以对人民、对国家高度负责的精神,日夜坚守工作岗位,严密监视天气变化。你们充分运用各种技术手段,群策群力,针对现实问题进行科学研究,及时提供准确的气象信息和预测报告,为各级领导组织农业生产、工程建设和指挥抗洪救灾斗争;对保护人民生命财产安全,发挥了重要的作用。”

国务委员宋健专程从北京赶来参加会议,代表国务院“向监视风云变幻的全国气象工作者表示亲切慰问”,并向先进集体和个人颁奖。

国家气象局决定授予安徽、江苏、湖北气象台等50个单位为“防汛减灾气象服务先进集体”;马琼等90人为先进个人称号。

1月19日

《人民日报》就中央民族工作会议胜利闭幕发表社论《加强民族团结促进共同繁荣》

国务院副总理朱镕基在南海石油基地考察

津巴布韦外交部部长沙穆亚里拉在哈拉雷会见外交部部长钱其琛

北京测控站成功定点国际海事卫星

1月20日

国务院总理李鹏和白俄罗斯部长会议主席维·弗·克比奇在北京举行会谈

李鹏首先代表中国政府欢迎克比奇部长会议主席访问中国。李鹏说，克比奇是白俄罗斯共和国独立后来访的第一位政府首脑，也是独立国家联合体成立后访华的第一位成员国政府首脑。这充分反映了白俄罗斯政府和人民对中国人民的友好情谊，相信您的访问将进一步加强我们两国间的关系。中国实行独立自主的和平外交政策，愿意在和平共处五项原则的基础上同各国建立和发展友好关系。社会制度和意识形态的差异不应成为各国间发展关系的障碍。

李鹏向克比奇通报了中国的国内情况，特别是十多年来改革开放的进展情况。李鹏说，农村经济如何发展是决定整个中国经济的关键。农村改革大大提高了农民的生产积极性，粮食产量由三亿多吨增加到四亿多吨。现在，农、林、牧、副、渔全面发展，城市市场供应充足。为了进一步发展农业，我们一面要继续执行家庭联产承包责任制，还必须增加科技对农业的投入，同时在农村发展各种形式的生产和社会服务体系。城市改革的重点在于企业改革，企业要转变经营机制，使企业成为自负盈亏、自主经营的经济实体。

李鹏强调，改革的总政策是坚持公有制为主体，同时鼓励非公有制经济的适度发展，坚持计划经济和市场调节相结合的方针，使这两个调控功能的优点都得到充分发挥。根据中国的经验，必须处理好改革、发展和稳定三者的关系。我们将继续坚定地实行得到广大人民广泛支持并为实践证明是成功的改革开放政策，而且要进一步加快改革开放的步伐。

谈到苏联解体时，李鹏说，根据国与国关系的准则，我们尊重各国人民的选择，愿意在和平共处五项原则的基础上保持国与国之间的正常关系。中国人民和原苏联人民之间的关系一直是好的，中白两国之间存在着传统的友谊，两国间有良好的合作基础，经济上有互补性，我们愿意在平等互利的基础上积极发展和扩大两国在经贸以及其他领域里的合作。

克比奇表示，白俄罗斯共和国作为联合国成员国采取只有一个中国的立场。

中共中央政法委员会书记乔石在全国政法工作会议上发表讲话

在刚刚过去的1991年，广大政法干警坚决贯彻党的基本路线和各项方针政策，为改革开放和社会主义现代化建设服务，成绩是显著的。面对国际形势剧烈动荡的冲击和国内严重自然灾害的影响，我们国家保持了政治安定和社会稳定，广大干警和武警官兵为此作出了很大贡献。在社会治安综合治理方面，在各级党政领导的关心和支持下，政法部门和各有关单位做了大量工作。多数地方治安秩序较好，在一定程度上遏制了刑事犯罪案件大幅度上升的势头。1992年政法工作总的任务是：以党的基本路线为指针，牢固树立为经济建设服务的思想，认真贯彻去年中央工作会议和党的十三届八中全会精神，继续贯彻落实1991年《中共中央、国务院关于加强社会治安综合治理的决定》等文件，以搞好社会治安综合治理为重点，充分发挥政法部门的职能作用，维护社会稳定，为搞好国营大中型企业、加强农业和农村工作，为深化改革、扩大开放、发展经济提供更多更好的安全保障和法律服务。

一、在新的形势下继续做好维护稳定的工作

一年来，国际形势发生了重大变化。这无疑对中国有一定影响，但并不可怕，因为我们在国际上从不依附于他人，从来都采取独立自主、自力更生的方针。我们党坚持把马克思主义与中国实际相结合，走自己的道路。革命时期是这样，社会主义建设时期也是这样。当然，我们党在历史上得到过国际上的支持和帮助，同时也受到过一些不好的影响，使革命事业遭受损失，但是我们都自己总结改正了。我们党有自我批评的精神，毛泽东同志说过，这是我们党区别于任何其他政党的一个主要标志。党的历史上有过两次全党范围的自我批评，其影响是很了不起的。一次在革命时期，从遵义会议到延安整风，在毛泽东同志主持下，用实事求是的思想路线，克服了王明路线和党内其他错误倾向，最后作出了《关于若干历史问题的决议》，统一了全党的思想，为抗日战争和解放战争的胜利奠定了坚实的基础。另一次在社会主义建设时期，从党的十一届三中全会到六中全会，在邓小平同志主持下，以"实践是检验真理的唯一标准"为指导思想，在全党范围充分发扬民主和认真讨论的基础上，总结了建国以来的历史经验，作出了《关于建国以来党的若干历史问题的决议》，对"文化大革命"作了结论，对毛泽东同志的功过作出了实事求是的公正的评价，维护了毛泽东同志的历史地位和毛泽东思想的指导作用，在新的条件下统一了全党的思想，稳定了全党和全国的大局，开创了建设有中国特色的社会主义的历史新时期。

党的十一届三中全会以来，党的一整套符合中国国情的路线方针政策，深受人民群众的拥护和欢迎，极大地调动了人民群众的积极性。12年来，我国的社会主义现代化建设取得了举世瞩目的巨大成就，社会主义在政治、经济、文化等方面从实践到理论都有很大发展。党的十三届四中全会以后，根据改革开放以来的经验，我们又注意改正了“一手硬、一手软”的缺点，更加强调物质文明建设和精神文明建设一起抓。经济经过治理整顿，进一步向好的方向发展；党的建设、思想政治工作、党和群众的联系逐步加强。在党的基本路线指引下，十年规划和“八五”计划的制订，更加突出了深化改革、扩大开放，有利于进一步调动人民群众的积极性，实现现代化建设的第二步战略目标。去年，党中央先后召开了中央工作会议和十三届八中全会，重点研究解决搞好国营大中型企业和加强农业、农村工作的问题。这两次会议精神的贯彻落实，必将使国内形势更加稳定，越来越向好的方面发展。总之，我们有自己的特点和无可比拟的优势。我们的党和人民完全有能力顶住任何风浪，继续沿着自己选择的道路坚定不移地走下去。

防止和平演变，归根到底在于把我们自己的事情办好，关键是要把经济建设搞上去。这是我国社会主义建设的一条最根本的经验。党的十一届三中全会以来，邓小平同志一再指出，社会主义最根本的任务就是发展生产力，社会主义制度优越性的根本表现就在于能够更快更好地促进生产力的发展，社会主义政治制度、经济制度的巩固和发展取决于生产力的发展，正确的政治领导的成果归根结蒂要表现在社会生产力的发展上。邓小平同志反复强调，经济建设是我们的工作中心，其他一切任务都要服从这个中心，围绕这个中心，决不能干扰它，冲击它。对于这一点，必须扭住不放，“顽固”一点，毫不动摇。只要不打世界大战，只要不发生大规模外敌入侵，我们就要埋头搞建设。即使战争打到我们头上，打完仗回过头来还要搞建设。我们就是要硬着头皮把经济搞上去，就那么一个大局。我们所谓照顾大局，第一个大局就是这个，一切都让路！这十几年，我们所以能够经受住各种风浪，根本的一条就是经济体制改革和经济建设取得了巨大成就，人民生活有了显著改善。在本世纪 90 年代和 21 世纪，我们国家的前途、命运如何，最根本的还是看我国的生产力发展得怎样。90 年代是我国社会主义现代化建设极为关键的十年，现在已经进入第三年了，我们必须有强烈的使命感和紧迫感，紧紧抓住难得的历史机遇，专心致志地进行经济建设。党的基本路线“一个中心、两个基本点”是一个统一的整体。坚持四项基本原则和坚持改革开放都必须围绕经济建设这个中心。这一点我们每个同志思想上必须十分明确，不能有任何含糊和动摇。四项基本原则和改革开放这两个基本点也是辩证统一的，我们必须有完整的理解，在实际工作中它们是不可能也不应该被割裂开来的。当然，我们在各条战线上工作的同志，都有自己侧重的方面，但无论抓哪条战线的工作，任何时候都不能离开对党的基本路线的完整的认识。只要我们坚定不移地遵循党的基本路线，以经济建设为中心，坚持四项基本原则，坚持改革开放，我们建设有中国特色社会主义的事业就无往而不胜。

要把我们自己的事情办好，社会稳定是一个最基本的前提。无论哪一个国家，都不可能在秩序混乱的情况下搞成现代化。中国这样一个人口众多的大国，如果动乱不止，无论对我们自己，还是对国际社会，都将是一场极大的灾难。因此我们说，稳定压倒一切。当前，我国政治是安定的，社会是稳定的。近几年，国际国内活生生的事实进一步教育了广大干部和群众，安定团结的政治局面和稳定的社会环境对于国家建设和人民幸福是多么重要！我们必须万分珍惜来之不易的政治局面，自觉维护社会稳定。应当看到，国内不安定的因素依然存在，有的甚至还有发展。我们必须高度重视和警惕，决不能掉以轻心。各级党委、政府和政法各部门仍然要把维护政治和社会的稳定放在压倒一切的位置上抓紧抓实抓好。从根本上来说，要继续深化改革、扩大开放，兢兢业业地抓好经济工作，逐步改善人民生活，尤其是对于工作和生活问题没有很好解决的那一部分群众，要给以特别的关注，及时妥善解决他们的困难；要抓好党的建设和廉政建设，反对腐败现象，密切党群关系、干群关系；加强精神文明建设和马克思主义、社会主义、爱国主义的思想教育，增强全党和全国人民的社会主义信念；加强社会主义民主和法制建设。要切实采取有效措施，及时妥善处理各种人民内部矛盾。对停产半停产和效益差的企业，以及其他有类似情况的基层单位，党政领导要大力加强思想政治工作，妥善解决实际问题。对于那些容易引发闹事的矛盾和纠纷，一定要及时解决在萌芽状态，解决在基层，解决在内部，防止矛盾激化和事态扩大。对于一切可能发生的突发事件，都要力求有预见，充分做好防止和处理的准备工作。

二、运用法律武器，更好地为经济建设和改革开放服务

去年召开的中央工作会议和党的十三届八中全会，进一步阐明了搞好国营大中型企业，加强农业和农村工作，推进国民经济持续发展的战略意义和方针政策；同时，对维护城乡社会治安，充分发挥政法工作的保障作用，提出了更高的要求。各级政法部门一定要认真贯彻这两次会议的精神，把为经济建设服务作为政法部门一切工作的根本出发点和最终目的，为搞好国营大中型企业和发展农村社会主义经济创造安定良好的社会环境，为实现我国社会主义现代化建设的第二步战略目标作出更大的贡献。

(一)深入开展打击经济领域犯罪的斗争。实践证明,打击经济犯罪,关系到改革开放能不能健康发展,社会主义现代化建设能不能顺利进行;关系到反腐败斗争的成败,社会主义制度的兴衰。我们要认真学习、坚决贯彻邓小平同志的一手抓改革开放、一手抓打击经济犯罪活动的指示,在各级党委、政府的领导下,坚决排除阻力和干扰,以反贪污贿赂为重点,依法从重从严惩处严重经济犯罪分子。要牢固树立惩治经济犯罪是为经济建设直接服务的观点,及时办理、办好各种经济案件。要坚决纠正"以罚代刑"、重罪轻判等执法不严、打击不力的现象。在办理案件,尤其是办理国营大中型企业、科技领域和乡镇企业的案件中,要处理好打击犯罪和保护合法经营、合法权益的关系。要严格区分经济交往中正当业务往来与经济犯罪的界限,对于罪与非罪界限不清和有争议的案件,要慎重研究,及时请示报告。要改进工作作风和办案方法,讲求办案的政治效果、经济效果和社会效果,避免孤立办案和就案办案。同时,有关政法部门要认真研究打击经济犯罪中出现的新情况、新问题,根据需要,该做司法解释的尽快做出司法解释;需要立法的,主动建议立法机关修订或制定法律。

(二)充分运用法律手段,维护正常经济秩序。加强经济领域的执法工作,充分发挥法律制约和引导经济行为、维护经济秩序的作用,是政法部门直接为经济建设服务的重要方面。在当前经济纠纷相对增多的复杂情况下,努力提高审判工作的水平,尤为重要。我们要通过各种执法活动,努力促进有计划商品经济新体制和计划经济与市场调节相结合的新的运行机制的建立和完善,促进适合国营大中型企业调整结构、提高效益的经济秩序的形成和发展。对违反国家经济管理制度,损害国家、集体和个人合法权益的非法经营活动,要坚决给予经济制裁,构成犯罪的应依法追究刑事责任,以保障国家对经济宏观调控的顺利进行。要按照党的方针政策和国家法律,处理好事关国营大中型企业和科技发展的经济纠纷案件,处理好事关完善农村以家庭联产承包为主的责任制等农村基本政策的各类案件,保护以公有制为主体的各种经济成分的健康发展。要坚决抵制地方和部门的保护主义对审判工作的干扰,维护国家法制的统一性和严肃性。各级党委、政府都要支持审判机关依法公正裁决,排除一切干扰和阻力,加强执行工作,维护法律的尊严。要依法审慎地处理好涉外经济纠纷案件,为扩大开放提供法律保障。

(三)加强法制宣传和法律服务工作,积极参与经济秩序的综合治理。抓好法制宣传教育,引导经济生活按照社会主义法律规范,协调、有序、稳定、健康地发展,是政法部门的一项长期任务。除了抓好"二五"普法教育外,政法各部门都要把法制宣传贯穿到办案的各个环节和各项业务工作中去。要大力加强律师、公证等法律服务工作,拓宽服务领域,提高服务质量。尤其要加强政府部门和国营大中型企业的法律顾问工作,协助依法管理经济,促进生产经营的健康发展。要加强重点工程和国营大中型企业的安全保卫和治安防范工作。加强和改进特种行业管理和交通、消防、出入境管理,做到既方便生产经营,又防止违法犯罪和治安灾害事故。要围绕农村改革的重点和方向,努力为稳定和完善党在农村的基本政策、深化农村改革提供法律服务。

三、进一步把社会治安综合治理工作落实到各部门,落实到基层,争取治安状况逐步好转

去年,各地区、各部门认真贯彻1991年中共中央、国务院关于加强社会治安综合治理的决定,社会治安综合治理工作上了一个新台阶,对维护社会稳定和治安秩序起了积极作用。但是,对取得的成绩不能估计过高。应当看到,在改革开放、发展有计划商品经济的过程中,各种利益关系错综复杂,产生治安问题的因素很多,搞好社会治安综合治理工作的难度相当大,是一项长期、艰巨的任务。同时,工作的发展也很不平衡,许多措施还没有真正落实。今年要继续集中力量贯彻好中央关于加强社会治安综合治理的决定,一项一项抓落实,一片一片抓落实,把社会治安综合治理的各项措施具体落实到各部门,落实到基层去,力争城乡治安状况逐步好转。关于今年社会治安综合治理工作的安排,中央社会治安综合治理委员会年前进行了讨论,任建新同志还要专门讲,这里我只着重强调以下几点:

(一)各地区、各部门的党政领导同志要进一步加强对社会治安综合治理工作的领导。中央关于加强社会治安综合治理的决定下达后,绝大多数地区和部门加强了对社会治安综合治理工作的领导,有不少领导同志高度重视、真抓实管。这是去年社会治安综合治理工作取得成绩的重要原因。但是,在某些地区和部门,有的领导同志至今对这项工作还没有给以应有的重视,没有采取实际措施。这就需要按照中央决定的精神,尽快把认识统一起来,否则就会影响工作的进展。

抓好社会治安综合治理,是各地区、各部门的共同任务,这一点必须十分明确。年前全国人大常委会委员长会议决定,今年人大常委会将重点组织检查《关于加强社会治安综合治理的决定》等三项法律的执行情况。这是非常必要的,对于推动综合治理工作的落实,将是一项有力的措施。

社会治安综合治理工作实行"条块结合、以块为

主”的原则,地方的责任相对来说更重一些。地方党委和政府,特别是县、市和乡镇的党委和政府,肩负着“保一方平安”的政治责任,尤其要采取切实措施把社会各方面的力量和积极性调动起来,搞好综合治理工作,加强对这项工作的领导,自觉地维护好本地区的社会治安。一个地方社会治安好不好,关系到本地的经济发展和群众生活的安定,弄不好还会在全国甚至海外造成不良的政治影响。有的地区一段时间内社会治安相当不好,严重影响群众的生产和生活,在领导重视以后,经过重点整治,治安状况有了明显好转,并且在综合治理方面取得了一些较好的经验。这种事例说明,只要思想上重视,工作又认真抓,综合治理是可以搞好的。

各系统和各部门应当负责任地承担起自己应承担的职责,进一步行动起来,组织和指导所属单位,按照各自的分工,积极主动地参与社会治安综合治理。各部门制定的政策、规章和制度,开展的业务工作,既要讲求经济效益,更要重视社会效益,都要有利于促进社会稳定和治安好转。还要督促所属单位服从当地党委、政府的统一领导、统一指挥,做好自身的治安防范工作;要与有关部门密切配合,认真解决社会治安综合治理中的有关问题。

各省、自治区、直辖市和不少部门,都已制订了综合治理的规划,希望有计划地认真加以实施,力争在几年内取得明显的成效。

(二)认真贯彻党的十三届八中全会精神,大力推进农村社会治安综合治理。八中全会为 90 年代的农业和农村工作制定了总的奋斗目标,其中提到了要实现农村“社会治安良好”,这是一项重要的要求。各地区、各部门要把大力推进农村社会治安综合治理,作为贯彻八中全会精神的一项重要内容,有计划地落实好农村社会治安综合治理的各项措施。

在农村开展社会治安综合治理,必须依靠乡村党政组织和广大农民群众,建立群众自我教育、自我管理、自我约束、自防自治的机制。在这方面,有些地方创造了一些好的经验,如山东省章丘县依法治乡的经验是比较可行的,要有意识地发现和总结那些好的典型经验,加以推广。

要依法坚决打击横行乡里的车匪路霸、流氓团伙和破坏农业生产和公共设施的刑事犯罪分子;严肃查处一些地方出现的反攻倒算事件;坚决查禁各种社会丑恶现象;采取有效措施制止封建宗族势力和地下宗教势力的非法活动。进一步加强调解工作,化解民间纠纷,预防和减少犯罪。对那些基层组织瘫痪、违法犯罪猖獗、歪风邪气盛行的集镇、村庄,要进行重点治理,尽快改变面貌。要在加强村党支部和村委会建设的同时,健全治保会和调解会组织,使之真正发挥作用,并妥善解决其存在的一些实际问题。

对有轻微违法犯罪行为的人,要通过适当形式,组织家长、亲属、党员和有威望的群众积极分子加强经常性的帮助教育和管理,针对他们的特点,灌输法律知识,矫正其不良行为。对屡教不改、触犯刑律的,依法严肃处理。但是,要注意防止和纠正不顾法律,任意限制人身自由、侵犯人身权利的错误做法。

(三)狠狠打击各种犯罪活动,进一步提高“严打”质量。对于各种犯罪活动必须坚持狠狠打击,决不能手软。“严打”斗争已经搞了八九年,取得了很大成绩,但是至今仍有一些地方干部和群众反映“打击不力”。这主要表现在以下几个方面:一是某些地区“严打”和依法从重从快的方针没有在侦查破案、批捕起诉、定罪量刑等各个环节得到全面贯彻落实,特别是对一些重大案件的侦破和处理,由于受到各种干扰,能快不快,该重不重;二是有的地区开展“严打”,仍然习惯于大轰大嗡,“拉大网”,工作不深不细,实效不大;三是有的地区停留于一般号召,斗争没有重点,事先缺乏足够的调查和准备,结果既打得不准,又打得不狠。实际上只有打得准,才能真正打得狠。为此,各级政法委员会要在今年第一季度对本地区过去“严打”的情况进行一次认真的检查和总结,针对存在的问题,采取有力措施,切实加以解决。要从当地的实际情况出发,哪一类犯罪活动严重就集中打击哪一类犯罪活动,什么治安问题突出就及时解决什么问题。每打一仗务必注重调查研究,做好充分准备,讲求实效;并且要把集中行动和经常工作结合起来,紧紧跟上综合治理的其他措施,巩固“严打”成果。公安、检察、法院都要在各自的工作环节上认真贯彻依法从重从快的方针,及时纠正打击不力现象,提高“严打”质量。对带黑社会性质的犯罪团伙,一经发现就要坚决及时打掉,决不能任其存在和发展。对毒品犯罪、卖淫嫖娼等“六害”活动,要下定决心,发动群众和专门工作相结合,坚决打击和查禁。正在各地开展的反盗窃斗争,一定要认真抓下去,有步骤地扎扎实实地推进,并结合这一斗争,把综合治理的各项工作带动起来。

(四)巩固和扩大重点治理的成果。去年重点治理工作有了一个良好的开端,今年要坚持抓下去,决不能松劲。必须加强对这项工作的领导,逐步解决引起治安混乱的深层次问题,巩固和扩大重点治理的成果。

要优先治理位居要冲的大中城市、交通干线、沿海开放地区和周边地区,力争尽快改进这些地方的治安面貌。要充分发挥重点治理工作的整体作用,组织和动员全社会的力量,把“严打”与社会治安综合治理的其他措施紧密结合起来,努力做到治理一处,巩固一处，治理一片，好转一片，以推进全国社会治安逐步好转。

四、进一步加强政法队伍的建设

我们的政法队伍，总体上说是一支党和人民完全可以信赖的好队伍。对于广大政法干警所做出的成绩和贡献，党中央是充分肯定的。但是，各级党委和政法各部门的领导同志也必须清醒地看到，一些消极因素已经在一定程度上影响甚至腐蚀着我们的队伍。钱权交易、贪赃枉法、欺压群众等行业不正之风和腐败现象在有的地方相当严重，群众对此反映十分强烈。必须认识到，我们能不能最大限度地解决好这些问题，是我们党能否经得起执政和改革开放考验的一个重要方面，是关系到党和政府在人民群众中的形象的大问题。

政法队伍建设的重点是提高广大干警的素质。干警的素质提高了，整个政法队伍的战斗力和凝聚力就会大大增强。提高政法队伍素质的根本方针，是从严治理，即标准要严，教育管理要严，发生问题后处理要严。无论是"从严治警"，还是"从严治检"、"从严治院"，都必须首先从严治"长"，从领导班子抓起。有了好班子才能带出好队伍。好班子的标准特别需要强调三条：一是政治上强。政法部门是党和人民的卫士，领导班子必须忠于党，忠于人民，忠于社会主义事业，决不允许有丝毫动摇。要真正关心国家大事，关心社会动态，政治上要敏锐，能够主动积极地发现问题，抓住工作重点。二是业务上精。不仅要精通有关政策、法律和本职业务，而且要懂一点经济建设和科技知识，要逐渐积累一些处理复杂社会问题的知识和经验。三是作风上硬。要深入实际，联系群众，注重调查研究，坚持实事求是；身先士卒，模范遵守党的纪律，坚决执行国家法律；廉洁奉公，办事公正，顾全大局，能够同兄弟部门主动搞好团结合作；对队伍中的问题敢抓敢管，绝不护短。要根据上述条件和"四化"标准，考察领导班子，选拔领导干部，特别是要选好第一把手。

要着力提高广大干警的政治素质。通过扎实有效的政治理论学习和深入细致的思想政治工作，使广大干警牢固树立社会主义信念和辩证唯物主义思想，进一步增强全心全意为人民服务观念、人民民主专政观念、社会主义民主与法制观念、群众路线观念、组织纪律观念、职业道德观念和文明执勤观念。提高业务素质要从多方面入手，最基本的是要抓好教育培训和岗位练兵。教育培训要充分利用现有各类政法院校和培训基地，实实在在地抓下去。培训要注意联系实际，可适当请一些有较丰富实践经验和作风优良的老干部、老战士来讲课。培训的对象，要以领导骨干和业务骨干为重点，同时要分期分批轮训基层干警。由于条件限制，多数干警的提高要靠加强岗位练兵，靠能者为师，以老带新，边干边学。岗位练兵要有组织有计划地进行，合理安排，严格考核，防止流于形式。从今年起，政法各部门都要在抓紧落实培训计划的同时，把岗位练兵活动扎扎实实地开展起来。要把教育培训、岗位练兵和经常性的政治思想工作结合起来，全面提高干警素质。要着重提高干警的政治思想水平，法律政策水平，本职工作能力，专业技术技能和做群众工作的本领。尤其要把政法战线在长期政治斗争中锻炼出来的、体现在优秀政法干警身上的那种坚强的党性、坚定的政治立场、明确的政治态度、敏锐的观察能力，踏踏实实、深入实践、善于走群众路线，为完成任务顽强拼搏、不惜牺牲的奉献精神和优良作风，通过言传身教，真正传下去。

要不断总结经验，树立和推广各种类型的先进典型。树立先进一定要实实在在，不要人为拔高。要广泛宣传，搞好比学赶帮，以推动队伍建设。要严肃执纪，认真开展执法执纪大检查。对政法队伍中存在的行业不正之风必须坚决纠正，对一切违法乱纪现象和腐败行为必须坚决制止和严肃处理。执法部门如果对自己队伍中的这类问题不能严肃对待，而是以各种借口护短、掩盖甚至包庇，就必将危害整个政法队伍，严重损害这支队伍在人民群众中的形象。一年一度的执法执纪大检查，中央已经强调多年，有的部门和地方很重视，有部署、有检查、有总结，抓得扎实，效果良好。但是，有的部门和地方抓得差，甚至不见行动，这是不好的。希望这样的部门和地方的领导同志能够引起注意，并在今年的大检查中抓出成效，以实际行动予以改正。

政法队伍必须纯洁精干。一方面要严格把好进人关；另一方面对严重违法乱纪、素质很差、经过教育仍不适合做政法工作的人要坚决调离。这是加强政法队伍建设必不可少的措施。这个问题也已经强调了多年，今年内务必作出明显成果。当然也要充分做好思想工作并予以妥善安置。各级党委和政府要加强对这项工作的领导，请各有关部门给予大力支持。

要建立健全和严格执行各种监督制约的规章制度。县以下(包括县)各政法基层单位尤其要坚决执行"两公开一监督"制度。要多开辟一些监督形式和渠道，欢迎和鼓励广大群众对政法干警进行监督，揭露问题，提出批评建议。一定要真心实意地欢迎群众的监督，决不能只是装装样子，做给别人和上级看。接受监督同维护政法部门的权威是完全一致的。政法部门要进一步树立权威，主要靠自己的出色工作和优良作风，来获得群众的支持。

政法队伍建设要进一步法制化、正规化。现在，《人民警察警衔条例》已提请全国人大常委会审议，《检察官条例》、《审判员条例》也已列入国家立法规划。要结合这些条例的制定和实施，认真研究队伍建设中的问题，提出切实可行的解决办法。今年，要以实施警衔条例为契机，对各种警察队伍的纪律作风认真进行一次整顿，使各警种的素质大大提高一步。

五、加强党对政法工作的领导

在当前形势下，各级党委、政府尤其需要重视坚持人民民主专政，加强社会主义民主和法制建设，进一步加强对政法工作的领导。

首先要从政治上、思想上、组织上加强对政法队伍的领导和监督，保证政法队伍立场坚定，真正成为党和人民的卫士、社会主义制度和人民民主政权的卫士。确保政法部门的领导权牢牢掌握在马克思主义者手中，那就是要求领导者真正领会马克思主义的精神实质，善于运用马克思主义的立场、观点、方法，来解决当前中国的实际问题。

要加强路线、方针、政策的领导，督促政法部门结合工作实际，认真贯彻党的基本路线和各项方针政策，特别是党关于政法工作的方针政策。发现问题，及时纠正，使党的方针政策全面落实到政法部门的各项工作中去。

要监督、支持政法部门严格依法办事，依法行使职权，充分发挥职能作用，维护法律的尊严和执法的权威，不允许任何行政机关、社会团体和个人干扰、阻碍政法部门秉公执法。

要从人力、财力、物力上给政法工作以必要的支持和保障，有计划地逐年增加一些编制，逐步增加一些经费。办案经费一定要给予保证。积极解决政法干警在办公、住房、生活等方面的实际困难。

各级政法委员会在党委领导下，一年来做了大量工作，组织协调有关部门为维护社会稳定和社会治安做出了积极贡献。今后要进一步加强对政法工作的宏观指导和协调。注意研究解决政法战线全局性、共同性的问题，联系执法实际，统一认识，协调行动，保证党的基本路线和有关方针政策的贯彻落实，减少扯皮现象，提高工作效率，增强整体效能。社会治安综合治理委员会和政法委员会是分工协作、密切配合的关系，不存在谁大谁小、互相代替的问题。两个委员会的办事机构实行合署办公，日常工作由政法委员会统筹安排。一年来的实践证明，党中央、国务院决定成立各级综合治理委员会是完全必要的，它对组织协调更多的部门、单位参与社会治安综合治理起了重要作用，要更好地发挥其独特的职能作用。

各级政法部门要增强党的观念和组织纪律性。我们的党组织和全体党员，都要在宪法和法律的范围内活动。这是党章的规定，彭真同志也曾经多次这样说过。邓小平同志早在 1978 年就曾经明确指出："为了保障人民民主，必须加强法制。必须使民主制度化、法律化，使这种制度和法律不因领导人的改变而改变，不因领导人的看法和注意力的改变而改变。"这个思想我们应该是很明确的。我们要自觉地把自己的工作置于党的领导之下。党中央和地方党委决定了的事情，一定要坚决照办，不得自行其是。各部门都要从大局出发，发扬对党和国家整体利益高度负责的精神，团结协作，密切配合，形成强大的合力，共同做好维护国家安全和社会稳定的工作。

要继续加强对政法工作中的重大方针、政策、法律问题和理论问题的调查研究，不断研究新情况，解决新问题，进一步提高我们决策的科学性和宏观指导的水平。去年各地政法委员会和中央政法各部门对调研工作是比较重视的，有起色，有进展。今年，地市以上政法各部门的领导干部，都要进一步深入基层调查研究，从当地的实际出发，认真解决一两个事关全局的重大问题。特别是要对 1990 年《中共中央关于维护社会稳定加强政法工作的通知》和 1991 年《中共中央、国务院关于加强社会治安综合治理的决定》的执行情况开展调查研究，针对存在的问题，提出切实可行的对策，把各项工作做得更扎实，更有实效。

同志们，在 90 年代建设有中国特色社会主义的伟大实践中，加强社会主义民主和法制建设是一个很重要的方面。我们要以自己创造性的劳动，为建设有中国特色的社会主义民主和法制作出自己的贡献。在新的一年里，政法工作的任务是相当繁重的。让我们紧密团结在以江泽民同志为核心的党中央周围，殚精竭虑，勤奋工作，为维护社会稳定，保障改革开放和社会主义现代化建设的顺利进行做出更大的成绩，迎接党的十四大的胜利召开！

国务院总理李鹏在人民大会堂会见国务院参事室参事及中央文史馆馆员

国务院总理李鹏致信全国监察厅局长会议

李鹏在信中指出，5 年来，各级监察机关坚决贯彻党的基本路线，在保证政令畅通，促进治理整顿和改革开放任务的实现，加强廉政建设、反对腐败、纠正行业不正之风等方面，做了许多工作，发挥了重要作用。他向监察战线上的全体同志表示亲切的慰问。

李鹏强调指出，监察工作要围绕党的十三届八中全会和中央工作会议的精神，为促进搞好国营大中型企业、加强农业和农村工作，发挥积极的作用。要以反腐败，加强廉政建设为重点，对以权谋私、贪污受贿、腐化堕落、奢侈浪费、重大失职渎职等不良现象，进行严肃查处。同时也要加强日常的监督、教育防范。

国务院副总理田纪云在中南海与出席全国工商行政管理工作会议的代表座谈

田纪云强调，工商行政管理部门要始终把促进生产力发展作为根本任务，要把能否促进生产力的发展作为部署工作的出发点和检验工作的标准；促进生产力发展的工作千头万绪，但是最根本的是要紧密结合经济工作的中心任务安排工作，确立工作重点。

田纪云说，工商行政管理部门要把认真贯彻中央工作会议和八中全会精神，进一步发挥职能作用，摆在今年工作的首位，要按照计划经济与市场调节相结合的方针，支持以公有制为主体的多种经济成分健康发展，繁荣经济，促进人民生活改善，在促进多种经济成分发展的同时，依法加强管理。

田纪云强调，在坚定地支持公有制经济发展的前提下，鼓励适当发展其他经济成分，是工商行政管理工作中要注意处理好的一个重要问题。社会主义初级阶段，不可能只是单一的公有制经济，还需要其他经济成分充分发挥有益的作用，拾遗补缺。这是商品经济发展和人民群众多方面生活需求的客观需要，也是建设具有中国特色社会主义的一个重要组成部分。

中国公证员协会负责人就海峡两岸公证文书相互使用问题接受记者采访

负责人说，最近，中国公证员协会收到一些人民来信，对台湾有关方面以未经台湾"海峡交流基金会"验证为由，拒不采用大陆出具的公证书的做法表示愤慨，认为这是蓄意阻碍两岸人民来往，严重损害了两岸同胞的正当权益。同时，一些台湾同胞也向大陆有关部门来信，急切要求了解事实真相。

负责人指出，近几年来，海峡两岸关系有很大变化，两岸同胞各项交往增多。为了维护当事人的正当权益，公证书的互相使用也日益增多。大陆有关部门对台湾出具的公证书，不作任何验证，均根据情况分别采证；大陆发往台湾的公证书实际上也被台湾有关部门视情采证。1988年，大陆各县市公证处出具的公证书，发往台湾使用的有1100余份；1989年为4000余份；1990年为8900余份，逐年增多。

负责人指出，但是，去年3月台湾当局委托"海基会"对大陆公证机关出具的公证文书进行验证，并且规定，只有经过"海基会"的验证，台湾有关部门才能采用。这实质上是把大陆公证文书作为私文书对待，是无视大陆公证文书效力的做法，使大陆出具的公证书在台湾的使用受到了阻碍。去年4月30日"海基会"秘书长陈长文先生拜会司法部时，鲁坚副部长曾明确表示，不赞成文书验证的做法。鲁坚说，既然互相都在使用，群众也觉得方便，完全没有必要增加繁琐的验证手续，增加群众的负担。鲁坚还表示，可以就大陆出具的公证书真伪质疑查询问题进行研究，留待下一次具体交谈。这充分表示了我们维护两岸同胞正当权益的真诚愿望。此后，中国公证员协会受委托就两岸文书使用问题进行研究，准备与"海基会"进一步交换意见。

去年5月27日，台湾某报报道，声称"海基会"对大陆公证文书的验证是"具有驻外使领馆认证的性质"。这就使我们对"海基会"文书验证的真实意图不能不产生怀疑。与此同时，在两岸尚未就公证文书使用问题进一步商谈并取得共识之前，"海基会"就单方面实行文书验证，台湾有关部门也改变过去对大陆公证文书视情采证的做法，以大陆公证文书未经"海基会"验证为由，拒绝予以采用。这种倒退的做法，直接损害了两岸同胞的正当权益，为两岸人民的交往设置了障碍。据悉，迄今已有700多份大陆公证文书滞压在"海基会"，未能得到台湾有关部门的采用，这无疑是漠视人民利益的表现。在台湾同胞和新闻媒介要求了解事实真相时，台湾有关方面又制造了很多舆论，将责任推卸给大陆的公证机关，这种不实事求是的做法，是不利于两岸关系发展的。在这种情况下，使我们尽快商谈大陆公证文书在台湾使用方式的愿望未能实现。去年11月5日，陈长文先生来京再次拜会司法部时，鲁坚副部长指出了上述两个方面的问题。陈长文先生表示可以改变文书验证的做法。但是两个多月已经过去了，大陆公证书在台湾使用受阻的情况仍未改变。

负责人最后表示，为了尽快解决两岸公证文书相互使用问题，中国公证员协会于今年1月4日致函"海基会"，表明了只要台湾改变文书验证的做法，我们愿就这一问题尽快进行商谈的态度。遗憾的是，"海基会"在1月9日给中国公证员协会的复函中，仍然坚持文书验证的做法。中国公证员协会重申，只要"海基会"本着维护同胞正当权益，方便人民群众的初衷，停止单方验证，并促使台湾有关部门恢复以往对大陆公证文书视情采证的做法，我会愿意就两岸公证文书的使用问题，包括对两岸公证文书的真伪质疑相互查询的问题，与"海基会"进一步交换意见。

国家主席杨尚昆在人民大会堂会见利比亚领导成员阿卜杜勒·萨拉姆·贾卢德

国家主席杨尚昆在人民大会堂分别接受乌干达新任驻中国大使弗·亚·奥凯乔和约旦新任驻中国大使萨米赫·法尔基递交的国书

外交部副部长田曾佩和白俄罗斯共和国外交部部长彼·克拉夫琴柯在北京签署《中华人民共和国和白俄罗斯共和国建交协议》

中华人民共和国和白俄罗斯共和国根据联合国宪章的宗旨和原则以及发展中国人民和白俄罗斯人民之间关系的愿望,达成了以下协议:

第一条 双方同意,在相互尊重主权和领土完整、互不侵犯、互不干涉内政、平等互利、和平共处的原则基础上,发展两国之间的友好合作关系。

第二条 双方同意,1961年4月18日维也纳公约关于外交关系的规定将适用于中国和白俄罗斯之间的外交关系。1963年4月24日维也纳公约关于领事关系的规定将适用于两国之间的领事关系。

第三条 中国方面重申,中华人民共和国政府是代表全中国的唯一合法政府。台湾是中国领土不可分割的一部分。中国方面坚决反对旨在制造"两个中国"、"一中一台"、"一国两府"或"台湾独立"的任何企图和行动。

白俄罗斯共和国支持中国的这一立场。

第四条 中华人民共和国政府支持白俄罗斯共和国政府旨在维护民族独立、主权,通过谈判和平解决民族区域问题和发展经济所做的努力。

第五条 中华人民共和国和白俄罗斯共和国自本协议生效之日起建立大使级外交关系。

第六条 两国政府同意,在平等互利的基础上,根据国际惯例,互相为对方在其外交代表履行职务方面提供必要的协助。

第七条 本协议一经签订即开始生效。

本协议1992年1月20日订于北京,一式两份,用中文和俄文写成,两种文字同等作准。

国务院副总理吴学谦在人民大会堂同利比亚领导成员阿卜杜勒·萨拉姆·贾卢德举行会谈

对外经济贸易部部长李岚清和白俄罗斯对外经济联络委员会主席拉德克维奇分别代表本国政府在北京签署《中华人民共和国政府和白俄罗斯共和国政府经济贸易合作协定》

1月21日

中共中央总书记江泽民在无锡会见白俄罗斯共和国部长会议主席维·弗·克比奇

国务院总理李鹏在中南海紫光阁会见委内瑞拉前总统拉斐尔·卡尔德拉

国务院总理李鹏在国务院小礼堂接见参加全国民航工作会议的代表

李鹏勉励民航职工要进一步树立安全第一的观念,狠抓正点运行,提高服务质量和职业道德。李鹏说,我国民航要投入国际市场竞争,这对民航职工来说既是压力,又会带来机遇。党中央、国务院对民航工作非常关心,寄予殷切的希望。要总结经验,齐心协力,乘势而上,为民航工作跃上新水平努力奋斗。

国务院总理李鹏致信商业部电话会议向受表彰的粮油先进单位和先进生产者表示祝贺

国家主席杨尚昆在深圳考察

国家主席杨尚昆在深圳特区和蛇口工业区考察时强调,要坚持改革开放政策,要更放宽些,更大胆些,比现在还要放开。

1月21日至25日,杨尚昆在中共广东省委书记谢非、副书记郭荣昌的先后陪同下,来到工厂企业、渔民家庭、图书馆等处,向大家拜年,并详细了解生产经营和居民生活等方面的情况。杨尚昆在联合饼干——广进(中国)有限公司考察时,察看了生产车间几十种产品,鼓励这家设在蛇口工业区内的中外合资企业越办越好。在南山区蛇口镇海湾村,杨尚昆走进一家渔民家庭,向主人樊伙明询问家庭人口和收入情况。樊伙明说:"我家五口人,去年收入五万元,主要靠养蚝。"杨尚昆对樊伙明和镇委的同志说:"希望你们勤劳再发家,一万元,两万元,收入越多越好。"

作为国家主席,杨尚昆第一次来到沙头角镇考察。他漫步镇上的中英街,街道两边的群众,纷纷涌上前来,很多人都认出杨主席,热情鼓掌欢迎。

1月22日,杨尚昆来到位于市郊梧桐山西坡的深圳仙湖植物园。这个植物园从1983年开始筹建,如今已成为一个以旅游为主,科研科普为辅的植物园。当杨尚昆看到山坡上用花草组成的"天上人间"几个大字时笑着说:"这里环境优美,是一个世上桃源。"在一处碧草如茵的缓坡上,杨尚昆挥锹添土,种下一棵生命力很强的高山榕。

在深圳期间,杨尚昆先后听取了深圳市及蛇口工业区负责同志的工作汇报,对深圳特区11年来的发展变化表示十分高兴。在国贸大厦旋转餐厅,杨尚昆一边俯瞰深圳日新月异的市容,一边听取市长郑良玉代表市委、市政府的工作汇报。当郑良玉汇报到深圳市下一个十年发展规划时,杨尚昆说:"特区建设要不断开拓,不要太保守。"听完汇报后,杨尚昆挥笔题词:"继续发展深圳特区,跨进二十一世纪"。

在深圳期间,杨尚昆还兴致勃勃地参观了中国民俗文化村和锦绣中华微缩景区。途中，他向各族群众频频招手致意，并观看了维吾尔族青年的舞蹈表演。临别时，杨尚昆在维吾尔族民居前写下了“中国各民族大团结万岁”。

陪同杨尚昆考察深圳特区的领导同志还有：公安部副部长顾林防，中共深圳市委书记李灏，蛇口工业区负责人袁庚、张振方等。

全国农村合作经济经营管理工作会议在北京召开

会议宣布：农业承包合同管理取得了突破性进展，开始纳入规范化、法制化轨道，对稳定农业、稳定农民起了重要作用。目前全国农村实行家庭承包经营的村（社）已达到总村（社）数的 98.2%；承包经营农户已达总农户数 96.3%。

中共中央政治局候补委员统战部部长丁关根在人民大会堂会见以许长青为团长李欢为副团长的香港中华出入口商会访京团

国务院批转建设部关于进一步加强城市规划工作请示的通知

各省、自治区、直辖市人民政府，国务院各部委、各直属机构：

国务院同意建设部《关于进一步加强城市规划工作的请示》，现转发给你们，请结合实际情况，认真贯彻执行。

国务院

一九九二年一月二十一日

关于进一步加强城市规划工作的请示

国务院：

自一九八〇年国务院批转全国城市规划工作会议纪要（国发〔1980〕299 号）以来，我国城市规划工作得到了迅速恢复和发展。全国各城市普遍开展了总体规划的编制工作，国务院相继批准了三十九个城市的总体规划，其他四百二十八个市的总体规划也已经上级政府批准实施，绝大部分建制镇也都制定了总体规划。同时还广泛开展了城市的详细规划和各项专业规划。我国的城市已经进入了有规划并且按照规划进行建设和发展的新阶段。十多年来，在城市规划的指导下，合理安排了一批城市地区的重点建设项目，取得了较好的综合效益；优先开展了经济特区、沿海开放城市、经济技术开发区的城市规划工作，为促进对外开放，形成良好的投资环境创造了条件；进行了城市的新区开发和旧区改造工作，统筹安排了城镇住宅、基础设施和各项公共服务设施的建设，加强了历史文化名城的保护，增强了城市功能，提高了城市整体素质，促进了城市经济和社会事业的协调发展。一九八九年十二月《中华人民共和国城市规划法》（以下简称《城市规划法》）的公布施行，使我国城市规划工作开始走上了依法行政的轨道。

但是，我国城市规划工作的重要性还没有得到全社会的普遍认识，城市规划的观念、方法和手段还不能适应新形势的要求，城市规划工作发展不平衡，不少地方规划设计水平不高，规划管理比较粗放，法制尚不完备。为了进一步加强城市规划工作，提出以下意见：

一、进一步提高对城市规划工作重要性的认识。

城市是国家或地区的政治、经济、文化和国内外交往的中心，在我国社会主义现代化建设中发挥着主导作用。我国 50%以上的国民生产总值，70%以上的工业总产值，78%以上的工业利税，90%以上的高等教育和科技力量集中在四百多个设市城市。产业与人口的集中是城市的一个特征，城市规划的任务是使城市的聚集结构和空间布局合理化，从而产生巨大的综合效益。多年的实践证明，在城市的建设和发展过程中，城市规划是“龙头”，要把城市建设好、管理好，首先要把城市规划搞好。因此，城市规划是一项战略性、综合性很强的工作，是国家指导城市合理发展和建设、管理城市的重要手段。各级人民政府尤其是城市人民政府应当高度重视城市规划工作，充分发挥城市规划对城市建设和发展的综合指导作用。与城市建设和发展有关的部门要积极支持城市规划工作。在制定或调整城市规划时，有关部门和单位要共同配合；在城市规划批准之后，要自觉服从城市规划，严格执行城市规划。各级城市规划部门要做好宣传和服务工作，依靠各有关部门的共同努力，促进城市规划的实施。

二、城乡统筹规划，协调发展，走有中国特色的社会主义城市化道路。

城市发展应当本着城乡一体化的原则，统筹安排，综合部署，认真贯彻“严格控制大城市规模、合理发展中等城市和小城市的方针”。要加强城乡建设的统筹规划，促进生产力和人口的合理布局，有计划地推进我国的城市化进程。各级人民政府要根据我国国民经济和社会发展十年规划和“八五”计划的要求，按照不同地区经济和社会发展的特点，组织制定全国和跨省、省域、市域、县域的城镇体系规划。统筹安排区域性基础设施的建设和生态环境的保护措施，促进城乡建设和经济建设、环境建设的协调发展。要从规划的角度严格控制大城市市区人口和用地规模，调整经济结构和产业结构，加强现有企业的技术改造。国家有关部门在安排新建工业项目时，要优先在资源、交通、协作条件好的中小城市选址定点。各地要根据我国现代化建设的进程和农村产业结构的变化，科学地预测城市化的进度和水平，认真做好中小城市的发展规划，特别是加强对城镇发展的控制和引导，切实解决目前一些小城镇盲目建设、乡镇工业布局混乱、环境污染和土地浪费等问题。中小城市的规划要体现中小城市的特点，注意避免追求大城市的倾向。要制定必要的技术经济政策和行政措施，指导大中小各类城市的合理发展，使国家的城市发展方针真正得到贯彻落实。

三、依靠科技进步，把城市规划设计提高到一个新的水平。

制定科学的城市规划，才能有效地指导城市的建设和发展。为使城市规划进一步适应改革开放和发展有计划商品经济的要求，各城市要适时调整和完善八十年代初期制定的城市总体规划。城市规划是一项超前的工作，“八五”期间还要为制定二〇〇〇年后新一轮城市总体规划做好必要的准备。为保证城市规划的实施，城市的总体规划和各项专业规划需要不断充实和深化。特别是城市土地使用的控制规划、大中城市的综合交通规划和防洪、抗震等防灾规划，应当提到重要议事日程。城市规划部门要积极配合计划等有关部门，抓好重点建设项目的选址和布局，并使与其配套的基础设施、生活服务设施协调发展，同步建设，提高固定资产投资的综合效益。要加强住宅建设特别是危房改造的规划工作，努力提高居住区的规划设计水平。居住区的规划应当在合理用地、节约能源、节约投资的前提下，体现使用功能全、环境质量好、规划构思新并富有地方特色的要求。城市的新区开发和旧区改建，要坚持统一规划、合理布局、综合开发、配套建设、基础设施先行的原则，不断提高综合开发率和综合开发水平。要坚持依靠科技进步，有计划地开展城市规划的科学研究，逐步形成具有中国特色的城市规划理论体系，推动城市规划工作实际水平的提高。当前要重点抓好遥感、计算机等新技术在城市规划领域中的应用和推广，不断改进工作方法和技术手段，提高工作效率和工作质量。地方各有关部门要进一步重视新技术在城市规划领域中的应用，作出发展规划，适当增加投入，争取在九十年代取得更大的进展。

四、认真贯彻实施《城市规划法》，完善法规体系，加强城市规划管理。

《城市规划法》是国家指导城市建设和发展的重要法律。全面深入地贯彻实施《城市规划法》，是今后城市规划工作的重要任务。各地区、各部门要以《城市规划法》为依据，建立和完善包括法规、规章和行政措施在内的城市规划法规体系。各级人民政府及城市规划行政主管部门要根据《城市规划法》的规定，认真做好城市规划的编制、审批和规划管理工作。任何单位和个人，在城市规划区内进行建设活动，都必须严格执行法定的选址意见书、建设用地规划许可证和建设工程规划许可证制度，特别是郊区城乡结合部的各项建设，都要按照《城市规划法》和《中华人民共和国土地管理法》的有关规定进行统一的规划，这项工作要尽快走上正轨。要加强执法检查和监督，坚决查处违法建设活动，保障城市规划的实施。各单位要严格按蓝线进行规划，按红线进行施工，任何单位和个人都不得随意在红线之外搞违章建筑。城市规划行政主管部门要建立严格的工作制度和审批程序，主动做好服务工作，自觉加强廉政建设，提高规划管理的严肃性、科学性和透明度。

五、进一步加强对城市规划工作的领导。

搞好城市规划工作，关键在于加强领导。一九八七年《国务院关于加强城市建设工作的通知》指出：“城市政府的主要职责是把城市规划好、建设好、管理好，市长要把主要精力转到这方面来。这是新的历史时期对城市政府职能的新要求，必须努力实现。”各级人民政府，特别是城市人民政府应当认真贯彻落实国务院通知精神，加强对城市规划、建设工作的领导。要明确城市规划工作必须贯彻面向未来，面对现实，统筹兼顾，综合部署的指导思想；要坚持改革开放，为发展生产、繁荣经济、保护环境、改善生活条件服务的方针，充分发挥城市规划的综合职能作用；要及时解决城市规划编制和实施过程中出现的矛盾，协调好城市规划部门和各有关部门的工作关系；要根据《城市规划法》的规定，按照中央的统一部署，逐步建立健全各级城市规划管理机构。要加强对城市规划专业人才的培养，有关高等院校和中等专业学校要继续办好城市规划专业，提高教学质量。要重视在职干部的继续教育工作，采取多种方式有计划地对在职干部进行培训，不断提高规划队伍的政治素质和业务素质。

以上意见如无不妥，请批转各地区、各部门贯彻执行。

建设部

一九九一年十二月二十三日

国务院总理李鹏在中南海紫光阁会见利比亚领导成员阿卜杜勒·萨拉姆·贾卢德

外交部部长钱其琛和纳米比亚外交部部长古里拉布在温得和克举行会谈

双方就国际形势以及双边关系等问题交换意见并取得一致看法。

关于中纳两国关系，古里拉布说，在解放斗争时期，中国是西南非洲人民组织（人组）和纳米比亚人民可以信赖的朋友。纳米比亚独立以后,纳中两国在政治、外交、经济和技术领域进一步加强了友好合作。

钱其琛说,中国人民为纳米比亚共和国独立后近两年来在维护国家安定团结、发展国民经济方面所取得的成就感到高兴。中国政府愿同纳米比亚政府共同努力,进一步探索经济合作的新领域和新途径,不断发展两国之间业已存在的友好关系。

中国和老挝边界条约批准书互换仪式在万象举行同时中老边界条约开始生效

中国和罗马尼亚两国政府卫生合作协定1991年—1993年执行计划在布加勒斯特签订

全国高校青年师生课余学习马克思主义理论经验交流会在北京举行

蔡元培铜像在南京建立

1月22日

全国宣传部长会议在北京召开

中共中央宣传部部长王忍之在会上讲话时指出,1992年的宣传思想工作,要紧密围绕党的中心任务来开展,为党的第十四次全国代表大会的召开,创造良好的舆论环境。各项宣传工作要继续坚持以团结、稳定、鼓劲为基调,以正面宣传为主,全面、准确地贯彻、体现党的基本路线。切实搞好经济宣传,加大改革开放宣传的分量,深入进行坚持四项基本原则的教育,增强广大干部群众走建设有中国特色社会主义道路的信念。

王忍之说,1991年的宣传思想工作,在以江泽民同志为核心的党中央领导下,全面贯彻建设有中国特色社会主义的基本路线,加强了经济宣传、改革开放的宣传,深入进行了坚持四项基本原则,反对资产阶级自由化的教育。在这一年,中国共产党成立70周年、西藏和平解放40周年以及抗洪救灾等几个宣传"战役",起到了提高党的威信和凝聚人心的作用;贯彻"一手抓整顿,一手抓繁荣"的方针,认真抓精神产品生产,推动了理论研究、文化艺术的繁荣;农村社会主义思想教育,企业基本国情和基本路线教育,城乡精神文明建设,都有新的进展。他说,整个宣传思想战线的工作初步出现了生动活泼的局面,正在沿着健康的轨道向前发展,对建设和改革的发展、对社会的稳定起了促进作用。

在谈到1992年的宣传思想工作时,王忍之指出,经济建设是全党全国的中心工作。要大力宣传国民经济继续向好的方向发展,用事实鼓舞人心。要继续宣传贯彻好中央工作会议和八中全会的精神,促进经济工作转向调整结构、提高效益的轨道,促进国民经济持续稳定协调地发展。

王忍之说,当前要进一步加快改革步伐,加大改革分量,宣传思想工作必须相应地进一步加大改革开放宣传的分量。要努力宣传阐述邓小平同志关于建设中国特色的社会主义理论,根据党中央和国务院的部署及时地宣传每项改革措施,调动广大群众支持改革、推动改革的积极性和创造性。

王忍之指出,在加强经济建设和改革开放宣传的同时,必须继续进行坚持四项基本原则的教育,反对资产阶级自由化,抵御和平演变。

王忍之说,做好今年的宣传思想工作,还要切实加强城乡社会主义精神文明建设;加强马克思主义理论研究,繁荣文艺、新闻、出版事业。

《人民日报》就《中共中央关于进一步加强农业和农村工作的决定》中提出要进一步加强党对农村工作的领导发表评论员文章《加强党对农村工作的领导》

民革中央在北京举行春节联欢会

年届百岁的民革中央监察委员会主席孙越崎在联欢会讲话中代表民革中央向海峡对岸的台湾同胞祝贺新春。他同时再次呼吁台湾当局采取切实措施,实现海峡两岸的"三通",并尽快接受中国共产党的建议,派出代表与大陆进行直接接触谈判,逐步达成实现祖国统一的原则协议,以最终结束两岸的分裂局面。他说,去年台湾岛内"台独"活动不断升级的事实告诉人们,只要海峡两岸的分裂状态继续存在,"台独"的图谋就不可能根绝;由此,台湾的稳定和发展将继续遭到破坏,两千万台湾人民的福祉就无法保障。他表示,在新的一年里,民革要继续坚决反对"台独",努力为祖国的和平统一奋斗。

国务院副总理邹家华在钓鱼台国宾馆会见由会长许长青为团长的香港中华出入口商会访京团

纳米比亚总统努乔马在温得和克国家宫接见国务委员兼外交部部长钱其琛

国务委员兼外交部部长钱其琛在温得和克纳米比亚大学发表演讲

钱其琛的演讲会由纳米比亚外交部长古里拉布主持。纳米比亚的一些政府部长、驻纳米比亚的外交使节和国际组织的代表出席演讲会。

钱其琛指出,刚刚过去的一年是国际形势剧烈动荡和发生巨大变化的一年。他说:"面对当前的国际形势,国际社会,特别是广大发展中国家对建立国际新秩序的呼声日益高涨。人们不愿看到一个或几个大国包揽国际事务。人们对无视各国的差异,硬要推行某种价值观念和特定经济模式的做法保持着警惕。"

钱其琛指出:"我们认为,国际新秩序的核心是,各国独立自主,不论国家大小、强弱、贫富,都是国际社会的平等成员,应当相互尊重,和平相处,互不干涉内政,共同参与世界事务。在经济上,发达国家应同发展中国家在平等互利的基础上进行合作,以创造有利于共同发展和繁荣的国际环境。"

关于非洲形势,钱其琛指出:"非洲人民经过了长达几个世纪的英勇斗争,已经取得了民族独立和解放的伟大胜利。但经济独立却比政治独立更加艰巨、复杂,必须经历漫长、曲折的摸索过程。"

钱其琛强调:"非洲取得政治独立主要依靠了非洲人民自己的探索和奋斗。同样,也只有非洲各国人民才最了解本国国情,才有权力、有能力选择适合自身发展的道路。中国完全尊重非洲国家选择适合本国情况的社会制度和发展模式,并且深信,非洲人民依靠自己的聪明才智和辛勤劳动,一定能够实现经济的独立和振兴。"

关于中国对非洲的政策,钱其琛说,加强同非洲国家和其他第三世界国家的团结合作是中国外交政策的基本立足点。中国坚决支持非洲国家反对帝国主义、殖民主义、种族主义、霸权主义的斗争,热情支持非洲国家要求减免非洲债务、解决贸易保护主义与国际市场原料价格下跌问题、加强南南合作和南北对话等一系列合理主张。

钱其琛说:"中国政府和人民永远铭记非洲国家和人民为恢复中国在联合国的合法席位所作出的宝贵贡献,以及在我们遇到困难时向我们表达的深情厚谊。我们高度赞扬许多非洲国家珍惜中非友好,坚持奉行一个中国的立场,警惕和抵制台湾当局破坏中非友好合作的活动。"

首都医务界集会纪念著名老中医关幼波许公岩王为兰行医 50 周年

1 月 23 日

国务院副总理田纪云在海南经济特区考察

1 月 23 日至 27 日,中共中央政治局委员、国务院副总理田纪云在海南省委书记邓鸿勋、省长刘剑锋的陪同下,在海口、三亚、儋县、东方、文昌等市县考察工作,同基层干部交谈,了解经济发展、港口建设、农业综合开发和旅游业等情况。

田纪云说,海南经济特区坚定不移地贯彻党的基本路线,办特区几年来工作很有成效。首先是政治形势很好,干部群众精神面貌好,社会稳定,人心安定,呈现一派安居乐业景象;其次是经济形势很好,在治理整顿中求发展,求提高,工业生产持续增长,农业连年获得丰收,财政收入不断增加;第三是投资环境有了很大改善,外引内联工作和旅游业势头旺盛,进展喜人。田纪云指出,海南经济特区建设的实践说明,党的十一届三中全会以来,在邓小平同志的指导下,改革开放的路子是完全正确的,是成功的,今后必须坚定不移地沿着这条路子走下去,而且思想要更解放些,胆子要更大些,工作更扎实些,步子要更快些,把开放工作搞得更好。

田纪云在和省、市负责人座谈中强调,面对风云变幻的国际形势,我们要有紧迫感,要抓住机遇,奋力开拓,不能慢慢腾腾,必须把改革开放的步伐迈得更快、更扎实,各级干部要勇于开拓,敢于创新,各部门、各地方的工作,都要围绕并服从于改革开放这个大局,考虑问题要站在全局的角度,克服单纯就业务研究业务的倾向。要把实践证明行之有效的政策,真正付诸实施。

田纪云在听取关于洋浦开发的汇报后指出,党中央、国务院领导同志都很关心和支持洋浦的开发。采用由外商投资成片开发的办法,总体上是可行的,海南省政府和各有关方面要本着既积极又稳妥的精神,认真研究可行的实施方案,抓紧落实,尽快启动。

中共中央政治局常委李瑞环在人民大会堂会见由董事会主席罗伯特·詹姆斯率领的美国麦肯世界广告公司访华团

外交部发言人就南沙群岛及其附近海域主权问题在新闻发布会上答记者问

发言人说,中国政府曾多次声明,中国对南沙群岛及其附近海域拥有无可争辩的主权。为了维护东南亚地区的和平、促进南海周边国家的合作,我们主张通过和平方式解决这一争端,并提出了共同开发的建议。"中国政府的上述立场是坚定不移的。我们希望有关方面不要做使这一问题复杂化的事情。"

中国常驻联合国副代表金永健在联合国消除歧视妇女委员会会议上发言

金永健说,中国政府在提高妇女地位,促进妇女参与社会生活以及在维护妇女合法权益等方面做出了新的努力。

金永健说,中国用了 3 年时间完成了《妇女权益保障法》的起草工作。该项法律已经1991年第七届全国人大常委会第23次会议审议，并将提交今年召开的全国人大七届五次会议讨论通过。

金永健说，中国政府在开展社会治安综合治理中，坚决打击各种侵犯妇女权益的犯罪行为，制定了《关于严禁卖淫嫖娼的决定》和《关于严惩拐卖、绑架妇女儿童犯罪分子的决定》，还分别在1991年5月和1992年1月实施的《残疾人保障法》和《未成年人保护法》中列有保护女性的条文。这些法律对妇女在参政、就业、教育、婚姻、家庭、人身等方面的权利做了进一步规定，使维护妇女权益的法律更系统、更全面。

金永健还说，近几年，中国政府的有关职能部门和全国妇联等单位一道采取积极措施提高妇女的参政意识和参政能力，推动妇女参政比例的增加。从1990年全国县、乡两级人民代表换届选举的结果看：当选的女代表平均达到21%。

中国是个农业大国，80%的妇女居住在农村，其中妇女劳力占整个农村劳力的一半。金永健在会议上介绍了中国政府通过开展具有农村妇女特点的活动来提高妇女参与社会发展能力的情况。

关于妇幼保健问题，金永健说，中国政府致力于实现世界卫生组织提出的“2000年人人享有卫生保健”的战略目标。中国在开始实行“八五”计划时，将妇女保健列入初级保健规划中，把重点放在农村。目标之一是到2000年使全国孕产妇死亡率在现有水平上减少一半。

在会议上，金永健对消除歧视妇女委员会的专家提出的有关中国执行《消除对妇女一切形式歧视公约》的问题也做了详细说明。

中国联合国教科文组织全国委员会第15次会议在北京举行

国家教委副主任柳斌发表谈话强调严禁乱拉学生“公差”

中共中央政治局常委李瑞环在人民大会堂会见重大影视创作会议代表

李瑞环在人民大会堂同出席重大革命历史题材影视创作会议的代表座谈时指出，党中央要求，1992年的宣传思想工作要突出经济建设这个中心，加大改革开放宣传的分量，文艺、出版工作的重点是抓创作、抓繁荣。

座谈前，李瑞环、李铁映、丁关根、王忍之、朱穆之、高狄、艾知生等领导会见出席重大革命历史题材影视创作会议的代表。

李瑞环说，去年是重大革命历史题材创作的丰收年。一批有较高质量的影视作品相继问世，在银幕和荧屏上艺术地再现了我国人民革命斗争历史上具有重要意义的事件，成功地塑造了老一代无产阶级革命家的光辉形象。像影片《开天辟地》、《毛泽东和他的儿子》、《大决战》、《周恩来》，电视剧《毛泽东和他的乡亲》、《宋庆龄和她的姊妹们》、《巨人的握手》等优秀作品获得了广大群众的热情赞扬，产生了广泛而深远的社会影响，向党的70周年生日献了一份厚礼。

李瑞环指出，一个民族需要自己的英雄史诗。我国人民在中国共产党领导下推翻三座大山、建立新中国的艰难历程，本身就是一幅波澜壮阔、辉煌灿烂的历史长卷，有过无数惊心动魄的历史事件，涌现出无数可歌可泣的英雄人物。通过重大革命历史题材创作，使其再现于文艺舞台，以激励中华民族自强不息的民族精神，教育人民群众尤其是广大青少年继承党的光荣革命传统，在当前具有极其重要的意义。

李瑞环说，我们在充分肯定影视艺术近年来在繁荣文艺方面所作贡献的同时，也应当看到我们的作品无论是数量还是质量方面，与广大人民群众日益增长的需求还有很大距离。集中精力抓创作，抓繁荣，为人民群众提供更多影视佳作，是时代对我们影视工作者的要求，是影视工作者义不容辞的责任。重大革命历史题材影视创作，是繁荣文艺的一个重要方面。

李瑞环说，当前，我们国家正处于历史上从未有过的蓬勃发展时期，全国人民团结在以江泽民同志为核心的党中央周围，不断把四化建设的大业推向前进，新的成就层出不穷，英雄人物不断涌现，为现代题材的创作提供了取之不尽的源泉。

李瑞环说，为了繁荣文艺，影视工作者必须进一步学习马克思主义理论，用马克思主义观点观察生活，提高认识，指导创作，使作品真正反映生活的本质和历史的必然。必须进一步深入生活，向人民群众学习，在丰富的生活积累的基础上挖掘题材，提炼主题，塑造典型，使作品真正反映人民群众的奋斗和希望。必须坚持“二为”方向和“双百”方针，使影视艺术既保持为社会主义建设为人民服务的大方向，又实现主题、题材、样式、风格的多样化，使群众在艺术欣赏方面有更多的选择。必须增强队伍的团结，形成团结、民主、和谐的环境和气氛，使大家心情舒畅，把聪明才智都用到繁荣文艺创作上来。

丁关根、李铁映先后在座谈会上讲话。

座谈会由中宣部部长王忍之主持，重大革命历史题材影视创作领导小组组长丁峤、上海电影制片厂摄制的故事片《开天辟地》导演李歇浦、长春电影制片厂厂长阎 军、深圳电视台副台长兼深圳电视艺术中心主任祝希娟、中国电视剧制作中心摄制的电视连续剧《巨人的握手》和《宋庆龄和她的姊妹们》导演潘霞、中共湖南省委宣传部副部长刘鸣泰等在座谈会上发言。

国家主席杨尚昆根据全国人大常委会的决定任命驻外大使：

一、任命金桂华兼任中华人民共和国驻文莱特命全权大使。

二、任命金森为中华人民共和国驻埃塞俄比亚特命全权大使。

北京 2000 年奥运会申办委举行第 2 次会议

1 月 24 日

国务院举行第 96 次常务会议

国务院总理李鹏主持会议。会议审议并通过《中华人民共和国税收征收管理法（草案）》和《九十年代中国儿童发展规划纲要》。

会议在审议税收征收管理法（草案）时指出，国务院曾于 1986 年发布《中华人民共和国税收征收管理暂行条例》，使征收管理工作有较系统的执法依据。但近几年随着我国国民经济的发展和经济体制改革的深化，对税收的征收管理工作提出了更高要求。会议认为，制定税收征收管理法，有利于进一步完善和健全我国税收法律制度，对于加强税收征收管理，保障国家税收法律、法规的贯彻实施，维护国家的税收权益，保护纳税人的合法权益，将发挥重要作用。会议决定将这个法律草案经修改后提请全国人大常委会审议。

会议审议并原则通过的《九十年代中国儿童发展规划纲要》，是中国政府贯彻执行联合国 1990 年世界儿童问题首脑会议所通过的两个文件的行动方案。联合国这次首脑会议通过的两个文件是《儿童生存、保护和发展世界宣言》以及《执行 90 年代儿童生存、保护和发展世界宣言行动计划》，其中提出了 2000 年儿童生存、保护和发展的主要目标。这个文件经修改后将由国务院公布并报送联合国总部。

国务院总理李鹏在中南海紫光阁会见以色列副总理兼外交部长戴维·利维

国务委员兼外交部部长钱其琛在钓鱼台国宾馆同以色列副总理兼外交部长戴维·利维举行会谈

钱其琛说，阁下这次来访是历史性的访问，两国建交将为两国的友好合作关系揭开新的一页。利维说，今天确实是一个有历史意义的日子，两国建交将开创两国关系中谅解与合作的新时期。以色列和中国不仅要加强双边合作，而且要在国际上为和平共同作出贡献。随后，两国外长就发展双边关系和共同关心的国际问题交换了意见。

利维首先介绍了以色列在农业、科技、贸易、文化等方面的发展情况，表示两国可以在这些方面进行合作。钱其琛表示，赞成两国在科技、经贸等领域进行接触，交流情况，以逐步开展一些合作。利维介绍了以色列、阿拉伯——华盛顿会谈的情况和以色列对下周在莫斯科开始的多边会谈的设想。他强调，和平是中东问题的唯一选择。中东和平进程是不可逆转的。

钱其琛介绍了中国对中东问题的立场。他说，中国一贯支持通过政治途径解决中东问题，现在中东和谈正在进行，第三阶段会议即将开始，发展势头是好的。中国对此表示支持和欢迎。钱其琛指出，既然是谈判，双方就应当抱有诚意和采取灵活的态度，并作出必要的妥协和让步。阿拉伯被占领土和恢复巴勒斯坦人民合法民族权利的问题应当得到解决，所有中东国家包括以色列在内的主权和安全都应当得到尊重和保障。

利维外长邀请钱其琛外长在方便的时候访问以色列。钱其琛愉快地接受了邀请。

国务委员钱其琛与以色列副总理兼外交部长戴维·利维在钓鱼台国宾馆联合举行中外记者招待会

钱其琛说，中以会谈进行得很好。同意利维外长所作出的评论。在会谈中，双方讨论了两个问题，一部分是关于双边关系问题，另一部分是中东问题，特别是中东的和会。

在谈到双边关系时，钱其琛说，我们认为在很多领域里，可以进行交流和合作。这是对双方都有利的，而且有着良好的合作前景。

钱其琛在回答记者提问时说，关于中东和平进程，中国希望中东的和平进程能够继续向前发展，不能后退。中国已接受邀请参加中东问题第三阶段的会议，中国将派杨福昌副外长作为代表参加会议。

钱其琛指出，中东和平是一个漫长的过程。莫斯科第三阶段会议，只不过是这个整个漫长过程中的一段。中国将在这次会议上阐明中国对解决中东问题的立场，以及对多边会议需要解决的那些问题阐明中国的观点。钱其琛强调说，中东和会主要应由当事者各方通过会谈达成协议。中国努力推动中东有关各方进行和平谈判。中国同阿拉伯国家有着良好的关系，我们在这方面可以作出自己的努力。中国同以色列建交，对于推动中东和平进程将起到积极作用。

利维外长在记者招待会上也回答了记者的提问，

并对以中两国建交给予了积极评价。

中国和以色列国在北京签署建交联合公报

中国政府代表钱其琛和以色列国政府代表戴维·利维上午在北京签署中以建交联合公报。

用中文、希伯来文和英文写成的联合公报说:"中华人民共和国政府和以色列国政府决定两国自 1992 年 1 月 24 日起建立大使级外交关系。

以色列国政府承认中华人民共和国政府是代表全中国的唯一合法政府,台湾是中华人民共和国领土不可分割的一部分。

两国政府同意在国际社会公认的互相尊重主权和领土完整、互不侵犯、互不干涉内政、平等互利和和平共处的原则基础上,发展两国和两国人民之间的友好合作关系。"

1 月 25 日

国务院总理李鹏在沙迦会见沙迦酋长苏丹·本·穆罕默德·卡西米

下午,李鹏赴西欧 4 国访问途中在沙迦国际机场会见前来迎送他的阿拉伯联合酋长国最高委员会成员沙迦酋长苏丹·本·穆罕默德·卡西米。

李鹏总理说,"中国和阿联酋的关系很好。特别是中国杨尚昆主席访问贵国后,两国关系有了进一步的发展。沙迦是中国民航的重要中转站。曾给我们很大的支持和帮助。我很高兴在出访西欧的途中能在沙迦停留,会见阁下。"

李鹏说,海湾战争后,中东地区仍不太平,阿以争端仍没有解决。中国真诚地希望中东问题能在联合国有关决议的基础上获得政治解决,希望中东地区和海湾地区的形势能朝着和平与稳定的方向发展。

李鹏强调指出,"中国一向支持阿拉伯人民的正义事业,我们的这个立场没有变化。"

国务院总理李鹏在阿拉伯联合酋长国沙迦机场谈出访西欧的目的

李鹏下午赴西欧四国访问,在沙迦国际机场作短暂停留时说,"我这次访问西欧四国的主旨是:和平、友谊、合作。"

李鹏指出,当前国际形势发生了深刻的变化,世界并不太平。中国和西欧分处欧亚大陆的东部和西部,和平与稳定是双方共同关心的问题。他说,访问期间,他将同四国领导人就国际和双边关系问题深入地交换意见。中国和西欧发展关系,加强磋商,这将有助于世界和平与稳定。

李鹏说,"中国与西欧没有根本的利害冲突,中国和西欧人民之间有着传统友谊,双方的交往源远流长,推动中国和西欧人民的传统友谊继续向前发展,是双方的共同利益所在。"

李鹏说,西欧经济发达,科学技术先进,欧共体又是世界上最大的贸易集团,也是中国的第二大贸易伙伴。中国是世界上最大的发展中国家,正在全力以赴地从事大规模的现代化建设,实行改革开放,中国的经济充满活力,在实施"八五"计划和十年规划中,要引进很多重要项目。他认为,"中国和西欧在经济上有很大的互补性,双方发展经济合作有着巨大的潜力和良好的前景。"

李鹏表示,"我这次出访西欧就是要进一步推动双方的关系在互相尊重和平等互利的基础上继续向前发展。"他相信,阿拉伯兄弟对他这次和平、友谊、合作之行是会充分理解和支持的。

中共中央政治局常委李瑞环在全国宣传部长会议上发表讲话

同志们:

这次全国宣传部长会议,是一次非常重要的会议。大家集中讨论了《一九九二年宣传工作要点》,提出了许多很好的意见和建议。这个《要点》修改后将正式下发执行。这里,我想就当前形势下如何进一步做好宣传思想工作谈点意见。

一、准确把握今年宣传工作的重点

过去的一年,国际形势发生了重大变化,以海湾战争、苏联解体为标志,旧的国际格局已经打破,新的格局尚未形成,世界正向多极化加速发展。和平与发展仍然是当代世界的两大主题。国际形势对我确有严峻的一面,特别是具有近七十年历史的社会主义苏联解体,国际共产主义运动落入低潮,西方敌对势力对坚持社会主义的中国的压力会有所增加,对此我们必须有清醒的认识。同时又要看到,国际形势对我们也有有利的因素,或能向有利方向发展的因素。两大军事集团对峙的局面不复存在,世界大战在一个较长时期内打不起来。西方内部矛盾上升,原苏联和东欧继续动荡,世界许多地区的民族、宗教冲突加剧,广大发展中国家强烈要求建立公正合理的国际新秩序,这就使得由美国一家或西方七国垄断世界事务的企图难以实现,他们的战略重点也难以从欧洲和中东地区移开。西方对我国的"制裁"正在被打破,我国同广大第三世界国家的关系进一步发展,同周边国家的关系也处于近些年来最好的时期。因此,从总体上看,我国在当今国际舞台上的回旋余地仍然很大,可以继续争取一个有利于搞好国内建设的国际环境。中央要求我们认清形势，抓住时机，发展自己，集中力量把国内工作搞上去。宣传思想战线的同志们必须坚决按照中央的这个要求行事，切实做好各项宣传工作，引导和鼓舞人民集中力量把国内的事情办好。

在国内各项工作中，经济建设仍然是中心。正如邓小平同志指出的，“我们的政治路线是把四化建设作为重点，坚持发展生产力，始终扭住这个根本环节不放松”。以经济建设为中心，符合广大人民群众的根本利益和共同愿望，是社会主义时期的主要矛盾所决定的，是党的基本路线所规定的，是实现现代化建设“三步走”的战略目标所要求的，也是进一步打开外交局面和在国际上树立社会主义中国良好形象所需要的。因此，所有关心国家前途的人，都要十分关心经济建设；所有其他工作，都要围绕经济建设这个中心，服从并服务于这个中心，而不能离开或干扰这个中心。今年是实施“八五”计划和十年规划的第二年，我们要大力宣传中央工作会议精神，推动进一步搞好国营大中型企业的工作；大力宣传十三届八中全会精神，推动农业和农村的各项工作；大力宣传科学技术是第一生产力的观点，促进经济建设转移到依靠科技进步和提高劳动者素质的轨道上来。要运用多种宣传手段，采取多种宣传形式，把一心一意发展经济的空气搞得更浓，努力为经济建设帮忙鼓劲。

加快改革开放的步伐，加大改革开放宣传的分量，是中央对我们的要求。中央所以提出这个要求，是因为治理整顿的任务已经基本完成，要解决经济生活中的一些深层次矛盾，促进经济形势继续朝好的方向发展，必须进一步解放思想，深化改革、扩大开放；是因为我国保持了安定团结的社会政治局面，具备了进一步加快改革开放的环境和条件；也是因为在东欧剧变、苏联解体之后，一些人对中国改革开放的前途产生疑虑，需要解疑释惑，坚定信心，振奋精神。宣传部门要充分认识并紧紧跟上国内经济政治形势的这一新发展，适时地把改革开放和建设有中国特色社会主义的宣传提到突出的位置上来，满腔热情，精心组织，加大分量，注重效果，用自己的实际工作促进这一新发展。改革开放的宣传不能停留在一般口号上。要通过我们的宣传，使广大干部群众对我国改革开放总方针、总政策的理解更加深刻，对改革开放的前途更加充满信心。要通过我们的宣传，传播和交流改革开放的成功经验，把先进地区、先进单位、先进人物的好思路好办法总结出来，推广开去，成为全社会的共同精神财富。要通过我们的宣传，引导人们进一步解放思想，实事求是，在理论和实践两个方面积极研究新情况，大胆探索新问题，勇于开拓进取，把九十年代的改革开放不断引向深入。

要始终重视四项基本原则的宣传和教育。我们的改革是共产党领导的社会主义制度的自我完善，是为了把我们的社会主义国家搞得更好，因而在经济建设和改革开放的过程中必须坚持正确的方向。对于西方敌对势力妄图使中国向资本主义和平演变，我们要保持高度警惕，特别是党的高级领导干部必须心中有数，不能大意，不能糊涂。反对和平演变、反对资产阶级自由化的教育，要分层次进行，做到内外有别，上下有别。对广大群众主要是进行四项基本原则的正面教育，党的基本路线的正面教育，爱国主义、集体主义和社会主义的正面教育。这些教育搞好了，坚持四项基本原则就有了更加广泛的群众基础。

《一九九二年宣传工作要点》确定的各项任务，包括城乡社会主义精神文明建设、党建理论的研究与宣传、思想政治工作、国防教育、社会科学研究、文艺和出版工作、“扫黄”、对外宣传等，都要贯彻中央的路线、方针、政策，抓住重点，逐项落实。

二、用建设有中国特色的社会主义的理论和路线统一思想

进一步统一思想，是推动今年全局工作的一个极其重要的环节。当前，广大干部群众的思想总的来说是稳定的。特别是苏联的解体，给我们提供了一个很好的反面教材，使大家更加深刻地认识到党的十一届三中全会以来的路线、方针、政策是正确的，我国社会稳定、经济发展的大好局面是来之不易的，应该十分珍惜和努力维护。同时，我们必须看到，世界上第一个社会主义国家垮得这么快，确实在广大干部群众思想上引起了一些震动。一些人为中国社会主义的前途和命运担忧，产生某些困惑，这是可以预料到的。问题是对这些困惑要引起高度重视，并进行认真研究，给以科学的解答，从而使人们有一个统一的正确的思想认识，增强建设有中国特色的社会主义的信心。

共产党夺取政权后，究竟怎样才能巩固和发展社会主义制度，这是国际共产主义运动长期研究、探索的重大问题。我们党执政后，在这个问题上下了很大力量，并取得了显著的成就，使全党认识到对马列主义、毛泽东思想的基本原理要坚信不疑，对坚持社会主义的方向要坚定不移。与此同时，在研究、探索这个问题的过程中，我们也遭受了不少挫折，付出了巨大代价。成功与失败，胜利与挫折，深刻地教育了我们，使我们终于找到了一条符合国情的正确道路，这就是十一届三中全会以来邓小平同志倡导的建设有中国特色的社会主义的理论和路线。这套理论和路线的内容十分丰富。关于“中国特色”、“初级阶段”、“根本任务”等重要理论观点，是我们党对科学社会主义认识的具有深远意义的重大突破。建设社会主义必须从本国的国情出发，走自己的路，而不能照抄书本已有的结论，照搬别

国现成的模式和经验。社会主义初级阶段是不可逾越的，必然存在许多特有的情况，只能从实际出发，按其固有的规律办事，而不能把现阶段必然出现、应该允许存在的东西简单加以排斥，也不能超越阶段，把将来才有可能办到的事情放到现在来办。社会主义的根本任务是发展生产力，在初级阶段更要扭住经济建设不放，不断壮大社会主义的物质基础，努力满足人民群众日益增长的物质文化需要。党的"一个中心，两个基本点"的基本路线，是建设有中国特色的社会主义理论和路线极其重要的组成部分。它不仅鲜明地体现了社会主义初级阶段根本任务的要求，而且为完成这一任务指明了正确途径，提供了可靠保证。要发展生产力，促进社会全面进步，就必须进行改革开放。要搞好经济建设和改革开放，就必须有一个稳定的环境，有一个正确的方向，因而也就必须始终注意坚持四项基本原则。党的基本路线是一个有机联系、不可分割的整体，不能片面理解，不能随意加减，必须全面准确地贯彻执行。建设有中国特色的社会主义的理论和路线还包括其他许多重要的理论观点、战略论断和政策思想。比如，关于科学技术是第一生产力，关于有计划的商品经济，关于先富和共富，关于两个文明建设一起抓，关于政治体制改革，以及在解决祖国统一和处理对外关系方面关于"一国两制"，关于和平与发展是当今世界的两大主题，关于"冷静观察、沉着应付"的方针，等等。这些都需要我们深入钻研，认真贯彻，并在实践中加深理解。

建设有中国特色的社会主义的理论和路线是一个完整的科学体系，是对国际共产主义运动特别是我国几十年社会主义建设正反两方面经验的正确总结，是马列主义、毛泽东思想在新的历史条件下的运用和发展，是中国人民创造历史的伟大成果，是中国共产党人特别是邓小平同志等老一辈无产阶级革命家集体智慧的结晶。十多年来，我们在这套理论、路线的指引下取得的巨大成就是举世公认的，我们这个十一亿人口的东方大国在经济、政治、文化和社会等各个方面，都发生了历史性的变化。国民经济大幅度增长，综合国力进一步增强，人民生活水平明显提高，人们精神面貌大为改观。社会主义制度的优越性得到进一步发展，马克思主义理论充满着勃勃生机。对党的十一届三中全会以来我们所取得的巨大成就，全国人民欢欣鼓舞，外国朋友惊叹不已，连一些反对我们的人也不得不承认这个现实。如果没有这些年改革开放的巨大成就，没有广大群众对我们党的衷心拥护，我们就不能顺利地平息一九八九年的政治风波，就很难顶住两年多来的外部压力。这套理论和路线是在什么情况下提出的呢？它是在"文化大革命"结束不久时酝酿和提出的。大家可以回想一下，那时我们国家是一个什么局面？经济是一个什么样子，人民生活是一个什么样子，党的组织是一个什么样子，干部队伍是一个什么样子，知识分子政策是一个什么样子，人们的精神状态是一个什么样子，我想，经历这段历史的人都不会忘记。我们就是在这样一个混乱和危急的局势下开始起步的。这十多年，还仅仅是这套理论和路线提出、形成和逐步完善的时期，是广大干部群众对这套理论和路线实践、探索和不断加深认识的过程。这十多年，贯彻、执行这套理论和路线也遇到了一些阻力和干扰，并非一帆风顺。尽管如此，我们按照这套理论和路线才干了十几年，就取得了如此巨大的成就。那么，在现有的基础上，继续按照这套理论和路线干下去，并在实践中排除干扰，不断丰富、完善、发展，干到本世纪末，干到下个世纪中期，我国将会是什么样子？可以确信，我们所面临的各项繁重任务一定能够顺利完成；我们的国家和社会一定能够保持长治久安；东欧、苏联的悲剧一定能够避免在中国重演；现代化建设"三步走"的战略目标一定能够实现。社会主义制度在中国一定能够得到巩固和发展，中国人民对人类的文明与进步事业一定能够做出新的历史性的贡献。

用建设有中国特色的社会主义的理论和路线来统一全党的思想，这是党中央的要求。中央政治局常委会在今年的工作要点中指出："邓小平同志建设有中国特色的社会主义理论和党的'一个中心，两个基本点'的基本路线，是指引我们进行社会主义现代化建设的强大思想武器，必须以此来武装全党，进一步统一思想，坚定信心，增强团结，振奋精神。"对党中央的这一重要指示，宣传思想战线的同志们要深刻领会和认真贯彻。要认真读书学习，学习马列著作、毛主席著作，学习邓小平同志和其他老一辈无产阶级革命家的著作，学习十三届四中全会以来以江泽民同志为核心的党中央的一系列重要文献。要倡导理论联系实际的马克思主义学风，在学习中要联系我们党的历史，联系国际国内形势，联系本地区、本部门和个人的工作实际，加深对建设有中国特色的社会主义的理论和路线的理解，正确认识和解决实际问题。要把宣传好这套理论和路线作为宣传思想战线的一项重要任务，通过我们卓有成效的工作，促进全党、全国人民充分认识和自觉贯彻执行这套理论和路线，推动各方面工作的健康发展，迎接党的十四大的召开。

三、继续贯彻团结、稳定、鼓劲的方针

一九八九年十一月，针对政治风波平息后的形势，我们提出以正面宣传为主的方针，强调新闻报道要"有利稳定，有利鼓劲，只能帮忙，不能添乱"。一九九〇年三月，对七届全国人大三次会议和七届全国政协三次会议的宣传报道，我们提出要贯彻"民主、求实、团结、

鼓劲”的原则。对于其他方面的宣传,我们也分别提出过一些要求,都体现了以正面宣传为主,团结、稳定、鼓劲的精神。两年多来的实践证明,团结、稳定、鼓劲的方针是正确的,反映了党的宣传工作的特点,符合党的基本路线的要求。这一时期的宣传工作,包括城乡精神文明建设,地方和军队的思想政治教育,国内国际的新闻报道等,都取得了明显成绩。特别是重大事件和重要活动的宣传报道,如建国四十周年、建党七十周年、亚运会、西藏和平解放四十周年、抗洪救灾以及东欧、苏联剧变和海湾战争的报道,都收到了比较好的社会效果,赢得了广大干部群众的好评,促进了社会的稳定和各项事业的发展。

团结、稳定、鼓劲的方针,是宣传思想工作必须长期坚持的方针。我们党是执政党,总是希望我们领导下的国家是团结稳定的,无论什么原因导致的分裂和动乱,对我们都是有害的。我们的中心任务是搞好经济建设,如果没有一个长期团结稳定的政治和社会环境,许多事情就难以办成。改革开放是搞好经济建设的必由之路,失去了团结稳定的基本条件,我们就无法从容妥善地处理改革中各种矛盾和问题,就不可能有效吸引国外的资金、技术和人才。中国人民吃过不少分裂和混乱的苦头,强烈要求保持一个长期团结稳定的局面,混乱不得人心,折腾不得人心。只有实现团结稳定,才能鼓起人民群众搞建设的劲头;只有人民群众有了搞建设的劲头,才能有助于团结稳定。我们宣传思想战线的同志在任何时候做任何工作,都要考虑到团结稳定,都要有利于团结稳定。

贯彻团结、稳定、鼓劲的方针,在当前形势下具有特殊重要的意义。东欧剧变、苏联解体之后,确有一些敌对势力在打我们的主意。在这种情况下,如果我们自己不团结、不稳定,就会使亲者痛、仇者快,给敌对势力以插手捣乱的可乘之机。当前国内形势总的说是好的,但前进中也存在一些困难和问题,如腐败问题,社会治安问题,分配不公问题,官僚主义作风问题等,都是党内外群众十分关注,需要下大力量解决的,而解决这些问题必须有一个团结稳定的局面。今年第四季度将要召开的党的第十四次全国代表大会,是一次极其重要的会议。它对于承前启后,推进邓小平同志倡导的建设有中国特色的社会主义的伟大事业,必将产生巨大而深远的影响。巩固和发展团结稳定的政治局面,创造和保持民主和谐的良好气氛,是开好这次大会的重要条件,也是宣传思想战线义不容辞的责任。我们要充分利用多种手段和形式,宣传我们党领导全国人民求解放、求富强的光辉历程,宣传十一届三中全会以来我们国家的巨大变化,宣传全国各条战线党组织的战斗堡垒作用和共产党员的先锋模范作用,进一步增强人民群众对党的领导的信心,鼓舞全党和全国人民为建设有中国特色的社会主义继续奋斗。

贯彻团结、稳定、鼓劲的方针,对宣传思想工作提出了更高的要求。宣传思想工作者要有良好的政治素质,善于运用正确的立场和观点,站在全局的高度,从政治上观察问题,实事求是地分析问题。要有艰苦扎实的工作作风,到基层去,到火热的生活中去,准确把握群众的思想脉搏,始终保持与现实的紧密联系。要不断提高业务水平,使我们的新闻报道、理论研究、文艺作品生动活泼,丰富多彩,具有更强的说服力和感染力。贯彻团结、稳定、鼓劲的方针,坚持正面宣传为主,不能简单化,不应理解为堆砌好人好事,不应搞成干巴枯燥的空洞说教,尤其不能宣传形式主义,助长形式主义。当前,大事多,新事多,难事多,需要下很大功夫,花整桩时间,踏下心来,一件一件去办。如果领导干部过多地参加剪彩、奠基、首发式、首映式、表彰颁奖等礼仪性活动,时间被严重肢解,就不可能系统研究、解决一些重大问题。目前,电视、广播、报纸中严重存在的连篇累牍地报道一般性会议和领导人一般性活动的现象,已经引起了广大干部群众的强烈不满,必须立即采取坚决措施加以制止。现在有些文章又长又没有新意,占了报纸很大篇幅,读者不爱看。这种状况也应坚决加以改变。贯彻团结、稳定、鼓劲的方针,也不是不要批评报道和舆论监督,关键是这些批评、监督要给人以力量、信心和希望,有利于团结、稳定和鼓劲。

为了贯彻好团结、稳定、鼓劲的方针,宣传思想部门本身要增强团结。我们说话办事都要从有利于团结这个大局出发,使大家的精神振奋起来,积极性调动起来,聪明才智发挥出来,真正造成一种相互理解、欢快和谐、齐心协力干事业的良好气氛。宣传思想战线的广大干部,特别是各级领导干部,要增强事业心,作风要扎实,思想要艰苦,虚功要实做。要少讲空话,多干实事,空话连野猪都骗不了,何况人呢?要解放思想,开拓进取,不为困难所吓倒,不为非议所动摇,敢于探索和解决工作中的矛盾和问题,努力开创宣传思想工作的新局面。

同志们,让我们更加紧密地团结在以江泽民同志为核心的党中央周围,以更加出色的工作成绩,迎接党的十四大的召开!

国务院副总理邹家华在安徽考察

1月25日至28日,邹家华在安徽省省长傅锡寿、副省长邵明的陪同下,先后在马鞍山、铜陵、芜湖、巢湖、合肥等地考察了一些大中型企业和重点工程,并听取了安徽省政府负责人关于经济建设情况的汇报。邹家华指出,一个省也好,一个企业也好,在发展中一定要突出自己的优势和特色，根据市场需要和自身力量的可能，扬己之长、避己之短，发展自己的强项。不能盲目地什么都想去干。这样，各地都有了有专业的、有特色的强项，地方经济就能健康发展。地方经济综合起来又会形成全国的经济体系，国家经济也就能够得到持续、稳定、协调发展。

劳动部国务院生产办国家体改委人事部全国总工会联合发出《关于深化企业劳动人事、工资分配、社会保险制度改革的意见》

党的十一届三中全会以来，随着整个经济体制改革的推进，特别是企业内部各项制度改革的深入，企业劳动人事、工资分配和社会保险制度改革取得了一定成效，对调动广大职工积极性，转换企业经营机制，提高企业经济效益起到了积极作用。但从整体看，企业内部"铁交椅"、"铁饭碗"和"铁工资"的弊端没有完全破除，影响了职工主人翁责任感和积极性的充分发挥。深化企业劳动人事、工资分配和社会保险制度改革，在企业内部真正形成"干部能上能下、职工能进能出、工资能升能降"的机制，成为当前转换企业经营机制的重要任务。根据中央工作会议关于搞好国营大中型企业的要求，现对深化企业劳动人事、工资分配和社会保险制度改革提出如下意见：

一、认真按照国务院《关于停止对企业进行不必要的检查评比和不干预企业内部机构设置的通知》（国发[1991]65号）精神，对近几年制订的各种涉及企业的法规、政策进行一次全面检查，凡不符合《企业法》及国家有关搞好企业规定内容，应予修订或废止。已明确放给企业的权利，由于具体政策不落实或客观条件不具备而无法实施的，要通过加强政府部门的协调和服务抓紧创造条件，采取措施落实。根据政企分开和"两权"适当分离的原则，企业有权根据生产、工作的实际需要确定机构设置和人员配备，各有关部门不得向企业硬性规定机构设置和人员配备的比例。要采取切实有效的措施，坚决制止不必要的检查、评比、达标、升级、鉴定、考试等活动，使企业专心致志地抓好生产经营。

二、切实加强企业内部经济责任制，建立健全各项规章制度。企业要把承包合同规定的各项指标层层落实到车间、科室、班组和个人，要做到职权清楚，责任落实，考核严格，奖惩分明。要根据国家有关法规、政策，制订和完善厂规厂纪，坚持从严治厂。对经营管理不善给国家造成损失的经营者，要追究责任。对违反厂规厂纪的职工，按相应规定严肃处理。加强企业管理，特别是质量管理和现场管理，积极调整产品结构，推动企业技术进步，切实提高企业经营管理水平。企业主管部门要制订和完善科学合理的定员定额标准和管理规范，为企业搞好管理提供依据，不断提高劳动生产率。

三、改革企业人事制度，企业管理人员和技术人员要逐步实行聘任制。上级主管部门对企业的干部管理要坚持管人与管事相统一，责任与权力相统一的原则，重点是管好企业领导干部，对其他干部主要由企业管理。要通过引入竞争机制，公开考核，聘任上岗，逐步打破干部和工人的身份界限。今后，企业原有固定干部身份的人员和统配人员都要实行聘任制，签订聘任合同，不符合聘任条件以及解聘人员要另行安排岗位或在厂内待业，工资、福利待遇均随岗位变动。从工人中选拔干部要严格按照国家有关规定实行聘用制，真正做到能上能下，在什么岗位，享受什么待遇。

四、巩固完善劳动合同制。要坚持劳动合同制的方向，建立新型的社会主义劳动关系，保障企业和职工双方合法权益。对新招工人的合同期限根据生产实际需要提倡采取定期合同、不定期合同、以完成一项任务为期限的合同等多种形式；合同内容除国家规定的必备条款外，企业可根据职工所在岗位的劳动特点设立附加条款；合同制职工的医疗保险等福利待遇依据合同期限长短来确定；简化招用手续，适应企业用人和职工合理流动的需要。安排就业人员，要尊重企业用工自主权，对不符合企业需要的人员，企业有权拒绝接收。

五、逐步推行全员劳动合同制，在搞好优化（或合理）劳动组合的基础上，逐步扩大全员劳动合同制的范围。要通过全员劳动合同制，进一步打破新招合同制职工与原有固定职工、统配人员与非统配人员的身份界限。今后，新开工企业的职工，以及从其他单位调入实行全员劳动合同制企业的职工，都要实行劳动合同制。优化（或合理）劳动组合要因地制宜，因厂制宜，不要强求一致，企业要根据实际需要做好这项经常性的基础管理工作。对企业富余人员的安排，要按照企业消化为主、社会调剂为辅的原则，主要依靠企业挖掘潜力发展生产，广开生产经营门路，组织多种经营，发展第三产业和采取其他措施妥善安排，也可以实行厂内待业、放长假等过渡办法。各有关部门要支持企业建立健全厂内待业制度和厂内劳务市场，劳动部门可从待业救济基金中划出部分转业训练费支持企业对下岗人员进行培训或安置。

六、加强工资管理，改进完善企业工资总额同经济效益挂钩办法。根据国民经济发展对企业经济效益的要求及生产经营特点，合理确定工效挂钩指标，逐步由单一指标挂钩过渡到复合指标挂钩，特别要注重国有资产保值、增值、技术进步要求和劳动生产率、资金利税率等综合经济效益指标。在审核新增工资和挂钩基数时，尽量剔除非劳动因素的影响，通过同行业企业之间的效益水平横向比较来确定和调整挂钩基数、浮动比例。要逐步扩大企业挂钩工资总额基数的范围，劳动、财政等有关部门要对企业工效挂钩以外发放的各种奖金进行清理。不合理的要取消，合理的要纳入企业挂钩工资总额基数。要加强对企业工资总额的管理，工效挂钩要体现能升能降的原则，经济效益下降时，工资也相应下降。凡是经营性亏损的企业，一律停发奖金。产品无销路或经营管理混乱而停产半停产的企业，应停发奖金或减发工资。要引导企业建立工资储备金制度，以丰补歉。企业工资总额的增长不超过经济效益的增长，职工实际收入的增长不超过劳动生产率的增长，把长远利益与当前利益结合起来。

七、落实企业内部分配自主权，贯彻按劳分配原则，克服平均主义。在国家确定的工资总额范围内，在企业自愿的基础上，逐步实行岗位技能工资制。要以岗位的劳动责任、劳动强度、劳动条件和劳动技能等要素的测评为基础，以实际劳动贡献为依据确定劳动报酬，易岗即易薪。具体分配形式和办法企业自主决定。不论实行何种分配形式，都必须与职工劳动数量、质量紧密联系起来，合理拉开不同岗位的工资分配差距，特别是拉开苦、脏、累、险岗位、高技术岗位与一般岗位的工资差距，鼓励职工在一线生产岗位劳动。要结合价格、住房和医疗制度改革，逐步调整工资收入结构，把一部分福利补贴纳入工资，强化工资分配的激励作用。

八、大力提高企业职工队伍素质。要坚持“先培训、后就业，先培训、后上岗”的原则，企业新招技术工人要经过职业培训和严格考核，把好技术工人“入口”质量关。对技工学校、职业学校及就业训练中心（班）的毕业（结业）生，逐步实行毕业（结业）证书和技术等级（岗位合格）证书双证书制度。招收技术工人要优先从取得以上“双证”的工种专业对口的人员中择优录用。要逐步建立和完善培训、考核、使用、待遇相结合的制度，有计划、分步骤地对企业在职工人进行现有技术水平考核、晋升技术等级考核和技师、高级技师考评。考核合格者发给《技术等级证书》、《技师合格证书》，作为确定工人技能工资或聘任技师的依据。同时，按照岗位规范的要求进行岗位培训，对合格者发给岗位合格证书，作为上岗的依据。要加强对企业管理人员、专业技术人员和各类技术工人，特别是关键岗位技术工人及班组长的培训，建立一支适合于现代化技术发展要求的职工队伍。

九、继续推进养老社会保险制度改革。要认真贯彻实施《国务院关于企业职工养老保险制度改革的决定》，逐步建立国家基本保险、企业补充保险和个人储蓄性保险相结合的多层次养老保险体系，抓紧制订实施管理办法；加强对积累基金的管理，对基金的收取和发放使用进行严格的审计和监督检查，任何单位和个人不得随意挪用，确保基金保值、增殖；基本养老保险所需资金按照国家、企业、个人三方共同负担的原则，由社会保险管理机构统一筹集，并随着职工工资的增长，实行个人交费制度。要提高养老保险的社会化程度，积极创造条件，尽快将以市县为单位的退休费用社会统筹过渡到以省、自治区为单位统筹，以增强养老保险基金的调剂能力，扩大养老保险覆盖面。已实行退休费用社会统筹的企业，其退休费用应逐步实行由社会保险管理机构直接发放或委托银行发放的办法。要抓紧制定集体企业职工、外商投资企业中方职工、城镇私营企业职工和个体劳动者养老保险的具体办法。工伤、医疗保险制度的改革要抓紧试点，为全面改革做好准备。

十、适当扩大待业保险范围，完善待业保险制度。要紧密结合产业结构调整和企业搞活用工的需要，完善现行待业保险制度。加强基金管理，按国家政策要求用好基金，使之尽快运转起来并建立健全审计和检查监督办法。有条件的地区可相应扩大待业保险范围，建立和完善全民企业全部职工和其他所有制企业职工的待业保险办法。对放开经营、经营机制转变好并实行全员劳动合同制的企业，少数富余人员内部消化确有困难，按当地政府规定辞退的，劳动就业服务机构要积极创造条件，提供救济保障和再就业的服务。对经各省、自治区、直辖市和各部门批准的关停企业精简人员，扩大实行待业保险。要及时发放救济金，为待业人员提供保障和服务。要加强对待业人员的转业训练和职业介绍，为其再就业创造条件。

十一、加快劳动计划体制改革，落实企业用人和工资分配自主权。国家对省、自治区、直辖市和计划单列市逐步实行按相关比例调控的弹性劳动工资计划。对实行工资总额同经济效益挂钩并进行劳动制度综合配套改革的企业，在保证劳动生产率不断提高和完成各项经济指标前提下，企业可以按照“增人不增工资、减人不减工资”的原则，经过地市以上劳动行政部门批准，根据国家现行招工政策和管理办法自主招用职工，到劳动部门备案并办理招工手续。未实行工资总额同经济效益挂钩或虽实行“工效挂钩”但未实行劳动制度综合配套改革的企业，劳动合同制职工终止、解除劳动合同和调动等原因而造成的企业缺员，在编制定员以内经劳动部门核准，允许企业根据生产需要自行补充人员。企业因职工自然减员而造成的缺员，除劳动部门按政策适当上收集中一部分指标外，也可由企业自行补充人员。

十二、加强企业民主管理，发挥职代会的作用。要发扬社会主义企业职工民主管理的优良传统，增强广大职工的主人翁责任感，充分发挥职代会在企业管理的作用，保证和维护职工的合法权益。企业重大经营决策、经济责任制总体方案、企业劳动工资、社会保险改革方案等，要经过职代会讨论审议；企业承包者的选择，凡实行上级委托或招标选聘的，须征求职代会的意见；企业领导者的晋级、奖励工资，凡由企业支付的，除按国家有关规定执行外，还要征求职代会意见。企业各级管理者要自觉接受职工群众的监督，认真听取职工群众对深化改革和加强企业管理方面的意见，积极发动群众开展合理化建议和技术革新活动。广大职工群众要以主人翁的姿态，积极参与企业生产经营，关心企业发展。

深化企业劳动人事、工资分配、社会保险制度改革，是转换企业经营机制的重要内容，各有关部门要高度重视，密切配合，使各项改革措施落到实处。企业各级党组织、管理部门和群众组织，要全心全意依靠工人阶级，做好职工的思想政治工作，引导职工积极参与、支持改革。对于改革中涌现出来的先进典型，优秀人物要及时总结和大力宣传，把企业改革不断引向深入。

国务院环境保护委员会在北京召开第 21 次会议

会议审议并原则通过《国家环境保护 10 年规划和“八五”计划纲要》。

环境保护十年规划和“八五”计划是国民经济和社会发展十年规划和“八五”计划的重要组成部分。国务委员、国务院环委会主任宋健主持会议。他在会上强调，《国家环境保护 10 年规划和“八五”计划纲要》是我国治理环境的总规划。我国在今后 10 年将进一步加强环境保护工作，力争重点城市的环境质量有所改善，自然生态恶化的趋势有所减缓。

会议原则上通过《纲要》，认为这个《纲要》的编制，坚持了经济建设与环境保护协调发展的战略思想。体现了强化环境管理和依靠科技进步作为 90 年代中国环保事业发展的两大基石。在审议《纲要》时，许多委员指出，制订环境保护对策，要把经济建设中确定的治理整顿、调整产业结构、合理利用资源、依靠技术改造发展生产等方针，作为“八五”和“九五”期间环境保护主要对策的基点，将防治污染与节能、节水、废物资源化和企业技术改造紧密结合起来，扬长避短，发展经济，保护环境。

会议还审议通过《关于我国中、低水平放射性废物处置的环境政策》、《关于 1992 年开展“人类环境宣言”20 周年纪念活动的意见》。

1 月 26 日

国家主席杨尚昆在珠海市和中山市考察

杨尚昆继考察深圳后，从 1 月 26 日至 2 月 1 日，在珠海市、中山市继续考察。

时近春节，杨尚昆在中共广东省委、省政府的负责人谢非、朱森林、郭荣昌的先后陪同下，考察了珠海市、中山市的工厂企业、开发区建设工地、新城区建设等处，向大家拜年，并详细了解经济建设和精神文明建设方面的情况。杨尚昆对珠海市在经济建设中走科技高、效益好的路子给予肯定和赞扬，希望大家在新的一年里继续努力，争取更大的成绩。

在珠海市，杨尚昆考察了江海电子股份有限公司、玻璃纤维厂、正大康地—珠海有限公司等，对这些内联企业、中外合作企业和外商独资企业的开拓创新精神和优质高效成果表示赞赏。

正大康地—珠海有限公司是一家由泰国正大集团和美国康地集团共同组成的外资企业，以生产和销售畜禽全价饲料为主。杨尚昆在参观这家公司前，在珠海会见了正大集团总裁谢国民。在参观中，杨尚昆受到正大集团永远名誉董事长谢正民的欢迎。谢正民说，正大集团在中国大陆投资兴办了包括正大康地—珠海有限公司在内的 36 家企业，为中国的四化尽了一份微薄的力量。杨尚昆感谢公司对他的欢迎。他说，几年来，正大集团在我国的经济发展中，特别是在畜禽生产中作出了很大的贡献，我国人民的菜篮子里也有正大的一份功劳，希望今后的合作继续得到发展。杨尚昆还兴致勃勃地考察了珠海的洪湾开发区和湾仔鸿景花园建设工地，对这两处以填海工程提供建设用地的项目很感兴趣。杨尚昆对珠海市的负责人世间表示，这些项目建设好了，他还要来看一看。

在中山市，杨尚昆参观了新城区建设，考察了在“质量、品种、效益年”活动中再创佳绩的威力洗衣机厂。1991 年，威力洗衣机厂被评为国家一级企业，年产销量突破 100 万台，产量、销量、经济效益、出口创汇连续几年名列全国同行业前茅，同时又被授予全国思想政治工作优秀企业称号。杨尚昆对中山威力洗衣机厂坚持“两个文明”一起抓的经验表示赞许。

杨尚昆在广东考察期间，听取了广东省委、省政府的工作汇报，对广东在改革开放中的发展变化表示十分高兴。杨尚昆说，广东等沿海开放省份，经济发展应该快一些，以带动全国其他地方。在经济发展的同时，要注意狠刹嫖娼卖淫、吸毒、赌博、封建迷信、拐卖人口等消极现象，保证社会稳定。

杨尚昆在珠海市、中山市考察期间，还会见了一些港澳著名人士。

先后陪同杨尚昆考察珠海市、中山市的还有：公安部副部长顾林昉，中共珠海市委书记、市长梁广大，中共中山市委书记谢明仁，市长汤炳权等。

国务院副总理吴学谦在人民大会堂会见以色列副总理兼外交部长戴维·利维

吴学谦首先表示非常高兴见到利维外长，对利维访华表示欢迎，对中以建交表示祝贺。利维感谢中国方面的热情款待。他说，中国是一个美丽的国家。吴学谦说，中华民族和犹太民族在很早以前就开始交往，现在中以建交后两国关系将得到发展。利维表示相信，两国建交后未来的合作会不断发展。

吴学谦向客人介绍了中国国内的情况。他说，中国坚持改革开放，努力达到的目标是在本世纪末国民生产总值比 1990 年翻一番，再经过几十年的努力达到中等发达国家的水平。为了实现这一目标，我们需要有一个和平的国际环境。我们同世界各国人民一起争取世界和平和共同发展。为此中国在全面、公正、合理地解决中东问题上持积极态度。利维也介绍了以色列国内情况。宾主还就共同关心的国际问题和地区问题交换看法。

中国驻以色列大使馆开馆

拉萨曲贡遗址出土早期青铜镞等文物

1 月 27 日

国务院总理李鹏与意大利总理朱利奥·安德烈奥蒂在罗马马达马国宾馆举行正式会谈

安德烈奥蒂介绍了意大利对当前国际形势的看法，对苏联解体后的形势发展表示忧虑。他说：意大利十分关注独联体成员国在军事方面、特别是对核武器的政策。意大利十分重视联合国的作用，对李鹏总理出席安理会首脑会议感到高兴。

李鹏说，我不久将出席联合国安理会首脑会议。中国赞成加强联合国在维护国际和平与安全中的作用。我将就建立国际新秩序等问题提出中国政府的主张。世界既不安宁也不太平，形势动荡，前景难以预料。

李鹏总理介绍了中国对苏联解体后形势的看法后说："我们已经承认苏联各共和国的独立，并同一些共和国建立了外交关系。我们愿意在和平共处五项原则的基础上，发展同前苏联各共和国的友好合作关系。中国像国际社会一样，对前苏联的核武器问题感到关注，希望这个问题能得到妥善解决。"

李鹏在谈及中国同西欧的关系时说，尽管国际形势发生了巨大的变化，但中国与西欧之间没有根本的利害冲突，双方之间存在着重要的共同利益。中国和西欧合作是世界和平与稳定的重要因素。经济上双方存在着很大的互补性。中国今后十年有宏大的经济建设计划，需要从国外进口大量的先进设备、技术和必要的原材料。去年，中国从国外进口达 638 亿美元。因此，中国与西欧经济合作的前景是十分广阔的。

关于中国国内形势，李鹏表示中国政府将坚定不移地执行邓小平同志倡导的改革开放政策。他说，"中国现在治理整顿的任务已经完成，经济情况很好，使我们有条件加快改革的步伐。在进行经济改革的同时，中国也重视政治改革，进一步加强民主和法制的建设。中国的改革是在政治稳定的形势下进行的，这也是全国人民的共同愿望。"

两位总理满意地回顾了两国关系的改善和发展，强调加强两国领导人互访和直接对话对发展关系的重要作用，表示双方将采取积极措施，推动两国的合作持续稳定地向前发展。

中国方面出席会谈的有国务委员兼外交部长钱其琛、经贸部长李岚清、国务院外事办公室主任齐怀远，外交部副部长姜恩柱、中国驻意大利大使李宝城等。

意大利方面出席会谈的有外交部长德米凯利斯、外贸部长拉坦齐奥、外交部秘书长博塔伊、意大利驻中国大使罗西等。

意大利总统弗朗切斯科·科西加在总统府会见并宴请国务院总理李鹏

国务院总理李鹏在罗马会见意大利参众两院议长

国务院总理李鹏与意大利总理朱利奥·安德烈奥蒂在罗马出席中国意大利经济和文化协议签字仪式

中意广州乙烯项目和山西文物精粹展协议签字仪式，上午在罗马马达马国宾馆举行。国务院总理李鹏与意大利总理安德烈奥蒂出席签字仪式。

广州乙烯项目是由中国技术进出口总公司会同中国石化国际事业公司和广州市共同引进的项目，成套设备由意大利菲鲁齐集团的泰克尼蒙特公司提供。设计能力年产乙烯 11.5 万吨。意方提供了 1.5 亿美元的出口信贷。此项目将在我国"八五"计划期间建成投产。

山西文物精粹展将于今年 10 月在罗马举行。展览主要由6大部分组成:去年新发掘出土的唐代大铁牛;新石器时期彩陶;从商朝到战国时期的青铜器;中国历代的瓷器精品;寺庙和石窟中的著名壁画;古代建筑模型。这次文物展将是近年来中意两国文化交流中的一次规模较大的活动。

澳门特别行政区基本法咨询委员会第六次全体会议在澳门展览中心举行

会议确认第五次全体大会纪要,听取并通过咨委会副主任何厚铧关于咨委会常委会1991年下半年的工作报告,听取并讨论咨委会秘书长廖泽云关于咨委会常委会今年上半年咨询工作的建议。

在过去半年里,澳门基本法(草案)征求意见稿在澳门进行公开咨询,并根据收集到的全部意见和建议,及时编写了澳门基本法(草案)征求意见稿的咨询意见报告书,还举办了区旗、区徽初选优秀作品展览、基本法常识问答校际比赛、基本法竞技比赛等活动。今年上半年咨委会工作的重点将是配合草委会提出的澳门基本法(草案)稿开展第二轮公开咨询。在澳门基本法(草案)稿公布以前,各个专责咨询小组将继续收集澳门居民对基本法各专题条文的意见,以期协助草委会在进一步完善澳门基本法(草案)征求意见稿的基础上,提出一份更为成熟、更切合澳门实际的澳门基本法(草案)稿,再次在澳门公开征集意见。

会议认为应吸取首轮公开咨询的经验,宣传发动要讲求实效,咨询活动要更加全面深入,同时也应该安排适当的推介活动加以配合。咨委会既要带头对澳门基本法(草案)稿进行全面的、认真的研讨,同时也要对一些尚存争议、未达共识的问题,深入咨询广大市民意见。

中共中央政治局常委乔石在广西考察

乔石于1月27日至2月3日在广西考察。

乔石在广西壮族自治区党委书记赵富林、自治区主席成克杰、副书记刘明祖和自治区党委常委林超群等陪同下,到桂西北的百色、田阳、巴马、东兰、大化、都安和凭祥等革命老区和贫困山区,代表党中央、国务院向各族群众拜年。他访问了种养专业户,与干部群众座谈,参观石山地区的砌墙保土、渠道修建等水利工程和部分工厂企业,走访贫困农户,考察边境贸易,并听取了自治区领导对经济工作的情况汇报。

乔石指出,要把经济搞上去,必须珍惜来之不易的安定团结的政治局面,维护社会的稳定。各级干部要深入群众,深入实际,进一步密切党与群众的关系。要加强党的建设,特别是各级领导班子的建设和基层建设,搞好党风,反对腐败。要动员各方面的力量,齐抓共管,搞好社会治安的综合治理,为经济建设创造一个良好的社会环境。

中共中央总书记江泽民在中南海会见由副议长汉斯·克莱因率领的德国联邦议院代表团

江泽民在谈到双边关系时说,中德两国的关系是友好的,两国人民不断进行友好往来。中国希望在和平共处五项原则的基础上平等地发展同德国的关系,加深相互了解,促进两国间的友谊。

汉斯·克莱因是第三次访华。他对见到江泽民总书记表示高兴,并就发展德中关系问题发表了自己的看法。他希望两国人民之间的合作获得进一步发展。

会见中江泽民指出,民主和自由是相对的,不是绝对的,必须与一个国家的历史传统、文化及教育水平和社会制度相适应。

江泽民介绍了中国共产党领导的多党合作制度和人民代表大会制度。江泽民说,中国将继续加强民主和法制建设。

江泽民说,中国是一个有11亿多人口的大国。新中国建立后、特别是1978年以来,经济取得了很大发展,现在基本解决了11亿多人口的温饱问题。他说,中国政治稳定、社会安定不仅有利于本国经济的发展,而且也有利于亚洲乃至世界的稳定与发展。

全国人大常委会副委员长廖汉生参加会见。

国务院总理李鹏致电祝贺东盟第四次首脑会议召开

贺电说,值此东南亚国家联盟第4次首脑会议召开之际,我谨代表中国政府并以我本人名义向会议表示热烈的祝贺。

贺电说,东南亚国家联盟成立20多年来,在促进区域经济合作,社会进步和文化发展等方面取得了令人瞩目的成就。特别是近10多年来,东南亚国家联盟为柬埔寨问题全面、公正、合理的政治解决,维护本地区的和平与稳定,作出了不懈的努力;东南亚国家的经济迅速发展,成为世界经济发展最具活力的地区之一,赢得了国际社会的普遍赞誉和尊重。我们为东盟所取得的成就感到高兴,衷心祝愿东盟作为地区性政治经济组织,在国际和地区事务中发挥愈益重要的作用。

贺电说,中国与东盟国家是友好近邻,中国人民与东盟各国人民之间有着深厚的传统友谊。近年来,中国与东盟国家的友好合作关系取得了长足的进展。中国政府真诚希望进一步发展同东盟各国及东南亚国家联盟的合作,为维护本地区的和平与稳定、促进经济的共同发展而努力。

对外经贸部部长李岚清在罗马同意大利外贸部长拉坦齐奥举行会谈

李岚清在会谈中强调，这次李鹏总理对意大利的访问意义重大，它不仅表明中意双边关系的发展，而且将进一步加强双方经贸合作关系。去年，中意两国贸易额在中国对西欧的贸易总额中从占第四位上升到了第二位。去年十一月在北京举行的首次中意部长级经济合作混合委员会所确定的合作计划正在落实，它将有助于两国贸易的正常发展。他希望有更多意大利企业到中国投资。

拉坦齐奥表示，意大利希望在中国“八五”计划期间增加同中国的合作。

外交部副部长刘华秋就国务院总理李鹏出席联合国首脑会议向记者发表谈话

刘华秋说，李鹏总理出席这次首脑会议，表明中国政府重视联合国发挥的积极作用，中国将为这次会议的成功，为维护世界和平与安全，为人类的进步事业作出努力。

刘华秋说，联合国安理会将于 1 月 31 日在纽约召开成员国首脑会议，这是本月安理会主席国英国梅杰首相提议召开的。会议主题是“安理会维护国际和平与安全的责任”。李鹏总理将出席这次会议，并将与安理会各成员国领导人就当前国际形势和共同关心的问题、联合国所面临的挑战等进行讨论。

刘华秋说，在联合国的历史上，这是安理会第一次召开首脑会议来讨论国际形势中的实质问题。当前国际形势发生了重大而深刻的变化，两极体制业已终结，世界正在向多极化格局发展。世界要和平，国家要稳定，经济要发展，这是世界人民的共同愿望。但和平与发展问题仍未得到解决，霸权主义和强权政治依然存在，世界局势动荡的因素增加。原有的矛盾还没有解决，新的矛盾又应运而生。在某些地区，新的冲突又在激化，南北矛盾更加突出，世界还很不太平。

刘华秋说，在这样的国际形势下，安理会召开首脑会议，各国领导进行直接接触和对话，就国际形势的重大问题交换意见，对于稳定国际形势、推动世界朝着有利于和平与发展的方向发展，是十分必要的，具有重要意义。

刘华秋说，我们高兴地看到，近几年来，联合国在国际事务中的作用明显增强，联合国在解决纳米比亚独立、柬埔寨等地区冲突问题及人类面临的共同问题上作出了积极的努力，取得了值得称道的成绩。人们对联合国寄予更大的期望，希望联合国为建立公正合理的国际政治和经济新秩序，在宪章的宗旨和原则指导下，为维护国际和平和安全，发挥更加积极的作用，作出更大的贡献。联合国成员国中，绝大多数是发展中国家，其人口占世界总人口的五分之四，人们有理由期待联合国在维护发展中国家的权益方面有更大的作为。我们期待并且相信这次安理会首脑会议能够对联合国今后在国际事务中的作用产生积极的影响。

刘华秋最后指出，中国作为发展中的社会主义国家和安理会常任理事国，一贯奉行独立自主的和平外交政策，致力于世界的和平与发展事业，支持一切有利于和平与发展的努力。李鹏总理出席安理会首脑会议，表明中国政府重视联合国发挥的积极作用，中国将为会议的成功，为维护世界和平与安全，为人类的进步事业作出努力。

外交部部长钱其琛在罗马与意大利外交部长德米凯利斯举行会谈

德米凯利斯说：“我们十分重视李鹏总理对意大利的访问。这次访问标志着意中两国关系完全正常化，而且预示着两国关系的进一步发展。”

钱其琛说：“李鹏总理对意大利访问时间虽短，但意义重大。国际形势发生了深刻的变化。在这种形势下，我们两国就国际问题加强磋商，对双方都是重要的，而且有利于世界的和平与稳定。”

两国外长就双边关系和共同关心的国际问题交换了意见。

德米凯利斯说：“中国经济在 1991 年取得了引人瞩目的进展，给意大利方面留下了深刻的印象。意大利高兴地看到，今年以来，中国的经济改革在深化。意大利经济界对发展意中经贸关系和去中国投资的兴趣增长。为此，意中两国领导人要加强来往。意政府对两国经贸合作持积极支持的态度。”

钱其琛说：“我们很高兴地看到意大利已成为中国在西欧的第二大贸易伙伴。这说明两国经济很有活力，发展的势头不错。中国政府对两国经贸合作的发展同样持积极支持的态度。”钱其琛还表示赞成增加在银行、经济领域里的接触。

两国外长还讨论了前苏联、南斯拉夫、柬埔寨和朝鲜半岛等地区的形势。钱其琛应对方的要求介绍了中国出席安理会首脑会议的考虑和对国际形势的看法。

双方认为，两国的许多看法是相同的或相似的。德米凯利斯表示赞成加强联合国的作用。

国务委员宋健在人民大会堂会见意大利知识产权代表团

宋健在会见时对意大利第一个来中国访问的知识产权代表团表示欢迎。他说，意大利知识产权制度历史悠久，世界上第一部专利法就起源于 1474 年的意大利威尼斯。中意两国在科技、经济、外交等方面,一直有着良好的合作关系。

宋健说,自改革开放以来,我国政府高度重视知识产权的立法和各项知识产权法律的实施,相继颁布和施行了商标法、专利法、著作权法和计算机软件保护条例,这标志着我国知识产权制度已基本建立起来。目前,我国修改专利法和商标法的工作正在抓紧进行,并将于1993年对化学产品、药品实行专利保护。这表明我国对完善知识产权制度的态度是严肃认真和积极的。

宋健希望中意两国知识产权部门进一步加强合作和交往,也愿意加强与世界各国知识产权部门的合作。

国防部外事局晚上在北京举行新春联欢会邀请各国驻中国武官共庆中国传统春节

解放军总政治部举办民族歌剧《党的女儿》专场演出

解放军总政治部晚上在中国剧院举行迎新春文艺晚会,专场演出民族歌剧《党的女儿》。江泽民、宋平、李瑞环等党和国家领导人同驻京陆、海、空指战员一起观看演出。

江泽民等领导看完演出后登台会见演员。江泽民即席讲话说,歌剧《党的女儿》给我们上了一次生动的党课。我们的党,我们的人民军队只要始终密切联系群众,就永远不可战胜。中华人民共和国从成立那天起,中国人民就站起来了。中国人民备受一切列强欺侮的时代一去不复返了。千言万语,归根结底,我们要一心一意,抓住当前的时机,把我们的经济建设搞上去,把我们的党建设好。我们可以告慰几千万长眠在地下为革命牺牲的烈士,我们正在遵循"一个中心、两个基本点"的路线,沿着有中国特色的社会主义道路奋勇前进!

1月28日

中共中央总书记江泽民邀请宗教团体领导人到中南海座谈

江泽民邀请14位宗教团体领导人,就如何更好地在政治上团结合作、信仰上互相尊重的基础上,进一步团结广大信教群众积极投身于社会主义建设,交换意见,坦诚谈心。

丁关根、陈俊生、罗干出席座谈会。

应邀参加座谈的有:中国佛教协会会长赵朴初、副会长帕巴拉·格列朗杰、刀述仁,中国基督教三自爱国运动委员会主席、中国基督教协会会长丁光训,副主席罗冠宗、副会长沈以藩,中国天主教爱国会主席、主教团代团长宗怀德,副主席、副团长、北京教区主教傅铁山,上海教区主教金鲁贤,中国道教协会会长黎遇航、副会长傅元天,中国伊斯兰协会会长沈遐熙、副会长安士伟、阿不都拉大毛拉。

赵朴初、丁光训、沈遐熙、宗怀德、黎遇航、金鲁贤、阿不都拉大毛拉、刀述仁、傅元天在座谈会上畅谈祖国的大好形势,对一年来我国沿着有中国特色的社会主义道路继续前进并取得的重大成就,社会稳定,经济发展,人民安居乐业,祖国蒸蒸日上的情景表示由衷的高兴,对党和政府贯彻执行宗教信仰自由政策表示满意。同时,他们就如何进一步做好宗教工作提出了一些很有益的意见和建议。他们表示要同全国各族人民一道,在中国共产党的领导下,同呼吸,共命运,心连心,团结奋斗,共同建设社会主义现代化大业。

江泽民认真听取大家的意见后说,过去的一年,在极其复杂的国际环境和国内部分地区遭受特大自然灾害的情况下,我们始终坚持"一个中心、两个基本点"的基本路线,有计划有步骤地展开一系列工作,各项工作都取得了明显的成效。宗教方面的形势总的来说也是好的,是稳定的。

江泽民说,尊重和保护宗教信仰自由,是党和政府对待宗教问题的一项长期的基本政策,这是不会改变的。对宗教团体和寺观教堂的合法权益,对宗教教职人员履行正常的教务活动,对信教群众正常的宗教活动,政府要依法保护。有的地方做得好的,应当继续做得更好;做得不够的,要认真改正。要全面理解和执行宗教信仰自由政策,每个公民有信仰宗教的自由,也有不信仰宗教的自由。我们要向人民群众特别是青少年进行科学世界观的教育,进行有关自然现象、社会进化和人的生老病死、吉凶祸福的科学文化知识的宣传,开展丰富多彩的文化体育活动。

江泽民指出,依法加强对宗教事务的管理,决不是意味着要改变宗教信仰自由的政策,而是为了保护宗教活动健康地正常地进行。抵制境外敌对势力利用宗教进行的渗透活动。要力戒理解上的片面性,做法上的简单化。要依靠爱国宗教界人士和信教群众,按照"三自"爱国原则,加强自身建设,办好教会。

江泽民说,90年代是我国社会主义现代化建设的关键时期,十年规划和"八五"计划纲要,为实现我国经济和社会发展的第二步战略目标,绘制了壮丽的蓝图。实现这个战略目标,是全国各族人民的根本利益,也是全国宗教界和各民族信教群众最根本的利益。今年是实施"八五"计划的第二年,要继续抓好发展经济、加强党的建设和维护社会稳定三件大事。江泽民最后衷心希望宗教界的领导人和爱国宗教人士,在新的一年里高举爱国主义、社会主义旗帜，团结广大信教群众，积极投身于社会主义现代化建设事业，为维护祖国统一，增进民族团结，促进经济发展，维护社会稳定作出新的贡献。

首都举行老同志迎春茶话会

茶话会由中共中央顾问委员会、中共中央组织部、解放军总政治部、北京市委受中共中央委托联合举行。出席茶话会的，有在京的中顾委委员和已退出中顾委的老委员，有离退休的副部长、副兵团级以上的老干部，有已故老领导的亲属，有中央党政军各部门和北京市的负责人，有各民主党派的负责人和无党派人士，还有老工人、老农民、老知识分子的代表，共两千多人。中共中央常委宋平在迎春茶话会上讲话。

茶话会由中共中央顾问委员会副主任薄一波主持，他代表中顾委，代表陈云主任，宋任穷副主任，向与会老同志和各条战线上已离休的所有老同志拜年！恭祝大家春节愉快，身体健康！衷心祝愿大家在新的一年里，颐养天年，健康长寿！

在茶话会上，解放军总政歌舞团和北京军区战友歌舞团、战友京剧团的文艺工作者为老同志表演了精彩的文艺节目。

出席茶话会的领导人有：李铁映、李锡铭、宋任穷、杨白冰、王平、王首道、李德生、杨得志、萧克、余秋里、张劲夫、陈丕显、陈锡联、段君毅、黄华、严济慈、孙起孟、雷洁琼、陈希同、王光英、屈武、钱伟长、程思远。

中共中央政治局常委宋平在首都老同志迎春茶话会上发表讲话

同志们：

今天，中央顾问委员会、中央组织部、解放军总政治部和北京市委在这里举行老同志迎春茶话会，大家欢聚一堂，共贺新春。我代表党中央，向在座各位同志，并通过大家向全国各条战线离休退休的老同志，以及全国各族老工人、老农民、老战士、老知识分子，致以亲切的慰问和崇高的敬意！

过去的一年，是我们沿着有中国特色的社会主义道路继续前进并取得重大成就的一年。一年来，在以江泽民同志为核心的党中央领导下，我们面对复杂的国际形势，坚持走自己的路，各方面的工作都取得了很大成就。治理整顿的任务基本完成，国民经济有了新的发展；我们战胜了严重的自然灾害，夺得了农业丰收；党的建设不断加强；社会政治稳定，人民安居乐业；对外关系有了突破性进展。这些成就的取得，是全党、全军和全国各族人民共同团结奋斗的结果，也凝聚着各条战线老同志的智慧和心血。实践证明，十一届三中全会以来我们党的路线、方针、政策是完全正确和深得民心的，我们党是坚强的、成熟的、有战斗力的。

今年，是我国实施“八五”计划的第二年。中央提出，要坚定不移地全面贯彻党的基本路线，继续抓好发展经济、加强党的建设和维护社会稳定三件大事。

我们要牢牢抓住经济建设这个中心，加快改革开放的步伐，进一步解放思想，实事求是，转变作风，扎实工作，促进国民经济持续稳定协调发展。要大力依靠科技进步，把经济工作的重点放到调整结构和提高效益上来，特别要搞好国营大中型企业。稳定和完善党在农村的各项基本政策，继续深化农村改革，促进农村经济全面发展。同时，大力加强社会主义精神文明建设，进行坚持四项基本原则的教育，从严治党，全面加强党的建设，发展安定团结的政治局面。只要我们坚决全面地贯彻执行党的基本路线，坚持依靠广大人民群众，就能克服各种困难，经受住执政、改革开放和反和平演变的考验，立于不败之地。

回顾过去，展望未来，我们对祖国的前途充满信心。党中央衷心希望广大老同志能够在新的一年中发挥更大的作用。现在全国离休退休干部有600多万，这是一支很大的力量。当前，我们党面临着许多新情况、新问题，迫切需要以马克思主义为指导，从理论和实践的结合上进行深入探讨，作出科学的回答。这是全党的一项重要任务，也是老同志一项义不容辞的光荣任务。老同志具有高度的革命事业心和责任感，有丰富的工作经验，许多同志还有较深厚的马克思主义理论功底。大家从第一线上退下来，又有比较宽裕的时间。通过适当的形式，把老同志组织起来，系统学习马列主义、毛泽东思想和邓小平同志关于建设有中国特色社会主义的理论，学习时事政治，学习党的方针政策，边学习，边探讨一些问题，为党的事业出谋献策，这对于充分发挥老干部在政治上和思想上的优势，推进我国的社会主义现代化建设和改革开放，加强党的建设，都是大有裨益的。我们希望所有的老同志都要努力做到周恩来同志所讲的，活到老，学到老，改造到老，更好地发挥自己的作用。

当前，我们的干部队伍正处在新老交替的过程之中，加强对青年干部的培养教育非常重要和紧迫。老同志要以对党的事业和国家前途的高度责任感，做好关心和培养青年一代的工作。老同志了解国情，了解中国革命斗争的历史，社会主义和共产主义的信念坚定，经历丰富。希望老同志发挥自己的优势，在各级党委的领导下，为培养造就社会主义事业的接班人，作出更多更大的贡献。各级党委和政府，各有关部门，要十分珍视老同志的作用，关心他们的生活，积极创造条件，使老同志的优势得以充分发挥。

同志们，今年第四季度，我们党将要召开第十四次全国代表大会。党的十四大是我国社会主义现代化进程中具有重大意义的会议。努力把十四大开成一个团结的大会，胜利的大会，对于承前启后，继往开来，推进建设有中国特色的社会主义，必将产生巨大和深远的影响。让我们加倍努力，以各项工作的优异成绩，迎接党的十四大的召开，进一步开创社会主义现代化建设的新局面！

最后，祝大家春节愉快，健康长寿！

国务院总理李鹏在下榻的宾馆先后会见意大利天民党政治书记阿纳尔多·福拉尼和社会党书记贝蒂诺·克拉克西

国务院总理李鹏在罗马大饭店会见意大利17家新闻单位的主编和记者

记者：中国和欧洲共同体关系发展的前景如何？

李鹏：中国实行邓小平同志倡导的改革开放政策已经12年了。这12年成绩很大。改革开放使我国的面貌发生了巨大变化，国力增强，人民生活改善。最近3年来的治理整顿取得了成效，现在我国的政治和经济形势都很好，我们将加快改革开放的步伐。西欧有雄厚的经济实力，科学技术也很发达，西欧人民同中国人民有着传统的友谊。中国愿意扩大同欧共体各国之间的合作，当然包括同意大利的合作。我们有理由相信，中国同意大利、中国与欧共体发展关系的前景是十分广阔的。

记者：世界正在寻求建立新的秩序，中国对此有何看法？

李鹏：建立国际新秩序是大家都关心的问题。我认为最主要的是确立一个共同的目标，即新秩序应当有利于和平与发展。和平与发展是当代的两大主题，事实上这两大问题远远没有解决。因此，和平共处五项原则和其他有类似内容的原则应当成为建立新秩序的基础。这些原则的核心是不干涉内政，尊重各国人民决定自己命运的权利。国家不分大小、贫富和强弱，不论是实行什么社会制度，接受什么意识形态，都是国际社会平等的成员，都应有权对建立新秩序作出贡献。

记者：去年7月，意亚协会为加强意中关系曾举行了一次报告会。那次报告会意大利总理也参加了。我们今年准备在北京举行第二次报告会。你对此有何看法？

李鹏：中国政府支持一切旨在增进中意两国人民的友谊、促进两国友好合作关系发展的活动。

记者：据我们了解，中国经济的一大半盈利来自私营企业，而国营企业有1/3是亏损的。国营企业是社会主义国家的支柱，你们是怎么看待这些国营企业的？

李鹏：你掌握的材料是不确切的。目前中国的国营经济在工业总产值中所占比例大约为55%。向国家上缴的利税大约占70%。所以，它对国家和人民的贡献远远大于私营企业。在这里，我没有贬低私营企业作用的意思，因为在我们有中国特色的社会主义制度下，私营企业是公有制经济的一种有益补充。

今天上午，我会见了意大利最大的国营企业——伊利集团的董事长，同时在座的有中国最大的国营企业之一——中国石油化工总公司的总经理。伊利每年营业额为400亿美元，石化公司每年营业额为250亿美元。我同时问他们："你们的企业办得怎么样？"他们都回答："办得很好。"当然，中国也有一些国营企业办得不理想，有亏损，原因是多方面的。一方面是负担过重，国家向它们征税多；另一方面也有机制问题。所以我们今后改革的重点是转换这些国营企业的机制，使它们能够真正独立自主、自负盈亏地去经营，而且面向市场。把竞争的机制引入这些企业，让它们的产品接受市场的检验。

记者：随着苏联的消失，中国成了最大的社会主义国家，中国有无"孤立"感？苏联解体对中国有无影响？

李鹏：我们没有"孤立"的感觉。你看我们这次访问意大利，就遇到了很多很多的朋友。苏联解体对中国的影响，不能说一点也没有，但影响不大。虽然两国都搞社会主义，但执行的政策不一样。苏联在相当长一段时间内搞军备竞赛，中国却是以经济建设为中心。中国改革开放10多年，经济发展了，人民得到了实惠。中国的改革是在政治稳定的情况下进行的。不知这位记者是否到过北京和莫斯科。只要对比一下，看看商店的情况就会得出结论。中国人民很自豪，而且对建设有中国特色的社会主义具有充分的信心。

记者：你们将如何进行政治改革？

李鹏：中国的政治改革和经济改革是同步进行的。我们讲的政治改革首先要充分发挥各级人民代表大会的作用。中国全国人民代表大会是最高权力机构，政府要定期地向人代会报告工作。人代会对政府工作进行监督。

其次是发挥中国共产党领导的多党合作和政治协商的作用。中国有8个民主党派，它们是参政党，不是反对党。长期以来，它们同中国共产党建立了密切的合作关系，今后要继续发挥它们的作用。

第三点是要调动广大人民群众的积极性，对政府进行监督、帮助和支持。我们要进一步加强民主和法制建设，中国的民主是适合中国国情的广泛的民主。

记者：听说在亚洲要建立地区经济集团，美国对此表示担心，你对此有何看法？中国同亚太国家的经济关系如何？

李鹏：亚洲没有像欧洲共同体那样的地区经济集团，但有亚太经济合作会议。不久前马来西亚总理马哈蒂尔·穆罕默德倡议建立东亚经济集团。中国地处亚太地区，理所当然要同周边国家发展经济合作，这种合作不是排他性的。中国同日本的贸易额在1991年达224亿美元，日本是中国第一大贸易伙伴。中国同意大利的贸易额在去年达23亿美元，在欧共体范围内意大利成了中国的第二大贸易伙伴，仅次于德国。中国今后10年有很多建设项目。昨天中国同意大利签订了价值1.5亿美元的乙烯项目的合同。如果今后再多签几个合同，中意贸易额还会进一步上升。去年中国进口总额达638亿美元，5年内中国将进口3000多亿美元的先进技术、设备和必要的原材料。由此可见，中国是一个大的市场。只要意大利产品具有竞争力，在平等互利的基础上，中意经贸关系必定会发展到一个新的水平。

中共中央联络部部长朱良率领中国共产党代表团在路易港同毛里求斯执政党战斗运动(简称战斗党)领导人举行工作会谈

双方就国际形势和两党关系交换意见。战斗党领导人、政府副总理帕拉姆汉萨·纳巴布辛格和总书记、政府外长保罗·贝朗热等出席会谈。

关于国际形势，战斗党认为，国际形势发生重大变化，世界进入一个既有希望、又充满危险的新时期。应当进一步加强不结盟运动的力量，同时对联合国进行必要的改革，以使不结盟运动在国际事务中发挥更大的作用。

朱良介绍了中国的政治和经济形势。他说，当今世界是多极化和多样化，因而不能把一种社会制度、一种发展模式和一种价值观念强加给所有国家。他主张在和平共处五项原则基础上建立公正合理的国际新秩序。

中共代表团27日还同毛里求斯社会主义战斗运动(简称社战党)领导人举行会谈，双方希望进一步加强两党之间的关系和交往。

1月29日

国务院总理李鹏与瑞士联邦主席勒内·费尔贝在伯尔尼举行会谈

费尔贝说，“阁下到瑞士和其他西欧国家进行访问并出席安理会首脑会议，表明中国政府愿意同西方各国进行对话。瑞士是一个小国，早在1950年就同贵国建立了外交关系，两国关系的发展一直是平稳的。瑞士愿意进一步发展同贵国的关系。”

李鹏说，“中国和瑞士尽管社会制度、意识形态不同，但这并不妨碍两国进行对话和合作。中瑞双方没有根本的利害冲突，双方之间的共同点是主要的，我们应当求同存异，在互相尊重和平等互利的基础上进行合作。”他说，中瑞建交以来，两国在各个领域的交往与合作不断扩大，他表示对此感到高兴。李鹏总理强调，“中国政府重视同瑞士发展友好合作关系，进一步推动两国友好合作关系的发展是我这次访问贵国的目的。”

两位领导人还就国际形势交换了意见。费尔贝主席对苏联解体后可能出现难民西流的浪潮，特别是核武器处置问题表示关切。李鹏总理向主人介绍了中国对当前国际形势的看法，指出中国和西欧都关心世界形势发生的急剧变化，推动形势朝着和平与稳定的方向发展是双方的共同利益所在。费尔贝主席还高度评价中国决定加入核不扩散条约，认为这是一个很好的消息。

出席会谈的瑞士联邦经济部长德拉姆拉告诉李总理，瑞士经济界对发展两国经贸关系兴趣很大，他打算今年7月率领一个由联邦议员和企业界有影响人士组成的高级经济代表团访华，以推动两国经贸关系的发展。

国务院总理李鹏前往伯尔尼瑞士联邦议会大厦会见瑞士国民院议长汉斯—鲁道尔夫·内比克尔和联邦院议长约西·迈埃尔女士

中纪委副书记陈作霖在中央及国家机关纪检组长(纪委书记)座谈会上讲话

中央纪委副书记陈作霖在中央、国家机关纪检组长(纪委书记)座谈会上的讲话中指出，过去的一年里，全国各级纪检机关和广大纪检干部，认真贯彻党中央、国务院的一系列指示精神，紧紧围绕经济建设和改革开放，坚持不懈地抓党纪党风和廉政建设，坚决查处党内违纪案件，纠正不正之风。这些工作，严肃了党的纪律，惩治了腐败现象，维护了党的声威，受到了广大人民群众的好评和欢迎。

据了解，去年全国除西藏外，各级纪检机关协助党和政府清退党政干部多占的公房8.1万套，罚款约3.8亿元，处分违纪者约3.4万人。不正之风得到了初步遏制，社会主义的行业作风和职业道德观念有了明显的增强。在纠风中，各级纪检机关还协助政府部门制止“三乱”问题。据20多个省、自治区、市的初步统计，共清理“三乱”项目5万来个，已取消2万多个，减轻企业和群众负担几十亿元。全国各级纪检机关共查处党员违纪案件20多万件，处分党员17万人，其中开除党籍39111人。同时，重点查处了涉及党员领导干部的大要案，共处分县团级以上干部3481人。

陈作霖说，今年纪检工作的主要任务是：坚定不移地为党的基本路线服务，保证“八五”计划和十年规划的顺利实施；进一步加强党风和廉政建设，深入开展反腐败斗争，防止和平演变；坚持从严治党的方针，认真查处党内违纪案件；深化党风党纪教育，建立健全拒腐防变的制度；履行监督职能，积极开展党内监督工作；进一步搞好纪检机关的自身建设。

中央、国家机关纪检组长（纪委书记）座谈会由中央纪委主持召开。

全国政协举行春节茶话会慰问已故党外全国政协委员和知名人士的夫人

中共中央文献研究室编辑的《十三大以来重要文献选编》上、中册由人民出版社出版

国务院总理李鹏在瑞士美景饭店会见瑞士ABB公司董事长洛伊特维勒和雀巢公司董事长赫尔穆特·奥斯瓦尔德·毛切尔

这两家公司在中国均有合作项目。两位董事长向李鹏介绍了他们在中国项目的情况。

李鹏表示，中国愿意在平等互利的基础上发展与这两个公司的合作关系。他说，中国现代化建设的需求是巨大的，发展能源、建设电站是我们十年规划的重点之一。同时，随着人民生活水平的提高，人们对食品也有更多的要求。他说，“欢迎你们到中国投资。”

两位董事长对中国这个巨大的市场表现出浓厚的兴趣，希望有更多的机会到中国去投资。他们还向李鹏介绍进一步投资的具体想法。

李鹏说，“中国的市场确实巨大，但竞争也是激烈的，希望你们的公司表现出更大的竞争力。”

外交部发言人就拉脱维亚共和国违背中拉两国建交公报行为发表谈话

拉脱维亚共和国与台湾当局签署所谓“建立领事关系的联合声明”。此外，拉方最近还与台进行了一系列官方接触。对此，外交部发言人受权发表谈话如下：

众所周知，中华人民共和国政府是代表全中国的唯一合法政府，台湾是中国领土不可分割的一部分。我们坚决反对已与我建交的国家与台湾建立和发展任何形式的官方关系和进行官方往来。拉脱维亚方面在台湾问题上的一系列做法违背了自己在中拉两国建交公报中所作的明确承诺，严重损害了中拉关系和两国人民的友谊。中国方面对此提出强烈抗议。

台湾当局不顾民族大义，利用经贸手段，顽固推行所谓“弹性外交”，处心积虑地制造所谓“双重承认”，其实质是制造“两个中国”、“一中一台”。这同台湾当局所表示的“只有一个中国”的立场是背道而驰的。

中国政府重申，坚决反对任何旨在制造“两个中国”、“一中一台”、“一国两府”或“双重承认”的图谋和行径。中国的这一立场不会改变。

我们希望拉脱维亚方面从维护两国关系和两国人民友谊的大局出发，改变自己在台湾问题上的错误做法，使中拉两国关系得到正常发展。

1月30日

中共中央总书记江泽民在人民大会堂会见长期在中国工作的外国老专家

清理固定资产投资项目任务基本完成

经过3年多时间的上下努力，全国全面清理固定资产投资项目，在摸清在建项目总规模底数的基础上，停缓建了一大批建设项目，投资规模调整到位，投资结构得到改善，任务基本完成。

国务院清理固定资产投资项目领导小组办公室负责人日前透露，截至1989年2月末，全国5万元以上的投资项目共计21万多个，总投资11700多亿元。如要全部建成，尚需投资5200多亿元，显然大大超过了国家财力物力承受度。

在国务院领导同志亲自领导下，各部门、各地方真抓实干，停缓建一批项目，又严格控制新开工项目，扭转了投资规模多年连续膨胀的局面。据1989年统计，全国停缓建项目1.8万多个，可压缩投资647亿元；1989年新开工项目4.1万个，比上年减少47%，计划总投资比上年下降41%。1982年至1988年，全社会固定资产投资规模平均每年增长24.7%；而1989年比上年减少了500亿元，压缩11%，这是80年代首次出现负增长，投资规模调整到位。

按照国家产业政策，在停缓建一大批生产能力有富余、经济效益差的加工工业以及楼堂馆所等非生产性项目的同时，对基础产业、行业投资实行适当倾斜，使投资结构得到有效改善。1990年农业、能源、交通邮电的投资比重，分别由1989年的3.3%、28.8%、10.7%上升到4.1%、32%、15.9%。全民所有制生产性项目投资比重，也由1988年的73.5%上升到1990年的78%；1991年虽然略有下降，但仍比1988年高出

2.7个百分点。

国务院总理李鹏应世界经济论坛主席克劳斯·施瓦布的邀请出席在达沃斯举行的年会

当地时间下午6时会议开始，施瓦布致词。李鹏总理第一个发表题为《九十年代的中国经济》的讲话。

出席这届年会的有来自86个国家和地区的两千多名政治家、政府官员、企业家和各界知名人士，包括33位国家元首和政府首脑。在为期6天的会议中与会者共同探讨当今世界的政治经济形势发展的新特点。

国务院总理李鹏在世界经济论坛年会上发表题为《九十年代的中国经济》的讲话

今天，我有机会应施瓦布主席先生的邀请来参加世界经济论坛1992年年会，同许多国家的政治家、企业家、学者一起，共同展望90年代的世界经济形势，感到十分高兴。请允许我向年会主席和到会的各位女士、先生致意！向东道国瑞士联邦的政府和人民致意！

刚才，主席先生说明这次会议的主题时，特别谈到全球合作，我很赞赏这个主题。55亿人共同生活在这个地球上，尽管各自国家的文化传统、意识形态、社会制度和经济发展差异很大，但只有合作才是最明智的选择，要合作就要相互了解。借此机会，我想对中国今天和未来的经济发展趋势作些简要介绍，希望有助于大家对中国的了解。

各位可能有个共同的感觉，就是当今的世界并不安宁。刚刚过去的一年，局势动荡尤其剧烈，继海湾战争之后，苏联的解体，成为人们普遍关注的焦点，它对中国当然也是有影响的。但是，这种影响并不像有些人估计的那样大，根本的原因是中苏两国各方面的情况不同，实行的方针政策也不同，不少有识之士已经看到了这一点。目前，世界正处在新旧格局交替时期，向多极化发展的趋势在加速。面对国际风云变幻，世界究竟向何处去，已成为全球共同关心的问题。

我们认为，和平与发展依然是当今世界的两大主题。经过世界人民的共同努力，世界出现了一些缓和的迹象，但国际形势的动荡和地区冲突的不断出现，又表明了世界和平尚未得到根本保障。中国一贯主张并致力于维护世界和平，愿意在和平共处五项原则的基础上，努力同世界上一切国家保持和发展友好合作关系。

人们已经注意到，亚洲形势相对稳定，亚洲经济的增长高于世界平均增长速度，东亚地区的发展更快一些。这个地区的国民生产总值在世界总产值中所占的比重，10年前不到1/6，现已上升到1/4，经济活力是显而易见的。

中国是世界上人口最多的发展中国家。从这一基本国情出发，中国在80年代初确定了现代化建设分3步走的发展目标。第一步，大致用10年时间，使国民生产总值增长一倍，主要是解决人民的温饱问题。这一任务在80年代已经完成。第二步，是到本世纪末，使国民生产总值再增长一倍，人民生活达到小康水平。第三步，是到下个世纪30至50年代，使人均国民生产总值达到世界上中等发达国家的水平，实现国民经济的现代化。

为了保证这个发展目标的实现，10多年来中国执行邓小平同志倡导的改革开放政策，进行了卓有成效的经济体制改革。这一改革，首先在农村取得成功，并逐步把重点转向城市。改革开放给中国带来了经济的发展、社会的繁荣、人民生活水平的提高和精神面貌的巨大变化。

中国是一个有11亿多人口的国家，8亿多人在农村。农村经济状况如何，是决定整个中国经济的关键。我们在农村实行了家庭联产承包责任制。土地仍然归集体所有，但由农民自主经营，这一政策极大地调动了农民的生产主动性和积极性，改革后同改革前相比，中国的粮食生产水平由3亿多吨增加到了4亿多吨。与此同时，农林牧副渔各业都得到了普遍的发展。为进一步提高农业生产的水平，需要继续增加对农业的投入，特别是依靠科学技术的进步和农民素质的提高，为此需要在农村建立各种形式的生产和社会服务体系。乡镇企业的兴起，是中国农民在改革中的一大创举。80年代，各类乡镇企业得到迅速发展，为1亿农民提供了就业机会，促进了小城镇建设，避免了大量农村剩余劳动力向大城市集中。现在，在农村社会总产值中，乡镇工业和第三产业的产值已超过农业产值，这对农民生活水平的提高，对整个农村乃至全社会的稳定，都是有重大意义的。

城市改革的重点在企业改革。现在，国家管理企业的方式已有了改变，各级政府减少了对企业经营活动的直接干预。经过物价改革，目前在我国全社会的商品价格和生产资料价格中，国家定价部分已不足30%。国家注重发挥市场调节的作用，并尽最大可能运用经济手段和法律手段，对社会总供给和总需求的平衡，对经济结构的优化，进行宏观调控。这些改革都逐步取得效果，有力地促进了我国经济活力的增强。

3年前我们为解决经济过热造成的困难，开始进行经济环境和秩序的治理整顿，使通货膨胀得到有效控制，农业生产有了长足发展，工业生产适度增长。现在治理整顿任务已经基本上完成。国民经济进入了正常发展阶段。在治理整顿期间，改革开放不仅没有停顿，而且继续深入进行，在不少领域取得了新的进展。治理整顿的结果，为进一步深化改革、扩大开放创造更为有利的条件。

中国的改革，不是改变社会主义制度，而是社会主义制度的自我完善和发展。改革总的原则是：坚持公有制为主体，同时鼓励非公有制经济适度发展；坚持按劳分配为主体，其他分配形式为补充；坚持计划经济和市场调节相结合的方针，使计划和市场这两种调节功能的优点都得到充分发挥。我们鼓励一部分地区和一部分人先富起来，提倡先富起来的地区帮助经济不发达的地区，逐步达到共同富裕的目的。按照这些政策原则进行的改革，符合我国的国情，符合我国人民的根本利益，因此推动了中国生产力的发展。80年代是我国经济发展最快的10年，也是中国人民得到实际利益最多的10年。从1980年到1990年，中国的国民生产总值平均每年增长9%；城乡人民生活有了明显改善，农民人均纯收入平均每年实际增长8.4%，城镇居民收入平均每年实际增长5.3%。

刚刚过去的1991年，是我国执行第八个五年计划和十年规划的第一年，这个头开得不错。在华东地区发生特大洪水灾害的情况下，国民生产总值仍然保持7%的增长速度，通货膨胀率控制在4%以下，农业生产继续获得丰收，几千万灾民的生产和生活得到妥善安置。近年来到过中国的朋友们都可以看到，中国市场繁荣，商品丰富，人民安居乐业。11亿人民通过改革开放改善了生活，从而进一步看到了国家和民族的光明前途，正满怀信心地去创造自己美好的未来。因此，中国决不会改变得到人民广泛支持的改革开放的方针，而且还要进一步加快改革开放的步伐。我们在深化农村改革的同时，在城市将继续以企业改革为中心，推动企业面向市场，转换经营机制，成为自主经营、自负盈亏的经济实体。围绕企业改革，将进一步推进住房、医疗、社会保险等制度的改革。我们还要继续进行外贸体制的改革，使所有外贸企业实行自负盈亏，以适应国际贸易的通行规则和我国进一步扩大开放的需要。

在我国现代化建设的进程中，本世纪最后10年是一个关键时期，我们要通过改革开放，促进科技进步和提高劳动者素质，努力完成调整经济结构和提高经济效益的艰巨任务，把整个国民经济提高到一个新的水平。为此，我们要向世界各国借鉴一切有用的经验。

搞好经济建设始终是中国的头等大事。我国只有世界7%的耕地，而人口则占世界总人口的22%。要在这样有限的土地资源上，保证11亿人口吃饭、穿衣、住房等基本生活需要，而且要保证经济的持续发展和人民生活的不断改善，逐步缩小同发达国家的差距，这绝不是一件轻而易举的事。要把经济搞上去，对外需要有一个和平的国际环境，对内需要有一个安定的政治局面。世界上没有哪一个发展中国家能够在动荡不安的情况下发展经济和改善生活。中国的稳定繁荣和长治久安不仅造福于中国人民，对亚太地区和整个世界也都具有重要意义。

中国实现现代化的过程，离不开与世界各国的经济技术合作和交流。在自力更生的基础上不断扩大对外开放，是中国的一项基本国策。在80年代，我国与世界的经济联系日益密切，进出口贸易成倍增长，外商来华投资踊跃，陆续兴办的外商投资企业已有1.7万多家投产，实际投资达到230多亿美元。在90年代，我国在继续办好经济特区和沿海开放地区的同时，将努力利用国内外资金开发和建设上海市的浦东新区。上海是中国最大的工业城市和经济中心，有着长江沿岸广阔地区作为腹地，发展前景是极为广阔的。随着对外开放的进一步扩大，投资环境也将进一步改善。我们欢迎各国各界人士到中国参观考察。对工商界人士来说，在中国肯定可以得到很多投资与合作机会。90年代中国在能源、交通、通讯、原材料等方面要建设更多的项目，在加工工业方面要进行大规模的技术改造，中国的市场是对世界各国开放的，既对发达国家开放，也对发展中国家开放。中国愿意以各种方式，包括使用政府贷款和买方信贷等方式，与外国企业合作。中国出口的扩大，将为增加进口国内建设需要的技术、设备和物资提供更大的可能。去年中国进口在600亿美元以上，按此推算5年之内当在3000亿美元以上。

早日恢复中国关贸总协定缔约国的合法地位，有利于中国与世界各国进一步发展平等互利的贸易关系。中国如果享受总协定规定的权利，也必然承担总协定规定的一切义务。中国作为主权国家恢复缔约国地位后，不会反对台湾作为一个单独关税区加入总协定。

主席先生，中国作为一个发展中国家，自然十分关心发展中国家在国际经济中的处境。大量事实表明，南北关系不仅没有改善，而且有进一步恶化的趋势，因此改善南北关系是摆在世界各国面前的一项重要任务。现在南北差距正在扩大，富的愈富，穷的愈穷，许多发展中国家的人民仍然生活在贫困线下，发达国家有责任更多地帮助发展中国家，建立以平等互利、等价交换为原则的新型国际经济秩序。在解决债务问题上，发达国家也应采取主动，做出更多的贡献。

在我们这个世界上，人类共同面临着大量需要解决的问题，维护和平与谋求发展方面的任务十分艰巨。保护生态环境、合理利用资源、控制人口过度增长等问题，都有待于认真解决。中国政府对国际社会始终采取积极合作的态度，愿与世界各国一道，为解决和平与发展这两大课题，为实现各国间的平等互利合作，为建立公正、合理的国际政治和经济新秩序，作出坚持不懈的努力。

谢谢大家！

国务院总理李鹏在出席达沃斯世界经济论坛年会时会见日本前首相竹下登

国务院总理李鹏在出席达沃斯世界经济论坛年会时会见巴基斯坦总理谢里夫

中国副代表冯淬在联合国人权委员会会议上强调尊重民族自决权是享受人权的前提

中国副代表冯淬在日内瓦举行的联合国第 48 届人权委员会会议上指出，所有国家的人民都享有自决权，都有不可剥夺的权利来取得完全的自由、行使主权和保持国家领土完整。这是《联合国宪章》宗旨和原则的重要内容，并在一系列国际文书中作为基本人权得到重申和确认。在这方面，根据联大第 1514(XV)号决议所通过的《给予殖民地国家和人民独立宣言》具有十分重要的意义。

冯淬说，《宣言》明确宣布，“使人民受外国的征服、统治和剥削这一情况，否认了基本人权，违反了《联合国宪章》，并妨碍了增进世界的和平与合作”，“所有的人民都有自决权，依据这一权利，他们自由地决定他们的政治地位，自由地发展他们的经济、社会和文化”。

冯淬说，《宣言》还重申，“任何旨在部分地或全部地分裂一个国家的团结和破坏其领土完整的企图都是与《联合国宪章》的目的和原则相违背的”，“一切国家应在平等、不干涉内政的基础上忠实地遵守《联合国宪章》、《世界人权宣言》和本《宣言》的规定”。

冯淬强调，在世界已进入 90 年代，国际形势风云变幻、错综复杂的今天，重申民族自决权具有十分重要的意义。承认民族自决权，就是要尊重一切国家的主权、独立和领土完整，让各国人民根据本国的实际情况选择其政治、经济制度和发展道路，决定自己的命运。任何国家尤其是大国不应把自己的意识形态、价值观念和发展模式强加给别国，也不得以任何借口侵犯、肢解或吞并他国领土。广大第三世界国家的经历清楚地证明，尊重民族自决权，维护国家的独立、主权和领土完整，反对外来入侵、干涉和控制，是一个国家赖以生存的基本保障，也是该国人民充分享受人权和基本自由的前提。

中国政府代表中国驻俄罗斯联邦特命全权大使王荩卿和摩尔多瓦共和国政府代表摩尔多瓦驻莫斯科常任代表切布克·扬·孔德拉特在莫斯科签署两国建交联合公报

中华人民共和国政府和摩尔多瓦共和国政府根据两国人民的利益和愿望，决定两国自 1992 年 1 月 30 日起建立大使级外交关系。

两国政府同意，在相互尊重主权和领土完整、互不侵犯、互不干涉内政、平等互利、和平共处原则基础上，发展两国之间的友好合作关系。

摩尔多瓦共和国政府承认中华人民共和国政府是中国的唯一合法政府，台湾是中国领土不可分割的一部分。摩尔多瓦共和国政府确认不和台湾建立任何形式的官方关系。

中华人民共和国政府支持摩尔多瓦共和国政府维护民族独立、发展经济和成为国际社会享有完全权利的成员所做的努力。

两国政府同意，在平等互利的基础上，根据国际惯例，互相为对方在其外交代表履行职务方面提供一切必要的协助。

联合公报用中文和罗马尼亚文写成，一式两份，两种文本具有同等效力。

中华人民共和国政府和立陶宛共和国政府在北京签订贸易合作协定

国家体委授予王猛等体育工作荣誉奖章

国家体委授予王猛、李达等 8 位同志“体育工作荣誉奖章”；杨天乐等 7 位体育界专家被批准享受政府特殊津贴；授予荣高棠等 186 位同志“体育工作贡献奖章”。

罗叔章逝世

全国工商联名誉副主席罗叔章，因病在北京逝世，终年 93 岁。

罗叔章，女，湖南岳阳人。青年时代，在长沙参加反对袁世凯复辟称帝的示威游行。“九·一八”事变后，投身抗日救亡运动，参加全国各界救国联合会，任上海妇女救国会组织部长。1934 年 11 月，加入中国共产党。1938 年 5 月，经邓颖超推荐，出任湖北均县第一保育院院长。后在中共南方局领导下，在重庆、昆明、桂林等地开展抗日民族统一战线工作，1942 年，在党组织的支持下，与沈钧儒、章乃器等创办重庆第一制药合作社，并担任经理。中华人民共和国成立后，历任中央财经委员会委员、中央人民政府办公厅副主任，劳动部、食品工业部、轻工业部副部长，全国政协副秘书长，全国工商联副主任委员，中国民主建国会中央常务委员。是第一、二届全国人大代表，第三、四、五、六届全国人大常务委员会委员，第五届全国政协委员。

1月31日

国务院召开第97次常务会议

国务院代总理姚依林主持召开国务院第97次常务会议。会议讨论并原则通过《储蓄管理条例(草案)》。

会议在讨论中认为,为了发展我国的储蓄事业,保护储户的合法权益,加强储蓄的管理和服务工作,制定这样一个法规条例是必要的。会议决定将这一条例(草案)作进一步修改后,由国务院发布施行。

国务院总理李鹏在联合国总部会见联合国秘书长加利

加利秘书长再次感谢中国对他竞选联合国秘书长的支持。

李鹏说,"各国领导人今天在安理会首脑会议上的发言都表示了对阁下的支持。发展中国家对阁下寄予更大的期望,希望您的工作取得成就。"

双方就如何加强联合国的作用问题交换了意见。

李鹏说,"世界很不太平,中国赞成加强联合国在维护国际和平与安全中的作用。我们将在力所能及的范围内支持阁下的工作。"

中纪委发出通知要求各级党委纪委切实制止用公款吃喝送礼

中纪委发出通知,要求各级党委、纪委把制止用公款吃喝送礼等不正之风列入党的建设和廉政建设的重要内容,抓紧抓好。

通知说,中办、国办《关于认真检查对严禁用公款吃喝送礼等有关规定执行情况的通知》下发后,各级党政领导都十分重视,结合本地、本部门实际情况,采取有力措施传达贯彻,制止用公款吃喝送礼等不正之风初见成效。但是,对已取得的成绩不可估计过高,有的部门和单位还抓得不够紧,没有认真落实。要充分认识这股歪风的顽固性,在思想上和工作上不可有任何的松劲情绪。

各级党委、纪委要切实地把制止用公款吃喝送礼等不正之风,提高到从严治党,加强党风、廉政建设,惩治腐败,保证经济建设和改革开放顺利进行的高度来对待,把这项工作列入党的建设和党风、廉政建设的重要内容抓紧抓好。不仅春节前抓,今后要抓住不放,做到常抓不懈,一抓到底,决不半途而废。各级纪检机关要加强督促检查,对贯彻落实《通知》得力并取得明显成效的部门、单位和个人,要大力宣传和表彰,以弘扬正气。对于那些无视《通知》规定要求,仍然我行我素,用公款吃喝送礼、挥霍浪费的,要发现一起,查处一起,在经济上要如数退赔;对顶风违纪者,要从严从重处分,决不宽容。

《人民日报》发表社论《转变作风　狠抓落实》

国务院总理李鹏在联合国安理会首脑会议上发言

主席先生,秘书长先生,各国首脑阁下:

在联合国长达47年的历史中,今天首次举行安理会成员国的首脑会议。我很高兴有机会代表中华人民共和国出席这次会议,和各位一起共商国际大事,特别是就支持联合国在维护世界和平与发展方面进一步发挥作用,以及就其他共同关心的问题交换意见。我愿借此机会,对这次会议的倡议者英国首相梅杰阁下表示感谢,对加利博士出任联合国秘书长再次表示热烈的祝贺。

当今世界正处在重大的转折时期,旧的格局已经结束,新的格局尚未形成,世界正朝着多极化方向发展。世界要和平,国家要稳定,经济要发展,这是世界人民的共同愿望。两大军事集团在欧洲近半个世纪的紧张对峙已不复存在,一些地区热点问题已经解决或正在解决之中,世界局势出现了某种缓和。但是,危及世界和平、导致国际形势紧张的因素并未根本消除,原有的某些矛盾和对抗结束了,又产生了新的矛盾和对抗,这个世界既不安宁,也不太平。海湾战争结束之后,中东问题并没有解决,阿以之间的和谈可能还要经历一个长期艰难的过程。欧洲的某些国家,由于民族矛盾而引发了程度不同的冲突,甚至战争。很难断言,这类冲突和战争不会在欧洲其他地区发生。值得国际社会关注的是,占世界人口绝大多数的发展中国家的处境越来越困难。南北差距进一步扩大,富的国家愈来愈富,贫困的国家愈来愈贫困,这种状况如不改变,将最终导致新的动荡,乃至成为引发新的地区冲突的根源。严峻的现实说明,作为当今世界的两大主题,即和平与发展,都没有得到解决。

与欧洲动荡的形势不同,亚太地区相对比较稳定。巴黎协定的签署,为柬埔寨问题的最终解决奠定了基础。继朝鲜北南双方同时加入联合国之后,双方又签署了有关互不侵犯和朝鲜半岛无核化协议。朝鲜半岛局势正朝着缓和与稳定的方向发展。亚太地区不少国家由于政局稳定,经济也保持了比较快的发展势头。在世界经济中,亚太地区已成为富有活力和发展前途的地区。中国的稳定和发展不仅符合中国人民的根本利益,而且是亚太地区乃至世界和平与稳定的重要因素。10多年来,中国坚定不移地执行邓小平同志所倡导的改革开放的方针,国家面貌发生了很大变化。现在中国政治稳定，社会安宁，民族团结，经济不断发展，中国人民正满怀信心地在建设有中国特色的社会主义道路上前进。中国是一个人口众多的发展中国家，深知要实现现代化，需要一个较长的历史时期。为了实现这一目标，有两个条件是不可缺少的。这就是，对外需要一个长期稳定的和平国际环境，对内要保持一个长期稳定的政治局面。中国执行独立自主的和平外交政策，一贯主张社会制度、意识形态、文化传统和宗教信仰的差异不应成为国与国之间建立和发展正常关系的障碍。中国愿在和平共处五项原则基础上与世界上一切国家发展友好关系。中国不会对世界上任何国家和地区构成威胁。中国认为，不谋求霸权、不搞强权政治应成为国际上普遍遵循的原则。中国不谋求自己的势力范围，现在不称霸，将来国力发展了也不称霸。近几年来，中国同周边国家的睦邻友好关系得到进一步巩固和发展。这是我国和邻国共同努力的结果。我们认为，这是中国同周边国家的共同利益所在，对本地区乃至世界的和平与发展也是有利的。

主席先生，

为了真正赢得世界和平，为各国人民创造一个发展的有利环境，现在国际社会正愈来愈多地议论应该建立一个什么样的国际新秩序的问题。中国认为，联合国宪章所确认的成员国主权平等、不干涉内政等基本原则，是所有成员国都应该共同遵守的。中国政府根据联合国宪章的精神和公认的国际关系准则，并考虑到变化了的国际形势，对建立一个稳定、合理、公正和有利于世界和平与发展的国际新秩序有以下一些基本看法，愿意与各国政府共同探讨：

国际新秩序应该建立在互相尊重主权和领土完整，互不侵犯，互不干涉内政，平等互利，和平共处等项原则的基础上，其核心是互不干涉内政，各国政府和人民，都有权根据自己的国情选择自己的社会制度和意识形态。

国家不分大小、强弱、贫富，都有权作为国际社会的平等成员参与国际事务，为世界的和平与发展做出自己应有的贡献。

国际新秩序应包括经济新秩序。当前，南北差距仍在扩大，矛盾更加突出，已成为国际生活中一个不稳定因素。建立一个公正合理、平等互利和妥善处理债务负担的国际经济新秩序比以往任何时候都显得更加迫切和重要。

整个人类的人权和基本自由应得到普遍尊重。人权的内涵是十分丰富的，不仅包括公民政治权利，而且包括经济、社会和文化权利。对于广大发展中国家来说，首要的是独立权、生存权和发展权。人权从本质上来说是一个国家主权范围内的问题。因此，观察一国的人权状况，不能割断该国的历史，不能脱离该国的国情。要求世界各国照搬一国或少数几国的人权标准和模式，既不恰当，也行不通。中国重视人权，并主张在相互理解、相互尊重、求同存异的基础上，同国际社会就人权问题进行平等的讨论和合作，而反对借人权问题干涉别国内政。

按照公平、合理、全面、均衡的原则，实现有效裁军和军备控制。争取早日全面禁止和彻底销毁核武器、化学武器，并禁止发展空间武器。拥有最庞大核武库与常规武库的国家，应率先行动，履行对裁军的特殊责任。所有拥有核武器国家应保证不首先使用核武器，也不对无核国家和地区使用或威胁使用核武器。苏联解体后核武器应得到有效的控制。裁军问题事关各国安全，应由各国共同参与讨论和解决。

联合国应主持公道，伸张正义。在维护世界和平与谋求发展，以及在建立国际新秩序方面发挥更积极的作用。联合国成员中，绝大多数是发展中国家，人们有理由期待联合国在维护发展中国家的权益方面有更大的作为。

主席先生，

近年来，联合国在维护世界和平与安全、推动解决地区冲突、促进各国经济与社会发展方面发挥了重要的作用，从而提高了联合国及其安理会的地位，增强了人们对联合国的信任。在肯定上述事实的同时，我们也应清醒地看到，国际形势发生急剧而深刻的变化，过去掩盖着的很多矛盾正在表面化，对世界和平与发展增加了更多不稳定因素。在这个意义上说，联合国及其安理会肩负的责任更加艰巨了，面临的挑战更加严峻了。

中国愿意同安理会所有成员国进行合作，对国际社会共同关心的问题进行平等的探讨，交换意见，求同存异，扩大共识。中国衷心地希望联合国及其安理会，在国际事务中，发挥更为积极的富有建设性的作用。现在联合国选出了新的秘书长加利先生。中国支持秘书长的工作并愿同他进行合作。我们相信，他在执行秘书长的职责时将会得到广大发展中国家和国际社会的普遍支持。

主席先生，

我们希望，这次会议将对维护世界和平与安全产生积极影响，在建立国际新秩序和维护广大发展中国家权益方面发挥重要作用，为人类的进步事业作出贡献。

谢谢主席先生。

国务院总理李鹏在联合国总部会见俄罗斯联邦总统叶利钦

李鹏在会见时说，中国愿意在和平共处五项原则以及1989年和1991年中苏两个公报的基础上，继续发展同俄罗斯联邦的睦邻友好关系。中俄两国人民有着传统的友谊，希望这种友谊能够保持和发展。中俄两国有4000多公里的共同边界线，希望这条边界成为和平、友好的边界。

叶利钦总统说，俄罗斯联邦十分重视同中国的友好合作关系。中国是俄罗斯的近邻，发展经济合作有很大的潜力，两国经济有互补性。俄罗斯将恪守1989年和1991年苏中两个联合公报的原则。俄罗斯联邦议会将尽快批准已经签署的中苏边界东段协定。俄罗斯联邦与中国社会制度不同，但俄罗斯与西方国家也不相同。分歧不应妨碍两国的合作。发展同中国的经济关系对俄十分重要，俄方愿意与中方开展多领域、多渠道、多种形式的合作。

双方同意中国与俄罗斯作为邻国今后加强合作和交往。

中方出席会见的有国务委员兼外交部长钱其琛、外交部副部长刘华秋、中国驻联合国代表李道豫。

俄方出席会见的有俄罗斯联邦副总理盖达尔、外交部长科济列夫等。

国务院总理李鹏在联合国总部会见佛得角总理卡瓦略·维加

国务院总理李鹏在联合国总部会见日本首相宫泽喜一

国务院总理李鹏与法国总统密特朗在联合国总部就双边关系和国际问题进行交谈

国务院总理李鹏在联合国总部会见奥地利总理弗拉尼茨基

国务院总理李鹏与美国总统布什在联合国总部会晤

李鹏说："中国重视中美关系，希望这次会晤将有助于中美关系的改善和发展。"他说，"中美之间有分歧，但共同的利益是主要的。我相信，只要以中美关系的大局为重，增加往来，平等磋商，增进了解，共同努力，中美关系是能够改善和发展的。"

布什说："我们举行的这次会晤是重要的。美中关系回到正常的轨道符合双方的利益。"

李鹏还说："贝克国务卿访华时双方达成一些谅解，中国方面将信守自己作出的承诺。中国方面为改善中美关系作出了巨大的努力，希望美方认真履行自己的承诺。"

布什说："美方的立场没有变化，将信守贝克国务卿在北京同中方达成的协议，包括恢复中国在关贸总协定的地位问题上所达成的谅解。"

中国方面出席会晤的有：国务委员兼外交部长钱其琛、中国驻美大使朱启祯和外交部副部长刘华秋等。

美国方面出席会晤的有：国务卿贝克、总统国家安全事务助理斯考克罗夫特等。

国务院总理李鹏在联合国总部同英国首相梅杰举行会晤

国务院总理李鹏在联合国总部会见委内瑞拉总统佩雷斯

国务委员钱其琛在联合国总部会见法国外交部长迪马

国务院总理李鹏在联合国安理会会场会见津巴布韦外交部长沙穆亚里拉

国家科委成果办发出要求有关部门推广应用北京华盟集团顾雏军发明的新型热力循环技术

国家教委要求在教育系统开展向献身教育科研事业的青岛海洋大学优秀教师王成海叶立勋学习活动

2月1日

中共中央邀请民主党派工商联负责人无党派人士座谈共迎新春佳节

中共中央下午邀请各民主党派中央、全国工商联领导人和无党派代表人士到中南海座谈。叙旧话新，共迎新春佳节。

中共中央总书记江泽民在座谈中强调，在经济建设和改革开放中，在社会主义民主和法制建设中，在社会主义精神文明建设中，以及在执政党的建设中，我们都要听取各民主党派、无党派人士和各人民团体、各界人士的意见、建议和批评，做到国家大事大家来出主意、想办法，大家来办，共同把国家的事情办好。

江泽民说，今年是实施十年规划和“八五”计划的第二年。我们要正确把握复杂多变的世界局势，充分利用国内政治稳定和社会稳定的有利条件，继续坚定不移地全面贯彻执行党的基本路线，落实去年9月中央工作会议和八中全会精神，继续抓好发展经济、加强党的建设和维护社会稳定三件大事。进一步深化改革、扩大开放，保持国民经济持续、稳定、协调发展；全面宣传党的基本路线，推进社会主义精神文明建设；切实维护政治稳定和社会稳定，认真搞好社会治安的综合治理；巩固和发展最广泛的爱国统一战线，促进各民族大团结和祖国和平统一大业；活跃外事工作，巩固和发展对我国更为有利的国际环境；坚持从严治党，全面加强党的建设。

座谈会由姚依林主持，宋平、杨白冰、温家宝、彭冲、钱正英等出席座谈。

参加座谈的各民主党派中央、全国工商联领导人和无党派代表人士有：屈武、费孝通、钱伟长、孙起孟、雷洁琼、赵朴初、卢嘉锡、杨纪珂、严济慈、蔡子民、王光英、程思远等。

中共中央统战部副部长蒋民宽、万绍芬、武连元、刘延东也参加座谈。

国务院清理“三角债”领导小组发布《关于1991年全国清理“三角债”成果和1992年继续开展清理“三角债”》的公告

为了贯彻中央工作会议关于搞好国营大中型企业、改善企业经营环境的精神，按照国务院关于清理“三角债”工作的部署，1991年在全国范围内重点清理了固定资产投资项目拖欠款，同时狠抓了限产压库、调整结构。1991年全国共注入银行清欠贷款306亿元，地方和企业自筹24.5亿元，通过组织连环清欠，共清理拖欠款1360亿元，达到了投入1元资金清理4.1元拖欠的显著效果，超过了清理“三角债”工作的原定目标。

这次清欠从固定资产投资项目拖欠款这个源头注入资金，着重对机电、冶金、煤炭、有色金属等生产资料行业的国营大中型企业的债务进行了清理，大部分清欠资金流入了国营大中型企业，使这些企业资金紧张的状况得到明显改善，经济效益有所提高，增强了活力。同时，还加快了一批国家重点项目的建设。在清欠中各地认真贯彻执行国务院《关于整顿商品交易秩序严格结算纪律的通知》，使商品交易秩序和结算纪律得到一定的整顿和恢复，严格托收承付结算拖欠款扣罚滞纳金措施的实施，使一些地区和企业的资金周转和货款回收速度明显加快。

1991年全国清理“三角债”工作的主要经验：一是指导思想明确，立足于治本清源，从清理固定资产投资缺口形成的拖欠这个源头抓起，顺次解开“三角债”的债务链，并在防止新的拖欠上下功夫。二是各级领导高度重视，各地区党委、政府和计委、经委、银行等各有关部门紧密配合、通力合作和清欠办同志们夜以继日的艰苦努力。三是认真抓好清欠工作人员的培训和舆论宣传工作。四是狠抓限产压库，调整结构，坚持清欠与防欠相结合。五是各地区、各部门顾全大局，主动清偿拖欠款，遵守商品交易秩序和结算纪律。

1992年要继续把清理固定资产投资项目拖欠款作为清理“三角债”的重点。国务院清理“三角债”领导小组拟于3月上旬召开第三次全国清理“三角债”工作会议，会议将全面总结去年清欠工作的经验，在此基础上对1992年清理“三角债”、限产压库和扭亏增盈工作作出具体部署。

1992年将继续对有还款能力、经济效益好、符合国家产业政策的全民所有制单位固定资产投资项目拖欠款进行清理。清理的范围是去年上半年未清理过和去年底已投工投产仍有拖欠的项目。对1991年已清理过又发生新拖欠的在建项目，原则上国家不注入资金清理。清理应按现行投资计划管理体制进行，国务院各部门（公司）直属的基建、技改项目和各部门（公司）安排基本建设投资计划的项目，由主管部门（公司）清理和上报（资金拼盘的项目应包括全部资金拖欠情况），其余项目由省、自治区、直辖市和计划单列市为主清理和负责上报。对1992年1月1日以后发生的拖欠，国家不再组织清理；在这些拖欠款未解决之前，不允许开工新项目。

对流动资金拖欠，主要依靠限产压库、扭亏增盈和推进技术进步、进行产业结构和产品结构调整等措施来解决。在有效地防止前清后欠的前提下，先对冶金、机电、物资行业的重点企业进行流动资金拖欠清理试点，待试点取得成功后，再有计划、有步骤地进行清理。企业是清欠的主体，流动资金拖欠主要依靠企业自身千方百计地搞好经营机制转换，产品结构调整和扩大、占领市场，提高经济效益等办法去解决。1992年1月1日以后发生的新的流动资金拖欠，国家不再组织清理。

要尽快研究解决财政欠拨、欠补、欠退问题。1992年要把财政“三欠”和解决企业亏损问题列入议事日程。属中央财政的问题，由财政部提出具体解决意见；实行利润递增包干的部门(总公司)，由部门(总公司)提出具体解决意见；属地方财政的问题，由各地研究提出具体解决意见。要做到今年计划内的亏损按计划拨补，不再发生新的拖欠，老欠逐步还清。企业欠缴的利税应逐步补缴，不再新欠。

要继续抓好防欠措施的落实。各地区和有关部门必须提出防止新的投资缺口、防止新的产成品积压和新的亏损等有效措施，明确具体目标和责任制。各地区、各部门要制定出归还1991年清欠贷款的计划，并认真落实。

要继续抓好商品交易秩序和结算纪律的整顿。1991年10月30日《人民日报》公开批评了十起无理拒付货款的典型事例，在各地引起很大震动，不守合同、不讲信用、无理拒付货款的情况明显减少。今年，各地政府、银行和企业主管部门要继续抓紧这项工作，防止出现反复。在清欠和限产压库期间，未经中国人民银行批准，任何企业不得转移账户。

国家主席杨尚昆在上海考察

杨尚昆于2月1日至14日考察上海工作。杨尚昆与上海各界人士欢度春节，并由中共上海市委书记吴邦国、市长黄菊等陪同，先后前往浦东新区、漕河泾和闵行开发区，了解对外开放的新进展，两次巡行南浦大桥，看望和慰问杨浦大桥、外高桥保税区、外高桥新港区、外高桥电厂和上海地铁工程的建设者；以及上海贝岭微电子制造有限公司、上海衬衫二厂、马桥乡旗忠村的职工、农民和技术人员。

杨尚昆在听取上海市委、市政府工作汇报时，认为上海市委、市政府过去一年的工作做得很好，很有生气。他对浦东新区和闵行、漕河泾等经济技术开发区在吸引外资、技术，发展生产等方面取得的新进展表示满意。

国务院副总理姚依林到北京农林科学院蔬菜研究中心慰问科研人员

国务院总理李鹏在纽约接受纽约《侨报》和中文电视台记者采访

当记者问到对这次安理会首脑会议的评价时，李鹏总理回答说，安理会首脑会议是联合国成立47年以来声势浩大的一次聚会，而且级别很高，与会者大都是国家元首和政府首脑。从这个意义上来讲，会议显示出它的重要性。刚刚结束的联合国安理会首脑会议的结果是积极的。但另外一个方面，也显示出当今的世界形势并不是像有人所想象的那样一切都非常太平，都缓和了，没有问题了。正因为现今世界局势动荡不安，不太平，而且出现一些新的问题，各国首脑认为有必要就安全问题交换意见。

李鹏说，中国是安理会常任理事国，而且中国有11亿人口。另外，中国10年的改革开放，国力的增强，人民生活的改善，更增加了其他国家对中国的重视。我们执行独立自主的和平外交政策，使国际上感到我们中国不对任何国家构成威胁。第三世界国家也把我们视为它们的朋友。中国的国际地位受到重视、得到提高，华人、华侨和中国公民都会为之而感到高兴。

李鹏指出，虽然苏联和东欧发生了巨大的变化，但是我们对建设具有中国特色的社会主义是充满信心的。由于我们执行了符合中国国情的政策，中国有特色的社会主义事业现在依然欣欣向荣，大有希望。

在谈到台湾问题时，李鹏说，我们对台湾的一贯政策是，台湾是中国领土不可分割的一部分，中华人民共和国政府是中国的唯一合法政府。这个立场没有改变，也不能改变。至于说到“一国两制”，这是解决回归祖国，实现和平统一的最佳方式。国共两党之间有很长时间较少往来。为了达到逐步统一的目的，我们愿意坐下来就祖国统一的一切方面的问题进行谈判。这种谈判有助于和平统一进程。另外一方面，台湾当局应在加强两岸的交往上多做些事，现在已有一些松动，但还没有完全开放。台湾当局应该在这方面迈出更大的步伐，这符合两岸人民的利益。

国务院总理李鹏在纽约中国常驻联合国代表团驻地会见印度总理拉奥

国务院总理李鹏在纽约中国常驻联合国代表团驻地会见厄瓜多尔总统博尔哈

国务院总理李鹏在纽约中国常驻联合国代表团驻地会见美中关系全国委员会和对外关系委员会的知名人士

李鹏说，近两年多来中美关系遇到一些困难，但应当说，中美关系已有了一定程度的改善。具有象征意义的是昨天我在联合国总部同布什总统、贝克国务卿和斯考克罗夫特将军的会晤。中国方面重视同美国的关系，中美关系的改善和发展符合中美双方的共同利益。在这个问题上，中美双方是有共识的。昨天的会晤也反映了这一点。

李鹏还向客人介绍了中国国内政治稳定、经济发展的形势，并代表中国政府感谢美中关系全国委员会和对外关系委员会的朋友们多年来为促进两国人民的友谊和两国关系的发展所作出的贡献。

中方出席会见的有国务委员兼外交部长钱其琛、中国驻美国大使朱启祯，外交部副部长刘华秋和中国常驻联合国代表李道豫。

出席的美方人士，除雷蒙德·谢弗和巴伯·科纳布尔外，还有洛克菲勒集团主席戴维·洛克菲勒、美国对外关系委员会执行副主席约翰·坦普尔·斯温、美国国际集团公司董事长莫里斯·格林伯格、洛克菲勒兄弟基金会主席科林·坎贝尔、麦克马汉公司董事长兼总裁麦克马汉等美国政界、学术界和商业界知名人士。

外交部发言人就美国国务院的"人权报告"发表谈话

外交部发言人说，美国国务院1月31日发表的"人权报告"，以人权问题为名，对中国的国内情况进行歪曲和攻击，妄加评论，干涉中国的内政。对这种做法，中国政府和中国人民是完全不能接受的。

国务院中央军委批转民政部解放军总参谋部等部门《关于进一步做好伤病残义务兵退伍和安置工作的意见》的通知

国务院、中央军委同意民政部、国家计委、财政部、劳动部、卫生部、商业部、物资部、总参谋部、总政治部、总后勤部《关于进一步做好伤病残义务兵退伍和安置工作的意见》，现转发给你们，请认真贯彻执行。

关于进一步做好伤病残义务兵退伍和安置工作的意见

国务院、中央军委：

一九七九年，《国务院、中央军委关于做好部队退伍义务兵伤病残战士安置工作的通知》(国发〔1979〕161号)下发以后，军队和地方积极配合，认真贯彻执行，及时妥善地安置了当时滞留在部队的大批伤病残战士，同时，也为后来全国的伤病残战士退伍和安置工作提供了基本依据。但是随着形势的发展，伤病残退伍战士安置工作出现了一些新情况和新问题。军队和地方普遍反映，现行的规定有的已不适用，需要调整；有的欠具体，不便执行，需要进一步完善；还有的问题应予解决但尚无明确的规定，需要补充。为了解决当前滞留在部队的伤病残义务兵退伍和安置问题，并使今后退伍的伤病残义务兵及时得到妥善安置，在国发〔1979〕161号文件的基础上，现提出如下意见：

一、关于当年退出现役的特等、一等革命伤残义务兵的接收安置。对退出现役集中供养的特等、一等革命伤残义务兵，仍按国发〔1979〕161号文件规定执行。对需要分散供养的特等、一等革命伤残义务兵，中央财政安排一定数额的建房补助资金，作为对地方的补助，每年由民政部、财政部根据实际情况核实拨付；根据"从哪里来，回哪里去"的原则，需要建房安置的，可根据方便伤残义务兵生活和本人自愿的原则，在其原入伍征集地或配偶居住地的乡镇或县城(市)建房安置；建筑面积可根据安置地城镇居民的住房平均水平，由各省、自治区、直辖市自行确定，所需建房费按当地居民普通住宅造价核定；要优先确定建房用地并根据国家有关规定，减免有关税收；对退伍义务兵建房所需的"三材"，由当地物资部门组织供应。民政部门根据接收人数，力争在年度内落实建房任务，保证部队及时移交。

按照民政部、总参谋部等七部门《关于安置特等、一等革命残废军人有关问题的通知》(民〔1985〕安2号)规定，安置地有关部门要优先安排和及时办理特等、一等伤残义务兵的配偶及十六周岁以下子女(或已超过十六周岁仍在学校读书的子女)"农转非"和粮油供应，并优先解决这些伤残义务兵配偶及其符合招工条件子女的就业。

二、关于退伍义务兵精神病病员的接收安置。在服役期间患精神病的义务兵，已经基本治愈的，办理退伍手续，交地方安置。在部队治疗半年(含间歇治疗累计半年)不愈的，亦作退伍处理。部队办理精神病病员退伍时，视其病情轻重给予一次性医疗补助费一千至一千五百元。对病情较重的精神病病员，或个别无家可归及无直系亲属照顾的，由原征集地政府接收安置，并送地方复员退伍军人精神病院收容治疗。收容治疗期间的粮油供应，属农村户粮关系的，由当地民政部门提出计划，经县级粮食部门核批后，由当地粮食部门供应；对病情较轻的，则分散休养，生活困难的，地方可根据病员丧失劳动能力的程度，给予定期定量生活补助费。

三、关于退伍义务兵慢性病病员的接收安置。战士在服役期间患慢性病症，部队要积极予以治疗。驻军医院及其以上医院确认基本治愈后(慢性病范围及基本治愈标准附后)，不适宜继续服现役的办理退伍。对决定退伍的义务兵慢性病病员，在其医疗终结后，符合评定病残条件的，部队按照有关规定予以评残；不符合评定病残条件的，回乡后旧病复发，地方医疗单位应积极予以治疗。对一些确认濒临死亡的疑难病患者，部队不再作退伍处理。

四、关于二等、三等革命伤残退伍义务兵的安置。因战因公负伤致残的二等、三等革命伤残义务兵退伍后，由原征集地的人民政府接收。原是城市户口的，由原征集地的退伍军人安置机构安排力所能及的工作；原是农业户口的，原征集地有条件的，可以在企业、事业单位安排适当工作。对要求自谋职业的，应予鼓励。中央和地方各企业、事业单位应按照有关政策规定接收当地人民政府分配的安置任务。国家为接收安置伤残退伍义务兵的单位相应增加劳动指标和工资总额基数。对拒不接收伤残退伍义务兵的单位，当地人民政府要追究其领导者的责任。

五、做好伤病残退伍义务兵的交接工作。对确定退伍的伤病残义务兵，部队要做好思想教育工作，并按有关规定办妥各种手续。特等、一等伤残义务兵退伍，由军级单位于退伍前两个月集中预报给各有关省、自治区、直辖市民政厅（局）。省、自治区、直辖市民政厅（局）接到部队预报后，要将接收人数和建房预算汇总报民政部。

特等、一等伤残义务兵和精神病病员退伍前，部队应事先派人与地方民政部门联系，地方民政部门要设法尽快安置。待接收安置等有关事宜落实后，及时通知部队办理退伍和交接手续，部队要派专人护送回乡。地方要积极配合，协助部队做好这部分退伍义务兵及其家属的思想工作。

六、加强对伤病残退伍义务兵接收安置工作的领导。积极妥善地安置好退伍伤病残义务兵，对保持部队稳定，提高战斗力，加强国防现代化建设都具有重要意义。各级人民政府对此项工作要予以高度重视，切实加强领导，及时研究和解决工作中出现的新情况和新问题，把伤病残退伍义务兵安置好。各有关部门要分工负责，通力协作，分别做好经费、劳动指标和建筑材料等的落实工作。民政部门要当好政府的参谋，加强与各有关部门的联系，做好接收安置的具体工作。各用人单位，要从国家大局出发，勇于承担并积极完成当地人民政府分配的安置任务。军地双方要密切配合，共同努力，使伤病残退伍义务兵安置工作越做越好。

《人民日报》发表评论员文章《两岸携手振兴中华》

莺啼燕语报新春。值此猴年到来之际，祝愿海峡对岸的台湾同胞阖家幸福，新春愉快。

在过去的一年中，台湾海峡两岸关系虽然经历了一番曲折坎坷，但是，在两岸人民的共同推动下，仍然得以持续向前发展，海内外同胞都对此感到欣慰。

开放探亲四年来，“梦为远别啼难唤，书被催成墨未浓”的两岸隔绝状态初步打破，两岸交往日益增多，两岸交流日渐广泛。1991年，台湾来大陆探亲、旅游和经商的人数近100万人次，两岸往来信函达2300万件。两岸开始了事务性接触商谈，台湾海峡交流基金会去年三次组团访问大陆，大陆红十字会人员和新闻记者首次赴台。去夏，大陆发生严重水灾，台湾同胞纷纷捐款赠物，显示了血浓于水的骨肉亲情。上述事实表明，去年两岸交往取得了重大进展。不久前，大陆民间机构海峡两岸关系协会的成立，必将对发展两岸关系，促进两岸直接“三通”和双向交流的早日实现起很好的推动作用。

两岸的经贸交流更呈现可喜的势头。去年，两岸经济贸易总额突破50亿美元。台商踊跃来大陆投资。两岸互利互补的经贸关系的发展，对两岸的经济发展起到越来越有益的作用。在文化、科技、学术、体育等领域的交流也得到广泛的开展。

两岸关系发展的巨流是谁也阻挡不了的，但也确实存在一股逆流，这就是去年岛内“台独”势力活动愈益猖獗，他们又是游行又是集会，又是通过“台独”党纲，又是叫嚷要建立“台湾共和国”。当然，这种分裂祖国分裂民族的行径，是决计不会得到广大台湾人民认同的。去年底台湾进行的“国代”选举，主张“台独”的候选人纷纷落选，表明“台独”主张违逆民心，遭到广大台湾民众的唾弃。我们希望鼓吹“台独”主张的人能够幡然醒悟，不要再错估民意，玩火自焚。如果他们停止分裂活动，迷途知返，能为发展两岸关系做些好事，人民是会欢迎的。

一年来两岸关系的发展也还不尽如人意。台湾当局仍设置不少条条框框限制大陆人员赴台，拒绝实行“三通”，两岸经贸往来只能限于“间接”，台湾海峡海上纠纷未能得到及时合理解决。这些都使两岸关系去年波折迭起。

加速两岸交流，早日实现直接双向“三通”，是两岸人民共同的迫切愿望，也是两岸经济社会发展的客观要求。希望台湾当局以民族和大众利益为重，不要以实现“三通”作为政治筹码，放弃所谓交流会威胁岛内“安全”的托词，为发展两岸关系多做实事。

为了实现祖国的完全统一，为了在国际大竞争中发展经济、振兴中华，两岸需要消除对立，化解敌意，捐弃前嫌，携手合作。中国大陆在国际大风浪中经济发展，社会安定，“和平转变大陆”只能是少数人一厢情愿的幻想。有的台湾朋友说得好：“只有更多的交流才能得到更多的了解，有了更多的了解才能消除更多的敌意，从而获得更多的安全。”

我们相信，两岸交流和“三通”的潮流必将排除一切障碍向前奔泻。在新的一年里，我们愿意同台湾各界同胞共同努力，争取早日实现直接“三通”和双向交流，为统一祖国、振兴中华再尽心力。

中国国际减灾十年委员会民政部有关负责人分别走访解放军三总部和武警总部

中共中央书记处书记、中央军委秘书长、总政治部主任杨白冰以及解放军三总部和武警总部有关负责人会见了民政部有关负责人。杨白冰代表中央军委、代表中央军委主席江泽民、中央军委副主席杨尚昆、刘华清，向全国民政战线上的100多万干部职工表示慰问，感谢民政战线广大干部职工对军队的支持和帮助。

中共中央政治局常委李瑞环到北京电视艺术中心等单位看望慰问文艺工作者

2月2日

全国政协主席李先念在海峡之声广播电台发表谈话向台湾同胞拜年

亲爱的台湾同胞们：

我们中华民族的传统节日——春节就要到了。在喜迎佳节之际，我们更加思念生活在海峡彼岸的两千万同胞。今天，我高兴地通过海峡之声广播电台，向同胞们拜年，祝大家春节好。

在过去的一年里，海峡两岸同胞的往来，经济、贸易、科学、文化等方面的交流都有进一步发展，体现了两岸人民盼望统一的心情。华东地区遭遇水灾之后，台湾同胞踊跃捐赠的情景，更显示了两岸同胞血浓于水的手足之情和中华民族强大的凝聚力。这些说明，我们中华民族是一个整体，两岸统一是必然的趋势，是任何势力都阻挡不了的。

十多年前，中华人民共和国全国人民代表大会常务委员会发表《告台湾同胞书》，把我们“和平统一祖国”的方针公诸于世。不久，邓小平同志又明确提出“一国两制”的科学构想。现在两岸关系有了较大的变化，正朝着祖国和平统一的方向发展。这是海峡两岸人民的共同努力的结果。按照“一国两制”的方针，香港、澳门在本世纪内将回归祖国。我们相信，台湾问题也将按照这一方针和平解决，实现祖国的完全统一。希望台湾当局早下决心，同我们一道，共同完成祖国统一大业。我们强烈谴责那些依靠外国势力搞“台湾独立”的分裂主义势力。他们的倒行逆施，必将遭到全国人民的唾弃，到头来只能是搬起石头砸自己的脚，希望他们迷途知返。

中华民族曾经饱受外侮内乱之苦。历史昭告人们，国家的统一，民族的团结，对于中华民族的生存与发展，是何等的重要。当前，国际风云变幻，矛盾错综复杂。中华民族欲振兴富强，自立于民族之林，就必须团结起来，实现统一，依靠自己的力量，共同建设自己国家。当前，祖国大陆社会稳定，经济发展，人民安居乐业，各项事业欣欣向荣，国际地位日益提高。台湾经济也有一定发展。海峡两岸一旦携起手来，中国定会对人类做出更大贡献。正如有识之士所言，只有统一，中国才能更加强大，台湾地位才能稳固，台湾人民才能同大陆人民一起在国际上共享崇高的民族荣誉。

在新的一年里，我衷心祝愿海峡两岸社会稳定，经济繁荣，人民幸福。衷心期望海峡两岸在实现直接“三通”和双向交流方面迈出新的步伐，在中华民族走向统一的历史上谱写新的篇章。

祝台湾同胞们春节愉快，合家团聚，万事如意！

《人民日报》发表社论《联合国面临的重大使命》

1月31日，联合国安理会成员国首脑会议在纽约联合国总部举行。5个常任理事国和10个非常任理事国的国家元首和政府首脑共聚一堂，就当前国际形势和共同关心的问题以及联合国在当前世界所起作用问题进行讨论，并发表了一项主席声明。这是联合国成立47年来第一次举行这样的会议，它对维护世界和平与安全必将产生积极影响。

李鹏总理作为常任理事国之一中国的政府首脑出席了这次会议并在会上作了重要发言。阐明了我国对重大国际问题的看法和主张，表示中国政府愿在维护世界和平与安全、推动建立国际新秩序、加强联合国作用等方面，增进同各会员国合作，作出自己的贡献。会议期间，李鹏总理还同各国领导人举行了会晤，就国际问题和双边关系交换意见，增进了彼此的了解，促进了相互之间的友好合作关系。

近年来，国际形势发生了重大变化。两个军事集团在欧洲的紧张对峙已不复存在，一些地区热点问题已经解决或正在解决之中，国际局势出现了某种缓和。然而，和平并未赢得，发展面临的困难更大，危及世界和平、导致国际形势紧张的因素未根本消除。旧的冲突和矛盾尚未全部解决，在一些地区又出现了新的冲突和矛盾。南北差距继续扩大，发展更不平衡，世界动荡不安的情况更加突出。严峻的现实说明，作为当今世界的两大主题，即和平与发展，都没有得到解决。

联合国作为当今最重要的全球性组织，在国际事务中正在发挥着日益重要的作用。它在维护世界和平与安全、推动热点地区的政治解决、促进各国经济与社会发展等方面做出了积极的贡献，受到了广泛赞赏，然而在当前复杂多变的国际形势中，联合国如何不负各国人民的期望，继续为维护世界和平与安全、谋求发展，推动公正、合理解决地区冲突，促进南北对话，以及在推动裁军和解决人类共同关心的问题方面，作出不懈努力，发挥更大的作用，这是联合国面临的重大使命。

这次首脑会议为安理会15国领导人提供了一个交换看法、增进对话和接触的良好机会，这对推动和加强联合国工作无疑具有积极的意义。会议结束时所发表的主席声明表达了一种共同的意愿，即在新的形势下，积极支持联合国在维护世界和平与安全方面发挥应有的作用，并表示对联合国秘书长的工作给予支持。

中国自从1971年在联合国的合法席位得以恢复以来，20年中一贯重视和支持联合国在国际事务中的重要活动，并对它作出的积极贡献给予了高度的评价。中国政府总理这次前往纽约参加首脑会议同样说明了这一点。同时，我们也认为，要充分发挥联合国的作用，并从根本上维护世界和平与安全，并为各国人民创造一个发展的有利环境，联合国应根据广大会员国的共同愿望，积极为推动建立国际新秩序进行不懈努力。李鹏总理在发言中就此全面系统地重申了中国政府的主张。我们认为，一个稳定、公正、合理和有利于世界和平与发展的国际新秩序应建立在互相尊重主权和领土完整，互不侵犯，互不干涉内政，平等互利，和平共处等原则的基础上；国家不分大小、强弱、贫富，都有权作为国际社会的平等成员参与国际事务；同时，应包括一个公正合理、平等互利和妥善处理债务负担的国际经济新秩序。现在联合国成员中，绝大多数是发展中国家，联合国及其安理会更应听取并尊重这些国家的意见，并在维护广大发展中国家的权益方面能有更大的作为。

中国政府愿意同世界各国一起，为加强联合国的作用和地位，作出自己的贡献。我们认为，一个能发挥建设性作用的联合国和安理会，应该严格以联合国宪章特别是它的宗旨和原则为基础行事。联合国宪章所确认的成员国主权平等、不干涉内政等基本原则应为所有成员国共同遵守，不谋求霸权、不搞强权政治应成为国际上普遍遵循的原则。只有这样，联合国和安理会才能真正肩负起维护世界和平与安全的责任。李鹏总理在这次首脑会议上代表中国政府重申，中国不谋求自己的势力范围，现在不称霸，将来国力发展了也不称霸，并将一如既往，认真履行自己的职责，同广大会员国一起，为促进世界和平、安全与发展，争取建立公正、合理的国际新秩序做出自己的努力。

国务委员宋健在北京代表国务院和中国科技界全体人员通过微波电话向中国南极考察队的全体人员拜年

2月3日

国务院总理李鹏与葡萄牙总理卡瓦科·席尔瓦在里斯本总理府举行正式会谈

李鹏说，“总理阁下1987年对中国成功的访问和双方签署的具有历史意义的关于澳门问题的联合声明，是两国关系发展史上的重要里程碑。”

李鹏指出，实践证明，中葡联合声明的签署，对保持澳门的稳定与发展起了重要作用。中国以“一国两制”的政策来解决澳门问题的立场是明确、坚定的。他说，“1999年澳门回归祖国后，将继续保持澳门现行的制度和生活方式，50年不变。”

席尔瓦说，“葡中关于澳门的联合声明是一个很好的文件。我们现在要做的就是进一步落实声明的精神和规定，增强人们对澳门前途的信心。”

李鹏说，中国政府十分关心保持澳门的稳定与发展。现在，澳门、香港与中国内地的经济联系日益密切，中国经济保持增长，澳门与香港的经济也在继续发展，彼此合作的潜力很大，这就为增强人们对澳门前途的信心提供了重要的基础。

两位总理还讨论了澳门修建国际机场的问题。李鹏总理指出，中国方面希望早日建成一个既有效益的又不会给未来的澳门特别行政区留下债务负担的机场。我们将在力所能及的范围内进行必要的合作。

国务院总理李鹏在里斯本葡萄牙议会会见议长巴尔博扎·德梅洛各位副议长和各议会党团领袖

李鹏说，“中国重视根据自己的国情进行民主和法制建设，重视保障公民的基本权利。”

德梅洛说，“总理阁下来自一个伟大的国家，中华民族是世界上的优秀民族。我们很高兴在这里欢迎阁下和阁下所率领的代表团。希望李鹏总理对葡萄牙的访问将进一步推动葡中两国关系的发展。”

中国方面出席会见的有国务委员兼外交部长钱其琛、对外经济贸易部部长李岚清、国务院发展研究中心主任马洪、国务院外事办公室主任齐怀远、外交部副部长姜恩柱以及中国驻葡萄牙大使过家鼎等。

葡萄牙方面出席会见的有副议长阿布娄、副议长曼努埃尔·马亚、副议长阿德里亚诺·莫雷拉以及社民党、民主社会中心党、社会党、共产党、绿党等议会党团的领袖。

《瞭望》周刊1992年第5期发表中共中央总书记江泽民的新春贺词

中国政府和葡萄牙政府关于鼓励和相互保护投资协定签字仪式在里斯本举行

外经贸部部长李岚清和葡萄牙商业和旅游部长法利亚·德奥利维拉在里斯本举行对口会谈

会谈在葡萄牙商业和旅游部举行。双方一致认为,两国除继续发展传统贸易外,还要发展经济、技术合作和投资等领域的合作。

双方认为,今天签署的中葡两国政府关于鼓励和保护投资的协定必将推动双边经济合作和合资项目的发展。

在会谈中,李岚清希望作为欧共体理事会主席国的葡萄牙能为加强欧共体与中国的经济关系作出努力。

对此,法利亚·德奥利维拉表示,葡萄牙将继续支持发展欧共体同中国的关系并为此而努力。

国务院总理李鹏在里斯本中国驻葡萄牙使馆发表讲话向全国人民祝贺春节

2月4日

中共中央国务院在人民大会堂举行春节团拜会

党和国家领导人同首都各界代表4000余人欢聚在一起共庆新春。

中共中央总书记、中央军委主席江泽民致词。

中共中央政治局常委、国务院代总理姚依林主持团拜会,中共中央政治局常委李瑞环、宋平出席团拜会。

首都文艺工作者和幼儿园的小朋友为团拜会表演了精彩的节目。

出席团拜会的领导人还有:李铁映、李锡铭、吴学谦、秦基伟、丁关根、邹家华、朱镕基、薄一波、宋任穷、刘华清、杨白冰、温家宝、王平、伍修权、李德生、杨得志、萧克、余秋里、张劲夫、陆定一、陈锡联、段君毅、耿飚、黄华、康世恩、彭冲、阿沛·阿旺晋美、赛福鼎·艾则孜、严济慈、廖汉生、倪志福、陈慕华、费孝通、孙起孟、雷洁琼、王汉斌、王丙乾、宋健、陈希同、陈俊生、任建新、刘复之、方毅、洪学智、谷牧、杨静仁、康克清、王光英、赵朴初、屈武、马文瑞、钱伟长、胡绳、程思远、钱正英。

出席团拜会的还有中央党政军群各部门负责人、各民主党派负责人和无党派爱国人士、少数民族代表以及帮助我国进行社会主义建设的外国专家等。

中共中央总书记江泽民在春节团拜会上发表讲话

同志们、朋友们:

今天是农历新年的大年初一。在这喜庆的日子里,我代表党中央、国务院、中央军委向今天到会的各位拜年,向全国各族人民,向广大工人、农民、知识分子、人民解放军和武警部队全体指战员,向台湾同胞、港澳同胞和海外侨胞致以节日的祝贺!向帮助我国建设的外国朋友们致以亲切的问候!向节日期间坚守岗位的同志们表示衷心的感谢!

过去的一年是不平凡的一年,是我们沿着邓小平同志倡导的建设有中国特色的社会主义道路继续前进的一年。在国际形势急剧变化和国内部分地区遭受严重洪涝灾害的情况下,全国广大军民紧密团结,艰苦奋斗,改革开放和现代化建设取得了新的成就。外交工作开创了新的局面,为国内的建设和改革创造了良好的国际环境。我们的国家继续保持了稳定,政治经济形势继续朝着好的方向发展,各族人民和睦相处,安居乐业。社会主义中国欣欣向荣,显示了中华民族自强自立的民族精神和强大的凝聚力。

在新的一年里,我们要继续全面贯彻执行党的"以经济建设为中心,坚持四项基本原则,坚持改革开放"的基本路线,坚定不移地走建设有中国特色的社会主义道路。无论国际风云如何变幻,我们都要集中精力把国内的事情办好。要进一步解放思想,大胆探索,加快改革开放步伐,进一步密切党与人民群众的血肉联系,充分发挥广大工人、农民、知识分子和一切劳动者的积极性,一心一意把经济建设搞上去。

一年之计在于春。面对繁重的改革和建设任务,我们要振奋精神,戒骄戒躁,真抓实干。要切实转变领导作风,力戒形式主义,集中精力研究和解决前进中的突出矛盾和问题。要深入实际,深入群众,及时总结人民群众在建设和改革中所创造的新鲜经验。我们相信,全党全国人民在新的一年里一定能够更加紧密地团结起来,在社会主义现代化建设中夺取更大的胜利,以优异的成绩迎接党的十四大的召开。

祝大家节日愉快,身体健康,阖家欢乐!

葡萄牙总统马里奥·苏亚雷斯在里斯本总统府会见并宴请国务院总理李鹏

国务院总理李鹏在里斯本下榻的宾馆会见葡萄牙工业协会主席乔治·罗萨·德马托斯

国务院总理李鹏在里斯本先后会见葡萄牙前总统埃亚内斯和澳门总督韦奇立

李鹏对韦奇立说,"澳门是中葡关系强有力的纽带。中国希望澳门保持稳定和繁荣,加强中葡双方的合作，为1999年权力顺利交接创造条件。澳门与珠江三角洲的经济联系日益加深，中国的稳定与发展对澳门的稳定与发展至关重要。”

国务委员兼外交部长钱其琛与葡萄牙外交部部长德乌斯·皮涅伊罗在里斯本举行会谈

中华人民共和国驻俄罗斯联邦特命全权大使王荩卿向俄罗斯联邦总统叶利钦递交国书

2月5日

国务院总理李鹏与西班牙首相费利佩·冈萨雷斯在马德里首相府蒙克洛亚宫举行正式会谈

正式会谈前，两位领导人进行了大约一小时的单独会谈。随后，他们就国际形势和双边关系广泛深入地交换了意见。

李鹏说，“世界发生了深刻的变化，天下并不太平，南北之间差距在扩大。世界所面临的和平与发展这两大问题并没有解决。与此同时，世界多极化的趋势在加速。在这种形势下，建立一个有利于和平与发展的国际政治、经济新秩序是世界人民的共同呼声。刚刚结束的安理会首脑会议的讨论也反映了这一点。”

李鹏指出，中国主张在和平共处五项原则和其他类似原则的基础上建立国际政治、经济新秩序。联合国应在建立新秩序中发挥更大的作用。

冈萨雷斯赞成李鹏对国际形势的分析。冈萨雷斯认为，西中两国要共同努力，推动世界朝多极化的方向发展，支持联合国在国际事务中发挥更大的作用。

关于双边关系，李鹏说，“近两年来，中西关系虽曾经历短暂的困难，但恢复较早，发展的势头很好。”李鹏认为，中西两国没有根本的利害冲突，两国对国际问题的看法有许多一致或相似之处。两国经济上互补，进一步发展双边关系有很大的潜力，两国经贸合作正在深入发展。

西班牙国王胡安·卡洛斯一世和王后索菲亚在马德里王宫会见并宴请国务院总理李鹏

国务院总理李鹏在西班牙众议院会见众议院议长费利克斯·庞斯

国务院总理李鹏在马德里先后会见西班牙企业家联合会主席奎瓦斯、国家工业协会主席萨拉斯等西班牙知名企业家和银行家同他们就开展经贸合作交换意见

国务院总理李鹏在马德里会见旅西侨胞留学生和中国驻西班牙使馆工作人员

中国和西班牙在马德里签署两个合作项目合同

两个经济合作项目共利用西班牙混合贷款3.6亿美元。

中国技术进出口总公司将从西班牙联合技术公司进口设备和技术，用于武汉钢铁厂的技术改造项目。这个项目的总金额为3.2亿美元。

西班牙阿尔卡特有限公司则获得中国仪器进出口总公司的一份订单，向中国出口价值超过4000万美元的电话程控系统。

外交部部长钱其琛在马德里举行记者招待会

钱其琛对中外记者提出的关于中国同意大利、瑞士、葡萄牙和西班牙四国的双边关系、中国同欧共体的关系、中国与前苏联宣布独立的各国的关系、恢复中国关税与贸易总协定缔约国地位、澳门问题和安理会首脑会议等问题一一作了回答。

钱其琛说，李鹏总理的这次访问有助于改善和发展中国同所访问的四国及欧共体之间的关系。中国同东道国领导人之间对当前国际问题和其他共同关心的问题交换了意见，增进了相互了解。此外，中、葡之间有澳门问题，这次访问也有助于落实中葡联合声明中的规定，对保持澳门的稳定与发展，以及1999年政权的顺利过渡是有好处的。

钱其琛在介绍这次访问的具体成果时说，中国和意大利签订了广州乙烯合作项目，中国同葡萄牙和西班牙签署了投资保护协定，中国同西班牙有关公司签署了两项新的合作项目。

当记者问到中国同欧共体的关系时，钱其琛说，从经济上看，欧共体仅次于日本，是中国在世界上的第二大贸易伙伴。从政治上看，双方都认为在一个多极化的世界里，中国和欧共体都能起到积极的作用。发展同欧共体的关系对中国来说没有什么障碍。双方在有些问题上的分歧不要紧，可以求同存异。他认为，在加强中国同欧共体，特别是中国同英国和葡萄牙的关系方面，香港和澳门可以起到“纽带”和“窗口”的作用。

钱其琛说，中国尊重原苏联各族人民自己的选择，并希望在和平共处五项原则的基础上继续保持和发展同独联体各国的国家关系，中国已同其中九国建立了外交关系。他还说，俄罗斯、哈萨克斯坦、塔吉克斯坦、吉尔吉斯斯坦等四个国家同中国接壤，发展同它们的睦邻友好关系十分重要。

钱其琛说，已访问的四国领导人都在会谈中表示支持恢复中国缔约国地位。中国的缔约国地位恢复后，愿意承担关贸总协定所规定的相应义务，同时也应享受相应的权利。这不仅有利于中国的开放，也有利于世界贸易体系的完整。

在谈到上月底举行的安理会首脑会议时，钱其琛说，与会各方就当前形势广泛进行了讨论，尽管有些看法不尽相同，但对三个问题的看法是比较一致的。其一，目前的世界并不安宁，对和平的威胁仍然存在。其二，南北经济差距正在扩大，发展问题难以解决，是导致不安定的重要因素。其三，在新的形势下，应加强联合国、联合国安理会和联合国秘书长的作用。大家在发言中都对新当选的秘书长加利表示支持。

中国副代表詹道德在日内瓦举行的第 48 届人权会议上就发展权问题发言

詹道德在发言中指出，生存权和发展权是最基本的人权，对广大发展中国家尤其如此。

詹道德说："发展权不仅仅是经济目标，因为发展权虽然包含经济方面，但其内涵要比经济目标丰富和充实得多。"联合国通过的《发展权宣言》明确指出，发展是经济、社会、文化和政治的全面进程。只有在这一进程中，所有人权和基本自由，也就是政治、公民权利、经济、社会、文化权利，才能得到充分发展。发展权强调的是各种人权和基本自由的相互依存和不可分割性。

詹道德认为，发展权是一项集体人权。首先，因为国家和民族的命运是个人发展的前提和基础。当一个民族或国家在种族主义、殖民主义、外国侵略者统治下的时候，作为单独的个人，其生存权利都受到严重威胁，还有什么真正的发展可言。其次，因为个人的发展取决于国家、民族的发展，当一个国家和民族处于贫穷落后的状态时，是无法使每个人发展起来的。第三，实现发展权还意味着整个国家和民族经济、社会、文化、教育、卫生等各个方面的全面发展和社会正义的实现。

詹道德指出，促进发展权的实现是国际社会面临的共同的长期任务，应努力创造使其实现所需的内部和外部条件。从内部来说，需要一国政府在没有外来干涉的情况下制定出符合本国国情的发展方针和政策，需要全体人民的积极参与、共同努力，还需要有一个稳定的社会环境和秩序，因为动荡的社会是无法实现发展权利的。从外部讲，国际局势发生的重大变化并未给世界带来和平与安宁，发展依然面临挑战。目前在世界上还存在着各种形式的种族主义、殖民主义、外国侵略、颠覆、占领等侵犯他国主权和人民自决权利的现象，不合理的国际经济秩序使南北差距不断加大，富者愈富，贫者愈贫。发展中国家日益严重的债务负担，不断恶化的贸易条件，资金流入不足和技术转让障碍等都制约着它们为实现发展权所作出的努力。

詹道德说，改变这种状况需要国际社会采取积极有效的措施，消除制约发展中国家发展的障碍，消除世界经济秩序中不公正、不合理的现象，建立新的国际经济秩序，消除种族主义、殖民主义、霸权主义、外国侵略、占领、颠覆和干涉等影响发展的因素，为实现发展权创造有利的国际环境。

詹道德最后强调，没有广大发展中国家的经济发展，不彻底消灭贫困和不断缩小世界上贫富差别越来越大的鸿沟，世界就不可能有真正的和平与稳定，充分享有所有的人权和基本自由也就成为一句空话。

2 月 6 日

国务院总理李鹏前往马德里西班牙参议院会见参院议长胡安·何塞·拉沃尔达

国务院总理李鹏在马德里与西班牙首相冈萨雷斯再次举行会谈

李鹏说，两天来双方谈得很好，访问很成功，富有成果。

冈萨雷斯表示同意李鹏的看法，认为这次访问有利于西中两国和欧共体与中国关系的改善和发展。双方签订的几项协议就是两国关系在发展的具体体现。

李鹏说，签署这些协定只是两国加强合作的开始。中西两国的政治关系很好，双方在经济上互补性强。在平等互利的基础上，两国在各个领域的合作必将有更大的发展。

两位领导人还商定今后要加强两国之间的人员来往，以推动双方的合作。

出席联合国人权委员会会议的中国代表团团长中国常驻日内瓦联合国办事处代表范国祥大使在日内瓦就所谓"西藏问题"接受芬兰广播公司记者采访

范国祥指出，现在西藏不存在"侵犯人权问题"。

范国祥说，所谓"西藏问题"，纯系一小撮被剥夺了过去享有特权的分裂分子因不愿看到西藏农奴解放并获得合法权利，而对事实的歪曲，这是不公正的。

范国祥回顾说，西藏过去几个世纪一直是个封建农奴社会，95%以上的西藏人是农奴，他们根本没有任何政治、社会权利可言。1959 年西藏进行民主改革以后，西藏农奴获得了解放，并开始了新的生活。西藏人民选举了自己的地方政府，人民生活水平大大提高，西藏的文化和语言得到了保护，藏传佛教得到尊重，人口也大大增加。

但是,范国祥指出,现在却有一小撮西藏分裂分子在某些国际反华势力的支持下,竭力要将“西藏问题”提交联合国人权委员会,企图把这一纯属中国内政的事务国际化。对此范国祥强调,联合国人权委员会没有理由就“西藏问题”采取任何行动。它在这方面作出任何决议都是干涉中国内政、侵犯中国领土完整和违反联合国宪章原则的行为,中国代表团都将坚决反对。

关于中国是否会继续在人权方面同西方保持对话,范国祥同时表示,中国政府仍准备同各国人士就人权问题进行对话。他说,对话和讨论比对抗好,有助于增进相互了解。

外交部部长钱其琛和西班牙外交大臣奥多涅斯在马德里分别代表中西两国政府签署双边《投资保护协定》

国务院总理李鹏和西班牙首相冈萨雷斯出席签字仪式。

出席签字仪式的还有外经贸部长李岚清和西班牙工业、商业和旅游大臣阿兰萨迪等。

中共中央纪律检查委员会就湖北省原宜昌市借地市合并之机突击提干、滥发钱物的严重问题发出通报

中纪委日前发出的通报说,1992 年 3 月,根据中央的决定,原宜昌地区和原宜昌市合并,成立新的宜昌市。在中央决定宣布的前几天,原宜昌市委主要负责同志和一些部门的领导人置党纪于不顾,借机大批突击提干,提拔县级干部 113 人,下属部门和单位提拔科级干部 904 人,共提拔干部 1017 人。在提拔干部中,有关部门不进行考察,不按照任免程序办事。与此同时,原市直 154 个单位,突击花钱,滥发钱物 679 万元。个别严重的单位人均达 3430 元。事情发生后,湖北省委责成省纪委、省委组织部和现宜昌市委进行了清理和纠正,对突击提拔的干部一律宣布无效;滥发的钱物一律收回;并对在这一事件中负有直接责任和领导责任的领导干部分别追究了纪律责任。

2月7日

中国代表伊平在日内瓦举行的联合国人权委员会第 48 届会议关于保护少数民族权利的专题会议上介绍中国少数民族地区在新中国成立后的成就

伊平说,由于特殊的历史、社会、地理和自然等因素,在中华人民共和国成立前,许多少数民族地区的经济文化及社会发展极为落后,有些少数民族陷于几乎难以生存的境地。中华人民共和国成立后,政府一贯实行国内各民族一律平等的政策,并通过制定法律和采取具体措施,保障各民族在社会生活等各个方面完全平等并有权参加国家事务的管理,使少数民族地区的面貌发生了根本的变化,社会经济建设有了较大的发展。

谈到民族区域自治时,伊平指出,这是中国保障少数民族权利的一项重要政治制度,已在宪法中固定下来。国家还为此专门制定了《中华人民共和国民族区域自治法》,使各民族自治地区所享有的自治权极为广泛而又具体,涉及到政治、经济、文化、教育等各个方面。

伊平接着说,为帮助少数民族进一步发展经济文化事业,国家还实施一系列促进各民族共同繁荣的政策和措施,其中包括免征贫困的少数民族税收、设立专项资金扶持少数民族地区,组织较发达地区与少数民族地区之间的经济技术协作。

伊平最后表示,进一步保障少数民族所享有的各种权利、达到各民族的共同富裕和繁荣是中国政府和中国各族人民所追求的崇高目标。

中国政府一贯尊重和保护公民的宗教信仰自由权利和正常的宗教活动。

中国副代表朱晓明在联合国人权委员会第 48 届会议上就宗教问题发言

朱晓明阐述了中国的宗教政策,指出中国政府一贯尊重和保护公民的宗教信仰自由权利和正常的宗教活动。

朱晓明引用《中华人民共和国宪法》第 36 条条文说,尊重和保护宗教信仰自由是中国政府对待宗教问题的基本政策。他说,中国目前有佛教、道教、伊斯兰教、天主教、基督教等多种宗教。信伊斯兰教的有 1700 多万人,信奉天主教和基督教的人数分别为 350 万和 450 万人。由于佛教、道教没有严格的入教仪式和规定,信教人数难以统计。在以上 5 种宗教中,共有 8 个全国性宗教团体和 2000 多个地方性宗教团体。这些宗教团体在国家宪法和法律的保护下,独立地组织宗教活动,办理教务,开办宗教院校,培养年轻宗教职业人员;同时,开展同外国宗教团体及宗教界人士之间的友好往来,出席国际宗教会议和宗教学术会议。

朱晓明指出,中国政府支持宗教界按照独立自主办教的原则,开展同国际宗教界的友好交往。近年来,中国宗教界与世界 70 多个国家和地区建立和发展友好关系,多次派代表团出席国际宗教和宗教学术会议。

他最后强调指出,在今天的中国,信教与不信教的公民在政治上和法律上都是平等的,均享有同等的权利,履行同等的义务。对于公民的宗教信仰自由权利和正常的宗教活动,对于宗教团体的合法权益,中国政府历来都予以保护。同时,也不允许任何人利用宗教进行分裂国家、破坏社会秩序、损害公民身体健康，妨碍国家教育制度的活动。近年来，确有少数教徒因进行或参与危害国家安全的活动，或假借宗教名义进行诈骗钱财、奸污妇女、危害他人身心健康等违法、犯罪活动，受到刑事或行政处罚，这已不是宗教或宗教信仰问题。对他们的处罚，显然是司法问题，而绝不是宗教上不容异己现象。

上海研制成功可擦重写的磁光光盘

电视旅游片《92中国友好观光年》在第10届哥本哈根国际旅游交易会上获一等奖

2月8日

《人民日报》发表社论《中国西欧关系的新篇章——热烈祝贺李鹏总理访问西欧四国圆满成功》

国务院总理李鹏致电联合国贸易和发展会议第八届大会主席对大会在哥伦比亚的卡塔赫纳召开表示祝贺

电报说："第8届贸发大会是世界格局发生重大变化之时召开的，是90年代初期国际经济领域一次重要的国际会议。"

"当前，世界经济的发展仍处于严重的不平衡状态，南北差距继续扩大，广大发展中国家的经济发展面临种种困难和挑战。本届贸发大会把加强国家和国际的行动以及多边合作以建立一个健康、可靠和公平的世界经济作为主题。它反映了世界各国的共同利益，对推动南北对话、振兴世界经济，特别是发展中国家的经济具有积极的意义。"

电报认为，"贸发会议作为联合国系统讨论和解决贸易和发展问题的场所，在加强多边合作，促进经济和贸易的发展方面，发挥了重要作用。特别是在当今的形势下，贸发会议应加强其职能，发挥更大的作用。"

电报希望第8届贸发大会能采取切实有效的措施，为解决发展中国家面临的紧迫问题，促进其经济发展，振兴世界经济和扩大国际贸易作出更大贡献。

电报最后预祝会议取得圆满成功。

上海建成生命有机化学国家重点实验室并通过国家级验收

2月9日

国务院批准成立中国光大银行

该银行是中国光大(集团)总公司全资附属的国有金融企业，是独立核算、自主经营、自负盈亏的法人，接受中国人民银行的归口领导和管理。

中国自行设计建设的第一个大型远程无线电导航系统——"长河二号"工程南海台组

经过西安导航技术研究所科技人员20多年的努力建成。至此，我国已成为世界上除美国外独立生产成套世界先进远程导航设备的国家。这项填补我国远程导航空白、处于国际领先水平的重大科技成果的诞生，使我国对海导航范围由500海里扩展到地波1000海里、天波2000海里以上。

中国林科院研究员王涛发明的促进植物生成技术——ABT技术走向世界

新闻出版署公布关于大力压缩出版物首发式的规定

《规定》指出，除在国内外具有重大政治影响的少数重要出版物外，不要组织首发式、新书发布会等活动；确有必要的，须报新闻出版署或当地新闻出版局批准。

2月10日

新闻出版署最高人民法院最高人民检察院公安部国家工商行政管理局联合发出关于进一步严厉打击非法出版犯罪活动的通知

《通知》要求各有关部门在当地党委、政府的统一领导下，紧密配合，协同动作，文武结合，多管齐下，给从事非法出版活动的犯罪分子特别是共同犯罪的犯罪分子以沉重打击。要注重加强行政管理规章的落实，狠抓大案要案，动用法律武器，严惩犯罪分子。《通知》要求新闻出版部门要加强对出版单位的管理，对出卖书号、刊号、版号的，无论是单位或个人，都要进行严肃处理。对买或变相买书号、刊号、版号而出书、出刊的单位或个人，按非法出版物论处。要进一步加强对书刊发行单位的管理，以切断非法出版物的发行渠道。

国务院批转国家土地管理局农业部关于在全国开展基本农田保护工作的请示的通知

国务院同意国家土地管理局、农业部《关于在全国开展基本农田保护工作的请示》，现转发给你们，请认真贯彻执行。

关于在全国开展基本农田保护工作的请示

国务院：

近几年来，由于各级人民政府加强土地管理工作，全国耕地锐减的势头初步得到控制。但非农业建设占用高产稳产农田和大中城市菜地的现象仍然有增无减，使部分地区居民的基本口粮已难以自给。针对这种情况，全国已有二十多个省、自治区的数百个县采取划定基本农田保护区的方式保护基本农田，其中有的省已全面开展这项工作。各地的经验证明，划定基本农田保护区是保护耕地的有效办法。一是制止了乱批乱占耕地，保住了高产稳产农田和人口增长所需的耕地；二是稳定了耕地承包者的思想，调动了农民对耕地增加投入的积极性，提高了农作物的产量；三是通过划定保护区协调安排了今后若干年的各类建设用地。为了全面贯彻落实党的十三届八中全会精神，巩固和发展划定基本农田保护区这项工作的成果，拟在全国推广这一做法。具体意见如下：

一、明确指导思想，加强组织领导。划定基本农田保护区是关系到我国十一亿人口基本生存条件的大事，要坚决贯彻执行“十分珍惜和合理利用每寸土地，切实保护耕地”的基本国策，坚持“一要吃饭，二要建设”的方针，根据当地土地资源、人口增长情况，统筹兼顾农业和各项非农业建设用地，稳定农田面积，保证人民生活和建设用地的需要，保障农业乃至整个国民经济持续、稳定、协调发展。

各级人民政府对农田保护工作应高度重视，列入议事日程，认真部署，切实抓好。各地人民政府领导同志要亲自负责，组织土地、农业、建设（规划）、计划、财政等有关部门具体落实。各部门要在人民政府的统一领导下，互相配合、密切协作，把划定基本农田保护区与土地利用总体规划、城市和村镇规划协调一致。

二、根据不同地区确定保护重点。我国东部地区人多耕地少，中部地区是重要农业生产区域，在东部和中部地区要全面开展划定基本农田保护区工作，把大部分农田划为保护区，重点保护起来。西部地区良田较少，要首先把高产稳产农田、城镇郊区农田保护起来。此外，国家和地方政府确定的农业商品生产基地、名特优稀农产品生产基地或地块，必须保留的其他农田（如农业科研、教学试验田）以及大中城市工矿区的基本菜地也应作为保护的重点。争取在一二年内把全国应保护的农田都保护起来。

三、建立基本农田的保护制度及地力补偿制度。各地要结合当地实际情况，制定基本农田保护办法，采取有效措施加以保护。要防止不合理的农业内部结构调整，禁止可能造成保护区耕地污染、沙化、盐渍化和水土流失等破坏土地的活动。划为保护区的耕地必须建立地力补偿制度。各地要按照《国务院关于重视和加强有机肥料工作的指示》（国发〔1988〕83号）等文件的要求，因地制宜地制定耕地肥力保养的规定，落实各项措施，建立基本农田地力补偿制度，使农业生产持续稳定发展。同时，要加强对保护区用地的监督检查，对违法占地和破坏土地的要依法惩处，对保护耕地有功者要给予奖励。

四、严格对占用保护区土地的审批管理。基本农田保护区的耕地，原则上不得用于非农业建设，在建设项目包括国家重点建设项目选址时，凡涉及农田保护区的，要尽量避开。必须占用保护区耕地的，要严格按照占用农田保护区耕地的审批权限、程序履行审批手续，并按照省级人民政府的规定交纳占用农田保护区耕地补偿费用。

五、开展划定基本农田保护区所需资金，由地方人民政府根据财力情况统筹安排予以解决。

以上意见已商得国家计委、财政部、建设部等部门同意，如无不妥，请批转各地区、各部门执行。

台湾省南方经济考察团在福建考察

由台湾著名人士、两岸关系基金会董事长林正杰、台湾社会大学文教基金会执行长吕学海和台湾中华微信所总经理张大为率领的台湾省“南方经济考察团”一行29人，2月10日起在福建进行5天考察。

考察团以台湾青年企业家为主要成员，在福建重点考察了福州、莆田、泉州、厦门等沿海开放城市投资环境并探讨闽台科技合作有关事项。

国务院副总理朱镕基应邀在澳大利亚新南威尔士大学亚澳研究所发表题为《中国是维护亚太稳定与发展的重要因素》的演讲

朱镕基说，在当前动荡多变的国际大形势中，亚太地区却是相对稳定，这与欧洲的动荡形成鲜明的对照。亚太多数国家政治稳定，经济持续发展，增长率大大高于全球平均水平，成为世界经济中最具活力的地区。

朱镕基表示，中国作为亚太国家的一员，历来重视这一地区的和平与发展，并为此作出自己应有的贡献。

朱镕基说，中国对国际事务历来采取严肃、认真、负责的态度，一直为和平解决国际争端、推动地区问题的政治解决，发挥着积极的作用。中国始终如一地坚持独立自主的和平外交政策，不管国际形势如何变化，我们在和平共处五项原则基础上发展同世界各国关系的方针不变。

在谈到中国和澳大利亚作为地处太平洋南北两个有影响的大国对维护亚太地区的稳定与发展所起的作用时，朱镕基强调“中澳两国都负有重大责任”，并赞赏“澳大利亚为推动亚太地区和平与合作所作出的努力”。

关于中澳关系，朱镕基说："中澳两国虽然社会制度和意识形态不同，但我们之间没有根本利益的冲突，而是存在着广泛的共同利益。""中澳间发展相互信任、长期稳定、全面合作的友好关系，有着坚实的基础和广阔的前景。"

北京大学在世界上首次研制成功掺锡碳—60 超导体

中国大地上已拥有 700 多个卫星定点位其技术达国际先进水平

中国奥申委代表团在法国开展工作

国家体委主任、北京申办 2000 年奥运会委员会执行主席伍绍祖，以及由北京市副市长张百发率领的北京奥申委代表团，连日来在阿尔贝维尔积极开展友好工作。他们与国际奥委会主席萨马兰奇、国际奥委会委员以及其他国际体育界人士进行了广泛的接触和会谈。

2 月 11 日

新华社人民日报国家技术监督局中央电视台等单位联合举办的中国质量万里行开始启动

柬埔寨全国最高委员会主席诺罗敦·西哈努克亲王和莫尼克公主在金边会见国务委员钱其琛

国务委员钱其琛先后在晚上和 12 日上午会见柬埔寨全国最高委员会成员以及金边方面领导人

洪森、贺南洪、拉那烈、宋双、乔森潘和谢辛在会见中表示欢迎钱其琛一行的来访。洪森说："巴黎协定签订 3 个多月来，4 方共同努力，在执行巴黎协定方面取得了一些进展。我们相信，联合国权力机构进驻后，执行巴黎协定的速度会加快。西哈努克亲王在柬埔寨和平进程中的作用是必不可少的。"

拉那烈说："中国是联合国安理会常任理事国，对达成全面政治解决柬埔寨问题的巴黎协定发挥了重要作用。当前，柬埔寨各方应在西哈努克亲王的领导下实现真正的民族和解。"拉那烈认为，在过渡时期就应体现 4 方联合的和解精神。同时，联合国权力机构应尽快进驻柬埔寨。

宋双表示："希望中国今后能继续支持和帮助柬埔寨的复兴和重建事业。巴黎协定签订后，柬埔寨进入了一个新时期，柬埔寨各派相互争斗的时期应当结束了。"

钱其琛说："当前的国际形势有利于柬埔寨问题的解决。尽管还有这样或那样的分歧，但柬埔寨各派实现民族和解是大势所趋，人心所向。巴黎协定签订后，4 方合作已经取得了一些进展。希望柬埔寨各方抓紧当前有利时机，以民族大义为重，本着'和为贵'的精神，捐弃前嫌向前看，同心同德，全面落实巴黎协定，共同为柬埔寨的重建和复兴而努力。"

钱其琛说，中国政府支持西哈努克亲王领导的柬全国最高委员会的工作，对柬埔寨 4 方一视同仁，平等相待，愿意恢复和发展有上千年历史的中柬友好合作关系。中国政府支持联合国权力机构尽快进驻柬埔寨。

中方出席会见的有：外交部亚洲司司长王英凡、新闻司司长吴建民、中国驻柬全国最高委员会代表傅学章等。

中国副代表陈为典在联合国人权委员会第 48 届会议上作关于禁止酷刑问题的发言

陈为典指出，坚决反对和禁止一切酷刑是中国政府一贯坚持的基本立场和主张。

陈为典说，长期以来，中国为有效地保障公民人身权利和人格尊严不受非法侵犯，始终十分注意不断完善立法工作，把禁止酷刑纳入法制化的轨道。中国关于禁止酷刑的一系列立法规定，完全符合国际上关于《禁止酷刑公约》的有关规定要求。

陈为典强调指出，在中国，罪犯服刑期间的应有权利均依法受到保护。刑罚的目的也不是对罪犯的单纯惩罚，而是实行惩罚与改造相结合，尽可能地把他们之中绝大多数教育改造成对社会有用的新人。陈为典说，中国在禁止酷刑方面所采取的立法和司法措施是有力的，实际效果也是显著的。中国长期以来一直是世界上刑事案件发案率和犯罪率最低的国家之一。

陈为典最后说，酷刑作为一种社会弊端目前在国际上还广泛存在，发展中国家有，发达国家也有。他表示，中国愿同其他国家一道，为实现全世界消除酷刑的崇高目标而共同努力。

共青团中央决定从 1992 年开始在全团实施"中国青年科技行动"

中国青年科技行动的基本内容是：围绕党和国家关于科技发展的总体部署，引导青年增强科技意识，激励青年学习科技知识，带领青年投身科技实践，以科技培训、科技发明、科技推广为重点，在亿万青年中形成学科技、用科技的热潮。

2月12日

共青团中央发出关于深入开展农村青年社会主义思想教育的意见

共青团中央日前发出《关于深入开展农村青年社会主义思想教育的意见》。

《意见》要求全团各级组织要认真学习、贯彻党的十三届八中全会精神，把农村青年社会主义思想教育更加广泛、深入地抓下去。

《意见》要求各级团组织充分认识深入开展农村青年社会主义思想教育的必要性。全团各级组织，特别是农村团组织，一定要把农村青年社会主义思想教育作为一项极为重要的工作放在突出位置，下功夫认真抓好。

《意见》提出农村青年社会主义思想教育的主要任务是贯彻党中央关于农村社会主义思想教育的要求，深入开展爱国主义、集体主义和社会主义教育；全面贯彻党的基本路线和党在农村的方针政策，推动农村经济发展；努力解决青年工作和青年关心的突出问题，协助党组织完成农村社会主义思想教育的各项任务。

《意见》要求各级团组织充分发挥团员青年在深化农村改革、发展农村经济中的生力军作用，要利用农村社会主义思想教育的有利时机，把团的建设同党的建设相衔接，结合党建进一步抓好团的基层建设，提高团员素质，增强团组织的凝聚力、战斗力。要进一步搞好基层团的活动阵地建设，根据各地实际情况，建立和完善乡镇"青年文化活动中心"，村"青年之家"、"团员活动室"等场所，创建团组织活动经费基地和团员青年培训基地，为活跃团的工作，提供物质保证。

澳大利亚新任总理保罗·基廷在堪培拉议会大厦会见国务院副总理朱镕基

国务院副总理朱镕基和澳大利亚副总理兼卫生部部长布赖恩·豪在堪培拉就进一步发展中澳关系和加强两国经贸和科技合作问题举行会谈

布赖恩·豪说，澳大利亚政府一向十分重视与中国发展友好合作关系，认为这种关系不仅对澳中两国有利，而且也有助于维护亚太地区的和平与稳定。

布赖恩·豪说，澳中两国在经济贸易等多方面的合作已取得成效，两国在经济上互补性很强，澳政府愿意为扩大同中国的互利合作而继续努力。

朱镕基对中澳建交二十年来两国关系的发展表示满意。朱镕基指出，由于两国都有发展友谊和合作的愿望、双方在重大国际问题上有着相同和相似的看法，在经贸合作上又有很大的发展潜力，因此，两国没有理由不能建立和发展长期稳定的友好关系。

朱镕基还说，当前亚太地区相对稳定，中国愿与澳大利亚加强合作，共同为维护这一地区的和平与稳定作出努力。

澳大利亚外交和贸易部长加·埃文斯在堪培拉与国务院副总理朱镕基会晤

埃文斯说，澳政府将严格遵循澳中两国建交公报的原则，坚决奉行一个中国的政策。

埃文斯说，澳大利亚同台湾的接触一定严格限制在"非官方、无政治内容和纯民间"的范围之内。

埃文斯对"澳中关系已经恢复到了全面发展的良好水平"表示高兴，对澳中两国经济合作、贸易往来的状况感到满意，对中国继续进行包括贸易在内的经济体制改革表示赞赏。

埃文斯重申，澳大利亚支持和欢迎中国加入亚太经济合作会议，支持并愿意协助中国尽快恢复它的关贸总协定的缔约国地位。

埃文斯还对中国在联合国安理会促进柬埔寨冲突的政治解决、推动朝鲜半岛形势朝着和平稳定的方向发展以及在其他国际问题上所起的重要作用表示钦佩。

朱镕基对埃文斯外长积极主张与中国发展关系、长期以来致力于发展澳中友好合作关系以及为中澳关系重新走上正常发展的轨道所作出的贡献深表赞赏。

朱镕基说，中国和澳大利亚作为亚太地区的两个大国，应为维护亚太的和平与稳定作出积极贡献。中国愿与澳大利亚进一步发展关系和加强全面合作。

朱镕基还说：中澳两国之间不仅实现了高层互访，而且双边经济合作卓有成效。去年，两国贸易额超过了历史最高水平。他表示相信，中澳之间建立在平等互利、长期合作基础上的经贸合作关系将一定会获得新的、更大的发展。

朱镕基对澳大利亚政府支持恢复中国在关贸总协定的缔约国地位、奉行一个中国的立场表示赞赏和感谢。

国务委员钱其琛在金边下榻的桑园宾馆会见英国法国美国俄罗斯常驻柬全国最高委员会使节以及联合国先遣团团长卡利姆向他们通报访问柬埔寨的情况

钱其琛说："从同柬各方领导人的谈话中，我得出的印象是，我们有两点意见是共同的：一是都愿认真执行并落实巴黎协定，使柬问题得到全面政治解决，协定签订以来，已经取得了一些进展。二是希望联合国权力机构早日进驻柬埔寨。尽管在实施协定的过程中曾经遇到，今后也还会遇到一些困难，但和平是总的趋势。柬埔寨饱经战乱，现在是翻开新的一页的时候了。建立一个独立、和平、中立、不结盟的新的柬埔寨，是国际社会的共同愿望。”

英国大使戴维·伯恩斯作为安理会5个常任理事国驻柬代表的协调员欢迎钱其琛的来访。戴维对钱其琛11日对记者发表谈话时呼吁柬各方遵守巴黎协定和强调中国政府对四方一视同仁的主张，表示赞赏。

其他使节以及卡利姆团长向钱其琛介绍了他们对柬当前形势的看法，认为柬埔寨全国最高委员会开始运转和实现停火，总的情况是好的。他们对实施巴黎协定的前景都表示乐观，并认为安理会常任理事国与最高委员会和联合国先遣团的合作也很顺利。

中方参加会见的有外交部亚洲司司长王英凡、新闻司司长吴建民、中国驻柬全国最高委员会代表傅学章等。

国务院关于积极实行农科教结合推动农村经济发展的通知

几年来，不少地方和有关部门在科技、教育兴农工作中，积极实行农业(包括林业、水利等，下同)、科技、教育相结合，有力地推动了农业生产和农村经济的发展。农科教结合是广大干部、群众和科教人员在农村综合改革实践中创造的具有普遍意义的新鲜经验，使科教兴农找到了具体的实现形式。为深入贯彻党的十三届八中全会精神，使农科教结合工作在全国更好地开展起来，特作如下通知：

一、农科教结合是实现农业现代化的一个重要途径

农业发展靠科技，科技进步靠人才，人才培养靠教育，这是现代农业发展的客观规律。实行农科教结合，即在政府统筹协调下，使农、科、教等各有关方面形成强大合力，以促进农业和农村经济发展为目标，以推广先进农业科学技术为动力，以加强农村教育特别是职业技术教育和适用技术培训为基础，实现农业和农村经济的全面振兴。实践证明，实行农科教结合，能够有力地促进科技、教育更好地为农业和农村经济服务；能够富有成效地组织各有关方面的力量，克服部门分割、相互脱节的现象，做到扬长避短、优势互补，充分利用各方面的人力、财力、物力，提高科教兴农的整体效益；能够进一步充实健全农村科技培训与推广网络和加强服务基地的建设，不断提高广大农民的科学文化素质，增强以家庭联产承包为主的责任制的活力，巩固壮大集体经济，推动农业和农村经济向专业化、商品化、现代化发展。农科教结合，对于形成以教治愚、以科致富、以富兴科教的良性循环和农村经济发展的新机制，对于加强农村物质文明和精神文明建设，巩固农村社会主义阵地，都具有现实和深远的意义。农科教结合是农业和农村经济发展以及科技、教育事业发展的客观要求和必然选择，是把农业发展和农村经济建设转移到依靠科技进步和提高劳动者素质轨道上来的重大措施。

没有农业和农村经济同科技、教育的结合，就没有农村的现代化。把农业和农村经济开发同科技开发、智力开发有机地结合起来，建立有利于科技、教育进步，振兴农业和农村经济的新机制，是当前农村深化改革的迫切任务。各级政府要把实行农科教结合，推动农业和农村经济同科技、教育事业的协调发展，作为改革是否深入、是否收到实效的一个重要标志，切实抓好这件兴国利民、造福子孙后代的大事。

二、农科教结合要紧紧围绕振兴农业和农村经济这个中心

实行农科教结合，主要目的是推动农业、科技、教育事业的结合，建立相互促进、协调发展的运行机制，逐步实现农业和农村经济的现代化。农村科技事业要围绕农业生产和农村经济建设的发展规划和开发项目，开展适用技术研究，加快科技成果的转化，促进农村的科技进步。农村教育事业要围绕农村经济发展与科技进步的需要，在实施九年义务教育的同时，大力发展职业技术教育和农民适用技术培训，不断提高农村劳动者的素质。

各有关部门要紧紧围绕振兴农业和农村经济这个中心任务，通力合作，分工负责，各尽其力，形成振兴农业的“大合唱”。农业或农村工作的主管部门，要在政府领导下主动做好农科教结合的具体组织工作，密切依靠科技、教育等部门和行业，共同促进农业和农村经济发展目标的实现。同时，要进一步加强农业系统内生产管理部门与农业科研机构、农业院校的合作。科技、教育部门要继续抓好农村科技、教育体制改革。吸引和组织更多的科技人员，开展多种形式的科技服务，发展各种农民专业技术协会、研究会，以及科技示范户、示范村等。要使基础教育、职业技术教育和成人教育面向农村、协调发展，充分发挥农村学校人才、知识相对密集的优势，积极参与农业科技试验、示范、推广工作。

计划、财政、金融、商业、供销、物资、劳动、人事等各部门，都要从促进农业和农村经济发展的全局出发，积极参与和大力支持农科教结合，做好兴农的服务工作。要鼓励和支持民主党派和共青团、妇联、科协等群众团体，在当地政府统筹安排下，充分发挥自己的优势，积极开展科教兴农活动。农业、林业、水利、气象等大中专院校及有关的其他院校都要进一步改革教育内

容、招生和分配制度，培养农村急需的各类人才，积极参与农业科技推广工作，更好地为农村社会主义建设服务。

三、加强政府统筹是推动农科教结合的关键

实现农科教结合，关键在于各级政府要树立总揽经济和社会发展全局的观念，加强对农业和农村经济、科技与教育事业发展的统筹规划，更好地把农科教等有关部门的力量组织起来。各级政府要抓住农业发展、科技进步、人才培养这条主线，统筹安排农业和农村经济、科技、教育的改革与发展任务，使农村科技和教育事业的发展目标同农业和农村经济发展目标紧密地衔接起来，更好地为其服务。在科教兴农中，各地应根据有利于农村社会生产力发展、有利于提高科教兴农的整体效益、有利于发挥各个方面积极性的原则，并按照隶属关系和职能不变、经费渠道和用途不乱的要求，统筹实施农业综合开发、扶贫开发和“丰收”、“星火”、“燎原”等计划项目，统筹制定人才培养和适用技术的培训方案，统筹组织各方面的技术力量，统筹使用各部门的实验基地和设施，以及统一筹措、合理安排科教兴农资金。

县、乡两级政府是农村经济建设第一线的指挥部，直接担负着本地区农业和农村社会经济发展的计划、管理、组织和协调的责任。当前，实行农科教结合要以县、乡为重点。各省、自治区、直辖市政府要鼓励和引导县、乡政府在实践中大胆探索，努力创造符合当地实际的统筹内容和结合形式。上级各部门要尊重和支持县、乡政府的统筹自主权，不要因县、乡实行统筹规划而削减正常下拨的经费、劳动就业指标和生产物资等。

四、充实和健全科技培训与推广网络是当前的重要任务

我国农村科技力量薄弱，培训与推广网络不健全，是制约农业和农村经济发展的一个突出矛盾。当前，农科教结合工作的一个重要任务，就是要根据农业和农村经济发展的实际需要，巩固壮大农村科技服务队伍，充实健全科技培训与推广网络，使科技成果尽快转化为生产力。

科技培训与推广网络是农业社会化服务体系中重要的组成部分。我国农村的科技推广机构几十年来为农业建设作出了重大贡献，但是随着农村经济体制的变化和农业综合开发的需要，必须通过改革加以充实和完善。要在农科教结合工作中，积极扶持、引导各种形式的技术推广体系的建立和发展，逐步形成以县科技培训与推广服务中心为龙头，以乡、村服务基地为网点，上挂大中专院校、科研院所和科技单位，下联专业组、户的农村科技培训与推广网络。各有关院校和科研单位，要主动联系，接受任务，做好工作。这个网络应承担技术培训和成果推广两个方面的任务，不仅要切实发挥现有科技推广机构的骨干作用，而且要充分调动各部门、各行业在科技培训与推广中的积极性，还要十分重视农村各级各类学校和回乡青年学生的作用，以及大力发展多种类型的农民科技组织，从而形成规模更大的专兼结合、专群结合的网络。

县服务中心和乡、村服务基地要在农业、科技、教育等部门紧密协作下，根据当地的实际，充分利用农业科技推广机构的站、场、所或各类学校以及其他设施进行建设，开展科技试验、示范、培训、推广的多功能综合服务。对中心和基地，县、乡要做好统筹安排，不要盲目铺新摊子，防止重复建设。县、乡政府可采取多渠道筹措资金的办法，增加对中心和基地建设的投入。这些中心和基地应逐步发展成以科技为先导的集体经营的经济服务实体，不断增强为农业生产服务和自身发展的能力。各级政府要按照一九八九年《国务院关于完善化肥、农药、农膜专营办法的通知》和一九九一年《国务院关于加强农业社会化服务体系建设的通知》规定的有关政策，给予扶持。

五、在农科教结合中大力发展农村职业技术教育

我国农民科学文化素质较低，吸收运用先进技术的能力不强，影响着农业和农村经济的进一步发展。大力改革和发展农村教育，特别是加强职业技术教育和适用技术培训工作，培养一大批扎根于农村的科技力量，提高广大农民的素质，是科教兴农的重要环节。农村职业技术教育要始终坚持为农业和农村经济建设服务的方针，贯彻因地制宜、按需施教、灵活多样、注重实效的原则。特别是适用技术培训更要有很强的针对性，把培训农民与技术推广紧密联系起来。发展农村职业技术教育和进行适用技术培训，必须要有农业、科技、教育等各部门的积极参与和密切配合。同时，县、乡政府要加强统筹规划，做到统一安排、合理布局，综合利用学校设施，发挥学校多种功能，提高办学的经济效益和社会效益。

当前，县(市)首先要集中力量办好一两所起示范和骨干作用的职业技术学校，并继续办好农村广播函授学校；乡(镇)要办好农民文化技术学校；村要逐步建立农民业余文化技术学校。农村中小学教育要在适当阶段引进职业技术教育内容和举办多种形式的职业技术培训班。农业、林业、水利、气象及有关的其他中等专业学校要在深化改革中进一步发挥骨干作用，为农村科技培训与推广网络不断输送技术人才。各地要采取有效措施，加强农村职业技术教育和适用技术培训的师资、教材建设。县、乡应选拔有一定实践经验的优秀教师和回乡青年学生，送到有关大中专学校定向培养为专业师资；农业、科技等部门要选派一些技术人员

担任农村职业技术学校的兼职教师。县、乡要组织农业、科技、教育等有关部门的力量，根据当地农业开发的实际需要，共同编写富有特色的实用乡土教材。

六、进一步落实和采取发挥科教人员积极性和提高农民科学文化素质的政策

各级政府要认真落实"尊重知识、尊重人才"的方针和有关政策，并进一步研究制定有利于稳定和发展农村科教队伍，有利于科教人员下乡帮助农民致富，有利于农民学文化、学技术的政策措施。同时，要积极创造条件，吸引高级专门人才参加农业和农村经济开发工作。

对在农村科技开发与推广工作中成绩显著的科教人员，应以工作实绩作为职称评定、晋级的重要依据优先考虑；在农村职业技术学校连续兼任教师满三年以上并继续从事教学工作的科技人员可参加教师职称的评定，从事农业技术推广工作的学校教师也可以参加相关专业技术职称的评定，他们在岗期间可享受相应的待遇。各地还可根据自己的实际条件，对在乡、村从事农业技术培训与推广工作的技术人员和学校劳动技术课教师增发岗位或农业技术工龄补贴，对有突出贡献的科教人员给予重奖。

要积极鼓励和吸收农村职业技术学校毕业生参加科技培训与推广工作，并给他们提供必要的条件，以充分发挥他们的作用。要逐步建立和完善农民技术员职称制度和农民技术资格证书（绿色证书）制度。对获得技术员资格和获得技术资格证书的农民，应优先安排项目承包和贷款，以及给予其他必要的支持。

今后，农村基层干部的录用，要逐步做到从获得技术资格证书的优秀农民和回乡青年学生中选拔，以提高基层干部队伍的科技文化素质。

各级政府要认真研究和制定有关政策，积极培育农村技术市场，逐步实现科技有偿服务，并依法保障科教人员的合法权益。

七、必须树立适应现代农业发展需要的领导观念

实行农科教结合，把农业发展和农村经济建设转移到依靠科技进步和提高劳动者素质的轨道上来，是一场广泛而深刻的变革。这场变革不可避免地对领导观念和方式乃至管理体制提出新的要求。对此，各级领导干部应予以高度重视。应当看到，能不能把经济工作同科技、教育工作更好地结合起来，是对各级政府能否胜任领导现代化建设任务的重要检验。为适应农业和农村经济的转轨并主动地领导这场变革，各级领导干部必须转变传统农业的领导观念和方式，特别是转变只就农业抓农业、只就科技抓科技、只就教育抓教育的封闭的领导方式，树立现代农业的领导观念。要尊重群众的首创精神，运用唯物辩证法和现代系统科学的方法，积极探索符合经济发展规律要求的管理方式，在推动我国农村经济和社会全面发展中创造性地开展工作。

实行农科教结合，有许多问题需要在实践中不断认识和解决。各省、自治区、直辖市政府要切实加强领导，及时总结推广典型经验，做好分类指导工作。由于各地社会、经济发展不平衡，在工作中一定要从实际出发，因地制宜，讲求实效，不搞"一刀切"，不做表面文章，防止一哄而起、急于求成。要坚持自力更生、艰苦奋斗、勤俭办事业的原则，把这项工作做得更好。各级政府要根据当地的实际情况，制定实施农科教结合的具体方案，主要负责人要亲自动手，抓好抓实，使农科教结合工作健康发展。

国家教委发出《1991 年全国中小学近视眼防治工作公告》

《公告》指出，至 1991 年底，根据 23 个省、自治区、直辖市（黑龙江、安徽、湖北、贵州、陕西、西藏未报材料）上报学生视力监测结果统计，共确定监测点校 216 所，人数 193483 人，视力不良率为 36.79%，近视率为 33.74%。其中视力不良率男生为 33.83%，女生为 39.82%；近视率男生为 30.99%，女生为 36.52%。

《公告》提出，1992 年要继续抓好宣传周活动，要求遍布所有中小学，形成制度；完善视力监测与公告制度；要尽快落实不需要太多条件的各项防治近视眼措施；要加强督导检查。

国务院批准《中华人民共和国陆生野生动物保护实施条例》

第一章 总 则

第一条 根据《中华人民共和国野生动物保护法》（以下简称《野生动物保护法》）的规定，制定本条例。

第二条 本条例所称陆生野生动物，是指依法受保护的珍贵、濒危、有益的和有重要经济、科学研究价值的陆生野生动物（以下简称野生动物）；所称野生动物产品，是指陆生野生动物的任何部分及其衍生物。

第三条 国务院林业行政主管部门主管全国陆生野生动物管理工作。

省、自治区、直辖市人民政府林业行政主管部门主管本行政区域内陆生野生动物管理工作。自治州、县和市人民政府陆生野生动物管理工作的行政主管部门，由省、自治区、直辖市人民政府确定。

第四条 县级以上各级人民政府有关主管部门应当鼓励、支持有关科研、教学单位开展野生动物科学研究工作。

第五条 野生动物行政主管部门有权对《野生动物

保护法》和本条例的实施情况进行监督检查，被检查的单位和个人应当给予配合。

第二章 野生动物保护

第六条 县级以上地方各级人民政府应当开展保护野生动物的宣传教育，可以确定适当时间为保护野生动物宣传月、爱鸟周等，提高公民保护野生动物的意识。

第七条 国务院林业行政主管部门和省、自治区、直辖市人民政府林业行政主管部门，应当定期组织野生动物资源调查，建立资源档案，为制定野生动物资源保护发展方案、制定和调整国家和地方重点保护野生动物名录提供依据。

野生动物资源普查每十年进行一次，普查方案由国务院林业行政主管部门或者省、自治区、直辖市人民政府林业行政主管部门批准。

第八条 县级以上各级人民政府野生动物行政主管部门，应当组织社会各方面力量，采取生物技术措施和工程技术措施，维护和改善野生动物生存环境，保护和发展野生动物资源。

禁止任何单位和个人破坏国家和地方重点保护野生动物的生息繁衍场所和生存条件。

第九条 任何单位和个人发现受伤、病弱、饥饿、受困、迷途的国家和地方重点保护野生动物时，应当及时报告当地野生动物行政主管部门，由其采取救护措施；也可以就近送具备救护条件的单位救护。救护单位应当立即报告野生动物行政主管部门，并按照国务院林业行政主管部门的规定办理。

第十条 有关单位和个人对国家和地方重点保护野生动物可能造成的危害，应当采取防范措施。因保护国家和地方重点保护野生动物受到损失的，可以向当地人民政府野生动物行政主管部门提出补偿要求。经调查属实并确实需要补偿的，由当地人民政府按照省、自治区、直辖市人民政府的有关规定给予补偿。

第三章 野生动物猎捕管理

第十一条 禁止猎捕、杀害国家重点保护野生动物。

有下列情形之一，需要猎捕国家重点保护野生动物的，必须申请特许猎捕证：

（一）为进行野生动物科学考察、资源调查，必须猎捕的；

（二）为驯养繁殖国家重点保护野生动物，必须从野外获取种源的；

（三）为承担省级以上科学研究项目或者国家医药生产任务，必须从野外获取国家重点保护野生动物的；

（四）为宣传、普及野生动物知识或者教学、展览的需要，必须从野外获取国家重点保护野生动物的；

（五）因国事活动的需要，必须从野外获取国家重点保护野生动物的；

（六）为调控国家重点保护野生动物种群数量和结构，经科学论证必须猎捕的；

（七）因其他特殊情况，必须捕捉、猎捕国家重点保护野生动物的。

第十二条 申请特许猎捕证的程序如下：

（一）需要捕捉国家一级保护野生动物的，必须附具申请人所在地和捕捉地的省、自治区、直辖市人民政府林业行政主管部门签署的意见，向国务院林业行政主管部门申请特许猎捕证；

（二）需要在本省、自治区、直辖市猎捕国家二级保护野生动物的，必须附具申请人所在地的县级人民政府野生动物行政主管部门签署的意见，向省、自治区、直辖市人民政府林业行政主管部门申请特许猎捕证；

（三）需要跨省、自治区、直辖市猎捕国家二级保护野生动物的，必须附具申请人所在地的省、自治区、直辖市人民政府林业行政主管部门签署的意见，向猎捕地的省、自治区、直辖市人民政府林业行政主管部门申请特许猎捕证。

动物园需要申请捕捉国家一级保护野生动物的，在向国务院林业行政主管部门申请特许猎捕证前，须经国务院建设行政主管部门审核同意；需要申请捕捉国家二级保护野生动物的，在向申请人所在地的省、自治区、直辖市人民政府林业行政主管部门申请特许猎捕证前，须经同级政府建设行政主管部门审核同意。

负责核发特许猎捕证的部门接到申请后，应当在三个月内作出批准或者不批准的决定。

第十三条 有下列情形之一的，不予发放特许猎捕证：

（一）申请猎捕者有条件以合法的非猎捕方式获得国家重点保护野生动物的种源、产品或者达到所需目的的；

（二）猎捕申请不符合国家有关规定或者申请使用的猎捕工具、方法以及猎捕时间、地点不当的；

（三）根据野生动物资源现状不宜捕捉、猎捕的。

第十四条 取得特许猎捕证的单位和个人，必须按照特许猎捕证规定的种类、数量、地点、期限、工具和方法进行猎捕，防止误伤野生动物或者破坏其生存环境。猎捕作业完成后，应当在十日内向猎捕地的县级人民政府野生动物行政主管部门申请查验。

县级人民政府野生动物行政主管部门对在本行政区域内猎捕国家重点保护野生动物的活动，应当进行监督检查，并及时向批准猎捕的机关报告监督检查结果。

第十五条 猎捕非国家重点保护野生动物的，必须持有狩猎证,并按照狩猎证规定的种类、数量、地点、期限、工具和方法进行猎捕。

狩猎证由省、自治区、直辖市人民政府林业行政主管部门按照国务院林业行政主管部门的规定印制,县级以上地方人民政府野生动物行政主管部门或者其授权的单位核发。

狩猎证每年验证一次。

第十六条 省、自治区、直辖市人民政府林业行政主管部门,应当根据本行政区域内非国家重点保护野生动物的资源现状,确定狩猎动物种类,并实行年度猎捕量限额管理。狩猎动物种类和年度猎捕量限额,由县级人民政府野生动物行政主管部门按照保护资源、永续利用的原则提出,经省、自治区、直辖市人民政府林业行政主管部门批准,报国务院林业行政主管部门备案。

第十七条 县级以上地方各级人民政府野生动物行政主管部门应当组织狩猎者有计划地开展狩猎活动。

在适合狩猎的区域建立固定狩猎场所的,必须经省、自治区、直辖市人民政府林业行政主管部门批准。

第十八条 禁止使用军用武器、气枪、毒药、炸药、地枪、排铳、非人为直接操作并危害人畜安全的狩猎装置、夜间照明行猎、歼灭性围猎、火攻、烟熏以及县级以上各级人民政府或者其野生动物行政主管部门规定禁止使用的其他狩猎工具和方法狩猎。

第十九条 科研、教学单位对国家重点保护野生动物进行野外考察、科学研究,涉及国家一级保护野生动物的,由国务院林业行政主管部门统一安排;涉及国家二级保护野生动物的,由省、自治区、直辖市人民政府林业行政主管部门统一安排。当地野生动物行政主管部门应当给予支持。

第二十条 外国人在中国境内对国家重点保护野生动物进行野外考察、标本采集或者在野外拍摄电影、录像的,必须向国家重点保护野生动物所在地的省、自治区、直辖市人民政府林业行政主管部门提出申请,经其审核后,报国务院林业行政主管部门或者其授权的单位批准。

第二十一条 外国人在中国境内狩猎,必须在国务院林业行政主管部门批准的对外国人开放的狩猎场所内进行,并遵守中国有关法律、法规的规定。

第四章 野生动物驯养繁殖管理

第二十二条 驯养繁殖国家重点保护野生动物的,应当持有驯养繁殖许可证。以生产经营为主要目的驯养繁殖国家重点保护野生动物的,必须凭驯养繁殖许可证向工商行政管理部门申请登记注册。

国务院林业行政主管部门和省、自治区、直辖市人民政府林业行政主管部门可以根据实际情况和工作需要,委托同级有关部门审批或者核发国家重点保护野生动物驯养繁殖许可证。动物园驯养繁殖国家重点保护野生动物的,林业行政主管部门可以委托同级建设行政主管部门核发驯养繁殖许可证。

驯养繁殖许可证由国务院林业行政主管部门印制。

第二十三条 从国外或者外省、自治区、直辖市引进野生动物进行驯养繁殖的,应当采取适当措施,防止其逃至野外;需要将其放生于野外的,放生单位应当向所在省、自治区、直辖市人民政府林业行政主管部门提出申请,经省级以上人民政府林业行政主管部门指定的科研机构进行科学论证后,报国务院林业行政主管部门或者其授权的单位批准。

擅自将引进的野生动物放生于野外或者因管理不当使其逃至野外的,由野生动物行政主管部门责令限期捕回或者采取其他补救措施。

第二十四条 从国外引进的珍贵、濒危野生动物,经国务院林业行政主管部门核准,可以视为国家重点保护野生动物;从国外引进的其他野生动物,经省、自治区、直辖市人民政府林业行政主管部门核准,可以视为地方重点保护野生动物。

第五章 野生动物经营利用管理

第二十五条 收购驯养繁殖的国家重点保护野生动物或者其产品的单位,由省、自治区、直辖市人民政府林业行政主管部门商有关部门提出,经同级人民政府或者其授权的单位批准,凭批准文件向工商行政管理部门申请登记注册。

依照前款规定经核准登记的单位,不得收购未经批准出售的国家重点保护野生动物或者其产品。

第二十六条 经营利用非国家重点保护野生动物或者其产品的,应当向工商行政管理部门申请登记注册。

经核准登记经营利用非国家重点保护野生动物或者其产品的单位和个人,必须在省、自治区、直辖市人民政府林业行政主管部门或者其授权单位核定的年度经营利用限额指标内,从事经营利用活动。

第二十七条 禁止在集贸市场出售、收购国家重点保护野生动物或者其产品。

持有狩猎证的单位和个人需要出售依法获得的非国家重点保护野生动物或者其产品的,应当按照狩猎证规定的种类、数量向经核准登记的单位出售,或者在当地人民政府有关部门指定的集贸市场出售。

第二十八条 县级以上各级人民政府野生动物行政主管部门和工商行政管理部门,应当对野生动物或者其产品的经营利用建立监督检查制度,加强对经营利用野生动物或者其产品的监督管理。

对进入集贸市场的野生动物或者其产品，由工商行政管理部门进行监督管理；在集贸市场以外经营野生动物或者其产品，由野生动物行政主管部门、工商行政管理部门或者其授权的单位进行监督管理。

第二十九条 运输、携带国家重点保护野生动物或者其产品出县境的，应当凭特许猎捕证、驯养繁殖许可证，向县级人民政府野生动物行政主管部门提出申请，报省、自治区、直辖市人民政府林业行政主管部门或者其授权的单位批准。动物园之间因繁殖动物，需要运输国家重点保护野生动物的，可以由省、自治区、直辖市人民政府林业行政主管部门授权同级建设行政主管部门审批。

第三十条 出口国家重点保护野生动物或者其产品的，以及进出口中国参加的国际公约所限制进出口的野生动物或者其产品的，必须经进出口单位或者个人所在地的省、自治区、直辖市人民政府林业行政主管部门审核，报国务院林业行政主管部门或者国务院批准；属于贸易性进出口活动的，必须由具有有关商品进出口权的单位承担。

动物园因交换动物需要进出口前款所称野生动物的，国务院林业行政主管部门批准前或者国务院林业行政主管部门报请国务院批准前，应当经国务院建设行政主管部门审核同意。

第三十一条 利用野生动物或者其产品举办出国展览等活动的经济收益，主要用于野生动物保护事业。

第六章 奖励和惩罚

第三十二条 有下列事迹之一的单位和个人，由县级以上人民政府或者其野生动物行政主管部门给予奖励：

（一）在野生动物资源调查、保护管理、宣传教育、开发利用方面有突出贡献的；

（二）严格执行野生动物保护法规，成绩显著的；

（三）拯救、保护和驯养繁殖珍贵、濒危野生动物取得显著成效的；

（四）发现违反野生动物保护法规行为，及时制止或者检举有功的；

（五）在查处破坏野生动物资源案件中有重要贡献的；

（六）在野生动物科学研究中取得重大成果或者在应用推广科研成果中取得显著效益的；

（七）在基层从事野生动物保护管理工作五年以上并取得显著成绩的；

（八）在野生动物保护管理工作中有其他特殊贡献的。

第三十三条 非法捕杀国家重点保护野生动物的，依照全国人民代表大会常务委员会关于惩治捕杀国家重点保护的珍贵、濒危野生动物犯罪的补充规定追究刑事责任；情节显著轻微危害不大的，或者犯罪情节轻微不需要判处刑罚的，由野生动物行政主管部门没收猎获物、猎捕工具和违法所得，吊销特许猎捕证，并处以相当于猎获物价值十倍以下的罚款，没有猎获物的处一万元以下罚款。

第三十四条 违反野生动物保护法规，在禁猎区、禁猎期或者使用禁用的工具、方法猎捕非国家重点保护野生动物，依照《野生动物保护法》第三十二条的规定处以罚款的，按照下列规定执行：

（一）有猎获物的，处以相当于猎获物价值八倍以下的罚款；

（二）没有猎获物的，处二千元以下罚款。

第三十五条 违反野生动物保护法规，未取得狩猎证或者未按照狩猎证规定猎捕非国家重点保护野生动物，依照《野生动物保护法》第三十三条的规定处以罚款的，按照下列规定执行：

（一）有猎获物的，处以相当于猎获物价值五倍以下的罚款；

（二）没有猎获物的，处一千元以下罚款。

第三十六条 违反野生动物保护法规，在自然保护区、禁猎区破坏国家或者地方重点保护野生动物主要生息繁衍场所，依照《野生动物保护法》第三十四条的规定处以罚款的，按照相当于恢复原状所需费用三倍以下的标准执行。

在自然保护区、禁猎区破坏非国家或者地方重点保护野生动物主要生息繁衍场所的，由野生动物行政主管部门责令停止破坏行为，限期恢复原状，并处以恢复原状所需费用二倍以下的罚款。

第三十七条 违反野生动物保护法规，出售、收购、运输、携带国家或者地方重点保护野生动物或者其产品的，由工商行政管理部门或者其授权的野生动物行政主管部门没收实物和违法所得，可以并处相当于实物价值十倍以下的罚款。

第三十八条 伪造、倒卖、转让狩猎证或者驯养繁殖许可证，依照《野生动物保护法》第三十七条的规定处以罚款的，按照五千元以下的标准执行。伪造、倒卖、转让特许猎捕证或者允许进出口证明书，依照《野生动物保护法》第三十七条的规定处以罚款的，按照五万元以下的标准执行。

第三十九条 违反野生动物保护法规，未取得驯养繁殖许可证或者超越驯养繁殖许可证规定范围驯养繁殖国家重点保护野生动物的，由野生动物行政主管部门没收违法所得，处三千元以下罚款，可以并处没收野生动物、吊销驯养繁殖许可证。

第四十条 外国人未经批准在中国境内对国家重点保护野生动物进行野外考察、标本采集或者在野外拍摄电影、录像的,由野生动物行政主管部门没收考察、拍摄的资料以及所获标本,可以并处五万元以下罚款。

第四十一条 有下列行为之一,尚不构成犯罪的,由公安机关依照《中华人民共和国治安管理处罚条例》的规定处罚:

(一)拒绝、阻碍野生动物行政管理人员依法执行职务的;

(二)偷窃、哄抢或者故意损坏野生动物保护仪器设备或者设施的;

(三)偷窃、哄抢、抢夺非国家重点保护野生动物或者其产品的;

(四)未经批准猎捕少量非国家重点保护野生动物的。

第四十二条 违反野生动物保护法规,被责令限期捕回而不捕的,被责令限期恢复原状而不恢复的,野生动物行政主管部门或者其授权的单位可以代为捕回或者恢复原状,由被责令限期捕回者或者被责令限期恢复原状者承担全部捕回或者恢复原状所需的费用。

第四十三条 违反野生动物保护法规,构成犯罪的,依法追究刑事责任。

第四十四条 依照野生动物保护法规没收的实物,按照国务院林业行政主管部门的规定处理。

第七章 附 则

第四十五条 本条例由国务院林业行政主管部门负责解释。

第四十六条 本条例自发布之日起施行。

2月13日

澳大利亚联邦总督海登在堪培拉总督府会见国务院副总理朱镕基

越南部长会议主席武文杰在主席府会见国务委员钱其琛

国务委员兼外交部长钱其琛在河内下榻的国宾馆与越南外交部部长阮孟琴进行会谈

钱其琛说:"中越关系实现正常化后,两国外长首次接触,对落实和发展两国高级会晤的成果,加强两国的睦邻友好关系,会起到推动作用。"

关于当前的国际形势,钱其琛说,苏联的解体宣告了两极世界格局的结束。但世界并不太平,过去被掩盖的矛盾日益表面化,南北差距在扩大。局势十分动荡,不可预测的因素增加。然而,亚太地区相对稳定,经济发展。柬埔寨问题的政治解决和中越关系正常化有利于本地区的和平与发展。

两位外长一致认为,执行巴黎协定是柬埔寨问题总的趋势。双方同意继续努力,推动柬埔寨的和平进程,使巴黎协定得以落实。

关贸总协定中国工作组举行第10次会议

关税及贸易总协定中国工作组在日内瓦开始第10次会议,继续审议中国恢复关贸总协定缔约国地位的要求。

中国代表团团长外经贸部副部长佟志广在关贸总协定中国工作组会议上发表讲话

佟志广重申,中国将继续努力改革外贸制度,使其符合关贸总协定的要求。

佟志广指出,中国从1988年开始实行的旨在调整经济过热和抑制通货膨胀的经济治理整顿主要任务已经完成。当时采取的一些加强行政控制的措施已被"'八五'计划"和"十年规划"确定的进一步改革开放方针所取代。1992年,中国将进一步深化经济体制改革,有步骤地把企业推向市场。

佟志广说,去年中国在外贸体制改革方面迈出了重大的一步,取消了出口补贴,并对外贸企业按照国际惯例实行自负盈亏。今年的重点是改革进口管理体制。其中包括:逐步将关税总水平降到关贸总协定要求的发展中国家应有的水平,取消进口调节税;尽快制订《外贸法》和《反倾销法》等法规,使中国的外贸管理法制化;减少进口许可证管理范围;增强进口管理的透明度。

作为关贸总协定中国工作组中国首席谈判代表,佟志广还表示根据关贸总协定关税减让谈判规则,立即开始与关贸总协定缔约国展开关税减让谈判。

关贸总协定中国工作组成立于1987年,其使命是负责审议中国提出的关于恢复关贸总协定缔约国地位的申请问题。

外交部发言人就有关中国向伊朗出售制造中程导弹技术之说发表谈话

有记者问:据美联社、法新社援引美国情报机构消息,中国向伊朗出售制造中程导弹技术。你对此有何评论?

发言人说:"这种说法是毫无根据的、无中生有的捏造。"

2月14日

全国人大常委会委员长万里在云南边疆民族地区考察

全国人大常委会委员长万里在云南边疆民族地区考察工作时，勉励各族干部加快改革步伐，发展团结稳定的大好局面，集中精力把经济工作搞上去，使祖国的边疆更加繁荣，各族人民的生活进一步改善。

2月14日至17日，万里委员长由云南省委副书记尹俊陪同，先后考察了西双版纳傣族自治州、德宏傣族景颇族自治州和大理白族自治州，到少数民族村寨、农民家庭、边境贸易口岸、科研单位，与各族干部、群众亲切交谈，了解生产、生活和工作情况。他高兴地指出，云南边疆地区民族团结好，改革开放好，生产发展好，人民生活明显改善，形势十分喜人。

万里委员长说，改革开放使边疆民族地区的经济和各项事业迅速发展，事实表明，不搞改革开放就没有出路，就会脱离群众，就站不稳脚跟。在德宏州的主要边境贸易口岸瑞丽县和畹町市，万里来到边民互市街和货场，了解前来开店设摊的国内外客商、商贩的情况和商品经销情况。他说，云南是西南地区重要的对外通道，各级干部思想要更解放一点，胆子更大一点，加快改革开放的步伐。边境贸易区要打开大门，既对内开、也对外开，让国内外的客商和企业都来参与经贸活动和经济技术合作。对进出口货物和进出境人员，既要管好，又要尽量方便群众，做到货畅其流。

万里委员长指出，云南是个多民族的省，民族团结是基础，没有这个基础，什么工作都搞不上去。他说，这次在云南，所到之处都看到各族人民和睦相处，紧密团结的景象，特别令人高兴。他要求抓好教育，培养出少数民族的各种人才，提高民族干部的科学文化素质，对内地到边疆民族地区工作的教师、医生和科技人员给予优待。万里强调说，任何时候都必须牢记：团结、稳定、发展。

万里委员长十分重视边疆民族地区的经济发展、资源开发和生态环境保护工作。在西双版纳，他观看了自然保护区的原始森林。在中国科学院西双版纳热带植物园，他种植了一棵国家重点保护植物龙脑树，了解了引种、保护、开发利用热带植物资源的情况。万里说，无论如何要把生态环境保护好，在这个基础上搞开发利用，不能为了一点眼前的利益去破坏森林，破坏生态，而要有长远的观点。在大理洱海考察时，万里委员长说，洱海不仅是云南的宝库，而且是全国的宝库，可以成为世界闻名的风景区，一定要保护好。他说，云南是个好地方，资源非常丰富，要帮助各族人民既搞好开发，又保护好生态环境，尤其要帮助边疆地区改善交通状况，尽快把经济建设搞上去。

国务院批准调整国务院三峡工程移民试点工作领导小组组成人员

组　长：陈俊生（国务委员）
副组长：刘仲藜（国务院副秘书长）
　　　　李昌安（国务院副秘书长）
　　　　李伯宁（国务院三峡地区经济开发办主任，主持常务工作）
　　　　刘　江（国家计委副主任）
　　　　项怀诚（财政部副部长）
　　　　张春园（水利部副部长）
　　　　蒲海清（四川省副省长）
　　　　王汉章（湖北省人大常委会副主任）
成　员：（略）

国办转发国务院引进国外智力领导小组办公室国家科委农业部关于进一步积极推广水稻旱育苗稀植栽培技术报告的通知

国务院副总理朱镕基在维多利亚州首府墨尔本向澳工商界人士发表题为《中国在改革开放中稳步前进》的演讲

朱镕基指出，开放改革政策给中国带来了发展和繁荣，给中国人民带来了实惠和幸福，这充分证明：改革开放政策是完全正确的，是推动中国经济发展和社会进步的最基本动力。因此，这一政策“不仅不会改变，而且随着国内经济环境的逐步宽松协调，我们将加快改革开放的步伐，进一步扩大同世界各国的经济、贸易、技术的合作和交流。”

关于中澳经贸关系的发展前景问题，朱镕基说，中澳建交20年来，两国在经贸和技术方面的合作取得了双方都有利的明显成果。两国的双边贸易增加了20倍，双向投资超过6亿美元，两国在众多领域进行合作。在90年代，中澳两国的贸易和经济技术合作应该在现有的基础上迈上一个新的台阶。这不仅有益于双方，而且有利于本地区的和平与繁荣。

国务委员兼外交部长钱其琛和越南外交部部长阮孟琴在河内国宾馆联合举行记者招待会

阮孟琴高度评价钱其琛这次对越南的正式访问。钱其琛说：“我刚同阮外长签署了两国经济合作协定和互免签证协定。这两个协定具有重要意义。我同阮孟琴外长的会谈是在友好、诚挚的气氛中进行的，双方达成了一些协议。我们还就国际问题交换了意见，有许多一致或相似的看法。我们认为，中越都是政治解决柬问题巴黎协定签字国,有责任作出努力,使柬埔寨的和平进程顺利进行。”

在回答记者关于中越两国签订互免签证协定内容的提问时,钱其琛说,互免签证是指互免外交和公务人员的签证,普通公民因私事往来者还需办签证。

中国记者问阮孟琴:“越南是否打算邀请以西哈努克为首、由四方组成的柬全国最高委员会代表团访问越南?”阮孟琴说,他在访问柬埔寨时已向西哈努克亲王和洪森发出访越邀请。他们原答应于1991年12月访越,后由于柬国内形势的原因,西哈努克亲王要求推迟至今年4、5月间进行。越南是巴黎协定签字国,希望这项协定能得到认真落实,柬各派实现民族和解,以便建立一个和平、独立、中立、不结盟、同各国都友好的柬埔寨。

阮孟琴在谈到越中两国经济合作的问题时说:“两国经济协定是个框架协定。双方政府都鼓励本国的公司和企业进行合作。采取的形式是多样的,例如直接投资、来料加工和合作生产等。今后在具体执行的时候,将签订各种合同。我和钱外长已达成协议,为了鼓励这些合作,双方将签订投资协定和避免双重征税协定。”

钱其琛说:“中越两国经济关系的发展前景广阔。因为中越两国是山水相连的近邻,建立睦邻友好关系具有重要意义。在经济合作方面,首先要恢复铁路、海运、航空、通讯的联系。这对两国经济交往是很有利的。中国在进行经济改革之后,许多地区和公司有很大的自主权。越南也正在进行经济改革,企业也有自主权。所以,中越的经济合作方式要与新形势相适应,要多让两国的公司、企业建立直接联系。”

国务委员兼外交部部长钱其琛和越南外交部部长阮孟琴分别代表两国政府在河内签署两国经济合作协定和互免签证协定

为了发展和加强两国的经济合作,今年1月下旬,在北京举行了中越两国经济合作会谈,双方经过充分讨论,一致同意签订《中华人民共和国政府和越南社会主义共和国政府经济合作协定》。根据这项协定,双方同意根据平等互利的原则以及各自国家的需要和可能,积极促进和发展两国间长期的、连续的、稳定的多种形式的经济合作,以推动两国国民经济共同发展。协定自签字之日起生效。

《关于互免签证的协定》规定,持有效的中华人民共和国外交、公务、因公普通护照的中华人民共和国公民和持有效的越南社会主义共和国外交、公务、因公普通护照的越南社会主义共和国公民,及其使用同一本护照的偕行人,在缔约另一方入境、出境或者过境,免办签证。协定自1992年3月15日起生效。

越南共产党中央总书记杜梅在胡志明市统一会堂会见国务委员钱其琛

中国代表团团长范国祥在联合国人权委员会第48届会议讨论世界人权大会筹备情况时发言

范国祥表示,中国赞成在1993年召开世界人权大会,并认为这次大会对研究今后如何更好地促进人权与基本自由的维护,是有益的和必要的。

范国祥指出,联合国在过去40多年中在人权领域作出了贡献,但同时还有不少不尽如人意的地方,妨碍了充分享受人权和基本自由这一崇高目标的进一步实现。

他说,人权问题政治化、意识形态化的倾向有增无减;割裂人权概念,片面强调某一类人权,奉行双重标准的行为没有得到认真的纠正;某些国家甚至利用人权为其政治利益服务,鼓吹某种社会模式是保护人权的化身,而其他社会制度是破坏人权的表现。它们大肆宣扬借口人权干涉他国内政的“合理性”,企图推行一种新的以大压小、以强凌弱的强权政治。这是一种违反联合国宪章原则的错误论点,使人权领域正常的国际合作受到严重阻碍。

范国祥强调,一个国家采取什么样的发展模式、社会制度和维护人权的措施,取决于这个国家的历史传统、经济发展和文化教育水平,取决于这个国家人民的选择。

关贸总协定中国工作组第10次会议结束

日内瓦关税及贸易总协定中国工作组第10次会议在日内瓦结束。会议对中国在改革开放中作出的努力和取得的成就表示欢迎,在推动恢复中国关贸总协定缔约国地位的进程方面取得实质性进展。

我国将新建自然保护区一百余个

被称为野生动植物的“防空洞”和“避难所”的自然保护区在我国将有较大发展。今后几年里我国将新建自然保护区100余个,新增面积约1000万公顷,占国土总面积的4%以上。同时,自然保护区网络布局将更趋合理,类型也更加齐全。

据国家环保局介绍,在这些新增的自然保护区中,国家级保护区约占40%。目前我国自然保护区的总数已达600多个,总面积约占国土面积的3%,其中国家级自然保护区62个。长白山、鼎湖山、卧龙、武夷山、梵净山、锡林郭勒、博格达峰等7个自然保护区先后加入“国际生物圈保留地网”。

2月15日

国务院提高玉米粳稻籼稻收购价格的通告

全国控购工作会议在南京召开

会议提出,全国控购工作仍要继续贯彻过紧日子的精神,对社会集团过热的消费倾向和不合理要求,依然要从严从紧控制;但对各项事业正常消费的需要,则要积极支持。

根据这一方针,全国控制社会集团购买力领导小组决定,今年对行政事业单位,除经批准的新建单位和旧老设备,包括小汽车报废更新外,一般不准购置新的设备。对直接用于生产、经营、科研、教学和医疗等方面的专项控制商品,只要手续齐备,资金来源正当,全国控办都将积极支持,并准予购置。

外交部发言人就荷兰政府决定不批准向台湾出售潜艇和零部件一事发表谈话

发言人说,荷兰政府2月14日重申信守1984年中荷恢复大使级外交关系的联合公报,决定不批准向台湾出售潜艇和零部件。中国方面赞赏荷兰政府的这一决定。

中国和越南恢复海上货运业务

经国家有关主管部门审核批准,广西北海海运公司最近获准恢复经营广西——越南海上货物运输。这是我国第一家恢复经营中越海上货运业务的地方航运公司。

2月16日

国家体改委负责人就1992年经济体制改革任务等问题答记者问

新近出版的《中国经济体制改革》杂志刊登了国家体改委负责人就今年经济体制改革任务发表的答记者问。

问:今年改革的重点是什么?国家拟在哪些方面积极推进配套改革?

答:1992年经济体制改革的重点是搞好全民所有制大中型企业,贯彻落实《企业法》,转换企业经营机制,有步骤地把企业推向市场。以此为中心,积极推进各项配套改革,也就是积极稳妥地进行价格改革,加大流通体制改革的力度;综合配套运用经济杠杆,强化间接调控;住房、社会保险和医疗制度改革要迈出较大步伐;搞好重大改革试点,为新体制和新机制的建立进行积极大胆的探索;贯彻落实中共中央《关于进一步加强农业和农村工作的决定》,继续深化农村改革。

问:在今年的改革中,要求首先建立哪些企业经营新机制?

答:当前,最重要的是打破"铁饭碗",建立能高能低的分配机制,打破"铁交椅",建立能进能出、能上能下的劳动用工、干部管理机制,建立企业内部分配和建设投资约束机制,以及完善激励机制和监督机制。

问:在今年的改革中,如何更好地体现按劳分配的原则?

答:在落实企业内部分配自主权方面,国家将着力控制好工资总额增长,不再规定企业职工普调工资,由企业根据经营状况自主确定内部工资分配形式;建立工资风险基金,以丰补歉。有条件的企业应逐步实行以岗位技能工资为主要形式的分配制度,拉开分配档次,向苦、脏、累、险、技术复杂岗位等一线职工和技术人员倾斜,真正把劳动报酬与企业的经济效益和职工个人的劳动贡献挂起钩来。完善企业工效挂钩办法,加强同行业企业之间效益的横向比较,综合考虑工资利税率、资金利税率、劳动生产率、销售收入、资金周转和技术进步等指标,实行综合指标挂钩。建立严格的审批和清算制度,解决挂涨不挂落、负盈不负亏的问题。

问:如何逐步改革企业内部的劳动人事制度?

答:要逐步改变企业管理人员按机关干部管理的办法,打破干部、工人的界限,按照公开、平等、竞争、择优原则选用管理人员。

推广和完善企业内部全员劳动合同制管理,加强就业服务体系建设。优化企业劳动组合,对富余人员,除采取多种形式拓宽就业门路外,以内部消化为主,可实行内部待业。企业有权在定员内按照需要招工、用工和按照合同规定辞退职工,职工有权按照合同规定辞职。

问:今年股份制试点将有哪些新的设想?

答:总的要求是抓紧制定股份制试点的有关政策规定,对多种形式的股份制试点,进行分类指导。

为促进企业组织结构的合理调整,积极推进法人持股的股份制,全民所有制企业在发展横向联合、组建企业集团时,可以互相参股;中央和地方、地方和地方、政府和企业共同出资新建的企业,有条件的应办成法人持股的有限责任公司;有条件的全民企业可吸收非全民企业投资入股,办成合资的有限责任公司。

有计划、有步骤地扩大企业内部职工持股的股份制。各地可选择一些基本建设或技术改造项目已列入国家计划而资金有缺口的企业,向本企业内部职工发行股票筹措资金。企业实行内部职工持股要经省一级体改部门批准，并制定严格的管理办法，在资产评估的基础上，按照风险共担、利益共享的原则，实行同股同利。

在总结经验、加强管理的基础上，搞好向社会公开发行股票的股份制试点。上海、深圳两市要有计划地逐步扩大上市企业数量。

问：请问今年将如何进行价格改革？

答：要继续积极稳妥地进行价格改革。要按照既要稳定物价，又要振兴经济的要求，在保持物价总水平基本稳定的前提下，重点调整某些产品不合理的价格。改革价格形成机制：对供需基本平衡的商品，有步骤地放开价格，发挥市场调节的作用。抓紧修订、颁布新的价格分工管理目录，调整价格分工管理权限，研究制定放开价格的管理办法。

问：1991 年外贸体制改革可以说取得了预期的成功，今年将怎样进一步推进这方面的改革？

答：要在总结经验的基础上，进一步完善自负盈亏的新体制，促进各类外贸企业机制转换。改进许可证和配额管理办法，增加透明度，按不同产品逐步引进招标竞争机制，完善出口退税制度，真正做到按出口实绩及时退税。改革进口经营体制，逐步建立以产业政策引导进口、以关税为主要手段调节进口的机制，积极创造条件，扩大进口代理作价的范围。加强产销衔接，加快工贸结合的步伐。进一步扩大外汇调剂市场，继续对汇率进行微调，为建立有管理的浮动汇率制创造条件。

问：今年国家在宏观经济体制改革方面有何安排和设想？

答：要进一步缩小指令性计划范围，改革计划管理方法。全面清理省级指令性产品生产和调拨计划管理的范围，凡是生产经营能放开的，应当尽快放开。改进指导性计划管理办法，逐步推广国家优先订货、合同订购、产需衔接等形式。

深化投资体制改革，促进结构调整。着重通过金融和财税等手段控制社会固定资产投资规模，特别要加强对新建项目的控制。逐步改变重点建设项目资金完全或绝大部分由国家承担的做法，国家投资主要采取参股或贴息的形式，引导投资方向和调整结构，逐步形成中央、地方、企业共同参与的多元投资体制。

积极推进财税体制改革。中央和省一级财政全面实行复式预算。

配合价格、商业、物资、外贸和生产企业体制改革，逐步减少财政补贴。

根据国务院的决定，从今年起分 3 年把全民所有制大中型工业企业的所得税率由 55％降低到 33％。今年，要选择一部分指令性计划较多、技术改造任务较重的大中型工业企业先行一步。

有计划地统一全民、集体、私营企业所得税，改进个人收入调节税，合并奖金税和工资调节税，积极研究流转税改进办法。在一些省市进行分税包干制试点，为财政包干制向分税制过渡积累经验。

相应进行金融体制改革。强化中央银行的宏观调控，提高货币政策的科学性、严肃性。

进一步开拓金融市场。在现有跨地区资金网络的基础上，在全国建立几个跨地区、跨系统的资金市场，形成全国的资金拆借中心。进一步发展债券市场，逐步增加债券种类，搞好债券的流通转让。继续扩大国库券承购包销办法；积极进行非实物券发行试验；搞好发行人民币特种股票的试验，吸收境外股权投资。选择有条件的外地股份制企业或企业集团，经过审核批准，其股票可以在深圳、上海证券交易所异地上市。

问：目前，住房制度改革已经在全国形成了良好的大气候，如何利用这一有利条件积极推进今年的房改？

答：今年住房制度改革要全面起步。要认真贯彻落实 1991 年全国住房制度改革工作会议精神，根据统一方针、因地制宜、分散决策、分类指导的原则，在提租、售房、集资建房、建立住房基金、住房融资体系、发育房地产市场等方面都要有实质性的进展。

中国将试行新国民经济核算体系

为了适应计划经济与市场调节相结合的新的经济运行机制的要求，我国从今年起将试行新的国民经济核算体系。据专家介绍，国民经济核算是以社会再生产过程为对象的全面、系统的核算。新国民经济核算体系，是对整个国民经济运行情况进行计算、测定和描述的宏观经济信息系统。新核算体系由社会再生产核算表和经济循环账户两个部分组成。该体系通过具有内在联系的指标体系和科学的核算方法，准确、系统地反映出整个国民经济的运行状况。它具有几个鲜明的特点：一是整体结构体现了马克思再生产原理，从总体上反映社会再生产的条件、过程和结果，反映以社会总供给与总需求平衡为中心的财政、信贷、物资、外汇等的总量平衡和结构平衡；二是吸取了世界上国民经济核算的先进经验，扩大并充实了核算范围和内容，形成适合我国需要的完整的体系。三是具有较强的国际对比功能。

据悉，新国民经济核算体系从 1984 年末起开始研究和方案设计，并实行试点试算。从今年起，计划用 5 年的时间在全国推行新核算体系。

中华人民共和国政府和沙特阿拉伯王国政府签订关于互设总领事馆的换文

我国反应堆压力容器用特种优质钢达国际先进水平

四川腹地传来喜讯，60万千瓦核电站反应堆压力容器用钢及配套焊接材料，最近完成了优化性能的攻坚任务。核专家认为，这项成果达到国际80年代中期先进水平，标志我国已成为世界上少数拥有这种特殊钢种的国家。

秦山30万千瓦核电站的压力容器，是从日本兰菱公司进口的，按1986年价格计算，耗资500多万美元。即将开始的秦山第二期工程60万千瓦核电站的压力容器，将能使用国产钢了。

核专家介绍，反应堆压力容器是建设核电站的关键技术之一，一个国家能否掌握反应堆压力容器材料及其制造，不仅反映这个国家科技、工业技术能力及管理水平的高低，而且也是这个国家核电国产化程度的重要衡量尺度。机电部第二重型机器厂、中国核动力研究设计院、冶金部钢铁研究总院、机电部哈尔滨焊接研究所自筹资金，经过十年联合攻关，终于完成了这一代表"国家队"水平的系统研制工程。这一新材料低温冲击性能超过美、法、德等国规定技术指标一倍以上，抗辐照性能达到美、法等国有关标准和法规的要求，主要塑韧性指标优于国外一些著名厂家的产品。

国家教委决定今年成人高考招收本科班

国家体委主任伍绍祖和葡萄牙教育部长戈麦斯·杜朗晚上在里斯本签署1992年中葡双边体育合作计划

国务院《关于下达〈九十年代中国儿童发展规划纲要〉》的通知

各省、自治区、直辖市人民政府，国务院各部委、各自属机构：

国务院同意妇女儿童工作协调委员会编制的《九十年代中国儿童发展规划纲要》，现发给你们，请认真贯彻执行，并结合本地区、本部门的实际情况制订实施方案。

90年代中国儿童发展规划纲要

一、前　言

（一）今天的儿童是二十一世纪的主人，儿童的生存、保护和发展是提高人口素质的基础，是人类未来发展的先决条件。一九九○年召开的世界儿童问题首脑会议通过了《儿童生存、保护和发展世界宣言》和《执行九十年代儿童生存、保护和发展世界宣言行动计划》（以下简称《宣言》、《行动计划》）。一九九一年三月，李鹏总理代表中国政府签署了上述两个文件，作出了庄严的承诺。

（二）儿童的健康成长关系到祖国的前途命运。为了培养有理想、有道德、有文化、有纪律的一代新人，党和政府一向关心和重视儿童的生存、保护和发展，把"提高全民族素质，从儿童抓起"作为我国社会主义现代化建设的根本大计，在全社会倡导树立"爱护儿童，教育儿童，为儿童做表率，为儿童办实事"的公民意识。国务院以及各省、自治区、直辖市人民政府相继建立了儿童工作协调机构。在国家通过的《国民经济和社会发展十年规划和第八个五年计划纲要》中，包容了儿童发展的许多重要指标，在地方已有十六个省级政府完成了儿童事业发展的第八个五年计划的制定工作。

（三）由于国家的高度重视和全国人民的共同努力，建国四十多年来，我国儿童发展水平有了较大的提高，妇幼卫生和儿童教育取得了举世瞩目的成绩。婴儿死亡率由一九四九年千分之二百左右下降到一九八六年的千分之五十一点零五（监测数字）；现五岁以下儿童营养不良发生率约为百分之二十一；孕产妇死亡率由一九四九年的1500/10万下降到一九八九年的94.7/10万；人口出生率由一九四九年的千分之三十六下降到一九九○年的千分之二十一点零六；一九九○年儿童计划免疫接种率以县为单位达到百分之八十五的目标，儿童身高、体重等生长发育指标有明显增长，小学在校生数一九四九年前的最高年份只有二千多万人，一九九一年已达一亿二千二百四十一万人，百分之七十六以上的县普及了小学教育，多数城市普及了初级中等教育；幼儿教育从一九四六年的一千三百所幼儿园、十三万在园儿童发展到一九九○年的十七万二千所幼儿园、一千九百七十二万儿童入园；十五周岁及其以上人口中，文盲、半文盲所占总人口的比例已从一九四九年以前的百分之八十以上降到百分之十五点八八。

（四）我国是发展中国家，经济文化发展不平衡，儿童的教育、保健等与实际需要仍有较大差距。基层卫生组织不够健全，二百零八个县无县级妇幼保健机构，用于妇幼保健的服务设施和装备不足。基础教育方面，不少地区办学条件差，师资数量和水平还不能满足需要，未入学适龄儿童中百分之八十以上是女儿童。在不少地区不同程度地存在着经费不足的困难。

根据我国儿童发展的现状和四个现代化建设事业发展需要，为使新一代儿童身心健康地成长，确保《宣言》、《行动计划》在我国的实行，特制定九十年代中国儿童发展规划纲要。

二、九十年代我国儿童生存、保护和发展的主要目标

（一）将一九九○年的婴儿死亡率和五岁以下儿童

死亡率分别降低三分之一。

(二)将一九九〇年的孕产妇死亡率降低一半。

(三)使一九九〇年五岁以下儿童中度和重度营养不良患病率降低一半。

(四)到二〇〇〇年,缺水地区农村饮用水(含水源型防氟改水)受益人口达到百分之九十五。普遍提高生活污水、垃圾无害化处理率和卫生厕所普及率。

(五)在全国普及初等义务教育,在城镇以及经济比较发达的农村基本普及初中阶段义务教育。三至六岁幼儿入园(班)率达到百分之三十五。

(六)在全国范围内基本扫除青壮年(十五至四十周岁)文盲,同时大力开展扫盲后的继续教育,提高文化和技术素质,巩固和提高扫盲成果。

(七)各省(自治区、直辖市)、各地(州、市)和百分之九十的县要有一种以上儿童校外教育、文化、科技、体育、娱乐等活动场所。使百分之九十儿童(十四岁以下)的家长不同程度地掌握保育、教育儿童的知识。

(八)重点支持少数民族、边疆、贫困地区儿童工作的发展。

(九)大幅度减少残疾儿童出生率,促进残疾儿童的康复与发展,使多数残疾儿童能够入学。改善儿童福利机构设施条件,强化其供养、教育、康复的功能,提高服务水平。

(十)完善保护儿童合法权益的立法,健全相应的执法机构和队伍。

三、策略与措施

(一)人口、计划生育

1. 继续推行控制人口数量、提高人口素质的基本国策,今后十年年平均人口自然增长率控制在千分之十二点五以内。

2. 广泛宣传计划生育的意义、政策,向所有育龄夫妇普及避孕知识,并提供安全、有效的避孕药具与节育技术的指导和服务。

3. 二〇〇〇年节育手术并发症发生率控制在10/万以下。

4. 广泛宣传、积极倡导婚前检查,到一九九五年,使百分之六十的县(市)具备婚前检查的条件,开展优生咨询服务。百分之八十以上的省、地级妇幼保健机构具备对先天性缺陷的筛查能力,到二〇〇〇年,使先天性病残儿发生率减少二分之一。

(二)妇幼保健与营养

1. 各级卫生行政部门以加强预防保健、加强农村卫生为战略重点,适当调整内部投入结构,争取对妇幼保健、卫生防疫的资金投入以高于卫生事业总投入的增长速度而增加,切实贯彻"预防为主"的工作方针。

2. 孕产妇能由受过培训的接生人员助产,二〇〇〇年农村新法接生率达到百分之九十五,使多数农村产妇能住院分娩,二〇〇〇年因产后出血引起的死亡减少一半。

加强对妇幼卫生专业人员、女乡医和接生员的在职培训,不断提高现有队伍的素质。

3. 生产孕妇及乳母强化食品,增强对孕产妇及乳母的营养指导,使孕妇缺铁性贫血减少三分之一。提高四至六个月以内婴儿的纯母乳喂养率,二〇〇〇年使母乳喂养率以省为单位达到百分之八十;制订母乳代乳品销售守则。提倡家庭自制婴儿辅食,有条件的地方增加配方乳粉、婴儿辅食、幼儿不同配方的营养基食品以及学龄儿童配餐食品的生产;"八五"期间百分之五十、二〇〇〇年百分之八十营养缺乏症儿童得到符合国家标准的工业化强化食品、营养基食品的供应。

4. 一九九五年七岁以下儿童和孕产妇保健覆盖率以省为单位分别达到百分之八十五;充实完善三级医疗预防保健网络,重点加强乡、村两级妇幼保健、卫生防疫服务能力;合理解决报酬问题,稳定乡村医生队伍。

5. 保持高水平的计划免疫覆盖率,到一九九五年以乡镇为单位儿童计划免疫(包括破伤风类毒素的预防接种)接种率达到百分之八十五,二〇〇〇年达到百分之九十;一九九五年消灭小儿麻痹症,消除新生儿破伤风,与实行免疫前相比,麻疹死亡率降低百分之九十五,发病率降低百分之九十。

6. 二〇〇〇年使五岁以下儿童因腹泻死亡的人数减少一半,腹泻患病人数减少百分之二十五。

7. 到二〇〇〇年,使百分之九十以上的小儿急性呼吸道感染实行病案管理及临床管理,因急性呼吸道感染死亡的人数减少三分之一。到二〇〇〇年,基本上消除儿童碘缺乏症,并进一步防治维生素A缺乏症。

(三)提高生活与环境质量,加强安全饮水和卫生处置排泄物工作

1. 十年内,全国以乡镇为单位共兴建供水工程(自来水供水到户)四千五百处,水质符合农村生活饮用水卫生标准,并保障一般干旱年份正常供水。

2. 大力宣传执行《中华人民共和国水法》、《中华人民共和国环境保护法》和水利部《关于农村人畜饮水工作暂行规定》,加强水源保护,防止水质污染。

3. 继续深入开展全国爱国卫生运动,积极推进农村人畜粪便无害化处理,推广农村粪便处理示范区工作经验,尽快制定爱国卫生和控制吸烟危害的有关条例和法规,提高城乡人民的生活与环境质量。

4. 继续大力开展植树造林,增加森林和全国绿地面积,积极防治环境污染,保护生活与生态环境。

(四)基础教育与扫盲

1. 全面贯彻“教育必须为社会主义现代化建设服务，必须同生产劳动相结合，培养德、智、体全面发展的建设者和接班人”的方针。

2. 积极发展学前教育，坚持“动员社会力量，多渠道、多形式地发展幼儿教育”的方针。城市入园（班）率达百分之七十；农村学前一年幼儿入园（班）率达百分之六十；在经济不发达的农村和人口居住分散、交通不便的山区、牧区要利用多种形式进行学前教育。

3. 继续贯彻《中华人民共和国义务教育法》和《扫除文盲工作条例》，根据我国各地不同情况按地区、分阶段、有步骤地执行。现阶段已经普及了小学教育和基本扫除了青壮年文盲的地区，要继续充实、完善办学条件，提高教师素质和教学质量，积极开展扫盲后的继续教育。尚未普及小学教育和扫除青壮年文盲的地区，要切实解决小学生辍学和脱盲后复盲问题，经济特别困难的地区，首先普及小学三年和四年的教育。

4. 进一步完善“分级办学，分级管理”的新体制，建立起以政府财政拨款为主、充分调动社会参与办学的有效机制，进一步缓解经费不足的紧张状况。

5. 优先发展师范教育，大力加强教师的培训提高工作，尽快建立起数量足够、质量合格的教师队伍。到二〇〇〇年，使大多数小学教师具有较好的政治素质和国家规定的学历。多种形式培训幼儿教师，提高师资水平。扫盲工作要形成适应需要的专、兼职教师队伍。

6. 加强校舍和教学设施建设，使办学条件逐步达到规范化要求。已经基本解决了校舍和消除危房的地区，要重点抓好校舍配套建设和教学仪器、图书资料、文娱、体育器材配置等添置工作。校舍不足的地区，要继续解决“一无两有”问题（即校校无危房、班班有教室、学生人人有课桌凳）。

7. 今后十年，我国普及初等义务教育和扫除文盲的任务主要集中在经济不发达地区和少数民族地区，突出问题是解决女童就学困难。要采取特殊措施，在这些地域辽阔、居住分散、交通不便的省份，扩建和新建一部分完小或教学点，在有需要的地方，办好寄宿制小学和民族小学。注重培养少数民族女教师，在贫困地区建立女童奖学金制度，促进女童入学工作，继续办好女童班。

（五）社区、家庭保障

1. 发展社区教育，建立起学校（托幼园所）教育、社会教育、家庭教育相结合的育人机制，创造有利于儿童身心健康、和谐发展的社会和家庭环境。

2. 通过政策性倾斜促进儿童食品、玩具、生活用品的科研、生产和销售，促进儿童影视、读物的创作、生产和传播。

3. 加强儿童校外教育、科技、文化、体育、娱乐等活动场所的建设。可采取政府投入和多渠道筹措资金的办法，改善、增设和扩建儿童活动设施，并不断提高管理水平、师资水平和社会效益，城市规划要考虑儿童活动场所与设施的配套建设。

4. 因地制宜，采取多种形式，通过多种渠道，广泛深入地宣传、普及家庭优生、优育、优教的基本知识。在城市以社区为依托，举办新婚夫妇学校、孕妇学校和婴幼儿、小学生、中学生的家长学校，向不同年龄阶段儿童的家长提供较全面的家庭教育知识和方法；在农村，通过广播父母学校与县、乡、村的家长学校、家庭教育辅导站、辅导员相结合的方式，推广正确的保育、教育方法。

利用各种大众传播媒介和群众喜闻乐见的形式，开展全国性家庭教育宣传、咨询、服务工作。层层培训家庭教育工作骨干。

5. 师范院校在试点的基础上，逐步开设家庭教育课程，有关学术机构和学术团体要开展家庭教育的理论研究，为改善儿童成长的家庭、社会环境提供理论支持。

6. 妇女在儿童发展和儿童幸福方面起着关键作用。必须进一步提高妇女地位，使她们有平等的机会接受教育、培训和得到广泛的社会服务，有机会谋求适当职业并积极参与社会发展。要特别重视对农村妇女的培训，使她们有机会掌握生产实用技术，提高家庭收入。同时，广泛开展宣传教育工作，提高广大妇女，特别是农村妇女的自我保健意识和能力。

（六）保护处于困难条件下的儿童

1. 在城市鼓励建立健全生育社会补偿制度；在有条件的农村推广独生子女、女童家长养老专项保险，逐步消除在生育、就学、从业等方面的性别差异。

2. 加强对残疾患儿的早期诊断、护理、康复和教育工作。在全国完善四至五个残儿康复人员培训基地，在社区内建立残疾儿童寄托所、聋儿语训中心。采取建特殊教育学校、在普通学校举办特殊教育班和残疾儿童随班就读等方式，使多数适龄残疾儿童接受义务教育。

在全社会树立理解、尊重、关心、帮助残疾人的良好道德风尚，继续开展“红领巾助残活动”。

3. 要特别关注离异家庭的儿童保护和教育，帮助单亲家庭的家长为儿童创设良好的家庭环境。妥善安排流浪儿的生活和教育。重点扶持各省的儿童福利事业单位，使福利院有一定的康复医疗设备，并改造全部危房。严重自然灾害发生地的儿童能普遍获得援助。

4. 对经济不发达地区儿童的生存、保护和发展给予特殊支持。继续实施“希望工程”，帮助家庭经济困难的儿童就学。

(七)儿童权益保护

1. 切实执行全国人大常委会批准的《儿童权利公约》。

2. 切实执行《中华人民共和国未成年人保护法》。

3. 各省、自治区、直辖市于一九九五年前制定出本地区执行《中华人民共和国未成年人保护法》的实施细则。

4. 制定、完善有关保护儿童权益的专项法律、法规,如优生保健法、家庭教育法、儿童健康管理条例、中国母乳代用品销售守则等。

(八)优生、优育、优教

1. 继续在全社会倡导优生、优育、优教,大力宣传普及“三优”科学知识,提高儿童工作质量。

2. 在有条件的地方,开展“三优工程”的试点工作,不断总结经验,逐步推广。

3. 积极开展优生、优育、优教方面的科学研究,建立“三优”科研基金,设立“三优”重大科研成果奖。

四、领导与监测

(一)儿童的生存、保护和发展是我国国民经济和社会发展十年规划和“八五”计划的重要内容,做好这项工作是各级政府的重要责任。由国务院妇女儿童工作的机构协调有关部门,领导、组织监督本规划纲要在全国的实施,并为实施规划纲要筹措资金。

(二)实施本规划纲要是一项综合性的社会工程,需要全社会齐抓共管。国务院各有关部门和社会各有关方面,要根据规划纲要的要求和各自的职责范围,制定具体实施方案。

(三)儿童发展工作要从国情出发,分区规划,分类指导。各省、自治区、直辖市人民政府要在本规划纲要的原则基础上,根据各地的实际情况,完善、制定本地的儿童发展规划,并纳入经济和社会发展的总体规划之中。

(四)儿童发展要纳入各级政府的议事日程,落实目标责任管理,并有年度计划和总结。

(五)多渠道筹措资金,保障必要的财力支持。除国家和各级政府保证必要的投入外,还要鼓励旨在促进儿童发展的社会赞助,同时争取国际方面的援助与合作。

(六)在继续坚持卫生监测、教育督导、国家统计、法律监督的基础上,形成儿童生存、保护和发展的监测机制。根据本规划的目标体系,加强信息收集、整理、反馈和交流,建立定期检查、审评制度。

(七)各有关学术机构,有计划地开展儿童发展的基础和应用研究,大力推广适宜技术。

(八)继续扩大儿童发展方面的国际交流与合作,积极参与全球性、区域性的交流和研究活动。加强与有关国际组织和各国关于儿童发展方面的联系与合作。

2月17日

国务院批转国家计委国务院生产办国家统计局《关于改进工业生产评价考核指标报告》的通知

国务院副总理朱镕基在结束访问澳大利亚前夕接受中国驻澳记者采访

朱镕基说,两国间高层互访的实现,表明中澳关系已全面恢复正常,并且正在深入发展。

朱镕基说,进一步加强中澳两国友好合作关系,完全符合中澳两国人民的根本利益,已成为双方共同的强烈愿望。

朱镕基强调指出:尽管中澳两国社会制度,意识形态不同,在某些问题上存在一些分歧,但只要中澳双方本着相互尊重、彼此信任、求同存异的精神,就能长期友好,平等合作,共同发展,成为不同社会制度国家和平共处的典范。

关于中澳经济技术合作,朱镕基说,中澳两国都地大物博,经济上各具优势和长处,具有较强的互补性。当前,两国都面临着加快经济发展、增强综合国力的重大任务,双方可以交流经验,相互借鉴,相得益彰。

朱镕基说,推动中澳经贸科技合作在现有基础上出现新的飞跃,既有条件,又有可能。在访问期间,澳政府官员和工商企业界人士纷纷表达了进一步加强相互合作的愿望。

朱镕基表示相信,随着两国经济的发展,双方开展互利合作的机会会越来越多,条件会越来越好。中国改革开放的政策不变,并正进一步加快改革开放的步伐,这为两国发展合作提供了良好机会。我们应抓住当前有利时机,共同作出努力,不断开拓新的合作领域,使中澳在经济、贸易、技术上的合作,在 90 年代迈上一个新台阶。

朱镕基说,中国和澳大利亚是地处太平洋南北的两个有影响的大国,对维护本地区乃至全世界的和平与稳定,都负有重大责任。在当前旧的世界格局已经终结、新的格局正在形成、国际形势复杂多变的情况下,中澳两国加强在国际问题上的磋商与合作意义重大。

朱镕基说,中澳两国都反对霸权主义和强权政治,都没有对外扩张的野心。因此,中澳两国完全能够进一步密切友好关系,为亚太地区的和平、稳定、繁荣和发展,为建立一个公正合理的国际政治、经济新秩序,共同作出积极贡献。

朱镕基说，这次访问的一个重要成果，就是双方经过磋商，共同认为应从长远、宽广的角度对待中澳关系，更要着眼于21世纪；不局限于中澳两国本身，而要与整个亚太地区的和平与发展联系在一起。这种高瞻远瞩的共识，是推动两国关系长期稳定发展的重要动力。

最后，朱镕基说，中澳建交20年来，两国关系已取得重大进展。只要双方在和平共处五项原则基础上紧密合作，各自做出扎扎实实的努力，我们就一定能在建交后第二个20年里，把中澳关系推向一个新的更高水平。

中国印度联合经贸委员会举行工作会议

2月18日

国家科委决定建立科技兴市山东试点带

国家科委近日决定，将山东省的济南、淄博、潍坊、烟台、威海五市作为全国科技兴市山东试点带，并批准了科技兴市山东试点带实施方案。

中国和英国软科学合作项目在北京签字

中国投资项目评价签字仪式在北京举行。这个项目是英国海外开发署(ODA)代表英国政府近年来向中国提供的软科学领域最大赠款项目(赠款额92万英镑)。中方由经贸部统一立项、签约和管理，并投入相应的人民币配套资金。

国务院副总理朱镕基在新西兰参观位于南岛东海岸的由中国和香港合资组建的威尼达公司购买的几片林区

威尼达公司是由中国远洋运输公司和香港一家公司组建的一家合资公司。该公司1990年9月购买了奥塔戈地区的25000公顷的辐射松林区的砍伐权。去年，该公司砍伐的26万立方米木材中，有21万立方米出口到南朝鲜和日本。

爱沙尼亚总理季特·维亚希在塔林会见中国首任驻爱沙尼亚大使乔宗淮

中国和古巴在哈瓦那签署两国政府1992年双边贸易议定书

第三届中国艺术节在昆明开幕

艺术节由文化部、国家民委、云南省政府联合主办，云南省政府承办。艺术节期间将进行各种文艺演出、展览、文化交流、游园联欢活动。同时将开展科技经贸交流与洽谈等活动。本届艺术节于3月3日闭幕。

党和国家领导人为艺术节题词。江泽民的题词是"建设有中国特色的社会主义文化"；李鹏的题词是"团结、繁荣、进步"。宋任穷、廖汉生也题了词。

国务委员李铁映在第三届中国艺术节开幕式上发表讲话

同志们、朋友们：

国内外瞩目的第三届中国艺术节，今天在我国边陲城市——风光秀丽的昆明市隆重开幕了！我代表党中央、国务院表示热烈的祝贺！并向来自全国30个省、自治区、直辖市的56个民族的文艺工作者和参加艺术节活动的群众致以亲切的问候！向第一次派团参加艺术节的台湾艺术家、香港艺术家，向参加我国艺术节的各国艺术团的艺术家以及国内外、海内外嘉宾，表示热烈的欢迎！

第三届中国艺术节的隆重举行，是我国各族人民文化生活中的一大盛事。本届艺术节将以少数民族艺术为主，集中展现近年来我国各民族文化艺术所取得的新成果；展现在中国共产党领导下，我国各族人民同呼吸、共命运、心连心、团结奋斗，共同建设有中国特色的社会主义的精神风貌。这次艺术节对于我们进一步弘扬民族优秀文化，振奋民族精神，增强民族团结，促进改革开放，推动经济发展，建设社会主义精神文明，都会产生积极的影响。

同志们、朋友们，90年代是我国社会主义现代化建设的关键时期。我们要更加紧密地团结在以江泽民同志为核心的党中央周围，坚定不移地全面贯彻执行党的"一个中心、两个基本点"的基本路线，努力建设有中国特色的社会主义文化。我们要继续坚持文艺"为人民服务、为社会主义服务"的方向和"百花齐放、百家争鸣"的方针，继承发扬民族优秀传统文化，吸收世界文化的优秀成果，繁荣和发展社会主义文艺创作，为广大人民群众提供丰富多彩的精神食粮。

最后，预祝第三届中国艺术节圆满成功！为我国社会主义事业的繁荣昌盛作出新的贡献。

《人民日报》发表社论《繁荣民族文化增强民族团结——祝第三届中国艺术节隆重开幕》

卫生部红十字总会联合发出限时纠正滥用"红十字"标志的通知

卫生部和中国红十字总会联合发出通知，要求在全国采取措施，限时纠正目前社会上错用和滥用“红十字”标志的现象，以维护“红十字”标志的庄严性。

通知指出：目前，我国滥用或误用红十字标志的现象随处可见。电视卫生与健康教育节目及药品的商业广告“红十字”为片头；一些药店、个体行医者张贴的广告，甚至农村兽医站的牌子上都画上“红十字”；宾馆里女用卫生巾、污物桶和痰盂上也画上“红十字”。这是不对的。对此，一些外国友人和国际红十字会曾很直率地提出过意见。

根据日内瓦公约规定，国际公认红十字标志是在特定场合，保护人类生命和财产的专用标志，它的使用是有严格规定的。红十字标志是国际人道主义法认可的、用于保护性目的可见性符号，而不是一般医疗、清洁、卫生、药品等的代表符号。

2月19日

国务院批转国家体改委《关于一九九二年经济体制改革要点》的通知

国务院同意国家体改委《一九九二年经济体制改革要点》，现转发给你们，请根据本地区、本部门的实际情况，采取有力措施，认真贯彻实施。

当前，治理整顿的主要任务已基本完成，我国政治稳定、社会稳定、经济进一步向好的方向发展，改革的环境比较宽松，有条件适当加大改革的分量，加快改革的步伐。一九九二年是实行“八五”计划的第二年，是进一步深化改革的重要一年。各地区、各部门要切实加强对改革的领导，各级体改部门要做好改革的协调工作，以搞好全民所有制大中型企业、转换企业经营机制为重点，齐心协力，密切配合，搞好各项配套改革，进一步探索计划经济和市场调节有机结合的具体途径和方式，促进经济结构调整，提高经济效益，为实现《国民经济和社会发展十年规划和第八个五年计划纲要》提出的任务而努力。

国家经济体制改革委员会关于一九九二年经济体制改革要点

在党中央和国务院的正确领导下，经过全党全国人民的努力，治理整顿的主要任务已经基本完成，社会总供给和总需求基本平衡，物价总水平比较稳定，国民经济开始走上持续、稳定、协调发展的轨道。在比较宽松的经济环境下，一九九一年各项经济体制改革都有新进展，改革的势头很好，改革的步伐有所加快，出台的一些重大改革措施成效比较明显。经济发展和改革形势既有好的一面，但也存在一些困难。当前，经济运行中存在的主要问题是：全民所有制企业经营机制与计划经济和市场调节相结合的运行机制还不健全，也互不适应，企业亏损面大，效益低；市场体系不健全，发育不完善；宏观调控体系还不能适应有计划商品经济发展的需要，政府部门对企业生产经营的直接行政干预过多；经济结构和利益格局调整的难度较大，财政平衡的压力和潜在的通货膨胀压力还没有消除；国民收入分配过分向个人倾斜的倾向，还未能得到有效扭转。经济发展和经济体制中存在的深层次问题，需要通过深化改革才能逐步得到解决。

一、改革的指导思想和工作重点

（一）一九九二年经济体制改革的指导思想。

一九九二年经济体制改革的指导思想：一是贯彻落实中央工作会议和党的十三届八中全会精神，巩固治理整顿的成果，进一步处理好改革、稳定、发展的关系，促进国民经济持续、稳定、协调发展。二是坚持维护和壮大公有制经济，重点搞好全民所有制大中型企业，继续发展社会主义有计划商品经济，进一步探索计划经济与市场调节有机结合的具体途径和方式。三是各项经济体制改革工作的安排，要与《国民经济和社会发展十年规划和第八个五年计划纲要》以及国务院批准实施的中长期经济体制改革规划确定的目标相衔接，要依照“一切经过试点”的原则，既保持各项重大改革措施的连续性和稳定性，又鼓励各地从实际出发，大胆探索，积极试验。四是针对经济生活中存在的主要问题，突出重点，加强协调配套，促进经济结构的调整和经济效益的提高。在总量平衡和经济社会环境比较稳定的基础上，抓住有利时机，有重点地加大改革的分量，加快改革的步伐。

（二）一九九二年经济体制改革的重点。

一九九二年经济体制改革的重点是搞好全民所有制大中型企业，贯彻落实《中华人民共和国全民所有制工业企业法》（以下简称《企业法》），转换企业经营机制，有步骤地把企业推向市场。以此为中心，积极推进各项配套改革：积极稳妥地进行价格改革，加大流通体制改革的力度；综合配套运用经济杠杆，强化间接调控；住房、社会保险和医疗制度改革要迈出较大步伐；搞好重大改革试点，为新体制和新机制的建立进行积极大胆的探索。贯彻落实中共中央《关于进一步加强农业和农村工作的决定》，继续深化农村改革。

二、转换企业经营机制，有步骤地把全民所有制企业推向市场

（三）认真贯彻《企业法》，全面落实企业自主权，转换企业经营机制。

企业经营机制转换的目标是，使企业逐步成为自主经营、自负盈亏、自我发展、自我约束的社会主义商品生产者和经营者。当前，最重要的是打破两个“大锅饭”，逐步建立自负盈亏的机制和能高能低的内部分配

制度；打破“铁饭碗”，建立能进能出的劳动用工制度；打破“铁交椅”，建立能上能下的干部管理制度；建立企业内部分配和建设投资的约束机制，不断完善激励机制和监督机制。

抓紧制定《企业法》实施条例，明确界定、切实保障所有权，落实经营权，把自主经营和自负盈亏紧密结合起来。尽快修改《国营工厂厂长工作暂行条例》、《国营工业企业职工代表大会暂行条例》等配套法规。各级政府部门要严格按照《企业法》办事，自觉维护和尊重企业的合法权益，要把宣传、落实《企业法》作为政府的一项重要工作，作为普法教育的重要内容。各地区、各部门要清理与《企业法》相违背的文件，有关部门要做好《企业法》执行情况的检查。

认真落实企业内部分配自主权。国家着力控制好工资总额增长，不再规定企业职工普调工资，由企业根据经营状况自主确定内部工资分配形式。建立工资风险基金，以丰补欠。有条件的企业应逐步实行以岗位技能工资为主要形式的分配制度，拉开分配档次，向一线职工和技术人员倾斜，真正把劳动报酬与企业的经济效益和职工个人的劳动贡献挂起钩来。完善企业“工效挂钩”办法，加强同行业企业之间效益的横向比较，综合考虑工资利税率、资金利税率、劳动生产率、销售收入、资金周转和技术进步等指标，实行综合指标挂钩。并建立严格的审批和清算制度，解决挂涨不挂落、负盈不负亏的问题。

改变企业管理人员按机关干部管理的办法，打破干部、工人的界限，按照公开、平等、竞争、择优原则聘任管理人员。

推广和完善企业内部全员劳动合同制管理，加强就业服务体系建设。优化企业劳动组合，对富余人员，除采取多种形式拓宽就业门路外，以内部消化为主，可实行内部待业。企业有权在定员内按照需要招工、用工和按照合同规定辞退职工，职工有权按照合同规定辞职。企业有权根据生产经营需要，设立内部职能机构，任何部门和单位无权规定企业设置对口机构，及其人员配备、规格待遇等。

要进一步健全企业内部领导体制，理顺企业行政领导、党组织和职代会三者之间的关系。发挥党组织的政治核心作用，坚持和完善厂长负责制，全心全意依靠工人阶级。企业中层行政干部由厂长提名或党委推荐，人事部门考核，党政领导集体讨论，由厂长（经理）决定任免。

（四）逐步放开企业的生产经营，减少直接管理。

各地区、各部门可以根据《企业法》及其实施条例的规定，按照政企分开的原则，有计划、有步骤地进行全民所有制大中型企业转换经营机制的工作。

在国家政策指导下，允许并鼓励企业根据实际情况，选择不同的经营形式，拓宽经营渠道，实行一业为主、多种经营。有的企业可按照社会化大生产的要求，实行专业化生产。

企业要主动面向国内、国际两个市场，严格按照市场需求组织生产，真正实行以销定产。凡属经营性亏损的，国家要采取必要的措施，不再补亏，通过加强企业内部管理、转产，以及兼并、破产等措施解决。

扩大企业技术改造投资决策权。企业根据产业政策和结构调整的要求，用留用资金搞一般性技术改造，可以自主决策，不再层层审批，逐步建立促进新产品开发和新技术运用的技术进步机制，加快技术改造的步伐，增强市场竞争能力。

有条件的全民所有制大中型企业和企业集团，经审核批准，可享有外贸进出口自主权，开展国际化经营，提高在国际市场上的竞争能力。

（五）完善企业承包经营责任制，强化内部管理。

结合“清产核资”的试点工作，完善企业承包指标体系和“工效挂钩”办法，逐步由利润承包转向资产经营承包，解决好国有资产保值、增值问题，进一步强化企业约束机制。企业因国家缩减指令性计划而增加的收入，因国家提价而使库存商品和物资增值的部分，应用于补充企业自有流动资金；企业职工的工资等个人开支，要严格按照国家规定渠道列支，不得乱挤、乱摊成本；经营性亏损企业不得发奖金，限期内未扭亏的，减发工资。对不按国家规定，该摊的成本不摊，该提的折旧、新产品开发基金和大修理基金不提，造成企业虚增利润甚至虚盈实亏的，要扣减企业工资总额，情节严重的，要追究厂长（经理）的责任。

选择少数对国民经济有重大影响、符合产业政策、经营管理水平较好的大型企业和企业集团，经过批准，实行投入产出总承包。将承包期限同技术改造、还贷计划相衔接，在投资、生产要素流动、进出口等方面赋予其充分自主权。鼓励企业多创、多留、多积累，形成再投入、再产出、再受益的良性循环。

坚持责、权、利相统一的原则，以产品质量和经济效益为中心，建立健全企业内部各种经济责任制，加强企业内部的成本财务管理。凡是放开经营、放开价格的企业，实行自负盈亏。

（六）加快企业组织结构调整的步伐。

结合经济结构的调整，实行优胜劣汰的竞争机制，对确属经营管理不善、亏损严重、甚至资不抵债的企业，坚决关停并转或依法破产，进一步健全银行呆账准备金制度，强化风险贷款责任制，以使《中华人民共和国企业破产法（试行）》顺利试行。

采取有效政策和办法，促进生产要素流动，既鼓励实行生产设备、人员、资金、技术的单项合理流动，也可通过小企业拍卖、企业承包企业、企业租赁企业和企业兼并等，进行产品结构和企业组织结构的调整。要创造条件，通过控股或吸收股份的方式实施兼并。

搞好五十五个大型企业集团试点工作，在取得经验的基础上，扩大试点范围。参加试点的企业集团要壮大核心企业实力、扩大紧密层、强化资产联结纽带，处理好内、外部关系。各地区、各部门要根据产业政策和优化结构的要求，在企业自愿的基础上，切实加强引导，积极发展企业集团，尤其要为组建跨地区、跨行业的企业集团创造良好的外部条件。

（七）继续搞好“税利分流”、股份制和国有资产经营管理的试点。

扩大“税利分流、税后还贷、税后承包”试点范围，完善试点办法。把降低所得税率、折旧基金减免“两金”的措施与扩大“税利分流”的试点结合起来。对老贷款区别对待；根据贷款期限，新贷款利息，在工期以内的打入工程成本，项目投产后打入生产成本，本金税后还贷。国家批准的试点企业集团，除国家确定实行投入产出承包的外，都要逐步实行“税利分流”。

抓紧制定股份制试点的有关政策规定，对多种形式的股份制试点，进行分类指导。

为促进企业组织结构的合理调整，积极推进法人持股的股份制。全民所有制企业在发展横向联合、组建企业集团时，可以互相参股；中央和地方、地方和地方、政府和企业共同出资新建的企业，有条件的应办成法人持股的有限责任公司；有条件的全民企业可吸收非全民企业投资入股，办成合资的有限责任公司。

有计划、有步骤地扩大企业内部职工持股的股份制试点的范围。各地可选择一些基本建设或技术改造项目已列入国家计划而资金有缺口的企业，向本企业内部职工发行股票筹措资金。企业实行内部职工持股要经省一级体改部门批准，并制定严格的管理办法，在资产评估的基础上，按照风险共担、利益共享的原则，实行同股同利。

在总结经验、加强管理的基础上，搞好向社会公开发行股票的股份制试点。上海、深圳两市要有计划地扩大股票上市企业数量；广东、福建、海南三省，可根据中央对改革开放综合试验区赋予的权力，进行向社会公开发行（不上市）股票的试验，其发行办法和规模经中国人民银行和国家体改委联合审批。

选择几个企业集团进行国有资产授权经营试点。在核查资产和界定产权的基础上，把企业集团紧密层企业的国有资产，授权由核心企业统一经营，强化资产联结纽带。探索税后利润逐步由国有资产部门根据国家统一规定进行管理的途径和方法；探索能够维护所有者权益，准确反映企业资产、负债、盈亏真实情况的财务会计核算体系。

三、积极培育市场，加大流通体制改革的力度

（八）积极稳妥地进行价格改革。

按照既要稳定物价又要振兴经济的要求，在保持物价总水平基本稳定的前提下，重点调整主要农产品和能源等重要基础产品中突出不合理的价格。改革价格形成机制：对供需基本平衡、计划内外价差接近的生产资料，采取不同办法逐步实行并轨，大部分价格放开；对一般的中、下游产品，根据供求状况，有步骤地放开价格，实行市场调节。抓紧修订、发布新的价格分工管理目录，调整价格分工管理权限，研究制定放开价格的管理办法。

（九）进一步发展商品市场体系。

为促进企业经营机制的转换，把企业推向市场，要大力培育市场，进一步搞活流通，把流通体制改革摆到重要位置。

认真贯彻落实《国务院关于进一步搞活农产品流通的通知》，大力开拓农村市场。食油、食糖退出指令性计划管理，逐步建立食油、食糖批发市场。在保证完成国家定购任务的前提下，对粮食实行常年放开经营；建立和完善三级粮食储备制度。在重点产区和集散地继续发展一批各具特色的农副产品批发市场；完善郑州中央粮食批发市场，巩固区域性市场，搞好初级市场，完善粮食三级批发市场体系，并有计划地开展期货贸易；进一步培育和发展生猪市场。除少数国家统一管理的产品外，其他农产品放开经营，实行市场调节，发展多渠道流通。促进城乡交流，积极组织农副产品进城和工业品下乡。

积极利用国合商业的现有设施，采取商业自办、工业自办或工商联办等办法，进一步发展工业消费品市场。结合物资订货会制度的改革，由物资部门、生产部门联合兴办固定地点、固定品种的规范化的生产资料市场。加强市场建设的统一规划和管理，坚持“谁投资、谁受益”的原则，鼓励社会各方兴办各类市场。抓紧制定《制止不正当竞争条例》等市场法规。严禁部门之间、地区之间的市场封锁，促进全国统一市场的发育，以利货畅其流。

（十）大力推进流通企业经营机制转换。

国营流通企业必须按照搞好大中型企业的二十条政策，加快企业经营机制的转换。粮食企业要继续推广天津等地实行政策性经营和正常性经营两条线运行的经验；国合商业企业要积极推广重庆等地落实流通企业自主权、实行“四放开”的经验。物资企业要大力推广配送制服务方式，要通过为供需双方提供优质、高效、低费用的服务，增强自身的经济实力和竞争能力，

发挥主渠道作用。发展流通企业和生产企业以及流通企业之间的联营，在协作、联合的基础上，逐步发展一批跨地区、跨部门、跨所有制的流通企业集团。继续搞好国营商业小企业、饮食服务业的改、转、租、包、卖等项改革。大力推进供销社体制改革，充实民办内容，完善放开经营、自负盈亏机制，发挥其在农村社会化服务体系中的骨干作用。

(十一)进一步改革和完善外贸体制。

在总结经验的基础上，进一步完善自负盈亏的新体制，促进各类外贸企业经营机制的转换，积极开展实业化、集团化和国际化经营，发展多种形式的工(农、技)贸结合。进一步完善外贸调控体系，改进许可证和配额管理办法，增加透明度，按不同产品逐步引进招标竞争机制；继续完善外汇调剂市场，为建立有管理的浮动汇率制创造条件；加快关税制度改革；主要运用汇率、关税、信贷、利率、税收等经济杠杆和法律手段来管理和调节对外贸易。完善出口退税制度，真正做到按出口实绩及时退税。改革进口管理体制和经营体制，逐步取消行政性审批，建立以产业政策引导进口、以关税为主要手段调节进口的机制；积极创造条件，进一步推行进口代理制。

四、强化间接调控，改革宏观管理体制

(十二)进一步缩小指令性计划范围，改革计划管理办法。

缩小钢材、生铁、硫酸、纯碱、烧碱、轮胎、木材、水泥等产品的指令性生产和调拨计划的数量，着重减少承担统配任务重的大中型企业指令性上调任务。全面清理省级指令性产品生产和调拨计划管理的范围，凡是生产经营能放开的，应当尽快放开。

改进指导性计划管理办法，逐步推广国家优先订货、合同订购、产需衔接等形式。加强国家合同管理，提高合同兑现率。改革工业企业生产计划考核办法，建立以效益评价为中心的综合考核指标体系，改变对部门和地区着重考核产值增长速度的状况。

(十三)深化投资体制改革，促进结构调整。

充分运用金融和财税等手段控制社会固定资产投资总规模，引导资金投向，特别要加强对新建项目的控制。根据国家的产业政策、不同产业的地区布局和经济规模，划分基本建设和技术改革项目的审批权，改变单纯按生产能力和投资额划分投资项目审批权限的办法。新建投资项目要进一步推行招标、投标办法。

配合财政复式预算的实行，进一步完善基本建设基金制，把投资公司办成真正的经济实体，并逐步向控股公司方向发展。

逐步改变重点建设项目资金完全或绝大部分由国家承担的做法，国家投资主要采取参股或贴息的形式，引导投资方向和结构。扩大债券、股票等有价证券的发行，筹措和引导社会资金用于重点建设。逐步形成中央、地方、企业共同参与的多元投资体制。

加快制定《投资法》，对项目决策和实施中的重大失误，要依法追究相应的行政责任，把决策、投资的权力、责任与风险密切结合起来。

(十四)积极推进财税体制改革。

中央和省一级财政全面实行复式预算。按照财政收支项目的不同性质，将经常性预算和建设性预算分开编制。经常性预算不打赤字，并力争有一部分结余；中央的建设性预算要保持合理规模，收支差额通过举借内、外债来弥补，但要按偿债能力控制数额，使债务余额控制在安全线以内。地方建设性预算按照收支平衡的原则编制。

配合价格、商业、物资、外贸和生产企业体制改革，逐步减少财政补贴。

根据国务院的决定，从今年起分三年把全民所有制大中型工业企业的所得税率由百分之五十五降低到百分之三十三。今年，要选择一部分指令性计划较多、技术改造任务较重的大中型工业企业先行一步，并与扩大"税利分流"改革的试点结合起来。

有计划地统一全民、集体、私营企业所得税，改进个人收入调节税，合并奖金税和工资调节税，对外资企业统一实行房产税和车船使用税，积极研究增值税改进办法。

切实加强税收征管，严格依法治税，严禁乱减免税。强化对个体工商户、私营企业的税收征管，加强对"三资"企业财务的监督和审核，防止虚亏实盈、逃避税收。在一些城市和部门试行个人收入申报制度和有奖发票办法，加强对个人收入调节税的征收管理。

在一些省市进行分税包干制试点，为财政包干制向分税制过渡积累经验。

(十五)相应进行金融体制改革。

强化中央银行的宏观调控，提高货币政策的科学性、严肃性。进一步改善中央银行的管理，逐渐增加间接调控的比重，综合运用存款准备金、利率、汇率、再贷款、再贴现等经济手段，调节控制信贷规模和货币供应量，在保持货币基本稳定的条件下，促进经济协调发展。

强化专业银行和其他金融机构的经营管理，建立、健全自我约束机制。在国家产业政策和货币政策的指导下，允许专业银行和其他金融机构根据安全性、效益性的原则发放贷款，减少对贷款的行政分配和干预，逐步解决银行为亏损企业供应资金的问题。专业银行要加强贷款管理，建立和完善企业贷款证、企业信誉评估、银行资产风险管理、抵押贷款、审贷分离和资产负债比例管理等制度，提高信贷资金的使用效益。

进一步开拓金融市场。在现有跨地区资金网络的基础上，在全国建立几个跨地区、跨系统的资金市场，形成全国的资金拆借中心。进一步发展债券市场，逐步增加债券种类，搞好债券的流通转让。财政部和人民银行等有关部门相互配合，扩大国库券承购包销和无券发行的试点；搞好发行人民币特种股票的试验，吸收境外股权投资。有条件的外地股份制企业或企业集团，经过审核批准，其股票可以在上海、深圳证券交易所异地上市。选择若干有条件的股份制企业和进行股份制试点的企业集团，通过指定的证券市场试行法人股的内部流通。

五、加快住房和社会保障制度改革的步伐

(十六)住房制度改革全面起步。

认真贯彻落实一九九一年全国住房制度改革工作会议精神，根据统一方针、因地制宜、分散决策、分类指导的原则，在提租、售房、集资建房、建立住房基金和住房融资体系、发育房地产市场等方面都要有实质性的进展。各省、自治区、直辖市，都要有住房制度改革的总体构想和安排；各省会城市(自治区首府)、沿海城市和有条件的城镇，在年底以前，要率先进行全面配套的住房制度改革；已经和正在进行住房制度改革试点的城镇、企业事业单位，要按现行政策和原则，扩大试点并继续完善试点办法，严禁干部利用职权削价或低价买房。

积极稳妥地推进土地使用制度改革。在继续抓好国有土地使用权有偿出让工作的同时，今年重点清理整顿土地市场，将大量存在的划拨土地使用权自发交易行为纳入依法运行的轨道。宅基地和乡镇企业用地有偿使用要扩大试点，逐步推开。

(十七)加快社会保障制度特别是待业、养老保险和医疗制度的改革。

结合深化劳动制度改革和产业结构调整，进一步扩大待业保险范围。在全民、集体、私营、“三资”企业的所有职工中建立待业保险制度，逐步扩大待业保险的范围，扩大对部分停产、破产企业职工进行待业保险补偿的试点面，为精简下来的职工在待业期间提供基本生活保障。加快劳务市场发展，大力开拓第三产业，加强待业职工的再培训，解决好这些职工的再就业问题。认真贯彻《国务院关于企业职工养老保险制度改革的决定》，加快退休费用省级统筹的进程，继续扩大企业职工养老保险的实施范围。改革现行的公费医疗、劳保医疗制度，搞好工伤保险试点。继续抓起医疗改革的试点，加紧制定适用于全国多数地区的改革方案，发展社会化的医疗保险事业。在农村推行多种形式的集资办医和合作医疗保险，搞好农民和乡镇企业职工养老保险的试点。在五个经济特区和广东、福建两省，继续进行建立统一的社会化保障制度改革的试点。

要进一步理顺社会保障工作的管理体制，切实做好各类保险基金的收集、支付、保值、增值工作，并加强对其使用管理情况的监督和审计工作。

六、全面深化农村改革

(十八)稳定、完善以家庭联产承包制为主的责任制和统分结合的双层经营体制。

家庭联产承包制是集体经济组织内部的责任制形式。各地要按照这一原则，稳定联产承包制，完善统分结合的双层经营体制，健全集体经济组织的各项规章制度。要从实际情况出发，采取多种形式，把家庭分散经营和集体统一经营有机结合起来，在稳定家庭承包经营的基础上，逐步充实统一经营的内容，搞好一家一户无法完成的生产经营服务和管理协调工作。

(十九)加强农业社会化服务体系建设。

认真贯彻落实《国务院关于加强农业社会化服务体系建设的通知》，以乡村集体经济组织为基础，组建多种经济成分、多层次、多形式的社会化服务体系。推广“小政府，大服务”的经验，转变县级涉农部门的职能，加强县级农业社会化服务体系的建设，组建“产供销、种养加”一条龙的服务组织。鼓励县乡涉农事业单位办实体，办好实体搞服务，搞好服务促生产。

(二十)继续发展乡镇企业。

进一步发展乡镇企业，调整农村产业结构，促进农村劳动力的合理流动，壮大集体经济实力。内陆地区的乡镇企业，要采取多种形式，引进沿海地区的资金、人才和技术、提高经营管理水平。沿海地区的乡镇企业，要不断增加投入，加强技术改造，提高技术档次和产品质量水平。增强乡村集体企业的生产经营自主权，强化所有者对企业的约束权。切实加强乡镇企业劳动保护工作，维护职工的合法权益。

(二十一)深化林业管理体制改革。

要建立林价制度和森林生态效益补偿制度，实行森林资源有偿使用。加强山权、林权制度建设，完善林业生产责任制。充分发挥国营林业的骨干、示范作用，积极发展乡村和股份合作林场，鼓励多种形式进行山地开发。

(二十二)积极开展县级综合改革。

深化县级综合改革，要以促进城乡结合和全县经济综合发展为目的，重点是要搞好县级政府经济管理体制的改革，转变县级政府经济管理职能。各地可借鉴一些地方县级机构改革的经验，把发展经济与精简机构、减少财政补贴结合起来，鼓励县级经济技术部门的一些干部离开机关，组建各类服务中心和经济实体，为发展农村商品经济服务。

七、因地制宜，分类指导，加强领导和协调

（二十三）经济特区、综合改革试验区改革要有新进展。

五个经济特区和广东、福建改革开放综合试验区，要围绕大力发展外向型经济，在企业经营机制、价格形成机制、发展各类市场和转变政府管理经济职能等方面，取得较大进展。抓紧研究制定以开放促改革、率先建立新经济体制和运行机制的实施方案。

（二十四）积极推进民族地区的改革。

从民族地区的实际情况出发，坚持“因地制宜、积极探索、试点先行、稳步发展”的原则，通过改革，增强自我发展能力。依照法律规定的权限和民族区域自治法，民族自治地方的自治机关，根据本地方的实际情况，有权采取特殊政策和灵活措施，吸引和支持发达地区到本地开发资源、兴办企业。积极推进沿海发达地区与民族地区的横向经济联合，将沿海地区的技术、人才优势与民族地区的资源优势有机地结合起来，扩大对口支援，促进民族地区经济的发展。积极发展边境贸易，扩大对周边国家和地区的经济技术合作，并逐步建立与之相适应的经济管理体制。

（二十五）搞好高新技术产业开发区的综合改革。

落实《国务院关于批准国家高新技术产业开发区和有关政策规定的通知》，贯彻国家科委、国家体改委联合发布的《关于深化高新技术产业开发区改革，推进高新技术产业发展的决定》精神，加快高新技术成果商品化、产业化、国际化的步伐，努力把开发区建成高新技术产业的基地，向传统产业渗透的辐射源，对外开放的窗口，深化改革的试验区。各高新技术产业开发区要借鉴经济特区的经验，通过综合配套改革，逐步建立能促进外向型经济发展、高新技术转化为生产力和符合国际惯例的新体制、新机制。在高新技术企业进行股份制和风险投资改革试点，制定相应政策，形成促进专利、技术成果等知识产权入股的激励机制。

（二十六）逐步转变政府管理经济的职能。

根据政企职责分开，所有权与经营权适当分离，政府对经济实行直接管理与间接管理相结合以间接管理为主的原则，逐步转变政府管理经济的职能和方式，理顺各级政府经济管理部门之间的关系。企业主管部门和综合经济部门，都要强化间接调控，减少直接干预，把工作重点转到规划、协调、服务、监督上来，减少管理层次和环节，提高行政效率，为今后精简政府机构、减少行政人员创造条件。

（二十七）加强改革工作的领导和协调。

各地区、各部门要根据党中央、国务院的指示精神，加强对改革工作的领导，按照一九九二年经济体制改革的总安排，并从各地实际出发，制订今年的改革工作计划。各级体改部门要充分发挥自己的主观能动性，加强体改工作的综合协调，当好各级政府的参谋和助手，主动参与有关部门改革计划和方案的研究。重大改革措施的出台，体改部门与有关部门要积极配合，共同协商，以保持改革政策的一致性和整体效力。

一九九二年一月二十五日

国务院总理李鹏在中南海会见以教育部部长何塞·戈登保为首的巴西政府高级代表团

巴西政府高级代表团向李鹏递交巴西总统科尔邀请李鹏出席联合国环境与发展大会的信件，并介绍大会的筹备情况。

李鹏说，中国和巴西都是发展中国家，在环境保护与发展问题上有共同或相似的观点。李鹏强调，中国在发展过程中十分重视环境保护，并把它作为一项基本国策。李鹏指出，环境问题是一个全球的问题，中国愿意同巴西一道，为促进发展和保护全球环境作出积极的贡献，并期望在巴西召开的联合国环境与发展会议取得圆满的成功。

国务院总理李鹏在中南海紫光阁会见欧洲阿尔卡特阿尔斯通集团董事长彼艾尔·苏阿

阿尔卡特阿尔斯通是欧洲在通信、能源及交通领域的最大跨国公司之一，同中国的通信、能源、交通方面有着良好的合作关系。

谈到中国的情况时李鹏说，我国经济治理整顿的任务已基本完成，治理整顿之所以能顺利进行得益于10多年来的改革和开放。治理整顿也为进一步改革、开放创造了条件。因此，我们今后改革开放要迈出较大的步伐。

李鹏表示欢迎更多的外国企业来中国进行经济技术合作。李鹏认为，这种合作有着良好的发展前景和广阔的合作领域。

苏阿说，自他1989年访问中国以来，上海贝尔电话公司发展很快，已成为阿尔卡特集团最成功的一家合资企业。希望在目前的基础上，进一步扩大合营公司的生产规模和产品范围，并准备在浦东建设一个规模更大，技术先进的现代化工厂。

李鹏说，上海浦东开发区是中国今后对外开放的重点地区，也是外国在华投资环境最好的地区之一，希望有更多的外商到浦东投资。李鹏说，中国正在进行四个现代化建设，人民生活也在不断提高。通信事业在中国是很有发展前途的。目前，电话已从公用进入家庭，具有很大的市场。

邮电部部长杨秦芳会见时在座。

新西兰总督凯瑟琳·蒂泽德在惠灵顿总督府会见国务院副总理朱镕基

全国政协副主席国家民委主任司马义·艾买提就第三届中国艺术节对记者发表谈话

司马义·艾买提向记者发表谈话时指出，第三届中国艺术节以少数民族文化艺术为主，充分体现了党和国家对少数民族文化艺术的重视。五十六个民族多姿多彩的文艺演出充分说明，只有在社会主义条件下，各民族才能在获得政治平等、经济发展的同时，获得文化的繁荣。

司马义·艾买提说，共同繁荣是我们党在民族问题上的根本立场。共同繁荣包含的内容很丰富，其中一个极其重要的方面就是各民族文化的发展繁荣。社会主义为各民族文化的发展创造了前所未有的良好的社会环境。这次艺术节盛况空前，明星荟萃，好戏连台。许多近于失传的民族文化在社会主义条件下得到抢救，获得新生；许多传统民族文化在社会主义条件下得到继承，得到繁荣；许多新的民族文化品种和文艺式样在社会主义条件下产生并得到发展。

司马义·艾买提介绍，新中国成立以来，特别是改革开放以来，我国少数民族文化事业取得了多方面的成就。一是涌现了大量优秀文艺作品。国家民委同中国作家协会已经举办过三届全国少数民族文学创作评奖活动，参加评奖的少数民族，一届比一届多，已经有近五十个民族的作者、作家的作品参评。有的作品不仅获民族文学大奖，还获茅盾文学大奖。此外举办过两届民族题材剧本评奖和三次电影电视作品评奖。二是举办了全国民族团结歌曲评奖活动，有几千首表现民族团结内容的创作歌曲被推荐参加评选，《五十六个民族、五十六朵花》等优秀歌曲已广为传唱。举办了两届少数民族青年声乐比赛以及全国少数民族美术展、全国少数民族少儿画展。三是培养造就了一支少数民族文化工作者队伍，涌现了一批少数民族的艺术家。四是民族文化的社会功能不断拓展，和经济活动紧密结合，促进了经济的发展。五是民族的文化交流日益活跃。近年来各地互派文化艺术干部访问考察，互派艺术团交流演出；有关部门有计划地选调民族艺术团体进京交流演出。去年一年就组织了十四个少数民族文艺团组到国外演出。据不完全统计，一九八〇年以来，我国少数民族文化团体先后到三十七个国家和地区演出过。六是民族文化艺术的学术活动、理论研究工作和传统文化艺术的发展创新等也取得较大的成绩。

司马义·艾买提说，我国各民族共同缔造了我们这个统一的多民族的国家，各民族的文化艺术都是祖国文化宝库中的重要组成部分，各民族优秀的文化艺术都应当在新的历史条件下得到继承和发展。司马义·艾买提强调，一个民族的文化发展与经济发展一样，必须打破封闭，走向开放，吸收其他民族的长处，以充实和发展自己。发展少数民族文化事业，必须坚持四项基本原则，坚持文艺为人民服务、为社会主义服务的正确方向。这次艺术节，为各民族在文化上的互相交流、互相了解、互相吸收、共同发展提供了一次极好的机会。

全国第2届优秀教育图书奖有129种获奖《邓小平同志论教育》等4本获特等奖

2月20日

七届全国人大常委会举行二十四次会议

国务委员王丙乾向七届全国人大常委会第二十四次会议作《中华人民共和国税收征收管理法(草案)》的说明

国务委员兼财政部部长王丙乾在受国务院委托对税收征收管理法草案作说明时说，税收是国家财政收入的主要来源，宏观调控的重要经济杠杆。近几年来随着我国国民经济的发展和经济体制改革的深化，税收工作任务日益繁重。目前由税务机关组织的收入一年近3000亿元，占国家财政总收入的90%以上；税收直接参与国民收入分配和再分配，已广泛地介入经济、社会的各个领域，处于各种利益分配矛盾焦点上，偷税与反偷税、避税与反避税的斗争十分尖锐、复杂。这种形势对税收征管提出了更高的要求，而现行的《征管条例》已不完全适应这种形势的要求，需要进一步完善。主要是：(一)现行税收征管法律、法规的适用范围不统一、不规范。(二)税收征管手段不完善，不利于依法治税和保证财政收入。(三)不适应经济形势发展需要。(四)现行征管法规的法律效力有待提高。因此，制定税收征收管理法，有利于进一步完善和健全我国税收法律制度，对于加强税收征收管理，保障国家税收法律、法规的贯彻实施，维护国家的税收权益，保护纳税人的合法权益，将发挥重要的作用。他说，起草税收征收管理法的指导思想和立法原则是：(一)以现行的《征管条例》和各个涉外税法以及国务院近年来加强税收管理所制定的一些法规和有关规定为基础；(二)根据发展社会主义有计划商品经济对税收工作的要求，总结、吸收近几年来税收征管工作的经验；(三)从我国的实际出发，借鉴国外税收征管的有益做法，本着必要与可行的原则，对现行税收征管法规的内容进行调整、充实，使其进一步系统化、规范化；（四）通过立法，使纳税人依法履行纳税义务并保护自己的合法权益，使税务机关依法履行职责并接受社会监督和司法监督，同时力求使一切与税收有关的社会行为都纳入法制轨道。王丙乾还就这部法律的适用范围、草案的结构和主要内容、与现行税法律、法规的衔接问题作了说明。

国务院向七届全国人大常委会第二十四次会议提请审议中国和苏联国界东段协定

国务院总理李鹏向七届全国人大常委会第24次会议提交国务院关于提请审议批准《中华人民共和国和苏维埃社会主义共和国联盟关于中苏国界东段的协定》（简称《中苏国界东段协定》）。外交部副部长田曾佩受国务院的委托到会对中苏边界的谈判情况、协定形成经过、协定的内容以及苏联终止存在后俄罗斯联邦对协定继承问题作了说明。

李鹏说，《中苏国界东段协定》是1991年5月，由中苏两国外长分别代表本国在莫斯科正式签署的，是双方以规定中国和原苏联边界有关条约为基础，根据公认的国际法准则，本着平等协商、互谅互让的精神，经过谈判达成一致的。该协定的签订有利于双方边境地区的稳定，有利于中俄两国关系的正常发展，符合我国基本利益。

地矿部部长朱训受国务院委托向七届全国人大常委会第二十四次会议汇报中国地质矿产工作情况和《矿产资源法》贯彻实施情况

朱训说，1986年《矿产资源法》颁布实施后，通过各级人大、政府和各有关部门的共同努力，我国矿产资源勘查开发监督管理工作取得了长足进步，贯彻实施《矿产资源法》取得了实质进展。广泛宣传《矿产资源法》，增强了人民群众的矿业法制观念，矿产资源勘查开发方针日益明确。矿产资源法体系框架基本建立。矿产勘查开发秩序的治理整顿成效显著。

朱训指出，总之，贯彻实施《矿产资源法》取得了实质性进展，虽然局部地区仍存在着滥采乱挖与争抢资源的现象，还存在几十处采矿纠纷“热点”矿区，部分采矿权属纠纷亦时有反复，但从整体看，全国矿产勘查开发秩序有了明显好转，部分省（区）矿产勘查开发秩序开始全面好转。贯彻实施《矿产资源法》，有力地促进了矿业生产健康稳步发展。

朱训说，但是，当前地矿工业面临着一些困难和问题，不仅严重制约着地矿工作的发展，也将会影响整个国民经济的发展。主要是：一、地质勘查投入严重不足，矿产资源形势日趋严峻。二、矿产资源浪费损失现象仍比较严重，实施《矿产资源法》还存在一些困难和问题。三、地质环境问题突出，治理与监督管理工作薄弱。

朱训说，今后十年是我国经济发展的关键十年。为实现经济发展第二步战略目标，地矿工作在“八五”及今后十年总的任务目标可概括为实施“四二二工程”。即实施四项计划（“探宝计划”、“减灾计划”、“科教兴地计划”和“安居乐业计划”）；进入两个轨道（地矿工作全面进入法制轨道，地质勘查活动进入有计划商品经济轨道）；达到两个目标（为实现第二步战略目标和下世纪初经济的持续发展准备矿产资源和地质资料；治穷致富，增强后劲，使地矿职工与全国人民同步达到小康水平）。

朱训强调，今后要继续深入实施《矿产资源法》，争取到“八五”末实现矿产开发秩序全面好转，矿产勘查开发活动纳入法制轨道。一要认真组织开展执法大检查，健全和强化执法手段，对采矿纠纷“热点”矿山逐个摸清情况，加强协调，实现矿产开发秩序全面好转。二要巩固乡镇集体矿山和个体采矿治理整顿的成果，进一步加强监督管理，依法进行采矿登记，坚决制止无证开采和滥采乱挖。三要进一步抓好矿产资源合理开发利用，强化国营矿山“三率”指标的制定和考核工作，开展对非正常损失储量审批试点工作。积极实施矿产督察员制度，依法查处破坏、损失浪费资源的违法行为，提高资源综合利用水平。四要加快矿产开发监督管理有关法规、规章和制度的建设，进一步完善法规体系，重点抓好《关于实施〈矿产资源法〉若干问题的规定》、《矿产资源补偿费征收管理暂行规定》等法规建设。五要继续加强矿产资源法制宣传教育，在全国第二个五年普法教育中，面向全社会，深入广泛地开展矿情教育，树立起矿产资源国有观念和依法采矿的法制观念，提高爱惜与保护矿产资源的自觉性。

全国人大常委会法制工作委员会副主任顾昂然向七届全国人大常委会第二十四次会议作关于工会法修改草案修改意见的汇报

顾昂然说，七届全国人大常委会第二十三次会议对工会法（修改草案）进行了初步审议。会后，法制工作委员会将草案印发省、自治区、直辖市和中央有关部门，法律委员会、法制工作委员会和全国总工会邀请中央有关部门和北京市有关部门、企业座谈、征求意见。

顾昂然指出，大家认为，为了适应新的历史时期对工会工作的要求，对1950年制定的工会法进行修改是必要的，修改草案基本上是可行的，同时也提出了一些修改意见。根据全国人大常委会委员的审议意见和地方、部门、企业的意见，对修改草案提出一些修改建议；有些问题由于有关方面意见不一致，暂时没有改，拟进一步征求有关方面的意见，加以研究修改。

全国人大法律委员会副主任委员宋汝棼向七届全国人大常委会第二十四次会议作全国人大法律委员会对领海及毗连区法草案审议结果的报告

宋汝棼说，七届全国人大常委会第二十二次会议对领海及毗连区法(草案)进行了初步审议。会后，法律委员会和法制工作委员会将草案印发各省、自治区、直辖市和中央有关部门，并召开有关部门和专家的座谈会，征求意见。法律委员会于 1992 年 1 月 29 日、2 月 15 日召开会议，根据常委会委员的审议意见和地方、部门的意见，审议了领海及毗连区法(草案)。宋汝棼说，法律委员会认为，为了行使国家对领海的主权和对毗连区的管制权，维护国家安全和海洋权益，制定本法是必要的，草案基本上是可行的。同时，提出了一些修改意见请委员审议。

第七届全国人大常委会代表资格审查委员会副主任委员宋一平向七届全国人大常委会第二十四次会议作关于补选代表的代表资格的审查报告

宋一平说，第七届全国人民代表大会代表应为 2978 人，到第七届全国人民代表大会第四次会议时实有代表 2955 人，有 23 位代表需由有关选举单位补选。现已补选出代表 4 人：广东黎子流，海南邓鸿勋、陈家悦，云南肖代芬(女)。代表资格审查委员会对他们的代表资格进行了审查。审查结果，确认他们的代表资格有效。

宋一平说，自第七届全国人民代表大会第四次会议以来，有 19 位代表逝世。到第七届全国人民代表大会常务委员会第二十四次会议时，第七届全国人民代表大会共有代表 2940 人，还缺 38 名代表尚待有关选举单位补选。

七届全国人大常委会第二十四次会议通过《关于召开七届人大五次会议的决定》

第七届全国人民代表大会常务委员会第二十四次会议决定：

中华人民共和国第七届全国人民代表大会第五次会议于 1992 年 3 月 20 日在北京召开，建议会议主要议程为：听取和审议政府工作报告；审查、批准 1991 年国民经济和社会发展计划执行情况与 1992 年国民经济和社会发展计划；审查、批准 1991 年国家预算执行情况和 1992 年国家预算；审议关于三峡工程的议案；审议《中华人民共和国全国人民代表大会和地方各级人民代表大会代表法(草案)》、《中华人民共和国工会法(修改草案)》、《中华人民共和国妇女权益保障法(草案)》；审议《第七届全国人民代表大会第五次会议关于第八届全国人民代表大会代表名额和选举问题的决定(草案)》；审议全国人民代表大会常务委员会工作报告；审议最高人民法院工作报告；审议最高人民检察院工作报告等。

全国政协副主席王任重在人民大会堂代表全国政协主席李先念举行晚宴欢迎埃及协商会议主席穆斯塔法·凯马勒·希勒米

国务院副总理朱镕基同新西兰副总理兼对外经济关系和贸易部部长外交部长唐·麦金农在惠灵顿就双边关系国际和地区问题举行会谈

朱镕基说，中新建交 20 年来，中国政府对两国关系的稳定、顺利发展表示满意。朱镕基说，双方在政治、经济、贸易、科技、文化等各个领域都进行了卓有成效的合作。人民之间的往来日益增多，相互了解和友谊不断加强，两国已有六对省市建立了友好关系。在国际事务中，两国也保持了密切接触与合作。

朱镕基认为中新关系发展的特点是“友好、稳定和务实”。中新两国都需要一个和平的国际环境。只要两国从长远的共同利益出发，双方就能超越社会制度和意识形态的差异，使中新关系得到持续稳定的发展。朱镕基说，中新两国都处在亚太地区，中国愿意与新西兰共同努力，在下一个 20 年间推动两国关系在广度和深度上都有新的发展。

国务院副总理朱镕基在惠灵顿新西兰国际事务研究所就国际和地区形势中国的改革开放和中新关系发表演说

关于国际形势，朱镕基指出，战后两极格局宣告终结，新的格局正在形成，有利于世界和平与安全的多极化趋势迅速发展。但中东地区错综复杂的矛盾远未解决，欧洲局势动荡多变。整个世界并不安宁。

朱镕基说，与此形成鲜明对照的是，中新两国所处的亚太地区继续保持了相对稳定的局面。亚太地区经济一直以高于其他地区的速度增长，东亚地区已成为世界经济中最有活力的地区。在南太平洋地区，各国政局基本稳定。

在谈到中国的改革开放政策时，朱镕基说，过去的 12 年，是中国国民经济发展最快、人民受惠最多的时期，也是中国的综合国力大大增强，人民生活水平明显提高的时期。

朱镕基指出，中国的长治久安和经济繁荣不仅对亚太地区，而且对整个世界都具有不言而喻的重要意义。

朱镕基指出，前几年混乱的经济秩序已得到治理，产业结构得到一定调整，能源、交通、原材料的投资比重上升，供应紧张状况有所缓解。

朱镕基说，中国整个国民经济已恢复到正常的增长速度，并正在进一步向好的方向发展。

关于中新关系，朱镕基认为，完全能够在现有基础上提高到一个新水平，两国贸易和经济技术合作也要迈上一个新台阶。

新西兰总理詹姆斯·博尔格在惠灵顿会见国务院副总理朱镕基

国务委员钱其琛在外交部会见以教育部长若泽·戈登堡为团长的巴西政府高级代表团

外交部发言人在记者招待会上就大赦国际等非政府组织在西藏问题上对中国进行指责一事发表评论

发言人说，大赦国际等非政府组织在西藏问题上对我国的指责是没有根据的。西藏问题不是什么人权问题，而是涉及中国的主权和领土完整的问题。

中英土地委员会举行第25次会议

双方商定1992/93财政年度的批地计划为159.3公顷。

这批土地中，用于商业、住宅、工业的占27.96公顷；属于居者有其屋计划、私人机构参建居屋计划、香港房屋协会发展用地和乡村屋宇的有21.80公顷；作为公用事业、教育、福利、宗教、康乐和其他用途的有16.79公顷；除此还包括有特殊需求的92.75公顷，其中包括第9号集装箱码头60公顷用地。双方还商定，另拨出5公顷土地作为补充批地计划，在年内视需求情况决定从中推出土地的数量。会议上，双方就新机场和机场铁路用地事宜进行了有益的讨论。

中华人民共和国政府和塞舌尔共和国政府在维多利亚签订关于互免签证的协定

首台第3代人造卫星激光测距的双波长高功率锁模激光系统在上海武汉运转数年后通过鉴定

国家教委副主任柳斌就小学生课业负担过重问题向新闻界发表谈话

2月21日

全国政协举行第四十二次主席会议

会议决定，3月11日召开政协第七届全国委员会常务委员会第18次会议。会议还讨论《中国人民政治协商会议第七届全国委员会常务委员会工作报告》(草稿)，审议《关于召开政协第七届全国委员会第五次会议的决定》(草案)。这两个文件提交政协七届常委会第18次会议审议通过。

全国宗教局长会议在北京召开

会议要求各地继续全面正确地贯彻执行宗教信仰自由政策，保持政策的稳定性、连续性，依法加强对宗教事务的管理，做好对宗教界人士和广大信教群众的团结教育工作，巩固、扩大与宗教界的爱国统一战线，使宗教工作更好地为安定团结服务，为经济建设服务。

会议于25日结束。

国务委员陈俊生在全国宗教局长会议上发表讲话

这次全国宗教局长会议，主要是总结贯彻执行《中共中央、国务院关于进一步做好宗教工作若干问题的通知》(以下简称中央通知)和一九九〇年底召开的全国宗教工作会议的情况，交流经验，研究部署今年的工作。中央统战部、国务院宗教事务局《关于贯彻中央6号文件情况和今年宗教工作的意见》，已经中央领导同志同意，希望大家认真讨论和领会文件的精神，使今年的宗教工作取得新的进展。

在新的形势下，进一步做好宗教工作，对于维护社会稳定和民族团结，调动积极因素，推进社会主义现代化建设，抵制国外敌对势力的渗透、颠覆和和平演变图谋，具有重要的意义。党中央、国务院对处理好我国的宗教问题十分重视，一再强调要重视和加强宗教工作。今年一月二十八日，江泽民同志又一次邀请宗教团体领导人坦诚谈心，这对我们做好宗教工作是一个极大的鼓舞和鞭策。我们召开这次会议，就是要推动宗教工作更好地为党的中心任务服务。下面，我就当前的宗教工作讲几点意见。

一、正确分析当前宗教工作的形势

一年来，各级党委和政府认真贯彻落实中央通知和全国宗教工作会议精神，做了大量工作，取得了很大成绩。主要表现在：通过传达贯彻中央通知和江泽民、李鹏同志的重要讲话，全党和各级干部对宗教工作重要性的认识有了新的提高；通过依法加强对宗教事务的管理，一些地方宗教方面的混乱现象开始得到治理，抵制境外宗教敌对势力渗透的斗争有所加强；通过加强思想政治工作和团结教育工作，宗教界人士的政治觉悟有了提高，思想稳定，积极为社会主义建设事业服务；认真落实宗教房产政策的历史遗留问题方面也取得新的进展。总之，去年是宗教工作具有开拓性的一年，总的形势是好的，而且继续向好的方面发展。一年来的实践证明，中央通知关于处理宗教问题的观点、方针和政策是正确的。各级宗教工作部门的同志，按照中央的路线方针政策做了大量工作，付出了辛勤的劳动，我借这个机会向同志们表示衷心的感谢。

在肯定成绩的同时，我们必须清醒地看到，宗教方面仍然存在许多问题，有些问题还比较严重。第一，抵制境外敌对势力利用宗教进行渗透，是在对外开放条件下宗教工作面临的一个重要课题。利用宗教进行渗透，是境外敌对势力的一个重要手段。这种渗透活动是有组织有计划进行的，他们在利用与我国的经贸、教育、文化、科技、学术等交流途径，以及旅游、探亲等方式进行渗透的同时，千方百计插手干涉我国宗教内部事务、培植他们的势力，在我国一些地方造成了不安定因素。我们如果对此不引起高度警惕，采取有效的措施，其后果将是严重的。第二，一些地方宗教活动中存在的不正常现象或混乱现象还没有得到有效制止，是当前宗教工作面临的另一个突出问题。部分地区基督教仍呈不正常发展趋势，自封传道人到处活动而无人过问，私设聚会点禁而不止，极少数不法分子利用宗教进行违法犯罪活动。一些地方宗教干预司法、行政、教育和婚姻的情况，闹教派纠纷的情况，滥建寺观教堂的情况，也都不同程度地存在。这些问题如不加以认真解决，就会对社会安定和民族团结带来不利影响。第三，爱国宗教团体和爱国宗教教职人员队伍的建设仍然薄弱。爱国宗教团体领导班子和骨干青黄不接的矛盾比较突出，对宗教界人士的团结教育工作有待于进一步加强，特别是对年轻教职人员的思想政治教育抓得不紧。爱国宗教团体的自身建设和自我管理还必须加强和完善。第四，我们工作中的一些困难和问题没有得到很好解决，如落实宗教房产政策中的遗留问题，宗教工作机构和干部队伍建设的问题等。而且也应看到，各地的宗教工作发展不平衡，有些地方还停留在层层传达文件精神上，抓落实较差，这说明对当前宗教方面存在的问题还缺乏应有的认识，思想上重视不够。

我们在分析宗教工作形势时，既要看到成绩，增强信心，又要保持冷静的头脑，正视面临的困难和问题，从实际情况出发，做好下一步工作。

二、关于今年宗教工作的任务

根据中央通知确定的今后一个时期宗教工作的基本任务和当前宗教工作的实际，今年宗教工作的任务是，继续深入、扎实地贯彻中央通知，全面正确地贯彻执行宗教信仰自由政策，保持政策的稳定性、连续性，加强对宗教事务的管理，加强对宗教界人士和广大信教群众的思想政治工作，巩固、扩大与宗教界的爱国统一战线，帮助爱国宗教团体加强自身建设，办好教务，团结广大信教群众，抵制境外宗教敌对势力的渗透，坚决打击利用宗教进行违法犯罪活动，使宗教工作更好地为安定团结的大局服务。

为顺利实现宗教工作任务，达到预期的目标，我们应当全面正确地贯彻执行党的宗教政策。这里，我想着重讲以下几点：

第一，要保持宗教政策的稳定性和连续性。几十年来的实践证明，党的宗教信仰自由政策是唯一正确的宗教政策，得到了全国各族人民的拥护，一定要长期坚持下去。党中央一再强调，要保持宗教政策的稳定性和连续性。宗教政策的稳定，是爱国宗教界人士和广大信教群众思想稳定的一个前提，也有利于进一步调动他们的社会主义积极性。我们一定要注意保护宗教界的合法权益，该落实的政策要继续落实，以保证我们政策的权威性。对落实宗教房产政策中的遗留问题要继续实事求是地予以解决，特别是那些信教群众反映大、容易引发事端的要尽快合理解决，不要久拖不决。开会不要空泛地议论，应主要研究如何解决问题。会上开个单子，哪些问题急需解决，大家共同研究解决问题的办法，限期解决。

第二，要依法加强对宗教事务的管理。对宗教事务政府要不要管理，这种管理的性质、内容是什么，在这个问题上过去一段时间有一些不同认识。对此，中央通知已经作了明确阐述，各方面的认识也基本上达到了一致。一些地方的实践证明，管与不管情况大不一样，我们必须坚持依法加强对宗教事务的管理，同时在工作中要严格地按照法律、法规和政策办事，既要敢于管理，又要善于管理，既要防止和克服放任自流，也要防止简单化的做法。通过依法对宗教事务进行管理，保护合法的正常的宗教活动，制止非法活动，使党的宗教政策更好地得到贯彻执行。依法管理就是坚持宗教活动必须在宪法、法律的范围内进行，这就需要制定和完善具体的法律、法规。加快宗教立法，把宗教工作逐步纳入法制的轨道，是摆在我们面前的一项紧迫任务。从目前情况看，应尽快制定出几个单行的宗教行政法规，国务院宗教事务局要加快这方面的工作，各省、自治区、直辖市也不要等待，要按照立法要求和法律程序制定地方性的宗教行政法规。已经颁布地方性宗教法规的地方，要认真实施，不断总结经验，加以完善。

第三，要在积极正确地开展宗教方面对外友好交往的同时，坚决抵制境外宗教敌对势力的渗透。实行改革开放是我们坚定不移的方针，抵制境外宗教敌对势力的渗透活动也是我们坚定不移的方针。从这几年一些地方的实践看，在各级党委和政府的领导下，统一各有关部门的认识，通盘考虑，制定切实有效的措施，协调配合，实行综合治理，是一条有效的路子，现在需要深入进行调查，很好地总结经验，研究对策，明确各有关部门的任务和职责，制定出一套各部门、各方面共同遵循的办法和措施来。我国十多年来取得的巨大成就得益于改革开放，我们还要加快改革的步伐，进一步扩大对外开放，这是既定的方针，也是广大人民的共同愿望，是不会改变的。我们要清醒地看到，在新的形势下，我们与国外敌对势力利用宗教进行渗透活动的斗争将是长期的。各级领导、党员干部要深刻认识反渗透的重要意义，对那种单纯从经济利益考虑，不顾政治后果，而对境外宗教敌对势力渗透失去警惕的现象，要进行严肃地批评教育和处理。在宗教界中要加强爱国主义和社会主义教育，坚持不懈地进行独立自主自办教会和“三自”原则的教育，以国家和民族的利益为重，增强民族自信心和自豪感，自觉抵制国外的渗透活动。

第四，要坚持信仰上互相尊重，政治上团结合作，引导宗教界人士和广大信教群众积极投身于社会主义建设。宗教工作历来是为党的中心任务服务的，这一点任何时候都不能忘记。坚持党的基本路线，建设有中国特色社会主义，实现社会主义现代化建设第二步战略目标，是全党的任务。宗教工作要自觉地服从于服务于这一任务。要顺利地进行经济建设，就需要有一个和平的外部条件和安定团结的内部条件。宗教工作要为促进社会稳定做贡献，妥善处理各种矛盾，及时化解不安定因素。要加强对宗教界人士和广大信教群众的团结教育工作，巩固和发展同宗教界的爱国统一战线，使信教和不信教的群众团结起来，共同为实现社会主义现代化建设第二步战略目标服务。

三、狠抓落实，集中精力解决突出问题

最近，中央特别强调，要转变作风，各项工作都要狠抓落实。中央的这一指示对做好当前的宗教工作具有十分重要的指导意义。

狠抓落实，就必须脚踏实地，真抓实干，深入实际，调查研究，解决实际问题。一年来，通过传达贯彻中央通知和全国宗教工作会议精神，为做好下一步的工作打下了一个好的思想基础。有些地方也解决了一批问题。我们应当在这个基础上，使今年的工作深入一步。关键是要集中精力到基层去调查研究，并把调查与解决问题结合起来，把调查与总结经验结合起来。各级宗教工作部门都要朝这个方面努力，并真正抓出效果，使中央通知精神真正落到实处。

狠抓落实，就要善于抓住并解决主要矛盾。今年的宗教工作要下决心抓重点、攻难点。从全国来讲，主要抓抵制境外宗教敌对势力的渗透、解决基督教和天主教等存在的突出问题、培养宗教教职人员后继人问题等几件大事。就各省来讲，情况有很大差异，宗教工作面临的主要问题不尽相同，工作基础、干部力量也参差不齐，应从实际出发，抓住主要问题下力气去解决。这就需要我们发扬主动精神和创造精神，把中央的精神变为符合当地实际情况的生动实践。

当前宗教工作面临的主要问题，有些是几年来一直存在而没有得到解决的问题，解决起来有相当困难，这就需要我们找到解决问题的有效途径和办法。办法还是来自实践，来自群众。这几年在许多地方的工作中，确实有不少好的做法，积累了一定的经验，对解决我们面临的问题会有很大帮助，要特别注意发现和总结这些经验。

四、加强党和政府对宗教工作的领导

加强各级党委和政府的领导，是处理好宗教问题、做好宗教工作的根本保证。中央通知指出，全党、各级人民政府以及社会各个方面都要关心、重视和做好宗教工作。各级政府要处理好宗教工作与其他工作的关系，把宗教工作列入议事日程，在方针政策上进行指导，经常进行检查和督促，及时解决存在的问题。宗教方面问题较多的地方，更应该把宗教工作认真抓起来，不要使问题成堆、矛盾激化而陷入被动。宗教工作是一项长期艰苦的工作，急不得也松不得，要常抓不懈。

宗教问题比较复杂，涉及社会生活的许多方面，解决这方面的问题光靠宗教工作部门的努力是不够的，需要各有关部门共同来做好这项工作。如做好反渗透的工作，没有各有关部门的配合就不可能做好，这就需要在党委和政府的领导和协调下，统一认识，统一政策，统一行动，才能取得好的效果。我们要在广大党员、干部中深入进行马克思主义宗教观和党的宗教政策的宣传教育，提高做好宗教工作的责任感和自觉性。

当前，宗教工作面临的任务是十分艰巨和繁重的，这对宗教工作干部队伍的建设提出了更高的要求。加强对宗教工作干部的培训，全面提高政治和业务素质，是这支干部队伍建设的重点。要办好各级干部培训班，使现有在岗干部都得到轮训。国务院宗教事务局以及各省、自治区、直辖市宗教工作部门都要把干部培训工作列入重要的工作日程，订出计划，认真落实。经过一年的努力，宗教工作机构建设状况在有些地方得到了一定程度上的改善，但整个来说还不适应工作的需要。各地要从实际出发，继续充实宗教工作干部队伍，选择一些思想好、作风好、能力强的同志到这个岗位上来，使现在干部队伍薄弱的状况进一步得到缓解。各级政府要关心宗教工作干部的学习、工作和生活，帮助他们解决一些实际困难。

宗教部门要协助和配合有关部门向人民群众特别是广大青少年进行辩证唯物主义和历史唯物主义包括无神论、通俗科学知识的宣传教育，树立科学的世界观和人生观。我国是一个农村人口占绝大多数的国家，经济文化相对落后。在促进农村经济发展的同时，要加强农村社会主义精神文明的建设。宗教工作的重点在农村，无神论宣传教育的重点也应放在农村。这种宣传教育要考虑到农民群众的实际文化水平，内容要通俗，形式要活泼，易于接受。当然，无神论宣传教育是一项经常性的工作，要长期坚持不懈地进行下去。

我相信，只要我们坚定不移地贯彻执行党中央的方针政策，发扬务实的作风，踏踏实实工作，就一定能够开创宗教工作的新局面。

《中国西藏》杂志编辑部在北京召开西藏的历史与现状研讨会

《中国西藏》杂志编辑部日前召开"西藏的历史与现状"研讨会，我国法学、藏学和理论界26位著名专家、学者以大量的史料、事实和雄辩的法律依据再次阐明：西藏自古就是中国领土不可分割的一部分，西藏人民在社会主义制度下充分享有人权；有力驳斥了国外有些人在西藏问题上的种种谬论。

藏民族和各兄弟民族
共同缔造了中国的文明

北大教授杨公素、中国藏学研究中心副总干事索朗班觉、中央民族学院教授王辅仁、中国藏学研究中心特约研究员彭哲等人谈到，藏民族和各兄弟民族共同缔造了中华民族的历史，西藏的历史就是中华民族历史的一部分，西藏的现状也是西藏人民同各兄弟民族在建设有中国特色的社会主义道路上共同发展、繁荣进步的现实。这本不是什么问题，但流亡国外的西藏分裂主义集团和外国反华势力相勾结，篡改西藏历史，歪曲西藏现状，妄图把西藏从祖国大家庭中分裂出去。西藏分裂主义集团的荷兰籍"法律顾问"范·普拉赫（以下简称范）撰写并于1987年出版的《西藏的地位》一书，就是利用人权妄图否定中国对西藏的主权的代表作。

著名藏学家王辅仁教授说，中国自古就是一个多民族的国家，范却在《西藏的地位》一书中有意歪曲历史，玩弄文字概念，把"中国人"和"汉人"等同起来，而把"中国人"和"西藏人"、"蒙古人"等区别开来，企图证明中国是由汉人建立的国家，以此欺骗国外很多不了解中国历史的人。尽管范把西藏说成"独立国"却又无法回避元朝对西藏行使主权，设官施治的事实，就把这种关系说成是"蒙藏关系"和宗教上的"供施关系"。元朝在全国藏族地区施政的历史，包括派官设治、驻军、清查户籍、设置驿站、征收赋税等，史实是大量的，而范对此却讳莫如深。

西藏自治区人民政府副主席、西藏社会科学院院长拉巴平措在书面发言中引用了大量藏文典籍，他说，这些藏文典籍证明：13世纪以来，历代中央政权均对西藏确定无疑地行使其主权，从政治制度、行政区划到任命官员都有史料记载；而行使主权的对象——西藏地方，从13世纪到近代，对主权的实施都是完完全全服从的。"皇帝"一词在藏话里被翻译为"大皇帝主人"。布达拉宫等宫殿供奉有皇帝的牌位，达赖喇嘛逢年过节都要对皇帝牌位三拜九叩，三呼万岁。这不是一般礼节性跪拜，而是对最高领导的政治性臣服。他还说，在西藏，凡是有哪位贵族的祖先被皇帝封过爵位，皇帝的诏书定被当做传家宝来珍藏，遇有生活动荡，宁可舍弃家财，也要保存诏书。

藏学家彭哲曾经作为中央代表张经武的翻译，亲历了《关于和平解放西藏办法的协议》的签订过程。作为历史见证人，彭哲说：当年14世达赖喇嘛曾发电报给中央人民政府毛泽东主席，表明拥护并执行协议的态度，原西藏地方政府的官员代表会议还提出，要嘉奖参加签订上述协议的西藏地方政府的全权代表们。这些重要史实，身为"法律顾问"的范不可能不知道，明明知道，又要造谣，目的就很明显。近年来，西藏分裂主义集团与国际反华势力相互勾结利用，打着所谓人权的幌子，搞了不少名堂，说来说去，就是梦想恢复他们对西藏人民的统治，恢复他们失去的"天堂"。

"会说话的牛马"成为新社会的主人

与会专家、学者指出，40多年来，党和政府在西藏的人权维护和保障方面取得了巨大成就，这是任何人也否认不了的事实。所谓"西藏人权问题"，完全是帝国主义势力和极少数被剥夺了特权的分裂主义分子别有用心编造出来的，其目的就是否认西藏自古就是中国领土的一部分，鼓吹"西藏民族自决"、"西藏独立"，建立所谓"西藏主权国家"。

西藏文联副主席、藏族知名学者恰白·次旦平措在题为《略述新旧西藏藏人之人权》的书面发言中说，在旧西藏法典第15、16、13条中，列举了人与人之间的"命价"要加以区别的规定，明确写着"胡(尔)人(指藏北牧民)杀害雅孜王(指地位很高的王爷)，命价按尸量黄金；农民杀害格萨(尔)王，抵偿命价(多得)算不清"，而有关下等人的命价却写明"猎户铁匠屠夫等，被杀命价一草绳(此处专指用马兰草编的绳子)"。这种规定本身就有力地揭示了当时社会对于人与人之间的权利所实行的不公平待遇。那时，占人口90%以上的藏族群众连起码的人权——人身自主权也没有。

次旦平措说，1959年民主改革后，广大农奴才第一次获得了人身自由，从而开启了西藏人民真正享有人权的大门。现在，西藏人民在政治上有宪法和法律的保护，经济上基本解决了温饱，有文化的人数与旧社会相比，成百倍的增长，工业、交通、商业、教育、卫生以及地方建设等各项事业都从无到有、从小到大地逐年发展，这些都是可以看得见、摸得着的客观存在，任何人也无法否认和歪曲。

中国人民大学教授谷春德列举了我国政府维护和保障西藏人权的巨大成就后指出，旧西藏封建法律将西藏社会成员分成三六九等，将广大农奴规定为法律关系的客体，根本不把农奴当人看。直到1951年西藏和平解放，特别是1959年西藏民主改革以后，上述情况才发生了根本变化，旧社会"会说话的牛马"才变成了新社会的主人。少数分裂主义分子不愿意看到西藏社会的进步和人民生活的改善，害怕和仇视西藏社会发展，制造所谓"西藏问题"，目的就是要夺回他们失去的特权。

中国藏学研究中心副研究员、藏族学者格勒用亲身经历说明，只有在共产党领导下，西藏人民才真正获得了人权，才真正行使当家做主的权利。格勒说，我就是农奴的后代，对西藏的人权最有发言权。

旧西藏有"人头税"，它意味着，人各有其主，广大农奴没有起码的人身自由。正是三大领主剥夺了西藏人民的基本生存权利。格勒家祖祖辈辈是封建领主的农奴，是共产党把他这个农奴的后代送到大学学习。如今，他已获得人类学博士的学位，出版了三本专著，还多次出访欧美等国参加国际学术会议。他说，一个农奴的后代，可以同国内外著名专家学者平起平坐讨论西藏问题，这在旧西藏是想都不敢想的。

维护法律尊严 主权不容干涉

外交学院教授张之毅，外交学院国际法研究所所长、中国国际法学会常务副会长兼秘书长马骏教授，全国人大内务司法委员会顾问余叔通教授和中国社会科学院法学研究所研究员李泽锐等法学专家，从法律角度指出，《西藏的地位》一书的论点和论据是站不住脚的。他们在引用联合国宪章和有关公约条文时说：任何旨在部分地或全部地分裂一个国家的团结和破坏其领土完整的企图，都是与联合国宪章的宗旨和原则相违背的，是联合国所严格禁止的。

马骏说，《西藏的地位》引证国际法来论证西藏问题，立论的出发点是"西藏独立"，而西藏不是一个主权国家，国际上任何一个国家都承认西藏是中国不可分割的一部分这一事实，因此这个前提就立不起来。国际法是规定国家与国家关系的法律，所谓"西藏问题"，纯属中国内政，根本不是国际法调整的内容。

格勒博士说，《西藏的地位》一书从头到尾混淆了民族与国家这两个完全不同的概念，这就像用国际法来讨论美国联邦政府与美国印第安人的关系，张冠李戴，弄错了对象，得出的结论当然是错的。

余叔通教授说，如果任何国家的少数民族问题都用国际法来处理，都拿到国际论坛上谈是非，那么世界将卷入无休止的争论，将导致天下大乱。因为，地球上没有少数民族的国家简直是凤毛麟角。中国西藏的主权，是历史形成的，是藏族人民与全国各族人民共同生活和奋斗的成果，早就见诸法律文件，而且反复得到重申，完全不是依靠帝国主义侵犯殖民地所惯常使用的"征服"、"占领时效"、"割让"等等来获得的。世界上迄今没有任何一个国家敢于从法律上或事实上承认西藏独立，硬说西藏已经"独立"了几十年，岂不是海市蜃楼吗？

共青团中央全国青联在人民大会堂召开全国青年科技先锋事迹报告会

报告会授予陈章良、李登海、关广生三位科研人员"全国青年科技先锋"称号，并号召在全国青年中开展向他们学习的活动。

陈章良是北京大学生物系教授。1983年大学毕业后，一直从事植物分子生物学和植物基因工程学的研究，1991年荣获联合国教科文组织颁发的"贾乌德·侯赛因青年科学家奖"。李登海是山东省莱州市玉米研究所所长、高级农艺师。初中毕业后回乡务农，长期致力于玉米育种、高产栽培研究，培育出"掖单系列"高产玉米良种，其中"掖单13"突破亩产1000公斤大关，创世界夏玉米单产最高纪录，获得国家星火一等奖。关广生是辽宁省本溪市半导体器件厂汽车电子研究所副所长，工程师。经过10多年的刻苦自学和研究，共取得革新发明成果100余项，为企业发展做出了突出贡献。

团中央、全国青联的命名决定说，陈章良、李登海、关广生同志的先进事迹集中体现了我国青年的时代精神和崭新风貌，昭示了当代中国青年的成长道路，是全国青年学习的榜样。

报告会上，陈章良、李登海、关广生分别作《用青春托起祖国的希望》、《青春献科技，热血育良种》、《向新科技革命进军，青年工人大有作为》的事迹报告。团中央第一书记宋德福宣读共青团中央和全国青联的命名决定。团中央书记处常务书记、全国青联主席张宝顺作了学习部署。北京市和中央机关、解放军武警部队、铁道系统的团员青年代表500多人出席报告会。

共青团中央全国青联全国学联全国少工委联合发出《关于深入开展学雷锋活动的意见》

共青团中央等4单位联合发出《关于深入开展学雷锋活动的意见》。

《意见》总结近两年来学雷锋活动的开展情况和特

点。《意见》指出，党的十三届四中全会以后，学雷锋、树新风活动又一次广泛兴起。1990 年，江泽民、杨尚昆、李鹏等党和国家领导人，亲笔题词，接见学雷锋先进代表，发表讲话，鼓舞群众掀起了新的学雷锋热潮，在群众中产生了积极的影响。

《意见》说，在各级党政领导重视、社会各界的支持下，在各级团干部和广大青少年的共同努力下，学雷锋活动取得了令人鼓舞的效果，加强了思想政治工作，推动了社会主义精神文明建设。《意见》根据当前学雷锋活动的情况，提出了在青少年中更加广泛深入地开展学雷锋活动的 4 点意见：进一步解决思想认识问题；进一步深化学雷锋活动；进一步扩大学雷锋的覆盖面；进一步加强学雷锋的宣传。

国家主席杨尚昆在人民大会堂会见由主席穆斯塔法·凯马勒·希勒米率领的埃及协商会议代表团

国务院总理李鹏在中南海紫光阁会见由主席穆斯塔法·凯马勒·希勒米率领的埃及协商会议代表团

国务院副总理朱镕基在新西兰最大城市和经济中心奥克兰同新西兰实业界知名人士座谈鼓励他们到中国投资

中国印度边界问题联合工作小组第 4 轮会谈和副外长磋商在新德里结束

双方发表的联合新闻公报说，以副外长徐敦信为首的中国代表团同以外交秘书迪克西特为首的印度代表团是在互相理解的气氛中进行讨论的，会谈是坦诚、积极和友好的。双方对会谈取得的进展表示满意。

联合新闻公报说，双方同意，两国边防人员于每年 6 月和 10 月在中印边界东段的棒山口和西段斯潘古尔湖地区莫尔多通道举行定期会晤。在双方会晤站之间建立通讯联系。此外，在上述地区双方还可根据实际需要随时进行联系和会晤。

双方还就实际控制线地区增加信任的措施交换了意见，其中包括事前通报军事演习。

联合新闻公报说，参加联合工作小组的中印两国代表团中，首次有两国国防部代表参加。增加信任的措施和边界问题将在下一轮会谈中继续讨论。下一轮会谈将在双方都方便的时候早日在北京举行。

中国代表张义山在联合国人权会议上就美国助理国务卿希夫特对中国发表的人权状况白皮书进行攻击的讲话发言

张义山指出，世界上有这么一个国家，其国内存在各种侵犯人权的现象，在国际上侵犯、威胁别国人权，因此它根本无权对别国人权状况横加指责。

张义山说，中国发表白皮书是对中国人民促进和维护人权的理论和实践进行系统的总结，这正说明中国政府对人权问题的关心和维护。而那位美国先生之所以利用人权会议讲坛专门对中国白皮书进行攻击，道理很简单，因为白皮书实事求是地谈出了中国和与中国情况近似的一些发展中国家对人权问题的一些看法。

张义山指出，美国每年发表人权蓝皮书，以一些捕风捉影、道听途说地编造，对别国的事务说三道四，却避而不谈自己国家的人权状况。他说，这个国家侵犯人权的事例很多，且不说其国内的种族歧视、无家可归者、警察暴力、凶杀和犯罪，国际上人所共知的事实是它兵占格林纳达、入侵巴拿马，经常对小国进行武力威胁等等。它的蓝皮书应该补写上这一章侵犯人权的事实。

张义山强调，国家无论大小，一律平等，这是现代国际法的基本原则。而美国想把自己打扮成维护人权的天使，以人权大法官的姿态，对世界各国人权状况作出仲裁。这是谁给它的权力？这种做法直接违背了国际法，是强权政治、霸权主义的表现。

2 月 22 日

《人民日报》发表社论《更好地坚持以经济建设为中心》

新春伊始，江泽民总书记指出，今年是实施十年规划和“八五”计划的第二年，要继续坚定不移地全面贯彻执行党的基本路线，落实去年中央工作会议和十三届八中全会精神，继续抓好发展经济、加强党的建设和维护社会稳定三件大事。

这三件大事当中，最关键、最重要的就是抓紧经济工作，发展经济。我们党的基本路线就是以经济建设为中心。十一届三中全会以来，“以经济建设为中心”给我们国家开辟了一条蓬蓬勃勃的发展之路，我们的经济建设取得了巨大进步。面对国际上风云变幻，我们的社会主义事业充满了生机。坚持贯彻这条基本路线，中华民族就一定能实现自己的奋斗目标。现在，我们的经济还比较落后，与世界先进水平相比，还有很大差距。对此，我们要保持清醒的头脑，脚踏实地，真抓实干，使我们的经济在新的一年里有一个更快的发展。

马克思主义者最注重发展生产力。社会主义比资本主义有优越性，就表现在为生产力的充分发展开辟了广阔的前景。如果我们做不到这一点，我们的社会主义就缺乏说服力。只有用较快的速度把经济搞上去，综合国力增强了，人民生活水平提高了，广大群众的社会主义信念才能更加坚定，我们才能有效地抵御和平演变，其他各种问题也都能较好地得到解决。邓小平同志说，坚持社会主义，"既是斗争的过程，也是说服教育的过程，但最终说服不相信社会主义的人要靠我们的发展。如果我们本世纪内达到了小康水平，那就可以使他们清醒一点；到下世纪我们建成中等发达水平的社会主义国家时，就会大进一步地说服他们，他们中的大多数人才会真正认识到自己错了。"因此，坚持社会主义的根本落脚点，就是要尽快地发展经济。看看今天的大好形势，对照历史上"以阶级斗争为纲"带来的严重挫折和灾难，我们会更加深刻地体会到"以经济建设为中心"合乎国情，顺乎民意，是强国富民的真理。我们一定要全面贯彻执行"一个中心、两个基本点"的基本路线，牢牢扭住经济建设不放，不允许干扰和背离这个中心。

当然，加强党的建设、维护社会稳定等项工作也是非常重要的，丝毫不能松劲。建设好党的组织，是贯彻执行党的基本路线的保证；维护社会稳定，是为了给经济建设创造良好的环境。这些工作都是为经济工作服务的。我们要围绕中心工作统筹安排，学会弹钢琴，把方方面面的工作做好，以保证经济建设顺利进行。

要想把经济工作搞上去，领导干部必须深入到工业、农业、商业等各行各业的第一线去调查研究、解决问题，特别是要下功夫去解决那些关键性的有全局影响的问题。去年抗洪救灾，有很多领导干部深入到第一线去指挥，受到群众欢迎，这种精神要大力发扬。领导干部只有深入到第一线，才能真切地了解到问题的症结所在，才能及时地做出正确的决策，才能密切联系群众，鼓舞广大基层干部和群众的干劲。要力戒形式主义。经济工作是具体的、实际的，抓经济工作，坐而论道不行，搞花架子也不行。要真抓实干，把劲使在实处，做扎扎实实的工作，取得实实在在的成就。

在新的一年里，让我们牢牢抓住经济建设这个中心、坚持四项基本原则，加快改革开放的步伐，以经济工作和各项工作的优异成绩，迎接党的十四大的召开。

国务院副总理朱镕基在结束对新西兰访问后接受记者专访

朱镕基说，中新关系发展的特点是"友好、稳定和务实"。在推动和平与发展问题上，两国存在着广泛的共同点和共同利益。

朱镕基说，他对新西兰的第一次访问"富有成果"，达到了加强相互了解、增进相互信任、促进友好合作和交流的目的。

朱镕基强调，中新两国经济各有优势，存在着较强的互补性，经济技术合作有较大潜力，发展前景广阔。

外交部发言人就美国宣布打算取消对中国三项制裁事宜发表谈话

发言人说："我们注意到，美国政府于2月21日宣布打算取消去年6月实施的对华3项制裁。"

发言人说："中国在武器转让方面一贯奉行慎重、负责的政策，并遵循3项原则：一、有助于有关国家的正当自卫能力；二、不损害地区和平、安全和稳定；三、不利用军贸干涉别国内政。在美国政府实际上取消上述三项制裁后，中国将在导弹及其技术出口方面，按照现行《导弹及其技术控制制度》的准则和参数行事。"

发言人说："我们希望，去年11月17日中美两国外长所达成的各项协议和谅解尽快得到全面落实，以利于中美关系的改善和发展。"

2月23日

国办关于严格执行欠税交纳滞纳金制度的通知

通知指出，近几年，部分企业拖欠税款十分严重。为严肃税收法纪，强化依法治税，现就严格执行欠税交纳滞纳金制度中的有关问题通知如下：

一、凡纳税人逾期未交的应纳税款，必须按照《中华人民共和国税收征收管理暂行条例》和《中华人民共和国进出口关税条例》的规定，按日课以滞纳金。

二、对纳税确有困难，经税款征收机关批准缓交的，其滞纳金可以适当核减，但也要按月课征不低于银行同期贷款利息的滞纳金；对未经税款征收机关批准缓交的欠税，一律按规定课征滞纳金，不得随意减免。

三、自一九九二年一月一日起，滞纳金实行按月征收，即在一个月内不能交纳已欠税款的纳税人，要先交纳欠税的滞纳金。

四、欠税滞纳金的课征，由税款征收部门出具滞纳金通知书，欠税单位的开户银行负责扣缴。各级银行要积极协助税款征收部门做好这项工作。

中国运动员叶乔波李琰在法国阿尔贝维举行的第16届冬奥会分获两枚银牌实现中国运动员在冬奥会上奖牌的突破

2月24日

《人民日报》发表社论《改革的胆子再大一点》

在风云变幻的国际形势下，关键是要把我们自己国内的事情办好。这已经成为全国上下的共识。

把自己国内的事情办好，最重要的是把经济搞上去。要把经济搞上去，就必须实行改革开放。在当前，改革开放的胆子应该再大一点，改革开放的步伐可以再快一点。这样，经济发展的步子就可能更快一些。

党的十一届三中全会以来，我们国家的面貌发生了举世瞩目的巨大变化，这是改革开放的结果。对比这十多年和以前的几十年，再对比我国和有些国家的情况，我们更加深切地认识到，中国不坚持走社会主义道路不行，不改革开放也不行。通过改革开放，使我们的社会主义制度更加完善，这是我们的唯一选择。除此没有其他道路可走。

我们提出改革开放的胆子再大一点，是基于对我国当前形势的正确判断。通过三年多的努力，治理整顿的主要任务已经基本完成。治理整顿与深化改革是辩证统一，不治理经济环境、整顿经济秩序，改革就不能顺利进行。不深化改革，治理整顿任务也不能如期完成。在治理整顿期间，改革迈出了较大步伐。在治理整顿任务完成以后，应该把工作重点放在深化改革方面，改革开放要迈出更大的步伐。现在，我国政治稳定、经济稳定、社会稳定。同时，经过十多年的实践，我们在改革开放方面已经取得了许多经验，已经形成了一系列的方针政策，在许多方面新体制的轮廓已经比较清晰。人们对改革开放的理解和承受能力都有较大的提高。这些，都为我们加快改革开放的步伐创造了条件。

改革开放胆子要再大一点。要在落实党的十一届三中全会以来的方针政策上，在落实那些行之有效的改革开放措施上，更大胆，更坚决，更讲求实效。要少说空话，多做实事，狠抓落实。不要以为认识了的问题，就能够解决，定下来的事情就能办到，人们在实践中要达到预期的目的，需要有足够的决心和魄力，需要做艰苦细致的工作。

在改革开放进程中，我们还会遇到许多新的问题。解决这些新问题，单靠老办法不行，必须大胆探索。这就更要解放思想，敢闯、敢干，敢于做别人没有做过的事情。

做别人没有做过的事情，往往事先没有把握。实践是检验真理的唯一标准。应该做的但又没有把握的事情，不是不干，而是要大胆地进行试验。不下水学不会游泳，不试验不知好坏。试验当然要争取成功，但也要允许失败。成功了，就推广；失败了，改了就是了，自己不要灰心，别人不应该责难。要支持、爱护那些致力于改革的创新者。

对改革开放中出现的新事物，有的同志开始不那么习惯，不那么理解，随着实践的结果，经过事实的教育和启发，他们会跟上来的。要靠实践的教育，不要去搞空泛的争论。还是邓小平同志讲的，要解放思想，实事求是，团结一致向前看。

我们以前说过，四项基本原则是立国之本，改革开放是强国之路。让我们在党的基本路线指引下，在强国之路上，沿着建设有中国特色的社会主义道路，更大胆地前进！

中国代表团参加在德国多特蒙德举行的国际军转民会议

会议由联合国科技发展中心、德国北莱茵一威斯特伐利亚洲和德国多特蒙德大学联合召开。有 35 个国家的 200 多名政府官员、教授、专家和企业家参加会议。国防科工委和国家计委联合派出由国防科工委副主任怀国模等 5 人组成的代表团出席会议。

会议是继莫斯科、北京国际军转民会议后，又一次国际军转民会议，其主题是“军转民与发展和环境”。怀国模在大会上作题为“加强国际合作，开拓军转民新领域”的指导性发言，并放映介绍中国军转民成就的录像片——《和平利用军工技术造福人类》。

大会通过“多特蒙德宣言”，就如下问题取得共识：军转民已经成为当前国际政治、外交、军事和经济事务方面的一个重要问题，已经数次列入联合国及世界各国政府的重要议事日程；不同社会制度的国家军转民的方式和途径有所不同，但在军转民的基本政策和经济转变方面有一部分是相同的，联合国应成为协调各国军转民工作的机构，对促进军转民国际合作可发挥重要作用；军转民不能单纯依靠市场力量，政府要介入和协调，要有计划，给予帮助，帮助企业领导者和职工进行再培训；裁军必须与军转民有机结合才能带来经济效益。

会议期间，会议主席、德国北莱茵一威斯特伐利亚州高教与科研部部长安克·布郎和德国联邦政府经济合作部副部长海布里克等先后与怀国模进行专门会晤，讨论两国在军转民领域的国际合作问题。

坦桑尼亚总理马莱塞拉接见监察部部长尉健行

中国和印度尼西亚政府关于在新闻领域合作的谅解备忘录在雅加达签署

中国已有 154 个海陆空一类口岸对外开放

2 月 25 日

七届全国人大常委会第二十四次会议闭幕

会议在通过《中华人民共和国领海及毗连区法》

后，于上午在人民大会堂闭会。

全国人大常委会委员长万里主持闭幕式并就加强法律监督问题发表讲话。

会议通过领海及毗连区法共17条。

会议经表决决定，将《中华人民共和国全国人民代表大会和地方各级人民代表大会代表法（草案）》、《中华人民共和国工会法（修改草案）》、《第七届全国人民代表大会第五次会议关于第八届全国人民代表大会代表名额和选举问题的决定（草案）》，提请七届全国人大五次会议审议。

会议还通过关于批准《中华人民共和国和苏维埃社会主义共和国联盟关于中苏国界东段的协定》的决定，通过代表资格审查委员会关于补选的第七届全国人民代表大会代表的代表资格的审查报告。

会议经过表决，任命乔晓阳、胡康生为全国人大常委会法制工作委员会副主任，刘天弼为最高人民法院民事审判庭副庭长，并通过其他任免事项。

副委员长彭冲、赛福鼎·艾则孜、严济慈、荣毅仁、叶飞、廖汉生、倪志福、陈慕华、费孝通、孙起孟、雷洁琼、王汉斌出席会议。

国务委员李贵鲜、最高人民法院院长任建新、最高人民检察院检察长刘复之列席会议。

七届全国人民代表大会常务委员会发布公告

第七届全国人民代表大会代表应为2978人，到第七届全国人民代表大会第四次会议时实有代表2955人，应补选代表23名。

自第七届全国人民代表大会第四次会议以来，有19位全国人大代表逝世：北京刘剑青、张继斌，天津孙志强，辽宁娄尔康，吉林赵修，浙江吴宏美、顾功叙，山东王世墉，河南丁百元（回族），湖北陈宗基，海南许士杰、周铮，四川彭迪先、潘大逵，贵州申云浦、吴邦建（侗族），云南于兰馥（女），青海夏茸尕布（藏族），宁夏马腾霭（回族）。

现已补选出代表4人：广东黎子流，海南邓鸿勋、陈家悦，云南肖代芬（女）。全国人民代表大会常务委员会同意代表资格审查委员会关于补选代表的代表资格的审查报告，确认补选的上述4名第七届全国人民代表大会代表的代表资格有效。特此公布。

现在，第七届全国人民代表大会共有代表2940人。

第七届全国人民代表大会常务委员会

1992年2月25日

七届全国人民代表大会常务委员会第二十四次会议公布乔晓阳等任命名单

任命乔晓阳、胡康生为全国人民代表大会常务委员会法制工作委员会副主任。

七届全国人大常委会第二十四次会议通过关于批准中苏国界东段协定的决定

第七届全国人民代表大会常务委员会第二十四次会议决定：批准外交部部长钱其琛代表中华人民共和国于1991年5月16日在莫斯科签署的《中华人民共和国和苏维埃社会主义共和国联盟关于中苏国界东段的协定》。

国家主席杨尚昆签发第55号令发布《中华人民共和国领海及毗连区法》

《中华人民共和国领海及毗连区法》已由中华人民共和国第七届全国人民代表大会常务委员会第二十四次会议于1992年2月25日通过，现予公布，自公布之日起施行。

中华人民共和国主席　杨尚昆

1992年2月25日

中华人民共和国领海及毗连区法

第一条　为行使中华人民共和国对领海的主权和对毗连区的管制权，维护国家安全和海洋权益，制定本法。

第二条　中华人民共和国领海为邻接中华人民共和国陆地领土和内水的一带海域。

中华人民共和国的陆地领土包括中华人民共和国大陆及其沿海岛屿、台湾及其包括钓鱼岛在内的附属各岛、澎湖列岛、东沙群岛、西沙群岛、中沙群岛、南沙群岛以及其他一切属于中华人民共和国的岛屿。

中华人民共和国领海基线向陆地一侧的水域为中华人民共和国的内水。

第三条　中华人民共和国领海的宽度从领海基线量起为十二海里。

中华人民共和国领海基线采用直线基线法划定，由各相邻基点之间的直线连线组成。

中华人民共和国领海的外部界限为一条其每一点与领海基线的最近点距离等于十二海里的线。

第四条　中华人民共和国毗连区为领海以外邻接领海的一带海域。毗连区的宽度为十二海里。

中华人民共和国毗连区的外部界限为一条其每一点与领海基线的最近点距离等于二十四海里的线。

第五条　中华人民共和国对领海的主权及于领海上空、领海的海床及底土。

第六条　外国非军用船舶，享有依法无害通过中华人民共和国领海的权利。

外国军用船舶进入中华人民共和国领海，须经中华人民共和国政府批准。

第七条 外国潜水艇和其他潜水器通过中华人民共和国领海，必须在海面航行，并展示其旗帜。

第八条 外国船舶通过中华人民共和国领海，必须遵守中华人民共和国法律、法规，不得损害中华人民共和国的和平、安全和良好秩序。

外国核动力船舶和载运核物质、有毒物质或者其他危险物质的船舶通过中华人民共和国领海，必须持有有关证书，并采取特别预防措施。

中华人民共和国政府有权采取一切必要措施，以防止和制止对领海的非无害通过。

外国船舶违反中华人民共和国法律、法规的，由中华人民共和国有关机关依法处理。

第九条 为维护航行安全和其他特殊需要，中华人民共和国政府可以要求通过中华人民共和国领海的外国船舶使用指定的航道或者依照规定的分道通航制航行，具体办法由中华人民共和国政府或者其有关主管部门公布。

第十条 外国军用船舶或者用于非商业目的的外国政府船舶在通过中华人民共和国领海时，违反中华人民共和国法律、法规的，中华人民共和国有关主管机关有权令其立即离开领海，对所造成的损失或者损害，船旗国应当负国际责任。

第十一条 任何国际组织、外国的组织或者个人，在中华人民共和国领海内进行科学研究、海洋作业等活动，须经中华人民共和国政府或者其有关主管部门批准，遵守中华人民共和国法律、法规。

违反前款规定，非法进入中华人民共和国领海进行科学研究、海洋作业等活动的，由中华人民共和国有关机关依法处理。

第十二条 外国航空器只有根据该国政府与中华人民共和国政府签订的协定、协议，或者经中华人民共和国政府或者其授权的机关批准或者接受，方可进入中华人民共和国领海上空。

第十三条 中华人民共和国有权在毗连区内，为防止和惩处在其陆地领土、内水或者领海内违反有关安全、海关、财政、卫生或者入境出境管理的法律、法规的行为行使管制权。

第十四条 中华人民共和国有关主管机关有充分理由认为外国船舶违反中华人民共和国法律、法规时，可以对该外国船舶行使紧追权。

追逐须在外国船舶或者其小艇之一或者以被追逐的船舶为母船进行活动的其他船艇在中华人民共和国的内水、领海或者毗连区内时开始。

如果外国船舶是在中华人民共和国毗连区内，追逐只有在本法第十三条所列有关法律、法规规定的权利受到侵犯时方可进行。

追逐只要没有中断，可以在中华人民共和国领海或者毗连区外继续进行。在被追逐的船舶进入其本国领海或者第三国领海时，追逐终止。

本条规定的紧追权由中华人民共和国军用船舶、军用航空器或者中华人民共和国政府授权的执行政府公务的船舶、航空器行使。

第十五条 中华人民共和国领海基线由中华人民共和国政府公布。

第十六条 中华人民共和国政府依据本法制定有关规定。

第十七条 本法自公布之日起施行。

全国人大常委会委员长万里在第七届全国人大常委会二十四次会议上发表讲话

这次常委会会议上，由地质矿产部朱训部长汇报了矿产资源法执行的情况，几位常委会委员就此发了言，矿产资源法的执行有成绩，但问题不少，必须认真解决。当前的中心是开源节流，因为矿产不是再生资源，中国既是富矿国，但按人口平均又是贫矿国。所以，保护矿产资源，节约、合理利用资源，是我们的基本国策，对造福子孙后代，保护环境，都是大事。全国人大常委会、国务院和各省、自治区、直辖市要继续加强这项工作，地质队伍的建设要加强，希望继续对矿产资源法执行情况进行检查，各地可以补充一些有关的法规、条例，坚决制止乱开矿的现象。

山东省人大常委会主任李振同志作了检查企业法实施情况的发言，讲得很好。他们用了很大力量，对企业法的贯彻实施情况进行检查，取得了明显的效果。这一做法再次说明，光是立了法还不行，还要抓紧法律制定后的贯彻执行。开展对法律实施的检查，是加强社会主义法制建设的必不可少的措施。山东省和其他一些省、自治区、直辖市人大常委会在这方面都做了富有成效的工作，应当继续抓下去。

现在，全国人民正在全面贯彻党的“一个中心，两个基本点”的基本路线，加快改革开放，集中精力把经济搞上去。搞四个现代化一定要有两手，即一手抓建设和改革开放，一手抓法制。民主和法制状况，是一个国家现代化程度的标志。没有高度的社会主义民主和健全的法制，就没有社会主义现代化，国家就不能长治久安。这也是邓小平同志一贯强调的。近 10 多年来，我们国家在民主法制建设方面取得了一定成绩，但是要看到，我们这个国家有几千年封建社会的历史，缺乏民主和法制传统。要真正建立社会主义民主和法制，还是一项非常艰巨的任务。当前群众反映最强烈的是，有法不依、执法不严、违法不究，甚至以言代法、以权压法的问题在一些地方和部门还相当严重。

去年安徽省金寨县两河乡的人代会上,上级领导提出的乡长候选人落选了,代表联名提出的候选人以超过半数的票数当选为乡长,有关领导竟声称这样选举的乡长"不能算数",拒不承认。最近才在我们干预下得到解决。类似的事情恐怕不是个别的。解决这个问题,需要各个部门共同努力。监督法律的实施,是各级人大的重要职责。检查法律实施情况就是履行监督职责的一种重要形式。

去年我们就提出,一定要把制定法律同对法律执行情况的监督检查放在同等重要的地位。对所有法律的实施情况,都要进行检查监督,特别是要加强对宪法实施的检查监督。宪法是国家的根本大法,是一切国家机关、组织和个人的行动准则。任何机关、组织和个人都不得有超越宪法和法律的特权。凡是违反宪法和法律的,都必须坚决予以纠正,切实做到用宪法和法律统一全国人民的行动,维护国家政治、经济和社会的稳定发展。各级人大要理直气壮地把法律监督抓起来。全国人大常委会已确定今年重点检查企业法、矿产资源法和关于社会治安综合治理的决定等法律和决定的执行情况。

建议各省、自治区、直辖市人大常委会在今年七届全国人大五次会议之前,都要像山东省人大常委会那样,对企业法的执行情况进行一次检查。以经济建设为中心的社会主义现代化建设,不仅要靠经济、行政手段,也必须靠法律手段。认真实施企业法,搞好国营大中型企业,不仅是经济问题,也是重大的政治问题,是关系社会主义有没有优越性的问题。一切国家机关都要带头学法、执法,保证法律的贯彻执行。人大在这方面更是责无旁贷。我们要采取检查法律实施等有效措施,加强法律监督,如果各级人大代表近300万人、各级人民代表大会及其常委会都带头遵守法律和监督各项法律的执行,我想一定会把我国的民主法制建设推进一大步。

国务院总理李鹏在人民大会堂与哈萨克斯坦共和国总理谢尔盖·亚历山大罗维奇·捷列先科举行会谈

李鹏说,中哈两国有着1700多公里的共同边界,加强在包括经贸和人员往来方面的关系有着十分方便的条件,发展关系的前景是很广阔的。

李鹏强调,我们建设的是有中国特色的社会主义,坚持邓小平同志倡导的"一个中心、两个基本点"的基本路线。我们所取得一切成就从根本上说都是因为贯彻了这条基本路线。经济建设始终是我们各项工作的中心。改革开放推进了我国的经济建设和各项事业,坚持四项基本原则使经济建设和改革开放得以顺利进行。

捷列先科向李鹏总理介绍了哈萨克斯坦的政治经济情况。在谈到对外关系时,捷列先科说,哈萨克斯坦正在申请加入联合国,希望得到中国的支持。李鹏总理表示,作为友好邻邦,中国支持哈萨克斯坦加入联合国的申请。

捷列先科强调哈萨克斯坦同中国的经贸关系很重要,两国签署了经贸协定,哈萨克同新疆也有直接的经贸联系。哈中两国合作的潜力很大。这次访问中国的目的就是同中国建立包括政治、经济等领域的关系。

《人民日报》发表中国藏学研究中心总干事多杰才旦教授文章《"西藏问题"不是人权问题而是维护中国主权问题》并配发编者按

编者按:一个时期以来,某些西方人士煞有介事地就所谓"西藏的人权问题"大做文章。他们以为谣言重复多遍就能变成真理。然而谣言毕竟是谣言,他们的种种编造,是决然经不起事实检验的。

本文作者是藏族人,亲身经历过西藏新旧两个社会,曾对西藏的社会状况进行过广泛、深入的调查。作为历史的见证人,他列举大量历史的和现实的事实,说明昔日的西藏农奴制度是怎样残酷地摧残人权的;而在社会主义祖国大家庭中,翻身做了主人的百万农奴才能够充分享有人权。那些喋喋不休地对西藏的所谓"人权问题"说三道四的"人权卫士",谈论西藏的"人权"问题只不过是借口,企图干涉中国的内政才是他们的本意。凡是对中国抱有善意的正直的人,请读一读这篇文章,这对了解西藏的真实情况,认清"人权卫士"的真面目,大有裨益。

近年来,特别是最近一个时期,某些国外人士就所谓"西藏的人权问题"大做文章,说什么中国在西藏不讲人权,诸如"种族灭绝"、"镇压平民"、"毁灭宗教"、"迫害喇嘛"等等。一些人还不断在国际组织中提出所谓"西藏的人权问题",企图向中国政府施加压力。这些做法是对西藏历史缺乏了解,歪曲了现实。

我作为一个长期在西藏工作,现在专门从事藏学研究的藏族人士,对西藏的现状和历史是清楚的。西藏绝不像某些分裂主义分子所说的那样,在和平解放以前是"一片圣土",而现在则是一个"被糟蹋得不成样子"的地方。恰恰相反,旧西藏是一个政教合一、一些享有特权的高级僧侣实行专制统治的封建农奴制社会。有些外国朋友也许不了解旧西藏的情况,但对欧洲的历史应该是有所了解的。中世纪的欧洲也曾存在农奴制。这一制度以其极不公正、极不人道、极其残酷而著称于世。这是欧洲历史乃至世界历史上令人不堪回首、非常黑暗的一页。而在1959年前,旧西藏长期存在的政教合一的农奴制更具典型性,对占人口绝大多数的广大农奴的生存权利的摧残程度是有过之而无不及。在当时,占人口95%的农奴没有土地,更没有任何人身自由。而当时约占人口5%的农奴主,即噶厦、贵族、寺院上层僧侣不仅占有西藏的全部土地,而且对手下的农奴有绝对的处置权利。他们所推行的挖眼、刖足、割舌、推崖、戴石帽、站囚笼等残酷的刑罚,至今回忆起来,仍会令人心惊胆战。

我50年代初曾对当时西藏的社会状况进行了广泛的调查,亲眼看到西藏的官家、贵族、寺院三大领主不劳而获,养尊处优,生活豪华,享有各种特权。如旧西藏地方政府资深的噶伦索康·旺青格来用两万品(每品合五十两白银)藏银和一匹乌色走骡贿赂摄政活佛而当上了噶伦,这笔钱按当时物价足够维持6000多中等生活水平的农奴一年的口粮,这是拉萨尽人皆知的一桩政治丑闻,以致人们到处笑谈"尼赤加莫(藏语两万和一匹乌走骡)"。在旧西藏没有自由民,除少数领主外,占西藏总人口95%的人全是农奴和奴隶,西藏没有不属于领主的农奴。他们祖祖辈辈依附在领主庄园的土地上,被迫进行繁重的劳动,负担着沉重的差役租税。不仅如此,他们没有人身自由,完全隶属于领主,领主对他们可以随意支配、交换、转让、毒打,以至残害致死。就连农奴们见面时,通常首先不问彼此的姓名,而是互问对方主人的名字。去年我去日本进行学术访问考察时,曾遇到两位50年代末到国外的藏胞学者,我仍按旧西藏的习惯问他们的主人是谁时,他们都很自然而清晰地回答出自己原来的领主。在旧西藏的寺庙中也存在着鲜明的等级差别,多数下层贫苦喇嘛没有权利和条件学经,他们终年劳役,实际是穿着袈裟的农奴。

在旧西藏,广大农奴的生活十分悲惨,在贫困、饥饿、死亡线上苦苦挣扎。50年代初,我在拉萨看到城东、南、北多处破旧不堪的贫民窟里尽是衣衫褴褛、冻饿街头、风餐露宿的乞丐,就连所谓"罪犯"也因监狱不提供饭食而肩扛木枷,脚戴铁镣,沿街乞讨。其情其景令人触目惊心,至今难忘。农奴们的悲惨际遇,与那些身着绸缎黄袍,骑着高头大马昂首过市的领主官员们形成鲜明的对照。1959年藏历正月传召大会时,我曾参加西藏自治区筹委会发放布施的工作,领取布施的除喇嘛外,还有涌集拉萨近万人的乞丐,须知当时拉萨市的人口总共才两万多人。旧西藏农奴中有句流传广泛的民谚:"农奴能带走的只有自己的影子,能留下的只有自己的脚印。"这是西藏广大农奴悲惨命运的真实写照。铁一样的事实证明,在旧西藏,绝大多数藏民连起码的生存权都没有保障,何论享有其他人权?旧西藏罪恶的人权记录是任何人精心编造的谎言所无法遮盖的。

1959年西藏进行了民主改革,一举埋葬了极端腐朽黑暗的封建农奴制,西藏人民终于挣脱了枷锁,获得了解放,成为新西藏的主人。他们不仅和全国人民一样享有宪法和法律规定的广泛的权利,还享有民族区域自治法规定的自治权利,以及全国人民在人力、财力、物力等方面的无私支援和中央政府赋予的各种优惠政策。因此,自民主改革以来,西藏广大人民的生活水平大大提高,特有的文化和语言得到保护,藏传佛教得到尊重,人口数量也大大增加。只要尊重事实,就不难得出这样一个结论,即在今日之西藏,完全不存在所谓侵犯西藏人权的问题,恰恰相反,正是社会主义新中国保障了广大藏族人民生存和发展权利的实现,使他们能够充分享有人权。

西藏人权状况发生的极为深刻的变化,我这里不妨举两个例子。其一,现任西藏自治区人民政府副主席的吉普·平措次旦先生是旧西藏的贵族,曾任原西藏地方政府江孜宗的宗本(长官),而与他同样担任西藏自治区人民政府副主席的拉巴平措先生过去则是吉普贵族家里的农奴。类似这样的例子还可以举出很多。其二,堆龙德庆县辖的色新村,曾属十四世达赖喇嘛家族统治下的庄园,50年代初,村中仅有22户人家,其中18户是农奴,四户是家奴,庄园总人口不足120人。如今全村已有65户人家(都是藏族),总人口多达354人,较之40年前增长了两倍。村中适龄儿童入学率为百分之百,所有30岁以下的青年均接受过基础教育,其中有六名初中毕业生,相当高中文化程度的有三人,还出了一位女大学生,这是过去所无法想象的。仅从上述事实即可说明,在今日的西藏,人权不再是仅供少数领主享有的特权,而是属于广大藏族人民享有的平等权利。

国外某些敌对势力之所以无视今日西藏人权现状的事实,炮制"中国政府在西藏侵犯人权"的谎言,说穿了,不过想以人权问题为借口,肆意干涉我国的内政,最终把西藏从中华人民共和国的领土上分裂出去。而那些跑到国外的分裂主义分子拼命鼓噪"西藏人权问题",则是发泄他们对失去昔日的特权和西藏广大农奴获得解放并享有公民权利的不满和仇恨,迎合和投靠国外敌对势力,为他们充当把西藏从中国分裂出去活动的急先锋、马前卒。因此,这两种势力在所谓"西藏人权问题"上兴风作浪的同时,还大肆鼓吹"西藏是一个独立的国家",其理论之荒谬较之他们在"西藏人权问题"上编造的谎言毫不逊色。因此,我在这里不能不对此稍加辩驳。

早在十三世纪初,元朝实现了包括西藏在内的全国的大统一。从此，西藏正式成为中国领土的一部分，西藏民族成为中华民族大家庭的重要成员。从那时开始，直至今日，历代中央政府对西藏地方一直行使主权。对于自元以来西藏地方与中央政府的隶属关系，有大量的历史文献资料可资证明，其中现存于西藏的300万卷原西藏地方政府的藏文档案亦凿凿可鉴，它就是对此问题的历史凭证。从六世达赖喇嘛到现世的十四世达赖喇嘛的最后确认权，全属于历代中央政府，而原西藏地方政府——"噶厦"，也是1751年经清朝乾隆皇帝批准才成立的。在二十世纪初以前的藏文语汇中还没有"独立"这个词。所谓"西藏独立"，是中国近代历史上帝国主义侵略的产物。二十世纪初以来，英帝国主义者为了达到控制、霸占西藏的目的，策划"西藏独立"，但他们的阴谋终究未能得逞。1931年(十三世达赖在世时)和1945年，西藏地方政府均派正式代表参加南京国民党政府召开的"国民大会"(相当于国会)。试问，如果当时的西藏如某些人所说的那样，是一个独立的国家，它怎么会派正式代表去另一个国家去当国会议员？中国又怎么会接受一个外国人来当本国的议员？显而易见，西藏分裂主义分子和国外敌对势力鼓吹"西藏独立"是毫无法理和历史依据的，是根本站不住脚的。

最后，我想补充一点的是，过去由于种种原因，西藏长期处于封闭状态，外国多数人对西藏的历史和现状缺乏了解，遂使西藏分裂主义分子和国外敌对势力得以造谣惑众，以售其奸，确有不少善良但不明真相的国外人士受骗上当，附和那些居心叵测的人对中国政府进行各种责难，以致赞同西藏"独立"，客观上助长了西藏分裂主义分子和国外反华势力的气焰。但我坚信，随着我国坚定不移地推行对外开放政策，世界上将有越来越多的人明了西藏的今日与昨天，从而与造谣惑众者划清界限，而成为今日正在西藏进行的社会主义现代化伟大事业的同情者、支持者，和中国人民一起共同迎接西藏更加灿烂美好的明天。

作者简历：

多杰才旦教授，现任中国藏学研究中心总干事、青藏高原研究会副主任。1952年曾与十四世达赖喇嘛的经师赤江活佛，噶厦的噶伦兼藏军司令饶嘎夏，译仓的四大秘书长之一土丹登答，大贵族、学者江洛金和人类学家李安宅教授共同创办西藏的第一所现代化小学——拉萨小学。1956年，西藏自治区筹备委员会成立，在达赖喇嘛主任委员领导下任文教处副处长、副秘书长。后历任西藏自治区人民政府农牧厅厅长、文教局长，创办西藏社会科学院，并任院长。1983年至1985年任西藏自治区人民政府主席。

中国工业稀土储量占世界80%品种齐全

国务院总理李鹏在人民大会堂会见意大利伊利集团董事长弗朗哥·诺比利

马来西亚副总理加法尔·巴巴在吉隆坡官邸会见国务委员宋健率领的中国政府科技代表团

中国驻美国大使朱启祯在中美关系展望讨论会上发表题为《中国的外交政策和中美关系》的讲话

中国驻美国大使朱启祯在美国布鲁金斯学会举行的"中美关系展望"讨论会指出，20年前发表的上海公报规定了指导中美关系的基本原则，其根本点是互相尊重主权和领土完整以及互不干涉内政。这些原则经受了时间的考验，在今后的两国关系中继续执行上海公报的原则是十分重要的。

朱启祯指出，和平和发展问题仍是世界人民面临的有待解决的两大挑战。中国坚持奉行独立自主的和平外交政策。

朱启祯说，在国际事务中，任何国家都不应谋求霸权，或实行强权政治，反对霸权主义应作为国际关系中一个普遍遵守的原则。中国不称霸，既不谋求自己的势力范围，也不会对世界上任何国家或地区构成威胁。在与其他国家的关系中，中国一贯主张在和平共处五项原则的基础上发展友好合作关系。

朱启祯指出，中美关系尽管取得了进展，但仍未恢复正常。美国政府仍在对中国实行制裁。美国国内有些人总是在"人权"、武器出口和贸易等问题上攻击中国。朱启祯强调，对于发展中国家来说，首要的权利是独立、生存和发展。我们反对利用人权问题推行强权政治和干涉别国内政。

朱启祯阐述我国在军控问题上关于公平、合理、全面、均衡的原则，说明中国在武器出口问题上采取严肃谨慎的态度。

在贸易问题上，朱大使说，中国一贯采取积极解决问题的态度。在双方达成保护知识产权协议后，中国已开始同美方就市场准入问题举行谈判。

朱启祯还指出，台湾问题是中美关系中一个长期存在的问题。如美方继续不断违反中美间三个公报的原则，将不可避免地严重损害中美关系。

老挝人民革命党主席老挝人民民主共和国主席凯山·丰威汉在万象会见中共中央政治局委员李铁映

外交部发言人就中国大使馆暂时撤出拉脱维亚发表谈话

外交部发言人发表谈话说，鉴于拉脱维亚方面置中方的严正立场于不顾，竟然允许台湾当局在里加开设所谓“总领事馆”,使得中拉关系和两国人民的友谊受到进一步的损害,中国政府决定将中华人民共和国大使馆暂时撤出拉脱维亚。

发言人说,1 月 29 日,拉脱维亚共和国与台湾当局签署了所谓“建立领事关系”的联合声明。对此,中国方面曾向拉脱维亚方面提出严正交涉,指出拉方在台湾问题上的这一作法违背了它自己在中拉建交公报中所作的明确承诺,严重损害了中拉关系和两国人民的友谊,要求拉方改变自己在台湾问题上的错误做法。

发言人接着说,“但是,拉脱维亚方面置中方的严正立场于不顾,竟然允许台湾当局在里加开设所谓‘总领事馆’,使得中拉关系和两国人民的友谊受到进一步的损害。根据这一情况,中国政府决定将中华人民共和国大使馆暂时撤出拉脱维亚。”

发言人说,必须指出的是,台湾当局不顾民族大义,顽固制造“双重承认”、“两个中国”,这是违背包括台湾同胞在内的全体中国人民的意愿和根本利益的。

发言人说,“中国政府重申,希望拉脱维亚方面从维护拉人民的利益出发,珍惜中拉两国关系和两国人民的友谊,重新考虑并改变在台湾问题上的错误态度和做法,使中拉两国关系回到正常发展的轨道上来。”

国家主席杨尚昆在人民大会堂接受新任驻中国大使递交的国书

大阿拉伯利比亚人民社会主义民众国新任人民办事处人民委员会秘书米夫塔赫·奥斯曼·苏维勒·马迪、马里共和国新任大使泰奥菲勒·克·桑加雷和马绍尔群岛共和国新任大使劳伦斯·爱德华兹向杨尚昆递交国书。

中国代表团团长范国祥在联合国第 48 届人权会议上就所谓“西藏人权问题”发言

范国祥以大量事实揭露一些非政府组织制造的所谓“西藏人权问题”的谎言,并指出,其实质是企图把西藏从中国分裂出去。

去年 8 月,人权委员会下属的防止歧视和保护少数小组委员会,不顾中国委员和其他委员的强烈反对,采取秘密投票方式,以微弱多数通过了一项所谓“西藏局势”的决议,粗暴干涉中国内政。在本届人权会议期间,一些非政府组织又把已被中国驳得体无完肤的所谓“调查材料”作为“附件”塞进联合国秘书长的说明中。对此,范国祥在发言中强调指出,所谓“西藏局势”的决议和“附件材料”是完全错误的,没有任何可靠的事实依据。决议和“附件材料”所要达到的目的是企图将西藏问题“国际化”,从而为一小撮分裂主义分子撑腰打气。

范国祥指出,所谓“西藏人权问题”是极少数西藏分裂主义分子和国际反华势力合伙制造出来的政治烟幕。他说,对西藏现代史有点了解的人都知道,在 1959 年以前,西藏实行的是一个比欧洲中世纪的制度更加黑暗、野蛮和落后的封建农奴制度。要说西藏人权问题,这段时期广大西藏农奴和奴隶确实无人权可言。1959 年中国政府在西藏实行民主改革,废除了封建农奴制。这是西藏广大人民的迫切要求,也完全符合国际人权文书有关基本人权和自由的规定。西藏人权状况从此发生了翻天覆地的变化。昔日的奴隶成了国家的主人,享有宪法保障的包括宗教信仰自由在内的广泛政治权利。

范国祥还对一些非政府组织编写的“西藏人权状况调查”材料中的谣言和诽谤进行了有力的批驳。他指出,有些材料鼓吹要在西藏实现“民族自决”,甚至干脆在标题中称“西藏是一个被占领的国家”,还把中国军队驻扎在中国领土上诬蔑为“军事占领”,将废除农奴制硬说成是“殖民统治”,实在是荒谬透顶。他说,有些国际反华势力企图将昔日蹂躏西藏人民人权,现在破坏中国领土完整、完全违背中国各族人民意愿的一小撮分裂主义分子,打扮成西藏人民权利的维护者是徒劳的。

山东邹平县出土一座龙山文化城址

山东大学考古实习队最近在山东省邹平县苑城乡丁公村东的丁公遗址进行野外考古工作时,发现一座保存相当完好的龙山文化城址。我国考古专家认为这是一个重大考古新发现。

经勘探和发掘查明,丁公龙山文化城址平面略呈方形,四周城垣比较规整,城内南北长约 350 米,东西宽约 310 米,面积 10 万多平方米,是目前黄河流域已发现的 6 座龙山时代城址中面积最大的一个。该城址的城墙宽约 20 米,现存高 1.5～2 米,墙体外坡陡直,内坡比较平缓。城墙外有宽 20 余米的壕沟,壕沟底部距城内地面的深度超过 3 米。在城内发现有房基、陶窑、窖穴和墓葬等遗迹,其中横穴式陶窑为目前海岱龙山文化所仅见,是研究海岱龙山文化高超制陶技术的珍贵实物资料。城址内有丰富的龙山文化遗物,已发掘出土的陶器近 1000 件,石、骨、蚌器 1500 余件,其中有薄如蛋壳的黑陶高柄杯等精美制品。从陶器组合和典型陶器的演化看,丁公城址的龙山文化延续时间较长,其绝对年代约在距今 4000～4600 年之间,基本上包括了目前所认识的龙山文化全过程。该城址的发现,为进一步探讨中国古代城市的产生与发展,深入研究中国文明起源等课题，提供了重要依据。

国务院副总理国家森林防火总指挥部总指挥田纪云在北京主持召开国家森林防火总指挥部第九次全体会议

田纪云在主持会议上说，1987年大兴安岭“5·6”特大森林火灾已过去5年，由于各级政府高度重视，加强领导，真抓实管，各行各业支持配合，群策群力，群防群治，使森林防火工作取得了突破性进展，森林火灾受害率由新中国成立以来到1987年的年均8‰下降到1‰以下。但是，我们对森林防火工作的重要性、艰巨性、长期性必须有个清醒的认识。森林防火工作要做到警钟长鸣，常抓不懈。为此，田纪云要求各地要认真总结本地区近年来森林防火的经验教训，既要肯定成绩，表扬先进，更要多找差距，抓住薄弱环节，切实堵塞漏洞。要层层落实责任制。对由于玩忽职守、不负责任、官僚主义，而引起重大森林火灾造成严重损失的，一定要严肃处理，直至追究法律责任，决不可姑息迁就。林业部部长高德占汇报了去年全国森林防火工作情况和今年森林防火工作的部署安排。

纪念延安整风50周年座谈会在人民大会堂召开

当年曾经亲身经历过延安整风的一部分老同志，上午在人民大会堂举行座谈会，纪念延安整风50周年。

全国政协副主席、中国延安精神研究会会长马文瑞在座谈会上发言说，1942年2月1日，毛泽东同志在中央党校开学典礼上作了《整顿党的作风》的重要报告，揭开了在全党开展整风运动的序幕。延安整风运动，已过去50个年头。马文端说，在50年前开展的全党性的整风运动，是在全党范围内开展的一次普遍的马克思主义的教育运动，它在全党确立了一切从实际出发、理论联系实际、实事求是的辩证唯物主义的思想路线，形成了我党特有的三大优良作风，促成了全党上下空前的团结和统一，并由此促成了党与广大人民群众的广泛联系和团结，为抗日战争和解放战争的胜利，奠定了坚定的思想基础。

马文端说，历史早已证明，延安整风运动对于加强无产阶级政党的思想建设，是一次成功的实践，是一个伟大的创举。今天延安整风的精神对于我们党的建设仍具有现实意义。

胡绳、袁宝华、方强、郑天翔、强晓初、罗青长等在座谈会上发言。

2月26日

中共中央总书记江泽民在中南海会见哈萨克斯坦共和国总理谢尔盖·亚历山大罗维奇·捷列先科

国家主席杨尚昆在人民大会堂会见哈萨克斯坦共和国总理谢尔盖·亚历山大罗维奇·捷列先科

共青团民族工作会议在四川凉山彝族自治州召开

会议对全体共青团员提出要求：团结和带领全国各族青年，为少数民族的团结和繁荣作出更大的贡献。

会议认为，我国少数民族自治的地方约占国土面积的64%。这里一方面有丰富的自然资源，另一方面却是科学文化的相对落后与物质生活的相对贫困。中国经济的发展后劲和前景，在相当大的程度上取决于民族地区的资源开发和经济发展。

会议提出，共青团要紧紧抓住民族地区经济发展这个主题，强化科学技术是第一生产力的观念，大力开发青年智力。传播科技信息，开展科技培训，搞好科技开发，对于少数民族地区尤为迫切。青年团员不但要做“青年星火带头人”，而且要培养大批“青年星火带头人”。

国家副主席王震给会议致信，寄语各族团员青年为少数民族的振兴和整个中华民族的振兴作出更多的努力。

团中央第一书记宋德福在会上作题为《团结带领全国各族青年向贫困落后告别，向共同繁荣迈进》的讲话。国家民委和中共四川省委等有关方面的负责人也参加会议。

劳动部关于加强工人培训工作的决定

决定的内容如下：

一、充分认识工人培训工作在国民经济发展中的地位和作用

加强工人培训工作是进行社会主义现代化建设，实现新时期经济发展战略目标的重要途径、随着社会经济发展和科技进步，企业大量采用新技术，新工艺和新设备，自动化程度提高，产品更新换代周期缩短时对工人的素质会不断提出新的更高的要求。因此，大力加强工人培训工作，造就一支高素质的工人队伍，对于进一步巩固以工人阶级为领导、以工农联盟为基础的社会主义制度，促进经济发展具有重要的意义。各级劳动部门尤其是领导，要转变观念，提高认识，切实加强工人培训工作。

二、进一步明确工人培训工作的指导思想、目标和任务

(一)工人培训工作的指导思想是坚持四项基本原则，坚持以经济建设为中心，面向企业、结合生产，加强德育、突出技能，按需施教、注重实效，为两个文明建设

服务。其目标是：努力培养一支思想好、技术精、作风正、纪律严，与经济发展和科技进步相适应的，以中级工为主体高级工和技师基本满足需要，技术结构比较合理的工人队伍。

（二）坚持经常地、有针对性地对工人进行政治思想、职业道德和法纪教育，把这类教育作为工人培训的重要内容全面提高工人队伍素质。

（三）结合实际需要做好技术业务培训工作。对技术工人的培训，应根据企业生产发展和技术进步的需要，以工人技术等级标准为基本内容，紧密结合生产岗位的实际要求，开展技术等级的达标培训；对非技术工种（普通工、工序工等）的工人，要按岗位规范的要求进行岗位培训，技师、高级技师的培训，应以开展技术讲座，经验交流，丰富科技知识为主，提高其对新技术，新工艺、新设备、新材料应用的适应能力。

（四）贯彻《工人考核条例》，建立和完善技术工人的初、中、高三级技术等级考工晋级制度和技师、高级技师工人技术职务聘任制度，以及培训、考核与使用、待遇相结合的制度。今后企业对工人要进行实际技能的考核和对岗位劳动责任、劳动强度、劳动条件的测评，并以这四项要素及劳动贡献为确定其岗位技能工资的依据。因此，试行岗位技能工资制的单位必须先搞好培训并严格考核；未试行岗位技能工资制的单位，晋升工资时也要进行考核，考核不合格者不能晋升工资。

（五）凡有条件的地区、部门和企业要逐步实行“先培训后就业，先培训后上岗”。在“八五”期间，首先在直辖市、计划单列市、省会城市等经济、教育比较发达的大中城市以及航空航天、铁道邮电、汽车等产业部门的大型企业，做到“先培训后就业，先培训后上岗”。在具体实施中要切实加强岗前培训，把好新增工人进入企业的“入口”质量关。对班组长、生产骨干和关键岗位的工人要逐步实行持证上岗制度。

（六）加强对企业富余人员和停工停产人员及解聘、辞退人员的转业培训工作。各地区、各部门要根据产业结构、产品结构的调整和社会生产、生活服务的需要，充分利用技工学校，职业学校、就业训练（培训）中心等培训基地，及时地、有针对性地组织他们进行转岗、转业培训。

（七）开展广泛的岗位练兵活动和有计划的工人技术比赛活动。各地区、各部门和企业要按照劳动部、中华全国总工会和共青团中央《关于开展工人技术比赛的意见的通知》（劳培字〔1991〕11 号）的精神，结合各自实际情况，有计划地开展这项活动。要宣传技术比赛优胜者的事迹以形成重视技能和尊重人才的社会风气。

（八）要切实加强对工人的劳动安全卫生宣传教育工作。教育工人严格遵守各种安全操作规程，树立“安全第一，预防为主”的思想；要通过报刊、电台等宣传劳动安全卫生的重要性。锅炉压力容器等特种设备的作业人员要严格执行特种作业安全操作证书制度，并由各级劳动部门加强对“证书”的核发与管理。

（九）在加强国营大中型企业工人培训工作的同时，要积极为小型企业、集体企业、乡镇企业和“三资”企业的发展培养技术骨干。

（十）要加强师资队伍的建设。要努力建设一支以适应技能训练为主的、工人岗位技术（业务）培训需要的，既懂专业又懂管理、以专职教师为骨干，专兼职相结合的教师队伍。在充分利用职业技术师范学院、高级技工学校、高级职业技术培训中心培养后备师资和组织在职师资进修提高的同时，应聘请有生产实践经验的工程技术人员、技师担任技能训练指导教师。要努力改善教师待遇，开展优秀教师表彰活动，调动广大教师的积极性。

三、各级劳动部门要加强对工人培训工作的综合管理

根据党和国家有关职业培训的方针、政策结合各地区、各部门的实际情况，制订工人培训工作的有关法规；研究制定岗位培训，技术等级培训班，组长、生产骨干和关键岗位工人培训，技师、高级技师培训，特种作业人员和富余人员培训等有关政策、标准考核、证书管理的实施办法，并指导协调、监督检查有关方面贯彻实施；组织推动工人培训先进单位和个人的表彰与经验交流；指导、协调开展工人技术比赛活动。

各地区、各部门的劳动行政管理部门应调整和充实工人培训工作的管理机构和力量；同时，要充分依靠和发挥行业（企业）主管部门，职教、经济部门以及工会，共青团、民主党派和社会团体等各方面的力量，切实做到相互配合、通力协作，开展多形式、多层次的工人培训工作。

四、各行业主管部门的劳资、职教部门应按照各自的职责分工，加强对本行业工人培训工作的指导和管理

各主管部门应从各自的实际情况出发，制定本行业指导性的工人培训长远规划和年度计划；修订《工人技术等级标准》和行业指导性岗位规范，并按照《工人技术等级标准》编制教学计划、大纲并根据实际需要编写有关教材；组织推动工人培训工作的经验交流和开展工人技术比赛活动；要充分尊重和保证企业开展工人培训工作的自主权。把工人培训工作真正落实到企业，纳入厂长（经理）目标管理责任制和生产承包责任制。

企业应调查、分析本单位工人的素质，进行人才需求预测，根据生产发展和技术进步的实际制定工人培训的长远规划和年度计划，并纳入企业生产发展计划，使工人培训的人、财、物得到保证。

五、要逐步增加对工人培训的资金投入，使工人培训工作同企业生产和技术进步协调发展

要按中共中央、国务院《关于加强职工教育工作的决定》所规定的占职工工资总额1.5%的比例安排职工教育经费，以切实保证技术工人培训的需要。按国务院批转的《国家教育委员会关于改革与发展成人教育的决定》的规定，企业开发新技术、研究新产品的技术培训费用，可直接在成本中列支，其他的职工培训费用，应在企业利润留成、包干结余和税后留利中开支，为技术开发、技术引进、技术改造项目或某个产品创优服务的培训费用（包括出国培训费用），可在项目费用中开支。各企事业单位要积极开辟新的资金渠道，力争工人培训工作有较充裕的经费保障。

国家主席杨尚昆在人民大会堂分别接受卢旺达共和国新任大使伊齐多尔·让·巴蒂斯特·卢基拉和乍得共和国新任大使埃莱纳·乔纳递交的国书

中国和哈萨克斯坦签署联合公报及八项文件

国务院总理李鹏和哈萨克斯坦共和国总理捷列先科下午在钓鱼台国宾馆签署《中华人民共和国政府和哈萨克斯坦共和国政府联合公报》。

同时，两国有关部门的负责官员还签署了8项文件。它们是：中国政府和哈萨克斯坦政府关于双方公民相互往来的协定、中国政府和哈萨克斯坦政府关于中国向哈萨克斯坦提供商品的政府贷款协定、中国政府和哈萨克斯坦政府关于建立中哈政府间经贸和科技合作委员会的协定、中国政府和哈萨克斯坦政府关于在哈萨克斯坦境内开设中国商店的协定、中国民航局和哈萨克斯坦民航局会谈纪要、中国国务院口岸办公室和哈萨克斯坦外交部关于开放边境口岸的会谈纪要、中国交通部和哈萨克斯坦交通部关于汽车运输问题的会谈纪要、中国铁道部和哈萨克斯坦交通部关于加强铁路运输合作会谈纪要。

李鹏和捷列先科出席签字仪式。

中国和哈萨克斯坦发表联合公报

一、应中华人民共和国国务院总理李鹏的邀请，哈萨克斯坦共和国总理谢·亚·捷列先科于1992年2月24日至28日对中国进行了正式访问。

中哈两国总理举行了会谈。江泽民总书记、杨尚昆主席分别会见了捷列先科总理。两国领导人在友好、诚挚、求实的气氛中就中华人民共和国和哈萨克斯坦共和国之间的关系和共同关心的国际问题交换了意见。

二、双方签署了有关经贸、科技合作，交通运输，人员往来，增辟边境口岸等问题的文件。双方还签署了建立中哈经贸、科技合作委员会的协定和中国方面提供商品贷款的协定。

三、双方同意，在相互尊重主权和领土完整、互不侵犯、互不干涉内政、平等互利、和平共处原则基础上发展两国之间的友好、睦邻、合作关系。

四、双方将在相互信任、睦邻的基础上发展政治关系，加强各种级别的交往，包括高级别的接触。两国外交部将就双边关系及共同感兴趣的国际问题举行磋商。

五、双方将根据实际可能，充分利用两国地理位置相近、经济上可互通有无等优越性，在各自法律允许的范围内进一步发展经贸、科技合作。

双方将积极探索经济、科技合作的新途径、新方法，促进各种合作形式的发展。

六、双方将促进两国文化财富的交流，扩大在科技、教育、文艺、新闻、体育、旅游等方面的接触。

双方认为，两国有关城市逐步建立直接的友好联系是适宜的。

七、中国与哈萨克斯坦的主管机关将在反对国际恐怖活动、有组织的犯罪、贩毒、走私和其他犯罪活动的斗争中进行合作。

八、双方认为，解决生态问题具有重大的意义，将在该领域紧密进行配合。

九、双方本着互惠原则，将为两大使馆、领事机构和其他官方机构的开设提供必要的条件，以加强双边关系和互利合作。

十、双方对中国同原苏联在边界谈判中就现中哈边界地段所取得的成果给予积极评价。双方将以有关目前两国边界的条约为基础，根据公认的国际法准则，按照平等协商、互谅互让的精神，继续讨论边界问题，以找到双方都能接受的公平合理的解决办法。

十一、哈萨克斯坦共和国政府承认中华人民共和国政府是中国的唯一合法政府，台湾是中国领土不可分割的一部分。哈萨克斯坦共和国政府确认不和台湾建立任何形式的官方关系。

十二、哈萨克斯坦共和国总理转达了纳扎尔巴耶夫总统对李鹏总理的邀请，邀请他在方便的时候正式访问哈萨克斯坦共和国。李鹏总理愉快地接受了邀请。访问的日期将通过外交途径商定。

中华人民共和国政府和巴林国政府在北京签署关

于文化交流的会谈纪要

文化部副部长刘德有和来访的巴林新闻大臣塔里克·穆埃耶德，分别代表各自政府在文件上签字。这个纪要规定两国在1992年到1994年期间有关文化、艺术、新闻、教育、体育和青年等领域的交流项目。

全国人大常委会副委员长孙起孟出席签字仪式，并在签字后会见由塔里克·穆埃耶德大臣率领的巴林政府文化代表团。

中国代表团团长范国祥在联合国第48届人权会议上驳斥某些国家和非政府组织对中国人权状况的指责和攻击

范国祥强调，中国政治形势稳定、经济发展迅速、社会不断进步、人民安居乐业，人民从未像今天这样享有充分的人权和自由。中国坚决拒绝有人假借人权对中国施加政治压力。

范国祥向与会者详细介绍了中国人民根据宪法规定享有的各项民主和政治权利。但他指出，阴谋颠覆政府或分裂国家的行为、实施持械聚众叛乱的行为或间谍行为等，都属于危害国家安全的犯罪行为。在任何一个国家，这些行为都是要受到惩罚的。

范国祥说，中国社会经济的发展，使中国能够以占世界7%的耕地，成功地养活着占世界22%的人口。正如不少人，包括一些西方人士指出的，这本身就是对人权的保护，对国际社会的贡献。他举例说，去年中国华东地区遭受特大洪水，灾民高达一亿多人。但由于中国政府和人民的共同努力，灾民的生活和生产都得到妥善的安置，没有饿死人的情况，也没有发生流行传染病和逃荒的情况。这说明中国政府是完全为人民利益服务的。

范国祥指出，有些国家之所以借人权对中国攻击，原因一是，我们与他们对人权的看法有所不同。我们强调的是政治、公民权利与经济、社会、文化权利并重，个人人权和集体人权不可分割；生存权与发展权对于像中国这样的发展中国家的重要性。二是他们要把自己的价值观念、政治标准、社会制度和经济模式强加于人，符合他们的标准，便可贴上"民主、自由"的标签，否则，就是"没有基本人权"。

范国祥说，中国赞成促进人权和基本自由，但反对假借人权去干涉纯属其他国家内部的事务。中国不能接受他人强加给中国人民的价值观、政治标准、社会制度和经济模式。

范国祥说，某些坚持不看中国现实、执意向中国施加压力的国家，只能暴露他们自己在人权问题上奉行双重标准和利用人权推行自己的政治主张和价值观念。

张友渔逝世

全国人民代表大会法律委员会顾问、中国法学会名誉会长、国际宪法学协会执行委员张友渔因病在北京逝世，终年94岁。

张友渔生于山西灵石，原名张象鼎，字友彝。青年时代，就参加了"五四运动"和"五卅运动"。1927年毕业于国立北平法政大学，同年加入中国共产党，任中共北平市委委员兼秘书长，主办我党进行合法斗争的《国民晚报》并任该报社长兼总编辑。1928年，以天津特别市政府科长的合法身份营救了大批革命同志。1931年"九一八"事变后，他先后在我党北平市委特科、华北联络局工作，任联络局北平小组负责人。多年担任《世界日报》主笔并在北平多家大学任教。抗日战争期间，去济南、开封等地，先后任中共山东联络局书记、中共豫鲁联络局书记。1939年春去重庆，作为中国救国会领导人之一从事民主宪政运动。1941年春，去香港，任《华商报》总主笔。1943年在重庆，任中共南方局文委秘书长、《新华日报》社论委员会委员、中共重庆工作委员会候补委员兼政策研究室副主任、《新华日报》代总编辑社长、生活书店总编辑。抗日战争胜利后，任中共代表团顾问，参加国共谈判。1946年任中共四川省委副书记兼宣传部长、《新华日报》社长。1947年，任晋冀鲁豫边区政府副主席兼秘书长。1948年4月，任中共中央华北局秘书长。中华人民共和国成立后，先后任北京市常务副市长，中共北京市委常委、副书记、书记处书记，中国科学院哲学社会科学部副主任、党组成员，法学研究所所长，兼任中国政法学会副会长，中国社会科学院副院长、党组成员、顾问，兼任中国大百科全书总编委会副主任，国务院学位委员会委员，中国法学会会长、中国政治学会会长，是第一、二、三、六届全国人大代表，六届全国人大常委会委员，第一、二、三、四、五届全国政协常委。1954年，参加第一部宪法的起草工作。1980年9月任宪法修改委员会副秘书长。1986年6月任香港特别行政区基本法起草委员会委员。

2月27日

国务院批准公安部对《中华人民共和国居民身份证条例实施细则》第四十四条、第四十五条作了修改

第四十四条修改为：公民第一次领取居民身份证或者换领居民身份证，应当交纳证件工本费。

公民丢失居民身份证申报补领新证，交纳相当于证件工本费二倍的费用。

第四十五条修改为：居民身份证工本费的标准由国家物价局、财政部核定。

公民交纳的证件工本费作为地方预算收入全部上缴国库。

为配合执行该细则第四十四条、第四十五条的规定，公安部、国家计委、财政部和国家物价局最近下发了关于颁发居民身份证转入日常工作后经费问题的联合通知，制定了证件工本费标准，经费收支使用等方面的具体要求。公民第一次领取居民身份证交纳工本费的规定将从1992年4月1日开始执行。

《细则》第四十四条、第四十五条原文是：

第四十四条　公民第一次领取居民身份证，免交证件工本费。

公民申报换领新证，应当交纳证件工本费。

公民丢失居民身份证申报补领新证，交纳相当于证件工本费二倍的费用。

第四十五条　证件工本费由财政部根据制证成本核定。

公民交纳的证件工本费作为地方预算收入全部上缴国库。

中央军委主席江泽民在中南海会见独联体联合武装力量总参谋长维克多·尼古拉耶维奇·萨姆索诺夫上将

江泽民说，发展中国同独联体各国人民及同独联体武装力量的友好往来，符合中国与独联体各国人民的根本利益。

江泽民说，在处理国家与国家间关系时我们的政策是，在和平共处五项原则基础上同所有国家发展友好合作关系，其中最重要的一条就是不干涉别国的内政。

萨姆索诺夫说，他们看到中国坚定不移地执行改革开放政策，国内政治稳定、经济有明显增长，这些都给他们留下了很深的印象。

中国人民解放军总参谋长迟浩田上将和副总参谋长徐信上将等会见时在座。

外交部发言人吴建民就中国领海及毗连区法公布答记者问

有记者问：在中日建交20周年之际，中国为什么在公布领海及毗连区法时将钓鱼岛写入？

吴建民回答说，大量的历史事实证明，钓鱼岛属于中国；同时，从国际法的角度来看，中国的这一主张也是无可辩驳的。因此，中国在最近公布的《领海法》中重申这一主张是无可非议的。

吴建民同时指出，中国《领海法》的公布与中日邦交正常化20周年没有关系。

吴建民在介绍中印边界会谈结果时说，在中印边界问题联合工作小组第4轮会谈中，中印双方继续探讨了解决边界问题的办法，同时就确保中印边界实际控制线地区的和平与安宁的措施进行了讨论。双方同意两国边防人员于每年6月和10月在中印边界东段和西段举行定期会晤，在双方会晤站之间建立通讯联系。双方还就实际控制线地区增加信任的措施交换了意见，并同意下轮会谈早日在北京举行。

2月28日

国务院召开第99次常务会议

国务院总理李鹏上午主持召开会议。会议讨论并原则通过《中华人民共和国出口货物原产地规则（草案）》和《国务院关于修改〈中华人民共和国进出口关税条例〉的决定（草案）》。

会议认为，出口货物的原产地证是证明商品原产地的重要文件。当今，出具原产地证已成为国际贸易中的一个重要环节。制定出口货物原产地规则，符合国际贸易惯例。随着我国改革开放的逐步深入，对外经济贸易进一步扩大，但我国至今还没有一个统一的原产地规则和相应的管理办法。为了加强对出口货物原产地工作的管理，促进对外经济贸易的发展，制定《中华人民共和国出口货物原产地规则》是必要的。国家对外经济贸易主管部门将根据这一规则制定实施办法。会议决定将这一《规则（草案）》作必要的修改后由国务院发布实施。

会议认为，现行的《中华人民共和国进出口关税条例》自实施以来，在适应对外开放需要，促进对外经济贸易和国民经济发展等方面，发挥了重要的作用。根据进一步扩大对外开放以及对外经济贸易和技术合作的新形势和新情况，有必要对《条例》进行补充和完善。会议同意将《决定（草案）》修改后由国务院发布实行，同时根据这一决定对《中华人民共和国进出口关税条例》作相应的修正，重新发布。

国家统计局公布《关于1991年国民经济和社会发展的统计公报》

1991年，我国各族人民坚决贯彻治理整顿和深化改革的方针，取得了明显成效。整体经济形势明显好转，国民经济稳定增长，通货膨胀得到有效控制，改革开放迈出较大步伐，国际收支状况进一步好转，人民生活改善，科技、教育、文化、卫生、体育事业蓬勃发展，精神文明建设取得新的成绩，治理整顿的主要任务已基本完成，社会安定，为实现“八五”计划创造了一个良好的开端。初步统计，全年国民生产总值19580亿元，比上年增长7%；其中第三产业5331亿元，增长5.3%。

经济运行中的主要问题是：结构调整进展较慢，经济效益不高，财政困难大。新的一年，巩固、发展治理整顿成果和深化改革的任务还相当艰巨。

一、农 业

1991 年，我国部分地区遭受了严重的自然灾害，但经过举国上下一致抗灾救灾，仍夺得了农业生产的较好收成。全年农业总产值 8008 亿元，比上年增长 3%。其中，种植业增长 0.9%，林业增长 7.8%，牧业增长 6.1%，副业增长 1.8%，渔业增长 6.7%。

主要农产品产量中，粮食略有减产，但仍是历史上第二个高产年，棉花大幅度增产，油料、糖料、烤烟产量再创历史最高水平；蔬菜、水果生产又获丰收。但农产品流通体制还不完善，农业发展不稳定问题依然存在。

主要农产品产量如下：

	1991 年	比上年增长%
粮食	43524 万吨	−2.5
棉花	566.3 万吨	25.6
油料	1638.3 万吨	1.6
其中：油菜籽	743.6 万吨	6.9
甘蔗	6630.3 万吨	15.1
甜菜	1632.7 万吨	12.4
黄红麻	50.8 万吨	−30.0
烤烟	269.8 万吨	19.4
蚕茧	53.4 万吨	持平
茶叶	54.6 万吨	1.1
水果	2158.4 万吨	15.2

造林绿化事业成绩显著。1991 年，全国造林面积 8260 万亩，比上年增长 5.8%。防护林体系建设继续深入展开，"国家造林项目"速生丰产林建设开始全面实施。森林覆盖率上升，林木蓄积量增加，实现了森林资源生长量大于消耗量的目标。

畜牧业持续发展。肉、禽、蛋、奶等畜产品产量继续增加。

主要畜产品产量和牲畜存栏头数如下：

	1991 年	比上年增长%
猪牛羊肉	2712.2 万吨	7.9
牛奶	462.6 万吨	11.3
绵羊毛	24.1 万吨	0.4
肉猪出栏数	3.27 亿头	5.4
猪年末数	3.72 亿头	2.7
羊年末数	2.06 亿只	−2.1
大牲畜年末数	1.32 亿头	1.1

水产品继续增产。全年水产品产量 1339 万吨，比上年增长 8.3%；其中淡水产品产量增长 4.8%，海水产品产量增长 10.9%。

农业生产条件有所改善。1991 年末全国拥有农业机械总动力 2.93 亿千瓦，比上年末增长 1.9%；大中型拖拉机 78.8 万台，下降 3.1%；小型和手扶拖拉机 729.3 万台，增长 4.5%；载重汽车 62.6 万辆，增长 0.3%；排灌动力机械 0.73 亿千瓦，增长 2.1%；全年化肥施用量（折纯）2856 万吨，增长 10.3%；农村用电量 939.7 亿千瓦小时，增长 11.3%。农田水利建设继续加强。

农村经济继续发展。1991 年农村社会总产值 18931 亿元，比上年增长 11%。乡镇企业保持稳定发展，农村工业、建筑业、运输业和商业、饮食业产值增长 20%；占农村社会总产值的比重由上年的 53.9%上升到 57.7%。

二、工 业

工业生产增长较快。1991 年工业总产值 28225 亿元，比上年增长 14.2%。其中乡及乡以上工业总产值为 23121 亿元，增长 12.9%。在全部工业中，全民所有制工业增长 8.4%，全民所有制工业新增产值占全部工业新增产值的比重由上年的 37.8%提高到 43.1%；集体所有制工业增长 18%，个体工业增长 24%，中外合资、中外合作和外商独资经营的工业增长 55.8%。大中型企业生产开始摆脱前两年徘徊的状况，比上年增长 9.2%。

1991 年轻工业产值 13796 亿元，比上年增长 14.5%。主要轻工产品中，适销对路的产品生产保持稳定增长，长线产品生产有所控制。重工业产值 14429 亿元，增长 13.9%，主要重工业产品中，投资类机电产品生产增长较快，主要原材料和能源生产基本稳定。

主要工业产品产量如下：

	1991 年	比上年增长%
化学纤维	186 万吨	12.4
纱	450 万吨	−2.7
布	175 亿米	−7.3
呢绒	3 亿米	1.7
机制纸及纸板	1430 万吨	4.2
糖	631 万吨	8.4
原盐	2353 万吨	16.3
卷烟	3199 万箱	−3.0
合成洗涤剂	143 万吨	−5.7
日用精铝制品	8 万吨	2.2
自行车	3627 万辆	15.4
电视机	2622 万部	−2.3
其中：彩色电视机	1194 万部	15.6
录音机	2935 万部	−2.9
照相机	473 万架	1.2 倍
家用洗衣机	683 万台	3.1
家用电冰箱	476 万部	2.8
能源生产总量	10.47 亿吨	0.8
原煤（折标准燃料）	10.9 亿吨	0.9
原油	1.39 亿吨	0.9
发电量	6750 亿千瓦小时	8.7
其中：水电	1235 亿千瓦小时	−2.5

钢	7057万吨	6.4
钢材	5547万吨	7.6
十种有色金属	252万吨	5.5
水泥	2.48亿吨	18.3
木材	5500万立方米	－1.3
硫酸	1314万吨	9.8
纯碱	389万吨	2.4
化肥(折纯)	1988万吨	5.8
化学农药	25万吨	9.7
发电设备	1129万千瓦	－7.9
金属切削机床	15.08万台	12.1
汽车	71.3万辆	38.7
拖拉机	5.27万台	33.8
机车	706台	7.8
民用钢质船舶	154万吨	9.4

"质量、品种、效益年"活动取得初步成效，经济效益下滑势头得到初步遏制。1991年全员劳动生产率比上年提高6.2％，预算内国营工业企业实现利税1420亿元，比上年增长8％，其中实现利润下降14.2％，定额流动资金周转天数为124天，比上年加速6天；但企业经济效益低的问题依然突出，平均每百元资金实现的利税为13.28元，比上年减少0.52元；成本继续超支，亏损额上升，工业结构调整较慢。

三、固定资产投资和建筑业

固定资产投资明显回升。全年全社会固定资产投资完成5279亿元，比上年增加829亿元，增长18.6％。其中，全民所有制单位投资3558亿元，增长21.9％；集体所有制单位投资629亿元，增长18.7％；个人投资1092亿元，增长9％。但在建规模偏大，新开工项目增长过快，全年全民所有制单位基本建设和更新改造新开工项目7.45万个，比上年增加1.8万个。

1991年，在全民所有制单位投资中，基本建设投资2075亿元(含车船购置费)，比上年增长21.8％；更新改造投资997亿元，增长20.1％；商品房建设投资243亿元，增长31.1％；其他投资243亿元，增长22.2％。

投资结构进一步调整。全民所有制单位投资中，原材料工业投资533亿元，比上年增长24％，所占比重由上年的15.7％上升到16.1％；运输邮电通讯业投资468亿元，增长40.1％，所占比重由12.2％上升到14.1％；农业、林业、水利投资101亿元，增长31.2％，所占比重由2.8％上升到3.1％；但能源工业投资942.9亿元，增长14.4％，所占比重由30.1％下降到28.4％。

在更新改造投资中，用于节约能源、增加花色品种、提高产品质量、"三废"治理的投资298亿元，比上年增长32.8％，所占比重由上年的27.1％上升到29.9％；而用于增加产量的投资328亿元，增长12.5％，所占比重由35.2％下降到32.9％。

重点建设进展较快，一批项目建成投产。国家按合理工期组织建设的182个重点项目，全年完成投资440亿元，超额完成年度计划。投产大中型基本建设项目100个，大中型项目单项工程155个，限额以上更新改造项目115个。当年全国基本建设新增加的主要生产能力有：煤炭开采2714万吨，发电机组容量1184万千瓦，已连续三年超过1000万千瓦，石油开采1491万吨，天然气开采11亿立方米(石油开采和天然气开采含更新改造和其他投资增加的能力)；炼钢396万吨，炼铁376万吨，纯碱60万吨，化肥96万吨，木材开采21.2万立方米，水泥292万吨；铁路复线里程309公里，铁路电气化里程849公里，沿海港口吞吐能力609万吨。

建筑业生产回升。1991年全民所有制建筑施工企业完成建筑业总产值1030亿元，比上年增长1.5％；新开工面积0.9亿平方米，增长26.4％；全员劳动生产率为16070元，提高2.1％。但经济效益仍无明显改善，亏损企业和亏损额较多。

地质普查勘探新发现矿产地231处，取得重大进展的勘查矿区138处，有50种矿产新增加探明储量。石油、天然气普查勘探工作在陕西、新疆及南海海域取得可喜的进展。水文地质、工程地质、环境地质工作在国民经济建设中继续发挥重要作用。

四、运输邮电

交通运输生产全面回升，重点物资运输完成情况比较好，但交通运输建设仍不适应经济和社会发展的需要。

各种运输量完成如下：

	1991年	比上年增长％
货物周转量	28007亿吨公里	6.9
铁路	10972亿吨公里	3.3
公路	3398亿吨公里	1.2
水运	13000亿吨公里	12.1
其中：远洋运输	8854亿吨公里	10.3
空运	10亿吨公里	24.4
管道	627亿吨公里	持平
旅客周转量	6077亿人公里	8.0
铁路	2827亿人公里	8.2
公路	2778亿人公里	6.0
水运	171亿人公里	3.6
空运	301亿人公里	30.4
沿海主要港口 货物吞吐量	50606万吨	9.4

运输收入增加。全年各种运输方式完成的总收入比上年增长8.4％。但地方公路和水运企业亏损面有所增加，经济效益不好的局面仍然存在。

邮电通信事业发展较快。全年完成邮电业务总量206.2亿元，比上年增长32.5％，特快专递、集邮等邮政业务的增长幅度都超过64%；无线寻呼，移动电话等电信业务的增长幅度均超过一倍。国际及港澳通信业务明显增多。全国进入长话自动交换网的市、县达1046个，比上年增长17%。市内电话自动交换机容量为1008万门，占市话交换机总容量的97%；其中市话程控交换机容量560.9万门，比上年增长55%。

五、国内商业和物资供销

国内市场稳定增长。全年社会商品零售总额9398亿元，比上年增长13.2%；扣除零售物价上涨因素实际增长10%。消费品零售额8227亿元，增长13.5%；其中售予社会集团的消费品零售额879亿元，增长18.6%。农业生产资料零售额1171亿元，增长11.5%。

1991年，城市消费品零售额4515亿元，比上年增长16.1%；农村消费品零售额3712亿元，增长10.4%。

各种经济类型的商品零售额全面增长。全民所有制单位比上年增长13.9%；集体所有制单位增长7.6%，其中供销合作社增长6.7%；合营增长23.8%；个体增长18.1%；农民对非农业居民的零售额增长18.8%。从各类消费品销售数量看，吃的商品稳定增长，与上年相比，粮食增长10%，食用植物油、猪肉、鲜蛋销量分别增长0.9—4.7%；穿的商品中棉布、针织内衣裤销量下降一成多，但各种服装销量增长7.1%；耐用消费品除录音机销量减少、电风扇持平外，其余均有不同程度增长，彩色电视机、洗衣机、电冰箱销量增长2.6—9.1%。

商业企业经济效益有所好转。全年商业部系统国营商业企业亏损0.73亿元，比上年减亏0.84亿元；供销合作社实现利润15.3亿元，比上年增加2.7亿元，亏损企业亏损面由上年的27.9%下降到25.7%。

生产资料市场趋向活跃。1991年全国物资系统购进生产资料2891亿元，比上年增长25.3%；销售3129亿元，增长24.5%。

价格改革迈出了新的步伐。1991年年初以来，国家先后有计划地提高了原油、成品油、钢材、生铁等基础产品和铁路货运的价格，提高了城镇居民定量供应的粮食和食用油销售价格，价格结构性调整的力度较大。但市场物价总水平仍然保持基本稳定。全年零售物价总水平比上年上涨2.9%；城乡居民生活费用价格总水平（包括生活消费品和服务项目）比上年上涨3.4%，其中城镇上涨5.1%，农村上涨2.3%。存在的主要问题是大中城市物价涨幅较大，全年35个大中城市职工生活费用价格比上年上涨8%。

各类商品和服务项目价格变动情况如下：

	1991年比上年上涨%	其中：城镇12月比上年同月上涨%
居民生活费用	3.4	6.3
1. 食品类	3.3	8.2
粮食	8.6	35.0
肉禽蛋	－2.3	－1.0
其中：猪肉	－1.4	4.1
鲜菜	6.1	4.6
水产品	1.5	4.3
烟酒茶	0.8	4.5
糕点	6.3	5.7
2. 衣着类	4.1	4.2
3. 日用品类	1.5	1.7
4. 药及医疗用品类	3.4	6.2
5. 燃料类	15.6	12.3
6. 农业生产资料类	2.9	3.6
7. 服务项目	8.7	9.5

六、对外经济贸易和旅游业

进出口全面增长。据海关统计，1991年出口总额719亿美元，增长15.8%，其中"三资"企业出口额120.5亿美元，增长54.2%；进口总额638亿美元，增长19.5%。扣除不收付外汇的进出口货物，出大于进124.5亿美元。外贸实行自负盈亏体制，促进了出口结构的调整，提高了经济效益。国际收支状况继续好转。

利用外资稳步增长。1991年新签利用外资协议金额178亿美元，比上年增长47.6%；实际使用外资113亿美元，增长9.6%。其中外商直接投资协议金额111亿美元，实际投资40亿美元，分别增长67.6%和13.8%。

随着投资环境改善和开放地区扩大，"三资"企业增加较多。截至1991年末，在我国注册的"三资"企业37215个；注册资金460亿美元，其中外商投资262亿美元。

对外经济技术合作又有新进展。1991年对外承包工程和劳务合作新签合同金额32亿美元，比上年增长23%；完成营业额20亿美元，增长7%。

国际旅游业发展较快。1991年到我国旅游、访问以及从事各项活动的国际旅游者达3336万人次，比上年增长21.5%；旅游外汇收入28.4亿美元，增长28.3%。

七、科学技术

科技事业取得新进展。全国共取得省部级以上重大科技成果23000项；获国家奖励的成果958项，其中国家自然科学奖53项，国家发明奖209项，国家科学技术进步奖502项。受理国内外专利申请50040件，授权专利24616件，分别比上年增长20.7%和9%。

1991年全国重大科技成果主要有：秦山核电站建成发电，标志我国和平利用核能取得重大突破；合肥同步辐射加速器及光束线实验站全部通过验收,已建成的5条同步辐射光束线和5个实验站的主要性能指标已达到国际水平;高产多抗性玉米杂交种——沈单7号增产效果明显;乙型肝炎基因工程疫苗填补了国内空白;KM4太阳模拟器研制成功,其主要性能技术指标赶上了国际同类设备的先进水平;报关自动化系统工程达到了国际先进水平。

科技经费投入增加。1991年,全国科研机构、高等院校和大中型工业企业等单位用于科技的经费支出为409亿元,其中用于研究与发展的经费142亿元,占国民生产总值的比重为0.72%。

科技队伍进一步扩大。1991年末全民所有制企事业单位共有各类专业技术人员2412.8万人,比上年末增长5.6%。全国县级以上全民所有制独立研究开发机构5466个,高等院校办2450个,大中型工业企业办9525个,从事科技活动人员230.2万人,其中科学家和工程师149.1万人。

国家推行的各项科技计划成效显著。1991年,"八五"国家重点科技攻关计划已批准可行性报告145个,签订专题合同2245个,国家拨款6.5亿元,其中5兆瓦低温核供热堆实现了热电联供,中宽度薄板坯连铸连轧技术等项目已取得可喜成果。高技术研究发展计划共批准1224个研究课题,国家拨款3.92亿元。国家自然科学基金资助科研项目3495项,资助金额1.7亿元,分别比上年增长0.49%和25.3%。国家重点实验室建设取得新进展,1991年新建成16个重点实验室。火炬计划共安排国家极项目301项,当年完成投资额13亿元。到1991年末我国共有国家级高新技术产业开发区27个。国家直接支持的重点开发项目470项,当年完成投资6亿元。星火计划项目新增8200项,培训管理人员和技术人员135万人。

企业、高校、科研机构的结合日趋紧密。1991年有6582个预算内国营工业企业与高校、科研机构进行了对口交流,共向企业转让了4965项科技成果,并设立了4864个联合研究开发项目。

全国大中型工业企业共组织万元投资以上技术开发项目45862个,比上年增长16.3%;新产品产值占工业总产值的比重已近10%。

1991年,全国共有产品质量监督检测机构3100个,其中国家级检测中心229个,分别比上年增长3%和7.5%。全年制定、修订各类国家标准1122个。全国共建立了超短波天气警报服务系统发射台1621个,接收用户62608个,分别比上年增长62.1%和56.5%;有人值守的各类地震台站929个,各类地震测报网点5224个,分别比上年增长6.5%和24.8%;在971个海洋监测站点获得1131.7万个海洋数据;测绘部门测绘各种比例尺地图32531幅,公开出版地图545种。

技术市场稳步发展。全年全国共签订技术合同20.7万份,成交金额94.1亿元,分别比上年增长0.1%和25.4%。

群众性科技活动活跃。全国共有厂矿科协8300个,会员184万人;农村专业技术研究会9.6万个,会员307万人。

八、教育、文化

普通高等教育规模基本稳定,专业结构继续改善。1991年全国招收研究生3万人,与上年持平;在学研究生8.8万人,比上年下降5.4%。普通高等学校招收本、专科学生62万人,比上年增长1.8%;在校学生204.4万人,比上年略有减少。1991年全国有320个长线专业点暂停招生,工科、医药、财经招生比例上升。

中等职业技术教育稳步发展。1991年各类中等职业技术学校在校学生633.2万人(含技工学校学生142.2万人),占高中阶段在校学生总数1356万人的46.7%。

普及义务教育又有新的进展。1991年全国初中在校学生3960.7万人,小学在校学生12164万人。7—11周岁小学学龄儿童入学率达97.9%;小学毕业生升学率达77.7%,比上年提高3.2个百分点。普通初中和小学学生辍学率分别降到5.38%和2.35%,是建国以来的最低点。办学条件继续得到改善。

成人学历教育调整取得进展,多种形式的岗位培训蓬勃发展。1991年成人高等学校招收本、专科学生44.7万人,在校学生140.3万人,比上年下降15.8%;成人中等专业学校在校学生168万人,增长5.8%;成人技术培训学校在校学生3165.7万人,增长1.5倍;成人中、小学在校学生853.6万人。全年共扫除文盲548.3万人。

1991年末全国共有艺术表演团体2774个,文化馆2977个,公共图书馆2536个,博物馆1097个,档案馆3579个,广播电台724座,中、短波广播发射台和转播台703座,电视台541座,一千瓦以上电视发射台和转播台974座,各类电影放映单位14.1万个。1991年生产电影故事片130部,发行各种新片(长片)189.5部,有16部(次)影片在国际电影节上获奖。全国性和省级报纸全年出版175.1亿份,各类杂志出版20.8亿册,图书出版62亿册(张)。

九、卫生、体育

卫生事业继续发展,医疗条件进一步改善。1991年末全国医院共有病床268.9万张,比上年末增长2.5%。专业卫生技术人员398.5万人,比上年增长2.2%;其中医生178万人(含中、西医师131.1万人),增长0.9%;护师、护士101.2万人,增长3.8%。

体育事业取得明显的成绩。全年在重大国际比赛中共获奖牌182块;86名运动员获得93个世界冠军,是历史上最多的一年。有25人1队50次创造31项世界纪录,34人9队64次创造49项亚洲纪录,123人30队212次创造127项全国纪录。群众体育事业发展迅速,近70%的学校推行《国家体育锻炼标准》,80%的学生达到合格标准。

十、人民生活

居民收入增加。据抽样调查,1991年全国城镇居民人均生活费收入为1570元,比上年增长13.2%,扣除生活费用价格上涨因素,实际增长7.7%,农村居民人均纯收入710元,比上年增长3.5%;扣除价格变动因素,实际增长2%。

城镇就业继续增加。1991年全国城镇安置待业人员430万人。年末全国职工人数为14397万人,比上年末增加338万人。其中,全民所有制单位实行劳动合同制的职工达1535万人,增加163万人。年末城镇个体劳动者704万人,增加33万人。

1991年全国职工工资总额3350亿元,比上年增长13.5%;职工平均货币工资2365元,扣除生活费用价格上涨因素,实际增长5.1%。

城乡储蓄大幅度增加。1991年末居民储蓄存款余额达9110亿元,比上年末增加2076亿元,增长29.5%。

城乡居住条件又有改善。1991年城镇新建住宅1.1亿平方米,农村新建住宅7.2亿平方米。

社会福利事业继续发展。1991年全国各类社会福利院床位达81.2万张,收养63.4万人。城乡各种社会救济对象得到国家救济达4869万人次。全国已有26.3%的乡镇建立了农村社会保障网络,城镇建立起各种社区服务设施8.9万个。

环境保护事业有较大发展。1991年末全国环境保护系统共有7.1万人,环境监测站2199个,国家级自然保护区61个。全年完成环境污染限期治理项目6574个,总投资17.4亿元。到1991年末全国共在351个城市中建成了2199个烟尘控制区,面积达8897平方公里;在216个城市中建成了1098个环境噪声达标区,面积达1803平方公里。

保险事业进一步发展。1991年各类财产险承保总额28015亿元,比上年增长20%。全国有50.8万户企业参加了企业财产保险,10070万户居民参加了家庭财产保险,有23370万人参加了人身保险。保险公司共处理国内财产险赔案337.8万件,支付赔款76.5亿元,为1190万人支付人身保险赔款33.5亿元。

十一、人口

根据1991年全国人口变动情况抽样调查,人口出生率19.68‰,死亡率6.70‰,自然增长率12.98‰。据推算,1991年末全国总人口115823万人,比上年末增加1490万人。

注:

(1)本公报所列数据为我国大陆30个省、自治区、直辖市的初步统计数。

(2)各项总产值绝对数按当年价格计算,增长速度均按可比价格计算。

(3)各项指标对比的基期数均为《中国统计年鉴》发表的年度统计数。

(4)农村居民人均纯收入计算中的自产自用产品价格过去按国家牌价计算的。现按合同定购综合平均价计算,1990年按新方法计算的农村居民人均纯收入为686元。

日地物理预报中心在北京天文台成立

一个专门监测太阳活动及其对地球空间环境影响的研究与服务机构——日地物理预报中心,在北京天文台成立。这一中心已加入世界警报局,成为全球11个区域性日地警报中心之一。

印度总理纳拉辛哈·拉奥在新德里会见国务委员国家教育委员会主任李铁映

李铁映说,中印两国对一些国际问题的看法是一致的,或相似的,两国的合作领域是广阔的。中印两国人民之间有着深厚的友谊,两国的人口加起来占全世界人口的2/5。中印友好不仅对亚太地区,而且对全世界的和平和发展都是很重要的。

古巴国务委员会主席菲德尔·卡斯特罗在哈瓦那会见全国政协委员何新

国务院中央军委发布命令授予安徽天长龙集乡民兵营长李鸿武抗洪抢险模范民兵营长荣誉称号

2月29日

全国绿化委员会在北京召开第11次全体会议

会议指出,通过坚持不懈的努力,我国目前的森林覆盖率已由1988年前的12.98%上升到13.4%,全国森林面积已由18.7亿亩增加到19.3亿亩,活立木总蓄积量已达108.68亿立方米。国务院副总理、全国绿化委员会主任田纪云在讲话中说,我们取得这样的进展是很不容易的,我们要继续努力,把造林绿化扎扎实实引向深入,再上一个新水平。

在全民义务植树运动的推动下,广大群众造林、爱林、育林、护林的意识普遍增强。据统计,1991年全国共完成造林8500万亩,超计划完成全年任务。去年参加义务植树的人数达 5 亿人次，植树 23 亿株，无论从规模和质量上看，均创开展全民义务植树运动以来的最高水平。

在全民义务植树运动的带动下，我国林业重点工程建设取得显著进展。举世瞩目的“三北”防护林建设，去年完成造林 1515 万亩，超额 29.8%完成任务。长江中上游防护林体系建设 1991 年又有新的突破，造林和封山育林共达 1170 万亩，超计划 11.4%完成全年任务。

会议审议通过《关于进一步加强全民义务植树工作的意见》和《关于加强部门造林绿化工作的意见》。会议还决定对 550 名在植树造林、绿化祖国中作出优异成绩者，颁发“全国绿化奖章”。

卫生部部长陈敏章和朝鲜保健部部长李钟律在平壤签署关于中朝两国政府卫生和医学科学合作协定 1992 年至 1993 年度执行计划

台湾国民党主席李登辉参观中国科协在高雄举办的展览

李登辉在国民党中央党部秘书长宋楚瑜的陪同下，到高雄佛光山寺参观由中国科学技术协会在台湾举办的“中国敦煌古代科学技术展览”。在历时半个小时的参观中，李登辉对有关农业壁画、龙洗、鱼洗、造纸等表现出浓厚的兴趣，还亲手做实验。李登辉认为，整个展览“很有特色，很有价值，中国文化真是博大精深”。

台湾当局开放大专院校校长赴祖国大陆从事文教活动

台湾“行政院大陆委员会”修正通过有关规定，开放台湾“公立”大专院校校(院)长及职务在政务官以下的公务员赴大陆从事文教等活动。

但是，台湾当局这项修正过的《机关(构)学校团体派员赴大陆地区从事文教活动作业要点》，仍限制公务人员赴大陆必须以“专家”身份，要避免与大陆作“官方政治性接触”；同时仍然不允许台湾各机关(构)、学校或团体派员赴大陆主办或与大陆合办会议、展览、演出或竞赛活动。

国务院批复关于中华人民共和国义务教育法实施细则

中华民族文化促进会在北京成立

来自中国大陆、香港、澳门、台湾地区、泰国的工商、金融、文艺、新闻界的 200 余位海内外华人出席成立大会。叶选平被推举为首任会长。

全国政协副主席叶选平，泰籍华人、慈善家谢慧如，美籍华人、社会活动家陈香梅，泰籍华人、社会活动家陈世贤等 30 多名海内外贤达及知名人士发起、组织了中华文化促进会。该会的任务包括争取捐助、筹集资金，奖励对发展中华文化有贡献的团体、个人及优秀文艺作品，培养有关人才，帮助举办文化活动等。

《人民日报》发表评论员文章《拓宽致富门路努力增产增收》

中国女运动员林莉在西班牙帕尔马帕尔马举行的世界杯短池游泳系列赛总决赛中获 200 米 400 米个人混合泳两枚金牌

3月1日

国务院召开北方地区抗旱工作电话会议

国务院副总理田纪云在会上要求，受旱地区各级政府和国务院有关部门一定要紧急行动起来，深入发动群众，打一场抗旱保苗、保春播的人民战争，把旱灾损失减少到最低程度，为夺取今年的农业丰收奠定基础。

对外经贸部部长李岚清就中国对外经贸和中美经贸关系等问题答记者问

问：目前世界经济区域化、集团化日趋发展，您对此有何看法？对建立"大中国经济圈"、"大中华经济圈"的提法怎么评价？

答：区域经济集团化已成为当今世界经济发展的一种趋势。我们已经参加的亚太地区经济合作会议(APEC)就是一种模式。我们认为在世界贸易体系的总框架下加强地区的经济合作是有积极意义的。但各个地区、各个国家的情况不尽相同，采取何种合作方式也不可能是一个模式，在这方面，我们愿同有关国家一起研究，根据需要和可能采取多种形式的地区经贸合作。

我们主张区域经济集团都应当是开放型的，而不是排他型的，应有利于世界经济新秩序的建立。

中国大陆同台湾、香港、澳门在经济上有很强的互补性，又同为中国人，在经济合作和交流方面有非常有利的条件。我们一贯呼吁"两岸携手，振兴中华"。我们将继续积极开拓和发展同台湾、香港、澳门的经贸关系。

当前同台湾发展经贸关系的当务之急，是排除人为障碍，实现"三通"。去年我们已提出促进两岸经贸交流的原则，即：直接双向、互利、互惠、形式多样、长期稳定，重义、守约，希望能得到台湾当局的积极回应。

对于某些报刊上所载的某些"大中国经济圈"、"大中华经济圈"的提法和观点，我认为是不妥的。我国政府一向主张华侨应遵守侨居国的法律，同侨居国人民友好相处，共同为该国的经济发展和繁荣作出贡献。我们热情欢迎华侨在侨居国法律允许下，回祖国投资，进行经济贸易合作。

问：中国恢复关贸总协定缔约国地位的谈判进展如何？目前有的国家表示支持台湾加入关贸总协定，对此您作何评论？

答：为适应关贸总协定的要求，自1988年以来，我国又进行了一系列的经济体制改革。出口制度改革方面，正走向国际规范，从去年1月1日开始已取消出口补贴，人民币的官方汇率已同市场汇率非常接近，出口体制已基本实现了宏观调节，行政干预已大大减少，"八五"计划和十年规划纲要也确定了包括价格体制改革和一系列发展市场的改革方针。去年10月份我们向关贸总协定提交了一份中国外贸制度的补充文件，并正在收集整理资料，回答一些缔约国提出的一系列问题。中国的外贸制度是大体符合总协定的要求的，而有差距的地方，中国将进一步改革，使其符合总协定的要求。我们恢复关贸总协定地位后，在享受关贸总协定权利的同时，必将认真履行关贸总协定的义务。现日内瓦关贸中国工作组的审议工作，正在进行，我们希望能尽快进入中国恢复关贸总协定议定书的实质性谈判。

我们一再重申，中华人民共和国政府是代表中国的唯一合法政府，台湾是中国领土不可分割的一部分。只有中华人民共和国在关贸总协定的缔约国地位得到恢复后，我们才能同意台湾作为中国的单独关税区参加关贸总协定。

问：中国外贸的基本原则是进出口平衡，而1991年我国外贸顺差达80多亿美元，外汇储备达400亿美元，近期将采取哪些措施进行平衡？

答：去年我国外贸有顺差，在一定程度上是西方发达国家对我实行经济制裁的滞后效应。

值得重视的是，去年以来随着西方国家取消或放松对我制裁，我国经济调整达到预定目标，开始实施"八五"计划，进口的增长速度加快，超过出口三点七个百分点。照此发展下去，达到进出口平衡是不成问题的。

为加快进口发展，我们除着手改革进口管理体制外，还采取了这样几项措施：降低国内贷款利率，增加技术改造贷款，刺激国内对进口的需求；从去年国家外汇结存中拿出几十亿美元进口一些大型成套项目；降低225种进口商品关税，并在近期内取消进口调节税；近期内取消16种商品的进口许可证管理，二三年内使进口许可证管理商品范围减少2/3；按照关贸总协定的规则，规范其他管理进口的措施。

问：您对中美经贸关系的现状及前景有何评论？

答：中美两国就知识产权保护问题能够达成协议，是中美双方从各自的国家根本利益出发，互相谅解、互相让步的结果，这对双方都是一件好事，将推动两国经贸关系进一步发展。中美知识产权谈判的成功表明，双方的贸易争议完全可以通过平等协商来解决，采取其他不理智的方式，无助于问题的解决，只能使问题复杂化，对两国都将产生不利的后果。

1979年两国建交时，双边贸易只有24亿美元。1991年双边贸易额扩大到142亿美元，增长近5倍。

美国已成为中国第三大贸易伙伴。建交以后，两国先后签订了有关贸易关系、工业技术合作、渔业、海运、避免双重征税等一系列协议、协定，为两国经贸关系发展奠定了有利的基础，创造了良好条件。

截至 1991 年 9 月底，美国在华投资项目达 1723 项，协议金额 45.8 亿美元。除香港地区外，美国在各国来华投资中占首位。美国一些大公司以及不少中小企业在中国已占据了相当的贸易和投资市场。两国经贸关系发展到今天的水平，是两国政府和工商界共同努力的结果，是来之不易的。继续保持和发展中美两国经贸关系，符合两国人民的利益。

美国是最大的发达国家，中国是最大的发展中国家，两国经济互补性很强，贸易上又有相互需求。中国每年从美国进口大量小麦、棉花、化肥、木材、纸张、纸浆、飞机、技术设备等。美国从中国进口的纺织品、服装、粮油、土畜、化工、机电产品等逐年有所增加。中国正致力于新的"五年计划"和"十年发展规划"，需要进一步扩大开放和发展对外经贸事业，第八个五年计划我国的进口总额将超过 3000 亿美元。无疑，中美两国的经贸合作潜力是很大的。

目前的问题是双方需要创造一个良好的经贸合作环境和气氛，妥善解决经贸关系中出现的一些问题。

中美相互给予最惠国待遇是当前双方经贸关系中问题的焦点。如美国一旦终止中国的最惠国待遇，就意味着美国单方面撕毁了中美贸易关系协定。其后果将不仅使两国的经贸关系遭受严重的挫折，也将严重损害两国政治关系，从而使中美关系发生全面倒退。

我们欣赏布什总统在中国最惠国待遇问题上所采取的积极态度和美国工商界及一切关心中美经贸关系的各界友好人士在这方面作出的积极努力。目前，美国众议院已表决通过一个有条件延长中国最惠国待遇的联合议案。在最惠国待遇问题上附加任何条件都是不能接受的。我们希望美国国会议员能从中美关系的大局出发，采取积极的态度，避免两国关系出现倒退。

最惠国待遇是相互的，并不是一国给予另一国的恩赐。每年审议一次中国最惠国待遇的做法给两国企业界人士的心理上造成了不稳定感和不安全感，不敢作长期的打算。我们认为中美两国政府有责任为双方企业界创造一个良好的贸易、合作和投资气氛，为此我们希望美方采取措施，改变每年国会审议一次的做法，使这一问题能得到根本解决。

自去年 4 月份以来，中美双方代表团已就市场准入问题进行了四轮会谈，中方就市场准入中的一些问题向美方作出了积极的承诺。目前，双方在个别具体问题上还存在着一些不同看法。中方认为，中方所作的种种努力已为中美双方在市场准入问题上进行进一步的会谈铺平了道路。今年，中美双方还将就市场准入问题进行进一步磋商。我们希望这一会谈也能在互谅互让、平等互利的基础上达成谅解。中方相信，中美双方进行经常的、多层次的磋商对于增进了解，消除误解并最终解决双边经贸关系中存在的问题是十分有益的。

至于美方贸易逆差问题，我认为，中美双方的贸易统计数字一直有着较大的差异。这与香港等地的转口有很大关系。双方对此有不同意见。而从香港转口到各国的出口商品大部分是进料加工，中国只收到少量的加工费，大部分原材料也是从国外进口的。中方已向美国建议，由中国大陆、香港和美国三方组成一专家组，就中美贸易统计数字不一问题专门进行调查研究，找出实际的、双方均可接受的解决办法。

我国历来十分重视发展同美国的贸易，力求进出口基本平衡发展。自 1979 年两国建立外交关系以来，我国自美国的进口在多数年份中都有增加。前几年，由于美国对中国实行经济制裁，我国又进行经济调整，自美国进口有所下降。中方对此十分重视，采取了积极的措施，其中包括两次派大型采购团赴美。事实上，我国自美国进口已开始回升。去年，自美进口增加了 21.5%。今年，如中美经贸关系不出现人为的障碍，我国自美国的进口可望进一步增加。根据我国的需要与可能，仍将会考虑向美国派出不同类型的采购团、组。

国际化学裁军核查第三轮对比实验结果揭晓

国际化学裁军核查第 3 轮对比实验结果日前在荷兰海牙揭晓：中国的实验检测准确率最高，成绩最佳。这是继第 2 轮核查对比实验后，我国再次名列前茅。这一结果表明，我军的防化检测分析水平已跻身世界先进行列。

中国女运动员林莉在西班牙帕尔马举行的世界杯短池游泳系列赛总决赛中获 100 米个人混合泳冠军并平世界纪录 王晓红获 200 米蝶泳冠军

中国女运动员叶乔波在挪威奥斯陆举行的 1992 年世界短距离速滑锦标赛上获女子全能冠军

3 月 2 日

国务院举行第 13 次全体会议

会议通报国内经济情况和国际形势及外交工作。国务院总理李鹏在国务院第十三次全体会议上指出，我们要抓住国内外有利时机，加快改革开放的步伐，集中精力把经济建设搞上去。

中共中央政治局常委乔石在中央党校开学典礼上发表讲话

乔石指出，邓小平同志多次强调，实事求是是马克思主义的精髓，实践是检验真理的唯一标准，无论是过去打仗，还是现在搞建设、搞改革，都要坚持这一条，同志们到党校来学习要根据这一要求，紧紧围绕建设有中国特色的社会主义的主题，学习马克思主义的基本理论，掌握用马克思主义的立场、观点、方法来分析和解决现实问题的本领。他要求大家结合当前我国迅速发展的建设和改革的实际，认真学习，深入研究，全面领会党的基本路线的精神实质，并努力贯彻执行，以实际行动迎接党的十四大的召开。

国务院副总理田纪云在长江三峡考察

田纪云 3 月 2 日至 9 日在长江三峡考察。

田纪云强调一旦三峡工程决定要上，必须坚持开发型移民方针、加快库区移民步伐。

田纪云说，举世瞩目的三峡工程已经进入了最后的决策阶段。沿江各级干部和广大群众对三峡工程抱着极大的热情和积极支持的态度。

田纪云重点考察了三峡库区移民工作，他指出，兴建三峡工程一旦作出决策，首当其冲的是移民问题。他指出，三峡移民工作要坚持两条方针：一是实行开发型移民的方针，二是实行以农为本、农工商结合的方针。

考察中，田纪云反复强调安置移民必须坚持国家扶持、政策优惠、对口支援和自力更生的原则，充分利用三峡地区的资源优势，从实际出发，多渠道、多产业、多形式、多方法安置移民。

田纪云提出要采取以下具体安置措施：一是在改造中、低产田上下功夫、坡改梯、旱改水、低产改高产；二是努力开发包括荒地、荒丘、荒坡、荒山、荒滩、荒水在内的宜农资源；三是大力发展畜牧业、养殖业；四是农村要实行种、养、加相结合，使农畜产品向深加工、高附加值的方向发展；五是下大力气兴办包括商业、交通运输业、建筑业、旅游业在内的二、三产业；六是有计划地在移民区安排一些骨干项目，同时把企业的搬迁和技术改造结合起来，更新产品，增加产量，扩大移民就业；七是组织国务院有关部门和沿海地区对库区移民任务重的县市实行对口支援；八是组织库区劳务输出；九是搞好水土保持和防护林工程；十是在库区大力培训科技人才。

国务院批转地矿部关于切实加强地质矿产工作的请示的通知

国务院最近批转地质矿产部关于切实加强地质矿产工作的请示，并发出通知，要求各地和国务院各部委、各直属机构结合实际情况认真贯彻执行。

通知说，建国四十多年来，我国地质矿产工作为社会主义现代化建设事业作出了重大贡献。在“八五”期间和今后十年，要切实加强地质勘查工作，使之与基础工业和基础设施建设协调发展。广大地质矿产工作者要继续发扬艰苦奋斗、团结协作的精神，做出新的贡献。

地矿部的请示主要内容如下：

一、切实加强对地矿工作的领导和管理。

各级地方政府和国务院有关部门要引导人们树立“十分珍惜、合理开发利用和有效保护矿产资源”的观念，搞好矿产资源保护。

地质矿产部要加强对地质矿产资源的综合管理，对地质勘查工作的行业管理，对地质矿产资源的合理开发利用和保护的监督管理等。国务院有关主管部门要协助进行矿产资源勘查、开采的监督管理工作。县以上地方政府要把地质矿产管理职能真正落到实处。

二、开辟多种资金渠道，增加地质勘查工作的投入。

地矿部和国务院有关部门要积极推进矿产资源有偿开采和地质勘查成果有偿使用制度的建立，加快地质勘查工作补偿机制改革的进程。今后凡是未列入国家计划而根据地方需要安排的地质勘查项目要列入地方地质勘查工作计划，并由地方安排相应的资金；老、少、边、穷地区不能全部承担地方地质勘查项目费用的，可以申请用中央地勘费予以适当补贴。企事业单位要求安排的、未列入国家地勘费计划的地质勘查项目，所需经费由受益单位承担。要建立地质勘查基金，逐步实行有偿勘探。

三、努力保障地质勘查工作的正常进行。

各级地方政府要根据地质找矿占林、占地的需要，按规定办理地质勘查占林采伐许可证和用地审批手续。临时占用国有荒山、荒地，不收补偿费。有关单位和个人不得任意扩大补偿范围和提高补偿标准。要保护合法的探矿权不受侵犯，保障地质勘查作业区的工作秩序不受影响和干扰。

四、依法行政，实现地质矿产勘查、开发秩序的全面好转。

各级地方政府和地矿主管部门要抓好矿产资源勘查的统一规划，使地质矿产资源的勘查与经济建设和社会发展更紧密地结合起来。要按照《中华人民共和国矿产资源法》的规定，严肃执法，依法行政。严肃查处越界开采，买卖出租采矿权、盗窃抢夺矿山财物和矿产品、走私贩私矿产品以及损失破坏资源等违法行为。不断完善对各类矿产资源合理开发、综合利用的监督管理制度。

五、各级地方政府和国务院各有关部门要关心和帮助地矿职工解决突出的生活问题。

六、深化改革，加强地矿队伍建设。

各地勘部门要以地质找矿为中心，合理安排基础地质、矿产地质和环境地质三大部类的工作；要按照有计划商品经济发展的要求，继续深化地矿体制改革。促进矿产资源勘查和开发全面步入法制轨道。

1991年全国十大专业批发市场座次排定浙江义乌小商品市场列榜首

中共中央政治局常委宋平在人民大会堂会见以蒂尔迈尔·久洛主席为团长的匈牙利社会主义工人党代表团时发表谈话

革命无论在哪个国家都要经过曲折的道路，有顺利的时期，也有困难的时期。我们党领导的革命力量曾经在土地革命运动初期发展到很大的规模，但后来由于“左”的错误，遭到了严重的挫折，在当时的国民党统治区，党组织可以说是百分之百地垮掉了。红军被迫转移到陕北，只剩下3万多人。这些人是经过艰苦革命斗争考验的，成为革命斗争的骨干。在以后的抗日战争中，由于有了一条正确的路线，我党很快发展、壮大了自己的队伍，并最终取得了抗日战争的胜利。所以说，人数的多少固然是个问题，但不是最重要的，重要的是能保存党的骨干，真正把马克思主义和本国实际结合起来，制定一条正确路线，就能依靠这批骨干力量团结人民，由少到多，由弱到强，取得革命的最后胜利。

东欧剧变和苏联解体后，一些资本主义世界人士宣称共产主义彻底失败了，社会主义彻底失败了。我们并不这样认为。中国共产党根据中国的实际情况，由邓小平同志提出了建设有中国特色社会主义的理论，制定了以经济建设为中心、坚持四项基本原则、坚持改革开放的基本路线，并取得了很大的成就。我们将沿着这条路线继续走下去。

当然，西方敌对势力不愿意看到中国的发展和强大，他们不断提出所谓西藏、人权和台湾问题以及其他种种问题来刁难中国。他们反对社会主义和孤立中国的战略是不会改变的。就拿西藏问题来说，达赖集团曾说中国政府在西藏消灭了100万藏族人。而实际情况是，解放初期，西藏人口不过100万。如果中国政府消灭了100万藏族人，那么现在西藏应该没有藏族人了。恰恰相反，西藏实行民主改革以后，在经济、政治、文化以及人口方面都有很大发展，现在西藏人口已达到210万人。这是铁的事实。他们完全是闭着眼睛说瞎话。西藏原来实行的是农奴制度，农奴主可以用酷刑任意处死农奴，根本谈不上什么人权。现在，达赖这些人为了分裂祖国，竟然也提出人权，并得到西方一些人的支持，这是非常奇怪的问题，是撒弥天大谎，欺骗舆论。这说明达赖这些人在反对祖国时是不择手段的。

中国常驻联合国代表李道豫向联合国递交中国关于接受联合国《儿童权利公约》的批准书

共青团中央办公厅印发全国部分省市少年军校工作座谈会会议纪要

1991年12月17日至19日，全国部分省市少年军校工作座谈会在浙江省宁波市召开。来自河南、浙江、山东、河北、广东、四川、新疆7个省区教委、少工委、关工委和部队方面的代表，聚集一堂，交流了创办少年军校工作的经验和发展少年军校工作的设想。这次会议是为了进一步推动在少先队员中广泛开展的“爱党、爱国、爱军”教育活动和国防教育工作，由中国少年先锋队全国工作委员会办公室、国家教委学校国防教育办公室、中国关心下一代工作委员会办公室共同召开的。康世恩为会议发了贺信。

一、会议对少年军校的意义达成共识

通过交流、参观和座谈，大家一致认为，少年军校是在老一辈无产阶级革命家以及军委领导同志的关怀和支持下创办起来的。几年来，各地少年军校呈现出迅速发展的势头，在社会各界，特别是在少先队员中产生了强烈反响。吉林、山东红领巾军事学校、宁波市东海少年军校、河北新华区少年炮校等基地式少年军校的创建和浙江、河南、广东、新疆等地少年军校工作的广泛开展，使大家进一步看到了少年军校强大的生命力和未来的发展趋势。从实践中，大家认识到，创办和发展少年军校是一项利党、利国、利民、利军，利在当代、功在千秋的好事。

第一，创办、巩固和发展少年军校是反对“和平演变”，培养社会主义事业接班人的需要。当前，国际风云变幻，西方敌对势力把对我国“和平演变”的重点放在青少年一代的身上。新时期的少年军校发展于全党加强思想政治教育之时，又深化于国际风云变化之际，实践证明，少年军校是少先队组织通过学军、拥军、爱军形式，向少年儿童进行爱党、爱国、爱军教育，以及革命传统教育的有效形式。

第二，创办、巩固和发展少年军校是进行国防教育，构筑祖国未来钢铁长城的需要。今天的中小学生是未来军队和民兵的主要来源，是国防力量的后备梯队，是21世纪社会主义事业的建设者和保卫者。实践证明，少年军校是贯彻邓小平同志“教育应从小抓起，从娃娃抓起”这一战略方针，扎实开展全民国防教育的成功之路。少年军校的生活，使孩子们从小体验到了做一名军人的自豪感，从小诱发了长大要做一名保家卫国的解放军战士的思想萌芽，从而加深了少年儿童对军队的感情，坚定了保卫祖国的信念，国防观念得到加强。可以看出，让我们的下一代接触一些军事知识，有利于从小培养和树立起爱军习武、居安思危、立志保家卫国的紧迫感和责任心。

第三，创办、巩固和发展少年军校是迎接新技术革命挑战的需要。大家感到，21 世纪，新技术革命的挑战，实际是一场人才素质的较量。目前，独生子女增多，人民生活水平提高，少年儿童中滋长的孤独自私、任性骄气、自理能力弱、劳动观念差，缺乏实践磨炼等问题，将难以适应未来社会发展的需要。大家一致认为少年军校以其特有的形式和环境，通过与军人的朝夕相处和军营环境的熏陶，使解放军的好传统、好作风通过军事训练活动得到了充分的体现。少年儿童从教官身上看到了中国人民解放军整体的崇高形象，从思想上增强了对人民解放军的热爱。部队严明的纪律，艰苦奋斗的作风、团结友爱的集体生活有利于培养少年儿童的组织纪律观念，增强热爱集体、团结互助、吃苦耐劳、艰苦奋斗的精神和作风。实践证明，少年军校是少年儿童直接体验军人生活，进行社会实践教育的基地。

二、关于少年军校的发展方向

与会同志认为，少年军校是集国防教育、思想教育和少先队教育于一体的新型校外教育阵地。认真总结创办少年军校工作的经验，从实际出发，探讨少年军校工作的规律，使少年军校更富于教育实效，是当前面临的紧迫问题。会议认为，当前各地要注意把握好以下几个问题：

一是少年军校必须把培养一代全面发展的社会主义事业接班人作为首要任务。培养和造就社会主义事业建设者和接班人是社会主义事业不断前进的保证。运用少年军校的形式，向少年儿童进行爱国主义、集体主义和社会主义教育，使少年儿童通过在军校的学习和锻炼进一步加深爱党、爱国、爱军的思想情感和信念，这是少年军校的首要任务和根本方向。

二是少年军校要突出少先队教育的特色，把思想教育融于丰富多彩的活动之中。在开展教育与活动时要做到二者并重，注意针对少年儿童的心理、生理特点，把军事知识的教育与少先队活动有机地结合起来。只有注意到了教育主体的年龄特征、兴趣爱好，才有可能激发起他们的参与欲望，实现教育的最佳效果。

三是坚持因地制宜、以点带面，推动少年军校工作的稳步发展。创办少年军校必须贯彻因地制宜、量力而行、注重实效、稳步发展的方针，根据各地实际，创办不同类型、不同层次的军校模式。有条件的省市可创办宁波东海少年军校、河北新华区少年炮校一类有固定基地模式的少年军校，或山东、吉林以部队军事院校为依托的“校中之校”；在农村则应积极发展以当地县人武部门民兵训练基地为依托的少年军校；在城区要积极推行宁波市江东区这种把解放军请进学校，集中训练的形式，使更多的少年儿童接受最基本的军事训练。创办少年军校要从实际出发，本着就近联建，因地制宜，多层次多类型的原则，既要尽力创造，又要量力而行，做到成熟一个，发展一个，巩固一个，避免一哄而起，流于形式。

四是进一步创造少年军校工作的良好环境。少年军校是部队、学校、共青团、少先队、家庭等共同向青少年实施教育的校外教育阵地，是社会化教育的重要组成部分。办好少年军校是全社会的共同责任，需要有关方面的密切配合和支持。要动员社会各界都来关心支持少年军校的工作，积极为少年军校的发展创造条件，提供方便，给予帮助，为推动少年军校工作的巩固和发展出力献策。

三、关于下一步的工作设想

与会代表怀着对党的事业、对下一代的强烈责任感，对推动今后少年军校工作的发展提出了许多建议。

一是进一步加强对少年军校工作的领导。目前，部分省、市在各级党政军领导的重视和关心下已经成立了少年军(警)校工作领导小组，并责成有关部门具体负责对全省少年军校工作的指导。为进一步争取有关部门的重视和支持，当前要注意认真总结少年军校工作的经验，积极宣传少年军校在少年儿童教育中的重要作用，从反对“和平演变”和迎接新技术革命挑战的战略高度，进一步认识创办少年军校工作的必要性，积极争取有关部门的支持，切实把少年军校列入全民国防教育工作议事日程，并责成有关部门具体指导这方面的工作。

二是逐步完善少年军校工作的管理机制，形成促进少年军校健康发展的保障体系。根据大家的建议和要求，会议将委托部分省、市在总结经验的基础上，制定出适合本地特点的少年军校工作条例，为全国少年军校工作条例的制定奠定基础。就军校教官和少先队辅导员的培训和军训工作大家也提出了许多建议。为推动各地少年军校工作的发展，明年适当时机，将举办部分军校教官培训班，并对在推进少年军校、发展国防教育工作中做出突出成绩和贡献的集体和个人给予表彰。

三是深入调查研究，加强理论建设。全国少工委将召开有部分省市参加的少年军校工作理论研讨会，并逐步实现少年军校教材、教学、组织等方面的逐步配套，形成规范。

3月3日

全国人大常委会委员长万里在人民大会堂会见塞浦路斯众议院议长阿莱克西斯·加拉努斯率领的议会代表团

国务院批转国务院纠正行业不正之风办公室《关于1992年纠正部门和行业不正之风工作要点报告》的通知

国务院同意国务院纠正行业不正之风办公室《关于一九九二年纠正部门和行业不正之风工作要点报告》，现转发给你们，请结合本地区、本部门的实际，认真贯彻执行。

纠正部门和行业不正之风，是反对腐败、加强廉政建设的一项重要内容，必须坚持不懈地长期抓下去，不断抓出阶段性成果。这对于密切党和政府同人民群众的联系，维护政治稳定，促进经济建设和改革开放健康发展，具有十分重要的意义。近几年，特别是去年以来，各地区、各部门在纠正行业不正之风方面做了很多工作，取得了一定成效。但总的来看，部门和行业不正之风在许多方面仍普遍存在，有的还相当严重。一九九二年，是"八五"期间纠正部门和行业不正之风取得明显成效非常重要的一年。各地区、各部门要继续突出重点，在解决与人民群众关系密切、反映强烈的热点问题上，开展专项治理，切实抓出成效来。要进一步转变作风，真抓实干，力戒空谈，防止和克服形式主义，以实际行动取信于民。国务院各部门要从严要求，带头从自己做起，起表率作用。

国务院纠正行业不正之风办公室关于1992年纠正部门和行业不正之风工作要点报告

根据党中央、国务院的统一部署，去年一年，各地区、各部门认真贯彻一九九〇年国务院"八·二三"电话会议和去年三月南昌会议精神，把纠正部门和行业不正之风提到议事日程上，围绕年度阶段性目标，广泛深入地进行思想教育，开展自查自纠活动，结合本地区、本部门行业不正之风的主要表现，突出重点，集中解决群众反映强烈的吃拿卡要、以权谋私、服务质量差以及用公款吃喝送礼等问题，查处了一批带有行业特点的违法违纪案件，建立健全了一些规章制度，使部门和行业不正之风的势头有所遏制，群众反映强烈的热点问题有所缓解，有的效果还比较明显。但总的来看，估计不能过高，部门和行业不正之风在许多方面仍普遍存在，有的还相当严重，已经解决的问题有的还有反复，人民群众意见依然很多，今年的任务仍非常艰巨。为部署今年的"纠风"工作，现将一九九二年的工作要点报告如下：

一九九二年纠正部门和行业不正之风总的要求是：坚决贯彻党的"一个中心、两个基本点"的基本路线，坚持一要坚决、二要持久及不断抓阶段性成果的方针，着眼于教育，立足于建设，动员各方面的力量进行综合治理，牢牢抓住思想教育是基础、制度建设是保证、领导干部是关键这三个重要环节，继续突出刹风整纪，突出抓成效，集中解决与人民群众关系密切、反映强烈的热点问题，进一步密切党和政府与人民群众的联系，维护政治稳定，促进改革开放和经济建设健康发展，以优异成绩迎接党的十四大胜利召开。

一、继续提高各级领导的思想认识。纠正部门和行业不正之风是反对腐败、加强廉政建设的一项重要内容。不下大决心连续不断地狠抓几年，部门和行业风气不可能有明显好转。各级领导要从巩固党的领导，加强政权建设，防止和平演变的高度，充分认识纠正部门和行业不正之风的重要性、紧迫性和长期性，坚决消除把"纠风"同发展经济对立起来、怕吃亏、差不多等糊涂观念，当前尤其要克服畏难情绪，把这项工作切实提到日程上，认认真真地抓下去。

二、突出重点，认真开展专项治理。确定今年纠正部门和行业不正之风工作的任务、目标、重点，必须和"八五"期间取得明显成效的要求紧密结合起来，保持工作的连续性。要自始至终坚决贯彻执行《中共中央办公厅、国务院办公厅关于认真检查对严禁用公款吃喝送礼等有关规定执行情况的通知》精神，采取有力措施，集中解决政府工作人员特别是各级领导干部在国内公务活动中用公款宴请吃喝、送礼受礼的问题，解决基层干部职工利用行业特权和工作之便吃拿卡要、敲诈勒索甚至搞权钱交易等问题。各地区、各部门要按照这一总的要求，从实际出发，有领导、有步骤地开展专项治理，办一件，成一件，务必使群众反映强烈的这几股歪风得到有效遏制。在开展专项治理中，要继续以执法部门、监督部门、经济管理部门和公用事业部门为重点，京、津、沪和省会城市、计划单列市、经济特区、沿海开放城市等大中城市，要走在前面，取得成效和经验，带动全国。国务院各部门和省（自治区、直辖市）直机关要严格要求，首先从自身抓起，作出表率。同时，要把"纠风"与业务建设，与为群众解难题、办实事结合起来。

三、抓住思想教育这个基础环节，扎扎实实地搞好队伍建设。纠正部门和行业不正之风根本在于提高队伍的素质。要大力加强思想政治工作，坚持不懈地对广大干部职工进行为人民服务的宗旨教育、法律和政策教育、职业道德和职业纪律教育，坚决反对和克服个人主义、本位主义、“一切向钱看”的思想和行为。教育的形式要灵活多样，增强针对性，注重实效。下大力气搞好行业职工的培训，有条件的可以对基层站所的干部职工分期分批进行有针对性的脱岗集中整训。在农村的站所应结合社会主义教育进行。整顿基层执法队伍，除中央已作出统一部署的外，要先行试点，取得经验后逐步推开。要运用正反两方面典型，把思想教育同自查自纠结合起来，同开展优质服务、岗位学雷锋、行业树新风、爱民便民、争先创优等活动结合起来，各行业都要自下而上树立起一大批廉洁奉公、勤政为民的先进典型。

四、深化改革，加强制度建设。把制度建设作为“纠风”的一项重要工作来抓，进一步探索运用法规制度巩固“纠风”成果，是防止部门和行业不正之风滋生的有效途径。各部门和各行业都要从改革入手，建立健全适合本部门和本行业特点、业务工作与廉政建设相配套的规章制度，逐步做到行为有规范、处罚有依据，在内部能受到有效的制约，在外部能有利于广大群众的监督。当前，要把制度建设的重点放在强化内部监督制约机制上，首先在防止重点部位、重点环节滥用权力上取得实质性进展。继续推行和完善“两公开一监督”、“一条龙服务”和“一到就办”等行之有效、深受群众欢迎的办事制度。要加强对规章制度执行情况的监督检查，坚决克服有章不循的现象。

五、重视和加强政策研究。纠正部门和行业不正之风情况复杂、政策性强，一定要十分注意政策，严格掌握政策界限，保证这项工作的健康发展。同时，要认真调查研究部门和行业不正之风产生的深层原因，尤其要重视研究有关体制及政策不完善、界限不清、互相矛盾等方面的问题，从理论与实践的结合上提出一些从根本上遏制部门和行业不正之风滋生和蔓延的对策。凡各地区、各行业本身能解决的政策性问题，要主动调查研究，提出办法，予以妥善解决，涉及全国性的政策问题，要积极提出建议。

六、严肃查处严重违法违纪案件。要发动和依靠群众揭摆问题，注意从基层发生的问题中发现领导机关和领导干部中的案件线索。进一步加强信访举报工作，认真受理群众的来信来访，努力发现和扩大案源。有关部门要密切配合，重点查处那些性质严重、影响恶劣的典型案件和边纠边犯、顶风而上的案件，查实后要严肃处理。

七、切实加强督促检查。各级领导要亲自动手，总结推广典型经验，把一般号召和具体指导结合起来。要根据纠正部门和行业不正之风工作的特点，制定切合实际、便于操作的考核标准，采取调查研究、明察暗访、民主评议、民意测验等不同方法，把经常性的督促检查与定期考核结合起来。各级政府可以在一定时期邀请人大代表、政协委员、社会团体和民主党派的代表进行检查指导。对取得明显成效的部门和单位，要及时给予通报和表扬；对问题严重而又不认真纠正的单位，要重点帮助，必要时上级可派调研组、工作组进行整顿，防止走过场。

八、认真做好宣传舆论工作。纠正部门和行业不正之风必须充分发动群众，造成一定的声势，让群众经常能听到“纠风”的声音。要重视发挥舆论的监督和导向作用，坚持正面宣传为主，及时报道具有重要意义的成果和典型经验，反映群众的意见和要求，宣传先进典型和好人好事。同时，要适当揭露一些性质严重、影响恶劣的部门和行业不正之风问题，有选择地报道一些典型案件的处理情况，增加透明度，发挥教育和震慑作用。

九、进一步加强对纠正部门和行业不正之风工作的领导。“纠风”工作成效的大小，取决于领导重视的程度。各级领导不仅要有决心，有信心，更要有真抓实干的行动，决不能停留在口头上，满足于一般号召。各地区、各部门都要从自己做起，从上往下抓，上下结合，一级抓一级，一级带一级，首先形成一个市或一个县、一个部门或一个单位的小气候，影响和推动全国的大气候。这项工作要在各级党委和政府的统一领导下进行，主要领导同志要亲自过问，有一位领导主管，层层建立责任制，并把这项工作作为考核领导干部政绩的一项重要内容。各级纠正行业不正之风工作机构要作长期打算，只能加强，不能削弱，凡不适应工作需要的，要充实骨干，加强力量。坚持条块结合，实行分类指导。行业主管部门要按照自己的职责切实负起责任，加强领导和指导；地方按照属地原则，可以对本地区的所有部门和单位加强监督检查。有关部门要密切配合，齐抓共管，推动“纠风”工作深入发展。

以上报告如无不妥，建议批转各地区、各部门贯彻执行。

一九九二年二月一日

外交部发言人就美国总统布什否决国会有条件延长对中国最惠国待遇议案向记者发表谈话

有记者问：美国总统布什3月2日否决了美国国会有条件延长1992至1993年度对华最惠国待遇的议案，你对此有何评论？

发言人说：“我们欢迎和赞赏布什总统的决定。”他说，保持中美之间相互给予的最惠国待遇符合两国人民的利益，有利于两国的经济贸易关系，也有助于两国关系的改善和发展。

中共中央政治局常委乔石在人民大会堂会见由国家总检察长贡·巴赫达勒率领的蒙古检察代表团

中共中央政治局常委李瑞环致电在昆明闭幕的第三届中国艺术节组委会祝贺第三届中国艺术节成功

国务院决定自1992年起暂停实行夏时制

3月4日

国家主席杨尚昆在人民大会堂会见塞浦路斯众议院议长阿莱克西斯·加拉努斯

杨尚昆指出：我们认为世界各国，不管是大国、小国，经济发达的国家或者是发展中的国家，应该一律平等。

杨尚昆说，现在需要各国共同努力来建立新的世界政治经济秩序。这个新秩序应该建立在和平共处五项原则的基础上。

杨尚昆说，在当前世界局势急剧变化的情况下，中塞两国领导人和两国议会就两国关系和其他感兴趣的问题交换意见是非常必要和很有意义的。杨尚昆说，中塞两国建交以来，两国关系的发展是顺利的。中国愿意同塞浦路斯发展各方面的合作。

杨尚昆说，中国支持不结盟运动，现在正在申请成为不结盟运动观察员，以便同不结盟运动的其他国家共同为建立世界新秩序而努力。

加拉努斯认为，中国申请成为不结盟运动的观察员是有积极意义的，将有利于不结盟运动的进一步发展。

国务院总理李鹏在中南海紫光阁会见由州长雷基昂率领的巴西巴拉那州代表团

国务院总理李鹏在中南海会见科威特财政大臣纳赛尔·阿卜杜拉·罗丹

罗丹首先转交科威特王储兼首相萨利姆·萨巴赫给李鹏总理的亲笔信。

李鹏说，科威特埃米尔贾比尔曾两次访华，对于推动中科友好合作关系的发展发挥了重要的作用。他说，我们得知科威特战后重建工作正在顺利进行，石油生产正逐步恢复，对此我们表示高兴和祝贺。他表示相信，在埃米尔贾比尔领导下，依靠科威特人民的努力，科威特的战后重建工作一定会取得更大的成绩。

李鹏说，中科两国关系一直很好，即使在科威特非常困难的情况下，科威特同中国的合作都没有中断，对华贷款没有停止，对此我们表示感谢。他表示，中国愿意在科威特重建工作中，在人力和技术上提供一些力所能及的帮助。

国家主席杨尚昆根据全国人大常委会的决定任免驻外大使

一、免去戴秉国的中华人民共和国驻匈牙利共和国特命全权大使职务。

任命陈之骝为中华人民共和国驻匈牙利共和国特命全权大使。

二、免去谢佑昆的中华人民共和国驻乌干达共和国特命全权大使职务。

任命徐英杰为中华人民共和国驻乌干达共和国特命全权大使。

三、免去徐英杰的中华人民共和国驻索马里民主共和国特命全权大使职务。

联合国人权委员会第48届会议以压倒多数通过动议决定对一些西方国家提出的“中国/西藏局势”决议草案不予表决

出席联合国人权委员会第48届会议的53个成员国以27票支持、15票反对、11票弃权通过了巴基斯坦代表提出的动议，决定对所谓“中国/西藏局势”决议草案不采取行动。

所谓“中国/西藏局势”决议草案是少数西方国家提出的。草案对中国的人权状况颠倒黑白，横加指责，粗暴地干涉中国内政。一些反华势力企图通过这个决议达到颠覆和分裂中国的目的。

该决议草案一提出，立即遭到亚洲、非洲和拉丁美洲许多国家的强烈反对，认为它“带有明显的政治目的”，“有损中国的主权和领土完整”，“背离联合国宪章的宗旨和原则”，并主张不对这一决议草案采取行动。这一正义主张得到了大多数与会国家的支持。

出席本届人权会议的中国代表范国祥对此发表评论指出，这充分说明人权委员会大多数成员国是主持正义的。

3月5日

中华人民共和国澳门特别行政区基本法起草委员会第八次全体会议在广州市举行

这次会议的主要议程是审议通过《中华人民共和国澳门特别行政区基本法(草案)》，并决定报请全国人大常委会审议公布。对区旗、区徽评选委员会推荐的三套区旗、区徽图案进行评选。

基本法起草委员会副主任委员胡绳、王汉斌、马万祺、何鸿燊、雷洁琼、钱伟长、何厚铧、李后、郭东坡、秘书长鲁平以及起草委员43人出席大会。

联合国环境与发展大会高级官员会见中国代表团团长刘华秋

联合国环境与发展大会高级官员会见出席环发大会筹委会第四届会议中国代表团团长、外交部副部长刘华秋。

联合国环发大会秘书长莫里斯·斯特朗说，中国政府重视环境保护工作，并作出了重大成绩。中国在国际环保与发展合作中占有十分重要的地位。斯特朗代表大会秘书处希望李鹏总理能率领中国代表团出席今年6月在巴西召开的联合国环境与发展首脑会议。斯特朗认为这对会议的成功具有重大意义。

中国代表团团长刘华秋在联合国环境与发展大会筹委会第四次会议上发言

刘华秋强调，环发大会应审议的不仅是环境问题，还须包括与此相关的发展领域里的问题，尤其是阻碍发展中国家实现经济持续增长的国际经济环境问题。

刘华秋在发言中说，没有经济的稳定发展，不发达国家就不会有保护环境的能力。从这个意义上说，经济发展是保护环境的前提条件。

刘华秋在谈到有关环境问题同技术转让的关系时认为，应该从人类共同利益的高度来看待资金和技术转让问题。发达国家帮助发展中国家更有效地参加国际环保努力，是对全人类共同利益的贡献，同时也是对自身利益的一种“投资”。

刘华秋说，如果危害发展中国家的沙漠化、水涝、旱灾等全球性环境问题长期得不到解决，其后果将是十分严重的。为此，他建议设立一项专门基金，资助发展中国家的环保工作，帮助他们实现经济的持续发展。

刘华秋建议环发大会遵循的另一条基本原则是各国有权根据自己的国情选择经济发展与环境保护协调进行的最佳道路，有权合理开发利用本国的自然资源。任何将某一种政治、经济模式强加给其他国家的做法，或者附加种种不合理条件，都是不可取的，都将从根本上削弱国际环境合作的基础。

刘华秋说，中国十分重视在发展经济的过程中保护环境，已将环境保护作为一项基本国策纳入国民经济的规划和实施过程中。中国将努力把自己的环保工作做好，为全球环保作出贡献。

外交部发言人吴建民在记者招待会上就少数西方国家提出所谓“中国/西藏局势”决议草案问题发表谈话

吴建民说，众所周知，旧中国长期处于帝国主义、封建主义、官僚资本主义压迫之下，广大人民群众根本没有人权可言。中华人民共和国成立后，中国的人权状况得到了根本的改变。中国人民，包括各少数民族享有不仅包括公民和政治权利，而且包括经济、社会和文化等各方面的权利。中国在保护和促进人权方面所取得的显著成绩，任何不存偏见的人士都会给予充分肯定和公正评价。

吴建民指出，所谓的“西藏人权问题”是极少数昔日骑在广大西藏农奴头上作威作福、今日又大搞分裂主义的分子和某些国际敌对势力一手制造出来的，目的是想把西藏从中国分裂出去。因此，所谓西藏问题不是什么人权问题，而是涉及中国的主权问题。

吴建民最后说，少数国家不顾中国各族人民当家作主，普遍享受人权和基本自由的事实，在人权会议上提出所谓“中国/西藏局势”决议草案，公然干涉中国内政。“得道多助、失道寡助”。这种有悖于《联合国宪章》的宗旨和原则，又为公认的国际法基本原则所不容的提案，理所当然地遭到联合国人权委员会中大多数国家的反对。

全国政协副主席洪学智在北京同老挝建国阵线主席梅苏·赛宋平举行工作会谈

中国和俄罗斯联邦政府经济贸易关系协定在北京签署

中国和尼泊尔政府间经济贸易委员会第六次会议在加德满都举行

中央军委授予北京卫戍区仪仗大队军旅标兵荣誉称号

中央军委主席江泽民签署命令，授予圆满完成1320余次仪仗司礼任务，以及多次出色完成国庆阅兵等重大活动的标兵、方队任务的人民解放军北京卫戍区仪仗大队以“军旅标兵”荣誉称号。

山西省人大常委会议决定撤销李振华山西省副省长职务

在日前举行的山西省人大常委会二十七次会议决定撤销李振华的职务。李振华对1991年9月24日在太原市迎泽公园“煤海之光”灯展发生的重大伤亡事故负有重要领导责任。

3月6日

中共中央政治局常委乔石在人民大会堂会见老挝建国阵线主席梅苏·赛宋平

1992年全国对台工作会议在北京结束

会议于3月2日在北京召开。会议回顾总结自1990年12月全国对台工作会议以来对台工作的发展情况,研究部署了今年的工作。

国家主席杨尚昆、国务院副总理吴学谦到会讲话。中共中央台湾工作办公室、国务院台湾事务办公室主任王兆国主持会议并作工作报告。部分省市及中央和国家机关有关部门的负责人出席会议。海峡两岸关系协会的负责人也应邀参加会议。

会议认为,一年来,通过包括台湾同胞在内的全国人民的共同努力,海峡两岸关系虽然经历了一些曲折,但仍然继续保持了发展的势头,并取得了一些突破。去年,来大陆探亲、旅游、经商的台湾同胞近100万人次,两岸间接贸易总额近58亿美元,台商来大陆投资不断增加,民间的文化、学术、科技、体育等领域的交流进一步扩大,两岸间事务性接触商谈也迈出了可喜的一步,整个形势继续朝着有利于祖国和平统一的方向发展。

会议指出,在过去的一年中,中国共产党本着推动两岸关系向前发展的诚意,从中华民族的根本利益出发,采取了一系列重要措施,缓和两岸局势,促进两岸交流,推动直接"三通",提出促进祖国和平统一的三点建议,得到两岸人民广泛的认同。其间,台湾当局也采取了一些有利于增进相互沟通与了解的措施,逐步放宽了对两岸交流的某些限制,还提出以大陆为腹地发展台湾经济等主张,这是符合两岸人民愿望的。希望台湾当局秉持"一个中国"的原则,以积极务实的态度,进一步消除各种人为的障碍,推动两岸经贸合作,尽早开放直接"三通"和双向交流,在发展两岸关系、促进国家统一方面迈出更大的步子。

会议要求,全国各对台工作部门,要坚定不移地坚持"和平统一、一国两制"的基本方针,继续深入贯彻全国对台工作会议精神,大力加强两岸间的经济联系,积极扩大两岸人员往来和各项交流,扎扎实实地推动祖国和平统一的进程。

《人民日报》发表评论员文章《"人权卫士"失道寡助》

国务院副总理吴学谦等在人民大会堂会见应邀来北京参加三八国际劳动妇女节庆祝活动的台湾香港和澳门三个妇女代表团

这3个代表团是:以台北市议员、现代妇女基金会执行长潘维刚为团长的台湾妇女访问团;以香港中华总商会妇女委员会副主任孔爱菊、香港港九街坊妇女会主席孙方中为团长的香港妇女代表团;以澳门妇联理事长罗柏心为团长的澳门妇联访问团。

中国道教协会第五届代表会议在北京结束

会议号召全国道教界人士和信教群众全面正确地贯彻执行宗教信仰自由政策,努力发扬道教优良传统,爱国爱教,同心同德,为弘扬道教事业,为祖国社会主义建设事业贡献力量。

代表大会产生新一届理事会,选举新的常务理事,会长、副会长、秘书长,傅元天被推选为中国道教协会会长。代表会议还就有关事项通过相应的《决议》。

国务院关于提高粮食统销价格的决定

去年,国家提高粮油统销价格,对逐步理顺粮油价格,减轻财政负担,促进节约用粮发挥了重要作用,但是粮食价格尚未完全理顺,购销价格依然倒挂,国家用于粮食的财政补贴负担仍然很重。为了进一步加强农业,促进粮食生产稳定发展,国务院已决定,从一九九二年四月一日起提高小麦、稻谷、玉米定购价格,如果粮食统销价格不随之相应调整,购销价格倒挂就会扩大,不但会加重财政负担,而且也给今后理顺粮食价格增加难度。根据党的十三届八中全会关于加快粮食购销体制改革,有计划地解决粮食收购价格偏低和购销价格倒挂问题的精神,国务院决定,自一九九二年四月一日起,提高粮食统销价格。

一、适当提高粮食统销价格。在今年粮食定购价格调整后的基础上,按购销同价的原则,三种粮食(面粉、大米、玉米)中等质量标准品的统销价格,全国平均每五百克提高一角一分。其他粮食品种的统销价格也按购销同价的原则相应提高。粮食统销价格提高后,粮食企业的经营费用仍由财政补贴。居民结存的票证粮食,仍按各地现行供应办法,执行调整后的价格。

二、对职工适当给予粮食提价补偿。提高粮食统销价格后,为了不过多地增加职工的负担,同时,考虑到财政的承受能力,决定继续按照国家、企业、个人三者共同负担的原则,给城镇居民适当补偿。这次对职工及其家属的补偿,采取粮价补贴的形式,随职工的工资发放。国家机关、事业单位、企业单位每个职工每月给予粮价补贴五元。对离退休人员、大中专在校学生、解放军和武警干部战士、民政优抚救济对象以及其他需要补偿的人员，也给予适当补贴。具体办法由财政部商有关部门下达。各地区、各部门均不得擅自提高补贴标准。

三、做好粮食供应工作。各级人民政府要组织粮食部门切实做好粮食的加工、调运和销售工作，充分发挥粮食部门主渠道作用，确保市场供应，防止出现脱销断档现象，必要时可以采取限购措施，并严禁卖大号。粮食统销价格提高后，对城镇居民口粮继续实行凭证、凭票、定量供应政策。对农村平价粮销售也继续实行计划供应。

四、严格控制粮食提价的连锁反应。为了尽可能缩小粮食提价的影响，除国家统一安排的项目外，在粮食调价期间，各地区、各部门不准出台其他提价项目，不准"搭车"涨价。"菜篮子"价格的稳定是粮价改革顺利出台的重要条件，各级人民政府要采取切实有效措施，抓好肉、蛋、菜的生产和供应，确保"菜篮子"价格的基本稳定。同时还要抓好日用工业品的生产和供应，稳定生活必需品价格。

五、继续对粮食企业采取扶持政策。这次粮食统销价格提高后，国家财税部门"七五"期间对粮食企业的各项优惠政策在"八五"期间继续执行，并要采取新的扶持政策，帮助粮食企业转换经营机制，增强企业自我发展能力。同时，各级人民政府和有关部门也要采取切实可行的措施，支持粮食企业发展，计委和银行要在投资规模、贷款指标等方面，帮助粮食企业加快基础设施建设，大力开展多种经营，具体办法由有关部门研究制定。粮食企业要努力消化提价影响，在确保平价粮食供应的前提下，积极开展多种经营，提高产品质量，改善经营管理。

六、加强粮食市场管理。各级人民政府要组织物价、粮食、工商行政管理部门，加强对粮食市场的管理，严禁任何单位和个人进行平价粮食和粮票的倒买倒卖活动，对趁调价之机哄抬粮价等不法行为要严厉打击。粮食部门要严格执行政策，遵守纪律，不准购买或变相购买居民手中的粮票和结余指标，防止弄虚作假，套取国家粮食和财政补贴。粮食是关系国计民生的重要商品，经营粮食批发、零售业务，必须经有关部门审查核准。坚决取缔无证经营。

七、切实加强领导，确保粮食价格改革顺利实施。这次粮食价格调整是继去年五月一日提高粮油统销价格后的又一次重大价格改革，涉及千家万户，关系广大人民群众的切身利益。各省、自治区、直辖市人民政府要切实加强领导，严格按照国务院确定的调价方案，周密计划，精心组织，认真落实。在粮食调价出台之前，要按《国务院办公厅、中共中央宣传部关于印发提高粮食统销价格宣传提纲的通知》要求，结合当地情况，广泛深入地进行宣传解释，做到家喻户晓。在调价过程中，要坚决按国务院统一部署进行，并密切注意市场动向，及时解决出现的问题，保证粮食调价工作顺利进行。

一九九二年三月六日

国务院总理李鹏在中南海紫光阁会见11国离任到任驻中国大使

这些大使是：乌拉圭离任大使巴列斯·加尔梅斯，俄罗斯离任大使索洛维约夫，科特迪瓦新任大使阿内·科利亚博，委内瑞拉新任大使路易斯·埃德华多·索托·阿尔瓦雷斯，乌干达新任大使弗雷德里克·亚历克斯·奥凯乔，约旦新任大使萨米赫·法尔基，利比亚新任驻华人民办事处秘书米夫塔赫·奥斯曼·马迪，马里新任大使泰奥菲勒·克·桑加雷，马绍尔群岛新任大使劳伦斯·爱德华兹，卢旺达新任大使伊齐多尔·让·巴蒂斯特·卢基拉，乍得新任大使埃莱纳·乔纳。

会见中，李鹏指出，在最近举行的联合国人权委员会第四十八届会议上，许多发展中国家坚持原则，伸张正义，抵制和反对企图利用所谓的中国西藏问题干涉中国内政、损害中国主权的提案。他说，"对这些国家的支持，我们表示感谢。"

李鹏说，"中国和广大第三世界国家一样，都重视人权，也愿意在平等的基础上就人权问题进行讨论，但我们都反对以人权为借口干涉别国的内政，这是我们广大发展中国家的共同主张。"

中共中央政治局常委李瑞环在人民大会堂会见以主席萨阿德丁·瓦赫贝为团长的阿拉伯艺术家联合会代表团

联合国秘书长加利会见出席联合国环发大会筹委会第四次会议的中国代表团团长刘华秋

加利说，作为联合国新任秘书长，他十分珍视同中国的友好合作关系，因为中国不仅是安理会常任理事国，同时也是重要的发展中国家之一。他说，联合国保持和发展同中国的良好合作关系，是十分必要的。

刘华秋团长说，加利博士是在国际形势发生巨大而深刻变化的情况下出任联合国秘书长的，国际社会对你寄予厚望，并相信你在任期内将为当代的和平与发展的崇高事业作出积极的贡献。

首都举行中外妇女招待会庆祝三八国际劳动妇女节

3月7日

首都各界妇女在人民大会堂集会纪念三八国际劳动妇女节82周年

大会向在“双学双比”、“巾帼建功”活动中涌现出的先进个人、集体颁了奖，并向在去年抗洪救灾中作出贡献的港澳台女同胞颁发了纪念奖杯。奖杯上镌刻了十六个字：“炎黄子孙，血浓于水，爱国爱乡，同心赈灾。”

全国妇联主席陈慕华在纪念三八妇女节82周年大会上发表讲话

同志们、姐妹们：

今天，我们大家欢聚一堂，隆重庆祝“三八”国际劳动妇女节82周年。我受委托代表党中央和国务院，同时代表全国妇联，向参加会议的各位代表，并通过你们向辛勤工作在各条战线上的全国各族各界妇女，表示节日的祝贺！向台湾、港澳女同胞和海外女侨胞，致以良好的祝愿！向关心、重视和支持妇女运动的老前辈、老大姐，表示崇高的敬意！

在过去的一年里，尽管国际上风云变幻，我国人民在以江泽民同志为核心的党中央领导下，坚持“一个中心、两个基本点”的基本路线，沿着邓小平同志倡导的建设有中国特色的社会主义道路前进，各项工作取得了很大成绩。我们战胜了严重自然灾害，夺取了农业丰收；“八五”计划开了个好头，为实现国民经济发展第二步战略目标奠定了基础；外交工作开创了新局面，为国内的建设和改革创造了较好的国际环境。当前我国经济形势明显好转，国民经济稳定增长，社会政治稳定，人民安居乐业，显示了社会主义欣欣向荣的生机与活力。

在党中央、国务院领导下，我国妇女为维护社会的安定团结、促进经济的稳步发展，为繁荣科学文化事业、加强精神文明建设，作出了突出贡献；同时也在参与社会发展的实践中得到了锻炼和提高。“双学双比”活动开展三年以来，全国已有1.2亿妇女积极参加“学文化、学技术，比成绩、比贡献”的竞赛活动。他们之中9000万人接受了文化技术培训，800万人摘掉了文盲帽子，34万人获得了农民技术员职称。广大农村妇女劳动力素质的提高，加快了科学技术注入农业的步伐，推动了农业生产和农村经济的发展。广大城镇女职工、女干部、女知识分子积极参加“巾帼建功”活动，努力创造一流工作水平，涌现出大批科技英才、业务能手、行业标兵、岗位明星。在抗洪救灾活动中，全国妇女积极献爱心、作贡献。灾区的妇女干部和妇女群众，发扬艰苦奋斗的精神，顽强拼搏在抗灾第一线。各级妇联干部和广大妇女群众，怀着对灾区人民的深情厚谊踊跃捐赠、募集救灾款物。据不完全统计，通过妇联组织转送灾区的妇女捐赠，就有衣被1840万件，现金948万元；全国妇联和部分省市妇联通过联络渠道募集到的救灾款物折合人民币计有1503万元。城乡广大妇女还积极开展家庭文化建设，倡导文明、健康、科学的生活方式，大胆破除各种陈规陋俗，自觉实行计划生育；全国涌现出几千万户“五好”家庭。各级妇联组织在各级党委领导下，认真贯彻中共中央(1989)12号文件精神，在提高妇女素质，维护妇女合法权益、发动妇女投身改革和建设、代表妇女参与国家和社会事务的民主管理和民主监督等方面做了大量富有成效的工作，真正起到了党和政府联系妇女群众的桥梁和纽带作用。

最近我国妇女政治生活中有一件重要的事情。这就是《中华人民共和国妇女权益保障法》已经全国人大常委会审议，将要提交七届五次全国人民代表大会讨论，通过之后便可颁布执行了。这部具有中国特色的法律，以我国宪法为依据，从我国实际情况出发，从总则到各项条款，明确贯穿了男女权利平等，对妇女的特殊需要实行特殊保护，国家逐步完善对妇女的社会保障制度，禁止歧视、虐待、残害妇女四项原则，可使妇女的权益得到更加有效、更加完备的法律保障。妇女权益保障法的制订，是社会主义制度优越性的体现，是我国社会文明进步的一个标志。各级妇联从现在起就要做好学习宣传这项法律的准备，使这项法律家喻户晓、人人皆知，使广大妇女都能运用法律武器维护自身的权益，使尊重妇女、保护妇女的文明新风得到进一步传扬。

在这里我还要讲一个中国妇女十分关心的事情。联合国将于1995年召开第四次世界妇女大会。我国政府已正式致函联合国秘书长，邀请这个大会在北京召开。目前我国的邀请已得到七十七国集团和其他一些友好国家的支持，如能在联合国妇女地位委员会36届年会上得到确认，我国就将成为第四次世界妇女大会的东道国。承办世界妇女大会，将是我国政府的一件大事，也是我国妇女界的一件盛事。各级妇联组织和广大妇女群众，要在党和政府领导下、社会各界支持下，积极做好精神准备和工作准备。而最根本的准备就是，提高妇女的整体素质，维护妇女的合法权益，增进妇女的社会参与程度，发挥妇女的半边天作用，从而充分展示社会主义制度下妇女解放运动的优势和我国妇女社会地位的提高。

今天，当欢庆妇女姐妹的共同节日的时候，我们十分高兴地迎来了以港九街坊妇女会主席孙方中女士和香港中华总商会妇女委员会副主任刘孔爱菊女士为团长的香港妇女访问团，以澳门妇联理事长罗柏心女士为团长的澳门妇联访问团，还有以台湾现代妇女教育基金会执行长潘维刚女士为团长的台湾妇女访问团。港澳女同胞和台湾女同胞，在去年内地遭受特大洪涝灾害时，满怀爱国爱乡爱同胞的觉悟慷慨解囊，帮助灾区人民重建家园。借此机会，我代表全国妇联和灾区人民，向今天到会的香港妇女访问团、澳门妇联访问团和台湾妇女访问团，并通过你们向所有在赈灾活动中作过奉献的港澳女同胞和台湾女同胞，表示崇高的敬意和诚挚的感谢！让我们为了中华民族的振兴，为了祖国的和平统一，更加亲密地团结起来，作出积极的贡献！

今年是实施十年规划和“八五”计划的第二年。党中央要求全国人民继续坚定不移地全面贯彻执行党的基本路线，进一步深化改革、扩大开放，抓好发展经济、加强党的建设和维护社会稳定三件大事。在此我要向我国各族各界妇女提出几点希望。

第一，更加积极地投身改革开放和经济建设，为发展社会生产力作出更大贡献。党的“一个中心、两个基本点”的基本路线，要求我们牢牢把握经济建设这个中心，集中力量进行现代化建设，大力发展社会生产力。这是社会主义的根本落脚点，是我们国家长治久安的根本保证。妇女必须在发展社会生产力的伟大实践中积极奉献，才能充分体现作为推动社会发展伟大力量的作用。全国工业和其他战线的女职工、女干部、女知识分子，要积极投身“巾帼建功”活动，增强国家主人翁责任感，立足本职、积极进取、勤奋工作、多作贡献。广大农村妇女要在“双学双比”活动中努力提高自身的文化、技术素质、积极发挥农业生产主力军的作用，为发展农村经济、深化农村改革作出更大贡献。

第二，继续发挥在维护社会稳定和加强社会主义精神文明建设中的重要作用。妇联组织和妇女联系人要发挥独特优势，积极参加社会治安的综合治理，配合有关部门多做教育群众和疏解矛盾的工作，努力促进社会环境的安定团结。要鼓励妇女继续积极参加争创“五好”家庭活动和家庭文化建设活动，帮助做母亲的妇女对子女实行优生、优育、优教，促进千千万万家庭建设成为既有中华传统美德，又具时代精神风貌的新型家庭。

第三，要继续发扬自尊、自信、自立、自强的精神，树立远大的人生理想，陶冶高尚的道德情操，提高文化素养，加强组织纪律，做符合时代要求的女性。妇女要在社会主义两个文明建设中充分发挥作用、展示价值，才能赢得社会的尊重、实现与男子平等的地位。这是社会发展对妇女提出的客观要求，也是妇女解放运动的内在要求。我们中国妇女历来以勤劳、智慧、善良、勇敢著称于世。社会主义制度的建立，改革和建设的蓬勃发展，为妇女的进步开辟了广阔的天地。衷心希望姐妹们珍视优良传统，认清社会责任，抓住历史机遇，全面提高自身素质，创造出更为灿烂辉煌的业绩。

在今天的大会上，将要表彰在“双学双比”和“巾帼建功”活动中涌现出来的先进个人和先进集体。她们是先进妇女的代表，是中国妇女的骄傲。她们建树的功绩是值得全国人民学习的。我代表全国农村妇女“双学双比”竞赛活动协调小组和全国城镇妇女“巾帼建功”活动协调小组，向受表彰的先进个人和先进集体表示热烈祝贺！希望你们戒骄戒躁，再接再厉，不断创造新成绩。

最后，祝同志们身体健康，节日愉快！

中共中央政治局常委宋平在钓鱼台国宾馆会见越共政治局委员黎福寿并发表谈话

现在的国际形势变化很大，东欧演变和苏联解体后，一些人认为是马克思主义的失败，是社会主义的终结。但我们认为这不是事实，至少，中国、朝鲜、越南、古巴等一些国家还高举着社会主义旗帜。社会主义毕竟还很年轻，是个新生事物，遇到曲折和挫折是难免的，也是合乎规律的。但社会主义终将代替资本主义，这是历史发展的必然规律。我们相信马克思主义，当然马克思主义要和本国的具体情况相结合，在中国，就是建设有中国特色的社会主义。我们根据这样的思想，在邓小平同志倡导下，提出了以经济建设为中心，坚持四项基本原则，坚持改革开放为主要内容的基本路线。我们认为这符合中国的情况。按照这条路线去做，我们已经取得了很大成绩。现在我们准备在此基础上加快改革开放的步伐，使我国经济发展得更快一些。

东欧和苏联变化的原因是复杂的。从内部原因来说，主要在于党的领导层出了问题，党内思想混乱，削弱了党的领导和凝聚力，背离了社会主义，脱离了群众，才导致这样的结果。我们认为建设社会主义必须坚持共产党的领导，必须加强党的建设。没有共产党的领导，是不可能建设社会主义的。社会主义的发展不是自发的，必须要有用马列主义武装起来的共产党的领导。我们把经济建设作为全党工作的中心，如果经济搞不上去，综合国力不能提高，人民生活得不到改善，那么社会主义的优越性就体现不出来。因此，我们必须集中一切力量把经济搞上去，而且尽可能发展得快一点。我国属于发展中国家，资金缺乏，技术落后，要加快经济的发展，必须实行改革开放政策。我们实行改革开放也是以坚持四项基本原则为前提，两者是相互作用不可分割的。四项基本原则，其中最核心的是坚持党的领导和社会主义道路这两条。

加强党的领导，我认为最重要的是党的领导权掌握在忠诚于马克思主义的人手中。在这点上，我们有经验也有教训。1989年北京发生的政治风波，为什么拖了那么长时间，闹成那个样子，就是因为党内出现了不同的声音。在邓小平同志等老一辈革命家的支持下，中央采取坚决措施，很快扭转了局面。现在，我国政治稳定，经济发展形势是好的。如果当时我们不采取坚决措施，那么我们今天是否能在这里接待你们就难说了。我们党的十三届四中全会以后，采取了一些措施，对党政机关的党员和部分涉及动乱地区的党员进行重新登记，并对县级以上干部进行了普遍考察，对少数不适合党的工作的干部作了调整。

实行改革开放必然会带来一些资产阶级的价值观念，我们这里有句话叫"一切向钱看"。这种思想在一些人中包括党员干部中有所滋长，这就需要对党员干部加强教育。越是改革开放，越要加强对党员干部的教育。我们从中央到乡一级的基层建立了党校培训网络。基层党组织坚持组织生活会，党员大会，支委会和上党课，简称为"三会一课"制度。我们还建立了民主评议党员制度，每年年终评议一次，让党员接受群众监督。对于没有担任党内职务的党员，一些基层党组织工作搞得好的地区，特别是在农村，由党组织给他们分配一定的社会工作，如建立党员联系户、参加环境美化、治安保卫等工作。群众的事情要由群众去办，但党员在其中要发挥模范带头作用。经过开展这些教育活动，党员的作用发挥了，影响扩大了，特别是在去年抗洪救灾斗争中，共产党员充分发挥了模范带头作用和自我牺牲精神，受到了群众的普遍赞扬。当然，教育也不是万能的，我们还制定了一些制度，对违纪党员进行纪律处分。1991年受到各种处分的党员共有15万多人。

加强党的建设，必须加强基层组织建设。我们在农村普遍开展了社会主义思想教育，现在全国有130多万党员干部下到农村，对农民进行爱祖国、爱集体、爱社会主义的教育，进行党的基本路线的教育；帮助农民找致富的路子，把农村的经济搞上去；把农村基层党组织和政权组织整顿好。这项教育工作已进行了两年多时间，到1992年5月份，我国80%的村将完成这项工作。

对青年学生的教育工作也非常重要。在青年知识分子中有的人受西方思想影响较多，要对他们加强马克思主义思想教育，结合实际解决一些思想认识问题，这项工作十分必要，也十分艰巨。我们过去工作中出现过"一手硬，一手软"的现象，就是在经济工作上抓得很紧，在政治思想教育方面有所削弱。我们党的十三届四中全会以后，这方面的工作有所加强，学校中党的工作加强了，青年学生的思想有明显进步。

我们党在政治体制方面的主张是明确的，就是坚持实行共产党的领导，不搞多党制。我国实行人民代表大会制度和中国共产党领导的多党合作、政协协商制度。我国有8个民主党派，他们都拥护中国共产党的领导，赞成在中国实行社会主义制度，他们是参政党，不是反对党。对于政协协商制度，我们党是认真的。国家的重大事情，重大决策，重大人事安排，都同民主党派和无党派人士协商，充分听取他们的意见。党的重要文件在制定之前也要征求他们的意见。

越南共产党是个大党，经验丰富，我们应该相互学习。

国务院调整国务院环境保护委员会组成人员

主　任：宋　健（国务委员兼国家科委主任）
副主任：姚振炎（国家计委副主任）
　　　　李绪鄂（国家科委副主任）
　　　　侯　捷（建设部部长）
　　　　黄毅诚（能源部部长）
　　　　刘中一（农业部部长）
　　　　曲格平（国家环保局局长）
　　　　杨昌基（国务院生产办公室副主任）
　　　　刘明璞（解放军总后勤部副部长）
委　员：（略）

3月8日

全国人大常委会副委员长陈慕华在人民大会堂会见并设宴款待应邀来北京参加三八国际劳动妇女节庆祝活动的台湾香港和澳门三个妇女访问团

国务院总理李鹏签署第94号令发布《中华人民共和国出口货物原产地规则》

《中华人民共和国出口货物原产地规则》已经1992年2月28日国务院常务会议通过，现予发布，自1992年5月1日起施行。

总理 李 鹏

1992年3月8日

中华人民共和国出口货物原产地规则

第一条 为了加强对出口货物原产地工作的管理，促进对外经济贸易的发展，制定本规则。

第二条 中华人民共和国出口货物原产地证明书（以下简称原产地证）是证明有关出口货物原产地为中华人民共和国的证明文件。

第三条 国家对外经济贸易主管部门对全国出口货物原产地工作实施统一监督管理。

省、自治区、直辖市人民政府对外经济贸易主管部门负责协调本行政区域内的出口货物原产地工作。

第四条 国家进出口商品检验部门设在地方的进出口商品检验机构、中国国际贸易促进委员会及其分会以及国家对外经济贸易主管部门指定的其他机构，按照国家对外经济贸易主管部门的规定签发原产地证。

第五条 在中华人民共和国境内依法设立，享有对外贸易经营权的企业，从事“来料加工”、“来样加工”、“来件装配”和“补偿贸易”业务的企业，外商投资企业，可以根据需要向本规则第四条规定的签发机构申请领取原产地证。

第六条 符合下列标准之一的出口货物，其原产地为中华人民共和国：

(一)全部在中华人民共和国境内生产或者制造的产品，包括：

1. 从中华人民共和国领土和大陆架提取的矿产品；

2. 在中华人民共和国境内收获或者采集的植物及其产品；

3. 在中华人民共和国境内繁殖和饲养的动物及其产品；

4. 在中华人民共和国境内狩猎或者捕捞获得的产品；

5. 由中华人民共和国船只或者其他工具从海洋获得的海产品和其他产品及其加工制成的产品；

6. 在中华人民共和国境内制造、加工过程中回收的废物和废料及在中华人民共和国境内收集的其他废旧物品；

7. 在中华人民共和国境内完全用上述产品以及其他非进口原料加工制成的产品。

(二)部分或者全部使用进口原料、零部件，在中华人民共和国境内进行主要的及最后的制造、加工工序，使其外形、性质、形态或者用途产生实质性改变的产品。制造、加工工序清单，按照以制造、加工工序为主，辅以构成比例的原则，由国家对外经济贸易主管部门商国务院有关部门制定、调整。

第七条 申请领取原产地证的出口货物，应当符合原产地标准；不符合原产地标准的，签发机构应当拒绝签发原产地证。

第八条 申请领取和签发原产地证的程序由国家对外经济贸易主管部门规定。

第九条 企业违反本规则，有下列行为之一的，国家对外经济贸易主管部门或者国家对外经济贸易主管部门根据省、自治区、直辖市人民政府对外经济贸易主管部门的建议，可以区别情况通报批评、暂停直至取消其申请领取原产地证的资格：

(一)提供虚假材料，骗取原产地证的；

(二)伪造、变造原产地证的；

(三)非法转让原产地证的。

对有前款所列行为的企业的主管人员和直接责任人员，给予行政处分；情节严重，构成犯罪的，依法追究刑事责任。

第十条 签发机构违反规定签发或者拒绝签发原产地证的，国家对外经济贸易主管部门或者国家对外经济贸易主管部门根据省、自治区、直辖市人民政府对外经济贸易主管部门的建议，可以区别情况通报批评或者暂停其原产地证签发权。

签发机构工作人员徇私舞弊、滥用职权或者玩忽职守的，给予行政处分；情节严重，构成犯罪的，依法追究刑事责任。

第十一条 普惠制原产地证依照普惠制给惠国原产地规则办理。

中华人民共和国政府与外国政府签订的双边协议对原产地证的签发有特别规定的，依照协议的规定办理。

第十二条 国家对外经济贸易主管部门根据本规则制定实施办法。

第十三条 本规则由国家对外经济贸易主管部门负责解释。

第十四条 本规则自一九九二年五月一日起施行。

澳门基本法起草委员会通过澳门基本法(草案)

澳门基本法起草委员会第八次全体会议，以逐件逐条无记名投票方式通过《中华人民共和国澳门特别行政区基本法(草案)》，并决定将这个草案提交全国人大常委会审议、公布，再次在澳门和内地广泛征询意见。

澳门特别行政区基本法(草案)除序言外，有 9 章、144 条和 3 个附件。

国务院副总理朱镕基在中南海会见越南客人裴名流

中国和越南两国政府在北京签署国境铁路协定 邮电合作协定 民用航空运输协定和海运协定

国务院关于贯彻执行国家中长期科学技术发展纲领的通知

通知说，《国家中长期科学技术发展纲领》已经国务院第九十四次常务会议审议通过，现发给你们，请贯彻执行。

《国家中长期科学技术发展纲要》和《中华人民共和国科学技术发展十年规划和“八五”计划纲要》，已经国务院原则同意，由国家科委另发。

《国家中长期科学技术发展纲领》

在人类社会迎接世纪之交的年代，世界正在经历一场巨大的变革。新科技革命迅猛发展，市场竞争日益加剧，国际政治风云变幻，我们的国家和民族面临着紧迫而严峻的挑战。为了在二〇〇〇年实现第二步战略目标，进而在下世纪中叶步入中等发达国家的行列，我们必须坚持四项基本原则，继续改革开放，依靠科技进步加速经济、社会发展。这是一项伟大而艰巨的任务，关系到国家的前途和社会主义的命运。

本纲领是根据中国共产党第十三次全国代表大会的决定和十三大以来历届中央全会的精神制定的，目的是阐明我国中长期自然科学技术发展的战略、方针、政策和发展重点，指导我国到二〇〇〇年以至二〇二〇年科学技术与经济、社会的协调发展。

一、形势与抉择

1. 科学技术是第一生产力，是推动经济和社会发展的伟大革命力量。在优越的社会主义制度下，科学技术的进步和管理水平的提高，将在我国现代化建设的进程中发挥决定性的作用。把经济建设进一步转移到依靠科技进步和提高劳动者素质的轨道上来，必将保证我国第二步战略目标的胜利实现，同时将为实现第三步战略目标奠定坚实的基础。根据我国经济建设分三步走的战略部署，参照国际科技发展的趋势和潮流，对我国今后十年到三十年科学技术的发展作出总体安排，是一项重大的历史性任务。

2. 四十年来，我国的科技事业取得了举世瞩目的成就。目前全国已拥有自然科学技术人员一千零九十万人，其中从事研究与开发的有一百零五万人。独立研究与开发机构有五千多个，企业所属的研究开发机构有七千多个，已经形成了比较完整的科学技术体系，取得了一批世界公认的重大科技成果。我国主要依靠自己的力量，解决了经济建设、国防建设和社会发展中的许多重大科技问题。特别是改革开放十多年来，我国调整了科技发展方针，在改革科技体制，组织科技攻关，推广科技成果，推动农村科技进步，促进高新技术产业发展，加强国际科技合作与交流等方面，都取得了突破性的进展。

3. 在四十多年科技工作的发展历程中，我们积累了丰富的经验，也有不少教训。

我们的主要经验是：第一，科技工作必须坚持共产党的领导，坚持走社会主义道路。第二，坚持改革开放。在完善计划管理的同时，加强市场调节的作用，加速科学技术成果向生产的转移，促进科技同经济的结合；在独立自主的基础上积极吸取国外先进经验和科技成果，加速我国科学技术的发展。第三，在国家的统一领导下，集中人力物力，对国民经济建设和社会发展中的重大科技任务，组织攻关。第四，在发挥科技专业队伍的骨干作用的同时，注意专业科研工作和群众性技术革新相结合，领导干部同科技人员及工人、农民相结合，共同促进科技成果的应用和科技知识的普及，提高各族人民的科学文化素质。

我们的主要教训是：第一，经济、社会发展的指导思想和实际工作，未能始终一贯地把促进科技进步放到重要的战略位置上。第二，经济发展缺乏依靠科技进步的机制与内在动力，科技发展缺乏面向经济建设的活力，大量技术成果未能转化为生产力，造成科技与经济、社会发展在一定程度上相互脱节，未能充分发挥科学技术的潜力。第三，在科技工作中，缺乏统筹安排、合理分工，以及低水平重复的问题普遍存在；脱离国情、盲目赶超、急于求成的现象也时有发生。第四，在知识分子政策上曾经发生过重大失误，挫伤了科技人员的积极性和创造性，影响了科技队伍的健康成长。尊重知识、尊重人才的社会风气尚未形成。

4. 科技工作必须面向现代化，面向世界，面向未来。当今世界蓬勃发展的新科技革命，使科学技术空前广泛地渗透到人类社会的各个领域，不仅促使社会生产力的巨大飞跃，而且引起世界格局的深刻变化。各国经济和社会发展对科技进步的依赖程度越来越高。基础研究、应用研究与技术开发之间出现了叠合和交叉，技术成果转化为商品生产的周期不断缩短，科技、教育和生产之间的联系更加密切。

展望今后十年到三十年世界科技的发展，一系列新兴科学技术领域将出现重大突破，新的生产技术和对自然现象的新的认识，将对人类社会的发展产生深刻的影响。高新技术的发展将进一步改变现有产业的面貌，成为世界经济竞争的重要因素。世界经济发展和科技进步正趋于国际化，科学技术的竞争日益成为国际经济竞争中的决定性因素。与此同时，人类为了解决共同面临的人口、环境、资源、灾害等全球性问题，又必须加强国际间的合作。任何国家都不能在封闭状态下实现本国的现代化。

5. 我国的科技发展必须从国情出发。我国人口多，底子薄，社会生产力不发达，百分之八十的人口生活在农村，今后相当长历史时期内仍将处于社会主义初级阶段。我国经济、社会的发展面临着人口、资源、环境等因素的制约。人口现已突破十一亿，即使严格控制其增长速度，到下世纪二十年代也将增加到十五亿。我国大多数资源的总量虽然比较丰富，但人均资源量相对不足，人均耕地面积仅为世界平均值的三分之一，淡水资源为四分之一，森林面积为五分之一，能源资源也只有二分之一。环境污染和生态破坏已对经济、社会发展构成严重威胁。

长期以来，我们靠消耗大量资源来发展经济，多数产业的技术和管理落后，产品质量差，经济效益低。我国是世界上单位产值能耗最高的国家之一，而社会劳动生产率只相当于世界先进水平的百分之五左右。这些差距，归根到底是科学技术水平、教育水平和管理水平的差距。如果我们仍然缺乏危机感和紧迫感，不奋起直追，那么差距不仅不会缩小，甚至还会拉大。我国社会主义现代化建设的目标就有落空的危险，世界上就将没有我们应有的地位。

6. 我们要实现国民经济的现代化，极大地提高劳动生产率，关键是实现科学技术的现代化。我们一定要最大限度地发挥科学技术第一生产力的作用，尊重知识，尊重人才，更加自觉地把经济建设转移到依靠科技进步和提高劳动者素质的轨道上来。这一重大决策标志着我国科技、经济、社会发展战略的历史性转变，对于实现本世纪末到下世纪中叶的奋斗目标至关重要。

展望未来，我们既要对严峻的形势有清醒的认识，更要看到有利因素，满怀信心地迎接挑战。我国已经拥有相当的科技实力，取得了许多成功的经验。更重要的是，十年改革开放，给经济和科技发展带来了生机和活力。只要我们认真贯彻党的基本路线，充分发挥科学技术第一生产力的作用，振奋精神，团结奋斗，就一定能够加速社会生产力的发展，摆脱贫穷和落后，实现现代化的宏伟目标，使社会主义的优越性充分显示出来。

二、战略与方针

7. 我国发展科学技术的基本战略是，增强全民族的科学技术意识，提高劳动者的素质，动员和吸引大部分科技力量投身于国民经济建设主战场，注重技术创新，努力吸收和尽快应用世界上先进的适用技术，加速国民经济各领域的技术改造。在今后相当长的时期内，科学技术的发展要以大规模生产的产业技术和装备现代化为主要方向，同时有计划、有重点地发展高新技术及其产业，稳定地加强基础研究，增加科学储备。

8. 我国科学技术发展的战略目标，必须以国家的经济、社会发展的目标和部署为依据，运用现代科学技术增强综合国力和提高人民生活水平，着重解决工农业大规模现代化商品生产中的问题，有效地控制和缓解人口、资源和环境的压力。在若干我国具有优势的科学技术领域，必须勇于创新，保持发展势头，继续在世界先进行列中占有一定的地位；在高新技术和基础研究的若干重点领域有所突破，达到世界先进水平，并形成部分具有国际竞争力的高新技术产业。到二〇〇〇年我国工业主要领域大体达到经济发达国家七十年代或八十年代初的技术水平，到二〇二〇年达到经济发达国家二十一世纪初的技术水平，在总体上缩短与世界先进水平的差距。

农业科学技术的发展，要处理好应用推广与研究开发的关系。要推广适用、配套的先进技术，大力发展以科技为支柱的商品经济服务体系，提高农业技术水平，推动农村产业结构、产品结构和就业结构的合理调整；同时要切实加强农业科研工作，搞好纵深配置，增强农业发展的后劲。要继续实施以发展农村经济为宗旨的“星火”、“丰收”、“燎原”等计划。

工业科学技术的发展，应以提高经济效益为中心，大力推动企业、尤其是大中型企业的科技进步。要注重运用现代科学技术和现代管理技术，特别要用电子信息技术对各产业部门进行技术改革，提高机械装备的技术水平。节约能源，降低消耗，提高质量，发展品种，提高劳动生产率以及产品的国际竞争力，优化产业结构和产品结构，促进我国经济从高消耗、低效益向低消耗、高效益转变。

社会发展方面的科学技术，应在人口、医药卫生、社会服务、公共基础设施、环境和生态保护以及灾害监测和防御等方面加强研究和开发，为我国人民创造一个良好的自然和社会环境。

高新技术的发展，应继续贯彻“有限目标，突出重点”的方针。国家要重点支持可能取得重大突破和具有广泛应用前景的高新技术的研究，大力扶植高新技术产业的发展。要积极创造条件，认真办好高新技术产业开发区。推进高新技术的国际合作和市场开拓，扩大技术进出口贸易，充分利用国际资源，引导高新技术产业走国际化的道路。积极推进以“攻关计划”、“八六三计划”、“火炬计划”等高新技术研究及产业发展计划，争取在某些领域取得突破，加快高新技术商品化、产业化和国际化的进程。

基础研究应遵循科学自身发展规律，要在若干前沿领域加强探索和跟踪，争取进入国际先进行列。应用基础研究要以解决经济、社会发展中的重大科技问题为目标。基础和应用基础研究要保持一支精干的高水平的队伍，国家应稳定地给予支持。要充分发挥中国科学院和高等院校的作用，加强两者的协调与合作，以利于培养人才，保持活力。

国防科学技术的发展，要贯彻缩短战线，突出重点，加强科研，梯次更新的方针。注意研究发展对提高重点常规武器性能和提高未来新的军事能力具有关键作用的高技术，以及为国防科学技术发展奠定基础的技术；继续发展国防尖端技术，保持发展势头。继续推进武器装备技术的现代化进程，使高技术常规武器有较大发展，自卫核威慑能力的有效性得到保持，缩短同世界先进水平的差距，某些方面达到世界先进水平；使国防科技在世界先进科技领域里继续占有一席之地。

9. 继续坚持"经济建设必须依靠科学技术，科学技术工作必须面向经济建设"的基本方针，促进科技与经济、社会的协调发展。在贯彻执行基本方针的同时，还应注意贯彻执行以下具有长远意义的指导方针：

——切实贯彻科学技术是第一生产力的思想，提高全党、全国人民对科学技术重要性的认识，造成尊重知识、尊重人才的社会风尚。各级政府要切实加强对科技工作的领导，充分发挥科技人员的作用，提高决策科学化、民主化和制度化的水平，创造有利于科技发展的环境和条件。

——坚持改革开放。科学技术要在改革开放中发展。科技体制改革要与经济体制改革和政治体制改革相协调。在进一步发挥竞争机制和市场作用的同时，必须加强政府的宏观调控职能和必要的集中管理手段，运用政策、法规、行政、经济等手段进行干预与调节。

——坚持自力更生、自主开发与引进技术相结合的方针，把引进国外先进技术及其消化、吸收与创新，作为加速发展我国科学技术的重要途径。

——坚持"百花齐放、百家争鸣"的方针，充分发扬社会主义民主，保障学术自由，鼓励探索创新。

——坚持提高与普及相结合的方针，在作出科学技术发展纵深部署的同时，大力开展群众性技术革新活动，努力普及科学知识，不断提高劳动者的科学素质，同愚昧、迷信作长期的斗争。

三、发展重点

10. 农业科学技术。农业是国民经济的基础，农业的持续增长是整个国民经济长期稳定、协调发展的决定性因素，关系到建设、改革和社会安定的全局。由于我国人口逐年增加，耕地面积不断减少，农业资源日趋紧缺，生态环境继续恶化，发展我国的农业采用粗放的方式已无出路。

因此，必须贯彻"科技兴农"的方针。应以科学技术和现代工业为强大支柱，建立现代化的农业生产技术体系，大幅度提高土地利用率、劳动生产率和产品商品率，把传统农业转变到以现代科学技术为基础的现代集约农业上来。

农业科学技术的重点是：

——有效保护和充分利用现有耕地，面向整个国土资源，有计划地改造大片中低产田。大力发展干旱、半干旱农业技术和节水灌溉技术。开发利用尚有很大潜力的丘陵山区、草原、水面和大片滩涂，注重兴修水利，防止水土流失，保护生态环境，建立合理的农林牧副渔复合生态体系。

——广辟食物来源，开发新的蛋白质资源和配合饲料。发展多样化食品生产和加工技术。综合利用各种动植物资源，改善城乡居民的膳食结构。

——利用杂交优势和遗传工程技术选育高产、优质、多抗的动植物新品种。深入研究、开发区域性综合配套配方施肥、节水灌溉等农业生产技术和养殖技术，使农产品的质量和产量大幅度提高。

——用现代工业技术装备农业和乡镇企业，发展农产品的贮运、保鲜、加工、包装和综合利用技术，提高农村工业化水平和管理水平，引导农业剩余劳动力转向发展农村商品经济。

11. 工业科学技术。工业是国民经济的主导，我国工业的技术水平、生产能力、经济效益决定着整个经济的发展。我国已初步建成门类比较齐全的工业体系。但从总体上说，工业的技术落后状况尚未得到根本的改变，主要表现在装备、工艺和管理技术落后，设计陈旧，机械化、自动化水平低等方面，导致产品的性能和质量差，能源和材料消耗高，经济效益低，缺乏国际竞争能力。

因此，工业科学技术发展的主要任务，是用现代科学技术，特别是微电子技术，对我国各主要工业领域进行技术改造。要调整和优化产业结构，广泛采用新的技术原理和新的设计方法，更新装备、工艺和产品，开发新的制造技术和资源开采技术，提高大规模生产的自动化、智能化水平，提高主要行业先进技术设备的成套国产化水平、管理技术水平和安全生产技术的水平，以便提高经济效益，增加品种，提高质量，增强国际竞争力。

——能源是推动国民经济发展的关键因素。能源科学技术的发展要采取开发与节约并重的方针，大幅度提高能源利用率，改善结构，减少污染。

能源科学技术发展的重点，是着重解决沙漠地带和海上油气藏勘探和开发技术，提高老油田采收率的技术；研究开发煤炭开采、利用、安全生产和洁净煤技术；开发先进的大容量火电机组的制造技术，复杂条件下建设大型水电站的技术，以及超高压输配电技术；研究开发大型先进的核能技术和核安全技术；开发经济适用的新能源和农村能源技术；大力推广、应用先进的节能技术。

——交通运输与通信是重要的基础设施，是国民经济、社会发展的先行部门。

运用科学技术推动交通运输和通信发展的主要方

向是：在各种运输技术协调发展的基础上，大幅度提高综合运输效率和装备的利用率；发展先进通信网络和通信技术。

交通运输科学技术发展重点，是研究开发集装箱运输和快速客运等客货多式联运的关键技术；加速研究开发铁路重载运输关键技术和时速在二百公里以上的高速铁路客运专线技术；研究推广高效能源运输技术；发展远洋运输和内河运输系统及船舶制造的关键技术；开发高速公路和一、二级汽车专用公路干线新技术和高效汽车运输及各种动力车辆制造的关键技术；发展国产干线飞机的设计制造与批量生产技术，加强飞行安全技术研究；大力推广、应用电子计算机和自动化技术，尽快提高交通运输运营管理现代化的水平。

通信科学技术发展的重点，是优先发展卫星通讯、光纤通信技术；重视发展数字微波通信和移动通信技术；研究开发数字程控交换与通信网络技术，逐步发展综合业务数字网技术。

——材料工业是国民经济的基础工业。材料科学技术的主要发展方向是提高质量，增加品种，降低成本，缓解供需矛盾。

材料科学技术的重点，是加强资源开发和综合利用技术，做好矿藏的勘探、分析和综合评价；发展先进采、选技术和成套装备，研究共生矿的开发和综合利用技术；加强黑色和有色金属、有机高分子、无机非金属材料的研究，研究开发传统材料改性技术和新型材料；发展高档、专用、性能优异的精细化工产品；研究开发煤化工新技术及各种再生资源的回收利用新技术。

——机械电子是国民经济的装备工业。机械电子装备的性能、质量、效率和革新速度，决定着国民经济各个领域生产技术的水平和经济效益的高低。

机械电子科学技术的重点，是研究开发机械基础件和新一代电子元器件的设计、制造、测试的关键技术，全面提高基础产品的质量和可靠性；开发重大成套装备设计、制造技术，系统的过程控制技术；开发现代机械和电子技术结合的机电一体化产品，发展计算机辅助设计、制造及测试技术、数控技术和检测传感技术；开发和推广电力电子节能技术。

——消费品工业与广大人民的生活休戚相关，十分重要，但科学技术水平仍相对落后，有很大的发展潜力。

轻工、纺织、服装、家电等消费品工业要广泛采用先进的机械电子技术，逐步采用国际标准，增加花色品种，改进产品质量，积极扩大出口。

12. 社会发展方面的科学技术。能否控制人口增长和提高人口素质，合理开发利用自然资源和保护生态环境，是关系中华民族前途的大事。解决这些问题，要从政治、经济、社会和文化各个方面进行综合治理，同时要加强社会发展科学技术的研究和应用。

社会发展科学技术的重点是：

——加强人口科学研究，坚决有效地控制人口数量，大力改进与完善现有节育技术及方法，做到安全、方便、经济和有效。

——加强气象研究以及地震、旱涝等自然灾害研究，开发救灾技术，并尽快建立自然灾害监测、评价与辅助决策工程系统。利用遥感技术、系统监测技术，及时监测、预报和评价灾情的发展过程，以便及早采取措施，减少损失。

——研制各种控制污染的高效成套技术和装备，要特别重视解决减少燃煤污染的技术问题；发展生态建设工程；开展对温室效应、酸雨及臭氧层机理，及其对环境和人体影响的研究，并提出相应的对策。

——医药卫生科学技术的发展关系到国计民生和民族的兴旺发达，在社会发展中占有重要地位。要充分利用和发展我国宝贵的传统医药和丰富的药物资源，加强对民族医药学的研究；对危害人民健康的常见病、多发病以及老年医学要加强研究，自主开发各种优质、高效和副作用小的创新药物；加强医疗器械及设备的研制。

——为了改善人民的生活环境与居住条件，要提高城市与村镇建设规划、建筑设计、施工、管理的技术水平；研究开发经济、实用、先进的建筑材料和施工设备，提高城乡住宅的质量和使用功能，提高社会公共设施和服务业的技术水平。

13. 高新技术和高新技术产业。高新技术及其产业的发展是社会生产力持续发展的源泉和基础。高新技术研究从一开始就要注意与传统产业的技术改造密切结合，大力发展高新技术产业开发区，促进高新技术的商品化、产业化和国际化。力争在微电子、信息、生物、新材料、航空航天、自动化、新能源、激光和海洋等领域有所突破，使我国在世界高新技术领域占有一定的地位。

高新技术发展的重点是：

——微电子技术和计算机技术是现代科学技术和国民经济发展的支撑技术。要集中力量加速建设微米和亚微米硅集成电路设计、制造和测试中心，研究超大规模集成电路生产技术；相应发展砷化镓集成电路制造技术和光电集成技术。要大力发展通用超高性能并行计算机和软件工程，并实现商品化生产。要研究新一代计算机技术，发展中文信息处理技术、人机界面技术和人工智能技术。研究、开发柔性制造系统技术、机器人技术和计算机集成制造系统技术。

——生物技术的发展开创了人类工农业生产发展

的新途径，将成为当今世界解决食物、健康、资源、环境等重大问题的有力手段。要着重研究培养动植物新品种，研制新的生物制品、药品和菌种，开发再生资源的微生物转化及其综合利用。

——新材料技术有可能使某些技术领域产生突破性进展，发生根本的变化。要研究开发复合材料，结构和功能陶瓷材料、非晶体材料、超导材料和光电子材料等新材料，并及时推广应用。

——航空航天技术对增强我国的综合国力和提高科技水平具有深远的重要意义。要继续加强航天动力和推进技术，以及测控技术的发展和研究，研究开发载人航天技术，保持我国在这个领域里的国际地位。

14. 基础研究和应用基础研究。基础研究和应用基础研究是新技术、新发明的先导，是科技和经济发展的坚强后盾，是培养科技人才的摇篮，对此必须给予充分的重视。在对前沿学科作出总体部署的同时，紧紧围绕农业、能源、交通运输、信息、材料等国民经济发展的战略重点领域，及人口、医药卫生、资源、生态、环境、自然灾害、国家安全等重大问题，开展多学科综合性研究。

基础和应用基础研究的重点是：

——加强凝聚态物理、分子生物学、化学、海洋学、生态学和信息科学等前沿基础学科的研究。特别要对高临界温度超导的物理机理有所突破。对物理学与生命科学、材料科学、能源科学等学科的交叉领域要加强研究。加强非线性数学、计算数学和大规模科学与工程计算的理论与方法的研究。

——分子和细胞生物学研究，要在分子和细胞水平上探讨遗传、分化和发育的基本规律，为现代生物技术的发展提供理论依据。加强与生命过程有关的化学研究。围绕新材料的探索，发展高分子、催化、表面和稀土化学；注意分子设计和微观反应动力学等的研究和跟踪。

——地球科学要把固体地球、气圈、水圈、生物圈组成的复杂耦合系统作为整体开展研究，为解决国家资源、能源、环境、自然灾害等重大问题提供基础资料和理论依据。生态学的研究着重于系统的协同进化、退化生态系统的机理和优化人工系统的组建等，为改善环境、促进社会发展做贡献。

——信息科学要重视智能化的发展方向，解决通信、计算机、自动控制等关键信息技术问题，争取有重大突破。

——空间科学的发展，应加强基础空间科学的研究，并与高技术密切结合，着重对微重力下的物理、化学和生命现象以及日地系统整体行为进行研究。

15. 国防科学技术。国防科学技术的发展，是保证国家安全，增强综合国力的重要因素。我国国防科学技术的发展，必须从社会主义初级阶段的实际出发，与经济建设战略部署和新时期军事战略相适应，以整体效益为中心，需求牵引和技术推动相结合，选择跟踪，重点突破。

——用先进的国防科学技术推动武器装备的发展，促进新时期军事战略目标的实现，是国防科学技术发展的重点任务。根据国家财力可能，重点发展对提高我军作战能力有重大作用，对国防科学技术乃至整个国家科学技术水平提高有较大带动作用的武器装备系统。为此，要加强对这些武器装备系统研制有重大作用的关键技术的研究。

——按照军民结合的原则，充分重视理论探索，加强超前的应用理论研究，为国防科技的持续、稳定发展奠定基础。

四、深化改革，建立有利于经济发展和科技进步的新体制

16. 我国的科技体制必须有利于促进经济的发展，我国的经济体制必须有利于促进科技进步。为了进一步解决科技与经济结合的问题，必须在已有成绩和经验的基础上，按照协同配套的原则，继续深化改革。

我国科技体制改革的总目标是：建立和完善符合科学技术发展客观规律的、与社会主义有计划商品经济相适应的科技同经济有机结合、相互促进的新体制；促使科技工作积极为社会主义有计划的商品经济服务，推动经济建设转移到依靠科技进步和提高劳动者素质的轨道上来，充分发挥科学技术第一生产力的作用。

科技体制改革的具体目标是：

—转变政府职能，形成以直接计划管理与间接管理有机结合的宏观科技进步管理体系，并使之规范化、法制化。

—改革科技人员管理制度，造成人才辈出、人尽其才的良好环境。建立对科技人员和科技活动的社会化服务体系。

——建立研究开发机构与企业、农村有机结合、配置合理的工业和农村研究、开发、推广服务体系。

——培育和建立物资、技术、劳务、信息等社会主义市场体系，创造有利于科技发展的合理竞争的环境。

——形成由政府、民间、企业和金融等各方面组成的多元化科技投资体系。

——形成适应社会主义有计划商品经济发展的科技组织结构。

科技体制的改革要按照经济发展和科技进步的客观要求，分阶段配套进行。二〇〇〇年以前，形成新体制的基本格局，以后使之逐步完善。

17. 科技体制改革的核心是建立新的运行机制，把完善计划管理和加强市场调节有机地结合起来，充分发挥两者的协同优势。引入公平竞争，人员、技术、信息合理流动，需求引导等市场机制，使科技进步成为社会经济活动的内在需求。根据不同层次、不同类型科技发展的特点，建立相应的运行机制。

基础研究和应用基础研究、公益性科学技术工作应以科学探索、获取宏观经济社会效益为目标，由国家给予持续稳定的财政支持。在今后相当长的时期内，大型综合科学研究、重大技术攻关项目，必须坚持以国家支持为主，实行计划管理。同时也要引入必要的竞争机制，以获得较好的投资效果。具有直接经济效益的技术开发和应用推广工作，应在国家政策引导下，更多地发挥市场调节的作用。

18. 完善国家宏观科技管理与调控系统，切实转变政府职能，把制定和执行有关科技发展的方针、政策、规划、计划及法规放在工作的首位，综合运用法律的、政策的、行政的和经济的手段推动科技进步。

要强化调控手段，提高宏观调控能力，加强和改进国家指令性计划管理。同时逐步扩大指导性计划的范围。开辟科技信贷、风险投资等多种资金渠道，支持科技发展。鼓励技术创新，加强和改进科技奖励制度。保护知识产权，发挥专利作用，促进技术成果的商品化、产业化，形成促进科技进步的环境。加强标准、计量和质量监督工作，制定技术标准，完善国家质量监督保证体系。

19. 随着经济体制改革的深入，逐步使行业和企业成为技术开发的主体。要增强企业的技术吸收与自主开发能力，建立并完善企业的技术开发与技术管理体系。通过多种方式推进企业之间、企业与研究开发机构、高等院校之间的横向联合。提倡以大中型企业为骨干，以优质名牌商品为龙头，通过科研和生产的联合，形成具备技术开发、生产、销售、服务功能的企业集团，特别要支持科技先导型或具有国际竞争力的企业集团的发展。

加强行业的科技工作对经济发展具有十分重要的意义。为了节约资源，集中力量，更好地为企业提供技术支持，要有选择地建立和完善行业技术研究开发中心，承担全行业的基础性通用技术、前沿技术、综合性成套技术等研究与开发任务。行业技术研究开发中心由国家、行业和企业共同支持，实行自主管理，完成国家、行业和企业的委托任务。

20. 深化农村科技体制改革。发展我国农业，必须依靠科学技术，国家要继续加强对农业科学研究和农业技术推广工作的支持。在科技体制改革中，要保证农业科技经费的稳定增长与农业科研队伍的持续发展。要引导与鼓励各级科研机构、大专院校和科技人员，配合地方政府共同进行区域经济技术的研究和开发。国家和地方要支持和引导县及县以下农业科技机构逐步发展成为独立核算的、综合性的技术开发、推广、服务经营实体，实行有偿服务，以增强农业科技推广工作的活力。

为适应农村商品经济发展的需要，要有领导地发展多种所有制的技农工贸一体化经营实体，用先进适用的工业技术，装备新型的农村企业，并同多种形式的农民专业技术协会结合，对农户进行商品生产全程服务。在稳定家庭联产承包责任制的基础上，通过技术服务，形成一定生产规模的统分结合的双层经营体制，推动其产品进入国内外市场。

采用各种灵活、有效的方式，对农民进行经常性的技术教育和培训，培养一大批掌握现代技术知识的新型农民。

引导和鼓励科研机构、大专院校和广大科技人员到农村承包、创办乡镇企业与其他产业，促进农村产业结构和技术水平的升级。

21. 建立适应社会主义有计划商品经济发展的科技组织结构。我国的研究开发机构应是多层次、多功能、多种所有制的，既有面向全国的，也有面向行业或地方的；既有从事基础研究和应用研究的，也有从事技术开发的；既有国家办的，也有集体、个体等民办的。中国科学院和各部门、高等院校和大型骨干企业的研究开发机构，是我国科学技术事业的主力军，各级政府要给予重点支持。在坚持公有制为主体的条件下，国家继续鼓励和引导民办科技机构的健康发展，作为社会主义科技事业的重要补充。

根据我国经济社会发展的需要和不同层次科学技术发展的运行机制，调整我国的科学技术组织结构。国家重点支持一部分研究开发机构，承担基础研究、应用基础研究、公益型科学技术工作和重大的综合性、长远性科学研究任务，或承担全行业的通用技术的研究与开发任务。其余大部分全民所有制科研单位，尤其是大批技术开发型的中小型科研机构，将根据各自的具体情况，在国家政策的引导下，按照市场调节的机制，逐步分流重组。它们中有的发展成为科技先导型企业，为国内外市场提供高新技术产品和服务；有的可与企业联合组成企业集团；有的可以进入企业，成为企业的技术开发部或中试基地；有的则可面向中小企业和农村，成为区域性或行业性技术开发、服务中心等。

22. 逐步建立科技人员的社会化管理体系。有计划商品经济的发展，要求科技人员在一定范围内合理流动。要放活对科技人员的管理，既要按照国家的需要，进行必要的人才计划管理，又要按照市场需求，允许必要的人才流动，与其他生产要素合理组合。商品生产的社会化和人才的成长规律，要求科技人员管理社会化。为此，必须逐步建立和完善相应的科技人员社会化管理系统。这是改革科技人员管理制度的方向。为实现这一目标，必须积极而稳妥地进行配套改革。

要逐步改变国家对科技人员统包统揽的管理模式，有计划地开放科技劳务市场。制定法律，保证科技人员有选择职业的余地，逐步实行科技人员和用人单位双向自由选择的聘任合同制，促进人才特别是高级科技人才的合理流动，完善科技人员专业技术职务聘用制。根据按劳分配的原则，形成新的分配机制，激励科技人员专心致志地做好本职工作。建立社会保障体系，把目前国家承担的保险事业转向社会，由社会对科技人员的待业、养老、医疗、伤残实行保险。改革相关的户籍、住房等制度，使之逐步适应人员流动的需要。这是一项艰巨、复杂的工作，需要进行长期的努力。

五、坚持对外开放，积极推进国际科技合作与交流

23. 科学技术已日益成为全人类共识的知识与财富，在国际关系中，科技交流往往是国际交往的先导，又是最稳定的合作领域之一。因此，积极推进国际科技合作与交流，应当成为我国发展科学技术事业的一项长期的重要方针。

开展国际科技合作与交流，必须坚持独立自主、平等互利的原则，贯彻对外开放的政策。尊重国际科技合作的法律与惯例，保护知识产权。在促进世界科技进步的同时，加速提高我国的科学技术水平，增强我国科技工作的自力更生能力，逐步形成具有国际竞争能力的科学研究和技术开发、创新体系。

24. 要根据我国的需要与可能，全方位地开展国际科技合作与交流。在搞好政府间科技合作的同时，扩展民间科技合作的领域与规模，逐步扩大企业、科研机构、高等院校以及民间科技组织的对外交往。在国际科技合作中，既要搞好双边合作，也要充分利用国际组织开展多边合作与交流。在发展与发达国家科技交往的同时，要注意加强同发展中国家的科技合作与交流。要以科技交流、技术贸易为前导，促进我国与世界各国的经济、贸易合作。

25. 切实做好技术引进及其消化、吸收与创新的工作，是加快我国现代化建设步伐的一项长远战略措施。

引进技术的选择，应以适合我国需要和增强自主开发能力为原则，认真做好前期论证工作。国家要制定技术引进的法规、序列和标准，加强宏观控制与管理，防止盲目引进和重复引进，注重保护知识产权。

技术引进要与国内科技攻关和技术贸易结合起来，注重软件和关键生产技术的引进，重视技术、资金、设备、管理、人才和市场的协调配合。

国家要通过立法，确保引进技术消化、吸收和创新的资金渠道，确保科研机构参与技术引进及其消化、吸收和创新工作的全过程。切实加强引进技术和装备的国产化工作。

26. 对外科技合作与交流，要与我国经济、社会、科技发展计划紧密结合。积极开展合作研究、联合开发和合作经营等方式的国际科技合作，选择我国急需或具有一定优势的科学技术领域，参与国际大型科技计划和项目。创造条件，与外国机构、国际组织在国内或国外合办研究、开发、设计、生产、信息服务等机构，促进技术经济合作。

27. 对外科技合作与交流，要促进外向型经济的发展，为推动高附加值产品和高新技术产品的出口，提供技术支持与服务，增加它们在出口总额中的比重。要在获取最佳经济效益的前提下，积极组织技术出口。对有出口前景的高新技术开发机构和企业，在政策、资金、外事权限等方面给予更大支持，提高其经营灵活性。要有计划地培养、造就一大批精通专业技术、熟悉国际环境、熟练掌握外语的科技型经营管理人才。努力吸收留学人员参与外向型高新技术产业的工作。

28. 进一步制定和完善有关政策，推动科技人员对外交往、学术交流和智力输出。要为科技人员参加国际会议，进行学术访问和客座研究，在国外兼职或在国际组织任职提供方便条件。对科技人员出国参加学术活动，要下放审批权限，简化手续。要积极创造条件，吸引在国外工作的优秀科技人员回国服务，聘请外国专家来华从事科研、教学工作，对生产、经营活动进行指导、咨询或担任管理职务。

根据需要与可能，有计划地组织智力输出，扩大技术创汇。要派遣更多的技术专家、管理专家到国外工作，承包、经营技术项目，提供技术服务，在国外建立科研和工程技术服务机构。

29. 创造有利于国际科技合作与交流的条件与环境。加强国内外科技信息的收集与交流，开展有关各国科技状况与科技政策的国别研究与比较研究。针对不同国家在不同领域的特点与优势，制定对其开展科技合作与交流的战略、策略和政策。开辟对外科技合作与交流的经费渠道，多方筹集国内外资金，为国际科技合作与交流提供资金支持。

六、政策与措施

30. 为了确保把科技进步放到国家发展战略的首要地位，国家最高领导机构要切实加强对科技工作的领导，对全国科技与经济、社会协调发展的重大问题进行统一筹划与指导。强化国家科技主管部门的职能，努力提高宏观决策水平，克服各种条块分割和分散主

义倾向，把有限的资源用到最需要的地方，保证国家重大科技任务的实现。

31. 提高科技投资强度，改善科技经费管理。要在保证国家财政拨款稳步增长的同时，逐步增加社会对科技经费的投入，改变完全由国家财政投入的状况，形成财政拨款、企业自筹和金融机构贷款组成的科技投资三大支柱，同时积极吸引民间和海外资金，建立多渠道、多层次的科技投资体系，大幅度提高全社会对科技发展的资金投入强度。

政府要适当增加对科技的投入，对高新技术开发实行优惠政策。企业要重视新产品的开发，增加对研究开发的投入，逐步增加农业研究开发经费，并鼓励乡镇企业向农业科技投资。

银行金融系统，均应设立科技信贷科目，增加科技贷款。到二〇〇〇年，应使科技贷款额度有显著的增长。

逐步调整科技投资结构，本世纪末，基础研究和应用基础研究的经费达到研究开发经费总额的百分之十左右。要增加对中间试验、生产工艺的开发以及技术成果商品化、产业化的资金支持。对高新技术和高新技术产业，应选择重点，大幅度提高投资强度，并逐步实施风险投资。

继续改革科技经费管理体制。国家科技投资要实行统一管理，引入竞争机制。根据不同类型的科研项目，实行专项拨款、基金制、包干制、招标制或合同制。列入国家计划的有经济效益的项目，实行由政府和受益单位匹配投资的办法。建立研究开发项目评审制度和独立的技术评审机构，对科技经费的分配和使用进行监督与审查。健全科技财务管理办法，加强审计工作。

32. 运用税收、价格、信贷、折旧等经济杠杆，引导行业和企业的科技进步，促进科技事业的发展。

免征技术咨询、技术转让、技术服务、技术开发等技术性收入的营业税。对不符合国家产业政策和技术政策、阻碍科技进步的产品技术，征收附加税。

对研究开发机构和企业的研究开发、测试分析和软件等技术性投资，以及国家确定的新产品的商品化生产，给予贴息或低息贷款。

对研究开发机构的基础设施和高新技术产品生产装置实行加速折旧办法。

33. 加强科技法制建设，把推进科技进步的方针政策用法律形式固定下来，使科技工作纳入法制轨道，受到法律的保护和监督。尽快制定《科学技术进步法》等有关科技工作的法律，完善有关科学技术组织、劳动、奖励以及保护知识产权等方面的法规，争取到二〇〇〇年形成比较完整的科技法律体系。普及科技法规知识，加强科技法规的实施与监督，建立技术合同仲裁机构和各级科技法制机构，以及科技法规的研究、咨询和服务系统。

34. 推进决策科学化、民主化和制度化。科学技术作为综合的知识体系和思维工具，能帮助我们从宏观上观察分析复杂多变的经济和社会现象，作出鉴别、判断和科学的决策。

要重视和加强决策研究、决策咨询的工作，建立和健全民主的、科学的决策程序和执行程序，对国计民生有重大影响的问题，在决策之前必须进行软科学研究，并逐步成为制度。各级领导要重视软科学研究工作，要积极应用软科学研究成果，实现正确决策。

35. 开发人才资源，充分发挥科技人员的作用。各级领导要善于发现人才，团结人才，不拘一格使用人才。只要在工作中做出成绩的科技人员都应得到应有的尊重。要通过各种途径，加速培养新一代科技人员，大胆起用德才兼备的年轻科技人员。重视对科技人员的继续教育，积极而有计划地派遣科技人员到国外深造。充分发挥中青年科技人员的骨干作用，积极为离退休科技人员提供继续服务的机会。

加强劳动者的职业教育，鼓励自学成才。对于工人、农民中涌现出来的科技人才，要与相应的专业技术人员同等对待。

加强科技人员的思想政治工作，教育他们热爱祖国，拥护四项基本原则，遵守科技工作的道德规范。鼓励他们努力攀登，为国家的现代化建设多做贡献。

努力改善科技人员的工作条件和生活待遇。结合人事制度、分配制度的改革，及时采取必要的措施，使科技人员的实际收入有较大幅度的增长。对在农村和边远地区以及地下、野外、危险环境工作的科技人员，应给予优惠待遇。

36. 为科技发展创造稳定的、充分民主和学术自由的环境。学术上的不同见解，应由学术界通过科学实践和讨论来解决，不应以行政手段确定是非。

充分发挥中国科学技术协会等学术团体的作用，鼓励各学术团体和科技人员参加学术交流、决策论证、咨询服务等活动。

建立并完善社会化的科研设备、科技情报、图书资料、书刊出版等科技支撑体系。

37. 加强全社会对科技工作的支持。各部门、各地方的各级党政领导应提高对科技工作的认识，并给予极大的重视和支持。领导机关要努力提高自己的科技素养，真正把依靠科学技术作为振兴中华、振兴地区、振兴部门的头等大事，成为倡导科技发展的带头人。

计划、人事、教育、财政、金融、税收、外贸、宣传等部门和新闻、出版、文艺各界，都要加强对科技工作的支持，共同为科技发展作出贡献。

38. 发展科学技术是中华民族的千秋功业，需全民族的奋起，多代人坚持不懈的努力。在历史上，中华民族依靠自己的勤劳智慧，创造了灿烂的古代文明，至今仍闪烁着不朽的光辉。今天，在中国共产党的领导下，在党的基本路线指引下，依靠科学技术进步，我们就一定能够实现社会生产力的新飞跃，实现社会主义现代化建设第二步、第三步的伟大战略目标。

3月9日

中共中央政治局在北京召开全体会议

会议认真讨论我国改革和发展的若干重大问题。会议由中共中央总书记江泽民主持。会议强调，必须坚定不移地贯彻执行党的"一个中心、两个基本点"的基本路线，抓住当前有利时机，加快改革开放的步伐，集中精力把经济建设搞上去，沿着有中国特色的社会主义道路继续前进。

会议认为，解放和发展生产力，是我们党领导人民建设社会主义的根本任务。为此，必须始终不渝地坚持以经济建设为中心，坚持四项基本原则，坚持改革开放。这是党的十一届三中全会以来，在邓小平同志建设有中国特色社会主义思想的指导下，我们党带领亿万人民在实践中得出的最为宝贵的经验，是社会主义中国这十几年间发生巨大变化的根本原因。牢牢把握党的"一个中心、两个基本点"的基本路线，一百年不动摇，国家就能长治久安，中国就大有希望。

会议强调，改革开放胆子要大一些，勇于创新，敢于试验。必须进一步解放思想，坚持实事求是。我们不仅要在社会主义条件下发展生产力，而且要通过改革解放生产力。判断姓"社"姓"资"，应该主要看是否有利于发展社会主义社会的生产力，是否有利于增强社会主义国家的综合国力，是否有利于提高人民的生活水平。要加快改革开放的步伐。看准了的，就大胆地试，大胆地闯。计划和市场，都是经济手段。要善于运用这些手段，加快发展社会主义商品经济。要大胆吸收和借鉴人类社会创造的一切文明成果，吸收和借鉴当今世界各国包括西方发达国家的先进经营方式和管理方式。

会议指出，抓住当前的有利时机，努力发展自己，特别是把经济建设搞上去，对巩固和发展社会主义，有着特殊重要的意义。从现在起到本世纪末，是一个关键时期。我们要认清形势，把握机遇，真抓实干，讲求效益，加快经济发展速度，力争几年上一个台阶。科学技术是第一生产力。加快经济发展，必须依靠科技和教育。

会议指出，坚持党的基本路线，加快改革和建设步伐，关键在于狠抓各项工作的落实。当前，要特别注意抓住改革和建设中牵动全局的重大问题，深入调查研究，确定今后一个时期的战略思想和政策主张，并认真组织实施。会议就此作了研究和部署。各级领导要力戒形式主义和官僚主义，腾出主要精力多办实事。

会议要求，全党同志特别是各级领导干部，要认真学习邓小平同志关于建设有中国特色的社会主义的一系列重要论述，进一步提高全面贯彻执行党的基本路线的自觉性。要警惕右，但主要是防止"左"。坚持两手抓，加强社会主义精神文明建设和民主法制建设，巩固和发展安定团结的政治局面。会议号召，全党同志要紧密团结在以江泽民同志为核心的党中央周围，团结和带领各族人民，奋发进取，艰苦奋斗，以改革和建设的优异成绩，迎接党的十四大的胜利召开。

会议于10日结束。

澳门基本法起草委员会第8次全体会议在广州闭幕

起草委员会主任委员姬鹏飞主持会议。

姬鹏飞说，本次会议还对澳门特别行政区区旗区徽图案评选委员会推荐的三套区旗区徽图案进行评选，从中选出了获一等奖的区旗图案，并委托评选委员会根据起草委员们提出的意见对区旗区徽图案作进一步修改。

姬鹏飞说，会议通过的基本法(草案)将提交全国人民代表大会常务委员会审议，在全国人大常委会公布后，还将进一步广泛征求澳门和内地各界人士的意见。

澳门特别行政区基本法起草委员会第8次全体会议公报

中华人民共和国澳门特别行政区基本法起草委员会第八次全体会议于1992年3月5日至9日在广州举行。

会议听取了中央和澳门特别行政区的关系、居民的基本权利和义务、政治体制、经济、文化和社会事务五个专题小组、澳门特别行政区区旗区徽图案评选委员会的工作报告以及鲁平秘书长代表主任委员扩大会议所作的关于《中华人民共和国澳门特别行政区基本法(草案)》(讨论稿)的说明。会议还听取了咨询委员会崔德祺主任委员关于咨询委员会咨询澳门各界意见的情况报告。委员们对基本法草案讨论稿进行了认真讨论。

会议以无记名投票表决方式，首先通过了两个对基本法草案讨论稿条文的修改提案，然后逐条逐件地通过了《中华人民共和国澳门特别行政区基本法(草案)》、《全国人民代表大会关于澳门特别行政区第一届政府、立法会和司法机关产生办法的决定(代拟稿)》和《澳门特别行政区基本法起草委员会关于设立全国人民代表大会常务委员会澳门特别行政区基本法委员会的建议》,并决定提请全国人大常委会审议公布,进一步征求意见。

会议还对澳门特别行政区区旗区徽图案评选委员会推荐的三套区旗区徽图案进行了评选。会议决定由评选委员会根据评选结果和委员们的意见,对区旗区徽图案作出修改,提请第九次全体会议通过。

会议认为,三年多来,澳门特别行政区基本法咨询委员会做了大量的咨询和宣传工作,有效地协助了基本法的起草工作,起草委员会谨向咨询委员会表示感谢,并向关心和支持基本法起草工作的澳门和内地各界人士表示感谢。

会议决定,1993 年 1 月 12 日至 16 日在北京召开澳门特别行政区基本法起草委员会第九次全体会议,主要议程是审议通过经再次征询意见之后作出修改的《中华人民共和国澳门特别行政区基本法(草案)》,提请第八届全国人民代表大会第一次会议审议。

国务院总理李鹏主持会议审议批准海南省吸收外商投资开发建设洋浦经济开发区

国务院总理李鹏主持会议审议批准了海南省吸收外商投资开发建设洋浦经济开发区,按照国务院的要求,洋浦经济开发区要建设成为以技术先进的工业为主导,第三产业相应发展的外向型工业区。洋浦经济开发区将实行封闭式的隔离管理,在区内实施保税区的各项政策措施,为外商提供良好的投资经营环境,为货物进出口提供方便。海关总署等国家监管部门和海南省政府将在洋浦经济开发区设置管理机构,行使统一有效的行政管理和监督。

国务院关于进一步对外开放黑河等四个边境城市的通知

通知说,国务院决定进一步对外开放黑龙江省黑河市、绥芬河市、吉林省珲春市和内蒙古自治区满洲里市四个边境城市。

黑河、绥芬河、珲春、满洲里四个边境城市进一步开放后,要积极扩大对俄罗斯和独联体其他国家的边境贸易和地方贸易,发展投资合作、技术交流、劳务合作等多种形式的经济合作,合理利用当地的优势发展加工制造业和第三产业,促进边境地区的繁荣稳定。

四个边境城市实行以下政策:

一、边境贸易和对外经济合作,按国务院批准的《关于积极发展边境贸易和经济合作促进边疆繁荣稳定的意见》(国办发〔1991〕25 号)和国家其他有关规定执行。省和自治区可以在其权限范围内,授予四市人民政府在管理边境贸易和经济合作方面一定权限,权限内的边贸、加工、劳务合作等经济合同由市自行审批。四市可由经贸部批准各增加一两家市级边贸公司。

二、鼓励发展加工贸易和创汇农业。"八五"期间对为发展出口农产品而进口的种子、种苗、饲料及相关技术装备,企业为加工出口产品和进行技术改造而进口的机器设备和其他物料,免征进口关税和产品税(或增值税)。

三、要积极吸收国内和国外的投资,促进经济发展。目前第一步着重引进独联体各国和国内企业的投资,发展出口贸易;并积极创造条件,将吸收外商投资扩大到其他国家和地区。省和自治区人民政府可以在权限范围内扩大四市人民政府审批外商投资项目的权限。经当地税务机关批准,外商投资企业的企业所得税减按 24%的税率征收。

允许独联体各国投资商在其投资总额内用生产资料或其他物资、器材等实物作为投资资本。这部分货物可按我边贸易货的有关规定销售,并减半征收进口关税和工商统一税。

四、可在本市范围内划出一定区域,兴办边境经济合作区,以吸引内地企业投资为主,举办对独联体国家出口的加工企业和相应的第三产业。边境经济合作区具体范围,由国务院特区办公室会同有关部门审定。

五、对边境经济合作区内产品以出口为主的生产性内联企业,其生产出口规模达到一定额度的,经经贸部批准,给予对独联体国家的进出口经营权,具体规模额度标准,由经贸部研究确定。内联企业的企业所得税率在当地减按 24%的税率征收,如内联投资者将企业利润所得解回内地,则由投资方所在地加征 9%的所得税。"八五"期间免征投资方向调节税。

六、边境经济合作区内的内联企业和外商投资企业在独联体国家易货所得,允许自行销售,进口时减半征收关税和工商统一税。属于国家限制进口的商品,要按国家有关规定办理进口审批手续。

七、边境经济合作区进行区内基础设施建设所需进口的机器、设备和其他基建物资,免征进口关税和产品税(或增值税)。"八五"期间,边境经济合作区的新增财政收入留在当地,用于基础设施建设。

八、"八五"期间,中国人民银行每年专项安排四千万元固定资产贷款(每市一千万元),用于边境经济合作区的建设,纳入国家信贷和投资计划。

通知强调,黑龙江省、吉林省、内蒙古自治区人民政府对进一步开放的四个边境城市要加强领导，帮助作好建设和发展的统筹规划，建设规模一定要与发展的可能性相适应，不可铺大摊子。在扩大对外开放加快经济建设的同时，加强社会主义精神文明建设，加强经济调控管理，保障边境安全稳定和各项工作的健康发展。

国务院在北京召开第三次全国清理三角债工作会议

会议总结1991年清欠工作的经验，进一步完善了各项政策措施，对1992年继续清理三角债、限产压库促销、扭亏增盈等工作作了部署。会议提出1992年清理三角债的总要求是围绕搞好国营大中型企业，清防结合，以防为主，继续从清理固定资产投资缺口、产成品积压、企业亏损这三个源头入手，促进企业经营机制的转换，提高经济效益，使三角债得到进一步缓解。

《人民日报》就《九十年代中国儿童发展规划纲要》颁布实行发表社论《面向二十一世纪的儿童工作纲领》

中共中央总书记江泽民在中南海会见由政治局委员书记处书记中央组织部部长黎福寿率领的越南共产党代表团

江泽民说，自从1991年中越两党、两国关系全面正常化以来，中越关系顺利发展。黎福寿同志这次率团来访，是我们两党关系恢复后越南共产党派出的第一个党的代表团。我们相信，友好往来对增进彼此了解、加强两国之间的友好与合作是十分有益的。中越两国加强交往，不仅符合中越两国人民的根本利益，而且有利于亚太地区的和平、稳定与发展。

江泽民说，不管国际风云如何变幻，我们都将坚定不移地贯彻执行邓小平同志倡导的"一个中心、两个基本点"的基本路线，坚持改革开放，专心致志地把经济工作搞好，继续沿着具有中国特色的社会主义道路走下去。

国务院总理李鹏在中南海紫光阁会见世界银行副行长高特姆·卡奇

国务委员钱其琛在伦敦唐宁街首相府向英国首相梅杰递交中国参加《不扩散核武器条约》加入书

"我谨通知你，根据中华人民共和国全国人民代表大会常务委员会1991年12月29日的决定，中华人民共和国加入1968年7月1日订于伦敦、莫斯科和华盛顿的《不扩散核武器条约》(以下简称《条约》)，并声明如下：

一、中国奉行独立自主的和平外交政策，一贯主张全面禁止和彻底销毁核武器。为了推动实现这一目标，维护国际和平、安全与稳定，并考虑到广大无核国家的愿望和要求，中国决定加入《条约》。

二、中国奉行不主张、不鼓励、不从事核武器扩散，不帮助别国发展核武器的政策。中国支持《条约》确定的目标，即：防止核武器扩散、推动核裁军、促进和平利用核能的国际合作，并认为这三个目标是相互联系的。

三、中国认为，防止核武器扩散本身并不是目的，而是实现全面禁止和彻底销毁核武器过程中的措施和步骤。防止核武器扩散与核裁军应相辅相成：只有在核裁军领域取得大幅度进展，才是制止核武器扩散的最有效途径，才能切实加强核不扩散制度的权威性；同时，保持一个有效的核不扩散制度，有助于实现全部消除核武器的目标。为实现全面禁止和彻底销毁核武器这一崇高目标，拥有最大核武库的国家应当切实履行其特殊义务，率先停止试验、生产和部署核武器，并大幅度削减它们在国内外部署的各类核武器。它们在所有这些方面的实际进展，将为召开包括全部核武器国家参加的具有广泛代表性的核裁军国际会议创造条件。

四、中国主张，为了改进和加强核不扩散制度，推动实现全面禁止和彻底销毁核武器的目标，还应采取以下具体措施：

(一)所有核武器国家都承担在任何时候和任何情况下不首先使用核武器的义务；为此缔结一项关于不首先使用核武器的国际协定。

(二)所有核武器国家都承诺不对无核武器国家和无核武器区使用或威胁使用核武器；为此缔结一项关于不对无核武器国家和无核武器区使用或威胁使用核武器的国际法律文书。

(三)所有核武器国家都承诺支持建立无核武器的主张，并尊重无核武器区的主张，并尊重无核武器区的地位，承担相应的义务。

(四)所有在国外部署核武器的国家将这些武器全部撤回本国。

(五)空间大国停止外空军备竞赛，停止发展外空武器，尤其是与核有关的外空武器。

五、台湾当局以中国名义分别于1968年7月1日和1970年1月27日对该条约的签署和批准是非法和无效的。"

国务委员钱其琛在伦敦就防止核扩散问题发表谈话

钱其琛在向英国首相梅杰递交中国参加《不扩散核

武器条约》加入书时说，中国成为《不扩散核武器条约》的缔约国这件事具有重大的意义并将产生深远的影响。

钱其琛重申，中国一贯主张全面禁止和彻底销毁核武器，不主张、不鼓励、不从事核武器扩散，不帮助别国发展核武器。

钱其琛指出，这项条约的三大目标，即：防止核武器扩散，推动核裁军，促进和平利用核能的国际合作，是互相联系，不可分割的。防止核扩散并不是最终目的，而是实现全面禁止和彻底销毁核武器过程中的一个措施和步骤。在防止核扩散时，不应当限制和损害各国和平利用核能的正当权益，这是不言而喻的。中国加入《条约》后，将为推动《条约》3 个目标的实现继续作出贡献。

国务委员钱其琛在伦敦分别会见英国前首相希思和撒切尔夫人

英国首相梅杰在首相府会见国务委员钱其琛

国务委员钱其琛在英国皇家国际事务研究所发表题为《中国的改革开放和中英关系》的讲演

钱其琛说，“在西方舆论中曾经有这样的看法，认为在 80 年代末期，中国的改革开放停滞了，甚至倒退了。这个印象是不正确的。在治理整顿中，改革开放不但没有停顿，而且还有所前进，并为深入经济改革和进一步对外开放创造更好的条件。现在可以说治理整顿的阶段已经结束。”

钱其琛说，“在苏联解体以后，人们关心中国向何处去的问题，也关心中国的国内形势发展。我想说明的是，有中国特色的社会主义同过去苏联的社会主义有很大的不同。独立自主的中国从不依赖于任何大国，也不参加任何集团。中苏关系正常化以前曾经有过近 30 年的冷淡、对抗的时期，还发生过边境冲突。中国以经济建设为中心，坚持有中国特色的社会主义道路，坚持改革开放的基本路线不会改变。现行的路线符合中国国情，并且经过实践的检验是行之有效的。改革开放使国家得利、人民受惠。我们没有任何理由要改变符合中国实际的、造福人民的政策。今后我们的改革要进一步深化、开放要更加扩大。”“有的朋友提出这样的问题，中国坚持改革开放，又强调走社会主义道路，这不是矛盾吗？提出这样问题的出发点是把社会主义看成就是计划经济，把资本主义看成就是市场经济。实际上市场经济不等于资本主义，社会主义也有市场；计划经济不等于社会主义，资本主义也有计划。像中国这样一个有 11 亿人口的大国，没有宏观上的计划调节是不可能发展起来的。而社会主义经济也是一种商品经济，是有计划的商品经济。在中国多种经济成分并存的经济体系里，各类企业逐步成为自主经营、自负盈亏、面向市场的经济实体。中国的市场日趋繁荣和活跃。”“有的朋友认为，中国只进行经济改革而不搞政治改革。至少这是对中国的情况了解不多，实际上政治体制的改革一直在进行，其宗旨是发展社会主义民主，健全社会主义法制，改革一切不适应生产力发展的体制。”

钱其琛强调指出，“中国和世界的历史和现实都已雄辩地证明，没有一个安定的政治局面和稳定的社会环境，就不可能进行有效和有益的改革。中国这样一个幅员广大、人口众多的国家如果搞乱了，不仅是中国人民的灾难，对世界也是灾难。我们正是出于对中国人民负责、也是对世界负责，有计划、有步骤地进行经济改革和政治体制的改革，而不是草率行事。”

钱其琛说，“当今世界各国的经济存在着密切的联系，没有一个国家能够在封闭的条件下获得发展。中国也同样如此。我们把在自力更生的基础上进一步对外开放作为另一项基本国策。我国将继续办好经济特区和沿海开放区，进一步改善投资环境并采取种种措施使外商在华有利可图。”“有中国特色的社会主义是开放的制度，也是开放的经济，这意味着外国同中国合作的机会将不断增多。”

钱其琛还说，“两大军事集团在欧洲近半个世纪的紧张对峙已不复存在。世界正朝着多极化方向发展。但是，危及世界和平、导致国际形势紧张的因素并未根本消除，原有的某些矛盾和对抗结束了，又产生了新的矛盾和对抗。这个世界充满许多不可预测的不稳定因素，既不安宁，也不太平。中英两国作为联合国安理会的常任理事国，对世界的和平与发展负有共同的重要责任。近两年来，中英两国在联合国和许多其他国际场合密切磋商、互相配合，为一系列国际和地区问题的解决作出了重要的贡献。不久前，在梅杰首相的倡议下，在纽约成功地召开了联合国历史上第一次安理会首脑会议，具有深远的意义。中英两国政府首脑也举行了很好的会晤。事实证明，中英在国际事务中保持良好合作是世界局势的一个稳定因素。”

钱其琛说，“中英发展友好合作关系也是两国共同利益之所在。英国是西方发达的工业国，具有先进的科技水平和雄厚的经济力量，中国是世界上最大的发展中国家，正致力于经济建设，市场潜力巨大。我们两国在经济上具有很大的互补性，可以取长补短。中英两国互利合作的前景非常广阔。”

钱其琛说，“在中英两国关系中，香港问题占有特殊的重要地位。对香港这个历史遗留下来的问题，中国政府根据'一国两制'的构想使之成为促进和加强中英关系的积极因素。1984年中英两国正式签署了著名的《中英两国政府关于香港问题的联合声明》,为圆满地解决历史遗留问题创造了一个范例。中国政府一直严格信守中英联合声明,并且努力与英国政府合作以共同确保香港的稳定繁荣和97年的顺利交接。在双方卓有成效的合作下,中英联合联络小组已经审议和解决了不少有关实施《联合声明》和97年政权顺利交接的事宜。""去年9月,梅杰首相访问中国,同李鹏总理共同签署了中英两国政府《关于香港新机场建设及有关问题的谅解备忘录》,体现了中英两国政府在香港过渡期后半段内加强合作和发展中英双边关系的愿望。""实行'一国两制',保持香港的长期繁荣稳定是中国坚定不移的基本国策。中国政府在香港问题上所做的一切,出发点都是为了维持香港在97年前和97年后的长期稳定繁荣和97年的顺利交接,因为这不仅对香港有利,也对中国有利,对英国有利,对全世界有利。"

国务委员兼外交部部长钱其琛在伦敦同英国外交大臣赫德举行会谈

中国参加在智利首都圣地亚哥举行的第7届国际航空航天博览会

3月10日

中国国际友好城市联合会在北京成立

国家副主席王震、对外友协名誉会长邓颖超分别给成立大会发了贺信。

联合会成立大会于3月10日和11日在北京举行,来自全国30个省、自治区、直辖市以及100多个城市选派的理事、代表出席大会。

全国科技工作会议在北京开幕

国务委员兼国家科委主任宋健主持会议,科委副主任李绪鄂讲话。李绪鄂指出,中央提出的"经济建设必须依靠科学技术,科学技术工作必须面向经济建设"的战略方针,促进了科技与经济紧密结合,使我国科技工作和经济工作的观念、机制和格局都产生了深刻的历史性变化。而努力攀登科学高峰,多出成果,多出人才,是科学技术自身发展的要求。今后我们必须将努力攀登科学技术高峰作为与"面向、依靠"方针相辅相成、有机结合的对科技工作的整体要求予以强调。

李绪鄂说,90年代,要采取多种渠道,使全社会的科学技术研究与发展经费占国民生产总值的比重,由1991年的0.72%逐步增长,争取到2000年能接近中等国家水平,达到1.5%左右。

李绪鄂说,技术开发型科研机构在进入经济过程中,一部分要转化为国家工程技术中心、行业技术开发中心、企业技术开发中心等,大部分转化为科研生产经营一体化的经济实体,逐步向科技型企业和企业集团过渡,从事研究开发和成果的转化。

李绪鄂说,今后,科教兴农应成为各级政府长期的职能行为,更是地、县两级的主要职责。要继续加强对科教兴农的组织领导,统一协调,纵深部署,不断把科教兴农引向深入。

李绪鄂说,要进一步动员和组织科技人员为推进企业科技进步作出更大贡献。要建立企业技术开发机构,积极开展创建科技先导性企业活动,加强总工程师对企业科技进步的组织推动作用等,以推动企业的科技进步和生产的发展。

会议于3月14日结束。

国务委员兼外交部部长钱其琛在伦敦答记者问

钱其琛说,中国在内外政策上从不依赖其他国家,而是坚定走自己的路,因而苏联的解体并不能影响中国。

当英国广播公司电视台记者问及苏联解体后,社会主义中国的前途时,钱其琛说:你们应知道,中国的社会主义与苏联的社会主义有很大的不同。正因为不同,中国曾在过去的30年里承受了苏联及其盟国所施加的巨大压力。你们西方同苏联之间有冷战,中国同苏联之间不仅有冷战,而且还有流血的"热战"。中国是在同它们错误的对外政策作斗争的进程中走过来的,中国不依赖苏联、东欧而存在;而且,中国的经济比前苏联好,因此,它的解体并不能影响中国。

当英国《卫报》记者问及中国在政治上是否也与前苏联不同时,钱其琛说:举几个例说,中国的外交政策就与前苏联不同:前苏联的外交搞扩张,建立军事集团、进行军备竞赛,而中国不搞这些。再如,苏联是真正的一党制,中国革命胜利后,并不是一党制,还有八个民主党派,它们都是参政党、议政党,只有中国才有这样的党。当然,与其他政党相比,中国共产党最强大,这是在整个革命斗争的历史过程中形成的。

当记者问及中国如何"利用资本主义"和如何进行政治改革时,钱其琛说:中国搞改革开放当然要学习外国有用的管理方法和经验,但这不等于照抄它们的做法。在政治改革方面,中国也在进行,但正像中国的经济发展不是照抄外国的做法一样,政治改革也不会照抄外国的做法。在西方国家中,做法也不完全一样。中国要实行的还是适合中国情况的中国的办法。

当《卫报》记者问及中英关系的前景时,钱其琛说,英国是同中国建立关系最早的西方国家之一，中英之间有香港这个利益攸关的联系的纽带，中英关系有着很好的发展前景。

美国总统国家安全事务顾问斯考克罗夫特将军和副顾问约纳桑·豪在华盛顿白宫会见外交部副部长刘华秋

斯考克罗夫特说，美中关系中的一些困难已经得到解决，现在是美中两国进一步改善关系的转折点，只要双方共同作出认真努力，美中两国的关系就可以改进。

约纳桑·豪说："我当年曾参与了这项工作。现在，我们要抓住美中关系向着好的方向发展的转折点，使两国外长去年 11 月在一系列问题上达成的协议得到落实。"

刘华秋说，中美上海公报的原则对当前的中美关系仍然具有重要的现实意义。目前，国际形势发生了巨大而深刻的变化，但中美之间的共同利益不仅依然存在，而且远比双方在意识形态方面的分歧重要。中国一贯重视中美关系，在过去的一年多时间里，中美关系取得了一定程度的改善。中美之间加强信任，减少麻烦，保持正常、良好的关系，不仅符合两国人民的根本利益，而且有利于世界和亚太地区的和平、稳定与发展。

外交部副部长刘华秋在华盛顿同美国副国务卿阿诺德·坎特就中美双边关系和共同关心的国际问题进行会谈

中共中央国务院中央军委批准 400 多名军队高级专家享受特殊津贴

中共中央、国务院、中央军委批准全军 400 多名有突出贡献的高级专家享受政府特殊津贴。

这批专家是在各专业学科领域内为我军革命化、现代化、正规化建设作出突出贡献的拔尖人才。他们当中有造诣高深、在军内外享有盛名的科研人员，有医德高尚、医术高超的医务工作者，有刻苦攻关、默默奉献的工程技术人员，有教书育人、桃李满天下的优秀教师，还有成就突出的文艺工作者。其中包括中国科学院学部委员 6 人，有突出贡献的中青年专家 98 人，博士生导师 86 人。如军事医学科学院研究员周廷冲、黄翠芬夫妇，医学界著名专家黎鳌、黎介寿、黎磊石三兄弟。最年轻的是 38 岁的第四军医大学副教授樊代明。

国务院召开电话会议部署改革核算制度

国务院召开电话会议，部署我国核算制度的重大改革工作。国务院副总理邹家华在讲话中强调，改革我国原有的国民经济核算制度，建立健全新的国民经济核算体系，并相应改进经济评价考核指标，是深化改革、扩大开放的一件迫在眉睫、刻不容缓的事情。各级党政领导对此必须要有足够而清醒的认识，采取各种有效措施，切实抓紧抓好。邹家华说，随着改革开放的发展，我国现行的国民经济评价考核指标虽做了不少改进，但仍然很不适应发展社会主义有计划商品经济的要求。党中央、国务院曾多次明确提出要改进经济评价考核指标，以发挥统计对国民经济运行的导向作用。最近国务院又决定将国内生产总值作为考核日常经济运行的代表性指标，这对于促进经济工作指导思想的转变和经济发展战略目标的实现，具有重大的作用。要做到能够比较准确地评价和考核这一指标，就必须尽快建立健全新的国民经济核算体系。新的国民经济核算体系，是对整个国民经济运行或社会再生产过程进行计算、测定和描述的宏观经济信息系统，是国家宏观经济决策的重要依据和宏观经济调控的有效工具。

邹家华说，国务院准备分两步实施新国民经济核算体系，第一步，在今年先初步建立起新核算体系的基本框架，并相应改进经济评价考核指标，实现向新体系的初步过渡；第二步，力争到一九九五年编制出新体系的全部表式和账户体系，实现向新体系的全面过渡。当务之急是要按照国务院的要求，从今年二季度起，实行按季试算和考核全国及部分省（区、市）的国内生产总值制度，按月考核工业增加值和工业销售产值制度，并相应建立工业企业经济效益综合评价考核指标等。

邹家华指出，推行新国民经济核算体系，改进经济评价考核指标，必须要有财政、银行、工商、税务等有关部门的密切配合，通力协作，并相应改进有关的会计和业务核算制度。国务院要求各级党政领导同志和各综合经济部门的同志，必须尽快掌握新国民经济核算体系的基本知识，提高决策和管理水平。同时，加强对国民经济核算工作的组织领导，并在财力、人力、物力上予以必要支持。

3 月 11 日

全国政协第七届常委会召开第十八次会议

中国人民政治协商会议第七届全国委员会常务委员会第十八次会议上午在全国政协礼堂开幕。会议决定 3 月 18 日在北京召开全国政协七届五次会议。

会议还决定，即将举行的全国政协七届五次会议的主要议程为：审议中国人民政治协商会议第七届全国委员会常务委员会工作报告；听取和讨论政府工作报告、1991 年国民经济和社会发展计划执行情况与

1992年国民经济和社会发展计划(草案)的报告、1991年国家预算执行情况和1992年国家预算(草案)的报告以及关于三峡工程的议案。

国务院副总理兼国务院三峡工程审查委员会主任邹家华受国务院委托,在会上向常委们通报了三峡工程可行性研究报告的审查情况,听取大家的意见。

全国政协副主席洪学智受李先念主席的委托主持会议。宋德敏秘书长对本次常委会议程和日程作说明。

出席会议的全国政协副主席还有:方毅、谷牧、杨静仁、王光英、邓兆祥、屈武、王恩茂、钱学森、钱伟长、胡绳、程思远、卢嘉锡、钱正英、苏步青、司马义·艾买提、丁光训。

第七届全国人大第五次会议准备工作全部就绪

七届全国人大五次会议将于本月20日在北京召开,目前准备工作已全部就绪。会议除听取、审议政府工作报告等议程外,还将审议三峡工程议案以及全国人民代表大会和地方各级人民代表大会代表法、工会法、妇女权益保障法3个法律草案。全国人大常委会常务副秘书长曹志向首都新闻单位介绍说:这次大会的指导思想,是以邓小平同志关于建设有中国特色的社会主义理论和党的基本路线为指导,紧紧抓住经济建设这个中心,本着"民主、求实、团结、鼓劲"的精神,积极推进社会主义民主和法制建设,深化改革,扩大开放,促进国民经济持续、稳定、协调发展。

曹志说,这次大会是在国际形势风云变幻,国内政治、社会稳定的条件下召开的。过去的一年,国民经济正朝着好的方向发展,国民生产总值增长7%,治理整顿基本完成,抗洪救灾获得巨大胜利,对外关系有了突破性进展,我国与周边国家的关系处于历史上最好的时期。在这种形势下召开全国人大五次会议,对于动员亿万人民群众,贯彻党的"一个中心、两个基本点"的基本路线,特别是抓住当前有利时机,加快改革开放步伐,集中精力把经济建设搞上去,具有十分重要的意义。

万里委员长几次主持会议研究有关问题。国务院以及最高人民法院、最高人民检察院作了大量细致的准备工作。国务院办公厅已通知各部门的主要领导同志会议期间不外出;列席和旁听人民代表大会的各部门负责同志要按时到会;各代表团开全体会议时,每个代表团由国务院有关部门的一位负责同志到会听取意见、回答询问;为保证代表集中精力开会,各部门不得在会期找本系统的代表开会或组织其他活动。曹志说,此次大会的一个特点是文件较往年简短,会期也将缩短。目前,代表的住地、交通、通讯等项工作已落实。大会秘书处下设的秘书、议案、简报等7个组的人员已开始工作。

国务院港澳办公室和新华社香港分社在人民大会堂举行首批香港事务顾问颁发聘书仪式

国家主席杨尚昆、国务院总理李鹏等党和国家领导人出席了颁发仪式。国务院总理李鹏在仪式上发表了讲话。

李鹏总理代表杨尚昆主席和其他领导,向首批应聘的顾问表示热烈的欢迎,对他们长期以来为推动香港问题按照邓小平同志所倡导的"一国两制"方式加以解决,为保持香港的繁荣和稳定,为积极支持和帮助内地建设所作的贡献,表示衷心的感谢。

李鹏在谈到国内的情况时说,现在我国各项事业都在蓬勃发展。中共十一届三中全会以来,中国的社会经济面貌,不论在农村还是在城市,不论在沿海还是在内地,都发生了巨大的变化。可以说,这十多年是新中国成立以来,我国经济发展最快,人民生活显著改善的时期。实践证明,改革开放顺乎民意,深入人心。我国经济和社会发展的第一步战略目标的实现依靠改革开放,那么第二步战略目标和整个现代化的实现更加需要深化改革和扩大开放。今后,我们将继续坚定不移地按照邓小平同志所倡导的"一个中心、两个基本点"的基本路线,抓住当前有利时机,努力创造条件,从我国的实际出发,进一步解放思想,大胆探索,加快经济发展和改革开放的步伐,把建设有中国特色的社会主义不断推向前进。

李鹏说,90年代是我国推进统一大业的重要时期。现在离中国政府恢复对香港行使主权还有五年多的时间。平稳过渡和政权的顺利交接,保持香港长期繁荣和稳定,是中英两国的共同目标,也是香港500万居民的共同利益所在。对此,中英联合声明已作了明确规定。去年梅杰首相访华时,中英两国政府签署了香港新机场建设的备忘录,并确定了双方就香港跨越1997年的重大问题进行磋商的原则,以实现平稳过渡和政权的顺利交接,保持香港的长期繁荣和稳定。要做到这一点是很不容易的,这一方面需要中英两国政府恪守双方已达成的协议和原则,加强信任和合作,有事多进行磋商。另一方面也要依靠香港各界人士的关心。希望各位顾问就如何做到平稳过渡和政权的顺利交接以及保持香港的繁荣和稳定,多多提出宝贵意见。我们聘请香港事务顾问,就是为了这个目的。李总理祝愿各位顾问运用自己的智慧和经验以及在香港事务中的影响,为中国的统一大业,为香港居民的长远利益,作出新的更大的贡献。

聘书颁发仪式由国务院港澳办公室主任鲁平

主持。

全国人大常委会副委员长全国妇联主席陈慕华就《九十年代中国儿童发展规划纲要》有关问题答记者问

问：最近，国务院常务会议讨论通过了《九十年代中国儿童发展规划纲要》，请问，儿童发展纲要是在什么条件下产生的？

答：儿童是祖国的未来，民族的希望。培养一代又一代德、智、体全面发展、具有良好素质的接班人，是建设四个现代化强国、实现共产主义理想的根本保证。因此，我国党和政府一贯重视儿童事业发展，关心儿童的健康成长。几十年来，我国儿童的发展水平比新中国成立前有了显著提高，主要指标均处于发展中国家的前列。

随着我国社会主义现代化建设的不断发展以及国际形势的发展变化，制定全国儿童发展规划，优化儿童成长环境就显得更为迫切。1989年"全国优生、优育、优教讨论会"提出了制定儿童事业发展规划的问题，部分省、自治区及一些地市积极响应，制定了本地区儿童事业发展的五年或十年规划，并在1990年"六一"中央召开的儿童工作座谈会上做了汇报。在这个座谈会上，李铁映同志提出，全国30个省、自治区、直辖市都要制定儿童发展规划，国务院也要在各地制定规划的基础上制定儿童发展规划。

1990年9月，联合国在纽约召开了世界儿童问题首脑会议，会议通过了《儿童生存、保护和发展世界宣言》和《执行九十年代儿童生存、保护和发展世界宣言行动计划》两个文件。《宣言》庄严承诺"儿童幸福需要最高一级的政治行动。我们决心采取这样的行动。……对儿童的权利，对他们的生存及对他们的保护和发展给予高度优先。"《行动计划》具体提出了2000年实现儿童生存、保护和发展的主要目标，并要求签字各国政府在1991年底前拟定国家行动方案。李鹏总理正式签署了上述两个文件，代表我国政府作出了庄严的承诺。这既是对我国儿童的承诺，也是对国际社会的承诺。

问：制定《九十年代中国儿童发展规划纲要》的意义和基本原则是什么？

答：儿童发展纲要的制定，是我国儿童发展进程中的一件大事，是党和政府关心儿童健康成长的具体体现，也是我国社会经济、文化发展到一定阶段的产物，是儿童工作发展到一定阶段的产物。它是将儿童工作整体化、系统化，这有利于儿童工作的综合、协调、全面发展。

儿童不仅需要政府的保护，还需要社会的保护，儿童发展纲要的制定，为儿童的健康成长提供了社会各方面的保护，体现了我国政府在人权问题上的基本原则和一贯立场，可以说，这是我国在90年代继《未成年人保护法》之后又一个保护儿童权利的重要文件。它的制定，是一件利在当代，功在千秋的伟业，具有极其重要的意义。

儿童发展纲要遵循以下三项原则：

1. 坚持从中国的国情出发，以我国儿童发展状况为基础，与国家的《国民经济和社会发展十年规划和第八个五年计划纲要》的总目标相一致，同时也考虑到世界儿童问题首脑会议通过的两个文件的要求。

2. 我国地域辽阔、规划时效十年，因此它是以儿童发展的主要指标为内容，是一个"纲领性"的规划，称为"规划纲要"。

3. 儿童作为未成年人群，其发展有赖于成人，特别是父母亲，因此，在首脑会议的《行动计划》和我国的《规划纲要》中都有与儿童发展至关紧要的非儿童发展指标，理解这一点是十分必要的。

问：你认为落实儿童发展纲要提出的目标还需要做哪些方面的工作？

答：制定儿童发展纲要是依靠各级政府以及各有关部委的共同努力，各级政府要根据儿童发展纲要提出的总体目标和指导思想，结合本地区的实际情况，制定出当地儿童发展规划，并积极创造条件，充分发挥政府领导监督和协调的职能，合理支配、调整资源，采取认真负责、行之有效的措施落实规划提出的各项任务。

各部委也要根据各自的职能制定出本部门落实规划的切实可行的行动计划。

儿童发展纲要的实现，也涉及到千家万户，很大程度上要靠家长和广大群众的参与。家庭教育对儿童身体、心理、品德、智力的发展起重要作用，提高家庭教育水平，普及科学育儿知识也是落实儿童发展纲要的一项重要任务。要通过引导，使广大家长逐步增强使命感和责任感，按照国家的目标，用科学的方法，培养、教育好儿童。当然，各地情况不同，家庭教育的形式、内容也不同，要根据各地实际，从儿童身心健康出发去工作。

实现儿童发展纲要中的某些目标，还要依靠学校教师，医护人员，文化艺术、新闻出版工作者，社会工作者用教育的、科学的方法诱导群众、启发群众，提高广大群众的素质，从而自觉地为儿童事业工作。

要组织好儿童发展纲要的学习、宣传工作，用群众喜闻乐见、灵活多样的形式使儿童发展纲要的精神以及确定的目标家喻户晓，提出的各项任务真正落实到实处。

儿童事业是全球的事业，因此我们也希望得到国际上的支持。长期以来，联合国儿童基金会对我国的儿童发展给以了友好的合作，并取得了良好成效，我们真诚希望这种合作得到继续和发展。同时欢迎海内外热心于儿童福利、儿童发展的有识之士和友好人士对我国实现儿童发展规划中提出的目标给予经济上、物质上的援助。我们将会永远铭记这些朋友们的功绩！中国也将同国际社会一道，促进世界儿童的共同发展。

我相信，在全社会的共同努力下，儿童发展纲要制定的目标一定能够实现。

国务委员兼外交部部长钱其琛在波恩与德国副总理兼外交部长根舍举行会谈

国务院中央军委发布命令授予在抗洪抢险中牺牲的李鸿武"抗洪抢险模范民兵营长"称号

国务院、中央军委近日发布命令，授予李鸿武"抗洪抢险模范民兵营长"的荣誉称号。

国家体改委国家科委确定把高新技术产业开发区的建设和改革作为工作重点

在全国科技工作会议上，国家体改委、国家科委总结经验，大胆探索，决定在"八五"期间把高新技术产业开发区的建设和改革，作为科技工作的重点，加快高新技术产业的形成和发展。

高新技术产业开发区是我国高新技术产业发展的基地。去年邓小平发出"发展高科技，实现产业化"的号召，极大地推动了我国高新技术研究开发及其产业化的进程。1991年经国务院批准，在沿海开放城市和内地大中城市中又建立了26个国家高新技术产业开发区，进一步吸引科研机构、高等院校、大中型企业进入开发区。

国家科委负责人认为，中央一系列的战略决策，使27个国家高新技术产业开发区从一开始建立，就具有高科技与商品经济相结合的优势，享有与经济特区大体相当的优惠政策。建设好这些开发区，不仅会有力地推动高新技术研究及其产业化，而且对整个科技工作的政策和发展，都具有重要作用。

促进高新技术成果商品化、产业化、国际化，国家体改委和国家科委联合作出以产权制度、分配制度、计划管理与市场调节相结合的重点开发区改革决定，并选择几个开发区作为综合改革的试点。

在产权制度改革方面，两委要求大力发展多种形式的股份制，进行股票上市与不上市等多种试点，使企业的发展建立在合理的产权制度、管理体制和运行机制之上。要在积极争取财政、银行支持的同时，通过发行股票、债券等形式，广泛开拓开发区和企业的集资、融资渠道。

在分配制度和劳动人事制度改革方面，要真正实行工资总额与效益挂钩的原则，使企业能够自主确定内部分配制度，保证让做出突出贡献的企业和个人能够合法地获得高积累和高报酬，同时允许企业和职工有权双向选择，允许人员流动。

在计划管理和市场调节相结合方面，要继续以市场为导向，同时要解决企业在生产许可、主要原材料供应、进出口和外汇的配额及渠道等方面存在的问题。

国家科委负责人认为，改革的目的，是要努力优化开发区的软环境，并创造良好的硬环境，努力把开发区建成高新技术产业的基地、高新技术向传统产业渗透的辐射源、对外开放的窗口、深化改革的试验区和示范区。

中国日本美国开通卫星数字专线网

国家级自然保护区评审委员会成立

国务院环境保护委员会最近批准成立国家级自然保护区评审委员会。

第一届评审委员会由28位有关专家和有关部门代表组成，办公机构设在国家环保局。凡需申报建立国家级自然保护区的，须在每年5月底之前向国务院报送《建立国家级自然保护区申报书》和有关论证材料，并同时抄送国家环境保护局。

3月12日

国家主席杨尚昆在人民大会堂会见乌兹别克斯坦总统卡里莫夫

中共中央总书记江泽民在人民大会堂会见由总书记季米特利斯·赫里斯托菲亚斯率领的塞浦路斯劳动人民进步党代表团

江泽民在会见时说：塞浦路斯劳动人民进步党有着悠久的历史，我们两党过去在反帝、反殖、争取民族独立的斗争中一直互相同情，相互支持。近年来，两党的关系不断发展，进一步加强来往不仅能增进两党之间的相互了解，而且有利于两国友好合作关系和两国人民友谊的不断发展。

赫里斯托菲亚斯说，"这意味着我们两党关系有了进一步发展，这也有利于进一步加强两国的友好关系。"

江泽民在介绍国内情况时说，中共十一届三中全会以来，由于坚定不移地贯彻、执行了邓小平同志倡导的"一个中心，两个基本点"的基本路线，中国这10多年来经济得到了发展，人民生活有了提高，综合国力不断增强。他说，“我们要加快改革开放的步伐，集中精力把经济建设搞上去。”

江泽民说，现在全国人民正满怀信心，沿着建设有中国特色的社会主义道路走下去。

江泽民说，中国一贯十分重视加强同广大发展中国家的团结与合作，并愿意在和平共处五项原则基础上发展同世界各国的友好关系。

中共中央总书记江泽民在北京会见首批应聘的香港事务顾问

江泽民说，“一国两制”方针不是权宜之计，是一项长期的坚定不移的国策。

江泽民说，这项方针同邓小平同志倡导的“一个中心、两个基本点”的基本路线是一致的。实践证明，在我国实行具有中国特色的社会主义是符合中国的实际情况的。香港回归后将继续实行资本主义。他强调说，一个繁荣昌盛的社会主义大陆将保证香港的繁荣和稳定，而一个繁荣的资本主义的香港为大陆与世界各国开展贸易架设了一个桥梁。因此，大陆离不开香港，香港离不开大陆，谁也离不开谁。

江泽民说，只有长期坚持“一国两制”的方针，才能保持香港回归后的繁荣和稳定，才能保证大陆经济发展和改革开放政策的贯彻执行。

江泽民总书记在人民大会堂会见了首批香港事务顾问。由国务院港澳办公室和新华社香港分社聘任的这 44 位顾问都是香港各界有影响有代表性的人士。

国务委员陈俊生在农区发展畜牧业座谈会上发表讲话

陈俊生在农区发展畜牧业座谈会上指出，大力开发秸秆资源；发展农区草食家畜，对于节约粮食、促进农业生产良性循环、减轻环境污染、改善人们的膳食结构、帮助农民脱贫致富奔小康有重大意义，我们一定抓紧抓好，使我国畜牧业有更大发展。

财政部副部长张佑才在第三次全国清理“三角债”会议上发表讲话

财政部副部长张佑才日前在第三次全国清理“三角债”工作会议上说，当前企业亏损十分严重，须下决心予以解决。根据国务院领导同志的指示精神，各地区、各部门要利用三年或稍长一点的时间，基本上消灭经营性亏损，努力降低政策性亏损，大大提高企业的盈利水平。

张佑才指出，企业严重亏损的这种状况，是我国经济生活中深层次问题和矛盾的反映。一是多年来生产、建设、流通领域中普遍存在高投入、低产出、高消耗、低效益的现象。一些地区和部门盲目投资，重复建设，造成许多产品供过于求，生产能力大量放空，产品质量低劣。不少企业由前几年的“摇钱树”变为“苦菜花”。二是企业经营机制未根本转变，市场意识淡薄。不少企业只重生产，不重销售，导致产品大量积压在库，这不仅阻碍了资金的正常周转，也增加了利息费用开支。去年下半年各地贯彻限产压库精神，产成品资金占用有所回落，年末为 1097 亿元，但仍超过正常库存额。三是企业包袱多、负担重、投入不足，致使产品结构调整缓慢、技术更新能力低，难以适应千变万化的市场需求。1991 年 1 至 11 月国家重点抽查的主要产品质量，比上年有所提高的只有 43%，有 29% 的产品质量比上年下降，有 45% 的产品质量低于历史最高水平。据调查，大中型企业生产的产品在国内市场上畅销的只占 58%。此外，工业企业的物质消耗水平也长期高居不下。四是企业自身管理素质亟待提高。这几年许多企业总想要求财政减税让利，要求银行多供一些贷款，而在强化企业内部管理上下的功夫不够。不少企业内部基础管理流于形式，不但现场管理“脏乱差”，损失浪费严重，而且记录、计量、验收、定额、计价、财产清查等一些经济核算过程中不可缺少的管理制度，或被弃置不用，或执行不严，或缺乏考核检查，以致成本不实，财产流失，利润虚假，一旦外部环境发生变化，企业就难于承受。

张佑才说，对企业亏损问题，各地区、各部门一定要有清醒的认识。为了确保完成今年国营工业企业降低亏损面 5 个百分点，降低亏损额 10% 以上的目标，要重点抓好以下工作：

一、加强组织领导。国务院决定，由全国“质量、品种、效益年”领导小组及其办公室，来负责全国企业扭亏增盈的指导和协调工作，具体工作由国务院生产办和财政部共同来抓。

二、建立扭亏增盈责任制。特别是要落实各级领导人的扭亏增盈责任，为完成今年的扭亏增盈目标提供必要的制度保证。

三、把盈亏大户作为扭亏增盈的重点。据统计，目前亏损额 500 万元以上的工业企业只占全部预算内国营工业企业的 1.7%，而亏损额却占 70.3%；利税在 1 亿元以上的盈利大户占全部企业的 0.4%，但其实现利税占全部工业实现利税的比重则为 46%。因此，要有针对性地抓好这批亏损大户和盈利大户的扭亏增盈工作。

四、协调好完成扭亏增盈目标与搞好国营大中型企业的关系。切实转变企业内部经营机制，从根本上解决亏损问题。

五、在完成扭亏增盈目标的同时，对潜亏进行清理和处理，并采取措施，防止新的潜亏发生。今后若再发生潜亏，有关部门要追究领导人的责任。

国务委员兼外交部部长钱其琛在波恩就中德两国关系国际形势等问题接受德国《商报》记者采访

钱其琛在谈到两国去年贸易问题时说，德国对华出口减少，责任不在中国，因为德议会通过了一项限制对华关系的决议。

钱其琛说，中国最近将派两个采购团来西欧，德国是重要的一站。中国今后五年将进口至少三千亿美元的货物。钱其琛说，外商在中国投资没有风险，希望德国企业更多地参加中国的大建设项目。他说，两国的贸易是可以平衡的，但如果德国政府加以限制，德企业将会失去许多机会。

钱其琛说，联合国有维持和平的义务，可以派维持和平部队，但不是干预部队。联合国不能成为一个超级国家，到处进行干涉。钱其琛强调，中国已参加联合国维持和平的行动，但不会参加其维持和平部队，这是中国的政策。

在谈到苏联解体问题时，钱其琛说，中国人民从苏联的解体中看到，苏联式的改革不适合中国。苏联僵化的经济体制过去对中国没有吸引力，现在也没有吸引力。中国同独立国家联合体中的四个国家接壤，中国愿意同它们保持正常的政治、经济关系。

钱其琛指出，世界是多样化的，正向多极化发展。世界不能由一个超级大国来统治，他强调说，中国永远不作超级大国。

钱其琛接着说，中国向中东出口的武器并不多，最多的是美国，其次是原苏联、英国和法国。西方有关中国向中东大量出口武器的报道，大部分是虚构的。

他在谈到台湾和香港问题时说，一九九一年有一百多万台胞访问大陆或回大陆探亲、旅游。交流应是双方的，但大陆同胞去台目前仍受到限制是不正常的。中国的统一事业正在前进，希望能得到包括德国在内的国际社会的支持。他保证，香港回归大陆后仍可保持原来经济制度和生活方式。

钱其琛最后还介绍了中国经济和政治改革的情况。

国务委员兼外交部部长钱其琛应邀在德国外交政策协会作题为《中国的外交政策》的报告

钱其琛说，当今世界正处在历史性的转折时期，以美苏对抗为标志的两极格局业已终结，各种力量重新分化组合，世界正向多极化格局发展。

世界发展是不平衡的，变化的过程尚未结束。危及世界和平、导致国际形势紧张的因素并未根本消除。原有的一些矛盾和对抗结束了，又产生了新的矛盾和对抗。今天，欧洲已成为新的动荡的中心。一些历史遗留下来的领土争端、民族纠纷和宗教矛盾逐渐趋于表面化。一些民族矛盾引发了程度不同的冲突，甚至战争。欧洲出现了东西之间的贫富鸿沟。从全球来看，发展中国家的处境十分困难，南北差距日益扩大，富者愈富，穷者愈穷。这种状况继续下去，势必成为新的动乱根源，有可能触发新的地区冲突。

总之，天下并不太平，国际社会仍面临许多严峻的挑战。和平与发展，仍是各国人民面临的两大主要问题。世界要和平，国家要稳定，经济要发展，是世界人民的共同愿望。

钱其琛说，中国外交政策的基本点是：(1)中国独立自主地决定对国际问题的态度和政策，不同任何大国或国家集团结盟或建立战略关系，反对霸权主义和强权政治。(2)中国外交的目的是维护世界和平和为国家的现代化建设创造和平的国际环境。(3)中国愿意在互相尊重主权和领土完整、互不侵犯、互不干涉内政、平等互利、和平共处五项原则的基础上同所有国家发展关系。(4)加强同第三世界发展中国家的团结与合作，同周边国家发展睦邻友好关系是中国外交政策的基石。(5)中国倡导在和平共处五项原则基础上建立国际关系和国际政治经济新秩序。

中国主持国际正义，不遗余力地为维护世界和平、解决国际争端和地区冲突做出自己应有的贡献。

——中国政府支持朝鲜北南双方进行对话，同时加入联合国，签署《关于北南和解、互不侵犯和交流合作协议书》以及《关于朝鲜半岛无核化共同宣言》。

——中国同联合国安理会其他常任理事国以及东盟国家一起，排除障碍，促成了《柬埔寨冲突全面政治解决协定》的签署。

——在海湾危机和战争期间，中国政府采取了谴责侵略、主持正义、争取和平解决的原则立场。

——中国一直真诚希望中东问题早日获得公正、合理的政治解决。中国最近与以色列建立了外交关系，应邀出席了中东和会第三阶段会议。

——我们对召开中东军控问题五大国会议的倡议作出了积极响应，提出了“公正、合理、全面、均衡”的军控原则。中国参加了《不扩散核武器条约》，宣布按照现行的《导弹及其技术控制制度》的准则和参数行事。

——我国正式参加了亚洲太平洋经济合作组织，这有利于亚太地区经济合作的健康、平衡的发展。

中国特别注重同周边国家发展睦邻友好关系。睦邻安邦符合中国和邻国人民的共同利益，也有力地促进了亚洲地区的和平与发展。

原苏联是中国最大的邻国，两国间有 7000 多公里的共同陆地边界。在苏联解体后，我国根据不干涉别国内政和尊重各国人民选择的一贯立场承认各宣告独立的共和国，并已同其中大部分国家建立了外交关系。

我国同中东、海湾、拉美、非洲和南太平洋等地区的发展中国家的关系也得到了不同程度的加强，友好合作关系不断扩大，经贸和科技文化交流日益增多。

中日关系已完全恢复正常。美国国务卿贝克去年11月访问了我国，达成了一些协议，最近安理会首脑会议期间，美国总统布什同中国总理李鹏会见时，双方同意尽快落实所达成的各项协议和谅解。

钱其琛说，中国同西欧国家的关系有着悠久的历史，人民之间有着传统的友谊。经过双方近两年来的共同努力，相互关系已有了明显的改善，基本趋于正常。英国首相梅杰、意大利总理安德烈奥蒂先后成功地访问了我国。不久前，我国总理李鹏圆满地访问了意大利、瑞士、葡萄牙和西班牙。1991 年，中国同西欧国家进出口贸易总额约达 173 亿美元，比 1990 年增长约 11%。西欧已经成为我国的重要贸易伙伴。

中国和西欧国家的关系之所以不会长期停滞，主要是因为我们之间存在着许多平行的利益。我们之间互不构成对对方的威胁，在一些重大国际问题上有着相同或近似的看法。我们之间的共同点始终多于分歧点。

——西欧和中国都认为随着两极格局的终结，世界正走向多极化。中国是亚洲的一个大国，正在亚太地区和国际事务中发挥着不可忽视的作用。西欧国家以欧共体为核心加强政治、经济联合并取得了明显的进展，正在成为多极化格局中的一支重要的力量。

——双方都关心并致力于维护世界的和平与稳定，反对地区冲突激化、升级，主张通过协商的方式解决国际争端，反对诉诸武力。

——双方重视联合国近年来在维护和平、促进发展方面做出的积极贡献。双方在联合国范围内经常就一些重大问题进行磋商，交换意见，取得了令人满意的结果。

——双方在经济上各有优势，可以取长补短，互通有无。

毋庸讳言，由于双方的社会制度、发展水平不同，文化和历史传统各异，在某些问题上存在一些差异。但这不应妨碍彼此建立和发展正常的政治经济关系。一年前我在西班牙外交政策研究中心发表演讲时曾指出，只要共同遵循求同存异、相互尊重、互不干涉内政和平等互利这些原则，中国同西欧国家的关系就能不断向前发展。

为了真正赢得世界和平，为各国人民创造一个有利于发展的良好环境，应当建立一个稳定、公正、合理的国际新秩序。我们主张各国人民自己有权处理各国的内部事务。国际事务应由国际社会的成员共同参与管理。国家不分大小、贫富、强弱，都有权作为国际社会的平等成员，为世界的和平与发展做出自己应有的贡献。

钱其琛说，有的国家把人权作为外交政策的基石。我们认为，人权从本质上来说是一个国家主权范围内的问题。有关人权的国际条约和文书也只能通过各国国内的立法来加以实施。人权的内涵是十分丰富的，不仅包括公民政治权利，而且包括经济、社会和文化权利。整个人类的人权和基本自由应得到普遍尊重，而对于广大发展中国家来说，首要的是独立权、生存权和发展权。因此，观察一国的人权状况，不能割断该国的历史，不能脱离该国的国情。要求世界各国照搬一国或少数几国的人权标准和模式，既不恰当，也行不通。中国重视人权，并主张在相互理解、相互尊重、求同存异的基础上，同国际社会就人权问题进行平等的讨论和合作，而反对借人权问题干涉别国内政。

钱其琛说，中国人民对伟大的德意志人民一直怀有友好和钦佩的心情。中国在战后一贯理解、同情和支持德意志人民要求统一的愿望。中国一向重视并致力于同德国发展长期稳定的友好合作关系。中、德建交 20 年来，由于双方共同努力，两国在政治、经济、科技和文化等领域的合作都有了很大的发展。

为使中德关系全面发展，重要的是双方都应以长远的战略眼光来考虑并处理好两国关系。中国同德国都是世界上重要的国家，在维护世界和平与促进共同发展方面有着各自的责任和共同的利益。中国尊重德国人民的选择，欢迎德国最终实现和平统一。我们希望看到统一后的德国在国际事务中发挥更为积极的作用。对德国理解和支持中国统一的事业，我们也感到高兴。在当前动荡而复杂多变的国际形势下，两国增加接触，密切磋商，增进了解，扩大合作，会对国际形势的稳定起到建设性的作用。

中、德两国在经济上各有所长，有很大的互补性。如果能不失时机地利用未来的巨大合作机遇，中德两国经贸关系将会迅速达到一个新的高度。

钱其琛最后说："一个独立自主和稳定的中国同一个高度发达的统一的德国建立友好合作关系，符合我们两国人民的根本利益，有利于世界的和平与稳定。"

外交部发言人吴建民在记者招待会上就俄罗斯联邦外交部长科济列夫将访问中国发表谈话

吴建民宣布，应国务委员兼外交部长钱其琛的邀请，俄罗斯联邦外交部长科济列夫将于 3 月 16 日至 17 日对我国进行访问。访问期间，双方就将发展双边关系以及共同关心的国际问题交换意见。

吴建民在回答记者提问时宣布，中国将暂时中止执行中匈互免签证协定部分条款。

吴建民说，鉴于匈牙利方面将自1992年3月17日零时起临时中止中匈互免签证协定的部分条款，中国政府已决定，自1992年3月17日零时起临时中止执行该协定第2条第2款第3、4、5项规定。这就是说，凡持普通护照、侨民护照和归国证明书的匈牙利公民进入或从中国过境，也应当事先办妥中国的签证。

吴建民就钱其琛国务委员兼外交部长访英发表评论说，访问有助于推动两国关系的发展和维护香港的繁荣与稳定。

吴建民指出，英国各党派一致赞成发展中英关系，保持香港繁荣稳定；英经济界人士表现出强烈的发展中英经贸关系的兴趣，双方讨论了加强经贸关系的具体措施；钱外长向梅杰首相递交中国参加《不扩散核武器条约》的加入书。

中国驻俄罗斯联邦大使王荩卿向俄罗斯外交部副部长库纳泽递交中国参加《不扩散核武器条约》的加入书

王荩卿向俄罗斯方面递交的这份条约加入书与3月9日钱其琛外长在伦敦向英国首相梅杰递交的条约加入书内容相同。

中国驻美国大使朱启祯在华盛顿向美国代理国务卿伊格尔伯格递交中国参加《不扩散核武器条约》的加入书

中国提出的人工繁殖扬子鳄商业注册登记提案在《濒危野生动植物种国际贸易公约》成员国第八次会议上获得通过

国务院办公厅中央军委办公厅为转发解放军总参谋部关于进一步做好国防工程军民共管工作的意见的通知

通知指出，国防工程是军事设施的重要组成部分。把已经建设好的国防工程保护好、管理好，使之经常处于良好状态，是巩固国防、维护国家安全利益的需要，是各级人民政府和军事机关的共同责任。对国防工程，主要是陆军设防工程实行军民共管，是新形势下搞好国防工程维护管理工作的有效途径，也是贯彻落实军事设施保护法的一项重要措施。军地各级领导和有关部门务必高度重视，密切配合，加强组织领导，搞好宣传教育，充分发挥民兵的作用，调动广大群众维护管理国防工程的积极性，切实把国防工程保护、管理好。

《意见》中包括提高认识，进一步加强国防工程的管护工作；依法强化共管意识，加强对共管工作的领导；抓好国防工程军民共管工作的落实；建立和完善国防工程军民共管的工作制度；认真做好国防工程的安全保密工作等5个部分。

3月13日

中共中央总书记江泽民在中南海会见乌兹别克斯坦共和国总统伊斯兰·阿卜杜加尼耶维奇·卡里莫夫

江泽民说：我们过去在很长的时间里认为，市场是资本主义的特征，计划是社会主义的特征。其实，计划和市场都是调节经济的手段，不是区别社会主义经济和资本主义经济的标志。资本主义也有计划，社会主义不能没有市场。我们的思想突破了旧的束缚之后，经济改革就迈出了新的步伐。

卡里莫夫总统说，乌中两国人民的友好关系源远流长。乌兹别克人民认为，中国是一个伟大的国家，在国际上有着重要的作用和影响。中国人民依靠自己的辛勤劳动在建设自己国家中取得了巨大成就。乌兹别克独立后要走自己的道路，我们愿意了解和学习中国的经验。百闻不如一见，实际到中国来看看，确实不一样。

江泽民说，中国革命胜利后，如何建设自己的国家，迅速发展经济，我们也经历了一段摸索的过程。最近十多年来，我国经济取得了很大的发展，人民生活迅速改善，这主要是我们执行了邓小平同志倡导的“一个中心、两个基本点”的基本路线的结果。

江泽民强调：任何一个国家要把经济搞上去，没有一个安定的政治局面是不可能的。中国人民对这一点有了越来越深刻的认识。

国务院总理李鹏在人民大会堂和来访的乌兹别克斯坦共和国总统伊·卡里莫夫举行正式会谈

李鹏说，中国方面十分重视阁下的这次来访，中乌两国第一次高层接触对开拓两国关系的未来具有重要意义。即将签署的中乌联合公报是今后两国关系的指导性文件。总统的这次访问，将会有力地促进两国关系广泛深入地发展。李鹏总理指出，保持和发展同独联体各成员国的睦邻友好关系是中国的一项重要政策。双方即将签署的十几个双边合作协定和议定书就是总统阁下这次访问成果丰硕的具体体现。当然，具体实施以后，可以循序渐进。

卡里莫夫总统说，乌兹别克是一个享有独立主权的国家，是联合国的会员国，已有一百零五个国家承认乌兹别克的独立。乌兹别克政府愿意同中国发展在各个领域里的关系。我们对中国经济改革的经验很感兴趣,对中国改革的成就十分赞赏。卡里莫夫总统特别欣赏中国的政治安定、良好的秩序和纪律。他说,实践证明,中国改革的战略是正确的。

李鹏应客人的要求,比较系统地阐述了“一个中心、两个基本点”的基本路线,并介绍了我国农村和城市改革的主要政策和措施。李鹏表示,中国将在十多年实践的基础上,进一步深化和加快改革步伐,不断扩大对外开放。

全国第三次清理三角债工作会议在北京结束

国务院领导李鹏、姚依林、朱镕基、王丙乾、李贵鲜、陈俊生等出席了国务院第三次清理三角债会议,李鹏、朱镕基发表讲话。

国务院领导在讲话中特别强调学习邓小平同志关于建设有中国特色社会主义的思想的重要性,并指出当前的国际国内形势对我们有利。我们要抓住有利时机,加快经济发展。关键是要坚持党的“一个中心,两个基本点”的基本路线,改革开放的胆子要大一点,步子要快一点,思想要解放一点,要勇于创新,敢于试验。当前特别要加速企业经营机制的转换,要下决心把企业推向市场。同时,政府部门职能要转变,宏观要管住,微观要放开,切实减少不必要的行政干预,使企业真正成为自主经营、自负盈亏、自我发展、自我约束的社会主义商品生产者和经营者。在企业内部要搞好劳动用工制度、工资制度和干部制度的改革,调动起广大职工的积极性。转变经营机制是一个复杂的系统工程,要注意做细致的思想工作,要得到广大职工的理解和支持,只有大家一条心,才能迈出更大步伐。

国务院领导在讲话中充分肯定去年清理三角债取得的成绩。指出国务院对清理三角债工作十分重视,并把它作为搞好国营大中型企业,提高经济效益的突破口。从去年9月起,在国务院的直接领导和部署下,各地区、各部门和企业积极开展了清理工作。由于清理三角债工作的指导思想明确、工作方法得当,各部门、各地区密切配合,清欠工作取得很大成绩,缓解了长期困扰国营企业的债务,基本上遏制住了前清后欠。这有利于搞好国营大中型企业,有利于企业转换经营机制,有利于经济正常运行。

国务院领导对1992年的清欠工作提出了要求,强调产生三角债的深层次矛盾还没有解决,前清后欠的潜在因素还未清除,彻底解决三角债的任务还相当艰巨,今年要在抓紧清理老债的同时,把重点放在防止新欠上,并且做好相关的工作。

限产、压库、促销要结合起来。对滞销积压产品,要继续进一步限产压库,这是提高企业经济效益,真正加快经济发展的积极措施。同时要努力开拓市场,特别是农村市场是一个广阔天地,大有作为。有些滞销产品并不是完全没有市场,问题在流通没有搞活。要加速流通体制的改革,促进产品的销售。

要认真解决企业亏损和财政欠补、银行挂账问题。亏损有两种,一种是政策性亏损,一种是经营性亏损,有的企业很难分清,存在着政策性亏损掩盖经营性亏损的现象。现在,政策性亏损正在通过价格改革逐步解决,经营性亏损主要由于技术落后、产品无销路、管理不善造成的,必须限期扭转。由于各级财政欠拨、欠补、欠退,造成银行挂账的问题,必须采取积极措施,切实加以解决。从1992年起,要力争不再出现新的挂账,并要在三至五年内逐步解决老的挂账。

《人民日报》发表社论《认真学习 深刻领会 狠抓落实》

本报12日刊登了中共中央政治局召开全体会议,讨论我国改革和发展若干重大问题的消息。会议强调指出,必须坚定不移地贯彻执行党的“一个中心,两个基本点”的基本路线,抓住当前有利时机,加快改革开放的步伐,集中精力把经济建设搞上去,沿着有中国特色的社会主义道路继续前进。会议要求,全党同志特别是各级领导干部,要认真学习邓小平同志关于建设有中国特色的社会主义的一系列重要论述,进一步提高全国贯彻执行党的基本路线的自觉性。党中央的这些精神与要求,对于全党全国当前与今后的工作,具有十分重要的指导意义。

贯彻中央政治局全体会议精神,要求我们全体党员、干部尤其是各级领导干部,认真学习邓小平同志关于建设有中国特色社会主义的论述,全面准确掌握其内容,深刻理解其精神实质,以提高全面贯彻执行党的基本路线的自觉性。学习要紧密结合实际,抓住有利时机,抓住改革和建设中牵动全局的重大问题,深入调查研究,确定今后一个时期的战略思想、政策主张,认真组织实施,狠抓各项工作的落实。

要解放思想,实事求是,积极进取,开拓创新,看准了的,就大胆地试,大胆地闯。各级领导干部都要力戒形式主义和官僚主义,腾出主要精力多办实事,讲求实效,把经济建设为中心的各项建设事业提高到一个新的水平。

改革开放和建设都需要稳定。经过全党同志和全国人民的共同努力,我们取得了政治稳定、经济稳定、社会稳定的大好局面。这个局面来之不易,一定要十分珍惜,进一步巩固和发展安定团结的政治局面。全党同志要响应党中央的号召,紧密团结在以江泽民同志为核心的党中央周围，团结和带领各族人民奋发进取，艰苦奋斗，以改革和建设的优异成绩，迎接党的十四大的胜利召开！

中央社会治安综合治理委员会第五次全体会议在北京召开

中共中央政治局常委中央社会治安综合治理委员会主任乔石在会上要求各级党委、政府和各有关部门认真学习邓小平同志关于建设有中国特色社会主义的重要论述，贯彻落实最近召开的中央政治局会议精神，坚定不移地执行党的"一个中心、两个基本点"的基本路线，坚持"两手抓"、"两手硬"，一手抓改革开放，一手抓打击各种犯罪活动，扫除各种丑恶现象，进一步加强社会治安综合治理工作，为加快改革开放和经济发展创造稳定的社会环境，为建设有中国特色的社会主义作出应有的贡献。

中央社会治安综合治理委员会副主任任建新、王芳及 27 名委员参加会议。

乔石在回顾中央社会治安综合治理委员会成立一年来的工作时认为，去年，党中央、全国人大常委会、国务院和各地区、各部门都突出抓了社会治安综合治理工作，从各方面的反映看，效果是好的。刑事案件大幅度上升的势头初步得到遏制，社会秩序、社会风气逐步好转。广大人民群众的安全感有所增强，维护治安的积极性进一步提高。实践证明，抓社会治安综合治理这条路子走对了，深得人心。

乔石强调，今年，认真搞好社会治安综合治理，仍然是党和国家的重点工作之一。党和国家把社会治安综合治理工作作为维护社会秩序和社会稳定的重要措施，决心坚持不懈地抓下去，各地区、各部门都要进一步提高认识，再接再厉，把综合治理的各项措施落实到各部门、各单位的实际工作中去，落实到基层组织和群众中去。

在谈到今年社会治安综合治理工作的重点时，乔石表示，严厉打击各种犯罪活动，坚决扫除贩毒吸毒、卖淫嫖娼等各种丑恶现象，仍然是今年社会治安综合治理工作的首要环节。必须实行专门机关与群众工作紧密结合的方针，一方面对执法工作的各个环节加强监督检查，切实纠正执法不严、打击不力的倾向；另一方面开展丰富多彩的宣传教育活动，大张旗鼓地发动和组织人民群众同违法犯罪行为作斗争，表彰见义勇为的好人好事，树立尊重他人、互谅互让、助人为乐、"维护治安人人有责"的社会风尚。

公安部副部长俞雷在会上汇报了当前社会治安情况及"严打"、反盗窃斗争的情况。

吉林省七届人大五次会议选举高严为省长

中共中央总书记江泽民在中南海会见由朝鲜劳动党中央委员《劳动新闻》总编辑玄峻极率领的《劳动新闻》代表团

中国乌兹别克斯坦在北京签署 14 个文件

国家主席杨尚昆和乌兹别克斯坦总统伊·卡里莫夫晚上出席在钓鱼台国宾馆举行的中乌双方 9 个文件的签字仪式。

这 9 个文件是：中乌两国外交部磋商议定书；中乌两国政府科学技术合作协定；中乌两国政府教育、卫生、旅游和体育合作协定；中乌两国政府关于开展铁路运输合作的议定书；中乌两国政府关于公路和海运合作议定书；中乌两国农业部合作协议；中乌两国政府关于中国向乌兹别克斯坦提供商品的政府贷款协定；中乌两国政府关于建立中乌政府间经贸合作委员会的协定和中乌两国政府关于鼓励和相互保护投资协定。

此外，双方还签署了中国银行同乌兹别克斯坦国家对外经济活动银行合作协议；中乌两国邮电部邮电合作议定书；中国国家通讯社新华社同乌兹别克斯坦通讯社交流信息和合作议定书；中国国家广播电视公司和广播电影电视部同乌兹别克斯坦广播电视公司合作意向书和中乌民航合作会谈纪要。

欧共体委员会负责对外关系的副主席安德里森在布鲁塞尔欧共体总部会见国务委员兼外交部部长钱其琛

安德里森表示，欧共体完全相信中国有巨大的发展潜力。欧共体及其成员国准备为中国的发展作出贡献。

安德里森还说，中共中央政治局作出了一个重要决定，要一百年坚持改革开放政策，这是一个令人感到有希望的消息。中国是一个重要国家，进一步扩大经济对外开放是一件重要事情。

钱其琛对安德里森副主席表示，中国重视并愿意同欧共体进一步发展关系。中国十分关注欧共体的一体化进程。钱外长表示希望双方的经贸关系能够克服障碍，进一步向前发展。

中国速滑运动员叶乔波获世界杯速滑赛两项亚军

在德国因策尔举行的世界杯女子速滑赛上，中国选手叶乔波获得 500 米和 1000 米速滑两项亚军。

3 月 14 日

第七届全国人大常委会第二十五次会议上午举行

会议的主要任务是为即将召开的第七届全国人民

代表大会第五次会议作准备。

上午的会议由万里委员长主持。会议先后听取全国人大常务副秘书长曹志作的关于七届全国人大五次会议主席团和秘书长名单草案的说明、澳门特别行政区基本法起草委员会秘书长鲁平受主任委员姬鹏飞委托作的关于提请审议澳门基本法草案及有关文件的报告、代表资格审查委员会副主任委员冯之浚作的关于补选的七届全国人大代表的代表资格的审查报告。

根据议程,这次常委会还将审议七届人大五次会议议程草案、主席团和秘书长名单草案、全国人大常委会工作报告草稿。

澳门特别行政区基本法起草委员会向全国人大常委会作报告

澳门特别行政区基本法起草委员会秘书长鲁平受主任委员姬鹏飞的委托,向七届全国人大常委会第 25 次会议作关于提请审议的澳门特别行政区基本法草案及有关文件的报告时说,澳门特别行政区基本法(草案)是根据"一国两制"的总方针和国家对澳门的基本政策,从澳门的实际情况出发,广泛听取澳门和内地各界的意见而起草的。由于国家对香港和澳门的基本方针政策是一致的,在起草时既注意了要使澳门特别行政区基本法在总体结构、主要原则上同香港特别行政区基本法大体一致,又要充分注意澳门的实际情况,反映澳门的特点。

报告说,在中央和澳门特别行政区的关系方面,草案在总则中明确规定,将于 1999 年 12 月 20 日设立的澳门特别行政区,是中华人民共和国不可分离的部分,同时又是一个享有高度自治权的地方行政区域,直辖于中央人民政府,从而明确了澳门特别行政区的法律地位。在此基础上,规定中央和澳门特别行政区的相互关系。例如,草案规定,中央人民政府负责管理澳门特别行政区有关的外交事务和防务,依照基本法有关规定任命澳门特别行政区行政长官、主要官员和检察长,部分全国性法律须在澳门特别行政区实施,澳门特别行政区立法机关制定的法律须报全国人大常委会备案,澳门基本法的修改权和解释权属于全国人大和全国人大常委会等。这些规定维护了国家的统一和领土完整,体现了国家主权。同时,草案又规定全国人民代表大会授权澳门特别行政区依照基本法实行高度自治,享有行政管理权、立法权、独立的司法权和终审权,澳门特别行政区的行政机关和立法机关由澳门特别行政区永久性居民依照基本法组成,澳门特别行政区不实行社会主义制度和政策,保持原有的资本主义制度和生活方式,50 年不变,上述规定在其他章节中进一步具体化。例如,在行政方面,澳门特别行政区政府可以自行制定财政、税收、金融、贸易、工商业发展、文化、教育、科技等方面的政策,处理上述有关的事务。在立法方面,澳门特别行政区立法机关在不抵触基本法的前提下自行制定法律。在司法方面,除原有法律制度和原则对法院审判权所作的限制以及涉及国防、外交等国家行为的案件外,澳门特别行政区法院对所有案件均有审判权。中央人民政府所属各部门、各省、自治区、直辖市均不得干预澳门特别行政区依照基本法自行管理的事务,中央各部门及省、自治区、直辖市如需在澳门特别行政区设立机构,须征得澳门特别行政区政府同意并经中央人民政府批准,澳门的民间团体和宗教组织同全国其他地区相应的团体和组织的关系,以互不隶属、互不干涉、互相尊重的原则为基础。这些规定充分体现了"一国两制"和高度自治的精神。

报告指出,在居民的基本权利和义务方面,是从多方面多层次地规定了澳门特别行政区居民和其他人享有的各项权利和自由,例如,草案规定澳门特别行政区居民可依法享有选举权和被选举权;享有言论、新闻、出版、结社、游行、示威、参加工会和罢工的自由,以及信仰、通讯、婚姻、迁徙、选择职业和工作、从事教育、学术研究、文学艺术创作等自由;居民的人身自由、人格尊严、住宅不受侵犯和法律保障的其他权利和自由。草案还根据澳门居住不少葡萄牙后裔居民,他们在澳门社会所处地位比较特殊的情况,规定他们的利益依法受到保护,其习俗和文化传统应受尊重。

报告说,在政治体制方面,是根据有利于澳门稳定发展,兼顾社会各阶层的利益,循序渐进发展适合澳门情况的民主制度的原则,草案第六十九条规定,澳门特别行政区立法会多数议员由选举产生,第五十一条规定,部门议员由行政长官委任。据此拟定了附件二《澳门特别行政区立法会的产生办法》,其中规定了逐步增加直接选举议员的人数。同时根据行政机关、立法机关和司法机关之间应互相制衡又互相配合的原则,规定了行政长官、行政机关、立法机关和司法机关的职权以及行政机关和立法机关的关系。

报告说,在经济方面,对澳门特别行政区的个人和法人财产所有权、外来投资、财政、税收、金融、工商业发展等方面作了规定,以利于促进经济的发展。针对澳门经济结构中旅游娱乐业占重要地位的这个特点,草案第一百零七条和第一百一十八条规定澳门特别行政区可以自行制定旅游娱乐业的政策,但要考虑澳门的整体利益。法律将对专营税制另作规定。

报告说,在文化和社会事务方面,规定了特别行政区政府可以自行制定教育、医疗卫生、科学技术、文化、体育、宗教、社会福利等方面的政策。鉴于目前澳门实行由政府审定专业人士的资格和实行执业登记制度,草案第一百二十八条规定，澳门特别行政区自行确定专业制度，根据公平合理的原则，制定有关评审和颁授各类专业和执业资格的办法。

全国政协第七届常委会第十八次会议讨论国务院副总理邹家华所作有关三峡工程报告

许多委员认为，兴建三峡工程的时机已基本成熟，应该作出决策，根据国家财力、物力的可能，选择适当时机组织实施。

委员们认为，规模宏大的三峡水利枢纽工程，具有防洪、发电、航运和改变库区长期贫困面貌等巨大综合效益，建设好三峡工程可以兴利除害、造福子孙后代。兴建三峡工程对增强我国综合国力和下世纪国民经济的发展，有十分重要的意义。

很多委员指出，关于三峡工程的技术可行性，建设资金筹集的可行性，水库移民、生态环境和人防问题的解决方案，经过全国有关部门和各方面的专家的反复考察论证，并充分吸取各方面的有益意见和建议，目前看来是可信、可靠、可行的。

为了使三峡工程建立在更加科学的基础上，委员们还提出了很多有益的意见和建议。一些委员提出，要保证三峡工程的顺利进行，国家必须打破部门地区间的局限，建立由中央、国务院直接领导的有权威的建设领导机构，理顺各种关系。有的委员指出，三峡工程建设要自力更生，多门路、多渠道筹集建设资金。工程所需资金要精打细算，周密计划，切不可成为“钓鱼工程”，更要防止一拥而上“吃”三峡工程。做好移民工作对三峡工程的顺利进行至关重要，应根据实际情况及时修订移民规划。三峡工程的建设周期长，建设期间防洪工作不能放松等。

有的委员原则上赞成兴建三峡工程，但对某些具体问题仍有疑虑，希望更谨慎从事。参加这次常委会并负责解答委员们问题的国务院三峡工程审查委员会办公室的专家和技术人员认为，这些意见对三峡工程的正确决策是十分有益的。

中共中央在中南海怀仁堂举行党外人士座谈会

在座谈会上，江泽民向各民主党派、全国工商联负责人和无党派人士代表通报了3月9日、10日中共中央政治局全体会议精神，并请到会的党外人士就我国改革和发展的若干重大问题发表意见和建议。

座谈会由乔石主持。丁关根、邹家华、彭冲、钱正英等出席座谈会。

江泽民说，中共中央政治局全体会议深入讨论了我国改革和发展若干重大问题，强调必须坚定不移地贯彻执行“一个中心、两个基本点”的基本路线，抓住当前有利时机，加快改革开放的步伐，集中精力把经济建设搞上去，沿着有中国特色的社会主义道路继续前进。这次会议的精神与要求极为重要，不仅对当前的改革和建设，对开好我们党的十四大，具有十分重要的指导作用，而且对整个社会主义现代化建设事业，具有重大而深远的意义。

江泽民说，从现在起到本世纪末，是我国社会主义现代化建设的一个非常关键的时期。我们一定要认真学习邓小平同志关于建设有中国特色社会主义的一系列重要论述，牢牢把握党的“一个中心、两个基本点”的基本路线，一百年不动摇。社会主义建设的根本任务就是解放和发展生产力。只有生产力发展了，人民生活改善了，国家的综合国力增强了，才能充分显示社会主义的优越性，增强社会主义的吸引力和凝聚力，才能保持国家的长治久安。要解放思想，实事求是，大胆探索，坚决试验，敢于“闯”，加快改革开放，加快经济发展。

江泽民强调，坚持党的基本路线，加快改革开放，把经济搞上去，现在关键要狠抓各项工作的落实。

江泽民说，不断巩固、发展、壮大最广泛的爱国统一战线，是我们党一项坚定不移的战略方针。几年来，在我们党与各民主党派、各人民团体及各界朋友的共同努力下，爱国统一战线团结、稳定、向上，形势是好的。统一战线工作方向正确，成绩显著。

江泽民指出，坚持和完善共产党领导的多党合作和政治协商制度，是我国政治体制改革的一项重要内容。我们要进一步发挥各民主党派和无党派人士参政议政和民主监督的作用，发展共产党与非中共人士的合作共事，促进共产党领导的多党合作和政治协商制度不断完善。

江泽民最后说，全国人大、全国政协七届五次会议即将召开，这次会议要紧紧扭住经济建设这个中心，体现“民主、求实、团结、鼓劲”的精神。希望大家共同努力，把“两会”开好。

全国工商联主席荣毅仁、民建中央主席孙起孟、致公党中央主席董寅初、民革中央副主席彭清源、台盟中央主席团主席蔡子民、民盟中央副主席钱伟长、民进中央主席雷洁琼、农工党中央主席卢嘉锡、九三学社中央副主席徐采栋、全国工商联副主席王光英先后在座谈会上发言。

他们在发言中一致拥护中共中央政治局对我国改革和发展若干重大问题的正确决策。他们认为，认真学习邓小平同志关于建设有中国特色社会主义的一系列重要论述，坚定不移地贯彻执行党的基本路线，加快改革开放步伐，集中精力把经济建设搞上去，是我国兴旺发达、长治久安的重要保证。他们表示，作为参政党，在经济建设和进一步改革开放中，一定竭尽全力，作出自己应有的贡献。一些党外人士还就如何进一步发展经济，深化改革，扩大开放，提出了建设性意见。

应邀参加座谈会的各民主党派、全国工商联领导人和无党派代表人士还有：阿沛·阿旺晋美、严济慈、赵朴初、程思远、高天、万国权、方荣欣、杨纪珂等。

中共中央统战部负责人蒋民宽、万绍芬、刘延东和宋堃也参加座谈会。

国务院关税税则委员会关于取消进口调节税的决定

国务院关税税则委员会决定，从1992年4月1日起，全部取消进口调节税，同时调整一般摄像机和小汽车的进口关税税率。

取消进口调节税后，16种商品的实际关税税负将降低28.6%至61.5%。其中合成纤维和人造纤维纺织物下降30%，32位字长以下的微型计算机下降45%，彩色投影电视机下降42%，中小规模集成电路下降50%。与此同时，对原征进口调节税的小汽车、一般摄像机的关税税率作适当调整，一般用途的摄像机取消80%的进口调节税后，关税税率由80%调为100%，实际税负仍降低37.5%；普通小汽车取消80%的进口调节税后，排气量2000毫升以下的小汽车关税税率由120%调整为180%，实际税负降低10%，排气量2000毫升以上的，关税税率则提高到220%。

中共中央政治局候补委员丁关根在人民大会堂会见香港工商专业联会访京团

在回答香港客人所提台湾问题时，丁关根说“一国两制”本来是针对台湾问题提出来的，后来用于解决香港问题。“一国两制”是邓小平的发明和创造，也是实现祖国和平统一的最佳方案。我们“一国两制”的方针不变。

中国和乌兹别克斯坦发表联合公报

一、应中华人民共和国主席杨尚昆的邀请，以乌兹别克斯坦共和国总统伊·卡里莫夫为首的代表团于1992年3月12日至14日对中华人民共和国进行了国事访问。

卡里莫夫总统与杨尚昆主席进行了重要的和内容丰富的交谈。中共中央总书记江泽民会见了卡里莫夫总统。中华人民共和国国务院总理李鹏和卡里莫夫总统举行了会谈。两国领导人在友好、诚挚、求实的气氛中就乌中双边关系和共同关心的问题交换了意见。

二、根据双边会谈结果，双方签署了如下文件：乌兹别克斯坦共和国外交部和中华人民共和国外交部磋商议定书；两国政府关于文化、教育、卫生、旅游、体育和科技合作协定；政府间关于铁路运输、公路和海运合作议定书；以及两国农业部合作协议、银行间协议等文件。

三、双方一致认为，乌中第一次高级会晤具有重要意义，确定了乌兹别克斯坦共和国和中华人民共和国相互关系的原则，并将促进两国互利合作的发展。这符合两国人民的利益和愿望，有助于维护亚洲和世界的和平与稳定。双方一致认为，两国领导人之间政治接触和对话是重要的和有益的，今后将继续下去。

四、双方声明，乌兹别克斯坦共和国和中华人民共和国将在互相尊重主权和领土完整、互不侵犯、互不干涉内政、平等互利、和平共处的原则基础上发展人民之间的友好关系和两国之间的互利合作。

五、双方将积极发展两国在政治、经济、科技、农业、贸易、交通、通讯、文化、教育、卫生、新闻、旅游、体育和其他领域的平等和互利合作，增进相互之间的了解和往来。

六、双方一致认为，经济合作和贸易是两国相互关系的重要组成部分。双方将采取措施保证在经济、贸易交流和其他领域内的互利联系的发展。

双方在本国法律范围内创造良好条件，鼓励对方在自己领土上投资并加以保护，以发展两国之间有效的合作经营活动。

七、双方鼓励两国国家组织、企业、机关和民间组织进行合作，认为这种合作有助于乌兹别克斯坦和中国之间各方面联系的发展。

八、双方将在环境保护、解决生态问题方面进行双边合作，并将在相互信任、平等互利的基础上努力发展合作的新领域。

九、中国方面重申，中华人民共和国政府是代表全中国的唯一合法政府。台湾是中国领土不可分割的一部分。中国方面坚决反对旨在制造“两个中国”、“一中一台”、“一国两府”或“台湾独立”的任何企图和行动。

乌兹别克斯坦共和国支持中国的这一立场。据此，乌兹别克斯坦共和国政府同中华人民共和国政府建立了官方关系，并将只同作为中国唯一合法政府的中华人民共和国政府保持关系。

十、中华人民共和国政府支持乌兹别克斯坦共和国政府保障和维护民族和经济独立的立场，支持乌兹别克斯坦共和国成为国际组织的成员。

十一、乌兹别克斯坦共和国和中华人民共和国主张在本文件第四条中所阐明的和平共处五项原则的基础上建立公正的国际政治和经济新秩序，认为这一秩序符合人类的发展和保障世界和平的利益，反映世界各国人民的共同愿望。

十二、双方确认各自恪守联合国宪章的宗旨和原则，主张提高联合国的威望，支持联合国在国际事务、解决全球性问题以及地区冲突方面发挥更大的作用。世界所有国家，不论大小、强弱、贫富，都有权成为国际社会享有充分权利的一员，平等参与国际生活。

中央军委授予北京卫戍区仪仗大队“军旅标兵”荣誉称号命名大会在北京军区礼堂举行

国务院总理李鹏在全国科技工作会议代表座谈会上发表题为《加快科技体制改革促进科技成果转化》的讲话

这次全国科技工作会议是在关键时刻召开的。大家认真学习了邓小平同志的重要讲话和中央政治局关于进一步解放思想、加快改革开放、集中力量把经济建设搞上去的精神，研究了今后几年科技工作的任务和方针政策，会议是开得好的。现在我讲几点意见，供大家参考。

第一，关于科技战线的形势

目前，我国政治稳定，社会稳定，经济进一步向好的方向发展，形势是好的。科技战线的形势也是好的，在改革和发展两方面都迈出了较大步伐。我国科技体制改革，无论在理论还是实践方面，都是成功的、富有创造性的，各项科技发展项目也取得了丰硕成果，科学技术的整体水平有比较明显的提高，对于推动经济发展起了很大作用。全社会的科技意识得到加强，依靠科技进步促进经济发展，已经成为各级领导干部的共识。这是一个很大的进步。

第二，关于科技发展的基本方针

基本方针要保持稳定性和连续性。90年代，我们要继续坚定不移地执行“经济建设必须依靠科学技术，科技工作必须面向经济建设”的方针。这一提法已经为大家所公认，代表了科技工作的主导方向，要保持长期不变，当然，还要在实践中进一步完善，丰富其内涵。现在有一些这样那样的提法，也有些新意，但基本方针不要变，变了会使人无所适从。

科技战线有几个方面军。一个是面向经济建设主战场的，一个是从事高新技术的研究和开发的，一个是从事基础性研究的。科技面向经济也好，经济依靠科技也好，首先要求科学技术事业自身不断发展与提高。从我国现代化建设的需要出发，经济建设是科技工作的主战场，这一点不动摇。同时，加强基础性研究、高新技术研究，发展高新技术产业，也是非常重要和不可缺少的。只有从这三个层次全面推动科技事业的发展，科技和经济的发展才有后劲。这次会议提出要把努力攀登科学技术高峰，多出成果，快出人才，作为对科技工作的战略要求，具有十分重大的意义。我们期待着广大科技工作者在三个层次的科技工作中，为祖国和人民建功立业。

第三，关于加快科技体制改革

这次全国科技工作会议以及不久前召开的全国经济体制改革工作会议，都提出要进一步加快科技体制改革的步伐，这是非常重要的。改革是发展生产力，也是解放生产力。前几年，科技体制改革虽然已经取得一定的进展，但现行的科技体制在许多方面仍然束缚着科技事业的发展，进一步深化改革势在必行。改革的核心是科技与经济的结合问题，要把是否有利于解放和发展科技这个第一生产力，作为判断是非、权衡利弊和决定政策的标准。要大胆实践，大胆试点，加快改革步伐，促进科技事业更快地发展。深化科技体制改革要着重解决好这么几个问题：

(一)加速科技成果的转化。加速科技成果商品化、产业化，使之从潜在的生产能力转化为现实生产能力，这是经济与科技结合的关键。这里我想强调两点，一点是要发挥计划与市场两个优势。计划和市场都是调节经济的手段，科技领域也应该很好地运用这两个手段。比如通过计划组织国家级的、省一级的科技攻关，并有计划地组织推广和应用。这是长期以来行之有效的方法，还要继续实行。这样做，可以发挥社会主义制度集中力量办大事的优越性。同时，要利用市场机制推动科技成果的转化。国家已制定了专利法、技术合同法，技术市场已初具规模，但是还不够，还要大力促进技术市场的发展。我们既要把自己的科技成果推向国际市场，也要从国际市场上吸收更多的科技成果。对自己开发的成果，要通过国内市场渠道来推广和转化。要把计划与市场很好地加以结合，推动科技成果的转化。另外一点，科技成果的转化需要条件，需要纽带和桥梁，因此，要抓好转化这个中间环节，比如加强中介机构、中试基地、建立风险基金、建设工程中心等等。在这方面，发达国家和我们自己都有不少成功的经验，应该善于学习和借鉴。

(二)要做到人尽其才，才尽其用。这是一篇大文章。我国有一支很好的、很有水平的科技队伍，一千多万科技人员，五千多个独立的科研机构，这是我们的优势所在。要用好这支队伍，就必须进行体制的改革，克服科研机构与国营大中型企业同样普遍存在的弊端。现在这支队伍的作用还没有得到充分的发挥。不是科技人员不努力，不是他们不想努力，主要是体制上的许多问题阻碍着他们积极性的充分发挥。如何才能进一步发挥他们的积极性？这需要大家去摸索，大胆地试验，然后把大家的经验加以总结，成功的加以推广，还是“从群众中来，到群众中去”。科研机构的聘用制度、工资制度、人事制度都要改革，才能创造出人尽其才，才尽其用的环境和条件。这几年不少单位已经在这样做了。比如，通过政策的引导，从科研院所、高等院校中分流出一部分科技人员，专门从事科技成果的转化工作。这个经验是成功的，应该加以肯定。同时，要注意保留一支精干力量，从事基础性研究、高新技术研究和重大项目攻关，二者不可偏废。要引入竞争机制，竞争才能出人才、出成果、出效益。有些科研机构在分配制度上实行工效挂钩，但是有一个前提，就是这些单位首先应该成为自主经营、自负盈亏的经济实体，实行企业化管理。不能一方面工效挂钩，一方面接受财政拨款，按事业单位管理。

(三)增加科技投入。科技是需要投入的，人才的培养也要投入。科学实验，有成功，也有失败，是有风险的。重大的科技项目要投入相当的资金和力量。我国科技投入是不足的，这是现实，为了发展科技事业，从总体上讲，国家要增加科技投入。现在国家的分配格局已经发生了很大变化，财政收入在整个国民收入中的比重现在不到 20%。增加科技投入，出路在于形成多渠道、多层次的全社会投入的新机制，并且要注意投入的效果。随着经济的发展，国家要增加对科技的财政拨款，重点是支持基础建设、基础性研究和一些大型的科技攻关项目。地方政府可以拿出一定的财政收入搞科技。对一些有明显经济效益的项目或科技企业，可以采取集资的办法，多渠道筹集资金。解决科技投入，很重要的一个来源是依靠企业集团，因为企业集团具有较强的科技投入力量。在西方发达国家，石油、汽车、钢铁等大公司，自己都有强大的科研机构，直接为公司的发展提供科研成果。中国石化总公司今年要投入 8 亿元搞科技，这种做法很好。

刚才大家提出一个建议，能不能从销售收入中提取一定比例建立技术开发基金。搞活国营大中型企业的 20 条政策措施中，有一条是可以从销售收入中提取百分之一用于技术开发，已经做了规定，现在的问题是落实。

农业也要依靠科技进步。刚才山东的同志讲得好，要搞高效农业，现在是产量上去了，效益没上去，虽然达到了吨粮田，但是成本很高。农业方面的科技投入，比如良种的实验和推广，节水性农业，以及综合实验基地等，国家和地方政府要予以支持。像水产、养殖、畜牧和经济作物，也可以从销售收入中提取一定比例建立技术开发基金。有的形成了农工商或贸工农一条龙的联合开发体，这些单位就有力量进行科技投入。总之，要动员全社会共同努力，通过多层次、多渠道筹集资金的办法，提高我国科技投入的总体水平。地方政府和一切经济部门都要真正把科技工作当作大事来办。没有科技的进步，就没有经济的持续增长，就没有现代化。真正牢固树立起这样的观念，积极性就有了，科技投入就来了。

第四，关于培养科技人才

科技进步最关键的是人才问题。小平同志对人才的培养是十分关心的。社会主义现代化建设是亿万人民的伟大实践，有计划地培养和造就大批科技专门人才，并且充分发挥他们的聪明才智，是摆在我们面前一项极为重要的战略任务。这里我想强调两点。一是要注意培养科技成果转化方面的人才，造就一批新型企业家。办科技型企业，要有这样一种人才，他们不仅是科技人员，而且是企业家。这个问题已经提上我们的议事日程。二是要加强青年科技人才的培养。青年是国家的未来，是实现社会主义现代化的希望。当然我们要继续发挥现有科技人员包括老专家的作用，但是从根本上来说还是要靠青年，把希望寄托在年轻人身上。要大胆地培养和使用年轻的科技人员，为充分发挥他们的聪明才智创造条件，放手让大批具有新的知识结构的优秀青年科技人员进入关键技术岗位和管理岗位，使他们成为新技术革命的骨干和学术带头人。对于近年来到国外学习的科技人员，不管他们过去的政治态度如何，我们都热情地欢迎他们回来工作，参加祖国的社会主义现代化建设。有些科技人员在国外也并不都能人尽其才，为了谋生，有的不得不放弃自己的专业，从事一些低层次的工作，心情也不舒畅。祖国这么宏伟的建设事业，才是他们施展抱负的广阔天地。对于因种种原因留在海外的人员也欢迎他们回国进行学术交流、合作研究，参加科技成果商品化、产业化、国际化的工作。国家从政策上保障他们来去自由，往返方便。

目前，我们国家科技人员的待遇是比较低的。从国务院到各级政府，要随着经济的发展不断改善科技人员的工作条件和生活条件，还要有计划地实行对有贡献的科技人员给予奖励的制度。要随着工资制度的改革，普遍地提高科技人员的待遇，同时，对有较大贡献的科技人员给予各种形式的奖励，这件事中央在做，地方也在做，效果是好的。

第五，关于办好高新技术产业开发区

高新科技是当代科技竞争和经济竞争的制高点。建立高新技术产业开发区，这是我们的一个创造。去年国家批准建立 27 个高新技术产业开发区，这是贯彻执行小平同志“发展高科技，实现产业化”思想的重要步骤。开发区的建立和发展，最重要的作用是将高新技术转化为现实生产力，实现产业化；有了经济效益，反过来又可以加强高新技术的研究和开发。在 90 年代，要集中力量把高新技术产业开发区建设好，这个意义是非常深远的。各省市积极性都很高，安徽的同志说，我们不是沿海开放城市，也不是经济特区，但是合肥有高新技术产业开发区，可以利用这个渠道来发挥合肥科技人才比较集中的优势，促进安徽经济的发展，并作为对外开放的窗口。刚才沈阳的同志也讲了加强南湖开发区建设的经验。

目前，我国高新技术开发区的发展势头是很好的。开发区是新事物，新事要新办。要敢于试行新的机制、新的制度。在开发区内可以大胆地试行股份制，进行按劳分配的分配制度、人事制度、社会保障制度等方面的改革，及时总结经验。成功了，推广；失败了，继续探索前进。开发区的企业领导，既是科技人员，又是企业家，肩负着重要的历史使命。从事高新技术开发性工作的科技工作者要做坚持社会主义精神文明建设的模范，在实行和传播先进管理方式的同时，开创科学、文明、诚信和协作的经营新风。要讲职业道德，树立信誉，不能搞低档的甚至伪劣产品，砸自己的牌子。希望各部门、各条战线都关心、支持开发区的发展，希望科研单位、高等院校和大中型企业以各种形式参与开发区的建设，在这里干一番事业。国务院对于办好高新技术产业开发区，和办好经济特区、办好沿海开放城市一样重视，一样支持，希望真正办好，办出成果来。

国家科委主任宋健在全国科技工作会议上发表题为《在党的基本路线指引下为经济建设和科技发展做出更大贡献》的讲话

由国务院批准召开的这次全国科技工作会议，今天就要结束了。会议开得很好。会议期间，我们进一步学习了邓小平同志最近的重要讲话，学习了中央政治局3月9日、10日召开的全体会议精神，武装了思想。今天上午，李鹏总理听了会议的汇报后，做了重要讲话，讲了五个问题，都是要害问题，对当前科技工作中的重要问题做了非常明确的指示，非常重要，对我们科技界是很大的鼓励和鞭策。对邓小平同志的讲话和党中央、国务院的指示精神，我们要进一步理解并坚决贯彻执行。

会议期间，李绪鄂同志代表国家各部委党组作了工作报告，全面分析了当前科技工作的形势，讲了今后要重点抓好的十个方面的工作。我都赞成。大家围绕着这个报告，展开了热烈的讨论，发展了很多好的意见和建议。在当前全国加快改革开放、尽快把经济建设和科技事业搞上去的新形势下，我国科技战线必须抓住这个机遇，做出新的更大成绩。就这个问题我讲几点意见，作为对绪鄂同志工作报告的补充，供同志们讨论研究。

一、坚定不移地全面执行党的基本路线

最近一年多来，国际形势发生重大变化。与此形成鲜明对比的是，社会主义的中国经济繁荣，政治稳定，人民安居乐业。中国人民为此感到自豪。所有这一切，归根到底是因为我们有了一条以经济建设为中心，坚持四项基本原则，坚持改革开放的基本路线。由于贯彻执行了这一条正确的路线，各项事业蓬勃发展，中国人民由此看到了社会主义的光明前途，看到了中华民族振兴的希望，对未来更加充满信心。事实已经证明，党的十一届三中全会以来形成的这条基本路线，是中国社会主义事业不断取得胜利的根本保障，是保证我们国家长治久安的最有力的武器。这条路线受到全国人民的拥护，得到全国科技界的坚决支持。九十年代和整个二十一世纪，全国科技界都要牢牢把握这条基本路线不动摇，为社会主义事业的大发展，为中国科技事业的繁荣兴旺做出更大的贡献。

在党的基本路线指引下，我国科技事业同全国各项事业一样，在八十年代取得很大发展。为了把经济建设搞上去，科技界坚决执行了"经济建设必须依靠科学技术，科学技术工作必须面向经济建设"的指导方针、坚持四项基本原则，积极推进改革，扩大对外开放，不断完善面向经济建设主战场、发展高新技术及其产业和加强基础性研究这三个层次的部署，认真解决科技与经济脱节的问题，努力建立计划与市场相结合的新机制，使科学技术在现代化建设中起着越来越重要的作用。

邓小平同志关于"科学技术是生产力，而且是第一生产力"的论断，抓住了当今世界科技与经济发展的关键，发展了马克思主义，丰富了建设有中国特色的社会主义的理论，是千真万确的真理。去年以来，全党和全国人民广泛学习这一科学论断，科技意识有了很大提高。各级领导更加重视科技工作。许多党政第一把手亲自抓第一生产力，使全国呈现出科技大发展的好形势。科技兴省、兴市、兴行业的发展战略普遍实施。财政、金融、税务、工商、人事等部门以及社会各界对科技进步的支持不断加强。科技知识的普及传播速度加快。爱科学、学科学、用科学的社会风气更加浓厚。我国的科技事业进入了历史上最好的发展时期。可以说，党的基本路线带来了新的科学春天。

九十年代，我们面临着国民生产总值再翻一番，达到小康水平的光荣任务。在前进的道路上，当然还会遇到各种困难，只要我们坚定不移地全面执行党的基本路线，尽快把经济建设搞上去，建设有中国特色的社会主义就会有可靠的保证。邓小平同志反复强调经济建设是我们一切工作的中心，其他一切任务都要服从这个中心，围绕这个中心，决不能干扰它，冲击它。我们一定要遵循这一重要指示，紧紧围绕这个中心，“咬定青山不放松，任尔东西南北风”，坚定不移、真抓实干。坚持经济建设这个中心，解放和发展生产力，把经济搞上去，最重要的是充分发挥科学技术这个第一生产力的作用，切实把经济建设转移到依靠科技进步和提高劳动者素质的轨道上来。科学技术在经济发展中所处的这种关键地位，决定了科技界应该也必须成为执行党的基本路线的模范，这是历史赋予我们的重任。

我们当前的任务是要加快改革开放步伐，加速经济发展，这对科技工作提出了许多新的要求，为推进科技发展与改革提供了良好机遇。科技界的同志们要勇敢地站在坚持基本路线、推进改革开放的前列，为建设有中国特色的社会主义做出更大贡献。

二、加快改革步伐

十多年来，我国经济实力空前增强，科学技术事业迅速发展，都得惠于基本路线，特别是改革开放。今后经济和科技的大发展，唯一出路也在于深化改革、扩大开放。科技体制改革，作为中国改革事业的重要组成部分，引导和推动了科学技术的蓬勃发展。十几年来，在党的基本路线指引下，通过改革，科技界基本确立了为经济建设服务的指导思想和科技成果商品化的观念，计划与市场相结合的机制正在形成，科技与经济结合的路子越走越宽，创造了很多新的经验，取得了历史性的成就。实践证明，科技体制改革符合历史潮流，符合中国实际，方向正确，步骤比较稳妥，执行是成功的。这些基本方针在今后相当长的时间里不能改变。

最近，国务院通过的《国家中长期科学技术发展纲领》，提出了科技体制改革的总目标，这就是：“建立和完善符合科技发展规律的、与社会主义有计划商品经济相适应的科技同经济有机结合、互相促进的新体制；促进科技工作积极为经济建设服务，进一步解放和发展生产力。”应该看到，我们已经取得的成绩，离这一总目标的实现还有很大差距。改革尚未成功，同志仍需努力！我们必须进一步解放思想，胆子再大一些，步子迈得更快一些，更加勇于探索，敢于创新，力争九十年代从根本上实现这一历史性任务，为发展具有中国特色的社会主义科技事业而奋斗。

无论是从我国发展的客观现实，还是从国际上的评论都可以看到，经过四十多年的努力，中国已成为科技大国，科技力量雄厚，具有强大的攻关能力，对选定的目标，所志必得，这对提高中国的国际地位、建设中华民族的高度文明都做出了巨大的贡献。过去十年，我们拓宽了技术向社会扩散的渠道，实行了知识产权保护，颁布了专利法和技术合同法，改革了拨款制度，开放了技术市场。技术市场去年的交易额达到94亿元，数目虽然还不大，但表明科研院所、高等院校和整个科技工作者的观念正在逐步改变，为进入经济领域、进入市场迈出了成功的一步。

但是，我们也应该清醒地看到，在科技转化为现实生产力、转化成社会财富、转化成经济实力方面，我们仍然远远落后于发达国家，落后于新兴工业化国家。从执行以经济建设为中心的任务来看，当前，我国科技界的最大弱点仍然是科技与经济的结合不够紧密，科技成果向商品、向产业、向市场转化的力量还相当薄弱，为经济建设主战场服务的机制尚未完全形成。我们周边的一些国家和地区，由于重视技术引进、技术开发和科技成果转化，使得它们正在快速进入世界经济发达国家和地区的行列。在这个重大问题上，如果我们缺乏紧迫感，不下大决心抓紧解决，就会处于被动，甚至出大问题。

中国科技界的同志们，特别是各级领导同志要从这样的高度来看待这个问题，从而在九十年代下大决心，下战略决心，来解决这个问题。我们能否有革命的勇气，有改革的气魄，有战略性的决策，是解决这个问题的关键。

目前，我国大批科技人才仍然聚集在科研院所、高等学校。据统计，有近一半的人闲在那里或任务不饱满，人才不能流动；而在广阔的经济领域，包括农业和工业，农村和城镇，科技人员奇缺。科技人员就业范围单调，很多人没有得到充分发挥他们才能的机会。各种俗成的制度，仍然束缚着科技人员作用的发挥，社会还没有很好地为他们创造广阔的、有吸引力的施展才干的机会。这个问题，是我们当前改革开放事业中的一项最迫切的、亟待解决的战略问题。大家想一想，我国科技人员占全国人口总数不到百分之一，大大低于发达国家和新兴工业化国家的水平，尚且不能充分发挥他们的作用，这不是体制缺陷的有力证明吗？如果不大胆进行改革，这种不合理的体制何时能从根本上改变呢？从这个意义上来讲，不大胆地改革，不大胆地创新，不走出一条新路、好路，我们的事业就没有希望。所以，从战略高度勇敢地、大胆地来深化科技体制改革，是决定中国科技兴旺、经济发展、民族振兴以至于社会主义事业成败的关键。

国家科委党组认为：九十年代科技体制改革的重点任务是：必须从根本上解决面向经济建设主战场这个问题，建立科技与经济、计划与市场有机结合的机制和体制，做好这篇大文章。

对各类科研机构，都要实行政策引导，坚决实行人才分流，使它们投入经济建设的主战场，从事成果转化工作。例如，参加攻关、推广、开办高技术产业，扩大服务范围等，开拓广阔天地，促进科技成果向商品化、产业化和国际化方向转化，到国内外市场的竞争中去求生存、求发展。高等院校也要分流出相当力量，进入高新技术产业开发区、经济技术开发区和经济特区，兴建校办产业。这方面要学习北大、清华等校的成功经验。同时国家将继续按照少而精的原则，择优支持从事基础性研究的机构、重点实验室、社会公益性机构、工程技术研究中心等增加经费投入，努力保持一支精干的科学家队伍，在当代科学前沿拼搏，力求有所创新，有所前进，向世界水平靠拢，攀登科技高峰，保障我国科技事业的持续发展。

科技体制改革的深入，要靠政策引导，靠大家努力实践。我们的政策是不强迫、不命令、不争论。要使大家都明白，所有科研机构和高等学校都要坚持改革方向，倒退是没有出路的。技术开发型的机构，更要重视开发，要面向经济，面向市场，要在社会上找到自己的位置，发挥作用。社会需求是推动科技进步的原动力。无论哪种类型的科研工作，都要注意发挥群众优势，提倡搞大系统、大兵团作战，向现代科学技术进军；要防止力量分散，防止出现向自然经济模式倒退的倾向。一切科技事业单位都要学习和探索计划与市场相结合的机制和体制，向现代化管理方向前进。

要大力支持各种所有制的民办科技机构的发展，这项政策不能变。要继续鼓励它们实行市场运行机制，实行多种形式的科研、生产、销售和服务的一体化经营。要大胆试验股份制，吸收更多的科技力量，创造更多的就业机会，投向国内外市场，力求在国际市场上取得成功。要在保护它们合法权益的同时，引导它们合法经营，科学管理。

高新技术产业开发区的改革要在全国走前一步。要解放思想，新事新办，勇于试验，闯出新路。对于已经出台的一些改革措施，要大胆实践。在理顺资产关系，实行股份制和改革分配制度、工资制度、人事制度，以及建立社会保险制度和融资、集资等改革问题上，要积极探索，敢于创新，使高新技术产业开发区率先建立起新的运行机制与体制，为全国科技体制改革提供新的经验。

我们要正确对待搞活和振兴现有的大中型企业与发展高新技术产业之间的辩证统一关系，而不应该把两者对立起来。现有的大中型企业是目前国家经济和工业的脊梁、支柱。党中央、国务院已做出决定，为振兴大中型企业采取了二十条措施。我们的大院大所、大专院校，是中国科技事业的脊梁和支柱，他们为奠定中华民族的科技事业做出了历史性贡献，立下了不朽的功勋。在今后的工作中，我们要继续全心全意支持、帮助大院大所和大专院校尽快完成向新机制的转变，努力在经济建设和市场上找到自己的新地位，在新形势下，继续发挥科技骨干作用。同时要看到，由于世界高新技术的进步和发展，很多新兴产业在诞生，在发展。例如，微电子、通讯、自动化、生物工程、新材料、新医药等等，正如雨后春笋，层出不穷。高新技术的发展已经带动并将促使更多新的高技术产业的出现，形成新一代经济和科技的支柱。欧洲人最近也说，为鼓励高新技术的发展，必须支持一批新出现的高新技术产业的诞生和发展。旧干未衰新枝发，老树前头万木春，这是一切事物的发展规律。

三、进一步扩大开放

当今世界，科学技术和经济迅猛发展，竞争日趋激烈。不论哪个民族和地区，要掌握现代科学技术，加速经济的发展，都必须对外开放，吸收世界上一切国家的优秀成果，走国际合作的道路。一个封闭的民族，不可能享受现代科学技术文明，更不可能自立于世界民族之林，最终只能窒息自己。现代科学技术本身就是一个开放的大系统，只有不间断地同外界交流信息，交换能量，交换物质，进行竞争和吸收知识，才能蓬勃发展。充分利用一切有利条件，全面推进国际科技合作交流，扩大对外开放，是我国发展科技事业的一项长期方针。

十一届三中全会以来，我们广泛开展官方、民间、双边和多边的国际科技合作与交流，形成了一个多层次、多渠道、多形式的对外开放的格局，促进了我国科技与经济的发展。近几年，在部分发达国家对我实行"制裁"，国际风云变幻的情况下，我国科技界坚持独立自主、平等互利的对外开放政策，不仅较快地恢复了与大部分西方国家的科技合作，续签了中美科技合作协定，而且改善了同周边国家的关系，加强了同发展中国家的科技合作交流，保持和发展了已经形成的国际科技合作格局，为进一步扩大对外开放创造了有利的条件。

我国的各项科技工作，无论是基础性研究，还是科技攻关、传统产业的技术改造，都必须对外开放。尤其是高新技术的发展更需要着眼于国际水平，参与国际竞争。局限于国内市场，发展不了高新技术。我们应该有胆有识，有远大的气魄，立志开拓世界市场，使高新技术产业形成一种封不住、憋不死，与发达国家犬牙交错、难解难分的格局。只有这样，才能掌握主动，不受欺负，什么封锁、制裁、贸易限制，对我都将无可奈何。

对外开放，不仅能促进我国科技与经济的发展，还将把中华民族引向世界舞台，使我们有机会进行国际性的比较和鉴别，看到自己的优势，学习其他民族的长处，克服自己的不足，增长才干，更加充满信心地沿着具有中国特色的社会主义道路开拓前进。

今后的科技外事工作，要注重技术开发和技术成果实现产业化方面的对外合作，引进技术和出口技术并重；要把推进各省、自治区和直辖市的对外开放作为重点任务。各省市区都有自己的地缘、资源、技术和产业优势，都有自己的对外开放走向。科技外事工作要下放权力，制定相应措施，为地方对外开放提供方便条件。各地都要加强科技外事工作力量，努力自主地发展同周边国家和地区的科技合作与交流，使之成为当地区域经济合作的先导。还要特别重视选拔和培养一批善于在外线作战的精兵强将，参与国际合作和竞争。要注意广交朋友，多交一个朋友就多一些机会，多一份力量。

四、大力发展科技事业

在走向二十一世纪的历史进程中，我国能否实现翻两番，达到小康，并为下世纪达到更高水平创造条件，很大程度上取决于九十年代科学技术的发展，取决于科学技术对经济和社会发展能否真正起到第一生产力作用。国家中长期科技发展纲领、纲要及科技发展的“八五”计划和十年规划，明确了科技工作的目标和任务。我们要狠抓落实，为实现本世纪末至下世纪初我国现代化建设的总体目标创建新功。

九十年代科技工作的基本指导思想是：面向国民经济主战场，引导经济和社会发展，努力攀登科学技术高峰，多出成果，多出人才，在现代化建设中彻底解放和充分发挥科学技术这个第一生产力的作用。

为国民经济建设服务，引导经济、社会发展，是科技界在九十年代的主题。各个层次、各个领域的科技工作，都要紧紧扣住经济建设这个中心。在为经济建设服务中，重要的一环是抓好科技成果向现实生产力的转化，加速成果的应用和推广。当前，我们要认真贯彻去年中央工作会议和十三届八中全会精神，把推进大中型企业和农村的科技进步作为主战场上的重点任务。

随着我国知识产权制度的不断完善，我国的经济和科技事业的运行将逐步向国际规则和惯例靠拢。我们必须加强自主开发和创新能力，为企业技术改造、新产品和新装备的研制提供更多的优质服务和优秀成果，使企业能在国内外市场上形成自己的产品优势。要大力开展科教兴农。在坚持家庭联产承包责任制的前提下，探索各种形式的新的有持续发展能力的服务机制，促进科技更广泛有效地进入农村经济，发展区域性支柱产业，加速农业现代化和农村商品经济发展的进程，推动农、林、牧、副、渔和乡镇企业跃上新的台阶。科技扶贫工作不能放松，也要不断发展，为老、少、边、穷地区，特别为少数民族地区脱贫致富、奔向小康作出新贡献。

要十分重视创建高新技术产业开发区的工作。它们应该成为高新技术产业的孵化器，对外开放的窗口，改造传统产业的辐射源，改革开放的试验区。小平同志最近讲，我们应该有自己的新产品，否则就要受人欺负。这就要靠科技工作者出把力。这样才能摆脱受人欺负的局面。科技界应该勇敢地承担这个光荣的历史性任务。要大力表彰和学习那些为发展高技术产业而率先垂范的科学家和科技工作者，他们为执行“面向、依靠”的方针，率先在科技成果产业化这个最重要的工作中做出了可贵的示范。这是科技界攀高峰的一项重要创举，他们的献身精神和所取得的成就应该受到学术界和全国人民的爱护和尊敬。

要认真抓好社会发展领域的科技工作。在加强软科学研究的基础上，大力发展属于第三产业的信息、咨询服务业等，加速各领域中的决策科学化、民主化和管理现代化的进程。随着我国国民经济走上新的发展阶段，科技服务第三产业必将有个大的发展。社会公益性科研机构应该分流出相当部分人员去从事信息、咨询和系统工程服务工作，发展科技第三产业，这是急需的和大有可为的事业。

解放和发展生产力，把经济搞上去，首先要把科技搞上去。科技兴则国兴。一个民族只有站在科学高度去观察、思考和处理问题，才能把握历史发展趋势，屹立于世界民族之林。我们应该努力在各个层次上攀登科技高峰，树立把我国建设成为世界科技强国的壮志，在世界科技发展中保有受人尊重的地位。正像小平同志要求的那样，各行各业都要确定自己的战略目标，越高越好，越新越好。在科技工作的各个层次上都要确立自己攀高峰的目标，努力为其奋斗，做到年年有新成果、好成绩，日新月异，气象万千，直逼前沿，使党和政府高兴、人民高兴。为中华民族在世界舞台上占有一席之地，为经济建设、社会发展和科技进步做出越来越大的贡献。

在攀高峰中，基础研究、基础应用研究负有特别重要的责任。当代科学的各学科都在突飞猛进，新的学说、理论、发现和创造层出不穷，研究方法和手段不断更新，研究工作的规模越来越大。这对我国基础研究工作是巨大的挑战。我们必须全心全意地支持和帮助一批有能力、有胆略的科学家，特别是注意发现、培养造就一批青年科学家，投入到科学的前沿，参与基础科学的攀高峰工作。基础研究，关键在于创新。要敢于创立新理论和解释新现象，提出新的科学假说，创造新的试验和分析方法。当然要认真跟踪研究别人已取得的新成就，但是要害在于创新，创新才能抢占新高峰，把中国的科学事业推向世界科学事业的前沿。各级领导同志都应该深切认识到，基础研究的主要任务是科学地认识客观世界，为改造世界特别是改造自然界提供科学理论和方法，说“基础研究是为人类探求和宣示真理的女神”并不为过。一般来说，基础研究成果的意义，不能也不应该用直接经济价值观念去评价衡量。但是，另一方面，当代基础研究与高技术、应用研究和工程开发之间又紧密相连。无论是科学上的新发现，还是技术上的发明，高技术的突破，新产品的开发，都需要基础科学作为源泉、先导和后盾。所以，我们必须高度重视基础科学的发展，要从各个方面加强对基础性研究工作的支持，努力保持和加强一批精干的基础性研究机构和一定稳定的能不断更新的队伍，继续建设一批重点实验室和具有国际水平的研究试验基地；利用事业拨款、专项拨款、企业投入和不断发展的基金制等多种渠道，继续增加经费投入，使研究人员能在更好的科学装备条件下工作。这样，才能创造更多的高水平成果，才能培养更多的第一流人才。各较发达的地区，如广东、福建、浙江、江苏、山东等省，以及那些已有较好经济效益的企业，都应有远见卓识，注意发挥自己的科学技术潜力，吸引人才，增加对科技的投入，特别是在基础研究和高技术方面增加投入。

科技进步是全社会的共同目标，需要全党和全国人民的关心和支持。许多地方、部门和企业的经验表明，科技工作能否顺利开展，领导是关键。各省、市、区和各部门、企业都应该采取切实措施，把科技发展放在优先地位，挖掘一切潜力，在财力、物力、人力上强化对科技事业的支持，推动自己乃至全社会的科技进步。

五、充分发挥科技人员的作用

新中国成立四十多年来，广大科技人员全心全意投入社会主义建设事业，为祖国富强和民族振兴艰苦奋斗、无私奉献，做出了巨大贡献。实践证明，我国科技工作者作为工人阶级的一部分，是党和人民完全可以信赖的队伍，是社会主义现代化建设中不可替代的骨干力量。周总理说过，他们是社会主义建设事业中的一支伟大的力量。要提倡科学道德修养，学社会主义精神文明的模范。

在新形势面前，科技工作者要继承和发扬老一代科学家热爱祖国，献身事业，刻苦攀登的优良传统，保持严格、严密、严谨的科学作风，倡导求实、创新、协作、奉献的精神，不断地有新的发现和创造，为社会生产力的发展做贡献。同时，为适应社会主义有计划商品经济发展的要求，我们不但需要成千上万优秀的科学家和技术专家，也需要大批有胆有识、善于经营管理的科技企业家，更需要培养和造就一大批致力于创办高新技术产业的开拓者。要有更多的科技工作者不断增强商品经济观念和竞争意识，投身于经济建设主战场上大显身手。

实现九十年代的战略目标，人才是决定性的因素。各级政府要从战略高度出发，采取非常措施，以求充分发挥科技人员的积极性和创造性。广大科技工作者在不同层次上从事科技工作，他们是发展新生产力的开拓者。只有充分发挥他们的积极性，才会有无穷的创造力。只有依靠他们，经济和科技事业的发展才能日新月异。我们要不断完善政策，加强科技法制建设，尽快完成制定《科学技术进步法》的工作，建立健全保持知识产权的制度，保障科技人员的合法权益和地位，使技术和知识的价值得到如实的体现。近年来，从中央到地方，为改善他们的工作和生活条件采取了一些措施。去年，国务院为一万名有贡献的科技人员颁发了政府特殊津贴。今年，国务院将继续增加名额，并且要坚持下去。各地区、各部门都要结合实际情况，采取有效措施，切实改善科技人员的工作和生活条件。

要支持和鼓励广大科技人员有机会为社会创造更多的财富，保证他们得到应有的收益，以便切实改善他们的工作条件和生活条件。要采取措施坚决克服吃“大锅饭”的积习，真正实行按劳分配的原则。对有贡献的科技人员要提高待遇，给予相称的奖励，对有突出贡献的就应理直气壮地给予重奖。要提高他们的社会地位，使科学家、技术专家、科技企业家所从事的事业真正成为人们尊重和追求的事业。处在特区、开放区和高新技术开发区内的企业，要勇于改革，把科技人员的待遇拉开，与效益挂钩，率先提高科技人员的收入，提高他们的生活水平，从而显示出高新技术产业的效益和威力。

广大的青年科技工作者，是我国科技体制改革和发展的生力军。社会主义制度为青年科技工作者提供了广阔的发展前景。比起老一辈科技工作者艰苦创业的年代，现在的各种条件都有了很大的改善，他们完全有可能、也应该为国家做出更大的贡献。民族振兴的希望寄托在青年人身上，我们应该更多地关心、鼓励他们，培养、扶植他们。

改革开放十多年来，很多莘莘学子怀着寻求知识、报效祖国之心，到海外留学深造。不少人已经学成回国，在工作中做出了贡献，已成为我国新一代科技工作的带头人。还有一批人，因种种原因暂时留在国外。他们深受华夏文化的熏陶，未忘人民的哺育之情，身居他乡，心向故土。爱戴、崇尚曾经哺育过他们的人民和土地，为中华民族的进步和幸福贡献自己的智慧和力量，是所有科技工作者，也是每一个有幸在国外获得科学知识和才能的学子们的天责。仍在海外的学子们之中不少人卓有成就，在学术上为中华民族赢得了荣誉。各级政府和科技界的同志们，要理解和关怀他们，加强与他们的沟通和交流，各地区各部门都要坚决实行来去自由的方针。对过去的俗成规定要做出切实修改，并向海外学人公布。要把国内的事情做好，为他们创造必要的工作和生活环境，提供来去方便的条件。希望仍在海外的学子们能够沿着老一辈科学家的归途，投身到祖国现代化建设的行列中。

同志们，在当前加快改革、开放和发展的新形势下，各级政府和科技部门，广大科技工作者都要振奋精神，勇于创新，敢于创造，团结协作，为我们的祖国和人民贡献智慧和力量。这是"天赋人责"。我们相信，科技界一定会胜利完成历史赋予我们的伟大使命。

"八六三"计划的实施取得成就

"八六三"计划实施5年来，已经在生物、信息、自动化和新材料等4个领域，组建起8个研究中心，形成了我国高技术研究和攻关的人才培训、对外开放、单元技术实验和开发目标产品的基地，组织起一支阵容整齐的精干的国家高技术研究队伍，为进一步发展我国高技术打下了良好基础。

"八六三"计划是我国瞄准世界科技前沿开展高技术研究和跟踪的重要计划。在这个计划的组织和推动下，很快获得一大批重要成果。据民口5个领域的统计，近几年共取得研究成果400多项，其中两系法亚种间杂交水稻、乙型肝炎疫苗柱层析生产工艺、非线性光学晶体和可调谐激光晶体、汉字识别和汉语语音识别等成果居国际领先地位。

可喜的是，一些达到国际水平的成果通过开发正在或已经形成生产优势。比如：被视为水稻制种史上重要突破的一种新的（采用"两系法"制种）杂交水稻，已试种示范20万亩，一般比"三系法"增产10%左右；具有高效固氮能力的大豆根瘤菌株，推广15万亩；水稻玉米根际联合固氮的菌株，在广东推广150万亩，平均增产7.5%；乙型肝炎疫苗柱层析生产工艺通过研究开发，不仅能批量生产疫苗满足国内的需要，还有一定的出口能力。

目前，民口5个领域已组成了4个专家委员会和11个主题专家组，组织600多个国内有技术优势的单位、1万多名科技人员，投入到实施"八六三"计划任务中来。

《人民日报》发表全国人大教科文卫委员会关于《义务教育法》实施情况的检查汇报

1991年是《中华人民共和国义务教育法》颁布施行五周年。委员长会议决定对《义务教育法》实施五年来的情况在全国范围进行检查。据此，全国人大《义务教育法》检查组，在各省、自治区、直辖市自查的基础上，于本年9、10、11月份对18个省、自治区、直辖市进行了检查。

一、五年来《义务教育法》实施情况

《义务教育法》实施五年来，我国基础教育发生了显著的变化，步入了建国以来发展的最好时期。

首先，《义务教育法》的实施提高了干部群众特别是各级领导对基础教育的认识，增强了依法治教的观念。全国大部分省、自治区、直辖市都制定了实施义务教育的地方性法规，都把普及义务教育纳入社会发展总体规划。许多地方都采取每年为教育办几件实事的形式，解决了大量实际问题。各地都坚持不懈地对《义务教育法》进行了广泛深入的学习宣传。有些省市每年都要检查一次《义务教育法》执行情况。和五年前相比，干部群众的法律意识大大增强。根据北京、吉林、辽宁等地的情况，依法治教大致表现为以下几点：（一）干部群众教育法制观念有了增强；（二）各级政府和职能部门进一步明确了法律责任；（三）制定了一批与《义务教育法》相配套的规章；（四）依法及时处理各种违法案件；（五）建立健全了督导制度；（六）各级人大依法进行监督。

其次，《义务教育法》的实施推动了九年制义务教育在我国分阶段有步骤地推行，特别是促进了农村教育的普及。目前我国已有1459个县，占总县数的76%，普及了小学教育并经过了验收。在《义务教育法》推动下，我国广大农村掀起人民群众兴学重教的热潮。新疆、宁夏、广西、内蒙古、西藏等民族自治区和云南、四川、甘肃、青海、贵州等省的少数民族基础教育有了很大发展，取得了显著成就。目前，全国小学适龄儿童入学率达到97.8%，在校生的巩固率已达96.9%。在普及初等义务教育的基础上，初中教育也得到稳步发展。前几年出现的中小学在校学生辍学问题，多数地区已基本得到控制。1990年小学辍学率下降到2.36%，为建国以来的最低点。特殊教育得到了较快的发展，残疾少年儿童教育日益受到全社会的关心和重视，使残疾儿童入学逐年增加。

第三，《义务教育法》的实施，促进了"地方负责、分级管理"体制的逐步落实，调动了各级政府和人民群众办学的积极性，给基础教育带来前所未有的生机和活力。在山东、广西、广东、江西、山西、云南、青海，检查组看到各地在贯彻实施《义务教育法》工作中，领导高度负责、社会热心支持、群众积极响应，"人民教育人民办，办好教育为人民"的巨大热情和累累硕果。特别是校舍的改造，这几年有了突破性的进展，有人说"这是40年来我国基础教育的一个历史性变化"。山东在全国率先实现了校舍设施的全面配套建设。广西在短短两年内校舍危房比率由25%下降到3%以下，如此速度即使在富裕省市也属罕见。正如广西一位同志所说的："人民像支援革命战争一样支援教育。"在江西，处处呈现"最好的房子是学校"的动人景象。陕西省近年新建翻修校舍占现有校舍的90%以上，一些教师激动地说:“这五年干的比过去二十年干的事还多。”特别应该指出的是,《义务教育法》第一次从法律上明确提出教育经费“两个增长”的原则,使教育经费来源有了法律的保证。从五年来的实践情况看,这一条非常深入人心、深得人心,人们经常把“两个增长”作为衡量教育战略地位是否落实的一个重要标尺。目前,全国已初步形成了以国家拨款为主,同时多渠道筹措教育经费的机制。

第四,《义务教育法》的实施,深化了基础教育的改革,使教育方针得到了进一步贯彻落实。近两年来,各地在这方面总结出不少有特色的经验。如北京市在德育工作中关于加强德育规章制度建设、德育队伍建设、德育教材和基地建设的经验,上海首创的“愉快教育”的经验、“成功教育”的经验以及开展社区教育的经验。劳动教育和劳动技术教育薄弱的状况也开始改变。特别是在解决片面追求升学率这个重大问题上,一些地方进行了一系列探索,而且有了突破性的进展,比如加强薄弱学校,努力大面积提高教育质量,缩小重点学校和一般学校的差距;改革招生办法,在已经普及了初中的地方取消小学毕业生升学考试,全部实行就近入学以及进行课程、教材、教法的改革等。

第五,《义务教育法》的实施,加快了师资队伍建设的步伐。

根据部分全国人大常委会委员的建议,在“七五”期间,国务院拨出13亿师范教育补助专款,加强了师范院校建设。连同地方政府的配套投入,使师范院校的办学条件有了较大改善。经过五年的努力,在中小学教师中,学历符合《义务教育法》规定要求的比例普遍有了较大的提高。广东、河北、辽宁、福建、山西等地在实施义务教育过程中都把提高教师队伍政治水平和业务工作能力作为义务教育一项重点工作。在提高教师素质的同时,各地普遍重视提高教师待遇,稳定教师队伍。北京、新疆和许多省、市、自治区在这方面都采取了切实措施,取得了明显的成效。

二、继续大力推进九年制义务教育

通过检查,我们发现在《义务教育法》实施过程中,某些地方、单位有法不依、执法不严、违法不究的现象依然存在,这就影响了法律的严肃性和权威性。因此,摆在我们面前的宣传和实施《义务教育法》的任务还相当繁重。为此,我们建议:

第一,进一步在全社会增强教育法制观念,提高干部群众特别是各级领导对基础教育的认识,仍然是把九年制义务教育继续推向前进的首要问题。各级领导要从思想上进一步深刻认识贯彻党的基本路线,真正把经济建设转移到依靠科技进步和提高劳动者素质轨道上来的重大意义,自觉地把基础教育放到应有战略地位。从全国情况来看,对《义务教育法》的宣传深度和广度还是不够的,不少干部群众法制观念比较淡薄,依法治教还没有成为全社会的共识,因此,必须结合普法教育,继续广泛深入地宣传学习《义务教育法》,把人们对基础教育的认识和重视程度提高到一个新的水平。

第二,进一步强化各级政府的执法意识和执法职能是依法治教的中心环节。有的地方政府把实施义务教育只是看成教育行政部门的事,没有尽到自己应尽的职责和义务。例如,有一些地方即不落实“两个增长”的规定,又不认真征收教育费附加,甚至有个别地方发生挪用教育经费的违法乱纪现象;有的地方仍发现企业和个体工商户违法招用童工、童商的问题,造成有些在校学生中途辍学;还有个别地方多次发生坏人造谣惑众,侵扰学校,伤害教师、校长等案件,严重影响着这些地方义务教育的实施;还有校舍用地被侵占,体罚学生的现象屡禁不止等。因此,真正树立全社会的执法意识,还需进一步努力。在这方面有些地方已经积累了一些经验,如吉林省严格执法,近两年共查处违反《义务教育法》的典型案例700多件,通过查处违法案例,大大增强了人们的法制观念。

第三,排除各种干扰,全面贯彻国家的教育方针,是贯彻《义务教育法》的核心问题。在实践中有些地方出现了违背义务教育宗旨的现象,把基础教育办成了片面的升学应试教育。一些地方领导和社会上仍然以升学率和分数作为衡量学校和教育工作质量的唯一标准,给学校规定升学指标,造成巨大压力;在不少地方办全日制复读班和滥编滥印复习资料屡禁不止,学生的过重负担有增无减。此外,社会上旧的传统观念和腐朽思想仍在不断地冲击和干扰学校的教育工作,如何形成良好的教育环境,还需做大量的工作。德育工作的内容、方法如何适应改革开放形势和当代青少年的特点,如何把德育渗透到各科教学中去,还有待进一步解决。目前,一些省、自治区、直辖市根据邓小平同志提出的“三个面向”,进行教育、教学改革,创造了不少好的经验,我们从这些经验中看到了希望。

第四,建设一支合格稳定的教师队伍是实施义务教育的根本关键。目前,加强师资队伍建设的任务还相当艰巨,特别是面临着学生入学、教师退休这两个高峰,教师问题就更突出了,无论从数量上还是从质量上,都不能适应义务教育事业发展的需要。适应形势需要,在大力提高中小学教师业务素质的同时,必须采取有力措施提高其政治思想素质。今后要继续采取切实措施,解决教师工作和生活上的困难。特别是教师待遇偏低仍是突出的问题,影响到教师队伍的稳定,影响到吸收优秀人才从事教育工作。这是一个需要认真考虑、下决心解决的问题。

第五，教育经费紧张问题仍是困扰基础教育事业发展的突出问题，必须在教育投入上体现教育的战略地位，舍得在基础教育上花本钱下功夫。一些地方财政预算内教育拨款不足，在教育经费中财政拨款的比重有下降的趋势，这样就难以发挥财政拨款主渠道的作用。从全国情况来看，生均公用经费在教育事业费中的比例，除福建等少数几个省份外，也普遍呈下降趋势。另外，有些地方，多渠道筹措经费不够落实，农村教育费附加还没有完全做到“征足用好”。因此教育经费必须坚持法定的“两个增长”的原则，同时坚持多渠道集资的方针，使教育事业发展和社会经济发展相适应。

通过五年来实施义务教育的检查，我们认为：有《义务教育法》和没有这个法大不一样；有了法之后抓执法和不抓执法大不一样；坚持执法检查，监督法律实施和不抓执法检查，不去监督法律实施大不一样。在今后的工作中，应继续充分发挥各级人大对实施义务教育工作的监督作用，把《义务教育法》的贯彻执行作为法律监督和工作监督的重点之一，为进一步推进九年制义务教育，做出更大的努力。

国家教委发布《中华人民共和国义务教育法实施细则》

第一章 总　则

第一条 根据中华人民共和国义务教育法(以下简称义务教育法)第十七条的规定，制定本细则。

第二条 义务教育法第四条所称适龄儿童、少年，是指依法应当入学至受完规定年限义务教育的年龄阶段的儿童、少年。

适龄儿童、少年接受义务教育的入学年龄和年限，以及因缓学或者其他特殊情况需延长的在校年龄，由省级人民政府依照义务教育法的规定和本地区实际情况确定。

盲、聋、哑、弱智儿童和少年接受义务教育的入学年龄和在校年龄可适当放宽。

第三条 实施义务教育，在国务院领导下，由地方各级人民政府负责，按省、县、乡分级管理。

各级教育主管部门在本级人民政府领导下，具体负责组织、管理本行政区域内实施义务教育的工作。

第四条 省级人民政府根据本地区经济和社会发展状况。因地制宜，分阶段，有步骤地推行九年制义务教育。

第五条 实施义务教育，城市以市或者市辖区为单位组织进行；农村以县为单位组织进行，并落实到乡(镇)。

工矿区、农垦区、林区等组织实施义务教育的行政区划单位，由省级人民政府规定。

第六条 承担实施义务教育任务的学校为：地方人民政府设置或者批准设置的全日制小学，全日制普通中学，九年一贯制学校，初级中等职业技术学校，各种形式的简易小学或者教学点(班或者组)，盲童学校，聋哑学校，弱智儿童辅读学校(班)，工读学校等。

文艺、体育和特种工艺等单位，应当保证招收的适龄儿童、少年接受义务教育。上单位自行实施义务教育教学工作，需经县级以上教育主管部门批准。

第二章 实施步骤

第七条 实施九年制义务教育，可以分为两个阶段。第一阶段，实施初等义务教育；第二阶段，在实施初等义务教育的基础上实施初级中等义务教育。初等教育达到义务教育法规定要求的，可直接实施初级中等义务教育。

第八条 实施义务教育，应当具备下列基本条件：

(一)与适龄儿童、少年数量相适应的校舍及其他基本教学设施；

(二)具有按编制标准配备的教师和符合义务教育法规定要求的师资来源；

(三)具有一定的经济能力，能够按照规定标准逐步配置教学仪器、图书资料和文娱、体育、卫生器材。

地方各级人民政府和其他办学单位应当积极采取措施，不断改善实施义务教育的条件。

第九条 直接实施初等义务教育有困难、需要分两步实施的，由设区的市级或者县级人民政府提出报告，报省级人民政府决定或者依照地方性法规规定办理。

第十条 各级人民政府应当努力在本世纪末普及初等义务教育。在全国大部分地区应当基本普及九年义务教育或者初级中等义务教育。

省级人民政府应当制定义务教育实施规划，规定实施义务教育的目标、完成规划期限和措施等。设区的市级或者县级人民政府应当根据省级人民政府的规划制定实施义务教育的具体方案。

第三章 就　学

第十一条 当地基层人民政府或者其授权的实施义务教育的学校至迟在新学年始业前十五天，将应当接受义务教育的儿童、少年的入学通知发给其父母或者其他监护人。

适龄儿童、少年的父母或者其他监护人必须按照通知要求送子女或者其他被监护人入学。

第十二条 适龄儿童、少年需免学、缓学的，由其父母或者其他监护人提出申请，经县级以上教育主管部门或者乡级人民政府批准。因身体原因申请免学、缓学的，应当附具县级以上教育主管部门指定的医疗机构的证明。

缓学期满仍不能就学的,应当重新提出缓学申请。

第十三条 父母或者其他监护人不送其适龄子女或者其他被监护人入学的,以及其在校接受义务教育的适龄子女或者其他被监护人辍学的,在城市由市或者市辖区人民政府及其教育主管部门,在农村由乡级人民政府,采取措施,使其送子女或者其他被监护人就学。

第十四条 适龄儿童、少年到非户籍所在地接受义务教育的,经户籍所在地的县级教育主管部门或者乡级人民政府批准,可以按照居住地人民政府的有关规定申请借读。

借读的适龄儿童、少年接受义务教育的年限,以其户籍所在地的规定为准。

第十五条 对受完规定年限义务教育的儿童、少年,由学校发给完成义务教育的证书。完成义务教育证书的格式由省级教育主管部门统一制定。

受完当地规定年限义务教育获得的毕业证书或者结业证书,可视为完成义务教育的证书。

第十六条 适龄儿童、少年因学业成绩优异而提前达到与规定年限义务教育相应的初等教育或者初级中等教育毕业程度的,视为完成义务教育。

第十七条 实施义务教育的学校可收取杂费。收取杂费的标准和具体办法,由省级教育、物价、财政部门提出方案,报省级人民政府批准。已规定免收杂费的,其规定可以继续执行。

对家庭经济困难的学生,应当酌情减免杂费。

其他行政机关和学校不得违反国家有关规定,自行制定收费的项目及标准;不得向学生乱收费用。

第十八条 依照义务教育法第十条第二款规定享受助学金的贫困学生是指:初级中等学校、特殊教育学校的家庭经济困难的学生,少数民族聚居地区、经济困难地区、边远地区的小学及其他寄宿小学的家庭经济困难的学生。实行助学金制度的具体办法,由省级人民政府规定。

第四章 教育教学

第十九条 实施义务教育必须贯彻国家的教育方针,坚持社会主义方向,实行教育与生产劳动相结合,对学生进行德育、智育,体育、美育和劳动教育。

第二十条 实施义务教育的学校必须按照国务院教育主管部门发布的指导性教学计划、教学大纲和省级教育主管部门制定的教学计划,进行教育教学活动。

第二十一条 实施义务教育的学校应当选用经国务院教育主管部门审定或者其授权的省级教育主管部门审定的教科书。非经审定的教科书不得使用。但国家另有规定的除外。

第二十二条 实施义务教育学校的教育教学工作,应当适应全体学生身心发展的需要。

学校和教师不得对学生实施体罚、变相体罚或者其他侮辱人格尊严的行为;对品行有缺陷、学习有困难的儿童、少年应当给予帮助,不得歧视。

第二十三条 实施义务教育的学校可根据城乡经济、社会发展和学生自身发展的实际情况,有计划地对学生进行职业指导教育和职业预备教育或者劳动技艺教育。

第二十四条 实施义务教育的学校在教育教学和各种活动中,应当推广使用全国通用的普通话。

师范院校的教育教学和各种活动应当使用普通话。

第二十五条 民族自治地方应当按照义务教育法及其他有关法律规定组织实施本地区的义务教育。实施义务教育学校的设置、学制、办学形式、教学内容、教学用语,由民族自治地方的自治机关依照有关法律决定。

用少数民族通用的语言文字教学的学校,应当在小学高年级或者中学开设汉语文课程,也可以根据实际情况适当提前开设。

第五章 实施保障

第二十六条 实施义务教育学校的设置,由设区的市级或者县级人民政府统筹规划,合理布局。

小学的设置应当有利于适龄儿童、少年就近入学。寄宿制小学设置可适当集中。普通初级中学和初级中等职业技术学校的设置,应当根据人口分布状况和地理条件相对集中。

盲童学校(班)的设置,由省级或者设区的市级人民政府统筹安排。聋哑学校(班)和弱智儿童辅读学校(班)的设置,由设区的市级或者县级人民政府统筹安排。

第二十七条 省级人民政府应当制订实施义务教育各类学校的经费开支定额,并制订按照学生人数平均的公用经费开支标准、教职工编制标准和校舍建设、图书资料、仪器设备配置等标准。

地方各级人民政府应当制订实施规划,使学校分期分批达到前款所列的办学条件标准,并进行检查验收。

第二十八条 地方各级人民政府设置的实施义务教育学校的事业费和基本建设投资,由地方各级人民政府负责筹措。用于义务教育的财政拨款的增长比例,应当高于财政经常性收入的增长比例,并使按在校学生人数平均的教育费用逐步增长。

社会力量举办实施义务教育学校的事业费和基本建设投资,由办学单位或者经国家批准的私人办学者负责筹措。

中央和地方财政视具体情况，对经济困难地区和少数民族聚居地区实施义务教育给予适当补助。

地方各级人民政府应当鼓励各种社会力量以及个人自愿捐资助学。

第二十九条 依法征收的教育费附加，城市的，纳入预算管理，由教育工管部门统筹安排，提出分配方案，商同级财政部门同意后，用于改善中小学办学条件；农村的，由乡级人民政府负责统筹安排，主要用于支付国家补助、集体支付工资的教师的工资，改善办学条件和补充学校公用经费等。

学校的勤工俭学收入，部分应当用于改善办学条件。

第三十条 实施义务教育各类学校的新建、改建、扩建，应当列入城乡建设总体规划，并与居住人口和义务教育实施规划相协调。

实施义务教育的学校新建、改建、扩建所需资金，在城镇由当地人民政府负责列入基本建设投资计划，或者通过其他渠道筹措；在农村由乡、村负责筹措，县级人民政府对有困难的乡、村可酌情予以补助。

第三十一条 地方各级人民政府应当采取切实措施，保证实施义务教育各类学校教科书和文具纸张按时、按质、按量供应。

第三十二条 省级人民政府应当制定规划，采取措施，加强和发展师范教育，并组织其他高等学校为实施义务教育培养师资。

盲、聋、哑、弱智儿童学校的师资，由省级人民政府根据实际情况组织培养。

第三十三条 各级教育主管部门应当加强实施义务教育学校的教师培训工作，使教师的思想政治素质和业务水平达到义务教育法规定的要求。

各级人民政府应当加强培训工作，提高实施义务教育学校校长的思想政治素质和管理水平。

校长和教师的在职培训工作，由县级以上地方各级教育主管部门负责组织。

第六章 管理与监督

第三十四条 地方各级人民政府及其教育主管部门应当建立实施义务教育的目标责任制，把实施义务教育的情况作为对有关负责人员政绩考核的重要内容。

第三十五条 县级以上各级人民政府应当建立对实施义务教育的工作进行监督、指导、检查的制度。

第三十六条 实施义务教育的学校及其他机构，在实施义务教育工作上，接受当地人民政府及其教育主管部门的管理、指导和监督。

第三十七条 地方各级人民政府对为实施义务教育作出突出贡献的企业事业单位、学校、社会团体、部队、居(村)民组织和公民，给予奖励。

第七章 罚 则

第三十八条 有下列情形之一的，由地方人民政府或者有关部门依照管理权限对有关责任人员给予行政处分。

(一)因工作失职未能如期实现义务教育实施规划目标的；

(二)无特殊原因，未能如期达到实施义务教育学校办学条件要求的；

(三)对学生辍学未采取必要措施加以解决的；

(四)无正当理由拒绝接收应当在该地区或者该学校接受义务教育的适龄儿童、少年就学的；

(五)将学校校舍、场地出租、出让或者移作他用，妨碍义务教育实施的；

(六)使用未经依法审定的教科书，造成不良影响的；

(七)其他妨碍义务教育实施的。

第三十九条 有下列情形之一的，由地方人民政府或者有关部门依照管理权限对有关责任人员给予行政处分；情节严重，构成犯罪的，依法追究刑事责任。

(一)侵占、克扣、挪用义务教育款项的；

(二)玩忽职守致使校舍倒塌造成师生伤亡事故的。

第四十条 适龄儿童、少年的父母或者其他监护人未按规定送子女或者其他被监护人就学接受义务教育的，城市由市、市辖区人民政府或者其指定机构，农村由乡级人民政府，进行批评教育；经教育仍拒不送其子女或者其他被监护人就学的，可视具体情况处以罚款，并采取其他措施使其子女或者其他被监护人就学。

第四十一条 招用应当接受义务教育的适龄儿童、少年做工、经商或者从事其他雇佣性劳动的，按照国家有关禁止使用童工的规定处罚。

第四十二条 有下列行为之一的，由有关部门给予行政处分；违反《中华人民共和国治安管理处罚条例》的，由公安机关给予行政处罚；构成犯罪的，依法追究刑事责任：

(一)扰乱实施义务教育学校秩序的；

(二)侮辱、殴打教师、学生的；

(三)体罚学生情节严重的；

(四)侵占或者破坏学校校舍、场地和设备的。

第四十三条 当事人对行政处罚决定不服的，可以依照法律、法规的规定申请复议。当事人对复议决定不服的，可以依照法律、法规的规定向人民法院提起诉讼。当事人在规定的期限内不申请复议，也不向人民法院提起诉讼，又不履行处罚决定的由作出处罚决定的机关申请人民法院强制执行，或者依法强制执行。

第八章 附 则

第四十四条 适龄儿童的入学年龄以新学年始业前达到的实足年龄为准。

第四十五条 本细则由国家教育委员会负责解释。

第四十六条 本细则自发布之日起施行。

国家医药管理局强调医药生产经营不能盲目放开

国家医药管理局局长齐谋甲最近强调，医药生产经营不能盲目放开。

齐谋甲说，医药不同于一般日用百货、砖瓦沙石，是密切关系着亿万人民生命健康的特殊商品。开办药品生产经营企业，必须符合《药品管理法》和医药行业管理的有关规定。必须经有关部门审查批准，集体、私营企业和个体工商户不得经营医药品批发。

齐谋甲指出，药品生产经营完全放开，后果将是灾难性的。首先是药品质量无法保证。假劣药品充斥市场，严重威胁人民群众的健康，损害党和国家的形象；第二是混乱。生产盲目发展，一些药品紧缺断档，一些药品大量积压，价格大起大落，造成市场混乱；第三是给国家财政税收和行业的收益带来巨大损失。

中国正式开始非血缘关系骨髓移植工作

卫生部副部长顾英奇在北京宣布，由中国红十字会领导的非血缘关系供者骨髓移植工作，从今天起在中国正式开始。

顾英奇还公布了以陈敏章为首的我国非血缘关系供者骨髓移植工作领导小组成员和办事机构的组成。担任该领导小组顾问的美籍华人李政道博士提供了物资，他在贺信中说：今天我多年的梦想终于成真，喜悦之情无法形容。

中国第一批志愿捐献骨髓者已经登记

中国第一批非血缘关系的骨髓捐献者——中国人民大学新闻系学生等62名青年和中国红十字总会的30名干部，正在为一位患白血病的中年教师发起一场自愿登记捐献骨髓的活动。

3月15日

全国政协第七届常委会第十八次会议闭幕

会议指出，在过去的一年里，政协全国委员会紧紧围绕党和国家的中心工作，贯彻落实《中共中央关于坚持和完善中国共产党领导的多党合作和政治协商制度的意见》，为进一步巩固安定团结的政治局面，促进社会主义经济建设、改革开放和其他各项事业的发展，作出了应有的贡献。

会议表示要认真学习、深刻领会邓小平同志关于建设有中国特色社会主义的一系列论述和最近召开的中共中央政治局会议精神，解放思想，实事求是，开拓进取，服从和服务于经济建设的中心任务，努力做好人民政协的各项工作。

受全国政协主席李先念的委托，方毅副主席主持会议。全国政协秘书长宋德敏在会上就关于召开政协七届五次会议的各项文件草案的修改问题作说明。

常委会在讨论中认为，1991年政府工作是很有成效的，在去年国际形势急剧变化和国内遭受百年不遇的自然灾害情况下，国民经济建设仍然取得了很大成绩。

谈到三峡工程，常委们认为国务院副总理、国务院三峡工程审查委员会主任邹家华受国务院的委托，在这次常委会上作的关于《长江三峡工程可行性研究报告》，充分体现了国家决策的民主化和科学化。他们对这种集思广益、广泛征求意见的做法，表示满意。

会议还通过政协第七届全国委员会第五次会议议程和日程、政协第七届全国委员会常务委员会工作报告，并推举洪学智副主席为报告人；通过政协第七届全国委员会提案委员会关于政协七届四次会议以来提案工作情况的报告、政协第七届全国委员会第五次会议分组办法和小组召集人名单等。

全国政协副主席洪学智、谷牧、杨静仁、王光英、邓兆祥、屈武、王恩茂、钱学森、钱伟长、胡绳、程思远、卢嘉锡、钱正英、苏步青、丁光训出席了会议。

中共中央政治局常委乔石在钓鱼台国宾馆会见由全国领导委员会成员亨利·鲁伊斯率领的尼加拉瓜桑地诺民族解放阵线代表团

全国妇联已同世界上130多个国家和地区的300多个妇女儿童组织建立联系

国家民委国家教委在北京联合召开第四次全国民族教育工作会议

参加会议的有30个省、自治区、直辖市分管教育的副省长、副主席、副市长，教委主任、民委主任，民族自治州州长，民族学院院长和民族教育先进集体、先进个人代表，国务院有关部委负责人共200多人。会议总结交流民族教育工作经验，明确今后民族教育工作改革和发展民族教育的方针和任务；讨论修改《关于加强民族教育工作若干问题的意见》和《全国民族教育发展和改革试行指导纲要》等文件草案。中共中央政治局委员、国务委员兼国家教委主任李铁映在会上作《大力改革和发展民族教育，促进各民族的共同繁荣》的讲话。会上，109 个全国民族教育先进集体和 218 名先进个人受国家教委和国家民委的表彰奖励。

国务委员兼国家教委主任李铁映在第四次全国民族教育工作会议上发表讲话

国家教委和国家民委联合召开的第四次全国民族教育工作会议今天开幕了，这是我国教育工作的大事，也是民族工作的大事。这次大会的主要任务是，认真学习领会邓小平同志的重要谈话，贯彻中央民族工作会议的精神，总结交流民族教育工作的经验，明确今后改革和发展民族教育的方针和任务。

下面，我就大力改革和发展民族教育的有关问题讲几点意见。

一、充分认识民族教育的重要地位

我国是统一的多民族的社会主义国家。55 个少数民族有 9120 万人口，民族区域自治地方的面积占全部国土的 69%，地域辽阔，资源丰富。加快少数民族和民族地区的经济和社会发展，维护 56 个民族的大团结，不仅关系到少数民族的繁荣和幸福，而且关系到我国现代化建设的全局。根据党的“一个中心、两个基本点”的基本路线，加快改革开放的步伐，尽快把少数民族和民族地区的经济搞上去，是民族工作的根本任务。要完成这一任务，就必须依靠科技和教育，从培养人才，提高劳动者的素质入手。这是少数民族和民族地区经济振兴的必由之路，也是维护民族团结和祖国统一，建设有中国特色的社会主义的根本大计。

正是由于民族教育具有如此重要的地位和作用，新中国成立以后，特别是党的十一届三中全会以来，党和政府采取了一系列措施，使我国民族教育事业得到了前所未有的大发展。少数民族在校学生和教师队伍以高于全国平均速度大幅度增长。1991 年与建国初期的 1950 年相比，全国在校生平均增长了 3.38 倍，少数民族在校生增长了 13.15 倍；全国大中小学教师平均增长了 4.3 倍，少数民族大中小学教师增长了 10.21 倍。旧中国一些处于刻木结绳记事的民族，如今不但办起了中小学校，而且有了自己的大学生。西藏的现代教育也从无到有，得到迅速发展。40 多年来，全国共培养了 200 多万名少数民族干部和专业技术人才，他们为少数民族和民族地区乃至全国的各项建设事业作出了重大贡献。特别是党的十一届三中全会以来，各地从少数民族和民族地区的实际出发，不断深化民族教育改革，在实践中，涌现出一批典型，总结出一套行之有效的办法、积累了许多宝贵的经验，不仅使民族教育改革与发展的路子越走越宽，而且丰富了我国社会主义教育事业的实践和理论，这是民族教育的丰功伟绩。

我国民族教育工作的巨大成就，是在党中央、国务院正确领导下，通过各地特别是民族地区广大干部群众、各界人士和广大教育工作者的辛勤劳动所取得的，也是同全国各个地区、各民族的相互支持与帮助分不开的。特别应该强调指出的是，我国民族教育取得的成就，得益于改革开放。在肯定成绩的同时，我们还必须清醒地看到，由于历史和自然条件等方面的原因，不少地方的少数民族和民族地区，特别是一些边远山区、牧区的教育，还很不适应当地建设的需要，教育脱离实际、脱离生产、脱离群众需要的现象还不同程度地存在。我们要抓住当前有利时机。加快改革开放的步伐，在已有成就的基础上，努力开创民族教育工作的新局面。

二、改革与发展民族教育的基本原则

我国的民族教育，就其范围来说，是指对汉族以外的 55 个少数民族成员所实施的教育。做好民族教育工作，集中到一点，就是必须把贯彻执行党和国家统一的教育方针同贯彻执行党和国家的民族政策有机地结合起来，坚持从少数民族的特点和民族地区的实际出发，发展民族教育事业。这既是过去改革与发展民族教育的基本经验，也是今后必须始终坚持的基本方针。在贯彻执行这一方针时，一定要把握好以下几项原则：

（一）坚持社会主义办学方向。民族教育作为我国社会主义教育的重要组成部分，必须为社会主义现代化建设服务，必须同生产劳动相结合，培养德、智、体全面发展的建设者和接班人。必须在马克思主义的指导下，结合少数民族和民族地区特点，向学生进行党的基本路线教育，进行历史和国情教育，进行发扬爱国主义、维护民族团结和祖国统一的教育，使他们确立坚定正确的政治方向。

（二）坚持为当地经济建设和社会发展服务。民族教育要面向现代化、面向世界、面向未来，确立为当地经济建设和社会发展服务、为人民群众文明富裕服务的指导思想，努力深化教育改革，不断提高教育质量和办学效益。

（三）坚持一切从实际出发。在党和国家统一的大政方针指导下，民族地区要根据各自的特点和实际，确定本地区教育发展的规划、政策和办学形式，通过深化改革，逐步走出符合本民族和本地区实际的办学路子。学习和借鉴其他民族的经验，也必须与自己的实际结合，防止生搬硬套搞“一刀切”。

（四）坚持开放，扩大交流，在继承发扬民族优秀文化传统的同时，要扩大民族间地区间的交流，大胆吸收和借鉴人类社会创造的一切文明成果。在使用本民族语言文字教学的地区，要因地制宜地搞好双语教学，大力推广普通话。民族学校教学，使用的语言和文字，要由各省(区)根据有关法律，按照有利于民族的长远利益、有利于提高民族教育质量、有利于各民族的科学文化交流的精神以及当地的语言环境，充分尊重多数群众的意愿来确定。在多民族居住的地区，提倡和鼓励不同民族学生合校分班或合校合班，特别是高中和大中专院校要积极创造条件合校合班上课，还要提倡汉族学生学习少数民族的语言文字、文学艺术、民族医学等，要使各族学生增进了解广交朋友，团结互助共同进步。

(五)坚持教育与宗教分离。依据我国宪法，任何人不得利用宗教干预学校教育和社会公共教育，不得利用宗教进行妨碍实施义务教育的活动，不得在校内进行宗教活动。学校要向学生进行有关自然现象、社会进化和人的生老病死、吉凶祸福的科学教育，使他们逐步确立科学的世界观。在群众普遍信教的民族地区，要注意发挥宗教界爱国人士关心和支持民族教育的积极性。

(六)坚持国家帮助与自力更生相结合。国家和经济发达地区，要从促进各民族共同繁荣的伟大目标出发，在财力、物力、智力等方面，支持少数民族和民族地区加快发展经济和教育事业。同时，更需要少数民族和民族地区发扬自力更生、艰苦奋斗的精神，实现本地区的发展，获得本民族的进步。

今后，在民族教育的改革与发展中，我们要进一步解放思想，勇于创新，敢于试验，在实践中不断发展和丰富这些原则，使民族教育充满生机与活力。

三、90年代民族教育工作的任务

90年代，是我国加快改革开放步伐，实现第二步战略目标的关键时期，也是民族教育发展的重要时期。各级党委和政府，要努力完成十年规划和“八五”计划所确定的教育发展任务。90年代，民族教育工作一要打好基础，在数量和质量上有一个新的发展和提高；二要坚持改革开放，进一步明确办学的路子，使民族教育更好地为当地经济建设和人民群众文明富裕服务；三要努力缩小目前困难较大的民族地区同全国教育发展平均水平的差距。

——在发展民族教育的过程中，要把加强基础教育摆在突出的战略位置。要积极创造条件，有步骤地实施九年义务教育。到本世纪末，民族地区要努力普及初等教育，城区和现在经济中等发达的民族地区，要普及初中阶段的教育；有特殊困难的地方首先要办好小学，杜绝新文盲的产生；基础教育的整体水平，要有一个较大的提高。

——大力发展多层次、多形式的职业技术教育和成人教育。“八五”期间，大部分少数民族聚居县(旗)，要集中力量办好一所起骨干示范作用的职业技术中学；大部分少数民族聚居乡(镇)，要办好一所农(牧)民文化技术学校。民族地区的中小学，要更加积极地引进职业技术教育因素，使学生既学到科学文化知识，又能掌握一两门实用技术。民族地区的县、乡两级政府，要积极实行“三教统筹”和“农科教结合”，实施“燎原计划”，通过多种形式的实用技术培训大面积提高劳动者的文化技术素质，增强他们吸收运用科学技术的能力，“落实科技教育兴农”的战略，充分发挥科技、教育在推动民族地区社会主义“两个文明”建设中的作用。

——重视和发挥民族地区高等院校在当地经济和社会发展中的重大作用。“八五”期间，要把工作重点放在稳定规模、优化结构、改善条件、深化改革、提高质量上，要特别重视培养大专层次的经济、科技、管理方面的人才。国家教委和中央部委所属的高等院校，要继续有计划地招收少数民族学生，根据需要与可能，进行对口培养。从现在起，每年都要选拔一定数量有实践经验的少数民族优秀青年，到高等院校学习，为把他们培养成各项建设事业的骨干，打好坚实的基础。

民族学院在历史上为培养民族干部发挥了重要作用。今后，要深化改革，扩大开放，不断提高教育质量，为民族地区的经济建设培养更多更好的人才。当前，除重点办好具有民族特色的学科、专业和对少数民族干部进行培训外，还要办好大学预科。民族地区急需的一些专业，要在统筹规划和充分论证的基础上，努力创造条件，有计划地设置。

——对散杂居地区的少数民族教育，各级政府要给予足够重视，切实帮助解决办学中的实际问题。

四、完成90年代任务的主要措施

近些年来，我国民族教育取得的显著的成就，得益于改革开放，今后民族教育的发展和提高，还要进一步依靠改革开放。从少数民族和民族地区的实际出发，当前要进一步落实“教育必须为社会主义建设服务，社会主义建设必须依靠教育”的办学指导思想，努力改变教育脱离实际的现象，切实把民族教育的重心转到为当地经济建设和社会发展服务的轨道上来，走出一条符合少数民族和民族地区实际的办学路子。要进一步调整和改革教育结构、教学内容和课程设置，大力发展职业技术教育，把学习文化与学习技术结合起来。在办学体制上，要坚持“依靠人民办教育，办好教育为人民”，实行地方负责，分级管理，明确省(区)、地(州)、县(旗)的职责，立足自力更生，调动广大人民群众办学的积极性，确立多渠道筹措教育经费的体制，积极发展校办企业，广泛开展勤工俭学，增强自身发展的能力。要在进一步深化改革、扩大开放的过程中，努力转变观

念,加强与各地的交流。在此基础上,要为改革和发展民族教育办好几件实事:

——要提倡经济发达地区的县(市)与国家确定的143个少数民族贫困县,开展多种形式的结对支持。双方通过协商,经济发达的县(市)定向招收贫困县学生,尽量帮助他们多培养一些初中级技术骨干,接收教师进修提高,派优秀教师去讲课。

——要鼓励经济发达地区的师范院校,与民族地区现有百所中师和师专,开展对口支援。尽量为民族地区多培养一些急需的合格教师。民族地区的师范,要针对当地需要,深化改革,培养能教文化课、又会实用技术、一专多能的教师。特别要重视双语教师的培养。各地政府,在经费使用上,要优先考虑师范的需要,国家拨给的教育专款补助经费,对百所民族师范,要适当给予支持。要关心教师的工作学习和生活,形成全社会尊师重教的社会风尚。

——开展对口智力支援是促进民族教育发展较好的形式,高等院除中专、职业中学都可以采用。为了更加有效地做好这项工作,今后要采取多种形式进一步扩大对口支援协作,建立起双方直接联系的渠道,国家教委要积极协调和指导。

——要在国家教委的安排下,依托全国重点大学,为民族高等院校培训专业技术骨干教师。每年要选拔一定数量的少数民族优秀大学毕业生到党校学习,为少数民族和民族地区培养一批跨世纪的建设骨干。

——国家对发展民族教育要继续给予扶持。特别是对有特殊困难的西藏地区,要继续给予帮助。国务院要召开第三次智力援藏会议,研究如何从西藏的实际出发,发展西藏教育,促进当地经济和社会的发展。其他困难较多的少数民族和民族地区,除国家继续给予必要的支持外,主要由所在省、自治区、直辖市组织力量予以扶持,可参照办内地西藏班的办法,选择一些条件较好的学校,招收这些地区的少数民族学生,帮助培养人才。

——国家设立民族教育专项补助奖励经费,采取以奖代补、奖补结合的办法,主要用于支持一些地区的少数民族和少数民族贫困县教育事业的发展。"八五"期间,视经济发展的情况经费还可适当增加,各省自治区、直辖市要根据本地区的实际情况,相应地设立民族教育专项补助奖励经费。要立足多渠道筹措教育经费,力争"八五"期间,使绝大部分民族地区中小学的办学条件有较大的改善。

——认真抓好民族文字教材编译出版和审定工作。民族文字教材的编译出版,除省(区)拨款给予一定的支持外,还要改革管理体制,按照以教材养教材的原则以盈补亏。跨省(区)使用的教材,由国家教委组织审定;本省(区)使用的教材,由省(区)教委负责组织审定。未经审定,不得作为教材。

——要根据民族地区的特点,引进现代化教育手段运用好卫星电视。"八五"期间,争取安排卫星转发器以开通民族教育专用频道,并抓紧编制一批与文字教材配套的音像教材,丰富教学内容,提高民族教育质量。

——要重视民族教育领域的科学研究。"八五"期间,要在若干重大理论与实践问题的研究方面,取得显著成果。

五、加强党和政府对民族教育工作的领导

各级党委和政府要高度重视民族教育工作,进一步加强对民族教育工作的领导,这是做好民族教育工作的根本保证。

各地党委和政府的主要领导,特别是民族区域自治地方的主要领导同志,要亲自过问民族教育工作,把民族教育纳入当地经济和社会发展的总体规划,摆在优先发展的战略地位。有关领导同志要及时研究民族教育中的新情况、新问题,努力探索教育与经济发展相互促进的新路子。

要加强教育行政管理干部队伍和学校领导班子的建设。"八五"期间,采取分工负责、分级实施的办法,对教育部门和学校的领导干部进行普遍培训,并要形成制度,省、自治区、直辖市要做出规划,把那些坚持改革开放并有政绩的民族教育管理干部,充实到各级教育的领导岗位上来,从中造就一批少数民族的教育家。

要加强民族学校党组织的建设,加强师生员工的思想政治工作,重视和加强热爱祖国、维护民族团结的教育,增强抵制资产阶级自由化,反对民族分裂的能力。

要组织教育战线的广大干部和师生,认真学习邓小平同志最近的重要谈话和中央政治局全体会议精神,要贯彻中央民族工作会议和这次会议的精神。深刻理解我们党在几十年的实践中,运用马列主义、毛泽东思想观察处理民族问题所形成的一系列基本观点和政策,充分认识包括民族教育在内的民族问题的长期性,复杂性,重要性,进一步明确民族教育的光荣任务。

同志们,党中央最近强调指出,必须坚定不移地贯彻执行党的"一个中心,两个基本点"的基本路线,抓住当前有利时机,加快改革开放的步伐,集中精力把经济建设搞上去,沿着有中国特色的社会主义道路继续前进。只要我们坚决按中央的指示办事,团结奋斗,开拓进取,真抓实干,我国民族教育就会出现一个崭新的局面,就会为各民族的共同繁荣作出新的更大的贡献。

全国政协副主席司马义·艾买提在第四次全国民

族教育工作会议上发表讲话

第四次全国民族教育工作会议是一次非常重要的会议,必将对我国民族教育事业的发展,对各民族的团结进步,产生重大而深远的影响。我谨代表国家民委,向大会表示热烈的祝贺!向出席会议的全国民族教育先进集体和先进个人的代表们,并通过你们向所有从事、关心和支持民族教育事业的同志们和朋友们,表示衷心的感谢和崇高的敬意!

刚才,李铁映同志向大会作了重要报告,对民族教育的战略地位作了深刻的阐述,对民族教育所取得的成就和经验作了系统的总结,对发展民族教育和改革民族教育的任务、政策、措施等讲了很好的意见。我完全赞同。请同志们认真学习领会,并在实际工作中切实地加以贯彻落实。

同志们知道,今年1月召开了中央民族工作会议。会上总结了我国民族工作的光辉成就和基本经验,提出了90年代民族工作的任务和政策措施。这次会议,对于我们坚持有中国特色的解决民族问题的正确道路,对于促进各民族的团结进步和共同繁荣,对于推进我国的现代化事业,都将产生重大而深远的影响。在中央民族工作会上江泽民总书记、李鹏总理的重要讲话中,都专门讲了要积极发展民族教育事业。指出:民族教育要逐步走出一条适应少数民族和民族地区实际的路子,民族教育要与民族地区的经济发展相适应,要为民族地区培养更多的经济、技术、管理等方面的专业人才。

关于我国少缴民族地区未来10年和"八五"期间的经济和社会发展问题,党的十三届七中全会和全国人大七届四次会议确定了一个很重要的原则,那就是:逐步改变民族地区的落后面貌,加快发展,使之与全国相适应。我认为,这一原则同样适用于民族教育。这次会议的主要内容是贯彻落实中央民族工作会议精神。因此,我今天主要根据中央民族工作会议精神,就民族教育与整个国家教育的协调发展问题讲一些意见。

一

历史和现实都在告诉我们,教育是国家昌盛、社会进步、民族振兴的基本手段,在现代社会尤其是如此。在我们这个多民族的大国内,由于民族自治地方的面积占全国面积的64.3%,其教育的发展状况,对整个国家的教育有举足轻重的影响,由于少数民族有9100多万,55个少数民族的科学文化素质,与整个中华民族的素质密切相关,民族教育是整个国家教育的重要组成部分,和全国其他地区的教育互相依存,也互相制约。整个国家教育的发展,离不开民族教育的发展,民族教育的发展,有利于整个国家教育的发展。使民族教育的发展与全国教育的发展相适应、相协调,这是一个必然的选择。

这只是从教育本身来讲的,我们还可以从民族工作和处理民族问题的角度来认识一下少数民族教育与全国教育协调发展的必要性和重要性。民族问题是我国社会主义事业所要解决的总问题的一部分。为了中华民族的振兴,为了我国社会主义事业的成功,我们必须妥善处理好民族问题,而发展民族教育对于处理好民族问题,意义极为重大。

解放初期,毛泽东同志曾精辟地指出:"要彻底解决民族问题,完全孤立民族反动派,没有大批从少数民族出身的共产主义干部是不可能的。"本民族的干部对于这个民族的发展进步,对于这个民族与其他民族的团结合作,有其他民族的干部所不能替代的作用。民族区域自治,是我国解决民族问题的基本政策,实行民族区域自治,由少数民族当家作主,也必须有一大批少数民族干部。民族区域自治法对民族自治地方自治机关的少数民族干部的配备作了明确规定。因此,在理论、政策、法律上都提出了一个共同要求,必须大力培养少数民族干部。干部从何而来?当然,可以从实践中成长,但主要的还是要从学校培养,即使是从实际工作中锻炼出来的干部,也必须有一定的科学文化知识。少数民族干部的培养,离不开学校这座熔炉,离不开教育事业的发展,这就使最终解决民族问题和发展民族教育事业有着一种内在的、有机的联系。

发展民族教育,是执行好民族政策,处理好现阶段民族问题,促进各民族共同繁荣的迫切需要。各民族共同繁荣包括各民族经济的发展,也包括教育的发展,文化的发展。现阶段我国民族问题比较集中地表现为:少数民族和民族地区迫切要求加快经济文化的发展。经济的发展,需要以教育为基础的智力支持,需要立足于教育之上的科学技术力量;文化的繁荣,人的科学文化素质的提高,离开了教育就成了无源之水。实践证明,有些少数民族和民族地区经济文化之所以相对落后,一个极为重要的原因就是教育落后。一些调查表明,人均收入与人的文化素质成正比。也就是说,只有发展民族教育,才能提高民族素质,才能振兴民族经济,才能更好地脱贫致富,实现各民族的共同繁荣。

发展民族教育,对维护民族平等团结和祖国统一具有非常重要的意义。民族团结和祖国统一是各民族公民的法律义务和道德责任。然而维护祖国统一和民族团结,仅有质朴的感情和良好的愿望是不够的,还必须有理性的思考,有正确的观念,有对祖国历史文化的了解和挚爱。这样才能更加自觉、更加理智、更加坚定地热爱伟大祖国,珍视民族团结。要做到这些,离不开教育。这包括科学文化知识教育，也包括政治思想教育。作为学校教育，对人的思想观念的形成所具有的影响是非常深刻和深远的，在人的一生中都发生着重大作用。因此，为了更好地维护祖国统一和民族平等团结，必须通过发展民族教育，努力培养一代新人。

二

民族教育和全国教育协调发展主要是指出：逐步改变民族教育相对落后的状况，在整个国家教育不断发展的同时，少数民族的教育也得到相应发展。根据民族地区的实际，努力使民族教育在发展规模、发展水平、各项投入、教学条件、教育质量等方面与全国的水平大体相当。

当然，实现民族教育和全国教育的协调发展，并不是一蹴可就的，需要艰辛的努力，需要一定的时间。就像经济的发展，我们不能采取放慢发达地区发展速度的办法而求消极平衡，但也不能对存在的差距听之任之，必须采取积极的态度，朝“相适应，相协调”这个方向走。

民族教育与全国的教育协调发展不仅是必要的而且是可能的。我们有优越的社会主义制度，有党和国家对民族教育的高度重视。国家可以通过宏观调控，采取具体的包括一些特殊政策措施以加快民族教育的发展。我国的民族教育发展成今天的规模和取得的重大成就，充分说明了这一点。在民族教育今后的发展中，社会主义制度的优越性将进一步显示出来。

我国民族教育已经有了比较好的基础。建国以后，特别是党的十一届三中全会以来，我国的民族教育取得了显著的成绩：全国各级各类学校少数民族在校学生大幅度增加。据 1990 年统计高等学校、中等学校、小学的少数民族学生比 1951 年分别增长了 46 倍、71 倍和 10 倍；我国形成了比较完整的民族教育体系，已有了一支庞大的民族教育工作者队伍；在全国形成了民族教育的科学研究网络，民族教育的教学和科研取得了累累硕果。民族教育将在坚实的基础上，实现新的腾越。

在民族教育方面积累了许多有益的经验。在学校设置、学校管理、办学形式、招生分配、教学用语、教材建设等方面，反映和适应了少数民族和民族地区的实际，展示了独有的特色和巨大的活力。还创造了许多有鲜明特点的办学形式，这些都有助于今后把民族教育办得更好。

民族地区的经济建设取得了巨大的成就，使民族教育的发展具有了良好的物质基础。建国以来，民族自治地方的工农业总产值增长了 10 倍，财政收入增长了 26 倍，人民的生活水平普遍提高，可以拿出更多的财力和物力来发展民族教育。这些年来，许多民族地区运用自己的财力，在民族教育方面办了不少事情。随着现代化事业的发展和改革开放的深入，整个国家和民族地区的经济实力将进一步增强，民族教育也将会有更大的发展后劲。

各族人民对发展民族教育的认识越来越深刻，积极性也越来越高。“要致富，先修路；要发展，办教育”，成为广大干部群众的共识。人们深切地认识到：经济要发展，民族要振兴，必须兴学重教，培养各类人才。基于这种认识，各族人民对办教育有很高的积极性，献计献策，出钱出力，积极支援教育事业。这种积极性，是民族教育发展的强大动力。

民族教育可以和全国教育协调发展，已有事实作为证明。建国以来，少数民族在校学生以高于全国平均水平的速度增长，有些少数民族的教育发展水平已经相当于甚至超过了全国平均发展水平。比如在吉林省延边朝鲜族自治州，朝鲜族每 10 万人口中大学、高中、初中文化程度的人口比，都高于全国平均水平。还有像纳西、白、赫哲、基诺等民族教育事业的发展水平，也都超过了全国的平均发展水平。

我们有足够的理由认为，民族教育和全国教育协调发展，是完全可以做到的。当然，我们还必须清醒地看到，我国的民族教育的发展还存在着许多问题和困难，要实现民族教育与全国教育的协调发展必须作坚韧的努力。

三

为了实现民族教育和全国教育的协调发展，需要各个地区、各个方面的共同努力，研究规律，把握特性，并采取多方面的措施。

首先，要坚持正确的教育方针，加强思想政治工作。教育的对象是人，社会主义教育的直接目的是培养德、智、体全面发展的社会主义建设者和接班人。坚定地贯彻这一方针，为民族地区的经济发展和社会稳定、为各民族科学文化素质的提高，培养出合格的人才，是民族教育的基本任务，为此，在民族教育战线，一定要毫不动摇地贯彻党和国家的教育方针，根据具体情况，加强思想政治工作，卓有成效地对广大学生进行爱国主义、社会主义和共产主义、集体主义的思想教育，还要重视在各族学生中进行马克思主义民族观的教育。要使我们的学生成为社会主义制度、民族团结和祖国统一的捍卫者，成为祖国昌盛和民族进步的奉献者，成为有理想、有道德、有文化、有纪律的社会主义建设事业的可靠接班人。

第二，坚定地贯彻以经济建设为中心的指导思想，使教育更加有效地为社会主义现代化建设服务，使民族教育与民族地区的经济社会发展相适应并互相促进。教育与经济是一种相辅相成，互相制约的关系。

没有发达的教育,就不可能有发达的经济,没有发达的经济,也就不可能有发达的教育。只有教育与经济联姻,使教育服务于推动着经济的发展,教育才会有强大的动力和发展后劲,这就要求我们必须努力使民族教育与民族经济的联系更加紧密、更加合理。克服片面追求升学率的倾向,着力于为当地的经济文化建设培养有用之才。为此,要根据民族地区社会发展和经济振兴的需要,合理地调整民族教育的内部结构,使各类教育形成最佳的比例关系,在发展普通教育的同时,要高度重视职业技术教育和成人教育。一些地区对未能升学的初中、高中毕业生增加一年教育,使之有一技之长,能在当地经济建设中发挥积极作用的做法值得总结、推广。一定要端正思想、采取措施,使民族教育和民族地区的经济和社会发展更加紧密地联系起来,和当地人民群众的脱贫致富与生活幸福更加紧密地联系起来。

第三,坚持"三个面向"(即面向现代化、面向世界、面向未来),使民族教育在改革中大踏步前进。民族教育要着眼于当地经济的发展,但并不意味着急功近利,在低层次、低水平上徘徊,在发展方向上,要有战略眼光深谋远虑,使之贴近日新月异的现代化事业,面向广阔的世界,着眼于未来。既要培养民族地区经济建设和社会发展急需的实用人才,又要培养高、精、尖人才;既要培养现在需要的人才,也要培养未来需要的人才。

任何一个民族,要生存,要发展,要进步,必须坚持改革开放,向发达的民族和地区学习。民族教育的发展也应如此,一定要以改革的精神办教育。在民族教育上,也必须思想更解放一些、敢于破除旧的观念。敢于革除那些不利于民族教育发展、不利于民族进步的旧框框、旧模式、老办法。要追踪世界文化、科技发展的新趋势,新特点。注意学习国内国外在教育方面的成功经验以及教育理论上的新成果,加以借鉴,加以吸收,以提高自己。使民族教育既有民族特色,又有鲜明的时代特点。

第四,从实际出发,完善和发展充满活力的民族教育体制。我国的民族教育,已经在形成富有特色的体制方面做了有益的探索,取得了一定的成效,但还应当继续发展,更臻完善,走出新路子。要在国家统一的教育方针的指导下,保障民族自治地方依照法律行使民族教育方面的自主权,同时民族自治地方自治机关应当切实地负起责任,努力把教育事业办好。招生、分配制度要有利于民族地区人才的培养和人才量的增长,继续贯彻执行对少数民族考生适当放宽入学条件的有关政策规定,适当增加定向招生的数量;在分配方面,要采取有效措施,鼓励大中专毕业生到民族地区工作,使民族地区人才进得来,用得上,留得住。要不断探索和完善适合民族地区的基本形式,以促进民族教育的发展。

第五,拓宽渠道,增加投入,为民族教育的发展提供物后保证。教育发展的速度在很大程度上取决于物质投入的多寡。由于民族地区经济发展水平较低,对教育的投入受到限制,所以要拓宽渠道,增加投入,开源节流,提高效益。

办教育和搞建设一样,首先要依靠民族地区的努力。各地要牢固树立自力更生办教育的思想,根据自己的情况,动脑筋,想办法,增加对教育的投入。提倡过紧日子,尽量压缩其他方面的开支,优先安排教育投资,要向人民群众宣传"人民教育人民办"的思想,动员各行各业都来支持教育事业,调动人民群众和全社会支持教育事业的积极性,广辟教育经费的来源。

当然,由于民族地区底子薄,经济发展相对其他地区要慢一些,因此在发展教育方面还需要国家的大力扶持和帮助,也需要发达地区的积极支援。包括适当提高民族教育费用在国家教育事业费中所占的比重。国家在安排各项教育经费的时候,一如既往地对民族教育和民族地区实行适当倾斜。各级财政、教育、民族工作部门,要同心协力,密切配合,管好、用好国家安排的民族教育专项补助费等经费,使其收到良好的效益。凡是已经从少数民族地区补助费、发展基金等几项经费中划出一定比例用于民族教育的省、自治区,要继续坚持,管好用好;还没有这样做的地区,应当认真研究并制定出相应的规定。各地还可以创造条件,设立必要的民族教育专项资金和基金。总之,要想方设法,广开渠道,为民族教育增加物质投入。

关于发展师范教育,使用双语教学,对口支援,加强对民族教育工作的领导等问题,铁映同志已讲了很好的意见,我完全赞成,因此,我不再重复。

同志们,民族地区的社会主义建设事业,我国的民族团结进步事业,各民族的共同繁荣,都在呼唤着民族教育事业的加快发展,期待着民族教育和全国教育的协调发展。让我们在以江泽民同志为核心的党中央的领导下,团结奋斗,在现代化事业中,书写民族教育的新篇章,促进各民族的伟大振兴。

3月16日

第七届全国人大常委会第二十五次会议闭幕

经表决,会议一致通过将《第七届全国人民代表大会第五次会议议程(草案)》提请七届全国人大五次会议预备会议审议、通过;将《第七届全国人大代表大会第五次会议主席团和秘书长名单(草案)》提请七届全国人大五次会议预备会议进行选举。

会议原则通过《全国人大常委会工作报告》(草稿),并授权由秘书长主持,根据委员们提出的意见在会后进行修改,由委员长会议审定后,提请七届全国人大五次会议审议。

会议还通过关于公布《中华人民共和国澳门特别行政区基本法(草案)》的决议、通过代表资格审查委员会关于补选代表的代表资格的审查报告、通过第七届全国人民代表大会第五次会议列席人员名单。

会议决定任命王文元为最高人民检察院副检察长、检察委员会委员;通过其他任免事项。

万里委员长主持会议。

彭冲、阿沛·阿旺晋美、赛福鼎·艾则孜、严济慈、荣毅仁、叶飞、廖汉生、倪志福、陈慕华、孙起孟、雷洁琼、王汉斌副委员长出席会议。

国务委员秦基伟、最高人民法院院长任建新、最高人民检察院检察长刘复之列席会议。

第七届全国人大常委会就代表情况发布公告

第七届全国人民代表大会代表应为2978人,到第七届全国人民代表大会常务委员会第24次会议时实有代表2940人,应补选代表38名。

近来,有3位全国人大代表逝世:山西毕生才,湖南李复贵(侗族),云南关肃霜(女,满族)。现已补选出代表1人:山东赵志浩。全国人民代表大会常务委员会同意代表资格审查委员会关于补选代表的代表资格的审查报告,确认赵志浩第七届全国人民代表大会代表的代表资格有效。特此公布。

现在,第七届全国人民代表大会共有代表2938人。

第七届全国人民代表大会常务委员会

1992年3月16日

全国人大常委会关于公布《中华人民共和国澳门特别行政区基本法(草案)》的决议

(1992年3月16日七届全国人大常委会第二十五次会议通过)

第七届全国人民代表大会常务委员会第二十五次会议听取了澳门特别行政区基本法起草委员会姬鹏飞主任委员关于《中华人民共和国澳门特别行政区基本法(草案)》及有关文件的报告,决定:

一、公布《中华人民共和国澳门特别行政区基本法(草案)》和三个附件,同时公布《中华人民共和国全国人民代表大会关于澳门特别行政区第一届政府、立法会和司法机关产生办法的决定(草案代拟稿)》、《澳门特别行政区基本法起草委员会关于设立全国人民代表大会常务委员会澳门特别行政区基本法委员会的建议》,自公布之日起至1992年7月底,在澳门和全国其他地区广泛征求意见。

二、全国人民代表大会常务委员会委托澳门特别行政区基本法起草委员会负责主持征求意见的工作。

三、由澳门特别行政区基本法起草委员会负责征集中央各部门、各政党、各人民团体和澳门各界人士的意见;由各省、自治区、直辖市人民代表大会常务委员会负责征求本地区各界人士的意见,并将意见汇总,于1992年8月中旬以前报送澳门特别行政区基本法起草委员会。各界人士也可以将意见寄送澳门特别行政区基本法起草委员会秘书处。

四、由澳门特别行政区基本法起草委员会根据澳门和全国其他各地区、各方面提出的意见,对《中华人民共和国澳门特别行政区基本法(草案)》作进一步修改后,提请1993年举行的第八届全国人民代表大会第一次会议审议。

国务院纠正行业不正之风办公室举行记者招待会

国务院"纠风办"负责人在记者招待会上说,全国纠正部门和行业不正之风工作,总的看,在"八五"计划第一年开局不错,全国普遍动起来了,形成了一定声势,对浮在面上的问题初步扫了一遍,部门和行业不正之风的势头有所遏制,群众反映强烈的一些"热点"问题有所缓解。

负责人认为,1991年全国"纠风"工作取得了明显的成效,主要表现在:

广大干部职工受到了一次拒腐防变的教育,纠正和抵制行业不正之风的意识有所增强,基层执法人员吃拿卡要的少了,拒吃、拒礼、拒贿的人多了。据部分省、市问卷调查测算,群众对一些重点行业的满意率比上半年有所提高。

查摆和纠正了一批面上的行业不正之风问题。如湖北省百万人参加自查自纠,查摆出的问题涉及9000万元,已清退3000万元;内蒙古查摆的问题涉及1.55亿元,已退赔1.5亿元;铁路系统有9万人自查出以票谋私等问题33万多件,涉及金额500多万元,增收补票款5000万元。

查处了一批带有行业特点的违法违纪案件,一些严重以权谋私、影响恶劣的干部职工受到惩处。据19个省、区、市不完全统计,截至去年11月底,共立案49545件,现已查结34284件,给予党纪、政纪、法纪处理的33635人。

解决了一些与群众关系密切而又反映强烈的问题。有些地方装电话难、农村用电难、行路难、看病难、上户口难等问题得到一定缓解。邮电部以解决北京装电话难为突破口,迅速推向各省会城市。去年全国新增市内电话120多万户,是建国以来最多的一年。

国务院"纠风"办负责人指出,"纠风"工作虽然取得一定成效,但从总体上看,估价不能过高,行业不正之风在许多方面仍普遍存在,群众的意见依然很多。今后的"纠风"任务仍非常艰巨。在谈到1992年工作时强调,今年"纠风"工作总的要求是一要坚决,二要持久。着眼于教育,立足于建设,动员各方面的力量进行综合治理,牢牢抓住思想教育是基础,制度建设是保证,领导干部是关键这3个重要环节,继续突出刹风整纪,突出抓成效,集中解决与人民群众关系密切、反映强烈的"热点"问题,进一步密切党和政府与人民群众的联系,维护政治稳定,促进改革开放和经济建设健康发展。

国务院总理李鹏和尼泊尔首相柯伊拉腊在人民大会堂就双边关系和共同关心的国际问题举行正式会谈

李鹏说,建立在和平共处五项原则基础上的中尼关系,经受住了时间的考验。中国政府十分重视同尼泊尔的关系,中国同包括尼泊尔在内的南亚国家发展关系的政策不会改变。

李鹏说,中国仍然是一个发展中国家,对其他发展中国家的经济援助数量有限,这只是一种友谊的象征。他强调,我们的这种援助不附加任何政治条件,援助的目的是为了帮助有关国家发展经济。

公安部公布最新人口统计情况

公安部治安局有关负责人向人民公安报记者透露,根据全国各级公安机关的逐级统计,截至1991年底,我国人口总数为1141907793人(不包括港、澳、台人口及现役军人),总户数为294578736户,平均每户人数为3.88人,男女性别比为106.27:100。公安部的最新人口统计表明,1991年我国农业人口为900925357人,占人口总数的78.90%;非农业人口占总人口数的比率比1990年上升0.24%;全国城市人口为343971030人(包括城市的农业人口),占总人口的比例比1990年上升0.74%。

《求是》杂志1992年第6期发表社论《努力开创改革开放和经济建设的新局面》

去冬今春以来,随着治理整顿任务的基本完成,我国经济的发展态势越来越好。十多年来的改革开放使治理整顿得以顺利进行,而治理整顿又为进一步改革开放创造了更为宽松的条件。我们要抓住这个大好时机,加快改革开放的步伐,力争经过几年的努力,使经济再上一个新的台阶。

建设有中国特色的社会主义,需要做的事情很多,但最根本的还是进一步解放生产力,大力发展生产力,切实把经济搞上去。我们党在社会主义初级阶段的基本路线所规定的中心任务,就是经济建设。拥有11亿多人口的中国,搞好经济建设是一件头等大事。在社会主义现代化建设中,我们始终要以经济建设为中心,自觉地把主要精力用在经济建设上,紧紧抓住这个中心不放松。党和国家的各项工作都必须服从和服务于经济建设这种中心,决不能离开这个中心,更不能干扰这个中心。

在东欧剧变、苏联解体,社会主义面临严重挑战的情况下,我们的经济建设搞得好不好,决不仅仅是个经济问题,而是带有很强的政治性。它关系到人心的向背,政局的稳定,整个社会主义事业的成败。只有把经济搞上去,我们才能更好地坚持社会主义道路,巩固社会主义制度,充分发挥社会主义的优越性,挫败敌对势力和平演变的图谋。正如邓小平同志所说:坚持社会主义,"既是斗争的过程,也是说服教育的过程,但最终说服不相信社会主义的人要靠我们的发展。如果我们本世纪内达到了小康水平,那就可以使他们清醒一点;到下世纪我们建成中等发达水平的社会主义国家时,就会大进一步地说服他们,他们中的大多数人才会真正认识到自己错了。"

党的十一届三中全会以来的经验证明,发展经济建设,不坚持四项基本原则不行,不实行改革开放也不行。一个立国之本,一个强国之路,二者相辅相成,共同服务于经济建设这个中心。近十多年来,我国经济建设之所以能够取得前所未有的成就,从根本上说,就是因为在坚持四项基本原则的前提下,大胆地实行了改革开放。革命是解放生产力,改革也是解放生产力。社会主义基本制度确立以后,还要从根本上改变束缚生产力发展的经济体制,建立起充满生机和活力的社会主义经济体制,才能促进生产力的发展。前一段的改革开放,解决了不少多年积累下来的问题,取得了许多有益的经验,为今后进一步的改革开放打下了良好的基础。现在不失时机地加大改革开放的分量,加快改革开放的步伐,依靠社会主义的改革开放来推动经济建设的更大发展,是合乎实际,顺乎民心的。

我国经济和社会发展的十年规划和"八五"计划,以及去年先后召开的中央工作会议和党的十三届八中全会,对改革开放的方向、任务和步骤都有明确的要求,我们应当结合各地的实际贯彻执行。近期内,我们应在进一步深化农村改革的同时,重点推进城市企业特别是国营大中型企业的改革,要在转变企业内部经营机制、打破"一大三铁"(即"大锅饭"、"铁饭碗"、"铁工资"、"铁交椅")体制方面迈出决定性的步伐;要力争在建立适应社会主义有计划商品经济发展的、计划经济与市场调节相结合的经济体制和运行机制方面，取得突破性进展；经济建设的各个部门和科技、教育、文化各条战线的改革，都要逐步引向深入；与此同时，政治体制的改革也应有计划有步骤地向前推进。改革开放的步子迈得大一点，经济建设就可能发展快一点。

加快改革开放的步伐，要求我们的思想再解放一些，胆子再大一些。十多年前，我们的改革开放在毫无经验的条件下起步，就是依据马克思主义的基本原理和中国具体实际相结合的原则，解放思想，实事求是，大胆探索，一步步闯过来的。今后的改革开放任务更重，难度更大，许多问题已进入攻坚阶段，思想不解放，没有一点闯的精神，没有一点敢冒风险的胆识、气概，是很难打开局面的。对于那些至今仍在妨碍和束缚生产力发展的旧的习惯势力和习惯做法，要敢于去破；对于那些有利于发展社会主义社会的生产力，有利于增强社会主义国家的综合国力，有利于提高人民生活水平的事情，要敢于去办。看准了的，就大胆去闯。胆子不大，顾虑太多，是迈不开大步，办不成大事的。

为了开创改革开放和经济建设的新局面，需要大力提倡"求实、务实、落实"的工作作风。要真抓实干，力戒形式主义。无论做什么工作都不能停留在一般号召上，抓经济建设，抓改革开放，更应落到实处，讲求实效。如何深化改革，扩大开放，如何把经济搞上去，如何处理经济建设这个中心和其他各方面工作的关系，如何在改革开放过程中清除消极腐败现象，如何加强社会治安的综合治理，所有这些，都要结合本部门、本单位的实际，认真研究，拿出切实可行的办法来，并付诸实践。可开可不开的会议要坚决不开，非开不可的也要开短、开好。领导同志要尽量减少事务性活动，集中时间和精力去做调查研究，深入群众，了解实际，探讨和解决改革开放和经济建设中的实际问题，总结群众创造的新鲜经验。我们要坚决实行领导和群众相结合、一般号召和具体指导相结合的工作方法，少说空话，多干实事，切实把党的路线、方针、政策，领导机关的决策和部署，变成广大群众的实际行动，在以江泽民同志为核心的党中央领导下，以改革开放和经济建设的实绩实效，来迎接党的第十四次全国代表大会的召开。

国办关于重申制定发布全国性对外经贸法规政策有关规定的通知

各省、自治区、直辖市人民政府，国务院各部委、各直属机构：

近年来，随着我国改革开放方针的进一步贯彻实施，我国的对外经济贸易事业取得了很大发展，我已与世界上绝大多数国家和地区建立了经济贸易关系，进出口贸易及对外经济技术合作逐年扩大。在这一形势下，为了进一步贯彻执行扩大开放、深化改革的方针，发展我国的对外经济贸易，特别是为了配合当前我国为尽早恢复关贸总协定缔约国地位所作的努力，减少对外贸易摩擦和涉外经济纠纷，使我国有关对外经贸的法规、政策逐步向关贸易总协定的要求靠拢，特将制定、发布全国性的对外经贸法规、政策有关规定重申如下：

一、经贸部是国务院综合管理全国对外经济贸易工作的职能部门，今后，全国性的对外经贸法规、政策均由经贸部统一对外发布（需立法或需由国务院发布的除外）。

二、经贸部在制定全国性对外经贸法规、政策时，涉及其他有关部门职权范围的，应当征求有关部门的意见或者商请有关部门会签。需请示国务院的，应报请国务院批准。

三、各地方、各部门未经国务院授权，不得制定、发布全国性对外经贸法规、政策（包括禁止或限制进出口商品的目录）。各地方、各部门在各自职权范围内制定有关法规、政策，涉及对外经贸问题时，必须以国家的对外经贸法规、政策为依据，不得与其相抵触。

国务院办公厅

一九九二年三月十六日

最高人民法院最高人民检察院发出印发《关于办理偷税、抗税刑事案件具体应用法律的若干问题的解释》的通知

各省、自治区、直辖市高级人民法院、人民检察院，解放军军事法院、军事检察院：

现将《关于办理偷税、抗税刑事案件具体应用法律的若干问题的解释》印发给你们，请遵照执行。

最高人民法院最高人民检察院关于办理偷税、抗税刑事案件具体应用法律的若干问题的解释

《中华人民共和国刑法》第一百二十一条：违反税收法规，偷税、抗税，情节严重的，除按照税收法规补税并且可以罚款外，对直接责任人员，处三年以下有期徒刑或者拘役。

一、负有纳税义务的单位和个人（简称纳税人），违反税收法律、法规，采用欺骗、隐瞒等手段，少缴或者不缴应纳税款，逃避履行纳税义务，情节严重的，以偷税罪对直接责任人员追究刑事责任。偷税通常采用的手段有：伪造、涂改、隐匿、销毁账册、票据、凭证；转移资金、财产、账户；不报或者谎报应税项目、数量、所得额、收入额；虚增成本、多报费用、减少利润；虚构事实骗取减税、免税等。

二、纳税人违反税收法律、法规，采取公开对抗或者其他手段，抗拒履行纳税义务，情节严重的，以抗税罪对直接责任人员追究刑事责任。抗税通常采用的手段有：拒绝按照税收法律、法规缴纳税款、滞纳金；以各种借口拖延不缴或者抵制缴纳税款；拒绝按照法定手续办理税务登记、纳税申报和提供纳税资料；拒绝接受税务机关依法进行的税务检查；冲击、打砸税务机关，殴打、污辱税务人员(包括税务助征员、代征员)等。

三、负有代征代缴税款义务的单位和个人(简称代征人)、负有代扣代缴、代收代缴税款义务的单位和个人(简称扣缴义务人)，有上述第一、二条所列行为之一的，以偷税罪、抗税罪追究刑事责任。

四、偷税罪、抗税罪的"直接责任人员"，是指偷税、抗税单位中对该罪负有直接责任的法定代表人、主管人员和其他直接参与人员，以及偷税、抗税的个人。

五、各类企业、事业和社会团体等纳税单位以及负有代征、扣缴义务的单位，偷税数额达到下列标准之一的，属于偷税情节严重：

(一)偷税五千元以上不满一万元，且达到该单位同期应纳该税种税款总额的百分之四十的；

(二)偷税一万元以上不满五万元，且达到该单位同期应纳该税种税款总额的百分之三十的；

(三)偷税五万元以上不满十万元，且达到该单位同期应纳该税种税款总额的百分之二十的；

(四)偷税十万元以上不满三十万元，且达到该单位同期应纳该税种税款总额的百分之十的；

(五)偷税总额达三十万元以上的。

对个体工商户、个人承包户、租赁经营户、个人合伙或者其他纳税个人以及负有代征、扣缴义务的个人，认定偷税情节严重的数额起点为二千至五千元。

各省、自治区、直辖市高级人民法院、人民检察院可以结合本地区情况，在本条第二款规定的数额幅度内制定本地区的执行标准，并报最高人民法院、最高人民检察院备案。

六、偷税数额虽未达到但接近前条所定数额标准，并有下列情形之一，尚不构成其他犯罪的，也属于偷税情节严重：

(一)偷税三次以上经教育不改的；

(二)为逃避追查而有意毁坏、伪造计税凭证或者其他纳税资料的；

(三)阻碍税务机关依法检查的；

(四)向税务人员行贿的；

(五)其他偷税情节严重的。

七、抗税数额达到第五条所定数额标准的百分之五十以上的，应当认定为抗税情节严重。

八、抗税数额虽未达到前条所定数额标准，但具有下列情形之一，尚不构成其他犯罪的，也属于抗税情节严重：

(一)以暴力或者暴力威胁抗税的；

(二)抗缴税款、滞纳金三次以上的；

(三)抗拒税务机关依法检查的；

(四)以各种借口拖延不缴或者抵制缴纳税款，时间超过六个月的；

(五)冲击、打砸税务机关，污辱、殴打、报复税务人员或者采取其他恶劣手段妨碍税务机关工作秩序的；

(六)其他抗税情节严重的。

九、同一纳税人同时偷、抗两种以上税的，只要其中一种达到上列构成犯罪标准的，所偷、抗其他税种的数额应当一并计入偷税、抗税的总额。

十、与纳税人、代征人、扣缴义务人勾结，为偷税犯罪提供账号、发票、证明，或者以其他手段共同实施偷税罪的，以偷税共犯论处。

唆使、煽动纳税人、代征人、扣缴义务人抗税，或者以其他手段共同实施抗税罪的，以抗税共犯论处。

税务人员犯前两款罪的，从重处罚。

十一、对同一税款，既犯偷税罪，又犯抗税罪的，实行数罪并罚。

因暴力抗税实施伤害、杀人行为的，按伤害罪、杀人罪定罪处罚，或者根据案情实行数罪并罚。

十二、人民法院、人民检察院在办理偷税、抗税案件中，如果发现纳税人登记的经济性质(包括所有制性质和分配形式)与实际不符的，应当根据查明的情况，按其实际的经济性质依法处理。

十三、以营利为目的，倒卖发票，情节严重的，以投机倒把罪论处。

十四、一九九二年五月一日后处理的偷税、抗税刑事案件，适用本解释。

国务院批准浙江省设立温州经济技术开发区

国务委员兼外交部长钱其琛在北京同俄罗斯外交部部长安德烈·科济列夫举行会谈

钱其琛强调，中国重视与俄罗斯的关系，并愿意在和平共处五项原则基础上发展双边合作。

钱其琛指出，今年1月底，李鹏总理和叶利钦总统在纽约会晤，双方对发展睦邻合作关系有许多共识。中俄两国都是联合国安理会常任理事国，对国际和平与安全负有重大责任。

科济列夫说，叶利钦总统和李鹏总理在纽约谈得很好，这次会见是俄中关系的一个重要起点。俄中两国是伟大的国家，在国际上负有重大责任。俄方认为，俄中关系十分重要，我们不仅要尊重过去，而且要展望未来，在两国间建立良好、密切的合作关系。

钱其琛说，中方已安排黑龙江省、内蒙古自治区具体实施在中俄毗邻的边境地区俄方境内建立合作开发区。哈尔滨市和上海市将在俄罗斯的三个城市开设中国商店。中俄经济合作的前景是良好的。科济列夫说，俄方对发展双边合作兴趣很大，认为两国的合作不仅应当继续，而且应当扩大和加强。

钱其琛认为，随着两个军事集团对峙的结束，世界大战打不起来，但与此同时，国际形势中出现了一些新矛盾和不稳定因素，整个形势仍然动荡。

科济列夫指出，俄罗斯重视同西方的关系，也重视同亚洲国家，特别是同中国的关系。俄罗斯认为国际事务不应由一国或少数几国垄断。

钱其琛和科济列夫互换分别由杨尚昆主席和叶利钦总统签署的《中华人民共和国和苏维埃社会主义共和国联盟关于中苏国界东段的协定》的批准书，并签署互换批准书的证书。中俄两国政府在证书中确认，中苏国界东段协定批准后，俄罗斯联邦即作为协定的一方完全承担协定所规定的权利和义务。该协定自今日起生效。两国外长对此表示高兴。科济列夫应钱其琛邀请于今天上午抵京。

中葡联合联络小组在里斯本就澳门过渡期的有关问题举行正式会谈

中共中央全国政协常委会发布王任重逝世讣告

无产阶级革命家、中国人民政治协商会议第七届全国委员会副主席王任重，因心脏病突发，抢救无效，于 1992 年 3 月 16 日上午 6 时 10 分在北京逝世，终年 75 岁。

中国共产党优秀党员、久经考验的共产主义战士、无产阶级革命家、全国政协副主席王任重，生于 1917 年河北省景县一个农民家庭。在学生时代，受进步思想影响，追求光明之路，于 1932 年加入共青团，1933 年加入中国共产党。以小学教员身份为掩护，从事党的地下工作，历任景县县委委员、泊镇区委委员、津南工委委员。抗日战争爆发后，在延安中央党校学习。1938 年回冀鲁豫地区任区党委宣传部副部长，冀南五地委书记，冀南区党委组织部部长、宣传部长、区党委常委、行署副主任、党组书记。1945 年以后，任冀南行署主任、冀南区党委副书记、代理书记。1949 年 5 月随军南下，历任湖北省委常委、省政府副主席，武汉市委第一书记、副市长、代理市长，湖北省委第一书记、武汉军区第一政委、省政协主席，中南局第二书记、第一书记，中南局三线建设委员会主任、华中协作区主任。1978 年后，历任陕西省委第二书记、省革委会第一副主任、省委第一书记、省革委会主任、陕北建设委员会主任，国务院副总理、国家农业委员会主任、党组书记，国务院财经委员会委员，中央宣传部部长、中央书记处书记，六届全国人大常委会副委员长兼财经委员会主任。1988 年 3 月被选为政协七届全国委员会副主席、党组副书记。是中共第八届中央候补委员、十一、十二、十三届中央委员。

3 月 17 日

中共中央总书记江泽民在中南海会见尼泊尔首相吉里贾·普拉萨德·柯伊拉腊

国家主席杨尚昆在钓鱼台国宾馆会见尼泊尔首相吉里贾·普拉萨德·柯伊拉腊

国务委员王丙乾在全国工交企业财务工作会议上发表讲话

王丙乾指出，要把改革和发展与振兴国家财政有机地结合起来，要研究和修订妨碍经济发展的基些规定，把握住工作主动权。

王丙乾说，只有依靠改革，才能促进经济健康发展，提高效益，壮大财源，缓解财政困难。在此基础上，财政才能从财力上进一步支持改革开放，实现良性循环。

王丙乾指出，在改革开放的新形势下，财政工作要站得高一点，看得远一点，要注意吸收新思路、新观点，大胆地借鉴国外的成功经验。财政部门要积极地为各方面改革配套服务。在改革开放过程中，各地要增强全局观念和法制观念，要注意不能削弱中央的宏观调控能力，不能随意越权开减税让利的口子。特别需要注意的是，国营企业在吸收和借鉴“三资”企业的管理经验时，仍要执行国家的税收和财务会计法规，不能以此为名，减少对国家的贡献。

王丙乾在谈到企业财务工作时说，我国的财务管理将更多地吸收国外通行的、有效的管理方式，向规范化和法制化的方向迈进。

王丙乾强调，当前企业财务工作的重点，一是要积极支持经济结构的调整；二是要紧紧抓住扭亏增盈工作；三是要加强财务管理和监督，确保财务核算的真实性，企业不准编报假账，不准搞两本账，不准私设“小金库”。

国务院副总理田纪云 3 月 17 日至 18 日到山西省阳泉市的平定县和晋中地区的昔阳县察看旱情

国务院总理李鹏在中南海紫光阁会见俄罗斯联邦

外交部长科济列夫

李鹏说，他同俄罗斯总统叶利钦在纽约的会见时间虽短，但主要的问题都谈到了。前苏联发生的事是内部事务。中俄两国有4000多公里的边界，两国人民之间有着传统友谊，双方在经济上有互补性，两国可以在和平共处五项原则的基础上发展睦邻友好关系。

李鹏指出，现在中俄两国的边界贸易十分活跃，中国最近在北方同俄罗斯接壤的地区又开放4个城市，为进一步加强双边经贸关系和人员往来提供了更方便的条件。两国经贸合作潜力很大，可以采取多种形式，发展的前景是好的。

李鹏说，中国希望东北亚地区保持和平与稳定，因为这将有利于该地区的发展。他还介绍了中国国内情况，强调中国经济的发展和改革开放的成就是在政治稳定的形势下取得的。

国务委员兼外交部长钱其琛会见来北京参加第十二次中日副外长定期协商的日本外务审议官斋藤邦彦

国家教委国务院学位委员会印发研究生教育和学位工作"八五"计划和十年规划要点

一、88年代研究生教育的发展和学位制度的建立，为90年代的发展和改革奠定了良好的基础

研究生教育是我国高等教育的最高层次，是代表我国教育水平的一个重要标志。我国研究生教育的恢复和学位制度的建立及发展，是随着国家的改革开放、社会主义事业蓬勃发展的进程而不断前进的。党的十一届三中全会以来，我国的研究生教育和学位工作取得了巨大的成绩。

——形成了学科门类比较齐全、规章制度比较健全、管理体系比较配套的研究生教育和学位授予体系。经过5次学位授权审核，到1990年全国已有博士学位授予单位248个，硕士学位授予单位586个；博士学位授权学科、专业点2100多个。博士生指导教师5300多人，硕士学位授权学科、专业占7400多个。在授予博士、硕士学位和培养研究生的11个学科门类、600多种专业中，已有约75%的专业可以培养博士生。95%的专业可以培养硕士生，经国务院批准，先后在33所高等学校成立了研究生院。在全国范围，已经初步形成了一批本科生和研究生并重、教学和科研两个中心的研究生培养基地，使我国的高等教育事业发展到一个新水平。

——适应社会主义建设发展需要，输送了一大批合格的高层次专门人才。1978年到1990年，全国共招收研究生302761人，其中博士生18837人。硕士生266730人，研究生班研究生17194人，1990年全国在学研究生93010人，其中博士生11345人，硕士生80677人，1981年到1990年全国共授予博士学位6854人，授予硕士学位178416人。

研究生教育面向经济建设和社会发展的实际工作部门，开展了应用型高层次专门人才培养的试点。到1990年，全国有近百所理工科高等学校招收了近万名工程类型工学硕士生，约有30所医药院校招收培养了临床医学博士生近千人，财经、政法等应用类专业的研究生教育业已做到以招收应用型硕士生为主。实践表明我国自己培养的博士和硕士绝大多数是好的和比较好的，许多人已经成为各条战线的骨干。

——加强了学科建设。到1990年止，全国共评选出高等学校重点学科点416个，其中文科78个，理科86个，工科163个，农科36个，医科53个。国家通过国家重点实验室的投资"863"高技术项目的投入、世界银行贷款有关项目的执行，重点装备了一批高等学校和科学研究机构的重点学科点实验室，在一定程度上改善了一批研究生培养单位研究生教育的整体办学水平，较好地改善了约100个重点学科点的研究生培养和科学研究条件。在财力十分有限的情况下，国家每年拿出2000多万元人民币，用于支持中央部委所属重点高等学校的博士点的科学研究；每年拿出200万美元，用于高等学校文科研究生教育，引进国外最新图书资料。

——促进了研究生教育和学位工作的国际合作与交流。为弥补国内物质和培养条件的不足，国家采取了派出联合培养博士生、支持研究生学习期间出国参加重要学术会议，利用国外先进设备进行必要的短期合作科研、聘请国外知名学者专家来华为我们举办研究生和青年教师短期讲习班讲学等方式，提高我国科学研究的水平和前沿课程的开设能力。

由于我国研究生教育的蓬勃发展是在改革开放时期，学位制度的建立时间较短，这既给研究生教育和学位制度的发展和完善带来了活力和机遇，又不可避免地带来了一系列新的问题和矛盾。目前存在的主要问题是：研究生思想政治工作仍然比较薄弱，某些学科的研究生教育存在着不同程度的与社会主义事业要求不相适应的情况，报考研究生尤其博士生的生源不足，研究生尤其博士生培养的物质条件亟待进一步改善，这些问题和矛盾，需要在90年代做出更大的努力，才能完成培养面向21世纪，实现我国社会主义建设第二步战略目标所需要的高层次专门人才的历史重任。

二、90年代研究生教育和学位工作的指导思想和主要目标

(一)指导思想

90年代在我国社会主义现代化建设的历史进程中，是非常关键的时期。这10年的研究生教育和学位工作，要按照我国现代化建设第二步战略目标的任务

要求，适应世界经济竞争、新技术革命的挑战和反和平演变严峻斗争的需要，在党的基本路线指引下，继续贯彻面向现代化面向世界、面向未来的方针，培养足够数量和较高质量的又红又专的高层次专门人才，培养德、智、体全面发展的社会主义事业的建设者和接班人。

这 10 年的研究生教育和学位工作，必须努力适应国家经济、政治和文化建设各方面的需要，面向经济建设主战场，进一进深化改革。实行教学、科研、生产三结合，积极培养多种类型的应用型高层次专门人才，扩大研究生通向国家建设第一线的渠道。在把硕士生教育仍然作为我国研究生教育相对独立的阶段、把硕士作为我国高层次专门人才主要组成部分的同时，要大力加强博士生教育，加强博士点的建设，努力提高博士点的科学技术水平，逐步扩大博士生教育和博士后的规模，实现立足国内培养与国际水平大体相当的博士。

要合理调整研究生教育和学位授权点的布局，明确各个层次的高等学校在人才培养中的合理分工。在充分发挥高等学校作为研究生教育和学位工作主力军作用的同时，也要发挥科学研究机构人才培养的特点与作用，促进科学研究机构和高等学校在培养高层次专门人才方面的合作。

（二）主要目标

90 年代研究生教育和学位工作的总目标是：建立一个适应社会主义建设需要的、面向 21 世纪的、具有中国特色的研究生教育体系和学位制度，实现高层次专门人才的培养，立足国内。必须开创一条中国自己的社会主义的研究生教育道路，为经济建设主战场、为高等教育事业、为基础研究和高科技事业输送大批各行各业需要的高层次专门人才。今后 10 年研究生教育和学位工作的主要目标是：

1. 10 年内预计培养研究生 30 万人左右，其中博士生 4～5 万人。1995 年招收研究生 3.5 万人，其中博士生 0.6 万人，根据需要与可能，在“九五”期间适度发展。

2. 在全国努力建设的一批代表国家水平的重点大学，使其形成本科生和研究生并重、教学和科研两个中心、同时又是大学教师进修基地的高等学校，其中一部分应成为比较集中的培养博士生的基地。积极主持国务院有关部委、各省、自治区和直辖市，重点建设好代表本部门和本地区先进水平的高等学校，为我国的研究生教育逐步达到世界先进水平创造条件。

3. 为了培养高质量的人才和出高水平的科研成果，要实行多渠道投人、分批支持的方针，着力加强博士点和高等学校重点学科点的建设，提高现有博士点的整体水平，使一批重点学科点能够达到或接近发达国家同类学科的水平。

4. 大力加强研究生指导教师队伍建设。要采取措施加快培养年轻一代学术带头人，要积极发挥中年研究生指导教师的骨干作用，重视增补年轻指导教师，继续发挥老一代指导教师的引路、把关作用。加强学术梯队建设，努力形成知识结构和年龄结构合理的教学、科研集体。

5. 加强研究生教育与社会主义建设的联系。应用性较强学科的研究生培养，以面向应用为主，逐步实现研究生的 1/3 到 1/2 能够分配到社会主义公有制的大中型厂矿企业及其他各个应用部门。

6. 加强研究生教育和学位工作的科学研究工作，逐步形成二三个综合研究和信息管理中心，提高研究生教育管理现代化水平。

三、“八五”期间研究生教育和学位工作的基本方针和主要任务

（一）基本方针

“八五”期间研究生教育和学位工作要积极贯彻高等教育“坚持方向、稳定规模、优化结构、深化改革、改善条件、提高质量”的方针，坚持社会主义办学方向，进一步改革和完善研究生教育和学位制度，全面提高研究生教育的质量，积极主动地适应经济、政治、文化建设等各方面对高层次专门人才的需要，优化学科结构，培养多种类型的研究生。“八五”前期研究生教育的规模基本稳定，着重解决研究生教育前期发展所遗留下来的一些问题，改善研究生教育的内外环境和办学条件。为“八五”后期和“九五”期间的发展，打下良好的基础。

（二）主要任务

1. 在研究生的培养中，坚持把德育放在首位。加强研究生的思想政治教育，加强研究生中党组织的建设，完善研究生思想政治工作体制，切实加强研究生教育的社会实践环节，进行国情教育，坚持四项基本原则、反对资产阶级自由化、反对和平演变的教育，无产阶级人生观和价值观的教育，使我们所培养的研究生在政治上合格，真正成为社会主义事业的建设者和接班人。

2. 根据我国社会主义建设和学科发展需要，在深入调查研究和总结以往经验的基础上，进一步改善和调整全国研究生教育和学位授权点的结构与布局；积极稳妥地改进学位授权的审核制度，增补两批博士生指导教师。

3. 继续做好研究生教育的改革工作，在满足教学、科研岗位人才需要的同时，努力适应我国经济建设和社会发展各方面的需要，大力加强应用学科人才（如工程技术、临床医学、财政金融）的培养和专业学位的设置工作。全面贯彻落实《关于哲学社会科学部分学科

研究生教育改革的若干意见》。积极探索建设中国特色的文种研究生培养制度。

4. 加强对研究生培养工作的检查和指导，完善研究生培养制度，大力改善研究生教育的条件，检查督促高等学校重点学科点建设规划的实施，根据需要增补少量高等学校重点学科点，增强博士生的培养能力。

5. 进行学位授权点的复查和研究生教育质量检查工作，逐步形成适合中国国情的学位和研究生教育检查评估制度和办法。

6. 做好研究生教育和学位工作的法制建设工作。在认真总结经验基础上，研究提出《中华人民共和国学位条例》及其暂行实施办法的修改方案和意见。制订《研究生教育工作条例》、《研究生学籍管理暂行规定》。

7. 紧密结合研究生教育和学位工作的实际需要，加强有关重点科研课题的研究，努力形成一支专职和兼职人员相结合的研究生教育科学研究队伍。

四、实现"八五"任务的主要措施

1. 加强对研究生教育和学位工作的领导和管理工作，充分发挥中央有关部委和地方省(市)研究生教育和学位工作管理机构的作用，在少数研究生教育和学位工作任务较重的省(市)，建立地方学位委员会。健全基层研究生教育和学位工作管理机构，继续办好研究生院。

2. 积极做好宣传工作，提高全社会对研究生教育为国民经济建设和综合国力的提高所起作用的认识，争取有关方面对研究生教育和学位工作的更大支持。召开全国研究生教育工作会议。

3. 实施世界银行贷款"重点学科发展"项目，实施"高等学校文科文献情报中心"建设方案；规划并推动高等学校重点学科点的建设；规划世界银行贷款"研究生教育"项目；发挥重点实验室和开放实验室在人才培养中的作用；争取国家对研究生教育有较大的投入。

4. 改进学位授权审核办法，使学位授权点的布局更加适应社会主义事业发展的需要，并逐步建立博士点优胜劣汰和博士生指导教师有增有减的动态平衡机制，在部分学科和少数单位试行博士生指导教师审核办法的改革，在部分学位授予单位继续实行硕士学位授权点的自行审批。在临床医学、建筑学、工商管理等学科，建立我国的专业学位制度。进一步做好接受在职人员申请学位的工作。

5. 努力促进研究生教育与科学研究、生产实践相结合。选择若干高等学校和实际工作部门，实行培养单位与产业部门、科学研究机构等多种形式联合培养研究生的试验；积极吸引优秀的在职人员接受研究生教育。积极进行研究生教育的各项改革，推行研究生兼任教学、科研或行政管理工作的办法，实行研究生奖学金制度。

6. 经国家教委批准，在少数博士生培养单位的某些学科、专业、进行硕士、博士连读的试点工作，积极进行研究生培养方式的改革，加快高层次专门人才的培养。

7. 加强研究生教育和学位工作的国际合作与交流。推进中外合作培养博士生的工作，每年有计划地在若干学科举办由国内外知名专家主讲的研究生和青年教师短期讲习班。做好外国来华研究生的培养工作。

8. 改善政策导向，提高研究生尤其是博士生的待遇；在部分具备条件的高等学校和科学研究机构，对于我国实行学位制度后毕业并从事教学或研究工作的人员，实行将获得博士、硕士学位作为评聘高级专业技术职务的任职资格条件之一的政策。

9. 开展研究生教育和学位工作基层管理干部的培训工作，提高管理人员的政治、业务素质。有计划地举办不同层次、不同类型的管理干部培训班、进修班或研讨班，评选和奖励优秀的指导教师和管理干部。

中共中央政治局常委李瑞环国务委员李铁映陈俊生在广州会见国际残疾人奥委会主席罗伯特·斯特德沃德、远东和南太平洋残疾人联合会主席方心让、国际残疾人体育运动协调委员会主席格兰特

中共中央政治局常委李瑞环国务委员李铁映陈俊生在广州会见参加第三届全国残疾人运动会的各代表团团长和运动员代表及有关人士

3月18日

全国政协第七届第五次会议在人民大会堂开幕

全国政协副主席方毅、洪学智、谷牧、杨静仁、帕巴拉·格列朗杰、王光英、邓兆祥、赵朴初、屈武、王恩茂、钱学森、钱伟长、胡绳、程思远、卢嘉锡、钱正英、苏步青、司马义·艾买提、丁光训，秘书长宋德敏和政协常委在主席台就座。

全国政协现有委员2000人，已经向会议报到的委员有1737人，出席开幕会议的委员1625人。

受全国政协主席李先念的委托，方毅副主席主持今天的大会。下午3时30分，方毅宣布会议开幕，乐队奏《中华人民共和国国歌》。

委员们审议通过政协七届五次会议的议程和日程。

受政协第七届常务委员会委托，洪学智向大会作常委会的工作报告。

党和国家领导人江泽民、杨尚昆、李鹏、万里等出席中国人民政治协商会议第七届全国委员会第五次会议开幕式。

全国政协第七届第五次会议通过中国人民政治协商会议第七届全国委员会第五次会议议程

一、审议中国人民政治协商会议第七届全国委员会常务委员会工作报告；

二、听取和讨论政府工作报告；

三、听取和讨论1991年国民经济和社会发展计划执行情况与1992年计划(草案)的报告；1991年国家预算执行情况和1992年国家预算(草案)的报告；

四、听取和讨论关于三峡工程的议案；

五、审议中国人民政治协商会议第七届全国委员会提案委员会关于政协七届四次会议以来提案工作情况的报告；

六、审议通过中国人民政治协商会议第七届全国委员会第五次会议的各项决议。

《人民日报》发表社论《共商加快改革开放大计——祝贺全国政协七届五次会议开幕》

全国政协副主席洪学智在政协第七届第五次会议上作常委会工作报告

洪学智说，过去的一年，是我国执行国民经济和社会发展十年规划和“八五”计划的第一年。这是不平凡的一年。面对国际风云急剧变化、国内部分地区遭受严重自然灾害的复杂形势，我国各族人民在以江泽民同志为核心的中共中央领导下，团结奋斗，认真贯彻邓小平同志倡导的以经济建设为中心、坚持四项基本原则、坚持改革开放的基本路线，坚定地沿着有中国特色的社会主义道路前进，取得了举世瞩目的重大成就。在这一年里，政协全国委员会紧紧围绕党和国家的中心工作，继续贯彻落实《中共中央关于坚持和完善中国共产党领导的多党合作和政治协商制度的意见》，为进一步巩固安定团结的政治局面，促进社会主义经济建设、改革开放和其他各项事业的发展，做出了应有的贡献。

洪学智说，解放和发展生产力、搞好经济建设是我国人民的中心任务，人民政协的各项工作都必须服从于和服务于这个中心。一年来，政协全国委员会围绕《国民经济和社会发展十年规划和第八个五年计划纲要》的贯彻实施，紧紧抓住农业和国营大中型企业两个重要环节，为研究、解决经济建设、改革开放以及社会主义精神文明与民主法制建设中的重大问题，认真履行政治协商、民主监督职能，积极参政议政。

洪学智说，对于长江三峡工程这一重大建设项目，多年来委员们一直十分关注。委员们提出的关于三峡工程的提案多达47件，有50多位委员直接参加了论证和审查工作，还有许多委员深入现场考察，积极建言。本会也曾于1988年和1991年两次组团赴三峡地区实地视察。这些，都对三峡工程的科学论证发挥了积极作用。今年3月召开的常委会第18次会议，听取了国务院副总理兼三峡工程审查委员会主任邹家华所作的关于长江三峡工程可行性研究报告审查情况的报告。经过认真讨论、协商，会议对兴建三峡工程的决策表示赞同，对这一重大建设方案的实施提出不少具体建议，并高度评价了中共中央和国务院在整个工程论证和决策过程中体现的科学化、民主化精神。

洪学智说，团结和稳定是经济建设和改革开放顺利进行的前提。政协全国委员会在爱国主义、社会主义旗帜下，通过多方面工作，努力增进参加人民政协的各党派、各单位及各方面代表人士在共同政治基础上的团结，促进各族人民的大团结和国家的稳定，促进祖国的和平统一，发展同世界各国人民的友谊。接着就下述方面作了阐述：

——发扬人民政协自我教育的优良传统，在全面理解和贯彻“一个中心、两个基本点”的基本路线的基础上，统一思想，增进团结。他说，本会深入学习了江泽民同志《在庆祝中国共产党成立七十周年大会上的讲话》，以中共中央关于建设有中国特色的社会主义经济、政治和文化的基本要求，统一认识，规划工作。委员们还通过各种形式普遍学习了邓小平同志关于建设有中国特色的社会主义的一系列重要论述。通过学习，委员们联系治理整顿和深化改革所取得的成就，深刻领会中共中央关于抓住当前有利时机，加快改革开放步伐、集中精力把经济建设搞上去的方针，更加坚信中共十一届三中全会以来的路线、方针、政策是合乎国情、顺乎民意的，以江泽民同志为核心的中共中央的领导是正确的，国务院的工作是很有成效的。委员们还通过参加视察、参观和调查研究等活动，亲身感受到我国社会主义建设和改革开放的巨大成就，进一步加深对国际国内形势的正确认识，更加坚定了走有中国特色社会主义道路的信心。

——发挥人民政协广泛联系各界人士的优势，宣传和协助贯彻国家有关民族、宗教和华侨等方面的政策。他说，本会组织部分委员学习座谈了全国民族工作会议精神和有关民族问题的政策法规；会同内蒙古、新疆、广西、宁夏、西藏、云南等10个省、自治区政协，经过调查、座谈等各种活动，向有关部门报送了《关于进一步贯彻落实民族区域自治法的几点意见》；与有关部门就西藏和平解放40周年联合举行了纪念活动；委员们还深入新疆、西藏、广西等少数民族聚居地区，进行调研，就增进民族团结，促进民族地区的经济发展和社会稳定以及加强少数民族青年思想教育等提出了建议。

——增进同台港澳代表人士的联系，开展促进祖国和平统一的联谊活动。他说，在辛亥革命80周年之际，本会举办了隆重的纪念活动，缅怀孙中山等先驱们的业绩，弘扬爱国主义精神，宣传“和平统一、一国两制”的方针，谴责和反对“台独”分子分裂国家、分裂民族的行径，在海内外产生了较大影响。本会不断沟通两岸接触渠道，邀请和接待来自台湾的访问团、组30个，约500人次。

——开展人民外交活动，发展同各国人民的友谊和友好往来。他说，本会认真贯彻执行我国的对外方针政策，在同周边国家、第三世界国家有关组织保持和发展友好关系的同时，与西方国家有关组织的关系有新的突破。

洪学智说，最近召开的中共中央政治局全体会议号召全党和全国各族人民，坚定不移地贯彻执行中国共产党“一个中心、两个基本点”的基本路线，抓住当前有利时机，加快改革开放的步伐，集中精力把经济建设搞上去，沿着有中国特色的社会主义道路继续前进，以改革和建设的优异成绩迎接中国共产党第十四次全国代表大会的召开。我们要认真学习、深刻领会邓小平同志关于建设有中国特色社会主义的一系列论述和中共中央政治局全体会议精神，解放思想，实事求是，开拓进取，服从和服务于经济建设的中心任务，努力做好人民政协的各项工作。

洪学智提出围绕国家在发展经济、改革开放等方面的重大任务和措施，特别是注意抓住改革和建设中牵动全局的重大问题，认真履行政治协商、民主监督职能，推动国家各项方针政策的贯彻落实；高举爱国主义、社会主义旗帜，巩固和发展最广泛的爱国统一战线，发挥人民政协的优势，通过政协的各种会议和活动，进一步增进全国各族人民大团结，推进社会主义精神文明和社会主义民主与法制建设，维护社会政治稳定；积极开展与台港澳同胞的联谊活动，按照“和平统一、一国两制”的方针，促进早日实现两岸直接“三通”和双向交流，为祖国统一创造条件；根据我国的对外政策，活跃人民外交活动，扩展对外交往和接触，精心组织好出访和接待来访工作，加强对外宣传，为发展对我更为有利的国际环境多做工作；加强同地方政协的联系，就一些重要问题与有关地方政协联合进行调研；认真总结本届政协的工作和经验，切实改进工作，扎扎实实地搞好政治协商、民主监督，力戒形式主义，在中共中央领导下，做好政协全国委员会换届的准备工作。

洪学智说，从现在起到下世纪中叶，将是很要紧的时期，我们面临的任务是伟大、艰巨的。中国人民有信心、有能力把自己的事情办好，并对世界的和平与发展发挥应有的作用。江泽民同志号召：“国家大事大家来出主意、想办法，大家来办，为推进社会主义现代化建设而奋斗。”让我们在以江泽民同志为核心的中共中央领导下，一如既往地贯彻“长期共存、互相监督、肝胆相照、荣辱与共”的方针，进一步增进各党派、无党派爱国人士，各人民团体、各族各界代表人士的团结合作，坚定信心，振奋精神，群策群力，有所作为，在建设有中国特色的社会主义道路上阔步前进。

国务院总理李鹏签署第96号令发布《国务院关于修改〈中华人民共和国进出口关税条例〉的决定》

《国务院关于修改〈中华人民共和国进出口关税条例〉的决定》已经1992年2月28日国务院第九十九次常务会议通过，现予发布，自1992年4月1日起施行。

总理 李　鹏

1992年3月18日

国务院关于修改《中华人民共和国进出口关税条例》的决定

国务院根据《中华人民共和国海关法》的规定和几年来海关工作的实践经验，决定对《中华人民共和国进出口关税条例》作如下修改和补充：

一、第二条增加一款，作为第二款：“从境外采购进口的原产于中国境内的货物，海关依照《海关进出口税则》征收进口关税。”

二、第五条修改为：“进出境的旅客行李物品和个人邮递物品征免税办法，由国务院关税税则委员会另行规定。”

三、第六条修改为：“进口关税设普通税率和优惠税率。对原产于与中华人民共和国未订有关税互惠协议的国家或者地区的进口货物，按照普通税率征税；对原产于与中华人民共和国订有关税互惠协议的国家或者地区的进口货物，按照优惠税率征税。

前款规定按照普通税率征税的进口货物，经国务院关税税则委员会特别批准，可以按照优惠税率征税。

任何国家或者地区对其进口的原产于中华人民共和国的货物征收歧视性关税或者给予其他歧视性待遇的，海关对原产于该国家或者地区的进口货物，可以征收特别关税。征收特别关税的货物品种、税率和起征、停征时间，由国务院关税税则委员会决定，并公布施行。”

四、删去第七条。

五、增加一条，作为第七条：“进出口货物，应当依照《海关进出口税则》规定的归类原则归入合适的税号，并按照适用的税率征税。”

六、增加一条，作为第九条：“进出口货物的补税和退税，适用该进出口货物原申报进口或者出口之日所实施的税率。具体办法由海关总署另行规定。”

七、第十条改为第十一条，修改为：“进口货物的到岸价格经海关审查未能确定的，海关应当依次以下列价格为基础估定完税价格：

（一）从该项进口货物同一出口国或者地区购进的相同或者类似货物的成交价格；

（二）该项进口货物的相同或者类似货物在国际市场上的成交价格；

（三）该项进口货物的相同或者类似货物在国内市场上的批发价格，减去进口关税、进口环节其他税收以及进口后的运输、储存、营业费用及利润后的价格；

（四）海关用其他合理方法估定的价格。”

八、第十二条改为第十三条，增加一款作为第二款：“前款所述货物的品种和具体管理办法，由海关总署另行规定。”

九、增加一条，作为第十五条：“进口货物的完税价格，应当包括为了在境内制造、使用、出版或者发行的目的而向境外支付的与该进口货物有关的专利、商标、著作权以及专有技术、计算机软件和资料等费用。”

十、第十四条改为第十六条，修改为：“出口货物应当以海关审定的货物售与境外的离岸价格，扣除出口关税后，作为完税价格。离岸价格不能确定时，完税价格由海关估定。”

十一、增加一条，作为第十七条：“进出口货物的收发货人或者他们的代理人，应当如实向海关申报进出口货物的成交价格。申报的成交价格明显低于或者高于相同或者类似货物的成交价格的，由海关依照本条例的规定确定完税价格。”

十二、第二十二条改为第二十五条，增加一款作为第二款：“海关应当自受理退税申请之日起 30 日内作出书面答复并通知退税申请人。”

十三、第二十四条改为第二十七条，增加一款作为第三款：“因故退还的境外进口货物，由原收货人或者他们的代理人申报出境，并提供原进口单证，经海关审查核实，可以免征出口关税。但是，已征收的进口关税，不予退还。”

十四、第二十七条改为第三十条，增加一款作为第三款：“暂时进口的施工机械、工程车辆、工程船舶等经海关核准酌予延长期限的，在延长期内由海关按照货物的使用时间征收进口关税。具体办法由海关总署另行规定。”

十五、第二十八条改为第三十一条，增加一句：“或者对进口料、件先征进口关税，再按照实际加工出口的成品数量予以退税。”

十六、增加一条，作为第三十五条：“依照国家法律、法规的规定给予特定关税减免优惠的进口货物，在监管年限内经海关核准出售、转让或者移作他用时，应当按照其使用时间折旧估价，补征进口关税。监管年限由海关总署另行规定。”

十七、第三十二条改为第三十六条，修改为：“纳税义务人对海关确定的进出口货物的征税、减税、补税或者退税等有异议时，应当先按照海关核定的税额缴纳税款，然后自海关填发税款缴纳证之日起三十日内，向海关书面申请复议。逾期申请复议的，海关不予受理。”

此外，对部分条文的文字和条款的顺序作了相应的修改和调整。

本决定自一九九二年四月一日起施行。

《中华人民共和国进出口关税条例》根据本决定作相应的修正，重新发布。

国务院批转农业部《关于促进乡镇企业持续健康发展的报告》的通知

各省、自治区、直辖市人民政府，国务院各部委、各直属机构：

国务院同意农业部《关于促进乡镇企业持续健康发展报告》，现转发给你们，请贯彻执行。

发展乡镇企业，是建设有中国特色社会主义的重要组成部分，是繁荣农村经济、增加农民收入、促进农业现代化建设和发展国民经济的必由之路。实践证明，乡镇企业的蓬勃发展，不仅对于解决农村富余劳动力就业、发展农业生产、提高农民生活水平，使亿万农民走上共同富裕的道路，而且对于增加出口创汇和国家税收，实现国家工业化，建设农村集镇，逐步缩小城乡差别，巩固工农联盟和基层政权，促进我国政治、经济和社会的稳定与发展，都具有重要的意义。各级人民政府和有关部门要把发展乡镇企业作为一项战略任务，切实加强领导，坚持不懈地抓下去。要继续坚持“积极扶持，合理规划，正确引导，加强管理”的方针，认真贯彻落实党和国家对乡镇企业的一系列政策和法规，按照国民经济和社会发展规划、产业政策，指导乡镇企业调整结构，提高效益。要采取有力的扶持措施，帮助贫困地区和民族地区发展乡镇企业，认真解决乡镇企业在发展过程中的困难和问题，促进乡镇企业持续健康发展，为实现我国现代化建设第二步战略目标作出更大的贡献。

国务院

关于促进乡镇企业持续健康发展的报告

党的十一届三中全会以来，我国乡镇企业蓬勃发展，取得了举世瞩目的成就。预计到一九九一年底，全国乡镇企业(包括乡办、村办、联户办和户办企业,下同)拥有职工九千三百万人,占农村总劳动力的百分之二十二;总产值达到一万一千亿元,占全国社会总产值的四分之一,占全国农村社会总产值的近百分之六十,其中工业产值八千五百亿元,占全国工业总产值的三分之一;上交国家税金四百三十亿元,约占全国各项税收的百分之十五;出口商品交货额超过六百亿元,占全国外贸出口商品收购总额的四分之一;拥有总资产五千三百亿元,其中固定资产原值三千四百亿元。"七五"期间,全国社会总产值净增量的百分之三十一点九,农村社会总产值净增量的百分之六十六点四,工业总产值净增量的百分之三十七点二,税收净增量的百分之三十二点八,外贸出口创汇净增量的百分之三十,农民人均纯收入净增量的百分之三十二,都来自乡镇企业。乡镇企业利润支出用于农村各项建设投资达四百五十九亿元,用于以工补农建农资金二百七十九亿元。一些乡镇企业产品在全国工业产品中已占相当比重,如原煤占百分之三十三点一,水泥占百分之二十八点四,机制纸及纸板占百分之三十九点四,服装占百分之六十,中小农机具占百分之八十,砖瓦占百分之九十以上。乡镇企业已经成为我国农村经济的强大支柱、国民经济的重要组成部分和中小企业的主体,为实现现代化建设的战略目标,促进我国政治、经济和社会的稳定与发展作出了积极贡献。实践证明,党中央、国务院根据我国国情所作出的发展乡镇企业的战略决策和一系列方针政策是完全正确的。

到本世纪末要实现我国现代化建设的第二步战略目标,农民生活要达到小康水平,要合理利用农村富余劳动力,为农业生产上新台阶和建设社会主义新农村提供相应的资金,实现有中国特色的工业化,提高国民经济总体实力等,都离不开乡镇企业的发展。根据党的十三届八中全会的精神,为促进乡镇企业持续健康发展,提出以下意见:

一、明确发展目标和指导思想

根据我国国民经济和社会发展十年规划和第八个五年计划的要求,到一九九五年,全国乡镇企业总产值(按一九九〇年不变价计算,下同)达到一万六千一百多亿元,其中乡镇工业产值为一万一千六百亿元,出口商品交货额达到一千二百亿元,"八五"期间年均增长分别为百分之十一、百分之十和百分之十九点五;到二〇〇〇年,乡镇企业总产值规划达到二万六千亿元,其中乡镇工业产值为一万八千三百亿元,出口商品交货额力争达到二千亿元,"九五"期间年均增长分别为百分之十、百分之九点五和百分之十一。到一九九五年,力争安置就业人员一亿一千万人,二〇〇〇年力争达一亿四千万人。

为实现上述目标,"八五"期间和今后十年,乡镇企业发展总的指导思想是:坚定不移地贯彻执行"积极扶持,合理规划,正确引导,加强管理"的方针,走"发展、改革、完善、提高"的路子,进一步调整经济结构,深化企业改革,推动科技进步,加强企业管理,提高产品质量和经济效益,保护生态环境,把我国乡镇企业提高到一个新水平。

今后乡镇企业的发展,应继续坚持以社会主义集体所有制为主体的多种经济成分并存的所有制结构,实行乡(含镇)办、村(含村民小组)办、联户(含农民合作)办和户(即个体、私营)办乡镇企业;坚持因地制宜,分类指导;坚持计划经济与市场调节相结合,按市场需要组织生产,增加社会有效供给;坚持内涵发展与外延发展并重,经济效益、社会效益、生态效益并重;坚持国内外两个市场同时开拓,大力发展外向型经济;坚持强化管理与推动技术进步一起抓;坚持实行以按劳分配为主体,其他分配方式为补充的分配制度;坚持自力更生、艰苦奋斗、勤俭办企业的方针;坚持物质文明和精神文明一起抓。

二、合理调整经济结构和布局

根据国民经济和社会发展总体规划、产业政策、市场需求和效益原则,不断优化产业、产品、技术和组织结构,不搞低水平重复建设。建立符合当地经济和社会发展的产业结构,逐步形成城乡协作、优势互补、以城带乡、以乡促城、协调发展的格局。

乡镇企业要因地制宜,积极开发利用当地资源,大力发展农副产品(包括林、畜和水产品)加工业、原材料工业、建材工业、农用工业和第三产业;在合理开发资源的前提下发展采矿业;根据条件和市场需求,积极发展为大工业配套服务、出口创汇、劳动密集型产品和城乡人民生活必需品。加强农村工业小区和集镇建设,逐步实行城乡一体化、贸工农一体化。按照经济合理的原则,今后兴建农产品加工业应主要放在农村,适合农村加工的工业品也应向农村扩散。积极兴办农副产品的储藏、保鲜、运输业,促进农产品的流通。继续发展建筑业,大力发展商业、饮食服务业及信息产业。大力增加出口创汇,积极引进外资、新技术和关键设备,使外向型经济有一个新突破。沿海地区和有条件的地方,要立足于现有企业的挖潜改造,在提高中发展;中部地区要发挥当地资源优势,搞好综合开发,实行发展和提高并重;西部和起步较晚的地区,要根据自己的特点和优势,积极创造条件,坚持以经济开发为主的方针,有计划地加快发展,在发展中提高。

三、大力提高企业的整体素质

从整体上讲,目前还有相当数量的乡镇企业仍然处于技术落后、产品质量差、成本较高、经济效益低的状况，这是制约乡镇企业持续健康发展的重要原因。因此，必须树立长期抓科技和管理的思想，依靠科技和教育，提高职工素质和企业技术、管理水平。重点加强基础管理，健全专项管理制度，有计划地在骨干企业中逐步推行现代化管理。要以提高质量、降低消耗、增加效益为目标，通过强化管理，实现企业管理的整体优化和企业素质的全面提高。同时，要十分重视环境保护和安全生产管理。

依靠科技进步，是乡镇企业实现由量的增加到质的飞跃的根本性战略措施。动员和组织科研院所、大专院校积极参与乡镇企业的科技进步活动，建立多种形式的为乡镇企业服务的技术依托和信息咨询等服务机构。积极采用先进适用技术、工艺和设备，不断开发新产品，把科技进步的重点放在产业政策鼓励的产业和产品上。各地要制定鼓励乡镇企业开发新产品的优惠政策和科技进步奖励办法，表彰有成果的科技人员。建立和完善企业内部技术进步的机制，鼓励开展群众性的合理化建议、技术革新活动。

要加强教育培训工作，培养大批管理和技术人才。乡镇企业职工的教育培训，要坚持理论联系实际，学以致用；坚持多途径、多形式、多层次依靠社会力量和自身力量办学；坚持短期与长期相结合、思想政治与业务文化教育相结合，脱产与非脱产相结合。要围绕产品质量、增加品种、降低能耗、提高效益、改进管理等问题，组织对各类专业技术人员的继续教育和学历教育。进一步抓好岗位培训、文化基础教育等，培养和造就一支素质较高的企业技术和经营管理人才队伍。

四、不断深化企业改革

乡镇企业要在改革中不断发展和提高。对乡村集体企业要继续稳定和完善承包经营责任制与厂长（经理）负责制，坚持以集体承包为主，完善和健全承包指标体系，把企业的产品质量、经济效益、资产增值、企业素质等作为重要的承包考核内容。建立健全内部财务管理制度，认真执行分配政策，处理好国家、集体、个人的关系，积累与消费的关系。要实行内部审计制度。在尊重群众意愿的基础上，乡村集体企业可有计划有步骤地试行或推行股份制，要明确产权关系。提倡实行增量股份制，吸收投资入股。股份可以是资金、技术、设备、劳力等。

继续搞好企业兼并和改组。通过经济手段引导优势企业兼并劣势企业，推动生产要素的合理流动和优化组合。企业兼并要与调整结构相结合。积极推动横向联合，按照社会化大生产的客观要求，广泛开展工商、工农、工贸、工科（研）等各种形式的经济联合和技术协作。促进企业集团的形成和发展，鼓励以骨干企业为龙头，以名优产品为依托，组建或参加各种企业集团，提高竞争能力和规模效益。

进一步完善适应社会主义有计划商品经济发展的乡镇企业运行机制，如市场导向的经营机制，自负盈亏的风险机制，优胜劣汰的竞争机制，多劳多得的分配机制，合同聘用的劳动机制，外引内育的人才机制，自我积累的发展机制，自我监督的约束机制等，使乡镇企业进一步适应外部环境和市场变化，不断增强企业活力。

五、继续对发展乡镇企业实行扶持政策

各级政府和有关部门要继续从政策上扶持和引导乡镇企业持续健康发展。党的十一届三中全会以来，党中央、国务院已经制定了有关发展乡镇企业的一系列政策，特别是一九九〇年六月国务院发布的《中华人民共和国乡村集体所有制企业条例》，是促进乡镇企业发展的重要行政法规，要认真贯彻执行。

（一）乡镇企业发展所需的资金，主要依靠农民自筹和乡镇企业自身积累，各级政府也要给予必要的支持。目前一些地方政府以财政和乡镇企业行政主管部门的周转资金为基础，统筹其他资金，作为扶持乡镇企业发展的资金，合理安排，择优投放，有偿扶持，到期收回，周转使用。这种做法效果较好，各地可以借鉴。

（二）充分发挥信贷资金的导向作用，对符合国家产业政策、产品有销路、技术水平高、经济效益好的企业，金融部门应给予贷款支持。根据乡镇企业发展的需要，逐年增加乡镇企业流动资金、技术改造和科技开发贷款。乡镇企业要切实加强企业内部各项资金管理，逐步增加企业自有资金的比例。

（三）重点扶持乡村集体骨干企业。特别是对为国营大中型企业配套、农产品加工和生产名特优新产品、出口创汇产品和劳动密集型的企业，有关部门在资金、税收、能源、原材料、运输、人才、技术等方面应继续给予必要的扶持。具体办法，由国务院有关部门制定下达。

（四）加快乡镇企业的技术改造。对乡村集体骨干企业固定资产折旧率偏低的，可以适当提高。要把乡村集体骨干企业的技术改造项目、新产品开发项目、科技开发项目，列入各级有关部门的技改、科技和新产品开发计划。

（五）要把乡镇企业的人才培养列入教育发展计划。大专院校和中等专业学校每年要为各地定向培养一定数量的乡镇企业所需的大中专毕业生。乡镇企业要有计划地输送职工到大专院校代培，并向社会招聘各类人才。继续鼓励科研单位、大专院校与乡镇企业协作，支持科技、管理人员承包、领办乡镇企业。乡镇企业行政主管部门可按照国家有关规定，结合各地实际情况，与有关部门合作开展技术职称评定工作，并相应发给国家承认的职称证书。

（六）认真落实国家对乡镇企业出口创汇的各项政策，鼓励乡镇企业在自愿、平等互利的基础上，积极同外贸公司发展各种形式的联合和联营。不断提高出口商品质量和档次，强化质量意识，确保出口商品质量符合规定的标准。引导乡镇企业参加和组建外向型企业集团，对符合条件的出口企业和外向型企业集团赋予外贸进出口权，鼓励其参与国际竞争。

（七）划清有关政策界限，进一步搞活企业的供销、流通。允许各级乡镇企业供销公司和各类专业公司，从事生产、销售、批发、零售和必要的异地物资串换。要努力做好为乡镇企业的供销服务工作。

（八）进一步鼓励和引导乡镇企业发展流通和服务产业。充分发挥乡镇企业的优势，同农村供销社、农民建立产供销、种养加、农工商联合体，为农民提供稳定的产品销售渠道，同时建立可靠的货源或原料基地。有关部门要为各种产供销联合组织的进一步发展创造条件。

（九）切实减轻乡镇企业负担。要按照中央有关规定，坚决制止向乡镇企业乱收费、乱罚款和各种摊派。农村各项事业的建设要量力而行。乡村集体企业税后利润留给企业的部分不应低于百分之六十，由企业自主安排，主要用于增加生产发展基金，增强企业自我积累、自我发展的能力。

（十）进一步推进贫困地区和民族地区乡镇企业的发展，各级人民政府和有关部门要在政策、资金等方面给予更多的支持。要按照优势互补、经济互利的原则，组织东部沿海地区和西部地区的经济联合，处理好利益关系，促进这些地区的经济发展。

六、切实加强对乡镇企业的领导

发展乡镇企业是党中央、国务院作出的符合我国国情的重大决策。各级人民政府要切实加强领导，把发展乡镇企业作为一项战略任务摆上重要议事日程，经常研究解决乡镇企业发展过程中遇到的困难和问题，并配备强有力的工作班子抓好这项工作。

各级人民政府乡镇企业行政主管部门，要按照《中华人民共和国乡村集体所有制企业条例》的规定，充分发挥其职能作用，加强对企业的指导、管理、监督、协调和服务。各级政府要赋予与其职能相适应的权力，提供必要的工作条件，采取有效措施，帮助解决好乡镇一级行政管理人员的实际困难，保证基层管理队伍相对稳定。

要积极鼓励和扶持各种形式的集体企业的发展，引导农民走共同富裕的道路。认真加强乡村集体企业的经营管理，严格执行财务、审计和监督等制度，防止集体资产的流失。同时，要引导个体经济、私营企业健康发展。

各行业管理部门应当根据国家的产业政策和行业发展规划，对乡镇企业开展技术指导、人才培训和经济、技术、信息服务，帮助和监督企业搞好劳动和环境保护。行业管理部门制定的政策和规章，凡涉及乡镇企业的，应事先征求乡镇企业行政主管部门的意见。除国家规定以外，其他部门都不得以任何借口收取乡镇企业管理费。进行行业管理，不得改变乡镇企业所有制性质、管理体制和利润上交渠道。

各级乡镇企业行政主管部门要坚持物质文明和精神文明一起抓，切实加强思想政治工作，用社会主义、爱国主义、集体主义思想教育干部职工。认真开展党的基本路线、基本政策和我国基本国情的教育。深入进行艰苦奋斗、移风易俗的教育，以及遵纪守法、职业道德和科学文化教育，不断提高乡镇企业干部职工思想道德素质和科学文化水平，进一步树立社会主义新风尚。要把思想政治工作和解决实际问题结合起来，使之经常化、制度化，充分调动乡镇企业干部职工的积极性和创造性，培养一支“有理想、有道德、有文化、有纪律”的职工队伍，保证乡镇企业的持续健康发展。

一九九二年一月二日

中国尼泊尔两国政府在北京签署经济技术合作协定

第三届全国残疾人运动会在广州开幕

党和国家领导人李瑞环、李铁映、陈俊生等出席晚上的开幕式。

李瑞环宣布本届运动会开幕，中国残联主席、本届运动会组委会主席邓朴方授会旗，李铁映致开幕词。

本届运动会是建国以来规模最大的一次残疾人体育盛会，也是《中华人民共和国残疾人保障法》颁布实施后举办的第一次大型的全国残疾人体育运动会。

来自全国各省市区、东道主广州市以及港澳共33个代表团的1100多名残疾人选手，将以“平等、参与、自强、奋进”为宗旨，进行田径、游泳、乒乓球、射击、举重、轮椅篮球6个项目的比赛。

开幕式后，举行了《太阳神·生命之歌》的大型文体表演。

中共中央政治局委员国务委员李铁映在广州举行的第三届全国残疾人运动会开幕式上致开幕词

同志们、朋友们：

今天，在春意盎然的花城广州市，第三届全国残疾人运动会隆重开幕了！我代表党中央、国务院，对运动会的召开表示热烈的祝贺！向来自全国30个省、自治区、直辖市的残疾人运动员、教练员、裁判员和全体工作人员致以亲切的问候！向专程前来参加运动会的港澳地区残疾人朋友以及海内外嘉宾表示热烈的欢迎！

近年来，我国的残疾人事业取得了长足进步，残疾人体育事业也有很大发展。残疾人通过体育康复健身，增强了参与社会生活的能力；残疾人运动员顽强拼搏，在国际赛场上为祖国争得了光荣；残疾人自强不息的精神给人们以激励，为两个文明建设作出了重要贡献。

本届运动会是建国以来规模最大的一次残疾人体育盛会，也是《中华人民共和国残疾人保障法》颁布施行后举办的第一次全国残疾人体育运动会。它将生动地体现中国残疾人事业的迅速发展，展示广大残疾人自尊、自信、自强、自立的精神风貌，丰富残疾人群众性体育活动，提高残疾人竞技体育水平。本届运动会的召开，充分体现了党和政府以及全社会对 5000 多万残疾人的亲切关怀，对于保障残疾人平等地充分参与社会生活、弘扬社会主义的人道主义，具有十分重要的意义。

最后，希望残疾人运动员们本着平等、参与、自强、奋进的宗旨，赛出风格、赛出水平。

预祝第三届全国残疾人运动会圆满成功！

3 月 19 日

第七届全国人大第五次会议主席团举行第一次会议

会议在万里委员长主持下，经过表决，推选全国人大常委会委员长、副委员长、秘书长等 17 人为主席团常务主席。按照全国人大组织法的有关规定，常务主席将负责召集并主持主席团会议。

主席团会议还通过大会执行主席分组名单；决定了大会副秘书长人选。

会议决定，七届全国人大五次会议表决议案和法律案，采用按表决器方式，由全体代表的过半数通过。如表决器在使用中临时发生故障，改用举手表决方式。

关于最高人民法院、最高人民检察院工作报告的审议办法，会议决定由各代表团审议，并由全国人大内务司法委员会根据各代表团的审议意见进行统一审议，向主席团提出审议结果报告。

主席团会议还通过这次大会的日程，决定大会的会期约 15 天，共安排 5 次大会。

会议决定，大会代表提议案的截止时间为 3 月 26 日下午 6 时。根据大会日程，代表们从今天下午开始阅读会议有关文件。

第七届全国人大第五次会议主席团公布常务主席名单

1992 年 3 月 19 日第七届全国人民代表大会第五次会议主席团第一次会议推定

万　里　习仲勋　彭　冲　朱学范
阿沛·阿旺晋美　赛福鼎·艾则孜　周谷城
严济慈　荣毅仁　叶　飞　廖汉生　倪志福
陈慕华(女)　费孝通　孙起孟　雷洁琼(女)
王汉斌

第七届全国人大第五次会议主席团公布副秘书长名单

1992 年 3 月 19 日第七届全国人民代表大会第五次会议主席团第一次会议决定

陈慕华(女)　王汉斌　罗　干　曹　志　姚　广

第七届全国人大第五次会议预备会议通过第五次会议主席团和秘书长名单

主席团(144 人，按姓名笔划排列)

丁光训　万　里　习仲勋　马万祺
马思忠(回族)　王汉斌　王光中　王光宇
王庭栋　王淑贤(女)　王　震　韦　钰(女)
巴图巴根(蒙古族)　邓小平　邓鸿勋　艾有勤
石玉珍(女，苗族)　平措汪杰(藏族)　叶　飞
叶公琦　叶如棠　叶　林　田寿延(土家族)
田富达(高山族)　史来贺　召存信(傣族)
成克杰(壮族)　吕叔湘　年景林　朱世保
朱学范　乔　石　任继愈　刘夫生　刘延东(女)
刘华清　刘芸生(女)　刘念智　关山月
江中·扎西多吉(藏族)　江泽民　许　勤
孙起孟　孙敏初(哈尼族)　孙鸿烈　孙维本
严济慈　巫致中　李　宁(壮族)　李吉林(女)
李　振　李桂英(女，彝族)　李瑞山　李瑞环
李溪溥　杨　凤(纳西族)　杨文贵(黎族)
杨代蒂(女，彝族)　杨白冰　杨初桂(女，侗族)
杨析综　杨尚昆　杨　明(白族)　杨　辉(女)
吴阶平　吴贻弓　吴　振　何　英　何郝炬
何德尔拜(哈萨克族)　邹　瑜　宋　平　宋任穷
宋汝棼　迟浩田　张玉环　张再旺
张有隽(瑶族)　张兴让　张茂忠　张国基
张承先　陆文夫　阿木冬·尼牙孜(维吾尔族)
阿沛·阿旺晋美(藏族)　陈安羽　陈　先
陈作霖　陈舜礼　陈慕华(女)　陈鹤桥　陈邃衡
林月琴(女)　林兰英(女)　林丽韫(女)　林　若
郁　文　罗平义(布依族)　周礼荣　周谷城
周　南　赵南起(朝鲜族)　赵梓森
赵鹏飞(满族)　郝诒纯(女)　荣毅仁　胡锦涛

侯宝林(满族) 姜圣阶 洪学智
宦爵才郎(藏族) 费孝通 贾志杰 倪志福
爱新觉罗·溥杰(满族) 郭 志 浦洁修(女)
陶大镛 黄知真 黄炳新 曹龙浩(朝鲜族)
曹 志 常宗琳 常香玉(女) 符 浩 章师明
章瑞英(女) 彭 冲 彭清源 董建华 董寅初
蒋一苇 韩培信 韩继先 程 序 雷洁琼(女)
蔡子民 廖汉生(土家族) 廖 晖
赛福鼎·艾则孜(维吾尔族) 颜龙安 薄一波
霍英东 霍明光
秘书长 彭 冲

第七届全国人民代表大会第五次会议预备会议通过第七届全国人民代表大会第五次会议议程

一、听取和审议国务院总理李鹏关于政府工作的报告

二、听取和审议国务院副总理兼国家计划委员会主任邹家华关于1991年国民经济和社会发展计划执行情况与1992年计划草案的报告

审查和批准1991年国民经济和社会发展计划执行情况与1992年国民经济和社会发展计划

三、听取和审议国务委员兼财政部部长王丙乾关于1991年国家预算执行情况和1992年国家预算草案的报告

审查和批准1991年国家预算执行情况和1992年国家预算

四、审议国务院关于提请审议兴建长江三峡工程的议案

五、审议《中华人民共和国全国人民代表大会和地方各级人民代表大会代表法(草案)》

六、审议《中华人民共和国工会法(修改草案)》

七、审议《中华人民共和国妇女权益保障法(草案)》

八、审议《第七届全国人民代表大会第五次会议关于第八届全国人民代表大会代表名额和选举问题的决定(草案)》

九、听取和审议全国人大常委会副委员长兼秘书长彭冲关于全国人民代表大会常务委员会的工作报告

十、听取和审议最高人民法院院长任建新关于最高人民法院的工作报告

十一、听取和审议最高人民检察院检察长刘复之关于最高人民检察院的工作报告

十二、其他

第七届全国人大第五次会议新闻发言人姚广在人民大会堂举行新闻发布会

姚广通报了大会的主要议程后着重指出,这次大会除听取和审议国务院总理李鹏关于政府工作的报告外,还将审议三个法律草案。制定代表法,是为了完善我国的人民代表大会制度,保障人民代表依法履行职责,更好地发挥代表作用。现行工会法是1950年制定的。40多年来,我国的政治、经济、社会情况有了很大变化,职工队伍也有很大发展。为了适应新时期对工会工作的要求,更好地发挥广大职工当家作主的作用,对1950年的工会法进行修改是必要的。为了充分发挥广大妇女在社会主义现代化建设中的作用,制定妇女权益保障法,是十分必要和迫切的。

姚广宣布,大会期间将安排国务委员兼外交部长钱其琛举行中外记者招待会,安排国家经济体制改革委员会主任陈锦华、经贸部部长李岚清联合举行中外记者招待会,还将安排有关经济建设、改革开放、多党合作等问题的小型记者招待会。设在北京国际饭店的“两会”新闻中心,将为来自港、澳、台和外国的记者提供采访的便利。

在谈到政治体制改革问题时,姚广说,我们就是要在坚持四项基本原则的基础上,改革和完善党和国家的领导机构,坚持和完善人民代表大会制度,坚持和完善共产党领导的多党合作和政治协商制度,努力发展社会主义民主和健全社会主义法制,不断建设有中国特色的社会主义民主政治。我们的政治体制改革就是要从中国的实际情况出发,我们不愿意也不想照搬西方国家的模式。

在回答台湾记者有关最近国民党三中全会讨论的所谓“修宪”问题时,姚广说,自从1949年10月1日中华人民共和国成立之日起,中华民国的“法统”就已不复存在。

在回答越南记者就全国人大常委会不久前通过《领海及毗连区法》的问题时,姚广说,世界上绝大多数沿海国家,包括南海周边国家都颁布了有关海洋权益的法律,中国当然也要逐步完善这方面的法律。南沙群岛自古就是中国的领土。我认为不应该把中国颁布《领海及毗连区法》同南沙的局势联系起来。中国一贯主张和平解决国际争端并积极发展同周边邻国的睦邻友好关系,中国在声明南沙群岛主权的同时,还提出了暂时搁置争议、有关国家共同开发南海资源的主张。中国的这一立场没有变化。

《人民日报》发表评论员文章《祖国在召唤》

春和景明,生机盎然,神州大地正在建设有中国特色的社会主义道路上奋进。抓住当前有利时机,加快改革开放,努力把经济搞上去,已经成为国人的共识。在科学技术日新月异地发展的今天,经济的竞争实质上就是科学技术的竞争。加快我国经济发展,必须依

靠科学技术和教育。

为着吸收和借鉴人类社会创造的一切文明成果，把当今世界各国包括西方发达国家的先进经营方式和管理方式“拿来”为我所用，十多年来先后有十多万名学子怀着振兴中华、为国争光的雄心壮志，负笈海外深造，其中多数是学习科学技术的。迄今已有五万多人学成归国。他们立足本国实际、赶超世界先进水平，在各条战线上已经或正在作出贡献，不少回国留学人员受到了国家的表彰和奖励。祖国为他们提供了施展聪明才智的广阔天地。

在当代中国，知识分子是工人阶级的一部分。无论老、中、青科学家都受到政府和人民的尊重和关怀。祖国在召唤，希望所有出国学习的人回来，不管他们过去的政治态度怎样，都可以回来，回来后妥善安排。党和国家的这个政策不变。要有所作为，做出贡献，还是回国好。希望大家通力合作，为加快我国科技和教育事业的发展多做实事。我国知识分子有着爱国主义的优良传统。爱我们的国家，让祖国发达起来，无疑是广大留学生的共同心愿。

祖国殷切期待着海外学子早日回国建功立业，为建设繁荣富强的社会主义中国贡献心力。

外交部发言人吴建民在记者招待会上就美国参议院表决结果无条件延长中国最惠国待遇等问题答中外记者的提问

有记者问：中国对美国参议院最近就延长中国最惠国待遇的投票结果有何评论？

吴建民说：我们注意到美国参议院表决的结果。中方已经多次表明，中美之间最惠国待遇是在对等的基础上相互给予的，有利于中美经贸关系的发展。维持无条件延长这一待遇符合双方的国家利益和人民的愿望。

有记者问：南非白人公民投票中，近 69% 的白人赞成继续目前的政治改革。你对此有何评论？

吴建民回答说，投票结果表明，大多数南非白人赞成废除种族隔离制度，支持通过谈判和平解决南非问题。我们欢迎大多数南非白人在关系国家前途的重大问题上所作出的正确选择。我们希望，通过南非各种族人民的共同参与和积极努力，早日建立起一个统一、民主和种族平等的新南非。

发言人还说，随着南非种族隔离制度的废除，中国将在和平共处五项原则基础上同南非实现关系正常化。

在谈到纳戈尔塔—卡拉巴赫局势时，发言人说，中国希望有关的双方谈判解决分歧，中国支持国际社会有助于和平解决纳—卡冲突的努力，希望联合国秘书长的调解努力取得成功。

有记者问：你对联合国临时权力机构进驻柬埔寨有何评价，对它抱有什么期望？

发言人说，我们希望，联合国驻柬临时权力机构进驻后，与柬埔寨全国最高委员会密切合作，切实行使巴黎协定所赋予的各项职责，推动巴黎协定的全面执行，顺利完成过渡时期的工作。

中国政府和马来西亚政府新闻合作协议在北京签署

中国葡萄牙联合联络小组第十三次会议在里斯本结束

中国蒙古朝鲜俄罗斯四国铁路和外贸部门代表会议签订有关协定后在乌兰巴托结束

3 月 20 日

第七届全国人大第五次会议在人民大会堂开幕

在开幕大会上 2569 位人大代表听取国务院总理李鹏的政府工作报告。

大会执行主席、主席团常务主席万里委员长主持开幕式。大会执行主席、主席团常务主席彭冲、阿沛·阿旺晋美、赛福鼎·艾则孜、严济慈、荣毅仁、叶飞、廖汉生、倪志福、陈慕华、费孝通、孙起孟、雷洁琼、王汉斌在主席台前排就座。

江泽民、杨尚昆、乔石、姚依林、宋平、李瑞环等和主席团成员在主席台就座。

在主席台上就座的同志还有：田纪云、李铁映、李锡铭、吴学谦、秦基伟、丁关根、邹家华、朱镕基、刘华清、杨白冰、温家宝、王丙乾、宋健、王芳、李贵鲜、陈希同、陈俊生、钱其琛、任建新、刘复之、方毅、洪学智、谷牧、杨静仁、帕巴拉·格列朗杰、王光英、邓兆祥、赵朴初、屈武、马文瑞、王恩茂、钱学森、钱伟长、胡绳、程思远、卢嘉锡、钱正英、苏步青、司马义·艾买提、丁光训。

出席全国政协七届五次会议的委员，中央党政军领导机关负责人，各民主党派和群众团体负责人，列席了会议。

各国驻中国使节旁听了大会。

国务院总理李鹏在第七届全国人大第五次会议上作政府工作报告

各位代表：

现在，我代表国务院向大会作政府工作报告，请予审议，并请全国政协各位委员提出意见。

一、一九九一年国内工作的回顾

一九九一年是我们的国家沿着有中国特色的社会主义道路继续前进的一年。面对国际形势急剧变化和国内遭到的严重自然灾害,我国各族人民紧密团结在以江泽民同志为核心的中国共产党中央委员会周围,贯彻执行邓小平同志倡导的党在社会主义初级阶段的基本路线,以经济建设为中心,坚持四项基本原则,坚持改革开放,取得了举世瞩目的重大成就。

国民经济和社会事业全面发展。一九九一年国民生产总值比上年增长百分之七。粮食产量达到四万三千五百二十四万吨,棉花产量达到五百六十六点三万吨,农业总产值比上年增长百分之三,是在大灾情况下夺得的丰收年。工业生产增长较快,总产值比上年增长百分之十四点二。主要工业产品产量继续增加,原煤达到十点九亿吨,石油达到一点三九亿吨,钢突破七千万吨,水泥和化肥(折纯)分别达到二点四八亿吨和一千九百八十八万吨,国家经济实力进一步增强。全社会固定资产投资比上年增长百分之十八点六,建成投产大中型基本建设和重要技术改造项目二百一十五个,其中包括年炼铁和炼钢各三百万吨的宝钢二期工程、年产各三十万吨的扬子和齐鲁乙烯工程、上海南浦大桥、秦山核电站、云南鲁布革水电站、青海西宁曹家堡机场以及新疆塔里木油田的开发等,当年新增加的主要生产能力有煤炭两千七百一十四万吨,石油一千四百九十一万吨,发电机组容量一千一百八十四万千瓦。投资向能源、交通、原材料和水利等基础产业倾斜,结构继续改善,增强了我国经济的发展后劲。国内市场繁荣,购销两旺,社会商品零售总额实际比上年增长百分之十。据海关统计,进出口总额增长百分之十七点五,国家现汇结存有较多的增加。全国物价基本平稳,全年零售物价上涨百分之二点九。城乡人民生活水平继续提高,储蓄持续增加。科技、教育、文化、卫生、体育、国防以及其他各项事业都获得了新的发展。

改革开放迈出了新的步伐。在农业方面,进一步巩固和完善家庭联产承包责任制,发展农业社会化服务体系和农产品市场,建立粮食专项储备制度。在工业方面,进一步完善企业承包经营责任制,采取了一系列改善外部环境、转换内部机制、增强国营大中型企业活力的改革措施。在价格改革方面,调整了二十五年没有动过的城镇居民定量平价粮油销售价格,提高了长期偏低的部分基础工业产品的价格,部分产品实行了计划内外两种价格的并轨或缩小差距,对理顺价格关系起了积极的作用。计划体制、金融体制和流通体制的改革有新的进展,更多地运用了各种经济杠杆调节经济的运行。扩大和加快了住房制度和社会保障制度等方面的改革试点。对外开放继续扩大。逐步实行了外贸企业自主经营、自负盈亏的新体制。深圳等经济特区以及其他开放地区取得可喜的新成就,上海浦东新区的开放开发逐步展开。无论是利用国外资金还是外商来华直接投资,都是历史上最多的一年。全年新增外商投资企业一点二万多家,外商直接投资协议金额一百二十亿美元,实际投资四十三点七亿美元,签订了一大批大型对外合作项目。

安定团结的政治局面进一步巩固。与动荡不安的国际环境相比,我国政治稳定,社会稳定,人心稳定。全国各族人民对建设有中国特色社会主义的信念更加坚定。各民主党派、无党派人士参政议政,民主监督工作逐步走向经常化、制度化。各民族的团结进步事业出现了新的局面。社会治安的综合治理取得比较明显的成效。开展"扫黄"斗争,打击各种刑事犯罪活动,依法惩治腐败,处理一批违法违纪案件,社会丑恶现象有所遏制,促进了廉政建设和社会主义精神文明建设。特别是在严重的自然灾害面前,全国军民团结奋斗,顽强拼搏,一方有难,八方支援,把灾害的损失减少到最低程度,反映了党和政府同人民群众的血肉联系,显示了我国社会主义制度的优越性和中华民族的强大凝聚力。对港澳台同胞、海外侨胞和国际社会在我国遭受自然灾害时所作的捐助,我们表示衷心的感谢。

一九九一年是我国执行"八五"计划和十年规划的第一年,也是继续进行治理整顿的第三年。我们不仅比较全面地实现了"八五"计划第一年发展国民经济的各项主要指标,而且经过全国各族人民三年来的艰苦努力,通货膨胀得到控制,经济秩序好转;经济持续增长,农业连年丰收;市场商品丰富,人民安居乐业。这些成绩是在打破一些国家对我国实行经济制裁的情况下取得的,是来之不易的。我国目前的经济状况表明,治理整顿的主要任务已经基本完成,作为经济发展的一个特定阶段可以如期结束。这三年治理整顿之所以进行得比较顺利,是同改革开放以来我国经济实力有了很大增强分不开的。改革开放保证了治理整顿任务的顺利完成,治理整顿又为改革开放迈开更大步伐创造了有利条件。

我国目前的经济形势总的来看是在继续向好的方面发展,但在前进过程中还存在着一些不容忽视的问题:经济结构调整进展缓慢,部分企业经济效益差和亏损严重的状况没有根本扭转,重复建设又有抬头趋势,财政赤字增加,信贷规模和货币发行量偏大,通货膨胀的潜在压力仍然存在,不合理的分配格局尚未根本改善。这些问题有些是多年积累下来的,有些是近年来产生的,是现实经济生活中诸多矛盾的综合反映。我们必须作长期坚持不懈的努力,通过深化改革、扩大开放和加快经济的发展，使这些问题逐步得到解决。

回顾一九九一年的工作和三年来的治理整顿，联系到十三年来的改革开放，我们取得的一切成就从根本上说都是由于贯彻执行了党的"一个中心、两个基本点"的基本路线。这条路线顺乎民意，深入人心，必须长期坚持下去，一百年不动摇。我们今后一定要更加坚定、准确、全面地贯彻这条路线，并把握住以下一些要点。

紧紧抓住经济建设这个中心不放。社会主义的根本任务是解放和发展生产力，各项工作都应当服从于和服务于这个中心。这些年我国经济发展了，人民生活提高了，这是我们能够经受住国内外严峻形势考验的根本原因。社会主义中国要以更加雄健的姿态屹立于世界东方，必须集中力量把国内的事情办好，关键是更好更快地把国民经济搞上去。我们应该树立雄心壮志，扎实工作，讲求效益，努力做到持续稳定协调发展，每隔几年使我国经济上一个新的台阶。这样，才能从根本上防止和平演变，巩固和完善社会主义制度。

改革开放是解放和发展社会生产力的必由之路。革命是解放生产力，改革也是解放生产力，我们就是要在社会主义制度下通过改革开放解放和发展生产力。十多年来我国社会经济面貌发生巨大变化的根本原因在于改革开放，第二步战略目标和整个现代化的实现也离不开深化改革和扩大开放。判断改革开放得失成败的标准，主要是看是否有利于发展社会主义社会的生产力，是否有利于增强社会主义国家的综合国力，是否有利于提高人民的生活水平。在改革开放中，要解放思想，实事求是，大胆探索，敢于和善于吸收和借鉴人类社会创造的一切文明成果，吸收和借鉴当今世界各国包括西方发达国家的先进技术和一切反映现代社会化生产规律的先进经营方式、管理方法，为社会主义现代化建设服务。

坚持四项基本原则是改革开放和发展经济的根本保证。只有社会主义才能救中国，只有社会主义才能发展中国。必须坚持四项基本原则，对资产阶级自由化思潮保持警惕，在苗头出现时就及时注意，决不能任其泛滥，否则后果极其严重。必须在中国共产党的领导下，运用人民民主专政的力量保卫社会主义制度，促进经济发展和社会进步。这样，我们就能稳住阵脚，立于不败之地。

保持社会和政治稳定是改革开放和发展经济的前提条件。在社会动乱中不可能进行改革，发展经济。治则兴，乱则衰。保持社会和政治的长期稳定，符合我国人民的根本利益，也符合世界人民的根本利益，其根本目的是为了更好地改革和发展。只有改革不断深化，经济不断发展，人民生活不断提高，才能为社会的长治久安奠定坚实的基础，也才能充分显示社会主义制度的优越性。

坚持两手抓工作，两只手都要硬。必须一手抓改革开放，一手抓打击各种犯罪活动；一手抓物质文明建设，一手抓精神文明建设。打击各种犯罪活动，扫除各种丑恶现象，决不能心慈手软，软了就要吃大亏。各级干部必须勤政廉政，牢固树立为人民服务的思想，这是关系国家前途命运的大事。

及时总结经验，树立务实作风。建设有中国特色的社会主义，没有现成的经验，只能在探索中前进。因此，应当鼓励大胆试验，在实践中增长才干，闯出一条新路。同时注意及时总结经验，对的坚持，不对的改正，并抓紧发现和解决实践中出现的新问题。工作和学习都要讲究实效，创造性地开拓新局面，力戒形式主义，克服官僚主义。这样就能不犯或少犯错误，就能比较顺利地实现我们建设和改革的目标。

二、抓紧有利时机，加快经济发展

现在，我国国内条件具备，国际环境有利，再加上发挥社会主义制度能够集中力量办大事的优势，在今后现代化建设的长过程中，出现若干个发展速度比较快、效益比较好的阶段，是必要的，也是能够办到的。机不可失，时不我待。我们要抓紧时机，集中力量，进一步加快国民经济的发展。一九九二年经济工作的重点，是抓紧调整结构和提高效益，特别是要在搞好农业和国营大中型企业方面取得更大的成绩。

今年计划要求，在保持社会总需求与总供给基本平衡的基础上，国民生产总值增长百分之六，全社会固定资产投资增长百分之八。投资要符合产业政策，避免盲目发展和重复建设。社会商品零售总额增长百分之十二点三，货币发行和新增信贷规模与去年大体持平，零售物价上涨幅度控制在百分之六以内。考虑到治理整顿刚刚结束，经济发展中还存在着一些不稳定因素，当前经济工作的重点是调整结构和提高效益，因此在今年经济增长速度的计划安排上，是留有余地的。我们要努力做好工作，力争实际执行的结果更好一些。有条件的地区，能够快的一定要搞得快一些。如果今年各方面的工作都能够做得更好一些，"八五"计划后三年经济的加快发展就有了更为坚实的基础。

继续下大力气抓农业，争取农村经济更快发展。今年的农村工作，要全面贯彻落实党的十三届八中全会的决定，继续稳定以家庭联产承包为主的责任制，不断完善统分结合的双层经营体制，积极发展农业社会化服务体系，逐步壮大集体经济实力。采取坚决有力的措施，把科技、教育兴农的战略落到实处。要有计划地改造中低产田，在保持农产品总量稳定增加的基础上，逐步调整农业生产结构，大力发展高产优质高效农业。有效地控制农业生产资料价格，坚决制止乱摊派、乱收费，切实减轻农民负担。继续发挥各方面的积极性，努力搞好扶贫工作。

深化农产品价格和流通体制改革，是进一步发展农村商品经济的关键。要积极推进粮食购销价格体制改革，进一步建立和完善粮食、棉花、食油等重要农产品的储备调节制度，发展批发市场和期货市场。实行多渠道流通，在发挥国营和合作社商业主渠道作用的同时，支持农民从事商品流通活动，积极发展第三产业。

乡镇企业在农村经济中具有十分重要的作用，并已成为整个国民经济的重要组成部分。要根据国家的产业政策、市场需求和资源条件，鼓励它们继续发展。国家和地方都要大力帮助中西部地区和经济不发达地区、贫困地区发展乡镇企业，以尽快改变落后面貌，改善农民生活。

大灾之后，应当更加重视水利建设。当前的重点是加快淮河、太湖的综合治理。各地要加强中小河流的治理，开展农田水利基本建设。去冬今春以来部分地区旱情严重，必须认真加强抗旱工作，同时也要注意做好防汛准备。搞好城乡节水，缓解水资源紧张的矛盾。改革土地使用制度，合理利用土地，切实保护耕地，有步骤地开发宜农荒地、宜牧荒原和滩涂。进一步搞好水土保持，保护森林和草原植被。全民植树造林活动，功在当代，福及子孙，要长期不懈地坚持下去。

努力搞好国营大中型企业，大力调整经济结构和提高经济效益。我国经济要上一个新的台阶，必须加快调整经济结构，不断促进科技进步和提高经济效益，切实增强国营大中型企业的活力。去年提出的关于搞好国营大中型企业的二十条措施，正在逐步落实，已经收到初步效果，继续扎扎实实抓下去是大有希望的。所有的企业，特别是国营大中型企业，都要深化改革，严格管理，挖掘内部潜力，加速资金周转，提高产品质量，降低生产成本，并且十分注意安全生产，努力增加盈利，使企业经济效益状况在今年有一个明显的好转。

近年来市场供求关系和消费结构发生了很大变化，调整结构势在必行。第一、第二、第三产业的结构以及各产业的内部结构都需要调整。今年调整的重点，要紧紧围绕企业产品结构和企业组织结构进行。对那些生产能力过剩、产成品积压、技术落后、长期亏损的企业，逐步实行关停并转。继续开展质量、品种、效益年活动，鼓励企业通过技术革新，开发新产品，提高产品质量档次和增加花色品种，以适应市场需求。今年要继续清理三角债，认真解决前清后欠的问题，继续限制滞销积压产品的生产，压缩不合理库存，大力扭亏增盈。努力开拓国际国内两个市场。要积极开拓新的国际市场，更多地开拓农村市场。要继续组建企业集团，增强自我发展能力和市场竞争能力，以实现更大的综合经济效益。要把产品结构和企业结构的调整结合起来，提倡多并转少关停，以利于职工队伍的稳定。

固定资产投资，主要用于能源、交通、通信、原材料和农业、水利等基础产业，支持高新技术产业的发展，加快居民住宅的建设。积极开发中、西部地区的丰富资源，促进这些地区的经济发展。基本建设和技术改造都要抓住重点，集中投资，形成规模经济。加工工业主要是通过技术改造来求得发展。对于目前已经出现的盲目争投资、上项目的现象，必须通过严格执行国家产业政策，加强项目的科学论证和管理，控制信贷规模，切实加以制止，否则势必造成严重浪费，破坏整个国民经济的总量平衡，给今后的经济发展带来困难。今年全国固定资产投资总规模为五千七百亿元。要千方百计多渠道筹集资金，努力提高建设的速度和效益。全国各地，都要十分注意积极保护和合理利用矿产资源。

积极发展科技和教育事业，提高国民经济的整体素质。我们要认真贯彻邓小平同志提出的科学技术是第一生产力的指导思想，依靠科技进步和提高劳动者素质来促进经济的发展。必须坚持经济建设依靠科学技术，科技工作面向经济建设的方针，促进科技与经济有机结合。

企业技术进步要围绕提高经济效益，大力推广先进适用的科技成果。现在我国每年有省部级以上的重大科技成果几万项，其中国家级的重大科技成果数千项，当前的主要任务是认真做好科技成果的推广应用，尽快形成科学技术能够较快地转化为现实生产力的机制。要积极扩大电子技术的应用，改造传统产业，促进节能降耗，开发新产品，提高产品质量。

要推动农科教的结合，逐步建立起有利于农村科技进步、教育发展、农业振兴的机制。继续实施"星火计划"、"燎原计划"和"丰收计划"，并使之更好地结合起来，发挥综合效益。

为了实现现代化的宏伟目标，必须认真执行高新技术研究和发展计划，充分重视科研院所、高等学校和重点企业的作用，努力办好高新技术产业开发区，促进高新技术产业化。在高新科技领域，中国也要在世界上占有一席之地。这样人民高兴，国家实力也才能增强。必须继续加强基础性研究，增强科技实力与发展后劲。要增加科技投入，健全和完善保护知识产权的制度，发挥专利制度在发展科技事业和经济建设中的作用。

发展教育事业，提高全民族素质，是社会主义现代化建设的根本大计。要深化教育改革，适应改革开放和现代化建设的需要。要认真贯彻德智体全面发展的方针,不断提高教育质量。要在全社会形成尊师重教的良好风尚。继续重视和改进德育工作,对学生认真进行我国历史和国情教育,激发爱国主义热情,坚定建设有中国特色社会主义的信念。高等教育要稳定规模,优化结构,进一步面向经济建设。继续推广农村教育综合改革,搞好城市教育综合改革的试点。有步骤地改革中小学升学考试制度,以利于教育方针的贯彻。继续采取有效措施,进一步完善基础教育、职业技术教育、高等教育和成人教育体系。增加对教育的投入,改善办学条件。各级各类学校都要抓紧改革内部管理体制和分配制度,提高办学效益,充分调动广大教师的办学积极性。

充分发挥广大工人、农民和知识分子的积极性和创造性。社会主义现代化建设是亿万人民群众自己的创造性事业。我国经济建设和各项社会事业要有大的进步和发展,必须在各条战线上充分走群众路线,发挥人在生产力发展中的决定性作用,切实保障广大人民群众的主人翁地位,调动和发挥工人、农民、知识分子和其他劳动群众的主动精神和创造精神。各级政府要为知识分子创造必要的工作条件和生活条件,鼓励知识分子面向实际,深入工农,更好地发挥聪明才智。海外留学人员是国家的宝贵财富。不管过去的政治态度如何,我们都欢迎他们回来,参加社会主义现代化建设,报效祖国,回来后要妥善安排。继续大力宣传工农劳动模范、先进工作者和优秀知识分子的模范事迹,在全社会提倡无私奉献精神,进一步树立尊重知识、尊重人才的良好风尚。

各位代表!我们进行经济建设和改革开放,目的是不断改善人民的物质和文化生活。今年计划安排职工工资有适度的增长。企业职工要在提高效益的基础上增加工资收入,适当提高行政事业单位职工的工龄工资和奖金水平,继续对有突出贡献的知识分子给予特殊津贴。要通过发展农村经济和适当调高粮食购价,增加农民收入。我们继续执行提倡和鼓励一部分地区、一部分人先富起来的政策,同时通过国家的宏观调控和发展地区间各种不同形式的互利支援,逐步实现共同富裕。我国现代化建设还处在创业阶段,人口众多,经济发展很不平衡,实现现代化的目标任重而道远,因此要在全社会长期树立自力更生,艰苦奋斗,勤俭建国,勤俭办一切事业的良好风尚。要千方百计增收节支,加强税收征管和审计监督,严肃财经纪律,压缩集团购买力,严格控制国家行政事业机构和人员编制。要逐步减少国家财政赤字,今年要做到赤字不突破国家预算。

计划生育和环境保护是我国的两项基本国策。去年由于各方面的努力,人口出生率有所降低。各级政府要继续加强领导,落实控制人口的法规和政策。坚持环境保护与经济建设协调发展的方针,加强环境监督、管理和服务,使更多的地区和城市环境质量得到改善。

在过去的三年中,国务院和各部委以及地方各级政府为了进行治理整顿发布了一些文件,起了积极的作用。现在治理整顿已经结束,国务院和各部委以及地方各级政府要对这些文件认真进行一次清理。现在仍然起积极作用的要继续贯彻执行,不符合当前情况和经济发展需要的要修订或取消。

各位代表!全国人民非常关心的三峡工程,是一项具有防洪、发电、航运、供水等综合效益的巨大工程,论证工作已经进行多年,权衡利弊,认为兴建三峡工程是必要的,技术上是可行的,经济上是合理的,随着经济的发展,国力也是可以承担的。国务院向本次大会提出专门议案,建议将兴建三峡工程列入国民经济和社会发展十年规划,由国务院根据国民经济的实际情况,选择适当时机组织实施。请审议。

三、加快改革步伐,扩大对外开放

改革是从根本上改变束缚生产力发展的经济体制,建立起充满生机和活力的社会主义经济体制,促进有计划商品经济的发展。这些年来我国社会政治的稳定,经济的持续发展,治理整顿任务的顺利完成,为进一步深化改革和扩大开放创造了更为有利的条件。我们要认真总结经验,进一步解放思想,大胆创新,把改革开放的步子迈得更大一些。加快改革开放的关键在于各级干部进一步提高贯彻执行党的基本路线的自觉性,要警惕右,但主要是防止"左"。

积极推进企业改革,转换和完善经营机制。企业改革是今年经济体制改革的重点。所有国营大中型企业都要在转换和完善经营机制上下硬功夫。政府部门要下决心消除对企业生产经营活动的不必要干预,真正把企业推向市场,使企业逐步成为自主经营、自负盈亏、自我发展、自我约束的社会主义商品生产者和经营者。在这方面,今年应当迈出更大的步伐,取得比较显著的成效。国务院正着手制定有关全民所有制工业企业转换经营机制的暂行条例,落实企业经营权,保障国家所有权,促进企业法的贯彻执行。要继续完善各种形式的承包经营责任制,改革企业劳动人事制度、工资分配和社会保障制度。继续贯彻按劳分配原则,完善工资总额同经济效益挂钩办法,积极稳妥地进行以岗位技能工资制为主要形式的企业内部分配制度改革,进一步打破平均主义。完善企业领导体制,进一步发挥党组织的政治核心作用,坚持和完善厂长负责制,全心全意依靠工人阶级。

实行股份制是筹集建设资金和监督企业管理的一种有效方式,有利于促进企业机制的转变。要积极进行发行股票和证券交易市场的试点工作,抓紧人员培训,完善规章制度,健全交易秩序,使股份制经济为社会主义建设服务。

积极推进其他方面的配套改革,加强和完善宏观管理。今年着重进行的与企业改革相配套的改革,主要是物价和流通体制的改革,财政金融和计划体制的改革,以及住房和社会保障制度的改革。

通过改革理顺价格关系,建立合理的价格形成机制,对整个国民经济的发展具有十分重要的意义。这项改革关系到广大人民群众的切身利益,应当在保持物价基本稳定的前提下,既积极而又谨慎地加以实施。要努力把零售物价总水平上升幅度控制在国家、企业和群众能够承受的范围内,以保持市场的稳定。

加快流通体制改革,促进货畅其流,是整个经济体制改革的一个重要方面。要进一步培育市场体系,发展消费资料和生产资料批发市场,试办期货市场和为企业服务的原材料配送中心。探索多种途径和办法,促进资金市场、技术市场、信息市场、房地产市场和劳务市场的发展。加强市场法规建设和监督管理,完善交易规则,反对不正当竞争,促进各类市场规范化,以保持良好的流通秩序。坚决开展打击制造、销售伪劣商品的活动,保护消费者利益。第三产业是我国经济的薄弱环节,潜力很大,要大力加以发展。

从今年开始国家财政实行复式预算制,这是财政管理制度的重要改革。实行复式预算必须严格区分收支性质。经常性预算实行硬约束,不能打赤字。建设性预算的支出作为国家资本金,主要用于支持国家重大项目的建设。应当根据资金筹集的实际情况,合理安排建设规模。加快分税制和税利分流改革试点的步伐,探索理顺中央和地方、国家和企业分配关系的途径。要进一步深化金融体制改革,坚持"控制总量、调整结构"的货币信贷政策。加强中央银行的宏观调控能力,改善专业银行的经营机制,积极开拓和发展金融市场。

按照计划经济和市场调节相结合的原则,进一步改革计划体制和管理方式。计划和市场都是调控经济的手段,不是区别社会主义和资本主义的标志,社会主义和资本主义都可以用。我们应当根据经济发展的客观需要,进一步调整指令性计划、指导性计划和市场调节的范围,更好地发挥市场机制的作用。政府机构要按照政企职责分开、所有权和经营权适当分离的原则,继续转变职能,加强和改善宏观调控,同时改革国有资产管理体制,加强国有资产管理,巩固和发展公有制经济,并引导其他经济成分健康发展,继续发挥个体经济、私营经济有益的补充作用。

住房和社会保障制度的改革要迈出较大步伐。进行这些方面的改革,人民群众既是受益者,也要承担相应的义务,难度比较大,但经过前一段的试点,已经逐渐为广大群众理解和接受。由于各地经济发展水平不同,在进行这些改革时,国家只提出统一的方针,各地可因地制宜地制定具体政策,不搞"一刀切"。各种社会保险事业对促进经济发展和保障社会稳定具有重要意义,应当更加积极地加以发展。

继续扩大对外开放,更好地促进国内经济发展。我国经过十多年的努力,对外开放已经全面展开。要进一步扩大开放的范围,注意效益的提高,把对外开放提高到一个新的水平。

继续采取措施和完善政策,办好深圳等经济特区、经济技术开发区,以及开放城市和开放地区。努力使这些地区不但在经济和城市建设上有较快的发展,而且在改革开放事业中,更好地发挥窗口作用和辐射作用,加快外向型经济的发展。上海浦东新区是今后十年开放开发的重点。要进一步加强基础设施建设,创造良好的投资环境,建设一些投资效益好的项目,通过上海浦东的开放开发带动长江三角洲地区乃至整个长江流域经济的发展,逐步使上海发展成为远东地区经济、金融、贸易的中心之一。最近国务院批准海南省吸收外商投资开发洋浦经济开发区,批准黑河、绥芬河、珲春和满洲里作为边境地区新的开放城市,这些地区要抓紧规划,培训人才,把对外开放工作搞得更好。

我们欢迎更多的外商来华投资,同时要继续改善投资环境,对投资方向加以正确的引导。吸引外资的重点要放在先进技术以及在国际市场适销对路、有竞争能力的项目上,并注意同加快我国企业的技术改造结合起来。中国愿意以各种方式包括使用国际经济组织、外国政府贷款和买方信贷的方式,购买国外先进技术与设备。中国是一个发展潜力很大的市场,我们愿意与国外进行广泛的经济、贸易和技术合作。

今年要努力巩固和发展去年外贸体制改革的成果,进一步扩大对外贸易。深化外贸体制改革,重点是改革进出口管理办法,推进外贸市场的多元化,努力适应国际市场的需要,提高出口产品质量,加强销售和服务工作。对有出口条件的企业集团和工业企业要给予外贸自主权,逐步建立一批工贸、技贸、农贸、内外贸结合的经济联合体。努力扩大对外工程承包和劳务输出,稳步发展跨国经营。有步骤地推进内陆边境、民族地区的对外开放和边境贸易。积极扩大与世界各国的科技合作与文化交流。加快旅游业的发展,办好中国友好观光年,欢迎更多的外国朋友以及台湾、港澳同胞和海外侨胞来旅游。

四、为经济建设和改革开放创造更好的社会政治环境

一九九二年，政府工作要更好地体现现代化建设的全面要求，在抓好经济建设的同时，巩固和发展安定团结的政治局面，继续保持社会稳定，努力使精神文明建设、民主与法制建设和各项社会事业有一个新的进步。

按照政企职责分开的原则，积极推进政府机构改革。随着经济体制改革的深化、对外开放的扩大和现代化建设的发展，必须积极而又稳步地推进政府机构改革。目前各级政府机构庞大，人浮于事，办事手续繁琐，效率低下，对经济建设和改革开放产生了许多不利的影响。今年要在深入调查研究的基础上，按照政企分开、转变职能、精兵简政、提高效率的原则，提出各级政府精简机构、减少人员和建立公务员制度的方案，并逐步付诸实施。湖南省华容县、山西省隰县等县级政府，已经在实践中取得了精简机构、改善服务的宝贵经验，要认真加以总结和推广。各级政府要逐步建立和健全民主的、科学的决策制度和程序。要自觉地接受人民代表大会及其常委会的监督，充分发挥人民政协、各民主党派、无党派人士、人民团体在政治协商和民主监督中的作用。要从民主党派和无党派人士中，继续选拔优秀分子担任各级领导职务，加强民主监督工作。要加强基层民主政治建设，健全企业民主管理制度和居民、村民自治制度，进一步活跃基层民主生活。在推进民主政治建设的同时，必须加强社会主义法制建设。抓紧起草有关法律(草案)和制定有关行政法规，改善行政执法活动，完善行政执法监督机制。深入开展法制宣传教育，提高全民法律意识，努力把各项工作纳入法制轨道。

做好思想文化工作，推进社会主义精神文明建设。在深化改革、扩大开放的条件下，无论是思想理论战线，还是教育文化战线，都遇到许多新情况和新问题。因此，我们应当在不同的层次，运用不同的方法，对广大的干部群众特别是青年，深入持久地进行坚持四项基本原则的教育。各级领导要长期坚持物质文明建设和精神文明建设一起抓的方针，教育我国一代又一代人坚持走有中国特色的社会主义道路。要大力宣传各条战线的英雄模范人物和先进事迹，激励人们发扬爱国主义、集体主义和社会主义的热情，发扬自力更生、艰苦创业的传统，遵守职业道德和社会公德。正在全国农村开展的社会主义思想教育，目的是使党的基本路线进一步深入农村，加强基层组织建设，促进农村经济的发展，要继续抓紧抓好。

文化建设是精神文明建设的重要方面。要坚持“为人民服务、为社会主义服务”和“百花齐放、百家争鸣”的方针，弘扬中华民族的优秀传统文化，汲取世界先进文明成果。进一步加强文化市场管理和文化设施建设，积极促进各项文化事业的繁荣兴旺。广大文艺工作者要深入生活、深入群众，创作更多无愧于伟大时代的作品，丰富人民群众的文化生活。新闻出版、广播影视要努力反映社会主义现代化建设的新成就新面貌，发挥团结、鼓舞和教育人民的作用。社会科学工作者要坚持以马列主义、毛泽东思想为指导，深入研究中国现代化建设中经济、政治、文化等领域的理论和实际问题，为改革和建设作出贡献。

要加强农村卫生工作和医疗预防保健工作，重视对各种严重危害人民群众健康的疾病的防治，加强药品管理和卫生监督工作。大力发展群众体育运动，增强人民体质，进一步提高我国竞技运动水平。中国政府支持北京市申办二〇〇〇年奥运会。

继续搞好社会治安综合治理，努力维护社会稳定。社会治安是当前人民群众普遍关心的一个问题。去年在这方面虽然取得了一定的成绩，但目前一些地方社会治安状况仍然不好，各种刑事犯罪活动还比较严重，各级政府都要继续采取坚决有力的措施，加强综合治理，使治安状况较快较明显地得到改善。对卖淫嫖娼、拐卖妇女儿童和吸毒贩毒等犯罪活动，坚持依法严惩。对危害国家安全的活动和黑社会势力，要坚决予以打击。

深入开展反腐败斗争，加强廉政建设。党和政府十分重视廉政建设。前几年在反腐败斗争方面虽然取得了一定成效，但现在问题还相当严重。必须从国家生死存亡的高度来认识拒腐防变的重要性，坚持不懈地开展反腐败斗争。今年工作的重点，是继续坚决打击贪污受贿和纠正行业不正之风，推进廉政建设。廉政建设既要靠教育，靠民主监督，更要靠法制。各部门各行业要选准那些人民群众最不满意的热点问题，集中力量进行专项治理，务求取得实效。对贪污盗窃、索贿受贿的腐败分子，不论职务高低，都要坚决绳之以法，决不姑息。各级领导机关和领导干部都要模范遵守党和国家的规章制度，以身作则，廉洁奉公。要充分发挥执法部门和监督机关的作用，鼓励和支持各民主党派、人民团体、舆论机关和人民群众进行监督，依靠人民群众同各种腐败现象作斗争。

发扬我军优良传统，加强国防现代化建设。中国人民解放军、武警部队和公安干警是保卫祖国的坚强柱石，始终不渝地实践着全心全意为人民服务的宗旨，在社会主义建设和改革开放中立下了不朽的功勋。哪里有困难，哪里有危险，他们就出现在哪里，为保卫国家财产和人民的生命安全作出了重大贡献。军队要进一步注重质量建设，走有中国特色的精兵之路。要努

力做到政治合格，军事过硬，作风优良，纪律严明，保障有力，全面提高战斗力，为保卫国家主权和现代化建设再立新功。进一步发展国防科技，搞好民兵预备役等国防后备力量建设。加强边防海防工作。增强全民国防意识，依靠群众保护好军事设施。继续加强拥政爱民、拥军优属工作，深入开展创建双拥模范城（县）和军民共建精神文明活动，把军政军民团结提高到新的水平。

加强民族团结，促进各民族共同繁荣。我国是统一的多民族国家。在经济建设和改革开放的伟大实践中，各族人民同心同德，为维护祖国统一，促进国家的安定团结和繁荣昌盛，作出了巨大贡献。坚持各民族平等、团结、互助的原则，坚持实行民族区域自治制度，促进各民族的团结进步和共同繁荣，是我们坚定不移的方针。去年底，国务院发出《进一步贯彻实施民族区域自治法若干问题的通知》，提出了促进民族地区经济和社会发展的具体措施。今年初，中共中央、国务院召开民族工作会议，总结民族工作基本经验，提出了九十年代民族工作的主要任务和政策。各地要全面贯彻落实，进一步加强全国各族人民的大团结。促进民族地区经济和社会发展，是各民族的共同任务，国家要加以扶持，经济较发达地区要给予支援，民族地区要发扬自力更生精神，增强自我发展的活力。继续坚定不移地执行民族区域自治法，充分保障自治地方的自治权利和少数民族的平等权利，尊重少数民族的风俗习惯。在少数民族地区和非少数民族地区，都要全面贯彻国家的宗教政策，保障公民宗教信仰自由，依法加强对宗教事务的管理。坚决维护祖国统一，反对任何分裂祖国的行为。西藏是中国神圣领土不可分割的部分，藏族是中国五十六个民族大家庭的一员，任何敌对势力制造民族分裂、搞“西藏独立”的图谋都是注定要失败的。不管国际形势如何变化，我国各族人民一定能够排除一切内外干扰，同呼吸，共命运，心连心，团结一致，为共建现代化大业而奋斗。

各位代表！加快经济发展和改革开放，为现代化建设和改革开放创造更好的社会政治环境，任务都是十分艰巨的。这次大会之后，国务院和各级政府都要本着狠抓实干的务实精神，进一步认真研究和制定具体的政策和有力的措施，以保证各项任务的落实。

五、积极推进祖国和平统一大业

九十年代是推进祖国统一大业的重要时期。我们将坚定不移地按照“和平统一、一国两制”的方针，同港澳同胞、台湾同胞和海外侨胞一道，积极促进这项事业继续发展，争取祖国统一早日实现。

我国政府对香港和澳门恢复行使主权的各项准备工作，正在加紧进行。继《香港特别行政区基本法》由一九九〇年的人代会通过并颁布之后，《澳门特别行政区基本法（草案）》已经全国人大常委会审议公布，将在澳门和内地进一步广泛征求意见，预计在一九九三年完成基本法起草工作。为保证香港和澳门政权的顺利交接与平稳过渡，我国政府将继续加强与英、葡两国政府的合作，使香港和澳门过渡时期后半段各方面的工作走上与基本法衔接的轨道。我们希望，港澳广大同胞共同为此而努力。

经过台湾海峡两岸人民的共同努力，去年两岸关系发生了一些新的变化。间接贸易额已达到一个可观的水平，来大陆的台资有了较多的增加。探亲旅游以及文化、科技、学术、体育等各项交流持续深入发展，两岸间的事务性接触已在进行。台湾当局在发展两岸关系与国家统一问题上，采取了一些措施，明确地表明了反对“台独”的态度，是值得欢迎的。事实证明，两岸关系总的趋势是朝着有利于和平统一的方向发展的。

完成祖国统一大业，是两岸人民长期以来的共同愿望。近年来，中国共产党多次表示，为了早日结束两岸分裂局面，应由中国共产党和中国国民党进行平等商谈，并吸收其他党派、团体有代表性的人士参加，商讨国家统一的有关事宜，只要坐下来谈，总是能够逐步找到妥善解决办法的。在统一之前，我们希望本着相互理解、互补互利的原则，开展两岸经贸合作，发展各项民间往来，多做一些有利于实现祖国统一的实事。我们欢迎台湾实业界人士到大陆投资，保护投资者的正当权益。台湾是中国神圣领土不可分割的部分。我们不反对台湾同其他国家和地区发生经济贸易等民间往来，但坚决反对台湾当局搞所谓“弹性外交”、“双重承认”，坚决反对任何形式的“两个中国”、“一中一台”或“一国两府”。我们希望台湾当局顺应民心，勇开新境，放弃反共拒和、阻挠直接“三通”的立场，进一步放宽限制，使两岸关系在新的一年里得到更快的发展。

六、关于国际形势和外交工作

去年国际形势发生了剧烈变化。海湾战争和南斯拉夫内战，尤其是苏联的解体，引起了全世界的关注。世界旧的格局已经终结，新的格局尚未形成，正朝着多极化方向发展。世界上各种力量分化组合，新旧矛盾交织，天下依然很不安宁。国际经济竞争日趋激烈，南北矛盾更加突出，民族矛盾引发了新的地区冲突。和平与发展仍然是当今世界面临的两大主题，还需要各国人民继续努力去加以维护和解决。霸权主义和强权政治的存在是造成国际局势动荡的主要根源。中国反对霸权主义、强权政治，永不称霸，是维护世界和平的坚定力量。在动荡不定的国际形势下，我国政府坚持奉行独立自主的和平外交政策，在过去一年里开拓了外交工作的新局面，为我国社会主义现代化建设创造了良好的外部环境，也为维护世界和平与稳定作出了贡献。

继续发展同周边国家睦邻友好关系是我国外交政策的重要组成部分。中国将继续加强同朝鲜民主主义人民共和国的传统友谊与合作。我们高兴地看到，朝鲜半岛出现缓和的趋势，并衷心希望这一势头继续发展。中越两国关系实现正常化，有利于两国发展经济、贸易、科技等领域的合作。我国支持东盟为促进地区经济合作、维护东南亚的和平稳定而作出的努力。我国将继续发展同巴基斯坦等南亚国家的传统友谊和睦邻友好关系。中国和印度是世界上两个最大的发展中国家，两国关系的改善，对促进本地区乃至世界的稳定与和平都将发挥重要作用。

加强同发展中国家的团结与合作是我国外交政策的一个基本点。我国同亚、非、拉许多发展中国家往来密切，友好合作不断取得新成果。中国政府支持南非人民的正义斗争。中国愿意同拉美国家和南太平洋各国进一步推进双边关系的发展。

中国愿意根据平等互利的原则，保持同原苏联各共和国和东欧各国的正常关系。我国同这些国家发展经贸合作有着广阔的前景。

今年是中日邦交正常化二十周年，两国最高层领导将进行互访，这对促进中日关系的健康发展将起到重大作用。我国与欧洲共同体各国的关系已逐步走上正常发展的轨道，同西方各国发展长期稳定的友好合作关系有着广阔的前景。

中美关系在去年有所改善，这是值得欢迎的。中美两国保持正常关系，符合两国人民的根本利益。只要双方恪守中美三个联合公报的原则，就能排除障碍，推动两国关系的进一步改善。

巴黎和平协定的签署，为政治解决柬埔寨问题提供了保障。我们希望，在以西哈努克亲王为主席的全国最高委员会领导下，柬埔寨四方发扬民族和解精神，克服困难，团结建国。中国支持巴黎协定的实施，并将参与柬埔寨的重建工作。

我们将一如既往地支持巴勒斯坦和阿拉伯人民的正义事业。阿拉伯被占领土应予归还，巴勒斯坦人民的合法民族权利应予恢复，包括以色列在内的中东各国的主权和安全都应得到尊重和保障。我国已经同以色列建交，并参加了中东和谈会议，愿为推动中东和平进程作出贡献。

我们主张，按照公平、合理、全面、均衡的原则，实现有效裁军和军备控制。我国已经加入《不扩散核武器条约》，并将为禁止化学武器和生物武器而继续作出努力。

中国一贯主张进行南北对话，加强南南合作，改变不合理的国际经济秩序。早日恢复中国关贸总协定缔约国的合法地位，有利于中国与世界各国发展互惠互利的贸易关系。中国作为主权国家恢复缔约国地位后，不反对台湾作为中国的一个单独关税区加入关贸总协定。

中国十分重视不同的地区和国家集团在国际事务中的作用，并愿意和他们保持联系与合作。中国支持联合国安理会和秘书长在国际事务中发挥更为积极的作用。

各位代表！人权是国际社会普遍关心的问题。我们认为，整个人类的人权和基本自由应得到普遍尊重。人权不仅包括公民的政治权利，而且包括经济、社会和文化权利。对于广大发展中国家来说，首要的是独立权、生存权和发展权。我们同意就人权问题进行正常的国际讨论。但是，把少数国家的人权标准和模式强加给全世界各国是不能接受的，借口人权干涉别国内政是不能允许的。

在处理国与国关系时，我们一贯主张互不干涉内政，以和平共处五项原则为指导，而不以社会制度、意识形态和价值观念的异同为标准。这一原则适用于我国同世界上所有国家的关系，并应成为国际新秩序的一项基本准则。

各位代表！不论国际风云如何变幻，道路怎样曲折，中国和世界都在进步，人类前途是光明的。让我们全国各族人民更加紧密地团结在以江泽民同志为核心的中国共产党中央委员会周围，同心同德，艰苦奋斗，以改革和建设的优异成绩迎接中国共产党十四大的召开。中国人民有志气，有能力，一定能够继续沿着邓小平同志倡导的有中国特色的社会主义道路奋勇前进。我们希望台湾同胞、港澳同胞、海外侨胞同全国人民一道，为振兴中华、统一祖国大业，为世界的和平与发展作出应有的贡献。

《人民日报》发表社论《加强民主法制建设 推进改革开放——祝贺七届全国人大第五次会议开幕》

国务院总理李鹏致电联合国反对种族隔离特别委员会主席甘巴里

联合国反对种族隔离特别委员会主席甘巴里先生：

值此联合国“消除种族歧视国际日”之际，我谨代表中国政府和人民向联合国反对种族隔离特别委员会表示声援和支持，对阁下领导的特别委员会为支援南非人民根除种族歧视和种族隔离制度所做的工作表示赞赏。

长期以来，南非实行种族歧视和种族隔离制度，践踏和剥夺广大黑人的基本权利，受到南非人民的坚决反对和举世谴责。我们高兴地看到，去年以来南非形势发生了积极的变化。南非当局废除了种族隔离制度的几个支柱法律；由南非非洲人国民大会等解放组织、群众团体和南非当局共同参加的“民主南非大会”也于去年年底召开，政治解决进程进入了一个新阶段。这些都是值得欢迎的。同时应当指出，南非的种族隔离制度并未根除，广大黑人的政治权利仍然被剥夺，在此情况下，国际社会还应继续努力，促使南非当局尽早彻底废除种族隔离制度，加速南非问题政治解决的进程。

中国政府和人民将一如既往，坚决支持南非人民反对种族歧视和种族隔离制度的正义斗争，并且深信，南非人民争取建立统一、民主和种族平等的新南非的目标一定能够实现。

中华人民共和国国务院总理 李鹏

1992 年 3 月 20 日

3 月 21 日

七届全国人大五次会议举行第二次大会

受国务院委托，国务院副总理兼国家计委主任邹家华作关于 1991 年国民经济和社会发展计划执行情况与 1992 年计划草案的报告。国务委员兼财政部部长王丙乾在会上作关于 1991 年国家预算执行情况和 1992 年国家预算草案的报告。

受国务院委托，国务院副总理邹家华到会就提请审议兴建长江三峡工程的议案作了说明。

大会由执行主席陈慕华主持。担任大会执行主席的还有阿沛·阿旺晋美、叶飞、严济慈、丁光训、巴图巴根、叶公琦、刘夫生、刘华清、李振、陈安羽、赵鹏飞、爱新觉罗·溥杰、郭志、程序、黄知真。

国务院副总理邹家华在第七届全国人民代表大会第五次会议上作关于 1991 年国民经济和社会发展计划执行情况与 1992 年计划草案的报告

各位代表：

现在，我受国务院委托，向大会报告 1991 年国民经济和社会发展计划执行情况与 1992 年计划的安排草案，请予审议，并请全国政协各位委员提出意见。

一、一九九一年计划的执行情况

1991 年，各部门、各地区认真执行党的以经济建设为中心、坚持四项基本原则、坚持改革开放的基本路线，经过全国各族人民团结一致，艰苦奋斗，国民经济和社会发展计划执行情况比预料的好，各方面都取得了明显成绩。

（一）社会生产全面增长。据初步统计，全年国民生产总值比上年增长百分之七，其中第三产业增长百分之五点三；国民收入增长百分之七点二。

去年，我国部分地区遭受严重的自然灾害。由于全国上下齐心协力抗灾救灾，农业生产又获好收成。全年农业总产值比上年增长百分之三。粮食产量 43524 万吨，棉花产量 566.3 万吨，都是历史上第二个高产年；油料、糖料、烤烟产量再创历史最高水平；肉类、水产品、蔬菜和水果等产量都有较大幅度增产。乡镇企业继续有较快发展。

工业生产持续发展。全国工业总产值比上年增长百分之十四点二，其中乡及乡以上工业增长百分之十二点九。适销对路的产品增长较快，长线产品生产有所控制；主要原材料和能源生产继续稳定增长。原油达到 1.39 亿吨，原煤达到 10.9 亿吨，都略高于上年产量水平；发电量达到 6750 亿千瓦小时，增长百分之八点七；钢产量达到 7057 万吨，增长百分之六点四；化肥产量（折纯）1988 万吨，增长百分之五点八。“质量、品种、效益年”活动取得初步成效，新产品、新品种增多，经济效益下滑势头得到初步遏制。1991 年，重点企业产品质量稳定提高率，由上年的百分之七十三点三提高到百分之八十六点七；国营工业企业全员劳动生产率提高百分之六点二；预算内国营工业企业实现利税增长百分之八；定额流动资金周转加速 6 天。

交通运输，完成重点物资运输的情况比较好，基本保证了工农业生产和人民生活必需品运输的需要。

（二）重点建设和技术改造继续得到加强。全社会固定资产投资完成 5279 亿元，比上年增长百分之十八点六。其中，全民所有制单位基本建设投资完成 2075 亿元（包括车船飞机购置费），增长百分之二十一点八；更新改造投资完成 997 亿元，增长百分之二十点一；商品房建设投资完成 243 亿元，增长百分之三十一点一。投资结构继续得到调整，农业、运输通信、重要原材料投资比重有所提高。国家按合理工期组织建设的 182 个重点项目超额完成了计划，新投产大中型基本建设项目 100 个，大中型项目单项工程 155 个。限额以上更新改造项目 115 个。当年全国基本建设新形成的主要生产能力有：煤炭开采 2714 万吨，发电机组容量 1184 万千瓦，铁路复线和电气化里程 1158 公里，沿海港口吞吐能力 609 万吨。在更新改造投资中，用于节约能源、增加花色品种、提高产品质量和“三废”治理的投资比重由上年的百分之二十七点一上升到百分之二十九点九。

（三）国内市场商品供应丰富，物价基本稳定。全年社会商品零售总额比上年增长百分之十三点二，扣除物价上涨因素实际增长百分之十。城市市场持续繁荣活跃，农村市场回升加快，城市和农村消费品零售额分别比上年增长百分之十六点一和百分之十点四。去年国家进行价格结构性调整的力度较大，部分地区又严重受灾，但由于社会供求总量保持基本平衡，国家粮食储备和工业品库存充实，全年零售物价总水平只比上年上涨百分之二点九；由于调整城镇居民定量粮油销价和一些服务收费标准等因素，35个大中城市职工生活费用价格比上年上涨百分之八。

(四)对外开放进一步扩大。椐海关统计，全年进出口货物总额1357亿美元，比上年增长百分之十七点五；其中出口增长百分之十五点八，进口增长百分之十九点五。进出口商品结构继续有所改善。利用外资进一步增加，全年新签订利用外资协议金额178亿美元，比上年增长百分之四十七点六；实际使用外资113亿美元，增长百分之九点六。全年新批准外商投资企业1.2万多家，投资协议金额120亿美元，实际投资43.7亿美元，分别比上年增长百分之八十一点六和百分之二十五点二。对外经济技术合作又有新进展。国际旅游业发展较快，全年旅游外汇收入28.4亿美元，比上年增长百分之二十八点三。国家外汇收支平衡状况继续改善。原有的经济特区和经济技术开发区进一步巩固和发展，上海浦东新区的开放开发逐步展开。

(五)科技、教育和文化、卫生、体育等各项社会事业取得新成绩。全年取得省、部级以上重大科技成果2.3万项，获国家奖励的成果958项。秦山核电站并网发电，标志着我国和平利用核能取得重大突破；合肥同步辐射加速器及光束线实验站全部通过验收，已建成的同步辐射光束线和实验站的主要性能指标已达到国际水平。国家推行的各项科技计划取得明显成效，重大科技攻关和科技成果的推广应用有所加快。到1991年末，我国共建立了国家级高新技术产业开发区27个。大中型工业企业组织实施了一大批技术开发项目。技术市场和群众性科技活动更加活跃。

各级各类教育事业继续发展。普通高等教育结构有所改善。全年招收研究生3万人，普通高等学校招收本专科学生62万人。中等职业技术教育进一步扩大。普及义务教育有了新的进展，小学毕业生升学率达百分之七十七点七，比上年提高3.2个百分点。多种形式的岗位培训和就业技能培训蓬勃发展。文化、新闻、出版、广播、电影、电视和卫生、体育等各项社会事业也都取得了新成绩。

(六)城乡人民生活继续有所改善。据抽样调查，1991年全国城镇居民人均生活费收入1570元，扣除生活费用价格上涨因素，比上年实际增长百分之七点七；农村居民人均纯收入710元，扣除价格变动因素，实际增长百分之二。全国城镇安置待业人员430万人。城乡居民储蓄继续大幅度增加，年末存款余额达到9110亿元，比上年末增加2076亿元。全年城镇新建住宅1.1亿平方米；农村新建住宅7.2亿平方米，城乡居住条件又有所改善。社会福利和保险事业继续发展，环境保护进一步加强。

(七)经济体制改革迈出新的步伐。1991年相继出台了一些重大改革措施，包括大幅度地调整了多年未动的城镇居民定量供应的粮、油销售价格，适当提高了原油、成品油、钢材、生铁等基础产品和铁路货运的价格，对一些产品实行了计划内外价格并轨，放开了一些加工工业产品价格；先后出台搞好国营大中型企业的一系列改革措施，实行了外贸企业自主经营、自负盈亏的新体制；住房制度和社会保障制度等改革的试点在更大范围展开。农村继续稳定家庭联产承包责任制，积极发展农业社会化服务体系，统分结合的双层经营体制不断完善。商品市场、资金市场、房地产市场和劳务市场都有了新发展。

以上情况说明，经过三年特别是去年的努力，中央确定的治理整顿主要任务已基本完成。在治理整顿过程中改革开放不但没有停顿，而且有不少新进展。改革开放保证了治理整顿任务的顺利实现，治理整顿又为进一步推进改革开放创造了良好的社会经济环境。在国际风云变幻和国内遭受严重自然灾害的情况下，我国经济发展和改革开放取得的明显成就，更加坚定了我国各族人民走建设有中国特色社会主义道路的信心和决心。

当前经济生活中也还存在一些矛盾和问题。主要是：经济结构调整进展缓慢，农业基础仍然比较脆弱，基础工业后续能力不足，某些长线加工工业没有得到应有改组改造，第三产业发展滞后，行业内部结构、产品结构和企业组织结构不合理的现象还比较突出；近来盲目重复建设又有抬头之势，不符合国家产业政策的新开工小型项目增加了不少；经济效益差的状况还没有根本扭转；财政赤字超过预算，信贷投放和货币发行偏多，通货膨胀潜在压力仍然存在；不合理的分配格局尚未根本改善，一些基本经济关系不顺，经济运行机制不健全。这些都妨碍着国民经济的进一步健康发展。对这些矛盾和问题，我们必须高度重视，在进一步改革开放的过程中采取切实有力的措施加以解决，以推动国民经济更好更快地向前发展。

二、一九九二年计划安排的重点和任务

1992年，是全面实施“八五”计划的第二年。我们要充分利用当前的有利条件和时机，集中力量，加快国民经济的发展。尽可能快和更有效地把经济建设搞上去，增强国家经济实力，不断改善人民生活，这是巩固和发展社会主义制度，提高我国国际地位的关键所在。改革开放是推进我国经济建设和各项事业发展的强大动力，是强国富民的必由之路，必须坚定不移地继续推进改革开放。今年计划安排总的指导思想是:全面贯彻执行党的“一个中心、两个基本点”的基本路线,加快改革步伐,扩大对外开放,依靠科技进步,在继续保持经济总量平衡的同时,把工作重点放在调整结构、提高效益和素质上,促进国民经济持续稳定协调发展。

计划要求,在大力调整结构、提高效益的前提下,国民生产总值比上年增长百分之六,其中第三产业增长百分之七点二。在计划执行中,力争结果更好一些。计划安排的重点和主要任务如下:

第一,继续重视和加强农业,加快水利基础设施建设。今年要争取农业生产有一个好收成,并要进一步加强大农业观念,积极发展林、牧、副、渔业和其他农村经济。计划安排,粮食总产量43500万吨,棉花475万吨,油料1650万吨,肉类3100万吨,水产品1350万吨。

保持农业的稳定增长,必须全面贯彻党的十三届八中全会通过的《中共中央关于进一步加强农业和农村工作的决定》。要继续深化农村改革,稳定以家庭联产承包为主的责任制,不断完善统分结合的双层经营体制,积极发展社会化服务体系,逐步壮大集体经济实力。在计划安排上,采取以下措施:继续稳定粮食、棉花的播种面积,加快国家级商品粮、棉基地的建设,有计划地改造中低产田;适当提高粮食合同收购价格,深化农产品价格和流通体制改革;努力促进科技教育兴农,推行各种适用的农业增产技术,发展高产优质高效农业,积极培养各类农业技术人才;继续增加化肥、农药、农膜等农业生产资料的供应,有效地控制农业生产资料价格,切实减轻农民负担。要全面发展农村经济,在重视种植业发展的同时,大力发展养殖业以及农副产品深加工等多种经营,积极开拓农村第三产业,努力增加农民收入。鼓励乡镇企业按照国家产业政策、市场需求和资源条件健康发展,大力帮助经济不发达地区、少数民族地区发展乡镇企业,促进这些地区经济的发展和人民生活的改善。继续采取以工代赈办法,逐步改善贫困地区和受灾地区的生产条件。

水利不仅是农业的命脉,也是国民经济的基础产业。从今年起,要在防洪、排涝、抗旱、发电、供水方面着手办几件大事。首先,要加快江河湖泊的综合治理,落实国务院决定的治理淮河、太湖的各项工程,并在长江、黄河等流域安排一批水利工程。同时,加强中小河流和小型水库的治理,抓紧现有水利设施的完善配套,大力开展农田水利基本建设。要搞好水土保持,继续大力开展植树造林,改善生态环境。当前,北方不少地区旱情严重,要采取有力措施,大力抓好抗旱工作。

第二,加快调整经济结构,大力提高经济效益。1992年,要积极推进结构调整。调整结构,包括进一步合理调整第一、二、三产业结构,行业内部结构,产品结构,企业组织结构和地区经济布局,以及协调经济发展与社会发展之间的关系。今年,要进一步加强基础工业和基础设施建设,努力改组改造加工工业,加快第三产业发展,特别要在改善产品结构和企业组织结构方面取得明显进展。

今年工业调整结构、提高效益的基本目标和要求是:(1)大力开拓国内外市场,积极增产适销对路、效益好的产品,并积极开发新产品,继续保持能源、重要原材料和交通通信等的稳定增长。(2)按照市场需求组织生产,限制供大于求、不适销对路产品的生产,不再造成新的积压。(3)积极进行产品结构和企业组织结构的调整,关停并转一部分生产能力过大、产品无销路和扭亏无望的企业。(4)继续开展“质量、品种、效益年”活动。努力提高产品质量和产品质量的稳定性,不断改进产品性能,力争使产品质量达到和超过历史最好水平,有的要追赶国际水平。要严厉打击制造和贩卖伪劣假冒商品的行为。要在减少产成品资金占用、加速资金周转、降低消耗、减少企业亏损面和亏损额、增加实现利税等方面有所进步。(5)大力抓好资源节约和综合利用。全年节约能源折合2000万吨标准煤,节约和代用木材1500万立方米。工业主要产品产量和交通运输计划安排是:原煤11亿吨,其中统配煤矿4.9亿吨;原油14050万吨;发电量7050亿千瓦小时;钢7100万吨;铁路货运量14.7—14.8亿吨;交通部直属水运货运量2.7—2.8亿吨。

今年调整工业结构、提高效益要从多方面采取措施:一是改进工业经济评价考核指标。从今年起,建立工业增加值指标,完善反映经济循环和经济效益的工业经济效益评价考核指标。总产值只作为一般统计指标。二是从贷款、税收、物资供应和运力等方面支持适销对路产品、名优产品、高新技术产品和其他鼓励发展产品的生产。三是公布对主要产品停产、限产和鼓励生产的目录,及时发布市场信息。四是实行压缩不合理库存与技术改造、流动资金贷款双挂钩,进一步清理“三角债”,促进资金循环。五是大力开展推销工作,促进商品销售。六是进一步放开一些供过于求和供求基本平衡的产品价格,充分发挥市场调节的积极作用。七是认真落实中央关于搞好国营大中型企业的各项政策措施,积极推进企业经营机制的转换,继续组建企业集团,以发挥企业更大的综合经济效益。

第三,合理安排固定资产投资规模和结构,大力提高投资效益。计划安排,全社会固定资产投资总规模5700亿元,比上年增长百分之八。其中,全民所有制单位固定资产投资3870亿元;集体所有制单位投资675亿元;城乡个体投资1155亿元。在全民所有制单位投资中,基本建设投资2020亿元;技术改造投资1100亿元；车船飞机购置 65 亿元；商品住宅和其他固定资产投资 685 亿元。

基本建设投资的使用，主要是继续加强农业、水利、交通、能源、重要原材料等建设，支持高新技术发展；兼顾社会事业，增加科学、教育和文化、卫生等方面的投资。加工工业主要搞技术改造，原则上不再铺新摊子。计划安排基本建设新增生产能力主要有：原煤开采 2536 万吨，原油开采 1300 万吨，发电机组容量 863 万千瓦，乙烯 11.5 万吨，铁路营业里程 630 公里、电气化和复线里程 1172 公里，沿海港口吞吐量 2819 万吨，粮食仓库 155 万吨。技术改造投资的使用，重点是大力降低能源、原材料消耗；提高产品质量和档次，开发新产品，增加短线产品的生产能力；搞好引进技术的消化吸收，增加出口创汇和节约用汇；加强安全正常生产，治理环境，减少污染。特别要注意抓好大中型骨干企业的技术改造。

不必要的重复建设、重复引进，不仅造成建设资金的巨大浪费，也是导致结构不合理、企业经济效益低下的一个重要原因。今年要在防止重复建设、重复引进方面采取以下措施：(1)对当前生产能力已明显超过市场需求或原材料供给不足的产品，要暂停审批建设项目。(2)对市场有需求，生产能力还需要增加，但规模经济要求高、资金密集的产品建设，必须严格按照“八五”计划确定的布点和建设步骤进行。(3)改变现行单纯按生产能力和投资额划分投资项目审批权限的办法，实行按国家产业政策和经济规模，适当调整基本建设和技术改造投资的审批权限。(4)严格控制新开工项目和计划外工程。认真执行固定资产投资方向调节税和投资许可证制度。(5)强化各级投资决策责任制，改变目前投资行为与责任相脱节的状况。

第四，进一步丰富城乡市场，继续改善人民生活。计划安排，社会商品零售总额 10550 亿元，比上年增长百分之十二点三。从总体上看，今年大部分商品可以做到供求平衡。为了增加和丰富市场商品供应，扩大商品销售，一要在进一步繁荣城市市场的同时，采取多种形式、多条渠道大力开拓农村市场；二要协调好工商关系，促进销售，减少商品库存积压；三要按国家计划组织好主要农产品和重要工业消费品的购销；四要对少数供求平衡有缺口的重要商品，适当安排进口；五要安排好粮库建设资金，保证商业仓储设施按进度要求建设；六要实行多渠道流通，在发挥国营和集体商业主渠道作用的同时，进一步发挥个体商业的作用，支持农民从事商品流通活动。

在生产发展的基础上，使人民生活继续有所改善。企业在提高经济效益的基础上，增加职工收入。今年适当提高行政事业单位职工工龄工资标准和奖金水平，继续实行对有突出贡献的知识分子给予特殊津贴。随着农业生产、农村经济的进一步发展和适当提高粮食收购价格，农民的收入也将有所增加。要采取更加有效的措施，大力发展第三产业，继续发展集体、个体经济和其他经济成分，广开就业门路，尽可能多地吸收一些人就业。努力改善城乡居民住房条件，今年除了在计划上继续安排商品房建设投资外，还要动员社会各方面尽可能挤出一部分资金增加建房。同时，要加快住房制度改革步伐。

今年要继续保持物价基本稳定，全年社会商品零售物价上涨幅度控制在百分之六以内。积极稳妥地推进价格改革，重点是适当提高某些基础产品价格，逐步理顺比价关系。为了控制物价上涨幅度，要继续保持社会供求总量的基本平衡，努力增强企业对上游产品调价影响的消化能力，抓好城市郊区的“菜篮子工程”，适当控制服务收费标准，保持城市职工生活费用价格的基本稳定。

第五，加快对外开放步伐，促进对外贸易发展和经济技术交流与合作。进一步扩大对外开放的广度和深度，是安排 1992 年计划的一个重要着眼点。

今年要继续办好已经开辟的经济特区、经济技术开发区，以及开放城市和开放地区，使这些地方利用外资更多一些，发展得更快一些，成效更大一些，更好地发挥它们在改革开放和现代化建设中的示范作用。同时，要加快上海浦东新区的开发开放步伐。国务院已经决定，要继续从资金筹集、贷款规模、外汇使用、财税政策和扩大项目审批权限等方面，给开发浦东新区以更多的支持。还要积极扩大内陆边境、民族地区的对外开放，大力发展边境贸易和其他形式的对外经济技术交流与合作。要更加大胆地、积极有效地利用外资，特别是要更好地吸收外商直接投资，兴办更多的合资、合作和外商独资企业。进一步扩大利用外资的范围和领域。要继续改善投资环境，按照国家产业政策，加强对外商投资方向的引导，多搞高科技和外向型项目。

进一步扩大对外贸易。努力增加出口，继续合理调整出口商品结构，扩大深加工产品出口，提高出口产品质量和档次，降低换汇成本，大力开拓多元化的国际市场。要积极增加进口，进口结构应有利于国内调整结构、加快重点建设和重点技术改造。努力巩固和发展去年外贸体制改革的成果，继续改进进出口管理办法，使之符合国际通行的规则。进一步扩大工程技术、项目承包和劳务出口。继续发展国际旅游业，努力组织好“友好观光年”活动。

第六，加快科学技术进步和教育发展，进一步发展文化、卫生、体育等各项社会事业，加强社会主义精神文明建设。要使经济发展得快一点，必须依靠科技和教育。我们要认真贯彻科学技术是第一生产力的思想，采取有力措施，推进科技进步。今年主要抓好三个方面：一是要在围绕开发新产品、提高产品质量、降低消耗等方面，大力推广先进适用的科技成果，扩大电子技术在各行各业的应用。二是要组织好145项重大科技攻关，进一步实施“火炬计划”、“星火计划”、“燎原计划”和“丰收计划”。三是有计划地建设好已批准的高新技术开发区，依托重点科研机构和大学，逐步建立光纤通信、农药新产品等若干重要领域的工程研究中心。要在加强基础科学研究的同时，加快试验室成果向现实生产力的转化，并努力促进高技术的商品化、产业化。

继续加强各级各类教育事业，深化教育改革。切实加强基础教育。继续发展中等专业教育和中等职业技术教育。进一步调整高等教育内部结构，增加投人，改善办学条件，提高教育质量和办学效益。计划安排，招收研究生3.2万人，普通高校招生62.6万人，中等专业学校招生79.5万人。要扩大农业、卫生和师范院系的定向招生范围，以适应提高教育质量和为发展农村经济服务的需要。

巩固和发展农村三级医疗保健网，完善多种形式的医疗保健制度，努力改善农村卫生条件。城市要整顿医疗秩序，提高服务质量。计划安排，增加病床7.6万张。

继续发展新闻、出版、广播、电影、电视、文学艺术等各项文化事业。坚持为人民服务、为社会主义服务和百花齐放、百家争鸣的方针，创造更多更好的精神产品，鼓舞人民群众进行现代化建设和改革开放的斗志，在加强社会主义精神文明建设中发挥更大作用。继续开展多种形式的群众性体育运动，增强人民体质，提高竞技水平。

今年是第三次生育高峰期的峰顶，必须切实抓好计划生育工作。计划要求，全年人口自然增长率控制在千分之十四点三三以内。要进一步加强计划生育工作的领导，认真落实控制人口的政策、法规和措施。加强环境保护，努力提高环境质量。

三、加快经济体制改革的步伐，全面完成一九九二年各项任务

全面完成1992年国民经济和社会发展的各项任务，有利条件很多。治理整顿主要任务的基本完成，为经济更好发展创造了较好的社会经济环境；去年经济较快增长，为今年经济发展提供了必要的物质基础；特别是全国政治稳定、社会稳定、人心稳定，有利于集中精力更好更快地发展经济。我们要充分利用各种有利条件，克服不利因素。这里最关键的是，要抓住当前有利时机，加快改革步伐，加大改革的分量和力度。改革是解放生产力。只有从根本上改变经济体制中束缚生产力发展的部分，才能更好地发挥中央、地方、企业和个人等各方面的积极性和主动进取精神。我们要进一步解放思想，改革的胆子再大一些，勇于创新，敢于试验，善于总结经验，不断把改革推向前进。

今年加快经济体制改革，要继续按照发展社会主义有计划商品经济的要求，贯彻计划经济与市场调节相结合的原则，有重点地和相互配套地进行。我们要以深化企业改革、转换企业经营机制为重点，加快流通体制改革，培育和发展市场体系，更好发挥市场调节的积极作用，并积极推进计划、投资、财政、金融、劳动工资、商业、物资和社会保障制度等的改革。深化企业改革，要认真贯彻《企业法》，继续全面落实中央已经确定的搞好国营大中型企业的各项政策和措施，在不断改善外部条件的同时，着力于改革企业内部劳动人事制度、工资分配制度和社会保险制度，增强企业的生机和活力。要进一步发展商品市场，扩大生产要素市场，建立市场规范，为企业参与市场竞争创造必要的条件。在深化企业改革、扩大市场作用的同时，必须切实改进和加强宏观调控，并相应转变政府部门职能。这方面，今年要采取以下改革措施。

（一）适应逐步把企业推向市场、转换企业经营机制的要求，适当缩小生产、流通领域指令性计划，进一步发挥指导性计划和市场调节的作用。从中央到地方都要全面清理现行指令性计划的范围，能够减少的则尽量减少。国务院决定，1992年国家要缩小钢材、生铁、硫酸、纯碱、烧碱、轮胎、木材、水泥等产品的指令性计划，着重减少承担统配任务重的大中型企业指令性上调任务；并认真改进指令性计划实施办法。要研究对一些产品试行国家优先订货方式。同时，抓紧研究健全指导性计划的实施办法。积极发展生活资料和生产资料的批发市场，发展多种市场组织形式，加强市场法规建设和监督管理，保护公平竞争。

（二）改进对固定资产投资的宏观调控，逐步建立合理、有效的投资体制，强化对建设项目全过程管理。首先，认真落实扩大企业投资决策权的措施，在服从国家产业政策和投资规模计划的前提下，允许企业自主地筹集资金和物资，进行一般性技术改造和小型基本建设项目投资。第二，推行多种形式的国家参股、联合投资办法，有计划地扩大发行债券、股票等各种有价证券，筹措和引导社会资金用于重点产业和社会急需方面的建设。第三，为了保证国家重点建设有可靠的资金来源，要抓紧研究建立稳定的、低息的、滚动的、良性循环的基本建设基金制度。同时，进一步完善和发挥国家投资公司的作用。第四，积极运用市场竞争机制，建设项目的设计、工程承包、设备供应、施工和工程管

理，都应通过招标投标，择优选定。第五，加强对建设项目全过程的管理，逐步实行项目业主责任制。第六，加强建设项目的民主决策和科学决策，抓紧拟定固定资产投资管理法规，尽快使固定资产投资活动纳入规范化、法制化的轨道。

(三)完善国家产业政策，搞好行业规划和地区布局。国家产业政策，是计划与市场的重要结合点，也是优化资源配置的有力手段。要根据近几年经济发展的变化和当前存在的矛盾，按照十年规划和“八五”计划纲要的要求，组织力量，完善“八五”期间国家产业政策及其实施的配套措施，明确各产业之间和产业内部的比例关系、发展重点，促使它们协调发展。同时，要在“八五”计划和国家产业政策指导下，进一步完善国务院各归口部门的行业规划和地区经济发展规划，使国家产业政策、行业规划的目标和要求落实到各个地区。

(四)抓紧健全分级分类的工资管理体制，逐步形成工资总量调控和工资正常增长机制。国民收入分配格局不合理，分配上的平均主义和收入悬殊并存，这是当前经济生活中的一个突出问题。解决这个问题，需要深入调查研究，制定全面改革方案。今年要采取的主要措施是：深化企业内部分配制度改革，企业在国家计划指导和政策范围内，有权自主地决定内部分配形式；进一步完善企业“工效挂钩”办法；健全和完善企业财务制度；严格个人收入调节税的征管工作，充分发挥税收的调节作用，加强银行对现金的管理。

(五)按照合理分工和权责统一的原则，逐步健全中央与省、自治区、直辖市两级调控的体制。总的要求是：该由地方办的事和行使的决策权、调控权，要进一步放下去；该由中央办的事，以及决策权和调控权，必须统一在中央，把必要的集中和适当的分散结合起来，充分发挥中央和地方两个积极性。在执行中央统一计划和政策的前提下，各省、自治区、直辖市可以因地制宜地对本地区的社会经济活动进行全面规划和管理。要抓紧研究明确中央与省两级的事权范围，并研究制定在投资、财政、税收、金融、价格、物资、外汇、外债、工资等方面的两级调控体制的权限和相应责任。实行两级调控体制，要注意处理好全国经济和市场统一性与地区经济特殊性的关系。在全国统一计划和政策指导下，发挥各地的优势。

(六)强化间接调控，更多地发挥经济手段、法律手段和政策手段的作用。随着企业经营机制的转变和市场作用的加强，财政、税收、金融、价格、工资等经济杠杆在宏观调控中的作用越来越重要。我们要在保留必要的直接调控的同时，加强间接调控，更多地运用各种经济杠杆、经济政策、经济法规引导和调控经济的运行。同时，要努力使各种调控手段的运用相互协调，形成合力，提高宏观调控的科学性和有效性。为此，要抓紧研究建立起新的宏观调控体系、方法和制度。为了加强对经济的宏观指导，保持政策的连续性和稳定性，国务院批准从今年开始试编两年滚动计划。

1992年国民经济和社会发展计划任务是繁重的。组织实施好1992年计划，对于巩固和发展治理整顿成果，顺利执行十年规划和“八五”计划，保持经济、政治和社会的稳定与发展，有着十分重要的意义。我们要更加紧密地团结在以江泽民同志为核心的党中央周围，坚定不移地贯彻执行邓小平同志倡导的以经济建设为中心、坚持四项基本原则、坚持改革开放的基本路线，团结一致，奋发努力，勇于开拓，艰苦奋斗，扎扎实实地作好各项工作，促进国民经济持续稳定协调发展，为党的十四大召开作出新的贡献。

国务院副总理邹家华在第七届全国人大第五次会议上作关于提请审议兴建长江三峡工程议案的说明

各位代表：

我受国务院的委托，就《国务院关于提请审议兴建长江三峡工程的议案》作如下说明。

一、三峡工程的审查过程

三峡工程规模巨大，影响深远，国务院对兴建三峡工程历来采取既积极又慎重的方针。从五十年代开始，在毛泽东、周恩来等老一辈无产阶级革命家和其他中央领导同志的直接关怀下，有关部门和广大科技人员进行了大量的勘测、科研、设计和试验工作。一九八四年，国务院组织专家论证审查后，曾原则批准三峡工程(正常蓄水位一百五十米方案)可行性研究报告。此后，有关部门、地方和社会各界人士，本着对国家和人民负责的精神，提出了各种有益的意见和建议。党中央和国务院对此十分重视，为了使工程决策更加科学、民主和稳妥，要求原水利电力部在广泛征求意见、深入研究论证的基础上，重新提出三峡工程可行性研究报告。一九八六年原水利电力部组织全国各方面专家四百一十二人，分十四个专题进行论证。同时，国家科委配合论证，组织全国三百多个单位、三千二百多名科技人员对四十五个专题进行科技攻关，取得了四百多项科研成果。经过近三年的努力，十四个专家组陆续完成了专题论证报告。一九八九年，长江水利委员会根据论证成果重新编制了三峡工程可行性研究报告。近四十年来，三峡工程的论证工作不仅有大批的专家和各界人士参加，而且已超过一般论证工作的内容，进行了大量的科研、试验工作，使工程论证尽可能建立在科学的基础上。国务院于一九九〇年七月在听取了重新论证的情况汇报和各方面的意见后，决定成立国务院三峡工程审查委员会，对可行性研究报告进行审查。

国务院三峡工程审查委员会的审查工作，采取先分十个专题进行预审，然后再由审查委员会集中审查的办法，明确要认真地研究各方面提出的一些疑点、难点和不同意的意见，并作为这次审查工作中的一个重要方面，力求使审查得出客观、科学、公正的结论。十个预审组共聘请了一百六十三位专家，其中过去未参加过三峡工程论证工作的占百分之六十二，现任各有关部门行政、技术职务的占百分之七十三。各预审组进行了实地考察，召开了预审会议，于一九九一年五月都提出了预审意见。一九九一年七月九日至十二日，审查委员会召开第二次会议，听取了十个预审组的预审意见。委员们本着实事求是、尊重科学的精神，进行了认真的讨论和审议，一致认为三峡工程的前期工作规模之大，时间之长，研究和论证程度之深，在国内外是少见的。它是成千上万的专家和工程技术人员长期不辞辛苦、埋头实干的结晶，也是发扬民主，听取不同意见，反复论证的结果。审查委员会认为，无论赞成的、疑问的或者不同意的意见，都是为了如何更好地解决长江中下游的防洪和治理，都是从对国家和人民负责出发的。这些意见对增加论证深度、改进论证工作以及完善论证结果都起到了十分积极的作用。对待所有意见都应采取博收其长、吸取合理部分的态度，而不应采取排斥对立的态度。因此，在论证、审查中，对有关部门、地方和社会各界提出的意见和建议进行了认真研究，采纳了许多有益的意见。审查委员会一致认为，在重新论证基础上编制的可行性研究报告，其研究深度已经满足可行性研究阶段的要求，可以作为国家决策的依据。一九九一年八月三日，审查委员会召开最后一次全体会议，一致通过了对长江三峡工程可行性研究报告的审查意见，认为三峡工程建设是必要的，技术是可行的，经济是合理的。建议国务院及早决策兴建三峡工程，提请全国人大审议。

一九九二年一月十七日，国务院常务会议认真审议了审查委员会对三峡工程可行性研究报告的审查意见，同意兴建三峡工程，提请全国人民代表大会审议。

二、关于兴建长江三峡工程的重要性和必要性

(一)解决长江中下游的防洪问题是国家经济发展的需要，必须采取综合治理措施

长江是我国最大的河流，全长六千三百公里，流域面积一百八十万平方公里，约占全国陆地总面积的百分之十九，养育了全国三分之一的人口。长江流域的水资源十分丰富，总量占全国的三分之一，水力资源可开发量占全国的百分之五十三，内河航运里程占全国的百分之七十。流域内气候适宜，物产丰富，工农业总产值占全国的百分之四十，在我国经济建设中占有十分重要的地位。

但是，长江流域的水旱灾害分布很广，尤以中下游平原地区洪涝灾害最为严重。从清代以来，水灾更趋频繁。一八六〇年、一八七〇年两次特大洪水，中下游平原损失惨重。本世纪一九三一年、一九三五年两次大洪水，分别淹地五千零九十万亩和二千二百四十六万亩，直接淹死人口分别为十四万五千五百人和十四万二千人。一九五四年大洪水，虽然经过广大军民大力防守、抢救，采取分洪措施，仍淹地四千七百五十五万亩，死亡三万三千人，京广铁路一百天不能正常运行。历史上每次灾害，都给流域内人民的生命财产带来巨大损失，对国家经济造成很大的影响。

如何解决长江中下游特别是荆江河段的防洪问题，解除长江中下游两岸人民乃至国家、民族的心腹之患，一直受到中央的重视。社会各界对此也十分关注，提出了很多好的意见和建议。经过几十年来的治理实践和对各种意见、方案的反复研究和论证，要解决长江中下游的防洪问题，必须采取综合治理措施，包括有工程措施，也有非工程措施。诸如：(1)在干支流广大地区进一步搞好水土保持，加强长江中上游防护林体系的建设，防止水土流失；(2)对主要支流开展治理，修建水库；(3)在干流上兴建三峡工程；(4)加强中下游堤防建设，特别是应尽快完成一九八〇年确定的近期防洪方案；(5)加强分蓄洪区建设；(6)加强河道整治和洞庭湖、鄱阳湖的治理；(7)加强防洪管理和非工程防洪措施，包括防汛、河道清障、严禁盲目围垦、通讯和预警、群众自救等措施的建设等等，形成一套完整的综合防洪体系。综合治理中的各项措施都在防洪体系中的某一方面发挥它一定的作用。兴建三峡工程也是发挥其一定的作用，而不是替代其他各项综合措施。综合治理的每一项措施对于解决长江中下游的防洪问题都是十分重要的，这些措施互补长短，都是不可缺少的，都必须进一步得到加强。各方面对综合治理措施提出了不少很好的、很有益的意见和建议。不论现在和将来，凡是对治理开发长江有益的建议和意见都应该认真研究和采纳，不要因为考虑兴建三峡工程而予以忽视。三峡工程的建设时间比较长，所以其他各项措施更需要加强领导，更好地组织全面实施，以防止和减少在建设期间可能出现的洪涝灾害所造成的损失。限于本议案的内容主要是关于提请审议兴建三峡工程，所以对其他措施这里就不具体展开说明了。

(二)兴建三峡工程，是诸多综合治理措施中的一项关键性工程措施

建国四十多年来，党和政府领导人民在长江流域进行了大规模的防洪工程建设，加高加固干支流堤防三万公里，完成土石方四十亿零五千万立方米，修建支流水库四万八千座，并安排了一批平原临时分蓄洪区，

对保障中下游地区的经济建设和人民生命财产安全起到了很大作用。

但是,目前长江上游巨大的洪水来量与中下游河道过洪能力小的矛盾仍然十分突出,在荆江河段尤为严重。据历史记载和调查,自一一五三年以来,长江宜昌的洪水大于八万立方米每秒的有八次,其中一八六〇年、一八七〇年在荆江上段的枝城洪峰流量达十一万立方米每秒。而现在荆江河段的过洪能力,包括南岸向洞庭湖分流,也只能安全通过约六万立方米每秒的洪水流量,相当于十年一遇的防洪标准。超过这个标准,就需要采取分洪措施。现在,分蓄洪区内人口稠密,每分蓄洪一次,损失巨大。而且,分洪后荆江河段也只能通过约八万立方米每秒的洪峰流量。一旦出现类似一八六〇年、一八七〇年这样的大水,即使运用分洪区后,仍有约三万立方米每秒的超额洪水无法安全通过,将造成南北岸堤防漫溃的严重局面。

荆江河段,北为江汉平原,南为洞庭湖区,汛期洪水位高于两岸地面六米以上,多的达十余米。一旦南岸堤防溃决,洪水将直趋洞庭湖,沿线民垸荡然无存;北溃洪水将直泻而下,淹没整个江汉平原,并危及武汉市和京广铁路的安全。荆江两岸有人口一千五百万人,耕地二千三百万亩,是我国重要的商品粮棉基地,还有一批重要的大中城市和工矿企业、交通设施、油田等。无论南溃、北溃或两岸俱溃,广大人民的生命财产均将遭受到巨大损失,严重影响我国国民经济建设的大局。

作为长江中游起分洪调蓄作用的洞庭湖,每年长江水带入泥沙近一亿吨,因此,泥沙淤积日趋严重,不断萎缩。建国前有湖面四千三百五十平方公里,而到一九八三年只剩下二千六百九十一平方公里,面积减少百分之三十八,大大降低了洞庭湖对荆江河段的分洪能力,进一步加剧了河道过洪能力小与上游洪水来量大的矛盾,使荆江河段原已十分紧张的防洪形势更趋严峻。如不采取措施,洞庭湖将会逐渐消亡,长江中游洪水失去调蓄场所,对荆江防洪是十分不利的。

三峡工程地理位置优越,能控制荆江河段洪水来量的百分之九十五以上,控制武汉以上洪水来量的三分之二左右,特别是能够有效地控制上游各支流水库以下至坝址约三十万平方公里暴雨区所产生的洪水。这是其他防洪措施所难以替代的。三峡工程是提高荆江河段防洪标准,保障两岸人民生命财产安全的一项关键性工程措施。

三峡工程的防洪作用显著,可以将荆江河段的防洪标准由十年一遇提高到一百年一遇;配合分蓄洪工程;可以防止荆江河段发生毁灭性灾害;可以减少流入洞庭湖的水、沙,减轻洞庭湖的淤积和防洪负担,延长洞庭湖的寿命;可以较大幅度地减少中游的分蓄洪损失;可以减轻洪水对武汉地区的威胁,对下游地区也有一定防洪作用。为了保障长江中下游地区特别是荆江河段南北两岸一千五百万人民的生命和财产安全,使社会长治久安和国民经济持续稳定协调发展,及早兴建三峡工程是十分必要的。这也是兴建三峡工程的主要出发点。

(三)三峡工程可为华中、华东和川东地区提供重要的能源

任何一个水利工程的兴建,都应该尽可能地发挥其综合效益。三峡工程也不例外,除了要考虑其首要的巨大的防洪作用外,同时还要利用水力发电,带来巨大的发电效益。三峡水电站,年发电量八百四十亿千瓦·时,约相当于一九九一年全国总发电量的八分之一。与火电相比,相当于十四座装机为一百二十万千瓦的火电厂和三个年产一千五百万吨规模的煤矿及相应的运输工程。兴建三峡工程对缓解华中、华东及川东地区能源供应的紧张状况,减轻煤炭供应和运输的压力具有重要意义。同时,三峡工程地处我国腹地,距各大负荷中心的输电距离均在一千公里左右,三峡工程的建成将促进全国几大电网联网,可大大提高电网运行质量和效益。

积极开发水力资源是我国能源发展的一个重要方针。目前国家正在长江支流上建设二滩、五强溪、隔河岩、东江、铜街子、宝珠寺等一批大型水电站。根据国民经济发展的需要,长江干支流上其他规划中的主要骨干水电站,都将在本世纪末和下世纪初得到开发。三峡工程的兴建将进一步促进我国水电的开发,同时也将为西电东送起到中间支撑点的作用。

(四)三峡工程的另一个效益就是可提高川江航道通过能力,促进长江航运事业的发展

目前重庆至宜昌六百六十公里航道,流经丘陵和高山峡谷,落差一百二十米,滩多水急,航道通过能力小,运输成本高,限制了航运发展。三峡工程建成后,将改善通航条件,下水单向年通过能力由目前的一千万吨提高到五千万吨,航运成本可降低百分之三十五至百分之三十七,万吨级船队有半年时间可直达重庆,为发展西南地区的经济和繁荣长江航运事业创造条件。

三峡工程是一个综合利用的水利工程,除防洪、发电、航运等效益外,还可增加长江中下游枯水期流量,有利于沿江城镇的供水,有利于南水北调、缓解北方地区缺水矛盾,并有灌溉、水产、旅游、发展库区经济等效益。三峡工程的兴建,对促进华中、华东、西南地区乃至全国的经济建设和社会发展都具有十分重要的意义。

三、关于三峡工程的建设方案

三峡工程正常蓄水位的选择，涉及工程规模、工程效益、水库淹没、移民安置和泥沙淤积等重大问题。国务院于一九八四年曾原则批准正常蓄水位一百五十米的三峡工程可行性研究报告。同年，重庆市政府向国务院报告，要求将正常蓄水位提高到一百八十米，以便万吨级船队能直达重庆港。交通部门也持同样的看法。在重新论证和审查中，根据各方面提出的意见和要求，分别对正常蓄水位一百五十米、一百六十米、一百七十米、一百八十米，以及"两级开发"和"一级开发、分期蓄水"等六个方案进行了全面的技术和经济论证。考虑到三峡工程首先应当满足中下游的防洪要求，万吨级船队能够直达重庆，泥沙淤积问题的处理要有把握，以及库区人民不希望水库在防洪运用时因超蓄而造成临时搬迁等因素，最后确定，采用水库正常蓄水位一百七十五米，大坝坝顶高程一百八十五米和"一级开发，一次建成，分期蓄水，连续移民"的建设方案。该方案比原方案更为合理，防洪库容由原来的七十三亿立方米增加到二百二十一亿五千万立方米，使三峡工程的防洪、发电、航运效益增大，是各有关部门、地方和库区人民都能够接受的方案。初期先按一百五十六米蓄水位运用，有利于移民安置，又可验证泥沙淤积对库尾航道、港口的影响。

经过多年的研究和论证，三峡工程坝址选在湖北省宜昌县三斗坪镇。工程的拦河大坝全长一千九百八十三米，坝顶高程一百八十五米，最大坝高一百七十五米。水库正常蓄水位一百七十五米，水库总库容三百九十三亿立方米，其中防洪库容二百二十一亿五千万立方米；水电站装机二十六台，总装机容量一千七百六十八万千瓦，多年平均发电量八百四十亿千瓦·时。工程静态总投资按一九九〇年价格水平计算为五百七十亿元。工程建设需准备三年；主体工程总工期预计十五年，第一批机组在第九年开始发电。

四、关于三峡工程的技术可行性

三峡工程的勘测、设计和科学试验工作已进行了近四十年，基本资料丰富，前期工作做得比较充分。大坝建在坚硬完整的花岗岩岩体上。工程规模虽大，但建筑物都是常规型式，我国有比较丰富的建设经验，有能力完成设计和施工任务。主要机电设备可依靠自己的力量，立足国内制造。总的讲，工程建设在技术上是可行的。一些同志比较担心的泥沙淤积、水库诱发地震和库岸稳定问题，经过国内有关专家的深入研究，已基本搞清楚，并有了对策。

长江的平均含沙量小，但年输沙量仍相当大，又是一条重要的通航河流，因此，泥沙问题应该慎重对待。根据国内许多工程解决泥沙问题的成功经验，并经过大量的模型试验研究表明，三峡水库是一个河道型水库，采取"蓄清排浑"的方式来运用，即汛期沙多水多，开闸门放水排沙；枯水期水少沙少，关闸门蓄水，这样水库可以长期保持绝大部分有效库容，保证防洪、发电和航运等综合效益的发挥。论证中重点研究了泥沙淤积对重庆市的影响，认为采取综合措施后可以满足航运的要求；水库长期运用后，在假定的不利条件下，泥沙淤积将会使洪水位略有抬高，但其达到的水位不致影响重庆主要市区。

水库建成蓄水后是否产生诱发地震，一直是地质与地震部门长期研究的重点。经过几十年的调查研究，他们认为三峡工程坝址处于地壳稳定性较好的弱震环境地区，建库后虽然不能排除局部地段产生水库诱发地震的可能，但即使发生水库诱发地震，影响到坝区的烈度将不超过六度，不致影响工程的安全。

关于三峡水库库岸稳定问题，经过长时间的调查研究，专家组认为，水库无渗漏及严重的浸没坍岸问题，库岸的总体稳定性是好的。少数可能失稳的大型崩塌滑坡体离三峡坝址都在二十六公里以远，不会影响工程的运用和大坝安全。水库蓄水后江面展宽，水深加大，因崩塌滑坡导致堵江碍航的可能性比建库前大为减小。

三峡工程规模巨大，技术复杂，对已发现的问题，要继续深入研究。在今后的工作中还会有这样或那样的技术问题，都必须高度重视，认真对待，使工程建设更加稳妥可靠、经济合理。

五、关于建设资金筹集的可行性

三峡工程建设所需静态投资为五百七十亿元（一九九〇年价格）。其中，枢纽工程投资二百九十八亿元，水库移民投资一百八十五亿元，输变电工程投资八十七亿元。在论证和审查中，采用多种方法对建设三峡工程进行了国民经济评价和财务评价，包括静态分析、动态分析、工程本身的投入产出分析和各种替代方案的比较。研究结果表明，三峡工程虽然总投资大，总工期长，但由于防洪、发电、航运等综合效益大，并在建设的中期就可发挥出巨大的发电效益，因此，仍能取得较好的国民经济效益和财务效益，各项国民经济评价指标和财务评价指标均能达到国家规定的标准。由于从第九年起第一台机组发电后就有收益，因此预计工程建成后的短时间内，有可能收回全部建设资金。

资金筹措是兴建三峡工程的一个关键问题。工程实际需要筹措的资金比静态资金数量要大。具体数额与开工时间、物价、贷款利率等因素有关，特别是物价上涨因素对资金需要量的绝对数影响较大，但三峡工程的实物工作量（工程量约相当于两个半葛洲坝，发电量约相当于六个半葛洲坝）不会随物价上涨而增加。

同时,物价上涨,电价等也会随之增加,筹资能力相应加大,这是一种“水涨船高”的关系。

三峡工程投资基数较大,但资金投入流程长,发电前资金需要量约为总量的一半左右。发电后的建设资金相当部分可以靠发电收入自筹。据测算,在建设期间可以发电四千三百多亿千瓦·时,创利税近四百亿元。在工程开始发电以后靠自身和葛洲坝电站的发电收入基本上能满足建设资金的需要。因此,三峡工程建设资金筹措的关键,是解决发电前近三百亿元(一九九〇年价格)的建设资金问题,平均每年投入二十五亿元至三十亿元,约占一九九二年全国基本建设总规模五千七百亿元的千分之五左右。除适当提高葛洲坝电站发电电价所得收入和征收水电建设基金外,所需资金还可以通过社会各方面筹资,如债券、股票、贷款以及利用外资等来解决。只要发挥中央和地方两个积极性,采用多渠道筹集,建设所需资金是能够解决的。

考虑到三峡工程规模巨大,需要资金量多,因此,正式开工建设的时间,还要根据国民经济实际情况和国家财力物力的可能来确定。

六、关于水库移民、生态环境和人防问题

(一)水库移民是大家十分关心的问题

三峡水库移民,量大面广,据一九八五年统计,淹没区人口七十二万五千五百人,淹没耕地三十五万六千九百亩,涉及川鄂两省十九个县(市)。安置区经济不发达,土地资源有限,移民安置又涉及社会、经济以及生态与环境问题,这是兴建三峡工程中一个关键的和困难的问题。中央和地方对此都十分重视,社会各界也很关注。

为探索解决三峡水库移民安置的途径,一九八五年国务院决定在三峡库区进行开发性移民试点工作,改变过去一次性赔偿的办法,实行开发性移民方针。六年多来,川鄂两省有关县、市进行了开发性移民试点工作,对农村移民安置、城镇及工厂搬迁和人才培训等方面作了探索,受到了库区领导干部与群众的欢迎和支持。试点经验表明,开发性移民大大优越于过去的赔偿性移民,利用移民计划的投资,作为发展当地经济的资金,合理地开发利用当地的资源,积极发展第一、二、三产业,努力拓展移民环境容量,同时安置好移民,使移民的生产和生活得到较好的安排。试点的成功,大大增强了各级领导做好移民工作的信心。

从目前的情况看,做好移民安置工作,也还有一些有利因素:一是百分之五十四以上是城镇居民,基本上可从事原来的职业,农村移民的数量不到总数的一半;二是农村移民和被淹的土地,分散在库区周边二千公里的范围内,淹没土地占有关县市的比重小,没有一个乡全淹,库区资源较丰富,生产门路较多,大多数移民可以就近后靠安置;三是全国的支持。即使如此,由于三峡工程移民安置量大,任务十分艰巨,对存在的问题要有充分估计,因此,切不可有任何松懈。要搞好三峡工程移民安置,必须继续认真贯彻中央确定的开发性移民方针,做好移民安置规划,制定切实可行的政策,调动各方面积极性,加强管理,加强领导。国务院已成立三峡工程移民试点工作领导小组,负责部署移民试点的各项工作。当前要继续做好扩大移民试点的工作,使得试点地区移民的生产和生活得到合理稳定的安排,并严格控制库区淹没线以下的基本建设和人口增长。

(二)生态与环境问题

国家对三峡工程的生态与环境问题极为重视,从五十年代开始就组织力量进行研究。八十年代以来,研究工作更加广泛、深入,并列入了国家“七五”科技攻关计划。最近,有关部门编制的《三峡水利枢纽环境影响评价报告书》,已通过了主管部门的预审和国家环保局的终审。

三峡工程建设对生态与环境的影响,既有有利的方面,也有不利的方面。有利的影响主要有:可以有效地减少洪水灾害对中下游地区生态与环境的破坏,减缓洞庭湖的淤积和萎缩;增加中、下游枯水期流量,改善大坝下游枯水期水质,并可为南水北调提供水源条件;与火电相比,可减少大量废气、废水、废渣对环境的污染。

不利影响主要在库区,如水库淹没、移民和城镇迁建,若处理不当,会加剧库区原已紧张的人地矛盾,可能产生新的水土流失;泥沙淤积对库尾会有影响;库区部分水域水质污染会加重;部分文物古迹被淹没,三峡自然景观会受到一定影响;对水生生物和珍稀物种也会有影响等。

三峡工程对生态与环境的影响广泛而深远,本着对人民负责和对子孙后代负责的精神,对不利影响必须予以高度重视,要采取得力措施将其降低到最小程度。结合三峡工程的建设,必须认真做好包括上游水土保持以及城乡建设、移民安置、资源开发、水质保护、环境整治等在内的库区综合规划;库区新建项目要选无污染或少污染的产业,必须切实执行在审核项目的同时也要审核环保的制度;积极治理老污染源;建立生态与环境监测网络,对生态环境实行监测、管理和研究;要制定三峡库区的环境保护办法;对文物古迹要尽可能地搬迁和保护。各方面要在人力、物力、财力上给予支持,以保证各项环境保护措施的落实。

(三)人防问题

战时三峡工程大坝的安全问题,从五十年代起就进行了大量试验研究。三峡水库下游有二十公里长的峡谷河段，对溃坝洪水起约束、缓冲和消减作用，有利于减轻洪灾损失。在大坝遭突然袭击严重破坏的情况下，据溃坝模型试验，溃坝洪灾对坝下游局部地区造成的损失是严重的，但由于狭长峡谷所产生的缓冲作用，可以减轻危害，不致造成荆江两岸发生毁灭性灾害。

人防问题虽然做了很多工作，但仍需继续深入研究，采取工程防护和积极防御等综合对策措施，最大限度地减轻三峡工程可能因遭战争破坏而产生的损失。

七、对三峡工程决策的建议

综上所述，国务院三峡工程审查委员会认为，三峡工程是一项规模宏大的水利枢纽工程，在防洪、发电、航运和供水等多方面将产生巨大的综合效益，特别是对保障荆江两岸一千五百多万人民生命财产安全具有十分重要的作用。从对增强我国综合国力和为下世纪初国民经济发展打下坚实的基础来说，兴建三峡工程也是十分必要的。有关三峡工程的勘测、科研、设计和试验工作自五十年代初开始，全国有关部门和各方面人士通力合作，已持续进行了近四十年，前期工作深入，需要研究和解决的主要问题，已基本清楚，并有了对策。建设方案通过重新论证和审查，考虑和吸收了各方面的有益意见和建议，更趋完善。三峡工程的前期工作已经可以满足可行性研究阶段的要求。三峡工程建设是必要的，技术上是可行的，经济上是合理的，随着经济的发展，国力是可以负担的，当前决策兴建三峡工程的条件已经基本具备。

长江百余年来发生了五次大洪水，自一九五四年以来，已有近四十年没有发生全流域性的大水。洪水的出现有一定的周期性，在一定意义上讲，发生大洪水的威胁在不断增长。去年淮河、太湖地区遭受严重洪涝灾害，提高了全社会的水患意识，全国人民和各界人士对兴建三峡工程更为关切，增加了及早决策兴建三峡工程的紧迫感。当前我国政治稳定、经济稳定、社会稳定。现在决策兴建三峡工程，时机也是比较适宜的。

国务院常务会议审议了三峡工程审查委员会对三峡工程可行性研究报告的审查意见，经过认真研究，同意兴建长江三峡工程，建议将兴建三峡工程列入国民经济和社会发展十年规划，并由国务院根据国民经济实际情况和国家财力物力的可能，选择适当时机组织实施。

三峡工程规模大，投资多，建设周期长，移民量大，技术复杂，影响面广，建设任务十分艰巨。在今后的工作中，对可能出现的各种困难和问题应有充分的估计和足够的重视，谨慎从事，认真对待，听取各方面的意见，使三峡工程建设更加稳妥可靠。要充分调动各方面的积极性，同心协力，把这项造福当代、荫及子孙的事情办好。

我的说明完了，请各位代表审议。

国务委员王丙乾在第七届全国人大第五次会议上作关于1991年国家预算执行情况和1992年国家预算草案的报告

各位代表：

我受国务院委托，向大会提出1991年国家预算执行情况和1992年国家预算草案的报告，请予审议，并请全国政协各位委员提出意见。

一、1991年国家预算执行情况

1991年是我国执行十年规划和“八五”计划纲要的第一年。面对国际形势急剧变化和国内遭受的严重自然灾害，全国各族人民在中国共产党和人民政府的领导下，坚定不移地贯彻党的基本路线，同心协力，团结奋战，各项工作都取得了很大成绩。改革开放迈出了新的步伐，农业在大灾之年获得丰收，工业生产稳步增长，固定资产投资结构继续改善，进出口贸易持续扩大，国家外汇储备增加，市场繁荣，物价基本平稳，人民生活继续改善，社会供求总量基本平衡。各种情况表明，治理整顿的主要任务已基本完成，我国的政治稳定、社会安定，国民经济在改革开放中继续朝着好的方向发展。这一年，国家财政收入超额完成了预算，国家财政支出基本保证了经济建设和各项事业的正常需要。但是，由于局部地区灾情严重和有些支出超过预算较多，财政赤字比原定数额扩大。

根据现在初步汇总的数字，1991年国家财政总收入为3582.81亿元，完成预算的百分之一百零四点一；国家财政总支出为3793.87亿元，完成预算的百分之一百零六点四；收支相抵，财政赤字为211.06亿元，比预算扩大87.6亿元。其中，中央财政赤字180.66亿元，地方财政赤字30.4亿元。这些数字，在国家决算编成后，还会有一些变化。

在上述国家财政总收入中，国内财政收入为3409.1亿元，完成预算的百分之一百零三点九；国外借款收入为173.71亿元，完成预算的百分之一百零七。国内财政收入中主要项目的完成情况是：各项税收2986.06亿元，完成预算的百分之九十八点四；企业收入72.77亿元，完成预算的百分之九十六点四；征集能源交通重点建设资金收入182.7亿元，完成预算的百分之八十九点一；国家预算调节基金收入133.67亿元，完成预算的百分之九十九；国内债务收入281.25亿元，完成预算的百分之一百四十八；其他各项收入259.07亿元，完成预算的百分之一百三十点四。这一年，国家还拨付了国营企业亏损补贴506.42亿元，比预算减少50.3亿元，已相应冲减收入。

在国家财政总支出中，国内资金安排的支出为

3620.16 亿元，完成预算的百分之一百零六点三；国外借款安排的支出为 173.71 亿元，完成预算的百分之一百零七。各项主要支出的完成情况是：基本建设支出 726.33 亿元，完成预算的百分之一百零六点四；挖潜改造资金和新产品试制费 183.49 亿元，完成预算的百分之一百零八点六；支援农村生产支出和各项农业事业费 242.57 亿元，完成预算的百分之一百零三点四；城市维护建设支出 131.18 亿元，完成预算的百分之一百零一点七；文教、科学、卫生事业费 699.07 亿元，完成预算的百分之一百零三点四；国防费 330.29 亿元，完成预算的百分之一百零一点六；行政管理费 347.82 亿元，完成预算的百分之一百零九点六；价格补贴支出 370.82 亿元，完成预算的百分之一百一十二点六。此外，国内债务还本付息支出 166.02 亿元，国外借款还本付息支出 80.28 亿元。

去年国家财政面临的矛盾多，困难大，预算执行中出现了不少减收增支因素。在这种情况下，各地区、各部门和广大财税干部，在发展生产、深化改革、增加收入、控制支出、加强管理等方面，做了大量工作，付出了艰辛的努力。

（一）加强征收管理，积极组织财政收入。1991 年组织财政收入的任务相当艰巨。由于局部地区发生严重自然灾害，使这些地区的财政收入减少较多；为落实国家搞好国营大中型企业的政策，也暂时减少了一部分收入；由于出口贸易扩大，出口退税超过预算；为了稳定物价，原定提高商业零售环节营业税税率的增收措施没有出台。这些都相应增加了完成预算任务的压力。面对这种情况，各级财税部门和有关方面在加强税收征管，帮助企业发展生产，扭亏增盈，挖掘增收潜力，开展税收、财务、物价大检查以及清理企业拖欠税款等方面，采取了许多行之有效的措施，使工商税收、关税收入等一些主要收入保持了一定的增长速度。同时，国务院决定增发一部分国库券，经各级财政、银行和邮电等部门共同努力，全年共发行国库券 199.41 亿元，比预算增加近 100 亿元。经过各方面的共同努力，这一年国内财政收入不仅超额完成了预算，而且比上年增长百分之八点八，如果扣除增发债券的因素，则比上年增长百分之五点六。

（二）积极筹措资金，支持抗灾救灾。去年我国局部地区发生的严重自然灾害，造成了很大的经济损失。在中共中央、国务院的统一领导和部署下，全国军民团结奋斗，各有关部门密切配合，夺取了抗灾斗争的重大胜利。在抗灾救灾斗争中，中央财政通过及时拨付救灾专款，安排粮食减购增销资金，减免灾区有关税收等措施，共拿出救灾资金 82 亿元；加上受灾地区各级财政拿出的抗灾救灾资金等，总数近 100 亿元。此外，银行还发放了救灾贷款，保险公司支付了赔偿金，海内外各界也踊跃捐助。所有这些，对减少受灾损失，帮助灾区尽快恢复生产和重建家园，起到了重要作用。

（三）支持搞好国营大中型企业，推进技术进步。去年中共中央、国务院提出了改善企业外部环境和加强企业内部管理的二十条措施。为了把这些政策措施落到实处，财政部会同有关部门，及时制定了重点企业增提企业折旧、增提技术开发费、补充企业流动资金等办法。这些措施落实后，当年约增加企业技术改造等方面的财力 85 亿元。地方财政部门也尽可能挤出财力，支持企业推进技术进步，改善生产经营条件。同时，各地区、各部门在认真清理"三角债"和治理"三乱"等方面，也做了许多工作，对搞好国营大中型企业起到了积极作用。

（四）合理安排资金，保证重点需要。去年在资金十分紧张的情况下，各级财政部门想方设法筹措和调度资金，基本保证了重点支出的需要。同上年相比，企业挖潜改造和新产品试制费支出增加 29.58 亿元，增长百分之十九点二；支援农村生产支出和各项农业事业费增加 20.81 亿元，增长百分之九点四；教育事业费增加 53.58 亿元，增长百分之十五点二；科学事业费增加 5.36 亿元，增长百分之十二点一；国防支出增加 39.98 亿元，增长百分之十三点八。再加上预算内其他支出科目和预算外资金中用于这些方面的支出，去年国家对农业的投入共 537.13 亿元，对教育的投入共 557.39 亿元，对科技的投入共 178.73 亿元，都比上年增加。

（五）支持各项改革，加强法制建设。去年我国物价和外贸体制改革等方面迈出了较大的步伐。各级财政部门配合有关部门做好调整粮油销售价格和压缩平价粮销售数量的工作，对减少财政补贴和节约粮油都起到了积极作用。同时，配合外贸部门，帮助企业转变经营思想，增强自负盈亏意识，调整出口商品结构，不仅使外贸出口继续保持了较高的增长速度，而且消除了外贸出口商品的亏损补贴。此外，在配合住房制度、社会保障制度等改革试点方面，也做了不少工作。为了强化财税管理，去年国务院发布了《中华人民共和国外商投资企业和外国企业所得税法实施细则》、《国家预算管理条例》、《国有资产评估管理办法》等法规，财税法制建设有了新的进展。

各位代表：1991 年的国家预算是在十分困难的情况下执行的，尽管财政收入比预算超过 139.71 亿元，但由于支出超过预算 227.31 亿元，财政赤字比预算扩大。支出超过预算，主要是为了支持抗灾救灾和保证重点开支的需要。另外，由于机构、人员膨胀，加上我们管理和监督工作不够有力，去年的行政管理费超支较多,这是需要在今后工作中切实加以改进的。现在,各方面对中央和地方财政面临的困难十分关注,希望能够尽快摆脱财政困境。但是,财政困难是经济生活中深层次矛盾和问题的综合反映。比如经济效益低,分配结构不合理,机构人员膨胀,各种补贴包袱过重等问题,都是财政困难加剧的原因。因此,财政问题从根本上说也是经济问题。社会主义的根本任务是解放和发展生产力,革命是解放生产力,改革也是解放生产力。解决财政和经济问题,都要靠改革开放;只有通过改革开放,才能从根本上摆脱财政困境。我们必须坚持邓小平同志倡导的"一个中心、两个基本点"的基本路线,紧紧抓住经济建设这个中心,解放思想,实事求是,加快改革步伐,扩大对外开放,在改革、开放中大力发展经济,提高效益,不断壮大国家财力。同时,要牢固树立全局观念,加强宏观调控,坚持量力办事的原则,继续过紧日子,从严控制支出,使国家财政逐步摆脱困境,走上良性循环的轨道。

二、1992 年国家预算草案

1992 年是我国国民经济经过三年治理整顿后步入正常发展的重要一年。综合各种因素分析,做好今年财政工作的有利条件增多。但是,由于国民经济中的一些主要矛盾仍将困扰财政,特别是偿债高峰加剧了财政困难。因此,今年国家预算平衡的难度将大于去年。根据今年的政治、经济形势和任务,1992 年国家预算安排的主要原则是:大力支持改革开放,推进技术进步,厉行增产节约,提高经济效益,加强征收管理,从严控制支出,保证重点需要,并严格控制财政赤字,促进国民经济持续、稳定、协调发展。

按照上述原则,1992 年国家预算草案按单式预算编列,财政总收入为 3912.13 亿元,比上年执行数增长百分之九点二,其中国内财政收入 3705.88 亿元,比上年执行数增长百分之八点七(扣除债务收入增加的因素增长百分之五点八),国外借款收入 206.25 亿元,比上年执行数增长百分之十八点七;财政总支出为 4119.99 亿元,比上年执行数增长百分之八点六,其中用国内财政收入安排的支出 3913.74 亿元,比上年执行数增长百分之八点一,用国外借款安排的支出 206.25 亿元,比上年执行数增长百分之十八点七;收支相抵,赤字 207.86 亿元。

根据《国家预算管理条例》的规定,从今年起,国家预算要由单式预算改按复式预算编列。这是国家财政管理制度的一项重要改革。其基本内容是,将目前的国家预算划分为经常性预算和建设性预算两个部分,然后将各项财政收支按不同性质分解编入经常性预算和建设性预算的有关科目中。复式预算与单式预算相比,它的好处,一是可以直观地反映经常性预算收支和建设性预算收支的规模以及相应的资金渠道,有利于更好地贯彻量力而行的原则。二是经常性预算确定后,实行硬约束,做到收支平衡,有所结余,并将结余用于经济建设;建设性预算根据需要和财力可能进行安排,做到有多少钱办多少事,并按照投资多元化的要求,筹集资金,保持合理的建设规模。三是便于对预算收支情况进行效益分析和检查监督,加强财政管理。需要说明的是,国家预算今年是第一次按照复式预算编制,收支科目的划分,还不能完全做到科学、合理,需要在实践中逐步完善,并不断分析研究和解决可能出现的问题。

按照国务院确定的复式预算编制办法,现在提请审议的 1992 年国家复式预算草案中,经常性预算和建设性预算的编列情况如下:

经常性预算收入 3022.41 亿元,主要收入项目的安排情况是:(一)各项税收 3042.42 亿元,其中,产品税 671.7 亿元,增值税 476.3 亿元,营业税 616.4 亿元,国营企业所得税 551.01 亿元,国营企业调节税 54.81 亿元,集体企业所得税 106 亿元,关税 200 亿元,农业税 72.8 亿元;(二)企业收入 56.67 亿元;(三)国家预算调节基金收入 123 亿元;(四)其他各项收入 109.02 亿元;(五)非生产性企业亏损补贴 308.7 亿元,已相应冲减收入。经常性预算支出 2576.31 亿元,占预算总支出的百分之六十二点五。主要支出项目的安排情况是:(一)非生产性基本建设支出 155.2 亿元;(二)事业发展和社会保障支出 1019.77 亿元,其中,农林水事业费 123.45 亿元,文教、科学、卫生事业费 769.51 亿元,抚恤和社会救济支出 67.31 亿元;(三)国家政权建设支出 771.81 亿元,其中,行政管理费 366.51 亿元,国防费 370 亿元;(四)价格补贴支出 336.02 亿元;(五)其他各项支出 266.51 亿元;(六)中央和地方预备费 27 亿元。经常性预算收入和支出相抵,结余 446.1 亿元。

建设性预算收入 749.57 亿元,主要收入项目的安排情况是:(一)经常性预算结余转入 446.1 亿元;(二)专项建设性收入 473.68 亿元,其中,征集能源交通重点建设资金收入 162 亿元,城市维护建设税 109.2 亿元,固定资产投资方向调节税 31 亿元,耕地占用税 17 亿元;(三)其他收入 28 亿元;(四)生产性企业亏损补贴 198.21 亿元,已相应冲减收入。建设性预算支出 1543.68 亿元,占预算总支出的百分之三十七点五。主要支出项目的安排情况是:(一)生产性基本建设支出 584.57 亿元,其中,国内基本建设支出 378.32 亿元,利用国外借款收入安排的基建拨款 206.25 亿元;(二)企业挖潜改造资金和新产品试制费 179.73 亿元;(三)增拨企业流动资金 10.18 亿元;(四)地质勘探费 42.63 亿元;(五)支援农业生产支出 136.53 亿元,其中,农业发展专项资金支出 43.88 亿元，支援农村生产支出 92.65 亿元；（六）城市维护建设支出 132.1 亿元；（七）支援经济不发达地区发展资金 18.19 亿元；（八）商业部门简易建筑支出 9.7 亿元；（九）国内外债务还本付息支出 430.05 亿元，其中，国内债务还本付息支出 346.53 亿元，国外借款还本付息支出 83.52 亿元。建设性预算收入和支出相抵，差额为 794.11 亿元，这个差额将通过举借债务和借款弥补，其中，国内债务收入 380 亿元，国外借款收入 206.25 亿元，向银行借款 207.86 亿元（即单式预算的硬赤字）。

关于 1992 年中央预算和地方预算，我们也按照复式预算的编制方法进行了编制，连同国家预算收支表一并印发，这里不再具体报告。需要说明的是，中央财政经常性预算是有结余的，建设性预算尚有差额 794.11 亿元，也就是国家建设性预算中所列的差额。地方预算是按照收支平衡的原则，由财政部代编的。按宪法规定，地方预算应由地方政府根据国家确定的收支指标，结合当地实际情况编制，报同级人民代表大会审查批准。

为便于各位代表审议，对今年国家预算草案编制中的有关问题作几点说明：

（一）进一步增加农业、科技、教育等重点投入问题。增加重点投入，是国民经济和各项事业稳步发展的重要保证。因此，在财政十分困难的情况下，对重点投入仍然尽力作了安排。今年国家预算用于农业的支出 259.98 亿元（包括经常性预算和建设性预算中的农业支出），比上年增长百分之七点二；教育事业费支出 452.11 亿元，比上年增长百分之十一点三；科学事业费支出 53.47 亿元，比上年增长百分之七点四；国防支出 370 亿元，比上年增长百分之十二。再加上预算内其他支出科目和预算外资金中用于这些方面的开支，今年国家财政用于农业的投入为 566.11 亿元，用于教育的投入 616.51 亿元，用于科技的投入 194.51 亿元。

（二）搞好国营大中型企业问题。国家财政除继续落实好已经出台的措施外，从今年起，用三年时间分期分批免征国营大中型工业交通企业折旧基金缴纳的能源交通重点建设基金和国家预算调节基金，今年全国免征 40 亿元；同时，结合扩大税利分流、税后还贷、税后承包的改革试点，用三年时间分期分批地将国营大中型工业企业的所得税税率从百分之五十五降至百分之三十三，今年第一批企业减税额为 10 亿元。再加上今年增补的企业流动资金，去年和今年出台的措施落实后，全年约可增加企业用于技术改造等方面的财力 155 亿元，其中百分之六十是由各级财政负担的，其余部分由企业通过提高经济效益自行消化。

（三）扩大国内债务发行数额问题。1992 年国家预算安排国内债务收入为 380 亿元，比上年执行数增加 98.75 亿元，这是为了解决今年偿债高峰所采取的一项临时措施，以适当缓解今年预算平衡的压力。同时，也考虑到目前城乡居民手中的资金较多，国债利率又略高于同期银行储蓄存款利率。多发行一些国库券是有可能的。但是，今后发行债务要适当进行控制，并努力提高资金使用效益。

（四）调整粮食价格和职工工资问题。国务院确定，在今年适当时候提高粮食购销价格，基本上达到购销同价。粮食收购价提高后，可相应增加农民收入。粮食销售价调整后，需要按照国家、集体、个人三者共同负担的原则，对行政事业单位职工和军队、武警人员以及大中专学生等给予适当补贴，企业职工补贴原则上由企业自行消化，对少数特殊困难的政策性亏损企业给予适当帮助。同时，国务院还确定，从今年起，适当提高行政事业单位职工的工龄工资和奖金水平，继续实行对有突出贡献的知识分子给予特殊津贴。对企业要继续实行和完善“工效挂钩”办法，通过提高经济效益来提高职工收入水平。这些措施是在国家财政十分困难的情况下采取的，各地区、各部门应当严格执行国家统一的规定，否则，国民收入分配向个人倾斜的问题将进一步加大。

三、狠抓增产节约、增收节支，努力完成 1992 年国家预算

1992 年国家预算草案，收入打得比较满，支出打得比较紧，完成全年预算的任务相当艰巨。各地区、各部门要进一步重视、理解和支持财政工作，广泛深入地开展增产节约运动，狠抓增收节支，确保国家预算的圆满实现。

（一）大力发展经济，提高效益，壮大财源。这是增加财政收入，克服财政困难的根本途径。首先，要进一步加强农业和农村工作。中央、地方、集体和农民都要逐步增加对农业的投入，逐步建立和健全国家、集体和农民个人相结合的投资体系。国家财政在“七五”期间对农业实行的优惠政策“八五”期间要继续执行。财政支农资金要重点用于农田水利建设、农产品商品基地建设，以及农业先进技术的研究、推广和应用。要继续做好扶贫工作，从政策和资金上帮助贫困地区尽快改变面貌。要支持乡镇企业继续调整结构，提高经济效益，使之健康发展。其次，要努力搞好国营大中型企业。各地区、各部门要确保已出台的政策措施全部到位，其他方面的配套措施也要及时跟上，以期发挥综合效益。今年企业增加的财力，应主要用于推进技术进步和技术改造，不得用于扩大消费基金。搞好国营大中型企业的关键是要转换企业经营机制，真正打破“铁饭碗”、“铁交椅”、“大锅饭”。企业经济效益差、亏损数

额大，是当前经济生活中的一个突出问题，今年在继续开展“质量、品种、效益年”活动中，一定要把扭亏增盈作为一个重点，制定具体规划，抓住不放，一抓到底。从今年起，各级财政部门对超计划亏损，坚决不予弥补；对那些长期亏损，扭亏无望的企业，要下决心进行整顿，多并转，少关停。对扭亏不力的企业领导人要追究责任。再次，要继续抓好清理“三角债”和治理“三乱”的工作。去年国务院在这方面采取了很多措施，取得了初步成效。今年各地区、各部门要继续加强领导，组织力量，进一步把这两个问题解决好，为搞好国营大中型企业和发展农业生产创造良好条件。

(二)强化征收管理，狠抓财政收入。各级财税部门要坚持依法纳税、依率计征，强化征收管理，依靠群众监督，堵塞收入漏洞，保证各项应上缴财政的收入及时足额地入库。要加强对国营企业等纳税大户的征收管理，对乡镇企业、集体企业、私营企业、外商投资企业和个体工商户的税收，也要抓紧征收、防止漏征和逃税。要加强关税和海关代征工商税的征管工作，严格审批和管理出口退税，防止弄虚作假和多退、重退税款。要结合清理“三角债”，认真解决欠税问题。同时，各地区、各部门要认真执行国家的财税法规，不得超越权限减免财政收入。各级财税部门要把紧减免税的口子，从今年起，要把流转税减免的批准权集中到中央。对于越权减免税收以及能源交通重点建设基金和国家预算调节基金的，要坚决按照财税法规纠正过来，少缴的收入要如数追缴入库。对现行税收法规中的减免税条款要进行清理整顿，并按照新的情况和立法程序进行修订。要认真做好国库券发行工作。今年国库券发行数额大、任务重，各地区要认真做好组织工作，有关部门要密切配合搞好推销，确保发行任务的完成。

(三)强化预算约束，严格控制财政支出。今年能否把财政赤字控制在预算数额之内，关键是要把支出控制住。各地区、各部门，特别是领导同志，一定要增强预算观念，维护国家预算的严肃性，各级预算经同级人民代表大会批准后，就是法律，必须严格执行，不得随意追加支出。各级财政部门要敢于坚持原则，严格按预算办事。各部门决定与财政有关的问题，应与财政部门协商，对于未经协商，自行决定的事情，财政部门有权拒绝执行。要继续保持和发扬艰苦奋斗、勤俭节约的优良传统，真正把严格控制财政支出，同端正党风、加强廉政建设、坚持勤俭办事紧密结合起来。从目前情况看，财政支出中最大的浪费是重复生产，重复建设，重复引进，重复设置机构等。因此，对重大的生产、建设和事业开支，必须事先论证，进行可行性研究，事中和事后要进行审计监督。同时，要反对形式主义，大力压缩会议、文件，严格控制各种形式的“节”、“会”以及剪彩、表彰等活动，坚决反对摆阔气、讲排场、花钱大手大脚的不良作风。要坚决实行精兵简政和政企分开的方针，认真贯彻中央关于冻结党政群机关和事业单位编制的决定，刹住机关事业单位人员不断膨胀的势头。对于超编人员，财政不核拨经费。要完善事业单位预算管理办法，支持事业单位按照国家规定组织收入，并纳入预算管理。要逐步实行公费医疗经费由医疗单位管理为主，适当与享受单位和个人利益挂钩的管理办法，控制公费医疗开支的过快增长。要严格控制社会集团购买力。今年对行政事业单位一般不准购置新的设备。对企业的集团购买力也要从严控制。

(四)加快改革步伐，理顺经济关系。今年要以企业改革为重点，促进企业转变经营机制，将企业推向市场，并继续推进价格、流通、金融、住房和社会保障制度等各项配套改革。各级财政部门要积极支持和参与这些改革，并认真做好财务测算和资金的筹集、管理工作。要继续支持经济特区、经济技术开发区以及开放城市和开放地区的工作，国家规定的财政、税收方面和优惠政策，要继续执行，并不断总结经验，使之更加完善。同时，要加快民族地区经济和各项事业的发展，国家财政将继续在政策和资金上给予支持。

为了同经济体制改革协调配套，今年财税改革也要加快步伐，一是继续扩大税利分流、税后还贷、税后承包的试点，进一步完善试点办法；二是抓紧抓好进行分税制改革的试点；三是探索和完善复式预算的编制办法，并相应修订预算管理制度。同时，今年还要继续加强国有资产的管理，认真抓好清产核资的试点，改革国有资产管理体制。在深化改革、扩大对外开放的过程中，既要解放思想，大胆探索，加快步伐，又要兼顾国家财政、企业和个人的承受能力，以保证改革开放的健康发展。

(五)加强管理监督，严肃财经法纪。严格执行财经纪律，对于促进经济发展，维护国家利益，加强廉政建设，都有着重要的意义。近几年，在一些地区、部门和单位，违反国家财经纪律的现象屡禁不止，不仅造成了国家财政收入的流失，浪费了国家资财，而且损害了国家政策法令的统一性和严肃性，干扰了正常的经济秩序和分配秩序。因此，要把加强财政管理和监督，作为促进改革开放健康发展和摆脱财政困境的重要工作来抓。各地区、各部门要加强法制观念，严格执行国家财税法规，真正做到依法理财、依法征税。要切实加强对财税法规执行情况的监督和检查，对随意开减收增支口子，偷税漏税，编造假账，乱摊成本，滥发奖金、补贴和实物等违纪行为，要严肃处理。要继续开展税收、财务、物价大检查。要按照国家的统一规定和部署，认真清理整顿有些部门“乱着装”的问题。与此同时，各级财税部门要进一步加强廉政建设,切实纠正某些不正之风。

各位代表:今年国家财政的任务十分繁重。我们相信,在以江泽民总书记为核心的中共中央的领导下,只要我们紧紧依靠各级党委和政府的领导,团结一致,顽强拼搏,总结经验,讲求实效,今年的国家预算是能够实现的。

印度尼西亚总统苏哈托在雅加达会见中国机械电子工业部部长何光远

中国和俄罗斯就边境地区相互裁军等问题在北京举行第六轮谈判

以王钢华大使为团长的中方代表团和以吉列耶夫大使为团长的俄罗斯联邦等方面代表团,就边境地区相互裁减军事力量和加强军事领域的信任问题,于3月21日至4月16日在北京举行第六轮谈判。

浙赣铁路五里墩站发生211次旅客列车与1310次货物列车相撞造成重大伤亡

在湘赣线株洲市境内的五里墩车站发生一起火车客、货列车相撞事故。到下午10点止,已发现死亡12人,5人下落不明,重伤8人,轻伤26人。死者均为铁路职工和家属,乘客无一死亡。

3月22日

中国和尼泊尔在北京发表联合公报

一、应中华人民共和国国务院总理李鹏的邀请,尼泊尔王国首相吉里贾·普拉萨德·柯伊拉腊于1992年3月16日至22日对中华人民共和国进行了正式友好访问。访问期间,李鹏总理和柯伊拉腊首相在诚挚、友好的气氛中举行了会谈。中华人民共和国主席杨尚昆和中国共产党中央委员会总书记江泽民分别会见了柯伊拉腊首相。柯伊拉腊首相一行还在北京、西安、广州和深圳参观了发展项目和历史名胜。

二、两国领导人满意地回顾了两国关系在和平共处五项原则的基础上取得的稳定发展,同意进一步加强两国在经济、贸易、文化、教育等领域的合作与交流。尼方感谢中方对尼经济发展提供的支持和援助。双方签署了“中华人民共和国政府和尼泊尔国王陛下政府经济技术合作协定”。柯伊拉腊首相通报了尼泊尔最近制定新宪法和举行大选后的形势以及为促进国家经济、社会和文化的发展并根据政治运动中形成的价值观念而制定的战略。李鹏总理通报了当前中国政治稳定、经济发展的形势以及进一步实行改革开放、加快中国现代化建设的方针政策。

三、中方表示西藏是中国领土不可分割的一部分,坚决反对任何旨在分裂中国、制造“西藏独立”的企图和行为。尼方表示理解中国政府的立场,重申尼泊尔一直承认西藏是中国的一个自治区,尼泊尔过去和将来都不允许西藏人在它的领土上从事反对中国的政治活动。

四、两国领导人对国际形势缓和所取得的进展表示欢迎,但认为当前国际形势复杂多变,世界并不太平,和平与发展仍是各国人民面临的主要问题。国际社会应共同努力建立公正合理的国际政治经济新秩序,联合国应在谋求建立国际新秩序的过程中发挥重要作用。双方强调互相尊重主权和领土完整、互不侵犯、互不干涉内政、平等互利、和平共处等原则以及联合国宪章的宗旨和原则应成为建立国际新秩序的基础。双方主张,国家不分大小、强弱、贫富,都应当作为国际社会平等的成员参与国际事务,国际争端应通过和平谈判解决,不得使用武力或以武力相威胁。

两国领导人对裁军领域所采取的某些重要措施表示欢迎,同时认为应进一步努力制止军备竞赛,实现有效裁军,目前的裁军进程应导致全面禁止和彻底销毁核武器等一切大规模毁灭性武器;在南北经济差距日益扩大的情况下,应加强南南合作,推动南北对话;整个人类的人权和基本自由应得到普遍尊重,在此前提下,对于广大发展中国家来说,首要的是独立权、生存权和发展权。

五、双方欢迎朝鲜半岛局势的缓和及朝鲜北南改善关系方面取得的重大进展;双方重申支持关于全面政治解决柬埔寨冲突的巴黎协定并希望该协定得到全面执行;双方强调早日实现阿富汗问题政治解决的重要性,支持联合国和有关各方为此所做的努力;双方希望中东和会在联合国有关决议的基础上取得积极成果,使中东问题得到公正、合理的解决。

六、双方认为,南亚地区的和平、稳定与发展符合该地区各国人民的愿望和利益。尼方通报了该地区国家为加强友谊与合作所采取的步骤,中方表示支持南亚区域合作联盟为促进该地区国家的友好、合作和该地区稳定所做的努力。

七、柯伊拉腊首相对中国政府和人民的盛情款待表示感谢。柯伊拉腊首相邀请李鹏总理在方便的时候访问尼泊尔,李鹏总理愉快地接受了邀请。杨尚昆主席请柯伊拉腊首相转达他对比兰德拉国王访华的邀请,柯伊拉腊首相表示将愉快地转达这一邀请并表示感谢。柯伊拉腊首相也转达了比兰德拉国王对杨尚昆主席访问尼泊尔的邀请,杨尚昆主席对此表示感谢。

茅台五粮液在1992年国际名酒博览会上荣获白酒评比金奖

3月23日

国务委员兼外交部部长钱其琛在七届全国人大第五次会议新闻发布会上就国际形势和中国的对外政策等问题答中外记者问

200多名中外记者参加招待会。

《南华早报》记者：美国国务卿贝克去年11月访华时您对他说，没有受到刑事指控的中国人都可以申请出国。但现在有几个申请离开中国的人未批准离境。这是为什么？

钱其琛：我对贝克国务卿说的话仍然有效。我是说所有没有受到法律追究的人可以申请要求出国。申请要有手续，要经过批准。未经一定的手续是不能出国的。你所说的这些情况并没有改变我对贝克国务卿说过的话。

香港电台记者：钱外长前不久访问英国时双方讨论的一个主要议题是香港问题，请问你们讨论了香港问题的哪些方面？中英联合联络小组工作情况如何？

钱其琛：我访问英国的时候，和英国方面的会谈大约有一半时间是讨论与香港有关的问题。我们全面回顾和讨论了香港问题的各个方面。双方共同的愿望和目标是保持香港的繁荣和稳定，并且保证香港平稳过渡。双方满意地指出，在香港新机场谅解备忘录签署之后，中英联合联络小组的工作是有成效的，同时希望加快这方面的工作。明天中英联合联络小组就要召开第22次会议，我们希望会议取得新的进展。

《中国日报》记者：日本军国主义势力侵华期间给中国人民带来了深重灾难，据了解，某些"两会"代表和委员要求日本政府对中国实行民间赔偿，请问钱外长对此有何看法？

钱其琛：从甲午战争到抗日战争胜利，日本军国主义使中国人民遭受深重灾难达半个世纪之久。对于侵华战争中所造成的一些复杂问题，日本方面应当妥善处理。关于战争赔偿问题，中国政府在1972年《中日联合声明》中作了明确表述，这一立场没有变化。人民代表有权提出议案和建议，人民代表大会秘书处负责议案的机构将按规定来处理这些议案和建议。

法国《欧洲时报》记者：在法国来自印支、尤其是来自柬埔寨的人比较多，他们非常关心柬埔寨的局势。请问钱外长对柬埔寨的和平前景怎样估价？

钱其琛：不久前我到柬埔寨访问过，同西哈努克亲王以及柬埔寨全国最高委员会的各派领导人都分别进行了交谈。在这些交谈中，我得到的印象是，尽管各派之间存在着分歧，但都愿意认真贯彻执行在巴黎签署的关于和平解决柬埔寨问题的协议。同时各方都要求和希望联合国临时权力机构能尽快进驻柬埔寨，以保证柬埔寨的过渡时期能够平稳度过，并且及时举行大选。我认为，柬埔寨实现和平是大势所趋，人心所向，是不可逆转的。

瑞士广播和电视台记者：一年前您在这个场合强调说，中国支持联合国在国际政治中、在解决争端方面发挥越来越大的作用。现在我们看到联合国安理会正酝酿对利比亚进行制裁，对伊拉克重新给予军事打击。中国是否支持联合国扮演一种"世界警察"的角色？

钱其琛：中国政府支持联合国在维护世界和平和解决地区争端方面所起的积极作用。至于讲到利比亚问题，中国一贯反对并且谴责任何形式的恐怖主义，赞成对飞机爆炸事件按照联合国宪章和国际法的有关原则，进行认真、全面、公正、客观的调查，并且给有关的罪犯以应有的惩罚。因此中国赞成联合国安理会的731号决议。现在有关各方正在通过协商努力寻求公正合理的解决办法。在这种情况下，我们不赞成联合国安理会对利比亚采取制裁行动，因为这无助于问题的解决，反而会加剧地区紧张局势，造成严重的后果。在伊拉克问题上，我们一贯认为，伊拉克人民是无辜的。基于人道主义的考虑，取消对伊拉克进口食品和生活必需品的限制是必要的。安理会有关的决议应当得到切实的执行，希望伊拉克继续与安理会合作。但是我们反对使用武力和以武力相威胁来解决国际争端。

法国《世界报》记者：1989年中国曾说，如果法国向台湾出售军舰中国将予以报复。现在法国正就向台湾出售战斗轰炸机进行谈判，请问中国对此将采取什么行动？

钱其琛：你刚才提到的这个问题，我们正和法国进行专门交涉，详细的情况我不在这里宣布。但我可以告诉你，如果法国出售"幻影2000"战斗机给台湾的话，中国必然会作出强烈的反应。

台湾电视公司记者：这次李鹏总理在政府工作报告中提到关于加入关贸总协定时说，中国大陆加入之后不反对台湾地区加入，报告还提到不反对台湾地区与其他国家和地区发生经贸往来。在这种情况下，是否有可能不反对台湾与大陆一起加入关贸总协定，或者允许台湾地区先加入关贸总协定？

钱其琛：我可以很明确地回答你，只有在关贸总协定恢复了中华人民共和国缔约国的地位之后，我们才有可能同意台湾作为中国的一个单独关税地区加入关贸总协定。

法国《阿尔萨斯最新消息报》记者：您能不能详细

说一说，中国将采取哪些强硬措施，迫使法国取消上述与台湾的武器交易？

钱其琛：我们并不愿看到中法关系倒退或受到严重伤害。法国政府如果不顾中国的交涉向台湾出售武器，中国被迫采取的反应将是强烈的。你知道，同样是欧洲国家，荷兰、德国都取消了同台湾的武器交易计划。

韩国《经济日报》记者：李鹏总理在报告中指出，中国政府高兴地看到朝鲜半岛出现缓和的局势。您认为中国和南朝鲜建立外交关系是否有利于朝鲜半岛缓和紧张局势？中国同南朝鲜建立外交关系是否有什么先决条件或时间表？

钱其琛：我们确实希望朝鲜半岛局势走向缓和与稳定，支持并赞赏朝鲜北南双方总理会晤达成的协议和签署的文件，并希望这些协议和文件付诸实施。中国和韩国现在已经互设了民间贸易代表处，并展开了直接贸易。我们希望这种关系能继续发展。韩国外长李相玉不久将作为联合国亚太经社理事会上届会议的主席来北京。我将同他会晤，主要讨论亚太经社理事会的问题。当然也不排除谈其他任何问题。但我没有任何时间表和情况向你介绍。

芬兰记者：中国对于建立东亚、东北亚、东南亚共同市场持什么态度？中国是否也希望成为其中的一员？

钱其琛：中国的立场非常明确，就是积极参加各种形式的地区经济合作，但不主张建立任何封闭的贸易集团。

《人民日报》记者：李鹏总理在政府工作报告中指出，旧的世界格局已经打破，新的世界格局尚未形成。您认为应当建立一个什么样的世界新格局？

钱其琛：旧的世界格局已经打破是指战后两个超级大国对抗这一两极体制的结束。新的世界格局究竟怎样还要看发展。它很可能是世界多极化的格局，也就是说世界现在是多样化的，有多种多样的力量。比如从经济上来讲，北美、亚洲、欧洲就是不同的力量。在这种情况下，世界不可能成为一极的，也就是一个超级大国垄断国际事务和主宰世界。我认为更大的可能是一个走向多极化的世界。

《美国新闻和世界报道》记者：现在超级大国逐步减少在亚洲的军事存在，中国是否会填补真空？

钱其琛：中国反对霸权主义，中国自己绝对不会做超级大国，所以不存在“填补真空”的问题。国家不分大小、强弱、贫富，都是国际社会平等的成员，应该平等地参与国际事务。这就是我们的主张。

合众国际社记者：李鹏总理的政府工作报告中提到了资产阶级自由化和和平演变，你们是不是真的认为有一些外国势力在积极参与推翻和颠覆中国政府？能不能给我们举出一个具体的例子或者提供一些具体的证据？

钱其琛：我想用不着举具体的例子，因为有些外国政治家已经明白清楚地讲出了他们的这种意图。

新加坡《联合早报》记者：中国政府多次强调要与周边国家加强睦邻友好关系。请问去年以来，中国与东南亚国家联盟的关系有哪些进展？中国对东盟特别是新加坡，在未来几年里会有哪些交流与合作？在南沙群岛的主权争议问题上中国有没有新的解决方案？

钱其琛：中国与东盟的关系应该说有很大的发展。东盟总共有 6 个国家，原来中国和其中 3 个国家没有正式外交关系，现在全部都建立了外交关系。其次，从去年开始，中国接受邀请参加了东盟国家外长会议的开幕式，并和东盟六国的外长进行对话。今年 7 月将在菲律宾继续进行这样的接触、对话。柬埔寨问题的解决也为我们和东盟关系的进一步发展创造了更好的条件。我们与东盟国家包括新加坡在内的这种经济及各个领域的合作关系，还会进一步加强。至于南沙群岛，中国政府的立场是非常清楚的，没有改变。

中国新闻社记者：中国认为目前应该利用有利的国际环境，请问，这种有利的国际环境具体内容是什么？

钱其琛：两极格局结束以后，世界大战打不起来；亚太地区相对稳定，东亚已经成为世界经济中最有活力的地区；中国和周边国家的睦邻友好关系持续发展；我们同第三世界国家的团结不断加强；世界上越来越多的国家认识到一个稳定的中国对世界和平和发展有利；发达国家先后出现经济衰退、复苏乏力，不能忽视中国这样一个巨大的市场。所有这些都说明目前是中国加快改革、扩大开放的一个有利时期。

国家禁毒委员会秘书长公安部副部长俞雷就中国禁毒工作向记者发表谈话

俞雷最近向记者发表谈话，介绍了国家禁毒委员会成立一年来的工作情况。他说，国家禁毒委员会根据党中央和国务院的部署，1991 年主要做了以下几个方面的工作：

——去年 6 月成功地召开了全国禁毒工作会议。针对当前国内毒品犯罪的形势，提出了禁贩、禁吸、禁种“三禁并举、堵源截流、严格执法、标本兼治”的禁毒工作方针，制订了动员全社会的力量、倡导禁毒工作的综合治理，有力地推动了禁毒斗争在全国范围广泛深入开展。

——进一步加强了对毒品犯罪案件的侦破查缉工作，严厉打击走私、贩卖、运输、制造毒品的犯罪活动。

执法、司法部门坚决贯彻全国人大常委会1990年通过的《关于禁毒的决定》，严格执法，有力地打击了犯罪分子。去年一年，全国公安机关和海关共查破毒品案件8395起，查获海洛因1959公斤，鸦片、大麻、吗啡、“冰”（去氧麻黄素）等2800多公斤，制毒配剂近50吨，抓获毒品犯罪分子18000多名，司法机关依法判处刑罚，有些罪行严重的被依法判处死刑。

——大力加强禁毒宣传工作。重点是宣传国家禁毒法律，宣传政府禁毒的决心，揭露吸毒的危害，以努力提高全民的禁毒意识。

——加强禁吸戒毒工作，努力控制吸毒的发展蔓延。据不完全统计，1991年全国强制戒毒41227人次。

——积极开展禁毒国际合作。国家禁毒委员会积极支持和参加联合国禁毒署倡导的“金三角”毗邻地区国家的禁毒合作。中国缉毒执法部门对待缉毒办案和情报线索协查的国际合作，一贯采取积极态度。

海峡两岸关系协会和台湾海峡交流基金会就海峡两岸公证文书使用和两岸开办挂号函件查询及赔偿业务在北京进行商谈

国办转发国有资产管理局等部门《关于1992年在全国范围内开展国有资产产权登记工作请示》的通知

国家主席杨尚昆在人民大会堂分别接受以色列马耳他博茨瓦纳驻中国大使递交的国书

这三位大使是：以色列国首任驻中国大使泽夫·苏赋特，马耳他共和国新任驻中国大使艾弗列斯特·萨利巴，博茨瓦纳共和国首任驻中国大使马腾骥。

全国人大常委会委员长万里在人民大会堂会见加拿大里贾纳大学名誉校长巴巴尔教授和夫人

国务院副总理朱镕基在人民大会堂会见以多伦多华侨进出口商会会长唐先令为团长、安大略省士嘉堡市市长娇诗川玛为名誉团长的加拿大东部商界访华团

外交部副部长刘华秋在亚洲和太平洋地区安全与裁军问题研讨会开幕式上发表讲话

刘华秋说，当前世界正处在大变动的历史时期。旧的两极体制已经打破，新的世界格局尚未形成，多极化的趋势正在发展。天下并不太平。世界动荡的因素增加。亚太地区相对稳定。

在谈到当前世界和亚太地区裁军和安全问题时，刘华秋指出，随着东西方冷战对抗的消失，裁军领域取得了一定进展。但总的看，世界和亚太地区的裁军和军控还刚刚起步。亚太地区的安全形势仍很严峻。促进亚太地区的裁军和安全，是保障地区和平与发展之必需，也是迎接二十一世纪伟大挑战之必需。

刘华秋指出，中国坚持独立自主的和平外交政策，坚持睦邻友好，为维护亚太地区的安全和稳定，为推进世界和地区的裁军事业，作出了不懈的努力和应有的贡献。中国是维护世界和平的坚定力量。

刘华秋说，为全面推进亚太地区的安全和裁军，我们提出以下几点看法和主张：

一、亚太各国在严格遵守联合国宪章和互相尊重主权和领土完整、互不侵犯、互不干涉内政、平等互利、和平共处五项原则的基础上，保持和发展友好合作关系。任何国家都不在本地区和次地区谋求霸权和势力范围，不以任何形式和借口控制别国、侵犯别国主权、干涉别国内政。

二、根据联合国决议和有关国际公约，通过谈判和平解决一切争端、冲突和历史遗留问题，不诉诸武力和武力威胁。

三、各国不结成针对其他国家和地区的军事集团，不在本国领土之外驻军和建立军事基地。为增加信任，消除对立因素，应当拆除驻在本地区的所有外国军事基地，撤走所有外国军队。

四、各国按照公平合理原则，实行裁军和军控，使军备保持在正当防卫所需的水平。拥有最庞大核武库和常规武库的国家应承担特殊责任，率先大幅度裁减核武器和常规武器，停止试验、生产、部署核武器和外空武器，在世界其他地方裁减下来的军备不得转移到亚太地区。核武器国家保证不首先使用核武器和不对无核国家及地区使用或威胁使用核武器。防止扩散核武器和其他大规模毁灭性武器。支持有关国家建立各次地区无核区的主张。

五、逐年建立双边、次地区和地区性多层次、多渠道的安全对话机制，及时就有关问题进行磋商，加强沟通和信任，以防患于未然，消弭不安全和可能引发冲突的因素。

六、密切亚太国家的经济关系，在平等互利的基础上，加强合作，促进共同发展，是维护地区安全和稳定的重要因素。为此，应当加强、扩大和完善区域性经济合作组织，把亚太国家的经济合作提高到新水平。

刘华秋最后说，只要亚太各国都有诚意，加强合作，就能推进地区裁军和安全，保障地区和平与发展的目标，并对世界的和平、稳定和发展作出积极的贡献。

全国军队转业干部安置工作会议在长沙召开

在长沙召开的全国军队转业干部安置工作会议强调，军队转业干部安置工作要服务于经济建设主战场，鼓励和引导转业干部到基层去，到企业去，到经济建设第一线去。这将是今后一个时期军队转业干部安置的主要走向。

会议要求各级人事部门、军转部门抓住当前有利时机，适应迅速发展的改革开放新形势，把引导转业干部走向经济建设主战场作为今后工作的主要任务，并以此来检验自己的工作实绩。

会议认为，围绕经济建设这个中心开展军队转业干部安置工作，既有利于转业干部的妥善安排，也有利于他们聪明才智的发挥。

今年全军有3万名干部将转业到地方工作。他们的安置去向主要是：各地区各部门的基层、农村和国营大中型企业、重点建设工程，各地将注意选调有专业特长、有思想政治工作经验、有组织领导才能、能够打开局面的转业干部去工作。同时在分配工作中，也注意考虑转业干部的特殊情况，做到既合情又合理。

会议要求进一步加强军队转业干部的培训工作，把适应性培训和专业培训、岗位培训有机结合起来，帮助转业干部尽快掌握经济建设方面的知识，适应地方经济工作的需要。

会议强调，军转工作的改革要与国家和军队干部人事管理工作中各项改革相适应、相配套，同时要充分考虑军队转业干部的实际情况和承受能力，有利于他们聪明才智的发挥。

第三届全国残疾人运动会在广州天河体育馆闭幕

3月24日

中共中央顾问委员会常委姬鹏飞在钓鱼台国宾馆设宴招待出席七届全国人大五次会议全国政协七届五次会议的港澳代表和委员

姬鹏飞在祝酒词中说，在过去的5年里，港澳地区的人大代表、政协委员和全国其他地区的代表委员一起，发扬主人翁精神，积极参与国家事务的管理，为国家各项事业的发展，为祖国的和平统一大业，作出了应有的贡献。特别值得一提的是，继七届全国人大三次会议通过了《香港特别行政区基本法》之后，今年3月16日，七届全国人大常委会第二十五次会议又通过了关于公布澳门特别行政区基本法草案的决议，这标志着按“一国两制”的方针，实现祖国统一的事业又取得了重要进展。姬鹏飞希望各位代表和委员继续做好香港特别行政区基本法的宣传工作，并对澳门特别行政区基本法草案多提宝贵意见。谈到聘请港事顾问问题时，姬鹏飞指出，这使我们与港人经常沟通增加一个重要的渠道，这对于香港的长期繁荣稳定、政权的顺利交接和平稳过渡是十分有益的。

姬鹏飞最后说，香港澳门回归祖国分别只有5年和7年时间了，希望各位代表、委员继续发扬爱祖国、爱港澳的优良传统，为保持港澳地区的繁荣稳定，为港澳地区的平稳过渡和政权的顺利交接，作出新的更大的贡献。

60多位港澳地区的代表、委员出席今晚的宴会。国务院港澳办公室主任鲁平、新华社香港分社社长周南、中共中央统战部副部长万绍芬等，也出席宴会。

中国代表贺其治在日内瓦出席联合国和平利用外层空间委员会法律小组委员会会议时呼吁国际社会加快制定空间法

贺其治在法律小组委员会第31次会议上发言指出，中国高度重视在联合国体制内制定空间法的工作。中国认为开展空间活动不能与加强空间法律秩序分割开来。当前国际形势发生深刻变化，大国军事对抗减弱，国际社会应该充分利用这一时机，制止空间武器化，特别是要制止与核有关的空间武器进入外空。这对于加强国际合作与信任以及世界和平与安全具有重要意义。

贺其治强调，作为一个空间国家，中国一直并将继续积极参与空间法的制定工作。

今年被第44届联大确定为国际空间年。贺其治指出，人类活动已使地球环境恶化到了非常严重的地步，当前的主要任务是运用先进的空间技术来监测和保护地球环境，合理开发地球资源。中国已在外空委员会提交了工作文件，并积极参与空间年活动和一系列科技研讨会。

3月25日

全国政协七届五次会议举行第二次全体大会

大会的执行主席是：谷牧、帕巴拉·格列朗杰、邓兆祥、赵朴初。国务院一些部委办的负责人列席会议听取了意见。

全国政协副主席程思远作提案工作情况报告。程思远说，政协提案是政协委员参政议政的一个重要方式，在过去的一年里发挥了积极的作用。七届四次会议以来，有1438位委员、7263人次提交了提案，占全部委员人数的70%。经提案委员会审查立案的提案共计1804件。这些提案分别送请中央、国务院有关部委，各省、自治区、直辖市人民政府，中央军委办公厅，最高人民法院，最高人民检察院和有关人民团体等149个单位研究办理。截至1992年3月14日，已办复提案1797件，占全部提案的99.6%。万国权委员代表民建中央、高天委员代表民盟中央、卢嘉锡委员代表农工民主党，先后发言，他们发言的题目分别是：《加快改革开放步伐，集中精力把经济建设搞上去》、《扭住经济建设中心不放，努力促进地区经济协调发展》、《狠抓落实，坚决贯彻科学技术是第一生产力的指导思想》。

会上，香港大正国际有限公司董事长黄克立、中共上海市委原副书记陈沂、辽宁省政协主席徐少甫、农业部原副部长肖鹏等委员，就深化改革开放、加快浦东开发、搞好国营大中企业和粮食问题等作了发言。

出席大会的全国政协副主席有：方毅、洪学智、王光英、王恩茂、钱伟长、胡绳、程思远、钱正英、苏步青、司马义·艾买提、丁光训。

民建中央副主席万国权代表民建在全国政协七届五次会议第二次全体大会上发言

万国权在政协大会发言中说，在加快改革开放步伐，集中精力把经济建设搞上去的新形势下，当前必须从深化改革入手，搞好国营大中型企业，以此带动整个经济加快发展。达到这一目标的根本途径，是通过深化配套改革，实现企业经营机制的转换，把企业推向市场，使企业真正成为自主经营、自负盈亏、自我发展、自我约束的社会主义商品生产者和经营者。为此，近期需要着重解决好以下问题：一是真正转换政府职能，实行政企分开，切实给予企业经营自主权。二是加强市场培育，完善市场机制。三是抓紧企业经营管理体制的改革，实行承包责任制是企业改革迈出的第一步，目前承包责任制最大的问题是短期行为，包盈不包亏。四是促使企业尽快从粗放经营转变为集约经营，努力提高经济效益。

民盟中央副主席高天代表民盟中央在全国政协七届五次会议第二次全体大会上发言

高天发言强调，要扭住经济建设这个中心不放，努力促进地区经济协调发展。

农工民主党中央主席卢嘉锡代表农工党在全国政协七届五次会议第二次全体大会上发言

卢嘉锡说，邓小平同志提出的科学技术是第一生产力的论断，是建设有中国特色社会主义理论的重要组成部分，是一个关系到我国社会主义建设全局的极其重要的指导思想。为了更好地抓紧落实，就要做好以下几方面的工作：1. 提高对“科学技术是第一生产力”的认识，增强科技意识。我们要全方位、多层次地开展科技宣传教育。2. 深化改革，充分发挥第一生产力的作用。3. 尊重人才。近年人才断层、人才流失问题严重，虽然采取了一些措施，但形势仍不容乐观，必须引起政府和社会各界的充分重视。4. 大力发展教育事业，提高劳动者素质。

民盟民进九三学社台盟的负责人和无党派人士就参政议政等问题答中外记者问

*有记者问：九三学社在加快改革开放、依靠科技进步等方面有何打算？*九三学社中央副主席赵伟之说，九三学社是以高、中级科技人员为主的民主党派，对中国的改革开放、科技发展和进步很关心。中共中央提出把经济建设转到依靠科技进步和提高劳动者素质的轨道上来，九三学社非常支持。现在迫切需要为科技发展创造内部和外部条件。因此，九三学社将向中共中央和国务院提出五条建议，主要内容有：重视发展科技、大力宣传科技发展在国民经济中的战略地位；进一步深化经济体制和科技体制改革；进一步落实知识分子政策，调动广大知识分子和科技人员的积极性，等等。

民盟中央副主席冯之浚在回答“大陆民主党派的政党特点是什么”的问题时说：不能用西方政党的那种标准评论中国政党的情况。我国的民主党派，比如民盟，是有自己的纲领、组织的，政党机制是符合中国国情的。

*有记者问：民主党派和无党派人士进入政府工作，是否有职有权？*赵伟之说，这些人士都是有职有权的。他们都分管一方面工作，可在职权范围内作出决定。这些任职者逐年都在增加，今后还会继续增加。

民进中央副主席楚庄、台盟中央主席团主席蔡子民、无党派人士俞恩瀛也分别就中外记者提出的海峡两岸关系、三峡工程讨论等问题作了回答。

农业部部长刘中一在“两会”新闻中心中外记者招待会上就中国农业问题答中外记者问

在七届人大五次会议和全国政协七届五次会议上刘中一谈及农业的形势时说，当前，中国农业已进入一个新的发展时期。这一时期的标志是三个转变，从单纯要求增加产量，转向质量品种效益的全面发展；从农产品的分配为主，转向商品交换；从依靠传统技术，转向依靠现代科技提高生产水平。处在这个时期，必须进一步解放思想，加快改革。

在回答中国农业今后将有哪些改革措施时，刘中一说，首先，是在稳定家庭联产承包责任制的基础上，进一步完善社会化服务体系；第二，是立足农村经济的全面发展，把农产品的生产、储存、运输、加工、销售全部联系起来；第三，是强化科学教育系统，把先进科学技术落实到千家万户；第四，加强农村的精神文明建设，提高农民的整体素质。

当记者问到实行家庭联产承包责任制后，农村是否出现两极分化时，刘中一回答：责任制没有使农村发生贫与富的两极分化。现在，在乡镇企业发展快的地区，农民富得很快，拉大了贫富地区的差别，但乡镇企业中 90%是集体所有，所以，在富裕地区，也是共同富裕。关于贫困地区，几年前，中国还有大约 9000 万人口的地区较贫困，没有彻底解决温饱。经过“七五”期间的努力，现在其中 6000 万人已经脱贫，解决了温饱，中国将下大功夫解决另外 3000 万人的温饱问题。

中央统战部全国人大民委国家民委全国政协民委在人民大会堂举行茶话会

参加全国人大、全国政协会议的 1600 多名少数民族代表、委员和有关领导出席茶话会。会议由全国人大常委会副委员长阿沛·阿旺晋美主持。全国政协副主席、国家民委主任司马义·艾买提讲话。

丁关根、彭冲、廖汉生、王汉斌、陈俊生、杨静仁、帕巴拉·格列朗杰、王恩茂、汪锋、赵南起出席了茶话会，同各民族代表、委员一起观看了文艺节目。

国家主席杨尚昆根据全国人大常委会的决定任命驻外大使

一、任命张震为中华人民共和国驻乌克兰特命全权大使。

二、任命关恒广为中华人民共和国驻乌兹别克斯坦共和国特命全权大使。

3 月 26 日

全国政协七届五次会议举行第三次大会

大会的执行主席是：王光英、马文瑞、钱伟长、胡绳、程思远、卢嘉锡。国务委员陈俊生和国务院各部委局办的负责人列席会议听取意见。

方嘉德委员代表全国总工会发言，他说，《工会法》的修改工作已历时 10 多年，这次经全国人大常委会审议的新《工会法》，为保障工人阶级主人翁地位，发挥工人阶级在新的历史时期的主力军作用提供了法律保证。刘春等 3 位委员就人权问题联合发言。葛志成委员就依法治教，大力推进 9 年制义务教育作了发言，杨樵委员代表九三学社中央作了为科技进步创造良好的外部和内部条件的发言。

会上，委员孙孚凌、吴克泰、徐之河、庞巨丰、王钊就充分调动非公有制经济作用、发展海峡两岸关系、制定《股份有限公司法》等问题发言。

出席政协大会的副主席还有：方毅、洪学智、谷牧、帕巴拉·格列朗杰、邓兆祥、王恩茂、苏步青、司马义·艾买提、丁光训、叶选平。秘书长宋德敏出席在人民大会堂举行的大会。

全国政协委员葛志成代表民主促进会中央在全国政协七届五次会议第三次大会上发言

葛志成委员代表中国民主促进会中央提出：依法治教，大力推进 9 年制义务教育。

葛志成最后说，依法治教，大力推进 9 年制义务教育，不仅是到本世纪末教育事业的一项重大任务，而且是把国民经济和社会发展提高到一个新的水平，实现第二步战略目标的重要措施。我们呼吁各级政府负责同志带头学法、执法；全社会都来学法、执法，为在我国实现普及 9 年制义务教育作出贡献。

全国政协委员杨樵代表九三学社中央在全国政协七届五次会议第三次大会上发言

杨樵提出，科技的发展，是一项巨大的社会系统工程。要使科技更快更好地进入和长入经济，推动经济的发展，就必须为之创造良好的外部和内部条件。

我们在看到成绩的同时，还必须看到科技自身的发展、科技与经济的结合等方面还存在许多亟待解决的问题。为此，九三学社中央建议：(一)全党重视，加强领导，大力宣传科学技术在国民经济发展中的战略地位和作用，使“科技是第一生产力”的观点深入人心。(二)深化经济体制和科技体制改革，建立科技—经济紧密结合相互促进的运行机制。(三)进一步落实知识分子政策，千方百计调动和发挥知识分子的积极性。(四)建立科学技术市场，并使之不断充实完善，为科技发展创造良好的市场环境和竞争机制。(五)加快科技立法，充实和完善科技政策，制定相应的科技法规，为科技发展提供政策指导和法律保障。

全国政协委员吴克泰代表台盟在全国政协七届五次会议第三次大会上发言

吴克泰吁请海峡两岸携起手来为祖国和平统一而奋斗。

吴克泰说，这些年来，由于大陆政府采取正确的方针政策，经过海峡两岸人民的共同努力，同时台湾当局也采取了一些松动措施，海峡两岸关系有了较大发展，但由于台湾当局设置了种种人为障碍，情况仍不能令人满意。两岸人民迫切要求的直接“三通”和双向交流，迄今未能实现。这种不合情理的状况，是不会维持多久的，终有一天非改变不可。迟改变不如早改变。我们呼吁台湾当局拿出诚意，采取明智态度和积极措施，向前迈步。

吴克泰说，现在中国大陆正在实施十年规划和“八五”计划，还要进一步改革开放，台湾也在搞六年计划，相互之间可以互补互益，这是几年来事实所证明了的。不仅在投资贸易方面的合作有广阔的前途，在高科技方面的合作，更是未开垦的处女地。我们认为这方面的合作是大有可为的。同样，台湾方面缺乏的石油、煤炭，大陆相当丰富，这方面的合作，对台湾非常有利，何必舍近求远呢？他希望台湾当局进一步克服政治上的障碍，采取务实态度，早日就全面经济合作问题，与大陆有关当局进行商谈，共同促其实现。

吴克泰说，台湾是中国神圣领土不可分割的一部分，台湾地位早已确定，这是铁的事实，不容改变。任何想把台湾从祖国分裂出去的图谋都是不能得逞的，“台独”是一条走不通的死路。他奉劝少数台独分子，“台独”这把火是玩不得的，错估形势是很危险的。

吴克泰说，中国一定要统一，中国一定会统一。这是历史的必然，是中华民族的根本利益所在。中国共产党早已提出了以“一国两制”原则实现和平统一的构想。在一个中国的前提下，大陆十一亿人口实行社会主义制度，台湾实行资本主义制度，在国际上代表中国的是中华人民共和国。我们认为这样的构想是合情合理的，也是切合实际的。在“一国两制”下，台湾人民的利益，丝毫不会受到损害，相反地会从同大陆的经济、文化等各方面的交流中得到更大的利益，更可以作为一个大国的国民在国际上扬眉吐气。这是一条光明大道。让我们携起手来，发展两岸关系，增加交流，增进相互了解，逐步达到共识，为实现这个光明的未来，共同奋斗。

全国政协委员孙孚凌代表全国工商联在全国政协七届五次会议第三次大会上发言

孙孚凌说，坚持以公有制为主体的多种经济成分并存的所有制格局，是坚持党的十一届三中全会以来路线方针政策、进一步扩大改革开放、建设有中国特色社会主义的一项重要内容。

孙孚凌说，十多年来，非公有制经济成分作为中国特色社会主义经济的一个组成部分，对于发展生产、方便生活、繁荣经济、扩大就业、增加财政收入和搞活国民经济起到了积极的作用，成为公有制经济的必要的和有益的补充。

孙孚凌介绍说，为了加强党对非公有制经济的领导，中共中央于去年7月发出重要指示，重申：在我国，非公有制经济成分作为公有制经济的有益补充，将在相当长的历史时期内存在和发展。同时要求工商联做非公有制经济代表人士思想政治工作，对私营企业主、个体工商户和台湾同胞、港澳同胞、海外侨胞投资者介绍党的方针、政策，进行爱国、敬业、守法的教育，并维护他们的合法权益，反映他们的正确意见。工商联作为党领导下的以统战性为主，兼有经济性、民间性的人民团体，应该配合党和政府承担这方面的任务，成为党和政府联系非公有制经济的一个桥梁。

孙孚凌说，在各级党委和政府领导与支持下，继续发挥原工商业者的作用，这是党中央从建设有中国特色的社会主义的全局高度做出的重大战略决策，是引导非公有制经济走上有序发展的重要指针。对非公有制经济，我们既不能因强调它对社会主义经济的积极作用而放任自流，疏于正确的管理和引导；也不能由于它存在某些消极作用，而否认其存在的必要，人为地压制它们发展，甚至动辄取缔。这是建设有中国特色社会主义必须要把握好的一个基本问题。

孙孚凌说，近几年来，私营企业、个体工商户、乡镇企业和“三胞”投资企业已经成为工商联会员构成的一部分。做好这部分会员的工作，成为工商联为改革开放和四化建设大业服务的一个重要方面。现在，中共中央把做非公有制经济代表人士的工作交给工商联，使我们感到责无旁贷，重任在肩。工商联要配合党和政府工作，对非公有制经济代表人士进行“团结、帮助、引导、教育”工作，在他们中逐渐培养起一支坚决拥护党的领导的积极分子队伍。

孙孚凌说，工商联各级组织今后一定要更加积极主动地争取党和政府的领导和支持，在工作中加强与有关部门的相互沟通和理解，密切协作和配合。同时热切地希望党政部门、各级政协和政协委员给工商联以更多的关心、理解和支持。

国家体改委主任陈锦华和对外经济贸易部部长李岚清在人民大会堂举行的“两会”记者招待会上答中外记者问

在回答中国近年来的进出口平衡问题时，李岚清说，在保持必要外汇储备的情况下，要根据“进出基本平衡”的原则安排进口的。“八五”期间，我国进口总规模会超过3000亿美元，这对外商来说，是有很大吸引力的。

在谈到中国对原苏联各加盟共和国的经贸关系时，李岚清说，这方面的合作潜力很大。现在中国与独联体国家的经贸发展顺利，中国已向独联体各国派出商务代表。双方都愿意积极地发展双边经贸关系。

有记者问：中国取消出口补贴，给予外贸公司更多自主权，今后还将有何进展？李岚清说，去年的外贸体制改革确有重大突破。改革是一项系统工程，各方面的体制改革会促进外贸体制改革，外贸体制改革也会促进其他改革。

台湾记者问:签订海峡两岸贸易投资保护协议,目前有何阻力?李岚清说,阻力是有的,不然一切问题就都解决了。但对台商来大陆贸易、投资并无影响。相反,我们对台商采取了一系列优惠保护政策。

记者问及对最近签署的中美保护知识产权谅解备忘录的看法时,李岚清说,最近几年,我国的知识产权保护工作有很大进展,已颁布专利法和版权法等,这对促进艺术文化事业的发展,起了很大促进作用。他还高兴地告诉记者,关于恢复中国关贸总协定缔约国地位问题,今年2月,已结束了持续多年的对我国经贸制度的了解、审议阶段,正式开始进入恢复议定书的谈判。这是一个重大的进展。

关于今明两年经济体制改革的重点,陈锦华说,企业改革是我们今后改革的中心环节。价格改革进展顺利,粮食已实现购销同价,石油、煤炭等基础产业产品价格长期偏低,需要调整。住房制度改革已取得令人瞩目的成果。他说,各级政府应转换职能,使企业充满生机,更好地面向市场。陈锦华说,我们将建立公平、高效、开放的金融市场。上海、深圳证券交易所还要扩大交易量,外地股票可去上市。政府将尽快完善我国证券市场的组织体系和规章制度,正确引导资金市场的健康发育,使之规范化。

中共中央政治局常委李瑞环在钓鱼台国宾馆会见德国联邦议会议员民主社会主义党名誉主席莫德罗

中英联合联络小组第22次会议发表新闻公报

中英联合联络小组第22次会议于1992年3月24日至26日在香港举行。

联合联络小组进一步讨论了目前在香港用于防务目的的土地的前途问题。

联合联络小组讨论了同香港有关的国际权利与义务问题,并就资源保护、贸易、邮政和国际私法方面的9项国际条约,1997年后继续适用于香港问题达成了协议。

联合联络小组就联合声明有关1997年后在香港居留权的条款的实施问题进一步交换了意见。

联合联络小组进一步讨论了香港同某些国家的刑事司法协助问题。

联合联络小组就香港与有关国家之间的投资保护协定交换了意见,并取得了进展。

双方就有关香港电台问题交换了意见。

双方就香港民航协定问题进一步交换了意见。

双方进一步讨论了跨越1997年的主要专营权问题。

下次联合联络小组会议将于1992年6月在北京举行。

国务委员钱其琛在钓鱼台国宾馆会见巴基斯坦总理特使联邦商业部长纳伊姆·汗

钱其琛对巴基斯坦政府希望通过谈判和平解决问题的立场和采取措施控制事态扩大的做法表示赞赏。他说,中国是印度和巴基斯坦的邻国,对克什米尔局势十分关心。中国政府希望克什米尔地区的紧张局势得以缓和,不希望发生对抗和冲突。中国愿意看到印巴两国共同创造适宜的条件,使这一问题得到公正合理的解决。

3月27日

全国人大常委会副委员长兼秘书长彭冲在第七届全国人大第五次会议上作全国人大常委会工作报告

各位代表:

我受全国人民代表大会常务委员会的委托,向大会报告第七届全国人民代表大会第四次会议以来常委会的工作,请审议。

一年来,根据七届全国人大四次会议决议的要求,常委会努力推进社会主义民主和法制建设,加强了立法工作的计划性,加快了立法工作的步伐,强化了对法律实施的检查监督,其他方面的工作也有进展。

七届全国人大四次会议后,我们制定了近两年的立法规划,确定了起草单位,促进立法工作。一年来,常委会共审议了16个法律草案,已通过的有水土保持法、进出境动植物检疫法、烟草专卖法、未成年人保护法、收养法、领海及毗连区法等10个法律,决定提请本次大会审议的有全国人民代表大会和地方各级人民代表大会代表法、工会法、妇女权益保障法三个法律草案;此外,还审议通过了关于批准武汉、九江、芜湖港对外国籍船舶开放的决定,作出了关于公布澳门特别行政区基本法草案的决议,批准了我国参加或缔结的不扩散核武器条约、关于中苏国界东段的协定等11个国际公约、条约、协定。常委会工作机构还研究答复了法律实施中有关问题的询问139件。

针对当前存在的有法不依、执法不严的现象,常委会加强对法律实施情况的检查。一年来,组织部分委员和代表检查了义务教育法、文物保护法、土地管理法、关于禁毒的决定的贯彻执行情况,并向常委会会议作了汇报。常委会还听取了关于全民所有制工业企业法、矿产资源法执行情况的汇报。有关专门委员会检查了民族区域自治法、森林法、草原法、专利法、技术合同法、归侨侨眷权益保护法、进出口商品检验法等法律的实施情况。通过检查,督促国家机关贯彻实施法律。

一年来，常委会围绕经济建设这个中心，听取和审议了国务院关于1991年国民经济和社会发展计划执行情况的报告、关于对外经济贸易工作的汇报、关于商业工作的汇报。根据七届全国人大四次会议的授权，审查批准了1990年国家决算。还听取和审议了关于国际形势和外交工作的汇报。去年，全国有18个省、自治区、直辖市发生了严重的洪涝灾害。抗洪救灾牵动着举国上下亿万人民、港澳台同胞和海外侨胞的心。常委会听取和审议了水利部和民政部关于抗洪救灾工作的汇报，充分肯定抗洪救灾工作取得的重大成绩，指出大灾之后要认真反思，总结经验，吸取教训，对水利建设必须高度重视，统筹规划，常抓不懈。万里委员长提出，必须大大增强全民族的水患意识，要从人口、经济与环境协调发展的高度，重新认识水利事业的重要性，进一步加快治理大江大河大湖的步伐。由25位常委会组成人员和专门委员会委员组成的全国人大常委会考察组，对三峡工程进行了实地考察，并向常委会会议作了汇报。委员们认为，从整个国民经济的长远发展和确保长江中下游的防洪安全考虑，兴建三峡工程是必要的。各专门委员会还听取了有关部门的工作汇报，提出改进工作的建议。

常委会认真对待代表的议案和建议，积极反映人民的意见和要求。在七届全国人大四次会议上，代表和代表团共提出471件议案，经大会主席团决定，96件交有关的专门委员会审议后提出了审议结果的报告，业经常委会批准。其余375件，连同代表提出的3909件建议、批评和意见，由常委会办公厅会同国务院办公厅交有关部门研究处理，并向代表作了答复。对其中某些内容空泛、应付性的答复，代表也提出了尖锐批评。全国人大常委会和各省、自治区、直辖市人大常委会共同组织了全国人大代表的视察，在京的部分代表视察了国务院有关部门和北京市的工作，港澳地区的部分代表视察了浙江和上海的工作。常委会工作机构一年来共办理人民来信6.3万多件，接待人民来访1.8万多人次，帮助群众解决了一些迫切要求解决的问题。为了加强对人民代表大会制度的宣传，常委会办公厅举办了评选宣传人民代表大会制度好新闻活动。还成立了全国人大干部培训中心，从今年起分期分批培训人大干部。过去的一年，全国人大常委会及专门委员会共接待35个国家的议会和议会专门委员会代表团51个，组织21个代表团出访了23个国家。还多次参加国际议会活动，积极开展多边议会外交。通过这些活动，加强了同周边国家议会的关系，发展了同第三世界国家议会间的友好联系，逐步恢复了同西方国家议会的交往，同东欧国家和原苏联各共和国的议会保持了正常的关系。迄今为止，全国人大已与120个国家的议会建立了联系，同27个国家建立了议会间的双边友好小组。

常委会在各项工作中，坚持以中国共产党的“一个中心，两个基本点”的基本路线为指导，认真履行宪法赋予的职责，保障国民经济和社会发展十年规划、“八五”计划纲要的顺利实施。

一、人大工作必须把握经济建设这个中心，促进改革开放的深入发展

七届全国人大四次会议审议、批准的国民经济和社会发展十年规划和“八五”计划纲要，需要在实践中加以完善。加快改革开放步伐，符合全国各族人民的根本利益和要求。90年代，在我国社会主义现代化建设进程中是一个非常关键的时期。我们国家要抓住有利时机，集中精力把经济搞上去。全国人大常委会必须把保证和促进改革开放作为首要职责，紧紧把握经济建设这个中心，努力做好各项工作。

十年规划和“八五”计划的实施，对国家立法工作提出了新的要求。常委会在立法规划中，把促进改革开放、加强宏观经济调控、廉政建设和保障公民权益方面的立法，放在突出的地位。列入规划的法律草案有两类：第一类是近两年内拟提请全国人大或人大常委会审议的法律草案，有21个；第二类是要抓紧调查研究、起草、论证的法律草案，有43个。近些年来，我国立法工作有了较大进展，但是还不适应经济建设和改革开放发展的需要。为了使我国国民经济增长保持较快的速度，实现持续、稳定、协调发展，就必须继续加强经济方面的立法，特别要抓紧制定保障改革开放、加强宏观经济调控方面的法律。这就要求我们认真研究改革开放中出现的新情况、新问题，借鉴国外有益的经验，运用法律手段调节和规范各种经济关系和经济活动。要抓紧拟订银行法、海商法、有限责任公司法、产品质量法、科技进步法等法律草案，按期提请全国人大或人大常委会审议；对计划法、固定资产投资法、预算法、审计法、劳动法、制止不正当竞争法等法律草案，必须抓紧调查研究、论证和拟订工作，其中条件成熟的可以提前报请全国人大或人大常委会审议；还要继续抓紧制定人大监督法和反贪污贿赂法等法律。各专门委员会要加强同法律起草单位的联系，督促起草工作按计划进行。起草部门在起草法律时，要从全局出发，从实际出发，深入调查研究，广泛听取各方面的意见，反复进行科学论证，以保证制定的法律符合建设有中国特色的社会主义的要求。

二、继续推进社会主义民主和法制建设，保护公民的合法权益

民主和法制状况，是一个国家现代化程度的重要标志。发展社会主义民主，健全社会主义法制，是我们国家坚定不移的基本方针，绝不允许有任何动摇。社会主义民主是社会主义法制的前提和基础，社会主义法制是社会主义民主的保障。民主必须制度化、法律化，离开一定的形式和程序，民主就无法体现。人大常委会为经济建设服务，要抓好社会主义民主和法制建设，保证人民群众当家作主。

保护公民在经济、政治、文化和社会生活方面的权益，是我国宪法的基本要求，也是发展社会主义民主、健全社会主义法制的重要内容。提请本次大会审议的工会法修改草案，对维护工人阶级的主人翁地位，保护职工的合法权益，保障工会依法开展活动，作出了规定。提请本次大会审议的妇女权益保障法草案，规定了妇女在政治、经济、文化、社会和家庭生活等方面享有与男子平等的权利，还规定了国家保护妇女的特殊权益。常委会通过的未成年人保护法，为维护未成年人的合法权益，促进未成年人德智体全面发展，提供了法律保障。常委会通过的收养法，对保护合法的收养关系和当事人的合法权益，作出了明确规定。今后，我们还要继续抓紧制定保障和维护公民权益的法律。

宪法的实施必须得到保障，法律必须贯彻执行，任何组织或个人都不得有超越宪法和法律的特权。当前一些部门和地方，存在着有法不知道、知道不执行、执行不严格的问题，甚至以言代法、以权压法。人大常委会对法律实施的监督也不够有力。群众对此很有意见。因此，一定要抓好法律制定后的贯彻执行，把对法律执行情况的监督检查和制定法律放在同等重要的地位，这是改进人大监督工作和加强社会主义法制建设必不可少的措施。各级人大常委会要认真负责地把法律监督抓起来。今后的一年，常委会及各专门委员会将重点组织检查全民所有制工业企业法、矿产资源法、行政诉讼法、关于加强社会治安综合治理的决定等14个法律、决定的执行情况。执法检查的结果要向常委会会议汇报，每次常委会会议都要把听取和审议执法检查情况汇报列入会议议程，必要时作出有关的决议、决定，这要作为一项制度坚持下去。今年是现行宪法颁布10周年，要广泛开展宪法的宣传教育，全国人大常委会要加强对宪法实施的检查监督。凡是违反宪法和法律的，都必须坚决予以纠正。在检查宪法和法律执行情况时，要同地方人大常委会密切配合。检查法律实施的情况，要通过报刊、广播、电视等舆论工具进行有力的宣传，形成有法必依、执法必严、违法必究的社会舆论环境。还要深入进行法制教育，从根本上提高广大干部和群众的法制观念。

近几年制定的行政法规和地方性法规越来越多，在国家政治生活、经济生活和社会生活中发挥了重要作用。但也存在着某些条文之间互相矛盾的情况，特别是有些行政法规和地方性法规已不适应改革开放的新形势。为了维护法制的统一，保障改革开放的顺利进行，全国人大常委会要加强对行政法规和报请备案的地方性法规的审查，有关部门和地方也要组织力量进行清理。发现有与宪法、法律相抵触以及不适应改革开放要求的，应依法予以撤销或修改。

三、维护社会稳定，促进社会治安综合治理和廉政建设

建设有中国特色的社会主义，不仅经济要上去，社会秩序、社会风气也必须搞好。只有这样才能为经济建设和改革开放创造一个稳定的社会环境。近两年来，全国人大常委会针对当前社会治安中存在的问题，先后通过了关于加强社会治安综合治理的决定，关于禁毒的决定，关于惩治走私、制作、贩卖、传播淫秽物品的犯罪分子的决定，关于严惩拐卖、绑架妇女、儿童的犯罪分子的决定和关于严禁卖淫嫖娼的决定。这些决定对刑法和治安管理处罚条例的某些规定进行了必要的补充和修改，为清除目前社会上的丑恶现象，严厉打击违法犯罪活动，提供了有力的法律武器，深得广大人民群众拥护。但是，还必须看到，社会上的丑恶现象在一些地方仍然严重存在。必须继续贯彻上述决定，与各种丑恶现象作坚决斗争。

加强廉政建设，清除腐败现象，是人民群众的迫切要求。搞四个现代化，一定要一手抓建设和改革开放，一手抓打击各种犯罪活动，特别是依法惩处各类严重经济犯罪分子。这是总结建国以来历史经验所提出的一个重要的治国思想。全国人大常委会作出了关于严惩严重破坏经济的罪犯的决定，关于惩治走私罪和惩治贪污罪、贿赂罪的两个补充规定。严格地执行这些法律，对惩治腐败、推动廉政建设，具有重大作用。要大力宣传，使广大干部、群众掌握有关法律知识，并动员起来，运用法律武器，同各种经济犯罪、腐败行为作坚决斗争。对确有违法犯罪行为的，不管查到谁，绝不能手软，要坚决绳之以法。要抓紧查处大案要案，及时公布查处结果。各级人大常委会要支持法院、检察院独立行使审判权和检察权。对于那些干扰办案的人和单位，应当给予严厉批评和严肃处理。对包庇案犯、触犯刑律的，必须依法制裁。司法机关要奉公守法，纠正不正之风。各级人大常委会要支持人民群众检举、揭发各种腐败行为和腐败分子，监督行政、审判、检察机关抓廉政建设和惩治腐败工作的进展情况，督促他们采取有效措施把这方面的工作做好。

各位代表！

今明两年，全国人大、省级人大和自治州、设区的市人大都要进行换届选举。县、乡两级人大换届选举，

也要进行。搞好这次换届选举，对进一步完善人民代表大会制度、加强政权建设有重要意义。常委会要认真做好各项准备工作，加强指导，保证这次换届选举的顺利进行。在换届选举中，要注意充分发扬民主，严格依照选举法、地方组织法等法律的规定办事。

我们要牢记人民的重托，振奋精神，努力工作，进一步加强民主和法制建设，迎接八届全国人大一次会议的召开。

全国人大常委会副秘书长曹志在第七届全国人大第五次会议上作代表法草案说明

曹志在七届全国人大第五次会议上作关于全国人大和地方各级人大代表法草案的说明时指出，制定全国人民代表大会和地方各级人民代表大会代表法，是完善我国人民代表大会制度的需要。

曹志说，我国各级人民代表大会是由民主选举产生的各级人大代表组成的。各级人大代表通过依法执行代表职务，参加行使国家权力。宪法和有关法律对人大代表的权利、义务作了规定，但是，随着社会主义民主法制建设和人民代表大会制度建设的发展，对代表履行职责提出了进一步规范化、制度化的要求。我国各级人大代表现有三百六十多万人，他们在参加行使国家权力，反映群众的意见和要求，协助宪法和法律的实施等方面，做了大量工作，创造了不少行之有效的做法，为制定代表法提供了实践经验。自六届全国人大以来，许多代表提出议案和建议，要求制定代表法。为了保障人大代表依法行使权利，履行义务，更好地发挥代表作用，制定代表法是很有必要的。

关于起草代表法的指导思想，曹志说，起草代表法的指导思想是，以宪法为依据，从我国的国情出发，总结代表工作和代表活动的基本经验，对人大代表的权利和义务，以及在执行代表职务中需要和可能解决的问题，作出实事求是的规定，使代表工作和代表活动进一步规范化、制度化。代表法草案吸收了各地开展代表工作和代表活动的成熟的经验，使之上升为法律规定。对于目前各地正在探索的一些做法，需要进一步总结和完善，待这些经验成熟后再作规定。

关于代表在本级人民代表大会会议期间的工作，曹志说，草案这一章主要是按照宪法和有关法律的规定草拟的，其中，增加了全国人民代表大会会议期间对最高人民法院和最高人民检察院提出质询案的规定。质询是监督的一种重要形式。这里所说的对最高人民法院和最高人民检察院的质询，主要是指对违背宪法和法律规定的行为的质询。

关于代表在本级人民代表大会闭会期间的活动，曹志说，代表在闭会期间的活动，是代表执行代表职务的一个重要方面，有关法律虽有一些规定，但还不能适应代表开展活动的需要。因此，草案根据近几年代表活动的实践，对代表在闭会期间的活动单列一章，作了较为系统的规定。主要是：1. 组成代表小组，开展活动；2. 进行视察；3. 应邀列席本级人大常委会会议和有关会议；4. 采取多种方式听取和反映人民群众的意见；5. 依法参加特定问题的调查委员会等。

曹志说，视察是大会闭会期间代表活动的重要方式之一。根据实践经验和各方面的意见，草案规定："县级以上的各级人民代表大会代表根据本级人民代表大会常务委员会的安排，对本级或者下级国家机关和有关单位的工作进行视察"；"县级以上的地方各级人民代表大会常务委员会根据代表的要求，安排本级或者上级的代表就地持代表证进行视察"；"代表视察时，可以向被视察单位提出建议、批评和意见，但不直接处理问题"；"代表在有组织的视察中，可以提出约见本级或者下级有关国家机关负责人。有关国家机关应当作出具体安排，由其负责人或者负责人指定的工作人员听取代表的建议、批评和意见"。这样规定，有利于改进视察工作，取得更好的视察效果。

关于执行代表职务的有关保障，曹志说，考虑到我国各级人大代表绝大多数是兼职的，开展代表活动需要给予时间上的保证，同时，鉴于各地和各级人民代表大会的情况不同，人大代表开展活动的时间不宜作统一的规定，因此，草案规定："县级以上的各级人民代表大会代表，闭会期间开展活动的时间，由本级人民代表大会或者其常务委员会根据实际情况规定"。草案还规定："代表离开本单位执行代表职务，其所在单位按正常出勤对待，享受所在单位的工资、奖金和其他福利待遇，原承担的生产和工作任务相应免除"；"无固定工资收入的代表执行代表职务，根据实际情况由本级财政给予适当补贴"。草案还规定："代表的活动经费，应当列入本级财政预算"。

曹志说，宪法、全国人大组织法和地方组织法规定，全国人大代表和县级以上地方各级人大代表，在大会期间，非经本级人民代表大会主席团许可；在大会闭会期间，非经本级人大常委会许可，不受逮捕或者刑事审判。如果因为是现行犯被拘留，执行拘留的机关应当立即向该级人民代表大会主席团或者人大常委会报告。根据实际需要，草案对代表执行职务的司法保障作了补充规定：对县级以上的各级人民代表大会代表，如果采取法律规定的其他限制人身自由的措施(如行政拘留、监视居住、司法拘留、劳动教养等)，应经该级人民代表大会主席团或者人民代表大会常务委员会许可；"乡、民族乡、镇的人民代表大会代表，如果被逮捕、受刑事审判或者被采取法律规定的其他限制人身自由的措施,执行机关应当立即通报乡、民族乡、镇的人民代表大会”。

曹志说,草案还规定:“一切组织和个人都应当尊重代表的权利,支持代表执行代表职务”;“有义务协助代表执行代表职务而拒绝履行义务的,有关部门应当予以批评教育,直至给予行政处分”;“阻碍代表依法执行代表职务的,根据情节,由所在单位或者上级机关给予行政处分”,直到依法追究刑事责任。

第七届全国人大第五次会议听取全国人大常委会工作报告和三个法律草案的说明

七届全国人大第五次会议上午在人民大会堂举行第三次大会,听取全国人大常委会工作报告和有关代表法、工会法、妇女权益保障法三个法律草案的说明。

受全国人大常委会的委托,彭冲副委员长兼秘书长向大会报告七届全国人大四次会议以来常委会的工作。

根据全国人大常委会的决定,全国人大常委会副秘书长曹志,全国人大常委会副委员长、法制工作委员会主任委员王汉斌和全国人大内务司法委员会副主任委员邹瑜,分别向大会作关于全国人大和地方各级人大代表法草案的说明,关于工会法修改草案的说明,关于妇女权益保障法草案的说明。

会议还印发了七届全国人大五次会议关于八届全国人大代表名额和选举问题的决定草案,请代表审议。

大会由执行主席荣毅仁主持,担任执行主席的还有廖汉生、倪志福、孙起孟、马万祺、王光中、王光宇、王庭栋、许勤、孙维本、李桂英、李溪溥、杨析综、吴振。

全国人大常委会副委员长法制工作委员会主任王汉斌在第七届全国人大第五次会议上作工会法修改草案说明

王汉斌在七届全国人大五次会议上作关于工会法修改草案的说明时指出,根据新时期对工会工作的要求,总结40多年来特别是1979年实行改革开放以来工会工作的经验,对1950年制定的工会法进行适当修改是必要的。

王汉斌说,工人阶级是我们国家的领导阶级。目前我国职工队伍已有1.4亿多人。工会是工人阶级群众组织,是党和政府联系群众的桥梁和纽带,是我们社会主义国家政权的重要社会支柱。修改草案根据40多年来国家实际情况的发展变化和新时期工会工作发展的需要,贯彻党的全心全意依靠工人阶级的方针,规定了工会的基本任务。

王汉斌指出,工会要做好工作,必须把工作的重点放在基层,坚持面向基层,面向职工群众。工会要在职工的劳动保护、安全生产、劳动保险、生活福利等各个方面,努力为职工办事,对侵犯职工合法权益的行为,工会应当采取措施,帮助和支持职工维护自己的合法权益。

王汉斌特别指出,修改草案规定工会在维护全国人民总体利益的同时,维护职工的合法权益。主要是考虑,在我们的国家里,全国人民的总体利益同职工的具体利益,在根本上是一致的。但是,总体利益同具体利益之间、这部分群众同那部分群众的具体利益之间也有可能产生某些矛盾。腐败现象和官僚主义必然损害群众的利益。因此,广大职工需要通过自己的组织表达和维护自己的具体利益,党和政府也需要工会经常反映群众的意见和要求,帮助党和政府改进工作。同时工会要在实际工作中教育引导职工自觉做到个人利益服从国家利益,局部利益服从整体利益,眼前利益服从长远利益。

关于工会的根本活动准则,王汉斌说,修改草案规定,“工会必须遵守和维护宪法,以宪法为根本的活动准则”。宪法规定,“今后国家的根本任务是集中力量进行社会主义现代化建设,中国各族人民将继续在中国共产党领导下,在马克思列宁主义、毛泽东思想指引下,坚持人民民主专政,坚持社会主义道路,不断完善社会主义的各项制度”,并对实行对外开放作了规定。修改草案的规定,体现了工会必须坚持以经济建设为中心,坚持四项基本原则,坚持改革开放,这是工会必须坚持的最重要的根本的活动准则。同时,修改草案根据工会是工人阶级群众组织的特点,规定工会“依照工会章程独立自主地开展工作”。这就是说,工会应当在遵守宪法、法律的前提下,依照工会章程,根据广大职工的愿望和要求,独立自主地、创造性地开展工作。

关于工会的组织原则,王汉斌说,修改草案规定,工会各级组织按照民主集中制的原则建立:第一,各级工会委员会都由会员大会或者会员代表大会民主选举产生。第二,各级工会委员会向同级会员大会或者会员代表大会负责并报告工作,接受其监督。第三,工会会员大会或者会员代表大会有权撤换或者罢免其所选举的代表或者工会委员会组成人员。第四,上级工会组织领导下级工会组织。

关于工会和人民政府的关系,王汉斌说,作为工人阶级群众组织的工会,应当支持自己的政府,协助政府开展工作;政府应当全心全意依靠工人阶级,对一些重大问题,特别是涉及职工切身利益的问题,应当认真听取工会和广大职工的意见,以利于改进政府的工作,密切政府同职工群众的联系。为此,修改草案规定:1. 县级以上地方各级人民政府与同级工会,可以采取适当方式,通报政府的重要的工作部署和行政措施,研究解决工会反映的职工群众的意见和要求。2. 县级以上各级人民政府制定国民经济和社会发展计划，省、自治区的人民政府所在地的市和经国务院批准的较大的市以上的人民政府研究起草法律、法规、规章，对涉及职工利益的重大问题，应当听取同级工会的意见。3. 县级以上各级人民政府及其有关部门在研究制定工资、物价、安全生产以及劳动保护、劳动保险等重大政策、措施时，应当吸收同级工会参加研究，听取工会意见。

关于外商投资企业工会，王汉斌说，工人阶级是我们国家的领导阶级，在外商投资企业中工作的我国职工群众也是国家和社会的主人，工会法的基本原则同样适用于外商投资企业。因此，本法所称企业，包括全民所有制企业、集体所有制企业、中外合资经营企业、中外合作经营企业、外资企业和私营企业。同时，外商投资企业同全民所有制企业、集体所有制企业又有所不同。

全国人大内务司法委员会副主任委员邹瑜在第七届全国人大第五次会议上作妇女权益保障法草案说明

邹瑜在向七届全国人大五次会议作关于妇女权益保障法草案的说明时指出，妇女的法律地位，体现一个国家的文明与进步。制定这部法律，主要是通过各种保障性的、协调性的、制裁性的和补充性的条款，将现行宪法、法律中有关男女平等、保护妇女权益的规定加以原则化、具体化和制度化，切实做到有法必依、执法必严、违法必究。

邹瑜说，制定妇女权益保障法是充分发挥妇女的伟大作用，实现社会主义现代化的需要。在我国十一点六亿人口中，妇女约占一半，是一支具有光荣革命传统的、建设和保卫祖国的伟大力量。因此制定保障妇女权益的法律，加强保护这样一个人数众多、肩负社会生产和人类自身生产两副重担的群体，并充分发挥广大妇女在社会主义现代化建设中的作用，是十分必要和迫切的。

邹瑜指出，制定妇女权益保障法是保障妇女基本权益的现实需要。我国妇女不但获得了历史性的解放，社会地位和家庭地位取得根本改善，各项基本权利也逐步得以实现。但是，也必须看到，由于我国尚处于社会主义初级阶段，受经济、文化等条件的制约，在实现男女平等、保障妇女合法权益、充分发挥妇女作用方面还有较大差距。突出的表现在：妇女参政的比例与她们在人口中的比例不尽适应；在各级领导干部中，女干部比例尚低，而且越到基层越低。在劳动就业方面，近几年，女大学生、女研究生分配工作较难；在同等条件下，男女就业机会不够均等；在实行优化劳动组合中重男轻女，女职工被编余的较多。一些部门和单位在招工、招生中压低女性比例，片面提高女性录取分数线。城市待业青年中，女性占百分之七十以上。妇女受教育的权利也未能全部实现，全国现有文盲中，女性约占百分之七十；失学、辍学的儿童中，女性较多。此外，建国以后一度绝迹的拐卖妇女儿童、卖淫嫖娼等丑恶现象，近年来又死灰复燃。包办、买卖婚姻，干涉婚姻自由等违法行为，在一些地方依然存在。这一切说明，制定妇女权益保障法，是切实解决妇女权益受侵害问题的迫切需要。

邹瑜说，制定妇女权益保障法，是完善社会主义民主和法制建设的需要。我国立法工作已经取得了巨大的成绩，这是世界瞩目、有目共睹的事实。可是，至今我国还没有一部较全面的妇女法，这与我国维护妇女合法权益的现实情况和加强法制建设的要求，都是不适应的。还应该看到，我国的法律和法规中虽然也有各种保护妇女的规定，但是不少属于具体性的条款，而且分散在各个法律文件中。现行的这类规定存在着两点不足：一是不够完善，对改革开放以来出现的一些新情况、新问题如何解决没有相应的规定。二是不配套，缺乏对侵害妇女权益行为的惩治条款，不利于有效地执法。因此，制定一部全面的、综合性的，旨在保障妇女权益，促进男女平等的法律是我国法制建设中应该填补的空白。

邹瑜认为，制定妇女权益保障法，是我国作为社会主义国家应该履行的国际条约义务。当前，在国际范围内，争取男女平等，保障妇女权益的呼声日益高涨。中国是一个社会主义国家，应该在这一世界性历史潮流和国际交往中展示中国妇女解放所取得的胜利，并发挥她们的重要作用。

关于妇女权益保障法的指导思想和基本原则，邹瑜说，本法的指导思想，是以我国宪法为依据，从社会主义初级阶段的实际情况出发，全面确立保障妇女权益的法律机制，巩固和发展妇女解放运动的成果，在社会主义现代化建设过程中进一步实现男女平等。

邹瑜说，考虑到我国现有的条件和便利法律的贯彻执行，在起草有关条款时兼顾了必要和可能两个方面。对那些有必要，又有可能解决的问题，《草案》中的规定比较具体详明。同时也应看到，所有的妇女权益问题的解决，是需要时间和条件的，不可能一步到位，有个渐进的过程，因此对那些虽有必要，但其实现还需要时间、近期内尚难解决的问题，《草案》中只提出纲领性、导向性的要求。

邹瑜还就这个法的执行机构、人民代表大会中女代表的比例、劳动就业、妇女人身权利的特殊保护、对离婚妇女合法权益的特殊保护、法律责任和特殊程序等具体问题作了说明。

全国政协七届五次会议举行第四次大会

10位政协委员就加快改革开放步伐、反腐防变、发展经济等问题发言。

国务院副总理朱镕基和国务院各部委负责人列席大会听取委员们建言献计。

施宁苏、阳忠恕委员在联合发言中建议,在深化改革的同时,应重视加强中央调控能力,提高宏观调控机制,合理解决财力、物资过度分散的问题,使中央集中的资源和手段能够形成左右经济运转的力矩。

陈宇、何载等5位委员在发言中认为,党中央、国务院把惩治腐败、推进廉政建设作为一项战略任务摆在议事日程上,是很得人心的。但是,不正之风还没有切实得到遏止,腐败现象也远未清除。要想在反腐败斗争中真正有所突破,首先必须领导重视,各级主要党政领导干部既要以身作则,又要敢于碰硬,切实做到对腐败分子不论职务高低,都要绳之以法,决不姑息。

陆榕树委员代表致公党中央作题为《抓住时机,加快改革开放步伐》的发言。

此外吴豪德委员就关心海外学子、罗西北委员就三峡工程、李赣骝委员就祖国统一、黄语扬委员就民族地区经济建设、巫昌祯委员就妇女权益保障、汤元炳委员就开发舟山群岛等问题相继发言。

全国政协副主席杨静仁、王恩茂、钱学森、钱正英、苏步青、司马义·艾买提、丁光训、叶选平主持大会。

全国政协委员李赣骝代表民革中央在全国政协七届五次会议第四次大会上发言

李赣骝委员发言中提出,要抓住当前有利时机,促进祖国和平统一。

李赣骝说,我们愿意向台湾国民党当局再次进言:完成祖国统一大业,是两岸人民长期以来的共同愿望,也是孙中山先生和无数革命先辈的遗愿。国家要统一,民族要团结,这是不可抗拒的历史潮流。中国共产党提出的"和平统一、一国两制"的方针,既照顾到历史,又照顾到现实,是完全合情合理的,是完全符合国家民族利益的。我们希望,台湾国民党当局能够顺应历史潮流和人民意愿,认清今天台湾的处境,从大处着眼,早日作出正确的抉择,抛弃反共拒和的立场,丢掉一切不切实际的幻想,接受中国共产党的建议,改弦更张,为祖国统一大业担负起应有的历史责任。

李赣骝指出,台湾和大陆在经贸方面的互补性很强,各方面的交流也有广阔的前景,在实现统一之前,两岸实现直接"三通"和双向交流,这是既有利于大陆又有利于台湾的好事,也是有利于祖国统一的好事,可以说是有百利而无一害。我们希望,台湾国民党当局消除一切人为的障碍,为早日实现"三通"和双向交流作出自己的贡献。

全国政协第七届第十九次常委会议在北京举行

全国政协秘书长宋德敏在会上向常委委员们汇报了全国政协七届五次会议各组讨论情况。

经表决,会议一致通过了政协第七届全国委员会第五次会议政治决议(草案)、政协第七届全国委员会第五次会议关于常务委员会工作报告的决议(草案)、政协第七届全国委员会提案委员会关于政协第七届全国委员会第五次会议提案审查情况的报告(草案)。这两项决议(草案)和一个报告(草案)将提请政协第七届全国委员会第五次会议审议通过。

受全国政协主席李先念委托,谷牧副主席主持今天的常委会议。

全国政协副主席方毅、洪学智、杨静仁、帕巴拉·格列朗杰、王光英、邓兆祥、马文瑞、王恩茂、钱学森、钱伟长、胡绳、程思远、卢嘉锡、钱正英、苏步青、司马义·艾买提、丁光训、叶选平出席会议。

全国政协委员陆榕树代表致公党中央在全国政协七届五次会议第四次大会上发言

陆榕树提出,要抓住时机,加快改革开放步伐。

陆榕树说,中国致公党作为与中国共产党通力合作的参政党,对于争取社会主义事业的胜利也负有义不容辞的责任。我们将以中共中央政治局全体会议的精神指导我们今后的各项工作,为加快改革开放步伐,把经济建设搞上去,竭智尽力。

陆榕树说,我国是世界上侨民最多的国家。华侨历来具有爱国爱乡的光荣传统,在各个历史时期,对祖国的革命和建设事业都做出过重要贡献。近十多年来,不少海外侨胞捐资捐物,在故乡兴办教育、文化和各种公益事业,表现了海外炎黄子孙的拳拳赤子之心。特别是去年夏季,在我国华东地区遭受严重的洪涝灾害期间,海外侨胞和港澳台同胞慷慨解囊,踊跃赈灾,"血浓于水"的手足情谊感人至深。国内几千万归侨侨眷既是我国四化建设的一支重要力量,同时又是我国做好海外侨胞工作,促进国际友谊和引进海外资金、技术、人才的重要桥梁。我国改革开放以来取得的巨大成就,使海外广大侨胞感到欢欣鼓舞,都愿为祖国的繁荣富强贡献一份力量。因此,做好国内归侨侨眷和海外"三胞"的工作,应当成为我国改革开放总政策的一个重要组成部分。

陆榕树说,近年来,我们致公党围绕国家的经济建设和改革开放,积极开展海外工作。今后,我们将按照中共中央政治局全体会议精神,更好地发挥参政党的作用,加强对海外"三胞"的联谊工作,密切与海外商界、实业界、科技教育界中的华侨华人的联系，共同为我国的改革开放、振兴中华和统一大业，做出更多的贡献。

澳门基本法咨委会举行常委会议

会议就澳门基本法(草案)咨询工作进行了认真讨论，决定从现在起全面开展咨询工作。主要活动包括：派发澳门基本法(草案)中葡文单行本；组织咨委会成员深入基层单位收集意见；安排草委、咨委会见市民；举行有关基本法座谈研讨活动；邀请内地常委到澳门访问；组织资委交流团赴京反映意见等。此外，咨委会还将通过专题研讨、演讲比赛、图片展览等形式，加强基本法宣传推广工作。

国办关于开展对三峡工程库区移民工作对口支援的通知

国家计生委主任彭珮云在全国计划生育工作会议上讲话

彭珮云说：1991年是我国控制人口增长取得显著成效的一年。现在，全国已有27个省、区、市充实了由党政负责同志任组长的计划生育领导小组。许多地方的党政一把手下基层解决计划生育中的实际问题。

彭珮云指出，今年头三个月的计划生育工作势头不错，各地都吸取了去年的成功经验，抓早、抓实，一些行之有效的措施争得了全年工作的主动权。

彭珮云特别提醒，1992年是建国以来第三次人口生育高峰的顶峰，处于生育旺盛期的妇女总数达到1.237亿，处于生育峰值年龄的妇女达到1325万，分别比1991年增加410万和46万。加上去年有一部分人推迟了生育，将对1992年形成额外的冲击。现已发现，一些地方医院接生婴儿数量较年前呈明显上升趋势。因而今年人口形势仍十分严峻。

全国清理整顿书报刊和音像市场工作小组会议在北京举行

3月28日

全国政协七届五次会议在人民大会堂闭幕

全国政协副主席方毅、洪学智、谷牧、杨静仁、帕巴拉·格列朗杰、王光英、邓兆祥、赵朴初、马文瑞、王恩茂、钱学森、钱伟长、胡绳、程思远、卢嘉锡、钱正英、苏步青、司马义·艾买提、丁光训、叶选平，秘书长宋德敏，出席会议并在主席台前排就座。

江泽民、杨尚昆、李鹏、万里、乔石、姚依林、宋平、李瑞环、田纪云、李铁映、李锡铭、吴学谦、丁关根、邹家华、朱镕基、薄一波、刘华清、杨白冰、温家宝等，到会祝贺会议胜利闭幕。

受李先念主席委托，闭幕会由洪学智副主席主持。会议通过全国政协七届五次会议政治决议；通过全国政协七届五次会议关于常务委员会工作报告的决议；通过全国政协提案委员会关于全国政协七届五次会议提案审查情况的报告。

会议对常务委员会一年来的工作表示满意。会议同意常务委员会提出的本年度工作要点，要求常务委员会以最近召开的中共中央政治局全体会议精神和邓小平同志关于建设有中国特色的社会主义的一系列重要论述为指针，坚定不移地贯彻执行中国共产党的“一个中心，两个基本点”的基本路线，扎扎实实，开拓创新，以政协工作的新成就迎接中国共产党第十四次全国代表大会的召开。

在大会上，索朗罗布委员就西藏人权问题发言，邬沧萍委员代表政协专门委员会人口问题研究组就全力以赴解决我国人口问题发了言。

全国政协七届五次会议期间共有28名委员在大会上发言，会议还收到书面发言223份。

下午4时25分，大会各项议程全部完成，洪学智宣布全国政协七届五次会议胜利闭幕，乐队奏《中华人民共和国国歌》。

中国人民政治协商会议第七届全国委员会第五次会议通过《全国政协七届五次会议政治决议》

一、中国人民政治协商会议第七届全国委员会第五次会议，完全赞同和拥护最近召开的中共中央政治局全体会议精神和邓小平同志关于建设有中国特色社会主义的一系列重要论述。

会议认为，中共中央政治局全体会议的精神和邓小平同志的重要论述，不仅对当前的改革开放和经济建设具有十分重要的指导作用，而且对整个社会主义现代化建设事业，具有重大而深远的意义。解放和发展生产力，是我国建设社会主义的根本任务。以经济建设为中心，坚持四项基本原则，坚持改革开放的基本路线，是中国共产党领导全国各族人民在建设社会主义的实践中最宝贵的经验总结。必须长期坚持这条基本路线，全面贯彻执行，一百年不动摇。

会议认为，从现在起到本世纪末，是我国社会主义现代化建设的关键时期。必须抓住当前国际和国内的有利时机，加快改革开放步伐，集中精力把经济建设搞上去，力争隔几年上一个台阶，努力实现社会主义现代化建设的第二步战略目标。为此，必须进一步解放思想，坚持实事求是，只要有利于发展社会主义社会的生产力，有利于增强社会主义国家的综合国力，有利于提高人民的生活水平，就要大胆去干。要警惕右，主要是防止“左”。要勇于试验，敢于创新，善于吸收和借鉴人类社会创造的一切文明成果。要坚持两手抓的方针，一手抓改革开放，一手抓打击各种犯罪活动；一手抓社会主义物质文明建设，一手抓社会主义精神文明建设和民主法制建设，巩固和发展来之不易的安安团结的政治局面。要发扬艰苦奋斗的革命精神，加强廉政勤政建设，狠抓各项工作的落实，力戒形式主义和官僚主义。

二、会议赞同李鹏总理代表国务院所作的政府工作报告以及邹家华副总理所作的关于 1991 年国民经济和社会发展计划执行情况与 1992 年计划（草案）的报告、王丙乾国务委员所作的关于 1991 年国家预算执行情况和 1992 年国家预算（草案）的报告、邹家华副总理所作的关于三峡工程议案的报告。

会议认为，过去的一年，国务院的工作是很有成效的。我国国民经济和社会事业全面发展，改革开放迈出了新的步伐，安定团结的政治局面进一步巩固，治理整顿的主要任务基本完成，外交工作开拓了新的局面，为进一步加快改革开放和经济发展，创造了良好的政治、社会条件和物质基础。

会议认为，李鹏总理所作的政府工作报告，充分体现了中共中央政治局会议和邓小平同志重要论述的精神。报告中提出的贯彻基本路线应当把握的若干要点，对进一步做好政府工作是十分重要的。报告中提出的今后任务和工作部署是切实可行的，关键是采取有效措施，认真落实。

三、会议要求人民政协的各参加单位、各级政协组织和委员，认真学习、深刻领会中共中央政治局全体会议精神和邓小平同志的重要论述，全面贯彻“一个中心，两个基本点”的基本路线，服从和服务于经济建设这一中心任务，全力支持和协助各级中共党委和政府做好工作。各级政协组织要继续认真贯彻《中共中央关于坚持和完善中国共产党领导的多党合作和政治协商制度的意见》，坚持贯彻“长期共存、互相监督、肝胆相照、荣辱与共”的方针，充分发扬社会主义民主，认真履行政治协商、民主监督职能，积极参政议政。要高举爱国主义和社会主义旗帜，巩固和发展爱国统一战线，在以江泽民同志为核心的中共中央领导下，进一步增进各党派、无党派爱国人士、各人民团体、各族各界代表人士的团结合作，为我国社会主义现代化建设事业和祖国和平统一而共同奋斗！

全国政协七届五次会议通过关于常务委员会工作报告的决议

中国人民政治协商会议第七届全国委员会第五次会议，同意洪学智副主席代表常务委员会所作的工作报告，对常务委员会一年来的工作表示满意。会议同意常务委员会提出的本年度工作要点，要求常务委员会以最近召开的中共中央政治局全体会议精神和邓小平同志关于建设有中国特色的社会主义的一系列重要论述为指针，坚定不移地贯彻执行中国共产党的“一个中心、两个基本点”的基本路线，扎扎实实，开拓创新，以政协工作的新成就迎接中国共产党第十四次全国代表大会的召开。

全国政协七届五次会议通过关于七届五次会议提案审查情况的报告

政协第七届全国委员会第五次会议期间共收到提案 1682 件，其中民建中央提案 2 件，全国政协华侨委员会提案 1 件，民革组、民进组、九三组分别以全组名义提出提案各 1 件。

这次会议提案，主要是围绕经济建设这个中心，集中在抓紧有利时机深化改革，扩大开放，加快经济建设步伐，加强社会主义精神文明建设和民主法制建设等方面提出的意见和建议。有关经济建设的 630 件；有关教育、科技、文化、卫生、体育的 528 件；有关统战、政协、民族、宗教、侨务、台港澳的 190 件；有关政治法律、劳动人事的 334 件。这些提案对于促进社会主义现代化建设，顺利实现我国第二步战略目标和促进祖国和平统一，将会起到积极作用。

提案委员会根据分工负责、归口办理的原则，对上述提案，已研究确定分别送请中共中央、国务院有关部门，各省、自治区、直辖市党委、人民政府、中央军委有关总部、最高人民法院、最高人民检察院、有关人民团体等 147 个单位承办。

另外有 66 件提案，根据《政协全国委员会提案工作条例》有关规定，没有立案，经商得委员同意，改作委员来信处理。

提案委员会在大会期间，选择有关搞好国营大中型企业、增加科技投入、改革医疗卫生制度、严厉打击伪劣产品以保护消费者权益、健全有关法制等 52 件提案，邀请国务院生产办等 14 个承办单位到委员住地现场办案，沟通情况，听取意见，促进提案的办理和落实，受到有关委员和承办单位的欢迎。

会议期间，委员们对提案工作提出不少很好的意见和建议，提案委员会将在会后进行研究，进一步改进工作。

最高人民法院院长任建新在七届全国人大第五次会议上作最高人民法院工作报告

各位代表：

现在，我将人民法院1991年的工作情况和1992年的工作任务报告如下，请予审议。

一、坚持“严打”斗争，维护社会稳定

去年，社会治安综合治理取得了比较明显的成效，但刑事犯罪活动仍然比较严重，有些地方治安状况不好。全国法院继续贯彻依法从重从快惩处的方针，严厉打击严重危害社会治安的犯罪分子；依法严惩危害国家安全的反革命犯罪分子和严重破坏经济的犯罪分子。全年共审结一审刑事案件427607件，判决发生法律效力的人犯共509221人，其中判处五年以上有期徒刑、无期徒刑和死刑（包括死刑缓期二年执行）的184334人，判处五年以下有期徒刑和拘役、管制的315317人，免予刑事处分的7587人，宣告无罪的1983人。人民法院依法惩处犯罪分子，对维护社会治安起了重要作用。

突出打击重点，依法严惩严重危害社会治安的犯罪分子。各地法院同公安、检察机关密切配合，结合本地区社会治安的实际情况，有计划地开展专项斗争，对一些治安比较混乱的地区加强了重点治理。对杀人、抢劫、强奸、流氓特别是带有黑社会性质的流氓犯罪集团和“车匪路霸”等犯罪活动，坚决依法从重从快惩处。去年，盗窃犯罪仍然突出，严重危害公私财产安全和国家经济建设。全国法院共审结一审盗窃案件156077件，占审结刑事案件总数的百分之三十六点五。对盗窃集团的首要分子、重大盗窃犯、惯犯、流窜犯，特别是那些盗窃国防通讯设备、电力设备、抗洪救灾物资和铁路运输物资的犯罪分子，坚决依法严惩。去年9月，中央社会治安综合治理委员会决定，在全国范围内开展一场为期三年的反盗窃斗争。全国法院积极参加这场斗争，从9月至12月，共审结盗窃案件61205件，依法重判了一批重大盗窃分子，推动了斗争的深入开展。

坚决依法打击毒品犯罪活动。近几年来，在国际贩毒集团的渗透下，毒品犯罪在一些地方日趋严重。开展禁毒斗争，关系到国家的强盛，民族的兴旺，是全社会普遍关注的一件大事。全国法院坚决执行全国人大常委会《关于禁毒的决定》，依法严惩毒品犯罪。去年，全国法院共审结一审毒品犯罪案件4307件，比上年上升百分之三十二点五；判处毒品犯罪分子5316人，比上年上升百分之二十三点七。云南省毗邻世界毒品主要产地“金三角”地区，毒品犯罪活动猖獗。为了及时严惩毒品犯罪活动，最高人民法院在去年6月依法授权云南省高级人民法院核准毒品犯罪死刑案件。云南省法院于去年6月26日“国际禁毒日”和10月26日，两次召开了全省禁毒宣判大会，依法宣判了一批重大毒品犯罪分子死刑，销毁毒品8035公斤。人民法院的严正判决，表明了我国严禁毒品的一贯立场。

依法严惩拐卖妇女、儿童等犯罪分子。去年，全国人大常委会作出了《关于严惩拐卖、绑架妇女、儿童的犯罪分子的决定》和《关于严禁卖淫嫖娼的决定》，为司法机关依法严厉打击这类犯罪活动提供了新的法律武器。去年，全国法院共审结一审拐卖、绑架妇女儿童，引诱、容留、强迫妇女卖淫，制作、贩卖、传播淫秽物品和聚众赌博等案件11596件，判处犯罪分子18185人，对这类犯罪活动的蔓延起了遏制作用。

密切结合审判工作，积极参与社会治安综合治理。一年来，全国法院认真贯彻执行全国人大常委会作出的《关于加强社会治安综合治理工作的决定》，积极参与社会治安综合治理。一是通过公开审判，开展法制宣传教育活动。去年，全国法院共召开宣判大会21716次，旁听群众达8033万人次。二是结合办案，开展司法建议活动。针对审理案件中发现的问题，提出司法建议，大多数为有关单位所采用，收到了较好的社会效果。三是加强少年法庭工作，进一步改进了办理少年刑事案件的制度。《中华人民共和国未成年人保护法》施行后，各地法院积极探索在刑事、民事等项审判活动中进一步加强对未成年人合法权益的保护。四是从有利于罪犯的改造和预防犯罪出发，依法办理减刑、假释案件。去年，全国法院共办理正在服刑的犯罪分子减刑案件201893件、假释案件21461件，对于调动罪犯改造的积极性，起到了良好的作用。

二、严厉打击严重经济犯罪分子，促进廉政建设

去年，全国法院继续把深入开展打击严重经济犯罪的斗争，作为惩治腐败、抵御和平演变、坚持社会主义道路的一件大事来抓。对严重经济犯罪分子，坚持依法从严惩处的方针。全年共审结一审经济犯罪案件40366件。除正在上诉的和退回检察院补充侦查、撤诉的以外，判决发生法律效力的人犯33871人，其中判处五年以上有期徒刑、无期徒刑和死刑（包括死刑缓期二年执行）的8590人，判处五年以下有期徒刑和拘役、管制的23677人，免予刑事处分的1258人，宣告无罪的346人。犯罪数额在万元以上的有10454人，其中，十万元以上的有953人，有的甚至多达几百万元。通过审判，严惩了犯罪分子，并为国家、集体挽回经济损失52302万元。

重点惩办贪污、贿赂犯罪分子，清除腐败现象。去年，经济犯罪中国家工作人员利用职务贪污、受贿、挪用公款的犯罪增多，大要案多，犯罪数额大。人民法院对严重经济犯罪分子，不管是什么人，无论职务高低，该依法治罪的，坚决判处。全年共审结一审贪污、受贿、挪用公款案件28466件，判决发生法律效力的人犯20670人，其中有副省级干部1人，司局级干部10人，

县处级干部 126 人。中共中央总书记江泽民同志在庆祝中国共产党成立七十周年大会上再次强调惩治腐败之后，各级法院进一步加强了打击经济犯罪的斗争。北京、上海、广东等地陆续召开了宣判大会，集中判处了一批重大贪污、贿赂犯罪分子。原首都钢铁公司北京钢铁公司党委书记管志诚，贪污公款、索贿受贿总额达人民币 141 万余元；原中信实业银行深圳分行行长高森祥，收受贿赂现金和物品共折合人民币 180 余万元，给国家造成严重损失。管志诚、高森祥被判处死刑，得到广大群众拥护。

依法严惩走私、诈骗、投机倒把、偷税抗税等经济犯罪分子，维护正常的经济秩序。近一个时期，利用经济合同进行诈骗、投机倒把、走私、偷税抗税、伪造国家货币、盗伐滥伐林木等经济犯罪严重，利用票据、信用卡、计算机等手段进行经济犯罪的增多，破坏经济秩序，损害国家和人民利益。去年，全国法院共审结上述一审案件 10709 件，判决发生法律效力的人犯 11804 人。如走私分子吴清泉通过向我海关工作人员胡少坤等人行贿共折合人民币 113 万余元，走私大量货物，价值人民币 2400 余万元。人民法院依法判处走私犯吴清泉、受贿犯胡少坤死刑。

当前打击经济犯罪的斗争虽然取得了很大成绩，但也存在一些问题：有些该由法院审判的经济犯罪案件没有移送到法院来，以罚代刑的问题仍然没有得到解决；有的案件判刑偏轻，有的案件不该判缓刑的判了缓刑。为了把打击经济犯罪的斗争引向深入，必须严格执行有关规定，认真解决这些问题。

三、调整经济关系，积极主动地为经济建设服务

1991 年，全国各级法院坚持为改革开放和发展经济服务的指导思想，进一步加强了经济审判工作。全年共审结一审经济纠纷案件 587148 件。在案件数量同上年相比基本没有变化的情况下，诉讼争议总金额上升百分之十五点一，达 217 亿元，不少案件诉讼标的金额达百万元、千万元，有的达亿元。通过经济审判，对促进经济建设的发展，起了积极的作用。

通过审理购销合同纠纷案件，维护商品流通领域的正常秩序。去年，全国法院共审结一审购销合同纠纷案件 180485 件。配合治理整顿工作，妥善处理了因清理整顿公司遗留的债务清偿纠纷，因市场销售情况或价格变化引起的不履行合同、拖欠货款纠纷；严肃处理因生产、销售假冒、伪劣商品引起的纠纷，制裁违法经营、破坏经济秩序的行为，促进了商品市场的健康发展。去年 9 月中共中央工作会议提出搞好国营大中型企业的措施和要求后，各地法院对涉及国营大中型企业的购销合同纠纷案件，及时立案和审理，维护国营大中型企业的合法权益。通过审理借款合同纠纷和票据纠纷案件，维护正常的金融秩序。去年，全国法院共审结一审借款合同纠纷案件 178040 件。仅据山东、吉林、浙江、黑龙江、湖南、福建、山西七省法院的统计，就为国家收回银行贷款 10.7 亿元，有力地支持了金融部门依法收贷；适用民事诉讼法新规定的督促程序，及时解决了 61259 件债务纠纷；依照我国有关规定，并参照国际惯例，审理了一批票据纠纷案件，保护了合法、正当的结算活动，制裁了利用票据进行诈欺等违法行为，促进了资金市场的健康发展。

通过审理工业产权和技术合同纠纷案件，为技术的合理应用与发展提供法律保障。人民法院十分重视对工业产权和技术权益的保护，认真贯彻执行专利法、商标法和技术合同法。去年，全国法院共审结一审商标、专利和技术合同纠纷案件 1422 件。人民法院审理这些案件，坚决制止侵犯注册商标专用权、专利权和科技成果权的行为，维护商标、专利权人和技术权利人的合法权益，保护了技术市场的正常发育。如北京市法院审理的香港美艺金属制品厂诉请确认专利权案。该厂的一项技术发明经中国专利局授予专利权后，又被中国专利复审委员会宣告其发明专利无效，经北京市法院审理认为原告的该项发明具备创造性，依法判决撤销专利复审委员会的决定，维持其发明专利权有效。

通过审理农村承包合同和乡镇企业经济纠纷等案件，保障农村经济的发展。去年，全国法院共审结一审农村承包合同纠纷案件 44562 件，比上年上升百分之四十二点九。人民法院审理农村承包合同纠纷案件，从稳定以家庭联产承包为主的责任制和促进统分结合的双层经营体制出发，既保护承包人的合法权益和生产积极性，又维护集体经济利益。对那些因季节性、时间性强，影响农业生产的案件，涉及集体和承包户之间利益冲突妨碍生产经营活动的案件，优先审理和执行。人民法院还加强了对乡镇企业经济纠纷案件的审理，促进乡镇企业的健康发展。

通过审理涉外和涉港澳台经济纠纷案件，为对外开放服务。去年，全国法院共审结一审涉外和涉港澳台经济纠纷案件 648 件，比上年上升百分之三十八点一七。其中，涉及中外合资、合作经营企业的清算、解散和企业承包等纠纷案件占一定比例。人民法院坚持公正审判，对中外当事人的合法权益依法保护，对违反我国法律的行为依法制裁，从审判工作方面为投资经营创造良好的环境，收到了较好的效果。

去年，各海事法院坚持为改革开放服务，积极受理海事、海商案件。全国八个海事法院共审结一审海事、海商案件 910 件，比上年上升百分之二十三点五；诉讼争议总金额为 27716 万元，比上年上升百分之十七点六。通过依法审理海事、海商案件，促进了对外经济贸

易和海运事业的发展。为了更好地开展海事审判工作,最高人民法院已决定在浙江省宁波市设立海事法院。这样,我国海域和长江流域的海事、海商纠纷将分别由九个海事法院管辖。

为了抵制和克服地方保护主义和部门保护主义的影响,各级法院认真执行民事诉讼法新增加的由被告住所地管辖和合同双方当事人可以协议管辖的规定;试行立案与审理分开的制度,强化内部制约机制;坚持公开审判,接受群众监督;对处理不公的案件,坚决加以纠正,收到了一定的成效。为了解决一些地方发生法律效力的判决"执行难"的问题,各级法院健全了执行机构,充实了执行力量,进一步加强了执行工作;许多法院采取集中力量、集中时间的办法,开展集中执行活动。全年共执行案件885756件,比上年上升百分之十三点五,使"执行难"的问题得到缓解。

四、保护人民民主权利,维护公民、法人的合法权益,支持和监督行政机关依法行政

去年,人民法院继续加强了民事审判工作。全国法院共审结一审民事案件1910013件,在各类案件中仍占首位,且同人民群众的生产、生活密切相关。人民法院依法正确、及时地处理大量民事案件,对促进社会安定,防止矛盾激化,树立良好的道德风尚,起了重要作用。

加强了对离婚、债务、赔偿案件的管理。这三类案件占民事案件总数的百分之九十以上,各级人民法院都把审理这三类案件作为民事审判工作的重点。多年来离婚案件一直在民事案件中占第一位,去年审结一审离婚案件873863件。由于人们婚姻家庭观念和财产关系的发展变化,离婚案件不仅数量上升,而且在离婚时解决分割财产、住房以及抚养子女等问题都比较困难。人民法院从有利于巩固社会主义婚姻家庭制度出发,在分清是非的基础上,严格依照婚姻法的规定,妥善处理离婚案件,保护了妇女、儿童和老人的合法权益,保护了现役军人的婚姻家庭关系。由于商品经济的发展,债务案件出现了借贷数额大、借贷利率高、借贷用于生产经营增多等新特点。最高人民法院制定了《关于人民法院审理借贷案件的若干意见》,对审判中涉及的民间借贷利率等问题作出了原则性的规定。近年来,交通事故、医疗事故、工伤事故引起的赔偿案件明显上升,赔偿数额也有提高。人民法院审理赔偿案件,注重查明损害事实,分清是非、责任,支持受害人的合理要求,保护当事人的人身权利和财产权利。

认真审理人身权和著作权案件。民法通则施行几年来,公民、法人更加注意依靠法律维护自己的人身权利和财产权利。去年,全国法院共审结一审名誉权、姓名权、名称权、肖像权和著作权等案件3823件,比上年上升百分之十九点六。人民法院审理名誉权案件,严格区分侵害名誉权与正当的舆论监督的界限,既保护当事人的权利,又支持正当的舆论监督;审理肖像权案件,严格区分侵害肖像权与正当合理使用影像作品的界限,对法人的名称权和名誉权也依法给予保护;审理著作权案件,严格区分合作作品与个人作品、共同创作活动与非创作性劳务活动、剽窃与合理使用的界限,提高了办案质量。

依法审理涉外和涉港澳台民事案件。去年共受理一审涉外民事案件1055件和涉港澳台民事案件1348件。涉外民事案件中较多的是离婚案件和房屋案件。为了正确处理涉外民事案件中遇到的诉讼程序问题,最高人民法院制定了《关于中国公民申请承认外国法院离婚判决程序问题的规定》。涉台民事案件较多的是房屋、婚姻和继承案件。人民法院处理涉台民事案件,从依法保护海峡两岸当事人的合法权益,有利于增进两岸交流,促进祖国和平统一出发,既要依照国家法律,又要考虑两岸长期隔绝的实际情况,实事求是、合情合理地妥善解决。审理涉台房屋案件,对依照国家法律和政策应该予以保护的台胞房屋,依法予以保护;审理涉台离婚案件,严格依照婚姻法的规定,并考虑历史和现实的具体情况,合理解决;审理涉台继承案件,依法确认台湾当事人的合法继承权。

去年,人民法院的行政审判工作有了较快的发展。一是案件增长较多。全年共受理一审行政案件25667件,比上年上升百分之九十七点四。其中,治安、土地、林业、税务行政案件上升的幅度都在百分之百以上。二是随着行政法律、法规的不断增多,行政诉讼涉及的领域不断扩大。现在,涉及行政诉讼的有关法律有50多件,国务院发布的行政法规和行政法规性文件1100余件。法院受理的行政案件类型已达30多种,许多过去没有或者少有的水利、统计、烟草专卖、能源和不服劳动教养决定等行政案件陆续起诉到法院。去年,全国法院共审结一审行政案件25202件,其中维持行政决定的占百分之三十一点六,撤销行政决定的占百分之十八点九,变更行政决定的占百分之二点四,原告撤诉的占百分之三十七。此外,全国法院还执行行政机关申请人民法院强制执行其行政决定的案件37148件,比上年上升百分之一百四十五点六。通过对行政案件的审理和执行,既依法保护了公民、法人和其他组织的合法权益,又监督和支持了行政机关依法行政。

综上所述,一年来,全国各级人民法院和军事、铁路、海事等专门法院在党的领导和人大的监督下,紧紧围绕经济建设这个中心,全面开展审判工作,较好地完成了各项审判任务。全年共审结各类一审案件2950880件。其中,检察机关提起公诉的刑事案件

390850 件，占结案总数的百分之十三点三；由法院直接受理的刑事自诉、民事、经济纠纷、行政、海事海商案件共 2560030 件，占结案总数的百分之八十六点七。人民法院的审判工作，对维护国家和社会的稳定，促进改革开放和经济发展，加强社会主义民主与法制建设，起了重要作用。人民法院的工作虽然取得了很大成绩，但也存在一些问题和困难。我们对新情况、新问题调查研究不够，对下级法院的指导和监督不够及时、有力；少数案件的办案质量不高，有的刑事案件量刑失轻失重，有的民事、经济、行政案件处理不当；有的案件处理不及时，甚至久拖不决，影响办案的社会效果和经济效益。对原判确有错误的案件，我们已经或正在通过审判监督程序予以纠正。去年，全国法院干警在审判工作以及部分地区抗洪救灾斗争中，有 1718 个集体和 6093 个个人立功受奖。但也有极少数干警严重违法乱纪，受开除公职处分的 20 人，受刑事处分的 29 人(内有审判员 15 人)。当前，法院的审判力量与任务之间的矛盾十分尖锐，任务繁重，人员不足，条件较差，审判骨干外流严重；不少法院特别是基层人民法院和贫困地区的法院办案经费严重短缺；有三分之一的法院还没有审判法庭，二分之一的人民法庭没有工作用房。对工作中存在的问题，我们要认真改进；对法院的困难也应当努力解决，使执法条件逐步得到改善。

五、一九九二年人民法院的工作任务

当前，全国各族人民正在中国共产党的领导下，进一步解放思想，实事求是，大胆探索，抓住时机，加快改革开放的步伐，集中精力把经济建设搞上去，沿着建设有中国特色的社会主义道路继续前进。今年法院的主要任务是：在以江泽民同志为核心的党中央的领导下，继续坚定不移地全面贯彻执行党的“一个中心，两个基本点”的基本路线，贯彻最近召开的中共中央政治局全体会议讨论我国改革和发展若干重大问题的精神，坚持严肃执法，充分发挥审判机关的职能作用，维护国家和社会的稳定，为加快改革开放的步伐，加快社会主义经济建设服务。

继续严厉打击严重刑事犯罪和严重经济犯罪活动，为改革开放和经济建设创造良好的社会环境。搞经济建设必须有一个稳定的社会政治环境。坚持人民民主专政，是建设有中国特色的社会主义的有力保障。人民法院是人民民主专政的重要工具，必须进一步强化对敌专政的职能作用。坚持邓小平同志提出的“两手抓”的方针，一手抓改革开放，一手抓打击各种犯罪活动。严厉打击危害国家安全和破坏社会治安的犯罪，严惩带有黑社会性质的流氓集团、“车匪路霸”、贩毒和拐卖妇女儿童等犯罪分子。严惩贪污、贿赂犯罪分子，促进廉政建设；依法惩办走私、投机倒把、诈骗和破坏森林、矿产资源等犯罪分子，维护经济秩序。严格区分罪与非罪的界限，既要坚决打击经济犯罪，又要保护和促进改革开放。进一步落实社会治安综合治理措施，使人民法院参与综合治理的工作更有实效。

运用审判职能，调整经济关系，积极为加快改革开放和发展经济服务。发展社会主义商品经济，需要有良好的经济秩序。人民法院要积极开展经济、民事、行政和海事审判工作，促进改革开放和经济的发展。要加强对购销、借贷、专利、商标、著作权、破产、债券、票据等案件的审理，积极参与清理“三角债”，依法保护知识产权，严厉制裁制造、经营伪劣商品的违法活动，保护消费者的合法权益，促进企业转换经营机制、调整结构、开拓市场、提高经济效益。加强对侵犯企业生产、经营自主权和向企业乱收费、乱摊派、乱罚款等案件的审理，维护企业的合法权益。加强对农村承包合同和涉及乡镇企业经济纠纷案件的审理，稳定以家庭联产承包为主的责任制，促进统分结合的双层经营体制不断完善和农村经济的健康发展。继续解决“执行难”，坚决抵制和克服地方保护主义和部门保护主义的影响，公正地保护当事人的合法权益。

加强基层建设，充分发挥人民法庭对维护农村社会稳定和发展农村经济的重要作用。人民法庭是基层人民法院的派出机构，承担着审理百分之八十以上的民事案件和百分之三十五以上的经济纠纷案件的任务，还要指导人民调解委员会的工作，参与社会治安综合治理，处理大量民间纠纷。根据中共中央十三届八中全会提出的加强基层组织建设，加强农村社会主义精神文明和民主法制建设的要求，人民法院要坚持面向基层、充实基层的方针，从政治上、组织上、业务上和思想作风上全面加强人民法庭建设，做好人民法庭工作，保护广大农民和乡镇企业的合法权益，保障社会的安定团结，促进农村经济的发展和基层政权的巩固。抓紧起草《人民法庭组织条例(草案)》，尽快提请全国人大常委会审议，使人民法庭的建设进一步规范化、法制化。

严肃执法，努力提高审判工作水平。随着改革的深入、开放的扩大，在社会生活和司法实践中出现了许多新情况、新问题。各级人民法院特别是最高人民法院和高级人民法院要加强对加快改革开放中出现的新情况、新问题的调查研究，及时总结审判经验，提出解决的意见；最高人民法院要加强司法解释工作，以保证法律的正确适用，指导审判工作的顺利开展。各级法院要进一步加强审判监督，发现确有错误的，坚决依法纠正，做到实事求是，有错必纠；要更加主动地接受人大的监督，以保证人民法院正确行使审判权。人民法院严肃执法，关键是要全面提高审判人员的政治素质和业务素质。要对全体干警深入进行马克思列宁主义、毛泽东思想基本理论教育，认真学习邓小平同志关于建设有中国特色的社会主义的一系列重要论述，进一步提高全面贯彻执行党的基本路线，提高坚持四项基本原则，坚持改革开放，反对资产阶级自由化，抵御和平演变的自觉性。坚持“从严治院”，加强廉政建设，严肃查处违法违纪行为。继续加强对干部的教育培训工作，积极筹办国家法官学院，努力把人民法院队伍建设成为一支政治坚定、业务精通、秉公执法、作风过硬、纪律严明、有坚强战斗力的队伍。抓紧《中华人民共和国法官条例(草案)》的起草工作，逐步完善具有中国特色的社会主义法官制度。

各位代表：1992 年是我国加快改革开放的步伐、发展经济的重要一年。人民法院的任务是十分繁重、艰巨的。我们决心在中国共产党的领导下，在人大的监督下，发扬成绩，克服缺点，加强法院自身的改革和建设，进一步做好审判工作，为保障社会稳定，促进改革开放和经济发展，建设有中国特色的社会主义，作出新的贡献。

最高人民检察院检察长刘复之在七届全国人大第五次会议上作最高人民检察院工作报告

各位代表：

现在，我就 1991 年检察工作的主要情况向大会作报告，请予审议。

1991 年，最高人民检察院根据第七届全国人民代表大会第四次会议批准的部署，领导各级人民检察院和军事、铁路运输等专门检察院，贯彻执行党的“一个中心，两个基本点”的基本路线，坚持为社会主义经济建设服务的指导思想，履行法律监督职责，各项工作都取得了新的进展。

一

继续深入开展以惩治贪污贿赂为重点的打击经济犯罪的斗争。据统计，全国检察机关共受理贪污贿赂罪案 81110 件，立案侦查 46219 件，受案数和立案数都比上年略有减少。其中，万元以上的贪污贿赂大案 11894 件，则比上年略有增加。到去年底，已侦查终结 45155 件，涉及人犯 51705 名，逮捕案犯 17973 名，已结案并向人民法院提起公诉 24176 名，占结案人数的百分之五十一点三，比上年上升百分之三；免予起诉 17690 名，占百分之三十七点六，比上年下降 14.4 个百分点；不起诉 488 名，占百分之一；撤案 4751 名，占百分之十点一。追缴赃款赃物折合人民币 5 亿多元。

在惩治贪污贿赂犯罪中，我们主要采取了五项措施：

第一，明确提出查办贪污贿赂罪案是检察机关对经济建设最重要、最直接的服务，教育干部自觉地把办案工作同促进经济建设紧密结合起来。这样做的效果很好。一年来，在已经结案的 41866 名案犯中，从党政机关中查出的 5390 名，占百分之十二点九；从国营企业事业单位中查出的 16879 名，占百分之四十点三；从集体企事业单位中查出的 7491 名，占百分之十七点九；从其他基层组织中查出的 12106 名，占百分之二十八点九。干部群众把贪污、贿赂分子叫作“蛀虫”，积极参加了挖“蛀虫”的斗争。检察机关依法从严惩治这些犯罪分子，配合主管部门整顿经济秩序，提高了企业的经济效益和声誉，使那些由于犯罪分子破坏而导致管理混乱、严重亏损甚至濒临倒闭的企业恢复了生机，推进了廉政建设，维护了党和政府的形象，教育、挽救了一大批滑到犯罪边沿的干部。

我们遵循以事实为根据，以法律为准绳的原则办理案件。为了使打击和服务结合得更好，始终坚持“一要坚决、二要慎重、务必搞准”的工作方针，严格区分罪与非罪的界限。做到既坚决打击犯罪，又保护广大工作人员和企事业单位的合法权益，特别注意保护有开拓精神、改革开放有成绩的人，尤其是科技人员。为此，我们继续推广了一些好的做法，主要有：一、分清正常的交往应酬与贪污贿赂犯罪的界限，分清哪些是合法的，哪些是违纪违法的，哪些是犯罪的。对于确有犯罪事实和确凿证据的犯罪分子坚持查办，决不手软，但在定性时不拔高，定罪时不凑数。二、对于违反国家规定收受各种名义回扣的行为，重点查办中饱私囊或私分公款构成犯罪的。三、查办居于重要岗位的涉嫌人员，需要采取强制措施时，事先建议党委、政府及时进行人事调整；同时严格保守侦查机密，避免工作和生产活动脱节。四、在侦查工作中，不轻易冻结企业的流动资金和银行账户。在不影响侦查工作的前提下，允许受审查对象进行一些业务活动。五、凡是罪与非罪界限不清或有争议的，不采取法律强制措施；凡是拿不准的应向上级检察院请示。六、对于犯有严重官僚主义行为的有关领导人，构成犯罪的，依法追究其玩忽职守的刑事责任，针对暴露出来的工作漏洞，推动整改，完善财会、审计、监督、管理等规章制度，健全防范机制。

第二，集中精力查办大案要案。侦破一件大案或要案，政治、经济和社会效果都很好，能够教育一片，影响一片。在去年侦破的 11894 件大案中，贪污案 8050 件，贿赂案 3844 件。10 万元以上的有 447 件，其中 10 万元以上不满 50 万元的 391 件，50 万元以上不满 100 万元的 35 件(上年为 17 件)，100 万元以上的 21 件(上年为 9 件)。查办了 924 名县处级以上干部的罪案。其中县处级干部 889 名，厅局级干部 34 名，副部级干部 1 名。查办大案要案难度比较大，需要强有力的专门侦查工作，各级检察院的反贪污贿赂局发挥了重要作用。检察机关已经建立和加强了内部制约制度，由刑事检察部门对贪污贿赂罪案的侦查部门实行监督，承办决定批捕和提起公诉这两个环节的工作；由控告申诉部门受理不服免诉决定的申诉。由于实施了制约，保证了办案的质量。

第三，发扬专门侦查与发动群众相结合的优良传统。很多地方抓住侦破大案要案的有利时机，结合案例，宣传国家法律，通过各种新闻媒介和生动活泼的大小展览会等方式，进行宣传和发动，号召有问题的人走自首坦白从宽的道路。全国已有 200 多个地、市和县、区检察院运用了这种做法，取得明显效果。这样做，能够形成一定的群众声威，强化法制的威慑作用，使隐蔽的犯罪分子暴露出来或投案自首。去年，投案自首的贪污贿赂分子有 2389 名，教育了一大批有轻微违法犯罪行为的人。

第四，切实加强了举报工作。一年来，全国检察机关共受理举报贪污贿赂案件线索 142597 件，群众举报发挥了举足轻重的作用。举报有些明显的变化：署名举报多，大约占百分之六十左右；单位举报也增多；举报的内容比较具体，成案率高。全国立案侦查的贪污贿赂罪案，来自举报的占百分之六十以上。去年 5 月，最高人民检察院发布了《关于保护公民举报权利的规定》。全国已奖励了举报有功人员 772 名；受理打击报复举报人案件 1835 件，被追究刑事责任的 39 人，受到党政纪处分的 530 人，其余的有关部门正在调查处理。

第五，派出调查组，结合党政领导，深入到问题比较突出的金融、基建、物资、粮食、商贸等行业以及管理混乱、亏损严重的企业，挖出了一些隐藏较深、手段狡猾的犯罪分子。在少数问题成堆的单位，往往查出一案带出一窝一串。

当前，检察机关查办行贿罪案的重点是：(一)名为公家实为个人通过行贿获取巨额不法利益的；(二)与受贿人串通，以行贿方式侵吞公共财产的；(三)以行贿手段套取国家统配、紧俏物资进行倒卖牟取个人不正当利益的；(四)以行贿手段拉拢腐蚀国家工作人员致使国家和集体利益遭受重大损失的；(五)通过行贿推销伪劣、假冒商品的。

1991 年，全国检察机关直接立案查办了偷税、抗税罪案 9258 件，比上年增长百分之二十二点四；假冒商标罪案 849 件，增长近 1.4 倍；挪用公款罪案 11041 件，增长百分之四点六。为国家挽回经济损失 1.66 亿元。

我们的工作也存在一些缺点和问题。一是少数地方存在打击不力、处理偏轻的偏向，不敢严肃纠正以行政处分代替法律制裁；应当起诉的案件有的作了免诉处理；对人民法院判免刑、缓刑不当和判刑畸轻的案件，该抗诉的没有抗诉。二是工作发展不平衡，有的检察院办案的自觉性、主动性不够高，克服困难的劲头不足，遇到阻力往往手软。三是人力、科技装备、办案经费还有不少困难，以致对举报线索的初步调查进展迟缓，制约了工作的开展。

当前，贪污贿赂犯罪仍然是严重的，特别是内外勾结，携款潜逃的增多。据不完全统计，去年全国有上千名贪污、贿赂犯罪分子携款潜逃，有的已逃往国外境外。种种情况表明，对贪污贿赂犯罪必须进行坚决的斗争，这个领域的斗争是长期的、复杂的。这是维护国家和人民利益，保障经济建设，促进改革开放的需要，也是教育干部、增强拒腐蚀能力的需要。因此，我们要长期坚持邓小平同志提出的一手抓改革开放，一手抓打击各种犯罪活动的方针，依法坚决惩治贪污贿赂犯罪。

二

各级人民检察院坚决执行全国人大常委会关于禁毒、打击卖淫嫖娼、拐卖妇女儿童和加强社会治安综合治理等决定，积极参加严厉打击严重刑事犯罪的斗争。去年，受理公安、安全机关提请批捕人犯 601117 名，批准逮捕了 521610 名；受理公安、安全机关移送起诉的案犯 613056 名，经审查已提起公诉 511667 名。

在严厉打击刑事犯罪活动中，我们着重做了四项工作：

第一，重点打击杀人、抢劫、强奸、爆炸、盗窃抢夺枪支、持枪作案等暴力罪案，批准逮捕案犯 130951 名，已提起公诉 124324 名，分别占批捕和起诉总数的百分之二十五和百分之二十四点三。还惩办了一批破坏农业水利电力设施和林业、矿产资源的犯罪分子。去年 9 至 12 月，检察机关积极参加了全国性的反盗窃斗争，批捕盗窃犯、销赃犯、窝赃犯 92541 名，已起诉 94951 名。

第二，批准逮捕毒品犯罪和走私、制作、贩卖、传播淫秽物品，拐卖、绑架妇女、儿童等案犯 30568 名，已起诉 26231 名。

第三，检察机关在审查批捕环节上提前介入重大、特大刑事案件 44819 件次，在审查起诉环节上提前介入 13204 件次。提前介入侦查、预审活动，提高了批捕、起诉工作的效率和质量，使检察人员深入实际，联系群众，减少了坐堂办案、主观臆断的失误。

第四，加强侦查监督和审判监督。检察机关对公安机关提请逮捕和移送起诉的案件，经认真审查，对 45310 名不符合法定逮捕条件的人犯，依法作出了不批准逮捕决定，对 3180 名人犯作出了不起诉的决定，追捕犯罪分子 6814 名，追诉 3675 名。对公安机关侦查活动中的违法情况提出纠正意见 11199 件次。对人民法院审判活动中的违法情况提出纠正意见2875件次,对确有错误的判决、裁定提起抗诉2239件,到年底,已收到人民法院改判453件。

加强了在检察环节上的社会治安综合治理:通过办案积极提出《检察建议》;对被免诉人员进行帮教、考察工作;对被管制、缓刑、假释、保外就医人员的执行情况进行检查,督促有关单位落实管理教育措施;在农村社会主义思想教育活动中,结合办案进行法制宣传;开展专题调查,分析、研究犯罪的原因、特点、规律,提出预防和减少犯罪的对策;认真处理来信来访,及时对各种闹事的苗头进行疏导,把矛盾解决在萌芽状态;加强对青少年犯罪的预防和教育、挽救工作。

我国的社会治安情况总体上说是好的。但是,问题还很多,诱发犯罪的因素大量存在。当前,杀人、抢劫、强奸、爆炸等重大、恶性案件居高不下,少数城市、地区治安不好,个别交通沿线的某些地段,车匪路霸、流氓盗窃团伙活动比较突出,有的已经演变成黑社会性质的犯罪集团;极少数顽固坚持资产阶级自由化立场的人,仍在进行颠覆人民民主专政国家政权的非法活动;少数地方利用封建迷信坑害群众和利用宗教制造事端等犯罪活动有所蔓延。在农村,因山林、水利、宅基地、婚姻等纠纷引起的杀人、伤害、械斗案件时有发生。因此,必须加强人民民主专政,在保障人民民主的同时,加强社会主义法制,坚持依法从重从快严厉打击严重的刑事犯罪分子。

三

我国人民享有管理国家事务、管理经济和文化事业、管理社会事务的广泛权利。检察机关依照法律通过查办侵犯公民民主权利和渎职犯罪等案件,保障公民享有宪法规定的民主、自由权利不受侵犯,惩办犯有"侵权"罪和渎职罪的分子。1991年,立案查办刑讯逼供案407件,比上年下降百分之十三点五;非法拘禁案4338件,上升百分之二十三;诬告陷害案389件,下降百分之十六;报复陷害案49件,下降百分二十七;玩忽职守案3189件,上升百分之五;重大责任事故案4102件,上升百分之五点二。这说明国家工作人员法制观念有了加强,"侵权"犯罪有所减少,但由民事、经济、婚姻等纠纷引起的非法拘禁罪案上升幅度较大。由于地方保护主义影响、法制观念淡薄,少数单位和个人在发生纠纷时,不通过法律程序来解决问题,直接采取"扣押人质"的非法手段而导致犯罪。玩忽职守和重大责任事故犯罪是上升的,有些玩忽职守罪案,给国家和人民的生命财产造成重大的损失。

各级人民检察院加强了对法院判决、裁定执行情况和监管改造场所活动的监督。对判决、裁定执行中的违法情况及时提出纠正意见;严肃查办监管改造场所极少数干警体罚虐待、私放罪犯、徇私舞弊等犯罪案件;惩罚劳改犯和被劳教人员的犯罪活动。通过执法监督,维护监管改造的正常秩序,推动监管改造场所依法文明管理,保障被监管改造人员的合法权益。我国劳动改造罪犯的政策是成功的,取得了举世公认的成果。

去年,检察机关复查不服法院刑事判决、裁定的申诉1582件,认为确有错误向人民法院提出纠正意见的113件。复查纠正了不服免诉决定的申诉案件848件。立案审查公民、法人和其他组织不服人民法院已生效判决、裁定的民事、经济纠纷、行政案件申诉530件,对确有错误的判决、裁定依法提出了抗诉,开始显示了法律监督在保障民事、行政法律正确实施中的作用。

检察机关通过查办案件实施法律监督的大量事实,充分表明我们国家是十分重视保护人权的。我国公民的民主、自由权利,受到国家法律的保护,一切侵犯公民合法权利和危害社会安全、国家安全的违法犯罪行为,都要受到法律的制裁。反动势力在人权问题上对我们的攻击和诬蔑,是毫无根据的,别有用心的。

四

各级检察院加强了思想政治工作和干部培训,充实了领导班子,从严治检,干警的政治素质和业务素质都有提高。

组织广大干警学习马克思列宁主义、毛泽东思想的基本原理,学习邓小平同志关于建设有中国特色的社会主义理论,牢固树立人民民主专政的观念。加强了在职干部学习,集中脱产培训也取得了一些进展。中央检察官管理学院已培训县(市)以上检察长251名,全国19个检察官培训中心和5个检察中专学校已培训各级干部9000余名。

去年完成了2761个基层检察院的换届选举工作,一些政治上比较强,文化水平比较高,工作实绩比较突出的干部当选为检察长。

全国人大常委会第25次会议已经通过任命九三学社中央副主席、原辽宁省副省长王文元同志担任最高人民检察院副检察长。高检院和部分省、市级检察院已聘请特约检察员470余名。检察机关发挥民主党派、无党派爱国人士参政议政的积极作用,加强了各项工作,进一步密切了同各界群众的联系。

最高人民检察院表彰了在抗洪救灾斗争中涌现出的先进集体14个,先进个人19名;表彰了在开展各项业务中涌现出的先进集体166个,先进个人350名。省级检察院也表彰了一大批先进集体和先进人物。

1991年第四季度进行了执法执纪大检查。从检查结果看,广大检察干警发扬艰苦奋斗精神,依法办案,遵守《检察人员纪律》,总的情况是好的。对极少数检察人员违法违纪案件，进行了严肃处理。在全国 17 万多名检察干警中，受到开除党籍处分的 42 名，开除公职的 17 名，被判处刑罚的 35 名。通过自身的廉政建设，从严治检，整顿纪律和作风，维护了队伍的纯洁。

五

1992 年，检察机关的主要任务是：坚定不移地贯彻执行党的“一个中心，两个基本点”的基本路线，贯彻去年中央工作会议、党的八中全会和最近召开的中央政治局全体会议的精神，迎接加快改革和扩大开放的新形势，牢固树立为经济建设服务的思想，严肃履行法律监督职责，继续深入开展打击贪污贿赂犯罪和其他经济犯罪的斗争，坚持严厉打击严重的刑事犯罪和危害国家安全的犯罪活动，加强查办“侵权”、渎职等罪案，积极参加社会治安综合治理，加强检察机关领导班子建设，进行坚持四项基本原则、反对资产阶级自由化和抵御和平演变的教育，继续自觉地维护国家稳定和社会安定。

最高人民检察院根据党中央提出建立健全一套拒腐防变制度的指示，目前正在抓紧起草反贪污贿赂法，将尽快报送全国人大常委会审议。

根据国家人事制度改革的统一部署，最高人民检察院已拟出检察官条例（草稿），力争年内报送全国人大常委会审议。

各位代表：1992 年，在以江泽民同志为核心的党中央领导下，最高人民检察院、各级人民检察院和全体干警将积极开展各项工作，为加快改革、扩大开放服务，为经济建设服务，特别是为搞好国营大中型企业，进一步加强农业和农村工作服务，解放思想，开拓创新，抓办案，抓落实，办实事，讲实效，扎扎实实地把各项工作推向前进！

中组部等六部门就转业干部预备役登记联合发出通知

中共中央组织部、人事部、公安部、财政部、总参谋部、总政治部最近联合发出通知，要求在全国开展转业干部预备役登记工作。

通知说，遵照党中央、国务院、中央军委的指示精神，根据《中华人民共和国兵役法》的有关规定，在全国开展转业干部预备役登记工作，旨在掌握转业干部适合服预备役的数量、质量及分布情况，逐步建立健全预备役军官制度，进一步加强国防后备力量建设。

登记工作从 1992 年起。凡 1988 年 9 月 1 日以后由军队和武装警察部队转业到地方工作的干部，政治上表现好，身体健康，年龄在规定范围以内的，均应进行转服预备役登记。登记工作由所在地的县（市、区）人民武装部进行。因政治原因不予登记或健康状况免予登记的，应报上一级兵役机关批准。

通知还对退出预备役、注销和消除预备役登记、登记后的管理、登记工作的经费、登记工作的组织领导等作了规定。

国务院总理李鹏在人民大会堂会见巴基斯坦总理特使联邦商业部长纳伊姆·汗

3 月 29 日

中共中央国务院在中南海怀仁堂召开计划生育座谈会

中共中央总书记江泽民和国务院总理李鹏在座谈会上讲话。

乔石、姚依林、宋平、李瑞环、李铁映、杨白冰、陈慕华等领导出席会议。

座谈会由宋平主持。

中共吉林省委书记何竹康、陕西省省长白清才、广东省省长朱森林、河北省省长程维高先后在座谈会上发言。他们分别介绍了各自省份开展计划生育工作的成绩、经验和存在的问题，并谈了为进一步搞好这项工作所采取的措施。他们还向中央提出了一些积极性的建议。

全国人大常委会副委员长、全国妇联主席陈慕华在座谈会上讲话。

江泽民和李鹏听取大家的汇报后发表重要讲话。

江泽民说，去年，各级党委、政府认真贯彻执行了中共中央、国务院《关于加强计划生育工作严格控制人口增长的决定》，大大提高了对严格控制人口增长重要性的认识，切实加强了对计划生育工作的领导，全国上下真正形成了全党动手，全民动员，党政一把手亲自抓的局面。计划生育工作取得了显著成绩，较好地完成了 1991 年的人口计划。但是，我们必须清醒地看到，严格控制人口增长是一项长期的战略任务，决不能有丝毫的自满松劲情绪。

江泽民说，现在国家已经制定了人口计划，能否完成这个计划，直接关系到现代化建设第二步战略目标的实现。因此，中央认为必须下最大的决心完成这个计划，实现人口控制的奋斗目标。

江泽民强调，各级党委、政府要进一步提高认识，高度重视计划生育工作，继续贯彻落实中央《决定》，坚持党政一把手亲自抓，负总责，实行人口与计划生育目标管理责任制。

江泽民说，要进一步做好计划生育工作，必须坚持党的群众路线，深入、持久地做好农民的思想教育工作。同时，要关心群众的生产、生活，把思想教育与解决实际问题结合起来，多为群众办实事，办好事，帮助群众排难解忧。当前农村正在进行的社会主义思想教育，应当把计划生育作为一项重要内容。通过思想教育，使干部群众在提高社会主义和爱国主义觉悟的基础上，进一步认识实行计划生育对国家、对集体、对个人的好处，加深对计划生育基本国策的理解，从而自觉地实行计划生育。

李鹏说，1991 年计划生育工作取得了很大成绩。据国家统计局抽样调查的结果，1991 年全国人口出生率为 19.68‰，比 1990 年降低 1.38 个千分点；自然增长率为 12.98‰，比 1990 年降低 1.41 个千分点。年净增人口 1490 万，比 1990 年少生 125 万人。在充分肯定成绩的同时，也必须清醒地看到，当前我国的人口形势仍然是严峻的。现在我们还处在第 3 次人口出生高峰期，特别是 1992 年，是这次高峰的峰顶。加上去年由于羊年的影响，有一部分应当生育的人，把生育推迟到了今年。因此，1992 年控制人口增长的任务比 1991 年更为艰巨。

李鹏指出：各级党委、政府要继续全面地贯彻落实中央《决定》，要坚持党政一把手亲自抓，负总责，进一步完善人口目标管理责任制，认真贯彻落实现行的计划生育政策，严格依法管理计划生育，努力提高计划生育工作水平，促使计划生育工作更加健康顺利地发展。

李鹏说，计划生育工作不仅要抓紧，而且要抓好。中央历来强调计划生育工作必须以宣传教育为主，避孕为主，经常工作为主，要坚持群众路线，依靠群众的自觉自愿，做到既有效地控制人口增长，又密切党群关系、干群关系，维护安定团结。

李鹏说，我们要使党和国家的计划生育政策真正落到实处，变为群众的自觉行动，必须使宣传和服务深入到户，落实到人，使计划生育工作逐步做到经常化、科学化、制度化、法制化。

李鹏说，现在，一些地方农村中的早婚早育相当严重。民政部门与计生委、工会、共青团、妇联等有关部门要研究一个综合治理的办法。要积极宣传贯彻《婚姻法》，严格婚姻登记管理，坚决制止早婚早育，大力提倡晚婚晚育。

李鹏说，要加强流动人口的计划生育管理。国务院已经批准国家计生委颁发了《流动人口计划生育管理办法》。公安、劳动、工商、城建、卫生、计划生育等部门要密切配合，齐抓共管，把管理办法贯彻落实好。

参加全国计划生育工作会议的代表和各省、自治区、直辖市及计划单列市的负责人出席座谈会。中共中央和国务院有关部门，全国人大、全国政协和各人民团体以及人民解放军总政治部和武警总部的负责人也出席座谈会。

全国妇联在北京召开六届十一次常委扩大会

全国人大常委会副委员长、全国妇联主席陈慕华主持会议。

全国妇联书记处书记王淑贤在会上介绍了联合国妇女地位委员会第三十六届会议第四次世界妇女大会于 1995 年在北京召开的情况。会议通过了关于迎接世界妇女大会的决议。

决议认为："承办第四次世界妇女大会，是我国政府和全国人民的一件大事，更是我国妇女界的一件盛事。各级妇联应该在党和政府的统一领导下，积极推进我国妇女解放事业，并配合有关部门，认真作好筹备工作。"

新疆维吾尔自治区伊宁市和哈萨克斯坦共和国卡普夏盖市就开通伊宁市至卡普夏盖市的伊犁河国际航道达成初步协议

中国选手陈露在美国举行的世界花样滑冰锦标赛女子单人滑比赛中获铜牌

3 月 30 日

第七届全国人大第五次会议主席团举行第二次会议

会议就准备提请大会审议通过的各项议案进行表决。主席团常务主席万里委员长主持会议。

会议经过表决，通过七届全国人大五次会议关于政府工作报告的决议草案，决定将草案印发各代表团审议。

会议听取全国人大常委会副委员长、全国人大财经委员会主任委员陈慕华作的关于 1991 年国民经济和社会发展计划执行情况与 1992 年国民经济和社会发展计划草案的审查报告、关于 1991 年国家预算执行情况和 1992 年国家预算草案的审查报告、关于兴建长江三峡工程议案的审查报告。会议表决通过这三个报告，并决定将这三个报告印发全体代表。

会议还通过七届全国人大五次会议关于 1991 年国民经济和社会发展计划执行情况与 1992 年国民经济和社会发展计划的决议草案、关于 1991 年国家预算执行情况和 1992 年国家预算的决议草案、关于兴建长江三峡工程的决议草案，决定将这三个草案印发各代表团审议，提请大会表决。

会上，当万里征询代表对陈慕华作的财经委对兴建长江三峡工程议案的审查报告的意见时，有 6 位代表即席发言。

第七届全国人大常委会召开贯彻中共中央民族工作会议精神座谈会

全国人大常委会副委员长彭冲下午在全国人大常委会召开贯彻中央民族工作会议精神座谈会。副委员长阿沛·阿旺晋美、赛福鼎·艾则孜、廖汉生与内蒙古、宁夏、新疆、西藏、广西五个自治区、部分多民族省市的领导和部分少数民族人大代表，就发展民族地区经济建设、教育科技、干部培养等多方面的问题进行座谈和讨论。

贵州省省长王朝文、内蒙古自治区人大常委会主任巴图巴根、新疆维吾尔自治区人大常委会主任阿木冬·尼牙孜、西藏自治区党委书记胡锦涛、国家民委副主任伍精华等，先后汇报各地、各部门贯彻落实中央民族工作会议精神的情况，并对少数民族地区经济发展、对外开放和落实民族区域自治法等问题提出了一些意见和建议。

彭冲副委员长在讲话时指出，中央民族工作会议是一次非常重要的会议，各地要积极认真地组织学习和贯彻会议精神，把我国的民族工作做得更扎实、更有效。他说，坚持各民族平等、团结、互助的原则，坚持实行民族区域自治制度，促进各民族的团结进步和共同繁荣，是我们党和国家坚定不移的方针。我们要抓住当前的有利时机，加快改革开放的步伐，进一步解放思想，使我国广大民族地区的经济、社会等各项事业有一个较大的进步和发展。

全国政协副主席中国佛教协会会长赵朴初要求佛教界贯彻七届全国人大五次会议和全国政协七届五次会议精神

赵朴初在有中国佛协部分常务理事参加的座谈会上，要求我国佛教界人士认真学习、贯彻“两会”精神，解放思想、跟上改革开放的步伐，为祖国的繁荣昌盛做出更大的贡献。

共青团中央发出关于开展建团 70 周年纪念活动的通知

日前共青团中央向全国团组织发出通知，要求积极开展建团 70 周年暨五四运动 73 周年纪念活动。

通知强调，纪念活动要以“高举团旗跟党走、艰苦奋斗建功业”为主题，围绕共青团在党的领导下走过的光辉历程和共青团肩负的历史使命两个方面的内容，对全团进行坚持党的领导、增强团员意识的教育，展现广大团员青年改革开放以来坚定地跟着党建设有中国特色社会主义的精神风貌。通过纪念活动，增强团员的光荣感和责任感，增强团组织的凝聚力和战斗力，引导全国各族青年继承党的优良传统，坚定不移地贯彻党的“一个中心，两个基本点”的基本路线，充分调动和发挥广大团员青年的积极性、创造性，为推进改革开放、维护社会稳定、把经济建设搞上去作出新的贡献，在以江泽民同志为核心的党中央领导下，沿着邓小平同志倡导的有中国特色的社会主义道路奋勇前进。

《人民日报》发表评论员文章《加快中西部地区乡镇企业发展》

我国乡镇企业去年迈上了新台阶，产值首次突破 1 万亿元，在全国工业总产值中，乡镇企业已是“三分天下有其一”。

但我们必须清醒地看到，我国乡镇企业的发展很不平衡，沿海地区、东部地区发展较快，中西部地区相对滞后，差距较大。据统计，1990 年东部 11 省市的乡镇工业产值占全国乡镇工业总产值的 64%，中部 10 省占 33%，西部地区仅占 3%。即使是乡镇企业比较发达的苏、浙、粤、鲁等省，县与县、乡与乡之间也存在着很大差异。

乡镇企业发展不平衡的问题，值得高度重视。党的十三届八中全会通过的《关于进一步加强农业和农村工作的决定》指出：“积极发展乡镇企业是繁荣经济、增加农民收入、促进农业现代化和国民经济发展的必由之路。”“对起步较晚的地区，尽可能给以扶持，有计划地加快发展。”目前，中西部和东部地区农村经济上的差距主要不是差在农业生产上，而是差在乡镇企业上。“无工不富”，各地的实践证明，的确如此。因此，加快中西部地区乡镇企业的发展，是促进这些地区农村富裕的一项重要措施。全国绝大部分地区农村乡镇企业都蓬勃发展起来，农民实现普遍富裕，农村工业化程度普遍提高，全国的小康目标才能够真正实现。我们必须从全局的高度来认识帮助中西部地区加快发展乡镇企业的必要性和紧迫性。

乡镇企业发展不平衡的现实，决定了我们在指导乡镇企业发展时必须采取区别对待，分类指导的方针。东部、沿海较发达地区，经过 10 多年的发展，已形成了较强的经济实力，今后要鼓励他们着重在提高企业素质和发展外向型经济上下功夫；对中西部地区，则要从政策等方面给予更多的优惠，帮助他们尽快起步。

中西部地区经济基础薄弱，由于历史、自然等多方面原因，发展乡镇企业困难较多，难度较大，外部扶持是不可少的，但能否健康发展起来，主要还得靠自身的努力。首先，这些地区的各级领导要带头提高思想认识，努力改变因较长时期封闭而形成的陈旧、保守的观念、依赖思想和怕担风险的意识；振奋起来，解放思想，努力进取，争取在乡镇企业发展上有所作为。

经济基础不同、人员素质不同、地理环境不同，起步时机也不同，所以中西部发展乡镇企业不能走完全与东部相同的路子，一定要因地制宜，从实际出发，闯有自己特色的新路。上项目、办厂，既要考虑资源优势，更要考虑市场销售，一定要经过严密的科学论证，再做决断，切忌东施效颦，盲目发展。中西部地区起步虽然晚些，但也有自己的优势。首先是资源丰富，在统筹安排下，可以发展采掘业、矿业、农副产品加工业。多年来国家在中西部地区建了大批“三线”工厂，他们技术力量雄厚，可以成为当地农村发展乡镇企业的有力伙伴和支柱。此外，中西部还可以借鉴东部发达地区发展乡镇企业的经验，避免那里曾经走过的弯路。

帮助中西部地区乡镇企业尽快发展，是各级政府、各有关部门义不容辞的责任。各方应该满腔热情地创造条件，尽可能在政策、资金、项目、信息等方面予以扶持。要帮助他们按照产业政策和各自的客观条件制订科学、实在的发展规划；要多做牵线、搭桥等协调工作，本着互惠互利的原则，引导东部发达地区与中西部地区开展多种形式的经济、技术合作，共同开发资源和市场，生产适销产品；要下功夫做过细的工作，从容易取得效益的项目入手，力争办一个成一个，真正让农民尝到办乡镇企业的甜头。

多年的经验告诉我们，广大干部群众的积极性是我们各项事业成功的保证。中西部乡镇企业的发展最终要靠广大农民群众的创造。各级领导要用政策充分调动他们的积极性，鼓励他们大胆实践，勇于创新，在发展乡镇企业中施展才干。

3月31日

《人民日报》转载《深圳特区报》记者陈锡添的文章《东方风来满眼春——邓小平同志在深圳纪实》

国务院总理李鹏打电话询问江西省洪涝灾害情况并向灾区广大干部群众表示慰问

全国人大常委会委员长万里在人民大会堂会见日本沙漠绿化实践协会会长远山正瑛

万里说，环境问题是人类共同关心的问题。人类需要一个好的环境，治理环境需要各国共同合作。中国政府非常重视环境保护工作。

万里说：“远山先生一生从事治理沙漠、治理环境、帮助中国做了很多工作，希望我们共同努力、互相协作，把这个事办好。”

万里说，通过植树造林可以增进我们两国人民的相互了解，促进两国的合作。我们两国友好合作对双方都有利，对维护亚洲和世界和平都有利。

邓颖超致信北京第一实验小学祝贺建校80周年

中华人民共和国和突尼斯共和国在突尼斯签订领事条约

4月1日

七届全国人大第五次会议主席团举行第三次会议

主席团常务主席万里委员长主持会议。

会议听取全国人大常委会副委员长、全国人大法律委员会主任委员王汉斌作的关于全国人大和地方各级人大代表法草案、工会法修改草案、妇女权益保障法草案审议结果的报告。会议经过表决,通过了这个报告,并决定将报告印发全体代表。

会议经过表决,决定将全国人大和地方各级人大代表法草案、工会法修改草案、妇女权益保障法草案、第八届全国人大代表名额和选举问题的决定草案、关于全国人大常委会工作报告的决议草案,印发各代表团审议,并提请大会表决。

会议还听取全国人大内务司法委员会副主任委员邹瑜作的关于最高人民法院工作报告审议结果的报告、关于最高人民检察院工作报告审议结果的报告,决定将这两个报告印发全体代表。

会议经过表决,通过关于最高人民法院工作报告的决议草案、关于最高人民检察院工作报告的决议草案,决定将这两个决议草案印发各代表团审议,提请大会表决。

会议还听取并通过大会副秘书长曹志作的关于代表提出的议案和建议处理意见的报告,决定将这个报告印发全体代表。

主席团会上,当会议准备就关于八届全国人大代表名额和选举问题的决定草案进行表决时,一些代表就香港代表名额和妇女代表比例问题提出了一些建议。会议决定,对这些问题会后作进一步研究。

国办批转国家国有资产管理局财政部国家工商行政管理局《关于1992年在全国范围内开展国有资产产权登记工作的请示》

国务院办公厅最近发出通知并转发国家国有资产管理局、财政部、国家工商行政管理局《关于一九九二年在全国范围内开展国有资产产权登记工作的请示》,要求各地、各部门遵照执行。

国有资产管理局等三部门在《请示》中说,根据《国务院关于加强国有资产管理工作的通知》中有关对国有资产进行产权登记的精神,我们于1990年12月发布了《国有资产产权登记管理办法(试行)》,要求各地、各部门结合实际情况组织试点。目前已有18个省、自治区、直辖市和部分国家机关开展了产权登记工作。从试点情况看,开展产权登记,对加强国有资产产权管理,防止国有资产流失,推进企业所有权和经营权适当分离的改革,都起到了积极作用。鉴于以上情况,我们建议,1992年可在全国范围内开展产权登记工作。为此,提出以下意见:

一、提高认识,加强领导。进行产权登记,是保卫国有资产的重要措施,是实施国有资产所有权管理的一项基础工作。国有资产管理部门代表国家依法对全民所有的资产进行登记,是依法确认企业和单位占有、使用国有资产的法律行为。开展产权登记工作,对加强企业和单位的产权管理,深化经济体制改革将起到积极的重要作用。

二、产权登记的目的。这次产权登记,重点是解决企业、单位普遍存在的产权归属不清、定性不准、账实不符、国有资产流失等问题。同时,为全国开展清产核资工作进行前期准备。

三、产权登记的范围。凡占用国有资产的企业和实行企业化管理的事业单位,都必须办理产权登记。产权登记分为开办产权登记、变动产权登记、注销产权登记。今后,产权登记将纳入经常性的产权管理工作,由各级国有资产管理部门按企业、单位的财务隶属关系组织实施。

四、目前,国有资产局正会同有关部门制定《国有资产产权登记管理试行办法》。进行产权登记时,要严格按照国家统一规定执行,执行中的有关问题,由国有资产局负责制定具体办法。

《求是》杂志1992年第7期发表本刊评论员文章《改革也是解放生产力》

前不久召开的中共中央政治局全体会议强调,解放和发展生产力,是我们党领导人民建设社会主义的根本任务。为此,我们必须坚持以经济建设为中心,坚持四项基本原则,坚持改革开放。全党都要积极行动起来,认真学习邓小平同志关于建设有中国特色的社会主义的一系列重要论述,抓住当前的有利时机,加快改革开放的步伐,集中精力把经济建设搞上去,沿着有中国特色的社会主义道路继续前进。

"改革也是解放生产力"。这个科学论断把人们对改革的认识提到了一个新的高度,对于我们坚持党在社会主义初级阶段的基本路线,大胆加快改革开放的步伐,具有极为重要的指导意义。

革命是解放生产力,这早已为人们所熟知和理解。在旧中国,由于帝国主义、封建主义和官僚资本主义三座大山的压迫,严重地束缚和阻碍了中国生产力的发展。只有通过革命的方式,推翻三座大山,砸碎旧的统治机器,并在人民政权的保护和组织下,确立和发展社会主义经济,才使社会生产力获得解放。而对于社会主义条件下生产力与生产关系、经济基础与上层建筑的矛盾问题，人们是有一个逐步认识过程的。毛泽东同志总结了社会主义发展的经验，否定了只讲一致，不承认有矛盾的观点，从理论上提出了关于社会主义社会矛盾的新学说。但是，由于社会主义建设的时间还很短，提供的经验也十分有限，对于生产力和生产关系二者之间不相适应的一面，认识还很不够，强调了社会主义条件下发展生产力的一面，没有讲还要通过改革解放生产力。提出社会主义还要通过改革解放生产力，极大地提高和加深了人们对社会主义社会基本矛盾的认识，发展和丰富了马克思主义关于社会基本矛盾的科学理论。这也是对我国实行改革开放政策以来的实践经验的科学总结。

应该承认，在社会主义基本制度确立以后，虽然社会基本矛盾还存在，但性质发生了根本的变化。社会主义社会消灭了剥削制度，必然能够使生产力以更高的速度向前发展，最终创造出比资本主义所能达到的更高的劳动生产率。我国建国以来社会主义建设确实取得了举世瞩目的成就，社会主义制度的优越性已经初步显示出来，但是，必须看到，这种优越性还没有得到应有的发挥。这里有多种原因，其中一个最重要的原因，就是在经济体制上存在着许多同我国生产力发展不相适应、甚至严重束缚生产力发展的弊端。这主要是：忽视商品生产、价值规律和市场的作用；国家对企业统得过多、过死，政企不分，企业缺乏应有的自主权；分配领域严重的平均主义导致企业吃国家的“大锅饭”，职工吃企业的“大锅饭”。这种经济体制在一段时期内曾起过积极作用，但是后来它的消极作用就越来越明显地暴露出来，结果压抑了企业和职工的积极性、主动性和创造性，严重束缚生产力的发展，使社会主义经济失去了应有的活力。如果不进行改革，只能是死路一条。从根本上改变束缚生产力发展的经济体制，这就是解放生产力。只有通过改革建立起充满生机和活力的社会主义经济体制，才能使生产力获得解放，得到进一步发展，从而使社会主义制度的优越性得以充分发挥。

改革不仅要改变束缚生产力发展的经济体制，同时需要把人们从旧的思想、观念的束缚中解放出来。我们要牢固地树立这样的观念：我们的改革是社会主义制度的自我完善和发展。它有利于发展生产力、增强国家的综合国力和改善人民的生活，从而更好地坚持和发展社会主义。完全可以这样说：只有通过改革才能坚持社会主义，只有通过改革才能发展社会主义。一切妨碍改革的旧思想、旧观念，都不利于我们坚持和发展社会主义，因而都是应该彻底抛弃的。把改革提到解放生产力的高度，这就要求我们一定要有敢闯、敢干、敢于试验的精神。任何一种改革事业，都是前无古人的。这里没有现成的答案和现成的模式。没有敢于实践的大无畏的革命精神，就走不出一条新路，就干不出新事业。同时，我们还要大胆吸收和借鉴人类社会创造的一切文明成果，吸收和借鉴当今世界各国包括资本主义发达国家的一切反映现代社会化生产规律的先进经营方式、管理方法。这些我们必须大胆拿过来，从中国社会主义经济建设的实际出发，有选择地加以运用。

党的十一届三中全会以来，我们贯彻执行邓小平同志倡导的“一个中心、两个基本点”的基本路线，取得了空前伟大的成就。今后，我们要进一步提高全面贯彻执行党的基本路线的自觉性，勇于创新，敢于试验，深化改革，扩大开放，更好地完成历史赋予我们的适应生产力的发展要求、不断解放生产力的使命，为建设有中国特色的社会主义作出新的贡献。

中国和越南的重要通道友谊关重新开关

中国铁路第一条集装箱快运运行线——哈尔滨经郑州至广州集装箱快运直达列车开行

中共中央总书记江泽民在钓鱼台芳菲苑就他即将对日本的访问 中日关系 中国的内外政策等问题接受日本驻中国记者的采访

记者问：江泽民总书记访日的意义如何，对访问有何期待？

江泽民说：今年是中日邦交正常化20周年。20年来，中日关系取得了很大进展。这是两国政府和人民共同努力的结果。日本是中国一衣带水的近邻，两国人民有着悠久的友好交往历史。我这次访日的目的，就是要在《中日联合声明》和《中日和平友好条约》的基础上，着眼于未来，进一步推动中日关系的发展。我将带去中国人民对日本人民的情谊，并且期待着同天皇陛下、宫泽首相等日本领导人举行富有成效的会见和会谈。

江泽民在谈到中国邀请天皇访华问题时说：发展中日友好合作关系是双方的共同利益所在，也有利于亚洲和世界的和平与发展。中国邀请天皇陛下访华，符合两国人民世世代代友好下去的愿望。我相信天皇陛下的访问一定会促进中日关系的积极发展。关于天皇访华的具体事宜，双方将进一步协商。

当记者问及中国颁布领海法的目的和中国对钓鱼岛问题的立场时，江泽民说：钓鱼岛自古以来就是中国的领土，这是历史事实。最近颁布的《领海及毗连区法》重申了我们的一贯立场。我们一向主张通过谈判解决领土争端。邓小平同志曾就钓鱼岛问题全面阐述了中国政府的立场和主张。这一立场和主张没有变化。

当记者问及邓小平不久前视察南方的谈话时，江泽民强调说：邓小平同志是我国改革开放的总设计师，深受全国各族人民的爱戴，享有崇高的威望。他一直关心着我国人民的根本利益和国家的发展前途。不论是否在位，邓小平同志的建设有中国特色社会主义的理论和许多高瞻远瞩的决策思想，对我国的改革和发展始终具有现实的和长远的指导作用。他不久前视察我国南方时的重要谈话，对我们的工作给予了肯定和支持，并提出了十分重要的意见。我们中央政治局进行了认真讨论，完全赞同，正在组织全党同志全面、深刻地领会，紧密联系实际，认真贯彻落实邓小平同志的重要谈话精神。江泽民接着说，邓小平同志视察南方时的重要谈话，我们早已在全党和全国传达。现在发表邓小平同志视察深圳的报道，可以使全国人民更好地了解他的重要谈话的精神，以便全面地贯彻落实。

当记者问及中国共产党内部“改革派”与“保守派”的斗争是否很激烈时，江泽民对在座的 30 多位日本记者说：我们党是团结的。对于邓小平同志倡导的改革开放和建设有中国特色的社会主义的方针，全党上下是一致拥护的。外界总有些人喜欢把我们的党划分成这个派、那个派，这说明他们对中国情况还是缺乏了解。

江泽民在回答这次人代会是否有人事变动问题时说，我是人大代表，参加了这次人代会。据我了解，这次人代会没有讨论任何重大的人事问题。

当记者问及中国对日本侵华战争赔偿等问题的态度时，江泽民指出，日本军国主义发动的侵华战争给中国人民造成了巨大的损害。对于一些战争遗留的问题，我们历来主张应该本着实事求是、严肃对待的原则，通过相互协商使这些问题合情合理地妥善解决。这样有利于我们两国的友好合作、共同发展和增进两国人民的友谊。

江泽民说，至于战争赔偿问题，中国政府已经在 1972 年发表的《中日联合声明》中阐明了自己的立场。这一立场没有变化。

当记者问及中国的外交如何展开时，江泽民说，我们始终坚持奉行独立自主的和平外交政策，目的是要为我国现代化建设谋求一个和平的国际环境，促进亚洲和世界的和平与发展。中国永远不称霸，也反对别人搞霸权主义和强权政治。我们要积极发展同包括日本在内的周边国家的睦邻友好关系，不断加强同第三世界国家的团结合作，并且在和平共处五项原则的基础上同世界各国发展关系。中国作为联合国安理会常任理事国中唯一的发展中国家，愿意为实现联合国宪章的宗旨和原则，为促进世界和平与发展继续作出努力。

记者请江泽民谈谈他的家庭和他个人的爱好时，江泽民说，我有一个很美满的家庭。我在上海当市长时，我的夫人曾参加过一些重要的外事活动。这几年她的身体不太好。我们有两个儿子，没有女儿。我们有两个儿媳妇，我们把她们看作女儿。我们有一个孙子、一个孙女，符合计划生育的要求。

江泽民说：我的家乡在扬州。扬州和日本有着很深的历史渊源。扬州的鉴真和尚，曾经好几次东渡，最后到了奈良。现在，我的家乡有一个鉴真和尚的纪念堂。扬州是个文化古城，我本人对音乐和文学都十分爱好，喜欢读唐诗、宋词。我始终抱着干什么、爱什么、学什么的态度。因此，现在我经常读一些有关历史、科技和世界知识方面的书籍。我还喜欢听听古典音乐。但是，我不反对现在年轻人喜欢迪斯科等节奏比较快的音乐。

中华人民共和国政府和澳大利亚政府在堪培拉签订文化合作协定 1992 至 1993 年执行计划

4 月 2 日

民盟中央在北京召开纪念张澜先生诞辰 120 周年座谈会

中央统战部部长丁关根在纪念张澜先生诞辰 120 周年座谈会上发表讲话

讲话说，张澜先生是我国伟大的爱国主义者，著名的民主主义革命家、教育家，我国德高望重的领导人之一，中国民主同盟的创建者和领导者，中国共产党的亲密朋友。张澜先生的一生与我国近代史、现代史紧密相连。他早年留学日本东京宏文书院，因在政治上主张维新变法，被清政府视为“大逆不道”，派人押送回国。辛亥革命前夕，他领导了四川人民的保路运动，表现了中国人民抗击帝国主义、反对封建主义的威武不屈精神。护国战争开始后，张澜先生在四川联络川军积极策应讨袁。战争结束，他先后就任四川省省长、成都大学校长。抗日战争期间，张澜先生被聘为国民参政会参政员。他拥护中国共产党团结抗日的主张，参加发起组织成立中国民主政团同盟，先任中央执行委员，继任中央主席。1945 年毛主席在重庆与国民党谈判期间，毛主席几次与他商谈，为中共与民盟的合作奠定了基础。1946 年 1 月，张澜先生作为民盟首席代表，参加旧政协，与中共代表采取一致步骤。在震惊全国的“李闻惨案”发生后，张澜先生在成都举行的追悼会上大义凛然，怒斥国民党特务的法西斯暴行，遭特务打伤。张澜先生作为中国民主同盟的领导人，坚持同中国共产党合作，拒绝参加国民党召开的“国民大会”。新中国成立前夕，张澜先生拒绝国民党当局的利诱，被反动派监禁在上海虹桥疗养院，但他坚信真理必胜，期待着全国的解放。1949年5月，经中共地下组织营救脱险。同年9月，张澜先生赴京参加了新政治协商会议，当选为第一届全国政协常委。建国后，张澜先生当选为中央人民政府副主席，1954年当选为第一届全国人民代表大会常务委员会副委员长、第二届全国政协副主席。1955年2月9日，张澜先生病逝于北京。

讲话指出，张澜先生一生经历了中国的旧民主主义革命、新民主主义革命、社会主义革命和建设的几个历史时期。他从青年时代起就积极投身反帝反封建的斗争，不屈不挠；此后他接受和拥护中国共产党的政治主张，坚定不移地同中国共产党合作。在中国历史变革的一些关键时刻，他敢于挺身而出，经受住严峻的考验。张澜先生为了中国的独立、自由、民主、和平，为了把中国建设成为一个社会主义强国，顽强奋斗了一生。我们永远不会忘记他那富贵不能淫、贫贱不能移、威武不能屈的崇高品质。他是中国民主同盟的光荣，是中国知识分子的光荣。

讲话最后说，张澜先生立场坚定，爱憎分明，热爱祖国，热爱人民，追求真理，追求进步。毛主席为他八十诞辰祝寿时，称赞他是“与日俱进”。我们今天纪念敬爱的张澜先生，就要学习他的这种“与日俱进”的精神，把老一辈开创的社会主义伟大事业坚持下去。

中国和阿塞拜疆在巴库签署建交公报

中华人民共和国政府代表王荩卿和阿塞拜疆共和国政府代表穆萨耶维奇在巴库签署两国建交公报。

公报内容如下：

中华人民共和国政府和阿塞拜疆共和国政府根据两国人民的利益和愿望，决定两国自1992年4月2日起建立大使级外交关系。

两国政府同意，在相互尊重主权和领土完整、互不侵犯、互不干涉内政、平等互利、和平共处原则基础上，发展两国之间的友好合作关系。

阿塞拜疆共和国政府承认中华人民共和国政府是中国的唯一合法政府，台湾是中国领土不可分割的一部分。阿塞拜疆共和国政府确认不和台湾建立任何形式的官方关系。

中华人民共和国政府支持阿塞拜疆共和国政府维护民族独立、发展经济所作的努力。

两国政府同意，在平等互利的基础上，根据国际惯例，互相为对方在其外交代表履行职务方面提供一切必要的协助。

解放军总政治部总参谋部总后勤部在北京召开计划生育工作会议

出席七届人大五次会议和驻京各大单位的领导和负责计划生育工作的同志出席会议。

全军计划生育工作领导小组组长李继耐传达江泽民、李鹏3月29日关于计划生育工作的重要讲话。全军计划生育工作领导小组副组长刘明璞汇报了去年以来全军计划生育工作的情况。

中央军委秘书长杨白冰在会上讲话。

解放军总参谋部总政治部总后勤部致电中共江西省委江西省人民政府慰问受灾地区的干部群众和奋战在抗洪第一线的各级党政领导共产党员和人民群众

4月3日

第七届全国人大第五次会议闭幕

近3000名代表在会议期间，以党的“一个中心、两个基本点”的基本路线为指导，对政府工作报告进行了认真、充分的审议。根据代表们提出的意见和建议，报告大约作了150多处修改。

大会由执行主席、主席团常务主席万里委员长主持，大会执行主席、主席团常务主席彭冲、阿沛·阿旺晋美、赛福鼎·艾则孜、严济慈、荣毅仁、叶飞、廖汉生、倪志福、陈慕华、费孝通、孙起孟、雷洁琼、王汉斌在主席台前排就座。

江泽民、杨尚昆、李鹏、乔石、姚依林、宋平、李瑞环等和主席团成员在主席台就座。

大会采用按表决器方式，通过了关于1991年国民经济和社会发展计划执行情况与1992年国民经济和社会发展计划的决议、关于1991年国家预算执行情况和1992年国家预算的决议、关于兴建长江三峡工程的决议。

大会经过表决，还通过了《中华人民共和国全国人民代表大会和地方各级人民代表大会代表法》、《中华人民共和国工会法》、《中华人民共和国妇女权益保障法》。

大会还通过了《第七届全国人民代表大会第五次会议关于第八届全国人民代表大会代表名额和选举问题的决定》、关于全国人大常委会工作报告的决议、关于最高人民法院工作报告的决议、关于最高人民检察院工作报告的决议。

在大会主席台上就座的还有：田纪云、李铁映、吴学谦、秦基伟、丁关根、邹家华、朱镕基、薄一波、刘华清、杨白冰、温家宝、王丙乾、宋健、王芳、李贵鲜、陈希同、陈俊生、钱其琛、任建新、刘复之、方毅、洪学智、谷牧、杨静仁、马文瑞、胡绳、钱正英、司马义·艾买提、叶选平。

中央党政军领导机关负责人各民主党派和群众团体负责人列席大会。

第七届全国人大第五次会议通过关于《政府工作报告》的决议

第七届全国人民代表大会第五次会议审议了国务院总理李鹏代表国务院所作的《政府工作报告》。会议认为，经过各级人民政府和全国各族人民的共同努力，我国的社会主义建设取得了举世瞩目的显著成就。报告对过去一年工作的总结是符合实际的，提出的今后任务和部署是可行的。会议决定批准这个报告。

会议认为，坚定不移地贯彻中国共产党的以经济建设为中心，坚持四项基本原则，坚持改革开放的基本路线，是实现我国社会主义现代化战略目标的根本保证。必须毫不动摇地长期坚持这条基本路线，突出经济建设这个中心，抓住有利时机，调动一切积极因素，集中精力尽快把国民经济搞上去。

会议指出，改革开放是解放和发展社会生产力的必由之路。要进一步解放思想，坚持从实际出发，加快改革开放的步伐。要排除一切干扰，警惕右，但主要是防止“左”。凡是有利于发展社会主义社会生产力的，有利于增强我国综合国力的，有利于提高人民生活水平的，就要勇于实践，并不断总结经验。要大胆吸收和借鉴人类社会创造的一切文明成果，吸收和借鉴当今世界各国的先进经营方式和管理方式。要善于运用计划和市场的经济手段，建立起充满生机和活力的社会主义经济体制，促进社会主义商品经济发展。要进一步扩大开放，发展与各国的经济、贸易、科技合作和文化交流，把对外开放提高到一个新的水平。

会议要求，国务院和地方各级人民政府必须按照本次会议批准的《政府工作报告》提出的任务，狠抓各项工作的落实。要大力发展农村经济，努力搞好国营大中型企业，积极促进教育、科技等项事业的发展。要认真贯彻执行计划生育、合理利用土地和环境保护的基本国策，推进国防现代化建设。要加强社会主义精神文明和民主法制建设，搞好社会治安综合治理，加强廉政建设，巩固和发展安定团结的政治局面。要认真实施民族区域自治法，促进各民族的团结和共同繁荣。要实行政企分开，切实转变政府职能，精兵简政，改进工作作风，力戒形式主义和官僚主义，真抓实干，提高工作效率。

会议指出，九十年代是推进祖国统一大业的重要时期。我们将坚定不移地按照“和平统一、一国两制”的方针，同港澳同胞、台湾同胞和海外侨胞一道，积极促进统一大业继续发展，争取祖国统一早日实现。

会议指出，我们要一如既往地坚持奉行独立自主的和平外交政策，在和平共处五项原则的基础上同所有国家发展关系，反对霸权主义和强权政治，为促进世界的和平与发展，继续做出应有的贡献。

会议号召，全国各族人民在中国共产党的领导下，振奋精神，团结一致、艰苦奋斗，开拓进取，沿着有中国特色的社会主义道路继续前进！

第七届全国人大第五次会议通过关于兴建长江三峡工程的决议

第七届全国人民代表大会第五次会议，审议了国务院关于提请审议兴建长江三峡工程议案，并根据全国人民代表大会财政经济委员会的审查报告，决定批准将兴建长江三峡工程列入国民经济和社会发展十年规划，由国务院根据国民经济发展的实际情况和国家财力、物力的可能，选择适当时机组织实施。对已发现的问题要继续研究，妥善解决。

第七届全国人大第五次会议通过关于 1991 年国民经济和社会发展计划执行情况与 1992 年国民经济和社会发展计划的决议

第七届全国人大第五次会议通过关于 1991 年国家预算执行情况和 1992 年国家预算的决议

第七届全国人大第五次会议通过关于第八届全国人大代表名额和选举问题的决定

根据《中华人民共和国宪法》和《中华人民共和国全国人民代表大会和地方各级人民代表大会选举法》的有关规定，第七届全国人民代表大会第五次会议关于第八届全国人民代表大会代表名额和选举问题决定如下：

一、第八届全国人民代表大会代表的名额不超过 3000 人。

二、省、自治区、直辖市应选的第八届全国人民代表大会代表的名额，仍然和第七届全国人民代表大会代表的名额相同。

人口特少的省、自治区，代表名额不得少于 15 人。

台湾省暂时选举代表 13 人，由在各省、自治区、直辖市和中国人民解放军的台湾省籍同胞中选出，其余依法应选的名额予以保留。

三、中国人民解放军应选全国人民代表大会代表 267 人。

四、全国人民代表大会代表中，少数民族代表的名额，应占全国人民代表大会代表总名额的12%左右。

人口特少的民族，至少应有全国人民代表大会代表1人。

五、全国人民代表大会代表中，应选归国华侨代表35人。

六、全国人民代表大会代表中，妇女代表的比例不低于七届的比例。

七、为了保证人口特少的地区、人口特少的民族和各方面代表人士比较集中的地区都有适当的代表名额，在全国人民代表大会代表总名额中，应有一定的名额由全国人民代表大会常务委员会根据情况分配给有关的省、自治区、直辖市进行选举。

八、省、自治区、直辖市和中国人民解放军选举的第八届全国人民代表大会代表，应在1993年1月底以前选出。

第七届全国人大第五次会议通过关于全国人大常委会工作报告的决议

第七届全国人民代表大会第五次会议审议了彭冲副委员长兼秘书长代表全国人民代表大会常务委员会作的工作报告。会议认为，一年来，常务委员会加快了立法工作的步伐，加强了法律实施的检查监督，其他方面的工作也有新的进展。会议决定批准这个报告。

会议要求全国人民代表大会常务委员会继续坚持以中国共产党的基本路线为指导，牢牢把握经济建设这个中心，以保证和促进改革开放为首要职责，认真行使宪法规定的各项职权。要适应社会主义现代化建设和改革开放的需要，进一步加快立法工作。要把对法律实施的检查监督和制定法律放在同等重要地位，坚决纠正有法不依、执法不严、违法不究的行为。要督促清理各种法律、法规，凡是与宪法相抵触以及不适应改革开放要求的，都应依法予以撤销或修改。要认真做好换届选举的准备工作，保证换届选举的顺利进行。要继续推进社会主义民主和法制建设，不断完善人民代表大会制度，更好地发挥全国人民代表大会常务委员会的作用。

第七届全国人大第五次会议通过关于最高人民法院工作报告的决议

第七届全国人大第五次会议通过关于最高人民检察院工作报告的决议

国家主席杨尚昆签署第56号令公布《中华人民共和国全国人民代表大会和地方各级人民代表大会代表法》

《中华人民共和国全国人民代表大会和地方各级人民代表大会代表法》已由中华人民共和国第七届全国人民代表大会第五次会议于1992年4月3日通过，现予公布，自公布之日起施行。

中华人民共和国主席 杨尚昆

1992年4月3日

中华人民共和国全国人民代表大会和地方各级人民代表大会代表法

第一章 总 则

第一条 为保证全国人民代表大会和地方各级人民代表大会代表依法行使代表的职权，履行代表的义务，发挥代表作用，根据宪法，制定本法。

第二条 全国人民代表大会和地方各级人民代表大会代表依照法律规定选举产生。

全国人民代表大会代表是最高国家权力机关组成人员，地方各级人民代表大会代表是地方各级国家权力机关组成人员。

全国人民代表大会和地方各级人民代表大会代表，代表人民的利益和意志，依照宪法和法律赋予本级人民代表大会的各项职权，参加行使国家权力。

第三条 代表必须模范地遵守宪法和法律，保守国家秘密，在自己参加的生产、工作和社会活动中，协助宪法和法律的实施。

第四条 代表应当与原选区选民或者原选举单位和人民群众保持密切联系，听取和反映他们的意见和要求，努力为人民服务。

第五条 代表受原选区选民或者原选举单位的监督。选民或者选举单位有权依法罢免自己选出的代表。被罢免的代表有权出席罢免该代表的会议申诉意见或者书面申诉意见。

第六条 代表依照本法的规定在本级人民代表大会会议期间的工作和在本级人民代表大会闭会期间的活动，都是执行代表职务。

国家和社会为代表执行代表职务提供保障。

第二章 代表在本级人民代表大会会议期间的工作

第七条 代表应当出席本级人民代表大会会议，依法行使代表的职权。

第八条 代表参加大会全体会议、代表团全体会议、小组会议，审议列入大会议程的各项议案和报告。

代表可以被推选或者受邀请列席主席团会议、专门委员会会议，发表意见。

第九条 代表有权依照法律规定的程序向本级人民代表大会提出属于本级人民代表大会职权范围内的议案。议案应当有案由、案据和方案。

列入会议议程的议案，在交付大会表决前，提出议案的代表要求撤回的，经主席团同意，会议对该项议案的审议即行终止。

第十条 全国人民代表大会代表，有权依照宪法规定的程序向全国人民代表大会提出修改宪法的议案。

第十一条 代表参加本级人民代表大会的各项选举。

全国人民代表大会代表有权对主席团提名的全国人民代表大会常务委员会组成人员的人选，中华人民共和国主席、副主席的人选，中央军事委员会主席的人选，最高人民法院院长和最高人民检察院检察长的人选，全国人民代表大会各专门委员会的人选，提出意见。

县级以上的地方各级人民代表大会代表有权依照法律规定的程序提出本级人民代表大会常务委员会的组成人员，人民政府领导人员，人民法院院长，人民检察院检察长以及上一级人民代表大会代表的人选，并有权对本级人民代表大会主席团和代表依法提出的上述人员的人选提出意见。

乡、民族乡、镇的人民代表大会代表有权依照法律规定的程序提出本级人民政府领导人员的人选，并有权对本级人民代表大会主席团和代表依法提出的上述人员的人选，提出意见。

各级人民代表大会代表有权对本级人民代表大会主席团的人选，提出意见。代表对确定的候选人，可以投赞成票，可以投反对票，可以另选他人，也可以弃权。

第十二条 全国人民代表大会代表参加决定国务院组成人员和中央军事委员会副主席、委员的人选。

全国人民代表大会和省、自治区、直辖市、自治州、设区的市的人民代表大会代表参加表决通过本级人民代表大会各专门委员会组成人员的人选。

第十三条 代表在审议议案和报告时，可以向本级有关国家机关提出询问。有关国家机关应当派负责人或者负责人员回答询问。

第十四条 全国人民代表大会会议期间，一个代表团或者三十名以上的代表联名，有权书面提出对国务院和国务院各部、各委员会，最高人民法院，最高人民检察院的质询案。

县级以上的地方各级人民代表大会代表有权依照法律规定的程序提出对本级人民政府及其所属各部门，人民法院，人民检察院的质询案。

乡、民族乡、镇的人民代表大会代表有权依照法律规定的程序提出对本级人民政府的质询案。

质询案应当写明质询对象、质询的问题和内容。质询案按照主席团的决定由受质询机关答复。提出质询案的代表半数以上对答复不满意的，可以要求受质询机关再作答复。

第十五条 全国人民代表大会代表有权依照法律规定的程序提出对全国人民代表大会常务委员会组成人员，中华人民共和国主席、副主席，国务院组成人员，中央军事委员会组成人员，最高人民法院院长，最高人民检察院检察长的罢免案。

县级以上的地方各级人民代表大会代表有权依照法律规定的程序提出对本级人民代表大会常务委员会组成人员，人民政府组成人员，人民法院院长，人民检察院检察长的罢免案。

乡、民族乡、镇的人民代表大会代表有权依照法律规定的程序提出对本级人民政府领导人员的罢免案。

罢免案应当写明罢免的理由。

第十六条 县级以上的各级人民代表大会代表有权依法提议组织关于特定问题的调查委员会。

第十七条 代表参加本级人民代表大会表决，可以投赞成票，可以投反对票，也可以弃权。

第十八条 代表有权向本级人民代表大会提出对各方面工作的建议、批评和意见。有关机关、组织必须研究处理并负责答复。

第三章 代表在本级人民代表大会闭会期间的活动

第十九条 县级以上的各级人民代表大会常务委员会组织本级人民代表大会代表开展闭会期间的活动。

县级以上的地方各级人民代表大会常务委员会受上一级人民代表大会常务委员会的委托，组织本级人民代表大会选举产生的上一级人民代表大会代表开展闭会期间的活动。

第二十条 县级以上的各级人民代表大会代表，在本级或者下级人民代表 大会常务委员会协助下，可以按照便于组织和开展活动的原则组成代表小组。

县级以上的各级人民代表大会代表，可以参加下级人民代表大会代表的代表小组活动。

第二十一条 县级以上的各级人民代表大会代表根据本级人民代表大会常务委员会的统一安排，对本级或者下级国家机关和有关单位的工作进行视察。

代表按前款规定进行视察，可以提出约见本级或者下级有关国家机关负责人。被约见的有关国家机关负责人或者由他委托的负责人员应当听取代表的建议、批评和意见。

代表可以持代表证就地进行视察。县级以上的地方各级人民代表大会常务委员会根据代表的要求，联系安排本级或者上级的代表持代表证就地进行视察。

代表视察时，可以向被视察单位提出建议、批评和意见，但不直接处理问题。

第二十二条 代表有权依照法律规定的程序提议临时召集本级人民代表大会会议。

第二十三条 县级以上的各级人民代表大会代表可以应邀列席本级人民代表大会常务委员会会议。全国人民代表大会代表,省、自治区、直辖市、自治州、设区的市的人民代表大会代表可以应邀列席本级人民代表大会各专门委员会会议。

第二十四条 全国人民代表大会代表,省、自治区、直辖市、自治州、设区的市的人民代表大会代表可以列席原选举单位的人民代表大会会议,并可以应邀列席原选举单位的人民代表大会常务委员会会议。

第二十五条 代表应当采取多种方式经常听取人民群众的意见,回答原选区选民或者原选举单位对代表工作和代表活动的询问,协助本级人民政府推行工作。

第二十六条 县级以上的各级人民代表大会代表根据本级人民代表大会或者本级人民代表大会常务委员会的决定,参加关于特定问题的调查委员会。

第二十七条 县级以上的各级人民代表大会代表有权向本级人民代表大会常务委员会提出对各方面工作的建议、批评和意见。有关机关、组织必须研究处理并负责答复。

第二十八条 乡、民族乡、镇的人民代表大会代表分工联系选民,依法组成代表小组,反映群众的意见和要求,协助本级人民政府推行工作。

第四章 代表执行职务的保障

第二十九条 代表在人民代表大会各种会议上的发言和表决,不受法律追究。

第三十条 县级以上的各级人民代表大会代表,非经本级人民代表大会主席团许可,在本级人民代表大会闭会期间,非经本级人民代表大会常务委员会许可,不受逮捕或者刑事审判。如果因为是现行犯被拘留,执行拘留的机关应当立即向该级人民代表大会主席团或者人民代表大会常务委员会报告。

对县级以上的各级人民代表大会代表,如果采取法律规定的其他限制人身自由的措施,应当经该级人民代表大会主席团或者人民代表大会常务委员会许可。

乡、民族乡、镇的人民代表大会代表,如果被逮捕、受刑事审判、或者被采取法律规定的其他限制人身自由的措施,执行机关应当立即报告乡、民族乡、镇的人民代表大会。

第三十一条 代表在本级人民代表大会闭会期间,参加由本级人民代表大会或者其常务委员会安排的代表活动,代表所在单位必须给予时间保障。

第三十二条 代表按照本法第三十一条的规定执行代表职务,其所在单位按正常出勤对待,享受所在单位的工资和其他待遇。

无固定工资收入的代表执行代表职务,根据实际情况由本级财政给予适当补贴。

第三十三条 代表的活动经费,应当列入本级财政预算。

第三十四条 县级以上的各级人民代表大会常务委员会应当采取多种方式同本级人民代表大会代表保持联系。

第三十五条 县级以上的地方各级人民代表大会常务委员会,应当为本行政区域内的代表执行代表职务提供必要的条件。

第三十六条 县级以上的各级人民代表大会常务委员会的办事机构应当为代表执行代表职务提供服务。

第三十七条 为了便于代表执行代表职务,各级人民代表大会可以为本级人民代表大会代表制发代表证。

第三十八条 少数民族代表执行代表职务时,有关部门应当在语言文字、生活习惯等方面给予必要的帮助和照顾。

第三十九条 一切组织和个人都必须尊重代表的权利,支持代表执行代表职务。

有义务协助代表执行代表职务而拒绝履行义务的,有关单位应当予以批评教育,直至给予行政处分。

阻碍代表依法执行代表职务的,根据情节,由所在单位或者上级机关给予行政处分,或者依照治安管理处罚条例第十九条的规定处罚;以暴力、威胁方法阻碍代表依法执行代表职务的,依照刑法第一百五十七条的规定追究刑事责任。

对代表依法执行代表职务进行打击报复的,由所在单位或者上级机关责令改正或者给予行政处分;国家工作人员进行打击报复构成犯罪的,依照刑法第一百四十六条的规定追究刑事责任。

第五章 停止执行代表职务和代表资格终止

第四十条 代表有下列情形之一的,暂时停止执行代表职务:

(一)因刑事案件被羁押正在受侦查、起诉、审判的;

(二)被依法判处管制、拘役或者有期徒刑而没有附加剥夺政治权利,正在服刑的。

前款所列情形在代表任期内消失后,恢复其执行代表职务但代表资格终止者除外。

第四十一条 代表有下列情形之一的,其代表资格终止:

(一)地方各级人民代表大会代表迁出或者调离本

行政区域的；

（二）辞职被接受的；

（三）未经批准两次不出席本级人民代表大会会议的；

（四）被罢免的；

（五）丧失中华人民共和国国籍的；

（六）依照法律被剥夺政治权利的。

第四十二条　县级以上的各级人民代表大会代表资格的终止，由代表资格审查委员会报本级人民代表大会常务委员会，由本级人民代表大会常务委员会予以公告。

乡、民族乡、镇的人民代表大会代表资格的终止，由代表资格审查委员会报本级人民代表大会，由本级人民代表大会予以公告。

第六章　附　则

第四十三条　省、自治区、直辖市的人民代表大会及其常务委员会可以根据本法和本行政区域的实际情况，制定实施办法。

第四十四条　本法自公布之日起施行。

法律有关条文

治安管理处罚条例有关条款

第十九条　有下列扰乱公共秩序行为之一，尚不够刑事处罚的，处十五日以下拘留、二百元以下罚款或者警告：

……

（七）拒绝、阻碍国家工作人员依法执行职务，未使用暴力、威胁方法的。

刑法有关条文

第一百四十六条　国家工作人员滥用职权、假公济私，对控告人、申诉人、批评人实行报复陷害的，处二年以下有期徒刑或者拘役；情节严重的，处二年以上七年以下有期徒刑。

第一百五十七条　以暴力、威胁方法阻碍国家工作人员依法执行职务的，或者拒不执行人民法院已经发生法律效力的判决、裁定的，处三年以下有期徒刑、拘役、罚金或者剥夺政治权利。

国家主席杨尚昆签署第 57 号令公布《中华人民共和国工会法》

《中华人民共和国工会法》已由中华人民共和国第七届全国人民代表大会第五次会议于 1992 年 4 月 3 日通过，现予公布，自公布之日起施行。

中华人民共和国主席　杨尚昆

1992 年 4 月 3 日

中华人民共和国工会法

第一章　总　则

第一条　为保障工会在国家政治、经济和社会生活中的地位，确定工会的权利与义务，发挥工会在社会主义现代化建设事业中的作用，根据宪法，制定本法。

第二条　工会是职工自愿结合的工人阶级的群众组织。

第三条　在中国境内的企业、事业单位、机关中以工资收入为主要生活来源的体力劳动者和脑力劳动者，不分民族、种族、性别、职业、宗教信仰、教育程度，都有依法参加和组织工会的权利。

第四条　工会必须遵守和维护宪法，以宪法为根本的活动准则，依照工会章程独立自主地开展工作。

工会会员全国代表大会制定或者修改《中国工会章程》，章程不得与宪法和法律相抵触。

国家保护工会的合法权益不受侵犯。

第五条　工会组织和教育职工依照宪法和法律的规定行使民主权利，发挥国家主人翁的作用，通过各种途径和形式，参与管理国家事务，管理经济和文化事业，管理社会事务；协助人民政府开展工作，维护工人阶级领导的、以工农联盟为基础的人民民主专政的社会主义国家政权。

第六条　工会在维护全国人民总体利益的同时，维护职工的合法权益。

工会必须密切联系职工，听取和反映职工的意见和要求，关心职工的生活，帮助职工解决困难，全心全意为职工服务。

第七条　全民所有制和集体所有制企业事业单位的工会，组织职工依照法律规定参加本单位的民主管理和民主监督。

第八条　工会动员和教育职工以主人翁态度对待劳动，爱护国家和企业的财产，遵守劳动纪律，发动和组织职工努力完成生产任务和工作任务。

工会组织职工开展社会主义劳动竞赛，开展群众性的合理化建议、技术革新和技术协作的活动，提高劳动生产率和经济效益，发展社会生产力。

第九条　工会对职工进行爱国主义、集体主义、社会主义教育，民主、法制、纪律教育，以及科学、文化、技术教育，提高职工的思想、道德和科学、文化、技术、业务素质，使职工成为有理想、有道德、有文化、有纪律的劳动者。

第十条　中华全国总工会根据独立、平等、互相尊重、互不干涉内部事务的原则，加强同各国工会组织的友好合作关系。

第二章　工会组织

第十一条　工会各级组织按照民主集中制原则建立。

各级工会委员会由会员大会或者会员代表大会民

主选举产生。

各级工会委员会向同级会员大会或者会员代表大会负责并报告工作，接受其监督。

工会会员大会或者会员代表大会有权撤换或者罢免其所选举的代表或者工会委员会组成人员。

上级工会组织领导下级工会组织。

第十二条 企业、事业单位、机关有会员二十五人以上的，可以建立基层工会委员会；会员不足二十五人的，选举组织员一人，组织会员开展活动。

县级以上地方建立地方各级总工会。

同一行业或者性质相近的几个行业，可以根据需要建立全国的或者地方的产业工会。

全国建立统一的中华全国总工会。

第十三条 基层工会、地方各级总工会、全国或者地方产业工会组织的建立，必须报上一级工会批准。

基层工会组织所在的企业终止或者所在的事业单位、机关被撤销，该工会组织相应撤销。

第十四条 中华全国总工会、地方总工会、产业工会具有社会团体法人资格。

基层工会组织具备民法通则规定的法人条件的，依法取得社会团体法人资格。

第十五条 工会主席、副主席任期未满时，不得随意调动其工作。因工作需要调动时，应当征得本级工会委员会和上一级工会的同意。

第三章 工会的权利和义务

第十六条 全民所有制和集体所有制企业事业单位违反职工代表大会制度和其他民主管理制度，工会有权提出意见，保障职工依法行使民主管理的权利。

工会可以派出代表对所属工会组织所在的企业、事业单位、机关就侵犯职工合法权益的问题进行调查，有关单位应当予以协助。

第十七条 企业、事业单位违反劳动法律、法规，侵犯职工合法权益，工会有权要求企业、事业单位行政方面或者有关部门认真处理。

企业、事业单位违反国家有关劳动（工作）时间的规定，工会有权要求企业、事业单位行政方面予以纠正。

企业、事业单位违反保护女职工特殊权益的法律、法规，工会及其女职工组织有权要求企业、事业单位行政方面予以纠正。

第十八条 工会帮助、指导职工与企业、事业单位行政方面签订劳动合同。

工会可以代表职工与企业、事业单位行政方面签订集体合同。集体合同草案应当提交职工代表大会或者全体职工讨论通过。

第十九条 企业辞退、处分职工，工会认为不适当的，有权提出意见。

全民所有制和集体所有制企业在做出开除、除名职工的决定时，应当事先将理由通知工会，如果企业行政方面违反法律、法规和有关合同，工会有权要求重新研究处理。

当事人对企业行政方面作出的辞退、开除、除名的处理不服的，可以要求依照国家有关处理劳动争议的规定办理。

第二十条 工会参加企业的劳动争议调解工作。

地方劳动争议仲裁组织应当有同级工会代表参加。

第二十一条 企业侵犯职工劳动权益的，工会可以提出意见调解处理；职工向人民法院起诉的，工会应当给予支持和帮助。

第二十二条 县级以上各级总工会可以为所属工会和职工提供法律咨询服务。

第二十三条 工会依照国家规定对新建、扩建企业和技术改造工程中的劳动条件和安全卫生设施有权提出意见，企业或者主管部门应当认真处理。

第二十四条 工会发现企业行政方面违章指挥、强令工人冒险作业，或者生产过程中发现明显重大事故隐患和职业危害，有权提出解决的建议；当发现危及职工生命安全的情况时，有权向企业行政方面建议组织职工撤离危险现场，企业行政方面必须及时作出处理决定。

工会有权参加伤亡事故和其他严重危害职工健康问题的调查，向有关部门提出处理意见，并有权要求追究直接负责的行政领导人和有关责任人员的责任。

第二十五条 企业发生停工、怠工事件，工会应当会同企业行政方面或者有关方面，协商解决职工提出的可以解决的合理的要求，尽快恢复正常生产秩序。

第二十六条 工会协助企业、事业单位、机关行政方面办好职工集体福利事业，做好工资、劳动保护和劳动保险工作。

第二十七条 工会会同行政方面组织职工开展业余文化、技术学习和职工培训，提高职工的文化、业务素质；组织职工开展文娱、体育活动。

第二十八条 县级以上各级人民政府制定国民经济和社会发展计划，省、自治区的人民政府所在地的市和经国务院批准的较大的市以上的人民政府研究起草法律或者法规、规章，对涉及职工利益的重大问题，应当听取同级工会的意见。

县级以上各级人民政府及其有关部门在研究制定工资、物价、安全生产以及劳动保护、劳动保险等重大政策、措施时，应当吸收同级工会参加研究，听取工会意见。

第二十九条 县级以上地方各级人民政府可以采取适当方式，向同级工会通报政府的重要的工作部署和与工会工作有关的行政措施，研究解决工会反映的职工群众的意见和要求。

第四章 基层工会组织

第三十条 全民所有制企业职工代表大会是企业实行民主管理的基本形式，是职工行使民主管理权力的机构，依照《中华人民共和国全民所有制工业企业法》的规定行使职权。

全民所有制企业的工会委员会是职工代表大会的工作机构，负责职工代表大会的日常工作，检查、督促职工代表大会决议的执行。

第三十一条 集体所有制企业的工会委员会应当支持和组织职工参加民主管理和民主监督，维护职工选举和罢免管理人员、决定经营管理的重大问题的权力。

第三十二条 全民所有制企业的管理委员会应当有工会代表参加。

全民所有制企业召开讨论有关工资、福利、安全生产以及劳动保护、劳动保险等涉及职工切身利益的会议，应当有工会代表参加。

全民所有制企业厂长（经理）应当支持工会依法开展工作，工会应当支持厂长（经理）依法行使职权。

第三十三条 中外合资经营企业、中外合作经营企业研究决定有关工资、福利、安全生产以及劳动保护、劳动保险等涉及职工切身利益的问题，应当听取工会的意见。

外资企业的工会可以对有关职工的工资、福利、安全生产以及劳动保护、劳动保险等事项提出建议，同企业行政方面协商处理。

第三十四条 基层工会委员会召开会议或者组织职工活动，应当在生产或者工作时间以外进行，需要占用生产或者工作时间的，应当事先征得行政方面的同意。

全民所有制和集体所有制企业工会不脱产的委员因参加会议或者工会组织的活动，占用生产或者工作时间，其工资照发，其他待遇不受影响。

第三十五条 全民所有制和集体所有制企业事业单位以及机关工会委员会的脱产专职工作人员的工资、奖励、补贴，由所在单位行政支付。劳动保险和其他福利待遇等，享受本单位职工同等待遇。

第五章 工会的经费和财产

第三十六条 工会经费的来源：

（一）工会会员缴纳的会费；

（二）建立工会组织的全民所有制和集体所有制企业事业单位、机关按每月全部职工工资总额的百分之二向工会拨交的经费；

（三）工会所属的企业、事业单位上缴的收入；

（四）人民政府的补助；

（五）其他收入。

建立工会组织的中外合资经营企业、中外合作经营企业、外资企业依照国家有关规定向本企业工会拨交经费。

工会经费主要用于基层职工的教育和工会开展的其他活动。经费使用的具体办法由中华全国总工会制定。

第三十七条 工会应当根据经费独立原则，建立预算、决算和经费审查监督制度。

各级工会建立经费审查委员会。

各级工会经费收支情况应当由同级工会经费审查委员会审查，并且定期向会员大会或者会员代表大会报告，接受监督。工会会员大会或者会员代表大会有权对经费使用情况提出意见。

第三十八条 各级人民政府和企业、事业单位、机关应当为工会办公和开展活动，提供必要的设施和活动场所等物质条件。

第三十九条 工会的财产、经费和国家拨给工会使用的不动产，任何组织和个人不得侵占、挪用和任意调拨。

第四十条 工会所属的为职工服务的企业、事业单位，其隶属关系不得随意改变。

第四十一条 县级以上各级工会的离休、退休人员的待遇，与国家机关工作人员同等对待。

第六章 附 则

第四十二条 本法自公布之日起施行。1950 年 6 月 29 日中央人民政府颁布的《中华人民共和国工会法》同时废止。

国家主席杨尚昆签署第 58 号令发布《中华人民共和国妇女权益保障法》

《中华人民共和国妇女权益保障法》已由中华人民共和国第七届全国人民代表大会第五次会议于 1992 年 4 月 3 日通过。现予公布，自 1992 年 10 月 1 日起施行。

中华人民共和国主席 杨尚昆

1992 年 4 月 3 日

中华人民共和国妇女权益保障法

第一章 总 则

第一条 为了保障妇女的合法权益，促进男女平等，充分发挥妇女在社会主义现代化建设中的作用，根据宪法和我国的实际情况，制定本法。

第二条 妇女在政治的、经济的、文化的、社会的和家庭的生活等方面享有与男子平等的权利。

国家保护妇女依法享有的特殊权益,逐步完善对妇女的社会保障制度。

禁止歧视、虐待、残害妇女。

第三条 保障妇女的合法权益是全社会的共同责任。国家机关、社会团体、企业事业单位、城乡基层群众性自治组织,应当依照本法和有关法律的规定,保障妇女的权益。

国家采取有效措施,为妇女依法行使权利提供必要的条件。

第四条 国务院和省、自治区、直辖市人民政府,采取组织措施,协调有关部门做好妇女权益的保障工作。具体机构由国务院和省、自治区、直辖市人民政府规定。

第五条 中华全国妇女联合会和各级妇女联合会代表和维护各族各界妇女的利益,做好保障妇女权益的工作。

工会、共产主义青年团,应当在各自的工作范围内,做好保障妇女权益的工作。

第六条 国家鼓励妇女自尊、自信、自立、自强,运用法律维护自身合法权益。

妇女应当遵守国家法律,尊重社会公德,履行法律所规定的义务。

第七条 对保障妇女合法权益成绩显著的组织和个人,各级人民政府和有关部门给予表彰和奖励。

第二章 政治权利

第八条 国家保障妇女享有与男子平等的政治权利。

第九条 妇女有权通过各种途径和形式,管理国家事务,管理经济和文化事业,管理社会事务。

第十条 妇女享有与男子平等的选举权和被选举权。

全国人民代表大会和地方各级人民代表大会的代表中,应当有适当数量的妇女代表,并逐步提高妇女代表的比例。

第十一条 国家积极培养和选拔女干部。

国家机关、社会团体、企业事业单位在任用干部时必须坚持男女平等的原则,重视培养、选拔女干部担任领导成员。

国家重视培养和选拔少数民族女干部。

第十二条 各级妇女联合会及其团体会员,可以向国家机关、社会团体、企业事业单位推荐女干部。

第十三条 对于有关保障妇女权益的批评或者合理建议,有关部门应当听取和采纳;对于有关侵害妇女权益的申诉、控告和检举,有关部门必须查清事实,负责处理,任何组织或者个人不得压制或者打击报复。

第三章 文化教育权益

第十四条 国家保障妇女享有与男子平等的文化教育权利。

第十五条 学校和有关部门应当执行国家有关规定,保障妇女在入学、升学、毕业分配、授予学位、派出留学等方面享有与男子平等的权利。

第十六条 学校应当根据女性青少年的特点,在教育、管理、设施等方面采取措施,保障女性青少年身心健康发展。

第十七条 父母或者其他监护人必须履行保障适龄女性儿童少年接受义务教育的义务。

除因疾病或者其他特殊情况经当地人民政府批准的以外,对不送适龄女性儿童少年入学的父母或者其他监护人,由当地人民政府予以批评教育,并采取有效措施,责令送适龄女性儿童少年入学。

政府、社会、学校应针对适龄女性儿童少年就学存在的实际困难,采取有效措施,保证适龄女性儿童少年受完当地规定年限的义务教育。

第十八条 各级人民政府应当依照规定把扫除妇女中的文盲、半文盲工作,纳入扫盲和扫盲后继续教育规划,采取符合妇女特点的组织形式和工作方法,组织、监督有关部门具体实施。

第十九条 各级人民政府和有关部门应当采取措施,组织妇女接受职业教育和技术培训。

第二十条 国家机关、社会团体和企业事业单位应当执行国家有关规定,保障妇女从事科学、技术、文学、艺术和其他文化活动,享有与男子平等的权利。

第四章 劳动权益

第二十一条 国家保障妇女享有与男子平等的劳动权利。

第二十二条 各单位在录用职工时,除不适合妇女的工种或者岗位外,不得以性别为由拒绝录用妇女或者提高对妇女的录用标准。

禁止招收未满十六周岁的女工。

第二十三条 实行男女同工同酬。

在分配住房和享受福利待遇方面男女平等。

第二十四条 在晋职、晋级、评定专业技术职务等方面,应当坚持男女平等的原则,不得歧视妇女。

第二十五条 任何单位均应根据妇女的特点,依法保护妇女在工作和劳动时的安全和健康,不得安排不适合妇女从事的工作和劳动。

妇女在经期、孕期、产期、哺乳期受特殊保护。

第二十六条 任何单位不得以结婚、怀孕、产假、哺乳等为由,辞退女职工或者单方解除劳动合同。

第二十七条 国家发展社会保险、社会救济和医疗卫生事业,为年老、疾病或者丧失劳动能力的妇女获得物质资助创造条件。

第五章 财产权益

第二十八条 国家保障妇女享有与男子平等的财产权利。

第二十九条 在婚姻、家庭共有财产关系中，不得侵害妇女依法享有的权益。

第三十条 农村划分责任田、口粮田等，以及批准宅基地，妇女与男子享有平等权利，不得侵害妇女的合法权益。

妇女结婚、离婚后，其责任田、口粮田和宅基地等，应当受到保障。

第三十一条 妇女享有的与男子平等的财产继承权受法律保护。在同一顺序法定继承人中，不得歧视妇女。

丧偶妇女有权处分继承的财产，任何人不得干涉。

第三十二条 丧偶妇女对公、婆尽了主要赡养义务的，作为公、婆的第一顺序法定继承人，其继承权不受子女代位继承的影响。

第六章 人身权利

第三十三条 国家保障妇女享有与男子平等的人身权利。

第三十四条 妇女的人身自由不受侵犯。禁止非法拘禁和以其他非法手段剥夺或者限制妇女的人身自由；禁止非法搜查妇女的身体。

第三十五条 妇女的生命健康权不受侵犯。禁止溺、弃、残害女婴；禁止歧视、虐待生育女婴的妇女和不育妇女；禁止用迷信、暴力手段残害妇女；禁止虐待、遗弃老年妇女。

第三十六条 禁止拐卖、绑架妇女；禁止收买被拐卖、绑架的妇女。

人民政府和有关部门必须及时采取措施解救被拐卖、绑架的妇女。被拐卖、绑架的妇女返回原籍的，任何人不得歧视，当地人民政府和有关部门应当做好善后工作。

第三十七条 禁止卖淫、嫖娼。

禁止组织、强迫、引诱、容留、介绍妇女卖淫或者雇用、容留妇女与他人进行猥亵活动。

第三十八条 妇女的肖像权受法律保护。未经本人同意，不得以营利为目的，通过广告、商标、展览橱窗、书刊、杂志等形式使用妇女肖像。

第三十九条 妇女的名誉权和人格尊严受法律保护。禁止用侮辱、诽谤、宣扬隐私等方式损害妇女的名誉和人格。

第七章 婚姻家庭权益

第四十条 国家保障妇女享有与男子平等的婚姻家庭权利。

第四十一条 国家保护妇女的婚姻自主权。禁止干涉妇女的结婚、离婚自由。

第四十二条 女方按照计划生育的要求中止妊娠的，在手术后六个月内，男方不得提出离婚；女方提出离婚，或者人民法院认为确有必要受理男方离婚请求的，不在此限。

第四十三条 妇女对依照法律规定的夫妻共同财产享有与其配偶平等的占有、使用、收益和处分的权利，不受双方收入状况的影响。

第四十四条 国家保护离婚妇女的房屋所有权。

夫妻共有的房屋，离婚时，分割住房由双方协议解决；协议不成的，由人民法院根据双方的具体情况，照顾女方和子女权益的原则判决。夫妻双方另有约定的除外。

夫妻共同租用的房屋，离婚时，女方的住房应当按照照顾女方和子女权益的原则协议解决。

夫妻居住男方单位的房屋，离婚时，女方无房居住的，男方有条件的应当帮助其解决。

第四十五条 父母双方对未成年子女享有平等的监护权。

父亲死亡、丧失行为能力或者有其他情形不能担任未成年子女的监护人的，母亲的监护权任何人不得干涉。

第四十六条 离婚时，女方因实施绝育手术或者其他原因丧失生育能力的，处理子女抚养问题，应在有利子女权益的条件下，照顾女方的合理要求。

第四十七条 妇女有按照国家有关规定生育子女的权利，也有不生育的自由。

育龄夫妻双方按照国家有关规定计划生育，有关部门应当提供安全、有效的避孕药具和技术，保障实施节育手术的妇女的健康和安全。

第八章 法律责任

第四十八条 妇女的合法权益受到侵害时，被侵害人有权要求有关主管部门处理，或者依法向人民法院提起诉讼。

妇女的合法权益受到侵害时，被侵害人可以向妇女组织投诉，妇女组织应当要求有关部门或者单位查处，保护被侵害妇女的合法权益。

第四十九条 违反本法规定侵害妇女合法权益，其他法律、法规已规定处罚的，依照该法律、法规的规定处罚。

第五十条 有下列侵害妇女合法权益情形之一的，由其所在单位或者上级机关责令改正，并可根据具体情况，对直接责任人员给予行政处分：

(一)对有关侵害妇女权益的申诉、控告、检举，推诿、拖延、压制不予查处的；

(二)依照法律、法规规定,应当录用而拒绝录用妇女或者对妇女提高录用条件的;

(三)在分配住房和晋职、晋级、评定专业技术职务等方面,违反男女平等原则,侵害妇女合法权益的;

(四)以结婚、怀孕、产假、哺乳等为由辞退女职工的;

(五)划分责任田、口粮田等,以及批准宅基地,违反男女平等原则,侵害妇女合法权益的;

(六)在入学、升学、毕业分配、授予学位、派出留学等方面,违反男女平等原则,侵害妇女合法权益的。

对侵害妇女权益的行为提出申诉、控告、检举的人进行打击报复的,由其所在单位或者上级机关责令改正或者给予行政处分;国家工作人员进行打击报复构成犯罪的,依照刑法第一百四十六条的规定追究刑事责任。

第五十一条 雇用、容留妇女与他人进行猥亵活动的,比照治安管理处罚条例第十九条的规定处罚;情节严重,构成犯罪的,比照刑法第一百六十条的规定追究刑事责任。

第五十二条 侵害妇女的合法权益,造成财产损失或者其他损害的,应当依法赔偿或者承担其他民事责任。

第九章 附 则

第五十三条 国务院有关部门可以根据本法制定有关条例,报国务院批准施行。

省、自治区、直辖市人民代表大会常务委员会可以根据本法制定实施办法。

民族自治地方的人民代表大会,可以依据本法规定的原则,结合当地民族妇女的具体情况,制定变通的或者补充的规定。自治区的规定,报全国人民代表大会常务委员会备案;自治州、自治县的规定,报省或者自治区人民代表大会常务委员会批准后生效,并报全国人民代表大会常务委员会备案。

第五十四条 本法自1992年10月1日起施行。

国家主席杨尚昆在人民大会堂接受埃塞俄比亚新任驻中国大使海尔·乔吉斯·布鲁克递交的国书

国务院总理李鹏在人民大会堂会见以关西经济联合会会长宇野收为团长的日本关西财界访华团

4月4日

《人民日报》发表社论《为经济发展上新台阶而奋斗——祝贺七届全国人大五次会议、全国政协七届五次会议闭幕》

中共中央政治局常委宋平在云南考察

4月4日至12日,宋平在云南省委书记普朝柱的陪同下,深入云南省的边疆民族地区。宋平说,当前我国社会主义现代化建设正处在一个关键时期,时不我待,只要有利于发展社会主义社会的生产力,有利于增强社会主义国家的综合国力,有利于提高人民生活水平,就要大胆去干。谁认识得早,谁抓得紧,谁就主动,谁发展就快。

宋平说,边疆民族地区既要加强同内地的经济联系,又要充分发挥本地优势,积极发展边境贸易,大胆开拓国际市场。云南发展同东南亚地区的贸易和经济合作,前景广阔。发展边境贸易,是我国对外开放的一个重要组成部分,是带动和促进边疆民族地区整个经济发展的一条重要途径。在这方面,思想要再解放一点,办法再多一点,步子再快一点。

宋平还分别与云南省委党校部分学员和企事业单位的党员干部就党的建设问题进行了座谈。宋平说,组织路线是为政治路线服务的,要大力加强党的建设,加强领导班子和干部队伍的建设,为全面贯彻执行党的基本路线提供组织保证。要按照革命化、年轻化、知识化、专业化的方针和德才兼备的原则,把那些坚决执行党的基本路线,在社会主义现代化建设和改革开放中做出显著成绩的优秀年轻干部选拔进各级领导班子。云南是多民族聚居的地区,还要积极培养和选拔少数民族干部。各级领导干部要切实改进工作作风,到基层去,到群众中去,深入调查研究,总结推广改革开放和现代化建设中的新鲜经验,在抓落实上下功夫。

宋平看望了云南热带作物研究所、药物研究所和中国科学院热带植物研究所的科技人员。

1992年中国新产品新技术博览会在北京展览馆开幕

援助西藏发展基金会在北京举行成立大会

大会通过援助西藏发展基金会第一届理事会组成人员名单。阿沛·阿旺晋美任理事长,帕巴拉·格列朗杰、尧西·古公才旦任副理事长。

中共中央政治局常委李瑞环在北京会见由执行委员会委员对外关系负责人达尼埃尔·洛博率领的佛得角争取民主运动代表团

李瑞环代表中共中央欢迎佛得角客人的来访。李瑞环说,这是中国共产党和佛得角争取民主运动之间的第一次接触,今后我们愿意在独立自主、完全平等、相互尊重、互不干涉内部事务四项原则的基础上发展双方的关系。

李瑞环说，加强同第三世界国家和人民的友好合作关系是中国外交政策的重要内容。在当前复杂多变的国际形势下，发展中国共产党和佛得角民运党的关系对双方都有益处。

中共中央政治局常委李瑞环在人民大会堂会见由日中友好协会副会长平山郁夫率领的日中友好访华团

会见时，李瑞环说，随着历史的发展和人类文明的提高，文化包括文物越来越具有世界性的意义。中日文化交流的领域是广阔的，可做的工作很多，希望这次展览成为双方在文物保护工作方面合作的新起点。

4 月 5 日

党和国家领导人江泽民李鹏万里乔石姚依林李瑞环等与首都军民挥锹植树参加首都义务植树

中国日本美国俄罗斯关于亚太地区安全问题四边研讨会在北京举行

第 8 次南极考察队乘坐“极地”号考察舰满载成果返回天津

北京世界公园奠基

4 月 6 日

中共中央总书记江泽民与日本首相宫泽喜一在东京的迎宾馆花鸟厅举行正式会谈

宫泽首相说，在日中邦交正常化 20 周年的时候，我热烈欢迎江泽民总书记一行的来访。中国是世界上一个很重要的国家，日本方面同年初接待布什总统一样，十分重视总书记阁下的这次访问。

江泽民说，在中日邦交正常化 20 周年之际，我有机会前来贵国访问感到格外高兴。

江泽民说：20 年来，在两国政府和人民的共同努力下，中日关系的发展总的是顺利的，在许多领域里的合作都取得了显著成果。发展同日本的长期稳定的睦邻友好合作关系，是中国外交政策的一项重要内容。两国关系的发展有利于两国人民，也是对亚洲和世界的和平、稳定与发展的积极贡献。中国方面希望两国关系在《中日联合声明》和《中日和平友好条约》的基础上进一步巩固和发展。对两国关系中尚存在的以及可能出现的问题，双方要以大局为重，妥善处理。

在谈及中日之间的那一段不幸的历史时，江泽民说：正确对待那一段历史，对两国关系的健康发展具有重要意义。“前事不忘，后事之师”，希望日本以史为鉴，坚持走和平发展道路。江泽民接着说，随着中日关系的深入，两国领导人应该加强接触，增进了解，保证两国关系健康发展。

宫泽表示同意江泽民对日中关系 20 年发展状况的评价。他说，日本战后决心不再做军事大国。日中两国有上千年的交往，日本在文化上受中国的影响很大。中国实行改革开放，经济有了突飞猛进的发展，日本感到十分高兴。日中两国人员交往增多，经贸关系不断发展，出现一些问题是很自然的。对于出现的问题，我赞成阁下的意见，应当通过双方的友好协商来加以解决。两国领导人也要增加接触。

双方还就双边关系中的一些具体问题交换了意见。两位领导人还就日本天皇访华问题交换了意见。宫泽表示，日方衷心感谢中方对天皇和皇后的邀请。认为，在邦交正常化 20 周年实现这次访问，将对日中两国关系的进一步发展和增进两国人民的传统友谊产生重要影响。

关于国际形势，江泽民总书记说：苏联解体后两极格局结束，世界向多极化方向发展。国际形势的变化并没有带来天下太平，人类所关心的发展问题也没有解决。在这种形势下，中国主张在和平共处五项原则的基础上建立国际政治、经济新秩序，这样的新秩序反映了大多数国家的愿望，符合世界多极化趋势的现实，因而有利于世界的和平与发展。

江泽民指出，中日两国都是国际事务中有重要影响的国家，我们愿意同贵国保持磋商，继续进行合作，共同为世界的和平与发展而努力。

宫泽也认为，两极体制结束后，世界出现了多极化的趋势。宫泽说：中国一向信守和平共处五项原则，这有利于世界和平，我们对此表示敬意。

两位领导人就亚洲形势交换了意见。双方认为，亚洲特别是东亚地区政治相对稳定，经济持续发展，这是令人欣慰的。两位领导人表示，愿继续努力推动朝鲜半岛形势朝着缓和与稳定的方向发展，支持朝鲜半岛实现无核化。

在谈及柬埔寨问题时，江泽民说：柬问题政治解决虽然还有不少困难，但和平是大势所趋，人心所向，不可逆转。两位领导人表示支持全面贯彻巴黎和平协定。

《人民日报》发表社论《贺三峡工程列入十年规划》

中国关心下一代工作委员会专家委员会在北京成立

中顾委常委王平、全国人大常委会副委员长雷洁琼等出席成立大会。

新成立的中国关心下一代工作委员会专家委员会由生理、心理、教育、营养、法学、社会学等学科不同领域的27名专家组成。专家委员会聘请于若木等5人为顾问,推举著名妇科专家严仁英教授为主任。

中共中央总书记江泽民访问日本前夕在人民大会堂接受中外记者的采访

江泽民说,前往日本进行友好访问的目的有三个:一是纪念中日邦交正常化20周年;二是进一步推动中日睦邻友好关系的发展;三是加深两国人民之间的传统友谊。他说,在当前动荡不安的国际形势下,进一步发展中日友好关系不仅符合两国人民的根本利益,也有助于亚洲乃至整个世界的和平、稳定与发展。

江泽民在回答提问时说,访问期间他将同日本天皇陛下和宫泽首相就广泛的国际问题和双边关系深入地交换意见。

江泽民在回答有关当前我国内形势的问题时说,中共中央政治局不久前召开了一次会议并发了公报,七届全国人大五次会议和全国政协七届五次会议刚刚结束,会议开得非常好。这些会议表明国内有一个很好的气氛,大家都有一个共同的、一致的意见和愿望,这就是坚定不移地始终贯彻党的"一个中心、两个基本点"的基本路线,进一步扩大改革开放,把经济建设搞上去。

国务院总理李鹏在人民大会堂会见出席中国美国日本俄罗斯关于亚太安全问题四边研讨会的代表

李鹏说,目前东北亚地区的安全形势,可以说机遇和挑战并存。"我们应该共同采取客观、正确的政策。"

李鹏说,中、美、日、俄四国从事国际战略问题的专家一年一度举行研讨会,是一件有意义的事情。

李鹏说,"中国作为亚洲国家,很自然地对本地区的安全与稳定问题十分关切。"

李鹏说,中国正在进行大规模的现代化建设,要有两个基本条件,即在国际上需要有一个长期的和平环境,在国内要有一个长期稳定的政治局面。两者缺掉任何一个,现代化建设就不可能实现。

李鹏说,中国与周边国家的关系有了进一步改善和加强。我们愿为东北亚、乃至整个亚洲和全世界的和平与安全作出自己的贡献。

李鹏在简要地介绍了中国与周边国家关系后指出,中国将一如既往地执行独立自主的和平外交政策。

中共中央政治局常委李瑞环在人民大会堂会见美国前驻中国大使伍德科克和夫人

李瑞环对伍德科克多年来为发展中美关系所作的努力和取得的成绩表示赞赏。

李瑞环说,就中国方面来说,当前主要是把国内的事情办好,把经济建设搞好,把改革开放的事情办好,因此中国需要有一个和平的国际环境。他说,中美两国没有根本的利害冲突,两国关系朝好的方向发展,不仅符合中美两国人民的利益,也符合世界人民的利益。

中国政府代表王荩卿和亚美尼亚共和国政府代表奥尼涅相在埃里温签署两国建交公报

中华人民共和国政府和亚美尼亚共和国政府根据两国人民的利益和愿望,决定两国自1992年4月6日起建立大使级外交关系并互派外交代表。

两国政府同意,在相互尊重主权和领土完整、互不侵犯、互不干涉内政、平等互利、和平共处原则基础上,发展两国之间的友好合作关系。

亚美尼亚共和国政府承认中华人民共和国政府是中国的唯一合法政府,台湾是中国领土不可分割的一部分。亚美尼亚共和国政府确认不和台湾建立任何形式的官方关系。

中华人民共和国政府支持亚美尼亚共和国政府维护民族独立、发展经济所作的努力。

两国政府同意,在平等互利的基础上,根据国际惯例,互相为对方在其外交代表履行职务方面提供一切必要的协助。

4月7日

日本天皇明仁在东京皇宫正殿竹厅会见中共中央总书记江泽民

中共中央总书记江泽民在东京元赤坂迎宾馆会见自民党金丸信副总裁、绵贯民辅干事长、佐藤孝行总务会长和森喜郎政调会长等日本自民党领导人

江泽民说,自民党是日本的第一大政党。自民党内有许多著名的政治家为中日两国关系的恢复和发展作出了积极的贡献。中国人民对此十分钦佩。

江泽民说,中国有句古话叫做"和为贵"。愿中日两国本着这种精神共同为亚洲和世界的和平与发展作出贡献。

中共中央总书记江泽民在东京元赤坂迎宾馆先后会见日本社会党委员长田边诚、日本公明党委员长石田幸四郎、日本民社党委员长大内启伍和日本社会民主联合代表(党首)江田五月

中共中央总书记江泽民在东京元赤坂迎宾馆会见来自日本各地的旅日华侨代表

江泽民向50多名旅日华侨代表说，旅日侨胞关心祖国、热爱祖国，为祖国的现代化建设作出了很多贡献。去年国内部分地区遭受特大洪涝灾害时，侨胞们纷纷慷慨解囊，捐献了大笔的款项。我代表祖国政府和人民向侨胞们致以谢意。

江泽民说，中日邦交正常化20年来，两国关系的发展中也凝聚着侨胞们的辛劳。江泽民勉励侨胞要继续为中日两国人民的世代友好多作贡献。

在谈到祖国统一问题时，江泽民说，目前祖国大陆和台湾的关系正在向良性方向发展，人员往来和经济合作都有了相当的规模，令人十分鼓舞。希望广大侨胞继续为祖国的和平统一大业积极贡献力量。

日中邦交正常化20周年纪念活动民间组织委员会在东京新大谷饭店举行宴会欢迎中国共产党中央委员会总书记江泽民访问日本

日本众议院议长、日本国际贸易促进协会会长樱内义雄代表日本民间组织委员会致欢迎词。

江泽民总书记在宴会上致词。日本首相宫泽喜一作为来宾出席宴会并致词。

中共中央总书记江泽民在日本庆祝日中邦交正常化20周年民间组委会演讲会上发表题为《国际形势和中日关系》的演讲

民间组织委员会的朋友们，女士们，先生们：

在中日邦交正常化20周年这个喜庆之年，承蒙日本政府的盛情邀请，在这樱花盛开的季节我来到贵国进行友好访问，感到十分高兴。我愿借此机会，感谢日本政府和人民的热情款待和周到安排。我还要借此机会转达中国人民对日本人民的亲切问候和良好祝愿。

中日实现邦交正常化，揭开了两国关系历史的新篇章。经过两国人民20个春秋的努力，中日友好合作已结出丰硕成果。对此，中国人民高兴，日本人民高兴，世界人民也高兴。

"饮水不忘掘井人"。在我们共同庆祝中日邦交正常化20周年的时候，我和在座的朋友们一样，十分怀念所有为中日邦交正常化做出过贡献的开拓者，十分钦佩两国有远见卓识的政治家在20年前作出的政治决断，十分感谢20年来为维护发展中日友好关系作出不懈努力的各界人士。他们的努力，不仅使中日关系的面貌为之一新，而且促使亚洲太平洋地区的形势发生了有利于和平与发展的转变。

今天，我谨就国际形势和中日关系这个主题，向朋友们介绍一下中国对当前国际形势的基本看法以及对今后中日关系的展望。

近年来，世界上发生了许多重大事件，其中具有最深远影响的是苏联的解体。这是第二次世界大战结束以来国际形势发生的最重大的变化。它标志两极格局已经结束，世界进入了向多极化发展的转折时期。国际上原有的平衡被打破，新的分化和组合已经开始。

面对国际形势的重大变化，国际社会普遍关注，众说纷纭，在我们看来，超级大国军事对峙的局面虽然改观，但世界依然很不安宁。原有的紧张因素尚未完全消除，新的不稳定因素却在增多。两极格局下长期被掩盖着的政治矛盾、经济摩擦以及民族、宗教和领土纠纷等突出起来，产生着新的危机、动乱甚至战争。

世界经济发展也面临严峻的局面。国际间的竞争愈来愈激烈和不平等，南北差距不断扩大。许多发展中国家的经济环境更加恶化。发达国家的经济发展也出现了许多新的矛盾和问题。

现实告诉我们，人类长期面临的和平与发展这两大主要问题一个也没有得到解决。各国人民仍然需要继续做出不懈的努力。

享有持久和平，谋求经济发展，是各国人民的共同愿望。在当今世界的重大转折时刻，各国人民更加希望建立一个有利于实现和平与发展的国际政治、经济新秩序。这是人类在即将跨入21世纪的历史关头为自己提出的重大课题。建立什么样的国际新秩序，如何来建立国际新秩序，所有的国家和人民都在认真思考。我们认为，就建立国际新秩序而言，首要的是正确认识世界的现实。

世界是多样性的。在我们这个星球上，由上千个民族所组成的近200个国家，不仅存在着自然环境的差异，而且经历了不同的社会历史发展过程，这就形成了各种社会制度、价值观念、生活方式、宗教信仰和文化传统。基于这一现实，只有各国互相尊重、求同存异、平等相待、和睦共处，才有可能维持持久的和平，为各国的共同发展创造必要的外部条件。

在这个多样化的世界里，国家与国家之间，都不应该把自己的意志和模式强加于人。我们主张，国家无论大小、强弱、贫富，都具有独立自主的国家主权和相互平等的地位。各国要互相尊重领土完整，任何国家不得以任何借口侵犯或吞并别国领土。各国人民有权根据本国的具体国情，选择自己的社会制度、意识形态和发展道路，制定自己的政策和法律，任何国家不得以任何借口干涉别国内部事务。国与国之间存在的分歧和争端，应该通过协商和平解决，不得诉诸武力和武力威胁。我们认为，这些原则应该成为建立国际新秩序的基本准则。

人类社会发展到今天，人们已愈来愈认识到大家生活在一个互相依存的世界里。各国应当采取开放的态度,相互借鉴,取长补短,在平等互利的基础上加强合作。这包括努力促进各国之间的经济和科技合作,建立非排他性的地区经济合作机制,就地区安全和重大国际事务进行必要的磋商、协调与合作等等。我们认为,这些原则也应该成为建立国际新秩序的基础准则。

令人遗憾的是,在当今的国际关系中,霸权主义和强权政治仍然是我们面临的一个严重现实问题。建立国际新秩序,就应该打破各种形式的以大欺小、以强凌弱、践踏别国主权、干涉他国内政的霸权主义和强权政治。中国是个大国,是维护世界和平的坚定力量,将始终坚持独立自主的和平外交政策。中国现在不称霸,将来发达了也永远不称霸。历史一再证明,霸权主义和强权政治是行不通的。因为它不仅破坏正常的国际交流和平等互利的国际合作,甚至给人类带来灾难,应该为国际社会所摒弃。

综观国际形势,我们高兴地看到,具有悠久历史文化传统的亚洲地区正在发生令人鼓舞的变化。同一些地区动荡不安的情况相反,亚洲局势特别是东亚地区,正朝着缓和与稳定的方向发展。尽管各国社会制度不同,但都在谋求本地区的和平与发展。一些地区性问题正在逐步解决。巴黎协定的签署,为全面解决延续13年之久的柬埔寨问题奠定了基础;朝鲜北南双方为实现民族和解,缓和朝鲜半岛局势积极努力,取得了突破性的进展;阿富汗问题的政治解决在加快步伐。亚洲幅员辽阔,资源丰富,各国在探索适合本国发展道路的同时,在平等互利的基础上加强了彼此之间的合作。亚洲的经济同世界各地区的经济有着广泛的联系,特别是亚洲太平洋地区的经济合作保持了良好的势头。

亚洲进入了政治相对稳定、经济持续发展的新的历史时期。世界的和平与发展离不开亚洲的和平与发展,亚洲的和平与发展必将有力地促进世界的和平与发展。亚洲曾经为世界的进步和人类文明创造出光辉的业绩。我相信,在即将到来的新世纪里,一个稳定繁荣的亚洲必将对全人类作出更大的贡献。

中国是个发展中国家。近十多年来,中国各族人民在邓小平同志的建设有中国特色的社会主义思想的指导下,坚持"一个中心、两个基本点"的基本路线,改革开放和现代化建设取得了举世公认的成就。我国经济持续发展,人民生活显著改善,民族和睦团结,国家政局稳定。事实表明,我们所确定的基本路线和选择的建设有中国特色社会主义的道路是完全正确的。我们要长期坚持这条路线不变,坚定不移地沿着这条道路走下去,一百年不动摇!

中国现阶段面临的社会主要矛盾,是人民日益增长的物质文化需要与落后的社会生产之间的矛盾。因此,中国人民当前和今后相当长时间的中心任务,是专心致志、集中精力把经济建设搞上去。而要发展经济,就必须实行改革开放。通过改革开放,进一步解放和发展生产力,增强综合国力,提高人民生活水平。舍此别无他途。

我们将坚持从我国的实际出发,充分利用各种有利条件,调动一切积极因素,加快经济发展速度,力争几年上一个台阶。我们将进一步解放思想,大胆试验,加快改革开放的步伐。我们将更好地利用计划和市场这些经济手段,促进社会主义商品经济的发展。我们将进一步扩大同世界各国的经济、科技和文化交流,大胆吸收和借鉴人类社会创造的一切文明成果,吸收和借鉴当今世界各国包括资本主义发达国家的先进经营方式和管理方法。

在深化经济体制改革的同时,我们将进一步推进政治体制改革,努力完善人民代表大会制度,完善中国共产党领导的多党合作和政治协商制度。我们将进一步健全社会主义的民主与法制,巩固和发展我国安定团结的政治局面,因为这是经济繁荣、社会进步、人民安居乐业的保证。中国的稳定和发展,不仅顺乎中国的人心民意,而且也是确保亚洲和世界和平与稳定的重要因素。

今天,中国人民对自己的命运和前途充满信心。众所周知,中国是个有着数千年优秀文化传统的文明古国。中华民族以勤劳、勇敢、智慧著称于世。中国幅员辽阔,资源丰富。四十多年的建设,已经为中国的发展奠定了相当的物质技术基础。我们现行的路线、方针、政策,得到了中国最广大人民群众的衷心拥护。我们坚信,经过几十年的坚持不懈的努力奋斗,中国一定会取得更大的发展,一定会对人类文明和世界进步作出更大的贡献。

为了实现中国现代化建设的宏伟蓝图,中国人民真诚希望有一个和平的国际环境。我们将继续奉行独立自主的和平外交政策,在和平共处五项原则基础上,积极巩固和发展同周边国家和世界各国的友好合作关系。在当前国际形势下,中国政府和人民愿与亚洲及世界各国政府和人民一起,为在亚洲和世界建立一个和平、稳定、合作、发展的新秩序而共同努力。

中国和日本是一衣带水的友好邻邦,两国人民在2000多年的交往中结下了深厚的情谊。长期以来,两国人民的友好往来不仅促进了两国政治、经济和文化的发展,也为人类社会的文明作出了杰出的贡献。不幸的是,在19世纪末叶以后的半个世纪里,特别是从本世纪30年代初开始的十多年间,这种友好合作关系受到严重的损害。日本军国主义使中国人民遭受了惨重的灾难,也使日本人民深受其害。前事不忘,后事之师。我们要牢牢汲取中日关系发展中正反两方面的经验和教训。中日两国只有坚持世世代代友好合作下去,才有光明的前途,才是双方共同利益之所在。

1972 年 9 月,经过中日双方的共同努力,两国政府发表了具有重要历史意义的联合声明,实现了邦交正常化。1978 年 10 月,两国缔结了和平友好条约,从法律上进一步巩固了两国关系的政治基础。中日联合声明和中日和平友好条约这两个重要文献,既总结了两国关系的历史,也开辟了两国关系的未来,为中日睦邻友好合作关系的长期稳定发展确立了指导原则。建立在这些指导原则基础上的中日友好关系,给两国人民带来了重要利益,也为亚洲太平洋地区乃至世界的和平与发展作出了重要贡献。

日本战后走和平发展道路,经济得到迅速发展,国际影响日益扩大。中国政府和人民欢迎日本继续走和平发展道路,支持日本在维护亚洲和世界和平,促进各国共同发展方面,发挥积极作用。

展望中日关系的未来,我是非常乐观的。我们两国在文化方面有许多相通之处,容易进行交流,有利于增进彼此的理解和信任。经过邦交正常化 20 年来的努力,我们确立了指导两国关系的基本准则,建立了各种形式的对话渠道,为两国关系的顺利发展提供了保证。在经济合作领域,我们两国具有天时、地利、人和的有利条件。两国经济的进一步发展,为扩大合作开辟了广阔前景。只要我们两国和两国人民相互尊重,相互信赖,以诚相待,密切合作,中日友好关系就一定能够取得更大的发展。

中日友好不是排他的,相反,它是在两国各自拥有广泛国际关系的基础上建立起来的。中国拥有巨大的经济发展潜力,同广大发展中国家有着广泛的联系。日本经济力量雄厚,科学技术先进,在发达国家行列中占有重要的位置。中日两国加强友好合作,对世界的和平与发展将产生重大影响。

我相信,只要中日双方共同努力,中日友好合作关系一定能够稳步地向前发展,两国人民世世代代友好下去的愿望一定能够实现。

谢谢大家。

全国人大常委会委员长万里在人民大会堂会见巴基斯坦联邦监察专员乌斯曼·阿里·沙阿

中共中央政治局常委乔石在钓鱼台国宾馆会见以哈萨克斯坦社会党中央政治执委会书记叶尔蒂斯巴耶夫为团长的哈萨克斯坦社会党代表团

中国代表团成员杨纪珂在各国议会联盟第 87 届大会环境与发展问题全体会议上发言

杨纪珂强调,经济发展是保护环境的前提,没有经济的稳定,发展中国家就不会有保护环境的能力。

杨纪珂说,将于今年六月在巴西召开的联合国环境与发展大会应该遵循的一条基本原则,就是各国有权根据自己的经济、社会和文化条件,选择经济发展与环境保护协调进行的最佳道路,有权合理开发和利用本国的自然资源。

杨纪珂指出,"国家不论大小,贫富,都有权参与国际环境保护和发展事务。任何将某一种政治、经济模式强加给其他国家的做法,或者附加种种不合理条件,都是不可取的,都将从根本上削弱国际环境合作的基础。"

杨纪珂说,如果危害发展中国家的沙漠化、水涝、旱灾等环境问题长期得不到解决,其后果将是十分严重的。为此,中国代表团建议联合国设立一项专门基金,资助发展中国家的环保工作,帮助他们实现经济的持续发展。

杨纪珂说:"中国作为一个发展中国家,是在人口众多、经济和科技都比较落后的条件下进行现代化建设的。随着人口的增长和经济的发展,我国生态环境将面临越来越大的压力。而且我们的经济实力有限,治理环境资金不足、技术水平还不高,存在困难。"但他强调,中国决心在国际社会的积极支持与合作下治理好环境,为全球环保事业做出应有的贡献。

中国代表团团长陈士球在联合国麻醉药品委员会第 35 届会议上发言

陈士球表示,中国政府将继续严厉打击各种毒品犯罪活动,并将积极扩大和发展禁毒领域的国际合作。

陈士球在发言中介绍说,目前"中国政府已作出了在二三年内遏制住毒品泛滥势头,进而从根本上消除毒品祸害的战略决策","提出了禁贩、禁吸、禁种的三禁并举、堵源截流、严格执法、标本兼治的禁毒工作方针"。对各种毒品犯罪活动进行了严厉打击。此外,中国政府还进一步加强了禁吸戒毒工作,大力加强禁毒宣传,提高全民的禁毒意识。

在谈到国际毒品犯罪时,陈士球说,中国政府认为应进一步加强在禁毒领域内的国际合作,应在毒品的生产、贩运和消费 3 个环节同时入手治理。此外,联合国及发达国家用经济、技术及外贸等手段"有效地支持发展中国家,特别是某些在禁毒斗争中有特殊困难的国家"也将有助于改善国际毒品滥用和非法贩运的严峻形势。

国家教委共青团中央联合发出《关于在全国中小学深入开展学雷锋活动的意见》

《意见》提出，学习雷锋，重要的是要抓住实质，中小学生学雷锋要以“五爱”为基本内容。学习雷锋爱憎分明，全心全意为人民服务的思想和集体主义精神，艰苦朴素、勤俭节约的作风，尊重人、理解人、关心人、帮助他人的优良品德和“钉子精神”。中小学生岗位学雷锋主要是培养学生全面发展，做“四有”新人。要遵循中小学生的生理、心理特点，开展教育活动，各地区和中小学每年坚持开展一两次主题鲜明的活动。注意把传统的形式和创新形式结合起来。要坚持经常，因地制宜，形成制度和传统。有条件的地方和学校，要把学雷锋基地建设纳入德育基地建设。教育行政部门、共青团组织要密切配合，不断提高学雷锋教育活动的水平。各级教育领导机关、党员干部和教师要带头学雷锋。

4月8日

中共中央总书记江泽民在东京前往日本国会先后会见众院议长樱内义雄和参院议长长田裕二

全国总工会召开十一届十三次主席团会议部署贯彻新《工会法》

全国总工会主席倪志福在全总十一届十三次主席团会议上指出，新《工会法》的正式颁布实施，将有力地推进我国的经济建设和改革开放事业，为工会支持改革、推动改革和动员职工投身改革提供了有力的法律保障。

倪志福说，新《工会法》的颁布实施，表明我国社会主义民主法制建设又取得新进展，体现了我国维护人权，不断改善人权状况和促进人权发展的一贯立场。它还标志着我国工会工作进入了新阶段，它将对国际工人运动和工会工作产生积极的影响，为促进当代国际工运中和平、发展、工人权益三大课题的逐步解决作出应有的贡献。

倪志福在阐述《工会法》的基本思想时说，这部《工会法》体现了具有中国特色的社会主义工人运动和工会工作的基本特征：坚持党对工会的统一领导与工会依照法律和章程独立自主地创造性地开展工作；坚持维护、建设、参与、教育等工会工作任务的完整性和有机结合；坚持在维护全国人民总体利益的同时，更好地表达和维护职工的合法权益；坚持民主集中制，保证工人阶级队伍和工会组织的团结与统一；坚持工会同政府、企事业单位行政关系上的相互尊重，相互支持。

中共中央总书记江泽民在日本下榻的迎宾馆分别会见二阶堂进 池田大作等为中日友好作出不懈努力的老朋友

中共中央总书记江泽民会见日本工会总联合会会长山岸章

中共中央总书记江泽民在东京新大谷饭店芙蓉厅日本经济界举行的午宴上发表讲话

中国驻日本大使杨振亚为中共中央总书记江泽民访日举行招待会

中共中央总书记江泽民晚上在中国驻日大使杨振亚为他访日举行的招待会上，同前来参加招待会的日本各界来宾畅叙友情。

中共中央总书记江泽民到中国驻日本大使馆接见使馆人员并代表党中央和国务院向他们问好

中共中央总书记江泽民在东京举行记者招待会答记者问

江泽民说：“今天是我对贵国访问的第三天。三天来，我会见了天皇陛下，同宫泽首相举行了会谈，同日本各政党的领导人以及朝野各界的老朋友和新朋友进行了广泛接触。我觉得所有会谈和会见谈得很好。双方一致认为，应保持两国高层往来的良好势头，共同推动中日友好合作关系的进一步发展；同时一致认为，在世界格局正走向多极化的新形势下，两国应加强在国际问题上的磋商与合作。我对访问感到满意。我愿借此机会，对日本政府的周到接待和日本人民的热情欢迎表示深切的谢意。”

《朝日新闻》记者问：“邓小平先生最近一系列谈话的背景是什么？”

江泽民说：“邓小平同志最近发表的重要谈话，核心是坚持党的‘一个中心、两个基本点’的基本路线，加快改革开放步伐，集中精力把我国的经济搞上去。这也是邓小平同志的一贯思想。当前我国的社会主义现代化建设正处在一个关键时期。经过十多年的改革开放，我国的国民经济取得了长足的进展，当前的国际环境也有利于我们推进现代化建设和改革开放。我们要抓住这个机遇，加快经济的发展。”

《朝日新闻》记者问：“今后中国将采取哪些具体措施推进改革开放？政治改革将如何进行？”

江泽民说：“当前我国经济体制改革深化的重点，是转换企业特别是国营企业的经营机制，同时将配套地推进价格改革、流通体制改革、住房和社会保障制度等方面的改革。我们在继续办好深圳等经济特区的同时，重点要搞好上海浦东新区的开发和开放，以带动长江三角洲和长江流域的发展。”

“关于我国的政治体制改革，国外的朋友们和舆论界很关注，这里我想多说几句。我国政治体制改革的目标是，建设有中国特色的社会主义的民主政治，健全社会主义法制，切实保证人民群众当家作主的权利。我们将继续完善人民代表大会制度，继续完善中国共产党领导的多党合作和政治协商制度。同时，我们将通过实现干部队伍‘四化’等措施，增强党政机关和领导班子的活力；通过精简机构和克服官僚主义、形式主义，提高决策和办事效率，通过实行政企职能分开、权力下放等措施，充分调动各行各业和基层群众的积极性。我们进行政治体制改革的总的目的，就是要有利于巩固社会主义制度，有利于巩固党的领导，有利于在党的领导下和社会主义制度下发展社会生产力，有利于坚持贯彻执行党的十一届三中全会以来所制定的路线方针政策，有利于取得和保持一个经济发展所必需的稳定的社会政治环境。”

《共同社》记者问：“中日经济合作前景如何？你对日元贷款、日本到中国投资有何期待？”

江泽民说：“中日邦交正常化二十年来，两国在平等互利基础上的经贸合作关系有了很大发展，已经形成了良好的基础。我们希望这种经济合作关系能够不断扩大和加强。日本对中国的投资目前不算多，投资金额在美国之后，在这方面还可以作出更多的努力。”

《人民日报》记者问：“中日关系在中国对外关系中所占的地位如何？你对中日关系的前景有何展望？”

江泽民说：“积极发展同周边国家的睦邻友好关系是我国外交政策的重要组成部分。日本是中国的近邻，两国人民有着悠久的传统友谊。中国历来重视同日本发展友好合作关系。中日两国经济上互补，地理上毗邻，合作潜力很大。在当前动荡的国际社会，中日关系的发展是一个不可缺少的稳定因素。中日关系的前景是令人乐观的。”

日本记者问：“你对这次日中双方就天皇访华问题的讨论是否满意？”

江泽民说：“我同宫泽首相进行了很好的会谈。双方一致认为，在中日邦交正常化二十周年之际要进一步发展友好关系。在春光明媚、樱花盛开的时节，我带着中国人民对日本人民的情谊来日本访问。邀请天皇和皇后陛下访问中国，也是为了进一步发展中日两国的关系。访问如何安排，应由日方考虑。天皇访华的具体事宜，应该由双方的有关部门具体磋商。”

《朝日新闻》记者问：“在外国发生自然灾害的时候，中国是否赞成日本提供援助？中国对日本参加联合国维持和平行动持何态度？”

江泽民说：“日本是一个经济、科技发达的国家。在其他国家发生自然灾害的时候，日本要提供援助，是一件好事情，也是可以理解的。我们希望日本继续走和平发展的道路，为促进亚洲和世界的和平与发展作出贡献。这不仅符合日本人民的利益，而且会受到亚洲和世界人民的欢迎。由于众所周知的原因，日本向海外派兵是一个很敏感的问题。作为友好邻邦，我们希望日本务必谨慎从事。”

中共中央政治局常委李瑞环在人民大会堂会见正在北京进行访问演出的日本四季剧团的艺术总监浅利庆太、访华团团长春日英明和主要演员

中共中央政治局常委李瑞环全国人大常委会副委员长廖汉生全国政协副主席洪学智在人民大会堂会见参加第三届《孙子兵法》国际研讨会的部分中外专家学者

中国参加第20届日内瓦国际发明展的30项发明荣获28块金牌

世界第一例完全靠人工合成营养液孕育的婴儿在上海中山医院诞生

4月9日

国家主席杨尚昆在人民大会堂会见西哈努克亲王和夫人莫尼克公主及柬全国最高委员会成员洪森、宋双、乔森潘和拉那烈王子等主要随行人员

杨尚昆说，“巴黎和平协定签署以后，西哈努克亲王和柬四方领导人首次出访就来到中国，我们为此感到高兴。柬全国最高委员会代表团这次来访意义重大，它向全世界表明，柬埔寨走上了和平、团结的道路。”

杨尚昆说，西哈努克亲王返回金边后，不辞辛劳，为推动柬各方执行巴黎协定、实现民族和解做了大量工作，使和平协定的实施获得了初步进展，我们为此感到高兴并表示赞赏。杨尚昆说，西哈努克亲王返回金边，受到了欢迎，说明柬埔寨人民希望和平。相信在西哈努克亲王的领导下，柬埔寨人民一定能够克服困难，全面实施巴黎协定，实现民族和解，实现柬埔寨的重建和复兴。

西哈努克说，“中国为柬问题的政治解决、柬埔寨民族和解、恢复和平和独立自主作出了历史性贡献。我们在柬实现和平后首次出访就来到中国，就是要表达我们对中国政府和人民的感谢和敬意。”

出席欢迎宴会的有：国务院副总理吴学谦，阿沛·阿旺晋美，阮崇武和广播电影电视部部长艾知生等。

国务院总理李鹏在钓鱼台国宾馆会见正在中国进行私人访问的芬兰总统夫人泰莱尔沃·科伊维斯托

中共中央总书记江泽民在大阪参观松下公司

国家主席杨尚昆在人民大会堂会见由主席郑明如率领的泰国中华总商会企业考察团

杨尚昆向客人介绍了中国国内形势。郑明如说，看到中国扩大改革开放，他们同中国发展合作的信心更加坚定了。

郑明如一行应中国国际友好联络会邀请来访，主要目的是考察中国的投资环境，与有关部门和企业商谈发展经贸合作事宜。考察团还将访问西安、广州、深圳等地。

国家主席杨尚昆在人民大会堂接受俄罗斯联邦新任驻中国大使伊戈尔·阿列克谢耶维奇·罗高寿递交的国书

国务院总理李鹏在钓鱼台国宾馆会见由执行副主席约翰·斯温率领的美国对外关系委员会访华团

李鹏针对客人的提问说，邓小平同志不久前到南方一些省市考察工作时发表了一系列重要谈话，要求我们利用当前的有利时机，加快改革，扩大开放，尽快把经济搞上去，增强我国的综合国力，进一步提高人民的生活水平。小平同志的讲话受到全党和全国人民的衷心拥护，对我们今后的工作具有重要的指导意义。刚刚闭幕的七届人大五次会议和全国政协七届五次会议充分体现了小平同志讲话的精神。

李鹏说，那种认为中美关系的重要性因为苏联的解体而减弱的观点是不正确的。改善和发展中美在各个领域的关系对双方都有利，任何有远见的政治家都应为维护中美关系作出努力。这对中方来说，不存在问题。

美国客人是应中国现代国际关系研究委员会邀请来访的。研究委员会主任委员陈忠经和美国驻华大使芮效俭参加会见。

外交部发言人重申中国坚决反对任何将香港问题“国际化”的图谋

有记者问：在美国参议院外委会4月2日关于“1991年美国对香港政策法案”的听证会上，助理国务卿所罗门表示行政当局支持这项立法的目标。你对此有何评论？

发言人说：1997年7月1日之前香港问题是中英两国之间的事情，在此之后，则是中国的内政。“我们坚决反对任何国家以任何借口插手香港问题，坚决反对任何将香港问题‘国际化’的图谋。”

发言人说，“我们希望美国政府在这个问题上要慎重行事。”

4月10日

国务院总理李鹏在人民大会堂同柬埔寨国家元首柬全国最高委员会主席诺罗敦·西哈努克亲王举行会谈

双方就柬埔寨形势、双边关系以及共同关心的国际问题交换了看法。

西哈努克说，去年10月巴黎协定的签署是中国同其他有关国家共同努力所取得的重大成果。中国政府和人民多年来一贯支持我们，对柬恢复和平、独立和统一做出了历史性贡献，当前又积极支持柬人民重建，柬人民对此永志不忘。

西哈努克向李鹏详细通报了实施巴黎协定的情况及柬进行重建的设想。西哈努克说，总的来说，柬国内的形势是好的。柬四方都参加了最高委员会，协力共事。在实施巴黎协定、重建国家方面已经取得了一些进展，我们对实施巴黎协定的前景是乐观的。

李鹏说，民族和解是柬埔寨的唯一出路。相信在民族和解的基础上，柬埔寨的经济必将得到恢复，人民必将重新过上幸福的生活。

李鹏说，巴黎协定是柬各方同国际社会长期共同努力的结果，来之不易。实施巴黎协定、实现民族和解，联合国和国际社会的帮助固然重要，但更重要的是柬各方和人民在西哈努克亲王领导下，捐弃前嫌，求同存异，共同努力。中国作为巴黎协定签署国，将继续恪守巴黎协定规定的义务，同国际社会一道为全面落实协定、为加快柬和平进程，发挥自己的作用。我们支持柬最高委员会为实施协定所做的努力。

关于双边关系，西哈努克说，多年来，中柬两国保持兄弟般的友谊、团结和友好合作关系，我们希望并相信这种关系今后将不断发展。

李鹏说，中国政府十分重视同柬埔寨的睦邻友好关系。对柬埔寨的未来，我们尊重柬埔寨人民对政治体制、经济模式的选择。我们愿同柬方探讨在新形势下，发展各个领域的友好合作关系的途径和方式。

中方参加会谈的有：国务院外办主任齐怀远，陪同团团长、劳动部部长阮崇武等；柬方参加会谈的有：柬全国最高委员会成员、柬四方领导人洪森、宋双、乔森潘、拉那烈等。

中共中央政治局常委宋平在云南省委党校考察时发表讲话

这几年，以江泽民同志为核心的党中央十分重视抓党的建设。中央先后举办了三期党建理论研究班，请省委书记、省长、部长，还有一些搞理论工作的同志参加，采取理论与实际相结合的办法，效果很好。听普朝柱同志说，他参加了第二期研究班，很有感受。他回来调查了一下干部的情况，包括县委书记这一层次的干部，相当多的同志连党的一些基本知识、基本的工作方法都不太熟悉，说明多年来干部教育方面的工作有欠缺，需要加强。所以，省委下决心办领导干部党建研究班。这个办法很好。我在甘肃工作时，关于真理标准问题的讨论，办了一个多月的学习班，把地委书记、县委书记都找来，一个也不少。学一个多月，好像是占用了一些时间，但清理了被“四人帮”搞乱了的理论和路线是非，统一了思想，效果非常好，确实是“磨刀不误砍柴工”。

云南省委对党校的工作很重视，利用这个阵地，加强对领导干部的培训，你们叫“三基本”轮训班，就是学习马克思主义基本理论、党的基本路线和党的基本知识。这“三基本”，抓得好。我们是搞社会主义的，最终目标是实现共产主义，因而要有共产主义的理想，要有社会主义的信念。进行马克思主义基本理论的教育，学习辩证唯物主义和历史唯物主义，是解决世界观和方法论的问题。社会主义必然代替资本主义，这是必须明确的一个基本观点。还要确立一个基本观点，就是忠诚于党的事业。全心全意为人民服务是我们党的宗旨，是共产党人世界观中最根本的东西。这个问题解决好了，在工作中就会有献身的精神，也就会懂得为什么必须相信群众，依靠群众，在工作中走群众路线。

党校要成为党性锻炼的熔炉。来党校学习，不仅要学习马克思主义的基本理论，还要把党性锻炼贯穿于理论学习的过程之中。毛泽东同志在延安文艺座谈会上的讲话中说，一个学生在世界观没有改变以前，觉得牛屎是臭的，当他深入到农民当中，知道了农民把它当作肥料，就靠这个种田吃饭，尽管还是闻着臭，但觉得是宝了。这是什么原因？他的世界观变了，苦也不觉得苦，而是苦中有乐。世界观的转变是根本的转变。

你们用整风的方法来学习，非常好。学习的目的在于应用，既要用于改造客观世界，更要用于改造主观世界。一个人看问题难免有片面性，经过批评与自我批评，就能看到自己原来看不到的不足，使认识更加全面。听不到批评并不是好现象。经过学习，从害怕批评到欢迎批评，说明思想变了，这是一个可喜的变化。有了这种变化，做起工作来就会走群众路线，会少犯错误。

学习理论要结合实际，是我们党一贯倡导的良好学风，也是党校办学必须遵循的方针。最近，邓小平同志根据当前的国际国内形势，提出要抓住机遇，进一步解放思想，进一步改革开放，使经济发展得更快一些。我们应该下大力气，按照这个思路，提高认识，加强工作，使自己的思想更加符合客观的实际。你们刚才讲，干部中有一种“满”的思想，同自己过去比，发展比较快；但横向一比，差距很大。这就需要进一步解放思想，看准了，就快办。加快发展不是搞主观主义。主观主义违背马克思主义。但是合乎客观实际，又是可能办到的事情，你不去做，也是违背马克思主义的。总之，要实事求是。

你们学员有五个月的时间在党校学习，很宝贵，很重要，可能对人的一生都会起作用。我也有这样一段经历。回想起来，在延安中央党校、马列学院参加过一段学习，学了点马克思主义的基本的东西，感到终身受用。在关键时刻，有没有点理论功底大不一样。

国务院副总理邹家华在唐山钢铁公司考察

国务院副总理邹家华 4 月 9 日至 10 日就冀东地区钢铁工业发展及唐山钢铁公司改扩建问题到唐山考察。

邹家华先后到唐钢老厂及炼铁新区进行了考察，听取唐钢经理田锡恩、党委书记袁瑞新关于唐钢现状和今后改扩建工作的汇报。邹家华希望唐钢借助冀东资源优势，总体谋划，以质量、品种为导向进行改造扩建，扩大生产规模，滚动发展，分步实施，使唐钢逐步建成现代化的钢铁联合企业。邹家华说，唐钢目前的工作重点应放在抓紧抓好“八五”建设项目上，提高企业的综合素质，为今后较大规模改造扩建打下基础。

在考察中，邹家华强调指出，越是加快改革开放和经济发展的步伐，就越要注意能源、交通等基础工业的发展。不然，它会成为制约整个经济发展的瓶颈。钢铁工业作为基础产业，是国家工业的一个主要部分，更要考虑其今后发展。但目前我国钢铁工业发展不是数量问题，而是产品品种、结构和质量问题。他说，所有企业都应注意不断进行技术改造，搞好企业机制转换，因为经济在不断发展，市场不断变化，企业没有适销对路品种就没有市场，也就没有效益。

国务委员兼外交部长钱其琛在福冈就中共中央总书记江泽民访问日本对记者发表谈话

钱其琛发表谈话认为，这次江泽民总书记访问日本的主要特点是，进行了广泛的接触，深入的交谈。发展中日两国关系具有天时、地利、人和的有利条件。

广泛的接触，不仅有官方人士，还有民间的各界人士，不仅有执政党领导人，还有在野党领导人。不仅与现任首相，还与七位前任首相进行了交谈。与民间人士的接触，有经济界、友好团体和新闻界的。特别值得一提的是，天皇陛下会见并宴请了中国贵宾。江总书记出席了友好团体、驻日大使馆的招待会。在日本广播协会大厅发表了讲演和举行记者招待会，电视都进行了直播，这可以说，江总书记是面对全体日本人民讲话。简而言之，广泛的接触包括朝野各界、旧友新知。

深入的交谈，既回顾了中日邦交正常化以来的20年，又展望了中日关系的未来。不局限于谈友好、谈中日邦交正常化20周年纪念活动，交谈的重点是：在新的国际形势下发展中日关系，中日两国的共同利益，展望两国关系的前景。交谈的气氛是友好的，但也不回避问题，能够坦率诚恳地交换意见，使交谈的内容更加深入。这是中日关系走向成熟的表现。任何双边关系都不可能没有不同看法，但在遇到问题时，中日双方都能够着眼于未来，以中日关系大局为重，求大同、存小异，本着向前看的精神。因此，无论是会见、会谈，都是深入的。

江总书记在讲话中提出发展中日关系具有天时、地利、人和的有利条件，有深刻含义。天时，就是现在是一个很好的时机，国际形势对发展中日关系有利。中国国内形势是进一步改革开放，日本作为邻国，经济上有互补性，这也是有利条件之一。应该说，中日关系发展现在正处在有利时机。

地利不难理解，中日两国是一衣带水的近邻，交往很方便。更深一层考虑中日关系就是，中日两国都是亚洲国家，都是东亚国家。这个地区现在政治形势比较稳定，热点地区的问题逐步得到解决。经济发展速度比较快，经济活力最强。这些也是地利方面的重要因素。

人和也不难理解，如语言、文字、文化传统，中日两国的交往源远流长，历史渊源关系密切。文化相近，因此两国交往有基础。中日邦交正常化的20年里，高层互访、人员往来、经济合作、文化交流4方面发展得很好。这对于两国人民相互增加了解是非常重要的。概括起来讲就是，发展中日关系具有天时、地利、人和的有利条件。

江泽民总书记作为中国的最高领导人对日本的访问，应该说是中日关系中的一件大事，对推动中日关系向前发展起到非常积极的作用。江总书记在出发前向记者谈话中讲到访问日本的三个目的，一是纪念中日邦交正常化20周年；二是推动中日关系向前发展；三是加强中日两国人民的传统友谊。这三个目的都已经达到，访问是很成功的，必将对中日关系的发展产生深远影响。

国务院总理李鹏在人民大会堂会见印度尼西亚副总统苏达尔莫诺

李鹏说，中国同印尼复交以来，在双方的共同努力下，两国关系得到了稳步的发展，特别是两国的经贸关系在不断地扩大。事实证明，双方开展多种形式的、互利的合作的前景是好的，希望双方的有关部门继续加强联系。李鹏说，中国和印度尼西亚都是发展中国家，同处亚太地区，在国际和地区性问题上，有许多相同或相似的观点，并且进行了富有成果的合作。特别是在政治解决柬埔寨问题上，两国都发挥了重要作用。印尼在恢复中国的关贸总协定的地位和不久前在日内瓦召开的第四十八届人权会议关于西藏问题的决议中，均支持中国的立场，对此我们表示衷心的感谢。李鹏说，近年来，在维护地区和平与稳定的共同努力中，我们与东盟进行了有效的合作，加强了相互的了解与合作。在今后的岁月里，中国愿意进一步加强同东盟各国和东盟组织的友好合作，为本地区的和平与发展做出积极的努力。

李鹏说，万隆会议精神及和平共处五项原则应该成为建立公正、合理的国际新秩序的基础。

苏达尔莫诺说，印尼作为不结盟运动的主席国，现在正在加紧筹备今年在印尼举行的不结盟国家首脑会议。印尼对中国申请成为不结盟运动观察员国表示欢迎，相信这将有助于加强彼此的合作，促进不结盟运动目标的实现。

会见之后，李鹏和苏达尔莫诺出席中国和印尼有关部门加强经贸、纺织工业、煤矿开采和勘探等方面合作的五个文件的签字仪式。

国务院总理李鹏在人民大会堂会见澳大利亚外交贸易部长加里思·埃文斯

李鹏说，我们高兴地看到在双方共同努力下，中澳关系明显改善，现在已经走上了正常发展的轨道。中澳两国对亚太地区的和平与发展负有重要责任，为此，双方加强磋商与对话是十分必要的。在经济合作方面，两国有比较强的互补性，并且有着良好的合作基础。我们相信，随着中国改革开放的进一步扩大和经济的不断发展，中澳两国经济合作的前景将是十分广阔的。李鹏还应客人的要求，介绍了中国当前改革开放和经济发展的情况。

埃文斯表示同意李鹏总理对两国关系的评价。

双方还就亚太安全和区域经济合作等问题交换意见。

中国国有资产管理学会在北京成立

国务院副总理田纪云在国家机关扶贫工作经验交流会上发表讲话

田纪云就进一步加强扶贫工作，搞好国家机关对口扶贫发表讲话。田纪云说，小平同志最近的重要讲话，体现了不管国际风云如何变幻，首先要把国内的事情办好，把经济建设搞上去的重要指导思想。可以预见，今后几年，我国的改革开放步伐，将会迈得更快一些；在改革开放的推动下，经济建设也会出现新的飞跃。在这样的大背景下，加强扶贫有着更重要的意义。

田纪云说，我们要坚持走社会主义道路，社会主义制度的本质就是逐步实现共同富裕。小平同志对我国经济发展的一个重大贡献，就是提出实现共同富裕的新的构想，"一部分有条件的地区先发展起来，先发展起来的地区带动后发展起来的地区，最终达到共同富裕。"在现阶段，在发达地区经济迅速发展时期，我们要在政策上、投资上保证这些地区的经济发展活力。但同时，也要重视贫困地区的扶贫开发工作。"七五"期间，我国的扶贫工作取得了令人瞩目的成绩，但还有3500万人没有解决温饱问题。即使已经基本解决了温饱的地区，与全国比，差距也在扩大。小平同志指出，"不坚持社会主义，不改革开放，不发展经济，不改善人民生活，只能是死路一条。"这也包括贫困地区。如果我们放松扶贫工作，这些地区群众的生活不仅得不到改善，还会因人口的增加、环境的恶化趋于下降。长此下去将会影响到发达地区的经济发展，还会影响到安定团结，增加不稳定因素，导致经济发展中不协调因素的增加。

田纪云说，我们在经济工作中，也要学会两手抓。一手抓住发达地区这个重点，加快这些地区的经济发展；另一手抓住贫困地区的扶贫开发工作，努力解决贫困群众的温饱问题，减少贫困人口，减轻贫困程度。在本世纪末全国达到小康生活水准时，也要使贫困地区的大部分群众摆脱贫困，过上比较宽裕的生活。田纪云强调，国家"七五"期间制定和实施的各项行之有效的扶贫计划、措施要继续实施，并有所扩大；各项优惠政策，要继续执行，不可更改；各项扶贫资金、物资，规模不减，并有所增加。

4月11日

中共中央总书记江泽民在钓鱼台国宾馆会见柬埔寨国家元首柬全国最高委员会主席诺罗敦·西哈努克亲王和夫人莫尼克公主

江泽民说，我高兴地看到，巴黎协定签订以后，在西哈努克亲王领导下，在实施巴黎协定方面已经取得了进展。相信经过柬埔寨人民自己和国际社会的共同努力，充分发挥柬全国最高委员会和联合国临时权力机构的作用，柬过渡时期的任务一定能完成。

江泽民指出，中国在柬埔寨问题上没有任何私利，唯一的愿望就是希望和促进柬埔寨实现民族和解。要把柬埔寨的事情办好，归根结底，要靠柬各方团结一致，共同努力。国际社会也应多做有利于柬民族和解的事情。

江泽民还说，长期以来，中柬一直是友好邻邦。今后，我们将在和平共处五项原则基础上，继续保持和发展这种良好关系。

西哈努克亲王说，中国人民几十年来一直是柬埔寨人民的伟大、忠诚的朋友，一贯支持柬维护民族独立和国家主权的正义斗争。近十几年来，中国为柬埔寨问题的政治解决作出了历史性贡献。

西哈努克还说，我这次访问中，中国领导人强调柬民族和解、四方和睦相处的重要性。我高兴地告诉中国领导人，柬目前形势基本上是安定的。我本人及柬四方领导人都将继续致力于民族和解和团结，决心并肩携手重建我们的国家。

随同来访的柬全国最高委员会成员洪森、宋双、乔森潘、拉那烈王子等参加会见。

中共中央总书记江泽民在中南海会见印度尼西亚副总统苏达尔莫诺

中共中央政治局常委李瑞环在人民大会堂会见由社长佐佐木芳雄率领的日本电视网广播公司代表团

《人民日报》发表社论《增进了解 加深友谊 扩大合作——祝贺江泽民总书记访日圆满成功》

中国和柬埔寨在北京发表联合公报

一、应中华人民共和国主席杨尚昆的邀请，柬埔寨国家元首、柬埔寨全国最高委员会主席诺罗敦·西哈努克亲王率领的柬埔寨全国最高委员会代表团于一九九二年四月九日至十一日对中华人民共和国进行了正式友好访问。西哈努克亲王的夫人诺罗敦·莫尼克·西哈努克公主陪同访问。

二、西哈努克亲王和柬埔寨全国最高委员会代表团受到了中国政府和人民隆重热烈欢迎，杨尚昆主席在人民大会堂会见并举行欢迎宴会。中共中央总书记江泽民会见了西哈努克亲王和柬埔寨全国最高委员会成员。国务院总理李鹏同西哈努克亲王和柬埔寨全国最高委员会代表团举行正式会谈。会见和会谈是在兄弟般的亲切友好的气氛中进行的。通过深入交换意见,进一步增进了彼此的了解和友谊。柬埔寨全国最高委员会代表团在北京和上海进行了参观,对中国政府和人民遵循中国共产党十一届三中全会的路线在执行改革开放政策和建设国家方面取得的成就感到由衷的高兴。

三、柬埔寨方面介绍了巴黎协定签署以来柬埔寨国内情况。中国方面对西哈努克亲王荣返金边的五个多月里,领导柬埔寨全国最高委员会同联合国先遣团和临时权力机构合作,为实施巴黎协定作出的努力和重要贡献表示赞赏,并高度评价西哈努克亲王对柬埔寨和平、实现国家统一、民族团结,发挥的独特作用。

四、双方认为,严格执行关于全面政治解决柬埔寨冲突的巴黎协定,是柬埔寨实现民族和解和国家统一、巩固和平和稳定、举行自由公正大选的重要基础,是柬埔寨成为一个独立、主权、中立、不结盟、民主、进步的新国家的基本保证,符合柬埔寨人民的根本利益,也有助于亚洲和东南亚地区的和平、稳定和发展。巴黎协定的全面实施首先应由柬埔寨全国最高委员会各方作出努力,同时需要国际社会的共同努力,发挥联合国临时权力机构的作用。

五、双方回顾了两国人民之间的传统友谊,表示愿在新的历史条件下,在和平共处五项原则基础发展友好合作关系。中国对参加柬埔寨全国最高委员会的各方一视同仁、平等相待。中国将尊重柬埔寨公正自由大选的结果,尊重柬埔寨人民对本国政治、经济和社会制度的选择。中国对柬埔寨面临恢复经济、重建家园的艰巨任务深表关切,愿意提供力所能及的帮助,将积极参加国际援柬重建计划,为柬埔寨的复兴事业作出自己力所能及的贡献。柬埔寨方面对中国的上述立场表示高兴和满意,对中国政府和人民在道义上和物质上给予柬埔寨的一贯支持和帮助表示深切的感谢。

双方同意逐步创造条件在平等互利、互通有无的原则基础上开展经济、贸易、科技等方面的合作和往来。

六、柬埔寨方面表示,尊重和支持中国政府在台湾问题上的严正立场,重申承认中华人民共和国政府是代表全中国的唯一合法政府。台湾是中国领土不可分割的一部分。柬埔寨确认不和台湾建立官方关系。中国方面对柬埔寨方面在台湾问题上的立场表示衷心感谢。

七、双方认为,当前国际形势已发生重大变化,世界进入了向多极化发展的转折时期。世界要和平、国家要稳定、社会要发展,这是各国人民的共同意愿,是不可阻挡的历史潮流。为维护和平和发展经济,应该在和平共处五项原则基础上建立公正、合理的国际新秩序。

双方对东南亚地区各国之间友好合作关系的不断发展感到高兴,双方表示将同东盟国家和本地区其他国家发展友好合作关系,认为这不仅有利于本地区的和平、稳定和发展,而且必将对柬埔寨的和平进程产生积极影响。

八、双方认为,柬埔寨全国最高委员会代表团这次正式访问不仅对发展中柬两国关系具有重要意义,而且将促进巴黎协定的全面贯彻执行,并将为本地区的和平与稳定作出贡献。

西哈努克亲王和柬埔寨全国最高委员会代表团对中国政府和人民给予的盛情款待表示衷心感谢,对访问取得圆满成功感到满意。西哈努克亲王请江泽民总书记、杨尚昆主席和李鹏总理在方便的时候访问柬埔寨,三位领导人愉快地接受了邀请。

国务委员兼外交部长钱其琛在钓鱼台国宾馆同澳大利亚外交贸易部长埃文斯举行会谈

钱其琛说,中国政府一贯重视中澳关系,与澳发展长期稳定、相互信赖的友好合作关系是中国既定政策,希望两国关系在下一个20年里取得新的、更大的发展。

钱其琛说,今年是中澳两国建交20周年,20年来,两国在许多领域的友好合作取得了显著成果。去年,两国贸易额达到历史最高水平,两国经济、技术合作发展顺利。双方在许多国际问题上有着相同或相似的看法,中澳关系已奠定了坚实的基础。

钱其琛说,在当前国际形势下,中澳作为太平洋地区的两个大国,更需密切关系,加强合作,共同为亚太地区的和平、稳定与发展作出贡献。澳政府强调促进与亚太地区的联系,主张同中国建立长期的合作关系,这是很明智而有远见的决策。

埃文斯说,澳大利亚十分重视同亚洲各国,特别是同中国发展友好合作关系,因为澳大利亚主要经济活动集中在亚洲地区。在澳中建交20周年的时候,我们还可以探讨两国高级领导人互访的可能性。澳方相信,澳中两国之间的合作领域越来越广阔,前景越来越好。

埃文斯还说,澳政府坚持奉行一个中国的政策。双方都表示进一步发展两国友好合作关系,这不仅给两国和两国人民带来了显而易见的好处,而且对维护亚太地区的和平与稳定、促进该地区的经济合作也将产生积极的影响。

中国与印度农业合作谅解备忘录在北京签署

中央军委发布命令给国防科工委西安卫星测控中心喀什测控站记集体一等功

军委主席江泽民签署的命令说，国防科工委西安卫星测控中心喀什测控站，自1968年组建以来，一直在西北边疆担负我国中低轨道卫星的测控任务。全站干部战士面对恶劣的自然环境和艰苦的工作、生活条件，自强不息，奋力拼搏，以百分之百的成功率圆满完成了26颗卫星和7发导弹的跟踪测量控制任务，并且先后在抢救两颗发射后失控的卫星中做出了突出贡献，获取具有重要科学价值的数据资料1904份，向卫星正确发送无线电遥控指令2000余次，为保证卫星的正常运行发挥了关键作用，为我国战略火箭的改进定型提供了极其宝贵的数据资料。同时，这个站努力加强部队全面建设，取得了突出成绩。

中央军委的命令号召国防科工委全体干部战士要学习喀什测控站的先进事迹，开拓进取，勇于奉献，为促进国防科研事业的发展，为加速我军革命化、现代化、正规化建设而努力奋斗！

第三届孙子兵法国际研讨会在山东临沂召开

4月12日

知识产权国际研讨会在北京召开

来自海外40多个国家和地区的知识产权界律师、学者、政府官员和国际组织代表等360多人，同中国同行60多人，共聚一堂，讨论共同关心的保护知识产权法律问题，探讨进一步促进中国和世界各国在这一领域的交流和合作。

今年恰逢国际保护工业产权协会（AIPPI）中国分会成立10周年。中国最高人民法院院长、AIPPI中国分会会长任建新在致词中向各国同行表示欢迎。

中国专利局局长高卢麟、商标局局长李继忠、版权局副局长沈仁干、最高人民法院审判委员会委员费宗祎等向各国代表分别介绍中国现行专利法的基本特点、中国商标法修订的意向、中国版权保护现状、法院有关审理此类案件的程序等有关问题。

《人民日报》发表评论员文章《深化企业内部三项制度改革》

中国和德国核安全合作议定书在人民大会堂签署

4月13日

《人民日报》发表社论《靠科学才有希望——为〈国家中长期科学技术发展纲领〉发表而作》

国家主席杨尚昆同朝鲜民主主义人民共和国主席金日成在锦绣山议事堂就双边关系朝鲜半岛局势和共同关心的国际问题进行会谈

关于朝鲜半岛的情况，杨尚昆说，朝鲜半岛局势走向缓和稳定，朝鲜北南方关系有了较大改善，这不仅符合全体朝鲜人民的根本利益，也有利于亚洲乃至世界的和平与稳定。杨尚昆表示，中国党和政府将一如既往，坚决支持金日成主席提出的自主和平统一祖国的正确主张，为朝鲜半岛局势的缓和与稳定作出自己的努力。

杨尚昆说，国际形势发生了很大变化，世界并不安宁，但亚洲形势稳定，经济发展较快。我们将抓住这一有利时机，加快改革开放步伐。

金日成说，朝鲜正在执行发展国民经济的第三个七年计划，努力发展生产，提高人民生活水平，解决人民的衣食住问题。

在谈到朝鲜北南关系时，金日成说，朝鲜北南双方总理经过多次会谈，签署了《关于北南和解、互不侵犯和合作交流协议书》和《关于朝鲜半岛无核化共同宣言》，为自主和平统一祖国创造了良好的条件。朝鲜希望朝鲜半岛局势不断缓和，并将为此继续作出努力。

中方参加会谈的有杨尚昆的陪同人员：国务院副总理吴学谦、外交部副部长杨福昌、中国人民解放军副总参谋长徐信、中联部副部长朱善卿、对外经济贸易部副部长王文东、杨尚昆办公室主任赵宇田、中国驻朝大使郑义。

朝方参加会谈的有朝鲜劳动党中央政治局常委、朝鲜人民武装力量部长吴振宇，副总理兼外长金永南，朝鲜劳动党中央书记兼国际部长金容淳，副总理兼贸易部长金达铉，科委委员长、朝中友协中央委员会委员长李子方，外交部副部长车凤柱等。

联合国亚洲和太平洋经济社会委员会第48届会议在北京举行

国务院总理李鹏在中南海会见联合国亚洲和太平洋经济社会委员会新任执行秘书艾哈迈德

国务院总理李鹏在中南海紫光阁会见联合国亚洲和太平洋经济社会委员会第47届会议主席韩国外交

部部长李相玉

国务院总理李鹏在中南海紫光阁会见伊朗外交部部长韦拉亚提

国务院总理李鹏在中南海紫光阁会见德国联邦环境自然保护和反应堆安全部部长克劳斯·托普费尔

托普费尔向李鹏转交科尔总理致李鹏的信。托普费尔说,德国政府对即将在巴西召开的联合国环境与发展大会十分重视。鉴于中国在筹备这次会议方面具有很重要的分量,做了大量工作,德国政府愿同中国进行合作,以确保这次会议取得成功。

李鹏说,中国政府对联合国环境与发展大会同样十分重视,希望这次会议能够把环境与发展问题很好地结合起来,制定出有效的纲领和措施。中国愿为这次会议的圆满成功作出自己的努力。

李鹏指出,对发展中国家来说,环境保护是重要的,但更重要的是发展问题。希望发达国家对此予以理解,并担负起更大的责任和义务。

李鹏表示,中国愿与德国发展长期稳定的友好合作关系,这不仅包括经济、贸易关系,同时还包括环境、自然保护和核安全等领域的合作。

国务委员兼国家科委主任宋健参加会见。

中共中央政治局常委李瑞环在钓鱼台国宾馆会见以全国政委埃里亚·卡泰加亚为团长的乌干达全国抵抗运动代表团

国务委员兼外交部部长钱其琛同伊朗外交部部长韦拉亚提在钓鱼台国宾馆举行会谈

会谈中,双方就双边关系以及重大的地区问题和国际问题交换了意见。

双方对近年来中伊两国友好关系的发展表示满意,并相信两国在各个领域的友好合作关系的前景是广阔的。

双方表示,两国的合作可以通过多种渠道进行。

钱其琛说,在各方努力下,政治解决阿富汗问题的进程在加快。中国政府支持并赞赏联合国秘书长加利为政治解决阿富汗问题所作的努力,对伊朗政府支持政治解决阿富汗问题和支持联合国秘书长特使的斡旋行动表示赞赏。

钱其琛说,阿富汗问题的早日解决将有利于亚洲的和平、稳定与发展。

国务委员兼外交部部长钱其琛在钓鱼台国宾馆会见突尼斯外交国务秘书努尔丁·马吉杜卜

4月14日

国家主席杨尚昆在平壤百花园宾馆会见柬埔寨国家元首柬埔寨全国最高委员会主席诺罗敦·西哈努克亲王和夫人莫尼克公主

国家主席杨尚昆在平壤百花园宾馆会见塞拉利昂总统约瑟夫·赛义杜·莫莫

杨尚昆说,塞拉利昂政府和人民在总统领导下,为维护国家稳定,发展国民经济,改善人民生活作出了不懈的努力。塞拉利昂对外奉行睦邻友好,维护非洲团结和坚持不结盟的外交政策,我们对此表示赞赏。杨尚昆说,现在新的世界秩序尚未建立起来,南北方经济发展差距继续加大,这是不合理的。由一个大国和少数国家集团垄断世界的时代已经过去了。我们希望建立一个公正合理的世界政治、经济新秩序。杨尚昆还介绍了中国加快改革开放步伐的情况。

莫莫说,塞拉利昂十分赞成加强南南合作,使国家经济情况得到改善和发展。莫莫感谢中国向塞拉利昂提供的援助,表示愿与中国进一步发展友好合作关系。莫莫还重申,台湾是中国的一个省,塞拉利昂不允许台湾在塞进行不利于中华人民共和国的活动。

国务院总理李鹏在北京会见联合国秘书长布特罗斯·加利

中共中央国务院中央军委批转全国双拥工作领导小组等单位《关于当前全国双拥工作的情况和进一步加强军政军民团结的意见》

中共中央、国务院、中央军委最近发出通知,批转全国双拥工作领导小组、民政部、总政治部《关于当前全国双拥工作的情况和进一步加强军政军民团结的意见》。

通知说,拥军优属、拥政爱民,是我们党、政府、军队和我国各族人民的优良传统,是中国革命和建设事业取得胜利的重要保证。在新的形势下,进一步做好双拥工作,加强军政军民团结,对于维护国家长治久安,保证改革开放的顺利进行,实行社会主义现代化建设的宏伟目标,对于建设现代化、正规化的革命军队,都具有十分重要的意义。各级党政军领导要把双拥工作作为一项长期的战略任务,按照党的"一个中心、两个基本点"的基本路线和"同呼吸、共命运、心连心"的要求,继续扎扎实实地抓好,不断巩固和发展军政军民团结的大好局面。

全国双拥工作领导小组、民政部、总政治部《关于当前全国双拥工作的情况和进一步加强军政军民团结的意见》指出，在新的形势下，拥军优属、拥政爱民的优良传统得到了很好的继承和发扬。特别是民政部、总政治部去年 1 月联合召开全国双拥工作会议之后，双拥工作又有新的发展，出现了十分喜人的局面。军政军民团结所形成的巨大力量，在经受风云变幻的国际形势的严峻考验和战胜国内部分地区特大洪涝灾害的斗争中得到了充分显示。全国双拥工作出现的大好形势，标志着军政军民团结在过去的基础上进入了一个新的阶段。主要表现是："同呼吸、共命运、心连心"的要求深入人心，在全社会形成了做好双拥工作的强大舆论；各级领导亲自抓，军政团结带动和促进了军民团结；紧紧围绕中心任务开展双拥活动，促进了地方的经济建设与军队现代化建设；广泛开展创建双拥模范城(县)活动，双拥工作整体水平明显提高；贯彻"团结——协商——团结"的方针，军地之间历史遗留问题的解决有了突破性进展；三个单位关于进一步加强军政军民团结的意见指出，我国的社会主义现代化建设已经进入一个新的历史时期，形势和任务对双拥工作提出了更高的要求。当前和今后一个时期，双拥工作要以贯彻执行党的基本路线为共同的政治基础，以"同呼吸、共命运、心连心"为基本要求，以促进改革开放、发展社会生产力和提高部队战斗力为主要目标，讲求实效，狠抓落实，不断巩固和发展军政军民团结的大好局面。

一、把双拥工作作为维护国家稳定与发展的战略任务来抓。各级党政军领导一定要充分认识双拥工作的战略意义，把这项活动深入持久、扎扎实实地开展下去。要联系国际国内形势的变化，结合军地正在进行的坚定社会主义信念教育，认真学习毛泽东、邓小平等老一辈无产阶级革命家关于军政一致、军民一致和军民团结的论述，广泛宣传党中央、国务院、中央军委关于做好双拥工作的指示，进一步提高广大军民对加强军政军民团结重大意义的认识。各级领导和有关部门要注意深入实际，及时发现和解决工作中出现的新情况、新问题，把双拥工作不断引向深入。

二、把促进改革和建设作为双拥工作的根本任务。军地各级党委要用党的基本路线统一思想，统一行动，在改革和建设中军政、军民互相支持，通力合作。地方党委和政府要深刻认识和平时期军队的地位和作用，牢固树立"没有一个人民的军队，便没有人民的一切"的思想，关心子弟兵、热爱子弟兵，把支持军队的改革和建设作为义不容辞的责任。要以积极热忱的态度，在帮助部队解决战备、执勤、教育训练中的困难，为部队输送优质兵员，安置退伍军人和军队转业、离退休干部，解决家属随迁、工作安置和子女上学等方面多办实事，为军队的建设和改革创造良好条件。军队要经常进行"爱人民、学人民、为人民"的教育，始终不渝地履行全心全意为人民服务的宗旨，谦虚谨慎，自尊自爱，从大局出发，体谅国家和人民的困难。当前，要注重教育干部战士热情参与和支持地方的改革和建设，做改革开放的忠实支持者和捍卫者，为国家建设"保驾护航"。要服从国家经济建设大局，在完成战备训练任务的前提下，积极参加和支援国家经济建设、农田水利基本建设和公益事业建设，奋勇参加抢险救灾，努力为社会主义现代化建设作出新的贡献。

三、扎扎实实做好经常性的双拥工作。在新年、春节和重大节日集中开展一些活动是必要的，但更多的是要把功夫下在经常性工作上。要进一步建立和完善各项法规制度。做好经常性双拥工作，必须坚持从实际出发，注重实效，力戒形式主义。军地交往要树立好的风气，减少迎来送往等礼节性活动。

四、把双拥工作的各项任务和要求真正落实到基层。要注意从工厂、街道、学校、商店、乡村和连队抓起，从平时抓起，从解决实际问题抓起，使基层单位的双拥工作达到"组织健全、政策落实、活动经常、关系融洽"的要求。要深入进行国防教育，使广大人民群众和部队干部战士树立牢固的国防观念，形成人人关心国家安全、勇于献身国防事业的社会风尚。要坚持国家、社会、群众相结合的优抚体制，发挥群众性的优抚组织的作用，认真落实各项优抚安置政策，帮助优抚对象解决生产生活中的实际困难，保证他们的生活不低于当地群众的平均水平。对军地之间发生的矛盾和纠纷，要顾全大局，本着互助互利、互谅互让、严于律己的精神，主动协商，妥善解决。要在基层单位普遍开展军民同学雷锋、共同育兵教子、智力双拥等活动，进一步增进军地了解，促进军民团结。

国务院总理李鹏在钓鱼台国宾馆会见参加中国知识产权法律制度国际讨论会的部分外国代表

国务院总理李鹏在亚太经济社会委员会第 48 届会议开幕式上发表讲话

主席先生，秘书长先生，女士们，先生们：

首先，请允许我代表中国政府和中国人民，对朋友们前来北京出席亚太经社会第四十八届会议，表示热烈的欢迎。对联合国秘书长加利阁下赶来出席会议开幕式并发表重要讲话，表示谢意。一九四七年，亚太经社会的前身——亚洲和远东经济委员会在中国上海宣告成立，今天，我们怀着喜悦的心情，祝贺亚太经社会在岁月流逝四十五年后，又回到它的发源地举行第四十八届会议。长期以来，亚太经社会为促进本地区经济发展和共同繁荣，加强成员国之间的合作作出了卓越的贡献，也为中国人民的经济建设和改革开放事业提供了有益的帮助。在此，我谨代表中国政府，向亚太经社会表示衷心的感谢，并祝愿它为加强本地区经济合作发挥更大的作用。

四十五年来，亚太地区曾经经历了长期战乱，人民颠沛流离的时期。今天，在世界政治形势继续动荡不安，经济形势不景气的情况下，亚太地区总的形势却相对稳定，经济发展保持增长势头，尤其是东亚地区经济合作和贸易往来日趋活跃，经济持续高速发展。亚太地区在世界政治经济中正发挥着越来越重要的作用。

亚太地区人口众多，幅员广阔，资源丰富，各国社会制度不同，文化传统各有特色，发展水平也参差不齐。这个地区既富有，又贫困；既先进，又落后。历史的经验告诉人们，只有互相尊重，友好相处，致力发展，加强合作才能维护和实现本地区的和平与繁荣。在过去的一二十年里，这个地区的国家都在探索，谋求适合自己国情的发展道路。不论是成功的经验，还是挫折的教训无不表明：只有社会稳定才能保障经济发展，而经济发展又能促进社会的稳定。

中国是亚太地区一个人口众多的发展中国家，一贯奉行独立自主的和平外交政策，永远不谋求霸权，同时也坚决反对任何形式的霸权主义和强权政治。中国愿意在和平共处原则基础上同所有国家发展友好合作关系。中国同亚太地区有着广泛的经贸联系。中国致力于维护亚太地区的和平与稳定，一贯重视并积极参加本地区的经济合作，促进本地区共同繁荣与发展。

中国坚持邓小平同志倡导的基本路线，以经济建设为中心，坚持改革开放，坚持四项基本原则，走有中国特色的社会主义道路。改革开放十三年，中国取得了举世公认的重要成就：经济发展上了一个新台阶；人民生活得到显著的改善；对有中国特色的社会主义认识也更加丰富了。刚刚闭幕的全国“人大”和“政协”会议，就是进一步加快改革、扩大开放、推动经济建设的大会。

改革就是解放生产力，发展生产力；开放就是加强国际合作，吸收和借鉴人类社会创造的一切文明成果。亚太地区的稳定与发展为中国的改革开放和经济发展提供了有利的国际环境和合作机遇；中国经济得到发展，人民生活水平得到提高，同样也有助于地区的稳定与繁荣。

中国的对外开放是全方位的，既向亚太地区开放，也向世界其他地区开放。中国对外经济合作是多方面的，既同发达国家合作，也同发展中国家合作。

亚太地区人口占世界人口一半以上。亚太地区的稳定有利于世界和平，亚太地区经济的繁荣有利于世界经济的发展。事实表明，亚太地区充满活力，具有巨大的发展潜力，是一个大有希望的地区。我们相信，只要亚太地区各国相互尊重、平等互利、加强合作、共同发展，亚太地区将会迎来一个更加光明，更加美好的未来。

女士们、先生们：

增进交流是加强合作的有效途径。今天诸位聚会一堂，讨论共同关心的问题，互相交流经济和社会发展方面的经验，这必将对亚太地区的合作和发展给予新的推动。中国将一如既往，不遗余力地加强与亚太经社会及各成员的合作，为亚太地区的稳定与繁荣作出自己的贡献。

现在，请允许我宣布亚太经社会第四十八届会议正式开幕。

谢谢各位。

国务委员钱其琛在开幕的联合国亚洲及太平洋经济社会委员会第48届会议上发表他就任本届会议主席的讲话

钱其琛说，今天，亚太地区已成为世界上政治比较稳定、经济增长最快和发展最有活力的区域。

他说，亚太经社会作为联合国在这一地区的主要机构，倡导了许多值得人们称道的项目，发挥了推动经济、社会发展和促进地区合作的重要作用。亚太经社会则已成为联合国系统最活跃的地区性经济社会机构之一。

他指出，进入90年代以来，世界正经历着更迅速、更深刻的巨大变化。钱其琛说，近年来，国际政治形势的缓和，地区性冲突的解决，为亚太地区的发展带来一些有利条件。但是新的矛盾和对抗又不断产生，出现了许多难以预测的不稳定因素。世界经济趋向一体化，包括生产、贸易和金融领域里的一体化，有利于亚太地区的发展，但贸易保护主义阴霾的威胁随之加重。

钱其琛指出，“特别令人关切的是，亚太地区的绝大多数是发展中国家和地区，其中不少又是最不发达国家、内陆国家和岛屿国家，在经济发展方面仍面临重重困难。近年来，一些发达国家的经济衰退导致国际市场萎缩；国际贸易环境进一步恶化；官方发展援助的增长减慢甚至停滞；发展资金短缺；发展中国家的债务问题仍然难以缓解。这一切必将使亚太地区的发展中国家和地区在90年代遇到更大的挑战。”

钱其琛说，在上述形势下，亚太地区进一步加强区域合作无疑具有重要的现实意义和紧迫性。今天，人们对深化亚太区域合作的广阔前景，可以抱有更大的信心和希望。因为我们拥有下列有利的条件：

第一，在80年代，亚太地区经济作为一个整体，以其出色的活力和应变能力，在起伏波动的世界经济中，保持了领先的增长速度，这是深化区域合作的坚实的物质基础。

第二，随着国际格局的发展变化和亚太地区经济的迅速发展，亚太地区在世界经济、政治中的地位不断上升，这有利于本区域争取较好的外部条件。

第三，随着柬埔寨问题的政治解决、朝鲜半岛形势趋向缓和以及阿富汗问题走向政治解决等因素的出现，亚太地区尤其是东南亚地区明显出现趋向和平、稳定的形势。

第四，亚太地区的区内经济活动日益增加，特别是在贸易、投资和技术转让方面的相互交流日趋频繁。这种蓬勃发展的势头正在创造着新的机遇和潜力。

他说，本届会议正是本着抓住新机遇、迎接新挑战的精神，把“亚太经济区域合作：前景、优先事项和政策选择”作为会议的主题，并寻求重建政府间协商合作的机制。他说：“这是一个正确的抉择。”

他说，本届会议将接纳 6 个新成员和两个准成员。这标志着亚太经社会的兴旺发达。钱其琛向即将被正式接纳为成员和准成员的朝鲜民主主义人民共和国、阿塞拜疆共和国、土库曼斯坦、吉尔吉斯斯坦共和国、马绍尔群岛共和国、密克罗尼西亚联邦、新喀里多尼亚和波利尼西亚表示热烈的欢迎并预致衷心的祝贺。

法国参议院议长波埃在巴黎会见由中国政协副主席司马义·艾买提率领的中国政协代表团

4 月 15 日

中共中央总书记江泽民在人民大会堂会见出席联合国亚洲和太平洋经济社会委员会第 48 届会议的各代表团团长

江泽民说，国际社会迫切需要建立公正、合理、平等、互利的国际政治、经济新秩序。在新格局的形成过程中，亚太地区应该作出自己的贡献。

江泽民指出，万隆会议是发展中国家为建立公正的国际秩序而努力的开端。这个光荣的传统应该得到继承和发扬。

江泽民说，亚太各国的社会制度和自然条件各异，但却保持着勃勃生机，经济合作也不断发展。亚太的实践证明，世界没有单一的发展模式，只有选择符合自己国情的道路，才能取得经济的发展，也说明各国必须在平等互利的基础上加强合作，共谋发展。

江泽民表示，中国作为亚太经社会的一员，将与其他成员和准成员一起，为促进本区域所有国家和地区的共同繁荣和发展而努力。

陶马斯·尤塔说，中国主办亚太经社会第 48 届会议再次表明中国致力于加强同亚太国家的团结与合作。本届会议的举行为进一步加强亚太地区的合作与交流奠定了坚实的基础。

扎伊鲁丁·汗赞扬中国在邓小平倡导的改革开放以来所取得的巨大成就。

艾哈迈德说，中国的改革开放使中国的经济取得长足进步，中国的经验对本地区大多数国家的发展有着重要的意义。

国务委员兼外交部长钱其琛等参加会见。

国务院总理李鹏在钓鱼台国宾馆会见并设宴款待正在北京出席联合国亚太经社会第 48 届会议的各代表团团长和亚太经社会执行秘书等主要官员

李鹏说，亚太地区既有发展中国家，也有发达国家，但占绝大多数的是发展中国家。谋求和平与发展是这些国家人民的共同愿望。李鹏说，希望本届亚太经社会会议促进亚太各国和地区人民的团结与友谊，促进各国的经济合作与发展，祝愿会议取得圆满成功。

印度尼西亚外交部长阿拉塔斯代表各代表团团长致答辞说，这次以“区域经济合作”为主题的会议在北京举行是特别合适的，因为，中国的改革、现代化及与外部世界合作的政策将对整个亚太地区的经济发展和共同繁荣的前景产生深远的影响。

阿拉塔斯说，从亚太经社会 1947 年的上海会议到 1992 年的北京会议，亚太国家和地区的经济取得了长足的进步。

亚太经社会执行秘书艾哈迈德说，中国一贯支持亚太经社会的工作；中国在这次会议上准备提出的一些倡议，如通过《北京宣言》和发起“亚太地区残疾人 10 年”的提案，再次显示了中国致力于增进本地区人民间的友谊、理解与合作。

中共中央总书记江泽民在人民大会堂会见联合国秘书长布特罗斯·加利

江泽民指出，我们很高兴地看到，近年来联合国在缓和国际紧张局势、解决地区冲突和促进国际经济合作方面发挥了积极的作用。世界格局的变化使各国对联合国寄予更大的希望。要把联合国的事情办好，需要全体会员国共同努力。

加利说，我这次来中国的首要目的是感谢中国对联合国所作出的贡献。我特别要提到今年 1 月底李鹏总理出席了联合国安理会首脑会议，这是对联合国和联合国秘书长工作的有力支持。我要向中国方面表示深切的谢意。

江泽民说，我刚从日本访问归来，中日经贸合作的加强有利于两国人民，也会促进亚太地区的稳定与发展。

参加会见的有：联合国副秘书长冀朝铸、外交部副部长刘华秋和中国常驻联合国代表李道豫等。

首都各界人士在人民大会堂集会纪念爱国将领蔡廷锴诞辰100周年

首都各界人士300多人4月15日上午在人民大会堂集会，纪念著名的抗日将领和爱国民主人士、民革卓越的创始人和领导人蔡廷锴先生诞辰100周年。

国家主席杨尚昆在平壤百花园国宾馆会见几内亚总统兰·萨纳·孔戴

国家主席杨尚昆在平壤百花园国宾馆会见赤道几内亚总统特奥多罗·奥比昂·恩圭马·姆巴索戈

国家主席杨尚昆在平壤百花园国宾馆会见伊朗外交部部长韦拉亚提

国务院关于抓紧做好1992年库存粮油安全保管工作的紧急通知

国务院最近发出关于抓紧做好1992年库存粮油安全保管工作的紧急通知。

通知说，目前，国家库存粮油比去年同期继续增加，露天存粮已超过500亿公斤，比去年增加50多亿公斤。高水分和危险水分粮的比重进一步加大，国家专项储备粮已相继进入轮换期，各地还有为数不少的陈粮需要处理。由于去冬今春气温偏高、潮湿，现在霉菌、害虫已开始繁殖为害，南方部分地方汛期已提前到来，今年粮油安全保管工作面临着更加艰巨的任务。为确保国家库存粮油安全度夏度汛，切实做好保管工作，特紧急通知如下：

一、要继续加强对国家库存粮油安全保管工作的领导。各省、自治区、直辖市人民政府要尽快对今年的粮油安全保管工作作出统筹安排，针对重点地区和难度大的问题，采取切实有效的措施加以解决，并在高温季节和汛期到来之前落实到位。进入高温季节和汛期后，要加强监督、检查，发现问题及时解决。对可能出现的紧急情况要有应急抢险措施，做好人力、物资、运输等项准备工作。

二、粮食部门要把粮油安全度夏度汛作为当前的一项中心工作来抓。要组派人员深入粮库、粮站认真检查各项措施落实情况。抓紧对高水分粮烘晒，确保高温季节前处理完毕。危险粮多、任务重的地区，要作出应急安排。对去年因洪涝而过水的粮食，进行及时加工处理。对应该轮换的储备粮和需要处理的陈粮，要结合加工、销售和新粮入库，统筹进行安排。能源、物资等部门对高水分粮烘晒、加工等急需的燃料、电力和其他物资，要保证供应。铁路、交通部门对疏散水患粮、高水分粮所需运力，要及时安排。

三、狠抓粮食调运工作。行洪、易涝地区要结合粮食销售和调拨，及早安排水患粮的处理和转移。粮食调入地区要从大局出发，努力克服困难，确保完成调拨计划，力争多接收一些粮食，以减轻主产区的压力。

四、坚持和完善安全保粮责任制。有关部门分工负责，部门内部层层建立责任制。哪个部门出了问题，哪个部门要承担责任；哪一级出了问题，要追究哪一级主管领导的责任。粮食部门要进一步建立健全和严格执行各项粮油安全检查、报告制度。各级公安部门要帮助粮食部门制定落实好各项安全保卫、防火防盗措施，依法严厉打击各类危害国家粮油仓库安全的犯罪活动。

五、大力推广科学保粮技术，努力延缓粮食陈化，提高经济效益，降低费用开支。要继续深入开展“四无粮仓”活动。对行之有效的机械通风、电子检测等保粮新技术，要加快推行。当前要因地制宜地抓紧推广使用PVC涂塑革、钢筋囤、玻璃钢棚、“土堤仓”等露天存粮新材料、新工艺、新方法，逐步淘汰草苫席穴囤。

中国代表团副团长刘华秋在联合国亚洲和太平洋经济社会委员会第48届会议一般性辩论中发言

刘华秋回顾说，过去的一年，世界政治局势动荡不安，经济形势持续衰退。而亚太地区政治相对稳定，经济增长强劲，区域内经济关系扩大。亚太地区的经济发展也存在着明显的不平衡，贫困仍然是突出问题。世界经济区域化、集团化趋势加快，贸易保护主义压力增强。这一地区经济的进一步发展面临着挑战。刘华秋指出，亚太地区的经济合作具有广阔的前景。亚太地区加强区域合作不仅有助于本地区经济的发展与繁荣，也有利于推动世界经济的持续增长。

关于合作的政策选择，刘华秋说，中国代表团愿意提出几条指导原则供大家考虑：

第一，相互尊重。也就是说应尊重亚太地区的多样性，尊重各国在自然条件、经济发展水平、历史文化传统等方面的差异，尊重各国根据本国国情自由选择社会制度、经济模式和发展道路的权利。设法将这种多样性变为互补性，是开展有成效的、多层次的区域合作的关键。

第二，平等互利。合作只有建立在平等互利基础上才具有持久的动力。亚太地区各个成员不分大小、贫富、强弱都应平等参与区域经济合作。

第三，彼此开放。区域经济合作应坚持相互开放，不仅区域内各成员之间应相互开放，与区域外国家和地区也要相互开放。

第四，共同繁荣。世界经济是一个相互联系、相互依存的整体。如果穷国得不到发展，富国的发展就难以长久。因此，亚太区域合作应以缩小区域内的不平衡，减少贫困，促进各国的共同发展和繁荣为目标。

第五，协商一致。亚太经社会成立以来一直遵循协商一致的原则，为各成员和准成员通过对话和磋商解决问题树立了良好的范例。这一原则在区域经济合作中应继续得到尊重。

刘华秋说，根据去年 12 月在北京举行的“关于区域经济合作的政府间会议”达成的协议，中国代表团在与一些成员进行磋商的基础上，草拟了关于“促进区域经济合作的宣言”。我们希望各国代表团对这一草案给予积极的考虑。刘华秋在发言中透露，经中国政府批准，中国国际贸易促进会将邀请亚太经社会于 1994 年在北京举办“第五届亚太贸易博览会”。此外，我国正在准备参加旨在促进区域交通联系的泛亚铁路项目，并将积极参加对湄公河流域的合作开发。

刘华秋介绍说，联合国“残疾人十年”将于今年结束，为继续促进残疾人事业的开展，我国代表团将提议并支持将 1993 至 2002 年作为“亚太区域残疾人十年”。

刘华秋说，前不久在维也纳举行的联合国第 36 届妇女地位委员会决定第四次世界妇女大会于 1995 年在北京召开。这是第一次在一个亚洲国家的首都召开这样的大会。在我国全国人民代表大会通过《妇女权益保障法》之际，中国政府和人民有信心举办好这次妇女大会。

刘华秋说，今后，我国将毫不动摇地坚持改革开放政策，并且要加快改革开放的步伐。同时，中国将一如既往，积极支持和参与亚太经济合作，与各国一道探索加强亚太经济合作的途径，为加速亚太各国的共同发展和繁荣而努力奋斗。

国务委员钱其琛在钓鱼台国宾馆同来访的联合国秘书长布特罗斯·加利举行会谈

加利说，中国以自己丰富的知识、经验和智慧对人类作出了重大贡献。今天，中国不仅是安理会常任理事国，而且是国际事务中特别是在涉及第三世界问题上有重大作用的国家。“中国在我的心目中占有特殊的地位，我这次来访是为了感谢中国对联合国工作的支持和贡献。”

钱其琛说，中国与安理会和联合国秘书长一向合作得很好。钱其琛重申，中国政府支持联合国安理会和秘书长在维护国际和平与安全、解决地区冲突中所发挥的作用以及所作出的努力。钱其琛希望联合国今后在维护国际和平与安全、促进国际经济合作与发展方面发挥更积极的作用。

加利还向钱其琛介绍了联合国的工作。

共青团中央中国青少年发展基金会在北京举行新闻发布会

新闻发布会宣布从即日起在全国实施“希望工程——百万爱心行动”计划。同时公布了自 1990 年 9 月以来邓小平为“希望工程”的题名以及江泽民、李鹏为“希望工程”的题词。实施“希望工程——百万爱心行动”计划，旨在动员更多的人参与“希望工程”，尽快使我国因贫困而失学的儿童享有受教育的基本权利。其具体内容是通过广泛的宣传动员工作，让更多的人了解“希望工程”，通过基金会和同级团组织的牵线搭桥，让捐赠者（个人或集体）与失学孩子结对挂钩，建立直接联系，定向资助至小学毕业。这一行动的推出，使“希望工程”进入一个新的发展阶段。

唐昭陵考古有重要发现

唐皇 18 陵中面积最大、陪葬墓最多的唐太宗昭陵，近年来清理发掘了一批陪葬墓，出土各类文物 700 余件、壁画近 500 平方米，获得一批重要的考古新发现。

李世民与文德皇后合葬的昭陵位于西安西北 50 多公里的礼泉县九峻山，在山中凿洞营建墓穴地宫，开创了唐代“因山为陵”制度。185 座陪葬墓呈扇形分布于陵前，文物遗存丰富。

4 月 16 日

中共中央政治局常委乔石在山西考察

乔石 4 月 16 日至 22 日在山西省委书记王茂林、省长王森浩、省委常委纪委书记冯芝茂的陪同下，先后到吕梁、临汾、运城、太原等地、市，考察了吕梁山区部分贫困县的一些贫困山村，了解他们发展经济、脱贫致富的情况，还考察了一些大中型企业和乡镇企业。

在贫困山区，乔石多次到农民家中，详细询问他们的生产、生活以及子女入学等情况。

在太原橡胶厂，乔石对他们深化改革，在劳动人事、工资制度上，率先打破“三铁”表示赞许。

乔石在山西视察期间，听取了山西省委、省政府的工作汇报。他说，山西人民对全国四化建设是有贡献的。他对山西在改革开放中的新发展、新变化十分高兴，希望山西在小平同志重要谈话精神鼓舞下，加快改革步伐，把各项工作做得更好。

《求是》杂志1992年第8期发表本刊评论员文章《进一步解放思想》

年初，邓小平同志先后在武昌、深圳、珠海、上海等地和干部群众谈话时，就当前一系列重大问题发表了极为重要的意见。这些意见对于我们进一步解放思想，坚持实事求是，加快改革开放步伐，集中精力把经济建设搞上去，实现社会主义现代化建设的宏伟目标，具有十分重要的指导作用。

思想是行动的先导。正确的思想路线是制定和执行正确的政治路线的重要前提。我们所以能够在十一届三中全会以来形成一条"一个中心、两个基本点"的基本路线，并且在这条路线的指引下，取得改革开放和经济建设的重大成就，至关重要的，就是执行了邓小平同志提出的"解放思想，实事求是，团结一致向前看"的方针。当前，我们的改革和建设事业进入了一个关键的时期，国内外的条件有利于我们的发展。我们能不能把握住这个有利时机，加快改革，扩大开放，更快地推动经济的发展和社会的全面进步，在很大程度上取决于我们能不能真正做到进一步解放思想，使我们的思想认识、精神状态、工作作风同面临的形势和任务相适应。

邓小平同志在深圳的谈话中指出："社会主义的本质，是解放生产力，发展生产力，消灭剥削，消除两极分化，最终达到共同富裕。"我们正在进行的改革，作为社会主义制度的自我完善，它不要求改变社会主义基本制度，但要从根本上改变束缚生产力发展的经济体制，建立充满生机和活力的经济体制，以进一步解放和发展生产力。这样的改革必须要有一个思想的大解放为先导、相伴随。改革越向深处发展，越触及到旧体制的深层面，对思想解放的要求就越迫切。没有进一步的思想解放，就不可能有改革开放的进一步深化。只有从思想上摆脱旧的习惯势力和主观偏见的束缚，才能对原来体制的弊端有一个深刻的认识，才能对建立适应生产力发展要求的新体制有一个积极的科学的态度，也才能勇敢地站到改革大潮的前头去，因势利导，除旧创新，奋勇前进。

现在，上上下下都在呼唤："改革开放胆子要大一些"。胆量如何大起来呢？必须进一步解放思想。思想不解放，条条框框多，顾虑就多，胆子就大不起来，步子就迈不开去。毫无疑问，我们进行改革开放，必须坚持社会主义方向，要尽可能避免犯大的错误，但不能因此就谨小慎微，不敢前进了。前不久召开的中共中央政治局全体会议指出："判断姓'社'姓'资'，应该主要看是否有利于发展社会主义社会的生产力，是否有利于增强社会主义国家的综合国力，是否有利于提高人民的生活水平。"这就为我们提供了一个想问题办事情的客观标准。我们应当准确地理解和实行这个标准，只要符合这个标准的，就是社会主义的或为现阶段社会主义所允许的，就应大胆地干；反之，就是不符合社会主义的或现阶段社会主义所不需要的，就坚决不干；这样，手脚就可以放开了。

我们提倡进一步解放思想，同强调坚持实事求是是完全一致的。"解放思想，就是使思想和实际相符合，使主观和客观相符合，就是实事求是。"思想不解放，受到脱离实际的东西的束缚，就不能做到实事求是；没有从实际出发、实事求是的科学态度，也不符合解放思想的要求。改革也好，开放也好，发展经济也好，都要从客观实际出发，要考虑到我国的国情，要考虑到各地的实际情况，不顾主客观条件，全凭主观愿望办事，或者盲目地执行上级指示，这叫不实事求是，当然也不符合解放思想的要求；同样，机遇来了，加快改革开放的条件具备了，却还在那里左顾右盼，不敢去抓住它，以至坐失良机，这叫思想不解放，当然也不符合实事求是的原则。对于有条件办的事，就应不失时机去办，看准了的，就大胆去闯。正如邓小平同志在深圳所说的："没有一点闯的精神，没有一点'冒'的精神，没有一股气呀、劲呀，就走不出一条好路，走不出一条新路，就干不出新的事业。"胆子大，步子稳，思想活跃，头脑清醒，这才符合解放思想、实事求是的要求。

邓小平同志曾经说过："我们讲解放思想，是指在马克思主义指导下打破习惯势力和主观偏见的束缚，研究新情况，解决新问题。解放思想决不能够偏离四项基本原则的轨道，不能损害安定团结、生动活泼的政治局面。"旧的习惯势力、主观偏见一定要打破，因为它不符合马克思主义，违背了实事求是的原则，不打破它，人们的思想就不可能得到解放。四项基本原则一定要坚持，马克思主义的指导地位一定要维护，因为只有这样，解放思想才能保持正确的方向，收到切实的效果。让我们在党的基本路线的指引下，开阔眼界，拓展思路，大胆探索，勇于创新，在改革开放和经济建设中迈出新的步伐，争取新的更大的胜利。

国务院总理李鹏在中南海会见保加利亚副总理尼·瓦西列夫

李鹏说，"保加利亚发生的变化是保加利亚的内部事务，我们尊重保加利亚人民的选择。中国愿意同保加利亚保持科技、教育等领域的合作与交流。"

瓦西列夫兼任保加利亚教育与科学部长。瓦西列夫说，尽管在保加利亚发生了巨大的变化，保加利亚新政府仍然十分重视同中国发展关系，包括科技和教育方面的合作。他这次来访是为了进一步扩大两国在科技和教育方面的联系。

外交部发言人吴建民在北京举行记者招待会宣布应联合国秘书长请求中国将向柬埔寨派遣军事观察员和军事工程大队

吴建民说,中国政府将于近期内向柬埔寨派遣47名军事观察员和由400人组成的军事工程大队,参加柬埔寨过渡时期联合国权力机构的工作。

吴建民说,中国将执行联合国安理会748号决议的有关规定。吴建民说,"我们曾希望有关各方共同努力,促使这一争端得到公正、合理的解决,避免对利比亚实行制裁。有关方面至今未能协商解决争端是令人遗憾的,我们仍真诚希望国际社会和有关各方继续努力,使问题尽快得到妥善解决。"

有记者问:中国对日本遗弃在中国的化学武器问题持何态度?吴建民回答说:日本遗弃在中国化学武器是侵华战争时遗留下来的,中国完全是受害者,日本方面理应承担销毁的责任。我们希望这个问题能够早日得到令人满意的解决。

中国和俄罗斯边界东段勘界专家组第3轮会议在北京举行

中俄边界东段勘界专家组第三轮会议于4月16日至5月2日在北京举行。双方就勘界的原则、分工及方法达成了共识,并就有关问题形成了共同记录。双方商定本年6、7月在莫斯科举行联合勘界委员会第一次会议。

中国对不明飞行物研究有进展十多年搜集报告500多起

4月17日

国务院致电祝贺上海宝钢二期工程全部建成投产

国务院总理李鹏在人民大会堂会见以枢密大臣前总理炳·廷素拉暖为团长的泰国枢密院代表团

中共中央政治局常委宋平在人民大会堂会见埃及行政监察署署长艾哈迈德·阿卜德尔·拉赫曼

宋平说,埃及是一个在阿拉伯世界、非洲地区和世界政治活动中发挥重要作用的国家。中埃两国在国际事务中有许多相同的观点,彼此互相同情,互相支持。加强两国政府部门之间的联系和增进两国人民的传统友谊是很重要的。宋平表示相信,拉赫曼署长率领的代表团这次来访会在这方面作出贡献。宋平希望中埃两国的监察部门互相学习,加强交往。宋平说,我们的党和政府很重视并支持这项艰巨而重要的工作,它应为围绕经济建设这个中心来进行。

拉赫曼一行是埃及行政监察署派出的第一个访华代表团。监察部长尉健行会见时在座。

中国制成第一艘气垫船

中国东方文化研究会丝绸之路工作委员会在北京成立

4月18日

《人民日报》发表评论员文章《抓住时机加速发展》

全国进出口500强中国石化进出口总公司名列榜首

国务院副总理邹家华国务委员李铁映宋健分别会见日本通产大臣渡部恒三

外交部发言人就所谓中国边防军袭击缅甸难民的消息答记者问

有记者问:据报道,中国边防军伏击了涌入中国境内的缅甸难民,请问是否属实?

发言人回答说,由于缅甸政府军同克钦军交战,大批缅甸难民涌入中国境内。中国本着人道主义精神,对缅甸难民作了暂时安置。所谓中国边防军袭击缅甸难民的消息,纯属捏造。

中华人民共和国政府和科特迪瓦共和国政府在北京签订文化合作协议

中国运用质子直线加速器进行的快中子治癌临床实验研究获重要成果通过国家鉴定

4月19日

国家统计局公布1991年分省人口统计数据

数据显示,1991年计划生育工作取得显著成就,但各地发展还不平衡,人口形势依然严峻。

根据国家统计局人口自然变动抽样调查结果,1991年全国人口出生率和自然增长率都下降了一个千分点以上,比1990年少生125万。全年净增人口1490万。到1991年底,大陆总人口为115823万。除广西、西藏外，大陆其他28个省、区、市都完成了人口计划。北京、上海、天津、浙江、辽宁、吉林、黑龙江、四川、山东、江苏等10个原来先进的省市继续保持了先进。河南、广东、河北、湖南、安徽等人口在5000万以上的大省，出生率有较明显的下降。福建、内蒙古、陕西、甘肃、江西、云南等省、区出生率也有较明显的下降。原来出生率较高的一些省、区在各自原有的基础上也有不同程度的改进。

1992年是新中国成立以来第三次人口生育高峰的峰顶，育龄妇女总数达3.18亿，处于20至29岁生育旺盛期的妇女达1.23亿，处于23岁生育峰值年龄的妇女达1325万，分别比1991年增加410万、100万、46万。加上去年有一部分人推迟了生育，将对1992年形成额外的冲击。据介绍，今年以来，一些地方医院接生婴儿的数量较年前明显上升。人口形势相当严峻。

为此，国家计划生育委员会要求各地务必扎扎实实抓好今年的计划生育工作，认真研究和解决当前工作中的突出矛盾，进一步完善人口与计划生育目标管理责任制，开拓计划生育工作新局面。

国家统计局关于各省、自治区、直辖市1991年人口主要数据公报

根据人口变动情况抽样调查，1991年全国出生率为千分之十九点六八，出生2259万人，比上年少生125万人。各省、自治区、直辖市人口主要数据如下：

1991年全国和分省人口主要数据

地区	出生率(‰)	死亡率(‰)	自然增长率(‰)	总人口(万人)
全国	19.68	6.70	12.98	115823
北京	8.03	5.82	2.21	1094
天津	11.94	5.78	6.16	909
河北	16.59	6.75	9.84	6220
山西	21.56	6.87	14.69	2942
内蒙古	16.77	6.97	9.80	2184
辽宁	12.10	6.64	5.46	3990
吉林	17.09	6.84	10.25	2509
黑龙江	15.89	5.70	10.19	3575
上海	7.68	7.01	0.67	1340
江苏	17.05	6.50	10.55	6844
浙江	14.48	6.39	8.09	4202
安徽	21.19	6.06	15.13	5761
福建	20.03	6.26	13.77	3079
江西	21.20	7.13	14.07	3865
山东	15.40	6.54	8.86	8570
河南	19.78	6.63	13.15	8763
湖北	20.70	7.36	13.34	5512
湖南	20.50	7.30	13.20	6209
广东	20.54	5.95	14.59	6439
广西	21.89	7.24	14.65	4324
海南	22.97	5.97	17.00	674
四川	15.82	7.29	8.53	10897
贵州	22.42	8.11	14.31	3315
云南	21.80	8.10	13.70	3782
西藏	23.53	7.40	16.13	226
陕西	19.82	6.51	13.31	3363
甘肃	19.38	6.05	13.33	2285
青海	23.37	8.35	15.02	454
宁夏	21.96	5.13	16.83	480
新疆	24.45	7.86	16.59	1555

注：1. 全国数据根据抽样误差和调查误差进行了修正，分省数据未经修正。

2. 全国数据为我国大陆30个省、自治区、直辖市和中国人民解放军现役军人的数据，不含台湾省和港澳地区中国同胞。分省数据未含中国人民解放军现役军人。

国务院副总理邹家华在广西考察

邹家华与广西、贵州、云南、四川、广东、海南等省区及成都、重庆市的领导，国家计委、国家体改委、铁道部等11个部委的负责人一起，考察了广西北部湾畔的北海市、钦州市和防城港，初步形成了制订包括西南和华南部分省区的区域经济整体发展规划的意见。邹家华指出，从1992年开始，国家有关部门将同部分省区一起重点研究7个区域经济发展规划：一是以上海浦东为龙头的长江沿岸地区；二是珠江三角洲地区；三是环渤海地区，包括北京、天津、河北、山东、辽宁；四是西南和华南部分省区；五是西北地区；六是中原地区；七是东北地区。这样中西部省区将通过与沿海、沿边、沿江省区的联系，使内陆腹地和资源优势与沿海的区位优势有机结合。90年代这七大区域带的维系和加强将构筑起我国经济发展和对外开放的大框架。这种按照不同区域特点，从比较大的范围来考虑地区经济布局以及省、区、市之间的联合发展，标志着我国计划体制的一项重要改革——以经济的自然联系和资源、区位优势互补为纽带的区域经济规划工作开始起步。

国家主席杨尚昆根据全国人大常委会的决定任免驻外大使

免去裴远颖的中华人民共和国驻波兰共和国特命全权大使职务。

任命刘彦顺为中华人民共和国驻波兰共和国特命全权大使。

中共中央政治局常委宋平在北京会见巴基斯坦穆斯林联盟总书记伊克巴尔·阿哈默德·汗

宋平说，中国共产党和巴基斯坦穆斯林联盟建立关系以来，两党友好关系不断发展。这种关系符合两国和两国人民的利益。宋平说，在当前国际形势下，两党应进一步加强交往和合作。中联部部长朱良会见时在座。

中国高科技产业化研讨会在北京成立

首届世界体操单项锦标赛在巴黎结束李敬获男子双杠鞍马两项金牌另有中国运动员获两枚银牌

全国环境保护产业工作会议在北京召开

国务院环境保护委员会主任宋健在全国环境保护产业工作会议上发表《建立强大的环保产业》讲话

我国的环保事业是从七十年代初开始起步的。为了解决日益严重的环境和生态问题，一九七二年六月，联合国在斯德哥尔摩召开了第一次人类环境会议，周恩来总理决定派一个高级代表团去参加这次会议。这是恢复中华人民共和国在联合国常任理事国地位后，我国第一次派团参加的联合国重要专业会议，对这次会议的成功作出了重要贡献。这次会议发表了斯德哥尔摩宣言，对世界各国环保事业的发展，起到了重要的促进作用。经过二十年的努力，我国环保事业在各个方面都有了巨大进步。在政策上，从七十年代初形成的"全面规划，合理布局，综合利用，化害为利，依靠群众，大家动手，保护环境，造福人民"的三十二字方针，发展到八十年代把环境保护列为基本国策，环境与建设同步发展、预防为主、"谁污染谁治理"和加强环境管理等一系列方针政策；从各项立法、标准和管理制度的建立，到确立了从中央到地方的管理体制；从"三废"治理，到环保工作的全面开展，特别是环境管理八项制度的实行，使环境保护工作进一步得到加强。环境保护目标责任制、城市环境综合整治定量考核制度、排污许可制度、限期治理、污染集中控制、排污收费、建设项目"三同时"和环境影响评价制度等对治理、保护和恢复生态环境都起到了重要作用。

在自然保护方面，我国也取得了举世瞩目的成就。从七十年代后期开始，我国开始大规模植树造林。伟大的"三北"(西北、华北、东北)防护林工程已造林九百多万公顷，形成了一条新的"绿色长城"；长江中上游防护林工程已造林近七十万公顷；太行山绿化工程已经展开；平原绿化工程已形成了以农田林网为主的防护林体系，中原百分之六十一的耕地实现了林网化；沿海防护林工程已造林五百五十万公顷，建成了海岸林带八千多公里。五大防护林体系覆盖了我国的主要水土流失区、风沙区和多灾区。这些巨大工程建成后，我国生态环境将得到根本改善。义务植树种草、绿化荒山的活动已成为全社会的行动。经过多年努力，我国的森林覆盖率已由四十年代末的百分之八点六上升到一九九一年的百分之十三点四。为保护珍稀物种和珍贵的自然历史遗产，我国已建立六百多处自然保护区，占国土面积的百分之四。立法保护珍稀植物三百五十四种，珍稀野生动物三百一十二种。全国各种类型的生态农业试点已有二千多个。随着国民经济的飞速发展，我们建立了一大批种养结合、合理开发农副产品的庭院经济和按照生态规律发展农业的样板，创造了许多新的经验。

环保事业的发展迫切需要科学技术和装备的支持，因而推动了环保产业的发展。到一九九一年为止，我国已有从事环保技术研究、开发、生产和经营的企事业单位二千五百多个，职工总数三十二万人，有工程师以上技术职称的科技人员三万四千人，年产值约三十八亿元。环保产业作为新兴的产业已经初具规模，为治理环境污染、改善环境质量提供了初步的物质和技术支撑，取得了明显的环境效益、社会效益和经济效益。有些环保产品已经达到或接近八十年代国际先进水平，还有部分产品出口。应该说，如果没有环保产业提供的物质技术保障，环保事业就难以取得这么大的成绩。在环保产业领域中工作的科技工作者和广大职工作出了贡献，作出了成绩。例如：航空航天部武汉仪表厂是一个军工企业，按照军转民的方针，研制、生产了系列水处理装置二百二十多台(套)，年处理废水能力合计达四亿吨。这个厂生产的次氯酸钠发生器已出口到巴基斯坦，受到好评。江苏省宜兴市高塍镇，环保产业遍地开花，从事环保产业的企业有一百六十三家，固定资产五千六百万元，占全国环保产品产值的百分之六，环保产业已成为这个镇的支柱产业。"六五"期间，我国用于环境保护的投资为一百五十亿元，"七五"期间达到五百五十亿，"八五"期间将增长到八百多亿元，这给环保产业创造了很大的国内市场。随着全社会环境意识的不断提高，改善环境质量的要求越来越迫切，保护环境的投入也会大大增加，这也要求环保产业有一个较大的发展。预计在未来十年内，环保产业将成为发展最快的新兴产业之一。从污染治理的需求来看，急需发展的环保设备是：大规模造林植草机械化装备，优良树种苗木、草种草坪的培育、引种和商品化经营装备，CFC(氯氟烃)替代品生产和回收装置，先进高效的垃圾处理设备，污水、废气、固体废物处理设施，废旧物资再生设备，噪声防治设备，节水节能设施，污染事故应急处理系统装备等等。据分析，国内环保市场需求设备的比例大体为：废水治理占百分之四十，废气治理占百分之三十八，废渣治理占百分之十七，噪声治理占百分之四，其他占百分之一。我国经济飞速发展所形成的巨大的市场需求是环保产业发展的源动力和沃土。

我们还必须看到，我国的环保产业目前还非常弱小。虽然生产经营单位已有二千五百多个，真正形成规模、水平较高的企业也不过四十家左右。总的看来，目前科技水平较低，产品质量较差，效率低、耗能高、品种少、不配套，总之，不能满足需要。妨碍环保产业发展的突出问题有：第一，认识不足。国家已将环保产业列入优先发展领域，尚没有引起有关部门和工业界的足够重视，投入和扶持不够。第二，急需的实用技术没有及时开发，或者开发出来后，没有及时投入应用，属于高技术领域的技术开发很不够，尚未形成产业。第三，市场机制没有完全建立起来，环保产业商品化程度低等等。不解决这些问题，环保产业就不可能得到健康发展。我国虽有部分环保产品和技术出口，但比重甚小，没有形成优势，出口贸易额比发达国家低得多。我们要清醒地看到这些问题和差距，将压力变成动力，奋起直追。现在，我国发展环保产业的条件已经具备。最近一个时期，邓小平对我国的改革开放和经济建设发表了十分重要的讲话，举国上下都在讨论，全国人民衷心拥护加快改革开放和现代化建设的步伐。新的形势强烈地呼唤着环保产业的进步和发展。国家已把环保产业列入了优先发展的领域。国际社会对我国的环保事业十分关注。这些都为环保产业的发展提供了良好的内外环境。我国在发展环保产业上已探索和积累了一些经验。随着综合国力和物质技术基础的增强，我们拥有的一支有相当高的水平，能奋斗、能奉献的科技队伍，在各级政府、各部门的支持下，一定能够而且应该迅速地向前奋进，抓住九十年代这个难得的时机，努力把环保产业搞上去。

工业革命以来，人类征服和驾驭自然的能力不断提高。依靠科学技术，驯服了江河，让其为人类服务；探明和开发了地下埋藏数亿年的煤炭、石油和金属矿藏，成为支持现代社会进步的物质源泉。这是人类文明值得骄傲的伟大胜利。但是，几个世纪以来人们忽略了这种开发和消耗带来的日益严重的后果，即对环境的污染和损害。本世纪五六十年代，一些发达国家曾发生了多起震惊世界的环境公害事件，使人民生命、财产受到损失，引起社会舆论的强烈关注。在公众舆论的强大压力下，他们不得不采取措施，治理污染，取得了一些成效。在发展经济的进程中，环境问题在发展中国家也出现了。二十年前的人类环境会议呼吁世界各国携起手来，采取措施，共同面对日益严重的环境问题。二十年过后，保护环境和持续发展的思想并没有成为所有国家的自觉行动。旧的问题尚未解决，又出现了新的全球性的环境问题。例如，最为人们所关心的臭氧层耗损、全球气候变暖、跨国界的酸雨危害、淡水资源污染、有毒化学品越境转移、生物物种锐减等。

一九七四年，美国人罗兰(S. Rowland)和莫利纳(M. Molina)发表了氯氟烃(Chlorlfluorocarbons，CFCs)导致破坏臭氧层的报告。一九八五年英国科学家法曼(J. Farman)发现大气中臭氧量在逐渐减少，南极臭氧层出现了一个大约一千万平方公里的“空洞”，破坏了大气圈阻挡太阳紫外线照射的保护层，导致人类皮肤癌、眼疾等发病率增高并影响农作物生长。这是由于发达国家长期排放氯氟烃类物质造成的。上述这些结论已被全世界大多数科学家所接受。目前，发达国家的氯氟烃排放量占世界总排放量的百分之八十六。中国是一个人口大国和农业大国，紫外线过量照射，无论是对农作物生长，还是对人体健康，都将受害最大。另外，据科学家们监测，过去一百多年中，全球平均地面气温升高了零点三至零点六摄氏度。最近十年，地球表面平均气温上升加快。全球气候变暖主要是大量排放二氧化碳、CFC、甲烷等温室气体造成的。气候变暖将影响农业生产和海岸线的变化，有危及许多国家之虞。在联合国环境规划署(UNEP)的主持下，一九八七年制定了《关于消耗臭氧层物质的蒙特利尔议定书》(MontrealProtocol)，限制以至禁止生产和使用CFC_s。这一协议于一九九〇年在伦敦会议和一九九一年的内罗毕会议行了修正。我国于一九九一年交存了加入书，从而成为此项公约的缔约国。按《议定书》规定，我国承担逐步削减氯氟烃的生产和使用，十年后将完全禁止使用。从现在开始科技界和化工企业就要开发代用品，以满足各行各业对此类产品的需求。

应该如实地看到，随着经济的迅速发展，我国也面临着严重的生态破坏和环境污染。我国人均淡水资源量只有世界平均水平的四分之一，北方许多城市严重缺水。由于排放大量污水，处理率很低，使本来就十分短缺的淡水资源遭受严重污染。白洋淀、京杭大运河、上海苏州河、淮河因污染严重，已影响几千万人民群众的生产和生活。环境污染已经造成了巨额经济损失。据估算，每年水体污染造成的经济损失超过四百亿元，大气污染造成的经济损失三百多亿元，固体废弃物和劣质农药造成的损失二百多亿元，三项合计共九百多亿元。全国人大、政协每次开会都有环境方面的提案。实践告诉我们，除了要加强环境管理，执行好环保的方针、政策、法规、标准之外，还必须加快发展环保产业，为防治工农业污染提供先进的科学技术装备。这是一个重大的战略性问题。二十年前，人类环境会议掀起了第一次环境保护高潮，有些国家不仅经济发展了，环保也搞上去了。我国环保工作也是在那个时候起步的。现在，随着联合国环境与发展大会的召开，全球又一次出现了环境保护热潮。我国的基本方针是：向有利于环境保护的可持续发展方向前进。我们必须改变传统的发展模式，通过调整产业的结构和加强环境保护与建设，逐步建立起符合我国长远利益的新的经济和社会体系。

当前，有些部门的工业生产对环境的损害是主要危险，它给社会造成的危害，损害了广大人民的利益，也严重影响企业的声誉。以符合环保要求为特征的“绿色标志产品”受到消费者的欢迎，将成为九十年代和下个世纪商品生产的主流。环保产业被称之为高科技“朝阳工业”，巨大的市场需求将推动环保产业的大发展。我国的环保产业明显落后于发达国家，也落后于一些中等发达国家。对此，我们要充分重视，积极主动地迎接挑战。

发展环保产业也是产业结构调整的需要。高投入、低产出、资源和能源消耗高的粗放型生产结构，对生态环境的威胁和破坏很大。我们要实现环境与经济协调发展，要求工业界，特别是乡镇企业，必须解决污染问题，提高科学技术水平和资源利用率，广泛开发和推广利用清洁无害新工艺、新技术、新产品。

环保事业的发展要依靠新技术和新装备的支持和保障。没有先进的科学技术装备这个物质基础，环境保护就没有根基。管理－科技－产业是一个有机联系的系统。六十年代以后，很多发达国家依靠严格的立法、先进的科技和强大的经济实力，用了大约二十年左右的时间基本上解决了工业污染问题，使环境质量得到较大的改善，这些经验我们应该借鉴。

我国的环保投资，“六五”期间为国民生产总值的百分之零点五，“七五”期间提高到百分之零点六七，“八五”期间可望达到百分之零点八至百分之一，这些投资要通过环保产业提供技术和装备来保障环境控制目标的实现。我们要充分认识环保产业在国民经济和环保事业中的地位和作用，要有紧迫感，团结合作，把环保产业搞上去。各级政府、各部门都要为发展环保产业作出努力，加强领导和协调，作出规划，制定扶持政策和管理办法。选择一批科研单位和骨干企业，鼓励、引导和扶植它们发展壮大起来，成为发展环保产业的中坚力量和基地，形成产业群，力争在九十年代有较大规模的发展。

邓小平关于“科学技术是第一生产力”的论断，深刻地揭示了科学技术与经济发展的关系。一个国家、一个民族，只有不断掌握先进的科学技术，经济才能健康持续地飞速发展，社会才会日益繁荣。科技兴则国兴。国家如此，一个产业也如此。环保产业是一项崭新事业，科技含量占有很大比重，它的发展必须紧紧依靠科技进步。我们要依靠新技术、新工艺、新创造、新发明，不断给环保产业注入新的活力，发挥计划与市场机制相结合的优势，使它进入科技与生产有机结合的轨道。

我们要特别注意加强环保科技的研究与产品开发。既要重视开发那些解决量大面广的环境问题所急需的实用技术（包括高效、低耗的工业生产技术，投资少、效益高的污染治理技术，资源综合利用技术和生态保护技术），又要注意发展高新技术。要用微电子、生物工程、新能源等高新技术，改造传统的工艺、设备，提高环保产业的技术水平。

高新科技开发既是保护环境、保证资源永续利用的需要，也是减少物耗、能耗，降低生产成本，提高经济效益的根本途径。我们应该动员和吸引一大批科技工作者，转移到这个行业中来。这里大有用武之地，能够发挥他们的聪明才智，多出成果，“越高越好，越新越好”，研制和生产出门类齐全、系列配套、经济实用、高质高效的环保产品，为环境与经济的协调发展作出贡献。

目前，我国环保科技力量主要集中在科研院所、大专院校和少数大中型企业。各部门都应认真研究发展本部门环保产业的政策、措施，增加资金投入，加强科技力量。要建立环保科学研究和技术产品奖励制度，表扬和奖励作出突出贡献的科学家、发明家、设计师和企业家，对为环保科技及其产业作出突出贡献的科技人员要给予重奖。

要重视加速环保科技成果向生产领域的转化。去年，国家环保局在全国范围内评选出首批十一项最佳实用技术，六十二项最佳可行技术，下达了推广计划，开始在各地、各部门实施。如果这些技术得以普遍应用，将获得可观的环境效益和经济效益。

国内外经验表明，做好环保科技成果转化工作的一个重要手段是大力发展属于第三产业的环保科技服务体系，包括系统分析、工程设计、技术咨询、技术服务、情报信息等服务活动，这是环保产业的一个重要组成部分。国外环保第三产业发展非常迅速，一些发达国家已建立起一批环保咨询服务公司，销售额急剧上升。环保第三产业在环保产业中所占的比重已成为衡量环保产业发展水平的一个重要标志。美国有一家生态环境公司，专门从事环境咨询服务，该公司有一千多名职员，年盈利达数亿美元，其服务范围已遍及世界各地，并且正在开辟中国市场。

目前，我国环保第三产业还处于起步阶段，专门的环境咨询公司很少，规模小，业务范围狭窄。由于在科研和生产之间缺乏中间环节，科技成果找不到厂家，后者又找不到急需的技术。我国已掌握着许多优良、适用的污染治理和生态保护技术，具有很大的推广价值，应组建一批环境咨询公司之类的机构，形成一定的社会服务能力，提供灵活多样的技术服务，将环保技术转化为现实的环境效益和经济效益。像获得“全球五百佳”称号的留民营、小张庄等，应该有人认真总结发展生态农业的经验，为全国提供咨询服务。要充分利用市场机制，实行有偿服务，增强自我发展的能力。发展环保第三产业还要放眼世界，瞄准国际市场的需求，让具有中国特色的适用技术进入国际市场。广大的发展中国家与我国有很多相近的地方，我们的技术和产品，可能更适用于他们。

当前，我国正进入加快改革开放步伐、集中力量发展经济的新时期，这对环保产业提出了新的要求，也为它的快速发展提供了有利的时机。我们应该放开胆量、勇于创新，在深化改革、扩大开放的大潮中走在前列，建立新的、充满活力的环保产业发展机制，为保护环境、发展经济作出贡献。

我们要放手发展各种所有制形式的环保产业，国营的、民营的、集体的、个体的、合资的、合作的、独资的都要支持，充分调动各方面的积极性，为发展环保产业出力。

经济特区、经济技术开发区和高新技术开发区应充分注意提高环保产业的比重，尤其是高新技术开发区要吸引有胆略、有作为的科技人员创办环保高新技术企业和环保第三产业，实现环保高新技术商品化、产业经和国际化。

环境问题是当前全球面临的共同挑战。不管是地区性的，还是全球性的环境问题，都需要进行国际间的平等合作。

中国政府一向对解决全球环境问题持认真负责态度。一方面重视解决自己在经济和社会发展进程中出现的环境问题；另一方面，认真、积极、务实地参加国际合作。早在一九六二年，周恩来总理在对全国林业工作的指示中，就非常明确地提出了森林资源要做到“青山常在、永续利用”的持续发展的指导思想。现在，这一思想已经成为全世界共同遵循的指导原则。一九八七年世界环境与发展委员会提出的“可持续发展”思想——既满足当代人的需要，又不对后代人满足需要的能力构成危害，正是“永续利用”思想的体现。

中国积极参加了一九七二年六月在斯德哥尔摩召开的第一次人类环境会议。在周恩来总理亲自关怀下，积极参与了《人类环境宣言》的起草工作。《人类环境宣言》多处写进了中国代表团的意见，如第三条“人类总得不断地总结经验，有所发现，有所发明，有所创造，有所前进”，第五条“世界一切事物中，人是第一可宝贵的”，第六条“我们需要的是热烈而镇定的情绪，紧张而有秩序的工作”等，中国代表团为第一次人类环境会议的成功作出了重要贡献。去年，我国政府在北京召开了有四十一个发展中国家参加的环境与发展部长级会议，通过并发表了具有历史意义的《北京宣言》，在全世界激起了热烈的反响，鼓舞了发展中国家解决本国环境问题和开展全球环境合作的信心。今年六月，联合国将在巴西召开各国首脑参加的环境与发展会议，中国积极参加了这次会议筹备工作的全过程，中国将派高级代表团参加这个高级会议。后天，中国环境与发展国际合作委员会成立大会将在北京开幕，这是中国积极参与国际环境合作、推动环境与经济协调发展采取的又一项重大新措施。中国还加入了修订后的保护臭氧层的《维也纳公约》和《蒙特利尔议定书》以及《防止危险废物越境转移及其处置巴塞尔公约》，积极参加保护生物多样性、全球气候框架公约的谈判。所有这一切都表明了中国政府对国际环境合作的高度重视。

中国参加环境领域中的国际合作，目的是为了维护中国人民和全世界人民的利益，维护我国以及发展中国家的正当权益，分清责任，推动全球环境问题的解决。我们认为，对于经济不发达的发展中国家来说，发展是第一位的，不发展经济就没有保护和建设环境的能力。贫困和不发达是造成发展中国家环境问题的根本原因。摆脱困境的根本出路在于推动经济增长，在发展中消除贫困，进而增强其保护本国环境和参加国际环境合作的能力。因此，在国际环境合作中不能抽象地谈论保护地球生态环境是全人类的共同责任。应该明确，导致目前地球生态环境退化问题的有区分的责任和治理环境的不同义务。

自十八世纪产业革命以来，发达国家在实现其工业化过程中，对全球资源进行掠夺式的开发，不顾后果地向环境索取，现在的环境问题主要是这种行为累积的结果，广大发展中国家在很大程度上是受害者。直到现在，发达国家仍是世界有限资源的主要消费者和污染源。发达国家的人口只占世界人口的百分之二十五，却消耗了并正在消耗着世界百分之八十的资源。自十八世纪六十年代以来，发达国家在工业化进程中烧掉了大部分已被开采的石油和煤炭，致使大气中的二氧化碳含量增加了百分之二十。现在，发达国家二氧化碳排放量仍占全球排放总量的百分之七十五，人均二氧化碳排放量达到三点一二吨，相当于发展中国家人均排放量的九倍多。历史上形成并延续至今的不合理、不公正的国际经济秩序造成世界上富国越来越富，穷国越来越穷。正如印度一位著名的农业和环境专家斯瓦米奈沙(M. S. Swaminathan)教授所说：“人类虽然有共同的未来，但是却没有共同的今天。”

国际环境合作必须遵循“共同的但有区别的责任”的原则。发达国应负主要责任，它们有义务率先采取环境保护措施，为国际合作作出更多的切实贡献。一是要向发展中国家提供充足的、新的、额外的资金，帮助发展中国家更好地参加国际环境合作，或补偿因履行国际环境法义务而带来的经济损失。二是以优惠的、非商业性条件向发展中国家提供治理污染所需的先进技术。不能将这类技术视为一般商品，通过市场机制进行转让。应该从对人类共同利益负责的高度，把有关技术看作是人类的共同财富，把它的转让看作是对人类共同未来应尽的责任。三是在国际环境合作中，应该充分尊重各国主权，不干涉内政，要确保发展中国家的广泛而有效的参与。中国将本着这些原则，与周边国家七十七国集团，以及国际社会其他成员一道，以积极认真的姿态，努力为今年联合国环境与发展会议的成功，为今后进一步推进全球环境合作作出自己的贡献。

扩大环境领域中的国际交往和合作，是中国对外开放政策的重要组成部分。发展环保产业要实行国际合作，扩大对外交往，要把通过国际合作发展环保产业作为环保部门和各产业部门对外开放的重要渠道和窗口。我们要认真学习、大胆引进和消化吸收国外环保产业的管理经验和先进技术。邓小平最近在谈到加快建设有中国特色的社会主义时，要求我们思想再解放一点，胆子再大一点，步子迈得再快一点。我们要抓住当前国际社会对环境问题高度关注和重视的机遇，大胆地走向世界，积极参加国际环境合作，发展自己的环保产业。要利用现在一些国际金融机构增加环保贷款的机会，建立良好的投资环境，不失时机，尽可能多地吸收环保贷款和外资。要积极主动地吸引、邀请一切愿与我合作的机构和外商来中国投资、办厂、办公司、办第三产业，进行技术交流和合作，独资、合资、合作、技术转让都欢迎。欢迎他们进入“三区”享受优待，以加速我国环保产业的发展。另一方面，我们也要发挥自己的科技优势，树立自力更生的精神，力求在环保科技及其产业方面作出自己的成就。事实上，中国在有些环保产业领域、有些产品和技术方面，已经具有一定的优势，达到了先进水平。在 CFC 替代产品的开发研究等方面已经获得突破性进展。在状态监测和评估、植树造林、治沙、生态农业、小流域综合治理等方面已经积累了成功的经验，在全世界处于领先水平。当然，我们也有一些环保产品出口，但是品种不多，数量不大，还没有形成优势。我们要有勇气和魄力，尽快地将具有优势的环保产业技术和产品推向国际市场，特别是推向第三世界，积极地开展与发展中国家的合作，因为我们的适用技术和产品比较适合他们的需要和接受能力，会受到他们的欢迎。总之，我们的环保产业要面向国内外两个市场，要在国际环保市场上占有应有的位置，在国际环境合作中发展自己并作出新的贡献。

环保产业是一项方兴未艾、前途远大的事业。我们要乘改革开放的春风，抓住这个历史机会，把环保产业搞上去。

4 月 20 日

中共中央总书记江泽民在中南海会见南非共产党总书记克里斯·哈尼率领的南非共产党代表团

江泽民表示，中国希望有一个长期的和平国际环境，主张在和平共处五项原则基础上发展同各国的关系。

江泽民指出，南非共产党和中国共产党建立于相同的年代，各自经历了漫长的历程。几十年来，南非共在困难的条件下，为废除种族主义制度和争取南非各种族人民的解放进行了长期艰苦卓绝的斗争。

江泽民还说，中共和南非有着友好的关系，希望今后两党加强往来，交流情况和经验。

克里斯·哈尼说，南非局势现在进入了一个关键和重要的时期。非国大、南非共和工会联盟完全支持南非当前的和平谈判进程，并为此作出贡献。南非各族人民在反对种族隔离制度、争取民主制度的斗争中，一直得到中共和中国人民的支持。南非共和中共的友好关系是建立在坚实的基础上的，相信以后定将得到进一步的发展。

中共中央总书记江泽民在中南海会见希腊共产党总书记阿·帕帕莉卡

江泽民指出，希共有着悠久的历史，中国共产党珍视与希共的友谊。通过帕帕莉卡总书记的来访，中希两党之间的友好与合作关系必将得到进一步的加强和发展，并将为促进两国、两国人民之间的相互了解和友谊作出贡献。

江泽民说，中国将始终坚持邓小平倡导的“一个中心，两个基本点”的基本路线，加快改革开放的步伐，集中精力把经济建设搞上去。我们相信，经过几十年的艰苦奋斗，中国将会有更大的发展，也将为人类文明和世界进步作出更大的贡献。

阿·帕帕莉卡说，希腊共产党人和进步人士都十分关注中国根据自己的实际，进行社会主义经济建设和改革的情况以及所取得的成就，并希望取得更大的进步。

中共中央总书记江泽民会见日本通产大臣渡部恒三

江泽民说，在中日邦交正常化 20 周年之际，我们希望通过高层交往进一步发展两国睦邻友好关系和在各个领域的互利合作关系。江泽民说，中国进行现代化建设，愿意学习和借鉴日本的先进科学技术和管理经验。

国务院总理李鹏会见日本通产大臣渡部恒三

李鹏在会见渡部时强调，中日双方应该以庆祝中日邦交正常化20周年为契机，进一步推动两国在各个领域里的互利合作关系。

应渡部的要求，李鹏简要地介绍了中美关系、中国同独联体各国关系的现状，并阐述了中国政府关于恢复中国的关贸总协定缔约国地位以及军控和人权等问题的原则立场。

渡部说，江泽民总书记不久前对日本的访问十分成功，并推动了日中关系的发展。渡部表示，日本愿意在能源、环保、技术等方面进一步加强同中国的合作。渡部说，日中两国在亚洲经济生活中都发挥着举足轻重的作用，所以两国加强经济合作对地区的经济发展有着重要的意义。

国务院副总理吴学谦在中南海会见意大利埃尼集团董事长伽布利埃里·卡里阿利

国务委员兼外交部长钱其琛在钓鱼台国宾馆同也门外交部长阿卜杜勒·凯里姆·阿里·埃里亚尼举行会谈

钱其琛说，中国一直很关心中东问题，希望中东问题早日获得全面、公正、合理的政治解决，实现该地区的和平与稳定，从而也有利于实现世界的和平与稳定。因此，中国支持有利于推动中东和平进程的各种形式的努力。同时，中国支持巴勒斯坦人民正义事业的立场是坚定不移的。

双方还就国际形势和地区问题交换了意见。双方一致认为，国际新秩序应该建立于相互尊重、不干涉内政、世界各国平等地参与国际事务的原则基础之上。同时，国际新秩序还应包括用和平手段来解决国际争端。

钱其琛和埃里亚尼还签署关于确认1990年3月签订的《中华人民共和国和阿拉伯也门共和国领事条约》适用于也门共和国的换文。

国务委员兼外交部长钱其琛在钓鱼台国宾馆同也门外交部长阿卜杜勒·凯里姆·阿里·埃里亚尼签署关于确认1990年3月签订的《中华人民共和国和阿拉伯也门共和国领事条约》适用于也门共和国的换文

中华人民共和国政府和爱沙尼亚共和国政府在塔林签订科学技术合作协定

中国科学院第六次学部委员大会在北京开幕

国务院总理李鹏，中共中央政治局常委宋平，中央书记处候补书记温家宝出席大会祝贺。李鹏发表重要讲话。

中国科学院学部委员在增选210位学部委员之后，总数已达509位，出席这次大会的有456位。本次大会的中心任务就是在中央政治局全体会议精神的指引下，认真贯彻邓小平关于加快改革开放步伐和科学技术是第一生产力的思想，坚持党的"一个中心，两个基本点"的基本路线，动员全体学部委员并团结全国的科学技术专家，肩负起时代赋予的历史责任，同心同德，奋力拼搏，为实现我国科学技术事业的进一步繁荣和社会主义现代化建设的第二步战略目标而奋斗。

开幕大会由中国科学院院长周光召主持。大会主席团执行主席严济慈致开幕词。

国务委员兼国家科委主任宋健，全国政协副主席胡绳、卢嘉锡、钱正英、苏步青以及新老学部委员、科技工作者和有关部门负责人共800多人出席开幕大会。

国务院总理李鹏在中国科学院第六次学部委员大会上发表讲话

李鹏说，党和政府对于科技在经济建设中的战略地位，一贯是重视的。特别是近十多年来，根据党的"一个中心，两个基本点"的基本路线，制定了"经济建设必须依靠科学技术，科技工作必须面向经济建设"的方针。各级政府和部门，各科研机构及大中企业，均应根据国家总体改革和发展规划，制定出发展科技的具体部署。

李鹏说，当前要进一步加快深化科技体制改革的步伐，动员、吸引广大科技力量投入到发展社会主义生产力，发展国民经济的主战场上来。现在，我们的大中型企业正面临着转变机制、调整结构、强化技术进步的任务，中心目的是提高效益、增强活力。可以说，这是整个经济工作中的一场硬仗，而现代科技的推动作用，是一个决定性的因素。科技管理体制和运行机制的改革，不但应该有利于促进科学研究早出成果，快出成果，而且更应该有利于推动科技成果尽快转化为社会生产力。我们已经创办了27个高新技术产业开发区，农业战线创造了"农科教"相结合的一整套经验，都已见到了良好的经济和社会效益。希望科技战线在实现科技成果商品化、产业化等方面继续下功夫，大胆试验，勇于创新，为经济发展作出贡献。

李鹏提出要组织精干力量，加强高技术研究和基础研究。李鹏说，当今世界，科学技术空前广泛地渗透到人类社会的各个领域。高科技领域的每一个突破，往往可以带动一批新产业的出现，对于国民经济产生巨大影响。我们的科技工作，要瞄准国际科学前沿去拼搏，起点要高，要有雄心壮志，在世界科学舞台竞争中为国争光。我们要下决心造就一支精干的、敢于攻关、敢于攀登高峰的科技队伍。希望老科学家发挥指导作用，中年科学家发挥骨干作用，更要注意为优秀年轻人才提供良好的条件，鼓励他们在科研能力最旺盛的时期，做出成绩，脱颖而出。高技术研究和基础科学研究，离不开国际合作与交流，需要及时掌握世界科技信息，要吸收、借鉴最新技术，引进先进设备。

李鹏强调，要充分发挥科学家的咨询作用，以保证重大决策的正确性。在加快经济建设的进程中，会有许多重要事情提上日程。每一项重要计划的制订，或者一项重大的工程的决策，往往是一个复杂的系统工程。要做好它，单凭经验和热情是不够的，必须科学决策、民主决策，尤其需要科学家、专家和技术人员参加论证，听取他们的意见。各级政府和各个部门，凡属对国计民生有重大影响的决策，应向有关方面的科技人员认真进行咨询或组织论证，并逐步建立起相应的制度。

李鹏说，欢迎海外学子，适时而归，投入祖国四化建设的行列。李鹏指出，民族振兴、国家富强，人民幸福，是百多年来多少仁人志士的愿望和为之奋斗的理想，现在，我国现代化建设事业的发展，为科技人员报效祖国提供了一个极好的机会。江泽民总书记在去年中国科协“四大”会上说：“90 年代将是科技工作者大展宏图的黄金时期。”我们希望广大科技人员，包括以各种方式出国留学的人员，发扬我国知识分子热爱祖国、乐于奉献的优良传统，积极投身到社会主义现代化建设事业的洪流中去，作出新的贡献。同时，他还提出，希望各位学部委员在各自不同的岗位上发挥重要的作用：带头攀登科学高峰，不断有所创新，有所发现；保持和发扬优良学风，为全国科技界、知识界作出表率；不断发现和精心培养人才，使我国的科技事业兴旺发达，代代相传。

4 月 21 日

外经贸部就严防和打击伪造公文事宜发布公告

外经贸部发布 1992 年第 3 号公告，提醒社会各方面注意，严防和打击伪造外经贸部公文的行为。

公告说，近来，社会上接连发生伪造对外经济贸易部有关进出口商品的批文、批证、印章的事件，且有发展之势。伪造国家机关公文、证件、印章进行诈骗活动，是触犯我国刑律的犯罪行为。我们已经发现有些对外经贸企业和部门，由于缺乏警惕，受骗上当，使用伪造的公文、证件、印章，蒙受了经济损失。

公告说，经贸部要求：各单位在各项经营业务活动中，认真审核各类批文、批证。各对外经贸单位内部人员，凡与社会上不法分子相勾结，伪造经贸部各类公文、证件、印章者，一经发现，要移交司法机关追究刑事责任，并立即将有关情况报告经贸部。一旦发现诈骗活动，要立即向经贸部报告，同时直接向当地公安部门报案。

国务院总理李鹏在钓鱼台国宾馆会见参加经济机制转换国际研讨会的各国代表与联合国代表

国务院总理李鹏在钓鱼台国宾馆会见也门外交部部长阿卜杜拉·凯里姆·阿里·埃里亚尼

负责裁军事务的中国大使侯志通在联合国裁军审议委员会上阐述中国政府对各项议题的原则立场和主张

侯志通指出，拥有最大核武库的国家应履行其特殊义务，率先停止试验、生产和部署核武器，并大幅度削减部署在国内外的核武器。所有核武器国家应承担义务，在任何时候、任何情况下不首先使用核武器，不对无核武器国家和无核地区使用或威胁使用核武器，支持建立无核区的主张，尊重无核区的地位，承担相应的义务。

侯志通认为，制止军备质量竞赛，核裁军、常规裁军、禁止化学、生物武器、外空武器和其他一切大规模毁灭性武器，是防止科技用于破坏性目的、增进国际安全的根本途径。在对具有军事用途的高技术的转让作必要、适当、合理的管制的同时，应防止任何国家以限制或控制科技军事应用为借口，损害其他国家民用科技的发展和国际的科技合作。在上述两个方面，拥有最庞大军事武库的国家及拥有雄厚军事科技力量的发达国家应承担特别的义务。

侯志通重申，区域裁军能否取得进展，首先取决于本地区的情况和条件，同时应有区域外的国家，特别是拥有最大武库国家的合作和支持。尊重联合国宪章和和平共处五项原则及在国际关系中不使用武力、和平解决争端是确保区域裁军的前提，任何区域裁军的措施均应符合公平、合理、全面、均衡的原则。应由区域国自愿发起，符合本区域的特点，使各国安全不受减损，同时不影响别的地区和国家的安全。

乌干达总统穆塞韦尼在总统府会见中国政府特使全国人大常委会副委员长陈慕华

中国最大的受控核聚变实验装置——“中国环流器一号”成功进行一系列重大实验

受控核聚变研究是当今科学技术领域的主攻课题之一，是开发人类最终能源的尖端科学项目，一旦实现，地球上的海水即可成为巨大的燃料库。同目前世界上正在运行的以核裂变为基本原理的核电站相比，它更安全、更清洁。1984年建成并于1985年通过国家验收的“中国环流器一号”装置，运行以来成果斐然，在国际受控核聚变研究领域占有一席之地。

在这项研究中，专家们采用新方法，在“中国环流器一号”上实现了从低约束模式向高约束模式的转换，目前国际上仅有少数几个装置能做到。这使等离子体密度成倍提高，等离子体电子温度提高60%至70%。目前，在受控核聚变三大要素：密度、温度和能量约束时间中，“中国环流器一号”在等离子密度方面已基本达到聚变反应所需的要求，离子温度和约束时间也都取得重大进展。

中国环境与发展国际合作委员会在北京成立

这个委员会中24名中国成员均为政府有关部门的部长、副部长及著名的专家。22名外方成员为来自加拿大、日本、意大利、美国、马来西亚、法国、荷兰、德国、英国、印度尼西亚等国家的部长级官员、有关国际组织的负责人及经济学家、科学家和商业界的领导人士。加拿大国际开发署署长马塞、中国国家环保局局长曲格平和全国人大法律委员会副主席顾明担任这个委员会副主任委员。

这次大会将审议中国长期经济发展中的环境问题，通过委员会的有关工作大纲和议事规则，并就中国环保资金的分配、中国环境污染对健康的影响及其对经济造成的损失，中国能源的选择方案及其环境影响等问题，进行初步讨论。

4月22日

中共中央全国政协常委会发布康克清逝世讣告

无产阶级革命家、中国妇女运动卓越领导人、中国人民政治协商会议第七届全国委员会副主席、中华全国妇女联合会名誉主席康克清，因病医治无效，1992年4月22日12时零4分在北京逝世，终年81岁。

康克清，1911年9月7日出生在江西省万安县罗塘湾的一个贫苦渔家。1925年在本乡从事妇女工作。1926年加入中国社会主义青年团，1927年任乡妇女协会常任秘书。1928年9月和近百名赤卫队员参加中国工农红军，上了井冈山。1931年转为中国共产党党员。1932年在江西瑞金任红军总司令部直辖的女子义勇队队长，直属队政治指导员。1934年当选为中华苏维埃共和国临时中央政府执行委员会候补委员，同年10月至1936年10月，参加二万五千里长征，三过草地，历尽艰辛。长征途中，与朱德一起同右倾分裂主义进行了坚决斗争。1936年任红四方面军党校总支书记。1937年，历任八路军总司令部直属队组织股长、政治处主任、党总支书记，晋东南妇女救国会名誉主任。1949年出席第一次全国妇女代表大会和中国人民政治协商会议第一届全体会议。中华人民共和国成立后，历任全国妇联第一届至第五届常委，第三届副主席，第四、五届主席，第六届名誉主席，中国人民保卫儿童全国委员会主席，中国福利会名誉主席，宋庆龄基金会主席，中国儿童少年基金会会长。1979年亲自主持《婚姻法》的修改工作。曾代表中国出席过“国际保卫儿童会议”和联合国妇女十年中期会议，代表中国政府签署了《消除对妇女一切形式歧视公约》。是全国政协第五、六、七届副主席。还是中国共产党第七、八、九、十、十三次代表大会代表，第十一、十二届中共中央委员；全国人民代表大会第一届至第六届代表，第四届、第五届常务委员；全国政协第二届、第三届委员，第四届常务委员。

香港警方接管粤港边境巡逻任务

香港警方全面接管陆地边境巡逻任务，从而结束由英军管辖边境30年的历史。

香港与内地有着一条长达35公里的边境线。1962年，港府指派驻港英军进驻边境协助警方执行任务。1967年7月，英军正式设置哨位，驻扎边境；至1979年，港督下令由英军全面接替边境任务。

香港警方是由1990年12月起，由机动部队组成的野外巡逻支队，分三个阶段接管粤港边境巡逻任务的。

国务院总理李鹏会见出席中国环境与发展国际合作委员会成立大会的外方代表

李鹏说，环境问题是全球性的事情，从这个意义上说我们欢迎世界各国的知名人士和环境专家就中国的环保问题提出建议和咨询。中国政府的政策是使我国在经济发展的同时环境也能很好地得到保护。

李鹏对中国环境与发展国际合作委员会的成立表示祝贺。

李鹏说，中国是发展中的国家，在经济发展过程中很容易出现环境污染的问题。这在一些国家的工业化过程中已有过不少经验教训，我们应当尽量避免出现这样的情况。这个委员会的成立，使我们能够通过朋友们的咨询，吸收和借鉴其他国家环保与发展方面有益的经验，并开展国际合作。

李鹏向客人介绍了我国环保工作开展的情况。

李鹏说，从中央到地方我国各级政府的环境保护机构已经建立，同时我国已经有了一系列比较明确的环境保护政策和法规，如发展与环保工作要同步进行，对目前已造成的环境污染问题，实行谁污染谁治理的办法。同时设法筹集资金以解决大的污染问题。对新的基建项目，实行和环保工程“同时设计、同时施工、同时投产”的“三同时”政策。

李鹏说，中国环境污染治理的重点在城市。我国将继续调整能源结构，大力推广和开发各种洁净的能源，加快老企业的技术改造，提高能源的使用效率，努力减少烟尘和二氧化硫对大气的污染。在能源工业方面实行开发与节约并重。我们将通过一系列有效的措施，使我国农村在经济发展的同时环境又能得到保护。总之，我们要从中国的实际出发，并吸取世界各国有益的经验推进我们的环保工作。

中国环境与发展国际合作委员会副主席、加拿大国际开发署署长马塞等6位外方委员在会见时发了言。

中国环境与发展国际合作委员会由46名中外著名人士组成。国务委员宋健、国家环保局局长曲格平参加会见。

全国人大常委会委员长万里在人民大会堂会见新加坡最高法院首席大法官杨邦孝

中共中央政治局常委宋平在钓鱼台国宾馆会见并宴请葡萄牙共产党中央书记处书记奥塔维奥·帕托

中华人民共和国政府和立陶宛共和国政府在维尔纽斯签订科学技术合作协定

北京正负电子对撞机测得“$\tau\alpha\mu$”粒子质量最新数据

中国科学家在北京正负电子对撞机上的一项实验研究，获得了“$\tau\alpha\mu$”(希腊字母，音套)粒子质量的最新数据。今后若干年内，国际高能物理学界通用的粒子表中，将第一次使用中国人测得的“$\tau\alpha\mu$”粒子质量数据。这项成果被认为是中国以至国际高能物理界近期取得的最重要的成果之一。

实验结果表明，“$\tau\alpha\mu$”粒子的质量为1776.9百万电子伏，测量精度为0.5百万电子伏，比原有结果提高了5倍。这一结果，进一步尖锐地提出了曾经长期困扰国际高能物理学界的一个难题，即在所谓的标准模型理论中，是否存在涉及轻子的弱相互作用的普适性问题。这引起了国际高能物理学界的广泛关注和极大的兴趣。

稳定运行3年多时间的北京正负电子对撞机，自去年8月到今年2月，进行了对“$\tau\alpha\mu$”粒子质量测量的实验运行。中国科学院高能物理所近百名科学家和工程技术人员，来自美国的20名科学家参与了这项研究。由于创造性地采用了一些新的实验方法，并吸取了国外同行的有益经验，在对撞机的探测器——北京谱仪上，观测了12个实验点，对所获数据进行了周密的计算和验证，实验得以圆满完成。

1992年全国男子举重锦标赛结束

4人5次超过3个级别5项亚洲纪录，1人1次超1项世界纪录。

4月23日

国家主席杨尚昆在人民大会堂会见由经济团体联合会副会长饭田庸太郎率领的纪念中日邦交正常化20周年日本亚洲交流协会访华团

国家主席杨尚昆根据全国人大常委会的决定任免驻外大使

一、免去王行达的中华人民共和国驻捷克和斯洛伐克联邦共和国特命全权大使职务。

任命万永祥为中华人民共和国驻捷克和斯洛伐克联邦共和国特命全权大使。

二、任命王行达为中华人民共和国驻白俄罗斯共和国特命全权大使。

联合国亚太经社会第48届会议主席中国国务委员钱其琛同联合国亚太经社会执行秘书拉菲丁·艾哈迈德联合举行记者招待会

钱其琛首先介绍了这次会议所取得的主要成果。钱其琛说，这次会议就各项议题进行了广泛的讨论，就年会的主题——亚太区域合作的前景、优先事项和政策选择，达成了共识，通过了一系列决议。

钱其琛说，会议通过的关于促进区域经济合作的《北京宣言》，确定了区域合作的指导原则和优先事项，为加强亚太地区的经济合作提供了新的动力。

钱其琛还说，会议通过的“亚太区域残疾人十年”、“亚太地区2000年及其后的社会发展战略”等决议使本地区的社会发展问题得到重视。而“关于亚太经社会附属政府间机构调整和改革”的决议则有助于提高工作效率、改进工作方法，使本区域成员更有效地参与亚太经社会的工作。

钱其琛在回答记者提问谈到《北京宣言》的意义时

说，这个文件是在新形势下，在亚太经社会的框架内加强区域经济合作的新起点，具有非常重要的意义。

钱其琛说，中国历来高度重视同这一地区的国家和地区的合作。当前，在中国加快改革开放步伐的情况下，中国和亚太国家和地区开展合作的前景十分广阔，特别是在区域内贸易、投资和技术转让等方面合作的比重将日益增长。

钱其琛还说，中国和亚太经社会有着很好的合作关系，双方经常就合作项目进行磋商；中国根据同经社会商定的项目力所能及地提供经费和捐款，支持经社会的工作。中国每年向经社会大约提供 27 万美元和 73 万元人民币的经费，还向经社会各专门委员会作些捐款。

钱其琛说，中国重视联合国在维持和平方面发挥的作用，特别是在国与国之间发生冲突时所起独特的调解作用。重申，中国一直支持联合国及联合国秘书长在这些问题上发挥作用。

钱其琛说，中国方面对阿富汗形势的发展表示担忧。中国支持联合国谋求阿富汗问题公正、合理解决的方案，希望避免发生流血冲突。

第 48 届联合国亚洲及太平洋经济社会委员会会议主席、国务委员钱其琛在第 48 联合国亚洲及太平洋经济社会委员会会议闭幕式上发表讲话

钱其琛说，本届会议在北京举行"意义非常重大"。会议最重大的一项成就是一致通过了增进本区域经济合作的《北京宣言》。具有特别重要意义的是，该《宣言》共同提案的约有 40 个亚太经社会成员。各成员政府表示了他们促进经济联系，加速本区域经济发展和繁荣的政治意志。

钱其琛强调说，亚太区域以更加团结的姿态和更加有力的声音参与全球事务，是世界局势更加稳定、平衡的一个重要因素，也将使亚太区域同其他地区的交往与合作建立在更加坚实和持久的基础之上。这是一个令人鼓舞的趋势。

钱其琛说，本届会议决定建立专题委员会来处理复杂的经济问题和事项，这是一个开创性的决定，将对亚太经社会本身和本区域今后的经济合作产生深远的影响。

中国环境与发展国际合作委员会大会在北京闭幕

商业部就切实做好当前灾区生活安排工作发出通知

为切实做好接新前的灾区群众生活安排工作，确保灾民顺利渡过春荒和夏荒，夺取抗灾救灾的全面胜利，商业部日前发出通知：

一、继续把安排灾区群众生活作为一项中心任务认真抓好。从现在到接新前，各地对这一阶段的生活安排必须给予高度重视。要继续坚持救灾工作责任制，层层负责，一级抓一级，绝不能发生饿死人和大批逃荒等非正常情况。哪一级出了问题，就追究哪一级的责任。

二、继续抓好灾区生活安排检查工作。各地在 5 月份要组织力量，对灾区生活安排再进行一次检查，救灾粮指标没有安排的要立即安排，安排不足的要及时补足，没有发证到户的要发证到户。

三、抓好粮食调运，确保救灾粮源。五、六月份救灾粮销量将大量增加，凡平、议价粮源不足的地方，要抓紧粮食调入。

四、继续搞好议价粮供应，满足经济条件较好的缺粮户调剂余缺和品种串换的需要，目前部分地区夏粮受灾，各地粮食部门要密切注视粮食市场动态，遇粮价暴涨，要立即抛售议价粮，平抑粮价，稳定人心。

4 月 24 日

国务院召开第 102 次常务会议

国务院副总理姚依林主持会议。会议讨论并通过《国务院关于修改〈国营企业实行劳动合同制暂行规定〉第二条和第二十六条的决定(草案)》。

会议认为，1986 年国务院发布的《国营企业实行劳动合同制暂行规定》，体现了我国劳动用工制度的一项重大改革，到 1991 年末，全国全民所有制单位合同制工人达到 1534 万人，成为我国职工队伍中一支生气勃勃的力量。但是，在 5 年多的实践中，也发现这一规定有不够完善的地方。为了满足企业发展生产的要求，促使职工安心本职工作，努力钻研业务，同时更好地解决劳动合同制工人退休养老实行社会保险制度中的问题，对《暂行规定》中关于劳动合同制工人合同期限和养老保险的两项条款加以修改，是必要的。这一决定将以国务院令的形式发布。

国务院批转全国企业管理干部培训工作领导小组关于对国营企业领导干部进行岗位任职资格培训意见的通知

通知的主要内容是：党的十一届三中全会以来，企业管理干部教育工作已经取得了很大成绩。在当前国内外新形势下，加强国营企业领导干部的培训，进一步提高他们的政治、业务素质和领导管理水平，对于继续贯彻党的"一个中心、两个基本点"的基本路线，搞好国营大中型企业，保证经济持续、稳定发展，具有十分重要的意义。各级政府及工会组织应高度重视这项工作,切实加强领导。要重点抓好国营大中型企业厂长(经理)、党委书记和工会主席的培训,并以此带动全国企业管理干部培训工作。各级政府人事部门和党委组织部门,应与企业干部培训主管部门通力合作,要把企业领导干部参加培训的成效,作为考核干部的一项重要内容。同时,要重视对企业领导干部后备人员的选拔和培训,积极从企业选送一批先进模范人物和政治、业务素质好的中青年干部到高等院校学习。从现在起,要努力培养和造就一大批跨世纪的社会主义企业管理人才。

对企业领导干部进行培训,是一项长期任务。各地区、各部门、各级工会组织要认真学习邓小平同志最近视察南方时的重要谈话精神,不断总结经验,坚持不懈,努力抓紧抓好,要注重实效,保证质量,为提高企业素质,搞好国营大中型企业,实现我国第二步战略目标做贡献。

中国第一家中外合资饭店——北京建国饭店开业10年赚回7.6个该饭店

国务院总理李鹏在中南海紫光阁会见新西兰副总理兼对外关系和贸易部长唐·麦金农

李鹏说,中新两国虽然地域和人口有很大差异,但双方互利合作已经奠定了很好的基础,并有着广阔的前景。李鹏指出,中新两国同处亚太地区,都可以对这一地区的和平、稳定与发展做出各自的努力。希望双方继续加强在亚太经济合作会议和亚太经社会等方面的对话与合作。

唐·麦金农说,希望进一步扩大两国经济、贸易等领域的合作。祝贺亚太经社会第48届会议取得圆满成功,并赞赏中国为此所做出的努力。唐·麦金农表示,新西兰政府支持尽早恢复中国的关贸总协定缔约国地位。李鹏对此表示赞赏。

中共中央总书记江泽民在中南海会见由全国政委政府第一副总理埃里亚·卡泰加亚率领的乌干达全国抵抗运动代表团

江泽民说,现在世界进入了向多极化发展的转折时期,世界人民倍加希望建立一个有利于实现和平与发展的国际政治、经济新秩序。江泽民指出,各国人民有权根据本国的历史和现实情况选择自己的发展道路,任何国家不得以任何借口干涉别国内部事务。

江泽民说,在当前国际形势下,发展中国家人民要进一步加强团结与合作,同时努力建设好自己的国家。

卡泰加亚说,代表团在北京期间同中方进行了深入的会谈,此外还访问了云南、湖南、上海等地,中国的建设成果给他们留下了"很深刻的印象"。

国务院总理李鹏在中南海会见马达加斯加第一副总理费朗西斯克·拉武尼

李鹏说,马达加斯加是非洲和印度洋地区一个很重要的国家。马达加斯加资源丰富,人民勤劳,有巨大的发展潜力。只要实现政治稳定,经济就能够得到很好的发展。

李鹏说,第三世界国家取得政治独立后,发展经济就成为首要任务。只有政治稳定,经济才能发展;经济发展了,政治稳定才能得到保证。

拉武尼在会见中说,马达加斯加过渡政府坚持一个中国的立场,只承认中华人民共和国,认为台湾是中国领土不可分割的一部分。

国务院副总理吴学谦晚上在钓鱼台国宾馆会见了拉武尼一行,并同他们进行友好的交谈。

国务委员兼外交部长钱其琛在钓鱼台国宾馆同来访的新西兰副总理兼对外关系和贸易部长唐·麦金农举行会谈

钱其琛说,今年是中新建交20周年,建交以来,两国关系一直顺利发展。双方在许多领域的友好交流与合作都取得了显著成果。"友好和务实是我们两国关系发展的重要特点。"

钱其琛表示,中国十分重视与南太地区国家发展友好合作关系。亚太地区,特别是东亚地区经济上保持着迅速增长的势头,充满了活力。增进相互间的互利合作是该地区人民的共同愿望。中国和新西兰地处太平洋南北两端,维护亚太地区的和平、稳定和发展完全符合中新两国、两国人民的根本利益,尤其在当前国际形势动荡多变的情况下,中新两国增加交往与合作具有更大的重要性和必要性。

麦金农说,10多年来,中国发生了巨大变化,经济蓬勃发展,对整个亚太地区发生着日益重要的影响。新西兰赞赏中国对南太地区的关注和积极参与,并希望中国在这一地区发挥更大作用。

麦金农表示,新西兰政府坚持奉行一个中国的政策,除开展民间贸易外,不与台湾发生官方关系。

双方还就双边关系中当前存在的一些具体问题以及共同关心的地区和国际问题交换了意见。

国务委员钱其琛在钓鱼台国宾馆同马达加斯加第一副总理费朗西斯克·拉武尼举行正式会谈

国务院副总理吴学谦在钓鱼台国宾馆会见马达加

斯加第一副总理费朗西斯克·拉武尼

由中国援建的莫伊国际体育中心移交仪式在肯尼亚内罗毕新近落成的游泳场举行

中共中央总书记江泽民邀请出席中国科学院第六次学部委员大会的部分学部委员到中南海怀仁堂座谈

下午3时至6时30分,江泽民邀请出席中国科学院第六次学部委员大会的部分学部委员在中南海怀仁堂座谈。

对在我国现代化建设中作出了卓越贡献的509位学部委员,江泽民说,我们衷心希望能够经常听到各位学部委员的意见和建议,更有力地推进我国重大决策的科学化、民主化。

座谈会上,中国科学院院长周光召首先介绍了本月20日在北京开幕的第六次学部委员大会的情况。接着,化学部学部委员侯祥麟、黄耀曾、赵玉芬,生物学部学部委员邹承鲁、徐冠仁、陈可冀、吴征镒,数理学部学部委员李家明、苏步青、钱伟长,地学部学部委员苏纪兰、程裕淇,技术科学部学部委员王选、顾诵芬、王大珩、张光斗,他们相继发言,还有59位学部委员联合作了书面发言。他们在发言中分别就科技成果转化为生产力,工程技术和基础研究的重要性,科研创新和人才培养,当前基础研究的状况和困难,资源、环境、高新技术及其产业化,以及航空工业的状况等问题,发表了见解,提出了许多建设性的意见。

在仔细听取了科学家们的意见和建议后,江泽民指出,最近一个时期,在邓小平同志重要讲话和中共中央政治局全体会议精神的鼓舞下,全国各条战线在推进改革与发展方面,出现了很好的形势。中央认为,全党要进一步解放思想,胆子再大一点,抓住有利时机,加快改革开放步伐,集中精力把经济建设搞上去,力争隔几年能使国民经济上一个新台阶。江泽民强调,要使国民经济不断登上新的台阶,需要靠全国各族人民的共同奋斗。其中最关键的一条,是要把经济建设的重点切实转移到依靠科学技术进步和提高劳动者素质的轨道上来。

江泽民指出,科技战线上的同志们肩负着发展我国科学技术,推动经济和社会发展的重要任务。要有大部分科技力量投身于国民经济建设主战场,将科技成果迅速转化为现实生产力;依靠科学技术手段,解决实现工农业现代化面临的问题,包括有效地控制人口,缓解其对资源和环境的压力;在加强基础工业建设的同时,要积极开拓和发展高新技术产业,使之对国民经济的发展发挥更重要的引导作用。要组织精干的科技力量,有计划地开展高科技研究,加强基础研究,增加科学储备,攀登新的高峰。

江泽民说,振兴科技,最重要的是人才。党和政府要着力提高全民族的科技意识,同时为科技队伍的发展壮大创造条件。要坚持提倡尊重知识、尊重人才的社会风尚,使青年一代向往科学、热爱科学,有更多的人自觉地献身科学事业;振兴科技,需要有物质基础。在发扬艰苦奋斗精神的同时,各级政府、大中型企业和社会的各有关方面都应尽力提高对科学技术的投入;振兴科技,必须进一步深化科技体制改革。核心是要建立和完善有利于科技与经济相结合的新体制和运行机制,以充分调动和发挥广大科技工作者的积极性、创造性。

江泽民最后说,90年代是国家现代化建设的关键时期,全党和全国人民对科技界寄予厚望。希望全体学部委员和广大科技工作者同心同德,奋力拼搏,在党的"一个中心,两个基本点"的基本路线指引下,紧紧围绕经济建设这个中心,为中国社会主义现代化事业的发展,为中华民族的振兴,做出无愧于时代、无愧于国家、无愧于后人的历史性贡献。

温家宝、严济慈、宋健、卢嘉锡和有关方面负责人参加了座谈。参加座谈的新老学部委员还有:叶笃正、冯德培、严东生、武衡、涂光炽、唐敖庆、李振声、章综、马大猷、吴文俊、王绶琯、张青莲、陈冠荣、叶连俊、施雅风、陈芳允、师昌绪、黄昆、王德宝、吴阶平、孙鸿烈、张炳熹、林兰英、钱令希、高景德、胡仁宇、王佛松、鞠躬、常印佛、欧阳自远、张存浩。

中国长城工业公司在华盛顿首次同国际通信卫星组织签订一项发射卫星合同

人α型基因工程干扰素投产

人α型基因工程干扰素中试及大规模生产工艺开发研究项目,通过卫生部和上海市科委主持的鉴定开始正式生产。

这是国家"863"计划生物技术领域所验收的第一个目标产品,也是我国第一个进入产业化的生物高技术产品,这标志着我国生物高技术产品的开发能力已跻身世界先进行列。

人α型基因工程干扰素是80年代后期开发研究的高技术产品,已证明治疗病毒性疾病和某些恶性肿瘤有效果。我国的这项研究是在"六五"、"七五"研究的基础上,经国家"863"计划的重点支持,由卫生部上海生物制品研究所负责,在中国预防医科院病毒研究所、中国药品生物制品检定所通力配合下,共同协作取得成功的。

经20多个医院、350例的临床试验证明,人α型基因工程干扰素是治疗慢性肝炎、毛细胞白血病和丙型肝炎的有效药物，并具有副作用小、中和抗体产生率低的优点。

中华民族文化促进会在重庆召开第一届常务理事扩大会

中华民族文化促进会 4 月 24 日至 26 日在重庆举行第一届常务理事扩大会。来自海内外的近百名代表围绕保护祖国珍贵文物、弘扬民族优秀文化等进行研讨和探索。

会议增补陈香梅、郑华等 11 人为促进会常务理事。为了便于海内外的联络，大会决定在北京设立促进会办事处，在广东、上海、重庆设立分会。

促进会会长叶选平报告中共中央政治局常委李瑞环今年 3 月 1 日会见促进会代表的重要讲话。

会议代表们听取重庆市关于兴建重庆大足石刻艺术博物馆、重庆艺术中心和重庆佛图关“巴崖石刻”等三项工程的汇报。

参加这次会议的有全国政协副主席兼促进会会长叶选平、副会长于飞、陈世贤、肖秧，还有来自美国的陈香梅、香港的郑华、苏树辉、台湾的张洪本、澳门的胡顺谦、泰国的吴宏丰以及来自北京、上海、广东的代表。

公安部出入境管理局负责人就有关台湾居民在香港 澳门申请来大陆旅行证件的手续问题向《人民日报》社记者发表谈话

负责人说，我们欢迎台湾居民来大陆旅行、探亲、经商、投资和从事各项交流活动。为此，我们在办理台湾居民来大陆旅行的证件上，一贯本着方便台湾居民出入大陆和有利于管理的精神，只要台湾居民交验在台湾居住身份证明和与申请事由相应的证明即可。这种做法过去是这样，今后还是这样。

负责人说，对极少数不能在短时间判明居住地的申请者，在香港的受理申请单位过去也曾要求交验本人的户籍誊本。但事实上，4 年多来，在香港申办来大陆旅行证件的台湾居民有几百万人次，只有个别被要求提交户籍誊本。

负责人重申，关于台湾居民申办来大陆旅行证件时须交验相关证件问题，仍然是过去几年来的一贯做法，并未改变和提出新的要求。这位负责人对香港中国旅行社 4 月 10 日就有关手续问题发布的消息在文字表述上引起误解表示遗憾。

公安部出入境管理局负责人最后说，发布《中国公民往来台湾地区管理办法》是为了促进和方便两岸人员往来和交流，维护两岸关系的正常、健康发展。我们将继续本着方便台湾居民出入大陆和有利于管理的精神，不断完善和改进具体的实施办法。

4 月 25 日

解放军总参谋部总政治部总后勤部致电湖南省委省政府慰问湖南省遭受冰雹雷雨暴风灾害地区的干部群众

中国科学院第六次学部委员大会选举产生中国科学院学部主席团成员、主席团执行主席、各学部主任

学部主席团成员(以姓氏笔划为序)

王德宝 师昌绪 孙鸿烈 吴文俊 吴阶平 严东生 邹承鲁 张炳熹 宋健 李振声 闵恩泽 林兰英(女) 周光召 涂光炽 高景德 钱令希 黄昆 黄维垣 谢希德(女)

学部主席团执行主席：周光召

学部主任：

数学物理学部主任 吴文俊
化学部主任 严东生
生物学部主任 邹承鲁
地学部主任 涂光炽
技术科学部主任 师昌绪

中国科学院第六次学部委员大会宣布中国科学院学部主席团的决定

决定聘请严济慈、吴仲华、卢嘉锡、武衡、钱学森为中国科学院学部主席团名誉主席。

决定聘请朱开轩、朱光亚、朱丽兰、刘积斌、怀国模、张存浩、盛树仁为中国科学院学部主席团顾问。

国务委员新当选的中科院学部主席团成员宋健在中国科学院第六次学部委员大会闭幕式上发表讲话

宋健首先指出，参加第六次学部委员大会的学部委员已增加到 500 多人，达到了历史上的最高水平。这反映了我国科技事业的蓬勃发展和科技队伍的不断壮大，体现了科学技术工作对社会主义现代化建设起着日益重要的支撑性作用，是中华民族科学事业发展进程中的重要里程碑。这次大会顺利地完成预定的各项任务，获得圆满成功，对全国科技界同侪和各族人民都是莫大的鼓舞。

宋健说，坚持良好的科学道德和科学作风，这是我国广大科技工作者的优良品德。60 年代，我们讲“三严”，即：严格的要求，严肃的态度，严谨的学风。我们的科学家、技术人员，一丝不苟，踏踏实实地治学创业，开创了新中国的科学事业，取得了举世瞩目的成就。

宋健指出，最近，很多学部委员关注我国科学技术工作中的道德风尚问题，对发扬优良科学道德提出了许多重要建议。对科研成果的评价与宣传，正确对待错误的结果和结论等问题，都提出了不少好见解。近几年来，我国出现的把“成果鉴定”当商品广告，强迫签字，吹牛盛行，这些倾向必须坚决纠正。我们要大力提倡科学道德，严肃科学作风。在科学问题中，吹牛和弄虚作假毫无用处，而且会对科学事业和社会风气造成危害。杜绝科学活动中的虚假行为，是我们科学界十分重要的事情。特别是在商品经济日益发展的今天，更要重视这个问题，防止新的冲击。

宋健希望，新一届中国科学院学部主席团在这个问题上要发挥指导作用，采取相应的措施，引导科技界建立质量监督制度，特别是加强对政府和公共拨款支持的各项科研工作的监督。一旦发现弄伪作假的行为，应坚决予以揭露并严肃处理。

宋健指出：科学道德问题也应包括大力发扬学术民主，贯彻执行“百花齐放、百家争鸣”的方针。要十分注意科学界各种学说、学派之间的团结合作，相互支持、相互帮助。团结就是力量。现代科学技术事业的成就往往是千百位科学家、工程师在切磋、讨论、互补互助和共同团结奋斗的产物。只有增进团结，发挥群体优势，才有希望取得成功。要注意爱护那些无意而犯轻微错误的青年科学家和技术人员。他们需要各级领导的关怀帮助，更需要老一代科学家的指导、扶植和帮助。科学界的后来者最不希望看到有的科学家因学术讨论或因小事而不和。在这一问题上，我们热切希望老一代科学家，特别是各位学部委员率先垂范，光照后生。

中国科学院第六次学部委员大会在北京闭幕

会上，学部委员听取了李鹏的讲话，听取并审议了中国科学院关于学部工作的报告和各学部的工作报告，讨论、修改并通过了《中国科学院学部委员条例（试行）》，选举出中国科学院学部主席团，聘请了学部名誉主席和顾问。大会还进行学术交流活动。

会议期间，中共中央总书记江泽民邀请部分学部委员进行了座谈。

国务委员兼国家科委主任新当选的中科院学部主席团成员宋健在闭幕式上讲话。

中国科学院院长周光召致闭幕词。周光召强调，今后，中国科学院要继续重视和加强学部工作，重点主要放在以下几个方面：一、着手组织对国家“八五”科技攻关项目的中评估工作。二、要进一步建立健全学科组，并根据世界科学技术的发展趋势和我国的实际情况，有针对性地加强咨询和研究工作，提高我们咨询意见的质量和可行性、预见性。三、明年要进行学部委员的增选工作，要保证增选工作在公正、客观、全面、透明的前提下，进一步简化程序，提高效率。

中国科协首届青年学术年会在北京开幕

来自海内外的青年科技工作者代表和各级科协组织的特邀代表3200余人，出席开幕式。

上午9时，温家宝、宋健、严济慈、雷洁琼等领导和老一辈著名科学家王大珩、汪德昭、朱光亚等，与代表们合影留念，然后一起步入会场，在主席台上就座。

出席年会的646名正式代表，都是35岁以下的青年科技工作者。他们有来自各条战线、各个学科的各民族青年科技工作者，也有来自海外的青年留学人员和来自香港、台湾的青年学者。

大会执行主席冯长根在开幕词中说，中国科协举办这届年会，旨在检阅青年科技工作者在攀登科学高峰和为经济建设服务中取得的成绩，使全社会进一步关心和支持青年人才的培养和成长，为优秀青年人才脱颖而出创造良好的社会条件。

中国科协主席朱光亚和老科学家代表汪德昭在讲话中勉励青年要发扬爱国主义精神，争做新旧世纪交替时期的科技骨干和栋梁，勇敢地挑起实现社会主义现代化第二步、第三步战略目标的重担。

中国最年轻的教授、“贾乌得·侯赛因青年科学家奖”获得者陈章良在发言中，代表青年科技工作者表示，要珍惜老一辈科学家留下的精神财富，学习他们对祖国无限挚爱的赤子之心；学习他们矢志不渝、追求真理的精神；学习他们一丝不苟，严谨求实的科学作风；学习他们不畏艰难，勇于攻关的坚强韧劲；学习他们脚踏实地、埋头苦干的高尚风范；学习他们不求名利，无私奉献的高贵品格。在各自的工作岗位和研究领域，创造出无愧于时代的光辉业绩。

本届学术年会将按理、工、农、医、交叉5个学科，分别在北京大学、清华大学、北京农业大学、北京医科大学、北京师范大学5所大学继续举行。另外，全国性学术组织和各地科协将在全国各地组织41个卫星会议，进行更大范围的学术交流。

国家教委召开贯彻《中华人民共和国义务教育法实施细则》电视工作会议

国家教委要求地方各级人民政府和教育行政部门，首先抓好干部培训工作，并根据全国第二个五年普法教育规划，组织群众学习《义务教育法》和《实施细则》，做到家喻户晓，人人皆知。第二，地方政府要加强义务教育法规和规章制度的建设，使义务教育的各项工作都有法可依，有章可循。第三，要落实义务教育发展规划，积极地按地区、分阶段、有步骤地实施义务教育，努力到本世纪末在全国普及初等义务教育，并使全国大部分地区普及初级中等义务教育。第四，增加教育投入，落实义务教育各项保障措施，不断改善义务教育各类学校的办学条件和提高师资水平。第五，全面贯彻国家的教育方针，深化教育改革，减轻学生过重的课业负担，大面积提高教育质量。国家教委即将颁布义务教育全日制小学、初中教学计划和教学大纲并审定新的教材，于明年秋季开始使用，各地在今年务必认真做好宣传、培训和其他准备工作。要抓好中小学升学考试制度的改革，已经普及初中的地方，要取消初中招生考试；小学毕业生实行划片就近升入初中就读；小学适龄儿童入学应按《实施细则》规定，实行按照通知到指定学校登记入学的制度。第六，加强义务教育的执法监督工作，保障义务教育法律法规的贯彻执行。

全国无偿献血促进大会在人民大会堂召开

中国政府和马达加斯加政府经济技术合作协定在北京签署

4月26日

《人民日报》发表社论《提倡科学 尊重人才——祝贺中国科学院第六次学部委员大会胜利闭幕》

中共中央顾问委员会主任陈云在上海听取上海市工作汇报

陈云在上海听取中共上海市委、市政府工作汇报时说："上海大有希望。"陈云鼓励上海同志要解放思想，大胆实践，善于总结，按照党的"一个中心、两个基本点"的基本路线，狠抓振兴上海、开发浦东的各项工作的落实，为建设有中国特色的社会主义做出新贡献。

中共上海市委书记吴邦国、市长黄菊向陈云汇报说：上海改革开放和经济建设的发展势头很好，全市人民正在学习贯彻小平同志视察南方的重要谈话，进一步解放思想，振奋精神，决心使经济建设上新台阶，浦东开发迈出新步子，深化改革有新思路。目前，浦东开发等各项工作进展都比较顺利。

陈云对黄菊说："不是有新闻记者向你打听陈云对开发开放浦东的态度吗？你回答得很好，我非常赞成开发浦东，开放浦东！"

吴邦国、黄菊说："有以江泽民同志为核心的党中央的领导，有小平同志、您和先念同志等老一辈无产阶级革命家的关心和支持，开发开放浦东一定能成功。目前，浦东开发进展很快。许多海外商人、大企业家纷纷前来投资。"

陈云说："你们的工作做得很好。"

吴邦国说："上海开发开放浦东新区，打的是'中华牌'，欢迎全国各地前来上海投资。"

陈云说："是啊！应该这样。上海有很好的基础。尤其有人才优势。上海今后的发展一定会很快。"

财政部副部长项怀诚在24国集团部长级会议上发言

项怀诚说，中国敦促主要发达国家表现出应有的政治意愿，使乌拉圭回合尽快达成协议。同时，我们要求其他参加国，特别是发展中国家的权益应在协议中得到充分体现。

项怀诚说，80年代以来，许多发展中国家为调整和改革做出了艰苦的努力，一些国家已经出现恢复的势头。但是，作为整体，发展中国家迫切需要恢复经济和加速增长。它们的经济前景在很大程度上取决于国际经济环境的变化。当前不利的国际经济环境如果延续下去，它们已经开始的调整就难以为继，因而也无法为减贫、环境保护等紧迫问题创造有利条件。因此，工业国家在制定和协调经济政策时，应该充分顾及对广大发展中国家的影响。

项怀诚说，减贫有助于改进环保。因此，首先应该正确处理环境与发展的关系，在发展过程中寻找解决环境问题的道路。还应指出，发达国家对在向发展中国家转移工业时所造成的污染也应负有责任。只有加强南北合作，促进发展中国家经济发展，才能为发展中国家环保努力提供必要的物质基础。因此，发达国家有义务在资金援助和技术转让方面采取更多的行动。

国务院副总理朱镕基在钓鱼台国宾馆会见新西兰副总理兼对外关系和贸易部长唐·麦金农

中央军委发布命令给西安卫星测控中心喀什测控站记集体一等功

中央军委发布命令授予陆载德以"国防科技工作模范"荣誉称号

中央军委主席江泽民最近签署命令说，陆载德是国防科工委白城常规兵器试验中心的高级工程师，上海市人，1932年出生，1953年大学毕业后参加中国人民解放军，1960年加入中国共产党，技术5级，专业技术大校军衔。他自幼左腿病残，入伍后被分配到原军委军械部工作。当军委决定在塞北草原创建常规兵器试验基地时，他积极要求离开北京奔赴科尔沁草原。38年来，他以惊人的毅力和顽强的意志克服左腿高位截肢带来的种种困难，5次放弃回城的机会，扎根草原，扎根国防科研第一线。他勤奋工作，奋力拼搏，大搞技术革新和技术改造，先后出色地完成了两代计算机的应用开发等科研任务，为我国常规兵器试验做出了突出贡献，为国家节约资金300多万元。他从不计较个人得失，党叫干啥就干啥，一切服从党安排，为了国防建设事业呕心沥血，默默奉献，忘我工作。他艰苦朴素，廉洁奉公，处处严格要求自己，从不因自己残疾而搞特殊。他先后两次荣立三等功，一次荣立一等功，14次被评为优秀共产党员和建设社会主义精神文明先进个人，1978年被总后勤部评为"模范科研工作者"。

中央军委的命令号召全军广大干部战士向陆载德同志学习。学习他献身国防、无私奉献的崇高品质；学习他坚韧不拔、顽强拼搏的革命精神；学习他勇于开拓、锐意进取的工作态度；学习他艰苦朴素、廉洁奉公的优良作风。像他那样忠诚于国防事业，为加速我军革命化、现代化、正规化建设而努力奋斗！

4月27日

国务院总理李鹏在人民大会堂同老挝国家主席凯山·丰威汉举行正式会谈

李鹏上午在人民大会堂同老挝人民民主共和国主席、老挝人民革命党中央委员会主席凯山·丰威汉举行正式会谈。

李鹏说，当前世界形势依然动荡不安，充满各种矛盾。以欧洲为例，苏联解体后，原来被掩盖着的矛盾表面化，民族冲突加剧，已经引发严重的动乱和局部战争。

李鹏说，近年来，亚太地区相对稳定，经济保持增长势头，在世界政治、经济中正发挥着越来越重要的作用。

李鹏说，两国在政治、经贸、文化等各领域的关系发展得很好，这符合两国人民的利益。中老两国山水相连，这为我们扩大相互交流与合作提供了十分有利的条件。两国资源的互补性也较强，进行各种形式的经济合作潜力较大。

国务院总理李鹏在钓鱼台国宾馆会见联合国第46届大会主席萨米尔·希哈比

李鹏对希哈比当选第46届联大主席表示祝贺。列举了中东、欧洲形势以及南北差距不断加大等情况后说，世界并不安宁，和平与发展问题还没有得到解决，"各国人民有理由对联合国寄予更大希望"。

李鹏指出，中国一贯支持联合国和一切致力于地区和平发展、促进地区经济发展的国家集团和地区组织。鉴于联合国的广泛代表性，它可以在维护世界和平、促进经济发展方面发挥更大的作用。

李鹏表示，中国非常重视同包括沙特阿拉伯在内的阿拉伯国家的关系。李鹏说，中沙两国保持和发展友好合作关系是非常重要的。

希哈比说，中国是一个稳定的力量，不仅在亚洲如此，在世界也如此。联合国和他本人十分重视中国在联大的作用。

希哈比表示，在担任本届联大主席期间，将致力于促进联合国与中国之间的关系。

外交部副部长刘华秋、中国驻联合国代表李道豫等参加会见。

中共中央总书记江泽民和国务院总理李鹏分别会见香港已故知名人士包玉刚先生的三个女儿包陪庆包陪丽包陪慧

国务院推出清理三角债新举措

在上海宝钢结束的全国流动资金清欠试点工作会议决定，将以宝钢为龙头，推出43家单位作为试点，并规定6月10日为统一的最后付款期限，首批清偿流动资金"三角债"。

这次清欠试点的目的，是要摸索如何以企业为主体，在有效防止新欠的前提下清理旧欠的办法。本着扶优限劣的目的，被列入此项试点的企业，都是生产经营状况较好，落实了防止新欠的自我保护措施，有能力避免前清后欠现象继续产生的企业。

指令性计划产品拖欠是流动资金拖欠中的突出难题，为了给企业防止新欠创造良好的外部环境，这43家企业将获准率先试行国务院《关于防止国家指令性计划产品贷款拖欠暂行办法》(草案)。该草案明确规定，产品需方超出付款期限20天以上或无理拒付的，供方有权先停止继续发货并通知对方及其上级；接到通知后10天内未明确答复的，供方可将有关产品转为自销，视同完成国家指令性计划。对违反结算纪律，提供虚假情况的企业，各银行应依规定予以制裁。银行应予制裁而未制裁或支持、纵容地方保护行为的，中国人民银行应予严肃查处。

清欠试点的具体实施办法是，以宝钢为龙头，除了宝钢以外的42家企业，都是拖欠宝钢百万元以上的大户。这次，42家都有权一次性点名收取各自的10个债务单位的欠款。因此，这次试点还将涉及派生出来的另外400多家企业单位。这次注入清欠贷款所需规模由中国人民银行总行解决。任何企业不得以"先收后付”为借口，拖延和拒付欠款。对不按规定统一期限付款的企业要严肃处理。

国务院研究室和农业部在北京联合召开发展高产优质高效农业献计献策座谈会

国务院研究室邀请部分专家学者和农业界有关人士，就发展高产优质高效农业献计献策。大家认为，我国农业从追求产品数量增长为主，转向以高产优质高效并重，是国民经济发展的客观要求。实现这一战略转变，条件已经逐步具备，时机已经比较成熟。国务院提出“大力发展高产优质高效农业”，是非常及时、十分重要的。

与会人员认为，过去，我们为了解决人民的温饱问题，满足国民经济发展对农业的基本需求，把发展农业的重点放在农产品数量增加方面，是十分必要的、正确的，也取得了很大成绩。现在提出高产优质高效农业，并不是对过去的否定，而是历史的前进和发展，是改造传统农业、实现农业现代化的必由之路。

会上，大家就如何进一步发挥市场调节作用；如何依靠科技进步实现高产优质高效；如何以市场为导向，优化农业结构；如何以流通为重点，发展贸工农一体化经营体系；如何扩大开放，通过参与国际竞争，带动高产优质高效农业发展等问题，提出了许多中肯的意见和建议。

国务院副总理田纪云到会讲话。田纪云说，改革开放以来，变化最大、最深刻的是农村。改革开放使我国农业充满活力，旺盛不衰。但是，当前我国农业存在的问题也很严重。从当前看，主要问题是农产品卖难，这在很大程度上压抑了农民的生产积极性。田纪云说，从长远看，我国农产品不存在多的问题。首先人口在不断增加，而土地资源等在不断减少。其次，人们食物的改善对粮食的需求不是减少而是增加。第三，随着收入增加，生活水平提高，人们对农产品质的要求也越来越高。因此，不能因目前存在卖难，就认为农业过关了。到 2000 年，如果食物还是现在这个结构，就不能说是小康，如果生活无大改善，就会影响到社会的稳定。所以，农业一定要在数量上登上新台阶，在质量上推上新水平。

就有没有能力和条件，在 90 年代把农业推上新台阶，推上新水平问题，田纪云说，回答是肯定的。首先现有资源和待开发资源潜力很大；其次随着乡镇企业的发展和国家的重视，今后对农业投入会不断增加；再次，科研和科技推广将是农业攀登新台阶、实现优化的最基本的因素。

如何实现这一目标？田纪云说，政策上要坚决把以家庭承包为主的责任制稳住，雷打不动。同时抓住社会化服务体系建设不放，把小生产和大市场联结起来。这就要求大力发展乡镇企业和第三产业，以壮大集体经济实力。田纪云说，农产品要逐步实现商品化、经营市场化，要把流通搞活。田纪云最后要求各地各级领导要树立大农业和效益观念，农林牧副渔全面发展，走高产优质高效路子，使农业实现种养加结合、农工商结合、内外贸结合、农科教结合。

国务院研究室主任袁木和农业部部长刘中一主持会议。

国务委员钱其琛晚上在钓鱼台国宾馆会见联合国第 46 届大会主席萨米尔·希哈比

国务院副总理朱镕基在中南海会见新加坡财政部长胡赐道和夫人

中国人民银行副行长陈元在国际货币基金组织第 38 届临时委员会会议上发言

陈元指出，随着中国改革开放的进一步发展，中国经济将进一步与世界经济相结合。

陈元说，中国在宏观经济管理方面要尽快向间接调控过渡，主要通过市场调节控制经济的运行。同时，还将扩大对外经贸和金融开放，积极吸引外资。中国经济改革的成功，必将对世界经济发展和人类的发展做出巨大的贡献。

陈元说，当前世界经济相互依赖程度日益增强，发展中国家经济日益开放。因此，发展中国家的经济增长仍有赖于主要工业国家经济的增长速度及其市场对发展中国家的开放程度。

陈元说，今年是发展中国家债务危机爆发后的第 10 个年头。在过去的 10 年里，发展中国家的债务问题一直是国际经济和金融领域中的难题。我们认为，国际社会和债权人应该继续努力，在进一步减免债务国债务的同时，增加对债务国的援助，以帮助债务国在经济增长中增强偿还能力，并且要避免为解决眼前地区性的问题而转移对具有全球性影响的发展中国家债务问题的注意力。

陈元还说，“乌拉圭回合”多边贸易谈判迟迟未能达成令人满意的结果，我们深表不安。我们认为，主要工业国家有着不可推卸的责任，它们之间在贸易问题上的尖锐矛盾不应阻碍全球多边贸易谈判的进展。工业国家要为改善国际贸易环境做出努力，发展中国家应能在正常的国际贸易环境下分享互利的贸易成果。

陈元最后说，1992 年对国际货币基金组织将是十分重要的一年。原苏联各加盟共和国即将加入基金组织。可以预料，现有发展中国家成员和新成员国对基金组织资金需求的增加将使基金组织面临新挑战。在这种情况下,我们希望基金组织能够充分考虑广大发展中国家的需要。

中国向联合国裁军审议委员会递交一份加强国际核裁军进程的10项措施和6项必要条件的工作文件

这些措施包括:在最大核武器国进一步实现大幅度核裁军的条件下召开包括所有核国家参加的具有广泛代表性的国际核裁军会议,最大核武器国削减和销毁核武器的原则,以及禁止核试验、防止核战争、核国家撤回部署在国外的核武器、停止外空军备竞赛、防止核武器扩散、建立无核区、常规裁军和海军裁军等内容。该文件还建议所有核国家承担不首先使用核武器、不对无核国家和无核区使用或威胁使用核武器的义务。

关于加强核裁军进程的必要条件,文件强调指出,各国应当相互尊重主权,平等相待,相互尊重领土完整,不搞强权政治,不以任何借口干涉别国内政,通过和平方式合理解决国家之间的争端。

负责裁军事务的中国大使侯志通在裁军审议委员会发言时指出,中国提交这一文件的目的,是促进核裁军的进程。

这份工作文件已作为联合国正式文件散发。

中国承认斯洛文尼亚和克罗地亚

国务委员兼外交部长钱其琛致电斯洛文尼亚共和国外长迪·鲁佩尔和克罗地亚共和国外长兹·舍帕洛维奇,宣布中华人民共和国政府承认斯洛文尼亚共和国和克罗地亚共和国。

中国犯罪学研究会在北京成立

来自全国的200多名犯罪学专家、学者出席了在人民大会堂召开的成立大会。北京大学教授康树华担任该研究会会长,名誉会长雷洁琼在会上讲话。

第十次全国抗震工作会议在北京召开

4月28日

中共中央总书记江泽民在钓鱼台会见老挝人民民主共和国主席老挝人民革命党中央委员会主席凯山·丰威汉

国务院批转国家体改委国务院生产办公室《关于股份制企业试点工作座谈会情况报告》的通知

国务院同意国家体改委、国务院生产办公室《关于股份制企业试点工作座谈会情况报告》,现转发给你们,请参照这个报告进行股份制企业试点的准备工作。

股份制企业试点工作是一项政策性强、涉及面广的重要改革。因此,必须加强领导,既要大胆试验,又要稳步推进,严格按照规范化的要求进行。国务院责成国家体改委会同有关部门抓紧修订组建股份制企业的规范意见和试点办法,尽快下发试行。

在试点工作中要严格按国务院规定的审批制度办事。法人持股的股份制企业试点和企业内部职工持股的股份制企业试点,由省、自治区、直辖市体改部门牵头,会同有关部门审批。向社会公开发行股票(不上市)的股份制试点,目前只在广东、福建、海南三省进行,其试点办法和发行股票的规模必须经中国人民银行和国家体改委批准。公开发行股票并上市交易的试点,目前只在上海、深圳两市进行,未经国务院批准,其他地方一律不得设立进行股票交易的证券交易机构。上海、深圳以外的其他地区具备上市条件的股份制企业,经国务院股票上市办公会议批准后,可到上海、深圳两市的证券交易所异地上市交易。

要注意做好股份制基本知识的宣传普及工作,搞好人才培训,为股份制试点健康发展创造条件。

一九九二年四月二十八日

国家体改委国务院生产办公室《关于股份制企业试点工作座谈会情况报告》

今年二月二十九日至三月四日,我们联合在深圳市召开了"股份制企业试点工作座谈会"。会议交流了股份制企业试点工作的情况;研究了股份制经营方式对转换企业经营机制的作用;修改了《股份制企业组建和试点工作的规范意见》及配套的十项政策规定。参加会议的有中央国家机关十三个部门,十四个省市的体改委(办)、经(计)委、金融、资产管理机构,二十一个股份制试点企业,以及三位从事股份制研究的理论工作者,共一百三十余人。

会议期间,恰逢邓小平同志的重要谈话在全国传达。这个重要谈话,对会议具有十分重大的指导意义,并给与会同志极大鼓舞。

这次会议开得很及时,各方面反映也比较好。特别是国务院十三个部门经过协调,针对当前股份制企业组建和试点工作中的迫切需要,共同提出、制定了《股份制企业组建和试点工作的规范意见》及配套的十项政策规定,引起了很大反响,成为会议研究和讨论的重点。座谈中,与会同志回顾和总结了几年来的股份制试点工作,一致认为,股份制经营方式对转换企业经营机制、增强企业活力、筹集资金发展经济、保证国有资产的保值和增值,以及调整产业结构等都具有积极的作用。会议提出,要积极地、坚定不移地继续搞好股份制试点。

现将股份制试点的有关情况和今后工作的意见报告如下。

一、股份制企业的发展情况。

我国的股份制企业是随着社会化生产程度的提高和社会主义商品经济的发展而产生和发展起来的，是经济体制改革的产物。《中共中央关于经济体制改革的决定》指出，社会主义经济是公有制基础上的有计划的商品经济，增强企业活力是经济体制改革的中心环节。商品经济的发展，要求企业有一条能够迅速集中资金的融资途径，有能够实现企业间资产联合的纽带，有能够适应投资主体多元化的组织形式。

八十年代初期，一些企业突破地区、部门和所有制的界限，相继组建各种形式的联合体。在企业之间的横向联合中，逐步从单纯的生产技术协作发展到以资金、技术、设备等的投资入股。还有一些企业，以股份的形式集资开发项目或组建新的企业。一九八四年以后，组建股份制企业的规模有了较大的发展。一九八四年十一月，由上海电声总厂发起成立的上海飞乐音响公司，向社会公开发行股票，成为我国解放后第一家较规范的股份制有限公司。一九八六年九月，中国工商银行上海信托投资公司静安证券部挂牌进行股票的柜台交易，成为新中国首次进行的股票市场交易。一九八七年以后，各地股份制企业的试点迅速增多。一九八九年我国经济进入治理整顿阶段，股份制企业组建和试点工作的重点转为完善和提高。

从以上的发展过程可以看出，股份制企业的组建和试点，是适应社会主义商品经济发展的一种探索。从总体上看，这项工作是有领导地逐步开展起来的。

据今年初统计，目前全国共有各种类型的股份制企业三千二百二十家（不含乡镇企业中的股份合作制和中外合资、国内联营企业）。其中企业之间法人持股和内部职工持股的试点企业约占股份制企业总数的百分之九十五以上。最近两个月的形势发展很快，各地相继报道的各种类型股份制企业迅猛增多。

二、股份制经营方式的积极作用。

我国的股份制企业试点时间虽不太长，试点企业的数量也不很多，但几年来的试点情况表明，试点工作是有成效的。

（一）有利于筹集重点建设项目资金，开辟了新的融资渠道，还可以把消费基金转化为生产建设资金，缓解市场的压力。在股票市场比较完善的情况下，股份制的集资功能还可以发挥得更好一些，即通过股票的溢价发行筹集更多的建设资金。通过发行人民币特种股票（B种股票），还增加了一条吸引外资的渠道。

（二）有利于国有资产的保值和增值，有利于提高国有资产的使用效益。这是因为来自股东的压力使企业经营者必须时刻不忘其资产增值的使命。吸收多种经济成分的资金到以公有制为主体的股份制企业中来，有利于发挥公有制经济的主导作用。通过控股，引导资金的使用流向，有利于巩固公有制的主体地位，比在国有企业之外发展私营企业更为有利。

（三）有利于协调地方、部门、企业之间的利益关系，促进产业结构的调整和企业集团的发展。股份制不仅使企业的全部财产有明确的归属，而且可以划分为较小份额，便于资产在全社会范围内流动，为调整产业结构提供良好的条件。有利于突破部门、地区和所有制界限，协调利益，推动企业集团的发展，调整不合理的企业结构。

（四）有利于促进企业转换经营机制。试点的情况表明，股份制企业的自我约束机制普遍有改进，主要有来自股东对企业生产经营情况的监督；来自股票在市场上的价格涨落；公司必须接受独立于企业的、国家认可的注册会计事务所对财务账目的公正审核。股票上市的公司，财务情况要向社会公布，还须接受“股民”的监督。这些压力比过去只向政府主管机关负责时要大得多，对企业提高投入产出效益是一种有力的鞭策。

三、股份制企业试点中的主要问题。

（一）股份制企业组建和试点的有关法规跟不上。股份制企业的组建和试点工作已经进行多年，但有关股份制企业的法规，如公司法、证券法、证券交易法的制定工作进展迟缓，跟不上形势发展的需要。为了指导工作，上海、深圳两市政府制定了《股份有限公司暂行规定》，并已经国家体改委、财政部、中国人民银行、国家国有资产管理局批准，两市的股份制企业组建试点工作可依法进行。其他地方也搞了一些规定，但多数不符合股份制的一般规则，地方特色过强，难于切实规范地指导工作。

股份制企业是一种与传统企业不同的新的企业形式，原来的那一套企业管理办法，包括财务、会计、审计、劳动、人事、税务、工商、统计等规定，都已不适应股份制企业的需要，必须本着改革的精神进行调整或重新制定。

（二）相当一批股份制企业不规范，没有按股份制的基本规则办事。不少称谓“股份有限公司”的，其组织结构、管理体制仍沿袭原来传统企业的内涵，只是名称改动而已。在试点中，一些企业没有实行“股权平等、风险共担、同股同息”的原则，对国家股、法人股和个人股实行不同的分股息率，一般是个人股高于国家股和法人股；相当一批企业混淆了股权和债权、股票和债券、股息和利息的区别；还有的对个人股实行“三保”

(保本、保息、保分红)，股息远高于银行存款利息，失去了股票的意义和作用；个别的还把设置企业内部职工股变为扩大奖励的手段。

在内部管理体制上，多数企业的股东会、董事会形同虚设或很不健全，股份制企业的董事长、董事、总经理等负责人继续由上级主管部门任命，或仍由原企业的负责人担任。

(三)有些试点企业资产评估过低或未予评估。在企业内部职工持股的股份制企业中，大多数是以企业账面净资产折股，既没有计算土地使用费，以及厂房、设备的重置价值，也没有考虑企业的无形资产。有的企业甚至根本没有对资产进行评估，以致造成公有资产的流失或对国家股利益的侵占。

(四)社会上出现股票过度投机和炒股票过热现象。由于目前上市的股份制企业数量不多、股票投入量不大，因此上市股票的供求关系失衡，股票价格幅度波动过大，从而导致过度投机行为和股票向少数人集中的现象。

当前，群众对股票、股票市场、股票交易等缺乏全面认识和深刻了解，认为企业的股票上市和公开发行是政府批准的，可信度大。加之已上市的也都是经济效益较好，或经营管理水平较高的企业，因此，不少人在心理上对股票交易的风险性准备不足，而对股票的升值抱有过高的期望。如果股票或股市发生问题，影响股民利益，势必波及社会经济生活的稳定，在政治上造成不良影响。

(五)股份制知识缺乏，人才严重短缺，工作经验不足。目前，不少经济部门的管理人员和领导同志，甚至试点的股份制企业负责人，普遍缺乏股份制企业、股票、股票市场等方面的基本知识，对股份制企业的运行、股票的操作、股市的驾驭等知之更少。这已经成为股份制企业组建和试点工作进行规范、继续深化的主要障碍，也是一些地方把组建股份制企业单纯作为筹集资金的手段、上项目的重要原因。

座谈会上，与会同志分析了产生这些问题的原因，一致认为，目前股份制企业组建和试点中的问题，并不是股份制本身带来的，而更多的是外部环境、知识不足和缺乏工作经验造成的。针对这种情况，会议提出，下一步的工作不应按现有的不规范模式扩展数量，而是要加强指导，明确要求，帮助现有股份制企业按规范化的要求不断完善，积极进行新的规范化股份制企业的试点。会议还提出，股份制只是企业多种经营方式的一种，在目前的条件下，各种经营方式对搞好企业都有一定的作用，又都有一定的局限性，并且又有着共同需要改革的外部环境和条件。当前应该鼓励企业从各自的实际情况出发，选择适合自己情况的经营方式，不要一哄而起都搞股份制。

四、对下一步试点工作的建议。

下一步进行股份制试点的指导思想是：坚决试，不求多，务求好，不能乱。现在各地搞股份制试点，特别是要求公开发行股票和建立股票市场的呼声很高。这种热情是好的，但必须积极引导，扎扎实实地进行工作。一定要胆子大，步子稳，工作实，分阶段地把工作做好。所谓搞好，就是严格按照基本规范进行试点，试出效果来。

(一)尽快制定股份制企业组建和试点的法规、办法。目前，上海、深圳两市已经有了两个地区性的法规，其他地方可以参考、借鉴。全国性的法规和办法，主要是“公司法”、“证券法”、“证券交易法”，要抓紧制定，尽快出台。在这几种法规一时不具备出台条件的情况下，我们已起草了一个《关于股份制企业组建和试点的试行意见》及配套的政策文件，作为各地试点工作的基本依据。深圳会议对这套文件作了认真的研究，会后我们又会同有关部门进行了修改，计划在四月底定稿。这套试行文件建议由国家体改委会同有关部门协商一致后，直接下发试行。等实践一段时间后，再进行修订，报请国务院正式批准发布。

(二)加强宣传、培训等基础工作。这件事我们已经着手安排。一是抓紧组织力量编写一个通俗小册子，普及股份制企业、股票和股票市场的知识；二是从第二季度开始，年内办好三期培训班。培训的对象主要是有关地方的领导同志，各地体改委、经委(计经委、生产办)的负责同志，以及试点和准备试点的股份制企业的董事长、董事、经理等；三是搞好面上的宣传工作，使群众正确了解什么是规范的股份制；四是抓紧组建一批符合国际规范、经过国家认可的会计公司。没有健全的财务会计制度并经过合格的会计公司审计，股份制企业就不具备公开发行股票和上市交易的起码条件。国家认可的会计事务所要对经其审查签字的上市公司的账务负法律责任。

(三)研究加强对股票市场的管理。从现在的情况看，主要是解决好两个问题：一是防止操纵市场；二是制止内幕交易。笼统地讲反对投机，界限很难把握。对此，许多国家都还没有一套有效的办法。国家体改委准备同中国人民银行一起下功夫进行研究，确保股票市场的健康发展和股票交易的正常进行。

(四)抓住时机，创造条件，分阶段、有步骤地推进试点工作。我国的股份制企业，大体有四种类型：一是法人持股的股份制企业；二是企业内部职工持股的股份制企业；三是向社会公开发行股票，但股票不上市交易的股份制企业；四是向社会公开发行股票，股票上市交易的股份制企业。这四类股份制企业各有不同的特点，它们的组建和试点都要具备相应的前提和条件，特别是第三、四类股份制企业的组建和试点，不仅技术难度大，而且容易造成社会影响，需要综合考虑现实的情况和改革的实际进程，采取循序渐进、稳妥推行的方针。根据目前的条件和可能，各地主要应进行第一、二类两种股份制企业的组建和试点。第三类股份制企业的试点，目前限定在广东、福建、海南三省。第四类股份制企业的试点，目前只限于上海、深圳两市，两市以外的企业向社会发行可上市交易的股票试点应严格控制，需经国务院股票上市办公会议审核批准，才可以在上海、深圳两市股票交易所异地上市。对上海、深圳两市的股份制试点应有计划地大胆进行，不要限制太多，以利于尽快摸索出我国发展股份制的做法和经验，更好地指导面上的工作。

国家体改委准备直接抓若干个股份制企业进行试点，推进规范化工作，并继续同上海、深圳两市一起，研究股票上市的股份制企业试点中的有关政策和配套改革。同时，还准备按照规范化的要求，本着坚决试点、从严把握、分步推进的精神，同广东、福建、海南三省落实搞好向社会公开发行股票（不上市）的扩大试点工作，并研究不上市股票过户转让的办法和方式，确保这些省市股份制试点工作积极稳妥地进行。

以上意见，如无不妥，建议批转各地区、各部门。

一九九二年四月十八日

国务院关于深入开展企业扭亏增盈工作的通知

通知指出，当前，我国国民经济形势继续向好的方向发展。但由于多年积累的深层次矛盾的影响，企业亏损严重的状况还没有得到根本扭转。一九九一年底，全国预算内国营工业企业亏损面达29.7%，亏损额达三百一十亿元。今年一季度，亏损面和亏损额继续扩大，加上大量潜亏，问题更为突出。这严重地影响了国家财政收入和国民经济的稳定、协调发展。为此，国务院决定在全国深入开展企业扭亏增盈工作。

通知的主要内容是：

一、大力开展扭亏增盈工作，为进一步加快国民经济发展创造有利条件。

各级领导干部要提高认识，统一思想，把扭亏增盈工作作为加快改革开放、加快经济发展的一件大事来抓，列入重要议事日程。各级政府部门要转变职能，加强宏观调控和指导，切实减少不必要的行政干预，为企业创造一个良好的外部条件，真正把企业推向市场。所有企业，特别是国营大中型企业，都要深化改革，加快转换经营机制，强化企业管理，向质量、品种要效益，向节能降耗要效益，向技术进步要效益。要继续深入开展"双增双节"活动，挖掘内部潜力，把解决亏损的立足点放在企业自身上。各地区、各部门要切实按照党中央、国务院的部署，全面落实搞好国营大中型企业的各项政策措施，发挥社会主义企业的优势，扭转国营工业企业严重亏损的局面，为进一步加快国民经济发展创造有利条件。

二、明确目标，层层建立扭亏增盈责任制。

今年扭亏增盈的目标是：预算内国营工业企业的亏损面，要比上年减少五个百分点，企业亏损额减少10%，其中经营性亏损减少20%，政策性亏损要控制在一九九一年底的水平。力争用三年时间改变国营工业企业大面积亏损的局面。要注意防止政策性亏损掩盖经营性亏损的倾向。对盈利企业的亏损产品，也要采取措施限期扭转，改变企业以盈包亏的现象。各地区、各部门都要根据实际情况，确定减亏或扭亏目标，层层建立目标责任制，做到指标到位，责任到人，把扭亏增盈工作落到实处。

三、认真落实扭亏增盈的政策措施。

（一）对一九九一年底以前发生的亏损，应由企业分析原因，列出数额，经审计部门审计后，由企业主管部门和财政、银行、税务部门批准，在会计报表中如实反映。根据承包协议，属于财政应补未补的，各级财政部门要按规定补足；属于政策性超计划亏损和经营性亏损的，企业要制定出自补规划，用以后年度的实现利润弥补。

（二）鼓励企业对一九九一年底以前的潜亏如数列入决算，并作出处理计划，有效抑制乃至杜绝虚盈实亏现象。企业潜亏转明亏，单独列账，原来享受的政策待遇不变，银行不加收利息。

（三）对政策性亏损企业，要逐户核定亏损补贴额，实行定额补贴或亏损总包干，超亏不补，减亏分成。对经营性亏损企业，凡产品有销路的，各级财政、银行部门要在资金上给予扶持，促进企业尽快扭亏为盈。

（四）所有亏损企业，都要实行职工利益同企业减亏、扭亏额挂钩的办法。没有完成减亏、扭亏任务的不能发放奖金和增加工资，并给予通报批评。对亏损继续增加的企业，要减发厂（矿）长、经理和有关人员的工资，并限期达到减亏、扭亏目标；限期内达不到目标的，要追究企业主要领导人的责任。企业主管部门和财政、审计部门要加强监督和审计。

（五）凡生产能力过剩、产成品积压、技术落后、长期亏损的企业，经过批准，逐步实行关停并转。提倡多并转少关停，鼓励发展第三产业。有关部门要做好资产、债务处理和人员安排等工作。涉及职工群众切身利益的事情，要慎重对待，妥善处置。

（六）盈利企业也要努力提高经济效益。要普遍开展查产品质量、查物料消耗活动，凡未达到本企业历史最好水平的单位，都要认真分析原因，切实采取有效措施，将产品质量、物料消耗恢复到企业历史最好水平。产品质量、物料消耗已创企业历史最好水平，但低于本行业先进水平的企业，要向先进企业学习，继续努力提高产品质量，降低物料消耗，提高经济效益。

四、切实加强对扭亏增盈工作的组织领导。

为了加强对扭亏增盈工作的领导，由国务院生产办公室、财政部负责，会同有关部门做好这项工作。各地区、各部门都要加强对这项工作的领导，制定切实可行的扭亏增盈措施，做好协调和监督检查工作，及时研究解决扭亏增盈工作中出现的新情况、新问题。各级领导机关和领导干部要转变作风，提高工作效率，更好地为基层服务，帮助企业解决生产经营中的实际困难。对薄弱环节和亏损大户，主要领导干部要亲自动手，加强指导，务必抓出成效。

国务院总理李鹏在全国质量工作会议上发表讲话

李鹏指出，党中央和国务院对质量工作历来十分重视，认为不讲质量，就没有效益，而不讲求质量和效益的速度，对经济发展就没有什么实际意义。要使经济上一个新的台阶和保证整个国民经济的健康发展，必须扎扎实实地把质量工作抓好。

李鹏首先肯定了我国产品质量所取得的成绩。他说，质量包括产品质量、工程质量和服务质量，自从改革开放以来，有了较大的提高。从国内市场来说，商品琳琅满目，不仅花色品种增加了，而且质量总体水平也有了提高。从对外贸易看，我国对外贸易稳定增长，出口额大幅度提高，这也说明我国出口商品质量较好，档次提高，花色品种增加。

李鹏在讲话中指出，在看到质量取得成绩的同时，我们必须看到质量工作中存在的问题和差距。他说，总的来说，我国的产品质量与国际水平相比仍有较大的差距，一些产品在国际上还处于低档次、低价竞争态势，不能适应国际市场向多样化、高档化发展的需要。同时也要看到，我们的产品、工程质量与我国的生产建设和人民群众要求差距也是比较大的。今年开展的“中国质量万里行”活动，在社会上引起了强烈反响，得到了广大群众的支持和拥护，这说明，群众对我们的产品质量还很不满意，特别是有些传统产品的质量和一些工程质量，还赶不上过去已达到过的水平，群众对此反映是强烈的。

李鹏说，质量问题是关系到人民群众切身利益的大事，是密切党和政府与人民群众关系的大事，我们要从这个高度来认识抓好质量工作的重要性。我们的政府是人民的政府，在抓质量上当然也要对人民负责。因此抓不抓产品质量、工程质量、服务质量，实际上反映了我们干部有没有群众观点的问题。

李鹏在谈到产品质量与开展国际贸易的关系时指出，我们的产品要进入国际市场，国际市场的产品也要进来，竞争是相当激烈的，要在竞争中占有主动权，最重要的是要有过硬的产品，质量要符合、甚至超过国际标准。我们一定要认识到，质量已成为我们在国际市场竞争中能否取胜的一个关键性因素。

李鹏强调，要把产品质量搞上去，主要是要有一个比较完善的市场机制，要把企业推向市场。国营、集体、“三资”等各类企业都要到市场上去竞争，去接受检验，优胜劣汰。改革开放以来，人民群众的生活水平显著提高，对产品质量的要求也随之提高。产品质量不好，已成为不少产品销路不畅的原因之一。因此，要使每个企业和企业的每个职工把质量工作放在重要的地位，提高质量意识。只有高质量的产品，优质的服务，才能赢得顾客。

他说，培育和完善市场要有一个过程，在这个过程中，一定的行政干预是非常必要的，就是形成了比较完善的市场机制以后，政府也必须监督和干预质量工作，加强质量监督将是今后政府强化宏观管理的任务之一。同时，要充分发挥舆论对产品质量的监督作用，揭露和打击假冒伪劣商品，通过舆论宣传提高全民的质量意识。

李鹏最后说，提高质量是经济工作的重点之一，是需要我们常抓不懈的一项任务。要提倡大家都来关心质量，把质量意识贯穿到从投入到产出的各个环节。要依靠科技进步，提高劳动者的素质，强化企业的质量管理，来提高质量。目前要集中力量抓好一批优质名牌、重要的出口创汇产品，以及对国计民生有重要影响的与人民群众生活密切相关的产品质量，大型成套设备要注意抓好整体质量。还要加强家用电器等耐用消费品的售后服务，优良的售后服务是保证和提高质量的一个重要方面，也是广大消费者的心愿。他希望这次会议对全国质量工作能起到有力的推动作用。

中共中央总书记江泽民国务院总理李鹏在钓鱼台国宾馆分别会见香港长江实业有限公司董事局主席兼总经理李嘉诚

《人民日报》发表社论《扎扎实实登新台阶》

邓小平同志视察南方的重要谈话，如和煦春风吹拂大地。全国各地都在抓紧有利时机，采取有效措施，加快改革开放，加快经济发展，力争我国经济能够再登上一个新台阶，形势令人鼓舞。

国民经济发展要保持一定速度。没有这个速度，我们就不可能缩小与发达国家的差距，实现今后第二步第三步发展的战略目标。我们一定要进一步解放思想，树立雄心壮志，加快经济建设的步伐，争取我国经济每隔几年上一个台阶。

加速经济发展是我们的愿望，这个愿望是有根据的。能否达到这个愿望，重要的就看我们的方针、政策、措施是否对头，看我们的劲用在什么地方。

劲要用在改革开放上。改革才能解放生产力，改革才能激发经济发展的生机与活力。国民经济的深层次问题，国营大中型企业的效益问题，主要靠改革来解决。只要全国三万个大中型骨干企业活起来，速度、资金、效益等问题就不难解决。因此，加快发展的第一意义，就是加快改革步伐，扎扎实实在转换和完善企业经营机制、转变政府职能、完善市场体系和改革社会保障体系等方面下功夫。

加快发展的一个重要内涵是开放。开放才可能使我们放开眼界，观察全球，审视自己，增加紧迫感和使命感；开放才可能使我们的经济发展与国际贸易接轨，参与国际竞争，交换市场信息，按国际标准检验我们的经济发展的水平；开放才可能引进资金、技术、人才与先进管理经验，补充我们的不足。改革开放不加快，整个国民经济的发展步伐也快不起来。

劲要用在调整经济结构和提高经济效益上。结构合理才有最大的效益。有效益的速度才是真正的速度。我们要加快农业和农村经济的全面发展，努力增加农民收入，扩大工业品市场，并为工业发展提供充足的原料来源；要加快基础设施和基础工业的发展，解决能源、交通、邮电、水利和原材料这些"瓶颈"问题，要加快第三产业的发展，提高生产、生活的服务质量，为扩大就业创造条件。上项目要服从产业政策，考虑基础产业的可能，否则就会出现重复建设、重复引进，造成新的比例失调。结构扭曲下的高速度，不是真正的高速度。国民经济的总量增加、外延扩大必不可少，但内涵提高更重要，也更艰难，我们要继续在品种、质量、效益上下功夫。

劲要用在促进科技进步和提高劳动者素质上。重视科学技术，增加科技投资，加快智力开发，加快新技术、新工艺的运用，促进高新技术的商品化、产业化，这是经济发展的深厚源泉和强大支柱。今后不论是新建项目还是技改项目，都要尽可能采用高新技术，投资不足，宁肯少搞几个项目，也绝不搞低水平、老技术的重复。今后的经济发展，应该主要依靠新技术含量的增加。只有在新技术基础上发展起来的经济，才是现代化经济。

劲要用在发育市场、拓宽市场上。商品经济是以市场为导向的经济。没有市场的商品，就是没有交换价值的商品，因而也是没有使用价值的商品。当前经济发展中的一个突出矛盾是市场约束。不抓市场开拓，盲目上项目、上产量，只能是加大库存，积压资金，效益低下。我们的国家正在从温饱型向小康型过渡，人民的消费正在迈向一个新的台阶。我们要调查和分析这个转型期对经济发展的客观要求，研究和预测国内外市场的发展趋势，盯住市场，开拓市场，及时地调整生产结构，生产出市场所需要的品种齐全、质量合格的商品来。

劲要用在发展战略的科学决策上。国民经济发展牵动全局的各个方面，是个复杂的系统工程，各地各部门都要注意宏观把握，总体构思，根据国家的产业政策和自己的情况，确定战略重点，找到主攻方向，有板有眼地去干。这绝不是兴之所来，东抓一把西抓一把所能奏效的。加快经济发展，要尊重经济规律，注意总量平衡，审视客观条件，扎扎实实地去干。领导机关和领导同志要从本地本部门的实际情况出发，深入调查研究，提出总体规划，反复进行论证，提高决策的科学性。看准了的，就大胆地试，大胆地闯。

我国的社会主义经济建设已有了四十多年的历史，改革开放也十多年，积累了正反两个方面的经验。干部的整体素质有较大提高，对建设规律的认识也比过去深刻得多。只要我们坚定地贯彻党的基本路线，上下一致，努力奋斗，我们的经济建设和改革开放，完全有可能在健康的道路上阔步前进！

国务院总理李鹏在北京会见荷兰经济大臣安德里森

国务委员兼外交部长钱其琛在钓鱼台国宾馆同匈牙利共和国外交部长耶森斯基·盖佐举行会谈

钱其琛在会谈时说，中国对中匈关系近年来的顺利发展感到满意。发展经贸关系是中匈两国的共同愿望。两国经贸关系目前虽然还存在一些问题，但是"已经开始出现某一些新的、积极的因素"。

耶森斯基说，匈牙利主张双方继续进行高层人员的来往，同时特别希望扩大两国在经济贸易方面的合作。耶森斯基表示，匈牙利政府赞同中国政府关于台湾问题的立场。匈牙利同台湾的经贸关系只是同中国一个省的关系。钱其琛对此表示赞赏。

财政部副部长项怀诚在世界银行和国际货币基金组织发展委员会会议上发言

项怀诚指出，搞好全球性的环境保护，有3项必要条件：一是适当的环保政策；二是足够的资金；三是相应的技术。鉴于全球性的环境污染主要是发达国家在长期的工业发展过程中造成的，发达国家应对全球性

政府欢迎他回归祖国，并愿意同他进行接触。对国外藏胞，实行爱国一家、爱国不分先后的政策，欢迎和支持他们为维护祖国统一和民族团结做贡献。对坚持“西藏独立”的极少数分裂主义分子，要进行揭露和斗争。

（十二）加快民族地区经济、科技、教育、文化事业的发展。要积极扶持民族地区经济发展，充分发挥民族地区的优势，深化改革，扩大对内对外包括陆地边境的对外开放，不断增强少数民族和民族地区的自我发展能力，使之逐步与全国经济发展相适应。发展民族地区的经济要努力做到“四个结合”：国家帮助少数民族地区发展经济与少数民族自力更生相结合；国家对少数民族地区的资源开发与这些地区少数民族的发展繁荣和少数民族群众的具体利益相结合；少数民族地区的资源优势与沿海地区和内地经济发达地区的人才、资金、技术优势相结合；经济开发与智力开发相结合。要认真总结和推广这方面的经验。

继续支持各民主党派、工商联和无党派人士，到少数民族地区开展经济、教育、科技、文化等咨询服务和培训专业人才的工作，为促进民族地区的经济建设、改革开放、发展对外贸易和边境贸易服务。会同有关部门研究提出民族地区与沿海内地互补互济、各展所长、共同发展、共同繁荣以及扩大陆地边境对外开放的建议。

（十三）贯彻落实民族区域自治法，进一步完善民族区域自治制度。民族区域自治把国家的集中统一与少数民族聚居地区的区域自治有机结合起来，是完全适合我国国情的基本制度。要推动民族区域自治法实施细则和民族自治地方的自治条例的制定工作，逐步形成比较完备的社会主义民族法规体系和监督机制。遵照维护国家统一与完善民族区域自治、保证国家整体利益与兼顾民族区域利益的原则，选择一两个自治区先制定出民族区域自治条例，取得经验，加以推广。

（十四）培养、选拔少数民族干部和代表人物。要大力培养德才兼备，坚持祖国统一和民族团结，密切联系本民族群众的民族干部和代表人物。既要有计划地增加数量，更要在提高素质，改善结构、培养科技和管理人才上下大功夫；既要注意选任一批能在九十年代起骨干作用的干部，更要注意选任一批跨世纪的优秀中青年干部。要会同有关部门作出规划，分步实施。

采取挂职锻炼、进党校学习、举办经济管理培训班及民族理论和民族政策研讨班等方法培训民族干部，实践证明是有效的，要坚持下去。

四、巩固和发展党同爱国宗教界的统一战线

（十五）正确对待和处理宗教问题，是我国社会主义建设事业中的一个重要课题。我国宗教具有群众性、复杂性、国际性、长期性，在一些少数民族中还具有民族性。宗教是公民的信仰问题，同时与社会稳定密切相关。《中共中央关于我国社会主义时期宗教问题的基本观点和基本政策》、《中共中央、国务院关于进一步做好宗教工作若干问题的通知》以及《中共中央关于加强统一战线工作的通知》，全面、系统地阐述了党的宗教政策，是指导宗教工作的重要文件，要认真贯彻执行。

宗教工作的基本任务是贯彻党的宗教政策，依法对宗教事务进行管理，巩固和发展同宗教界的爱国统一战线，积极引导宗教与社会主义社会相适应，为维护稳定、增进团结、统一祖国、振兴中华服务。

（十六）全面正确地贯彻执行党的宗教信仰自由政策。尊重和保护宗教信仰自由，是党对宗教问题的一项长期的基本政策。公民有信教的自由，也有不信教的自由。任何国家机关、社会团体和个人不得强迫公民信教或不信教。国家保护正常的宗教活动，宗教活动必须在宪法、法律和政策范围内进行。坚持政教分离的原则，宗教不得干涉行政、司法、教育等政治和社会事务，不允许强迫未成年人（十八岁以下）入教。在多数群众不信教的地方，要注意尊重和保护信教群众的权利；在多数群众信教的地方，要注意尊重和保护不信教群众的权利。要促进信教和不信教群众的团结，把他们的意志和力量集中到建设有中国特色的社会主义事业上来。要区分不同情况，解决好正常宗教活动所必需的场所和历史遗留的宗教房产问题。要保持宗教政策的连续性和稳定性。

（十七）配合政府有关部门依法对宗教事务进行管理。政府对有关宗教的法律、法规和政策的贯彻实施进行行政管理和监督，是为了更好地全面地贯彻执行宗教信仰自由政策，使宗教活动纳入法律、法规和政策的范围，决不是去干预正常的宗教活动和宗教团体的内部事务。

切实保护宗教团体和寺观教堂的合法权益，保护宗教教职人员履行正常的教务活动，保护信教群众正常的宗教活动。积极支持各爱国宗教团体制定各种规章制度，加强寺观教堂的民主管理。协助有关部门和地方制定有关宗教事务的法规和规章。

坚决抵制境外敌对势力利用宗教进行的渗透，制止各种非法传教活动，依法取缔非法宗教组织，禁止非法开办经文学校、修院、神学院。注意划清敌对势力利用宗教进行渗透和宗教界开展对外友好往来的界限。

（十八）充分发挥爱国宗教团体的作用，认真做好宗教界代表人士的工作。爱国宗教团体是党和政府团结、联系宗教界人士的桥梁。要切实改变一些地方发挥爱国宗教团体作用不够的现象，支持爱国宗教团体加强自身建设，按照自身的特点和规章自主地开展活动，鼓励他们办好以自养和社会服务为目的的生产和公益事业，帮助他们解决办公用房、经费以及生活方面存在的一些困难，为他们开展工作创造必要的条件。

我国宗教界代表人士是爱国的，他们同党和政府长期合作，联系信教群众，是维护国家和社会稳定的积极力量。要加强同他们的联系，对涉及宗教工作的重大问题，要同他们充分协商，听取意见，真正做到政治上团结合作，思想信仰上互相尊重。坚持独立自主、自办教会的原则和三自（自传、自治、自养）爱国道路，办好教务。支持爱国宗教团体办好宗教院校，做好寺观教堂和宗教活动点主持人的培训工作，建设一支热爱祖国、接受党的领导、坚持走社会主义道路、维护祖国统一和民族团结，有宗教学识，并能联系信教群众的宗教教职人员队伍。

（十九）在各级党委领导下，做好科学世界观的宣传教育。协助有关部门向人民群众特别是青少年进行辩证唯物主义和历史唯物主义包括无神论、通俗科学知识的宣传教育，树立科学的世界观和人生观。公开发表涉及宗教问题的文章、著作、文艺作品，要采取慎重态度。对违背党的宗教政策，伤害信教群众的宗教感情，或利用宗教歪曲历史，损害国家统一和民族团结的出版物，要坚决杜绝。坚持对宗教问题进行科学研究，密切同宗教研究机构的联系，加强宗教理论研究队伍的建设。

五、大力为经济建设服务，积极开展经济领域的统一战线工作

（二十）牢固树立统一战线为经济建设服务的指导思想。解放和发展生产力是建设社会主义的根本任务，改革开放是我国社会主义条件下解放和发展生产力的必由之路。统一战线要发挥自身优势，努力创造有利于社会主义现代化建设的安定团结的政治局面，调动各民主党派和各界党外人士的积极性，为加快建设、深化改革、扩大开放多做贡献。

经济领域的统一战线工作，主要是做海内外工商界有影响的党外人士的工作，广交朋友，联络感情，牵线搭桥，协调关系，宣传政策，安排人事，充分发挥他们的作用。

（二十一）推动各民主党派、工商联和有关人民团体参加经济建设的实践。爱国统一战线汇聚着各方面的代表人士和中高级知识分子、专家学者。他们有较高的科学技术文化水平，有广泛的海内外联系和影响，有为祖国富强、民族振兴贡献力量的爱国心和积极性，是社会主义物质文明和精神文明建设的一支重要力量。十一届三中全会以来，各民主党派、工商联和有关人民团体开展以经济建设为中心、以服务为宗旨的活动，做了大量工作，为国家作出了积极贡献；也为他们深入实践，了解国情，提高参政议政水平提供了广阔园地。在实践中，创造了一些有效方式，主要有：对党和政府及其有关部门制定的重大方针政策参加讨论；就区域性、专业性的经济发展战略进行考察、论证，提出建议；协助引进资金、技术和人才，帮助开展对外经济交往；智力支边、扶贫；适应社会需要，兴办学校和培训班，开发智力，培养人才；建立业务机构，开展咨询服务。对这些工作要给予鼓励，大力支持，总结经验，继续开拓。

各民主党派和工商联的智力支边工作是为经济建设服务的一项重要内容。要在国家和当地政府的支持和领导下，因地制宜，扬长避短，抓住重点，注重实效，量力而行，持之以恒。对经济建设、改革开放和支边、扶贫作出优异成绩的单位和个人要进行表彰。

（二十二）加强对国营大中型企业统一战线工作的指导。国营大中型企业是国民经济的主要支柱。企业统战工作是企业政治工作和群众工作的组成部分，重点是做好有代表性的党外高中级知识分子和其他有代表性、有影响的党外人士的工作。企业统一战线工作要为企业的中心任务服务，把统战工作与深化企业改革、完善民主管理、提高经济效益和加强社会主义精神文明建设结合起来。要重视总结和推广好的经验。

（二十三）积极开展非公有制经济代表人士的工作。做好非公有制经济代表人士的工作，引导非公有制经济健康发展，发挥对公有制经济的有益补充作用，关系到国家稳定、改革开放、四化建设的大局。这项工作的成功，将对巩固和发展爱国统一战线、建设有中国特色社会主义作出重要贡献。《中共中央批转中央统战部〈关于工商联若干问题的请示〉的通知》是新时期工商联工作的纲领性文件，为统一战线工作开辟了一个新的领域，要统一思想，认真贯彻。

对非公有制经济代表人士进行工作的基本方针是：团结、帮助、引导、教育。团结他们积极为改革开放、建设四化服务，帮助解决实际困难，维护合法权益，引导、教育他们爱国、敬业、守法，兴利抑弊，发挥积极作用。

工作中要注意掌握政策，对现在的私营企业主，不应和过去的工商业者简单地类比和等同，更不是要像五十年代那样对他们进行社会主义改造。统战部门要深入调查研究有关非公有制经济发展中存在的问题，了解非公有制经济人士的政治思想状况，综合分析，提出具体政策建议，参加政府部门制订有关政策、法规的讨论。

培养一支拥护党的领导、与党团结合作的非公有制经济代表人物的队伍，并做好对他们的政治安排工

作。近期先在各级人大、政协以及各级工商联、青联、妇联、个体劳协、私营企业协会、乡镇企业协会、外商投资企业协会等社团中的非公有制经济代表人士中进行工作，切实制定培养、选拔的计划和措施。

(二十四)加强对工商联的联系和指导。工商联是中国共产党领导的具有统一战线性质的人民团体和民间商会，以统战性为主，兼有经济性、民间性。它的工作对象除原工商业者外，主要是私营企业、个体工商户、“三胞”投资企业和部分乡镇企业。工商联主要是做非公有制经济代表人士的思想政治工作，向他们介绍党的方针、政策，维护他们的合法权益，成为党联系非公有制经济代表人士的桥梁和政府管理非公有制经济的助手。

受中央或地方党委委托，各级统战部要负责做好建立和领导工商联党组的工作。要选择政治上强、懂得统战政策和经济政策的干部参加工商联工作。要支持工商联履行它具有的各项职能，帮助协调与有关部门的工作关系。

六、认真做好党外知识分子工作

(二十五)坚持马克思主义关于知识分子的基本观点，贯彻党对知识分子的政策。知识是人类社会实践经验的结晶。科学技术是第一生产力。知识分子是具有文化科学知识的脑力劳动者。掌握科学技术的知识分子是先进生产力的开拓者。我国知识分子是工人阶级的一部分，在现代化建设中具有不可替代的作用，承担着重大的社会责任，全心全意依靠工人阶级就包括依靠知识分子。在社会主义、爱国主义旗帜下，把广大知识分子紧密地团结起来，建设一支与社会主义事业、与党和人民同呼吸共命运的知识分子队伍，对国家和社会的发展，具有十分重要的意义。

党的知识分子政策的核心是尊重知识、尊重人才。对知识分子政治上充分信任，工作上放手使用，生活上关心照顾；提倡学习马列主义、毛泽东思想，走与实践相结合、与工农相结合的道路；坚持“百花齐放、百家争鸣”的方针，繁荣和发展科学文化事业；从优秀知识分子中选拔领导干部和培养代表人物；努力改善知识分子的工作条件和生活条件，对有突出贡献的专家、学者优先解决。出国学习的人员，不管他们过去的政治态度怎么样，都欢迎回来并给予妥善安排。

(二十六)党外知识分子工作是统一战线的基础性工作。在我国知识分子中党外知识分子占大多数，各个领域统一战线工作对象绝大多数是知识分子，做好这项工作，统一战线工作就有了基础。统战部门要重点做好有代表性的党外知识分子工作。加强对团结党外知识分子的政策调研，反映他们的思想和意见，提出政策性建议；密切联系党外知识分子代表人物，深交知心朋友；宣传党的政策，协调党同党外知识分子之间的关系，有重点地帮助解决工作和生活上的一些实际问题，为他们排忧解难；举荐政治表现好、熟悉业务、积极肯干、密切联系群众的党外知识分子担任教科文卫单位和国营企业的领导职务。

中央统战部同党外有代表性知识分子的联系：一是直接联系，二是委托各省、自治区、直辖市及中央各部委负责联系。要有计划地开展内容健康、情趣高雅、轻松活泼的联谊活动，沟通思想，了解情况，增进友谊。

(二十七)知识分子工作是全党的工作，统战部门要同有关部门加强协作。各个领域、各个部门都有党外知识分子工作的任务。在做党外知识分子工作中，统战部门要加强同组织、人事、宣传等部门的协作，并注意发挥各民主党派和有关人民团体的作用。教科文卫系统党外知识分子比较集中，要积极开展工作，搞好合作共事，充分发挥他们在科技进步、教书育人、文学艺术、医疗卫生等方面的积极作用。可以通过一批党员专家、学者帮助去做同他们有联系的党外知识分子工作。

七、开展海外统一战线工作，推进祖国和平统一

(二十八)海外统一战线工作是新时期统一战线工作的重要内容。海外统战工作的宗旨是：团结台湾同胞、港澳同胞和国外侨胞以及一切热爱中华民族的人们，为改革开放、建设四化、统一祖国、振兴中华服务。要坚持一国两制的原则，高举爱国统一的旗帜，求爱国和祖国统一之同，存社会制度、意识形态和生活方式之异。要有计划、有重点、多渠道、多形式地开展工作，动员各方力量，巩固和发展同台湾同胞、港澳同胞和国外侨胞有影响的代表人士和社团的联系，广交朋友，增进共识，积极发展经济、科技、文化等关系，推进合作与交往，壮大爱国统一力量。在交往中要以诚相待，热情周到，坚持原则，注意方法。

要充分发挥各民主党派、工商联、有关人民团体和有关人士在海外统一战线工作中的作用。支持台联会、统促会和黄埔同学会有效地开展工作。海外联谊会做了有益的工作，要注意总结和交流经验。

(二十九)认真做好对台统一战线工作。《中共中央关于进一步加强对台工作的通知》明确了今后一个时期对台工作的方针、任务，必须认真贯彻。要坚定不移地贯彻“和平统一，一国两制”的基本方针，坚持“寄希望于台湾当局，更寄希望于台湾人民”的原则，大力发展以“三通”为中心内容的两岸交往，坚持反对“台独”，反对任何形式的“两个中国”、“一中一台”，通过中国共产党和中国国民党两党谈判，实现祖国和平统一，不承诺不使用武力。

切实做好对台湾人民的工作，介绍我党的政策和

主张，增强他们对祖国的认同感。对台胞回大陆定居，按有关规定办理。配合有关部门进一步做好台胞、台属工作。

（三十）做好港澳统一战线工作。港澳统一战线工作要遵照一国两制的方针，服务于港澳主权的顺利回归和港澳的稳定繁荣，服务于国家的现代化建设和改革开放。要以香港、澳门特别行政区基本法为依据，配合有关部门加强同港澳地区人大代表、政协委员、有关社团及各界代表人士的联系，积极做好工作。

（三十一）做好对华侨、归侨和侨眷的统一战线工作。认真贯彻党和国家关于侨务工作的基本政策，充分发挥归侨、侨眷在对外联系中的桥梁作用和在统一祖国中的积极作用。配合有关部门进一步发展同有影响的华侨及其社团的联系，广泛团结国外侨胞，增进情谊，促进对外经济合作和科技文化交流。

八、重视统一战线理论政策研究做好宣传、信息工作

（三十二）坚持马列主义、毛泽东思想为指导，深入开展统一战线理论政策研究。统一战线工作要深入，要靠实践，也要靠统一战线理论政策研究的深化。统战理论的政治性、政策性很强，不能看作是单纯的学术问题，一定要围绕贯彻执行党的基本路线和统一战线方针政策进行研究。统战理论作为一门科学，又有学术性的一面，要坚持"双百"方针，勇于探索，不要把学术问题说成是政治问题。

研究统一战线理论的目的在于提高认识，统一思想，明确方向，指导工作。理论研究要联系新时期统一战线的实践，抓住重点，深入调查研究，找出发展规律。既要从我党极其丰富的统一战线理论宝库中充分吸取营养，继承已有的成果，更要在继承的基础上反映时代要求，加强超前研究，及时提出政策性建议。

统一战线理论研究会是群众性的学术团体。要加强对研究会的领导，制定规划，组织队伍，选好课题，落实任务，更好地发挥作用。进一步活跃研究会的工作，把理论与实际、研究与宣传、普及与提高有机地结合起来，为统一战线理论政策研究作出贡献。

（三十三）大力开展统一战线理论政策的宣传教育。要提高各级干部、特别是领导干部对统一战线重要性的认识。积极运用报刊、广播、电视宣传党的统一战线方针、政策，普及统一战线基本知识，报道统一战线方面的重大活动和合作共事的经验。协助各级党校开设统一战线理论政策教育课程。认真办好《中国统一战线》等刊物。

（三十四）加强信息工作。信息是科学决策的依据。要及时准确地了解和研究统一战线各个方面的信息，传达党的方针政策和领导机关的指示，反映党外人士的意见、建议。要建立网络，健全制度，认真做好信息的收集、筛选、分析、反馈工作。

九、积极培养、举荐党外代表人物

（三十五）培养新一代党外代表人物，做好党外人士的举荐工作。九十年代是党外代表人物实现新老交替的关键时期。要在继续发挥老一代党外代表人物作用的同时，会同有关部门和各民主党派、有关人民团结，积极稳妥地做好新的党外代表人物的培养、选拔和举荐工作，建立起一支同党亲密合作的新一代党外代表人物队伍。

九十年代，全国及省、区、市人大、政协将于一九九三年、一九九八年进行两次换届。要保证党外人士在人大和政协中占适当比例。在推荐党外人大代表候选人和政协委员工作中，统战部门要按照人事安排原则和规定程序征求有关部门、地区的意见，并与民主党派、工商联等有关团体充分协商，广泛发扬民主，尊重各方意见。

民主党派、无党派人士中有大批优秀人才。举荐他们参加政府及司法机关的领导工作，是坚持和完善党领导的多党合作和政治协商制度、发扬社会主义民主的重要内容，是党的一项长期的基本政策。举荐党外干部，要德才兼备，坚持党的基本路线，有一定的组织领导能力、行政管理经验和专业知识。要历史地、辩证地、全面地分析和评价党外干部。既要坚持标准，防止降格以求，又要实事求是，防止求全责备。年龄要求和任职资历可适当放宽。有些学术上有造诣的党外人士，有志于专业工作，要尊重本人意愿，不要勉强。配备党外干部，先在现有规定的职数内安排；如职数已满，可暂增加一名职数，先进后出。

（三十六）巩固和发展党同党外人士的合作共事。党的组织和党员领导干部要主动地同党外干部建立真诚的合作共事关系，充分信任，热情支持。要使他们熟悉党的方针政策，党内有关文件及时送他们阅读，党的有关会议邀请他们列席。保证党外干部有职有权，同时要求他们守职尽责，对他们业务分工内的问题，应支持他们独立负责地处理，要教育党员干部尊重党外领导干部的职权，学习他们的长处。要创造条件，帮助党外干部在工作中作出成绩，提高思想政治水平和组织领导能力。统战部门要同党外干部保持联系，了解他们的工作情况，及时反映和帮助解决存在的问题，总结和推广合作共事的经验。要关心党外干部的生活。

（三十七）办好社会主义学院。社会主义学院是统一战线性质的政治学院，是民主党派和无党派人士的联合党校。社会主义学院要坚持正确的政治方向，办出自己特色。树立爱国、团结、民主、求实的校风。

社会主义学院应学习马列主义、毛泽东思想、邓小平同志关于建设有中国特色社会主义的论述，学习统一战线理论方针政策，学习统一战线和各民主党派的历史。教学方法应区别于一般高等院校，主要采用自学和启发式、讨论式教学，还可组织学员进行社会调查。学制以短期为主，重点是办研讨班、培训班。教材、教学计划要与学制相结合。许多课程可邀请知名学者和党政领导干部讲课。

切实加强社会主义学院的自身建设，抓紧培养一支优秀的干部、教师、职工队伍。首先要加强领导班子建设，选调符合干部四化条件，具有一定统一战线理论水平，熟悉统战工作，懂得办教育的党内外同志担任领导工作。

统战部门对社会主义学院培训工作有规划、指导、检查的责任。

十、加强统一战线部门机关建设，造就一支优秀的统一战线干部队伍

(三十八)建设一支政治素质好、业务水平高的统战干部队伍。对统一战线干部的基本要求：1. 坚持“一个中心、两个基本点”的基本路线，坚持实事求是的思想路线，同党中央保持高度一致。2. 时刻牢记党和国家的利益。3. 坚决维护国家的稳定。4. 密切联系党外人士，团结一切可以团结的力量。5. 学习辩证法，坚持“两点论”。6. 抓大事，议大事，加强政策理论研究，善于从政治上观察和处理问题。7. 树立良好的精神风貌和工作作风。8. 充分认识统一战线工作的重要性、必要性、长期性，要有使命感和责任感。

统战干部必须具备的基本功：深入调查研究，准确分析态势，认真总结经验，正确掌握政策，广交深交朋友。

要把统一战线干部培训工作作为一件大事来抓，既要有长期规划，又要有年度安排。培训实行离岗培训和在职自学相结合。学习内容要精，理论联系实际，学以致用，要根据培训对象的实际需要有所侧重。要把培训和考察干部结合起来。干部交流是培训干部的有效途径。采取到基层挂职和到上级统战部门工作等形式，帮助中青年干部在实践中积累经验，提高政治和业务水平。

(三十九)加强以党的建设为核心内容的机关建设。组织党员认真学习邓小平同志建设有中国特色社会主义的思想，增强贯彻执行党的基本路线的自觉性。健全党的民主生活制度，加强党员的思想政治工作，增强党组织的凝聚力。教育全体党员严格要求自己，增强党性，清正廉洁，艰苦奋斗，发扬党的三大作风，发挥先锋模范作用。

各级领导干部要以党和国家的利益为重，努力提高领导水平，创造性地开展工作。既认真做好自己分管的工作，又关心全局；既勇于坚持原则，又注意方式方法。对工作极端负责，对同志极端热忱，关心群众生活，注意勤俭节约。领导班子要真诚团结，坦诚相见，互相支持，互相谅解，互相学习，互相尊重。

提倡“严、细、深、实”的工作作风，少说空话，多办实事，力戒形式主义、官僚主义。要建立责任制和干部考核制度。工作要有检查、有督促、见实效；总结要有经验、有建议。在机关内，要努力创造五种风气：学习思考，民主集中，勤奋自强，团结协作，无私奉献。

(四十)依靠各级党委的领导，推动全党做统一战线工作。统一战线工作是全党的工作，统一战线政策要靠全党贯彻。为实现全党重视做统一战线工作，党的章程和中央有关文件作出了明确规定，主要有：1. 各级党委、政府及其有关部门，尤其是党政主要领导同志，都要认真研究统一战线工作，督促检查统战方针政策的贯彻落实。2. 党的各级领导干部要同党外人士交朋友，交知心朋友，参加统一战线的重要活动。3. 统战方针、政策要统一归口，具体工作各司其职；工作中各有关部门要互通情况，互相支持，重大统战活动要密切配合。有些省、自治区、直辖市党委可成立统一战线工作领导小组，由党委主要负责同志主持，有关部门参加，定期研究统战工作。领导小组的日常工作，由统战部负责。4. 在一些统战工作任务比较重的省、自治区、直辖市，不担任党委常委的统战部长可列席党委常委会议。各级统战部长应担任同级政协的领导职务。5. 对统战部长的配备要注意质量，保持相对稳定。地方各级统战部长的任免、调动，应征求上级统战部门的意见。6. 统战工作任务比较重的高等学校和企事业单位，应建立统战工作机构，配备必要数量的专职统战干部。乡镇、街道也要视需要配备专职或兼职的统战委员。7. 统战部门要在党委领导下，认真做好统一战线工作的督促、检查。

统一战线工作任重道远。各级统战部门和统战干部要一步一个脚印地扎扎实实地勤奋工作，在以江泽民同志为核心的党中央领导下，坚持“一个中心、两个基本点”的基本路线，为发展最广泛的爱国统一战线，集中精力把经济建设搞上去，实现第二步战略目标，建设有中国特色的社会主义而努力奋斗。

国务院总理李鹏签署第98号令公布《国务院关于修改〈植物检疫条例〉的决定》

《国务院关于修改〈植物检疫条例〉的决定》已经国务院批准，现予发布，自发布之日起施行。

总理 李 鹏

1992年5月13日

国务院关于修改《植物检疫条例》的决定

国务院决定对《植物检疫条例》作如下修改和补充：

一、第五条增加一款，作为第三款："在发生疫情的地区，植物检疫机构可以派人参加当地的道路联合检查站或者木材检查站；发生特大疫情时，经省、自治区、直辖市人民政府批准，可以设立植物检疫检查站，开展植物检疫工作。"

二、第七条第(一)项修改为："列入应施检疫的植物、植物产品名单的，运出发生疫情的县级行政区域之前，必须经过检疫。"

三、第十条修改为："省、自治区、直辖市间调运本条例第七条规定必须经过检疫的植物和植物产品的，调入单位必须事先征得所在地的省、自治区、直辖市植物检疫机构同意，并向调出单位提出检疫要求；调出单位必须根据该检疫要求向所在地的省、自治区、直辖市植物检疫机构申请检疫。对调入的植物和植物产品，调入单位所在地的省、自治区、直辖市的植物检疫机构应当查验检疫证书，必要时可以复检。"

"省、自治区、直辖市内调运植物和植物产品的检疫办法，由省、自治区、直辖市人民政府规定。"

四、第十二条增加一款，作为第一款："从国外引进种子、苗木，引进单位应当向所在地的省、自治区、直辖市植物检疫机构提出申请，办理检疫审批手续。但是，国务院有关部门所属的在京单位从国外引进种子、苗木，应当向国务院农业主管部门、林业主管部门所属的植物检疫机构提出申请，办理检疫审批手续。具体办法由国务院农业主管部门、林业主管部门制定。"

五、增加一条，作为第十五条："疫情由国务院农业主管部门、林业主管部门发布。"

六、第十五条改为第十六条，修改为："按照本条例第五条第一款和第十四条的规定，进行疫情调查和采取消灭措施所需的紧急防治费和补助费，由省、自治区、直辖市在每年的植物保护费、森林保护费或者国营农场生产费中安排。特大疫情的防治费，国家酌情给予补助。"

七、第十六条修改为四条，作为第十七条、第十八条、第十九条、第二十条：

1."第十七条　在植物检疫工作中作出显著成绩的单位和个人，由人民政府给予奖励。"

2. 第十八条　有下列行为之一的，植物检疫机构应当责令纠正，可以处以罚款；造成损失的，应当负责赔偿；构成犯罪的，由司法机关依法追究刑事责任：

(一)未依照本条例规定办理植物检疫证书或者在报检过程中弄虚作假的；

(二)伪造、涂改、买卖、转让植物检疫单证、印章、标志、封识的；

(三)未依照本条例规定调运、隔离试种或者生产应施检疫的植物、植物产品的；

(四)违反本条例规定，擅自开拆植物、植物产品包装，调换植物、植物产品，或者擅自改变植物、植物产品的规定用途的；

(五)违反本条例规定，引起疫情扩散的。

"有前款第(一)、(二)、(三)、(四)项所列情形之一，尚不构成犯罪的，植物检疫机构可以没收非法所得。"

"对违反本条例规定调运的植物和植物产品，植物检疫机构有权予以封存、没收、销毁或者责令改变用途。销毁所需费用由责任人承担。"

3."第十九条　植物检疫人员在植物检疫工作中，交通运输部门和邮政部门有关工作人员在植物、植物产品的运输、邮寄工作中，徇私舞弊、玩忽职守的，由其所在单位或者上级主管机关给予行政处分；构成犯罪的，由司法机关依法追究刑事责任。"

4."第二十条　当事人对植物检疫机构的行政处罚决定不服的，可以自接到处罚决定通知书之日起十五日内，向作出行政处罚决定的植物检疫机构的上级机构申请复议；对复议决定不服的，可以自接到复议决定书之日起十五日内向人民法院提起诉讼。当事人逾期不申请复议或者不起诉又不履行行政处罚决定的，植物检疫机构可以申请人民法院强制执行或者依法强制执行。"

八、将本条例中的"农牧渔业部、林业部"修改为"国务院农业主管部门、林业主管部门"。

此外，对本条例部分条文的文字和条款的顺序作相应的修改和调整。

本决定自 1992 年 5 月 13 日起施行。

中共中央政治局候补委员丁关根在北京人民大会堂会见香港工业总会访京团

丁关根在会见时表示，我们对港澳实行"一国两制"的政策不会变。保持和促进香港的稳定和繁荣，是我们的共同愿望；香港的稳定和繁荣对我国的社会主义现代化建设也大有好处。

上午，丁关根在会见香港工业总会访京团时首先表示，我国改革开放以来，香港工业总会中的许多知名企业家与内地工商业联系的日益增多，双方合作很有成效。

香港工业总会访京团团长张鑑说，这次来京访问，其目的是了解内地改革开放的情况，寻求进一步合作的机会，以互相配合，互补长短，促进两地经济的发展。

全国人大常委会副委员长孙起孟在人民大会堂同来访的莫桑比克议长桑托斯举行工作会谈

南京至芜湖 110 公里光缆通信工程通过国家验收

国务院批准设立大连保税区

国务院批准设立广州保税区

《人民日报》发表评论员文章《大力发展第三产业》

今天,本报发表了武汉市重视发展第三产业的报道。武汉市由于思想重视、措施得力,第三产业发展较快,去年国民生产总值的35.1%来自第三产业,高于全国的平均水平。最近,他们又推出第三产业十年总体方案和今年起步实施方案,以发展第三产业带动开放型、多功能、现代化大都市建设。他们的做法值得各地借鉴。

第三产业作为国民经济的重要构成部分,是社会经济运行不可缺少的环节,可为社会提供广阔的就业门路,增加国民生产总值。由于其所具有的"服务性"特征,在第一、第二产业劳动生产率不断提高的基础上大力发展第三产业,可以对第一、第二产业的发展起到巨大的推动作用。当今世界各国对第三产业在社会经济格局中的地位和作用越来越重视。西方发达国家第三产业的总产值和就业量均已超过第一、第二产业的总和;许多发展中国家和地区在振兴民族经济的过程中也越来越重视发挥第三产业的作用。第三产业在一个国家或地区经济结构中所占比重的大小,已经成为衡量其经济发达程度的重要标尺。

改革开放以来,我国根据世界经济发展的趋势和我国经济建设实践的需要,打破了在产业划分上的传统观念和一直沿用的国民经济统计分类方法,实事求是地在国民经济体系中引进了第三产业的概念。这一变革对我国经济和社会的发展、经济结构的改善,起到了积极的推动作用,是80年代改革开放的一项重要成果。"七五"期间,第三产业日益受到党中央、国务院的重视,并得到较快发展,增长速度为8.7%,超过国民生产总值的增长速度。近年来,我国的交通、邮电、商贸等与国民经济和人民生活密切相关的部门发展明显加快;金融、保险、信息、科技、旅游、劳务服务等一批新兴产业崭露头角,一批在中国从未有过的为生产、生活服务的行业如租赁公司、搬家公司、清洁清洗公司等相继出现。第三产业在广阔的经济、社会领域的活跃,不仅在一定程度上缓解了人民生活中存在的诸多不便,也为整个社会经济的繁荣发展创造了条件。改革开放以来我国经济实力的增强、人民生活质量的提高与社会生活面貌的改观,都是与第三产业的发展密不可分的。

但是,由于基础差、起步晚,我国第三产业的发展同发达国家乃至一些发展中国家相比仍有较大差距。首先是总量不足。西方发达国家第三产业占国民生产总值的60%,我国只占27%。去年我国工业生产增长14.2%,而第三产业的增长仅达5.3%。其次是内部结构不够合理。例如,我国交通运输业的发展仍不能适应生产、流通的需要,已成为严重制约经济发展的"瓶颈"行业。此外,广大群众生活中的许多新老难题,如出行难、就医难、陪护难等依然普遍存在。上述情况表明,我国第三产业的发展决不能放松,更不能一遇到暂时的困难,就又回到重生产、轻流通、轻服务的老路上去。

发展第三产业不仅是发展经济、提高人民生活的需要,而且对深化经济改革、转换经济机制有着特殊的意义。首先,建立社会主义有计划商品经济机制的一个重要课题,就是培育和开拓市场,而经济发展的规律和我国十余年改革的实践证明,没有第三产业的发展,没有发达的流通部门和便捷可靠的交通运输、邮电通信以及金融保险等事业的保障,就难以形成完善的市场体系;其次,在"八五"期间我国就业压力并未减轻的情况下,企业在调整结构、转换机制、实行劳动人事制度改革的过程中还会有大量多余劳动力需要重新安置,这不但需要属于第三产业的社会福利保障机制同步发展,而且需要发挥第三产业对劳动力的大幅度吸纳作用,通过扩大就业领域和就业量保证社会安定;再次,作为农村改革的重要内容,发展农业社会化服务体系和农产品市场、建立粮食专业储备制度,正是第三产业的范畴。

第三产业不仅地位重要,作用巨大,而且投入少,经济效益和社会效益都好。因此,各地区、各部门都要高度重视,坚定不移地大力发展第三产业。在制定经济社会发展规划时要根据"十年规划"和"八五计划"的要求,结合自身的实际情况,对发展第三产业作出切实可行的部署;要继续解放思想,加强引导,坚持国家、集体、个体、私营一起上的原则,并积极利用外资,调动各方面的积极性,使我国第三产业得到较快的发展。

中国同克罗地亚建交公报

中华人民共和国政府代表、外交部部长助理戴秉国和克罗地亚共和国政府代表、外交部副部长博日达尔·加格罗在克罗地亚共和国首都萨格勒布签署了两国建交公报。

公报内容如下:

中华人民共和国和克罗地亚共和国建交联合公报

中华人民共和国政府和克罗地亚共和国政府根据两国人民的利益和愿望,决定两国自1992年5月13日起建立大使级外交关系。

两国政府同意,在相互尊重主权和领土完整、互不侵犯、互不干涉内政、平等互利、和平共处的原则基础上,发展两国之间的友好合作关系。

克罗地亚共和国政府承认中华人民共和国政府是中国的唯一合法政府，台湾是中国领土不可分割的一部分。克罗地亚共和国政府确认不和台湾建立官方关系。

中华人民共和国政府支持克罗地亚共和国政府加入联合国和其他国际组织的努力。

两国政府同意，在达成新的协议之前，中华人民共和国与原南斯拉夫社会主义联邦共和国间缔结的双边协议将继续在中华人民共和国与克罗地亚共和国之间适用。

两国政府同意，在平等互利的基础上，根据国际惯例，互相为对方在其外交代表履行职务方面提供一切必要的协助。

本公报自签字之日起生效。

本公报用中文、克罗地亚文和英文写成，三种文本同等作准。

5月14日

中共中央总书记江泽民在中南海会见吉尔吉斯斯坦总统阿斯卡尔·阿卡耶夫和总理图尔松别克·成吉雪夫

国家主席杨尚昆在人民大会堂会见由议长陈树群率领的新加坡国会代表团

国家主席杨尚昆在北京会见莫桑比克议长马塞利诺·多斯·桑托斯

会见时杨尚昆说，中国改革开放10多年来有了比较大的发展，但还很不够。所以，邓小平同志提出要使我们的经济发展得更快一点。为此，我们一方面要把自己国内不适宜或者束缚经济发展的东西改掉；另一方面要创造条件，使中国的经济走向国际市场。也就是说，我们要更加大胆地实行开放政策，引进外资，引进管理经验，甚至引进人才。

杨尚昆说，中国正在建设有中国特色的社会主义，很多东西正在试验和探索，要敢于大胆地闯和试，以便发展得更快一些。

杨尚昆说，中国有责任把自己建设得更加强大。中国的强大不会损害任何别的国家的利益，相反可以增强国际社会稳定的因素，是对世界和平的重要贡献。

国家主席杨尚昆和吉尔吉斯斯坦总统阿斯卡尔·阿卡耶夫 总理图尔松别克·成吉雪夫在钓鱼台国宾馆出席中吉两国间八个合作文件的签字仪式

这些文件是：两国外交部合作议定书、两国政府关于自中国向吉尔吉斯斯坦供应商品的政府贷款协定、两国政府关于鼓励和相互保护投资协定、中国国家教委和吉尔吉斯斯坦教育部一九九二——一九九四年教育合作协议、两国卫生部卫生和医学科学合作议定书、中国广播电视台和吉尔吉斯斯坦国家电视广播公司合作议定书、两国政府航空运输会谈纪要和两国政府旅游合作协定。

中共中央政治局常委李瑞环会见以台湾声宝公司董事长陈盛沺为团长 中睦有限公司总裁郭雅涛为副团长的台湾工商企业考察团

国务委员宋健在辽宁发表讲话

宋健最近在辽宁强调，要抓住当前经济发展千载难逢的好机遇，努力创造环境，大力发展高新技术产业。

宋健说，改革开放以来，我国出现了“三区”：一是经济特区，一是经济技术开发区，一是高新技术产业开发区。“三区”的战略目标是一致的，但功能有所不同，战术任务各有侧重。高新技术开发区主要是吸引我国自己的科技力量进入主战场，实现我国高新技术成果产业化、商品化和国际化。

宋健说，最新的技术即使花再高的代价也难引进。历史已经反复证明，中国的科技未来主要靠我国自己的科学家去拼搏，去奋斗。从这个意义上说，高新技术产业开发区就是为解放和开发我们自己的科技第一生产力而开辟的，具有其他“两区”不可替代的作用与功能。

宋健在阐述发展高新技术产业化的总体布局时强调指出，我们要稳住一头，放开一片。基础性研究和重大工程、重大任务这一头要稳住。要稳住这方面的科研骨干，特别是那些不能置换的或者暂时不能置换的骨干。对大部分技术开发、高新技术产业化和社会公益型的科技工作这一头，则要大胆地放。科研院所、高等院校要实行人才分流，兴办所办产业和校办产业，直接进入“三区”，进入工农业生产第一线，这是“八五”到“九五”期间科技体制改革的一项重要措施。要逐步创造条件，兴办所办产业和校办产业，使积压的人才得到分流，既直接为经济建设服务，又增强自我发展能力，用自己的发展来逐步改善科研条件和生活条件，这是我国科技体制改革一个重要组成部分。

宋健指出，加快高新技术产业园区建设，必须坚持放开搞活。兴办高新技术产业需要采用新的运行机制，而且要因地制宜，灵活多样。对兴办高新技术产业所需资金，国家可以有重点予以支持，但主要还是要通过多种方式包括发债券、股份制等办法筹集，这既是解决资金来源的途径，又是适应高新技术产业实行新的运行机制的需要。

中共中央总书记江泽民在北京会见美国斯坦福大学教授罗伯特·拉尔森博士

外交部发言人吴建民就法国向台湾出售战机等问题答记者问

中国外交部发言人吴建民下午在记者招待会上说，如果法国向台湾出售100架战斗机，中国方面将作出强烈反应。

吴建民说，中国政府坚决反对任何同我国有外交关系的国家向台湾出售武器。中国重视中法关系，并为此作出很大努力。吴建民指出，"如果法国政府不顾中方强烈反对，批准售台战斗机，中方必将作出强烈反应。"

吴建民说，中国人民币汇率的调整是根据经济平衡发展的需要，目前汇率是合理的，美国对中国的这一指责是没有道理的。中国在考虑出口的同时，也考虑进口的问题，并且已经采取了许多扩大进口的措施。

有记者问到英国首相外交顾问柯利达访华期间与中方讨论了什么问题，以及李鹏总理是否请他给梅杰首相带回口信时，吴建民说，英国首相外交顾问柯利达爵士作为我外交部的客人访华期间，双方就进一步发展中英关系，包括在《中英联合声明》及《关于香港新机场建设及有关问题的谅解备忘录》的基础上加强两国在香港问题上的磋商与合作进行了讨论，还就共同感兴趣的国际问题交换了意见。

吴建民接着说，柯利达转达了梅杰首相给李鹏总理的口信，李鹏总理也请他带回给梅杰首相的口信。双方都表示了继续加强在双边关系、香港问题和在联合国内合作的愿望。

在被问及有关香港新机场经费问题时，吴建民回答说，这个问题现在双方正在通过机场委员会进行讨论。

在谈到中国对英越就遣返越南船民达成协议有何看法时，吴建民说：越南船民问题长期困扰香港，我们一直予以关注。现在英国和越南就此问题已达成了一项协议，我们表示欢迎。我们希望双方认真付诸实施，并进一步采取切实有效措施，使滞港船民问题尽快得到全面的、根本的解决，以利于香港的繁荣和稳定。

当记者问到爱沙尼亚总理最近访华期间有否同中国方面讨论过台湾问题时，吴建民回答说，中爱双方谈到过台湾问题。中爱建交公报明确指出，爱沙尼亚方面承认中华人民共和国政府是代表全中国的唯一合法政府，台湾是中国的一个省。在这次访问期间，爱沙尼亚方面重申了这一立场，中国方面表示赞赏。

吴建民说：中国反对任何同她建交的国家同台湾发生官方关系。官方关系包括官方联系和官方交往等。

当被问到对刚刚结束的朝鲜北南方总理第七轮会谈的结果有何评论时，吴建民说，在北南朝鲜总理第七轮会谈中，双方签署了关于在边界设立联络办事处和成立军事、经济交流合作、社会文化交流合作三个共同委员会的协议书。这是双方为实现和解、改善关系迈出的新的一步，我们对此表示欢迎，并希望北南双方为改善双方关系，促进朝鲜半岛局势的缓和与稳定继续努力。

在谈到中国副外长杨福昌当前中东之行是否就利比亚问题进行斡旋时，吴建民说，杨福昌副外长在访问约旦、黎巴嫩和塞浦路斯期间，将分别同这三国有关领导人，就国际形势和共同关心的问题以及双边关系交换看法，以增进了解、加强合作。

不结盟运动协调局部长级会议在印尼巴厘岛开幕并在其全体会议上一致同意接纳中国为不结盟运动观察员国

中国代表团团长外交部副部长刘华秋在不结盟运动协调局部长级会议上发言

不结盟运动协调局部长级会议全体会议上午一致同意接纳中国为观察员。

决议通过后，刘华秋在会上发表讲话。

刘华秋说，不结盟运动成立30年来，高举反对帝国主义、殖民主义、种族主义和强权政治的旗帜，坚持独立、自主、和平、不结盟的原则立场，为消除殖民主义、伸张正义、推动民族解放事业，为促进南北对话、南南合作，为维护世界和平，加速各国经济发展，作出了不懈的努力和重大贡献。

刘华秋说："尽管国际形势近年来有了重大的变化，两个军事集团对抗的局面已不复存在，然而，不结盟运动的原则和宗旨代表着历史进步的方向，合乎时代潮流，体现了各国人民的愿望，经过了历史的考验，仍然有坚强的生命力。不结盟运动在国际风云变幻和复杂的斗争中不断发展壮大，现在已拥有100多个成员国，在国际舞台上发挥着不可忽视的作用和影响，是当代维护世界和平，促进世界发展的强大力量。"

刘华秋说："当前，世界进入了一个大变动的历史转折的时期，力量严重失衡，充满了矛盾、动荡和不确定因素。虽然原有的一些地区热点和冲突已经或正在解决，但又出现了新的冲突和局部战争。虽然殖民主义已经破产，但霸权主义、强权政治依然存在。虽然世界科学、技术进步日新月异，财富越积越多，但广大发展中国家所处的国际经济环境更加恶化，经济困难和贫困化加剧。总之，人类面临的和平与发展两大任务一个也未解决。在这种形势下，不结盟运动的原则和宗旨仍然具有重大的现实意义。只要坚持正确的原则和方针，不结盟运动成员国求同存异、加强团结和合作，就一定能在促进世界和平与发展的事业中，在改革旧的不公正的国际政治、经济秩序，建立公正、合理的国际政治、经济新秩序的斗争中，继续有所作为，作出自己应有的贡献。”

刘华秋最后说，“中国奉行独立自主的和平外交政策，同不结盟运动的基本原则和宗旨是完全一致的。从不结盟运动成立之日起，中国就高度赞赏和坚决支持它的斗争和事业。广大不结盟国家在国际事务中，也一贯给予了我们宝贵的同情和支持。共同的遭遇、斗争和使命把中国同不结盟运动联系在一起。在中国成为不结盟运动的观察员国之后，中国与不结盟国家之间的友谊和合作将会发展到一个新的阶段。”

国务院副总理田纪云在中南海会见比利时杨森制药有限公司总裁保罗·杨森博士

黎巴嫩外交部部长布维兹在贝鲁特同来访的外交部副部长杨福昌举行会谈

5月15日

中共中央全国人大常委会国务院中央军委发布聂荣臻逝世讣告

中国共产党中央委员会、中华人民共和国全国人民代表大会常务委员会、中华人民共和国国务院、中央军事委员会沉痛宣告：杰出的、忠诚的无产阶级革命家、军事家，中国人民解放军的缔造者之一，长期担任党、国家和军队重要领导职务的卓越领导人聂荣臻同志，因病医治无效，于1992年5月14日22时43分在北京逝世，享年93岁。

聂荣臻同志的一生，是光辉的一生。

青年时期，他在五四运动时参加学生爱国斗争。1919年底赴法国勤工俭学。1922年8月参加旅欧中国少年共产党。1923年春转入中国共产党。1925年9月从苏联学习回国，任黄埔军校政治部秘书兼政治教官。1926年7月任中共广东区党委军委特派员，参加北伐战争。1927年“四一二”反革命政变后被派往上海，协助周恩来将惨遭摧残的工人纠察队转入秘密活动。

土地革命战争时期，1927年7月中旬，被周恩来指定为中共前敌军委书记，赴九江准备组织武装起义。同年8月1日，他组织张发奎部第25师两个多团部队赶赴南昌参加起义，后任起义军第11军党代表。同年12月，又参与领导广州起义。1931年底进入中央革命根据地，先后任中国工农红军总政治部副主任，第一军团政治委员。1932年4月，作为红军东路军政治委员，参与指挥漳州战役。1932年底起，率部参加第四、第五次反“围剿”。1935年1月在遵义会议上，坚决支持毛泽东的正确主张。过金沙江后，任中央红军先遣队政治委员。第一、四方面军会合后，拥护中央北上创建川陕甘根据地的战略方针，反对张国焘的分裂活动。到陕北后，率部参加直罗镇和东征、西征战役。1936年11月，参与指挥山城堡战役。

抗日战争时期，任八路军第115师副师长、政治委员，参与指挥平型关战斗，歼灭日军精锐一部，取得了全国抗日战争开始后第一个大胜仗。1937年11月，任晋察冀军区司令员兼政治委员，按照党中央的指示，率三千余人到晋察冀边区创建敌后抗日根据地。到1938年底，晋察冀边区发展到72个县，近10万人的武装部队，被党中央誉为“模范抗日根据地和统一战线的模范区”。1939年冬，指挥雁宿崖、黄土岭战斗，击毙日军阿部规秀中将旅团长。1940年8月，在百团大战中，先后组织指挥39个团和大批地方武装对正太、津浦、平汉、北宁等铁路、公路进行破击战，沉重打击了日军的“囚笼政策”。1942年，在斗争极其残酷的情况下，组建多支武装工作队，深入敌占区袭击和夺取日伪军力量薄弱的据点，扩大游击区。在敌后六年艰苦卓绝的斗争中，他创造性地执行党中央战略方针和各项政策，胜利地创建了第一个华北敌后抗日根据地，极大地丰富了毛泽东的军事理论，表现出非凡的组织领导才能和军事指挥艺术，为夺取中国革命战争的彻底胜利立下了不朽的功勋。

解放战争时期，先后任晋察冀军区司令员兼政治委员，中共晋察冀中央局书记，华北军区司令员，中共中央华北局第三书记，中国人民解放军副总参谋长，平津卫戍区司令员，北平市市长兼军事管制委员会主任。他组织指挥正太、清风店和石家庄等战役，取得了重大胜利。1949年1月，根据中共中央决定，他与林彪、罗荣桓组成平津前线总前委，负责指挥平津战役。并参与北平和平谈判，实现了北平的和平解放。

建国后，历任中国人民解放军代总参谋长，中央人民政府人民革命军事委员会副主席，国务院副总理兼国家科学技术委员会主任、国防部国防科学技术委员会主任，中共中央军委副主席，全国人大常委会副委员长，中华人民共和国中央军事委员会副主席。1955年被授予中华人民共和国元帅军衔。他还是中共第七届至第十二届中央委员，第八届、十一届、十二届中央政治局委员。他参与领导中国人民解放军的革命化、现代化、正规化建设。特别是在主管尖端武器科研工作期间，在极其困难的条件下，他日夜操劳，呕心沥血，总结出科学工作十四条成功经验，充分调动广大科学技术人员的积极性和创造性，领导科技攻关，组织全国大协作，仅用五年的时间就研制成功了导弹、原子弹，为我国尖端武器的发展和航天事业作出了不可磨灭的重大贡献。

在“文化大革命”中，聂荣臻同林彪，江青反革命集团进行了坚决斗争。1969年夏，受毛泽东、周恩来的委托，在陈毅主持下，与叶剑英、徐向前等一起，全面深入地研究了国内国际形势，为打开外交工作的新局面提出了战略性的意见和建议。

聂荣臻同志在长达70年的革命生涯中，表现了伟大无产阶级革命家的远见卓识、高尚的思想情操和博大胸怀，也体现了一名老共产党员的高风亮节、优秀品德和长者风范。他具有坚定的共产主义信念，对党、对人民、对无产阶级革命事业无限忠诚，百折不挠，义无反顾，战斗不息，鞠躬尽瘁；他坚持实事求是，理论联系实际的作风，刻苦勤奋地学习，好学不倦，持之以恒，活到老学到老；他戎马一生，身经百战，大智大勇，慎思断行，擘画军事，驾驭战争，具有非凡的革命胆略和军事才能；他一贯坚持党性原则，严格遵守党的纪律和生活准则，节俭朴素，廉洁奉公，谦虚谨慎，功高不自傲，位高不自居，名重不自恃，堪称全党全军的楷模；他心怀坦白，光明磊落，作风正派，表里如一，为了党和人民的利益，从不计较个人得失，顾全大局，坚持原则，坚持团结。聂荣臻同志为中国人民的革命和建设事业贡献了毕生精力，他德高望重，深受全党、全军和全国各族人民的尊敬和爱戴。

聂荣臻同志1987年从工作岗位退下来以后和在病重期间，仍十分关心党、国家和军队的建设事业。他衷心拥护党的十一届三中全会以来的路线、方针、政策，拥护党的“一个中心、两个基本点”的基本路线，高度评价邓小平同志最近的重要谈话和中央政治局全体会议精神，殷切期望伟大祖国日益繁荣昌盛，海峡两岸早日统一。

聂荣臻同志的逝世，是我党、我军、我国人民的重大损失。全党、全军、全国人民要化悲痛为力量，学习聂荣臻同志崇高的革命精神和优秀品德，紧密团结在以江泽民同志为核心的党中央的周围，为把我国建设成为现代化的社会主义强国而努力奋斗。

伟大的无产阶级革命家、军事家聂荣臻同志永垂不朽！

国务院副总理吴学谦在北京会见以会长觉光法师为团长的香港佛教联合会代表团

中共中央总书记江泽民国务院总理李鹏在北京高新技术开发区视察

下午2时50分，江泽民、李鹏乘坐面包车，首先来到试验区的科技贸易中心。

在听取了海淀区区长胡昭广关于试验区创办以来的情况汇报后，江泽民指出，科学技术是第一生产力，一个国家科技水平的高低是衡量其整个发展水平和综合国力的一个重要标志。尊重知识，尊重人才，为人才的脱颖而出和正确使用努力创造良好的条件，充分发挥知识分子的创造才能，在我们这样一个发展中的社会主义大国里尤为重要，这应始终成为全党全社会的共识和坚定不移的方针。

江泽民说，我国有一支优秀的科技队伍，每年都有许多具有相当水平的科研成果问世。现在的一个重要任务是要加快科技成果向产业的转化。江泽民说，要贯彻落实好邓小平同志的重要谈话精神，加快改革开放的步伐，尽快使我国经济迈上新台阶，必须充分依靠科学技术的进步。

江泽民强调，发展经济，不能光靠扩大投资规模，更不能搞重复建设重复生产，而要着力于充分利用新的科技成果，加快企业技术改造和产品的更新换代。

李鹏在讲话中指出，几年来，国务院已批准了27个国家级新技术产业开发区。现在，全国各地高新技术产业的发展方兴未艾、前景喜人，这是贯彻改革开放政策的重要成果。

李鹏说，我们的实践表明，搞好高新技术产业开发区，有利于实现科技人才合理分流，充分发挥他们的作用，有利于改善他们的工作和生活条件，尤其重要的是，有利于促进科技研究成果产业化，促进向现实生产力的转化。

李鹏还着重谈到如何进一步搞好开发区的问题。他说，开发高新技术产业，必须面向国内、国外市场的需要。要坚持以市场为导向，努力开拓销售渠道，坚持走科工贸相结合的路子。李鹏说，发展高新技术产业，最终目的是发展我国社会主义生产力，发展国家经济和综合国力，所以，高新技术的开发产业，一定要密切结合国内经济建设的需要。

李鹏指出，为了开辟国内外市场，高新技术产业可以适当方式结成联合体，形成拳头，以发挥综合优势。

李鹏强调，高新技术的开发，要与当前改革开放和发展相结合，充分利用国营大中型企业、军工企业、乡镇企业现有的人力、物力、技术和设备的潜力，为高新技术加工服务。发展高新技术开发区，还是一件新事物，尚存在不少困难。国务院有关部门要抓紧落实已经给予高新技术开发区的优惠政策，支持并促进它们健康发展。

江泽民、李鹏还视察了海淀图书城和北京大学新技术公司。陪同视察的有李锡铭、温家宝、陈希同、罗干等。

国家体改委国家计委财政部中国人民银行国务院生产办《关于印发〈股份制企业试点办法〉的通知》

经国务院有关部门共同商定，现就股份制企业的试点工作，制定以下办法。

一、股份制企业试点的目的

（一）转换企业经营机制，促进政企职责分开，实现企业的自主经营、自负盈亏、自我发展和自我约束。

（二）开辟新的融资渠道，筹集建设资金，引导消费基金转化为生产建设资金，提高资金使用效益。

（三）促进生产要素的合理流动，实现社会资源优化配置。

（四）提高国有资产的运营效率，实现国有资产的保值增值。

二、股份制企业试点的原则

（一）坚持以公有制为主体，切实维护公有资产不受侵害。

（二）贯彻国家产业政策，促进产业结构、企业组织结构和产品结构的调整。

（三）坚持股权平等，同股同利，利益共享，风险共担。

（四）不准把国有资产以股份形式分给集体、个人；不准把属于集体的资产以股份形式分给个人。

（五）坚持“加强领导、大胆试验、稳步推进、严格规范”的精神，从实际情况出发，区别对待，分类指导。

（六）严格按《股份有限公司规范意见》、《有限责任公司规范意见》进行规范。对已经试点的股份制企业，要按规范的要求全部进行清理，并重新报批审定。符合《规范意见》但不够完善的，要进行规范；不符合《规范意见》的，要按本《办法》的规定予以调整完善。今后凡进行股份制企业试点，统一按本《办法》执行。

三、股份制企业的组织形式

股份制企业是全部注册资本由全体股东共同出资，并以股份形式构成的企业。股东依在股份制企业中所拥有的股份参加管理、享受权益、承担风险，股份可在规定条件下或范围内转让，但不得退股。我国的股份制企业主要有股份有限公司和有限责任公司两种组织形式。

股份有限公司是指全部注册资本由等额股份构成并通过发行股票（或股权证）筹集资本的企业法人。其基本特征是：公司的资本总额平分为金额相等的股份；股东以其所认购股份对公司承担有限责任，公司以其全部资产对公司债务承担责任；经批准，公司可以向社会公开发行股票，股票可以交易或转让；股东数不得少于规定的数目，但没有上限；每一股有一表决权，股东以其持有的股份，享受权利，承担义务；公司应将经注册会计师审查验证过的会计报告公开。

有限责任公司是指由两个以上股东共同出资，每个股东以其所认缴的出资额对公司承担有限责任，公司以其全部资产对其债务承担责任的企业法人。其基本特征是：公司的全部资产不分为等额股份；公司向股东签发出资证明书，不发行股票；公司股份的转让有严格限制；限制股东人数，并不得超过一定限额；股东以其出资比例，享受权利，承担义务。

股份有限公司、有限责任公司的组建必须依据国家体改委颁发的《股份有限公司规范意见》和《有限责任公司规范意见》执行。

四、股份制企业的股权设置

根据投资主体的不同，股权设置有四种形式：国家股、法人股、个人股、外资股。

国家股为有权代表国家投资的部门或机构以国有资产向公司投资形成的股份（含现有资产折成的国有股份）。

法人股为企业法人以其依法可支配的资产向公司投资形成的股份，或具有法人资格的事业单位和社会团体以国家允许用于经营的资产向公司投资形成的股份。

个人股为以个人合法财产向公司投资形成的股份。

经批准，由外国和我国香港、澳门、台湾地区投资者向公司投资形成的股份，称为外资股。

根据资产的性质，国有资产投资形成的股份和集体所有投资形成的股份可统称为公有资产股。其余的股份为非公有资产股。

五、股份制企业内部职工持股

（一）不向社会公开发行股票的股份制企业内部职工持有的股份，采用记名股权证形式，不印制股票。

（二）不向社会公开发行股票的股份制企业内部职工持有股权证，要严格限定在本股份制企业内部。

（三）不向社会公开发行股票的股份有限公司在转为向社会公开发行股票时，其内部职工持有的股权证，应换发成股票，并按规定进行转让和交易。

（四）转化为有限责任公司的，内部职工所持股份可以转为“职工合股基金”，以“职工合股基金”组成的法人成为本有限责任公司的股东。该基金组织不得向社会办理金融业务。

六、股份制企业试点的范围

(一)涉及国家安全、国防尖端技术的企业,具有战略意义的稀有金属的开采项目,以及必须由国家专卖的企业和行业,不进行股份制试点。

(二)国家产业政策重点发展的能源、交通、通信等垄断性较强的行业可以进行股份制试点,但公有资产股在这些企业中必须达到控股程度。

(三)符合国家产业政策的竞争性较强的行业,尤其是资金技术密集型和规模经济要求高的行业,鼓励进行股份制企业试点。

七、股份制企业的组建

股份制企业可以新设,也可以由现有企业改组。

公有制企业可以通过下列方式新建或改组成有限责任公司或股份有限公司。

(一)企业新建、扩建时,可将多方投资的份额转换成股份,进行股份制企业试点。

(二)在企业兼并中,被兼并企业的资产所有者可将资产作为股份入股到兼并方企业中,将兼并方企业改组为股份制企业;兼并方企业也可通过其他企业控股,实现兼并,将被兼并方企业改组为股份制企业。

(三)需要新增投资的企业,可通过发行股票筹集资金,并将原有资产评估核股,改组为股份制企业。

(四)企业集团的核心企业可通过参股、控股,壮大紧密层或发展其余成员企业。

(五)完全靠贷款建设、负债率比较高的企业,可以通过发行股票改变不合理的资本结构。

国营大型企业改组为股份制企业的,经审批机关特别批准,该公司可作为单独发起人。

企业无论改组为哪种股份制企业,都必须进行下述工作:

1. 经企业原资产所有者或其授权机构的批准;

2. 对企业资产进行认真清查,清理债权债务,进行产权界定;

3. 由有资格的资产评估机构进行资产评估。凡涉及国有资产的必须由同级国有资产管理部门进行核资、确认。

4. 由会计师事务所或审计事务所对公司进行财务盈亏审计,并对资产评估结果给予验证。

八、股份制试点企业的审批程序

股份制试点企业的组建,由国家体改委或省、自治区、直辖市体改部门牵头,会同有关部门审批。国务院《关于设立全民所有制公司审批权限的通知》中授权审批的公司(包括有限责任公司)仍由国务院生产办公室负责。股份制企业向社会公开发行股票必须经中国人民银行批准。

国家以股份形式进行投资建设的重点新建、扩建项目实行股份制企业的具体办法,由国家计委、国家体改委另行制定。

经国务院批准,进行向社会公开发行股票的股份制试点的省、自治区、直辖市,其股票发行办法和规模必须经中国人民银行和国家体改委批准,并经国家计委平衡后,纳入国家证券发行计划。

未经国务院批准,一律不得设立进行股票交易的证券交易所和变相的集中交易机构。除上海、深圳两市外,其他地区具备上市交易条件的股份制企业经国务院股票上市办公会议批准,可到上海、深圳的证券交易所上市交易;待异地上市交易管理办法颁布后,按该办法执行。

九、政府对股份制企业的管理

政府行政管理部门按照“规划、协调、服务、监督”的原则和职责分工,对试点企业进行管理。

在审批试点时,根据试点企业的经营范围的主营内容,确定一个行业管理部门,该部门应为企业创造自主经营的条件,提供服务,实行监督,并按规定负责发放文件、组织参加会议、进行鉴证盖章等。

股份制企业的宏观管理、股票发行和交易,以及财务、会计、国有资产管理、工商、税务、物资、审计、统计、劳动工资和人事等管理办法,按本《办法》的配套文件执行。

国家经济体制改革委员会
国 家 计 划 委 员 会
财　　　政　　　部
中 国 人 民 银 行
国 务 院 生 产 办 公 室

国家体改委《股份有限公司规范意见》

第一章 总 则

第一条 股份有限公司(以下简称公司)是指注册资本由等额股份构成并通过发行股票(或股权证)筹集资本,股东以其所认购股份对公司承担有限责任,公司以其全部资产对公司债务承担责任的企业法人。

第二条 公司必须遵守国家法律、法规及本规范意见(以下简称规范),维护国家利益和社会公共利益,接受政府有关部门的依法监督。

公司应遵守《股份制企业试点办法》及其配套政策。

第三条 公司的合法权益和经营活动依法受到保护,任何机关、团体和个人不得侵犯或者非法干涉。

第四条 公司不得成为其他营利性组织的无限责任股东。

公司作为其他营利性组织的有限责任股东时,对其他组织的投资总额,不得超过本公司净资产的50%。

但投资公司和政府授权部门批准的控股公司可不受此限。

第五条 公司名称中应标明“股份有限公司”字样，并应符合企业法人名称登记管理的规定。

第六条 公司以其主要办事机构所在地为住所。

第二章 设 立

第七条 公司可以采取发起方式或募集方式设立。

采取发起方式设立，公司股份由发起人认购，不向发起人之外的任何人募集股份。国家大型建设项目方可采用发起方式设立公司。

募集方式包括定向募集和社会募集两种。采取定向募集方式设立，公司发行的股份除由发起人认购外，其余股份不向社会公众公开发行，但可以向其他法人发行部分股份，经批准也可以向本公司内部职工发行部分股份。采取社会募集方式设立，公司发行的股份除由发起人认购外，其余股份应向社会公众公开发行。

采取发起方式设立和定向募集方式设立的公司，称为定向募集公司；采取社会募集方式设立的公司，称为社会募集公司。定向募集公司在公司成立一年以后增资扩股时，经批准可转为社会募集公司。

第八条 以募集方式设立公司的发起人认购的股份，不得少于公司应发行的股份总数的 35%。

第九条 设立公司应有三个以上(含三个)发起人。

国营大型企业改组成为公司的，经特别批准，发起人可为该大型企业一人，但应采用募集方式设立公司。

第十条 公司发起人，是指按照本规范订立发起人协议，提出设立公司申请，认购公司股份，并对公司设立承担责任者。

公司发起人应是在中华人民共和国境内设立的法人(不含私营企业、外商独资企业)。但中外合资经营企业作发起人时不能超过发起人数的 1/3。自然人不得充当发起人。

第十一条 原有企业改组为公司，须将原有企业全部资产投入公司。原有企业可作为设立公司的发起人。不以原有企业作发起人时，原有企业的资产所有者应作为设立公司的发起人。

原有企业改组为公司时，应对原有企业的债权、债务进行清理，委托具有资格的资产评估机构进行资产评估和注册会计师进行验资，界定原有企业净资产产权。原有企业的债权、债务由改组后的公司承担。原有企业在公司设立后即自行终止。

原有企业改组为公司，如以原有企业为发起人，应经原有企业资产所有者批准并委派股东代表。

第十二条 公司注册资本应为在工商行政管理机关登记的实收股本总额。

股本总额为公司股票面值与股份总数的乘积。

公司注册资本的最低限额为人民币 1000 万元。有外商投资的公司的注册资本不应少于人民币 3000 万元。

第十三条 发起人达成设立公司协议后，可共同委托一个发起人办理设立公司的申请手续。

(一)以公司主营范围确定其行业主管部门，由行业主管部门负责审核公司设立的意见；

(二)国家规定需要报批的基本建设项目、技术改造项目、涉及外商投资项目和其他需要经政府有关部门批准的事项，应办理相应的批准手续；

(三)由原外商投资企业改组为公司的，对原合同、章程的修改应报原审批机关审查同意后，报中华人民共和国对外经济贸易部审查同意；

(四)发起人向政府授权审批公司设立的部门(由国家或省、自治区、直辖市的体改委牵头，以下简称政府授权部门)提交设立公司的协议书、申请书、可行性研究报告、公司章程、资产评估报告、验资报告、招股说明书和行业主管部门审查意见等文件，由政府授权部门审查、批准；

(五)外商投资股份达 25%以上的公司，批准后由中华人民共和国对外经济贸易部核发批准证书；

(六)经政府授权部门批准后，发起人应自批准之日起 30 日内到同级工商行政管理机关办理筹建登记手续。

第十四条 发起人提交的各项文件必须用中文书写。在发起人各方认为需要时，可商定再用一种外文书写，但以审批生效的中文文本为准。

第十五条 设立公司的申请书，应概要说明：

(一)发起人的名称、住所、法定代表人；

(二)公司的名称、目的及宗旨；

(三)公司的资金投向、经营范围；

(四)公司设立方式，总投资、股本总额、发起人认购比例、股份募集范围及募集途径；

(五)公司的股份总数、各类别股份总数、每股面值及股权结构；

(六)发起人基本情况、资信证明(原有企业改组为公司的，应说明改组理由)；

(七)其他需要说明的事项；

(八)提出申请的时间，发起人的法定代表人签名并加盖发起人单位公章。

第十六条 设立公司可行性研究报告应包括下列内容：

(一)公司的名称、住所；

(二)发起人的生产经营情况、资信状况和投资能力(原有企业改组为公司的，还应包括近三年生产经营、资产与负债、利润等情况)；

（三）公司总投资、股本总额、股份溢价发行测算、所需借贷资金、净资产占总资产比例；

（四）资金投向、规模、建设周期与费用估算；

（五）公司产品或经营范围、发展方向及市场需求状况；

（六）经济效益预测；

（七）其他需要说明的事项。

第十七条 公司章程必须载明：

（一）公司名称、住所；

（二）公司的宗旨、经营范围；

（三）公司的设立方式及其股份发行范围；

（四）公司注册资本、股份总数、各类别股份总数及其权益、每股金额；

（五）股份转让办法；

（六）股东的权利、义务；

（七）股东会的职权和议事规则；

（八）公司法定代表人（董事长或经理）及其职权；

（九）董事会的组成、职权和议事规则；

（十）经营管理机构的组成、职权和议事规则；

（十一）监事会的组成、职权和议事规则；

（十二）公司利润分配办法；

（十三）公司财务、会计、审计制度的原则；

（十四）劳动管理、工资福利、社会保险等规定；

（十五）章程修改的程序；

（十六）公司的终止与清算办法及程序；

（十七）通知和公告办法。

在不违反本规范的规定下，公司章程可对上款以外的其他事项作出规定。

第十八条 公司向社会公众公开发行股票，应按中国人民银行的有关规定，向中国人民银行或其授权的分行（以下简称人民银行）提出申请，经批准后方可发行。

第十九条 公司股份缴足后，发起人须于40日内召集创立会议。会议应通知全体认股人参加，并在代表2/3以上股份的认股人（或其委托的代理人）参加时会议即可召开。创立会议达不到代表2/3以上的股份的认股人（或其委托的代理人）出席时，应按第四十八条的规定办理。

创立会议的职责是：

（一）听取、审查发起人关于设立公司的报告；

（二）通过发起人拟定的公司章程；

（三）选举公司的董事；

（四）选举公司的监事。

以上各项，须由创立会议决议通过，其中（一）、（三）、（四）项须符合第四十六条第（一）项的规定，第（二）项须符合第四十六条第（二）项的规定。

第二十条 创立会议后30日内，董事会应向工商行政管理机关申请办理企业法人登记，并报送下列文件：

（一）登记申请书；

（二）政府授权部门批准设立文件；

（三）社会募集公司应提交人民银行批准募股的文件；

（四）公司章程；

（五）董事会成员及法定代表人名单（社会募集公司应附有简历）；

（六）创立会议记录；

（七）注册会计师出具的验资证明；

（八）其他要求的文件。

经工商行政管理机关核准登记注册后，公司即告成立，取得法人资格。

第二十一条 公司发起人应承担下列责任：

（一）公司发行的股份未能缴足时，应负连带认缴责任；

（二）公司不能成立时，对设立行为所产生的债务和费用负连带责任；

（三）社会募集公司不能成立时，对认股人已缴纳的股款，负返还股款及约定利息的连带责任；

（四）在设立过程中，由于发起人的过失致使公司受到损害时，负连带赔偿责任。

第三章 股 份

第二十二条 股东可以用货币投资，也可以用建筑物、厂房、机器设备等有形资产，或工业产权、非专利技术、土地使用权等无形资产折价入股。

以无形资产（不含土地使用权）作价所折股份，其金额一般不得超过公司注册资本的20%。

用货币以外的其他资产折价入股的，须按国家有关规定对该资产进行评估和确认。

以国有资产折价入股的，须按国务院及国家国有资产管理局的有关规定办理资产评估、确认、验证手续。国有资产折价入股后形成的股份，符合第二十四条第（一）项的，构成国家股；符合第（二）项的，构成法人股。

第二十三条 公司设置普通股，并可设置优先股。

普通股的股利在支付优先股股利之后分配。普通股的股利不固定，由公司按照本规范确定的程序决定。

公司对优先股的股利须按约定的股利率支付。优先股不享有公司公积金权益。当年可供分配股利的利润不足以按约定的股利率支付优先股股利的，由以后年度的可供分配股利的利润补足。公司章程中可对优先股的其他权益作出具体规定。

公司终止清算时，优先股股东先于普通股股东取得公司剩余财产。

第二十四条 公司的股份按投资主体分为国家股、法人股、个人股和外资股。

(一)国家股为有权代表国家投资的政府部门或机构以国有资产投入公司形成的股份。

国家股一般应为普通股。

国家股由国务院授权的部门或机构,或根据国务院决定,由地方人民政府授权的部门或机构持有(以下简称持有国家股的部门、机构),并委派股权代表。

(二)法人股为企业法人以其依法可支配的资产投入公司形成的股份,或具有法人资格的事业单位和社会团体以国家允许用于经营的资产向公司投资形成的股份。

一个公司拥有另一个企业10%以上的股份,则后者不能购买前者的股份。

(三)个人股为社会个人或本公司内部职工以个人合法财产投入公司形成的股份。

一个自然人所持股份(不含外国和我国香港、澳门、台湾地区投资者所持外资股)不得超过公司股份总额的5‰。

定向募集公司内部职工认购的股份,不得超过公司股份总额的20%。

社会募集公司的本公司内部职工认购的股份,不得超过公司向社会公众发行部分的10%。由定向募集公司转为社会募集公司者,超过此限时不得再向内部职工配售股份。

社会募集公司向社会公众发行的股份,不少于公司股份总数的25%。国家另有规定的除外。

(四)外资股为外国和我国香港、澳门、台湾地区投资者以购买人民币特种股票形式向公司投资形成的股份。

根据资产性质,国有资产投资形成的股份和集体所有资产投资形成的股份统称为公有股份。

第二十五条 公司的股份采取股票形式。但定向募集公司应以股权证替代股票(下同)。

定向募集公司不得发行股票,社会募集公司不得发行股权证。

第二十六条 公司股票应为记名股票。

股票一律用股东姓名或单位名称记名。

部门、机构持有的股票和法人持有的股票,应记载部门、机构或法人名称,不得另立户名或以代表人姓名记名。

自然人在股票上记载的姓名应与居民身份证或护照相一致。

第二十七条 公司不得发行无面值股票。

股票的发行价格不得低于股票的面值。

公司同次发行的同种类别股票,发行价格须一致。

第二十八条 股票是公司签发的证明股东按其所持股份享有权利和承担义务的书面凭证。

股票应载明下列事项:

(一)发行股票的公司的名称、住所;

(二)公司设立登记或新股发行之变更登记的文号及日期;

(三)公司注册资本、股份类别、每股金额、股票面值;

(四)本次发行的股份数;

(五)股东姓名或名称;

(六)股票号码;

(七)发行日期;

(八)其他需要载明的事项。

股权证除载明上款事项外,还应载明认购与转让范围。

股票由董事长签名,公司盖章后生效。

股票应加具人民银行批准募股的文号及日期;股权证应加具政府授权部门批准募股的文号及日期。

第二十九条 准许有外商投资的公司,经中国人民银行批准后可发行人民币特种股票(简称B种股票)。

B种股票是指以人民币标明股票面值,以外币认购和进行交易,专供外国和我国香港、澳门、台湾地区的投资者买卖的股票。

外国和我国香港、澳门、台湾地区的投资者不得买卖人民币股票(简称A种股票),非外国和我国香港、澳门、台湾地区的投资者不得买卖B种股票。

第三十条 股东可以按照国家有关规定和公司章程的规定转让股份,并可以赠与(公有股份不可赠与)、继承和抵押,但不得违反以下规定:

(一)采取发起方式设立的公司,公司股权证的转让须在法人之间进行;定向募集方式设立的公司,其股权证按其原持有人身份,可在法人之间以及公司内部职工之间转让,本公司内部职工持有的股权证要严格限定在本公司内部,不得向公司以外的任何个人发行和转让。以上两种方式设立的定向募集公司在公司成立一年以后,增资扩股时如需转为社会募集公司,扩大股份的认购和转让范围,应按照国家规定的审批权限并按第三十四条的规定,经批准后方可进行,同时应换发股票;

(二)各种法人均不得将持有的公有股份、认股权证和优先认股权转让给本法人单位的职工,不得将以集体福利基金、奖励基金、公益金购买的股份派送给职工;

(三)国家股、外资股的转让需按国家有关规定进行;

（四）发起人认购的股份自公司成立之日起一年内不得转让；

（五）公司内部职工的股份（除去职和死亡者的股份外），在公司配售后三年内不得转让；

（六）公司董事和经理在任职的三年内不得转让本人所持有的公司股份。三年后在任职内转让的股份不得超过其持有公司股份额的50%，并须经董事会同意。社会募集公司的董事或经理转让股份还应报国家或省、自治区、直辖市的体改委（以下简称体改部门）和人民银行备案；

（七）公司股份自公司清算之日起不得转让。

第三十一条 发起人以外的单个股东，欲获得社会募集公司股份总额的10%以上的股份时，必须通知公司，并经人民银行和体改部门批准。

第三十二条 公司非因减少资本等特殊情况，不得收购本公司股票，亦不得库存本公司已发行股票。特殊情况需收购、库存本公司已发行股票者，须报请体改部门、人民银行专门批准后方可进行。

第三十三条 股东遗失股票应公告声明所失股票失效，如90日内公司未收到任何异议，遗失股票股东可以向公司申请补发股票。

第三十四条 公司增加资本发行股份，应由董事会制订方案，经股东大会通过增加资本和修改章程决议，并按规定办理相应手续。有外商投资的公司应报中华人民共和国对外经济贸易部，社会募集公司还应向人民银行申请发行股票，经批准后方可进行。

股份募足后，向原登记的工商行政管理机关申请增资变更登记。

第三十五条 公司增加股份，如用于投资项目，应符合国家产业政策和行业、地区发展规划。

第三十六条 公司增加股份的间隔时间不得少于12个月。

第三十七条 公司增加股份时按发行价格计算的新股不得超过原有公司净资产。国家另有规定的除外。

第三十八条 公司连续两年盈利不足以支付优先股股利或支付优先股股利后两年内未支付普通股股利的，不得增加股份。

第四章 股东和股东会

第三十九条 公司的股份持有人为公司股东。股东按其持有股份的类别和份额享有权利、承担义务。

普通股股东有出席或委托代理人出席股东会并行使表决权的权利，每一股都拥有同等表决权。

优先股股东无表决权。但公司连续三年不支付优先股股利时，优先股股东即享有第四十一条规定的权利。

第四十条 法人作为公司股东时，应由法定代表人或法定代表人的代理人代表其行使权利。

第四十一条 股东有以下权利：

（一）出席或委托代理人出席股东会并行使表决权；

（二）依本规范及公司章程的规定转让股份；

（三）查阅公司章程、股东会会议纪要、会议纪录和会计报告，监督公司的经营，提出建议或质询；

（四）按其股份取得股利；

（五）公司终止后依法取得公司的剩余财产；

（六）公司章程规定的其他权利。

第四十二条 股东有以下义务：

（一）遵守公司章程；

（二）依其所认购股份和入股方式缴纳股金；

（三）依其所持股份为限，对公司的债务承担责任；

（四）在公司办理工商登记手续后，股东不得退股；

（五）公司章程规定的其他义务。

另外，公司股份的认购人逾期不能缴纳股金，视为自动放弃所认股份。对公司造成损害的，应负赔偿责任。

第四十三条 股东会是公司的最高权力机构，对下列事项作出决议，行使职权：

（一）审议、批准董事会和监事会的报告；

（二）批准公司的利润分配及亏损弥补；

（三）批准公司年度预、决算报告，资产负债表、利润表以及其他会计报表；

（四）决定公司增、减股本，决定扩大股份认购范围或由定向募集公司转为社会募集公司，以及批准公司股票交易方式的方案；

（五）决定公司发行债券；

（六）选举或罢免董事会成员和监事会成员，决定其报酬和支付方法；

（七）决定公司的分立、合并、终止和清算；

（八）修改公司章程；

（九）审议代表5%以上（含5%）股份股东的提案；

（十）公司章程规定需由股东会作出决议的其他事项。

股东会的决议内容不得违反法律、法规、本规范以及公司章程。

第四十四条 股东会分为股东年会和股东临时会。

（一）股东年会每年召开一次，并应于每会计年度终结后六个月内召开；

（二）有下列情形之一，董事会应召开股东临时会：

1. 董事缺额达1/3时；

2. 公司累计未弥补亏损达实收股本总额1/3时；

3. 代表公司股份10%以上（含10%）的两名以上

(含两名)股东请求时;

4. 董事会或监事会认为必要时。

第四十五条 股东会应由董事会召集,并于开会日的30日以前但不得超过60日通告股东。通告应载明召集事由。

股东临时会不得决定通告未载明事项。

第四十六条 股东会决议分普通决议和特别决议两种。

(一)普通决议应由代表股份总数1/2以上的股东出席,并由出席股东的1/2以上的表决权通过;

(二)特别决议应由代表股份总数2/3以上的股东出席,并由出席股东的2/3以上的表决权通过。

第四十七条 股东会作出下列决议时,应由特别决议通过:

(一)公司增、减股本,扩大公司股份认购范围或由定向募集公司转为社会募集公司,股票交易方式;

(二)发行公司债;

(三)公司合并、分立、终止和清算;

(四)修改公司章程;

(五)公司章程规定的需由特别决议通过的其他事项。

股东会作出的其他决议,由普通决议通过。

第四十八条 出席股东会的股东所代表的股份达不到第四十六条规定数额时,会议应延期20日举行,并向未出席的股东再次通知。

延期后召开的股东会,出席股东所代表的股份仍达不到第四十六条规定的数额时,应视为已达法定数额,按实际出席股东所代表的股份数额计算表决权的比例达到第四十六条规定的比例时,大会作出的决议即为有效。

第四十九条 股东会决议时每一股有一票表决权。

第五十条 股东会议应作记录,会议的决议事项应形成会议纪要,会议记录及纪要应与出席股东的签名簿及代理出席的委托书一并保存。

第五十一条 第四十一条第(一)项、第四十三条至第四十九条不适用于优先股股东。

第五章 董事会和经理

第五十二条 董事会是公司的常设权力机构,向股东会负责。

董事会由不得少于五人(含五人)的奇数成员组成。

第五十三条 董事由股东会选举产生。董事可以由股东或非股东担任。

董事任期三年,可连选连任。

第五十四条 董事会应遵照国家法律、法规、本规范、公司章程及股东会决议履行职责。

第五十五条 董事会行使下列职权:

(一)决定召开股东会并向股东会报告工作;

(二)执行股东会决议;

(三)审定公司发展规划、年度生产经营计划;

(四)审议公司的年度财务预、决算,利润分配方案及弥补亏损方案;

(五)制订公司增、减股本,扩大股份认购范围或由定向募集公司转为社会募集公司,以及公司股票交易方式的方案;

(六)制订发行公司债券的方案和公司债务政策;

(七)决定公司重要资产的抵押、出租、发包和转让;

(八)制订公司分立、合并、终止的方案;

(九)任免包括公司经理、会计主管人员在内的高级管理人员,决定其报酬和支付方法;

(十)制订公司章程修改方案;

(十一)提出公司的破产申请;

(十二)公司章程规定的其他职权。

董事会作出前款决议事项,除第(五)、(六)、(七)、(八)、(十)项须由2/3以上的董事表决同意外,其余可由半数以上的董事表决同意。董事长在争议双方票数相等时有两票表决权。

除本规范或公司章程规定由股东会决议事项外,董事会对公司重大业务和行政事项应有权作出决定。

第五十六条 董事会议每半年至少召开一次。董事会议由董事长召集,通知各董事时应书面载明事由。

经1/3以上董事或公司经理提议,应召开特别董事会议。

召集董事会议的通知方式应在公司章程(或公司组织细则)中加以规定。

第五十七条 董事会开会时,董事应亲自出席。董事因故不能出席,可以书面委托其他董事代为出席董事会,委托书中应载明授权范围。

董事会议应作出记录,并由出席董事(包括未出席董事委托的代表)和记录员签字。董事有要求在记录上作出某些记载的权力。董事应依照董事会议记录承担决策责任。董事会的决议,违反第五十四条规定,致使公司受到严重损失时,参与决议的董事对公司负赔偿责任。曾表示异议的董事,可免除责任。但不出席会议、又不委托代表的董事应视作未表示异议,不免除责任。

第五十八条 董事长由董事担任,由全部董事的2/3以上选举和罢免。

第五十九条 董事长为公司法定代表人。董事长不能出任法定代表人时,由公司章程作出规定。

董事长行使下列职权:

(一)主持股东会和董事会；

(二)检查董事会决议的实施情况，并向董事会报告；

(三)签署公司股票；

(四)在发生战争、特大自然灾害等紧急情况下，对公司事务行使特别裁决权和处置权，但这种裁决和处置必须符合公司的利益，并在事后向董事会和股东会报告；

(五)公司章程规定或董事会决议授予的其他职权。

第六十条 除公司章程另有规定外，公司经理行使下列职权：

(一)组织实施股东会和董事会的决议，并将实施情况向董事会提出报告；

(二)全面负责公司的日常行政和业务活动；

(三)拟定公司的发展规划、年度生产经营计划和年度财务预、决算方案，以及利润分配方案和弥补亏损方案；

(四)任免和调配包括公司管理部门负责人(不含第五十五条第(九)项规定的人员)在内的管理人员和工作人员；

(五)决定对本公司职工的奖惩、升降级、加减薪，聘任、招用、解聘、辞退；

(六)代表公司对外处理业务；

(七)董事会授予的其他职权。

公司经理行使职权时，不得变更股东会和董事会的决议或超越授权范围。

第六十一条 凡有下列情况之一者，不能担任公司的董事或经理：

(一)无民事行为能力者和限制民事行为能力者；

(二)因经营管理不善被依法撤销或宣告破产企业的负有主要责任的董事、经理或厂长，自核准注销之日起未满3年者；

(三)因违法经营被吊销营业执照的企业原法定代表人，自决定吊销营业执照之日起未满3年者；

(四)刑满释放、假释或缓刑考验期满和解除劳教人员，自刑满释放、考验期满或解除劳教之日起未满3年者；

(五)因触犯刑法被司法机关立案调查，尚未结案者；

(六)国家法律、法规和政策规定不能担任企业领导职务者。

第六十二条 董事和经理对公司负有诚信和勤勉的义务，不得从事与本公司有竞争或损害本公司利益的活动。

第六章 监事会

第六十三条 公司可设立监事会，对董事会及其成员和经理等管理人员行使监督职能。

第六十四条 监事会成员不得少于3人(含3人)。监事任期3年，可连选连任。

监事会成员的1/3以上(含1/3)，但不超过1/2由职工代表担任，由公司职工推举和罢免。

监事会成员的2/3以下(含2/3)，但不低于1/2由股东大会选举和罢免。

监事会主席由全部监事的2/3以上选举和罢免。

监事不得兼任董事、经理及其他高级管理职务。

第六十五条 监事会行使下列职权：

(一)监事会主席或监事代表列席董事会议；

(二)监督董事、经理等管理人员有无违反法律、法规、本规范、公司章程及股东会决议的行为；

(三)检查公司业务、财务状况，查阅账簿和其他会计资料，并有权要求执行公司业务的董事和经理报告公司的业务情况；

(四)核对董事会拟提交股东会的会计报告、营业报告和利润分配方案等财务资料，发现疑问可以公司名义委托注册会计师、执业审计师帮助复审；

(五)建议召开临时股东会；

(六)代表公司与董事交涉或对董事起诉。

监事会向股东会负责并报告工作。

第六十六条 监事会决议应由2/3以上(含2/3)监事表决同意。

第六十七条 监事会行使职权时聘请律师、注册会计师、执业审计师等专业人员的费用，由公司承担。

第七章 财务会计与审计

第六十八条 公司应按照国家(试点期间可分别按财政部和审计署)有关法律、法规和政策制定公司的财务会计制度和内部审计制度。

第六十九条 公司应按财政部、国家统计局的规定，向有关政府部门报送报表，试点期间还应抄报体改部门编制的年度资产负债表、利润表、财务状况变动表和其他有关附表等，应在股东会召开20日前备置于公司住所，供股东查阅。年度会计报告须经注册会计师验证。

社会募集公司应按照有关规定公告有关文件。

第七十条 公司缴纳所得税后的利润，应按下列顺序分配：

(一)弥补亏损；

(二)提取法定盈余公积金；

(三)提取公益金；

(四)支付优先股股利；

(五)提取任意盈余公积金；

(六)支付普通股股利。

优先股股利和普通股股利均不得在成本、费用中列支。

第七十一条 公积金分为盈余公积金和资本公积金两类：

(一)盈余公积金。盈余公积金分为法定盈余公积金和任意盈余公积金两种：

1. 法定盈余公积金按照税后利润的10%提取，当盈余公积金已达注册资本50%时可不再提取；

2. 任意盈余公积金按照公司章程规定或股东会决议提取和使用。

(二)资本公积金。下列款项应列入资本公积金：

1. 超过股票面额发行所得的溢价额；

2. 接受赠与；

3. 按照国家有关规定应列入的其他款项。

第七十二条 法定盈余公积金和资本公积金的用途限于下列各项：

(一)弥补亏损。公司可使用盈余公积金弥补亏损。

(二)转增股本。公司可经股东会决议，将公积金转为股本，按股东原有股份比例发给新股或增加每股面值。但法定盈余公积金转增股本时，以转增后留存的该项公积金不少于注册资本的25%为限。

(三)国家另有规定的其他用途。

第七十三条 公司弥补亏损、提取法定盈余公积金和公益金前，不得分配股利。

公司违反前款规定时，债权人有权要求赔偿所受的损失。

第七十四条 公益金用于本公司职工的集体福利。

第七十五条 公司当年无利润时，不得分配股利。但公司已用盈余公积金弥补亏损后，公司为维护其股票信誉，经股东会特别决议，可按不超过股票面值6%的比率用盈余公积金分配股利，但分配股利后公司法定盈余公积金不得低于注册资本的25%。

公司可供分配的利润不足以按不超过股票面值6%的比率支付股利时，亦可按上款办理。

第七十六条 公司分配股利可采取下列形式：

(一)现金；

(二)股票。

第七十七条 公司普通股股利，应按各股东持有股份比例进行分配。

第七十八条 国家股的股利按国家规定组织收取。

第七十九条 公司应当按税务机关规定代扣并代缴个人股东股利收入的应纳税金。

第八十条 公司实行内部审计制度，设立内部审计机构或配备内部审计人员，依公司章程规定在监事会或董事会领导下对公司的财务收支和经济活动，进行内部审计监督。

第八章 章程修改

第八十一条 公司根据需要可修改公司章程，修改后的章程不得与法律、法规及本规范相抵触。

第八十二条 修改公司章程，应按下列程序：

(一)由董事会依第五十五条规定提出修改章程的提议；

(二)把上项内容通知股东，并召集股东会，依第四十七条规定由股东会通过修改章程的决议；

(三)依股东会通过的修改章程决议，拟定公司章程的修改案。

第八十三条 对公司章程作如下修改，公司应报体改部门审查同意后，向工商行政管理机关申请变更登记：

(一)更改公司名称；

(二)更改、扩大或缩小公司的经营范围；

(三)增加或减少公司发行的任何类别股份的总数；

(四)更改公司全部或部分股份类别，以及更改全部或部分的优先权；

(五)增设新的股份类别；

(六)扩大股份认购范围或由定向募集公司转为社会募集公司，改变公司股票交易方式；

(七)增设或取消可转换证券；

(八)改变每股股票面额；

(九)章程确定需经股东会特别决议通过的其他条款的变更。

除此以外的其他章程变动，公司应直接向工商行政管理机关申请变更登记。

公司应将变更登记后的修改条款通告股东。

未经工商行政管理机关核准变更登记，任何对公司章程的修改不得生效。

第八十四条 公司变更章程，涉及变更名称、住所、经营范围、注册资本等登记注册事项，以及要求公告的其他事项，应予公告。

第九章 合并与分立

第八十五条 公司合并可以采取吸收合并和新设合并两种形式。

吸收合并指公司接纳一个或一个以上的企业加入本公司，加入方解散，取消法人资格，接纳方存续。

新设合并指公司与一个或一个以上的企业合并成立一个新公司。原合并各方解散，取消法人资格。

第八十六条 公司合并应由合并各方签订合并协议。合并协议应包括下列主要内容：

(一)合并各方的名称、住所；

(二)合并后存续公司或新设公司的名称、住所；

(三)合并各方的资产状况及其处理办法；

（四）合并各方的债权债务处理办法；

（五）存续公司或新设公司因合并而增资所发行的股份总数、种类和数量；

（六）合并各方认为需要载明的事项。

第八十七条 公司决议合并时，应即向各债权人分别通知并公告，并在90日内确认债务。

第八十八条 存续公司或新设公司继续承担因合并而解散的公司的经确认的债权债务。

因合并而解散的企业不得隐匿债权债务。

第八十九条 合并各方应于合并协议缔结后向原行业主管部门提出合并申请，参照第十三条的规定进行审查后报政府授权部门批准。经批准后30日内持下列文件向工商行政管理机关分别申请变更登记、设立登记或注销登记，并在30日内向税务机关申报办理变更登记、重新登记或注销登记：

（一）合并申请书；

（二）政府授权部门批准文件；

（三）合并各方股东会（或其所有者）同意合并的决议；

（四）合并合同；

（五）存续公司或新设公司的章程；

（六）经注册会计师验证的合并前各方的资产负债表、利润表以及注册会计师的查账报告等；

（七）应当提交的其他文件。

公司在办理完上款手续后须进行公告。

第九十条 政府授权部门如认为公司合并违反国家有关禁止垄断和不正当竞争的法规、政策，应不予批准。

第九十一条 公司分立，以下列方式进行：

（一）公司以其部门财产和业务另设一个新的公司，原公司存续；

（二）公司全部财产分别归入两个以上的新设公司，原公司解散。

第九十二条 公司应于分立的90日前通知和公告各债权人，债权人提出异议的，公司可选择立即清偿债务或规定分立后的新设公司之一或全体提供偿债担保。

第九十三条 公司分立时，应由分立各方签订分立协议。分立协议中应明确划分分立各方的财产、营业范围、债权债务等。

第九十四条 公司分立，应由公司向行业主管部门提出申请，参照第十三条规定进行审查后报政府授权部门批准。经批准后30日内持下列文件向工商行政管理机关分别申请变更登记、设立登记或注销登记，并在30日内向税务机关申报办理变更登记、重新登记或注销登记：

（一）分立申请书；

（二）政府授权部门批准文件；

（三）分立协议；

（四）股东大会同意分立的决议；

（五）分立各方的公司章程；

（六）经注册会计师验证的分立前公司的资产负债表、利润表以及注册会计师的查账报告等；

（七）应当提交的其他文件。

公司在办理完上款手续后须进行公告。

第十章 终止与清算

第九十五条 公司有以下情形之一的，应予终止并进行清算：

（一）公司营业期限届满；

（二）公司章程规定的解散事由出现；

（三）公司设立的宗旨业已实现，或根本无法实现；

（四）股东会决定解散；

（五）违反国家法律、法规及本规范，危害社会公共利益被依法撤销；

（六）公司宣告破产。

公司依第（六）项终止的，比照适用《中华人民共和国企业破产法（试行）》的有关规定。

第九十六条 公司依第九十五条第（一）、（二）、（三）、（四）项终止的，董事会应将公司终止事宜通知各股东，召开股东会，确定清算组人选，发布终止公告。

公司应在终止公告发布之后15日内成立清算组。

第九十七条 公司清算组成立后，应在10日内通知债权人，并于两个月内至少公告三次。债权人应自通知书送达之日起30日内，未接通知书的自公告之日起90日内向清算组申报其债权。

债权人未在前款规定的期限内申报债权的不列入清算之列，但债权人为公司明知而未通知者，不在此限。

第九十八条 清算组的职权如下：

（一）制订清算方案，清理公司财产，编制资产负债表和财产清单；

（二）处理公司未了结的业务；

（三）收取公司债权；

（四）偿还公司债务，解散公司从业人员；

（五）处分公司剩余财产；

（六）代表公司进行诉讼活动。

第九十九条 清算组在发现公司财产不足清偿债务时，应立即停止清算，并向人民法院申请宣告破产。

公司经人民法院裁定宣告破产后，由人民法院处理破产，清算组应将清算事务向其移交。

第一百条 公司决定清算后，任何人未经清算组批准，不得处分公司财产。

公司财产优先拨付清算费用后，清算组应按下列顺序清偿：

（一）自清算之日起前三年所欠公司职工工资和社会保险费用；

（二）所欠税款和按国务院行政法规应缴纳的税款附加、基金等；

（三）银行贷款、公司债券及其他债务。

第一百零一条 清算组未依前条顺序清偿，不得将公司财产分配给各股东。

违反前款规定所作的财产分配无效，债权人有权要求退还，并可请求赔偿所受的损失。

第一百零二条 公司清偿后，清算组应将剩余财产分配给各股东。分配顺序是：

（一）按优先股股份面值对优先股股东分配；如不能足额偿还优先股股金时，按各优先股股东所持比例分配。

（二）按各普通股股东的股份比例进行分配。

第一百零三条 清算结束后，清算组应提出清算报告并造具清算期内收支报表和各种财务账册，必须经注册会计师验证，报政府授权部门批准后，向工商行政管理机关和税务机关办理注销登记，并公告公司终止。

第十一章 罚　则

第一百零四条 有下列行为之一者，由工商行政管理机关对公司给予处罚，必要时追究当事者责任。

（一）未按本规范规定事项或期限办理公司各类设立手续的；

（二）未经核准登记注册擅自以公司名义进行活动的；

（三）公司登记时弄虚作假的；

（四）超越公司登记范围经营业务或从事非法经营活动的；

（五）公司作为其他营利组织的有限责任股东，其投资总额超过本公司净资产的50%的；

（六）公司增加资本时违反第三十四条规定，未经工商行政管理机关变更登记的；

（七）公司终止清算时违反第九十七条第一款规定的；

（八）公司利用合并、分立、终止和清算之机，抽逃资金、隐匿财产、隐匿或捏造债权和债务、逃避债务的；

（九）清算组违反第一百条规定的。

第一百零五条 公司有下列行为之一的，由财政机关或税务机关给予处罚：

（一）公司董事、经理报酬的确定和报告违反第四十三条第（六）项、第五十五条第（九）项规定的；

（二）公司不按规定将公司章程、股东名册、股东会议记录及纪要、资产负债表、利润表、财务状况变动表等文件备置于公司，或对上述文件作虚假记载的；

（三）公司不按规定向政府有关部门报送会议报表、隐匿部分会计报表不报或对会计账表作虚假记载的；

（四）公司违反第七十条规定分配股利的；

（五）公司未按第七十一条规定提取法定盈余公积金和将所列款项列入资本公积金的；

（六）公司未按第七十二条、第七十五条规定使用公积金的；

（七）公司未履行第七十九条规定的代扣义务的；

（八）公司设立账外资金的；

（九）社会募集公司不按规定的格式和内容进行财务公告，或在财务公告中有虚假说明、误导性陈述、重大遗漏的。

第一百零六条 有下列行为之一的，由体改部门责令其改正，拒不执行的，送由工商行政管理机关给予处罚：

（一）发起人为设立公司提交的协议书、申请书、公司章程及其他文件，有虚假说明、误导性陈述或重大遗漏；

（二）公司未按公司章程运作；

（三）公司未按规定程序修改章程；

（四）公司股东会间隔时间违反第四十四条第（一）项规定；

（五）公司董事会间隔时间违反第五十六条第一款规定；

（六）公司股东会未按规定作出会议记录和会议纪要；

（七）公司董事会未按规定作出会议记录。

第一百零七条 公司有下列行为之一的，由人民银行（或体改部门）责令其改正，拒不执行的，送由工商行政管理机关给予处罚：

（一）公司发起人和本公司内部职工所占公司股份比例违反第八条，一个自然人持有公司股份比例违反第二十四条第（三）项规定；

（二）公司未经批准即募集股份，或在募股申请文件和募股说明书中有虚假说明、误导性陈述或重大遗漏者；

（三）定向募集公司向本公司内部职工之外的社会个人发行股权证或给其办理股东登记过户手续；

（四）公司股票发行价格违反第二十七条规定；

（五）公司违反第三十七条规定发行新股；

（六）一企业获得了一社会募集公司股份总额的10%以上的股份时，不按规定通知后者或未得到人民银行、体改部门批准。

第一百零八条 转让股份违反第三十条规定，应对行为人或直接责任人处以罚款。

第一百零九条 公司经核准登记后无正当理由超过6个月不开始营业，或开始营业后自行停业6个月以上的，由工商行政管理机关收缴并注销其营业执照。

第一百一十条 公司董事或经理违反第六十二条规定对公司造成严重经济损失的，应向公司赔偿经济损失；构成犯罪的，由司法机关追究刑事责任。

第一百一十一条 公司依本罚则上述有关条款受处罚时，处罚机关应令其限期纠正违法行为，并应视具体情节对违法行为的直接责任人给予处罚；情节严重构成犯罪的，提交司法机关依法追究刑事责任。

前款直接责任人给公司造成损害的，应承担赔偿责任。

第一百一十二条 注册会计师、执业审计师、律师等专业人员或机构违反本规范和国家有关法规，提供虚假、误导或有重大遗漏报告的，由主管机关给予处罚，并依法追究法律责任。

第一百一十三条 政府工作人员执行公务中违反本规范，徇私作弊，滥用职权者，由监察机关给予处罚。

第一百一十四条 具体处罚办法按照现行有关规定执行；没有规定的，分由工商行政管理机关、财政机关、税务机关、监察机关等制订。

第十二章 附 则

第一百一十五条 经中华人民共和国对外经济贸易部核发批准证书的公司，除按本规范执行外，比照执行外商投资企业的有关法律、法规。

第一百一十六条 人民币特种股票的发行和转让中的有关外汇事宜须按外汇管理机关的规定办理。

第一百一十七条 人民币特种股票的股利和转让所得在依法纳税后，可以按中国人民银行和外汇管理机关规定的手续汇出境外。

第一百一十八条 深圳市可继续执行其人民政府颁布的《深圳市股份有限公司暂行规定》。

第一百一十九条 本规范由国家体改委负责解释。在试行过程中遇到问题，由公司住所所在省、自治区、直辖市的体改委协调，并指导和监督公司按本规范进行运作。

国家经济体制改革委员会

1992年5月15日

国家体改委《有限责任公司规范意见》

第一章 总 则

第一条 有限责任公司（以下简称公司）是指由两个以上股东共同出资，每个股东以其所认缴的出资额对公司承担有限责任，公司以其全部资产对其债务承担责任的企业法人。

第二条 公司必须遵守国家法律、法规及本规范意见（以下简称本规范），接受人民政府有关部门依法进行的管理和监督，维护国家利益和社会公共利益。

第三条 公司的合法权益和正当经营活动受法律保护，任何机关、社会组织和个人不得侵犯或者非法干涉。

第四条 公司应当按照本规范制定公司章程。公司章程对公司和股东具有约束力。

第五条 公司应当在核准登记的经营范围内开展经营活动。

第六条 公司不得成为其他经济组织的无限责任股东。

公司成为其他经济组织的有限责任股东时，对其他组织的投资总额，不得超过本公司净资产的50%，但投资公司和政府授权部门批准的控股公司可不受此限。

第七条 公司的名称应当符合国家有关企业法人名称登记管理法规的规定，并标明“有限责任公司”或者“有限公司”的字样。

不按本规范设立的公司，不得称为“有限责任公司”或“有限公司”。

第八条 公司以其主要办事机构所在地为住所。

第二章 设立条件和程序

第九条 公司必须有二个以上30个以下的股东方可设立。因特殊需要，公司股东超过30个的，须经政府授权部门批准，但最多不得超过50个。

第十条 公司注册资本为股东缴纳的股本总额。

公司注册资本应当符合最低限额的规定，并同其经营范围相适应。公司注册资本的最低限额为：

（一）生产经营性公司50万元人民币；

（二）商业、物资批发性公司50万元人民币；

（三）商业零售性公司30万元人民币；

（四）科技开发、咨询、服务性公司10万元人民币。

国家对特定行业有较高规定的，从其规定。

民族区域自治地区和国务院确定的贫困地区，经国家工商行政管理机关批准，其公司注册资本最低限额可按本条规定的金额降低50%。

第十一条 公司股本总额为全体股东认缴股本的总和。公司股本总额应当由股东一次认足。

第十二条 股东可以用货币出资，也可以用实物、工业产权、非专利技术、土地使用权作价出资。

全体股东用货币出资的最低限额为公司法定注册资本最低限额的50%。

股东出资的实物，应当为公司生产经营所需的建筑物、设备或其他物资，并应当委托具有资格的资产评估机构进行资产评估，数额不大的，可由股东各方按照国家有关规定确定实物的作价。其中用国有资产出资的，国有资产评估结果应由国有资产管理部门核资、确认。

股东用工业产权、非专利技术作价出资的金额不得超过公司注册资本总额的 20%。特殊情况下必须超过 20%的，应当经公司审批部门批准，但最高不得超过 30%。

股东用土地使用权作价出资的，应当按照国家有关规定办理。

第十三条 股东的出资必须经国家核准登记的注册会计师验证和出具证明。其中涉及国有资产的，应由国有资产管理部门确认产权归属。

股东办理公司登记应当将现金出资一次足额存入公司临时账户，并办理实物出资的移转手续。现金以外其他形式的出资，由有关验资机构验证。如有估价不当的，政府授权部门可以责令验资机构重新验证。

第十四条 公司章程应当由全体股东一致同意制订。

公司章程应当载明下列事项：

(一)公司名称和住所：

(二)经营范围；

(三)公司注册资本；

(四)股东名称或姓名、住所；

(五)股东的权利、义务；

(六)各股东的出资方式、出资额和出资缴纳期限；

(七)股东转让出资的条件；

(八)利润分配和亏损分担的办法；

(九)董事名额及产生办法；

(十)公司的法定代表人；

(十一)公司组织机构及其职权和议事规则；

(十二)公司的终止事由；

(十三)公司章程的修订程序；

(十四)公司章程订立日期；

(十五)全体股东认为应当订明的其他事项。

第十五条 设立公司应当由公司所在的省、自治区、直辖市的政府授权部门审批。全体股东应当确定一名股东按照规定的程序办理报批手续。

设立公司必须向政府授权部门递交申请书，并附送下列文件：

(一)可行性研究报告或营业计划；

(二)公司章程；

(三)资信证明；

(四)政府授权部门要求的其他文件。

政府授权部门审批公司时按公司的主营范围内容，应确定公司的行业管理部门。

第十六条 政府授权部门批准后，受委托的股东应当依照《中华人民共和国企业法人登记管理条例》和国家工商行政管理局关于股份制企业的登记管理暂行规定，向公司所在地的工商行政管理机关申请登记注册。公司经核准登记、领取《企业法人营业执照》后，方告成立，并取得法人资格。

第十七条 公司可以设立分公司。公司设立分公司须经公司原政府授权部门批准，并经工商行政管理机关核准登记，核发营业执照。分公司不具法人资格，可以依法独立从事生产经营活动，其民事责任由设立该分公司的公司承担。

第十八条 公司应当在登记注册后签发证明股东已缴纳出资额的出资证明书。

出资证明书应当载明下列事项：

(一)公司名称；

(二)公司登记日期；

(三)公司注册资本总额；

(四)股东名称或姓名及其认缴的出资额；

(五)有关机构的验资情况；

(六)该股东已缴纳的出资额和出资日期；

(七)出资证明书的核发日期；

(八)公司的签章。

第三章 股东和股东会

第十九条 股东是公司的出资人。除国家有禁止或限制的特别规定外，有权代表国家投资的政府部门或机构、企业法人、具有法人资格的事业单位和社会团体、自然人均可以依照本规范成为公司股东。

自然人、私营企业法人出资组成的私营公司，还应遵守国家关于私营企业的规定。

自然人、私营企业法人向非私营公司投资，其投资范围、出资比例按国家有关规定执行。

第二十条 股东享有下列权利：

(一)参加或推选代表参加股东会并根据其出资份额享有表决权；

(二)了解公司经营状况和财务状况；

(三)选举和被选举为董事会成员、监事会成员；

(四)依照法律、法规、本规范及公司章程的规定获取股利、转让出资；

(五)优先购买其他股东转让的出资；

(六)优先认购公司新增的注册资本；

(七)公司终止后，依法分得公司的剩余财产；

(八)公司章程规定的其他权利。

第二十一条 股东负有下列义务：

(一)缴纳所认缴的出资；

(二)依其所认缴的出资额承担公司债务；

(三)公司办理工商登记手续后，不得抽回出资；

(四)公司章程规定的其他义务。

第二十二条 公司可设立股东会,也可不设立股东会。公司设立股东会的,股东会由全体股东组成,为公司的最高权力机构。

股东会拥有下列权力:

(一)选举和罢免董事;

(二)选举和罢免监事会成员中的股东代表;

(三)审查通过公司年度财务预、决算方案和利润分配方案;

(四)对公司增加或减少注册资本、股东转让出资作出决议;

(五)对公司的分立、合并、终止和清算等重大事项作出决议;

(六)修改公司章程;

(七)公司章程规定的其他权力。

公司不设立股东会的,上款规定的事项由全体股东决定。

第二十三条 首次股东会由出资最多的股东召集。会上应通过公司章程、确定公司领导机构及有关事项。

股东会应当按公司章程规定定期召开。经 1/3 以上董事或 1/3 以上股东或监事会提议,可以召开临时股东会。

股东会由董事长主持。董事长因特殊因不能履行该项职责时,可委托其他董事主持。

第二十四条 股东会的决议必须经持有公司资本 2/3 以上和超过股东人数 2/3 以上的股东同意方可作出,但修改公司章程应按第十四条第一款的规定办理。

第二十五条 股东、股东会行使权利不得违反法律、法规、本规范和公司章程的规定。

第四章 董事会和经理

第二十六条 公司设立股东会的,董事会为股东会的执行机构。公司不设立股东会的,董事会为公司的最高权力机构。

第二十七条 公司设立股东会的,董事由股东会选举和罢免。公司不设立股东会的,董事由股东委派。

董事会成员不得少于三人(含三人)。

第二十八条 董事会行使下列职权:

(一)审定公司的发展规划、年度生产经营计划;

(二)确定公司的经营方针和管理机构的设置;

(三)批准公司的规章制度;

(四)听取并审查经理的工作报告;

(五)审查公司年度财务预、决算方案和利润分配方案;

(六)对公司增加和减少注册资本、分立、合并、终止和清算等重大事项提出方案;

(七)聘任和解聘公司经理、副经理和其他高级管理人员;

(八)决定对公司经理、副经理和其他高级管理人员的奖惩;

(九)公司章程规定的其他职权。

第二十九条 董事会议应当每半年至少召开一次。由公司经理或 1/3 以上董事提议,可以召开临时董事会议。

董事会议由董事长主持。董事长因特殊原因不能履行该项职责时,可委托其他董事主持。

第三十条 董事会的决议须经 1/2 以上董事同意方可作出,但作出属于本规范第二十八条第(五)、(六)、(七)项的决议,须经 2/3 以上董事同意。

第三十一条 董事会行使职权不得违反法律、法规、本规范和公司章程的规定。

第三十二条 董事长由董事会选举和罢免。

董事长行使下列职权:

(一)召集和主持股东会、董事会议;

(二)检查股东会、董事会决议的实施情况;

(三)公司章程规定的其他职权。

第三十三条 董事会聘任的公司经理负责公司的日常经营管理工作,行使下列职权:

(一)组织实施股东会、董事会决议;

(二)制订公司的发展规划、生产经营计划草案;

(三)提出公司经营方针和管理机构设置的方案;

(四)提出公司规章制度草案;

(五)提出公司年度财务预、决算方案和利润分配方案;

(六)决定公司副经理以下(不含副经理、其他高级管理人员)职工的奖励和处分;

(七)列席董事会议并可对董事会决议要求复议一次;

(八)公司章程规定的其他职权。

第三十四条 公司的法定代表人由董事长担任。在董事长不能出任公司法定代表人时,由公司章程作出规定。

第三十五条 凡有下列情况之一者,不能担任公司的董事或经理:

(一)无民事行为能力者和限制民事行为能力者;

(二)触犯刑法或因经营管理不善被依法撤销或宣告破产企业的负有主要责任的董事、经理或厂长,自核准注销之日起未满三年者;

(三)因违法经营被吊销营业执照的企业原法定代表人,自决定吊销营业执照之日起未满三年者;

(四)刑满释放、假释或缓刑考验期满和解除劳教人员,自刑满释放、考验期满或解除劳教之日起未满三年者;

(五)因触犯刑法被司法机关立案调查,尚未结案者；

(六)国家法律、法规和政策规定不能担任企业领导职务者。

第三十六条 董事、公司经理应当遵守公司章程，认真执行公司业务，维护公司利益。

董事、公司经理不得在公司外从事与本公司竞争或损害本公司利益的活动。

第三十七条 公司的董事或者经理有下列行为之一给公司造成损害的，公司有权罢免其职务，并要求其赔偿经济损失：

(一)在公司外从事与公司有竞争的业务；

(二)故意侵害公司利益。

第五章 监事会

第三十八条 公司可以设立监事会。监事会为公司经营活动的监督机构。监事会的工作方式由公司章程规定。

第三十九条 监事会成员不得少于三人(含三人)，其任期由公司章程规定，可连选连任。

监事会中 1/2 的监事由职工代表(其中应有工会组织的代表)出任，由公司职工民主选举和罢免。监事会其他成员由股东会选举和罢免，公司不设立股东会的，由股东委派和罢免。

第四十条 公司的董事、经理、副经理及其他高级管理人员不得兼任监事会成员。

第四十一条 监事会行使下列职权：

(一)派代表列席董事会议；

(二)对董事会决议和董事长、公司经理的决定提出质询并要求答复；

(三)检查公司经营和财务状况；

(四)维护股东、职工的合法权益；制止董事、公司经理违反法律、法规、本规范和公司章程的行为，制止无效时，向人民政府有关机关报告；

(五)必要时，提议召开临时股东会议；

(六)公司章程规定的其他职权。

监事会应当按其向股东会或全体股东和全体职工报告工作。

第四十二条 监事会的决议必须经 2/3 以上监事同意方可作出。

第四十三条 监事会行使职权时可以委托律师、注册会计师、执业审计师等专业人员协助，聘任费用由公司承担。

第四十四条 公司监事不履行监督义务，致使公司遭受重大经济损失的，选举他们的机构有权罢免其职务。

第六章 财务、会计、审计和劳动工资制度

第四十五条 公司应当按照国家(试点期间按财政部)的规定制订财务、会计制度。

第四十六条 公司应当按照财政部、国家统计局的规定，向有关政府部门报送报表，试点期间还应抄报体改部门。

会计报表需经注册会计师验证。

第四十七条 公司可按照国家规定制定审计制度，并根据实际需要，设立内部审计机构。

第四十八条 公司应当按照国家有关法律、法规办理税务登记，缴纳税款和其他费用。

第四十九条 公司分配利润时，应当提取税后利润的 10%作为法定公积金，并提取税后利润的 5%作为法定公益金。但法定公积金已达公司注册资本 50%时可不再提取。

经董事会决议后，公司可以另外提取任意公积金。

第五十条 公司弥补亏损和提取法定公积金、法定公益金前，不得分配利润。

公司可供分配的利润应当按照股东出资比例分配。

第五十一条 法定公积金只得用于下列各项用途：

(一)弥补亏损；

(二)增加股本；

(三)国家另有规定的其他用途。

法定公益金用于本公司职工的集体福利。

第七章 转让出资和变更注册资本

第五十二条 股东已缴纳的出资可以转让。股东转让出资，公司设立股东会的，由股东会讨论通过；公司不设立股东会的，由董事会讨论通过。股东会不同意转让的或全体股东未一致同意转让的，应当由其他股东购买该出资；股东会或全体股东同意转让的，其他股东在同等条件下对转让出资有优先购买权。

第五十三条 公司增加注册资本应当由股东会作出决议；公司不设立股东会的，由董事会作出决议，股东对新增注册资本额有优先认购权。

公司因特殊情况必须减少注册资本时，需经通知和公告的 90 日以后未有债权人提出异议的，方可允许其减资。由股东会作出决议，公司未设立股东会的，由董事会作出决议，并经政府授权部门批准。公司减资后的注册资本不得低于法定注册资本最低限额，并应同其经营范围相适应。

第五十四条 股东转让出资、公司增加或减少注册资本均须修订公司章程，向原登记机关办理变更登记并予公告。

第八章 合并与分立

第五十五条 公司合并、分立应当由股东会作出决议；不设股东会的，由董事会作出决议。

第五十六条 公司合并分为吸收合并和新设合并

两种形式。

吸收合并指公司接纳一个或一个以上的企业加入本公司，加入方解散，取消法人资格，接纳方存续。

新设合并指公司与一个或一个以上的企业合并成立一个新公司。原合并各方解散，取消法人资格。

公司合并应当由合并各方签订协议，合并各方未清偿的债务由合并后的公司承担。

第五十七条 公司分立时应事先对公司债务的承担作出决定，并以书面形式通知各债权人，签订清偿债务的协议。经协商双方达不成协议的，公司不得分立。

第五十八条 公司合并、分立，应报政府授权部门批准，并经工商行政管理机关核准登记注册。

第九章 期限、终止和清算

第五十九条 公司可以在公司章程中订明营业期限。除特殊情况经工商行政管理机关批准外，公司的营业期限不得少于五年。

公司的营业期限从《企业法人营业执照》签发之日起计算。

第六十条 订有营业期限的公司，其营业期限需要延长时，应当由股东会或董事会在营业期限届满前六个月作出决议报原审批部门批准，向原登记机关申请变更登记、办理注册手续。

第六十一条 公司有下列情形之一的，应予终止：

(一)公司章程规定的营业期限届满或规定的终止事由出现；

(二)股东会或全体股东决定终止；

(三)违反国家法律、法规，危害社会公共利益被依法撤销；

(四)破产。

第六十二条 公司依本规范第六十一条第(一)、(二)项规定终止的，应当按照本规范和国家有关规定成立清算组织，进行清算。

第六十三条 清算组织成立后，应当在10日内通知债权人并发布公告。债权人应当自通知书送达之日起30日内，未接到通知书的应自公告之日起60日内，向清算组织申报其债权。

第六十四条 清算组织在清算期间行使下列职权：

(一)清理公司财产，分别编造资产负债表和财产清单；

(二)处理公司未了结的业务；

(三)收取公司债权；

(四)向股东收取已认缴而未缴纳的出资；

(五)清结纳税事宜；

(六)偿还公司债务，解散公司从业人员；

(七)处分公司的剩余财产；

(八)发现公司不能清偿债务时，向人民法院申请宣告破产；

(九)代表公司进行民事诉讼活动。

第六十五条 公司决定清算后，不得从事与清算无关的经营活动。任何人未经清算组织同意，不得处分公司财产。

清算组织应当在支付清算费用、职工工资和劳动保险费用、缴纳所欠税款、清偿公司债务后，按股东出资比例分配剩余财产。

第六十六条 清算结束后，清算组织应当提出清算报告并造具清算期内收支报表和各种财务账册，经注册会计师或执业审计师验证，报原审批部门批准。经批准后向原工商登记机关申请注销登记，经原工商登记机关核准后，公告公司终止。

第六十七条 公司依本规范第六十一条第(三)项规定终止的，应当依照国家有关法律、法规的规定进行清算，不适用本规范的清算规定。

公司依本规范第六十一条第(四)项规定终止的，比照适用《中华人民共和国企业破产法(试行)》的有关规定。

第十章 罚 则

第六十八条 公司有下列行为之一的，由工商行政管理机关根据有关规定给予行政处罚：

(一)未经登记擅自以公司名义进行活动；

(二)登记时弄虚作假或不按规定申请变更登记；

(三)违反核准的登记事项或超越核准登记的经营范围，从事违法的营业活动；

(四)利用分立、合并、终止和清算等行为抽逃资金，隐匿财产、逃避债务；

(五)其他违法行为。

第六十九条 公司有下列行为之一的，由工商行政管理机关责令其纠正并按有关规定对公司及其有关责任人员予以处罚：

(一)成为其他经济组织的无限责任股东；

(二)成为其他经济组织的有限责任股东时，对其他组织的投资总额超过本公司注册资本的50%。

第七十条 股东未按本规范的规定缴纳出资的，公司有权向股东追缴。经公司追缴股东仍不履行缴纳义务的，公司可以依诉讼程序，请示人民法院追究股东的违约责任。

第七十一条 公司未按本规范的规定向政府有关部门报送报表的，由有关部门给予警告并参照有关规定对公司及其有关责任人员予以处罚。

第七十二条 公司未按国家有关规定办理税务登记、缴纳税款的，由税务机关依法处理。

第七十三条 公司未按本规范的规定提取法定公积金、法定公益金的，由政府有关部门责令其如数补足应当提取的基金，并参照有关规定对公司及其有关责任者予以处罚。

公司在弥补亏损、提取法定公积金、法定公益金前分配利润的，由财政机关或税务机关责成公司追回相应款额，并参照有关规定对公司及其有关责任者予以处罚。

第七十四条　公司违反本规范的规定使用法定公积金、法定公益金的，由财政机关或税务机关参照有关规定对公司及其有关责任者予以处罚。

第七十五条　公司及其有关责任者对处罚（不含对有关责任者的行政处分）决定不服的，可以在接到处罚决定后 30 日内向处罚机关的上一级机关申请复议，接到复议申请的机关应当在 30 日内作出复议决定。公司及其有关责任者对复议决定仍不服的，可以在接到复议决定后 15 日内向人民法院起诉。未在法定期限内起诉又不履行罚款决定的，作出处罚决定的机关可以申请人民法院强制执行。

第七十六条　违反本规范的规定并构成犯罪的，由司法机关依法追究刑事责任。

第十一章　附　则

第七十七条　一个公司对另一个公司（企业）的投资额达到控股时，该公司即成为母公司，被控股公司（企业）即成为该公司的子公司（企业）。该子公司（企业）具有独立法人资格。

第七十八条　外商投资企业按《中华人民共和国中外合资经营企业法》、《中华人民共和国外资企业法》、《中华人民共和国中外合作经营企业法》执行，不执行本规范。

第七十九条　本规范由国家体改委负责解释。在试行过程中遇到问题，由公司住所所在省、自治区、直辖市的体改委协调，并指导和监督公司按本规范进行运作。

国家经济体制改革委员会

1992 年 5 月 15 日

国务院关于在浦东兴办中日合资商业零售企业有关问题的批复

上海市人民政府：

你市《关于我市与日本八佰伴公司在浦东新区兴办合资零售企业及有关政策的请示》收悉。现批复如下：

一、同意在浦东新区兴办中日合资商业零售企业。该企业经营范围为百货零售业务、进出口商品业务和“三来一补”业务，不得经营商业批发业务。主要经营商品为国产名优商品，亦可经营一定量的进口商品。如建立并经营旅游宾馆需专项报批。

二、同意赋予该企业进出口经营权。进出口商品总的原则是出大于进，要做到外汇自行平衡。进口商品限于百货类商品，在本企业零售。年度进口总量不得超过本企业当年零售总额的 30%。进口家电产品、烟、酒、饮料、化妆品，按国家规定办理进口审批手续，由审批部门分商品核定年度进口数量限额。出口不得经营一类商品；经营二、三类商品中的计划列名商品和实行配额许可证的商品，需按年度报经贸部批准；如今后国家对出口商品分类有所调整，则按新的规定执行。出口商品应尽量利用八佰伴公司的国际销售网点销售。

三、同意对该企业从获利年度起五年内减按 15% 的税率征收所得税。

国务院

一九九二年五月十五日

农业部提出科教兴农新思路

进一步深化农业科技体制改革、积极引导科教单位人员合理分流，是农业部近日提出的两条科教兴农新思路。

为了适应新形势的需要，农业科研单位要引进竞争机制，通过承担生产企业或生产者的委托任务，开展科学研究和技术服务。部属大专院校、科研所和省级农业科研单位要深化内部改革，大力精简管理机构，充实科技开发第一线力量。对一些不适应形势发展需要的所、室，要大胆调整、合并，形成自身的优势，在竞争中求生存、求发展。

在科研单位内部科技人员也要逐步分流。除保留一部分搞研究的人员去争取承担研究课题，专心致志搞科研，并给予必要的经费和生活保障外，要分流出相当一部分人员充实科技开发队伍，通过科技推广，在市场竞争中造就一批既懂科技，又勇于开拓，善于经营的科技企业家。农业教育单位特别是高等院校，在搞好教学、科研的同时，要重点充实科技开发工作，尽快分流出一部分人才，创办高新技术产业，推广农业科技成果，逐步形成教学、科研、开发、推广协调发展的新格局。

国务院副总理朱镕基在人民大会堂会见以台湾中华经济研究院政策研究顾问 前“经济部长”赵耀东为顾问的台湾“大陆经改前景及投资机会考察团”

轻工业部在北京召开电话会议

轻工业部部长曾宪林在会上向记者介绍轻工业产品质量问题。

曾宪林说，今年一季度，轻工业系统内企业虽然产值比去年同期增长15.6%,但产成品资金占用、定额流动资金占用、企业亏损总额都比去年同期上升10%以上,产值利税率、销售收入利润率、资金利润率均比去年同期下降,实现利税下降5.6%,经济效益大幅度滑坡。

曾宪林透露的另一个情况是,通过近期国家及各地方的质量检测发现,市场上出售的婴儿乳粉、饮料、巧克力、玩具、燃气热水器、烟花爆竹、电冰箱、自行车、电吹风、陶瓷制品、彩色胶卷、儿童车等主要轻工产品中,都有一部分存在着严重的质量问题。如烟花爆竹,某省抽检59家花炮厂的产品,有致命缺陷的占63%;去年第三季度轻工业部对儿童车质量抽查,合格率不到50%。

曾宪林强调说,质量是企业的生命,是经济工作的永恒主题,只有把质量搞上去,才能出效益。他举近年来经济效益卓著的青岛电冰箱厂和中华自行车厂等企业为例,指出这些企业正是因为质量一贯靠得住才使他们获得节节高的经济效益。

曾宪林说,轻工业部下一步将集中力量重点抓好关系到人民群众健康和安全、严重损害消费者利益、群众反映强烈的产品,以此作为提高轻工产品质量的重点,并将成立"中国轻工产品质量保障服务中心",通过对公认的高质量产品发标志、搞好推广和售后服务等工作,促使那些达不到优质标准的产品退出市场。

全国个体私营经济管理工作会议在山东泰安举行

财务管理在经济发展中的战略地位大型国际研讨会在北京举行

由联合国开发署、世界银行的高级官员和欧洲、美国、日本、新加坡、台湾地区的企业家以及部分三资企业在华首席代表、国内大中型企业的代表约200人参加的"财务管理在经济发展中的战略地位"大型国际研讨会,在北京举行。

国务院副总理田纪云、朱镕基,联合国副秘书长冀朝铸向会议发了贺词。

国务委员王丙乾出席会议并发表讲话。国务院生产办、财政部等部门的领导也参加会议。

王丙乾在讲话中说,财务管理是商品经济条件下企业最基本的管理活动,商品经济越发展,财务管理越重要。目前,我国正处在由传统的计划经济向有计划商品经济过渡的时期,国家与国营企业的关系以及企业的组织形式和经营方式都将发生很大变化,集体企业、"三资"企业和私营企业也都会有相当发展。这些变化,对我国的财务管理工作提出了更新更高的要求。我们应当从加快改革开放、加速经济发展和提高经济效益的高度来认识财务管理的重要性,不断地改革和加强财务管理工作。

1994年全国生产配、混合饲料总产量达3200万吨居世界第三

邮电部副部长刘平源在万国邮政联盟高级特别会议上发言

出席万国邮政联盟高级特别会议的刘平源指出,万国邮联的管理工作及其组织机构应进行改革,以适应日趋激烈竞争形势的需要,中国愿为此作出努力。

刘平源在发言中认为,万国邮联应当继续保持政府间国际组织、同时又是联合国一个专门机构的性质,所有改革都应在这个范围内进行。刘平源说,邮联各机构的改革应本着协调、精简、效率的原则进行。邮联各机构要起到维护和加强各成员国之间相互团结和合作的作用,研究维护各国邮政利益的措施;要继续改进和加强邮联成员国之间的合作活动,特别是增加对发展中国家在管理、经营、技术3方面的指导、交流和援助。

刘平源说,从现在到本世纪末,是中国实现邮政通信现代化的关键时期。中国将继续执行改革开放的政策,加强同万国邮联、各国邮政主管部门的友好合作,以加速实现中国邮政的现代化。

中国代表团团长刘华秋在不结盟运动协调局部长级会议期间分别会见南斯拉夫代表团团长和印尼代表团团长

正在出席不结盟运动协调局部长级会议的中国代表团团长、外交部副部长刘华秋分别会见南斯拉夫代表团团长博里萨夫·约维奇和印度尼西亚代表团团长、外长阿拉塔斯。

约维奇和阿拉塔斯祝贺中国取得不结盟运动观察员国地位。并指出中国同不结盟运动建立了正式的和实际的联系,标志着中国和不结盟运动之间的友好合作关系有了新发展。

中国在成为观察员国后,将会进一步促进同不结盟运动国家的合作,并将为实现不结盟运动的宗旨作出建设性的贡献。

刘华秋强调,中国将保持和发展同不结盟运动国家在国际事务中,特别在不结盟运动内的友好合作关系。

黎巴嫩总统赫拉维会见正在贝鲁特访问的外交部副部长杨福昌

中国天体物理研究跻身世界先进行列

由著名天文学家、中科院学部委员曲钦岳教授、张柏荣教授主持，全国7个主要天文台、研究所和高等学校中220位天体物理工作者参加的国家自然科学基金重大项目——“太阳活动和宇宙天体的研究”，历时4年，取得重大成就。由老一辈著名天文学家、学部委员王绶琯教授主持的专家委员会，对这一项目进行认真评审，确认我国关于太阳活动和宇宙活动天体研究已跻身世界先进行列。

通过观测和理论分析，研究太阳活动及恒星和星系层次的活动天体，是天体物理学中最活跃的前沿课题，对解决太阳活动机理、恒星和星系演化以及对物理学的发展都有重大意义。

世界首例宫腔配子婴儿在山东省立医院诞生

国办转发国家环保局建设部《关于进一步加强城市环境综合整治工作若干意见》的通知

国家环境保护局和建设部《关于进一步加强城市环境综合整治工作的若干意见》已经国务院同意，现转发给你们，请认真贯彻执行。

关于进一步加强城市环境综合整治工作的若干意见

国务院：

一九八五年全国城市环境保护工作会议以来，全国普遍开展了城市环境综合整治工作，有效地抑制了城市环境污染的发展。但是，由于城市污染防治和基础设施建设落后于城市经济发展和人口增长，城市环境保护问题依然严峻。为了进一步贯彻落实《国务院关于进一步加强环境保护工作的决定》(国发〔1990〕65号)和《国务院关于加强城市建设工作的通知》(国发〔1987〕47号)，改善城市环境质量，提出如下意见：

一、明确城市环境综合整治责任，健全城市环境管理机制

各级城市人民政府应根据《中华人民共和国环境保护法》、《中华人民共和国城市规划法》的规定和“经济建设、城市建设、环境建设同步规划、同步实施、同步发展，实现经济效益、社会效益和环境效益统一”的战略方针，对城市的环境质量负责，开展城市环境综合整治工作，将环境综合整治的任务分解到各有关部门和单位，建立环境保护目标责任制并实行定量考核。城市人民政府要把城市环境综合整治工作作为重要职责，形成和完善市长统一领导下的有关部门分工负责、广大群众积极参与的城市环境综合整治的管理机制，及时解决工作中的重大问题。

二、完善城市环境综合整治规划，实现城市环境保护目标

各级城市人民政府应组织有关部门，根据城市总体规划及国民经济和社会发展规划的要求，制定和完善城市环境综合整治规划，在确定城市大气、水域和噪声功能区的基础上，着重保护好集中式饮用水源地，提高居民文教区和风景名胜区的环境质量。

全国城市环境综合整治十年规划和“八五”计划的主要任务是：努力控制城市环境污染的发展，重点搞好工业污染防治和城市基础设施的建设，逐步使城市环境保护与国民经济和社会发展相协调。“八五”期间，要使城市环境污染的发展趋势得到减缓，部分城市环境质量有所改善，城市基础设施薄弱的状况有所缓解；到二〇〇〇年，城市环境污染基本得到控制，重点城市环境质量有所改善，使城市环境质量与人民生活“小康”水平相适应。

“八五”期末，全国城市工业废水处理率达到70%；工业废气处理率达到74%；工业固体废物综合利用率达到35%；城市污水处理率达到5%；城市供水普及率达到92%；城市燃气普及率达到50%；城市集中供热普及率达到15%；汽车尾气排放达标率不低于80%；城市绿化覆盖率提高5%，人均公共绿地面积达到五平方米；垃圾日产日清，初步完成公厕改造；城市容貌整洁，市区基本无裸露地面；城市道路铺装率达到90%，其中主干道达到100%，路面完好率达到80%以上。

到“八五”期末，全国环境保护重点城市的大气总悬浮微粒基本得到控制。一九九〇年年日平均浓度达到一级和二级标准的城市，在维持现有较好水平的基础上，力争进一步改善；超过二级标准的城市，一九九五年年日平均浓度下降5%；超过三级标准的城市力争下降10%。大气中二氧化硫年日平均浓度力争维持在一九九〇年水平；饮用水源水质达标率不低于90%，其他水域主要功能区的水质有所改善；交通干线噪声等效声级维持在一九九〇年水平，污染严重的城市应有所下降，最高力争不超过七十三分贝，城市区域环境噪声达标率提高5%。

三、结合调整产业结构和企业技术改造，进一步防治工业污染

城市人民政府和国务院各有关部门，应根据国家产业政策，科学、合理地调整产业结构、产品结构、能源结构和原材料结构。采取措施逐步淘汰原材料消耗高、耗能高、污染严重的工艺、设备，停止生产污染严重的产品。城市工业主管部门和环境保护部门，在审查固定资产投资项目时，应对工艺和设备的先进性、适用性及经济、环境效益进行论证，禁止采用耗能高、污染严重的工艺、设备。各工业部门应加强生产管理，制定

并争取实现同行业先进水平的原材料消耗定额和工艺设计标准。各企业应结合技术改造提高工业“三废”的回收和综合利用率,实现“三废”资源化。环境污染严重的城市,应逐步实行排放污染物总量控制,新增的污染物应在企业或城市区域内等量消减,在基本建设和技术改造中,应采取“以新带老”、“以大带小”和“工民互带”等措施,做到“增产不增污”。

四、积极推行污染集中控制,提高防治效益

城市环境综合整治必须从城市的总体效益出发,打破行业和部门界限,积极推行对污染的集中控制。对过于分散的污染源和不宜集中处理的特殊污染物,应进行单独处理或者预处理。

各级城市人民政府和有关部门应改变城市燃料构成和供热方式,控制大气污染,综合合理利用能源。城市新建、扩建燃煤电厂,应根据用电和供热的需要实行热电结合;对现有的中低压凝汽式发电机组,应改造为供热机组或采用大容量发电机组替代,以提高能源利用率。煤炭、石油、化工、冶金等部门,应优化能源利用,将适合民用的煤炭、可燃气及余热资源优先供应城市民用,发展城市燃气和集中供热,替代燃煤民用炉灶和分散供热锅炉。煤炭生产及供应部门应发展煤炭加工技术,提高煤炭洗选能力,积极发展工业和民用固硫型煤,对用户实行对路供应。机械部门要逐步淘汰燃烧效率低、污染严重的陈旧锅炉和机动车产品,推广燃烧效率高、污染轻的新产品,开发燃煤工业锅炉和炉窑的燃烧新技术,控制二氧化硫排放。

距离相近的企业和可以共同处理水污染物的企业,应对污染实行联合集中处理或者与生活污水一起处理。对造纸制浆、电镀、热处理等污染严重的行业,应逐步实行相对集中的专业化生产,并对排放的污染物进行集中处理。

企业排放固体废物应根据“减量化、资源化、无害化”的原则,做好综合利用和集中处理、处置工作。排放有毒有害废物必须进行申报登记,并严格依照有关规定,对有毒有害废物进行集中处理或处置,防止扩散和产生危害。

五、加强城市基础设施建设,提高综合防治污染能力

依据《国民经济和社会发展十年规划和第八个五年计划纲要》的要求,城市新区开发和旧区改造,要实行“统一规划、合理布局、因地制宜、综合开发、配套建设”的原则,继续加强城市供排水、公共交通、污染治理等市政公用设施的建设,进一步提高城市功能和环境质量。采暖地区城市的新区建设和旧区改造,尽可能实行集中供热,联片采暖,一般不得再建分散的公用供暖锅炉房;积极发展城市燃气,在城市附近开发的天然气要优先供给民用,替代民用小煤炉的燃烧方式。经济开发区和住宅小区的建设,应与集中供热、燃气化或型煤化、垃圾收集和处理、供排水系统、地面绿化、道路硬化等市政公用配套设施的建设同时规划、同时建设、同时交付使用。

“八五”期间,大、中城市应完善城市排水管网,特别是污水截流干管的建设,有计划地建设污水处理厂、氧化塘或采用科学措施解决污水排放问题,集中力量整治城区内不符合功能区水质要求的江、河段以及沟、渠、湖、塘。

大中城市要逐步实行垃圾收集容器化和密闭运输,近期以高温堆肥和卫生填埋等方式为主进行处理,改善城郊环境卫生状况,减少农田占用面积,鼓励垃圾综合利用,减少垃圾量。

加强城市道路桥梁的建设、养护和维修,尽快形成干道网,提高路面质量。有条件的特大城市,应适度发展立体交通,提高道路通行能力。控制交通噪声和机动车辆尾气污染。

加强以绿化为主的城市生态环境建设,覆盖城市街路两旁的裸露地面,并逐步建立一批立体绿化和楼顶花园的示范工程,提高城市绿化覆盖率。

六、疏通、拓宽资金渠道,扩大资金来源

城市人民政府应按照“谁开发谁保护,谁破坏谁恢复,谁利用谁补偿”和“谁污染、谁治理”的方针,采取有利于环境综合整治的经济政策,开辟各种资金渠道。

城市人民政府和有关部门对国家已经规定用于环境保护和城市建设的资金,要落实来源并合理安排使用,要管好、用好城市维护建设资金、环境保护补助资金,并适当增加预算内的环境保护资金;综合利用利润留成应当用于治理工业“三废”;土地使用权有偿转让收入,应重点用于城市建设和土地开发等。有条件实行污染集中控制的城市,企业、事业单位新建、扩建和改造项目污染防治设施的建设资金,应有相应部分用于集中处理设施的建设;根据《中华人民共和国水污染防治法》的规定征收的排污费和超标准排污费,应用于重点污染源的治理和环境污染的综合性治理;积极争取国外环境保护和城市建设的优惠贷款及赠款,进一步扩大资金来源。

七、加强城市环境管理,健全监督执法队伍

城市人民政府应进一步强化城市环境管理,进一步落实以环境保护目标责任制、城市环境综合整治定量考核和城市市容达标为核心的各项制度,加强城市建设和环境管理的法制建设,根据具体情况,制定切实可行的城市环境综合整治管理办法。城市人民政府环境保护行政主管部门,应依据《中华人民共和国环境保护法》,对环境保护实施统一监督管理,城市建设行政

主管部门对城市建设实行统一监督管理，公安、交通、土地等部门，也应依据有关法律规定和职责分工做好监督管理工作。

加强城市污染防治设施的使用管理，保证设施的完好率和使用效果。城市人民政府应积极组织开展创建“烟尘控制区”、“城市环境噪声达标区”的活动，评选城市环境综合整治优秀项目，推动环境综合整治工作的深入开展。

城市人民政府应根据《国务院关于进一步加强环境保护工作的决定》，建立健全城市环境管理监督执法队伍，增强执法力量。城市建设监察和环境保护监督执法人员应统一标志，持证进行监督检查。城市建设监察和环境保护监督执法队伍应依据分工各司其职，严格执法。对监督管理人员，应组织开展业务培训，建立考核制度，提高监督执法人员的素质，以适应城市建设和环境管理工作的需要。

以上意见，如无不当，请批转各地区、各部门贯彻执行。

5 月 16 日

海峡两岸经贸发展回顾及合作前景研讨会在北京举行

近 50 名海峡两岸经贸、工商界知名人士和专家学者在北京举行研讨会，交流双方发展国际贸易的做法，探讨两岸经贸合作的前景及方式，以增进相互间的了解，促进双向交流和经贸往来。

海峡两岸经贸发展回顾及合作前景研讨会，是由中国亚太地区贸易研究与培训中心，台湾中华经济研究院和台湾工商时报社共同主办的。海峡两岸关系协会会长汪道涵在开幕式上致辞说，近几年来，海峡两岸关系由紧张对峙到逐步缓和；两岸经贸关系由长期隔绝到日益发展，文化、科技、学术等领域的交往也日趋频繁。这一趋势得到两岸同胞的热情欢迎和支持。

汪道涵希望与会者本着科学务实的态度，解放思想，各抒己见，提出若干可行的建议消除阻碍，使两岸的经济贸易合作，朝着健康的正常的方向迈进。

台湾中华经济研究院政策研究顾问赵耀东在会上作了专题演讲。赵耀东说，整个中国的经济发展前途，是海峡两岸全体中国人共同关切的课题。从历史的发展以及世界趋势来看，目前正是整个中国经济发展力争上游、寻求突破的一大契机。海峡两岸唯有携手合作，更上一层楼。

台湾中华经济研究院院长于宗先在发言中认为，大陆与台湾的经济合作可产生截长补短的效果。台湾《工商时报》发行人余范英在开幕致辞中说，大陆改革开放正在深入和拓展，可以预料，不久的将来大陆的工业将会成为世界上不可忽视的经济力量。

中共中央政治局制定《中共中央关于加快改革，扩大开放，力争经济更好更快地上一个新台阶的意见》

这是中共中央为贯彻落实邓小平南方谈话精神而制定的专题方案，以中共中央文件下发。文件指出：抓紧有利时机，加快改革开放步伐，力争经济更好更快地上一个新台阶，是当前全党的战略任务。

为保证和促进企业经营机制的转换，必须加快配套改革的办法：一是转变政府职能，二是建立和完善社会劳动保障体系，三是培育和发展市场体系。关于进一步扩大开放，文件提出的措施包括，以上海浦东为龙头，进一步开放长江沿岸城市，逐步开放沿边城市，形成周边的对外开放格局等。为搞好政府机构改革、加强宏观调控能力，文件提出：加强国家计委宏观调控的职能，减少其具体事务；成立国家经贸委，协调日常经济工作；成立国务院农业和农村工作办公室，协调农口及有关部门的工作。

国务院关于成立经济贸易办公室的通知

各省、自治区、直辖市人民政府，国务院各部委、各直属机构：

为适应加快改革开放和经济建设的新形势，加强宏观调控和协调日常经济工作，国务院第 100 次常务会议决定，撤销国务院生产办公室，在原生产办公室的基础上成立国务院经济贸易办公室，办公室主任由朱镕基同志兼任。

国务院

一九九二年五月十六日

中共中央政治局常委乔石在人民大会堂会见叙利亚全国进步阵线代表团

乔石说，中国支持在联合国有关决议的基础上公正合理地解决中东问题。

乔石对阿拉伯国家重视加强彼此间的团结表示高兴。乔石说，近年来中叙两国关系发展得很好，相信这种关系会继续向前发展。乔石重申，中国坚定地同广大第三世界国家站在一起。我们主张，世界上所有国家应一律平等，国家之间要互相尊重。我们反对任何国家推行强权政治和霸权主义。

代表团团长、叙利亚进步阵线中央领导成员、社会主义统一分子党总书记法伊兹·伊斯梅尔在会见时高度评价中叙之间不断发展的友好关系。伊斯梅尔说，中国享有很高的国际威望，第三世界国家都很关注中国的发展情况。

中国和吉尔吉斯斯坦发表联合公报

中国和吉尔吉斯斯坦就吉尔吉斯斯坦总统阿·阿卡耶夫于5月12日至16日访华发表联合公报。

公报说，双方对中吉两国于今年1月正式建立外交关系表示满意，并认为这符合两国人民的愿望和利益，有助于维护亚洲和全世界的和平与稳定。中吉建立外交关系不针对第三国，也不损害第三国的利益。

中吉两国声明，彼此视作友好国家，并愿在相互尊重主权和领土完整、互不侵犯、互不干涉内政、平等互利、和平共处这些国与国之间关系的普遍原则的基础上发展相互关系。双方将以和平谈判的方式，以睦邻友好的精神解决两国之间的一切问题，相互不以任何形式使用武力或以武力相威胁。

公报说，两国领导人认为，双方观点的某些差异和不同做法是自然的，并不妨碍两国国家关系的正常发展。两国将就双边合作及其他共同感兴趣的问题经常进行政治磋商。两国领导人，议会、各部门、社会团体的负责人将经常保持接触。两国愿共同致力于巩固和加深各领域的互利合作，特别是扩大在政治、经贸、科技、运输、教育、卫生、文艺、新闻、旅游等领域的交往。

双方认为，双边经济合作具有巨大潜力，将促进这一领域关系的进一步发展，在经济合作方面支持采用世界通用的一切形式。双方商定，两国的主管机关将在与有组织的犯罪、国际恐怖活动、贩毒、走私和其他犯罪活动的斗争中合作。这方面的合作形式和办法将专门商谈。

双方对中国同原苏联在边界谈判中就现中吉边界地段所取得的成果给予积极评价。双方将以有关目前两国边界的条约为基础，根据公认的国际法准则，本着平等协商、互谅互让的精神，继续讨论尚未解决的边界问题，以尽快找到双方都能接受的公平合理的解决办法。双方愿就在中吉边境地区裁减军事力量和信任措施问题举行谈判，以期取得实际成果。

公报说，吉尔吉斯斯坦政府承认中华人民共和国政府是中国唯一合法政府，台湾是中国领土不可分割的一部分。吉尔吉斯斯坦政府确认不和台湾建立任何形式的官方关系。中国政府支持吉尔吉斯斯坦政府维护民族独立、发展经济所作的努力。

公报说，两国领导人的会谈表明，两国在和平与发展、裁军、防止军备竞赛和反对在国际事务中推行霸权主义等当代基本问题上立场相近。两国将继续为维护亚太地区以及全世界的和平与稳定做出积极贡献。双方认为，各国都有权根据自己的特点选择社会制度、意识形态、经济模式和发展道路，这方面的差异不应妨碍各国之间的正常关系和合作。国家不分大小、强弱、贫富，在参加讨论和解决世界事务方面都具有平等的权利。双方将遵循联合国宪章的宗旨和原则以及两国各自加入的其他国际协定和条约。

公报最后说，双方对中吉首次高级会晤的成果表示满意。中吉人民传统的友好睦邻关系掀开了新的一页，两国领导人对此给予高度评价。双方相信，两国关系的发展前景是美好的。

外交部发言人就不结盟运动协调局部长级会议中国为观察员国问题答记者问

有记者问发言人：你对不结盟运动部长级会议同意接纳中国为观察员有何评论？

发言人回答："我们对不结盟运动协调局部长级会议的这一决定表示赞赏。"他说，不结盟运动是当代维护世界和平、促进世界发展的重要力量，中国一贯坚决支持它的事业。中国奉行的独立自主的和平外交政策，同不结盟运动的基本原则和宗旨是完全一致的。

发言人说，中国成为不结盟运动的观察员标志着中国与不结盟国家之间的友好合作进入了一个新的阶段，这必将有利于促进世界的和平与发展。

中国展团在第8届美国匹兹堡发明与新产品展览会上获17项金奖18项银奖4项铜奖

国家教委召开新闻发布会公布1991年全国学生体质健康监测结果

由国家教委、国家体委、卫生部、国家民委、国家科委联合进行的这次监测，涉及全国30个省、市、自治区的省会城市及其郊区农村。监测结果表明，"七五"期间，我国学生体质健康水平又有明显提高。主要表现在：身高、体重明显增长，50米跑、立定跳远、引体向上、仰卧起坐成绩明显提高，几种主要的常见病患病率有不同程度的下降。但是，学生耐力有所下降；近视眼、龋齿患病率仍然较高；体重不足（含营养不良）及超体重（含肥胖）的检出率略有上升；部分地区和少数民族低血红蛋白检出率与蛔虫卵感染率较高。

5月17日

国家主席杨尚昆在钓鱼台国宾馆会见马绍尔群岛共和国总统阿马塔·卡布阿和夫人

国务院副总理田纪云在第二个全国助残日代表党中央国务院向残疾人表示慰问

早上，田纪云来到残疾人福利企业——北京汽车配件厂，详细询问了厂里的生产经营和残疾人的工作、生活以及住房、婚姻等情况，代表党中央、国务院向残疾人表示慰问。

台湾著名物理学家吴大猷抵达北京参加学术活动并走访北京天津北京大学授予他名誉教授称号

中华人民共和国政府和马绍尔群岛共和国政府在北京签订民用航空运输协定

5月18日

国家主席杨尚昆在人民大会堂会见印度总统拉马斯瓦米·文卡塔拉曼

杨尚昆说,中印两国人民的友好交往有2000多年的历史。50年代,周恩来总理和尼赫鲁总理共同倡导了和平共处五项原则,在国际上产生了重要影响。中印两国人口加起来有20亿,两国均资源丰富,且面临着现代化建设的共同任务,经济上具有一定的互补性,两国发展合作的领域是广阔的。中国政府愿意在和平共处五项原则的基础上进一步发展两国在各个领域的合作。杨尚昆表示相信,总统阁下这次对中国的访问必将取得圆满成功。

国务院总理李鹏在钓鱼台国宾馆会见马绍尔群岛共和国总统阿马塔·卡布阿

李鹏表示,中国对同马绍尔群岛共和国发展经济合作关系持积极态度,希望双方有关部门就具体合作领域进行商谈。

李鹏在介绍中国的外交政策和中国在建立国际政治和经济新秩序方面的主张时表示,中国一贯重视在和平共处五项原则的基础上,同包括马绍尔群岛共和国在内的南太平洋国家发展友好合作关系。他积极评价南太平洋论坛在地区和世界事务中发挥的作用,并感谢马绍尔群岛共和国在国际事务中对中国的支持。

卡布阿希望今后同中国在渔业等多种领域加强合作。

国务院总理李鹏签署第99号令公布《国务院关于修改〈国营企业实行劳动合同制暂行规定〉第二条第二十六条的决定》

《国务院关于修改〈国营企业实行劳动合同制暂行规定〉第二条第二十六条的决定》已经1992年4月24日国务院第一百零二次常务会议通过,现予发布,自发布之日起施行。

总理 李 鹏

1992年5月18日

国务院关于修改《国营企业实行劳动合同制暂行规定》第二条第二十六条的决定

国务院决定对《国营企业实行劳动合同制暂行规定》第二条和第二十六条作如下修改:

一、第二条修改为:

企业在国家劳动工资计划指标内招用常年性工作岗位上的工人,实行劳动合同制。劳动合同可以采用有固定期限、无固定期限和以完成一项工作为期限三种形式,均须依照本规定签订劳动合同。

二、第二十六条修改为:

国家对劳动合同制工人退休养老实行社会保险制度。退休养老基金的来源,由企业和劳动合同制工人缴纳。退休养老基金不敷使用时,国家给予适当补助。

企业缴纳的退休养老基金,在缴纳所得税前列支,缴纳的数额为劳动合同制工人工资总额的百分之十五左右。由企业开户银行按月代为扣缴,转入当地劳动行政主管部门所属的社会保险专门机构在银行开设的"退休养老基金"专户。对逾期不缴的,依照规定加收滞纳金。

劳动合同制工人缴纳的退休养老基金数额为不超过本人标准工资的百分之三,由企业按月在工资中扣除,向当地劳动行政主管部门所属的社会保险专门机构缴纳。

经国务院批准按系统实行统筹的,企业和劳动合同制工人应当依照国家有关规定向该系统的主管部门所属的社会保险专门机构缴纳退休养老基金。

退休养老基金存入银行的款项,按照城乡居民个人储蓄存款利率计息,所得利息转入退休养老基金项下。

本决定自发布之日起施行。

第二届全国电子信息应用会议在北京召开

国务院副总理吴学谦在钓鱼台国宾馆会见以台湾中华经济研究院政策研究顾问赵耀东为顾问的台湾代表团全体成员

全国哲学社会科学"八五"重点课题和1992年度中华社会科学基金及青年社会研究基金课题评审工作基本结束

国家主席杨尚昆在人民大会堂会见泰国枢密院大臣正大集团顾问委员会主席西提·沙卫西拉

外交部副部长杨福昌同塞浦路斯外交部部长乔治·亚科武在尼科西亚举行会谈

亚科武外长欢迎中国成为不结盟运动观察员,双方指出在当前国际形势下，不结盟运动作为一个国际政治组织在解决第三世界面临的问题和处理南北关系方面发挥作用是非常重要的。关于当前国际形势，双方一致认为应建立一个公正合理的国际新秩序，世界各国不论其大小，都应享有平等的权利。

波兰政府总理奥尔谢夫斯基在华沙会见正在波兰访问的由陈慕华副委员长率领的全国人大代表团

国家环保局局长曲格平荣获联合国授予的1992国际环境奖 这是国际环境领域的最高荣誉

5月19日

中共中央总书记江泽民在中南海会见印度总统拉马斯瓦米·文卡塔拉曼

会见时江泽民说，"中印是两个发展中大国，在国家建设和经济发展方面都有各自的经验，加强相互交流和学习是十分有益的。"

江泽民说，为了提高经济效益，国营企业要转变经营机制。同时，要发展社会保险事业，特别是要大力发展第三产业。江泽民还强调，中国的改革和发展必须在保持社会稳定的条件下进行。

江泽民说，国际形势发生了深刻的变化，世界正朝着多极化方向发展。中国致力于建立一个公正、合理的国际政治经济新秩序。江泽民说，中印两国共同倡导的和平共处五项原则，应成为建立国际新秩序的基础。任何国家都不应谋求霸权和推行强权政治。

文卡塔拉曼总统说，第三世界国家要团结起来保卫自己的利益。在这个过程中，印中两国可以发挥重要作用。

江泽民阐述了中国在人权问题上的立场，文卡塔拉曼总统表示同意。文卡塔拉曼说，"人权问题要考虑各国的具体情况。对于发展中国家来说，首先要使人民能够就业，基本生活有保证。任何国家或国家集团都无权对其他国家进行无端指责。"

江泽民说，"总统讲得好。中印两国人口加在一起达20亿。我们首先要保证人民的生存权，使人们吃饱、穿暖，这不仅是本国的稳定与发展所必需的，而且也是对世界和平与稳定的重要贡献。"

国务院总理李鹏在钓鱼台国宾馆会见印度总统拉马斯瓦米·文卡塔拉曼

李鹏赞扬印度在经济、科技方面所取得的成就，认为中印两国在这些方面可以进行卓有成效的合作。

李鹏说，中印边界问题是历史遗留下来的，中国和印度都主张通过谈判解决。李鹏表示相信，只要双方继续努力，这个问题是会找到解决办法的。中印两国都是发展中国家，都面临着艰巨的发展本国经济的任务。中印边界成为和平友好的边界符合两国人民的根本利益。当前，双方可以在两国领导人达成谅解的基础上，抓紧协商，继续采取必要的信任措施，确保边界地区的和平与安宁，为解决边界问题创造良好的气氛和条件。

文卡塔拉曼重申，西藏是中国的一个自治区，西藏问题是中国内政，外国不得进行干涉。印度政府不支持达赖喇嘛在印度领土上进行任何反对中国政府的政治活动。

全国人大常委会委员长万里在人民大会堂会见由议长杨亨燮率领的朝鲜最高人民会议代表团

万里说，在当前国际形势下，两国领导人增加交往，对增进相互了解，加强友好合作，促进共同发展具有重要意义。欢迎代表团在近两个星期的访问期间到各地多看看，以加深对中国的了解。万里向客人介绍了中国人民在邓小平同志南方谈话精神鼓舞下加快改革开放的情况。

杨亨燮说，朝鲜人民把90年代作为祖国和平统一的年代，并将为此作出不懈的努力。万里表示，中国人民很关心朝鲜的统一问题，对朝鲜人民在这方面取得的每一个进展感到高兴。

波兰总统瓦文萨在华沙会见由全国人大常委会副委员长陈慕华率领的全国人大代表团

瓦文萨总统说，波兰历来重视中国这个世界上大国的作用，主张与中国交往并发展两国的合作关系。瓦文萨认为，两国在各个领域有着进行合作的巨大潜力，两国应采取切实有效的措施，使这种潜力得到发掘和利用。波兰政府支持加强两国合作的步骤并保证为此创造有利的条件。

陈慕华说，中国政府赞赏波兰坚持一个中国的立场，即只承认中华人民共和国的立场，认为与波兰发展友好合作关系符合两国人民的利益。

陈慕华指出，中国方面近年来采取了诸如在波兰增设专业公司代表处、创办免税仓库等措施，以扩大两国经贸合作。她希望中波两国政府对此给予关怀和指导。

中国残疾人联合会主席邓朴方和印度总统夫人贾娜娅·文卡塔拉曼在中国康复研究中心会面

全国海关纪检监察会议在北京召开

全国海关纪检监察会议日前召开。海关总署署长戴杰在会上指出，海关纪检监察工作，要支持敢想敢闯者，对在前进中出现失误的改革创新者，要积极给予帮助指导，对那些明知故犯的违法违纪者，则要予以严厉打击。

澳门基本法起草委员与全国人大代表全国政协委员座谈

澳门基本法起草委员会委员与澳门和内地的人大代表、政协委员举行座谈，听取他们对澳门基本法(草案)的意见和建议。

座谈会由全国人大常委、澳门中华总商会会长马万祺主持。澳门基本法起草委员会主任委员姬鹏飞，副主任委员胡绳、王汉斌、钱伟长、郭东坡，秘书长鲁平等出席座谈会。

10 位人大代表、政协委员在座谈会上发言。他们认为，这是国家重视基本法起草工作，关心澳门前途和当地居民福祉的表现。

与会者表示，澳门基本法起草工作是成功的。现在的基本法(草案)体现了"一国两制"方针和中葡联合声明精神，既维护了国家主权，又照顾到了澳门的实际情况，确保将来澳门特别行政区能够实行高度自治，继续保持稳定和发展。他们认为，基本法(草案)将会得到澳门绝大多数居民的认同，为他们所接受。

全国人大常委会副委员长海协会名誉会长荣毅仁海协会会长汪道涵在人民大会堂会见台湾中华经济研究院政策研究顾问赵耀东和中华经济研究院院长于宗先

香港民主建港联盟筹委会正式宣布筹组政治团体

第四届北京国际化纤会议开幕

纺织部部长吴文英在第四届北京国际化纤会议开幕式上表示，为了实现我国化纤工业持续稳定的发展，中国要进一步扩大对外合作，引进新技术、新工艺、新设备及先进的经营管理。

来自国内外化纤界的 500 多名代表出席了第四届北京国际化纤会议。

国务院总理李鹏就中印双边关系国际和地区问题答印度记者问

在印度总统拉马斯瓦米·文卡塔拉曼访华之际，李鹏总理在钓鱼台国宾馆接受印度报业托拉斯驻京记者贾亚拉姆的采访，就中印双边关系、国际和地区问题回答了提问。

当被问及进一步发展中印关系应采取哪些步骤时，李鹏总理说："我们热烈欢迎文卡塔拉曼总统对中国的国事访问。为了进一步发展两国关系，有必要保持两国高级领导人来往的势头，双方各部门的负责人要经常接触，民间交流也应该加强。只有通过交流，才能加深了解，增进友谊，达到加强合作的目的。"

李鹏说，中国和印度是两个人口最多的发展中国家，又是邻国，双方可以合作的领域是广阔的。首先，在国际问题上，两国有许多共同点，可以互相配合、互相支持。其次，中印两国都在致力于经济建设，虽然国情不尽相同，但彼此间仍有许多经验可以交流。例如，中国在进行改革开放，印度在发展农业上有"白色革命"，双方各有所长。此外，两国还可以在经贸、科技、文化等领域加强合作与交流。

李鹏说，当然，两国间也存在一些问题。边界问题是历史遗留下来的。去年 12 月我访问印度期间以及年初安理会举行首脑会议时，我同拉奥总理都进行了会谈，双方都表达了积极解决边界问题的愿望，同时也商定了解决这一问题的原则。今年初，中印边界联合工作小组举行了会谈，取得了一些进展，双方正在继续就采取信任措施等问题进行商讨。边界问题虽然有一定难度，但我相信，只要双方不断努力，问题终究是可以解决的。我们希望中印之间有一条和平、友好、合作的边界，因为这符合中印两国人民的根本利益。

在回答中国对召开南亚核不扩散问题五国会议的态度时，李鹏总理说，中国奉行独立自主的和平外交政策，一贯主张国际社会应认真对待和解决和平与发展两大问题。中国支持各地区有关国家在自愿基础上建立无核区与和平区的努力。因此，拟议中的这个会议只要符合和平与发展的原则，其他有关各国都表示同意参加，从中国方面来说，参加这个会议没有困难。

在谈到中亚地区最近发生的变化以及中国如何看待这一新形势时，李鹏说，众所周知，苏联解体以后，中国迅速承认了原苏联的 15 个共和国，并且与其中的大多数国家建立了外交关系，经贸往来也在开展。

李鹏说，中亚地区各共和国与中国有很长的边界线或是中国的近邻。中国很重视同这些国家发展睦邻友好关系。现在，中国和这些中亚国家关系发展的势头是令人满意的。最近哈萨克斯坦总理、乌兹别克斯坦总统、吉尔吉斯斯坦总统和总理先后对中国进行了正式友好访问。此外，我国的新疆同中亚国家的边境贸易发展得很快。

李鹏指出，在这些国家中也存在一些不安定因素，例如塔吉克斯坦的局势比较混乱。中国对待这一类问题一贯遵循和平共处五项原则的精神，不干涉别国的内政。

李鹏说:“总的来讲,我们对发展同中亚国家的关系感到乐观。”

国务院总理李鹏会见四国离到任大使

这四位大使是:阿尔巴尼亚离任大使尤斯廷·帕帕约尔吉、以色列首任驻华大使苏赋特、博茨瓦纳新任大使马腾骥和埃塞俄比亚新任大使海尔·乔吉斯·布鲁克。

中共中央政治局常委宋平在钓鱼台国宾馆会见由民主党副总书记塞茨博霍率领的博茨瓦纳民主党代表团

宋平说,中博两党自1980年建立关系以来,双方一直保持着友好交往。两党就共同关心的问题交换看法,对于增进相互了解和友谊很有好处。

塞茨博霍副总书记说,博中两党有着很好的关系。两党之间的友谊和友好往来促进和加强了两国之间关系的发展。这次代表团来访,双方就一些共同关心的问题举行了富有成果的会谈,进一步加强彼此间的关系,有助于更好地了解中国。

宋平赞赏博茨瓦纳民主党在马西雷总统领导下,奉行独立自主、反对种族主义、坚持和平与发展的政策,赞赏博茨瓦纳人民在发展经济、维护民族独立和提高生活水平方面所取得的成就。

宋平强调,在当前国际形势发生重大变化的情况下,中国主张在和平共处五项原则的基础上建立新的国际政治、经济秩序。中国反对一国或一些国家控制世界事务。

国务院副总理朱镕基会见参加第四届北京国际化纤会议的外国代表

朱镕基说,中国的化纤工业是在改革、开放中发展起来的,中国愿意在今后的化纤工业发展中继续加强和世界各国的合作。

朱镕基说,化纤工业是中国进行产业结构调整中大力发展的一个重要方面,中国为此要投入大量资金和人力。没有改革、开放的政策,就没有中国今天的化纤工业,中国化纤工业今后将有大的发展,希望加强和扩大与外国的合作。

中美知识产权管理研讨会在北京开幕

来自中美两国法律界、科技界和经济界的专家学者共同研讨知识产权管理问题。

国务委员兼国家科委主任、国务院知识产权领导小组组长宋健出席研讨会并讲话。

美国驻中国大使芮效俭说,实施知识产权保护是中国经济体制改革的一个重要因素。我很欣赏中国至今所做的努力,我也很乐观地相信中国通过她的改革,包括确实保护知识产权——一个科技复兴将在中国成为现实。

国务委员兼国务院知识产权领导小组组长宋健在中美知识产权管理研讨会上发表讲话

宋健在中美知识产权管理研讨会上发表讲话时说,知识产权的法律制度是保护科学、技术和文化成果的基本法制,也是促进科技成果商品化、产业化和国际化的重要保障。中国一贯倡导和实践尊重知识、尊重人才的方针,重视保护知识产权。特别是近10年来,我国相继颁布了《商标法》、《专利法》、《技术合同法》、《著作权法》和《计算机软件保护条例》等,初步形成了知识产权保护的法律体系。在知识产权立法和实践方面,我国正在努力向国际标准靠拢。采取多数国家所采取的规范,积极推进世界知识产权制度朝着国际化的方向发展,以利于扩大国际科技合作与交流。中美两国通过协商,在1991年4月,就科技合作协定达成知识产权附件,本着互利、互惠的原则,就科技合作知识产权的归属和分享作出了妥善安排,两国已于去年5月续签了政府间科技合作协定。今年1月,两国政府本着双边贸易协定的合作精神,根据有关国际协定的原则,签署了保护知识产权的谅解备忘录,就立法进度和保护水平达成相互谅解。所有这些符合两国人民的根本利益。

宋健说,扩大知识产权保护范围,提高保护水平,强化知识产权管理,是我国经济体制改革和科技体制改革的重要内容,也是执行对外开放方针的重要组成部分。目前,中国已加入世界知识产权组织,加入了《保护工业产权的巴黎公约》和《商标国际注册的马德里公约》,积极支持缔结《集成电路知识产权保护公约》。我国正在加快专利法的修改工作,争取通过立法程序,从1993年1月起,对药品和化学物质的产品实行专利保护,保护期从15年延长至20年,并给予专利权人以进口权。我国还将争取在今年10月加入《保护文学艺术作品的伯尔尼公约》,对所有公约成员国起源的、并在起源国未进入公有领域的作品,包括计算机软件,给予保护。其中将计算机软件作为文字作品保护50年,不要求履行手续。我国争取在1993年6月加入《保护唱片制作者防止其唱片被擅自复制的日内瓦公约》,按照伯尔尼公约第十八条规定,对现有唱片、录音制品给予保护。我国商标法修改工作也正在积极进行,将增加服务商标,以实现对服务标记的有效保护,补充对驰名商标的特别保护,强化商标专用权的保护力度。与此同时，我国有关主管部门正在积极研究保护商业秘密和制止不正当竞争的问题，争取在 1994 年 1 月制定有关规定。除了通过立法保护知识产权外，我国还根据鼓励外国先进企业来华投资和技术转让的有关政策，采取灵活的行政措施对外国的技术和产品给予适当的行政保护，作为知识产权法律的补充。这项政策的基本原则将适用于一切国家和地区。可以预计，在近一二年内，中国知识产权保护的环境将有较大幅度的改善。

宋健指出，立法是法制建设的第一步，更重要的是要付诸实施，加强对实施的监督，完善知识产权管理制度，建立符合国际惯例的研究开发和经营机制。我们将在全国范围内普及知识产权法律知识，提高整个社会的法律意识，按照有法可依、有法必依、执法必严、违法必究的原则，加强法律实施环节，加强各部门、各地区以及行业、企业、科研机构、大专院校等的知识产权管理，加快知识产权情报信息服务系统的建设，提倡重合同，守信用，按照知识产权规范和国际商业习惯开展经济、技术、贸易、投资等合作与交流。

解放军总参谋长迟浩田在首次全国民兵和预备役部队基层建设工作会议上发表讲话

迟浩田在会议上讲话时强调，加强新时期我军后备力量建设，必须以党的基本路线作指导，适应加快改革开放的新形势，做到国防建设与经济建设互相促进，协调发展，努力使国防后备力量建设上一个新台阶。

迟浩田说，加强后备力量建设，是我们党的一贯思想。毛泽东同志早在革命战争时期就提出了“兵民是胜利之本”的光辉思想，邓小平同志在新的历史条件下一再强调要把民兵工作提到战略地位，以江泽民同志为核心的党中央十分重视后备力量建设，强调“实行精干的常备军和强大的后备力量相结合，建设现代化国防”。

迟浩田指出，国防建设是国家四化建设的重要方面。我们既要毫不动摇地以经济建设为中心，集中精力把经济建设搞上去，又要牢固树立无兵不安、无兵不稳的思想，做到越是改革开放，越是要重视和加强国防后备力量建设。

迟浩田指出，新时期民兵预备役工作的指导思想是服从国家经济建设大局，适应国防建设需要，在服从大局中发展，在适应需要中提高。为此，我们必须在坚持传统制度的基础上改革创新，特别注意研究民兵预备役工作如何进一步适应国家和军队改革的新形势，创造出新条件下做好民兵预备役工作的新措施、新办法，建立起与城乡政治、经济体制改革相适应的民兵工作运行机制。要充分发挥民兵预备役部队在改革开放、发展经济和精神文明建设中的重要作用。迟浩田强调，加强后备力量建设，必须抓好民兵工作“三落实”。把县(市)人武部和乡(镇)、厂矿企业的武装部建设好，是抓好“三落实”的关键。

5 月 20 日

中共中央总书记江泽民在中南海会见由议长杨亨燮率领的朝鲜最高人民会议代表团

江泽民说，中朝两国的关系很好。两国领导人的频繁互访，对于进一步加强两党、两国议会和两国人民之间的友谊是十分必要的。我们高兴地看到，朝鲜半岛的局势正朝着缓和与稳定的方向发展，我们坚决支持金日成主席提出的自主和平统一祖国的主张。

江泽民在介绍中国情况时说，今年初邓小平同志巡视南方时的重要讲话对全党全国人民是很大的鼓舞。我们正在努力贯彻党的“一个中心、两个基本点”的基本路线，抓住有利时机，加快改革开放，千方百计把经济搞上去。

全国人大常委会副委员长彭冲等会见时在座。

国务院召开第 105 次常务会议

国务院总理李鹏主持召开国务院第 105 次常务会议。会议讨论并原则通过《城市市容和环境卫生管理条例(草案)》和《城市绿化条例(草案)》。

会议认为，城市市容和环境卫生事业是城市建设中不可缺少的组成部分。近几年来，各地在城市市容和环境卫生管理方面做了大量的工作，取得了一定成绩。但是，这些方面的管理工作仍然比较落后，一些城市对市容和环境卫生事业没有给予应有的重视，致使“脏、乱、差”的情况还没有从根本上得到改变。为了加强城市市容和环境卫生管理，创造清洁、优美的城市工作和生活环境，促进城市社会主义物质文明和精神文明建设，制定一部全国性的市容和环境卫生管理法规，是十分必要的。

在讨论《城市绿化条例(草案)》时，会议指出，自全国人大发布《关于开展全民义务植树运动的决议》以来，城市全民义务植树和绿化事业蓬勃发展，人均公共绿地面积和绿化覆盖率都有所提高。根据全国 450 个城市的统计，我国城市人均公共绿地面积达 3.7 平方米，近年来每年增长 0.1 平方米；绿化覆盖率达 17.8%，年递增速度为 1%。但由于我国城市绿化的基础较差，城市绿化的实际水平还很低，侵占绿地、损坏树木花草的现象也很严重。会议认为，为促进城市绿化事业的发展，改善生态环境，美化生活环境，增进人民身心健康，应尽快制定和发布关于城市绿化工作的条例。

会议决定将这两个条例(草案)作进一步修改后由国务院发布施行。

国务院纠正行业不正之风办公室和全国治理“三乱”领导小组办公室联合发出通报

国务院纠正行业不正之风办公室、全国治理“三乱”领导小组办公室近日就山东、河北两省整顿道路检查工作联合发出通报，要求各地区、各部门要借鉴山东、河北两省的经验和做法，把治理整顿道路检查问题作为纠正行业不正之风和治理“三乱”的一项重要内容，进一步抓紧抓好，力争在今年抓出明显成效。

通报指出，今年1月27日，《农民日报》刊登《八百公里跟车记》一文，反映山东、河北等地一些道路检查站存在严重的乱收费、乱罚款等问题。山东和河北省委、省政府对此非常重视，当即组织力量，就报纸披露的问题进行调查核实，很快查清了河北景县城关检查站、山东泗水县苗馆、尧山检查站等乱收费、乱罚款的人和事，并要求有关部门领导代表政府到北京、莱芜等地向农民运销户表示慰问，赔礼道歉，退还乱收、乱罚的钱款，以挽回影响。

山东、河北省在查处有关人和事的同时，下决心抓了全面整顿道路检查问题。

经过一段时间的治理，山东、河北两省的道路检查秩序明显好转。国务院有关领导就此指出，农民进入流通，对解决农村的富余劳动力，活跃城乡经济是非常重要的，乱设关卡、乱施罚款，必将挫伤农民参与运销的积极性，不利于农村的改革与发展，也会影响城市的供应。因此必须下更大的力气纠正行业不正之风和治理“三乱”。

国家主席杨尚昆根据全国人大常委会的决定任免驻外大使

免去吴顺豫的中华人民共和国驻刚果共和国特命全权大使职务。

任命叶弘良为中华人民共和国驻刚果共和国特命全权大使。

国家安全部门负责人就《华盛顿邮报》记者孙晓凡从事与外国驻京记者身份不符的活动发表谈话

这位负责人说：5月17日下午，北京市国家安全局人员依法对美国《华盛顿邮报》驻京记者孙晓凡的办公室进行搜查，查获孙非法获取的中国的机密文件十多份。

中国国家安全人员向孙晓凡指出，她从事了与外国驻京记者身份不符的活动，违犯了中国的法律，向她提出严重警告。安全人员依法将这些机密文件登记扣押，孙在文件清单上签了字，并注明这些文件是从她办公室取出的。

国家核安全局向中国核动力研究设计院发给中国第一座脉冲反应堆等5个民用核设施运行许可证

中共中央总书记江泽民在中南海怀仁堂与首都应届高校毕业生代表举行座谈

江泽民、李铁映、李锡铭等与近百名首都应届高校毕业生围坐在一起，就祖国经济发展战略目标，党和人民对当代青年的期望和大学生的历史责任等问题，进行座谈。

北京航空航天大学学生赵国庆，全国高校优秀毕业生事迹巡回报告团成员，江汉石油学院毕业生廖永远，清华大学学生梅鑫，北京大学学生伍浩，北京师范大学学生郑浩峰，北京农业大学研究生丁爱冬，北京理工大学学生张永祥等，先后在座谈会上发言。他们提出，青年人要在改革开放中为社会主义建功立业，必须走扎根基层之路，在实践中锻炼成长。他们表示，在改革开放的伟大实践中，大学生会有大作为，基层是大学生最好的锻炼场所，祖国的需要，就是大学生的志愿，应把自己的根扎到祖国最需要的地方。

江泽民发表讲话。

中共中央总书记江泽民与首都应届毕业生代表座谈时发表讲话《为国家为人民贡献青春智慧和力量》

听了各位同学的发言，很受教育和启发。我感到你们这一届大学毕业生意气风发，对祖国的未来，对建设和改革事业的前途充满信心。在大学毕业的时刻，心情自然是很激动的，因为这对大学生来说是人生中的一个重要转折点，从此就要走向社会，为国家为人民贡献自己的青春、智慧和力量。

新中国成立以来，特别是党的十一届三中全会以来，党和政府十分重视教育工作，高等教育有了很大的发展，质量在逐步提高，高等教育体系也在逐步改进和完善。近几年，各高等学校认真贯彻党的基本路线，在坚持社会主义的办学方向，加强和改进高校党的建设和思想政治工作，改革和发展高等教育事业等方面，做了大量的工作，不断取得新的成绩和进步。四十多年来，已有一千多万高校毕业生先后走上工作岗位。他们在生产、科研、教学、经济和社会管理等方面发挥了重大的作用，成为我国社会主义现代化建设的一支非常重要的骨干力量。

我们的现代化建设和改革开放已进入关键时期，迫切需要大量朝气蓬勃、品学兼优、有知识有创造精神的人才。今年又有六十多万大学生和研究生毕业，投身到建设和改革的伟大实践中去，并将成为各条战线的生力军。这是一件可喜可贺的事情。

在大学期间，同学们在学校领导和老师的关怀与教育帮助下，通过自己的辛勤努力，在德智体诸方面都得到了发展和提高。特别值得指出的是，与以往各届毕业生相比，你们这一届在政治方面经历了一些特殊的锻炼和考验。一九八九年，我们党和政府胜利地平息了政治风波。不久，东欧发生剧变。接着是海湾战争，再后是苏联的“八·一九”事件和苏联的解体。总之，你们在上大学的这几年经历了不少重大的事件。同学们从中提高了对资产阶级自由化、民主社会主义等错误思潮的识别和抵制能力，提高了对它们危害性的认识。世界社会主义遭受了严重挫折，但决不是社会主义的失败，也决不证明资本主义具有什么“永恒”的生命力。通过这些活生生事实的教育，同学们更加相信有中国特色的社会主义道路的正确，更加拥护中国共产党的领导。这一点从今天同学们的发言中，也可以深切地感受到。通过参加各种形式的社会考察和社会实践活动，广大同学亲眼看到、亲身体会到改革开放十多年来，我们国家发生的巨大变化和取得的伟大成就，提高了拥护和坚持党的“一个中心、两个基本点”的基本路线的自觉性。大学生中认真学习马列主义、积极要求入党的人大大增加了，政治上有了可喜的进步。与此同时，勤奋好学、锐意进取、严谨求实的治学态度也正在校园里蔚然成风。

在毕业分配方面，同学们主动要求到经济建设的主战场，到大中型企业，到农业第一线，到艰苦的地方去奋斗、创业的积极性提高了。振兴中华，报效祖国，为建设有中国特色的社会主义事业奉献青春才华，已成为越来越多的青年大学生的志向。面对这些新的景象，我们的党、政府和人民感到由衷的高兴和自豪。

我国广大知识分子，始终是与祖国和人民同甘苦、共命运的，不愧为国家、民族和社会的脊梁。十一届三中全会以来，广大知识分子是坚决拥护党的路线方针政策、拥护四项基本原则、拥护改革开放的，是一支正在为祖国的社会主义现代化建设创造丰功伟绩的优秀队伍。党和人民对知识分子队伍的新鲜血液——大学毕业生十分信任，一直寄予厚望，相信他们会继承和发扬我国知识分子的优良传统，在加快经济建设和社会进步中发挥重要的作用。

九十年代，是我国现代化建设和改革开放事业发展的关键时期。现在，全党全国人民正在认真贯彻邓小平同志视察南方的重要谈话和中央政治局全体会议的精神，进一步解放思想，抓住有利时机，加快改革开放步伐，力争使我国经济更好更快地上一个新台阶，同时坚持“两手抓”的方针，促进社会的全面进步。这已成为广大干部和广大工人、农民、知识分子的统一认识和统一行动。当前的形势是很好的。对于即将走上工作岗位的同学们来说，正可以在广阔的领域里大有作为。

根据邓小平同志的设计和部署，我国的社会主义现代化要实行“三步走”的发展战略。第一步战略目标即国民生产总值翻一番，解决人民的温饱问题，已提前实现。第二步战略目标是到本世纪末，实现国民生产总值翻两番，人民生活达到小康水平。第三步战略目标是到下个世纪中叶，使人均国民生产总值达到中等发达国家的水平，人民生活比较富裕，基本实现现代化。到那时，我们的经济实力和综合国力将大大增强，有中国特色的社会主义事业就可以完全巩固起来，并充分显示其巨大的优越性和生命力，我国人民必将为世界和平和人类进步事业作出更大的贡献。所以，实现“三步走”的战略目标，是中国有史以来从未有过的最壮观的宏伟蓝图，是中国人民的一个新的雄心壮志。从鸦片战争到本世纪中叶的一百年间，多少仁人志士，我们的革命先烈、老一辈的中国共产党人和工人、农民、知识分子，经过前仆后继、千辛万苦的持续奋斗，终于取得了中国革命的胜利，实现了中华民族的独立和中国人民的解放。这是近代以来中国人民梦寐以求的第一个雄心壮志。从新中国成立到下个世纪中叶的一百年间，相信当代的中国共产党人和工人、农民、知识分子，经过发愤图强、艰苦创业的持续奋斗，也必将能够胜利地实现第二个雄心壮志。这个历史的责任，特别是实现第三步战略目标的重担，将主要落到包括同学们在内的年轻一代身上。希望大家要充分认识自己所肩负的历史责任和历史使命，从而更加自觉地加倍学习，加倍工作，为国为民建功立业。

要加快我国经济和社会的发展，国内外的大量事实表明，一个关键问题就是必须依靠科学技术的不断进步和全体劳动者素质的不断提高。而科学技术的进步和劳动者素质的提高，都离不开发展教育，培养人才，充分发挥知识分子的作用。十几年前，邓小平同志就提出，必须在全党全社会造成尊重知识、尊重人才的良好风尚，后来又提出了科学技术是第一生产力的著名论断。建设和改革的实践愈来愈深刻地证明，邓小平同志的这些论断是高瞻远瞩和完全正确的。我国现在的经济实力还比较薄弱，用于发展教育和科学技术的财力有限；但是随着经济的发展，必须不断地增加对教育和科技的投资，这应成为我们十分明确的指导思想。不少外国学者认为，掌握现代科学文化知识的人力资源，是一个国家经济繁荣的关键，而各种方式的教育则是保持和加强人力资源最重要的手段；对教育的套进行。在深化改革的同时,我们还要进一步扩大开放,大胆吸收和借鉴人类社会创造的一切文明成果,吸收和借鉴当今世界包括西方发达国家的先进经营方式和管理方法,加速我国经济的发展。

科学技术是第一生产力。加快经济发展,必须依靠科技和教育。要在全社会进一步形成尊重知识、尊重人才的风气,重视人才的培养和开发,充分发挥科学技术在经济建设中的作用,真正把经济工作转到依靠科技进步和提高劳动者素质的轨道上来。广大职工群众都要自觉坚持经济建设依靠科学技术,科技工作面向经济建设的方针,促进科技与经济有机结合,加快科技成果向现实生产力的转化。

全面提高我国职工队伍的政治思想和科学、文化、技术素质,加快工人阶级知识化的进程,是我们面临的一项历史性任务。随着我国社会主义商品经济的迅速发展,体力劳动和脑力劳动的差别正在逐步缩小,对劳动群众知识化的要求日趋迫切。广大职工群众一定要不断地学习新知识、掌握新技术,全面提高自身的素质,适应经济发展的客观要求。要立足本职,通过岗位练兵、技术培训、互帮互学和自学成才等多种形式,掀起一个学文化、学科学、学技术的热潮。社会各界要从多方面入手,努力为职工群众学文化、学技术创造条件,提供支持。知识分子作为我国工人阶级的组成部分,掌握着较多的先进科学技术,在提高职工队伍的整体素质、加速工人阶级知识化的进程中,具有特殊重要的地位和作用。广大知识分子要认清自己的重大历史使命,在积极投身经济建设主战场的同时,通过多种形式与工农群众相结合,努力传播先进的科学文化知识,为全面提高职工队伍的整体素质做出不懈的努力。在职工群众中,脑力劳动者和体力劳动者要彼此尊重,相互学习,取长补短,共同提高。对在经济发展和社会进步中做出突出贡献的脑力劳动者和体力劳动者,应给予重奖。

农业是经济发展、社会安定、国家自立的基础。工人阶级要坚持用先进的思想文化、科学技术和工业产品支援农业,推动乡镇企业和农村商品经济的发展,支持广大农民走共同富裕的社会主义道路,进一步巩固工农联盟。

建设有中国特色的社会主义,必须坚持"两手抓"的方针,一手抓物质文明建设,一手抓精神文明建设;一手抓改革开放,一手抓打击各种犯罪活动。"两只手"都要硬,不能一手硬、一手软。中国工人阶级是社会主义物质文明建设的主力军,也是社会主义精神文明建设的主力军。工人阶级要自觉学习和宣传马列主义、毛泽东思想和党的基本路线,大力弘扬爱国主义、集体主义和社会主义精神,用工人阶级的先进思想去占领阵地。要加强职业道德建设,用我国工人阶级艰苦创业、无私奉献的优良传统和高尚的道德情操去影响和带动全社会。工人阶级要积极参加社会治安的综合治理,支持政府坚决打击各种经济犯罪和刑事犯罪活动,扫除各种丑恶现象。要进一步发挥民主监督作用,同党和政府一起,坚决纠正行业不正之风,加强廉政建设,进一步完善社会主义的民主和法制。

在党中央的领导和关怀下,新的《中华人民共和国工会法》经七届全国人大五次会议审议通过,已正式颁布实施。这是我国政治生活中的一件大事,也是广大职工和工会工作者盼望已久的一件大事。新《工会法》的颁布实施,对于发挥工人阶级的主力军作用,充分调动职工群众的积极性和创造力,进一步推动工运事业的发展,促进我国经济建设和改革开放,具有重要的现实意义和深远的历史意义。新《工会法》的颁布,表明我国社会主义的民主法制建设取得了新进展,标志着我国工会工作进入了新阶段。新《工会法》以宪法为根本依据,坚持党的基本路线,贯彻党的全心全意依靠工人阶级的指导方针,充分反映了工人阶级作为国家领导阶级的主人翁地位,明确了工会组织在新时期的基本任务,体现了具有中国特色的社会主义工人运动和工会工作的基本特征。新《工会法》在工会活动准则上,坚持党对工会的统一领导与工会依照法律和章程独立自主地、创造性地开展工作;在工会主要任务上,坚持维护、建设、参与、教育等任务的完整性和有机结合;在工会指导思想上,坚持在维护全国人民总体利益的同时,维护职工的合法权益;在工会组织原则上,坚持民主集中制,保证工人阶级队伍和工会组织的团结与统一;在工会同政府及企事业行政关系上,坚持在根本利益一致基础上的相互尊重、相互支持。新《工会法》适应新的历史条件,以法律形式确定了工会的性质、地位、任务、活动准则、组织原则、权利和义务,使工会工作在改革开放的社会环境中有了更加完备的法律依据,为工会在国家政治、经济和社会生活中更好地发挥作用,创造了良好的社会环境,也给工会提出了新的更高的要求。工会的任务更重了,责任更大了。当前,摆在各级工会组织面前的一项重要任务,就是要在各级党委的领导下,学习、宣传、贯彻好新《工会法》,并与学习、宣传、贯彻《宪法》和《企业法》、《妇女权益保障法》相结合,纳入"二五"普法规划。

劳动模范和先进人物的崇高思想,代表着时代的精神风貌和前进方向。要继续大力宣传劳动模范、先进人物的模范事迹,以他们为榜样,积极开展"学先进、赶先进"活动,充分发挥他们的骨干、桥梁和带头作用。在全社会要进一步形成学习、尊重、关心、爱护劳动模范和各种先进人物的风气;劳动模范和先进人物,要谦虚谨慎，戒骄戒躁，继续发扬扎根群众之中的好作风，同广大职工群众一道，为深化改革、扩大开放，加快国民经济发展和推动社会全面进步再立新功。

当前国际形势正经历着第二次世界大战后最剧烈的变化。世界旧的格局已经终结，新的格局尚未形成，正朝着多极化方向发展。国际工会运动的各种力量处于动荡、分化和重新组合的过程之中。和平与发展仍然是当今世界面临的两大主题，需要各国人民继续努力加以维护和解决。我国工会要坚持执行独立自主、广泛联系的方针，在独立、平等、互相尊重、互不干涉内部事务的原则基础上，发展同各国工会的联系与合作，为“和平、发展、工人权益”和建立国际工运新秩序而共同奋斗。我们认为：各国工会不分大小，都是独立、平等的，都有权根据本国国情和广大工人群众的愿望选择自己的发展模式和确定自己的政策，不能允许干涉别国工会的内部事务；各国工会都有权平等参与协商解决国际工运事务，而不能由几个大工会和某个国际工会组织来垄断；各国工会之间，应该互相尊重，求同存异，平等相待，合作互利，对正义事业团结声援。我们要进一步加强同周边国家和第三世界国家工会的联系，同时也要重视同发达国家工会的交往，积极参与多边活动。我们要本着“互不隶属、互相尊重、互不干涉内部事务”的原则，进一步加强与港澳工会的联系；要坚定不移地按照“和平统一、一国两制”的方针，发展同台湾劳工界的联系与交流。

同志们，朋友们！不管国际风云如何变幻，道路怎样曲折，中国和世界都在进步，历史潮流不可阻挡，人类前途是光明的。我们相信，中国工人阶级有志气、有能力肩负起自己的历史重任，和全国各族人民一道，更加紧密地团结在以江泽民同志为核心的党中央周围，沿着邓小平同志倡导的有中国特色的社会主义道路，充分发挥工人阶级的主力军作用，同心同德，奋发图强，埋头实干，努力把中国的事情办好，为中华民族的腾飞和祖国统一大业，为世界和平、社会发展和人类进步，做出新的更大的贡献！

国家主席杨尚昆在钓鱼台国宾馆会见联合国第 46 届大会主席萨米尔·希哈比

杨尚昆说，当前，世界正朝着多极化方向发展。世界要和平，国家要稳定，经济要发展，这是世界人民的共同愿望。为了实现这一愿望，越来越多的国家和人民要求联合国通过协商和对话，为维护世界和平、制止侵略、促进经济合作、谋求人类进步发挥更加积极的作用。

杨尚昆说，中沙两国建交以来，双边友好关系得到顺利和令人满意的发展。中国愿意继续发展与沙特的友好合作关系。

希哈比表示，联合国的作用是很重要的，中国在其中发挥了建设性的作用。希哈比感谢中国对联合国工作的支持，也感谢中国为发展沙中友好关系所作的努力。

外交部副部长刘华秋、中国驻联合国代表李道豫等参加会见。

国家主席杨尚昆在钓鱼台国宾馆会见津巴布韦国防部长理查德·凯·霍维

杨尚昆说，中国高度赞赏津巴布韦政府和人民在穆加贝总统领导下发扬独立自主的精神，选择适合自己国情的发展道路。中国一直关注着津巴布韦的发展，并为它取得的每一项成就感到高兴。在谈到双边关系时，杨尚昆指出，建交以来，中津两国各方面关系都发展得很好。现在，两国应该在这样的基础上把友好合作关系继续推向前进。在谈到昨天下午中国国务委员兼国防部长秦基伟上将同霍维之间的会谈时，杨尚昆说，会谈表明，中国和津巴布韦在许多重大国际问题上有相同或相似的看法。杨尚昆简要地向客人们介绍了对当前国际形势的看法。杨尚昆说，中国希望有一个和平稳定的国际环境。中国是发展中国家。中国认为，在当前错综复杂的国际形势下，发展中国家加强团结非常重要。杨尚昆说，最近，邓小平同志提出要进一步改革开放。根据这一指导思想，“我们要把全国人民团结起来，努力工作，加快改革开放的步伐，一心一意把经济建设搞上去，以增强我们的国力。这样，中国才能够在国际事务中发挥应有的作用。”

国务院总理李鹏在北京会见匈牙利共和国外交部长耶森斯基·盖佐

国务院副总理朱镕基在人民大会堂会见由香港贸易发展局主席冯国经率领的香港经济代表团

国务院副总理朱镕基在人民大会堂会见由主席李业广率领的香港联合交易所代表团

中共中央政治局常委李瑞环在钓鱼台国宾馆会见泰国泰华报人公益基金会主席中华民族文化促进会副会长陈世贤和促进会常务理事苏树辉

中国代表万经章在联合国维持和平行动特别委员会会议上就确定维持和平行动的一些原则发言

万经章指出，应加强联合国在预防性外交方面的作用。维持和平行动在缓解紧张局势与和平解决地区冲突方面发挥着日益重要的作用,已成为联合国维护国际和平与安全的重要手段之一。在冲突爆发后,联合国通过维持和平行动,协助有关各方找到和平解决办法,以尽快消除争端,恢复和平,这一点是十分重要的。但如能在冲突爆发或升级前通过斡旋、调停使危机缓解、冲突消除,则更有助于国际和平与安全。

万经章认为,联合国从事预防性外交活动必须以联合国宪章的宗旨和原则为指南,体现国际社会的集体意愿和责任;尊重有关当事国的主权和意愿,不能干预当事国的内部事务;无论是派遣事实调查团还是维持和平行动,均应以当事国提出的请求或事先征得其同意与合作为前提,以增加其公正性和有效性;在预防性外交中,应尊重当事国所选择的和平解决方法。

万经章还认为,应提高维持和平行动的效率和效能,以最有效、最节约、最富有成果的方式按期或提前完成任务。

万经章最后指出,中国十分重视联合国维持和平行动的工作,已经参加了5项行动。最近,中国向柬埔寨派遣了近400人组成的工程大队,并派遣军事观察员参加联柬权力机构的工作。中国愿与各国一道,为提高联合国维持和平和缔造和平的效能和作用而继续努力。

中国代表团团长黄菊等应邀出席美中协会为纪念《上海公报》发表20周年在纽约举行的宴会

应美中协会邀请专程前来美国参加纪念活动的中国代表团团长、上海市市长黄菊、副团长、中国人民对外友好协会会长韩叙、中国驻美大使朱启桢、美中协会共同会长基辛格和万斯、黑格等150多位知名人士出席宴会。

黄菊、韩叙、基辛格、万斯、黑格分别在宴会上致辞。宴会还宣读美国总统布什及前总统尼克松、卡特发来的贺电。

韩叙也是签署《上海公报》的见证人。韩叙宴会上说,在今天动荡的国际形势下,《上海公报》的历史经验对发展中美关系依然适用。

韩叙说:"只要双方恪守《上海公报》和中美历次联合公报的指导原则,就一定能克服前进道路上的困难和障碍,使两国关系得到长期稳定的发展。"

黄菊团长在讲话中强调《上海公报》的现实意义,并谈到了中国的情况。指出,与动荡不安的国际环境相比,中国政治形势稳定,经济发展出现了一个崭新的局面。黄菊说:"从中美两国人民的根本利益和亚太地区及世界的和平与发展考虑,中美关系只能搞好,不能搞坏。"

中国和老挝经济技术合作协定在北京签署

北京中联企业现代化系统工程开发公司尚启宏发明的中联全汉字编码输入系统日前通过鉴定

文化部主办的第二届全国新剧目文华奖(1991年度)评选揭晓

国家防汛总指挥部在北京召开1992年第一次会议

国务院副总理、国家防汛总指挥田纪云在听取水利部、国家气象局关于今年防汛抗旱形势的介绍后讲话强调,今年防洪形势不容乐观,我们一定要发扬去年的抗洪精神,加强领导,扎扎实实地做好各项防汛准备工作。

田纪云在讲话中着重谈了以下几点意见:

一、防汛工作要坚决贯彻"安全第一、常备不懈、以防为主、全力抢险"的方针。

我国由于受季风气候的影响,降雨大部分集中在汛期的几个月,甚至在其中的几天,容易造成暴雨洪涝;而在降雨偏少的大部分时间里,又常常出现干旱。今天的科学水平还不可能完全准确地预报出灾害发生的地方和时间。这也就是我们始终强调要防汛抗旱两手抓的道理,作防的准备,抗的准备,打有准备之仗。在现有的人力、物力、财力条件下,通过我们的工作,最大限度地减轻灾害造成的损失。

今年防汛的重点,第一是黄河,第二是长江。要克服麻痹大意、侥幸闯关的思想。准备了,不来洪水,风调雨顺,也没什么不好!不仅没有遭到损失,所做的工作也为下一年创造了条件。但是,决不允许没有准备,否则一旦发生洪水,就会惊慌失措,可能造成严重的后果。

二、认真进行汛前检查,抓紧完成度汛工程和清障任务。

汛前检查要查思想发动、队伍组织、技术训练、工程措施、料物准备是否真正落实。对防洪工程、排涝设施和水文测报、防汛通信设施,特别是对险工险段、病险水库、病险涵闸要逐项进行检查,发现问题要及时处理。一时难解决的,也要有应急措施,责任到人,加强防守。这些工作一定要赶在汛前做好。

度汛工程,一个是大量的水毁工程,一个是要求在汛前完成的除险加固工程,还有相当的工程量,特别是建筑物施工,一定要加强领导,采取非常措施,按质按量按时完成。

江河湖泊和低洼地区设障很多,因此清障任务十分艰巨。国家防汛总指挥部今年下达了一批重点清障任务,请各省市主要领导予以重视,运用法律、行政、经济等手段下决心抓紧完成。

三、牢固树立全局观念，服从统一指挥调度。

当发生超标准洪水时，为了避免堤防决口，保护城市、重要的工矿企业和粮棉基地的安全，一般都要牺牲局部利益，采取分洪蓄洪措施。国家防汛总指挥部有权对大江大河洪水，根据实际情况进行紧急处置，有关省区必须做好广大干部群众的工作，坚决服从命令，听从指挥，不得贻误时机。

田纪云说，今年第四季度要召开党的第十四次代表大会，做好今年的防汛工作，保障汛期不出大事，意义重大，任务光荣。我们一定要发扬去年的抗洪精神，团结奋斗，夺取今年防汛工作的胜利！

4 月 30 日

中华全国总工会举行全国劳模报告会

来北京参加“五一”庆祝活动的全国劳模代表年景林、包起帆、侯振清、李铁锤和刘桂荣在会上作了报告。

海南省人大补选邓鸿勋为省人大常委会主任

国务院总理李鹏在浙江考察

李鹏 4 月 30 日至 5 月 7 日先后到宁波、温州、杭州、绍兴等地实地考察，同省市领导共同研究浙江省改革开放、经济发展中的若干重大问题，并在“五一”劳动节到港口和工厂向坚守岗位的工人和技术人员表示节日慰问。

考察中，李鹏指出，党中央、国务院决定开发开放浦东是关系到全国经济发展战略的重要决策，浦东的开发开放对带动长江三角洲乃至长江流域的经济发展具有十分重要的意义，浙江要抓住这个机遇，积极参与，密切配合，优势互补，共同发展，使浦东成为我国经济、金融、贸易和信息的重要中心。

李鹏强调，经济要上一个新台阶，要迈出较快的步伐，要讲求效益，把提高效益作为经济工作的中心。李鹏希望浙江结合本省的实际情况，加快经济结构调整；发挥自己的优势及有利条件，不断提高产品质量、档次和水平；进一步发展外向型经济，在激烈的竞争中，努力开拓国内、国际两个市场。经济发展要逐步实现从粗放型到集约型的转变，要把进口替代与出口导向结合起来。

李鹏指出，在考察本省重大建设项目时，要保证投资重点。首先要确保完成“八五”计划所确定的任务，只要条件许可，“九五”计划的某些任务可适当提前，在此基础上再考虑其他新的项目。可以实行滚动式计划。力求使我们的决策更加科学。

李鹏说，经济建设要考虑到资金、物资等需要与可能，目前资金仍是制约我国经济发展的一个重要因素。今后要多种渠道、多种方式筹集资金，更多更好地利用外资。

国家主席杨尚昆在大连考察

4 月 30 日至 5 月 5 日，杨尚昆考察大连部分国营大型企业、三资企业、大连经济技术开发区、旅顺口区，并视察当地驻军；5 月 1 日，参加大连市军民庆祝“五一”游园活动，会见“五一”劳动奖章获得者和“五一”劳动奖状获得单位的代表。

杨尚昆来到大连海港，在大连造船新厂，厂领导汇报了改革开放以来大连造船工业大胆开拓，努力打进国际市场的情况，杨尚昆称赞大连造船工业实力强，潜力大。大连经济技术开发区经过近 8 年的建设，已变成一座崭新的“工业城”，第一个 10 平方公里的规划区早已建成，第二个 10 平方公里的规划区项目已经排满，目前正在滚动发展，引进项目、引进外资、出口创汇，在全国开发区中名列前茅。

杨尚昆反复强调，经过 10 多年的改革开放，我们已经逐步形成了一整套完整、正确的政策，走出了一条自己的路子。最近小平同志的谈话进一步阐明了建设有中国特色的社会主义的一系列重大理论问题，是我们继续前进的指导思想。当前，重要的是全国上下都要认真学习、深刻领会小平同志重要讲话，并结合实际坚决贯彻落实。要加快改革开放的步伐。要集中精力把经济建设搞得再快一些。财大气粗，有了经济实力，说话气就壮。杨尚昆在谈到改革开放时说，改革开放，引进外资，引进技术，引进人才，引进管理经验，胆子要大一点，敢于实践，敢于试验。至于开放以后会带来一些歪风，好比打开窗户也会飞进苍蝇。这并不可怕，只要我们头脑清醒。不能因噎废食，不能闭关自守。闭关自守，在世界上是根本发展不起来的。杨尚昆在视察了正在建设中的我国目前最大的中外合资企业 500 万吨炼油厂和最大的日商独资企业佳能大连办公设备有限公司后说，现在有些地方思想还不够解放，我们要按小平谈话进一步解放思想。

杨尚昆说，大连乃至整个辽宁硬环境很好，工业基础实力雄厚，对吸引外资这是很大的优势，只要思想解放，政策对头，扎实工作，一定能够取得更大的成绩，辽宁大有前途。

杨尚昆在接见驻地部队领导时，充分肯定了部队为地方经济建设和培养军地两用人才做出的突出贡献。在海军基地，杨尚昆挥笔题词：“加强海军建设，为改革开放保驾护航。”

国务院副总理邹家华带领国务院调查组考察研讨

广东发展战略

邹家华在4月底至5月上旬，带领国务院10个部委办联合组成的“国务院广东经济发展战略调查组”，在广东进行了为期半个月的考察。目的是贯彻落实邓小平南巡谈话和中央政治局会议精神，通过实地考察，了解广东省改革开放以来所取得的成绩和经验，研究探讨如何落实邓小平提出的广东要力争在今后20年内赶上亚洲“四小龙”的措施。半个月的时间内，调查组听取了广东省和广州、深圳、珠海、顺德等市的汇报，又到广州、深圳、珠海、汕头、东莞、中山、佛山、番禺、顺德、惠州、茂名等11个市、县进行了实地考察，参观了一些重点企业和一批能源、交通设施，还走访了农户，沿途又与省、市领导进行了广泛交谈。调查组还分出能源、交通、财经、经贸等4个调查组，到一些市县进行了专题考察。

邹家华充分肯定了广东过去13年的经济建设成就。邹家华说，我们从广东的实践中看到，广东省认真贯彻中央的改革开放政策，执行党的十一届三中全会所确定的基本路线，从而促进了全省经济持续13年高速发展。1978年至1991年，国内生产总值平均每年递增12.4%；建成投产了一批大中型重点项目，工业生产能力、交通运输能力有很大增强，特别是能源、交通等基础设施建设得到了迅速发展，真正起到了支持经济发展的作用；进出口总额在1978年至1991年间，平均年递增22.5%，进出口总额占工农业总产值的比重由过去的8%上升到现在的38%，占国内生产总值的比重已达到43%，一个外向型经济的运行机制已经建立起来了；人民生活水平明显提高，城市、农村建设也出现了崭新的面貌；在计划经济和市场调节结合方面，创造了很多新的经验。广东过去13年经济的迅速发展，为力争今后20年赶上亚洲“四小龙”奠定了很好的基础，创造了良好的条件。

邹家华指出，广东省的实践经验是多方面的，其中有四个方面的经验特别值得重视。第一，充分运用了中央所给予的特殊政策和灵活措施，思想有了很大解放，观念得到了更新，在经济运行中运用计划和市场两种手段，特别是市场手段，创造了许多好的经验，从而在很大程度上加速了商品经济的发展。各地的情况虽然有所不同，但在真正贯彻执行中央的改革开放政策、使得经济有了很大发展这一点上是共同的。第二，因地制宜，在改革开放中结合本地的实际情况，充分调动各级政府、人民群众的积极性，创造了多种良性循环、发展经济的形式，形成了一批优势产业。第三，大力加强能源和交通等基础设施建设，不但把能源、交通作为经济建设本身的需要来发展，而且是作为发展外向型经济的一个重要投资环境来建设，这是具有远见、有战略意义的一个部署。第四，外引内联，双向发展，充分开拓国际国内两个市场。前几年在国内市场疲软的情况下，内地很多地方的经济发展速度上不去，而广东依然保持比较高的发展速度，就是因为广东在经济发展过程中，特别注意到了进入国际市场，同时也面向国内市场。这是在发展外向型经济中保证经济发展、减少风险的很重要的一个策略。邹家华强调说，广东省在下一步经济发展中，这些经验应该继续运用，并不断完善提高。

邹家华代表“国务院广东经济发展战略调查组”提出，广东今后20年的经济发展战略，应该把人均国内生产总值、单位国内生产总值对能源和原材料的消耗、科技进步在经济增长中的含量、进出口总额占国内生产总值的比重和进出口的构成、衡量人民生活水平提高的指标以及精神文明建设方面的指标等内容，作为追赶亚洲“四小龙”的目标来考虑，要从经济整体的综合水平，而不是简单地从某个产业目标上来追赶亚洲“四小龙”。为此，邹家华就广东下一步发展战略中需要注意的问题提出：一，要充分发挥广东的综合优势，包括地理优势、机制优势，已形成的经济优势和人才优势。同时，要把广东的经济发展战略同全国的发展战略联系起来，把国际国内两方面的人才、资源、市场结合起来，并依托国内经济的发展，带动周边地区的发展，真正起到窗口的辐射作用，开拓出更大的市场。二，要注意产业结构的调整，随着经济的向前发展，根据不同层次、不同地区的情况进行必要的调整。例如，根据珠江三角洲的发展趋势，要更多考虑高技术、高附加值产业的发展，而劳动密集型的产业可以逐步向山区和内地转移。各地都要进一步发展第三产业。三，在发挥各级地方政府、人民群众投身经济建设的积极性的同时，要根据各地的不同特点，对能源、交通以及原材料等产业，在全省进行综合平衡、统筹规划。四，要利用香港、澳门的有利条件，把国际各方面的市场都联系起来，实现国际市场多元化，同时要注意开拓国内市场。五，一方面珠江三角洲要进一步扩大开放，另一方面要给予广东北部和东西两翼等不够发达的地区优惠的政策，促进他们的发展。六，在人才培养的问题上，要吸引国际国内的人才来参加我们的建设。珠海市对有特殊科技发明，而且创造了实际效益的人才实行一次性重奖，是个好政策，这一点值得借鉴推广。七，能源、交通和通信等基础设施一定要超前建设。越是要加快改革开放，加快经济建设，就越要加快能源、交通等基础设施的建设。流通不发展，发展商品经济就会变成一句空话，而搞活流通，就必须加强交通。

邹家华说，广东不仅经济得到很大发展，还初步建立了经济发展的良性循环机制。拿交通来讲，不仅修了路，还找到了一种滚动发展的机制。公路以路养路，回收后再修新路；铁路也采用商品化、公司经营、滚动发展的办法，先有广深铁路模式，后又有三茂铁路的模式。邹副总理再三指出，如果经济发展进入投入产出良性循环状态中，发展速度高一点也没什么危险，广东的实践已经充分证明了这一点。相反，假如资金投进去，生产出的产品却卖不出去，经济循环不仅不是良性，而且停滞，即使发展速度很低，也会产生危险的问题。因此，我们不能简单地用一个绝对数字来约束我们的思想，而要把经济发展是否进入良性循环状态作为一个重要标志，来判断我们的经济发展。

商业部系统集体商业工作会议在沈阳召开

日前召开的商业部系统集体商业工作会议就“八五”期间加快集体商业改革步伐问题作出部署。总的思路是：还集体商业的本质特征，按照集体经济的性质和办法办集体商业，集体商业要在竞争中发展壮大。商业部副部长张世尧提出：

一是建立集体商业自己的管理组织，建立独立的联合机构。市（县）联合公司可办成管理、经营、服务型；也可以通过企业入股，办成股份公司。在区和集镇范围内，可以办成连锁店。大中城市可在区的范围或市的范围内建立专业公司或综合公司。

二是改革经营形式。彻底改变“二国营”的经营模式，根据集体商业的性质，重点推行合股经营。合股经营要以职工入股为主。

三是改革企业经营机制。凡是市场需要又有条件的商品，都可以经营。在价格上，国家有统一规定的按国家规定执行，其余由企业自行定价。在用工上，企业经理（厂长）由职工（代表）大会民主选举或招聘产生。职工实行合资合劳与合同聘用相结合。在分配上取消固定工资制，实行按劳分配与股金分红相结合，以按劳分配为主的分配制度。

据国家统计局社会司统计全国社会劳动者人数达5.8亿1991年共创造社会财富4万多亿元

国家主席杨尚昆致电阿富汗伊斯兰国国家元首临时委员会主席西卜加图拉·穆贾迪迪祝贺他就任阿富汗伊斯兰国国家元首

中华人民共和国政府和坦桑尼亚联合共和国政府在多多马签订文化协定

中华全国总工会授予60位教育工作者1992年“五一劳动奖章”

中华人民共和国文物保护法实施细则*

第一章 总 则

第一条 根据《中华人民共和国文物保护法》（以下简称文物保护法），制定本实施细则。

第二条 革命遗址、纪念建筑物、古文化遗址、古墓葬、古建筑、石窟寺、石刻等文物，分为全国重点文物保护单位，省、自治区、直辖市级文物保护单位和县、自治县、市级文物保护单位。

纪念物、艺术品、工艺美术品、革命文献资料、手稿、古旧图书资料以及代表性实物等文物，分为珍贵文物和一般文物，珍贵文物分为一、二、三级。

第三条 文物保护法第三条规定的主管全国文物工作的国家文化行政管理部门，是指国家文物局。国家文物局对全国的文物保护工作依法实施管理、监督和指导。

地方各级人民政府保护本行政区域内的文物。

县级以上地方各级人民政府设立的文物保护管理机构为文物行政管理部门；不设立文物保护管理机构的，文化行政管理部门为文物行政管理部门。各级文物行政管理部门管理本行政区域内的文物工作。

第四条 各级公安部门、工商行政管理部门、城乡规划部门和海关，应当依照文物保护法的规定，在各自的职责范围内做好文物保护工作。

第五条 县级以上各级人民政府财政部门应当将文物事业费和文物基建支出分别列入本级财政预算，由同级文物行政管理部门统一管理，其中文物基建支出以及文物修缮、维护费和考古发掘费等，应当专款专用，严格管理。各级文物行政管理部门所属文物事业、企业单位的收入，应当全部用于文物事业，作为文物保护管理经费的补充，不得挪作他用。

第二章 文物保护单位

第六条 不同级别的文物保护单位，依照文物保护法第七条规定的程序核定公布。

文物保护法第七条第一款所列的文物中尚未公布为文物保护单位的，由县、自治县、市人民政府予以登记，并加以保护。

第七条 各级文物保护单位的保护范围，应当依照文物保护法第九条的规定，自核定公布之日起一年内划定，并作出标志说明。

全国重点文物保护单位和省、自治区、直辖市级文物保护单位的保护范围，由省、自治区、直辖市人民政府划定并公布。

县、自治县、市级文物保护单位的保护范围，由县、自治县、市人民政府划定并公布。

第八条 县级以上地方各级人民政府应当根据不同文物的保护需要，规定文物保护单位的具体保护措施并公告施行。

全国重点文物保护单位和省、自治区、直辖市级文物保护单位的保护措施由省、自治区、直辖市人民政府规定。

县、自治县、市级文物保护单位的保护措施由县、自治县、市人民政府规定。

第九条 对核定为文物保护单位的属于国家所有的纪念建筑物、古建筑,文物行政管理部门、使用单位或者其上级主管部门可以建立保管所或者博物馆等专门保护管理机构负责保护;没有专门保护管理机构的,县级以上地方各级人民政府应当责成使用单位或者有关部门负责保护,或者聘请文物保护员进行保护。

第十条 文物保护法第七条第一款所列文物中有使用单位的,使用单位应当建立群众性文物保护组织;没有使用单位的,附近的村民委员会或者居民委员会可以建立群众性文物保护组织,对文物进行保护。文物行政管理部门应当对群众性文物保护组织的活动给予指导。

第十一条 文物保护单位向社会开放,应当符合国家文物局规定的条件,并根据其级别,报经同级文物行政管理部门审核同意。

第十二条 根据保护文物的实际需要,可以在文物保护单位的周围划定并公布建设控制地带。

全国重点文物保护单位和省、自治区、直辖市级文物保护单位周围的建设控制地带,由省、自治区、直辖市人民政府文物行政管理部门会同城乡规划部门划定,报省、自治区、直辖市人民政府批准。

县、自治县、市级文物保护单位周围的建设控制地带,由县、自治县、市人民政府文物行政管理部门会同城乡规划部门划定,报省、自治区、直辖市人民政府批准,或者由省、自治区、直辖市人民政府授权县、自治县、市人民政府批准。

第十三条 在建设控制地带内,不得建设危及文物安全的设施,不得修建其形式、高度、体量、色调等与文物保护单位的环境风貌不相协调的建筑物或者构筑物。

在建设控制地带内新建建筑物、构筑物,其设计方案应当根据文物保护单位的级别,经同级文物行政管理部门同意后,报同级城乡规划部门批准。

第十四条 纪念建筑物、古建筑等文物已经全部毁坏的,不得重新修建;因特殊需要,必须在另地复建或者在原址重建的,应当根据文物保护单位的级别,报原核定公布机关批准。

第十五条 全国重点文物保护单位和国家文物局认为有必要由其审查批准的省、自治区、直辖市级文物保护单位的修缮计划和设计施工方案,由国家文物局审查批准。

省、自治区、直辖市级和县、自治县、市级文物保护单位的修缮计划和设计施工方案,由省、自治区、直辖市人民政府文物行政管理部门审查批准。

文物修缮保护工程应当接受审批机关的监督和指导。工程竣工时,应当报审批机关验收。

第十六条 文物修缮保护工程的勘察设计单位、施工单位应当执行国家有关规定,保证工程质量。

第十七条 文物修缮保护工程管理的具体办法,由国家文物局制定。

第三章 考古发掘

第十八条 一切考古发掘项目,都必须履行报批手续。考古发掘申请,由考古发掘单位经省、自治区、直辖市人民政府文物行政管理部门向国家文物局提出或者直接向国家文物局提出,依照文物保护法第十七条或者第十九条的规定审查批准。国家文物局批准直接向其申请的考古发掘计划时,应当征求有关省、自治区、直辖市人民政府文物行政管理部门的意见。

第十九条 考古发掘单位应当在每年的第一季度,向国家文物局提交当年考古发掘计划。配合建设工程的考古发掘计划,可以在发掘前三十日内向国家文物局提出;确因建设工期紧迫或者文物面临自然破坏危险,急需发掘的,经省、自治区、直辖市人民政府文物行政管理部门同意后,可以先行发掘,自发掘开工之日起十五日内补报发掘计划。

第二十条 在考古发掘工作中,考古发掘单位及其工作人员应当严格执行考古工作规程,保证发掘质量。

考古发掘单位在申请发掘时,应当提出保证出土文物和重要遗迹安全的保护措施,并在发掘工作中严格执行。

第二十一条 配合建设工程进行的文物调查或者勘探工作,由省、自治区、直辖市人民政府文物行政管理部门组织实施。跨省、自治区、直辖市的文物调查或者勘探工作,由文物所在地的省、自治区、直辖市人民政府文物行政管理部门联合组织实施或者由国家文物局组织实施。

第二十二条 在进行建设工程中发现古遗址、古墓葬必须发掘时,由省、自治区、直辖市人民政府文物行政管理部门组织力量及时发掘;特别重要的建设工程和跨省、自治区、直辖市的建设工程范围内的考古发掘工作,由国家文物局组织实施,发掘未结束前不得继续施工。

第二十三条 在配合建设工程进行的考古发掘工作中,建设单位、施工单位应当配合考古发掘单位,保护出土文物或者遗迹的安全。

第二十四条 考古发掘单位和考古发掘项目领队

人员资格，由国家文物局审查认定，并颁发证书。

考古勘探单位、考古勘探领队人员资格，由其所在省、自治区、直辖市人民政府文物行政管理部门审查认定，并颁发证书。

第二十五条 考古发掘单位发掘工作结束后，应当及时写出考古发掘报告，编制出土文物清单。

出土文物由国家文物局或者省、自治区、直辖市人民政府文物行政管理部门根据保管条件和实际需要，指定全民所有制博物馆、图书馆或者其他单位(以下简称全民所有制文物收藏单位)收藏。考古发掘单位需要将出土文物留作标本的，须经国家文物局或者省、自治区、直辖市人民政府文物行政管理部门同意。

第四章 馆藏文物

第二十六条 全民所有制文物收藏单位收藏的文物，应当向文物行政管理部门登记。县、自治县、市人民政府文物行政管理部门应当将登记的珍贵文物档案报省、自治区、直辖市人民政府文物行政管理部门备案。省、自治区、直辖市人民政府文物行政管理部门登记的一级文物档案应当报国家文物局备案。具体办法由国家文物局制定。

第二十七条 全民所有制文物收藏单位应当具备确保文物安全的设施和必要的技术手段，并按照国家有关规定建立文物档案，对文物进行分类分级保管。

第二十八条 全民所有制文物收藏单位复制和修复其所收藏的一级文物，应当报国家文物局批准。

第二十九条 上级文物行政管理部门可以调拨、借用下级文物行政管理部门管理的文物。全民所有制文物收藏单位之间，经文物行政管理部门批准，可以交换或者借用其所收藏的文物。

一级文物的调拨、交换和借用，应当报国家文物局批准。

二、三级文物和一般文物的调拨、交换、借用，应当报省、自治区、直辖市人民政府文物行政管理部门批准。

第五章 私人收藏文物

第三十条 公民私人收藏的文物可以向文物行政管理部门登记。文物行政管理部门及其工作人员应当对公民登记的文物保守秘密。

第三十一条 公民可以要求文物行政管理部门对其私人收藏的文物，提供鉴定以及保管、修复等技术方面的咨询和帮助。

第三十二条 公民私人收藏的文物可以卖给国家文物局或者省、自治区、直辖市人民政府文物行政管理部门指定的全民所有制文物收藏单位和文物收购单位。

国家鼓励公民将其私人收藏的文物捐赠给全民所有制文物收藏单位。

第三十三条 文物经营单位经营文物收购、销售业务，应当经国家文物局或者省、自治区、直辖市人民政府文物行政管理部门批准，并经工商行政管理部门办理登记手续；经营文物对外销售业务，应当经国家文物局批准。

第三十四条 文物经营单位应当记录文物经营活动情况，以备核查。

文物经营单位收购或者保存的珍贵文物，应当报批准其经营文物的文物行政管理部门备案，其中一级文物应当报国家文物局备案。

文物经营单位销售的文物，应当在销售前依照国家有关规定进行鉴定。

第三十五条 银行、冶炼厂、造纸厂以及废旧物资回收等单位的文物拣选工作，应当接受文物行政管理部门的指导，并妥善保管拣选文物，尽快向文物行政管理部门移交。

第三十六条 文物行政管理部门接收移交的文物，应当按照银行、冶炼厂、造纸厂以及废旧物资回收等单位收购时所支付的费用加一定比例的拣选费合理作价。接收移交的文物行政管理部门支付所需款项有困难的，由上级文物行政管理部门解决。

第三十七条 公安部门、工商行政管理部门和海关等在查处违法犯罪活动中依法没收、追缴的文物，应当在结案后尽快按照规定移交文物行政管理部门。移交办法由国家文物局会同有关部门制定。

第三十八条 文物行政管理部门应当对移交的文物进行鉴定，属于一级文物的，由省、自治区、直辖市人民政府文物行政管理部门报国家文物局备案。

第三十九条 国家文物局或者省、自治区、直辖市人民政府文物行政管理部门应当根据文物保护要求，指定具备条件的全民所有制文物收藏单位收藏移交的文物。

银行留用拣选的历史货币进行科学研究的，应当征得国家文物局或者省、自治区、直辖市人民政府文物行政管理部门的同意。

第六章 文物出境

第四十条 文物出境由国家文物局指定的省、自治区、直辖市人民政府文物行政管理部门进行鉴定。文物出境鉴定标准由国家文物局制定。

第四十一条 经鉴定许可出境的文物，由鉴定部门发给文物出境许可凭证。海关根据文物出境许可凭证和国家有关规定查验放行。

第四十二条 个人携带私人收藏文物出境，经鉴定不能出境的，由文物行政管理部门登记发还或者收购，必要时可以征购。

第四十三条 文物出境展览和文物出口由国家文物局统一管理,具体办法由国家文物局会同有关部门制定。

第七章 奖励与惩罚

第四十四条 有文物保护法第二十九条所列事迹之一的单位或者个人,由人民政府、文物行政管理部门或者有关部门给予奖励。

第四十五条 对文物保护法第三十条所列行为的罚款,分别情节轻重,按照以下数额执行:

(一)有第(一)、(二)、(四)项所列行为之一的,罚款数额为二百元以下;

(二)有第(三)项所列行为的,罚款数额为该建筑物、构筑物造价的百分之一,但是最高不超过二万元。

(三)有第(五)、(六)、(七)项所列行为之一的,罚款数额为二万元以下;

(四)有第(八)项所列行为的,罚款数额为非法所得的二倍至五倍。

第四十六条 文物行政管理部门工作人员对有文物保护法第三十条第(三)、(四)、(五)项所列行为之一的人员,可以将其送有关行政机关处理。

第四十七条 当事人对依照文物保护法和本实施细则作出的具体行政行为不服的,可以依照行政复议条例的规定先申请复议;对复议决定不服的,可以依照行政诉讼法的规定提起诉讼。

当事人在法定期限内对具体行政行为不申请复议或者不提起诉讼、又不履行的,作出具体行政行为的行政机关可以申请人民法院强制执行,或者依法强制执行。

第八章 附　则

第四十八条 古脊椎动物化石和古人类化石的保护办法以及历史文化名城的保护管理办法,另行制定。

第四十九条 本实施细则由国家文物局解释。

第五十条 本实施细则自发布之日起施行。

* 此《细则》国家文物局于5月5日发布实施。

中国国际象棋女选手谢军被国际体育记者协会评选为1991年世界最佳运动员

5月1日

《人民日报》发表社论《工人阶级是贯彻党的基本路线的主力军——庆祝五一国际劳动节》

全国人大常委会委员长万里中共中央政治局常委李瑞环在北京会见国际奥委会新财源委员会主席庞德及随行人员

美国总统国家安全事务助理斯考克罗夫特在华盛顿白宫会见由上海市市长黄菊率领的中国代表团

5月2日

全国质量工作会议提出五点具体要求

最近召开的全国质量工作会议认为，抓质量，要把培育市场和行政监督相结合，在市场机制不完善的情况下，要强调行政干预，加强政府的监督。会议要求：

一、各部门、各地区要编制提高产品质量的规划和今年抓好质量的具体部署。

二、要针对产品质量上存在的问题，进行质量自我大检查，提出改进措施。

三、各级经委和技术监督部门，要在企业质量自查的基础上，进行突击监督抽查，对抽查不合格的企业，要限期整改并严肃处理。

四、要集中力量抓好重点行业和重点产品的质量，今年先抓好以下4类产品：钢材、煤炭和棉花；大型成套电站设备、关键的基础件、元器件；耐用消费品，主要是电视机、电冰箱、洗衣机、摩托车；食品、药品、医疗器械、燃气热水器、电梯等有关人身安全健康的产品。

五、要结合企业经营机制的转换，实行“质量否决权”和质量与分配挂钩，在企业内部建立和完善以质量为中心的激励机制。

《中国国际商会和大韩贸易振兴公社关于鼓励和相互保护投资协定》在北京签署

中国国际商会会长郑鸿业和大韩贸易振兴公社北京代表处代表卢载源分别在协定上签字。

这个协定包括有关投资的定义、征收和国有化的补偿、外汇汇出、投资争议的解决等条款。双方同意将给予对方投资者在投资、投资财产和与投资有关的业务方面的最惠国待遇和良好的保护。

中华人民共和国和西班牙王国关于民事商事司法协助条约在北京签署

国务院关于进一步加强气象工作的通知

各省、自治区、直辖市人民政府，国务院各部委、各直属机构：

气象部门自1983年实行“气象部门和地方政府双重领导，以气象部门为主”的领导管理体制以来，我国的气象现代化建设基本实现了统一规划、统一布局、统一建设和统一管理，提高了气象工作的总体效益。气象部门的广大干部、职工认真贯彻执行党的路线、方针、政策，坚持改革开放，辛勤工作，勇于探索，使我国的气象事业获得了迅速发展。气象工作不仅在防汛抗旱、防台防雹、森林防火等重大灾害性天气预报和人工影响局部天气的服务中效益显著，而且在防灾减灾、合理开发农业资源、预测农作物产量、节水节能、依靠气象科技振兴农业、帮助贫困地区脱贫致富和振兴地方经济中，拓宽了服务领域，进一步发挥了气象科学技术在经济建设尤其是农业发展中的作用，受到各级党政领导部门和广大人民群众的好评。1991年汛期，江淮地区发生了历史上罕见的洪涝灾害，各级气象部门以对党和人民高度负责的精神，充分利用气象现代化建设的成果，加强气象服务工作，较好地发挥了决策的参谋、助手作用，为夺取抗洪救灾斗争的胜利作出了很大贡献。实践证明，气象工作对经济建设和社会发展越来越显示出它的重要作用。90年代是我国社会主义现代化建设的关键时期，党的十三届八中全会通过的《关于进一步加强农业和农村工作的决定》对气象工作提出了更高的要求。气象事业的发展必须跟上国民经济发展和现代化建设的步伐。

从总体上看，气象部门现行领导管理体制是符合我国气象工作特点和国情的。但在加快经济发展和扩大改革开放的新形势下，现行领导管理体制也需要进一步完善。随着地方经济的迅速发展和气象服务效益的进一步提高，地方各级人民政府在组织防灾抗灾和当地经济发展中，更加重视气象科学技术的作用，除全国统一建设的气象业务项目外，也陆续建设了一批为当地经济建设和人民生活服务的项目。今后，这类项目还将增加，但目前这类项目尚无正常的计划、财务渠道，影响了国家气象事业和地方气象事业的协调发展。

为进一步加强气象工作，完善现行气象工作领导管理体制，促进气象事业持续、稳定、协调发展，更好地为国民经济发展和保障人民生命财产安全服务，特作如下通知：

一、继续加强气象科学研究和现代化建设，不断改进天气、气候监测预测和通信技术，进一步拓宽服务领域，提高服务能力，切实做好气象为国民经济建设的服务工作，努力提高气象服务的社会、经济和生态效益，这是气象工作的根本任务。各级气象部门要在依靠科技进步，继续加强短、中期重大灾害性、关键性天气预报的同时，积极做好长期天气变化趋势预报和气候预测，加强人工影响局部天气的科学研究和作业的技术指导，为各级人民政府部署和指挥生产、防灾抗灾提供决策服务和咨询。要积极参加农业综合开发，大力发展农村气象科技服务网，把为农业和农村经济发展服务的工作做得更好。要加强思想教育工作和精神文明建设，严格控制人员的非正常增长，调整专业结构，促进气象事业总体效益的提高。要立足于我国的基本国情和气象部门的实际，及时掌握世界气象科技发展的动向，学习和吸收外国的先进技术和管理方法，为建设具有中国特色的气象事业努力探索。

二、各级人民政府要进一步加强对气象工作的领导，积极推进气象科学技术现代化，加强国家气象业务体系的建设，并以此为依托，积极发展主要为当地经济建设服务的地方气象事业，提高气象服务的社会、经济效益。地方各级人民政府要把主要为当地经济发展所开展的气象科研和气象服务纳入科技开发、服务体系特别是农业社会化服务体系。要注意吸收气象部门参加科技振兴地方经济的有关机构。气象部门参与地方经济建设、从事气象服务增加的开支，应纳入各地有关的专项经费。在地方人民政府统一规划范围内，涉及到气象台站职工的住房、饮水、供电、燃料、交通等生活设施的建设，由地方人民政府统筹安排。气象部门职工的医疗补差、子女升学和就业等，应同其他部门职工一样，由地方人民政府统一解决。

三、建立健全与气象部门现行领导管理体制相适应的双重气象计划体制和相应的财务渠道，合理划定中央和地方财力分别承担基建投资和事业经费的气象事业项目。中央财力作为气象基建投资和事业经费的主渠道，主要承担全国气象部门职工的工资、补助、全国性的津贴，全国统一布局的天气、气候监测，信息加工处理，分析预报的基础业务，以及全国气象通信骨干系统、调度指挥系统所需的基建投资及业务、公务经费。新增的地方气象事业项目，即主要为当地经济建设服务建立的气象业务项目，由当地人民政府根据需要和可能自行确定，其所需基建投资和有关事业经费（见附件），由地方各级计（经）委、财政厅（局）分别纳入国民经济发展计划和财政预算。原有的主要为当地经济建设服务的气象业务项目所需的经费，地方人民政府要继续予以安排。各级计划、财政部门对已列入计划、属于自己负担的基建投资和各项经费，要保证落实。

四、完善气象部门的管理体制，进一步理顺关系，保持气象部门机构、编制的相对稳定。1983 年气象部门机构改革以来，机构设置比较合理，应保持相对稳定。为了避免气象机构和业务实体的重复设置，新增设机构，必须从严掌握，并严格按现行领导管理体制规定的审批权限和程序报批。

国务院

1992 年 5 月 2 日

5月3日

全国人大常委会委员长万里在钓鱼台国宾馆会见日本众议院议长国际贸易促进协会会长樱内义雄

中共中央致信共青团中央祝贺共青团建立 70 周年暨五四运动 73 周年

信中说，值此中国共产主义青年团建立 70 周年暨“五四”运动 73 周年之际，中共中央向你们，并通过你们向全国的共青团组织和广大团干部、团员青年致以热烈的祝贺！

中国共产主义青年团的建立，是中国革命史和中国青年运动史上的大事。70 年来，在中国共产党的领导下，共青团紧紧围绕党在各个时期的中心任务，团结带领青年英勇奋斗，为我国革命和建设事业做出了重大贡献。历史表明，共青团不愧为党的有力助手和可靠后备军，广大团员青年不愧是建设祖国、保卫祖国的一支重要力量。

从现在起到本世纪末，是我国社会主义现代化建设的关键时期。最近召开的中共中央政治局全体会议和邓小平同志的重要谈话，提出了当前和今后相当长时期我国改革和发展的指导方针、战略思想和政策主张。共青团要把学习和落实中共中央政治局全体会议和邓小平同志重要谈话精神作为首要任务，积极主动地、创造性地开展工作。要教育团员青年牢牢把握党的“一个中心、两个基本点”的基本路线，一百年不动摇。要引导团员青年进一步解放思想，坚持实事求是，积极投身改革开放，大胆探索，奋发进取，在建设有中国特色社会主义的伟大实践中建功立业。要加强团的自身建设，充分发挥团组织在思想教育、劳动创造和社会监督等方面的作用。

未来是属于青年的。为社会主义中国的前途而奋斗，是当代青年最崇高的使命和荣誉。处在世纪之交的我国青年一代，肩负着历史重任。党和人民一向对青年寄予厚望，充分信任，充满信心。中央相信，在以江泽民同志为核心的党中央领导下，共青团一定能够团结带领广大团员青年，继承和发扬“五四”光荣传统，为我国社会主义现代化建设事业做出新的更大的贡献。

中纪委和监察部联合发出《关于严明纪律保证机构改革顺利进行的通知》

中纪委和监察部日前联合发出《关于严明纪律保证机构改革顺利进行的通知》。

《通知》指出，为了切实保证机构改革有领导、有秩序地顺利进行，要求各地做到：各级党政组织和党员、干部要坚决贯彻执行党中央、国务院关于机构改革的决策，切实搞好本地区、本部门、本单位的机构改革。要恪尽职守，保证正常的工作和维护正常的工作秩序。要顾全大局，遵纪守法，廉洁奉公。严格遵守组织人事纪律。各级党政组织在机构改革中要严格执行党中央、国务院关于组织人事工作的政策规定，任何单位和个人都不得在机构改革或机构变动中，擅自提高机构规格和突击提拔干部、突击发展党员，以及未经批准擅自在机关评定职称。严格执行财经纪律，严禁借机构改革之机，私分、变相发放和转移财物。严禁抽逃资产、资金、隐匿财产和捏造债权、债务。不准假借各种名义突击花钱、公费旅游、公款吃喝、铺张浪费。违反者，除给予经济上的处罚外，还要追究有关领导者的责任。认真做好保密工作。各级纪检监察机关要加强对机构改革工作的监督检查。

共青团中央决定授予陈穗生等11人全国优秀共青团员称号

共青团中央日前授予陈穗生等11人为"全国优秀共青团员"称号。

他们是：广州铁路分局客运段京广二组列车员陈穗生；大庆油建第六分公司电焊工阎桂花；海军装备论证研究中心战士荣剑；国家体操队队员李春阳；江西崇仁中华山矿矿长助理程贵才；吉林工业大学机械系学生周贺；陕西礼泉县西张堡乡彭王村农民彭军才；河北藁城市廉州镇北街村农民焦彦霞；山东平阴县店子乡盛屯村农民曾召雨；浙江宁海县水车乡下园村林业专业户陈惠勇；山西晋城矿务局凤凰山矿机运队副队长段广利。团中央和全国少工委同时还授予上海市青浦县南湾小学教师、大队辅导员余金辉"全国优秀少先队辅导员"称号。

全国妇联等11个单位发出庆祝六一国际儿童节的通知

中共中央总书记江泽民在人民大会堂会见马来西亚郭氏兄弟集团董事长中国国际贸易中心副董事长郭鹤年

中共中央总书记江泽民在北京会见海外经贸界人士

江泽民对前来北京参加中国国际贸易促进委员会成立40周年庆祝活动的360多位海外经贸界人士说，我们要学习外国的优秀文化成果，特别是发达国家的先进科学技术和管理经验，把与各国的经济、贸易、科技合作大大地推向前进。

江泽民向30多个国家以及港澳台的贸促机构、工商团体和经贸界人士表示欢迎。江泽民说："今天我们是高朋满座，胜友如云。"江泽民对各位朋友在过去40年里为中国进行经贸合作做出的努力表示赞赏。

江泽民说，中国国际贸易促进委员会成立40年来对促进中国同世界各国各地区的经贸往来和科技合作起了重要作用。

国家教委农业部在北京农业大学召开农业院校评聘推广型教师职务工作座谈会

5月4日

全国人大常委会委员长万里在钓鱼台国宾馆会见日本参议院议长长田裕二

中共中央总书记江泽民等与首都万名团员青年联欢庆祝共青团建立70周年和五四运动73周年

共青团中央、全国青联、全国学联在北京人民大会堂举行联欢会，纪念中国共青团建团70周年、五四运动73周年。江泽民、乔石、宋平等参加联欢会。

下午3时，联欢活动开始。江泽民、乔石、宋平、李铁映、李锡铭、丁关根、杨白冰、刘澜涛、陈丕显、陈锡联等和15名全国优秀共青团员围坐在一起交谈。

在湖南厅，江泽民等会见出席中国科协首届青年学术年会的青年科技工作者代表。中国科协主席朱光亚向江泽民介绍了青年科学家冯长根、陈章良等，江泽民和他们一一握手，祝贺他们在各自领域取得的成绩。

江泽民等来到二楼宴会厅，江泽民说，今年是中国共产主义青年团建团70周年和五四运动73周年。在这个日子里，我们和团员青年朋友们一起联欢，感到非常高兴。我代表党中央向你们并通过你们向全国的共青团员、青年同志和青少年工作者致以节日的祝贺！向所有关心、支持和帮助青少年事业的社会各界人士表示衷心的感谢！

江泽民指出，伟大的五四爱国运动在中国历史上写下了光辉的一页。共青团在70年的奋斗历程中，为我国革命和建设事业作出了重要贡献，不愧为党的有力助手和可靠后备军。希望各级共青团组织发扬"五四"精神，继承光荣传统，团结带领广大团员和青年在党的领导下，坚定不移地沿着邓小平同志倡导的有中国特色的社会主义道路奋勇前进。

江泽民说，全党和全国人民正在认真贯彻落实小平同志最近的重要谈话精神，坚持党的“一个中心、两个基本点”的基本路线，抓紧有利时机，加快改革开放步伐，推进经济建设。希望广大团员和青年同志们认清自己的责任，解放思想，锐意进取，为社会主义现代化建设继续奉献青春、智慧和力量。党和人民对你们是充分信任和寄予殷切期望的。

《人民日报》发表社论《肩负起走向二十一世纪的历史重任——纪念中国共产主义青年团建团70周年和“五四”运动73周年》

第九次全国检察会议在北京召开

会议期间，与会代表学习了邓小平视察南方时的重要谈话和中共中央政治局全体会议精神，总结了四年来的工作，探讨了建设有中国特色的社会主义检察制度的基本原则，讨论和修改了中华人民共和国惩治贿赂法草案、中华人民共和国检察官条例草案。中共中央政治局常委、中央政法委员会书记乔石到会并讲了话。

在9日的闭幕会议上，检察长刘复之提出全国检察机关今后一个时期的主要任务：坚定不移地执行党的“一个中心、两个基本点”的基本路线，坚持为经济建设服务的指导思想，认真履行法律监督职能，继续深入开展惩治贪污贿赂犯罪，坚持严厉打击严重刑事犯罪和“侵权”、渎职犯罪等工作，积极参加社会治安综合治理，为经济建设创造良好的环境。

中共中央总书记江泽民在人民大会堂会见越南共产党中央顾问阮文灵

江泽民向阮文灵介绍了邓小平今年初在中国南方视察时发表谈话的重要内容。江泽民说，我们全党和全国各族人民正在贯彻小平同志谈话的精神，决心抓住当前有利时机，加快改革开放和经济建设的步伐，力争隔几年使国民经济上一个台阶。为此必须进一步解放思想，坚持实事求是，大胆试验，并不断总结经验。江泽民说，我们认为，计划和市场都是经济手段，要通过改革使二者很好地结合起来。社会主义改革的实质，是解放生产力和发展生产力。因此，它必然深得人民的拥护，成为不可逆转的历史进程。

阮文灵说，越南从1986年越共六大之后也进行改革开放，去年越南七大对此进行了总结。改革开放是一条新的道路，在取得成就的同时，我们在摸索中在克服困难中前进。越南坚持马列主义基本原理同越南实际相结合，进行社会主义建设。

国家主席杨尚昆根据全国人大常委会的决定任免驻外大使

一、免去林真的中华人民共和国驻也门共和国特命全权大使职务。

任命李留根为中华人民共和国驻也门共和国特命全权大使。

二、任命林真为中华人民共和国驻以色列国特命全权大使。

中共中央政治局常委宋平在人民大会堂会见由中央政治局委员普拉卡什·卡拉特率领的印度共产党(马克思主义)代表团

玻利维亚代总统国会主席路易斯·奥西奥在总统府会见由王汉斌副委员长率领的全国人大代表团全体成员

国务院副总理田纪云在钓鱼台国宾馆同来访的俄罗斯联邦副总理亚历山大·尼古拉耶维奇·绍欣就发展两国关系举行会谈

5月5日

国家主席杨尚昆在钓鱼台国宾馆会见哥伦比亚总统加维里亚的夫人安娜·米莱纳

第三次全国纪检信访工作会议在北京召开

国务院总理李鹏在杭州会见泰国正大集团董事长谢国民总裁谢中民

中国人民银行行长李贵鲜就中国金融业对外开放等问题向新华社记者发表谈话

李贵鲜在回答关于现已开放的地区是否允许更多的外资银行进入问题时说，“我们对外资银行在我国设立机构并无数量限制。目前，外资银行在经济特区和上海已设立了40多个业务机构。今后，随着经济的发展，还将允许适当增加外资银行在经济特区和上海的业务机构。天津、大连和广州是新一批准许外资银行进入经营的城市。”

李贵鲜说：1991年，上海、深圳两地共有11家股份公司计划发行B种股票3.85亿元。海外投资者购买比较踊跃，很多国外证券商、会计师事务所纷纷提出要求参与我国B股承销的意向。李贵鲜说：“总的说来，B股发行试验是好的，不仅有利于我们利用外资，也给境外投资者进入中国市场创造了条件，还有利于了解国际上对股票发行的具体要求和做法，规范国内股票市场试点。今后要适当加大上海、深圳两地B股发行规模，为浦东开发和深圳特区的进一步发展筹集外资。并要选择其他一些有条件的企业发行B股。”

李贵鲜在回答关于香港金融制度的有关问题时指出，“如何在新形势下保持香港的稳定发展，是香港各界、港英政府和我们共同关心的问题。我们希望并相信，港英政府能从有利于香港繁荣稳定的大局出发，来调整和完善香港的金融制度，并对香港金融业的稳定发展做出积极妥善的安排。”

关于香港中银是否参与发钞问题，李贵鲜说，在“九七”以前，这个问题由港英政府决定，在“九七”以后由香港特别行政区政府决定。如果香港各界和港英政府都希望香港中银在“九七”以前参与发钞，应由港英政府和香港中银商议，并按照有关法定程序作出安排。

李贵鲜说，根据《中英联合声明》和《基本法》，未来的香港特别行政区政府可自行制定货币金融政策，港币发行权属香港特别行政区政府。中国人民银行将恪守《中英联合声明》的规定，不会在香港发行特区钞票或辅币。但作为中华人民共和国这个整体，我们将对香港经济、金融的发展情况加以关注。

全国人大常委会委员长万里在人民大会堂会见印度尼西亚最高法院首席法官阿里·赛义德

国务院副总理吴学谦在钓鱼台国宾馆会见日本前首相竹下登

中国代表何界生在第45届世界卫生大会上发言

参加第45届世界卫生大会的中国代表团首席代表、卫生部副部长何界生说，1991年，中国卫生事业在实施“人人享有卫生保健”战略中取得重要进展。

何界生说，围绕这一战略目标和世界卫生组织的其他目标，中国根据自己的国情，努力推进卫生工作改革，发展卫生事业。1991年全国农村改水累计受益人口占农村人口的75.4%。计划免疫“四苗”接种率已实现以省、县为单位达到85%的目标。1991年1月到10月份止，全国累计甲、乙类传染病发病率比前年同期下降0.75%，死亡数下降36.48%。去年，我国还取得了大灾之年无大疫的历史性胜利。

何界生说，妇幼卫生历来受到中国政府的高度重视。目前，我国婴儿死亡率和孕产妇死亡率均比1949年建国时有大幅度下降，人口出生率由1949年的36‰下降到1990年的21.06‰；人均期望寿命已提高到69岁。同时，目前已经基本建成了一整套妇幼卫生服务网络，全国47000多所乡镇卫生院正在得到进一步充实加强，成为广大城乡初级卫生保健的枢纽。

何界生最后说，中国是一个有11亿人口的发展中国家，近80%人口生活在农村，妇女儿童约占总人口的2/3。要实现“人人享有卫生保健”的战略目标，还面临十分艰巨的任务。

中国又有九位专家教授当选为世界生产率科学院院士

当选的9位院士是：香港中文大学教授、世界著名食用菌专家张树庭，农业部顾问边疆，经济学教授杨守正，北京大学环境生物及生态学教授林昌善，北京师范大学教授、生物系主任王永潮，中国农业科学院研究员曹骥，中国散文诗学会理事、编审于行前，北京有色金属研究总院高级工程师王文治，武汉社会科学院经济研究所副研究员冯光明。

全国作协工作会议在延安召开

国务院批准1995年国家安排文物抢救性维修保护费7000万元

5月6日

中纪委关于一些省区市纪委坚持为经济建设服务情况的通报

中央纪律检查委员会最近发出关于一些省区市纪委坚持为经济建设服务情况的通报。

通报说，党的十三大以来，各级纪检机关把服从、服务于党的“一个中心、两个基本点”的基本路线，作为纪检工作的出发点和归宿，始终坚持两手抓的方针，做了大量的工作，促进了我国经济建设和改革开放事业的健康发展。目前，各级纪检机关正学习邓小平同志今年初在我国南方视察时的讲话，认真总结经验，以便更加坚定、准确、全面地贯彻党的基本路线，真正做到两手抓工作，两只手都要硬，使纪检工作在新形势下发挥更大的作用。

一、加强执纪办案工作，为经济建设和改革开放排除障碍

近年来，上海市各级纪委不断研究、改进执纪办案工作，通过加强执纪办案为经济建设服务，取得明显成效。他们改变单靠群众举报查处案件的状况，主动深入到一些容易发生重大案件的领域和部门，及时发现

和了解经济工作中深层次的问题，集中力量，重点查处危害经济建设的案件。市化工局纪委主动深入该系统的一些单位排漏查疑，发现有个厂迁厂工程搞了近5年，耗资近亿元，仍未正常生产。他们会同检察机关内查外调，查出了11件经济违纪违法案件，涉及党员干部8人。经过查处，促进了该厂生产的健康发展。去年市纪委书记张定鸿带领市纪委常委和机关干部到工业、交通、财贸等系统，召开18个座谈会，向150多名书记、厂长、经理和经销人员开展调查研究，制定了《围绕增强大中型企业活力，进一步发挥纪检工作作用的若干意见》，明确提出了要正确区分正当经营活动与不正当经营手段，合法报酬与非法所得，工作失误与官僚主义失职、渎职，业务活动与非业务活动等政策界限，使从事经济工作的同志增强了是非观念，提高了遵纪守法的自觉性和大胆改革的积极性。

二、剖析非正常亏损企业，推动企业廉洁经营

造成企业亏损的因素是多方面的，对一些非正常亏损的企业，各级纪委主动进行了剖析整顿，推动了企业廉洁经营，促进了经济发展。江苏省到1991年11月底，全省纪检系统累计剖析整顿非正常亏损企业2387家，发现经济案件1105起，经济违纪金额4330.4万元。通过查处，有1290人分别受到党纪政纪和刑事处分，共追回赃款1841.43万元，收回欠款8700.85万元，挽回经济损失1.05亿元。有886家企业已扭亏为盈，占剖析整顿企业的37.12%。

苏州市纪委把剖析非正常亏损企业作为一项系统工程来抓，强调要依靠各方面的力量实行综合治理。努力做到党委重视，左右配合，全力推动，让企业主管部门和企业党组织唱主角，使非正常亏损企业面貌迅速得到转变。

三、健全和完善为经济发展服务的规章制度，加强企业纪检工作

近年来，不少省区市都在深入企业调查研究的基础上，专门制定了纪检工作服务于经济工作的有关规定或颁发了划分企业是否违纪的政策界限，并注意不断总结经验，加强企业纪检工作。内蒙古自治区去年4月份以来，吸收了5个盟市纪委和12家大型企业纪委共51人组成联合课题组，就全区170户大中型工业企业贯彻中央纪委《关于全民所有制工业企业纪检工作暂行规定》的情况进行调查，初步总结了企业纪检工作为经济工作服务的经验。

四、积极支持、保护改革开放

四川省纪委提出了"六个支持和保护"，即支持和保护大胆改革、锐意创新的同志，支持和保护厂长的中心地位，支持和保护经济部门和企业的合法权益，支持和保护企业的正当经营，支持和保护各种经济承包责任制，支持和保护各级领导正确执行中央、省有关搞活经济的政策、措施。仅去年1至10月，县以上纪检机关通过查处诬告、陷害案件，为648名党员干部澄清了诬告不实之词，予以解脱。

北京市纪委对市无线电元件六厂厂长刘铁良遭受诬陷一案进行了联合调查。刘铁良承包该厂后，使企业利润由60万元增长到500多万元，三年利润翻了三番，跨入市"三优"企业行列，刘铁良也获"优秀厂长"、"优秀共产党员"称号。这个厂技术员蔡炬虹为图谋当厂长，先后写了十几封匿名信，诬陷刘铁良受贿，使国内外一些报刊作了错误报道，产生恶劣影响。市纪委和司法部门查清蔡炬虹的诬陷、盗窃行为后，市中级法院判处其有期徒刑20年。为了给被诬陷的厂长正名，市纪委召开了新闻发布会，公布案情并发了通报，为勇于改革的同志伸张了正义。

中共中央政治局常委宋平在贵州考察

5月6日至13日，宋平到安顺、六盘水、遵义、贵阳等地考察工作。宋平说，贵州社会稳定，民族团结，经济建设和各项事业顺利发展，省委、省政府认真执行党的路线、方针、政策，工作卓有成效。宋平希望贵州的干部和群众在以江泽民同志为核心的党中央领导下，继承和发扬当年红军长征的革命精神，发挥自己的优势，加快经济发展。

宋平在乌蒙高原、黔北山区，走村寨，访农户，进行实地调查，与当地干部、群众共同探讨怎样加强农业，做好开发山区这篇大文章。

宋平说，贵州矿产资源丰富，工业有一定基础。要深化企业改革，转换经营机制，大胆进入市场，调动广大职工积极性，抓好技术改造，提高经济效益。

宋平在农村、工厂、机关，与基层党组织的党员干部就如何加强党的建设、发挥党组织战斗堡垒作用进行了座谈。

中共中央总书记江泽民在人民大会堂会见正在北京出席提高国营工业企业效益国际会议的中外代表

江泽民指出，改革开放是我们坚定不移的基本国策。抓住有利时机，加快改革开放步伐，促进中国经济登上新台阶，是我们的当务之急。

江泽民说，中国的大中型国营企业必须走向国际市场，才有更广阔的发展前景。

江泽民还指出，我们要努力吸收和借鉴人类社会创造的一切文明成果，吸收和借鉴当今世界各国包括西方发达国家的一切反映现代社会化生产规律的先进经营方式和管理方法，这是深化中国经济体制改革的必然要求和重要内容。

中共中央总书记江泽民在人民大会堂会见日本前首相竹下登

中共中央政治局常委乔石在人民大会堂会见以蒙古人民革命党中央委员蒙古国家和社会研究学院院长雅达木·道勒格尔扎布为团长的蒙古国家和社会研究学院代表团

中共中央政治局常委乔石在人民大会堂会见由责任主编金勇鹤率领的朝鲜劳动党中央机关理论刊物《勤劳者》杂志社代表团

全国文物工作会议在西安开幕

国务委员李铁映在会议开幕式讲话中要求各级党政领导把保护祖国珍贵文物，弘扬祖国灿烂文化当成大事来抓，特别是一些文物大省更要责无旁贷，尽职尽责，把保护、利用好祖国文物的工作落到实处。

李铁映指出，当前文物犯罪活动十分猖獗，盗墓之风屡禁不止，文物盗窃、走私、黑市现象时有发生。希望文物部门的同志创造性地建立起一套社会化的文物保护体制，遏制这种愈演愈烈的极愚昧的社会逆流；要进一步向群众宣传《文物保护法》，有法必依，让文物盗窃分子倾家荡产；要树立"识国宝者也是国宝"的观念，在大力抢救文物的同时，大力抢救文物专业人才，特别是有真知灼见的文物专家，加速而有计划地培养一批中青年文物专家，使文物"保护神"的队伍不断壮大。

国家文物局局长张德勤在工作报告中提出当前和今后要着力抓好的工作是：集中精力抓好"八五"期间文物的抢救性维修保护；充分发挥博物馆作用，扩大文物对外交流，增强文物事业自身发展的活力；加强对文物市场的有效管理；宣布贯彻《文物保护法》和《文物保护法实施细则》，全面加强文物工作的法制建设。

各省、自治区、直辖市文物管理部门等机构负责人以及特邀代表 300 余人出席会议。会议于 9 日结束。

国务院副总理田纪云在河南山东考察黄河防汛工作

5 月 6 日至 9 日，田纪云副总理带领国务院有关部门负责人，沿途考察黄委会水利泥沙科研所、黑岗口、柳园口、曹岗、高村、井圈险工和长垣县、东明县的防滚河工程，实地察看北金堤滞洪区和东平湖蓄洪区，并检查这两大蓄滞洪区的渠村闸、石洼闸设备保养维护情况，听取河南、山东两省和黄委会负责同志关于黄河防汛工作汇报。考察期间，还就黄河洛口铁路桥防汛事宜做部署。

田纪云还说，黄河治理问题应该好好研究。为黄河防汛，从总理、省长到普通老百姓一年折腾几个月，年复一年地下去终非长久之计。这是个对国家、对人民负起历史责任的问题。长江有了修建三峡水库那样的关键性措施了。黄河防汛要坚持综合治理。从近期来讲，要积极防御，加高加固堤坝，处理险工险段，搞一些防洪工程。国家划定的分滞洪区，可采取民办公助方式搞一些安全设施建设。如安全台、安全楼，一年搞一片，连续干它三五年，逐步解决问题。今年首先要解决救生器材问题。中期是积极把小浪底搞上去，至少若干年内可以减淤，可以拦水调峰。从远期看，要进一步解决中上游水土流失和下游河道疏浚问题。中上游要大力推进水土保持工作，逐渐减少入河泥沙。下游要继续抓紧放淤固堤。放淤固堤是个好办法，既能疏浚河道，又能加固堤防，还能造地，卖建筑材料。新造的地可以自己种树，搞林粮、果粮间作，搞多种经营，也可以承包给当地群众。因此这项工作的规模要加大，速度要加快。

5月7日

中央政法委员会书记乔石在第九次全国检察会议上发表讲话

乔石指出，从根本上说，实现国家的长治久安，必须依靠经济的发展，国力的增强，人民物质文化生活水平的不断提高。但是，没有人民民主专政，没有强有力的公、检、法、司这些专政工具，社会主义民主就不可能很好发扬，社会主义法制也难以维护，良好的社会治安秩序就无法保持。

乔石要求政法各部门要牢固树立为经济建设服务的思想，进一步解放思想，转变观念，警惕右的、特别是要防止"左"的思想的干扰，更自觉、更主动地服从和服务于经济建设和改革开放，强化人民民主专政的职能。

乔石表示，近几年来，全国检察机关贯彻执行党的"一个中心、两个基本点"的基本路线，履行宪法和法律赋予的法律监督职责，突出地开展了惩治贪污贿赂犯罪，打击刑事犯罪，查办侵权和渎职罪案等工作，取得了很大成绩。检察队伍的政治素质和业务素质总的说是好的，并且不断有所提高。

乔石指出，依法惩治贪污贿赂犯罪是检察机关的一项重大责任。贪污贿赂犯罪是人民群众非常痛恨的腐败现象，它腐蚀党和国家的肌体，损害党在人民群众心目中的威信和形象，危害经济建设和改革开放的健康发展。

乔石要求检察机关要深刻理解和认真贯彻党中央惩治腐败的方针，在工作中要严格执行法律、政策，即要防止打击不力，又要克服简单粗糙。要了解经济情况和经济政策，认真调查研究经济工作中出现的新情况、新问题，严格分清罪与非罪的界限。对于涉及在改革开放中做出贡献的人、而政策法律规定又不够明确的案件，就更要慎重，不要轻易按违法犯罪追究；对不构成犯罪的，要坚决给予保护；对确属构成犯罪的，不论是什么人，都要依法处理。

目前，我国治安问题仍然相当突出，有些地方刑事犯罪活动还很猖獗，一些丑恶现象仍在蔓延。对此，乔石强调，检察机关必须把依法从重从快严厉打击严重刑事犯罪分子作为长期的战略任务，丝毫不能松懈。要全面落实中央社会治安综合治理委员会部署的各项措施，特别是要动员全社会的力量加强法制教育和预防犯罪工作。

乔石希望全国各级检察机关和广大检察干部发扬成绩，进一步加强队伍的自身建设，从严治检，不断提高干警的政治、业务素质，增强责任感、使命感，把检察工作和党的中心任务紧密结合起来，把是否有利于解放和发展生产力，是否有利于加快改革开放和经济建设，是否有利于维护社会政治稳定，作为检察工作的出发点和检验工作好坏的根本标准，更好地完成自己的任务。

中华全国总工会主席倪志福在北京与日本工会总联合会会长山岸章举行会谈

国务委员钱其琛在钓鱼台国宾馆会见越南共产党中央顾问阮文灵

第八届四大洲艺术体操赛在北京举行

第八届四大洲艺术体操（东海杯）锦标赛，5月7日至10日在北京举行。中国队共夺得十枚金牌、五枚银牌和三枚铜牌。

5月8日

国家主席杨尚昆同玻利维亚总统帕斯·萨莫拉在人民大会堂举行会谈

杨尚昆说，中玻自1985年建交以来，相互了解和友谊日增，经贸合作顺利。中国政府十分重视同玻利维亚发展友好合作关系，愿与玻利维亚政府一起努力将两国关系推向一个新的发展水平。

帕斯·萨莫拉说，玻中两国在国际事务中有很多共同点，这是双方合作的基础。帕斯·萨莫拉感谢中国政府对玻利维亚提供的经济援助，重申玻利维亚政府承认中华人民共和国是中国唯一的合法政府，台湾是中国领土的一部分。

杨尚昆说，中国同拉美都是发展中国家，我们之间没有利害冲突，在建立国际新秩序、促进人类发展和维护世界和平方面，中国和拉美有着相近的立场和共同的利益。我们应相互支持，加强合作。

杨尚昆说，世界正向多极化方向发展，冷战虽然结束了，但世界和平与安全并没有得到根本的保障。和平与发展问题还未解决，有些地区冲突、民族矛盾和领土争端趋于表面化、尖锐化。国际经济竞争日趋激烈，南北矛盾更加突出。杨尚昆说，应在和平共处五项原则的基础上建立国际新秩序。中国主张大小国家一律平等，都有权参与国际事务。中国支持联合国在建立国际新秩序方面发挥积极作用。

帕斯·萨莫拉说，维持多极化对世界人民是有利的，在发展贸易、技术、环境等领域的事务中，发展中国家应用一个声音说话，应在这次环境与发展会议上团结起来，维护自己的利益。发达国家在环境问题上是欠了发展中国家债的。

国务院总理李鹏在北京会见蒙古国总理达希·宾巴苏伦

李鹏指出，中蒙两国有着漫长的共同边界，希望这是一条和平、友好、合作的边界。中国尊重蒙古的独立和主权，愿在平等互利的基础上，积极发展两国的经济合作关系。中国政府发展中蒙睦邻友好关系的政策不会改变。1960年中蒙友好互助条约和1990年中蒙联合公报是发展中蒙关系的指导性文件。

宾巴苏伦说，彭·奥其尔巴特总统和杨尚昆主席的互访为推动蒙中两国的传统友好关系和合作发挥了重要作用。他本人作为30年来第一位对华进行正式友好访问的蒙古政府总理，感到十分高兴。相信通过这次访问，一定会把两国关系发展到一个新的水平。宾巴苏伦在介绍蒙古国内情况时说，目前，蒙古的经济面临不少困难，蒙古政府在把充分利用本国资源、依靠自己的条件作为国家复兴的基本方针的同时，愿意同其他国家在贸易和开发方面进行合作，特别是同中国开展合作。

宾主还就苏联解体后的地区形势交换意见，并互相通报了各自同独联体国家的关系。

中办国办严禁党政机关及其工作人员在公务活动中接受和赠送礼金有价证券的通知

中共中央办公厅、国务院办公厅日前发出通知严禁党政机关及其工作人员在公务活动中接受和赠送礼金、有价证券。

通知要求各地区、各部门、各单位坚决执行以下规定：一、各级党政机关及其工作人员（包括离休、退休干部和受党政机关委托、聘任从事公务的人员），特别是领导机关和领导干部，在公务活动包括礼仪庆典、新闻发布会和经济活动中，不得以任何名义和变相形式接受礼金和有价证券。凡违反规定接受礼金和有价证券者，要坚决追究，根据数额多少和情节轻重，给予党纪、政纪处分。对索要或暗示对方赠送礼金和有价证券的，要从重处分。触犯刑律的，要依法惩处。二、各地区、各部门、各单位（包括企业、事业单位）不得以业务会、招待会、定货展销会、新闻发布会等各种会议和礼仪、庆典、纪念、商务等各种活动及其他的形式或名义，向党政机关及其工作人员赠送礼金和有价证券。凡违反规定的，要追究有关领导的责任。三、各级党政机关及其工作人员在涉外活动中，由于难以谢绝而接受的礼金和有价证券，必须在一个月内全部交出并上缴国库。凡不按期交出的，以贪污论处。

国家主席杨尚昆和玻利维亚总统帕斯·萨莫拉在北京出席中国和玻利维亚两国经济技术合作协定、贸易协定、鼓励和相互保护投资协定、科学和技术合作协定的签字仪式

中日友好环境保护中心在北京举行奠基仪式

为纪念中日邦交正常化 20 周年和中日友好条约签订 10 周年，由日方赠款 102 亿日元、中方配套建设的中日友好环境保护中心，在北京奠基。国务院副总理吴学谦、日本前首相竹下登参加奠基仪式并发表讲话。

中国和玻利维亚就中国政府向玻利维亚政府赠款签署协议

除赠款协议之外，还就中国援助玻利维亚小水电站和文化中心、中国政府在贷款项下向玻利维亚提供农机设备和中国政府向玻利维亚政府提供高原小麦种子进行换文。

国家主席杨尚昆在北京会见日本前首相竹下登和夫人

国务委员兼外交部长钱其琛在钓鱼台国宾馆同苏里南共和国外交部长苏巴斯·蒙格拉举行正式会谈

钱其琛说，中苏两国虽然相距遥远，但都是发展中国家，有着许多共同点。近年来两国的友好交往不断增加，经济技术等领域的合作不断扩大，在国际事务和国际组织中一直相互支持、友好合作。钱其琛说，在当前国际形势下，两国在政治、经济等方面加强合作完全符合两国人民的共同愿望和根本利益。钱其琛对苏里南坚持一个中国的立场表示赞赏，对苏里南支持中国成为不结盟运动观察员表示感谢。

蒙格拉指出，中国对其他国家的援助不附加任何政治条件，从不干涉别国内政。中国同包括苏里南在内的发展中国家的合作是南南合作的典范。苏里南希望进一步加强苏中两国之间友好合作关系。

国务委员钱其琛在钓鱼台国宾馆会见美国副国务卿阿诺德·坎特

中国医生郑庆斯在日内瓦举行的第 45 届世界卫生大会上以其在老年病研究领域取得的成就荣获世界卫生组织雅克奖

欧洲华侨华人社团联合会在阿姆斯特丹宣布成立

中共中央政治局常委李瑞环在西安举行的全国文物工作会议上发表讲话

李瑞环在西安与全国文物工作会议代表座谈。

李瑞环指出，在漫长的历史岁月中，我们的祖先用自己辛勤的劳动和卓越的智慧，创造了举世瞩目的中华民族文化，留下了极其丰富的文物宝藏。有些珍贵文物已成为中华民族的象征。无论是身居中国本土还是生长在异国他乡的中华儿女，只要提到伟大祖国的文物瑰宝，都会感到无比骄傲和自豪。他说，我国现存的文物，是我们的祖辈一代又一代，付出了巨大代价和牺牲才保留下来的，是非常不容易的。现在这些历经磨难的珍贵遗产传到了我们这一代手里，我们应该怎么办呢？是尽最大努力保护好，继续传给我们的后代子孙，还是不负责任，在我们手里任其毁掉呢？这确是一个值得每个当代中国人严肃思考的重大问题。如果把祖先留下的这份遗产在我们手里糟蹋了、损坏了，那就不是一般的工作失职，而是上无以对祖先、下无以对子孙，我们就会成为千古罪人。

李瑞环在强调把抢救放在文物工作首位时说，我国文物的显著特点一是年头久，二是数量多。由于年代久，许多文物经历了几百年、上千年，称得上饱经风霜，已经是千疮百孔、风烛残年，抵御自然侵蚀的能力很低，有些抢救一下就保存下来了，不抢救就没有了；早抢救几年甚至几个月就保存下来了，晚几年甚至几个月就没有了。文物是无法再生的，一时的延误就有可能造成千古遗恨。

由于数量多，加上我们过去的欠账又比较多，即使投入的力量有较大增长，比实际需要仍然会有相当大的距离，这就需要按轻重缓急进行比较排队，本着“先救命后治病”的原则，抓住重点，急事先办，把有限的力量首先用于抢救那些快“断气”的孤品、珍品上去。他说，执行保护为主，把抢救放在首位的方针，要处理好与文物合理利用的关系。从一定意义上讲，保护文物的目的最终还是利用。实践证明，合理、适度、科学的利用，不仅不会妨碍保护，而且有利于保护。在改革开放的形势下，把文物事业搞得更活一些，是大有文章可做的，需要下力量研究。但是所有文物的利用，都要服从国家有关法规，在保护文物安全的前提下进行，都应当有助于保护。

李瑞环强调，文物工作是搞好两个文明建设的重要组成部分，是各级党政领导进行四化建设和改革开放不可忽视的一项工作。各级党政领导和文物部门要认清形势，努力工作，务必做到一年办成几件实事，使文物抢救工作年年有新进展。要把工作抓实，在深入调查摸底、弄清情况的基础上，区别轻重缓急，把需要保护、抢救的文物排出一个单子，对如何使用今年国家增拨的文物抢救专款和地方资金，做出具体部署，做好前期准备，抓紧设计施工，力争迅速拿出成果，把全面抢救文物的"头一炮"打响。要严格依法办事，把《文物保护法》等有关法令、法规宣传好，贯彻好，依法管理文物工作，制止文物破坏，打击文物犯罪。他要求公安司法机关、海关缉私部门和重要文物单位要紧密配合，协同作战，对各种文物犯罪分子依法严加惩处，特别是对那些破坏严重，危害极大的盗墓帮伙和走私集团，要坚决摧毁，严厉打击，以刹住各种破坏、盗窃、走私文物的歪风。

李瑞环指出，当前，我国形势很好，邓小平同志在视察南方时的重要讲话，对建设具有中国特色的社会主义具有重要而深远的指导意义。我们要认认真真地学习，全面准确地领会，真心实意地贯彻执行。希望文物战线的同志们进一步解放思想，开拓进取，以改革开放的精神，使自己的工作尽快跨上一个新台阶。

会议于6日至9日举行。

5月9日

中共中央总书记江泽民在中南海会见蒙古国政府总理达希·宾巴苏伦

中共中央总书记江泽民在中南海会见以现任主席雷蒙德·谢弗和新近当选主席巴伯·科纳布尔为团长的美中关系全国委员会理事会访华团

中共中央总书记江泽民国务院总理李鹏在北京分别会见玻利维亚总统海梅·帕斯·萨莫拉

中共中央政治局常委中央纪委书记乔石在第三次全国纪检信访工作会议上讲话

乔石说，信访工作是我们纪检工作联系群众、做好群众工作的一个重要方面，希望这项工作今后继续得到加强。

乔石说，现在全国都在学习小平同志的重要讲话，希望包括做信访工作在内的全国从事纪检工作的同志，都把小平同志的讲话精神学好，贯彻好，使纪检队伍能更加稳定、更加坚强，为进一步改革开放，为把我国经济搞上去，做出自己的贡献。

全国安全生产委员会决定开展"安全生产周"活动

以提高全社会的安全生产意识为主要内容的"安全生产周"活动，定于5月11日至17日在全国展开。全国安全生产委员会近日发出通知，要求各地各部门深入广泛开展安全生产宣传教育，把安全生产工作的重点转移到"预防为主"的轨道上来，推动全年安全生产工作的开展。

全国安委会的通知要求各地各部门加强对"安全生产周"活动的领导，贯彻落实"安全第一、预防为主"的方针，树立"安全生产为加快改革步伐服务"的思想，抓好国营大中型企业安全生产，以点带面，推动其他企业安全生产工作的开展；要从提高企业领导安全意识入手，建立健全安全生产责任制，解决安全生产方面存在的问题；要把安全生产工作逐步纳入法制轨道，严肃查处违章指挥、违章作业、违反劳动纪律的行为；通过大张旗鼓的宣传，增强每个公民的自我保护能力和事故预防能力，形成全社会都来关心安全生产的局面。

中共中央总书记江泽民国务院总理李鹏分别题词祝贺中国银行澳门分行大厦开业典礼

中共中央总书记江泽民在中南海会见以会长山岸章为团长的日本工会总联合会代表团

国务院总理李鹏同爱沙尼亚总理季特·维亚希在人民大会堂举行会谈

李鹏说，中国处理对外关系时有两条一贯明确的原则，即各国人民有权选择本国的社会制度、意识形态和发展模式，它们的异同不应影响国家间关系的正常发展；国家不分大小、强弱、贫富都是国际社会的平等成员，国际关系中应遵循互不干涉内政的原则。中爱建交公报确定了建立和发展两国关系的基本原则。中爱建交不久，两国关系刚刚起步，相信维亚希总理的访问将对加深两国人民之间的友谊、促进两国友好合作关系的发展发挥积极的作用。

李鹏说，中国愿意发展与爱沙尼亚的经济贸易关系，支持中国企业在爱沙尼亚建立合资企业和进行其他形式的合作。这次总理阁下访问期间两国将正式签署的中爱经贸协定，将为两国经贸关系的发展提供法律保证。

李鹏阐述了中国在台湾问题上的一贯立场。维亚希说，爱沙尼亚在中爱建交公报中，明确承认中华人民共和国政府是代表全中国的唯一合法政府，不会与台湾建立官方联系。

国务院总理李鹏在人民大会堂会见越南共产党中央顾问阮文灵

李鹏向阮文灵系统地介绍了我国改革开放的情况，着重介绍了中国把计划和市场作为经济调节手段，农村、城市和价格改革政策的有关情况以及进一步扩大开放的政策和步骤。李鹏说，当前我们全党全国人民正在进一步贯彻邓小平同志最近讲话的精神，要进一步解放思想，坚持从实际出发，加快改革开放的步伐。

李鹏说，社会主义制度还在不断地完善中，我们要在大胆的探索中不断总结成功的经验。判断改革成功与否，要看是否解放和发展生产力。李鹏强调，各国的情况互不相同，经济建设和改革开放都要按照各自国家的具体情况进行。

李鹏说，我们要进一步扩大开放，发展与各国的经济、贸易、科技合作和友好交流，把对外开放提高到一个新的水平。

中国蒙古两国政府在北京签署四项协定

中国和蒙古双方下午在北京签署两国政府经济合作协定和关于中国政府向蒙古政府提供贷款的协定。

国务院总理李鹏和蒙古国总理达希·宾巴苏伦出席在人民大会堂举行的签字仪式。

仪式上，中蒙双方还签署两国政府汽车运输协定实施细则和两国政府关于植物检疫的协定。

中国和阿拉伯国家知名人士首次在北京对话

来自6个阿拉伯国家的19名政界人士和专家学者同中国资深外交家和专家学者，在北京对话，讨论国际新秩序、中国同阿拉伯国家关系等问题，并相互介绍各自国家的民主与法制的情况。

中国代表团团长孙林在联合国气候变化纲要公约谈判会议上发言

出席气候变化纲要公约谈判会议的中国代表团认为，经过一年多努力而达成的气候变化纲要公约，尽管还不能令人满意，但期望它"能够成为我们对付气候变化共同努力的一个基础框架。"

中国代表团团长孙林说，经过一年多努力达成的公约案文完成了重要的第一步。中国代表团自始主张制定一项有意义的框架公约，并为达成这样一项框架公约作出了自己的努力，在谈判中表现出了强大的建设性和合作精神。

孙林认为，一项有意义的框架公约，应当包含适当的承诺，并为尽可能多的国家所支持和参加，应当体现共同但又有区别的责任，也就是说，发达国家在造成和对付气候变化方面负有主要责任，在实现公约目标方面起率先作用，将有助于全球对付气候变化的努力。

孙林说，这样的公约还应当体现环境保护与经济发展的协调统一，特别是对发展中国家来说，只有发展才能从根本上增强这些国家保护环境的物质基础，从而充分有效地参加对付气候变化的全球行动。

孙林指出，"公约应当体现公平基础上合作的原则，特别是发达国家要为发展中国家参加这样的全球行动提供必要的资金和技术。"

孙林还认为，一项有意义的框架公约，还应当确立适当的履行机制，以保障公约的执行，其中也特别要体现发达国家与发展中国家的不同实际情况和不同义务。

中央军委授予陆载德"国防科技工作模范"荣誉称号命名大会在吉林省白城常规兵器试验中心举行

国防科工委政委邢永宁宣读由中央军委主席江泽民签署的命令，并代表中央军委向陆载德颁发了一级英模奖章和证书。邢永宁在大会上说，国防科工委全体同志要掀起"学英模思想、走英模道路、创英模业绩"的热潮。

中共中央总书记江泽民和聂荣臻分别题词号召向军事医科院优秀共产党员张培英学习

5月10日

中国和阿拉伯国家知名人士首次对话结束在北京发表新闻公报

将近40位中国和阿拉伯国家的知名人士，在北京结束他们之间的首次对话。

中阿知名人士在对话结束时所发表的新闻公报中指出，这次对话是成功的，有利于加强中阿人民之间的了解与友谊，在很多方面增强了共识。

公报说，中国和阿拉伯国家"应该致力于建立一个稳定、合理、公正和有利于世界和平与发展的国际新秩序。这种国际新秩序应该建立在互相尊重主权和领土完整、互不侵犯、互不干涉内政、平等互利、和平共处等原则的基础上。国家不分大小、强弱、贫富，都有权作为国际社会的平等成员参与国际事务，为世界和平与发展做出自己应有的贡献。”

公报强调，解决中东问题应以联合国安理会242号和338号决议为基础，恢复巴勒斯坦人民的合法权利，以色列撤出阿拉伯被占领土，尊重这个地区各国的主权。公报呼吁通过和平方式解决国际争端。公报说，中国和阿拉伯各国同属发展中国家，多年来一直保持着友好关系。在新的国际形势下，中阿人民更应加强团结与合作，进一步发展政治、经济、文化等领域的友好合作关系，以便在国际上发挥更大的作用。

公报认为，一个国家实行什么样的民主制度，应由这个国家的人民自己决定。

中国人民对外友好协会副会长刘庚寅和埃及亚非团结委员会主席艾哈迈德·哈姆罗希分别代表参加对话的中方代表团和由6个阿拉伯国家知名人士组成的阿方代表团，在新闻公报上签了字。对外友协会长韩叙出席了签字仪式。

国务院生产办公室负责人答中国质量万里行记者问

国务院生产办负责人日前在回答“中国质量万里行”记者提问时说，加快经济发展必须同时狠抓质量。质量工作将从五个方面予以加强。当前对假冒行为要重点揭露打击。

记者问：国务院生产办对“中国质量万里行”活动始终给予很大支持。现在这个活动已经进行两个多月，请您谈谈对这次活动的评价。

负责人答：“中国质量万里行”活动在全国上下引起很大震动，成了近期人们经济生活中的一个热点。一位消费者说：“扬优又揭短，决策诚英明，大快人心事，质量万里行。”我看这就是对这次活动最好的评价。

一项宣传报道活动能在社会上产生这么强烈的反响，受到大家欢迎，我认为，一是抓住了群众关心的、政府在抓的、也是实际工作中迫切需要解决的热点问题；二是新闻界联合行动，发挥了舆论工具的桥梁、纽带和监督作用，把生产者、经销者和消费者紧紧联系在一起，共同抓质量；三是国务院各部门、各地区的领导同志和广大企业积极支持，对揭露出来的问题，不护短，并举一反三，抓紧整改。

这次活动对唤起全民族的质量意识，促进举国上下都来关心和重视质量工作，起到了很好的作用；希望它今后以更多的形式，更深入地开展下去。

记者问：有人提出，当前强调加快经济发展步伐，抓产品质量与此是否有矛盾？您怎么看这个问题？

负责人答：我认为，抓产品质量和加快经济发展是完全一致的。现在，大家都在认真学习贯彻邓小平同志的重要谈话，有条件的地方经济发展尽可能搞快一点，这个积极性很好。但我们不能忽视历史上正反两方面经验告诉我们的，只有把质量搞上去，才是鼓实劲，才会提高效益，使经济真正得到我们所需要的发展。邓小平同志一贯教导我们要坚持质量第一，在今年初的南巡重要谈话中，在谈到加快发展经济时就同时指出：“只要是讲效益，讲质量，搞外向型经济，就没有什么可以担心的。”所以，我们要全面理解中央的精神，把加快发展和调整结构、讲求质量、提高效益更好地结合起来。

记者问：有人看到一些产品质量问题被曝光，就对所有产品质量产生了怀疑，请问，您对我国产品质量总的评价如何？

负责人答：我看这种怀疑是不必要的。因为曝光的问题并不能代表我国产品质量的总体水平。大家都看得很清楚，改革开放以来，广大企业不断增加对技术开发、技术引进和技术改造的投入，同时，也学习了国外先进质量管理方法，产品质量不断提高，品种明显增多，涌现了一批名优产品和“质量效益型”企业，部分产品的质量和性能达到或接近国际先进水平。以电视机为例，1978年以前，我们连23厘米的黑白电视机的质量也难保证，现在各种规格、型号的电视机已经受到广大消费者的青睐，并大量出口。再比如食品，十年前只要有供应就行，现在则要讲营养、低脂肪、低胆固醇、减肥效果等。

但是，也要看到，目前我国不少产品的质量仍然存在比较严重的问题，和国际水平相比，差距还很大。高技术含量、高市场容量、高附加值、高创汇、高效益、低能耗、低物耗的产品太少。我们必须正视这一现实，努力使我国的产品质量总体水平再上一个新台阶。

记者问：在这次活动中，领导同志特别强调了要揭露和打击假冒伪劣产品，是出于什么考虑呢？

负责人答：现在，社会上有些企业和个人，置国家法律于不顾，靠生产和销售假冒伪劣产品发不义之财。他们不择手段，扰乱市场，坑害用户，破坏经济环境，损害政府的威信和国家的形象，危害极大，群众深恶痛绝。对这种违法行为不打击不足以平民愤。不仅在这次活动中我们强调要对它予以揭露和打击，今后还要长期抓下去，假冒伪劣产品一经发现，就要对生产和经销者予以重罚、严惩，凡是对人民生命、健康造成严重危害，造成重大经济损失，触及刑律的，要绳之以法。对假冒伪劣产品的姑息，就是对人民的犯罪，各级政府对这一点要有清醒的认识。

记者问：质量问题已经提出好多年了，可目前我国

产品质量状况依然不能令人满意，您认为主要原因是什么？

负责人答：影响产品质量的原因是多方面的。在经济工作中，没有切实摆正质量、数量、效益的关系，“质量第一”的方针没有真正得到落实；管理不严，纪律松弛，职工的素质不高，企业的各项基础工作不扎实；产品设计水平不高、生产工艺落后的状况依然很突出；对假冒伪劣商品的生产者、销售者打击不力，优胜劣汰的市场机制还不完善，这些都是重要原因。但更重要的还是企业经营机制问题。不把企业推向市场，不把企业和职工的利益与产品质量挂起钩来，生产劣质产品也没有“丢饭碗”的威胁，企业就没有提高产品质量的动力和紧迫感。至于群众深恶痛绝的假冒伪劣产品，所以屡禁不止，则与一些部门、地区只关注本部门、本地区的利益，没有全局观点，对假冒伪劣产品睁一只眼、闭一只眼，不认真查处有关。有的甚至因为收受“回扣”，就任由假冒伪劣产品在流通领域泛滥。有的单位总是护短，一说查处假冒伪劣产品，就喊叫造成了多少经济损失。如果外部环境不解决好，那么质量问题是难以解决的。

记者问：请您谈谈对今后加强质量工作有什么新的想法。

负责人答：首先，必须注意培养和提高全民族的质量意识。在竞争异常激烈的今天，质量已成为一个国家、一个民族的素质和民族精神的体现。质量的好坏，也决定了一个国家参与国际竞争能力的强弱。中华民族如果不大大提高质量意识，普遍树立质量第一的观点，就难以赶上先进国家，就难以跻身于世界先进民族之林。我们讲质量意识是存亡意识，就是要唤起勤劳勇敢的中华民族的危机感，让我们每一个人都清醒地认识到，不讲质量的民族是没有希望的民族。

其次，要严格管理。据了解，有相当一部分企业的技术力量和设备水平并不差，但却生产不出高质量的产品，其原因是管理不严，工艺纪律松弛，基础工作，尤其是生产过程中的质量控制跟不上。必须围绕产品质量在管理上花大力气。完善产品质量保证体系，认真总结质量管理经验，推行国际上通行的《质量管理和质量保证》系列标准，落实好每个环节的质量职能和每个职工的质量责任。把质量否决权、质量工资含量、质量成本控制等引入企业的生产和分配之中。同时要接受市场检验。在买方市场逐渐形成的前提下，要更多地依靠市场来评判产品质量。把企业推向市场，企业就会珍惜自己产品的信誉，保护自己的商标，“爱牌如命”。

第三，政府的质量监督工作不能放松，还要加强。政府的质量监督应是有权威的、科学的、公正的监督。这个作用不发挥，事情搞不好。

第四，抓好重点行业、重点产品的质量。今年准备集中力量抓四类产品的质量，即“两黑一白”（煤炭，钢铁和棉花）；重大设备和基础件、元器件；家用电器等耐用消费品；食品、药品、医疗器械、煤气热水器、电梯等关系人身安全健康的产品。既抓国营工业企业，也抓乡镇企业，不但包括工交部门，还包括非工交部门，既抓产品质量，也抓服务质量。

第五，加强法制建设。依法解决质量问题，应当成为质量监督、质量保证的一个重要方面。国务院正组织有关部门抓紧制定《质量法》。这将使我国质量法规体系更加完善。《质量法》通过后，政府将依法处理质量问题，消费者也将依法保护自己的权益。

舆论界要对质量不合格的产品，尤其是假冒伪劣产品不断地批评、揭露。经验表明，假冒伪劣产品最怕公开曝光，一公开曝光，就成了人人喊打的过街老鼠。但也必须注意，曝光要准确，要调查研究，倾听有关部门的意见。此外，还要培养一支质量科学研究队伍，为企业不断提高产品质量作贡献。

记者问：老百姓都说这次“万里行”活动搞得不错，但是担心抓质量一阵风，过去就算了，您怎么看这个问题？

负责人答：群众的这种担心是有一定道理的，也是可以理解的。这是群众对我们以往抓质量工作不力提出的批评。我们必须通过实际工作来解除群众这种顾虑。

最近，政府采取了一系列措施抓质量。我们刚刚开过全国质量工作会议，针对当前的质量问题，研究制定了提高和改进产品质量、服务质量的规划、政策和措施，落实了层层负责的制度。党和政府对质量工作十分重视，要求我们把抓质量与落实小平同志谈话精神联系起来，把质量工作放到经济工作的首位。我们抓质量决不是抓一阵子，而是要常抓不懈。这次支持“中国质量万里行”活动就表明了政府对待质量方面的问题是有决心的。“万里行”活动要认真总结经验，以便今后的舆论监督工作做得更好。

解决质量问题，需要社会各界的齐心协力。希望大家态度坚决，敢抓敢管，使我国的质量工作每隔几年上一个新台阶，争取在 90 年代里，我国产品质量、服务质量能出现一个新的飞跃。有人说质量工作是一个永远没有终点的长跑运动，让我们大家一起鼓足勇气，振奋精神，投身到这一长跑运动中去。

中国展团在第 83 届巴黎国际发明展览会上获 2 项金奖 1 项国际发明奖 1 项银奖 4 项铜奖 1 项法国邮电部单项奖

国家积极抢救保护三峡文物

三峡工程一旦上马，被淹地区大量的历史文物怎么办？对此，记者日前在此间走访了国家文物局有关负责人。

据介绍，三峡工程位于四川、湖北两省交汇之处，长江流域中段，在这块历史悠久、人文荟萃的地区，地上地下的历史文化遗存很丰富。国家文物局和湖北、四川两省曾组织力量对三峡地区的文物进行调查，初步认定，因三峡工程受到影响的历史文化遗存至少600余处，包括古墓葬、古遗址、古建筑等各类文物，其中有一处国家重点保护文物，6处省重点保护文物。

对这些珍贵历史文物进行抢救保护，国家给予了高度重视。国家文物管理部门制订了总体规划。从1984年起，已对工程坝址兰斗坪地区进行了全面的考古发掘。据透露，一些重要的墓葬要全部发掘；知名的古建筑，如张飞庙将全部搬迁，屈原祠是部分拆迁，白帝城则是在原址加固维修。

抢救保护三峡地区的历史文物是一项复杂的工程，需要大量的论证和细致入微的工作。文物部门的人士承认，有些重要文物的抢救保护难度很大。如四川涪陵境内的白鹤梁题刻，是国家级保护文物。这块位于江心的接地岩石，每逢大的枯水期，石头上部就露出水面，上面刻着宋代以来长江水位变化的资料。其历史价值和科学价值都十分深远，被誉为“历史水文站”。若将它搬离江心，放进博物馆，脱离了历史环境，便大大降低了它的价值；但要任其永远淹没水中，又于心不甘。如何对它进行保护，各方专家意见纷呈，尚无定论。

类似的文物还有许多。像长江沿岸的几十处摩岩石刻、古栈道、古桥梁等等，都令人感到迁之无益，弃之不忍。

国家文物局有关负责同志表示，一旦三峡工程正式上马，要把历史文物的损伤降低到最低限度。

中国运动员在北京举行的第8届四大洲艺术体操赛上获10枚金牌

5月11日

全国人大常委会委员长万里在人民大会堂会见由议长陈树群率领的新加坡国会代表团

万里说，发展中国同包括新加坡在内的东南亚各国之间的友好合作关系是中国外交政策的重要组成部分。

万里说，中新无论在建交前或建交后，两国领导人都经常互访，这使两国关系得到了全面的发展。这次陈树群议长的来访是两国建交后议会间的首次交往。万里相信这将有助于增进两国和两国议会间的相互了解和友谊。

万里说，中国目前正在加速经济建设，并在改革、开放等方面取得了成就。但中国人口多，经济基础薄弱，新加坡在经济发展方面有许多经验是值得中国借鉴的。

陈树群说，希望代表团的来访将导致两国立法机构之间关系的发展，从而进一步推动两国业已存在的友好关系。

国务院生产办公室国家教委和中国科学院联合发出关于全国组织实施产学研联合开发工程的通知

国务院生产办公室国家教委和中国科学院近日发出的通知作出，产学研联合开发工程将分阶段进行，从1992年到1994年为第一期。计划在这一阶段全国实现转让、合作开发5万项新技术、新产品；在每个省(区、市)及计划单列市投产若干个换代型、可以达到规模效益，并对结构调整有重大作用的拳头产品；在全国形成2至5个有一定规模、能开拓新市场的高技术产业；促成一批国营大中型工业企业与高等院校、中科院所属院所建立密切和稳定的联系，并使科技人员交流制度化，共建和完善一批国营大中型工业企业的技术开发机构。

第一期产学研工程包括三个内容：

一是组织编制并实施“产学研联合开发工程”项目计划。凡企业与高等院校、中科院所属院所之间已达成协议，并符合国家产业政策和产品结构调整方向的项目，经过筛选可纳入“项目计划”；

二是组织编制并实施“产学研联合开发工程”高技术产业化计划，将高等院校、中科院所属院所分散的高技术优势，和现有从事该技术领域生产的企业组织起来，形成若干个网络，每个网络由若干个企业、高等院校、中科院所属的院所参加。通过一定的组织形式，建立起研究开发——批量试制——规模生产——市场销售一条龙的体制，逐步形成对国民经济有较大影响的高技术产业，并引导网络内企业与高等院校、中科院所属院所逐步组建起集团。对网络内的高技术产业在研究开发、技术引进、技术改造方面配套给予支持；

三是增强企业技术开发能力和增加科技发展的后劲。促进并组织企业、高等院校、中科院所属院所的实验室、仪器、设备共用，制订有偿使用办法；进一步推动企业与高等院校、中科院所属院所的科技人员的交流，有计划的组织高等院校、中科院所属院所为企业培训专业技术人才和管理人才，制定人员交流的办法；通过典型示范并制定相应政策，以共建和完善多种形式的企业技术开发机构；及时总结交流经验，制定政策法规，引导企业与高等院校、中科院所属院所正确处理合作中的知识产权等。

国家国有资产管理局财政部国家工商行政管理局发布《国有资产产权登记管理试行办法》

第一条 为了体现所有权与经营权适当分离的原则，保障国家对国有资产的所有权，落实占有、使用国有资产的企业单位的经营权和经营责任，提高国有资产的营运效益，巩固和发展全民所有制经济，根据《国务院关于加强国有资产管理工作的通知》的要求，制定本办法。

第二条 凡占有、使用国有资产的企业和实行企业化管理的事业单位（以下统称企业单位），都必须按照本办法的规定，向国有资产管理部门申报、办理产权登记手续。

第三条 国有资产产权登记是国有资产管理部门代表国家对国有资产进行登记，依法确认国家对国有资产的所有权以及企业单位占有、使用国有资产的法律行为。

国有资产管理部门核发的《国有资产授权占用证书》是企业单位对授予其经营管理的国有资产享有占有、使用和依法进行处分的权利的法律凭证。

第四条 产权登记主管机关是国家国有资产管理局和地方各级国有资产管理部门。

各级国有资产管理部门负责本级企业单位的国有资产产权登记。

对极少数特殊类别的国有资产，国家国有资产管理局可以委托有关机关办理产权登记手续。

尚无国有资产管理部门的地方，暂由财政部门办理产权登记手续。

第五条 企业单位办理产权登记，应按期限如实填报《国有资产产权登记表》，并由法定代表人签字。国有资产管理部门审查合格的《国有资产产权登记表》是核发《国有资产授权占用证书》的依据，也是企业单位对国家承担占有、使用国有资产经济责任的依据和国家对该企业单位占有、使用的国有资产拥有所有权的法律凭证。

第六条 各级国有资产管理部门应将本级企业单位占有、使用的国有资产产权登记情况定期报告上级国有资产管理部门，并抄送同级财政部门。

第七条 国家国有资产管理局负责统一制定《国有资产产权登记表》、《国有资产授权占用证书》。《国有资产产权登记表》一式三份，一份由国有资产管理部门保存，一份由企业单位保存，一份作为企业单位向工商行政管理机关申办企业登记的证明。根据财政部《关于委托国有资产管理部门办理资金信用证明的通知》，原来由财政部门或其认定部门办理资金信用证明的工作委托给国有资产管理部门办理。今后，由国有资产管理部门审核同意的《国有资产产权登记表》作为企业单位占有、使用国有资产的资金信用证明。

第八条 占有、使用国有资产的企业单位在申办产权登记时，应按要求附送有关文件、证件、报表等。

第九条 国有资产产权登记实行年度检查制度。企业单位应结合财务决算中国有资产的变动情况，每年填报一次《国有资产产权登记表》，并在规定的时间内由国有资产管理部门实行检查。

第十条 国有资产产权登记分为开办产权登记、变动产权登记、注销产权登记。

国有资产管理部门发现企业单位填报的内容与实际情况不符的，有权要求企业单位予以更正、延缓登记或不予登记。

第十一条 国有资产产权登记的主要内容为：

1. 单位名称；
2. 地址；
3. 负责人；
4. 经济性质；
5. 主管单位；
6. 资产总额；
7. 国有资本金总额；
8. 国有资产总额。

第十二条 用国有资产开办企业单位，应在审批机关批准后30日内，向国有资产管理部门申办开办产权登记后到工商行政管理机关办理企业登记。

第十三条 企业单位的名称、地址、负责人发生变化，应在工商行政管理机关核准变更登记后，向国有资产管理部门申报备案。名称变更的企业单位，须换领《国有资产授权占用证书》。企业单位的经济性质、主管单位需要变动，以及国有资产总额发生超过一定比例的变化，应在向国有资产管理部门申办变动产权登记后，向工商行政管理机关申请办理相应的变更登记和改变隶属关系的备案手续。

第十四条 企业单位分立、合并、迁移、撤销，应在主管部门或审批机关批准后30日内，向国有资产管理部门申办变动产权登记或注销产权登记。其中，企业单位因违法经营等原因，工商行政管理机关决定注销登记的，应在工商行政管理机关核准注销登记后进行相应的注销产权登记；企业单位因严重侵蚀国有资产权益，或按国家有关规定须对其进行关、停、并、转的，应在向国有资产管理部门申办变动产权登记后，向工商行政管理机关申请相应的变更登记或注销登记。企业单位办理变动或注销产权登记时，应按国家规定对其国有资产进行清查，做出价值评估，进行登记造册，办好交接手续。

第十五条 各级国有资产管理部门应妥善保管《国有资产产权登记表》，并建立产权登记档案，掌握国有资产的存量和变动状况。

第十六条 企业单位不按本规定办理产权登记的，工商行政管理机关不予办理相应的登记；国有资产管理部门有权依照《国务院关于违反财政法规处罚的暂行规定》，对企业单位和责任人员予以处罚、处理。

第十七条 企业单位办理产权登记时，应按国家有关规定向国有资产管理部门交纳产权登记手续费和证书工本费。

第十八条 境外国有资产，以及属于国家所有的土地、森林、矿藏等自然资源的产权登记管理办法，由国家国有资产管理局会同有关部门另行制定。

第十九条 军队和武警系统的国有资产产权登记管理办法，由中国人民解放军总后勤部和武警部队后勤部门参照本办法制定，并报送国家国有资产管理局备案。

第二十条 本办法由国家国有资产管理局负责解释。

第二十一条 本办法自发布之日起施行。以前其他有关国有资产产权登记的规定，凡与本办法抵触的，一律以本办法为准。

国务院批转对外经济贸易部国务院生产办公室《关于赋予生产企业进出口经营权有关问题的意见》的通知

国务院同意经贸部、国务院生产办《关于赋予生产企业进出口经营权有关问题的意见》，现转发给你们，请遵照执行。

赋予大中型生产企业进出口经营权，是贯彻落实中央工作会议精神，深化企业改革、扩大对外开放，搞活大中型生产企业的重要措施之一。各地区、各部门应根据本通知的意见，积极稳妥地选择具备条件的部分大中型生产企业报经贸部和国务院生产办审批，但不要一哄而起，以保障我国对外贸易有秩序健康地发展。

对外经济贸易部国务院生产办公室关于赋予生产企业进出口经营权有关问题的意见

国务院：

为了贯彻落实中央工作会议精神，深化外贸体制改革，增强国营大中型生产企业的活力，使其直接参与国际市场竞争，扩大我国工业产品出口，促进我国工业生产技术尽快赶上国际先进水平，根据《国务院关于进一步增强国营大中型企业活力的通知》（国发〔1991〕25号）、《国务院批转国家计委、国家体改委、国务院生产办公室关于选择一批大型企业集团进行试点请示的通知》（国发〔1991〕71号）和《国务院关于进一步改革和完善对外贸易体制若干问题的决定》（国发〔1990〕70号）的精神，应本着积极慎重的原则，对具备条件的大中型生产企业赋予自营进出口权。现就有关问题提出以下意见：

一、赋予生产企业自营进出口权的原则

（一）赋予自营进出口权的生产企业（含企业集团，以下简称自营进出口企业），主要应是符合国家规定的国营大中型生产企业。

（二）对产品技术密集、需要在境外进行售后服务的机电产品生产企业和机电产品出口基地企业，优先考虑赋予自营进出口权。

（三）对产品技术密集程度较高、市场变化快的非机电产品生产企业，视其生产产品特性及国内外市场的需求情况，赋予自营进出口权。

（四）对生产资源性、原料性、大宗初级产品的企业，以及产品受配额限制和市场单一的生产企业，赋予自营进出口权从严掌握，原则上不批准其经营一类商品。

（五）已赋予自营进出口权的企业集团，其核心企业及紧密层企业不再赋予自营进出口权。已成立全资进出口贸易子公司的国家大型试点企业集团，其核心企业及紧密层企业也不再赋予自营进出口权。已参加出口联合体、出口联营公司的企业一般也不再赋予自营进出口权。

（六）对非生产性的国家大型试点企业集团，可视其行业特点，赋予相应的自营进出口权。

二、自营进出口企业应具备的条件

（一）必须是政企分开、自主经营的独立经济实体，企业集团的核心企业对其紧密层企业、总公司（含联合公司、总厂）对直属企业，应实行“六统一”管理。

（二）有固定的营业场所和开展进出口业务所需要的设施和资金，以及其他必备的物质条件。

（三）有健全的内部组织机构和与经营进出口业务相应的外贸、技术等专业人员。

（四）有自产的出口产品和出口市场。

（五）经营进出口业务能自负盈亏。

（六）生产的产品符合出口质量标准。

（七）产品技术密集的机电产品生产企业，连续两年年均出口供货额（含代理出口，下同）一般应在100万美元以上。

（八）一般机电产品生产企业，连续两年年均出口供货额一般应在200万美元以上。

（九）非机电产品生产企业，连续两年年均出口供货额一般应在 400 万美元以上。

(十)对非生产性的国家大型试点企业集团,参照上述条件执行。

三、生产企业申请进出口经营权需要申报的材料

(一)企业经营进出口业务的可行性报告(主要应包括:企业的基本情况、产品出口情况、国际市场预测、自营外贸所具备的条件、自营效益分析、今后发展设想等)。

(二)企业行政主管部门的意见。

(三)企业前 3 年出口供货实绩(非生产性国家大型试点企业集团应提前 3 年委托代理进出口实绩或其业务收汇情况)。

(四)企业法人营业执照(复印件)。

(五)企业实有资金状况(银行或当地会计律师事务所出具的证明)。

(六)企业进出口业务章程(包括明确的经营范围)。

(七)企业经营的进出口商品目录。

四、赋予生产企业自营进出口权的审批程序

(一)地方所属企业,由企业的行政主管部门向省、自治区、直辖市、计划单列市经贸委(厅、局)和经委(计经委、生产委)提出申请,经其共同审查取得一致意见后联合报经贸部、国务院生产办。

(二)国务院各部门所属企业,由其行政主管部门审核同意后报经贸部、国务院生产办。

(三)实行国家计划单列的大型试点企业集团直接向经贸部、国务院生产办申请。

(四)国务院生产办在征求国家行业主管部门(其中属机电产品生产企业征求国务院机电产品出口办公室)的意见后,对各地区、各部门申报的企业进行审查,将符合条件企业的审查意见送经贸部。经贸部根据国务院生产办的审查意见,进行审核批复。

五、自营进出口企业的权利

(一)有权以本企业的名称直接对外从事进出口业务活动;国家大型试点企业集团可以集团核心企业名称或其一家全资子公司名称对外从事进出口业务活动。

(二)在批准的进出口业务范围内,有权出口本企业自产产品,进口本企业生产所需的技术、设备、零部件和原辅材料。

(三)有权申请加入与其进出口业务有关的商会,参加国家、地方经贸部门组织的与企业经营范围有关的对外经济贸易活动,并得到国家对外贸易方针、政策的指导。

(四)有权享受国家在进出口贸易方面所给予的各项优惠政策。

六、自营进出口企业的义务

(一)必须遵守国家对外贸易方针政策和各项法令法规,按批准的进出口业务范围从事经营活动。

(二)在进出口业务上必须接受国家或地方经贸部门的行业管理、监督和检查。

(三)必须承担国家或地方下达的出口创汇任务,并保持适当的出口增长速度。

七、对自营进出口企业的奖罚

(一)企业在执行国家对外经济贸易方针政策、各项法令法规和促进我国对外贸易发展方面有杰出贡献和重大成绩的,有关主管部门应予以表彰和奖励。

(二)对违反国家有关对外经济贸易规定的企业,将视具体情节,给予警告、通报批评、罚款,直到撤并保持适当的出口增长速度。

(三)企业如完不成国家或地方下达的出口创汇任务,要限期达到,在限期内达不到的,要撤销其自营进出口权。

国办关于撤销国家专项粮食储备领导小组的通知

1992 年全国保密工作会议在北京举行

中共中央保密委员会 5 月 11 日至 13 日在北京召开全国保密工作会议,研究在改革开放的新形势下加强保密工作,更好地为经济建设和改革开放服务。

中国和玻利维亚在北京发表联合公报

应中华人民共和国主席杨尚昆的邀请,玻利维亚共和国总统海梅·帕斯·萨莫拉于 1992 年 5 月 8 日至 11 日正式访华。访问期间,杨尚昆主席与帕斯总统举行了会谈。中共中央总书记江泽民和国务院总理李鹏会见了帕斯总统一行。

两国领导人就当前国际形势的发展交换了意见。双方认为当前国际形势的发展有积极的一面,但很不稳定,复杂多变,和平与发展仍是各国人民面临的主要问题。

两国领导人表示,迫切需要共同努力,协调行动,在发达国家和发展中国家之间确立公平合理、平等互利的经济关系,改善贸易条件,解决债务问题,实现向发展中国家的技术转让。

两国领导人强调,联合国宪章的宗旨和原则以及互相尊重主权和领土完整、互不侵犯、互不干涉内政、平等互利、和平共处等原则,应成为建立国际政治、经济新秩序的基础。

两国领导人对全球环境遭受的破坏表示担忧,并同意在多边、区域一体化组织内和双边水平上推动实施旨在解决这一问题的行动。双方认为,解决全球环境恶化问题,从根本上讲是要解决好环境与发展的关

系问题,实现环境保护和经济发展相协调。

两国领导人一致表示,毒品的危害严重,各国须以坚定的政治决心并加强合作,努力同这一危害人类的灾难进行斗争。

基于1985年7月9日签署的两国建交联合公报所达成的协议,玻利维亚总统向中国领导人重申,玻利维亚政府承认中华人民共和国政府为中国的唯一合法政府,台湾是中国领土不可分割的一部分。中方对玻方的这一立场表示赞赏。

玻利维亚共和国总统介绍了玻无出海口的状况并阐明了由此造成的经济和社会后果等情况。中国政府高兴地看到玻利维亚和秘鲁两国于1992年1月签订了“伊洛协议”。中国政府希望玻利维亚通过友好协商谈判解决太平洋出海口问题。

玻利维亚国家元首向中华人民共和国主席介绍了其政府为加强民主政体、深化国家和社会的现代化进程、通过经济增长维护稳定,以及以有利于国家经济的方式解决与外债相关问题所作出的努力。中国领导人高度评价了玻利维亚政府和人民在经济、社会和政治方面所取得的成就。

中方通报了当前中国政治稳定、经济发展的形势以及进一步实行改革开放的情况。帕斯总统表示,中华人民共和国的稳定和进步对世界的稳定和进步具有根本的意义,并祝贺中国改革开放取得的举世瞩目的成就。

两国领导人对两国政府友好合作关系的状况表示高兴,这种关系体现了中国政府向玻利维亚提供的金融、技术合作的具体行动以及对实施一些发展项目所给予的支持。

双方领导人还对今年3月举行的中玻第二届混委会所取得的成果表示满意,这届混委会显著地增进了两国之间的友好关系。

双方强调了第一位玻利维亚共和国总统对中华人民共和国进行的这次正式访问具有历史意义,它表明双边关系开始了一个新的阶段。双方签署的两国政府间贸易协定、经济技术合作协定、鼓励和相互保护投资协定、科学技术合作协定等文件是这一事实的具体反映。

双方表示了在锡、锑、钨等矿产品的生产和贸易领域保持协调和进行切实有效的合作的愿望,同意责成主管部门尽早进行商谈。双方还表示了签订两国领事条约的愿望,并责成有关部门尽快开始谈判。

玻利维亚共和国总统海梅·帕斯·萨莫拉对在中华人民共和国进行正式访问期间,中国领导人、中国政府和人民给予的友好款待表示感谢。玻利维亚总统邀请杨尚昆主席访问玻利维亚,杨主席对此表示感谢。

国务院总理李鹏在钓鱼台国宾馆会见日本前首相海部俊树

中共中央政治局常委乔石在人民大会堂会见由阮文思主席率领的越南劳动者总联合会代表团

国务院副总理吴学谦会见由埃及亚非团结委员会主席艾哈迈德·哈姆罗希率领的阿拉伯知名人士代表团

中国代表团团长范国祥在联合国开发计划署第39届理事会会议上发言

范国祥在率团参加开发计划署的高层辩论会发言中表示,建立公正、合理的新的国际经济秩序,是世界大多数国家的共同愿望和奋斗目标,它已成为世界经济稳定发展的前提,中国希望联合国开发计划署为此作出贡献。

范国祥指出,当前的严峻事实是,占世界大多数人口的广大发展中国家外债负担仍十分沉重,初级产品价格不断下跌,贸易条件进一步恶化,人民处在贫困中。与此同时,一些发达国家和国际金融组织贷款条件日趋苛刻,有些甚至还附带政治条件,使许多发展中国家的资金来源更加困难。所有这些严重影响和阻碍了发展中国家的经济正常发展,从而也进一步扩大了南北之间的贫富差距。

范国祥认为,在解决全球发展方面,开发计划署是可以有所作为的。中国希望开发计划署在今后的工作中,坚持援助的普遍性、多边性、中立性和无偿的特点,即国家不分大小、不论其社会制度和意识形态,都能在平等的基础上参加多边技术合作,并根据各自的财力和需要,提供和接受援助。

范国祥强调,环境问题是当今世界面临的一个突出问题。治理环境、保护生态平衡已成为世界各国的共同责任。今年6月将在巴西召开联合国环境与发展大会,中国将与世界各国共同探讨在环境与发展的国际合作方面面临的共同任务。

范国祥最后表示,中国政府愿与开发计划署一起,为促进国际经济合作和振兴发展中国家经济,作出自己的贡献。

5月12日

国家主席杨尚昆在人民大会堂会见爱沙尼亚总理季特·维亚希

全国人大常委会委员长万里在人民大会堂会见莫桑比克议长马塞利诺·多斯·桑托斯

国务院关于《中华人民共和国集会游行示威法实施条例》的批复

公安部：

国务院批准《中华人民共和国集会游行示威法实施条例》，由你部发布施行。

国务院

1992年5月12日

公安部发布《中华人民共和国集会游行示威法实施条例》*

第一章 总 则

第一条 根据《中华人民共和国集会游行示威法》（以下简称《集会游行示威法》），制定本条例。

第二条 各级人民政府应当依法保障公民行使集会、游行、示威的权利，维护社会安定和公共秩序，保障依法举行的集会、游行、示威不受任何人以暴力、胁迫或者其他非法手段进行扰乱、冲击和破坏。

第三条《集会游行示威法》第二条所称露天公共场所是指公众可以自由出入的或者凭票可以进入的室外公共场所，不包括机关、团体、企业事业组织管理的内部露天场所；公共道路是指除机关、团体、企业事业组织内部的专用道路以外的道路和水路。

第四条 文娱、体育活动，正常的宗教活动，传统的民间习俗活动，由各级人民政府或者有关主管部门依照有关的法律、法规和国家其他有关规定进行管理。

第五条《集会游行示威法》第五条所称武器是指各种枪支、弹药以及其他可用于伤害人身的器械；管制刀具是指匕首、三棱刀、弹簧刀以及其他依法管制的刀具；爆炸物是指具有爆发力和破坏性能，瞬间可以造成人员伤亡、物品毁损的一切爆炸物品。

前款所列武器、管制刀具、爆炸物，在集会、游行、示威中不得携带，也不得运往集会、游行、示威的举行地。

第六条 依照《集会游行示威法》第七条第二款的规定，举行不需要申请的活动，应当维护交通秩序和社会秩序。

第七条 集会、游行、示威由举行地的市、县公安局、城市公安分局主管。

游行、示威路线在同一直辖市、省辖市、自治区辖市或者省、自治区人民政府派出机关所在地区经过两个以上区、县的，由该市公安局或者省、自治区人民政府派出机关的公安处主管；在同一省、自治区行政区域内经过两个以上省辖市、自治区辖市或者省、自治区人民政府派出机关所在地区的，由所在省、自治区公安厅主管；经过两个以上省、自治区、直辖市的，由公安部主管，或者由公安部授权的省、自治区、直辖市公安机关主管。

第二章 集会游行示威的申请和许可

第八条 举行集会、游行、示威，必须有负责人。

下列人员不得担任集会、游行、示威的负责人：

（一）无行为能力人或者限制行为能力人；

（二）被判处刑罚尚未执行完毕的；

（三）正在被劳动教养的；

（四）正在被依法采取刑事强制措施或者法律规定的其他限制人身自由措施的。

第九条 举行集会、游行、示威，必须由其负责人向本条例第七条规定的主管公安机关亲自递交书面申请；不是由负责人亲自递交书面申请的，主管公安机关不予受理。

集会、游行、示威的负责人在递交书面申请时，应当出示本人的居民身份证或者其他有效证件，并如实填写申请登记表。

第十条 主管公安机关接到集会、游行、示威的申请书后，应当及时审查，在法定期限内作出许可或者不许可的书面决定；决定书应当载明许可的内容，或者不许可的理由。

决定书应当在申请举行集会、游行、示威日的二日前送达其负责人，由负责人在送达通知书上签字。负责人拒绝签收的，送达人应当邀请其所在地基层组织的代表或者其他人作为见证人到场说明情况，在送达通知书上写明拒收的事由和日期，由见证人、送达人签名，将决定书留在负责人的住处，即视为已经送达。

事前约定送达的具体时间、地点，集会、游行、示威的负责人不在约定的时间、地点等候而无法送达的，视为自行撤销申请；主管公安机关未按约定的时间、地点送达的，视为许可。

第十一条 申请举行集会、游行、示威要求解决具体问题的，主管公安机关应当自接到申请书之日起二日内将《协商解决具体问题通知书》分别送交集会、游行、示威的负责人和有关机关或者单位，必要时可以同时送交有关机关或者单位的上级主管部门。有关机关或者单位和申请集会、游行、示威的负责人，应当自接到公安机关的《协商解决具体问题通知书》的次日起二日内进行协商。达成协议的，协议书经双方负责人签字后，由有关机关或者单位及时送交主管公安机关；未达成协议或者自接到《协商解决具体问题通知书》的次日起二日内未进行协商，申请人坚持举行集会、游行、示威的，有关机关或者单位应当及时通知主管公安机关，主管公安机关应当依照本条例第十条规定的程序及时作出许可或者不许可的决定。

主管公安机关通知协商解决具体问题的一方或者双方在外地的,《协商解决具体问题通知书》、双方协商达成的协议书或者未达成协议的通知,送交的开始日和在路途上的时间不计算在法定期间内。

第十二条 依照《集会游行示威法》第十五条的规定,公民不得在其居住地以外的城市发动、组织、参加当地公民的集会、游行、示威。本条所称居住地,是指公民常住户口所在地或者向暂住地户口登记机关办理了暂住登记并持续居住半年以上的地方。

第十三条 主管公安机关接到举行集会、游行、示威的申请书后,在决定许可时,有下列情形之一的,可以变更举行集会、游行、示威的时间、地点、路线,并及时通知其负责人:

(一)举行时间在交通高峰期,可能造成交通较长时间严重堵塞的;

(二)举行地或者行经路线正在施工、不能通行的;

(三)举行地为渡口、铁路道口或者是毗邻国(边)境的;

(四)所使用的机动车辆不符合道路养护规定的;

(五)在申请举行集会、游行、示威的同一时间、地点有重大国事活动的;

(六)在申请举行集会、游行、示威的同一时间、地点、路线已经许可他人举行集会、游行、示威的。

主管公安机关在决定许可时,认为需要变更举行集会、游行、示威的时间、地点、路线的,应当在许可决定书中写明。

在决定许可后,申请举行集会、游行、示威的地点、经过的路段发生自然灾害事故、治安灾害事故,尚在进行抢险救灾,举行日前不能恢复正常秩序的,主管公安机关可以变更举行集会、游行、示威的时间、地点、路线,但是应当将《集会游行示威事项变更决定书》于申请举行之日前送达集会、游行、示威的负责人。

第十四条 集会、游行、示威的负责人对主管公安机关不许可的决定不服的,可以自接到不许可决定书之日起三日内向同级人民政府申请复议。人民政府应当自接到复议申请书之日起三日内作出维持或者撤销主管公安机关原决定的复议决定,并将《集会游行示威复议决定书》送达集会、游行、示威的负责人,同时将副本送作出原决定的主管公安机关。人民政府作出的复议决定,主管公安机关和集会、游行、示威的负责人必须执行。

第十五条 集会、游行、示威的负责人在提出申请后接到主管公安机关的通知前,撤回申请的,应当及时到受理申请的主管公安机关办理撤回手续。

集会、游行、示威的负责人接到主管公安机关许可的通知或者人民政府许可的复议决定后,决定不举行集会、游行、示威的,应当在原定举行集会、游行、示威的时间前到原受理的主管公安机关或者人民政府交回许可决定书或者复议决定书。

第十六条 以国家机关、社会团体、企业事业组织的名义组织或者参加集会、游行、示威的,其负责人在递交申请书时,必须同时递交该国家机关、社会团体、企业事业组织负责人签署并加盖公章的证明文件。

第三章 集会游行示威的举行

第十七条 对依法举行的集会,公安机关应当根据实际需要,派出人民警察维持秩序,保障集会的顺利举行。

对依法举行的游行、示威,负责维持秩序的人民警察应当在主管公安机关许可举行游行、示威的路线或者地点疏导交通,防止他人扰乱、破坏游行、示威秩序,必要时还可以临时变通执行交通规则的有关规定,保障游行、示威的顺利进行。

第十八条 负责维持交通秩序和社会秩序的人民警察,由主管公安机关指派的现场负责人统一指挥。人民警察现场负责人应当同集会、游行、示威的负责人保持联系。

第十九条 游行队伍在行进中遇有前方路段临时发生自然灾害事故、交通事故及其他治安灾害事故,或者游行队伍之间、游行队伍与围观群众之间发生严重冲突和混乱,以及突然发生其他不可预料的情况,致使游行队伍不能按照许可的路线行进时,人民警察现场负责人有权临时决定改变游行队伍的行进路线。

第二十条 主管公安机关临时设置的警戒线,应当有明显的标志,必要时还可以设置障碍物。

第二十一条《集会游行示威法》第二十三条所列不得举行集会、游行、示威的场所的周边距离,是指自上述场所的建筑物周边向外扩展的距离;有围墙或者栅栏的,从围墙或者栅栏的周边开始计算。不得举行集会、游行、示威的场所具体周边距离,由省、自治区、直辖市人民政府规定并予以公布。

省、自治区、直辖市人民政府规定不得举行集会、游行、示威的场所具体周边距离,应当有利于保护上述场所的安全和秩序,同时便于合法的集会、游行、示威的举行。

第二十二条 集会、游行、示威的负责人必须负责维持集会、游行、示威的秩序,遇有其他人加入集会、游行、示威队伍的,应当进行劝阻;对不听劝阻的,应当立即报告现场维持秩序的人民警察。人民警察接到报告后,应当予以制止。

集会、游行、示威的负责人指定协助人民警察维持秩序的人员所佩戴的标志,应当在举行日前将式样报主管公安机关备案。

第二十三条 依照《集会游行示威法》第二十七条的规定，对非法举行集会、游行、示威或者在集会、游行、示威进行中出现危害公共安全或者严重破坏社会秩序情况的，人民警察有权立即予以制止。对不听制止，需要命令解散的，应当通过广播、喊话等明确方式告知在场人员在限定时间内按照指定通道离开现场。对在限定时间内拒不离去的，人民警察现场负责人有权依照国家有关规定，命令使用警械或者采用其他警用手段强行驱散；对继续滞留现场的人员，可以强行带离现场或者立即予以拘留。

第四章 法律责任

第二十四条 拒绝、阻碍人民警察依法执行维持交通秩序和社会秩序职务的，依照治安管理处罚条例的规定予以处罚；构成犯罪的，依法追究刑事责任。

违反本条例第五条的规定，尚不构成犯罪的，依照治安管理处罚条例的规定予以处罚。

第二十五条 依照《集会游行示威法》第二十九条、第三十条的规定，需要依法追究刑事责任的，由举行地主管公安机关依照刑事诉讼法规定的程序办理。

第二十六条 依照《集会游行示威法》第三十三条的规定予以拘留，公安机关应当在二十四小时内进行讯问；需要强行遣回原地的，由行为地的主管公安机关制作《强行遣送决定书》，并派人民警察执行。负责执行的人民警察应当将被遣送人送回其居住地，连同《强行遣送决定书》交给被遣送人居住地公安机关，由居住地公安机关依法处理。

第二十七条 依照《集会游行示威法》第二十八条、第三十条以及本条例第二十四条的规定，对当事人给予治安管理处罚的，依照治安管理处罚条例规定的程序，由行为地公安机关决定和执行。被处罚人对处罚决定不服的，可以申请复议；对上一级公安机关的复议决定不服的，可以依照法律规定向人民法院提起诉讼。

第二十八条 对于依照《集会游行示威法》第二十七条的规定被强行带离现场或者立即予以拘留的，公安机关应当在二十四小时以内进行讯问。不需要追究法律责任的，可以令其具结悔过后释放；需要追究法律责任的，依照有关法律规定办理。

第二十九条 在举行集会、游行、示威的过程中，破坏公私财物或者侵害他人身体造成伤亡的，应当依法承担赔偿责任。对于给予治安管理处罚的，由行为地公安机关依照治安管理处罚条例的有关规定裁决赔偿数额或者负担医疗费用；构成犯罪的，依法提起附带民事诉讼。

第五章 附 则

第三十条 外国人在中国境内举行集会、游行、示威，适用本条例的规定。

外国人在中国境内要求参加中国公民举行的集会、游行、示威的，集会、游行、示威的负责人在申请书中应当载明；未经主管公安机关批准，不得参加。

第三十一条 省、自治区、直辖市的人民代表大会常务委员会根据《集会游行示威法》制定的实施办法适用于本行政区域；与本条例相抵触的，以本条例为准。

第三十二条 本条例具体应用中的问题由公安部负责解释。

第三十三条 本条例自发布之日起施行。

＊此条例于 6 月 16 日公布施行。

第二次全国民委政法工作会议在北京召开

第二次全国民委政法工作会议日前在北京召开。来自 27 个省、自治区、直辖市以及国家民委、全国人大民委的民族政法工作者在会上普遍认为，目前，我国的民族法规体系还很不完备，其内容、结构和数量同我国民族工作的实际需要还不适应。建立和健全比较完备的社会主义民族法规体系和监督机制是一项庞大的系统工程，需要各方面和各部门共同努力、互相支持和协作配合才能完成。这次会议提出了 90 年代近、中、长期的民族立法规划和总体设想，其中包括《城市民族工作条例》、《民族乡工作条例》、《民族教育工作条例》、《关于民族地区对外开放的规定》等 31 个条例和规定，内容涉及少数民族和民族地区的政治、经济、教育、文化、干部、语言文字、风俗习惯等方面。

北京市个体劳动者第三次代表大会召开

中共中央政治局委员北京市委书记李锡铭在大会上发表讲话。

李锡铭指出，北京市要上下一齐努力，使全市的个体经济无论在规模、水平、质量和整体素质上，都能有一个较大的发展和提高。

李锡铭在列举了北京市个体经济发展的现状后强调，北京市的个体经济和私营经济，无论从数量上、规模上、从业人数上，都是很小的，很不够的。要建设现代化的首都，要使首都经济跃上一个新台阶，客观形势的发展，必然对个体经济的发展提出更高要求。各级党委和政府对发展个体经济都要重视。个体劳动者则要有长远打算，解放思想、开动脑筋，努力开辟新的门路和渠道。

李锡铭说，个体经济的发展为繁荣首都经济、扩大劳动就业、方便群众生活、增加国家财政收入、维护社会安定均做出了很大贡献。特别是在解决群众“吃饭难”、“修理难”、“做衣难”、“购物难”等问题上，个体经济发挥了突出作用。他说，从首都的实际情况来说，要加快改革开放、加快经济发展，就必须加快发展为社会生产和人民生活服务的第三产业。

国务院总理李鹏和爱沙尼亚总理季特·维亚希出席在人民大会堂举行两国政府经济贸易协定和关于中国向爱沙尼亚提供商品的政府贷款协定的签字仪式

国务院总理李鹏在人民大会堂会见英国首相外交顾问柯利达爵士

李鹏说，中国政府会信守中英双方所达成的有关香港问题的协议。在1997年中国对香港恢复行使主权以后，一国两制的方针不会改变。中英两国应共同努力，保持香港的繁荣和稳定。李鹏表示相信，在处理包括香港新机场问题在内的有关香港问题时，只要双方抱有诚意，任何问题都是可以得到解决的。

国务院副总理朱镕基在人民大会堂会见由主席张镒泉率领的香港工业总会访京团

中共中央总书记江泽民在北京会见日本前首相海部俊树

国务委员兼外交部长钱其琛在北京会见英国首相外交顾问柯利达爵士

经济贸易部副部长谷永江和爱沙尼亚共和国贸易部长安德里斯·塔姆分别代表本国政府签署经济贸易协定和关于中国向爱沙尼亚提供商品的政府贷款协定

中华人民共和国同斯洛文尼亚建交公报

中华人民共和国政府代表、外交部部长助理戴秉国和斯洛文尼亚共和国政府代表、外交部部长迪米特里伊·鲁佩尔在斯洛文尼亚共和国首都卢布尔雅那签署两国建交公报。

公报内容如下：

中华人民共和国政府和斯洛文尼亚共和国政府根据两国人民的利益和愿望，决定两国自1992年5月12日起建立大使级外交关系。

两国政府同意，在相互尊重主权和领土完整、互不侵犯、互不干涉内政、平等互利、和平共处的原则基础上，发展两国之间的友好合作关系。

斯洛文尼亚共和国政府承认中华人民共和国政府是中国的唯一合法政府，台湾是中国领土不可分割的一部分。斯洛文尼亚共和国政府确认不和台湾建立官方关系。

中华人民共和国政府支持斯洛文尼亚共和国政府加入联合国和其他国际组织的努力。

两国政府同意，在平等互利的基础上，根据国际惯例，互相为对方在其外交代表履行职务方面提供一切必要的协助。

本公报用中文、斯洛文尼亚文和英文写成，三种文本同等作准。本公报自签字之日起生效。

国务院副总理吴学谦在钓鱼台国宾馆会见由议长陈树群率领的新加坡国会代表团

5月13日

国家主席杨尚昆同吉尔吉斯斯坦共和国总统阿斯卡尔·阿卡耶夫举行会谈

杨尚昆说，阁下是贵国独立后访问中国的第一位总统，这次访问是中吉关系史上的一件大事，必将把两国关系推进到一个新的发展阶段。中国政府一向尊重各国人民的选择，尊重各国的独立、自主和主权。吉尔吉斯独立后，两国很快建立了外交关系。中吉两国山水相连，中国政府愿在和平共处五项原则的基础上发展与吉尔吉斯的睦邻友好和合作关系。在经贸方面，两国可互通有无，取长补短，共同发展，前景是广阔的。

杨尚昆说，世界正向多极化方向发展，但和平与发展仍是世界面临的两大问题，因此，需要建立一个有利于实现和平与发展的国际政治和经济新秩序。我们一贯主张国家不分大小、强弱、贫富都有权平等参与国际事务。

阿卡耶夫说，中国人民曾对世界文明做出了特殊贡献，当前在国际事务中也正在发挥着积极作用。吉中两国人民的友好关系有悠久的历史，著名的丝绸之路就经过吉尔吉斯，这种友谊定将有利于两国关系的进一步发展。吉尔吉斯政府重视同中国的友好合作关系，愿在和平共处五项原则的基础上进一步发展两国的友好合作关系，愿在平等互惠的基础上发展两国的经济合作和贸易往来。

阿卡耶夫强调，台湾过去和现在都是中国领土不可分割的一部分，吉尔吉斯政府把这一点作为吉对华外交政策的出发点。

国务院总理李鹏在人民大会堂同吉尔吉斯斯坦共和国总统阿斯卡尔·阿卡耶夫举行会谈

李鹏说，我们是根据邓小平同志的思想建设有中国特色的社会主义，改革开放是其中的一项重要内容。

李鹏指出，各国都应根据自己的国情进行经济建设和改革，各国政府和人民都有权选择自己的发展道路和模式。

阿卡耶夫说，吉尔吉斯斯坦关心中亚地区的安全，中国是这一地区稳定的重要因素。因此，同中国建立友好和信任关系不仅对两国，而且对这一地区的稳定和安全至关重要。

阿卡耶夫说，正在进行改革的吉尔吉斯斯坦十分重视中国的改革开放经验，并将根据自己的情况加以借鉴。吉尔吉斯斯坦对全面发展同中国的关系持积极态度，愿同中方就合作的具体项目进行认真的讨论，并尽快付诸实施。

中央保密委员会主任乔石在全国保密工作会议上发表讲话

乔石指出，党的十一届三中全会以来，保密工作取得较大成绩，各级党委、政府十分重视保密工作，保密宣传教育广泛开展，保密督查工作进一步加强，保密法规和制度建设有明显进展，特别是《保密法》的颁布和实施，标志着我国保密工作走上法制轨道。但是，当前窃密与反窃密的斗争相当复杂，保密工作面临的形势仍然十分严峻，思想麻痹、制度松弛和查处不力的现象依然存在，泄密事件常有发生，有的还相当严重，给国家和人民的利益造成了很大危害。

乔石强调，保密工作是一项关系到党和国家根本利益，关系到我国经济建设和改革开放顺利进行，关系到我国社会主义制度巩固和发展的重要工作。改革开放后，对外交往大量增加，出现了许多新情况，对保密工作也提出了新的要求。如何做好新形势下的保密工作，这是摆在我们面前的重要课题。我们要深入学习领会邓小平同志重要谈话的精神，进一步解放思想，警惕右的、但主要是防止“左”的思想的干扰，不断总结在新时期做好保密工作的经验，使保密工作更好地为改革开放和经济建设服务。在工作实践中，要正确处理保密与改革开放的关系，正确划分密与非密的界限，从党和国家的根本利益出发，按照合法、合理、适度的原则，做到该公开的就公开，必须保密的就要坚决保住。

乔石指出，当前做好保密工作的关键在于狠抓落实。要认真贯彻积极防范、突出重点、既确保国家秘密又便利各项工作的方针。要确保重点秘密安全，加强重点部门和重点人员的管理；实行保密工作部门同业务部门两方面结合，发挥两个积极性。还要深入扎实开展保密教育，增强广大干部群众的保密观念，形成保密工作人人有责的社会风尚；进一步健全完善各项保密规章制度；努力提高技术防范能力；依法从严查处泄密事件；加强保密工作队伍的建设。

乔石最后特别强调，保密工作是一项全局性的工作，只能加强，不能削弱。党中央对保密工作十分重视，各级党委和政府也必须予以高度重视，真正把保密工作摆到重要议事日程上来，对重大的泄密事件要亲自过问，支持保密工作部门和执法部门依法查处。各级领导要带头执行保密规定，做保守党和国家秘密的表率。各级保密委员会要认真履行自己的职责，切实改进作风，深入调查研究，及时掌握本地区、本部门保密工作的情况，制定加强保密工作的措施。乔石希望全国保密工作系统的同志们发扬成绩，开拓进取，在加快改革开放，搞好经济建设的新形势下，进一步做好保密工作，以优异的成绩迎接党的十四大召开。

中央顾问委员会副主任薄一波在听取质量万里行活动汇报后发表谈话

全国质量工作会议期间，薄一波在中南海约见“中国质量万里行”活动发起单位——中国新闻文化促进会会长范敬宜、“万里行”组委会主任艾丰、副主任吴昊等，听取了“万里行”活动的情况汇报，对进一步开展这个活动，促进社会风气的好转等发表重要谈话。

薄一波说，“质量万里行”活动，事情办得不错，开了一个好头，效果好，应该肯定。打击假冒伪劣行为直接关系到群众的利益。把不好的行为曝光了，群众很满意。“质量万里行”今后不管采取什么方式，都要经常坚持下去，持之以恒。这个活动要继续搞下去，我赞成每年集中地搞一次，就是说要不间断。要研究一些好的方式方法，更好地发挥群众监督和舆论监督的作用。

薄一波指出，开展“质量万里行”活动，我认为最主要的是培养一批坚持真理、坚持公道、为群众说话的人，做到这点很不容易。要敢于说真话，要实事求是。从这个起点出发，造成一个好风气。从新闻界开始，慢慢把这个风气波及到其他各个方面。现在社会上有些不好的东西，如吸毒、赌博等，就是要像这次揭露打击假冒伪劣这样开始突击。要创造一个好的社会风气，物质文明要有所发展，精神文明也要搞上去。

薄一波强调，不讲究质量只会破坏市场，对我们是很不利的。发展经济要走正道，有的人不走正道，搞假的，这样做，只会坏事，要保护名牌，名牌信誉要保持，知识产权不能侵犯。名牌东西垮下来，不得了啊！

薄一波接着说，工作方法很重要，要研究。揭露假冒伪劣与有的地方可能会有矛盾。要让这些地方认识到，揭露打击假冒伪劣对全局有好处，对他们也有好处，要向他们很善意地指出这一点。“万里行”活动要和有关部门结合起来，光说不行，要靠法制，有法可依。一件一件事情都得要有法制。国家这么大，就是要靠民主与法制，有根据好说话。

国家经济体制改革委员会主任陈锦华就转换企业

经营机制问题向新华社记者发表谈话

陈锦华日前在接受记者采访时指出，转换企业经营机制是今年首要的一项改革任务。这项改革的核心就是要通过转换经营机制，增强应变活力，更有效地把企业推向市场。走向市场才能有真正的效益，变粗放经营为集约化经营；走向市场才能产销对路，避免盲目生产和库存积压；走向市场，企业才有生机源头；不走向市场，企业就会山穷水尽。

陈锦华说，今年以来改革的形势是好的。在邓小平同志南方视察重要讲话和中央政治局会议公报精神的指引下，广大干部群众思想进一步解放，以前不敢探索的"禁区"，已敢于探索了；去年9月中央工作会议提出的二十条政策措施进一步落实，有的已取得成效。

陈锦华强调说，把企业推向市场不能不抓好企业自身的改革。前一段一些地方、部门以劳动、人事、分配三项制度的改革为突破口，把竞争机制引入企业，努力在企业建立"干部能上能下，职工能进能出，工资能高能低"的机制和相应的制度，这无疑是转换企业经营机制的一项重要内容，工作进展也是比较快的，并取得了不同程度的效果。深化企业改革，转化企业经营机制一定要依靠群众，发挥群众的首创精神。把群众摆在推进改革的动力位置上，很好地向职工讲清劳动、人事、分配制度改革的意义，增强职工改革的积极性和承受能力。

陈锦华强调，转换企业经营机制是一项系统的综合性工程。要使企业真正转换经营机制，必须推动企业走向市场。市场是企业最重要的外部环境，当前有些地方一方面提出要扩大"对外开放"，一方面又搞"地区封锁"，对内不开放，优势无法互补。这种做法不利于地区经济发展，不利于共同繁荣。应当看到对内开放是对外开放的基础，只有全面开放才能推动本地区经济发展。从这个意义上讲对内开放更具有现实意义。

陈锦华说，转变政府管理经济的职能和方式是企业转换经营机制的重要条件。现在一些行政部门在改革上还动得不快，仍然对企业进行不必要的干涉，企业的领导者要应付来自四面八方的检查、评比、验收、考察等，不可能聚精会神地抓生产，抓经营，抓改革。这方面，有些地方的企业主管部门比较开明，勇于自我革命，停止一切不必要的行政干预，切实减轻企业负担。这种开明的做法之所以值得赞扬，是因为它有利于把企业推向市场。推进社会保障制度的配套改革，大力发展第三产业，也是转换企业经营机制，把企业推向市场的广阔外部环境，应当也完全可以加快进行。

陈锦华指出，当前，各地体改部门应协助党和政府在加快企业经营机制转换、促使企业走向市场上下功夫，花力气。陈锦华希望舆论界更好地发挥鼓舞、激励、引导作用，推动市场发育，推动企业在国内外市场中施展抱负，大展宏图。

中办转发中央统战部《九十年代统一战线部门工作纲要》

巩固和发展爱国统一战线是党的一项长期的战略方针，是党的总路线、总政策的组成部分，是建设有中国特色社会主义的重要内容。统一战线工作要在各级党委领导下，全党重视才能做好。中央统战部制定的《九十年代统一战线部门工作纲要》，总结了统一战线工作的经验，阐明了统一战线工作的基本指导方针和主要政策，提出了九十年代统一战线工作的任务、目标和要求，对于进一步加强统一战线工作，具有重要的指导意义。现转发你们，请结合实际情况贯彻执行。

中共中央统战部九十年代统一战线部门工作纲要

九十年代是我国社会主义现代化建设的关键时期。党和国家将继续坚定不移地贯彻以经济建设为中心、坚持四项基本原则、坚持改革开放的基本路线，抓住有利时机，加快改革开放的步伐，集中精力发展生产力，实现现代化建设第二步战略目标，按照一国两制推进祖国和平统一，沿着有中国特色的社会主义道路胜利前进。爱国统一战线在实现党和国家九十年代的根本任务中负有重任，工作大有可为。我们要努力发展和壮大最广泛的爱国统一战线，在巩固工农联盟的基础上，加强全国各民族、各民主党派、各人民团体和一切爱国力量的大团结，把一切积极因素调动起来，为把经济建设搞上去，建设有中国特色的社会主义做出贡献。

一、爱国统一战线的基本任务、目标和指导方针

（一）巩固和发展最广泛的爱国统一战线是党的一项坚定不移的战略方针。统一战线是党的总路线、总政策的组成部分。党关于统一战线的理论和政策，是马克思主义同中国革命和建设实践相结合的产物，是毛泽东思想的重要内容，也是建设有中国特色社会主义的重要内容。

毛泽东同志为代表的老一辈无产阶级革命家十分重视统一战线工作，把统一战线作为中国革命的三大法宝之一。毛泽东同志指出："一个有纪律的，有马克思列宁主义武装的，采取自我批评方法的，联系人民群众的党。一个由这样的党领导的军队。一个由这样的党领导的各革命阶级各革命派别的统一战线。这三件是我们战胜敌人的主要武器。"党的十一届三中全会后，以邓小平同志为核心的党中央根据国内阶级状况根本变化和工作中心的战略转移，创造性地制定了新时期爱国统一战线的理论、方针、政策和任务。邓小平

同志指出：统一战线进入了一个新的历史发展阶段，它已经成为全体社会主义劳动者、拥护社会主义的爱国者和拥护祖国统一的爱国者的广泛联盟；统一战线仍然是一个重要法宝，不是可以削弱，而是应该加强，不是可以缩小，而是应该扩大。十三届四中全会后，以江泽民同志为核心的党中央继往开来，坚持和发展了统一战线的理论和政策。江泽民同志指出："建设有中国特色的社会主义宏伟事业必须有一个最广泛的统一战线。""今后无论遇到什么情况，我们都要把坚持和发展中国共产党领导的爱国统一战线，作为关系党和社会主义兴衰存亡的长期战略方针，丝毫也不能动摇。"

历史经验证明，在中国共产党领导下，团结一切可以团结的力量，结成最广泛的统一战线，是取得革命和建设事业胜利、战胜任何困难的强大力量源泉，是我党在政治上的一个巨大优势，是建设中国社会主义的一大特色。只要阶级还没有最后消灭，只要我们党还存在，就必须有我们党领导的广泛的统一战线。我们的事业一天天在发展，统一战线也必然一天天更壮大。我们必须充分认识统一战线的重要性、必要性和长期性，增强做好统一战线工作的使命感和责任感。

（二）九十年代爱国统一战线的基本任务和目标。基本任务是：高举爱国主义、社会主义旗帜，团结一切可以团结的力量，调动一切积极因素，化消极因素为积极因素，同心同德，群策群力，坚定不移地贯彻执行党的"一个中心、两个基本点"的基本路线，为维护安定团结的政治局面服务，为推进社会主义现代化建设和改革开放服务，为健全社会主义民主和法制服务，为促进一国两制、和平统一祖国服务。

九十年代统一战线工作的目标是：

1. 紧紧围绕经济建设这个中心，充分发挥统一战线的优势和作用，进一步调动各民主党派、各人民团体和各界人士的积极性和创造性，在深化改革、扩大开放、建设社会主义物质文明和精神文明、全面完成国民经济和社会发展的十年规划中作出新的贡献。

2. 全面落实党领导的多党合作和政治协商制度的各项规定，进一步发挥各民主党派和无党派人士参政议政和民主监督的作用，支持民主党派加强自身建设，促进党领导的多党合作和政治协商制度在坚持的基础上不断完善。

3. 推进各民主党派、无党派人士、少数民族、宗教等各界党外代表人士的新老交替，建立一支多方面多层次、同我们党亲密合作、有声望的新一代党外代表人物队伍。

4. 随着经济建设转移到依靠科技进步和提高劳动者素质的轨道上，知识分子的地位和作用更加重要。新时期统一战线各界代表人物大多数是知识分子，要把党外知识分子工作作为统一战线的一项基础性工作，切实加强。

5. 坚持民族平等、团结、互助、合作，促进各民族共同繁荣。正确执行党和国家的民族政策，坚持和完善民族区域自治制度，积极培养少数民族干部，加快民族地区经济建设和社会事业的发展，加强各民族的大团结。

6. 全面贯彻宗教信仰自由政策，依法对宗教事务进行管理。广泛团结宗教界人士，进一步发挥爱国宗教团体的作用，支持他们加强自身建设，积极引导宗教与社会主义社会相适应。

7. 坚持一国两制的原则，积极开展海外统一战线工作，广泛团结台湾同胞、港澳同胞和国外侨胞，扩大对外开放，发展经济、科技、文化的交流与合作，推进祖国和平统一。

8. 坚持以社会主义公有制为主体，做好对非公有制经济代表人士的团结、帮助、引导、教育工作，促使非公有制经济健康发展，成为公有制经济的有益补充。

9. 努力建设一支政治素质好、业务水平高的统一战线干部队伍，培养一批熟悉人物、历史，精通统一战线理论、方针和政策的专家。运用马列主义观点，系统总结建党以来、特别是新时期统一战线的基本经验，深入研究统一战线发展中出现的新问题，丰富党的统一战线理论。

10. 要清醒地认识国际敌对势力对我国的和平演变与我们反和平演变的斗争，坚持四项基本原则与资产阶级自由化的斗争，维护祖国统一与分裂势力的斗争，是长期的、复杂的，但也不要草木皆兵。要充分发挥爱国统一战线的作用，使之成为维护国家统一和稳定的重要力量。

（三）九十年代爱国统一战线的基本指导方针：

1. 坚定不移地贯彻党的"一个中心、两个基本点"的基本路线，牢固树立统一战线为经济建设服务的指导思想。坚持党的基本路线，一百年不动摇，国家就能长治久安，中国就大有希望。统一战线工作要把为经济建设服务作为出发点，着眼于解放和发展社会主义社会的生产力，增强综合国力，提高人民生活水平，最大限度地把各民族、各民主党派、各人民团体和各界人士的意志和力量集中到实现现代化建设第二步战略目标、建设有中国特色的社会主义宏伟事业上来。

2. 坚定不移地加强和改善党的领导，牢牢掌握党对统一战线的领导权。党的领导主要是政治领导，即政治原则、政治方向和重大方针政策的领导。加强和改善党的领导，要靠坚持党的基本路线和正确政策，靠自己的政治坚定性，靠广大党员的先锋模范作用。要正确处理同党外人士的关系，充分尊重党外人士的意见和权益,发扬广交朋友、政治协商、民主监督、合作共事和自我教育等优良传统,善于把正确的政策与良好的工作方法结合起来。在工作中要坚持“两点论”,既要寻求、增进共同性,又要注意差异性;既要有原则性,又要有灵活性;既要讲团结、合作、友谊、人情,又要有善意的帮助和教育;既要有批评,又要有自我批评;既要反对关门或敷衍态度,又要反对迁就态度。

3. 坚定不移地发展壮大爱国统一战线两个范围的联盟。一个是大陆范围内以爱国主义和社会主义为政治基础的团结全体劳动者和爱国者的联盟。在这个联盟里,坚持四项基本原则,弘扬爱国主义精神。一个是大陆范围外以爱国和拥护祖国统一为政治基础的团结台湾同胞、港澳同胞和国外侨胞的联盟。在这个联盟里,求爱国和祖国统一之同,存社会制度、意识形态和生活方式之异。这两个范围的联盟构成爱国统一战线的整体,体现了中华民族的大团结。第一个范围的联盟是主体,主体安定团结、坚强有力,第二个范围的联盟才能巩固、扩大,整个统一战线才能蓬勃兴旺。

4. 坚定不移地在爱国主义、社会主义旗帜下,实行最广泛的团结。只要有利于建设四化、统一祖国、振兴中华,只要有利于民族团结、社会进步、人民幸福,只要有利于挫败国内外敌对势力的渗透、颠覆与和平演变,不论哪一个阶级、阶层,哪一个党派、团体,哪一个人,我们都要团结。在当代中国,爱国主义和社会主义本质上是统一的。爱国主义具有团结中华民族的强大凝聚力,是统一祖国、振兴中华的强大动力,团结愈广泛,对社会主义建设事业愈有利。

5. 坚定不移地发扬社会主义民主,认真贯彻执行“长期共存、互相监督、肝胆相照、荣辱与共”的方针。密切联系党外人士,鼓励他们反映真实情况,讲真心话,勇于坚持正确意见。虚心倾听党外人士提出的意见和建议,真心实意地同他们商量办事。要广开言路,各抒己见,知无不言,言无不尽,在统一战线中努力发展又有集中又有民主,又有纪律又有自由,又有统一意志又有个人心情舒畅、生动活泼的政治局面。

6. 坚定不移地正确掌握政策,严格区分和正确处理两类不同性质的矛盾。现阶段我国社会的主要矛盾是人民群众日益增长的物质文化需要同落后的社会生产之间的矛盾。统一战线中大量的主要的是不属于阶级斗争范围的矛盾。正确处理人民内部矛盾是新时期统一战线的主题。对于统一战线内部的政治是非和思想认识问题,要坚持团结、批评、团结的方针,耐心细致地做好工作。

7. 坚定不移地履行“了解情况、掌握政策、协调关系、安排人事”的基本职能,认真贯彻团结、稳定、鼓劲、务实的工作方针。统一战线宜宽不宜窄,重点是做好有代表性有影响的党外人士的工作。

8. 坚定不移地发扬自我教育的优良传统。鼓励各民主党派、各人民团体和各界人士,加强自身建设,努力学习马列主义、毛泽东思想,深入社会实践,提高爱国主义和社会主义觉悟,激发他们社会主义现代化建设的积极性和创造性。

二、坚持和完善共产党领导的多党合作和政治协商制度

(四)中国共产党领导的多党合作和政治协商制度是符合我国国情的社会主义政党制度,是我国一项基本政治制度。这项制度是马克思列宁主义同中国革命与建设实际相结合的创造,根本不同于一些国家的多党制或两党制。我国的多党合作以四项基本原则为政治基础。中国共产党是执政党。民主党派是接受共产党领导、同共产党通力合作、共同致力于社会主义事业的亲密友党,是参政党,不是在野党、反对党。坚持和完善这项制度是我国政治体制改革的重要内容。这对于巩固人民民主专政,建设社会主义民主政治,调动一切积极因素进行社会主义现代化建设,抵制政治多元化、多党制的思潮,维护国家的稳定,具有重要意义。

做好对民主党派的统一战线工作是统一战线部门一项重要任务。要按照《中共中央关于坚持和完善中国共产党领导的多党合作和政治协商制度的意见》,落实民主党派参政议政和民主监督的各项规定,支持民主党派加强自身建设,尊重民主党派按照宪法和各自的章程独立自主地开展工作,更好地发挥民主党派的积极作用。

(五)完善中国共产党同民主党派之间的政治协商。政治协商是多党合作的重要内容,也是中国共产党领导多党合作的主要方式。民主党派参政的基本点是:参加国家政权,参与国家大政方针和国家领导人选的协商,参与国家事务的管理,参与国家方针、政策、法律、法规的制定执行。重大决策需要事先协商,重要情况要及时通报。统战部门要为党中央、地方党委同各民主党派的协商做好准备工作,充实协商内容,提高协商质量;要加强与民主党派和无党派人士的联系,互通情况,交换意见;对他们提出的意见和建议,要及时反映,并推动有关部门认真研究处理。

人民政协是我国爱国统一战线组织,是共产党领导的多党合作和政治协商的一种重要组织形式。政协全国委员会制定的《关于政治协商、民主监督的暂行规定》,应认真贯彻执行。

(六)协助有关部门落实中央关于民主党派参政和监督的各项措施。主要有:1. 会同有关部门做好举荐民主党派成员和无党派人士担任政府及司法机关领导职务的工作。2. 举荐民主党派成员和无党派人士担任

特约监察员、检察员、审计员和教育督导员等职。3. 协助政府有关部门与民主党派就有关问题建立对口联系，要从实际出发，注重实效。4. 发挥民主党派成员、无党派人士在人大和政协中的作用，鼓励和支持他们在人大、政协中对党和国家的方针政策、各项工作提出意见、批评和建议。5. 推动各民主党派同政府有关部门以及人大、政协各专门委员会相互配合，选好题目，有计划地进行调查研究。6. 支持他们开展经济、科技、教育、法律、医卫、文化等咨询服务和智力支边工作。

（七）协助民主党派做好组织发展工作和基层工作。建议民主党派组织发展要继续注重质量；坚持已协商确定的重点分工范围；主要在中高级党外知识分子有一定代表性的人士中吸收成员；坚持以大中城市为主。所在单位的中共党组织要协助他们做好发展新成员的考察和协调工作。各民主党派之间在发展成员遇有交叉时，应尊重本人意愿，协商解决。

各民主党派在一些机关和事业单位以及大中型国营企业建立了基层组织。这些组织的作用同民主党派地方组织是有区别的。中共党组织要加强同他们的联系，切实贯彻党对民主党派的方针政策，经常召开座谈会听取民主党派成员的意见，发挥他们的作用。

（八）支持民主党派加强领导班子和工作班子建设。要充分尊重民主党派的意见，协助他们选好坚持党的基本路线、德才兼备，又能联系群众、年富力强的成员进入领导班子和工作班子，做好一九九二年和一九九七年的换届工作，在团结稳定的前提下积极推进领导成员的新老交替。民主党派老一代主要领导人，工作需要，威望高，身体还好，思维清楚，成员拥护，建议推选他们继续担任领导工作。同时积极培养新人。选拔民主党派领导班子新的代表人物，要坚持进步性与代表性相结合。

（九）支持民主党派发扬自我教育的优良传统，加强思想建设、机关建设。倡导学习马列主义、毛泽东思想，学习国家的重要方针、政策，发扬理论联系实际的学风，自己提出问题，自己分析问题，自己解决问题。深入进行坚持基本路线的教育、爱国主义和社会主义的教育、国情教育以及民主党派同中共长期合作的优良传统的教育。

机关建设是民主党派自身建设的重要环节。推广各民主党派贯彻落实《关于加强中央机关建设座谈会纪要》的经验，积极帮助他们解决工作中的实际问题。

三、巩固和发展社会主义的民族关系

（十）坚持马克思主义民族观，认真贯彻党的民族政策。我们党运用马列主义、毛泽东思想观察和处理民族问题，在几十年的实践中，形成了一系列基本观点和政策。主要是：民族的产生、发展和消亡是一个漫长的历史过程，民族问题将长期存在；社会主义阶段是各民族共同繁荣兴旺的时期，各民族间的共同因素在不断增多，但民族特点、民族差异将继续存在；民族问题是社会总问题的一部分，民族问题只有在解决整个社会问题的过程中才能逐步解决，我国现阶段的民族问题只有在建设社会主义的共同事业中才能逐步解决；各民族不分人口多少、历史长短、发展程度高低，都对祖国的文明做出了贡献，都应该一律平等，应该加强各民族人民的大团结，维护祖国的统一；大力发展社会生产力是社会主义时期民族工作的根本任务，各民族要互相帮助，实现共同进步和繁荣；民族区域自治是中国共产党人对马克思主义民族理论的重大贡献，是解决我国民族问题的基本制度；努力造就一支宏大的德才兼备的少数民族干部队伍，是做好民族工作和解决民族问题的关键；民族问题和宗教问题在一些地方往往交织在一起，在处理民族问题时，还要注意全面正确地贯彻落实党的宗教政策。

我们要充分认识民族问题的长期性、重要性、复杂性。九十年代民族地区的统一战线工作，要紧紧围绕维护国家统一、保持社会稳定和发展经济、科技、教育、文化两件大事，增强民族团结，巩固和发展社会主义民族关系，促进各民族的全面进步和共同繁荣。

（十一）同呼吸、共命运、心连心，巩固和发展各民族的大团结，维护祖国统一，促进民族地区的稳定。要配合有关部门在各族人民中分层次地进行马克思主义民族观、党的民族政策和民族团结的教育。各民族的干部特别是党员领导干部，都要自觉站在党和人民的立场上，互相尊重，互相信任，互相学习，互相帮助，做维护祖国统一和民族团结的模范。要大力表彰民族团结的先进集体和先进人物，纠正违反民族政策、损害民族团结的现象。

为了加强各民族大团结，要反对大民族主义，主要是大汉族主义，也要反对地方民族主义。在全国，要注意处理好汉族与少数民族的关系。在民族自治地方，还要注意处理好自治民族与其他民族的关系。对于民族间发生的纠纷，必须慎重处理，是什么问题就解决什么问题。要冷静分析，耐心疏导，及时排解，把危及社会稳定的事件解决在萌芽状态。对于蓄意制造事端、触犯法律的，要依法处理。工作中要充分信任和依靠广大民族干部和群众，重视发挥各少数民族代表人士的积极作用。

要积极主动地向国内外介绍西藏自古以来就是中国领土不可分割的一部分以及建国以来西藏发生的巨大变化，坚决反对把西藏问题国际化的图谋，坚决反对利用西藏问题干涉我国内政。对达赖喇嘛，只要他放弃“西藏独立”的主张，停止从事分裂祖国的活动，中央

投资就是对国家未来的经济繁荣和竞争力的投资，也就是对国家未来的生存和前途的投资。我觉得这些认识是有道理的，也应成为我们全社会的共识。我不久前访问了日本，日本经济所以发展那么快，固然有多方面的因素，但日本国民教育素质高是一个很重要的原因。日本自明治维新以来，对教育一直很重视。其他的发达国家，也都在教育上下了功夫。我们中华民族有重视教育的传统，两千多年前就出现了孔子这样有名的教育家。中外历史上无数事实证明，不把教育搞上去，不提高广大劳动者的科学文化素质，很难把经济建设搞好。过去我们在这方面认识不够，做得也不够，现在认识了，就应当急起直追。陶渊明说得好："悟以往之不谏，知来者不可追。"总之，尊重知识、尊重人才，努力为各种人才脱颖而出和正确使用创造良好的条件，最大限度地发挥知识分子的创造才能，应当始终成为我们党和政府坚定不移的方针，并且要一年比一年做得好。离开教育和科技的发展，离开人才的培养，离开知识分子对知识的掌握、运用和传播作用，要把我们的经济转到依靠科技进步和提高劳动者素质的轨道上来，是不可能的。希望同学们在推动科学技术进步和促进劳动者素质提高方面，努力作出自己的贡献。

同西方发达国家相比，我国的经济发展水平还有很大差距。不承认这一点，不是马克思主义的实事求是的态度。我们一心一意以经济建设为中心，坚持实行"三步走"的发展战略，就是为了尽快地赶上或接近西方发达国家的水平。要加快经济发展，就必须实行改革开放，而实行改革开放的一个重要目的和内容，就是要把外国包括资本主义国家的一切好的先进的东西学过来，为我所用。同学们知道，资本主义国家已经过几百年的发展，在经济、科技、文化和管理方面，积累了十分丰富的经验，取得了许多历史性的文明成果。社会主义作为一种崭新的社会制度，只有在继承和利用资本主义社会已经创造出来的全部社会生产力和全部优秀文化成果的基础上，并结合新的实际进行新的创造，才能顺利地建设起来，并最终建设成功。这是列宁早就讲清楚了的。但是，在过去的长时期内，我们在对待资本主义的问题上，往往只看到或更多地看到社会主义同它对立的一面，而很少看到社会主义同它还有学习、借鉴、合作和利用的一面，这是认识上的一种片面性，是不符合社会历史发展辩证法的。这种认识上的片面性，不利于社会主义经济文化的发展和进步。邓小平同志提出必须坚持改革开放，坚持解放思想，坚持实事求是，一个很重要的方面，就是要求我们彻底摆脱过去的一些片面认识，大胆利用国外包括西方国家的资金和先进技术，大胆吸收和借鉴世界各国包括资本主义发达国家的一切反映现代社会化生产规律的先进的经营方式和管理方法。立足我们的实际，把国外的这些有用的好东西认真学过来，用来改进、提高和发扬中国的东西，创造有中国特色的新东西，这样我们进行社会主义现代化建设和社会主义改革的本事就会大起来，就可以加快我们经济和社会的发展。所以，我们在学习和利用西方国家的一切有用的东西时，思想要更解放一些，胆子要更大一些，步子要更快一些，不要被"姓社还是姓资"问题的抽象争论所束缚而迈不开步子。因为学习和利用这些有用的东西，不存在"姓社姓资"的问题，它们是人类的共同文明成果，资本主义社会可以用，社会主义社会也可以用。从社会发展史来看，资本主义社会比封建社会大大前进了一步。西方资本主义国家，对中国封建时代的文明成果，也是很重视的，许多西方学者对中国孔孟的教育思想，老子、庄子、墨子等的哲学思想，以及《孙子兵法》等等，都在加以研究和借鉴。我们应当有一个明确的认识，不管是哪种社会制度下创造的文化成果，只要是进步的优秀的东西，都应当积极学习和运用。当然糟粕的东西应当剔除，不能学。我们在学习和借鉴资本主义国家一切好的东西的时候，不能妄自菲薄，不能对社会主义事业没有信心。我们并不是一切都落后，如果因为要向外国学习，就以为自己的东西什么也不行了，变成盲目崇外，那就不好了，那同样是一种片面性，同样不是马克思主义的实事求是的态度。有的人认为中国应当实行"全盘西化"，对于这种错误倾向，我们任何时候都要注意警惕和防止，不要让它们干扰我们的改革开放。总之，我们一方面要大胆学习和借鉴外国的一切好东西，有些东西不仅要学，还要拿钱买；另一方面又要坚决抵制各种腐朽的东西。二者是相辅相成，缺一不可的。希望同学们和广大青年，在向外国学习和借鉴的问题上，一定要准备"两手"，坚持"两点论"，学会掌握实际生活中的唯物辩证法，使自己在思想上、政治上更快地成熟起来。

同学们从大学毕业走向社会参加建设和改革工作的过程，也是自己进一步学习提高和成长的过程。如何才能使自己工作得更好、成长得更快呢？积许多知识分子一生奋斗的经验，我想，在这里着重向同学们提出三条要求。

一是深入实际、深入群众，坚持理论与实践相结合，坚持与工农群众相结合，把个人的前途同祖国的前途与命运紧密联系起来。实践证明，这是知识分子在祖国的建设和发展中，贡献自己的聪明才智，实现自己的理想和抱负，担负起历史使命的唯一正确道路。在和工人、农民接触时，在和他们共同工作中，一定要有虚心学习的态度，并且把周围的群众团结好，你才会感到愉快，否则就可能感到有些格格不入，感到自己处于孤立的状态,就会影响自己的工作和进步。这里我还要指出一点,在建设中,在群众和改革的进程中,无疑会不断涌现出新的创造和美好的东西,但不可能一切都是美好的,也会暴露出一些消极的和腐朽的东西。对于好的正确的东西,好办,认真学习和支持就是了。遇到消极的腐朽的东西,怎么办?我劝同学们:第一,不必大惊小怪,社会是复杂的,发生这些现象难以避免,要相信党和人民对腐朽的东西是会坚决反对和克服的;第二,不要因此而泄气,更不要悲观失望;第三,不要受其影响,更不能随波逐流。战国时期的屈原,尚且能做到“世人皆醉我独醒”,何况我们社会主义新时代的年轻人?到穷乡僻壤是一种考验,到繁华都市也是一种考验。大学生应有坚定正确的政治方向,要经得起灯红酒绿、纸醉金迷的考验,要做到“出污泥而不染”。所谓“污泥”,就是指那些腐朽的东西。对于腐朽的东西,要保持清醒的认识,而且要同群众一起,想办法去进行抵制和斗争。这既是对自己的考验和锻炼,也是参与改造、改善周围的工作环境和社会环境。这也是一项义不容辞的任务。许许多多的知识分子在同实践结合中都是这么走过来的。

二是艰苦创业,自强不息。我们所从事的社会主义事业,是人类历史上最伟大的事业。正因为最伟大,也就是最艰苦,何况我们国家大,人口多,底子薄,地区之间发展又很不平衡。虽然从总体上说,社会主义现代化建设事业为同学们提供了一展抱负、大显身手的广泛机遇,但能否抓住机遇,通过艰苦奋斗去实现自己的理想抱负,在很大程度上取决于个人。你们走上工作岗位后,不少同学遇到的工作条件会是艰苦的,有些可能还非常艰苦。对此,同学们要有充分的精神准备,要有不怕困难和压倒困难的决心和勇气。革命前辈和老一代知识分子为新中国的诞生和发展艰苦奋斗了一生,有的还献出了自己宝贵的生命。我们这一代人特别是年轻的知识分子,也应为实现祖国的现代化事业去克服困难,努力拼搏。吃苦耐劳是我们民族的美德,苦能磨炼自己的毅力和志气,能使自己的精神得到升华。有一本苏联小说,叫做《远离莫斯科的地方》,可能有些同学看过,我在五十年代读过这本小说,那里面描写了许多艰苦创业的可歌可泣的事迹。苏联过去的建设能取得那样一个基础,是苏联人民包括一代代青年人奋斗的结果,也是来之不易的。古人说“艰难困苦,玉汝于成”,这个话讲得很深刻。

三是要在工作中加强学习,自觉克服缺点和毛病,使自己更快地成熟和提高起来。列宁说过:学习、学习、再学习。人的一生中要经历许多事情。从我自己来说,我干过食品工业,干过汽车工业,干过电子工业,干过进出口贸易,也干过行政领导工作。我的体会要边干边学,干一行,学一行,爱一行。一九八九年八月,我在清华大学同部分师生座谈时曾经说过,青年人在顺利时容易骄傲,遇到挫折时又容易灰心丧气。这不利自己的进步,希望同学们引以为戒。要学会胜不骄,败不馁,这对于自己一生的进步和事业的成就是很重要的。

科学技术在突飞猛进地发展,知识更新很快。仅仅靠在学校里学到的那些专业知识是远远不够的,所以同学们到了工作岗位以后,一定要继续加强业务学习,不断用新的科学文化知识武装自己,这样才能不断提高自己的工作本领和工作水平。在加强业务学习的同时,还要重视和加强马克思主义理论学习。马克思主义的基本原理,辩证唯物主义和历史唯物主义的世界观和方法论是永具生命力的。马列主义、毛泽东思想是科学真理,是我们党的指导思想,也是青年人健康成长的行动指南。只要坚持学习,必能终生受益。这也是我们这些年长的人共同的切身经验。希望同学们结合自己的实际,坚持学习马列主义、毛泽东思想。要有重点地学,主要是学会用马克思主义的立场、观点、方法,去观察、认识和解决工作中遇到的各种问题,使自己在工作中保持正确的方向。

在这里,我要向同学们和广大青年知识分子特别强调一点,就是要高度重视和努力学习邓小平同志关于建设有中国特色的社会主义的理论。邓小平同志提出的建设有中国特色的社会主义,是对马列主义、毛泽东思想的重要贡献,是对科学社会主义的新的重大发展。马克思、恩格斯创立了科学社会主义理论。列宁领导俄国十月革命取得胜利,把科学社会主义由理论变成了现实,建立了世界上第一个社会主义国家。毛泽东同志从中国实际出发,开创了农村包围城市的革命道路,领导中国革命取得胜利,并成功地在我们这样一个东方大国里建立了社会主义制度。俄国十月革命、中国革命以及其他一些国家的社会主义革命的胜利,创造了无产阶级政党领导人民群众夺取政权,建立无产阶级专政的成功经验。但是,在夺取政权和建立社会主义制度以后,在生产力水平很低的情况下,如何从本国的国情出发,建设好社会主义,这个问题在社会主义国家中,长时期内在理论上和实践上并未得到很好的解决。无论是苏联、东欧还是我们建国后的前三十年,在社会主义建设中虽然取得过巨大的成就,但也发生过不少严重的挫折。十一届三中全会以来,邓小平同志以无产阶级革命家的胆略和远见卓识,深刻总结过去国内国外建设社会主义的正反两方面的历史经验,确定了党的“一个中心、两个基本点”的基本路线,开创了有中国特色的社会主义建设道路,标志着我国社会主义事业进入了一个新的发展阶段,标志着我们党对社会主义的认识实现了一个新的飞跃。实践已经证明,这是一条充满生机和活力的社会主义发展道路,沿着这条道路始终不渝地走下去,就可以大大促进我国社会生产力的迅速发展,促进我国综合国力的不断增强,促进我国社会的全面进步。现在,邓小平同志提出的建设有中国特色的社会主义基本理论已经形成,当然还要在建设和改革的实践中继续丰富和发展。要使有中国特色的社会主义的各种优势充分形成和发展起来,各个方面的体制、制度完全定型和完善起来,还需要经过几十年的奋斗。我们衷心希望同学们和广大青年一定要把邓小平同志建设有中国特色的社会主义的理论学好学透,用以武装自己的思想,这是投身建设和改革的实践,做好本职工作的最重要的思想保证和行动指南。同时,希望大家大胆探索,勇于创新,不断总结经验,同全国人民一道共同把建设有中国特色的社会主义的理论和实践继续推向前进。

青年人是祖国的未来和希望。现在的大学毕业生是跨世纪的一代,任重道远,祖国和人民更是寄予殷切的期望。帮助大学毕业生和毕业研究生健康成长,使他们在建设和改革事业的广阔天地里充分发挥自己的智慧和才干,是各级党委和政府以及社会各界的光荣责任。一方面要满腔热忱地关怀他们,采取切实有效的措施,帮助他们解决实际困难,努力为他们提供必要的工作条件和生活条件,及时解决他们在思想上出现的问题,使他们顺利地成长;另一方面又要对他们严格要求,鼓励他们面向实际,在工作实践中经受锻炼,发挥才智,为建设有中国特色的社会主义作出更多的贡献。

北京举行纪念毛泽东《在延安文艺座谈会上的讲话》发表50周年颁奖大会

为纪念毛泽东《在延安文艺座谈会上的讲话》发表50周年,中宣部、文化部、广播电影电视部在北京联合举行颁奖大会,表彰过去一年里取得优异成绩的宣传、文化单位和文艺工作者。

中宣部颁发的是"五个一工程"的"组织工作奖"和入选作品奖。文化部颁发的是第二届"文华奖"。广播电影电视部颁发的是优秀影片奖、献礼影片展映活动先进集体和先进个人奖与第六届全国电视文艺"星光奖"。

中共中央政治局常委李瑞环和李铁映、丁关根、杨白冰等领导同志在颁奖大会之前会见了获奖单位代表与个人。

中宣部部长王忍之在颁奖大会上讲话说:这五种奖的评选与颁发,"既是对近年来特别是去年以来我国文艺繁荣的一次检阅,又是推动文艺实现更大繁荣的一个契机。"

上海市荣列1991年度精神产品生产"五个一工程""组织工作奖"榜首。获得这项大奖的还有以4项入选的山东省、吉林省,以3项入选的浙江省、江苏省、河南省、内蒙古自治区、四川省、陕西省、广东省。有15部电视剧、15台戏剧、10部图书、10篇文章、7部电影获入选奖。

获得第二届"文华奖"大奖的作品是:《明月照母心》、《法门众生相》、《高高的炼塔》、《大桥》、《抗天歌》、《死水微澜》、《马可·波罗》、《党的女儿》。另有22个剧目获文华新剧目奖,3个节目获文华新节目奖,12台剧节目的编剧获文华剧作奖,1位词作者获文华词作奖,14台剧节目的导演获文华导演奖,8台作品的作曲者获文华音乐创作奖,11台剧节目的美工获文华舞台美术奖,39位演员获文华表演奖。

获第六届全国电视文艺"星光奖"各栏目一等奖的有《综艺大观》(36)、《九曲》、《风——飘荡在京华大地的旋律》、《拥抱太阳——七一晚会》、《大桥》、《党的女儿》、《敬礼!老四团》、《岛歌》。《风雨同舟,情暖人间》获特别奖。《沙与海》获荣誉奖。另有10个节目分别获得撰稿、编辑、导演、摄像、音乐、化妆、美术、照明、栏目等单项奖。获得1991年优秀影片奖的有11部故事片,2部儿童片,1部艺术片,7部科教片,6部新闻纪录片,6部美术片,2部外国译制片。

出席颁奖大会的还有于永波、徐惟诚、聂大江、艾知生、高占祥等。

中共中央宣传部部长王忍之在纪念毛泽东《在延安文艺座谈会上的讲话》发表50周年颁奖大会上发表讲话

讲话说,今天颁发的奖有精神产品"五个一工程"、"组织工作奖"、"文华奖"、"优秀影片奖"、"献礼影片展映活动先进集体和先进个人奖"、"星光奖"。这几种奖涉及的范围基本上是文艺这个门类。它们是当前文艺繁荣的一个比较集中的反映。我们大家都能看到,在党和政府文艺方针的指引下,依靠各级领导和广大文艺工作者的共同努力,我国文艺呈现出蓬勃发展的喜人景象,特别是在电影、电视剧、戏剧、报告文学这些领域中,优秀作品成批涌现,在文艺界和社会上都产生了广泛的积极反响。近年来文艺创作的这种繁荣,是我国建设和改革生机勃勃、社会健康向上的一个重要标志,又为我国社会主义事业的加快发展增加了精神的推动力。这几种奖的评奖、颁奖,既是对近年来特别是去年以来我国文艺繁荣的一次检阅,又是推动文艺实现更大繁荣的一个契机。

讲话指出,文艺要繁荣,离不开为什么人这个根本问题的正确解决。毛泽东同志《在延安文艺座谈会上的讲话》中明确提出:“我们的文学艺术都是为人民大众的,首先是为工农兵的。”邓小平同志在四次文代会的祝辞中强调指出:“人民需要艺术,艺术更需要人民。自觉地在人民的生活中汲取题材、主题、情节、语言、诗情和画意,用人民创造历史的奋发精神来哺育自己,这就是我们社会主义文艺事业兴旺发达的根本道路。”我国文艺发展的实践,包括这次获奖作品的成功,都证明了毛泽东、邓小平同志的上述论述无比正确。近年来我国文艺创作繁荣发展的一个重要原因,就是文艺与人民的血肉联系在新的形势下得到了加强。许多优秀作品在反映人民群众的生活和普遍关心的问题、表现人民群众的感情和愿望方面作出了新的努力,在满足人民群众不断增长的精神文化需求、潜移默化地提高人们的精神境界方面取得了新的成果。我们的文艺部门和文艺团体要总结经验,以改革精神采取切实措施,进一步强化文艺与人民的血肉联系,把文艺事业不断地推向前进。

讲话指出,文艺要繁荣,必须摆正文艺工作与国家大局的关系。在抗日战争时期,团结抗日是国家民族的大局,毛泽东同志在《讲话》中要求一切革命文艺工作都要有利于团结抗日。在现阶段,以经济建设为中心、集中精力把现代化建设搞上去是国家的大局,邓小平同志要求文艺工作要服从于实现社会主义现代化的大目标。文艺要更好地服务于当前的国家大局,既要坚持多样化发展,又应当把反映现代化建设和改革的火热生活、表现社会主义时代精神放在突出地位。像小平同志所强调的,文艺要塑造现代化建设的创业者,表现他们有革命理想和科学态度、有高尚情操和创造能力、有宽阔眼界和求实精神的崭新面貌,以推动广大群众从事现代化建设的历史性创造活动。像江泽民同志所指出的,反映社会主义时代精神应当成为主旋律。这次评奖结果告诉我们,近年来我国文艺繁荣的一个特点,是在作品的思想内容和艺术形式越来越丰富多样的同时,表现社会主义新人、反映社会主义时代精神的作品越来越多了。希望有关部门和各文艺团体进一步打开思路,创造条件,帮助作家艺术家更好地深入现代化建设和改革第一线,也希望有更多的作家艺术家自觉地着眼于国家大局,用自己的创造性劳动在反映和推动改革和建设事业中作出更大的贡献。

5月21日

中共中央政治局常委李瑞环在听取中国职工思想政治工作研究会年会负责人汇报时发表谈话

（一）

你们提出,这次年会将深入讨论贯彻邓小平同志年初的重要谈话,集中研究企业思想政治工作如何适应加快改革开放的新形势,千方百计把广大职工的积极性调动起来,为提高企业经济效益,促进经济上新台阶服务。我认为这是一个正确的议题。现在举国上下都在认真学习、全面贯彻邓小平同志的重要谈话。在这种形势下召开年会,一是有了比较好的条件,二是有了确定的主题。我相信,这次年会一定能开成一个振奋精神、加油鼓劲的大会。

用邓小平同志倡导的建设有中国特色的社会主义的理论和路线统一思想,是我在今年1月全国宣传部长会议讲话中论述的主要内容。我认为这是一个关系到党和国家前途命运的问题,也是宣传思想战线必须下大力量研究和贯彻的问题。共产党夺取政权后,究竟怎样才能巩固和发展社会主义,这是国际共产主义运动长期研究、探索的重大问题。许多社会主义国家都没有解决好,结果共产党丢了政权,国家变了颜色。我们党执政后,在探索这个问题上下了不少的功夫,取得了不小的成绩,但也遇到了不少的挫折,付出了很大的代价,包括“文化大革命”那样沉重的代价。只是从党的十一届三中全会以来,我们才逐步找到了一条正确的道路,这就是邓小平同志倡导的建设有中国特色的社会主义的理论和路线。正是在这套理论和路线的指引下,我们这个有11亿多人口的东方大国,在经济、政治、文化和社会等各个方面,才发生了历史性的变化。国民经济大幅度增长,综合国力进一步增强,人民生活水平明显提高,人们精神面貌大为改观。社会主义制度的优越性进一步发挥,马克思主义理论充满着勃勃生机。我曾说,这套理论和路线是在“文化大革命”结束不久时酝酿和提出的,在贯彻执行的十多年中也并非一帆风顺。这话的意思是,这套理论和路线提出和开始执行时的基础和条件并不太好,在贯彻执行中还遇到了一些阻力和干扰。尽管如此,我们仍然取得了这样巨大的成绩。如果在现有的基础上,继续按照这套理论和路线干下去,并在实践中排除干扰,不断丰富、完善、发展,那么我们的国家能不繁荣和兴旺吗?我们的社会主义能不巩固和发展吗?这套理论和路线是国际共产主义运动的正确总结,是马列主义、毛泽东思想在新的历史条件下的运用和发展,是中国人民创造历史的伟大成果,是中国共产党人特别是邓小平同志等老一辈无产阶级革命家集体智慧的结晶。实践证明,在当今中国只有这套理论和路线,才能顶住风浪,巩固政权,发展自己。因此,对这套理论和路线,我们必须百倍地珍惜,扭住不放地坚持。邓小平同志年初的重要谈话,坚持、丰富和发展了这套理论和路线,回答了当前国际、国内许多重大的根本的问题,既有深刻重大的理论意义,又有鲜明的现实针对性,在国内外产生了强烈的反响。我们要认真刻苦地学习，全面准确地领会，真心实意地贯彻。对这篇谈话，任何三心二意或含含糊糊，动摇或背离，都会给我们的事业带来灾难性的后果。当前，学习好、宣传好、贯彻好这个谈话，是全党的大事，也是宣传战线的大事，理所当然也是企业思想政治工作的大事。

（二）

思想政治工作究竟应该落实到哪里？这是一个经常遇到而又没有完全解决的问题。

我多次讲过，在广州年会上又比较系统地讲过，思想政治工作只能落实到经济上、业务上。要坚持以经济建设为中心，紧密结合经济工作一道去做，不能搞空头政治和“两张皮”。坚持党的基本路线要一百年不变，也就是说经济建设的中心地位一百年不变。为什么不能变？因为它不是某个人头脑中臆造出来的，而是我们党总结建国以来正反两方面的历史经验得出的科学结论，是针对多年来“左”的错误的最大的拨乱反正，也是党的十一届三中全会以来我国面貌发生巨变的一个最根本的原因。因此，思想政治工作不能游离于经济建设这个中心之外，更不能搞“自我中心”、两个中心或多中心，妨碍和干扰经济建设的发展。思想政治工作者必须提高执行党的基本路线的自觉性，强化为经济建设服务的意识，自觉地服从和服务于经济建设。思想政治工作只有在经济建设和改革开放的长过程中，找到自己合适的位置，才能发挥自己特有的作用，体现自身存在的价值。这样，思想政治工作就一定能大有作为，就始终是“春天”。

企业思想政治工作的对象是广大职工。职工的主要实践活动是参与企业的生产和经营，他们的喜怒忧乐、情绪起伏，大多与生产经营过程相联系。工作保障、工资、奖金、住房、福利等容易产生思想问题的方面，都与企业的生产成果和经济效益直接相关。脱离企业的实际，脱离业务工作，脱离生产、经营、管理、服务、分配等环节，思想政治工作就会越抓越空，同职工越隔越远，甚至搞得与生产无关或根本对立，那就不仅不能促进经济工作，相反会产生一些消极作用。

（三）

我在广州年会的讲话中提出，把调动群众的积极性作为思想政治工作的主要任务。并从六个方面论述了它的合理性。两年来的实践证明这个提法是站得住脚的。

从一定意义上说，领导者的责任就在于把群众的积极性充分地调动起来，并合理地发挥出去。这两方面的工作，当然不完全是思想政治工作本身能完成的，但在很大程度上又离不开思想政治工作。有人总觉得把调动积极性作为主要任务，是把思想政治工作的作用降低了。我不这样认为。人民是历史的主人，群众是实践和认识的主体，这是我们的基本观点。按照这个观点，我们事业的兴衰成败，归根到底取决于人民群众，“取决于群众的自觉与自动”。思想政治工作就是要通过各种方式、方法和途径，使群众了解自己的利益与责任，自觉地为自己的利益而奋斗，也就是要启发群众的自觉性，调动群众的积极性，把国家的各项建设事业搞好。可以这样讲，当前我们面临的许多问题，都同人的问题、人的积极性问题有关。改革的目的是什么？就是为了充分调动人的积极性，尽快发展社会生产力。做好各项工作，说到底都必须调动人的积极性。所有的领导者，不但要做到自己工作积极，更重要的是要通过自己的积极使他人、多数人都积极。如果由于自己的“积极”，反而使他人特别是多数人消极，这种“积极”就值得研究了。为了调动群众投身社会主义建设的积极性，我曾提出过要尊重人、理解人、关心人、爱护人，注意人的个性，最大限度地团结人等问题。有人说我这里讲的人是抽象的人，没有区分好人与坏人，自己人与敌人，对坏人、敌人怎么能讲尊重、关心？按照这种逻辑，还怎么讲话呢？讲什么都得先加上“革命”字样，我看没有这个必要。

（四）

十三届四中全会以来，党中央在思想政治工作方面作出了一系列重要指示和决策，各部门、各地方切实加强了对这项工作的领导。在企业中，思想政治工作的重要地位得到了确认，政工队伍进一步稳定，职工群众思想道德建设受到普遍重视。企业思想政治工作发挥了巨大作用，涌现了一批像吉化那样的先进典型。应该说，这几年企业思想政治工作是有很大成绩的。当然，像其他工作一样，也有一些不足。比如在为经济建设服务方面还存在差距，工作还不够活跃等等。我们要认真总结经验，发扬成绩，克服不足，在现有基础上把工作做得更好。

邓小平同志视察南方的重要谈话传达以后，企业的广大政工干部同全国人民一样，感到极大的鼓舞和振奋。但也有少数同志担心，在全党集中精力抓经济建设，加快改革开放步伐的时候，思想政治工作会不会被削弱、被淡化。我看不会出现这种局面。加强思想政治工作是中央的一贯主张。邓小平同志在视察南方的谈话中，再一次要求我们在搞好物质文明建设的同时搞好精神文明建设，做到“两只手都要硬”。党的“一个中心、两个基本点”的基本路线一百年不变。坚持四项基本原则就包含着加强思想政治工作的内容。加强思想政治工作是建设有中国特色的社会主义的客观必然。我在广州年会上讲过，思想政治工作是坚持唯物史观的应有之义，是实现远大理想的必需条件，是贯彻基本路线的可靠保证，是协调人际关系的基本方法，是凝聚全民族力量的重要途径，是办好社会主义企业的内在要求。加强思想政治工作是当前形势的迫切要求。现在改革正在深化，企业经营机制的转换，劳动、人事、工资制度的改革，必然要打破过去某些习以为常的传统观念，必然会涉及一些人的切身利益，许多新情况、新问题、新矛盾需要研究解决。思想政治工作在化解矛盾、协调关系、理顺情绪等方面要做的事会越来越多，可以说大有用武之地，思想政治工作者肩上的担子不是轻了而是更重了。因此，任何怀疑、削弱、取消思想政治工作的观点和做法都是根本错误的、十分有害的。当然，思想政治工作也确有一个不断适应新形势的问题。但这不是个要不要的问题，而是个如何改进、改善的问题。职工思想政治工作研究会应当在这方面发挥自己的优势，作出积极的贡献。

为了从组织上切实加强对企业思想政治工作的领导，各级党委和企业党组织要继续按照中央已有的规定，保持必要的政工机构和精干的专职政工人员。企业在改革中涉及政工机构和人员变动时，未经慎重论证和上级党委批准，不要匆忙从事。当然，这方面的改革应该允许试验，但这种试验要在有利于加强思想政治工作的前提下进行，既要符合精简、精干的原则，又要保证工作的正常运转。历史经验证明，思想政治工作必须全党动手，依靠大家，我希望各级领导和各个方面都来重视这项工作。

预祝这次年会圆满成功。

国务院副总理吴学谦在中南海紫光阁会见台湾中国统一联盟新当选主席林书杨

国务院台办主任王兆国会见时在座。台湾劳权会首席顾问、著名劳工活动家罗美文和中国统一联盟执行委员梁电敏也参加会见。

国务院总理李鹏在江苏考察

李鹏总理在江苏省委书记沈达人、省长陈焕友的陪同下，5 月 21 日至 25 日考察了苏州、常熟、张家港、江阴、无锡等地，对国营大中型企业、中外合资企业、乡镇企业，港口，物资贸易中心，农村进行了考察，还参观了全国闻名的农工贸一体化的华西村，与沿途干部、工人、农民交谈。对江苏经济的发展和干部群众改革开放的热情与取得的成绩，给予充分肯定。

李鹏说，只有解放思想，大胆探索，才能有新的路子，出新的办法；只有依靠科技进步，更加重视市场的作用，才能更快更好地促进经济发展。李鹏希望江苏抓住改革开放的有利时机，再接再厉，使经济更好地迈上一个新台阶。

国家科委副主任邓楠在中美知识产权管理研讨会上发表讲话

邓楠在中美知识产权管理研讨会上说，中国将坚定不移地执行改革开放的方针，我们能够通过保护知识产权，建立起一个开放、竞争、有活力、有效率的新型机制，加速科技成果商品化、产业化、国际化的进程。

邓楠说，在走向世纪之交的进程中，世界科技经济一体化的步伐大大加快，和平和发展是当代的历史潮流。保护科学、技术和文化成果的知识产权制度，不仅是鼓励发明发现，推动科技进步的有力杠杆，而且是开展国际科技合作与交流的环境和条件。

邓楠说，中国已先后制定了商标法、专利法、技术合同法、著作权法、计算机软件保护条例等重要的知识产权法律和法规，实行了技术成果商品化，开放了技术市场，知识价值得到了法律的确认，科学技术工作者的创造才能进一步得到发挥。我国还将加快知识产权的立法步伐，扩大保护范围，进一步向国际标准靠拢。

外交部发言人吴建民在记者招待会上就外国驻中国记者应遵守中国的法律法规问题答记者问

下午在国际俱乐部举行的记者招待会上，外交部发言人吴建民说，中国政府的政策是保护在华外国记者的合法权益，并为他们的正常业务活动提供方便。他同时要求外国记者遵守中国的法律和法规。

吴建民强调，在此问题上中国是按国际惯例行事的。任何人到了外国都必须遵守当地的法律和规定。

中国安全人员在 17 日搜查了美国《华盛顿邮报》驻京记者孙晓凡的办公室，查获她非法获得的 10 多份机密文件，并对她从事与外国驻京记者身份不符的活动提出严重警告。

在记者招待会上，加拿大电视记者问：孙晓凡的问题是否就此结束？她是否会被驱逐出中国？

吴建民说，中国安全人员是根据中国的刑事诉讼法和其他法律对孙晓凡采取上述行动的。孙晓凡要遵守中国的法律和法规。

《美国新闻与世界报道》记者要求吴建民具体说明，孙晓凡到底违犯了中国哪些法律，以便其他外国记者也引以为戒。

吴建民回答说，作为外国驻京记者，了解中国的法律、法规是他们的责任。因此，没有必要由中国外交部的发言人为他们开一堂法律课。

吴建民还说，外国记者在正常的业务活动中，只要遵守中国的法律和规定，他们就没有什么可担心的。

中美第七轮市场准入会谈在北京举行

5月21日至22日，以经贸部副部长佟志广为团长的中国代表团和以美助理贸易代表梅西为首的美国代表团就市场准入问题在北京举行了第七轮正式会谈。会谈结束后，佟志广向记者表示，两天的会谈是积极的，也是有成果的，双方通过对有关分歧进行深入具体的讨论，向着签订谅解备忘录的方向又迈进了一步。

在此次会谈期间，中美双方着重就透明度、进口许可证、进口禁止和关税等条款进行了认真讨论。关于透明度问题，中方坚持使用关贸总协定有关措词，同时还向美方提交了分批取消部分进口许可证的商品目录以及拟适当下调进口关税的50种商品清单，并希望美方接受。对此，美方一方面承认中方的努力是积极的，但只承诺将与美工业界协商，在两个月内给中方正式答复，不想立即解决问题。关于进口禁令、进口控制及配额，美方强烈要求中方放宽限制，并交给中方一份商品单子，其中相当一部分是1988年以后治理整顿期间有关部门或地方的一些临时性措施，不少已过时或失效。中方表示在美方对中方建议作出积极响应后，愿意对美方提出的问题进行研究，就所谓进口禁令、进口控制及配额问题正式答复。

佟志广表示，为发展中美经贸关系，中国政府在市场准入问题上始终抱着坦诚、合作和务实的态度与美方进行会谈。自去年4月首次谈判以来，中方根据改革开放的需要已经作出了很大的努力，并采取了一系列积极的措施，其中包括宣布取消进口调节税、降低225种商品的关税、整理并陆续公布1979年以来涉及经贸管理的法规、文件等等。尽管目前双方在一些问题上还存在分歧，但差距并不大，有些只是文字表述不同而已。希望在下一轮谈判中，双方仍以谅解备忘录草案为基础，在不扩大问题范围的前提下，继续就有关分歧进行认真、务实的讨论。

解放军总政治部在北京召开革命战争历史影片《大决战》表彰大会

中共中央宣传部国家教委联合在福建省三明市召开全国中小学德育工作会议

出席会议的有30个省、自治区、直辖市中共党委宣传部部长和教育部门的负责人，省会城市和计划单列市的分管市长、中共党委宣传部部长、教育行政部门负责人，福建省及三明市的代表等共240人。会议研究在进一步深化改革，扩大开放的新形势下，加强和改进中小学德育工作，加强普通高中特别是重点高中的思想政治教育工作等问题；学习三明市坚持两个文明一起抓，优化育人环境，加强中小学德育工作的经验。国家教委副主任何东昌、柳斌，中共中央宣传部代表、原副部长曾德林到会讲话。国家教委宣布对在全面加强中小学德育工作中取得显著成绩的南京、潮州、抚顺、三明4个城市予以表彰，授予“全国中小学德育工作先进城市”称号。会议认为，根据形势的要求和中小学生的思想实际，今后一段时间内德育工作的着重点要放在政治方向、价值观念、养成教育三个方面。要根据中小学生的特点，分层次、有针对性地进行教育。小学阶段以培养良好的品德和文明习惯为主，初中阶段以进行社会主义道德、民主与法制和初步职业道德教育为主，高中阶段要强调政治方向、人生观、世界观的教育。要有针对性地把重点高中的思想政治教育工作做好。会议提出，做好中小学德育工作，要理顺领导体制；发挥学校教育的主渠道作用，开展各种社会实践活动；重视德育工作队伍建设；优化学校育人的小环境和社会育人的大环境。会议强调，要把在改革开放的形势下改进中小学德育工作列为重要的研究课题，在实践中逐步总结、提高，形成完整的体系。当前，应强调各种教学要渗透德育因素，整个教育过程的每个环节要渗透德育，并注重德育工作的实效。

5月22日

邓小平在首都钢铁公司视察

邓小平说，主要是解放思想，换个脑筋就行了。脑筋不换，怎么也推不动，同样是忙忙碌碌，辛辛苦苦，可干起事来，慢慢吞吞，看不见新的气象。脑筋一活了，想的面就宽了，路子也就多了，就更好了。不能走卡紧的路，只能走放松的路，放水养鱼好。要真正给企业权力。

全国第五次水土保持会议在北京召开

江泽民、李鹏、薄一波、钱正英等领导人分别为会议题词。

会议对全国水土保持先进单位和个人进行表彰。

国务院副总理田纪云在全国第五次水土保持会议上发表讲话

田纪云在会议上说，水土流失已成为我国农业和国民经济发展的主要障碍之一。搞好水土保持，防治水土流失，是保障农业和国民经济持续、稳定发展的基础，是我们必须长期坚持的一项基本国策。

田纪云说，近年来，各地以改革精神，在实践中摸索出了防治水土流失的许多成功经验。不少地区创造了一套责、权、利统一和治、管、用结合的水土保持责任制，这是农村家庭联产承包责任制在水土保持工作中的具体运用。国家拨出专款，划定 14 片严重水土流失区，按大流域统一规划，以小流域为单元，实行有计划、有重点的大面积集中综合治理，把水土保持的综合防治功能和整体效益提高到一个新的高度。贫困地区在水土流失治理中，把治理与开发相结合，与脱贫致富相结合，水土保持既是贫困地区的温饱工程，又是脱贫致富工程。这些好经验和好做法，应当继续坚持下去。

田纪云强调，目前我国水土流失状况仍然十分严重，随着人口增加和经济的发展，水土资源紧缺的状况将更加严峻。我们必须从战略高度认识到，水土保持是山区发展的生命线，是国土整治、江河治理的根本，是国民经济和社会发展的基础。田纪云说，今后 10 年水土保持的总目标是，全面管护，重点治理。要使水土流失恶化的趋势基本得到控制，要加快全国 14 片重点治理区和黄河、长江上游及三峡地区的综合治理步伐。为实现这些目标，各地应依据《水土保持法》，把水土保持列入各级政府的重要议事日程，建立“任期内水土保持目标考核制”。水土流失治理应多渠道增加投入，国家“八五”期间将逐步增加投资，各省也应逐步增加投入，并采取以工代赈方式，大力开展水土保持。要建立社会办水保的机制，现有水保资金要逐步实行有偿扶持，建立水土保持发展基金。各地水土保持工作应与经济开发紧密结合，使农民通过治理得到实惠。各地在治理中，应抓好治理重点，以点带面，逐步推进。

外交部发言人就中国最近进行一次地下核试验答记者问

有记者问：据报道，中国最近在新疆地区进行了一次地下核试验。请证实并评论。

发言人回答：最近，中国进行过一次地下核试验。中国从全面禁止和彻底销毁核武器的根本立场出发，在核试验方面十分克制，进行试验的次数极为有限，是五个核武器国家中最少的。中国认为，应在有效核裁军范畴内实现全面禁止核试验的目标，并将继续为实现此目标而努力。

国务院副总理吴学谦在人民大会堂同厄瓜多尔共和国副总统路易斯·帕罗迪·巴尔韦德举行会谈

吴学谦说，中厄两国都是发展中国家，同属第三世界。近年来，两国高层互访不断增加，两国人民之间的相互了解和友谊不断加深，两国在贸易、经济、技术和文化交流等领域的合作不断扩大。中厄两国在国际事务中一直相互支持、密切合作。吴学谦指出，中厄两国的友好合作属于南南合作的范畴。在当前南北差距日趋突出的形势下，必须加强南南合作。发展中厄友好合作关系完全符合两国人民的根本利益。中国政府愿意为两国关系的不断发展继续努力。

吴学谦对厄瓜多尔坚持一个中国的立场表示赞赏。帕罗迪衷心希望中国早日实现和平统一大业。

双方还介绍了各自国内的情况。帕罗迪高度评价中国改革开放取得的成就。

全国人大常委会副委员长陈慕华率领全国人大代表团在布达佩斯对匈牙利进行访问并和匈牙利国会副议长絮勒什在布达佩斯会谈

絮勒什说：“我们尊重中国的社会、政治制度。我们推崇中国的文明，高度评价中国的历史和现在所取得的成就。”絮勒什说，匈中关系已建立在新的基础上，两国的政治关系是好的，不存在无法解决的问题，更没有冲突。

絮勒什强调，匈牙利政府坚持“一个中国”的原则。匈牙利指望在联合国和国际上得到中国的支持。

陈慕华表示，中国尊重匈牙利对自己发展道路和政治制度的选择，中国愿在和平共处五项原则的基础上进一步发展中匈友好关系。陈慕华表示相信，只要双方共同努力，中匈经贸关系将会得到回升和进一步发展。

中葡联合联络小组第 17 次组长会晤结束

中方组长康冀民表示，通过会晤，中葡双方就澳门过渡期的许多问题广泛深入地交换了意见，并就一些重要问题取得了共识。双方还就 7 月在澳门举行的中葡联合联络小组第 14 次会议的议程交换了意见。

会议期间，双方就有关保护臭氧层问题签署会谈纪要。

中华人民共和国政府和阿尔及利亚民主人民共和国政府在北京签订科学技术合作协定

国务院批准国家地震局建设部《中国地震烈度区划图(1990)》(略)和《中国地震烈度区划图(1990)使用规定》*

第一条　为更好地服务于国民经济建设，保证准确地使用“中国地震烈度区划图(1990)”，制定本规定。

第二条　本地震烈度区划图上所标示的地震烈度值，系指在 50 年期限内，一般场地条件下，可能遭遇超越概率为 10% 的烈度值。该烈度值称为地震基本烈度。

第三条　本地震烈度区划图，系国家经济建设中地震设防的法规图件。在其适用范围内，建设项目的抗震设计和已建项目的抗震加固，均应遵照执行。

第四条　本地震烈度区划图和适用范围如下：

(一)国家经济建设和国土利用规划的基础资料;

(二)一般工业与民用建筑的地震设防依据;

(三)制定减轻和防御地震灾害对策的依据。

第五条 在本地震烈度区划图的基础上,应进行专门地震安全性评价工作的工程和地区有:

(一)地震设防要求高于本地震烈度区划图设防标准的重大工程、特殊工程、可能产生严重次生灾害的工程;

(二)位于地震烈度区分界线附近的新建工程;

(三)某些地震研究程度和资料详细程度较差的边远地区;

(四)占地范围较大,跨着不同工程地质条件区域的大城市和大型厂矿企业,以及新建设开发区。

第六条 对进行过专门的地震危险性分析、地震烈度复核、地震小区划等工作的工程和地区,凡其结果经国家地震烈度评定委员会审定通过的均有效。

第七条 国家地震烈度评定委员会由国家地震局会同建设部等有关工程建设项目的主管部门组织专家组成。

第八条 对执行本规定并造成严重后果的部门或单位应追究其责任。

第九条 本地震烈度区划图自国务院批准颁布之日起生效。原中国地震烈度区划图(1977)和原省级地震烈度区划图停止使用。

第十条 本地震烈度区划图及使用规定由国家地震局负责解释。

* 国家地震局建设部6月6日发布。

文艺界在北京举行坚持和发展毛泽东文艺思想研讨会

为纪念毛泽东《在延安文艺座谈会上的讲话》发表50周年,中国文联、中国作协和中国艺术研究院联合举行的“坚持和发展毛泽东文艺思想理论研讨会”在北京开幕。

来自全国15个省市的近百位作家、艺术家、理论家汇聚一堂,他们当中有的是当年亲耳聆听过《讲话》的老一代文艺战士,有的是在革命战争和和平建设时期成名的文艺家,也有近十几年为讴歌改革开放创有力作的年轻文艺工作者。

中国文联党组书记、著名文艺理论家林默涵致开幕词。

出席开幕式的还有中共中央宣传部副部长聂大江等。

5月23日

中共中央总书记江泽民在北京会见厄瓜多尔副总统路易斯·帕罗迪·巴尔韦德

江泽民说,多年的实践经验说明,只有在和平共处五项原则的基础上建立国际新秩序,世界的和平与进步才有光明的前途。江泽民指出,中厄两国都是发展中国家,有许多共同点,应当加强团结与合作。两国的友好合作有着巨大的潜力和良好的前景。

国家主席杨尚昆在北京会见厄瓜多尔副总统路易斯·帕罗迪·巴尔韦德

杨尚昆说,中厄两国在重大国际问题上有着广泛一致的看法,在国际组织中进行了密切的合作。杨尚昆说,目前两国都在致力于发展本国的经济,两国的互利合作有着广阔的前景。相信通过双方共同努力,两国在各领域的友好合作关系将得到新的发展。

国务院总理李鹏在江苏常熟市召开的全国县级综合改革经验交流会上发表讲话《积极推进县级机构改革》

县级综合改革非常重要,是我们整个改革事业的一个重要组成部分。县级建制是我们国家管理体制中直接面对广大农村、功能比较完备的一级政权组织,在行政管理层次中处于基础地位。全国十一亿人口中,有九亿居住在农村和县属乡镇。农村经济的发展,对于全国经济的发展和社会的稳定关系极大。我国的经济改革是从农村开始的。实行以家庭联产承包为主的责任制,是具有深远意义的改革,不仅促进了农村经济的恢复和发展,而且促进了整个国民经济的发展和经济体制的改革。农村进一步深化改革,就是十三届八中全会规定的四条任务:继续稳定以家庭联产承包为主的责任制,不断完善统分结合的双层经营体制,积极发展社会化服务体系,逐步壮大集体经济实力。一家一户有许多事办不了,就要搞产前产中产后的服务体系建设。农业不仅是粮食生产,还要农林牧副渔全面发展;农村经济不仅是发展农业,还要发展乡镇企业。发展乡镇企业的重要性,现在看得越来越清楚了,吃饭要靠农业生产,致富要靠乡镇企业。随着生产力发展,就要相应地改革生产关系和上层建筑。城市要搞好国营大中型企业,就要转换企业经营机制,并且转变政府职能。离开政府职能转变,搞好国营大中型企业就会遇到障碍。在农村也是这样。全国农村经济发展水平虽然不一样,但经过十多年来的改革和发展,都程度不同地转向发展社会主义商品经济的轨道,扩大了市场调节的比重。十多年来,我国农村面貌发生了举世瞩目的变化,乡镇企业的崛起和商品经济的发展使农村经济发生了历史性的进步。但是,作为城乡结合部的县,不少方面还不能适应经济改革的进展和发展商品经济的需要，加快县级综合改革势在必行。

县级机构改革是县级综合改革的一项重要内容，将会对我国经济体制改革与政治体制改革起到积极的推动作用。进行县级机构改革，一个原因固然是要解决财政问题，因为现在有一半县是赤字县，要减少和消灭赤字，必须依靠改革。但更重要的原因，是要转变政府职能，以适应社会主义商品经济发展的需要。正像邓小平同志讲的，改革是解放生产力，发展生产力。要从这个高度来认识政府机构改革和转变职能的意义。

中央机构已进行了两次改革，一次是一九八二年，一次是一九八八年。一九八八年中央国家机关进行的机构改革，带有很大的试验性质，重点是想进行政府职能的转变。所有国家机关都进行了"三定"：定机构、定编制、定人员。至于省、市这一级，基本是搞试点。在这个阶段，全国有二百多个县进行了县级综合改革试点。经过几年来的试点，县级机构改革已摸索出一套比较适合的经验，既包括比较发达地区的经验，也包括一般发展水平地区的经验和不发达地区的经验。事实证明，县级机构改革是生产力发展的需要，也促进了生产力的发展。当前全国正在积极贯彻邓小平同志重要谈话精神，是进一步深化改革和扩大开放的好时机。我们要抓住当前有利的国际环境和有利的国内条件，加快经济发展和改革开放的步伐。这种形势要求上层建筑必须相应地进行改革。希望各省、市、自治区都重视县级机构改革，通过这次会议把县级机构改革向前推进一步。

全国发展不平衡，各省、自治区、直辖市情况差别很大，县级机构改革的具体做法，不必强求一致，要因地制宜。但是，以下几点是各地都要注意的：

首先，要明确机构改革的指导思想。县的工作重点在农村，首先要抓好农业，同时要抓好乡镇企业和第三产业，促进农村经济和社会的全面发展。农村工作要紧紧围绕贯彻党的十三届八中全会精神进行。县级机构改革，总的方向是走"小机构、大服务"的路子，减少对企业和基层的行政干预，进一步发展服务体系。县级机构主要任务是贯彻执行党的基本路线，贯彻执行党和国家的方针政策，执行国家的法律和法规，重点抓好规划、协调、监督、服务、信息。当然，也不排除有些事要直接管，如基础设施建设。在不发达地区，还需要集中县里的人力物力财力，直接管理重大工程的建设。从方向来看，随着经济发展，这种直接管理将会越来越少。经济体制改革要发展社会主义商品经济、实行计划与市场相结合，把企业推向市场，发展趋势是市场调节的比重越来越大。县级机构改革要适应经济体制改革这种趋势的要求。

第二，机构改革要紧紧抓住转变政府职能这个关键。不能把机构改革单纯看成是减人缩编，更重要的是转变职能，强化服务。县政府要逐渐地从单纯的管理职能，更多地转化为服务职能。当然，政府的管理职能不仅现在需要，将来也不可缺少。问题是哪些事由政府管，哪些事政府不要管。政府对企业、对农业的直接管理要缩小。各地可以从实际出发，打破农工商贸的界限，推行农工商、贸工商、产供销一体化的经营和管理。工商贸等专业管理部门要坚持政企分开的原则，减少对企业不必要的行政干预，弱化微观管理职能，强化行政监督职能，有些机构可以改为服务实体和经济实体。办服务实体和经济实体，方向是政企完全分开，与财政脱钩，使之真正成为独立的自收自支和企业化管理的实体。在转变职能过程中，向服务实体和经济实体转变，可能一时不能与财政脱钩，还要给它一些管理的权力，这容易产生弊端，容易变成县政府和所属部门的"官产"，利用手中的政府职权，为少数人谋利益，而不是为发展农村经济服务。这是值得警惕的事情。首先必须做到的一条，就是在经济上必须与县政府划开，不能成为政府的"小金库"，也不能成为政府办的为机关谋福利的公司。如果搞成官商不分，那是不符合政企分开的改革方向的。这一点希望引起大家的注意。党委部门和执法部门，也要转变职能，强化服务，但不要办实体，搞创收。

第三，要理顺县与乡镇的关系。在改革中省、地、市要适当地下放权力给县，县要适当地下放权力给乡镇。要在县级机构转变职能的基础上，理顺县与乡镇的关系，让乡镇这一级能够办更多的事情。现在乡镇的很多机构是县直接管理的，到底实行双重领导以乡镇为主，还是维持原来的垂直领导，还是实行双重领导，还是下放给乡镇？不同性质的机构可以采取不同的做法。这个问题中央现在不作统一规定，由各省根据情况自行决定。将来大体上是要划一个界限的，但现在还不可能划这个界限。可以先通过试点，看哪种形式有利于经济发展，然后再全面推广。

第四，要精简机构，精兵简政。现在全国每个县平均有五六十个机构，机关行政编制平均每县七百多人，大县在一千人以上。事业编制一般在三千人左右，还有一些编外人员。机构确实太庞大了，需要精简。精简机构不仅可以减轻国家财政负担，也有利于提高机关工作效率。可以设想，把县一级机构分成两类：一类是必设机构，主要是管理、监督职能，如公安、财政、工商、审计、统计；另一类是非必设机构，中央不作规定，可根据需要，由省、县自行决定，上下不要求对口。这里的根本问题，是中央、省、地、市机构要按照转变职能的思路进行改革，不能要求下面都对口设置机构。

第五，要对全国的县进行合理分类。我国是一个发展中的大国,县与县之间的发展很不平衡,不能用一个模式去规范全国各县级机构的设置。要根据经济发展水平、人口、面积等多种因素,对全国的县进行合理分类,制定各种类别的县级机构的设置与人员编制。

第六,要重视事业单位的改革。县里三分之二的人是事业单位人员。事业单位的改革,要区别不同情况,采取不同的办法。总的来说,事业单位要逐步与财政脱钩,经费自给,或者实行企业化管理。有些事业单位与财政脱钩一时还比较困难,可以实行定额补助,经费包干。有的长期实行全额拨款的单位,也要改革管理办法。从改革的步骤看,可以先改革县级机构,然后着手对事业单位进行改革。事业单位要逐步减少全额拨款和定额补助的单位,扩大自收自支、实行企业化管理的范围。这样可以把竞争、激励、风险机制引入事业单位,使之更好地为经济建设服务,为社会发展服务。

第七,妥善安置机构精简后的富余人员。在精简机构中,要十分重视合理使用人才,实现人员分流。实现政府职能转变,把一部分政府部门变为服务实体和经济实体,有助于解决机构改革中人员安排困难的难题。一般地讲,机关工作人员的素质是比较高的,但是由于编制的限制,作用得不到发挥。他们出去搞企业,搞服务实体,聪明才智可以得到更好的发挥,但不能再兼有原来的行政职务。当然,该离、退休的,要严格地执行离、退休制度。总之,要通过走人才分流的道路,妥善地安置富余人员,实现人力资源的合理配置。

县级机构改革在客观上有需要,也有可能。改革最先从农村开始,从人民公社制度转为以家庭联产承包为主的责任制,这是一个大的体制转变,解放了生产力,也为进一步深化改革创造了条件。现在农村经济正在向商品化的方向发展,县域内的经济大部分是受市场调节的,计划调节比较少,从所有制来看国营经济比较少,集体经济比较多,因此,县级既有需要又有条件进行机构改革。与大中城市和中央的机构改革相比,县级的机构改革可能是个突破点。至于具体做法,请各省自行决定。有的地方可先搞试点,有的地方可扩大试点,有的地方条件成熟了,可以在较大的范围内推广。但就全国范围来说,还处于扩大试点的阶段。在适当的时候,中央编制委员会将根据中央和国务院批准的机构改革方案,对县级机构改革做出全面的部署。各省有不同的省情,要因地制宜。总的要求,是要把县级机构改革作为县级综合改革的一项重要内容,也作为整个经济体制改革和政治体制改革的一项重要内容,通过改革推动社会生产力的发展。

中国经营规模最大销售额最高的上海第一百货商店宣布改为股份有限公司

中共中央政治局常委李瑞环在人民大会堂会见以副社长梁荣万为团长的朝鲜中央通讯社代表团

李瑞环说,朝中社和新华社多年来一直保持着友好的交往与合作,代表团的此次来访将会使这种友好关系得到新的发展。李瑞环指出,中朝两国有着共同的历史遭遇,两国人民有着用鲜血凝成的友谊。李瑞环说,以江泽民为核心的党中央十分珍视中朝两党和两国人民的友谊。在当前的形势下,进一步发展两党和两国人民的友谊与合作有着特殊的意义。

《人民日报》发表社论《深入生活　繁荣创作——纪念毛泽东同志〈在延安文艺座谈会上的讲话〉发表五十周年》

5月神州,处处春色。在举国上下更加紧密地团结在以江泽民同志为核心的党中央周围、沿着邓小平同志指出的建设有中国特色的社会主义道路、加快改革开放步伐、奋力攀登新台阶的关键时期,我们迎来了毛泽东同志《在延安文艺座谈会上的讲话》发表50周年的光辉日子。回顾半个世纪的峥嵘岁月,联系90年代新的文艺实践,深切感到《讲话》所阐述的基本原理不但没有过时,而且愈来愈显示出它的不朽价值和现实的指导意义。

在《讲话》中,毛泽东同志以辩证唯物主义和历史唯物主义作为观察和研究一系列文艺现象,特别是革命文艺现象的宇宙观、历史观和方法论,在与中国革命、中国革命文艺运动的实践相结合的过程中创造性地发展了马克思主义美学和文艺理论,从而形成了具有鲜明的中国特色的毛泽东文艺思想体系,而文艺与人民,文艺与生活的关系则是这个体系的核心内容。他指出:“我们的文学艺术都是为人民大众的”,“为什么人的问题,是一个根本的问题,原则的问题”,而要正确地解决这个问题,就必须坚定不移地走“深入生活”的创作道路,这是因为社会生活“是一切文学艺术的取之不尽、用之不竭的唯一的源泉”。50年来,《讲话》所阐明的“为人民大众”的文艺方向和“深入生活”的创作道路,像灯塔一样照亮了我国革命文化运动的航程,哺育了几代文艺工作者,给予我国文学艺术事业的繁荣和发展以深远影响。

正如整个马克思主义理论是一个不断发展的开放体系一样,以《讲话》为集中体现的毛泽东文艺思想,也必然伴随时代的发展而发展。邓小平同志在中国文学艺术工作者第四次代表大会上的祝辞和其他一系列有关论述,为我们在新的历史条件下坚持和发展毛泽东文艺思想提供了光辉范例。邓小平同志科学地阐明了新时期党对文艺工作的要求,强调必须坚持文艺“为人民服务、为社会主义服务”的方向和“百花齐放、百家争鸣”的方针，强调文艺家同人民群众的血肉联系。他精辟地阐明：“人民是文艺工作者的母亲。一切进步文艺工作者的艺术生命，就在于他们同人民之间的血肉联系。忘记、忽略或是割断这种联系，艺术生命就会枯竭。人民需要艺术，艺术更需要人民。自觉地在人民的生活中汲取题材、主题、情节、语言、诗情和画意，用人民创造历史的奋发精神来哺育自己，这就是我们社会主义文艺事业兴旺发达的根本道路。”半个世纪以来，特别是新时期十多年来我国文艺创作所走过的道路证明，什么时候文艺与人民、创作与生活的关系解决得好，我们的文坛艺苑就繁荣兴旺；什么时候这个问题解决得不好，我们的文坛艺苑就会导致枯萎以至病态。党的十三届四中全会以来，文化艺术战线坚持“二为”方向和“双百”方针，一手抓整顿，一手抓繁荣，在正本清源、消除资产阶级自由化思潮影响的同时，重点抓创作、抓繁荣，坚持多样化、突出主旋律，取得了令人瞩目的成绩。特别使人高兴的是近几年来，我国电影、电视剧、戏曲、话剧、报告文学、小说、诗歌、音乐、舞蹈、美术、摄影、曲艺、杂技、书法等各个方面都涌现出了一批深受群众喜爱、在社会上产生广泛影响的优秀作品。这些作品，正是作家艺术家和群众相结合、扎根生活沃土绽开的艺术之花，结出的丰硕之果。

当前，我国人民正在从事历史上从未有过的崇高事业。坚持“一个中心，两个基本点”的建设有中国特色社会主义的基本路线，抓住有利时机，加快改革开放，集中精力把经济搞上去，这是国家大局，是人民根本利益之所在。文艺工作者应自觉地服务这个大局，满腔热忱地拥抱现实生活，积极地投身四化建设和改革开放第一线，在生活的激流中感受人民的心声；在改革的进军行列中发现新的人物，新的世界；在学习社会、学习马列中提高自己认识生活、分析生活、反映生活的能力，不断提供质量优良、数量充足、多姿多彩的文艺作品，以适应社会主义现代化建设蓬勃发展的形势，满足人民群众日益增长的精神文化生活多方面的需求，这是全体文艺工作者的光荣使命和神圣职责。

深入生活，同社会主义时代的人民群众相结合，是繁荣社会主义文艺的必由之路，也是进一步解放艺术生产力，加快文艺体制改革的必然要求。要进一步加强和改善党对文艺工作的领导。各级党委和政府文化艺术主管部门应当采取切实措施，制定可行计划，建立健全必要的制度和机制，以调动文艺工作者深入生活的积极性和为他们提供必要的物质条件，同时也要防止简单化和强求一律。对那些精力充沛、思想敏锐、勇于探索的中青年作家艺术家更应尽一切可能鼓励支持、组织他们深入生活，在四化建设和改革开放第一线去深切感受时代的脉搏和人民的心声。作家艺术家本身要继承和发扬革命文艺的优良传统，克服困难，自觉地全心全意地到火热的生活中去。各条战线、各行各业都要为作家艺术家深入生活提供方便，给予实际的支持，为繁荣创作做出自己的贡献。总之，应当解放思想、大胆实践，对于 90 年代作家艺术家深入生活的新形式、新做法、新经验，要不断总结，不断提高，不断完善，逐步走出一条行之有效的新路子。这样，社会主义文艺事业的更大繁荣也就有了坚实的基础和可靠的保证。

“问渠哪得清如许，为有源头活水来。”深入生活，繁荣创作，这是我们以实际行动对《讲话》发表 50 周年的最好纪念！

台北—上海—北京接力长跑活动结束

历时 14 天的海峡两岸台北—上海—北京接力长跑活动圆满结束。

闭幕式上，中国奥委会主席、中国田径协会主席何振梁和中国台北田径协会理事长纪政分别向海峡两岸各 16 名长跑者颁奖，首都少先队员向运动员献花。

纪政说：“海峡两岸台北—上海—北京接力长跑活动跑出了中国人的健康、活力和繁荣，这是海峡两岸人民的共同愿望。”

5 月 24 日

全国县级综合改革经验交流会在江苏常熟市结束

由国家体改委召开的会议提出，要进一步解放思想，大胆探索，加快县级综合改革的步伐，在有条件的县率先建立社会主义商品经济的新体制和计划与市场相结合的经济运行机制。

会议期间，国务院总理李鹏到会与部分代表进行座谈，并就深化县级综合改革问题作重要讲话。

对今后县级综合改革的工作，国家体改委副主任贺光辉在会上指出：第一，从县情出发，找准改革的突破口。坚持“立足县情，围绕发展，重点突破，各具特色”的原则。第二，培育和发展市场体系，把改革的目标放到建立计划与市场相结合的新机制上来。当前要特别重视城乡市场体系的建设，加强企业进入市场的组织化程度。第三，积极进行县级机构改革试验，切实转变政府职能。有条件的部门要探索向经济实体转化的形式，为农民提供各类社会化服务，逐步建立“小政府，大服务”的县级经济管理体制。第四，紧紧抓住农村改革不放，实施全面配套改革。要大力发展乡镇企业和第三产业，加大流通体制改革力度，建立统一的社会主义大市场，搞好县级宏观调控的改革。

国务院财税物价大检查办公室主任金人庆在襄樊接受记者采访

国务院税收财务物价大检查办公室主任金人庆日前在襄樊接受记者采访时说：放开搞活是改革开放的重要内容，加强宏观管理和监督检查也是改革开放的重要内容，两者是相辅相成的。“越是加快改革开放，越要加强监督检查”。

金人庆指出，随着社会主义商品经济的发展，反映在个人、单位和国家之间的经济利益矛盾更加突出了，经济领域中执法与违法、监督与反监督的斗争也越来越尖锐。如果我们对偷税漏税、截留收入及化公为私等违法违纪行为不抓不管，不检查不处理，就会搞乱正常的生产经营和经济秩序，干扰和阻碍改革开放的顺利进行。

金人庆说，这几年财政、审计、税务和物价部门的经常性检查有所加强，效果也是好的。但不能因此否定或忽视大检查的作用。相反，在今后较长一段时间内，大检查还要与经常性检查同时并举，互为补充，互相促进。这是因为：其一，我国的经济管理体制、企业经营机制正处在转换和完善过程中，法制不够健全，遵纪守法意识比较薄弱，经济领域的违法违纪行为仍很普遍，有关职能部门还没有足够的力量进行全面的有效的监督；其二，大检查是平衡财政收支的一个重要手段，特别是在财政形势十分严峻的情况下，更需要通过大检查把流失的财政收入拿回来；其三，大检查是在各级政府的直接领导下进行的，具有发动面广、投入力量多、检查覆盖面大等优点，其影响力和威慑力是有关职能部门的经常性检查所难以达到的。

金人庆说，要注意把监督与促进、检查与服务有机地结合起来，促进企业和单位严肃财经纪律，加强法制观念，搞好内部管理。从而达到巩固大检查的成果，从根本上消除大面积违纪状况的目的。

金人庆认为，一些地区和部门在处理中只收缴违纪款项，不追究违纪责任，结果是既不利于企业和单位吸取教训，同时也削弱了监督检查的威慑力。他希望各地区、各部门要敢于碰硬，选择一批典型案件公开曝光，发挥监督检查的威慑作用。对于严格遵守财经纪律的企业和单位，以及坚持原则，忠于职守的财会人员，要大力表彰，广为宣传，树立遵纪守法的良好风尚。

全国民兵预备役部队基层建设工作会议在烟台结束

150个民兵预备役部队基层工作先进单位受到解放军总参谋部、总政治部的通报表彰。

会议要求各地按照军委确定的质量建设方针，全面加强基层建设，促进民兵工作“三落实”，提高预备役部队战斗力，使基层建设跃上一个新台阶。要求各级人武部门在开展民兵预备役工作中，要自觉服从经济建设大局，进一步发挥民兵预备役部队的主力军作用，促进当地经济更快地发展；要认真履行民兵预备役部队的根本职能，为改革开放“保驾护航”；要善于在改革和建设中用兵练兵，通过支持、参加、保卫改革和建设，锻炼队伍，巩固组织，提高广大人武干部、专武干部的业务素质和组织指挥能力，提高民兵预备役部队官兵的素质，促进基层建设不断发展。

会议强调，在深化改革的新形势下，民兵制度必须坚持，党管武装和双重领导制度必须坚持，有利于国防建设的国防领导体制必须坚持。实践证明，只要贯彻改革精神，创造性地开展工作，民兵预备役工作就能充满生机与活力，基层建设就能走出一条新路子。

会议于19日召开。

中共中央书记处书记丁关根在人民大会堂会见以徐展堂为团长 邓永锵为副团长的港英友谊协会香港理事会访京团

国家教委副主任何东昌在全国中小学德育工作会议上发表讲话

何东昌在会上讲话中指出，现在的中小学生和以后一代人，将是实现第三步目标的主力军。应该用马克思主义武装他们，使他们树立社会主义信念，其中的先进分子还要有共产主义的信念和情操，成为勇于和善于从事改革开放的人，有科学文化知识、能够迎接世界经济竞争和新技术革命挑战的人。我们要想尽办法，通过改革和发展，用尽可能好的教育去培养我们的下一代人。要用党的基本路线作为基本思想，教育青少年，改进我们的工作，使德育进行得更有效。

何东昌还指出，德育内涵包括四个方面：一是政治方向；二是马克思主义指导下的思想观点；三是社会主义的道德情操；四是健康向上的心理素质。这4个方面是相互关联的，政治方向在德育中是第一位的。不同的年龄段之间，要互相衔接，又要有不同的要求。要循序渐进，不能超越。要对小学生进行民族自豪感、自尊心教育。爱人民、爱劳动也是社会主义的政治方向的思想基础。

何东昌强调，要优化学校内外环境，三明、潮州等地的经验很值得重视推广。在校内主要抓干部和教师素质的全面提高。要发挥党组织和党员的作用，要加强学校党组织的领导，建设一支有较高政治思想水平、忠于教育事业、同时又有较高文化科学水平和教学能力的教师队伍。要注意学校的文化环境，学校的图书馆(室)要给教师、学生提供好的读物。老师还要花点精力，对学生进行读书指导，开展影视评论，引导学生吸取其中健康的精神养料，同时又抵制其中消极有害的成分。

何东昌还希望各地重视高中阶段的教育工作，建议当前先抓好重点高中的政治教育和人生观、价值观的教育。

中国运动员李致新王勇峰参加的中美联合登山队登上北美洲最高峰海拔6194米的麦金利峰

5月25日

日本众议院议长樱内义雄和参议院议长长田裕二在东京迎宾馆拜会全国人大常委会委员长万里

海关总署署长戴杰签发第31号令发布《中华人民共和国海关对中国籍居民出入境行李物品管理规定》

第一条 根据《中华人民共和国海关法》和《中华人民共和国海关对进出境旅客行李物品监管办法》的有关规定，特制定本规定。

第二条 本规定所称中国籍居民系指持有我公安部门统一签发的因私普通护照出入境的我境内居民。

第三条 中国籍居民自出境之日起，至本次进境之日止，在境外连续居留时间满一年以上（含一年）的，进境时携带的行李物品，在本规定所附《中国籍居民带进物品限量表》规定的品种、数量内，海关按规定予以征税或者免税放行。

对超出《限量表》第四、五项免税限量的物品，经海关核准，限一件征税放行。

第四条 中国籍居民自出境之日起，至本次进境之日止，在境外连续居留时间不满一年的，进境时携带的《限量表》第一、二、三项限量内的物品，海关准予免税放行；携带的《限量表》第四、五项物品，每一公历年度内首次进境，准予任选其中一件征税放行。

对超出征税限量的物品，海关不准进境。旅客应在海关规定的期限内自行办理退运出境手续，逾期，由海关依法处理。

第五条 不满16周岁者，海关只放行其旅行需用物品。

第六条 中国籍居民携带出境的行李物品，除国家禁止出境和限制出境的物品外，在自用合理数量范围内，准予带出。

第七条 中国籍居民不得携带《中华人民共和国禁止进出境物品表》所列物品进出境。

第八条 对持有因私普通护照或我有关主管部门签发的有效通行证件前往香港、澳门和台湾地区人员的出入境行李物品，海关另按有关规定办理。

持有上述证件前往我邻国边境地区人员的出入境行李物品，海关只放行其旅行需用物品。

第九条 本规定未列事项，按海关有关法规办理。

第十条 本规定自1992年6月1日起实施。

海关规定的《中国籍居民带进物品限量表》说，在外连续居留满一年以上者，可以限合理数量带进食品、衣料、衣着、工艺美术品、普通手表和价值人民币200元（含200元）以下的其他生活用品，带进400支香烟、或100支雪茄、或500克烟丝，带进2瓶（每瓶限750克）的12度以上酒精饮料，带进电视机、洗衣机、电冰箱、照相机、录像机、音响组合、收录音机、摩托车和价值人民币500元以上、1000元（含1000元）以下的其他生活用品，打字机和价值人民币200元以上、500元（含500）元以下的电子琴、照相机等其他生活用品时，任选一件免税。在外连续居留不满一年者，可以限合理数量带进食品、衣料、衣着、工艺美术品、普通手表和价值人民币200元（含200元）以下的其他生活用品，带进400支香烟或100支雪茄、或500克烟丝，带进2瓶（每瓶限750克）12度以上酒精饮料，带进电视机、洗衣机、电冰箱、照相机、录像机、音响组合、收录音机、摩托车和价值人民币500元以上、1000元（含1000元）以下的其他生活用品，打字机和价值人民币200元以上、500元（含500元）以下的电子琴、照相机等其他生活用品时，每公历年内首次进境任选一件征税。

此外，海关规定，一、汽车不准进口；二、物品价值按海关审定的完税价格计算；三、旧衣着和旧床上用品不准进口。

城市地产问题国际研讨会在深圳举行

为交流海内外城市地产经济研究和实践经验，以推动中国城市土地使用制度的改革，由中国土地学会、广东省土地学会、深圳市房地产协会、深圳国际房地产咨询股份有限公司联合主办的首次"城市地产问题国际研讨会"，在深圳科技馆举行。来自美国、英国、日本、意大利、泰国、新加坡、澳大利亚和香港、澳门、台湾以及国内的专家、学者等100多人出席了会议。

与会中外专家认为，我国城镇土地使用制度改革，对于发展城市经济，合理利用土地以及吸引外资均发挥了积极作用。在深化改革、扩大开放的大气候下，我国城镇地产市场将更加生机勃勃，强劲发展。与会代表还对我国一些地区地产市场"过热"现象，提出了看法。

中共中央政治局常委宋平在钓鱼台国宾馆会见以中央政治行政书记胡安·米查·恩苏埃·恩富穆为团

长的赤道几内亚民主党代表团

中国残联主席邓朴方在北京会见美国著名政论专栏作家阮次山

宾主就中国残疾人事业、社会保障以及残疾人的合法权益等问题坦诚地交换了意见。阮次山对中国残疾人事业的蓬勃发展十分赞赏。

中国医科院生物学研究所与浙江医科院共同完成的甲肝减毒活疫苗研究在国际上领先

台湾通过台湾地区与大陆学生双向交流规定

台湾"行政院大陆委员会"通过台湾地区与大陆各级学校学生双向交流的规定。

规定中关于交流的方式和项目有三项：一是参加比赛、观摩、训练、研究、表演、展览等文教活动；二是参加国际会议、学术研讨会或座谈会；三是参加社会服务，但只限大专以上学生。交流时间，原则上是两个月，如有特殊需要经过专案核准，可以延长为三个月，主要是利用寒暑假时间进行交流。

规定说，大陆学生来台从事交流活动，必须通过接待单位代为提出申请。同时，此项交流以团体为原则，以研究生为限。

台湾"陆委会"主委黄昆辉称，两岸文化交流是非常必要的，让学生带着台湾同胞的友谊到大陆，通过相互交流，增进彼此的认识和了解。

第三次全国古籍整理出版规划会在北京召开

会议决定每年将整理出版古籍 150 种。会议于 31 日结束。

5月26日

日本众参两院在东京众议院议长公邸联合举行宴会欢迎全国人大常委会委员长万里

日本首相宫泽喜一在东京首相官邸会见全国人大常委会委员长万里

会见时，万里说，中日两国邦交正常化以后，各个领域的交流取得了很好的发展。中日邦交正常化是两国政治家有远见的决策。这次访问日本，受到众参两院、政府、首相和外相的友好接待和热情欢迎。我认为，中日两国高层互访对促进两国的友好合作是很有益的。

宫泽首相说，回顾 20 年前，两国虽然都有困难，但是我们的先辈作了很重要的决策，现在两国关系发展得很好。前不久，我们欢迎了江泽民总书记，访问取得了很大成功。当时，我和江泽民总书记进行了会谈。目前，日中关系不仅是两国的关系，而且是能够为世界和平与稳定做出贡献的很重要的关系，发展日中关系非常重要。宫泽还说，日本不走军国主义的道路。

万里说，20 年来，经过两国政府和两国人民的努力，中日两国关系很好，令人满意。事实证明，中日友好使两国人民得到好处，对亚太地区和世界和平与稳定起了作用。

万里说，今年年初邓小平同志南方谈话以后，中国加快了改革开放的步伐。我们坚持"一个中心，两个基本点"的基本路线，一百年不变。今年七届全国人大五次会议上形成一个决议，加快改革开放，促进经济比较快地发展。邓小平同志提出，要向一切先进国家学习先进的科学技术和先进的管理经验。万里还说，日本是经济大国，我们又是近邻，我们也要向日本学习。

宫泽首相表示，为了帮助中国的改革开放，日本将在贷款方面和开发能源方面进行合作。中国正在为今后的经济发展打基础。如果中国需要，日本一定会给予合作与支持。

万里说，中国当前的改革主要放在搞活大中型企业上，方向是把大中型企业推向市场，用科学技术改造大中型企业。这方面搞好了，国家的经济将会有很大发展。中国的农业改革发挥了重要作用，使我们的国家在人多地少的情况下实现了温饱。今后还要进行农业改革，使农业进一步走向市场经济，并加强科学技术的投入，使农业有更快的发展。现在，中国国内政治稳定，社会稳定。中国和周边国家的关系也很好。经过十多年的改革开放，积累了经验，是一个很有利的时机。我们将抓住这个有利时机，集中精力，把经济搞上去。

国务院总理李鹏在人民大会堂会见由主席 香港事务顾问胡法光率领的香港自由民主联合会访京团

李鹏说，现在距香港主权回归还有 5 年多时间，我们希望香港能平稳过渡、政权顺利交接，继续保持其繁荣和稳定。要做到这一点，就需要香港各界人士的共同努力。

李鹏强调说，只要中英双方恪守中英关于香港问题的联合声明，加强合作，并在 1997 年后香港基本法能得以认真贯彻执行，那么上述目标是一定能够达到的。

聂荣臻元帅遗体火化

党和国家及军队领导人江泽民、杨尚昆、李鹏、乔石、姚依林、宋平、李瑞环等护送灵柩上灵车。

中央在北京的党政机关房改方案出台

国务院机关事务管理局和中共中央直属机关事务管理局的负责人日前宣布,《中央在京党政机关住房制度改革实施方案》已经领导原则同意,并经北京市住房制度改革领导小组批准,自今年 6 月 1 日开始施行,中央在京党政机关的各级领导和工作人员,无一例外地都参加房改。这一方案的出台,将在我国住房制度改革进程中产生一定的影响。

《中央在京党政机关住房制度改革实施方案》的主要内容是,在目前起步阶段,以提高房租为主,同时有条件地向个人出售公有住房。

合理调整公房租金包括 4 个方面的内容:

1. 新房新租。中央机关新分配的公有住房(包括新建住房和腾空的旧住房,不包括互换房),实行新租金标准,即每平方米使用面积基数为 0.55 元。

2. 现住房分步提租:第一步,从 6 月 1 日起,将租金提高到每平方米使用面积月租金基数 0.55 元的 50%(即每平方米 0.275 元);第二步,从 1993 年 1 月 1 日起,提高到 0.55 元的 75%(即每平方米约 0.41 元);第三步,从 1994 年 1 月 1 日起,提高到 0.55 元。集中管理的部级干部宿舍,在执行新租金标准的基础上,仍按原规定加收管理费。

3. 收取租赁保证金。各单位新分配的公有住房,根据本单位的实际情况,也可向承租人收取租赁保证金。

4. 超标加租。职工租住的公有住房,超过住房标准面积的部分,月租金按每平方米使用面积楼房 1.34 元、平房 1.05 元收取。

有条件地出售公有住房,近期范围主要是机关集中宿舍区以外的零星、分散的单元式住宅楼房,实行标准价。职工购房以自愿为原则,可一次付款,也可分期付款。

《方案》规定的补助办法是,职工住房在规定标准以内,因租金改革实纳房租超过家庭成员工资总额 5% 的部分,可由职工提出申请,由所在单位给予补贴。因住房超标而增加的租金,不予补助。

有关负责人指出,由于今年先后提高了党政机关职工的工龄工资和奖金水平,承受能力有了增强。在起步阶段,房租约占家庭成员工资总额的 4—5%左右,除少数职工外,一般尚可承受。该方案的显著特点是属地化原则,房改办法和具体步骤都与北京市方案基本相同。房改起步阶段开始后,下一步将侧重于解决建立住房公积金和住房基金的问题。

国务院总理李鹏在人民大会堂会见美国波音公司董事长福兰克·舒龙茨

李鹏说,如果中美关系能够排除一切障碍,沿着正常的轨道发展,中国同包括波音公司在内的美国企业界的合作就有了保证。

李鹏希望波音公司为消除中美之间的贸易摩擦、推动两国关系的进一步恢复和发展作出新的努力。

李鹏说,中国重视同波音公司的合作。随着经济的发展,中国对飞机的需求将日益增加。同时它在飞机制造业方面的潜力还是比较大的。所以,李鹏欢迎波音公司采取补偿贸易等形式来中国开展合作,进行技术交流。

李鹏还说,现在国际航空市场的竞争很激烈,希望波音公司在产品质量、价格以及售后服务等方面不断增强竞争力。

舒龙茨说,中国民航已成为波音公司的重要客户,波音公司非常重视同中国的合作。

中共中央政治局常委乔石在人民大会堂会见保加利亚国民议会议员利洛夫

乔石在会见保加利亚国民议会议员、社会党最高委员会委员、党的战略问题研究中心主任亚历山大·利洛夫时指出,在邓小平同志的直接领导下,我们党总结了建国以后的历史经验,提出了以经济建设为中心,坚持四项基本原则,坚持改革开放的基本路线。事实证明这条基本路线是正确的。

乔石指出,改革必须不断探索、实践,凡是有利于发展生产力,有利于提高综合国力,有利于提高人民生活的做法,都要坚持下去。乔石还向客人介绍了当前的国内形势。乔石说,全国人民都在认真学习邓小平同志今年初在南方巡视时的重要讲话,现在各地正在努力贯彻讲话的精神。

利洛夫说,在这次访华期间看到了一个经济上发展、政治上稳定的中国,它将在世界上发挥日益重要的作用。中国的政治稳定来自稳定的经济和成功的经济改革。

国务院副总理田纪云在斯德哥尔摩同瑞典外贸大臣丁克斯皮尔举行会谈

田纪云在向客人阐明了中国对当前国际形势的看法后,向瑞方介绍中国下一个奋斗目标,即朝着 2000 年小康标准奋斗。为了实现这个目标,中国将加快改革开放的步伐。沿海地区将进一步开放,同时加快沿边、沿江以及内陆省份首府的开放,逐渐形成全方位的开放格局。今后沿海开放地区和经济特区要提高开放程度,向技术和资本密集型发展。为了实现这一目标,需要进一步发展同世界各国的合作,其中包括同北欧国家的合作。瑞典工业技术有自己的特长,通讯、冶炼、造纸、机械制造世界有名;中国也有自己的优势,有广阔的市场、地下地上自然资源以及人才资源丰富。因此，中、瑞扩大合作领域的潜力很大，应把两国的合作推向前进。

丁克斯皮尔指出，瑞、中关系是十分重要的。瑞典政府对瑞、中目前在经贸领域的合作关系表示满意。他相信田副总理的来访将推动这一关系的进一步发展。

丁克斯皮尔说，瑞典政府和工商界对同中国发展合作关系感到信心十足，这主要基于五个原因：一是中国在持续不断地改革开放；二是中国的经济实力逐步增强；三是中国将很快加入关贸总协定；四是中国在专利和保护知识产权等方面有了很大进步；五是不少瑞典公司已经同中国建立了良好的业务关系。

国务院副总理田纪云同瑞典外交大臣玛格丽塔·乌格拉斯举行会谈

国务院副总理田纪云同瑞典外贸大臣丁克斯皮尔在斯德哥尔摩出席广东省机械进出口公司和瑞典爱立信公司关于程控交换机等两项合同的签字仪式

国家主席杨尚昆在人民大会堂接受牙买加首任驻中国大使德里克·罗伊·圣克莱尔·赫文递交的国书

奥地利国民议会议长菲舍尔设晚宴款待全国人大常委会副委员长陈慕华

全国人大常委会副委员长中国国际信托投资公司董事长荣毅仁率中国经济贸易代表团抵达伦敦对英国进行访问

外交部发言人就美国参议院表决有关香港法案问题答记者问

有记者问："美国参议院5月21日表决通过了'1992年美国对香港政策法案'，你对此有何评论？"

外交部发言人说："香港问题在1997年7月1日前是中英两国之间的事，在这之后则是中国的内政。我们坚决反对任何国家以任何借口插手香港问题。"

中央军委关于进一步加强军队财务管理的若干规定

中央军委近日颁发《关于进一步加强军队财务管理的若干规定》，要求部队加强财务的集中统一管理，更好地保障部队的重点建设。

《规定》共提出以下六个方面的要求：

——严格预算管理。全军团级以上单位的一切经费收支都必须编制并严格执行年度预算计划，对年度预算安排和执行情况要进行审评。要严格控制基本建设投资、高档专控商品开支和行政消耗性开支。

——加强供应实力管理。各单位必须按照编制定额征退兵员、调配干部、招用职工；编外企业主管部门、军办企业和实行企业化管理的事业单位不得占用现役军人、在编职工，已占用的其所需费用不得从军费中开支。

——加强经费集中统一管理。各级各部门的预算经费、留用的预算外经费包括生产收益，历年预算经费结余和动用库存物资折款，都必须纳入年度综合财务计划，统筹安排使用。军办企业收益、各类开发收益和农副业生产收益，要严格按规定留用和上交；自筹基本建设经费，必须先存后支，各级的经费家底要实行限额管理；开设银行账户必须经有审批权的后勤财务部门批准；严禁将预算经费用作借垫和贷款担保或转作预算外经费。

——加强生产经营财务管理。生产经营财务规章制度的制定，生产经营资金的筹集、投放，生产收益的分配与管理等，由后勤财务部门统一办理。

——加强审计、财务监督。军队任何单位和部门的经济活动都必须接受审计部门和财务部门监督。

——加强党委对财务工作的领导。所有重大经费开支，都要经职能部门论证、提出意见，由党委集体决策。各级领导要带头执行财经纪律，抵制不正之风，做廉洁奉公、遵纪守法的模范。

张庆勤教授等研究的世界首例以非小麦族的通北野燕麦为亲本的小麦远缘杂交在贵州获得成功

5月27日

中共中央总书记江泽民在中南海会见贝宁总统尼塞福尔·索格洛

国务院总理李鹏在人民大会堂同贝宁共和国总统尼塞福尔·索格洛举行正式会谈

李鹏说，总统这次访问期间，两国将签署经济技术合作协定和互免签证协定，这将有利于两国关系的进一步发展。李鹏表示，中国对贝宁政府和人民根据自己国情选择的发展道路和执行的政策持理解和尊重的态度。在谈到非洲形势时，李鹏说，非洲国家之间团结合作、联合自强的势头在发展。西非国家实现经济一体化，将有利于非洲的和平与发展。李鹏还向客人介绍了我国国内情况和改革开放政策。从国际和国内情况看，中国具备了加快经济建设、加快改革和扩大开放的条件。李鹏表示中国完全有信心沿着邓小平同志提出的建设有中国特色的社会主义道路发展自己。

中国职工思想政治工作研究会第七次年会在甘肃白银召开

中国职工思想政治工作研究会会长袁宝华在大会上作题为《深入学习和贯彻邓小平同志重要讲话、切实加强和改进企业思想政治工作》的报告。中宣部、国家计委、中华全国总工会联合表彰了 1990 年度 102 家思想政治工作优秀企业和 100 名优秀企业思想政治工作者，向获奖单位和个人颁了奖。

会议于 30 日结束。

中宣部国家计委全国总工会在中国职工思想政治工作研究会第七次年会上授予 102 个单位 1990 年度全国思想政治工作优秀企业荣誉称号

这些企业是：北京市西单商场、北京电表厂、天津市电机总厂、天津市百货公司、秦皇岛港务局、石家庄第一棉纺织厂、国营榆次经纬纺织机械厂、大同水泥厂、呼和浩特铁路局、大连机车车辆工厂、辽河化肥厂、金城造纸总厂、沈阳市第四建筑工程公司、吉林造纸厂、长春电业局、哈尔滨电机厂、鹤岗矿务局、英雄金笔厂、交通部第三航务工程局、上海市隧道公司、上海市长春食品商店、无锡机床厂、江苏省盐城市纺织厂、连云港港务局、苏州化学纤维厂、杭州新华造纸厂、绍兴丝织厂、宁波市公交公司、福州棉纺织印染厂、厦门华纶化学纤维有限公司（中外合资企业）、蚌埠铁路分局、安徽铜官山化工总厂、南昌铁路分局、江西汽车制造厂、莱阳动力机械总厂、济南供电局、济南炼油厂、青岛碱厂、河南省周口地区味精厂、国营七五五厂（风云器材厂）、武汉铁路分局、武汉市第一棉纺织厂、湖北黄石市华新水泥厂、湖南省贵江氮肥厂、株洲硬质合金厂、广州钢铁厂、广州铁路分局、中山洗衣机厂、海南省海口罐头总厂、柳州工程机械厂、铁道部资阳内燃机车工厂、四川维尼纶厂、德阳第二重型机器厂、重庆铁路分局、昆明铁路分局、贵州省赤水天然气化肥厂、西安石油勘探仪器总厂、郑州铁路局西安工程公司、兰州化学工业公司、兰州石油化工机器厂、甘肃稀土公司、青海棉纺织厂、银川化肥厂、乌鲁木齐市友好商场、西藏地矿局地热地质大队、仪征化纤工业联合公司、甘肃省刘家峡化肥厂、唐山市开平区刘庄煤矿、长庆石油勘探局、攀枝花冶金矿山公司、浙江省绍兴市邮电局、核工业东北地勘局二四四大队、上海远洋运输公司、大连渤海饭店集团、玉溪卷烟厂、铜陵有色金属公司、广州市医药公司、国营第四八二厂、重庆汽车发动机厂、大庆石油化工总厂、中国建筑第六工程局第三建筑工程公司、民航乌鲁木齐管理局和田航站、山东省沂南制鞋总厂、成都铁路局、宁波市自来水公司、淮阴市第二人民医院、四川省第一测绘大队、安徽省巢湖水泥厂、航空航天工业部长治清华机械厂、上海飞机制造厂、黑龙江省水利第五工程处、河门口发电厂、中国人民解放军第 3506 工厂、中国银行江西省赣州支行、国营长安机器制造厂、国营红光电子管厂、大连冷冻机厂、贵州省地质矿产局一〇五地质大队、中国黄金总公司金厂峪金矿、吉林省松江河林业局、广东神州燃气具联合实业公司（乡镇企业）、山东省东营市造纸厂（乡镇企业）。

全国人大常委会副委员长叶飞在人民大会堂会见香港经济界知名人士吕振万

中共中央政治局常委李瑞环在钓鱼台会见由政治局委员政府公职和就业部长鲁伊率领的毛里求斯战斗运动代表团

中共中央总书记江泽民在中南海会见由美国自由联盟主席前众议员理查德·艾科德率领的美国访华团

会见时，江泽民同这个由美国前国会议员、大使和州长组成的访华团就中美关系和其他双方共同感兴趣的问题进行交谈。

江泽民对美国自由联盟和其他美国朋友在促进中美两国人民的相互了解和两国关系的改善和发展方面所作的努力表示赞赏，并希望他们继续为此作出贡献。

外交学会会长刘述卿和美国驻中国大使芮效俭会见时在座。

国务院总理李鹏在人民大会堂会见牙买加首任驻中国大使德里克·罗伊·圣克莱尔·赫文

国务院副总理田纪云在瑞典斯德哥尔摩发表题为《中国的改革开放形势和政策》的演讲

田纪云在斯德哥尔摩歌剧院饭店发表演讲时说，中国和瑞典经济的互补性很强，瑞典的企业家在中国肯定会得到越来越多的合作机会，两国的经贸、科技合作完全有可能在现有基础上，提高到一个新的水平。瑞典政府官员和工商界人士参加了这次由瑞典—中国贸易理事会组织的演讲会。

田纪云说，中国改革开放总的原则是：坚持公有制为主体，同时鼓励非公有制经济的发展，坚持按劳分配为主体，其他分配形式为补充；坚持计划经济与市场调节相结合的方针，使计划和市场这两种调节功能的优点都得到充分发挥。按照这些政策进行改革，符合中国的国情，符合中国人民的根本利益，因此推动了中国生产力的发展。

田纪云说，在中国的现代化建设中，本世纪最后十年是一个关键时期，中国人民当前和今后的相当长时间的中心任务，是专心致志、集中精力把经济建设搞上去。中国将进一步扩大同世界各国的经济技术合作和交流，大胆吸收和借鉴人类社会创造的一切文明成果，吸收和借鉴当今世界各国的先进经营方式和管理方法。

在演讲中，田纪云还重点介绍中国深化外贸体制改革的目标：建立既同中国计划经济和市场调节相结合的经济运行体制相适应，又符合国际贸易规范的对外贸易运行体制。田纪云说，中国要通过技术引进，对全国几百个大中型重点企业实行技术改革，增强企业自我发展能力。田纪云接着介绍了能源、交通、通信和电子等七个重点引进领域。

国务院副总理田纪云在中国驻瑞典大使馆接受瑞典记者的采访

田纪云在回答关于中国当前改革开放的形势问题时说，改革开放是中国的基本国策，是富民之路。改革开放是大势所趋、人心所向。外国朋友应该坚信这一点。

在回答关于政治改革的问题时，田纪云强调，从我们的实际国情出发，中国当前要抓健全中国共产党领导的多党合作制，要加强人代会的监督和立法的权力。中国不能照搬西方三权鼎立的制度，不能实行多党制。

朝鲜劳动党中央委员会总书记金日成在平壤锦绣山议事堂会见中共中央政治局候补委员丁关根

全国人大常委会副委员长中国国际信托投资公司董事长荣毅仁在伦敦英中贸易48家集团对中国投资专题研讨会上发表讲话

荣毅仁说，改革开放使中国的经济建设蓬勃发展，还为中国利用外资促进中国经济建设提供了极好的机会。13年来，中国使用了近800亿美元的外国资金，其中包括外国政府、国际金融机构、商业银行提供的各种信贷。

荣毅仁指出，由于中国致力于投资环境的不断改善，越来越多的外国企业家有兴趣来华投资。目前对华投资外资企业的构成已由开放初期的服务型向生产型转化，从劳动密集型向技术密集型或高科技方向转化。

荣毅仁说，邓小平的讲话将进一步激励中国扩大开放，深化经济改革。今后中国将拓宽利用外资领域，方式将更加灵活，手续将更加简化。

荣毅仁最后还说，中英两国的经贸关系在平等互利的原则基础上不断得到发展，从长远看，两国经济关系还大有发展余地，双方要继续共同努力，开创中英经济合作交流的新局面。

对外友协会长韩叙在伦敦发表题为《中国在90年代世界事务中的作用》的演讲

中国人民对外友好协会会长韩叙下午应邀在英国皇家国际事务研究所讲演时指出，中英两国在各个领域的交流合作得到全面发展，两国人民之间的友谊不断加强，两国发展互利合作关系前景十分广阔。

韩叙讲演中指出，中国将全力加速改革开放，改革就是解放和发展生产力，开放就是加强国际合作，吸取和借鉴人类创造的一切文明成果，把中国的事情办好，这就是对世界和平与发展的贡献。

韩叙在讲演中同时指出，在国际事务中，中国将继续发展同周边国家的睦邻友好关系，这是中国外交政策的重要组成部分；中国把加强同发展中国家的团结与合作，作为中国外交政策的一个基本点；与此同时，中国将继续努力改善与发展同西方发达国家的关系，其中包括重视发展与英国的友好合作关系。他说，特别是《关于香港新机场建设及有关问题的谅解备忘录》签署后，中英两国从经贸到政治合作都有良好的发展势头，标志着中英关系进入了一个新的时期。

韩叙说，当今世界正处在历史性的转折时期，以美苏对抗为标志的两极结构业已终结，各种力量重新分化组合。世界正向多极化格局发展。

韩叙说，国际社会仍面临许多严峻的挑战。危及世界和平、导致国际形势紧张的因素并未根本消除。原有的一些矛盾和对抗结束了，新的矛盾和对抗又产生了。长期保持相对稳定的欧洲今天反而成了世界最不稳定的地区，成为新的动荡中心。世界向何处发展已成为全球共同关心的问题。

外交部部长钱其琛和贝宁外交和合作部长泰奥多尔·奥洛签署两国政府关于互免签证的协定和关于中国政府向贝宁政府提供贷款的协定

中共中央政治局候补委员温家宝出席在北京举行的国家自然科学基金10周年纪念会并发表讲话

全国白内障手术复明暨防盲治盲工作总结表彰会在北京召开

会议是卫生部、民政部、中国残联、全国残疾人康复工作办公室联合召开的。会上表彰了54个防盲先进县和59个白内障手术复明工作先进单位。全国政协副主席谷牧、国务院副秘书长徐志坚出席会议。

全国政协主席李先念致信中国扶贫基金会

信中说，沿海经济比较发达的地区与贫困地区，通过干部交流，促进贫困地区的经济发展，是扶贫工作的一项创举。希望你们协同中央组织部、国务院贫困地区经济开发领导小组，把这项工作做好。并望开好这次交流干部工作的座谈会，认真总结经验，以便逐步推广。

在党中央和国务院领导下，我们的扶贫开发工作取得了很大成绩。贫困地区人民已经基本上解决了温饱问题。但是标准低、不稳定、困难多，一遇自然灾害，仍有复贫的可能，决不可掉以轻心。

扶贫济困，是我国人民的传统美德。共同富裕，是我们社会主义的奋斗目标。我们应当在自力更生为主的方针下，通过先富帮后富，发达地区帮贫困地区，促进改革开放，促进经济协作，尽快把我国的国民经济搞上去。

扶贫工作是一项伟大的事业，扶贫工作也要进一步解放思想、深化改革。要努力探索扶贫开发的新路子，加快扶贫开发的步伐，推动贫困地区经济的全面发展。

5 月 28 日

《人民日报》发表社论《论企业改革与工人阶级》

在企业改革中，工人阶级具有什么样的地位？发挥什么样的作用？这是一个关系到企业改革成败的重大问题。为了便于回答这个问题，请先看看近期的有关报道。

晁友仁一家 7 口中有 6 人是徐州起重机总厂的普通工人，当厂长在职工大会上把“全厂职工每人下浮一级工资，背水一战，扭亏增盈”的改革方案交付表决时，许多人不约而同地把眼光投向晁师傅。下浮一级工资，别人一个月少 10 来元钱，可晁家每月就要少 100 多元！晁友仁支持这项改革措施。他对家人说：“工厂就是我们的‘家’，不改掉‘大锅饭’，你混、我混、大家混，这个‘家’迟早会毁了。”他要求家人：“工资少了，工作只能干好，不能干坏！”

天津市第二印染厂面对企业亏损的严峻形势，决定深化改革，一些车间的职工要经过优化组合后上岗，大约有 20% 的职工要下岗重新安排工作。谁上谁下？这是一个难题。有 25 名老工人给厂长写了一封题为《我们的心愿》的信，他们说：“我们这些解放初期进厂的老职工，深深地爱着自己的企业。我们清楚地看到，企业改革势在必行。我们决心做我厂深化改革的排头兵，需要我们干什么，我们就高高兴兴地干什么，厂领导不要为我们的去留多操心，我们要从搞好企业的大局去想问题，正确对待自己在改革中的得与失。”

多好的工人！工人支持改革、参与改革的生动事实，令人感动。我国工人阶级不愧为领导阶级，不愧为社会主义国家的主人翁。他们的理解和支持，他们发挥的主力军作用，是企业改革成功的保证。我们知道，我国的经济体制改革，首先在农村取得突破性进展。没有广大农民的支持，就没有十多年来农村改革的巨大成就。同样，如果没有工人阶级的支持，没有广大工人、干部、知识分子的支持，企业改革也根本没法进行。

企业改革要全心全意依靠工人阶级，这是一个必须明确的指导思想。我们的改革，不是少数领导者的改革，也不是一部分人的改革，而是以整个工人阶级和全体人民群众为主体的改革。改革的目的是解放和发展生产力，增强综合国力，提高人民群众的生活水平，当然包括提高广大职工群众的生活水平。这是我们改革的社会主义性质所决定的，也是中国共产党全心全意为人民服务的根本宗旨所决定的。通过改革，更好地实现劳动组织的优化组合，充分发挥人的积极性、创造性，使那些劳动出力、工作出色、智慧出众的人大有作为，也大有所得；通过改革，促使企业技术进步，产品质量提高，消耗降低，经济效益增加，从而使国家增收、企业增利、职工多劳多得。如果说，改革打破的是职工的“铁饭碗”，那么，他们得到的将是“银饭碗”、“金饭碗”。通过改革，促进职工学文化、学技术、学管理，促使我国职工队伍的素质大大提高一步，使企业在国内、国际的市场竞争中有一支技术水平高、经营管理好、能在疾风高浪中争上游的队伍。改革是决定社会主义企业命运、职工命运的大事，是符合工人阶级和广大人民群众根本利益的一次意义深远的拼搏。

毋庸讳言，改革要对现有企业内部的经济利益关系进行新的调整。在改革中，有的同志由于在提高效益中贡献大，收入可能会有较多的增长；有的同志的工作岗位要变动，收入还可能暂时减少；有的还可能暂时待业。要给大家说明道理，这些问题在企业经济发展和社会保险事业逐步完善的条件下，都会逐步得到妥善解决的。这如同道路，在整修的过程中，人们难免会感到不便，修完了，就好了。要教育人们自觉地忍受暂时的不方便和困难。

改革是艰苦细致的工作，靠大轰大嗡是不行的。各级党政领导同志要十分注意理顺广大工人、干部、知识分子的情绪，不要说一些惹职工不高兴的话，做引起人们反感的事。比如说什么用“三铁”（铁心肠、铁面孔、铁手腕）破“三铁”（铁交椅、铁工资、铁饭碗）之类。对涉及群众利益的事，要耐心做思想政治工作。要让群众充分认识到，改革的矛头所向，是对着旧体制的弊端，绝不是对着广大干部群众的。改革，归根到底对工人阶级是有利的，对每一个诚实劳动的人都是有好处的，这叫作水涨船高。改革中，职工群众遇到困难，职工个人要努力克服，企业领导也要尽力帮助解决。企业的多余人员，要尽量在企业内部消化，开发新的产品，开展新的服务项目，需要干的事情还是很多的。对青年职工，要离岗培训，这对企业的发展和个人进步，都大有好处，有远见的企业家，要抓住时机认真抓这件事。企业的生产经营要靠人去做，提高人的素质，是搞好企业的根本。对于需要社会安置的，政府和企业应该想办法安置好。关心人，是社会主义的一个优越性。

企业改革是工人阶级自己的事业。企业改革的过程，是解放和发展生产力的过程，也是工人阶级又一次自己解放自己的过程。改革为了工人阶级，也必须依靠于工人阶级，依靠工人阶级的理解、参与和支持。工人阶级是企业的主人，是国家的主人，自然也是改革的主人。若问企业改革谁主沉浮？我们响亮地回答：是工人阶级！

经济较发达地区和贫困地区干部交流工作座谈会在北京举行

全国政协主席、中国扶贫基金会名誉会长李先念给座谈会发来贺信。

这次座谈会的主要内容就是研究、总结苏、陕等省交流干部，促进经济发展的经验。江苏、陕西、天津、甘肃、山东、四川的代表分别在会上介绍了干部交流的做法和体会。

这次会议是由中央组织部、国务院贫困地区经济开发领导小组和中国扶贫基金会联合召开的。陈丕显、陈野苹等老同志，27 个省、自治区、直辖市党委组织部、扶贫领导小组和中央国家机关有关部门的负责人出席了座谈会。

中宣部等三单位决定撤销 6 家企业全国思想政治工作优秀企业称号

中共中央宣传部、国家计委、全国总工会最近作出决定，撤销辽源矿务局等六家企业的“全国思想政治工作优秀企业”称号。

中共中央宣传部、国家计委、全国总工会组织有关方面对历次表彰的思想政治工作优秀企业进行考察，鉴于辽源矿务局、绍兴钢铁厂、云南锡业公司发生重大人身伤亡事故，常州制药厂出售伪劣商品，南宁棉纺织印染总厂、济宁棉纺织厂严重亏损，并根据地方和行业主管部门的建议，决定撤销其“全国思想政治工作优秀企业”称号。此外，江西钢厂、岳阳石油化工总厂因体制变更，已不再是独立法人单位，其荣誉称号自行终止。

现在，保留称号的 389 家企业加上这次新授予称号的 102 家企业，全国思想政治工作优秀企业为 491 家。

中国高科集团公司成立

由清华、北大、复旦、上海交大等 60 多所著名高校集资组建的股份公司——中国高科集团公司在上海浦东新区正式注册成立。

外交部发言人吴建民就瑞典取消对中国援助禁令等问题答记者问

吴建民下午就瑞典取消对中国援助禁令、中国环保、南部非洲旱灾以及黎巴嫩、阿富汗、南斯拉夫局势等问题，回答中外记者的提问。

问：你对瑞典取消对中国援助禁令有何评论？

答：中瑞之间的经贸关系是建立在平等互利基础上的，我们欢迎瑞方采取的有利于发展双边经贸合作关系的积极措施。

问：有报道称中国环境污染严重，破坏全球气候。你对此有何评论？

答：保护环境是我们的一项基本国策。我们的环保努力已取得初步成效。多年来，我国的环境状况基本稳定，局部还有所改善。无论从二氧化碳的排放总量和人均量中国都是比较低的。

问：南部非洲发生严重旱灾，中国是否将提供援助？

答：南部非洲发生了半世纪以来最严重的旱灾，我们对这个地区的人民深表关切。中国已向一些国家提供了粮食及其他援助，并将继续向有关国家提供力所能及的援助。同时，我们支持联合国秘书长的主张，呼吁国际社会向这个地区提供紧急援助。

问：你对黎巴嫩局势恶化有何评论？

答：我们对此深表关切。我们一贯主张，联合国的有关决议应得到执行，黎巴嫩的主权和领土完整应得到尊重。我们呼吁有关各方采取克制态度，防止局势进一步恶化，以免给中东和平进程带来不利影响。

问：你对马苏德与希克马蒂亚尔达成七点和平协议有何评论？

答：双方达成的和平协议有利于实现阿富汗的和平与稳定。希望阿各派共同努力，实现民族和解，重建家园。

问：欧共体决定对塞尔维亚和黑山共和国实行经济制裁和石油禁运。中国是否将对南斯拉夫实行制裁？

答:我们希望前南斯拉夫有关各方停止流血冲突,通过和平谈判早日解决它们之间的争端。我们没有对南联盟共和国实行制裁的考虑。

问:美国防部5月28日宣布将再减少或关闭两个驻南朝鲜的军事基地。你对此有何评论?

答:我们欢迎一切有利于朝鲜半岛形势进一步缓和的行动。

高温超导国际会议在北京举行

5月29日

《人民日报》发表评论员文章《社会保障制度改革势在必行》

从当前的实践看,这种改革更有其迫切性。现在不少企业正在进行劳动、人事、分配制度的改革。在这个过程中,很多企业要调整机构和岗位,压缩多余人员,有些企业还要关停并转,这就不可避免地要产生一些待业人员、流动人员。对这些人员如果缺乏合理的安置,人员能进能出就很难落实。有的企业通过发展第三产业等途径,拓宽就业门路,进行转业训练,有些企业则缺乏开拓新门路的条件,心有余而力不足。这就需要整个社会都来重视这个问题,要通过社会保障为待业职工提供必要的生活条件,帮助他们渡过暂时困难,鼓励他们不断提高自己,找到能够发挥自己能力的新的工作岗位。

当然,社会保障不仅限于为待业者提供必要的生活来源。社会保障制度是国家和社会依照一定的法律和规定,对社会成员的基本生活权利予以保障的社会安全制度。社会保障包括待业、工伤、医疗、养老保障以及部分社会福利等多方面的内容。它是社会化大生产的产物,是经济发展与社会进步的标志,也是保证社会稳定,创造有利于经济发展的环境的重要措施。发展社会保障事业,是社会主义制度的本质要求,也是社会主义优越性的表现。建国以来,我国的社会保障制度对于保障劳动者合法权益,促进经济发展和维护社会稳定发挥了巨大的作用。从"六五"计划到"八五"计划,一直把建立健全社会保障事业作为一项重要内容。在改革开放的进程中,党中央、国务院还及时依据变化的形势,提出并采取了一些加强社会保障的重要措施。这些工作,从多方面推动了社会保障事业健康发展,促进了社会保障在改革中不断完善。

但是,就目前情况来看,我国的社会保障事业同改革开放新形势的需要相比,还存在着不足和一些弊端。主要的问题是社会化程度不高。这个问题表现在以下几个方面:一是社会保障覆盖面较窄,多限于国营企业职工。这就限制了劳动力向多种就业方向流动,造成各类企业的负担轻重不一,既不利于平等竞争,也无法在全社会范围内有效地分散风险。二是国营企业负担过重。职工一就业,生老病死住房甚至家属子女上学就业等全由企业包揽下来,这个沉重的负担严重地制约了企业的发展。这种体制,既将社会行为变为企业行为,又将应由个人承担的那部分责任变为企业责任。个人的储蓄很少投入到住房、社会保险等消费项目之中,而企业手里的资金却大量花费在住房和保障、福利事业方面。这就导致了企业消费和个人消费的结构性扭曲。三是社会保障事业多头分散管理,缺少统一的管理机构,缺少规范化、现代化的管理办法,这些都要依靠加快社会保障制度改革来解决。

社会保障制度的改革是一个复杂的工程,关系到广大群众的切身利益和社会的稳定,因此,必须从各地的实际情况出发,精心组织,切实抓好,不能疏忽大意。要通过改革,尽快建立和健全统一的、多层次的管理机构或协调机构,这是发展社会保障事业的组织保证。要根据实际情况研究和制定我国社会保障制度的改革方案,目标是推动社会保障事业逐步走向规范化、法制化、现代化,提高社会保障的社会化程度。当前社会保障制度改革的一个重点,是要改变国营企业代行政府职能、管理社会公共事务和包揽社会保障事业的现象,使待业、工伤、医疗、养老及其他各项保障由企业行为转为社会行为。要走出由国家和企业大包大揽的老路子,实行国家、集体、个人三方面合理负担社会保障(主要是保险)资金。要打破不同类型的企业不同对待的界限,逐步统一各项社会保险费的收缴和领取办法,认真搞好社会保障资金的管理营运和调剂使用,不断扩大社会保障的覆盖面,促进劳动力合理流动和劳务市场的发育与完善。这些措施,是推动企业转换机制、走向市场的重要条件,应当与企业的改革同步实施。

随着改革开放的深入发展,社会各方面对社会保障提出了急迫的和多方面的要求。加快社会保障制度的改革势在必行。希望各级党组织和政府十分重视这项工作,在总结经验和听取各方意见的基础上,积极地试验,为早日建成有中国特色的新型的社会保障制度而努力。

国办转发农业部《关于大力发展秸秆资源发展农区草食家畜报告》的通知

财政部国家体改委制定《股份制试点企业会计制度》

国家主席杨尚昆在人民大会堂会见由总统顾问委员会委员查蒂库苏莫率领的印度尼西亚总统顾问访

华团

国家主席杨尚昆在人民大会堂会见著名泰籍华人谢慧如

美俄中法英五国关于中东军备控制问题会议在华盛顿结束会议就《不扩散大规模毁灭性武器准则》达成协议

准则确认:五国“决心努力维持世界和平,使人们摆脱大规模毁灭性武器的威胁”。同时《准则》还确认:“不扩散大规模毁灭性武器的国际努力不应影响各国为了发展而和平利用科学技术的合法权利与利益。”

五国承担不扩散核武器、生物武器和化学武器的义务,不直接或间接帮助非核国家或其他任何国家研究、制造、试验、储存或部署核武器、生物武器和化学武器。

会议还讨论了中东地区的常规武器转让问题,其中包括减少向中东国家出口武器问题。美国国务院高级官员会后向记者承认,美国政府自去年海湾战争结束以来,已向中东国家出售了130亿美元的军火。

五国代表商定,下次会议将在莫斯科举行,继续讨论中东军备控制的有关问题。

国务院同意征收煤炭城市建设附加费

中国举重选手何灼强在英国加的夫举行的国际举重比赛上以121公斤的成绩刷新男子52公斤级抓举世界纪录

5月30日

外交部发言人就香港基本法1997年生效前不能修改一事答记者问

外交部发言人在北京表示,最近英国官员在香港公开说基本法在1997年前是可以修改的,这是对香港市民的误导。

有记者问:据报道,英国有关官员最近在香港称1997年以前修改基本法是可以的,你对此有何评论?

发言人说:《香港特别行政区基本法》已就香港特别行政区第一届立法会的组成作了明确规定,中方对此已一再表明了立场。根据修改程序,基本法在1997年7月1日生效前是不能修改的。发言人指出,中方不会同英方讨论这个问题。

欧共体驻中国使团团长约见经贸部副部长佟志广

他要求中国政府就中美知识产权谅解备忘录中有关对美国农业化学物质和药品提供行政保护措施同样适用于欧共体的照会给予答复。

佟志广说,我国政府对于欧共体要求中美知识产权谅解忘录中有关我国政府对美国农业化学物质和药品提供行政保护措施同样适用欧共体表示理解。在知识产权方面我国遵守国际规则和习惯作法并结合我国实际情况对知识产权予以保护。美国政府要求谈判在先,中美双方通过互让互谅达成谅解备忘录。中国政府准备将其原则适用于欧共体,同时希望欧共体支持我恢复关贸总协定缔约国地位,尊重我关于台湾加入总协定问题的立场,推动我恢复地位的进程;欧共体应在贸易方面取消对我国产品的数量限制;应改善对我技术转让条件和财政援助条件。

佟志广指出,当前我国和欧共体经贸关系很好,我相信通过在上述知识产权和贸易方面的合作,希望双边经贸关系得到进一步发展。

国际象棋棋手谢军在国际体育记者协会代表大会上当选1991年世界最佳运动员

5月31日

全国人大常委会委员长万里在日本大阪谈中国对外开放政策

万里中午出席日本日中经济贸易中心会长、国际石油贸易总裁木村一三先生的宴会。

万里说,现在,外国投资者到中国投资的顾虑可以打消了。过去有人担心我们的政策变,现在邓小平同志说100年不变。100年不变就是长期不变;过去还有人担心我们的政局动荡,现在事实证明我们的政局是稳定的;同时,我们的投资环境,包括软环境、硬环境,都逐渐有所改善,保障外资的立法工作也正在进行。他再次讲到,中国要学习日本先进的科学技术和经营管理经验,希望日本在与中国发展经济、技术合作方面捷足先登。

中共中央总书记江泽民等党和国家领导人会见出席中国当代物理学家联谊招待会的物理学家

下午,江泽民、杨尚昆、李鹏、宋平等党和国家领导人同10多位著名物理学家会见。他们中有大陆的著名物理学家严济慈、周培源、赵忠尧、朱光亚、王淦昌、汪德昭等,有来自大洋彼岸的著名华裔物理学家李政道、杨振宁、吴健雄、任之恭等,有来自台湾的著名物理学家吴大猷。接着,江泽民等来到芳菲苑草坪,同前来参加中国当代物理学家联谊活动的300多名海内外物理学家会见。

江泽民发表讲话。江泽民说，半个世纪以来，物理学不断有新的突破、新的进展，其中不乏中华儿女的贡献。不论这些贡献是来自海峡两岸，还是来自海内外学子之手，都是中华民族为人类知识宝库做出的贡献，都是中华民族的光荣和骄傲。我们热情地欢迎海内外科学家为中国科技和经济的发展，为振兴中华继续贡献力量。当今世界科学技术飞速发展。随着人类进入信息与智能的时代，随着我国经济建设进入全面发展的新时期，我们既要重视面向经济社会的研究活动，又要重视对自然规律的研究工作，这是我们一直坚持的原则。90 年代是中国经济振兴的关键时刻，我们要坚持改革开放，凭借自己的勤奋，凭借自己善于学习，凭借自己的创新迎头赶上。

江泽民说，今天在座的还有不少中青年科学家。近些年来，无论是国内培养的还是留学国外的中青年科学家，在学术上也作出了突出成就。看到他们的成就，我们感到十分欣慰。青年是未来和希望。科技发展的重任必将落在青年一代的肩上。我们需要大批高素质的，献身于中国科技事业的年轻人才。我希望青年一代，要学习和继承老一辈科学家追求科学真理，顽强拼搏，热爱祖国的好传统，我也希望在国外学有成就的青年学者能为祖国的振兴和昌盛贡献力量。

中国科协主席朱光亚在中国当代物理学家联谊招待会上发表讲话

朱光亚主持联谊招待会，并致欢迎词。朱光亚说，今天我们欢聚在这里，举行一次有重大意义的中国当代物理学家联谊活动。从时间跨度来说，在座的有好几代物理学家，不但有出生于 1900 年、与本世纪同龄的严济慈教授，有好几位已届耄耋之年的寿星，如 90 整寿的周培源教授、赵忠尧教授，80 整寿的吴健雄教授，70 整寿的杨振宁教授，还有一些 70、80 岁高龄的科学家，也有在各位前辈、老师培育下成长的部分中年和青年的物理学家。这象征着祖国物理学界群星辈出、兴旺发达。

朱光亚说，从空间跨度来说，这次招待会也是海峡两岸和海内外物理学界的一次历史性的聚会。我们十分高兴能够欢迎 85 岁高寿的著名物理学家吴大猷先生，回到祖国大陆参加学术交流并同我们相聚，也非常高兴能够欢迎李政道先生、杨振宁先生、吴健雄先生、袁家骝先生、任之恭先生、林家翘先生、朱经武先生等著名的物理学家回到祖国，参加这次盛会。这个盛会也是海峡两岸和海内外物理学家为祖国繁荣进一步加强交流合作的象征。

朱光亚说，江泽民总书记等党和国家领导人出席这次盛会，再一次表达了党和国家对发展我国科学技术事业的高度重视，对在座各位科学家的极大尊重。我相信，这次联谊活动是会载入中国物理学乃至中国科学技术的史册的。

首都儿童庆祝六一国际儿童节联欢会在中国儿童少年活动中心举行

应中国青少年发展基金会邀请，由台湾文化名人范光陵为团长的台湾“爱心文化”团首次访问中国大陆，54 位团员中除了台湾各地幼教界的代表，还有 11 位台湾“优秀儿童”的代表。这也是 43 年来第一个访问大陆的台湾“爱心文化”访问团。

对于中国青少年基金会实施的旨在救助失学儿童的“希望工程”，范光陵表示，“爱心文化”要设法和“希望工程”结合起来，让更多中国人有受教育的机会。

文化部建设部中国美术家协会在北京召开全国第三次城市雕塑工作会议

6月1日

徐特立铜像及徐特立纪念馆在长沙师范学校揭幕

劳动部国家体改委发布《股份制试点企业劳动工资管理暂行规定》

国务院批准又有7个市县列入对外国开放地区

此次对外国人开放的市、县是：四川省：石柱土家族自治县、宜宾县、南溪县、南充县、广安县、阆中市。内蒙古自治区：乌海市。外国人持有效签证或居留证件，即可前往这些地区旅行，无须申办旅行证件。

至此，我国已有754个市、县对外国人开放。

中共中央政治局常委李瑞环在人民大会堂会见古巴拉美社社长维兰努瓦

李瑞环说，最近我们正在传达、学习、贯彻邓小平同志的南方谈话。在这个讲话的鼓舞下，各地都在积极加快改革、扩大开放，努力把经济搞上去。

李瑞环说："面对这种情况，新闻工作者责任重大。要跟上时代的潮流，把握中央精神，真实了解各地的实际情况，报道先进单位、先进人物和先进经验，引导人们注意研究探讨有关问题。"

中共中央政治局常委李瑞环在人民大会堂会见日本德间事业集团董事长德间康快

英国贸工大臣赫塞尔廷在伦敦与全国人大常委会副委员长荣毅仁举行会谈

国务院副总理田纪云同挪威工业大臣奥勒·克纳普在奥斯陆举行会谈

奥地利总统瓦尔德海姆在维也纳总统府会见全国人大常委会副委员长陈慕华

我国获得引力论湍流理论研究新成果

我国在引力论和湍流理论研究方面获得新进展。物理学家成功地在功界上首次进行了对正确认识爱因斯坦引力论有重大影响的实验——"地球引力场中光速各向同性检验"；从混沌观点出发，在真实物理空间的有限区域内找到了一种显示混沌运动轨迹的球形涡，从一个侧面，证实了湍流旋涡结构理论的正确性。由周培源教授指导取得的上述成果是理论物理发展进程中的一大建树。

这是在6月1日召开的国际流体力学与理论物理科学讨论会上公布的。

据了解，对爱因斯坦广义相对论目前有两种认识，一种认为物体运动规律和可量度的物理参数与坐标选取无关；另一种认为坐标具有物理意义。由此引发了求解爱因斯坦方程的两种方法："坐标交换法"和"引人谐和条件法"。周培源认为，谐和条件是物理条件，只有用谐和条件作为附加约束条件来求解爱因斯坦方程，所得到的解才具有可量度的物理意义。随后，他提出了地球引力场中光速各向同性检验，即测量地球表面上水平方向传播和竖直方向传播的光速差别，80年代初，外国科学家曾做了地球表面上水平方向光速各向同性检验实验，但他们在竖直方向上却遇到了地球引力所引起的实验材料变形的难题。中科院高能物理研究所李永贵等人对这项实验进行了10年探索，终于测出在10－11量级上，地球表面水平方向和竖直方向光速各向同性。这是近半个世纪以来世界上少数成功的广义相对论引力实验之一。

在湍流理论方面，周培源作了大量卓有成效的奠基性工作，提出了湍流是由许多小旋涡构成的理论。北京大学力学系黄永念教授等人，根据周培源教授的指导思想找到了一种"逐级迭代法"，即用有物理根据的最少量的假设和尽可能少的方程组来解决一般的湍流流动问题，这为航空、气象、水利等领域大量的液体和气体湍流计算提供了最新计算方法，也为"八五"期间我国非线性研究奠定了基础。

国家科委发布《中华人民共和国国家科委国际科技合作奖授予办法》

首都数万名少年儿童和老师家长参加在人民大会堂举行的联欢会庆祝六一国际儿童节

6月2日

全国城市公共交通系统优质服务竞赛总结表彰大会在人民大会堂举行

中华人民共和国政府和冈比亚共和国政府在班珠尔签订关于中国派遣医疗队赴冈比亚工作的补充议定书

全国政协副主席谷牧在人民大会堂会见并设宴招待杨振宁陈省身和顾毓琇等来自海外和台湾的著名科学家

挪威代首相外交大臣斯托尔腾贝格在奥斯陆会见国务院副总理田纪云

斯托尔腾贝格说，挪威有一种现象，就是几代人都对中国怀有浓厚的兴趣，愿意在文化、政治和经济领域同中国加强合作。他还对双边贸易的迅速发展感到满意，并希望两国贸易会发展得更快一些。

芬兰议会议长伊尔卡·苏奥米宁在赫尔辛基会见全国人大常委会副委员长陈慕华

国务委员兼外交部长钱其琛在北京会见埃及外交部部长助理穆哈利斯·戈巴

6月3日

外交部发言人就美国总统布什6月2日向国会建议无条件延长对华最惠国待遇答记者问

发言人说，中国政府赞赏布什总统作出这一现实而明智的决定。最惠国待遇是中美经贸关系的基础，是中美之间一种对等、互惠的安排。这种安排有利于维护和发展两国经贸合作、促进中美关系的进一步改善，也有助于保持和促进香港以及亚太地区的经济繁荣。发言人重申，中国政府一贯重视中美关系，希望双方共同努力，在中美三个联合公报原则的基础上，使两国关系继续得到改善，这是双方的共同利益所在。

外交部副部长刘华秋就国务院总理李鹏出席联合国环境与发展大会在北京对新华社记者发表谈话

刘华秋说，李鹏总理出席这次会议，表明中国政府和人民对世界环发事业的高度重视。中国将本着积极、务实、合作的精神，同世界各国共同作出努力，使大会获得成功。

刘华秋说，联合国环境与发展大会已于六月三日在巴西里约热内卢开幕。六月十三日和十四日，大会将举行首脑会议，通过主要文件，并签署有关公约。李鹏总理将出席这次首脑会议并发表重要讲话，宋健国务委员兼国家科委主任已动身前往参加部长级会议。中国领导人将同与会各国领导人共商全球环保与发展的重大问题。

刘华秋指出，环境问题关系到人类的生存和发展，是国际社会普遍关注的一个焦点。一九七二年，联合国曾经召开“人类环境会议”。时隔二十年举行的这次环境与发展大会，是一次筹备时间最长、包括内容最广、级别最高、规模最大、影响深远的国际会议。这次会议将通过《里约环境与发展宣言》、《二十一世纪议程》和关于森林问题的原则声明，并签署《气候变化框架公约》和《保护生物物种多样性公约》。在这些文件中，将提出开展国际环保与发展合作的基本指导原则，全面规划跨世纪的全球环保工作，对九十年代以至下一世纪相当长的一段时间的国际环保与发展合作将产生重大影响。大会倡导建立“新的全球伙伴关系”，将有利于推动南北对话和南南合作，有利于探索新的国际合作关系。大会在筹集资金和促进技术转让等重大问题上的进展，将有助于开展全球环保工作和平等互利的国际合作。因此，世界各国对这次大会都很重视，寄予厚望。

刘华秋说，自从第四十三届联大提议召开环发大会以来，世界各国、联合国系统和大会秘书处已经做了大量的准备工作。大会的筹备委员会共举行了四次实质性会议，各国代表就大会的各项主要文件进行了长时间的磋商。中国代表团自始至终以积极的、建设性的态度参加了上述活动，为会议已经取得的进展作出了应有的贡献。中国政府在去年八月已经向大会筹委会提交了关于中国环保工作的《国家报告》。去年六月，中国政府还发起在北京举办了第一次发展中国家环境与发展部长会议，通过了《北京宣言》，产生了广泛的影响。这次环发大会东道国巴西政府和人民为会议的顺利召开作出了巨大的努力和周到的安排。

刘华秋说，中国作为幅员广阔、人口众多的发展中环境大国，十分重视环保工作，把保护环境作为一项基本国策，制定和实施了一系列行之有效的方针和政策，形成了具有中国特色的环境保护战略。中国人民的环境意识明显提高。改革开放十多年来，中国的国民生产总值平均每年增长百分之九点六，而环境质量状况维持在比较平稳的状态，在某些方面还有所改善。去年，我国人民战胜了特大洪灾，迅速地重建家园、恢复和改善了环境。中国重视国际环保合作，积极负责地参加各项国际环保工作和有关公约的制订，为促进国际环发事业，作出了不懈的努力。

刘华秋说，“我们认为，环保与发展应该相辅相成，互相促进；发展中国家面临的急迫的环境与发展问题应该得到充分的重视；在保护全球环境的共同任务中，发达国家应该承担主要责任，并且在资金和技术转让方面采取切实的行动；国际社会应以尊重各国主权的原则为基础，兼顾各国的现实利益和世界的长远利益，妥善处理环境和发展问题。”

刘华秋重申，“我们一贯支持联合国在国际环保与发展这一关系到全人类共同利益的重大领域中发挥积极的作用。我们愿推动这次环发大会达成符合全球环保与发展需要的协议，为促进国际合作、为建立‘新的全球伙伴关系’作出贡献。”

国家环保局局长曲格平在联合国环境与发展大会讨论会上发言

出席联合国环境与发展大会的中国代表团副团长、国家环保局局长曲格平指出，中国一贯积极推动地区和全球范围内的国际环境与发展合作，并把它作为我国改革开放政策的重要组成部分。

曲格平说，将环境问题与经济发展过程紧密联系在一起进行审议，是人类对环境问题的本质及其解决途径的认识不断深化的体现。环境问题超越国界而成为全人类共同面临的问题，需要在国际、地区和国家三个层次展开行动，特别是开展广泛和有效的地区合作。

曲格平强调，在进行国际和地区合作时，应该帮助发展中国家开发或引进对环境无害的生产技术和各种治理污染的技术，并给予充分的资金支持；消除国际贸易中不利于发展中国家的各项因素；妥善处理债务和贸易不平衡问题，使发展中国家获得公平的发展机会；广泛开展环境建设，争取地区总体环境质量得到恢复和改善；广泛开展科学技术合作和信息交流；帮助发展中国家加强人才培训和教育，提高它们监测和控制环境的能力。

曲格平在发言时强调指出，在进行国际合作时，应继续坚持尊重国家主权和领土完整、互不侵犯、互不干涉内政、平等互利、和平共处等基本准则，明确共同的但有区别的责任，保证各国充分参与并充分考虑发展中国家的特殊情况和合理要求。

曲格平说，推进中国的经济发展和环境保护进程，需要吸收和借鉴人类社会创造的一切文明成果，同时，中国也有义务尽力做好自身的环境保护工作，积极向愿意同中国合作的国家介绍有关的经验。

曲格平表示，中国将在保持和发展已有合作关系的基础上，进一步寻求新的合作伙伴，为继续推进地区和全球范围的国际合作而努力。

中国在联合国环境与发展大会全体会议上当选为本届大会副主席

中国政府代表团团长国家计划委员会副主任叶青在亚太经社会运输和通信部长会议上发言

叶青说，中国政府一贯积极支持“亚太运输通信十年”活动，希望亚太地区各国密切合作，推动本地区运输、通信事业进一步发展。

叶青说，中国政府十分重视运输和通信事业的发展，近十几年来在改革开放政策指引下，运输和通信事业有了较大的发展，交通运输基础设施建设规模增大，技术水平提高，交通装备技术水平有较快提高，能力大为增强，完成了日益增长的运输量和邮电业务量。

叶青说，1992 年以来我国的经济发展进一步加快，对交通运输和通信的要求更加迫切。我们希望亚太经社会和各国际组织能对中国的运输和通信的发展给予广泛的支持。

叶青指出，运输和通信是亚太地区各国经济和社会发展的重要前提。亚太地区运输、通信的发展，不仅需要亚太地区各国根据自己国家经济和社会发展的需要，制定符合本国实际情况的发展战略、方针、政策和措施，而且也需要本地区各国在运输政策、管理手段、发展方式和方法等方面进行更好的协调合作。

第三届吴健雄物理奖在北京颁发

授奖仪式在中科院物理所举行，华裔诺贝尔奖获得者杨振宁，大陆物理学家朱光亚、王淦昌、黄昆、冯端及来自台湾的物理学家吴茂昆等出席仪式。29 岁的南京大学物理系讲师王牧和 28 岁的中科院物理所博士后尚昌和，成为第三届吴健雄物理奖的获得者。

6月4日

全国人大常委会委员长万里在人民大会堂会见尼泊尔下院议长达曼·敦加纳

全国人大常委会副委员长彭冲在第二期全国人大干部培训班开学典礼上发表讲话

彭冲近日在第二期全国人大干部培训班开学典礼上讲话时指出，人大工作要以党的基本路线为指导，把保证和促进改革开放作为重要职责，把加强社会主义民主和法制建设作为中心任务，把加强自身建设放在重要位置，这是新时期人大工作的指导方针。

彭冲说，人民代表大会制度是我国的根本政治制度，这个制度不是哪个人的问题，应从国体和政体的高度看待这个制度，增强人民代表大会制度的意识。有人认为，人大“可有可无”；有人认为，人大常委会是一个“婆婆，碍手碍脚”；还有的把人大常委会当作安排即将离退休老干部的场所和“荣誉机构”；还有的把人大常委会当作政府的一个部门，分配人大常委会的主任、副主任去做政府的工作。这些看法和做法都是不符合宪法和法律规定的，这也说明我们一些同志的人民代表大会制度意识还相当的差，应当加强人民代表大会制度的宣传和教育。

彭冲提出，随着社会主义现代化建设和改革开放的深入进行，人大及其常委会肩负的任务不是轻了，而是更重了。因此，必须加强人大及其常委会的自身建设，特别是干部队伍的建设，以保证人民代表大会制度的正常运转。人大干部应熟悉人大工作，热爱人大工作，通过做好人大工作,发挥人大作用,树立人大的威信。

人大干部由两部分组成,一是通过选举产生的政务人员,二是机关的公务人员。彭冲认为,政务人员即人大常委会组成人员应当有一定的社会活动能力和议政能力,能够代表人民的意志,审议和决定国家的重大问题。在常委会组成人员中有一定数量的经验丰富的老同志是必要的,年龄比政府部门高一点是可以的,但是必须能坚持正常的工作;同时,也要有相当数量的年富力强的同志,还要注意吸收一定数量的有专业知识的同志,使常委会组成人员的年龄结构、知识结构趋于合理。

彭冲认为,人大机关公务人员主要是为开好人大会议、常委会会议、委员长(主任)会议服务,为人大代表和常委会组成人员依法行使职权服务,为发展社会主义民主、健全社会主义法制服务。所以这支干部队伍应具备三方面的素质:第一要谙熟宪法和法律,有一定的理论水平;第二要有一定的实践经验,第三要有一定的文字表达能力。要在实践中学习,在学习中提高。

彭冲说,人大机关干部要实行专职常任制。人大常委会组成人员要定期换届,但机关干部队伍则要保持稳定。即使换届了,机关仍要照常运转。现在国家机关正在试行公务员制度,人大也要逐步推行,干部的录用、考核和晋级都要有一定章法。

国办关于停止向地方派驻物价特派观察员的通知

1991 年中国 500 家最大工业企业评选揭晓大庆石油管理局位居榜首

中共中央总书记江泽民在钓鱼台养源斋会见著名数学家陈省身及夫人和著名理论物理学家杨振宁教授

丹麦首相施吕特在首相府同国务院副总理田纪云举行会谈

我国五大生态工程建设全面铺开

我国规模宏大的五个生态工程在 578 万平方公里上全面铺开,所辖范围约占国土面积的 60.2%,囊括全国主要水土流失、风沙危害和台风盐碱区。

1978 年国务院批准了“三北”防护林体系建设工程规划,随后又相继批准了长江中上游防护林工程、沿海防护林工程、平原农田防护林工程和治沙工程规划。

这些战略性的举措,使我国生态工程建设进入了全面发展、总体推行的新阶段,其建设规模、速度和现已取得的成效举世瞩目。

为期 70 年、规划造林 3500 万公顷的“三北”防护林工程,自开始建设以来的 12 年间,造林保存面积达 730 多万公顷,使 1100 万公顷农田得到保护。长江中上游防护林工程启动后仅三年,完成造林 266 万公顷,占一期工程任务的三分之一。横贯东南沿海十一个省(区、市)、长达 1.8 万公里的沿海防护林工程,到 1990 年底营造海岸基干林带 1.06 万公里,有林地面积达 660 万公顷。

这五大生态工程建设的开展,不仅增加了森林面积,改善了生态环境,还对经济发展、农民致富发挥了重要作用。来自林业部的消息说,这五大防护林体系工程建成后,可使 6666.7 万公顷农田得到良好保护,我国生态环境将大为改观。

6 月 5 日

国务院召开第 105 次常务会议

国务院副总理姚依林主持召开会议。会议讨论并原则通过《中华人民共和国海商法(草案)》和《中华人民共和国专利法修正案(草案)》。

会议认为,《海商法(草案)》从我国实际情况出发,以目前通行的国际公约为基础,吸收体现国际惯例的民间规则,并考虑了国际海事立法的发展趋势。它的制定和实施将有利于我国海上运输事业和对外经济贸易的发展。会议决定将这一草案作必要的修改后提请全国人民代表大会常务委员会审议。

会议认为,《中华人民共和国专利法》自 1985 年开始施行以来,对鼓励发明创造,促进我国科技进步和经济发展以及对外科技交流和经贸往来,发挥了积极的、重要的作用。但在实施过程中,也暴露出它的一些缺陷和不完善之处。同时,近年来专利制度在国际科技、经济合作和贸易往来中的地位日益重要,专利法国际协调活动日益频繁。为了使我国的专利保护水平进一步向国际标准靠拢,也需要对专利法的部分规定作相应的修改。《中华人民共和国专利法修正案(草案)》的主要内容包括扩大专利保护的范围、延长专利权的期限、加强对专利权的保护和完善专利审批程序等。它的实施将进一步发挥专利制度在促进我国科技进步和经济发展中的积极作用,更好的贯彻深化改革和扩大开放的方针。《修正案(草案)》也将在修改后提请全国人大常委会审议。

中共中央总书记江泽民在钓鱼台国宾馆会见著名物理学家李政道和夫人

朝鲜劳动党中央总书记国家主席金日成在锦绣山议事堂会见中共中央书记处书记解放军总政治部主任

杨白冰

全国人大常委会副委员长阿沛·阿旺晋美在人民大会堂同尼泊尔下院议长达曼·敦加纳举行会谈

劳动部部长阮崇武在第79届国际劳工大会上就民主问题发言

阮崇武说，中国作为一个正处在改革中的发展中国家，十分重视在保持社会稳定的前提下发展经济、提高人民生活水平，并在此基础上稳步推进民主。

阮崇武向与会156个国家的代表简要介绍了中国政府为解决占世界人口22%的中国人民的温饱问题和公民劳动权益所作出的努力。他说，对于中国这样一个曾经饱受帝国主义侵略和压迫的人口大国来说，人民的温饱问题和生存权问题都已基本解决，这是中国在争取独立、民主和维护人权方面取得的历史性成就。他在谈到当前世界上民主化进展问题时强调，国际劳工组织在促进民主的过程中，应强调不能给成员国带来贫困和动乱，不能损害广大劳动者最基本的民主权益。

阮崇武说，如果考虑并照顾到各种政治、经济、社会制度和不同历史、宗教、文化背景的国家对民主的观点，本着求同存异、增进了解的精神携手并进，那么就可能开创互尊、互谅、和谐、合作共同向民主迈进的国际新格局；相反，如果把某种在一定历史阶段和特定社会经济环境中形成的模式作为标准，去评判其他国家，把自己的模式强加于人，那么就很可能引起不同社会制度和不同文化背景国家之间的冲突，使世界面临风险甚至灾难。

阮崇武指出，中国现在进行的劳动、工资、社会保险三大制度改革，以及劳务市场的建立不仅对发展经济，而且对保障劳动者的民主权益都起了重要作用。

阮崇武也表示愿同国际劳工组织和各友好国家进一步加强交流，学习市场经济国家一切有利于生产发展的好经验。

国务院总理李鹏视察中国科学院遗传研究所并同科技人员座谈

李鹏在座谈会上说，中国是个农业大国，农业是基础，农业的发展是国家稳定的重要因素。怎样才能使农业发展得更好更快？一靠政策，二靠科技，三靠投入。现在看来，投入也主要应是科技的投入。农业的发展要走增产、优质、高效的路子，科技将起决定性作用。应用遗传学原理，开展基因工程研究，在培育粮食和棉花油料等经济作物的高产优质新品种方面，有着极其广阔的前景。这个历史性任务光荣地落在你们和其他从事这项研究工作的科技人员的身上，国家和人民寄希望于你们。

李鹏说，关于科技人员的工作和生活条件问题，国家已经采取了一些措施，并将随着经济的发展，还要尽力采取措施，逐步加以改善。李鹏还责成中科院副院长胡启恒和国务院副秘书长徐志坚，抓紧研究如何转换科研单位的机制和保护知识产权、有偿使用研究成果等问题，以增强科研单位的活力。科研单位也可以从机制和知识产权上想办法解决一些问题。

李鹏指出，现在，我们的国家稳定，改革在不断深化，开放在不断扩大，正在满怀信心地沿着邓小平同志开创的有中国特色的社会主义道路走向繁荣富强。希望广大科技人员在看到目前还存在困难的同时，更要看到光明前途，为推动我国的经济发展和科学进步努力奋斗。李铁映、徐志坚等陪同视察。

6月6日

国家主席杨尚昆在人民大会堂会见尼泊尔下院议长达曼·敦加纳

国务院总理李鹏等在中南海紫光阁与西北五省区负责人就进一步改革开放加快西北地区经济发展问题进行座谈

国务院总理李鹏主持座谈会，副总理姚依林、邹家华、朱镕基及国务院秘书长罗干出席座谈会。

李鹏说，西北地区有它的特殊优势。尽管目前经济还不太发达，但有辽阔的土地和丰富的资源，是我国的战略大后方。改革开放以来，经济发展加快了步伐，为今后进一步发展打下了一定的基础。这里又是多民族聚居的地方，各族人民勤劳勇敢，和睦相处。从发展看，前景是很广阔的。

李鹏说，根据小平同志在南方的重要谈话，中央决定采取一些新政策和措施，进一步扩大改革开放，使全国的经济更好更快地上一个新台阶。国务院已经确定，西北的一些边境城市，如伊宁、塔城、博乐等将进一步对外开放，西北五省（区）的省会和首府也将在发展对外经济贸易方面得到国家的进一步支持。关于利用外资，我们是实行地区政策和产业政策相结合的方针，凡符合国家产业政策经国家批准的重大投资项目和高新技术项目，不分地区都可以享受经济技术开发区的优惠政策。

谈到西北地区发展战略问题时，李鹏说，这已纳入“八五”计划和十年规划，现在要根据新的发展形势进一步完善和补充。为了更快地突破西北经济的薄弱环节，国家当前主要是集中力量搞好宝（鸡）中（卫）铁路的建设，搞好西北的公路和机场以及水电、火电建设。扩大对内对外交流，搞活经济，带动大西北的发展。

李鹏勉励西北各省(区)，抓住当前的机遇，扩大与周边邻国，特别是中亚国家的贸易和经济技术合作。他说，西北地区面对的是一个有着巨大需求的市场，我们同中亚各国在经济上有着很强的互补性，西北各省(区)又有各自的优势，全国各地可以作你们的后盾，所以西北地区开展对外贸易、经济技术合作和交流的天地是十分广阔的。与周边国家的贸易和合作搞活了，西北地区的经济就会发展得更快些。希望西北各省(区)进一步解放思想，改变观念，充分发挥各自的优势，力争经济更好更快地上一个新台阶。

财政部国家体改委发布《股份制试点企业财务管理若干问题暂行规定》

中共中央政治局常委乔石在人民大会堂会见越南最高人民法院院长范兴

外交部发言人就德国采取措施发展中德两国经贸关系答记者问

有记者问：德国议会外委会通过议案，决定向中国提供六亿马克贷款，用于购买其三艘船只。你对此有何评论？

外交部发言人说："中德经贸关系是互利的，我们欢迎德方一切有利于推动中德两国经贸合作关系进一步发展的措施。"

参加圣保罗国际环境技术展览会的中国馆正式开馆

出席联合国环境与发展大会的中国代表团团长、国务委员兼国家科委主任宋健主持了中国馆开馆仪式。

国际环境技术展览会是为配合在里约热内卢举行的联合国环发大会而举办的，21 个国家和欧洲共同体参加了本届展览会。

中国国家科委和国家环保局组织了中国 75 个科研机构和生产厂家参展，通过实物、图片、模型和声像资料展出 107 项环境技术成果，展出项目包括水处理、大气、能源、固体废弃物、噪声治理、环保检测仪器和新材料等 7 个专业领域，反映了中国的环境水平与环保政策和成就。

安徽颍上县小张庄在巴西里约热内卢举行的联合国颁奖仪式上获全球 500 家环境奖

国家环保局局长曲格平在巴西里约热内卢接受 1992 年度联合国环境最高奖——笹川国际环境奖

联合国是首次把国际环境保护最高奖授予中国官员。

最高人民法院院长任建新在人民大会堂会见尼泊尔下院议长达曼·敦加纳

由南开大学中国科大复旦大学北大西北大学联合研究的"可积动力系统及低维凝聚态模型项目"通过国家级鉴定并已达国际先进水平

6 月 7 日

中共中央宣传部举办的全国报纸理论宣传研讨班在北京结业

中共中央宣传部举办的为期 15 天的全国报纸理论宣传研讨班近日在北京闭幕。

来自全国各省报和中央报纸主管理论宣传的负责人在座谈发言时谈到，当前，理论宣传要进一步解放思想，联系实际，引导人们在小平同志重要谈话精神的指引下把思想统一起来，行动起来，抓住有利时机，加快改革开放和经济建设。在下一步的工作中，要继续深入学习、认真领会小平同志重要谈话，全面、深刻地把握其精神实质，努力增强理论宣传的准确性、针对性、可读性，形成有利于加快改革开放的良好社会环境和舆论氛围。

中共中央宣传部长王忍之在研讨班结束时强调，邓小平同志的重要谈话，对建设有中国特色社会主义的一系列理论和实践问题作了透辟的概括和总结，既有丰富的理论内涵，又有很强的现实针对性；既体现了他的一贯思想和主张，又有许多新的发挥和发展。我们要宣传好谈话精神，宣传好小平同志确立的建设有中国特色社会主义的理论，这是理论宣传工作的根本任务，这一点，做理论宣传工作的同志一定要非常明确、非常自觉。

王忍之指出，建设有中国特色社会主义理论从提出到发展、形成，已有 14 年了。在这一理论指导下，我国的改革开放和现代化建设取得了举世瞩目的成就。这一理论的正确性、科学性经受了实践的检验，经受了历史剧变的考验。实践的检验和历史的证明告诉我们，必须牢牢掌握这一科学的理论和党的基本路线，几十年、一百年坚持下去，决不能动摇。掌握、坚持了这一理论、这条路线，经济才能迅速发展，社会才能进步，中国就大有希望。

王忍之说，建设有中国特色的社会主义理论是马克思主义的基本原理和我国现代化建设实践相结合的产物，是马克思列宁主义、毛泽东思想的新发展。我们学习马克思主义，解决在中国怎样建设社会主义的问题，就必须花大力气来学习邓小平同志确立的建设有中国特色的社会主义的理论。只有这样，才能把握住马克思主义发展进程中的最新成果。

研讨班邀请了中央有关部门的领导、专家就如何加深理解小平同志的重要谈话精神、加快改革开放步伐作了报告，研讨班参观了首钢和天津印铁制罐公司，与专程来京的上海二纺机股份有限公司和万国证券公司的总经理、副总经理就深化企业改革和股份制等问题进行了座谈、讨论。

中国房地产市场体系正在形成

建设部部长侯捷日前接受记者采访时透露，我国正在形成包括土地使用权出让、转让，房屋买卖、租赁，房地产抵押贷款、信托、拍卖等各种经济活动在内的房地产市场体系。房地产业在国民经济和社会发展中越来越显露出重要作用，预料不久的将来它将成为我国国民经济的重要支柱产业之一。

现在，全国已有房地产开发公司3700家，经营公司4700家，房地产交易所1500家，职工300万人，固定资产达90亿元，年产值近千亿元。

建设部提供的统计资料表明：1981年至1990年的十年中，全国城镇住房建设投资达2600亿元，是前31年投资总和的4.6倍，已建成投入使用的住房面积有13亿平方米，是前31年总量的1.8倍，建成5万平方米以上的住宅小区2500多个，改造危旧房1.2亿平方米。据初步估算，全国城镇房地产投资达到6000亿元以上，开发的国有土地面积达2.5万平方公里，房屋总量有66亿平方米，已形成的房地产总值38200亿元，与10年前相比增加了近两倍。

"七五"期间，全国开发公司共完成房地产开发工作量1027亿元，平均每年递增率为39.3%，每年销售商品住宅面积1.32亿平方米，销售收入686.5亿元，1991年完成商品房开发工作量335亿元，竣工商品房面积5200万平方米，商品房销售收入224亿元。全国1500家交易所仅1990年办理房地产交易就达30万起，交易额124·6亿元。

据统计，1990年中国通过征收土地使用税、房产税、契税、房地产开发经营企业所得税、营业税、向个人出售商品房和公房以及出让土地使用权等，国家总计获得直接收入130多亿元。

国务院批准将全球大气水质监测工作从卫生部移交国家环保局承担

国务院总理李鹏复信关心环境保护的河北省少先队员

李鹏在回信中说："我以极大的兴趣读了你们热情洋溢的来信。环境保护是我国一项基本国策，希望'保护环境'要从小做起。让我们共同努力使我们伟大的祖国'天更蓝，地更绿，水更清'，更加繁荣昌盛。"

6月8日

林业部部长高德占说各地林业部门要把森林旅游发展成为有生机有活力的大产业　目前经林业部批准建立的森林公园达91处国家狩猎场14处

国务院总理李鹏在人民大会堂会见香港总督卫奕信勋爵

李鹏指出，中国的发展离不开和平的国际环境和国内的政治稳定。

李鹏说，内地现在政治稳定、经济发展，对香港的平稳过渡有利。同时，香港的稳定与繁荣对内地的经济发展也有利。

李鹏说，维护香港长期的稳定与繁荣是中英双方的共同目标，是香港市民的普遍愿望，也符合在香港的外国投资者的利益。

李鹏说，今后我们将继续在中英关于香港问题联合声明和香港新机场谅解备忘录的基础上与英方加强合作，以实现香港的平稳过渡和政权的顺利交接。

卫奕信表示，英国将在英中联合声明的基础上继续与中国合作，以保持政策的连续性。

中国政府代表团团长宋健在联合国环境与发展大会全体会议上发言

宋健说，从工业革命至今，时光已经流逝两个世纪。从1972年联合国人类环境大会到今天，过了整整20年。回顾这两段历史，我们在环境与发展问题上至少能得到以下几点启示：

一、人类文明的进化发展是一个逐步地从较低阶段走向较高阶段的过程。没有哪一个阶段是永恒的。人类总是要不断地总结经验，不断地超越自我，有所发现，有所前进。人类完全有能力处理好当前面临的和以后可能出现的环境与发展的挑战。

二、工业革命之后流行的发展模式，特别是生产和消费模式已难以为继。这种模式虽然使一些幸运的地方富裕和发达起来，却在更多的地方造成了贫困和落后；虽然提高了人的生产能力，却过度地消耗资源，破坏了生态平衡和生存环境；虽然部分满足了部分人们的近期需要，有时却牺牲了长远的发展利益。因此，这种模式既没有带来全球普遍的和共同的发展，也未能保护好环境。

三、保护环境同经济、社会发展必须协调进行。在联合国人类环境大会召开以来的 20 年中，人类对环境与发展的关系有了更深一层的认识，意识到保护环境和促进发展是同一个重大问题的两个方面，是一个不可分割的整体。因此，必须溯其根源，在人类经济社会发展进程中寻找保护环境的最佳途径，将环境保护纳入经济、社会发展的进程之中。从 1972 年的“人类环境大会”到今天的“环境与发展大会”，标志着人类对环境与发展问题的认识有了质的进步。

四、没有和平与稳定，就谈不上保护环境和促进发展。一个没有和平与稳定的世界，不仅会使大量宝贵的资源消耗在战争和冲突中，而且将给生态环境带来直接的破坏。和平与稳定，是一个国家、一个地区乃至全球环境保护和经济发展的前提。

总结历史的经验，迎接当前的挑战，协调今后的行动，是我们这次大会的崇高使命。为了实现这个目标，大会的筹备委员会发出了建立起一种“新的全球伙伴关系”的呼声，并且已经写入《里约环境与发展宣言》。我们认为，“新的全球伙伴关系”必须建立在坚实、牢固的基础上，这一基础应充分反映国际社会在环境与发展领域中的共识，尤其要包括以下基本原则：

第一，“新的全球伙伴关系”的目标应是既推动国际社会在维护、保护和恢复地球生态系统方面的合作，又推动国际社会在经济发展方面的合作。我们的目的应是使全世界人民在美好的环境中享受更加美好的生活。对尚处于经济发展初级阶段的许多发展中国家来说，贫困和不发达是环境退化的一个最重要原因。没有经济的稳定发展，就无法满足人民的基本生活需求，更不会有保护生态系统和环境的能力。因此，“新的全球伙伴关系”，必须涵盖环境与发展两方面的问题，特别是妥善处理贸易、债务、资金等问题，努力改善国际经济环境，以利于各国特别是发展中国家实现保护环境和经济发展协调的可持续发展的目标。

第二，“新的全球伙伴关系”必须建立在尊重国家主权和领土完整、互不侵犯、互不干涉内政、平等互利、和平共处等国际关系准则的基础之上。各国经济、社会发展阶段不同，都有权根据自己的具体国情选择经济发展与环境保护的最佳道路。各国有权根据自己的需要，开发利用自己的自然资源，同时不给别国造成损害。任何试图将某一种政治、经济模式强加给其他国家的做法，或在合作中附加种种不合理条件的做法，都将从根本上削弱这一“伙伴关系”的基础。

第三，“新的全球伙伴关系”必须是公正的。一方面，要充分地、实事求是地考虑造成地球生态环境恶化的有区分的责任，并依此确定相应的义务。另一方面，在研定有关措施和行动时，必须考虑到各国不同的经济发展水平和能力，不能不顾历史和现实而用一个尺度来衡量。

第四，“新的全球伙伴关系”应妥善处理资金和技术转让等问题。没有资金和技术转让的保障，国际合作只能是“海市蜃楼”。应该从人类共同、长久利益的高度来看待这个问题。发达国家帮助发展中国家实现可持续发展的努力，既是对人类共同利益的贡献，同时也是对自身利益的一种投资。

第五，没有广大发展中国家的有效参与，“新的全球伙伴关系”就无法建立，保护全球生态和环境、可持续发展也就无法实现。因此，国际环境与发展合作必须充分考虑发展中国家的特殊情况，并对目前主要危害发展中国家的环境问题予以足够的重视。

中国作为一个发展中大国，深知自己在保护地球生态环境方面的责任和可以发挥的重要作用。中国本着对人类、对后世高度负责的态度，努力克服资金不足、技术水平尚不很高的种种困难，在维护生态平衡、保护环境、消除贫困、改善人民生活条件、控制人口增长等方面做出长期不懈的努力。中国政府已把保护环境列为一项基本国策，纳入国民经济、社会发展的战略目标，并在实践中形成了一整套适合自己国情的政策和措施。经过艰苦的努力，已取得显著成效：在实行改革开放的十多年里，中国经济持续增长，但避免了环境相应恶化，且局部尚有改善。中国人民的基本信念是：把中国的环境保护工作作好，不仅是对自己人民和后代的义务，也是对全人类共同事业的重要贡献。

在环发大会筹备进程中，中国政府于一年前发起在北京召开了“第一次发展中国家环境与发展部长级会议”。会议一致通过了系统论述与会发展中国家在环发领域内主张的《北京宣言》。这是广大发展中国家为此次大会的成功，也是为建立“新的全球伙伴关系”作出的重要贡献。

历时两年多的大会筹备活动在唤起人民环境意识方面发挥了巨大的作用。全人类对环境和发展问题的觉醒和行动是解决问题的开端。我们赖以生存的地球，孕育了生命和人类，同时她是十分脆弱的，我们必须十分珍惜她。这次大会为发起新的国际合作提供了历史的机会。我们应以人类千秋万代的共同利益为重，真正负起责任，拿出实际行动，把握住这次会议提供的机会。在环发领域里建立起“新的全球伙伴关系”，为新时期的国际合作树立典范。

中国代表王厚德在日内瓦召开的第 79 届国际劳

工大会上发言

在日内瓦参加第79届国际劳工大会的中国代表、全国总工会副主席王厚德在发言中强调，消除失业和贫困是当今劳工界乃至整个世界面临的迫切任务。

王厚德在发言中说，失业和贫困依然困扰着许多国家，特别是发展中国家的人民。促进民主和社会正义，应该有利于这些国家的社会稳定和经济发展，从而实现消除贫困、改善生活的目的。

王厚德认为，争取民主和社会正义应该落实到工人有更多和更有效的参与上。工人参与是民主和社会正义的重要体现，也只有工人参与才能促进民主和社会正义的进程。

王厚德指出，中国工会特别注意基层的民主建设，一直把推行和完善职工代表大会作为自己工作的重点。随着我国社会主义民主和法制建设的发展，工会的权力也在扩大。中国七届全国人大五次会议通过的《中华人民共和国工会法》进一步明确规定了工会的性质、地位和任务。

国家教委发言人对美国参议院最近通过"1992年中国学生保护法案"一事发表谈话

发言人说：我们认为，这项法案试图以美国国内立法的形式，阻挠中国留学人员回国服务，严重违反中美之间的协议，中方对此表示严重关切和强烈不满。

国务院副总理田纪云在赫尔辛基同芬兰副总理兼外贸部长佩尔蒂·萨洛莱宁就两国经贸与科技合作等问题举行会谈

国办转发林业部等部门《关于进一步加强林地保护管理工作请示》的通知

6月9日

中共中央总书记江泽民在中共中央党校省部级干部进修班上发表题为《深刻领会和全面落实邓小平同志的重要谈话精神，把经济建设和改革开放搞得更快更好》的讲话

今天，我要讲的主题，是如何更深刻地领会和全面落实小平同志的重要谈话精神，把我们的经济建设和改革开放搞得更快更好。

五月二十二日，小平同志视察首钢时，又讲了一些重要意见。这次谈话是他视察南方谈话的继续发挥和补充，其精神是一致的。小平同志的这些重要谈话，深思熟虑，高瞻远瞩，既分析了当前的国际国内形势，又总结了十多年来建设和改革的基本经验，内容十分丰富。我觉得，这些重要谈话贯穿了一个鲜明的中心思想，这就是：必须坚定不移地全面贯彻执行党的"一个中心、两个基本点"的基本路线，解放思想，实事求是，放开手脚，大胆试验，排除各种干扰，抓住有利时机，加快改革开放步伐，集中精力把经济建设搞上去，不断地把有中国特色的社会主义事业全面推向前进。对于这个中心思想，我们在认识上和工作中，一定要牢牢把握住。这也是十一届三中全会以来小平同志的一贯思想。

为了深刻领会和全面掌握小平同志谈话的精神实质，我认为省部级以上的高级干部，很需要认真回顾和研究十一届三中全会以来小平同志提出的建设有中国特色社会主义的基本思路。

最近，我重新翻阅了十多年来小平同志的一系列重要讲话和文章，包括尚未公开发表的同外国来宾的重要谈话。通过学习，对于小平同志的革命胆略、远见卓识和实事求是、勇于创新的精神，对于他在新的历史条件下对马列主义、毛泽东思想的新发展和对科学社会主义理论的新贡献，有了更深切的认识。

十一届三中全会以后，小平同志一再指出，按照马克思主义的基本观点，社会主义的根本任务就是大力发展生产力，在长期发展生产力的基础上充分体现出社会主义制度优越于资本主义制度，并最终战胜资本主义。要大力发展生产力，就必须在整个社会主义历史阶段中，始终坚持以经济建设为中心。那么中国社会主义的状况究竟怎么样，发展生产力的任务实现得好不好呢？小平同志通过回顾和分析建国以来的历史事实，认为建国后的前八年是做得好的，迅速恢复了国民经济，进行了社会主义改造，成功地确立了社会主义制度。但是从一九五七年下半年到一九七八年的二十年里，工作做得不好，虽然社会主义建设取得了不少成就，但总的说来国家的发展基本上处于停滞不前的状态，对外闭关自守，对内以阶级斗争为纲，制定的政策中有不少超越了社会主义初级阶段，导致不但不能发展生产力，反而阻碍了生产力的发展。因此，他提出必须纠正过去"左"的错误，把党和国家的工作重点转移到经济建设上来。小平同志接着思考的问题是，国内国际的形势和条件，是不是有利于把党和国家的工作重点转移到经济建设上来，是不是能够一心一意、聚精会神地进行经济建设呢？他经过全面分析认为，国内条件已经具备，"文化大革命"已经结束，全党正在对"左"的错误进行拨乱反正。国际条件也发生了重大变化，世界和平力量的发展已超过战争的力量，战争是可以避免的，争取一个较长时间的国际和平环境是可能做到的。为此我们的对外政策应进行调整，坚持独立自主的和平外交政策。所以，我们应该抓住这个难得的有利时机，确立以经济建设为中心，集中力量把中国的经济搞上去。要发展中国的经济，实现中国的现代化，究竟要确定什么样的战略目标呢？小平同志基于我国人口多、底子薄的基本国情，经过深入思考和精心设计，逐步提出了著名的“三步走”的发展战略，就是第一步实现国民生产总值比一九八〇年翻一番，解决人民的温饱问题。第二步到本世纪末实现翻两番，人民生活达到小康水平。第三步到下个世纪中叶人均国民生产总值达到中等发达国家的水平，人民生活比较富裕，基本实现现代化。如何才能顺利实现“三步走”的发展战略呢？小平同志认为必须采取根本区别于过去那种“左”的政策的一系列新的政策。他通过深刻总结历史的经验教训，提出了改革开放政策，并强调这是最重要最主要的新政策。他指出改革包括对经济体制、政治体制和其他体制的改革，开放就是对所有的国家和地区都开放，对国内的各方面工作也要实行开放；指出改革开放同建国初期的革命一样，其目的是清除发展生产力的障碍，从这个意义上说也可以叫革命性的变革，或者说是第二次革命；指出改革开放的政策，必须长期坚持不变，至少七十年不变，因为中国的经济发展和基本实现现代化，需要七十年时间，即本世纪末的二十年和下世纪的五十年，如果要变，我们就什么也搞不成，就会遭到人民的普遍反对。七十年以后也不会变，总之改革开放要贯穿中国的整个发展过程。在一提出实行改革开放时，小平同志就重申了四项基本原则，为什么要这样呢？小平同志的考虑是，无论经济建设还是改革开放，都需要有政治保证，坚持四项基本原则就是最根本的政治保证，它和坚持改革开放是相互依存的，最终都是为把经济建设搞上去这个中心任务服务的。他认为只有实行“一个中心、两个基本点”的基本路线，才能使中国的社会生产力逐步得到发展，从而逐步摆脱贫穷落后的状态。在现代化建设和改革开放的整个过程中，还必须大力发展社会主义民主和健全社会主义法制，必须坚持社会主义的物质文明和精神文明一起抓，这也是小平同志经常思考和强调的重要问题。他认为只有这样去做，才能实现经济的发展，促进社会的全面进步。为了振兴中华民族，完成祖国统一大业，小平同志创造性地提出了“一国两制”的方针。实行改革开放，建设有中国特色的社会主义，是一个新的事业，因而也必然是一个不能不遇到困难和风险的艰巨复杂的奋斗过程，所以小平同志反复强调，要坚持和改善党的领导，同时要坚持解放思想，开动脑筋，胆子要大，步子要实，不断摸索前进，不断总结经验，以引导我们的事业不断开创新局面。

小平同志提出的建设有中国特色社会主义的基本思路，包括的重要之点很多，因为今天不是专门论述这个问题，不可能概括得很完全。但从上面提出的一些要点，已经可以清楚地看到，十多年来小平同志所提出的各种重要的理论观点和实际决策，都体现了马克思主义的基本原理同中国现代化建设具体实际的结合和统一，因而经得起社会实践的检验和历史风波的考验，因而具有稳定性和连续性，因而能随着实践的前进而不断得到丰富和发展。同时还可以清楚地看到，小平同志的重要思想是一以贯之的，他最近的谈话，也是他十多年来关于建设有中国特色社会主义的一贯思想的高度体现和新的发展。

我们的领导干部首先是高级干部，不仅要努力学习和掌握十一届三中全会以来小平同志的一系列战略思想、理论观点和决策原则，而且要努力学习他在研究新情况解决新问题中的实事求是精神和马克思主义的立场、观点、方法。这样才能改进我们的领导工作，提高我们的领导水平和领导艺术。

实事求是是马列主义、毛泽东思想的精髓，也是小平同志建设有中国特色社会主义理论的精髓。他对外宾说过：我是实事求是派。我追求的目标是，力求我们国家的政策和实行这些政策的步骤和方法合乎我们自己的实际。他还说过，真正的马克思主义者，就是根据现在的情况来认识、继承和发展马克思主义。他正是这样杰出的马克思主义者。

小平同志提出党的“一个中心、两个基本点”的基本路线，提出建设有中国特色的社会主义理论，引导我国现代化事业走上正确的发展道路，并取得举世瞩目的成就，这是他为我们党、国家、民族和人民建立的新的历史功绩，也是我国社会主义事业在国际风云变幻中能够经得起严峻考验，立于不败之地的最重要的原因。完全可以这样说，有中国特色社会主义建设道路的开创及其理论、路线和方针政策的形成，标志着我们的社会主义事业进入了一个新的发展阶段，标志着我们党对社会主义的科学认识实现了一个新的飞跃。实践已经证明，这是一条充满生机与活力的社会主义发展道路，沿着这条道路始终不渝地走下去，一定会大大促进我国生产力的迅速发展，促进我国综合国力的不断增强，促进我国社会的全面进步。

关于如何深刻领会和全面落实小平同志的重要谈话精神，同志们都在认真研究。下面我想分九个问题来谈一些看法，供同志们在内部研究问题时参考。

（一）关于抓住当前有利时机，加快改革开放和经济建设的发展

国际社会的竞争，归根到底是经济实力和以经济实力为基础的综合国力的竞争与较量。改革开放以来，我国经济取得了巨大发展，但由于过去底子薄，由于改革开放前政策上发生“左”的失误，耽误了很长一段时间，使得我国经济同发达国家相比仍存在很大差

距。同时要看到,第一步战略目标虽然提前实现了,但要实现第二步特别是第三步战略目标,难度会不断加大。目前亚洲"四小龙"及其他周边国家和地区正在加快经济发展,国际经济贸易的竞争也日趋激烈,再加上东欧剧变和苏联解体,这些都给我们带来了新的压力和挑战。如果我国经济不发展或发展得太慢,那么同西方发达国家甚至同周边国家的差距就会继续拉大,我们就会处于非常不利的地位,要巩固社会主义制度和维护国家的长治久安,就会遇到极大的困难。所以能不能加快经济发展,进一步改善人民生活和增强综合国力,不仅是重大的经济问题,也是重大的政治问题。对此同志们必须有高度的紧迫感和责任感。小平同志和其他老一辈革命家,以及全国人民对国家经济的发展都寄予殷切期望。

综观当前的国际国内形势,对我们加快改革开放步伐,加快经济发展来说,有利条件不少。从国际来说,世界正处于新旧格局的交替过程中,虽然霸权主义和强权政治依然存在,和平与发展问题并未得到解决,但仍然可以争取一个较长时间的和平环境。东欧、苏联演变以后,西方大国面临许多棘手的问题,既要应付东欧和独联体的新的危机,又要应付西方内部的新的政治矛盾和经济摩擦。对它们搞和平演变我们固然要保持警惕,但总的来说,目前国际上对我们的障碍不算多,我们可以灵活利用的回旋余地还是比较大的。世界新科技革命的进程正在加快,许多国家和地区正在进行产业和产品结构的调整、重组与升级,亚太地区经济发展出现良好势头。这些都为我们扩大对外开放,加快经济发展和国际经济技术合作,提供了有利时机。从国内来说,十多年来建设和改革取得的巨大成就,大大增强了我国的经济实力。三年多的治理整顿和深化改革,为加快改革开放和经济建设的新的全面开动,进一步创造了良好环境。一九八九年春夏之交的政治风波平息以后,经过大量工作,重新实现和保持了国家的稳定和社会的安定团结。党的基本路线更加深入人心,改革开放成为不可逆转的历史趋势,广大干部和群众在建设和改革中,积累了许多成功经验。小平同志的重要谈话,进一步鼓舞了全党全国人民,各个方面的积极性空前高涨。因此,只要我们紧紧抓住和充分利用这些有利条件和良好机遇,完全可以把经济建设和改革开放搞得更快更好。如果我们放过了这种有利时机,没有新的发展和新的作为,那就会犯历史性的错误。

要加快经济建设,必须有一个积极发展的速度。慢了不行,停顿不前更不行。否则如"逆水行舟,不进则退"。小平同志很关心经济的发展速度,他在视察首钢时又强调了这个问题。他认为如果老是百分之六的速度,就会影响第二步目标的实现,而且会给第三步目标的实现造成更大的困难。他的这个意见,应该引起我们的足够重视。最近,李鹏同志和国务院其他领导同志专门研究了这个问题。从全国来说,根据我们现有的物质技术条件、经济实力、社会承受能力,加上加快改革开放的措施和人的积极因素的进一步发挥,看来国民生产总值可以超过"八五"计划中确定的年均百分之六的增长速度,可以搞得再快一些,向百分之九、百分之十前进,只要把工作和措施跟上去,是有把握实现的,而且不会有什么大的风险。

当前,我们要注意把握和做到这样几条。第一,抓紧有利时机,积极创造条件,力争以更快更好的速度前进,切不可过于求稳而丧失时机,迈不开发展的步子。第二,全国各地的情况和条件千差万别,在发展速度上要坚持从实际出发,不作统一规定。凡有条件能搞快一些就搞快一些,只要是质量高、效益好、能适应市场需求变化的速度,就应放胆去做。第三,要更新观念。不要一讲加快发展,就走到过去那种片面追求产值、指标和片面扩大基建规模的老路上去,新上一些必需的基建项目是完全应该的,但主要应向深化改革、推动技术进步、增加高质量的新产品、发展外向型经济、积极有效地利用外资、提高企业素质等方面,去争速度要效益。这样实现的发展速度,就会是又快又好的速度,不会有大的风险。第四,中央经济主管部门要深入下去,帮助地方和企业进行分析和研究,找到搞好企业的路子,并为它们加快发展创造有利条件,切实搞好服务,改进宏观管理。总起来说,就是小平同志所要求的,要走给下面放松的路,不要走给下面卡紧的路。

要加快经济和改革开放的发展,很重要的一条,就是各经济主管部门、各地方和各企业,特别是经济特区、沿海开放城市和其他开放地区,除了适应和满足国内市场的需求外,一定要瞄准国际市场,瞄准外国产业和产品结构的重组情况、资金技术转移趋向等等,大力发展外向型经济,实现对外贸易的多元化。在这方面,"四小龙"的经验,值得我们学习和借鉴。

(二)关于改革也是革命也是解放生产力

小平同志前些年就明确提出了改革也是革命的思想,认为在我国取得民主革命胜利和确立社会主义制度以后,改革是正在进行的又一次革命,或者说是第二次革命。在最近的谈话中,他又强调指出:"革命是解放生产力,改革也是解放生产力。""过去,只讲在社会主义条件下发展生产力,没有讲还要通过改革解放生产力,不完全。应该把解放生产力和发展生产力两个讲全了。"小平同志要求我们把改革提到革命、提到解放生产力这样应有的高度上来认识和把握,这就把改革的性质、目的、意义,讲得更完全更透彻了。

改革的一个核心问题，就是要从根本上改变束缚生产力发展的原有经济体制，建立充满生机与活力的新经济体制。我们过去长期实行的是高度集中的计划经济体制，这种经济体制曾经起过重要作用。但是由于这种经济体制存在权力过分集中的弊端，存在忽视甚至排斥商品经济、忽视甚至排斥市场作用的弊端等等，越来越不适应现代化生产发展的要求，束缚生产力的发展，以致往往把整个经济搞死，使其失去生机与活力。所以，对这种高度集中的计划经济体制进行根本性的改革势在必行，否则就不可能实现我国的现代化。改革原有的经济体制，是为了清除不利于生产力发展的障碍，使生产力进一步得到解放，从这个意义上说改革也是一次革命，改革也是解放生产力。

各级领导干部，要切实掌握小平同志提出的改革也是革命，也是解放生产力这个重要理论观点，这对于加快和搞好改革开放，是十分重要的。有了这种理论认识，就可以提高我们进行改革的自觉性和坚定性。

（三）关于大胆向资本主义国家学习和借鉴有用的东西

资本主义经过几百年的发展，在经济、科技、教育、文化和社会管理方面，积累了丰富的经验，取得了许多历史的文明成果。第二次世界大战以来，西方国家又处于相对稳定的发展时期，在经济和社会生活方面发生了不少新的变化。特别是西方发达国家，目前在世界上拥有资本的优势、科学技术的优势、产业结构应变能力强的优势、对外贸易的优势、劳动者素质较高的优势。八十年代在西方发达国家经济增长中，科技作用所占的比重已达到百分之六十至百分之八十；到一九八八年，它们掌握的两万个跨国公司，控制着世界上所采用的新技术和新工艺的百分之八十以上。一九九一年全世界出口额共三万五千三百亿美元，其中美、德、日、法、英、意、加七国的出口额就达到一万八千四百亿美元，占百分之五十二。资本主义国家有许多可供我们学习、借鉴和利用的东西，这应该引起我们的进一步重视。加快改革开放步伐，应该包括大胆吸收和借鉴人类社会创造的一切文明成果。

社会主义作为一种崭新的社会制度，只有在继承和利用资本主义社会已经创造出来的全部社会生产力和全部优秀文化成果的基础上，并结合新的实际进行新的创造，才能顺利建设成功。但是，在过去长时期内，我们在对待资本主义问题上，往往只看到或更多看到的是社会主义同它对立和斗争的一面，而很少看到社会主义同它还有学习、借鉴、合作和利用的一面。对于对立和斗争的一面，我们当然要看到，而且应认识到只要这两种社会制度还同时存在，它们的对立和斗争就不会消失，社会主义国家的执政党和人民就要保持应有的警惕性。但在看到对立和斗争一面的同时，也要充分看到学习、借鉴、合作和利用的一面。只看到前一面，而看不到后一面，就陷入了认识上的片面性。这种认识上的片面性，不符合社会历史发展的辩证法，不利于社会主义经济文化的进步。

小平同志提出必须坚持改革开放，坚持解放思想和实事求是，一个很重要的方面，就是要求我们摆脱过去的一些片面认识，大胆利用国外主要是资本主义国家的资金、人才和先进技术，大胆吸收和借鉴世界各国包括资本主义发达国家的一切反映现代化社会生产规律的先进的经营方式和管理方法。立足我国实际，把国外的这些有用的东西认真学过来，在社会主义基础上加以运用、改进、提高，以创造和发展有中国特色的新东西，这样我们进行社会主义现代化建设和改革开放的本事就会增大起来，就可以加快我国经济和社会的发展，赢得与资本主义相比较的优势。所以我们在学习和利用资本主义国家的一切有用东西时，思想要更解放一些，胆子要更大一些，步子要更快一些，办法要更多一些，而不要被“姓社还是姓资”问题的抽象争论束缚住自己的思想和手脚，迈不开前进的步子。因为学习和利用这些有用的东西，不存在“姓社姓资”问题，它们是人类社会共同创造的文明成果，资本主义社会可以用，社会主义社会也可以用。我们引进一些西方国家的资本，兴办一些“三资”企业，虽然外国资本家要赚一些钱，但总的说来，它们在我国法律和政策允许范围内经营，其中有我们的股份，我们可以收税，可以增加劳动者的就业机会，可以学习先进技术和管理经验，可以更多地获得国际市场的信息，可以有助于扩大我们对外贸易的市场。所以，“三资”企业是我国社会主义经济的有益补充，归根到底是有利于我国社会主义事业的。同时要看到，任何社会都不是纯而又纯的，在社会主义初级阶段，有一点资本主义因素存在，也没有什么可怕的，国家政权掌握在我们手里，不会影响我们坚持社会主义道路。

我们必须树立一个明确认识，不管是哪种社会制度下创造的文明成果，只要是进步的优秀的东西，都应积极学习和运用。对糟粕的东西则应剔除，不能学。我们在学习和借鉴资本主义国家一切好的东西时，当然不能妄自菲薄，不能对社会主义事业缺乏信心。我们并不是一切都落后，如果因为要向外国学习，就以为自己什么也不行了，变成盲目崇外，那同样是一种片面性。

至于极少数人，认为中国对西方国家的政治制度、经济制度，如议会制、多党制、私有制等，也应照搬过来，对于这种错误倾向，我们任何时候都要警惕和防止，不能让它们干扰我们的改革开放事业。

还有一种观点，认为随着现代科学技术的发展和资本主义社会出现某些新的变化，社会主义与资本主义两种制度会越来越融合在一起，这种抹去两种制度区别的所谓“趋同论”，也是站不住脚的。社会主义同资本主义在基本政治制度、经济制度上是有着本质区别的，这种本来就存在的根本界限，无疑是应该划清的，而不可以含糊。

总之，我们一方面要大胆学习和借鉴资本主义国家的一切好东西，有些东西不仅要学，还要花钱去买；另一方面又要坚决抑制各种腐朽的东西和反映资本主义本质属性的东西。准备了“两手”，掌握了“两点论”，我们的学习和借鉴工作就会广泛正确地开展起来和长期坚持下去。

（四）关于加快经济体制改革

加快经济体制改革的根本任务，就是要尽快建立社会主义的新经济体制。而建立新经济体制的一个关键问题，是要正确认识计划与市场问题及其相互关系，就是要在国家宏观调控下，更加重视和发挥市场在资源配置上的作用。

历史经验说明，商品经济的充分发展是实现社会经济高度发达不可逾越的阶段。充分发展的商品经济，必然离不开充分发育的完善的市场机制。那种认为市场作用多了，就会走上资本主义道路的担心，是没有根据的和不正确的。一九九〇年底，小平同志就明确指出：理论上要搞懂，资本主义与社会主义的区分不是计划、市场这样的内容。社会主义也有市场调节，资本主义也有计划控制。资本主义不控制？有那么自由？最惠国待遇就是控制嘛！不要以为搞点市场经济就是资本主义道路，没那回事。计划经济和市场调节都得要，不搞市场，自甘落后，连世界信息都不知道。小平同志在最近的谈话中把这个问题讲得更简明更深刻了。他说：“计划多一点还是市场多一点，不是社会主义与资本主义的本质区别。计划经济不等于社会主义，资本主义也有计划；市场经济不等于资本主义，社会主义也有市场。计划和市场都是经济手段。”

关于“资本主义也有计划”，恩格斯在他晚年就已开始察觉到了这个问题。一八九一年，他在批判德国社会民主党纲领草案时指出，资本主义托拉斯的出现，标志着生产的“无计划性没有了”。他说：纲领草案中所说的“根源于资本主义私人生产的本质的无计划性”，这一句需要大加修改。一九一七年四月，列宁也曾经指出，第一次世界大战加速了资本主义向帝国主义的发展，一般垄断变为国家垄断，从而“正直接向它更高的、有计划的形式转变”。列宁又说：“关于资本主义问题的提法，不估计到托拉斯的作用，却说‘资本主义的特点是无计划性’，那是不能令人满意的。”我引用恩格斯和列宁的这些话，是想引起同志们进一步注意，注意加强对资本主义经济发展变化情况的研究，以利于分清哪些是资本主义的本质特点，哪些不属于资本主义的本质特点。

到了本世纪三十年代，凯恩斯主义出现后，西方资本主义国家加强了对经济生活的干预，也就是明显加强了对经济的宏观控制。凯恩斯强调对全社会进行总需求管理，特别是利用财政政策来调节总需求，这对挽救三十年代西方国家经济的大萧条起了重要作用。此外，凯恩斯主义和后凯恩斯主义还强调通过累进式个人所得税、遗产税和馈赠税，进行收入再分配的调节。这表明西方资本主义经济除了各企业内部加强了计划性，在宏观层次上也出现了一定程度的计划调节。

到了二次大战后，尤其是六十年代以来，随着资本主义所固有的矛盾日益加深以及科学技术的迅速发展，一些西方发达国家纷纷制定和实施各种形式的宏观经济计划。例如，日本先后制定了九个经济发展计划，法国也连续制定了十个经济发展计划。这些都说明，不少资本主义国家是很注意对经济活动进行计划控制的。因此，我们同志的思想不能再停留在过去的概念上了，不能把有计划只看成是社会主义独具的特征。当然，社会主义制度下和资本主义制度下运用计划手段的范围和形式是会有些区别的，如同运用市场手段的范围和形式也是会有些区别的一样。

关于“社会主义也有市场”，通过十多年来的改革开放，应该说我们有了更深切的体会。我们把市场机制引入经济生活，给我国社会主义经济增添了生机与活力，对加快经济的发展起了显著的作用。过去，我们往往只看到市场的自发性方面所带来的一些消极作用，而很少看到市场对激励企业竞争，推动经济发展的积极作用，特别是看不到市场也是一种配置资源的方式，看不到它对优化资源配置所起的促进作用。这显然是一种认识上的片面性。大量事实表明，市场是配置资源和提供激励的有效方式，它通过竞争和价格杠杆把稀缺物资配置到能创造最好效益的环节中去，并给企业带来压力和动力。而且，市场对各种信号的反映也是灵敏迅速的。正因为有这些优点，所以市场对经济发展的积极作用，已为社会主义国家越来越多的人们所认识，过去对市场的片面认识和偏见正在被抛弃。当然，我们强调充分看到市场的优点，并不是说市场是全面的万能的。市场也有其自身的明显弱点和局限性。例如，市场不可能自动地实现宏观经济总量的稳定和平衡；市场难以对相当一部分公共设施和消费进行调节；在某些社会效益重于经济效益的环节，市场调节不可能达到预期的社会目标；在一些垄断性行业、规模经济显著的行业，市场调节也不可能达到理想的效果。因此,这就要求我们必须发挥计划调节的优势,来弥补和抑制市场调节的这些不足和消极作用,把宏观经济的平衡搞好,以保证整个经济的全面发展。在那些市场调节力所不及的若干环节中,也必须利用计划手段来配置资源。同时,还必须利用计划手段来加强社会保障和社会收入再分配的调节,防止两极分化。

十一届三中全会以来,我们对计划与市场问题及其相互关系的认识,有一个发展过程。十二大时,讲的是计划经济为主、市场调节为辅;十二届三中全会《关于经济体制改革的决定》提出了社会主义经济是在公有制基础上的有计划的商品经济的新概念;十三大时,提出了社会主义有计划商品经济的体制应该是计划与市场内在统一的体制;十三届四中全会以来,提出了建立适应有计划商品经济发展的计划经济和市场调节相结合的经济体制和运行机制。我这里讲的是党的正式文件中的一些提法,至于学术界、理论界在讨论中的不同意见、不同提法就更多了。最近经过学习小平同志的重要谈话,在对计划与市场和建立新经济体制问题的认识上,又有了一些新的提法。大体上有这么几种:一是建立计划与市场相结合的社会主义商品经济体制,二是建立社会主义有计划的市场经济体制,三是建立社会主义的市场经济体制。认识的发展变化,包括出现不同意见、不同观点的讨论,这是正常的,说明对客观事物的认识不可能一次完成,特别是对一些重大问题,往往总是要经过反复认识和反复讨论,并通过实践不断总结提高,才能得到比较科学的认识。现在可以这样讲,经过十多年的摸索和总结国内外经验,我们对建立社会主义的新经济体制在理论上和实践上的认识,已经比较成熟了,在全党也进一步统一了,完全可以进入加快实施的阶段了。

上述这几种提法,究竟哪一种更切合我国的经济实际,更易于为大多数同志所接受,更有利于促进我们经济建设的发展,还可以继续研究,眼下不必忙于做出定论。不过,我想在十四大报告中,总得最后确定一种大多数同志都赞同的有关经济体制的比较科学的提法,以利于进一步统一全党同志的认识和行动,以利于加快我国社会主义的新经济体制的建立。我个人的看法,比较倾向于使用"社会主义市场经济体制"这个提法。有计划的商品经济,也就是有计划的市场经济。社会主义经济从一开始就是有计划的,这在人们的脑子里和认识上一直是清楚的,不会因为提法中不出现"有计划"三个字,就发生是不是取消了计划性的疑问。而且,前面已讲到资本主义经济也并不是无计划。所以,我觉得使用"社会主义市场经济体制"是可以为大多数干部和群众所接受的。虽然这是我个人的看法,但也和中央一些同志交换过意见,大家基本上是赞成的。当然,这还不是定论。不管十四大报告中最后确定哪一种提法,都需要阐明我国社会主义的新经济体制的主要特征。我认为,主要特征应有这样几个:一是在所有制结构上,坚持以公有制经济为主体,个体经济、私营经济和其他经济成分为补充,多种成分共同发展;二是在分配制度上,坚持以按劳分配为主体,其他分配方式为补充,允许和鼓励一部分地区、一部分人先富起来,逐步实现共同富裕,防止两极分化;三是在经济运行机制上,把市场经济和计划经济的长处有机结合起来,充分发挥各自的优势作用,促进资源的优化配置,合理调节社会分配。

要加快新经济体制的建立,当前必须抓紧解决好几个关键性的问题。

一是转变政府职能,切实实行政企职责分开。政府对社会经济活动的管理职能,主要是统筹规划、掌握政策、组织协调、提供服务和检查监督,运用经济手段、法律手段和必要的行政手段,保证经济总量平衡和重大经济结构与布局的协调。政府部门不得再干预企业的生产、经营、管理等具体事务,一定要使微观经济放开搞活,同时搞好必要的宏观调控。这两者是相辅相成的,不可能孤立地实现。

二是抓紧企业特别是国有大中型企业的经营机制的转换,真正推动企业走上市场,使它们成为市场竞争的主体,成为真正的法人实体,真正实现自主经营、自负盈亏、自我发展、自我约束和自担风险,达到责权利相统一。国有大中型企业的经营机制的转换过程,实际上也就是进一步探索和选择公有制经济实现形式的过程,这些形式应该是多种多样和正确有效的,这就需要在实践中继续大胆试验,取得成功经验后,就加以实行和推广。国家直接经营形式(一部分重大的关系国计民生的必须由国家垄断的企业)、承包经营形式、股份经营形式、租赁经营形式等等,都可以区别不同国有企业的情况,在不同的范围内有选择地加以实行,并不断总结经验,使它们逐步完善起来。不管采取哪种经营形式,目的都是为了把国有企业真正搞活搞好,使它们不断提高竞争能力和增强发展后劲。

三是要适应商品经济和价值规律的要求,切实更新计划观念,转变计划管理职能和方式,使计划能够真正反映市场的供求变化。同时,要更多地运用经济政策和经济杠杆引导和调控市场健康发展。

四是大力培育和发展市场,建立统一的完备的社会主义市场。这就要求我们的主管部门和有关方面,必须共同配合,一方面努力建立和健全市场体系,在继续发展商品特别是生产资料市场的同时,积极培育和发展包括股票和债券等有价证券的资金金融市场、技术市场、劳务市场、信息市场、房地产市场;另一方面努力健全和严格执行市场管理制度，以利于形成和保持良好的市场秩序。

五是要加强经济法规和经济运行所必需的其他基础设施建设。既要加强和完善硬件的基础设施，如通讯、计算机网络、银行、交通等等；又要健全和完善软件的基础设施，如规范的会计、审计、统计、税收等等，以保证社会经济活动能够有秩序地运行。

（五）关于推进政治体制改革

我们的改革是社会主义改革，是对存在弊端的原有体制的革命，目的是使我国的社会主义制度更加完善，更加增强生机与活力。在加快经济发展和经济体制改革的同时，我们要继续推进政治体制改革，使其同经济发展和经济体制改革相适应，并做到互相促进。

政治体制改革问题，是人们普遍关心的一个重要问题。西方国家一些人关注这个问题，是有其政治意图的。我在会见一些西方来宾时，坦率地说明了我们进行政治体制改革的目的、任务和意义，毫不含糊地告诉他们，中国决不会搞多党制、议会制，不会走西方议会民主的道路。我国政治体制改革的目标是，建设有中国特色的社会主义民主政治，健全社会主义法制，切实保障人民群众当家作主的权利。我们将继续完善人民代表大会制度，继续完善中国共产党领导的多党合作和政治协商制度。同时，我们将通过实现干部队伍“四化”等措施，增强党政机关和领导班子的活力；通过机构改革和克服官僚主义、形式主义，提高决策效率和办事效率；通过实行政企职责分开、权力下放等措施，充分调动各行各业和基层群众的积极性。我们进行政治体制改革的总的目的，就是有利于巩固社会主义制度，有利于巩固党的领导，有利于在党的领导下和社会主义制度下发展社会生产力，有利于贯彻十一届三中全会以来制定的路线方针政策，有利于取得和保持一个经济发展所必需的稳定的社会政治环境。

当前，需要迅速提上日程并抓紧解决的一项重要政治体制改革任务，就是进一步进行机构改革，实行精兵简政。我们的党政机关机构臃肿、层次重叠、人浮于事、效率低下，已达到相当严重的地步。全国党政群机关及事业单位工作人员已达三千一百四十万人，其中党政群机关九百零六万人，事业单位两千二百三十四万人。县以上各级党政机关超编约六十万人，乡镇一级超编二百一十四万人。一九九〇年全国党政群机关和事业单位人数，比一九八〇年增长百分之七十。这么庞大的机构，大大加重了国家财政的负担。一九八〇年全国行政管理费开支为六十六点八亿元，占国家财政总支出的百分之五点五，到一九九〇年已达三百三十三点五亿元，占国家财政总支出的百分之九点七。如果加上事业费，一九九〇年共支出一千二百五十五亿元，占国家财政总支出的百分之三十六，各级财政已不堪其负。

这充分说明，机构改革，精兵简政，确实是到了刻不容缓，非搞不可的时候了。冗员充塞，食之者众，生之者寡，这是任何社会任何国家都难以承受的。

这种状况带来的弊端和后果十分严重。政出多门、各自为政、互相扯皮、互相推诿、不负责任、官僚主义、形式主义、宗派主义、纪律废弛、以权谋私等等现象都出来了。对宏观调控不力，对微观又干预过多，管得过死。许多部门硬性要求企业设置对口机构，配备人员，有的一直管到企业班组，把企业的手脚全给捆死了。这还有什么企业自主权、什么经济活力可言？如果我们不下大决心搞机构改革，精兵简政，那么转变政府职能，转换企业经营机制，培育和发展市场等等，都有落空的危险，加快经济体制改革和经济发展就会障碍重重。

如何进行机构改革呢？中央责成中央编制委员会正在加紧研究改革的方案、步骤和措施。改革的指导思想是：按照政企职责分开和精简、统一、效能的原则，转变职能，理顺关系，精兵简政，提高效率。总的方向是搞“小机关，大服务”。为了保证机构改革的顺利进行，要大力加强思想政治工作，充分考虑各方面的承受能力，有领导有秩序地分步实施。历史经验说明，凡是涉及带群众性的问题和直接涉及人们切身利益的问题，要格外慎重对待，要有充分的准备，而且要少说多做。

这里附带说一下，前些日子一些地方出现过“砸破‘三铁’”的口号，想尽快克服企业中存在的平均主义、“大锅饭”的弊端，心意是好的，但鉴于目前社会保障体系很不健全，富余人员的出路尚未统筹安排，不宜简单提这样的口号，更不宜在报上公开宣传，以免引起人心浮动，给企业的生产和管理以至社会安定带来不利影响。

党政机关精兵简政，关键是要积极引导富余的机关工作人员开发第三产业，这是主要的出路。西方发达国家的第三产业在国内生产总值中所占的比重，比我们的大得多，到一九八八年，美国占到百分之七十一点三，日本占到百分之六十二点八，原西德占到百分之五十七点三，我国到一九八九年才占到百分之二十六点五。所以我们发展第三产业前景广阔，大有文章可做。同时，要抓紧建立和健全社会保障体系，以利于保持社会稳定。

（六）关于坚持“两手抓”的方针

这是建设有中国特色社会主义理论的一个重要内容。小平同志在最近的谈话中，又一次强调了这个问题，并要求我们两只手都要硬，软不得。他说：“广东二十年赶上亚洲‘四小龙’，不仅经济要上去，社会秩序、社会风气也要搞好，两个文明建设都要超过他们，这才是有中国特色的社会主义。新加坡的社会秩序算是好的，他们管得严，我们应当借鉴他们的经验，而且比他们管得更好。”这段话意味深长。虽然是对广东讲的，但全国各地都应这样去做，既要把经济建设、把物质文明搞上去，又要把社会主义精神文明搞上去，做到两个文明同时并茂。在精神文明建设中，要注意坚持把对人民的爱国主义、集体主义、社会主义教育同进行中华民族优秀的思想文化传统、优良的社会公德教育，有机地结合和统一起来。

坚持“两手抓”抓什么？小平同志在不同场合，针对不同问题，曾经讲过要一手抓物质文明建设，一手抓精神文明建设；一手抓改革开放，一手抓打击经济犯罪和其他犯罪活动；一手抓改革开放，一手抓惩治腐败；一手抓建设，一手抓法制，等等。

实行“两手抓”，应该成为我们领导现代化建设和改革开放事业的一个重要指导思想和领导方法、领导艺术。这样就可以使我们的政策更加鲜明，使我们在工作中防止顾此失彼。

为什么在建设和改革的过程中，必须坚持“两手抓”呢？原因和理由主要有两个方面：一方面，我们实行改革开放，把大门打开了，国外一些好的东西进来了，但也会带进来一些消极腐朽的东西，影响以至毒害人们特别是青少年。实行“两手抓”，就可以有效地防止和减少各种丑恶现象的发生。另一方面，我们进行的社会主义现代化建设的各项事业，是相互协调和全面发展的事业，不但经济建设要上去，人民的思想道德、科学文化素质和社会秩序、社会风气都要搞好，这样才能促进社会的全面进步和整个社会文明的全面发展。实行“两手抓”正是为了达到这个目的。

(七)关于解放思想、实事求是和要警惕右但主要是防止“左”

解放思想，实事求是，是党的十一届三中全会以来的一个非常重要的原则精神。解放思想同实事求是是统一的。不解放思想，我们就不可能顺利地进行拨乱反正，就不可能总结历史的经验教训，也就不可能制定新的路线方针政策，开创建设有中国特色的社会主义道路。在建设和改革的过程中，也只有坚持解放思想，才能排除各种干扰，敢于探索，敢于创新，不断总结新的经验，引导我们的事业持续前进。总之，思想不解放，脑筋不换，一切工作都很难推动。思想解放了，脑筋活了，想问题的面就宽了，无论是发现和选拔人才，无论是克服前进中的困难和障碍，无论是开拓新的领域和新的事业，办法就会更多，路子就会更广阔。因此可以说，解放思想是一个法宝，是一个帮助我们在思想上和工作上永远保持蓬勃生机与活力的法宝，必须伴随建设和改革长期坚持下去。所谓解放思想，就是要勇于冲破落后的传统观念的束缚，善于从实际出发，努力去开拓进取。

改革开放是一个新事物，不可能一帆风顺，必然会遇到这样那样的干扰。小平同志的重要谈话指出：“现在，有右的东西影响我们，也有‘左’的东西影响我们，但根深蒂固的还是‘左’的东西。有些理论家，政治家，拿大帽子吓唬人的，不是右，而是‘左’。‘左’带有革命的色彩，好像越‘左’越革命。‘左’的东西在我们党的历史上可怕呀！一个好好的东西，一下子被他搞掉了。右可以葬送社会主义，‘左’也可以葬送社会主义。中国要警惕右，但主要是防止‘左’。”

在认识和防止右特别是“左”的干扰问题上，我们的领导干部特别是高级干部，需要认真领会和把握几个重要精神。

在防止和反对错误倾向的问题上，要警惕右，但主要是防止“左”。现实生活表明，“左”的表现主要是停留在过去对马克思主义的某些原则、某些本本的教条式理解上，或者停留在过去对社会主义的一些不科学的甚至完全扭曲了的认识上，或者停留在改革开放前那些超越社会主义初级阶段的不正确的思想和政策上，而不是用马克思主义的立场、观点、方法分析变化了的客观实际，因此不容易接受改革开放的正确政策，甚至怀疑和否定改革开放，认为搞改革开放就会走向资本主义道路，仍用过去那种“阶级斗争为纲”的思想来影响以至冲击经济建设为中心。右的表现主要是怀疑和否定四项基本原则，搞资产阶级自由化，甚至制造政治动乱，企图改变我们的社会主义制度和改革开放的正确方向。无论是“左”还是右，都会给党造成巨大危害，都可以葬送社会主义。

为什么小平同志在讲到警惕右时，特别指出主要是防止“左”呢？这一点很重要，我们一定要深刻领会。这是因为在党的历史上“左”的错误泛滥的时间很长，影响很深，在改革开放中要开辟新的道路，要改变妨碍生产力发展的原有模式和做法时，阻力常常主要是来自“左”的方面。由于“左”的东西往往带着一些革命色彩，容易给人们以迷惑作用，这就更需要提醒我们的领导干部要特别注意防止“左”的干扰。

“左”和右都是片面性，它们产生的根源都是主观唯心主义。为了警惕右和主要防止“左”，在党内首先是在领导干部中，要提倡通过加强学习提高对右特别是“左”的危害性的认识，提倡自觉地结合自己的思想和工作实际总结经验，从而增强贯彻执行党的基本路线的自觉性和坚定性，更加紧密团结全党同志，齐心协力地不断开创经济建设和改革开放的新局面。

（八）关于加强党的建设和提高党的领导水平

要全面推进有中国特色的社会主义事业，关键是把党搞好，切实加强和改善党的领导，努力提高党的战斗力。

现在历史条件变了，社会环境变了，党肩负的任务变了，因此党的建设和党的领导的方式、方法，也必须相应地加以改变或改进。过去党的建设的成功经验，应结合新的实际继续运用和发展，但光靠老经验老办法是不够的，必须有新的创造。这就要求我们根据邓小平同志建设有中国特色的社会主义的思想，从理论和实践上加以努力。在理论上要结合新的历史条件大胆探索，力求在党的建设理论上有新的建树；在实践上同样要鼓励各级党组织和广大党员大胆探索，努力在思想、作风、组织建设上寻找和创造新的办法，积累新的经验。在经济建设和改革开放中，大力推进党的各方面的建设。

加强党的建设和党的领导，涉及的问题很多，这里我只简要地谈四个问题。

一是关于新时期衡量党员先锋模范作用的标准问题。过去在民主革命时期和建国初期，衡量的标准都比较明确，广大党员也好掌握。例如，革命战争时期，任务比较单一，只要忠于党，为打倒三大敌人，建立新中国而英勇奋斗，不怕牺牲，就起到了先锋模范作用。现在情况不同了，处于和平建设时期，广大党员分布在各个不同的战线上，到底要达到什么样的标准，才是起到了先锋模范作用，而且这样的标准要规定得简单明确，让广大党员好掌握，这个问题虽然也有了一些提法，但还需要继续探讨。我今天提出这个问题，就是请同志们进一步研究。我觉得，在新的历史时期，我们党的干部和党员，应该是诚心为人民服务，立志改革开放，献身现代化事业，带领群众不断为经济发展和社会进步艰苦奋斗、做出实绩的人。如果衡量新时期党员的先锋模范作用的标准问题解决好了，能体现新时期的特征，对于培养党的接班人，正确有效地选拔和使用干部，也会进一步提供新的思想指导和工作基础。

二是关于党的领导干部要以身作则问题。在工作中和生活上，党的各级领导干部，都要以身作则，率先垂范，这本来是党的老规矩、老传统。然而在现实生活中，这样的老规矩、老传统也发生了问题。当然，并不是说所有的领导干部都不这样做了，不是的，大多数领导干部还是坚持以身作则的。但也确有一些领导干部，包括一些相当负责的高级干部，忘记了党的这个规矩和传统。为什么目前党内不正之风比较严重，而且难以消除呢？这同有些领导机关和领导干部不以身作则，不率先垂范，反而带头搞不正之风，或者随波逐流有很大关系。党风不正，腐败不除，对于党的团结、统一、纪律、声誉和战斗力，都是一个严重的致命伤。因为它从根本上损害了党同人民群众的鱼水关系。要消除不正之风和腐败现象，首先要在党内真正造成一种浩然正气。党的干部和党员必须全心全意为人民服务，必须诚心诚意为人民谋利益。战争时期我们党提出过一个口号，叫做“冲锋在前，退却在后”，曾经鼓舞了许多共产党员英勇奋斗；建国以后的五、六十年代，我们党也提出过一个口号，叫做“吃苦在前，享受在后”，也曾经鼓舞了许多共产党员艰苦创业。这两个口号当年都是很深入党心民心的。小平同志至今仍经常讲到这两个口号，来教育我们党的领导干部和党员。我们在新的历史时期，能不能也提出一个响亮的口号，来鼓舞党的领导干部和党员去为人民的利益，为建设和改革建功立业。我们并不主张当苦行僧，但也决不可以把个人的待遇和享受看得高于一切、先于一切，那样还有什么共产党人的气味？当然要搞好党的作风建设，不只是提几句口号就可以解决问题的，还应从加强思想教育，加强党的制度建设，加强群众监督等多方面都做出努力。

三是关于加强学习问题。要把经济建设搞上去，要使社会主义中国在世界上永远立于不败之地，全党同志任重道远。而我们不懂得、不熟悉、不精通的东西还很多，或者过去懂得的、熟悉的东西，随着科学技术的迅猛发展和知识的迅速更新，又变成不懂得、不熟悉了。所以唯一的办法，就是加强学习。只有加强学习，方能做到日新日日新，跟上时代前进的步伐。需要学习的东西很多，同志们都很忙，是不是挤出时间主要抓好这几方面的学习。一要加强对马列主义、毛泽东思想和邓小平同志建设有中国特色社会主义理论的学习，并用以武装我们的思想，使之成为我们加强党性修养，做好本职工作的行动指南。学习马克思主义理论要精，要学以致用，不能搞本本主义。要重点学好小平同志的著作，因为这是最新的发展了的马列主义、毛泽东思想。二是加强对经济学知识和经济工作实践经验的学习。经济建设是我们的中心任务，不懂得经济学知识，不懂得实际经济工作经验，怎么能做好经济工作特别是经济领导工作呢？不直接从事经济工作的干部，同样应加强这方面的学习，不然，也不可能做好为经济建设服务的工作。不仅要学习马克思主义的经济学；还要注意读些西方经济学著作，其中也有我们可以借鉴和利用的有益的东西。我们现在懂经济的干部不是多了，而是少了，这方面的人才很缺乏，但是这样的人才既不可能从天上掉下来，也不可能一个早上就都生长出来，还是要靠学习，靠长期坚持从经济理论和经济实践两个方面去学习。三要加强对现代科学文化知识的学习。一九四五年延安编了一本供文化水平较低的干部学习的《文化课本》，毛泽东同志亲自为它写了一篇序。序中说：一个革命干部，必须有丰富的社会常识和自然知识，以为从事工作的基础与学习理论的基础，工作才有做好的希望。没有这个基础，其社会常识和自然常识限于直接见闻的范围，这样的人，虽然也能做某些工作，但要做得好是不可能的；虽然也能学到某些革命道理，但要学得好也是不可能的。这段话，对我们今天仍有启发意义。现代科学技术的发展日新月异，如果我们的干部不学习，不掌握现代科学文化知识，虽然也能勉强做某些工作，但要做得好是不可能的。同样，虽然也能学到某些建设和改革的道理，但要学得好也是不可能的。

四是大力加强党的基层组织建设。党的基层组织的工作和战斗力，是党的全部工作和整体战斗力的基础。目前，基层党组织存在的问题很多，尽管大多数还是好的和比较好的，但问题严重的基层党组织也相当不少。有的生产第一线长期没有党员，有的软弱涣散，有的瘫痪半瘫痪，有的完全失去战斗堡垒作用，有的甚至变了质。因此，党的基层组织不大抓不行了，不大力加强建设不行了。上级党委必须派专门力量下去，依靠当地的党员和群众，该整顿的整顿，该加强的加强，该重建的重建。在十四大以前，各级党委都要把它作为加强党的建设的一项重要的紧迫工作，立即抓起来，并切实抓出成效。

(九)关于全面落实小平同志重要谈话精神的初步部署和要求

小平同志的重要谈话传达以后，各级党委和全党同志是非常重视的，正在努力贯彻落实，形势很好。现在各级党委的一个重要任务，就是要深刻领会和全面落实小平同志的重要谈话精神，进一步发挥广大干部和群众的积极性、主动性和创造性，使其成为加快改革开放和经济发展的强大动力。

中央在召开政治局全体会议之后，三月、四月、五月，中央常委又多次召开会议，在深入领会小平同志谈话精神的基础上，决定根据谈话中提出的一些重大问题，并结合当前建设和改革的实际情况，分成若干专题，一个一个地研究贯彻落实的初步方案，常委同志进行了分工。现在，正在分头组织力量加紧研究，待各个初步方案出来后，再召开常委会议和政治局会议进一步讨论，确定一个，下发一个，并继续研究贯彻落实的具体措施和办法。

第一个专题的贯彻落实的初步方案，即《关于加快改革，扩大开放，力争经济更好更快地上一个新台阶的意见》，中央政治局讨论通过后，已作为中央今年第 4 号文件发下去了。关于搞好社会秩序、社会风气，维护社会政治稳定；关于加强思想教育和宣传工作，促进社会主义精神文明建设；关于加强党的建设等专题，待贯彻落实的初步方案确定以后，将陆续下发给大家。

中央初步考虑，在这些贯彻落实小平同志谈话和中央政治局全体会议精神的初步方案下达以后，将不定期地采取多种形式，组织力量深入各省区市，了解贯彻落实的情况，并帮助研究解决遇到的一些问题，共同把贯彻落实的工作做好。目的就是上上下下同心同德地加快改革开放步伐，努力把经济建设搞上去。

贯彻落实小平同志的谈话精神和组织实施中央的各项工作部署，一定要同本地的实际情况结合起来，并使之具体化，坚持实事求是，创造性地进行工作。要重视调查研究，注意了解新情况，总结新经验。更善于抓大事，解决突出矛盾和关键问题。要真抓实干，少说空话，多办实事，鼓实劲，出实效，坚决防止做表面文章。

最后，我想对中央党校和各地党校的工作讲几句话。中央党校和地方党校是我们党的重要阵地，既是宣传马克思主义的阵地，也是交流党的工作经验的阵地，更是培训党的干部的重要阵地。所以一定要把它们办好，而且要越办越好。不重视党校工作，认为党校可办可不办，进党校学习可去可不去的思想，都是要不得的，不正确的。

十多年来，中央党校在校党委的领导下，经过全校教职员工的共同努力，教学、研究和学校的改革工作，都取得了明显成绩。我向同志们表示祝贺。希望大家在小平同志的重要谈话精神和中央政治局会议精神的指导下，再接再厉，为我们党的事业培养出更多的优秀领导人才。

《人民日报》发表社论《中国改革开放的新阶段》

以邓小平同志今年年初巡视南方发表重要谈话为标志，中国改革开放进入了一个新的发展阶段。抓紧有利时机，进一步解放思想，转变观念，加快改革开放步伐，力争经济更好更快地上一个新台阶，是当前全党的战略任务。

目前，全国各地正在中共中央政治局全体会议精神和邓小平同志重要谈话的鼓舞下，制订规划，采取措施，发动群众，真抓实干。从最近报道的各地动态，以及国家统计局公布的近期国民经济发展公报看，中国的现代化步伐在明显加快。我们要振奋精神，大胆而又过细地工作，齐心协力地办好几件大事，走出一条既有高的速度又有好的效益的国民经济发展路子。

中国的改革开放事业，发轫于党的十一届三中全会。13 年来，我国的经济体制发生了具有深远意义的转变：从过去那种管得过多统得过死的高度集中管理体制，转向运用计划和市场两种经济手段，逐步建立具有生机与活力的社会主义商品经济体制和运行机制；

从封闭或半封闭经济，转向积极参与国际交换的开放经济。

随着新体制的逐步确立，我国社会内部蕴藏的巨大潜力，正在强劲地发挥出来，其中一个突出的现象是，过去计划经济特有的短缺现象，正在日益为供需两旺，有些产品已经出现买方市场所取代。这是一个富有历史意义的重大转变。

中国改革开放事业发展到20世纪90年代，处于一个非常重要的关键时刻。

90年代是实现“三步走”战略的承上启下的重要时期。这一步，既关系到前一步成果的巩固，又关系到为下一步发展创造条件，继往开来，意义深远。

90年代是经济体制转轨变型的关键时期。按照邓小平同志的设想，再有30年的时间，我们才会在各方面形成一整套更加成熟、更加定型的制度。90年代必须迈出实现新旧体制转换的突破性一步。

90年代是我国社会主义制度经受严峻考验的重要时期。现在我国的生产力水平和生活水平还比较低，同发达国家以至发展较快的周边国家和地区比，还有较大差距。90年代能否在增强我国经济实力、提高人民生活水平上再上新台阶，确实关系到社会主义制度的巩固，关系到国家民族的前途和命运。

90年代还是我国千载难逢的极好发展时机。世界格局从两霸对峙转入多极化，给我国以较大回旋余地。亚太地区政治比较稳定，经济很有活力，给我们提供了良好国际环境和广泛合作机遇。国内经过三年治理整顿，政治稳定，社会稳定，总供给与总需求基本平衡，经济环境比较宽松，市场秩序也有较大改善。天时地利人和具备，加快改革开放的步伐适逢其时。

目前，我国经济生活中还存在着一些用一般方法所难以解决的深层次困难和矛盾：

经济结构不合理。能源、交通、通讯、原材料等基础产业和基础设施发展不快，处于“瓶颈”状态，第三产业发展不符合社会进步要求，一般加工工业增长过快。政府虽三令五申，并启动各种手段予以调控，但牵动到现存利益格局，调整难度甚大。

部分国营企业设备更新、技术改造的步伐不快，产品竞争力差，库存积压，亏损严重，债务链难解，经济效益甚差，不仅不能为国家提供大量积累，而且需要国家提供大量财政补贴。

财政上，国家掌握的财政收入特别是中央掌握的财政收入比例过低，而价格补贴、企业亏损补贴、行政费支出的负担又过重，因此，财政赤字多，收支平衡的压力增大。

金融上，建设投资规模增长过快，投资行为缺乏约束，投资结构不合理，资金使用分散化，重复建设、重复引进难以控制，因此，通货膨胀的压力没有消除。

在地区发展上，这几年中部与西部的发展也是快的，但沿海发展更快，如不采取有力措施，则东西部的发展差距有增大之势。这不仅是个地区问题，而且事关民族团结的大局与边防的巩固。

上述现象不是说我们的经济比以前更加困难，而是经济生活向我们提出了更深层次的要求，它要求我们及时转变观念，把商品生产、市场交换、价值规律当作经济运行的必然产物，把市场机制与计划调节都当作人类文明发展的成果，按照客观经济规律，改造我们的经济体制与运行机制。

进一步加快改革开放，是十三年改革开放的逻辑发展。按照国际国内形势的发展变化，90年代要加快建立适应社会主义有计划商品经济发展的、计划与市场相结合的新经济体制与运行机制。要不失时机地进一步扩大开放，使我国对外经济技术合作与交流更快地上一个新台阶。与这个基本要求及现实状况相适应，新阶段的改革开放将有明显的特点：

配套改革，整体推进。进入90年代，在认真地回顾了过去十多年改革的基本经验之后，我们可以更清楚地认识到，经济发展是一个各种因素相互联系，相互制约，相互发生作用的运行过程。因此，经济体制与运行机制的改革，必然是一个相互制约、相互启动的系统工程。哪一个环节跟不上去，改革就很难奏效。改革可以有先有后，不同时期侧重点可以不同，但必须配套运行。

企业是社会经济的基本细胞。国营企业不活是旧体制的主要弊端。城市改革必须始终把搞活国营大中型企业作为中心环节，以转换经营机制，把企业推向市场为核心，进行配套改革。

配套也有几个层次。在企业内部，领导制度改革、劳动人事工资制度改革以及计划、投资、产品定价等是小配套；在企业外部，企业改革与政府职能转变、市场体系形成是中配套；在整个改革中，城市与农村，经济、政治、科技、教育体制改革与观念更新是大配套。

攻取外围，进入深层。改革发展到现在，留下的任务都有难度，而且不同程度上牵动着各方面的权利与利益。例如，企业改革从扩权、减税、让利开始，强化激励机制，对调动企业积极性发挥了重要作用。但是，再深入下去，人们就会发现，企业活力动力不足，主要在于它没有成为独立的商品生产者和经营者，因而实现政企职能分开、给企业以充分的经营自主权等，就成为深化改革的重要课题。

制定和严格执行产业政策，是国家实行计划调节的要点内容，是避免重复生产、重复建设的主要措施。

要严格按产业政策进行生产和建设，违反产业政策的，必须采取经济的行政的手段加以制止。微观要放开，宏观要管住。对外开放的一个重要特点，就是从沿海向沿江、沿边、内陆省区推进，全方位、多元化的对外开放格局正在形成。

进一步加快改革开放，任务是宏伟的，实现这个目标的意义是重大的。即将构成的新体制，将使我们的经济发展既有巨大的动力与活力，能够适应国际市场的风云变幻，又有按比例协调发展国民经济的能力，避免无政府状态带来的灾难。新体制将大大解放社会生产力，把亿万群众的积极性创造性引导到造福中国的伟大事业上来。有了这个新体制，我国 90 年代迈上新台阶、21 世纪登上新高峰就有了可靠的保证。国内外的某些人总是说，商品经济和公有制是不相容的，中国只有倒退到资本主义才有出路。我们已有的成就和未来的实践将会证明，中国可以找到一条符合自己国情的社会主义路子来。

越过艰辛和坎坷，前面将是一条康庄大道。

全国人民万众一心，以强烈的商品意识和机遇意识，肩负起 90 年代的改革开放的历史重任！

国家科委国家体改委决定在北京沈阳武汉重庆中山五个开发区进行综合改革试点

国家科委、国家体改委最近决定，在北京、沈阳、武汉、重庆、中山 5 个开发区，进行综合改革试点，以率先探索和实施各项改革开放措施。目前，各试点开发区正在优化内部机制，完善外部环境，把改革方案推入实质性操作阶段。南京、成都等高新技术产业开发区的综合改革方案，已经两委原则同意并备案。

开发区的综合改革，是科技体制改革和经济体制改革在深层次上的结合，是贯彻落实邓小平同志关于"科学技术是第一生产力"和"发展高科技，实现产业化"战略思想的重要步骤。

综合改革试点，以产权制度、分配制度、科技人才分流、计划管理与市场调节相结合等为重点，带动融资体系、社会保障体系和社会化支撑服务体系等方面的改革与发展。

在产权制度方面，要全面贯彻国家扶持高新技术产业的政策，进行多种形式的股份制试点；在分配制度方面，要真正实行工资总额与效益挂钩，落实企业人事劳动权、工资奖金分配权；在吸收科技人才和推进人才分流方面，要试行具有鼓励和吸引力的政策，从各类科研院所、高等院校分流出更多科技人员进入开发区企业；在计划与市场相结合方面，要在加强宏观指导的同时，大力培育市场机制，坚持以市场为导向，企业自主经营，平等竞争等。

5 个开发区的综合改革试点各具特色。北京新技术产业开发试验区，以产权制度改革为突破口，解决向产业化、规模化发展中的突出问题；沈阳南湖科技开发区，重点在依靠现有工业基础和科技力量，发展高新技术产业，加快高新技术改造传统产业步伐方面积极探索；武汉东湖新技术开发区，以改造高新技术企业新的运行机制，形成充分发挥科技人才作用的良好环境，进一步扩大对外开放为主要内容；重庆高新技术产业开发区，突出社会保障体系的建设，同步推进产权制度改革，发展支柱产业；中山火炬高技术产业开发区，则以发展外向型高新技术企业，建立开放型的研究与开发体系，扩大对外开放，扩大利用外资，引进高技术人才等为重点。

国务院副总理吴学谦在钓鱼台国宾馆会见以会长马志民为团长的香港中国旅游协会访问团

中国和芬兰经济贸易混合委员会第九次会议在赫尔辛基举行

国务院关于进一步积极发展与原苏联各国经贸关系的通知

通知说，原苏联各国同我国有着传统的经贸关系。这些国家自然资源丰富，又是我国近邻，交通运输方便，同我国的商品有很大的互补性，而且普遍有同我发展经贸关系的愿望。苏联解体后，一方面原苏联各国政局动荡，经济困难，外汇短缺，我发展与这些国家的经贸关系存在一定困难；另一方面各独立国家有了自己的主权，为我同其发展经贸关系提供了机遇，开辟了广阔的前景。为抓住时机扩大出口，进口我需要的原材料、技术设备，保持与发展我在这一地区的传统市场，遏制台湾"弹性外交"，国家鼓励各地区、各部门积极发展与原苏联各国的经贸关系。现就有关问题通知如下：

一、鉴于原苏联各国外汇紧缺的情况短期内不会有根本转变，我与这些国家的现汇贸易目前难以有较快的增长，要继续鼓励企业在进出平衡、自负盈亏的前提下，积极开展与这些国家的易货贸易。

对易货出口商品，目前除粮食（大米、大豆、玉米）、钨砂、原油及成品油出口仍需按规定报批外，其他商品（不含禁止出口商品）出口全部放开，可不再办理出口审批及出口许可证手续。凡有易货经营权的企业均可自主经营，但不得转口，冲击我现汇贸易。

对易货贸易和经济技术合作（生产性与非生产性）项下进口这些国家的原产地商品，"八五"期间原则上全部放开经营，不再下达进口计划指标和办理进口审批及许可证手续，凡有易货经营权的企业均可自主经营。易货进口的产品必须是规定的易货国家的原产地商品，不得通过这些国家转口其他国家的商品。

对国家放开经营的易货进出口商品，海关凭易货合同放行。各级海关要加强对易货合同及进出境货物的监管、验放工作，对违反规定的经营单位要严肃查处。

二、(略)

三、对从原苏联各国进行易货贸易，可自主选择运输方式和进出口货物口岸，但要注意进出口货物的合理流向。

四、鼓励企业到原苏联各国建立独资与合资企业、保税仓库、商店，但应由企业自筹资金、自担风险、自负盈亏。企业为扩大商品出口，在原苏联各国开设百货商店资金不足的，可向所在地中国银行申请人民币和外汇贷款。中国银行因此突破贷款规模，可向人民银行申请追加。中国银行贷款按一般正常贷款计息，如地方企业经营困难，可由地方政府考虑是否对贷款给予财政贴息。中央各部门所属企业开展上述经济活动，其资金主要也应由企业自筹。

对在原苏联各国设立企业所得利润，前五年免予上交，五年期满后，实行“二八”分成，即上交财政20%。

五、到原苏联各国开办企业，如以实物投资，由企业自行决定，报经贸部、国家计委、国务院经贸办备案。如以现金投资，一百万美元以下的项目，由国务院各部门，各省、自治区、直辖市及计划单列市人民政府指定的部门审批项目建议书、可行性研究报告和合同，并发放批准证书，报经贸部、国家计委、国务院经贸办备案。一百万美元以上的项目，按规定的权限，由国家主管部门或国务院实行一次性审批。

六、以上规定，也适用于与原东欧国家(包括罗马尼亚、南斯拉夫、保加利亚、阿尔巴尼亚、波兰、匈牙利、捷克斯洛伐克)及朝鲜、蒙古、越南、老挝等国的易货贸易，不适用其现汇贸易。

过去有关政策与本通知精神不一致的，一律停止执行。各地区、各部门接到本通知后，要抓紧研究落实，使我国与这些国家的经贸关系有一个大的发展。

物资部国家体改委发布《关于股份制试点企业物资供销管理暂行规定》

国务院副总理田纪云在芬兰外贸协会和芬中贸易协会在赫尔辛基联合举办的演讲会上就中国改革开放形势和政策发表演讲

田纪云首先介绍了当前中国改革开放的大好形势。田纪云指出，10多年来中国人民在邓小平同志的建设有中国特色的社会主义思想的指导下，实行了改革开放政策。改革开放给中国带来了经济持续发展，人民生活显著改善，民族团结和睦，国家政局稳定。这一政策100年不会变，不会动摇。

在介绍了中国农业、城市、物价以及外贸体制改革的情况后，田纪云指出，中国改革开放总的原则是：坚持公有制为主体，同时鼓励非公有制经济的发展；坚持按劳分配为主体，其他分配形式为补充；坚持计划经济与市场调节相结合的方针，使计划和市场这两种调节功能的优点都得到充分发挥。按照这些政策进行改革，符合中国的国情，符合中国人民的根本利益，因此推动了中国生产力的发展。

田纪云说，在中国现代化建设中，本世纪最后10年是一个关键时期，中国人民当前和今后相当长时期的中心任务是专心致志、集中精力把经济建设搞上去。“我们将进一步解放思想，大胆试验，加快改革开放的步伐。我们将进一步扩大同世界各国的经济技术合作和交流，大胆吸收和借鉴人类社会创造的一切文明成果，吸收和借鉴当今世界各国的先进经营方式和管理方法。”

田纪云还说，“八五”期间，中国的进口将超过3000亿美元，中国政府将合理地进行安排把外汇集中用在引进先进技术和关键设备上，保持技术引进稳定协调地发展。国家要通过技术引进，对全国几百个大中型重点企业实行技术改革，增强企业自我发展能力。在90年代，中国在继续办好经济特区和沿海开放地区的同时，将努力利用国内外资金，逐步实施沿边、沿江和沿河的开放计划，特别是开发和建设上海浦东新区。

田纪云在讲话中欢迎与会的各位芬兰朋友和企业家前往中国参观、考察、投资，并相信芬兰的企业家们在中国定会得到越来越多的合作机会。

中国和格鲁吉亚发表建交公报

中华人民共和国政府代表、中国驻俄罗斯联邦特命全权大使王荩卿同格鲁吉亚政府代理第一副总理兼外交部长亚历山大·达维多维奇·奇克瓦伊泽在第比利斯签署两国建交联合公报。

公报全文如下：

中华人民共和国政府和格鲁吉亚共和国政府根据两国人民的利益和愿望，决定两国自1992年6月9日起建立大使级外交关系并互派外交代表。

两国政府同意，在相互尊重主权和领土完整、互不侵犯、互不干涉内政、平等互利、和平共处五项原则基础上，发展两国之间的友好合作关系。

格鲁吉亚共和国政府承认中华人民共和国政府是

中国的唯一合法政府，台湾是中国领土不可分割的一部分。格鲁吉亚共和国政府确认不和台湾建立任何形式的官方关系。

中华人民共和国政府支持格鲁吉亚共和国政府维护民族独立、发展经济所做的努力。

两国政府同意，在平等互利的基础上，根据国际惯例，互相为对方在其外交代表履行职务方面提供一切必要的协助。

联合公报以中文、格鲁吉亚文和俄文写成，一式两份，三种文本同等作准。中文本和格鲁吉亚文本同俄文本核对无误。

格鲁吉亚国务委员会主席谢瓦尔德纳泽在第比利斯会见中国政府代表 中国驻俄罗斯联邦大使王荩卿

北京瑞星电脑科技开发的防微机病毒卡居国际领先地位

中央军委主席江泽民签署命令授予速滑女运动员叶乔波“体坛尖兵”荣誉称号

中华人民共和国中央军事委员会最近发布命令，授予速滑名将叶乔波“体坛尖兵”荣誉称号。

军委主席江泽民签署的命令说，叶乔波是解放军冰上训练基地速滑队女运动员，1964 年出生，1977 年入伍，1983 年入党，体育三级，国际级运动健将。自 1979 年以来，她在 34 次国内外速度滑冰重大比赛中，顽强拼搏，奋勇争先，先后夺得 52 枚金牌、36 枚银牌、12 枚铜牌，3 次创造全国纪录，4 次打破全国纪录。尤其是在近几年的国际大赛中，她不畏艰难，勇攀高峰，连续取得突破性成绩。1991 年 2 月，在世界速度滑冰锦标赛上，获得 500 米金牌。

去年 11 月以来，她连续参加了 7 次世界大赛，荣获 7 枚金牌、9 枚银牌。其中在第十六届冬季奥运会上，她奋力夺得 500 米、1000 米两枚银牌，实现了我国在冬季奥运会奖牌零的突破；在世界短距离速度滑冰锦标赛上，她一鼓作气，力克群雄，连获 3 枚金牌，夺取女子全能世界冠军，成为我国和亚洲第一个短距离速滑全能世界冠军。

6 月 10 日

中共中央政治局常委宋平在新疆考察

宋平 6 月 10 日至 18 日在新疆考察时强调，新疆正面临非常好的发展机遇。当前，摆在全区各级党组织面前的重要任务，就是要团结带领各族群众，进一步学习贯彻邓小平同志南巡重要谈话精神，全面执行党的“一个中心、两个基本点”的基本路线，抓住机遇，从实际出发，使新疆的改革开放和经济建设上一个新台阶。

宋平指出，在新疆，加强民族团结有特殊重要的意义。民族团结，民族和睦，是发展经济的一个十分重要的条件。我国是多民族国家，党的各民族一律平等的民族政策是建立在马克思主义民族理论基础之上的。不仅政治上平等，而且要扶持民族地区经济的发展。只有不断增进各民族团结，才能增强我们整个中华民族、整个国家的凝聚力。各民族都有自己的优点，共同构成中华民族、祖国大家庭的丰富多彩的优良传统和民族性格。希望大家自觉维护民族团结，加强对群众特别是年轻人进行党的民族政策教育。

加强民族团结，就要反对民族分裂。在新疆，既有跑出去从事反对祖国活动的敌对势力，境内也发现有少数民族分裂主义分子的活动。他们有组织有纲领，往往借宗教矛盾挑起事端，制造民族不和，妄图建立东土耳其斯坦，把新疆分裂出去。我们既不要过高地估计这股力量，同时也不能麻痹大意。一经发现，就坚决、彻底地加以解决，以保持新疆的团结、稳定与发展。

在社会主义祖国的大家庭里，各民族已经形成了平等、团结、互助的新型关系，共同为国家经济发展和各民族的繁荣进步而奋斗，谁也离不开谁。在工作和相互交往中，有的人违反了党和国家的政策、法律，做了错事，伤害了他人。对待这些事情，不管是哪个民族的，也不论是信教的或不信教的，都应当就事情本身来评论是非，依据政策和法律来处理，不要随意说成是民族问题、宗教问题。这些事情，在一个民族内部，在信仰同一宗教的教民之间，有时也是难免会发生的。所以，遇到这样的事情，要正确看待，妥善解决，防止被少数不怀好意的人利用来挑拨离间、制造事端。

中央已经开了民族工作会议，自治区最近也要召开民族工作会议，希望按照中央的精神，把会开好，经过努力，使新疆的民族团结工作提高到一个新水平。

还有个宗教问题。我国的宗教政策是很好的。共产党员是无神论者，但执行宗教信仰自由的政策，信教的和不信教的一律平等。在中国，政教历来是分离的。我们要依法保护正常的宗教活动，同时，我们主张宗教活动不能干预政治，不能干预行政、司法、教育和社会事务。

在日内瓦出席第 79 届国际劳工大会的中国企业家协会副理事长潘承烈在发言中强调职工的积极性和创造性是企业生存与发展的先决条件

潘承烈指出，不依靠广大职工的积极性和创造性，不在企业经营中坚持正义的原则,一个企业就不可能有竞争力,也就谈不上生存和发展。

潘承烈说,一种管理方法必须与一个国家、一个地区的国情和民情相结合方能奏效。

在谈到中国的企业管理时,潘承烈介绍说,中国企业领导人一向把职工看成企业的主体,十分关心职工的生活,职业安全,并尽可能为他们提供教育培训的机会,以提高他们的技能,中国企业普遍建立了职工代表大会,使职工能充分反映他们对改善经营的意见和建议,行使民主管理的权利。

国务院总理李鹏在赴巴西里约热内卢出席联合国环境与发展大会首脑会议途中抵达斐济访问

斐济总理兰布卡在斐济第二大城市南迪的喜来登饭店举行国宴欢迎国务院总理李鹏

中共中央政治局常委乔石在人民大会堂会见澳大利亚首席大法官安东尼·梅森爵士

朝鲜劳动党中央书记朝鲜人民军最高司令官金正日元帅在平壤设晚宴款待中共中央书记处书记解放军总政治部主任杨白冰上将

中国和意大利两国政府关于在西安"建立西安文物保护修复中心"协议的实施计划在北京签署

祖国大陆科学家在台湾进行学术活动

正在台湾访问的大陆科学家 10 日起分别在各自学术领域举行专题演讲,与台湾同行展开学术对话,把这次访问推向了高潮。

卢良恕、华中一、张存浩 10 日在台湾"中央研究院"分别以"现代集约持续农业——我国农业现代化建设之展望"、"可擦式高密度薄膜储存器"、"光学双共振多光子电离光谱"为题发表演讲。邹承鲁夫人、物理学家李林就大陆高温超导研究情况作了学术报告。

谈家桢与台湾遗传学同行举行座谈会。华中一、李林、吴阶平、谈家桢、邹承鲁还分别参观了淡江大学、清华大学和新竹科学园、台大医院、东吴大学、台大医学院等大专院校和科研单位。台湾舆论界认为,大陆的科技成果让台湾人开了眼界,两岸科学家的广泛接触,对台湾科技、经济发展都具有重要意义。

由国家科委组织的第一届通信高技术专家领导小组在北京成立

6月11日

巴西总统联合国环发大会主席科洛尔在里约会议中心会见国务院总理李鹏

联合国秘书长加利在里约热内卢会见国务院总理李鹏

李鹏说,联合国筹备和组织召开的这次环发大会有利于促进全球环保和发展事业,是造福于全人类的重要事件。希望和相信环发大会能取得积极的成果,为今后这一领域的合作奠定良好基础。

加利说,到目前为止,总的来说,环发大会进展顺利,相信在世界各国共同努力下,大会会取得成功。这次会议将会大大有助于增进世界人民的环保意识。此外,通过环发问题的讨论,进一步唤起人们对改善南北关系的重视。加利感谢中国政府和人民对全球环保所作的贡献。

李鹏重申中国在柬埔寨问题上不谋求任何私利,我们支持巴黎协定充分得以全面实施,支持西哈努克为领导的最高委员会,支持联合国和秘书长本人为实施巴黎协定所作的努力。加利向李鹏介绍了原南斯拉夫的局势及维持和平部队工作情况。双方都对原南斯拉夫地区目前的局势表示关切。

公安部发出通知严禁公安机关越权插手经济纠纷案

公安部通知重申,各地公安机关不得越权插手经济纠纷案件,更不得从中牟利,违法抓人。

通知指出,各地公安机关在工作中必须依法正确区分诈骗、投机倒把、走私等经济犯罪与合同债务纠纷的界限。凡属债务、合同等经济纠纷,公安机关不得介入,也不得以任何借口向报案单位和当事人索要办案经费,更不允许搞"办案提成"。到外地执行办案任务,要依照规定同当地公安机关取得联系,严禁超越管辖区,避开当地公安机关自行抓捕人犯。对外地公安机关来本地依法执行调查取证、拘留逮捕案犯和追缴赃款赃物任务的,要积极支持、协助,不得以任何理由推延阻挠。对公安干警插手经济纠纷案件的违法违纪行为,要坚决依法严肃处理。

国务院房改会议提出房改新措施

国务院住房制度改革领导小组最近召开会议,分析了今年以来全国房改工作的形势,并为推动房改健康开展,提出了一些指导性意见和措施。

会议首先要求各地区、各部门切实加强对房改工作的领导,真正把住房制度改革作为一项重要的改革内容抓紧抓好。凡是房改方案没有出台、甚至还没有方案的地区和城市,领导要抓紧工作,严格执行国务院的要求,在今明两年特别是今年内在省会城市(自治区首府)、沿海城市和有条件的城镇抓紧进行全面配套的住房制度改革。

会议要求各地在房改中坚持国家、单位、个人三方合理负担的原则,按照不同经济发达地区的群众承受能力,适当确定提租幅度,坚决纠正向低租金攀比的错误做法。继上海、江苏方案出台后,在提租幅度上,有些地方房改声势大、力度小,减弱了房改效果。烟台、蚌埠、唐山和一批大企业单位试点经验表明,只要合理的大幅度提租,就可抑制多占房、占好房的不合理住房需求,用经济办法纠正住房分配不公问题。租金提不起来,就不能从根本上形成居民购房的内在动力,也就不可能尽快形成资金的良性循环和周转的住房机制,住房商品化、社会化、房地产市场就难以推进。因此,要借鉴粮油调价的经验,切实在"八五"后三年提租,力争达到三项因素的租金水平,保证"八五"目标的顺利完成。

会议还要求各地制止以过低价格卖房的做法。国务院颁发的有关文件强调标准价、部分产权的售房原则,按标准价购房,拥有部分产权,这是目前所应遵循的一项重要政策。

会议希望各地认真做好资金筹集、划转和住房金融工作,以推动住房建设。

国务院总理李鹏在联合国环发大会会址里约中心代表中国政府签署《气候变化框架公约》和《保护生物多样性公约》

国家主席杨尚昆根据全国人大常委会的决定任免驻外大使

一、免去施乃良的中华人民共和国驻毛里求斯特命全权大使兼驻塞舌尔共和国特命全权大使职务。任命杨一怀为中华人民共和国驻毛里求斯特命全权大使兼驻塞舌尔共和国特命全权大使。

二、免去杨一怀的中华人民共和国驻黎巴嫩共和国特命全权大使职务。任命朱培庆为中华人民共和国驻黎巴嫩共和国特命全权大使。

三、免去胡立鹏的中华人民共和国驻安哥拉人民共和国特命全权大使职务。任命张宝生为中华人民共和国驻安哥拉人民共和国特命全权大使。

四、免去夏道生的中华人民共和国驻比利时王国特命全权大使职务。

外交部发言人吴建民在记者招待会上答记者问

吴建民说,由于历史的原因,日本向海外派兵是一个十分敏感的问题,中国方面一贯希望日本政府在这一问题上能够慎重行事。

有记者问发言人,最近许多国家都批评美国在《生物多样性公约》上的立场,中国政府持何态度?

吴建民回答,《生物多样性公约》是包括美国在内的许多国家经过多年的谈判努力而形成的一个国际环境法律文件,它对保护物种、促进人类社会的发展与繁荣具有重要意义。他说,"希望美国在确定自己的立场时能倾听世界的呼声。"

吴建民在应记者要求谈及中国政府的留学生政策时重申,中国政府对在海外学习的留学生的政策是,不管他们过去的政治态度如何,我们都欢迎他们回来,为祖国建设服务。

吴建民说,留学生"长期回来工作可以,短期回来也可以,来去自由"。他指出,中国政府是这样说的,也是这样做的。吴建民透露,近两三年已有 2000 多名留学生从美国回来,参加祖国的建设。

有记者要求发言人对达赖办公室最近发表的一份攻击西藏环境政策的"报告"作出评论。吴建民说,这份"报告"充满了对西藏真实情况的歪曲。

吴建民说,西藏在包括环境保护在内的各方面都取得了重要的进展。"事实胜于雄辩,达赖办公室的所谓报告是不值得一驳的。"

芬兰代总统总理埃斯科·阿霍在赫尔辛基会见国务院副总理田纪云

国务院学位委员会学科评议组完成换届

国务院学位委员会学科评议组近日完成换届。有 712 名教授、研究员、高级工程师等被聘为第三届学科评议组成员。

国务院学位委员会学科评议组的主要任务是评议、审核有权授予硕士学位的高校、科研机构及其学科、专业,评议、审核有权授予博士学位的高校、科研机构及其学科、专业和指导教师。新一届学科评议组成员是各学科中学术水平较高的专家、学者,或在学科前沿从事较高水平的科研工作,或在工程技术方面、实际工作部门做出显著成绩,多数具有培养博士研究生的经验,办事公道,作风正派。成员平均年龄 59.8 岁,比第二届下降 5 岁,最年轻的 40 岁。

国务院学位委员会第三届学科评议组由哲学、经济学、法学、教育学、文学、历史学、理学、工学、农学、医学、军事学学科门类的 56 个评议组组成。

中共中央总书记江泽民到首都剧场看望北京人民艺术剧院的艺术工作者

江泽民代表党中央、国务院对人艺40年的成就表示祝贺，并向成就卓著的老艺术家们表示敬意。

江泽民赞扬北京人艺40年来一直贯彻出好戏、出人才、走正路的方针，演出了许多好戏，产生了良好的社会效果。

江泽民同演职员代表进行了交谈。

江泽民指出，一部优秀的文艺作品，总是要反映时代精神的，它给人的教育、鼓舞和鞭策是巨大的，常常能够影响一代人的思想感情。他说，作为社会主义精神文明建设的一个重要方面，特别是我们这样一个有着五千年文明的古国，应该要有能够代表我们国家、我们民族文化水平的艺术团体。对此，国家要给予一定的扶持，同时要有相应的政策，以保证这些艺术团体更好地发挥国家级艺术殿堂的作用。

在谈到话剧所面临的一些困难时，江泽民说，解决这些问题，除了政策要落实外，归根结底是要尽快把我们国家的经济建设搞上去，只有经济大大发展了才能办更多的事情。他勉励北京人艺的同志发扬优良传统，再接再厉，在党的"一个中心，两个基本点"的基本路线指引下，为繁荣社会主义文艺事业做出更大成绩。

6月12日

国务院总理李鹏在联合国环境与发展大会首脑会议上发表讲话

主席先生、各国首脑阁下，秘书长先生，

女士们、先生们、朋友们：

联合国环境与发展大会的召开，是举世瞩目的一件大事，如此众多的国家领导人聚集一堂，就世界环境与发展问题共商对策，这在联合国成立以来还是第一次。我代表中国政府和人民，向大会表示热烈的祝贺。并向巴西政府和大会筹委会为这次会议的顺利召开所作的努力表示衷心感谢，对部长级会议所做的卓有成效的工作给予高度评价。我还愿借此机会转达中国人民对会议东道国巴西人民的亲切问候！

环境与发展，是当今国际社会普遍关注的重大问题。人类经过漫长的奋斗历程，特别是从产业革命以来，在改造自然和发展经济方面建树了辉煌的业绩。与此同时，由于工业化过程中的处置失当，尤其是不合理地开发利用自然资源，造成了全球性的环境污染和生态破坏，对人类的生存和发展构成了现实威胁。保护生态环境，实现持续发展，已成为全世界紧迫而艰巨的任务。这次大会顺应时代要求和各国人民的愿望，再一次向国际社会敲响了环境危机的警钟，并探索解决世界环境和发展问题的途径，这将在世界环境与发展史上揭开新的一页。

主席先生：

近年来，国际形势发生了巨大变化，世界进入了新旧格局的转折时期。在这一历史转折关头，国际社会既面临着困难和挑战，也存在着希望和机遇。人们看到：一方面冷战结束，东西方两大军事集团的对抗消失，另一方面世界力量失衡，矛盾和动荡因素增加，霸权主义、强权政治依然存在；一方面发达国家愈来愈富，另一方面许多发展中国家贫困化日益加深。这说明，世界人民长期以来面临的和平与发展两大问题都还没有得到解决。中国政府认为，应该根据联合国宪章的宗旨和原则，特别是互相尊重主权和领土完整、互不侵犯、互不干涉内政、平等互利、和平共处的原则，建立公正、合理、平等互利的国际政治和经济新秩序，谋求并确保世界的和平与发展。这也是解决环境与发展问题的至关重要的条件。

主席先生：

保护环境和发展经济，关系到人类的前途和命运，影响着世界上每一个国家、每一个民族以至每一个人。解决世界环境与发展问题，必须开展广泛和有效的国际合作。本次大会的举行和即将通过的《里约宣言》和《21世纪议程》两个重要文件，以及将要签署的气候变化和生物多样性两个公约，将为健全和加强这一领域的国际合作奠定良好的基础。为使本次大会所提出的关于加强国际合作的目标得到全面实现，中国政府提出以下主张，与各国共同探讨：

——经济发展必须与环境保护相协调。经济发展是人类自身生存和进步所必需，也是保护和改善地球环境的物质保证。对许多发展中国家来说，发展经济、消除贫困是当前的首要任务。在解决全球环境问题时，应充分考虑发展中国家的这种合理的迫切的需要。国际社会应该作出切实努力，改善发展中国家在债务、贸易、资金等领域面临的困难处境，促进其经济发展。同时，各国的经济发展不能脱离环境的承受能力，应该实行保持生态系统良性循环的发展战略，实现经济建设和环境保护的协调发展。

——保护环境是全人类的共同任务，但是经济发达国家负有更大的责任。人类共居在一个地球上，某些环境问题已超越国家和地区界限，解决全球环境问题是每个国家和地区的共同利益所在。从历史上看，环境问题主要是发达国家在工业化过程中过度消耗自然资源和大量排放污染物造成的。就是在今天，发达国家不论是从总量还是从人均水平来讲，资源的消耗和污染物的排放仍然大大超过发展中国家，对全球环境恶化负有主要责任。同时，发达国家有更雄厚的经济实力和更先进的环保技术，理应为解决全球环境问题承担更多的义务。发达国家应为发展中国家提供新的额外资金并以优惠条件转让保护环境的技术，以帮助发展中国家改善自身环境和参与保护全球环境。这样做不仅对发展中国家有利，对发达国家来说也是符合其自身利益的明智之举。

——加强国际合作要以尊重国家主权为基础。国家不论大小、贫富、强弱都有权平等参与环境和发展领域的国际事务。解决全球环境与发展问题，必须在尊重各国的独立和主权的基础上进行。各国对其自然资源和生物物种享有主权，有权根据本国国情决定自己的环境保护和发展战略，并采取相应的政策和措施。同时，各国在开发利用本国自然资源的过程中，也应防止对别国环境造成损害。

——保护环境和发展离不开世界的和平与稳定。战争和动乱不但造成生命、财产的重大损失，对于生态环境也必然会带来严重破坏。在推进世界环境保护和发展事业的同时，各国应致力于本国的稳定，维护地区与世界的和平，通过谈判和平解决一切争端，反对诉诸武力或以武力相威胁。

——处理环境问题应当兼顾各国现实的实际利益和世界的长远利益。当前，在重视气候变化、生物多样性等全球性环境问题的同时，特别需要优先考虑发展中国家面临的环境污染和水土流失、沙漠化、植被减少、水旱灾害等生态破坏问题。解决这些问题，不但可以消除对发展中国家环境与发展的严重威胁，对推进全球的环境与发展事业也具有重要意义。国际社会应当理解和支持发展中国家在这些问题上的合理要求。

主席先生：

中国在推进社会主义现代化事业中，坚持以经济建设为中心，坚持改革开放。目前，中国经济持续增长，国家政局稳定，民族和睦团结，人民生活不断改善。中国十分重视在发展经济过程中保护环境，把保护环境确定为一项基本国策，并为此进行了不懈的努力。从我国的实际情况出发，制定了经济建设、城乡建设和环境建设同步规划、同步实施、同步发展，实现经济、社会和环境效益相统一的战略方针；实行预防为主、谁污染谁治理和强化环境管理三大政策；加强环境保护法制建设，建立各级环保机构，中央政府建立部际的环保协调机构；深入开展城市环境综合整治和工业污染防治；广泛进行环境保护教育，提高全民族的环境保护意识；大力开展环境科学技术研究。在防治环境污染的同时，中国开展了大规模的国土整治，在风沙易发地带和沿江、沿海地区营造防护林带，其中北方防护林体系长达 4480 公里，已成为阻止风沙南侵的绿色长城。中国已建立了 600 多处自然保护区，总面积约 40 万平方公里，一大批野生珍稀动植物得到了保护。中国实行计划生育政策，减缓了人口增长对环境造成的巨大压力。改革开放 10 多年来，中国国民生产总值翻了一番多，而环境质量状况基本保持稳定，有些方面还有所改善。实践表明，我们实行的有中国特色的环境与发展战略是成功的。但是，中国仍然是一个发展中国家，经济力量有限，同其他许多发展中国家一样，解决环境与发展问题是我国的一项长期而艰巨的任务。

主席先生：

中国的环境问题是全球性环境问题的一个组成部分，中国深知自己在保护地球生态环境方面的责任和可以发挥的作用，从这一点出发，中国十分重视和积极参与联合国主持的有关环境与发展问题的讨论，并签署了多项国际公约和协议。去年，中国发起召开了“发展中国家环境与发展部长级会议”，发表了《北京宣言》，这是中国和其他发展中国家对促进世界环境和发展事业作出的积极贡献。我们还成立了由中外著名人士组成的中国环境与发展国际合作委员会，就我国的环境与发展问题提供咨询，这体现了中国政府对解决环境与发展问题的诚意和决心。我们将进一步扩大改革开放，积极吸收和借鉴人类社会创造的一切文明成果，加快经济建设步伐，在发展过程中努力把中国的环境保护好。我们愿意承担与我国发展水平相应的国际责任和义务，并为解决世界环境与发展问题进一步加强国际合作。

主席先生：

人类在解决环境与发展问题上任重道远，困难很多，但我相信，只要世界各国本着同舟共济的精神，务实合作，积极行动，就一定能在发展经济的同时保护好地球环境，使地球成为人类安居乐业的美好家园。

谢谢！

中共中央政治局常委乔石在江苏考察

乔石 6 月 12 日至 20 日在江苏考察时强调，当前各级干部，特别是领导干部都要深入学习邓小平同志最近的重要谈话，要学透，学好，深刻理解其精神实质，使之成为贯彻党的基本路线，加快改革开放，推动两个文明建设的强大动力。

乔石说，小平同志这次重要谈话针对性很强，也体现了他的一贯思想，无论对当前和今后建设具有中国特色社会主义的实践，都具有极重要的指导意义。比如，要警惕右，但主要是防止“左”的问题，这个右必须警惕，决不能忽视，但防“左”是主要的。“左”不是抽象的，而是具体的，现实的。如果不真正消除“左”的影响，就不可能坚定不移地贯彻党的基本路线，也不可能在吸取发达国家先进的科学技术和管理经验、利用外资、搞活大中型企业、发展乡镇企业、发挥个体经济的作用等问题上，做到思想明确，行动积极。不进一步解放思想、转变观念，不注意克服"左"的影响，加快改革开放的经济建设的步伐，就有可能成为一句空话。

中国大陆首例赠卵试管婴儿在北京医科大学第三临床医学院诞生

6月13日

国务院总理李鹏在里约热内卢举行工作晚宴

应邀出席的有古巴国务委员会主席卡斯特罗、纳米比亚总统努乔马、尼泊尔首相柯伊拉腊、毛里塔尼亚总理布巴尔卡、西萨摩亚总理阿莱萨纳、斯洛文尼亚总理德尔诺夫舍克、朝鲜民主主义人民共和国副总理姜希源及苏里南总统代表蒙格拉等。

李鹏即席祝酒。李鹏说，当前世界形势对我们发展中国家来说是极为严峻的。我们需要南北对话。更需要南南合作，加强发展中国家的团结。

卡斯特罗代表出席晚宴的来宾讲话。

屈武逝世

中国人民政治协商会议第七届全国委员会副主席、中国国民党革命委员会名誉主席屈武，因病在北京逝世，终年94岁。

屈武，一八九八年七月生于陕西省渭南县。1919年"五·四"运动时，作为陕西学生联合会会长，被推为陕西学生代表赴北京请愿。此后，赴上海出席第一次全国学生代表大会。1923年春，加入中国社会主义青年团，担任北京大学团支部书记、团北京地委候补委员，1925年初，转为中国共产党党员。1924年受李大钊指派，到胡景翼的国民二军任参议。1926年1月，国民党第二次全国代表大会在广州召开，被选为中央候补执行委员。同年赴苏联中山大学学习。毕业后，又到伏龙芝军事学院学习军事。1938年回国，历任国民党军事委员会顾问处处长、立法委员、少将参议、中苏文化协会秘书长、陕西省政府委员兼建设厅厅长等职。1945年10月，作为国民党中央赴新疆和谈代表团的成员，随同团长张治中先生前往新疆，后任新疆省政府委员兼迪化市(现乌鲁木齐市)市长。新中国成立以后，曾任西北军政委员会委员、新疆迪化市市长、政务院副秘书长兼参事室副主任、对外文化联络委员会副主任、第一届全国人大常务委员会副秘书长、中苏友协会长。第一、二、五届全国人大代表，第三、四、五届全国政协常务委员，第六届全国政协副主席。1950年重新加入中国共产党。

6月14日

国务委员钱其琛在赴新西兰和澳大利亚访问离开北京前在机场接受澳大利亚驻北京记者的采访

当被问及此次访问将与澳大利亚领导人谈及什么问题时，钱其琛说："今年是中澳建交20周年。我将同澳大利亚领导人就如何进一步推动两国友好合作关系向前发展交换意见。中澳两国同处亚太地区，两国的良好关系对维护本地区的和平、稳定和发展都可以起到重要作用。"

钱其琛说，两国的经贸关系近年来发展顺利，有上升的势头。希望这种良好的上升势头能够继续保持下去。

澳大利亚总理基廷最近建议亚太经济合作会议国家的领导人定期就重要问题进行磋商。记者问：中国对台湾和香港与会将作何反应？钱其琛说，中国重视并积极参加亚太地区的经济合作，对基廷总理的建议正予以研究。该建议是举行政府首脑会议，台湾和香港不是主权国家，因此没有资格参加会议。

在谈到澳大利亚将有一"人权代表团"访华时，钱其琛说："我们不认为这个代表团是'人权代表团'，而是澳大利亚议会代表团。在人权问题上，中澳看法不一致，有不同意见可以进行对话和讨论，这有助于增进相互了解。"

中国代表团团长国务院环委会主任宋健在联合国环发大会闭幕会上发言

主席先生：

联合国历史上盛况空前的环境和发展会议即将顺利闭幕了。我愿以中国代表团的名义对会议的成功表示衷心的祝贺。

会议刚刚在协商一致的基础上通过了《里约环境与发展宣言》、《二十一世纪行动议程》和关于森林问题的无法律约束力的原则声明。会议的召开及其成果标志着人类实现可持续发展历程中一个重要的里程碑。

我愿以中国代表团的名义对里约会议取得的成功表示由衷的高兴和热烈的祝贺。

主席先生：

里约会议是在人类环境意识明显提高、发展问题日益突出的情况下召开的。会议的成果有没有充分回答时代对我们提出的挑战呢？我想，应该说我们作出了最大的努力，作出了相当艰苦但富有成果的努力。如果说我们没有能够取得更大的成就，并不是我们没有努力，而是说人类只能一步步地前进。作为中国代表团我们像许多发展中国家一样，对会议曾有着崇高的期待，期待大家都能超越眼前的狭隘的利益，为实现持续发展作出真实和实质性的承诺。在这方面中国代表团充分支持巴基斯坦代表团代表 77 国集团刚才所作的发言。我们高兴地注意到我们的一些对话伙伴在会上发出了积极的信息，对此我们表示赞赏。我们没有丝毫的沮丧，因为我们相信里约会议是实现可持续发展的国际对话的开头，而不是这一进程的终极。作为建立新的伙伴关系的开端，里约会议是一个良好的开端。我们深知，我们面前的道路还很遥远，我们的任务还很艰巨。但是，中国有一句谚语，叫做“千里之行始于足下”。我们已经一起开始了这一千里万里之行，不仅是 170 多个国家在一起，而且是政府和人民在一起开始了这一新的长征。只要我们保持里约会议产生的势头，并作出更大的努力，我们一定能取得成功。

在结束我这一简短的讲话之时，我愿再次对东道国巴西政府和人民表示衷心的祝愿并对联合国秘书长加利先生和环发会议秘书长斯特朗先生、许通美大使和他们领导下的秘书处表示衷心的感谢。

南沙出土一批珍贵文物

我国考古专家最近首次赴南沙群岛考古，发现一批自秦汉时期以来的珍贵文物。

考古学家、中央民族学院副教授王恒杰登上我国南沙海域岛礁，进行了为期一个月的考察。出土的文物有压印纹硬陶陶片、釉陶陶片、青瓷片、青花瓷片，及“五铢”、“熙宁重宝”、“嘉庆通宝”、“道光通宝”、“咸丰通宝”等铜钱，另有铁锚一件。

王恒杰介绍说，压印纹硬陶分别出土于道明群礁礁滩及郑和群礁的岛礁滩上，类似文物过去在我国海南岛的陵水、东方等地都有出土，同属秦汉时代遗物；五铢纹钱则为内地中央王朝所造；陶片与海南陵水、三亚、保亭各县市所出物相近，同属内地产品；瓷为宋代青瓷片，青花瓷则为明清时期我国大陆民窑产品，系民间用过的遗物；铜钱除五铢纹钱有礁砂外，其他铜钱皆为沙滩所出；铁锚为单翼锚，系清代渔船遗物。

王恒杰说，这些出土文物为我国南沙考古首批出土物。压印纹硬陶和五铢纹钱的出土，说明我国华南大陆的先民早于秦汉时代已开始在郑和群礁的岛、礁、滩上进行开发活动。它显示远在 2000 多年前，中国人已发现了南沙这一群岛的岛礁，并在上面有过生产和生活活动。压印纹陶片当属盛水罐的部分遗落。而五铢纹钱的出土，说明它的主人是用汉以来的中国通货。出土的唐、宋以及明清遗物，显示中国人民经营南沙群岛活动历史的连续性。

6 月 15 日

中共中央政治局常委宋平在新疆与部分宗教界人士座谈时发表题为《宗教界组织要引导信教群众爱教、爱国、爱社会主义》的讲话

新疆是一个民族自治区。宗教，特别是伊斯兰教有重要的影响。宗教界的朋友们协助党和政府为发展自治区经济、增强民族团结、维护社会稳定做了很多有益的工作。党中央非常关心新疆的发展和进步，也很关心宗教界的朋友们。今天，我同各位宗教界朋友见面，感到非常高兴。尤其令人欣慰的是听到了不少很好的意见。在座的各位，除玉色音卡日比较年轻外，其他都是长者。大家在宗教界很有影响，对党的政策包括民族政策、宗教政策都有较深的理解，都是我们党的好朋友。希望各位朋友继续在自己的工作范围内，在进行正常的宗教活动时，结合自己的实际，宣传党的基本路线和各项政策，宣传国家的法律法规，宣传优秀文化、优良传统和良好的道德风范。据我所知，不管是伊斯兰教，还是佛教或其他一些宗教，教义中有一个共同点，就是教人为善，劝导世人和睦相处。社会主义制度建立后，我国社会中人与人的关系发生了根本变化，人民成为国家的主人。宗教界人士要积极宣传民族平等、团结、进步，执行党的路线、方针、政策，努力发展经济，帮助群众勤劳致富，不断提高人们的文化素质，使各族人民都过上文明富裕幸福的生活。

现在，世界上有十亿多人信奉伊斯兰教，但在各个国家都有自己的特色。新疆的宗教界组织，在进行宗教活动中，要把我国宗教和民族的特点，特别是新疆的特点抓住，引导教民爱教、爱国、爱社会主义。这样联系实际，即把国家的利益、群众的需要和日常宗教活动紧紧结合起来，群众也容易接受。刚才，谢日甫江大毛拉讲，在中国历史上，有个好皇帝，执行好的政策，国家就昌盛，这也是事实。政策确实很重要。中国社会向前发展了，没有皇帝了，人民当家作主了。中国共产党是全国各族人民的领导核心。四十多年来，党的政策，总的看是正确的，虽然有过一些失误，但都主动地纠正了。十一届三中全会以来，我们党的基本路线和政策是完全正确的，新疆和整个中国十三年来的历史性变化，就是证明。马正忠副会长讲，他经历过旧社会，从同新社会的对比中形成一个信念，这就是终身信赖共产党的领导。我相信这是肺腑之言。我想这也是在座的朋友们的共同心声。希望你们能把自己的这些体会向群众宣传，把好的思想一代一代传下去。

在座各位都十分关心宗教界的接班人，这的确是一个很重要的问题。听说你们的伊斯兰经文学院办得不错，很令人高兴。买买提·赛来是个大学者,希望能继续为培养高级宗教人才出力,帮助他们不断更新知识,使他们在进行宗教活动时能够不断增添些新内容,发挥积极作用。全自治区十个地、州伊协办的经文班,已有近千人在学习,要把他们培养好。这些经文班,伊协要主动领导,政府可以给些支持,包括给点钱。你们要经常下去检查,帮助讲讲课。伊协把经文班办好了,私人就不要办了。伊斯兰教协会是共产党领导下的穆斯林爱国群众组织,希望能在团结信教群众坚定地走有中国特色的社会主义道路、不断增强民族团结方面,发挥更大的作用。

刚才,有朋友提到有些清真寺需要修缮。这方面的事情,历来都是靠教民自己的力量来办。对于那些特别大的、有文物价值的清真寺,可请政府宗教局帮助想点办法。因为这不仅仅是宗教场所,而且是文物古迹,应该保护好。

宗教活动与社会活动既有联系又有区别。在人与人的相互交往中,有的人违反了党和国家的政策、法律,做了错事,伤害了他人。对待这些事情,不管是哪个民族的,也不论是信教的或不信教的,应当就事情本身来评论是非,依据政策和法律来处理,不要随意说成是宗教问题或民族问题。这些事情,在一个民族内部,在信仰同一宗教的教民之间,也是难免会发生的。所以,遇到这类事情,要正确看待,冷静处理,妥善解决,防止被少数不怀好意的人利用来挑拨离间、制造事端。

在新疆,信仰伊斯兰教的人占很大比重,伊协联系了很多群众。我们党联系群众,要通过各种各样的渠道。群众中有什么困难、问题和意见,可以通过伊协反映上来。刚才,阿不都拉大毛拉讲,现在还有贫困地区,农牧民负担还比较重。这些问题反映上来,我们在制定政策时就会更加注意,尽力帮助逐步解决。同时,实行改革开放以来,党和政府制定了许多新的政策,希望你们也要进行学习、研究,积极宣传,进一步密切党和人民群众的联系。只要党和人民群众紧密联系在一起,群众的困难党和国家知道,国家的困难群众也知道,大家来共同克服困难,加快经济发展和社会进步,这样,无论发生什么事情,我们都不怕。

《人民日报》发表全国工商联主席荣毅仁文章《坚持把实践作为检验真理的唯一标准》

国家计委国家体改委发布《股份制试点企业宏观管理的暂行规定》

中国中部六省发展战略和发展政策研讨会在北京召开

在召开的“中国中部六省发展战略和发展政策研讨会”提出了“沿江沿河开发,双向开拓市场”发展战略思想。

研讨会认为中部六省发展战略重点是:大力发展优质高效农业和乡镇企业,在黄淮海平原和长江流域建立我国最大的优质商品粮基地,棉、麻、烟基地,淡水养殖基地,林、果、茶、桑基地,商品牧业基地,以及积极开辟和扩大出口创汇农业基地;继续加强以煤炭、电力、冶金、石化、建材为主的能源、原材料工业;强化以交通、通讯枢纽为重点的交通通讯业,形成四通八达、进出便捷、基本适应对外开放和经济发展需要的综合运输体系和信息传递网络;重视发展以提高产品加工深度为主,以机电、食品、纺织为重点的加工工业;努力发展高新技术产业,加快调整资产存量;发展第三产业,开发旅游资源,开发风景名胜和人文景观,为国家增收增汇。

台湾海峡交流基金会访问团到达深圳特区对广东省珠江三角洲进行考察访问

中国驻巴西里约热内卢总领事馆开馆

国务委员钱其琛在新西兰国际事务研究所发表讲演

钱其琛在谈到中国当前形势时指出,中国按照本国的具体情况发展经济,坚持改革开放政策,实行各种所有制,扩大了企业的自主权,把企业推向市场,创办了经济特区和沿海开放地带,大规模地引进外资。所有这些措施使中国面貌发生了深刻变化。从1980年到1990年10年内,中国国民生产总值平均每年增长9%。当前中国正根据邓小平南方谈话的精神,加快改革开放步伐,力争经济发展几年上一个台阶,实现在本世纪末国民生产总值的第二个翻番。

钱其琛说,中国的稳定和发展,不仅顺乎中国人民的意志,而且也是确保亚太地区和整个世界和平与稳定的重要因素。中国人民对自己的命运和前途充满信心。

钱其琛说,苏联的解体标志美苏两极对抗格局的终结,国际上原有的平衡被打破,各种力量开始了新的分化和组合,世界进入向多极化发展的转折时期。

中国驻新西兰奥克兰总领事馆开馆

解放军总政治部发出通知要求各部队学习江泽民总书记在中央党校省部级干部进修班的讲话

通知说,六月九日,中共中央总书记江泽民在中央党校向省部级干部进修班的同志发表了重要讲话,围绕深刻领会和全面落实邓小平同志重要谈话精神，集中精力把经济建设和改革开放搞得更快更好，阐述了九个重要问题。讲话高度评价了邓小平同志的历史功绩，精辟地概括了邓小平同志重要谈话的中心思想，在全面分析当前我国形势的基础上，回答了改革开放、发展经济需要解决的一系列重大问题，对贯彻落实邓小平同志谈话精神提出了明确要求。这个讲话对全党全军和全国人民加深理解邓小平同志的重要谈话精神，进一步统一思想认识，推进国家和军队的各项建设和改革事业，具有重大的指导意义。全军要认真学习领会，坚决贯彻落实。

通知要求各级党委、机关要把江泽民总书记的重要讲话作为当前政治理论学习的重要内容，集中时间进行学习讨论。对讲话阐述的九个问题，要一个一个地加以领会，吃透精神。基层单位也要安排专门时间进行学习，并同当前正在进行的党史教育结合起来。学习中，要重温邓小平同志的重要谈话，进一步加深对建设有中国特色社会主义理论的理解，增强贯彻执行党的"一个中心、两个基本点"的基本路线的自觉性。

通知指出，学习江泽民总书记的讲话，要紧密联系部队的思想和工作实际。通过学习，进一步促进思想的解放，警惕右的特别是"左"的思想影响，认清改革开放的大好形势，坚定建设有中国特色社会主义的信心。要运用讲话精神指导各项工作，搞好部队的建设和改革，全面落实"政治合格、军事过硬、作风优良、纪律严明、保障有力"的要求，更好地履行我军职责，为改革开放、发展经济"保驾护航"。

中华文化交流与合作促进会在北京成立

促进会以弘扬中华文化、促进祖国统一大业为宗旨。全国人大常委会副委员长廖汉生，全国政协副主席马文瑞任文促会名誉理事长，钱信忠、庄炎林、余叔通任顾问，全国政协副主席程思远任理事长。

参加在西班牙巴塞罗那举行的第 25 届奥运会的中国体育代表团在北京组成

代表团共 380 人，运动员 251 人。其中男选手 118 人，女选手 133 人，平均年龄为 23.4 岁。代表团团长为国家体委主任伍绍祖，副团长是何振梁、袁伟民、徐寅生、李富荣。

6 月 16 日

国务院总理李鹏在赫尔辛基芬兰政府宴会厅同芬兰总理阿霍举行正式会谈

芬兰总统毛诺·科伊维斯托在赫尔辛基总统府会见国务院总理李鹏

科伊维斯托说，中国在世界上占据着自己应有的位置，中国执行的和平外交政策和在国际事务中采取的公正立场，使我们芬兰有安全感，我十分感谢中国在重大国际问题上发挥的积极作用。

李鹏说，当前，世界局势正在发生深刻的变化，南北差距拉大，动荡因素增加。在这次里约环发大会上，广大的南方国家领导人都大声疾呼既要重视环境保护，又要重视经济发展。世界正在开始向多极化的方向发展，不能只有一两个大国支配国际事务，只有在和平共处五项原则的基础上建立公正合理的新秩序，世界才会有持久的和平。

《求是》杂志 1992 年第 12 期发表评论员文章《工人阶级在改革中要发挥主人翁作用》

全国妇联副主席黄启璪就妇女权益保障法答记者问

在《中华人民共和国妇女权益保障法》宣传月之际，《人民日报》记者就有关问题，访问全国妇联副主席、书记处第一书记黄启璪。

问：建国以来我国在维护妇女权益方面主要做了哪些工作，取得了哪些成绩？

答：新中国成立后社会主义制度的建立，铲除了男女不平等、妇女受压迫的根源，为妇女的彻底解放开辟了广阔的道路，并取得了巨大成就。从"共同纲领"到宪法、婚姻法、民法通则、继承法、刑法等一系列法律中都有关于保护妇女权益的条款，有些省市还做出保护妇女权益的规定。党和国家还采取一系列方针、政策、措施，为妇女参加社会生产、参政议政、接受教育、实行婚姻自由等不断创造条件。改革开放和建设事业的发展，更为妇女发挥聪明才智提供了大舞台。

目前，我国女职工已达 5294 万人，为解放初期的 87 倍，女干部约 1000 万人，相当于 1951 年的 25 倍，全民所有制单位的女专业技术人员 1988 年已达 716 万，约为 10 年前的 5 倍。在各类高等学校中学习的女生总人数，40 年增加了 30 倍。新中国成立以来，在政治、经济、科技、文教、卫生、体育、艺术等各个领域，都涌现出一大批出类拔萃的女性人才。广大妇女在社会主义现代化建设中发挥了极为重要的作用。

问：既然我国在一些法律中对保护妇女权益做了规定，为什么还要专门制定一个妇女权益保障法呢？制定这个法有什么现实意义？

答：虽然我国在维护妇女权益方面已取得很大成就，但是，由于种种历史和现实原因，我国在实现男女平等、保障妇女权益问题上，与法律的要求还有不少距离，妇女权利的行使和实现还不够充分，需要为此提供更有效的法律保障。《中华人民共和国妇女权益保障法》正是适应这一需要而产生的。它是完善社会主义法制的一个重要步骤，在维护人权方面又办了一件大好事。因此，全国的姐妹们无不为此欢欣鼓舞。妇女的法律地位，体现了一个国家的文明进步程度。这一法律的制定和颁布充分体现了我国社会主义制度的优越性。

我认为，《中华人民共和国妇女保障法》的制定有以下四个方面的意义：

一、能更好地发挥中国妇女在社会主义建设中的伟大作用。我国妇女是改革和建设的一支重要力量。毛泽东同志有一句充满哲理的名言："全国妇女起来之日，就是中国革命胜利之时"。制定保护妇女权益的法律，对充分调动亿万妇女投身两个文明建设的积极性，必将产生不可估量的作用。

二、能进一步保障妇女基本权益的实现，以利于切实解决妇女权益受侵害问题。由于我国尚处于社会主义初级阶段，受旧社会影响和经济、文化等条件的制约，在实现男女平等、保障妇女权益方面还有不少差距。如妇女参政的比例与她们所占人口的比例及参与经济发展的程度不相适应；在同等条件下，男女就业机会不均等；受重男轻女思想的影响，妇女受教育的权利未能充分实现等。此外，新中国成立后一度绝迹的一些社会丑恶现象又死灰复燃，干涉婚姻自由等违法行为在一些地方依然存在。这部法律的制定与颁布将有利于切实解决妇女权益受侵害的问题。

三、有利于完善社会主义民主与法制建设。党的十一届三中全会以来，我国的立法工作取得了举世瞩目的成绩。但由于还没有一部专门的妇女法，从立法上讲反映出两个不足：一是还不够完善，对改革开放以来出现的一些新问题没有相应的规定；二是不配套，缺乏对侵害妇女权益行为的惩治条款，不利于有效地执法。而现在全国人大通过的妇女权益保障法，则是一部全面的、综合性的，旨在保障妇女权益，促进男女平等的法律。这就弥补了我国法制建设上的一个不足。

四、履行了我国对有关国际条约所承担的义务。联合国妇女十年中期会议通过了《消除对妇女一切形式歧视公约》。公约要求各缔约国根据本国现状，"制定法律，保证妇女得到充分发展和进步"。我国是这一条约的最早缔约国之一。我国政府一贯重视维护人权，改善人权状况。制定《中华人民共和国妇女权益保障法》，不仅履行了我国对国际公约所承担的义务，而且必将推动中国的妇女运动对世界范围内妇女争取和平、民主、平等作出更大贡献。

问：《中华人民共和国妇女权益保障法》的主要特点是什么？

答：这个法的主要特点：一是在坚持男女平等原则的基础上突出对妇女的特殊保护；二是突出各种侵权行为应承担的法律责任及处理程序；三是强化国家和社会的责任。通过这些制裁性的、程序性的、协调性的内容，全面确立了保障妇女权利的法律机制，把其他法律中关于妇女权利的规定落到了实处。

问：这个法是如何体现妇联在维护妇女权益方面的特殊地位和作用的？

答：有关这方面主要体现在以下三点：协助政府有关部门做好保障妇女权益工作；向国家有关部门推荐女干部；妇联组织在诉讼活动中占有特殊地位。这些规定进一步体现了国家对妇联职能的重视和加强。

问：全国妇联准备采取什么措施促进《中华人民共和国妇女权益保障法》的实施？

答：我们准备做这样几件事：

首先要大规模地开展宣传教育活动。这是一部涉及每个妇女、每个家庭的法律，要通过宣传做到家喻户晓，通过学法、懂法，使广大妇女学会运用法律武器保护自身的权利。

其次，要举办各级妇女干部培训班，提高她们的法律意识，维护自己的权利。

最后，通过群众性的监督、建议、参与社会治安的综合治理等，发挥妇联的作用。

中共中央总书记江泽民中央政治局常委姚依林和田纪云李锡铭丁关根温家宝陈希同等到北京郊区通县大兴县察看机械化麦收和夏种情况

中共中央国务院关于加快发展第三产业的决定

为了抓住当前有利时机，加快改革开放步伐，集中精力把经济建设搞上去，按照国民经济和社会发展十年规划和第八个五年计划的要求，必须使第三产业有一个全面、快速的发展。

一、加快发展第三产业具有重大战略意义

（一）第三产业的加快发展是生产力提高和社会进步的必然结果。第三产业水平是衡量现代社会经济发达程度的重要标志。我国第三产业发展缓慢，水平较低，不适应国民经济发展的需要。从许多国家经济发展的规律看，当经济发展到一定水平时，第三产业的发展速度普遍高于第一、第二产业，对于整个国民经济的发展，起了明显的促进作用。我国现在已经进入这个阶段。为顺利实现社会主义现代化建设的宏伟目标，必须紧紧抓住这一机遇，把第三产业提高到一个新的水平。

（二）加快发展第三产业，可以促进市场充分发育，提高服务的社会化、专业化水平，增强社会保障能力，有利于劳动、工资、价格、企业经营机制和流通体制等一系列改革顺利实施，有利于进一步扩大开放、更多地吸引外资，有利于精简机构、提高效率，逐步改变机关、企事业单位办社会的状况，为改革开放在更广阔的领域向纵深发展创造更好的条件。

（三）我国工业经济效益差，农业商品率低，流通不畅，财政困难，已经严重障碍国民经济的进一步发展。产生这些问题的一个重要原因是经济结构不合理。经济结构不合理主要表现在第三产业不适应第一、第二产业发展的需要。第三产业投入少，见效快，社会效益好。加快发展第三产业，既可以调整三次产业比例关系、优化国民经济结构，又是缓解经济生活中深层次矛盾和促进经济更快发展的一个有效途径。

（四）九十年代，我国每年都将有大批新成长的劳动力和从第一、第二产业转移出来的劳动力需要安置。第三产业在吸纳劳动力就业方面具有独特的优势：行业多，门类广，劳动密集、技术密集、知识密集行业并存，能够吸纳大量的和不同层次的各类人员，特别是可以容纳大量科技、专业人才。加快发展第三产业是缓解我国日益严峻的就业压力的主要出路。

（五）到本世纪末，我国人民的生活将达到小康水平。同温饱水平相比，小康水平不仅表现在居民收入所达到的标准，更重要的是要看社会化服务水平和居民生活质量。随着经济的发展和收入的提高，人民群众不仅在衣、食、住、行、通讯、卫生和生活环境等物质生活的各个方面提出了更多、更高的要求，而且在文化娱乐、广播影视、图书出版、体育康复、旅游等精神生活方面也提出了更多、更高的要求。只有加快发展第三产业，才能适应人民群众日益增长的物质和文化生活的需要，促进社会主义物质文明和精神文明建设。

二、加快发展第三产业的目标和重点

（六）根据国情，我国对国民经济按三次产业作如下划分：第一产业是农业；第二产业是工业和建筑业；第三产业是除此以外的其他各业，主要包括流通部门、为生产和生活服务的部门、为提高科学文化水平和居民素质服务的部门。

（七）加快发展第三产业的目标是，争取用十年左右或更长一些时间，逐步建立起适合我国国情的社会主义统一市场体系、城乡社会化综合服务体系和社会保障体系。九十年代，要在发展第一、第二产业的同时加快发展第三产业，促进国民经济每隔几年上一个新台阶。为此，第三产业增长速度要高于第一、第二产业，第三产业增加值占国民生产总值的比重和就业人数占社会劳动者总人数的比重，力争达到或接近发展中国家的平均水平。

（八）加快发展第三产业的重点是：一、投资少、收效快、效益好、就业容量大、与经济发展和人民生活关系密切的行业，主要是商业、物资业、对外贸易业、金融业、保险业、旅游业、房地产业、仓储业、居民服务业、饮食业和文化卫生事业等。二、与科技进步相关的新兴行业，主要是咨询业（包括科技、法律、会计、审计等咨询业）、信息业和各类技术服务业等。三、农村的第三产业，主要是为农业产前、产中、产后服务的行业，为提高农民素质和生活质量服务的行业。四、对国民经济发展具有全局性、先导性影响的基础行业，主要是交通运输业、邮电通讯业、科学研究事业、教育事业和公用事业等。

三、加快发展第三产业的主要政策和措施

（九）充分调动各方面的积极性，国家、集体、个人一起上。要放手让城乡集体经济组织和私营企业、个人兴办那些投资少、见效快、劳动密集、直接为生产和生活服务的行业。对国民经济发展具有全局性、先导性影响的基础行业主要由国家办，但也要引入竞争机制，在统一规划、统一管理下，动员地方、部门和集体经济力量兴办。加快发展第三产业，主要应依靠社会各方面力量，坚持谁投资、谁所有、谁受益的原则，不能过多依赖国家投资。

（十）依靠深化改革、扩大开放加快发展第三产业的步伐。积极进行多种形式的改革和试点，大胆利用海外资金、技术和销售渠道；通过发行债券、股票等各种途径、方式筹集资金；积极推进集团化经营，打破部门、地区、行业和所有制界限，组建全国性和区域性第三产业企业集团，加快发展第三产业。凡实践证明行之有效的，要尽快全面铺开；一时效果不明显的，可继续试行；确实不成功的，应改试其他方式。

（十一）以产业化为方向，建立充满活力的第三产业自我发展机制。大多数第三产业机构应办成经济实体或实行企业化经营，做到自主经营、自负盈亏。现有的大部分福利型、公益型和事业型第三产业单位要逐步向经营型转变，实行企业化管理。

（十二）以社会化为方向，积极推动有条件的机关和企事业单位在不影响保密和安全的前提下，将现有的信息、咨询机构、内部服务设施和交通运输工具向社会开放，开展有偿服务，并创造条件使其与原单位脱钩，自主经营，独立核算。同时，鼓励社会服务组织承揽机关和企事业单位的后勤服务、退休人员管理和其他事务性工作。打破“大而全”、“小而全”的封闭式自我服务体系，使上述工作逐步实现社会化。

（十三）鼓励第三产业企业跨部门、跨行业、跨地区兼并应关停并转的工业企业，在资产转让、债务清理、信贷和税收等方面给予优惠和支持。这要作为加快调整工业结构的一项重要措施。

(十四)积极鼓励行政人员从机关分离出来,从事服务行业。从机关分离出来的人员与机关脱钩。同时要大力发展为生产和生活服务的行业,尽可能多地吸纳从机关分离出来的人员。为政府机构改革和精减人员顺利实施创造条件。

(十五)推进劳动人事制度改革,赋予第三产业企业用工自主权。逐步实行辞退、辞职制度,实现就业双向选择。实行企业化经营、不需财政拨付经费的事业单位,用人放开,自定编制,财政拨付部分经费的事业单位,适当放宽编制。鼓励工业企业富余人员,特别是有专业技术特长的人员向第三产业流动。鼓励大专院校毕业生和转业军人到第三产业企事业单位工作。

(十六)遵循价值规律,改革价格体系,解决第三产业长期存在的价值补偿不足问题。除少数确实需要由国家制定价格和收费标准的以外,第三产业的大部分价格和服务收费标准要放开,分别情况实行浮动定价、同行议价或自行定价,以形成合理的比价关系。

(十七)鼓励扩大国际化经营,赋予部分国营大中型商业、物资企业进出口权,有条件的要努力向境外发展,积极兴办海外中资企业。经批准,可以赋予国营大中型外贸企业国内销售权。实现国内国际市场统筹经营。进一步简化出国开展业务的审批手续。

(十八)利用金融和税收等经济手段扶持第三产业发展。对重点行业所需贷款,在信贷计划中加以安排。银行和城乡信用社可以向效益好、有偿还能力的集体企业、私营企业和个体工商户发放小额固定资产和简易设备维修贷款。对一些新办的第三产业企业,确有必要时可按产业政策在一定时期内缓征、减征所得税。

(十九)简化审批手续,改变目前第三产业开业难状况。放开第三产业企业经营自主权,允许他们采取更加灵活的方式,扩大经营范围;同时,要切实加强管理与监督。

(二十)加强第三产业法制建设。加快制定有关法律、法规,规范企业行为和市场行为。企业要依法经营,行业主管部门和经济监督部门要依法行政和依法监督。确保第三产业沿着法制轨道健康发展。

(二十一)加强第三产业的规划和管理。各地经济结构和发展水平不同,第三产业的发展重点和速度也应有所区别。要因地制宜,依据国家的产业政策,确定发展重点。将发展第三产业的投资、信贷、就业、用地等列入城乡整体发展规划,统筹安排。各地区、各部门要制定贯彻落实本《决定》的实施方案,并尽快修订与本《决定》精神不符的政策法规。

党中央、国务院要求全党和各级政府高度重视第三产业。各级党政领导干部要统一思想,转变观念,开阔思路,发挥创造性,动员广大干部群众,为实现加快发展第三产业这一重大战略任务而努力奋斗。

中国人民银行证券管理办公室负责人就发展中国证券市场问题答记者问

中国人民银行证券管理办公室负责人近日就如何积极稳妥地发展我国的证券市场等问题回答了记者的提问,内容如下:

问:目前证券市场已成为社会各界关注的热点,全国许多地方出现了不同程度的“债券热”和“股票热”,您对这一态势看法如何?

答:党的十一届三中全会以来,我国证券市场有了很大发展。几年的实践表明,证券市场的开放和发展,对于筹集融通建设资金,促进企业转换经营机制,深化经济、金融体制改革,促进社会主义经济发展,均起到了积极作用。但是也应该看到,近年来,特别是今年以来,有些地方出现盲目的“股票热”和“债券热”倾向。少数地方企业不按计划和偿债能力盲目扩大债券发行数量;个别地方不顾国务院有关规定,擅自批准企业向社会公开发行股票和投资基金证券,擅自设立股票交易中心;一些地方还出现炒买炒卖股票认购证的情况。这个问题应引起注意。如果各地只考虑通过发行股票、债券筹集资金,而不注重转换企业经营机制,不注意证券的会计标准,企业财务制度的改造,不注意合理引导投资行为,增强群众的金融风险意识,不解决切实保障社会公众利益的有关法规,这样发展下去,势必损害广大投资者的利益,影响证券业的健康发展,最后还会扰乱证券市场的正常秩序,影响经济发展和社会稳定。历史上不少国家发生过“股市迅速膨胀,一夜间突然崩溃”的事例,值得我们引以为戒。证券市场的基础是公众对证券质量和市场公平的信心,如果忽视这一点,就隐藏着市场崩溃的极大可能。

问:请您谈一谈今后一个时期发展我国证券市场的有关方针、政策。

答:今后一个时期我国证券市场仍是以债券市场为主,股票发行与交易只能有计划、有步骤地试点。这是因为债券是比较适合我国国情的一种金融工具,在有计划地扩大债券发行规模的基础上,根据筹资者和投资者的不同需要,不断增加债券品种。同时要稳步推进股票市场的试点,重点是搞好上海、深圳两地试点工作,适当增加两地发行股票的规模和上市公司的数量(包括B种股票的发行和上市交易);为适应证券市场发展需要,将在广东、福建、海南三省进行公开发行不上市股票;选择一些经济发达地区的有条件的企业,进行发行企业内部股票;在上海、深圳两地之外,选择一些经济效益比较好的、有条件的股份制企业到上海、深圳两地证券交易所上市交易。为了保证证券质量，建立公众信心，保护投资者利益，无论哪种类型的试点均须按一定程序审批。随着证券市场的发展和完善，今后还将逐步扩大试点范围。

问：您刚才讲到，股票市场不但要进行试点，而且要经过一定程序审批，请您详细介绍一下。

答：为确保试点工作有序进行，股票发行和上市必须按照国家规定的申报程序进行审批。对少数地区向社会公开发行（不上市）股票试点，由当地省、市级人民银行分行会同有关部门，编制年度发行计划，填制发行企业概况，报送人民银行总行审查核准后，再由分行在下批的规模内，逐个向总行申报批准后实施；第二，各地发行企业内部股票，由各地省、市级人民银行分行将试点方案、年度发行计划和发行企业概况上报人民银行总行，核准后下达到省（市）一级分行，由各地在规模内严格审批；第三，除上海、深圳两地以外有条件的股份制企业发行的股票，申请到两地证券交易所上市，由发行单位提出股票异地上市申请，经当地省、市级人民银行审查同意后，分别报送人民银行总行、上海（或深圳）市分行及其证券交易所。上海或深圳证交所及人民银行分行接到申请后提出书面意见，报人民银行总行审核同意后提交股票市场办公会议审批；上述各项，各地区、各单位、各部门，不得越权审批，未经上述程序批准一律无效。

问：股票市场为什么要先进行试点，然后再逐步开放？

答：我们的目标是要建设具有中国特色的社会主义证券市场，既要最大限度地吸收国外成熟的证券市场的经验，借鉴其做法；又要考虑中国的国情特点，不能全盘照搬西方国家的做法。所以，在大胆吸收国外经验的同时，还要注意兴利除弊，防止产生过度投机、舞弊等问题。另外证券市场的发展也要受到其他条件的制约。首先股票市场的发展是以股份制企业为基础的，而股份制企业的组建和改造需要一个过程。目前我国已设立的股份制企业中有相当一部分还不规范，一些试点企业资产评估问题没有很好解决，许多企业自我发展机制尚未建立起来，在这种情况下，过快过多地发行股票，就难以达到预期目的，甚至会事与愿违。其次，股份制和股票市场必须规范，不能各行其是，这就需要建立统一和完善的法规，通过建制立法保护投资人的合法权益，规范发行人和证券商的业务行为，保障证券市场顺利发展。由于我国的股票市场还处于小范围试点阶段，目前还没有颁布全国统一的《公司法》、《证券法》等证券市场基本法规。各地自行制定的一些管理办法，互不相同、无法统一遵循。再次，企业发行股票债券必须公开其财务状况。目前我国还没有建立全国统一的、适合股份制企业的、符合国际惯例的会计标准和会计制度，必然会影响投资者对发行企业财务状况的判断，不利于保护投资者利益。鉴于以上情况，股票市场必须要先行试点，要扎扎实实地创造条件，取得经验后，再逐步推开。

问：目前许多省市都要求设立证券交易所，我国究竟如何建立和发展证券交易所？是不是各地都可以设立证券交易所？

答：经国务院同意，中国人民银行批准，上海、深圳两地设立证券交易所，实行股票集中交易。目前不少省市都提出在本地区设立证券交易所，开放股票交易市场。鉴于当前上海、深圳两地的交易所仍处于试点阶段，还未完全过关，还需不断总结经验、不断完善，为慎重起见，国务院已明确规定，目前证券交易所只在上海、深圳两市试点。另外，从国外证券市场发展的历史来看，我国不宜过多地建立证券交易所。许多西方国家在市场建立初期，因为当时通讯手段落后，所以只是搞分散的柜台交易和把证券商集中到交易所进行交易。这种分散的市场体系客观上造成了证券交易的地区间差价、证券投机和流动性低等问题。随着科学技术的发展，有了先进的通讯手段和计算机技术，西方各国又花费大量资金和人力对传统的证券交易所进行改造，运用电子计算机和现代化的通讯工具，将所有的证券交易场所连通，使证券市场变分散为集中，变有形为无形。目前发达国家都已先后建立了全国统一的证券市场，因为只有统一的证券市场才能确保市场的公平、公正、公开和高效率。因此我国目前不应再重复西方国家证券市场从分散到集中的发展过程，不宜过多地建立证券交易所，而走利用卫星通讯和计算机技术，建立全国性的、现代化的、高效率的证券市场报价交易系统，为全国各地的证券交易提供服务。

问：为加强对证券市场的管理，近期国务院和证券主管部门准备采取哪些措施？

答：为了加强对证券市场的管理，促使市场健康发展，保护公众利益，维护社会稳定，近期准备采取以下措施：第一，加强证券管理机构的建设。第二，人民银行成立证券管理办公室，各地人民银行也要充实证券管理人员力量，以进一步强化对证券市场的管理。第三，抓紧建制立法。在《证券法》没有出台之前，人民银行准备抓紧制定《股票发行和交易暂行管理办法》、《股票发行和股票异地上市交易审批问题的通知》，进一步规范股票市场的活动。其他有关部门近期也要颁布与股份制试点和股票市场试点相配套的有关管理办法，把证券市场纳入法制轨道，促使其健康发展。

中国人民银行驻欧洲代表处在伦敦开业

正在英国访问的国务委员、中国人民银行行长李贵鲜晚上主持了中国人民银行驻欧洲代表处开业典礼。

英国中央银行——英格兰银行总裁彭伯顿、中国驻英国大使马毓真及英国金融界朋友200多人应邀出席在中国驻英国大使馆举行的开业典礼。

李贵鲜行长在开业典礼上发表讲话指出，随着改革开放的不断深入，中国金融界与国际金融界的联系也在不断加强。作为金融开放的重要组成部分，中国鼓励国内金融机构走向世界，学习和借鉴国外同行先进的管理经验和运作方法，以便更有效地进行决策。

彭伯顿总裁在典礼上致词，代表伦敦金融界对李贵鲜行长一行访英及中国人民银行在伦敦开设海外首家代表处表示欢迎。

国务委员兼外交部长钱其琛在惠灵顿与新西兰副总理兼对外关系和贸易部长 外交部长麦金农举行会谈

钱其琛说，过去20年中，中新关系已奠定了坚实的基础，为促进两国关系的长期、稳定发展，建议继续保持两国高层领导人的经常互访、会晤，扩大两国在羊毛、农牧、轻工等方面的贸易和经济技术合作，同时，加强两国在国际事务中的磋商与合作。麦金农对钱其琛外长的建议表示完全赞同。

会谈中，两国外长还就召开亚太地区国家首脑会议、亚太经济合作组织会议、柬埔寨和朝鲜半岛局势以及地区形势广泛地交换了意见。

新西兰总理博尔格会见正在惠灵顿访问的国务委员钱其琛

中英联合联络小组第23次会议在北京钓鱼台国宾馆举行

出席这次会议的中方人员有：首席代表郭丰民大使，代表罗嘉驩、陈荣春、刘俊宝、王维扬等。英方人员有：首席代表高德年，代表欧威廉、鲍雅伦、施祖祥等。

6月17日

中共中央总书记江泽民在中南海会见由李鹏飞率领的香港启联资源中心访京团

江泽民说，香港现在成立不少社团，"我们的基本态度是，凡是有利于香港稳定、繁荣，拥护'一国两制'和'基本法'，促进1997年香港政权顺利交接及平稳过渡的，我们都持积极支持的态度。"

国务院港澳办主任鲁平参加会见。

中组部人事部发出关于加强干部退休工作的意见的通知

中组部、人事部最近发出关于加强干部退休工作意见的通知。通知重申各级组织、人事部门要认真贯彻中共中央关于建立老干部退休制度的决定精神，严格执行干部退休制度，凡达到退休年龄的干部，除按国家规定延长退休年龄或留任者外，应按时办理退休手续，以促进干部队伍的正常交替。

中组部、人事部的通知指出，干部退休工作是我们党和国家干部人事工作的重要组成部分，做好干部退休工作，妥善安置好退休干部，对保证干部队伍新老交替的顺利进行，保障退休干部的晚年生活，促进改革开放和经济建设的发展，都具有重要意义。

通知说，广大退休干部在长期的革命斗争和社会主义建设事业中，为党为人民作出了重要贡献，是党和国家的宝贵财富。各地区、各部门要认真贯彻党和国家关于干部退休工作的方针、政策，切实加强领导，把干部退休工作列入议事日程，及时研究解决有关重大问题。干部退休工作部门要认真履行职责，深入调查研究，提出解决问题的建议和办法，当好党委和政府的参谋，并主动与有关部门协商，共同做好干部退休工作。

通知要求，要认真落实退休干部的政治和生活待遇。干部退休后，各有关单位要按照党和国家的政策规定，组织退休干部学习文件、听报告，过党的组织生活，参加有关活动，使他们及时了解党的路线、方针、政策和国内外大事，勉励他们在改革开放的新形势下，继续发扬光荣传统，永葆革命青春。各地应根据党和国家规定的退休干部生活待遇的原则，在政策允许的范围内提出切实可行的具体办法；属于各地权限内应该解决而且能够解决的问题，要认真加以解决。在进行物价、工资、医疗、住房等项制度改革时，要充分考虑退休干部的实际情况，做出合理安排。

通知说，要根据退休干部的专业特长、兴趣爱好、身体状况等不同情况，因地因人制宜，积极支持他们在社会主义现代化建设中再作贡献。要紧密围绕经济建设中心，有组织、有领导地发挥退休干部的作用。退休干部发挥作用也要严格执行党和国家的政策和有关法律，坚持自愿和量力而行的原则，多做拾遗补缺的社会工作，提倡不计报酬的奉献精神，在政策规定的范围内允许取得合理报酬。

通知指出，要在总结经验的基础上不断改进和完善退休干部管理形式。要不断增加社会化管理内容，建立健全社会服务体系，努力创造条件，积极稳妥地促进退休干部由原单位管理逐步向社会化管理过渡，更好地为退休干部服务。

国务院经贸办公室召开东北华东中南和西北西南地区限产压库促销工作座谈会

国务院经贸办最近连续召开东北、华东、中南和西北、西南地区限产压库促销工作座谈会。国务院经贸办要求各地区、各部门采取有效措施，坚定不移地继续抓紧抓好限产压库促销工作，严格限制滞销积压产品的生产，积极开拓市场，以销定产，以销促产，努力调整产品结构，把劲真正使在质量高、效益好、能适应市场需求变化的速度上来。各省市要在今年8月底以前消化掉今年以来新增加的产品库存积压，保证今年限产压库促销计划指标的完成，使我国的经济运行走上高效益的轨道。

农业部公布乡镇企业产值位于前列的部分县市和镇的排名

农业部最新统计结果表明，全国上一年乡镇企业总产值超过50亿元的县、市有15个，乡镇企业总产值超过10亿元的乡镇有8个，有9个村乡镇企业总产值超过2亿元。

15个县市的排列顺序是：江苏省无锡县、武进县，浙江省绍兴县，江苏省江阴市，广东省顺德县，江苏省常熟市、张家港市、吴县，广东省南海县，浙江省萧山市，江苏省吴江县、宜兴市，上海市川沙县，浙江省鄞县，江苏省昆山市。

超10亿元乡镇排名顺序为：江苏省吴江县盛泽镇，广东省顺德县桂洲镇、北滘镇、容奇镇，山东省牟平县宁海镇，天津市静海县蔡公庄乡，上海市上海县马桥乡，江苏省张家港市场合镇。

9个超2亿元村排名是：天津静海县大邱庄、上海市上海县旗忠村、浙江省萧山市航民村、江苏省江阴市华西村、山东省牟平县新牟里村、江苏省无锡市郊区金星村、广东省中山市永宁村、江苏省无锡县西塘村、山东省牟平县西关村。

国务院副总理邹家华在上海考察

邹家华6月17日至20日考察上海工作时，要求上海在长江三角洲和长江沿江地区经济发展中充分发挥龙头作用，与兄弟省市携起手来，实行优势互补，联合协作，统筹规划，分层次推进，使这一地区的经济更好、更快地发展。

邹家华说，开发开放浦东是国家今后十年改革开放的重点，上海要在长江三角洲及长江沿江地区经济发展中发挥龙头作用。上海经济要结合上海的优势和特点，继续向外向型、高科技、高档次的方向发展，特别是在金融、流通、信息、贸易等第三产业方面的发展更要走在前面，发挥中心的作用。上海经济发展的辐射面要大，不仅辐射到长江三角洲，还要辐射到整个长江流域。不仅要向外辐射，也要向内辐射。上海发展了，必将带动两翼江浙等省经济的发展。开发开放浦东要与开发开放长江三角洲和长江沿江地区结合考虑。上海有非常强大的工业基础以及人才、技术优势，再与相关地区的优势统筹互补，密切联合，上海的经济发展一定会更快更好。

邹家华强调说，要在国家宏观调控下，加快发展和培育各类市场，相应发展和完善国家宏观调控机制和市场监督机制，培养和造就一大批优秀的会计、律师和金融财税人才，建立和发展具有中国特色的会计事务所、律师事务所。

国务院副总理姚依林在钓鱼台国宾馆会见日本松下电器产业株式会社社长谷井昭雄

姚依林出席松下电器产业株式会社与中国华录电子有限公司关于录像技术转让合同的签字仪式。

机电部部长何光远等参加会见和签字仪式。

葡萄牙总统马里奥·苏亚雷斯在里斯本接见以最高人民检察院副检察长肖扬为团长的中国检察代表团

中华人民共和国政府和匈牙利共和国政府在北京签订关于对所得避免双重征税和防止偷漏税的协定

1991年度全国优秀青年星火带头人评选揭晓百名带头人标兵受到团中央国家科委表彰

6月18日

最高人民检察院《关于对携款潜逃的贪污、贿赂等案犯及时立案、报告的通知》

通知的主要内容是：

(一)对可能携款潜逃的贪污、贿赂等重大案犯，有管辖权的检察院一经发现或接到举报，应迅速查证，及时立案，不失时机地果断采取逮捕等强制措施。对已经潜逃应当逮捕的案犯，要商公安部门发布通缉令，采取有效措施，追捕归案。对已经逃往境外的案犯，除及时立案、决定采取强制措施外。还应通过我国的国际刑警组织渠道缉捕。切实防止因未及时立案、采取强制措施，使案犯逃避法律惩罚的情况发生。

(二)各地检察机关要密切配合，加强对携款潜逃案件的查办工作。凡发现与潜逃案犯有关的情况应及时向承办单位通报，并配合缉捕，不得贻误。

(三)各级检察机关对于案犯携款潜逃的案件，要按照规定逐级上报。各省、自治区、直辖市人民检察院应按高检院“贪污、贿赂等案犯潜逃、自杀情况统计专报表”的要求，逐月、按时报告。对于携款潜逃境外的，应实行专项报告制度，一案一报，并随时报告案件进展情况和遇到的问题。

(四)对于因案犯在逃而不能结案的案件，另行统计。

国家计委下达21个大中型电力基本建设新开工项目

经国务院批准，国家计委近日下达了21个大中型电力基本建设新开工项目。

这些项目多数要在“八五”末期或“九五”初期建成投产，全部建成后将增加电力装机容量1054万千瓦。计划总投资规模为219亿元，其中计划利用外资21亿多元。

农业部公布乡镇企业1991年总产值的企业排名

农业部提供资料表明，全国已有129家乡镇企业年总产值达到或超过1亿元。

排在前10位的乡镇企业分别是：广东省顺德县广东珠江冰箱厂、江苏省吴江县盛泽印花厂、广东顺德县蚬华电风扇厂、广东省东莞市黄江保健品厂、浙江宁波宏利针织有限公司、广东省顺德县华英电风扇厂、江苏省吴江工艺织造厂、广东顺德县广东电饭锅厂、广东顺德县美的风扇厂、上海嘉定照明电器公司。

国务院副总理邹家华在浙江考察时发表讲话

邹家华最近在浙江考察时指出，在贯彻小平同志南巡讲话精神、加快改革开放步伐中，各地要从实际出发，分层次推进，条件好的地方可以快一点，并带动毗邻地区。长江三角洲的经济发展，要以浦东为龙头，以江浙为腹地，一方面要充分发挥浦东龙头作用，发展得更快一点，同时又要充分利用江浙的有利环境，做到优势互补、共同发展。浙江的绍宁沿海地区和杭嘉湖平原有较好的基础，在政策上可以更放宽一点，发展可以更快些，又带动浙西等地的发展。

邹家华说，有条件的地方，要不失时机地把经济发展速度搞快些，但要遵照小平同志讲的要有效益的速度。对待速度问题，不但要看增长幅度，而首先要看经济发展是否良性循环，只要是产品有市场，效益好，那么速度快也不会出问题。如果产品滞销，企业亏损，那么即使速度慢，依然不可靠。邹家华着重指出，在加快改革开放中，各地要发挥自己的优势来确定产业结构。全国的经济作为一个整体，是全门类、全方位的，由多种产业组成，但从一个省、一个地区来讲，要求全门类发展是不现实的，要结合本地实际情况发展有优势有特色的产业。在浙江，仍然要重视农业和农村经济的发展。农业的发展要讲大农业——农、林、牧、副、渔全面发展，要发展以农产品为原料的深加工，要更快地发展乡镇企业，还要大胆发展劳务出口等。

国务院决定开放长江沿岸芜湖九江岳阳武汉重庆5个内陆城市至此长江沿岸10个城市全部开放

香港新鸿基地产发展有限公司同北京东安集团公司在北京签订合资改建东安市场协议书

中英联合联络小组第23次会议在北京发表新闻公报

新闻公报指出，中英联合联络小组第23次会议进一步讨论了目前在香港用于防务目的的土地的前途问题；讨论了同香港有关的国际权利与义务问题，就海洋污染、毒品、国际私法和海关方面的九项国际条约1997年后继续适用于香港的问题达成了协议，并就另一项海关公约适用的具体安排取得了一致意见。联合联络小组就中英联合声明有关1997年后在香港居留权的条款的实施问题进一步交换了意见；就香港与有关国家之间的投资保护协定、香港与有关国家之间的移交逃犯协定交换了意见，并取得了进展。联合联络小组进一步讨论了跨越1997年的主要专营权问题。

中英联合联络小组中方首席代表郭丰民在中英联合联络小组第23次会议结束后举行记者招待会

郭丰民说，中国政府坚持中英双方严格按照中英联合声明和有关文件办事，主张中英双方加强合作以维护和发展香港的繁荣与稳定，并保障1997年的顺利过渡。1995年的立法局选举必须同基本法的有关规定衔接，有关事宜必须由中英双方来磋商解决。在过渡期内，如果香港有一些重大的变化，特别是政府的架构以及政府资产的变化，必须由中英双方磋商。

郭丰民在回答记者提问时说，不修改基本法同就1995年的立法局选举进行磋商毫不矛盾。1997年前根本不存在对基本法进行任何修改的问题。但是关于1995年的选举却有许多具体问题需要中英双方进行磋商。现在中英双方正在进行准备，希望能够在不久的将来开始进行具体磋商。他说，中国政府的态度是很明确的，让那些反对基本法、公开鼓吹要颠覆中国合法政府的人进入行政局，不利于香港稳定，对此我们表示反对。

在回答记者有关香港新机场问题时，郭丰民说，新机场的财务问题不在这次联合联络小组会议讨论之列。机场委员会是中英双方根据《关于香港新机场建设及有关问题的谅解备忘录》而设立的。机场委员会成立以来,中英双方不断进行接触,但并不排除有些问题在一定情况下将提交更高层次的讨论。

中共中央总书记江泽民在中南海会见前来参加录像机技术转让合同签字仪式的日本松下电器产业株式会社社长谷井昭雄

外交部部长钱其琛同澳大利亚外交和贸易部长加·埃文斯举行会谈

会谈中,双方表达了进一步发展双边关系的共同愿望。钱其琛说,我们对两国关系的顺利发展感到满意。中澳建交20年来,两国关系在政治、经济、科技、文化等方面都有了显著发展。我们希望保持两国高层领导人的接触,不断增进互相了解与合作。埃文斯说,澳大利亚非常珍视发展同中国的政治和经济关系,继续保持高层互访是十分有益的,希望这种讨论继续下去。

埃文斯介绍了基廷总理前不久提出的召开亚太地区政府首脑会议建议及有关方面的反应。埃文斯说,基廷总理希望就此问题同各方进行讨论。钱其琛说,我国对基廷总理的建议持积极态度。我们认为,召开亚太地区首脑会议,理所当然参加的应是主权国家的政府首脑。

澳大利亚联邦总督海登在总督府会见外交部部长钱其琛

外交部部长钱其琛在堪培拉举行记者招待会

正在澳大利亚访问的钱其琛下午在记者招待会上说,在当前动荡的国际形势下,中澳进一步发展友好合作关系,不仅有利于双方,而且有利于亚太地区的和平与稳定。

钱其琛说,他的这次访问进行得很顺利。双方在会谈中对许多问题有着相同或相似的看法,在有些问题上各自的立场是并行不悖的。

钱其琛说,中国和澳大利亚同处在当今世界上最有经济活力的亚太地区,两国经济互补性很强,存在着广泛合作领域。随着中国进一步改革开放和经济的迅速增长,澳大利亚的产品和企业家在中国市场上可以占有它应有的地位。

钱其琛说,中澳两国领导人进行互访的条件正在走向成熟。海登总督接受杨尚昆主席的邀请,表示很高兴有机会再次访华。

关于美俄最近达成的削减战略核武器协议,钱其琛说,中国对此表示欢迎,并希望双方有更大规模的削减。现在美俄各保留了三千至三千五百个战略核弹头,数量仍然是相当多的。

中国与不丹第8轮边界会谈于6月18日至19日在北京举行

蒙古国政府总理达·宾巴苏伦在乌兰巴托接见中国国务委员兼国防部长秦基伟上将

《人民日报》就联合国环境与发展大会发表社论《人类环境与发展史上的一次盛会》

6月19日

全国人大常委会举行立法工作座谈会

全国人大常委会副委员长彭冲在立法工作座谈会上强调,"抓紧制定和修改经济方面的重要法律,关系到我国改革开放的全局,直接影响和制约我们能不能尽快建立计划经济与市场经济相结合的社会主义经济新体制,能不能顺利实现第二步战略目标,把整个国民经济提高到一个新的水平。"

彭冲就怎样加快经济立法提出四点意见:

第一,要进一步解放思想,更新观念,增强加快经济立法的紧迫感。搞经济立法,不能片面地强调稳妥、强调立法条件还不成熟。90年代是我国改革开放和现代化建设的关键时期,一些重要的法律如果不能及时出台,改革的操作就难以规范,商品经济新秩序也难以建立,即使建立了也难以巩固,这将会对经济建设和改革开放带来重大损失。

第二,要进一步健全立法工作体制,组织全国人大专门委员会、国务院有关部门和社会力量,共同加快法律的起草工作。

第三,要大胆吸收和借鉴国外的法律和立法经验。借鉴和吸收国外法律和立法经验,是各国在立法实践中都曾遵循的原则。对于各国反映商品经济活动的法律规范中,反映社会化大生产的规律性、共同性的内容,对于有利于社会生产力发展的管理经验,对于国际交往中形成的国际法规范和惯例,应当大胆地吸收和借鉴。

第四,不仅要注重立法的数量,还要注重立法的质量。

彭冲强调,我们制定每一个法律,都应当有利于深化改革和扩大开放,有利于社会生产力的发展,有利于保护公民的合法权益。当前在立法和执法中出现的"地方保护主义"、"行业保护主义",必须坚决予以克服和纠正。要督促清理各种法律、法规,凡是与宪法相抵触以及不适应改革开放要求的，都应依法予以撤销或修改。

彭冲指出，在加快立法的同时，还必须加强执法工作，改善执法活动，切实从立法、守法、执法、司法各个环节做好工作。只有这样，才能建立与改革开放相协调的法律机制，保障社会主义现代化建设和改革开放更快更好地进行。

国务院法制局、中国人民银行、国家工商局、财政部、最高人民检察院、国家科委等有关部门的负责同志在座谈会上分别汇报了公司法、银行法、经济合同法、个人所得税法、反贪污贿赂法、科技进步法等法律的起草和修订情况。全国人大常委会副委员长陈慕华、王汉斌出席座谈会，常务副秘书长曹志主持会议。

《人民日报》发表社论《牢记农业是基础》

财政部副部长迟海滨就部分地区实行分税制财政体制改革试点答人民日报记者问

记者：最近财政部下发文件，决定从今年起在部分省、自治区、直辖市和计划单列市实行分税制财政体制的改革试点。请问，实行分税制对加快整个经济体制改革步伐有何重要意义？

答：财政体制改革是整个经济体制改革的重要组成部分。现行的财政体制是国家对地方财政实行“收入递增包干”、“定额上解”、“定额补助”等不同形式的包干办法。这种体制对调动地方增收节支的积极性，保证财政收入的增长，促进国民经济的发展，有其积极作用的方面。但是，包干办法也有其明显不足的方面，一是助长了地区经济封锁和重复建设。在包干体制下，财政收入超收全部归地方使用，加上物资管理体制等方面的包干办法，往往会使国家对经济的宏观调控政策和措施难以全面落实。前些年加工工业的重复建设和地区之间对某些商品互相封锁，与财政包干不无某种联系。二是实行包干体制，中央从全国财政收入的增长中只能得到比较少的一部分，中央财力严重不足，削弱了宏观调控能力。为了克服上述弊端，尽快确立适应有计划商品经济发展的经济管理体制，促使经济更好更快地发展，必须加快财政体制改革的步伐，以分税制代替现行的包干体制，这不仅是深化财政改革的需要，也是整个经济体制改革的需要。

分税制是一种比较稳定、规范、科学的财政体制，客观上有利于较好地处理中央与地方财力的分配关系，有利于促进全国统一市场的发育和完善，有利于国家产业政策的贯彻和实施。

记者：实行分税制对加强财政管理、提高经济效益有何促进作用？

答：分税制的一个主要特点是扩大了地方固定收入范围。除了农牧业税、车船使用牌照税、集市交易税等13种小税仍作为地方固定收入外，又将地方国营企业所得税、集体企业所得税、外资企业和地方部门所属的中外合资企业所得税等收入，划作地方固定收入。这样，更有利于促进地方合理组织经济，加强企业管理，有效地利用各种资源，提高经济效益，从而达到增加财政收入的目的。

记者：分税制财政体制何时能在全国普遍推行？

答：全面实行分税制不是件轻而易举的事情，它需要与整个经济体制改革相协调。财政部将根据国务院的部署，努力搞好分税制的改革试点，不断总结经验，完善办法，争取在“八五”期间能在全国普遍推行。

财政部决定在浙江辽宁新疆天津武汉青岛大连沈阳重庆九个省区市率先实行分税制财政体制改革

国务院批准又有45个县市对外国人开放

根据《中华人民共和国外国人入境出境管理法》第四章第二十条规定，外国人持有效签证或居留证件，即可前往这些地区旅行，无须申办旅行证件。

此次对外国人开放的市、县是：

河北省：晋州市、新乐县、大名县、磁县、清河县、蠡县、雄县、南皮县、枣强县、曲周县、魏县、临漳县、成安县、鸡泽县、馆陶县、肥乡县、宁晋县、威县、丘县、广平县、南和县、柏乡县、隆尧县、巨鹿县、新河县、广宗县、平乡县、临西县、饶阳县、安平县、景县、阜城县、东光县、盐山县、肃宁县、无极县、深泽县、高邑县、高阳县、博野县、故城县。

甘肃省：华亭县、西和县、康县、礼县。

国务院致电祝贺上海30万吨乙烯工程全面建成

中共中央总书记江泽民在钓鱼台国宾馆会见香港新鸿基地产发展有限公司郭邝肖卿女士 公司主席兼行政总裁郭炳湘及郭炳江、郭炳联

经国务院批准公安部决定从7月1日起进一步简化公民因私事出境手续

日本首相宫泽喜一在首相官邸会见以孙平化为团长的中日友协代表团和以米国钧为团长的中日老朋友代表团

国务委员钱其琛在新南威尔士大学亚澳研究所发表题为《亚洲、中国和澳大利亚》的演讲

钱其琛说，在当前国际形势动荡不安、世界经济发展面临严峻局面的情况下，亚洲地区的形势令人鼓舞。柬埔寨结束了历时13年的流血冲突，走上了政治解决的道路；朝鲜南北双方加强对话，同时加入联合国并签署了一系列包括解决核核查问题在内的有利于缓和半岛局势的协议；阿富汗问题的政治解决进程取得了突破性进展。亚洲地区，特别东北亚和东南亚的经济持续发展，增长率大大高于全球平均水平，成为世界经济中最具活力的地区。这一切表明，亚洲正在进入政治上相对稳定、经济上持续发展的新的历史时期。

钱其琛认为，在当前的国际形势下，亚洲多数国家积极谋求本地区的和平与发展，努力改善和加强彼此关系。和平共处五项原则是现代亚洲人智慧的结晶，万隆会议十项原则也诞生于亚洲。求同存异、相互尊重、互不干涉内政与平等互利已经成为亚洲各国所共同接受的处理国与国之间关系的指导原则。这对亚太地区甚至整个世界都具有重要意义。

在谈到澳大利亚同亚洲的关系时，钱其琛说，近年来，澳大利亚同亚洲的经济联系日益密切，澳政府强调与亚洲国家发展关系，积极推进亚太地区的和平与合作，受到亚洲各国和人民的普遍欢迎。不久前，基廷总理明确指出，“澳大利亚的未来在亚洲”，“澳大利亚面向亚洲就是面向现实。”这是具有远见卓识的判断。

钱其琛说，中国是亚洲最大的发展中国家，目前正在专心致志地从事经济建设，实现现代化。要达到这一目标，中国既需要一个安定团结的国内政治局面，也需要长期稳定的国际和平环境。中国坚持奉行独立自主的和平外交政策，特别注重同周边国家发展睦邻友好关系，重视亚太地区的合作。

钱其琛说，中国需要稳定，世界需要中国稳定。中国是亚太地区和平与稳定的重要因素。中国政府正是出于对中国人民负责，也是对亚洲和世界负责的态度，正在根据中国的现实条件，进行经济建设，大胆改革开放，提高人民生活。中国的稳定与发展本身就是对亚洲和世界的重大贡献。

最后，钱其琛谈到中澳关系时说，中国和澳大利亚是友好国家。两国人民有着长期的友好交往。中澳建交二十年来，两国在政治、经济、科技、文教等方面都取得了显著的发展。中澳两国没有根本的利害冲突，而在维护亚太地区的稳定、推动地区经济合作方面有着共同的利益。有一切理由保持和发展相互间的友好合作关系，这种关系只会对双方都有利。

钱其琛指出，中澳两国在经济上互补性很强，具有发展互利合作的巨大潜力。中国是一个广大的市场，在加快改革、扩大开放的政策指引下，将为中澳两国发展贸易和经济技术合作提供更加良好的条件。澳大利亚的羊毛和铁矿砂是中国企业所需要的原料。在双方的共同努力下，澳大利亚的企业家完全可以在中国占有自己应有的地位，两国贸易和经济技术合作完全可以迈上一个新的台阶。展望未来，我们对中澳关系的前景充满信心。

澳大利亚联邦政府总理保罗·基廷在堪培拉议会大厦会见国务委员钱其琛

6月20日

中共中央在中南海怀仁堂举行党外人士情况通报会

中共中央总书记江泽民在会上强调，我们要进一步团结一切可以团结的力量，调动一切积极因素，把各民族人民、各民主党派、各人民团体和各界人士的智慧和力量，更好地集中到解放和发展生产力、加快改革开放和经济发展，建设有中国特色的社会主义宏伟事业上来。

通报会由江泽民主持。各民主党派中央领导人严济慈、费孝通、孙起孟、雷洁琼、卢嘉锡、董寅初、蔡子民、贾亦斌、彭清源，全国工商联领导人王光英，无党派代表人士阿沛·阿旺晋美、程思远等出席了会议。

江泽民扼要通报6月9日他在中央党校的讲话精神。在讲到加快经济体制改革时说，小平同志关于计划和市场都是经济手段，不是区分社会主义与资本主义的标志等重要论断，完全符合商品经济发展的实际，符合现代社会化大生产的客观规律，是完全正确的。这些重要论断的提出，对于我们的思想认识来说是一大解放，而且为建立我国社会主义的新经济体制奠定了理论基础。

江泽民说，现在，全国广大干部和人民群众正在认真贯彻落实邓小平同志的重要谈话和中共中央政治局全体会议的精神，形势很好。他指出，要加快改革开放和经济建设的发展，必须依靠全国各族人民同心同德，艰苦奋斗。在各民主党派、工商联、无党派人士中，人才荟萃，知识分子多，海外联系广，在建设和改革中可以发挥的作用和影响是很大的。这一段时间，通过学习和贯彻小平同志的重要谈话和中共中央政治局全体会议的精神，大家表现了很高的建设和改革的热情。除积极主动地参加国家重要经济决策的协商讨论外，一些民主党派的主要负责同志，还深入实际，调查研究，就区域性、专业性的经济发展战略进行论证，提出了不少好的建议。

江泽民说，中共中央殷切希望各民主党派、全国工商联和无党派人士，继续发扬爱国统一战线的光荣传统，进一步解放思想，献计献策，为更快更好地推进改革开放，促进我国经济的发展和社会的全面进步做出新的贡献。

国务院总理李鹏在会上通报当前改革开放的进展情况和经济形势。

李鹏说，我们贯彻落实小平同志的谈话精神，制定各项政策和措施的核心就是要坚定不移地继续贯彻执行党的“一个中心、两个基本点”的基本路线，抓紧有利时机，加快改革开放步伐，力争经济更好更快地上一个新台阶。这是全党和全国人民的战略任务。我们要以小平同志的重要谈话精神为指导，进一步解放思想，振奋精神，真抓实干，鼓实劲而不鼓虚劲，大胆而又过细地工作，齐心协力地办好几件大事，走出一条既有高速度又有好效益的国民经济发展路子。

李鹏说，要把重点放在转换企业经营机制上，这是整个经济体制改革的中心环节。为此，必须加快转变政府职能，建立和完善社会劳动保障体系，培育和发展市场体系等方面的改革步伐。

李鹏说，改革开放以来，我国逐步形成的包括经济特区、沿海开放城市、沿海经济开放区的沿海对外开放地带，已成为我国经济最活跃、实力最雄厚的地区。必须不失时机地进一步扩大对外开放，进一步加强我国对外经济技术合作与交流。他指出，既要全方位开放，又要有层次有重点地开放。要以上海浦东开发为龙头，进一步开放长江沿岸城市；逐步开放沿边城市，形成周边的对外开放格局；加快内陆省、区对外开放步伐；扩大对外开放领域，拓宽利用外资形式。

李鹏说，我们要抓紧办好几件大事：贯彻十三届八中全会精神，加快农村商品经济的发展；抓好水利、能源、交通、邮电通信和原材料重点项目的建设；结合调整经济结构，大力发展第三产业；抓紧三峡库区移民和三峡工程的筹建工作；抓紧海南省洋浦开发等。

李鹏说，在充分发挥地方和企业积极性，搞活微观的同时，必须切实转变政府职能，完善宏观调控手段，加强宏观调控能力，把干部和群众的积极性引导好、保护好、发挥好。

李鹏说，今年以来，国民经济在正常范围内以较高速度发展。1至5月份与去年同期相比，全国乡及乡以上工业总产值增长17.9％；城乡市场购销两旺，进出口形势继续保持较好势头，国家现汇结存进一步上升。财政收入也有所增长。市场物价基本平稳，全国零售物价总水平上半年预计比去年同期上升5％左右。农业夏粮总产量可达1950亿斤以上，接近或略超过去年水平。从总体上看，经济运行比较平稳，发展趋势是积极的，宏观调控尚处在比较主动的地位。

李鹏指出，今年国民生产总值原计划增长6％，但在实际执行中将有较大幅度的超过。有条件的地区，能够快的一定要搞得快一些。根据经济部门预测，全年国民生产总值增长可能达到9％。

李鹏说，为了把目前经济发展好的势头保持下去，我们将密切注视国民经济运行情况，并针对目前出现的交通运输紧张，部分地区电力、煤炭供应不足，固定资产投资规模较大，结构不尽合理等薄弱环节，采取积极措施加以引导。

中共中央书记处书记丁关根在会上通报中共中央关于加快改革开放和经济发展的部署和措施。国务院副总理朱镕基介绍当前的经济运行状况，强调在加快经济建设中，要注意继续调整结构，重视基础设施建设，提高产品质量和经济效益。

出席会议的还有彭冲、宋健、洪学智以及中共中央、国务院、全国人大、全国政协等有关部门的负责人。

经贸部对台司负责人就台胞大陆投资热接受新华社记者专访

负责人说，年初，邓小平南巡谈话使台商对大陆改革开放的信心大增，前来考察、投资的台商络绎于途，出现了新一轮的台胞“大陆投资热”。吸收台资呈现“遍地开花”的好势头，一批上千万美元的台商投资项目陆续签约，一些上亿美元的台商投资项目也在积极洽谈中。据新近统计结果显示，今年第一季度，大陆已批准台商投资项目528个，协议台资金额3.2亿美元，实际利用台资1.1亿美元，分别比去年同期增长100.8％、89.4％和84.7％。如果按此速度发展，今年两岸间接贸易额可望达到80亿美元。

公安部出入境管理局局长毛凤平就进一步简化中国公民再次出境手续的有关决定接受记者采访

毛凤平说，改革开放以来，公安机关出入境管理部门对于我国公民因私事申请出国，一直贯彻放宽限制的方针，逐步实现了依法受理审批，执行情况是比较好的。公民因私事申请出国的人数逐年增加，被批准出国的人数也逐年增加，获得前往国家的签证实际出国的人数逐年有所增加。从1979年至1991年，公民获得外国签证实际出国的累计为940704人；其中，1986年《中华人民共和国公民出境入境管理法》实施以来的出国人数为737957人，占总数的78.4％。

毛凤平介绍说，1991年全国批准因私事申请出国的公民377380人，取得外国签证实际出国的为207146人，比1990年的175735人增加17.9％。1991年，公民因私事去香港、澳门的590073人，其中去香港、澳门定居的28619人，占4.8％；探亲的144834人，占24.5％；参加港澳旅行团的416620人，占70.6％。1991年是大陆居民去台湾人数最多的一年，为8532人。

毛凤平说，公民出境入境管理法实施以后，公安机关一直在积极努力，为公民回国后再出境提供方便。前几年，为了方便自费留学人员短期回国工作或休假、探亲后能及时出境继续学业，只要求留学人员交验在国外学习的身份证明和留学国家再入境签证，无论在原发照地还是非原发照地公安机关出入境管理部门，都可以申领"出境登记卡"出境；已应聘在国外工作的人员短期回国后再出境的，也按照这个办法办理。居住在国外的华侨返回国内探亲、旅游、经商等，只要持有我国政府签发的有效护照或其他有效证件，就可以自由出入往来。

毛凤平说，近来，中国公民出国人数大量增加，往返次数也逐渐增多。为适应改革开放形势发展的需要，公安部报经国务院批准，决定从今年 7 月 1 日起进一步简化我国公民因私事再出境的手续，即持我国公民普通护照的人员回国后再出境，不论与前次出境间隔时间长短，出境事由是否改变，以及是否变更前往国，凭有效护照和前往国家的有效签证或其他准予入境的许可即可出境，不必再重新履行出境申请手续，也不再申领"出境登记卡"。

毛凤平说，前往国家的有效签证或其他再入境许可，可以在回国前事先办妥，也可以回国后在外国驻中国的大使馆或领事馆办理。

毛凤平说，中国公民在国外原持用的护照过期失效、损坏、遗失等，可以向中国驻外国的大使馆或领事馆申请换发或者补发护照。回国后可凭该有效护照和外国的入境签证再出境。如果外国的入境签证在原护照上，不能改签在换发的新护照上，其签证同样可以视为有效。对于回国后丢失护照的情况，他说，短期出国的公民回国后遗失了护照，须按照《中华人民共和国公民出境入境管理法实施细则》的规定，向护照遗失地的公安机关报失，并登报声明，公安机关出入境管理部门可按规定补发护照，同时附发"出境登记卡"。边防检查机关凭公安机关补发的新护照、出境登记卡以及前往国家的有效签证或许可，准予出境。

中共中央政治局常委乔石在人民大会堂会见俄罗斯司法部长尼·瓦·费多罗夫

乔石会见费多罗夫时说，中国所有的法律都要有利于中国的总目标，就是要把经济建设搞上去；要有利于国家的稳定；有利于国家的安定团结。

乔石指出，社会稳定的基础是经济的发展和人民生活水平的提高。保持社会稳定绝不是意味着停滞，而是意味着经济持续不断的发展。

乔石说，中国的立法工作要适应改革开放的需要。"中国五六十年代制定的一些法律，现在有些不适用了。因此，有的要改，有的要重新制定。到目前为止，我们工作做得还是好的。为了加快改革开放的步伐，加快经济建设的步伐，我们在立法方面还有许多工作要做。"

乔石表示，希望中国和俄罗斯的司法部门经常交流情况和经验。费多罗夫说，中俄两国是近邻，希望两国关系将在和平共处五项原则的基础上得到不断发展。

费多罗夫说，俄罗斯最近偏重于政治改革而轻视经济改革。"现在我们正在调整，正在加快经济建设的步伐。"他说，"我们要借鉴中国的经验并研究其他友好国家的经验，以便少犯错误。"

费多罗夫说，他在访问期间看到中国所取得的成绩都是很具体的。中国人民对前途是有信心的。

中共中央政治局常委宋平在人民大会堂四川厅会见由巴列霍主席率领的厄瓜多尔民主左派党代表团

国务委员李铁映在办好教育为人民研讨会上发表讲话

讲话的主要内容是：

一、要进一步加快教育的改革和发展

当前，我国的现代化建设和经济体制改革进入了一个新的阶段。能够进入这样一个新阶段，是我国人民 10 多年来改革开放取得的巨大成就。要看到，在国际形势风云变幻、动荡不已的时候，世界各国都在重建政治经济新秩序的过程中，争夺 21 世纪的主动有利地位。因此，90 年代是至关重要的 10 年。在这样的形势下，小平同志提出要解放思想，加快改革开放，加快发展，力争每过若干年经济上一个新台阶。半年来的实践证明，全国人民精神振奋，思想活跃，各条战线都在研究改革和发展问题。我们教育战线在这个形势下面临着什么样的任务呢？参加这次会议的几位副省长都谈到了这个问题。这次会议就是研究教育在过去这些年改革的基础上，在 90 年代争取有一个大的发展。我们应该认真分析教育是不是必须有一个较快的发展，能不能有一个较快的发展，怎么样才能有一个较快的发展。在对这个问题的认识上，山东的经验给了我们很多启发。我们提出教育要摆在发展战略的首位，教育是立国之本，提出科教兴省、科教兴农等等，一方面反映了对教育重要地位的认识，另一方面也反映了教育比较落后这样一个事实。通过 10 多年的改革和开放，事实使许多人对教育应该加快发展这一点有了认识。现在的结论是：教育必须有一个较快的发展，而且能够有一个较快的发展。全国这 10 多年来教育事业的发展，可以证明这一点。现在我们应当很好总结这方面的经验。

什么是有中国特色的社会主义教育体系呢？这就是更好地为经济建设服务、为人民服务的教育制度。检验我们教育事业发展各项方针的客观标准是什么？应该是教育对经济建设和社会发展的适应程度。教育的发展只有在为经济发展服务的过程中才能找到自己发展的路子。当然教育改革和发展是一个很大的题目，还需要我们继续研究，继续实践。

二、总结山东经验，做好下篇文章

我们在总结了山东省实践经验的基础上，提出“依靠人民办教育，办好教育为人民”这一方针。体现了我们这样一个经济比较落后的国家办大教育的国情，体现了人民群众自己的切身利益。正如江苏同志讲的，要“教育人民办教育”，即首先要提高人民群众和各级领导干部对教育的认识。从政府办教育到全民全社会办教育，这本身就是一个大的改革。我们把它叫作文章的上篇。这篇文章要一直做下去，决不是10年、20年的事情。民族要振兴，国家要繁荣和富强，人民要富裕和幸福，这个路子就要始终走下去。为了保证这个路子长久地走下去，我们必须把只靠国家办教育的体制，变成依靠人民包括国家办教育的体制。

我认为山东省有几点做法值得各地借鉴：

第一条就是教育要和经济发展密切联系起来。“科教兴鲁”，我看“鲁”要先兴“科教”，然后“科教”才能更好地兴“鲁”。就是姜春云同志讲的，要把教育所处的位置，从后队变成前队。我们说教育是立国之本，是国家振兴、民族兴旺的基础。不加强基础，怎么振兴啊！

第二条就是党政领导要高度重视教育工作。我1989年来山东时，赵志浩同志就说他这个省长要抓教育，姜春云同志也给我谈了很多教育问题。小平同志讲忽视教育的领导者，是缺乏远见的，不成熟的领导者，就领导不了现代化建设。各级领导要像抓经济工作那样抓好教育工作。党政主要领导亲自关心教育，亲自抓教育，这是个关键问题。世界各国领导人都看到了在本世纪末，教育的落后将直接危及到下个世纪国家的战略地位。国际竞争，国家的生死存亡，在一定意义上决定于经济的竞争，而经济的竞争决定于科技和人才的竞争，科技和人才的竞争又决定于教育的发展水平。我们党历来重视教育。小平同志在1977年恢复工作以后，第一件事就是要做教育的后勤部长，并多次谈到教育问题。我们的教育思想、教育改革和发展的路子，形成全民办教育的观念等等，都是我们党和小平同志关于教育工作的方针、政策、思想的体现。山东坚持搞了10多年，走出了一条路子，很不容易。没有各级党政领导对教育工作的重视是做不到这一点的。

第三条就是山东省长期开展“教育人民办教育”，从而形成了一个良好的社会大环境。全省8000万人民能够形成共识，是很不容易的。从全国看，经过14年的经济发展和改革，广大干部群众对教育的认识都有了很大提高，这是全民性的思想大解放，是思想觉悟和民族觉悟提高的一大表现。一个11亿多人口的民族要把教育办起来，必须提高全民族的教育意识，否则教育就不可能得到迅速的发展。良好的社会环境和全社会对教育的重视，使我们很多政策能够出台，得到人民的拥护，使得全社会对教育的投入不断增多。

第四条就是山东省逐步探索建立了一个稳定持续增加教育投资的机制。我们总结的“财、税、费、产、社、基”这样6个字的多渠道筹措教育经费的经验，也借鉴了山东的经验。这就从临时性的动员群众一次性捐资助学筹措教育经费开始，逐渐建立起一个投资机制，这是教育战线一项大的改革。我们过去的投资机制就是财政拿钱，远远满足不了教育发展的需要。教育经费在1980年前不到100个亿，到1991年全国教育经费达到731个亿，增长了7倍。这7倍里头有1/3是多渠道筹措的教育经费，2/3是各级财政的投入。这几年，我们用增长的经费，着重解决了危房问题和工资问题。如果不是进行这样的改革，至今大批的危房依然存在，教师队伍也不可能稳定。

现在，一方面，独生子女对受教育程度的要求越来越高；另一方面，90年代又面临中小学入学、升学高峰。随着城乡人民生活水平的提高，对教育提出了迫切要求，群众渴望“望子成龙”。现在的教育规模，与人民群众的切身利益和愿望发生了矛盾。我们的学校办得像机关，把教师作为国家干部，这样的学校制度，使我们的教育难以发展。所以，依靠人民办教育，不光是要人民拿一点钱，而是真正让人民参与办学，逐渐建立起新的制度来。这项工作以各省为主，使教育更好地为当地经济建设服务，为人民服务。山东已经开始探索走这条路子，逐步建立正常的教育发展机制。

第五条就是建设一支高水平的、德才兼备的教师队伍。我始终认为教师队伍是决定学校教育的关键。教师的素质决定了学生的素质，决定了教育的水平。会不会办教育，就看能不能造就一支高水平的教师队伍。教育部门主要是为教师从教、学校办学创造良好的社会环境和外部条件。我们过去在教师问题上，总是说教师不合格，教师不安心，教师素质不高等等，总是要教师安贫乐教。安贫乐教是需要的，但是要真正解决教育问题，不从教师待遇入手，长期维持低待遇，其代价就是教育的低水平。一个社会要敢于提高教师待遇。评价这个待遇的标准是什么呢？是优秀教师能安心从教，能全身心地投入教育工作，这才是在社会按劳分配中比较利益的结果。这个只靠教育部门解放思想不行，各级党政领导要为教师多讲话、办实事。

我们一再讲振兴民族的希望在教育，振兴教育的希望在教师。如何提高教师素质的问题始终是教育的一个核心问题。教师的素质无非就是两个：一个思想政治素质，一个文化业务素质。要建立一种机制，一种教师培训制度。只有有了教师提高的机制，才能有提高教育水平的机制。

山东在做上篇文章的时候积累了不少好的经验。现在我们研究的是做好"办好教育为人民"的下篇文章。这是群众普遍关心、社会反映强烈的一个大问题。这下篇文章现在我们才刚刚破题，还会遇到很多困难。如果下篇文章不能相应地做好，上一篇就做不下去了。因此，我们一定要本着对人民高度负责的态度，做好下篇文章。

三、加快教育改革的一些思路

90 年代，我们的任务就是全面贯彻教育方针，全面提高教育质量。要结合办好教育为人民这篇文章，加快教育改革，促进教育事业的发展，探索更好地为经济建设、为人民服务的路子。我们改革的目的是要建立一个有中国特色的社会主义教育体系。我们要坚持教育的社会主义方向，始终把坚定正确的政治方向摆在第一位，培养德智体全面发展的社会主义事业的建设者和接班人，这一点是不能动摇的。

关于教育发展与改革的思路，我谈些意见：

第一，基础教育和扫除文盲。到 2000 年，在全国范围内要基本普及九年制义务教育和基本扫除青壮年文盲。这个目标是不是过高呢？我看是必须做到的。现在有些同志认为到 2000 年做不到这一点，我看这里面还有个思想解放问题。要考虑到 2000 年我们国家要实现小康。教育本身有很多问题和困难，但是从经济发展，从人民群众的切身利益出发，教育一定要实现这两个"基本"。

允许不允许农民个人办学校，办小学、初中、职业技术教育；允许不允许在农村有各种形式的学校普及教育，我看应该允许。现在农村已经兴办了各种中短期的技术教育培训班，地方政府和教育部门应该积极地引导、支持，使它能够满足人民群众的愿望和要求。我们第二步的战略目标是经济上再翻一番，实现小康。教育的第二个战略目标就是要实现两个"基本"，要为实现小康服务。

第二，职业技术教育。职业技术教育基本的路子是走出一条产教结合、依靠贷款发展校办产业、增强学校自我发展能力的路子。对职业技术教育不要事先给它规定一个框框，加以限制。在这个问题上用普通文化教育的观念来套职业技术教育是不适合的。职业技术的发展，由不成熟到比较成熟，完全是随着历史发展逐步形成的，不能要求职业技术教育一开始就多么规范、多么完善。职业技术教育是近代教育的重要组成部分，它体现了工业化过程的客观要求，从师带徒变成专门的职业技术教育。通过职业技术教育这种形式，大规模地按照一定专(行)业来传授技术，这是造就工业化所需合格劳动者的教育制度的一部分。发达国家工业化的历史发展过程，都伴随着一个大规模地发展职业技术教育的过程。有人说职业技术教育是工业化的摇篮，是国家振兴的法宝。德国人说他的秘密武器就是职业技术教育。我们在杭州办了一所和德国人合作的职业技术学校，我们的老师学生认为他们的教材太浅，德国教师说：我这个教材是浅，可我的产品质量、水平比你高。我们切不可再把职业教育当文化教育来办。职业教育不能走单纯靠财政拨款的路子，不能挤占普通教育经费。实际上世界各国的职业教育也都不是走靠财政拨款的路子，是从企业里拿钱。所以我国的职业技术教育既要创造财富，又要为经济建设输送有知识、有文化、掌握技能的人才。

我们的方针是大力发展职业技术教育，这是在教育结构上大的改革。要通过各种形式、各种层次，不拘一格地放手发展职业技术教育。目前我国职业技术教育发展的速度、规模还不够。现在大量的高中、初中毕业生需要接受职业技术教育，全国一年大约有两千多万人需要接受职业技术教育。因此要放手发展职业技术教育，城乡都要放手，并且引导各种成人教育主要放到职业技术教育上，这是社会最大的需求。

第三，成人教育。成人教育现在实际上实行两种制度：一个是证书制度，一个是文凭制度。证书制度是一种培训教育制度。现代社会发展到一定程度以后，人们不能满足原来所学的东西，迫切需要补充新的文化知识，这就是终生教育，是全员教育的形式。这个教育的本身就是社会化的，它是不受约束的、形式多样、方式多样的培训教育。我国证书制度很不完善，要由行业、地方在实践中不断完善。

文凭制度是一种学历教育制度。如果文凭制度搞乱了，大学就没法管理了。我们现在的成人教育正是要把证书制度地方化，放开一些，而将文凭制度国家化、制度化，将来要从立法的角度把文凭制度管起来。国家要建立文凭考试制度，社会力量办学、企业办学、各方面办学都可以，但毕业生想取得国家承认的学历文凭，必须参加国家的文凭考试，让所有有志者通过各种形式的学习来获得相等学历的文凭。

第四，高等教育的改革。高等教育改革主要是两个范畴：一类叫做管理体制改革，第二类属于教育和教学的改革。准备今年秋季召开全国高等教育工作会议，研究提出高等教育的改革方案，促进高等教育事业的发展。

第五，经费问题。现在看来，教育经费多渠道筹措这条路还要拓宽。要进一步完善现行的城乡教育费附加征收管理办法，同时要借鉴国外的经验，研究建立具有中国特色的教育税制度，还要考虑利用金融、信贷手段，融通教育资金，支持发展教育事业。高等学校经费的投入机制目前还很不健全，需要完善。

第六，教师工资问题。要建立符合教育特点的教师工资制度。中小学教师可考虑参考公务员工资制度，但有所区别；高校教师要基本上与公务员脱钩；成人教育、职业教育教师的工资制度要完全与公务员脱钩。各省、自治区、直辖市政府和学校可以根据实际情况，在国家规定的基本工资标准基础上，提高教师工资待遇。允许不同地区、不同学校的教师有不同的工资待遇标准。我国目前的工资制度，既解决不了教师吃大锅饭问题，也解决不了教师工资待遇偏低的问题。

第七，教材问题。要建立地方教材。将来，国家可以采取收买知识产权的办法，购买一些地方、学校或个人编写的教材。建立等级教材制度。选择教材的权力可交给地方和学校。实行这一办法的前提就是实行会考制度和招生制度的改革。要鼓励一些长期从事教育工作的教师编写教材，经过专家评审后，推荐给社会，而不是采取指令性的办法。地方要组织编写自己的教材，自然科学方面教材的编写，应该吸收国外有些教材的内容。

第八，体制问题。要进一步理顺中央与地方的关系、国家教委与中央业务部门的关系、政府与学校的关系、学校与教职工的关系以及相应的权责利。

第九，面向农村的问题。我国有9亿人在农村。目前农村积压了大量的高中毕业生，他们有继续学习的能力和愿望，我们却没有直接培养大学文化程度的农民和为乡镇企业服务的学校。要扭转这种局面，我建议山东省选择一所大学，改成收费、走读、不变身份、不转户口，直接培养农民和乡镇企业职工的学校。学校内部的人事和工资制度、聘任制度要走新路子。

第十，对外开放。小平同志早就提出了“面向世界”的问题。经济要参与国际经济竞争，我们的教育也应如此，为经济走向世界服务。

北京在抢修虎坊路口西侧古建筑湖广会馆时发现此处系中国国民党诞生地

6月21日

中共中央全国人大常委会国务院中央军委全国政协发布李先念逝世讣告

中国共产党中央委员会、中华人民共和国全国人民代表大会常务委员会、中华人民共和国国务院、中央军事委员会、中国人民政治协商会议全国委员会沉痛宣告：伟大的无产阶级革命家、政治家、军事家，坚定的马克思主义者，党和国家的卓越领导人，全国政协主席李先念，因病医治无效，于1992年6月21日22时36分在北京逝世，享年83岁。

李先念的一生，是光辉的战斗的一生。从青年时代起，就投身中国共产党领导的革命运动，参加黄麻起义，先后任陂安南县县委书记、县苏维埃主席，红四方面军团、师、军政治委员，中华苏维埃共和国中央执行委员，在徐向前同志领导下，参加指挥了许多重要战役战斗，为创建鄂豫皖和川陕革命根据地，进行了艰苦卓绝的斗争。长征中，率领红四方面军先头部队迎接党中央和红一方面军，实现懋功会师；指挥包座战斗，打开北上通道；坚决抵制张国焘的分裂主义活动，策应红二方面军北上，为实现三大主力红军的会师作出了贡献。会宁会师后，中央军委指示，红四方面军一部西渡黄河，执行宁夏战役计划。率部突破黄河天险，血战河西走廊，任西路军军政委员会委员。西路军失败后，受命于危难之际，负责统一军事指挥，率领余部翻越祁连山，穿过戈壁滩，历尽艰辛，到达新疆，为党保存了一批战斗骨干。抗日战争时期，任中共豫鄂边区省委军事委员会副主任和军事部长、豫鄂挺进纵队司令员、新四军第五师师长兼政治委员。在孤悬敌后的敌伪心脏地区，率部与日伪军的“扫荡”和国民党顽军的进攻进行了反复顽强的艰苦斗争，独立创造了拥有1000多万人口、具有战略意义的中原抗日根据地，创建了拥有5万余人的正规部队和30余万民兵武装力量。解放战争时期，任中原军区司令员，指挥所部进行战略坚持，牵制国民党30余万军队，接着进行了震惊中外的中原突围，拉开了解放战争的序幕。解放战争进入战略进攻前夕，任新成立的中原局第二副书记、晋冀鲁豫军区副司令员、继任重建的中原军区第二副司令员，参与刘邓大军重建大别山根据地的斗争。从土地革命战争到全国解放期间，李先念坚定不移地、创造性地贯彻党的战略策略和毛泽东军事思想，为中国革命的胜利和中华人民共和国的成立，建立了不可磨灭的功勋。

中华人民共和国成立后，李先念历任中共湖北省委书记、省政府主席兼武汉市委书记、市长，省军区司令员兼政治委员，中共中央中南局副书记、中南行政委员会副主席。在此期间，从本地区的实际情况出发，为建立和巩固人民民主政权，实现国民经济的恢复和发展，为社会主义改造和建设，进行了卓有成效的工作。1954 年调到中央工作，任国务院副总理兼财政部部长、财贸办公室主任和中共中央财经小组副组长，协助周恩来、陈云同志领导经济建设，在计划、财政、金融、商业、外贸等方面做了大量的工作。三年困难时期，他参与领导国民经济的调整工作，并在财贸方面提出切实可行的政策和措施，对较快地克服和扭转困难局面发挥了重要作用。"文化大革命"期间，同林彪、江青反革命集团进行了坚决斗争；在非常困难的条件下，协助周恩来总理主持经济工作，尽量减少动乱造成的损失，争取经济保持稳定并取得进展。特别是，在粉碎江青反革命集团的斗争中，李先念是主要决策人之一，为从危难中挽救党、挽救革命作出了重大贡献。粉碎"四人帮"后，是党和国家主要领导人之一，历任中共中央副主席、中央政治局常委、中央军事委员会常委、中华人民共和国主席、全国政协主席。在这期间，协助邓小平同志领导全党实现历史性的伟大转折，制定以经济建设为中心、坚持四项基本原则、坚持改革开放的基本路线。为拨乱反正，调整国民经济，推动改革开放，全面开展社会主义现代化建设，竭尽心力。努力维护全国的社会政治稳定。坚决支持以江泽民同志为核心的中央领导集体。为加强各党派、各民族和各界人士的团结，巩固和发展爱国统一战线，为推动海峡两岸交往，促进祖国统一，为发展与各国人民、政府和政党的友好关系，进行了广泛的活动，作了突出贡献。

李先念是中共第七届至第十二届中央委员，第八届至第十二届中央政治局委员，第十一届、十二届中央政治局常委。在 60 多年的革命生涯中，对共产主义具有坚定的信念，对党、对人民、对无产阶级革命事业无限忠诚。在任何艰难困苦的条件下，始终坚韧不拔，不屈不挠，坚持斗争。具有无产阶级革命家的胆略和才华，善于把马克思主义与实际相结合，坚持"从群众中来，到群众中去"的群众路线，创造性地进行革命斗争和领导经济工作。具有坚强的无产阶级党性，一贯顾全大局，坚持原则，维护团结，模范地遵守党的纪律。他襟怀广阔，光明磊落，谦虚谨慎，爱护干部，善于发现和珍视人才。廉洁奉公，生活俭朴，严格要求子女。李先念不愧是德高望重，功勋卓著，深得全党、全军和全国各族人民爱戴的老一辈无产阶级革命家。

李先念的逝世是党和国家的巨大损失。全党全军和全国人民要化悲痛为力量，认真学习李先念的革命精神和崇高品德，紧密团结在以江泽民同志为核心的党中央周围，为建设有中国特色的社会主义而不懈奋斗。

1992 年女子垒球挑战者世界杯赛在北京丰台体育中心垒球场拉开帷幕

6 月 22 日

商业部副部长张世尧在全国市场营销会议上发表讲话

张世尧在全国市场营销会议上提出：国营和供销合作社商业要运用市场营销策略，改进市场营销手段，积极参与竞争、学会竞争。

随着日趋激烈的多渠道竞争，许多国合商业企业不能完全适应这种新的形势，市场占有率逐年下降。目前，国合商业在社会商品零售总额中仅占到 1/3 强。张世尧认为，造成这种状况的一个重要原因，就是国合商业的竞争意识差，营销手段落后。

张世尧要求各地国合商业迅速行动起来，在充分发挥国合商业的组织优势、加强产业关联、增强自身竞争能力的同时，讲求经营销售艺术，当前要把推广开架售货作为加强营销的一个突破口来抓。

国务院总理李鹏在中南海紫光阁会见前来参加中国和不丹王国第八轮边界会谈的不丹外交大臣达瓦·策林

李鹏指出，中国的外交政策有两个显著的特点：一是中国愿意在和平共处五项原则的基础上同世界上一切国家，特别是同她的邻国友好相处；二是国家不分大小、强弱、贫富，都是国际社会的平等成员，都可以对国际社会作出自己应有的贡献。

策林说，这次来北京前访问了西藏，对西藏自治区在中央政府的领导下，在经济建设方面取得的成就表示钦佩。这些成就给他留下了十分深刻的印象。

策林重申，不丹政府一贯认为，西藏是中国领土不可分割的一部分。不丹愿意同西藏自治区发展友好往来。

国务院副总理吴学谦同前来参加中哈两国铁路客运通车仪式的哈萨克斯坦共和国总理谢·捷列先科在北京举行会晤

中国和不丹王国第八轮边界会谈联合新闻公报在北京发表

中华人民共和国和不丹王国第八轮边界会谈于 6 月 18 日至 22 日在北京举行。中国代表团团长为外交部副部长徐敦信，不丹代表团团长为外交大臣达瓦·策林。

国务院总理李鹏签署第100号令发布《城市绿化条例》

《城市绿化条例》已经1992年5月20日国务院第104次常务会议通过，现予发布，自1992年8月1日起施行。

总理 李 鹏

1992年6月22日

城市绿化条例

第一章 总 则

第一条 为了促进城市绿化事业的发展，改善生态环境，美化生活环境，增进人民身心健康，制定本条例。

第二条 本条例适用于在城市规划区内种植和养护树木花草等城市绿化的规划、建设、保护和管理。

第三条 城市人民政府应当把城市绿化建设纳入国民经济和社会发展计划。

第四条 国家鼓励和加强城市绿化的科学研究，推广先进技术，提高城市绿化的科学技术和艺术水平。

第五条 城市中的单位和有劳动能力的公民，应当依照国家有关规定履行植树或者其他绿化义务。

第六条 对在城市绿化工作中成绩显著的单位和个人，由人民政府给予表彰和奖励。

第七条 国务院设立全国绿化委员会，统一组织领导全国城乡绿化工作，其办公室设在国务院林业行政主管部门。

国务院城市建设行政主管部门和国务院林业行政主管部门等，按照国务院规定的职权划分，负责全国城市绿化工作。

地方绿化管理体制，由省、自治区、直辖市人民政府根据本地实际情况规定。

城市人民政府城市绿化行政主管部门主管本行政区域内城市规划区的城市绿化工作。

在城市规划区内，有关法律、法规规定由林业行政主管部门等管理的绿化工作，依照有关法律、法规执行。

第二章 规划和建设

第八条 城市人民政府应当组织城市规划行政主管部门和城市绿化行政主管部门等共同编制城市绿化规划，并纳入城市总体规划。

第九条 城市绿化规划应当从实际出发，根据城市发展需要，合理安排同城市人口和城市面积相适应的城市绿化用地面积。

城市人均公共绿地面积和绿化覆盖率等规划指标，由国务院城市建设行政主管部门根据不同城市的性质、规模和自然条件等实际情况规定。

第十条 城市绿化规划应当根据当地的特点，利用原有的地形、地貌、水体、植被和历史文化遗址等自然、人文条件，以方便群众为原则，合理设置公共绿地、居住区绿地、防护绿地、生产绿地和风景林地等。

第十一条 城市绿化工程的设计，应当委托持有相应资格证书的设计单位承担。

工程建设项目的附属绿化工程设计方案，按照基本建设程序审批时，必须有城市人民政府城市绿化行政主管部门参加审查。

城市的公共绿地、居住区绿地、风景林地和干道绿化带等绿化工程的设计方案，必须按照规定报城市人民政府城市绿化行政主管部门或者其上级行政主管部门审批。

建设单位必须按照批准的设计方案进行施工。设计方案确需改变时，须经原批准机关审批。

第十二条 城市绿化工程的设计，应当借鉴国内外先进经验，体现民族风格和地方特色。城市公共绿地和居住区绿地的建设，应当以植物造景为主，选用适合当地自然条件的树木花草，并适当配置泉、石、雕塑等景物。

第十三条 城市绿化规划应当因地制宜地规划不同类型的防护绿地。各有关单位应当依照国家有关规定，负责本单位管界内防护绿地的绿化建设。

第十四条 单位附属绿地的绿化规划和建设，由该单位自行负责，城市人民政府城市绿化行政主管部门应当监督检查，并给予技术指导。

第十五条 城市苗圃、草圃、花圃等生产绿地的建设，应当适应城市绿化建设的需要。

第十六条 城市绿化工程的施工，应当委托持有相应资格证书的单位承担。绿化工程竣工后，应当经城市人民政府城市绿化行政主管部门或者该工程的主管部门验收合格后，方可交付使用。

第十七条 城市新建、扩建、改建工程项目和开发住宅区项目，需要绿化的，其基本建设投资中应当包括配套的绿化建设投资，并统一安排绿化工程施工，在规定的期限内完成绿化任务。

第三章 保护和管理

第十八条 城市的公共绿地、风景林地、防护绿地、行道树及干道绿化带的绿化，由城市人民政府城市绿化行政主管部门管理；各单位管界内的防护绿地的绿化，由该单位按照国家有关规定管理；单位自建的公园和单位附属绿地的绿化，由该单位管理；居住区绿地的绿化，由城市人民政府城市绿化行政主管部门根据实际情况确定的单位管理；城市苗圃、草圃和花圃等，由其经营单位管理。

第十九条 任何单位和个人都不得擅自改变城市绿化规划用地性质或者破坏绿化规划用地的地形、地貌、水体和植被。

第二十条 任何单位和个人都不得擅自占用城市绿化用地;占用的城市绿化用地,应当限期归还。

因建设或者其他特殊需要临时占用城市绿化用地,须经城市人民政府城市绿化行政主管部门同意,并按照有关规定办理临时用地手续。

第二十一条 任何单位和个人都不得损坏城市树木花草和绿化设施。

砍伐城市树木,必须经城市人民政府城市绿化行政主管部门批准,并按照国家有关规定补植树木或者采取其他补救措施。

第二十二条 在城市的公共绿地内开设商业、服务摊点的,必须向公共绿地管理单位提出申请,经城市人民政府城市绿化行政主管部门或者其授权的单位同意后,持工商行政管理部门批准的营业执照,在公共绿地管理单位指定的地点从事经营活动,并遵守公共绿地和工商行政管理的规定。

第二十三条 城市的绿地管理单位,应当建立、健全管理制度,保持树木花草繁茂及绿化设施完好。

第二十四条 为保证管线的安全使用需要修剪树木时,必须经城市人民政府城市绿化行政主管部门批准,按照兼顾管线安全使用和树木正常生长的原则进行修剪。承担修剪费用的办法,由城市人民政府规定。

因不可抗力致使树木倾斜危及管线安全时,管线管理单位可以先行修剪、扶正或者砍伐树木,但是,应当及时报告城市人民政府城市绿化行政主管部门和绿地管理单位。

第二十五条 百年以上树龄的树木,稀有、珍贵树木,具有历史价值或者重要纪念意义的树木,均属古树名木。

对城市古树名木实行统一管理,分别养护。城市人民政府城市绿化行政主管部门,应当建立古树名木的档案和标志,划定保护范围,加强养护管理。在单位管界内或者私人庭院内的古树名木,由该单位或者居民负责养护,城市人民政府城市绿化行政主管部门负责监督和技术指导。

严禁砍伐或者迁移古树名木。因特殊需要迁移古树名木,必须经城市人民政府城市绿化行政主管部门审查同意,并报同级或者上级人民政府批准。

第四章 罚 则

第二十六条 工程建设项目的附属绿化工程设计方案或者城市的公共绿地、居住区绿地、风景林地和干道绿化带等绿化工程的设计方案,未经批准或者未按照批准的设计方案施工的,由城市人民政府城市绿化行政主管部门责令停止施工、限期改正或者采取其他补救措施。

第二十七条 违反本条例规定,有下列行为之一的,由城市人民政府城市绿化行政主管部门或者其授权的单位责令停止侵害,可以并处罚款;造成损失的,应当负赔偿责任;应当给予治安管理处罚的,依照《中华人民共和国治安管理处罚条例》的有关规定处罚;构成犯罪的,依法追究刑事责任:

(一)损坏城市树木花草的;

(二)擅自修剪或者砍伐城市树木的;

(三)砍伐、擅自迁移古树名木或者因养护不善致使古树名木受到损伤或者死亡的;

(四)损坏城市绿化设施的。

第二十八条 未经同意擅自占用城市绿化用地的,由城市人民政府城市绿化行政主管部门责令限期退还、恢复原状,可以并处罚款;造成损失的,应当负赔偿责任。

第二十九条 未经同意擅自在城市公共绿地内开设商业、服务摊点的,由城市人民政府城市绿化行政主管部门或者其授权的单位责令限期迁出或者拆除,可以并处罚款;造成损失的,应当负赔偿责任。

对不服从公共绿地管理单位管理的商业、服务摊点,由城市人民政府城市绿化行政主管部门或者其授权的单位给予警告,可以并处罚款;情节严重的,由城市人民政府城市绿化行政主管部门取消其设点申请批准文件,并可以提请工商行政管理部门吊销营业执照。

第三十条 对违反本条例的直接责任人员或者单位负责人,可以由其所在单位或者上级主管机关给予行政处分;构成犯罪的,依法追究刑事责任。

第三十一条 城市人民政府城市绿化行政主管部门和城市绿地管理单位的工作人员玩忽职守、滥用职权、徇私舞弊的,由其所在单位或者上级主管机关给予行政处分;构成犯罪的,依法追究刑事责任。

第三十二条 当事人对行政处罚不服的,可以自接到处罚决定通知之日起十五日内,向作出处罚决定机关的上一级机关申请复议;对复议决定不服的,可以自接到复议决定之日起十五日内向人民法院起诉。当事人也可以直接向人民法院起诉。逾期不申请复议或者不向人民法院起诉又不履行处罚决定的,由作出处罚决定的机关申请人民法院强制执行。

对治安管理处罚不服的,依照《中华人民共和国治安管理处罚条例》的规定执行。

第五章 附 则

第三十三条 省、自治区、直辖市人民政府可以依照本条例制定实施办法。

第三十四条 本条例自一九九二年八月一日起施行。

《人民日报》就加快企业技术进步发表评论员文章《一个重大的战略性课题》

国务院批转人事部等部门《关于部分专业技术和党政管理干部家属“农转非”问题意见》的通知

6月23日

七届全国人大常委会举行第二十六次会议

全国人大常委会委员长万里主持会议。

会议先后听取法律委员会副主任委员项淳一、宋汝棼分别作的关于警察警阶条例草案审议结果的报告和税收征收管理法草案审议意见的汇报。

根据议程，会议开始审议全国人大常委会关于提请授权深圳市人民代表大会及其常务委员会和深圳市人民政府分别制定深圳经济特区法规和深圳经济特区规章的决定草案。这一决定草案是根据1989年4月举行的七届全国人大二次会议关于国务院提请审议的有关议案的决定拟定的。

国务院总理李鹏向这次会议提交国务院关于提请审议海商法草案的议案、关于提请审议专利法修正草案的议案，关于提请审议批准中国和意大利关于民事司法协助的条约的议案、中国和罗马尼亚关于民事和刑事司法协助的公约的议案、中国和印度领事条约的议案、关于解决国家和他国国民之间投资争端公约的议案，关于提请审议决定我国加入伯尔尼保护文学和艺术作品公约和世界版权公约的议案。

受国务院委托，国务院法制局局长杨景宇、国家专利局局长高卢麟、外交部副部长刘华秋、经贸部部长李岚清、国家版权局局长宋木文到会分别就这些议案作说明。

会议还印发全国人大常委会关于县乡两级人大代表选举时间的决定草案，请委员审议。

副委员长彭冲、阿沛·阿旺晋美、赛福鼎·艾则孜、严济慈、荣毅仁、叶飞、廖汉生、倪志福、陈慕华、费孝通、孙起孟、雷洁琼、王汉斌出席会议。

国务院副总理田纪云、最高人民法院院长任建新、最高人民检察院检察长刘复之列席会议。

全国人大法律委员会副主任委员宋汝棼向全国人大常委会第二十六次会议汇报法律委员会对税收征收管理法草案审议意见

宋汝棼向七届全国人大常委会第二十六次会议作法律委员会关于中华人民共和国税收征收管理法草案审议意见的汇报。

宋汝棼说，七届全国人大常委会第二十四次会议对税收征收管理法草案进行了初步审议。法律委员会于1992年6月11日、12日和17日召开会议，根据全国人大常委会委员的审议意见和地方、部门的意见，对草案进行了审议。法律委员会认为，为了加强税收征收管理，保障国家税收收入，保护纳税人的合法权益，制定这个法律是必要的，草案基本上是可行的。同时，提出了修改意见：

一、草案对纳税鉴定规定了三条，规定从事生产经营的纳税人应当向税务机关申报办理纳税鉴定，如实填写纳税鉴定申报表，并在纳税鉴定项目发生变化时，向税务机关申报修订纳税鉴定。有些委员和地方提出，草案规定的纳税鉴定实际上是税务机关指导纳税人如何纳税的一项工作，本法可以不作规定。因此，建议将这一节删去。

二、草案规定：“按照国务院有关规定，经省、自治区、直辖市人民政府批准，县以上税务机关可以在车站、码头、机场、公路交通要道和货物集散地，会同有关部门设置联合检查站或者单独设置税务检查站，进行税务检查及征收税款。”有些委员和地方提出，设立各类检查站的问题比较复杂。国务院正在整顿，本法对设立税务检查站可以不作规定，由国务院根据实际情况处理。因此，建议将这一条删去。

三、有些委员和地方、部门提出，草案管纳税人的规定比较多，管税务人员的规定不够具体，应当增加税务人员的义务和责任的规定。因此，建议将草案修改为：1.“税务人员利用职务上的便利，索取纳税人、扣缴义务人财物的，按照受贿罪追究刑事责任。”2.“税务人员玩忽职守，不征或者少征应征税款，致使国家税收遭受重大损失的，依照刑法第一百八十七条的规定追究刑事责任；未构成犯罪的，给予行政处分。”3.“税务人员滥用职权，故意刁难纳税人、扣缴义务人的，给予行政处分。”4.“违反法律、行政法规的规定，擅自决定税收的开征、停征或者减税、免税、退税、补税的，除依照本法规定撤销其擅自作出的决定外，补征应征未征税款，退还不应征收而征收的税款，并由上级机关追究直接责任人员的行政责任。”

四、有的委员提出，税务机关的行政处罚应当主要由县以上税务局行使，税务所只能行使一定的行政处罚权。因此，建议在法律责任一章中增加一条，规定：“本法规定的行政处罚，由县以上税务局（分局）决定；对个体工商户及未取得营业执照从事经营的单位、个人罚款额在一千元以下的，由税务所决定。”

对外经济贸易部部长李岚清受国务院委托向全国人大常委会第二十六次会议作《关于解决国家和他国国民之间投资争端公约》议案的说明

受国务院委托，李岚清向全国人大常委会就国务院的议案作说明。关于提请批准公约的理由，李岚清说，(一)通过国际仲裁的方式解决国家和外国投资者的投资争议已经为世界大多数国家所采用。目前，参加公约的国家占世界银行成员国的2/3，具有相当的广泛性。我国批准公约，将进一步表明我国对外开放的稳定性和连续性，体现我国按照国际上通行做法保护外国投资的一贯政策。(二)在国际投资领域，外国投资者往往担心投资争议在投资接受国内得不到公平合理的解决。我国批准公约，将会对我国吸引外资的法律起到互补的作用，有利于消除外国投资者的疑虑，增强他们在我国投资的信心和积极性。(三)随着我国对外经济技术合作的不断扩大，我国在海外的投资也不断有所增长。我国批准公约，将为我国的海外投资提供解决争端的有效手段，有效地保护我国的经济利益。李岚清还就我国批准公约后的有关工作作说明。

国务院法制局局长杨景宇受国务院委托向第七届全国人大常委会第二十六次会议作关于海商法草案的说明

受国务院委托，杨景宇向七届全国人大常委会第二十六次会议作关于海商法草案的说明。杨景宇说，海商法是调整海上运输当事人、船舶当事人之间横向财产、经济关系的一部重要的特别民事法律。

杨景宇说，据统计，我国每年进出口货物的85%—90%是依靠海上运输完成的。制定海商法，对于运用法律手段调整海上运输关系、船舶关系，维护当事人各方的合法权益，适应改革、开放的需要，促进海上运输和经济贸易的发展，具有重要意义。

杨景宇说，由于海商法具有很强的国际性，内容相当复杂，海商法审查研究小组对国内外作了大量调查研究，广泛征求意见，多次邀请专家座谈、论证和咨询，从我国实际情况出发，以目前通行的国际公约为基础，吸收体现国际惯例的民间规则，借鉴有广泛影响的标准合同，并考虑了国际海事立法的发展趋势，对草案进行了反复研究、修改。杨景宇还就海商法的法律属性、调整范围，船舶的所有权、抵押权、优先权，海上货物运输合同、海上旅客运输合同、船舶租用合同、海上拖航合同，海上事故，海事赔偿责任限制，海上保险合同，时效，涉外关系的法律适用等问题作了说明。

国家专利局局长高卢麟受国务院委托向第七届全国人大常委会第二十六次会议作关于专利法修正案草案的说明

高卢麟在受国务院委托，向七届全国人大常委会第二十六次会议作关于专利法修正案草案的说明中说，专利法实施七年来，对鼓励发明创造，促进我国科技进步和经济发展以及对外科技交流和经贸往来，发挥了积极的、重要的作用。但由于在制定专利法时缺乏实践经验，专利法在实施过程中也发现了一些缺陷和不完善之处，需要通过修改加以补充和完善。同时，由于专利制度在国际科技、经济合作和贸易往来中的地位日益重要，作用日益显著，专利法国际协调活动日益频繁，为了履行我国已经对外承诺的义务，并使我国的专利保护水平进一步向国际标准靠拢，也需要对专利法的部分规定作相应的修改。

高卢麟在说明中介绍了专利法修改的主要内容：扩大专利保护的范围、延长专利权的期限、增加对专利产品进口的保护、将对方法专利的保护延及依该方法直接获得的产品、重新规定对专利实施强制许可的条件、增设本国优先权、将授权前的异议程序改为授权后的行政撤销程序等。高卢麟还说，关于过渡条款，根据我国的实际情况和外国修订专利法的经验，过渡条款采用实体权利与程序分离的方案。

国务院提请第七届全国人大常委会第二十六次会议审议批准《关于解决国家和他国国民之间投资争端公约》

国务院总理李鹏向七届全国人大常委会第二十六次会议提交国务院关于提请审议批准《关于解决国家和他国国民之间投资争端公约》的议案。

李鹏在议案中说，这个公约是解决缔约国与其他缔约国国民之间投资争端的专门性国际条约。公约规定设立"解决投资争端国际中心"，具体承担投资争端的调解和仲裁工作。经审核，公约的基本精神和主要规定与我国法律原则和对外政策不相抵触。经国务院授权，我国驻美大使朱启桢于1990年2月9日代表中国政府签署了这个公约。李鹏说，国务院认为，我国现在批准这个公约，有利于扩大对外开放，进一步改善我国投资环境，增强外国投资者在我国投资的信心和积极性。同时，还可以为我国公司在海外的投资提供法律保护。

国务院提请第七届全国人大常委会第二十六次会议审议决定中国加入《伯尔尼保护文学和艺术作品公约》和《世界版权公约》

国家版权局局长宋木文受国务院委托向第七届全国人大常委会第二十六次会议就中国加入《保护工业产权巴黎公约》和《商标国际注册马德里协定》两个知识产权国际公约的议案作说明

关于加入这两个公约的必要性，宋木文说，(一)近年来，我国对知识产权的保护有很大进展。在国内，知识产权立法已经基本齐备；对外，我国已经加入《保护工业产权巴黎公约》、《商标国际注册马德里协定》等国际公约。现在加入这两个公约，对有著作权的外国作品按照国际惯例提供切实的法律保护，有利于进一步改善我国在知识产权方面的对外关系，扩大对外开放和合作的领域；同时，有利于进一步提高我国知识产权保护水平，加强我国社会主义精神文明建设。(二)当前，知识产权与国际经济贸易的关系越来越密切，已经成为国际经济贸易的重要内容之一。加入两个公约有助于解决我国在这方面遇到的问题，有利于恢复我国在关贸总协定的席位和发展对外经济贸易关系。(三)加入两个公约，使我国作品能够在国际上受到普遍保护，可以更好地维护我们国家和我国公民的权益，提高我国作品、特别是具有较高民族文化水平的作品在国际上的地位，有利于将我国丰富的文化资源通过著作权贸易渠道组织输出，产生一定的经济效益。(四)加入两个公约，有利于提高引进外国作品的质量。(五)目前，包括著作权在内的知识产权领域与国际经济贸易领域一样，正在经历新的变化，国际知识产权关系面临一系列新的问题需要协调。加入国际著作权公约，我国可以更有效地在国际上发表意见，发挥影响。

关于加入两个公约的国内条件，宋木文说，八十年代以来，国务院有关部门一直在研究加入两个公约的问题。考虑到著作权保护的国际化特点，我国《著作权法》在制定过程中已经尽可能地参照了《伯尔尼公约》的原则和一些具体条款，总体上与之是协调的。我国在科技、出版和影视等许多领域，已经在一定程度上按照国际著作权保护的惯例开展对外交往。在其他与知识产权有密切关系的领域，特别是国际经济贸易方面，我国已经为扩大对外开放，相互给予保护作了大量准备工作。从总体上说，我国加入两个公约的条件已经基本具备。宋木文还就加入两个公约后有关问题的解决、加入时应作出的声明作了说明。

全国政协第七届常委会第二十次会议在北京举行

会议开始前，与会者首先对中国人民政治协商会议第七届全国委员会主席李先念的逝世，表示沉痛的悼念，对自上次常委会以来，先后去世的康克清副主席、屈武副主席和谈维煦常委，表示深切的哀悼。

上午的会议由全国政协副主席方毅主持。

方毅说，今年年初，邓小平同志在视察南方时就加快改革开放步伐等问题发表了重要谈话，中共中央政治局全体会议就学习和贯彻邓小平同志重要谈话精神，发表了公报。几个月来，全国各地各部门为学习、贯彻邓小平同志重要谈话和中共中央政治局全体会议精神做了许多工作，我国改革开放、发展社会主义经济建设出现了新局面，形势很好。6月9日，江泽民总书记在中央党校又围绕深刻领会和全面落实邓小平同志重要谈话精神，加快改革，扩大开放，使我国经济更好更快地上一个新台阶，发表了重要讲话。这个讲话对我们加深理解邓小平同志重要谈话精神，进一步统一思想认识，推进改革开放和国家各项建设事业，具有重大的指导意义。我们这次常委会的中心议题，就是继续学习邓小平同志重要谈话、中共中央政治局全体会议精神和江泽民同志重要讲话，讨论加快改革、扩大开放问题。

会议听取国家体改委主任陈锦华作的关于加快改革、扩大开放情况的汇报。

会议为期三天。会上审议全国政协代表团访问喀麦隆、加蓬、法国、土耳其的情况报告(书面)。会议还听取上海市市长黄菊作关于上海浦东开发的情况汇报、广东省省长朱森林关于广东省力争20年赶上亚洲“四小龙”构想的汇报、大连市市长魏富海作关于坚持改革开放、推动经济建设再上一个新台阶的汇报。

全国政协副主席洪学智、谷牧、王光英、邓兆祥、马文瑞、王恩茂、胡绳、程思远、卢嘉锡、苏步青、司马义·艾买提，秘书长宋德敏出席会议。

国家体改委主任陈锦华在全国政协第七届常委会第二十次会议上就加快企业改革问题发表讲话

国家体改委主任陈锦华在全国政协七届常委会第20次会议上说，企业改革是整个经济体制改革的中心环节，搞好国营大中型企业的根本措施，是全面贯彻执行《企业法》，落实企业经营自主权，推动企业转换经营机制，加快走向市场。

陈锦华从四个方面介绍了加快企业改革的措施：抓紧制定《全民所有制工业企业转换经营机制条例》，落实《企业法》赋予企业的各项自主权；完善和发展承包经营责任制，进一步总结、完善、推广首钢、武钢、吉化、上海二纺机、南方制药厂等企业的改革经验；搞好企业集团试点，促进生产要素优化组合和企业组织结构调整；坚决、积极、稳妥地搞好股份制试点。

陈锦华说，现在，全国90%的国营企业继续实行多种形式的承包经营责任制，并在第二轮承包合同中，对承包基数和承包指标体系等作了进一步完善；在少数大型企业、企业集团实行投入产出总承包或国有资产承包试点，这对现行承包方式是个进步；在2000多户企业进行“税利分流、税后还贷、税后承包”试点；全国约有4万多个企业正进行不同形式的转换企业经营机制放开经营的试点，并取得了初步成效。

陈锦华说，首钢作为全国第一批改革试点单位，13年来，尤其是1981年实行承包以来，走出了一条国营大型企业改革、开放、发展的成功之路，从一个技术装备不先进的中等规模的企业，迅速发展成为一个技术先进、管理科学、实力强、效益好、贡献大的具有中国特色的社会主义的特大型企业。首钢发展壮大的实践证明，扩大企业自主权和"放水养鱼"的路子可以加强企业自身的造血功能，可以形成具有生机和活力的良性运行机制，"把蛋糕做大"。首钢和一大批搞得好、搞得活的企业的改革成功经验，证明了社会主义全民所有制企业，只要坚持党的基本路线，勇于改革，敢于探索，完全能建立起充满生机和活力的企业新体制。

陈锦华说，首钢以及类似首钢的一批特大型的企业，包括实力比首钢还要大的国家直接领导的一批大公司和企业集团，有关部门应当支持他们走向世界，走向国际市场，到强手如林的国际舞台上去竞争，去较量，推动我国广大企业进一步提高素质，把对外开放再推上一个新台阶。

陈锦华说，股份制是伴随商品经济发展和社会化大生产而出现的一种经营方式。从全国各地的股份制企业的试点情况来看，主要效果是：有利于企业经营机制的转换，促进政企分开、两权分离，建立社会监督机制，实现企业自主经营、自负盈亏、自我发展、自我约束；开辟新的融资渠道，筹集建设资金，引导消费基金转化为生产建设资金，分散风险，提高资金使用效益；促进生产要素的合理流动，实现社会资源的优化配置；提高国有资产的运营效益，推动国有资产保值增值。据深圳市的试点，企业成立股份公司以后，资金利润率一般要比成立股份公司以前高3～4个百分点。

陈锦华指出，当前，股份制试点存在的主要问题：第一，缺乏股份制的知识和人才，股份制的组建和试点规范的法规工作没有及时跟上。第二，相当一批股份制企业不规范，企业领导体制、管理制度、财会制度和经营机制没有改变，原有的一套企业管理办法，包括财务、会计、审计、劳动、人事、税务、工商、统计等规定，都不适应股份制企业试点的需要。第三，在改组股份制企业中，原有资产评估过低，甚至没经评估，造成国有资产流失；第四，股票供求矛盾尖锐，股票价格波动大，造成社会对股票心理的扭曲。

陈锦华说，股份制企业试点是一项政策性强、涉及面广的重要改革，必须加强领导，既要坚决、大胆试验，又要稳步推进，严格按照规范化的要求进行。他强调，股份制是转换企业经营机制的有效形式之一，要积极创造条件，经过试点，取得经验，再逐步扩大。

上海市市长黄菊在第七届全国政协常委会第二十次会议上提出开发浦东新打算

黄菊说，浦东开发两年多来已经取得实质性进展：各项政策法规已细化落实；新区规划不断深入完善；基础设施建设逐步展开；重点开发小区已显雏形；一批中外项目先后进入区内。

黄菊说，在浦东新区开发、开放的带动下，今年以来上海的国民经济快速增长，这是上海多年来所没有的。工业生产、利用外资等也都保持了较高的增长速度。

谈到加快浦东开发的新打算时，黄菊提出：

——真抓实干，推进浦东新区的开发建设。今后三年内，浦东开发要实现四大目标：全面完成杨浦大桥等十大基础设施的建设，为在浦东新区建设上海第二国际航空港、百万吨级新港区和过江的地铁二号线做好筹划和准备工作；基本建成陆家嘴、金桥、外高桥等重点开发小区；引进数千项中、外资项目和数十亿美元的内外资，吸引一批国际知名的跨国财团和公司前来投资；新区国民生产总值以每年15%左右的速度递增，1995年达到120亿元，比1990年翻一番；其中金融、房地产等第三产业要有较大发展。

——东西联动，加快上海的振兴发展。利用浦东开发的机遇，实施浦东、浦西联动发展的战略，使全市的经济与社会发展上一个新台阶，力求尽快恢复和发挥上海的经济、金融、贸易中心作用，在下一个世纪为全国的经济发展作出更多、更大的贡献。东西联动的四个目标是：改善城市布局，把一批高效益，少污染，外向型的新兴产业和高技术企业建设到浦东新区，并相应地建新的职工住宅区，使浦西老城区得以疏解和改造；调整产业结构。利用浦东开发，使投资增量向第三产业倾斜，使上海一、二、三产业协调发展，第三产业占国民生产总值的比重从目前的31%，提高到本世纪末的45%。上海的第二产业特别是工业要向高度化的方向发展，形成以汽车、通讯、微电子等为主体的新一轮支柱产业，并使传统工业得到改造；建立新的经济运行机制。上海将结合浦东新区的开发建设，培育和发展市场，建立市场体系，逐步发展适应生产力发展要求的经济运行机制和管理体制。完善城市功能，增强上海的经济辐射作用。

——发挥优势，为长江流域经济发展服务。上海要发挥在资金流、商品流、信息流三方面的优势，从三个方面为长江流域兄弟省市服务：浦东新区开发开放，特别是外高桥保税区，是一个高度开放的自由贸易区，利用这一条件，可以促进长江三角洲和沿江地区外向型经济的发展。浦东新区在产业发展上，一方面引进国外的先进技术，接受国际间的产业转移；另一方面利用国内的科技力量进行技术创新，向长江三角洲和沿江地区扩散新技术，带动这一区域的产业结构调整和产业发展水平的提高。浦东新区的开发，将通过金融证券业、各类商品交易市场、高新技术产业和现代信息咨询业等方面的发展，使长江三角洲和沿江地区商品经济的发展提高到一个新水平，同时，通过资金流、信息流、技术流和人才流，使各地区之间的经济联系更加紧密和协调，资源的利用更加合理。

黄菊说，随着浦东开发宏伟工程的实施，上海的改革和建设事业将会出现新的飞跃，跨上新的台阶。上海人民决心在党中央、国务院的正确领导下，学习全国各兄弟省市改革开放的成功经验，进一步解放思想，加大上海改革开放的力度，并欢迎海内外各界朋友来上海和浦东新区参与开发建设。

国务院有关部门敦促各地确保完成今年清理三角债任务

国务院清理三角债领导小组6月23日发出关于进一步加快连环清理三角债的紧急通知和抓紧注入清欠自筹资金的通知，敦促各地采取有力措施，确保今年清理三角债任务的顺利完成。

国务院清理三角债领导小组办公室负责人向记者介绍说，到5月末，由于多数省市加强了对清欠工作的领导，全国清理固定资产项目拖欠注入资金146.8亿元，占计划注入资金86%，清理固定资产拖欠项目4673个，共完成连环清理453亿元，取得了注入1元资金清理3.1元的好效果。沈阳、南京、湖南、浙江、安徽等省市做到资金注入快(包括自筹资金和银行贷款)、连环清理效果好。沈阳市和湖南省在清欠中坚持先落实自筹资金再注入银行贷款，使实际注入的自筹资金分别达到计划的101%和106%。

这位负责人同时指出，也还有部分地区的清欠工作不能令人满意，主要是一些省市措施不力，注入资金较慢，特别是自筹资金到位情况不好。有20个地区自筹资金到位率不到计划的30%，其中10个省市甚至没有达到计划的10%。当前清欠专户存款较多，有些企业认付不积极，影响了清欠进度。

国务院清理三角债领导小组的两个通知针对上述问题提出管好用活清欠资金的具体要求，各地可以根据有关规定，通过收回到期贷款，集中一部分专户的资金用于省、区、市内的流动资金拖欠连环清理。并将全国连环清理的截止日期延长到7月20日。通知强调，今年清理固定资产项目拖欠的自筹资金注入计划，各地必须采取措施保证完成；对未完成自筹资金计划的地区，除公开点名批评外，还将按照国务院有关部门确定的原则，相应扣减1993年基建和技改的固定资产投资规模。

财政部就住房制度改革中若干财政税收政策问题作出规定

为了支持住房制度改革的顺利进行，财政部最近就住房制度改革中若干财政税收政策问题作出规定。

财政部规定的主要内容是：免征国家能源交通重点建设基金和国家预算调节基金，包括各企业和事业单位自管住房提取的折旧；经财政部门核定，企业从缴纳“两金”后的留利中提取的住房资金，行政事业单位从缴纳“两金”后的预算外收入中提取的住房资金；各企业、行政事业单位和个人缴存的公积金；直管住房和自管住房的租赁保证金；住房债券收入；政府统筹的租金收入及政府、企业、行政事业单位和个人以集资合作建房等形式筹集的住房建设资金。各企业、行政事业单位和房产经营单位按标准价出售新、旧住房取得的收入；住房建设单位按标准价销售给集资、合作单位或个人住房取得的收入，免征营业税。

从当地房改之日起，各企业、行政事业单位和住房合作社新建成投入使用的公有住房，以标准价向个人出售，其个人出资部分，房产经营公司向个人出售的商品住房部分，在计征固定资产投资方向调节税时，按零税率，给予照顾。对单位向个人出售住房中单位出资部分，以及由住房合作社建成的住房，实行出租或出售等经营的部分，均按适用税率计征固定资产投资方向调节税；房产经营公司向单位出售的职工住房，按5%的税率计征固定资产投资方向调节税。

个人以标准价向单位购买公有住房，以及通过集资、合作建房等形式取得住房，用于自住的，免征该住房个人出资部分的房产税。单位出资部分，以及个人按标准价购买住房不用于自住的，均按规定计征房产税。

单位向个人出售公有住房后，其土地使用权仍归单位所有的，按规定计征或免征土地使用税；其土地使用权归个人所有并用于自住的，从当地房改之日起，3年内可免征土地使用税。全民、城镇集体所有制单位职工按标准价第一次购买公有住房，可免交契税。但每户只能享受一次免税照顾。

全国地产市场日趋活跃

随着我国土地使用制度改革的深入，以依法实施土地使用权有偿出让、转让为交易方式的我国地产市场日益活跃。近5年来，全国已有偿出让使用权的国有土地4.5万亩，地产收入超过31亿元人民币。

在6月22日中国土地报举办的全国“土地日”座谈会上，国家土地管理局副局长刘文甲向记者介绍说，自 1987 年深圳率先试行国有土地使用权有偿出让、转让以来，福州、海口、广州、厦门、上海、天津等沿海城市相继开展试点并取得成功，目前内陆一些地区也相继进行试点。土地使用权有偿出让和转让，使土地供应由过去单一行政划拨转为市场供应机制，在这一基础上依法建立起的规范的土地市场正在全国形成。据统计，到今年 4 月底，全国已有 20 多个省、自治区、市实行国有土地有偿使用试点，共批出 1500 多个土地使用权地段。

据介绍，集体土地有偿使用也有很大进展。目前，农村宅基地有偿使用已在全国 28 个省、自治区、市的 1200 多个县、市开展，乡镇企业用地有偿使用试点已扩展到辽宁、河北、山东等省的 110 多个县市。

地产市场为各级政府开辟了新的财源。广东省土地出让金总收入已逾 18 亿元人民币，其中珠海市 1991 年从收取土地出让金中投入市政基建资金达 5.3 亿元。

土地出让、转让已有协议、招标和拍卖三种交易方式。日趋规范的土地市场有效地改善了投资环境，成为吸引外资的重要手段，促进了土地的开发。目前，沿海和内陆一些地区利用土地有偿出让和转让政策，建立起一批土地开发区。

当前土地管理工作中的一项重要任务是清理整顿自发交易的地产市场，加强划拨土地使用权管理，逐步建立起成熟的社会主义地产市场体系。

乌鲁木齐至阿拉木图国际列车开行

全国第四次人口普查数据处理工作结束

这次数据处理工作自 1990 年 10 月全面开始，由国家统计信息自动化系统承担，13000 多名技术人员采用分散—集中式处理模式，利用微机、超级微机和小型机相结合，仅用了 1 年零 7 个月就圆满地完成了县、地(市)、省和国家四级汇总制表任务，并已通过各级人口普查办公室的正式核查验收。它标志着我国人口普查工作取得了新的突破，为国家制定人口政策和各级政府部门制定经济和社会发展规划提供了重要依据。

国务院第四次全国人口普查领导小组和国家统计局授予工作优秀奖和先进单位先进个人荣誉称号

授予北京市统计局等 30 个单位“工作优秀奖”，授予河北省邯郸市等 68 个地区(市、州、盟)统计局“数据处理先进单位”，授予刘恒欣等 1086 人“国家级先进个人”荣誉称号。

中共中央政治局常委李瑞环在钓鱼台国宾馆会见朝鲜政务院副总理兼文化艺术部部长张澈

巴基斯坦总统伊沙克·汗在伊斯兰堡总统府会见全国政协副主席钱正英

国家教委发出《关于做好学校治安综合治理工作的几点意见》

国家教委财政部国家物价局联合发出《关于普通高等学校各种收费标准的通知》

6 月 24 日

国务院在北京召开长江三角洲及长江沿江地区经济规划座谈会

中共中央总书记江泽民、国务院总理李鹏出席会议，并就如何贯彻落实邓小平同志南巡谈话及党中央关于“以上海浦东开发为龙头，进一步开放长江沿岸城市”的决策发表重要谈话。

李鹏在座谈会结束时指出，这次会议是贯彻落实小平同志南巡谈话精神的一次重要会议，小平同志南巡谈话的一个重要指导思想是，全党和全国人民要抓住机遇，加快改革开放的步伐，力争经济更好更快地上一个新台阶。机不可失，时不我待，我们要有紧迫感和历史责任感，解放思想，转变观念，抓住机遇，加快改革开放的步伐，集中精力把经济建设搞上去，把有中国特色的社会主义事业更快地向前推进，这是摆在全党与全国人民面前的战略任务。

李鹏说，我们要以上海浦东的开发开放和三峡工程建设为契机，推动长江三角洲及沿江地区的开发开放和经济发展，使长江沿江地区开放的步子更大些，改革得更深入些，在注重效益的前提下，发展速度更快一些。同时充分利用该地区辐射与带动作用，促进我国国民经济的发展，使其在实现第二步、第三步的战略目标中发挥更大的作用。因此，加快长江三角洲及沿江的开发开放和经济发展，关系到国民经济的发展全局和整个地区的共同繁荣，具有十分重要的战略意义，是中央继沿海地区开放以后，促使我国经济振兴的又一重大战略决策，我们对这个地区寄予更大的希望。

李鹏说，加快这一地区的开发开放要以上海为龙头，开发开放好浦东地区。上海要真正起龙头作用，要优先发展第三产业。要开拓多种筹资渠道，大力发展金融、贸易、交通、信息等第三产业。这样才能更好地发挥上海内引外联的作用，才能不断增强上海这个龙头对整个地区乃至全国的辐射和带动作用。国务院有关部门要积极支持与引导，以上海浦东的开发开放为龙头,推动长江沿江地区发展的工作。

李鹏说,要切实把长江三角洲及沿江地区的开发开放与经济发展这件事办好,首先要搞好规划。根据自然区位与经济的内在联系,从一省一市的圈子里跳出来,统筹考虑资源配置和经济的发展。长江沿江各地区要从实际出发,发挥各自的比较优势。通过各种形式的联合,以发挥整体优势与综合效益。不要盲目攀比,不要搞小而全,避免不必要的重复建设。沿江的开发开放及经济发展,要办的事很多,既要考虑到需要,又要考虑到可能,考虑到能力与条件,要少花钱多办事。要相对集中必要的力量,先搞好龙头浦东的开发开放,通过它带动长江三角洲及沿江地区的开发与开放,做到分层次推进。同时,还要注意解决好制约经济发展的薄弱环节,加强交通通讯、能源、原材料等基础设施的建设,并在节约能源、降低物耗上下大功夫,让有限的资源发挥更大的作用。农业是国民经济的基础,长江沿江地区同样要重视农业的发展。在农业发展上,要走优质、高产、高效的路子。

李鹏说,三峡工程已列入十年规划和"八五"计划,它的建设不但需要大量工程技术人员和施工队伍,而且需要大量设备、机具和建材。要充分利用三峡建设工程,发挥沿江地区的优势,引进技术和人才,开展科技开发,发展建材、冶金、机电等工业,做好开发型库区移民工作,以促进沿江地区特别是长江中上游地区的经济发展。

李鹏指出,长江三角洲地区乡镇工业发达,市场调节比例较大,经济发展有较大的活力。要进一步发挥市场调节的积极作用,并进一步提高产品的档次,发展高新技术注重外向型经济。在加强国内资源开发和市场培育与发展的同时,还要重视利用国外资源和开拓国际市场,运用好国内、国外两种资源、两个市场。我们要根据国内、国际市场的需求,调整结构,注重适销对路,讲求质量,提高效益,并加快对外贸易多元化的步伐。

李鹏最后说,这次座谈会对整个规划确定了方向,开了一个好头,但深度还不够,许多问题还需进一步研究落实。座谈会后要由计委牵头,把工作深入下去,以期尽快形成比较完整可行的规划。

出席座谈会的国务院领导人还有:姚依林、田纪云、邹家华、朱镕基、李铁映、秦基伟、王丙乾、宋健、李贵鲜、陈希同、陈俊生、钱其琛和国务院秘书长罗干。邹家华在会议期间讲了话。各民主党派的有关负责人彭清源、高天、万国权、陈舜礼、姚峻、杨纪珂、徐采栋、吴克秦、孙孚凌等应邀出席27日的座谈会。

会议于27日结束。

全国人大常委会委员长万里在人民大会堂会见由罗马尼亚众议院议长丹·马尔茨安率领的罗中友好议员代表团

广东省省长朱森林在第七届全国政协第二十次常委会议上汇报广东省力争二十年赶上亚洲"四小龙"的构想

大连市市长魏富海在第七届全国政协第二十次常委会全体会议作《坚持改革开放推动经济建设再上新台阶》的发言

国务院批转劳动部《关于劳动就业工作情况和下一步工作意见报告》的通知

财政部发布中华人民共和国外商投资企业财务管理规定及中华人民共和国外商投资企业会计制度

国务院总理李鹏在钓鱼台国宾馆会见五国即将离任和新到任的驻中国大使

即将离任的四国大使是:瑞典大使史凯乐、巴勒斯坦国大使尤素夫·拉吉布、阿尔及利亚大使穆拉德·邦谢克、玻利维亚大使卡·博尔特。

俄罗斯大使伊·阿·罗高寿是新到任的大使。

会见时,李鹏表示,中国希望继续加强同瑞典、巴勒斯坦国、阿尔及利亚和玻利维亚的友好合作关系。

李鹏对罗高寿说,中国同俄罗斯是邻国,两国人民之间的友谊是永存的。中国愿意在和平共处五项原则的基础上进一步发展同俄罗斯的睦邻友好关系。

国务院总理李鹏在钓鱼台国宾馆会见法国国民议会议员前部长让—皮埃尔·舍维内芒和夫人

全国人大常委会委员长万里在人民大会堂会见由副主席马赛达率领的菲律宾参议院代表团

谈到台湾问题时,万里重申,中国政府的原则立场是,世界上只有一个中国,台湾是中国领土不可分割的一部分。中国不反对与中国建交的国家同台湾发展民间经贸往来,但坚决反对其同台湾发展政治关系。他对菲律宾议会坚持"一个中国"的立场、不同台湾发生官方关系表示赞赏。

马赛达说,菲律宾一贯坚持"一个中国"的原则,他希望菲律宾新政府也将继续坚持这一立场。

全国人大常委会委员长万里在人民大会堂会见由

众议院第二副议长本哈明率领的玻利维亚众议院代表团

中央军委主席江泽民最近签发命令 颁布《中国人民解放军机关公文处理条例》

军队机关公文，是各级领导机关行使职能、实施指挥和管理部队的重要工具与基本手段。随着军队革命化、现代化、正规化建设的发展，军队机关指挥和办公手段的变化，以及国家机关公文格式标准化工作的起步，对军队公文提出了新的更高的要求。为此，中央军委办公厅在深入调查研究、广泛征询各方面意见的基础上，起草制定了这个《条例》，经中央军委批准颁发，作为今后全军各级机关公文处理工作的基本依据。《条例》共 8 章 44 条，内容全面系统，特别是把"求实"作为贯穿始终的根本指导原则，突出地强调了公文处理工作要坚持实事求是的思想路线，不断改进各级领导机关工作作风和工作方法，提高公文质量，减少公文数量，防止和克服官僚主义、形式主义、文牍主义。它对于贯彻落实党中央、中央军委的决策，对部队有效地实施指挥和管理，建立正规的工作秩序，都将发挥重要的作用。此《条例》将于 7 月 1 日起正式施行。

《新闻出版报》发表国家版权局负责人就中国加入国际版权公约答《新闻出版报》记者问

记者：我们了解到，我国即将加入国际版权公约。能否介绍一下国际版权公约的情况？

答：目前国际上有两个版权公约：一个是《保护文学和艺术作品伯尔尼公约》，一个是《世界版权公约》。

《伯尔尼公约》1886 年在瑞士首都伯尔尼签订，曾经过多次不同程度的修订。目前文本是 1971 年在巴黎修订的文本，其宗旨是推动以尽可能有效和尽可能一致的方式开展国际间著作权保护。公约含正文 38 条，附件 6 条。主要内容是：保护文学、科学和艺术领域内的一切作品；成员国根据各自法律提供不低于公约规定水平的保护；对外国作品的保护与对本国作品的保护一致；保护作者的经济权利和精神权利；保护期一般不短于作者有生之年加死后 50 年；权利的享有和行使无须履行注册、交存样本等手续；对权利的限制只适用于作出限制的国家；要求提供一定的追溯保护，允许发展中国家有条件地强制翻译和复制有著作权的作品；等等。《伯尔尼公约》由总部设在日内瓦的世界知识产权组织负责管理。截止到 1991 年 12 月，公约成员国有 90 个，其中发展中国家占半数以上。公约成员国组成伯尔尼同盟。

《世界版权公约》1952 年签订于瑞士日内瓦。主要目的是沟通《伯尔尼公约》成员国和美国等当时不准备参加《伯尔尼公约》的国家。现行文本为 1971 年巴黎修订本，含正文 21 条和两个附加议定书。与《伯尔尼公约》不同的是，《世界版权公约》允许成员国为取得权利规定手续，没有关于精神权利的规定，保护期为最少 25 年，追溯保护要求低。现有 84 个成员国，由总部设在巴黎的联合国教科文组织负责管理。

比较而言，《伯尔尼公约》保护水平高于《世界版权公约》，被普遍认为代表了目前国际著作权保护的惯例。

记者：我国为什么要加入国际版权公约？

答：当前我们国家的中心任务是通过进一步改革开放把经济搞上去。各方面工作都要为这个中心服务。其中，发展知识产权保护是一项新起而又很重要的工作。知识产权保护，实质在于使智力劳动成果财产化和商品化。

发达国家的经验表明，在商品经济条件下，只有通过知识产权保护，才能保证对开发创造型活动及其成果的传播给予不断和日益扩大的投入。而这种投入及其产生的结果，对于一个国家的社会发展和在国际竞争中的地位极为重要。近年来，我国从尊重知识、尊重人才的政策出发，积极发展知识产权保护。在著作权方面，我们已经建立了以《中华人民共和国著作权法》为主体的著作权保护制度。但是这还不够，与此同时还应该积极发展对外著作权关系。实行对外开放的中国，面临的已是一个知识产权保护十分发达的外部世界。包括著作权在内的知识产权保护，是国际合作与竞争的重要领域。国内保护与参加国际保护，只是一个问题的两个方面。为了使我国的著作权得到更广泛更充分的保护，也为了通过承担必要的对外保护义务为我国发展对外经济、贸易、科学技术和文化交流创造更有利的条件，就要与外国建立著作权保护关系。这样，就必须加入国际版权公约，因为它是目前协调国际著作权关系的最重要和影响最广泛的国际条约。

记者：我国准备怎样执行国际版权公约？

答：中国对履行自己承担的国际义务态度是认真的。执行国际版权公约，最基本的条件是有比较完备的国内立法。因为公约规定，一成员国要将其他成员国国民的作品当作自己国民的作品，要通过自己的法律为他国公民的作品提供不低于公约规定水平的保护。在立法方面，我们已经颁布实施了著作权法、著作权法实施细则、计算机软件保护条例和计算机软件登记管理办法。其他有关的实施性的规定也在制定中。著作权法的实施管理机制已经成形，并将随着改革的深入更加活跃多样。近年来，我们还培训了大批版权人员。加入伯尔尼公约后，我们还要进一步完善我国的著作权制度，在提高国内保护水平的同时，也加强对外保护的能力。从大的方面说，我国政府重视知识产权保护，公众对此也有越来越多的了解。总之，我国有条件执行好国际版权公约，使对外著作权保护更好地为改革开放服务。

记者：中国加入国际版权公约与中美知识产权谅解备忘录有何关系？

答：中国在制定著作权法之初就考虑到加入国际版权公约的问题。从已经实施的著作权法中就可以明显看出，许多重要原则和规定都尽可能参照了保护水平较高的伯尔尼公约。著作权法颁布前后，中国政府都对加入国际版权公约表示了十分积极的态度。1991年9月还专门派出政府代表团与有关国际组织就中国加入公约进行了具体磋商。其他准备工作也早已在进行。因此，加入国际版权公约是中国政府已经作出决定的事情，涉及的是中国与100多个国家建立著作权保护关系问题。中美关于保护知识产权的谅解备忘录是一个双边文件。之所以写入中国加入伯尔尼公约的内容，是双方同意通过共同加入伯尔尼公约最终解决双边著作权保护关系问题。

记者：中国著作权法与国际版权公约有不一致的地方吗？

答：中国著作权法总体上符合国际版权公约，这是得到国际上承认的。我们注意到中国著作权法有个别地方与保护水平较高的伯尔尼公约不尽一致，这是因为我国的著作权法主要并且必须是针对中国的国情。即使都一致，在解释上也还会有差异。因此某些不一致是难免的，也是普遍的情形。既然中国决定加入国际版权公约，就会采取各种必要措施使之得到有效的实施。这既是公约的一般要求，也是各国通常的做法。

记者：加入伯尔尼公约对我国使用外国作品有何影响？

答：加入伯尔尼公约后，我国就要保护公约其他成员国的作品。使用这些作品，要取得权利人授权，也会带来支付版税的问题。这会在一定程度上使人感到不自由、不方便，也可能给某些部门增加一些经济上的负担。有人由此担心，加入公约会影响我国使用外国作品。这种担心是不必要的。只要我们转变观念，努力适应新的情况，充分利用国际公约所允许的，掌握国际上著作权转让和许可使用的一套做法，大力发展与此有关的各种服务，积极扩大对外联系的渠道，是可以保证对外国作品的正常使用的，至于说支付一些版税，应看到这是为国家发展所需要的，从全局利益看也是必要的。从著作权保护的历史上看，从来没有一个国家因为实行对外著作权保护而影响了经济和科学技术的发展。

山西医学院第二医院成功施行撕脱性断拇再植手术

6月25日

全国政协第七届常委会第二十次会议闭幕

为期三天的七届全国政协常委会第二十次会议下午进行分组讨论后结束。常委们围绕学习贯彻邓小平同志重要谈话和中央政治局会议精神，结合我国加快改革、扩大开放的情况展开了热烈的讨论，发表了许多意见和建议。

常委们在发言中对全国政协主席李先念的逝世表示深切悼念。

常委们在讨论中提出，加快改革开放步伐，重要的是要落实邓小平同志谈话精神，解放思想。听了国家体改委和上海、广东、大连负责同志有关改革开放情况的报告，很受鼓舞。改革开放13年来，我国建设取得很大成绩，只要我们进一步解放思想，转变观念，胆子再大一点，步子迈得再快一点，实事求是、扎扎实实，就能使现代化建设跃上一个新台阶。

常委们认为，现在我国经济发展和改革开放已经进入一个新的阶段，需要继续改善经济运行状况，为加快改革，扩大开放创造更好的环境。当前必须特别重视加快企业改革的进程，着力解决扩大企业经营自主权，转换企业经营机制，把企业推向市场。加快企业改革特别要正确处理企业与政府的关系，制止对企业正当生产经营的干预。

常委们提到，首钢通过实行承包所创造的经验，应该进一步总结和推广。首钢改革与发展的方向是对的，路子走得是好的。首钢发展壮大的实践证明，扩大企业自主权和"放水养鱼"的路子可以加强企业自身的造血功能，可以形成具有生机和活力的良性运行机制。政府和有关部门应当支持我们的企业走向世界，走向国际市场，到强手如林的国际舞台去竞争较量。

常委们在分组讨论中还就加快市场体系的培育和发展；进一步扩大对外开放，加快建立开放地区的新体制；适应改革开放形势需要，加快政府管理经济职能的转变；大力发展第三产业，充分发挥科技第一生产力的作用；重视精神文明建设等问题，展开了讨论。

国务院在广州召开全国发展高产优质高效农业经验交流会

会议由国务院副总理田纪云主持。

田纪云提出，发展高产优质高效农业，是整个农业现代化的重要内容，做好这篇文章，内容很多。希望与会同志集思广益，从理论到实践认真研究和交流，使这次会议为发展我国高产优质高效农业起个推动作用。

国务院副秘书长李昌安在讲话中说，这次会议的议题，主要是总结交流近几年发展高产优质高效农业的经验，研究推动发展高产优质高效农业的途径和政策措施。他说，经过 40 多年的发展，特别是改革开放十多年来，我国农业发生了巨大变化。粮棉油等主要农产品总量基本能够满足解决人民的温饱和国民经济发展的需求。农业进入了由自给性生产向商品性生产转化的时期。为满足国民经济发展和人民生活对农产品优质化、多样化的需求；为增加农民收入，更好地保证占我国人口 80％以上的农民实现小康目标，必须提出发展高产高效农业，这是推动我国农业进一步发展的重大战略决策。

会上，广东省副省长凌伯棠介绍了广东近年来发展高产优质高效农业的经验。

会议于 6 月 29 日结束。

《人民日报》发表评论员文章《农业要走高产优质高效之路》

外交部发言人吴建民就禁止监狱劳动产品进出口问题答记者问

吴建民说，中国和美国近日就禁止监狱劳动产品进出口问题初步达成协议，双方近期将就此签署谅解备忘录，这将有利于促进双边贸易的发展。

吴建民说，中美双方谈判小组经多次友好磋商，已于近日就两国间禁止监狱劳动产品进出口贸易问题谅解备忘录初步达成协议，双方谈判小组尚需报告各自政府批准。

吴建民说，有关禁止监狱劳动产品进出口贸易问题，中美两国都有各自的规定和法律，“双方在近期就此签署谅解备忘录，将有利于促进中美双边正常贸易的发展”。

外交部发言人吴建民就英国外交部向中国大使“提出抗议”的传闻等答记者问

在下午的新闻发布会上，有记者问：英国外交部官员是否向中国驻英大使提出了抗议，要求中国不要干涉香港事务？中方对此有何反应？

吴建民说：据我所知，中国驻英大使没有接到英国外交部官员提出的所谓“抗议”。

吴建民说，中国政府一贯严格贯彻执行中英联合声明。根据联合声明的有关规定，中方有权利和责任对涉及香港平稳过渡和政权顺利交接的问题表明自己的立场。

发言人在评论南非局势恶化的问题时，对 6 月 17 日南非发生的屠杀事件表示震惊，并谴责这一事件和破坏南非和平进程的图谋。发言人在回答提问时说，“人们希望南非政府认真听取非国大等有关各方的意见和要求，作出切实努力，尽快打破僵局，恢复和平谈判进程。”

吴建民说，“我们希望以色列大选后组成的新政府在中东和平进程中采取灵活、务实的态度，以利于早日实现中东地区的和平。”

全国人大常委会委员长万里在北京会见东盟各国议会组织代表团

万里说，中国奉行独立自主的和平外交政策。加强中国同东盟各国的友好睦邻关系是中国外交政策的一个重要组成部分。不断发展这种关系对亚太地区的和平与发展将起重要作用。

万里说，中国和东盟国家是近邻。近年来，中国同东盟国家在政治、经济、文化等领域里的关系得到了全面的发展。全国人大愿同东盟各国议会和各国议会组织进一步加强友好交往与合作。

中华人民共和国政府和希腊共和国政府在北京签订关于鼓励和相互保护投资协定

中办国办转发中宣部国家教委共青团中央《关于广泛深入持久地开展高等学校学生社会实践活动的意见》的通知

现将中宣部、国家教委、共青团中央《关于广泛深入持久地开展高等学校学生社会实践活动的意见》转发给你们，请认真贯彻执行。

培养社会主义事业的建设者和接班人，是全党、全社会共同承担的重大责任。社会实践活动是在新的历史条件下贯彻教育与生产劳动相结合的方针、加强教育实践环节的一条有效途径，对于帮助大学生深刻了解国情，增强改革开放意识，提高坚持党的基本路线的自觉性，走与实践相结合、与工农群众相结合的成长道路，提高全面素质尤其是思想政治素质具有重要的意义。大学生社会实践活动是社会主义高等教育的重要组成部分。各级党委、政府应从培养社会主义事业建设者和接班人的战略高度予以足够的重视，把社会实践活动列入议事日程，切实加强领导。企事业单位和农村要积极支持大学生社会实践活动，并提供必要的条件。要通过各方面的共同努力，使大学生社会实践活动形成制度，长期坚持下去。

中宣部、国家教委、共青团中央关于广泛深入持久地开展高等学校学生社会实践活动的意见

为了使高等学校学生实践活动广泛、深入、持久地开展下去，需要进一步提高认识，加强领导，形成制度，落实措施。为此，提出以下意见：

一、充分认识社会实践活动的重要意义

高等学校学生社会实践活动经过近十年的发展已逐步纳入教育计划，并日益受到社会各方面的重视。实践证明，社会实践活动是在新的历史条件下贯彻教育与生产劳动相结合的方针、加强教育的实践环节的有力措施，是推动青年学生走与实践相结合、与工农群众相结合道路的有效途径。它对于帮助学生了解国情，增进与工农的感情，加强与社会的联系，接受思想、政治、实践能力等多方面的实际锻炼，增强改革开放意识，提高坚持党的基本路线的自觉性，培养全面素质，尤其是思想政治素质，具有重要作用。因此，要从长期坚持党的“一个中心，两个基本点”的基本路线，培养社会主义事业的建设者和接班人，造就改革开放生力军的战略高度，把社会实践活动作为我国社会主义高等教育不可缺少的重要组成部分，广泛、深入、持久地开展下去。

二、依靠地方各级党委、政府的领导，充分发挥各级党委宣传和教育工作部门、教育行政部门和共青团组织在社会实践活动中的作用

培养社会主义事业的建设者和接班人是全社会的共同责任。高等学校学生社会实践活动尤其需要全社会的大力支持。高等学校在假期只能组织一部分学生参加较集中的社会实践活动，多数学生要在回家度假期间就近就便参加社会实践活动。这都需要依靠地方各级党委、政府的领导，充分发挥各级党委宣传和教育工作部门、教育行政部门、共青团组织的作用，以保证社会实践活动广泛、深入、持久地开展。

省、地(市)、县(市)党委、政府要加强对本地区社会实践活动的领导；根据全国统一要求，从本地实际和大学生思想出发，组织本地区高校重点社会实践活动和回家度假的大学生的社会实践活动；接待有组织的大学生来本地开展社会实践活动。要把开展社会实践活动列入工作日程，领导同志应亲自过问。党委宣传部门和教育工作部门、教育行政部门、共青团组织应在党委和政府的统一领导下，负责组织和协调本地区的大学生社会实践活动。

各省、自治区、直辖市党委宣传和教育工作部门、共青团组织应本着有利于开展社会实践活动、有利于地方和企业发展原则，通过充分协商，征得地方和企业同意后，报请所属党委和政府批准，确定一批县(市)和大、中型企业作为社会实践基地。各大中城市及在校大学生人数较多的地(市)、县(市)党委和政府也应根据上述原则，确定一批区(县)、乡(镇)、村和企事业单位作为回家度假的大学生开展实践活动的基地。各高等学校应努力按照“双向受益”的原则，发挥学校的专业、学科的优势，主动同地方、企事业单位建立相对稳定的关系，建立本校教学、科研、社会实践相结合的活动基地。

大学生社会实践活动基地应当有比较充实的教育内容、较强的领导班子。配备具有一定工作经验和较高的政治思想水平的工作人员。社会实践活动基地的主要任务是有计划地接待和安排有组织的大学生社会实践活动。地方党委和政府部门应加强协调，根据对学生进行教育的要求和各基地的接收能力，安排好活动计划。高校组织学生到非本校建立的社会实践活动基地开展实践活动，应提前与基地所在地方党委和政府有关部门联系，取得同意，安排好活动计划。全国性或跨省(自治区、直辖市)开展的社会实践活动，组织单位应事先与当地党委和政府有关部门联系。

三、切实把社会实践活动列入高等学校的教育计划

各高等学校要把社会实践活动列入教育计划。对学生参加社会实践活动要有整体规划和年度计划，并对不同年级学生提出不同的要求。今后每个本科生在校学习期间，利用课余时间参加社会实践活动的时间累计不能少于四周；研究生、大专生不能少于两周；文科学生还可以多些。学生参加社会实践活动应填写《社会实践活动登记表》，记录参加活动的时间、项目、成果等，并由接受单位填写意见。《社会实践活动登记表》载入学生本人档案。学校要考核学生参加社会实践活动的成绩，作为对学生进行考评，评定奖学金，评选“三好”学生、优秀学生干部、优秀团员、推荐研究生和毕业分配的依据之一。

各高等学校要加强对社会实践活动的领导。党委书记和校长要研究社会实践活动问题。要成立由校领导牵头，学生工作、团委、教务等有关部门负责同志参加的社会实践活动领导小组，负责制定学校社会实践活动的规划和具体计划，及时研究、解决社会实践活动中的重要问题，开展好社会实践活动。各高等学校组织开展社会实践活动的情况，要作为评估高校工作的依据之一。

要充分发挥教师的作用。学校有组织的社会实践活动一般都应配备指导教师。指导教师的主要任务是做好学生的思想政治工作，同时进行必要的组织指导工作。教师参加指导学生社会实践活动同参与组织教学计划内的实习享受同等待遇，纳入教师晋升职务的考核内容。

四、多渠道解决社会实践活动经费

社会实践活动经费应根据勤俭节约的原则，通过国家、地方、学校、接受单位和学生个人等多渠道

解决。

各高等学校要把社会实践活动经费列入预算，保证参加社会实践活动必需的开支。回家度假学生参加当地组织的社会实践活动，食宿一般自理；地方组织活动所需经费要列入预算。要鼓励学校和地方、企事业单位根据“互惠互利，双向受益”的原则开展社会实践活动，学校为地方和企事业单位提供科技文化服务，开展非学历人才培训活动等，地方和企事业单位为学校开展社会实践活动提供便利。同时，企业也要从全局出发，在不影响生产经营的前提下，积极支持并妥善安排社会实践活动。除少量具有独特教育作用的活动外，社会实践活动一般应就近就便安排。

五、精心指导社会实践活动

要按照“受教育、长才干、作贡献”的指导方针来组织社会实践活动，把思想政治教育放在首位。要结合活动对学生进行正确处理理论与实践，个人与人民群众关系的教育及阶级观点、劳动观点、群众观点和辩证唯物主义观点的教育。要根据思想政治教育的重点和学生的思想实际，有针对性地设计社会实践活动的内容和主题。要发挥革命纪念馆、革命历史纪念地进行革命传统教育的作用，激发学生爱国热情和民族自豪感。要让学生多参观考察一些在坚持改革开放方面取得成效的地方和单位，增强他们对社会主义现代化建设的信心和信念。要重视引导青年学生了解中国农村，从而真正认识我国国情。有条件的学校和专业，也可以把社会实践活动同学生的专业实习，同地方和企事业单位的“两个文明”建设结合起来，发挥学生的专业特长，为社会做力所能及的贡献，使学生在参与实际工作的过程中，既受到具体深刻的思想教育，又增长才干。

社会实践活动的形式应当适合学生特点。几年来的经验证明，社会考察、科技文化服务、救灾防疫、劳动锻炼、挂职锻炼等形式都是深受学生欢迎的形式，应当根据情况加以提倡，并不断探索新的形式。

要逐步使社会实践活动规范化。每学年放暑假前各高校都要对学生进行社会实践活动的目的、意义的教育，并提出要求，特别是要注意引导学生以自觉自愿和积极主动的态度参加社会实践活动，虚心向人民群众学习，正确分清社会现象中的主流和支流。学校组织的社会实践活动，要认真选择好实践地点，周密制订方案，认真实施，防止形式主义。对于回家度假的学生，学校应主动与地方或有关的大中型企业取得联系，通报学校对学生参加社会实践活动的要求和回家参加社会实践活动的学生名单。每年秋季开学初，学校应安排一定的时间，专门进行社会实践活动的总结表彰工作。中宣部、国家教委、团中央将定期对有影响的省级社会实践活动和社会实践先进单位，特别是对关心和做好接受工作的先进单位和地方党政部门进行表彰。

新闻单位应当加强对社会实践活动的宣传，除在假期进行较为集中的报道外，还应当经常宣传一些社会实践活动的典型经验和典型个人，刊登一些关于社会实践活动的理论文章，为社会实践活动创造更好的舆论环境。

以上意见，各中等专业技术学校可参照执行。

国家教委主任李铁映在第三次全国古籍整理出版规划会议上发表讲话

第三次全国古籍整理出版规划会议今天在北京开幕了。这是继 1962 年、1982 年两次整理出版规划会议之后，全国古籍整理出版专家、学者的又一次盛会。我代表国务院向与会专家、学者致以亲切问候，并预祝大会圆满成功！

伟大的中华民族在长达五千年的曲折发展过程中，创造和积累了举世无伦、光辉灿烂的优秀传统思想文化。这是对人类文明的一大贡献，每一个炎黄子孙都为此而感到骄傲和自豪。今天，当我们处在加速改革开放、发展经济、迈向现代化的关键时刻，运用马克思主义的立场、观点、方法，继承和弘扬中国优秀传统思想文化，更具有现实意义。马克思说：“人们自己创造自己的历史，但他们并不是随心所欲地创造，并不是在他们自己选定的条件下创造，而是在直接碰到的、既定的、从过去承继下来的条件下创造。”我们要建设有中国特色的社会主义，当然不能割断历史，不能脱离包含历史传统在内的国情和民情。优秀传统思想文化中，蕴含有许多精华，可以直接、间接地为建设社会主义物质文明和精神文明所利用或借鉴。让更多的人了解我国优秀传统思想文化，并从中吸取营养，这对于提高全民族的文化素质，增强民族自信心和凝聚力，振兴中华，都有着不同寻常的意义。

中华民族数千年文明历史留下的浩如烟海的古籍，其数量之众多，内容之丰富，在世界上是独一无二的。“皮之不存，毛将焉附”，从某种意义上讲，没有古籍，也就没有中国的传统思想文化，当然也就更谈不上什么批判继承、古为今用了。因此，整理出版古籍，确是继承和弘扬优秀传统思想文化的前提。此外，古籍整理还有一个深远的意义，就是通过抢救、挖掘、整理、出版、研究，把祖先留下的这份无价之宝保存下来，完善地传给我们的子孙后代。古籍整理和学术研究是两项既有联系又有区别的工作。学术研究离不开可靠文献古籍，整理古籍离不开对古文献本身的研究，其最终目标，还是为研究提供可靠文献，为继承和弘扬优秀思想文化服务。

正因为弘扬优秀传统思想文化，做好古籍整理出版工作具有如此重大而深远的意义，党和国家历来就十分重视传统思想文化的批判继承和古籍的整理出版。早在1938年，毛泽东同志就曾指出："从孔夫子到孙中山，我们应当给予总结，承继这一份珍贵的遗产。"建国后，1985年在周恩来同志的支持下，国务院成立了古籍整理出版规划小组。由于"文革"的干扰，使小组工作陷于瘫痪。1981年根据陈云同志提出的要恢复和重视古籍整理出版工作的建议，中共中央发布了《关于整理我国古籍的指示》，国务院恢复成立了第二届古籍整理出版规划小组。现在则是第三届了。

为了进一步搞好古籍整理出版工作，首先，必须调动和发挥全国各有关方面的积极性。国务院有关部委和地方各有关部门，都应该充分认识这项工作的重要意义，都来关心这项工作，并切实地从各方面给以大力支持。第二，需要有一批自愿献身这项事业的专家、学者。因此，要不断发现和出人才，力求做到既出成果，又出人才，使古籍整理出版工作世代有传人。第三，要提倡和坚持严谨的治学态度，本着对学术、对人民、对子孙后代负责的精神，不断提高整理出版工作的质量。

各位专家、学者，同志们，这次会议的主题是研究制订中国古籍整理出版十年规划和"八五"计划。我希望大家对小组起草的《中国古籍整理出版十年规划和"八五"计划》(讨论稿)进行认真深入的讨论，尽所欲言，力求经讨论修改后，使之成为一个较好的稿本。我相信在全国古籍出版规划会议后，我国的古籍整理工作一定能取得更大的成绩。

北京申办奥运宣传口号

北京2000年奥运会申办委员会继去年公布7条口号之后，日前又公布了申办主题口号和宣传口号。

主题口号：

开放的中国盼奥运

宣传口号：

中国的机遇　北京的荣誉；亿万颗心暖人间；

和平进步迎接新世纪；

历史名城　时代盛会；

北京欢迎你。

1991年的7条口号是：

弘扬奥林匹克精神　促进世界和平友谊；

促进世界和平友谊　发展国际体育事业；让奥林匹克精神在中国大放异彩；

亚运成功　众盼奥运；

申办奥运会　奔向二千年

建文明城市　树文明新风

做文明市民　全市人民以实际行动支持申办奥运会；

为奥运做贡献　为祖国增光彩。

国家禁毒委员会20个成员单位在北京举行"国际禁毒日"座谈会

国务委员、国家禁毒委员会主任王芳，全国政协副主席、著名历史学家胡绳出席会议并讲话。

6月26日

国务院总理李鹏在钓鱼台国宾馆会见柬埔寨国家元首柬埔寨全国最高委员会主席诺罗敦·西哈努克亲王和莫尼克公主

国务院总理李鹏在北京会见以东盟各国议会本届主席哈里斯·苏胡德为团长、马来西亚下议院议长扎希尔为副团长的东盟各国议会组织代表团

李鹏说，中国和东盟各国在当前重大的国际问题和地区形势问题上有着许多相同或相似的观点，在诸如柬埔寨等问题上进行了很好的合作。

李鹏说，中国同东盟各国的双边关系发展得很顺利。中国赞赏东盟对本地区的和平、安全与发展所作出的贡献。

李鹏指出，东盟国家是中国的近邻。中国将一如既往坚定不移地对东盟国家奉行睦邻友好政策，进一步巩固和发展同东盟各国的关系。

李鹏重申，中国正在进行大规模的现代化建设，需要有一个长期稳定的国际和平环境。中国反对霸权主义。中国自己现在不称霸，将来更加发展了也不称霸。他说，中国执行独立自主的和平外交政策。众所周知，中国的人均国防费用是很低的。中国的国防力量完全是防御性的，不对任何国家构成威胁。

党和国家领导人江泽民宋平等参观北京国际汽车工业展览会

晚上8时左右，中共中央总书记江泽民、中共中央政治局常委宋平，国务院副总理邹家华、朱镕基，国务委员王丙乾，全国人大常委会副委员长廖汉生、倪志福，全国政协副主席谷牧等陆续到达中国国际展览中心，参观1992北京国际汽车工业展览会。

中办国办《关于党政机关兴办经济实体和党政机关干部从事经营活动问题的通知》

通知的主要内容是：

一、县及县以上党政机关（包括党政机关、国家权力机关、行政机关、审判机关、检察机关），要坚决执行中共中央、国务院历来的规定，不准经商、办企业。所兴办的各类经济实体，必须与党政机关在财务、名称、人事等方面彻底脱钩。严格划清党政机关管理职权与经济实体经营权的界限，凡是经济实体，必须根据国家法律和政策的规定，自主经营，自负盈亏。严禁用经济实体经营所得增加机关干部的工资、奖金、补贴等收入或用作其他福利开支。严禁党政机关利用自己掌握的权力为经济实体谋取非法利益。

在当前机构改革试点和下一步机构改革中，由政府经济管理部门组成建制转为经济实体的，要严格实行政企职责分开，不能"一个机构、两块牌子"，不能再行使政府部门的行政管理职能。

二、县及县以上党政机关在职干部一律不得经商、办企业，不得兼有党政机关干部和企业职工双重身份。在机构改革试点中，应支持和鼓励一部分干部从党政机关分离出来，从事包括第三产业在内的各种经济活动，尤其应提倡其中的专业技术人员领办、承包、租赁亏损、微利企业，创办开发性、服务性的经济实体。但这些人员不能保留原在党政机关担任的职务，不能再以党政机关的名义或以党政机关干部的身份从事经营活动，要与党政机关脱钩。

三、各级党委、政府要遵照党中央、国务院的要求，抓紧当前有利时机，进一步解放思想，加快改革开放和经济发展步伐，力争使经济更好更快地上一个新台阶；同时要继续抓好廉政建设、纠正部门和行业不正之风等工作，注意掌握好党政机关兴办经济实体和党政机关干部从事经营活动中的政策界限。要认真研究新情况，及时解决新问题，使本地区、本部门的改革开放和经济建设工作更健康地向前发展。

国务委员钱其琛在钓鱼台国宾馆会见以东盟各国议会本届主席哈里斯·苏胡德为团长、马来西亚下议院议长扎希尔为副团长的东盟各国议会组织代表团

中华人民共和国政府和保加利亚共和国政府在北京签订 1991 至 1994 年科学和文化合作计划

国家禁毒委员会秘书长俞雷在国际禁毒日新闻发布会上向中外记者通报中国一年多来禁毒工作的情况

俞雷说："1991 年初至今年一季度，中国公安机关和海关共破获毒品案件 10746 起，缴获海洛因 2621 公斤、鸦片 2327 公斤、大麻 704 公斤、吗啡 37 公斤，查获毒品犯罪分子 23056 名。"

俞雷强调指出，中国的毒品问题主要来自境外，过境贩毒问题是中国反毒斗争面临的首要问题。国际贩毒集团和贩毒分子假道中国进行贩毒犯罪活动的势头有增无减，去年抓获的境外毒贩比 1990 年增加 10%。新疆、上海、铁路公安机关和海关相继破获了英国、德国以及美国籍犯罪分子从我境贩运大麻去日本的案件。

俞雷指出，随着假道中国贩毒活动的增加，中国受害的程度也越来越严重。自 80 年代中期以来，不仅边境地区吸毒人数增加，内地有过境贩毒的地方也逐渐出现了吸毒问题。由于国内出现了毒品消费问题，也刺激了零星罂粟种植。主要分布在人迹罕至的边远山区和林区。

"面对国际毒品泛滥的侵袭，国内毒品问题发展的严峻形势，中国政府做出了在二三年内遏制住毒品泛滥势头，进而从根本上消除毒品祸害的战略决策。"俞雷向中外记者介绍了国家禁毒委员会成立一年来的工作情况。他说，全国禁毒工作会议后，重点省、自治区及一批重点市、县已普遍建立了禁毒领导机构和办事机构，充实了缉毒队伍，增拨了禁毒专项经费，并积极支持和参加联合国禁毒署倡导的禁毒活动。

俞雷最后强调，中国愿意同任何国家在禁毒领域合作，并呼吁全世界有识之士共同为消除毒品这个世界公害而共同努力。

全国劳改系统个别教育表彰会在北京召开

在教育改造罪犯工作中作出突出成绩的 10 名个别教育标兵和 190 名个别教育能手受到表彰。中共中央政治局常委乔石接见了全体代表并与大家合影留念。

司法部长蔡诚在会上说，召开这样专业性的表彰会，在劳改工作史上还是第一次；这是贯彻落实邓小平同志关于"两手抓"指示精神的一项重要步骤。这次受表彰的 200 名劳改系统干警，全部来自基层劳改单位。

青岛市中级人民法院对李显斌投敌叛变罪公开判刑

判处李显斌有期徒刑 15 年，剥夺政治权利 5 年。李显斌原系中国人民解放军空军某部飞行员，1965 年他借飞行训练之机，驾驶伊尔 28 型轰炸机从浙江某机场起飞，逃往台湾。去年 12 月回到大陆。

6 月 27 日

七届全国人大常委会第 26 次会议举行全体会议

全国人大委员会委员长万里出席会议，会议由陈慕华副委员长主持。

受国务院委托，国务委员兼财政部长王丙乾向会议作关于 1991 年国家决算的报告。

国家环保局局长曲格平受国务院委托作关于我国参加联合国环境与发展大会的情况报告；全国人大财经委员会副主任委员杨波代表全国人大常委会视察组作关于视察矿产资源法实施情况的汇报；全国人大外事委员会副主任委员符浩作外事委员会关于检查江苏省沿长江四港口对外轮开放情况的汇报。

全国人大常委会委员、常务副秘书长曹志向会议提交万里委员长访问日本情况的书面报告。全国人大的三个代表团今年分别访问拉美牙买加、哥伦比亚、玻利维亚三国和欧洲波兰、匈牙利、奥地利三国，出席各国议会联盟第 87 届大会。这三个代表团分别向会议提交出访的书面报告。

彭冲、阿沛·阿旺晋美、赛福鼎·艾则孜、严济慈、荣毅仁、叶飞、廖汉生、倪志福、费孝通、孙起孟、雷洁琼、王汉斌副委员长出席会议。

最高人民法院院长任建新、最高人民检察院检察长刘复之列席会议。

国务委员王丙乾向第七届全国人大常委会第 26 次会议作关于 1991 年国家决算的报告

王丙乾受国务院委托向七届全国人大常委会第二十六次会议作关于 1991 年国家决算的报告。王丙乾在报告中说，现在正式编成的 1991 年国家决算，总收入为 3610.88 亿元，完成预算的 104.9%；总支出为 3813.55 亿元，完成预算的 106.9%；收支相抵，财政赤字为 202.67 亿元，比预算确定的赤字 123.46 亿元扩大 79.21 亿元。在 1991 年国家决算总收入中，国内财政收入 3430.75 亿元，完成预算的 104.6%；国外借款收入 180.13 亿元，完成预算的 110.9%。在 1991 年国家决算总支出中，用国内资金安排的支出为 3633.42 亿元，完成预算的 106.7%；用国外借款安排的支出为 180.13 亿元，完成预算的 110.9%。

王丙乾说，1991 年国家决算反映出的突出问题是，财政赤字比预算扩大。不仅中央财政赤字比原定预算数额扩大，而且地方财政也出现了赤字。财政赤字比预算扩大，主要是支出超过预算较多造成的。这中间既有支持抗灾救灾、增加国家粮食储备和保证重点支出项目等一些必要的增支，也有因支出控制管理不严造成的超支。在许多地区和部门，行政事业机构、人员膨胀，人头经费超支较多；有些地区和单位用公款请客送礼、游山玩水、花钱大手大脚，搞铺张浪费；还有些地区和部门违反国家规定，滥发奖金、补贴和实物或自行提高开支标准等等。从近几年的情况看，财政支出控制不住，增长幅度居高不下，是导致财政连年出现赤字，困难不断加重的一个重要原因，必须引起我们的高度重视，认真吸取教训，并抓紧研究有效措施加以解决。特别是在今后加快改革开放和经济发展的过程中，财政资金供需矛盾将更为突出，因此，在大力增加财政收入的同时，必须把控制支出的过快增长作为减少财政赤字和缓解财政困难的重要措施。一方面要合理调整支出结构、提高资金使用效益，尽力保证经济发展和改革开放对资金的需求；一方面要切实加强管理，硬化预算约束，节减一切可以节减的支出。

在谈到今年以来的预算执行情况时王丙乾说，今年以来，全国各族人民认真学习贯彻邓小平同志视察南方的重要谈话，按照中央政治局全体会议的精神和七届全国人大第五次会议的有关决议，集中精力狠抓经济工作，改革和发展的形势很好。在此基础上，1 至 5 月份，国内财政收入 1325.68 亿元，完成年度预算的 35.8%，按可比口径计算，比去年同期增长 11.9%；国内财政支出 1108.02 亿元，完成年度预算的 28.3%，比去年同期增长 12.5%，情况是比较好的。但是值得注意的是，目前企业效益低的状况仍没有大的改变，企业拖欠税利还在继续增加，一些地方和有些项目的支出增长仍然过快，预算执行情况不容乐观。王丙乾希望各地区、各部门努力抓好增收节支工作，对可能出现的问题，要做到心中有数，及早采取措施，坚决完成全国人大批准的国家预算。

全国人大财经委副主任委员杨波向第七届全国人大常委会第二十六次会议报告视察《矿产资源法》实施的情况

杨波说，《矿产资源法》实施以来取得的主要成绩表现在：(一)通过对法律进行广泛的宣传教育，使各族广大群众了解了制定和实施这部法律的重大意义，增强了法制观念，为依法办矿奠定了较好的思想基础，促进了矿业开发的健康发展。(二)逐步建立了较为完善的矿管机构，基本形成了矿管的网络，从组织上保证了《矿产资源法》的实施。(三)各省区先后制定了实施《矿产资源法》的地方性法规，使实施《矿产资源法》的可操作性增强了，勘查、采矿登记发证、矿产资源监督管理等方面都逐步有了具体办法，在治理乱挖滥采、保护矿产资源中起了积极作用。(四)这部法律实施后，过去许多省区都出现过的乱挖滥采、破坏资源的现象得以治理整顿，矿产资源勘查、开采秩序明显好转。(五)矿产资源监督管理工作逐步得到加强。

杨波说，在贯彻实施《矿产资源法》中，各省区对如何搞好矿管工作也初步积累了一些经验，主要是：领导重视地矿工作，严格执法，依法行政，把矿业开发作为带动地区经济发展的重要方针；地矿工作要依靠各级政府，依托社会，统一规划，合理布局；对于过去存在的那种群众性的乱挖滥采，各部门齐抓共管，综合治理，采取以疏导为主、疏堵结合的方法，使群众逐步走上依法采矿的轨道；推行联合办矿，风险共担，利益共享，达到共同发展；重视科技进步，引进先进技术与人才，对有功人员给予重奖；处理好中央与地方、国家与集体、群众之间的利益关系，充分发挥各方面执法、守法的积极性和自觉性。

关于《矿产资源法》实施过程中存在的主要问题，杨波说，(一)对矿产资源无证开采、乱挖滥采的情况还不同程度的存在，造成国家资源损失浪费严重；(二)采富弃贫、采厚弃薄、采易弃难，不搞综合回收利用，这种状况不仅在乡镇集体矿山、个体采矿中普遍存在，在国营矿山，包括一些大型矿山中也严重存在；(三)“热点”矿区矛盾尖锐复杂，影响了《矿产资源法》的实施，这种矛盾各省区都有；(四)地勘工作不适应国民经济发展对矿产资源的需要，资金投人不足，技术人员流失严重，矿产资源供需矛盾越来越突出；(五)矿管机构不够健全，人员素质有待提高；(六)《矿产资源法》实施细则和有些配套法规没有出台，不利于《矿产资源法》的实施。

杨波说，《矿产资源法》实施中出现的这些问题，原因是多方面的，主要有四点：一是干部的法制观念淡薄，有法不依、执法不严、违法不究。二是法规不健全，有些问题存在“无法可依”的情况。三是对矿山多头管理。四是利益分配缺乏统筹兼顾。

在报告中，杨波代表视察组就进一步实施《矿产资源法》提出了建议。(一)进一步加强《矿产资源法》的宣传教育，重点放在领导干部，特别是县、乡一级的领导干部，同时要向广大群众宣讲，做到家喻户晓。为了搞好《矿产资源法》宣传教育，国务院有关部门应制定出切实可行的办法，并加强监督检查。(二)开发矿业应当兼顾地方利益。(三)进一步加强地矿工作，满足现代化建设和改革开放对矿产资源的需求。应当加快地矿工作改革开放的步伐，逐步建立起适应有计划商品经济发展的地矿工作新体制。(四)加强矿产品流通领域的监督管理，严厉打击各种贵重矿产品走私贩运活动，加强对矿产品出口贸易的统一管理。(五)加强矿管机构建设，提高人员素质。(六)《矿产资源法》的配套法规应当尽快出台，建议国务院尽快发布《矿产资源法》实施细则。(七)妥善处理好法与法之间的相互关系，尽早做出全面的法律解释。

国家环境保护局局长曲格平受国务院委托向第七届全国人大常委会第二十六次会议汇报关于中国出席联合国环境与发展大会的情况

曲格平在汇报中介绍了会议的主要成果：(一)通过和签署了5个文件。这5个文件是：《里约环境与发展宣言》、《二十一世纪议程》、《关于森林问题的原则声明》、《气候变化框架公约》和《生物多样性公约》。这些会议文件有利于保护全球生态环境和生物资源，要求发达国家承担更多的义务，同时也照顾到发展中国家的特殊情况和利益。(二)普遍提高了环境意识。(三)环境保护与经济发展密不可分的道理被广泛接受，那种“高生产、高消费、高污染”的传统发展模式受到否定，环境保护和经济发展相协调的主张成为与会各国的共识和会议的基调。(四)启动了停滞多年的南北对话，并在一些问题上表现出了南北合作的诚意，取得了一些积极成果。(五)国家主权、经济发展权等重要原则得到了维护。(六)广大发展中国家在会议上发挥了主导作用，充分说明它们是当今世界上不可忽视的、愈来愈重要的力量。

关于会议存在的问题，曲格平说，在环境与发展问题上，各方虽互有所求，但南北双方想法不一。会议期间，在资金、技术转让和机构等3个关键问题上，谈判艰苦，发达国家虽作出一定承诺，但写在文字上的东西要付诸实施，还将会遇到各种困难和阻力。首先，资金问题，发达国家虽承认需要有“新的、额外的资金”，但对提供资金态度不一。而筹资的不足将影响《二十一世纪议程》规定的各领域合作的开展。其次，技术转让问题，发展中国家要求以“优惠的、非商业性的”条件转让技术，发达国家以保护知识产权为由拒绝接受。经反复磋商，发达国家虽原则同意“优惠条件”，但技术转让和保护知识产权的矛盾并未解决。第三，机构设置问题，在今后成立什么样的政府间机构、该机构具有什么样的职能、由什么机制来管理国际环保资金等问题上，南北双方都存在重大分歧。

曲格平说，中国在发展经济的过程中，重视环境保护，把保护环境和计划生育作为两项基本国策，并为此进行了坚持不懈的努力，取得了一定的成就。中国作为环境大国，在环发大会上的作用受到各方重视。

在会议筹备过程中，我国邀请41个发展中国家在北京举行了环境与发展部长级会议，发表了《北京宣言》，产生了广泛的影响。在高级官员会议上，我国积极参与磋商。在部长会议期间，宋健国务委员发言阐述了建立新的全球伙伴关系的五点基本原则，受到了欢迎和好评。一些西欧、北欧国家的代表表示，中国在整个环发大会中发挥了建设性的作用。

曲格平说，中国政府十分重视这次会议，李鹏总理出席首脑会议并发表重要讲话。中国从维护和平、促进发展、推动建立公正合理的国际秩序、为人类子孙后代的长远利益出发，明确提出了关于加强环发领域国际合作的五点主张，受到了会议的高度重视和国际社会的普遍赞扬。会议期间，李鹏总理分别与20多个国家的领导人进行了会见、会谈，共商人类生存与发展的大计，并就共同关心的重大国际问题和发展双边关系问题深入地交换了意见，取得了广泛的共识，有利于在环发领域和其他国际事务中开展合作，也推动了中国同有关国家双边关系的发展。

曲格平说，在上述这些活动中，发展中国家领导人高度评价我主持正义、维护发展中国家权益的原则立场，认为在第三世界里有11亿人口的中国，就有了真正的力量，希望我在环发领域等重大国际问题上发挥更大的作用，并称赞中国与他们的合作堪称南南合作的典范。西方国家领导人表示重视我作用，愿加强与我的关系。各国希望进一步发展与我在环境和经济方面的联系，探讨开拓新的合作领域。有的国家领导人还说，中国执行的和平外交政策和在国际事务中采取的公正立场，使他们有安全感。这充分说明，中国的国际地位在加强，国际影响在扩大，国际声望在提高。

曲格平在汇报中还介绍了十几年来我国的环境保护工作取得的明显进步：

逐步建立和完善环境法制；工业污染防治取得较大进展；城市环境综合整治初见成效；环保投资逐年提高，监督管理不断加强；植树造林取得很大成绩；自然保护工作也有一定进展；实行计划生育，努力减缓人口对环境的压力。

曲格平说，在发展过程中，我们没有选择先污染后治理的老路，也不可能采取目前发达国家实行的“高技术、高投入”的模式，而是根据中国国情，在投入有限的情况下，主要依靠强化环境管理，走出了一条具有中国特色的环境保护道路，受到了国际社会的积极评价。但是，必须清醒地看到，我国的环境形势依然十分严峻。城市大气污染相当严重，水污染问题也很突出，城市噪声普遍超标，固体废弃物日益增多；自然生态环境的某些方面也有恶化趋势，如水土流失、耕地减少、草原退化、沙漠蔓延、物种减少、水资源短缺，这些都成为制约经济、社会发展的不利因素，必须引起我们的高度重视。

曲格平还就承担会议文件和公约的责任义务，做好我国的环保工作、推动经济加速发展等问题作了汇报。

全国人大外事委员会向第七届全国人大常委会第二十六次会议提交关于检查江苏省沿长江四港口对外轮开放情况的汇报

外事委员会的汇报说，这四个港口的开放，使口岸及其辐射地区发生了很大的变化，主要是：

一、四港对外开放，加速了口岸建设。到1991年底，四个口岸已建成投入使用的外贸泊位万吨级42个，千吨级22个，年吞吐能力为3010万吨。目前在建的万吨级外贸泊位13个，“八五”计划期末建成后，四口岸年总吞吐能力将达到4000多万吨。现在，各口岸都设置了海关、边防检查、港务监督、商品检验、卫生检疫、动植物检疫、食品检验、船舶检验等检查检验机构，以及外贸运输公司、远洋公司、外轮代理公司等一整套生产经营服务单位。

二、四港对外开放，促进了外贸运输业的发展。四个口岸陆续开辟了一批国际航线、航班。目前已有至香港、日本、新加坡、西北欧等地10条航线，每月开出定期航班41个航次。运输方式也由单一的江海运输发展为水、陆、铁、空多式国际联运，由散装散件装运发展到集装箱装运。外贸运输量逐年大幅度增加。由1982年的90.7万吨，增至1991年的816.7万吨。

三、四港对外开放，提高了江苏省的开放度，改善了投资环境，为吸引外资提供了条件，促进了外向型经济的发展。1991年底，江苏省累计批准三资企业2250家，合同外资达17.76亿美元。四个港口的开放为沿江经济带的建设和工业走廊的形成创造了有利条件。目前，江苏长江沿岸已建立起一批包括仪征化纤工业联合公司、华能电厂、南京炼油厂、扬子石化集团公司、南通胶合板厂等用水量大、运输量大的大中型企业，成为长江经济带和国家经济的骨干力量。此外，江苏沿江各市县正在利用港口优势，促进城市建设，并在港口地区兴建了一批工业新区，利用外资，开办出口加工工业；这反过来又会促进港口和外贸运输业的发展，形成“以港兴城，以城促港”的新局面。

外事委员会的汇报中反映了各口岸对口岸和航道的建设、管理等方面存在的问题，提出的一些意见和建议：

一、关于口岸管理，各地要求加强口岸各单位的工作的协调，克服由于“条条”垂直领导带来的相互扯皮的问题；要求简政放权，简化手续，提高办事效率；要求增加口岸查验单位的编制，解决口岸配套设施；要求对走私、偷渡等违法活动严加查处。

二、关于长江航道管理方面，各地要求整顿航道秩序，扭转“百舸争道”而严重影响了水上交通安全和运输生产乃至社会秩序的状况；要求开放航道条件较好的白茆沙北水道，以提高现有的通航能力；要求改进引航办法，建议成立引航总公司，实行独立经营，统一调度，对引航和航道、锚地统一管理，使引航一程到底；要求加强航标管理。

外事委员会就检查中所了解到的情况发表了看法。外事委员会认为：

一、实践证明，决定四港对外轮开放是完全正确的，无论在口岸建设方面，还是在完成外贸运输任务方面，经济和社会效益都十分明显，四港的开放有力地促进了江苏省经济特别是外向型经济的发展，为国家做出了不小的贡献；并为以上海浦东的开放开发为龙头，带动长江三角洲地区和整个长江流域的经济更快更好地发展，创造了有利的条件。

二、必须抓紧解决现存的问题，使航道和口岸发挥更大作用，国务院有关部门和江苏省各级政府应加强领导，上下一致，协同动作，认真贯彻执行有关法规和政策，有关部门之间要密切配合，统一管理，严格执法，以保证航道畅通无阻。

三、法规需进一步完善，认真改革那些产生相互摩擦的规章制度和繁杂的手续，克服政出多门的现象，解决重复查验，重复收费等问题，坚持依法治港。

四、对外开放港口，要统筹规划，合理布局，讲求效益。

全国人大常委会委员常务副秘书长曹志向第七届全国人大常委会第二十六次会议提交关于万里委员长访问日本情况的书面报告

曹志在书面报告中说，这次访问受到日方的高度重视和热情友好接待。万里委员长会见了日本天皇，进行了亲切友好的谈话。分别正式拜会了日本国会众参两院议长，出席了日本国会举行的盛大招待会。会见宫泽首相时，双方就进一步发展中日睦邻友好关系交换了意见。访问期间，万里委员长广泛接触了日本朝野各界人士，增进了相互了解。日本民间各友好团体联合举行了大型招待会，热烈欢迎万里委员长访问。在地方，所到之处当地政府、议会和各界人士都举行了大规模的欢迎招待会，还参观、考察了一些工农业项目和文化设施。

报告说，万里委员长访日活动，在日本国会、政府和各界人士的积极合作下，进行得很顺利，取得了圆满成功。

（一）双方积极评价邦交正常化20年来两国关系的长足发展，就进一步发展中日友好合作关系取得了广泛共识。双方再次确认，发展中日友好合作符合两国和两国人民的根本利益，有助于亚太地区和世界的和平、稳定与发展；在世界多极化格局日益发展的情况下，进一步发展两国友好合作更具有重要意义；在建立新的国际秩序的过程中，中日两国应密切协调，加强合作。宫泽首相表示，日中关系已超出双边关系范围，对世界的和平与稳定做出了重大贡献。日中关系与日美关系同等重要。宫泽重申，尽管日本现已成为经济大国，但今后仍将坚持不做军事大国。万里委员长重申中国重视同日本发展关系，指出日本坚持走和平发展道路，将对亚太地区的和平、稳定与发展发挥积极作用。双方还一致认为，应该认真教育下一代，为实现中日两国世世代代的友好不断做出努力。

（二）加强了我全国人大和日本国会的友好交往，增进了相互理解和相互信任。在同日本众参两院议长分别举行的会谈中，双方高度评价我全国人大和日本国会在建立和发展两国友好合作关系方面所发挥的重要作用，一致认为近年来两国议会人员交流频繁，已成为两国友好交往的重要渠道，增进了相互之间的理解和信赖，促进了两国关系的不断发展。万里委员长表示，只要双方切实遵守中日联合声明和中日和平友好条约的原则和精神，经过双方共同努力，两国议会间的友好交流与合作必将为中日世代友好做出新的贡献。双方同意进一步扩大两国议会间的友好交流。

（三）加深了日本对我改革开放政策的理解。万里委员长向日本朝野各界人士广泛介绍了邓小平同志南巡谈话的精神以及我扩大改革开放、加速经济建设的大政方针。万里委员长还结合我七届人大五次会议做出的加快改革开放的决议，积极介绍和宣传了我当前内外政策。日方高度评价我改革开放以来所取得的巨大成就。宫泽首相表示中国改革开放目标明确，已进入加快发展的新阶段，重申愿向我提供力所能及的合作。

曹志在报告中说，通过这次访问，我们体会到：

（一）在当前世界多极化格局进一步发展的形势下，巩固和发展良好的中日关系，进一步加强两国在国际事务中的协调与磋商，有着十分重要的意义，有利于我维护稳定的周边国际环境，也有利于我国吸收并借鉴外国的先进科学技术和管理经验。我们要按照中日联合声明和中日和平友好条约的原则和精神，同日本建立长期稳定的友好合作关系。

（二）进一步密切与日本国会的友好交流，对发展中日友好合作关系具有重要意义。多年来我国全国人大与日本国会的友好交往不断发展，增进了两国人民之间的相互了解和友好感情。全国人大部分委员会可在时机成熟时与日本国会有关委员会建立经常性联系，进行友好交流，以增进相互理解，学习借鉴对方有益的经验。

（三）日本经济和科技近年发展很快，也形成了一整套颇具特色的经营管理方式，很值得我们借鉴。我们应进一步扩大同日本的经济合作。作为全国人大，我们应该进一步完善有关法制，大力改善投资环境。

全国人大代表团向第七届全国人大常委会第二十六次会议提交访问牙买加、哥伦比亚、玻利维亚三国情况的书面报告

报告说，应牙买加、哥伦比亚和玻利维亚议会的邀请，以王汉斌副委员长为团长的全国人大代表团于4月13日至5月7日对上述三国进行了友好访问。在访问过程中，同三国的议会、政府和政党领导人、社会各界人士以及华侨、华人进行了广泛的接触，介绍了我国政治经济形势、改革开放、对外政策、我国人民代表大会制度和共产党领导的多党合作和政治协商制度，并就共同关心的国际问题和双边关系的发展广泛地交换了意见。通过访问加深了相互了解，增进了友谊，促进了我国与三国友好合作关系的发展。访问是成功的，达到了预期目的。

书面报告说，牙、哥、玻三国议会和政府对代表团的访问高度重视，给予代表团以较高礼遇和隆重接待。牙买加总督库克、总理帕特森会见了代表团。哥伦比亚参、众两院分别举行隆重的授勋仪式，授予王汉斌副委员长"国会十字勋章"和"特别大十字级民主勋章"。玻利维亚拉巴斯市和圣克鲁斯市均举行隆重仪式授予王汉斌副委员长及代表团成员荣誉贵宾称号和证书。

报告说，在会见和会谈中，代表团分别向三国领导人介绍了我七届人大五次会议情况。特别是加快改革、开放的决策；有针对性地介绍了我对台政策；在双边关系方面，对三国同我友好合作关系的不断发展表示满意，表示我重视同三国的友好关系，愿意进一步加强同三国的合作，共同探讨在各领域加强合作的新途径、新方式，相互学习，取长补短，共同发展。三国议会和政府领导人对我国改革开放取得的成就给予高度评价，认为，中国取得的成就举世瞩目，中国为世界和平、为不结盟运动作出了巨大贡献；在会谈和会见中，双方强调对国际问题的看法一致，希望加强南南合作；双方对双边关系的发展表示满意，强调代表团的来访有助于加强双边关系，希望进一步扩大贸易交流和经济技术合作。

代表团在书面报告中汇报了访问的体会建议：应进一步加强与拉丁美洲国家议会的联系；应切实重视同拉美国家的经贸交流与合作。

全国人大代表团向第七届全国人大常委会第二十六次会议提交访问波兰、匈牙利和奥地利三国情况的书面报告

报告说，1992 年 5 月 17 日至 6 月 2 日，以陈慕华副委员长为团长的全国人大代表团对波兰、匈牙利和奥地利进行了正式友好访问。这次出访是对三国议会进行的回访。这是近几年来我出访这三个国家的级别最高的代表团。对方十分重视，高度评价，代表团除和三国议会的领导人会谈和广泛接触了各党派的议员外，还会见了三国的总统、政府高级官员和社会各界人士。这次访问对增进全国人大和这些国家议会的相互了解和友谊，对促进我国和这些国家的国家关系，都有积极的意义。访问达到了预期的目的，获得了圆满成功。

报告说，在会谈和会见时，双方相互介绍了各自国家的政治经济情况和议会的工作情况，就共同关心的双边和国际问题充分地交换了意见，收到较好的效果。陈慕华副委员长在各重要场合向对方介绍了我国当前政治、经济形势以及加快改革步伐，扩大对外开放，加快经济发展的方针；七届全国人大五次会议以及我国社会主义民主和法制建设情况。介绍了我国独立自主的和平外交政策以及和周边国家的关系情况。根据对方的提问，阐明了我国对台湾、西藏和人权问题的原则立场。对方也向代表团介绍了他们的国内情况和对外政策，达到了增进相互了解的目的。双边关系，特别是加强经济关系问题，是这次出访三国中双方讨论的重点。陈慕华副委员长多次表示，我国对外开放是全方位的，中国的市场是广阔的，相信经过双方的共同努力，今后继续发展同三国的经贸关系是有基础的。

报告说，三国领导人在会见时均表示重视我在国际事务中的作用，赞扬我改革开放取得的成果，表示重视发展同我在各个领域的合作，特别是经贸合作，并提出了一些具体的设想和建议。三国都声明，坚持只承认一个中国的立场。

报告在介绍访问的体会和建议时认为，我国同中东欧地区国家有几十年的合作传统。东欧国家改变制度后仍愿同我国保持和发展关系。我国加强对这一地区的工作既有基础也有需要。

为进一步发展同这一地区国家的友好关系，建议以积极的态度发展同各国议会间交往。其次，建议我国政府部门研究和东欧交往的新方式。由于东欧各国制度变化和我国内的改革，我国同东欧各国原有的一些经贸、文化交流方式已不适应，需要根据新的情况采取新的方式。

全国人大代表团向第七届全国人大常委会第二十六次会议提交出席各国议会联盟第 87 届大会的书面工作报告

书面报告说，各国议会联盟第 87 届大会于 1992 年 4 月 6 日至 11 日在喀麦隆首都雅温得举行。来自 89 个国家的 637 名代表出席了大会；24 个国际组织和机构的 47 名代表以观察员的身份列席了会议。以全国人大常委会委员蔡子民为团长，彭清源、杨纪珂委员和全国人大代表王淑贤为团员的中国全国人大代表团出席了本届大会。代表团遵循有关与会方针，共同努力，较好地完成了任务。

报告说，本届大会的主要议题是：1. 各国议员对联合国环境与发展大会的主要方向及其前景的看法；2. 建立和实施民主、种族多样性是确保各国稳定和经济发展的手段，充分利用和平机会以利于第三世界；3. 关于世界政治、经济和社会问题的一般性辩论。关于环境发展问题，各国代表在发言中一致认为，全球环境受到了空前的破坏，严重影响到人类的生存，国际社会必须采取一致行动，拯救地球。杨纪珂委员在发言中阐述了我国对环境与发展的基本立场，指出只有把环保问题与经济发展联系起来，才能找到最终解决环境问题的途径。他还介绍了全国人大及其常委会制定的一系列有关环保的法律，表示在环发问题上，我们希望得到国际社会的支持与合作。关于经济民主问题，第三世界国家代表在发言中指出，民主形式多种多样，没有固定的模式。因此，不能输出，不能照抄。民主应建立在经济繁荣和人民富裕的基础上。彭清源委员在发言中简要阐述了民主与经济发展的关系之后，着重指出创造一个合理的外部经济环境对许多发展中国家的经济发展目前显得尤为重要与迫切。他说世界经济是个相互联系、互相依存的整体，从这一意义上讲，发展问题也就是南北关系问题，它直接关系到世界和平与各国的稳定。他呼吁发达国家同发展中国家合作，以创造有利于共同发展和繁荣的国际环境。

关于一般辩论，许多发展中国家在发言中表示，冷战虽已结束，但世界并不太平，新的世界政治、经济秩序仍是一个难以实现的理想；各国都应遵循联合国宪章和国际法准则，以确保世界和平与进步。蔡子民团长在发言中指出，当前是新旧格局交替的重要转折时期，南北矛盾日趋严重，经济差距更加扩大、债务日益严重，如不加以改变，将可能成为导致新的动荡和地区冲突的根源。为确保世界和平，创造一个有利于各国经济发展的国际环境，必须在和平共处五项基本原则基础上，建立国际政治和经济新秩序。王淑贤代表参加了女议员会议，在发言中介绍了我国妇女参政议政的情况，并参加有关补充议题决议的起草工作。大会期间，代表团还以亚太议员团主席的身份召集了两次亚太议员团会议。

中央政府正式批准认定西藏十七世噶玛巴活佛

西藏著名的噶玛噶举教派十七世活佛在距拉萨 70 公里的楚布寺被正式认定。这是自西藏 1959 年民主改革以来首次由中央政府正式批准认定的转世大活佛。

八岁男童伍金卓堆·赤列多杰在楚布寺被正式认定为藏传佛教的噶玛噶举教派十七世噶玛巴活佛。

长江三角洲及长江沿江地区经济规划座谈会在北京结束

国务院副总理邹家华在会上指出，以上海浦东开发开放为龙头，进而推动长江三角洲和长江沿江地区的开发开放，是党中央作出的一项重大战略决策。贯彻落实这一重大决策，关系到我国改革开放和现代化建设的全局，不仅对整个长江流域地区经济的振兴，而且对推动我国全方位对外开放格局的形成，加快社会主义新经济体制的建立，胜利实现国民经济三步走的战略目标，都有着极为重要的意义。

如何推进这一地区经济更好更快地发展，邹家华提出了五条基本方针：一是加快改革和开放步伐，逐步建立充满生机与活力的社会主义新经济体制，形成有重点、分层次、全方位对外开放的格局。二是加快开拓市场和提高经济效益。长江三角洲地区条件好，完全有条件发展得更快一些，其他地区也要创造条件尽可能快一些发展，争取实现高质量、高效益和适应市场变化的快速发展。三是加快科技进步和智力开发。四是加快经济发展方式由粗放经营向集约经营转变，把节约能源、原材料，降低消耗，提高资源利用率，放在十分突出的地位。五是加快产业结构和产品结构升级。长江三角洲要着力发展外向型经济、高新技术产业，发展高质量、高附加值、高技术含量、高市场占有率、高创汇的产业和产品。长江沿江地区要加强资源开发，强化基础设施建设，发展和改造加工工业，继续重视发展大农业，积极发展和壮大乡镇企业。

中共中央总书记江泽民在钓鱼台国宾馆会见马来西亚郭氏兄弟集团董事长香港嘉里贸易发展有限公司董事长郭鹤年

国家主席杨尚昆根据全国人大常委会的决定任免驻外大使

免去金伯雄的中华人民共和国驻尼日利亚联邦共和国特命全权大使职务。

任命胡立鹏为中华人民共和国驻尼日利亚联邦共和国特命全权大使。

尼日尔共和国总理办公厅发表公报宣布尼日尔总理谢富决定取消对台湾的承认

公报说，尼日尔共和国过渡政府不久前进行了导致承认台湾的谈判，但考虑到尼日尔大多数民主力量、特别是共和国最高委员会要求政府重新考虑自己决定的立场，为了尼日尔的最高利益，谢富总理决定改变这一承认。

1992 全国足球工作会议闭幕

新任中国足球协会主席袁伟民在全国足球工作会议闭幕式上发表讲话。

6 月 28 日

国务院决定建立国务院证券管理办公会议制度代

表国务院行使对证券工作的日常管理职权

国务院电贺在成都举行的成渝铁路通车40周年庆祝大会

国务院关于核准《北太平洋海洋科学组织(PICES)公约》的批复

第19届国际昆虫学大会在北京开幕

来自73个国家和地区以及全国各地的3600多位昆虫学家在人民大会堂,庆祝第19届国际昆虫学大会召开。这是有史以来我国承办的规模最大的国际学术会议,也是国际昆虫学大会史上规模最大的一届会议。

国务院副总理吴学谦代表中国政府向远道而来的昆虫学家们表示热烈欢迎。吴学谦说,我们对农业极为重视,解决世界上1/5人口的温饱问题一直是我们的基本国策。在实施过程中,"科学技术是第一生产力"得到了中国人民的共识。同时,中国的"改革开放"政策深入人心,不可逆转,成为大力加强科学技术发展,解放生产力的坚强后盾。

陈希同代表北京市政府、周光召代表中国科学院等单位到会祝贺。

国际昆虫学大会理事会主席葛伦教授在开幕式上讲话。中国农科院周大荣教授作了《中国虫害治理的理论和实践》的报告。

本届大会的主题是"昆虫与人类生存"。代表们提交了3690篇论文,超过以往任何一届。会议将综合现代高科技的成果,把握昆虫学科的前沿领域,就人类生存、环境、农、林、医等各方面的问题和有关的生命科学的各个领域开展讨论,提出新见解、新技术。

国务院总理李鹏签署第101号令发布《城市市容和环境卫生管理条例》

《城市市容和环境卫生管理条例》已经1992年5月20日国务院第104次常务会议通过,现予发布,自1992年8月1日起施行。

总理 李 鹏

1992年6月28日

城市市容和环境卫生管理条例

第一章 总 则

第一条 为了加强城市市容和环境卫生管理,创造清洁、优美的城市工作、生活环境,促进城市社会主义物质文明和精神文明建设,制定本条例。

第二条 在中华人民共和国城市内,一切单位和个人都必须遵守本条例。

第三条 城市市容和环境卫生工作,实行统一领导、分区负责、专业人员管理与群众管理相结合的原则。

第四条 国务院城市建设行政主管部门主管全国城市市容和环境卫生工作。

省、自治区人民政府城市建设行政主管部门负责本行政区域的城市市容和环境卫生管理工作。

城市人民政府市容环境卫生行政主管部门负责本行政区域的城市市容和环境卫生管理工作。

第五条 城市人民政府应当把城市市容和环境卫生事业纳入国民经济和社会发展计划,并组织实施。

城市人民政府应当结合本地的实际情况,积极推行环境卫生用工制度的改革,并采取措施,逐步提高环境卫生工作人员的工资福利待遇。

第六条 城市人民政府应当加强城市市容和环境卫生科学知识的宣传,提高公民的环境卫生意识,养成良好的卫生习惯。

一切单位和个人,都应当尊重市容和环境卫生工作人员的劳动,不得妨碍、阻挠市容和环境卫生工作人员履行职务。

第七条 国家鼓励城市市容和环境卫生的科学技术研究,推广先进技术,提高城市市容和环境卫生水平。

第八条 对在城市市容和环境卫生工作中成绩显著的单位和个人,由人民政府给予奖励。

第二章 城市市容管理

第九条 城市中的建筑物和设施,应当符合国家规定的城市容貌标准。对外开放城市、风景旅游城市和有条件的其他城市,可以结合本地具体情况,制定严于国家规定的城市容貌标准;建制镇可以参照国家规定的城市容貌标准执行。

第十条 一切单位和个人都应当保持建筑物的整洁、美观。在城市人民政府规定的街道的临街建筑物的阳台和窗外,不得堆放、吊挂有碍市容的物品。搭建或者封闭阳台必须符合城市人民政府市容环境卫生行政主管部门的有关规定。

第十一条 在城市中设置户外广告、标语牌、画廊、橱窗等,应当内容健康、外型美观,并定期维修、油饰或者拆除。

大型户外广告的设置必须征得城市人民政府市容环境卫生行政主管部门同意后,按照有关规定办理审批手续。

第十二条 城市中的市政公用设施,应当与周围环境相协调,并维护和保持设施完好、整洁。

第十三条 主要街道两侧的建筑物前,应当根据需要与可能,选用透景、半透景的围墙、栅栏或者绿篱、花坛(池)、草坪等作为分界。

临街树木、绿篱、花坛（池）、草坪等，应当保持整洁、美观。栽培、整修或者其他作业留下的渣土、枝叶等，管理单位、个人或者作业者应当及时清除。

第十四条 任何单位和个人都不得在街道两侧和公共场地堆放物料，搭建建筑物、构筑物或者其他设施。因建设等特殊需要，在街道两侧和公共场地临时堆放物料，搭建非永久性建筑物、构筑物或者其他设施的，必须征得城市人民政府市容环境卫生行政主管部门同意后，按照有关规定办理审批手续。

第十五条 在市区运行的交通运输工具，应当保持外型完好、整洁，货运车辆运输的液体、散装货物，应当密封、包扎、覆盖，避免泄漏、遗撒。

第十六条 城市的工程施工现场的材料、机具应当堆放整齐，渣土应当及时清运；临街工地应当设置护栏或者围布遮挡；停工场地应当及时整理并作必要的覆盖；竣工后，应当及时清理和平整场地。

第十七条 一切单位和个人，都不得在城市建筑物、设施以及树木上涂写、刻画。

单位和个人在城市建筑物、设施上张挂、张贴宣传品等，须经城市人民政府市容环境卫生行政主管部门或者其他有关部门批准。

第三章 城市环境卫生管理

第十八条 城市中的环境卫生设施，应当符合国家规定的城市环境卫生标准。

第十九条 城市人民政府在进行城市新区开发或者旧区改造时，应当依照国家有关规定，建设生活废弃物的清扫、收集、运输和处理等环境卫生设施，所需经费应当纳入建设工程概算。

第二十条 城市人民政府市容环境卫生行政主管部门，应当根据城市居住人口密度和流动人口数量以及公共场所等特定地区的需要，制定公共厕所建设规划，并按照规定的标准，建设、改造或者支持有关单位建设、改造公共厕所。

城市人民政府市容环境卫生行政主管部门，应当配备专业人员或者委托有关单位和个人负责公共厕所的保洁和管理；有关单位和个人也可以承包公共厕所的保洁和管理。公共厕所的管理者可以适当收费，具体办法由省、自治区、直辖市人民政府制定。

对不符合规定标准的公共厕所，城市人民政府应当责令有关单位限期改造。

公共厕所的粪便应当排入贮（化）粪池或者城市污水系统。

第二十一条 多层和高层建筑应当设置封闭式垃圾通道或者垃圾贮存设施，并修建清运车辆通道。

城市街道两侧、居住区或者人流密集地区，应当设置封闭式垃圾容器、果皮箱等设施。

第二十二条 一切单位和个人都不得擅自拆除环境卫生设施；因建设需要必须拆除的，建设单位必须事先提出拆迁方案，报城市人民政府市容环境卫生行政主管部门批准。

第二十三条 按国家行政建制设立的市的主要街道、广场和公共水域的环境卫生，由环境卫生专业单位负责。

居住区、街巷等地方，由街道办事处负责组织专人清扫保洁。

第二十四条 飞机场、火车站、公共汽车始末站、港口、影剧院、博物馆、展览馆、纪念馆、体育馆（场）和公园等公共场所，由本单位负责清扫保洁。

第二十五条 机关、团体、部队、企事业单位，应当按照城市人民政府市容环境卫生行政主管部门划分的卫生责任区负责清扫保洁。

第二十六条 城市集贸市场，由主管部门负责组织专人清扫保洁。

各种摊点，由从业者负责清扫保洁。

第二十七条 城市港口客货码头作业范围内的水面，由港口客货码头经营单位责成作业者清理保洁。

在市区水域行驶或者停泊的各类船舶上的垃圾、粪便，由船上负责人依照规定处理。

第二十八条 城市人民政府市容环境卫生行政主管部门对城市生活废弃物的收集、运输和处理实施监督管理。

一切单位和个人，都应当依照城市人民政府市容环境卫生行政主管部门规定的时间、地点、方式，倾倒垃圾、粪便。

对垃圾、粪便应当及时清运，并逐步做到垃圾、粪便的无害化处理和综合利用。

对城市生活废弃物应当逐步做到分类收集、运输和处理。

第二十九条 环境卫生管理应当逐步实行社会化服务。有条件的城市，可以成立环境卫生服务公司。

凡委托环境卫生专业单位清扫、收集、运输和处理废弃物的，应当交纳服务费。具体办法由省、自治区、直辖市人民政府制定。

第三十条 城市人民政府应当有计划地发展城市煤气、天然气、液化气，改变燃料结构；鼓励和支持有关部门组织净菜进城和回收利用废旧物资，减少城市垃圾。

第三十一条 医院、疗养院、屠宰场、生物制品厂产生的废弃物，必须依照有关规定处理。

第三十二条 公民应当爱护公共卫生环境，不随地吐痰、便溺，不乱扔果皮、纸屑和烟头等废弃物。

第三十三条 按国家行政建制设立的市的市区内，

禁止饲养鸡、鸭、鹅、兔、羊、猪等家畜家禽；因教学、科研以及其他特殊需要饲养的，须经其所在地城市人民政府市容环境卫生行政主管部门批准。

第四章 罚 则

第三十四条 有下列行为之一者，城市人民政府市容环境卫生行政主管部门或者其委托的单位除责令其纠正违法行为、采取补救措施外，可以并处警告、罚款：

(一)随地吐痰、便溺，乱扔果皮、纸屑和烟头等废弃物的；

(二)在城市建筑物、设施以及树木上涂写、刻画或者未经批准张挂、张贴宣传品等的；

(三)在城市人民政府规定的街道的临街建筑物的阳台和窗外，堆放、吊挂有碍市容的物品的；

(四)不按规定的时间、地点、方式，倾倒垃圾、粪便的；

(五)不履行卫生责任区清扫保洁义务或者不按规定清运、处理垃圾和粪便的；

(六)运输液体、散装货物不作密封、包扎、覆盖，造成泄漏、遗撒的；

(七)临街工地不设置护栏或者不作遮挡、停工场地不及时整理并作必要覆盖或者竣工后不及时清理和平整场地，影响市容和环境卫生的。

第三十五条 未经批准擅自饲养家畜家禽影响市容和环境卫生的，由城市人民政府市容环境卫生行政主管部门或者其委托的单位，责令其限期处理或者予以没收，并可处以罚款。

第三十六条 有下列行为之一者，由城市人民政府市容环境卫生行政主管部门或者其委托的单位责令其停止违法行为，限期清理、拆除或者采取其他补救措施，并可处以罚款：

(一)未经城市人民政府市容环境卫生行政主管部门同意，擅自设置大型户外广告，影响市容的；

(二)未经城市人民政府市容环境卫生行政主管部门批准，擅自在街道两侧和公共场地堆放物料，搭建建筑物、构筑物或者其他设施，影响市容的；

(三)未经批准擅自拆除环境卫生设施或者未按批准的拆迁方案进行拆迁的。

第三十七条 凡不符合城市容貌标准、环境卫生标准的建筑物或者设施，由城市人民政府市容环境卫生行政主管部门会同城市规划行政主管部门，责令有关单位和个人限期改造或者拆除；逾期未改造或者未拆除的，经县级以上人民政府批准，由城市人民政府市容环境卫生行政主管部门或者城市规划行政主管部门组织强制拆除，并可处以罚款。

第三十八条 损坏各类环境卫生设施及其附属设施的，城市人民政府市容环境卫生行政主管部门或者其委托的单位除责令其恢复原状外，可以并处罚款；盗窃、损坏各类环境卫生设施及其附属设施，应当给予治安管理处罚的，依照《中华人民共和国治安管理处罚条例》的规定处罚；构成犯罪的，依法追究刑事责任。

第三十九条 侮辱、殴打市容和环境卫生工作人员或者阻挠其执行公务的，依照《中华人民共和国治安管理处罚条例》的规定处罚；构成犯罪的，依法追究刑事责任。

第四十条 当事人对行政处罚决定不服的，可以自接到处罚通知之日起十五日内，向作出处罚决定机关的上一级机关申请复议；对复议决定不服的，可以自接到复议决定书之日起十五日内向人民法院起诉。当事人也可以自接到处罚通知之日起十五日内直接向人民法院起诉。期满不申请复议、也不向人民法院起诉、又不履行处罚决定的，由作出处罚决定的机关申请人民法院强制执行。

对治安管理处罚不服的，依照《中华人民共和国治安管理处罚条例》的规定办理。

第四十一条 城市人民政府市容环境卫生行政主管部门工作人员玩忽职守、滥用职权、徇私舞弊的，由其所在单位或者上级主管机关给予行政处分；构成犯罪的，依法追究刑事责任。

第五章 附 则

第四十二条 未设镇建制的城市型居民区可以参照本条例执行。

第四十三条 省、自治区、直辖市人民政府可以根据本条例制定实施办法。

第四十四条 本条例由国务院城市建设行政主管部门负责解释。

第四十五条 本条例自一九九二年八月一日起施行。

中国原子能科学事业的创始人杰出的科学家钱三强逝世

深受人民尊敬和爱戴的杰出科学家、我国原子能科学事业的创始人、中国科学院学部委员、中国科学院特邀顾问、中国科学技术协会名誉主席、七届全国政协常委、中国共产党优秀党员钱三强，因病在北京逝世，终年 79 岁。

钱三强 1913 年 10 月 16 日出生于浙江绍兴，原籍湖州。1936 年毕业于清华大学物理系，1937 年赴法国留学，在约里奥一居里夫妇指导下从事原子核科学研究，获得重要研究成果，特别是发现铀核三分裂现象，深化了人类对核裂变的认识。1940 年获法国国家博士学位，1946 年获得法国科学院德巴微物理学奖金，先后任法国国家科学研究中心研究员、研究导师。

1948 年夏,钱三强和夫人何泽慧同志放弃优裕的生活和工作条件,以赤诚报国之心,毅然回国,为祖国的强盛而奋斗。钱三强曾任清华大学物理系教授,北平研究院原子学研究所所长。中华人民共和国成立后,积极参加中国科学院和中国科学院学部及我国原子能科学研究基地的组建,历任中国科学院近代物理研究所(后改名为原子能研究所)所长,中国科学院计划局副局长、局长,中国科学院学术秘书处秘书长,中国科学院副秘书长,第二机械工业部副部长,中国科学院副院长,浙江大学校长,国务院学位委员会副主任,全国自然科学奖励委员会副主任,全国自然科学名词审定委员会主任等。

钱三强 1954 年加入中国共产党,曾先后任第二机械工业部党委委员、中国科学院党组成员。他曾当选为全国民主青年联合会副主席,全国人大代表,全国政协委员,中国科协副主席,中国物理学会副理事长、理事长,中国核学会名誉理事长等。钱三强同志热爱祖国,艰辛开拓,毕生致力于祖国的科学技术事业,特别是为我国原子能科学事业的创立和"两弹"研制,为中国科学院及中国科学院学部的建立与发展,为培养和吸引人才,为国际学术交流,作出了卓越贡献。

6 月 29 日

多种少数民族文字版《毛泽东选集》出版发行

在中国共产党成立 71 周年前夕,民族出版社隆重推出蒙古文和朝鲜文版的《毛泽东选集》(一至四卷)精、平装两种版本。藏文、维吾尔文、哈萨克文版的《毛泽东选集》(一至四卷)将于 10 月 1 日开始向全国发行。这 5 种民族文版《毛泽东选集》的出版发行是我国民族出版史上的一件大事。

此次出版发行的民族文版《毛泽东选集》是由中国民族语文翻译中心根据人民出版社 1991 年第二版《毛泽东选集》中新增加的改写、题解和注释进行了新的翻译;又根据民族出版社 1965 年的民族文版进行了新的校订,从而使新的《毛泽东选集》从内容、形式、体例上都与汉文版的《毛泽东选集》保持了完整的一致性。

民族文版《毛泽东选集》主要面向国内民族地区、民族读者及民族语文工作者,某些文种还面向国外使用同一语言和文种的国家。民族出版社为了使民族文版《毛泽东选集》能够在 7 月 1 日正式向全国发行,与中国民族语文翻译中心、民族印刷厂通力合作,在资金不足,时间紧迫等困难条件下,夜以继日,争分夺秒,自 1991 年 6 月发排,历时一年,终于如期出版。

民族出版社是用 5 种民族文字出版《毛泽东选集》的全国唯一的一家出版社。建社近 40 年来,民族出版社已大批量地出版了马克思、恩格斯、列宁、斯大林,毛泽东及我国老一辈无产阶级革命家的著作。

中央社会治安综合治理委员会在人民大会堂举行第六次全体会议

中共中央政治局常委、中央社会治安综合治理委员会主任乔石主持会议并讲话。

中央社会治安综合治理委员会副主任任建新和委员会各成员单位的委员、代表出席会议。

中共中央政治局常委乔石在中央社会治安综合治理委员会会议上发表讲话

乔石说,小平同志南方重要谈话传达后,全国各地认真学习贯彻,抓紧有利时机,加快改革开放和经济建设的步伐,出现了难得的大好形势,持续下去,建设有中国特色的社会主义事业一定可以搞得更快一些,更好一些。

乔石强调说,小平同志在谈话中对坚持人民民主专政,打击各种犯罪活动,扫除各种丑恶现象,加强精神文明建设也作了重要指示,明确提出两个文明建设都要搞上去。我们要全面、深刻地领会小平同志的谈话精神,坚持"两手抓、两手硬"。现在是加强社会治安综合治理的很好的时机。在深化改革、扩大开放、加快经济发展的同时,社会治安综合治理工作不仅丝毫不能放松,还要进一步加强。发展经济和加强社会治安综合治理两者不但不矛盾,而且是完全统一的。后者是前者必须的保障条件,要两手抓,同时抓,党政主要领导同志亲自抓,在某些地方,社会治安综合治理工作还要先行一步,为经济建设扫除障碍,提供保障。坚持了"两手抓、两手硬",才能避免和减少发展经济过程中其他方面出现的消极因素,才能充分地显示出社会主义制度的优越性。对于这一点,各地区、各部门都要十分明确,并认真贯彻到工作中去。

乔石指出,为了把反盗窃斗争向前推进一步,进而推动社会治安综合治理各项措施的逐步落实,各地区、各部门的党政主要负责同志要加强对斗争的领导,进一步加强基层工作,正确处理打与防的关系,组织好群防群治,建立健全各种管理制度,从各方面堵塞漏洞。他希望各地区、各部门、各单位都能认真贯彻小平同志坚持"两手抓"的指示,在积极投身于加快改革开放和经济建设的同时,也能充分发挥各自的职能作用,积极投入到反盗窃斗争和社会治安综合治理工作中来,为创造良好的社会秩序和社会风气作出贡献。

中共中央国家机关工委召开纪念中国共产党成立71周年座谈会

海峡两岸关系新趋势学术讨论会在北京召开

两岸近百名专家学者出席会议。

中国社科院副院长汝信、台湾“两岸关系研究访问团”团长欧阳勋先后在会上致词。汝信说,这次学术讨论会的举行具有十分重要的意义。近两年来,两岸关系发生了很大的变化。在海峡两岸同胞的共同努力下,双方的关系正在逐渐得到改善,经贸关系日益发展,人员往来不断增多,文化教育、科技学术等领域的交流也在不断扩大,双方正在就一些技术性问题进行接触和谈判。

汝信指出,海峡两岸在一些带根本性的问题上还存在着重大的分歧,要真正结束两岸的对峙状态,实现祖国的和平统一还有许多障碍。这些障碍的形成,一方面是由于过去双方长期隔阂而造成的,另一方面是由于意识形态、政治理念和现实利益考虑的不同。他说,要排除这些障碍,不仅需要两岸政治家本着对民族前途负责任的精神,运用政治智慧去解决分歧,还需要社会各界,特别是两岸的知识界共同努力,推动两岸关系的健康发展。

大陆学者周叔莲、王振中、郭相枝分别以“中国大陆经济改革的现状和前景”、“中国大陆经济特区的建立、发展和效应”、“对进一步发展两岸关系的若干思考”为题作了发言。

两岸学者在会上就专题发言作了评论。

《人民日报》发表《人民论坛》发刊词《为建设有中国特色的社会主义服务》

国务院副总理田纪云在全国发展高产优质高效农业经验交流会上发表题为《加快改革开放步伐 实现农业向高产优质高效的转变》的讲话

这次会议是在我国农业发展的一个重要历史转折关头召开的,标志着我国农业正在从过去以追求产品数量增长、满足人民温饱需要为主,开始转向高产优质并重、提高效益的新阶段。

现在提出发展高产优质高效农业,会不会导致数量一下子滑下来,再造成一个曲折呢?我认为,只要认真扎实地做好各方面工作,是不会出现这种情况的。第一,农业在国民经济中的地位,在党的十三届八中全会上已经进一步确立。以农业为基础的指导方针,现在不会变,将来也不会变。第二,农业由追求产量为主转向产量、质量并重,提高效益的轨道上来,并不是忽视农业,而是更加重视农业,更好地发展农业。第三,为了保持农业的稳步发展,国家将采取一系列保证措施。我们必须看到,现在还不提出发展高产优质高效农业问题,仅仅从数量上做文章,农村经济是难攀登新水平的。

一、当前农村经济形势与面临的任务

党的十一届三中全会以来,我国农业和农村经济的变化最大、最深刻、最显著,而且至今活力不衰。农林牧副渔业得到全面发展。关系国计民生的粮食生产,由80年代初期3000亿公斤稳定地登上了4250亿公斤的台阶。棉、油、糖和肉、蛋、奶、水产品产量实现了成倍的增长。水利建设、植树造林、农业机械化建设、农业综合开发、扶贫开发等都取得了很大成绩,使我国农业综合生产能力有了明显提高。在农村改革中异军突起的乡镇企业,继续以较快速度增长,总体素质有了显著提高。农村经济的长足发展,使建国40余年乃至中华民族几千年来为之努力奋斗的温饱问题,基本上得到了解决。这是一个前无古人的伟大成就。这也是我们对人类的一大贡献。当然,我们不能忘掉贫困地区还有几千万人温饱问题没有完全解决,要在“八五”期间用攻坚战的办法解决好。

我国农业和农村经济在十余年时间内能取得这样显著的变化,最根本的原因是我们党和政府在农村普遍实行了以家庭承包为主的多种形式责任制等一系列重大改革和与之相配套的经济政策,充分调动了广大农民的生产积极性,解放了农业生产力,由此带来了农村商品经济的大发展,带动了城市改革和整个国民经济的发展,为人民提供了充足的衣食供应,保证了政治、社会的稳定和国家的自立。

当前,全国上下都在深刻领会、认真贯彻落实邓小平同志南巡重要谈话。中央政治局提出:抓住当前有利时机,加快改革开放的步伐,集中精力把经济建设搞上去。这是新的历史时期赋予全国各民族人民新的战略任务。要集中精力把国民经济搞上去,首先必须把农业和农村经济搞上去。为此,当前以至整个90年代,农业和农村经济工作总的要求是,加快改革和发展的步伐,实现由温饱到小康的跨越。

到本世纪末实现小康目标,是相当艰巨的。小康的内涵是多方面的,它既包括物质生活改善,也包括精神文化生活的充实和提高,但最基础的东西还是经济发展指标,特别是农民人均纯收入这个指标。近几年,农业生产形势很好,基本上是连年丰收。今年夏粮虽然面积减少,灾害又多,总产量仍然超过历史最高水平。但问题是农民增产不增收,或增产多增收少,原来已经缩小的城乡居民收入差距,又重新拉大了。如不尽快改变农民收入增长缓慢的状况,到本世纪末实现农村小康的目标就会落空。而占总人口80%以上的农村人口不能实现小康，也就不可能有全国人民的小康。

正是在这样一种形势下，为了加快改革开放步伐，实现由温饱向小康跨越这个总目标，当前我国农业和农村经济要重点抓好三项工作：第一，农林牧副渔全面发展，走高产优质高效的路子；第二，加快发展乡镇企业，重点向中西部地区进军；第三，重视发展第三产业，加强以流通为重点的服务体系建设。要使三者有机结合，相互促进，共同发展。这样，90 年代我国广大农民生活水平不断提高，小康目标就有可能如期实现。

二、发展高产优质高效农业是我国农业发展史上的一个重大转折

建国以来，为了解决人民的温饱问题，为了提供启动和发展工业化所需的资金，满足国民经济发展对农产品的需求，我们一直把发展农业的重点放在增加农产品的数量方面，这无疑是十分必要和正确的，也取得了很大成绩，成功地解决了全国人民的吃饭穿衣问题。90 年代我们把发展农业的着眼点，从以追求产品数量增长为主转向高产优质并重、提高效益上来，并不是对过去的否定，而是历史的前进和发展。在我国农业发展的历史上，这是一个前所未有的重大转折，是进入农村商品经济大发展时期后农业自身的一次革命，是改造传统农业、实现农业现代化的必由之路。无论对于农业和农村经济本身，还是对于整个国民经济的发展，都具有重要的意义。

第一，发展高产优质高效农业是满足人民生活水平提高、奔小康的需要。随着经济的发展和人民生活水平的提高，城乡人民食物结构发生了变化，粮食直接消费量减少了，粮食转化物消费大大增加，要求农产品优质化、食品多样化。农业必须面向市场，增加优质产品的生产，增加肉、禽、蛋、奶、鱼的生产，增加新鲜蔬菜、瓜果的生产，以适应人民消费结构改善的要求，提高人民群众的健康水平。然而我国农业生产的现状还远不能适应这一变化。近几年连续发生的农产品“卖难”现象，不仅仅反映了流通当中的问题，消费水平问题，也反映了生产与需求不相适应的矛盾。

第二，发展高产优质高效农业是提高农民收入，促进国民经济协调发展的需要。我国近年来农民收入增长缓慢，购买力下降，导致农村工业品市场销售疲软，进而影响了国民经济的发展。而增加农民收入，仅靠粮食提价是有限的。我们要加快发展乡镇企业和第三产业，但是决不能忽视农业在农民收入来源中的重要地位。基于我国农村劳动力就业构成和农民收入构成的现实情况，充分利用丰富的劳动力资源和各种农业资源向生产的深度广度进军，大力调整农业生产结构，发展高产优质高效农业，提高农业经济效益，这对于多数地区和多数农民增加收入，还是一条最现实、最直接、最普遍的路子。

第三，发展高产优质高效农业，是发展农村商品经济、实现农业现代化的必由之路。高产优质高效农业是以国内外市场为导向，以科技进步为支柱，以提高效益为中心的商品性农业。如果还是像以前那样光求数量，不讲效益，就行不通了。首先，农民不会增加投入，扩大生产。其次，农业的效益不提高，农业投资的收益很低，得不到平均利润，社会资金就不会流向农业，甚至会出现倒流。长此以往，农业生产就很难发展，还会出现萎缩，传统农业的改造就更难进行。只有顺应商品经济发展的规律，发展高产优质高效农业，才能调动农民和整个社会发展农业的积极性，使更多的资金流入农业，增加对农业的投入，增强农业自身的经济实力，吸纳和运用先进的技术设备，加速农业现代化的进程。

因此，我们必须把发展高产优质高效农业，提到 90 年代转变农业指导思想，树立商品经济新观念，实现农村发展总目标的高度来认识，并认真组织实施。从各方面的情况看，现在提出和实施发展高产优质高效农业这一新的战略决策，条件已经具备，时机已经成熟。

三、总结经验，寻求发展高产优质高效农业的基本途径

由于各地情况不同，发展高产优质高效农业要从当地实际出发，走出有自己特色的路子来。根据广东和其他省市的经验，发展高产优质高效农业的基本途径，大体上要做到“四个结合”，抓好两项工作。先讲一下“四个结合”：

第一是种养加相结合。就是要调整和优化结构，在继续发展种植业、不断提高种植业本身价值的基础上，大力发展养殖业和农产品加工业。种植业、养殖业、加工业三者相结合，使农产品多层次、大幅度地升值，这样才能适应国内、国际两个市场的需要，提高农业的经济效益，增加农民收入。为了促进养殖业的发展，要在确保粮食稳定增长，积极发展多种经营的前提下，将种植业由“粮食——经济作物”二元结构，逐步转向“粮食——经济作物——饲料作物”三元结构，实行人畜分粮，改变饲料长期依附于粮食的状况，使饲料成为一个独立的产业。今后要加快调整工业布局，在农村形成种养加相结合的产业格局。尤其是要重点扶持农产品主产区和各类农业商品生产基地，把发展农产品加工业作为当地发展乡镇工业的主攻方向，向社会提供数量更多的食品等加工制成品，改变过去单纯提供初级农产品的状况。

第二是农工商相结合。仅仅靠农业，没有工业、商业，实现农村小康，实现农业现代化是不可能的。不把相当一部分农民转移到二、三产业，农业就难以形成规

模效益。同时,没有农村工业、商业的发展,没有交通运输等流通服务设施的建设,农产品的加工、运销就无法解决,农业的高产优质高效就谈不上。因此,要实行农工商相结合,使大批农民逐步转入加工、流通领域,多途径增加农民收入,为农业自我发展积累资金,促进农村小城镇的崛起,逐步实现农村工业化、现代化。

第三是内外贸相结合。就是要开拓国内、国际两个市场。11亿多人口,要吃要穿,市场潜力很大。关键在于开拓市场。同时,充分运用国际国内两个市场,通过对外贸易进行资源转换,发挥我们国家劳动力多、价格便宜、生产成本低的优势,完全有可能开创我国农产品及其加工品出口创汇的新局面。要鼓励我国的名特稀优农产品走向国际市场,提高市场的占有率,逐步扩大在世界农产品出口贸易总额中的比重。

第四是农科教相结合。发展高产优质高效农业,科技进步是关键。提高产量要靠科技进步,提高质量要靠科技进步,降低消耗、提高效益也要靠科技进步,尤其是要重视农业高新技术的开发应用。推动科技进步,必须发挥人才的作用,人才培养要靠教育,特别是要提高全体农民的文化素质和科技素质,这是现代农业发展的规律。所以只有把农业、科技、教育三者结合起来,才能推动农业的现代化。

良种对增加农产品产量,提高品质,起着关键的作用。实行培育和引进并重的方针,当前应以引进为重点。育种要转变观念,不仅要追求高产,更要追求优质,实行高产与优质并重。引进良种具有投资少、见效快的特点,要给以重视和支持。海关和检疫部门要紧密配合,积极主动地做好引进良种的服务工作,尽可能简化手续,力争做到及时、方便。同时,还有必要建立一套激励机制,使开发利用农业科技成果的经济效益与科研、教育、推广部门和科技人员的经济利益直接挂钩,通过科技市场有偿转让科研成果,对有突出贡献的科技人员实行重奖。在帮助农民富起来的同时,使科技人员也一起富起来。

在实现"四个结合"的同时,还要抓好两项工作。

第一,农林牧副渔各业都要实行深度开发与广度开发。要树立大农业的观点,坚持农林牧副渔全面发展,着眼于整个国土资源全面开发和利用,不断向生产的深度和广度进军。要在传统的精耕细作基础上,通过现代化的物质技术投入,实行集约经营,增加产出,增加效益,如各地创造的立体种植,保护栽培,间作套种,节水农业,庭院经济,网箱养鱼,工厂化养猪、养鸡等,都是实现高产优质高效的好经验,要因地制宜地推广。

要进一步拓宽农业生产领域,开发新的资源,向生产的广度进军。有计划地进行综合开发,建设一批高标准的高产优质高效农业商品基地。农业综合开发要带头实现优质高产高效,提高综合开发的整体水平。

第二,改善生产条件,提高综合生产能力,增强农业发展后劲。加快农业向高产优质高效的转变,离不开水利、交通、通讯、气象等生产条件和基础设施的改善,也离不开林业所构成的绿色屏障的保护。在发展高产优质高效农业过程中,必须重视和抓好水利、林业、交通、通讯、气象等项建设,努力改善生产条件,在提高农业综合生产能力上下功夫,奠定高产优质高效农业发展的可靠基础。为此,国家基本建设投资和农业事业费,用于农业、水利、林业、气象等方面的资金不但不能减少,而且要随着资金总额的增长而有所增加。鉴于中西部地区生产条件较差,在发展高产优质高效农业过程中困难更多,要继续通过以工代赈的方式给予扶持。

四、加快改革开放,推动高产优质高效农业更好发展

发展高产优质高效农业,涉及到方方面面,不仅是一个资源配置问题,更主要的是建立健全适合高产优质高效农业和农村商品经济发展的经济运行机制和管理体制。

(一)改革农产品购销体制,进一步放开农产品市场。

目前我国正在从简单的商品生产向发达的商品经济过渡,要充分重视和利用市场机制的作用,让市场去调节农产品的生产、交换、分配和消费。长期以来,我国采取对主要农产品的流通和消费实行补贴的办法,它对平衡农产品的供求,解决人民的温饱起到了一定的积极作用,但其抑制生产、助长消费、加重财政负担的弊端也日渐暴露出来。因此,在居民消费水平超出温饱阶段之后,一定要尽可能利用市场机制调节农产品的供求关系。我国改革开放以来的经验证明,凡是真正放开经营的农产品,最终都是产量大幅度增加,优质比重不断扩大,市场供应充裕,价格相对稳定,财政负担减轻。实践教育人,要通过实践统一认识。改革农产品购销体制,有计划有步骤地把农产品价格放开,推向市场,使生产与需求直接联系起来,不仅对国家、生产者、消费者和经营者是有利的,而且是加快我国高产优质高效农业发展的基本动力。

目前,我国已经具备逐步全面放开农产品经营的基本条件。我们要抓住当前难得的有利时机,加快农产品购销体制改革。对适宜放开而尚未或者没有完全放开的农产品,要积极创造条件,逐步向生产商品化、经营市场化的方向推进。至于各种产品,允许有先有后,但是改革方向必须明确。其中,大家最关心的是粮食购销体制改革问题,关系到农产品购销体制改革的

全局。在这个问题上一定要审时度势，牢牢把握改革的主动权，既不能仓促上阵，也不能坐失良机。

为了平抑市场粮价，保持国内粮食生产与供给的稳定增长，应当采取以下措施：第一，抓紧以批发市场为主的市场体系建设。第二，建立强有力的宏观调控机制。第三，进一步加强对粮食主产区的扶持，为国家培育充足的粮源。过去，粮食主产区为国家提供了大量的商品粮，做出了很大贡献。由于价格体系不合理、工农产品剪刀差扩大等原因，粮食主产区经济发展比较缓慢，农民收入比较低，出现了不少高产穷县、高产穷村。特别是近几年出现的卖粮难，收购难、储存难、调销难，对主产区地方财政增加很大困难，影响了经济的全面发展。这种状况必须改变，不能老让粮食主产区背着粮食包袱种粮食。从长远看，放开价格对粮食主产区是有利的，是促进生产发展的根本性措施。当前扶持粮食主产区，不仅是出于保证粮源的考虑，也是出于增加粮食生产区农民收入、减轻种粮地区财政负担和全面发展经济的考虑。希望粮食主产区的广大农民和各级政府充分理解这个问题，在继续发展粮食生产和农村商品经济中作出更大的努力。

（二）发展贸工农一体化经营组织，加强社会化服务体系建设。

随着农村商品经济的大发展，如何在农产品分散供给与市场集中需求之间建立有效的中介组织，为农户走向市场提供一个载体，架起一座桥梁，已迫切地摆在我们的面前。根据国内外的经验，要解决这个问题，除了必须采取多种形式搞活农产品流通，鼓励农民个人进入二三产业以外，特别是要大力扶持把贸工农、产供销、种养加结合在一起的现代企业组织的发展。这些组织形式，不仅能够把生产、加工、流通等环节有效地组织起来，合理调节各个环节的利益关系，形成农业及其延伸产业发展的合力，促进农业向高产优质高效发展，而且可以下连千家万户，上连全国市场，解决产销脱节问题，增强农业自身发展活力。

今后，农业投资要把贸工农一体化经营组织作为扶持重点，并在税收、信贷等方面给予适当优惠。农业社会化服务体系建设要紧紧围绕发展高产优质高效农业，以提供产前、产中、产后全程系列化服务为目标，推进技物结合，办好服务实体，增强服务体系自身的动力与活力。县乡政府机构要根据转变职能、加强服务的要求，加快改革进程，更好地为发展农村商品经济服务。

（三）加快农业对外开放，积极参与国际竞争。

相互开放竞争与互相依赖制约，是当今世界经济发展的总趋势。在这个大背景下，农业也必须进一步扩大对外开放，积极参与国际竞争，推进高产优质高效农业的发展。

我国人多耕地少，人均资源相对不足，但劳动力资源充裕。根据国际市场需求，充分发挥我们的优势，实行国内外资源的转换，可以提高农业的整体效益。今后，要按照全方位开放的指导思想，加快农业对外开放步伐，大力发展边境贸易，积极发展“三资”农业企业和农产品加工企业，逐步发展境外农业企业和农产品加工企业，扩大农业利用外资的额度，大力引进优良品种、先进技术、发展资金和科学管理方式，积极开展国际交流与合作，推动高产优质高效农业的发展，加快农业现代化的进程。

（四）搞活农村金融，调整投资结构。

根据我国农业的发展目标和任务，农业投入要力求逐年有明显增长。在国家不断增加农业投入的同时，要搞活农村金融，增加资金来源，调整资金投放结构，提高使用效益。

发展乡镇企业是增加农业投资的重要途径。对乡镇企业补农、建农资金以及税前列支的其他支农资金，在提取、管理和使用等方面加以规范，形成制度，严格执行。同时，要积极发展农村合作基金会，扩大资金融通，鼓励兴办股份制企业，允许有条件的农业企业利用债券、股票等形式，面向社会筹集农业发展资金。

要调整农业资金的投放结构。鉴于当前流通滞后的状况，要增加用于改善农产品流通的基础设施以及农产品加工、保鲜、贮运等方面的投资。

（五）建立健全农业标准体系和监测体系。

根据国内外的经验，建立健全农业标准体系和监测体系，对于发展高产优质高效农业，不仅是一项不可缺少的基础工作，而且也是为适应农产品放开而在宏观管理方面进行的一项必要改革。过去我国是以增加产品数量为主、解决温饱问题，质量管理不显得那样迫切。现在农业已经逐步进入商品经济阶段，还要发展国际贸易，质量标准问题就突出起来了，农业标准体系和监测体系建设要跟上，并切实抓紧抓好。作为起步阶段，我国农业标准体系建设要以农产品等级制度为重点，逐步实现产前、产中和产后的全面标准化。

五、加强领导，通力协作，为实现我国农业的历史性转折而努力

发展高产优质高效农业不是解决目前农产品卖难的一种权宜之计，而是一个带有根本性、战略性的问题。各级党委和政府要把发展高产优质高效农业作为发展农村商品经济、实现小康的一项重要指导方针，长期坚定不移地贯穿到农业和农村经济工作中去。在考核农业发展情况及考察政府和干部的政绩时，不仅要看产值和产量指标，更应重视农业效益指标，把农业净收入、农民人均纯收入等列为重要考核内容。

在指导高产优质高效农业发展过程中，一定要因地制宜，从实际出发。“高产优质高效”的提法，是就全国农业发展总体要求而言的，因为我们国家人口多，对农产品需求量大，而且在高产的基础上向优质高效转变又是逐步的、渐进的过程，所以从全国考虑，把高产放在前边是适宜的。但允许不同地区有不同的提法，有些商品率较高、农产品积压严重的地区把优质放在前面，也是适当的。至于那些温饱问题尚未解决、交通运输又不便的地区，目前还要把粮食生产的重点放在提高产量、解决温饱问题上，但必须坚持一条，凡是为出售而生产的商品，都要把优质放在第一位。

发展高产优质高效农业是一个系统工程，绝不是一二个部门的事。各个有关部门都要从加快改革开放，加快农村商品经济的大局出发，通力协作，共同努力，动员各方面力量，推动我国高产优质高效农业和整个农村商品经济的更快发展，为实现农村小康目标而努力奋斗。

海峡两岸关系协会名誉会长荣毅仁在北京会见以朱新民为团长的台湾访问团

这是海协会成立以来正式邀请接待的第一批台湾客人。

荣毅仁对朱新民一行的来访表示欢迎。荣毅仁说，台湾工商界来大陆投资，如果在业务上需要帮助，可与海协会、全国工商联联系，有什么想法和意见也可通过他们向有关部门反映。荣毅仁说，在“一个中国”的原则下，一些问题是可以妥善处理的，双方的交流、沟通有利于统一大业。访问团一行 20 人是应海协会的邀请于 27 日下午抵京的。海协会副会长经叔平、海协会常务副会长唐树备会见时在座。

审计署国家体改委发布《股份制试点企业审计暂行规定》

国务院总理李鹏致电非洲统一组织第 28 届国家元首和政府首脑会议祝贺会议在塞内加尔首都达喀尔开幕

中国俄罗斯联合勘界委员会在莫斯科举行首次会议

双方签署《中俄联合勘界委员会条例》及与中俄国界东段勘界有关的一些文件和细则。双方认为，中俄国界东段勘界工作的顺利进行对今后勘界工作具有重要意义，将进一步促进两国边境地区的安宁与稳定及经济发展，有利于进一步加强两国和两国人民之间的睦邻友好。

中俄勘界委员会中方首席代表是中国外交部条约法律司司长孙林；俄方首席代表为俄罗斯外交部大使吉列耶夫。

会议于 7 月 9 日结束。

中华人民共和国政府和佛得角共和国政府在普拉亚签订关于中国派遣医疗队赴佛得角工作的议定书

中国极地研究所所长董兆乾当选为国际南极科学研究委员会副主席兼执委会委员

6月30日

第七届全国人大常委会第二十六次会议举行大会

万里委员长出席会议，廖汉生副委员长主持会议。

法律委员会副主任委员项淳一作关于人民警察警衔条例草案修改稿修改意见的汇报。

财经委员会副主任委员李朋作关于 1991 年国家决算的报告。李朋说，财经委员会同意国务委员兼财政部长王丙乾在报告中对 1991 年国家决算所作的分析，建议本次会议批准 1991 年国家决算和王丙乾的报告。李朋说，财经委员会认为，1991 年的国家预算，是在财政收支相当紧张、困难很大的情况下执行的。由于我国局部地区发生严重自然灾害，带来了一些减收增支的因素。同时，为了搞好国营大中型企业，国家采取一些必要的政策措施，也暂时减少了一部分财政收入。但是，由于国家整体经济实力增强，国民经济持续发展，在各级政府、财税干部和全国人民的共同努力下，还是超额完成了预算收入。在支出方面，支持了抗灾救灾，支持了各项经济改革，支持了搞好国营大中型企业，努力增加了农业、教育、科技、国防、重点建设和企业技术改造等项目的支出。

李朋说，尽管去年的财政收入超额完成了预算，但收入流失现象仍很严重。同时，财政管理不力，财经纪律松弛，财政支出控制不严，某些支出超过预算过多。这些问题必须引起重视，并采取切实有效的措施，改进今后工作。财经委员会认为，全国各地区、各部门、各单位要进一步贯彻七届全国人大五次会议的精神，坚决执行全国人大批准的国家预算，任何地区、部门都不得擅自另开减收增支的口子。要强化税收征管，防止收入流失。对越权减免税、乱收费、乱摊派等行为，要坚决制止，依法制裁。同时，要推动企业提高经济效益，狠抓扭亏增盈工作。要积极地、有步骤地推进财税体制改革，并积极参与和支持企业转换经营机制及宏观经济调控等各项改革。要继续发扬艰苦奋斗、勤俭节约的优良传统，坚决反对铺张浪费和腐败现象。

在下午的会议上，张根生、历有为和杨纪珂委员、倪志福副委员长、杨锃委员、杨烈宇委员、邓家泰委员分别就广东、深圳的发展，环境和发展，深化改革等问题进行大会发言。

副委员长彭冲、阿沛·阿旺晋美、赛福鼎·艾则孜、严济慈、荣毅仁、叶飞、倪志福、陈慕华、孙起孟、雷洁琼、王汉斌出席会议。

国务委员宋健、最高人民法院院长任建新、最高人民检察院检察长刘复之列席会议。

国务院召开第 106 次常务会议

国务院总理李鹏主持召开会议，会议讨论并原则通过《全民所有制工业企业转换经营机制条例》，决定经修改后由国务院发布实施。

国家主席杨尚昆在拉巴特王宫与摩洛哥国王哈桑二世举行会谈

杨尚昆说，近年来，国际形势发生了深刻的变化，力量失衡带来许多不稳定的因素，一些原有的矛盾突出起来，而且出现了一些新的矛盾冲突，影响了世界的和平与稳定。许多发展中国家经济困难，和平与发展依然是当今世界面临的重大问题。杨尚昆说，历史证明，搞霸权主义和强权政治是不得人心的。建立一个国际政治经济新秩序，已成为广大发展中国家普遍关注的问题。

哈桑二世说，近年来国际形势发生巨变以后，非洲国家仍然面临严峻的局势，存在着政治动荡和经济困难等问题。非洲各国应该根据各自国家的具体情况，选择自己的发展道路。

国家主席杨尚昆在拉巴特会见摩洛哥首相伊兹丁·拉腊基

中共中央总书记江泽民国务院总理李鹏中共中央政治局常委宋平中共中央政治局委员李铁映等下午在人民大会堂会见参加全国高等学校党的建设工作会议的代表

国务院致电天津市政府冶金部及参加天津无缝钢管工程建设的全体员工祝贺天津无缝钢管工程炼钢连铸系统热负荷顺利试车

国家决定拨款支持河北山东河南 10 省建设秸秆养牛示范县

中国人民银行经国务院同意批准平安保险公司更名为中国平安保险公司

中国同摩洛哥在拉巴特签署两国经济技术合作协定和一项中国向摩洛哥提供无偿援助的换文

随同杨尚昆主席出访的对外经济贸易部副部长王文东和摩洛哥财政大臣穆罕默德·贝拉达分别代表两国政府在协定上签字。

国务院副总理吴学谦会见前来北京参加海峡两岸关系新趋势学术讨论会的台湾两岸关系研究访问团

国务委员钱其琛在拉巴特同摩洛哥外交与合作国务大臣菲拉利进行会谈

钱其琛说，中国一贯重视同摩洛哥的关系，杨主席访问摩洛哥受到盛大的热情欢迎，是中摩友好关系的生动体现。菲拉利对中摩友好关系持续发展表示高兴。他说，坚持与中国的友好合作是摩洛哥政府的一贯立场。会谈中，双方一致表示将共同努力促进两国友好关系进一步顺利发展，不断扩大两国之间的合作领域，并探讨新的合作形式。

关于对当前国际形势的看法，双方取得了广泛的一致，都认为，在两个超级大国之间的对峙结束之后，世界在向多极化方向发展。在新的形势下，发展中国家应团结合作，用一个声音说话，加强南南合作。国际事务应由国际社会全体成员来平等地进行探讨，共同为建立一个公正合理的国际政治经济新秩序而努力。菲拉利通报了马格里布和中东地区的形势，并对中国成为不结盟观察员表示祝贺。钱外长通报了中国政府对有关问题的原则立场。

中方参加会谈的有外交部长助理李肇星、中国驻摩大使完永祥。摩方参加会谈的有外交国务秘书舍尔卡维等。

中国殉难者慰灵式在日本秋田县大馆市(原花冈町)十濑野公园墓地举行

中日两国人士一起沉痛悼念 47 年前在花冈死难的中国民工，并且表示，决不允许这种历史重演。

大馆市市长小烟元、市议会议长樱庭亥之助、参议院议员田英夫以及当地各界代表 100 多人参加悼念仪式。中国驻日本大使馆政务参赞王太平和来自中国的花冈事件幸存者和受难者家属的代表也应邀参加悼念仪式。

解放军海军战役模拟系统研制成功

人民解放军海军战役模拟训练系统研制成功，并通过专家鉴定。由海军指挥学院承担研制的这一大型多功能战役模拟系统，不仅具有训练课题设定、指挥决策辅助、战场态度显示、情报信息处理、兵力指挥控制、战场效果评估以及作战过程重演等战役全过程模拟功能，而且做到了声、光、电、图像、数字显示完全同步，从而把现代海战的突发性、速决性以及战机稍纵即逝、战况瞬息万变的显著特点逼真地模拟出来，造成了一个酷似实战的指挥环境，对锻炼和提高指挥员的判断决策能力、快速反应能力与指挥谋略水平，都具有十分重要的意义。为研制这一系统，海军指挥学院从 1984 年开始，就组织 100 余名专家教授协力攻关。他们紧密追踪世界先进科学技术，综合运用现代电子计算机、人工智能等高新技术，吸收部队训练新成果，充实和完善研制方案，开辟出一条运用高科技练“将”的高质低耗战役训练新路子。这一大型多功能模拟系统的研制成功，使中国成为世界上拥有这一高科技成果的为数不多的国家之一。

中央国家机关在中南海紫光阁举行向贫困地区捐书仪式

参加第 25 届巴塞罗那奥运会的中国体育代表团在北京举行动员大会

首次全国少数民族计划生育工作会在长春召开

国家计生委副主任杨魁孚在开幕式的讲话中指出，在少数民族中实行计划生育是发展民族经济、改变贫困面貌、提高少数民族人民生活水平的需要；是提高少数民族人口素质，促进民族繁荣的需要。在少数民族人口中实行计划生育是民族工作的一个重要组成部分，是关系到民族地区经济繁荣，社会稳定的大事。

会上，国家计生委、国家民委授予吉林省延边朝鲜族自治州“全国少数民族计划生育模范自治州”称号，并对河北省丰宁满族自治县人民政府等 31 个全国少数民族计划生育先进集体，对姜淑琴等 72 名少数民族计划生育先进工作者予以表彰。

7月1日

第七届全国人大常委会第二十六次会议闭幕

全国人大常委会委员长万里在第七届全国人大常委会第二十六次闭幕会议上发表讲话

我讲两点意见：

一、关于当前的形势及加快经济立法问题。

通过传达学习小平同志南巡讲话后，全党全民统一了思想，提高了认识，都在努力加快改革开放，抓住有利时机，把国民经济搞上去，形势一片大好。在这样的形势下，加快、加强经济立法工作就成为全国人大和地方各级人大的重要任务。我们应当认识到加快经济立法的必要性和迫切性，增强责任感。在这一方面目前还不够，要尽可能地加快立法的步伐。关于个体经济、私营经济，在党的文件上已经明确规定是社会主义经济的重要组成部分，可是没有立法。公司法到目前也还没有立出来。总之，我们目前经济立法的迫切感还不够。小平同志讲话提出了市场经济不姓“社”、也不姓“资”的重大问题，使我们的思想豁然开朗。实际上十一届三中全会以来，我国市场经济有了很大发展。摒弃高度集中的计划经济，发展社会主义市场经济，是我们国家经济体制改革的主要趋势。为此，首先要法律化，要利用利率、税率、汇率等经济手段来调控经济。这就给我们立法机关提出了重大课题：如何用法律手段保护社会主义市场经济的顺利发展，这是全国人大及其常委会，以及地方人大及其常委会的重要任务。对此，我们要有一个统一的认识。

二、关于授予深圳立法权问题。

授予深圳立法权问题，今天全国人大常委会已经通过了。希望深圳珍惜和运用好授予的立法权，在发展经济和社会主义民主法制建设方面走在前面，在发展经济的同时，要成为高度民主、高度法制的市。深圳要研究宪法和全国人大及其常委会已经制定的法律，注意在制定法规、规章时不能同宪法相冲突，注意上下左右的关系，注意内外的关系，要吸收香港和其他国家立法方面的成功经验。总之，我认为授予深圳立法权是正确的，对于推动改革开放和民主法制建设，会产生重大作用。

第七届全国人大常委会第二十六次会议通过《关于批准1991年国家决算的决议》

第七届全国人大常委会第二十六次会议通过《关于县乡两级人大代表选举时间的决定》

第七届全国人民代表大会常务委员会第二十六次会议决定：根据《中华人民共和国宪法》第九十八条关于县、乡人民代表大会每届任期的规定，县、乡两级人民代表大会代表应在1993年年底以前进行换届选举。

第七届全国人大常委会第二十六次会议通过《关于授权深圳市制定法规和规章的决定》

根据《第七届全国人民代表大会第二次会议关于国务院提请审议授权深圳市制定深圳经济特区法规和规章的议案的决定》，第七届全国人民代表大会常务委员会第二十六次会议审议了国务院关于提请授权深圳市人民代表大会及其常务委员会和深圳市人民政府分别制定深圳经济特区法规和深圳经济特区规章的议案，决定授权深圳市人民代表大会及其常务委员会根据具体情况和实际需要，遵循宪法的规定以及法律和行政法规的基本原则，制定法规，在深圳经济特区实施，并报全国人民代表大会常务委员会、国务院和广东省人民代表大会常务委员会备案；授权深圳市人民政府制定规章并在深圳经济特区组织实施。

第七届全国人大常委会第二十六次会议通过《关于批准关于解决国家和他国国民之间投资争端公约的决定》

第七届全国人大常委会第二十六次会议通过《关于我国加入世界版权公约的决定》

第七届全国人民代表大会常务委员会第二十六次会议决定：中华人民共和国加入《世界版权公约》，同时声明，中华人民共和国根据《世界版权公约》第五条之二的规定，享有该公约第五条之三、四规定的权利。

第七届全国人大常委会第二十六次会议通过《关于我国加入伯尔尼保护文学和艺术作品公约的决定》

第七届全国人民代表大会常务委员会第二十六次会议决定：中华人民共和国加入《伯尔尼保护文学和艺术作品公约》，同时声明，中华人民共和国根据《伯尔尼保护文学和艺术作品公约》附件第一条的规定，享有附件第二条和第三条规定的权利。

第七届全国人大常委会第二十六次会议通过《关于批准中印领事条约的决定》

第七届全国人大常委会第二十六次会议通过《关于批准中国罗马尼亚关于民事和刑事司法协助的条约的决定》

第七届全国人大常委会第二十六次会议通过《关于批准中国意大利关于民事司法协助的条约的决定》

国家主席杨尚昆签署第59号令发布《中华人民共和国人民警察警衔条例》

《中华人民共和国人民警察警衔条例》已由中华人民共和国第七届全国人民代表大会常务委员会第二十六次会议于1992年7月1日通过，现予公布，自公布之日起施行。

中华人民共和国主席 杨尚昆

1992年7月1日

中华人民共和国人民警察警衔条例

第一章 总 则

第一条 为了加强人民警察队伍的革命化、现代化、正规化建设，增强人民警察的责任心、荣誉感和组织纪律性，有利于人民警察的指挥、管理和执行职务，根据宪法，制定本条例。

第二条 人民警察实行警衔制度。中国人民武装警察部队的警衔，依照《中国人民解放军军官军衔条例》第三十二条的规定执行。

第三条 警衔是区分人民警察等级、表明人民警察身份的称号、标志和国家给予人民警察的荣誉。

第四条 人民警察实行警察职务等级编制警衔。

第五条 警衔高的人民警察对警衔低的人民警察，警衔高的为上级。当警衔高的人民警察在职务上隶属于警衔低的人民警察时，职务高的为上级。

第六条 公安部主管人民警察警衔工作。

第二章 警衔等级的设置

第七条 人民警察警衔设下列五等十三级：

(一)总警监、副总警监；

(二)警监：一级、二级、三级；

(三)警督：一级、二级、三级；

(四)警司：一级、二级、三级；

(五)警员：一级、二级。

担任专业技术职务的人民警察的警衔，在警衔前冠以"专业技术"。

第八条 担任行政职务的人民警察实行下列职务等级编制警衔：

(一)部级正职：总警监；

(二)部级副职：副总警监；

(三)厅(局)级正职：一级警监至二级警监；

(四)厅(局)级副职：二级警监至三级警监；

(五)处(局)级正职：三级警监至二级警督；

(六)处(局)级副职：一级警督至三级警督；

(七)科(局)级正职：一级警督至一级警司；

(八)科(局)级副职：二级警督至二级警司；

(九)科员(警长)职：三级警督至三级警司；

(十)办事员(警员)职：一级警司至二级警员。

第九条 担任专业技术职务的人民警察实行下列职务等级编制警衔：

(一)高级专业技术职务：一级警监至二级警督；

(二)中级专业技术职务：一级警督至二级警司；

(三)初级专业技术职务：三级警督至一级警员。

第三章 警衔的首次授予

第十条 人民警察警衔按照人民警察职务等级编制警衔授予。

第十一条 授予人民警察警衔，以人民警察现任职务、德才表现、担任现职时间和工作年限为依据。

第十二条 从学校毕业和从社会上招考录用担任人民警察的，或者从其他部门调任人民警察的，根据确定的职务，授予相应的警衔。

第十三条 首次授予人民警察警衔，按照下列规定的权限予以批准：

(一)总警监、副总警监、一级警监、二级警监由国务院总理批准授予；

(二)三级警监、警督由公安部部长批准授予；

(三)警司由省、自治区、直辖市公安厅(局)厅(局)长批准授予；

(四)警员由省、自治区、直辖市公安厅(局)政治部主任批准授予。

公安部机关及其直属机构的警司、警员由公安部政治部主任批准授予。

第四章 警衔的晋级

第十四条 二级警督以下的人民警察，在其职务等级编制警衔幅度内，根据本条规定的期限和条件晋级。

晋级的期限：二级警员至一级警司，每晋升一级为三年；一级警司至一级警督，每晋升一级为四年。在职的人民警察在院校培训的时间，计算在警衔晋级的期限内。

晋级的条件：(一)执行国家的法律、法规和政策，遵纪守法；(二)胜任本职工作；(三)联系群众，廉洁奉公，作风正派。

晋级期限届满，经考核具备晋级条件的，应当逐级晋升；不具备晋级条件的，应当延期晋升。在工作中有突出功绩的，可以提前晋升。

第十五条 一级警督以上的人民警察的警衔晋级，在职务等级编制警衔幅度内，根据其德才表现和工作实绩实行选升。

第十六条 人民警察由于职务提升，其警衔低于新任职务等级编制警衔的最低警衔的，应当晋升至新任职务等级编制警衔的最低警衔。

第十七条 警司晋升警督，警督晋升警监，经相应的人民警察院校培训合格后，方可晋升。

第十八条　人民警察警衔晋级的批准权限适用第十三条批准权限的规定。警司、警员提前晋升的，由公安部政治部主任批准。

第五章　警衔的保留、降级、取消

第十九条　人民警察离休、退休的，其警衔予以保留，但不得佩戴标志。

人民警察调离警察工作岗位或者辞职、退职的，其警衔不予保留。

第二十条　人民警察因不胜任现任职务被调任下级职务，其警衔高于新任职务等级编制警衔的最高警衔的，应当调整至新任职务等级编制警衔的最高警衔。调整警衔的批准权限与原警衔的批准权限相同。

第二十一条　人民警察违犯警纪的，可以给予警衔降级的处分。警衔降级的批准权限与原警衔的批准权限相同。人民警察受警衔降级处分后，其警衔晋级的期限按照降级后的警衔等级重新计算。

人民警察警衔降级不适用于二级警员。

第二十二条　人民警察被开除公职的，其警衔相应取消。

人民警察犯罪，被依法判处剥夺政治权利或者有期徒刑以上刑罚的，其警衔相应取消。

离休、退休的人民警察犯罪的，适用前款的规定。

第六章　附　则

第二十三条　国家安全部门、劳动改造劳动教养管理部门的人民警察，人民法院、人民检察院的司法警察的警衔工作适用本条例。

国家安全部门、劳动改造劳动教养管理部门的人民警察警衔授予和晋级的批准权限，由国务院规定。

司法警察警衔授予和晋级的批准权限，由最高人民法院、最高人民检察院参照本条例规定。

公安部门、国家安全部门和劳动改造劳动教养管理部门中不担任人民警察职务的人员，不实行警衔制度。

第二十四条　人民警察警衔标志的样式和佩带办法，由国务院制定。

第二十五条　本条例的实施办法由国务院制定。

第二十六条　本条例自公布之日起施行。

《毛泽东选集》(1—4卷)蒙古文和朝鲜文版由民族出版社出版

《人民日报》发表社论《新的历史使命和中国共产党——庆祝中国共产党成立七十一周年》

在贯彻邓小平同志重要谈话精神的热潮中，在迎接党的十四大召开的气氛里，今天，我们庆祝中国共产党成立71周年。

71年的历程，曲折坎坷，光辉灿烂。党领导全国各族人民，从完成反帝反封建的新民主主义革命任务，结束中国半殖民地半封建社会的历史，到消灭剥削制度和剥削阶级，确立社会主义制度，直到开创建设有中国特色的社会主义道路，迈进一个全面改革开放和现代化建设的新时期。

在新的时期，中国共产党肩负着新的历史使命。前不久召开的中共中央政治局全体会议在讨论我国改革和发展若干重大问题时明确指出：解放和发展生产力，是我们党领导人民建设社会主义的根本任务。小平同志在谈话中重申，我们要在建设有中国特色的社会主义道路上继续前进。他指出，从现在起到下世纪中叶，将是很要紧的时期，我们要埋头苦干。中国共产党肩负的新的历史使命，就是实现小平同志设计的现代化蓝图。各级党委要深刻领会，全面落实小平同志重要谈话精神，进一步发挥全党和全国各族人民的积极性、主动性和创造性，加快改革开放，促进经济发展。

经济建设是中心。全党同志要牢牢把握住这个中心，一百年不动摇。如果要问当今中国什么是最大的政治，那就是经济建设；如果要问当今中国什么是最大的难题，那就是经济还比较落后；如果要问党中央国务院正在集中精力想什么、干什么，那就是如何使经济更好更快地上一个新台阶。中国的事情，千头万绪，纷繁复杂，首要的任务就是要把经济建设搞上去。经济建设上去了，许多问题也就迎刃而解了。只能有经济建设这一个中心。一切都要服从于服务于这个中心，不能干扰中心，更不能取代中心。

要把经济建设搞上去，就要实行改革开放。经济建设这个中心不能动摇，改革开放同样不能动摇。道理很简单，如果继续钻过去那条僵化、封闭的死胡同，经济建设就搞不上去，社会主义制度的优越性就体现不出来，社会主义制度也就不可能巩固和发展。十多年来的改革开放，已经使社会主义中国发生了举世瞩目的巨大变化。如果说，以党的十一届三中全会为标志，拉开了改革开放的序幕，那么，以这次小平同志谈话为契机，改革开放进入了一个新的阶段。“接天莲叶无穷碧，映日荷花别样红。”从农村到城市，从沿海到沿江，到沿边，从企业到事业，到机关，已初步形成了全方位改革开放的新局面。当前的形势确实喜人，形势也逼人。现在的重要问题，是要加强党的领导，善于把干部和群众高涨的积极性引导好、保护好、发挥好。

改革开放愈深化愈发展，可能遇到的矛盾和问题会更多更复杂，所以，必须加强党的统一领导，使改革开放之船全速前进，一帆风顺地驶向现代化的彼岸。

加强党的领导，最重要的，是用邓小平同志提出的关于建设有中国特色社会主义理论和思想，统一全党的思想和行动。小平同志关于建设有中国特色社会主义的理论，是马克思主义、毛泽东思想的新发展。他最近的重要谈话，又有许多新的发挥。小平同志的重要谈话，贯穿了一个鲜明的中心思想，这就是：必须坚定不移地全面贯彻执行党的“一个中心、两个基本点”的基本路线，解放思想、实事求是、放开手脚、大胆试验，排除各种干扰，抓住有利时机，加快改革开放步伐，集中精力把经济建设搞上去，不断把有中国特色的社会主义事业全面推向前进。对于这个中心思想，全党，首先是各级领导干部要认真学习、领会，在认识上和工作上，一定要牢牢把握住。

进一步解放思想，是进一步改革开放的关键。解放思想，就是要实事求是，一切从实际出发。要警惕右，但主要是防止“左”。如果党内有的同志思想仍然没有从“左”的禁锢中解放出来，总是前怕狼，后怕虎，这也想不通，那也看不惯，那么，他们就不可能有胆量、有气魄、有能力推进改革开放，就完不成把我国建设成为社会主义现代化强国的历史使命，那就会为群众所抛弃，为历史所淘汰。

在加快改革开放中，必须坚持四项基本原则。四项基本原则的核心是坚持中国共产党的领导，党永远是领导我们事业的核心力量。离开了党的领导，人民将成一盘散沙，国家将会四分五裂，经济建设和改革开放就无从谈起，社会稳定和人民幸福就无从谈起。全党必须明确，党的基本路线，是一个中心，不是两个中心；是两个基本点，不是一个基本点。要记取“一手硬、一手软”的教训，在改革开放中坚持社会主义方向，通过改革开放，使社会主义制度更加完善，从而使生产力得到进一步解放。

党的路线、方针、政策，要靠党的组织和党员去贯彻实施。社会主义事业，是人民群众自己的事业。要善于教育群众，认识到自己的利益，动员和组织群众为实现自己的利益而斗争。在斗争中，党员要站在前头。每个党员，都要牢记全心全意为人民服务的根本宗旨，把人民群众的利益时时刻刻记在心上。改革开放和经济建设，是需要克服种种困难的，党员、干部，特别是领导干部要做艰苦奋斗的模范，做廉洁奉公的模范，永远保持工人阶级先锋队的本色。

作为共产党人，我们要坚信自己的事业是正义的。尽管道路上还有曲折和艰险，但人类社会终究要走向社会主义、共产主义。这个历史发展的总趋势，是任何力量也改变不了的。现在，我们面对严峻的挑战，也面临宝贵的机遇。我们要抓住历史给予的机遇，急起直追。团结就是力量，团结就是胜利。全党和全国各族人民紧密地团结在以江泽民同志为核心的党中央周围，向着邓小平同志提出的宏伟目标，奋勇前进！

《求是》杂志1992年第13期发表社论《在经济建设和改革开放中加强党的建设》

中共中央政治局常委乔石在人民大会堂会见泰国大理院院长沙瓦迪·初迪瓦尼

中国和印度在新德里签署关于两国边境贸易出入境手续议定书

中国和印度商定，每年6月至9月在中国西藏自治区的普兰和印度北方邦的贡吉开放边境贸易市场。

议定书还就双方从事边境贸易的人员、商品和交通工具出入国境的手续、证件以及双方有关机关建立联系等问题作了具体安排。

中国驻印度使馆临时代办李光辉和印度商业部的官员分别代表本国政府在议定书上签字。

全国高等学校党的建设工作会议在北京召开

会议是由中组部、中宣部和国家教委党组联合召开的。会议的主要任务是，学习、贯彻邓小平同志重要谈话精神和中央政治局全体会议精神，总结交流近几年来的工作经验，明确在新形势下进一步加强和改进高校党的建设和思想政治工作任务，研究在党的领导下深化高教改革的指导思想和基本方针，促进高教事业更好地为以经济建设为中心的社会主义现代化建设服务。

中共中央政治局委员、国务委员李铁映在会上作《加强党的建设，深化高教改革，为经济建设服务》的报告。

吕枫、王忍之等有关部门的领导人出席会议。

全国各省、自治区、直辖市党委主管高校工作的负责人；省（区、市）党委组织部、宣传部或教育部门负责人；省（区、市）教委、高教（教育）厅（局）负责人；国务院有关部委教育部门负责人；108所高校的党委书记和部分校长，共280多人参加会议。

国家教委党组书记李铁映在全国高等学校党的建设工作会议上作题为《加强党的建设，深化高教改革，为经济建设服务》的报告

李铁映在报告中指出，邓小平同志的重要谈话，是一篇马克思主义的纲领性文献，为教育工作指明了方向，提供了强大的思想武器。教育战线，特别是高等学校，要用谈话精神统一思想，振奋精神，结合实际全面地贯彻落实，努力开创高校工作的新局面。要坚定不移地贯彻执行党的基本路线，要警惕右，但主要是防止

“左”。要解放思想，摆脱“左”的思想束缚，牢固树立以经济建设为中心的思想，使教育更好地为加快经济发展服务。吸收和借鉴人类社会创造的一切文明成果包括资本主义发达国家的有用的东西，特别是发展教育方面的好经验，加快高教改革的步伐，逐步建立起适应经济建设和社会发展需要的、有中国特色的社会主义高等教育体制和运行机制。要在整个改革开放中，始终坚持四项基本原则，保证学校改革和建设的社会主义方向，为我国的政治稳定和社会稳定作出贡献。要教育好后代，培养一代又一代德才兼备的社会主义事业建设者和接班人，高校肩负着重要责任。这关系到坚持党的基本路线一百年不动摇，关系到国家的长治久安，关系到社会主义的前途和命运，是真正关系大局的事。

在总结近几年来高校党的建设和思想政治工作的主要成绩和经验后，李铁映强调，我们要以邓小平同志重要谈话精神为指导，在加快改革开放和经济建设的新形势下进一步加强和改进高校党建工作和思想政治工作。在新的形势下，我们的工作任务不是轻了而是更重了，要求不是低了而是更高了。越是加快改革开放，越要加强和改进党的建设和思想政治工作。

李铁映说，要深入学习邓小平同志重要谈话，用建设有中国特色社会主义的理论教育广大师生，统一我们的思想，武装我们的头脑。坚持“两手抓”、“两手硬”，高等学校不允许散布资产阶级自由化观点，决不允许搞“地震”。要以思想理论和作风建设为重点，进一步加强领导班子建设，同时要把党支部建设摆到高校党的建设的重要位置上。切实加强高校干部、教师队伍特别是青年干部和青年教师队伍建设，是高校党委的一项重大战略任务，必须有紧迫感。要积极倡导专职党政干部兼做一定的政治理论教育和业务方面的教学和科研工作，部分业务教师兼做一定的党政工作。对其中优秀的青年干部、教师，一定要有长远考虑，有目标、有计划地加以培养，要采取特殊政策和措施，破格任用，使他们成为我国教育事业的接班人。要在深化高教改革中，调整政策，改进方法，做好思想政治工作。通过进一步深化改革，逐步调整某些与教育方针不一致的政策，坚持贯彻德、智、体全面发展的方针，把坚定正确的政治方向摆在第一位，落实德育首位，推动教书育人、管理育人、服务育人工作。

李铁映谈到高等教育在新形势下如何进一步改革和发展时还指出，高等教育的改革和发展，必须有利于坚持社会主义的办学方向；有利于全面贯彻教育方针，提高教育质量、科学技术水平和办学效益，培养德、智、体全面发展的建设者和接班人；有利于调动广大教职工和社会各方面的积极性；有利于为经济建设这个中心服务，探索建设有中国特色的、现代化的社会主义大学的路子。必须改革原有的高教体制和模式，走出一条新路子，才能使高等教育有一个新的发展。

李铁映还说，高等教育改革涉及的内容很多，当前，要从教育体制改革入手，并与教育、教学改革结合起来，形成互相配合，互相促进的格局。一是要推进高等学校以人事、分配制度为重点的内部管理体制改革，达到转换机制、调动教职工积极性的目的。这方面的改革，思想要解放，步骤要稳妥，工作要过细，改革措施要逐步到位。二是要进行高等教育宏观管理体制的改革，主要是解决中央与地方、国家教委与中央各业务部门、政府与高等学校之间的关系，重要的是要改善投资机制和确立高等学校的法人制度，为增强高等学校的活力创造优良的外部环境。三是在招生和毕业生就业方面，改革招生计划制度，实行国家任务计划和调节性计划相结合。四是改革高等教育的投资体制，为高等教育的进一步改革和发展提供必需的物质基础。

李铁映强调，各级党委和政府应该加强对高教工作的领导。高等学校具体改革方案的实施，必须经主管部门批准，有计划、有步骤地进行。重大的改革要经过试点，总结经验后，逐步推广，切忌出现大的失误和不安定因素。对深化改革中遇到的各种问题，各级领导部门要积极加以引导和解决，并协调有关部门，从政策、税收、贷款等方面帮助解决各种实际困难。

大陆电影评论学家蔡洪声黄式宪陈飞宝应邀到台湾进行访问

国办转发中国人民银行关于辽宁重庆厦门等地擅自公开发行股票认购证和股票情况的通报

国务院办公厅日前转发了中国人民银行关于辽宁、重庆、厦门等地擅自公开发行股票认购证和股票的通报及情况，并发出通知要求，各级人民政府对股票发行与上市问题，必须严格按照国务院和中国人民银行的有关政策规定执行。

中国人民银行在通报中重申，各地股份制试点工作中涉及股票发行与上市问题，必须严格按国务院和总行有关政策规定执行。股票、投资基金证券、信托受益证券的发行必须严格按程序审批。任何地方、任何单位、任何个人都无权违反审批程序，越权或擅自批准股票、债券的发行与上市。如果此类事件再有发生，要从严追究有关人员责任。

7月2日

国家主席杨尚昆在突尼斯城迦太基宫会见突尼斯

总统本·阿里

国务院总理李鹏与亚美尼亚共和国副总统兼总理加吉克·加鲁舍维奇·阿鲁秋尼扬在人民大会堂举行会谈

李鹏说,阿鲁秋尼扬总理是亚美尼亚独立后访问中国的第一位政府首脑,这是两国关系史上的重要事件。中国和亚美尼亚建交使两国关系进入了一个新的发展阶段,中国愿意在两国建交公报所确认的原则基础上与亚美尼亚不断发展友好合作关系。亚美尼亚目前经济上遇到一些困难,但这是暂时的,我们相信,勤劳智慧的亚美尼亚人民一定会克服困难,使经济得到恢复。

李鹏说,和平共处五项原则是中国同世界所有国家建立和发展关系的基本原则,我们认为,国与国之间无论社会制度、意识形态相同与否,相互关系只要建立在和平共处五项原则基础上,就会健康、稳定地发展下去。苏联解体后,中国正是根据这样的原则处理同包括亚美尼亚在内的所有独立主权国家的关系,取得了可喜的进展。我们相信,阿鲁秋尼扬总理这次访问将推动两国的友好合作关系、特别是经贸关系的发展。

中亚两国建交不久,经贸领域的具体合作内容还需要有一个相互了解的过程,希望双方为此加强接触和交流,两国在经贸方面存在着很强的互补性,当前条件具备的事情就可以做起来,条件尚未成熟的,双方也应积极努力尽快创造条件,使双边关系不断取得成效。

阿鲁秋尼扬说,亚美尼亚正处在改革的起步阶段,十分重视研究中国的改革做法。亚美尼亚的改革从农村开始,就是借鉴了中国的经验。

外交部发言人吴建民在记者招待会上就保持南中国海地区和平等问题发表谈话

主张共同开发属于中国的南沙

吴建民说,中国一直致力于维护南沙及整个亚太地区的和平与稳定,提出了搁置争议、共同开发南沙的主张。"其他有关国家均表示愿意通过谈判解决争端。我们相信,在各方的共同努力下,南中国海地区不仅会保持和平,而且有关各方之间还可望开展广泛的互利合作。"吴键民重申,中国对南沙群岛拥有无可争辩的主权。

吴建民说,自去年中越两国关系正常化以来,两国在各个领域的关系正在逐步恢复和发展,符合双方的共同利益。至于双方在领土问题上存在的分歧,两国领导人在高级会晤时已商定,在适当时候谈判解决,双方正为此进行准备。这不会影响两国关系的正常发展。

中国反对任何双重承认的做法

吴建民说:"只有一个中国是海峡两岸的共识。中国要统一,这是大势所趋,人心所向,所以我们反对任何双重承认的做法。双重承认是违背中华民族根本利益的,也是和历史潮流背道而驰的。"

在谈到关于尼日尔政府撤销对台湾的承认时,吴建民说,尼外交部已就此通知中国驻尼大使馆,并强调这是尼日尔政府的正式立场和最终决定。吴键民说:"中国政府愿意在和平共处五项原则的基础上继续发展同尼政府的友好合作关系。"

中英两国政府将举行高层会晤

吴建民宣布,经中英两国政府商定,英国首相特使、英国外交部副次官科尔斯爵士抵京同中国有关部门的官员就香港新机场财务安排问题举行高层会谈。

希望西方七国首脑会议

对世界和平与发展作贡献

吴建民说,中国希望即将召开的西方七国首脑会议能对世界和平与发展作出贡献,特别是在改善南北关系、减轻发展中国家的债务负担、促进发展方面采取切实有效的措施,并在推动乌拉圭回合的谈判、环保等方面取得进展。中国愿意在和平共处五项原则基础上发展同西方七国的互利合作关系。

欢迎日本向我国提供新的能源贷款

吴建民说,中日两国就日本向中国提供50亿美元能源贷款已签署了协议。"我们对日本向我国提供新的能源贷款表示欢迎和赞赏。这是中日两国合作的一个重要领域,是互利的,相信这笔贷款将在我国的能源开发事业中有效地发挥作用。"

评以色列停建犹太人定居点

吴建民在评论以色列新政府将暂停在被占领土建立新的犹太人定居点时表示,中国欢迎一切有利于推动中东和平进程的行动。

国务院副总理吴学谦在中南海紫光阁会见以朱新民为团长的台湾访问团

最高人民检察院副检察长肖扬在检察工作为经济建设服务座谈会上发表讲话

肖扬说,在深化改革、扩大开放过程中,检察干部要进一步解放思想,大胆保护勇于改革但犯了错误的改革者和对促进经济发展有贡献的科技人员,提高为经济建设服务的自觉性。

肖扬要求检察机关要严厉打击严重刑事犯罪,集中力量积极办理大案要案,慎重处理好"边缘案件",依法查处侵权、渎职和重大责任事故案件,认真搞好社会治安综合治理,为改革开放创造一个良好的社会环境。

国务院关于严厉打击生产和经销假冒伪劣商品违法行为的通知

《通知》的主要内容是：

一、打击重点

(一)下列生产或经销假冒伪劣商品的违法行为：

1. 生产或经销假冒他人注册商标的商品，或擅自生产、经销他人注册商标标识的；

2. 生产或经销使用虚假产地、假冒其他企业名称或代号商品的；

3. 伪造或冒用优质产品、认证产品、许可证标志的；

4. 违反国家有关规定，生产或经销危及人身安全、健康商品的；

5. 生产或经销伪劣农药、种子、化肥、饲料等农业生产资料和其他伪劣商品的。

(二)用“回扣”、“好处费”等手段经销假冒伪劣商品或收受“回扣”、“好处费”等采购假冒伪劣商品的违法行为。

(三)国家工作人员支持、包庇、纵容生产或经销假冒伪劣商品的违法行为。

二、具体措施

对生产或经销假冒伪劣商品的单位和个人，有关部门要按各自的职责分工，依据国家的有关法律、法规和本通知的规定，处以罚款、没收其非法所得或查获的全部假冒伪劣商品；触犯刑律的，必须依法追究刑事责任。

(一)对生产或经销假冒伪劣商品情节恶劣、后果严重或屡教不改的企业或个体工商户，由工商行政管理部门吊销其营业执照。

(二)对生产、经销假冒伪劣商品的，要视情节轻重，对单位负责人和直接责任者给予经济处罚，并依照国家的有关规定给予行政处分，直至依法追究刑事责任。

(三)对支持、包庇、纵容生产或经销假冒伪劣商品，为其提供生产、经销场所，在物资、资金等方面提供方便条件的单位和个人，视同生产或经销假冒伪劣商品行为予以处理。

(四)对有意采购假冒伪劣商品的进货单位或进货人员，视同经销假冒伪劣商品行为予以处理；对于利用“回扣”、“好处费”或接受“回扣”、“好处费”经销假冒伪劣商品的，视同行贿、受贿，必须没收其全部“回扣”、“好处费”，并给予经济处罚、行政处分，直至依法追究刑事责任。

(五)对生产、经销假冒伪劣商品活动严重的地区，当地政府必须采取果断措施，坚决予以整顿。对整顿查处不力、问题长期得不到解决的地区，上一级政府要追究当地政府领导的责任；对干预、阻碍查处的行为，监察部门要立即查证，对责任者必须给予行政处分，情节严重的，必须提交司法部门，依法追究法律责任。

(六)各级人民政府要鼓励和保护举报揭发生产、经销假冒伪劣商品行为的单位和个人。对举报属实的，应给予表彰和奖励；对打击、报复举报人的，要从重给予处罚。

(七)工商行政管理、技术监督、公安、监察、银行等有关部门要紧密配合，在调查取证、鉴定、冻结银行账号、罚款、吊销营业执照等方面，均要大力协同工作。

(八)要把假冒伪劣商品和有一般质量问题的商品区别开来。对假冒伪劣商品的认定要严格掌握，避免随意性。在查处中要依法办案，做到事实清楚，证据确凿，定性准确，处罚适当。

(九)对生产或经销假冒伪劣商品的单位或个人，以及支持、包庇、纵容者，如能主动坦白交代，并主动中止违法行为的，予以从宽处理；对不予改正，继续从事生产或经销假冒伪劣商品违法活动者，应从重处罚。

三、组织领导

国务院责成国务院经济贸易办公室牵头，组织工商行政管理、技术监督、卫生、监察、公安、税务、物价、财政、银行及生产、流通等主管部门参加，在统一领导下，以工商行政管理、技术监督部门为主，各司其职，各负其责，协同做好这项工作。

各地要在当地人民政府的领导下，组织各有关部门，针对当地存在的问题，制定相应的实施办法，采取切实可行的措施，有重点地打击违法行为。各级人民政府要在人力、财力、物力等方面给执法部门提供必要的保证。

做好打击生产和经销假冒伪劣商品违法行为的工作，意义重大，涉及面广，政策性强，各地区、各部门要高度重视，加强领导，相互配合，务必把这项工作做好。

全国铁路货运计划工作会议在哈尔滨结束

国家主席杨尚昆在拉巴特接受摩洛哥电视台记者采访

杨尚昆说：“我对摩洛哥的国事访问今天就要结束了，几天来，我们受到了国王陛下和摩洛哥政府的盛情款待，在我到达的当天，成千上万的拉巴特市民还载歌载舞，夹道欢迎，这充分表达了摩洛哥人民对中国人民的深厚情谊，我深受感动。访问取得了圆满成功，我再次向国王陛下，摩洛哥政府和人民表示诚挚的谢意！”

问：您对摩洛哥的访问被看作为重大事件，因为您是第一位踏上摩领土的中国主席。您把摩选作此次出访本地区的第一站，意义是什么？

答:中摩两国有着悠久的传统友谊,从公元14世纪起,两国人民便开始了友好往来。

摩洛哥是最早同中国建交的阿拉伯和非洲国家之一,之后又坚决支持恢复中华人民共和国在联合国的合法席位。对此我们是不会忘记的。

自1958年中摩建交以来,两国一直保持着友好的交往。1963年,深受中国人民爱戴的周恩来总理曾经访问过贵国。1991年,西迪·穆罕默德王储对中国进行了成功的访问。这次我前来贵国访问,就是要进一步巩固和发展两国间的友好合作关系。

问:摩、中关系良好,主要表现在相互友好、相互尊重,对重大问题看法相似。主席先生的访问是否将使这种关系,特别是经济合作关系得到更快的发展?

答:在我与哈桑二世国王陛下的会谈以及同首相和议长阁下的会晤中,双方都表达了进一步发展两国友好合作关系的愿望。我还重申了对国王陛下的访华邀请,陛下表示很愿意有机会到中国去看看。中摩两国在国际事务中一向相互支持,目前我们在联合国安理会进行着良好的合作。当前,中国正在加快改革开放的步伐,摩洛哥也正致力于发展本国经济。中摩经贸合作有很大潜力。这次访问期间,双方商定将尽快使两国经济技术合作混委会更富有活力。双方还签署了新的经济技术合作协定。我们愿同摩洛哥进一步开展平等互利的合作。除政府渠道外,双方还可推动企业与企业直接洽谈,发展多种形式的合作。

问:人们常说中国和摩洛哥的文明有许多共同之处。主席先生是否有此印象,尤其是在您参观了非斯的阿拉伯古城之后?

答:摩洛哥和中国一样是具有悠久历史的国家,为人类文明的发展作出了重要贡献。我是第一次来摩洛哥,但我对古城非斯早有所闻。非斯古老的传统建筑和精美的工艺品,充分体现了摩洛哥人民的勤劳和智慧。

问:主席先生,摩洛哥和中国在文化和感情上如此接近,而地理上相距遥远。您在结束首次访问摩洛哥之际,想对摩洛哥人民说些什么?

答:我在访问期间,亲身感受到摩洛哥人民对中国人民的深情厚谊,我将愉快地把这种友好情谊带给中国人民。

访问期间,我们亲眼看到了摩洛哥人民在哈桑二世国王陛下领导下,在经济建设等各方面取得的重要成就。

我衷心祝愿摩洛哥人民在建设自己国家的事业中不断前进。祝中摩友谊长青!

能源部部长黄毅诚代表中国政府在阿尔及利亚驻中国使馆吊唁遇害身亡的阿尔及利亚最高国务委员会主席布迪亚夫并以国家主席杨尚昆的名义送了花圈

中国人民解放军军乐团庆祝建团40周年

中国人民解放军军乐团是我国唯一的担负党、国家和军队重大内外事司礼演奏任务的礼仪部队。1950年毛泽东主席在国庆1周年阅兵时,提出要建立一支解放军军乐团。1952年7月10日,经中央军委批准,军乐团正式成立。

40年来,中国人民解放军军乐团圆满完成了4300多次司礼任务,为国内外管乐等艺术团体培养了1000多名演奏、指挥、演唱人才。创作了一大批群众喜闻乐见、雅俗共赏的音乐作品,100多人次在全国和世界比赛中获奖,多次受到毛泽东、周恩来、邓小平、江泽民、杨尚昆、李鹏等党和国家领导人及外宾的赞扬。

国务院环境委员会第23次会议在北京召开

国务委员、国务院环境委员会主任宋健在会议上强调,联合国环发大会是人类在发展道路上迈出的重要一步,新闻、宣传单位要积极宣传环发大会有关文件精神,有关部门要在认真研究文件的基础上,尽快制定我国具体行动计划。

国家环保局局长曲格平代表出席联合国环发大会代表团作了汇报。曲格平说,我国在联合国环发大会上,同世界各国一起,共同接受了会议通过的文件,并签署了两项公约。这不仅是我国在国际上承担了一定的义务和责任,也是做好我国环境保护工作、推动经济加速发展的实际需要。

会议审议《出席联合国环境与发展大会的情况及有关对策的报告》、《关于进一步改善首都环境质量为申办奥运会创造良好环境的若干意见》,通报《关于组织全国重点城市环境综合整治定量考核检查的准备情况》。

7月3日

国家主席杨尚昆在突尼斯首都与突尼斯总统本·阿里举行会谈

国家主席杨尚昆在突尼斯首都会见突尼斯国民议会议长哈比卜·布拉雷斯

国家主席杨尚昆在突尼斯首都会见巴勒斯坦国总统亚西尔·阿拉法特

国家主席杨尚昆在突尼斯国防部长阿卜杜拉齐

兹·本·齐亚陪同下向突尼斯烈士纪念碑敬献花圈

杨尚昆敬献的花圈白色缎带上写着:“为突尼斯独立而牺牲的烈士永垂不朽。”

中共中央政治局常委宋平在中南海怀仁堂同全国高校党建工作会议部分代表座谈时发表讲话

高等学校担负着培养社会主义事业建设者和接班人的光荣责任。把下一代教育好,对于完成我国的改革和建设大业,挫败西方敌对势力“和平演变”的图谋,保证我们国家的主权、独立并沿着有中国特色的社会主义道路前进,至关重要。

现在,绝大多数高校实行党委领导下的校长负责制,党委的责任十分重大。经过这几年的调整充实,领导班子得到了加强,情况是好的。党的领导,主要是政治、思想和组织领导,不要陷入日常事务,使党委工作行政化。政治领导首先是贯彻好党的基本路线和党的教育方针,坚定地掌握社会主义办学方向。高校党委要积极领导改革,包括教育体制、管理体制、人事、招生、毕业分配制度和教学内容等方面的改革,使高校工作跟上时代前进的步伐,适应加快经济建设和改革开放的要求。在这方面确实需要解放思想,实事求是,大胆探索,勇于试验。改革有风险,还可能犯错误,但如果不改革,就不能适应事业发展的需要。思想领导就是要认认真真地做好师生员工的思想政治工作,掌握思想动态,解决思想问题,把工作做细。学校各级党的组织要用很大力量抓思想工作,经常抓,细心抓,把讲道理同办实事结合起来,使大家感受到党组织的关怀。这是我们党的一个优势,不是可有可无的事情。组织领导主要是抓好领导班子建设和党员队伍、干部队伍建设。党委要加强自身思想作风建设,坚持民主集中制。党委本身要搞好团结。

要下功夫把党支部建设好。这次会议提出“把支部建设的成效作为检验党建工作的重要标准”,我赞成。在全国1000多所高校中,有4万多个党支部。各个系有党支部,有些教研室、班级也有党支部,这是做好高校党的工作的基础,同时,也应该是高校党建工作的重点。支部建设好了,积极分子队伍就能组织起来,教师、学生就有了主心骨,校党委的工作也好开展,高校的改革、发展、稳定就有了保证。学校党委常委都要具体联系一个党支部,及时掌握情况,总结经验。对工作薄弱的支部,党委要一个一个去抓。

高校要有一定数量的专职党务工作人员。这支队伍要稳定。同时,提倡做党务工作的同志兼做一些教学工作;也提倡搞教学科研工作的同志兼做一些党务工作和思想政治工作。这样对提高干部、稳定队伍、做好工作都有好处。

这次了解到,全国绝大多数高校已建立了正式的和业余的党校,这是培养干部、教育党员和入党积极分子很重要的阵地,党委要好好抓,充分发挥其作用。有一所大学通过举办党员教授读书班的形式,将全校教授中的党员轮训了一遍,这个办法好。

当前,学生的思想问题还是很多的,比如对社会主义的信念问题,对国际上发生的一些事情和国内出现的一些社会现象怎么看待的问题,还有树立什么样的世界观、人生观问题,个人的目标选择问题等等。这些问题,对每个学生都是很具体的,解决得好不好,对于学生健康成长关系很大。思想政治工作要深入研究这些问题,有针对性地加以解答。还要注意研究当代流行的一些社会思潮,用马克思主义的观点进行分析,尽可能做出回答。

教师是教学的主体。党委要做好教师的工作,从政治上、思想上、业务上、生活上关心他们,尽可能改善他们的工作和生活条件,使他们感受到党组织的关怀。

青年教师在教师队伍中的比重越来越大,已成为学校教学工作的重要力量。青年教师和学生联系较多,他们的教学水平和思想作风如何,对学生影响很大。总的看,青年教师思想活跃,政治热情高,拥护改革开放,积极钻研业务,努力学习新知识,这是主导方面。也要看到,在前几年资产阶级自由化思潮影响的同志中,有一部分同志思想还没有完全转变过来。对他们要热情和耐心地帮助,允许他们有一个认识提高的过程。教师的工作做好了,他们的政治素质、业务水平提高了,学生工作就比较容易做好。

国务院建立证券管理办公会议制度

国务院最近建立了证券管理办公会议制度。日前由李贵鲜同志主持召开了第一次全体会议,讨论通过了中国证券监督管理委员会筹建方案,以及通报了上半年股票市场情况等。

根据国务院的决定,国务院证券管理办公会议代表国务院行使对证券工作的日常管理职权。办公会议由国务委员兼中国人民银行行长李贵鲜负责召集,由中国人民银行、国家体改委、国家计委、财政部、经贸办、经贸部、税务总局、外汇管理局,工商行政管理局、国有资产管理局十个部委的负责同志组成,办事机构设在人民银行。

目前,中国证券监督管理委员会正在组建之中。这是由政府主管部门的有关负责人及聘请全国著名的金融、法律、会计、资产评估、外汇管理、税务专家及有关专业人员组成的半官方的证券监管机构,以政治授权及专业水准,保证上市公司的质量及市场运作的公正,保护公众的利益,并对全国证券市场进行统一监管。

为了确保证券市场及其管理的透明度，国务院证券管理办公会议决定，每次会议后将以公告的形式，发布会议的主要内容。中国证券监督管理委员会也要将其监管情况通过新闻媒介发布公告。

公安部决定公路交通检查站从8月1日起一律撤除

全国人大常委会委员长万里在人民大会堂会见亚美尼亚副总统兼总理加吉克·加鲁舍维奇·阿鲁秋尼扬

外交部部长钱其琛在突尼斯首都同突尼斯外交部长本·叶海亚进行会谈

钱其琛说，两大集团军事对抗消失后，世界出现了各种力量重新组合的现象，也出现了一些新的地区冲突和新的不稳定因素。中国在自己所处的亚太地区为维护稳定和促进发展作出了努力，并成为维护世界和平的一个稳定因素。在国际事务中，我们提倡对话，提倡政治解决问题，因为使用军事手段后果严重，即使有可能赢得战争，也不一定赢得和平。

钱其琛说，中国重视与马格里布、阿拉伯和非洲国家的关系。突尼斯地处欧、亚、非相连的地区，地位重要，我们希望这一地区保持稳定，不受不稳定地区的影响。

双方一致认为，国家不分大小、强弱、贫富，都有权平等参与国际事务，有权在国际讲坛上阐述自己的观点，为世界和平作出自己的贡献。

中国和英国两国政府在北京钓鱼台国宾馆举行关于香港新机场财务安排问题的高层会谈

中国方面参加会谈的有：国务院港澳办副主任陈滋英、中英联合联络小组中方首席代表郭丰民、国务院港澳办一司司长陈佐洱、国务院港澳办二司司长王凤超、外交部港澳办公室主任赵稷华、中英联合联络小组机场委员会中方委员胡厚诚。英国方面参加会谈的有：英国首相特使、英国外交部副次官科尔斯爵士，英国驻华大使麦若彬爵士，中英联合联络小组英方首席代表高德年，香港政府库务司杨启彦，英国外交部香港司副司长郭乃杰，香港政府副宪制事务司黎庆宁，英国驻华大使馆参赞寇大伟，香港政府金融科官员谢肃方。

香港政府于今年6月公布了建设香港新机场的《现金流量表》和临时机场管理局的《业务计划摘要》两份文件，文件表明新机场的最新成本开支由今年4月30日港府公布的1122亿港元上升至1753亿港元。新机场成本不断攀升，引起了香港各界人士对这一机场工程核心问题的严重关注。经中英两国政府商定，英国方面派遣外交部副次官科尔斯爵士作为首相特使前往北京与中国有关部门就香港新机场财务安排问题举行高层会谈。会谈时间将由双方根据需要商定。

中国和波兰修订互免公务旅行签证协定

外交部部长钱其琛和经贸部副部长王文东在突尼斯同突尼斯外交部长哈比卜·本·叶海亚和国民经济部长萨迪克·拉巴赫举行混合会谈

叶海亚在会谈时说，突中两国元首已经确定了双方发展合作关系的框架，双方的合作还有很大潜力。他代表突尼斯政府高度评价中国方面为突中合作发展所做的贡献，并称这种贡献是“多方面的”。

叶海亚强调，突尼斯珍视这种合作。他指出这种合作属于南南合作的范畴，希望它将获得更大的成功。

钱其琛说，中突友好合作属于南南合作的范围，在各个领域都很成功。

钱其琛指出，中突合作的基础是平等互利，它没有任何政治上的先决条件。双方都有进一步合作的愿望。他表示相信，杨尚昆主席这次对突尼斯的访问将使两国经贸合作获得新的动力，特别是将会推动两国企业间的合作。

国家教委发出《关于加强中小学计算机教育的几点意见》

意见指出，近阶段中小学计算机教育发展的指导思想是：从实际出发，注重实效，巩固已有成绩，积极创造条件，分层次、有步骤、有重点地发展。中小学计算机教育主要包括计算机学科教学，计算机辅助教学，计算机辅助管理等内容，其中计算机学科应由当前的课外活动和选修课逐渐发展为中小学的一门必修课程。开展计算机学科教学的学校，要建立考核制度，并将考核成绩记入学生档案。省、直辖市、自治区及计划单列市教委要有一位委主任负责计算机教育工作；国家教委成立全国中小学计算机教育领导小组，并将全国中学计算机教育研究中心扩展为全国中小学计算机教育研究中心。制订全国和省、自治区、直辖市和计划单列市的发展中小学计算机教育的3年和8年规划。

意见并对中小学计算机教育的师资培训、经费、教材、硬件环境的选配、软件的开发和管理等作出规定。

7月4日

《人民日报》发表社论《论解放思想》

邓小平同志南巡重要谈话，把人们的思想引向一个新的境界——一次新的思想解放的浪潮在全国展开。事实再次启示我们，在改革开放和经济建设中，能不能迈开步子，打开局面，首先是解放思想。思想解放了，就能够突破陈旧过时的观念，拓宽思路，放开手脚，在工作中不断有新办法、新突破、新建树。正如江泽民同志所指出的那样，解放思想是一个法宝，是一个帮助我们在思想上和工作上永远保持蓬勃生机与活力的法宝。

改革促进社会生产力的解放。然而没有思想的解放也就没有生产力的解放。党的十一届三中全会以来的14年改革和建设实践就证明了这一点。14年来，我们在经济、政治、科技、教育等各个领域都进行了大胆的改革，并逐步形成了一整套建设有中国特色的社会主义的理论和政策。这套理论和政策跳出了旧的思维模式，为社会主义现代化建设注入了巨大活力，取得了举世瞩目的成就。试想，如果当年我们不打破“两个凡是”的禁锢，不开展关于真理标准问题的大讨论，不恢复党的实事求是的思想路线，不来一个全党和全民的思想大解放，哪里会有改革和建设的新思路、新成就？回首往事，展望未来，我们比以往任何时候都更加深切地体会到解放思想这个法宝所具有的巨大威力。

现在全国各地都在学习、贯彻和落实邓小平同志年初视察南方的重要谈话。这篇谈话就改革和建设中的若干重大理论和实践问题进行了全面而深刻的阐述，并根据变化了的国内、国际形势提出了改革开放和经济发展的新思路。这既是党的十一届三中全会思想路线的继续和发展，也是我们开创新的事业的一个新的起点。谈话自始至终贯穿着一条红线，就是要求我们进一步解放思想，摆脱束缚，锐意创新，开拓前进。

我国的改革开放和经济建设正进入一个新的发展阶段。改革能不能深入，建设步伐能不能加快，制约的因素当然很多，但一个主要的阻力，就是思想禁锢和传统积习太深。不解决这个问题，我们就迈不开大步。“文革”前，我们曾照搬过国外高度集中、统收统支的经济模式，在所有制上不断升级，追求纯而又纯，认为这就是社会主义。“文革”中，大搞“以阶级斗争为纲”，忽视了主要任务是发展社会生产力。而且从理论上批判商品生产和货币交换，说它跟旧社会差不多，搞不清楚就会变修正主义。党的十一届三中全会后，我们在思想上的一个巨大进步就是认识到，搞社会主义不发展社会生产力不行，发展社会生产力不发展商品经济不行，发展商品经济不尊重价值规律、发挥市场的作用不行。但触及到某些具体问题时，“左”的思想阴影还不时笼罩着我们。再加上我国过去商品经济很不发达，长期以来就有自然经济和平均主义传统，对社会化大生产和商品经济下的经济运行机制很不熟悉，所以一些人就对股份制、合同制、破产、兼并等等一些新举措，难以理解或很不适应。这是因为有些同志的认识仍然停留在过去对马克思主义某些原则、某些本本的教条式的理解上，或者停留在过去对社会主义一些不科学甚至完全扭曲的理解上，或者停留在改革开放前那些超越社会主义初级阶段的不正确的思想和政策上。这样，就难免顾虑重重，犹豫彷徨，迈不开步子，跟不上时代前进的步伐。

邓小平同志曾经说过，改革也是一场革命。这一论断显示了马克思主义的理论精髓。正如列宁所说：“马克思认为他的理论的全部价值在于这个理论‘按其本质来说，它是批判的和革命的’”。马克思主义的经典作家对人类社会的历史运动从来都是用一种变化和发展眼光加以考察，从批判旧的事物中开辟自己前进的道路。因而，马克思主义者应该是也必须是改革家，和思想僵化、行动保守毫无共同之处。我们所进行的改革是社会主义制度的自我完善。社会主义制度就其本质来讲也是不断发展的，不会停滞。这是因为社会主义也必须不断地克服自身矛盾，调整乃至破除阻碍其发展和完善的旧的关系。如果认为建立了社会主义制度，一切都十全十美了，不需要发展和前进了，这既不符合人类社会历史运动的规律，从根本上背离了辩证唯物主义的基本精神，也完全脱离了实际情况。我们现在所进行的改革，其根本目的就在于解放和发展生产力，使我国的社会主义制度更加完善，更加增强生机与活力，这也是社会主义制度的优越性的一个最重要的特征。

解放思想，就是要冲破“左”的思想禁锢。“左”的思想的根源主要是理论和实践相脱节、主观和客观相背离。“左”的观点的一个重要特点是提出问题、认识问题不是从实际出发，而是从本本和教条出发，这样也就从根本上窒息了革命和建设事业的活力。在我们党的历史上曾出现过几次“左”的思想泛滥，其结果无不给党和人民的事业带来巨大损失。反过来说，中国革命和建设之所以成功的一条重要经验，也正是理论和实际相结合，冲破教条和本本才开辟了前进的道路。夺取政权是这样，进行现代化建设也是如此。

解放思想，就是要坚持实事求是的思想路线。解放思想是个马克思主义的科学概念，它坚持无产阶级世界观，坚持马克思主义的思想基础，这就是一切从实际出发，具体情况具体分析。中国的国情、国力如何，我们处在怎样的发展阶段，我们所处的环境如何，这些都是我们制定政策和策略的前提。真理不是抽象的而是具体的。离开了对实际情况的了解就谈不上求得正确的认识，不懂得因时制宜、因地制宜就谈不上制定正确的发展策略。党的十一届三中全会以来,我们正是遵循了这样一条思想路线,在实践中逐步形成了建设有中国特色的社会主义的理论和政策,改革和建设才获得了巨大成功。

解放思想,就是要大胆地吸收和借鉴一切有利于改革和建设的思想和经验。马克思主义和社会主义制度都是开放的体系,它的巨大生命力就在于它能够吸收和借鉴一切经过实践检验的有利于社会进步的东西。发达资本主义国家生产社会化程度、商品经济发达程度、科学技术发展程度比我们高,他们那里有许多经验、技术可资我们学习、借鉴和利用。发展中国家同样有许多成功的经验可供我们学习。随着改革的深入,还会有很多新的矛盾和新的问题出现。这就需要我们不断探索前进。不要一看到那些我们过去所不曾看到的东西就害怕,也不要因为那些束缚生产力发展的旧体制是我们自己搞起来的就恋恋不舍。我们要不断学习、研究,并大胆尝试,绝不能把自己封闭起来。

解放思想,就要大力提倡善于思考、善于创新的精神。正如邓小平同志所说:“在党内和人民群众中,肯动脑筋,肯想问题的人愈多,对我们的事业就愈有利。”在这方面,我们要放开,而不要收紧。只要这样的探索有利于改革和建设,就应鼓励下面的同志大胆地去做。要探索就不可能百分之百正确,百分之百成功,这是正常的。不允许试验,怎么知道对错?不允许有失误,谁还敢试?只要善于总结,及时肯定正确的,发现问题并予以解决,就能取得成功并增长才干。

发展没有终点,实践不会终结,因此解放思想也不会一劳永逸。我们要不断挣脱种种阻碍前进的束缚,吸收和接纳新的思想和经验。我们深信,以邓小平同志南巡重要谈话为标志,我们的思路、我们的视野、我们的认识,必将产生一次新的飞跃;而思想的飞跃也必将焕发人们的聪明才智,使我国的改革和建设出现一个千帆竞发、百舸争流的生动局面。

国务院给予新疆优惠政策

国务院致函批复新疆维吾尔自治区党委、人民政府最近向党中央、国务院呈送扩大开放的报告。并给予类似沿海乃至特区的八条优惠政策与措施:

——通过贯彻“全方位开放、向西倾斜”和“内联外引,东联西出”的方针,形成以乌鲁木齐为龙头,以伊宁、博乐、塔城市为窗口,以沿周边国家开放带为前沿,以铁路沿线开放为依托,以东部省区为后盾,覆盖全区的开放网络和多层次、多渠道、多形式合作,多元化市场的开放格局,使新疆成为东联西出的枢纽和联结东亚与中亚、欧洲的现代“丝绸之路”上的活跃区。

——加快伊宁、博乐、塔城3个边境城市开放步伐,赋予或委托3市行使部分相当于自治区级的管理权限。3市要树立“立足本市、依靠全区、服务全国”的指导思想,办成我国沿边开放的示范区和先行改革试验区。

——以边贸启动,促进南疆经济发展。国务院批复决定,通过南疆边境陆路口岸出口南疆自产商品全部放开,且有易货经营权的企业均可经营,不再履行审批手续;南疆边境各地区、自治州及市、县均可设立一家边贸公司,其他有经营能力的企业,亦可扩大经营范围,从事易货贸易。

——进一步开放首府乌鲁木齐市,争取在乌市试办外资金融机构、航空运输、超级市场和游乐设施、国际展览和会议中心、会计和信息咨询等服务业,进一步增强乌鲁木齐商贸中心城市和国际航空港的功能。

——坚持办好奎屯、石河子经济技术开发区。

——搞好沿边沿铁路“两线”开发带建设,沿边33个县市采取地贸、边贸、民贸、旅游贸易一齐上,易货、现汇、转口贸易多头并举的办法,带动创汇农业和贸工农一体化的县城经济发展。

——坚持把大中型企业推向国际市场。凡具备条件的大中型企业都可直接参与对外经贸活动。

——把东部地区的资金、技术、人才、信息、管理和经营方法等优势与新疆的地缘优势、资源优势紧密结合起来,共同开拓中亚、西亚乃至东欧、西欧市场。

国家主席杨尚昆在突尼斯首都接受突尼斯电视台记者采访

国家主席杨尚昆在他下榻的国宾馆接受突尼斯电视台采访时指出:国际形势发生深刻变化后,发展中国家的处境严峻,但也面临新的机遇。国际新秩序的建立是一个很长的历史过程,需要各国共同努力。只要发展中国家团结合作,协调立场,加强南南合作,推动南北对话,就一定能为国际新秩序的建立作出贡献。

杨尚昆说:“应本·阿里总统阁下的邀请,我来到友好的突尼斯进行国事访问,几天来受到了热烈的欢迎和盛情款待。我愿借此机会,向我的朋友本·阿里总统阁下以及突尼斯政府和人民表示诚挚的谢意,并转达中国人民对突尼斯人民的友好情谊。

这次访问取得了丰富的成果,给我们留下了美好的印象。勤劳智慧的突尼斯人民在建设国家的事业中取得了巨大的成就,我们为此感到由衷的高兴。”

问:主席先生,突、中关系近年来得到明显的发展。您如何评价和展望两国关系?

答:近年来,两国关系有了很大发展。本·阿里总统阁下和我在短短一年里实现了互访。中突两国在农业、卫生、文化等领域进行着卓有成效的合作,在国际事务中一贯相互支持。昨天我同本·阿里总统会谈时,我们都表示双方将共同努力,进一步加强这种关系。今天中午,两国又签订了新的经济技术合作协定。

当然,在进行经济合作的过程中,有时候也会遇到一些困难。但我们双方都有加强合作的愿望,都坚持平等互利的原则和南南合作的精神,都能从长远的观点出发。我相信,我们两国在政治、经济等各个领域的合作前景都是广阔的、美好的。

问:发展中国家仍然经受着历史造成的痛苦与困难,至今并未从国际形势的变化中得到好处。你怎样看待发展中国家克服困难、争取建立国际新秩序的前景?

答:国际形势发生深刻变化后,发展中国家的处境是严峻的。南北矛盾在加剧,贫富差距在扩大,债务危机在发展。但在建立公正、合理的国际新秩序的伟大事业中,发展中国家也面临着新的机遇,是可以有所作为的。

国际新秩序的建立是一个很长的历史过程,需要各国共同努力。只要发展中国家团结合作,协调立场,加强南南合作,推动南北对话,就一定能为国际新秩序的建立作出贡献。

问:目前关于国际新秩序谈论很多,请问,你认为国际新秩序应建立在什么基础之上,中国为建立国际新秩序能作出什么样的贡献?

答:我们主张,建立国际新秩序应遵照联合国《宪章》的准则,以和平共处五项原则为基础。新秩序的核心是不干涉内政,尊重各国人民决定自己命运的权利。

国家不分大小、强弱、贫富,都是国际社会平等的成员,都有权为建立国际新秩序作出贡献。

国际新秩序还应包括建立平等互利、公正合理的国际经济新秩序。

中国愿同包括突尼斯在内的广大发展中国家一道,为建立一个有利于和平与发展的公正、合理的国际政治、经济新秩序而积极努力。

中国和亚美尼亚在北京签署联合公报

李鹏总理和阿鲁秋尼扬总理签署了中亚两国联合公报。两国有关部门负责人还签署了两国外交部磋商议定书,两国政府科学技术合作协定,关于鼓励和相互保护投资协定,文化、教育、卫生、体育和旅游合作协定,关于中国向亚美尼亚提供商品的政府贷款协定。

外交部部长钱其琛与突尼斯外交部长叶海亚在突尼斯举行第二次会谈

双方相互通报了各自国家的发展情况,主要讨论了落实进一步加强双边经济、技术合作的具体措施。双方一致同意将共同努力,使双方的合作项目能发挥更好的效益,同时不断增加双边进出口贸易额,以有利于两国的共同发展。

中国和突尼斯在突尼斯签署两国政府经济技术合作协定

突尼斯外交部长哈比卜·本·叶海亚和中国国务委员兼外交部长钱其琛分别代表本国政府在协定上签字。

签字仪式上突尼斯外交国务秘书努尔丁·马吉杜卜和中国经贸部副部长王文东还签署了关于中国政府向突尼斯政府提供赠款的协定。

中共中央政治局常委宋平在人民大会堂会见由总书记雷内·毛杰率领的厄瓜多尔共产党代表团

宋平表示,中国共产党愿意在独立自主,完全平等,互相尊重和互不干涉内部事务的原则基础上发展两党关系。宋平强调,要取得成功,各党要从本国实际情况出发,独立自主地制定自己的政策。

国务院港澳办主任鲁平在钓鱼台国宾馆会见英国首相特使英国外交部副次官科尔斯爵士

全国高校党建工作会议在北京结束

国办转发文化部《关于加强引进外国艺术表演和艺术展览管理意见》的通知

国务院批转建设部等部门关于解决我国城市生活垃圾问题的几点意见

国务院同意建设部、全国爱国卫生运动委员会、国家环境保护局《关于解决我国城市生活垃圾问题的几点意见》,现转发给你们,请结合实际情况贯彻执行。

关于解决我国城市生活垃圾问题的几点意见

城市生活垃圾污染已成为社会的一大公害,成为世界各国环境的突出问题之一,许多现代化的城市仍然为生活垃圾问题所困扰。目前,我国生活垃圾污染问题也日趋严重,城市环境卫生状况尚未得到根本改善。城市生活垃圾产量迅速增长,目前全国城市人均年产生活垃圾 440 公斤,城市生活垃圾总量以每年 8% 至 10% 的速度增长,预计到本世纪末全国城市生活垃圾年产量将达到八千多万吨;城市生活垃圾无害化处理率低,1990 年全国仅为 2.3%,与发达国家相比有很大差距;97.7% 的生活垃圾未经处理,任意堆置城郊,许多城市形成了"垃圾围城"的严重污染局面,既侵占大量土地,污染土壤、空气和水体,又易孳生蚊蝇,传染疾病。

党中央、国务院对城市环境卫生工作非常重视，1986年国务院办公厅转发了原城乡建设环境保护部、中央爱国卫生运动委员会《关于处理城市垃圾改善环境卫生面貌的报告》，不少地方把城市生活垃圾的清运处理工作作为“两个文明”建设和综合整治城市环境的重要内容来抓，增加了一些环境卫生设施，加强了环境卫生的管理，颁发了有关环境卫生管理的规定，城市环境卫生面貌有了一定改观。但城市生活垃圾污染问题目前仍然十分严重，主要原因是：第一，不少地方对城市生活垃圾处理问题仍然认识不足，重视不够，没有把它纳入城市重点工作的议事日程；第二，城市生活垃圾处理、处置资金严重不足，“七五”期间用于城市生活垃圾处理投资总共仅一亿元，只占这项资金主要来源（同期城市维护建设税收入）的1.8%；第三，缺乏对城市生活垃圾回收综合利用的鼓励政策，致使城市生活垃圾中的纸、塑料、玻璃、织物、金属等资源没有得到充分的再生利用；第四，环境卫生行业管理薄弱，缺乏强制性法规和行政、经济手段，生活垃圾总量的增长得不到有效控制；第五，生活垃圾处理技术和设备制造能力落后，科研工作跟不上，开发生产尚未形成能力；第六，环境卫生专业人员劳动条件差，强度大，津贴少，工资水平偏低，加上住房条件差，致使环境卫生行业招工难，专业技术人员少，后继乏人。

为解决好我国城市生活垃圾污染问题，加快城市生活垃圾处理、处置设施的建设，改善城市环境质量，促进城市“两个文明”的建设，现就解决我国城市生活垃圾问题提出如下意见：

一、提高对解决城市生活垃圾问题的认识。加快城市生活垃圾处理，是防治污染，保护环境的主要手段之一，是社会主义物质文明和精神文明建设的必要保障。只有搞好城市生活垃圾的清运和处理，才能为城市生产和人民生活创造清洁、优美、舒适的环境。城市人民政府要重视城市垃圾处理工作，要把它作为创建国家卫生城市和环境综合整治的一项重要考核内容列入市长的任期目标，要组织有关部门，编制城市环境卫生发展规划和垃圾处理设施建设计划，并纳入城市总体规划和国民经济与社会发展计划，落实实施计划和垃圾处理设施用地，认真组织实施。宣传、文化教育等部门，要加强环境意识方面的宣传教育。城市广大群众都要积极维护环境卫生，树立讲卫生、讲文明的社会新风尚。

二、加强城市垃圾管理。各城市人民政府要按照国家有关法规，尽快制定本地区城市生活垃圾管理办法。环境卫生主管部门要加强行业管理，提高服务质量，对从事城市垃圾清扫、运输和处理的企事业单位实行统一监督管理和业务指导。沿海开放城市和旅游风景城市在近期内要做到生活垃圾的分类收集和无害化处理，其他城市也要逐步实行。城市中的各单位要负责本管界内环境卫生的保洁和垃圾清运。环境卫生行政主管部门要逐步试行“政、事”、“政、企”分开，环境卫生企事业单位要深化内部经营机制的改革，加强经济核算，提高环境卫生企事业单位的经济效益。国家鼓励单位和个人兴办城市生活垃圾清扫、运输和无害化处理的专业化服务公司，实行社会化服务。城市人民政府的各有关部门，要密切配合，采取有效措施，控制垃圾总量的增长。针对城市生活垃圾大量来源于居民生活废弃物，特别是蔬菜、瓜果皮核的实际情况，商业、农业部门要积极推广净菜进城，减少蔬菜垃圾，到2000年大城市净菜进城率要达到40%，中小城市达到30%，对净菜进城实行优质优价。

三、大力开展城市垃圾的回收综合利用，提高回收利用率。城市生活垃圾中的纸类、塑料、织物、玻璃、金属、动物骨头等是重要的再生资源，各有关部门要大力扶持垃圾的资源再生和综合利用工作。对于自筹资金进行城市生活垃圾综合利用的（在国家规定的《资源综合利用目录》和《再生资源加工利用目录》之内）独立核算单位，可享受国家有关再生资源和综合利用的优惠政策。城市垃圾处理场按国家有关规定免交土地使用税。可堆腐的生活垃圾经高温堆肥处理后，应当加工成为有机肥料。农业部门应将生活垃圾加工后的有机肥纳入当地农业用肥计划，并加强农业环境监测，贯彻《城镇生活垃圾农用控制标准》。到2000年，大中城市生活垃圾综合利用率要达到40%以上。

四、采取多种渠道解决城市生活垃圾无害化处理设施建设和运行的资金。城市生活垃圾处理是社会的公益事业，原则上应当由国家、地方、受益者共同投资，大家受益。首先，城市人民政府要从城市维护建设资金中继续给予安排，国家和地方适当安排部分补助资金和优惠贷款，鼓励地方建设生活垃圾处理示范工程。其次，争取利用国内外贷款，引进国外先进技术和关键设备提高垃圾处理水平。第三，积极推行垃圾处理收费制度，按照“垃圾产生者对垃圾处理承担责任”的原则，对企事业单位按量收取生活垃圾清扫、收集、运输和处理费；逐步向居民征收生活垃圾管理费用。收费管理办法由各省、自治区、直辖市人民政府制定。所收费用专款专用，用于城市生活垃圾处理设施的建设和维护。

五、加强城市生活垃圾处理和技术监测的应用科研工作。要加强和充分利用现有科研机构、大专院校和有关部门的科研力量，搞好协同攻关。把城市生活垃圾处理和综合利用技术的研究及技术开发，列入国家和地方的重点科技发展计划。开展国际技术合作，学习借鉴国外城市生活垃圾处理先进技术，有选择地引进国外技术和专业设备。当前要继续以卫生填埋和高温堆肥为主，极少数有条件的城市可采用焚烧技术，并通过卫生监测，提高卫生无害化处理质量。

六、稳定环境卫生职工队伍。由于环卫工作苦、脏、累，因此环卫工人的工资应当高一些。各地要根据财力，为环境卫生职工多办实事，切实改善他们的工作条件，并结合住房制度和工资制度的改革，逐步解决环境卫生职工的住房困难，改善他们的工资福利待遇。

解决城市生活垃圾问题，是关系保护环境，造福子孙后代的大事，具有明显的社会、经济效益和政治意义，国内外都十分关注。只要充分发挥我国社会主义制度的优越性，依靠国家、地方各级政府的努力和各部门的大力协作，以及全社会的广泛支持，完全可能在不太长的时期内，逐步解决好这一问题。

7月5日

突尼斯总理哈米德·卡鲁伊在突尼斯会见国家主席杨尚昆

杨尚昆赞扬突尼斯自 1987 年变革以来，在加强内部团结、发展民族经济、改善人民生活、促进对外关系方面都取得了可喜的成绩。杨主席向卡鲁伊总理介绍了中国加快改革开放的情况，欢迎他有机会到中国看看。杨主席还向卡鲁伊总理转达了李鹏总理对他的问候。卡鲁伊总理对此表示感谢。

卡鲁伊向杨主席介绍了突尼斯的经济发展规划。他说，中国幅员广大，具有古老的文明，突尼斯重视同中国发展关系，希望突中两国加强政治磋商和经济合作。

《人民日报》发表评论员文章《共产党员要站在推动改革开放前列》

中国固体火箭技术跻身世界先进行列

经过 30 年的攻关，我国固体火箭技术从无到有，已经跻身于世界先进行列。

1962 年 7 月 1 日，在党中央、国务院、中央军委的直接关怀下，我国建立了第一个固体火箭发动机研究所。30 年来，我国固体火箭技术发展经历了单纯预先研究、单项型号研制、战略战术并举等阶段，固体火箭技术在各种型号研制中取得了不断突破。目前，我国已生产出宇航、战略、战术等数十种型号，几十种固体火箭发动机。

据航空航天部第四研究院有关人员介绍，目前，我国在固体火箭的壳体技术、喷管研制技术、推进剂的质量控制及燃速精度技术、无损探伤技术等方面均已达到国际先进水平。在我国已发射的 32 颗卫星上，其中 21 颗卫星运用了固体火箭发动机；我国第一颗人造地球卫星所用的第三级发动机，6 次成功发射的通讯卫星上采用的远地点发动机等，都将卫星准确推入同步轨道，其定点精度也达到世界先进水平。我国采用固体火箭技术生产的返回式遥感卫星所用的制动发动机，使卫星回收率达到百分之百，这一成就使我国成为继美国、原苏联之后，世界上第三个掌握卫星回收技术的国家。

中国网球协会顾问李铁映肯定中国网球运动改革方向

7月6日

首都各界 300 多人在中国人民抗日战争纪念馆集会纪念抗战爆发 55 周年

《人民日报》转载《证券市场周刊》创刊号张劲夫文章《加强信息服务，完善证券市场》

中共中央政治局常委李瑞环在人民大会堂会见以主席尼科拉斯·马尤吉为团长的布隆迪执政的全国团结进步党代表团

李瑞环说，今年初邓小平同志南巡时发表的重要谈话，推动了全国人民的思想解放，促进了改革开放和各项工作的发展。他指出，一个党在执政后，必须把主要精力放在发展经济上，不断增强综合国力，努力提高人民生活水平。只有这样才能巩固自己的执政地位。

在谈到国际问题时，李瑞环说，加强同第三世界国家的团结与合作是中国对外政策的一个基本点，中国非常重视和关心非洲的发展。

国务院副总理吴学谦在中南海紫光阁会见英国首相特使英国外交部副次官科尔斯爵士

吴学谦在会见中说，这次中英双方就香港新机场财务安排进行了广泛的会谈，会谈对最终解决香港新机场财务安排是有帮助的。他说，中国政府始终认为，新机场的建设对香港的长远发展有积极意义，中国政府对新机场工程一直采取积极支持的态度。吴学谦表示，只要中英双方都按关于香港新机场问题谅解备忘录的精神办事，香港新机场的财务安排就能得到解决，新机场有关项目就一定能早日开工，按时完成。

会见时，科尔斯爵士还转交了英国首相梅杰致李鹏总理的信。

中国和英国关于香港新机场财务安排的高层会谈在北京结束

中国和亚美尼亚在北京公布联合公报

一、应中华人民共和国国务院总理李鹏的邀请，以亚美尼亚共和国副总统兼总理加吉克·阿鲁秋尼扬为首的政府代表团于1992年7月2日至6日对中华人民共和国进行了正式访问。

李鹏总理与阿鲁秋尼扬总理举行了会谈。中华人民共和国全国人民代表大会常务委员会委员长万里会见了阿鲁秋尼扬副总统兼总理。两国领导人在友好、诚挚、求实的气氛中就中亚双边关系和其他共同关心的问题交换了意见。

二、根据双边会谈结果，双方签署了《中华人民共和国外交部和亚美尼亚共和国外交部磋商议定书》、《中华人民共和国政府和亚美尼亚共和国政府科学技术合作协定》、《中华人民共和国政府和亚美尼亚共和国政府关于鼓励和相互保护投资的协定》、《中华人民共和国政府和亚美尼亚共和国政府文化、教育、卫生、体育和旅游合作协定》、《中华人民共和国政府和亚美尼亚共和国政府关于中国向亚美尼亚提供商品的政府贷款协定》。

三、双方一致认为，中亚第一次高级领导人之间的会晤具有重要意义，确定了中华人民共和国和亚美尼亚共和国相互关系的原则，并将促进两国互利合作的发展。这符合两国人民的利益和愿望，有助于维护亚洲及世界的和平与稳定。双方一致认为，两国领导人之间政治接触和对话是重要的和有益的，今后将继续下去。

四、双方声明，中华人民共和国和亚美尼亚共和国将在互相尊重主权和领土完整、互不侵犯、互不干涉内政、平等互利、和平共处的原则基础上发展人民之间的友好关系和两国之间的互利合作。

五、双方将大力发展两国在政治、经济、科技、农业、贸易、交通、通讯、文化、教育、卫生、新闻、旅游、体育和其他领域的平等和互利合作，增进相互之间的了解和往来。

六、双方一致认为，经济合作和贸易是两国相互关系的重要组成部分。双方将采取措施保证在经济、贸易交流和其他领域内的互利联系的发展。

双方在本国法律范围内创造良好条件，鼓励对方在自己领土上投资并加以保护，以发展有效的合作经营活动。

七、双方鼓励两国国家组织、企业、机关、民间及其他组织进行合作，认为这种合作有助于中国和亚美尼亚之间各方面联系的发展。

八、双方将在环境保护、解决生态问题方面进行双边合作，并将在相互信任、平等互利的基础上努力发展合作的新领域。

九、亚美尼亚政府承认中华人民共和国政府是中国的唯一合法政府，台湾是中国领土不可分割的一部分。亚美尼亚共和国政府确认不和台湾建立官方关系。

十、中华人民共和国政府支持亚美尼亚共和国政府保障其政治、经济独立和维护民族利益的立场，支持亚美尼亚共和国成为国际组织的成员。

十一、中华人民共和国政府一贯主张，国际争端应通过和平方式解决。中国方面支持包括联合国在内的国际社会为和平调解纳卡冲突所作的努力。

十二、中华人民共和国和亚美尼亚共和国主张在本文件第四条中所阐明的和平共处五项原则的基础上建立公正的国际政治和经济新秩序，认为这一秩序符合人类的发展和保障世界和平的利益，反映世界各国人民的共同愿望。

十三、双方确认各自恪守联合国宪章的宗旨和原则，主张提高联合国的威望，支持联合国在国际事务、解决全球和地区性问题方面发挥更大的作用。世界所有国家，不论大小、强弱、贫富，都有权成为国际社会享有充分权利的一员，平等参与国际生活。

解放军副总参谋长徐惠滋中将在北京会见由约瑟夫·普尔哈姆中将率领的奥地利军官访华团

7月7日

国家主席杨尚昆在亚穆苏克罗总统官邸同科特迪瓦总统博瓦尼正式会谈

杨尚昆说，中国支持非洲的发展，不管国际形势如何变化，中国同非洲国家团结合作的立场不会改变。

杨尚昆说，科特迪瓦和其他非洲国家对世界的发展作出了贡献，非洲国家面临的问题应该得到妥善解决，中国主张建立一个公正合理、平等互利的国际新秩序。

《人民日报》发表国务院总理李鹏的文章《积极推进县级机构改革》

全国政协原主席李先念部分骨灰撒放在曾经战斗过的大别山大巴山祁连山

国务院《关于对海南省洋浦经济开发区海关管理问题的批复》

海关总署、国务院特区办：

国务院同意《中华人民共和国海关对进出海南省洋浦经济开发区货物、运输工具、个人携带物品和邮递物品的管理办法》，由海关总署发布执行。

中华人民共和国海关对进出海南省洋浦经济开发区货物、运输工具、个人携带物品和邮递物品的管理办法

第一章 总　则

第一条 为了促进洋浦经济开发区(以下简称开发区)的建设，发展外向型经济，根据《中华人民共和国海关法》以及国家其他有关法规的规定，制定本办法。

第二条 开发区为海关监管区，海关在开发区内依法执行监管任务。开发区与非开发区(指中国境内的其他地区，下同)之间设置封闭式的隔离设施。

第三条 开发区企业应持开发区行政管理部门颁发的有效证件向海关登记备案。

第四条 进出开发区的货物、运输工具、个人携带物品和邮递物品，必须经由海关指定的通道进出。货物收发货人、物品所有人、运输工具负责人以及他们的代理人应如实向海关申报，按规定填写进出口货物报关单，并交验有关单证，接受海关检查。

第五条 开发区进口的货物仅限在开发区内使用，未经批准，严禁向非开发区转让、销售。开发区生产的产品原则上应予出口。

第六条 国家禁止的进出口货物、物品不得运入、运出开发区。

第七条 开发区企业应当按照国家有关法律、法规的规定，设置会计科目、账簿和报表，定期列表报送海关核查。

第八条 海关对开发区内涉嫌走私人员、运输工具及有关场所，有权按照《中华人民共和国海关法》的规定进行检查。

第二章 对进出口货物的管理及税收优惠政策

第九条 开发区从境外进口的供开发区内使用的机器、设备、基建物资、生产用车辆、交通工具、办公用品，供开发区加工出口产品的原材料、零部件、元器件、燃料、包装物料，转口货物，供开发区市场销售的消费类物资，以及在开发区加工运输出境的产品，免领进出口许可证。

第十条 开发区的进出口货物，其关税和工商统一税(产品税或增值税)按下列规定办理：

(一)开发区基础设施建设所需进口的机器、设备和基建物资，予以免税；

(二)开发区企业进口自用的建筑和装修材料、生产和管理设备、生产及营业用燃料，数量合理的生产用车辆、交通工具、办公用品，以及上述机器设备、车辆所需维修零配件，予以免税；

(三)开发区行政、事业单位进口自用的数量合理的交通工具、办公用品、管理设备，比照本条第(二)项的规定办理；

(四)开发区经营交通、通讯、房地产、商业、饮食业等服务性行业所需进口的前述第(一)(二)(三)项物资予以免税；

(五)经国家主管部门批准设立的国营外币免税商场在规定的限额和品种内进口的商品予以免税；

(六)开发区企业进口专为生产出口产品所需要的原材料、零部件、元器件、包装物料，以及转口货物，予以保税；

(七)开发区进口供应区内市场的消费类物资，按规定税率减半征税，进口烟、酒应照章征税；

(八)开发区生产的产品出口，免征出口关税。

第十一条 开发区内经营转口贸易的货物应存放在海关指定的仓库、场所，并接受海关监管。转口货物经海关核准，可在仓库内进行分级、挑选、刷标志，改换包装等简单加工。

第三章 对往来开发区与非开发区之间货物的管理

第十二条 往来开发区与非开发区的货物视同进出口，应由货物的收发货人或其代理人向海关申报，接受海关检查。

第十三条 非开发区为开发区建设提供的建筑材料、施工机械等以及日常生活所需的生活资料进入开发区的，须经海关核准，并接受海关监管。

第十四条 开发区生产的产品销往非开发区，或者将开发区的进口货物运往非开发区，需经海关核准，并向海关交验国家规定的批准证件，海关按有关规定办理手续。

第十五条 开发区企业进口的料、件运往非开发区委托加工成品出口，须经海关核准。

非开发区的企业将料、件运往开发区，委托区内生产企业加工的，应办理海关手续。如需使用或消耗区内企业的进口料、件，应报经海关批准。运出开发区应办理有关进口手续。

第十六条 开发区企业使用免税进口原材料、零部件、元器件加工装配的制成品，在区内销售时，按法定税率减半征收税款；经批准运往非开发区时，由海关按照有关规定，免征或补征税款。需补征税款的制成品，发货人或其代理人对所含进口料、件的品名、数量、价格申报不清的，海关按照制成品补征税款。

第十七条 非开发区通过开发区进出口的货物，为海关监管货物，应按照海关转关运输货物的规定管理，在海关规定的时间内，按指定的路线通过开发区。

第四章 对进出开发区运输工具的管理

第十八条 开发区的进出境运输工具，应由运输工具的所有人或其代理人向海关申报，并接受海关监管和检查。

第十九条 在开发区与非开发区之间运营的运输工具，应持海南省人民政府或其他指定的主管部门批准的证件办理登记备案手续。运输工具进出开发区时，应向海关申报，并接受海关检查。

第五章 对个人携带物品和邮递物品的管理

第二十条 个人携带进出境的行李物品和邮寄进出境的物品，应向海关申报，除国家禁止进出境的物品外，海关按规定予以查验放行。

第二十一条 个人携带行李物品从开发区进入非开发区应向海关申报，并接受海关检查，海关比照进出境旅客行李物品监管办法办理。

个人邮寄物品从开发区进入非开发区，海关比照进出境邮递物品的监管办法办理。不得从开发区往非开发区邮寄国家限制进口的物品。

第六章 附 则

第二十二条 开发区进口的减免税货物、保税货物的监管手续费，应按照《中华人民共和国海关对进口减税、免税和保税货物征收海关监管手续费的办法》办理。

第二十三条 对走私和违反海关规定的行为，由海关按照《中华人民共和国海关法》和其他有关法律、法规的规定处理。触犯刑律的，移送司法机关追究刑事责任。

第二十四条 本办法未尽事宜，按海关对海南经济特区的现行规定办理。

第二十五条 本办法的实施日期，在开发区的隔离设施经海关验收合格后，由海关总署确定。

第二十六条 海口海关应根据本办法制定实施细则，报海关总署批准后施行。

第二十七条 本办法由海关总署负责解释。

国务院关于丹东市建立边境经济合作区的批复

同意丹东市在继续实行沿海经济开放区政策的同时，建立边境经济合作区，实行国务院国函〔1992〕21号文件规定的有关边境经济合作区的政策。边境经济合作区的具体地点和范围，由国务院特区办公室会同有关部门审定。

农业部确定四川省云阳县为三峡库区农业移民性科技开发示范县

为使三峡库区移民更好地发挥科技的作用，农业部最近选择四川云阳县作为三峡库区农业移民性科技开发示范县，并拨出250万元专款作为科技开发组织活动经费，由在重庆的西南农业大学具体组织实施。

中国科协国家计委和国务院经贸办在中南海怀仁堂共同举办全国厂矿企业科技人员“讲理想、比贡献”事迹报告会

国务院副总理邹家华在报告会上发表讲话说，要保证国民经济再上一个新台阶，一个重要环节就是要下决心搞好国有大中型企业，要做到这一点，核心的问题是要充分发挥企业广大科技人员的积极性、主动性、创造性和创新精神。

国家教委主任李铁映在大连陆军学院举行的1991级复旦大学军训结业典礼上发表讲话

李铁映指出，对高等院校新生进行军政训练是党中央、国务院、中央军委作出的具有战略意义的决策，是高等教育改革的重要措施。事实证明，这项决策是完全正确的，改革是成功的，并且日益得到学校、学生、家长和社会的肯定和赞扬。

第一部反映弱智儿童生活的影片《启明星》电影招待会在人民大会堂举行

中共中央政治局常委李瑞环在接见《启明星》创作人员时的谈话

同志们：

我同大家的感受一样，《启明星》确实是一部好影片，既有深刻的思想内容，又有强烈的艺术感染力，相信公映后将会产生良好的社会效果。

这部片子所展示的父子情、师生情、师徒情、同事情，都是普通人的生活，即所谓凡人小事，但它却反映了我们这个民族的传统美德，揭示了社会主义社会平等、团结、友爱、互助的新型人际关系。建立一个良好的人际关系，是社会主义道德建设的基本要求。在过去相当长的时期里，由于“左”的思想影响，由于一些人用“阶级斗争为纲”的观点来对待人民之间的矛盾，随意拿大帽子压人，在一些地方人际关系被严重扭曲，造成不必要的紧张。这是不符合广大人民群众意愿的。我们常说，家和外顺，民乐国兴。和谐的人际关系，稳定的社会秩序，是全面贯彻党的基本路线，加快改革开放步伐，力争经济更好更快地迈上新台阶的重要保证。如果我们每个人都能多一分理解、真诚和友谊，都能保持像《启明星》反映的那种团结、友爱和互助的精神，那么，何愁国家不长治久安，何愁经济不繁荣发展！

十一届三中全会以来，在党和政府的关怀下，我国的残疾人事业有了很大发展，关心和帮助残疾人已经开始成为一种社会风尚。《启明星》所描述的爱护弱智儿童的感人事迹，是我国当今社会关心残疾人的一个生动写照。当然，残疾人在康复、教育和生活等方面仍然存在着不少困难，还需要全社会的进一步关心和帮助。“为政之道，在于安民；安民之要，在察其疾苦而已。”关心群众疾苦，尤其要关心残疾人的困难，这既是社会主义制度优越性的一种体现，也是人类文明和社会进步的一个标志。影片所表现的关心弱智儿童的社会风尚，我们应该大力发扬。

《启明星》用弱智儿童演弱智儿童是电影艺术的一种尝试。把这样一部表演和拍摄难度很大的片子拍得如此成功，是很不容易的。看得出，谢晋同志、航鹰同志以及所有参与的同志，为此付出了艰苦的劳动，倾注了大量的心血。我们要在文艺界提倡这种精神。当前，在邓小平同志南巡重要谈话鼓舞下，我国改革开放和经济建设的势头很好，各项事业蓬勃发展。思想文化战线要跟上这个形势，切实把小平同志谈话的精神落到实处。文艺工作者要解放思想，贴近群众，推进改革，表现时代，努力为人民创作出更多更好的作品，为创造一个文学艺术百花齐放、万紫千红的新局面而团结奋斗。

新闻出版署国家语言文字工作委员会发布《出版物汉字使用管理规定》

第一条 为使报纸、期刊、图书、音像制品等出版物使用汉字规范化，消除用字不规范现象，根据国家有关新闻出版的法律、法规和关于汉字使用的有关规定，根据我国的实际情况，制定本规定。

第二条 本规定适用于经国家新闻出版行政管理机关批准出版发行的报纸、期刊、图书、音像制品等出版物。

第三条 本规定所称的规范汉字，主要是指 1986 年 10 月根据国务院批示由国家语言文字工作委员会重新发表的《简化字总表》所收录的简化字；1988 年 3 月由国家语言文字工作委员会和新闻出版署发布的《现代汉语通用字表》中收录的汉字。

本规定所称不规范汉字，是指在《简化字总表》中被简化的繁体字；1986 年国家宣布废止的《第二次汉字简化方案(草案)》中的简化字；在 1955 年淘汰的异体字(其中 1986 年收入《简化字总表》中的 15 个字不作为淘汰的异体字)；1977 年淘汰的计量单位旧译名用字；社会上出现的自造简体字及 1965 年淘汰的旧字形。

第四条 新闻出版署和国家语言文字工作委员会主管全国出版物汉字使用的规范工作。

各省、自治区、直辖市新闻出版行政管理机关和语言文字工作机关，主管本行政区域内出版物汉字使用的规范工作。

第五条 报纸、期刊、图书、音像制品等出版物的报头(名)、刊名、封皮(包括封面、封底、书脊等)、包装装饰物、广告宣传品等用字，必须使用规范汉字，禁止使用不规范汉字。

出版物的内文(包括正文、内容提要、目录以及版权记录项目等辅文)，必须使用规范汉字，禁止使用不规范汉字。

第六条 向台湾、香港、澳门地区及海外发行的报纸、期刊、图书、音像制品等出版物，可以用简化字的一律用简化字，如需发行繁体字版本的，须报新闻出版署批准。

第七条 下列情形可以不适用第五条、第六条的规定：

(一)整理、出版古代典籍；

(二)书法艺术作品；

(三)古代历史文化学术研究著述和语文工具书中必须使用繁体字、异体字的部分；

(四)经国家有关部门批准，依法影印、拷贝的台湾、香港、澳门地区及海外其他地区出版的中文报刊、图书、音像制品等出版物。

第八条 报纸、期刊、图书、音像制品出版单位在申请创办时，必须向批准机关提交出版社社名、报名、刊名字样，经审定符合规范获得批准后方可使用。

第九条 印刷通用汉字字模的设计、计算机编排系统和文字信息处理系统使用汉字，必须符合国家标准和有关规定。需要使用繁体字的，须经新闻出版署批准。

第十条 新闻出版行政管理机关和语言文字工作机关负责对出版物汉字使用情况进行监督检查。

被检查单位不得拒绝提供检查需用的出版物样本。

第十一条 违反本规定，有下列情形之一的，由省级以上(包括省级)新闻出版行政管理机关根据情节轻重分别处以责令改正、警告、500 元以上 5000 元以下罚款、停业整顿的行政处罚：

(一)违反第五条第一款，报纸报头(名)使用不规范汉字 1 个字以上(含 1 个字)，日报连续 6 期以上，周报连续 3 期以上，半月报连续 2 期以上的；

(二)违反第五条第一款，期刊刊名及封皮、包装装饰物、千字以内的广告宣传品使用不规范汉字 1 个字以上(含 1 个字)，半月刊连续 2 期以上，月刊、双月刊、季刊 1 期以上的；

(三)违反第五条第二款,在1期(1册、1盒)内,报纸、期刊、图书、音像制品等出版物内文使用不规范汉字占总字数千分之一以上的;

(四)违反第六条规定的。

第十二条 出版单位和印刷单位,对行政处罚决定不服的,可以在接到处罚决定书之日起15日内,依法申请行政复议;对行政复议决定不服的,可以在接到复议决定书之日起15日内向人民法院提起诉讼。

逾期不申请复议也不提起诉讼,又不履行处罚决定的,由作出处罚决定的机关申请人民法院强制执行。

第十三条 各省、自治区、直辖市新闻出版行政管理机关和语言文字工作机关,可根据本规定制定实施办法。

第十四条 本规定由新闻出版署和国家语言文字工作委员会负责解释。

第十五条 本规定自1992年8月1日起施行。

本规定生效前,报头(名)、刊名、封皮中已经使用不规范汉字的,要加以纠正。

新闻出版署

国家语言文字工作委员会

1992年7月7日

抢劫并杀害两名日本游客的张云景在昆明被处决

7月8日

国务院总理李鹏在人民大会堂会见罗马尼亚众议院议长丹·马尔茨安率领的罗中友好议员代表团

李鹏说:"不管罗马尼亚发生什么情况,中国始终愿意同它发展友好合作关系。"

李鹏说,中国奉行独立自主的和平外交政策,愿意同世界上所有国家发展友好合作关系。中国认为,一个国家选择什么样的社会制度和意识形态,应由这个国家的人民来决定、来选择。

李鹏说,中国在社会和经济发展方面取得显著成就,主要是由于中国实行了改革开放的政策和保持了国内的政治稳定。

李鹏强调,中国将充满信心地沿着建设有中国特色的社会主义的道路走下去。

在谈到国际形势时,李鹏说世界各国应该加强联系,相互帮助,平等相待。中国反对少数几个国家把自己的意志强加于别国。

李鹏指出,目前世界上尤其在欧洲仍然充满着矛盾和冲突。中国一贯主张,国与国之间的矛盾和争端应该通过和平协商的途径来解决,要提倡和平共处五项原则。

在谈到某些欧洲国家目前所面临的经济困难时,李鹏强调主要应通过本国人民的努力,发展经济来解决。

第二届"海峡两岸关系与和平统一研讨会"在香港开幕

研讨会由中国和平统一促进会和台湾中国统一联盟联合举办。

中国和平统一促进会执行会长钱伟长在开幕式上致词说,近两年来,在海峡两岸同胞的共同推动下,两岸关系有了可喜的进步,和平统一的形势也有新的发展。钱伟长指出,近几年岛内搞"独立"的声音有所加大,并且与某些分离主义相呼应,这是大家所不赞成的。

来自台湾的中国统一联盟执委会主席林书扬在致词中表示,中国统一联盟致力推动的工作,就是增进两岸关系的发展和实现和平统一;克服那些不利于发展两岸关系的负面影响。

中国统一联盟名誉主席胡秋原在致词中表示:"我们的任务就是要'加热',使两岸更快地统一起来,团结起来,融合起来。这是顺天应人的大变,是历史文化的潮流。"

国务院总理李鹏主持总理办公会听取国家气象局国家防汛总指挥部办公室关于前阶段汛情防汛工作以及当前气象形势的汇报

6月份以来,福建、浙江、江西、广西、四川等省、自治区部分地区先后降大到暴雨,闽江发生了50年一遇的特大洪水,赣江、信江、兰江、漓江等河流发生了10年一遇的较大洪水。山东、河南、河北、江苏、陕西等省部分地区持续干旱。这些地区的党政领导正在带领广大军民奋起抗灾救灾。

李鹏代表国务院向灾区广大干部、群众、人民解放军指战员表示亲切慰问。他要求各地要立足于防汛抗旱,不能有丝毫麻痹、松劲情绪和侥幸心理。李鹏指出,防汛抗旱是一项长期而艰巨的任务,必须有长期打算,做到常备不懈,防汛抗旱两手抓。已经发生洪水的地区,一方面要关心、安排好灾区群众生活,一方面要抓紧修复水毁工程,做好迎战下一次洪水的准备。在退水阶段,要加强巡视,严密防守,抓紧恢复生产。干旱地区要继续抓紧抗旱,尽可能减少损失。

国家国有资产管理局国家科委国家体改委印发《关于科研机构兴办科技开发企业国有资产管理暂行规定》

国务院总理李鹏在人民大会堂会见以日中经济协会会长河合良一和日中投资促进机构会会长池浦喜三郎为首的日本经贸团体的代表

李鹏说，“在今后十年里，我们将在巩固和发展现有经济特区、沿海开放城市、经济和技术开发区等改革开放成果的同时，把以上海浦东为龙头的长江流域的开发作为发展的重点。我们还要大力推进沿边地区口岸的开放和发展。这一切将为进一步发展中日经贸关系开辟新的广阔的前景。”

他说，去年中日两国贸易总额超过了 200 亿美元，今年可望达到 250 亿美元。中国在发展经济过程中，重视学习包括日本在内的所有国家的先进技术和管理经验。

国务院总理李鹏在人民大会堂会见瑞士经济部部长让—帕斯卡尔·德拉姆拉

李鹏说，今年年初，他在出席达沃斯世界经济论坛会议之后有机会同瑞士领导人进行了有益的会谈。这对进一步发展两国关系有着积极的作用。他说，中瑞两国有着长期的贸易关系，特别是近年来取得了可喜的进展。中国已从瑞士进口了机械、设备、精密仪器、医药和农药等产品。两国在众多的领域里存在着良好的发展前景。此外，双方在投资方面的合作有了良好的开端。

李鹏说，中国的全方位开放政策将为进一步推动中国同包括瑞士在内的发达国家的经济技术合作创造有利的条件。谈到有关关贸总协定的问题时，李鹏强调，中国正在谋求恢复在关贸总协定的缔约国地位。我们希望中方这一正当要求能够得到包括瑞士在内的协定成员国的支持。李鹏说，中国在关贸总协定缔约国地位恢复之后，将理所当然地享受协定所规定的权利，同时也将遵守协定的义务。我们认为权利和义务是统一的。

德拉姆拉说，瑞士希望中国在关贸总协定的缔约国地位早日得到恢复。作为协定中国工作组主席，瑞士将为此作出自己的努力。

中共中央政治局常委中央纪委书记乔石在钓鱼台国宾馆会见由老挝人民革命党中央政治局委员党政监察委员会主任迈占丹·森玛尼率领的老挝党政监委代表团

外交部部长钱其琛在亚穆苏克罗同科特迪瓦外交部长阿马拉·埃西举行工作会谈

钱其琛说，中国政府同科特迪瓦政府对非洲形势的看法是一致或相近的。

钱其琛表示，希望南非当局采取明智务实的态度，希望南非各解放组织加强团结。钱其琛说：“我们希望看到一个和平、民主、种族平等的新南非早日出现。”

外经贸部部长李岚清在北京同瑞士经济部长德拉姆拉举行会谈并签署中国政府与瑞士政府关于保护知识产权的谅解备忘录

参加联合国经社理事会高级会议的中国代表团团长常驻联合国代表李道豫大使就加强国际合作促进发展问题阐述中国的立场与看法

李道豫说，和平与发展是当今世界的两大主题。没有和平，就没有发展；没有发展，就谈不上持久的和平。但是和平不能代替发展。因此，联合国作为唯一的最具普遍代表性的政府间机构，在和平与安全方面继续发挥作用的同时，应注意将发展问题置于最优先地位。

李道豫说，改善和加强联合国在发展领域的作用，应包括对联合国进行必要的改革。中国支持一切旨在促进发展与国际合作，特别是有利于发展中国家的经济发展的建议，赞成提高联合国的工作效率和质量，愿意继续听取和研究有关联合国改革的建议。

与此同时，中国主张改革不能以任何形式损害国家主权；应维持联合国发展领域各机构间的合理分工；多年来行之有效的多边援助的基本原则应继续得到贯彻执行，不应利用联合国的改革试图对其系统的援助附加政治条件；有关改革的措施应根据协商一致的原则通过和实施。

国家教委发出通知决定在全国教育系统女教职工中开展巾帼建功活动

7 月 9 日

国家主席杨尚昆在阿比让会见科特迪瓦议长贝迪埃

杨尚昆对科特迪瓦政府在博瓦尼总统领导下，对内实行“和平、稳定、对话、发展”的政策，在维护国家安定，发展国民经济，改善人民生活方面取得的成就表示高兴。杨尚昆赞扬科特迪瓦奉行不结盟和全方位外交政策，强调以对话、谈判解决地区冲突，致力于睦邻友好和非洲团结，主张开展南南合作和要求建立国际经济新秩序。

杨尚昆说：“我们对中科友好关系的发展感到满意，对科特迪瓦坚持一个中国，不与台湾发生官方关系的立场表示赞赏，对科特迪瓦支持中国成为不结盟运动观察员国和支持恢复中国关贸总协定缔约国的地位表示感谢。”

全国人大常委会副委员长彭冲在北京举行的人民代表大会制度研究和宣传工作座谈会上发表讲话

彭冲指出，搞社会主义民主和法制，离不开健全和完善的人民代表大会制度。我们应当从国家整个战略目标、战略布局上，认识坚持和完善人民代表大会制度的重要性。真正按照这一根本政治制度办事，我们国家的长治久安就有了保证，社会主义现代化建设和改革开放事业就能顺利进行。

彭冲说，我国的政治体制改革实际上是从健全人民代表大会制度开始的，已经取得了明显成效。人民代表大会制度在国家政治生活中起了重要作用，这是应当充分肯定的。当然，也要看到人民代表大会制度还不健全，它的优势还没有完全发挥出来。坚持和完善人民代表大会制度仍然是一个艰巨的任务。这些年来，人们对人民代表大会制度的认识，总的说有了很大提高。但是，不尊重这一根本政治制度，不依法办事的现象仍然存在。出现这些现象，不是偶然的，有历史的现实的原因。对此，应该进行宣传教育，提高认识，更新观念，增强人民代表大会制度意识。

彭冲在谈到人民代表大会工作要更好地为经济建设和改革开放服务时说，要进一步完善我国的民主制度和法律体系，用法律来规范和调整各种经济关系，特别是加快经济立法。

彭冲接着指出，在我们国家，任何国家机关，都必须接受监督，宪法对此作出了明确规定。这种监督，既是为了防止滥用权力，也是为了把工作做得更好，更加符合人民和国家的利益。从体制上说，要处理好党组织和国家政权机关的关系，做到各司其职，逐步走向制度化。从工作上说，监督的内容、范围、方式、程序等都需要进一步规范化、制度化。要抓紧制定监督法。近几年来，各地人大开展监督工作相当活跃，不少省、市开展了代表评议“一府两院”的活动，效果不错。实践证明这是人民群众创造的社会主义民主政治建设的一种好形式，是代表执行代表职务进行监督的一个重要途径，也是密切联系群众和加强廉政建设的一项重要措施。

民政部和总政治部发出通知要求各地在“八一”期间开展拥军优属拥政爱民活动

民政部和解放军总政治部日前发出要求各地在“八一”期间开展拥军优属拥政爱民活动的通知。

通知提出：

一、广泛进行宣传教育，进一步增强广大军民做好双拥工作的自觉性。各地要结合实际，运用各种形式广泛进行国防教育和爱国拥军教育，大力宣传人民军队建军65年来的光辉业绩，宣传人民军队在维护国家安全和稳定中的重要地位，宣传人民军队为改革开放“保驾护航”的重要作用，使广大干部和人民群众进一步树立改革开放越深入，越要高举爱国拥军旗帜的思想。

二、“八一”前夕，各地和各部队要对照中央关于进一步加强军政军民团结的要求，对拥军优属、拥政爱民工作认真进行一次全面检查，很好总结分析创建双拥模范城(县)活动的情况，在肯定成绩的同时，找出薄弱环节，提出改进措施，使之不断巩固提高。

三、适应改革开放的新形势，不断加强和改进双拥工作。各级地方政府要深入调查，认真研究改革开放新形势下优抚安置工作面临的新情况、新问题，教育广大优抚对象积极投身改革，正确对待利益关系的调整，采取措施，制定相应的政策规定，切实保障优抚对象的合法权益。

四、从实际出发，开展丰富多彩的慰问联谊活动。

国家土地管理局国家体改委《股份制试点企业土地资产管理暂行规定》

土地是国家的重要资源和资产，也是重要的生产资料，随着经济体制改革的深入发展，土地使用制度将逐步由划拨供应方式转变为有偿供应的资产化管理方式。现根据国家体改委等部门《关于印发〈股份制企业试点办法〉的通知》的要求，对实行股份制试点企业(以下简称股份制企业)的土地资产管理作以下规定：

一、改组或新设股份制企业时，涉及的国有土地使用权必须作价入股。土地使用权的价格由县级以上人民政府土地管理部门组织评估，并报县级以上人民政府审核批准后，作为核定的土地资产金额。

二、改组或新设的股份制企业，凭负责审批、组建股份制企业主管部门(股份制企业试点期间为国家及省级体改部门，下同)批准文件，向当地人民政府土地管理部门申请土地登记或变更土地登记。股东单位在改组或新设股份制企业之前，已经领取国有土地使用证的，由土地管理部门对用地情况进行复核，用地情况发生变化的进行变更登记，更换或更改国有土地使用证；尚未领取国有土地使用证的，由土地管理部门进行地籍调查，核实权属、界址、面积和用途，经审核注册登记，颁发国有土地使用证。

三、通过出让方式取得国有土地使用权的土地资产与股东单位其他资产一并入股。土地使用权由改组或新设后的股份制企业持有。

(一)土地资产入股期限为土地使用权出让年期减

去原股东单位以出让方式获取土地使用权后已使用的年期；

(二)在土地使用权出让期限内，持有土地使用权的股份制企业须承担土地使用权出让合同和土地登记文件所载明的权利和义务；

(三)在土地使用权出让期内，持有土地使用权的股份制企业应依法缴纳土地税费；

(四)土地使用权出让期届满，股份制企业须到土地管理部门依法办理土地使用权注销登记手续，土地使用权由国家依法收回；股份制企业如需续期使用土地，应重新向原土地管理部门申请办理出让手续，支付土地使用权出让金，并办理土地登记手续。

四、以划拨方式取得国有土地使用权的股份制企业，在补办土地使用权出让手续、补交出让金、进行土地登记后，土地使用权由股份制企业所持有。其他要求按本《规定》第三条办理。

五、使用集体所有土地的股份制企业，必须持负责审批组建股份制企业主管部门批准文件，向县级以上人民政府土地管理部门提出申请，经县级以上人民政府批准，按国家建设征用土地的规定由国家征用，依法出让给股份制企业，或由国家作为土地资产入股；原集体土地所有者可用获得的征地补偿、安置费向该股份制企业投资入股。

六、土地登记、估价所需经费按国家有关规定执行。

七、本办法由国家土地管理局负责解释。

国家主席杨尚昆在阿比让总统府宾馆对科特迪瓦电视台记者发表谈话

杨尚昆说，中国重视同非洲国家的关系，在当前新的国际形势下，愿意继续加强这种关系。他郑重宣布：

一、中国支持非洲各国为维护国家主权、民族独立、反对外来干涉和发展经济所作的各种努力。

二、中国尊重非洲各国根据自己国情选择政治制度和发展道路。

三、中国支持非洲国家加强团结合作，联合自强，通过和平协商解决国与国之间的争端。

四、中国支持非洲统一组织为谋求非洲大陆的和平稳定和发展以及实现经济一体化所作的努力。

五、中国支持非洲国家作为国际社会平等的成员，积极参与国际事务和为建立公正合理的国际政治、经济新秩序而进行的努力。

六、中国愿意在互相尊重主权和领土完整、互不侵犯、互不干涉内政、平等互利、和平共处等项原则的基础上，发展同非洲各国的友好往来和形式多样的经济合作。

杨尚昆说，非洲是富饶的大陆，非洲人民是勤劳勇敢、富有光荣传统的人民。万水千山挡不住中、非人民之间的友好交往。过去，中国人民和非洲人民有着受到帝国主义、殖民主义剥削压迫的共同遭遇。当前，维护世界和平和发展经济的共同任务又把我们紧密地联系在一起。

在谈到对科特迪瓦的访问和中科关系时，杨尚昆说："科特迪瓦日益发展的经济和她在非洲大陆上所起的积极作用给我留下了深刻难忘的印象。中科建交以来，两国友好关系得到了令人满意的发展。我祝愿中科友谊之树茁壮成长，结出丰硕之果。"

杨尚昆说："在即将结束对友好的科特迪瓦的访问的时候，我愿借此机会转达中国人民对科特迪瓦人民诚挚的问候。我再次对我们在访问期间所受到的盛情接待向博瓦尼总统、科特迪瓦政府和人民表示衷心谢意。"

外交部发言人吴建民就有关西方七国首脑会议、和平解决国际争端及香港新总督彭定康上任等问题答记者问

问：你对西方七国首脑会议结果有何评论？

答：会议讨论的问题不少。会议未能像人们所希望的那样，就改善南北关系、减轻发展中国家的沉重债务负担、促进发展等方面采取切实有效的措施，亦未在推动乌拉圭回合谈判方面取得突破。

问：你对西方七国首脑会议主席声明中有关中国部分有何评论？

答：中国将按照自己的国情继续坚定不移地走自己的路。我们愿意在和平共处五项原则的基础上继续改善和发展与西方七国的互利合作关系，这符合双方的利益，也有利于世界的和平、稳定与发展。

问：摩尔多瓦议会通过决议，呼吁俄罗斯、乌克兰、白俄罗斯、罗马尼亚和保加利亚向摩派出维持和平部队。你对此有何评论？

答：中国政府一贯主张，国际争端应通过和平方式解决。我们支持一切有助于推动冲突各方和平解决争端的努力。

问：你对新任香港总督彭定康有何期待？

答：我们希望彭定康先生上任后，能够在《中英联合声明》和《关于香港新机场建设及有关问题的谅解备忘录》的基础上，为了中英双方在香港问题上的友好合作关系继续发展、为维护香港的长期繁荣稳定、确保香港的平稳过渡和 1997 年政权的顺利交接作出贡献。

问：日本政府已公布了"随军慰安妇"的调查结果，其中涉及到中国妇女。你对此有何评论？

答：日本军国主义者在发动侵略战争期间，犯下了许多严重罪行，随军妓女是其中之一。中国也有不少受害者。我们注意到日本政府公布的调查结果和所表示的歉意和反省。我们希望日方严肃认真地对待和处理这一问题。

吴建民在记者招待会上还重申了中方关于应当尽早恢复中国在关贸总协定的缔约国地位的一贯立场。

发言人说，1971 年关贸总协定缔约国大会根据联合国大会通过的 2758 号决议，决定取消台湾当局在关贸总协定的观察员资格，所以台湾当局无权自行代表所谓台湾、澎湖、金门、马祖单独关税区申请加入关贸总协定。他强调说，只有在中国恢复在关贸总协定缔约国的地位之后，在中国中央政府的同意之下，才有可能考虑台湾参加关贸总协定的问题。

解放军总参谋部总政治部总后勤部发出全军各部队积极参加防汛抗旱斗争的通知

通知说，最近，福建、浙江、江西、广西、四川部分地区相继暴雨成灾，山东、河南、河北、江苏、陕西等省持续干旱，灾情呈南涝北旱局面。驻灾区的部队视灾情如命令，按照当地政府的统一部署，迅速投入防汛抗旱斗争。

通知说，目前，长江及黄淮地区逐渐进入主汛期，华北部分地区干旱仍将持续一段时间。积极参加防汛抗旱斗争，是我军义不容辞的责任，是“爱人民、学人民、为人民”的实际体现，也是为改革开放、发展经济保驾护航的具体行动。为此，特提出如下要求：一、全军各部队都要积极做好防汛抗旱的准备。二、驻灾区的部队要发扬连续作战的精神，继续全力抢救人民群众的生命财产，协助地方安排好群众的生活，尽力减少灾害造成的损失。驻洪涝地区的部队在洪水过后，还要积极帮助群众恢复生产，重建家园，以夺取抗洪救灾斗争的全面胜利。三、省军区系统要积极组织民兵、预备役部队参加防汛抗旱，激励他们奋勇争先，发挥骨干作用，在保卫家园、建设家园的斗争中作出应有的贡献。四、参加防汛抗旱的部队都要在地方党委、政府统一领导下，团结协作，密切配合。

中共中央总书记江泽民国务院总理李鹏分别题词祝贺中国历史博物馆成立 80 周年

7 月 10 日

第二届海峡两岸关系与和平统一研讨会在香港闭幕

由中国大陆“中国和平统一促进会”和台湾“中国统一联盟”联合举办的“海峡两岸关系与和平统一研讨会”，晚上在香港闭幕。

会议发表的公报呼吁两岸当局正视两岸同胞要求三通的迫切愿望，尽快开放直接三通双向交流。

中国和平统一促进会执行会长钱伟长在闭幕会上说，这次研讨会大家对当前的形势大体上取得了两点共识：第一是当前的世界形势有利于中国的和平统一事业；第二是两岸爱国人士和人民的努力，正在推动着两岸关系迅速发展。

中国统一联盟执委会主席林书扬代表研讨会主办团体致闭幕词。林书扬郑重宣告：“中国必须统一！中国必须富强！中国必须人人幸福！海峡两边必须不仅在政治上、经济上，同时在精神上紧密地结合成一体！”

国家体改委秘书长新闻发言人王仕元在外交部举行的吹风会上发表讲话

王仕元说，邓小平今年年初视察南方时一系列重要谈话，澄清了人们对改革开放中的一系列重要理论和实践问题的模糊认识，打破了思想中的一些禁区。例如，姓“资”和姓“社”的问题，警惕右主要防止“左”的问题，特别是邓小平深刻阐述了计划和市场关系，进一步指明了中国经济体制改革的目标和方向，市场机制的作用将在中国经济运行中发挥越来越大的作用。

王仕元说，中国改革的步伐在加快。价格改革和发展市场体系方面最重要的措施是调整粮食购销价格，实现了购销同价，有 13 个省 228 个县的粮食价格已完全放开。许多省市商品零售价格更多的放开以后，市场调节的比重已超过 2/3。一批跨地区的农产品、工业品批发市场进一步发展，像上海金属交易所这样现代化的商品交易所也开始建立，许多地方自然发展起来的全国有名的小商品市场越办越兴旺。外资开始进入零售商业，上海成立了全国第一家中外合资商业股份公司。房地产市场相当活跃。

国务院总理李鹏在中南海紫光阁会见美国花旗银行董事长约翰·里德

李鹏说，我们希望加强同外国银行界的合作，欢迎外国银行界参与中国第三产业的投资。

里德说，花旗银行十分重视同中国的合作，决定扩大对华金融业务，并带动美国商人来华开展合作。

中国政府代表外交部副部长刘华秋在第 23 届南太平洋论坛会议上发表讲话

刘华秋重申，中国政府在台湾问题上将坚定不移地按“和平统一、一国两制”方针，争取早日实现台湾同祖国大陆统一。希望南太平洋国家从长远利益出发，坚持“一个中国”的政策，慎重处理同中国台湾省的关系。

刘华秋强调,中国反对同中国有外交关系的国家同台湾进行具有官方性质的往来。台湾的前途在中国大陆,这已越来越成为人们的共识。

刘华秋说,近一年来,南太平洋地区国家的许多领导人相继访问了中国,增进了中国与南太平洋国家的相互了解,密切了双边关系,也加强了友好合作。同时,中国与南太平洋地区的经济、贸易和科技合作也得到了不断扩大与充实。

刘华秋说,中国政府十分重视同南太平洋论坛的友好关系,并积极发展与南太平洋各国的友好合作。中国与南太平洋国家发展长期稳定的友好合作关系,符合各国人民的共同愿望和根本利益,有利于维护亚太地区的和平、稳定与发展。

外交部部长钱其琛在阿比让记者招待会上答记者问

钱其琛说,杨尚昆对非洲三国的访问具有重要意义,特别是杨主席首次访问了撒哈拉以南的非洲国家科特迪瓦。

钱其琛说,发展同非洲国家和发展中国家的团结与合作是中国对外政策的立足点。7 月 9 日,杨尚昆对科特迪瓦电视台记者发表的重要谈话,充分体现了中国对非洲的重视,并对在新的国际形势下进一步发展同非洲国家的关系提出了原则性的意见。

有记者问:"尼日尔有人准备同台湾发展官方关系,你对此有何看法?"

钱其琛说,对有的非洲国家经济处于困难的境地,我们深表同情,并准备一如既往地给予必要的帮助,它们同台湾发展民间经济关系,我们不持异议。我们希望并且相信,尼日尔人民和政府有识之士,能从两国关系的大局出发,能和我们一起努力,推动两国关系继续向前发展。

钱其琛重申,世界上只有一个中国,台湾是中国领土不可分割的一部分。中华人民共和国是代表全中国的唯一合法政府,这是得到联合国和世界上绝大多数国家公认的。我们历来反对与我国建交的国家同台湾建立官方关系,任何人不能指望中国政府会容忍制造"两个中国"。

在回答有关南非问题时,钱其琛说,南非形势近年来发生了积极变化,和平谈判取得了一些成果,受到了国际社会的欢迎。最近,在解决南非问题的进程中出现了挫折。我们希望南非当局采取明智、务实的态度,认真听取非洲人国民大会等解放组织的意见和注意国际社会的反映。我们希望南非各个解放组织,能够加强团结,加强协调,使和平进程能继续进行下去。

中国常驻联合国日内瓦代理代表侯志通在日内瓦向世界知识产权组织总干事阿帕德·鲍格胥博士正式递交《伯尔尼保护文学和艺术作品公约》加入书

侯志通在世界知识产权组织总部将加入书和钱其琛外长致鲍格胥总干事的信递交给了鲍格胥本人。

钱其琛在信中郑重通知总干事,中国第七届全国人大常委会第二十六次会议于 1992 年 7 月 1 日决定,中国加入《伯尔尼保护文学和艺术作品公约》。鲍格胥高兴地接受了中国的加入书。

鲍格胥称中国加入《伯尔尼公约》是具有世界意义的"最重要的事件之一"。鲍格胥表示,世界知识产权组织将进一步加强与中国的合作,继续为中国培训知识产权方面的专业人才。

侯志通表示,中国将认真地执行公约,采取积极、稳妥的措施,使受公约保护的作品在中国得到充分有效的保护;中国愿意继续发展与产权组织的友好合作关系,同其他成员国一道,共同推动版权保护制度的完善,推动文学、艺术、科学界的国际合作。

中国葡萄牙联合联络小组第十四次会议在澳门结束

会议发表的新闻公报说,双方对公务员本地化、中文的官方地位和法律中译问题的进展情况作了评议。

公报说,会议期间葡方通报了澳门国际机场建设的现况。双方继续就澳门加入有关国际组织问题进行了磋商。双方还分析了《公民及政治权利国际公约》、《经济、社会、文化权利国际公约》适用于澳门的问题。

中国向科特迪瓦提供贷款协定在阿比让总统府签订

国务委员兼外交部部长钱其琛上午在阿比让总统府分别同科特迪瓦总理府负责经济、财政和计划的部长级代表卡布兰·敦坎和科特迪瓦外交部长阿马拉·埃西签订中华人民共和国政府向科特迪瓦共和国政府提供贷款的协定和关于中国到阿比让对建设剧场进行考察的换文。

中华人民共和国政府和白俄罗斯共和国政府在明斯克签订关于在卫生领域合作的协定

国家教委发出关于深入学习邓小平重要谈话的通知

中共中央政治局常委李瑞环等在人民大会堂为参加第 25 届奥运会的中国体育代表团送行

李瑞环、李铁映、秦基伟、宋任穷、刘华清、余秋里、陈希同等，下午在人民大会堂亲切接见了即将赴第二十五届奥运会的中国体育代表团全体人员。

接见时，中国体育代表团团长伍绍祖向代表团全体人员转达了江泽民总书记对运动员的勉励。8日上午，江泽民总书记在打给伍绍祖的电话中祝愿中国体育代表团在奥运会上取得好成绩，希望体育健儿奋力拼搏，为国争光。

下午3时许，李瑞环等来到接见大厅说："我们受党中央、国务院的委托，为你们送行。"他说："奥运会是世界体育运动规格最高、规模最大的盛会。作为一个体育工作者，一生能有机会参加这样的盛会，是莫大的荣幸。我向你们祝贺！你们是11亿中国人民的代表，每300万人中才出一个，这是多么光荣的使命。我为你们感到自豪！在邓小平同志南巡重要谈话的指引下，全国人民意气风发，各项事业欣欣向荣。你们在这样的大好形势下出征，将为全世界所瞩目。你们一定要展现出中国人民的精神风貌，显示出社会主义祖国的光辉形象。"

李瑞环说："我们当然希望你们多拿金牌，全国人民也希望你们多拿金牌。但我在这里不想过分地强调多拿金牌，因为你们每个人更想拿到金牌。古人讲：欲胜人者，必先自胜。希望你们解放思想，放下包袱，轻装上阵；坚定信心，无所畏惧，机智敢拼，赛出水平，赛出风格，尽力争取最好的成绩，表现出中华民族的志气"

李瑞环要求运动员讲文明，讲礼貌，讲友谊，恪守体育道德，讲团结，讲互助，讲友爱，自觉遵守纪律。他说："祖国人民在关注着你们，期望不断听到你们的捷报，等待你们胜利归来！"

接见前，伍绍祖向李瑞环等领导人汇报了中国体育代表团的准备情况。

第二十五届奥运会于7月25日至8月9日在西班牙巴塞罗那举行。中国体育代表团共383人，其中运动员251人。他们将参加20个大项中的150个小项的比赛。此外，这次赴巴塞罗那的还有北京2000年奥运会申办委员会代表团、体育界参观团、中国记者团等。

7月11日

中共中央全国人大常委会国务院全国政协发布邓颖超逝世讣告

中国共产党中央委员会、中华人民共和国全国人民代表大会常务委员会、中华人民共和国国务院、中国人民政治协商会议全国委员会沉痛宣告：伟大的无产阶级革命家、政治家，著名社会活动家，坚定的马克思主义者，党和国家的卓越领导人，中国妇女运动的先驱，原中共中央政治局委员、全国人大常委会副委员长、全国政协主席邓颖超同志，因病于1992年7月11日6时55分在北京逝世，享年88岁。

邓颖超同志的一生，是光辉的战斗的一生。在我国革命的各个历史时期，她总是站在斗争的前列，为中国人民的革命和建设事业作出了卓越贡献。她在青年时代就投身革命，1919年参加"五四"运动，在天津组织妇女、学生联合会，并与周恩来等同志一起组织进步学生团体——觉悟社，参加和组织领导了天津学生爱国运动，1923年组织女权运动同盟会；1924年参与组织中国社会主义青年团，1925年初由中国社会主义青年团团员转为中国共产党党员。从此，她确立了为共产主义奋斗终生的坚强信念。在大革命时期，邓颖超同志曾任中共天津地委妇女部长、两广区委委员兼妇女部长，中共中央妇委书记。她发动和组织妇女群众，为反对帝国主义、封建主义的统治而英勇奋斗，使党领导下的妇女解放运动得到了蓬勃发展。在土地革命战争时期，邓颖超同志先在上海党中央机关从事秘密工作，后到江西中央苏区任中央局秘书长，并参加了举世闻名的两万五千里长征。邓颖超同志无论是在国民党反动派的白色恐怖下，还是在根据地和战略转移的艰苦环境中，始终坚贞不渝，对革命前途充满信心，表现了一个共产主义者不屈不挠的英勇斗争精神。抗日战争爆发后，邓颖超同志先后担任中共中央长江局妇委委员，中共中央南方局委员、妇委书记，中共中央妇委副书记，中共驻重庆、南京代表团成员。在这期间，她与周恩来等同志一起在国民党统治区同国民党反动派进行了针锋相对的斗争，积极团结社会各界人士，为坚持抗战、反对投降、反对分裂进行了不懈的斗争，工作卓有成效。1947年3月，邓颖超同志奉命回到延安任中共中央妇委代理书记，一九四八年她在中国妇女第一次全国代表大会上当选为全国妇联副主席，并任党组副书记。她提出了妇女工作的新任务，为解放区的妇女和农民的翻身作出了重要贡献。

建国后，邓颖超同志长期担任全国妇联以及党和国家的领导职务，历任全国妇联副主席、党组副书记，名誉主席，中国人民保卫儿童全国委员会副主席，第四、五届全国人大常委会副委员长，中共中央纪律检查委员会第二书记，第十一、十二届中共中央政治局委员，第六届全国政协主席。她为我国社会主义革命和建设，为健全社会主义民主和法制，为发展中国共产党领导的多党合作和政治协商制度，为加强党的纪律，为维护妇女儿童的权益，为实现祖国统一大业，呕心沥血，鞠躬尽瘁，付出了全部精力，作出了巨大贡献。

邓颖超同志在70余年的革命生涯中，对共产主义具有坚定的信念，对党、对人民、对无产阶级事业无限忠诚。她顾全大局，坚持原则，模范地遵守党的纪律。她光明磊落、谦虚谨慎，密切联系群众，为了党和人民的利益无私奉献。她艰苦朴素，廉洁奉公，平易近人，始终保持了人民公仆的本色。邓颖超同志在国内外享有崇高的威望，是深受全党和全国各族人民尊敬和爱戴的老一辈无产阶级革命家。

1988年，邓颖超同志退出领导岗位后，仍时刻关心着党和国家的建设事业，衷心拥护党的十一届三中全会以来的路线、方针、政策，拥护党的"一个中心、两个基本点"的基本路线，坚决支持以江泽民同志为核心的中央领导集体。她高度评价邓小平同志南巡重要谈话和中央政治局全体会议精神，殷切期望伟大祖国日益繁荣昌盛，海峡两岸早日统一。

邓颖超同志的逝世，是党和国家的重大损失，使我们失去了一位德高望重的老党员、老大姐。全党、全国人民要化悲痛为力量，学习邓颖超同志的崇高革命精神和优秀品德，紧密团结在以江泽民同志为核心的党中央周围，为实现党的第二步战略目标，建设有中国特色的社会主义而努力奋斗！

邓颖超同志和周恩来同志一样，将永远活在人民的心中！邓颖超同志永垂不朽！

全国司法厅局长会议在长春召开

会议提出，司法行政工作要进一步扩充队伍，提高素质，完善制度，以更多、更好、更活地为经济建设服务。

会议提出，司法行政工作的主要改革措施是：

在律师工作方面，加快建立以国办所为主体，与合作制律师事务所并存和发展的服务格局；大力发展律师队伍人数，包括以优惠政策吸引在国外留学的法律大学生和专业人才从事律师职业；加强对在业律师的专业培训，提高参与经济活动特别是外向型经济活动的能力；做好外国律师在我国设立办事处的试点工作。

在公证工作上，发展和壮大公证员队伍；更多地办理有关加快改革开放、经济建设新上项目的公证；加快公证立法；改善公证管理体制和内部机制，进一步扩大公证处的自由权。

劳改劳教工作要进一步深化监管改造和企业的改革，建立起能够体现加强人民民主专政、巩固国家政权的监管工作体制和能够适应商品经济需要充满活力的劳改、劳教经济管理体制。

在法学教育中，改变单纯从高中毕业生中招生、不适应政法工作要求的现状，加大有关商品经济和国际经济法的课程或讲座；在基层工作上，进一步加强乡、镇法律服务工作和人民调解工作，建立健全社情报告制度、共同调节制度、民间纠纷处理制度等，建立起适应城乡经济发展、民主与法制建设和基层政权建设需要的法律服务体系和人民调节体系。

会议于7月15日结束。

中共中央总书记江泽民在中南海会见以主席尼科拉斯·马尤吉为团长的布隆迪执政的全国团结进步党代表团

江泽民说，中国有八个民主党派，我们实行中国共产党领导的多党合作和政治协商制度，是根据中国的实际情况历史形成的。

接着，江泽民请雷洁琼介绍这方面的情况。雷洁琼说，中国八个民主党派大多数是在40年代成立的。"我们一致拥护中国共产党的领导。这是我们同中国共产党长期合作、共同奋斗中作出的历史选择。我们同中国共产党的关系可以概括为长期共存、互相监督、肝胆相照、荣辱与共。"

雷洁琼说，从中国的长期历史经验看，这种政党体制是符合中国的国情和发展要求的，是有利于发扬民主和巩固全国各族人民团结的。

江泽民在谈到国际形势时说，当前世界并不安宁，广大发展中国家和其他国家人民长期要求的和平与发展问题并没有得到解决。在这个多样化的世界里，国家与国家之间都不应把自己的意志和模式强加于人，各国人民有权根据本国的具体国情选择自己的社会制度、意识形态和发展道路，任何国家都不应以任何借口干涉别国的内部事务。

马尤吉说，布隆迪党愿意进一步巩固和发展同中国共产党的友好联系。非常欣赏中国的现行民主政治，邓小平倡导的改革开放政策和以团结、合作、参与为原则的民主政党制度。

《人民日报》发表社论《根深才能叶茂——论加强基础性科学研究》

邓小平同志巡视南方发表的重要谈话，极大地鼓舞全党和全国各族人民加快改革开放步伐，集中精力把经济建设搞上去，沿着有中国特色的社会主义道路继续前进。小平同志在谈话中再次强调要充分发挥科学技术这个第一生产力的作用，明确指出："搞科技，越高越好，越新越好。越高越新，人民高兴，国家高兴。"这是新形势下对科学技术工作提出的高标准、高要求。科技战线要积极行动起来，加快科技体制改革的步伐，实行人才分流，强化科技向生产力的转化，更好地面向经济建设主战场，同时，要努力稳住和加强基础性研究，加强重大科学工程的建设，提高科技创新和自主开发的水平，增强科技实力和后劲，使科学技术在我国经济建设和社会发展中发挥更大的作用。

基础性科学研究的主要目的是探索自然界的本质,发现自然界演变、发展的规律,增加人类对自然界的理性认识,为改造自然提供强大的理论武器和方法。在现代,科学认识的进展和先进技术的进步相辅相成,并驾齐驱,科学日新月异,促进了技术欣欣向荣。谁在科技发展中有更多的创新、更高的水平、更大的突破,谁就处于主动地位。中国这样一个大国要在国际科技竞争中占一席之地,就必须具备科技创新和自主开发的能力,而自主开发必须要有自己的基础科学研究力量和队伍,必须依靠基础性研究产生的新思想、新概念、新发现、新技术和新方法。所以,基础科学研究,对于国民经济和社会发展具有巨大的推动作用,意义十分深远。

建国以来,党中央和国务院一直以高瞻远瞩的战略眼光,重视和关怀着基础性研究工作的发展。经过40多年的艰苦努力,我国已经拥有了一批较强的基础科研机构,建立了一支优秀的研究队伍,取得了一批举世瞩目的重要成果。我国科技工作已经形成了三个层次的战略布局,即"直接面向经济建设"、"高技术发展"和"基础性研究"。目前,我国科技发展的总体布局是要"稳住一头,放开一片",也就是说要在动员广大科技工作者奔向经济建设主战场的同时,积极、持续地加强基础科学研究,努力攀登世界科技高峰。

要开创基础性研究的新局面,除了要从一个新的高度来认识这项工作的重大意义,并使全社会形成共识外,还要采取一系列强有力的措施,包括完善和制定有利基础科学研究的政策,增加必要的研究经费,更多地提供现代化的研究手段,等等,为基础研究工作创造一个宽松、民主、有利于新思想产生和优秀人才脱颖而出的稳定的环境和条件。目的只有一个:出突破性的成果,出高水平的人才,攀登新的高峰,为加速经济发展服务。

由政府直接组织和推动基础性研究重大项目,是当前世界科学技术发展的趋势。因此,国家一方面要通过科学基金等方式,支持科学家(个人或集体)根据自己的特长和意向提出的自选课题和从学科发展的优先领域中选取的重点课题,同时要组织实施一些对国家的发展和科学技术的进步具有全局性和带动性、为我国科技界所公认的基础性研究重大关键项目。这些重大项目的实施,有利于实现科技工作的纵深部署,有利于培养和造就一批学术带头人,组成高水平的研究队伍,有利于集中力量在一些有优势的重要领域取得突破。

加强一批从事基础性研究的科研机构,建设和运行好北京正负电子对撞机等大型科学工程,一批国家重点实验室和部门开放实验室,形成在国际学术前沿努力拼搏的国家级基础研究的基地。对我国基础性研究的发展和长远的经济建设与社会进步都具有重大意义。要加强科学基础数据积累工作,建立系统的科学数据库,促进国际国内数据交换及联网,为科学研究、经济建设和社会发展提供确切、快速、方便的科学数据和信息服务。

要充分发挥老中青三代科学家的作用,尊重他们卓有成效的劳动。老一辈科学家表现的攻关胆略和人梯精神,应该成为代代相传的精神财富。要重视发挥中青年人思想活跃、精力充沛、容易冲破旧思想束缚的长处,保持一支能不断更新的精锐队伍,成为推动基础研究不断发展的生力军。要创造条件,让年轻的学术带头人在国际科学前沿努力拼搏;同时也要注意根据实际需要和个人志趣,使优秀的人才及时开辟新的研究领域,或参与应用研究和科技开发方面的工作。国际科技发展的经验告诉我们,一定要形成一支精干的基础性研究队伍,使这支队伍了解和接触国内外的最新信息,加强交流,不断吸收新的知识,始终充满活力,使基础性研究的成果和人才不断推向应用技术领域,为经济建设和社会进步服务。

根深才能叶茂。一个民族,只有站在最新科学思想和科学成就的高度上观察和处理问题,才能从根本上摆脱愚昧落后,才能解放和发展生产力,从而屹立于世界民族之林。我们的祖先曾经以四大发明在人类文明史上写下光辉的一页。今天,在中国共产党领导下,在小平同志谈话精神的鼓舞下,我们一定能以现代科学最新的成就为中国的发展、世界的繁荣作出更大的贡献。

中共中央总书记江泽民国务院总理李鹏等听取北京2000年奥林匹克运动会申办委员会负责人汇报

北京奥申委主席陈希同、执行主席伍绍祖、常务副主席何振梁等汇报了有关申办的对外联络和国内各项工作的开展情况。

中央领导指出,北京申办奥运会是件大事,是我国深化改革、扩大开放的重要标志之一。没有我国人民几十年来艰苦奋斗建设社会主义的成就,特别是十几年来实行改革开放的伟大成果,我国不可能提出申办奥运会。现在,北京市向国际奥委会提出了正式申请,并得到全国人民的支持,这显示了我国政治稳定、社会安定、经济发展、人民生活提高的大好形势。北京申办奥运会,已经起到了振奋民族精神,增强海内外同胞凝聚力的作用。如果申办成功,将对维护世界和平和加强与各国人民之间的了解和友谊、推动奥林匹克运动的发展、促进我国社会主义现代化建设,都有重要意义。一个开放的中国期待2000年奥运会。

中央领导表示支持北京申办奥运会，并希望全国各行各业，认真学习、贯彻落实邓小平同志的重要讲话精神，做好本职工作，以奥林匹克"参与"精神，共同努力争取申办成功。

7月12日

《人民日报》发表邓颖超生前写给中共中央的信

中共中央：

我是1924年在天津成立共青团的第一批团员。1925年3月天津市党委决定我转党，成为中共正式党员。

人总是要死的。对于我死后的处理，恳切要求党中央批准我以下的要求：

1. 遗体解剖后火化。

2. 骨灰不保留，撒掉，这是在1956年决定实行火葬后，我和周恩来同志约定的。

3. 不搞遗体告别。

4. 不开追悼会。

5. 公布我的这些要求，作为我已逝世的消息。因为我认为共产党员为人民服务是无限的，所作的工作和职务也都是党和人民决定的。

以上是1978年7月1日写的，此次重抄再增加以下两点：

1. 我所住的房舍，原同周恩来共住的，是全民所有，应交公使用，万勿搞什么故居和纪念等，这是我和周恩来同志生前就反对的。

2. 对周恩来同志的亲属，侄儿女辈，要求党组织和有关单位的领导和同志们，勿以因周恩来同志的关系，或以对周恩来同志的感情出发，而不依据组织原则和组织纪律给予照顾安排。这是周恩来同志生前一贯执行的。我也坚决支持的。此点对端正党风是非常必要的。我无任何亲戚，唯一的一个远房侄子，他很本分，从未以我的关系提任何要求和照顾。以上两点，请一并予以公布。

邓颖超

1982年6月17日重写

国务院部分部门纠正行业不正之风专项治理工作座谈会在中南海举行

座谈会的主要议题是研究中央国家机关各部门、特别是垄断性较强的行业和执法部门，在当前纠风工作中亟待解决的共性问题。罗干在讲话中说，当前中央国家机关各部门、各行业的不正之风有两个方面值得注意，一是一些前几年下大力气抓过的老问题又出现反复和回潮，如用公款大吃大喝、公费出国旅游和公路上的乱设卡、乱收费、乱罚款等，有的甚至变本加厉，比前几年更为严重；二是在新形势下又出现了一些新问题，特别是一些垄断性较强的行业和执法部门，问题更为突击。今年下半年纠风工作的重点是，集中力量搞好专项治理，狠刹利用职权和行业垄断谋取私利的歪风。

国务院总理李鹏签署第102号令发布《关于外商参与打捞中国沿海水域沉船沉物管理办法》

中共中央总书记江泽民在北京会见日本前外务大臣大来佐武郎

中科院院长周光召就中科院参与上海浦东开发对新闻界发表讲话

日前，中国科学院院长周光召在上海对新闻界说，中科院愿意在上海浦东开发中发挥科技国家队的作用。

国务院总理李鹏在中南海会见柬埔寨金边方面领导人谢辛

李鹏说，中国愿与世界上一切国家建立友好合作关系，特别重视发展同周边国家的睦邻友好关系。中国不谋求建立自己的势力范围。在柬埔寨问题上，中国不谋求任何私利，中国希望柬埔寨成为一个独立、和平、不结盟和繁荣的国家。李鹏说，在巴黎协定签字和柬埔寨全国最高委员会成立之后，中国就宣布对柬四方一视同仁，对各方平等相待。

李鹏指出，柬埔寨实现和平和重建，要用和平的办法，通过民族和解，通过协商谅解。

谢辛说，中国作为安理会五个常任理事国之一，为柬问题的政治解决、为巴黎协定的签署作出了一贯的、重要的贡献。谢辛表示，金边方面要为实施巴黎协定进一步作出自己的努力，使巴黎协定的实施取得更大的实效。

中国人类遗传基因研究获重大发现首次检出八例染色体异常核型

人民解放军空军某医院的医学工作者，历经4年努力，在人类遗传基因的载体染色体中，检出8例罕见的异常核型。经中国遗传中心专家鉴定，这8例核型均为世界首次发现。

研究人类染色体的基本核型，对优生优育和防治染色体病、代谢病、肿瘤病、不孕症、习惯性流产等疾病，有着极其重要的意义。我国于70年代初开始将染色检测技术应用于临床，在指导优生优育等方面发挥了重要作用。

1988年以来，空军某医院采用G带加C带、银染和G11显带等先进的检测技术，对838例遗传咨询者进行染色体分析，从中先后检测出46、XX等8例人类罕见的染色体异常核型。医学工作者对多名平衡易位携带者(8例异常核型之一)跟踪调查发现，他们的后代都为畸形。随后，研究人员对其中6对夫妇作了遗传学监测，并对他们受孕的全过程给以科学的指导，结果胎儿全部正常。

目前，这家医院的医学工作者正在对其余7例染色体异常核型进行深入研究。

7月13日

《人民日报》发表社论《中非友谊的新篇章——热烈祝贺杨主席访问非洲三国圆满成功》

今天，非洲国家在世界政治、经济局势的深刻演变中仍然具有重要的作用。为继续发展和加强中国同非洲国家在政治、经济方面的友好合作，杨主席在访问期间郑重宣告：

一、中国支持非洲各国为维护国家主权、民族独立、反对外来干涉和发展经济所作的各种努力。

二、中国尊重非洲各国根据自己的国情选择政治制度和发展道路。

三、中国支持非洲各国加强团结合作，联合自强，通过和平协商解决国与国之间的争端。

四、中国支持非洲统一组织为谋求非洲大陆的和平稳定和发展以及实现经济一体化所作的努力。

五、中国支持非洲国家作为国际社会平等的成员，积极参与国际事务和为建立公正合理的国际政治、经济新秩序而进行的努力。

六、中国愿意在互相尊重主权和领土完整、互不侵犯、互不干涉内政、平等互利、和平共处等原则的基础上，发展同非洲各国的友好往来和形式多样的经济合作。

这些原则是毛泽东主席、周恩来总理生前制定的中非友好正确方针的继承和发展，完全符合中国和广大非洲国家的根本利益。

纪检案件检查工作研讨班在石家庄全国纪检干部培训中心举办

国办关于全面放开机械基础件价格的通知

为了推动企业转换经营机制和机械工业技术进步，促进机械基础件产品质量的提高，经国务院批准，从1992年7月20日起，全面放开机械基础件价格，现就有关事项通知如下：

一、全面放开轴承、液压件、气动元件、液力机械、密封件、粉末冶金件、紧固件、链条、弹簧、模具等十类机械基础件价格，由生产企业根据市场供求情况，自行定价销售。任何部门、任何地方不得以任何形式截留定价权。

二、机械基础件价格放开后，为保证生产和经营企业开展公平竞争，各部门、各地方不得采取保护主义政策。有关部门要尽快建立基础件交易市场，为所有基础件生产和经营企业创造平等竞争的环境。

三、生产和经营企业应自觉运用价值规律，正确行使定价权，不得搞行业垄断价格或串通定价。

四、要加强基础件行业统筹规划和管理。机电、物资和商业部门要加强对基础件生产和经营的管理，取缔不具备条件企业的生产、经营资格。

五、技术监督部门要加强技术监督检查，禁止劣质产品的生产和销售。物价和工商管理部门要加强市场管理，严厉打击以次充好和以不正当手段推销不合格产品的不法行为。

六、基础件价格放开后，国家对重点骨干企业所需的原材料实行保量不保价，即价格放开，企业所需原材料的数量，在定货时各有关部门和企业应予以保证。

中共中央总书记江泽民在中南海会见孙中山先生嫡孙美中文化交流协会会长孙治强和夫人

中共中央政治局常委乔石在人民大会堂会见由参议长党的全国政治委员会主席吉列尔莫·福尔顿率领的玻利维亚民族主义民主行动党代表团

公安部严肃查处长春市公安干警非法拘禁蚌埠市人大代表周家良一案通报

公安部最近严肃查处了蚌埠市人大代表周家良被长春市公安干警非法拘禁一案，并发出通报，要求各地公安机关从中吸取教训，严格依法办事，不得再发生类似事件。

公安部在发给全国公安机关的通报中指出，贺洪才、焦春生等人非法拘禁周家良代表，是一起蔑视法律、侵犯公民和人大代表人身权利的严重事件。公民的人身自由不受侵犯是宪法赋予每个公民的基本权利。对于保护人大代表的人身权利，《中华人民共和国全国人民代表大会和地方各级人民政府组织法》早有明确规定。公安部曾多次强调，严禁各级公安机关越权插手经济纠纷案件，长春市公安局的行为也违背了公安部的这一规定。

公安部要求各地公安机关和全体公安干警,必须增强民主法制观念,认真学法守法,严格依法办事,切实尊重和保护广大群众和人民代表的合法权益,不得再发生类似事件。

7 月 14 日

国务院总理李鹏在中南海会见出席在北京举行的第二届中意经贸合作报告会的意大利众议员前欧洲议会副主席罗贝尔托·弗尔米戈尼

李鹏说,中国全方位的对外开放为扩大中外经贸合作开辟了更加广阔的前景。

李鹏下午在中南海向来访的意大利客人介绍中国情况时说,中国的改革在进一步深化,对外开放的范围也从沿海扩大到沿江和沿边的广大地区。我们曾经说过,从 1991 年到 1995 年,中国从外国购买的商品将达到 3000 亿美元。依现在的发展势头来看,肯定会超过这个数字。

李鹏在会见时希望出席报告会的意大利朋友为推动中意经贸关系进一步发展作出积极的贡献。他欢迎更多的意大利企业家参与同中国的合作。他说,除现在的电力、冶金、化工等大的合作项目外,双方还可以开展中小项目的合作。

李鹏指出,意大利政界、企业界为数不少的人士对中国的政策有客观、公正的理解,他们为改善并发展中意关系发挥了积极作用。中意建交 20 年来两国关系顺利发展的事实证明,只要双方互相尊重,互相理解,两国关系就能健康地向前发展。

弗尔米戈尼说,人数众多的意大利企业家与中国同行坐在一起探讨如何扩大两国经贸合作问题,这是很有意义的,我们对合作前景感到乐观。我们在北京看到,中国的社会、经济生活非常活跃,这种积极的事态发展更激发了我们对合作的兴趣。

意大利—亚洲协会主席、前邮电部部长朱利奥·奥兰多告诉李鹏,这个协会致力于加强同中国的经济、文化合作。协会已与中国文化部商定,明年将在意大利举办秦兵马俑展览。

国务院副总理朱镕基在人民大会堂会见美国前国务卿亚历山大·黑格

外交部部长钱其琛在钓鱼台国宾馆会见美国前国务卿亚历山大·黑格

钱其琛说,保持良好的中美关系符合双方的利益,希望中美双方共同努力,使两国关系得到进一步改善。黑格表示,中美关系具有重要的战略、政治和经济意义,有远见的美国政治家充分理解这一点并且将为维护和改善中美关系作出努力。

劳动部财政部关于调整技工学校经费标准的通知

《中国县情大全》出版

日前,“八五”国家新闻出版重点工程之一、由民政部和建设部联合 30 个省、自治区、直辖市共同编纂的大型工具书《中国县情大全》由中国社会出版社出版。此书是建国以来第一部由政府组织编纂的具有地方志总库性质的国情文献。江泽民总书记为该书题写了书名。

7 月 15 日

中央党校校长乔石在中央党校 1992 年夏季毕业典礼上发表讲话

乔石说,在小平同志谈话激发起来的全国人民高昂的热情和积极性面前,党的各级领导干部必须始终和群众在一起,并且站在广大干部群众的前列,积极带动人民群众,努力加快我国社会主义物质文明和精神文明的建设。

乔石说,今年开学时,正好传达邓小平同志南巡重要谈话,前不久江泽民同志又来党校作了重要讲话。同志们感到这一期收获比较突出,概括起来有这样几个方面:一是把马克思主义基本理论的学习同深入学习小平同志的重要谈话有机结合起来,加深了对小平同志谈话的精神实质的理解;二是提高了全面贯彻党的“一个中心、两个基本点”的基本路线的自觉性;三是明确了加快经济发展和加快改革开放的思路;四是进一步提高了理论思维能力。

乔石指出,小平同志的重要谈话,不仅对指导我们当前各方面的工作,而且对指导我国今后加快沿着有中国特色的社会主义道路胜利前进,都有着极其深远的意义和重要作用。小平同志谈话在全党和全国引起了如此巨大的反响,振奋了亿万人民的精神,解放了亿万人的思想,变成了亿万人民开拓创新、加快改革开放、加速经济发展的实际行动,它的意义和作用是难以估量的。

乔石说,我们学习小平同志谈话,不仅要努力学习他阐述的战略思想、理论观点和决策原则,而且要努力学习他在研究新情况、解决新问题中的实事求是精神和马克思主义的立场、观点和方法,进一步坚持从实际出发,开阔新思路,冲破旧束缚,锐意创新,开拓前进。

乔石说,十一届三中全会前后,在小平同志倡导和支持下,全党开展的关于真理标准问题的大讨论,打破了"两个凡是"的束缚,带来了全党的思想的大解放,实现了全党工作重点的转移,取得了改革开放和现代化建设的巨大成就。当前,我国的改革开放和经济建设进入了一个新的发展阶段。深化改革开放,加快经济发展,制约因素当然很多,阻力主要来自传统观念的束缚和"左"的思想影响。小平同志说,要警惕右,但主要是防止"左"。过去几年的实践也证明,有的地区在有条件的情况下,千方百计地争取发展得快一点,结果就比较好。有的地区没有这样做,发展就受到影响。我们学习小平同志谈话,就要努力克服那些对马克思主义的某些原则、某些本本的教条主义式的理解,也要力求避免在忙忙碌碌的实际工作中迷失方向。这样使全党同志更新观念,摆脱束缚,换换脑筋,实现思想上的再一次大解放,从而大大解放生产力,推动有中国特色的社会主义事业的新发展。

乔石指出,学习小平同志的重要谈话,要结合学习小平同志十一届三中全会以来的一系列论述,学习他关于建设有中国特色的社会主义理论,深入领会他一贯的基本思想。要结合我国改革开放和经济建设的实际,继续学好马列主义、毛泽东思想的基本理论,掌握精神实质,学会运用马克思主义的立场、观点、方法来研究新情况,解决工作中出现的新问题。同时还应该学习经济知识和经济工作的经验,学习现代科学文化知识,以适应改革开放和现代化经济建设的需要。

乔石强调,学习小平同志的重要谈话,关键是要全面贯彻落实谈话的精神,努力结合本地区、本部门、本单位的实际,把经济建设和改革开放搞得更快更好。他说,小平同志谈话的中心思想和基本精神,是要求开创加快改革开放和经济建设的新局面。要加快经济建设,必须有一个积极发展的速度,慢了不行,停顿不前更不行。对此,我们必须有紧迫感。要从实际出发,积极创造条件,努力搞得快一些、好一些。但不要重复过去片面追求产值、盲目扩大基建规模的老路。要从深化改革、扩大开放、推动技术进步方面去思考,去努力,去争取实实在在、真正有效的速度。

乔石最后说,落实小平同志谈话,归根结底要靠真抓实干。在建设有中国特色的社会主义的宏伟事业中,要继续发扬党的优良传统,大力倡导艰苦奋斗、埋头苦干的精神,坚决克服形式主义等不良倾向。乔石要求领导干部以身作则,率先垂范,扎扎实实,一步一个脚印,以良好的作风和实干精神,带领广大群众,把改革开放和经济建设推向新的台阶,开创新的局面。

全国总工会11届14次主席团会议在北京召开

会期3天。中心议题是:贯彻落实邓小平重要谈话精神,进一步解放思想,总结经验,统一认识,从全局高度来研究工会在深化企业改革中的工作。

国务院副总理吴学谦会见以胡秋原为名誉团长的台湾"中国统一联盟"大陆访问团全体成员

国务院批准撤销各级清理固定资产投资项目领导小组

国办关于进一步做好农民承担费用和劳务监督管理工作的通知

各省、自治区、直辖市人民政府,国务院各部委、各直属机构:

农民负担过重,是当前农业和农村工作中一个十分尖锐的问题。党中央、国务院对此十分重视,近年来曾多次发文要求各地切实减轻农民负担。一九九一年底,国务院又发布了《农民承担费用和劳务管理条例》(以下简称《条例》),将此项工作纳入法制管理的轨道。目前,部分地区农民负担不断加重的势头有所遏制,但相当一部分地区仍未能得到有效控制,随意向农民摊派以及各种乱收费、乱集资、乱罚款的现象时有发生。近来,农民因负担过重问题的来信来访明显增加。从全国情况看,农民总的负担水平大大超过政策规定的界限,并且有继续增长的趋势。

当前,改革开放已进入一个新的阶段。为加强农业的基础地位,努力实现本世纪末农业发展的战略目标,各级政府和各部门必须高度重视,切实保护和充分调动农民群众的生产积极性。要坚决贯彻落实《条例》,扎扎实实地把减轻农民负担的工作做好,关心人民群众的疾苦,进一步密切党和政府同农民群众的联系,保证农村经济和改革事业的健康发展。经国务院批准,现结合当前农民负担情况和《条例》贯彻中存在的问题,作如下通知:

一、切实加强领导。各级人民政府的主要领导同志,要对本地区减轻农民负担的工作全面负责。县级以上人民政府要明确农民负担监督管理的主管部门,乡镇农民负担监督管理的日常工作由农村经营管理部门负责。同时,要依照《条例》,强化各级监督管理部门的行政职能,健全监督体系,充实管理力量。各级监督管理部门,一定要认真履行职责,真正把农民负担监督管理工作落到实处。

二、统一政令,完善立法。各级人民政府要认真贯彻执行《条例》。各地区、各部门要根据《条例》的规定,对过去制定的有关法规和政策文件进行认真清理,该废止的废止,该修改的修改,凡与《条例》规定不符的,以《条例》为准。各省、自治区、直辖市人民政府要尽快制定《条例》的实施细则。

三、严格审批程序。凡涉及农民负担的收费、罚款、集资等项目，中央和省级各部门、各单位都应按照《条例》的规定，同时报同级财政、物价和农民负担监督管理部门，共同审核后联合发文，否则不得出台。对未经农民负担监督管理部门审核出台的涉及农民负担的收费、罚款、集资等项目，一律无效，地方各级人民政府应予抵制，农民有权拒绝。

四、坚持定项限额管理办法。《条例》规定的村提留和乡统筹费限额比例不得突破。除三项提留（公积金、公益金、管理费）、五项统筹费（乡村两级办学、计划生育、优抚、民兵训练、修建乡村道路）外，任何单位和部门不得另立项目或扩大使用范围。严禁把乡统筹费平调到乡、村集体经济组织以外使用。取消一切向农民收费的达标升级活动。不允许将收费、集资、罚款等列为考核乡、村干部政绩的指标，更不能同单位和个人的经济利益挂钩。订阅报刊、保险、发售有价证券、放映电影等，应当遵循自愿原则，不得摊派。任何单位和部门都不得以服务为名强行向农民收费，不得在农民交售农副产品和发放预购定金时强制扣款。

五、尽快制定《违反〈农民承担费用和劳务管理条例〉处罚办法》。对于违反《条例》规定，随意向农民收费、罚款、集资和摊派的，必须如数清退，并对有关人员给予行政处分和经济处罚。具体处罚办法由农业部、国务院法制局、监察部提出。

六、定期进行执法检查。今年下半年，国务院委托农业部、国务院法制局、监察部等部门组成检查组，重点检查各地贯彻《条例》的情况。县、乡两级农村经营管理部门每年应对农民负担情况（包括有关单位使用乡统筹费和劳务的情况）定期进行审计。

七、继续开展减轻农民负担的宣传活动。各级人民政府特别是有关职能部门，要认真学习、切实执行《条例》，并作为国家普及法制教育的一项重要内容进行部署。要让每一个农民都知道《条例》的具体规定，学会依法保护自己的合法权益。各有关新闻单位，要积极予以配合，大力宣传减轻农民负担的好典型，对违反《条例》的非法行为，公开"曝光"，接受社会和人民群众监督。

国务院办公厅

1992年7月15日

铁道部在北京召开全国铁路领导干部会议

会议总结了中共十一届三中全会以来铁路的主要成就：经济管理由生产型转向生产经营型；经营结构步入以运为主、多种经营的新格局；价格改革迈出了较大步伐；改革了传统的运输组织和管理方式，向适应市场经济的方向发展；实行多渠道筹资修路；施工企业引入竞争机制，进入市场；工业企业打破封闭型结构，开始走向市场；对外打破了自我封闭，走向开放。会议确定铁路改革的目标是："要随着国家经济体制改革的推进，通过抓好转换企业经营机制、转变政府职能、完善计划与市场的关系这三个方面的改革，实现政企分开、宏观管住、微观放开，逐步建立起与我国社会主义市场经济体制相适应的铁路新体制和运行机制"。会议宣布了铁道部关于铁路"八五"建设规划和"九五"建设设想。货运量1995年将达到16.5亿吨左右，2000年要达到19亿吨左右；"八五"期间新建铁路6100公里、复线3600公里、电气化铁路5600公里。"九五"期间新建铁路力争达到1万公里，到"九五"末期，铁路网规模达到7万公里，其中复线里程2.6万公里，电气化铁路2万公里。

会议期间，国务院副总理朱镕基到会讲话，要求全路职工增强紧迫感、危机感和责任感，尽快把铁路运输搞上去。会议于7月18日结束。

铁道部部长李森茂在全国铁路领导干部会议上发表讲话

李森茂宣布，"八五"计划将是我国铁路建设规模最大的一个五年计划。国家确定新建复线3600公里，电气化铁路5600公里，新线6100公里。"八五"末期我国铁路网规模可达到6万公里左右。

为适应改革开放需要，"八五"铁路建设，主要围绕6大通路展开：

——集中力量建设南北通路，加强我国南部经济发达地区与内地的经济联系。主要是建设京九（北京—深圳）铁路，力争1995年底前将九江以北打通。同时修建广深准高速铁路，1995年底建成。并着手进行京沪高速铁路建设的前期工作。加紧京广线电气化和焦柳线改造。

——加强西北通路建设。贯彻中央沿边开放的战略，扩大内陆省份的对外开放，开辟新的亚欧大陆桥运输，增加西北石油、煤炭、原盐的外运能力。主要是加紧新通路宝中线及兰新线建设，并对包兰、青藏线进行改造。

——加快煤炭外运通路建设，增加"三西"（山西、陕西、内蒙古西部）煤炭外运能力。主要是抓紧大秦铁路二期工程建设，确保今年通车；加紧侯月线、集通线的建设。

——加强东北铁路建设。主要是滨洲复线和哈尔滨枢纽建设以及哈大线的技术改造，并修建秦沈线。

——加快西南地区铁路建设。主要是加入川北通道建设，缓解北口能力紧张局面。抓紧南昆、达成、内昆线的建设，实现成昆、湘黔、川黔线电气化。

——继续搞好华东通路建设，加速实现沿海地区经济发展战略。主要是继续抓紧沪杭、浙赣、淮南、徐连复线建设和鹰厦线的电气化改造，建设新沂—长兴、横峰—南平等新线，着手修建芜湖长江大桥。

同时，根据地方经济发展和开发"老、少、边、穷"地区，国家将积极支持配合地方或企业修路。

国务院总理李鹏向中国农科院转送巴西良种

国家计委副主任刘江受国务院总理李鹏委托下午向中国农科院转送巴西政府赠送给李鹏的9种农作物优良品种。

李鹏在给中国农科院写的信中指出，发展农业科技是90年代我国农业跨上新台阶的重要措施。在农业生产中，优良品种的推广和应用对农作物的增产起着关键作用，巴西农业科技有许多可供借鉴之处。

南宁铁路公司成立

该公司由广西壮族自治区和铁道部共同组建，统一管理黎湛、河茂、南防线和湘桂铁路黎塘至凭祥段。南宁铁路公司将逐步创造条件试行公有股份合资铁路公司的制度，实行企业化管理，独立核算，自主经营，自负盈亏，自我发展，以运为主，多种经营，货运实行特殊运价。公司享受国家对合资铁路的优惠政策。运输由铁道部统一计划、统一组织、统一调度。

西藏自治区边境口岸普兰正式对印度开放

中共中央总书记江泽民在中南海会见美国前国务卿亚力山大·黑格

江泽民说，中美应共同努力继续改善两国关系，这有利于世界的和平、稳定与发展。

谈到国际形势和中美关系时，江泽民说，世界正在发生深刻的变化：冷战结束，旧的世界格局瓦解，多极化的趋势在进一步发展，新旧矛盾交织，世界并不安宁。和平与发展这两个当代的重大问题，仍需世界人民作出坚持不懈的努力，才有希望逐步得到解决。

江泽民说，改善和发展中美两国之间的关系，符合两国人民的根本利益，也有利于亚太地区乃至全世界的和平、稳定与发展。

黑格说，当今世界出现了新形势。欧洲某些地区动荡混乱，而亚太地区局势稳定、经济发展。从中美两国以及亚太和世界的角度看，搞好中美关系都是十分重要的。

江泽民在介绍国内形势时说，邓小平同志巡视南方发表的重要讲话对全国人民是很大的鼓舞。现在，我国政治稳定，社会安定，经济正在蓬勃发展。我们正在抓住有利时机，加快改革开放步伐，同时努力提高经济效益，千方百计地把国民经济搞上去。

国务院总理李鹏在北京会见法国前总理米歇尔·罗卡尔

李鹏在会见法国前总理米歇尔·罗卡尔时说，中国政府十分重视中法关系，并认为应本着向前看的态度对待这种关系。

国务院总理李鹏在中南海紫光阁会见日本国务大臣经济企划厅长官野田毅

李鹏介绍了中国运用计划和市场两种调控手段发展经济的情况。李鹏说，在计划比重逐步减少、市场比重越来越大的情况下，中国日益重视预算、金融和税收等调控手段的作用。

国务院副总理田纪云在西班牙塞维利亚主持1992年塞维利亚世界博览会中国馆馆日活动

中国常驻联合国副代表金永健在联合国经社理事会上就人权问题发表讲话

金永健强调指出，发展权是一项不可剥夺的人权。发展权对各国人民，尤其对发展中国家人民具有十分重要的意义。

金永健回顾了第41届联合国大会通过的《发展权利宣言》后说，宣言的执行情况不能令人满意。希望联合国人权委员会充分考虑发展中国家的愿望，通过多方面的努力和切实可行的方式，促进发展权的认真实施。

金永健指出，一些国家不应利用人权推销自己的价值观念、意识形态和社会制度，更不得借"保护人权"之名去干涉别国内政。

金永健指出，由于各国政治、经济、文化、历史等各项国情和传统不同，对人权的观点和侧重亦有差异，需要国际社会各国相互理解、求同存异，在《联合国宪章》的宗旨和原则的指导下，平等、健康地开展保护人权与基本自由的活动和国际合作。

金永健说，中国政府十分重视将于明年举行的世界人权大会，并为大会的筹备作出了积极的贡献。希望这次大会应优先考虑发展问题，理顺发展、民主和各项基本人权的关系，通过普遍和全面实现发展权，提高各国人民享受人权与自由的水平。

中国军事医学科学院吴祖泽研究员的胎肝疗效机理研究获重大突破

7月16日

全国总工会主席倪志福在全国总工会第11届第14次主席团会议上发表讲话

倪志福说,改革必须全心全意依靠工人阶级,一切改革都要着眼于把人的积极性解放出来,调动起来,发挥出来。人的积极性没有了,一切改革都无从谈起。

倪志福说,要把我们的国营企业真正建设成为国家、企业、职工的利益共同体,改革主要应该解决好两个关系,即确立国家和全民所有制企业之间的正确关系,扩大企业自主权;确立企业和职工之间的正确关系,保证劳动者在企业中的主人翁地位。这就是说,企业改革应当包含两方面的内容,即企业自主经营,职工当家作主。这样才能使企业充满生机和活力。

倪志福说,各项改革措施的制订和实施,都要紧紧依靠职工群众。职工是改革的主体,改革的动力,改革的积极参与者,而不是局外人,更不是被改革的对象。我们是社会主义国家,职工是国家的主人,企业的主人。解放和发展生产力必须而且只能立足于调动人的积极性,要引导好、保护好、发挥好人的积极性。不要提那种片面性的口号,不要凉了工人的心。比如,把三项制度改革概括为“砸三铁”,还有什么要对工人保持压力机制,使工人“上岗有危机感,下岗有饥饿感”等等。本来三项制度改革是针对旧机制的,不是针对职工的。而这些说法却把工人当作了改革的对象,还靠谁来搞改革?!这关系到改革成败和社会安定,万万大意不得。

倪志福说,工会工作必须紧紧围绕经济建设中心,自觉地服从于、服务于这个中心,进一步解放思想,更新观念,转变活动方式,积极支持和参与改革。在企业改革过程中,工会组织的职能和作用不仅不能削弱,而且必然要求进一步增强,工会组织要把支持和参与改革同维护职工合法权益结合起来,做好调查研究,搞好参政议政,反映职工意愿,提出积极建议。

台湾“立法院”正式通过《台湾地区与大陆地区人民关系条例》

《条例》共有6章、96条,内容涉及两岸民间的各种交往和交流,包括通讯、通航、投资、贸易、婚姻、继承等问题。

中国人民银行全国分行行长会议在北京召开

外交部发言人吴建民就柬埔寨南沙群岛地区局势等问题答记者问

问:红色高棉最近表示有条件地分批解除武装。你对此有何评论?

答:中国一贯认为巴黎协定应得到全面实施,执行协定过程中出现的具体问题和意见分歧应由有关各方通过协商妥善解决。

问:中国对美总统布什关于不扩散大规模杀伤性武器及其导弹运载工具的倡议持何态度?

答:中国一贯主张全面禁止和彻底销毁大规模杀伤性武器。在实现这一目标之前,我们也赞同采取必要和适当的措施,防止各类大规模杀伤性武器的扩散。同时,我们认为,不扩散应当遵循公正、合理、全面、均衡的原则。

问:最近外界有的舆论谈南沙地区的紧张局势,认为南沙问题是继柬埔寨之后的潜在热点。你对此有何评论?

答:南沙群岛自古以来就是中国的领土。为了维护该地区的和平与稳定,我们一再表示愿与有关国家谈判解决争端,并且提出了搁置争议、共同开发的主张。我们也注意到该地区的有关国家也都表示了和平解决的愿望。因此,把南沙说成是什么“潜在热点”,渲染那里的“紧张局势”是没有根据的。

问:中国是否赞成就南沙问题举行国际会议?

答:南沙群岛自古以来就是中国的领土。我们愿意与有关国家通过谈判解决争端,反对将该问题国际化。

外交部发言人吴建民在举行的记者招待会上指出中国坚决反对任何国家或集团以任何借口插手香港问题

吴建民说,香港问题在1997年7月1日前是中英两国之间的事,在这之后则是中国的内政。

吴建民说,中国与西欧关系的发展是互利的,香港的繁荣与稳定也是西欧的利益所在。我们希望欧洲议会珍惜中国与欧共体正在不断改善的关系,不要做有损于香港的繁荣与稳定的事。

中国代表王晓初在国际行政科学学会第22届代表大会上当选为该学会执行委员会执委

国际行政科学学会执行委员会是学会的领导机构,由27名执委组成,其中多数为欧洲国家的代表。

过去,亚太地区只有日本代表是学会执委会的成员。许多国家的代表及学会的领导成员认为中国代表的当选对进一步促进学会的国际化,使亚太地区国家更多地参加学会的工作具有重要的作用。

国家教委直属高等学校工作咨询委员会第三次全体(扩大)会议在天津召开

中共中央政治局委员、国务委员兼国家教委主任李铁映在会上提出,今后10年或更长一点的时间要努力把一批重点大学建设成为有中国特色的,在水平、质量上能与国际上著名大学相比拟的社会主义大学。他要求国家教委直属的36所院校从现在起全面、深入开展校内管理体制改革和综合改革。带头加快改革步伐,转换运行机制,大力发展校办产业,搞好教师队伍建设,提高办学水平,为全国高等学校改革提供经验。

7月17日

《人民日报》发表新华社文章《邓颖超同志光辉战斗的一生》

中国人民银行副行长郭振乾就金融改革发表讲话

日前,中国人民银行副行长郭振乾在谈到转换银行经营机制时说,关键是要落实银行经营自主权,让银行对自己经营的信贷资金盈亏负责,对自己发放的贷款质量负责,尽可能地减少逾期贷款和呆滞贷款,提高贷款的使用效益。

今年上半年,我国金融形势总的来看较好。1至6月,银行各项存款增加较多,其中城乡居民储蓄存款余额已达10441亿元,比年初增加1334亿元。但是也出现了诸如货币回笼不理想,银行贷款增加较多等新问题。据分析,多增加的贷款之所以投放多,除用于清理“三角债”,支持农业、外贸的生产与收购,增加国家专项物资储备等合理的资金需要外,也有企业亏损面扩大,产成品资金增加,相应多占用银行贷款的因素。据一些省市对部分企业调查,企业全部流动资金中,亏损挂账、呆账和已经损失掉的占30%以上。

郭振乾说,下半年各家银行将继续严格控制信贷规模,强化信贷资产的风险管理。为此要建立贷款工作各个环节的相互制约制度,逐步减少信用放款;推行票据贴现,担保贷款和抵押贷款。要因地制宜地借鉴国际经验,制定衡量贷款风险大小的标准,用以考核贷款质量,强化银行的自我约束力。在转换银行经营机制中,人民银行要逐渐减少直接调控,充分运用再贷款、存款准备金、利率、汇率等经济手段和市场机制实现宏观调控。

国务院总理李鹏在钓鱼台国宾馆会见香港九龙仓集团有限公司主席吴光正

李鹏在会见时欢迎香港企业界到内地来投资,参与开发,进一步扩大两地经济、技术与贸易的合作。

李鹏说,我们要搞好沿海、沿江与沿边的开发开放,这是很有发展前途的。加强香港与内地的合作对双方都有利,不仅促进了内地的经济发展,也有利于香港的繁荣与稳定。

外交部部长钱其琛应文莱达鲁萨兰国外交大臣穆罕默德·博尔基亚亲王的邀请抵达斯里巴加湾开始对文莱进行正式访问

钱其琛在机场发表书面讲话说,这次访问将使他有机会同文莱领导人就共同关心的双边关系和国际问题交换意见,探讨加强和扩大两国经济、贸易等各个领域合作的途径。

中国代表陈望夏在联合国经社理事会就提高妇女地位问题发言

陈望夏表示,中国政府和人民愿在筹备第四次世界妇女大会的过程中与有关各方进行密切合作,为会议的顺利召开作出努力。

陈望夏说,1992年3月联合国第36届妇女地位委员会一致通过决议,决定第四次世界妇女大会于1995年9月在北京召开。

中国核反应控制技术取得突破

日前由清华大学核能技术设计研究院与有关部门合作完成的高技术成果水力驱动控制棒技术,它能够在最大摇摆倾角达45度的条件下,将控制棒精确地保持在给定的位置上,完成对核反应堆的功率调节,并可以依靠重力使控制棒顺利下降,实现反应堆的紧急停堆。国家教委对此进行技术鉴定。鉴定认为,这项研究成果,是世界上第一次进行的控制棒水力驱动系统的摇摆性能试验,无论从其规模,还是试验的难度和水平,均达到国际先进水平。该驱动机构采用水力学原理启动控制棒,实现核反应堆的功率调节,具有运行可靠、安全、经济等优点,并能显著地降低反应堆总体高度。这项技术的试验成功为把水力驱动控制棒技术推广到其他核动力领域开辟了良好的前景。

清华大学核能技术设计研究院首创的水力驱动控制棒技术又有新突破并获国家专利金奖

国家禁毒委员会国家教委发出关于将《禁毒教育读本》列为中学生课外读物的通知

7月18日

邓颖超骨灰撒入天津海河

运载邓颖超同志骨灰的客轮“新海门”号驶向海河

下游入海口。12 时 17 分,当邓颖超同志的骨灰撒向海河时,"新海门"号汽笛长鸣致哀,船上响起哀乐。停泊在码头的一些轮船也纷纷拉响汽笛,对邓颖超表示深切的悼念。

第一次全国双拥工作理论研讨会在青岛市举行

这次会议对双拥工作理论研究成果进行了系统交流,是纪念延安双拥活动 50 周年的重要组成部分。国务院、中央军委领导同志对这次会议十分重视。中共中央书记处书记、军委秘书长杨白冰和国务委员、全国双拥工作领导小组给长陈俊生分别作了重要指示。全国双拥工作领导小组副组长周文元、李昌安、范宝俊和各省、自治区、直辖市及军队有关部门负责人等参加了会议。

共青团中央常委扩大会议在北京召开

会议提出,各级共青团组织要在改革开放新形势下,进一步解放思想,转变观念,抓住时机,促进团的工作再上一个新台阶。

团中央书记处第一书记宋德福在讲话中强调,共青团要把邓小平同志的重要谈话作为开创新局面的行动纲领,深刻领会、牢牢把握主题,解放思想,实事求是,放开手脚,大胆实践。

宋德福说,团干部要刻苦学习经济,进一步为经济建设服务。宋德福认为,学习经济是配合党的中心工作的需要,是加强团的地位的需要。

文莱达鲁萨兰国苏丹和元首穆达·哈桑纳尔·博尔基亚在斯里巴加湾市努汝尔·伊曼皇宫会见外交部部长钱其琛

文莱达鲁萨兰国外交大臣穆罕默德·博尔基亚亲王在斯里巴加湾市努汝尔·伊曼皇宫会见外交部部长钱其琛

钱其琛说,中文交往源远流长。新中国成立和文莱独立后,历史上的交往得以恢复和发展。保持两国高层往来,可以对发展双边关系起到重要作用。两国经贸合作还有很大潜力,可以多进行直接贸易。

双方认为,关于柬埔寨问题的巴黎和平协定应得到全面公正的实施,柬埔寨各派应当实现真正的民族和解。柬埔寨问题解决后,本地区国家应努力保持本地区的和平稳定,实现共同繁荣。

外交部部长钱其琛在文莱斯里巴加湾市接受记者采访

钱其琛说,他同文莱外交大臣穆罕默德·博尔基亚亲王都认为,两国虽然建交不久,但关系发展很好,不存在任何问题。钱其琛说,中文关系是世界上人口很多的大国与人口很少的小国平等友好合作的典范。

在谈到两国经贸合作的问题时,钱其琛说,双方可进行直接贸易,这不会影响到目前经香港和新加坡的贸易,而是一种补充;中国具有一定的科技力量,双方可以进行技术合作;中国在发展中、小型企业方面有些经验,可以同文莱进行交流。他希望两国逐步增加经贸人员往来。

在谈到中国同东盟关系的问题时,钱其琛说,随着去年中国同文莱建交,中国同东盟 6 国都建立了正式外交关系,这标志着中国与东盟关系进入了一个新阶段。柬埔寨问题解决后,中国和东盟不仅要保持本地区的和平与稳定,而且要加强本地区的合作与繁荣。

钱其琛说,中国与东盟关系中的一个特点是,由于历史原因,一些华人生活在这些国家,中国重申,在同东盟国家发展关系时,不利用华人来为中国的利益服务,不会利用华人、华侨干涉任何国家的内政,希望这些华人与当地人友好合作,共同发展所在国家的经济,并成为这些国家与中国友好关系的纽带。

关于南中国海问题,钱其琛说,中文双方认为,柬埔寨问题解决后,东南亚地区应保持和平稳定,不希望出现新的紧张和热点。中国认为有关的分歧应通过和平谈判来解决。总的讲,这些问题可先放一放,而不应使南中国海问题国际化。

《李富春选集》出版

日前《李富春选集》已由中国计划出版社出版。选集收入了李富春自 1925 年至 1964 年的重要文章、讲话共 56 篇。邓小平为《李富春选集》题写书名。

7 月 19 日

林业部要求管好用好森林资源

国务院副总理朱镕基在中南海紫光阁会见日本前外务大臣大来佐武郎

中国体育代表团副团长袁伟民在西班牙巴塞罗那与代表团部分负责人拜会奥运村村长阿尔曼多·卡尔澳

7 月 20 日

全国各省(区、市)妇联主任会议在大连结束

全国妇联主席陈慕华参加会议并讲话。陈慕华指出,服从服务于经济建设中心,推动促进社会生产力的发展,是妇联工作应该长期坚持的基本原则。妇联必须抓住我国大力发展第三产业的机遇,积极兴办为妇女儿童服务的实体,增强妇联自身的凝聚力和实力。

最高人民检察院关于严禁检察机关越权办案插手经济纠纷违法捕人的通知

通知的主要内容是:

一、进一步加强执法守法的教育,严格执行检察人员的纪律。教育全体检察干警树立严格执法的观念,坚决摒弃地方保护主义的影响,坚持严格依法办案,文明办案。

二、各地检察机关必须严格执行最高人民法院、最高人民检察院、公安部关于刑事案件管辖的规定,把好受案关。检察机关一律不得介入属于合同、债务等经济纠纷案件,更不允许超越案件管辖权限去直接受理诈骗、投机倒把等案件。

三、检察机关不得以任何借口,采用任何形式为经济纠纷当事人追款讨债。更不允许滥用职权,采用限制甚至剥夺人身自由的强制措施扣押一方当事人或其家属作人质,为另一方当事人逼索债务,对于有关方面交办的追款案件,应主动向其说明检察机关的性质、职能及案件管辖范围,必要时可向上级检察机关报告,以求得支持。

四、坚决禁止检察机关以任何"理由",向发案单位和当事人强行索要办案经费。对追缴的赃款赃物应严格依照财政部及地方财政部门的有关规定处理,不准挪作他用,坚决禁绝采用非法手段搞"提成",从中牟利。

五、检察机关派人到外地执行办案任务包括拘捕人犯,必须按照有关规定办理完备的法律手续,并主动与当地检察机关、公安机关取得联系,力求在其协同配合下执行任务;严禁超越案件管辖权,避开当地检察机关、公安机关自行抓捕案犯。对外地检察机关到本地依法执行调查取证、拘留、逮捕案犯和追缴赃款赃物任务的,当地检察机关要积极支持、密切配合,决不允许以任何理由推拖阻挠。

各地检察机关要根据上述通知,进行一次认真检查,对这类问题要发现一件纠正一件,并在查明情况后给予通报批评;对于情节严重,构成犯罪的,要依法追究刑事责任。今后如再有违反者,要依法从严查处。

中共中央总书记江泽民在中南海会见由主席曾钰成率领的香港民主建港联盟访京团

国务院港澳办公室主任鲁平在北京会见以会长李志华为团长的香港青年协会代表团

鲁平希望香港能平稳过渡,越少变动越好。

鲁平强调说,1997年后,香港将是港人治港,高度自治。这需要做大量的工作。希望现在的香港公务员,包括警务人员,在1997年后能留下来安心工作,继续为香港繁荣和稳定作出努力。

鲁平对香港青年朋友说:"你们是早晨八九点钟的太阳,希望寄托在你们身上,将来港人治港要靠你们。你们担子很重,肩负着1997年后继续保持香港繁荣和稳定的重任。"

鲁平说,我们将真心诚意地坚持对香港实行"一国两制"的方针。一个繁荣稳定的香港不仅对香港,而且对整个国家有利。当然香港还存在不少问题。解决这些问题的关键是要靠中英两国政府密切合作和中国继续实行改革开放政策,但最根本的还要靠香港人自己。

鲁平说,我们对香港前途是有信心的,因为香港有各方面的人才,相信香港在97年后将会更加繁荣与稳定。

中国人民银行全国分行行长会议在北京结束

会议提出,下半年各级银行要积极支持农业、国营大中型企业、国家重要物资储备及长江三角洲和长江沿江开放开发地区、珠江三角洲以及沿边开放地区经济发展的合理资金需要,积极支持国家重点建设的合理资金需要,支持第三产业的发展。在这同时,要继续控制信贷总量,搞活资金存量,各家银行必须严格按国家下达的计划控制贷款规模,未经批准,任何银行都不得突破。要进一步加强和改进中央银行贷款管理,转换银行经营机制,严格管理证券市场和金融机构。对股票、债券的发行,各地必须按国务院的规定办事,任何单位都不得擅自发行。

国务院总理李鹏在会议上发表讲话说,今年以来,我国国民经济发展速度明显加快,金融工作发挥了重要作用。金融工作要进一步深化改革,应当抓好两个方面:一方面,金融体制要适应经济发展与改革开放的需要;另一方面,在整个国民经济发展的宏观调控中,银行要很好地发挥宏观调控重要手段的作用。他希望金融战线的广大干部职工,认真贯彻落实邓小平同志南巡重要谈话和中央政治局全体会议的精神,为国民经济更快更好地上一个新台阶,作出更大的贡献。

国务院经贸办公室国家工商行政管理局和国家技术监督局联合召开电话会议部署和动员下半年全国打击假冒伪劣商品活动

会议指出,这次"打假"活动要重点解决假药、一次性输液器、低压电器、电线电缆、汽车配件、农药化肥以及各种饮料、烟、酒等产品的假冒伪劣问题。

国务院经贸办副主任王忠禹在会上指出,当前假冒伪劣商品屡禁不止已成为社会一大公害。假冒伪劣商品已经到了非下大决心狠抓不可的地步。王忠禹指出,下半年"打假"要大力破除地方保护主义。要下大功夫杜绝收受回扣经销假冒伪劣商品的行为。要建立层层负责的制度,本着除恶务尽的态度打击违法行为。对于跨地区的大案要案,主要负责人要亲自过问。

中国新疆青河至蒙古共和国布尔干的国际旅客班车正式开通

国务院副总理朱镕基在中南海紫光阁会见以主席约瑟夫·康纳为团长的国际商会代表团

外交部部长钱其琛在马尼拉与菲律宾外交部部长曼格拉普斯举行会谈

钱其琛说,中菲友好合作是中国的既定方针。中国愿意同拉莫斯总统领导的新政府发展和加强两国友好合作关系。中菲有着长期友好交往的历史,中菲友好深入人心,符合两国人民的根本利益,有利于两国的发展和繁荣,也有利于亚太地区和平与稳定。

双方就进一步发展两国经济贸易关系,以及科技、文化、旅游等方面的合作,交换了意见。曼格拉普斯表示,菲律宾将努力消除妨碍两国贸易发展的一些限制。

钱其琛说,两国贸易近年来有了很大发展。相信通过双方共同努力,贸易额会继续增长,并逐步实现贸易平衡。

钱其琛感谢菲律宾外交部多年来为促进和发展中菲友好关系所作的大量工作,赞赏菲律宾政府一直重申坚持"一个中国"的政策,希望菲律宾新政府继续奉行"一个中国"的政策。

曼格拉普斯表示,菲律宾同台湾发展经济、贸易关系时将不使其具有政治性。菲律宾无意改变"一个中国"的政策。

关于国际和地区问题,钱其琛说,中菲双方对国际形势的分析是一致和相近的,两国在国际事务中进行了良好的相互支持与合作。中国政府一贯积极谋求本地区的长期和平、稳定和共同的经济繁荣。对本地区国家间可能出现的分歧和争端,中国一贯主张通过协商和平解决。

在谈到南沙群岛问题时,钱其琛指出,中菲两国对南沙群岛部分岛礁存在争议,但两国领导人达成了很好的谅解,即搁置争议,共同开发,相信在有关国家共同努力下,不仅可以保持南海地区的和平,而且可以发展广泛的互利合作。

曼格拉普斯对钱其琛所重申的中国在南沙群岛问题上的立场表示满意。

外交部部长钱其琛在菲律宾马尼拉饭店会见菲律宾华人各界领导人

钱其琛说,由于东盟诸国都有相当部分的华人,因此中国和东盟不但有着良好的外交关系,而且在一定程度上拥有文化、血缘上的亲密关系。

钱其琛勉励海外华人落地生根,和东盟各国人民一起,并肩努力,开拓创造。中国和东盟在亚太地区有着共同合作的信念,维护地区安全和平,谋求经济共同发展。

菲律宾中华商会理事长李逢梧在致词说,菲律宾华人珍惜中菲传统友谊,希望海峡两岸早日统一,希望南沙问题在不损害中国主权的原则下早日获得解决,希望中国繁荣昌盛。

中国与菲律宾在马尼拉签订一项投资协定

该协定规定,双方应鼓励向对方投资,并对对方在本国的投资提供公正的待遇与保护。协定还规定了解决投资一方与受资一方的经济纠纷的基本原则。

中国对外经济贸易部副部长王文东和菲律宾工商部副部长包蒂斯塔分别代表本国在协定上签字。该协定有效期10年。

牙买加总督霍华德·库克和夫人在金斯敦会见以国务院秘书长罗干为首的中国政府代表团全体成员

以王钢华大使为团长的中方代表团和以吉列耶夫大使为团长的俄罗斯哈萨克斯坦吉尔吉斯斯坦塔吉克斯坦联合代表团在莫斯科举行第七轮谈判

就边境地区相互裁减军事力量和加强军事领域信任的问题于7月20日至8月4日进行了谈判。谈判取得一定进展。双方商定,下一轮谈判将在北京举行。俄国防部第一副部长科科申和俄外交部亚太总局局长索洛维约夫分别会见中方代表团。

中国代表任泉在联合国经社理事会会议上发言

任泉说,保护消费者利益已成为中国政府政策和实际政治、经济生活中不可缺少的一个组成部分。

任泉说,尽管中国是一个发展中国家,经济还不发达,消费水平不高,但消费者利益的保护工作是受到重视的。随着改革开放的深入,商品经济的进一步发展,保护消费者利益已成为中国政府制定政策的一个组成部分。中国保护消费者政策的着眼点是健全各种法规,发挥各级政府部门和民间团体的作用,实现对商品和服务的监督。

任泉指出,中国保护消费者利益的工作有些方面起步较晚,在政策法规等方面还有一些不足。中国愿加强与其他国家在这方面的合作，以便使保护消费者利益的工作切切实实地在世界范围内开展。

任泉在谈到国际税务合作问题时说，中国同国际社会在税务工作方面的合作是有成效的。自1981年以来，中国已同32个国家签署了避免双重征税协定。中国还通过参加和举办税收研讨会、专家咨询和人员培训等参与了国际税务合作。

任泉认为，开展国际税务合作，有助于中国税务界了解世界税制改革的趋势，吸收各国改革的成功经验，以促进中国的税制改革；同时，国际税务合作也有利于国际税务界了解中国税制改革的方向和进程。

解放军总参谋长迟浩田上将在北京会见泰国国防部次长万猜·郎达军上将

7月21日

国务院第14次全体会议在北京举行

会议主要是通报上半年的经济情况，部署下半年的经济工作。国务院总理李鹏在会议上发表讲话。李鹏说，总的看，上半年我国经济发展态势是好的，经济运行情况是正常的。主要表现在：

——经济增长速度明显加快。上半年国内生产总值比去年同期增长10.6%。夏粮丰收已成定局，总产量可望达1000亿公斤以上，乡镇企业保持旺盛的发展势头，农田水利基本建设取得新的进展。工业生产高速增长，全国乡及乡以上工业比去年同期增长18.2%。

——固定资产投资迅速增长。上半年全社会固定资产投资总额增长25.2%。由于投资增长，带动了工业特别是重工业的增长。

——市场繁荣，物价平稳。上半年社会商品零售总额比去年同期增长14%。市场商品货源充裕、多数商品供大于求，居民消费心理稳定。全国零售物价总指数比去年同期上升5%。从总体来说，人民生活水平有进一步的提高。

——财政金融形势比较平稳。上半年中央和地方财政收入都有较大幅度增长，财政支出低于收入的增长幅度。但值得重视的是，各项贷款增加较多，货币投放数量较大。

——深化改革取得显著进展。今年以来，以转换企业经营机制为重点，企业内部制度改革和外部配套改革采取了一系列措施，进一步把企业推向市场。其他各方面改革也取得了明显成效。市场机制在我国经济运行中发挥越来越大的作用。

——对外开放进一步扩大。在加大沿海开放力度的同时，形成了沿海、沿江、沿边和省会城市的全方位开放的新格局。利用外资成绩显著，对外贸易持续增长。

李鹏指出，在充分肯定成绩的同时，我们也要清醒地看到，经济生活中还存在一些值得注意的问题。重视和解决这些问题，有利于保护和发挥广大干部群众的积极性，保持和发展目前经济增长的好势头。

一是金融问题。上半年信贷发行和货币投放都比较大。一方面是由于经济规模的扩大，发展速度的加快，以及农副产品和外贸收购的增加等因素，使信贷发行增加，这是需要的。但是也存在信贷和现金投放过多的问题。下半年货币要在控制总量的同时进一步调整资金投向，发挥现有资金的潜力。

二是固定资产投资问题。今年的经济增长明显具有固定资产投资带动的特点。90年代我国有可能出现投资带动经济增长的高潮，但必须注意投资方向和投资的合理规模。上半年投资高增长，一部分带有恢复性质，"八五"计划所确定的建设项目陆续开工，利用外资增加，各方筹集资金上了一些项目，因而有其客观必然性。但也引起钢材等生产资料价格上涨，交通运输和能源趋于紧张等问题，资金投向也不尽合理，要积极加以引导。

三是经济效益问题。今年以来，随着经济发展加快，经济效益有所好转，但总体水平仍然较低，表现在产成品资金占用回升，企业亏损额增加，流动资金周转减慢。经济效益问题仍是我们要下大力气解决的。

李鹏指出，上半年经济增长速度比较高，但社会总供给与总需求基本平衡，国际收支状况良好，物价总水平控制在原定计划幅度之内，国家宏观调控还处于比较主动的地位。上述问题是发展过程中的问题，通过宏观调控和抓紧工作是可以逐步解决的。

在讲到下半年的经济工作时，李鹏说，为了争取今年经济发展有更好的成绩，要妥善解决经济发展中的一些重大问题。李鹏着重讲了以下几个问题：

(一)积极促进国民经济的增长；(二)保证农业生产持续稳定增长；(三)加快基础设施的建设；(四)大力发展第三产业；(五)继续实行外贸多元化的发展战略；(六)努力转换企业经营机制；(七)使股份制、股票发行和房地产业沿着规范化的轨道健康发展；(八)逐步实行政府机构改革等。

国务院副总理邹家华、朱镕基分别在会上就发展房地产和转换企业经营机制、发展股票市场问题讲了话。外交部副部长刘华秋在会上通报了上半年国际形势和我国的对外关系。

中共中央顾问委员会主任陈云发表文章《悼念李先念同志》

先念同志的逝世，是党和国家的巨大损失。

我和先念同志相识，是在 1937 年 4 月。那时他率领西路军余部 400 多人，浴血奋战，历尽艰辛，到达甘肃、新疆交界的星星峡，我以中央代表名义从苏联回到迪化(今乌鲁木齐)，然后去星星峡接应他们。这在当时极为困难的条件下，为党和红军保存了一部分力量，尤其是保存了一批干部。

先念同志从红军时代起就是一位久经沙场、英勇善战的将军，在长期的武装斗争中，他为中国人民的解放事业建立了不可磨灭的功勋。

1954 年先念同志从湖北调到中央，参与领导全国财经工作。他是将军管理经济，但他能很快精通当时的经济工作，这是十分难得的。

这里要特别提到，“文化大革命”期间，先念同志在十分艰难的情况下，协助周总理主持全国财经工作，使一大批在建和新建项目得以建成或加快了建设进度，其中包括攀枝花钢铁厂，武钢一米七轧机、13 套大化肥、4 套大化纤、焦枝铁路、襄渝铁路和胜利油田等，继续为我国社会主义现代化建设打基础。

在粉碎“四人帮”这场关系我们党和国家命运的斗争中，先念同志同叶帅一样起了重要作用。由于叶帅和先念同志在老干部中间很有威望，小平同志暗示他们找老干部谈话。我到叶帅那里，见到邓大姐谈完话出来。叶帅首先给我看了毛主席的一次谈话记录，其中有讲到党内有帮派的字样，然后问我怎么办？我说这场斗争不可避免。在叶帅和先念同志推动下，当时的中央下了决心，一举粉碎了“四人帮”，使我们的国家进入了新的历史发展时期。

先念同志和我虽然都没有到过特区，但我们一直很注意特区建设，认为特区要办，必须不断总结经验，力求使特区办好。这几年，深圳特区经济已经初步从进口型转变成出口型，高层建筑拔地而起，发展确实很快。现在我们国家的经济建设规模比过去要大得多、复杂得多，过去行之有效的一些做法，在当前改革开放的新形势下很多已经不再适用。这就需要我们努力学习新的东西，不断探索和解决新的问题。

先念同志为在中国实现社会主义和共产主义奋斗了一生。他的革命精神是永存的。我们要怀念他，学习他。

1992 年 7 月 21 日

中共中央台湾工作办公室国务院台湾事务办公室发言人李庆洲就台湾当局通过《台湾地区与大陆地区人民关系条例》一事向新华社记者发表谈话

我们注意到台湾当局最近通过的《台湾地区与大陆地区人民关系条例》。

众所周知，台湾当局制定这个《条例》所依据的所谓“法统”，自 1949 年 10 月 1 日中华人民共和国成立之日起，就已不复存在。台湾当局仍旧坚持这个“法统”，是无助于消除隔阂、实事求是地解决两岸关系中所存在的问题的。中华人民共和国政府是代表全中国的唯一合法政府，台湾是中国的一部分。台湾当局以“一国两地区”作为处理海峡两岸交往事务的政治基础，其实质仍是在推行“一国两府”，这是同国际公认的一个中国的原则相违背的，我们决不能接受。

近年来，在两岸的共同努力下，两岸关系不断发展，这是人心所向，潮流所趋。台湾当局在这个《条例》中采取了一些放宽两岸交往交流限制的措施，这是值得欢迎的。但是，应该说，放宽两岸交往的步子走得太小了。《条例》依然坚持“三不”政策，阻挠直接“三通”。《条例》的许多规定，不仅远远落后于两岸交往的现实，而且用立法形式限制两岸关系的进一步发展。这完全违反两岸同胞的共同愿望，我们是反对的。

我们一贯主张，根据两岸人民的意愿，早日实现直接“三通”和双向交流，扩大交往，密切联系，增进共识，繁荣民族经济，造福两岸人民；本着“一国两制”的原则，谁也不吃掉谁，双方共同努力，通过谈判逐步实现国家的和平统一，希望台湾当局顺乎民意，拆除人为障碍，为发展两岸关系、人民交往、经济合作多做实事。

国务院决定将“全国打击走私协调小组”改为“全国打击走私领导小组”

国务院最近决定将原全国打击走私协调小组改为全国打击走私领导小组。

中共中央政治局委员、国务院副总理李岚清担任领导小组组长。李岚清主持召开了领导小组第一次全体会议，强调要从反腐倡廉、加强党和政权建设的高度，来认识反走私斗争的重要性和紧迫性，加强领导，协调行动，严肃法纪，动员各方面的力量，坚决把走私猖獗势头打下去，保证我国的改革开放和现代化建设持续地健康发展。

国务院港澳办司长陈佐洱在北京就香港新机场建设问题向香港和内地记者发表谈话

陈佐洱重申，中方一贯对于同英方协商解决新机场建设问题抱有诚意。陈佐洱说，“我们希望双方坐下来，充分听取香港社会各界的意见和建议，按照联合声明和谅解备忘录载明的原则和规定以互谅互让、平等磋商的合作精神，尽早解决香港新机场建设问题。中方的态度过去、现在是这样，将来也是这样。”

菲律宾总统拉莫斯在马拉坎南宫会见外交部部长

钱其琛

钱其琛说，中菲两国是近邻。历史上两国有着频繁的交往，建立了广泛的联系。在当今世界新形势下，中菲关系应该有更大的发展。现在亚太地区政治比较稳定，经济发展迅速，东盟国家发挥了重要作用。中国同东盟国家保持和发展友好关系，对本地区的稳定和发展是至关重要的。

拉莫斯说，菲中两国关系总的是友好的、合作的，希望继续发展和加强这种关系。菲律宾新政府组成后致力于经济恢复和发展，愿意同中国开展密切的经济和贸易合作，希望两国继续保持高层领导人的相互往来。

拉莫斯重申，菲律宾新政府将恪守1975年两国建交公报原则，奉行一个中国的政策，同台湾只进行民间的经济往来。

钱其琛对菲律宾政府坚持一个中国的政策表示赞赏。钱其琛说，中菲建交以来，由于菲律宾历届政府奉行一个中国政策，两国关系总的是好的，积极的。

宾主双方还就南沙群岛问题交换了意见。拉莫斯赞赏中国政府关于谈判解决争端和实行共同开发的政策。

外交部部长钱其琛就经济合作与地区安全问题向东盟六国外长阐述中国主张

钱其琛说："一年来，中国同东盟各国友好合作关系又有了新的发展，继同印尼复交、同新加坡建交之后，去年九月中国同文莱达鲁萨兰国建立了外交关系。可以说，中国和东盟关系开始进入全面发展新时期。在国际事务中，特别是在柬埔寨问题政治解决过程中，中国同东盟进行了密切而有成效的合作。在经贸、科技、文化等领域的合作取得了扎实的进展。""中国和东盟国家经济各有所长，互补性强，合作潜力很大，各自的经济建设经验可以相互学习和借鉴。中方建议：中国与东盟组织可效仿中国与欧共体合作方式，共同签订经贸合作协定，也可以先签订经贸合作联委会协定，从而建立磋商制度。"

钱其琛指出："中国和东盟国家正处于经济迅速发展阶段，科学技术已日益成为推动经济和社会进步的决定性因素。我们希望本着平等互利、共同发展的原则，充分利用相互各自优势，加强科技合作和研究。除加强双边合作外，我们愿同东盟科技委员会建立联系和合作关系。"

钱其琛说："同东盟各国一样，中国正集中力量从事经济建设，加快改革开放，这就需要有长期稳定的国际和平环境，因此自然对亚太地区的安全十分关注。中国政府一贯奉行独立自主和平外交政策，在和平共处五项原则的基础上同世界各国发展友好关系，尤其致力于同周边国家发展睦邻友好。中国反对以大欺小、以强凌弱、践踏别国主权、干涉他国内政的霸权主义和强权政治，中国不谋求霸权和势力范围。中国的国防力量完全是防御性的，不对任何国家构成威胁。我们支持东盟关于建立东南亚和平自由中立区和无核区的主张。我们愿同东盟国家在维护地区和平与稳定方面进行广泛密切的合作。"

在谈到南沙群岛问题时，钱其琛说："在南沙问题上同我们存在争议的国家都是中国的友好邻邦，我们重视同这些国家的友好合作关系，不愿看到因为存在分歧而发生冲突，影响国家间友好关系的发展和本地区的和平与稳定。我们提出'搁置争议、共同开发'的主张，愿意在条件成熟时同有关国家谈判寻求解决的途径，条件不成熟可以暂时搁置，不影响两国关系。我们相信，只要本地区有关各国共同努力，南中国海地区不仅不会成为新的冲突'热点'，而且沿岸国之间还可望开展广泛的互利合作。"

国务院副总理吴学谦在中南海紫光阁会见联合国难民事务高级专员绪方贞子

吴学谦说，中国赞赏难民署为解决世界各地不断涌现的难民问题所作出的不懈努力。

吴学谦说，中国政府支持难民署的工作，并将一如既往地同难民署加强合作。吴学谦强调说，维护世界和平与促进广大发展中国家经济发展是解决世界难民问题的根本途径。

中国常驻联合国代表李道豫关于柬埔寨问题在联合国安理会发言

李道豫希望柬埔寨各方以民族大义为重，在以西哈努克为首的柬埔寨全国最高委员会的领导下与联柬权力机构密切合作，为全面实施巴黎协定作出贡献。

牙买加总理帕特森在金斯敦会见以国务院秘书长罗干为团长的中国政府代表团

中华人民共和国政府和捷克和斯洛伐克联邦共和国政府在布拉格签订海关事务合作协定

"胚胎移植"在内蒙古牧区试验成功

当今国际上最活跃的高新生物技术——胚胎移植术在内蒙古自治区首次脱离实验室，在高寒的草原牧区试验成功。

日前，在内蒙古东部的克什克腾草原，14头产奶量仅数百斤的蒙古改良牛各产了一头黑白花牛犊；15只普通蒙古母羊产下了 15 只具有美利奴细毛羊血统的 15 只小羊羔。牛羊的移植妊娠率分别为 56% 和 56.7%，达到国际先进水平。

内蒙古家畜改良工作站站长乌兰巴特尔称，这项技术由内蒙古家畜冷冻精液胚胎移植新技术推广站在草原上试验成功，即将投入生产。它将大大缩短各种家畜改良的周期，传统方法需杂交十几代以上才能得到的良种，用胚胎移植术一次即可得到。

掌握了胚胎移植技术，就可以通过一头优良种畜复制出几十个乃至上百个优良后代，相当于自然繁殖的几十倍。

7 月 22 日

中共中央政治局会议通过《中共中央关于加强政法工作，更好地为改革开放和经济建设服务的意见》

当前，全国各地正在加快改革开放和经济建设的步伐，各级党委和政法战线要认真贯彻落实邓小平同志南巡重要谈话和中央政治局全体会议精神，大力加强政法工作，更好地为改革开放和经济建设服务。

一、新形势下政法工作的指导思想。

今后一个较长时期政法工作的指导思想是：坚定不移地贯彻党的“一个中心、两个基本点”的基本路线，坚持“两手抓、两手硬”，强化人民民主专政职能，狠抓社会治安综合治理，努力搞好法律服务，切实维护社会稳定，保障与促进改革开放和经济建设的顺利进行。政法工作的思路要再开阔一点。要把是否有利于解放和发展生产力、把经济建设搞得更快更好，是否有利于加快改革开放和坚持四项基本原则，是否有利于维护政治安定和社会稳定，作为政法工作的出发点、最终目的和检验我们一切工作的根本标准。

主要从两个方面加强政法工作：一是充分发挥政法部门在调节经济关系，改善改革开放的法制环境，保护投资者和敢于改革试验的人的合法权益等方面的职能作用，运用法律手段和行政手段，大力促进经济建设和改革开放；二是强化专政手段，保卫国家安全，严厉打击各种犯罪活动，惩治腐败，扫除丑恶现象，推动社会治安综合治理和廉政建设，维护社会持续稳定，不仅现在，而且将来都要保证我国的社会秩序、社会风气好于资本主义国家和地区，为经济建设和改革开放创造良好的社会环境。

二、解放思想，更新观念，增强五个意识。

(一)增强服务意识。政法工作要紧紧围绕、服从和服务于经济建设，任何时候都不能偏离和干扰这个中心。开展各项工作，都要讲求政治效果、经济效果和社会效果，防止就治安抓治安和就案办案、孤立办案的倾向。政法干警特别是领导干部要学习经济知识，了解经济领域的新情况、新问题，熟悉深化改革、扩大开放的新政策、新措施，主动服务，超前服务，提高服务水平。

为经济建设服务应通过改进和加强政法工作，严格依法办事去实现。越是改革开放，越要加强政法工作，加强党对政法工作的领导，决不能把服从和服务理解为政法工作不重要了，更不能理解为政法部门可以去做违反法律规定、超越职权和削弱专政职能的事情。

(二)增强改革意识。改革和发展是稳定的基础。政法部门要大力支持和促进各项改革开放事业，并加大自身改革的力度。凡是国家和地方政府出台的改革措施，首先都应积极支持；个别地方政府的个别措施明显不妥的，可以提出意见。对可能产生的某些消极因素，政法部门要把工作做在前头，力争将其影响抑制到最低限度。要清除一切不适应改革开放的旧观念，清理不利于改革开放的政策、法律和规章制度，改进治安管理和其他执法工作，该放宽的大胆放宽，该管严的切实管严，没有把握的可以进行试验。

以经济特区为政法工作的试验区，以沿海沿边沿江开放城市和大城市为政法工作的重点，积极探索政法管理体制改革以及政法工作为改革开放和经济建设服务的新经验，用以指导和推动全国政法工作的改革。

(三)增强防“左”意识。政法战线要警惕右，但更要重视防止“左”。右主要表现为对一定范围阶级斗争的复杂性、长期性认识不足，对境内外敌对势力的渗透、颠覆和破坏斗争不力，对各种犯罪活动和丑恶现象下不了手。这种“手软”就是右。但是，“手硬”绝不等于要搞“左”的一套；也绝不能把运用人民民主专政巩固人民政权的必要措施视为“左”。在目前情况下，政法战线防“左”，主要是防止偏离经济建设这个中心，一遇风吹草动就自觉不自觉地搞“以阶级斗争为纲”；防止混淆两类不同性质的矛盾，用对敌专政的方法处理人民内部矛盾，用强制手段解决群众的思想认识问题；防止用过去搞政治运动、甚至“群众专政”的方法解决社会治安问题；防止不依法办事，滥用强制措施，侵犯人民群众和当事人的合法权益；防止消极求稳，用陈旧过时的观念看待改革开放中出现的新事物；防止把正当的改革开放、搞活经济的措施当成违法犯罪处理；等等。

(四)增强社会主义民主和法制意识。大力促进、维护社会主义民主和法制建设，正确处理人民内部矛盾。对改革中出现的、涉及群众的、属于内部思想教育和管理方面的事情，应由党政领导和有关部门去处理，政法部门不要直接出面干预。但要警惕由此而引起的不安定因素，积极协助党政领导和有关部门做好教育疏导工作。要严格依法办事，严格区分罪与非罪的界限，绝不允许滥用职权，侵犯公民合法权益，绝不允许以权谋私，违法乱纪，贪赃枉法。

（五）增强群众路线意识。专门工作和群众路线相结合，是具有中国特色的政法工作的优良传统。在改革开放的形势下群众路线并没有过时，依然具有专门工作不可替代的作用，必须继续坚持和发扬。

要教育广大政法干警增强群众观念，学会在新形势下做群众工作的本领。建立健全各种适合新形势的维护社会治安的群防群治组织。

要下决心精简上层，充实基层，把政法工作的重点放到基层去，大力加强基层基础工作。

各地依照地方法规，在群众自愿原则下，收取少量治安费，用于群防群治，是合理的、必要的，但要十分珍惜民力，加强管理，节俭使用。

国家建立鼓励群众与违法犯罪作斗争的奖励制度和社会保障机制。

三、坚决打击各种犯罪活动。

严厉打击严重刑事犯罪分子。政法各部门都要坚持依法"从重从快"的方针，统一执法思想，坚决纠正存在的对犯罪分子打击不力的问题，提高破案本领和执法水平，强化打击手段。开展各种形式的专项斗争和破案战役，重点打击犯罪团伙和黑社会势力，坚决遏制暴力、恶性案件增长的势头，进一步缩小重大刑事犯罪上升的幅度。对企业深化改革过程中发生的报复伤害厂长、经理的案件，必须及时查清，依法从严处理。

深入开展打击经济犯罪的斗争。继续把惩治贪污贿赂犯罪放在打击经济犯罪斗争的第一位，充实办案力量，提高侦破水平，切实纠正对某些案件免诉不当的问题。对大案要案，各级检察院、法院的主要领导要亲自查办，不论涉及到什么人都要一查到底，依法严惩。鉴于诈骗、偷税抗税、假冒商标等金融、商业活动中的犯罪越来越突出，政法部门要把这类犯罪案件的查处工作摆上重要位置。要掌握好政策和法律，划清罪与非罪的界限，对经济纠纷案件公安机关不要插手，不能把经济纠纷案件混为诈骗案件处理。

各地区、各部门的党政领导都要增强除"六害"的政治责任心，采取更加严厉有效的措施，从流出地、流入地同时查禁、堵截，从严打击。对卖淫嫖娼者发现一个收容一个，进行半年到二年的教育改造。发现有色情活动的饭店、宾馆、发廊和娱乐场所，要坚决责令停业整顿，直至吊销营业执照。对这些单位的负责人，该撤换的坚决撤换，对其中构成犯罪的应依法追究刑事责任。争取在近几年内使大中城市和开放地区的卖淫嫖娼活动大幅度减少或基本制止。

要严厉打击制、贩、运毒品的犯罪活动，坚决铲除国内非法种植的毒品原植物。通过广泛宣传，提高全民禁毒意识，大力组织戒毒。积极参加联合国禁毒机构对"金三角"采取的国际禁毒合作行动。

在办理经济犯罪案件中，对大胆改革、敢闯敢试、作出贡献而有失误的人，处理要更加慎重。凡是政策和法律规定不明确的，不要轻易按违法犯罪追究，要注意保护他们的积极性。对其中确实构成犯罪但罪行较轻、认罪态度较好的，可以不采取强制措施，允许他们戴罪立功。

四、（略）

五、进一步抓好社会治安综合治理。

在今年至一九九四年底的三年内，通过持续深入开展反盗窃斗争，把打击、防范、教育、管理等综合治理的各项措施落实到城乡基层，落实到各部门、各单位，把广大干部、职工和人民群众动员组织起来，形成积极同违法犯罪行为作斗争的社会风气。

狠抓治安混乱地区的重点治理。今明两年内，要重点治理好经济特区、沿海沿边沿江开放城市、省会以上大城市和治安混乱的重点地区以及铁路、公路重点路段的社会秩序。

对刑满释放、解除劳教人员，一是提倡尽可能由原单位接收安置；二是鼓励和帮助其自谋职业；三是暂时无业可就的，由司法行政和劳动部门共同开办以第三产业为主的经济实体，予以就业前的过渡性安置，并积极帮助其就业，防止流落社会重新犯罪。

六、严格执法，为经济建设提供更多更好的法律服务。

在加快改革开放、扩大经济交往的过程中，经济纠纷和法律事务必然增多，亟须加强经济、民事、海事案件的审判工作和法律监督工作。在办理各种经济违法犯罪案件中，必须注意依法维护企业的正常生产经营秩序，依法保护技术市场开放，促进科学技术迅速转化为生产力。

最高人民法院和最高人民检察院要对生产、经营、流通、分配领域内的新情况、新问题抓紧进行调查研究，本着慎重从事、促进改革开放、保护改革者的原则，划清正当经济交往与经济违法犯罪的界限，及时做好司法解释。

要改革和加强律师、公证工作，积极发展律师、公证队伍，更好地运用法律手段调节经济关系，维护新的经济运行机制和经济秩序。适当扩大合作制律师事务所的试点，逐步建立一些金融、证券、股票、知识产权和房地产开发等专业性律师事务所。经国务院批准，在依法加强管理的前提下，有选择、有限制地允许国外、境外少量律师事务所在北京、上海、广州、深圳、海口五市设立办事机构，作为试点。

要从党内和领导干部抓起，下决心解决以罚代刑、地方保护主义、说情风和以言代法、以权压法等问题。

在执法活动中严禁搞“利益驱动”，罚没款必须全部上交财政，不得返还或留用。执法部门的办案经费由各级财政部门给予保证。

七、(略)

八、改进治安管理和内部保卫工作。

根据加快改革开放、发展经济，特别是加快发展第三产业的需要，应尽快修订、完善有关管理法规，加强和改革各项治安管理工作。要适当下放权力，简化手续，提高效率，方便群众。

对流动人口和城镇外来人口，抓紧研究制订一套严密合理的管理办法，既有利于劳动力流动、就业安置，又有利于防止犯罪分子混迹其间流窜作案。

要加强工厂、矿山、油田等大中型企业和国家重点工程的安全保卫工作。在企业改革中，内部保卫工作不能削弱，机构要精干，人员素质要提高。机关、学校、企业事业单位的内部秩序管理工作，主要由各单位的党政领导和主管部门负责，公安机关不能包办代替。

在公安机关的领导下，进一步发展保安服务公司，健全制度，严格管理，制定法规，使之成为一支维护治安的社会力量。

九、调整人民警察体制，理顺法院、检察院体制。

现行的人民警察体制比较混乱，国家警察、部门警察、企业警察、合同警察等多种多样，多头管理，执法和管理工作交叉扯皮，不利于发挥人民警察的整体效能。为改变此种状况，由公安部商有关部门提出人民警察体制的改革方案。

应尽快研究确定新疆生产建设兵团法院、检察院的法律地位。根据新形势，由最高人民法院、最高人民检察院分别商有关部门，提出法院组织法和检察院组织法的修改方案。

十、给政法部门适当增加编制和经费。

随着形势的发展，政法工作任务更加繁重，这支队伍只能加强不能削弱。现有的各级政法机构要保持稳定。

加强政法队伍建设首先在于加强教育和训练，提高现有人员的政素质和业务素质，严格把好进人关，清理、调出不适合做政法工作的人员，保证干警质量。与此同时，根据任务发展的需要，逐步给政法部门增加一些编制。经济发达地区和其他有条件的地区，还可以由省、市、自治区采取适当措施，解决政法部门警力不足的问题。

有重点地逐步改善政法队伍的装备，增加必要的设施和基本建设投资。今后，每年由各级财政给政法部门适当增拨一些经费。

国务院责成有关部门研究制定政法编制和经费的计划保障机制，使政法部门的编制和经费随着国民经济的发展、政法工作任务的增加而相应地增长。

十一、对劳改企业实行优惠政策。

劳改企业的主要任务是改造罪犯。为了进一步提高改造质量，必须改变劳改企业经济负担过重的状况。由国务院在计划、生产、经营上给劳改企业一些优惠政策。今后，国家对狱政建设、干警工资和犯人生活费应给予保证。

十二、抓紧立法。

当前要抓紧制定《人民警察法》、《检察官条例》、《法官条例》、《国家安全法》、《惩治贪污贿赂法》、《监管改造法》、《公证法》、《律师法》、《人民法庭组织条例》、《劳动教养法》等法律。

全国党校校长座谈会在北京举行

中共中央党校常务副校长薛驹在会上提出，党校要按照邓小平同志重要谈话和江泽民同志讲话的精神，解放思想，大胆改革，使党校的教学内容和方法更有吸引力，使理论研究对加快改革开放、加速经济建设和加强党的建设能起到积极推动作用，使党校各项工作能够充满生机和活力。

薛驹在会上说，在当前的新形势下，党校在全面贯彻党的基本路线，围绕经济建设这个中心，更多更好地培养教育干部、培养跨世纪接班人方面，担负着更为重要的任务。

薛驹指出，党校教育工作在理论联系实际，干部进党校学习制度化、规范化、加强党性锻炼等方面都在不断改进，取得了比较明显的成绩，但与形势发展的要求相比，还存在一些明显的差距和不足。特别是在教学内容上，对改革开放、经济建设等重大现实问题的研究还不够深，思想还不够解放；对教材的选择还不够精，有些还不能切合不同学员对象的需要；有些课程在教学中比较强调学科的系统性，而对结合新的实际，增强针对性不够；在党性教育上，如何适应新形势的要求还需要继续探索和加强。

薛驹认为，邓小平同志在南巡谈话中指出的“学马列要精、要管用”的思想，对党校的教学改革具有重大指导意义。他说，在教学改革中，要努力针对新的实际，精选精读马克思主义著作，包括马列的，毛泽东、邓小平的有关著作。在学习中，要引导学员进一步解放思想，开动脑筋，紧密结合改革和建设的实际，深入研讨现实重大问题。要通过学习，努力克服那些对马克思主义的某些原则、某些本本的教条式的理解、那些对社会主义的不科学的甚至完全扭曲的理解，从而，使自己的思想从“姓资、姓社”等旧框框中解放出来。

薛驹强调，在党校教学改革中，要注意进一步增强党性锻炼，提高学员坚持和全面贯彻党的基本路线的自觉性，在党风和廉政建设中以身作则，率先垂范，吃苦在前，享受在后，克己奉公，多作奉献。

薛驹还就党校的班次设置、教学方法，教学责任制和考核制度以及组织人事制度和分配制度改革等问题发表了看法。

会议于28日结束。

国务院副总理吴学谦在中南海紫光阁会见由会长李志华率领的香港青年协会代表团

中国代表团发言人就第25届东盟外长会议通过的关于南中国海宣言中阐述的一些基本原则答新华社记者问

中国代表团发言人说，《东盟关于南中国海宣言》中阐述的基本原则同中国的主张是一致或相近的。中国政府一贯主张通过谈判和平解决南沙群岛领土争端，反对诉诸武力。中国提出了“搁置争议、共同开发”的建议，愿意在条件成熟时同有关国家谈判，条件不成熟时可暂时搁置争议，不影响有关国家间的友好关系。

中国代表团发言人强调说，对在南中国海地区开展互利合作及有关国家对争议地区进行共同开发，中国一直持积极态度。

中国代表张小安在联合国经社理事会上发言呼吁国际社会为发展中国家的农产品贸易创造一个良好的外部环境

张小安说，当前世界粮农领域仍存在不少问题，尤其是发展中国家面临人口膨胀、饥饿现象有增无减、自然资源减少、生活环境恶化、债务沉重、自然农业基础薄弱，以及国际经济和贸易关系不合理等许多困难。

张小安指出，发展中国家的农业生产和发展在很大程度上受到国际环境的影响，因此，公平合理的国际农产品贸易是促进世界农业持续发展、实现世界粮食形势好转的重要保证，国际社会应努力消除国际农产品贸易中的不合理之处。

北京召开攀登计划实施大会

由国家设立的基础性研究重大关键项目计划——“攀登计划”已全面启动。经国家科委批准“八五”期间共计30个基础性研究项目以“攀登计划”组织实施。

国务委员宋健在攀登计划实施大会上发表题为《加强基础性研究，攀登科学技术高峰》的讲话

今天召开“攀登计划”实施大会，大家都感到非常高兴。我们宣布“攀登计划”的启动和实施，清楚地说明，在科学技术的整体发展中，基础性研究工作受到党和国家高度的重视和关怀。

借此机会，我就当前科技工作的形势和进一步加强基础性研究工作的问题向大家作一简要说明。

自从邓小平同志南方谈话发表以来，全国各族人民在党中央和国务院的领导下，进一步解放思想，加快改革开放的步伐，各条战线呈现出生机勃勃、欣欣向荣的景象。事实证明，经过几年治理整顿以后，我国已具备进一步加快发展的条件，正处在一个千载难逢的重要历史发展时期。我们面临的任务是：坚定不移地全面贯彻执行党的基本路线，牢牢把握经济建设这个中心，坚持四项基本原则，坚持深化改革和扩大开放，大力发展社会生产力。全体科技界的同志们将和全国人民一起，为实现这一战略方针作出历史性贡献。这是当代最高的战略目标，其他各方面工作都要服从这一目标。

党中央把发展科学技术列为我国经济和社会发展战略的重点，多次强调要把国民经济切实转移到依靠科技进步的轨道上来。在当前全国加快改革开放，尽快地把经济建设搞上去的新形势下，国家对科学技术工作提出了更高的要求。科技战线已经积极行动起来，加快科技体制改革的步伐，动员广大科技工作者更好地面向经济建设主战场，引导经济和社会发展；与此同时，要努力稳住和加强基础性研究和大力发展高新技术，攀登科学技术高峰，提高科技创新和自主开发的水平，增强科技实力和后劲，使科技在我国经济建设和社会发展中发挥更大的作用。简单地说就是两句话：一是“面向、依靠、攀高峰”，二是“稳住一头，放开一片”。

“面向、依靠”，就是坚决贯彻党中央“经济建设必须依靠科学技术，科学技术工作必须面向经济建设”的战略方针，加快科技体制改革的步伐，提高全民族科学技术水平，促进科技与经济的紧密结合，鼓励广大科技工作者直接为推动企业科技进步，加快高新技术产业开发区的建设、加强农业科技服务、合理开发资源、推动社会进步和保护生态环境等各方面贡献力量。

“攀高峰”，就是邓小平同志在南方谈话中说的，“搞科技，越高越好，越新越好。越高越新，人民高兴，国家高兴。”

攀登科学技术高峰，首先是我国社会主义现代化建设和社会进步的需要。只有创造出大量的、高水平的研究成果，才能更有力地推进国民经济发展和社会主义两个文明的建设。

攀登科学技术高峰也是科学技术自身发展的需要。近几十年来，科学技术以前所未有的速度向深度和广度迅猛发展，新思想、新概念、新发现层出不穷。加强知识产权保护和我国争取恢复在关贸总协定中的地位这种新形势也对我国的科技工作的创新能力提出了更高的要求。只有树立雄心壮志，在各层次上勇攀科技高峰，才能不断提高科技工作水平，为中华民族在世界科技前沿领域占有一席之地建功立业。

总之，"攀登科学技术高峰"是新形势下为更好地贯彻"面向、依靠"的战略方针的一部分，是国家对科技工作提出的要求。这是指科技工作的各个方面，包括攻关、高技术、基础性研究三个层次，研究、开发、建立产业等各项工作。理论、实验、工程技术各类专家，各个学科都要有自己的目标，努力创新、提高研究开发工作的水平。

在我国科学技术工作中，基础性研究的发展具有十分重要的意义。它不仅为人类利用和改造自然提供必要的知识基础，是新技术、新发明的先导和源泉，而且是培养高水平科技人才的摇篮。因此，确保基础性研究持续稳定地发展应是我国长期坚持的一项基本方针。建国以来，在毛主席、周总理等老一辈无产阶级革命家的关怀下，我们建立了一大批研究机构，形成了多种学科的基础科学研究体系，为社会主义建设作出了历史性的贡献。党的十一届三中全会召开以后，我国采取了一系列重要措施推动基础性研究的发展。例如：

1980 年，中国科学院学部恢复了活动。

1981 年，国家恢复了博士研究生制度。1985 年 7 月，经国务院批准，我国开始办博士后科研流动站，试行博士后研究制度。

1986 年 2 月，国务院决定成立国家自然科学基金委员会。

1987 年，国家科委组织了对全国基础研究和应用基础研究现状及发展情况的调查研究。

1989 年 2 月，经国务院批准，国家科委召开了全国基础研究和应用基础研究工作会议。会议明确指出，基础性研究是我国科技发展战略部署中的三个层次之一，对促进国民经济、社会发展和国防建设等具有重大意义。

十多年来，我国先后建立了北京正负电子对撞机、兰州重离子加速器、合肥同步辐射加速器、高功率激光实验装置、受控热核反应 HT－6H 实验装置、长基线干涉仪、大型光学望远镜和毫米波射电望远镜、太阳磁场望远镜、中国环流器一号、低温核供热实验堆、串列静电加速器等十多项大型科学工程；建立了 77 个国家重点实验室和近 100 个部门开放实验室。增拨了实验室运行补助经费，为这些实验室更好地发挥作用和改善基础性研究的学术环境创造了条件。

今年，国家进一步增加了对基础性研究的投入。国家自然科学基金有了较大幅度的增加，又拨出专款支持"攀登计划"的实施。这对于加强基础性研究，攀登科学技术高峰，具有重要的支撑意义。

随着对基础性研究重要性认识的提高，国家对基础性研究更加重视和支持，工作条件还将逐步得到改善。十多年来，我国科学家奋战在基础科学研究各前沿领域，学术水平不断提高，国际地位逐渐上升。如高临界温度超导体的研究，计算机科学的理论研究，若干人工功能晶体的理论和实验发现，微分动力系统等数学理论研究，分子轨道图形理论方法，以酵母丙氨酸转移核糖核酸的人工全合成、蛋白质功能基因的修饰与其生物活性之间的定量关系的确定等为代表的生物科学方面的新成就都处于世界先进行列。我国科学家对东亚大气环流、大地构造、成矿（成油）理论的研究，对新疆、青藏高原的考察，以及对雄性不育杂种优势、固氮基因的结构与调节，中国植物和动物分类编目等研究工作都取得了世界瞩目的成就，为我国资源勘探开发、自然灾害防治、环境保护提供了科学依据，为我国面临的与人口问题相关联的农业、医药、卫生等重大社会问题的解决开辟了道路，也为世界科学技术的繁荣做出了贡献。"七五"期间，我国共有 238 项成果荣获国家自然科学奖，其中有一批荣获国际上高层次科学奖。与此同时，基础性研究的成果应用于社会和生产的速度大大加快。

事实表明，我国基础性研究工作已经进入一个持续稳定发展的新阶段。

但是我们也要看到，当前我国基础性研究与国际前沿水平相比还有较大差距，面临着许多困难。例如，首创性不够，经费不足，仪器设备陈旧，课题分散，新秀培养不够等。还要预计到，在加快改革开放的过程中，由于社会主义市场经济的发展和各方面的新变化，基础性研究还可能受到一定的冲击。因此，我们要采取果断措施，加强对基础性研究的指导，决心投入必要的人力物力，以求在力所能及的范围内，在重要的科学前沿和保证中华民族持续发展的最重要的基础科学方面，造就和保持一支有战斗力的精干队伍，务求取得第一流成就，为中国的发展和社会进步提供支撑，为世界科学事业作出我们应有的贡献。在增加基础性研究经费，逐步改变目前投资偏低的状况的同时，要采取强有力的措施，发挥各方面的积极性，开创基础性研究的新局面。

在新的形势下加强基础性研究，我们特别要注意以下四个方面的问题：

第一，基础性研究要强调创新，强调高水平。基础性科学研究的主要目的是探索自然界的本质，发现自然界变化、发展的规律，提高我们对自然界的理性认识水平和深度。因此，对基础性研究的要求是要创新，要创造新思想、新方法，要争世界先进水平。有的科学家讲，基础研究只有第一，没有第二。事实证明，在当代科技发展中谁有更多的创新、有更高的水平、有更大的突破，谁就处于主动地位，就掌握了后来居上的机遇。基础性研究工作一定要坚持高标准，出突破性的成果，出高水平的人才，才能攀上新的高峰。这对提高一个国家科技创新和自主开发的能力是非常关键的。

第二，基础性研究项目要精选。在现代社会中，基础性研究已不仅仅是科学家的个人兴趣和行为问题，已成为一个有一定社会规模的科学事业。由政府或科学机构直接组织和推动基础性研究重大项目是当前世界科学技术发展的趋势。因此，国家在通过科学基金等方式支持科学家根据自己的特长和意向提出的自选课题和从学科发展的优先领域中选取的重点课题的同时，还要组织实施一些对国家的发展和科学技术的进步具有全局性和带动性、为我国科技界所公认的基础性研究重大关键课题。

根据这样的考虑，从一九八九年开始到现在，经科学界的认真讨论研究后遴选了30个国家基础性研究重大关键领域，构成了"攀登计划"的首批课题，受到科技界广泛关注和欢迎。"攀登计划"的制订和实施，有利于完善我国科技工作的纵深部署；有利于吸引培养和造就新的学术带头人，形成高水平的科学家队伍；有利于集中力量，提高投资强度，在一些有优势和对国家长远发展有重大意义的重要领域取得突破，在世界科技发展的竞争中树立起中国的旗帜，对我国科技事业和国民经济的长远发展具有十分重大的意义。

第三，队伍要精干。中国是发展中国家，财力有限，不可能全面出击，要选择重点，组织一支精干的基础性研究队伍，集中兵力打歼灭战。我们衷心希望老科学家们的作用得到更多更好的发挥，更希望年轻一代科学家迅速成长。青年人思想活跃，精力充沛，容易冲破旧思想的束缚，始终是推动基础研究不断发展的生力军。要创造条件，让年轻的学术带头人在国际科学前沿拼搏；同时也要注意根据实际需要和个人特长，使优秀的人才及时开辟新的研究领域。要鼓励研究人员带着已经取得的成果参与应用研究和科技开发方面的工作。只有这样，才能使基础性研究队伍始终充满活力，使基础性研究的成果和人才不断推向应用技术领域，为经济建设和社会进步服务。

第四，基础性研究工作要创造一个宽松、民主、有利于新思想产生和优秀人才脱颖而出的环境和条件。首先，我们要加强从事基础性研究的科研机构，建设和运行好已建成的各种大型科学工程、国家重点实验室和部门开放实验室，使它们在向国内外开放的大环境中，逐步形成具有自己特色的、在国际学术前沿努力拼搏的基础性研究的科学基地。我们还要加强科学数据积累工作，建立科学数据库，促进国际国内数据交换。为科学研究、经济建设和社会发展提供确切、快速、方便的信息服务。

我们要继续大力倡导尊重科学、尊重人才的社会风尚，要求科学界遵守科学道德规范。基础性研究是艰苦的探索性劳动，具有较大的不确定性。它需要科学家们数年、数十年、甚至毕生的探索，经过无数次失败后，才有可能取得进展。在少数成功者的后面，有很多科学家默默无闻地奉献。他们的工作应该得到人们的理解和全社会的支持，他们的成就应该得到政府和社会的鼓励和尊敬．这是尊重科学、尊重人才的社会风尚的一个重要组成部分。要尽可能为科学工作者创造较好的工作和生活条件，以利于更好地发挥他们的聪明才智。

随着改革开放的深入进行，我国的基础性研究已经步入持续稳定发展的新阶段，展现出更加美好的前景。"攀登计划"的出台，在我国科学界受到了广泛重视和热情支持。这对稳定基础性研究队伍，落实"稳住一头，放开一片"的方针，为基础性研究多出成果，多出人才，攀登科学高峰，必将产生深远的影响。我们希望有幸从事基础性研究的科学工作者，能密切关注我国经济建设和社会发展，从中抽象出新问题、新学科，组织力量加以研究。我们还希望从事基础性研究的同志们，能够尽力支持战斗在经济第一线的同行们，热诚地帮助他们、鼓励他们，分享他们的成就和喜悦。为了国家的未来，为了中华民族的前途，让我们一切从事基础性研究、技术开发和向产业转化的科技工作者，团结一致，相互支持，互相帮助，共同努力，为把我国科技工作提高到世界先进水平而奋斗。

7月23日

中共中央总书记江泽民在山东考察

中共中央总书记、中央军委主席江泽民7月23日至31日在山东省考察工作。江泽民强调，全党同志要进一步深刻领会和全面落实邓小平同志年初的重要谈话精神，不断增强贯彻执行党的基本路线的自觉性和坚定性，抓住当前有利时机，团结一致，埋头苦干，努力开创经济建设和改革开放的新局面，以优异的成绩迎接党的十四大召开。

考察期间，江泽民赞扬山东省在改革开放十多年来，经济和社会发展方面取得了可喜成绩。江泽民指出，坚定不移地沿着邓小平同志开创的有中国特色的社会主义道路前进，坚持和加快改革开放，集中精力把国民经济搞上去，促进社会全面进步，是全国各族人民的共同愿望，也是巩固和发展中国的社会主义事业，实现中华振兴和国家富强的必由之路。我国经济需要一个积极发展的速度，各地都应从实际出发，努力实现质量高、效益好、能适应市场需求变化的较高发展速度。在加快经济建设中，既要解放思想，又要实事求是，既要有雄心壮志，又要真抓实干。要通过周密筹划和扎实细致的工作，充分调动各方面的积极性，并真正做到把群众的积极性引导好、保护好、发挥好，齐心协力地办好几件大事，走出一条既有高的速度又有好的效益的国民经济良性循环的发展路子。

江泽民考察了山东一些大中型企业和经济技术开发区，与干部、职工、科技人员座谈讨论。江泽民说，加快改革开放步伐，建立新的经济体制，必然会遇到许多新情况、新问题，因此，在实践中必须加强学习。通过学习，不断提高广大干部的素质，提高马克思主义理论水平、现代科学文化水平和研究解决新问题的水平，努力培养适应现代化建设需要的各方面的人才。

考察期间，江泽民还同诸城、莱芜、昌邑、肥城、阳信等体制改革试点县及综合改革试点乡镇的负责人座谈，研究探讨机构改革的思路。江泽民指出，必须下决心进行行政管理体制和机构改革，切实做到转变职能、理顺关系、精兵简政、提高效率。这既是政治体制改革的紧迫任务，也是深化经济体制改革的必要条件。各级党委和政府必须统一认识，通过试点，不断积累经验，有领导、有秩序地推进这项改革工作。江泽民十分关心革命老区的建设，专程看望了沂蒙山区的老红军、老八路和英模代表，并与老区的干部群众共商振兴老区经济的大计。

考察期间，江泽民深入济南军区和北海舰队部队，看望了广大指战员，勉励他们发扬我军的光荣传统，搞好军政、军民团结，抓好部队的全面建设，在促进改革开放和经济发展中再立新功。

中共中央办公厅全国人大常委会办公厅国务院办公厅全国政协办公厅发表公告

在邓颖超女士逝世后，承蒙许多国家的政府部门、党派、友好团体、各界友好人士、驻华使节以及旅居国外的华侨、华人和港澳台同胞等发来唁电(函)表示深切哀悼。中共中央办公厅、全国人大常委会办公厅、国务院办公厅、全国政协办公厅奉命对此表示衷心的谢意。

国务院总理李鹏签署第103号令发布《全民所有制工业企业转换经营机制条例》

《全民所有制工业企业转换经营机制条例》已经1992年6月30日国务院第106次常务会议通过，现予发布，自发布之日起施行。

总理 李 鹏

1992年7月23日

全民所有制工业企业转换经营机制条例

第一章 总 则

第一条 为了推动全民所有制工业企业(以下简称企业)进入市场，增强企业活力，提高企业经济效益，根据《中华人民共和国全民所有制工业企业法》(以下简称《企业法》)，制定本条例。

第二条 企业转换经营机制的目标是：使企业适应市场的要求，成为依法自主经营、自负盈亏、自我发展、自我约束的商品生产和经营单位，成为独立享有民事权利和承担民事义务的企业法人。

第三条 转换企业经营机制必须遵循下列原则：

(一)坚持党的基本路线；

(二)坚持政企职责分开，保障国家对企业财产的所有权，实现企业财产保值、增殖，落实企业的经营权；

(三)坚持责、权、利相统一，正确处理国家和企业、企业和职工的关系，贯彻按劳分配的原则，把职工的劳动所得与劳动成果联系起来；

(四)发挥中国共产党的基层组织在企业中的政治核心作用，坚持和完善厂长(经理)负责制，全心全意依靠工人阶级；

(五)坚持深化企业改革与推进企业技术进步、强化企业管理相结合；

(六)坚持在建设社会主义物质文明的同时，建设社会主义精神文明，建设有理想、有道德、有文化、有纪律的职工队伍。

第四条 围绕转换企业经营机制，按照宏观要管好，微观要放开的要求，政府必须转变职能，改革管理企业的方式，培育和发展市场体系，建立和完善社会保障制度，协调配套地进行计划、投资、财政、税收、金融、价格、物资、商业、外贸、人事和劳动工资等方面的改革。

第五条 企业中的党组织和工会、共青团等组织以及全体职工都应当为实现企业转换经营机制的目标和《企业法》规定的企业根本任务开展工作。社会各有关方面都应当为企业转换经营机制创造条件。

第二章 企业经营权

第六条 企业经营权是指企业对国家授予其经营管理的财产(以下简称企业财产)享有占有、使用和依法处分的权利。

第七条 企业按照国家规定的资产经营形式，依法行使经营权。企业资产经营形式是指规范国家与企业的责、权、利关系，企业经营管理国有资产的责任制形式。

继续坚持和完善企业承包经营责任制。逐步试行税利分流，统一所得税率，免除企业税后负担，实行税后还贷。创造条件，试行股份制。

第八条 企业享有生产经营决策权。

企业根据国家宏观计划指导和市场需要，自主作出生产经营决策，生产产品和为社会提供服务。

企业可以自主决定在本行业内或者跨行业调整生产经营范围，凡符合国家产业政策导向的，政府有关部门应当给予支持，工商行政管理部门应当办理变更登记手续。

国家可以根据需要，有权向企业下达指令性计划；企业执行指令性计划，有权要求在政府有关部门的组织下，与需方企业签订合同；也可以根据国家规定，要求与政府指定的单位签订国家订货合同。需方企业或者政府指定的单位不签订合同的，企业可以不安排生产。

企业对缺乏应当由国家计划保证的能源、主要物资供应和运输条件的指令性计划，可以根据自身承受能力和市场变化，要求调整。计划下达部门不予调整的，企业可以不执行。

除国务院和省级政府计划部门直接下达的，或者授权有关部门下达的指令性计划以外，企业有权不执行任何部门下达的指令性计划。

第九条 企业享有产品、劳务定价权。

企业生产的日用工业消费品，除国务院物价部门和省级政府物价部门管理价格的个别产品外，由企业自主定价。

企业生产的生产资料，除国务院物价部门和省级政府物价部门颁布的价格分工管理目录所列的少数产品外，由企业自主定价。

企业提供的加工、维修、技术协作等劳务，由企业自主定价。

法律对产品、劳务定价另有规定的，从其规定。

第十条 企业享有产品销售权。

企业可以在全国范围内自主销售本企业生产的指令性计划以外的产品，任何部门和地方政府不得对其采取封锁、限制和其他歧视性措施。

企业根据指令性计划生产的产品，应当按照计划规定的范围销售。需方企业或者政府指定的单位不履行合同的，企业有权停止生产，并可以向政府或者政府有关部门申诉，要求协调解决，也可以依照有关合同法规规定，向人民法院起诉，追究需方企业或者政府指定的单位的违约责任；已经生产的产品，企业可以自行销售。企业在完成指令性计划的产品生产任务后，超产部分可以自行销售。

企业生产国家规定由特定单位收购的产品，有权要求与政府指定的收购单位签订合同。收购单位不按照合同收购的，企业可以向政府或者政府有关部门申诉，要求协调解决，也可以依照有关合同法规规定，向人民法院起诉，追究收购单位的违约责任；已经按照合同生产的产品，收购单位不按照合同收购的，企业可以自行销售。

法律另有规定或者国家明令禁止在市场上销售的产品除外。

第十一条 企业享有物资采购权。

企业对指令性计划供应的物资，有权要求与生产企业或者其他供货方签订合同。

企业对指令性计划以外所需的物资，可以自行选择供货单位、供货形式、供货品种和数量，自主签订订货合同，并可以自主进行物资调剂。

企业有权拒绝执行任何部门和地方政府以任何方式为企业指定指令性计划以外的供货单位和供货渠道。

第十二条 企业享有进出口权。

企业可以在全国范围内自行选择外贸代理企业从事进出口业务，并有权参与同外商的谈判。

企业根据国家外汇管理的有关规定，自主使用留成外汇和进行外汇调剂。任何部门和单位不得平调和截留企业的留成外汇；不得截留企业有偿上交外汇后应当返还的人民币。

企业根据国家规定，可以在境外承揽工程、进行技术合作或者提供其他劳务。

企业根据国家规定，可以进口自用的设备和物资。

具备条件的企业，经政府有关部门批准，依法享有进出口经营权，任何部门和单位不得截留。有进出口经营权的企业，在获得进出口配额、许可证等方面，享有与外贸企业同等的待遇。

有进出口经营权的企业，有权根据业务需要，确定本企业经常出入境的企业人员名额，报政府主管部门批准。政府有关部门对企业经常出入境人员的出入境，实行一次性审批、一年内多次有效的办法。有进出口经营权的企业，经国务院授权，可以自行审批出境人员或者邀请境外有关人员来华从事商务活动，报外事部门直接办理出入境手续。

企业可以根据开展对外业务的实际需要，自主使用自有外汇安排业务人员出境。

第十三条 企业享有投资决策权。

企业依照法律和国务院有关规定，有权以留用资金、实物、土地使用权、工业产权和非专利技术等向国内各地区、各行业的企业、事业单位投资，购买和持有其他企业的股份。经政府有关部门批准，企业可以向境外投资或者在境外开办企业。

企业遵照国家产业政策和行业、地区发展规划，以留用资金和自行筹措的资金从事生产性建设，能够自行解决建设和生产条件的，由企业自主决定立项，报政府有关部门备案并接受监督。政府有关部门应当根据登记注册的会计师事务所或者审计事务所的验资证明，出具认可企业自行立项的文件。经土地管理、城市规划、城市建设、环境保护等部门依法办理有关手续后，企业自主决定开工。

企业从事生产性建设，不能自行解决建设和生产条件或者需要政府投资的，报政府有关部门批准。

企业从事生产性建设，需要银行贷款或者向社会发行债券的，按照国家有关规定，报政府有关部门会同银行审批或者由银行审批。需要使用境外贷款的，报政府有关部门审批。

企业遵照国家产业政策，以留利安排生产性建设项目或者补充流动资金的，经企业申请，税务部门批准，可以退还企业再投资部分已缴纳所得税的百分之四十税款。

企业根据其经济效益和承受能力，可以增提新产品开发基金，报财政部门备案。按照国家统一制定的有关固定资产折旧的规定，企业有权选择具体的折旧办法，确定加速折旧的幅度。

第十四条　企业享有留用资金支配权。

企业在保证实现企业财产保值、增殖的前提下，有权自主确定税后留用利润中各项基金的比例和用途，报政府有关部门备案。

企业可以将生产发展基金用于购置固定资产、进行技术改造、开发新产品或者补充流动资金，也可以将折旧费、大修理费和其他生产性资金合并用于技术改造或者生产性投资。

企业有权拒绝任何部门和单位无偿调拨企业留用资金或者强令企业以折旧费、大修理费补交上交利润。国务院有特殊规定的，从其规定。

第十五条　企业享有资产处置权。

企业根据生产经营的需要，对一般固定资产，可以自主决定出租、抵押或者有偿转让；对关键设备、成套设备或者重要建筑物可以出租，经政府主管部门批准也可以抵押、有偿转让。法律和行政法规另有规定的除外。

企业处置生产性固定资产所得收入，必须全部用于设备更新和技术改造。

企业处置固定资产，应当依照国家有关规定进行评估。

第十六条　企业享有联营、兼并权。

企业有权按照下列方式与其他企业、事业单位联营：

(一)与其他企业、事业单位组成新的经济实体，独立承担民事责任、具备法人条件的，经政府有关部门核准登记，取得法人资格；

(二)与其他企业、事业单位共同经营，联营各方按照出资比例或者协议的约定，承担民事责任；

(三)与其他企业、事业单位订立联营合同，确立各方的权利和义务。联营各方各自独立经营、各自承担民事责任。

企业按照自愿、有偿的原则，可以兼并其他企业，报政府主管部门备案。

第十七条　企业享有劳动用工权。

企业按照面向社会、公开招收、全面考核、择优录用的原则，自主决定招工的时间、条件、方式、数量。企业的招工范围，法律和国务院已有规定的，从其规定。企业从所在城镇人口中招工，不受城镇内行政区划的限制。

企业录用退出现役的军人、少数民族人员、妇女和残疾人，法律和国务院已有规定的，从其规定。

企业定向或者委托学校培养的毕业生，由原企业负责安排就业。对其他大专院校和中专、技工学校毕业生，在同等条件下，应当优先招收。

刑满释放人员，同其他社会待业人员一样，经企业考核合格，可以录用。在服刑期间保留职工身份的刑满释放人员，原企业应当予以安置。

企业有权决定用工形式。企业可以实行合同化管理或者全员劳动合同制。企业可以与职工签订有固定期限、无固定期限或者以完成特定生产工作任务为期限的劳动合同。企业和职工按照劳动合同规定，享有权利和承担义务。

企业有权在做好定员、定额的基础上，通过公开考评，择优上岗，实行合理劳动组合。对富余人员，企业可以采取发展第三产业、厂内转岗培训、提前退出岗位休养以及其他方式安置；政府有关部门可以通过厂际交流、职业介绍机构调剂等方式，帮助转换工作单位。富余人员也可以自谋职业。

企业有权依照法律、法规和企业规章，解除劳动合同、辞退、开除职工。对被解除劳动合同、辞退和开除的职工，待业保险机构依法提供待业保险金，劳动部门应当提供再就业的机会，对其中属于集体户口的人员，当地的公安、粮食部门应当准予办理户口和粮食供应关系迁移手续，城镇街道办事处应当予以接收。

第十八条　企业享有人事管理权。

企业按照德才兼备、任人唯贤的原则和责任与权利相统一的要求，自主行使人事管理权。

企业对管理人员和技术人员可以实行聘用制、考核制。对被解聘或者未聘用的管理人员和技术人员，可以安排其他工作，包括到工人岗位上工作。企业可以从优秀工人中选拔聘用管理人员和技术人员。经政府有关部门批准，企业可以招聘境外技术人员、管理人员。

企业有权根据实际需要，设置在本企业内有效的专业技术职务。按照国家统一规定评定的具有专业技术职称的人员，其职务和待遇由企业自主决定。

企业中层行政管理人员，由厂长按照国家的规定任免（聘任、解聘）。副厂级行政管理人员，由厂长按照国家的规定提请政府主管部门任免（聘任、解聘），或者经政府主管部门授权，由厂长任免（聘任、解聘），报政府主管部门备案。法律另有规定的除外。

第十九条 企业享有工资、奖金分配权。

企业的工资总额依照政府规定的工资总额与经济效益挂钩办法确定，企业在相应提取的工资总额内，有权自主使用、自主分配工资和奖金。

企业有权根据职工的劳动技能、劳动强度、劳动责任、劳动条件和实际贡献，决定工资、奖金的分配档次。企业可以实行岗位技能工资制或者其他适合本企业特点的工资制度，选择适合本企业的具体分配形式。

企业有权制定职工晋级增薪、降级减薪的办法，自主决定晋级增薪、降级减薪的条件和时间。

除国务院另有规定外，企业有权拒绝任何部门和单位提出的，由企业对职工发放奖金和晋级增薪的要求。

第二十条 企业享有内部机构设置权。

企业有权决定内部机构的设立、调整和撤销，决定企业的人员编制。企业有权拒绝任何部门和单位提出的设置对口机构、规定人员编制和级别待遇的要求，法律另有规定和国务院有特殊规定的，从其规定。

第二十一条 企业享有拒绝摊派权。

企业有权拒绝任何部门和单位向企业摊派人力、物力、财力。企业可以向审计部门或者其他政府有关部门控告、检举、揭发摊派行为，要求作出处理。

除法律和国务院另有规定外，企业有权抵制任何部门和单位对企业进行检查、评比、评优、达标、升级、鉴定、考试、考核。

第二十二条 企业经营权受法律保护，任何部门、单位和个人不得干预和侵犯。

对于非法干预和侵犯企业经营权的行为，企业有权向政府和政府有关部门申诉、举报，或者依法向人民法院起诉。

第三章 企业自负盈亏的责任

第二十三条 企业以国家授予其经营管理的财产，承担民事责任。

企业对其法定代表人和其他工作人员，以法人名义从事的经营活动，承担民事责任。

厂长对企业盈亏负有直接经营责任；职工按照企业内部经济责任制，对企业盈亏也负有相应责任。

第二十四条 企业必须建立分配约束机制和监督机制。

企业必须坚持工资总额增长幅度低于本企业经济效益（依据实现利税计算）增长幅度、职工实际平均工资增长幅度低于本企业劳动生产率（依据净产值计算）增长幅度的原则。

企业职工的工资、奖金、津贴、补贴以及其他工资性收入，应当纳入工资总额。取消工资总额以外的一切单项奖。

企业必须根据经济效益的增减，决定职工收入的增减。企业职工工资总额基数的确定与调整，应当报政府有关部门审查核准。亏损企业发放的工资总额不得超过政府有关部门核定的工资总额。

企业的工资调整方案和奖金分配方案，应当提请职工代表大会审查同意。厂长晋升工资应当报政府有关部门审批。企业工资、奖金的分配应当接受政府有关部门的监督，有条件的可以由登记注册并经政府有关部门特别认可的会计师事务所或者审计事务所审核。

企业违反本条规定，政府主管部门应当及时予以制止和纠正。职工多得的不当收入，应当自发现之日起，限期逐步予以扣回。

第二十五条 企业应当每年从工资总额的新增部分中提取不少于百分之十的数额，作为企业工资储备基金，由企业自主使用。工资储备基金累计达到本企业一年工资总额的，不再提取。

第二十六条 企业连续三年全面完成上交任务，并实现企业财产增殖的，政府主管部门对厂长或者厂级领导给予相应奖励，奖金由决定奖励的部门拨付。

亏损企业的新任厂长，在规定期限内，实现扭亏增盈目标的，政府主管部门应当给予厂长或者厂级领导相应的奖励，奖金由决定奖励的部门拨付。

第二十七条 实行承包经营责任制的企业，未完成上交利润任务的，应当以企业风险抵押金、工资储备基金、留利补交。

实行租赁经营责任制的企业，承租方在租赁期内达不到租赁经营合同规定的经营总目标或者欠交租金时，应当以企业的风险保证金、预支的生活费或者承租成员的年度收入抵补，不足部分，由承租方、保证人提供的担保财产抵补。

第二十八条 企业为实现政府规定的社会公益目标或者生产指令性计划产品，由于定价原因而形成的政策性亏损,物价部门应当有计划地调整或者放开产品价格,予以解决。不能调整或者放开产品价格的,经财政部门审查核准,给予相应的补贴或者其他方式补偿。采取上述措施后,企业仍然亏损的,作为经营性亏损处理。

第二十九条 企业由于经营管理不善造成经营性亏损的,厂长、其他厂级领导和职工应当根据责任大小,承担相应的责任。

企业一年经营亏损的,应当适当核减企业工资总额,厂长、其他厂级领导和直接责任人员不得领取奖金。企业亏损严重的,还应当根据责任大小,相应降低厂长、其他厂级领导和职工的工资。

企业连续二年经营亏损,亏损额继续增加的,应当核减企业的工资总额,除企业不得发放奖金外,根据责任大小,适当降低厂长、其他厂级领导和职工的工资;对企业领导班子可以进行必要的调整;对厂级领导可以免职或者降级、降职。

对本条例施行前企业长期积累的亏损,经清产核资后,依照国务院有关规定另行处理。

第三十条 企业必须严格执行国家财政、税收和国有资产管理的法律、法规,定期进行财产盘点和审计,做到账实相符,如实反映企业经营成果,不得造成利润虚增或者虚盈实亏,确保企业财产的保值、增殖。

企业应当依照国家有关规定,建立资产负债和损益考核制度,编制年度财务会计报表,报政府有关部门审批。有条件的,经登记注册的会计师事务所或者审计事务所审查后,报政府有关部门审核。

企业必须依照国家有关规定,准确核算成本,足额提取折旧费、大修理费和补充流动资金。以不提或者少提折旧费和大修理费,少计成本或者挂账不摊等手段,造成利润虚增或者虚盈实亏的,有关部门应当责令企业用留用资金补足。

企业的生产性折旧费、大修理费、新产品开发基金以及处置生产性固定资产所得收入,不得用于发放工资、奖金或者增加集体福利。

第四章 企业的变更和终止

第三十一条 企业可以通过转产、停产整顿、合并、分立、解散、破产等方式,进行产品结构和组织结构调整,实现资源合理配置和企业的优胜劣汰。

第三十二条 企业主导产品不符合国家产业政策,或者没有市场销路、造成严重积压的,应当实行转产。企业为获取更大的经济效益,根据市场预测和自身条件,可以主动实行转产。

第三十三条 企业经营性亏损严重的,可以自行申请停产整顿;政府主管部门也可以责令其停产整顿。停产整顿的期限一般不超过一年。

停产整顿的企业,应当制定停产整顿方案,其主要内容包括:停产整顿的目标和规划;调整组织结构和产品结构的措施;改善生产经营状况的措施;调整机构和人员的措施;扭亏为盈的措施;还债的措施。

企业自行停产整顿的,停产整顿方案经政府主管部门批准后,由企业自行组织实施。被责令停产整顿的企业,由政府主管部门确定的企业法定代表人组织制定停产整顿方案,经政府主管部门批准后实施。

企业停产整顿期间,必须采取有效措施,保护企业财产。任何人不得盗窃、毁坏、哄抢、私分、隐匿、无偿转让企业财产。

企业停产整顿期间,财政部门应当准许其暂停上交承包利润;银行应当准许其延期支付贷款利息;企业应当停止发放奖金。

第三十四条 政府可以决定或者批准企业的合并。政府决定或者批准的合并,在全民所有制企业的范围内,可以采取资产无偿划转方式进行。合并方案由政府主管部门或者企业提出。在政府主管部门主持下,合并各方经充分协商后,订立合并协议。原企业的债权债务,由合并后的企业承担。

企业可以自主决定兼并其他企业。企业兼并是一种有偿的合并形式。企业被兼并须经政府主管部门批准。被兼并企业的债权债务由兼并企业承担。兼并企业与债权人经充分协商,可以订立分期偿还或者减免债务的协议;政府有关部门可以酌情定期核减兼并企业的上交利润指标;银行对被兼并企业原欠其的债务,可以酌情停减利息;被兼并企业转入第三产业的,经银行批准,自开业之日起,实行二年停息、三年减半收息。

第三十五条 经政府批准,企业可以分立。企业分立时,应当由分立各方签订分立协议,明确划分分立各方的财产和债权债务等。

第三十六条 企业经停产整顿仍然达不到扭亏目标,并且无法实行合并的,以及因其他原因应当终止的,在保证清偿债务的前提下,由政府主管部门提出,经省级政府或者国务院主管部门批准,可以依法予以解散。企业解散,由政府主管部门指定成立的清算组进行清算。

第三十七条 企业所欠债务,应当以留用资金清偿。留用资金不足以偿还债务的,可以依法用抵押企业财产的方式,保证债务的履行。

企业不能清偿到期债务,达到法定破产条件的,应当依法破产。政府认为企业不宜破产的,应当给予资助或者采取其他措施,帮助企业清偿债务。

企业宣告破产后,其他企业可以与破产企业清算组订立接收破产企业的协议,按照协议承担法院裁定的债务,接受破产企业财产,安排破产企业职工,并可以享受本条例第三十四条第二款规定的兼并企业的待遇。

第三十八条 企业的变更和终止,应当依照法律、法规的规定,经工商行政管理部门核准登记,并向国有资产管理部门办理产权变更或者注销登记。

第三十九条 政府决定解散的企业,职工由政府主管部门负责安置。

企业破产的,依照法律、法规的有关规定,安置职工。

企业合并的,职工由合并后的企业或者兼并企业安置。

为安置富余职工兴办的,独立核算、从事第三产业的企业,自开业之日起,实行两年免征、三年减半征收所得税。

第五章 企业和政府的关系

第四十条 按照政企职责分开的原则,政府依法对企业进行协调、监督和管理,为企业提供服务。

第四十一条 企业财产属于全民所有,即国家所有,国务院代表国家行使企业财产的所有权。

企业财产包括国家以各种形式对企业投资和投资收益形成的财产,以及其他依据法律和国有资产管理行政法规认定的属于全民所有、由企业经营管理的财产。

第四十二条 为确保企业财产所有权,政府及其有关部门分别行使下列职责:

(一)考核企业财产保值、增殖指标,对企业资产负债和损益情况进行审查和审计监督;

(二)根据国务院的有关规定,决定国家与企业之间财产收益的分配方式、比例或者定额;

(三)根据国务院的有关规定,决定、批准企业生产性建设项目,本条例第十三条规定由企业自主决定的投资项目除外;

(四)决定或者批准企业的资产经营形式和企业的设立、合并(不含兼并)、分立、终止、拍卖,批准企业提出的被兼并申请和破产申请;

(五)根据国务院的有关规定,审批企业财产的报损、冲减、核销及关键设备、成套设备或者重要建筑物的抵押、有偿转让,组织清算和收缴被撤销、解散企业的财产;

(六)依照法定条件和程序,决定或者批准企业厂长的任免(聘任、解聘)和奖惩;

(七)拟订企业财产管理法规,并对执行情况进行监督、检查;

(八)维护企业依法行使经营权,保障企业的生产经营活动不受干预,协助企业解决实际困难。

第四十三条 政府应当采取下列措施,加强宏观调控和行业管理,建立既有利于增强企业活力,又有利于经济有序运行的宏观调控体系:

(一)制定经济和社会发展战略、方针和产业政策,控制总量平衡,规划和调整产业布局;

(二)运用利率、税率、汇率等经济杠杆和价格政策,调控和引导企业行为;

(三)根据产业政策和规模经济要求,引导企业组织结构调整,实现资源合理配置;

(四)建立和完善适应商品经济发展的企业劳动人事工资制度、财务制度、成本制度、会计制度、折旧制度、收益分配制度和税收征管制度,制定考核企业的经济指标体系,逐步将企业职工的全部工资性收入纳入成本管理;

(五)推动技术进步,开展技术和业务培训,为企业决策和经营活动提供信息、咨询。

第四十四条 政府应当采取下列措施,培育和完善市场体系,发挥市场调节作用:

(一)打破地区、部门分割和封锁,建立和完善平等竞争、规则健全的全国统一市场;

(二)按照国民经济发展总体规划和布局,统筹规划、协调和建立生产资料市场、劳务市场、金融市场、技术市场、信息市场和企业产权转让市场等,促进市场体系的发育和完善;

(三)发布市场信息,加强市场管理,制止违法经营和不正当竞争。

第四十五条 政府应当采取下列措施建立和完善社会保障体系:

(一)建立和完善养老保险制度,实行基本养老保险、企业补充养老保险、职工个人储蓄养老保险相结合的制度;

(二)建立和完善职工的待业保险制度,使职工在待业期间能够得到一定数量和一定期限的待业保险金,保证其基本生活;

(三)建立和完善医疗保险、工伤保险和生育保险等保险制度。

第四十六条 政府应当采取下列措施为企业提供社会服务:

(一)发展和完善与企业有关的公共设施和公益事业,减轻企业的社会负担;

(二)建立和发展会计师事务所、审计事务所、职业介绍所、律师事务所、资产评估机构和信息、咨询服务机构等社会服务组织;

(三)完善劳动就业服务体系,培训待业人员,帮助其再就业;

(四)健全劳动争议仲裁制度,及时妥善处理劳动纠纷,维护企业和职工的合法权益。

(五)协调企业与其他单位的关系,保障企业的正常生产经营秩序。

第六章 法律责任

第四十七条 政府有关部门违反本条例,有下列行为之一的,上级机关应当责令其改正;情节严重的,由同级机关或者有关上级机关对主管人员和直接责任人员,给予行政处分,构成犯罪的,由司法机关依法追究刑事责任:

(一)超越、滥用管理权限下达指令性计划并强令企业执行的;

(二)干预企业投资决策权或者审批企业投资项目有重大失误的;

(三)以封锁、限制或者其他歧视性措施,侵犯企业物资采购权或者产品销售权的;

(四)干预、截留企业的产品、劳务定价权的;

(五)限制、截留企业进出口权,或者平调、挤占、挪用企业自主使用的留成外汇的;

(六)截留或者无偿调拨企业留用资金,或者干预企业资产处置权的;

(七)强令企业对职工进行奖励、晋级增薪,干预企业录用、辞退、开除职工或者解除劳动合同的;

(八)未依照法定程序和条件任免厂长、其他厂级领导或者干预厂长行使企业中层行政管理人员任免权的;

(九)强令企业设置对口机构、规定人员编制和级别待遇,以及违反法律和国务院规定,对企业进行检查、评比、评优、达标、升级、鉴定、考试、考核的;

(十)非法要求企业提供人力、物力、财力的,以及对拒绝摊派的企业进行打击报复的;

(十一)未依照法定程序和条件,阻止或者强迫企业进行组织结构调整的;

(十二)不依法履行对企业监督、检查职责,或者有其他非法干预企业经营权,侵犯企业合法权益的。

第四十八条 企业违反本条例规定,有下列行为之一的,政府或者政府有关部门应当责令其改正;情节严重的,对厂长、其他厂级领导和直接责任人员,分别追究行政责任、给予经济处罚,并依照有关法律、法规,对企业给予相应的行政处罚;构成犯罪的,由司法机关依法追究刑事责任;

(一)未按照规定执行指令性计划,或者不履行经济合同,长期拖欠货款的;

(二)对国家直接定价的产品,擅自提价的;

(三)未按照规定履行建设项目审批手续,擅自立项和开工建设的;

(四)因决策失误,建设项目不能按期投产,或者投产后产品无销路、投资无效益,致使企业财产遭受损失的;

(五)不具备偿还能力,盲目贷款,致使企业财产遭受损失的;

(六)未经批准,擅自处置企业的关键设备、成套设备或者重要建筑物,造成企业财产损失的;

(七)滥用劳动用工权、人事管理权和工资、奖金分配权,侵犯职工合法权益的;

(八)违反财务制度,不提或者少提折旧费、大修理费,少计成本或者挂账不摊,造成企业利润虚增或者虚盈实亏的;

(九)将生产性折旧费、大修理费、新产品开发基金或者处置生产性固定资产所得收入用于发放工资、奖金或者增加集体福利的;

(十)在企业变更、终止过程中,因管理不善,或者使用非法手段处置企业财产,造成损失的;

(十一)因经营管理不善,致使企业财产遭受损失或者企业破产的;

(十二)其他违反本条例规定,滥用经营权的。

第四十九条 阻碍厂长和各级管理人员依法行使职权的,或者扰乱企业秩序,致使生产、营业、工作不能正常进行的,由企业所在地公安机关给予治安管理处罚;情节严重,构成犯罪的,由司法机关依法追究刑事责任。

第七章 附　则

第五十条 本条例的原则适用于全民所有制交通运输、邮电、地质勘探、建筑安装、商业、外贸、物资、农林、水利、科技等企业。

第五十一条 本条例发布前的行政法规、地方性法规、规章和其他行政性文件的内容,与本条例相抵触的,以本条例为准。

第五十二条 本条例由国家经济体制改革委员会负责解释,国务院经济贸易办公室会同国务院有关部门组织实施。

第五十三条 国务院有关部门和省、自治区、直辖市人民政府可以根据本条例制定实施办法。

第五十四条 本条例自发布之日起施行。

财政部部长王丙乾在北京召开的全国财政工作会议上发表讲话

王丙乾说:“90 年代,国家财政必须通过加快自身改革和其他配套改革,促进生产力的进一步解放,提高经济效益。理顺分配关系,壮大财政实力,强化国家财政宏观调控能力,形成适应社会主义商品经济发展的财政运行机制,建立起平衡、稳定和职能健全的财政,力争实现国家财政状况的根本好转。”

王丙乾指出,要把发展经济同振兴财政结合起来。

要继续支持农业的发展,努力搞好国营大中型企业,帮助企业转换经营机制,把企业真正推向市场,促进社会主义市场体系的发育和完善,促进科技成果商品化、产业化,大力发展和开发第三产业和其他新兴财源。正确处理取与予的关系。

王丙乾强调,要建立科学、规范的财政运行机制。实行分税制的财政体制。理顺中央与地方的分配关系;实行税利分流、税后还贷、税后分利,改善国家与企业的分配关系进一步改革和完善税制,改革国有资产管理制度,加快企业财务会计制度的改革,并会同有关部门改革价格体系,改革住房和社会保险制度。在财政、税收、财务、会计和国有资产管理体制和制度方面,大胆吸收和借鉴世界各国包括资本主义发达国家的一切反映现代化社会生产规律的先进的管理方法。

王丙乾说,要转变和健全财政职能。把财政工作的重点放在参与宏观经济决策,制定和实施财政发展战略,研究和掌握财政分配政策,搞好国家预算平衡和参与社会财力平衡等方面。

王丙乾还谈到了今年上半年国家财政收支情况。他说,上半年,国内财政收入1622.58亿元,完成年度预算的43.8%,按可比口径,比去年同期增长9.9%;国内财政支出1439.25亿元,完成年度预算的36.8%,比去年同期增长11.8%。总的看,上半年预算执行情况是好的。但也存在一些不可忽视的问题:一是经济效益回升缓慢。二是有些支出增长过快。全国行政管理费增长18.1%,有些地方的增长幅度达到20%以上。三是企业拖欠税利继续增加。截至5月底,全国拖欠税利总额达197.57亿元,比年初增加94.38亿元。四是社会集团购买力上升较快。1至5月份全国县以上单位社会集团购买力支出比去年同期增长14%,其中专项控制商品支出增长39.3%。五是财政应补未补的挂账增加。

国务院副总理朱镕基在中南海紫光阁会见香港新华集团公司董事局主席蔡继有

中国代表李保东在联合国经社理事会上就中国政府加强国内禁毒戒毒的同时将进一步扩大和发展禁毒领域的国际合作问题发言

李保东指出,毒品泛滥已引起国际社会日益严重的不安和关注。李保东说,中国政府对禁毒工作十分重视。国家成立了禁毒委员会;大多数省、自治区和重点市、县普遍健全了禁毒领导机构;并利用报刊、广播、电视和展览等形式广泛深入地进行宣传教育,提高全民的禁毒意识。

过去一年来,中国各级缉毒执法部门加强了对毒品犯罪案件的查缉侦破工作,共查出境外贩毒者829名,缴获鸦片1980公斤,海洛因1919公斤,大麻328公斤,吗啡33公斤,制毒化学配剂49吨。同时,各地海关也缴获各类毒品256公斤。这些数字表明,过境贩毒活动依然是中国面临的主要问题。中国正在为控制过境贩毒作出最大的努力。

李保东表示,中国一贯积极主张加强禁毒领域的国际合作,对联合国禁毒机构的合作计划,中国政府一贯给予积极的支持与合作。

国务院副总理朱镕基在北京会见美国前助理国务卿理查德·霍尔布鲁克

双方就中美关系、特别是两国经济合作和贸易关系等问题进行了友好的交谈。

外交部发言人就美国国会众议院7月21日表决通过不批准延长和有条件延长对华最惠国待遇议案答记者问

发言人说,"中美两国相互给予最惠国待遇是对等、互惠的安排。多年来,这种安排促进了两国人民的正常往来和两国经贸关系的迅速发展。企图通过立法取消对华最惠国待遇或对其延长附加条件,违反了两国贸易互惠原则,是我们绝对不能接受的。"

外交部发言人就越南共产党总书记杜梅关于中越关系的谈话发表讲话

外交部发言人说,中国对越共中央总书记杜梅关于中越关系的谈话表示"欢迎和赞赏"。

发言人说,自去年11月中越关系实现正常化以来,两国在各个领域的关系都在恢复和发展,这是双方共同努力的结果。

发言人接着说,"我们希望中越关系在和平共处五项原则的基础上继续发展,这符合两国人民的共同利益,也有利于本地区的和平与稳定。至于双方存在的分歧,可以通过谈判解决,不应该影响两国关系的发展。"

国家教委办公厅发出关于印发学校民族传统体育工作研讨会会议纪要的通知

为了深化学校体育卫生工作改革、探索具有中国特色的学校体育体系,最近,我委体卫司在北京召开了学校民族传统体育工作研讨会,会上国家教委副主任邹时炎同志发表了讲话。现将会议纪要发给你们,请各地、各校认真研究,列入议程,积极组织实验研究,并将意见和情况及时告诉我们。

学校民族传统体育工作研讨会纪要(略)

7 月 24 日

1991 年度"《半月谈》思想政治工作创新奖"颁奖大会在北京举行

中顾委副主任薄一波在"半月谈思想政治工作创新奖"颁奖会上发表讲话

很高兴出席今天召开的 1991 年度"半月谈思想政治工作创新奖"颁奖大会。首先,我向获奖的同志表示热烈的祝贺!同时,也向倡议和组织"创新奖"的《半月谈》杂志社的同志们表示热烈的祝贺!

各位获奖者来自全国各地和各个组织系统,是经过层层选拔、优中选优选出来的。希望你们继续努力,在今后的工作中取得新的成绩,再创新的经验。

我看了《半月谈》最近几期的开篇文章,觉得是好的。如 1992 年第 13 期刊登的长篇资料《邓小平南巡之后》就不错。它的前面有一个"编者按"是这样说的:"小平同志高瞻远瞩,亲自吹响了解放思想,加快改革开放步伐的时代号角。神州又一次沸腾,改革潮再一次涌起,以经济建设为中心,加快改革开放,再度成为时代高昂的主旋律!短短数月,中国步入加速发展的又一个黄金时期。"把中国加速改革开放的实际进程如实地记录下来,人们就会从中受到鼓舞。通过摆事实,讲道理,使大家更好地领会小平同志南巡谈话的精神实质。这样就可以使人们懂得:废除人民公社所谓"一大二公"制度,实行家庭联产承包责任制,不是后退,而是大大地前进了一步,农民的积极性调动起来了;经济特区姓"社",不姓"资";沿海经济开发开放区开对了;为了加快我国经济建设的发展,就要解放思想,敢于学习、借鉴资本主义的先进技术、科学管理经验和一切先进文明成果,应该说,这是人类社会发展创造的成果,不是资本主义所私有,不学习是不明智的。其实资本主义国家也早已学习、借鉴中国的经验,50 年代末以来,日本大企业就学习鞍钢发明的"两参一改三结合"、"以厂为家"的经验;十一届三中全会以来,随着改革开放的深入和扩大对外开放,我们就逐渐形成以公有制为主体的多种经济成分并存的所有制结构,允许"三资"企业进经济特区,并逐步扩大到沿海开发开放和许多内陆地区,同时在国内也允许个体、私营企业发展,这都是对社会主义经济必要的、有益的补充;让一部分地区,一部分人先富起来,但不走"两极分化"道路,而是最终达到共同富裕;计划和市场相结合,社会主义也可以搞市场经济;等等,我就不再列举了。总起来说,这都是社会主义初级阶段必须做的。做好思想政治工作,也都涉及到这些问题。

这些问题在党的十三大或更早一些时候就提出来了。我们现在还处在社会主义初级阶段,要实施"三步走"的发展战略:第一步,以 1980 年为基数 10 年翻一番,这一步在 1988 年就提前完成了;第二步,到 2000 年再翻一番,达到小康水平,这一步也一定会提前完成;第三步,到下个世纪中叶——2049 年,达到中等发达国家的水平。从 1949 年建立中华人民共和国起到 2049 年正好一百年。当然,这 100 年是否就能把这个"初级阶段"走完了,那也不一定,也许需要更多一点时间,总之,需要我们长期奋斗。我们要抓住有利时机,赶快搞,放大胆子,放开步伐,加快速度,没有紧迫感是不行的。

大家都是做思想政治工作的,要亲自做调查研究,多注意看些新生事物,脑筋要多想问题。比如,如何看待学习资本主义?过去只要讲到市场经济、市场调节,大家就会警惕起来,马克思没有讲过这个呀!现在居然要学资本主义的东西,这还得了!似乎只有资本主义才搞市场经济。我记得,小平同志 1979 年就讲过社会主义也可以搞市场经济这个问题。1990 年 12 月间,他要求我们必须从理论上要搞懂,资本主义与社会主义的区分不是计划、市场这样的内容。社会主义也有市场调节,资本主义也有计划控制……不要以为搞点市场经济就是资本主义道路,没那回事。计划经济和市场调节都得要。不搞市场,自甘落后,连世界信息都不知道。我认为,这是社会主义初级阶段的必由之路,因为社会主义是从资本主义脱胎出来的。计划和市场都是社会化大生产经济运营的手段,不决定社会的性质。现在看起来,我们走这一条路走对了。

当前,全党、全国都在学习、宣传、贯彻邓小平同志视察南方的谈话。《谈话》深刻地总结了 14 年来我国改革开放的经验。全国人民的思想要统一在邓小平同志倡导的建设有中国特色的社会主义理论上来,这就是我们所说的一百年不变的基本路线——"一个中心、两个基本点"。

听说《半月谈》杂志是当前我国乃至亚洲发行量最大的刊物,是一个有影响的刊物。有人说这个刊物起到了"时事政策顾问,学习生活益友"的作用,因而受到了广大读者的欢迎。你们就朝着这个目标奔驰吧!

《半月谈》杂志从 1988 年起,用自有资金,设立了"思想政治工作创新奖",这是一件有意义的事情。这项活动搞得适时,在社会上产生了好的效果。希望通过这次颁奖大会,把"半月谈思想政治工作创新奖"这项活动搞得越来越好。不是说一年只搞这么一次颁奖,而是要通过这项活动,使我们的思想政治工作更加适应蓬勃发展的新形势,让思想政治工作更好地为改革开放、把我国的经济搞上去的伟大战略目标服务。我衷心希望把《半月谈》办得更好，使它更好地发挥宣传群众、教育群众的作用。

中共中央政治局常委乔石在人民大会堂会见阿根廷最高法院院长里卡多·莱维内

乔石对78岁高龄的莱维内院长说，“我很高兴同你相识。你是阿根廷法律界的老前辈。国家主席杨尚昆于1990年5月访问阿根廷时曾会见过你，并邀请你来华访问。”

莱维内说，他对两年后得以实现访华感到高兴，请乔石转达他对杨尚昆主席的谢意和问候。

乔石说，中国现在所做的一切都是为下一代创造幸福的生活。我们现在的生活比我们的祖先好多了。比建国初期的生活也好得多。这说明人类是在不断进步的。他说，中国现在已经解决了11亿多人口的温饱问题，并正掀起加快建设的高潮，朝着新的目标前进。乔石说，如果我们的建设搞得好的话，人民生活将一定会有更大的提高。

莱维内说，阿根廷是一个有着光荣历史传统和富有生命力的国家，充满了美好的前景。阿根廷人口虽然不多，但她的人民是有智慧的。阿根廷所取得的成就都与改革联系在一起的。乔石对此感到高兴，并希望莱维内在这次访问中能对中国法制建设提出建议。

莱维内告诉乔石，最近阿根廷编了七卷关于整个拉丁美洲的刑法。中国最高人民法院已向他赠送了一套英文版法律汇编。他将把这套珍贵的书籍带回阿根廷，并将其译成西班牙文。

外交部部长钱其琛在北京会见美国前助理国务卿理查德·霍尔布鲁克

中华人民共和国与亚洲开发银行签订(广梅汕铁路项目)贷款协定

卫生部发出严禁向患者收取红包的通知

日前卫生部发出了严禁向患者收取红包的通知。

通知说，医务工作者在医疗活动中，应严守职业道德，积极治疗，精心护理。除按照规定的收费标准收取费用外，不得以任何方式收受患者的“红包”。无法拒收的“红包”，应上交医院。隐瞒不交不退者，按各地制订的行业不正之风处罚规定严肃处理。

7月25日

中共中央党校校长乔石在全国党校校长座谈会上发表讲话

同志们：

我们这次全国党校校长座谈会的主题是，交流学习贯彻邓小平同志南巡重要谈话和政治局全体会议精神的情况和经验，探讨进一步搞好党校改革的思路和做法。从同志们谈的情况看，邓小平同志南巡时的重要谈话，使全国各级党校的同志受到极大的鼓舞，带来了新的一次思想解放，给工作增加了新的生机和活力。许多党校根据邓小平同志谈话精神，及时调整了教学内容，并积极探索进一步深化党校教育改革的路子，提出并采取了一些新措施。总的情况是好的，当然也还有差距，也遇到一些新的问题。我相信，通过这次会议，大家会在新形势下，在推进党校改革和建设的一些主要问题上，进一步解放思想，统一认识，振奋精神，从而把党校工作扎扎实实推向前进。

下面，我讲几点意见。

一、深入学习贯彻邓小平同志重要谈话，深化党校改革。

当前的国际形势，总的说，是有利于我国进行社会主义现代化建设的。旧的世界格局已经打破，新的格局尚未形成，一些地方动荡不安。但正如邓小平同志指出的那样，和平与发展仍然是当今世界的两大主题。在比较近的时期内发生大规模外敌入侵的现实可能性不大。同时，东欧演变、苏联解体使欧洲面临许多复杂的问题，西方资本主义国家遇到许多困难。相对而言，亚太地区比较稳定，经济发展也比较快。现在，我国面临着一个历史上难得的加速发展的机遇。我们一定要抓住这个机遇，集中精力把经济建设搞上去。这是我们这一代中国人、中国共产党人光荣的历史使命。邓小平同志南巡谈话后，国内各方面工作有很大发展，全国正处在九十年代新的改革开放浪潮之中。上半年经济是以较高速度增长的，其他方面的工作也有很大改观。只要我们按照邓小平同志的谈话精神，进一步解放思想，冲破束缚，大胆改革，我国的经济就一定会进入一个高速增长的新阶段。

面对改革开放的新形势、新要求，各级党校必须继续深入贯彻邓小平同志的重要谈话的精神和他一贯的重要思想，进一步深化改革。这是摆在各级党校面前重大而又紧迫的任务。党校的前途在于改革，党校的发展要靠改革，党校的工作也要通过改革去加强。

党校的改革，重点是教学改革。教学改革就是要坚持理论联系实际，紧密结合我国社会主义现代化建设和改革开放的实际，紧密结合国际形势和当代社会主义发展的实际，围绕党的基本路线，为建设有中国特色的社会主义服务。最重要的是认真贯彻邓小平同志“学马列要精，要管用”的指示精神，做到学以致用，学能管用。我们要通过学习，掌握马克思主义的精神实质，学会运用马克思主义的立场、观点、方法去解决中国社会主义现代化建设的实际问题。过去几年，各级党校从主观上说，是努力按照邓小平同志的一贯思想和中央的精神工作的，在教学改革方面做出了成绩。但同时，我们应当看到，党校的教学、科研现状距离邓小平同志谈话精神和客观形势的要求，还有相当的差距，有不少做得不够和不适应的地方。我们大家要开动脑筋，积极进取，把党校的教学改革和其他方面的改革深入扎实地进行下去，尽早上一个新台阶。

要上新台阶，首先必须认清党校的历史责任和使命。在培养党的干部，学习研究马克思主义，为坚决贯彻党的基本路线，为加快改革开放和经济建设服务方面，党校能够发挥更大的作用。这里关键是要解放思想，转变观念，冲破旧的束缚，创造新的水平。根据邓小平同志的谈话精神，首先还是要坚持学马列，越是改革开放，发展经济，干部就越要学习、掌握马克思主义基本原理，提高自身素质，以适应新形势的需要。因此，党校学员（特别是省以上党校的学员）还是应该读一些原著，但原著的分量要下决心精减，一定要少而精，要精选那些最能体现马克思主义基本原理的重要著作，学习马克思主义理论中的精髓。对不同层次、不同文化理论基础的学员，可以规定不同的读书量。至于减少哪些课程，精选哪些原著，要与教师们商量，多做细致的工作。各地党校情况不同，要从自己的实际出发，经过一段探索与实践，再来总结经验。

精选马克思主义著作，其中也包括选读毛泽东同志和邓小平同志的著作。毛泽东同志的著作，主要是选毛泽东思想发展的高峰期和成熟期的著作。如毛泽东同志的《实践论》、《矛盾论》和关于反对主观主义、教条主义，强调实事求是、有的放矢的一些重要论述，这些论述现在仍然具有很强的现实意义和指导意义。邓小平同志继承和发展了毛泽东思想，尤其是继承和发展了"实事求是"这个最重要的思想精髓。邓小平同志的一系列重要讲话、论述，如"一国两制"的构想，以及对待当前国际问题的冷静观察、沉着应付的方针，都是经过深思熟虑提出来的，对毛泽东思想都有发展。邓小平同志提出我国还处在社会主义初级阶段，提出建设有中国特色社会主义的理论，以及与之相适应的党的基本路线，是从我国现阶段的实际出发，对马列主义、毛泽东思想的重大发展，必须作为党校教学的重要内容。党的十一届三中全会以来，以邓小平同志为代表的老一辈革命家，带领全党全国人民开创了建设有中国特色社会主义的道路。这条道路是来之不易的，是经历了许多困难，排除了各种干扰，付出了代价的；是在总结了建国以来的历史经验，集中了全党和全国人民在长期艰苦奋斗和实践中积累起来的经验和智慧的基础上逐步开创出来的。十几年来的实践证明，这条道路是完全正确的，党的"一个中心、两个基本点"的基本路线是完全正确的。我们要珍惜它，自觉地维护它，坚定不移地沿着这条道路走下去，这样中国就大有希望；否则，就像邓小平同志所说的，只能是死路一条。今后在前进的道路上还会遇到各种困难和曲折，我们要有马克思主义的理论勇气和政治上的坚定性，要坚定不移地走这条道路，做到贯彻党的基本路线一百年不动摇。经过实践检验已经证明是正确的东西，就要坚定不移地坚持下去，不能动摇，不能轻易改变。动摇和改变只会葬送我们的国家，葬送我们的事业。这是关系到我们党和国家兴衰存亡的大问题。在基本路线问题上不能有任何的动摇和含糊。我们党校的同志一定要注意这一点。党校有责任把这个思想和道路向所有学员讲清楚，并一代一代地传下去，搞它一百年。从世界社会主义运动的角度来说，我们也只有这样做，才能作出自己应有的贡献。当前我们学习邓小平同志重要谈话，要结合学习邓小平同志十一届三中全会以来的一系列论述，深刻领会他一贯的基本思想。用建设有中国特色的社会主义理论培养一批又一批的领导干部，这是我们各级党校的一项根本的长期的任务。党校教育与党的事业息息相关，中国的党校就是要联系中国的实际来办。如果我们把这件事办好了，我看党校就在根本上对我国社会主义建设尽到了责任，作出了贡献。

贯彻落实"学马列要精，要管用"的精神，也就是毛泽东同志讲的"精通的目的全在于应用"，要克服本本主义和教条主义，运用马克思主义的立场、观点、方法，研究新情况、解决新问题。邓小平同志南巡谈话在国内外引起巨大反响，受到广大干部群众的衷心拥护，对改革开放和经济建设产生了巨大的推动作用，这又一次充分说明，马克思主义理论只要联系实际，去解决当今的现实问题，就必然是管用的，而且它一旦被党和人民群众所掌握，就会变成巨大的物质力量。适应新的形势，切实做到理论与实际相结合，是办好党校的关键，也是增强党校吸引力的关键。这个问题已讲过多次，希望能够引起大家足够的重视。

另外，党校在教学中把学习马克思主义放在首位的同时，还应注意学习经济知识和现代科学知识，适当增加这方面的分量，扩大知识面。这一点很重要。早在改革开放之初，邓小平同志就指出，全党特别是党的干部，要学习经济知识，学习现代化管理。因为只有这样，我们党才能肩负起领导社会主义现代化建设事业的重任。党校理所当然要在这方面作出努力，更好地为经济建设这个中心服务。与此相联系，党校尤其是省级党校，在办好现有主体班次的同时，也可以办一些短期的实用性强的班次。

二、进一步解放思想，活跃党校学术空气，促进马克思主义理论的发展。

当前，改革开放进入了一个新的阶段，亿万人民建设有中国特色社会主义的伟大实践呼唤着理论的繁荣和发展，我们正面临着马克思主义理论在中国大地上一个新的发展的好时机，党校理论工作者应当有所作为。

党校在理论研究、理论宣传方面，在党的历史上几次大的思想解放运动中，是作出了成绩、发挥了作用的。但是由于种种原因，党校的理论研究工作也还存在一些问题。例如，观念陈旧，思想放不开，对有些已被实践证明是正确的东西，或者不予承认，或者不敢肯定；对某些过时的理论结论或者抱着不放，或者不敢突破；等等。这些是同党内长期存在“左”的思想影响分不开的。因此，按照邓小平同志谈话精神，解放思想，更新观念，是进一步深化党校教学改革和理论研究的重要前提条件。解放思想就要冲破那些过时的旧观念的束缚。最近有的地方党校提出，当前在观念上必须着重实现下列几个转变：变唯书、唯上的观念为唯实的观念；变传统的高度集中的计划经济观念为社会主义市场经济的观念；变故步自封、怕担风险的观念为抓住时机、开拓进取、敢为天下先的观念；变把资本主义社会的一切都看作是资产阶级性质的而一律予以排斥的观念为客观分析、能充分利用资本主义国家对我有益有用的东西、同时坚决抵制那些腐朽的有害的东西的观念。我认为这些意见是好的。邓小平同志提出要警惕右，但主要是防止“左”。“左”也可以葬送社会主义，所以不能小看。我们要在实际工作中认真贯彻邓小平同志的这个重要思想。

解放思想，必须切实贯彻“双百”方针。要鼓励教学和科研人员研究新情况、探索新问题，鼓励开展学术争鸣。研究问题，思想必须解放，即使说错了话，也不要在政治上上纲、扣大帽子。我们强调学习马克思主义要理论联系实际，而在理论联系实际的过程中也难免出一些差错，错了，注意在实践中加以改正就是了，千万不要整人。要允许犯错误，允许改正错误。毛泽东同志是伟大的军事家，他说过，世界上没有常胜将军，三仗打胜两仗就算是不错的。同样，对教员讲课也不能要求百分之百都正确，一点错也不许出。如果这样苛求，后果只能是搞教条主义，照本宣科，画地为牢，把思想都搞窒息了。当然，党校教师必须自觉坚持四项基本原则，应当多接触实际，不断提高和增强识别、抵制错误思潮的能力。

这里，我还想讲一下借鉴、利用资本主义有用经验的问题。邓小平同志在谈话中要求我们大胆吸收和借鉴人类社会创造的一切文明成果，包括吸收和借鉴资本主义发达国家的先进经营方式和管理方法。我们要按照邓小平同志这个思想，按照马克思、恩格斯《共产党宣言》中对资本主义的科学态度，来研究当代资本主义，从中吸收和借鉴对我们有用的东西。在《共产党宣言》中，马克思、恩格斯预言资本主义必然灭亡，指出这是历史发展的总趋势。当然从现在情况看，说资本主义很快就垮台还不大可能。因为社会主义还没有创造出比资本主义更发达的生产力。因此，我们大力发展经济，建设有中国特色的社会主义，对于最终战胜资本主义有极为重要的意义。同时，马克思、恩格斯在《共产党宣言》中对资本主义又没有简单地全盘否定，而是肯定了资本主义在不到一百年的时间里所创造的生产力，比过去一切世代创造的全部生产力还要多，还要大。我们应该以这个基本思想为指导去研究资本主义。资本主义从本质上说主要是：在社会化大生产和生产资料资本主义私人占有的基础上，资本家剥削劳动者创造的剩余价值，导致社会的两极分化。资本主义社会的上层建筑是建立在这个经济基础上的。从总体上说，它是为资本主义社会的经济基础服务的，是维护资产阶级专政的。但是，我们也不能因此就说资本主义社会的全部上层建筑都是坏的，其中有些是可以借鉴的。比如文学艺术，有的作品是有着长久的生命力的。马克思和恩格斯生前曾高度评价莎士比亚的作品。列宁对列夫·托尔斯泰的作品也给予了充分肯定，称它是俄国革命的一面镜子。又比如资本主义的法制搞了几百年，其中也有可借鉴的东西。当然决不能照抄，但收集关于各国法制的资料，参考借鉴是可以的。我们对资本主义国家的东西有个怎样认识和鉴别的问题，不能简单地、笼统地一概否定，要作具体分析。反动的、腐朽的东西必须抵制。同时也要看到，资本主义国家的有些东西，特别是那些属于人类共有的物质文明和精神文明成果，并不是亿万富翁创造的，而是这些国家的劳动人民和知识分子创造的，我们可以从中国的实际出发，借鉴和利用，这也是符合马克思主义阶级分析观点的。在党校的教学中，为了帮助学员加深对马克思主义经济学基本原理的理解，适当增加一些评介当代资本主义经济和资产阶级经济学理论的内容是必要的。比如，对凯恩斯等人的经济理论，我们也要用马克思主义的基本立场、观点和方法加以实事求是的分析和研究，其中对我们有用的东西也可以借鉴。

三、各级党委要加强领导，在新形势下更好地发挥党校的作用。

1990年《中共中央关于加强党校工作的通知》进一步明确了党校的地位和作用，强调了做好党校工作的重要性。当前和今后一段时间，仍然要认认真真、扎扎实实地做好落实工作。江泽民同志今年六月九日在中央党校的讲话中又重申了党校的性质和作用，并针对当前一些思想情况，指出要重视和加强党校工作。我们各级党委要按照中央的要求，在新的形势下，切实加强对党校工作的领导，努力把党校办得更好。

党校教育是为党的中心任务、为党的基本路线服务的。我们党历来重视办党校。在当前加快改革开放、抓紧时机进行社会主义现代化建设的新形势下，各级党委更要善于利用党校这块阵地，用好这支队伍。要充分发挥党校在培养干部、深入学习和研究具有中国特色的社会主义的理论、更好地贯彻党的基本路线、运用马克思主义探讨和研究重大现实问题等方面的作用，使党校成为推动改革开放、促进经济建设的重要力量。尤其要强调的是，我们要保证党的基本路线一百年不变，关键是要培养好领导骨干和跨世纪接班人。要建设有中国特色的社会主义，没有坚强的干部队伍是不行的。我们的干部，特别是领导干部，要善于全面地贯彻党的基本路线，“一个中心、两个基本点”，忘了哪一个也不行；要多一点辩证法，多一点全局观念，少一点片面性。因此，在改革开放和经济建设的大潮中，党校的任务不是轻了，而是更重了；党校不是无事可干，而是大有可为；党校不是可办可不办，而是必须办好。我们各级党委和全党同志，对此必须有一个正确的认识。

各级党校要主动争取党委的领导和支持。党委要领导和关心党校的改革，过问党校的工作，帮助党校出主意，解决问题，为办好党校创造必要的条件。为适应改革开放和经济建设的需要，党委和政府要从财力、物力上支持和加强党校建设，要想办法帮助党校逐步改善办学条件，解决经费、职称、教职工生活待遇等方面遇到的实际困难，稳定和提高教师队伍，更好地发挥党校“三个阵地”、“一个熔炉”的作用。

中组部人事部关于加强国家行政机关工作人员晋升行政职务管理工作的通知

日前，中组部、人事部颁发了《关于加强国家行政机关工作人员晋升行政职务管理工作的通知》。这个《通知》的颁发实行，对国家行政机关的职务晋升工作走向规范化，促进政府的勤政廉政建设，将产生积极的推动作用。

通知要求，晋升行政职务必须全面贯彻执行党的干部队伍的“四化”方针和德才兼备的原则，强调要把对党的基本路线的态度和工作实绩作为晋升的重要依据，规定晋升人员须在近两年年度考核连续为优秀或近三年连续为称职以上，具备一定的文化程度、任职年限和基层工作经验等资格条件。在晋升程序上，规定要采取领导和群众相结合的办法产生预选对象，要进行严格的资格审查和全面考核，广泛听取群众意见，坚持领导集体研究决定，对越级和放宽资格条件晋升的，规定了审核把关措施。另外，还规定晋升领导职务的，要先经培训再到职工作。

国务院关于进一步加强质量工作的决定

改革开放以来，我国的产品质量、工程质量和服务质量的总体水平不断提高，对繁荣城乡经济，扩大出口创汇，促进社会主义物质文明和精神文明的建设，发挥了重要作用，但与国民经济发展要求和国际先进水平相比，仍有很大差距。目前，我国的企业面临着国内外市场激烈竞争的严峻考验，各级政府及主管部门要进一步提高对抓好质量工作重要意义的认识，增强紧迫感和危机感，要采取切实有效的措施，把产品质量、工程质量和服务质量提高到一个新的水平。现就进一步加强质量工作作出如下决定：

一、切实加强对质量工作的领导。

各级政府及主管部门要切实加强对质量工作的领导，健全质量管理机构，增加质量投入，加快改革步伐，改进工作方法，讲究工作实效。

（一）克服片面追求产值、产量的倾向，切实摆正质量、数量、效益的关系，努力提高质量，发展品种，提高效益。

（二）运用市场调节与行政管理相结合的手段，培育健全市场机制，引导企业面向市场，促使企业在竞争中不断提高质量。同时，要加强宏观调控，切实做好指导、监督、协调和服务工作。

（三）产品要符合标准，并把达到国际高质量水平产品的实物标准，作为提高质量的目标，切实满足用户和消费者的需要。

（四）要从过去侧重抓评比、上等级，转变为抓好重点行业和重点产品质量、工程质量、服务质量。

二、集中力量狠抓质量的突出问题。

各地区、各部门以及各企业都要针对本部门、本地区质量工作的突出问题和国内外市场要求，确定提高质量的奋斗目标，制订抓好质量工作的具体措施。力争经过三至五年的努力，使我国重要产品的质量、工程质量、服务质量的状况，有明显改观。要重点扶持一批骨干企业，努力提高质量水平和档次，增产在国内外享有声誉的名牌产品，形成经济规模，参与国际竞争。

三、要依靠技术进步提高质量。

各地区、各部门要针对产品质量的薄弱环节，提出一批攻关项目，优先纳入各级技术进步计划。要强制性地淘汰耗能大、性能落后的产品，并定期公布目录。

要提倡科研、生产和使用紧密结合，协同攻关，提高设计开发能力，加强工程、技术设计的质量管理。要广泛开展以提高质量、发展品种和节能降耗为中心的群众性技术革新、质量管理小组及合理化建议活动。

四、充分利用市场机制，促进企业提高质量。

各地区、各部门要加快转换企业经营机制的步伐，把企业推向市场，使企业根据市场需求，不断加快产品结构的调整，增加花色品种，提高质量，改进服务。要制止妨碍商品正常流通的各种形式的保护主义，为企业创造平等竞争的环境。要积极宣传、表彰质量管理好的企业和名优产品，及时公布产品质量检测数据。要进一步完善耐用消费品的包修、包换、包退等规定和制度，做好售后服务和质量信息反馈工作。要进一步完善和强化有关经济合同中质量条款的规定，加强质量仲裁，大力发展第三方的公证、委托检验，积极开展产品质量认证。

五、加强政策导向，建立和完善激励机制。

各地区、各部门要加强提高质量、发展品种的宏观政策研究，制定奖优政策，逐步形成一套完善的激励机制，促进企业自觉地提高质量。

（一）各级经济综合和行业主管部门要改革统计、考核办法，加快产品质量等级标准的制定，扩大质量统计考核的范围。要把提高质量、发展品种作为考核企业的一项重要内容。

（二）统计部门要将产品质量等级品率、质量损失率、工业产品销售率、新产品产值率等质量指标逐步纳入正常的统计渠道。财政部门要逐步开展质量损失成本的核算工作。

（三）银行、税务部门要制定政策，对企业为提高质量所采取措施的项目在信贷、税收方面给予支持和优惠。

（四）继续实行优质优价政策，鼓励企业提高产品的技术含量、标准水平、实物质量。对国家管理价格的产品，按照价格分工管理权限，由物价主管部门根据“按质论价，分等定价，优质优价”的原则制定具体实施办法。

（五）企业要落实“质量否决权”制度。各级劳动部门在指导企业进行岗位技能工资制的改革试点工作中，要根据生产经营特点采取适当的分配形式，把职工的工资、奖金分配与产品质量、工程质量和服务质量直接挂钩。企业可设立质量奖励基金，用于奖励对提高质量、发展品种有贡献的职工。

六、加强质量监督，严格整改措施。

要扩大国家监督抽查的覆盖面，坚持抽查工作的突击性，并对质量问题严重的企业及其产品进行质量跟踪监督。国家监督抽查的重点是：有关危害人身安全、健康的产品，影响国计民生的重要产品，用户和消费者反映质量问题较多的产品。各地区有关部门要帮助国家监督抽查不合格的企业，对揭露出来的问题要抓好整改。对生产不合格产品的企业及其负责人，必须进行严肃处理。

（一）产品经国家监督抽查一次不合格的企业，由技术监督部门进行通报批评；问题严重的，由企业主管部门发出“黄牌”警告。

（二）各地区有关部门要会同企业主管部门对抽查产品质量不合格企业，区别情况采取边生产边整改、限产整改或停产整改等方式，限期完成整改任务。

（三）企业进行整改后，由国家技术监督部门组织突击性复查。经复查产品质量仍不合格的，国营企业和城镇集体企业要免去厂长的职务，不得易地做官，企业主管部门要对其领导班子进行调整；乡镇企业、私营企业和个体工商户，由工商行政管理部门吊销营业执照。

（四）对影响面较大、危害人民群众生命健康、质量问题严重的产品，要予以揭露，由有关主管部门核实后公开曝光。对因产品质量问题造成重大经济损失、触犯刑律的责任者，要依法追究刑事责任。

（五）为切实防止重复抽查，全国性抽查计划由国家技术监督局统一组织协调。各主管部门组织的全国性抽查计划，应报国家技术监督局审批，由主管部门组织协调、实施。各地区有关部门组织的地区性抽查计划，也应报同级政府技术监督部门统一协调。抽查结果应及时通报。为避免加重企业负担，监督抽查不得向企业收费。各级技术监督部门组织的监督抽查，所需经费由各级财政拨款；其他有关主管部门组织的抽查，所需经费由部门自有资金中开支。

七、加快质量认证和质量体系的审核注册工作。

产品质量认证机构要积极开展认证工作，加强对已获得质量认证产品的监督和管理，确保其质量一致性、可靠性和稳定性。各地区、各部门要在总结试点经验的基础上，逐步扩大质量体系审核注册的范围，同时要尽快制定相应的统一管理办法。发挥各方面认证和审核机构的作用，开展企业质量体系的审核注册工作。要加强国际合作，积极参与国际认证，发展双边和多边认证，为我国企业参与国际竞争，促进更多的产品进入国际市场创造条件。

八、加强企业的基础工作，建立健全质量管理制度。

（一）提高质量的基础在企业。企业要努力转换经营机制，从严治厂，整顿劳动纪律、工艺纪律，加强现场管理，建立严格的质量责任制和监督考核制度。各级经济综合部门和行业主管部门要针对企业质量管理的现状,采取分类指导的办法,帮助企业建立健全质量保证体系。

(二)企业要加强技术基础工作。要加快采用国际标准和国外先进标准的步伐,根据市场、用户和消费者的需求,制定高水平的企业内控标准。要进一步完善计量和测试手段,严格质量把关。

(三)企业提高质量的关键在厂(矿)长、经理。没有高度质量意识的人不能当厂(矿)长、经理。厂(矿)长、经理是质量的第一责任者,要把企业的质量状况作为考核厂(矿)长、经理业绩的重要内容。厂(矿)长、经理对违反纪律的现象要敢抓敢管,同时要加强思想政治工作,培养职工的主人翁责任感和敬业精神,为提高质量尽职尽责。厂(矿)长、经理要支持质量检验工作,保证质量检验机构独立行使检验、监督的职能。对重大质量事故,必须及时向行业主管部门通报情况,并追究有关人员的责任,给予行政处分或赔偿一定的经济损失。对不称职的人员要及时撤换。各级政府及主管部门要切实支持厂(矿)长、经理从严治理企业所采取的各项措施。

九、加快质量法规体系建设,依法管好质量。

要加快质量立法工作,逐步建立健全质量法规体系,从法律上明确质量责任,对质量实行依法管理。各级监督部门要按法律、法规规定的权限严格执法,切实加强对质量的监督检查,对质量不合格的企业和个体经营者,要严厉查处。各级政府要认真开展严厉打击生产和销售假冒伪劣商品的违法活动,按照国家有关法律、法规的规定,对生产和销售假冒伪劣商品的责任者从重从严查处;对利用"回扣"经销假冒伪劣商品的,可视同贪污、受贿行为处理。

十、开展全民质量意识教育,发挥舆论和社会监督作用。

(一)各级领导干部都要带头学习质量管理知识,提高质量意识。各级政府要重视并开展全民质量意识教育。要大力发展各种类型的技工学校和职业学校,培养具有良好素质的劳动后备军。在有条件的院校开设质量管理课程,培养理论与实践相结合的质量工作专门人才。企业要根据自身的行业特点和岗位规范要求,严格职工上岗前的质量培训。

(二)要继续充分发挥电视、广播、报纸杂志等新闻媒介在评价质量、提高全民质量意识等方面所起的舆论宣传和监督作用。要充分发挥各级质量管理协会、消费者协会等社会团体和广大消费者的监督作用。

提高质量是一项艰巨的任务,需要全国人民,特别是企业的广大干部、职工付出艰苦的努力。各级政府和广大企业干部、职工群众都要把提高质量与本职工作紧密联系起来,扎扎实实、坚持不懈地抓下去,使我国的质量工作尽快取得明显进步,为加快我国社会主义现代化建设作出贡献。

本决定自一九九二年八月十日起实行。

国家体改委主任陈锦华在《全民所有制工业企业转换经营机制条例》发布实施新闻发布会上发表讲话

《人民日报》发表社论《以充满活力的机制加快走上市场——喜读〈全民所有制工业企业转换经营机制条例〉》

全国税务工作会议在北京召开

国家税务局局长金鑫在会议上指出,国家税务局将采取十项措施,加快税收改革步伐,为加速经济发展服务。

这十项措施是:下决心调整简并一些税种,加快流转税、企业所得税、个人所得税的改革进程;调整部分税目税率,以实现公平税负率,促进平等竞争,理顺分配关系;加快税收征管立法进程,进一步用法律规范征纳双方的行为;改进税收经管方式方法,大力推行公开办税制度,简化工作手续,提高办事效率;适应商品经济的发展和流通领域的深刻变化,建议国务院在适当时机停止批发扣税,并相应建立对个体税收的控管新机制;鉴于客观情况的变化,适当调整税收检查站,除省级人民政府批准,设在重点应税产品主要产区和机场、车站、码头的检查站外,中途设置的一律撤除;改进出口退税管理,保护外贸企业合法经营、促进对外贸易的发展;调整部分税收管理权限,给地方一定的自主权;继续深入开展促产增收,发挥税务机关优势,深入企业搞好支、帮、促活动;转变作风,深入调查研究,增强服务意识。

国务院副总理邹家华在山东考察并到黄河三角洲现场办公

国务院副总理邹家华 7 月 25 日至 28 日在考察山东和到黄河三角洲现场办公时强调,在加快改革开放步伐、加快经济发展中,要狠抓能源交通等基础设施建设,要充分考虑国内外市场需求和有效益的速度,走良性循环发展的路子。

邹家华指出,邓小平同志南巡重要谈话和中央政治局会议精神发表之后,全国人民精神振奋,各地热气腾腾,我国经济进入了一个新的发展阶段。现在各地都在结合自己的优势和特色研究如何加快改革开放,加速经济发展的设想,拟定和落实具体实施,形势喜人。各地经济水平,资源状况虽然不同,但在拟定发展战略方面有两点是共同的:一是发展经济不仅要考虑各种资源和经济实力的可能，还必须充分考察国内外市场的需求，作出近期和长远的预测，并据此安排好经济的发展，如果可行性研究不深透，就去考虑生产什么，上技改和基建项目，结果可能与市场需求脱节，投入增加了，经济效益则不一定理想。所以，一定要研究市场。不研究市场，只考虑生产，仍然是过去单一产品经济、单一计划经济的陈旧表现。我们一定要增强市场观念，任何地区、任何部门上项目，都要认真研究市场需求（包括国内外市场），原料的来源和资金的筹措，能源、交通的供应等，总之要研究经济发展的全过程，走向良性循环。二是必须加强基础设施建设。从全国情况来看，交通、能源、通信都是短线，从许多地方来讲也是这样。经济发展愈是加快，愈要注意加快基础设施的建设，对黄河三角洲的开发来说，除交通、能源、通讯以外，特别是要把水的问题安排好。水是发展经济的重要基础条件，在长远规划中一定要把解决好水的问题提到重要日程。

在谈到全国经济与区域经济发展关系时，邹家华强调，由于我们国家幅员辽阔，沿海与内陆、东部与西部、沿边与腹地条件不一样，发展经济的路子也不可能完全一样，只能从各地实际出发，根据各自的优势和特点去发展，所以每一个地区的经济，不可能都搞成全门类、全方位。山东省有很长的海岸线，很多建设良港的条件，和内地联合起来发展外向型经济大有可为。黄河三角洲是环渤海经济圈的重要组成部分，这里资源丰富，有可能发展成为我国重要的粮棉基地和石油化工、盐化工基地。开发黄河三角洲，首先要制定一个总体规划，一定要搞好市场调查。这里的发展要以石油为中心，统盘考虑一、二、三产业，使其与国内外市场紧密联系起来。做规划一定要重视基础设施和水利建设，特别要把水的问题解决好。要吸引外资和先进技术，提高开发起点水平，加快改革和开发步伐。

邹家华赞扬了胜利油田在社会主义建设中做出的成绩，希望他们要继续努力，处理好开采与新增储量的关系；采用新技术，提高采收率；要以一业为主，发展多种经营；要继续和地方团结协作，共同为加快黄河三角洲的开发作出更大的贡献。

国务院批准河北省将邯郸市列为“较大的市”

国务院批准山东省将淄博市列为“较大的市”

国务院批准辽宁省将本溪市列为“较大的市”

中共中央政治局常委李瑞环在人民大会堂会见美国新闻署署长亨利·卡托

李瑞环说，中国对美国不构成威胁，美国对中国也不构成真正的威胁。相反，双方有许多共同的利益。李瑞环说，总的看，中美关系在朝好的方向发展。尽管中美关系中还存在着一些困难，但只要双方恪守中美间的三个联合公报，特别是遵循主权、平等和不干涉内政的原则，相互谅解，摆脱小事的纠缠，发展两国的经贸关系和在重大国际问题上的合作，中美关系必将会继续向前发展。

中共中央政治局常委李瑞环在人民大会堂会见也门供应和贸易部部长法德勒·穆哈辛·阿卜杜拉

李瑞环说，发展同第三世界国家的关系，是中国对外政策的一个基点。中国过去和现在都重视同第三世界国家的友好和合作关系。相信，中也两国已有的良好合作关系一定会进一步加强。

中共中央政治局常委宋平在钓鱼台国宾馆会见以中央政治委员会执行委员书记处书记多明戈斯·阿布兰特斯为首的葡萄牙共产党领导人休假团

外交部发言人就美国向台湾出租武器一事提出强烈抗议

外交部发言人就美国总统乔治·布什批准向台湾出租军舰发表评论时说，中国政府已就此向美国政府提出强烈抗议，要求美方立即停止一切向台湾出租武器的活动。

发言人说，美国通过立法以出租方式向台湾当局提供军舰是公然违反中美“八·一七”联合公报原则、变相提高售台武器数量和性能的行为，是中方完全不能接受的。

“中国政府已就此向美国政府提出强烈抗议。要求美方立即停止一切向台湾出租武器的活动。”

国防部长秦基伟上将同印度国防部长沙拉德·帕瓦尔在北京举行会谈

国家教委发出关于成立全国高等学校设置评议委员会及有关事宜的通知

国家教委主任李铁映代表国务院国家教委致信祝贺中国中学生在国际物理数学信息科学化学奥林匹克竞赛中获团体总分第一

《人民日报》发表评论员文章《创新纪录　攀新高峰——祝贺第25届奥运会开幕》

第25届奥林匹克运动会在西班牙巴塞罗那蒙锥克奥林匹克体育场开幕

7月26日

全国工商联主席扩大会议在北京召开

日前，全国工商联在北京召开主席扩大会议。

会议认为，工商联要牢固树立为经济建设服务的指导思想，认真贯彻落实党中央对工商联工作的指示，进一步活跃对外联络工作，开拓经济服务新领域，办好自办企业，深入开展调查研究，为经济发展献计献策。

会议提出工商联也要解放思想，实事求是，观念要更新，工作要实干。各级工商联都要克服老一套的工作方式和工作习惯，要树立竞争意识和开拓意识，为加快改革开放和经济发展做出新成绩。

国家体改委关于《全民所有制工业企业转换经营机制条例》的说明

《全民所有制工业企业转换经营机制条例》（以下简称《条例》）经国务院第106次常务会议讨论通过，并经李鹏总理签署发布实施。这是我国经济体制改革特别是企业改革的一件大事。它对增强企业活力，提高企业经济效益，推动企业走向市场，使国民经济更好更快地上一个新台阶，将发挥重要作用。为更好地学习、贯彻《条例》，现对《条例》的起草过程、主要内容和其他有关情况，简要说明如下。

一、起草过程

1988年4月13日，七届全国人大一次会议通过的《中华人民共和国全民所有制工业企业法》（以下简称《企业法》），确立了现阶段具有中国特色的社会主义企业制度，为企业改革规定了目标，提供了法律保障。

几年来的实践证明，《企业法》对于指导企业改革，增强企业活力，起了重要的作用。但由于种种原因，《企业法》赋予企业的经营权还没有全面落实，企业很难做到自主经营、自负盈亏，绝大多数企业的经营机制，还不能适应社会主义商品经济的要求。各地区、各部门和企业都迫切要求在总结企业改革经验的基础上，制定《企业法》的实施条例，加速企业经营机制的转换，增强企业活力，把企业推向市场。

去年九月，李鹏总理在中央工作会议上责成国家体改委起草《企业法》的实施条例。10月初，国务院第160次总理办公会议确定，实施条例的起草工作，由朱镕基副总理主持，具体起草工作以国家体改委为主，国务院经贸办、国务院法制局等有关部门参加。李鹏总理对起草工作作了重要批示。11月30日，朱镕基副总理主持会议，听取了国家体改委关于制订《企业法》实施条例具体方案的汇报，会议确定，“可针对增强国营大中型企业活力，先搞一个转换企业经营机制条例”。

从去年12月初至今年6月中旬，我们会同国务院经贸办、国务院法制局先后草拟、修改出《条例》七稿，分别提交全国体改工作会议、全国企业转换经营机制座谈会讨论，征求了12个省、直辖市人民政府，45个省、自治区、直辖市及计划单列市的体改委（办）、经委（计经委、生产委），国务院有关经济综合部门、行业主管部门，以及中组部、全总、团中央、总政、总参等有关部门的意见。多次召开不同地区、不同行业、不同规模的企业厂长（经理）、党委书记、总会计师、总经济师座谈会，听取意见。还反复征求了法学家、经济学家的意见。

在此期间，朱镕基副总理先后13次召集会议，邀请国务院有关部门负责同志、经济学家、法学家、企业厂长（经理），就企业财产所有权和企业的投资、劳动用工、内部分配、产品定价、资产处置、进出口等经营自主权，以及增强企业自我发展能力，强化企业自负盈亏责任和建立企业优胜劣汰机制等难点、重点问题，进行深入研究、反复协调和修改，最终形成了提交国务院审议的《条例（草案）》。《条例》经国务院第106次常务会议审议通过，已正式发布施行。

应当强调指出，各地区、各部门和许多企业，自始至终热切关注《条例》的制定工作，对《条例》的制订和修改提出了许多宝贵意见。可以说，《条例》是我国近年来企业改革经验的结晶，是广大干部和职工的智慧和创造性的产物。

二、指导思想

《条例》坚持党的十一届三中全会以来关于企业改革的方针政策，按照企业转换经营机制，政府转变职能，政企职责分开，宏观管好，微观放开的要求，体现了以下指导思想。

第一，体现《企业法》的立法精神和基本原则。邓小平同志最近指出，城乡改革的基本政策，一定要长期保持稳定。我们认为，《企业法》是党的十一届三中全会以后10年企业改革基本经验的总结，作为城市经济体制改革中心环节的企业改革，就是要稳定《企业法》确立的基本原则和基本制度。《条例》依据《企业法》，进一步明确了全民所有制企业的法律地位和政企职责分开的原则，具体界定了企业经营权以及政府与企业的关系，同时对《企业法》的一些原则性规定作了具体的表述和延伸，使之更具有针对性和可操作性。

第二，体现中央工作会议提出的搞好国营大中型企业的精神。从长远看，增强企业活力，提高企业经济效益，不能单纯依靠减税让利和增加国家投资，而主要应当依靠加快转换企业经营机制和转变政府职能，把企业推向市场，充分调动、发挥企业和职工的积极性。根据这一指导思想，《条例》在保障国家对企业财产所有权的前提下，围绕落实企业经营自主权，规定企业享有14条经营权，这是对《企业法》的进一步细化。同时，《条例》也规定了企业要建立和完善企业监督和约束机制，落实企业自负盈亏的责任；规定转变政府职能，改革国家管理企业的方式，培育和发展市场体系，建立和完善社会保障制度。

第三，体现加大改革分量，加快改革步伐的精神。邓小平同志年初在南方发表重要谈话和中央政治局全体会议以后，各地都在进一步解放思想，转变观念，在企业改革方面积极进行新的探索，制定了加快改革的新措施。《条例》不但对阻碍生产力发展的一些现行规定，不同程度地有所突破，而且还总结吸收了各地改革的成功经验，加以规范，上升为法规，并力求使出台的改革措施符合实际，具有可操作性。同时，还保持改革的连续性和稳定性，使现行的改革措施与改革的长远目标相衔接。

三、主要内容

《条例》共7章54条，包括：总则、企业经营权、企业自负盈亏的责任、企业的变更和终止、企业和政府的关系、法律责任、附则。

（一）关于企业经营权问题

转换企业经营机制的前提是落实企业经营权，关键是落实生产经营决策权、投资决策权、产品定价权、进出口经营权、人事劳动权、工资奖金分配权。《条例》在这些方面都有一些突破。

1. 扩大企业生产经营决策权。《条例》对指令性计划的实现形式以及实现指令性计划各方的权利与义务等作了新的规定。一是为了保证指令性计划的兑现，企业执行指令性计划，有权要求在政府有关部门的组织下与需方企业签订合同，也可以要求与政府指定的单位签订国家订货合同。二是为了体现权利与义务对等的原则，企业对于缺乏应当由国家计划保证的能源、物资供应和运输条件的指令性计划，可以要求调整，不予调整的，企业有权拒绝执行。三是赋予企业调整和扩大生产经营范围的权利，允许企业发展多种经营，也允许企业根据市场变化跨行业调整经营范围。

2. 扩大企业的投资决策权。针对现行企业投资权限小，更新改造能力低，投资决策失误无人负责的情况，《条例》在三个方面作了规定。一是企业的投资权限，主要依企业自身的投资能力确定。企业根据国家产业政策和行业、地区发展规划，用留用资金及自行筹措的资金从事生产性建设，能够自行解决建设和生产条件的，由企业自主决定。企业需要国家投资或者银行贷款进行生产性建设的，需经有关单位审批，但要简化手续。二是鼓励企业用留利增加新的投入。对于企业以留利进行生产性建设或者补充流动资金的，给予退还部分所得税的优惠。企业可以根据自身的经济效益和承受能力，自主决定增提新产品开发基金，并按照国家规定，实行加速折旧。三是强化投资责任。企业和政府有关部门投资决策失误，致使企业财产遭受损失的，主要责任者要分别承担经济的、行政的和法律的责任。

3. 扩大企业产品定价权。政府对企业产品价格管理过多过死，价格严重背离价值，不能反映供求关系，是当前企业难以走向市场，参与公平竞争，做到自负盈亏的重要原因。《条例》针对这种情况以及考虑到各方面的承受能力，减少了政府管理企业产品价格的层次，赋予了企业较大的定价自主权。《条例》规定，除个别的日用工业消费品价格、少数生产资料价格由政府定价外，其余的产品价格和企业提供的加工、维修和技术协作等劳务价格，由企业自主定价。这样规定，既有利于国家对物价的监督管理，逐步理顺价格关系，又有利于逐步形成反映价值规律的价格机制。

4. 扩大企业进出口经营权。为了增强企业在国际市场上的竞争能力，《条例》赋予了企业更大的进出口权。对没有进出口经营权的企业，可以自主选择外贸代理企业，并有权参与同外商谈判。有进出口经营权的企业，在获得进出口配额、许可证等方面与外贸企业享有同等待遇。企业根据国家规定，可以在境外承揽工程，进行技术合作或者提供其他劳务。同时，《条例》还简化了企业经常出入境业务人员的审批手续。

5. 扩大企业劳动人事与工资、奖金分配权。在充分考虑社会稳定和企业职工承受能力的前提下，强调企业工资总额随着企业经济效益的增减而增减，按照职工能进能出、能上能下、收入能高能低的原则，《条例》对企业内部劳动、人事、分配制度作了新的规定。

在劳动用工方面，突破了现行的国家对企业招工的计划管理。《条例》规定，企业的招工时间、条件、方式和数量，由企业自主决定。针对一些企业人浮于事、效率低下的情况，《条例》规定，企业有权实行合理劳动组合，有权依照国家法律、法规和企业规章，解除劳动合同、辞退、开除职工。为了保证企业有效地行使这些权利，同时考虑到社会的稳定，《条例》对企业富余人员的安置，也作了相应规定。

在人事管理方面，为了拓宽企业选贤任能和人才开发的渠道，建立选拔任用人才的机制，企业必须打破干部终身制。《条例》规定，企业有权实行管理人员和技术人员聘用制、考核制。对被解聘或未被聘用的管理人员和技术人员可以安排其他工作，包括到工人岗位上工作；企业中的优秀工人也可以被选拔、聘用为管理人员、技术人员。企业根据实际需要，可以在社会上招聘，经过批准也可以在境外招聘管理人员、技术人员。企业可以根据实际需要，设置和聘用在本企业有效的专业技术职务。

在内部分配方面，针对企业普遍存在的分配中的平均主义，严重挫伤职工积极性的弊端，《条例》规定，企业应把职工的劳动所得与劳动成果联系起来，根据职工的劳动技能、劳动强度、劳动责任、劳动条件和实际贡献，拉开分配档次；自主决定职工的晋级增薪、降级减薪的条件和时间；可以实行适合本企业特点的工资制度。

（二）关于企业的自负盈亏问题

在赋予企业充分经营权的同时，必须强化企业自负盈亏的责任。建立企业自我约束机制，正确处理国家、企业、职工三者利益关系，这是防止企业滥用经营权的重要措施。《条例》针对一些国营企业经营管理不善，亏损严重，国有资产流失，分配向个人倾斜等问题，在四个方面作出了相应的规定。

一是强化厂长（经理）对企业盈亏的责任。《条例》规定，厂长（经理）对企业盈亏负有直接经营责任。企业连续三年全面完成上交任务，并实现企业财产增殖的，或者实现扭亏增盈目标的，对厂长（经理）和厂级领导给予相应奖励；企业完不成上交任务，或因经营管理不善造成亏损的，对厂长（经理）和其他厂级领导，根据责任大小，相应降低工资，有的可以给予免职或降级、降职处分。《条例》还规定了企业实行工资总额和经济效益挂钩的办法，并把企业的盈亏和对厂长（经理）的奖惩、职工的切身经济利益联系起来。这样，既强化了厂长（经理）搞好企业的责任，也增强了全体职工搞好企业的动力。

二是增强企业上交利润欠收自补的责任。《条例》规定，实行承包经营责任制的企业，未完成上交利润任务的，应当以企业风险抵押金、工资储备基金、留利补交。对实行租赁经营责任制的企业，也相应作了欠收自补的规定。

三是强化企业对潜亏应负的责任。《条例》规定，对于企业采取不提或少提折旧费、大修理费，少计成本或挂账不摊等手段，造成利润虚增或虚盈实亏的，责令企业从留用资金中补足。《条例》施行前积累的企业亏损，形成的原因是多方面的，在清产核资后可另行处理；《条例》施行以后发生的企业亏损，特别是潜亏，对负有责任的厂级领导以及其他责任人员，视情节轻重，依法追究责任。

四是强化企业的分配约束责任。为了解决分配向个人倾斜问题，《条例》规定，企业必须建立分配约束机制和监督机制。企业应当每年从工资总额的新增部分中提取不少于百分之十的数额，作为企业工资储备基金。企业必须坚持工资总额增长幅度低于本企业经济效益增长幅度、职工实际平均收入增长幅度低于本企业劳动生产率增长幅度的原则。这里的经济效益主要是指实现利税，劳动生产率依据净产值计算。企业的工资总额依照政府规定的工效挂钩办法确定。企业在提取的工资总额内，有权自主使用、自主分配工资和奖金。企业职工的工资、奖金、津贴、补贴以及其他工资性收入都应纳入工资总额，取消工资总额以外的单项奖。违反上述规定的，政府主管部门应及时予以制止和纠正。职工多得的不正当收入，从发现之日起，限期逐步予以扣回。

此外，为防止企业滥用经营权，《条例》还规定了相应的法律责任。

（三）关于企业的关停并转问题

进行企业产品结构和组织结构的调整是客观经济规律的要求。市场需求不断变化，经济运行的自然波动，以及企业间的竞争，必然引起部分企业的变更或终止。对企业进行关停并转，是适应这种客观情况的一种积极措施。《条例》设立了《企业的变更和终止》一章，规定企业可以通过转产、停产整顿、合并、分立、解散、破产等方式，进行企业的产品结构和组织结构调整，并采取多种措施，妥善处理企业债务，安置好企业的富余职工。

1. 企业转产是调整产品结构的积极措施。《条例》规定，企业主导产品不符合国家产业政策，或者没有市场销路，积压严重，应当实行转产。企业为获取更大的经济效益，可以根据市场预测和自身条件，主动实行转产。企业转产方案可行的，政府主管部门应当予以支持，并提供必要的条件。

2. 企业停产整顿是扭亏增盈的重要手段。《条例》规定，企业经营性亏损严重的，可申请自行停产整顿，政府主管部门也可以责令其停产整顿。在整顿期间，财政部门应当准许其暂停上交承包利润，银行应当准许其延期支付贷款利息，企业应当停止发放奖金。《条例》针对一些企业在停产整顿期间的混乱状况，明确规定，要严明纪律，维护秩序，保护企业财产。

3. 企业合并（含兼并）是调整组织结构的主要途径。为了保证合并的顺利进行，《条例》规定了合并的法定条件和两种合并形式。政府决定或者批准的合并，在全民所有制企业范围内，可以采取资产无偿划转的办法，转移企业财产。原企业的债权债务，由合并后的企业承担。兼并是一种有偿的合并形式。企业兼并其他企业，是企业的经营权，由企业自主决定。企业被兼并,因为涉及企业的财产所有权等问题,须报政府主管部门批准。被兼并企业的债权债务由兼并企业承担。为促进企业组织结构调整,鼓励优势企业兼并劣势企业,《条例》规定,经兼并企业与债权人协商,可订立分期偿还或减免债务的协议;财政部门和银行可以酌情给予相应的优惠政策。

4. 企业关闭在法律上一般称为企业终止。《条例》规定了终止的两种形式,包括政府决定的解散和依法破产。《条例》从企业关闭的法定条件上,体现了少关闭、多并转的精神,同时提出先破产、后"兼并"的办法。《条例》规定,对于企业经停产整顿仍达不到扭亏目标,且无法实行合并的,以及因其他原因应当终止的,在保证清偿债务的前提下,政府可决定予以解散。企业因经营管理不善造成严重亏损,不能清偿到期债务、达到法定破产条件的,依法实行破产。

为了保证企业关停并转的顺利实施,《条例》对企业职工的安置,作了相应规定。政府决定解散的企业,职工由政府主管部门妥善安置;合并企业的富余职工,一般由合并后的企业或兼并企业安置;破产企业的职工,按照有关法律、法规的规定安置。鉴于当前安置富余职工是企业组织结构调整的一个必须解决的问题,《条例》规定了三项措施:一是社会保险机构应依法为待业职工提供待业保险金,保障他们待业期间的基本生活;二是劳动部门应帮助待业职工再就业;三是为安置富余职工而兴办的独立核算、从事第三产业的企业,税务部门给予相应的减免税待遇。

(四)关于企业和政府的关系问题

企业转换经营机制,政府必须转变职能。政府宏观管不好,微观管得多,企业不可能做到自主经营、自负盈亏。但是,政府职能的转变,涉及政府机构改革,因此,《条例》没有对政府的职责作出全面、具体的规定,而主要是从转换企业经营机制的角度,原则界定了政府与企业的关系。

1. 为了保证国家对企业财产的所有权,加强国有资产管理,防止国有资产流失,《条例》明确规定,企业的财产属于全民所有,即国家所有,国务院代表国家行使企业财产的所有权。同时规定政府和政府有关部门在企业财产的收益、处分等方面,分别行使八项职责。

2. 依照政企职责分开的原则,政府和政府有关部门应转变职能,改革管理企业的方式。《条例》从四个方面规定,政府要为企业转换经营机制创造条件,提供服务。一是加强宏观调控和行业管理,建立既有利于增强企业活力,又有利于经济有序运行的宏观调控体系;二是培育和完善市场体系,发挥市场调节作用;三是建立和完善社会保障体系;四是政府应发展和完善与企业有关的公共设施、公益事业,减轻企业的社会负担。

3. 为减少对企业的行政干预,《条例》规定了政府和政府有关部门侵犯企业经营自主权应负的法律责任。

四、其他需要说明的问题

1.《条例》是依据《企业法》制定的,适用于单一的全民所有制工业企业。《条例》的原则也适用于其他行业的全民所有制企业。实行股份制的企业,应通过有关股份制的法律和法规加以调整。

2.《条例》中的一些规定,突破了现行的有关政策、法规和规章,为了保证《条例》的落实,需要对现行与《条例》有关的政策、法规和规章进行清理,提出"废、改、立"方案,同时,要尽快制定与《条例》相适应的新的规章和制度。

3. 由于各行业、各地区企业的情况千差万别,在转换经营机制中遇到的问题也不尽相同,因此,国务院有关部门,省、自治区、直辖市人民政府可根据有关法律和《条例》的规定,结合实际情况,制定具体的实施办法。但是,一定要注意不能借制定实施办法,截留或上收企业的经营权。如果发生了这种情况,上级政府要适时地、坚决地予以纠正,以切实保障企业经营权真正落实。

《条例》已经颁布,今后的任务是集中精力,采取有效措施,确保《条例》的贯彻落实。我们相信,通过学习、贯彻《条例》,我国的企业改革和国民经济必将加快步伐登上一个新的台阶。

国务院总理李鹏在河北省秦皇岛市和唐山市考察

国务院总理李鹏7月26日至7月30日考察冀东地区的秦皇岛市和唐山市。李鹏指出,今年以来,全国认真学习和贯彻落实小平同志南巡重要谈话和中央政治局会议精神,改革开放加快了步伐,国民经济由去年的全面回升进入高速发展阶段,现在主要的薄弱环节是能源、交通运输,这是今后经济高速增长的一个重要制约因素。要加强这些基础设施的建设,以保证国民经济高速协调发展。

李鹏指出,经过13年的改革开放,我国国内的条件很好;从国际形势看,我们有可能争取到一个较长时期的国际和平环境。深刻领会和认真贯彻小平同志南巡重要谈话的精神,很重要的一点就是要抓住机遇,加快改革开放的步伐,加速经济的发展,使国民经济更好更快地上一个新台阶。李鹏说,通过改革开放,我国发展前景很好,广大人民对建设有中国特色的社会主义充满信心。现在人民群众的积极性很高,要注意保护和引导好这种积极性。

在视察秦皇岛煤码头时,李鹏指出,秦皇岛港是我国北煤南运的重要枢纽，在国民经济中起着重要作用。他要求进一步挖掘现有码头的潜力，同时要加快新的煤码头建设，以便与大秦铁路运煤专线相配套，使更多的山西煤炭通过秦皇岛港运到上海、江苏、广东等东南沿海地区。李鹏强调，这是关系到 90 年代经济发展速度，涉及全局的大事，要作为战略任务来抓。

在谈到转换企业经营机制和转变政府职能时，李鹏说，《全民所有制工业企业转换经营机制条例》已经国务院通过，并正式发布施行。各地区、各部门要认真贯彻落实。关键是把企业的自主权真正下放给企业，使企业成为自主经营、自负盈亏、自我发展、自我约束的相对独立的经济实体。因此，政府要按照政企职责分开，宏观管住，微观放开的原则，转变政府职能，改变国家管理企业的方式，把企业真正推向市场，增强企业的活力。

秦皇岛市拥有避暑胜地北戴河和历史古城山海关等驰名中外的旅游资源。李鹏希望秦皇岛市大力发展以旅游为主的第三产业。李鹏指出，发展旅游业，既要重视国际旅游，也要重视发展国内旅游，吸引并组织好更多的不同层次的中外游客。

在谈到发展第三产业时，李鹏指出，我国第三产业发展落后，反映了我们的经济结构还不合理。随着改革不断深入、开放进一步扩大和经济迅速发展，我国的第三产业将会有较大的发展。今后要把发展第三产业放在一个重要位置，逐步提高第三产业的比重。

国务院总理李鹏在北京会见印度国防部长沙拉德·帕瓦尔

李鹏说，近年来，中印两国领导人的互访和会晤，使两国关系进入了一个新的阶段。他对中印关系顺利发展表示满意。

李鹏指出，中印两国都是发展中国家，两国人口占全世界总人口的 40%，两国之间加强团结和合作，将对世界和平与发展发挥积极作用。

李鹏说，中印两国在许多国际问题上有着相似或相同的观点。今年以来在联合国安理会首脑会议和联合国环境与发展大会上，两国领导人就建立国际政治和经济新秩序以及人权和环境与发展问题所阐述的立场和观点，有着广泛的一致。

宾主还谈到了中印边界问题。帕瓦尔说，关于边界问题，印中双方已经提出了一些认真的、富有建设性的建议。特别是李鹏总理提出的要使中印边界成为一条和平、友好、合作的边界，这对保持边界的安宁与稳定发挥了重要的作用。

李鹏说："边界问题是历史遗留下来的问题，解决起来会有一定难度。但我们相信，只要双方都有共同愿望，通过平等友好协商，这个问题一定会得到妥善解决。中国方面愿意为此继续作出努力。"

中国运动员在第 25 届奥运会上夺得 1 枚金牌 3 枚银牌

庄泳夺得女子 100 米自由泳冠军，林莉获女子 400 米个人混合泳亚军，王义夫夺得男子自选手枪银牌，林启升在举重 52 公斤级决赛中获得银牌。

7 月 27 日

拥军优属模范颁奖大会在北京举行

在中国人民解放军建军 65 周年，延安"双拥"运动 50 周年之际，来自全国各地的百名拥军优属模范在中南海怀仁堂荣获了"拥军优属模范"光荣称号。

中共中央书记处书记、中央军委秘书长、总政治部主任杨白冰，中顾委常委张劲夫、耿飚，国务委员陈俊生，民政部、解放军总政治部、中央人民广播电台的有关领导，以及解放军代表和首都各界群众 800 多人出席了颁奖大会。

国务院作出关于中信公司若干政策问题的决定

国务院在决定中指出，中信公司作为进一步改革开放的试点，要继续发挥对外开放的窗口作用，积极探索，逐步建立自主经营、自负盈亏、自我发展、自我约束的经营机制，为国家多作贡献。凡不需国家综合平衡、投资额在 2 亿元人民币以下的国内投资项目，以及境外自筹资金、不需国内担保和国家综合平衡等、投资额在 3000 万美元以下的境外企业再投资项目，可以由中信公司自行审批。

关于外债管理，国务院同意中信公司"八五"期间对中长期外债余额实行在核定的外债余额内，多还多借，少还少借，不还不借，不得突破的办法。每项筹资的数量、时间、市场、牵头行、币种，中信公司可自主决定，但每项筹资都要向国家计委、外汇管理局备案。筹资利率如超过规定的幅度，则需报外汇局批准。

国务院还同意中信公司根据公司效益进行工资改革，并与住房改革相结合的意见，并同意进一步简化中信公司领导出访手续。

西南五省区七方第九次经济协调会在昆明召开

会议决定抓住当前有利时机，面向东南亚和南亚，共同开拓国内国际市场，以联合促开放，以开放促开发，推动大西南经济登上新台阶。

国务院总理李鹏为大会题词："希望西南各省区联合起来，加快改革，扩大开放，走向东南亚。"国务院副总理田纪云出席会议并讲话。党中央、国务院的28个部门和有关方面的领导应邀参加会议。

田纪云在讲话中指出，现在是国内条件具备，国际环境有利，抓住这一千载难逢的有利机遇，加快改革开放的步伐，力争使国民经济更好更快地上一个新台阶，这是摆在全党全国人民面前的战略任务。对此，我们必须要有高度的历史责任感和紧迫感，决不可犹豫、观望、等待，坐失良机。他说，对邓小平同志视察南方的重要谈话，必须深刻领会，不折不扣地贯彻执行。

在谈到大西南的发展与建设时，田纪云指出，大西南战略地位重要，资源丰富，是我国经济发展潜力最大的地区之一，加快其开发和建设的步伐，对全国的现代化建设具有极其重要的意义，关系到实现第二步战略目标的全局，必须有强烈的紧迫感和机遇意识，力争“八五”期间有所突破，“九五”以后有一个更大的发展。他认为，要真正把开发大西南的工作做好，当前主要应抓好区域规划的制订；积极发展边境贸易；加快传统产业的技术改造，促进产业结构和产品结构的升级换代；大力加强区内的横向联合；要坚持两手抓的方针，加强社会主义精神文明建设。

中央政治局委员、四川省委书记杨汝岱也在会上讲话。

五省区七方商定，在扩大对外开放和联合协作中，今后要围绕共同开拓东南亚、南亚市场这个重点，抓好交通、口岸和通信设施的建设，力争南昆铁路提前两年完工。会议于29日结束。

中共中央政治局常委乔石在黑龙江考察

7月27日到8月5日，乔石在黑龙江省委书记孙维本、省长邵奇惠和省委副书记马国良的分别陪同下，到哈尔滨、牡丹江和边境城市黑河、绥芬河等地，考察一些工厂、街道、派出所、边防哨所、集贸市场、经济开发区和高新技术开发区。乔石对黑龙江省认真贯彻邓小平同志年初重要谈话精神，充分发挥沿边优势，加快改革开放和经济建设步伐所取得的成绩，给予充分肯定。乔石指出，集中力量把经济建设搞上去，是党的十一届三中全会确定的，是邓小平同志一贯强调的。正是遵循小平同志提出的“一个中心、两个基本点”的这条基本路线，我国经济建设才出现崭新的局面，人民群众的生活水平才有明显提高，我们党的各项基本政策才进一步受到老百姓的衷心拥护。

乔石说，把经济建设搞上去是全党的中心任务。因此，党的一切工作，包括党的建设、组织工作和干部培训、提高党员思想觉悟等等，都要围绕这个中心来展开，绝不能偏离这个中心。当前，要组织全党继续深入学习和领会小平同志重要谈话精神，真正掌握建设有中国特色的社会主义的思想，转变观念，使思想更解放一点。我国当前面临的机遇是极为难得的。我们必须紧紧抓住90年代的有利时机，在实事求是、科学规划的基础上，加快速度把经济建设搞上去。否则，我们怎么能逐步赶上那些现在比我们发达的国家呢?

乔石对黑龙江省利用和俄罗斯毗邻的地缘优势，实施沿边开放战略表示赞赏和支持。乔石说，黑河、绥芬河这两个边境城市比我以前来时有了明显的变化，建设步子加快了，看了令人高兴。乔石指出，我国同周边国家经济上有很强的互补性，这对我们发展同这些国家的睦邻友好关系和经济贸易往来是个很大的基础。希望对这项工作要制定长期规划，要有科学预见，要注意总结经验，进一步提高工作层次。

在农村考察时，乔石谈到，黑龙江农业机械化程度高，农村剩余劳动力是个很大的资源，农村也比较富裕，兴办乡镇企业和第三产业的潜力很大，这方面可以有一个更大的发展。

在谈到政法、纪检和监察工作时，乔石指出，这些部门的工作同样要围绕经济建设来展开，要支持经济建设，支持改革开放。对真心改革而出现失误的，要热情帮助，不要挫伤他们的积极性；对借改革之名谋私利而违反党纪国法的要严肃处理。

在哈尔滨电机厂，乔石与一些大中型企业的党政领导就社会治安综合治理工作进行座谈。乔石肯定这些单位在这方面作出的努力和取得的成效，强调当前社会治安综合治理工作的关键还是要狠抓落实，尤其是要加强基层的基础工作，把群众充分发动起来，这样综合治理的各项措施才能真正落到实处。

考察期间正逢“八一”建军节，乔石到边防部队看望守卫边卡的人民解放军指战员，向他们祝贺节日。

国家国有资产管理局国家体改委《股份制试点企业国有资产管理暂行规定》

第一章 总 则

第一条 为规范股份制试点企业中的国有资产股权管理，维护其合法权益，现制定本规定。

第二条 股份制试点企业国有资产管理原则：

1. 贯彻发展以公有制为主体的股份制企业的方针，对应由国家控股的股份制试点企业必须保证国有资产股份在企业中的主导地位；

2. 国有资产股权的行使、转让必须符合国家对国有资产保值、增值的要求；

3. 在股份制企业试点中，不允许以任何方式瓜分国有资产，侵蚀国家利益；

4. 对股份制试点企业的管理，坚持政企职责分开、所有权与经营权适当分离、政府社会行政管理职能和国家所有权管理职能分开；

5. 建立严格的国有资产股权代表责任制。

第三条　组建股份制试点企业，用国有资产入股形成的股份（包括将全民所有制企业改组为股份制试点企业），视股权管理不同情况，可以分别构成国家股和国有法人股。

国家股为有权代表国家投资的政府部门或机构以国有资产向股份制试点企业投资形成的股份（含现有已投入企业的国家资产折成的股份）。

国有法人股是全民所有制企业用国家授予其自主经营的国有资产向独立于自己的股份制试点企业投资形成的股份。

国家股和国有法人股，其性质均属国家所有，统称为国有资产股（简称国有股）。

第四条　国有资产管理部门是国有股权的政府专职管理机构，依法履行对国有股权的管理职能。

国有股持有单位接受国有资产管理部门的指导、监督和考核。

国有资产管理部门对国有法人股和管理要通过法定程序，保障和维护其持有单位依法享有的经济权益和经营自主权。

第五条　组建股份制企业或将全民所有制企业改组为股份制试点企业，其试点范围和股权结构设置要符合《股份制企业试点办法》（体改生〔1992〕30 号）及其他有关规定。

第二章　股份制企业设立时国有股的管理

第六条　国有股的设置需由国有资产管理部门或其授权机构确认。对用国有资产入股组建或以全民所有制企业改组设立股份制试点企业，国家或各省、自治区、直辖市国有资产管理部门要参与审批工作。

第七条　用国有资产投资组建或改组设立股份制试点企业，对投入的国有资产，必须进行资产评估和所有权界定，并向国有资产管理部门办理资产价值评估结果、所有权界定的确认手续。

进行资产评估，应按照《国有资产评估管理办法》（国务院第 91 号令）发布的规定申报立项，委托有资产评估资格的评估机构评估。

国有资产的所有权界定，应按国家国有资产管理局、财政部、国家工商行政管理局发布的《企业国有资产所有权界定暂行规定》（国资综发〔1991〕23 号）执行。

第八条　在资产评估和所有权界定确认后，企业占用的国有资产价值总额，依照财政部和国家体改委印发的《股份制试点企业会计制度》（〔92〕财会字第 27 号）调整原企业的账面价值和国家资金，转为国有股股东权益。

用国有资产折价入股、折股出售、认缴出资，应按照《国家资产产权登记管理试行办法》（国资综发〔1992〕20 号）及其实施细则的规定办理有关国有资产产权登记事宜。国有资产产权登记表作为国有股的资信证明，是办理工商登记的要件。

第九条　全民所有制企业改组为股份制试点企业，不得用国有资产设置股份制企业自己的“企业股”或“职工集体股”；不得将国有资产无偿转为股份制试点企业各股东所共有的公积金、公益金；不得将国有资产效益转好的一部分（分店、分厂、车间等）单独划出来吸收职工入股，不得将企业的名牌、畅销、高利产品无偿或低价转给其职工入股的股份制试点企业经营；不得将企业股票无偿送给或低于公开发行价格售给企业职工或其他人；不得采取其他损害国有资产权益的行为。

第十条　全民所有制企业改组为股份制试点企业并采取溢价发行股票的方式招股增资时，国有资产折股的票面价值总额可以略低于经资产评估确认的国有资产价值总额，其差额和股票发行的溢价收入一并作为资本公积金，但不得使国有资产所有者的权益受到损害。

第十一条　全民所有制企业改组为股份制试点企业时，企业的非经营性单位，包括职工宿舍、幼儿园、医院等占用的资产如不折价入股，则仍属国家所有，也要清产核资。经同级财政部门和国有资产管理部门批准，可以办成独立于股份制企业之外的经营单位；也可以委托改组后的股份制试点企业进行专项管理、有偿使用。

第三章　国有股股权和股权代表的管理

第十二条　股份制试点企业的国有股权实行谁投资、谁管理的原则，并接受国有资产管理部门的指导和监督。

国有股股权有偿转让给非国有经济成分时，须由国有资产管理部门审批或由国有资产管理部门报请政府批准。

折股出售国营大中型骨干企业的国有资产时，须报请上级国有资产管理部门审批或上级政府审批。

第十三条　国有资产管理部门可以委托控股公司、投资公司、企业集团的母公司、经济实体性总公司及某些特定部门行使国家股权和依法定程序委派股权代表。经国务院或省、自治区、直辖市人民政府批准，国有资产管理部门也可以按法定程序向有国家股的企业委派股权代表。国家股权代表的委派办法由国有资产管理部门和人事部门另行制定。国有法人股代表由投资入股的法人单位委派。

第十四条　国有股权代表必须维护国有股的合法权益，对国有资产保值、增值承担明确责任。股权代表人须具备较高的政治思想素质和政策法规水平。具有切实履行职责的经营决策和管理能力，确保企业中国有股与其他股的股权平等，做到同股同利，利益共享，风险共担。

第十五条 建立国有股权代表的报告制度。国有股权代表除定期向委派单位报告工作情况外，在涉及企业下列重大经营决策时，要事前书面请示报告：

1. 选聘公司董事会成员及董事会主要负责人；
2. 有关重大投资、经营方向、方式的决策；
3. 增资或发行公司债；
4. 收益分配决策；
5. 资产抵押超过企业净资产 1/3；
6. 其他涉及国有股重大权益的事项。

国有股权代表的委派单位对国有股权代表的请示要及时作出负责的答复，不得因延误造成经营损失。

第十六条 要建立国有股权代表的考核、奖惩和监督制度。

第四章 国有股权的收入、转让和清算

第十七条 国家股的股利收入由国有资产管理部门组织收取，解缴国库，依法纳入国家建设性预算，根据国家计划统筹安排使用，任何单位和个人不得截留和拒交。国有法人股的股利收入由直接投资入股的法人单位收取。

第十八条 依照国家法律和法规的规定，经国有资产管理部门或其授权机构批准，全民所有制企业转为股份制试点企业时，如将存量国有资产折股出售，其收入由国有资产管理部门组织收取，解缴国库，依法纳入国家建设性预算，根据国家计划统筹安排使用，支持企业发展生产建设。

第十九条 改变国有股权在应由国家控股的股份制试点企业中的比例，国有股权代表应报经国有资产管理部门或其授权机构会同有关部门按国家规定审核批准，经批准后方可执行。改变国有股权在其他股份制试点企业中的比例应报经国有股权代表委派单位审批。将国有资产折股出售予外商，其办法由国家另行规定。

第二十条 股份制试点企业破产或终止清算后的剩余资产，由国有资产管理部门或其授权机构及投资入股单位按国家规定处理。

第五章 监督和制裁

第二十一条 国有股持股单位，必须妥善保管股票或其他股权凭证，国有资产管理部门有权对国有股权的管理、经营情况进行检查，被检查单位不得弄虚作假或以任何方式拒绝和逃避。

第二十二条 对违反本规定，导致国有资产受到侵害的单位和人员，国有资产管理部门有权提请或会同有关部门作出经济、行政的处分，对触犯刑律的责任人，要依法追究刑事责任。

第二十三条 国有资产管理部门及其授权机构的工作人员，以及国有股权代表，利用职权营私舞弊或者玩忽职守，造成国有资产权益受到不应有的损失的，国有资产管理部门或其授权机构要给予经济、行政的处分；触犯刑律的，要依法追究刑事责任。

第六章 附 则

第二十四条 本规定适用于有限责任公司和股份有限公司的国有股管理。

第二十五条 本规定由国家国有资产管理局负责解释。

第二十六条 本规定自发布之日起施行。

截止 1991 年底中国经批准在境外直接投资企业共有 1683 家，投资总额为 33.5 亿美元(包括外币)

密克罗尼西亚联邦总统贝利·奥尔特在帕利基尔总统府会见全国人大常委会副委员长彭冲及所率领的全国人大代表团

国家科委发布《科技人员出国工作若干问题的暂行规定》

日前，国家科委发布了《科技人员出国工作若干问题的暂行规定》。

规定说，党的十一届三中全会以来，越来越多的科技人员派往国外工作，为促进我国对外科技、经济合作与交流作出了很大贡献。但是由于长期以来在科技人员出国工作问题上无章可循，如审批手续过于繁琐，部分高级专家在外待遇偏低，重要发明创造的知识产权处置不当等。在当前深化改革、扩大开放的形势下，迫切需要进一步放宽政策，规范管理，保障科技人员出国工作的健康开展。

规定说，派遣国内科技人员出国工作和吸引在外科技人员回国服务都是为了我国改革开放的需要。我们要积极采取措施，吸引在外科技人员回国服务，为他们报效祖国创造环境和条件。与此同时，我们还要大胆放开、有组织、有计划地让更多的科技人员出国工作。过去十多年的实践证明，派遣科技人员出国工作的效果是好的，不少人回国后已经成为各方面的骨干，在现代化建设中作出了重要贡献。因此，我们要全面理解中央对外开放的方针，把吸引科技人员回国服务与派遣科技人员出国工作有机结合起来，使我国科技体制逐步成为一个面向世界的开放的体制，紧紧跟上当代新科技革命前进的步伐。

在谈到工资报酬问题时，规定说：

第一，科技人员在国外的个人收入，原则上归自己所有。国外接收单位按协议付给国内派遣单位的报酬，应当与付给个人的工资分开单列。当然，单位可以向个人收取一定数额的管理费，作为办理各种手续和对外联系的费用。

第二，关于科技人员在国内的工资问题，由于情况比较复杂，统一规定不太合适，因此，按国家有关规定精神，由单位和个人通过协商作出处理。

第三，外方付给我科技人员的报酬应当具有国际可比性，这不仅仅是为了维护科技人员个人的权益，而且是为了维护民族的尊严。对这一点，各单位要认真执行。

规定最后强调，本规定主要是针对中外科技合作的需要制定的。当然，政府间科技合作协定是一个伞式协定，在这个规定下企、事业单位所进行的科技合作项目中派遣科技人员出国服务，应当按本规定办理。至于双边签署的劳务协议、合资协议以及其他经济贸易协议，由于情况比较复杂，其中有关专业人员的工资待遇问题，包括国内工资和国外报酬等，宜按国际商业惯例和合同约定办理，不适用本规定。

中国运动员在第 25 届奥运会上夺得 2 枚金牌 3 枚银牌 1 枚铜牌

伏明霞获女子跳台跳水冠军，庄晓岩获女子 72 公斤以上级冠军，林莉获女子 200 米蛙泳亚军，李对红获女子运动手枪亚军，56 公斤级举重刘寿斌获亚军，罗建明获铜牌。

世界首例急症组合移植修复肢体手术在上海第六人民医院获得成功

7 月 28 日

中组部在辽宁省丹东市召开全国老干部工作经验交流会

会议在总结交流十几年来老干部工作经验及探索老干部工作如何更好地为经济建设服务的基础上，提出围绕经济建设这个中心，开创老干部工作新局面。

中共中央组织部副部长孟连昆在讲话中指出，随着改革的深化和离退休干部逐年增多，老干部工作面临着新形势，特别是如何组织引导老同志围绕经济建设这个中心发挥作用问题，需要认真研究，总结经验。老干部工作部门担负的任务日趋繁重，这就更需要各级党委和政府加强对老干部工作的领导，老干部工作只能加强，不能削弱。老干部是党的宝贵财富，是经济建设和社会稳定的重要力量，紧紧围绕经济建设这个中心有组织、有领导地发挥老干部作用，是推进经济建设、发展生产力的需要，也是老干部创造价值、充实精神生活的有效途径。组织老干部开展政治理论学习，是加强老干部思想政治工作的重要内容和落实老干部政治待遇的主要组成部分。当前特别要深入学习邓小平同志巡视南方重要谈话、中央政治局全体会议精神和江泽民同志在中央党校的重要讲话，用中央文件精神统一老干部的思想，跟上时代步伐。各级党委和政府要切实关心和重视老干部工作部门的建设，尤其是在面临机构改革和老干部工作任务日益繁重的情况下，应当支持他们的工作，认真解决他们的实际问题。

会议于 31 日结束。

《澳门特别行政区基本法(草案)》征求意见座谈会在北京召开

澳门特别行政区基本法起草委员会上午在人民大会堂召开座谈会，听取有关专家学者对《澳门特别行政区基本法(草案)》的意见和建议。

澳门基本法草委王叔文在座谈会上介绍了澳门基本法(草案)在内地和澳门征询意见的情况。

王叔文说，内地和澳门各界人士对基本法是相当重视的。从发表的许多意见来看，对基本法征求意见稿给予了肯定的评价，认为它符合“一国两制”方针，体现了国家对澳门的基本政策，反映了澳门的基本情况。

王叔文介绍，澳门基本法起草委员会非常重视各方面意见。曾召开多次会议讨论，对基本法征求意见稿作了 111 处修改。

国家教委主任李铁映在中南海紫光阁会见美国新闻署署长亨利·卡托

李铁映说，不断发展中美在教育、科技、文化、体育等领域的交流与合作是中国对外开放的重要组成部分，这是长期不变的。

李铁映说，在当今世界，任何一个国家若想获得发展，都需要学习和借鉴其他国家科学文明的成就。因此，中国绝不会“闭关锁国”，中国的改革开放政策永远不变。

李铁映在谈到双边关系时说，任何明智、有远见的政治家都应重视保持和发展中美关系。

卡托说，布什政府重视同中国的关系。希望通过双方努力不断密切美中关系。

中国赴美汽车采购团团长国家计委副主任甘子玉在底特律分别同美国的通用克莱斯勒和福特三大汽车公司签订购买整车和散件总额达 1.3 亿美元的合同

中国赴美国汽车采购团团长国家计委副主任甘子

玉在底特律经济俱乐部发表题为《中国的改革开放与经济发展》的演讲

中华人民共和国政府和美利坚合众国政府在北京签订文化协定1991至1994年执行计划

全军首次军事科学研究成果颁奖大会在北京举行

人民解放军建设指导思想实行战略性转变之后，为使军事科学理论研究工作更好地指导和服务于部队革命化、现代化、正规化建设，中央军委批准颁发了《全军1990年前军事学术研究工作计划纲要》。国家也于1986年将军事科学正式列入哲学社会科学研究规划。此后，几年间全军共完成7000余项研究成果，其中有400余项分别获得全国和全军性奖励。这次获奖的148项科研成果，就是从众多优秀成果中精选出来的，其中特别奖23项，一等奖20项，二等奖46项，三等奖59项。受到褒奖的这些高水平成果，展示了在中共中央改革开放方针指引下，全军军事科学研究工作出现的前所未有的繁荣局面。同时，也以其研究水平高、实用价值大、科学性强的鲜明时代特点，在为中央军委、总部决策提供咨询建议，为国防、军队建设和作战提供理论指导，发展完善中国军事科学理论体系等方面，作出了积极贡献。

解放军清理和汇编中华人民共和国建立以来军事法规工作结束

中国人民解放军清理和汇编建国以来军事法规的工作，已于日前结束。

这项工作是经中央军委批准，自1988年10月起，在中央军委法制局的统一组织指导下进行。

清理军事法规的范围是，从1949年10月1日起至1988年12月31日止，由全国人大及其常委会、国务院、中央军委和各总部、各军区、各军兵种、国防科工委颁布或批准颁布的军事法规。在全面清理的基础上，《中华人民共和国军事法规汇编》和《中国人民解放军军事规章汇编》，已由全国人大常委会办公厅所属的中国民主法制出版社等出版。《军事法规汇编》分为军事卷、政治卷、后勤卷、国防科技卷和其他卷，收录全国人大及其常委会、国务院、中央军委颁布或批准颁布的继续有效的军事法规；《军事规章汇编》收录由各总部、各军区、各军兵种、国防科工委等各大单位自行颁布或批准颁布的继续有效的军事规章。两种《汇编》共19卷、52本，是我军历史上第一套综合性的大型系列军事法规汇编，为各级领导机关和领导干部依法办事、依法管理提供了可靠的法律保障，同时也为广大官兵和地方有关人员学法用法以及有关部门从事军事法教学、科研提供了依据。

中共中央政治局委员李铁映致电中国体育代表团团长伍绍祖并全体人员祝贺中国健儿在巴塞罗那奥运会上初战告捷

中国运动员在第25届奥运会夺得2枚金牌1枚银牌1枚铜牌并打破世界纪录

张山(女)在男女选手混合参赛的双向飞碟决赛中战胜男对手夺得冠军，王义夫在男子气手枪决赛中夺得金牌，庄泳、杨文意、乐靖宜、吕彬获得女子4×100米接力赛亚军并打破世界纪录，何英强获65公斤级举重铜牌。

7月29日

国家主席杨尚昆在北京会见科威特埃米尔特使新闻大使巴德尔

杨尚昆表示，中国将继续为促进海湾地区的和平与稳定，为推动联合国安理会有关决议的实施作出努力。

杨尚昆说，海湾战争结束已一年多了，但海湾地区的和平仍然没有实现。我们认为，联合国安理会的有关决议应该得到全面实施。

杨尚昆说，中国从海湾危机一开始就采取非常明确的立场，并认为科威特的主权、独立和领土完整应得到各方的尊重。

杨尚昆指出，中国过去曾为推动联合国安理会有关决议的执行做过努力，今后还将继续在各种国际场合为此而发挥自己的作用。

最高人民法院院长任建新就法院工作为改革开放提供法律保障接受新华社记者采访

日前，最高人民法院院长任建新接受记者采访时指出，为加快改革开放和经济建设服务，是当前法院工作的根本出发点。任建新说，将通过审判工作，对有利于解放和发展生产力的行为，依法予以保护，对不利于解放和发展生产力的行为，依法予以限制，对破坏解放和发展生产力的行为，依法予以制裁。

任建新强调，各级法院将通过审判活动，充分运用法律手段，调节各种经济关系。法院将进一步加强经济审判、民事审判、行政审判，及时正确地审理承包、租赁、股份经营和破产等案件，促进企业经营机制的转换，加强对购销、借贷、专利、商标、著作权、股票、房产等案件的审理，促进社会主义市场新体制的建立。

任建新说，坚持两手抓，打击各种犯罪活动，目的是为改革开放和经济发展创造一个良好社会环境。在打击经济犯罪中，要严格区分罪与非罪的界限，分清哪些是合法的，哪些是违法的或犯罪的。在打击经济犯罪分子的同时，对在生产经营和科技活动中大胆改革、敢闯敢试、作出贡献而有失误的人，要依法予以保护。随着经济发展，给各种法律关系带来很大影响和变化，审判工作中适用法律也面临许多新的问题，最高法院准备通过调查研究，对涉及制订和修改法律方面的问题，及时向立法机关提出建议，同时，将就审判工作适用法律问题适时作出司法解释，并且清理过去作出的司法解释，对其中不符合改革开放和经济发展要求的，分别不同情况，进行修改、补充或者废止。对当前尚无法律、政策处理依据的新类型经济纠纷案件，如股票方面的案件，法院将根据有关法理，借鉴外国审判实践经验并参照国际惯例，实事求是，慎重处理。

在谈到法院自身改革和建设时，任建新说，正在抓紧研究解决在经济开发区、特别关税区和保税区如何加强审判工作的问题。有些高、中级法院可根据需要设立专门的知识产权审判庭。在沿海和经济发达的大中城市法院，将根据情况设立专门的房地产审判庭。

全国财政工作会议在北京闭幕

国务委员兼财政部长王丙乾在会议上传达了国务院总理李鹏的指示：财政改革势在必行。财政改革的重点，要有利于经济发展，也要有利于财政平衡，不能搞赤字预算，不能靠赤字搞建设。因此，财政改革的内容和具体方案应当博采众长，不断改进和完善，但对加快这些改革的方向和目标，加大这些改革的力度和深度，在思想上一定要坚定不移，这一点是不能动摇的。

王丙乾说，财政部要全面加快改革步伐，近期将推出 6 项重大改革措施：加速推行处理中央与地方之间财权财力划分关系的"分税制"财政体制；规范国家与国营企业之间利润分配关系的"税利分流、税后还贷、税后分利"办法，以及复式预算制度、税收制度、财务与会计制度、国有资产管理制度等财政管理制度的改革。其中有些已进行了一段时间的试点，积累了经验。

王丙乾说，财政改革要有利于建立适应社会主义商品经济发展要求的财政运行机制。在财政改革中，要考虑到地区之间经济发展水平的不平衡性，允许各地根据实际情况，出台必要的改革措施，但这必须在国家统一政策指导下进行，不能各行其是。王丙乾要求各地把改革的立足点放在理顺关系和转换机制上，对背离国家基本的财政、税收政策和制度的做法应当加以纠正。

在谈到财政改革中如何处理好生产与分配的关系时，王丙乾说，改革首先要促进经济发展和经济效益的提高，把"蛋糕"做大，但在社会再生产的全过程中，分配也是一个必不可少的环节，分配搞得不公平、不合理，同样会反过来影响经济的发展。因此，既要重生产，也不能忽视分配，两者缺一不可。

王丙乾强调指出，当前既要抓住时机深化财政改革，又要狠抓财政平衡，把财政赤字控制在国家预算数额之内，并力争减少，为加快改革开放和经济建设创造宽松的条件。因此，在促进经济发展，增加财政收入的同时，还必须合理安排资金，大力节约开支。

我国又有二十六个县市对外开放

公安部新闻发言人 7 月 29 日宣布，经国务院批准，我国又有 26 个县市列入对外国人开放地区。至此，我国已有 825 个市县对外国人开放。

根据《中华人民共和国外国人入境出境管理法》第四章第二十条规定，外国人持有效签证或居留证件，即可前往这些开放地区旅行，无须申办旅行证件。

此次对外国人开放的县市是，贵州省：福泉县、荔波县、三都水族自治县、贵定县、兴仁县、贞丰县、安龙县、黎平县、从江县、榕江县、黄平县、三穗县、绥阳县、湄潭县、习水县、关岭布依族苗族自治县、普定县、镇宁布依族苗族自治县、玉屏侗族自治县、印江土家族苗族自治县、金沙县；浙江省：龙泉市、云和县、遂昌县、仙居县、三门县。

国家主席杨尚昆接受巴勒斯坦国新任驻中国大使穆斯塔法·艾尼斯·萨法里尼递交的国书

庆祝中国人民解放军通信兵诞生 65 周年大会在北京举行

中央军委委员、解放军总参谋长迟浩田代表中央军委到会，对我军通信事业在党中央、中央军委关怀下不断发展和壮大表示祝贺。

中国美术家协会中国画艺委会在北京成立

中国画艺术委员会由 19 位著名美术家组成，潘絜兹为主任，姚有多、方增先、郭怡孮为副主任。

中国运动员在第 25 届奥运会夺得 1 枚金牌 2 枚银牌

钱红在女子 100 米蝶泳决赛中获得金牌并打破奥运会纪录，谭良德获男子跳板跳水银牌，李敬、李小双、国林耀、李大双、李舸获男子体操团体亚军。

7 月 30 日

国务院关于进一步对外开放重庆等市的通知

国务院决定进一步对外开放重庆、岳阳、武汉、九江、芜湖等五个长江沿岸城市，哈尔滨、长春、呼和浩特、石家庄等四个边境、沿海地区省会（首府）城市，太原、合肥、南昌、郑州、长沙、成都、贵阳、西安、兰州、西宁、银川等十一个内陆地区省会（首府）城市，实行沿海开放城市的政策。对上述城市符合国家产业政策的技术改造项目所需进口设备，以及国内不能满足供应的为发展出口农业而进口的加工设备，在一九九五年底以前，免征进口关税和产品税（增值税）。

国务院决定进一步对外开放二连浩特市实行国务院赋予黑河等四个边境开放城市的各项政策

中共中央政治局常委李瑞环在人民大会堂会见以联邦委员会常委何塞·玛丽亚·科罗纳斯为团长的西班牙共产党代表团

李瑞环指出，社会主义国家要巩固和发展社会主义制度，必须把经济建设搞上去；马克思主义理论要保持生机和活力，必须和实际情况相结合。

国务委员陈俊生在《经济日报》发表文章《论中国农村市场》

林业部推出加快林业改革措施

日前，林业部部长高德占在山西雁北召开的北方林业厅局长会议上提出，要加快林业改革，扩大林业全方位开放，更快地增资源、增活力、增效益，建好绿色屏障，办好绿色产业，使宜林荒山荒地更快地绿起来，使林业行业更快地活起来，使林业企业、林场和林农更快地富起来，促进林业再上一个新台阶。

高德占强调，各级林业部门在改革开放中要围绕“绿起来、活起来、富起来”，解放思想，转变观念，换换脑筋，真抓实干，当前要切实抓好以下几个方面的工作：

——首先要抓住加快培育森林资源这个关键，加快消灭荒山的进度。实行科学经营，大幅度提高林地生产力。

——积极调整林区产业结构和林业产品结构，坚持多产业、多产品、多渠道、多形式加快发展绿色产业。要以森林资源多样性为依托，利用一切条件，发展林区一、二、三产业。把林业办成造林营林、木材生产、林产工业、多种经营、四根支柱并重、充满活力的产业。

——国营森工企业要转换经营机制，全面推行林木生产商品化，推行林价制度，森林资源实行有偿使用，育林基金实行“拨改买”，从根本上改革几十年沿用的森工管理模式。

——抓好林业商品流通。木材是特殊商品，要通过行政的、经济的手段和搞好服务来加强木材流通管理，建立完善木材及林产品市场。通过抓好林业商品大流通来促进林业产业的大发展。

——全面推行科研、生产、计划、财务“四位一体”促科技成果转化的运行机制。办好林业科技开发试验区和各级林业科技示范区，加快林业科技成果的商品化、产业化。

——扩大林业全方位开放。建立有利于对外开放的机制，扩大对外交流合作的领域和利用外资的规模。

国务院副总理田纪云在钓鱼台国宾馆会见日本三井物产公司总经理熊谷直彦

中国宣布中止与尼日尔外交关系

中国驻尼日尔大使武东和向尼日尔政府进行严正交涉，并郑重声明，由于尼日尔共和国政府同台湾当局建立所谓“外交关系”，中国政府向尼日尔政府提出强烈抗议，并宣布中止同尼日尔共和国的外交关系。

武东和指出，尼日尔政府同台湾当局建立所谓“外交关系”的行动，完全违背了1974年7月20日中国同尼日尔两国建交公报中尼方所作承认中华人民共和国政府是代表全中国人民的唯一合法政府、台湾省是中华人民共和国领土不可分割的一部分的郑重承诺，严重损害了业已存在的中尼两国友好合作关系和两国人民的友谊，也损害了中国人民统一祖国的事业。为此，中华人民共和国政府决定自即日起中止同尼日尔共和国的外交关系。

中国常驻联合国教科文组织使团代表秦关林代表中国政府向教科文组织总干事马约尔的代表格雷雷递交加入“世界版权公约”的官方文件

秦关林说，中国加入“世界版权公约”是中国政府深化改革，扩大对外开放政策在知识产权领域的新进展，反映了中国在完善版权保护制度，促进国际间的文学、艺术和科学交流，加强国际合作方面的一贯的良好意愿。

秦关林表示，中国加入“世界版权公约”后，将认真地执行公约，采取积极、稳妥的措施，使受公约保护的作品在中国得到充分有效的保护，也使中国的作品在公约其他成员国得到同样保护。

马绍尔群岛共和国总统卡布阿在马朱罗总统办公室会见正在马绍尔访问的以全国人大常委会副委员长彭冲为团长的全国人大代表团

卡布阿说，中国奉行的独立自主和平外交政策，不仅受到包括马绍尔群岛在内的第三世界国家的欢迎，而且正在日益广泛地受到国际社会的重视。中国政府所倡导的和平共处五项原则，已成为世界和平的保障。

彭冲说，中华人民共和国全国人民代表大会愿同马绍尔群岛共和国议会增加往来，加强合作，为把中马友好关系推向一个新水平而努力。

全国人大常委会副委员长彭冲在马朱罗同马绍尔群岛共和国议长举行工作会谈

特立尼达和多巴哥共和国代总统侬曼努尔·卡特会见以国务院秘书长罗干为首的中国政府代表团

以国务院秘书长罗干为首的中国政府代表团同特立尼达和多巴哥共和国外交部长拉尔夫·马拉吉在西班牙港会谈

国务委员李铁映在北京会见美国红十字会著名血液专家李政道博士

在听取李博士介绍国外输血事业发展的状况后，李铁映说，主要靠卖血解决血源问题很不正常。有偿献血制度弊端很多，只有无偿献血才是人道的。有偿献血和变相有偿补助阻碍血液事业的发展，必须下力量改变我国输血事业的落后面貌。当前要取消卖血，要尽快缩小有偿献血的比例，扩大无偿献血的比例。

李铁映说，要加强无偿献血的宣传工作，主要是改变人们的传统观念。这要从小学生抓起。他建议中国红十字会、卫生部、国家教委组织力量为中小学生编写血液常识和献血知识的教材，使他们从小就懂得献血无损身体，培养他们献血救人的美德。李铁映要求红十字会在全国办几个大、中型血站，推广无偿献血，可以引进国外资金，起点要高，要使用国际通行标准，为我国公民提供安全可靠的血液，让外国人也可以放心地在我国进行输血治疗。

李政道博士多年来为帮助和推动我国无偿献血和非血缘关系骨髓移植工作，多次来华并为我国培养了近百名组织相溶性抗源配型专家。此次来华是参加我国非血缘关系骨髓移植领导小组会议并接受中国协和医科大学即将授予的名誉教授称号。

国务院副秘书长徐志坚等参加会见。

中国运动员在第 25 届奥运会夺得 1 枚金牌 1 枚银牌 2 枚铜牌并打破一项世界纪录

林莉在女子 200 米混合泳比赛中获得冠军并打破世界纪录，王会凤获女子花剑个人亚军，盛泽田获古典式 57 公斤级摔跤铜牌，张迪在女子 61 公斤级比赛中获铜牌。

西藏拉萨西北发生 6.5 级地震

7 月 31 日

中宣部新闻出版署《关于加强新闻队伍职业道德建设、禁止“有偿新闻”的通知》

通知发出后，首都各主要新闻单位大都针对各自的实际情况制定了自律措施，要求采编人员严格遵守《通知》精神，坚持新闻工作真实、客观、公正的原则，不得接受被采访报道单位及个人以任何名义赠送的礼金和有价证券，更不能以发稿为名索要钱物。《人民日报》、《经济日报》、《北京日报》、《北京晚报》等报纸，还在显著版面刊登《公告》，将各自加强廉政措施的若干规定公布于众，希望社会各界监督检查。

邓小平在审阅中国共产党第十四次代表大会报告稿时谈农村集约化问题

邓小平指出：“农村现在还是联产承包制。我以前说过，在一定条件下农村走集体化、集约化道路，还是必要的。但是一定要适度，不要勉强，不要一窝蜂。如果条件成熟，农民自愿，不要阻碍。北京郊区搞了适度规模经营，我看就是集体化、集约化。”

外交部发言人就尼日尔和台湾建立所谓“外交关系”发表评论

外交部发言人在北京说，最近，尼日尔过渡政府置中尼两国长期友好合作关系于不顾，无视尼国内各方的强烈反对，一意孤行，与台湾建立了所谓“外交关系”。中国政府已向尼日尔政府提出强烈抗议，并宣布中止中尼外交关系，两国政府间的一切协议也随即停止执行。中尼关系出现逆转的责任应完全由尼日尔过渡政府承担。

发言人在回答记者提问时还说，一段时间以来，台湾当局不顾民族大义，在国际上推行“金钱外交”，企图搞“双重承认”，制造“两个中国”，全然违背了中华民族的根本利益，遭到了海峡两岸人民的共同反对，是注定要失败的。

基里巴斯共和国总统塞阿陶·塞安纳基和议会议长尼斯在塔拉瓦分别会见中国人大代表团一行

尼斯说，中国人大代表团访问南太地区 5 国，表明中国重视发展与南太国家的友好关系，基里巴斯政府和人民十分珍视同中国的友好合作关系。

彭冲指出，中国一贯奉行独立自主的和平外交政策,愿在和平共处五项原则基础上发展同包括基里巴斯在内的南太国家的友好关系。中国人民代表大会将继续为使中基两国关系更加富有成果而努力。

特立尼达和多巴哥总理帕特里克·曼宁在西班牙港会见以国务院秘书长罗干为首的中国政府代表团

最高人民法院最高人民检察院公安部外交部司法部财政部作出关于强制外国人出境的执行办法的规定

兹对违法犯罪的外国人强制出境的执行问题,作如下规定:

一、适用范围

有下列情形之一需要强制出境的外国人,均按本规定执行:

(一)依据我国刑法的规定,由人民法院对犯罪的外国人判处独立适用或者附加适用驱逐出境刑罚的;

(二)依据《中华人民共和国外国人入境出境管理法》的规定,由公安部对违法的外国人处以限期出境或者驱逐出境的;

(三)依据《中华人民共和国外国人入境出境管理法》以及其他有关法律的规定,由公安机关决定遣送出境或者缩短停留期限、取消居留资格的外国人,未在指定的期限内自动离境,需强制出境的;

(四)我国政府已按照国际条约或《中华人民共和国外交特权与豁免条例》的规定,对享有外交或领事特权和豁免的外国人宣布为不受欢迎的人或者不可接受并拒绝承认其外交或领事人员身份、责令限期出境的人,无正当理由逾期不自动出境的。

二、执行机关

执行和监视强制外国人出境的工作,由公安机关依据有关法律文书或者公文进行:

(一)对判处独立适用驱逐出境刑罚的外国人,人民法院应当自该判决生效之日起15日内,将对该犯的刑事判决书、执行通知书的副本送交所在地省级公安机关,由省级公安机关指定的公安机关执行。

(二)被判处徒刑的外国人,其主刑执行期满后应执行驱逐出境附加刑的,应在主刑刑期届满的1个月前,由原羁押监狱的主管部门将该犯的原判决书、执行通知书副本或者复印本送交所在地省级公安机关,由省级公安机关指定的公安机关执行。

(三)被公安部处以驱逐出境、限期出境的外国人,凭公安部出入境管理处罚裁决书,由当地的公安机关执行。

(四)被公安机关决定遣送出境、缩短停留期限或者取消居留资格的外国人,由当地公安机关凭决定书执行。

被缩短停留期限或者取消居留资格的外国人,也可以由接待单位安排出境,公安机关凭决定书负责监督。

(五)我国政府已按照国际条约或《中华人民共和国外交特权与豁免条例》的规定,对享有外交或领事特权和豁免的外国人宣布为不受欢迎的人或者不可接受并拒绝承认其外交或领事人员身份、责令限期出境的人,无正当理由逾期不自动出境的,凭外交部公文由公安部指定的公安机关负责执行或者监督执行。

三、执行前的准备工作

(一)对被强制出境的外国人持有的准予在我国居留的证件,一律收缴。对护照上的签证应当缩短有效期,加盖不准延期章,或者予以注销。

(二)凡被驱逐出境的外国人,均须列入不准入境者名单,具体办法按照公安部制订的《关于通报不准外籍人入境者名单的具体办法》(〔1989〕公境字87号)执行。对其他强制出境的外国人,需要列入不准入境者名单的,按规定报批。

凡被列入不准入境者名单的外国人,执行的公安机关应当在执行前向其宣布不准入境年限。

(三)对被强制出境的外国人,执行机关必须查验其本人的有效护照或者其他替代护照的身份证件,以及过境国家或者地区的有效签证。

不具备上述签证或者证件的,应事先同其本国驻华使、领馆联系,由使、领馆负责办理。在华有接待单位的,由接待单位同使、领馆联系。没有接待单位的,由公安部出入境管理局或者使、领馆所在地公安机关同使、领馆联系。在华无使、领馆或者使、领馆不予配合的,应层报外交部或公安部,通过外交途径解决。

对与我毗邻国家的公民从边境口岸或者通道出境的,可以不办理对方的证件或者签证。

(四)被强制出境的外国人应当办妥离境的机票、车票、船票,费用由本人负担。本人负担不了的,也不属于按协议由我有关单位提供旅费的,须由其本国使、领馆负责解决(同使、领馆联系解决的办法,与前项相同)对使、领馆拒绝承担费用或者在华无使、领馆的,由我国政府承担。

(五)对已被决定强制出境的外国人,事由和日期是否需要通知其驻华使、领馆,可由当地外事部门请示外交部决定。

(六)对有可能引起外交交涉或者纷争的案件,主管机关应及时将有关案情和商定的对外表态的口径等通知当地外事部门。需对外报道的,须经公安部、外交部批准。

四、执行期限

负责具体执行的公安机关,应当按照交付机关确定的期限立即执行。如有特殊情况,需要延期执行的,报省、自治区、直辖市公安厅、局核准。

五、出境口岸

(一)对被强制出境的外国人,其出境的口岸,应事先确定,就近安排。

(二)如果被强制出境的外国人前往与我国接壤的国家,也可以安排从边境口岸出境。

(三)执行机关应当事先与出境口岸公安机关和边防检查站联系,通报被强制出境人员的情况,抵达口岸时间、交通工具班次,出境乘用的航班号、车次、时间,以及其他与协助执行有关的事项。出境口岸公安机关和边防检查站应当协助安排有关出境事项。

(四)出境时间应当尽可能安排在抵达口岸的当天。无法在当天出境的,口岸所在地公安机关应当协助采取必要的监护措施。

六、执行方式及有关事项

(一)被人民法院判决独立适用驱逐出境和被公安部处以驱逐出境的外国人,由公安机关看守所武警和外事民警共同押送;对主刑执行期满后再驱逐出境的外国人由原羁押监狱的管教干警、看守武警和公安机关外事民警共同押送。对上述两类人员押送途中确有必要时,可以使用手铐。对其他被责令出境的外国人,需要押送的,由执行机关派外事民警押送;不需要押送的,可以在离境时派出外事民警,临场监督。

(二)执行人员的数量视具体情况而定,原则上应不少于2人。

(三)押送人员应提高警惕,保障安全,防止发生逃逸、行凶、自杀、自伤等事故。

(四)边防检查站凭对外国人强制出境的执行通知书、决定书或者裁决书以及被强制出境人的护照、证件安排放行。

(五)执行人员要监督被强制出境的外国人登上交通工具并离境后方可离开。从边境通道出境的,要监督其离开我国境后方可离开。

(六)对被驱逐出境的外国人入出境交通工具等具体情况,应拍照,有条件的也可录像存查。

七、经　费

执行强制外国人出境所需的费用(包括押送人员食宿、交通费,以及其本人无力承担费用而驻华使、领馆拒不承担或者在华没有使、领馆的外国人在中国境内的食宿、交通费、临时看押场所的租赁费、国际旅费等),应当按照现行财政体制,由办案地财政部门负责解决。

八、执行强制出境任务的人民警察和工作人员,要仪表庄重,严于职守,讲究文明,遵守外事纪律。

今后有关强制外国人出境的执行工作,统一遵照本规定执行。

国防部在人民大会堂举行招待会庆祝中国人民解放军建军65周年

党和国家领导人江泽民、杨尚昆、李鹏、姚依林、宋平、李瑞环等出席招待会。

国务委员兼国防部长秦基伟致祝酒词。

秦基伟回顾了中国人民解放军65年的光辉战斗历程,概述了近年来军队建设取得的重大成就。秦基伟说,在革命战争年代,我军前仆后继,浴血奋战,同全国人民一起战胜了国内外的强大敌人,为新中国的诞生建立了卓越的功勋。建国后,我军发扬革命传统,担负起保卫祖国、建设祖国的光荣使命,在卫国戍边、支援国家建设、抢险救灾等斗争中,不畏艰难险阻,不怕流血牺牲,为保卫共和国的安全和人民的和平劳动,为国家的繁荣富强,作出了重要贡献。几十年来,中国人民解放军不断发展壮大。党的十一届三中全会以后,我军建设进入新的历史时期。军队建设指导思想实行了战略性转变,军事、政治、后勤、国防科技进行了一系列重大改革,取得了显著的成绩,军队的革命化、现代化、正规化建设出现了新的局面。

秦基伟指出,65年的历史证明,中国人民解放军是中国共产党领导下的,用马克思列宁主义、毛泽东思想武装起来的军队;是忠于祖国、忠于社会主义,全心全意为人民服务的军队;是具有强大战斗力的,任何敌人和困难都摧不垮、压不倒的军队。

秦基伟说,当前我国的社会主义现代化事业正在蓬勃发展,国家经济实力不断增强,人民生活水平进一步提高,安定团结的政治局面更加巩固。特别是学习贯彻邓小平同志巡视南方的重要谈话和中央政治局全体会议精神以来,全国出现了加快改革开放和经济发展的大好形势。我们伟大的祖国正沿着有中国特色的社会主义道路奋勇前进。新的形势对中国人民解放军提出了更高的要求,我军的任务是光荣而艰巨的。我们要继续学习贯彻邓小平同志关于建设有中国特色的社会主义理论,坚持党的"一个中心、两个基本点"的基本路线,服从并服务于国家经济建设的大局,积极支持、踊跃参加、坚决保卫改革开放与经济建设,和全国人民同心同德,并肩奋斗,努力使国民经济更快更好地迈上一个新的台阶。我们要按照邓小平同志新时期的建军思想,进一步加强军队的质量建设,积极稳妥地进行调整改革,走有中国特色的精兵之路,全面提高战斗力,使我军真正做到"政治合格、军事过硬、作风优良、纪律严明、保障有力",更好地履行巩固国防,抵抗侵略,保卫祖国,保卫人民的和平劳动,参加国家建设事业,努力为人民服务的根本职能。我们要进一步做好拥政爱民、拥军优属工作，加强军政、军民团结，为维护全国安定团结的政治局面发挥积极作用。我们要坚定不移地贯彻和平统一祖国的大政方针，为最终实现祖国大陆和台湾的统一大业进行不懈的努力。我们要坚决执行独立自主的和平外交政策，发展同各国军队之间的友好合作关系，为世界和平与发展作出应有的贡献。

秦基伟最后说，我们要在以江泽民同志为核心的党中央、中央军委的领导下，解放思想，振奋精神，团结一致，埋头苦干，以军队建设的优异成绩迎接党的十四大的召开，为实现社会主义现代化和把我军建设成一支现代化、正规化的革命军队而努力奋斗！

解放军总政治部在北京中国剧院主办文艺晚会庆祝中国人民解放军建军65周年

江泽民、杨尚昆、李鹏、姚依林、宋平、李瑞环等党和国家领导人出席文艺晚会，观看大型歌舞《长城之歌》。

庆祝中国人民解放军建军65周年暨首届“中华不老城”老将军老同志座谈会在人民大会堂举行

中国运动员在第25届奥运会夺得1枚金牌2枚银牌并打破一项世界纪录

杨文意在女子50米自由泳决赛中夺得冠军并打破自己保持的世界纪录，庄泳获该项亚军，王晓红在女子200米蝶泳决赛中获亚军。

中国通用航空公司一架由南京飞往厦门的GP7552次航班2755号飞机在南京机场起飞时失事

飞机上共有乘客116人，机组人员10人，死亡100人，正在抢救26人。

国务院副总理朱镕基等当晚专程赶赴南京察看事故现场，对事故调查和做好善后工作作出指示。

8月1日

《人民日报》发表社论《人民军队的神圣职责——纪念中国人民解放军建军65周年》

今天是中国人民解放军建军65周年纪念日。我们谨向英雄的中国人民解放军三军指战员、武警官兵和广大民兵、预备役人员致以亲切的问候和节日的祝贺！

65年前，南昌起义的枪声，宣告中国人民开始以武装的革命反对武装的反革命，从此中国历史揭开了更加威武雄壮光辉灿烂的篇章。65年来，在中国共产党的领导下，中国人民依靠了包括武装斗争在内的三大法宝，推翻了压在人民头上的三座大山，建立了人民自己当家作主的社会主义政权。建国以后，中国人民又依靠自己的武装，保卫了中国的神圣领土和社会主义制度。中国人民解放军不仅是和平的保卫者，而且也是建设的参加者。他们参加了国防军工建设、工厂矿山建设、道路桥梁建设、水利工程建设、屯垦戍边建设，以及历次抗震救灾、抗洪抢险、扑灭大火的战斗。可以说，哪里有危难，哪里有艰险，哪里有祖国和人民的呼唤，哪里就有解放军。他们的丰功伟绩，将永远彪炳于共和国的史册。事实已经证明并将继续证明，中国人民解放军不愧为中华民族的优秀儿女，中华大厦的擎天砥柱。

中国人民解放军历来是执行革命的政治任务的武装集团。坚决贯彻执行宪法赋予的任务和党的政治路线，是人民军队的基本职责。全心全意地为人民服务是人民军队的唯一宗旨。在新的历史时期，为改革开放、发展经济"保驾护航"，就是根据人民军队的性质，履行自己职责，实践自己宗旨的集中体现。全军官兵都要进一步明确，全面落实邓小平同志南巡重要谈话和中央政治局全体会议精神，加快改革，扩大开放，力争经济更好更快地上一个新台阶，是全国人民的根本利益，也是增强国防建设物质基础的要求。富国才能强兵。国防实力归根结底取决于国家经济实力。因此，每个官兵都要把"保驾护航"当作自己的神圣职责，保护祖国领土主权和海洋权益，维护祖国统一和社会安定，维护人民民主专政政权和社会主义制度，为国家改革开放和经济建设创造一个安全稳定的环境。事实证明，国内外的敌对势力对于他们在中国的失败是不甘心的，现在天下并不太平。我们务必不要松懈自己的警惕性。按照我们共产党人的主张，国家机器、专政手段将来是要消灭的，但现在一刻也放松不得。作为人民民主专政坚强柱石的人民解放军，一定要充分理解和认识自己的历史使命，增强责任感和荣誉感，为实现国家长治久安做出新贡献。

中国人民解放军要真正履行好自己的神圣职责，就必须搞好军队自身的改革与建设。党的十一届三中全会以来，中国人民解放军遵循邓小平同志关于新时期军队建设的理论与一整套方针原则，实行了军队建设指导思想的战略转变，卓有成效地进行了精简整编等一系列重大改革，在建设有中国特色的现代化正规化革命军队的道路上奋勇前进，取得了重大成就。当前，摆在军队面前的主要任务是，进一步加强质量建设，积极稳妥地进行调整改革，走中国特色的精兵之路。现代化战争证明，军队质量因素对战争的胜负作用越来越大。党中央和中央军委把加强质量建设作为一个战略问题提出来，作为今后军队建设的长期指导方针是完全正确和非常及时的。解放军各级各部门都要按照江泽民总书记提出的"政治合格、军事过硬、作风优良、纪律严明、保障有力"的要求，全面提高部队战斗力。必须指出，我军的改革是人民军队建设的自我完善，不论如何改革，党对军队的绝对领导，人民军队的性质与宗旨，我军同人民的鱼水相依关系，永远不会改变。

中国人民解放军是祖国的忠诚保卫者。没有人民的军队，便没有人民的一切。这个论断，不仅战争年代如此，和平年代也同样如此。当前，国内政治稳定、经济发展、社会安定，世界大战一时也打不起来，但人民军队的存在与发展，仍然维系着国家的安危。特区的同志们讲得好："军队驻在我们这里，是对我们的最大支持，有军队就有威慑力，有军队就有安全感，我们可以放心放手地搞改革开放和现代化建设。"特区同志的话，也是全国人民的心声。全国各地一定要重视并认真抓好国防教育，使广大干部群众正确理解国防建设和经济建设的关系，充分认识人民军队的伟大作用，牢固树立国防意识和民族忧患意识，满腔热情地关怀与支持军队改革与建设，按照"同呼吸、共命运、心连心"的要求，做好拥军优属工作。由于军队建设的需要，每年都将会有一批干部退出现役，转业到地方去，这些干部是国家和人民的宝贵财富。军人家属独立支撑生产和家务两副重担，她们理应得到理解与支持。地方上无论体制发生什么变化，妥善安排转业军人和优待军人家属的任务不能变。

在以江泽民同志为核心的党中央的正确领导下，有全国各族人民奋发努力，有强大的军队"保驾护航"，共和国这艘巨舰，将会以大无畏的气概在时代风雨中破浪前进！

国务院副总理田纪云在河北考察

8月1日至4日，田纪云到河北省张家口、承德考察坝上生态农业建设工程,对第一期工程的完成情况给予高度评价,要求继续搞好第二期工程。他强调指出,要增强市场意识和商品观念,鼓励和帮助农民盯着市场发展生产。

田纪云在考察中指出:"坝上每人搞1亩水浇地、2亩旱作农田,养两三只羊,每户每年出售一两头商品牛,积极发展第三产业,实现小康目标就有希望了。"他针对坝上商品意识不强的现状强调指出,解放思想要落实到充分发挥市场机制的作用上来。越是经济落后的地方,越要强调发挥市场的作用。要更新观念,树立大农业观点和商品农业观点。养殖业、种植业都要走高产、优质、高效的路子。要变产品经济为商品经济,由产供销转为销供产。要鼓励和支持农民盯着市场发展生产,市场上需要什么,就生产什么,销售什么。让农民自主经营、自由销售,从生产经营中得到实惠,是最根本的问题。田纪云叮嘱各级干部:"搞好坝上生态农业建设工程,既造福于坝上农民,又改善生态环境,京、津都受益。国家政策不变,你们要转变观念,带领群众大干,为坝上实现小康生活夯实基础。"

国家计委、国家体改委、国务院经贸办联合印发《关于试点企业集团实行国家计划单列的实施办法(试行)》

国务院总理李鹏在北京会见法国总理特使工贸部长斯特劳斯·卡恩

全国人大常委会副委员长彭冲在格拉瓦基里巴斯议会发表演讲

彭冲强调中国一向重视与南太平洋国家的关系,并愿与南太各国共同努力,推动业已存在的友好关系向着更加广泛、深入的方向发展。

彭冲说,不断加强和扩大同包括南太国家在内的第三世界国家的友好合作关系,是中国外交政策的重要组成部分。中国一贯主张奉行独立自主的和平外交政策和在和平共处五项原则基础上建立国际政治、经济新秩序。彭冲赞扬基里巴斯政府和人民从独立以来在维护国家独立和主权、发展民族经济方面所取得的可喜成就、在对外关系方面奉行与所有国家友好相处的政策以及在促进南太各国的团结与合作等方面发挥了积极的作用。

中共中央政治局委员李铁映致电祝贺参加巴塞罗那奥运会的中国体育代表团游泳项目在本届奥运会上取得的优异成绩

中国运动员在第25届奥运会上夺得金银铜牌各1枚

陆莉在女子高低杠决赛中夺得金牌并在平衡木比赛中夺得银牌,顾晓黎、路华利获得女子双人双桨无舵手赛艇铜牌。

8月2日

国家工商局发出通知要求撤除各类公路检查站

国家工商局日前发出通知,要求各地工商行政管理机关未经省级人民政府批准设立的各类公路检查组,一律立即撤除;未经省政府批准设立的联合检查站,工商行政管理机关派员参加的,其人员应在1992年8月15日前一律撤出。

近几年,各地工商行政管理机关为便于查处经济违法违章行为,先后在一些地方的公路沿线设置经济检查站,曾起到一定的积极作用,但随着改革开放的深入,这已不利于全国统一大市场的形成。

通知规定,公路检查站撤除之后,查处经济违法违章案件,主要由行为发生地或行为人所在地的工商行政管理机关负责;除保留的检查站外,其他工商行政管理人员一律不准擅自上路拦车检查。

中国运动员在第25届奥运会上夺得1枚金牌3枚银牌2枚铜牌

李小双在男子自由体操比赛中夺得金牌,李敬在男子吊环、男子双杠两项比赛中均夺银牌,张小冬获女子390型帆船比赛银牌,李小双获男子吊环铜牌,国林耀获男子双杠铜牌。

8月3日

全国转换企业经营机制工作会议在北京召开

会议经国务院批准,由国务院经贸办公室和国家体改委联合召开。

根据李鹏总理的意见,主持会议的国务院经贸办副主任王忠禹首先传达中共中央总书记江泽民有关的重要批示:通过多年来的实践说明,搞好国有大中型企业并非易事。但必须坚决把这件事办好。在当前学习、贯彻邓小平同志南巡重要谈话精神的大好形势下,国务院制定这份条例。务望各级党政部门继续解放思想,转变政府职能,真正把企业的自主权落实好。

为加深对《条例》的认识和推动《条例》的贯彻实施,国务院经贸办公室副主任王忠禹在会议强调指出,深入理解和全面贯彻《条例》,加快企业经营机制的转换,推动企业进入市场,是当前企业改革乃至整个经济体制改革的一项紧迫任务。国家体改委副主任洪虎在会上就《条例》的起草情况、立法精神和主要内容作介绍和说明。他共讲六个方面的问题：一、制定《条例》的指导思想和主要依据；二、转换企业经营机制的目的和目标；三、企业经营权；四、企业自负盈亏的责任；五、企业的变更和终止；六、企业和政府的关系。

来自各省、自治区、直辖市及计划单列市经委、体改委、法制局和国务院有关部门的负责人出席了会议。

最高人民法院关于严厉打击生产经销假冒伪劣商品的通知

最高人民法院发出通知，要求各级人民法院充分发挥审判机关的职能作用，严厉打击这种给国民经济和人民生命财产造成很大损失的犯罪活动。

通知对涉及假冒伪劣商品犯罪适用法律的问题作出明确的界定：对于生产、经销假冒伪劣商品，坑害消费者，情节严重，构成犯罪的，应按投机倒把罪定罪处刑；对于为生产、经销假冒伪劣商品而假冒他人注册商标，包括非法制造或销售他人注册商标标识的，应按假冒商标罪从重处罚，其中非法经营或者非法获利的数额巨大，情节严重的，应按投机倒把罪定罪处刑；对于以营利为目的，制造、贩卖假药危害人民健康的，应以制造、贩卖假药罪定罪处刑，其中造成严重后果的依法从重处罚。

最高人民法院的通知同时还认定：利用给“回扣”、“手续费”等手段推销假冒伪劣商品，是经济来往中的行贿行为，构成犯罪的，应以行贿罪从严惩处；国家工作人员、集体经济组织工作人员以及其他从事公务的人员为个人拿“回扣”、“手续费”而采购假冒伪劣商品，是经济往来中的贪污、受贿行为，构成犯罪的应以贪污罪、受贿罪从严惩处。

通知要求各级人民法院在审理这些案件时，要注意充分运用罚金、没收财产等附加刑，从经济上制裁犯罪分子，决不能让犯罪分子得到经济上的便宜；要注意体现政策，对于那些群众反映强烈、危害严重的制售伪劣商品的犯罪分子，要坚决依法重判，对于具有自首、坦白、立功情节的，可依法从宽处理。

国务院副总理吴学谦在黑龙江考察

8月3日至8日，吴学谦在黑龙江省副省长陈云林陪同下，先后对哈尔滨、大庆、绥芬河、牡丹江等地进行考察，他反复强调，要加快改革，扩大对外开放，放手利用外资，以加快我们的经济建设。

吴学谦说，哈尔滨的工业基础雄厚，同其他内地城市比，投资条件、对外开放的条件好。要继续努力，争取早日建成国际性城市。大庆是一个依靠现代科学技术和高水平管理、维持高产、具有国际先进水平的大油田，值得自豪。

吴学谦在各地考察时强调，黑龙江的开放不仅要面向独联体国家、东欧各国和西方国家，对台经济工作也要放手大胆地去搞，要敢于利用台资，为吸引台资创造更好的条件。他说，现在许多台湾企业家想到大陆来，我们要热情欢迎，同时要努力改善投资环境。

在考察镜泊湖等旅游景点后，吴学谦说，我国旅游业是在近十几年发展起来的。旅游业投资少，见效快，效益好。如果搞得好，这个“无烟工业”前景广阔。全国去年旅游业创汇 28 亿美元，创历史最高水平。黑龙江有许多有特色的旅游资源，像哈尔滨的冰雪节，镜泊湖的风光，以及太阳岛、五大连池等旅游区，都很有特色。要搞好规划，努力改善交通、食宿、通讯等条件，吸引更多的国内外游客。

国务院副总理吴学谦在北京会见日本“贝多芬第九交响乐”日中青年大合唱访华团主要成员

印度尼西亚总统苏哈托在雅加达总统府会见全国人大常委会副委员长中国妇女代表团团长陈慕华

陈慕华赞扬印尼在苏哈托总统的领导下取得巨大的经济建设成就。陈慕华说，中国和印尼都处在亚太地区，两国经济贸易有很大的互补性。因此，两国之间的合作领域是广阔的。陈慕华说，中国妇女愿为中国印尼两国友好合作关系的进一步发展添砖加瓦。

外交部副部长徐敦信同泰国外交部部长阿沙·沙拉信在曼谷举行会谈

中泰双方一致表示，要像过去一样加强合作，做柬埔寨各方的工作，使柬和平进程继续进行下去。

徐敦信说，中国方面认为，目前在柬埔寨最重要的是使民族和解精神得到贯彻，使巴黎和平协定得到全面、严格的执行。

徐敦信说，联合国驻柬埔寨临时权力机构按照巴黎和平协定做很多工作。为使和平进程得到顺利进展，人们期望临时权力机构做得更好。

斐济众议院议长库里桑吉拉在斐济首都苏瓦会见并宴请以副委员长彭冲为团长的全国人大代表团

委内瑞拉总统佩雷斯在加拉加斯总统府会见由国务院秘书长罗干率领的中国政府代表团主要成员

中国运动员在第 25 届奥运会夺得 3 枚金牌 1 枚银牌 1 枚铜牌

高敏在女子跳板跳水决赛中夺得金牌，陈跃玲夺得女子10公里竞走冠军,李春秀获得铜牌,邓亚萍、乔红及陈子荷、高军分获乒乓球女子双打冠亚军。

王洪文病亡

林彪、江青反革命集团主犯王洪文因患肝病,在北京病亡。王洪文时年58岁,于1981年1月经最高人民法院特别法庭判处无期徒刑,剥夺政治权利终身。1986年患病后即被送医院治疗。

8月4日

全国省自治区直辖市党委组织部长会议在北京开幕

中共中央组织部部长吕枫在会议上讲话指出,要进一步开创组织工作的新局面,使我们的工作更紧密地为经济建设服务,就要在实际工作中全面落实邓小平同志的重要谈话和中央政治局全体会议精神,并用以统一我们的思想和行动。要毫不动摇地全面贯彻执行以经济建设为中心、坚持四项基本原则、坚持改革开放的基本路线,牢固树立以经济建设为中心、为经济建设和改革开放服务的指导思想,通过卓有成效的工作,为经济建设和改革开放提供坚实的组织保证。

第二届海峡两岸关系学术研讨会在北京召开

来自台湾、香港、祖国大陆以及美国、日本的130多位学者出席研讨会。

台湾研究会副会长经叔平致开幕词说,自去年首届两岸关系学术研讨会举行以来,在两岸同胞的共同努力下两岸关系已发生可喜的变化:两岸经贸往来更加频繁,两岸人员、文化、体育、卫生的交流越来越密切。今年台湾高层知名人士吴大猷、赵耀东访问大陆,大陆7位著名科学家访问台湾,都表明两岸关系在向前推进。

经叔平认为,在今天这个机遇与挑战并存的时代,两岸和海外学者再次相聚,探讨和寻找消除障碍,进一步发展两岸关系,是实现祖国统一的有效途径,具有十分重要的意义。

第二届东亚与太平洋区域《儿童权利公约》协商会在北京举行

全国人大常委会副委员长赛福鼎·艾则孜主持会议。来自14个国家的100多位高级政府官员、国会议员、法律界专家代表全世界1/4的儿童列席会议。

《儿童权利公约》已于1990年9月2日作为国际法由联合国批准生效,它制定出全球性保护儿童权利的标准。中国于1991年12月29日批准了公约。

赛福鼎·艾则孜在会议上表示,中国在加强儿童生存、保护与发展的工作中已投入了大量的努力。例如,中国于1991年9月4日第七届全国人民代表大会常务委员会第21次会议上,通过了《中华人民共和国未成年人保护法》的实施。这一保护法涉及范围非常广泛,从儿童基本保健、义务教育到青少年犯罪的预防都有具体条款规定。

这次协商会是由中国政府和联合国儿童基金会共同主办的,全世界已有120个国家批准了公约。

中宣部司法部国家体改委联合发出关于认真学习和贯彻《全民所有制工业企业转换经营机制条例》的通知

中共中央宣传部、司法部、国家体改委近日联合发出通知,要求认真组织宣传学习贯彻《全民所有制工业企业转换经营机制条例》。

通知说,当前,我国的改革开放和经济建设已经进入一个新的发展阶段。转换企业经营机制已成为企业改革的中心环节,也是整个经济体制改革的中心环节。《条例》的公布施行,对于推动企业走向市场,增强企业活力,提高经济效益,建立企业自主经营、自我发展、自负盈亏和自我约束机制,对于搞好国营大中型企业,使国民经济更好更快地上一个新台阶,具有十分重要的意义。

通知要求各级法制宣传部门要将《条例》正式纳入第二个五年普法规划,大力宣传,认真组织学习。并提出《条例》宣传和学习的重点对象是企业的经营管理人员和各级党政机关干部,特别是经济管理部门的领导干部和工作人员。

通知还要求宣传和学习《条例》要和宣传贯彻企业法、企业破产法(试行)以及其他有关企业改革的配套法规结合起来,以宣传学习《条例》为契机,进一步推动企业及相关法规的宣传学习,促进企业依法经营管理和政府部门依法监督企业,为企业转换经营机制创造条件。

全国打击走私工作会议在北京举行

安哥拉总统多斯桑托斯在罗安达总统府会见外交部副部长杨福昌

多斯桑托斯在会见时说,安哥拉怀有加强同中国友好关系的强烈愿望。多斯桑托斯重申安哥拉坚持"一个中国"的政策。

多斯桑托斯还表示,安哥拉正在进行改革,中国改革的成功无疑对安哥拉是个巨大鼓舞。

杨福昌祝贺安哥拉在实现国内和平与民族和解进程中取得的重大成就。他说,中国政府支持安哥拉政府为实现和平所做的努力,希望这一和平进程继续取得进展。

毛里求斯政府总理贾格纳特等在罗安达会见中联部副部长李淑铮为团长的中国共产党代表团

北京市同印度尼西亚雅加达特区(市)关于建立友好城市合作关系谅解备忘录签字仪式在雅加达市政厅举行

国家教委主任李铁映同参加河北省高校暑期领导干部读书班的高校党委书记校长进行座谈

李铁映说,教育要为经济发展服务,为发展生产力服务。在新的形势下,高校要发挥自己的优势,积极创办高新技术产业,为经济建设服务。分离出一些人去搞高新技术产业,不仅是必要的,而且是可能的。

李铁映对高校领导提出,要"知全局、学经济、抓改革、促发展"。"知全局",就是要知道国内外大事。"学经济",就是要学习和了解经济。"抓改革,促发展",就是要通过教育体制和教育教学的改革,来促进高等教育事业的发展。

李铁映强调,高校党委要加强对改革的领导。每个学校要根据自己的实际,研究改革的思路、方案和实施办法。省政府也可以选几个学校进行试点,总结经验,大胆探索,不断推进。

李铁映还指出,学校的校园生活要搞得生动活泼,各种体育、文艺社团活动要大力开展起来,请学校团委、学生会去抓。新形势下思想政治工作要贯穿在学校的各种教育和活动中。

中国运动员在第 25 届奥运会夺得 2 枚金牌 2 枚银牌 5 枚铜牌

吕林、王涛夺得乒乓球男子双打冠军,孙淑伟夺得男子跳台跳水冠军,熊倪获得铜牌,王红、王小竹、马湘君夺得女子射箭团体亚军,关渭贞、农群华及林燕芬、姚芬分获羽毛球女子双打银牌及铜牌,李永波、田秉毅获羽毛球男子双打铜牌,唐九红、黄华并获羽毛球女单铜牌。

8月5日

国务院召开第 110 次常务会议

国务院副总理姚依林主持会议,讨论并原则通过《中华人民共和国测绘法(草案)》和《中华人民共和国矿山安全法(草案)》。

会议认为,测绘工作是国民经济和社会发展的一项前期性、基础性工作。测绘业是国家重要的信息产业。目前,我国 20 多个经济部门和军事部门的测绘队伍已达到 27 万人。改革开放的深化,社会和经济的迅速发展,对测绘工作提出了更高的要求,过去有关测绘工作的一系列行政法规,已经不能完全适应形势发展变化的需要。为了促进测绘事业的发展,使测绘工作更好地为保障国民经济和社会发展服务,有必要在总结经验的基础上,制定一个内容较完备的测绘法。

会议在讨论《矿山安全法(草案)》时指出,采矿业是国民经济的基础产业。目前,我国的矿山产业遍布全国两千多个县,全民所有制和集体所有制矿山企业,以及私营、个体采矿点,从事采矿业的人员已接近两千万人。近年来,虽然矿山企业的安全状况有所好转,但问题仍然很严重,特别是乡镇煤矿的事故仍呈上升趋势。国务院过去发布的两个有关矿山安全的行政条例曾发挥过有力作用,但随着经济体制改革的逐步深化,各种经营形式采矿业的兴起,已难适应当前的工作,迫切需要制定矿山安全法。

《人民日报》发表社论《要切实转变政府职能》

国务院发布实施《全民所有制工业企业转换经营机制条例》,企业改革将迈出新的步伐。为了保证和促进企业经营机制的转换,必须相应地加快配套改革的步伐,例如建立和完善社会保障制度,培育和发展市场体系等,而其中最关键的是转变政府的职能。企业经营机制的转换,离不开政府职能的转变。可以说,没有政府职能的转变,企业经营机制的转换就难以达到预期的目的。

根据宪法的规定,国务院和地方各级人民政府作为国家行政机关,有多方面的职权,其中很重要的一条就是领导和管理经济工作和城乡建设。这里所说的"转变政府职能",主要就是指转变政府领导和管理经济工作的职能。

在过去一个时期里,由于我们对政府领导和组织经济的职能存在片面地、不正确地理解,把这种职能同政府机关直接经营管理企业等同起来,习惯于用行政命令的办法来直接指挥和管理各种社会经济活动,包括企业的生产经营活动。特别是由于我们没有把国有资产的所有权、政府对经济的管理权和企业的经营权区分开来,误认为企业的所有者就必须是企业的经营者,因而把企业的全民所有同国家机构对企业的直接管理和经营混为一谈,造成政企不分,对企业管得太多太死,使企业成为国家行政机构的附属物。这种对经济管理过分集中、企业缺乏活力的弊病,严重束缚了社会生产力的发展。早在十一届三中全会前夕,邓小平同志就明确指出:"现在我国的经济管理体制权力过于集中,应该有计划地大胆下放,否则不利于充分发挥国家、地方、企业和劳动者个人四个方面的积极性,也不利于实行现代化的经济管理和提高劳动生产率。应该让地方和企业、生产队有更多的经营管理的自主权。"

近十多年来，通过贯彻1984年党的十二届三中全会通过的《中共中央关于经济体制改革的决定》，1988年七届全国人大一次会议通过的《中华人民共和国全民所有制工业企业法》，经济体制改革取得一定的进展，在转变政府职能方面也进行了有益的探索，积累了宝贵的经验。但是，总的来说，"从根本上改变束缚生产力发展的经济体制，建立起充满生机和活力的社会主义经济体制"的目标，还远没有实现，经济体制改革的任务还非常艰巨。

转变政府职能的原则是："政企分开，宏观管好，微观放开"。这就是说，要把政府和企业在社会经济活动中的职权范围划分清楚，区别开来。

从政府方面来说，应当依法保障国家行使企业财产的所有权，很好地发挥其应有的必不可少的组织管理经济的职能，主要是做好"规划、协调、监督、服务"等四个方面的工作。"规划"，就是制订经济和社会发展的战略、计划、方针和政策，制订资源开发、技术进步和智力开发等方案。部署重点工程项目特别是能源、交通和原材料工业的建设。"协调"，就是协调地区、部门、企业之间的经济关系，搞好宏观经济综合平衡，综合运用经济、法律和必要的行政手段，保持经济稳定协调地发展。"监督"，就是监督企业执行国家法律、法规，照章纳税、交费，保证国有资产保值、增值，企业厂长(经理)代表企业依法行使企业经营权等。"服务"，就是积极培育和发展市场体系，建立和完善社会保障制度，汇集和传播经济信息，为企业的发展提供多方面的服务和创造良好的社会环境。

从企业方面来说，应当依法行使好经营权，即《全民所有制工业企业转换经营机制条例》明确规定的14项权利，加快进入市场，参加竞争，真正成为自主经营、自负盈亏、自我发展、自我约束的充满生机和活力的商品生产和经营单位。

转变政府职能，总的精神是扩大和尊重企业的经营自主权，以增强企业的活力，在这方面有大量的工作要做。但是如果因此而以为"转变政府职能"仅仅意味着"削弱政府职能"，那就是极大的误解。事实上过去政府既有不该管而管，不该严而严，微观管得过死的一面，也有该管而没有管，不该宽而宽，宏观没有管好的一面，可以说是"宽严皆有失误"。所以，政府职能既有应当削弱的一面，也有应当加强的一面，以实现"宏观管好，微观放开"的要求。在充分发挥地方特别是企业的积极性，搞活微观的同时，政府要进一步完善宏观调控手段，加强宏观调控能力，例如：计划部门要切实执行国家的产业政策，有效地引导和调控固定资产投资建设；财政税收部门要运用好财政税收政策，搞好国家财政收支平衡和预算外资金的管理；人民银行要善于运用金融杠杆，制定正确的货币政策，有效地加强对信贷总规模的控制，要进一步加强外债管理；物价管理部门在确保企业依法享有定价权的同时，继续加强对全国物价水平的控制等，这不但对整个国计民生至关重要，也有利于把地方和企业的积极性引导好、保护好、发挥好。

转变政府职能，要同机构改革、精兵简政结合起来，并对计划、财政、金融、劳动、商业、外贸等体制继续进行改革。政府的职能同政府的机构密切相关，有什么样的职能就有什么样的机构，有什么样的机构就行使什么样的职权。臃肿重叠的机构是同过分集中的职能相适应的。过去讲机构改革、精兵简政，讲了多次，几上几下，未见成效，关键在于没有把机构改革同转变职能结合起来。转变政府的职能，必然触及某些政府机构的权力和利益，对这些机构不进行改革，转变职能也就势必阻力重重。机构是职能的"形"，职能是机构的"神"，"形"、"神"不可分，必须把转变职能同机构改革(特别是精简机构)结合起来。目前有些地方在转变政府职能时，允许一些政府部门经商办企业，这不符合政企分开的原则，也不利于廉政建设，应予改变。从实际出发，将部分经济管理部门改为经济实体或服务机构是可以的，但这些实体应逐步与行政财政脱钩，不赋予行政管理职能，也不能成为政府办的为机关谋福利的公司，而应成为自收自支或企业化管理的实体。

转变政府职能，不仅是经济体制改革的一个关键问题，也是政治体制改革的重要内容。邓小平同志曾经指出，中央高度集权的管理体制，"可以说是目前我们所特有的官僚主义的一个总病根。"转变政府职能，进行机构改革，不仅有重大的经济意义，也有重大的政治意义。既然是"总病根"，那么要彻底铲除它，就绝不是轻而易举的，而是一项需要下大决心、花大力气的大事，要进行坚韧不拔的奋斗。

近几个月来，在邓小平同志南巡谈话精神的鼓舞下，改革开放进入了新阶段，许多地方加快转变政府职能，从直接管理向间接管理过渡，从政企不分向主要搞好规划、协调、监督、服务过渡，形势喜人。我们要保持清醒的头脑，对可能遇到的困难和问题要有足够的估计，扎扎实实，一步一步向着既定的目标前进。

全国学联第21届主席团第3次会议在北戴河召开

会议通过《全国学联主席团关于进一步引导广大同学运用科技知识，面向经济建设主战场，在实践中锻炼成长的决议》。

国务院批准关于进一步扩大首钢自主权改革试点的报告

全国公安交通检查站基本撤除

截至目前，除少数省区外，全国已有 25 个省区市的公安交通检查站全部撤除。尚未全部撤除的省区也正在抓紧进行撤站工作。日前，公安部就撤站工作再次通报各地，强调在做好撤站工作的同时，要尽快建立新的道路交通管理的工作机制，集中警力切实加强公路交通管理工作。

中共中央政治局常委李瑞环在人民大会堂会见法国《费加罗报》常务副社长巴黎新闻公会主席让·米奥

李瑞环说，从深化改革、扩大开放和推动以经济建设为中心的各项工作的角度看，我们的报纸还有许多有待改进的地方。他说，在这方面报纸要提倡短新闻，扩大信息量，照顾各个方面的需要，珍惜读者的宝贵时间。会见时，李瑞环还应客人要求，回答中国在改革开放中，如何处理计划和市场，经济体制改革和政治体制改革等方面的一些问题。

米奥说，这是他第三次访问中国。这次来访主要是了解中国的改革开放情况，促进两国报界人士的接触和交往，以增进两国人民之间的相互了解和友谊。

斐济总理兰布卡在苏瓦会见以全国人大常委会副委员长彭冲为团长的全国人大代表团

中国科学院上海原子核研究所首次发现新核素铂-202

中共中央总书记江泽民国务院总理李鹏委托国务院秘书长罗干向中国奥运运动员表示祝贺和慰问

中国运动员在第 25 届奥运会上夺得 1 枚金牌 1 枚银牌 1 枚铜牌

在乒乓球比赛中，邓亚萍夺得女子单打冠军，乔红获亚军，马文革获男子单打第 3 名。

中国台北运动员在第 25 届奥运会夺得 3 枚金牌 1 枚银牌

在跆拳道比赛中，罗月英夺得女子 43 公斤级冠军，童雅琳获女子 55 公斤级冠军，陈怡安获 60 公斤级冠军，中国台北棒球队获得银牌。

广西壮族自治区禁毒宣判大会在南宁举行

自治区高级人民法院依法宣判 24 名罪大恶极的贩毒分子死刑，并当众销毁近年缴获的毒品 1100 公斤，对过境毒品走私给予一次沉重的打击。

8 月 6 日

国务院在北京召开工交部门限产压库促销工作办公会议

国务院经贸办副主任石万鹏在讲话中说，面临艰巨的限产压库扭亏增盈任务，要求各部门按照国务院的指示精神，尽快扭转产成品资金占用仍在上涨的势头。

国务院副总理邹家华在白洋淀温泉城建设工地考察

邹家华近日在考察白洋淀温泉城建设工地时指出，邓小平同志今年南巡重要谈话，是我国进一步加快改革开放、加快建设有中国特色的社会主义的强大推动力；珠海市与保定地区联合开发白洋淀，是把特区改革开放的经验推广到内地来的一个尝试，是符合邓小平同志谈话精神的，这件事本身就很有意义。

国务院副总理田纪云在人民大会堂会见 10 个非洲国家气象局局长副局长

田纪云在会见中介绍中国气象事业在政府支持下不断发展的情况，并高度评价中国和非洲各国气象部门之间的良好合作关系。

这些客人分别来自埃塞俄比亚、津巴布韦、冈比亚、莱索托、塞拉利昂、斯威士兰、坦桑尼亚、布隆迪、喀麦隆和纳米比亚。

莫桑比克总理马顺戈在马普托会见外交部副部长杨福昌

马顺戈强调，中国改革开放以来发生的巨大变化使莫桑比克从中学到很多东西，并受到极大鼓舞。

杨福昌表示，中国非常重视同莫桑比克的友好关系，并希望莫桑比克早日实现和平。

国家教委国家计委人事部财政部联合发出《关于进一步改善和加强民办教师工作若干问题的意见》

意见指出，民办教师是我国特定历史条件下形成的中小学教师队伍的重要组成部分，是我国农村普及九年制义务教育的一支重要力量，他们为我国农村教育和农村社会发展作出了不可磨灭的贡献。认真总结经验，制定稳定的民办教师政策，改善和加强民办教师的工作，统筹解决民办教师问题，是我国农村教育发展改革中的一项紧迫任务。当前和今后一定时期内总的指导思想是:适应教育事业发展的需要,减少数量,提高质量,改善待遇,统筹解决问题,进一步调动他们教书育人的积极性,促进我国农村基础教育事业的发展。“八五”期间要继续着重抓好民办教师队伍的调整、整顿和提高。坚持“关、招、转、辞、退”,统筹安排、综合治理。任何单位不能以任何理由另行吸收新的民办教师;在此前提下,通过师范学校定向招生和“民转公”,辞退不合格的民办教师、超编人员及乡村自行录用的“计划外民办教师”和代课教师,执行年老病残教师离岗制度,进一步减少民办教师数量。在调整的基础上,完善资格认定和考核制度、任用制度和公办教师要真正做到政治上一样待遇、工作上一样要求、组织上一样管理、生活上一样关心。地方各级政府要保障民办教师获得劳动报酬的合法权益,改善民办教师的工资福利待遇。

意见还对从民办教师中选招公办教师、解决拖欠民办教师工资、教师队伍缺额的补充办法等提出要求。

国家教委发出《九年制义务教育全日制小学初级中学课程计划(试行)》和24个学科教学大纲

8月7日

国务院总理李鹏在中南海紫光阁会见全国统计部门模范工作者先进集体和先进工作者代表

国家统计局在北京召开政府统计机构建立40周年纪念会,并在纪念会上表彰全国统计系统的30名模范工作者、170名先进工作者和60个先进集体。

李鹏在中南海紫光阁会见全国统计部门模范工作者、先进集体和先进工作者代表时说,国家统计局已成立40周年了,我代表党中央、国务院向全国统计战线的广大同志表示热烈祝贺。他指出,新中国的统计事业从无到有,从小到大,取得显著成就,对经济和社会发展,特别是对国家的宏观调控发挥越来越重要的作用。李鹏说,我们的统计工作是在逐步前进的,对大家的要求也越来越高。开始只是统计,后来对统计资料进行定量与定性分析,现在不仅要分析而且要预测,这就为党中央、国务院科学决策提供依据,对我们国家的宏观调控起到越来越大的作用。

国务院总理李鹏在全国转换企业经营机制工作会议闭幕式上发表讲话

全国转换企业经营机制工作会议今天就要结束了。这是一次很重要的会议,开得很及时,也很成功。下面我讲几点意见。

在邓小平同志年初巡视南方重要谈话和今年《中共中央关于传达学习邓小平同志重要谈话的通知》、《中共中央关于加快改革,扩大开放,力争经济更好更快地上一个新台阶的意见》两个文件精神的鼓舞下,全党和全国人民贯彻执行党的基本路线,我国改革开放和经济建设出现了蓬勃发展的新局面。这次会议就是在这种新形势下召开的。《全民所有制工业企业转换经营机制条例》的制定与贯彻,是落实小平同志南巡重要谈话精神的具体行动,是继续深化改革和加快经济发展总的部署的一个重要组成部分。小平同志南巡谈话的内容是非常丰富的,基本精神将写进党的十四大报告中去,将会长时期地起作用。环顾当前国际形势和国内形势,条件确实很好。机不可失,时不我待。我们必须抓住这个时机,加快企业改革和经济发展,使国民经济更好更快地上一个新台阶。这是我要讲的第一点。

第二点,我们的目标是建设有中国特色的社会主义。有中国特色社会主义的一个基本特征,就是以公有制为主体,包括国营经济和集体经济,同时允许和鼓励其他经济成分的适当发展。目前我国独立核算的国营大中型工业企业有一万多个,占全国工业企业总数的2.9%,但它们创造的工业产值却占全国工业总产值的近50%,上交国家的利税占67%,国家的经济命脉如能源、交通、大型机械、钢铁、化工等基础性行业,大部分掌握在国营大中型企业手里。国营大中型企业在我国的经济发展和现代化建设中,已经作出了重大贡献,我们也期待它们在今后作出更大的贡献。进一步搞好国营大中型企业,增强企业活力,对于增强我国的经济实力,促进经济繁荣和社会发展,提高人民群众的生活水平,具有举足轻重的作用。目前国营大中型企业效益不高,活力不强,有些企业的活力不如乡镇企业和城镇集体企业。对此要作具体分析,除了有企业经营管理方面的问题外,还有其他各种各样的原因,比如:有企业负担问题,目前国营大中型企业负担比较重;有价格方面的因素,许多企业如石油、煤炭企业的亏损,基本上是政策性亏损;还有结构问题,如一、二、三产业的比例,轻、重工业的比例,以及加工工业与基础工业之间的比例等,结构不合理;还有低水平的重复建设问题,等等。这些问题都应该积极地加以解决。搞好大中型企业是关系到社会主义制度优越性的发挥,关系到经济改革和现代化建设成败的大问题,我们要下决心把大中型企业搞好。

第三点,去年9月中央工作会议专门讨论增强国营大中型企业活力的问题,提出了20条措施。其中一部分措施是要政府部门给企业一些优惠政策,下放一些权力,为企业创造比较宽松的外部条件;对企业的要求,就是转换经营机制,真正做到面向市场。应该说,那次会议精神的贯彻对搞好大中型企业起了一定的作用。特别是今年以来，国营大中型企业的产值、利税、产销率都比较高，超过了全国工业的平均水平。但是，也要清醒地看到，这在很大程度上是基建规模扩大拉动的，还是一种速度型效益的反映，企业技术水平、管理水平提高的成分不是很大，还不是主要因素。现在企业效益总体上还比较低，亏损面虽然有所减少，但亏损额仍在增加，结构调整进展也不大。这些都是我们今后要研究解决的一些大问题。

第四点，《企业法》是经过全国人大通过的，是搞好国营大中型企业的基本法。自从 1988 年 4 月颁布以来，由于受到当时环境的影响，以及各方面认识上的局限，加上缺乏具体的实施办法和措施，总的看贯彻落实的情况不够理想。大家希望搞一个条例，把《企业法》具体化，以便于实际操作。去年 9 月中央工作会议以后，国务院即组织有关部门做这件事。在朱镕基同志主持下，经过几个月的工作，征求了各地和各有关部门的意见，国务院讨论过多次，正式形成了这个《条例》，经中央政治局常委同意，现已公布实施。江泽民同志对这个《条例》作了重要批示。《条例》总结了改革开放以来的实践经验，也为进一步深化企业改革指明了方向。这是我国经济体制改革特别是企业改革的一件大事。它对增强企业活力，推动企业走向市场，提高企业经济效益，使国民经济更好更快地上一个新台阶，将发挥重要作用。现在的任务是认真贯彻落实这个文件。《条例》的形成是很不容易的，分量很重，内容丰富，虽然不能说它已经十全十美了，但有新意，有突破，也比较好操作。要把它贯彻好，首先要吃透精神。各地党政领导要把改革的重点放在贯彻《条例》上来，花大力气，下大功夫，集中精力抓好《条例》的贯彻落实，大家建议以党中央和国务院名义联合下发关于贯彻《条例》的通知，我同意向中央建议搞这样一个文件，但形成和下发需要一定时间，各地不要等待。各省、市与会同志回去后要迅速向主要领导同志传达、汇报这次会议的精神。各省市要有一部分领导同志，特别是党政一把手，把精力放在转换企业经营机制，搞好国营大中型企业上来，抓好《条例》的贯彻。

第五点，转换企业经营机制是一个很复杂的工作，在贯彻落实《条例》中要把握以下几个要点：

(一)转换经营机制的关键是把企业推向市场，使企业适应市场的要求，真正成为依法自主经营、自负盈亏、自我发展、自我约束的商品生产和经营实体。计划和市场都是调节经济的手段，都要很好地加以利用。但是，从发展的方向上看，我们将更多地运用市场这个调节手段来推动经济发展。当然，我们的国家这么大，计划的作用还是要保留的，特别是在宏观调控上，计划还要发挥重要作用。但是，随着市场体系的发育和完善，市场机制将在更大的范围内发挥作用。现在已经有“社会主义市场经济”的提法，这是理论上的一个重大突破，党的十四大将要对此作出正式决定。

(二)要落实企业经营自主权。《企业法》中规定了企业的权利，《条例》把它细化为十四项自主权。应当说，企业应有的权利，这十四条都包括了。如果这十四项自主权都真正落实了，企业的活力就有了。我们一定要抓住这十四条不放，认真地、具体地、尽快地加以落实。

(三)《条例》对政府和企业的要求都是两个方面的，要全面地加以理解和贯彻。例如，对政府来说，宏观一定要管好，如执行国家的产业政策，实现社会总供给与总需求的基本平衡，防止低水平的重复建设等；同时微观必须放开，对属于企业的十四项权利，不应把在手里不放。对于企业来说，一方面要建立激励机制，同时也需要有自我约束机制，比如对投资的方向和规模、收入分配等都要有约束，二者也是不可分的。无论是政府还是企业，都不能只强调一个方面，而忽视另一个方面。

第六点，贯彻《企业法》和《条例》，目的是解放生产力和发展生产力。检验这个《条例》是不是好，要看是否有利于解放和发展生产力；检验这个《条例》是不是贯彻得好，也要以解放和发展生产力作为标准。发展生产力不仅是产值和数量的增加，更重要的是质量的提高，结构的优化，科学技术的进步，外向型经济的发展，也就是说，在经济发展的路子上要逐步实现从粗放经营到集约经营的转变。不实现这种根本转变，就不可能实现现代化。

第七点，这个条例的制定不容易，贯彻好更是一件艰巨的任务，需要各方面的配套改革，特别是需要各级政府转变职能。必须有政府职能的转变，才能使企业的十四项权利得到很好的落实。政府转换职能，要坚持政企分开的原则。一方面是微观放开，不干涉企业的内部事务，把应该放给企业的权利真正放给它；另一方面是搞好规划、协调、监督、服务，属于政府应该做的工作一定要做好。政府机构改革中有一个“神”和“庙”的问题。现在有这么多的“神”和“庙”，如不进行大的改革，既“拆庙”又“搬神”，企业经营机制转换就很困难。政府机构改革的方向，今年《中共中央关于加快改革，扩大开放，力争经济更快更好地上一个新台阶的意见》已经有原则规定。政府机构改革，国务院是龙头。要经过充分准备，提出具体方案，待明年三月八届人大一次会议批准后实施。在目前政府机构不作大的变动的情况下，国务院各主管部门和各级地方政府仍有很多可以做的事情，比如说下放权力，搞好服务，提高办事效率，转变工作作风，等等。地方政府因为比较接近企业，可以首先制定《条例》实施办法。国务院有关部门也不能等待，例如，有的部门有直属企业，就要按《条例》规定落实企业经营自主权。县级机构改革已经积累了一些经验，可以扩大试点范围，先行一步。

第八点，企业改革是经济体制改革的中心环节，我们要始终紧紧抓住不放。当前和今后一段时间，各级政府部门要把主要精力放在转换企业经营机制方面，以此来带动其他方面的改革。目前大多数国营企业仍是坚持与完善承包经营责任制，对少数企业进行股份制和利税分流的试点。目前一些地方出现股票市场热、房地产热和开发区热，要引起注意。股票市场、房地产市场和开发区，都是要办的，但要有计划、有引导地向前推进，使它健康发展。要保护干部群众的积极性，但也要加以正确的引导。该支持的不支持是错误，是失职；该引导的不引导也是错误，是失职。对这些问题，国务院已经委托邹家华副总理和朱镕基副总理专门进行研究，提出解决办法。

最后，我再强调一下，经济体制改革的中心环节是企业改革，企业改革的关键是转换经营机制，转换经营机制的重点是落实企业自主权。正像江泽民同志所说的，通过多年的实践证明，搞好国营大中型企业并非易事，但必须坚决把这件事办好。我们现在已经有一部分大中型企业是搞得好的，这就说明大中型企业是可以搞好的。各级党政领导都要重视这个问题，发挥各个方面的积极性，共同努力，把这件事情办好。就企业来说，既要发挥厂长和经理的积极性，也要发挥广大职工的积极性。企业广大职工是改革的动力，凡关系到改革的大事必须充分和职工商量，走群众路线，得到群众的理解、拥护和支持。总之，贯彻好这个《条例》，要各方面团结一致，同心协力。我相信，通过这个《条例》的贯彻，必定能够对深化改革和经济发展起到重要的促进作用。

国务院发出《关于解决财政欠拨欠补欠退和企业挂账问题的通知》

国务院批转财政部《关于停止批发环节代扣营业税的请示》的通知

国务院批转财政部《关于停止批发环节代扣营业税的请示》，要求各省、自治区、直辖市人民政府，国务院各部委、各直属机构认真贯彻执行，从今年9月1日起停止执行批发扣税办法。

通知指出，停止批发环节代扣营业税后，税务机关要进一步加强对个体工商业户的税收管理，保证国家财政收入不受影响。鉴于这项工作政策性强、涉及面广，各级人民政府要加强领导，公安、工商等有关部门要密切配合，并请法院、检察院给予大力支持，共同做好这项工作。

国家计委建设部国家土地管理局在珠海召开全国房地产开发经验交流会

国务院副总理邹家华到会并讲话。

邹家华指出，房地产业是基础性、先导性产业。房地产业的兴起，反映我国加快经济建设、扩大和加快改革开放的良好势头。现在房地产业确实在热，但还不是过热。重要的是心要热，头脑要清醒；态度要积极，工作要扎实；多学习，多研究，既要放开，又要管好。

邹家华说，在今后实现国民经济发展第二、三步战略目标中，我国房地产业出现蓬勃发展的局面是必然的趋势。加快我国房地产业的发展，根本出路在于改革。旧的地产、房产管理制度已不适应发展社会主义商品经济的需要，改革不合理的房地产制度已成为当前一项十分紧迫的重要任务。改革的方向是推动土地使用权和房产进入市场。国有土地的所有权与使用权、经营权相分离，建立有偿有限期的使用制度，房屋实行商品化。要通过土地使用制度和住房制度的改革，提高房地产业对资金的吸引力，使其具有可靠的资金来源，成为能够自我积累、自我发展，有利于城市建设的重要行业。

邹家华充分肯定珠海、深圳、义乌等城市在这些方面的改革经验。他指出，国家必须在城市建设统一规划下垄断国有土地的出让权，即垄断房地产交易的一级市场，实行统一规划，统一征地，统一开发，统一管理，统一出让的“五统一”政策，避免国有土地收益流失，使之发挥出生财聚财的作用。在这个前提下，允许将土地使用权转让、交易，放开搞活地产二、三级市场。他说，要审时度势，做好制定土地出让价格的工作。土地出让方式要更多地采用招标、拍卖的方式，充分运用市场竞争机制。

针对目前有的地方在房地产工作中出现的一些问题，邹家华指出，对房地产的二、三级市场即土地的开发经营和房地产交易，既要放开搞活，又要加强管理，设置相应的工作程序，防止出现暴利。力求做到保护合法收益，调节过高收入，取缔非法收入。

对于房产制度的改革，邹家华指出，方向是房屋商品化，要使房屋进入市场，进行交易、抵押和租赁，促进房屋生产、分配、流通和消费进入良性循环。当前要继续深化城镇房屋商品化的改革，积极推进房地产综合开发。

邹家华指出，房地产开发经营是一项十分复杂的经济活动。为了加快我国房地产开发，促进房地产业健康发展，做到“放有度，管有法，活有序”，必须加强对房地产开发的宏观管理和政策指导。主要包括加强规划指导，完善房地产开发的投资计划管理，建立开发区审批制度，正确引导外商对房地产的投资，加强法制建设，加强对房地产业的领导等几个方面。

国务院副秘书长李昌安，国家计委副主任芮杏文、姚振炎，建设部部长侯捷，国家土地管理局局长王先进参加经验交流会。

外交部副部长刘华秋和美国副国务卿阿诺德·坎特在华盛顿美国国务院举行政治磋商

双方一致认为，中美两国在许多领域有着共同利益。中美之间保持接触，交流看法和增进相互了解，有利于两国关系的进一步改善和双方在重大国际问题上进行合作。

外交部副部长刘华秋和美国副国务卿阿诺德·坎特在华盛顿分别代表本国政府正式签署中美关于禁止监狱劳动产品进出口贸易的谅解备忘录

南非非洲人国民大会副主席西苏鲁和外事部主任姆贝基在比勒陀利亚非国大总部会见外交部副部长杨福昌

西苏鲁欢迎杨福昌访问非国大总部，感谢中国共产党、政府和人民长期以来对南非人民反对种族隔离斗争的巨大支持。

姆贝基向杨福昌介绍南非形势的最新情况。他表示，非国大仍然致力于通过谈判解决南非问题，一旦条件成熟，非国大将恢复同政府谈判。

杨福昌说，非国大是南非有重大影响的解放组织，为反对种族隔离制度进行长期艰苦的斗争，并取得重大胜利。

杨福昌说，目前，非国大坚持同政府进行谈判，推进南非和平进程，这是十分明智的，得到国际社会的普遍赞扬，也得到中国政府和人民的支持。中国政府和人民将继续坚定不移地支持南非人民争取建立一个统一、民主和种族平等的新社会。

瓦努阿图议长马森在维拉港会见全国人大常委会副委员长彭冲率领的全国人大代表团

瓦努阿图总统蒂马卡塔在维拉港会见全国人大常委会副委员长彭冲率领的全国人大代表团

中国音乐著作权协会成立

中国戏剧家协会主办的第六届全国优秀剧本创作奖在北京揭晓

荣获本届优秀剧本奖的共有17个：话剧剧本《大桥》（作者贺国甫）、《没毛的狗》（李钟勋、金雄杰合作）、《冰山情》（作者郑振环）、《李白》（作者郭启宏）、《旗长，塔赛努》（石峥嵘、傅强、朱长金合作）、《情结》（作者许雁）、《辛亥潮》（作者徐德），戏曲剧本《高高的炼塔》（京剧，郝国忱、李学忠合作）、《柯老二入党》（黄梅戏，作者张亚）、《黑头儿与四大名旦》（评剧，作者张宝申）、《丹青魂》（闽剧，吴永艺、陶闽榕合作）、《虎将军》（楚剧，宋西廷，黄关鑫、楚智勇、杨先春合作）、《啊！山花》（京剧，作者陈欣欣）、《法门众生相》（京剧，余笑予、李云彦合作）、歌剧剧本《党的女儿》（阎肃、王俭、贺东久、王受远合作），儿童剧剧本《之伢子》（作者徐葆齐），滑稽戏剧本《GPT不正常》（赵化南、严顺开合作）。

获本届优秀剧本奖提名奖的有《抗天歌》、《兄弟君臣》、《女村长》等十个。

中国运动员在第25届奥运会夺得2枚银牌

中国女子篮球队柳青、李冬梅、郑海霞、丛学娣、郑秀琳、郑冬梅、王芳、李昕、展淑平、何军、彭萍、刘军夺得女子篮球亚军，黄志红在女子铅球比赛中夺得银牌。

中国首届"世界母乳喂养周"大会在北京召开

8月8日

中共中央政治局常委宋平在中南海怀仁堂同全国省自治区直辖市党委组织部长座谈并发表讲话

这次组织部长会议，集中研究组织战线如何进一步贯彻落实邓小平同志视察南方的重要谈话和中央政治局全体会议精神，部署今明两年地方领导班子换届选举工作。吕枫和全景同志在讲话中，对这两项工作做了部署，大家在讨论中讲了许多好意见，会议开得是好的。这里，我再讲几点意见。

一、深入学习贯彻邓小平同志的重要谈话和中央政治局全体会议精神，认真抓好党的建设。

当前，全党全国都在深入学习贯彻邓小平同志的重要谈话和中央政治局全体会议精神，改革开放和经济建设进入了一个新的发展阶段，总的形势很好。组织战线同其他战线一样，也出现了可喜的局面。

小平同志的重要谈话，不仅对我国的经济建设和改革开放有重要指导意义，对全面加强党的建设，包括思想、政治、组织和作风建设，也具有重要指导意义。小平同志说："正确的政治路线要靠正确的组织路线来保证。中国的事情能不能办好，社会主义和改革开放能不能坚持，经济能不能快一点发展起来，国家能不能长治久安，从一定意义上说，关键在人"，"说到底，关键是我们共产党内部要搞好"。小平同志这些话，再一次把党的建设提到了极其重要的位置。历史经验证明，中国革命的胜利，取决于我们党的正确领导；同样，建设有中国特色的社会主义，也取决于我们党在新的历史条件下更加富有成效的领导。越是改革开放，越要加强党的领导，搞好党的建设。我们有一个好的党，有用马列主义、毛泽东思想武装起来的党的坚强领导，这是我们能够大胆实行改革开放最有力的保证。把党建设好，党是坚强有力的，我们的事业就会无往而不胜。我们做党建工作、组织工作的同志，要意识到自己肩上的担子很重，责任很大。

党的十三届四中全会以后，以江泽民同志为核心的党中央和各级党委，按照小平同志"要聚精会神地抓党的建设"的意见，做了大量工作。前几年党的建设受到削弱的情况有了明显转变，党的建设有所加强，这对于保持我国的政治稳定，促进我国的经济发展和改革开放，起到了重要的保证作用。党建工作取得的成绩应当肯定。

小平同志的谈话，对在新形势下加强党的建设，提出了新的要求。我们一定要联系实际，解放思想，实事求是，把小平同志的谈话精神学习好，贯彻好。

第一，要用小平同志建设有中国特色的社会主义的理论武装全党，提高执行党的基本路线的自觉性和坚定性，使各级党组织和广大共产党员始终站在经济建设和改革开放的前列，更好地发挥战斗堡垒作用和先锋模范作用。

第二，组织路线要服从政治路线，保证政治路线的实现。组织工作必须为全面贯彻党的基本路线提供坚强的组织保证，自觉服从和服务于经济建设这个中心，坚持四项基本原则，坚持改革开放。

第三，按照干部队伍革命化、年轻化、知识化、专业化的方针和德才兼备的原则，把各级党政领导班子建设成政治坚定、勇于改革、团结协调、联系群众、廉洁务实，坚决贯彻执行党的基本路线的领导集体，在社会主义现代化建设中更好地发挥领导作用。

第四，要坚持和健全民主集中制。民主集中制是我们党的一项根本制度。要坚持在民主基础上的集中和集中指导下的民主，这是我们党之所以坚强有力的重要保证。党内充分发扬民主，党员的积极性和创造性才能充分发挥，党的重大决策才有坚实的群众基础。充分发扬民主，也是对领导干部的一种监督。官僚主义，容易滋生不正之风。领导干部要有民主作风，能听取不同意见。在工作上有不同意见是正常现象，要充分讨论，形成决议后，必须坚决执行，不能各行其是。

第五，加强对青年干部的教育，切实做好培养选拔接班人的工作。这是保持党的路线的连续性和稳定性的关键。小平同志讲，真正关系到大局的是这件事。各级党委都要重视年轻干部的培养教育工作，每隔一段时间研究一次，采取一些切实可行的措施。党政主要领导同志要把发现优秀人才作为自己的重要责任，广泛接触和了解干部，关心和帮助年轻干部健康成长。

第六，切实加强基层组织建设，提高战斗力。一定要把工厂、农村、机关、学校等基层单位的党组织建设好，这是党密切联系群众，把党的方针、政策落到实处的基础工作，要作为检验党建工作成效的一个重要内容。农村开展社会主义思想教育，就是要按照党的基本路线的要求，把党在农村的各项政策落实好，把农村的基层组织建设好，促进农村经济更快地发展。要继续把这项工作抓好。

二、认真做好今明两年地方领导班子换届工作。

从今年下半年开始到明年，省、市、县各级人大、政府、政协领导班子都要进行换届，还有十几个省、区、市的党委、纪委也要换届。这次换届时间集中，任务繁重，涉及面广，各级党委要高度重视，加强领导，组织部门要全力以赴，做好工作。

今年第四季度将召开党的十四大。十四大是在我国加快改革和发展的新形势下召开的一次继往开来的重要会议。通过换届，把地方各级领导班子配备好，对于贯彻十四大精神，落实十四大提出的各项任务，有非常重要的意义。一定要从实现我们党在新时期的战略任务的高度，做好地方领导班子换届工作。

把换届工作做好，最重要的是把人选好。要坚持干部队伍"四化"方针和德才兼备的原则，真正把经过实践锻炼和考验，在贯彻执行党的基本路线，尤其在改革开放中做出突出成绩、群众公认的干部选拔上来。要注意挑选一批德才兼备的优秀年轻干部进班子。

经过十多年改革开放的锻炼，各条战线都涌现出了不少优秀人才。人才是有的，问题在于我们去发现。在这个问题上，首先要解放思想，更新观念，也就是小平同志讲的要"换脑筋"。不能论资排辈，迁就照顾，也不能求全责备。人不可能十全十美。只要主流好，基本素质好，有开拓创新精神，虽然有某些缺点毛病，也要热情帮助，把他们放到合适的岗位上去锻炼，发挥他们的作用。要放开视野，拓宽渠道，走群众路线，深入到建设和改革第一线去，到群众中去，广泛发现人才，选好选准人才。不要一讲选拔干部，只是想到党政干部，老在这个圈子里打转转。优秀人才机关有，工厂企业、科研单位、大专院校、农村基层也有，要不拘一格选人才。

换届工作要统筹安排。党委、纪委、政府、人大、政协，几套班子要通盘考虑。配备领导班子要从工作需要出发。党委班子要充实一些熟悉经济工作的同志，有些做党务工作的同志也可以到政府任职，了解和熟悉经济工作，经受全面锻炼。同一领导班子内部要搭配好，不仅每个成员都能胜任工作，而且整个班子要团结配合，互相取长补短，不能搞内耗。特别是主要负责人要选配好，既要有驾驭全局工作的能力，又要能够团结人，善于发挥大家的作用，把一班人拧成一股绳，共同做好工作。

要认真做好选举工作。充分发扬民主，严格依法办事，切实加强党的领导。党委要做好深入细致的思想工作，把党委的意图、班子的结构要求和干部本人的德才情况，通过适当的形式向代表作介绍，有什么问题及时研究解决。

搞好新班子的思想作风建设非常重要。老班子存在什么矛盾和问题，尽可能通过换届加以解决。新班子要建立健全工作制度和议事规则，严格遵循民主集中制，健全党内政治生活，搞好团结，加强监督，使新班子有一个新的气象。

三、积极推进干部人事制度改革。

当前，我国整个改革都在加快步伐，干部人事制度改革也应积极向前推进，以适应经济建设和改革开放的要求。

十多年来，干部人事制度改革进行了广泛而有效的探索，如下放干部管理权限，实行干部离退休制度，企业和乡镇干部实行聘任制，部分国家机关公开考试录用干部，国家公务员制度试点，民主推荐、民主评议领导干部，干部交流，人才流动，等等，所有这些改革，都要继续加以完善和推广。

干部人事制度改革要统盘规划，分步实施，逐步配套。国家行政机关公务员制度要扩大试点，为将来普遍推行做好准备。党的机关工作人员条例也要抓紧修改。其他国家机关、企事业单位以及群众团体的干部人事制度，也要相应进行改革。在改革中，要坚持党管干部的原则，逐步建立和健全科学的分类管理体制和竞争、激励机制，调动干部的积极性，为优秀人才脱颖而出、发挥才干提供制度保证。

改革也是一场革命。现在是推进干部人事制度改革很好的时机。要鼓励各地方、各部门从实际出发，解放思想，大胆探索，勇于实践，创造新鲜经验。实践证明成功的，就加以总结、完善和推广。

要通过干部人事制度的改革，切实解决干部职务能上能下的问题。这个问题解决起来有一定的难度，但非解决不可。如果干部职务只能上不能下，会影响事业的发展，也不利于干部的成长进步，干部队伍就会像一潭死水，缺乏活力。所以，干部要能上能下，能进能出。应当看到，随着各方面改革的深化，解决这个问题的条件比过去好多了。首先是人们的思想观念有了变化，当领导干部当然责任很重，做别的工作同样也能发挥作用；“能上”固然好，工作不适应，下来也是正常的。要造成这样一种舆论环境，减少干部能上能下的思想阻力。对职务下调的同志，要做好思想工作。今后干好了，工作需要，还可以上来。要建立必要的制度，如结合企业转换经营机制，建立、完善企业管理人员聘用制，打破干部与工人的界限，实行择优而任。工人中间有能人，农民中间有能人，如果划一条界线，工人永远是工人，农民永远是农民，干部永远是干部，对发现人才不利，对事业的发展不利。还有，领导干部实行任期目标责任制以及岗位考核和民主评议制度，提拔机关干部实行试用期制度等，这些改革措施，都有利于干部的能上能下。要积极探索，力争有新的突破。

自从中央关于干部交流的文件下发以来，各地在这方面做了大量工作。有的是实行岗位轮换，有的是在不同地区，包括经济较发达地区与贫困地区搞对口交流，有的是部门与地方之间交流等，取得了一些成效。这次换届，是干部交流的一个好时机，要有计划地把这项工作推进一步。这件事，中央和地方要共同来做。各地感到哪些岗位需要人，哪些同志需要交流一下，党委提出意见，上级组织部门可以穿针引线，交流一些合适的干部过去，把班子搭配得更合理些。一个干部长期在一个地方工作，交流到另外一个地方去，可以开阔眼界，接触新鲜事物，对丰富知识、积累经验、提高领导水平都有好处。所以，干部交流应当作为一项重要任务去抓。

现在，机构臃肿，人浮于事，官僚主义，形式主义，已成为影响经济发展的一个严重问题，群众意见很大。机构改革势在必行。政府部门要切实转变职能，把该下放的权力放下去，该管的事情管好。要把人员精简同改善干部队伍结构，促进生产力发展结合起来。可以向需要发展的部门转移，如政法、金融、工商、税务等；也可充实到公司和事业单位去；还可以兴办第三产业，发展农村和城市社会化服务体系。县一级机构改革要注意充实基层，加强服务，特别是乡镇这一级要加强。转入经济实体的要和机关脱钩。官商不分，弊端太多，在旧社会、在资本主义国家也是大忌，我们更不能搞。要注意这个问题。

中共中央政策研究室党建组编辑的《毛泽东邓小平论中国国情》一书由中共中央党校出版社出版

中共中央政治局常委李瑞环在内蒙古考察

8月8日至13日，李瑞环在内蒙古自治区党委书记王群、政府主席布赫陪同下，先后到呼和浩特、海拉尔、满洲里市，深入工厂、牧区、边境口岸进行考察。

李瑞环指出，当前，在邓小平同志南巡谈话精神的指导下，各地改革开放和各项事业发展很快。要使这种欣欣向荣的局面保持下去，就必须在各级干部中牢固树立以经济建设为中心的思想。他说，必须十分明确，在我们党和国家的全部工作中，只有经济建设这一个中心，不能偏离这个中心，不能搞多中心。经济部门要坚持这个中心，其他部门也必须围绕和服务这个中心。在正常情况下，我们要坚持这个中心，在非常情况下，除了发生大规模外敌入侵，也要紧紧抓住这个中心。

李瑞环说，我们有些思想、观念，有些体制、规定，有些工作方法、作风、习惯，乃至于语言，是在某种特定条件下形成的，例如有的是在"以阶级斗争为纲"环境中产生的，有的是在产品经济基础上形成的，与当前改革开放和经济建设的要求很不适应。解决这些问题，需要不断地做多方面的大量的艰苦细致的工作。

李瑞环指出，建国以来的成绩和挫折都证明，只有搞好经济工作，事业才能发展，社会才能稳定，政权才能巩固。现在，我们确实面临着许多矛盾，如果不抓住经济建设这个中心，集中力量把经济搞上去，这些矛盾就不可能得到很好的解决。坚持以经济建设为中心，有利于形成更大的共识，最大限度地调动积极因素，凝聚力量，共同奋斗，实现三步走的战略目标。

李瑞环还就解放思想、改革开放、扎实工作、精神文明建设等问题发表意见。

国务院副总理朱镕基在北京召开的全国棉花工作会议闭幕会上发表讲话

朱镕基在会议上宣布，由于我国棉花供求形势发生了变化，国务院决定在今年棉花购销政策保持稳定的前提下，对国家合同定购和储备计划之外的棉花，由产棉各省（区）自行决策，试行购销体制改革。

朱镕基指出，去年以来，纺织工业由于市场需求和原料结构的变化，对棉花需求的增长幅度减缓。在这种情况下，考虑到今年棉花生产预计将继续稳定增长，如果现在不向农民发出正确的市场供求信号，今后将可能出现产销进一步脱节的局面，不仅使国家、地方和企业难以负担，而且棉农的利益最终也将受到损害。另一方面，棉花流通体制的改革需要一个过程，棉花购销政策目前也不宜做大的变动，以免影响整个农业的稳定。

朱镕基说，根据农业部、商业部预测的1992年度棉花产量，国家确定今年总产量的95％仍按现行合同定购政策，由供销合作社统一收购、统一经营，收购价格和奖售政策不变。国家合同定购和储备计划以外的棉花，由产棉各省（区）自行决定是否适当开放一些市场。这样，既保持棉花政策的基本稳定，又为棉花购销体制改革的起步创造条件。朱镕基指出，定购外棉花进入市场必须有计划有控制地进行。主要产棉省（区）在建立区域性棉花批发市场时，要实行会员制，通过经纪人按规则进行交易；市场要规定最低保护价以保护棉农利益，在市场价低于最低保护价时，由政府按最低保护价收购后储备，以调控市场价格。

为确保国家棉花调拨计划的完成，保护棉农利益，我国今年在棉花调出省（区）与主要调入省（区）之间试行供需挂钩。朱镕基说，只有在国家定购计划、供需挂钩计划完成之后，棉花才能进入市场进行调剂。关于今年的棉花收购，朱镕基着重强调，要切实解决好收购资金问题。为保证今年收购工作的顺利进行，确保棉花质量，国务院将继续组派巡视组指导收购工作。

全国外汇调剂中心公开市场在北京开业

深圳率先向社会公开拍卖高新技术成果

国家工商局和国家医药管理局联合发布《医药器械广告管理办法》

国务院总理李鹏在北京会见哈萨克斯坦外交部长苏列伊麦诺夫

李鹏指出，中哈是具有很长共同边界的邻国，在当前形势下，保持和加强两国睦邻友好关系符合两国人民的根本利益。

李鹏在会见时强调指出，中国愿同所有邻国和世界上其他国家和平友好相处。李鹏说，中哈铁路不久前正式投入运营是一件值得庆贺的事情，对于促进两国在经贸等领域关系的发展会起积极的推动作用。李鹏表示相信，在双方的共同努力下，随着两国不断增进了解，中哈经济技术合作关系会由小到大得到更广泛、更好的发展。

苏列伊麦诺夫转达纳扎尔巴耶夫对李鹏总理的问候和良好祝愿。苏列伊麦诺夫说，哈萨克斯坦总统十分重视发展同中国的关系。目前，两国关系发展得不错，但仍有很大潜力，希望能得到更全面、更广泛的发展。苏列伊麦诺夫重申纳扎尔巴耶夫总统对李鹏总理访问哈萨克斯坦的邀请，表示期待李总理近期访问哈萨克斯坦。李鹏对此表示感谢，访问的具体时间将通过外交途径商定。

国务委员兼外长部长钱其琛会见时在座。

外交部部长钱其琛同哈萨克斯坦外交部长苏列伊

麦诺夫在北京举行会谈

双方就两国在政治、经济等各个领域的关系及共同感兴趣的国际问题广泛地交换意见。

钱其琛外长指出，中哈之间有着传统的友好合作关系，中国政府把同哈萨克斯坦共和国的睦邻友好、互利合作关系放在非常重要的位置。哈萨克斯坦独立以后，中哈关系发展很顺利。两国经济有很大互补性，经贸合作是双边关系的一个重要领域，有着进一步发展的良好基础和广阔前景。苏列伊麦诺夫外长表示，哈萨克斯坦政府十分重视同中国的关系，将其放在哈外交的优先位置。目前，两国关系正在顺利发展，哈中作为两大友好邻邦，应把这一关系提到一个新的高度。

钱其琛外长着重谈到亚太地区的和平与稳定问题。他指出，中国外交一个很重要方面是同邻国保持和发展睦邻友好关系，为经济建设和改革开放建立一个良好的国际环境。

苏列伊麦诺夫外长阐述哈方对维护亚洲安全和稳定的主张，认为和平共处五项原则是该地区国与国关系的基础。

中华人民共和国政府和乌克兰政府在北京签订经济贸易合作协定

国家教委有关部门负责人就成人高教问题答记者问

日前，《中国教育报》记者就人们关心的成人高等教育有关问题，走访国家教委有关部门负责人。

问：国家教委最近要召开全国成人高等教育工作会议，社会各方面都很关心，您能介绍一下召开这次会议的目的吗？

答：当前，全国都在认真学习、贯彻小平同志的南巡重要谈话和中央政治局会议精神，加快改革开放和经济建设的步伐。在这种形势下，召开这次会议，就是要以小平同志重要谈话和中央有关文件精神为依据，总结前一段的工作，研究、部署今后一个时期成人高等教育加快改革、积极发展的方针、政策和措施。召开全国性的会议，专门研究成人高等教育工作，在建国以来尚属首次。

问：您在加快改革开放和经济建设步伐的新形势下，如何看待成人高等教育的作用和功能？

答：我认为，成人高等教育的地位、作用和功能在今后将越来越重要，越来越为人们所重视，这是经济、社会发展的客观需求和成人高等教育本身的特点所决定的。

从需求方面说，随着改革的深入和进一步对外开放，当前存在的我国人口的科学文化素质与现代化建设需求不相适应的矛盾将愈加突出，无论城市或农村，都会越来越迫切地需要提高在职、从业人员及其他劳动者的素质。与此同时，人民群众在生活由温饱向小康转变过程中，将会有程度更高、心情更为迫切的接受高层次教育的要求。这就需要教育有个大的发展与之相适应。

我国的普通高等教育，限于国家的财力和条件，其发展速度和规模不可能全部满足需要，另一方面，对在职、从业人员进行高等教育的任务，也不是全日制普通高等教育所能够独自承担的。成人高等教育以终身教育和扩大教育机会为办学指导方针，以各类具有高中毕业文化程度的在职、从业人员为主要对象，由社会各方面广泛参与举办，本、专科学历教育与岗位培训、继续教育等非学历教育并举，内容紧密结合生产和社会需求的实际，具有很大的适应性、针对性和灵活性，因此，它具有普通高等教育所不能替代的作用和功能。

问：当前的一个热点问题是社会力量办学问题，国家在这方面的方针、政策为很多人所关注。社会力量办学的很大部分属成人高等教育，您能在这方面谈点想法吗？

答：社会力量办学是我国教育事业的组成部分，这项事业应改革开放之运而生，而且发展很快，成绩是很大的，当然也还存在一些问题。对社会力量办学，我们将继续采取积极鼓励、大力支持、正确引导、加强管理的方针，促进其健康发展。同时，我们也希望和要求社会力量办学能扬长避短，服务、服从于经济建设这个中心，办社会之所需，补国家办学之所缺，从我国的国情出发，从大多数社会力量实际具有的条件出发，以办职业技术教育、社会文化生活教育、基础教育、继续教育和助学性的教育为主，以面向学校所在地区招生为主，切切实实地为地方的经济、社会发展服务。

问：最近，我们听到一些要求国家全部放开对文凭证书控制的意见，国家教委在这方面有什么考虑？

答：李铁映同志在关于建立我国的文凭与证书制度方面有很多重要的论述，我先谈一点在这个问题上的学习体会和认识。

首先，高等教育的学历文凭是一个国家高等教育规格和水平的标志，与相应的小学、中学教育等级相衔接。高等教育文凭在国际上有相应对等的条约和协议。为保证高等教育文凭的规格、质量，需要有严格的教学计划、科学的教学过程和必需的师资管理、实验设备及经费等力量的投入。文凭的颁发数量是一个国家专门人才拥有量的标志，应与社会经济发展的需求和水平相适应。

证书在我国传统的教育制度中一直是学历文凭的同义词，近年来，随着“专业证书”等的试行和各种培训教育的开展，证书的含义和概念已由单纯的学历教育毕业证书扩展为接受某种知识和技术培训的证明。根据国外的经验，我们也要逐步建立“先培训、后上岗”和持证就业等制度，证书将作为一种任职资格的证明和用人的依据，由行业主管部门和有权威性的协会、学会负责拟订资格标准，根据标准组织培训、进行考核并颁发证书。与人民生命财产安全有关的或特殊重要的岗位要率先实行这种制度。国家在这方面还要立法。

关于学历文凭问题，社会很关心，议论很多，有要求放开的，也有要求加强管理的。我们的想法，是要通过改革，建立起文凭与证书并存、并用、互为补充的制度。为保证国家高等教育的声誉，并保持与世界各国在相应文凭与学位上的对等，国家将继续对学历文凭实行管理，同时根据需求逐步扩大学历教育的规模。学历文凭绝不能不讲规格、标准，因为文凭搞滥了，规格搞乱了，将从根本上降低我国科技人员队伍和干部队伍的素质，影响高等教育的改革和健康发展，还将影响社会的稳定。我们希望大家在这一点都能取得共识。

问：当前国家教委成人高等教育改革的思路和拟出台的一些改革措施是什么？

答：为了与经济体制、政治体制、教育体制的整体改革相适应，为了成人高等教育本身的兴利除弊，成人高等教育这块服务于经济建设主战场的前沿阵地，必须改革。

关于改革的目标和发展的方向，主要有三条，一是要以经济建设为中心，充分发挥成人高等教育在巩固和发展社会主义制度、不断提高社会生产力、建设两个文明方面的作用和功能，使之成为向在职、从业人员乃至全体公民进行马克思主义基本理论和现代科学文化知识教育的阵地；二是继续将岗位培训作为重点，积极发展大学后继续教育，进一步完善包括专科、本科、第二专业教育直至在职硕士、博士学位教育的成人高等学历教育体系，建立能够及时、主动适应不断变化的经济、社会需求，适应城市和农村不同经济成分需求，适应各类社会成员提高自身学历文化层次需求的新的办学机制，尽可能使具有高中毕业文化程度的在职、从业人员都能根据岗位、工作的需要及个人的志向，接受高中后教育和培训，为他们提供继续学习、实现成才愿望的新的机会。三是简政放权，建立起分级办学、分级管理的管理体制，动员社会各方面的力量积极兴办成人高等教育。

根据以上思路，我们提出了改革管理体制、成立国家成人高等教育考试委员会、改革招生办法、试办基础学院、设立成人高等教育改革实验区等一系列具体的政策、措施。这些政策、措施经会议讨论后，可行的，将正式部署实施。相信这将会对我国成人高等教育的发展起到积极的推动作用。

上海在浦东开发区建立东方明珠股份有限公司

为建造东方明珠广播电视塔，发行东方明珠股票4.1亿元人民币。这标志着中国文化事业投资方式开始发生重大改革。

新闻出版署发出关于调整部分选题管理规定的通知

通知的主要内容是：

一、关于古旧小说专题审批权

1985年文化部在《关于当前文学作品出版工作中若干问题的请示报告》(文出字〔85〕第432号)中，对古旧小说的出版作出规定：“此类选题可由各有关出版社自行规划。但在安排选题时务必考虑作品在文学史上的地位及其学术、艺术价值，并注意提高整理质量。未经整理的版本，不得翻印。这部分选题，经报出版社上级主管部门审核同意后，报我部出版局批准后出版。”1988年，新闻出版署又在(88)新出图字第626号文中重申了上述规定。现决定下放古旧小说专题审批权，凡我署核定的出版范围中有文学图书的出版社可按一般选题管理程序安排出版。古旧小说中确有文字价值、可供学术研究工作参考，但有较多性描写内容、不适合青少年阅读的，仍需专题报我署审批。

二、关于新武侠小说的专题审批权

1985年文化部在《关于当前文学作品出版工作中若干问题的请示报告》(文出字〔85〕第432号)中，对新武侠小说的出版作出规定：“内容健康，具有一定影响的代表性作品，包括港、台的新武侠小说，可以选择出版。为防止选题的重复，加强出书的计划性，这类品种的出书计划须经出版社上级主管部门审核同意后，报送我部出版局批准后出版。”1988年，新闻出版署又在(88)新出图字第626号文中重申了上述规定。现决定下放新武侠小说的专题审批权，凡我署核定的文艺专业出版社(含一个省里没有分出文艺专业出版社的人民出版社)均可按一般选题管理程序安排出版。

三、关于人体美术图书的专题审批权

1989年新闻出版署在《关于严格控制人体美术图书出版的通知》(〔89〕新出图字第776号)中，对人体美术图书的出版作出规定：“确有价值的这类选题必须事先专题报新闻出版署审批，否则不得出版。”现决定下放此类选题的专题审批权，由美术、摄影专业出版社按一般选题管理程序安排出版。

四、取消对比基尼泳装、港台和外国影星、歌星挂历选题的限制。

1985年原国家出版局在《关于从严控制印售港台

和外国影星、歌星挂历的通知》(〔85〕新出综字第 429 号)中规定:“任何单位都不得印制、出售专辑港台和外国影星、歌星的挂历。”1987 年新闻出版署发出《关于不要安排印制比基尼泳装挂历的通知》(〔87〕新出综字第 46 号)。现决定上述两通知停止执行。

五、关于广告宣传挂历的审批权

1987 年国务院办公厅在《关于坚决制止国内互赠挂历的通知》(国办发〔1987〕14 号)中规定:“所有行政、事业单位和企业,都不得以任何名义印制和购买挂历赠送国内单位或个人。”1990 年新闻出版署为继续贯彻国务院办公厅的通知,在《〈关于重申加强对挂历、年历画、年画出版管理的通知〉的补充说明》(〔90〕新出图字第 972 号)中规定:“凡用于国内发送的广告挂历和年历画,出版社和非出版社单位一律不得安排印制。如出版向国外发送的宣传用的广告挂历和年历画,地方的出版社和非出版单位必须事先经当地省级新闻出版局审核同意后,报我署审批,中央级出版社和非出版单位必须先经上级主管部门审核同意后,报我署审批,然后到当地工商局广告管理部门办理广告审批手续。”现决定将用于向国外赠送的广告宣传挂历的审批权下放,各单位可以到当地省级新闻出版局办理准印证,然后到当地工商局广告管理部门办理广告审批手续。

六、本文自下发之日起执行。上述选题管理规定调整后,原通知中的其他规定,在我署未正式通知调整前,仍然执行。各单位如认为有需要调整,应向我署报告,提出建议。

七、各地新闻出版管理部门和出版社的上级主管部门,在根据党和政府的新闻出版政策法规行使管理职权时,应自觉按照党的“一个中心、两个基本点”的基本路线,从促进出版改革、繁荣出版的大局出发,既要尽职尽责,严格把关,同时也要尽心尽力为出版社解决工作中出现的实际困难。对在改革、调整中遇到的新情况、新问题要及时向我署通报,以便研究解决。

中国体育代表团副团长袁伟民在巴塞罗那奥运村对新闻界发表谈话

袁伟民说,中国代表团出征奥运会已全面超额完成预定任务,夺得金牌与奖牌总数大大超过原来的估计。但是,他强调说,中国体育运动的总体水平与实力比先进国家还有很大差距。

袁伟民说,本届奥运会取得重大成就的主要原因是有正确的赛前指导思想。汉城奥运会以后,体育界实行“哀兵政策”,解放思想,放下包袱。外界气氛好也是一个重要原因,从中央领导到广大群众都给体育界以巨大的关怀与支持。新闻单位的宣传实事求是,也造成了良好的外部条件。运动员没有思想负担,能够较好地发挥水平。有好的气氛,好的开端,结果就形成一个人人都跃跃欲试争当冠军的局面。大多数人的成绩都比过去提高。

总的来说,我国竞技水平在世界上是不低的,但是与一些强国相比,我们的优势不明显,有差距,因此,临场发挥变得十分重要。不是超水平发挥,就不可能得奖,更不可能夺得冠军。但是,袁伟民强调指出,不能仅仅以夺冠军来衡量一切,有的运动员已经发挥出最高水平,破了纪录,但是仍然没有进入前 3 名,只取得较好名次这也是很不容易的。

同样,拿了金牌,也不能认为我们的实力已经从整体上取得了不起的进步与提高。袁伟民认为,对于在大赛中的失常现象要认真总结。例如女排表现失常,一着不慎,满盘皆输,有许多经验教训需要总结。

袁伟民还说,中国代表团这次在奥运会得牌面比较宽,分布在游泳、体操、射击、柔道、田径等项目上,说明我国运动水平开始在各个方面取得进展。

袁伟民最后说,但是,有些奖牌也存在着一定的偶然性,因此,我们在胜利面前要保持十分清醒的头脑,不要造成一种假象,认为这次奖牌多了,体育运动就一下子搞上去了。要实事求是看问题,冷静对待成败得失,总结经验与教训,争取继续前进,推动我国体育运动水平的不断提高,按照奥林匹克精神,做到更快、更高、更强。

中国运动员曲云霞在第 25 届奥运会女子 1500 米决赛中夺得铜牌

8 月 9 日

全国总工会 11 届 15 次主席团会议在上海召开

全国总工会主席倪志福在会上讲话说,工会兴办企事业完全符合党和国家关于依靠社会各方面力量发展第三产业的方针,符合中央关于使第三产业有一个全面快速发展的战略部署。这对于增加社会有效供给,增强综合国力,提高服务的社会化、专业化水平,增进社会保障能力,改善人民群众的物质文化生活都有积极作用。

倪志福认为要使工会企事业有一个较大的发展,就要冲破传统观念和习惯势力的影响,转变高度集中的计划经济体制下形成的供给制思想,树立参与竞争,敢冒风险等商品经济观念;要破除等、靠、要的消极依赖思想,树立抓住机遇、创造条件、依靠自己力量求得发展的观念;要克服因循守旧、过于求稳的思想,树立锐意改革、敢于试验的创新观念;要摆脱大而全、小而全和自我封锁的小生产意识,树立社会化大生产观念;

要改变忽视经营,不讲经济效益的做法,树立资产增值、讲究投入产出的观念。凡是有利于发展社会生产力,凡是职工群众需要的,凡是能为职工排忧解难,凡是能帮助企业缓解改革中的困难,凡是国家和社会需要而又适合工会办的经济事业,文化事业和福利事业都应该积极主动、大胆放手去办。

倪志福要求工会企事业要合法经营,积极参与市场竞争。他说,工会兴办的企业和按企业化经营的事业,都应该是参加社会主义统一市场的经济实体,都必须适应商品经济的要求,严格遵守国家法律、法规,在市场竞争中求生存和发展。

共青团中央等五单位联合发出《关于继续广泛深入开展全国青工"五小"竞赛活动的意见》

共青团中央、国务院经贸办、国家计委、国家科委、中国科协近日联合下发《关于继续广泛深入开展全国青工"五小"竞赛活动的意见》,要求各地和企业更加广泛、深入、卓有成效地开展青工"五小"(小发明、小革新、小改造、小设计、小建议)竞赛活动。

意见要求各级有关部门把青工"五小"活动作为"争当新长征突击手(队)活动"和"中国青年科技行动"、"青工'八五'效益工程"的一项重要内容,抓紧抓好,重点围绕企业技术改造、引进技术的消化吸收进行设备、工艺的革新改造和开发新产品以及为完善企业内部经营机制和经营决策、严格管理、挖潜改造、市场营销献计献策。为总结交流近年来"五小"活动的经验和成果,第四届全国青工"五小"竞赛活动将于年底进行总结和表彰。

厄瓜多尔总统博尔哈在基多政府宫接见中国外交部副部长刘华秋和由他率领的中国政府代表团

中共中央总书记江泽民在甘肃考察

8月9日至16日,江泽民先后在敦煌、酒泉、嘉峪关、张掖、金昌、武威、天水、白银、兰州等地市的工矿企业、科研单位、农村和牧区考察工作。

考察期间,江泽民充分肯定甘肃省委在改革开放十多年来,坚持贯彻执行党的"一个中心、两个基本点"的基本路线,坚定不移地走小平同志开创的有中国特色的社会主义道路,立足本省实际、创造性地开展工作,使经济和社会发展取得了可喜的成绩。并就西部地区的发展问题讲了意见。他说,全国各地的经济发展是不平衡的,因而各地经济发展战略的具体内容、具体办法也应有所不同,但各个地区之间的关系是相互合作、相互支持、相互帮助的关系。一部分经济先发达起来的地区,等发展到一定程度和一定时候,就有责任在技术、财力、物力、人力等方面对尚未发达起来的地区给予积极的帮助和支持。国家要在这方面适时地加以倡导、组织和推动,目的是最终实现全国各个地区经济的共同发展、共同繁荣、共同富裕。同时,国家在财力允许的范围内,对经济不发达地区如西部地区的某些重点建设项目,要给予一些必要的优惠和扶持,并力求在建设投资上逐步有所增加。这是我们的社会主义制度优越性的一个重要表现。

江泽民提出,包括甘肃在内,在实施西部地区经济发展战略过程中,要着重把握以下几点:一是在经济发展上要有紧迫感,但又不能要求过急,要坚持脚踏实地,尽力而为,一步一个脚印,力争年年有所发展;二是要坚持把能源、交通、原材料、通讯等基础产业和基础设施,摆在优先发展的战略地位,持续不懈地抓下去;三是要增强科技意识、人才意识、努力缩短科技水平和人才素质方面同沿海经济比较发达地区的差距;四是要始终重视和抓好农业建设,大力发展第三产业;五是要进一步加强同内地特别是沿海地区的横向经济联系,以利于促进扬长避短和优势互补;六是要继续发扬自力更生、艰苦奋斗和勤俭节约的精神,集中一切可以集中的财力物力,有计划有步骤地办好省内的一些大事情。

在考察中,江泽民强调各级领导干部要加强学习,改进领导工作的重要性。他说,改革开放和现代化建设,从解放和发展生产力的意义上说,是中国进行的又一次革命。在这场新的革命中,我们不了解、不懂得、不熟悉的东西很多,因此,必须不断加强学习。通过学习,努力使各级领导干部提高马克思主义的思想政治水平,提高现代科学文化水平,提高领导艺术和领导工作效率。我们干部的领导水平提高了,才能保证把群众高涨的建设和改革的积极性真正引导好、保护好、发挥好。

江泽民考察酒泉钢铁公司、金川有色金属公司、白银有色金属公司、兰州炼油厂、兰州化学工业公司等大型企业,同企业领导、技术人员和工人共商转换企业经营机制,提高经济效益的大计。

江泽民在兰州高新技术产业开发区考察中科院兰州化学物理研究所时指出,在积极发展高新技术产业的同时,要重视加强基础科学的研究和发展,不抓这一条,就会影响我国经济发展的后劲。

江泽民专程前往祁连山下,同裕固族干部群众一道欢庆丰收。

考察期间,江泽民还深入酒泉卫星发射中心,向常年战斗生活在艰苦环境中,为祖国航天事业屡建奇功的专家、科技工作者和广大解放军指战员表示亲切慰问,并希望发射中心的同志们再接再厉,勇攀科技高峰，把我国航天事业推向新阶段。

中国第二代科学探测和技术试验卫星发射成功

中国研制的新型科学探测和技术试验卫星，下午 4 时在酒泉卫星发射中心首次发射升空。卫星顺利进入预定轨道，卫星上各种仪器工作正常。

科学探测和技术试验卫星属于返回式遥感卫星。它主要运用卫星上的摄影系统获取遥感资料。装有遥感资料和搭载物品的卫星返回舱，在地面卫星测控中心的精确控制下，按预定计划实施回收。目前，世界上只有少数国家掌握返回式卫星的发射和回收技术。

这次发射的新研制的第二代科学探测和技术试验卫星，其技术性能比过去发射的返回式遥感卫星更为先进，获取的遥感资料将更加精确。在这之前，我国共发射了 12 颗返回式遥感卫星，回收成功率 100%。

第 25 届奥林匹克运动会在巴塞罗那闭幕

中国代表团在本届奥运赛事中的 15 个比赛项目中夺得奖牌，在 7 个项目中夺得金牌，总计以 16 枚金牌、22 枚银牌、16 枚铜牌，列金牌总数及奖牌总数第 4 名。

8 月 10 日

张云逸大将纪念馆在海南省文昌县落成

国务院新闻办公室《中国改造罪犯的状况》白皮书

前　言

同犯罪现象作斗争，是当代世界各国共同面临的重大社会问题；将罪犯改造成为守法公民，是社会文明与进步的重要任务。

中国有 11 亿人口，是世界上人口最多的国家。尽管由于人民政权采取了发展经济和维护社会稳定的一系列措施，犯罪案件的发案率大大低于世界平均水平，但每年仍然有不少犯罪事件发生，有数以万计的人被司法机关依法定罪。依照法律惩罚和改造罪犯，在中国仍然是一项艰巨的工作。

把罪犯改造成能够遵守法律、自食其力的新人，并让他们回归社会成为自由公民，是中国改造罪犯的基本目标。新中国曾将包括末代封建皇帝和战争罪犯在内的大多数罪犯成功地改造为无害于他人、有益于社会的守法公民，从而维护了中国的社会稳定、经济发展和国家安全，有效地保障了中国公民的权利。中国改造罪犯的工作取得了巨大的成就。

中国在长期的实践中，确立了改造罪犯的原则、政策和法律，这是社会主义法制建设的一项重要内容，把中国改造罪犯的情况介绍出来，将有利于世界公众更好地了解具有中国特色的社会主义。

一、中国改造罪犯的基本原则

人是可以改造的。绝大多数罪犯也是可以改造的。把消极因素化为积极因素，把罪犯改造成为有利于社会的人，这是符合马克思主义解放全人类的伟大理想的。根据这一认识，中国对于罪犯不是单纯进行惩罚，而着重于改造和转化。因而中国对于罪犯，即使是罪行严重的罪犯，历来坚持实行少杀的法律和政策。

中国在改造罪犯的实践中注意贯彻人道主义的原则。对罪犯不仅保障应有的生活条件，更尊重人格，禁止侮辱。中国法律对罪犯在服刑期间应享受合乎人道的物质生活待遇和监狱、劳改场所管理人员必须对罪犯实行文明管理，都作了明确的规定。

中国严格保障罪犯应有的权利。中国法律规定了罪犯在服刑期间未被法律限制的各项公民权利。从罪犯收押，到刑满释放整个过程，对罪犯应享有的权利，都有具体的法律规定。中国法律禁止监管工作人员虐待被监管人的行为，被监管人也依法享有控告的权利。对监管工作人员的渎职犯罪，法律明确规定应给予刑事制裁。

中国对罪犯的改造贯彻以教育为主的原则。为了对罪犯实行改造，中国十分重视通过劳动和法制、道德、文化、技术教育，促使罪犯从被迫服刑转向自觉改造，摒弃以罪恶手段达到个人欲望的思想，树立尊重别人、爱护社会的观念，获得劳动就业技能，成为遵纪守法的公民。

中国注重对罪犯的感化工作。为此，在对罪犯的改造中，中国实行国家专门机关与社会相结合的办法。对罪犯的改造工作主要由国家的劳动改造机关承担，在监狱、劳改场所执行。同时，在中国社会主义制度下，改造罪犯的工作得到全社会的广泛关注与大力支持。社会各部门、各阶层对改造罪犯工作的支持和配合，贯穿在对罪犯改造的全过程，并且延续到罪犯刑满释放后的安置和就业。

由于上述原则的贯彻，中国改造罪犯的实践取得了显著的成就：

——中国成功地改造了战争罪犯。中国对日本侵华战犯，伪满洲国战犯，国民党战犯，乃至封建清王朝的末代皇帝，没有一人被判处死刑。经过改造，一千多名原日本战犯经宽大释放回国后，绝大多数积极参加反战、和平和促进中日友好的活动；伪满洲国战犯和国民党战犯，其中包括末代皇帝溥仪，经特赦释放后，成为守法公民并且为国家和人民尽力作了一些贡献。

——中国是世界上重新犯罪率最低的国家之一，多年来一直保持在 6% 至 8% 的水平；而西方一些发达国家的重新犯罪率，少则 20％、30％，有些高达 50％、60％以上。

——中国每年经法院审判的犯罪案件约有 40 余万件，刑事案件的年发案率为 2‰左右，是世界上最低的国家之一。

重新犯罪率和刑事案件发案率的高低，都是衡量一个国家改造罪犯成效的主要标志。中国改造罪犯的这些成就，证明了中国改造罪犯的原则与政策、法律与制度的正确。

中国是发展中国家，中国改造罪犯的条件和环境还受到经济和社会发展水平的限制。随着中国社会主义现代化建设的发展和法制建设的不断完善，中国改造罪犯的工作将达到新的水平。

二、依法保障罪犯的权利

中国法律规定，罪犯在服刑期间应有的权利受到保护，不容侵犯。

在半封建、半殖民地的旧中国，监狱是封建、官僚、买办阶级屠杀、残害革命者和被压迫人民的工具。四十年代，美蒋特务在中国重庆的渣滓洞、白公馆对革命志士任意施以酷刑和秘密处死的残暴罪行，中国人民至今仍记忆犹新。在旧中国，即使是普通刑事犯人，他们的待遇也是十分恶劣的。新中国成立以后，人民政府建立了新型的社会主义监狱，把犯人当人看待，尊重他们的人格，保证罪犯的人身安全，给予充分的人道主义待遇。根据中国现行法律，罪犯在关押期间主要享有下列权利：

——罪犯对人民法院的判决有申诉的权利，1990 年和 1991 年，中国法院各受理这类申诉 4 万余件；罪犯在服刑期间被指控又犯新罪，有权在刑事诉讼过程中为自己辩护或委托他人代理辩护。

——罪犯有在任何情况下人格不受侮辱、人身安全不受侵犯的权利。对监管工作人员刑讯逼供、体罚虐待等违法行为，罪犯有向人民检察院、人民法院、人民政府或其他机构揭发和控告的权利。

——没有被剥夺政治权利的罪犯，有依法行使选举的权利。

——罪犯有对监狱、劳改场所的管理、教育、劳动生产、文化娱乐、生活卫生等工作提出合理化建议的权利。

——罪犯有维持正常生活的权利，他们的吃、穿、住、用等物质生活条件由国家予以保障。罪犯人均生活设施面积在 5 平方米以上，监舍力求坚固、整洁、保暖、通风。据统计，1990 年，罪犯平均每人每月实际消耗粮食 22.75 公斤，蔬菜 20 至 25 公斤和相当数量的猪、牛、羊肉食及鱼、禽、蛋、豆等副食。罪犯每人每天从食品中摄取的热量为 2952 千卡。全国不同地区的罪犯年平均生活费 650 元左右，接近当地居民平均生活标准。

——罪犯有维持身体健康的权利，罪犯享受免费医疗，每年定期接受健康检查，生病得到及时诊治。患有严重疾病的罪犯，有依法获得保外就医的权利。怀孕或正在哺乳自己婴儿的女罪犯，享受监外执行的待遇。对于患有疑难病症的罪犯，监狱、劳改场所均邀请社会上的医学专家会诊或送社会医院诊治。到目前为止，中国劳改系统已形成由省中心医院，监狱、劳改场所医院，基层医务室组成的三级医疗卫生网络，有各类卫生机构 2944 个，罪犯每千人拥有医师数为 3.54，每千人拥有医院病床数为 14.8，均高于全国平均水平。

——罪犯有与亲友通信，定期接见家属的权利。监狱、劳改场所设有专门接见室供罪犯与家属见面使用。罪犯与家庭产生误会或发生矛盾以至家属不来探视或中断通信联系时，劳改机关尽可能从中调解、疏通。

——罪犯有受教育的权利。中国劳改机关为罪犯受教育创造了必要的条件，罪犯可以根据自己的文化程度接受正规的小学、初中教育，有条件的还可接受高中及高等教育。同时还可受到职业培训，为回归社会、自食其力打下基础。罪犯可以阅读报刊书籍、听广播、看电视，了解国内外大事，与外部社会保持一定联系。

——罪犯有信仰宗教的权利。中国政府允许信教的罪犯在押期间保持原有的宗教信仰。

——罪犯享有财产、继承等方面的民事权利。罪犯入狱前的合法财产，依法受到保护，罪犯有行使收益、处分的权利。罪犯依法享有继承权。罪犯在服刑期间的发明权、著作权，均受法律保护。罪犯有提出离婚的起诉权和不同意离婚的答辩权。

——中国政府对未成年犯、女犯、老弱病残罪犯以及少数民族罪犯、外籍罪犯，在充分考虑他们的生理、心理、体力和生活习惯等方面特点的前提下，在生活、管理、劳动等方面给予不同于其他罪犯的特殊待遇。未成年犯关押在少年管教所。少管所贯彻“以教育改造为主，轻微劳动为辅”的方针，劳动属于习艺性质。监狱、劳改场所为有特殊饮食习惯的少数民族罪犯设有专门食灶。

——罪犯在服刑期间表现好的有获得依法减刑、假释的权利。

为了保障罪犯的合法权利，中国的立法机关和政府制订了相应的法律和规定：监管工作人员必须经过专门的法律和业务知识的培训，合格后方能上岗工作；严禁对罪犯施加酷刑、侮辱和打骂虐待。如果发生体罚虐待罪犯的违法行为，要严肃处理，直至追究刑事责任，即依照中国刑法的规定，对于体罚虐待罪犯情节严重构成体罚虐待被监管人罪的，由人民法院依法判处刑罚。1990年和1991年共有24名监管工作人员因此被判处有期徒刑。人民检察院在监狱、劳改场所设立常驻检察机构、对劳改机关的执法活动进行监督，依法保障罪犯的申诉权、控告权和检举权；各级人大代表、政协委员不定期视察监狱、劳改场所，检查执法情况。如1991年，全国政协、北京市政协共有30余位委员，先后4次视察北京市第一监狱，检查那里的执法工作情况。

与此同时，罪犯必须履行法律所规定的义务，这些义务是：遵守国家的法律法规和劳改机关统一制订的监规纪律；服从监管工作人员的管理教育；积极参加生产劳动；接受思想、文化、技术教育；爱护国家财产，保护公共设施；讲究文明礼貌，遵守社会公德；检举违法犯罪活动；增强组织纪律性，参加集体活动；联系犯罪实际，接受改造等。

三、对罪犯的劳动改造

中国组织罪犯从事有益于社会的生产劳动，这是中国对罪犯实行惩办与改造相结合原则的重要内容。中国改造罪犯的实践证明，这一做法是卓有成效的。

从事有益于社会的生产劳动，对于罪犯有着特别而重要的意义。第一，通过生产劳动，使罪犯了解社会财富来之不易，可以培养其热爱劳动、习惯劳动的思想，树立“不劳动不得食”的观念，矫正好逸恶劳、贪图享受等恶习；同时在劳动中可以培养其社会责任感和遵纪守法的精神。第二，组织他们从事适宜的劳动，可以增强体质，保持健康，避免在单纯的监禁中，长年无所事事，导致他们心情压抑、意志消沉、精神颓废，甚至萌生逃跑、自杀和重新犯罪等念头。第三，通过生产劳动使罪犯尽可能地掌握一种或几种生产技能及知识，可以为刑满释放后的就业谋生创造条件，防止他们因恶习不改或生活无着落而重新犯罪。第四，组织罪犯从事与正常社会条件和形式相同或相近的劳动，可以培养罪犯与他人或社会组织的协调和合作精神，使之在回归社会后能够尽快地适应社会环境。

把劳动作为对罪犯进行改造的一种手段，是世界许多国家通常的做法。许多国家的法律以及联合国的文件都对组织囚犯从事生产劳动提出了明确的要求。

中国的法律规定，凡是有劳动能力的罪犯，必须参加劳动；经过医生检查没有劳动能力和不宜参加劳动的老、弱、病、残罪犯不参加劳动。据1990年的统计，不参加劳动的犯人约占10%。中国政府反对将劳动作为惩罚罪犯的手段，反对用繁重的劳动折磨、虐待罪犯。

将劳动作为改造罪犯的手段而不是作为惩罚罪犯的手段，在中国改造罪犯的实践中得到贯彻执行。

——中国对组织罪犯从事生产劳动作出了一系列法律规定，在劳动时间，节、假日的休息，粮油、副食品的供应以及劳动保护和保健等方面，享受与同类国营企业相同的待遇。

——通过教育手段使罪犯由开始的被迫劳动逐渐过渡到自觉劳动。罪犯刚入狱时，有的没有劳动习惯，有的鄙视劳动，因此参加生产劳动多少都带有被迫的性质。对此，中国劳改机关不是采取粗暴的强迫手段，而是反复对罪犯进行从事生产劳动意义的教育，说明鄙视劳动的可耻，并在劳动的安排上，从他们力所能及的劳动开始，逐渐使他们提高对劳动的认识，培养对劳动的兴趣，从而逐渐过渡到自觉参加劳动改造。中国清王朝最后一个皇帝爱新觉罗·溥仪在转到中国监狱时连穿衣脱袜都要人服侍，通过中国监狱的耐心教育和细心安排后终于能够自觉地参加劳动改造。他认为，这对把他从一个罪犯改造成为有益于社会的人起到了很大作用。

——中国劳改机关除对不适宜参加生产劳动的罪犯免除劳动外，监管工作人员还随时调查、了解罪犯的身体状况，安排与罪犯身体承受能力相适应的劳动。女犯参加适合其生理、心理特点的劳动。少年犯只安排习艺性的劳动，实行半天劳动、半天学习的制度。

——在劳动改造中，为罪犯提供文明、安全的劳动条件。在劳动保护和保健方面，中国每一个监狱、劳改场所都建有专门的安全制度和必要的安全设施，并配有专门的安全员经常进行监督、检查。监狱、劳改场所的安全、卫生、通风、光线等条件，都有明确的规定，并纳入劳改机关的工作考核内容之中。

——中国强调要让罪犯在劳动改造中学会和提高生产技能，使罪犯看到重新做人的希望，将罪犯改造成为对现代化建设有用的新人。帮助罪犯学会和提高生产技能是中国劳改机关的一个重要考核指标。这对绝大部分罪犯在刑满释放之后都能够迅速就业，安心工作，避免重新犯罪起了重要作用。

——对有一技之长的罪犯，中国劳改机关鼓励他们发挥特长为社会作出贡献。在中国，罪犯在管理部门的帮助下成为技术能手、生产骨干的事例是相当多的，成为发明家，艺术家的也不乏其例。河北省第一监狱罪犯毛某在劳动改造中创造了三项重要发明，并获得了国家的专利，受到了社会的好评，同时得到依法减刑的奖励。

四十多年来，中国对罪犯的劳动改造在实践中创造了许多有益的经验。许多在押罪犯在劳动改造的过程中除掉了入狱前的恶习，树立了正确的人生观，培养了尊重他人、尊重社会、遵纪守法的良好习惯。许多罪犯由于在劳动改造过程中表现突出，依法获得减刑、假释；一些罪犯在刑满释放回归社会后，成为企业的生产骨干、工程师、厂长、经理，有些还当上了先进生产者、劳动模范。中国在劳动改造罪犯中的这些成绩受到了国际社会中有识之士客观公正的评价和称赞。

在中国，组织罪犯生产劳动所生产的产品主要是满足中国劳改系统内部的需要，只有一部分通过正常的渠道进入国内市场。劳改中的生产收入主要用于改善犯人的生活，维持再生产和完善其他与犯人有关的集体生活设施。这对减轻国家和人民的负担起了很好的作用。中国劳改系统的生产分两部分，一部分是罪犯劳动改造的生产，另一部分是劳改系统的工人、家属从事的生产。这两个部分是性质完全不同的，不能混淆。据 1990 年统计，中国劳改系统罪犯生产的年产值仅 25 亿元人民币，约占当年国家工农业生产总值的 0.8‰。近些年来，西方一些人宣扬“中国劳改生产是中国国民经济的支柱”，与事实完全不符。

中国禁止劳改产品出口。中国的主管部门从来没有批准给予任何劳改单位以出口商品的经营权。1991 年 10 月 10 日，中国经贸部、司法部又联合发出《关于重申禁止劳改产品出口的规定》。中国政府在这方面的做法是严肃的、认真的，对违反规定的，一经发现，即严肃处理。

四、对罪犯的法制、道德、文化和技术教育

中国法律规定，罪犯的劳动改造必须同法制、道德、文化、技术教育结合起来。罪犯一般年纪较轻，文化程度偏低，法律意识差，这使得帮助罪犯摆脱愚昧，增强法律意识和道德观念，提高文化水平和劳动技能，成为改造工作的重要任务。为此，中国劳改机关在实践中创造了开办特殊学校这一具有中国特色的改造罪犯的形式。

中国政府从 1981 年开始把在押罪犯的教育纳入国民教育计划，要求有条件的监狱、劳改场所均应设立专门的教育机构，建立完备的教育制度，使对罪犯的法制、道德、文化和技术教育正规化、系统化。截止到 1991 年底，全国监狱、劳改场所已办成特殊学校的占总数的 72.82％。

劳改机关对罪犯进行法制、道德教育，重点是进行认罪服法、道德修养和人生观教育。目的是使罪犯知法、守法、服法和提高道德水平。

法制教育主要是组织罪犯学习《宪法》、《刑法》、《刑事诉讼法》、《民法通则》、《民事诉讼法》等法律，以使其了解公民的基本权利和义务、犯罪的刑事责任等刑法的基本内容、刑事诉讼制度，以及关于婚姻、家庭，人身和财产权利等民事基本法律。在此基础上使他们分清合法与违法行为的界限、犯罪行为与非犯罪行为的界线，充分认识犯罪行为的危害性和法律责任，从而认罪服法，自觉接受改造。

道德和人生观教育主要是抓住与罪犯切身利益最为密切的问题，如理想、幸福、良知、苦乐、荣辱、前途、婚恋、家庭等问题，教育他们懂得什么是正确的社会公德和价值观念，从思想上划清光荣与耻辱、文明与野蛮、高尚与卑劣、美好与丑恶的界限。同时密切联系本人的情况，总结他们犯罪的教训，进行个别的、有针对性的教育，有效地转化罪犯的思想。

据 1991 年统计，罪犯中参加法制、道德教育的占 98.92％。在贵州某劳改场所改造的罪犯梅某，服刑期间认真接受法制、道德教育，自觉地矫正自己的恶习，刑满释放后遵纪守法、靠劳动致富，受到群众的信任，当选为文明村的村长、乡人民代表、县政协委员。

对罪犯进行文化知识教育以扫盲和普及初中教育为主，同时鼓励文化程度较高的罪犯参加社会上开办的函授大学、业余大学、电视大学等学习。

为做好对罪犯的文化知识教育，中国劳改机关定期对罪犯的实际文化程度进行测验，分年级编班并设置与社会教育相应的课程。要求初中文化程度以下的罪犯一般都要参加文化学习。

监狱、劳改场所设立的特殊学校的校长由监狱、劳改场所的主要负责人兼任，此外还设有教导主任、教研室，每个学期每个年段都有教学计划和教学大纲。罪犯每天学习 2 小时左右，每星期学习 12 课时左右。特殊学校配有的专职教员中，有一些是从文化程度较高的罪犯中选任的。罪犯参加文化学习，经当地教育部门考试合格的，可获得与社会教育机构同等效力的学历证书。

据统计，1991 年底，全国监狱、劳改场所共开办各种文化学习班 1.2 万余个，参加文化学习的罪犯达 51.8 万余人，入学率占应参加学习的 92.35％，其中参加刊授大学、函授大学、业余大学、电视大学学习的 5300 余名，参加高等教育自学考试的 4000 余名。近 6 年来，获得各类文化结业、毕业证书的累计达 90.2 万余人次。山东省第三监狱在罪犯中开展正规文化教育三年，文盲比例由占罪犯总数的 17.6％下降到 1.3％，小学以下文化程度者由 65％下降到 5.3％，初中以上文化程度者有较大幅度的上升，刑满释放人员的重新犯罪率降至 1.9％。沈阳市有一位青年，曾因参加盗窃集团犯罪被判刑，服刑期间，他认真接受改造，积极参加劳改场所组织的文化学习，出狱后不仅考上了大学，后来还考取了哈尔滨工业大学研究生，取得硕士学位。

技术教育是中国对罪犯实施教育改造的一项重要

内容。据 1991 年统计，罪犯中已有 56.1 万余人参加各类技术培训班，占应接受技术教育犯人的 83.18%。累计有 54.6 万余人次经社会劳动部门考核合格，获得技术等级证书。

为了加强对罪犯的技术教育，监狱、劳改场所设有技术教研室、教室、实验室，农业单位设有试验田。对罪犯无偿提供各种技术教育的教材和资料。教员一般由劳改机关的工程技术人员和农艺师等担任，同时也根据需要邀请社会上的技术人员或院校的教师讲课。根据罪犯刑满后的不同去向和社会需要，重视开展一些实用性强、周期短、见效快的综合职业技术培训。如家用电器维修、剪裁缝纫、烹饪、理发、家禽饲养、木工、瓦工、电工、农具维修等，使罪犯在服刑期间掌握一种或几种技能，为刑满就业创造良好的条件。山东省济南某劳改场所对近几年学有专长的 720 名刑满释放人员进行了调查，其中有 96%的人回归社会后很快被当地安置就业，有的回原单位工作，有的被社会企业聘为技术骨干，还有的开办家庭副业、建筑业或其他服务行业，成为遵纪守法的个体户和专业户。辽宁省凌源某劳改场所对 124 名在监内取得技术等级证书的刑满释放人员进行调查，出狱后不仅全部有了工作，而且无一人重新犯罪。

对罪犯进行系统的法制、道德、文化、技术教育致力于把监狱、劳改场所办成教育人、改造人的特殊学校，这是中国劳动改造工作的一项重要改革，也是中国社会主义法制建设的新发展。实践证明，这是提高改造罪犯质量，促进社会治安良性循环的有效途径，已成为具有中国特色的一项司法制度。

五、对罪犯的感化

对罪犯的感化是中国改造罪犯的重要内容。中国劳改机关主要采取了以下几种做法：

——中国的监狱、劳改场所积极开展有益的文化、娱乐、体育活动，为在押罪犯创造一种积极向上的改造氛围。

监狱、劳改场所均设有图书室、阅览室，备有政治、文化、文学、科技等书籍和各类报刊，供罪犯阅读，同时允许罪犯自费订阅报纸，杂志。监狱、劳改场所还经常组织有学习能力的罪犯开展文艺创作、新闻写作、读书、演讲、征文比赛等活动。

相当多的监狱、劳改场所还组织罪犯参加学习书法、绘画等习艺性活动，配备了专门教师、画室、作画工具及原材料。有的还请社会上的教师到监狱指导。上海市监狱从 1983 年以来，每年举办一期在押罪犯的习美作品展，每次展出二三百件。1990 年秋，在北京的博物馆举办了有 700 多件由在押罪犯创作的美术作品展，内容涉及书法、篆刻、素描、油画、国画、水粉画、泥塑、石刻、玉雕、木雕、根雕、蜡染、刺绣、编织、剪纸等，在社会上引起了极大反响。

不少监狱、劳改场所都有由罪犯组织的艺术团，自编自演文艺节目。有些还经常组织罪犯开展体育活动，举行篮球、乒乓球、拔河及各种棋类比赛。

为活跃罪犯的生活，教育改造罪犯，中国的监狱、劳改场所办有“三报”：劳改报、黑板报、墙报。这些报由监管工作人员负责，由罪犯自己撰稿、编辑、抄写、刻印。目前，狱内劳改报的发行量为 22.4 万份。这些富有知识性、趣味性的监内报，被罪犯称为“改造路上的良师益友”。

——中国十分重视监管工作人员对在押罪犯的言传身教作用。

中国要求监管工作人员具有较高的思想道德水准和文化知识，在日常工作中以其文明的言谈举止引导、启发罪犯。尤其是对青少年罪犯，要求监管工作人员要像父母对待子女、医生对待病人、教师对待学生那样真诚地、耐心地、细致地做好教育、感化、挽救工作。监管工作人员在做工作时，有时要找罪犯谈话上十次、几十次，甚至上百次，以关怀备至之情打动罪犯。罪犯在家庭、婚姻等方面遇有特殊困难，劳改机关与社会联系，尽力帮助解决。

——社会组织积极参与帮助、教育、感化罪犯的工作。

这是中国改造罪犯的一个重要特色。实践证明，这一做法是相当成功的。中国的各级党委、政府部门的领导人，人大代表、政协委员，工会、共青团、妇联和司法机关的负责人，社会知名人士、英雄、劳动模范，老干部、老教师、老工人、老艺术家等，到监狱、劳改场所给罪犯作报告，讲形势，谈理想，提希望，使罪犯感受温暖，看到光明前途。有的还组织受害者到监狱、劳改场所控诉犯罪的危害，使罪犯增加罪责感，进一步认罪悔罪。

劳改机关经常请已改造好的典型人物到监狱、劳改场所现身说法，这对增强在押罪犯的改造信心起了很好的作用。

劳改机关对改造表现比较好的罪犯，在可能的条件下，或组织他们到社会上参观学习，或节假日给假回家与家人团聚，让他们了解社会的发展情况，使他们感到自己仍是社会的一员，争取尽早回到社会，参加国家的现代化建设。

——劳改机关积极发动在押罪犯的家属参与对罪犯的感化工作。

监狱、劳改场所除执行正常的探监规定外，遇有罪犯思想波动时，邀请罪犯家属到监狱、劳改场所进行规劝。对来监探望罪犯的亲属，监管工作人员主动介绍罪犯的思想、表现，有时还组织参观罪犯监舍、劳动场所，请他们协助做罪犯的思想工作。

劳改机关对罪犯的感化，得到了多数罪犯真诚的响应。

1990 年 4 月 26 日 18 时，6.9 级的强烈地震将青海省第十三劳改支队的建筑物瞬间震为废墟。因监房建筑较坚固，罪犯中无人死亡或重伤。在余震不断，没有照明的情况下，罪犯没有一人逃跑，而是积极投入到紧张的抢险救灾中，共救出职工及家属 118 人。事后，115 名罪犯受到依法减刑、假释的宽大处理，169 名罪犯受到记功、表扬。

六、对罪犯的依法文明管理

中国监狱、劳改场所内的行政管理的基本原则是依法文明管理，即在管理活动中，尊重罪犯人格，给他们以人道主义待遇，坚决禁止有辱罪犯人格的做法，充分发挥管理在改造罪犯中的约束、矫治、激励和引导作用。

为了让新入狱的罪犯详细了解其法律地位和权利、义务，熟悉监区环境，为服刑改造奠定基础，新收押的罪犯都要送往监队进行 1 至 2 月的监规纪律和有关法律，法规的学习，以消除新犯通常的消极对抗和恐惧心理，让其能够自然地与监管工作人员接触并交流思想。

监狱、劳改场所内的行政管理涉及罪犯日常活动的各个方面，为了防止监管工作人员工作中的盲目性和随意性，规定了罪犯的日常行为准则和考核、奖惩的条件、程序等，并向罪犯公开宣布。监管工作人员的各项工作必须严格遵循这一法规。监管工作人员对罪犯的改造表现要进行记载，定期分析、汇总，对改造表现突出的及时给予表扬、记功，并在生活和监内活动等方面给予较优惠的待遇；对符合条件的，及时报请人民法院依法减刑或假释，以充分调动罪犯的改造积极性，在监内树立积极改造的风尚。

劳改机关要求监管工作人员深入了解罪犯的各项日常活动，组织罪犯劳动、学习，开展个别教育和谈心活动，重要节、假日还与罪犯共同进餐，参加罪犯的文娱、体育活动，使罪犯与监管工作人员之间形成彼此的情感联系和心理感应，尽可能消除罪犯与监管工作人员之间可能存在的排斥和消极对抗心理。这些管理措施是十分有效的。中国监狱、劳改场所很少发生罪犯袭击监管工作人员和破坏监管设施的事件。

对少数严重违犯监规纪律，抗拒改造的罪犯或又犯罪的罪犯，按照监管法规，要予以处罚。对个别严重违犯监规的罪犯给予禁闭处罚时，须经管理工作人员集体研究讨论并报劳改单位主管领导批准，禁闭的期限最长不得超过 15 天。对被禁闭的罪犯每天放风两次，每次 1 小时左右，其生活待遇与不参加劳动的罪犯完全相同。

劳改机关对罪犯实行的各种奖励和处罚，受人民检察院的监督，人民检察院对劳改机关不合规定的管理活动，有权随时提出纠正。

七、对罪犯的刑罚执行

在中国，对罪犯执行刑罚，从收押罪犯之日起，到刑满释放为止，都严格依法办事。

劳改机关收押的罪犯，须是其判决已经发生法律效力的，如果发现法律文书不完备或判决尚未发生法律效力，劳改机关有权拒绝收押。收押新犯必须有医生在场，一律要进行健康检查，对有精神病或患有急性、恶性传染病的，有严重疾病需要保外就医的，怀孕或正在哺乳自己婴儿的妇女，都不予收押。收押罪犯后在 3 日以内通知罪犯家属，使其家属及时了解罪犯的去向。按照监管法规，大多数罪犯都被允许在他们原居住的地区就近服刑，以便于罪犯家属探视和原单位帮助教育。

依照中国的法律，劳改机关在罪犯的整个服刑过程中，不但及时向有关部门转递其申诉，而且主动地对罪犯的申诉进行分析研究，对判决有可能为错误的，主动转请人民检察院或者原判人民法院处理。

为了有效地调动罪犯的改造积极性，中国法律规定了减刑和假释制度，即罪犯在服刑改造期间，凡经过考核，接受改造、确有悔改或有立功表现，均可依法获得减刑或假释。80 年代初以来，中国劳改机关对罪犯的考核、奖惩普遍实行了计分的办法，即对罪犯的日常改造表现用分数来反映，根据规定的基础分，对积极改造的给予奖分，对有违规违纪行为的给予扣分，并按月公布每名罪犯的奖、扣分情况，罪犯有权对所得分数提出质疑和申辩。劳改机关定期或不定期按照罪犯的综合改造表现，择优依法提请人民法院予以减刑或假释。罪犯本人根据考核办法和公布的得分情况，也可以知道自己获得减刑或假释的机会。为了保证奖罚的公正、合理，还对罪犯的减刑和假释程序作了严格规定。这种考核、奖罚办法大大调动了罪犯接受改造的主动性。据统计，1990 年，全国在押罪犯中获得减刑、假释的罪犯占在押犯总数的 16.83%，1991 年为 18.35%。

为了改造那些犯有死罪但还有可能改造的罪犯，中国独创了判处死刑缓期二年执行的制度。《中华人民共和国刑法》第四十三条规定："死刑只适用于罪大恶极的犯罪分子。对于应当判处死刑的犯罪分子，如果不是必须立即执行的，可以判处死刑同时宣告缓期二年执行，实行劳动改造，以观后效。"依照刑法规定，对于被判处死刑缓期二年执行的罪犯，"在死刑缓期执行期间,如果确有悔改,二年期满以后,减为无期徒刑;如果确有悔改并有立功表现,二年期满以后,减为15年以上20年以下有期徒刑。"从司法实践看,被判处死刑缓期二年执行的罪犯,经过改造后,99%以上都被减为无期徒刑或有期徒刑。对减为无期徒刑的罪犯,在执行期间,如确有悔改或立功表现,还可以减为有期徒刑。

对在监狱、劳改场所内重新犯罪,触犯刑律的,要依法提请人民法院对新罪应处的刑罚和旧罪未执行完毕的刑罚予以数罪并罚。由于绝大多数罪犯接受改造,只有极少数人因重新犯罪而被加刑。据统计,1990年全国在押罪犯中因在狱内重新犯罪而被加刑的只占在押犯总数的0.387%,1991年为0.319%。

对于怀孕或正在哺乳自己婴儿的犯罪妇女及有严重疾病的罪犯,人民法院可判处监外执行。即使是执行中的有期徒刑、无期徒刑的罪犯,患有严重疾病的,也可以保外就医。对未成年犯、老年犯和女犯的保外就医条件适当放宽。据统计,1990年,全国保外就医的罪犯占在押犯总数的1.91%,1991年为1.94%。

劳改机关在罪犯刑满前就做好相应的准备,刑满之日必须依法予以释放,并发给途中足够的路费、伙食费。对有病的,提前通知家属来接或由监狱、劳改场所派人护送。

为了有利于罪犯的改造,中国同世界上多数国家一样,对那些犯罪情节轻微,认罪态度较好,且不致再危害社会的犯罪分子实行缓刑。近年来,中国司法机关依法适当扩大缓刑适用范围。1991年,被判处缓刑的罪犯为6.5万余名。司法实践表明,对这些罪犯实行缓刑,使他们不与家人分离,不失去原有的工作,不脱离正常的社会环境,有利于激发他们接受改造的积极性,有利于社会对他们的教育、感化与改造。

八、对刑满释放人员的就业安置与教育保护

中国政府十分重视保护刑满释放人员回归社会的公民权利。中国政府规定,对刑满释放人员不歧视、不嫌弃,做好社会就业安置工作,给他们参加学习、工作、劳动的机会,促使他们走上正路。

中国从长期的实际经验中深知:罪犯刑满释放后个人权利的恢复与保障是重要的,但如果不创造必要条件,帮助刑满释放人员安家立业,避免重蹈覆辙,那么,这种个人权利的恢复与保障仍是消极的,不具有真正的积极的社会意义。

中国政府十分注意加强对罪犯刑满释放前的教育。服刑将满的罪犯提前被送往出监队进行管理教育。出监队全面检查其服刑期间的改造状况,并根据检查情况,进行针对性的补课教育,以巩固改造成果。还请当地党政机关、工商、税务、劳动就业等部门的负责人和工作人员向他们系统介绍当前的社会形势、法律政策、就业趋势等,教育他们出监后怎样遵纪守法、妥善处理可能遇到的实际困难,正确对待生活、家庭、婚姻和就业等问题。

刑满释放人员原则上送回原籍、捕前所在地或直系亲属所在地,由社会采取多渠道、多层次、多种形式的办法安置,个别确实无家可归而又自愿留下就业的,由原劳改单位收留安置。

1983年5月,国务院有关部门发出了《关于犯人刑满释放后落户和安置的联合通知》,使刑满释放人员的落户和安置工作有章可循,其主要内容有:

——服刑期间保留职工身份的,刑满释放后由原单位予以安置。

——已被原单位开除或除名,但改造表现好的,劳改单位在其刑满释放前,向原单位提出重新安排工作的建议。

——捕前无职业或者不符合回原单位安置条件的刑满释放人员,回城镇后和一般待业人员同样对待,由劳动部门或街道,按照现行就业政策积极予以安置。

——原系在校青少年学生,刑满释放后,符合学龄规定,现实表现好并经考试合格,允许他们复学、升学。

根据几个大城市的抽样调查,北京市刑满释放人员的安置率从1983年至1990年平均为83.4%,1988年达90.2%;上海市1982年至1986年平均安置率为79%,其中安置在国营企业和集体企业的占42.6%,从事个体经营的占26.9%,其他占9.5%。天津市近几年平均安置率为85%。

为了巩固刑满释放人员的改造成果,预防重新犯罪,当地政府组织有关部门,发动社会力量和家属亲友的力量,加强对他们的帮助、教育和保护。有工作单位的,由厂矿企业组织工会、青年团或车间,成立帮教小组具体落实;没有工作单位的,由街道和有关部门负责;农村的由乡、村负责,落实专人进行帮教。对表现好的及时表扬,鼓励上进;对有缺点错误的,诚恳帮助,以理服人;对有重新违法犯罪迹象的进行反复教育,指明危害,晓之以理。

1991年3月2日,中国全国人大常委会通过了《关于加强社会治安综合治理的决定》,明确规定,要加强对违法犯罪人员的教育、挽救、改造工作,妥善安置刑满释放人员,减少重新违法犯罪。

1990年6月,中国成立了关心下一代工作委员会,其任务之一就是指导对失足青年的帮教与保护。不少地区也相继成立了以老干部、老教师、老工人为主体的

关心下一代工作委员会，目前全国共有近百万老干部投身这一活动。

由于推行这些法律政策措施，中国刑满释放人员重新犯罪率是比较低的。不少地区和单位出现了连续几年、十几年没有发生重新犯罪的好典型。例如：广州市越秀区红书房建队从1979年创办以来，先后吸收失足青年和刑满释放人员178人，其中有15人当了商店经理、施工队长、工会主席等领导职务，有118人受到省、市、区、街道表彰，十几年没有一人重新犯罪。

1992年8月10日

国务院作出进一步放宽放活对海南的政策的决定

为支持海南进一步扩大对外开放，加快经济发展的速度，国务院最近召集国家有关部门负责人，针对海南省当前工作中遇到的一些困难和问题，决定从多方面进一步放宽、放活对海南的政策。

一、进出口贸易方面：对实行出口许可证的商品，由经贸部根据海南省的实际需要从宽切块给这个省。对销往港澳地区实行配额许可证的商品，将根据海南省的生产、销售情况，由经贸部商广东省，切一块给海南。对目前仍实行计划列名管理的二、三类出口商品，可先在海南省试行放开，由这个省直属地方外贸公司经营。对进口自用的汽车等国家限制进口的机电产品，由国务院有关部门根据海南省的实际需要核定一个总额度，由海南省自行组织进口。海南省外贸出口收汇留成比例，仍按现行统一规定执行，如确有好的项目，所需外汇确实不够，国家可在外汇方面酌情予以支持；在外贸出口退税上，到年终结算时可根据海南省的困难酌情予以照顾。

二、固定资产投资规模和建设项目审批权方面：海南省的固定资产投资规模仍由国家计委核定，但可放宽。只要项目资金落实，符合国家产业政策，规模可以增加。总投资额在2亿元人民币或3000万美元以下的建设项目，由省里自行审批，其中原材料或产品市场需依靠国内综合平衡的，审批前要商国家有关部门。

三、借用外资方面：如海南省有好的建设项目，自借自还国外商业贷款，可允许超过国家下达给这个省的规模，但需报国家有关部门批准。对借用外国政府贷款和国际金融组织贷款，国务院各主管部门将尽可能优先给予照顾。

四、金融方面：同意对海南省的国家银行贷款规模从明年起实行切块管理。贷款规模中固定资产贷款与流动资金贷款比例可灵活一些。人民银行总行对海南省的低息开发性贷款，明年及以后的数额可适当增加。在1995年以前，中国银行每年给海南省5000万美元外汇贷款，如有好项目，外汇贷款亦可增加。海南设立外资银行可按规定报批；设立外资保险机构，待上海试点成功后予以优先考虑。

五、财政方面：明年中央财政继续支持海南3亿元开发建设资金。

六、对中央统一管理的事务，如海南省确有特殊需要，国务院主管部门可根据情况，制定具体的专项管理办法，由国务院核准实施。

国办关于严格执行国家涉外税收法律行政法规的通知

近一个时期，有些地方制定了一些优惠政策，这对加快改革开放步伐，扩大吸引外商投资起到了重要作用。但有的超越了权限，违反了国家涉外税收法律、行政法规的有关规定，为严肃国家涉外税收法律、法规，正确贯彻实施对外开放的方针政策，更好地推动对外开放的健康发展，现对有关问题通知如下：

一、严格遵守和正确执行国家涉外税收法律、行政法规，坚持"税法统一，税权集中"的原则。各地区、各部门要增强法制观念，严格执行国家涉外税收法律、行政法规，自觉维护我国涉外税法的统一性、严肃性，不得超越税法规定，自定优惠政策。

二、认真贯彻落实国家规定的各项税收优惠政策，建立良好的涉外税收秩序。我国现行涉外税法充分体现了维护国家权益，服务于对外开放，尊重国际税收惯例的原则，优惠已经不少，各级人民政府和各部门在扩大对外开放、加快经济发展中，关键是要把现行规定的各项税收优惠政策落到实处。要在解放思想，转变观念，深化改革，努力提高经济效益上下功夫，而不要在减税让利方面做文章。要大力加强涉外税收征管工作，采取有效措施，防止和遏制偷税、漏税。

三、要做好涉外税收的宣传工作。目前，有一些地区把自行规定的不适当的税收优惠政策通过新闻媒介宣传报道，已引起外界的种种疑虑和猜测，产生了不良影响。今后，各新闻宣传单位在宣传报道涉及涉外税收政策时，应以国家现行的涉外税收法律、行政法规为准，对任何超越权限自定的涉外税收优惠政策，都不得宣传报道。

四、要认真研究扩大对外开放中出现的新情况、新问题。对需要调整的政策，各地应逐级报告，由国务院统一规定，对外公布，以进一步完善我国涉外税收法规，适应改革开放新形势的需要。

中国首家股份经济研究所在河南省密县成立

我国第一家股份经济研究所河南省社会科学院密县股份制研究所，日前在河南省密县挂牌办公。

这家股份经济研究所由河南省社科院和密县县

委、县政府联办。河南省密县创造“清仓核资作价折股,职工群众集资入股,平等合作按股分红”的做法,依此改造和新办乡镇企业,使乡镇企业活力倍增。目前全县股份合作制乡镇企业 1526 个,占乡镇企业的 60%。

商业部发布《〈中华人民共和国城镇集体所有制企业条例〉商业企业实施细则》

中共中央政治局常委宋平在钓鱼台国宾馆会见以中央政治局委员中央行政与财政书记希波帕为团长的安哥拉人民解放运动代表团

马来西亚副总理加法尔·巴巴在吉隆坡会见国务院副总理姚依林

中国和哈萨克斯坦在北京签署有关经贸文化教育领事和铁路运输开辟边境口岸等七个协议

中华人民共和国政府和苏丹共和国政府在喀土穆签订 1992 年度贸易议定书

第一届产学研联合开发工程工作会议在北京举行

会议由国务院经贸办、国家教委和中国科学院联合召开。产学研联合开发工程是国务院经贸办、国家教委、中科院为了充分发挥高等院校、中科院所属院所的科技优势,加速科技成果的转化工作,为搞好国营大中企业作贡献而在全国组织实施的。其宗旨是建立国营大中型工业企业与高等院校、科研院所之间密切而稳定的交流、合作制度,逐步形成产业、高等院校、科研院所共同发展的运行机制,探索一条适合中国国情的科技与经济密切结合的道路。该工程包括三项内容:组织编制并实施“项目计划”;组织编制并实施“高技术产业化计划”;增强企业技术开发能力和增加科技发展的后劲。这次会议是动员、部署实施“产学研联合开发工程”,交流产学研合作方面的典型经验。

国务院经贸办副主任杨昌基所作的工作报告指出,产学研工程的第一期目标是:到 1995 年在全国范围合作开发和转移 5 万项新技术、新产品;形成 2 至 5 个年销售额在 10 亿元以上的示范性高新技术产业,开拓新市场;每个省、自治区、直辖市、计划单列市拿出若干个年销售额在亿元以上的高新技术拳头产品。

中共中央政治局常委李瑞环在呼和浩特出席内蒙古乌兰牧骑艺术节闭幕式

正在内蒙古考察工作的李瑞环在闭幕式上讲话说,35 年来,内蒙古乌兰牧骑奔走在千里草原,克服重重困难,创作和演出一大批优秀节目,为丰富广大牧民的生活,加强民族团结,促进经济发展,作出宝贵的贡献。他们的成绩,曾多次得到毛泽东主席、周恩来总理、邓小平和其他中央领导同志的赞扬。他们深入生活,服务群众,艰苦奋斗,开拓创新的精神,应当大力提倡。

李瑞环强调,在邓小平同志南巡谈话精神指引下,我国的改革开放和各项事业发展很快。文艺界要跟上大好形势,切实地为经济建设这个中心服务,就必须为广大人民群众创作出更多更好的作品。

在谈到繁荣文艺必须解放思想时,李瑞环说,由于“左”的思想影响,长期以来,我们有些同志对文艺的功能、文艺的目的和文艺的标准,存在着片面的理解。文艺有娱乐、审美、认识、教育等多方面的作用。我们总是希望并努力争取充分发挥文艺的思想政治教育的作用,但必须承认,不可能使每个作品都具有这种作用。文艺的根本任务,是满足广大人民群众日益增长的文化生活的需要。因此,我们在提倡多创作健康有益、群众喜闻乐见作品的同时,也不反对政治思想上无害、艺术上较好、群众喜闻乐见的作品,只要不违反国家宪法和法律,就不要横加干涉。实践证明,对艺术作品简单地、片面地、过分地强调姓“社”姓“资”、强调思想政治教育的作用,就不能很好地坚持“二为”方向和“双百”方针,就很难做到“古为今用”、“洋为中用”,就不利于形成生动活泼,百花盛开的良好局面。

李瑞环说,文艺必须适应不断发展的大好形势,文艺界应该向广大群众提供更多更好的作品。希望广大文艺工作者认真学习和贯彻小平同志谈话精神,解放思想,团结奋斗,努力工作,大胆创新,为繁荣社会主义文艺做出贡献。

闭幕式结束后,李瑞环在自治区党委书记王群、自治区主席布赫、文化部副部长高占祥、国家民委副主任文精等陪同下,和广大群众一起观看乌兰牧骑的演出。

《人民日报》发表评论员文章《北京欢迎你,奥林匹克风——写在第二十五届奥运会闭幕之际》

中国残疾人联合会在北京举行宣布参加第九届残疾人奥运会的中国残疾人体育代表团组成新闻发布会

这届残疾人奥运会于 9 月 3 日至 14 日在巴塞罗那举行,有五大洲 94 个国家和地区的运动员参加。

中国残疾人体育代表团中有运动员 24 人,年龄最大的 38 岁,最小的 16 岁。其中有全国、省市的劳动模范和先进工作者,也有学生和待业青年。他们将参加 15 个比赛项目中的田径、游泳、乒乓球、射击、举重 5 项比赛。

中纪委就福建省南平地区水电局原局长邱阿旺等人的受贿案发出通报

通报指出，南平地区水电局原局长邱阿旺等人，利用掌握工程承发包、审批国家水电工程项目下拨资金的职权，大肆索贿受贿。其中邱阿旺收受贿赂 2.5 万元，非法收入 2.5 万元。南平市建设银行建经股 15 人中有 7 人以故意泄露、兜售基建工程招标标的的办法索贿受贿 58 万余元。这些不法分子有的还与包工头串通一气，结算时故意提高工程造价，从中受贿，使国家蒙受重大损失。就在检察机关依法审查包工头行贿问题时，一些不法分子继续顶风作案，9 次索贿受贿。该案共涉及省内外 60 多个单位 110 人，违法违纪金额合计 93.4 万元。目前，已追缴赃款赃物折合人民币 74 万余元。经纪检监察机关审理，给予党纪处分的 11 人，其中开除党籍 6 人，受政纪处分 13 人。

8 月 11 日

国务院批转国家计委铁道部《关于发展中央和地方合资建设铁路意见》的通知

国务院在批语中指出，合资铁路是对传统的铁路建设和管理体制的一大突破，是深化改革的一条新路，要积极发展。

意见中说，合资建设铁路要贯彻统筹规划、条块结合、分层负责、联合建设的方针，由投资各方按投资比例共担风险，分享利益；合资铁路要自主经营，自负盈亏，自偿本息和自我积累；由铁道部进行行业管理；实行特殊运价。

国务院在北京召开三峡工程库区移民对口支援工作会议

国务委员陈俊生主持会议，全国 21 个省、自治区、直辖市和 8 个计划单列市的负责人及中央有关部门、有关方面的负责人 200 多人参加会议。会上，四川、湖北两省和三峡库区各地、市、县介绍库区移民安置任务、当地经济发展状况、开展对口支援的情况和要求，北京市介绍开展对口支援的经验，国务院有关部门介绍对口支援工作的情况和今后打算。会内会外还广泛展开对口支援洽谈活动。

陈俊生在会议开幕时强调，这次对口支援工作会议是全国人大通过上三峡工程决议后的一个重大实际措施，是全国性的一次大动作，是动员全国人民同心协力支援三峡工程的开端。支援三峡工程要首先从支援移民做起，不仅要妥善把移民搬迁出来，而且要使库区移民尽快脱贫，经过几十年的开发建设，使这个地区赶上经济发达地区。

会议于 14 日结束。

中共中央政治局常委乔石在钓鱼台国宾馆会见法国共产党领导人休假团

乔石在会见以政治局委员、中央书记、欧洲议会欧共体—中国关系委员会副主席马克西姆·格雷麦茨为首的法国共产党领导人休假团时，向客人介绍当前中国根据邓小平南巡讲话精神加快改革开放步伐的情况。他说，中国是在有计划、有步骤并且根据中国情况进行这项工作，希望在 90 年代发展得更好一些。格雷麦茨称赞中国十几年来发生的变化。

马来西亚总理马哈蒂尔·穆罕默德在吉隆坡会见国务院副总理姚依林

马哈蒂尔赞扬中国经济的迅速发展。

姚依林说，通过访问，看到马来西亚经济繁荣、民族和睦的景象。特别是马来西亚提出 2020 年发展目标的蓝图，给人留下深刻的印象。

姚依林说，中国对加强地区经济合作持积极态度。东亚经济会议作为一个开放的、非排他性的机制，对加强地区经济合作是有积极意义的。

随同姚依林来访的对外经济贸易部部长李岚清，外交部副部长徐敦信，特别助理马祖彭和中国驻马来西亚大使金桂华等参加会见。

厄瓜多尔新总统杜兰·巴连在基多政府宫接见外交部副部长刘华秋

国家教委在北京召开全国成人高等教育工作会议

会议以邓小平南巡谈话和中共中央政治局全体会议精神为指针，总结工作，研究并确定在新形势下，进一步改革和发展成人高等教育的方针、政策和措施。300 所成人高等学校、举办成人高等教育的普通高等学校和成人中等专业学校受表彰奖励。国家教委副主任朱开轩作《解放思想，加快改革，开创成人高等教育新局面》的报告，国务委员兼国家教委主任李铁映作《积极支持，大力发展成人教育》的讲话。

会议指出，成人高等教育以终身教育和扩大教育机会为指导思想，以各类具有高中毕业文化程度的在职、从业人员为对象，学历教育与非学历教育并举，内容紧密结合生产和社会需要，具有很大的适应性、针对性和灵活性，是普通高等教育所不能代替的。在新形势下，成人高等教育要面向并服务于经济建设主战场，自觉加大改革力度，加快改革步伐，与社会的整体改革相适应。

会议提出,成人高等教育的改革目标和发展方向是,以经济建设为中心,充分发挥其功能和作用,使之成为向在职从业人员乃至全体公民进行马克思主义基本理论和现代科学文化知识教育的重要阵地;通过合理布局,进一步完善学历教育体系,建立及时、主动适应社会经济需求的新办学机制;建立分级管理、分级负责的管理体制,动员社会各方面力量积极兴办成人高等教育。发展成人高等教育一要适应社会需要,二要保证办学质量。改革的关键是管理体制改革和合理布局。国家教委在加强宏观管理、健全法规和督导评估制度的同时简政放权,扩大省市和国务院各部委的管理权限。要继续把岗位培训作为重点,积极发展大学后继续教育,进一步完善包括本科、专科、第二专业教育直至在职硕士、博士学位的成人高等学历教育体系。鼓励社会力量兴办职业技术教育、社会文体生活教育、基础教育、继续教育和助学性质的高等教育为主,面向学校所在地区招生,为地方经济、社会发展服务。对社会力量办学继续实行积极鼓励、大力支持、正确引导、加强管理的方针。

会议强调,不能放开国家对学历文凭的控制,不允许普通高等学校和成人高等学校在国家授权或认可的计划内,不经批准随意颁发学历证书。要建立起学历教育的文凭制度与非学历教育的职业资格证书制度并存、并用、相互补充的制度。会议还提出了改革管理体制、成立国家成人高等教育考试委员会、改革招生办法、试办基础学院、设立改革实验区等政策、措施。

国家教委副主任朱开轩在全国成人高等教育工作会议开幕式上发表讲话

朱开轩指出,各级教育行政部门要将社会力量办学纳入教育事业规划,在表彰、奖励、评估、发放文件、参加会议等方面,要与国办学校同等对待。对他们在办学活动中遇到的困难和问题,要按照政策给予指导和帮助。对影响社会力量办学事业健康发展的违章、违法办学等问题,要区别不同情况,采取经济的、行政的、法律的手段及时予以处理。

朱开轩说,党的十一届三中全会以来,社会力量办学方兴未艾。目前,全国已有上万所社会力量举办的各级各类学校,每年培训的学员数以百万计,已成为我国教育事业的一个组成部分。发展社会力量办学,作为国家办学的必要补充,是利国、利民的好事,应继续实行积极鼓励、大力支持、正确引导、加强管理的方针。要注意扬长避短,服务、服从于经济建设这个中心,办社会之所需,补国家办学之所缺。目前应鼓励社会力量以举办职业技术教育、社会文化生活教育、基础教育、继续教育和助学性的高等教育为主,以面向学校所在地招生为主,切实为地方的经济、社会发展服务。今后,申请举办中等层次以下的和各类非学历性质的学校要进一步简化审批手续,一律委托地方教育行政部门根据当地需求情况负责审批和管理。凡举办高等层次的学校,要求取得颁发国家认可的学历文凭资格的,原则上按照《普通高等学校设置条例》或《成人高等学校设置暂行规定》审批,既要保证国家高等教育质量规格,又要鼓励、保护社会力量办学的积极性。助学性质的学校可按照国家高等教育考试委员会的要求确定教学计划,并组织学生参加该委员会的考试,在主干课程通过国家考试后,可颁发国家认可的毕业证书。在此之外,社会力量举办的高等院校也可颁发本校的写实性学业证书,对这类证书的颁发及使用,地方政府可根据各自的情况制定办法,实施管理。

首都集会纪念中国近代留学教育120周年

国际考察队跋涉四千余公里证实古代中国有一条游牧丝绸之路

8月11日乌兰巴托讯,一支由六辆北京吉普车和十几辆俄罗斯越野车组成的“大篷车”队,在泥泞沼泽、崎岖不平的蒙古高原上跋涉了4000余公里后,本月初抵达乌兰巴托,完成了丝绸之路游牧路线的考察。

由联合国教科文组织和蒙古科学院组织的这支国际考察队是7月13日从阿尔泰山深处的古城科布多出发的。队员携带帐篷、睡袋,沿着过去只有马匹、骆驼和牛车才能行走的古牧道和古驿道,对散布在阿尔泰山、蒙古大沙漠、杭爱山和鄂尔浑河谷中的史前岩画、古代游牧民族的遗物,唐代、元代和清代的碑文、寺庙、古城、要塞和屯田遗址进行了全面考察。

在考察中,学者们侧重考察了古代游牧民族与中国的关系。在鄂尔浑河谷,考察队找到了建于公元840年的回纥汗国都城遗址。这座25平方公里的废墟曾是蒙古高原上最大的游牧民族的都城。在此之前蒙古高原曾出现过匈奴、鲜卑、突厥等强大的游牧民族,但他们的都城都未曾发现过。

这座受封于唐朝皇帝的回纥汗国的都城呈长方形,有城门、宫门、两道护城河和方形塔楼。土耳其学者推测,这座古城可能受到了中国的“天圆地方”观念和唐代都城布局的影响。

令各国学者振奋的是,唐开元二十年由唐玄宗为突厥王子赐建的“故阙特勤碑”今天仍挺立在杭爱山中秀美的草原上。这座高3.75米、宽1.2米的大理石碑正面是用唐楷刻的碑文,字迹清晰如初,碑的顶端是三条龙盘绕在一起的石雕。碑文记述了唐朝与北方游牧民族的关系。由于杭爱山不产大理石，一些学者认为，这座高大的石碑可能是从中国内地运过来的。

考察队还考察了坐落在鄂尔浑河谷中的哈拉和林城遗址，这是忽必烈建立元大都前蒙古汗国的都城。在这座废墟上，中国和日本学者发现了一块13世纪时汉字碑刻《建三灵侯庙记》。

这次考察表明，古代中国北方确实存在一条自新疆哈密贯穿蒙古高原至辽东的游牧丝绸之路。在科布多发现的一张清代的驿站图还清晰地标明，有许多商道从北京出发，经张家口，跨过蒙古高原进入西伯利亚。

考察队在阿尔泰山北麓跋涉1000多公里，对史前岩画进行了全面的考察。考察结果表明，阿尔泰山岩画是贯穿欧亚大陆和美洲北部草原地带岩画链条中的重要一环，它为了解人类的早期活动和东西方民族的大迁徙提供了珍贵的资料。

8月12日

司法部部长蔡诚就《中国改造罪犯的状况》发表电视讲话

全国公安厅局长会议在北京召开

公安部部长陶驷驹在讲话中要求公安机关牢固树立以经济建设为中心的观念，进一步增强使命感和责任感，加快改革步伐，努力履行好自己应尽的职责，为经济建设服务。

陶驷驹强调，各级公安干警不但要在思想上拥护以经济建设为中心的路线，而且要在自己的工作中悉心加以体现。侦办案件、处理事故、办理证照、管理治安等各方面的工作，包括规章制度、工作措施、工作作风，都应当贯彻为经济建设服务的思想。一切影响经济发展的观念和做法，都要加以克服和纠正。

陶驷驹说，坚持四项基本原则，包括坚持人民民主专政，是改革开放和经济建设的根本政治保证，它和坚持改革开放是相互依存的。必须非常明确，强化人民民主专政，充分发挥公安机关的职能作用，严密防范和坚决打击各种犯罪分子的破坏活动，这是改革开放和经济建设必不可少的保障。要以更坚决的态度、更有力的措施打击犯罪活动和扫除社会丑恶现象，为改革开放和经济的发展创造良好的治安环境。

澳门特别行政区基本法起草委员会副主任委员李后在北京港澳中心接受澳门基本法咨询委员会常务委员吴福崔世昌等送交的《〈澳门基本法(草案)〉咨询意见报告书》

报告书收集整理澳门各界人士对基本法(草案)的意见和建议。

今年3月，全国人大常委会公布《中华人民共和国澳门特别行政区基本法(草案)》后，基本法咨询委员会从3月中旬至7月底，在澳门地区开展广泛的咨询活动，共收到各种咨询意见书287份，内含各类具体意见953条。

李后代表起草委员会对基本法咨询委员会所做的大量卓有成效的工作表示感谢，并表示起草委员会在认真研究澳门各界人士意见和建议的基础上，将对基本法草案再作进一步相应的修改。李后说，在澳门及内地各界人士的关心、支持下，通过起草委员会的努力，一定能够起草出一部包括澳门同胞在内的全体中国人满意的澳门特别行政区基本法。

海关总署《中华人民共和国海关对外商投资企业进出口货物监管和征免税办法》

《中华人民共和国海关对外商投资企业进出口货物监管和征免税办法》将从1992年9月1日起正式实施。新《办法》将原海关对中外合作、合资和外商独资企业的较为原则的一些规定合并为一个，从外商投资企业向海关办理登记注册、货物进出口的报关纳税到对进口货物实行后续管理、企业合同终止等各个环节都作原则规定。同时，对外商投资企业提出应尽的责任、义务和要求。

《办法》规定，外商投资企业投资的项目应符合国家的产业政策，对某些属于国家限制的行业应事先取得国家主管部门的同意，并持有关证件向海关办理进出口手续，企业需将一部分进口料件委托其他企业进行加工生产的，应经主管海关核准，由进口料件的主管地海关同委托加工地海关联系解决。企业进口的料件不得全部直接进行委托加工，处理超出海关监管年限的减免税进口货物，企业应向海关提出申请，主管海关经核准后向企业发放解除监管证明，即解除监管，企业为取得贷款把固定资产作为抵押时，对固定资产中一部分享受海关减免税优惠的货物，必须在事先向海关提出申请，经海关核准后方可办理抵押手续。

国办《关于办理国际条约协定批准手续或者核准手续问题》的通知

通知的主要内容是：

缔结或者参加国际条约、协定，是一项严肃的工作，应当严格依照《中华人民共和国缔结条约程序法》办理。

一、依法应当提请全国人大常委会决定批准或者报请国务院核准的国际条约、协定，有关部门应当自签署之日起三个月内报送国务院;因特殊情况需要选择适当时机提请全国人大常委会决定批准或者报请国务院核准的,可以不受三个月期限的限制,但是在报送国务院时,应当说明原因。

二、对外承诺提请全国人大常委会决定批准或者加入时间的国际条约、协定,有关部门应当至迟在所承诺的期限届满前两个半月报送国务院。对外承诺国务院核准或者决定加入、接受时间的国际条约、协定,有关部门应当至迟在所承诺的期限届满前一个半月报送国务院。因特殊情况或者紧急需要,不能按照上述时限报送的,有关部门应当作为急件办理,并在报送国务院时说明理由。

国务院批准又有四个县对外国人开放

此次对外国人开放的县是吉林省的镇赉县、通榆县、长岭县和乾安县。

外交部部长钱其琛在北京会见亚太地区一批专家学者

这批专家和学者在北京参加“90 年代亚太格局的变化”国际学术研讨会。

钱其琛说,中国同日本、美国和俄罗斯三国保持良好关系对亚太地区的和平与稳定是十分重要的。

钱其琛说,中日关系处于良好的状态。中日双方都希望两国世代友好下去。中俄两国有着很长的共同边界,保持两国睦邻友好关系对双方都是有利的。中美两国有许多共同利益,两国应当保持广泛的接触。虽然双方有矛盾,但只要双方以中美联合公报的原则来处理问题,两国关系是会向好的方向发展的。钱其琛说,希望中美、中俄、中日在亚太地区成为对话和合作的伙伴,而不是相互对抗。

国务院副总理姚依林出席马来西亚工商会在吉隆坡举行的欢迎午餐会

中国和马来西亚经贸联委会第二次会议会谈纪要在吉隆坡签字

代表中方签字的是随同姚依林副总理访马的对外经贸部部长李岚清,代表马方签字的是国际贸易和工业部部长拉菲达·阿齐兹。

会谈期间,双方对过去一年来两国经贸关系取得的长足发展表示满意:双边贸易额取得两位数的增长,相互投资和经济合作也有增加。

双方就进一步扩大双边经贸合作所应采取的措施进行深入的探讨,并对多边经贸事务方面的合作交换了意见。

国办关于在外留学人员有关问题的通知

广大留学人员热爱祖国,愿意为中华民族的繁荣富强作出贡献。他们在外努力学习,许多人取得了可喜的成就,赢得了荣誉。留学人员是国家的宝贵财富,党和政府一贯热情关怀、团结教育广大在国外留学人员,祖国期望他们早日学成回国,建功立业。为贯彻落实党中央关于出国留学工作的指示精神,适应改革开放形势发展的需要,进一步做好出国留学工作,更好地为我国社会主义建设事业服务,现就在外留学人员的有关问题通知如下:

一、欢迎留学人员回国工作。公派在外学习人员有义务在学成之后回国服务。所有在外学习的人员,不论他们过去的政治态度如何,都欢迎他们回来,包括短期回国进行学术交流合作,以及探亲、休假。对在国外说过一些错话、做过一些错事的,一律不予追究。即使参加了反对中国政府的组织、从事过危害国家安全、荣誉和利益的人员,只要他们退出这些组织,不再从事违反我国宪法和法律的反政府活动,也都一律欢迎回国工作。

二、对持过期因公普通护照或一次性出入境因公普通护照的留学人员,可为他们办理护照延期或换发新护照;对要求将因公普通护照换为因私普通护照的,也可给予办理;已取得外国国籍的人员应提出退出中国国籍,依照我国国籍法的规定办理,按外籍华人对待。

三、留学人员申请办理护照延期、换发新护照,以及退出中国国籍手续时,应予办理。如与原派出部门或单位有经济及其他未了事宜,应与这些部门或单位协商解决,不影响上述手续的办理。

四、留学人员短期回国后,只要他们持有我国有效护照和外国再入境签证,无须再履行审批手续,即可随时再出境。

五、派出单位应加强与在外留学人员的联系,主动关心他们的工作和生活。留学人员回国后,按“双向选择”的原则,可回原单位工作或自行联系工作,也可以进入“三资”企业工作或自行开办企业等。要鼓励促进国际交流和合作,经所在单位同意,可以在国外兼职。

六、留学人员的家属申请出国探望留学人员,应当允许,由公安机关依照《中华人民共和国公民出境入境管理法》审批。

七、各地区、各有关部门按照本通知精神落实具体措施,方便在外留学人员回国,简化入出境手续,妥善解决留学回国人员工作、生活上的具体问题。

八、在留学回国人员较集中的地方,可由当地政府、有关部门或社会团体根据需要建立留学服务机构,帮助留学人员办理有关事宜,为他们提供各种服务。

九、我国驻外使领馆代表国家管理留学事务，应保护我留学人员的合法权益，对他们的学习研究工作和日常生活给予帮助，为他们排忧解难，并及时向他们介绍我国内情况。要教育他们遵守所在国的法律，努力学习，自尊自爱，与当地人民友好相处，热爱祖国，维护祖国的荣誉和利益，为国争光。

8月13日

全国党员教育管理研讨班在烟台举办

由中宣部、中组部共同举办的全国党员教育管理研讨班近日在山东烟台举行。

中宣部副部长刘忠德、中组部副部长赵宗鼐在研讨班上讲话。研讨班还邀请中央有关部门负责人及部分专家学者作专题报告。

全国检察机关宣传工作会议在北京举行

农业部发布《乡镇企业安全生产和工业卫生管理规定》

白俄罗斯最高苏维埃主席舒什克维奇在明斯克会见以全国人大常委会副委员长赛福鼎·艾则孜为团长的全国人大代表团

国办转发中国人民银行和国家计委就安徽等四省市擅自发行有关债券证券的两个通报

国务院办公厅日前转发中国人民银行《关于安徽省和沈阳、大连市擅自发行信托受益债券、投资基金证券的通报》和国家计委、中国人民银行联合发出的《关于江苏省未经批准擅自发行地方投资公司债券的通报》。

中国人民银行《关于安徽省和沈阳、大连市擅自发行信托受益债券、投资基金证券的通报》说，今年4月至6月，人民银行安徽省分行未经总行同意，擅自批准安徽省信托投资公司和建设银行安徽省分行信托投资公司向社会公开发售信托受益债券认购证，发行债券1.45亿元。今年4月，人民银行沈阳市分行未经总行同意，擅自批准6家金融信托投资公司发售投资债券认购证，公开发行投资基金证券和信托受益债券共2.5亿元。今年5月，人民银行大连市分行未经总行同意，擅自批准大连市5家金融信托投资机构公开向社会发售信托受益债券认购证，发行各种受益债券、投资基金证券2亿元。上述地区在发售认购证的过程中，均出现盲目炒买炒卖现象。

为保障证券市场的健康发展，保护投资者利益，维护社会秩序，中国人民银行总行决定：

(一)对安徽等地分行在全国金融管理处长会议后，仍擅自批准发行信托受益债券、投资基金证券的错误做法给予通报批评。

(二)上述分行要在当地人民政府领导下，与有关部门配合，采取措施，做好有关的善后处理工作。

(三)对上述擅自批准发行信托受益债券、投资基金证券的省市，不再追加或扣减今年地方企业债券指标。

(四)总行重申，各地试办股票、债券新品种必须经过总行审查批准。任何地区、单位、个人都不得违反审批程序，擅自批准信托受益债券和投资基金证券的发行。

国家计委、中国人民银行《关于江苏省未经批准擅自发行地方投资公司债券的通报》说，最近，江苏省计经委、人民银行江苏省分行，未经国家计委、人民银行总行批准，擅自批准发行地方投资公司债券1.5亿元。当国家计委、人民银行总行得知情况急令停止发行或推迟发行后，江苏省投资公司一方面表示同意停止新闻发布会和发行承销活动，另一方面却改变签字仪式地点，继续签署了总承销协议。这种做法严重违反了国家的有关规定。

通报指出，(一)江苏省计经委、人民银行江苏省分行擅自批准江苏省投资公司发行投资公司债券的做法是错误的。

(二)核减江苏省1992年地方企业债券计划指标1.5亿元。

(三)各地对今年债券发行规模要严格控制在国家计委、人民银行下达的债券发行计划内，不得擅自突破。各类有价证券的发行必须严格按国家有关规定审批。任何地方、单位、个人都不得违反审批程序，擅自批准有价证券的发行与上市。如此类事件再有发生，要从严追究有关人员的责任。

8月14日

国务院总理李鹏在国务院召开的三峡工程库区移民对口支援工作会议上发表讲话

李鹏和田纪云、邹家华、李贵鲜、陈俊生等会见参加三峡工程库区移民对口支援工作会议人员，并同大家进行座谈。

座谈会上，国务院三峡工程移民试点工作领导小组常务副组长、移民领导小组办公室主任李伯宁汇报会议情况，四川省副省长马麟、湖北省副省长李大强、北京市副市长黄超先后发言。

李鹏在听完汇报和发言后讲话说，这次会议是七届人大五次会议通过关于兴建长江三峡工程的决议后，国务院召开的贯彻落实决议的一次具体行动的会议。为建设好三峡工程，中共中央和国务院做了大量工作，还准备成立三峡工程建设委员会，统一运筹这个巨大工程的建设问题。现已组成这个委员会筹备组，抓紧研究建设三峡工程的有关问题。

李鹏说，兴建三峡工程，当前最重要、难度最大、最为急迫的任务就是做好库区100万移民的安置工作。因此，支援三峡库区移民，就是支援三峡工程建设；加快移民步伐，就是加快三峡工程建设进度。

李鹏说，解决100多万移民问题在世界上说也是件大事。我们有优越的社会主义制度，有建国以来积累的丰富经验，有中央和各地、各行业、各部门的大力支援，有库区人民的艰苦奋斗，移民这个系列工程一定会搞好。

李鹏指出，搞好库区移民工作，各地、各部门、各行业都要作贡献。大家共同努力，既要把移民安置好、不留后患，又要逐步使库区移民富裕发展起来。首先是安置，然后是发展、富裕，二者要结合起来。这就要求我们坚持因地制宜、实事求是的原则，对库区移民多渠道、多方式地进行支援，对口支援是个好办法。支援者要从全国的大局出发，防止希望搭移民经费车的思想。库区移民要发扬自力更生、艰苦奋斗的优良传统，防止不切实际的过高要求。他希望库区人民根据自己的实际情况和资源状况，除大力发展第一产业外，还要大力发展二、三产业。总之，要广开移民门路，搞开发性的移民，既要靠全国的支援，更要靠库区人民自力更生、艰苦奋斗。

三峡工程库区移民对口支援工作会议在北京闭幕

国务院副总理邹家华在下午的闭幕会上作总结讲话说，各地区、各部门对三峡地区的对口支援是支持三峡移民工作的一个好办法。国务院为此于今年3月发出了《关于开展对三峡库区移民工作对口支援的通知》，自那以来，各地、各部门已陆续开展支援活动。北京市为此成立专门机构，邀请库区各县、市负责人在京举行对口支援座谈会，并确定北京各区、县与三峡库区各县结成友好市、县，从信息、技术、人才培训、干部交流、资金融通和联合开发农业、工业、商业、旅游项目等方面进行对口支援，已商定合作意向50个。国务院有关部委也已行动起来，纷纷进行实地考察，制订规划，落实支援项目。可以说，各地区和各部门对三峡库区的对口支援，已经有良好开端。

邹家华指出，各地、各部门应本着各方支援，政府帮助，统筹安排，联合协作，互惠互利，优惠受援，优势互补，形式多样，对口组织，共同发展的原则，开展对口支援活动。在具体工作中，国务院有以下几个方面的要求：

一是对库区的项目安排要和安置移民相结合。国务院各部门今后在安排项目计划时，要有意识地在三峡地区多摆些项目，包括农业、工业、交通、能源、科技、旅游等方面的项目，把这些项目安排和安置移民相结合。二是全国各地要从库区和自身的实际出发，开展与三峡库区的经济技术和人才上的合作与支援。三是四川、湖北两省应该比其他省、市更多更好地对口支援三峡库区移民，要在配合全国各地、各部门做好对口支援的同时，优先在三峡库区新安排一批技术先进、经济效益好、周期短的项目，在资金、物资、技术等方面向三峡库区倾斜，多办一些实事。四是三峡库区要抓住全国对口支援的有利时机，发挥自力更生、艰苦创业精神，进一步解放思想，增强自我造血机能。库区各地要实事求是地制订自己的移民规划和提出移民安置的项目要求。同时，要以优惠政策放手吸引中外投资，为此，库区各县可以有重点地建立经济开发区。五是要用改革的精神做好对口支援移民工作。对口支援的形式，要按商品经济的内在联系和要求，多方位、多层次、多渠道、多形式、多内容的开展对口支援和横向经济技术联合。可以打破地区、部门和行业的界限，建立多方入股联合的股份公司。六是资金的筹集应多渠道，对固定渠道的资金要专款专用，支援可以是无偿的，也可以是经营性的有偿支援。

邹家华还就放宽三峡库区投资规模、多渠道资金的统筹使用及对口支援的组织领导等方面讲了意见。

国务院副总理姚依林在新加坡同新加坡副总理兼贸易和工业部长李显龙举行会谈

李显龙说，在过去几年中，中国在经济方面得到迅速发展，新中两国在许多领域的合作得到加强，两国间的贸易额已达50亿新加坡元(1.6新元约合1美元)。双方的旅游往来也不断增加，投资扩大，新加坡目前已在中国南方和东北的一些省份进行投资。双方还签订科技合作协定，推动双方在科技领域的合作。

李显龙认为，两国关系中的这种良好趋势已给两国带来了繁荣。同时，中国的发展对于本地区的繁荣稳定具有重要的作用。

姚依林副总理表示，有机会在新加坡亲眼看看，学习和借鉴新加坡的一些建设经验，并就共同关心的一些问题与新加坡领导人交换意见，感到很高兴。

姚依林副总理还介绍中国国内改革开放和经济发展的情况。中国将同世界各国开展广泛的多方面的经济合作，既要面向发达国家，也要面向包括东盟国家在内的发展中国家。

会谈中双方认为，中新之间在贸易、投资、科技、金融、旅游、劳务等各个领域的合作很有潜力，通过双方的努力可以继续得到发展。

经贸部部长李岚清、外交部副部长徐敦信，特别助理马祖彭和中国驻新加坡大使张青等参加会谈。

中国“长征二号 E”捆绑式运载火箭发射“澳星”成功

7时12分，在西昌卫星发射中心，中国自行研制的“长征二号 E”捆绑式运载火箭顺利起飞，成功地把美国研制的澳大利亚“澳赛特 B1”通信卫星送入预定轨道。

发射结果表明，“长征二号 E”捆绑式运载火箭将“澳星”送入了轨道倾角为28度、近地点高度为202公里、远地点高度为1049公里的椭圆轨道；火箭控制系统为“澳星”建立了所需的入轨姿态，航天测控网及时向用户提供了卫星轨道根数等主要参数。

清晨，党和国家领导人李鹏、刘华清、杨白冰、荣毅仁、宋健、迟浩田等应邀在中国卫星发射测控系统部北京指挥中心观看发射实况。李鹏总理打电话给西昌卫星发射中心，向全体工作人员表示祝贺并在北京指挥中心发表简短讲话。李鹏指出，这次成功说明我国卫星发射技术已经提高到一个新阶段，我国卫星发射已经进入国际市场，为祖国赢得荣誉。李铁映和秦基伟也向北京指挥中心打电话表示祝贺。

中共中央、国务院、中央军委联名致电国防科工委对“长征二号 E”捆绑火箭发射“澳星”成功表示热烈祝贺和亲切慰问。

正在外地考察工作的江泽民总书记看完“澳星”发射成功的电视直播后，立即给在发射现场的国防科工委主任丁衡高打电话表示祝贺，并通过他向火箭的研制者和参加这次发射、测控、通信、勤务保障等各项工作的同志们表示慰问，并向在场的国外合作者致意。

国家主席杨尚昆致信国防科工委祝贺澳星发射成功

第二届中国国际民间艺术节在北京开幕

国务院总理李鹏及万里、李瑞环、李铁映、杨白冰、李德生等和万余名首都观众出席艺术节的开幕式。

全国人大常委会委员长万里宣布艺术节开幕。李鹏发表祝词。

来自澳大利亚、玻利维亚、加拿大、朝鲜、法国、印度、印度尼西亚、意大利、以色列、日本、俄罗斯、西班牙、瑞典、坦桑尼亚、美国和中国的近500名民间艺术家在开幕式上表演民族民间歌舞。

文艺界知名人士曹禺、林默涵、尹瘦石、李瑛、吴祖强、吴晓邦、白淑湘、吕骥、贾芝、高帆、孟伟哉、梁光弟和有关部门负责人参加开幕式。

8月15日

全国检察机关宣传工作会议在北京结束

最高人民检察院副检察长肖扬在结束的全国检察机关宣传工作会议上指出，既要理直气壮地宣传检察工作的成就和一切真、善、美的方面，又有注意实事求是，客观全面。正面宣传并不是回避问题，而要有针对性地释疑解惑。对于群众对我们工作的某些误解，需要通过宣传加以沟通和疏导，对于我们队伍中某些违纪违法现象，也要依靠人民群众的监督。

全国反盗窃斗争座谈会在大连举行

座谈会由中央社会治安综合治理委员会主持召开。中共中央政治局常委、中央社会治安综合治理委员会主任乔石在讲话中提出，深入开展反盗窃斗争，是加强和改革政法工作，搞好社会治安综合治理，为加快改革开放和经济发展提供保障、创造条件的一项很重要的工作。

乔石在讲话中说，邓小平同志南巡重要讲话像强劲的春风，开创了我国社会主义现代化事业蓬勃发展的新局面。我们只有从解放和发展生产力这个基本点出发，围绕加快改革开放和经济建设，加强和改革政法工作，才能跟上形势。解放思想，更新观念，在政法工作中贯彻改革的精神，为经济建设提供更好的服务，这是我们当前和今后的努力方向。各级党委、政府和政法各部门要认真清除一切不适应加快改革开放和经济发展的“左”的影响和陈旧过时的东西，认真研究解决政法工作中的新问题，积极探索，开拓进取，不断有所创造，更好地肩负起保卫和促进社会主义现代化建设事业的历史重任。

谈到深入开展反盗窃斗争问题时，乔石指出，盗窃犯罪活动对社会秩序的危害十分严重，同样会对社会生产力的发展产生消极影响。打击盗窃犯罪，就是保护生产力的发展；通过开展反盗窃斗争，动员社会各方面的力量，使社会治安综合治理的各项措施得到落实，更是为社会生产力的发展创造良好的条件。抓紧把反盗窃斗争深入开展下去，持续搞几年，是深化改革、扩大开放，加快经济发展的需要。各地一定要十分重视开展反盗窃斗争，切实把综合治理大大推进一步，为以后的发展打下好的基础。

乔石强调，开展反盗窃斗争主要不在于造多大声势，也不在于收捕人数多少，主要应该在充分调查研究、做好足够准备的基础上，打击得准确、有力。在打击的同时，必须十分重视广泛发动群众，为社会治安综合治理打好基础。

乔石要求各级党委、政府和中央各部门的主要负责同志，对开展反盗窃斗争，对整个社会治安综合治理工作，要按照中央确定的原则，继续抓紧抓好。当前，看我们的领导同志对邓小平同志"一手抓改革开放，一手抓打击各种犯罪"、"两手都要硬"的思想理解是否深刻、贯彻是否认真，这是重要的一条。他说，一个地区、一个部门社会治安状况如何，总的责任在于党政主要领导同志。党政主要领导同志一定要抓社会治安综合治理，一年抓几次，解决一些关键问题，把工作推动起来，并逐步引向深入。各级组织要切实负起领导责任，通过开展反盗窃斗争，进一步落实社会治安综合治理责任制。

中央社会治安综合治理委员会副主任任建新在会上作《继续深入开展反盗窃斗争，全面推进社会治安综合治理》的报告。

邮电部建设部《关于在城市建设中进一步搞好通信设施及管线配套建设的通知》

邮电部、建设部经国家计委同意，日前发出《关于在城市建设中进一步搞好通信设施及管线配套建设的联合通知》。

通知规定，今后城市通信设施及室外通信管线配套建设，均应纳入城市规划。建设项目用地范围内的通信管道，建筑物内的通信管线和线路设备，均应纳入工程设计之内，所需材料、资金和其他配套工程一样，在基建项目总投资内统一安排解决。城市规划区内新建的中高层、高层住宅楼外预埋管道，高层住宅楼、标准较高的多层住宅楼以及新建办公楼应配置电话暗配线系统。通知还强调，城市建设项目设计文件中，应包括通信管线设计。设计审查部门在审批时，规划部门在核发建设许可证时，都应予以把关。建设项目竣工后，应将通信管线列入验收项目，邮电部门应参与工程验收。有关行业标准将在短期内正式公布。

中共中央政治局常委乔石在大连经济技术开发区考察

国务院副总理吴学谦在中南海紫光阁会见旅美知名华人访问团

吴学谦向客人们介绍近年来中国国内的改革开放情况和在政治、经济等领域里发生的变化，并回答他们提出的有关香港回归祖国和祖国统一等问题。

全国人大常委会委员、人大华侨委员会副主任委员何英会见时在座。

访问团成员包括美国华府国际科技应用公司能源环保主任万宜生，亚洲财经协会董事长、美中关系全国委员会成员滕绍骏，成都—凤凰城（亚利桑那州首府）友好城市委员会主席邓子祯以及加州工业关系部特别助理、加州中小企业顾问委员会委员朱云清等。

外交部部长钱其琛在北京会见美国军控与裁军署署长莱曼

双方就禁止化学武器公约等问题交换了意见。钱其琛介绍了中国对禁止化学武器公约等问题的立场。

美国驻中国大使芮效俭参加会见。

新加坡总统黄金辉在新加坡会见国务院副总理姚依林

新加坡总理吴作栋在新加坡会见国务院副总理姚依林

新加坡内阁资政李光耀在新加坡会见国务院副总理姚依林

李光耀说："我已决定今年 9 月访华，去看一看中国改革开放的新进展。"

李光耀说，当前，世界正处于一个重要的转折时期。在未来的 10 年至 15 年中，如果东亚地区国家能抓住和平的机会发展自己，那么，东亚将能增强其在世界上的地位。其间，中国今后的发展将是一个重要的因素。

姚依林副总理对李光耀这一看法表示赞同。他说："这是我们共同的看法。"中国要埋头苦干，积极发展经济。目前中国的经济形势很好，正在持续协调、高速地发展。今年底将召开的中共 14 大，是一次很重要的会议，将确定中国今后发展的总政策。改革开放是得到全国人民支持的政策，是不会改变的。

姚依林高度评价李光耀对发展中新关系作出的贡献说："李资政是中国人民的老朋友，曾多次访华，为两国的友好合作关系作出很大的贡献。在你担任总理期间，实现两国建交，现在中新两国关系很好。"

姚依林表示，中国正在发展与包括新加坡在内的东盟各国的友好关系，这是中国坚定不移的政策。

双方还就本地区安全问题和共同关心的国际问题交换意见。

随同姚依林来访的经贸部部长李岚清，外交部副部长徐敦信，特别助理马祖彭和中国驻新大使张青等会见时在座。

赞比亚总统奇鲁巴在卢萨卡总统府会见外交部副

部长杨福昌

杨福昌向奇鲁巴转交中国国家主席杨尚昆的一封信。

奇鲁巴说，赞比亚将继续敞开大门，同中国发展历史悠久的友好关系，以利于赞比亚经济的发展，两国间业已存在的友好的关系将不断得到巩固和加强。

奇鲁巴表示，赞将遵循发展同世界各国的友好关系和不结盟的外交政策，不被来自东方或西方的势力所干扰。

杨福昌说，中国奉行独立、自主的外交政策，中国外交政策的重点是加强同第三世界国家的关系，重视同非洲国家的友好关系。

中国驻赞比亚大使杨增业参加会见。

中国旅美科技协会(美东)在纽约正式成立

来自美国东部地区的300多名旅美学人和各界来宾出席大会。

该协会是在美国注册的非政治性、非营利性的民间组织，会员以在美国东部地区从事科研开发、教学研究、经济管理、金融法律等工作的中国旅美人士为主，其中大多数是在美国学成并已经工作的中青年科技工作者。

该协会的宗旨是促进旅美学人之间专业信息和专业知识交流及事业发展，促进中美两国人民的相互了解，推动及协助中国与美国之间的技术交流与工商合作，并为旅美学人提供联谊与叙情的机会，以发扬中国的文化传统。

协会筹备委员会主要负责人周华康博士在工作报告中说，21世纪是科技、管理、人才的竞争。中国要参加这场竞争，需要一大批既了解先进工业国家，又了解中国国情的专家、学者，作为联系中国与世界的桥梁。

周华康说："我们虽旅居海外，愿意以各种不同方式为中华民族的兴旺发达尽一份心，出一份力。"

大会选出周华康为理事会会长。

古巴外交部长阿拉尔孔在哈瓦那国宾馆会见外交部副部长刘华秋

阿拉尔孔说，古中两国外交部官员保持磋商，对增进了解，发展友谊，促进合作有积极意义。近年来，古中双方在政治、经济、贸易、科技和文化等方面的友好合作关系取得稳步发展，在许多重大国际问题上及国际机构中也进行了卓有成效的合作，古方对此表示满意。

在谈到古巴的外交政策时，他说，古巴政府把加强和发展同中国的友好合作关系放在优先地位，并愿为进一步扩大这种关系作出努力。

刘华秋向阿拉尔孔介绍中国的改革开放政策。他表示，中方愿在和平共处五项原则的基础上进一步发展两国在各个领域的友好合作关系。

下午，刘华秋还同雷米雷斯和马索拉两位古巴副外长举行会谈，双方就中古关系和共同关心的国际问题交换意见。

中国立陶宛两国互免签证协议在北京换文

协议自1992年9月14日起生效。

根据该协议，持有效的外交护照、公务护照的两国公民，及其使用同一本护照的偕行人，在缔约另一方入境、出境或过境，免办签证；缔约一方公民如系中国或立陶宛的海员，凭海员证(护照)随船入出缔约另一方国境和在缔约另一方境内逗留，免办签证。

武警部队授予钢铁战士许德华"生命不息、战斗不止的优秀警官"荣誉称号命名大会在北京总队举行

武警部队政委徐寿增中将、北京市委、市政府及共青团北京市委、共青团河南省委的负责人出席会议。

由武警部队第一政委陶驷驹、司令员周玉书、政委徐寿增签署的命令说，身患癌症的许德华以坚定的信念和惊人毅力向死神挑战，顽强地为党的事业而奋斗，展示了一个武警战士应有的崇高精神和优秀品质，是武警部队涌现出的具有鲜明特色的突出典型，是武警官兵学习的楷模。

中国长城公司副总经理陈寿椿就"澳星"发射成功向记者发表谈话

陈寿椿介绍说，3月22日"澳星"因故中止发射后，我方在短时间内查明故障原因，并采取一系列有效的技术措施，确保这次发射成功。这表明我国已具备为国际用户发射90年代商用大型通信卫星的能力。

陈寿椿说，长征二号捆绑式火箭具有较强的潜在发射能力，它配上国产的固体顶级火箭，可将3.37吨重的卫星直接送入离地面3.6万公里的地球同步转移轨道，很适合"澳星"这一重量级的各类通信卫星的发射。如果配上氢氧顶级火箭，它可将4.8吨重的卫星直接送入地球同步转移轨道，其运载能力约为长征三号火箭的3.2倍，能满足更大重量级的国际通信卫星的发射服务需要。

陈寿椿说，"澳星"发射严格遵照有关规定，卫星入境享受海关免检待遇，在中国境内的运输、存放、安装、检查、测试直到发射升空的全过程均按过境办法处理，并始终处于美国政府官员的直接监督和控制之中。美方对此表示满意。

陈寿椿向记者透露，长征二号捆绑式火箭还可对小型低轨道通信卫星进行群射，每次能发射7至9颗小型通信卫星。专家分析，用两年时间就可为国际用户组网式发射由近百颗低轨道卫星组成的卫星通信系统，因而在国际市场上具有广阔的发展前景。

文化部就深化文艺体制改革加快文化事业发展步伐提出十点改革意见

文化部最近向各地文化厅局和直属单位发出通知，提出贯彻邓小平同志南巡谈话与中共中央政治局全体会议精神、深化文艺体制改革、加快文化事业发展步伐的十点意见。

一、进一步解放思想，实事求是，大胆探索，勇于实践，真心实意地贯彻邓小平同志南巡重要谈话精神，集中精力，抓住当前有利时机，进一步深化改革、扩大开放，加快社会主义文化事业的繁荣和发展，力争文化工作迈上一个新的台阶，这是各级文化部门面临的战略任务。要在文化工作中创造一个支持、保护、推进和深化改革的氛围。凡是符合文艺"二为"方向和"双百"方针，有利于解放和发展文化艺术生产力，有利于社会主义精神文明建设，有利于满足广大人民群众日益增长的精神文化需求的改革和探索，"看准了的，就大胆地试，大胆地闯"，要不断"总结经验，对的就坚持，不对的赶快改，新问题出来抓紧解决"。

二、强化文化事业的行业管理，积极推进文化事业管理体制的改革。逐步实现并不断加强文化事业的行业管理，是文化工作深化改革的主要目标之一。文化部将强化和完善各文化行业的归口统一管理工作。各地文化厅局应积极探索加强文化事业行业管理的有效途径；积极探索文化事业单位劳动人事、工资分配、经费配置等三项制度的改革。各级文化事业单位要积极进行岗位责任制、聘任合同制、经费包干制等各类改革试验，及时总结推广，不断完善。

三、加快和深化艺术表演团体的体制改革。艺术表演团体的体制改革是当前文化系统改革工作最重要的一环，一定要下决心、花力量做好这项工作。

艺术表演团体的改革要在解决艺术人员"出得去、进得来"这一关键问题上力争有所突破，探索最佳方案。将富余人员实行多渠道分流，使转业人员和提前退休人员各得其所，发挥作用。与此同时，在国家级艺术院团试验探索艺术人员流动的良性循环机制，实行从地方选拔优秀青年演员，在中直艺术院团工作4至5年后，再回地方挑大梁的滚动机制，逐步建立起充满生机与活力的高水平的艺术"国家队"。

为了对艺术表演团体进行有效管理，鼓励竞争，优胜劣汰，有利于出人出戏出效益，要逐步打破艺术表演团体按所属体制定级分类的等级终身制。

提倡和支持艺术表演团体与产业部门、企业、经济发达地区"联姻"，在互惠互利的基础上长期合作。

四、以改革的精神繁荣文艺创作，推进各项文化事业的发展。在建立和完善国家级、部级文化艺术奖励制度的同时，设立国家文化艺术创作基金，以重点资助、扶持和鼓励优秀人才、优秀作品以及重点文化项目的建设。

继续推进近年来已见成效的重大文化工程建设。拟用5至10年时间，完成全国农村文化"两馆一站"建设规划，建成"万里边境文化长廊"，争创"社会文化先进县"以及实现少儿文艺事业"蒲公英计划"。

五、扩大开放，积极推进对外文化交流的改革。为此，文化部正抓紧研究制定若干政策，支持对外演出和艺术家自费参加国际比赛等，并适当放宽边境地区与接壤国家、地区文化交流活动的审批权限。

此外，文化部决定设立"文化交流贡献奖"，由文化部定期对国外、海外在与中国进行文化交流中作出卓越贡献的著名友好人士颁发奖章。

六、大胆利用外资、侨资、台资发展文化事业。充分利用外资、侨资、台资从事文化设施的硬件建设，积极引进国外先进的文化器材、设备和文化科学技术。允许试办中外合资文化事业。

在不影响主权和国家利益的前提下，积极接纳外国对我国的文物保护、考古发掘、图书情报等文化科技和资金的支援。

七、依靠社会力量，抓好贫困地区和少数民族地区的文化扶贫工作。文化部在"八五"期间支持地方的文化设施建设经费要优先安排贫困地区和少数民族地区。对艺术表演团体去"老、少、边、山、穷"地区演出要给予支持和照顾。

八、完善文化经济政策，为文化事业建设提供必要的物质条件。继续大力开展以文补文、多业助文活动，兴办文化企业和第三产业。

九、积极推进机构改革，转变文化行政部门的职能。文化部和各地文化厅局要积极稳妥地推进机构改革，努力实现从微观管理向宏观管理、从单一管理向综合管理、从"办文化"向"管文化"的转变。

对近些年出台的文化政策法规进行认真清理，废除或修改那些不适应改革开放的部分。

坚决克服形式主义，反对官僚主义，转变机关作风，精减会议与活动。从今年起，文化部召开、举办的各种全国性会议、活动总数由年平均160起减为60起。

十、认真贯彻邓小平同志关于"要坚持两手抓"、"两只手都要硬"的指示精神，为文化领域的改革开放保驾护航。文化系统各级党组织与监察、审计、纪检等部门既要坚定地投身改革开放，也要坚定不移地反腐败，加强思想建设和组织建设，为文化事业的改革开放和繁荣发展保驾护航。

国务院环委会第 23 次会议通过决定进一步改善首都环境质量为申办奥运会创造良好条件

最近召开的国务院环委会第 23 次会议通过关于行动起来，进一步改善首都环境质量，为申办奥运会创造良好环境的决定。

北京市已提出举办 2000 年奥运会的申请，并得到党和国家的支持。改善北京市的环境质量是申办奥运会的必要条件。近年来，在中央各有关部门的支持和市政府领导下，北京市的环境保护工作取得较大进展，环境质量和环境面貌有较为明显的改善。

为进一步改善首都环境质量，做好申办奥运会的各项环境保护工作，决定要求：

一、创造清洁、优美的良好环境不仅是首都人民的光荣义务，也是全国各地区、各部门共同的责任。国务院各部委、各省市都应全力支持北京市申办 2000 年奥运会，把在京企事业单位的污染防治作为重点，在资金和政策上给予支持，为进一步改善首都的环境质量贡献各自的力量。

二、北京市政府必须加强对环境保护工作的领导，采取得力措施，增加投入，加强环境综合整治，组织全市人民防治灰尘和汽车尾气污染；保护饮用水源，大力植树造林；抓紧高碑店污水处理厂、石景山热力管线及机场路等市政骨干工程建设，开展南护城河综合整治、污水截流及工业污染源防治，尽快把首都建设成为清洁、优美、生态健全的文明城市。

三、改变燃料结构，增加清洁能源，改善大气环境质量。中国石油天然气公司应考虑将天然气优先供应北京，以解决市区民用炉灶等公共福利事业及部分工业窑炉燃煤造成的污染。建议国家计委在资金上给予必要的支持，经贸部、财政部、中国人民银行、国家环保局协助安排优惠贷款，尽快完成供气工程。国家计委、能源部应会同有关部门制定优惠政策，优先供应北京低硫、低灰分煤，以减少煤烟型污染。

四、采取坚决措施，控制工业污染。北京市及各部委必须严格按照城市总体规划要求，合理布局，严格控制在市区，特别是水源上游、城市上风向发展有污染的工业。建议电力、冶金、建材、化工、轻工等有关部委将北京作为防治工业污染的重点，制定规划，抓好典型，对现有的排污大户进行企业和行业总量控制，逐年削减排污量。位于北京上风向和水源上游的有关省市也应加速治理污染源。

五、大力植树造林，改善农业生态环境。林业部、水利部应研究增加投入，尽快完成京津周围地区防护林的建设，大幅度增加北京城区内的绿化面积；抓紧落实河北省有关地区及北京市西北部山区绿化和小流域治理规划，尽快在北京周围建成绿色屏障。

六、保护饮用水源。将官厅和密云水库列为重点保护水体；位于北京市上游的河北、山西、内蒙古等有关省市应切实做好水源保护工作，确保上游水质。

七、加强环保科技开发。国家科委应组织力量，开展科技攻关，研制提供经济有效的污染治理技术和产品。国家环保局、机电部和汽车生产企业主管部门必须加强汽车尾气污染的防治、监督和管理，汽车生产企业研究采取降低汽车污染物排放的措施，出厂新车必须达到环境排放标准。

8 月 16 日

中共中央和国务院在人民大会堂宴会厅举行招待会欢迎参加第 25 届奥运会的中国体育代表团归来

中共中央总书记江泽民，国务院总理李鹏，全国人大常委会委员长万里，中共中央政治局常委乔石、宋平、李瑞环出席招待会。

江泽民代表党中央、国务院向中国体育代表团表示热烈的祝贺和亲切的慰问。

正在外地的国家主席杨尚昆发来祝词。

中共中央政治局委员、国务委员李铁映主持招待会。中国体育代表团团长伍绍祖和运动员代表、射击双向飞碟金牌得主张山在招待会上讲话。

中共中央、国务院、中顾委、全国人大、全国政协、中央军委的领导同志，各民主党派、各人民团体和中央党政军机关负责人，以及体育界的代表出席招待会。

招待会开始前，中央领导同志听取中国体育代表团的汇报，接见在巴塞罗那奥运会上获得金牌、银牌和铜牌的中国运动员以及他们的教练员的代表，并同中国体育代表团成员合影。

中共中央总书记江泽民在欢迎参加第 25 届奥运会的中国体育代表团归来招待会上发表讲话

同志们：

举世瞩目的第 25 届奥运会已经胜利结束了。在巴塞罗那，我国体育健儿经过 16 个日夜的奋力拼搏，取得了我国参加奥运会以来的最好成绩，表现了中国人民建设有中国特色社会主义雄心壮志和自立于世界民族之林的奋发进取精神，取得了运动成绩和精神文明的双丰收，为祖国赢得了荣誉，也为我国积极申办奥运会作出了贡献。我代表党中央、国务院向中国体育代表团表示祝贺和慰问！

你们在巴塞罗那的日子里，党中央、国务院和全国人民时刻关怀着你们，因为你们是伟大中华人民共和国派出的代表。你们没有辜负祖国人民的殷切期望。你们所取得的成绩和进步，极大地鼓舞了全国各族人民更加艰苦奋斗、发愤图强，继续沿着建设有中国特色社会主义的道路，不断创造新的业绩。

我国人民是国际奥林匹克运动的积极参加者，一贯热心致力于世界和平和人类进步事业。你们在巴塞罗那奥运会上，广交朋友，积极参与；在赛场上和各国选手相互学习，共同攀登世界体育高峰；在友好交往中，与各国体育健儿结下了友谊。你们是中国人民的友好使者，为增进我国人民和世界人民的友谊和团结，写下了新的篇章。

建国 42 年来，尤其是实行改革开放以来，体育战线上的广大运动员、教练员、科研人员和工作人员，在党和政府的领导下，在全国各条战线的支持下，刻苦训练，努力工作，较大幅度地提高了运动技术水平，使我国的体育事业有了很大发展，为增强人民体质作出了很大贡献。体育健儿们所发扬的振兴中华、为国争光的爱国主义精神和顽强拼搏、争创一流的革命英雄主义精神，在群众中影响很大，已经成为中华民族宝贵的精神财富，成为鼓舞全国各族人民和青年建设有中国特色社会主义的强大精神力量。

当前，我国政治稳定，社会稳定，经济发展，社会主义现代化建设的各项事业欣欣向荣。举国上下，正在深入贯彻落实邓小平同志今年年初重要谈话和中共中央政治局全体会议精神，抓紧有利时机，全面执行党的“一个中心、两个基本点”的基本路线，加快改革开放步伐，集中精力把经济建设搞上去。各行各业、各条战线的同志，都要向体育健儿学习，解放思想，实事求是，大胆探索，勇于创新，敢于走前人没有走过的道路，敢于攀登前人没有攀登过的高峰，用实际行动和优异成绩，迎接党的十四大的召开。

希望体育战线上的同志们认真总结经验，学人之长，补己之短，再接再厉，不断进取，努力提高运动技术水平，积极发展群众性体育活动，增强人民体质，为经济建设服务，为深化改革扩大开放服务，做好申办 2000 年奥运会的工作，为发展体育，振兴中华，建设有中国特色的社会主义再立新功！

最后请大家举杯：

为中国体育健儿的胜利归来，

为我国社会主义现代化建设事业的蓬勃发展，

为同志们的身体健康，

干杯！

国务院副总理朱镕基在陕西考察

8 月 16 日至 23 日，朱镕基在陕西省省长白清才和副省长刘春茂、郑斯林的陪同下，先后在榆林、延安、铜川、宝鸡等地市和神府、东胜煤田考察工作。朱镕基对陕西改革开放十多年来取得的成绩给予了充分肯定。他指出，邓小平同志年初南巡重要谈话发表后，全国各地进一步解放思想，加快经济发展速度，但基础设施的全面紧张难以适应国民经济建设快速发展的需要。首先是铁路，其次是公路、港口、民航、石油、煤炭等基础产业现状远远不能适应国民经济发展步伐。因此，必须集中财力、物力，全力以赴地加快基础设施建设。只有基础设施上去了，国民经济才能协调稳定增长。他说，陕西及西北地区煤炭资源丰富，是我国重要的能源战略接替基地，当前最要紧的是，陕西要突出解决交通问题，打通南北通道，并和全国各地加强协作，集中力量加快神木到黄骅港这条连接我国东西部战略铁路的建设速度，使这里的资源早日开发出来，发挥效益。

考察期间，朱镕基深入到一些煤矿、工厂、车站、铁路建设工地和农村，与干部、群众广泛交谈。他说，现在搞加工工业要慎重，要避免重复建设，关键是要发挥现有企业的作用。目前，陕西和全国许多地方一个很大的问题是现有企业能力没有发挥出来，相当一部分企业产品品种不对路，产品大量积压，效益低下，有的还长期亏损。各级政府要切实转变职能，增强紧迫感、责任感和危机感，对亏损企业要一个一个地进行具体分析，弄清原因，结合实际情况分类解决问题，把企业真正推向市场。对效益低下的，要抓技术改造，抓管理，抓人才培训，加快转换企业经营机制，提高经济效益；对亏损企业要限期扭亏增盈，扭亏无望的，要坚决关、停、并、转；对产品积压的，要千方百计调整产品结构，生产适销对路产品；对不称职的厂长、经理要坚决撤换，调派素质高、懂管理的人才加强领导班子；对企业现有的富余人员，要就地消化，鼓励他们发展第三产业，发展多种经营。

在了解到陕西一些农民生活还十分困难时，朱镕基说，要大力发展乡镇企业和个体经济。与沿海地区相比，西北地区的乡镇企业差距还很大，没有乡镇企业，光靠农副产品收入，农民是富裕不起来的。只要给政策，提供必要的条件加以扶持，乡镇企业就会蓬勃发展，农民就可走向富裕之路。

国务院副总理姚依林在新加坡中华总商会会见当地工商界人士

姚依林介绍中国当前经济形势时说：“中国经济建设正步入一个比较正常的较快发展的新阶段。中国经济出现这样好的局面，是改革开放的结果。改革开放促进经济的发展，给人民带来实惠，人民是拥护的，所以我们的改革开放政策不可能改变，并且将长期保持下去。”“我们将进一步扩大同世界各国的经济、科技和文化交流、大胆吸收和借鉴人类社会创造的一切文明成果,吸收和借鉴当今世界各国的先进经营方式和管理方法,包括向新加坡学习,包括向在座各位学习。”

姚依林指出,当前中新经贸合作进展是顺利的,到1991年底,新加坡在华投资已达600多项,大部分较成功、效益良好。

姚依林说:新加坡工商界人士到中国去,“既可做生意,也可办工厂,也可以投资我们的房地产和第三产业,特别是参加我国一些大型项目的建设。我相信,新加坡工商界朋友去中国办各项事业将是大有可为的。”

出席聚会的有中华总商会会长陈永裕,副会长林再钦、张荣,以及名誉会长连瀛洲、林继民、黄祖耀、陈共存等100多位著名工商界人士。

外经贸部部长李岚清在新加坡答记者问

陪同姚依林副总理访问新加坡的经贸部部长李岚清回答记者提问时说,中新两国经贸合作进展顺利,前景光明。

李岚清说,中新贸易的前景非常光明。新加坡经济发展很快,投资环境也很好,中国将加强与新加坡的经贸合作。他说,虽然新加坡本身市场有限,但新加坡是一个很好的转口市场,此外,两国可以携手进入第三国市场和国际市场。

李岚清认为,第三产业将是今后中国一个重点发展的部门,因为经济越发展,就越需要包括服务业在内的第三产业。

李岚清说,今年上半年,中国国民生产总值比去年同期增长10.6%,从新马两国的经验看,这并不是经济过热现象,发展中国家在发展高潮时期,都曾达到这样的水平。当然,我们要更好地引导我国的产业政策,发挥市场机制作用,采取适当的金融货币政策,以防止和避免出现经济过热现象。

当记者问到深圳出现的股民狂购事件是否会影响今后中国股市政策时,李岚清表示,中国股市正处于试点阶段,深圳出现的情况表明我们搞股市缺乏经验,股民也缺乏有关知识。这说明,我们有必要将试点继续下去。中国不会改变继续试行股票的政策。

中国红十字会总会副会长孙柏秋一行三人应台湾红十字组织邀请离开北京赴台湾访问

8月17日

全国拥军优属拥政爱民工作领导小组在北京举行第三次全体会议

会议号召全国军民深入贯彻落实邓小平同志南巡重要谈话和党中央、国务院、中央军委关于双拥工作的通知精神,巩固和发展军政军民“同呼吸、共命运、心连心”的大好局面,为改革开放和发展经济创造更好的社会政治环境,以新的成绩迎接党的十四大的召开,迎接双拥运动50周年。

会议认为,全国军政军民团结的形势发展很好。党中央提出的要把双拥工作作为一项长期的战略任务,扎扎实实地抓好的要求,正在成为党政军各级领导和广大军民的自觉行动,出现“全方位改革,全社会双拥”的大好形势。实践证明,改革开放、发展经济为做好双拥工作提供新的环境和基础,军政军民团结的进一步加强,又为改革开放、发展经济创造更为有利的社会政治环境。越是加快改革开放,加速经济建设,越要加强军政军民团结。

会议强调,在新的历史时期,军政军民团结的共同政治基础是党的“一个中心、两个基本点”的基本路线。双拥工作只有紧紧围绕贯彻执行党的基本路线,才能保持正确的方向,才能有持久的生命力。双拥工作深入贯彻落实邓小平同志南巡重要谈话和党中央关于双拥工作的通知精神,就是要紧紧围绕贯彻执行党的基本路线,把促进改革和建设作为根本任务,把广大军民的积极性、创造性,引导、集中到发展社会生产力、提高部队战斗力、增强综合国力上来。

会议要求各地、各部队要按照全国双拥工作领导小组的部署,以纪念双拥50周年为契机,与加快改革开放、加速经济建设的新形势相适应,把双拥工作扎扎实实、深入持久地开展下去。

国务委员、全国双拥工作领导小组组长陈俊生主持会议并讲话。他说,纪念延安双拥运动50周年,是我国军民政治生活中的一件大事。纪念活动要体现隆重、热烈、俭朴的原则,坚持从实际出发,多做工作,多办实事,着眼于亿万军民的广泛参与。

会议决定,在双拥50周年期间,将举行纪念大会、命名全国双拥模范城(县)、大型军民联欢晚会等一系列纪念活动。

全国公安厅局长会议在北京结束

会议要求,目前除撤除公路检查站等已经出台的一些措施要继续完善落实外,今年要抓紧做好实行警衔制的工作。户口迁移制度的适当改革、在大中城市建立民警巡逻体制、城市派出所24小时开门办公、聘请特邀督察员等要尽快办。

会议要求公安机关各业务部门都要从有利于促进经济的发展,有利于维护稳定,有利于提高工作水平和工作效率,有利于密切同人民群众的关系出发,更大胆地研究新办法,探索新路子,尽快改掉那些滞后于形势发展、有碍生产力解放和发展的工作方法、工作方式，切实为经济建设和改革开放提供更多更好的服务。

会议还指出，公安工作的许多问题事关重大，改革还要遵循积极、慎重、科学的方针，有领导、有计划地进行。公安机关在执行法律、遵守纪律、从严治警方面必须强调集中统一。各级公安机关更不能借改革之名去保护某个部门某个单位的不正当利益。公安干警不准经商办企业，不准在公司、个体户兼职入股，不准搞第二职业的规定，必须认真执行。

全国清理三角债工作基本完成

据国务院清理三角债领导小组办公室介绍，我国清理三角债工作取得重大进展。截至 7 月末，除少部分不符合贷款条件及国家产业政策的项目外，全国基本建设和技术改造建设项目在 1991 年底以前形成的拖欠已基本清理完毕，比原计划提前一年。

据了解，两年来国家共注入 510 亿元资金对三角债进行清理，并采取了从固定资产拖欠源头入手进行连环清理的科学方法，共解开企业债务链 2000 多亿元，获得了投入 1 元资金清欠 4 元拖欠的良好效果。

这一进展为大中型企业缓解了债务链负担，从而为国民经济合理增长创造了良好条件。

这个办公室的负责人说，目前全国各地在邓小平同志南巡谈话精神鼓舞下，改革开放的步伐日益加快。但还有部分省市仍然带着资金缺口上项目，造成新的拖欠；还有些企业不看市场需要盲目生产，造成产品积压。这位负责人呼吁各地区、各部门新上项目时资金不能留缺口，防止新欠，并重申国家将不再组织清理 1992 年后发生的拖欠。

国务院关于试办国家旅游度假区有关问题的通知

各省、自治区、直辖市人民政府，国务院各部委、各直属机构：

为进一步扩大对外开放，开发利用我国丰富的旅游资源，促进我国旅游业由观光型向观光度假型转变，加快旅游事业发展，国务院决定在条件成熟的地方试办国家旅游度假区，鼓励外国和台湾、香港、澳门地区的企业、个人（以下简称外商）投资开发旅游设施和经营旅游项目。现将有关问题通知如下：

一、国家旅游度假区是符合国际度假旅游要求、以接待海外旅游者为主的综合性旅游区。国家旅游度假区，应有明确的地域界限，适于集中建设配套旅游设施，所在地区旅游度假资源丰富，客源基础较好，交通便捷，对外开放工作已有较好基础。

二、旅游业是国家鼓励发展的创汇型产业，对国家旅游度假区实行以下优惠政策：

（一）在区内兴办的外商投资企业，其所得税减按 24％的税率征收；其中生产性外商投资企业，经营期在十年以上的，从企业获利年度起，第一年和第二年免征企业所得税，第三年至第五年减半征收企业所得税。

（二）区内的外商投资企业在投资总额内进口自用的建筑材料、生产经营设备、交通工具和办公用品；常驻的境外客商和技职人员进口的安家物品和自用交通工具，在合理数量范围内，免征关税和进口工商统一税。为生产出口旅游商品而进口的原材料、零部件、元器件、配套件、辅料、包装物料，海关按保税货物的有关规定办理。

（三）建设度假区基础设施所需进口的机器、设备和其他基建物资，免征进口关税和产品税（增值税）。

（四）区内可开办外汇商店，具体审批按国家有关规定办理。

（五）区内可开办使用国产车的中外合资经营的旅游汽车公司。对其购置的国产车，在核定的数量内，国家免征横向配套费、车辆购置附加费和特别消费税。对国内企业在区内开办的旅游汽车公司，可比照上述政策执行。这些车辆限于区内旅游汽车公司自用，不得转售。具体由国家计委会同有关部门办理。

（六）区内可开办中外合资经营的第一类旅行社，经营区内的海外旅游业务。具体由国家旅游局负责审批和管理。

（七）区内的开发建设用地，按《中华人民共和国城镇国有土地使用权出让和转让暂行条例》（国务院〔1990〕第 55 号令）办理。土地出让金从该区批准兴办之日起，五年内留在区内用于基础设施建设。

（八）区内的旅游外汇收入，从该区批准兴办之日起，外汇额度五年内全额留成，用于区内自我滚动发展。

三、国家旅游度假区内利用外商投资建设的旅游设施项目，投资额在国务院规定的审批限额以内的，由所在省、自治区、直辖市和计划单列市自行审批，其中旅游住宿设施项目，应报国家旅游局和国家计委、经贸部备案；投资额在国务院规定的审批限额以上的，按国家有关规定办理。利用外商投资建设的旅游住宿设施项目，企业经营期限一般不得超过三十年。

四、试办国家旅游度假区，由地方人民政府报国务院审批。

五、试办国家旅游度假区，是旅游业深化改革、扩大开放，改变我国旅游产品结构，提高旅游产品档次，提高国际竞争力的一项重要部署。国务院有关部门和有关地方政府要切实做好规划，搞好试点工作。旅游度假区起步阶段规模不宜过大,应从小到大,逐步发展。

国务院

1992年8月17日

联合国亚太地区裁军和安全问题研讨会在上海举行

由联合国裁军事务署组织的这次会议将集中讨论在变化的世界局势下的亚太地区军备控制、裁军和安全问题。会议涉及议题有亚太地区安全及裁军之回顾;东北亚和东南亚地区的安全及军控措施等。出席会议的中外方代表共四十余人。与会人员来自亚洲和太平洋地区的十八个国家,另外还包括本地区以外的观察员、中国官员以及资深学者等。

裁军事务署主任普尔沃斯拉夫·达维尼奇担任大会主席。会上,上海市市长黄菊致词,中国国务委员兼外交部长钱其琛作基调讲话。

钱其琛在讲话中说,现在国际形势发生空前重大的变化。两极格局和延续近半个世纪之久的东西方军事对峙已告终结。这种变化有利于防止新的世界大战,但是,并未给世界带来安宁和太平。

钱其琛说,我们高兴地看到,亚太地区形势趋于缓和与稳定。特别是,亚太地区是世界上经济发展最具活力的地区,许多国家初步形成政治稳定保障经济发展,经济发展促进政局稳定的良性循环的好势头,这是亚太地区稳定的可靠基础。当然,人们也看到,亚太地区也还存在着不稳定因素。

钱其琛指出,随着东西方冷战对抗的结束,世界裁军和军控领域取得一定进展。欧洲开始常规裁军进程。但是,世界上的裁军并没有改变军事大国拥有大量超杀伤核武器和庞大的尖端武器和发展太空武器的事实。它们在亚太地区仍部署有强大的进攻性海空力量。一些亚太国家之间的军事对峙依然存在。这些同本地区和平发展潮流及缓和、稳定的形势很不相称。抓住当前有利时机,采取切实的措施,进一步改善地区安全环境,是亚太国家当前面临的重大课题。

钱其琛说,亚太地区的安全同亚太各国的安全分不开。没有每个国家的安全,就谈不上地区安全。地区安全还同整个世界形势和国际关系状况分不开。他强调要在和平共处五项原则的基础上,建立公正、合理、稳定的国际政治、经济新秩序。

钱其琛就全面推进地区裁军与安全,促进地区的和平与发展,提出如下几点主张:

一、亚太国家相互之间发展关系应严格遵循联合国宪章与和平共处五项原则,互相尊重,至诚相待,平等合作,友好相处。

二、任何亚太国家都不在本地区或次地区谋求霸权和建立势力范围,不组建和参加针对其他国家的军事集团,不在国外建立军事基地和派驻军队,不以任何借口侵犯别国主权和领土完整、干涉别国内政。

三、每个亚太国家都应致力于与其邻国发展睦邻友好关系。对领土、边界争端和其他历史遗留问题,应根据有关国际公约和联合国决议和平协商解决,不诉诸武力和武力威胁。

四、所有亚太国家都不搞任何形式的军备竞赛。各国军备应保持在正当防卫所需的水平。

五、加强和完善亚太经济合作会议等区域性经济合作组织,把亚太地区的经济合作提高到一个新水平。

钱其琛最后指出,中国为实现国家的现代化,以经济建设为中心,需要一个长期和平、稳定的国际环境和周边环境。中国奉行独立自主的和平外交政策,把维护世界和地区和平作为我国外交政策的总目标,把同周边国家发展睦邻友好作为既定国策,并为此作出不懈的努力和应有的贡献。

他说,中国一贯重视并积极参加国际社会的裁军努力。中国的军费开支一直保持在很低的水平,大大低于其他任何一个大国。只要各国都有诚意,相互信任,积极合作,共同努力,亚太地区在本世纪九十年代以至下一世纪保持和平、稳定,实现持续发展,是大有希望的。

上午,钱其琛外长会见联合国驻柬埔寨权力机构首席代表明石康。

古巴国务委员会和部长会议主席菲德尔·卡斯特罗在革命宫会见正在古巴访问的外交部副部长刘华秋

澳门基本法咨询委员会在澳门举行第七次全体会议

会议要求全体委员继续通力合作,为圆满完成咨委会的历史使命作出新的贡献。

会议指出,今年上半年咨委会为配合《澳门基本法(草案)》的公开咨询工作,开展一系列活动,通过各种活动和渠道收到各种咨询意见书287份,包括具体意见953条,涉及基本法草案80%的条文。关于下一阶段的工作,会议强调要密切与起草委员会之间的联系,关注基本法草案有关条文的修改情况,继续开展咨询和宣传介绍活动,向起草委员会反映各界人士的意见。

中央军委和总参谋部总政治部总后勤部在北京举行欢迎参加第25届奥运会胜利归来的解放军运动员大会

刘华清、杨白冰、秦基伟、迟浩田、赵南起等军委领导向解放军体育健儿表示慰问，祝贺他们在第25届奥运会上取得优异成绩，并向他们颁发奖章和纪念品。

正在外地的军委第一副主席杨尚昆专门发来贺词，向我军在第25届奥运会上取得优异成绩的运动员、教练员表示祝贺和慰问。

军委副主席刘华清代表中央军委和三总部在欢迎会上讲话。

参加第25届奥运会的解放军运动员共19名，有8人分别获得1枚金牌、7枚银牌和1枚铜牌，为国家和军队争得荣誉。

总政治部副主任于永波宣读总政治部《授予王涛同志"杰出运动员"荣誉称号》的命令和《给国林跃等7名运动员记一等功》的通令。

国家体委主任伍绍祖在讲话中赞扬军队运动员为中国代表团在奥运会取得好成绩作出贡献。

运动员代表王涛、李对红在欢迎会上的发言中表示，要再接再厉，更加刻苦锻炼，再创优异成绩。

出席欢迎会的还有解放军三总部、军委办公厅、海军、北京军区的领导。

国家教委发出《关于初中毕业生升学考试体育试点工作的意见》的通知

国家防汛总指挥部召开紧急会议部署防汛工作

8月16日18时，黄河花园口水文站出现今年第一号洪峰，每秒流量16260立方米，水位94.33米，比1982年花园口每秒流量15300立方米，水位93.99米的洪峰还高0.34米，是1949年以来的最高水位。

由于黄河河道多年淤积，河床抬高，致使这次洪水流量小、含沙量大（每立方米水含沙535公斤）；水位高、冲刷破坏力强。洪峰通过花园口时，部分低滩漫水，四个村庄被水围困。

针对黄河防汛的严峻形势，国家防汛总指挥部副总指挥、水利部部长杨振怀召开紧急会议，研究部署黄河防汛工作。

8月18日

国务院副总理吴学谦在人民大会堂会见以张平沼为领队的"和平小天使·飞鸽传爱"台湾访问团

中国光大(集团)总公司暨中国光大银行中国光大国际信托投资公司成立庆祝招待会在人民大会堂举行

党和国家领导人万里、邹家华、杨白冰、荣毅仁、陈慕华、李贵鲜、陈俊生等与1500多名海内外来宾欢聚一堂，庆祝中国又一大型综合性集团诞生。

1983年在香港创业的光大集团，经国务院1990年9月批准成立的中国光大(集团)总公司，是国务院直属的全民所有制企业，已拥有中国光大银行、中国光大信托投资公司、中国光大对外贸易总公司、中国光大房地产开发总公司、中国光大旅游总公司等10家直属公司，并在国内40多家企业投资。整个集团的业务涉及金融、投资、贸易、生产、科技开发、工程承包、劳务合作、旅游、信息服务等。

光大集团已形成香港、北京两个总部，金融、外贸、实业三大产业的多种经营的集团体系，并造就和培养了一支具有一定素质的经营管理队伍。

交通部宣布交通运输系统推出深化改革措施

交通部负责人日前宣布，为了建立和完善社会主义运输市场经济运行机制。交通部提出一系列深化改革重要措施，其主要内容是：

将直属水运企业按计划运输的物资分为计划运输和市场调节两部分。

改革我国国际海业管理。经交通部批准，凡有经营管理能力的国际船舶公司均可经营远洋航线。

参照国际惯例，按照对等原则，允许外国船舶公司在我境内办独资或合资船务企业。

适度开放国内运输市场。经批准，适度发展中外合资公路、水路运输企业，从事我国境内公路、沿海和内河运输。

鼓励中外合资建设并经营公用码头泊位。

允许外商独资建设货主专用码头和专用航道。外商投资开发经营成片土地时，可在地块范围内建设和经营专用港区和码头。

鼓励中外合资或外商独资建设公路（包括独立大桥与隧道）。

海南省政府和熊谷组(香港)有限公司在北京签署海南洋浦30平方公里土地使用权出让合同

海南省省长刘剑锋在钓鱼台国宾馆将海南省洋浦地区30平方公里土地的使用权出让给熊谷组（香港）有限公司。

刘剑锋和于元平总经理分别代表海南省人民政府和熊谷组（香港）有限公司在海南省洋浦经济开发区30平方公里国有土地使用权出让合同和备忘录上签字。

国务委员兼中国人民银行行长李贵鲜、国务院副秘书长、国务院特区办主任何椿霖和经贸部部长李岚清等有关方面的负责人出席签字仪式。

海南省有偿出让的这块土地是目前经中国政府批准的最大的外商投资开发经营的成片土地。熊谷组

(香港)有限公司在15年中将投入180亿元港币用于洋浦开发区的基础设施建设,总投资将达1300多亿元港币。

刘剑锋在签字仪式上说,海南省人民政府与熊谷组(香港)有限公司达成一致意见、签署土地使用权出让合同。

海南省政府出让的这块土地不仅是中国政府目前批准的最大的外商投资开发经营的成片土地,也是一件引起广泛争议的事。邓小平南巡谈话发表之后,国务院今年3月份批准海南省向投资开发的外商出让洋浦地区30平方公里土地的使用权。

海南省经过反复与外商磋商,在土地使用权出让和外商投资开发经营成片土地所涉及的各个方面达成了一致意见。按照国务院的批复,洋浦经济开发区将建设成为以技术先进工业为主导,第三产业相应发展的外向型工业区。

国务院总理李鹏在中南海会见熊谷组(香港)有限公司总经理于元平

于元平前来北京与海南省人民政府签署海南省洋浦经济开发区国有土地使用权出让合同。

李鹏对于元平先生积极参与海南省洋浦地区开发和在内地经济建设中所持的积极态度表示赞赏。

李鹏说,海南省目前处于开发的初期阶段,潜力很大,前景广阔。洋浦地区具有得天独厚的自然条件,开发工作是有进展的。他说,洋浦地区应该从投资少、见效快的项目做起,电力先行,带动整个开发工作的进行。李鹏希望熊谷组(香港)有限公司进一步加强与海南省的合作,对海南的经济发展作出贡献。

于元平先生说,熊谷组(香港)有限公司同海南省有着良好的合作,洋浦开发区的开发工作已经开始,进展顺利,完全有信心使双方的合作取得成功。

国务院副秘书长何椿霖和海南省省长刘剑锋等也参加会见。

国务院总理李鹏在北京会见马来西亚国防部长纳吉布·拉扎克

李鹏说,中国执行独立自主的和平外交政策。中国的国防是防御性的。中国需要一个长期的和平国际环境,特别需要和平的周边环境。这是中国实现四化目标必不可少的外部条件。

李鹏强调说,"我们多次讲过,中国绝不对任何地区和国家谋求势力范围。谋求霸权不符合中国人民的根本利益。"

李鹏指出,现在有人散布一种论调说,中国要在东南亚填补真空,这是一种挑拨性的论调,是别有用心的。

纳吉布指出,中国没有在本地区制造不稳定的意图。中国致力于公正、合理地解决柬埔寨问题就是一个很好的例证。

纳吉布说,马来西亚主张通过和平谈判的方式解决南沙问题的争议,并欢迎中国就此问题提出的"搁置争议、共同开发"的主张。

纳吉布说,这是一次具有重要意义的访问。马来西亚政府和马哈蒂尔总理对近年来两国在各个领域,特别是经济领域关系的发展表示满意。马中两国在很多问题上有着十分相似的观点,这为两国发展军事关系奠定良好的基础。

国务委员兼国防部长秦基伟上将、中国人民解放军副总参谋长徐信上将会见时在座。

中共中央政治局常委乔石在人民大会堂会见哈萨克斯坦和平与和睦理事会主席哈萨克斯坦社会党主席阿·图·阿里穆扎诺夫

中央军委副主席刘华清上将在人民大会堂会见巴基斯坦武装部队参谋长联席委员会主席夏米姆·阿拉姆·汗上将

中国俄罗斯经济贸易科技合作委员会第一次会议在莫斯科举行

田纪云副总理同俄罗斯副总理绍欣分析两国经贸合作的现状和前景,就进一步发展两国经贸关系深入交换意见。田纪云介绍中国当前的政治、经济形势后着重指出,去年年底中俄建交后,中国十分重视发展与俄罗斯的经贸关系,并为其顺利发展采取一系列鼓励措施,去年以来双边经贸关系在两国经济体制发生较大变化情况下,仍保持稳定发展的势头。上半年两国的贸易额达14.7亿美元。田纪云副总理同时指出,中俄扩大合作仍有很大潜力。为充分利用中俄经济上互补优势,可以广泛采用除现汇和传统易货贸易外的一些新的有效合作形式,如建立合资企业等等,双方可在农业、渔业、林业以及其他领域进行合作。田纪云在谈到两国贸易中存在的运输等问题后强调,双方应采取综合性措施,认真解决现存的问题。

俄罗斯副总理绍欣在通报俄罗斯当前的政治和经济形势后说,尽管俄罗斯目前遇到严重的经济困难,但俄中贸易仍然向前发展。俄罗斯方面对此表示高兴。同时,他认为,目前俄罗斯对同中国进行经济贸易和科技合作,包括边境、地方贸易都很感兴趣,应该扩大两国经贸合作的领域和形式,支持中方提出的在边境地区建立经济技术合作区的建议。绍欣还指出,俄中可在冶金、航空等领域加强合作，并还可共同与第三国合作。

会谈结束后，绍欣副总理举行午宴，款待中国政府代表团。他在欢迎词中高度评价俄中经贸合作委员会第一次会议。他说，这次会议揭开俄中两国经济贸易关系新的一页。田纪云副总理在致词中说，中俄两国各有自己的优势和不足，进行多方面合作的潜力是巨大的。中国政府将为进一步扩大和巩固两国人民之间的友谊和两国的经贸合作作出不懈努力。

中国朝鲜两国政府在平壤签署科学技术合作交流议定书

这项议定书是在中朝两国政府第 32 届科学技术合作交流会议上签署的，中国国家科委副主任李效时和朝鲜科学技术委员会副委员长金应浩分别代表本国政府在议定书上签字。

朝鲜政务院副总理兼对外经济委员会委员长金达铉和中国驻朝鲜大使郑义出席签字仪式。

议定书包括 48 个项目，中国方面承担 25 项，朝鲜方面承担 23 项。

在签字之前，金达铉副总理会见由李效时率领的中国政府科技代表团。

人事部国家教委关于进一步争取优秀留学博士回国做博士后的通知

通知内容如下：

一、在国外获得博士学位的各类留学人员（含国家公派、单位公派、自费等），凡品学兼优，身体健康，年龄在 40 岁以下（特殊情况可适当放宽）的，均可申请回国做博士后。

争取优秀留学博士回国做博士后，是国家为培养造就新的学术带头人和高水平年轻科技人才采取的一项重要措施。因此，国内各派出单位应顾全大局，支持他们回国到适合他们发挥才能的博士后流动站或具备博士后研究条件的非设站单位做博士后，不应以任何理由加以阻拦。他们被批准到国内有关单位做博士后，其原所属单位在接到人事部专家司开具的调档通知后，应在一个月内将该留学人员的人事关系和档案材料等转到国家教委留学服务中心（对外称中国留学服务中心，以下简称留学服务中心）。

二、继续执行人事部、国家教委《关于争取优秀留学博士回国做博士后的通知》（人专发〔1989〕5 号）中的有关规定，即：(1)各博士后流动站在完成当年招收博士后的计划名额后，如还有留学博士申请进站，可不受名额限制；(2)经全国博士后管委会办公室批准，可允许留学博士选择具备博士后研究条件而尚未设站的单位做博士后。

三、接收留学博士做博士后的单位（以下简称接收单位）要与留学博士本人签订《博士后科研工作协议书》（以下简称《协议书》）。《协议书》应明确规定双方的权利和义务，包括博士后科研工作的内容、目标、期限（在一个流动站工作的期限一般为两年），以及违反《协议书》的处理办法等项内容。

四、留学博士在国内做博士后期间的待遇、工作、管理以及配偶和子女随之流动等，均按现行有关博士后政策规定办理。

五、博士后研究人员完成《协议书》所规定的各项任务后，如本人提出以自费身份再次出国学习或进行合作研究的申请，由留学服务中心负责，为其办理出国手续。留学服务中心在接到博士后研究人员再次出国申请和有关材料（应包括接收单位对博士后研究人员完成协议的证明材料及有关出站手续）后，一般在 40 天内办完护照。

博士后研究人员再次出国学习或进行合作研究，其家属提出出国探亲，可由留学服务中心和博士后研究人员家属所在工作单位出具有关证明，由留学服务中心协助办理因私出国护照。

六、博士后研究人员完成《协议书》所规定的各项任务后，本人提出在国内安排工作单位或转到国内下一个流动站时，按现行博士后工作有关政策规定办理。

七、留学博士申请回国做博士后的程序为：

留学博士申请回国做博士后，需填写《留学博士回国做博士后登记表》，该表格可向有关驻外使领馆或国内各博士后流动站设站单位索取，同时提交两位（至少包括一位国外的）博士生导师或研究课题负责人的推荐信和学位证书或有关学位证明材料，一起报送我驻外使领馆教育处（组）签署意见。

如申请到博士后流动站做博士后，驻外使领馆教育处（组）可将上述材料直接寄送国内有关设站单位，并报全国博士后管委会办公室（人事部专家司）和国家教委留学生司备案。该设站单位决定接收后，直接通知留学博士本人。

如申请到非设站单位做博士后，驻外使领馆教育处（组）可将上述材料寄送全国博士后管委会办公室（人事部专家司），并报国家教委留学生司备案。由全国博士后管委会办公室征询有关部门、单位意见后予以审定，并将结果答复本人。如果本人已与国内有关单位进行了联系，驻外使领馆教育处（组）可将《登记表》及有关材料直接寄给该单位，由该单位将上述材料及《留学博士回国做博士后审批表》寄送全国博士后管委会办公室审批。全国博士后管委会办公室及时将审批结果通知接收单位和留学博士本人。

国际空间年中国筹备委员会组织的首届航天知识电视大赛在北京举行

首届汉语考试国际学术讨论会在北京闭幕

中国体育代表团参加第25届奥运会总结发奖大会在北京京广中心举行

中国体育代表团团长伍绍祖,副团长袁伟民、徐寅生、李富荣等以及团中央、全国总工会、全国妇联负责人出席大会。

袁伟民在大会作总结报告。

会上,徐寅生宣布获得前8名运动员、教练员的奖励金额及奖励办法。获金牌的运动员奖金为8万元,银牌5万元,铜牌3万元,第四至八名分别为1万至3000元。运动员每多获得一项名次,增加一份名次奖金。直接连续培训满两年以上的教练员,奖金数额与运动员相同。

何振梁宣布国家体委决定,授予庄泳等17名奥运会金牌得主和陈运鹏等17名教练员体育运动荣誉奖章,授予黄志红等53名奥运会银牌、铜牌获得者体育运动一级奖章。

团中央授予邓亚萍"全国新长征突击手标兵",授予陈跃玲等16人"全国新长征突击手"称号;全国总工会向金牌获得者颁发五一劳动奖章;全国妇联授予获金牌女运动员全国"巾帼建功"标兵和全国"三八"红旗手荣誉称号。

1992年全国中学生运动会在岳阳举行

国家计划生育委员会主任彭珮云就当前计划生育工作接受新华社记者采访

彭珮云强调:对人口问题的长期性和艰巨性必须有清醒的认识,要防止和克服任何盲目乐观、麻痹和松懈的情绪,下半年再加把劲,抓紧抓好计划生育工作。

彭珮云说,今年是建国以来第三次人口生育高峰的峰顶年。育龄妇女总数达3.189亿,处于生育旺盛期的妇女达1.237亿,处于生育峰值年龄的妇女达1325万,分别比去年增加410万、100万、46万。加上受"羊年生育不吉利"的迷信观念影响,去年有一部分人推迟生育,对今年造成额外的冲击。

年初以来,计划生育工作继去年全面完成人口计划后仍保持了较好的势头。江苏初婚人数明显减少,辽宁相当多计划内生育被推迟,上海甚至出现人口负增长。据统计,全国有19个省、市、自治区1至6月出生人数少于去年同期。

但是,各地计划生育工作严重不平衡。计划生育后进面还较大,有的地方已突破上半年人口计划,全国仅报表统计的计划外出生就已达97万。

彭珮云就此指出,全国大部分地区计划生育工作还处在困难和初级阶段,农村仍是"天下第一难",稍一松懈即告滑坡。

彭珮云还特别指出,完成人口计划仅是控制人口增长的起码要求。各地还要在提高工作水平、提高计划生育率上下功夫。这样,我们的计划生育工作才会更合乎国情,更顺乎民意,从而更好地开展。

8月19日

中宣部邮电部新闻出版署联合发出关于制止报纸征订工作中的不正之风的通知

通知指出,近年来,我国报刊发行工作有很大发展,主要报刊的发行量比较稳定或有所增长,收到很好的社会效益。但同时也应该看到,有的地方、部门和单位在发行工作中不同程度地存在强行摊派、强迫征订、搞回扣、高奖励等不正之风。这种不正之风不但加重基层单位和群众的负担,影响报刊发行工作的正常进行,而且败坏党、政府及新闻界的声誉。

通知提出要求:一、在今年报刊征订工作开始之前,各级党委宣传部门、政府新闻出版管理部门、邮政发行部门及各报刊社,要认真进行思想教育工作,讲明报刊发行工作的重要性,使有关人员掌握发行工作的有关方针、政策。为防止不正之风的发生,不论是邮发部门,还是实行自办发行的报刊社,都要坚决执行报刊发行的有关规定,并制定出切实有效的措施。二、要严格掌握政策,正确区分必要的奖励与搞回扣的界限;宣传动员与强迫征订的界限。报刊发行部门可以采取刊播广告,张贴宣传画等各种宣传形式扩大报刊知名度,吸引读者订阅,不得利用行政管理权力搞硬性摊派,不得颁发文件下达订阅指标。任何部门都不得利用职权强行扣款征订,不得以附加条件强迫征订。三、应严格执行国家对内部报刊的管理规定,内部报刊的发放和交换范围不得超越本行业、本系统,不得公开征订、发行,不得定价出售,只可收取成本费。

共青团中央国家民委联合发出在全国各级团组织和各族青年中广泛开展各族青年团结进步表彰活动的通知

国家主席杨尚昆在秦皇岛市视察

杨尚昆在视察秦皇岛市时,赞扬改革开放给这座美丽的海滨城市带来的巨大变化。他说:没有邓小平同志的高瞻远瞩，没有党的十一届三中全会以来的路线、方针、政策，就不会有改革开放的今天，就没有社会主义事业的快速发展；进一步加快改革开放，中国大有希望。

杨尚昆是 8 月 19 日视察秦皇岛市的。38 年前，他曾陪同毛主席视察过这里的耀华玻璃总厂。这次，他在河北省委副书记吕传赞、秦皇岛市委书记丁文斌、市长王大名等陪同下，冒着高温，在这个厂详细察看了浮法玻璃生产线的成型过程。在 500 米长的生产线上，杨尚昆和值班工人一一握手，亲切交谈。他对质量控制程序非常关心，指出：老厂就是要通过技术改造来降低成本，提高质量，增强市场竞争的实力。厂长张景焘汇报说，38 年来，耀华厂的生产提高了 20 倍。杨尚昆感慨地说：当年我陪毛主席看过的耀华厂远不是现在这样，快 40 年了，变化好大啊！厂党委书记邢海村接着说：今年在小平同志重要谈话精神鼓舞下，工厂提前实现速度效益双过半。杨尚昆听了很高兴，勉励说：你们已经从困境中走出来了，要争取效益翻番，步伐要快，要向外发展。你们技术人员多，有实力，要赶超国际先进水平，为国争光。

在与省、市负责同志和耀华厂干部、群众促膝交谈时，杨尚昆回顾了十一届三中全会以来我国改革开放取得的伟大成就和小平同志的历史功绩。他说：搞经济建设，慢了就要落后，落后就要挨打。有许多经验教训值得注意。十一届三中全会以来，我们的改革首先是从农村开始，搞了家庭联产承包责任制，大大调动了广大农民群众的积极性、创造性，农民的温饱问题基本得到解决，城市居民的生活水平也提高了，这是个很成功的经验，这是我们党领导下的中国农民的一大创造。这项改革刚开始时，认识也不完全一致，有的同志说这个办法只能在集体经济薄弱的贫困地区搞，像珠江三角洲等农村经济发达的地区不宜搞，主要是怕把地包下去以后，破坏了农村集体经济，破坏了农业机械和排灌设施。结果，农民自己搞了起来，农村经济不仅没有削弱，而且越来越加强了。这就告诉我们一个道理：所有看准了的东西，有利于人民的事情，就要抓住机遇快干，不要无休止地去争论。我们搞社会主义市场经济，是符合中国国情的，不能把计划与市场对立起来，去争论姓“社”姓“资”，实践才是检验真理的唯一标准，不要在争论中把时间白白浪费掉。

杨尚昆还谈到，要抓住机遇加快发展，思想就要更解放一点，大胆开拓。现在有些地方思想还不够解放。解放思想往往需要一个过程，要随着实践不断发展，不断深化。同时，他又强调：要发展经济，社会一定要稳定。中国不能乱，中国有 11 亿多人口，乱了怎么办？当然，中国不会乱，世界人民也不希望中国乱。

秦皇岛市从去冬开始，军民并肩奋战 180 天，治理了市区严重污染的 4 条河。听了市里同志汇报这一情况后，杨尚昆又兴致勃勃地驱车前往现场视察。他赞扬说：就是要真抓实干。我们共产党人只有为人民办实事、办好事，才有号召力，才有凝聚力。艰苦奋斗仍然是我们的传家宝，你们城市综合治理的法子很好。听说你们引青济秦工程搞得不错，搞改革开放、搞经济千万不要忽视基础设施建设。

杨尚昆非常关心贯彻小平同志巡视南方重要谈话精神后改革开放的新形势。丁文斌汇报说：秦皇岛市自从贯彻小平同志重要谈话精神以来，发展势头很好。仅半年，已引进 52 个项目，总投资 5.7 亿美元，其中合同外资 4.96 亿美元，这相当于前 8 年全市引进外资的 3.16 倍，在全国第一批开放的 14 个沿海城市中引进资金排位大大前移，在环渤海城市中居第一位。现在正在狠抓项目落实、资金到位。他们随即邀请杨尚昆视察引进项目之一的海洋花园村工地。杨主席欣然前往。海洋花园村占地 1200 多亩，由港澳泽昌置业投资公司投资开发，要在 5 年内兴建 100 多座高楼，最高的 66 层，平均 27 层，总建筑面积 290 万平方米，配套设施一应俱全。杨尚昆看了模型照片，高兴地说：海洋花园村建成了，这里就成了现代化海滨了，秦皇岛就更美了。

杨尚昆望着海天一色的远处说：从现在起，今后的 10 年间是个非常关键的时期。这 10 年，要看前 5 年，这一点，我们全党同志一定要保持清醒的头脑，要加快改革开放步伐，加速经济发展。要坚持以经济建设为中心不动摇，坚持改革开放不动摇，坚持四项基本原则不动摇。

中国对外贸易运输集团正式组建

以中国对外贸易运输总公司为核心企业的中国对外贸易运输集团，日前经国务院经贸办批准正式组建。

人事部在哈尔滨召开全国流动调配工作会议

人事部副部长张汉夫在会议上提出，对留学人员，要坚持双向选择的原则，继续办好留学回国人员工作站，为留学回国人员找到合适的岗位提供条件；同时，鼓励留学人员自己创业，以个人名义创办科研机构、技术开发和咨询公司、技工贸一体化的企业。

张汉夫在谈到科研条件时说，要多渠道为他们提供科研经费，同时开展留学人员资助经费有偿使用工作，逐步扩大资助范围，及时调整和安排那些因各种原因需要调整工作单位的同志，让他们到适宜的岗位发挥作用。人事部准备出台与此有关的政策。

中共中央政治局常委宋平中央书记处候补书记温家宝等到中国国际展览中心参观 1992 年国际化工展览会

展览会是中国建国以来首次举办的大型国际化工展览会，共有 1600 余家国内企业和近百家海外厂商参展，展品的内容十分丰富。

宋平向来我国参展的海外化工企业的代表表示，希望日后进一步加强合作与交流。

俄罗斯代总理盖达尔在莫斯科政府大厦会见国务院副总理田纪云率领的中国政府代表团部分成员

盖达尔说，18 日和 19 日在莫斯科举行的中俄经贸和科技合作委员会第一次会议为解决今后中俄两国企业间合作的实际问题排除障碍。他指出，中俄两国在机器制造业、核工业、核电站、农机制造业等方面的合作有很大的潜力，目前需要寻求符合两国现在经济发展情况的新的合作形式，例如联合开办银行，建立合资企业等。

田纪云说，他同俄罗斯副总理绍欣进行成功的和富有成果的会谈，就进一步扩大两国经贸、科技和劳务合作，进一步发展地方贸易和边境贸易问题交换意见，并达成广泛的共识。

田纪云说，中俄两国人民有着传统的友好合作关系。中国政府的立场是，不管在原苏联或现在的俄罗斯内部发生什么变化，我们都愿在和平共处五项原则和平等互利基础上进一步发展同俄罗斯的友好合作关系。田纪云说，中国和俄罗斯在经济发展过程中各有自己的优势。中国在农产品、食品和轻工业产品以及家用电器的生产等方面有自己的优势，而俄罗斯在航空航天技术、核电站、重工业机械制造和农机制造业等领域有很多优势。

中国驻俄罗斯大使王荩卿会见时在座。

国务院副总理田纪云和俄罗斯联邦副总理绍欣在莫斯科俄罗斯政府大厦签署中俄政府间经贸和科技合作委员会第一次会议纪要

签字仪式后，田纪云和绍欣对记者发表谈话时强调，这次会议的成功举行是两国经贸和科技合作进一步发展的良好开端。

纪要中强调，中俄双方将遵循今年 3 月签署的两国政府间经贸协定的原则，采取积极措施，促进双方经贸合作的进一步发展，并完善其方式和方法；双方主管部门应有效地保证两国企业严格履行今年贸易议定书所规定的供货义务，并委托有关部门采取有效措施解决中俄外贸货物运输中边境站大量压车的严重困难，以保证中俄外贸货物畅通无阻。

纪要指出，中俄经济联系将进一步朝着经贸和科技相配合的方向积极发展。双方认为，中俄在动力、林业等领域有良好的互补性，在今后的合作中可以采取以承包或有第三国参加的各种形式来吸收中国工人和专家在俄罗斯联邦的西伯利亚以及远东地区建立森林采伐和木材加工企业。

纪要指出，近年来中俄地方间和边境贸易合作得到积极发展，进一步加强这一合作符合双方的利益，两国有关部门和地区将就在边境地区建立经济技术合作区、免税仓库等设施举行具体谈判。

外经贸部副部长谷永汀和俄罗斯劳动部副部长科斯马尔斯基在莫斯科签署中俄政府关于派遣和吸收中国公民在俄罗斯联邦企业联合公司及机构工作的原则协定

8 月 20 日

中纪委第二次全体会议在北京召开

中共中央总书记江泽民在会上作重要讲话，强调反腐败斗争必须把握好以下原则：(一)坚持党的基本路线，紧紧围绕经济建设这个中心，为推进改革、建设和发展服务。(二)突出重点。这次反腐败，在党政机关进行，重点放在党政领导机关和司法部门、行政执法部门、经济管理部门。(三)从领导干部做起，首先从高级干部做起，包括领导干部身边工作人员。(四)严格依法办案。对违法违纪案件，要一查到底，以事实为根据，以法纪为准绳，该撤职的要撤职，该判刑的要判刑，该重判的要重判。对于严重干扰、阻碍查案工作的，要坚决处理。(五)不搞群众运动，不搞人人过关。(六)惩治腐败与扶持正气相结合。

全会审议通过了尉健行代表中纪委常委会作的题为《适应新形势，深入反腐败，为全面贯彻党的基本路线服务》的报告。报告提出反腐败斗争的思路和对策：一是反腐败要紧密结合重大改革措施和行政、经济决策的实施来进行；二是反腐败要抓好严惩腐败分子和克服各种消极腐败现象两方面任务；三是反腐败必须加强法规和政策研究，及时规范行为；四是反腐败必须加强综合治理，既治标又治本；五是对广大党员、干部进行党纲、宗旨、理想、纪律和优良传统作风等教育，增强他们抵御拜金主义、享乐主义和极端个人主义等腐朽思想侵蚀的能力。当前各级党委和政府要着重抓好三个方面的工作：加强对各级党政机关领导干部廉洁自律情况的监督检查；集中力量查办一批大案要案；狠刹几股群众反映强烈的不正之风。

全国反盗窃斗争座谈会在大连闭幕

会议期间，与会同志围绕乔石的讲话和任建新的报告，进行讨论。中央社会治安综合治理委员会副主任王芳在会议结束时讲话。会议指出，深入开展反盗窃斗争是贯彻邓小平同志"一手抓改革开放、一手抓打击各种刑事犯罪活动"，"两只手都要硬"思想的重要措施，是加强和改革政法工作，搞好社会治安综合治理，为加快改革开放和经济建设提供保障、创造条件的一项重要工作，它既能保护又能促进生产力的发展。

会议指出，一年来反盗窃斗争的成效是显著的，不少地方刑事案件的发案数有不同程度的下降。事实说明，开展反盗窃斗争是十分必要的。它抓住当前社会治安问题的重点，抓住人民群众关注的热点，抓准综合治理的突破口。反盗窃斗争，为社会治安综合治理，为进一步改变社会治安状况打下良好基础。

会议提出，各级党委、政府的主要负责同志对反盗窃斗争要给予应有的重视，一年要重点抓几次。要有针对性地及时解决有关的思想认识和斗争中遇到的方针、政策、法律、打击重点等问题，加强分类指导。

会议要求各地要加强反盗窃斗争和综合治理的调查研究工作。随着改革开放和经济建设的加速发展，社会治安和盗窃犯罪都会不断出现一些新情况、新问题和新特点。比如流动人口的管理，证券、股票市场的管理，边贸口岸的管理，各种商品市场和新出现的特种行业的管理，如何堵住销赃渠道，以及反盗窃犯罪和其他各种犯罪活动之间的关系及其对策，等等，都需要认真调查研究。这样，才能增强预见性，更好地通过反盗窃斗争和综合治理，为改革开放和经济建设主动服务、超前服务。

会议强调，大力发动群众加强防范工作，是开展反盗窃斗争的核心和主要目的，要人防、物防、技术防范一起上。随着经济和科学技术的发展，逐步推广应用现代化的技术防范手段，更加有效地预防和减少盗窃犯罪和其他各种犯罪活动。

会议指出，目前，流窜盗窃犯罪越来越严重，跨地区的销赃活动比较普遍，在逃犯日渐增多。要加强地区之间的广泛协作配合。各地区都要以全局利益为重，坚持克服地方保护主义倾向，统一意志，严格依法办事。

最高人民法院分别授予和追认赵元甲等六人全国法院模范称号

最高人民法院日前作出决定，分别授予和追认云南省丽江地区中级人民法院院长赵元甲，贵州省凯里市法院人民审判员张启仁，湖北省大冶县铜矿人民法庭庭长吴远端，广东省化州县平定人民法庭庭长刘傅权富，安徽省霍邱县法院城关人民法庭副庭长王兆合，广西壮族自治区高级人民法院法医室主任杨同成等6人全国法院模范称号，以表彰他们的先进事迹，并号召全体法院干警向他们学习。

全国法院模范的称号，是最高人民法院授予法院系统先进个人的最高荣誉。在此之前，全国法院共有22人获得此项荣誉。

全国人大常委会副委员长全国妇联主席陈慕华在人民大会堂会见日中妇女友好交流代表团的主要领导并出席全国妇联举行的招待会

中日妇女友好交流研讨会在人民大会堂开幕

研讨会是在庆祝中日邦交正常化20周年之际由中华全国妇女联合会发起并同日本17个妇女团体和机构联合举办的。中日双方代表370多人参加。为期两天的研讨会将主要讨论5个专题：一、妇女地位与作用；二、妇女教育；三、妇女社会保障与健康；四、妇女与环境；五、中日妇女间的友好交流。研讨会期间，中日妇女还将举行书法、茶道、歌咏和舞蹈等联欢交流活动。

全国人大常委会副委员长、全国妇联主席陈慕华在开幕式上致词。

乌克兰最高苏维埃主席普柳希在基辅会见由赛福鼎·艾则孜副委员长率领的全国人大代表团

亚洲和太平洋地区农业生物技术会议在北京开幕

国务委员兼国家科委主任宋健在会上致词，向会议表示祝贺。

在会上，本届大会主席、中国科学院副院长李振声作题为《中国农业生物技术》的报告，详细介绍近年来我国农业生物技术的重大进展。国际水稻所所长兰博在报告中描绘用生物技术方法实现植物远缘杂交、分子遗传图谱和标记以提高物种的产量和品质的美好前景。来自中国、印度、日本、澳大利亚、台湾地区等20个国家和地区的300多名科学家出席会议。

第四届朝鲜学国际学术讨论会在北京大学举行

讨论会由北京大学朝鲜文化研究所和日本大阪经济法科大学亚洲研究所共同举办，20日至22日举行。来自朝鲜、韩国、日本、美国、加拿大、独联体、印度等10多个国家的600多名学者聚集一堂，共同就朝鲜学中的历史、经济、政治法律、社会、教育、科技等11个分科进行学术交流和相互切磋。

在本届讨论会上，朝鲜社会科学院副院长、韩国著名大学校长等学者坐在一起，就共同关心的课题和各自研究成果进行交流与讨论，促进双方学者间的相互了解和友谊。在经济分科，各国经济专家和学者对中国图们江流域经济开发区，产生浓厚兴趣，提出不少开发投资方案和措施。

世界跳伞锦标赛中国获两项冠军

中国选手在奥地利南部施蒂利亚州举行的第二十一届世界跳伞锦标赛中已获得了两个第一名和三个第二名。

中国选手盛军以0.06米的成绩获得女子青年组定点跳伞的冠军。她的队友王杰取得了这个项目比赛的第二名，成绩是0.12米。王杰还是本次比赛女子青年组的全能冠军。此外，中国的赖晓莉以0.05米的成绩取得了女子定点跳伞的第二名。

刘震逝世

中共中央顾问委员会委员、军事科学院原副院长刘震，因病在北京逝世，享年78岁。

刘震，湖北孝感人。1930年参加赤卫军，1931年参加中国工农红军，1932年加入中国共产党。土地革命战争时期，历任红军连指导员、营政委、团政委、师政委，参加红军长征及东征战役。抗日战争时期，历任八路军、新四军团政委、团长、旅长兼分区司令员等职。解放战争时期，历任纵队司令员、兵团副司令员兼军长等职。新中国成立后，先后任中南军区空军司令员，志愿军空军司令员，空军副司令员兼空军学院院长、政委，沈阳军区副司令员，新疆军区司令员，新疆维吾尔自治区党委第三、第二书记等职。中共八届候补中央委员，第十一届、十二届中央委员，十三届中央顾问委员会委员。1955年被授予上将军衔。

8月21日

全国人大常委会委员长万里在人民大会堂会见由议长米猜·吕初攀率领的泰国上议院代表团

万里说，中泰两国有着传统的友谊，两国议会之间有着密切的关系，他表示相信，米猜议长此次率团来访必将推动中泰友好合作关系进一步发展。

万里说，中国现在集中精力进行现代化建设，把经济搞上去，这是长期不变的政策。中国希望保持一个和平的国际环境，特别是周边环境。因此，中国重视同泰国等周边国家发展友好关系。

国务院副总理吴学谦在中南海紫光阁会见台湾经济研究院院长刘泰英

刘泰英前来参加8月24日在北京召开的“两岸产业科技合作交流研讨会”。

在会见时，刘泰英表示他这次与台湾产业界、科技界众多企业家、专家学者来京，将与大陆同行一起研讨两岸产业科技合作交流问题。刘泰英说，台湾企业界和科技界越来越多人赞成和支持两岸产业科技的合作与交流，我们此行的目的就是希望为此做些推动工作。

吴学谦说，我们欢迎刘泰英先生和众多台湾朋友来京参加“两岸产业科技合作交流研讨会”，这是件好事，是个很好的开端。希望研讨会的召开，能真正推动两岸的科技合作与交流。

吴学谦说，两岸产业科技的发展各有特点，如双方能多交流、多合作，这对两岸双方都有好处，有利于振兴中华民族。吴学谦欢迎台湾产业科技界人士到北京的一些科研机构、工厂多看看，并预祝研讨会取得圆满成功。

国务院台办主任王兆国等参加会见。

中共中央政治局常委李瑞环在人民大会堂会见新加坡报业控股华文报集团总经理周景锐

中国代表团团长侯志通奉命就禁止化学武器公约草案发表声明

参加日内瓦裁军谈判会议的中国代表团团长侯志通在裁军谈判会议化学武器特设委员会会议上就全面禁止化学武器公约谈判的立场问题奉中国政府之命发表声明。

侯志通在声明中指出，作为一个无化学武器、而又曾深受外国化学武器危害的国家，中国一贯坚决主张尽快达成符合上述宗旨和目标的禁止化学武器公约，以早日实现无化学武器的世界。

侯志通说，特委会主席8月19日再次提出的禁止化学武器公约草案修改文本在某些方面有所改进，但这个公约草案中仍没有充分反映包括中国在内的许多发展中国家的正当要求和合理主张，存在一些严重缺陷。对此，中国不能不表示关切和保留。

中国政府认为，公约草案的主要缺陷是：

一、草案中规定的对化学工业的核查范围过分广泛，不必要地把为数众多的与化学武器无关的化工设施也列入核查的范围，甚至把航天化工设施也列入其中，这将对发展中国家的化学工业造成严重困难和干扰。

二、公约草案不恰当地强调质疑核查的极端入侵性和突击性，却忽视滥用质疑核查权的危险性和防止滥用的必要性，这会使发展中国家的合法权益受到威胁。

三、关于延长化学武器销毁期限、改变化学武器销毁次序和允许一些化学武器生产设施被“转用”的规定，不利于公约根本目标的实现，有损于无化学武器国家的安全。

四、草案中关于经济与技术发展的规定也有失平衡。

侯志通强调指出，中国和许多国家一样，感到严重关切的是，这些缺陷的存在将会影响公约的普遍性和有效性，不利于国际和平与安全。正因为如此，中国代表团与许多发展中国家一道，多次共同提出建设性建议，要求继续谈判，解决存在的分歧，消除公约草案中的严重缺陷。但遗憾的是，我们的呼吁并没有得到应有的响应。因此，将来中国是否签约，中国政府尚需进一步研究。

中国政府观察员张义山在日内瓦联合国人权委员会专家小组委员会会议上就西藏人权问题发表谈话

张义山再次强调，西藏问题不是什么人权问题，而是有人破坏中国主权，鼓吹“西藏独立”的问题。

张义山是在驳斥某西藏分裂主义分子就西藏经济、社会情况散布的谎言时说这番话的。他一针见血地指出，个别西藏分裂主义分子企图在会上以所谓的“西藏人权问题”混淆视听，欺骗国际上不了解真相的人同情他们的分裂主义活动。

张义山说，1990 年 7 月中国政府用直接调查的方法进行的第 4 次全国人口普查结果表明，西藏的人口在过去 40 年中增长一倍，已达 219.6 万人，其中藏族人口占 95.46%，汉族人口仅占3.7%。因此，所谓藏族人在西藏正在变成少数的谎言，纯系蓄意捏造。

谈到中国中央政府与西藏自治区的财政关系时，张义山介绍说，1952 年以来，中央政府向西藏自治区提供的财政补贴和基本建设投资近 30 亿美元，但从未向西藏征收过 1 元钱。西藏自治区的出口所得外汇也完全归西藏地区使用。

张义山还强调指出，多年来中央政府与达赖喇嘛的谈判之所以未取得进展，原因是达赖至今没有放弃将西藏从中国分裂出去的立场。中国政府一再表示愿意就西藏独立以外的任何问题同达赖进行谈判，但达赖和他的追随者不仅在国外到处鼓吹“西藏独立”，而且还在西藏内部加紧煽动和策划骚乱。

张义山最后重申，任何国家、任何国际组织或任何个人以任何方式介入西藏问题，实际上都是对西藏分裂主义分子搞“西藏独立”活动的鼓励和支持，必将遭到中国政府和人民的坚决反对。

俄罗斯滨海边疆区行政长官库兹涅佐夫在海参崴同国务院副总理田纪云率领的中国政府代表团进行会晤

库兹涅佐夫说，滨海边疆区对中国经济改革的经验很感兴趣，认为中国领导人邓小平最近关于在社会政治稳定情况下进行改革的南巡讲话具有重要意义。他表示，滨海边疆区将积极工作，推动中俄边疆贸易的进一步发展。

田纪云说，促进中国东北地区和俄罗斯远东地区的贸易对发展两国经济、改善两国人民生活具有重要意义。

田纪云指出，中国有句古话：“远亲不如近邻。”中俄两国是近邻，希望两国边界成为和平友好的边界，成为繁荣的边界。中俄双方边界的军队可以大大减少，经济交往可以大大增加。

田纪云用八个字概括中俄两国经贸发展的重要意义，“利国富民，睦邻安邦”。

全国人大常委会副委员长叶飞同泰国上议院议长米猜·吕初攀进行工作会谈

国家教委外交部公安部人事部卫生部负责人就在外留学人员有关问题答新华社记者问

日前，本社记者就在外留学人员的有关问题走访国家教委、外交部、公安部、人事部和卫生部负责人，请他们分别回答下列问题：

一、请谈谈在外留学人员的情况。

目前，我国在外的公费和自费留学人员有十多万人，主要分布在美国、日本、英国、法国、德国、加拿大、澳大利亚等国。他们中的大多数人珍视国家和人民为之提供的深造机会，严谨治学，孜孜以求，努力掌握专业知识和技能，以优异的学习成绩为中华民族赢得荣誉。他们热爱祖国，十分关心国家建设事业的发展，当国内发生自然灾害的时候，他们牵挂家乡父老，踊跃参加捐献活动，表现出炽热的爱国情感。陆续回国的五万多留学人员在国内踏实工作，艰苦创业，在各条战线上做出了优异成绩，受到国家和人民的信任和称赞，成为四化建设的一支重要力量。

邓小平同志今年初南巡谈话发表后，广大在外留学人员感到十分振奋，对中国的未来充满信心，要为中华民族的繁荣富强作出自己的贡献。留学人员是国家的宝贵财富，祖国期望着他们早日学成回国，建功立业。

二、国家欢迎在外的留学人员回国参加四化建设，是否也包括在外加入了境外敌对组织的人员？

邓小平同志南巡时指出，对在外学习的人员，不管他们过去的政治态度怎么样，都可以回来，回来后妥善安排。这适用于所有在外学习的人员。

对于过去参加境外敌对组织，如“中国民主团结联盟”、“民主中国阵线”、“中国自由民主党”，从事过危害国家安全、荣誉和利益的人员，他们回国前应退出这些组织，并不再从事违反我国宪法和法律的活动。只要按上述要求做了，我们也欢迎他们回国参加四化建设。

三、留学人员如何申办延长护照有效期或换领护照？

对持过期因公普通护照或一次性出入境因公普通护照的留学人员，可向我驻外使、领馆提出护照延期或换发护照的申请，使、领馆将予以办理；要求将因公普通护照换为因私普通护照的，也将予以办理；公派留学人员取得外国永久或长期居留权后，其公派留学身份已经发生变化，不宜再持因公普通护照，他们应该将自己所持的因公普通护照换成因私普通护照。我驻外使、领馆将为留学人员延长护照有效期和换发护照提供方便。

四、取得外国国籍的留学人员如何办理退出中国国籍的手续？

依据《中华人民共和国国籍法》，我国不承认中国公民具有双重国籍。留学人员定居在国外，并取得了外国国籍，即自动丧失中国国籍。他们中仍持因公普通护照的人员可到我驻外使、领馆办理退籍手续。

五、对一时不能结清经济等未了事宜的公派留学人员，是否可以换领因私护照或办理退出中国国籍的手续？

公派留学人员是由国家、部门、地方或所在单位提供费用出国留学的，如果这些人员换领因私护照，或办理退籍手续，他们应该主动与派出单位或与国家指定的部门协商，结清经济及其他未了事宜。如果他们一时尚不能结清经济等未了事宜，也可为他们换发新护照或办理退出中国国籍的手续。

六、留学人员回国工作可以按“双向选择”的原则选择工作单位，如原单位不同意调动怎么办？

国家制定留学人员回国工作“双向选择”的政策，体现国家人事制度的改革方向，是为更好地鼓励人才的合理流动，调动留学回国人员的积极性和充分发挥他们的作用，扩大留学人员的择业渠道。在“双向选择”过程中，若原单位与留学回国人员在工作调动上发生分歧，原单位应尊重留学回国人员的工作选择意愿，协商解决。如双方不能协商解决时，上级主管部门和政府有关部门应出面予以协调。

七、留学人员的亲属是否可以出国探亲？

留学人员的亲属可依照《中华人民共和国公民出境入境管理法》办理出国探亲手续。

八、是否能简化对在外留学人员入出国境卫生检疫手续？

为了方便留学人员入出国境、卫生检疫机关最近已经采取相应的简化卫生检疫手续的措施，对短期回国探亲、讲学或工作的人员，不做采血检验。

九、国家在改善留学回国人员的工作和生活条件方面是否有进一步的考虑？

近几年来，随着国家建设事业的发展，各部门、地方和单位日益重视留学回国人员的作用，努力为他们的工作和生活创造了较好条件。在国家的积极推动下，近来，一些部门、地方和单位相继制定改善留学回国人员的工作和生活条件的措施，并已设立多种专项基金，为留学回国人员发挥更大的作用创造条件。

农业部评出1992年农业科技进步奖

在北京召开的农业部科技委第五届一次会议上，我国今年首次评出农业科技进步特等奖。由北京农业大学、中国农业科学院等单位千余名科技人员共同参与完成的“黄淮海平原中低产地区综合治理与农业开发”项目，共取得重大科技成果67项，累计推广面积0.96亿亩，获经济效益33.6亿元。经农业部160余名科技委委员几天的认真评选，决定对该项目授予特等奖。另有194项成果获农业部科技进步奖，199项成果被评为全国农牧渔业丰收奖。

几年来，我国农业科技工作者积极投身农业科研和推广第一线，为农业生产作出重大贡献。中国水稻所和浙江省台州地区农科所共同育成的“汕优10号”杂交晚稻新组合，高抗稻瘟病，米质优良，丰产性好，在长江流域作双季晚稻和华南作双季早、晚稻栽培，一般亩产450—550公斤。抗病丰产番茄新品种“中蔬5号”和“中蔬6号”，7年累计种植210.9万亩，累计增收4.46亿元。这两项成果获农业科技进步一等奖。

农业部部长刘中一出席了评审会议，他指出，优质、高产、高效农业的重要内涵是高科技，农业科技部门今后既要抓高精尖技术的研究，又要重视实用技术的研究。

首届国际老舍学术讨论会在北京开幕

国内老舍研究专家50余人到会，日本、美国、英国、法国、独联体、德国、新加坡、匈牙利等10多个国家的学者30余人也参加会议。

巴金、冰心、阳翰笙、臧克家、高占祥等向大会表示祝贺，画家王金泰为老舍画像，赵朴初题了诗。会议由中国老舍研究会等单位联合举办。

274次列车特大抢劫案三名主犯伏法

郑州铁路运输中级法院召开宣判大会，对274次列车特大抢劫案公开宣判。依据终审裁定,依法判处袁宏、杨明福、弓臣 3 名主犯死刑,执行枪决并剥夺政治权利终身。判处从犯赵继明有期徒刑 15 年,剥夺政治权利 5 年。

8 月 22 日

山西省七届人大常委会第 30 次会议通过王森浩因工作调动提出辞去省长职务的请求以及胡富国任副省长 代理省长的决定

国务院副总理田纪云在黑龙江考察

田纪云在莫斯科参加中俄经贸和科技合作委员会首次会议后,8 月 22 日经由黑河市回国对黑龙江进行为期 3 天的考察。

田纪云在黑龙江省委书记孙维本、副省长陈云林陪同下,先后考察黑河市大黑河岛中俄民贸市场、黑河口岸、俄罗斯商品一条街、边贸中兴仓储基地、黑河火车站、边境经济合作区的建设情况以及即将兴建的黑河—布拉戈维申斯克大桥桥址。在哈尔滨市,田纪云还参观了哈尔滨市国际贸易城、哈尔滨市乳品综合加工厂等单位。

在考察和听取黑龙江省和黑河地区领导的工作汇报后,田纪云对全省和黑河地区几年来改革开放取得的成绩给予充分肯定。他说,看了黑河边贸仓库很有启发,中俄两国的贸易具有互补性,这是客观需要。所以,两国的合作领域宽广,前景是可观的。田纪云强调指出,在今后的边贸和经济技术合作中,在立足当前的同时,要放眼未来。重要的是要不断提高我们出口商品的档次、质量,不断增加商品的品种,由以量取胜向以质取胜方向发展,由低档次向高档次发展。否则,就会失去市场。

田纪云说,经济的发展离不开对外贸易的发展。他要求黑龙江各级领导要认真贯彻邓小平同志南巡谈话精神,充分发挥地缘、资源优势,在实际工作中大胆解放思想,有所创造,有所前进,使黑龙江的改革开放尽快走出具有沿边开放特点的路子。

国务院批转财政部关于停止批发环节代扣营业税的请示

国办发布通知要求严格执行国家涉外税收法律行政法规

庆贺国际工程咨询公司成立 10 周年大会在人民大会堂举行

中国宏观经济决策支持系统通过国家鉴定

由国务院发展研究中心主持开发,中科院管理、决策与信息系统实验室等单位参加研制的中国宏观经济决策支持系统日前通过国家鉴定。专家认为,这一成果已达到国际同类系统的先进水平,具有较高的推广价值。

决策支持系统(DSS)是 70 年代以来迅速发展起来的计算机应用系统,它便于决策者对各种经济形势作出灵活的政策选择,进行各种政策模拟,选定较优方案。因此,研究中国宏观经济决策支持系统的目的是为国务院以及其他政策研究部门提供宏观政策分析支持。该系统有宏观经济形势分析、经济波动分析、市场物价形势分析等 9 个子系统,它将对制定科学合理的宏观经济政策、加快我国经济改革步伐起到积极的促进作用。

该系统是利用世界银行软贷款开展的研究项目。

中共中央总书记江泽民在中南海会见印度尼西亚专业集团总主席瓦霍诺

江泽民在会见中说,中国和印尼友好相处、加强合作对亚洲以至世界的和平与稳定都具有重要意义。他说,相信瓦霍诺总主席这次访问必将进一步促进两国关系的发展和增进两国人民的友好往来。江泽民还请瓦霍诺转达他对印尼总统苏哈托的问候。

印尼专业集团是印尼最大的政党,瓦霍诺应全国政协邀请首次率团来访。全国政协副主席谷牧、秘书长宋德敏等参加会见。

国务院总理李鹏在中南海紫光阁会见由议长米猜·吕初攀率领的泰国上议院代表团

李鹏在会见中说,中泰关系一直是友好的,两国在各领域的合作都取得了良好的进展。两国高级领导人经常互访,使两国间的友谊与了解不断增进,两国关系的基础更加牢固。

李鹏说,中国同东盟的关系获得很大的发展。双方建立对话关系,就地区和国际问题保持磋商、协调立场,这对维护本地区的和平与安全,促进地区各国之间的友好合作发挥着积极的作用。他表示相信,在双方的共同努力下,中国同泰国和其他东盟国家在各领域的友好合作关系将不断得到加强。

他说,中泰两国议会间的交往对两国关系的全面发展起到了积极的推动作用,中国政府对此表示积极支持。

国家主席杨尚昆根据全国人大常委会的决定任命驻外大使

一、任命程振声为中华人民共和国驻土库曼斯坦特命全权大使。

二、任命郗照明为中华人民共和国驻塔吉克斯坦共和国特命全权大使。

三、任命潘占林为中华人民共和国驻吉尔吉斯斯坦共和国特命全权大使。

中共中央政治局常委乔石在人民大会堂会见印度尼西亚总检察长辛基

乔石说，中国同东盟各国的关系是很好的，希望这种友好合作关系继续得到发展。中国和印尼有着共同发展国家经济的目标，长期和平与稳定的国际环境有利于把经济搞上去。为此，他表示愿意加强两国检察机关的交流与合作，希望亚洲经济在90年代再向前发展一步。

国务院副总理田纪云率领的中国政府代表团结束对俄罗斯联邦的访问离开布拉戈维申斯克（海兰泡）回国

田纪云是早上由符拉迪沃斯托克（海参崴）乘专机来布市作短暂访问的。

上午，阿穆尔州州长克里夫琴科和布拉戈维申斯克市市长里亚斯科与田副总理和中国政府代表团全体成员进行交谈，双方就扩大中俄两国经贸合作，特别是边境贸易问题交换意见。

田纪云说，这次访问获得了圆满的成功。它将对中俄在经济、贸易和科技等领域的合作，以及对中俄边境贸易、地方贸易起积极的推动作用。

外经贸部新闻发言人就中国美国第八轮市场准入谈判发表谈话

发言人说，8月19日至21日，中美双方就市场准入问题举行第八轮正式会谈。经过三天建设性的、有成效的正式会谈以及在此之前工作级的具体磋商，双方消除一些误解和分歧，并在谅解备忘录草案的一些条款上达成一致。然而，由于双方在其他一些条款上仍存在一些分歧，双方未能达成协议。对此，中方表示遗憾。

发言人指出，中美双方就市场准入问题已进行八轮谈判。中方对双方在十月初以前达成协议仍抱有希望，希望美方抱着同样坦诚、合作和务实的态度继续讨论和解决目前还存在的分歧。

发言人说，美方单方面公布对中国实施报复的商品清单，无疑将有损于中美经贸关系，引起中美两国积极从事双边经贸合作的工商企业的严重关切与不安。这既不符合中国人民的利益，也不符合美国人民的利益，并给整个亚太地区的经济繁荣与稳定蒙上阴影。中国方面保留采取相应措施的权利。

国家教委提出直属高校深化改革意见

国家教委决定进一步转变职能，扩大高等学校办学的自主权。日前，国家教委提出在直属高校深化改革，扩大办学自主权的若干意见。

国家教委有关负责人介绍情况时说，高等教育体制的改革必须也必然随着经济体制改革的深化而深化。高等教育改革的重要方面是理顺政府与学校的关系，逐步确立高校的法人地位，进一步明确学校的权利、义务、利益和责任。他强调，扩大高校办学自主权的目的在于改革现行的办学体制，转换运行机制，加速高校的改革步伐，以增强学校办学的活力，使之能主动适应国家经济建设和社会发展的需要。国家教委提出扩大直属高校办学自主权的意见包括16个方面。

国家科委提出关于加速发展科技咨询科技信息业和技术服务业的意见

科学技术是第三产业的重要组成部分，是咨询业、信息业和技术服务业等新兴行业的主体与依托。认真贯彻执行中共中央、国务院关于加快发展第三产业的决定，是科技界义不容辞的光荣任务。我们要在进一步搞好科技工作，为第三产业提供科技支撑的同时，抓住当前的有利时机，大力发展与科技进步相关的各种服务行业。近期要重点发展科技咨询业、科技信息业和技术服务业（三者以下简称科技服务业）为主的新型服务行业，为促进第三产业与整个国民经济的发展作出应有的贡献。

经过40余年的努力奋斗，我国已形成了包括科技情报、标准、计量、理化测试、环境保护、气象、地震等许多领域在内的社会公益型、服务型科技服务系统。各类机构约上千家，从业人员达几十万人。改革开放14年来，随着社会主义市场经济的发展，新兴科技服务业蓬勃发展，其中属科技咨询和信息服务业的机构已有万家以上，为社会主义建设事业作出了重要的贡献。

应该看到，从总体上说我国的科技服务业尚处于起步阶段，其总体实力以及管理体制、运行机制都还远远不能适应经济、社会发展的需要，更不能适应社会主义市场经济的发展。目前，全世界咨询与信息服务业每年营业额都达几千亿美元，而我国只有几十亿人民币，这与我国的大国地位极不相称。另一方面，多年来在原有体制下所有的公益型、服务型科研机构均作为事业单位来管理，不少应该进入市场的机构尚未进入市场，大有潜力可以挖掘。

大力发展科技服务业，不仅是社会主义市场经济发展的需要，而且也是科技界面向经济、进入市场的一条重要途径。我们科技界必须增强对发展科技服务业重要意义的认识，采取切实措施，尽快把我国的科技服务业提高到一个新的水平。

一、发展我国的科技服务业对促进全社会的科技进步具有十分重要的意义。

（一）随着经济社会的发展和科学技术的不断进步，以提供智力服务为主要特征的科技服务业蓬勃发展，成为当今世界上科技与经济相结合中发展最快、最活跃的领域之一。科技服务业在第三产业乃至在整个国民经济中占有越来越重要的地位。尤其在当前加快改革、开放和加速社会主义市场经济发展的新形势下，科技服务业的发展，必将有力推动经济社会发展快速走上依靠科技进步的轨道。随着政府职能转变和企事业单位自主权的强化，各个单位自主权、决策权会增大，对咨询、信息和技术服务的需求必将日益强烈。尽快发展科技服务业，有利于加快调整产业结构、加速发展第三产业，有利于整个国民经济的发展。科技服务业拥有十分广阔的发展前景，科技界要抓住这一历史机遇，加快科技服务业的发展。

（二）发展科技服务业，有利于加速经济成果的转化，进一步解放和发展科技第一生产力。多年来，我国在科学技术工作中比较重视研究与开发工作，而对将科技成果转化为生产的中间环节重视不够。科研与生产脱节的问题至今仍在困扰我国科技、经济的健康发展。究其原因，除了存在着体制和运行机制方面的问题之外，未形成一个发达的科技服务业来促进先进科技成果和技术的转移，推广、应用也是重要原因之一。在加快经济体制、科技体制改革中大力发展科技服务业，可以大大加强科研与生产的联系，充分调动科技力量为经济建设服务，进一步解放和发展科技第一生产力。

（三）发展科技服务业，是强化科技体制改革的迫切需要。发展科技服务业，有利于尽快形成研究与开发、推广与应用以及配套服务的科技工作体系，以适应社会主义市场经济的发展；可以把一部分开发型科研机构，许多公益型和服务型科研机构，部分政府机构，以及大量闲散在社会各领域的科技人员从原有体制中分流、引导出来，直接面向经济，进入市场；科技服务业的发展为科研机构的结构调整、人员分流提供了广阔的天地；发展科技服务业为深化科技体制改革提供了一条十分重要的途径。

二、发展科技服务业的任务与目标。

（四）中共中央、国务院关于加快发展第三产业的决定中明确指出，“与科技进步相关的新兴行业，主要是咨询业（包括科技、法律、会计、审计等咨询业）、信息业和各类技术服务业等”是发展第三产业的重点之一。中共中央、国务院的指示为科技界发展第三产业指出了明确的方向。在九十年代，科技界要根据经济、社会发展的需要，大力发展为决策的科学化与管理现代化服务的软科学研究，兴办科技咨询信息业、技术转让中介服务业等新兴行业；积极支持并参与工程咨询、企业管理咨询，以及法律、财务、经济等与科技进步相关领域的咨询业；利用计算机和现代通讯技术等多种手段，建立各行各业各种层次的信息服务系统，采用提供科技情报、图书、档案、专利、数据收集与处理，以及设计与开发信息系统等方式，向全社会提供多种形式的信息服务；面向企业、农村及广大消费者，大力发展技术服务业，对于为技术水平较低、管理较落后的广大中小企业、乡镇企业和农村提供社会化的技术服务业尤其要重视，推动其迅速提高技术水平和管理水平。通过科技服务业的发展，把我国的科技资源最大限度地调动到国民经济主战场上来。

（五）争取经过十年或更长时间的努力，建设成由全民、集体、个人以及独资、合资等多种所有制形式合理配置的，各专业领域结构合理的科技服务业体系。要努力实现科技服务业的商品化、产业化和国际化，建立起与社会主义市场经济发展相适应的科技服务业运行机制与管理体制。形成一支符合国际惯例，达到国际水平的科技服务业队伍。

（六）通过科技服务业的发展，优化我国科技组织结构和科技人员的布局。把发展科技服务业作为一条重要途径，推动科研机构的结构合理调整和科技人员的合理分流。到本世纪末，力争在机构数量、从业人员、产值、效益等方面，科技服务业都要明显超过研究与开发领域。

三、主要政策与措施。

（七）各科技部门要采用多种手段，鼓励、引导企业（尤其是中小企业）和广大农村吸纳新技术、新成果和各种技术服务，以提高其自身的市场竞争力。各级政府的决策，企事业单位的经营管理都应积极接受各种咨询和信息服务。各级各类重大决策应该严格履行必要的决策程序，包括重大工程建设、技术改造、科技攻关、重要国际经济技术合作等都须进行事前分析论证和咨询，提高决策的成功率，同时促进信息业、咨询业的发展。在加快改革开放的新形势下，各地各部门要采用各种手段启动对科技服务业的需求，促进科技服务业的形成与发展。同时积极宣传信息型产品，知识型劳务的商品属性，以及科技服务业可以创造价值的产业属性。宣传科技服务业对促进经济、社会发展的重大意义，逐步确立科技服务业的应有地位。提高各级领导和广大群众对科技服务业的认识与理解，求得全社会的支持。

（八）采用多种方式，增加对科技服务业的投入。要努力争取在财政拨款、银行贷款业务中，为科技服务业开辟正式的资金渠道。鼓励个人集资，吸收海外资金等多种方式筹集资金兴办科技服务业，同时大胆尝试通过发行债券、股票等改革措施，多方面筹措资金。全社会要认识、尊重科技服务的劳动价值，按质付费，逐步形成科技服务业合理的市场规则。

（九）积极支持广大科技人员兴办全民、集体、合伙、个体以及独资、合资、股份制等各种所有制、各种形式的科技服务组织，形成国家、集体、个人一起兴办科技服务业的局面。其营业范围可以是某一专业的，也可以是多种专业综合的。

（十）积极协商各有关部门，力争简化审批、登记、注册手续，在严格把握经营范围和人员素质的条件下，合理降低兴办科技服务机构的最低开办资金和人员数量标准。严格实行政企分开的原则，减少行政干预。鼓励科技服务业机构实行自由组合、自主经营、自筹资金、自负盈亏的原则，交易价格要随行就市，实行市场调节。

（十一）积极支持科研机构、大专学校兴办科技服务业。基础性研究机构和技术开发型机构中多余和闲散科技人员可以转入科技服务业；对大部分可获得直接经济效益的社会公益型的服务型科研机构，要努力创造条件，使其逐步转化为科技服务业经营实体，逐步实行企业化经营；对少数为国家重大决策提供分析、论证的软科学研究机构，少数以获取社会效益为主的公益型科研机构，政府要继续给予重点支持。鼓励从政府机构精简下来的以及分流出来的科技人员兴办科技服务业。

（十二）科技人员可以承包、领办、兴办各种类型的科技服务机构，通过辞职、停薪留职等多种方式进入科技服务业。要积极推进社会保障体系的改革与建立，解除辞职人员的后顾之忧。对辞职人员也可采用先停薪留职一段时间，再逐步过渡到辞职的办法，减少辞职人员的风险。停薪留职时间，由所在单位灵活掌握。中级职称以上的科技人员，以及科室负责人停薪留职，可适当延长留职时间。积极鼓励离退休科技人员从事科技服务业，对接近退休年龄进入科技服务业的人员，可提前办理退休手续。行政人员兴办科技服务业可按国家有关规定执行。

（十三）科技服务业是依托科学技术和其他专业知识向社会提供服务的新兴行业，将在实践中形成自己的经营方式和行业特征。要根据科技服务业的特征搞好有关的法规建设，尽快制定科技服务业机构和从业人员的资格认证制度，科技服务业的行为规范和职业道德，以及科技服务业应负责任等方面的行规行法，引导科技服务业健康发展。

（十四）各级科技部门要主动承担科技服务业的宏观调控管理职能，与政府其他部门搞好协调，积极为科技服务机构提供支持与服务。要积极支持科技服务业专业行业组织（协会、学会、联合会）的活动，支持它们充当政府与科技服务机构之间的桥梁，也可以委托这些行业组织承担一部分行业服务的职能。

（十五）加强科技服务业的自身建设。科技服务业是新兴的行业，其基本要求，行为准则，国际惯例，从业人员的素质以及相关的法规等都需一个认真学习、探索的过程。科技服务业的各类机构、人员要努力学习有关专业知识，提高业务素质。鼓励和支持部分大专院校增设有关专业，开展正规教育。同时大力发展在职培训，并积极向海外输送学生、学者。采用多种方式培养科技服务业的各类专业人员，尽快提高业务水平。

（十六）科技服务业是从事富有创造性劳动的智力密集型行业。从事科技服务业的机构，经有关部门审核后，努力争取享受高新技术企业所享有的各项优惠待遇。目前我国的科技服务业处于起步阶段，市场尚未真正形成，要力争各级政府在各方面给予必要的支持，推动科技服务业的发展。

（十七）积极开展涉外业务。科技服务业要面向国内外两个市场。广大科技服务机构和从业人员要努力学习、熟悉国际惯例，积极参与国际合作与竞争，尽快达到国际水平。各级科技外事主管部门应积极支持科技服务业的对外交往与合作，简化外事手续，提高效率。

第 25 届奥运会中国体育代表团在人民大会堂举行报告会

8 月 23 日

国务院副总理邹家华在乌鲁木齐主持召开由国家计委组织的西北地区经济规划座谈会并发表讲话

会议中心议题是进一步贯彻落实小平同志南巡重要谈话、中央政治局全体会议的精神，研究西北地区的经济发展，在改革开放的新形势下，如何更快更好地上一个新台阶。

邹家华在讲话中首先强调搞好区域经济发展规划的必要性和重要性。他说，全国的经济必须是全方位、全门类的经济，而各省区的经济不可能也不必要做到全方位、全门类，只能形成具有区域优势和特色的经济，成为全国经济的重要组成部分。我们把各省区的优势、特色组合起来，就能充分发挥整体优势，提高宏观经济效益。

邹家华说，西北地区是我国资源的重要后备基地。这些资源开发利用的程度如何，在我国国民经济发展中具有举足轻重的地位。西北地区经济的发展，还关系到民族的团结和下个世纪我国国民经济战略布局的安排和我们与周边国家的关系。国家决定进一步扩大对外开放，实施沿边开放战略，为西北地区的经济发展提供一个前所未有的机遇。邹家华指出，西北地区的同志要抓住当前这个有利时机，以市场为联合的纽带，以外贸为突破口，联合起来“走西口”。要遵循“统筹规划，优势互补，互惠互利，有分有合，西出东联，面向中亚，扩大开放，发展市场，联合协作，共同繁荣”的方针，要搞大联合，大市场，大流通。

邹家华还特别谈到经济发展速度问题。他说，最近全国的经济发展速度很快，出现很好的势头，形势喜人。但从各地经济发展的情况来看，既要讲快，又要讲好，要注重有效益的速度。

国家计委目前正在组织调整“八五”和编制“九五”计划，以加快经济发展的步伐。但是，不讲条件和可能的速度是盲目的速度，没有良性循环的速度是有害的速度，没有市场的速度是无效的速度。产品有销路，效益好，速度高一点是合理；没有销路，没有效益，即使低的速度也不合理。邹家华要求，各地在考虑发展速度时，一定要全面理解和全面贯彻小平同志南巡谈话精神，既要解放思想，又要实事求是；要量力而行，尽力而为；思想要开阔，步子要扎实，核心的问题是要有效益的速度，才能形成良性循环。目前有些地方盲目上项目，搞低水平的重复建设，产生固定资产投资规模盲目扩大的现象，值得大家引起注意。

邹家华还指出，西北地区要用好用足中央给的各项政策。对少数民族地区和贫困地区，继续给予优惠政策，努力做好扶贫工作，大力发展第三产业。

会议于 26 日结束。

外交部部长钱其琛在钓鱼台国宾馆会见泰国外交部次长维他耶·威差集瓦

外交部部长钱其琛同韩国外交部部长李相玉在北京会谈

国家教委主任李铁映在吉林考察

8 月 23 日上午，李铁映专门邀请吉林大学、东北师范大学等 6 所高校的干部和教师进行座谈，就新学年深化教育改革、活跃校园文化生活和鼓励在外留学生学成回国建功立业等问题作讲话。

李铁映说，新学期开学后，各学校要继续组织干部、教师、学生学习和宣讲邓小平同志重要谈话、江泽民同志在中央党校的讲话。要通过学习来统一广大教职员工和学生的思想，使广大师生进一步坚定走建设有中国特色的社会主义道路，深刻领会党的“一个中心、两个基本点”的基本路线。这样才能继续推动和搞好学校的改革、教学、科研等各项工作，才能凝聚和团结广大教职员工。教育战线的改革与发展能不能搞好，很重要的是要学好建设有中国特色的社会主义理论。

加快教育改革与发展，是高校当前的一项紧迫工作。李铁映指出，高校深化教育改革，特别是当前一些学校正在进行的以改革人事、分配制度为主要内容的内部管理体制的改革，就是要转换机制，调动广大教职工的积极性，挖掘办学潜力，提高办学效益。这是一项很复杂的工作，要积极探索、分步到位，逐步实施。要从各校的实际情况出发，扎扎实实地做过细的工作。

李铁映提出，高校开学后，要进一步把校园生活搞得生动活泼和丰富多彩。学校是年轻人的集体，是青年人学习、生活的地方。要组织开展体育、文艺等各种健康有益的活动。校园的面貌、生活、卫生都要有很大的变化。

李铁映强调，出国留学是我国对外开放的组成部分。今后，不仅要长期坚持，而且要继续扩大。总的原则是，支持留学，鼓励回国，来去自由。最近，国务院办公厅和有关部门已就“鼓励回国，来去自由”作出了有关规定。对“支持留学”，有关部门也正在积极研究和拟定新的规定。90 年代要继续扩大出国留学，加强教育的国际交流和合作，吸收和借鉴世界上一切科技成就和文明成果。留学生是国家的宝贵财富，过去是，现在是，将来也是。他们是愿意为祖国的兴旺、民族的振兴、社会的发展作出积极贡献的。党和政府一贯热情关怀、团结教育广大在外留学生，祖国期待他们早日学成回国，建功立业。

8 月 22 日至 24 日，李铁映在吉林考察期间，听取吉林省委书记何竹康、省长高严等关于吉林加快发展经济、深化教育改革等情况的汇报，考察长春电影制片厂、长春第一汽车厂和吉林化学工业公司等大型企业。

海峡两岸成人教育学术专题座谈会在北京举行

出席座谈会的两岸学者共 60 人。

座谈会上，学者们就两岸成人教育的现状与发展及加强两岸成人教育学术理论的交流等方面进行了探讨，并希望通过座谈会推动两岸成人教育工作的交流。

台湾成人教育代表团是应北京市成人教育学会邀请，由台湾成人教育学会组织的，共有成员 21 人，分别来自台湾 8 所大学和市、县教育部门。

首都高校学生致信邓小平衷心拥护南方谈话

最近,北京大学等十几所首都高等院校的学生写给邓小平一封信,对小平同志南方重要谈话表示衷心拥护,向小平同志问好,并表达他们的良好祝愿。

学生们在信中表示坚决拥护和支持小平同志倡导的改革开放事业,决心学好本领,积极投身社会主义现代化建设,为祖国的兴旺发达贡献青春年华。北京外国语学院吴文华,北京大学刘勇、杨阳,北京语言学院夏纯等16位同学的信写道:“您倡导的改革开放,像春风一样,给祖国的社会主义建设带来了生机和活力,使祖国的面貌日新月异,您的南方之行,更是给全国人民指明了道路,全国上下,斗志昂扬,正在掀起一个新的社会主义建设的高潮。作为改革开放中成长起来的新一代大学生,我们对祖国的腾飞充满信心。我们怀着激动而崇敬的心情,感谢您的辛勤劳动和您作出的卓越贡献,并向您保证,我们将脚踏实地,刻苦学习,磨炼自己的思想意志,准备为祖国建设奉献自己的一份薄力。”

中共中央办公厅受邓小平委托给北京大学、北京外国语学院、北京语言学院等十几所院校的学生们回信。信中写道:同学们满腔热情地支持和关心改革开放事业,对社会主义祖国的前途充满信心,立志为振兴中华奉献青春,小平同志感到很高兴。他委托中共中央办公厅对同学们的良好祝愿表示感谢,并向全国广大青年学生表示问候。

回信说,当前,我国正处在社会主义现代化建设的关键时期。抓住难得的历史机遇,加快改革开放步伐,集中力量把经济建设搞上去,事关中华民族的振兴,是每个中华儿女义不容辞的神圣职责。同学们是改革开放中成长起来的一代,也是跨世纪的一代,实现我国第二步、第三步战略目标的光荣使命将历史地落在你们肩上。希望同学们树立远大理想,把个人前途同祖国命运紧紧地连在一起,脚踏实地,刻苦学习,掌握过硬本领,把自已培养成适应改革开放和社会主义现代化建设事业需要的合格人才。衷心祝愿同学们健康成长,担负起振兴中华的重任。祖国寄希望于你们,人民寄希望于你们。

中国首届电影节在长春开幕

中共中央政治局委员、国务委员李铁映专程前来参加并宣布电影节开幕。全国人大常委会副主任陈慕华、全国政协副主席洪学智及杨成武等有关领导人参加开幕式。

’92中国电影节,经广播电影电视部和吉林省人民政府批准,由长春市人民政府、广电部电影事业管理局、中国电影发行公司、中国电影输出输入公司、吉林省文化厅、吉林省电影发行公司和长春电影制片厂主办,长春市人民政府承办。电影节期间,展映国内16家电影制片厂近一年内摄制的优秀故事片24部,儿童片、美术片8部,港、台影片4部和14个国家提供的影片20部。评出国产优秀故事片特别奖一个、“长春金杯”一个、“长春银杯”三个。

第二届中国新闻奖揭晓152件优秀作品获奖

第六届世界蹼泳锦标赛在雅典结束

中国队获得11块金牌,金牌总数居第一位。女子队获女子组总分第一,男队获男子组总分第三。

中国女队获两项世界杯羽毛球赛冠军

555世界杯羽毛球赛在广东体育馆降下帷幕,亚洲选手包揽了五个项目的冠军。其中,中国的唐九红、姚芬和林燕芬分别夺得女单、女双两项桂冠。

国务院环境委员会召开白洋淀污染治理现场办公会

国务院环委会日前召开白洋淀污染治理现场办公会。国务委员、国务院环委会主任宋健指出,要加快白洋淀污染治理的步伐,在三到五年内从根本上改变白洋淀污染严重的状况,决不把治理白洋淀的问题留给下一代人去完成。

8月24日

国家主席杨尚昆在人民大会堂会见坦桑尼亚总统阿里·哈桑·姆维尼

国务院总理李鹏在人民大会堂同坦桑尼亚总统阿里·哈桑·姆维尼举行正式会谈

李鹏首先代表中国政府和人民热烈欢迎姆维尼第4次来华访问。李鹏说,近年来国际形势发生了重大变化,旧的格局已经终止,多极化趋势正在发展,旧的热点尚未解决,新的热点又在产生,新旧矛盾交织,天下仍然很不安宁。南北差距进一步扩大,许多发展中国家处在更加困难的境地,世界面临的和平与发展的问题远未解决。

李鹏说,中国政府支持非洲国家为维护主权和发展经济所作的努力,赞赏非统组织为此作出的贡献。

姆维尼总统表示完全赞同李鹏总理对国际形势的分析,他说,不平等的贸易关系和沉重的债务负担是第三世界国家共同面临的问题,坦桑尼亚是不合理的政治经济秩序的受害者之一,为此,坦桑尼亚全心全意支持南南合作，强烈要求改善南北关系。他对中国改革开放取得的成就表示钦佩，高度评价中国援建的坦赞铁路在坦桑尼亚经济建设中起到重要作用，表示要继续加强同中国的经济、技术合作。

农业部国务院法制局监察部就国务院检查组近期将赴各地检查《农民承担费用和劳务管理条例》贯彻情况发出通知

通知指出，这次执法检查，是贯彻党的十三届八中全会决定，加强农业和农村工作，保护和调动农民生产积极性的一项重要措施。地方各级人民政府对此应予以高度重视。各级农业、监察部门和政府法制局(办)要密切配合，统一部署，有组织、有计划、有步骤地开展对《条例》执行情况的检查。

通知强调，(一)执法检查要讲究实效，要把检查《条例》贯彻实施情况，同宣传《行政诉讼法》、《行政监察条例》和《行政复议条例》等有关法律、法规和政策结合起来；把健全各项规章制度，调查研究、解决问题以及发现典型、总结经验、推动工作结合起来，力戒形式主义。(二)检查工作要密切联系群众，深入到乡、村和农户，特别要注意了解贫困地区和贫困户的农民负担问题。

财政部部长王丙乾在新疆考察

王丙乾日前在新疆考察时反复强调，解决财政问题的关键，要靠经济的发展，靠经济效益的提高。新疆发展经济依靠国家投资是一方面，但主要应立足于自己，要多渠道想办法，既要引进国外投资，也要引进国内兄弟省市的投资，包括引进资金和技术等。

围绕如何改变新疆财政困难状况，王丙乾指出，新疆资源非常丰富，尤其是石油，而且有地缘优势。新疆经济发展有着广阔的前景和很大的潜力。当前，要抓住机遇，搞好经济发展规划，大力发展地方贸易和同周边国家的经贸往来。新疆的地贸和边贸目前只是初始阶段，要制定近期、中期和长远的发展规划，有领导、有步骤地去进行，并且一直搞下去。这不仅是经济发展、财政增收的需要，也是同周边国家建立睦邻友好关系的需要。对外经贸往来要坚持平等互惠和长期合作的原则，不能搞短期行为。要做好集体、个体户的思想教育工作，在进行贸易活动中，要守规矩，讲信誉，不能不文明经商，更不能做出违反国际通则和国际惯例的事。

王丙乾说，新疆在引进投资问题上，不要怕吃亏。要根据国家的有关规定，制定一些优惠政策，并搞好服务。吸引兄弟省区来开发新疆资源，也要坚持互惠原则，让人家得点好处，不然，人家不会来。

国务院中央军委批准四川省新建阆中民用机场

中国韩国两国政府在钓鱼台国宾馆芳菲苑大厅举行签署建交公报签字仪式

中国韩国两国政府发表《中华人民共和国和大韩民国关于建立外交关系的联合公报》

中国国务委员兼外交部长钱其琛同韩国外务部长官李相玉上午在钓鱼台国宾馆签署中华人民共和国和大韩民国关于建立外交关系的联合公报：

一、中华人民共和国政府和大韩民国政府根据两国人民的利益和愿望，决定自 1992 年 8 月 24 日起相互承认并建立大使级外交关系。

二、中华人民共和国政府和大韩民国政府同意根据“联合国宪章”原则，在相互尊重主权和领土完整、互不侵犯、互不干涉内政、平等互利、和平共处原则的基础上发展持久的睦邻合作关系。

三、大韩民国政府承认中华人民共和国政府为中国的唯一合法政府，并尊重中方只有一个中国、台湾是中国的一部分之立场。

四、中华人民共和国政府和大韩民国政府相信，两国建交将有助于朝鲜半岛形势的缓和与稳定，也将有助于亚洲的和平与稳定。

五、中华人民共和国政府尊重朝鲜民族早日实现朝鲜半岛和平统一的愿望，并支持由朝鲜民族自己来实现朝鲜半岛的和平统一。

六、中华人民共和国政府和大韩民国政府商定，按照 1961 年“维也纳外交关系公约”在各自首都为对方大使馆的建立和履行其职务提供一切必要的协助，并尽快互派大使。

中华人民共和国政府代表 钱其琛
大 韩 民 国 政 府 代 表 李相玉
1992 年 8 月 24 日于北京

外交部发言人吴建民在钓鱼台国宾馆就中韩建交举行记者招待会

外交部发言人吴建民上午在中韩两国外长正式签署《中国和大韩民国关于建立外交关系的联合公报》后，在钓鱼台国宾馆举行记者招待会。他宣布，应中国国家主席杨尚昆的邀请，大韩民国总统卢泰愚将于近期对中国进行正式访问。

吴建民还回答中外记者的提问。在回答有关中韩建交谈判的时间和内容问题时他说，两国外交部的官员在不长的时间里进行建交谈判，并达成协议。他驳斥所谓中方在谈判中要求韩方提供贷款的说法。他说，“双方在建交谈判过程中从未涉及贷款问题。”

吴建民说，谈判的重点是建交，而不是回顾历史。在谈判过程中，“双方都采取了向前看的态度”。

在谈到中韩建交后中国如何处理同朝鲜民主主义人民共和国的关系时，吴建民说，中国同朝鲜民主主义人民共和国之间存在着良好的关系。中韩建交后，中国将继续在和平共处五项原则的基础上发展同朝鲜的睦邻友好合作关系。中国同朝鲜之间签订的条约和协定不会有变化。

在谈到中韩建交对韩国同台湾的关系将会产生何种影响时，吴建民重申，“我们反对与中国有外交关系的国家同台湾保持官方关系或进行官方往来；对它们同台湾保持民间关系，我们不持异议。”

国家主席杨尚昆在人民大会堂会见韩国外务部长官李相玉

杨尚昆说，中韩两国交往有着悠久的历史，两国在许多方面，特别是文化方面有共同之处。在谈到朝鲜半岛形势时，杨尚昆说，很高兴看到朝鲜南北双方通过对话协商，关系正得到改善，希望双方关系继续改善和发展。

李相玉说，韩中建交将为两国关系“百尺竿头”进一步发展奠定坚实基础。李相玉还表示，韩中建交后，朝鲜南北对话将继续，关系将得到不断改善。

杨尚昆还请他转达对卢泰愚总统的问候，并期待不久之后同卢泰愚在北京会面。

钱其琛外长，韩国方面卢载源、权丙铉等出席会见。

国务院总理李鹏在中南海紫光阁会见韩国外务部长官李相玉

李鹏说，中韩两国发展经贸合作的潜力很大，两国在这方面的合作已具有相当规模。两国建交必将为两国经贸关系的发展创造更有利的条件。中国愿意同韩国开展各种形式的合作，欢迎韩国经济界人士到中国来投资办厂。

李鹏说，上午，中韩两国外长签署建交公报，这是中韩两国关系上的大事，得到国际舆论广泛重视和欢迎。

李鹏说，中韩建交不仅符合两国人民的根本利益，而且有利于朝鲜半岛的缓和与稳定，有利于亚太地区乃至世界的和平与发展。

李鹏还说，中国很关注朝鲜半岛的形势，对南北对话取得的进展感到高兴。中国同朝鲜民主主义人民共和国的关系很好；中韩建交后，中朝关系还会继续发展。中韩建交也有助于朝鲜南北双方继续对话、改善关系。

国务院副总理吴学谦在中南海紫光阁会见日本大阪商工会副会长大西正文

大西正文应全国工商联的邀请，率领日本大阪商工会中国经济考察团一行41人抵达北京。

吴学谦代表中国政府对大西正文一行来访表示欢迎，并向日本客人们简单介绍中国经济的发展情况。

吴学谦说，近年来，日本政府和企业界在与中国合作发展经济方面采取积极的态度，对此我们是满意的。但是两国可合作的领域还非常广，还有许多事可做。他希望日本企业家到中国各地多看看，多了解些情况，共同推进中日两国间的经济交流与合作。

吴学谦指出，中日两国之间在各个领域加强友好合作，是符合两国人民的基本利益的，同时也有利于巩固亚洲和世界和平。

全国工商联副主席马仪、副秘书长王德宽会见时在座。

国务院副总理吴学谦在钓鱼台国宾馆会见日本社会党委员长田边诚

吴学谦代表中共中央欢迎以田边诚委员长为名誉团长、涩泽利久副委员长为团长的日本社会党访华团访问我国，与我们一起庆祝中日邦交正常化20周年。吴学谦说，中日两国友好相处不仅符合中日两国的根本利益，也有利于亚洲及世界的和平、稳定与发展。在世界多极化趋势日益发展的今天，进一步发展中日两国友好合作关系尤其具有重要意义。

田边诚说，日本社会党同中国共产党有着长期的友好关系，这有助于两国关系的发展。日本社会党一向重视中国改革开放与经济建设的发展，并期望中国在这方面取得更大的成就。

发展中国家与国际法研讨会在北京开幕

来自联合国及20多个国家的近100位官员、专家、学者聚首北京，在《发展中国家与国际法研讨会》上着重讨论如何在第三世界国家更好地开展国际法的教学、研究、普及与广泛传播以及发展中国家在国际法中的作用和影响。

国务委员兼外交部长钱其琛出席开幕式。钱其琛说，国际社会的正常发展离不开国际环境的稳定，也离不开世界各国的共同繁荣。要解决国际社会“和平”与“发展”这两个基本问题，需要世界各国严格遵守《联合国宪章》和其他国际法原则，特别是遵守各国普遍接受的和平共处五项原则。

研讨会是配合联合国“国际法十年”活动而举

办的。

第 29 届国际地质大会通过中国主办 1996 年第 30 届国际地质大会的申请

在日本京都开幕的第 29 届国际地质大会上，本届大会主席佐藤正向出席大会的各国代表团宣布，中国政府主办 1996 年第 30 届国际地质大会的申请，经理事会讨论获得通过。数千名各国地球科学工作者用掌声批准认定这一决定。

国际地质大会是世界各国地球科学工作者参加的大型、综合性的科学讨论会。它对促进各国地质学家的相互了解，交流学术问题，发展地质科学作出重要贡献。我国地质代表团团长、地矿部部长朱训代表我国政府在全体大会前召开的第 29 届国际地质大会第一次理事会会议上正式提出主办 1996 年第 30 届国际地质大会的申请。申请通过以后各国代表纷纷向我国代表团表示祝贺。

在当晚举行的招待会上，大会荣誉主席、日本皇太子宪仁会见朱训团长。

朝鲜劳动党中央政治局常委人民武装力量部部长吴振宇元帅在平壤会见以济南军区政治委员宋清渭中将为团长的解放军友好参观团

罗马尼亚总统伊利埃斯库在布加勒斯特总统府会见由解放军总参谋长迟浩田上将率领的中国军事代表团

罗马尼亚国防部长斯皮罗尤中将在布加勒斯特会见解放军总参谋长迟浩田上将

世界名厨协会第 15 次年会在北京开幕

8 月 25 日

中共中央总书记江泽民在人民大会堂会见坦桑尼亚总统阿里·哈桑·姆维尼

江泽民说，坦桑正积极探索适合本国国情的发展道路，相信在姆维尼总统的领导下，坦桑尼亚一定能够在国家建设中不断取得新的成就。

江泽民说，不论国际形势如何变化，中国将一如既往地维护和加强同第三世界国家的团结与合作。

姆维尼总统说，这次访华他以总统和革命党主席的身份对中国政府和中国共产党长期给予坦桑的援助表示感谢，坦桑和中国两国和两党之间一直存在着良好的关系。

国务院办公厅转发清理三角债领导小组等单位关于 1992 年上半年粮食财务挂账和固定资产投资新拖欠情况通报的通知

各省、自治区、直辖市人民政府，国务院各部委、各直属机构：

根据国务院领导同志的批示，现将财政部、国务院清理三角债领导小组、商业部、中国人民银行《关于一九九二年上半年粮食财务挂账情况的通报》和国家计委、国务院经贸办、中国人民银行、国务院清理三角债领导小组《关于一九九二年上半年固定资产投资新拖欠情况的通报》转发给你们，请采取有效措施，切实解决粮食财务挂账和固定资产投资新拖欠问题。关于粮食财务挂账问题，要严格按照《国务院关于解决财政欠拨、欠补、欠退和企业挂账问题的通知》(国发〔1992〕43 号)的有关规定执行。

国务院办公厅

1992 年 8 月 25 日

关于 1992 年上半年粮食财务挂账情况的通报

各省、自治区、直辖市及计划单列市财政厅(局)、清理三角债领导小组办公室、粮食厅(局)、人民银行分行：

近几年来，由于财政欠拨、欠补、欠退及企业超亏、超支等原因，粮食企业财务挂账金额增加很快。截至 1991 年底，累计挂账已达四百多亿元(未包括潜亏因素)。巨额挂账占压了大量信贷资金，掩盖了财政困难，制约了国民经济的发展。国务院对此十分重视，李鹏总理主持国务院总理办公会议，专题研究了粮食财务挂账问题。今年 3 月召开的全国第三次清理三角债工作会议上，提出了今年要达到“新账不欠”、“老账略还”的目标。但从上半年执行情况看，新增挂账的势头不减。据财政部初步统计，全国上半年新增挂账 50 多亿元，其中辽宁省新增挂账 8.94 亿元，四川省 6.58 亿元，湖南省 3.91 亿元，内蒙古 3.32 亿元，湖北省 3.03 亿元，安徽省 2.89 亿元，山东省 2.86 亿元，河南省 2.85 亿元。对上述八省(区)，特通报批评。与之相反，福建、上海、天津、西藏、宁夏等省(区、市)的领导和有关部门，解决挂账态度积极，措施得力。上半年已实现不挂新账，特通报表扬。希望挂账较多的地区采取有效措施抓紧解决，做到不挂新账。

今年下半年，解决挂账的任务十分艰巨。各地要彻底丢掉竞相攀比和等靠中央财政或银行帮助解决挂账的思想，采取有效措施解决粮食挂账问题。根据国务院总理办公会议精神，现提出如下意见：

一、新老挂账以 1991 年底为界限划断。对 1991 年底前的老挂账，各地财政部门要会同有关部门在近期内进行一次认真清理，核实数额，分清责任，按照“谁欠谁补”的原则，逐步消化。挂账金额按粮食正常利率计收利息，不加息、罚息。

二、1992年当年各地一律不得再发生粮食企业政策性亏损挂账。粮食企业也不得发生经营性亏损和专用基金超支挂账。今后凡属地方财政应补未补或未补足而出现新挂账的，由上一级财政部门如数扣款后拨给粮食部门。对财政未补足的，银行不得用贷款垫付。

三、为了切实有效地制止新的粮食财务挂账，调动地方解决粮食财务挂账的积极性，中央财政从一九九二年起对国家储备粮、国家专项储备粮食和各地超储存粮食的定额费用补贴标准每公斤提高二至四分钱。具体补贴标准地区之间有所不同，重点照顾粮食主产区。

四、粮食部门要积极转换经营机制，切实做好扭亏增盈工作。各级财政、粮食部门要密切配合，不断总结和完善费用定额补贴以及其他行之有效的管理办法，严格控制粮食企业亏损，消灭经营性亏损。同时，要抓住当前有利时机，大力发展粮油深加工、精加工、议购议销和多种经营业务，提高盈利水平，努力增强以盈补亏能力。

财　　政　　部
国务院清理三角债领导小组
商　　业　　部
中国人民银行
1992年8月8日

中共中央总书记江泽民在人民大会堂会见日本社会党委员长田边诚

江泽民对田边城、涩泽利久率领的日本社会党大型访华团来中国参加庆祝中日邦交正常化20周年活动表示欢迎。

江泽民说，中日两国睦邻友好不仅有利于亚洲，而且有利于世界的和平与稳定。中日邦交正常化20年来，两国睦邻友好合作关系得到了很大的发展，中日友好合作具有很大的潜力和广阔的前景。中国共产党按照处理党际关系四项原则同日本社会党加强了交往与联系，两党友好关系必将进一步促进中日睦邻友好关系的发展。

他说，在座的日本朋友中，不少是我们的老朋友，在庆祝中日邦交正常化20周年之际，我们回忆起日本各界许多老朋友曾为中日友好贡献了力量。

田边城说，日中关系越来越好，政治、经济、人员交往越来越多，我们期望这种关系将得到进一步发展，日本社会党将为此作出自己的努力。田边城还对中国改革开放政策和中国经济发展表示赞赏。

中共中央政治局常委乔石在人民大会堂会见德国社会民主党政治家、莱法州国务秘书兼州政府办公厅主任卡尔·海因茨·克莱尔

中共中央政治局常委李瑞环在人民大会堂会见以会长矢加部胜美为团长的日本劳动笔友会代表团

国家主席杨尚昆根据全国人大常委会的决定任免驻外大使：

一、免去祝幼琬（女）的中华人民共和国驻希腊共和国特命全权大使职务。

任命吴家淦为中华人民共和国驻希腊共和国特命全权大使。

二、免去梅平的中华人民共和国驻马耳他共和国特命全权大使职务。

任命尹玉福为中华人民共和国驻马耳他共和国特命全权大使。

三、免去周振东的中华人民共和国驻乍得共和国特命全权大使职务。

任命郭天民为中华人民共和国驻乍得共和国特命全权大使。

中共中央政治局常委乔石在人民大会堂会见日本社会党副委员长国会众议院议员高泽寅男

国务院副总理姚依林在人民大会堂会见联合国副秘书长弗莱施豪尔国际法院法官沙哈布丁及其他出席发展中国家与国际法研讨会的外国代表

姚依林说，联合国是世界上最普遍和最重要的国际组织，联合国宪章的宗旨和原则反映全世界人民要求建立一个和平安全、繁荣发展、平等合作的国际社会的愿望。联合国需要世界的支持，世界也需要联合国的支持。

姚依林说，这些年来，世界形势发生很大的变化，一些热点问题已经解决或正在解决，世界局势出现某种缓和，但原有的矛盾和对抗得到解决，又产生新的矛盾和对抗。中国是联合国创始国和安理会常任理事国之一，为了搞好中国国内的经济建设，我们需要一个长期稳定的国际和平环境，我们愿意与联合国合作，同所有其他会员国共同努力，以便使联合国宪章的宗旨和原则得到切切实实的落实。

外交部部长钱其琛在钓鱼台国宾馆会见摩洛哥王国特使首相府负责海外侨民事务大臣拉菲克·哈达维

哈达维向钱其琛通报西撒哈拉形势的最新发展和摩洛哥政府的立场。

钱其琛重申中国政府对西撒哈拉问题的一贯原则

立场，对摩洛哥政府重申支持联合国和平计划表示赞成。他希望西撒哈拉问题尽早通过公民投票获得公正合理的解决。

外交部部长钱其琛在钓鱼台国宾馆同坦桑尼亚外交和国际合作部长艾·哈·迪里亚举行会谈

中国已发射13颗返回式卫星

11时3分，部署在我国西北地区的卫星测控车载站，在西安卫星测控中心的组织下，连续向新型科学探测和技术试验卫星发出指令，控制其回收舱，于11时20分安全返回四川省中部预定地区。

至此，我国已发射13颗返回式卫星，回收成功率保持100%，标志着我国卫星回收控制技术达到世界先进水平。

中国儿童少年基金会与香港周洁冰女士共同发起的筹资帮助女童升学入学的"春蕾计划"开始实施

杨献珍逝世

马克思主义哲学家、理论家、教育家，中共中央顾问委员会委员、中共中央党校顾问杨献珍在北京病逝，终年97岁。

杨献珍出生于湖北郧县，1916年考入国立武昌商业专门学校，在校期间，参加了"五四"运动。1926年加入中国共产党，任武汉第三区区委委员。1929年9月，去上海，在中共中央文委领导下的沪滨书店任编辑，并为党团成员。1930年9月，离开上海，赴河南开封从事党的地下活动。1936年10月，根据北方局指示，成立了"中共山西工作委员会(公开)"，要求这些同志以抗日活动家的身份，在当局允许的范围内开展工作，杨献珍为委员之一。参加了实际上由我党掌握的"军政训练政"、"民众干部训练团"的工作，担任军政训练班第六队指导员。太原失守前几天，即赴晋南担任决死队第三纵队随营三分校主任，该校后改为山西民族革命大学四分校，任校长。1939年春，任山西第五专署党团成员、秘书主任。1940年1月，调北方局任秘书长，并在北方局党校讲授《联共(布)党史简明教程》。不久，兼任北方局党校党委书记兼教务主任。1942年2月，专任党校工作。1944年12月，到延安，任中央党校教务处第一副处长。1945年4月，作为华北地区候补代表参加党的第七次全国代表大会。1948年夏，调中央政策研究室工作。不久，中共中央决定筹办马列学院，参加筹备工作。马列学院成立后，由刘少奇兼任院长，杨献珍任教育长。1953年2月，任马列学院副院长。1955年8月，马列学院更名为中共中央直属高级党校，任党委书记兼校长。1956年8月，在党的第八次全国代表大会上，当选为候补中央委员，不久递补为中央委员。1982年9月，参加了党的第十二次全国代表大会，并被选为中央顾问委员会委员。是第一、二届全国人大代表，第二、三届全国政协常委，第四届全国政协委员。1955年被中国科学院聘为哲学社会科学部委员、科学资金委员会委员。1979年1月起被任命为中共中央党校顾问。

8月26日

《人民日报》发表中共中央政策研究室党建组的文章《〈毛泽东邓小平论中国国情〉编辑说明》

国务院总理李鹏在人民大会堂同基里巴斯总统蒂阿陶·蒂安纳吉举行会谈

李鹏说，南太平洋是亚太地区的一个重要组成部分。我们高兴地看到，近年来，南太同亚太其他地区一样，保持相对稳定的局面。中国作为一个亚太国家，关心南太地区的和平与稳定。中国同南太其他岛国的关系也在顺利发展，我们愿意同南太各国一起，进一步加强业已存在的友好合作关系。

蒂安纳吉总统说，基里巴斯和中国虽然在人口、幅员方面有很大差异，但双方的共同点就是在发展国家关系中都奉行和平共处五项原则，这是两国关系发展的基础。基里巴斯人民以十分钦佩的心情关注着中国的发展。

会谈后，两国官员签署《中国政府向基里巴斯政府无偿提供一批物资的换文》。齐怀远、马忠臣、刘华秋等出席会谈和签字仪式。

国务院总理李鹏在人民大会堂福建厅会见刘泰英等前来北京参加两岸产业科技合作交流研讨会的部分台湾代表

李鹏说，这次"两岸产业科技合作交流研讨会"的召开是一个很好的开端，两岸产业界、科技界应加强沟通，取长补短，共同提高两岸经济科技水平。他还对众多台湾产业科技界人士来京表示欢迎。

刘泰英向李鹏说，大陆在基础科技、高科技研究开发等方面有很大优势，而台湾有资金、有科技成果商品化及开拓市场的经验；通过两岸科技合作交流可以实现优势互补，不仅有助于密切两岸经贸关系，还可以更好地参与国际市场竞争。

李鹏向客人介绍大陆加快改革开放的措施，并就能源、金融、物价、环境保护，以及汽车工业发展等问题与刘泰英等人交换意见。

国务院台办主任王兆国、国防科工委主任丁衡高、国家科委副主任朱丽兰等参加会见。

国务院副总理田纪云在闭幕的全国化工对外开放工作会议上发表讲话

田纪云指出，当前的时机十分有利，化学工业要把握住机遇，加快对外开放步伐。

田纪云对化学工业对外开放工作的成绩给予充分肯定。去年化工进出口贸易总额达到109.6亿美元，比改革开放前的1978年增长5.68倍；化工出口达到31.5亿美元，增长10.25倍，平均每年递增20.46%。出口创汇1000万美元以上的化工企业达到27家，化工三资企业已经发展到1500多家，投资总额达到27.2亿美元。

田纪云指出，要使化学工业不断扩大对外开放，必须进一步解放思想，更新观念，增强开放意识，很重要的一条就是要破除头脑里的旧观念、旧框框，敢于吸收和运用资本主义的成功经验，大胆实践。扩大化工出口贸易，除要继续巩固香港、日本、欧美市场外，要下力气开拓广大发展中国家和独联体、东欧国家的市场，实施市场多元化战略。化学工业在扩大出口时，一定要高度重视出口商品质量，严把出口产品质量关。同时，要大力发展高附加值、高技术含量的精细化工产品，努力提高出口产品档次，多创外汇。

田纪云希望化工行业大胆吸引和利用外资，弥补国内资金的不足，加强国民经济薄弱环节的建设，促进技术进步和产业结构、产品结构的调整。田纪云要求化工部门切实做好企业转换经营机制工作。转换经营机制的关键是把企业推向市场，使企业适应市场的要求，成为依法自主经营、自负盈亏、自我发展、自我约束的商品生产和经营单位。

铁道部委托中国人民建设银行代理发行总额为20亿元的铁路投资债券签字仪式在人民大会堂举行

国家主席杨尚昆在钓鱼台国宾馆接受阿尔巴尼亚新任驻中国大使塔希尔·埃莱兹递交的国书

国务院总理李鹏在人民大会堂会见海湾阿拉伯国家合作委员会秘书长阿卜杜勒·雅古布·比沙拉

李鹏表示，中国要进一步向世界各国实行开放政策，并愿意同海湾合作委员会各成员国在各个领域，特别是经贸领域发展合作关系，进行多种形式的合作。合作可以是政府间的，也可以是民间的，中国有巨大的市场，欢迎海湾工商界到中国来投资办厂，相信合作会有良好的前景。

李鹏说，一年来，海湾形势发生很大的变化，中国对海湾形势的发展一直很关心。从海湾危机开始，中国就坚持主张科威特的独立、主权、领土完整应得到尊重，希望各方通过协商解决分歧，实现和平相处，中国愿为海湾地区的和平与稳定作出自己力所能及的努力。宾主还就中国同海湾合作委员会关系的发展深入地交换意见。

外交部部长钱其琛在北京会见美国对华政策委员会代表团

钱其琛在钓鱼台国宾馆会见由前副国务卿、对华政策委员会两主席之一约翰·怀特赫德率领的美国对华政策委员会代表团时说，美国是世界上有影响的大国。中国希望同美国保持良好的正常关系。这不仅有利于两国，而且有益于维护地区和世界的和平与稳定。钱其琛说，中美之间有分歧和矛盾。正是因为这样，双方应加强接触。只要双方采取诚恳的态度，这些问题是可以解决的。

美国对华政策委员会代表团是由美国大西洋理事会和美中关系全国委员会组织的。该委员会目前正在起草对华政策研究报告。

怀特赫德说，美中保持良好的关系对世界和平与稳定是必不可少的。委员会正在起草对华政策研究报告，其主要目的就是为了推动美中关系的改善。

外交部部长钱其琛在钓鱼台国宾馆同海湾阿拉伯国家合作委员会秘书长阿卜杜勒·雅古布·比沙拉举行会谈

钱其琛说，中国政府一直认为，所有有关海湾问题的联合国安理会决议都应该得到全面认真地执行。中国过去在各种国际场合都表明了上述立场，今后还仍将坚持这一立场。他说，经历战争浩劫的海湾各国人民迫切需要有一个稳定和平的形势，以便医治战争创伤和重建国家。

比沙拉强调，海湾合作委员会重视中国在安理会中的作用以及在解决其他国际问题上所起的作用。

钱其琛说，亚太地区政治稳定，经济发展。中国和海湾合作委员会在经济方面加强合作和交往有良好的前景。

国家科委主任宋健在人民大会堂会见美国休斯通信国际公司董事长兼执行总裁史蒂文·道夫曼

由道夫曼率领的休斯飞机公司访华代表团专程从洛杉矶前来北京，祝贺澳星发射成功，并对研制长征二号捆绑火箭和提供发射服务的工程技术人员的优异工作成就表示感谢。

宋健说，中美澳三方工程技术人员在澳星发射的全过程中相互理解，合作始终是友好、坦诚的。

道夫曼说，中国有一支可望达到世界水平的发射服务队伍，对通信卫星也有着潜力巨大的市场需求，休斯公司愿意继续同中国开展合作。他说，美中经济界的合作也有助于两国之间改善关系。

宋健说，中美两国都需要合作与发展，不需要对抗，影响两国关系发展的一些障碍一定会逐步克服，中美关系一定会进一步改善。他说，从亚星到澳星，3年多的实践证明，中国一贯严格遵守中美两国政府间关于发射商业通信卫星的三个协议备忘录。“中国期望今后能与休斯飞机公司以及全世界所有处于技术领先地位的公司继续开展技术合作。”

中国代表王成家在墨西哥城拉丁美洲和加勒比禁止核武器组织第七次特别会议上重申中国政府在核武器问题上的原则立场

特别会议下午在墨西哥城结束。会议通过阿根廷、巴西、智利、墨西哥联合提出的对拉美禁止核武器条约某些条款进行修改的提案，13个国家的代表在决议上签字。

中国代表王成家作为观察员出席会议并对大会取得的成果表示祝贺。重申中国政府在核武器问题上的原则立场。王成家说，中国政府早已向世界宣布，中国在任何时候、任何情况下都不首先使用核武器，并无条件地保证不对无核国家使用核武器。他说，中国主张全面禁止和彻底销毁核武器。

中国和坦桑尼亚两国政府代表在钓鱼台国宾馆签署两国政府间经济技术合作协定

国家主席杨尚昆和来访的坦桑尼亚总统阿里·哈桑·姆维尼出席在钓鱼台国宾馆举行的签字仪式。仪式上，双方还同时签署关于中国政府向坦桑尼亚政府赠送价值二百万元人民币的一般物资的换文以及两国政府间文化协定一九九二至一九九四年执行计划。

亚美尼亚总理阿鲁秋尼扬在埃里温会见以轻工业部部长曾宪林为首的中国轻工业代表团

马王堆汉墓国际学术讨论会在湖南省长沙市召开

全国依法治村民主管理经验交流会在山东省章丘县举行

8月27日

海峡两岸关系协会负责人就台湾当局对海峡两岸事务性商谈中“一个中国”的涵义发表谈话

记者最近就台湾当局对海峡两岸事务性商谈中一个中国原则表述所作的“结论”及其对两岸事务性商谈的影响一事，走访海峡两岸关系协会负责人。

负责人说，海协会一再表明，海峡两岸交往中的具体问题是中国的内部事务，应本着一个中国原则协商解决；在事务性商谈中，只要表明坚持一个中国原则的基本态度，可以不讨论“一个中国”的涵义。

负责人说，海协会提出海峡两岸事务性商谈中应坚持一个中国原则，已经引起台湾同胞的极大关注。8月1日，台湾有关方面就台湾海峡交流基金会与我会商谈事务性协议时有关“一个中国”涵义问题作出的“结论”中，确认“海峡两岸均坚持一个中国之原则”。我会认为，明确这一点，对海峡两岸事务性商谈具有十分重要的意义，它表明，在事务性商谈中应坚持一个中国原则已成为海峡两岸的共识。当然，我会不同意台湾有关方面对“一个中国”涵义的理解。我们主张“和平统一、一国两制”，反对“两个中国”、“一中一台”、“两个对等的政治实体”的立场是一贯的。

负责人最后表示，海峡两岸关系协会主张，我会与海峡交流基金会在“海峡两岸都坚持一个中国之原则”这一共识的基础上，应迅速恢复并推进事务性商谈，争取积极的成果，以保障两岸同胞的正当权益，并为海峡两岸合作、振兴中华和促进两岸关系的发展，作出更多的贡献。

海峡两岸妇女家庭文化问题交流座谈会在北京召开

海峡两岸各界妇女在北京聚会，座谈交流婚姻与家庭、儿童家庭教育、妇女卫生保健、男女平等等家庭文化问题。

海峡两岸的书画家、教师、教授、企业家、文化艺术工作者和妇女工作者等105人与会，其中台湾代表41人。

座谈会以家庭文化为主题，旨在加深两岸的了解，推动两岸文化交流的发展。北京市副市长何鲁丽表示，交流会使我们找到共同点，促进两岸姐妹的更多理解。

全国政协调查组对铁路工作进行考察

8月27日至9月12日，全国政协副主席程思远率领全国政协调查组对铁路工作情况进行考察。

全国政协的这次专题调查是从郑州铁路局开始的。调查组参观亚洲最大的现代化编组站郑州北站、郑州至武汉电气化铁路工程以及郑州站给水工程等，对铁路现代化建设情况进行详细考察。在广州铁路局，调查组考察株洲电力机车厂、株洲电力机车研究所和株洲车辆厂，了解铁路机车车辆工业发展情况；察看广深高速铁路建设工地和深圳车站，并到怀化铁路分局了解山区铁路职工工作、生活情况。在北京铁路局，调查组察看为缓解旅客乘车难而投入运行的新型双层客车，并到天津新站了解车站自动化设施和旅客候车情况。考察期间，调查组还同铁道部和有关铁路局、分局的同志就铁路建设成就和委员提案落实情况，以及铁路工作面临的困难等问题，进行座谈。

全国政协的这次调查是应铁道部的邀请进行的。

国务院关于开展1992年税收财务物价大检查的通知

各省、自治区、直辖市人民政府，国务院各部委、各直属机构：

1985年以来，在全国范围内已连续开展了七次税收财务物价大检查，对严肃财经法纪，促进改革开放和经济发展作出了很大贡献。在加快改革、扩大开放的新形势下，税收财务物价大检查，作为遏制经济领域违法违纪行为、防止财政收入流失、惩治腐败现象、促进国民经济更快更好发展的一项重要措施，在今后较长时间内仍要继续发挥它应有的作用。1992年的税收财务物价大检查，必须全面贯彻落实党中央和国务院有关加快改革开放的一系列指示精神，坚决保护企业和单位的合法权益，认真检查、纠正各种违反财经法纪的行为，把开展大检查同转换企业经营机制，提高经济效益，完成财政、税收任务，加强廉政建设，增强广大职工的遵纪守法观念紧密结合起来。现将有关事项通知如下：

一、1992年税收财务物价大检查，在各级人民政府直接领导下进行。各地区、各部门都要指定一名领导人负责大检查工作，要健全和加强大检查领导小组，并派出工作组进行督促检查。

二、为避免重复检查，减轻企业负担，在大检查期间，要把财政、审计、税务、物价部门和会计师事务所、审计事务所等社会力量统一组织起来，投入大检查工作。各有关部门要密切配合，互相支持，共同完成大检查的各项任务。

三、要采取多种形式，更加广泛地邀请和吸收人大代表、政协委员和民主党派成员参加大检查工作，充分发挥他们的参政议政和监督指导作用。

四、在大检查中，对各地区、各部门制定的符合国家统一政令和基本财经法规的改革措施，要予以保护和支持。对违背国家统一政令和基本财经法规的问题，要认真检查，及时纠正。

五、今年税收财务物价大检查从9月份开始，年底前基本结束。主要检查1992年发生的违反财经法纪问题，以及1991年未检查、未纠正的违反财经法纪问题。如有必要也可追溯到以前年度。

六、所有国营、集体、私营和联营企业，行政事业单位和社会团体，以及个体工商户，都要认真自查，主动纠正自身存在的违反财经法纪问题。

在普遍自查的基础上，各地区、各部门要对部分企业和单位进行重点检查，重点检查面不得少于30%。在前两年连续重点检查中，均未发现违反财经法纪问题的单位，今年可免于重点检查。

七、对查出的违反财经法纪问题，要严格按照“自查从宽，被查从严，实事求是，宽严适度”的原则处理。对有严重违法违纪行为和屡查屡犯的单位负责人和直接责任者，除按规定给予经济处罚外，还应给予必要的政纪、党纪处分，触犯刑律的，移交司法机关依法惩处。请各级法院、检察、纪检等部门积极予以配合和支持。

应交财政的违法违纪款项，要保证优先入库，拒不交库的，由银行划拨扣缴。少数资金确有困难、补交后会严重影响生产经营的单位，在报经批准后，可允许他们订出交款计划，分期分批交清。

八、国务院税收财务物价大检查办公室将继续委托地方检查部分中央单位，地方所得分成收入，要纳入地方财政预算，在解决大检查经费后，主要用于发展生产。

九、要针对大检查中发现的问题，积极推进财税改革，完善财经法规，帮助企业建立健全财会制度，培训财会人员，加强内部管理，把检查与服务、治标与治本结合起来。

十、要坚决保护坚持原则的检查人员、财会人员和检举揭发人，决不允许对他们打击报复。如有打击报复的，各级领导要亲自过问，严肃处理。

十一、要大力表彰遵纪守法单位和在大检查中表现突出的先进集体和先进个人，广泛宣传他们的先进事迹，扩大社会影响。

十二、国务院授权国务院税收财务物价大检查办公室负责制定开展大检查的具体规定。各级大检查办公室有权依法检查、处理各种违反财经法纪的问题。目前，各级大检查办公室的任务十分繁重，只能加强，不能削弱，以保证大检查工作的顺利进行。

税收财务物价大检查结束后，各省、自治区、直辖市和国务院各部门都要向国务院写出总结报告，同时抄送国务院税收财务物价大检查办公室。

国务院

1992年8月27日

中国太平洋经济合作全国委员会第五次会议在北京举行

会议在会长李鹿野主持下，听取将于9月23日至

25日在旧金山召开的太平洋经济合作理事会第九届大会的筹备情况报告。

作为太平洋经济合作理事会的成员组织，中国全国委员会对这个由官、商、学三界人士组成的包括环太20个国家和地区的非政府间组织将在九届大会上通过的《旧金山宣言》草案进行深入讨论。会议同意宣言提出的地区合作的开放性原则。

国家科委国家体改委《关于分流人才、调整结构，进一步深化科技体制改革的若干意见》

当前，深化科技体制改革的一个战略任务，是要抓住有利时机，加快分流人才，合理调整结构，进一步转变科技系统的运行机制。这项工作，对于合理配置科技资源，充分发掘科技潜力，对于优化我国科技系统的组织结构，建立适应社会主义市场经济的新型体制，解放科技第一生产力，具有十分重要的意义。为此，提出如下意见。

（一）

坚持“经济建设必须依靠科学技术，科学技术工作必须面向经济建设”的基本方针，按照努力攀登科学技术高峰的战略要求，加快步伐，加大力度，推进科技系统的人才分流和结构调整。

科技面向经济，经济依靠科技，这条战略方针深刻体现了科技进步和经济发展的内在要求，符合发展社会主义市场经济的客观规律。在分流人才和调整结构中，要坚定不移地贯彻执行这条方针，推动科技以更大的规模和更快的速度进入经济、长入经济，引导经济建设和社会发展，推动企业、农村和全社会建立科技进步机制，真正把经济建设转到依靠科技进步和提高劳动者素质的轨道上来。从而，加快科技成果的转化，加快科技产业的发展，更好地解决科技与经济相结合的问题。

努力攀登科学技术高峰是科技工作的基本任务，是科技战线的历史使命，因而也是对分流人才、调整结构的战略要求。要通过分流和调整，逐步建立起结构优化、布局合理、精干高效、富有生机和活力的现代化研究开发体系，提高科学技术的整体水平，增强科技为经济建设和社会发展服务的后劲，快出人才，多出成果，大出效益，进一步推动科技工作按照面向经济建设主战场、发展高技术研究及其产业、加强基础性研究三个层次的布局全面发展。

实行科技人才分流和组织结构调整，是《中共中央关于科学技术体制改革的决定》所确定的任务之一，对科技系统来说，是一场深刻的变革。这次分流和调整的重点是，全国县以上独立科研院所，包括各类基础研究机构、技术开发机构、社会公益机构和科技服务机构。高等院校和部分企事业单位也要进行相应的分流和调整。进行分流和调整的基本路子是稳定一头，放开一片。其基本点是：稳定支持基础性研究和基础性技术工作；放开放活技术开发机构、社会公益机构、科技服务机构；按照政策引导、市场牵引、典型示范、舆论推动的原则，并辅之以必要的行政措施，优化科技系统的组织结构，吸引和推动科技机构、高等院校分流出相当力量投入经济建设主战场，兴办科技企业，发展高新技术产业，开拓与科技进步有关的新兴第三产业。力争通过三至五年的不懈努力，基本完成科技系统的结构调整。

科学技术已成为世界各国经济发展的主要动力。推进我国科技系统的分流和调整，要密切注视当代科技、经济发展的潮流，认真研究世界各国特别是发达国家和新兴工业国家的研究开发体系及其推进科技经济一体化的政策措施。大胆借鉴发达资本主义国家近百年来经过实践证明是行之有效的科技结构体系，积极吸收科技经济发展的有益经验，解放思想，更新观念，拓宽视野，提高起点，使我国科技战线的改革开放迈出大步伐，使我国科技和经济的发展再上新台阶。

（二）

对基础性研究工作、高技术研究工作、重大工程建设和重大项目的科技攻关提供充分保障和持续稳定的支持。

基础性研究不仅为人类认识自然、改造自然提供了知识基础，而且是新技术、新发明的先导和源泉，也是培养和造就高水平科技人才的摇篮。确保基础性研究，包括基础性技术研究持续稳定发展是我国科技工作长期坚持的基本方针。在继续通过自然科学基金支持科学家自选课题，和对优先领域重点课题加大支持强度的同时，从今年起实施“攀登”计划，支持具有科学前沿性、应用重要性、能够发挥我国资源优势和人才优势的重大基础研究课题，力争取得突破。进一步推进高技术研究计划（八六三计划），完善新型研究机制，组织我国精锐科技力量争夺当代科技制高点，占领科技制高点。统筹规划和指导科技攻关计划的实施，解决我国经济建设和社会发展中综合性、关键性科技问题。

基础性研究、高技术研究、重大工程建设和重大项目的科技攻关，要集中全国优秀人才，保持一支能在国际前沿拼搏的精干队伍，不断提高其素质和水平；要按照少而精的原则，重点武装各个学科领域达到国际水平和国内领先水平的研究机构，通过增加财政拨款，在科研经费、实验手段和其他物质条件方面给予充分保障，并从总体上形成适应新科技革命的纵深配置和布局。国家重点支持的研究机构和国家重点实验室，必须优化内部组织结构和运行机制，建立符合国际规范的管理制度，实行符合基础研究和高技术研究特点的运作方式，建立起开放、流动、竞争、协作的运行机制。

基础性研究、高技术研究和重大科技攻关计划，要改革传统计划体制，引入竞争机制，打破部门、省市、单位、学科之间的壁垒，加强联合协作，向当代科学技术高峰挺进，防止和克服基础性研究、高技术研究出现小型化、短期化、封闭化的倾向。

从 1993 年起，选择三至五个专业领域的研究机构进行结构调整试点，选择五至十个机构进行优化内部结构和运行机制的试点，在总结经验基础上，"八五"末期着手组建和认定国家研究机构工作，制定国家研究机构的有关法律和法规。经认定的国家研究机构，按核准的章程建立起精干的内部结构和先进的管理制度，从而使国家基础研究包括基础性技术研究机构的结构体系趋于合理，政策环境基本形成，并步入法制轨道。

（三）

技术开发机构要面向经济，多渠分流，走创办科技企业、企业集团和发展高新技术产业的道路。

我国技术开发机构拨款制度改革已基本完成，大批技术开发机构进入了经济建设主战场。在分流和调整中，要大胆探索和实践多种途径，加快技术开发型机构企业化、集团化、产业化进程，促进科技成果在更高层次、更大范围和更富有经济实效地转化为现实生产力，使数以千计的技术开发机构，成为科技企业和高新技术产业的生长点。

——加快工程技术中心建设。"八五"期间国家从科技、经济发展战略出发，选择具备较强研究开发能力的技术开发机构，组建一百至一百五十个左右行业或者地区工程技术中心，从事系统化、配套化、工程化的研究、开发和服务。国家从政策上给予扶植。

——探索大院大所走企业化道路。选择十至二十个左右综合性大院大所，进行向高新技术企业、企业集团整建制转变的试点。试点单位实行高新技术产业开发区的高新技术企业的运行机制和经营方式，建立面向国内外的研究开发和技工贸一体化体制。试点单位可以享受高新技术企业的优惠待遇，并赋予相应的外贸经营权。鼓励试点大院大所与大中企业之间以资产、技术、合同和人才为纽带，组建高科技企业集团，跟踪赶超世界高科技发展水平，参与国际竞争，向国内外承包交钥匙工程。

——发展行业和地区技术开发中心，鼓励技术开发机构以多种形式进入经济、长入经济。按科技与经济发展的合理布局及其特点，将科技转化为生产力的传递结构网络化、系统化。要由技术开发机构积极创建行业技术开发中心、区域技术开发中心，面向企业群体提供技术服务；推动从事产品开发的机构，通过多种形式进入大中型骨干企业、企业集团；鼓励技术开发机构向科技企业和其他技工贸一体化实体方向发展，允许技术开发机构与企业之间通过吸收、参股、兼并、承包、租赁等方式建立经济关系，发展科技产业。

技术开发机构在向科技企业、企业集团和高新技术产业集团过渡期间和转化以后，原来享有科研事业单位的各项优惠待遇不变。

（四）

社会公益机构和科技服务机构要立足经济、社会、科技发展的需要，逐步构筑成组织网络化、功能社会化和服务产业化的新兴第三产业。

要根据国民经济和社会发展现实和长远需要，统筹规划我国社会公益机构的总体结构和布局，在人才分流中，对现有机构进行必要的调整。除少数从事全社会基础技术工作的机构，由国家稳定支持外，大多数要由事业型向经营型转变，实行企业化管理，建立起具有生机和活力的自我发展机制。对于一些机构设置分散、重复严重的领域，要有计划、有步骤地进行精简和重组，按照少而精的原则，集中力量办好一批具有较高水平和较大社会效益的机构。今年内选择几个领域进行试点，从明年起，在其余领域逐步开展分流和调整，力争"八五"末期，使社会公益机构形成比较科学的体系。

对农业科技机构要逐步做到按自然区划设置，形成有层次、有分工的布局，建立起科研、教育、推广、生产密切结合的结构体系。农业科技机构要在分流中重新分类，按照不同工作性质进行系统化和结构性调整。

适应发展第三产业的需要，放开、搞活、扶植、引导各类科技服务机构，实行企业化管理，加速其企业经营化、经营产业化、产业社会化步伐。鼓励科技服务机构发挥技术优势、信息优势，兴办农业产前、产中、产后技术服务行业，发展对国民经济发展具有全局性、先导性影响的基础服务行业，开辟和拓宽与科技进步相关的第三产业。

为了引导科技服务机构向第三产业过渡，今明两年要选择有条件的机构试办十个左右科技咨询中心，建立符合国际规范的运行机制和经营方式，面向国内外提供科技咨询、情报信息、技术中介、知识产权、器材租赁、企业技术诊断和技术经济评估等科技服务，促进科技成果转化和全社会的文明与进步。试办十个左右生产力促进中心，面向中小企业、乡镇企业提供技术依托、承担企业技术诊断、提供各类信息服务和组织专业技术培训活动。对试点单位，国家在其创办前三年从政策和资金投入方面给予适度扶植和照顾，以其先行探索，取得经验，提供示范。

（五）

大力发展科技企业、企业集团和高新技术产业，实现科技成果与各类生产要素的优化组合，在推动科技进入经济、长入经济方面，创造新经验，形成大气候。

随着科技战线分流人才和调整结构，大部分科技机构要步入企业化道路，大批科技人员进入发展科技产业第一线。这对我国方兴未艾的科技企业和高新技术产业，既是挑战，又是机遇。深化科技企业改革，进一步转换和优化经营机制，不仅关系到科技企业自身的生存和发展，而且影响到分流人才、调整结构这一重大改革措施能否达到预期目标。

要全面落实和扩大科技企业自主权。根据国家条件批准的科技企业要切实保障企业人事劳动用工权、工资奖金分配权、产品定价权、投资决策权和进出口经营权；允许科技企业根据科技、经济发展趋势，调整研究开发方向，可以根据国内外市场需求，拓宽技工贸一体化经营范围；并要积极支持其科技贷款、筹资、融资等以及疏通必要的生产要素来源渠道，为它们创造竞争和发展的条件。

要坚持以公有制为主体、多种经济成分并存的格局发展科技企业。实行集体经济、合作经济和个体经济的民办科技机构，是我国科技战线的重要力量，也是人才分流的主要渠道之一。要本着鼓励人民群众兴办各种社会主义事业的精神，从政策上进一步宽松民办科技机构的发展环境，保障扶持和促进民办科技实业发展的政策长期不变。正确评价民办科技企业家的业绩和创新精神，维护这一部分社会主义劳动者的合法权益，同时引导民办科技机构提高队伍的整体素质，健全管理制度，使之在新形势下有一个较大发展。

高新技术产业开发区是我国高新技术产业的发展基地，是深化改革、扩大开放的试验区。开发区的改革和建设需要一大批科技人才，要在分流和调整中，鼓励各类大院大所、高等院校和科技企业进入开发区，创办和联办高新技术企业，通过多种形式与企业实行技术经济协作。开发区要加大改革步伐和力度，因地制宜、因时制宜，制定激励政策，吸引各类科技人才，为从科研院所、高等院校和大中企业分流出来的富余科技人员发挥潜能、施展本领创造机遇和条件。

（六）

尊重知识，尊重人才，充分调动和发挥广大科技人员的主动性、积极性和创造性。

经济改革，最重要的是人才问题，科技改革，最重要的也是人才问题。科技人员是最富活力的科学技术的载体，是科技第一生产力的开拓者、实践者。尊重知识、尊重人才，是党的知识分子政策的核心。在推动科技战线人才分流和结构调整中，要全面贯彻落实党的知识分子政策，加强和改善对科技工作的领导，通过分流进一步创造人才辈出、人尽其才、才尽其用的社会环境，建立和完善科技人才培养、使用和流动制度，建立双向选择的劳动就业制度以及社会保障制度，使广大科技人员在不同岗位上充分发挥才能和智慧。同时，要通过深入细致、充满活力的思想政治工作，在科技人员中树立爱祖国、爱人民的崇高思想，提高这支队伍的思想素质和职业道德。要鼓励广大科技人员不断学习和实践当代先进科学技术知识和经营管理方法，提高自身的专业水平，努力攀登科学技术高峰。

对推动科技事业发展建立了不朽功勋的老一辈科学家和各类专家，要给予他们崇高的荣誉，表彰其毕生的业绩，保证他们在退休后享有从优获得社会帮助的权利，继续发挥他们的积极作用。对中青年科技骨干，要政治上更为信任，工作上更为放手，生活上更为关怀，创造良好的竞争环境，把能人推上重要岗位，发挥其中流砥柱作用。放手让大批具有新的知识结构的优秀青年科技人员进入关键技术岗位和管理岗位，造就一批新科技革命的启明星和学术带头人。要培养和造就一大批懂科技、懂经济、善经营、善管理的科技企业家。

大胆改革长期以来裹足不前的科技人员分配制度，要适应“稳定一头、放开一片”的改革措施，对从事基础性研究、高技术研究、重大工程建设和重点项目攻关的科技人员，较大幅度地提高其工资水平，其中达到国际水平和国内领先水平的，其工资、待遇要逐步向具有相对国际可比性靠拢；对从事技术开发、科技服务和社会公益研究的科技人员，其工资和待遇要进一步放开，经有关部门批准实行联系其创造的经济效益计算报酬的办法。科技企业、企业集团和高新技术企业一律由企业按照以按劳分配为主体、其他分配方式为补充的原则，自主决定内部工资和奖金分配办法。全面认真落实技术合同法、专利法关于从实施技术成果和发明创造所获收益中提成奖励技术成果完成者的规定，进一步保护知识产权，保护科技人员的精神权利和经济权利。允许各地方、各行业按照法律原则，制定和试行对贡献突出者给予崇高荣誉和重奖的政策。按照国际惯例，对科技进步有贡献的科技企业家、优秀管理者的工资要达到其所在单位平均工资的三至五倍。

推进分流人才和调整结构，要推动科技战线全方位、多层次、大跨度对外开放，拓宽官方的、民间的、双边的、多边的科技合作渠道，建设沿海、沿江、沿边对外开放的窗口，发展地缘科技合作中心，建设面向东南亚地区的科技开发基地，让更多的科技人员参与国际合作与竞争。要完善有关政策，鼓励和吸引在国外、境外学习和工作的科技人员回国工作，参加科技成果商品化、产业化、国际化的活动。同时，要通过中外科技合作渠道，有计划、有组织地派遣科技人员到国外、境外进行各种形式的合作研究和科技服务。要简化手续，为科技人员国际往来创造便利条件，让我国优秀科技人才在国际舞台上为国争光，在当代世界高科技领域中占领和扩大阵地，为我国社会主义现代化建设作出更大贡献。

河北省唐山市开平区半壁店村1100位农民奖励“澳星”发射有功科技人员10万元人民币

劳动部作出关于加强职业培训教材建设的意见

国家教委就中小学校收费问题发出通知

国家教委近日就中小学校收费问题发出通知。通知指出：小学和中学属义务教育，应严格按照《义务教育法》只收取杂费，不准收学费。高级中等学校可收学费和杂费。根据实际情况确需收取其他项目的费用，必须由省、自治区、直辖市人民政府审议后批准方可执行。中小学收取费用的管理和使用，应按县一级教育行政部门会同当地财政部门做出的规定执行。学费和杂费收入，应用于补充学校的公用经费、改善办学条件，不得用于发放教职工的补贴、奖金。严禁利用录取新生的权力乱收费，不得把捐资助学同录取新生挂钩。通知要求各地教育行政部门和学校采取有力措施，对普通中小学收费情况进行一次清理、检查，严格执行中小学收费管理权限，在新学期开始前后严肃认真地做好清理整顿中小学收费工作。

国家体委向《人民日报》等五家新闻单位颁发“全国体育事业贡献奖”

为表彰在奥运会期间各新闻单位及时、客观、准确、全面地报道奥运盛况，国家体委在北京向《人民日报》和新华社、中央电视台、中央人民广播电台、中国体育报五家新闻单位颁发我国体育最高荣誉奖之一的“全国体育事业贡献奖”。

颁奖仪式是在国际广播中心梅地亚宾馆举行的慰问参加第25届奥运会报道新闻记者联谊会上进行的。国家体委主任伍绍祖、副主任何振梁、袁伟民、刘吉专程到会，向赴巴塞罗那采访的记者们和留守北京的编辑们表示感谢和慰问。

刘吉代表国家体委宣布关于向五家新闻单位颁发全国体育事业贡献奖的决定。国家体委领导分别向五家新闻单位的代表颁发证书。

会上，国家体委还授予中国新闻社、《工人日报》、《中国青年报》等新闻单位奥运报道纪念奖。

8月28日

第七届全国人大常委会第二十七次会议在人民大会堂举行

全国人大常委会委员长万里主持会议。

法律委员会副主任委员宋汝棼作法律委员会关于税收征收管理法草案审议结果的报告；法律委员会副主任委员项淳一作关于专利法修正案审议结果的报告。

李鹏总理向本次会议提交国务院提请审议的三个法律草案的议案。在上午的会议上，受国务院委托，国务院法制局局长杨景宇向委员们作有限责任公司法草案的说明；劳动部部长阮崇武作矿山安全法草案的说明；国家测绘局局长金祥文作测绘法草案的说明。

上午的会议还印发台湾省出席第八届全国人民代表大会代表协商选举方案草案和第八届全国人民代表大会少数民族代表名额分配方案草案，提请委员们审议。

副委员长彭冲、阿沛·阿旺晋美、严济慈、荣毅仁、叶飞、廖汉生、陈慕华、费孝通、孙起孟、雷洁琼、王汉斌出席会议。

国务委员宋健、最高人民法院院长任建新、最高人民检察院检察长刘复之列席会议。

劳动部部长阮崇武受国务院委托向第七届全国人大常委会第二十七次会议就矿山安全法草案作说明

国务院总理李鹏向第七届全国人大常委会第二十七次会议提交了国务院关于提请审议矿山安全法草案的议案。议案说，为了加强矿山安全工作，保障矿工的安全与健康，促进采矿业的发展，国务院认为，制定法律，加强矿山安全工作是十分必要的。矿山安全法草案已经国务院常务会议讨论通过。

受国务院委托，劳动部部长阮崇武向会议作关于矿山安全法草案的说明。

目前我国已有全民所有制矿山企业8000多个，城乡集体所有制矿山企业11万多个，私营、个体采矿点12万多处，遍布全国2000多个县(市)，从事采矿业的人员已达1923万多人。

阮崇武说，采矿业的发展，有力地促进国民经济建设。但是，由于采矿业是一个特殊行业，绝大多数矿山为井下开采，井下生产作业场所劳动条件较其他行业差，危险性大，影响矿工安全与健康的因素多。近年来，国营矿山的安全状况虽然有所好转，但重大事故仍然没有得到根本控制，特别是相当多的乡镇煤矿不符合基本的安全生产条件，事故严重。

阮崇武认为，矿山伤亡事故严重的原因是多方面的，其中一个重要的原因就是我国的矿山安全法制尚不够健全。为了加强矿山安全工作，保障矿工的安全与健康，促进采矿业的健康发展，以适应改革开放和社会主义现代化建设的要求，制定矿山安全法是十分必要的。

谈到矿山安全法起草经过，阮崇武说，矿山安全法是 1987 年 3 月经国务院领导批准，在原劳动人事部、原国家经委、原煤炭部等 13 个部委、局、总公司和全国总工会负责人组成的起草领导小组领导下，由原劳动人事部牵头组成起草办公室，从各有关方面抽调专家起草的。近几年来，国务院法制局又多次征求中央有关部门、一些地方和专家的意见，并反复研究论证，几易其稿，形成这个草案。

矿山安全法草案共分八章四十二条，分别就本法的适用范围、矿山建设和矿山开采的安全保障、矿山企业的安全管理、矿山事故处理、矿山安全的行政监督管理和法律责任作规定。

阮崇武就对矿山安全的监督机制、对矿山安全条件的要求、乡镇矿山的安全保障等问题作说明。

国务院法制局局长杨景宇受国务院委托向第七届全国人大常委会第二十七次会议就中华人民共和国有限责任公司法草案作说明

国务院总理李鹏在提请审议的议案中说，为保障有限责任公司及其股东和债权人的合法权益，适应改革开放需要，维护社会经济秩序，国务院法制局和国家体改委经过认真调查研究，反复论证修改，草拟有限责任公司法草案。这个草案已经国务院常务会议讨论通过。

受国务院委托，国务院法制局局长杨景宇向本次常委会作说明。杨景宇说，我国实行改革开放以来，社会主义商品经济迅速发展，以公有制为主体的多种经济形式并存，涌现出大批公司。这些公司对于促进生产、搞活流通、繁荣经济起了积极作用。同时，公司在发展中也出现盲目设立、非法经营、投机诈骗等问题，干扰正常的社会经济秩序。因此，制定公司法是迫切需要的。

关于本法的调整范围，杨景宇说，为不打乱已经有法可依的几类实行有限责任形式的企业法人的管理体制，避免引起对现行有关法律、行政法规中确定的政策的稳定性、连续性的不必要的疑虑，防止产生法律、行政法规相互之间的矛盾，目前制定的这个有限责任公司法还是在维持现行有关法律、行政法规不变的前提下，来确定它的调整范围较为适宜。目前制定的这个有限责任公司法实际上将民法通则第五十一条规定的企业事业单位之间联营组成的独立承担民事责任、具备法人条件的新的经济实体都纳入它的调整范围，将实行有限责任形式的私营企业也纳入它的调整范围。他说，至今尚无法可依的，就是这类企业事业单位之间联营组成的企业法人，目前它们的数量虽然还不多，但是发展较快，尽快用法律加以规范不仅是迫切需要的，而且有利于推动企业事业单位之间的横向联合。

谈到有限责任公司的设立时，杨景宇说，过去几年，出现公司盲目设立、非法经营、投机诈骗等问题，一个重要原因就是纳入草案规定的调整范围的公司设立的条件和程序无法可依。因此，草案就公司的设立条件和程序作规定。

关于公司的内部管理体制，杨景宇说，为既有利于保障出资人的利益，又有利于完善公司的经营机制，草案总结我国的实践经验，并参考、借鉴国外的有益做法，对公司的内部管理体制作明确规定。他从股东会、董事会、经理、监事会等几个方面作说明。

杨景宇还就关于公司的财务、会计、审计和分配制度，关于公司转让出资和变更注册资本和关于公司的合并、分立、终止和清算等问题作说明。

国家测绘局局长金祥文受国务院委托向第七届全国人大常委会第二十七次会议就中华人民共和国测绘法草案作说明

国务院总理李鹏在国务院关于提请审议中华人民共和国测绘法草案的议案中说，为了加强对测绘工作的管理，促进测绘事业的发展，使测绘工作更好地为国民经济和社会发展服务，国家测绘局在认真总结经验、广泛征求意见的基础上，草拟测绘法草案。草案已经国务院常务会议讨论通过。

金祥文在说明中说，测绘工作是国民经济和社会发展的一项前期性、基础性工作。测绘业是国家重要的信息产业。它为国家建设和管理提供与地理位置有关的各种专题性和综合性的基础信息，其成果是进行资源调查、环境监测、农业建设、能源、交通、水利等大型工程建设、城乡规划建设、土地开发利用、重大灾害监测预报和科学研究以及国防建设等必不可少的基础资料。同时，测绘是准确反映我国疆域境界、行政区域界线和土地权属界线的手段，也是国家行政管理的基础工作之一。加强对测绘工作的管理，保障测绘事业的发展，对国民经济和社会发展具有重要意义。

金祥文说，建国以来，我国的测绘事业有很大发展。目前，国家测绘局和地矿、能源、农林、水利、交通、铁路、冶金、城建等 20 多个经济部门以及军事部门都建立测绘队伍，有职工 27 万多人。“八五”期间及今后十年，测绘工作任务十分艰巨。但是，测绘工作在发展水平上，特别是行政管理和法制建设上，都存在着不相适应的问题，主要是：测绘工作的统筹规划与协调不够；测绘市场管理比较混乱；涉外测绘活动急需加强管理；测绘法规不够健全。

1984 年，经国务院同意，国家测绘局开始组织测绘法起草工作，国务院法制局也多次征求有关部门和地方的意见，经反复研究修改，形成测绘法草案。

金祥文就测绘法草案中的几个问题作说明。这些问题涉及测绘法的适用范围、测绘工作的管理体制、测绘基准和测绘系统、测绘工作的规划、测绘资格认证和测绘任务登记制度、界线测绘、汇交测绘成果的副本或目录、测量标志的保护等。

全国人大法律委员会副主任委员宋汝棼向第七届全国人大常委会第二十七次会议就全国人大法律委员会对中华人民共和国税收征收管理法草案审议结果作报告

宋汝棼说，七届全国人大常委会第二十六次会议审议法律委员会关于税收征收管理法草案审议意见的汇报，由于有些问题还需要进一步研究，会后，召开法律委员会、财经委员会、法制工作委员会副主任联席会议，就税收保全措施、强制执行措施和关于惩治偷税、抗税犯罪的补充规定草案进行讨论研究修改。法律委员会根据委员们的审议意见和三委副主任联席会议以及法律专家的意见，对草案进行审议，提出修改意见：

一、草案规定税务机关有权采取税收保全措施，税务机关对欠缴税款的纳税人有权采取强制执行措施。

对草案这两条规定，在常委会第二十六次会议分组审议中，较多的委员认为，为保障国家税收，应当赋予税务机关以税收保全措施和强制执行措施的权力。也有些委员认为，冻结、扣缴银行存款应申请法院强制执行，不宜由税务机关直接通知银行办理。三委副主任联席会议认为，由税务机关通知银行从欠缴税款的纳税人的存款中扣缴税款的做法已由国务院规定并实行了多年，有些国家的法律也有类似规定。税务机关和海关同其他行政部门不一样，赋予税务机关以税收保全措施和强制执行措施的权力，对保障国家的税收收入是需要的。但税收保全措施和强制执行措施的实施范围应当限于从事生产、经营的纳税人，不能冻结、扣缴城乡居民的储蓄存款。因此建议修改为："税务机关有根据认为从事生产、经营的纳税人有逃避纳税义务行为的，可以在规定的纳税期之前，责令限期缴纳应纳税款；在限期内发现纳税人有明显的转移、隐匿其应纳税的商品、货物以及其他财产或者应纳税的收入的迹象的，税务机关可以责成纳税人提供纳税担保。如果纳税人不能提供纳税担保，经县以上税务局(分局)局长批准，税务机关可以采取下列税收保全措施：(一)书面通知纳税人开户银行或者其他金融机构暂停支付纳税人的金额相当于应纳税款的存款；(二)扣押、查封纳税人的价值相当于应纳税款的商品、货物或者其他财产。""从事生产、经营的纳税人、扣缴义务人未按照规定的期限缴纳或者解缴税款，纳税担保人未按照规定的期限缴纳所担保的税款，由税务机关责令限期缴纳，逾期仍未缴纳的，经县以上税务局(分局)局长批准，税务机关可以采取下列强制执行措施：(一)书面通知其开户银行或者其他金融机构从其存款中扣缴税款；(二)扣押、查封、拍卖其价值相当于应纳税款的商品、货物或者其他财产，以拍卖所得抵缴税款。"

法律委员会还认为，不经过司法机关而直接通知银行冻结或者强行划拨当事人的存款应当由法律规定。目前除海关和税务机关以外，有些行政部门直接通知银行暂停支付或者划拨当事人存款的做法不是法律规定的，建议有关部门予以清理。

二、关于法定代表人和直接责任人员的刑事责任问题，根据委员和地方、部门的意见，法律委员会建议对补充规定草案修改为：

1."纳税人采取伪造、变造、隐匿、擅自销毁账簿、记账凭证，在账簿上多列支出或者不列、少列收入，或者进行虚假的纳税申报的手段，不缴或者少缴应纳税款的，是偷税。偷税数额占应纳税额的百分之十以上并且偷税数额在一万元以上的，或者因偷税被税务机关给予二次行政处罚又偷税的，处三年以下有期徒刑或者拘役，并处偷税数额五倍以下的罚金；偷税数额占应纳税额的百分之三十以上并且偷税数额在十万元以上的，处三年以上七年以下有期徒刑，并处偷税数额五倍以下的罚金。""扣缴义务人采取前款所列手段，不缴或者少缴已扣、已收税款，数额占应缴税额的百分之十以上并且数额在一万元以上的，依照前款规定处罚。"

2."纳税人欠缴应纳税款，采取转移或者隐匿财产的手段，致使税务机关无法追缴欠缴的税款，数额在一万元以上不满十万元的，处三年以下有期徒刑或者拘役，并处欠缴税款五倍以下的罚金；数额在十万元以上的，处三年以上七年以下有期徒刑，并处欠缴税款五倍以下的罚金。"

3. 企业事业单位犯"补充规定"第一条、第二条罪的，依照"补充规定"第一条、第二条的规定，判处罚金，并对负有直接责任的主管人员和其他直接责任人员，处三年以下有期徒刑或者拘役。

4."企业事业单位采取对所生产或者经营的商品假报出口等欺骗手段，骗取国家出口退税款，数额在一万元以上的，处骗取税款五倍以下的罚金，并对负有直接责任的主管人员和其他直接责任人员,处三年以下有期徒刑或者拘役。""前款规定以外的单位或者个人骗取国家出口退税款的,按照诈骗罪追究刑事责任,并处骗取税款五倍以下的罚金;单位犯本款罪的,除处以罚金外,对负有直接责任的主管人员和其他直接责任人员,按照诈骗罪追究刑事责任。"

5."以暴力、威胁方法拒不缴纳税款的,是抗税,处三年以下有期徒刑或者拘役,并处拒缴税款五倍以下的罚金;情节严重的,处三年以上七年以下有期徒刑,并处拒缴税款五倍以下的罚金。""以暴力方法抗税,致人重伤或者死亡的,按照伤害罪,杀人罪从重处罚,并依照前款规定处以罚金。"

全国人大法律委员会副主任委员项淳一向第七届全国人大常委会第二十七次会议就全国人大法律委员会对中华人民共和国专利法修正案草案审议结果作报告

项淳一说,七届全国人大常委会第二十六次会议对专利法修正案草案进行初步审议。根据委员的审议意见和地方、部门、专家的意见,法律委员会认为,专利法实施七年来,对促进我国科学技术和经济的发展,起了重要作用,为更好地鼓励发明创造,促进对外经济技术交流,根据七年来的实践经验,需要对专利法作适当的修改。修正案草案基本上是可行的,同时,提出修改意见:

一、有些委员和部门提出,对专利产品的进口问题应该单写,因此,建议修改为:"发明和实用新型专利权被授予后,除法律另有规定的以外,任何单位或者个人未经专利权人许可,不得为生产经营目的制造、使用、销售其专利产品,或者使用其专利方法以及使用、销售依照该专利方法直接获得的产品。""外观设计专利权被授予后,任何单位或者个人未经专利权人许可,不得为生产经营目的制造、销售其外观设计专利产品。""专利权被授予后,除法律另有规定的以外,专利权人有权阻止他人未经专利权人许可,为上两款所述用途进口其专利产品或者进口依照其专利方法直接获得的产品。"

二、有些委员提出,草案只规定专利权人对专利局撤销其专利权的决定不服的可以向专利复审委员会请求复审和向人民法院起诉,没有规定请求撤销专利权的人对专利局维持专利权的决定不服的,可以向专利复审委员会请求复审和向人民法院起诉,应当加以修改补充。因此建议修改为:"专利局设立专利复审委员会。对专利局驳回申请的决定不服的,或者对专利局撤销或者维持专利权的决定不服的,可以自收到通知之日起三个月内,向专利复审委员会请求复审。专利复审委员会复审后,作出决定,并通知专利申请人、专利权人或者撤销专利权的请求人。""发明专利的申请人、专利权人或者撤销专利权的请求人对专利复审委员会的复审决定不服的,可以自收到通知之日起三个月内向人民法院起诉。"

三、修正案草案规定:第四十五条修改为:"发明专利权的期限为二十年,实用新型专利权的期限为八年,外观设计专利权的期限为十年,均自申请日起计算。"

有的委员、地方和部门提出,实用新型和外观设计的专利权的期限应当一致。因此,建议将第四十五条修改为:"发明专利权的期限为二十年,实用新型专利权和外观设计专利权的期限为十年,均自申请之日起计算。"

四、最高人民法院提出,本法应对被宣告无效的专利权是否具有追溯效力作出规定,因此,建议增加规定,修改为:"宣告无效的专利权视为自始即不存在。""宣告专利权无效的决定,对人民法院在宣告专利权无效前作出并已执行的专利侵权裁决,专利管理机关在宣告专利权无效前作出并已执行的专利侵权处理决定,以及在宣告专利权无效前已经履行的专利实施许可合同和专利权转让合同,不具有追溯力;但是因专利权人的恶意给他人造成的损失,应当给予赔偿。""如果依照上款规定,专利权人或者专利权转让人不向被许可人或者被转让人返还专利使用费或者专利权转让费明显违反公平原则,专利权人或者专利权转让人应当向被许可人或者被转让人返还全部或者部分专利使用费或者专利权转让费。""本条第二款、第三款的规定适用于被撤销的专利权。"

五、根据委员、地方、部门的意见,建议:(1)第五十一条修改为:"具备实施条件的单位以合理的条件请求发明或者实用新型专利权人许可实施其专利,而未能在合理长的时间内获得这种许可时,专利局根据该单位的申请,可以给予实施该发明专利或者实用新型专利的强制许可。"(2)第五十二条修改为:"在国家出现紧急状态或者非常情况时,或者为了公共利益的目的,专利局可以给予实施发明专利或者实用新型专利的强制许可。"

六、根据有的委员和有关方面的意见,建议将第六十条第二款修改为:"在发生侵权纠纷的时候,如果发明专利是一项新产品的制造方法,制造同样产品的单位或者个人应当提供其产品制造方法的证明。"

国务院决定将韶关河源梅州列入沿海经济开放区实行沿海经济开放区的政策

国务院总理李鹏在人民大会堂会见五国离任和到

任的驻中国大使和联合国系统驻中国代表

他们是即将离任的阿曼苏丹国大使萨利赫、阿拉伯埃及共和国大使巴德尔、捷克和斯洛伐克联邦共和国大使朱达，新到任的巴勒斯坦国大使穆斯塔法、阿尔巴尼亚共和国大使埃莱兹和联合国系统发展业务活动驻中国协调代表贺尔康。

李鹏在会见中表示，中国将继续致力于发展同这五国及联合国所属机构的友好关系与合作。他还简要介绍中国外交政策的基本点及中国当前改革开放和经济发展情况。

国务院总理李鹏在人民大会堂会见美国国会众议院公共工程和交通委员会主席罗伯特·罗

李鹏强调，中美三个联合公报是中美关系的基础。遵守这三个公报，中美关系就能够发展；如果违背三个公报的基本原则，中美关系就势必出现我们都不愿意看到的情况。

李鹏说，中美关系遭受挫折不符合两国人民的根本利益。他说，“中美关系发展到今天来之不易，我们应当十分珍视。”李鹏指出，发展两国关系需要双方共同作出努力。他说，中国为改善和发展中美关系作出巨大的努力。

罗伯特·罗是民主党议员，他曾于1979年和1986年两次访华。这次他率领的国会众议院公共工程和交通委员会大型代表团于26日抵京访问。代表团中还有哈默施密特、舒斯特、克林杰等议员。

李鹏在会见时向美国客人介绍中国十多年来改革开放的成果以及当前中国沿海、沿江、沿边地区开放的情况及有关政策。他还介绍中国今后发展基础设施的计划，特别是水利、电力、交通等方面的建设及三峡工程的筹建情况。

李鹏说，代表团成员中大都是公共工程与交通方面的专家，希望客人利用这次访问的机会进行实地考察，增进对中国的了解，并为促进中美在这些领域的合作作出努力。

罗伯特·罗说，代表团成员对中国改革开放所取得的成就和进展及人民生活的改善印象很深，他们都感到中国的经济发展速度很快并且充满活力。他还表示希望中美两国的合作关系继续得到发展。

罗伯特·罗等几位议员都表示，他们虽然来自不同的党派，但都愿意为保持和发展同中国的友好合作关系作出努力。

国务院总理李鹏在人民大会堂会见并宴请日本前首相田中角荣和夫人

李鹏对田中说，“我代表中国政府向你和你的夫人以及全家三代在中日邦交正常化20周年之际来中国访问表示欢迎。”

李鹏说，田中先生为恢复和发展中日友好，为中日邦交正常化作出历史性的重要贡献。中国政府和人民是永远不会忘记的。

李鹏说，“我们高兴地看到由毛泽东主席、周恩来总理和田中先生开拓的中日友好关系20年来有很大的发展。这是我们两国人民都感到很高兴的事情。”

国务院秘书长罗干、对外友协会长韩叙、外交部副部长徐敦信和中日友协会长孙平化以及日本驻华大使桥本恕参加会见。

国家副主席中日友协名誉会长王震会见日本前首相田中角荣

第四次世界妇女大会中国组委会在北京成立并召开第一次会议

国务委员李铁映担任组委会主席，国务院秘书长罗干、外交部副部长刘华秋、北京市副市长何鲁丽以及全国妇联副主席黄启璪为组委会副主席，组委会秘书长由罗干兼任。

这次世界妇女大会于一九九五年九月四日至十五日在北京召开。有一万五千多名各国代表及有关人士参加。这是我国举办的规模最大的一次国际会议。

李铁映在讲话中说，中国政府决定正式成立第四次世界妇女大会中国组委会，其任务是做好会议的各项组织工作。中国政府和人民有决心把这次大会开好，将根据联合国有关决议，为大会的筹备工作和顺利召开与各国政府及联合国机构密切合作，尽到东道国的责任。

国务院秘书长罗干主持会议。

第12届电影金鸡奖第15届《大众电影》百花奖揭晓

八一电影制片厂的《大决战》荣获“金鸡”、“百花”双项“最佳故事片奖”。广西电影制片厂的《周恩来》在本届百花奖3部最佳故事片中名列榜首。北京电影制片公司的《过年》获得百花奖“最佳故事片奖”；周恩来的扮演者王铁成夺得“金鸡”、“百花”双重“最佳男主角奖”。

《大决战》除荣获“金鸡”、“百花”双奖最佳故事片奖外，还囊括了本届金鸡奖“最佳导演”、“最佳美术”、“最佳剪辑”、“最佳道具”和“最佳烟火”5个单项奖。毛泽东的扮演者古月、林彪的扮演者马绍信、傅作义的扮演者李定保、蒋介石的扮演者赵恒多获金鸡奖“表演特别提名”。《周恩来》还荣获金鸡奖“特别奖”和“最佳化妆奖”。上海电影制片厂反映中国共产党建党史实的《开天辟地》荣获金鸡奖“特别奖”和“最佳编剧奖”。

《过年》中母亲的扮演者赵丽蓉获百花奖“最佳女主角奖”，王梅的扮演者丁嘉丽获金鸡奖“最佳女配角奖”。《心香》的导演孙周获金鸡奖“最佳导演奖”。上海电影制片厂的《烛光里的微笑》获本届金鸡奖“最佳儿童片奖”，影片主人公王双玲的扮演者宋晓英获金鸡奖“最佳女主角奖”。

故事片《烈火金刚》中刁世贵的扮演者葛优、《青春无悔》中前妻的扮演者吕丽萍分获百花奖最佳男、女配角奖。

本届金鸡奖“最佳纪录片奖”被中央新闻纪录电影制片厂《我们走过的日子》夺得。“最佳科教片”由北京科学电影制片厂的《低温核供热堆》和上海科学电影制片厂的《企鹅大帝》并列。

国家教委颁发《外国来华留学生经费开支标准及管理办法》

8月29日

中国人民银行财政部关于各级人民银行与所办经济实体脱钩的办法

办法规定，人民银行要与其已办的经济实体在企业隶属和财务关系上脱钩；人民银行的干部不得在所办经济实体中兼职；人民银行不得再给所办的经济实体提供信贷资金或在金融政策上给予特殊支持；人民银行不得再办任何经济实体。

中共中央总书记江泽民在中南海会见日本前首相田中角荣和夫人

江泽民说：“二十年前，田中先生以政治家的远见卓识，力排众议，毅然做出决断，访问中国，同毛泽东主席和周恩来总理一起揭开了中日关系的新篇章。”

江泽民说，一九七八年邓小平同志为互换中日和平友好条约批准书访问日本时，也会见过田中先生。“邓小平同志让我特意向田中先生转达他的问候。”

对外友协会长韩叙、中日友协会长孙平化、外交部副部长徐敦信以及日本驻华大使桥本恕等参加会见。

国务院总理李鹏在中南海紫光阁会见参加广东茂名30万吨乙烯工程三套装置引进合同签字仪式的日本意大利和美国公司的代表

李鹏在会见时说，广东是中国对外开放最早的地区，经济比较发达，对石油化工产品需求较大。茂名30万吨乙烯工程的特点，就是以老厂为依托，并具有良好的投资环境，科技人才较集中，交通、电力等条件都比较好。他说，这项工程的建设必将有利于石化工业和地方经济的发展，也有利于中国同日、意、美等国的经济合作。

李鹏说，“茂名30万吨乙烯工程是中国近几年来比较大的石化建设项目，我祝贺这项工程三套装置引进合同的签署，希望有关各方共同努力，确保工程按合同要求如期完工，并达到设计要求。”

参加会见的外方代表有日本丸红株式会社社长春名和雄、日挥株式会社社长渡边英二、意大利司南普吉提公司总裁查理埃罗等。

中国石化总公司总经理盛华仁、国家体改委主任陈锦华、广东省省长朱森林和国务院副秘书长何椿霖等会见时在座。

国务院总理李鹏会见国际奥委会副主席金云龙

李鹏说，中国政局稳定、经济不断发展，有条件集中人力、物力和财力筹备奥运会并保证其圆满成功，这是我们诸多优势中最重要的。

李鹏说：中国体育代表团在巴塞罗那奥运会上取得了一些成绩，但与世界体育强国相比还有不小的差距。我相信，本着虚心学习、不断进取的精神。中国体育运动是将提高到一个新的水平。

李鹏说，中国愿在和平共处五项原则基础上，发展同世界各国的友好合作关系，包括在体育方面的交流与合作。

李鹏说，中国正在申办2000年奥运会，这不仅是全国体育界和北京市的大事，也是全中国人民的共同愿望。他表示，中国政府将全力支持申办工作。

金云龙曾任韩国业余体协副主席、韩国奥委会副主席。会见一开始，金云龙首先祝贺韩中两国建交。

金云龙说，北京亚运会的成功，北京各项基础设施不断改进和建设，以及中国在巴塞罗那奥运会上取得的优异成绩，都对北京申办奥运会产生积极的影响。

金云龙说：我们高兴地看到全中国人民都愿为奥林匹克事业作出贡献。申办奥运会已成为全国性的工作，这给我留下了深刻的印象。祝愿北京申办成功。

中共中央政治局常委李瑞环在人民大会堂会见新加坡新闻与艺术部长兼第二外交部长杨荣文

全国人大常委会委员长万里在人民大会堂会见正在北京出席世界名厨协会第15届年会的官员和全体会员

世界名厨协会秘书长吉尔·布拉卡尔代表协会秘

书委员会授予万里委员长世界名厨协会荣誉会员证书和一件绣有中国国旗和国徽的会服。

全国人大常委会委员长万里在人民大会堂会见由主席罗伯特·罗率领的美国国会众议院公共工程和交通委员会代表团

中华人民共和国政府和马耳他共和国政府在北京签订文化合作协定

海峡两岸文化学术研讨会在北京结束

由北方工业大学和台湾中华两岸文化统合研究会共同举办的"海峡两岸文化学术研讨会"在北京结束。

全国政协副主席王光英、台盟中央主席蔡子民等出席会议。

南京鼓楼医院成功实施首例肝脏半离体切除手术

8月30日

国办关于公物处理实行公开拍卖的通知

通知的主要内容是：

建国以来，我国对罚没物品和追回赃物的处理，一直沿用国营商业部门作价收购的方式。随着商品经济的发展和加强廉政建设的需要，近几年，一些省市对处理的公物实行公开拍卖，作了大胆尝试，收到了较好的效果。但在实践中也遇到一些具体问题，主要是：原有的罚没物品和公物处理规定没有相应修改，一些部门仍通过各自的渠道处理；公物和罚没物品拍卖的数量和范围较小，不能充分发挥拍卖制度应有的作用。为进一步加强廉政建设，管好国家财产，减少财政流失，国务院决定改革现行的公物处理办法，逐步建立和完善公物处理的公开拍卖制度。现将有关事项通知如下：

一、逐步建立和完善公物处理的公开拍卖制度。处理的公物必须是国家法律、法规允许流通的商品，具体是指执法机关罚没物品、依法不返还的追回赃物，邮政、运输等部门获得的无主货物，国家机关、社会团体和国营企事业单位按有关规定需要处理的物品及其他方面需要变卖的公物。公开拍卖首先要从罚没物品做起，执法机关依法罚没物品，经法律判决裁定生效后可进行拍卖的，必须委托当地政府指定的拍卖行通过公开拍卖的方式拍卖，不得交由其他商业渠道作价收购，更不允许执法机关在本系统内部作价处理。其中，大宗商品、重要生产资料以及专营、专卖商品，可采取招标或定向拍卖方式，首先拍卖给有该类商品经营权的企业；粮、油和鲜活商品，应委托当地农副产品批发市场或集贸市场就地拍卖。罚没物品中的违禁品和假冒商品，仍按国家现行规定交由专管部门处理，不得使其流入市场。文物和抵押贷款的抵押物拍卖办法，另行规定。

机场、码头、车站、邮政等单位的无主货物，行政事业单位需要处理的物品，原则上也要按上述规定实行公开拍卖。

二、健全财务上缴制度，实行收支"两条线"。罚没物品拍卖后所得收入，由委托拍卖的执法机关及时、足额上缴财政，不得挪用或截留。罚没收入上缴财政和执法机关办案费用问题，按国务院和财政部的有关规定执行。

三、有计划地建立拍卖行。各地政府要根据需要和可能，在一些公物处理量较大的城市建立规模适当、人员精干的拍卖行，承办公物处理的拍卖业务；在已建立拍卖行的城市，当地政府应指定一家国营拍卖行承办公物处理的拍卖业务。拍卖行是服务性的法人企业，由地方政府指定的部门审批，工商行政管理部门注册登记，按特种行业进行管理。拍卖行是委托方和购买方的中介人，为买卖双方提供服务，按成交额收取一定比例的手续费（手续费标准由地方政府核定）。拍卖行的收入来源只限于拍卖手续费和与拍卖直接有关的其他合法收入，拍卖行实行自负盈亏，国家不予补贴。为使拍卖行能够做到收支平衡，各城市的拍卖行除承办公物处理拍卖外，可在地方政府的指导下，开展其他物品的拍卖业务，充分发挥公开拍卖制度在发展商品经济中的作用。凡通过拍卖行拍卖的企业国有固定资产，应当依照国家的有关规定进行评估，确定拍卖底价。

公物处理量较少的城市或地区，可不专设拍卖行，由当地政府指定单位，在有关方面的监督下，按拍卖程序承办公物处理的公开拍卖业务。

四、加强领导，精心组织。公物处理实行公开拍卖制度是我国公物处理制度的重大改革，各级政府要切实加强领导，认真组织实施，及时总结经验，不断完善这项改革。各有关部门要抓紧修改现行公物处理规定，制定有关拍卖法规，互相配合、通力协作，共同把这件事情办好。为了保证拍卖活动的顺利进行，在国家发布有关拍卖法规之前，各省、自治区、直辖市可先行制定地方性规章，规范拍卖行为和拍卖程序，切实管好拍卖行和公物拍卖业务，防止营私舞弊。监察、审计等部门要对执行本通知的情况进行监督检查。国家体改委要重点抓好几个点，总结经验，搞好协调。

国务院关于实施新国民经济核算体系方案的通知

通知说，改革开放以来，我国国民经济有了很大发展，经济结构进行了重大调整，经济体制和经济运行机制发生了深刻变化，国际经济技术交流日益扩大，原有建立在产品经济基础上的国民经济核算制度与发展社会主义商品经济的要求越来越不相适应。为从整体上掌握国民经济的运行状况，加强宏观经济管理，指导经济工作切实转移到调整结构和提高效益的轨道上来，实行科学决策，促进国民经济持续稳定协调地发展，急需建立一整套适合中国国情的、新的国民经济核算体系。

自 1984 年 1 月《国务院关于加强统计工作的决定》提出建立统一的、科学的国民经济核算制度以来，经过长期努力，建立新国民经济核算体系的准备工作已基本就绪。几年来，国家统计局会同有关部门及高等院校和科研机构，开展了理论研究、方案设计和试点试算等一系列工作，制定了《中国国民经济核算体系（试行方案）》，并已经国务院有关部门和各方面专家论证通过。新核算体系方案是以马克思主义的再生产理论为指导，从我国实际情况出发，吸收国际上科学的核算方法和有益经验而设计的，具有较强的实用性，并经各地试点试算证明是可行的，可以付诸实施。

为此，国务院决定，从今年起在全国分两步实施新国民经济核算体系方案。第一步，在今明两年建立起国家和省两级新核算体系基本框架，实现初步过渡；第二步，到 1995 年基本完成向新国民经济核算体系的全面过渡。关键是要走好第一步。第一步的主要目标，就是要把新核算体系的基本核算表建立起来，即通过 1992 年度的资料，编制国内生产总值及其使用表、投入产出表、资金流量表、国际收支表，从总体上系统地反映国民经济的运行情况。实现第二步目标，就是要能够比较准确完整地编制新核算体系的全部表式和账户体系，并建立起与之配套的统计指标体系、统计分类标准和数据库系统。

实施新国民经济核算体系方案是对旧核算制度的重大改革，是提高宏观决策和宏观管理水平，促进深化改革和扩大对外开放的一项重要措施。这项工作涉及面广，技术要求高，实施难度大，各地区、各部门都要作为共同的任务，努力完成。各部门要密切配合，及时提供新国民经济核算体系所需的有关财务、统计和业务资料，做到信息共享，并按照新国民经济核算体系的要求，改革各自的核算制度。各地区、各部门都要加强对新国民经济核算体系的宣传和业务培训，加强统计和会计的基础工作，为推行新国民经济核算体系打下扎实的基础，创造良好的环境。各级人民政府要切实加强对这项工作的组织领导，并在人力、财力上给予必要的支持。

新国民经济核算体系方案实施办法，由国家统计局会同有关部门研究制定后另行下达。

国务院副总理邹家华、朱镕基在北京参观首届煤炭企业多种经营产品展销会

坦桑尼亚联合共和国总统阿里·哈桑·姆维尼访问中国新闻公报

应中华人民共和国主席杨尚昆的邀请，坦桑尼亚联合共和国总统阿里·哈桑·姆维尼阁下于 8 月 24 日至 30 日对中国进行国事访问。

姆维尼总统一行访问了北京、上海、苏州和深圳，参观了经济、社会、文教等设施，所到之处受到中国政府和人民的热烈欢迎和盛情款待。姆维尼总统一行对此表示感谢。

杨尚昆主席为姆维尼总统访华举行了隆重的欢迎仪式。江泽民总书记和杨尚昆主席分别会见了姆维尼总统，李鹏总理与姆维尼总统进行了正式会谈。国务委员兼外交部长钱其琛同随同来访的外交和国际合作部长艾哈迈德·哈里·迪里亚进行了会谈。两国政府有关官员还进行了经济技术合作方面的对口工作会谈。

会见和会谈是在诚挚、友好的气氛中进行的。宾主双方就国际问题交换了意见，并取得了广泛的一致看法。双方还介绍了各自国家的政治、经济情况，并就发展双边关系问题进行了讨论。双方对多年来两国友好合作关系的顺利发展表示满意，并表示愿意继续共同努力，在更多的领域里进行多种形式的合作，以便为中国和坦桑尼亚老一代领导人建立的友谊注入新的活力。

8 月 26 日上午，中、坦桑双方在钓鱼台国宾馆签订了两国政府经济技术合作协定、中国向坦桑尼亚赠送一般物资的换文、两国政府文化合作协定 1992—1994 年文化交流执行计划。杨尚昆主席和姆维尼总统出席了签字仪式。

双方认为，姆维尼总统的访问获得了圆满成功，必将推动两国之间业已存在的友好合作关系进一步发展。

坦桑尼亚总统、革命党主席姆维尼热情邀请江泽民总书记和杨尚昆主席访问坦桑尼亚，江总书记和杨主席感谢姆维尼总统的邀请，并表示很愿意有机会访问坦桑尼亚，具体事宜由双方通过外交途径另行商定。

北京 2000 年奥运会申办委员会第四次全会在北京国际会议中心举行

1992 年北京国际铁人三项世界杯系列赛（第 7 站）

在北京十三陵水库库区举行

中国山东省 24 岁的郭卫东取得男子专业组第 10 名。中国山东省 18 岁的蔡书荣获女子专业组第 6 名。在同时举行的全国铁人三项锦标赛上，山东队和天津队分获男女团体第一。

张国基逝世

全国侨联名誉主席张国基因病在北京逝世，享年 99 岁。

张国基，出生在湖南省益阳县。1918 年加入毛泽东发起的"新民学会"，1919 年"五四运动"时，是湖南省学生联合会副主席。1920 年，前往新加坡道南学校任教，并兼任华侨中学及南洋女中的教学工作。1926 年 12 月，回国参加北伐战争。1927 年 4 月，由毛泽东等介绍，加入中国共产党。1927 年 2 月，接受毛泽东邀请，到武汉中央农民运动讲习所任教。不久，前往江西，参加著名的"八一"南昌起义，担任中央独立第一师师长。1929 年，再度出国到印尼，继续从事华侨教育工作。新中国成立后，当选为第一届全国人民代表大会的代表。1958 年 10 月，离开印尼回国，继续致力于教育事业。从 1959 年起，历任北京华侨补习学校校长、名誉校长。1985 年以来，担任北京燕京华侨大学董事长。1974 年以来，历任北京市文史研究馆副馆长、馆长。1978 年侨联恢复活动以来，历任第七届北京市侨联副主席，第八、九届北京市侨联名誉主席，第三届全国侨联主席，第四届全国侨联名誉主席。第一至第七届全国人大代表，第七、八届北京市人大常委会委员。

8 月 31 日

中纪委中国共产党纪律检查机关控告申诉工作条例

条例是根据党的十四大修改的党章和新形势下反腐败斗争的要求，由中纪委重新修订的，共分 5 章 48 条，对控告申诉工作的受理范围、指导思想、工作原则、处理的程序方法、受理机关的职责要求、当事人的权利义务等作了明确的规定。

国务院副总理邹家华在全国基本建设项目管理座谈会上就今后新开工的大中型基本建设项目原则发表讲话

邹家华说，实行项目业主责任制，是转换建设项目投资经营机制，提高投资效益的重要改革措施。由项目业主从建设项目的筹划、筹资、设计、建设实施直至生产经营、归还贷款以及国有资产的保值、增值实行全过程负责，承担投资风险，真正建立起一种各类投资主体自求发展、自觉协调、自我约束、讲求效益的微观运行机制。推行项目业主责任制，不仅是一种新的项目组织管理形式，而且是社会主义市场经济体制在投资建设领域实际运行的重要基础。

实行项目业主责任制在我国还是一件新生事物。近几年来，我国一些部门、地方和建设项目，按照国务院领导同志的指示和有关文件精神，在实行项目业主责任制方面进行积极的探索。目前全国已有 30 多个大中型基本建设项目实行多种形式的项目业主责任制，并取得初步成效。这些项目强化业主及各投资方的自我约束意识，使建设的责任和经营的责任密切结合，基本上克服现行建设项目管理体制中筹资、建设与生产、经营相脱节的弊端。

邹家华强调说，各级领导要把建立项目业主责任制作为投资建设领域改革与发展的大事来抓。今后几年国家计委将把建立和实施项目业主责任制的工作，作为一项重要工作认真抓下去。1991 年、1992 年批准新开工的大中型基本建设项目，除非经营性项目外，都要创造条件实行项目业主责任制，赋予项目业主充分的经营管理自主权，同时明确项目业主的责任。政府各有关部门要相应地转变职能，今后对投资的管理将主要是加强宏观调控，搞好统筹规划、制定政策、组织协调、检查监督、发布信息和提供服务等，建立为项目建设和业主服务的咨询服务体系和建筑市场体系，为实行项目业主责任制创造良好的环境。

国务院同意设立江苏昆山开发区

国务院日前正式同意设立昆山经济技术开发区，规划面积为 10 平方公里，享受沿海开放城市经济技术开发区有关优惠政策。昆山开发区是江苏省昆山市 1985 年自费创办的。7 年来，他们先后自筹资金近 2 亿元，用于基础设施建设，基本达到通车、通电、通信、通给水、通排水、通煤气、通蒸汽和地面平整的"七通一平"要求。到今年 8 月，区内先后批准建立中外企业 101 家，其中三资企业 74 家，合同利用外资金额 1.86 亿美元，投资额在 500 万美元以上的有 14 家。7 年间，开发区累计完成工业产值 32 亿元，实现利税 1.88 亿元，出口创汇 1.35 亿美元。预计今年可完成产值 20 亿元，实现科税 1 亿元，出口创汇 1 亿美元。

外交部部长钱其琛率领中国政府代表团前往印度尼西亚出席在雅加达召开的第十次不结盟国家首脑会议在机场接受新华社记者采访

中国政府代表团应本届会议东道国印度尼西亚政

府的邀请，以观察员国的身份出席这次会议。

这是继今年 5 月 14 日不结盟运动协调局部长级会议全体会议决定接纳中国为观察员之后，中国首次以此身份参加不结盟国家首脑会议。

钱其琛在机场接受新华社记者采访时说，中国一贯支持不结盟运动，把它看作是发展中国家一个最广泛并且具有权威性的论坛。中国政府代表团很高兴、很愿意作为观察员参加本次会议，而且准备在会上发表自己的意见。他说，中国主要是要表示对不结盟运动的支持并就一些最基本问题发表看法。

国务院副总理吴学谦在钓鱼台国宾馆会见日本自民党国际局长众议员石川要三

中日女科学家在北京研讨"妇女与科学技术——女科学家的贡献"

在纪念中日邦交正常化 20 周年的日子里，中日两国部分女科学家在北京聚会，共同研讨"妇女与科学技术——女科学家的贡献"这一课题。

参加研讨会的中方女科学家有朱丽兰、聂力、胡启恒、刘恕、王效贤、王淑贤、韦钰、赵玉芬等 31 人，向大会提交论文 26 篇。由日中协会会长、东京大学前校长向坊隆先生率领的日本女科学家代表团向大会提交论文 25 篇。

与会的科学家认为，占世界人口 50%以上的妇女，不仅有权参与新技术革命，而且对人类的发展和社会的未来担负着比男子更多的责任。她们呼吁，社会应给妇女更多的机会，对妇女在学习、工作和家庭诸方面所面临的困难给予更多的关注。同时，妇女也要继续树立自信，克服自卑，勇敢地迎接新技术革命的挑战，与男子携手共同创造人类社会美好的未来。

全国人大常委会副委员长雷洁琼、全国政协副主席钱正英等出席开幕式。

波兰国防部部长雅·奥内什凯维奇在波兰会见解放军总参谋长迟浩田

解放军总参谋长迟浩田上将和波军总参谋长塔·维莱茨基中将在波兰国防部会议中心举行正式会谈

在会谈中，双方阐述对国际问题的看法，互相通报国内情况和军队改革进程。双方一致认为，进一步加强合作，发展中波两国和两军关系对双方都有利。迟浩田总参谋长指出，社会制度、意识形态和价值观念上的差异不应成为发展两国和两军友好合作关系的障碍，在互相尊重的基础上，超越意识形态和社会制定的不同，中波两国和两军关系将得到顺利发展。维莱茨基总参谋长说，中国是一个大国，在世界上起到举足轻重的作用，波兰十分重视同中国发展友好关系。

公安部有关负责人表示严肃查处运城交警大队"三乱"问题

公安部有关负责人近日表示，将严肃查处山西运城市公安交警大队"三乱"问题。

《人民日报》8 月 25 日刊登新华社播发的《不守规定、变相设卡、非法收费，运城市公安交警大队我行我素》的消息后，记者走访公安部交通管理局。交通管理局负责人指出：公安部对此事十分重视，已责成山西公安厅立即追查，并将根据情况作出严肃处理。

负责人表示，对在公路上乱设卡、乱收费、乱罚款的问题，公安部历来严加制止。公安部决定今年 8 月 1 日以前撤除全国公路公安交通检查站，是公安机关为适应改革开放和加快经济建设步伐的需要而采取的一项重大措施。决定发出后各地公安机关认真贯彻执行，在社会上引起强烈反响。但仍有些地方违抗上级指示，我行我素，明撤暗不撤，继续非法收费、罚款。对此，公安机关将本着从严治警的方针，发现一个，查处一个，同时追究领导和当事者的责任，并欢迎广大群众继续进行监督。

9月1日

七届全国人大常委会第二十七次会议举行全体会议

七届全国人大常委会第二十七次会议下午举行全体会议，听取国务院和人大专门委员会的有关汇报。

全国人大常委会委员长万里出席会议，全国人大常委会副委员长彭冲主持会议。

受国务院委托，国务院副总理兼国家计委主任邹家华到会向委员们汇报1992年国民经济和社会发展计划前七个月的执行情况。汇报分为三个部分：一、加快改革开放推动了国民经济全面快速增长；二、当前经济运行中需要注意研究解决的问题；三、今后几个月要着重抓好的几项工作。

根据委员长会议的安排，全国人大常委会组成检查组，于今年5月下旬到6月上旬对苏、鲁、粤、湘四省执行《全国人大常委会关于加强社会治安综合治理的决定》情况，并结合全国人大常委会有关“扫黄”、“禁毒”、“打拐”、取缔卖淫嫖娼的决定执行情况进行了检查。会上，全国人大内务司法委员会副主任委员邹瑜就检查情况向委员们作汇报。

今年5月29日至6月21日，全国人大财经委员会组成《水法》实施情况检查组，对河北、河南、宁夏、陕西、江苏、浙江等6省、区进行了检查。会上，全国人大财经委副主任委员张根生就检查情况向委员作汇报。

会议还向委员们印发全国人大代表团访问密克罗尼西亚、马绍尔群岛、基里巴斯、斐济、瓦努阿图五国情况、访问白俄罗斯和乌克兰的书面报告，请审议。

出席大会的副委员长还有：阿沛·阿旺晋美、赛福鼎·艾则孜、严济慈、荣毅仁、叶飞、廖汉生、陈慕华、费孝通、孙起孟、雷洁琼、王汉斌。

最高人民法院院长任建新、最高人民检察院检察长刘复之列席会议。

国务院副总理兼国家计委主任邹家华受国务院委托向第七届全国人大常委会第二十七次会议汇报1992年国民经济和社会发展计划前7个月的执行情况

邹家华说，据国家统计局测算，今年上半年国民生产总值比去年同期增长12%。其中，第一产业增长6.7%，第二产业增长17.5%，第三产业增长6.7%。

邹家华从几个方面汇报今年以来的经济发展情况：

——农村经济稳定发展，夏粮生产又获丰收。全国夏粮总产量达到1032亿公斤，比去年增产48亿公斤，再创历史最高水平。秋粮作物种植面积虽略有减少，但大部分地区长势较好。棉花、油料、糖料仍可获得较好收成。畜牧业、渔业生产持续增长，上半年猪牛羊肉和水产品产量分别比去年同期增长9.5%和10%以上。乡镇企业继续保持较高的发展速度，据不完全统计，上半年乡镇工业累计完成工业总产值5253亿元，比去年同期增长38%。沿海农村的外向型经济进一步发展，上半年乡镇工业出口交货值比去年同期增长了58.5%。

——工业生产高速增长，经济效益有所改善。1—7月份，全国乡及乡以上工业总产值累计完成15598.5亿元，比去年同期增长19%。各种经济类型的工业都发展较快，其中全民所有制工业增长12.8%，集体所有制工业增长27.6%，其他类型工业增长42.8%。推动工业生产高速增长的主要因素：一是社会需求增长加快，国内市场扩大，特别是投资需求增长幅度较大，对投资类工业产品的拉动作用强劲。二是在加快改革开放的新形势下，各地都抓紧有利时机，尽量发挥自己的优势，力争经济发展尽快登上新的台阶。三是能源、原材料生产稳定增长，加之前两年结转库存较多和适当增加国内短缺资源的进口，为工业快速增长提供了基础条件。四是外向型经济发展加快。在工业增长加快、销售扩大的情况下，经济效益有所好转。1—6月份，全国独立核算工业企业主要经济效益指标与去年同期相比，资金利税率由9.39%提高到9.70%；成本利润率由4.21%提高到4.38%；全员劳动生产率由7732元提高到8976元；资金周转次数由1.49次提高到1.56次；产销率由91.95%提高到92.17%。

——固定资产投资增长明显加快，资金到位情况好于去年。今年上半年，全社会固定资产投资总额完成2189亿元，比去年同期增长28.5%。1—7月份，全民所有制单位投资1638.4亿元，比去年同期增加430亿元，增长35.6%。在这新增加的430亿元投资中，基本建设增加211亿元，技术改造增加120亿元，商品房建设和其他固定资产投资增加99亿元。基本建设新增加的投资中，约有一半多是用于农业、交通通信、能源、原材料等方面的建设。当前投资增长幅度较大的主要原因：一是由于前三年进行治理整顿，现在投资增长中有一部分带有恢复性质；二是“八五”计划确定的重点建设项目陆续开工；三是企业自我改造能力有所增强，计划安排的技术改造贷款也增加较多，商品房和服务设施建设增长较快；四是对外开放进一步扩大，利用国外资金安排的建设增加；五是由于目前消费品市场比较平稳，而资金市场发育加快，债券、股票发行规模扩大，居民收入结余转化为投资的渠道增多，为一些建设项目提供了新的资金来源。总体上看，今年基本建设和技术改造项目的资金到位情况大都好于去年。

——国内市场供应丰富，零售物价基本稳定。当前国内市场销售的主要特点：一是在居民货币支出分流加大的情况下，市场销售持续稳定增长。1—7月份，社会商品零售总额达到6093.1亿元，比去年同期增长14.2%。二是农村市场销售增长加快。随着去年农业丰收和农村企事业发展，农民收入增长也有所加快。今年上半年农民人均现金收入比去年同期增长15%，这就为活跃农村市场创造了条件。1—7月份县及县以下消费品零售额完成2349.2亿元，比去年同期增长12.6%，比城市增长16.4%的幅度低3.8个百分点，城乡增幅差距比去年同期缩小3.5个百分点。三是商品供应丰富，货源充足。据商业部对539种主要工业品供求状况排队，供大于求和供求基本平衡的占95%，供不应求的只占5%。今年以来，虽然国家又陆续出台了多项价格改革措施，但由于社会总供求关系基本平衡，居民消费正常，市场物价继续保持基本平稳。上半年零售物价总水平比去年同期上涨4.9%，如扣除去年调价影响及今年粮食等计划调价因素，今年新发生的市场物价上涨仍属较低水平。

——对外贸易多元化取得进展，国际经济技术交流更加活跃。今年1—7月份，全国出口总额达398.7亿美元，比去年同期增长19.2%；进口总额235.9亿美元，增长33.8%；工业制成品出口比去年同期增长29.2%；实际利用外资金额比去年同期增长43.3%，其中外商直接投资增长102%。旅游入境人数比去年同期增长12%；旅游外汇收入增长30.5%。

——国家预算执行情况较好，财政收支结余增加。今年1—7月份，全国国内财政收入比去年同期增长23.7%。扣除发行国债收入提前入库的不可比因素，财政收入仍比去年同期增长12.4%，主要是由于经济增长加快，工商税收和关税收入增加较多。1—7月份，产品税、增值税、营业税、关税比去年同期增加额占按可比口径计算的财政收入增加额的89.7%。全国国内财政支出，1—7月比去年同期增长14.2%。支出结构有所改善，支援农业支出比去年同期增长26.8%，挖潜改造支出增长38.4%，文教科学卫生事业费支出增长15.6%，均高于总支出的增长幅度；价格补贴支出减少24%。前7个月财政收支相抵，收大于支。

邹家华说，总的来看，在改革开放全面加快的新形势下，当前国民经济发展势头是积极的。经过三年治理整顿，宏观经济环境相对宽松，农业连年取得较好收成，通货膨胀得到有效抑制，基础工业有所加强，各种生产要素供给有了较大改善，粮食、棉花、煤炭等基础产品库存比较充裕，钢铁、水泥、基本化工原料等重要原材料以及工业消费品生产能力较大，国家外汇储备增多，这些都为加快经济发展创造了有利条件。特别是小平同志的重要谈话极大地调动了广大干部和群众的积极性，形成经济增长的巨大推动力。抓住有利时机，加快改革开放步伐，力争经济更好更快地上一个新台阶，已成为全党、全国人民的共识。党中央、国务院及时制定了一系列加快改革开放和经济发展的重大政策措施，正确引导各方面的积极性，使经济发展的潜力更好地发挥出来，今年的国民经济和社会发展计划将全面超额完成。

邹家华指出，当前经济运行的基本态势是好的，同时也出现一些新情况、新问题，需要周密观察和深入分析，并对经济发展实施正确的政策指导和必要的宏观调控，主要是：固定资产投资规模增加较猛，投资结构不尽合理；产业结构调整缓慢，企业经济效益低下状况没有根本改善。上述这些新情况和值得注意的问题，是发展过程中出现的，同时也反映了现行的经济管理体制和运行机制还不健全，必须通过进一步深化改革和搞好宏观调控逐步加以解决。

邹家华说，我国经济在九十年代初期再次出现全面快速增长的可喜局面，是全党全国各族人民认真贯彻党的"一个中心、两个基本点"的基本路线，全面落实党中央、国务院对加快改革开放所采取的一系列重大政策措施的结果。为了争取今年经济发展有更好的成绩，并为明年经济持续增长创造更好条件，今后几个月要着重抓好以下几项工作。

第一，一定要把加快经济发展建立在提高经济效益的基础上。目前经济的高速增长能否持续下去，关键在于加快经济结构调整，推进技术进步，提高经济效益。要使各地区、各部门、各企业都明确，力争国民经济上新台阶，不仅是数量的增加，更重要的是质量的提高，结构的优化，技术的进步，外向型经济的发展，国民经济整体素质和效益的改善。也就是说，要加快从粗放经营到集约经营的转变。转换经济增长方式、提高经济效益是一项长期的战略任务。当前，要着重抓好两方面的工作：一是通过加快企业经营机制转换，促使企业按市场需求调整产品结构，努力开发新产品，增加适销对路产品生产，大力开拓国内外市场，扩大产品销售。同时，对那些严重积压、滞销的产品，坚决实行限产压库；对产品质量低劣、没有销路的企业，不能继续采取保护落后的办法。二是切实抓好扭亏增盈工作，对亏损严重的重点行业、重点地区和重点企业，要分别情况研究提出扭亏增盈的政策措施和解决办法，争取年内经济效益有新的起色。

第二,始终把加强农业放在首要位置。农业是国民经济发展不可动摇的基础,任何时候都要把加强农业放在首要位置。目前一些地区水旱灾情还较严重,加之早稻、秋粮播种面积减少,要实现全年粮食生产计划,夺得农业全面丰收,还要作出很大的努力。要继续注视各地灾情的变化,加强抗旱防汛工作,搞好秋收作物的田间管理。各有关部门要保证支农物资和抗灾抢险物资的及时调运和供应。同时,要千方百计落实农产品收购资金,切实防止出现压级、压价、拒收和"打白条"的现象,努力搞活农产品流通,保护农民的生产积极性。今冬明春,要继续大搞农田水利基本建设,确保治理淮河、太湖重点工程和长江、黄河、海滦河、松辽河等流域的骨干水利工程按计划进度进行建设,坚持不懈地开展群众性的兴修水利活动。发展农业要坚持搞大农业的战略思想,走高产、优质、高效的路子,并积极支持和引导乡镇企业上水平、增效益,全面活跃农村经济。

第三,合理控制投资规模,加强重点建设,努力提高投资效益。合理控制固定资产投资规模,加强重点建设,是保持经济总量平衡和调整产业结构的要求。对投资规模的管理,要由过去主要靠计划指标控制逐步转向着重控制投资资金来源,从源头上解决投资规模调控问题。为此,要逐步完善国家基本建设基金制和重要基础产业专项建设基金制,加强和改善银行固定资产投资贷款和各种投资债券、股票的宏观管理,对各种自筹投资资金的来源要予以落实。为了适应改革开放的新形势,国家计委已制定了关于企业和地方投资项目审批权限的规定,待国务院批准后,各地区、各部门要认真执行,不得截留应当赋予企业和地方的投资权限。对今年自行批准的新开工项目,要进行一次审计检查。对不符合国家产业政策和资金不落实、资金来源不正当的,以及靠拖欠进行建设的项目,要予以纠正。为了正确引导投资方向,要抓紧制定一些有效措施,鼓励和引导社会资金流向国家产业政策所要求的方向去。要适当增加交通通信、能源、原材料等重点建设项目的预算投资和贷款,压缩一般项目的投资贷款。为了提高投资效益,要逐步形成和完善各种投资主体的自我约束机制,积极推行建设项目业主责任制,对联合投资项目实行股份制投资试点,并加强建设项目的工程咨询、概算管理和审计监督。设置开发区要有统一规划,划定开发区需报国务院和省级人民政府审批。制定开发区和招商的优惠政策要符合国家规定的权限。要制定明确的地价和土地收益分配政策,保证土地资产收归政府,土地出让实行政府专卖,依法搞活土地使用权的转让。

第四,切实搞好银行信贷的适度调控。金融杠杆是宏观调控的有效手段。本着既要积极支持经济又好又快发展,又要控制信贷规模和货币发行的原则,今后几个月,要继续加强信贷规模控制,进一步调整信贷结构,搞好资金调度和融通。贷款发放,要重点支持农产品收购、国家重点建设和沿海、沿江、沿边地区加快对外开放,以及产品质量好、适应市场需要和发展外向型经济的生产资金需要。进一步加强证券市场管理,积极引导证券市场健康发展。

第五,加快发展第三产业。加快发展第三产业,是优化经济结构、促使国民经济迈上新台阶的一项重大战略措施。对此,党中央、国务院已经作出专门的决定。各地区、各部门要从实际出发,认真贯彻落实。商业、生活服务业要坚持高、中、低档共同发展,以满足不同层次的消费需要。同时,要以培育各种生产要素市场为重点,积极发展物资流通业、金融保险业和房地产业,大力发展为生产建设服务的其他第三产业,特别要着重加强会计、审计、律师、公证、信息咨询、科技服务等薄弱环节。农村第三产业的发展,要同发展农业社会化服务体系结合起来。国有大中型工业企业要结合转换经营机制,逐步将某些后勤服务分离出来面向社会,并把一部分富余人员转向第三产业。行政机关也要结合机构改革和职能转变,有步骤地安排一部分人员去充实、加强第三产业的薄弱环节。根据国务院的决定,国家计委正在组织各方面力量,抓紧研究提出全国加快第三产业发展的规划意见,以指导当前和整个九十年代第三产业的发展。为此,将在今年第四季度召开全国第三产业工作会议,研究制定加快发展第三产业的规划纲要和配套政策。

第六,进一步促进外贸多元化,更有效地利用国外资金。目前,国际形势对我们扩大对外经济技术交流比较有利,国内全方位、多层次对外开放的新格局也已经基本形成,因此要抓住时机,做好工作,采取国际通行的灵活多样的贸易方式,进一步促进对外贸易多元化,巩固现有的市场,积极开辟新的市场。特别要大力开拓那些与我国经济互补性强和能够充分发挥我国产品优势的国外市场。在努力增加出口的同时,要合理组织进口,以保证国内经济增长和结构调整的需要,保持国际收支平衡。要加强对利用外资的产业政策指导,合理引导外资投向,鼓励和吸引更多外商投资开发能源和交通项目,以及发展高新技术产业。

第七,加快科技成果向现实生产力的转化,促进社会事业与经济建设协调发展。今年初小平同志的重要谈话再次强调了"科学技术是第一生产力"的思想,这对指导我国经济更好更快地登上新台阶具有非常重要的指导意义。发挥科技先导作用，加快科技成果向现实生产力的转化，是科技和经济发展中具有战略意义的关键问题。按照“八五”科技攻关项目计划安排，今年要力争在一些方面取得突破性进展。要运用计划与市场两种手段促进科技成果的推广运用，选择一批对行业技术带动作用强、技术水准较高、社会效益显著的科技成果，采取有效的政策措施，尽快使之商品化、产业化。要进一步调动科技人员的积极性，形成有利于科技人才脱颖而出、多劳多得的新机制。继续深化科技体制改革，把科技开发与对外开放更好地结合起来，扩大国际科学技术交流与合作。各项社会事业要同经济建设协调发展。要把发展教育事业作为加快经济建设和提高全民族素质的根本措施来抓，加快高等教育体制的改革，大力发展职业技术教育，进一步加强基础教育，不断完善教育设施，大力提高教育质量。卫生事业，要重点加强预防保健和农村医疗卫生工作。文化事业，要按照建设社会主义精神文明的要求，繁荣文艺创作，活跃群众文化生活，并搞好文化设施建设。体育事业，要认真总结我国选手在第二十五届奥运会上取得优异成绩的经验，加强后备力量的培养，进一步推动群众性体育活动的开展，大力推进北京申办 2000 年奥运会的工作。在力争经济发展尽快上新台阶的同时，要继续抓紧抓好计划生育工作，决不能有丝毫放松。

第八，抓住时机大力推进各项改革。今后几个月，改革的重点是认真抓好《全民所有制工业企业转换经营机制条例》的贯彻落实，并在扩大企业自主权的同时，按照政企分开和宏观管好、微观放活的原则，切实转变政府职能，更好地发挥各级政府在规划、监督、协调、服务方面的作用，最大限度地减少对企业的直接干预。进一步加快物价、计划、财政、金融、外贸等方面的体制改革。要进一步理顺重要基础产品比价关系，加快价格形成机制的转换。计划体制改革，主要是进一步转变计划管理的职能和方式，使计划正确反映市场、有效引导市场，更好地发挥计划对经济发展的总体指导和宏观调控作用。财政体制，将提出一些重要改革措施，包括理顺中央与地方之间财权财力划分关系，改善国家与国有企业之间分配关系，完善复式预算制度，改革税收制度、财务与会计制度、国有资产管理制度等。金融体制改革，要进一步强化中央银行职能，完善金融宏观调控机制；积极培育金融市场，强化市场规范化管理和运作，在促进资金融通的同时，提高资金的使用效益。外贸体制改革，要加快有条件的生产企业和实体性企业集团外贸自主权的审批。要扩大外商直接投资的领域。还要继续搞好劳动用工制度、工资制度、住房制度和社会保障制度的改革。

全国人大财经委员会副主任委员张根生在第七届全国人大常委会第二十七次会议作财经委员会关于检查《水法》实施情况的汇报

张根生说，《水法》颁布 4 年来，各省、区、市在贯彻执行中做大量工作，取得明显成绩。主要表现在：大力宣传《水法》，增强全民的水法制意识；制定一批与《水法》配套的地方性法规和规章；加强水执法体系的建设，强化水资源管理；水法的实施推动水利建设，提高水资源的使用效益。

张根生同时指出，各省、区、市贯彻实施《水法》取得较好成绩。但是，也不能估计过高。近两年的水利建设大都是岁修和农田水利工程，新建的大中型水利工程很少，《水法》实施中仍存在不少问题，各地的发展也不够平衡。

张根生在汇报中谈到实施《水法》还需要注意解决几个问题：

水资源紧缺日趋严重。我国是水资源紧缺的国家，人均水资源量仅占世界人均水平的四分之一。近些年，随着工农业的发展和人口的增加，水的供需矛盾和城乡争水的情况日益突出。因缺水每年有 1.2 亿亩有灌溉设施的耕地不能很好发挥效益，全国 467 个城市中约有 300 个缺水，有些城市的工业生产和人民生活已受到严重影响。大量超采地下水引起地下水位大幅度下降，部分地区发生地面下沉、海水内侵、河口淤积。严酷的事实说明，我们正处在一场日益严峻的水资源危机之中，水资源紧缺已经制约国民经济的发展，影响人民的生活，如果不及早采取有效措施解决，将会造成严重后果。对此必须使全国人民特别是各级领导干部有一个清醒的认识。

水污染状况令人担忧。造成水质污染的原因，主要是有关部门和化工、造纸、冶金、采矿等企业对水污染的严重性、危害性认识不够，存在着先建设后治理污染的思想，未严格执行建厂和防治污染必须同时进行的国家法律规定。有的不愿在防治水污染上增加投资，甚至有的企业认为交排污费就可以合法排污了，以致已经发生的问题长期得不到解决，新的水污染又不断增加。

水法规不够完善配套，影响《水法》的贯彻实施。《水法》中有的条文规定比较原则，需要通过一系列的配套法规予以明确，以增强可操作性。由于《水法实施细则》未制定，有关部门对《水法》某些条文理解上各执己见，各行其是，不能协调配合，还经常发生矛盾和纠纷。

水利工程设施老化失修，效益衰减。我国水利工程大部分是六七十年代以前修建的，长期以来老化失修，再加上人为破坏，其功能、效益降低。由于近十年来，国家对水利建设投资下降，水利工程供水长期实行低标准收费，而且实际收取率较低，设备老化失修，不少工程难以维持再生产，形成工程修的越多，背的包袱越重的局面。这种状况在全国普遍存在，需要尽快解决。

水库移民的遗留问题。这次检查中反映，三门峡水库已建成30年，但移民问题尚未解决好，陕西十几万移民的生活生产困难仍很严重。据水利部门估算，在全国的水库移民中，大约还有30%（300万人）的移民程度不同地存在遗留问题。

为此，财经委建议，要进一步完善水法制建设，加强水资源的统一管理；搞好水资源的统一规划，加强水资源宏观调配的步伐，合理开发利用和重视保护水资源；增加水利投入，加强水利建设；妥善解决移民安置和缺水地区群众的饮水问题；深化宣传工作，促进《水法》的贯彻落实。

全国人大内务司法委员会副主任委员邹瑜向第七届全国人大常委会第二十七次会议汇报苏鲁粤湘执行加强社会治安综合治理决定情况

邹瑜在向七届全国人大常委会第27次会议作全国人大常委会检查组对四省执行《全国人民代表大会常务委员会关于加强社会治安综合治理的决定》情况的汇报时说，“决定”颁布后，苏、鲁、粤、湘四省认真抓宣传、组织和贯彻实施，大多数地区和单位的社会治安综合治理工作取得较大进展，对维护社会稳定，保障经济建设和改革开放的顺利进行起到积极的作用，并探索一些成功的经验。邹瑜称“决定”是近年来全国人大及其常委会立法中贯彻迅速，落实较好的一项法规。

邹瑜同时指出，各省贯彻“决定”虽已取得很大的成绩，但工作发展不平衡，一些地区的治安形势仍然相当严峻，社会治安综合治理的各项措施还未很好落实，打击和预防犯罪的能力亟须增强。如个别影响重大的恶性案件尚未侦破；刑事案件居高不下；吸毒贩毒、卖淫嫖娼等丑恶现象继续蔓延；流窜犯罪大量增加；劫持人质、带黑社会性质的团伙犯罪和“技能犯罪”等新类型的犯罪时有发生。我们对此应当保持清醒的认识，继续长期、全面地抓紧“决定”的贯彻实施，不能有丝毫的放松。

邹瑜强调，今后要继续坚持“两手抓，两手硬”，切实加强领导；坚持综合治理“打防并举，标本兼治，重在治本”的方针，全面予以落实；提高公安司法干警和行政执法人员的素质，切实解决政法机关的实际困难；加强人大对“决定”执行情况的监督检查。

第七届全国人大常委会第二十七次会议举行全体会议听取全国人大代表团访问密克罗尼西亚马绍尔群岛基里巴斯斐济瓦努阿图五国情况的书面报告

应密克罗尼西亚联邦、马绍尔群岛共和国、基里巴斯共和国、斐济共和国和瓦努阿图共和国五国议会的邀请，7月24日至8月9日，以全国人大常委会副委员长彭冲为团长的全国人大代表团对上述五国进行了正式友好访问。这是我国同密、马、基、斐、瓦五国建交以来，全国人大代表团对上述五国的首次访问，是我国访问密、马、基、瓦四国的最高级别代表团，也是对密、马、瓦三国议长去年对我国访问的回访。

报告认为，这次访问，增进了我全国人大与上述五国的相互了解和友谊，在发展我同五国之间的友好关系方面发挥了积极的作用。访问是顺利的，达到了预期目的，取得了圆满成功。

一、五国十分重视与我国保持友好关系，重申继续奉行一个中国政策。

五国政府和议会对代表团此次访问十分重视，视此为双边关系中一次具有历史意义的事件，给予高规格热情友好的接待。

五国领导人和议长对全国人大代表团来访都表示热烈的欢迎和感谢，对建交以来双边关系的健康发展表示满意。

五国重视同我国保持友好关系，都主动、明确地表示将继续奉行一个中国的政策。

彭冲副委员长对五国在台湾问题上重申奉行一个中国的政策表示赞赏，并介绍了台湾问题的历史渊源、近年来两岸关系发展的新情况以及我国在台湾问题上的原则立场。

二、积极发展与南太国家的经济、贸易和技术合作关系是稳定和发展我与南太国家友好关系的重要环节。

五国领导人表示进一步发展双边关系的愿望，提出不少加强合作的具体建议。

我国与密克罗尼西亚、马绍尔群岛、基里巴斯、斐济、瓦努阿图五国已建立了经贸和技术合作关系，并向五国提供了一些无息贷款和赠款。这些援助对这些国家的经济和社会发展起了一定的作用，五国领导人多次对此表示感谢。今后要不断总结经验，进一步加强这方面的工作。

三、加强对南太地区国家的调查研究和宣传，进一步发展与南太地区国家的友好关系。

此次代表团往访的五国都是太平洋上的岛国，代表团认为，为了增进相互的了解，应保持和发展同这些国家的人员互访。此外，我国对外宣传的有关部门，可根据不同国家的情况，多提供一些宣传我国的资料。

第七届全国人大常委会第二十七次会议举行全体会议听取全国人大代表团访问白俄罗斯和乌克兰的书面报告

应白俄罗斯和乌克兰最高苏维埃的邀请，8 月 12 日至 18 日和 8 月 18 日至 25 日以全国人大常委会副委员长赛福鼎·艾则孜为团长、顾明委员为副团长的全国人大代表团，先后访问了白、乌两国。这是白、乌两国独立之后我首次往访的级别最高的代表团。

报告说，代表团在访问中与两国国家和政府以及最高苏维埃领导人进行了会见和会谈，他们在会谈和会见中一再感谢中国政府最早承认两国独立，与之建交并立即开设了大使馆，认为这是对他们的“最大支持”。白俄罗斯最高苏维埃主席舒什克维奇率议会主要领导成员会见了代表团。他盛赞中国是“伟大的国家”，是“白俄罗斯的老朋友”。乌克兰总统克拉夫丘克认为发展同中国的关系具有“重大意义”，并强调即将对中国进行的访问是两国关系的“里程碑”。

报告说，根据对方安排，在白俄罗斯，代表团还访问了两次世界大战中的名城布列斯特，参观了自然保护区、集体农庄、生产水果的国营农场，以及生产重型自卸卡车向我供货的白俄罗斯汽车制造厂，还同白中友协积极分子举行了友好会见。在乌克兰，适逢其庆祝独立一周年活动，代表团应邀出席了庆典和招待会。代表团还访问了利沃夫和敖德萨两地，同利、敖地区的实业界代表探讨了两国在农业、电子、海运和空运等方面合作的可能性，听了黑海船队货运情况的介绍，还参观了葡萄酒厂和集体农庄。

报告说，代表团在活动中介绍了我对外政策，宣传了我国内深化改革开放的形势以及我全国人大的工作情况，同时了解了对方国内的一些政治、经济和社会状况，增进了相互了解和友谊，为全国人大和两国最高苏维埃之间的接触和交往，推动两国关系的发展起了一定的促进作用，双方都认为交谈是坦诚友好的，访问是成功圆满的。

报告说，代表团回国途经莫斯科时，同俄罗斯最高苏维埃第一副主席菲拉托夫举行了会见。双方相互介绍了本国政治、经济形势和议会活动情况，表示了为促进两国经济、科技、文化各方面合作，加强两国议会交往的愿望。

国务院总理李鹏在新疆考察

李鹏 9 月 1 日至 3 日对新疆维吾尔自治区进行考察。

在新疆期间，李鹏和出席 1992 年乌鲁木齐边境地方经济贸易洽谈会的各省、自治区、直辖市负责人就发展西北地区经济，加快西北地区改革开放步伐等问题进行座谈。李鹏说，乌鲁木齐洽谈会是新疆和西北其他省区向西开放的一项重要经贸活动，是西北地区联合内地走向世界的很有意义的一步。李鹏希望洽谈会一年一年办下去，一年比一年办得更好。

李鹏指出，邓小平同志南巡重要谈话，犹如一股春风吹遍祖国大地，在国内外产生强烈反响。目前，我国改革在进一步深化，开放在进一步发展，已经形成沿海、沿江、沿边地区全方位开放的新格局。今年我们又开放 13 个边境城镇、4 个沿江城市和 19 个省会城市，这些城市开放的辐射面将影响到我国整个内陆和沿边地区。现在南有广交会，东有沪交会，北有哈交会，这次西又有乌鲁木齐洽谈会，东南西北相互配合，相互呼应，必将对实现我国对外贸易多元化的方针，更有效地开展对外经济技术合作发挥重要作用。

谈到西北地区的开放时，李鹏提出，西北沿边地区有很好的地缘优势，可以采取多种方式同中亚国家和独联体的其他一些国家发展经济技术合作。他说，现在边疆贸易面临非常有利的发展时机。我们既要抓住当前的机遇，又要有长远的战略眼光，着眼未来。要研究双方当前和长远的市场需求，以物美价廉的商品，良好的商业职业道德，赢得客户的信誉。要注意克服目前双边贸易中某些短期行为，不要以假冒伪劣商品做交易。要大力发展第三产业，为外商来华投资经商创造良好的条件和环境。

李鹏说，西北地区的对外开放已经起步，如何扎实有效地不断向前推进，一个很重要的问题就是要把资源优势转化为商品优势，这就需要大力发展生产，进一步提高产品档次和水平。关键是改善能源和交通条件。他说，国家计委前不久已同西北各省、区一起进行了研究，一致同意加快兰新铁路复线、宝中铁路的建设。他指出，大西北是块好地方，这里有勤劳的人民，有丰富的资源，现在中央又给好的政策，只要大家齐心协力，奋力开拓，就一定能使西北地区的经济发展逐步走上新台阶。

李鹏指出，我国是一个多民族的国家，民族地区经济的发展，对进一步增强民族团结，巩固和发展安定团结的局面具有重要意义。他希望新疆和西北地区的同志认真落实邓小平同志南巡重要谈话精神，紧密团结在以江泽民同志为核心的党中央周围，充分发挥向西开放的地缘优势，把新疆和西北地区建设成为我国向西开放的窗口和基地。

在新疆维吾尔自治区党委书记宋汉良、自治区主席铁木尔·达瓦买提的陪同下，李鹏和国务院有关部委负责人还来到伊犁哈萨克自治州首府伊宁市，视察我国西部的重要口岸霍尔果斯口岸，察看口岸设施和边民互市情况。

全国税收财务物价大检查工作会议在北京开幕

国务委员兼财政部部长王丙乾在开幕的全国税收财务物价大检查工作会议上强调，开展税收财务物价大检查，查处各种违法行为，为改革开放扫除障碍，铺平道路。

王丙乾说，维护合法权益，查处非法行为，是大检查为加快改革开放服务必须牢牢掌握的原则。王丙乾要求各级领导都要重视和支持大检查工作。

财政部副部长兼国务院大检查办公室主任金人庆在会上说，七年大检查取得令人瞩目的成绩：为促进改革开放作出应有的贡献；在平衡财政收支中发挥重要作用；惩治腐败现象，促进廉政建设；确立大检查在监督检查机制中的重要地位。实践证明，大检查是适合我国国情的一种有效的监督形式。金人庆要求认真解决大检查工作中的思想认识问题。要处理好改革开放与执行国家统一政令的关系；要处理好放开搞活与遵纪守法的关系；要处理好加快改革开放与加强监督检查的关系。

国务院批准西北五省区联合举办乌鲁木齐边境地方经济贸易洽谈会

国务院批准，由陕西、甘肃、宁夏、青海、新疆西北五省区联合举办、新疆主办“1992 年乌鲁木齐边境、地方经济贸易洽谈会”，9 月 1 日—10 日在乌鲁木齐市举行。

北京市技术合同仲裁委员会成立

中共中央总书记江泽民在中南海会见日本输出入银行总裁山口光秀

中日友好 21 世纪委员会第八次会议在北京香山饭店开幕

国务院总理李鹏在北京会见参加中日友好 21 世纪委员会第八次会议的双方委员

中共中央政治局常委李瑞环在人民大会堂会见由社长酒卷英雄顾问田渊义久率领的日本野村证券株式会社代表团

第 10 次不结盟国家首脑会议在雅加达沙那扬会议中心开幕会议正式接纳中国为观察员国

108 个成员国的国家元首和政府首脑或代表共聚一堂，商讨在新的国际形势下不结盟运动的战略。

会议正式接纳中国为观察员国。国务委员兼外交部长钱其琛和他率领的中国代表团出席会议。这是中国首次派代表出席不结盟运动首脑会议。

中国驻美国大使朱启祯在使馆驻地举行招待会款待各国参加世界空间大会的部分代表

美国政府有关部门的一些官员和著名科学家也应邀出席。

在招待会上，中国国家科委副主任惠永正代表中国政府向美国前总统科技顾问基沃思博士颁发“中国国际科技合作奖”，以表彰其为中美科技合作发展作出的重大贡献。惠永正说，基沃思在担任美国总统科技顾问和中美科技合作委员会美方主席期间，为中美两国建立互利互惠的科技关系作出最大努力并发挥重要作用。惠永正还表示，他深信中美科技关系将会更加发展和扩大。

巴黎——莫斯科——北京马拉松汽车越野赛举行

9 月 2 日

中共中央党校举行秋季开学典礼

中共中央政治局常委、中央党校校长乔石勉励学员们努力学习，认真研究，使自己的马克思主义理论水平和思想水平，运用马克思主义的立场、观点、方法解决中国实际问题的能力以及贯彻执行党的基本路线的自觉性都有一个较大提高。

中央党校常务副校长薛驹在开学典礼上介绍了本学期的教学改革和课程安排。中央党校副校长苏星主持开学典礼。

全国人大常委会 国务院致电祝贺辽宁延边朝鲜族自治州成立 40 周年

1992 年乌鲁木齐边境地方经济贸易洽谈会在乌鲁木齐开幕

国务院总理李鹏专程来乌市出席开幕式，并为开幕式剪彩。全国政协副主席王恩茂、司马义·艾买提，吉尔吉斯斯坦共和国政府第一副总理库兹涅佐夫等中外嘉宾 8000 多人应邀参加洽谈会。

此次乌鲁木齐洽谈会由陕西、甘肃、宁夏、青海、新疆和西安市、新疆生产建设兵团联合举办。参加此次洽谈会的有国内 668 家企业组成的 67 个交易团，有来自吉尔吉斯斯坦、哈萨克斯坦、土库曼斯坦、乌兹别克斯坦、俄罗斯联邦、乌克兰、白俄罗斯、捷克、蒙古、巴基斯坦、印度、伊朗、阿富汗、日本及香港、澳门等 30 多个国家和地区的客商 2000 多人。洽谈会共推出包括机械、电子、纺织、轻工、石油化工、建材、医药、食品、冶金、能源、交通、邮电等行业和土地开发在内的 1000 多个经贸洽谈项目,设置摊位 1049 个,规模之大,客商之多,在新疆历史上是第一次。

洽谈会开幕前,李鹏等在人民会堂会见应邀出席洽谈会的吉尔吉斯斯坦、哈萨克斯坦、乌兹别克斯坦、蒙古等国政府代表团的主要成员。

李鹏说,中国的对外开放是面对世界各国和地区的,不仅对西方发达国家,也对独联体和东欧各国,还对其他发展中国家开放,发展经贸技术合作。

李鹏说,不同社会制度的国家完全可以在和平共处五项原则的基础上发展友好合作。现在,我们与独联体和东欧各国的关系有很好的发展,人民之间的往来得到加强,我们和各国人民的友谊是长存的。

下午,李鹏与出席乌鲁木齐洽谈会的各省、自治区、直辖市的负责人进行座谈。

国务院证券管理委员会发布《禁止证券欺诈行为暂行办法》

暂行办法规定,证券欺诈行为包括证券发行、交易及相关活动中的内幕交易、操纵市场、欺诈客户、虚假陈述等行为。禁止任何单位或者个人以获取利益或者减少损失为目的,利用内幕信息进行证券发行、交易活动。

全国人大常委会委员长万里在人民大会堂会见日本日中经济贸易中心会长日本国际石油公司总经理木村一三

外交部部长钱其琛在第 10 次不结盟国家首脑会议上发表讲话

我受中华人民共和国主席杨尚昆和国务院总理李鹏的委托,代表中国政府和中国人民,首先对第十次不结盟国家首脑会议的召开表示最热烈的祝贺。对印度尼西亚共和国总统苏哈托先生阁下当选为会议主席表示最热烈的祝贺!我们相信,在尊敬的苏哈托总统的主持下,会议必将取得圆满成功!

这次会议正式批准接纳中国为不结盟运动的观察员国,对此我愿表示诚挚的谢意!毫无疑问,这一决定必将有助于加强中国同不结盟国家久已存在的传统友谊,将为双方建立更加密切的合作关系开辟新的前景。

30 多年前,在东西方对峙,两大军事集团严重对抗的严峻形势下,正是不结盟运动勇敢地站出来,反对帝国主义、殖民主义和种族主义,反对国际关系中的霸权主义和强权政治,反对超级大国的军备竞赛,并坚定不渝地推动南北对话、加强南南合作、促进建立国际经济新秩序,为世界和平与发展事业作出了积极的贡献。

现在以两个军事集团对抗为标志的两极格局已经终结,世界进入了一个向多极化过渡的新阶段。这种变化显然有利于防止新的世界大战,但是并没有给世界带来安宁与太平。原有的矛盾和冲突尚未得到解决,而过去被掩盖的矛盾相继爆发,导致尖锐冲突、甚至形成新的局部战争,人民生命财产受到严重损失。与此同时,南北矛盾加剧,贫富差距更加扩大,不少国家的许多人民还生活在赤贫之中,连温饱问题都还远未解决,更有人因瘟疫、灾荒而挣扎在死亡线上。在国际关系中,强权政治和霸权主义依然存在,以强凌弱、以富欺贫、以大压小的不公正现象仍然不断发生。总之,人类面临的和平与发展两大问题并没有得到解决。所有这些都表明,在新的国际形势下,不结盟运动的基本宗旨和原则仍具有重要的现实意义;不结盟运动作为发展中国家的论坛仍然可以在国际舞台上发挥不容忽视的重要作用。这是国际形势的需要,也是广大发展中国家根本利益的需要。

国际形势的剧变使人们对建立国际新秩序的愿望更加迫切。不结盟运动面临的重大历史使命,就是为建立对广大发展中国家来说是公正合理、平等互利的国际政治经济新秩序而奋斗。

毫无疑问,国际新秩序应当符合联合国宪章的宗旨和原则,应当以相互尊重主权和领土完整、互不侵犯、互不干涉内政、平等互利、和平共处等原则为基础。这些原则集中地体现了现代国际关系的基本准则,也是著名的万隆会议十项原则的核心内容。不结盟国家珍视自己的独立主权,主张各国依照自己的历史、文化、传统、信仰等特点,选择自己的社会制度和发展道路。因此,建立这样一种新秩序,也正是不结盟运动创始者的伟大理想。

人们还清楚看到,现存的不合理和不公正的国际经济秩序是发展中国家摆脱贫困落后的障碍。发展中国家正在为实现经济的持续、稳定发展而进行努力,包括根据自己的国情进行调整改革。然而,一个良好的外部环境是保证其成功的重要条件之一。我们呼吁,发达国家拿出诚意,与发展中国家充分合作,尊重各国自主选择发展道路和经济模式的权利,在提供援助时不附加任何政治条件;尊重它们对本国资源的所有权和开发权;尊重它们参与国际经济事务的权利;尊重和照顾它们的利益和需要;加强南北对话和合作,在商品、贸易、债务、资金、金融等重要领域作出必要的调整和改革。只有这样，才能逐步建立一个较为公平合理、互利合作的国际经济新秩序，共同推动国际经济的繁荣与发展。

中国在过去的14年里顺利地进行改革开放，经济发展，政治稳定，取得举世瞩目的成绩。最近我们正在按照邓小平讲话的精神，加快改革开放的步伐。中国既向发达国家开放，也向发展中国家开放。中国把加强南南合作看作对外改革开放的重要内容之一。一个改革、开放、发展繁荣的中国，将有利于加强我们同不结盟国家的相互支持和共同发展。中国同不结盟运动的友谊经历了历史的考验。今后国际形势无疑还会有种种变化，但有一点不会发生变化，那就是：中国将永远是不结盟运动的真诚朋友。

中日友好21世纪委员会第8次会议在闭幕式上通过并发表共同文件

中日友好21世纪委员会第8次会议，于1992年9月1日至2日在北京举行。以张香山首席委员为首的中方委员及以石川忠雄首席委员为首的日方委员，从有助于亚洲、太平洋地区乃至世界的和平与稳定的观点出发，就巩固和发展面向21世纪的中日睦邻友好关系的途径进行了广泛的探讨。

双方委员高度评价了中日友好合作关系自1972年邦交正常化以来所取得的稳步发展。双方确认今后应在中日联合声明与中日和平友好条约基础上，进一步增进相互理解和相互信赖，坚定不移地发展两国持久的和平友好合作关系。双方委员一致确认，应把邦交正常化20周年的今年作为迈向21世纪的中日关系的新起点，一致认为应以此为契机，为亚太地区以及世界的和平与稳定共同作出积极的贡献。双方委员表示，日本国天皇陛下和皇后陛下今年秋天对中国的访问，是中日长期友好交往史上具有历史意义的事件。衷心期待这次访问取得圆满成功，进一步促进两国人民的传统友谊。

双方委员对近年来两国间以贸易为主的经济交流不断发展，特别对在中国对外开放政策的推动下中日经济合作取得具体成果表示满意。双方一致认为，今后继续遵循平等互利原则不断扩大这种交流，符合两国的共同利益，对于世界经济的稳定发展也十分重要。双方委员还就环境保护和能源问题交换了意见，一致认为两国在这些领域中的合作是全球合作的一环，具有重大意义。双方委员一致认为今后应从各种角度专门就此进行探讨，加以积极推动，期待中日环境保护中心能够发挥应有的作用。

双方委员对两国间的文化交流和人员往来所取得的显著发展表示满意。双方确认，在两国邦交正常化20周年之际，两国举办的各种文化纪念活动对加深两国人民的相互理解具有十分重要的意义。双方一致认为，妥善运营根据本委员会倡议建立的中日青年交流中心，有助于加强两国青年交流，双方还确认，为保护人类共同的文化遗产双方应作出进一步的努力。

双方委员还就国际问题交换了意见，一致认为，在国际新秩序正在形成的情况下，中日两国应为维护和确保冷战格局结束后的亚太地区以及世界的和平与稳定共同作出进一步的努力。

葡萄牙共产党总书记阿尔瓦罗·库尼亚尔在里斯本会见以中共中央委员吉林省委书记何竹康为团长的中国共产党代表团

国家教委主任李铁映签署第21号令发布《中国汉语水平考试(HSK)办法》

办法共11条。其中规定，汉语水平考试(HSK)是测试母语非汉语者的汉语水平而设立的标准考试，定期在国内和海外举行。汉语水平考试分为初等、中等和高等汉语水平考试，凡考试成绩达到规定标准者，可获得相应等级的《汉语水平证书》。证书的效力是：一、作为到中国高等院校学习专业或报考研究生所具有的汉语水平的证明；二、作为汉语水平达到某种等级或免修相应级别汉语的证明；三、作为聘用机构录用人员汉语水平的依据。办法还对考试的组织管理、申请参考程序、证书的颁发等作出规定。

中国美术家协会主办的中国油画艺术展在北京劳动人民文化宫举行

广西科学技术出版社出版《邓小平科学技术思想研究》

9月3日

中共中央政治局会议通过《中共中央关于加强和改进宣传思想工作，更好地为经济建设和改革开放服务的意见》

邓小平同志南巡谈话以后，我国的改革开放和经济建设进入了一个新阶段。宣传思想战线的广大干部认真学习邓小平同志的重要谈话，联系实际，努力工作。中央政治局认为，当前，宣传思想战线面临的主要任务，就是要认真学习、深入贯彻邓小平同志重要谈话和中央政治局全体会议精神，解放思想，统一认识，振奋精神，全面宣传“一个中心、两个基本点”的基本路线，更好地为经济建设和改革开放服务。

一、继续深入学习邓小平同志的重要谈话，用建设有中国特色的社会主义的理论和路线统一全党的思想。

邓小平同志建设有中国特色的社会主义的理论和路线，是对国际共产主义运动特别是我国几十年来社会主义建设正反两方面经验的正确总结，是马列主义、毛泽东思想在新的历史条件下的运用和发展，是中国人民创造历史的伟大成果和全党集体智慧的结晶。邓小平同志南巡重要谈话，回答了当前我国建设和改革中的许多重大问题，既有深刻的理论意义，又有鲜明的现实针对性。实践表明，这一理论和路线，为我国社会主义现代化建设开辟了唯一正确的道路。只有遵循这一理论和路线，我们才能统一思想，增强信心，克服困难，胜利前进。

学习和贯彻邓小平同志的重要谈话，必须理论联系实际，最重要的就是要解放思想，实事求是，加快改革开放步伐，集中精力把经济搞上去。当前，学习要同组织实施中共中央、国务院关于深化改革、扩大开放的一系列政策措施结合起来，用谈话精神指导建设和改革的各项工作。

通过学习邓小平同志的重要谈话，深刻认识“要警惕右，但主要是防止‘左’”的论断的正确性。从理论根源、思想根源和历史根源上认识右可以葬送社会主义，“左”也可以葬送社会主义，“左”是根深蒂固的，纠正“左”比右好的思想，从根本上克服“左”的影响。要防止对马克思主义某些原则、某些本本的教条式的理解，纠正对社会主义的一些不科学的甚至完全扭曲了的认识，从那些超越社会主义初级阶段的不正确的思想观念和政策中解放出来，不被“姓资还是姓社”的抽象争论所束缚。

二、宣传思想工作要以经济建设为中心，服从、服务于这个中心。

坚持以经济建设为中心，是对“以阶级斗争为纲”的拨乱反正，是发展事业、稳定社会、巩固政权的根本保证，是广大人民群众的最高利益和共同愿望。在党和国家的全部工作中，只有经济建设这一个中心，不能偏离这个中心，不能搞多中心。经济部门要坚持这个中心，其他部门也必须围绕和服务于这个中心。在正常情况下，我们要坚持这个中心，在非常情况下，除了发生大规模外敌入侵，也要紧紧抓住这个中心。宣传思想工作各部门要扭住这个中心不放，运用多种宣传手段，采取多种宣传形式，为经济建设帮忙鼓劲，把一心一意搞经济建设的空气搞得浓浓的，把全党、全国人民的注意力引导到集中精力进行社会主义现代化建设上来。

要大力宣传邓小平同志关于社会主义的根本任务是发展生产力的科学论断，牢固确立“抓住时机，发展自己，关键是发展经济”的战略思想。要通过国际国内形势的宣传教育，帮助人们认识我国面临的严峻挑战和有利机遇，增强加快经济发展的紧迫感和责任感。加强经济知识的宣传。宣传各地区、各部门结合实际，开拓国内外市场，在重质量、讲效益的前提下，加快经济发展的好办法、好经验。宣传敢于冲破“左”的束缚，解放思想，换脑筋，开创经济建设和改革开放新局面的领导干部、经济专家和企业家。

经济建设必须依靠科学技术，科学技术工作必须面向经济建设。宣传部门要与科技、教育部门密切配合，加强科技是第一生产力、教育是基础的宣传，在全社会形成重视科技、重视教育、尊重知识、尊重人才的良好风尚，推动党的知识分子政策的进一步落实。

三、加强改革开放的宣传，推动改革开放事业的健康发展。

改革是我国的又一次革命，是解放生产力、强国富民的必由之路；对外开放是实现社会主义现代化的必要条件。90 年代是我国改革开放的关键时期，面临着艰巨的任务。通过加强改革开放的宣传，使广大干部群众对加快改革开放步伐的理解更加深刻，对改革开放的前途更加充满信心，积极投身于改革开放的宏伟事业。

改革开放的宣传，要服从、服务于改革开放的整体部署，同各项重大改革开放措施的出台相配合。当前，重点是做好贯彻落实《中共中央关于加快改革，扩大开放，力争经济更好更快地上一个新台阶的意见》和国务院《全民所有制工业企业转换经营机制条例》的宣传。

改革开放的宣传，要帮助人们更新观念。我们有些思想、观念、习惯乃至语言，是在某种特定条件下形成的。例如，有的是在“以阶级斗争为纲”环境中产生的，有的是在产品经济基础上形成的，与当前改革开放和经济建设的要求很不适应。同时，随着改革的不断深入，必将触及人们利益关系的调整，出现思想观念上的新矛盾、新问题。要利用各种宣传工具，有针对性地解疑释惑，宣传商品和市场观念、开放和竞争观念、效率和效益观念、民主和法制观念等，为深化改革、扩大开放提供良好的舆论环境。

改革开放的宣传，要实事求是，防止片面性。介绍先进典型，要讲清条件、环境，避免盲目推广。对于正在试验的改革措施，既要热情支持，鼓励试验，又要慎重稳妥，不要把尚未成熟的经验普遍推广。

四、坚持两手抓的方针，促进社会主义精神文明建设。

坚持物质文明与精神文明两手抓，是建设有中国特色的社会主义的战略方针。社会主义精神文明建设,必须是推动社会主义现代化建设,促进全面改革和对外开放,坚持四项基本原则的精神文明建设。必须坚持不懈地搞好坚持四项基本原则的教育。要充分认识资产阶级自由化思潮存在的长期性及其严重危害,警惕国内外敌对势力对我实施和平演变的图谋。

精神文明建设要着眼于建设。要适应商品经济的发展,切实加强思想道德建设和教育科学文化建设。要大力宣传改革开放中涌现的艰苦创业、开拓进取、勇于奉献的先进典型。大力倡导城乡群众性的精神文明建设活动,认真总结沿海地区、经济特区、边境贸易地区和其他经济较发达地区这方面的新鲜经验。认真推广一些地方群众开展自我教育,形成良好人际关系的成功做法。加强社会主义的民主与法制教育。加强国防教育,认真开展拥军优属、拥政爱民和军民、警民共建活动。要把坚持对人民的爱国主义、集体主义、社会主义教育同进行中华民族优秀的思想文化传统、优良的社会公德教育有机地结合和统一起来。要注意研究和借鉴一些后发达国家在对外开放和发展经济过程中,既吸收外来有益的文明成果,又抵御外来腐朽文化不利影响的经验。

要大力加强青少年的教育工作。青少年的思想道德和科学文化素质状况关系着祖国的未来。各级党委和政府要重视这项工作。全社会都要关心青少年的健康成长。要大量提供切合青少年特点的精神食粮。文化设施的收费,对少年儿童要给予优惠。

改革开放愈是深入,愈要加强思想政治工作。任何怀疑、削弱思想政治工作的观点和做法,都是错误的、有害的。思想政治工作要适应改革开放新形势、新任务的要求,从内容到方法认真加以改进,在化解矛盾、协调关系、理顺情绪、调动积极性等方面发挥积极作用。

“扫黄”、除“六害”必须常抓不懈。要把集中打击和经常性管理结合起来,问题严重的地方每年要集中打击几次。大力加强文化市场管理和法制建设,继续查处非法出版活动。切实加强反腐倡廉的宣传,鼓励广大群众勇于同各种社会丑恶现象做斗争。

保护文物是我们应尽的历史责任。必须贯彻“保护为主、抢救第一”的方针,扎扎实实地把国家今后十年的文物抢救专款用好,力争尽快取得一批抢救成果。

五、面向实际,加强社会科学理论研究。

当今世界所有重大问题和复杂问题,都与哲学社会科学有着直接或间接联系。要重视和加强社会科学研究,使之活跃起来、繁荣起来,为经济建设和改革开放提供精神动力、智力支持和思想保证,为党和国家进行经济与社会发展的重大决策提供科学依据。

社会科学的理论研究,必须坚持以马克思主义为指导,面向实际,了解实际,研究实际。要研究和阐述邓小平同志提出的建设有中国特色的社会主义的各种基本问题。研究党的十一届三中全会以来我国改革开放的丰富实践经验。研究党的“一个中心、两个基本点”的基本路线在贯彻执行过程中出现的新情况、新问题,当前,特别要注意研究如何搞活国营大中型企业等重大问题。切实改变对上述课题研究得不深刻、不系统的状况。同时,要加强对当代资本主义以及西方各种流派和理论思潮的研究,从理论上指导人们大胆地吸收和借鉴当今世界各国包括资本主义发达国家的一切反映现代社会化生产规律的先进经营方式、管理方法。对哲学社会科学“八五”规划的选题要做必要的增补,组织撰写一批质量较高的理论文章和论著。

要根据邓小平同志“学马列要精,要管用”的精神,改进干部的理论学习,做到少而精,分层次,重实效。

六、繁荣文艺,活跃群众文化生活。

文艺的根本任务是满足广大人民群众日益增长的文化生活的需要。当前蓬勃发展的形势,迫切要求文艺工作者进一步解放思想,深入实际,努力反映时代精神,着力表现建设和改革的现实生活,为广大人民群众提供更多更好的精神食粮。

繁荣文艺,必须坚持“为人民服务、为社会主义服务”的方向和“百花齐放、百家争鸣”的方针。要充分认识文艺的多层次性和多样性,使我们的文艺园地丰富多彩。由于“左”的思想影响,长期以来,在对文艺功能、文艺目的和文艺标准的认识上,存在着片面性。文艺有娱乐、审美、认识、教育等多方面的作用。我们应当十分重视和努力发挥文艺的思想教育作用,同时要充分发挥文艺的认识、审美、娱乐作用。我们要提倡多创作政治思想上有益、群众喜闻乐见的作品,也不反对政治思想上无害、艺术上较好、群众喜闻乐见的作品。文艺是一种复杂的精神劳动,非常需要文艺家发挥个人的创造精神,写什么和怎样写,只能由文艺家在艺术实践中去探索和逐步求得解决。在这方面,不要横加干涉。要继续为广大文艺工作者潜心创作创造民主、和谐的环境。要加强文艺评论工作,提倡平等的、友好的讨论。各艺术门类、各流派作家、艺术家之间要加强团结合作,把精力集中到出作品、出人才上来。

对城乡群众性文化活动,包括方兴未艾的社区文化、企业文化、校园文化、家庭文化、街头文化、旅游文化和卡拉OK等群众自娱自乐活动,要大力支持,加强引导,使其健康发展。

七、改进新闻、出版工作。

新闻战线要跟上时代潮流,用出色的宣传报道,引导和鼓舞干部群众坚定不移地全面贯彻落实党的基本路线。坚持正面宣传为主的方针,发挥正确的舆论导向和舆论监督作用，达到团结、稳定、鼓劲的目的。提倡短新闻，增加信息量。密切联系群众，充分反映基层干部群众创造新生活的活动。讲究写作艺术，力求生动活泼，增强新闻的说服力和可读性。报纸、电视、电台等新闻工具都要根据自己的特点，发挥优势，办出特色。

一个时期以来，电视、广播、报纸中严重存在着过多地报道一般会议和领导人一般性活动的现象，助长了形式主义，已经引起了广大干部群众的强烈不满，必须进一步采取措施，改进会议和领导人活动的新闻报道。要减少一般性会议的报道，不要把领导同志的出席作为报道与否或报道规格的标准。各种剪彩、奠基、首发式、首映式、周年纪念等活动一般不报道。各级负责同志要带头倡导务实作风，支持新闻单位改进这方面的新闻报道。

出版部门要加强与经济部门的联系，围绕经济建设、改革开放拓宽选题，提高出版质量。要适应不同层次读者的需求，多出书、出好书。

八、加强对外宣传，努力创造良好的国际舆论环境。

对外宣传工作的基本任务是宣传我们自己，让外国人和海外同胞及时、全面、真实地了解中国。当前，要着力宣传我坚持以经济建设为中心不动摇，以及深化改革、扩大开放的新成就，化解人们的疑虑和误解，提高我国际威望，增强我对外的吸引力。

对外宣传要加强针对性，提高宣传艺术。要根据宣传对象的特点，确定宣传内容和宣传形式。采取多种多样、生动活泼的方式方法，使人们喜欢听、喜欢看，力戒空洞说教和强加于人。

做好常驻我国的外国记者的工作。为他们正常采访提供方便和正确的信息，尽可能减少对我的歪曲宣传，增加于我有利的客观报道。

加强对外宣传阵地建设。完善现行的中央和地方对外提供电视、录像节目的管理体制与办法，以保证充足的对外节目源。

九、有计划、有领导地进行宣传思想战线的体制改革。

宣传思想工作部门的现行领导和管理体制在某些方面与经济发展和改革开放的新形势不相适应，必须进行改革。通过改革，理顺关系，转变职能，精兵简政，提高效率。这项工作涉及面广，政策性强，既要解放思想，大胆试验，又要慎重稳妥，逐步进行。

宣传思想工作各部门要在调查研究的基础上，从实际出发，对机构设置、管理体制、人事制度、经济管理办法等进行改革。例如，改革剧团体制，集中力量办好代表国家级艺术水平的剧团。适当扩大地方和边境地区对外文化交流的权限，放宽有特殊专长的艺术人员应聘外出演出、任职期限。改革出版体制，积极搞好建立出版、印刷、发行企业集团的试验。理顺影视、音像体制，明确职责任务。文联、作协、记协等群众文化团体，应依照国务院《社会团体登记管理条例》，继续实行体制改革，努力为作家、艺术家和新闻工作者服务。

要加强宣传、文化领域的法制建设。抓紧制定出版法、演出法、文化市场管理条例，以及利用外资兴办文化事业的法规等。

十、努力建设一支适应经济建设和改革开放要求的宣传思想工作队伍。

全面准确地宣传党的基本路线，积极促进现代化建设和改革开放事业，维护团结稳定的政治局面，都需要一支政治强、业务精、作风正的宣传思想工作队伍，特别是需要一批年青的理论工作者。因此，要采取切实有力的措施，加强宣传、理论、文艺、新闻、出版队伍的建设。

宣传干部要认真学习马列主义、毛泽东思想，学习邓小平同志建设有中国特色的社会主义理论，提高政治素质。同时，要努力学习经济知识，掌握宣传经济建设和改革开放的过硬本领。把进取精神与求实态度结合起来，深入工厂、农村，与广大群众保持密切的联系。

严格宣传纪律，加强职业道德和廉政建设。绝对不允许在报刊、广播、电视的公开宣传中发表同中央决定相反的言论。对索贿受贿者，要严肃查处。

按照"革命化、年轻化、知识化、专业化"的方针和德才兼备的标准，加强宣传队伍建设。要把那些坚信邓小平同志建设有中国特色的社会主义理论、认真执行党的基本路线、工作成绩突出的干部，大胆提拔到宣传思想战线各部门的领导岗位上来。有计划地从经济部门和改革开放第一线挑选一批干部，充实宣传思想干部队伍。

十一、适当增加对宣传文化事业的投入。

目前，宣传文化部门特别是基层单位经费普遍短缺，城乡文化设施落后。十三届七中全会提出的"中央和地方都要把精神文明建设纳入经济和社会发展规划，逐步增加必要的投入"的要求，应进一步落实。国家在编制年度和中长期经济社会发展规划时，要逐步增加对精神文明建设的资金投入。国务院财经部门要研究解决宣传文化单位税赋过重、收费项目繁多的问题。国家对精神产品要实行差别税率。宣传文化系统的税收和上缴利润原则上要返还宣传文化系统，用于发展宣传文化事业。财政、税收、物价部门应主动会同宣传文化部门研究完善文化经济政策。

十二、加强党对宣传思想工作的领导。

宣传思想工作是党委工作的重要组成部分，各级党委特别是主要负责同志要高度重视，摆上重要议事日程，经常议，经常抓。

党委在部署重要工作时，要给宣传思想部门提要求、定任务，充分发挥宣传思想工作部门应有的作用。要经常检查督促，加强领导，对重大问题的宣传亲自把关。要吸收宣传干部参加有关决策会议，使他们了解、熟悉工作全局。要帮助宣传思想部门解决人财物等实际困难，为他们创造必要的工作条件。

我国正处于社会主义现代化建设的关键时期，宣传思想战线担负着繁重的任务，广大干部要解放思想，奋发向上，扎实工作，以优异的成绩迎接党的第十四次全国代表大会的召开！

中共中央政治局会议通过《中共中央关于加强党的建设，提高党在改革和建设中的战斗力的意见》

邓小平同志今年初视察南方的重要谈话，对推进我国的改革开放和现代化建设，具有重大而深远的指导意义，对在新的历史条件下从政治上、思想上、组织上、作风上全面加强党的建设，同样具有重大而深远的指导意义，极大地鼓舞了全党加快改革和建设步伐、进一步做好党建工作的积极性。邓小平同志在谈话中指出："中国的事情能不能办好，社会主义和改革开放能不能坚持，经济能不能快一点发展起来，国家能不能长治久安，从一定意义上说，关键在人"，"说到底，关键是我们共产党内部要搞好"。党建工作要认真贯彻邓小平同志重要谈话和中央政治局全体会议精神，毫不动摇地坚持党的基本路线，牢固树立以经济建设为中心的思想，从严治党，搞好党的自身建设，密切党同人民群众的联系，使党的各级组织和广大共产党员始终站在改革和建设的前列，充分发挥党在建设有中国特色社会主义伟大事业中的领导核心作用。

(一)用建设有中国特色社会主义的理论武装全党，提高执行党的基本路线的自觉性和坚定性。

1. 学习和掌握建设有中国特色社会主义的理论，是党的思想建设的根本任务。邓小平同志建设有中国特色社会主义的理论，是马列主义、毛泽东思想同我国社会主义现代化建设具体实际相结合的产物，标志着我们党对社会主义的科学认识实现了一个新的飞跃，已经成为团结全党为实现新时期宏伟目标努力奋斗的思想基础。学习邓小平同志的重要谈话和他在十一届三中全会以来的一系列重要论述，要把握一个中心思想：必须坚定不移地全面贯彻执行党的"一个中心、两个基本点"的基本路线，解放思想，实事求是，放开手脚，大胆试验，排除各种干扰，抓住有利时机，加快改革开放步伐，集中精力把经济建设搞上去，不断地把有中国特色的社会主义事业全面推向前进。高中级干部要带头学好，不仅要努力学习和掌握邓小平同志的战略思想和理论观点，而且要学习他运用马克思主义的立场、观点和方法研究新情况解决新问题的实事求是精神。

2. 教育党员、干部认清形势，振奋精神，树立更好更快地发展经济的雄心壮志。当今国际上的竞争，说到底是经济实力和综合国力的竞争。现在，我们既面临严峻的挑战，更有难得的发展机遇。只有抓住有利时机，加快经济发展和改革开放的步伐，不断提高综合国力，我们才能立于不败之地。全党同志都要增强责任感和紧迫感，做好本职工作，为推动经济隔几年上一个新台阶贡献智慧和力量。

3. 教育党员、干部解放思想，增强改革开放意识，坚持实事求是。在把握"一个中心、两个基本点"问题上，要警惕右，但主要是防止"左"。不要被姓"资"姓"社"的抽象争论束缚自己的手脚。要认清社会主义的本质是解放生产力，发展生产力，消灭剥削，消除两极分化，最终达到共同富裕。对有利于发展社会主义社会的生产力、有利于增强社会主义国家的综合国力、有利于提高人民生活水平的事情，就大胆去干。要尊重实践，尊重群众的创造。不能固守那些过去起过作用、现在已经不适用的东西，不能搞"本本主义"。不能把本来属于社会主义的东西，误认为是资本主义的。不能把人类社会共同创造的文明成果和反映现代社会化生产规律的先进经营方式和管理方法，看成是资本主义独有的。即使是资本主义的东西，也要加以区别。在我国政治经济条件制约下，只要是有利于社会主义经济发展的，就要敢于利用；一时把握不准的，要允许看，允许试验。对确属资本主义腐朽的东西，要坚决抵制和摒弃。

4. 教育党员、干部始终坚持四项基本原则，为经济建设和改革开放提供政治保证。要自觉维护政治和社会稳定，同资产阶级自由化作长期斗争，在这种错误思潮苗头出现的时候就注意解决，绝不能任其泛滥。西方敌对势力搞和平演变，把希望寄托在我们以后的几代人身上。和平演变与反和平演变的斗争是长期的。我们的领导干部，特别是高级干部要保持清醒的头脑。社会主义的巩固和发展，最根本的是把我们自己的事情办好，把经济搞上去。要把共产党员教育好，把干部教育好，把人民和青年教育好。

(二)加强领导班子建设，大胆选拔优秀年轻干部。

5. 正确的政治路线必须有正确的组织路线来保证。要进一步把各级领导班子建设成为政治坚定、勇于改革、团结协调、联系群众、廉洁务实、精干高效、能够更好地贯彻执行党的基本路线的领导集体。各级领导班子都要切实加强思想作风建设，坚持原则，增加团结，提高解决自身问题的能力。

6. 选拔干部、配备领导班子，要全面执行干部队伍“四化”方针和德才兼备原则。新时期衡量干部的德才，主要是看在执行党的基本路线中的表现。领导干部要有与履行职责相称的马列主义、毛泽东思想理论水平，能全面执行党的基本路线，坚定地走有中国特色的社会主义道路；有高度的革命事业心和胜任工作的领导能力；有强烈的改革开放意识和开拓创新精神；为政清廉，密切联系群众，作风民主，工作扎实。对于在改革和建设中政绩突出、群众公认的干部，要大胆选拔重用。对于无所作为、不胜任现职的干部，要果断地调整下来。

7. 大胆选拔优秀年轻干部是一项战略任务，也是当前的一项紧迫工作。现在，不少领导班子年轻干部偏少，没有形成合理的年龄梯次配备，必须抓紧发现、选拔优秀年轻干部进入领导班子。1993 年地方各级人大、政府、政协及部分党委领导班子换届后，省级党政领导班子成员的平均年龄要保持在 55 岁左右。50 岁以下的干部，在省级党委领导班子中，一般要有 3 人，政府领导班子中要有 2 人；其中，45 岁左右的，党委和政府领导班子中至少各有 1 人。地、县级领导班子成员的年龄构成应更年轻些。要重视妇女干部、少数民族干部和非党干部的培养和选拔。

8. 坚决冲破论资排辈、迁就照顾、求全责备等观念的束缚，解放思想，拓宽渠道，不拘一格选拔人才。

对于经过一定台阶锻炼的优秀年轻干部，要大胆及时起用。特别优秀的可以破格提拔。进一步放开视野，挑选政治思想好、熟悉经济、熟悉业务的同志着力加以培养。注意从工作成绩突出、很有朝气的地方发现人才。在干部管理上实行下管一级、考察两级的制度，扩大知人识人的范围。

看干部要注重大节和主流。对于犯过错误，但本质好、确有才干的干部，只要认识和改正了错误，就要敢于量才使用。

县以上党政领导班子都要有后备人选，并订出具体的培养措施。有潜力担任党政主要领导职务的优秀年轻干部，要给他们压担子，或安排到下一级主持全面工作，使他们及时得到锻炼。

党政主要领导同志要把发现优秀人才作为自己的重要任务，广泛接触和了解干部，支持新上来的年轻干部放手工作，帮助他们健康成长。

9. 选拔干部要充分发扬民主，走群众路线。要采用民主推荐、民主评议、个别谈话等方式，广泛听取各方面的意见。任用干部，一定要公道正派，严格按照规定的程序办事，由集体讨论决定。坚持五湖四海，择优而任，防止和纠正用人上的不正之风。

（三）适应经济建设和改革开放的要求，进一步搞好各级地方党委的建设。

10. 各级地方党委要把领导经济建设放在自己工作的中心位置。主要抓好三件事：一是贯彻落实好党中央和国务院的各项方针政策，研究决定本地区经济发展、改革开放的目标、规划，重大改革措施和建设项目，以及关系全局的政策性问题；二是按照权限选好、用好、管好领导干部，包括重要企事业单位的领导干部；三是协调各方面的工作，动员、组织本地区党组织和广大党员，团结人民群众，为实现建设和改革的目标而奋斗。党委要支持政府充分行使管理经济的职权。政府及所属部门党组要坚决贯彻党委的决议。工会、共青团、妇联是党联系群众的桥梁和纽带，党委要加强对这些群众组织的领导，支持他们按照各自的特点开展活动，在改革和建设中充分发挥作用。

11. 地方党委要不断提高领导经济工作的水平。党委成员要经常深入经济建设第一线，了解、关心经济建设的全局，努力掌握经济建设的客观规律，围绕经济建设做好分管的工作。党委中熟悉经济工作的领导同志偏少的，应充实适当人选。党委和政府的领导干部，有些可以交流或交叉任职。

12. 各级党委都要坚持“两手抓”的方针，做到“两只手都要硬”。在抓好物质文明建设的同时，抓好精神文明建设，发挥思想政治工作的优势，不断提高全民族的思想道德和科学文化水平，培养“有理想、有道德、有文化、有纪律”的新人。要把掌握“两手抓”的领导方法和领导艺术，作为加强党委自身建设的重要内容。

（四）发扬党内民主，坚持和健全民主集中制。

13. 民主集中制是我们党的一项根本制度。只有坚持在民主基础上的集中和在集中指导下的民主相结合，才能充分发挥各级党组织和广大党员、干部的积极性、主动性和创造性，保证党的决策的正确和行动的统一，增强党的团结，提高党的战斗力。各级党组织和党员领导干部都要严格遵守党章和党内政治生活准则的有关规定，党的高级干部更要以身作则。中央和省（部）级党委（党组）要在执行民主集中制方面起模范带头作用。对违反民主集中制的行为，要及时纠正。

14. 进一步发扬党内民主，活跃党的生活。全局性的重要情况和重大问题，要及时向党内通报，并形成制度。积极疏通和拓宽下级组织和党员向上级反映情况和意见的渠道，切实保障党员的民主权利，努力造成“知无不言，言无不尽”，“言者无罪，闻者足戒”，“有则改之，无则加勉”的生动局面。

15. 每个党组织和党员都要自觉维护党的集中统一，切实做到个人服从组织，少数服从多数，下级服从上级，全党服从党的全国代表大会和中央委员会。坚决反对破坏党的团结统一的行为。

16. 各级党委要健全党委制，坚持集体领导，充分发挥全委会的作用，提高决策的科学性和执行决策的有效性。决定重大问题，必须经过集体充分讨论；一经决定，必须坚决执行，不准各行其是。在党委会上讨论问题，要敢讲话、讲真话，反对会上不说、会后乱说等自由主义。主要领导同志作风要民主，认真倾听不同意见，善于集中正确意见。

党委领导集体的团结至关重要。领导成员要互通情况，互相支持，互相谅解。工作中的意见分歧，要通过谈心和民主讨论来解决。每个成员都要坚持原则，顾全大局，自觉维护领导集体的团结。

17. 加强党内监督，健全对领导干部自下而上、自上而下以及党委内部的监督制度。党员领导干部要过双重组织生活，领导班子要按期召开民主生活会，提高生活会质量，开展批评与自我批评。坚持民主评议领导干部的制度。领导干部要自觉接受党组织和群众的监督。对压制批评、打击报复的，要严肃处理。

抓紧制定地方党代表大会选举工作条例，积极完善党代表大会制度。

（五）强化干部培训，全面提高干部素质。

18. 各级各部门的党校、管理干部学校、培训中心等，是开展干部教育的重要阵地，党政领导同志要关心这些机构的建设，指导他们改革教学内容，改进教学方法，提高师资水平，充分发挥作用。

马列主义、毛泽东思想基本理论的教学，要密切联系建设和改革的实际，贯彻少而精的原则，帮助干部增强党性，提高运用马克思主义研究新情况、总结新经验、解决新问题的能力。

培训中，要结合各类干部的工作需要，增加有关发展经济和改革开放的政策、法规等内容，加强现代科学文化知识和商品、市场、管理知识的培训。领导干部，特别是经济战线上的领导干部，要努力学会利用国内和国际两种资源、开拓国内和国际两个市场、组织国内经济建设和发展对外经济活动的本领。

县以上党政领导干部在每届任期内，都要脱产轮训一次。平时，可根据需要，围绕建设和改革中的突出问题，举办短期专题研讨班，及时总结经验，对的就坚持，不对的就改正，新问题出来抓紧研究解决，不断提高领导水平。

充分发挥开放地区、经济特区和经济技术开发区在培养人才方面的作用。近年来，部分沿海和内地、经济发达和不发达地区之间有计划地进行干部交流，收到了好的效果，要继续坚持和推广。交流的形式可以是调动，也可以是定期轮换。

19. 大力做好培养教育青年干部的工作，造就千百万社会主义事业的可靠接班人。现在，全国三十五岁以下的干部占干部总数的百分之四十以上。要以高度的历史责任感和紧迫感，把这批干部培养教育好。帮助他们着重解决好三个问题：一是坚定地走有中国特色的社会主义道路；二是使党的基本路线在头脑中扎根；三是坚持全心全意为人民服务的宗旨，树立马克思主义的世界观。同时，要组织青年干部努力学习发展社会主义商品经济的本领，提高解决实际问题的能力。各地区、各部门要根据上述要求，作出规划，在今后几年内分期分批把青年干部轮训一遍。

组织青年干部到建设和改革第一线去经受锻炼，增长才干。在地（市）以上党和国家机关工作的青年干部，凡是没有经过基层锻炼的，要到基层去工作二三年。直接分配到地（市）一级以上党和国家机关的应届大学毕业生，要先到基层进行锻炼。每年都要从中央和省级党政机关挑选一批优秀青年干部，放到开放地区或条件较艰苦的地区去工作，使他们尽快成长。

（六）结合经济体制和政治体制改革，加快干部人事制度改革的步伐。

20. 十多年来，干部人事制度改革进行了广泛有效的探索，如下放干部管理权限，实行干部退（离）休制度，企业和乡镇干部实行聘用制，部分国家机关公开考试录用干部，开展国家公务员制度试点，民主推荐、民主评议领导干部，进行干部交流和人才流动等。所有这些改革，都要继续坚持，并加以完善和推广。

21. 干部人事制度改革，要通盘规划，分步实施，逐步配套。改革的基本目标是，坚持党管干部的原则，逐步建立、健全科学的分类管理体制和竞争、激励机制，调动各类干部的积极性，为优秀人才脱颖而出、施展才干提供制度保证。要改进干部管理的方法，做到管人与管事既紧密结合，又合理制约。

22. 结合党政机关机构改革，在国家行政机关逐步推行公务员制度。抓紧修改好中国共产党机关工作人员条例，并与扩大公务员制度试点配套推行。在其他国家机关和群众团体也要形成各具特色的干部人事管理制度。录用干部，要坚持“公开、平等、竞争、择优”的原则，实行考试与考核相结合的办法。党政机关要逐步建立、健全工作人员岗位规范，实行目标责任制，把工作实绩作为考核评价干部的基本依据；按照干部管理权限，逐级负责完善考核制度，坚持领导与群众相结合；根据考核结果，决定对干部的升降、奖惩。完善选任、委任、考任、聘任等任用形式，建立辞职、辞退等制度。无论哪类干部人事管理制度，都要有利于形成能上能下、能进能出、选优汰劣、调动干部积极性的机制。

党政机关的精简，要同改善干部队伍结构结合起来，进行余缺调剂，促进人才的合理配置。通过转移到经济实体、兴办第三产业、充实基层等渠道，实现机关人员的合理分流。

23. 抓住当前企业转换经营机制的有利时机，改革企业人事制度。按照规定，把应当下放的人事管理权下放给企业。要改变企业管理人员套用国家机关干部行政级别的做法。企业可以从工人中择优选聘管理人员，未被聘用或解聘的管理人员也可以到工人岗位上工作。完善聘用制，为那些政治素质好、懂经营、会管理、有务实创新精神的人担任企业领导职务创造条件。对于经营管理不善造成经济效益连续下滑甚至亏损而又无力扭转局面的企业领导人，要坚决换下来。

24. 改进对科技人员的管理，努力做到人尽其才，充分发挥他们的作用。各地区、各部门要树立“科学技术是第一生产力”和“尊重知识、尊重人才”的观念，从实际出发采取一些特殊政策，引导科技人员合理流动，促进科学技术同经济建设的结合。

（七）加强基层党组织建设，充分发挥党组织的战斗堡垒作用和共产党员的先锋模范作用。

25. 党的基层组织是党的全部工作和战斗力的基础。经过这几年的努力，基层党组织建设被削弱的状况有了改善，但问题还不少。要把抓好基层党组织建设作为衡量党建工作做得如何的重要内容。加强和改进对党员的教育管理工作，积极探索适应新情况的新方法，使基层党组织根据各自的特点和任务，发挥战斗堡垒作用。对优秀的基层党组织要进行表彰，总结推广他们的经验；对那些软弱涣散的基层党组织，上级要组织专门力量帮助进行整顿。

现在，生产第一线的党员太少。要认真做好培养积极分子的工作，在坚持标准、确保质量的前提下，将符合条件的同志吸收到党的队伍中来。尤其要注重培养、吸收工人、农民和知识分子中的优秀青年入党。

26. 全民所有制企业党组织要紧紧围绕生产经营这个中心开展工作，充分发挥政治核心作用。党组织要认真贯彻《中华人民共和国全民所有制工业企业法》和《全民所有制工业企业转换经营机制条例》，支持厂长（经理）依法行使职权；主动协同企业行政领导解决企业改革和经营管理中的难点问题；做好职工思想政治工作，发挥工人阶级在改革中的主力军作用；注意稳定企业政工队伍，提高他们的素质，发挥他们在改革中的积极作用。适应企业转换经营机制的改革，党组织的自身建设也要改进。在总结实践经验的基础上，抓紧修改《中国共产党全民所有制工业企业基层组织工作条例》。

随着改革的深化和开放的扩大，出现了许多新的经济组织形式。对这些经济组织中党的建设问题，要积极探索，大胆试验。外商投资企业中的党组织要在中方人员中发挥政治核心作用。这方面已经积累了一些经验，应总结推广。没有建立党组织的，要积极创造条件。乡镇企业、私营企业等经济组织，也要从各自的实际出发，抓紧建立、健全党组织，创造适应这些企业特点的工作方法和活动方式，逐步形成党的工作规范。企业集团发展很快，党组织如何设置，要抓紧研究和探索。

27. 农村基层党组织要认真贯彻党的十三届八中全会的决定，积极带领广大农民群众深化农村改革，发展农村经济，逐步实现奔小康的目标，把党的基本路线落实到基层。进一步搞好以党支部为核心的村级组织配套建设。在党支部建设中，重点抓好领导班子建设，特别是选好支部书记，同时积极推广目标管理、“创先争优”等行之有效的活动方式。注意发挥村民自治组织、村经济组织和各种群众组织的作用。农村社会主义思想教育要围绕上述内容进行。

（八）认真发扬党的优良传统，切实改进领导作风。

28. 各级领导机关要带头发扬理论联系实际、密切联系群众、批评与自我批评的优良传统和作风，大力提倡务实精神，真抓实干，少说多做，克服官僚主义和形式主义。要精减会议，压缩文件，减少领导干部迎来送往等活动，腾出时间深入基层，深入群众，调查研究。要讲真话，如实反映情况，有喜报喜，有忧报忧，反对说假话。

29. 各级领导机关和领导干部要带头加强党风和廉政建设，坚决、持久地同腐败现象作斗争。要发扬艰苦奋斗的精神，勤俭办一切事业，反对铺张浪费。在领导机关，特别是直接掌握人、财、物的岗位，要建立防范以权谋私的内部约束机制。对以权谋私、贪污受贿等案件，要按照法律、政策坚决查处，不能手软。继续推行“公开办事规则，公开办事结果，接受群众监督”的制度，切实纠正行业不正之风，首先解决好群众最不满意的问题。

30. 改进领导作风要结合工作来进行。各地区、各部门在部署工作时，应提出改进作风的要求；检查总结工作时，要检查作风方面的问题。上级党组织要经常分析下级领导班子的情况，做到心中有数。对那些有问题的领导班子，要及时帮助；问题严重、群众反映强烈的，要进行必要的调整。

第七届全国人大常委会第二十七次会议举行大会

七届全国人大常委会第 27 次会议举行全体会，就本次会议审议的有关议题进行大会发言。

万里委员长出席会议，副委员长叶飞、费孝通分别主持上午和下午的大会。

在上午的大会上，委员们首先听取法律委员会副主任委员宋汝棼关于对税收征收管理法(草案修改稿)和关于修改专利法的决定(草案)修改意见的汇报。

副委员长彭冲、阿沛·阿旺晋美、赛福鼎·艾则孜、严济慈、荣毅仁、廖汉生、陈慕华、孙起孟、雷洁琼、王汉斌,分别出席上午和下午的会议。

国务委员王丙乾、王芳,最高人民法院院长任建新,最高人民检察院检察长刘复之,分别列席上午和下午的会议。

全国政协宗教委员会举行在北京的宗教界委员和各全国宗教团体负责人座谈会

座谈会就宗教信仰自由政策的进一步贯彻落实交流情况、发表意见、提出建议。

全国政协副主席赵朴初主持座谈会。中国佛教协会副会长兼秘书长周绍良、中国道教协会教务处主任袁志鸿、中国伊斯兰教协会会长沈遐熙、中国天主教爱国会主席宗怀德、中国基督教协会副会长兼总干事沈以藩等在会上先后发言。他们认为,党的十一届三中全会以来,党和各级政府部门做大量工作,不但使宗教人士有居住和过宗教生活的场所,广大信众也可以自由地在寺内举行宗教活动,体现我国公民的宗教信仰自由,在海内外产生良好的影响。实践证明,我国的宗教政策是十分正确的。

全国政协副主席丁光训出席座谈会。

延边各族群众5万多人在延吉市体育场举行集会庆祝延边朝鲜族自治州建州40周年

祖国大陆记者应台湾海峡交流基金会邀请首次组团赴台采访

采访团由《人民日报》、新华社、全国记协等17家新闻单位的18名记者组成,在台北、高雄、台中、新竹、花莲等地进行了为期7天的采访参观活动。在台期间,记者团分别采访了陈立夫、国民党中常委、"总统府资政"李焕和张学良。他们都表示了愿意中国早日实现统一的愿望。

全国基本建设项目管理座谈会在北京结束

国家计委对推行建设项目业主责任制作出具体部署,1991年和1992年新开工的大中型项目,在年内将分期分批实行项目业主责任制。国家计委副主任芮杏文要求各地各部门抓紧、抓实、抓出成效,克服建设项目"花钱大敞口、投资无底洞、工期马拉松"的老大难问题,切实提高投资效益。

芮杏文说,随着改革的深化和市场经济的建立,我国固定资产投资的管理体制,也要深化改革。今后要逐步地把一些生产性、经营性行业的投资,转向企业,由企业承担,由企业自主决策,自担风险。政府主要是进行宏观调控和重点建设,即对那些企业无力进行建设的基础设施和某些基础行业进行投资和建设。

为了加快建设项目管理体制改革的步伐,更好地实施业主责任制这项改革措施,国家计委准备拟定专门文件,规定政府投资和全民所有制企业投资的建设项目,除非经营性项目外,原则上都应实行项目业主责任制。在1991年和1992年171个新开工大中型项目中,除已经实行董事会、管委会的项目外,国家计委已会同有关部门、地方选择了一批项目尽快实行项目业主责任制。对于目前暂不实行业主责任制的非经营性的建设项目,今后也将创造条件,采取适当方式,实行投资使用者的责任制,努力节约投资,提高效益。

全国外商投资企业工会工作会议在大连结束

日前结束的全国外商投资企业工会工作会议提出,加快全国外商投资企业工会的组建步伐,是各地特别是沿海、沿边、沿江等开放城市工会的一项紧迫任务。

会议讨论确定外商投资企业工会工作的指导思想:坚持党的基本路线,维护职工群众的合法权益,与外商合作共事,依法办事,劳资两利,发展生产,繁荣经济,加快社会主义现代化建设。

国务院副总理朱镕基会见出席"90年代中日关系的课题"国际学术讨论会的日方学者和来宾

国务院副总理朱镕基在中南海紫光阁会见国际商业机器公司(IBM)董事香港事务顾问香港东亚银行总裁李国宝和国际商业机器公司副总裁刘天博

外交部副部长刘华秋奉命就美国向台湾出售F—16战斗机一事向美国政府提出最强烈抗议

刘华秋近日紧急召见美国驻中国大使芮效俭,就美国政府决定向台湾出售F—16战斗机一事奉命向美国政府提出最强烈的抗议。

刘华秋说,美国政府不顾中国政府多次严正交涉,作出向台湾出售F—16战斗机的决定,这是完全违反中美"八·一七"联合公报,粗暴干涉中国内政,严重损坏中美关系,干扰和破坏中国和平统一大业的行为。中方对此感到震惊和愤慨。我奉中国政府之命,向美国政府提出最强烈的抗议。

刘华秋指出,中美"八·一七"公报对美国向台湾出售武器问题作出明确的规定:"美国政府声明,它不寻求执行一项长期向台湾出售武器的政策,它向台湾出售的武器在性能和数量上将不超过中美建交后近几年供应的水平，它准备逐步减少它对台湾的武器出售，并经过一段时间导致最后的解决。在作这样的声明时，美国承认中国关于彻底解决这一问题的一贯立场。”美国政府自食其言，不断提高售台武器的性能和数量，甚至作出了向台湾出售 F—16 战斗机的决定。这只能说明美国政府的承诺是不可信任的。

刘华秋强调，世界上只有一个中国，台湾是中国领土不可分割的一部分，这是海峡两岸全体中国人民的共识，也是国际社会包括美国政府在内所公认的。美国决定向台湾出售 F—16 战斗机，这是明目张胆地阻挠和破坏中国和平统一的大业，必将遭到全中国人民和主持正义的世界人民的强烈反对。

刘华秋最后说，中国政府重视中美关系，并为改善和发展中美关系作出巨大努力。美国政府却至今仍然保持对中国的制裁，并在对中国十分敏感的台湾问题上采取恶化两国关系的措施，这将导致中美关系严重倒退，并不可避免地对中美双方在联合国及其他国际组织中的合作带来消极的影响。中国政府严正要求美国政府取消向台湾出售 F—16 战斗机的错误决定。在美方改变此项军售决定之前，中国将难以参加五大国军控会议。如果美方一意孤行，中国政府和人民将不得不作出强烈的反应，由此而产生的一切严重后果应完全由美国政府负责。

外交部发言人吴建民就美国向台湾出售 F－16 战斗机一事答记者问

外交部发言人吴建民在下午记者招待会上回答记者提问时说，美国向台湾出售 F—16 战斗机，破坏五大国军控会议的宗旨，因此，在美方改变此项军售决定之前，中国将难以参加军控会议。

吴建民指出，最惠国待遇问题和美国向台湾出售战斗机一事是两个性质完全不同的问题。最惠国待遇不是一种恩赐，而是中美之间一种对等、互惠的安排，美方也是受益者。美方公然违反“八·一七”公报，决定向台湾出售 F—16 战斗机，明目张胆地干涉中国的内政，破坏我国的和平统一大业，这是任何主权国家都不能容忍的。中国方面理所当然的将对此作出强烈反应。

吴建民说，中美“八·一七”公报对美国售台武器问题有明确规定。该公报是构成中美关系基础的三个公报之一。美方必须切实履行这些规定，这也是美方多年来一再重申的承诺。美方以任何借口违反该公报的规定都是站不住脚的，也是中方绝对不能接受的。

外交部发言人吴建民在北京举行记者招待会就俄罗斯总统访问中国等问题答记者问

在回答记者要求对俄罗斯总统叶利钦将于 12 月对中国进行的访问及中俄关系作出评价时，吴健民指出：“中俄两国关系是好的。两国在各个领域的合作，特别是经贸领域的合作正在发展。”俄罗斯联邦是中国最大的邻国，中俄两国发展睦邻友好合作关系符合两国人民的根本利益。

在记者招待会上有记者请发言人介绍中国国务委员兼国防部长秦基伟最近对莫斯科访问的情况。吴建民说，访问期间，双方就共同感兴趣的问题在坦率友好的气氛中充分交换看法，双方都表示愿进一步发展中俄两军的友好关系。访问达到预期目的。吴建民还透露，秦基伟正式邀请俄罗斯国防部长格拉乔夫大将在方便时访问中国，格拉乔夫接受邀请。

吴建民表示，我们期待新任港督彭定康下月的来访，并希望通过这次访问进一步增进双方的相互了解，加强中英双方在香港问题上的合作。

中国代表团团长裁军大使侯志通在日内瓦裁军谈判会议 1992 年最后一次全体会议上重申中国一贯赞成全面禁止和彻底销毁一切化学武器及其生产设施

外交部部长钱其琛在雅加达沙那扬会议中心举行记者招待会

钱其琛认为，这次不结盟国家首脑会议具有重要意义。钱其琛说，不结盟运动的正式成员国已发展到一百零八个，此外，还有许多观察员国和来宾，不结盟运动队伍的扩大表明国际社会对该运动的重视。

钱其琛指出，国际形势的变化，军事集团对抗局面的结束，曾使人产生过不结盟运动是否能继续存在下去的疑问，但现在大家的认识逐渐趋向一致，即在新的国际形势下，不结盟运动可以适应新情况，作为发展中国家的论坛仍有存在的必要。钱其琛认为，不结盟运动的宗旨和原则仍有生命力。这次不结盟国家首脑会议具有承前启后的作用。

在回答有关美国向台湾出售武器的问题时，钱其琛说，美国宣布向台湾出售 F—16 战斗机，这是一个很严重的事件。这一事件表明美国政府破坏中美之间所达成的八·一七公报所确定的原则。钱其琛指出，美国主张军控，但是却向台湾出售先进的战斗机，这个行动违反了它自己的承诺。中国对此已经提出最严重的抗议，并指出，由此产生的严重后果都要由美国方面负责。

在回答有关“南中国海”的问题时，钱其琛说，“我不认为在南中国海会形成热点和冲突。至于存在的一些分歧,如果条件成熟,有关国家可以通过和平谈判加以解决;如果条件不成熟,可能搁置争议,共同开发,所以根本不存在军事冲突的危险。"钱其琛说,中国也不赞成在国际会议上讨论这样的问题。

关于中国同韩国建交是否会影响中国同朝鲜民主主义人民共和国的关系,钱其琛说,众所周知,中国同朝鲜民主主义人民共和国有着长期的友好合作关系。这种关系并不会因为中国同韩国建交而受到影响。至于朝鲜半岛无核化的问题,中国支持朝鲜北南双方发表的关于朝鲜半岛无核化的宣言,并希望宣言的原则能逐步实现。

中华日本学会和中日友好协会在北京联合举办"90年代中日关系的课题"国际学术讨论会

讨论会的议题是,回顾中日邦交正常化20周年来的历程,总结两国关系发展的经验与教训;通过对未来90年代的展望,探讨今后发展两国关系的方向与有关问题;如何巩固和发展两国之间的长期稳定的友好合作关系,促进亚太地区和世界的和平与发展。

中日双方100多名专家学者参加讨论会。中国社会科学院院长胡绳、中华日本学会会长刘德有、日本自民党总务会总务水野清到会并讲话。出席讨论会的有中日友好21世纪委员会中方首席委员张香山、中国社会科学院副院长郑必坚、国务院发展中心副主任孙尚清、前日本驻华大使中江要介、日本学者中根千枝、猪口孝等。

第29届国际地质大会在日本京都闭幕

国际地质大会是广泛讨论地球历史、自然灾害和环境问题的大型综合性学术会议。自1878年在法国巴黎召开第1届以来,每4年举行一次。

会议决定下届——第30届国际地质大会于1996年在中国北京召开。

会议期间召开国际地质科学联合会理事会,中国同位素地质学家刘敦一当选为副主席。

此外,矿床学家裴荣富当选为矿床成因协会主席,中科院地质所教授王思敬当选为国际开发地学工作者协会主席,地质学家刘宝珺等人也当选为有关组织的委员。

中国地质大学赵鹏大教授获得数学地质协会最高奖章。

印度尼西亚总统苏哈托在雅加达会见外交部部长钱其琛

中国版权研究会中国版协和日本书籍协会在北京联合举办中日著作权研讨会

受联合国教科文组织下属国际声学委员会委托由中国科学院声学研究所主办的第十四届国际声学学术会议在北京召开

最高人民检察院最高人民法院公安部安全部司法部外交部《关于对驻中国使领馆探视被羁押本国公民的安排机关进行调整的通知》

文化部国家教委《关于大陆艺术院校为台湾人士举办短训班的暂行规定》

第九届残疾人奥运会在西班牙巴塞罗那蒙维克奥林匹克体育场开幕

中共中央政治局常委中央社会治安综合治理委员会主任乔石到北京亚运村国际会议中心参观《北京·反盗窃技术预防成果展示会》

展示会由中央社会治安综合治理委员会办公室等六家单位联合举办。

9月4日

第七届全国人大常委会第二十七次会议闭幕

闭会的七届全国人大常委会第27次会议根据委员长会议决定,临时增加一项议程,通过关于美国政府向台湾出售F—16战斗机的严正声明。声明对美方粗暴干涉中国内政、严重干扰和破坏中国和平统一大业的行为表示极大愤慨,并代表全国各族人民向美国政府提出最强烈抗议。

全国人大常委会委员长万里主持会议。

全国人大常委会副秘书长曹志受委员长会议委托,就发表这一声明向大会作说明。

姚广、王伟、何英、李瑞山、黄玉昆、张承先、马洪、邓家泰、徐运北、杨烈宇、刘有光、阴法唐、李学智、杨纪珂等委员先后发言,谴责美国政府违反中美"八·一七"公报,粗暴干涉中国内政,严重损坏中美关系,干扰和破坏中国和平统一大业的行为。

在万里主持下,会议还先后通过《中华人民共和国税收征收管理法》、《全国人民代表大会常务委员会关于惩治偷税、抗税犯罪的补充规定》、《全国人民代表大会常务委员会关于修改〈中华人民共和国专利法〉的决定》、《台湾省出席第八届全国人民代表大会代表协商选举方案》、《第八届全国人民代表大会少数民族代表名额分配方案》。

会议经过表决，免去王丙乾兼任的财政部部长职务，任命刘仲藜为财政部部长；免去李森茂的铁道部部长职务，任命韩杼滨为铁道部部长。

会议还通过其他任免名单。

副委员长彭冲、阿沛·阿旺晋美、赛福鼎·艾则孜、严济慈、荣毅仁、叶飞、廖汉生、陈慕华、费孝通、孙起孟、雷洁琼、王汉斌等出席会议。

国务委员陈俊生、最高人民法院院长任建新、最高人民检察院检察长刘复之列席会议。

第七届全国人大常委会第二十七次会议批准第八届全国人大少数民族代表名额分配方案

根据第七届全国人民代表大会第五次会议关于第八届全国人民代表大会代表名额和选举问题的决定，提出第八届全国人民代表大会少数民族代表名额分配方案。

一、按照“全国人民代表大会代表中，少数民族代表的名额，应占全国人民代表大会代表总名额的百分之十二左右”的规定，我国 55 个少数民族，应选代表 360 人左右。

二、分配方案对民族比较多、人口比较少的广西、贵州、云南、西藏、新疆等省、自治区共增加 45 个代表名额，对人口少的 30 个少数民族各分配 1 个代表名额，保证了全国每个少数民族至少有 1 名代表。

三、分配方案直接分配到各省、自治区、直辖市的少数民族代表为 320 名，加上分配给中央机关提名的 26 名少数民族代表候选人和分配给中国人民解放军的 10 名少数民族代表名额，共 356 名。根据历届全国人大代表选举的情况，在统一分配的少数民族代表名额以外，还会有一些少数民族人士被选为代表，因此实际选举结果还将超过这个数目。

第七届全国人大常委会第二十七次会议批准台湾省出席第八届全国人大代表协商选举方案

根据第七届全国人民代表大会第五次会议关于第八届全国人民代表大会代表名额和选举问题的决定，台湾省暂时选举八届全国人大代表 13 名，由在各省、自治区、直辖市和中国人民解放军的台湾省籍同胞中选出；选举办法是，由在各省、自治区、直辖市和中国人民解放军的台湾省籍同胞派代表来北京协商选举产生。

全国 30 个省、自治区、直辖市和中央党政机关中，现有台湾省籍同胞 34000 多人。参加协商的代表确定为 120 名。根据台湾省籍同胞（包括各地驻军中的台湾省籍同胞）的分布情况分配名额，由各省、自治区、直辖市人大常委会负责组织协商选派（分配方案附后）。

协商选举会议定于 1993 年 1 月在北京召开，会期约一周。

协商选举台湾省出席第八届全国人民代表大会代表，要发扬民主，酝酿候选人人选时要考虑到各方面的代表人物和优秀人物，同时要适当注意到中青年、妇女、少数民族等方面的人选。

按照《中华人民共和国全国人民代表大会和地方各级人民代表大会选举法》的有关规定，选举采用差额选举办法和无记名投票的方式。

协商选举会议由全国人大常委会林丽韫、蔡子民委员负责召集。协商选举的具体工作，由全国人大常委会办公厅办理。

国家主席杨尚昆签署第 60 号令发布《中华人民共和国税收征收管理法》

《中华人民共和国税收征收管理法》已由中华人民共和国第七届全国人民代表大会常务委员会第二十七次会议于 1992 年 9 月 4 日通过，现予公布，自 1993 年 1 月 1 日起施行。

中华人民共和国主席 杨尚昆

1992 年 9 月 4 日

中华人民共和国税收征收管理法

第一章 总 则

第一条 为了加强税收征收管理，保障国家税收收入，保护纳税人的合法权益，制定本法。

第二条 凡依法由税务机关征收的各种税收的征收管理，均适用本法。

第三条 税收的开征、停征以及减税、免税、退税、补税，依照法律的规定执行；法律授权国务院规定的，依照国务院制定的行政法规的规定执行。

任何机关、单位和个人不得违反法律、行政法规的规定，擅自作出税收开征、停征以及减税、免税、退税、补税的决定。

第四条 法律、行政法规规定负有纳税义务的单位和个人为纳税人。

法律、行政法规规定负有代扣代缴、代收代缴税款义务的单位和个人为扣缴义务人。

纳税人、扣缴义务人必须依照法律、行政法规的规定缴纳税款、代扣代缴、代收代缴税款。

第五条 国务院税务主管部门主管全国税收征收管理工作。

地方各级人民政府应当加强对本行政区域内税收征收管理工作的领导，支持税务机关依法执行职务、完成税收征收任务。

各有关部门和单位应当支持、协助税务机关依法执行职务。

税务机关依法执行职务,任何单位和个人不得阻挠。

第六条 税务人员必须秉公执法,忠于职守;不得索贿受贿、徇私舞弊、玩忽职守、不征或者少征应征税款;不得滥用职权多征税款或者故意刁难纳税人和扣缴义务人。

第七条 任何单位和个人都有权检举违反税收法律、行政法规的行为。税务机关应当为检举人保密,并按照规定给予奖励。

第八条 本法所称税务机关是指各级税务局、税务分局和税务所。

第二章 税务管理

第一节 税务登记

第九条 企业,企业在外地设立的分支机构和从事生产、经营的场所,个体工商户和从事生产、经营的事业单位(以下统称从事生产、经营的纳税人)自领取营业执照之日起三十日内,持有关证件,向税务机关申报办理税务登记。税务机关审核后发给税务登记证件。

前款规定以外的纳税人办理税务登记的范围和办法,由国务院规定。

第十条 从事生产、经营的纳税人,税务登记内容发生变化的,自工商行政管理机关办理变更登记之日起三十日内或者在向工商行政管理机关申请办理注销登记之前,持有关证件向税务机关申报办理变更或者注销税务登记。

第十一条 纳税人按照国务院税务主管部门的规定使用税务登记证件。税务登记证件不得转借、涂改、损毁、买卖或者伪造。

第二节 账簿、凭证管理

第十二条 从事生产、经营的纳税人、扣缴义务人按照国务院财政、税务主管部门的规定设置账簿,根据合法、有效凭证记账,进行核算。个体工商户确实不能设置账簿的,经税务机关核准,可以不设置账簿。

第十三条 从事生产、经营的纳税人的财务、会计制度或者财务、会计处理办法,应当报送税务机关备案。

从事生产、经营的纳税人的财务、会计制度或者财务、会计处理办法与国务院或者国务院财政、税务主管部门有关税收的规定抵触的,依照国务院或者国务院财政、税务主管部门有关税收的规定计算纳税。

第十四条 发票必须由省、自治区、直辖市人民政府税务主管部门指定的企业印制;未经省、自治区、直辖市人民政府税务主管部门指定,不得印制发票。

发票的管理办法由国务院规定。

第十五条 从事生产、经营的纳税人、扣缴义务人必须按照国务院财政、税务主管部门规定的保管期限保管账簿、记账凭证、完税凭证及其他有关资料。

账簿、记账凭证、完税凭证及其他有关资料不得伪造、变造或者擅自损毁。

第三节 纳税申报

第十六条 纳税人必须在法律、行政法规规定或者税务机关依照法律、行政法规的规定确定的申报期限内办理纳税申报,报送纳税申报表、财务会计报表以及税务机关根据实际需要要求纳税人报送的其他纳税资料。

扣缴义务人必须在法律、行政法规规定或者税务机关依照法律、行政法规的规定确定的申报期限内报送代扣代缴、代收代缴税款报告表以及税务机关根据实际需要要求扣缴义务人报送的其他有关资料。

第十七条 纳税人、扣缴义务人不能按期办理纳税申报或者报送代扣代缴、代收代缴税款报告表的,经税务机关核准,可以延期申报。

第三章 税款征收

第十八条 税务机关依照法律、行政法规的规定征收税款,不得违反法律、行政法规的规定开征、停征、多征或者少征税款。

第十九条 扣缴义务人依照法律、行政法规的规定履行代扣、代收税款的义务。对法律、行政法规没有规定负有代扣、代收税款义务的单位和个人,税务机关不得要求其履行代扣、代收税款义务。

扣缴义务人依法履行代扣、代收税款义务时,纳税人不得拒绝。纳税人拒绝的,扣缴义务人应当及时报告税务机关处理。

税务机关按照规定付给扣缴义务人代扣、代收手续费。

第二十条 纳税人、扣缴义务人按照法律、行政法规规定或者税务机关依照法律、行政法规的规定确定的期限,缴纳或者解缴税款。纳税人因有特殊困难,不能按期缴纳税款的,经县以上税务局(分局)批准,可以延期缴纳税款,但最长不得超过三个月。

纳税人未按照前款规定期限缴纳税款的,扣缴义务人未按照前款规定期限解缴税款的,税务机关除责令限期缴纳外,从滞纳税款之日起,按日加收滞纳税款千分之二的滞纳金。

第二十一条 纳税人可以依照法律、行政法规的规定向税务机关书面申请减税、免税。

减税、免税的申请须经法律、行政法规规定的减税、免税审查批准机关审批;地方各级人民政府、各级人民政府主管部门、单位和个人违反法律、行政法规规定,擅自作出的减税、免税决定无效。

第二十二条 税务机关征收税款和扣缴义务人代

扣、代收税款时，必须给纳税人开具完税凭证。

第二十三条 纳税人有下列情形之一的，税务机关有权核定其应纳税额：

(一)依照本法规定可以不设置账簿的；

(二)依照本法规定应当设置但未设置账簿的；

(三)虽设置账簿，但账目混乱或者成本资料、收入凭证、费用凭证残缺不全，难以查账的；

(四)发生纳税义务，未按照规定的期限办理纳税申报，经税务机关责令限期申报，逾期仍不申报的。

第二十四条 企业或者外国企业在中国境内设立的从事生产、经营的机构、场所与其关联企业之间的业务往来，应当按照独立企业之间的业务往来收取或者支付价款、费用；不按照独立企业之间的业务往来收取或者支付价款、费用，而减少其应纳税的收入或者所得额的，税务机关有权进行合理调整。

第二十五条 对未取得营业执照从事经营的单位或者个人，除由工商行政管理机关依法处理外，由税务机关核定其应纳税额，责令缴纳；不缴纳的，税务机关可以扣押其价值相当于应纳税款的商品、货物。扣押后缴纳应纳税款的，税务机关必须立即解除扣押，并归还所扣押的商品、货物；扣押后仍不缴纳应纳税款的，经县以上税务局(分局)局长批准，拍卖所扣押的商品、货物，以拍卖所得抵缴税款。

第二十六条 税务机关有根据认为从事生产、经营的纳税人有逃避纳税义务行为的，可以在规定的纳税期之前，责令限期缴纳应纳税款；在限期内发现纳税人有明显的转移、隐匿其应纳税的商品、货物以及其他财产或者应纳税的收入的迹象的，税务机关可以责成纳税人提供纳税担保。如果纳税人不能提供纳税担保，经县以上税务局(分局)局长批准，税务机关可以采取下列税收保全措施：

(一)书面通知纳税人开户银行或者其他金融机构暂停支付纳税人的金额相当于应纳税款的存款；

(二)扣押、查封纳税人的价值相当于应纳税款的商品、货物或者其他财产。

纳税人在前款规定的限期内缴纳税款的，税务机关必须立即解除税收保全措施；限期期满仍未缴纳税款的，经县以上税务局(分局)局长批准，税务机关可以书面通知纳税人开户银行或者其他金融机构从其暂停支付的存款中扣缴税款，或者拍卖所扣押、查封的商品、货物或者其他财产，以拍卖所得抵缴税款。

采取税收保全措施不当，或者纳税人在限期内已缴纳税款，税务机关未立即解除税收保全措施，使纳税人的合法利益遭受损失的，税务机关应当承担赔偿责任。

第二十七条 从事生产、经营的纳税人、扣缴义务人未按照规定的期限缴纳或者解缴税款，纳税担保人未按照规定的期限缴纳所担保的税款，由税务机关责令限期缴纳，逾期仍未缴纳的，经县以上税务局(分局)局长批准，税务机关可以采取下列强制执行措施：

(一)书面通知其开户银行或者其他金融机构从其存款中扣缴税款；

(二)扣押、查封、拍卖其价值相当于应纳税款的商品、货物或者其他财产，以拍卖所得抵缴税款。

税务机关采取强制执行措施时，对前款所列纳税人、扣缴义务人、纳税担保人未缴纳的滞纳金同时强制执行。

第二十八条 欠缴税款的纳税人需要出境的，应当在出境前向税务机关结清应纳税款或者提供担保。未结清税款，又不提供担保的，税务机关可以通知出境管理机关阻止其出境。

第二十九条 税务机关扣押商品、货物或者其他财产时，必须开付收据；查封商品、货物或者其他财产时，必须开付清单。

第三十条 纳税人超过应纳税额缴纳的税款，税务机关发现后应当立即退还；纳税人自结算缴纳税款之日起三年内发现的，可以向税务机关要求退还，税务机关查实后应当立即退还。

第三十一条 因税务机关的责任，致使纳税人、扣缴义务人未缴或者少缴税款的，税务机关在三年内可以要求纳税人、扣缴义务人补缴税款，但是不得加收滞纳金。

因纳税人、扣缴义务人计算错误等失误，未缴或者少缴税款的，税务机关在三年内可以追征；有特殊情况的，追征期可以延长到十年。

第四章 税务检查

第三十二条 税务机关有权进行下列税务检查：

(一)检查纳税人的账簿、记账凭证、报表和有关资料，检查扣缴义务人代扣代缴、代收代缴税款账簿、记账凭证和有关资料；

(二)到纳税人的生产、经营场所和货物存放地检查纳税人应纳税的商品、货物或者其他财产，检查扣缴义务人与代扣代缴、代收代缴税款有关的经营情况；

(三)责成纳税人、扣缴义务人提供与纳税或者代扣代缴、代收代缴税款有关的文件、证明材料和有关资料；

(四)询问纳税人、扣缴义务人与纳税或者代扣代缴、代收代缴税款有关的问题和情况；

(五)到车站、码头、机场、邮政企业及其分支机构检查纳税人托运、邮寄应纳税商品、货物或者其他财产的有关单据、凭证和有关资料；

(六)经县以上税务局(分局)局长批准，凭全国统一格式的检查存款账户许可证明，查核从事生产、经营的纳税人、扣缴义务人在银行或者其他金融机构的存款账户；查核从事生产、经营的纳税人的储蓄存款，须经银行县、市支行或者市分行的区办事处核对，指定所属储蓄所提供资料。

第三十三条 纳税人、扣缴义务人必须接受税务机关依法进行的税务检查，如实反映情况，提供有关资料，不得拒绝、隐瞒。

第三十四条 税务机关依法进行税务检查时，有关部门和单位应当支持、协助，向税务机关如实反映纳税人、扣缴义务人和其他当事人的与纳税或者代扣代缴、代收代缴税款有关的情况，提供有关资料及证明材料。

第三十五条 税务机关调查税务违法案件时，对与案件有关的情况和资料，可以记录、录音、录像、照相和复制。

第三十六条 税务机关派出的人员进行税务检查时，应当出示税务检查证件，并有责任为被检查人保守秘密。

第五章 法律责任

第三十七条 纳税人有下列行为之一的，由税务机关责令限期改正，逾期不改正的，可以处以二千元以下的罚款；情节严重的，处以二千元以上一万元以下的罚款：

(一)未按照规定的期限申报办理税务登记、变更或者注销登记的；

(二)未按照规定设置、保管账簿或者保管记账凭证和有关资料的；

(三)未按照规定将财务、会计制度或者财务、会计处理办法报送税务机关备查的。

第三十八条 扣缴义务人未按照规定设置、保管代扣代缴、代收代缴税款账簿或者保管代扣代缴、代收代缴税款记账凭证及有关资料的，由税务机关责令限期改正，逾期不改正的，可以处以二千元以下的罚款；情节严重的，处以二千元以上五千元以下的罚款。

第三十九条 纳税人未按照规定的期限办理纳税申报的，或者扣缴义务人未按照规定的期限向税务机关报送代扣代缴、代收代缴税款报告表的，由税务机关责令限期改正，可以处以二千元以下的罚款；逾期不改正的，可以处以二千元以上一万元以下的罚款。

第四十条 纳税人采取伪造、变造、隐匿、擅自销毁账簿、记账凭证，在账簿上多列支出或者不列、少列收入，或者进行虚假的纳税申报的手段，不缴或者少缴应纳税款的，是偷税。偷税数额占应纳税额的百分之十以上并且偷税数额在一万元以上的，或者因偷税被税务机关给予二次行政处罚又偷税的，除由税务机关追缴其偷税款外，依照关于惩治偷税、抗税犯罪的补充规定第一条的规定处罚；偷税数额不满一万元或者偷税数额占应纳税额不到百分之十的，由税务机关追缴其偷税款，处以偷税数额五倍以下的罚款。

扣缴义务人采取前款所列手段，不缴或者少缴已扣、已收税款，数额占应缴税额的百分之十以上并且数额在一万元以上的，依照关于惩治偷税、抗税犯罪的补充规定第一条的规定处罚；数额不满一万元或者数额占应缴税额不到百分之十的，由税务机关追缴其不缴或者少缴的税款，处以不缴或者少缴的税款五倍以下的罚款。

第四十一条 纳税人欠缴应纳税款，采取转移或者隐匿财产的手段，致使税务机关无法追缴欠缴的税款，数额在一万元以上的，除由税务机关追缴欠缴的税款外，依照关于惩治偷税、抗税犯罪的补充规定第二条的规定处罚；数额不满一万元的，由税务机关追缴欠缴的税款，处以欠缴税款五倍以下的罚款。

第四十二条 企业事业单位犯有第四十条、第四十一条规定的违法行为，构成犯罪的，依照关于惩治偷税、抗税犯罪的补充规定第三条的规定处罚；未构成犯罪的，由税务机关追缴其不缴或者少缴的税款，处以不缴或者少缴的税款五倍以下的罚款。

第四十三条 纳税人向税务人员行贿，不缴或者少缴应纳税款的，依照关于惩治偷税、抗税犯罪的补充规定第四条的规定处罚。

第四十四条 企业事业单位采取对所生产或者经营的商品假报出口等欺骗手段，骗取国家出口退税款，数额在一万元以上的，除由税务机关追缴其骗取的退税款外，依照关于惩治偷税、抗税犯罪的补充规定第五条第一款的规定处罚；骗取的国家出口退税款数额不满一万元的，由税务机关追缴其骗取的退税款，处以骗取税款五倍以下的罚款。

前款规定以外的单位或者个人骗取国家出口退税款的，除由税务机关追缴其骗取的退税款外，依照关于惩治偷税、抗税犯罪的补充规定第五条第二款的规定处罚；数额较小，未构成犯罪的，由税务机关追缴其骗取的退税款，处以骗取税款五倍以下的罚款。

第四十五条 以暴力、威胁方法拒不缴纳税款的，是抗税，除由税务机关追缴其拒缴的税款外，依照关于惩治偷税、抗税犯罪的补充规定第六条第一款的规定处罚；情节轻微，未构成犯罪的，由税务机关追缴其拒缴的税款，处以拒缴税款五倍以下的罚款。

以暴力方法抗税，致人重伤或者死亡的，按照伤害罪、杀人罪从重处罚，并依照关于惩治偷税、抗税犯罪的补充规定第六条第二款的规定处以罚金。

第四十六条 从事生产、经营的纳税人、扣缴义务人在规定期限内不缴或者少缴应纳或者应解缴的税款，经税务机关责令限期缴纳，逾期仍未缴纳的，税务机关除依照本法第二十七条的规定采取强制执行措施追缴其不缴或者少缴的税款外，可以处以不缴或者少缴的税款五倍以下的罚款。

第四十七条　扣缴义务人应扣未扣、应收未收税款的，由扣缴义务人缴纳应扣未扣、应收未收税款。但是，扣缴义务人已将纳税人拒绝代扣、代收的情况及时报告税务机关的除外。

第四十八条　违反本法第十四条规定，非法印制发票的，由税务机关销毁非法印制的发票，没收违法所得，并处罚款。

第四十九条　本法规定的行政处罚，由县以上税务局（分局）决定；对个体工商户及未取得营业执照从事经营的单位、个人罚款额在一千元以下的，由税务所决定。

税务机关罚款必须开付收据。

第五十条　以暴力、威胁方法阻碍税务人员依法执行职务的，依照刑法第一百五十七条的规定追究刑事责任；拒绝、阻碍税务人员依法执行职务未使用暴力、威胁方法的，由公安机关依照治安管理处罚条例的规定处罚。

第五十一条　人民法院和税务机关的罚没收入，一律上缴国库。

第五十二条　税务人员与纳税人、扣缴义务人勾结，唆使或者协助纳税人、扣缴义务人犯本法第四十条、第四十一条、第四十二条、第四十四条罪的，按照刑法关于共同犯罪的规定处罚；未构成犯罪的，给予行政处分。

第五十三条　税务人员利用职务上的便利，收受或者索取纳税人、扣缴义务人财物，构成犯罪的，按照受贿罪追究刑事责任；未构成犯罪的，给予行政处分。

第五十四条　税务人员玩忽职守，不征或者少征应征税款，致使国家税收遭受重大损失的，依照刑法第一百八十七条的规定追究刑事责任；未构成犯罪的，给予行政处分。

税务人员滥用职权，故意刁难纳税人、扣缴义务人的，给予行政处分。

第五十五条　违反法律、行政法规的规定，擅自决定税收的开征、停征或者减税、免税、退税、补税的，除依照本法规定撤销其擅自作出的决定外，补征应征未征税款，退还不应征收而征收的税款，并由上级机关追究直接责任人员的行政责任。

第五十六条　纳税人、扣缴义务人、纳税担保人同税务机关在纳税上发生争议时，必须先依照法律、行政法规的规定缴纳或者解缴税款及滞纳金，然后可以在收到税务机关填发的缴款凭证之日起六十日内向上一级税务机关申请复议。上一级税务机关应当自收到复议申请之日起六十日内作出复议决定。对复议决定不服的，可以在接到复议决定书之日起十五日内向人民法院起诉。

当事人对税务机关的处罚决定、强制执行措施或者税收保全措施不服的，可以在接到处罚通知之日起或者税务机关采取强制执行措施、税收保全措施之日起十五日内向作出处罚决定或者采取强制执行措施、税收保全措施的机关的上一级机关申请复议；对复议决定不服的，可以在接到复议决定之日起十五日内向人民法院起诉。当事人也可以在接到处罚通知之日起或者税务机关采取强制执行措施、税收保全措施之日起十五日内直接向人民法院起诉。复议和诉讼期间，强制执行措施和税收保全措施不停止执行。

当事人对税务机关的处罚决定逾期不申请复议也不向人民法院起诉、又不履行的，作出处罚决定的税务机关可以申请人民法院强制执行。

第六章　附　则

第五十七条　纳税人、扣缴义务人可以委托税务代理人代为办理税务事宜。

第五十八条　农业税、牧业税、耕地占用税、契税的征收管理，参照本法有关规定执行。

关税、船舶吨税及海关代征税收的征收管理，依照法律、行政法规的有关规定执行。

第五十九条　中华人民共和国同外国缔结的有关税收的条约、协定同本法有不同规定的，依照条约、协定的规定办理。

第六十条　本法施行前颁布的税收法律与本法有不同规定的，适用本法规定。

第六十一条　国务院根据本法制定实施细则。

第六十二条　本法自 1993 年 1 月 1 日起施行。1986 年 4 月 21 日国务院发布的《中华人民共和国税收征收管理暂行条例》同时废止。

国家主席杨尚昆签署第 61 号令发布《全国人大常委会关于惩治偷税、抗税犯罪的补充规定》

《中华人民共和国全国人民代表大会常务委员会关于惩治偷税、抗税犯罪的补充规定》已由中华人民共和国第七届全国人民代表大会常务委员会第二十七次会议于 1992 年 9 月 4 日通过，现予公布，自 1993 年 1 月 1 日起施行。

中华人民共和国主席　杨尚昆

1992 年 9 月 4 日

全国人大常委会关于惩治偷税、抗税犯罪的补充规定

为了惩治偷税、抗税的犯罪行为，对刑法作如下补

充规定：

一、纳税人采取伪造、变造、隐匿、擅自销毁账簿、记账凭证，在账簿上多列支出或者不列、少列收入，或者进行虚假的纳税申报的手段，不缴或者少缴应纳税款的，是偷税。偷税数额占应纳税额的百分之十以上并且偷税数额在一万元以上的，或者因偷税被税务机关给予二次行政处罚又偷税的，处三年以下有期徒刑或者拘役，并处偷税数额五倍以下的罚金；偷税数额占应纳税额的百分之三十以上并且偷税数额在十万元以上的，处三年以上七年以下有期徒刑，并处偷税数额五倍以下的罚金。

扣缴义务人采取前款所列手段，不缴或者少缴已扣、已收税款，数额占应缴税额的百分之十以上并且数额在一万元以上的，依照前款规定处罚。

对多次犯有前两款规定的违法行为未经处罚的，按照累计数额计算。

二、纳税人欠缴应纳税款，采取转移或者隐匿财产的手段，致使税务机关无法追缴欠缴的税款，数额在一万元以上不满十万元的，处三年以下有期徒刑或者拘役，并处欠缴税款五倍以下的罚金；数额在十万元以上的，处三年以上七年以下有期徒刑，并处欠缴税款五倍以下的罚金。

三、企业事业单位犯第一条、第二条罪的，依照第一条、第二条的规定，判处罚金，并对负有直接责任的主管人员和其他直接责任人员，处三年以下有期徒刑或者拘役。

四、纳税人向税务人员行贿，不缴或者少缴应纳税款的，按照行贿罪追究刑事责任，并处不缴或者少缴的税款五倍以下的罚金。

五、企业事业单位采取对所生产或者经营的商品假报出口等欺骗手段，骗取国家出口退税款，数额在一万元以上的，处骗取税款五倍以下的罚金，并对负有直接责任的主管人员和其他直接责任人员，处三年以下有期徒刑或者拘役。

前款规定以外的单位或者个人骗取国家出口退税款的，按照诈骗罪追究刑事责任，并处骗取税款五倍以下的罚金；单位犯本款罪的，除处以罚金外，对负有直接责任的主管人员和其他直接责任人员，按照诈骗罪追究刑事责任。

六、以暴力、威胁方法拒不缴纳税款的，是抗税，处三年以下有期徒刑或者拘役，并处拒缴税款五倍以下的罚金；情节严重的，处三年以上七年以下有期徒刑，并处拒缴税款五倍以下的罚金。

以暴力方法抗税，致人重伤或者死亡的，按照伤害罪、杀人罪从重处罚，并依照前款规定处以罚金。

七、对犯本规定之罪的，由税务机关追缴不缴、少缴、欠缴、拒缴或者骗取的税款。对依法免予刑事处罚的，除由税务机关追缴不缴、少缴、欠缴、拒缴或者骗取的税款外，处不缴、少缴、欠缴、拒缴或者骗取的税款五倍以下的罚款。

八、本规定自 1993 年 1 月 1 日起施行。

国家主席杨尚昆签署第 62 号令发布《中华人民共和国全国人民代表大会常务委员会关于修改〈中华人民共和国专利法〉的决定》

《中华人民共和国全国人民代表大会常务委员会关于修改〈中华人民共和国专利法〉的决定》已由中华人民共和国第七届全国人民代表大会常务委员会第二十七次会议于 1992 年 9 月 4 日通过，现予公布，自 1993 年 1 月 1 日起施行。

中华人民共和国主席 杨尚昆

1992 年 9 月 4 日

全国人大常委会关于修改《中华人民共和国专利法》的决定

第七届全国人民代表大会常务委员会第二十七次会议审议了国务院关于《中华人民共和国专利法修正案(草案)》的议案，决定对《中华人民共和国专利法》作如下修改：

一、第十一条第一款修改为："发明和实用新型专利权被授予后，除法律另有规定的以外，任何单位或者个人未经专利权人许可，不得为生产经营目的制造、使用、销售其专利产品，或者使用其专利方法以及使用、销售依照该专利方法直接获得的产品。"

第十一条第二款修改为："外观设计专利权被授予后，任何单位或者个人未经专利权人许可，不得为生产经营目的制造、销售其外观设计专利产品。"

第十一条增加一款，作为第三款："专利权被授予后，除法律另有规定的以外，专利权人有权阻止他人未经专利权人许可，为上两款所述用途进口其专利产品或者进口依照其专利方法直接获得的产品。"

二、第二十五条第一款修改为："对下列各项，不授予专利权：

(一)科学发现；

(二)智力活动的规则和方法；

(三)疾病的诊断和治疗方法；

(四)动物和植物品种；

(五)用原子核变换方法获得的物质。"

第二十五条第二款修改为："对上款第四项所列产品的生产方法，可以依照本法规定授予专利权。"

三、第二十九条第一款修改为："申请人自发明或者实用新型在外国第一次提出专利申请之日起十二个月内，或者自外观设计在外国第一次提出专利申请之日起六个月内，又在中国就相同主题提出专利申请的，依照该外国同中国签订的协议或者共同参加的国际条约，或者依照相互承认优先权的原则，可以享有优先权。”

第二十九条第二款修改为：“申请人自发明或者实用新型在中国第一次提出专利申请之日起十二个月内，又向专利局就相同主题提出专利申请的，可以享有优先权。”

四、第三十条修改为：“申请人要求优先权的，应当在申请的时候提出书面声明，并且在三个月内提交第一次提出的专利申请文件的副本；未提出书面声明或者逾期未提交专利申请文件副本的，视为未要求优先权。”

五、第三十三条修改为：“申请人可以对其专利申请文件进行修改，但是，对发明和实用新型专利申请文件的修改不得超出原说明书和权利要求书记载的范围，对外观设计专利申请文件的修改不得超出原图片或者照片表示的范围。”

六、第三十四条修改为：“专利局收到发明专利申请后，经初步审查认为符合本法要求的，自申请日起满十八个月，即行公布。专利局可以根据申请人的请求早日公布其申请。”

七、第三十九条修改为：“发明专利申请经实质审查没有发现驳回理由的，专利局应当作出授予发明专利权的决定，发给发明专利证书，并予以登记和公告。”

八、第四十条修改为：“实用新型和外观设计专利申请经初步审查没有发现驳回理由的，专利局应当作出授予实用新型专利权或者外观设计专利权的决定，发给相应的专利证书，并予以登记和公告。”

九、第四十一条修改为：“自专利局公告授予专利权之日起六个月内，任何单位或者个人认为该专利权的授予不符合本法有关规定的，都可以请求专利局撤销该专利权。”

十、第四十二条修改为：“专利局对撤销专利权的请求进行审查，作出撤销或者维持专利权的决定，并通知请求人和专利权人。撤销专利权的决定，由专利局登记和公告。”

十一、第四十三条第一款修改为：“专利局设立专利复审委员会。对专利局驳回申请的决定不服的，或者对专利局撤销或者维持专利权的决定不服的，可以自收到通知之日起三个月内，向专利复审委员会请求复审。专利复审委员会复审后，作出决定，并通知专利申请人、专利权人或者撤销专利权的请求人。”

第四十三条第二款修改为：“发明专利的申请人、发明专利权人或者撤销发明专利权的请求人对专利复审委员会的复审决定不服的，可以自收到通知之日起三个月内向人民法院起诉。”

第四十三条第三款修改为：“专利复审委员会对申请人、专利权人或者撤销专利权的请求人关于实用新型和外观设计的复审请求所作出的决定为终局决定。”

十二、第四十四条修改为：“被撤销的专利权视为自始即不存在。”

十三、第四十五条修改为：“发明专利权的期限为二十年，实用新型专利权和外观设计专利权的期限为十年，均自申请日起计算。”

十四、第四十八条修改为：“自专利局公告授予专利权之日起满六个月后，任何单位或者个人认为该专利权的授予不符合本法有关规定的，都可以请求专利复审委员会宣告该专利权无效。”

十五、第五十条修改为：“宣告无效的专利权视为自始即不存在。

宣告专利权无效的决定，对在宣告专利权无效前人民法院作出并已执行的专利侵权的判决、裁定，专利管理机关作出并已执行的专利侵权处理决定，以及已经履行的专利实施许可合同和专利权转让合同，不具有追溯力。但是因专利权人的恶意给他人造成的损失，应当给予赔偿。

如果依照上款规定，专利权人或者专利权转让人不向被许可实施专利人或者专利权受让人返还专利使用费或者专利权转让费，明显违反公平原则，专利权人或者专利权转让人应当向被许可实施专利人或者专利权受让人返还全部或者部分专利使用费或者专利权转让费。

本条第二款、第三款的规定适用于被撤销的专利权。”

十六、第五十一条修改为：“具备实施条件的单位以合理的条件请求发明或者实用新型专利权人许可实施其专利，而未能在合理长的时间内获得这种许可时，专利局根据该单位的申请，可以给予实施该发明专利或者实用新型专利的强制许可。”

十七、第五十二条修改为：“在国家出现紧急状态或者非常情况时，或者为了公共利益的目的，专利局可以给予实施发明专利或者实用新型专利的强制许可。”

十八、第六十条第二款修改为：“在发生侵权纠纷的时候，如果发明专利是一项新产品的制造方法，制造同样产品的单位或者个人应当提供其产品制造方法的说明。”

十九、第六十三条增加一款，作为第二款：“将非专利产品冒充专利产品的或者将非专利方法冒充专利方法的，由专利管理机关责令停止冒充行为，公开更正，并处以罚款。”

本决定自 1993 年 1 月 1 日起施行。本决定施行前提出的专利申请和根据该申请授予的专利权,适用修改以前的专利法的规定。但是,专利申请在本决定施行前尚未依照修改以前的专利法第三十九条、第四十条的规定公告的,该专利申请的批准和专利权的撤销、宣告无效的程序适用修改后的专利法第三十九条至第四十四条和第四十八条的规定。

《中华人民共和国专利法》根据本决定作相应的修正,重新公布。

国家主席杨尚昆签署第63号令发布任免名单

根据中华人民共和国第七届全国人民代表大会常务委员会第二十七次会议1992年9月4日的决定:

一、免去王丙乾兼任的财政部部长职务。

任命刘仲藜为财政部部长。

二、免去李森茂的铁道部部长职务。

任命韩杼滨为铁道部部长。

中华人民共和国主席 杨尚昆

1992年9月4日

国务院副总理邹家华在钓鱼台国宾馆会见参加海峡两岸土地学术研讨会的台湾代表团全体成员

全国人大常委会就美国政府决定向台湾出售F-16战斗机一事发表严正声明

全国政协常委会就美国政府决定向台湾出售F-16战斗机一事发表严正声明

中共中央总书记江泽民在中南海会见日本日中友好协会会长平山郁夫

中共中央总书记江泽民在中南海会见日中友好协会会长平山郁夫一行,宾主进行亲切友好的交谈。

江泽民对平山郁夫最近就任日中友协会长表示衷心的祝贺,并对他率团访华表示欢迎。江泽民说,日中友协长期以来为发展中日友好合作关系作出了积极的贡献。

江泽民说,中日两国友好相处符合两国人民的共同利益,也有利于亚洲及世界的和平与稳定。1992年是中日邦交正常化20周年,中日双方为此举办了形式多样的纪念活动。中国愿意同日本各界朋友共同努力,把中日关系推进到一个新阶段。

他希望日中友协今后继续为加强中日友好交流发挥更大的作用。

平山郁夫介绍了日中友协近年来和中方开展交流的情况,并表示今后将进一步发展与中国在各个领域的友好交流,为两国关系的发展作出更大贡献。

中国版协国际合作出版促进会和台北出版人访问团在北京联合举办两岸出版合作交流研讨会

中国书店举办成立40周年座谈会

中国运动员在第9届残奥会上夺得1枚金牌

黄文涛4破B2级男子跳远纪录并夺得金牌,吴彦俭在男子TS4级800米比赛中打破世界纪录。

9月5日

中共中央国务院关于加强对固定资产投资和信贷规模进行宏观调控的通知

一、加强对固定资产投资规模的调控。目前,固定资产投资规模增长过猛,工程建设超概算、建设资金不落实的情况比较普遍,单纯追求工业产值和低水平重复建设的趋势又有所抬头,有些地方不讲条件,盲目上开发区、铺新摊子,这种情况发展下去,势必影响经济的健康发展。因此,各地区和有关部门必须严格控制固定资产投资规模,正确引导资金投向,调整投资结构,保证重点建设。要按国家产业政策和计划要求严格控制固定资产贷款,严禁挪用流动资金贷款搞固定资产投资,对于自筹投资项目,任何单位和各级领导人都不得要求或强令银行用贷款垫补自筹投资缺口。为了进一步控制投资规模,各地区和有关部门要切实加强对社会集资的管理,各类证券要按国家计划发行,不得擅自超计划发行,也不得以乱发各种名目债券等方式搞计划外集资。

二、加强对信贷规模和货币发行的调控。今年经过调整的货币信贷计划,计划总量已有较大增加,是能够适应促进加快经济发展和改革开放步伐需要的。因此,各级党委和人民政府以及有关部门都必须坚决、认真地执行好这个计划,不得以任何方式迫使银行超计划发放贷款。为了确保全年货币信贷计划的实现,今年第三季度末银行贷款规模必须坚决控制在计划以内。哪家银行突破了,由哪家银行负责;哪个地区突破了,由哪个地区的党委和人民政府的主要领导同志负责。各家银行总行要加强对贷款规模的控制和对信贷计划执行情况的检查,搞好资金调度和融通。各地银行要严格按照国家计划和政策发放贷款,各级党委和人民政府要认真督促当地银行严格遵守贷款计划,监督和支持银行工作。党中央、国务院重申,金融是国家掌握的重要宏观调控手段,货币发行权、信用总量调控权和利率调整权等要由中央统一掌握,各地必须服从中央统一的金融政策。

三、进一步调整信贷结构,加速资金周转,支持经济加快发展的合理资金需要。现在银行贷款余额已达两万亿元，加速周转百分之一，就是二百亿元，资金潜力很大。只要采取切实措施，加速资金周转，就可以腾出大量资金支持经济建设。因此，各地加快经济发展主要应当依靠挖掘现有资金的潜力，不能把希望单纯寄托在银行新增贷款上。各级党委和人民政府要组织有关部门认真落实限产压库促销的措施，努力清理“三角债”，进一步搞活资金，减少资金占压，通过收回贷款再发放出去来调剂解决资金需要。当前银行资金运用的重点，一是保证居民储蓄存款支付，二是支持秋季农副产品收购，三是支持国家重点建设项目，四是支持效益好、质量高、外向型的经济发展。对于边生产、边积压和长期亏损又无弥补来源的企业或产品以及今年新增粮食财务挂账的企业，银行要停止贷款。

四、积极组织货币回笼，控制货币投放。各级党委和人民政府以及各有关部门要动员社会各方面力量，大力宣传和鼓励储蓄，进一步采取有力措施，改善服务，方便群众存款，更多地吸收居民储蓄，千方百计地稳定和增加银行资金来源。同时，要采取有效措施，严格控制个人消费基金和社会集团购买力的过快增长，积极组织生产适销对路商品，搞活商品流通，增加银行的货币回笼。

金融是国家筹集和分配生产建设资金的主要渠道，也是调控经济的一个重要杠杆。金融能否稳定发展，国家建设的宏观调控能否搞好，对于加快改革开放步伐，巩固与发展当前大好形势，保持经济较长时间的快速增长，至关重要。党中央、国务院要求各级党委和人民政府，要从全国改革开放的大局出发，按照上述精神和有关规定，切实解决当前经济工作中的问题，加快改革开放的步伐，使经济建设更好更快地上一个新台阶。

外交部发言人重申中国越南应通过谈判解决北部湾海域划分

中央军委发布中国人民解放军仪仗队使用陆军海军空军军旗式样的命令

兹发布中国人民解放军仪仗队执行司礼任务时使用的陆军、海军、空军军旗式样（图案略），自 1992 年 10 月 1 日启用。

1992 年 9 月 5 日

陆军军旗式样

图案说明：陆军军旗上半部（占旗面的 5/8）保持中国人民解放军军旗基本式样，下半部（占旗面的 3/8）为草绿色，象征绿色的大地。表示陆军是中国人民解放军的组成部分，为保卫社会主义祖国领土安全而英勇战斗，所向无敌。

海军军旗式样

图案说明：海军军旗上半部（占旗面的 5/8）保持中国人民解放军军旗基本式样，下半部（占旗面的 3/8）为蓝白条相间，象征大海与海浪。表示人民海军是中国人民解放军的组成部分，为保卫社会主义祖国的万里海疆而乘风破浪，勇往直前。

空军军旗式样

图案说明：空军军旗上半部（占旗面的 5/8）保持中国人民解放军军旗基本式样，下半部（占旗面的 3/8）为天蓝色，象征辽阔的蓝天。表示人民空军是中国人民解放军的组成部分，为保卫社会主义祖国领空神圣不可侵犯而展翅翱翔，搏击长空。

北京图书馆庆祝开馆 80 周年

中国国家图书馆——北京图书馆在新馆举行纪念大会，庆祝这座拥有历代皇家藏书和著名私人珍藏的国家总书库和书目中心开馆 80 周年暨新馆开馆 5 周年。

大陆记者赴台湾采访团抵达台北

由 18 名大陆记者组成的赴台采访团中午 12 时 10 分抵达台北桃园机场。

中国专利局发言人就专利法修正案的通过对新华社记者发表谈话

中国专利法是 1984 年 3 月 12 日由第六届全国人民代表大会常务委员会第四次会议通过，并于 1985 年 4 月 1 日施行的。七年多的实践表明，专利法对鼓励发明创造，促进我国科技进步和经济发展以及对外科技交流和经贸往来，发挥了积极和重要的作用。

但是，随着我国改革的继续深化和开放的不断扩大，专利法的某些规定已不能完全适应形势发展的需要，尤其是我国将要恢复在关贸总协定中的合法地位，如何向国际标准靠拢，以利于国内外科技与经济的合作与交流，吸引外国的投资与技术，是专利法修改中急需解决的重要问题。同时，专利法在实施过程中尚存在不完善之处，也需要对其进行必要的修改。

专利法的修改工作早在 1988 年就已开始，1992 年 6 月 5 日，国务院常务会第 105 次会议原则通过了专利法修正案（草案），1992 年 9 月 4 日，第七届全国人民代表大会常务委员会第 27 次会议通过专利法修正案，并于 1993 年 1 月 1 日起施行。

此次专利法修正案的主要内容有：

一、扩大了专利保护的范围。根据专利法修正案的规定，药品和用化学方法获得的物质以及食品、饮料和调味品可以授予专利权。

二、延长专利权的期限。发明专利权的期限由15年延长至20年;实用新型专利权和外观设计专利权的期限延长至10年,并取消续展手续。上述专利权期限均自申请日起计算。

三、增加对专利产品进口的保护。即,除法律另有规定的以外,专利权人有权阻止他人未经专利权人许可,为生产经营目的制造、使用、销售而进口其专利产品或者进口依照其专利方法直接获得的产品。

四、对方法专利的保护延及依该方法直接获得的产品。根据修正案的这一规定,任何人未经专利权人许可,不但不得为生产经营目的使用其专利方法,也不得为生产经营目的使用、销售依该专利方法直接获得的产品。

五、重新规定对专利实施强制许可的条件。(1)具备实施条件的单位以合理的条件请求发明或者实用新型专利权人许可实施其专利,而未能在合理的时间内获得这种许可时,专利局根据该单位的申请,可以给予实施该发明专利或者实用新型专利的强制许可。(2)在国家出现紧急状态或者非常情况时,或者为了公共利益的目的,专利局可以给予实施发明或者实用新型专利的强制许可。

六、增设本国优先权。即申请人就同一发明或者实用新型在中国第一次提出专利申请之日起12个月内,又向专利局提出申请的,可以享有优先权。这样规定,申请人就可以在优先权期间进一步完善其发明或者实用新型,或者将发明与实用新型相互改变其专利申请形式。

七、将授权前的异议程序改为授权后的撤销程序。发明专利申请经实质审查没有发现驳回理由的,实用新型和外观设计专利申请经初步审查没有发现驳回理由的,专利局不再经过异议程序,即作出授予专利权的决定。但自专利局公告授予专利权之日起六个月内,任何单位或者个人认为该专利权的授予不符合专利法规定的,都可以请求专利局撤销该专利权。

八、限定宣告专利权无效决定的追溯力。宣告专利权无效的决定,对人民法院在宣告专利权无效前作出并已执行的专利侵权裁决,专利管理机关在宣告专利权无效前作出并已执行的专利侵权处理决定,以及在宣告专利权无效前已经履行的专利实施许可合同和专利权转让合同,不具有追溯力;但是因专利权人的恶意给他人造成的损失,应当给予赔偿。如果依照上述规定,专利权人或者专利权转让人不向被许可人或者被转让人返还专利使用费或者专利权转让费明显违反公平原则,专利权人或者专利权转让人应当向被许可人或者被转让人返还全部或者部分专利使用费或者专利权转让费。

九、增加对非专利产品(或方法)冒充专利产品(或方法)的处罚规定。各专利管理机关,对以上行为,依法可以责令其停止冒充,公开更正,并处以罚款。

专利法修正案颁布后,专利申请适用该修正案的过渡,要求在修正案施行以前提出的专利申请和根据该申请授予的专利权,一律适用专利法修改前的规定。但是,在修正案施行以前提出的专利申请,尚未按照专利法修改前规定的程序公告的,其专利权的批准、撤销和宣告无效的程序适用修正案的规定。

从1993年1月1日起,我国将依照通过的专利法修正案开始对药品、用化学方法获得的物质以及食品、饮料和调味品予以专利保护。由于我国是巴黎公约的成员国,为了充分保护国内外专利申请人在以上技术领域的合法权益,我国决定比照巴黎公约的规定,对这部分技术领域的专利申请给予享有一年优先权的待遇。即按照巴黎公约规定享有优先权的条件,从1992年1月1日起,巴黎公约各成员国的公民,以在这一技术领域的有效专利申请为基础,来我国申请专利均可以享有优先权;我国公民也可以按照关于国内优先权的规定,尽可能多地争得一些优先权规定带来的好处。

《人民日报》就美国向台湾出售F—16战斗机发表评论员文章《恶化中美关系的严重步骤》

中国运动员在第9届残奥会上夺得1枚金牌

赵学恩在男子J4级跳高赛中夺得金牌,其成绩为世界纪录。

第二届全国农运会组委会执委会成立

第二届全国农运会组委会,由田纪云任名誉主任,郭树言任主任,刘中一、肖鹏、何振梁等任副主任。

9月6日

国家主席杨尚昆在人民大会堂会见纳米比亚总统萨姆·努乔马

国务院副总理吴学谦在人民大会堂会见台湾电视公司董事长陈重光率领的台湾文化经济大陆访问团和海峡两岸旅游合作交流研讨会台湾团的全体成员

北京第一实验小学集会庆祝建校80周年

1920年至1921年执教此校的邓颖超,生前以学校第一位任教的女教师的名义致贺信。

中国运动员在第9届残奥会上夺得1枚金牌

赵华良在J2级跳高赛中夺得金牌。

国务院决定授予中国海洋直升机专业公司 7951 机组“海上救险英雄机组”荣誉称号

国务院作出决定，授予中国海洋直升机专业公司 7951 机组“海上救险英雄机组”荣誉称号。

中国国际信托投资公司下属中国海洋直升机专业公司 7951 机组，去年 8 月 15 日曾在南中国海救援一艘遇难的外轮 DB29 号海底输油管施工船。当时风急浪高，能见度只有 0.5 公里，机组人员在滂沱大雨中果断下降悬停，紧靠拴在身上的唯一钢索，连续下机 10 多次，以超人毅力克服重重困难，将发现的 17 名落水外籍员工救起，被国际直升机协会授予“最佳机组”奖。

9 月 7 日

中共中央总书记江泽民在中南海会见纳米比亚总统、纳米比亚西南非洲人民组织主席萨姆·努乔马

国务院总理李鹏在人民大会堂同纳米比亚总统萨姆·努乔马举行正式会谈

努乔马总统说，纳米比亚人民在争取民族独立的斗争中，吸取和借鉴中国的经验；取得独立后，我们仍重视学习中国进行经济建设的经验。纳米比亚希望加强与中国各种形式的经济合作。

李鹏说，中纳建交以来，两国关系发展顺利，中国政府珍视同纳米比亚的友好关系，愿同纳米比亚进一步开展多种经济技术合作，相信努乔马此次访华将推动两国友好关系的进一步发展。

李鹏说，很高兴地看到在这方面已经取得的进展。中国一贯支持南部非洲人民反对种族主义的斗争，将同国际社会一道，为促进南部非洲的和平稳定，实现南非问题的政治解决作出积极努力，希望南非各解放组织加强团结，争取早日建立一个统一、民主、种族平等的新南非。李鹏说，中国非常关心非洲国家的情况，将向索马里提供力所能及的援助。中国支持南部非洲国家为实现经济一体化所作的努力。李鹏还说，中国重视不结盟运动，不结盟运动是发展中国家团结互助的良好形式。

国务院经贸办公室企业司国家体改委政策法规司联合制定《转换企业经营机制的目标和原则》

一、转换企业经营机制的目标

《条例》根据中央关于企业改革的方针政策，依据《企业法》关于企业性质、地位的规定精神，总结了我国企业改革的成功经验，从发展社会主义商品经济的需要和企业的实际情况出发，明确提出：“企业转换经营机制的目标是：使企业适应市场的要求，成为依法自主经营、自负盈亏、自我发展、自我约束的商品生产和经营单位，成为独立享有民事权利和承担民事义务的企业法人。”

自主经营，是指在转变政府职能，实行政企职责分开的前提下，企业充分自主地行使法律赋予其经营管理企业的各项权利。对于国家授予企业经营管理的财产，企业可以自主地行使占有、使用和依法处分的权利；企业可以自主地行使生产经营决策权、投资决策权、产品定价权、劳动用工权、人事管理权、工资奖金分配权、进出口经营权等等。企业的自主经营权受法律保护，任何部门、单位和个人都不得干预和侵犯。

自负盈亏，是指企业能够对其经营后果独立地享有相应权益和承担相应责任的行为。企业能否实现自负盈亏，是企业作为独立法人的标志，也是防止企业滥用自主权的关键。企业运用国家授予其经营管理的财产进行生产经营活动产生的盈利，由企业依法取得其应得的收益；企业因经营管理不善造成的经营性亏损，由企业以国家授予其经营管理的财产，承担民事责任。厂长对企业盈亏负有直接经营责任；职工按照企业内部经济责任制，对企业盈亏也负有相应责任。这将改变过去企业吃国家大锅饭、职工吃企业大锅饭的做法，充分调动企业和职工的积极性。

自我发展，是指在企业内部建立动力机制，使企业在市场竞争中，通过增加生产投入，推进技术进步，强化管理，增强竞争实力，实现资金的自我积累，技术装备的自我改造，产品结构的自我调整，国有资产的不断增殖。企业的自我发展能力，主要取决于国家与企业之间的分配关系和企业对国家授予其经营管理的财产能否有效地运用。

自我约束，是指企业能够遵守国家法律法规，正确处理国家与企业、企业与职工的关系，兼顾全局利益和局部利益，当前利益和长远利益，自觉规范企业行为的内在机能。

自主经营、自负盈亏、自我发展、自我约束是一个完整的、有着内在联系的统一体。企业转换经营机制的目标，应全面体现“四自”的要求，使企业成为独立享有民事权利和承担民事义务的企业法人。

二、转换企业经营机制必须遵循的原则

《条例》规定了转换企业经营机制必须遵循的六项原则。这是贯彻落实《条例》，加速企业经营机制转换的具体准则。

（一）必须坚持党的基本路线。

党的十一届三中全会以来，在邓小平同志建设有中国特色社会主义思想的指导下，我们党带领亿万人民在实践中得出的最为宝贵的经验，就是必须始终不渝地坚持“一个中心、两个基本点”的基本路线，这是社会主义中国这十几年间发生巨大变化的根本原因。贯彻落实《条例》，转换企业经营机制，也必须坚持党的基本路线，通过推动全民所有制企业进入市场，增强活力，提高经济效益，促进国民经济的发展，巩固社会主义的经济制度和政治制度。

（二）必须坚持政企职责分开，保障国家对企业财产的所有权，落实企业的经营权。政企职责分开是转换企业经营机制的重要条件。按照这个原则，确保企业财产的保值、增值，是政府及其有关部门的重要职责。政府要依法对企业进行协调、监督和提供服务，切实落实企业的经营权。而企业财产保值、增值的目标最终只能依靠企业充分使用经营权，增强活力，提高效益来实现。

（三）坚持责、权、利相统一，正确处理国家和企业、企业和职工的关系，贯彻按劳分配的原则，把职工的劳动所得与劳动成果联系起来。只有坚持这条原则，才能使企业在充分享有经营权，增强自我发展能力的同时，强化自负盈亏的责任，建立自我约束机制，防止企业滥用经营权，解决企业经营管理不善，亏损严重，国有资产流失，分配向个人倾斜等问题。另一方面，对政府管理经济、管理企业也要体现权利与责任的统一。

（四）发挥中国共产党的基层组织在企业中的政治核心作用，坚持和完善厂长（经理）负责制，全心全意依靠工人阶级。正确处理党政工三者的关系，是搞好转换企业经营机制工作的组织保证。

《企业法》明确规定，企业实行厂长负责制。但是厂长要接受企业中的党组织和职代会的监督。企业中的党组织要把保护监督体现在党对企业改革的意志和主张，以及《企业法》和《条例》的贯彻执行，作为自己的政治责任。支持厂长按《企业法》充分行使职权，并对重大问题提出意见和建议。工人阶级是企业改革的主力军。充分调动职工的积极性和创造性是企业活力的源泉。在转换企业经营机制的工作中，必须全心全意依靠工人阶级，从而使搞好企业具有强大的内在动力和广泛的群众基础。

（五）坚持深化企业改革与推进技术进步、强化企业管理相结合。增强企业活力不仅要靠深化企业改革，还要靠提高企业自身的素质，强化企业管理，促进企业技术进步，为企业进入市场建立牢固的物质技术基础。

（六）坚持在建设社会主义物质文明的同时，建设社会主义精神文明，建设有理想、有道德、有文化、有纪律的职工队伍。这是建设社会主义企业组织的根本要求；也是使企业具有生机和活力的群众基础。

转换企业经营机制是深化企业改革的重点，也是加快社会主义新经济体制建立的关键。这一改革涉及面广，难度较大，必须遵循上述原则，积极稳妥地进行。

国办关于加强对拖拉机运输交通管理的通知

国家主席杨尚昆在人民大会堂接受德国新任驻中国大使傅泰民递交的国书

国家主席杨尚昆在人民大会堂会见几内亚外交和国际合作部部长易卜拉希马·西拉

全国人大常委会委员长万里在人民大会堂会见日本共同社社长犬养康彦

外交部部长钱其琛同几内亚外交和国际合作部部长易卜拉希马·西拉在钓鱼台国宾馆就当前国际形势地区问题及双边关系举行会谈

外交部副部长刘华秋在北京会见美国负责东亚和太平洋事务的助理国务卿威廉·克拉克

中方再度阐明我反对美国向台湾出售F—16战斗机的严正立场，驳斥美方的无理辩解，指出美方必须对其错误行动造成的严重后果承担全部责任。

国际天文学联合会第141次专题会议在北京召开

来自世界十大著名天文台的台长一致认为，近年来，中国在太阳活动22周峰年的黑子群和耀斑爆发研究中，特别是在磁场和速度场的观测和研究方面处于世界领先地位。

全国人大华侨委员会副主任林丽韫在纽约会见20多个华侨社团的代表

林丽韫代表侨委向侨胞表示慰问，希望他们为祖国的繁荣富强和早日统一作出更大贡献。

林丽韫向侨胞代表介绍侨委保护归侨、侨眷权益，审议有关侨务议案，督促侨务政策落实等主要职责以及侨委成立近10年来的工作，并听取侨胞代表对侨务工作的意见和要求。

侨胞代表在发言中对祖国改革开放，特别是邓小平同志南巡讲话后掀起的改革开放高潮表示十分高兴。他们赞扬在祖国出现的社会安定、市场稳定、人民生活水平不断提高的大好局面，祝愿祖国更加繁荣富强，希望祖国早日完成统一大业。

新加坡内阁资政李光耀在新加坡会见中共上海市委书记吴邦国

中国运动员在第9届残奥会上夺得4枚金牌

姚振宇夺得男子A4级铅球和铁饼2枚金牌，刘玉坤打破女子 A3 级铁饼世界纪录，周湘荣在女子 S6 级 100 米仰泳赛获得金牌，张小玲、杨毅获得女子 TT10 级乒乓球团体冠军。

9 月 8 日

中国轻工业品进出口总公司举行庆祝成立 40 周年大会

中国纳米比亚两国政府经济技术合作协定签字仪式在北京举行

国家主席杨尚昆和纳米比亚总统努乔马出席两国签字仪式。中国对外经济贸易部副部长王文东和纳米比亚贸易和工业部长本·阿马提拉在协定上签字。

全国人大常委会委员长万里在人民大会堂会见国际图书馆联合会第一副主席拉塞尔·鲍登及其他前来参加 90 年代图书馆现代技术国际研讨会暨展示会的海外代表

国务院总理李鹏在中南海会见由德国工业联合会副主席赫尔曼·贝克尔率领的德国工业代表团

国务院副总理姚依林在钓鱼台国宾馆会见坦桑尼亚前总统南方中心主席尼雷尔

国务院副总理姚依林在钓鱼台国宾馆会见由会长法眼晋作率领的日本国策研究会代表团

外交部部长钱其琛抵达曼谷参加即将在曼谷举行的亚太经济合作会议第四届部长级会议并对泰国进行访问

钱其琛在机场回答记者关于美国政府向台湾出售 150 架 F—16 战斗机一事时说，中国方面已向美国政府提出强烈抗议。美国政府又派助理国务卿克拉克访问北京，中国就此问题表明自己的立场。钱其琛外长在答记者问时说，中国和中国台北都是亚太经济合作会议成员，在这个框架内进行接触是可以的。

国务院副总理邹家华在罗马与意大利外贸部部长维塔洛内会谈

维塔洛内指出，意大利政府重视发展同中国的友好关系，这不仅仅是从经济利益方面考虑，而且在政治上也希望中国在国际事务中发挥更加重要的作用，意大利政府完全支持中国政府恢复关贸总协定缔约国地位。

邹家华说，意大利在恢复和发展同中国的关系方面作出了重大贡献，前总理安德烈奥蒂是一位有战略眼光的政治家，他去年的中国之行和李鹏总理今年初对意大利的访问，使两国关系得到全面恢复。

邹家华指出，中国的开放不仅对于中国经济发展有利，而且在平等互利的原则上，也有利于合作伙伴，为合作伙伴提供市场、资源和机会。邹家华表示，意大利在钢铁、化工、电子、纺织、食品机械等领域的优势，在中国未来 10 年的重点项目建设上会发挥作用。

双方还就如何进一步落实发展两国经济、贸易、技术合作的具体措施和途径交换意见。

中国首任驻土库曼斯坦大使程振声向土库曼斯坦总统尼亚佐夫递交国书

中国代表蔡子民在斯德哥尔摩举行的各国议会联盟第八十八届大会上发言

蔡子民在发言中指出，目前，联合国正处于一个历史性的关键时刻。国际形势的变化和多极化趋势的加速发展既为联合国发挥积极作用提供空前的机遇，也使其面临严峻的挑战。人们期望联合国发挥更大的作用。各国议会联盟要为此继续努力，要鼓励议会间的交流和各层次的外交活动，促进各国尊重和遵守联合国宪章及公认的国际关系准则。

蔡子民说，联合国应是一个维护和平、推动发展、增进合作的国际组织。如果在没有用尽一切和平手段谋求政治解决的情况下，过分强调利用联合国的强制性办法或实行军事干预，不仅无助于冲突的合理解决，还有可能使问题复杂化，同时也可能有损于联合国的声誉，对联合国发挥作用造成不利影响。

蔡子民强调，当前南北差距仍在扩大，贫富矛盾更加突出，已成为国际生活中一个主要的不稳定因素和急需解决的问题。各国议会联盟应该推动联合国像对待地区冲突问题那样，更加重视发展，采取切实的步骤，扭转发展中国家经济恶化的趋势，帮助它们恢复经济增长与发展。

巴西三大工会领导人在巴西圣保罗分别会见以全国总工会主席倪志福为首的中国工会代表团

台湾海峡交流基金会在台北福华酒店举行酒会欢迎来自祖国大陆 17 家新闻单位的 18 位记者

台湾“海基会”副董事长陈长文先生致词，欢迎大陆记者到台湾采访。

大陆记者赴台采访团团长翟象乾表示，这次大陆记者正式组团赴台采访，为两岸新闻双向交流起了开路作用。

马英九先生也参加晚宴。

国家科委发布《关于加速发展科技咨询科技信息和技术服务业的意见》

国家教委主任李铁映在郑州参加河南省教师节座谈会

全国筹措教育经费改善办学条件河南现场会在郑州开幕

会议由国家教委、财政部、国家计委联合召开。国务委员兼国家教委主任李铁映到会讲话。

李铁映在讲话中指出，多渠道筹措教育经费改善办学条件是我国教育体制改革的重大成果，是我国为加速经济发展、实现四个现代化所进行的改革的重要组成部分。近年来，河南省在筹措教育经费改善办学条件方面取得根本性的突破，做出很大成绩，这是8700万河南人民对教育的发展作出的巨大贡献。河南是一个大省、穷省，河南能够办到的事情，其他地方也应该能办到。

李铁映指出，教育战线在90年代的重要任务是实现“两基两全”。“两基”就是基本普及九年义务教育，基本消除青壮年中的文盲；“两全”就是全面贯彻党的教育方针，全面提高教育质量。

大会宣布对多渠道筹措教育经费改善办学条件成绩突出的北京、天津、河北、山西、吉林、黑龙江、上海、浙江、安徽、福建、广东、四川、陕西、青海等14个省、市人民政府的表彰决定。由于河南省在1990年山东会议上受表彰后，集资办学工作又有较大发展，大会决定对河南省人民政府予以嘉奖。李铁映等向获奖省、市的代表颁奖。

会议总结交流经验，表彰先进，确定今后工作方针任务。国家教委副主任邹时炎作《为使我国基础教育迈上新台阶而努力奋斗》的讲话。会议认为，十多年来，我国已突破教育经费完全由国家包下来的制度和办法，建立起以国家财政拨款为主，辅之以多渠道筹集教育经费的新机制。新机制包含的筹措教育经费的主要渠道有，国家财政拨款；征收城乡教育费附加；收取学杂费；发展校办产业、勤工俭学；社会集资、捐资；建立人民教育基金等。全国绝大多数地区已基本完成“一无两有”的任务。今后的任务是要坚持多渠道筹集教育经费，努力增加教育投入，尚未实现“一无两有”的地区要限期尽快实现，已实现的地区要进一步充实学校的教学仪器设备和图书资料，实现办学条件标准化，管理规范化。

中国杂技艺术家协会百戏奖在武汉揭晓

90年代图书馆现代化技术国际研讨会在北京图书馆举行

江苏省镇江市中级人民法院一审判决“9·18”非法出版案

江苏省镇江市中级人民法院对“9·18”特大非法出版案三名主犯以投机倒把罪依法进行一审判决，判处曹志欣死刑，张爱洲有期徒刑15年，何楚城有期徒刑9年。

报道说，曹志欣原是安徽省蚌埠市明珠书社经理。1989年底至1991年7月间，采取剪辑拼凑原版书和盗用、伪造书号、出版社名称等手段，先后在安徽省固镇商标印刷厂等单位，非法印刷《黑欲》、《爱情博士》等书刊、封面127.916万册(套、张)，其中许多书刊、封面有淫秽、色情内容，非法经营额达459.3万元。此外，还销售过12种非法出版物，经营额3.1万多元。

张爱洲非法出版发行、销售书刊30多万册，经营额达61万多元。何楚城是曹志欣的骨干推销员，销售非法出版物的总金额达16.01万多元。

中国运动员在第9届残奥会上夺得1枚金牌

郑培峰在女子B1级铅球比赛中夺得1枚金牌并两次打破世界纪录。

9月9日

国家主席杨尚昆在人民大会堂会见伊朗总统拉夫桑贾尼

全国政协副主席钱正英在山西省第四次小流域治理工作会议上发表讲话

新中国成立起来，山西省人民在各级党委、政府的领导下，长期艰苦奋斗，在开展水土保持，改变山区面貌方面取得了很大成绩。特别是1982年以来，在全国的农村改革中，山西人民创造了户包小流域治理这样一种新形式，依靠千家万户，治理千沟万壑，这是水土保持工作的一项重大突破，是山西人民的一项伟大创举。十年来，山西省委和省人民政府，紧紧抓住了户包小流域治理这个新生事物，领导广大干部和农民，在实践中不断地开拓探索，使小流域治理在全省从点到面，大规模又健康地全面展开，并且发展了一整套比较成熟的方针、政策和措施，形成比较规范化和制度化的领导，现在，山西省的这种领导方法和作风，也很值得我们学习。现在，山西省许多昔日水土流失严重的贫困山区，正在有信心地逐步治穷致富，今天受到表彰的先进代表，就是十年巨大成绩的一次检阅，在他们的身上，可以看到山区奔向小康的道路和希望。户包小流域治理，不仅在山西取得成效，而且已经扩展到整个黄土高原地区以至全国的一些地方，你们为全国的水土保护和山区建设作出了历史性的贡献。

郭裕怀同志在这次会上所作的报告，全面总结了推行户包小流域十年来，全省水保战线改革开放的成绩和经验，并且提出了如何贯彻落实邓小平同志南巡谈话精神和全国第五次水土保持会议精神，如何进一步解放思想，抓住机遇，深化改革，扩大开放，更有力地推动以小流域治理为基础的水土保持工作，使它进一步转移到以科技为先导，以效益为中心，治理、管护和开发并重的轨道上来。我完全同意这些指导思想，今天我只想从另一个角度来谈谈这方面的体会，主要想谈一谈学习邓小平南巡谈话在这方面的个人体会。我的主要体会是：要把小流域治理引向商品经济的大道。

在学习邓小平同志南巡谈话以后，联系到小流域治理中存在的问题，我感到对发展商品经济在发展当前山区农村经济中的统帅意义，还有进一步加强认识的必要。山西省的小流域治理，取得了很大成绩，但是正如你们所谈到的，在前进中也还存在着一些问题，主要看来有三个问题：

(1)不少小流域治理中，经济效益仍然不够高。

(2)小流域治理的速度虽然比过去加快了，但仍然不够快。全省还有大量的荒山荒沟，有待于治理开发。

(3)有些地方的领导，对小流域治理是否是山区实现小康的必由之路，仍然有些犹豫。有的认为，小流域治理投资大、见效慢，总想另找个捷径实现小康，正如潞城县所分析的那种思想，对小流域治理，想等富了再干。另一方面，也有的同志，至今仍在怀疑户包小流域治理姓“社”还是姓“资”，他们也想用别的办法来实现小康。

对以上这些问题，我的看法是：

(1)在我国农村的情况下，即使商品经济不很发达，农民也可以实现温饱；但是农民要实现小康，却必须发展商品经济才可解决。你可以主要依靠自己的产品实现温饱，但你必须通过商品交换才可实现较高的生活水平。就我们在山西的很多农村所看到的，我认为在山西全省，大多数或者绝大多数农村，可以说是实现了温饱，他们种了足够的粮食，种了菜，喂了猪，养了鸡，解决了吃的问题，把剩余的粮食卖了钱，也可以解决穿的问题和住的问题。因此，可以说实现了温饱。有的农民还很满足，认为已经是丰衣足食了，但是，农民的房子还是比较简单，要盖一个像样的房子，特别是房子里边要有现代化的设施，例如要有卫生设施，抽水马桶，这在我们国家的东部不少农村已经实现了，在家里要有家具，要有现代化的电器，有冰箱、洗衣机和电视机等等，那靠现在的钱还不够，还必须生产更多的商品，卖了钱才能够实现比较高的生活水平。因此，我接触到的不少农村，农民们认为实现温饱，好像都还有办法；但是要实现小康，有的地方感觉到还没有找到门路。

因此，在山西的许多农村，要实现小康，必须以大力来发展农村的商品经济。而在山西的许多山区，根据当地的自然资源不很多、农民的文化素质不很高的情况，发展商品经济的最现实可行的起点就是小流域治理。因为，正如郭裕怀同志报告中分析的那样，小流域的面积比耕地承包面积大得多，可以进行综合开发，可以进行规模经营，因此可以形成数量较大的商品。

(2)小流域治理的速度，取决于它的经济效益，只有提高经济效益，才能从根本上调动农民的积极性。户包小流域治理的经验比过去单纯搞水土保持，易于为农民接受，易于推开，原因就在于户包小流域治理有经济效益。而户包小流域治理的经验，所以还不能更快更大规模地推开，原因也在于不少户包小流域的经济效益还不够高。户包小流域的经济效益不够高，特别是近期经济效益还不够高，是影响它更快更大规模推开的重要原因。

(3)小流域治理的经济效益，说到底，是决定于它能生产和卖出多少商品，也就是决定于它的商品经济的发展。像我们的这些状元户，他们能够生产很多商品又能够卖出去，那经济效益就很高，但是有的户不能够生产更多的商品或者不能卖出去，那他的经济效益就不高，所以说到底是决定于商品经济的发展。因此，当前摆在我们各县的关键任务，是要加快发展小流域治理的商品经济。商品经济发展了，经济效益就提高；经济效益提高了，就能加快发展速度，就能加快实现小康。

为了加快发展小流域治理的商品经济，还要进一步解决哪些问题呢？我认为必须进一步解决以下六个问题：

(1)在各级领导和广大干部群众中，首要的是加强自己头脑中的商品意识，这就要更新我们的许多传统观念。首先要明确认识，发展商品经济是建设有中国特色的社会主义所必需，是我国农村实现小康所必需，它姓“社”不姓“资”。但是我们许多同志，由于种种原因；过去对商品经济很不熟悉，需要加紧学习，并改变一些老的观念。例如，在这次我们看到的许多小流域治理的典型中，有不少地方讲种树的成绩时，就指着山上那片树，说这些树已经长了多大了，有多少立米的蓄积量了，值多少钱了，有的一算，就凭这些树，自己或本村就成百万富翁了。但是,实际上我们应当说,凡是不能进入流通领域的,就是凡是不能拿出来交换卖出去的,就不能作为商品。从经济的概念上讲,树木有两种,一种纯粹属于生态环境,另一种属于商品经济。比如我们要经营一个林场,那就要研究,这片林场每年的生长量多少,如何合理间伐,应当长到什么时候砍伐,应当怎样定期更新,应当怎样把树加工利用,增加它的产值,这才能变成商品。我在这里的公路上看到,很多的白杨树长得很高很高,在别的地方一般早更新了,但是我们这里就舍不得更新,就让它老长,这样都不能成为商品。这是第一个问题,首先要我们头脑里加强商品意识,这才谈得到领导群众发展商品经济。

(2)在小流域的治理和开发中,我认为应当进一步明确以开发水土资源为目标,治理是为开发创造条件,开发也必然会带动治理。这个提法就和我们水利部门的传统观念有所不同,过去主要着眼治理,目标是土不下山,水不出沟。那么如果要以开发为目标,是否会削弱治理甚至否定治理呢?我想来想去,认为不会。分解治理与开发的具体措施,不外山坡种防护林,沟里打坝,山腰山脚修梯田、条田和基本农田。这里边,至少修梯田、条田、基本农田是开发的措施,修沟坝地也是开发的措施。在山坡上种防护林,如果是生态环境林,纯粹是治理措施,如果山坡上种经济林果,也是开发的措施。所以我认为,如果具体分析起来,我们在小流域治理中间,许多开发的措施,实际上都是治理的措施。所不同的是,你如果着眼在治理,你就不去研究提高开发的价值,只要做到土不下山,水不出沟就可以了,种的什么树,什么庄稼就可以随便考虑了。而如果着眼于开发,就要求尽量的有产出,并且提高产出的价值。例如,女状元桂改润,我认为她就是有商品意识的。在她承包的三千多亩荒山、荒沟中,首先利用20多亩土地,发展了苗圃,取得了资金收入,这就是着眼于开发。20亩开发出来了,那就得到了资金,就缓解了资金紧的矛盾。我们许多成功的典型说明,他们在承包小流域的每个阶段都以开发为目标,瞄准一些短平快的项目,立抓见效,以短养长,充分利用积累的启动资金来滚动治理。但是在我们过去的工作中,有许多地方,主要要求农民进行治理,却没有指导农民抓住开发,这是一些地方经济效益不高的根本原因。各种正反面经验证明,在生态、社会、经济三大效益中,必须抓住经济效益这个中心。我记得毛主席有句话,你是真的想要重工业吗?真的想要,你就得发展轻工业和农业,这样才能真正发展重工业。那么我们今天也可以套用毛主席这句话,你是真的想要发展水土保持吗?如果你真的想发展生态效益和社会效益,如果你是真的想加快水土保持的步伐,你就必须紧紧抓住经济效益这个中心,以经济效益来带动其他两个效益。从我们各地的经验看起来,这是毫不矛盾的。

(3)在水土资源的开发中,不但要考虑自然条件,而且要考虑市场条件,必须眼睛盯着市场,研究市场的现在和未来,结合本身条件,来努力开发有竞争力的商品。用农民的话讲,就是能卖得出去的商品,卖得好价钱的商品。这样,我们在规划小流域的开发中间,就不是简单地宜农则农,宜林则林了,如果我们还要适应市场条件,我们就不能光是说这两句话了,我们还要研究怎样的农,怎样的林。要知道同样种树,有种什么树的问题,你是种生态林,水源林,还是种薪炭林,用材林,还是经济林?同样种果,鲜果还是干果?鲜果有鲜果的好处,容易卖一个好价钱,但是不容易保存,卖不出去就糟了。干果容易保存,风险比较少,同样种苹果,是红富士还是国光,我们看到一些地方,说收了多少斤苹果,却不说你的苹果是什么品种?在今天的市场上,红富士就可以卖出去,还能卖好价钱;你是国光,就差一些;你要是那些又小又酸的苹果,就根本卖不出去。同样种桃,是什么桃,几月的桃?你要像我们的状元王志俊那样的桃,人家10月还能够有桃,那你就能卖好价钱了。同样种花椒,是小红袍还是大红袍?小红袍五六块钱一斤,大红袍十块钱一斤。同样的基本农田,种什么庄稼,是单纯种粮食还是在粮食提高产量以后,调整结构,种一些经济作物呢?因此我认为,我们在小流域治理中间,科技指导的目的,是要生产有竞争力的商品,咱们科技要面向市场,不是一般的科技指导,你要指导他生产有竞争力的商品。在这方面,我昨天听了我们的状元王志俊同志的发言,就感觉到他很懂得这点,他能种出10公斤的萝卜,我简直不能想象这个萝卜是什么样子。但是他就考虑,这个20斤重的萝卜在科技上是一大成绩,可不一定能卖出去,就是我也不想买一个20斤重的萝卜啊。因此,他就改种辣椒这种有竞争力的商品。所以我们不仅要着眼于开发,而且开发还要考虑市场条件,要开发那些有竞争力的商品,以同样的土地,开发的商品大有不同,有的就成了商品,有的就成为有很高价值的商品。

(4)不但要生产有竞争力的商品,而且要能开拓市场,扩大销售,真正把商品卖出去,实现商品的价值。生产了有竞争力的商品,比如我们生产的苹果都是红富士,但是也不一定都能出去。你如果窝在手里边,你运不出去,到市场上卖不出去,就实现不了商品的价值。这里我举几个例子。例如沁县杏仁奶,产品很好,但是在北京的市场上,都是承德出的“露露”。同样是杏仁奶,沁县同志讲,他的杏仁奶是可以同“露露”竞争的,但是在北京街上只有“露露”,我就没有听说你沁县还有杏仁奶。所以开发出来有竞争力的商品,还要善于开拓商品市场，扩大销售。又例如，太原生产的沙棘油，在太原100块钱1斤，但是在西安，已经涨价到200块钱1斤，还买不到。你说这是什么问题呢？同样的商品，人家的可以开拓市场，能够扩大销售，咱们的商品不错，但不能开拓市场，不能扩大销售，价值也不能充分的发挥。又如郭副省长给我讲的，潞城县的地方小煤窑，咱们的煤炭卖给从河北来的人，38块钱1吨，刚够本，是不能够扩大再生产的。但是人家买到你的煤，一运到铁路边上，就是108块钱一吨。同样的煤炭，差一小段路，1吨就差70块钱。所以，我认为，今后我们各县要办服务体系，这是很必要的，我们的社会化服务体系，不但要为小流域的商品生产创造条件，而且要为商品的流通创造条件，这就需要我们提供信息、交通运输、包装、储存、推销等等服务，这才能够形成商品经济。有了商品才能够发展第三产业，我刚才举的这些服务，都属于第三产业。

(5)以小流域开发的产品为依托，来发展乡镇企业，来进行加工增值。例如，我们现在有不少地方种植食用杏仁，杏仁在市场上很有销路，只要是好的杏仁，在国内外市场上都非常受欢迎。我们卖生杏仁是一回事，卖熟的杏仁就增加了价值；我们如果加工成杏仁奶，那就又增加了产值。又如好多地方种核桃，卖核桃仁就增加了产值。所以，我们的乡镇企业，如果在小流域治理开发的产品的基础上来发展，这个乡镇企业就有资源的保证，而我们自己的农产品也有销路的保证，这样发展乡镇企业是比较牢靠的。我们在国内许多农村，现在都在那里千方百计地搞乡镇企业，有不少是成功的，但是也有不少是失败的。为什么失败呢？就是盲目性。他不考虑到本地的原材料，本地的人才素质，不考虑到市场的情况，他以为搞一个工厂就能赚钱，而你搞得不好，搞一个工厂还是个包袱，还赔钱。而我们如果以小流域开发的产品为依托发展乡镇企业，在学术界有一个名词，叫“草根工业”，就是以农产品为基础的工业，这是比较牢靠的办法。现在我们要发展乡镇企业，为了避免盲目性，就要求我们的县、市要综合进行总体规划，制定我们当地的总体发展战略。

(6)为了发展商品经济一定要舍得花本钱学本事，用人才，培养人才，引进人才。我看我们这些先进典型都说明这一点。我们的那位张振珠状元，他原来是搞石匠的，他就是舍得花本钱学本事。要是没有本事，没有技术，那你在商品的竞争中是不可能胜利的，在这方面要舍得花本钱。资源优势要变成商品优势，根本的是靠人才优势。

以上我举了六个需要解决的问题，这看起来与过去的思路基本一致，但又有所不同。怎么有所不同呢？我认为，我们过去往往是从水土保持出发来考虑小流域治理，认为小流域治理发展了，自然就演进到商品经济。现在认为，要以商品经济的观点来指导小流域治理，要突出加强商品意识，这样才能真正加快小流域治理，并使小流域治理纳入实现小康的发展规划。特别是地市县领导，应当积极负起发展商品经济的责任，更有力地指导小流域治理，使它走上商品经济的大道。这样，小流域治理将增加无限活力，为实现小康作出很大贡献。

民建民革民盟全国工商联负责人发表谈话支持中国政府就美国政府决定向台湾出售F－16战斗机一事所表明的严正立场

中共中央总书记江泽民在中南海会见坦桑尼亚前总统南方中心主席尼雷尔

中国对美国8月21日宣布的针对中国进口的商品报复清单拟定一项反报复措施

近日从经贸部权威人士处获悉：在最近举行的第八轮中美市场准入谈判中，尽管中方作出重大努力，抱有达成协议的诚意，但美方并未作出积极反应，反而于8月21日宣布一份针对自中国进口的价值39亿美元的商品报复清单。为此，中方近日也在拟定一项反报复措施。据透露，中方将可能对从美进口的计算机、飞机、汽车、医疗器械、复印机、农药、化纤、木材及木材制品、照相机、棉花、成品油、医药、化工品等商品采取相应的反报复措施，所涉商品金额约达40亿美元。

妇女在环境和持续发展中的作用国际研讨会在人民大会堂举行

研讨会由国家科委、全国妇联和联合国经济社会发展部、联合国妇女培训中心联合举办。近130位来自世界30多个国家的妇女济济一堂，讨论妇女参与全球无害环境与持续发展的问题。

全国人大常委会副委员长陈慕华出席会议。国家科委副主任、本次会议主席邓楠致开幕词。

中国代表李溪溥在斯德哥尔摩举行的各国议会联盟第88届大会上就寻求全面解决发展中国家债务问题发言

李溪溥代表中国代表团提出四点建议：

1. 恢复和振兴发展中债务国的经济增长和发展应放在任何债务战略的首位。十年来，债务危机始终未获解决。一个十分重要的原因就是发展中国家的经济增长和发展没有得到恢复，无力还本付息。因此，从长远看，根本的解决办法还是恢复和提高发展中债务国的偿还能力，这需要发展中国家自身的努力，更离不开债权国及有关各方的支持。

2. 债务国、债权国都需要作出必要的政策调整。发展中债务国应根据本国国情在保持社会和政治稳定的前提下，继续实行有利于实现经济增长的调整政策；发达债权国则有责任调整其宏观经济政策，并在开放市场、资金援助、稳定汇率、降低利率等方面作出努力；国际金融机构不应强制债务国推行经济紧缩政策，或附加苛刻的条件，以便创造一个真正有利于发展中国家顺利调整和持续发展的国际环境。

3. 加强债务战略。有关各方应共同努力，尽早制订出一套妥善、全面和综合性的减免债务战略。巴黎俱乐部在这方面可以进一步发挥作用。

4. 增加全球储蓄总量，合理分配资金。当前由于国际形势剧变，国际资金需求迅速增加。为此，一方面要增加储蓄总量，同时也应改变资金分配不合理的现象。国际社会，特别是发达国家应为发展中债务国进入国际资本市场，取得急需资金创造条件。

瑞典议会议长英厄耶德·特勒德松女士在斯德哥尔摩会见出席各国议会联盟第88届大会的全国人大代表团

外交部部长钱其琛同泰国外交部部长阿沙·沙拉信在泰国外交部举行会谈

两国外长就双边关系和共同关心的地区问题、国际问题举行会谈。

两国外长通报各自国家同周边邻国关系的新情况。

阿沙赞扬中国为维护东南亚地区和平、稳定与合作发挥重要作用。关于柬埔寨问题，阿沙介绍了泰国为促进柬埔寨和平进程所作的努力。钱其琛表示赞赏和支持泰国所作的努力。

钱其琛说，柬埔寨和平进程处于关键时期，对柬埔寨各派之间出现的分歧应该根据巴黎和平协定耐心地多做工作，避免采取任何使分歧激化的措施。两国外长同意为全面公正执行巴黎和平协定，加强合作，继续共同作出积极努力。钱其琛在同泰国外长阿沙·沙拉信举行会谈后还回答记者提问的有关中越纠纷问题。

钱其琛说，中国的立场同越南的立场在有些海域问题上有所不同，这是自然的，所以会产生一些纠纷，但是我们认为这些纠纷通过和平谈判后不难达成协议，至少不会使局势紧张起来。中越双方将就一些问题进行高级官员互访以及专家小组的讨论，能解决的问题那很好，不能解决的问题暂时可以搁置起来，共同开发，不至于影响到两国正常关系的发展。钱其琛指出李鹏总理访越不会推迟，并说徐敦信副外长9月将访问越南。

泰国总理阿南·班雅拉春在总理府会见外交部部长钱其琛

钱其琛说，中泰两国关系很好，中泰友谊深入人心，两国领导人经常来往，这符合两国人民利益。中泰两国在经济贸易等领域的合作进行得很好。随着中国改革开放的深入，两国企业界将会进行更广泛的合作。中国政府欢迎泰国企业界到中国投资。

阿南说，事实证明改革开放政策加快中国经济的发展，已经给中国人民带来很大好处。中国经济同世界经济更多地联系起来，将促进在世界范围内的经济和政治合作，有利于世界和平与稳定。

阿南同钱其琛还就柬埔寨问题交换意见。双方一致认为，中泰两国及有关国家应继续为推进柬埔寨和平进程而努力。中国驻泰国大使李世淳参加会见。

泰国国王普密蓬·阿杜德同出席亚太经济合作会议的国务委员兼外交部部长钱其琛和对外经济贸易部部长李岚清进行谈话

中共中央总书记江泽民与北京师范大学师生代表座谈

江泽民来到北京师范大学，慰问教师和学生，并向全国教师祝贺节日。江泽民说，抓住当前的有利时机，集中精力把经济建设搞上去，开拓建设有中国特色社会主义的新局面，重视发展教育，培养大批合格人才是个关键。

江泽民、李铁映、李锡铭、陈希同等，会见北师大知名学者、教授，并和师生代表进行座谈。

江泽民说，师范大学的主要任务是培养师资。十年树木，百年树人。我们的教师和学生要有强烈的事业心和奉献精神。中华民族有许多好的教育思想，我们要不断培养德智体全面发展的社会主义新人。在搞好对学生的智育教育时，要加强德育教育，使广大学生爱祖国、爱人民，有理想、有事业心，自觉地担负起建设有中国特色社会主义的重任。

在北师大校长方福康、党委书记周之良的陪同下，江泽民等参观图书馆善本书库和阅览室、数学楼模糊控制实验室和电子楼教育技术中心。

中共中央总书记江泽民国家主席杨尚昆国务院总理李鹏等为中国中小学幼儿教师奖励基金会题词

在庆祝第八个教师节之时，应国家副主席、中国中小学幼儿教师奖励基金会理事长王震邀请，中共中央总书记江泽民、国家主席杨尚昆、国务院总理李鹏以及国务委员、国家教委主任李铁映，为中国中小学幼儿教师奖励基金会题词。

江泽民题词是：弘扬中华民族尊师重教的优良传统。杨尚昆题词是：尊师重教，希望所在。李鹏题词是：尊重人民教师，发展教育事业。李铁映的题词是：人民教师无上光荣。

全国尊师重教先进集体先进个人代表会议在北京召开

国家副主席、中国中小学幼儿教师奖励基金会理事长王震给会议写来贺信。

中共中央政治局委员、国务委员兼国家教委主任李铁映以及国家教委副主任滕藤、朱开轩等到会看望出席会议的代表和特邀优秀教师代表。

李铁映在讲话中向为我国教育事业作出重要贡献的尊师重教先进集体和先进个人表示感谢，向全国教师和教育工作者致以节日的祝贺和问候。李铁映说，今后，教师节不仅要成为全国教师的节日，还要成为为教育、为教师办实事，奖励优秀教师、教育工作者和尊师重教先进集体和先进个人的节日。

李铁映说，在今后的教师节，我们要着重做好三件事。

一、大力宣传党中央和国务院关于发展教育、改革教育、尊师重教的一系列方针政策，要利用各种形式向全国人民进行重视教育、重视教师、重视科学、尊重人才的教育，这要长期坚持下去。

二、要把表彰优秀教师、做出显著成绩的教育工作者和献身教育战线的先进模范人物的工作形成一个制度，并在实践中不断完善。

三、要表彰和宣传尊师重教的先进单位、先进地区和先进个人。同时也要对为我国教育事业作出重要贡献的海内外、港澳台人士予以表彰。

李铁映等向尊师重教先进集体和先进个人的代表颁发荣誉证书和奖杯。这些先进集体代表来自 43 个国有大型厂矿企业（集团）公司，18 个省、市属企业（集团）公司，3 个合资企业、14 个行政事业部门和解放军、武警部队。先进个人代表中包括一些著名企业家和离退休老干部、老工人、农村基层干部、支教模范。

全国尊师重教先进个人代表、黑龙江哈尔滨市昌宁给水设备厂厂长石山麟，代表全体与会代表宣读致全国各条战线、各行各业人士的倡议书。

国家副主席中国中小学幼儿教师奖励基金会理事长王震致信祝贺全国尊师重教先进集体先进个人代表会议召开

《中华大典》工作委员会和编纂委员会会议在北京举行

李鹏为《中华大典》题词："继承和弘扬民族优秀文化。"李瑞环、李铁映也分别转达了对此项工程的关注和希望。

参加编纂的专家学者认为，《中华大典》的编纂，将坚持"双百"方针，对不同学派、不同观点的资料兼收并蓄；坚持质量第一的原则，版本尽量吸收使用古本、善本，又要充分吸收和运用近代学者有价值的整理研究成果。和历史上的类书相比，在资料收集和成书规模上，大典将超出古代最大类书《永乐大典》、《古今图书集成》和丛书《四库全书》的总和。

中日联合登山队再次向南迦巴瓦峰挑战

中日南迦巴瓦峰联合登山队 60 余人从高原古城拉萨出发，再次踏上征服世界最高处女峰——南迦巴瓦峰的征途。

这是继去年失利后中日两国登山健儿对海拔 7782 米的南迦巴瓦峰的第二次挑战。今年，中日两国登山界调整了队员、组成更强的阵容，势在征服这座以难度和险情著称的神奇山峰。

联合登山队中方有 6 名登顶队员和 12 名高山协作人员，他们均来自西藏登山队。

9 月 10 日

中共中央总书记江泽民在中南海会见伊朗总统拉夫桑贾尼及其主要随行人员

国务院总理李鹏在人民大会堂同伊朗总统拉夫桑贾尼会谈

李鹏说，中国愿意同伊朗进行和平利用核能的合作，双方即将签署和平利用核能合作的协定。

拉夫桑贾尼说，伊朗是《不扩散核武器条约》签字国，接受国际原子能机构对其全部核设施进行核查、监督，希望中国能够帮助伊朗建设核电站，进行和平利用核能的合作。

李鹏表示，鉴于伊朗能够接受国际原子能机构有关检查、监督的规定，也接受中方核出口的有关原则，中方愿意考虑向伊朗提供 30 万千瓦的核电站设备。

李鹏说，近年来，经过双方共同努力，两国贸易关系有较大发展，经济合作领域也在不断扩大，中伊两国都在致力于发展经济，各有长处和优势，合作的潜力很大，中国政府鼓励并积极支持有关部门和企业进行具体商谈。

李鹏说，现在国际形势依然动荡不安，世界上仍存在霸权主义和强权政治，干涉第三世界国家内政的情况不断发生；国际经济形势也十分严峻，主要表现在南北贫富加大，发展中国家面临更多困难。大量事实证明，当代和平与发展两大课题都没有解决。

中方参加会谈的有，有关部委负责人崔乃夫、齐怀远等。陪同拉夫桑贾尼总统来访的伊朗外长、国防部长、副总统、第一副议长等主要随行人员会谈时在座。

中国共产党第十四次全国代表大会代表全部选出

出席中国共产党第十四次全国代表大会的1991名代表(包括台湾省籍代表)，已由各省、自治区、直辖市，中央直属机关，中央国家机关，人民解放军等34个选举单位分别召开党代表大会或党员代表会议选出。

中国共产党第十三届中央委员会第八次全体会议，通过《中国共产党第十三届中央委员会第八次全体会议关于召开党的第十四次全国代表大会的决议》，决定党的十四大于1992年第四季度在北京召开。1991年12月，中共中央发出了关于做好党的十四大代表选举工作的通知。通知中对代表的条件、酝酿提名和选举工作等提出了具体要求。全国34个选举单位，按照中央的决议和通知精神，经过半年多的工作，代表选举已结束。

对这次代表选举工作，各级党组织十分重视。在酝酿、提名和选举中，认真贯彻民主集中制原则，充分发扬党内民主。代表候选人酝酿、提名，坚持自下而上、上下结合、反复酝酿、反复协商，广泛听取各方面的意见。选举时，充分尊重选举人的意愿。整个选举工作进行顺利。

选出的1991名代表，代表全党5100多万名党员，具有广泛的代表性。各级党员领导干部占78%；在工业、农业、国防、政法、财贸、科技、文教、卫生、体育等第一线的劳动模范、先进工作者、优秀专家和战斗英雄等占22%；妇女占15.7%；少数民族占9.9%具有大专以上文化程度的占70.7%；55岁以下的占58.9%。代表中，各个历史时期入党的党员都占有一定的比例。

张学良在台北寓所接受祖国大陆记者采访

张学良先生下午在台北北投区寓所接受大陆记者的采访。这是张学良第一次在台北会见大陆记者。

张学良说："对家乡当然是很挂念的，台湾也是我的家。"当记者说到两岸大多数中国人都希望统一时，张先生接着说，"我也是大多数之一，我看时机到了就一定会统一，国家当然要统一。历史上我从来是赞成统一的一个人。"记者问到对国共第三次合作和两党谈判的看法时，张学良说："祝这个成功就是了。现在老了，但我能帮忙就很愿意尽我的力量，鞠躬尽瘁，死而后已。我愿意中国统一，为国家为人民的事情，鞠躬尽瘁我都很愿意。"谈到海峡两岸关系时，张学良说，"头一个要把敌意取消，这是最要紧，我想还是往好的方向发展，乐观的方面多了。"

张学良说："不但你们希望，我自己也很希望回去看看大陆的变化。谢谢大陆人民关心我们，祝福他们！"

民革中央举行纪念王昆仑诞辰90周年座谈会

国务院批转公安部《评定授予人民警察警衔实施办法》的通知

中科院学部委员赵忠尧汤佩松黄汲清冯德培应台湾"中央研究院"院长吴大猷邀请从香港飞抵台北访问

中华版权代理总公司与俄罗斯知识产权局在北京签署中俄著作权合作议定书

轻工部公布第一批五个行业改组改造和投资指南

轻工业部正式公布第一批5个行业改组改造和投资指南，这5个行业是日用陶瓷、自行车、制浆造纸、房间空调器和照明电器。从直接插手企业的生产经营，转为通过制定政策、发布信息来引导企业，是轻工业部转变职能的一项探索和实践。

第一批公布的改组改造和投资指南，借鉴和参照经济发达国家的做法和经验，并结合我国的国情，主要内容包括行业现状和存在问题、市场分析和发展趋势、基本思路和目标、投资导向和项目表等，为行业的发展提供指导思想、技术路线、相关思路及重要信息，具有很强的政策性和导向性。

轻工部副部长徐荣凯强调，今后要以改革和发展的思路、市场经济的观念去探讨轻工业调整与发展的新路。

中国青年企业家协会在北京召开四届二次理事扩大会暨企业转换经营机制座谈会

农业部门负责人就美国坚持向台湾出售F－16战斗机接受新华社记者采访

外交部部长钱其琛和外经贸部部长李岚清率领的中国代表团出席在曼谷举行的亚太经济合作会议第四届部长级会议开幕式

外交部部长钱其琛在亚太经济合作会议第四届部

长级会议上就地区经济发展趋势和问题发言

钱其琛说，在动荡多变的国际局势下，亚太地区保持相对稳定的政治局面。亚太各国之间的关系不断得到改善，相互信任和睦邻友好关系都在加强。这一切都促进本地区的和平与稳定，为亚太地区各国人民致力于经济建设创造良好的气氛与条件。我们反对任何国家不管出于什么动机，采取侵犯别国主权、干涉别国内政的行动。这种行动将在本地区制造新的紧张局势，从而破坏目前相对稳定的局面，损害亚太地区的经济合作。钱其琛说，在过去的一年里，亚太地区的经济增长率高达百分之六，仍保持较强劲的发展势头。但同时也面临着艰巨的任务和极大的挑战。

钱其琛说，根据当前形势，中国建议亚太经济合作会议各成员共同作出努力，着重在以下两方面做些实事：第一，坚持开放、加强多边合作机制是《汉城宣言》的中心原则，应在这方面采取更多的实际措施，尽早转化为各成员间合作的实现。为此，亚太经济合作会议各成员，特别是发达国家当前应就减少贸易、投资和技术转让方面的壁垒与障碍下决心迈出新的步伐，使亚太地区的经济、贸易合作更加富有活力。第二，在坚持以平等互利促进经济合作与发展方面做些扎扎实实的工作。为了充分发挥亚太地区经济发展层次与阶段多样性所带来的内在潜力，通过合作实现共同发展，亚太经济合作会议中三个涉及经济整体发展的工作组的工作进程应当加快。

钱其琛说，中国经济是亚太经济的重要组成部分。中国同亚太经济合作会议成员间的贸易和投资占中国对外贸易和吸收外资的比例分别为四分之三和五分之四。无疑中国经济的发展有赖于与本区域的合作；而中国经济的发展也将促进亚太地区的繁荣。钱其琛说，80 年代是中国执行邓小平倡导的改革开放政策的第一个十年，是中国经济大发展和中国的面貌发生巨大变化的十年。接着介绍了中国经济迅速发展的状况。

钱其琛指出，中国经济生机勃发的形势，既为中国更加积极深入地参与亚太经济合作提供了坚实的基础，也为包括亚太经济合作会议成员在内的亚太地区经济参与中国经济发展的活动敞开大门，提供了更多的机遇。钱其琛表示相信，中国与亚太地区的经济合作将会出现新的局面。

外经贸部部长李岚清在亚太经合会议第四届部长级会议上就乌拉圭回合谈判和区域贸易自由化问题发言

李岚清说，中国主张加强关贸总协定的多边贸易体制。我们认为关贸总协定主持下的乌拉圭回合谈判的成效，对于未来的世界经济贸易格局将产生深远的影响。为此，尽管中国迄今未能恢复其在总协定的缔约国地位，还是参加乌拉圭回合多边贸易谈判，并作出力所能及的贡献。

李岚清说，在市场准入谈判方面，中国采取一系列实际步骤，改革中国的外贸体制，进一步开放市场。我们已单方面降低 225 项关税，取消进口调节税，并决定除保留少量配额和按关贸总协定规定对个别幼稚工业进行必要保护外，在三年内将全部取消进口许可证。我们还准备在恢复中国缔约国地位的关税谈判中作出符合我国经济发展水平的进一步减让。

李岚清说，在服务贸易谈判中，我们结合国内服务业的发展状况，在银行、旅游、远洋运输、近海油田服务、专业服务和广告等六个领域提交中国的“初步承诺”。

李岚清还说，中国已认真履行在国际上已承诺的保护知识产权的义务，现正在加紧进一步修改和完善有关知识产权立法和实施细则，使之适应中国经济发展的需要及乌拉圭回合知识产权协议的要求。

李岚清说，目前，乌拉圭回合谈判已进入最后关头。我们希望，有关各方在谈判中作出最大的政治努力，尽早就各议题达成体现各方利益平衡的一揽子协议，使《埃斯特角宣言》提出的目标得以全面实现。在这方面，在世界贸易中举足轻重的贸易大国负有特殊的责任和义务。

李岚清指出，从中国提出恢复其在关贸总协定缔约国的地位以来，六年已经过去，尽管在恢复谈判中出现许多困难和曲折，中国恢复缔约国地位的决心从未动摇。这明确表示中国全面参与国际多边贸易体制，促进全球和地区贸易自由化的决心。在许多缔约方的积极支持和关贸总协定内外许多朋友的努力下，中国的恢复工作已经进入最后的实质性谈判阶段。我们希望能继续得到各缔约方，特别是亚太经济合作会议内缔约方的支持，尽快恢复中国在关贸总协定的缔约国地位，这不仅将会大大推动中国的进一步改革开放和对外经贸事业的发展，也将为全球，特别是亚太地区的经贸合作带来新的机会和活力。

外交部发言人吴建民在北京举行记者招待会就俄罗斯总统叶利钦将访问中国等问题答记者问

吴建民说，叶利钦总统将于今年 12 月中对中国进行正式访问。访问期间双方就中俄双边关系问题及重大国际问题交换意见。中方重视这次访问。两国领导人的直接接触有利于增进相互了解，推动两国关系在和平共处五项原则基础上健康稳定地向前发展。

吴建民说，徐敦信副外长将于 9 月中旬赴河内与越南副外长就中越关系及双方共同关心的问题交换意见。去年11月中越高级会晤以来,两国睦邻友好关系的恢复和发展总的是好的。双方在北部湾划分问题上的分歧可通过谈判解决,两国的正常交往不应受到影响。

吴建民说,卢泰愚总统应杨尚昆主席的邀请,将于9月27日至30日对中国进行正式访问。中国方面很重视韩国总统卢泰愚即将对中国的访问。在卢泰愚访问期间,两国领导人将就国际形势、地区形势和双边关系问题交换意见。这次访问对发展两国睦邻友好合作关系,对朝鲜半岛以及亚洲和平与稳定有重要意义。

吴建民强调说,我们坚决反对同中国建交的国家与台湾建立任何官方性质的关系以及进行任何官方性质的来往。对于它们同台湾之间进行的纯民间性的来往,我们不持异议。

外交部发言人吴建民就中国和别国进行军贸合作答记者问

外交部发言人吴建民强调说,中国与别国进行军贸合作与美国向台湾出售大批武器是性质截然不同的两回事。中美关系恶化与中国加入关贸协定也是两个性质不同的问题。

记者问吴建民:"有人认为,中国向俄购买先进武器、美向台湾出售F—16战斗机,将引起亚洲地区新的一轮军备竞赛。你对此有何评论?"

吴建民说,中国的人均国防预算是世界上最低的国家之一,我们的国防力量完全是为防御和自卫。中国一贯致力于维护亚洲和世界和平,发展同世界各国的友好合作关系,是亚太地区和世界和平与稳定的因素。这是国际社会所公认的。

吴建民指出,中国作为一个主权国家,为了防御和自卫,与别国进行正当的军贸合作,是无可非议的,是符合包括台湾同胞在内的全体中国人民的利益的。这与美国决定向中国的领土台湾省出售大批武器,是性质截然不同的两回事。美国公然决定向台出售F—16战斗机,侵犯中国主权,干涉中国内政,在该地区制造紧张局势,这是违背该地区人民的根本利益的。他强烈要求美国政府取消向台出售战斗机的决定。否则,由此产生的一切严重后果完全由美国政府负责。

又有记者问:中方是否担心中美关系恶化将会影响中国加入关贸总协定?

吴建民说,这是两个性质不同的问题。中国是关贸总协定的创始缔约国,早日恢复中国的缔约国地位,不仅有利于中国进一步改革开放,也有助于扩大中国同其他缔约国之间的贸易,符合各方利益。至于中美关系的恶化,责任全在美方。

《中华人民共和国政府和伊朗伊斯兰共和国政府和平利用核能合作协定》在北京签订

意大利总理朱利亚诺·阿马托在玛达马别墅会见国务院副总理邹家华

广东引进意大利聚乙烯项目在罗马签字

正在罗马访问的国务院副总理邹家华,出席广东茂名聚乙烯项目合同签字仪式。

签字仪式在埃尼集团总部大楼举行,中国石化国际事业公司副总经理郭子甫、茂名石化公司副经理王仲华、意大利斯纳姆普洛杰蒂公司董事长迈尔罗分别在合同上签字。

签字仪式前,邹家华会见埃尼集团常务董事贝纳贝。

国家教委主任李铁映到北京大学祝贺教师节

国家教委办公厅颁发《关于进一步加强内地西藏班工作的意见》

首届中国丝绸之路节在兰州开幕

全国人大常委会委员长万里应邀题写"首届中国丝绸之路节"。

中顾委常委康世恩、全国人大常委会副委员长费孝通、雷洁琼,全国政协副主席赵朴初、王恩茂以及甘肃省、兰州军区、兰州市的主要领导出席开幕式。

中国运动员在第9届残奥会上夺得2枚金牌

杨少民在男子J3和J4级跳远比赛中夺得金牌并打破世界纪录,邱林在比赛中亦打破世界纪录。

1992年中国郑州国际少林武术节在河南省体育场开幕

全国卫生计划工作会议在西宁闭幕

为逐步缩小地区差别,今后乡镇卫生院和基层预防、保健等三项建设要在资金、项目等方面向老、少、边、穷地区倾斜。

卫生部副部长何界生在会议上说,为实现卫生工作战略重点向农村和预防保健转移,整个卫生部门正在把三项建设作为加强农村卫生工作的一项大系统工程来抓。何界生说,三项建设在我国虽已有良好的发展势头,但全国各地进展很不平衡,尤其是老、少、边、穷地区发展比较缓慢。针对这一实际,卫生部提出今后中央和上一级政府在资金投入上将增加专项资金、降低资金配套比例，在项目落实上多安排计划项目，体现对老、少、边、穷地区的重点扶持。

9 月 11 日

全国政协华侨委员会国务院侨务办公室等单位联合举办中秋联谊会

北京十三陵抽水蓄能电站主体工程举行揭幕和奠基仪式

邮电部在北京召开电话会议表彰为奥运会和“澳星”发射通信新闻传送工作作出贡献的单位

国务院总理李鹏在中南海紫光阁会见红十字国际委员会主席科纳利奥·索马鲁加

中共中央政治局常委李瑞环在钓鱼台国宾馆会见希腊共产党名誉主席弗洛拉基斯

国务院副总理邹家华在意大利米兰商会向政界工商界人士介绍中国改革开放和经济发展趋势

邹家华说，“现在中国政治稳定，社会稳定，市场繁荣。”邹家华介绍说，中国实行改革开放 14 年以来，从农村到城市，从经济体制到各方面体制、从局部到全局都进行了改革。在所有制结构上，收入分配方面和经济运行方式上都发生了很大的变化，中国原有的经济体制已经有很大改变，新的经济体制的大门初步打开。

在对外开放方面，邹家华指出，“中国的经济发展不可能脱离国际经济技术合作与交流，而中国经济的增长，社会进步，又为这种合作和交流开辟了广阔的前景。”邹家华说，“中国过去封闭、半封闭型经济逐步转向积极利用国际分工、国际交换的开放型经济，对外经济贸易和技术交流与合作大幅度扩展。”中国的“改革开放政策永远不会改变”。

在经济体制改革方面，邹家华说，中国“将进一步下放投资、利用外资和进出口等方面的权力”。利用外资政策将进一步放宽，形式更加灵活多样，允许外商投资的范围从生产领域逐步扩大到金融、外贸、商业、交通、旅游、房地产和其他第三产业。今年上半年，新批准外商直接投资项目 13000 多项，比去年同期增长 1.6 倍，进出口总额比去年同期增长 20.1％。

邹家华还强调，中国将进一步发展同世界各国包括与发达国家的经济贸易交流与合作，更多更好地利用国外资金、资源、技术和管理经验。积极改善投资环境，逐步使外商能够按照国际惯例在我国投资经营，为各国企业家到中国投资创造更好的条件。邹家华说，中意两国经济有较强的互补性，意大利在钢铁、石油化工、造船、机床和食品等行业具有较强的实力，还有一大批反应快、经营灵活的中小企业。中国有着丰富的人力、物力资源和一个大市场，双方在各个领域的合作有很大潜力。邹家华表示欢迎意大利企业界、金融界人士到中国投资，合作扩大两国贸易和经济技术交流，并详细地介绍了中国对外资企业的法律、法规。

外交部部长钱其琛在亚太经济合作会议第四届部长级会议审议专题组工作报告时发言

钱其琛说，目前，亚太经济合作会议十个专题组均有一定的组织基础、工作程序和规划，为拓展下一步工作创造条件。我们可以在现有的基础上协调和改进各专题组的工作，使其更好地适应各成员进行合作、发展经济的需要。应当看到，亚太经济合作会议能否成为一个富有活力的组织，为推动亚太区域的合作作出积极的贡献，在很大程度上取决于能否做好专题组的工作。

钱其琛说，中国十分重视亚太经济合作会议下属各专题组的工作。自去年 11 月参加亚太经济合作会议以后，中国便以积极、务实的态度参加有关工作组的活动。迄今在十个专题工作组中，已正式参加 7 个专题工作组和两个特设工作组的活动。

钱其琛说，在促进贸易工作组中，中国已正式提出并着手准备于 1993 年上半年在华举行“促进中小企业扩大出口”的研讨会。我们希望通过研讨会促进中小企业在亚太区域贸易中发挥更大的作用。我们欢迎亚太经济合作会议所有成员来华参加研讨会。

外交部部长钱其琛在亚太经济合作会议第四届部长级会议举行的各代表团正副团长参加的联合记者招待会上答记者问

当记者向钱其琛提问中国、香港和中国台北都加入亚太经济合作会议，这对相互间经贸关系和参加关贸总协定有何影响时，钱其琛回答，大家都知道，去年 11 月，中国、香港和中国台北都加入亚太经济合作会议，这表明我们之间经济交往会增加。中国和香港的经济贸易有着紧密的联系，中国大陆和台湾的经济贸易近年来也发展很快，前景是好的。中国是关贸总协定的缔约国，我们要求恢复中国在关贸总协定中的缔约国地位，在此情况下，中国台北作为单独关税区也可以参加进来。

全国人大常委会委员蔡子民在斯德哥尔摩举行的

各国议会联盟第 88 届大会上发言

蔡子民说，世界正处在一个历史性的重大转折时期。以美苏对抗为标志的两极格局已经结束，各种力量正在重新分化组合，国际形势正朝着多极化格局发展。欧洲正在成为新的动荡中心；一些历史遗留下来的民族纠纷、领土争端和宗教矛盾逐渐趋于表面化，引发武装冲突和战争。

蔡子民把中国奉行的外交政策归纳为以下 5 点：1. 独立自主地决定对国际问题的态度和政策，不同任何大国或国家集团结盟或建立战略关系，反对霸权主义和强权政治；2. 维护世界和平和为国家现代化建设创造和平的国际环境；3. 在互相尊重主权和领土完整、互不侵犯、互不干涉内政、平等互利、和平共处五项原则基础上同所有国家发展关系；4. 加强与发展中国家的团结与合作，努力同周边国家发展睦邻友好关系；5. 主张建立一个和平、稳定、发展、合作的国际政治和经济新秩序。

蔡子民在讲话中简单地介绍中国目前所实行的对内政策。

中央军委颁发通令给济南军区创作员仇志海记一等功

中央军事委员会最近颁发通令，给仇志海记一等功，表彰他在雕塑创作中取得的显著成绩。

由军委主席江泽民签发的通令说，济南军区政治部创作员仇志海，专业技术五级，自 1956 年 3 月入伍后，长期从事雕塑创作，成绩显著。特别是从 1982 年起，他潜心发掘和研究我国黑陶艺术，经过五年的努力，克服重重困难，取得了 3000 多个科学数据，终于在 1987 年研制成功“现代黑陶工艺”，使我国 4000 多年前的龙山黑陶艺术重放异彩。该项成果，于 1989 年 10 月获国务院文化科技进步一等奖，1990 年获比利时布鲁塞尔第三十八届世界发明博览会“尤里卡”金奖，同年 12 月获国家科技进步一等奖。多年来，仇志海不辞劳苦，精心创作了 3000 余种、2 万多件黑陶作品。其作品先后 14 次在国内外展出，其中有四十六件作为世界珍品，被港、台和国外博物馆收藏，为国家创汇 20 余万美元，为弘扬民族文化作出了突出贡献。

中央军委颁发通令给空军第二空防工程处记集体一等功

中央军事委员会最近颁布通令。给空军第二空防工程处记集体一等功，表彰他们对国家经济建设和军队现代化建设所作出的突出贡献。

由军委主席江泽民签发的通令说，空军第二空防工程处组建 38 年来，多次出色地完成大型国防地下工程和机场场道工程任务，特别是 1984 年以来，该处在完成军内工程任务的同时，积极承担国家重点工程建设任务，所承建的深圳、大连、丹东、长春、齐齐哈尔、吉林、沈阳、锦州等八个民用和军民合用机场场道，全部高质量、高效益地完成了任务，创造了国内同行业的先进水平，被国家建设部树为“全面质量管理排头兵企业”。该处注重部队全面建设，培养过硬作风，连续八年被军区空军评为先进单位、两次被评为全国拥政爱民先进单位。

中国民主促进会中央关于推进义务教育的建议受到国务院重视被采纳

由中国民主促进会中央委员会提出的《关于依法治教，大力推进义务教育的几点建议》，受到国务院高度重视并责成国家教委结合实施义务教育工作实际进行研究。国家教委已在《中国教育发展和改革的纲要》中，吸收了民进的建议。

民进中央在建议中指出，《义务教育法》实施五年来，促进我国基础教育走上依法治教的轨道，发展迅速，成绩显著。但贯彻《义务教育法》也面临不少困难和问题。关键是《义务教育法》的权威性和约束力尚未得到充分体现。在《义务教育法》实施中，政府、社会、学校有法不依、执法不严、违法不究现象时有发生，有些甚至相当严重。建议认为，继续抓好以法治教是在本世纪末基本实现九年制义务教育的根本保证。

国家教委日前复函民进中央认为，中国民主促进会一直关心我国社会主义教育事业的发展。这次提出《关于依法治教，大力推进义务教育的几点建议》是一次重要的具体参政措施。他们希望在今后工作中继续得到民进的支持和帮助。

中共中央政治局委员李铁映致电参加第九届残疾人奥运会的中国体育代表团

中国运动员在第 9 届残奥会上夺得 1 枚金牌 1 枚银牌

张小玲在 TT10 级乒乓球女子单打比赛中夺得金牌，杨毅获银牌。

康复国际第 17 届世界大会在内罗毕授予中国残疾人联合会主席邓朴方亨利·凯斯勒奖

中国驻肯尼亚大使吴明廉代表邓朴方接受这项奖时表示，中国将为改善全球残疾人的生活、实现残疾人平等参与的目标作出新的努力和贡献。

出席本届大会的我国代表团团长、中国残疾人联合会副主席刘小成在大会期间,介绍我国响应“联合国残疾人十年(1983—1992)”和康复国际的号召,为促进残疾人事业的发展而采取的一系列措施和所取得的成就。

9月12日

国务院总理李鹏签署第104号令发布《人民警察警衔标志式样和佩带办法》

现发布《人民警察警衔标志式样和佩带办法》,自发布之日起施行。

总理 李 鹏

1992年9月12日

人民警察警衔标志式样和佩带办法

第一条 根据《中华人民共和国人民警察警衔条例》的规定,制定本办法。

第二条 人民警察佩带的警衔标志必须与所授予的警衔相符。

第三条 人民警察的警衔标志:总警监、副总警监为金色橄榄枝环绕金色八角星,警监为金色八角星,警督为金色四角星,警司为金色三角星,警员为金色箭头星。

第四条 警衔标志佩戴在领章上,领章为剑形。担任行政职务的人民警察的领章版面为橄榄色,担任专业技术职务的人民警察的领章版面为银灰色。

第五条 总警监缀钉一枚金色橄榄枝环绕的金色八角星,副总警监缀钉一枚金色小橄榄枝环绕的金色八角星。

一级警监缀钉三枚金色八角星,二级警监缀钉二枚金色八角星,三级警监缀钉一枚金色八角星。

一级警督缀钉三枚金色四角星,二级警督缀钉二枚金色四角星,三级警督缀钉一枚金色四角星。

一级警司缀钉三枚金色三角星,二级警司缀钉二枚金色三角星,三级警司缀钉一枚金色三角星。

一级警员缀钉二枚金色箭头星,二级警员缀钉一枚金色箭头星。

第六条 人民警察晋升或者降低警衔的,由批准机关给予更换警衔标志;取消警衔的,由批准机关将其警衔标志收回。

第七条 公安部门的人民警察在领章上不缀边线,其他部门的人民警察,在领章的二条长边上缀以不同颜色的边线予以区分:

(一)缀以天蓝色边线的为国家安全部门的人民警察;

(二)缀以正红色边线的为劳动改造、劳动教养管理部门的人民警察;

(三)缀以金黄色边线的为人民法院、人民检察院的司法警察。

第八条 人民警察的警衔标志由公安部负责制作和管理。其他单位和个人不得制作、仿造、伪造和买卖、使用警衔标志,也不得使用与警衔标志相类似的标志。

第九条 本办法由公安部负责解释。

第十条 本办法自发布之日起施行。

最高人民检察院作出关于重申检察机关赴外地办案的几项规定

为了加强检察机关之间在办案中的相互配合和协调,依法有效地惩治贪污、贿赂、“侵权”、渎职等犯罪,根据《刑事诉讼法》、《人民检察院组织法》及其他有关法律规定,高检院于1990年12月下发了《关于检察机关办理贪污、贿赂、“侵权”、渎职等案件时相互配合、协调工作的规定》。总的看,各地执行是认真的,效果也比较好。但也有少数检察院不严格执行规定,赴外地办案时不通过当地检察机关,或法律手续不齐备,随意拘捕人犯、搜查和讯问,造成了一些不良影响。为此,特对有关规定重申如下:

一、各级人民检察院在办理贪污、贿赂、“侵权”、渎职犯罪案件中,需自行到外地拘捕人犯时,应执行最高人民检察院、公安部《关于到外地逮捕人犯手续的几项规定》办理。执行拘捕的人员应当携带有关的法律文书,以及工作证、介绍信和人犯犯罪的主要材料等,与人犯所在地的人民检察院联系办理。

如遇特殊紧急情况,执行拘捕的人民检察院不能出具人犯犯罪的主要材料的,应当及时向人犯所在地人民检察院说明情况并征得同意。

二、人民检察院需要到外地执行搜查任务和讯问被告人的,执行人员应携带有关法律文书、工作证,以及有介绍案情和执行搜查、讯问目的、要求等内容的公函,与当地人民检察院联系。

三、人民检察院到外地追缴赃款赃物,应当请当地人民检察院协助,并出示有关的案件材料和办理必需的法律手续。

四、人民检察院到外地问询证人时,不得以各种理由将证人带回本地询问。

五、各级人民检察院对外地检察机关拘捕人犯、搜查、讯问被告人、询问证人、调取证据、追缴赃款赃物等执法活动要积极予以协助,不得违法阻挠、刁难。

六、各级人民检察院对不执行国家法律和有关规定,违法办案,或违法阻挠办案,造成严重后果的,要严肃处理,追究有关责任人员或领导者的责任。

公安部发出通知要求各公安机关坚决打击生产和经销假冒伪劣商品的违法犯罪活动

公安部日前发出通知，要求各级公安机关认真履行职责，坚决打击生产和经销假冒伪劣商品的违法犯罪活动。

通知要求，凡构成投机倒把、诈骗和制造贩卖假药犯罪的假冒伪劣案件，公安机关要认真立案侦查，对群众的举报，要积极受理。对造成严重后果和恶劣影响的大案要案，要快查快办，依法从重从快惩处。对跨地区的重大案件，各地公安机关之间要加强协同配合，上级公安机关要协调、指导和监办。

通知强调，各级公安机关要执法守法，对已构成犯罪的案犯，严禁以罚代刑，不得降格处理。对不构成犯罪的案件，公安机关不得越权处理。对违者要严肃查处。

国家主席杨尚昆在人民大会堂会见苏里南民族党主席亨克·阿龙

中国和俄罗斯联合勘界委员会第二次会议在北京举行

中俄联合勘界委员会第二次会议于9月12日至24日在北京举行。会议期间，双方就中俄国界东段的有关勘界问题交换意见，并签署有关勘界文件。双方商定，中俄联合勘界委员会第三次会议将于1993年上半年在俄境内举行。

会议期间，中国政府边界谈判代表团团长、外交部副部长田曾佩会见以吉列耶夫特使为首的中俄联合勘界委员会俄方代表团全体成员。

由张艺谋导演的影片《秋菊打官司》在第49届威尼斯电影节上获得金狮奖

中国运动员在第9届残奥会上夺得2枚银牌1枚铜牌

赵继红夺得女子B3级跳远比赛银牌，吴彦俭在男子A8级5000米跑中夺得银牌，郑培峰在女子B1级铁饼赛中获铜牌。

国办转发民政部等部门《关于加强婚姻管理制止早婚早育意见》的通知

9月13日

国务院批转农业部《关于加强农业承包合同管理的意见》的通知

各省、自治区、直辖市人民政府，国务院各部委、各直属机构：

实行以家庭联产承包为主的责任制是党在农村的一项基本政策，要长期稳定，并随着生产力的发展不断完善。各地要把稳定和完善家庭联产承包责任制的工作纳入法制管理的轨道，认真抓好。

国务院同意农业部《关于加强农业承包合同管理的意见》，现转发给你们，请结合实际情况，认真贯彻执行。

关于加强农业承包合同管理的意见

国务院：

党的十一届三中全会以来，我国农村普遍实行了以家庭联产承包为主的责任制，使亿万农民获得了生产经营的自主权，焕发出极大的生产热情，农村改革取得了举世瞩目的成就。党的十三届八中全会再次肯定了农村家庭联产承包责任制长期不变。邓小平同志在视察南方时的谈话进一步指出："即使没有新的主意也可以，就是不要变，不要使人们感到政策变了。"这完全符合广大农民的共同心愿。要使家庭联产承包为主的责任制长期稳定，并不断完善，必须将其纳入法制的轨道。依法管理农村承包合同，这是稳定和完善家庭联产承包制的重要保证。

目前，全国共签订三亿多份农村承包合同。几年来，各级人民政府及其农业主管部门始终把农业承包合同管理作为巩固农村改革成果，维护农村安定团结的基础工作来抓，在指导合同签订，进行合同鉴证，监督合同履行，调解处理合同纠纷等方面做了大量深入、细致的工作。与此同时，多数省（区、市）结合当地实际情况，根据农业承包合同的特殊性，加强了法规制度建设。全国已有二十四个省（区、市）发布了农业（村）承包合同管理条例或办法，使农业承包合同管理纳入了法制的轨道。据统计，农业承包合同的完备率由1986年的43.3%上升到1990年的77.1%，兑现率由77%上升到91.2%，纠纷率由6.4%下降到3.2%。依法管理农业承包合同，对于稳定和完善联产承包责任制，激发和保护农民的生产积极性，维护农村良好的经济秩序和安定团结的社会局面，发挥了重要作用。

同时也应该看到，农业承包合同管理状况与农村改革和发展的要求还有很大差距。在发布了农业承包合同管理条例或者办法的二十四个省（区、市）中，有七个省（区、市）是由同级人民代表大会或者其常务委员会公布的地方性法规，其他十七个省（区、市）都是由省级政府或者主管业务部门发布的办法，缺乏法律约束力。还有六个省（区、市）尚未制定相应的法规或者制度。在广大农村，由于认识问题、经济利益问题，不能自觉维护承包合同、不履行承包合同的现象时有发生，甚至随意侵犯农民的经营自主权和合法利益，加上人口的增长、迁移和市场、价格等因素的不断变化，合同的变更、解除以及合同纠纷的调解任务相当繁重。目前，每年仍有约三千万份合同不能兑现，合同纠纷近一千万起，由此引起的恶性案件时有发生。最近，一些地方群众上访又有上升趋势。在这种情况下，加强农业承包合同管理的法制建设，是十分必要的。

我国地域辽阔，地区间差异较大，经济发展水平很不平衡，联产承包责任制的具体形式和完善程度不尽相同，因此，制定农业承包合同的管理法规，必须因地制宜，符合各地的实际情况。从已经制定了农业承包合同管理条例或者办法的二十四个省（区、市）的情况看，由省（区、市）地方权力机关制定地方性法规比较切实可行。为了逐步把农业承包合同纳入依法管理的轨道，加强对承包合同的管理，保护和调动农民的生产积极性，促进农业生产和农村经济的健康发展，现提出如下意见：

一、各级人民政府要把依法加强农业承包合同管理工作提高到稳定和完善党在农村中的基本政策的高度加以重视。农业承包合同管理工作关系到广大农民的切身利益，影响面很大，政策性很强，各级人民政府必须加强领导，督促和支持业务主管部门做好这项工作。各级农业行政主管部门或农村工作部门要把农业承包合同管理工作列入重要议事日程，主要领导要亲自抓。

二、要进一步加强农业承包合同的法制建设。各级人民政府要采取有力措施，切实把农业承包合同管理逐步纳入法制的轨道。已经发布农业承包合同管理法规的省（区、市），要有法必依，认真做好实施工作，并搞好配套措施的制定；尚未发布农业承包合同法规的省（区、市），可参照有关省（区、市）的经验和做法，结合本省（区、市）实际情况，抓紧制定，尽快发布施行。

三、依法管理农业承包合同。农业承包合同一经依法签订，即具有法律约束力，任何单位和个人均不得擅自变更或者解除。目前已经签订的三亿多份农村承包合同，都具有法律约束力，应予保护。农业承包合同的管理，包括合同的签订和鉴证，无效合同的确认和处理，合同的变更或者解除，合同纠纷的调解和仲裁等，都必须严格按照法律程序办事，一定要杜绝单方面违约、毁约的现象；杜绝在农业承包合同的管理上强迫命令、随意侵权、以权代法等行为。

四、强化职能，提高素质，做好工作。农村改革以来，各级农村经营管理部门一直承担着农业承包合同的管理工作，并已经形成了一套较为完整的管理体系和工作程序，较好地完成了工作任务。今后要总结经验，提高政策水平，依法加强管理，更好地履行合同管理的各项职责，并注意交流经验，搞好宣传报道，向广大农民普及法律知识。

以上意见，如无不妥，请批转各地区、各部门贯彻执行。

日本松山芭蕾舞团晚上在北京展览馆剧场举行第十次访华首场演出

国家“八五”重点科技攻关项目——低温核供热堆制冷系统获得成功

新闻出版署国家档案局联合发出《关于出版社书稿档案管理办法》

合伙贪污国家巨款的冯阳徐建新潜逃国外缉拿归案被判死刑

合伙贪污国家巨款后潜逃新加坡，终被缉拿归案的冯阳、徐建新两名罪犯，被浙江省湖州市中级人民法院一审依法判处死刑，剥夺政治权利终身。

冯阳（女）原是浙江省湖州市工商银行信托投资公司财务计划股股长，徐建新原是湖州市峰海综合商场经理。二人相互勾结，由冯阳利用掌管支票和印鉴之机，伪造“委托贷款”，自 1990 年 3 月至 9 月间，先后从银行盗划给湖州市信托投资公司资金 500 万元，自己非法提取现金 104 万元。

两人侵吞这两笔公款后，持伪造的台湾护照携款潜逃至新加坡，1991 年 4 月 16 日被中国警方缉拿归案。

9 月 14 日

国务院总理李鹏在钓鱼台国宾馆同南斯拉夫总理米兰·帕尼奇举行会谈

帕尼奇首先介绍波黑地区的最新情况，表示南联盟共和国对和平承担全部义务并将致力于实现和平。

李鹏说，我们对波黑地区局势日益恶化感到忧虑，对那里的人民在战争中遭受的苦难深表同情。李鹏系统地介绍中国对原南斯拉夫危机的立场。李鹏说，一、我们希望有关各方立即实现停火，尽快谈判解决争端；二、我们支持国际社会有利于公正合理、和平解决南危机的努力，希望这些努力早日为政治解决创造条件。中国将同国际社会一道，为政治解决原南斯拉夫危机而努力；三、对原南斯拉夫继承权等问题，我们希望原南斯拉夫各方通过友好协商，找到各方都满意的解决办法；四、我们尊重原南斯拉夫地区各国人民的选择，愿意在和平共处五项原则基础上同南各独立国家发展友好合作关系。

中国民主同盟中央常委会第16次扩大会议在北京举行

民盟中央主席费孝通出席会议并讲话。费孝通说，邓小平同志南巡谈话发表后，民盟各级组织认真进行学习。民盟的工作要适应形势发展变化的要求，努力迈出新的步伐，登上新的台阶，作出新的贡献。费孝通说，民盟29个省、自治区、直辖市一级组织的换届改选工作已经完成，新的领导班子要继承和发扬与中国共产党长期合作的光荣传统，解放思想，振奋精神，坚持为经济建设这个中心服务，努力开拓，为改革开放和现代化建设献计出力。会议还讨论了召开民盟第七次全国代表大会的有关准备工作。

民盟中央副主席叶笃义、谈家桢、陶大镛、马大猷、冯之竣、丁石孙、康振黄、孔令仁、谢颂凯出席会议。

公安部发出《关于收缴非法持有的枪支弹药》的通告

全国人大常委会委员长万里在人民大会堂会见在北京出席“妇女在环境和持续发展中的作用国际研讨会”的全体代表

万里代表全国人大和中国政府对研讨会的成功召开表示祝贺。万里说，这次国际研讨会是在巴西举行的联合国环发大会仅仅三个月之后召开的，这充分显示出世界对于全球环境、实现持续发展的重视。

万里说，当前世界上有四大问题，即：和平、发展、环境和人口问题。这需要各国政府和人民共同努力，各国妇女积极参与解决这些问题。

万里表示，中国政府愿意同联合国机构及世界各国政府一道促进巴西世界环发大会决议的落实，促进妇女参与环境保护和持续发展。

在谈到1995年世界妇女大会将在中国召开时，万里说，这次大会召开将是世界各国妇女高兴的事情。作为东道主，中国政府有信心开好世界妇女大会。

中国质量万里行组委会决定打假特别行动开始

“中国质量万里行”组委会决定，从现在起开展“打假特别行动”，生产销售假冒产品者将被曝光，一批不法分子将受到应得的制裁。

当前，一个打击制造、销售假冒产品的活动，正在全国展开。国务院发布这方面的专项文件，主管部门做出全面部署，监督部门和公检法机关开始行动。

从最近揭露的制售假药害死人的案件看，假冒活动不仅严重扰乱了经济秩序，干扰市场机制正常地发挥作用，破坏改革和建设的健康发展，还直接威胁到广大人民群众的健康和安全，不采取严厉措施予以制止和打击，是不行的。

目前，“中国质量万里行”活动的主办单位包括：人民日报、新华社、中央电视台、中央人民广播电台、经济日报、光明日报、工人日报、经济参考报、市场报、中国青年报、科技日报、法制日报、中国检察报、农民日报、中国技术监督报、中国消费者报、中国商报、健康报、中国经营报、中国企业报、中国少年报、中国工商报、中华工商时报、中国食品报、中国汽车报、中国航空航天报、中国石油报、中国黄金报、国家技术监督局、中国新闻文化促进会、中国工业经济协会、中国企业管理协会、中国质量管理协会、中国消费者协会共34家。

中国西北地区国际经济技术合作洽谈会在西安举行

这次洽谈会有国务院有关部门负责人，西北五省区和西安市、新疆建设兵团负责人出席，还有日本、韩国、法国、德国、美国、加拿大、巴西、南非、香港、台湾等30多个国家和地区的400多名客商和西北五省区及山西、内蒙古、江苏等地的1000多名经贸代表参加。田纪云出席开幕式并讲话。田纪云指出，西北地区在我国社会主义建设中具有非常重要的地位，是我国21世纪经济发展的战略重点地区。希望西北地区要充分利用沿边开放的大好时机，加速自身的发展；要充分发挥地缘优势，加速发展同独联体、东欧国家的经贸合作；要“借桥出洋”，搞好向西开放；要把利用外资放在十分重要的地位。

中日青年友好会议在北京举行

为纪念中日邦交正常化20周年，由中华全国青年联合会举办的“中日青年友好会议”在北京中日青年交流中心开幕。

来自日本各政党、青年组织、民间友好团体的31个代表团共160名代表出席会议。

中日友好21世纪委员会中方首席委员、中国国际交流协会会长张香山在致词中说，青年交流同其他的中日民间交流一道，是两国政治、经济关系发展的强大动力，可以为中日睦邻友好关系的持久稳定发展发挥重大作用。

全国青联主席张宝顺在会上说，召开这次“中日青年友好会议”的目的，在于同各位与会代表就深化中日青年交流集思广益、谋求共识，唤起两国社会各界对中日青年交流的更加重视。张宝顺说，只要携手共进、竭诚努力，我们一定能够把中日关系健康稳定地推进到

21 世纪。

日本众议员户冢进也及日本青年组织的代表也在会上作发言。

中国代表范国祥在世界人权大会第三次筹备会议上发言

中国代表团团长范国祥在会议发言中分析当前世界各国人民在享受人权方面所存在的障碍，提出今后在国际人权活动中应采取的措施。

范国祥指出，这些措施包括在承认普遍遵守和促进人权与基本自由的同时，应充分考虑不同地区和国家在历史、政治、经济、社会、宗教和文化等方面的实际情况；在尊重国家主权和不干涉他国内政的基础上，各国有权自由选择政治和经济制度，任何国家不得将自己的人权观强加于人，不得利用人权作为施加政治压力的手段。

范国祥说，必须遵守联合国宪章关于进行国际人权活动的原则，重申各国发展权、自决权的重要性。

中共中央政治局常委李瑞环在人民大会堂会见由社长前田耕一率领的日本时事社代表团

中共中央政治局常委李瑞环在人民大会堂会见参加"中日青年友好会议"的日本各青年团体的代表

西藏自治区政府主席江村罗布在尼泊尔加德满都答记者问

江村罗布重申：中央同达赖等人对话的大门一直是开着的，除了西藏独立，一切都可以谈。

江村罗布首先对记者说，作为西藏自治区主席，他这是第一次访问友好邻邦尼泊尔，这次友好访问必将对中尼关系，特别对促进中国西藏和尼泊尔之间的相互了解、增进友谊和扩大合作方面产生好的效果。

江村罗布说，在访问中，和一些居住在尼境的藏胞见了面。感到，尼境藏胞中的大多数人是热爱祖国的。他们对维护祖国统一、反对分裂的态度是明确的。

有记者问，中央政府是否愿意在北京接待达赖喇嘛？江村罗布说，达赖的亲戚几乎都曾回国访问过，并先后组成几个团和中央对话，中央的门一直是开着的。

江村罗布强调："西藏除独立问题不能谈外，其他都可以谈。从历史上讲，西藏独立是不可能的。西藏历来是中国不可分割的一部分，没有讨价还价的余地。"

江村罗布说，为什么一直在谈，但无实质性进展，因为达赖一直没有真正放弃西藏独立的主张。他一直在外面宣传"西藏是独立的"，从事分裂祖国的活动。

江村罗布说，现在西藏人的人权应该说是充分的。在旧社会，广大西藏人被当作会说话的工具。他们没有丝毫人权，特别在达赖统治下，谈不上什么人权。奇怪的是，昔日践踏人权的人现在都以人权卫士自居。

江村罗布说，西藏将实行全方位对外开放，积极吸引外资，扩大和其他国家，特别是邻国的经济、技术交流；在邻国兴办独资、合资企业；搞好、搞活边境贸易；进一步发展旅游业。

尼泊尔首相普拉萨德·柯伊拉腊在加德满都会见西藏自治区政府主席江村罗布

柯伊拉腊说，尼泊尔绝不支持在尼泊尔境内进行反华活动。

柯伊拉腊说，中国和尼泊尔关系非常友好，希望促进这种关系。

江村罗布对在西藏问题上采取的正确立场表示赞赏和衷心感谢。

柯伊拉腊和江村罗布还讨论发展旅游、贸易和其他有关双边合作的问题。

由江村罗布率领的西藏友好访问团全体成员和中国驻尼泊尔大使邵炯初会见时在座。

中国和爱沙尼亚在爱沙尼亚首都塔林就两国投资保护协定达成一致意见

德国暨欧洲问题讨论会在北京举行

为纪念中、德建交 20 周年，9 月 14 日至 17 日中国德国研究会、世界发展研究所和同济大学德国研究所在北京联合举办"德国暨欧洲问题讨论会"。来自全国各地的 50 多位德国问题专家和学者参加了会议。中国德国研究会会长王殊主持开幕式，德国新任驻中国大使傅泰民向会议作了"德国和欧洲"问题的报告。

国防科工委国家计委国家科委军转民联络组办公室在新加坡举办军工企业厂长(经理)"企业管理与市场调查"培训班

来自军工企业的厂长、副厂长、贸易公司的经理共 27 人参加了培训。学习了企业管理、市场营销等 10 门课程，参观考察了 9 个企业，进行了 140 人次的市场调查，了解了新加坡市场的产品结构、价格和货源情况。

中央军委发布命令授予成都军区某部三营"墨脱戍边模范营"荣誉称号

中央军事委员会最近发布命令，授予成都军区某部三营"墨脱戍边模范营"荣誉称号。

由中央军委主席江泽民签发的命令说，成都军区某部三营1962年奉命进驻西藏墨脱县，30年来一直戍守在190多公里的边防线上。面对恶劣的自然环境和艰苦的生活条件，全营干部战士发扬大无畏的革命英雄主义精神，戍守边防，无私奉献，为保卫和建设祖国边疆作出了突出的贡献。他们坚决执行命令，克服高原缺氧、冰雪严寒、公路不通带来的种种困难，出色地完成了防御作战、反蚕食斗争和边防巡逻执勤等任务，先后有28名干部战士英雄献身，用鲜血和生命捍卫了祖国的神圣领土。他们始终以祖国和人民的利益为重，舍家忘我，艰苦创业，自己动手在荒无人烟的地方建起了营房，在荆棘丛生的荒野开垦了数百亩良田，明显地改善了生活条件，促进了部队的全面建设。他们牢记我军全心全意为人民服务的宗旨，为使墨脱尽快摆脱贫穷落后面貌，热情帮助地方兴办学校，防病治病，培养专业人才；组织群众修渠筑坝、开荒种地，传授农业技术；模范遵守民族政策，以拥政爱民的模范行动赢得了广大藏族人民群众的信任和爱戴。

中央军委的命令号召全军指战员向成都军区某部学习。

中共中央总书记江泽民在中南海会见由高锟校长率领的香港中文大学访问团

国家主席杨尚昆根据全国人大常委会的决定任免驻外大使

一、免去丁原洪的中华人民共和国驻瑞士联邦特命全权大使职务。

任命辛福坦为中华人民共和国驻瑞士联邦特命全权大使。

二、任命张庭延为中华人民共和国驻大韩民国特命全权大使。

国家教委主任李铁映在钓鱼台国宾馆会见高锟校长率领的香港中文大学访问团

中国版权制度国际研讨会在北京举行

第9届残疾人奥林匹克运动会在巴塞罗那闭幕

国务院召开全国计划生育工作电话会议

国务委员李铁映在会上强调，在当前经济建设任务繁重的情况下，对计划生育工作要保持清醒的头脑，一方面要坚决把经济搞上去，另一方面要坚决把人口出生率降下来，做到常抓不懈，持之以恒。

李铁映说，现在全国计划生育工作总的形势是好的，只要继续努力抓紧工作，完成今年的人口计划是有希望的。

李铁映同时指出，我国人口增长形势仍然严峻，不容乐观。目前全国各地计划生育工作发展很不平衡，有的地方出现放松和削弱计划生育工作的苗头。李铁映强调，计划生育工作要始终坚持“三个不变”的原则，即现行计划生育政策、人口计划指标和党政一把手负总责。一个地区能否完成人口计划，是衡量这个地区党委和政府对计划生育工作抓得如何的主要标志，也是检验党政第一把手负总责的重要标准。

李铁映说，计划生育工作要适应改革开放形势的需要，不断研究新情况、解决新问题，形成一套符合中国国情、能长期坚持下去的计划生育工作机制。李铁映说，不管发生什么事情，出现什么问题，实行计划生育这一基本国策是不能动摇的，因此，新出台的政策、措施都必须有利于计划生育工作的完成。对计划生育工作，要发挥各有关部门和群众团体的作用，各尽其责，通力合作，齐抓共管。

国家计生委主任彭珮云在电话会议上通报当前人口形势时说，今年是第三次人口出生高峰的峰顶，综合各地的情况，今年上半年全国出生人数比去年同期有所减少。但是，我们既要看到今年有可能完成全国年度人口计划，又要看到要把这种可能变成现实还面临着不少困难和问题，主要是一些地方领导很少过问计划生育工作；还有一些地方领导包括计划生育部门的负责人，由于去年计划生育工作取得了比较显著的成绩，存在着盲目乐观和麻痹松劲的情绪。针对这些认识问题，要再一次敲一敲人口的警钟。

在谈到今后计划生育工作时，彭珮云强调，要全面贯彻落实现行政策，努力提高计划生育率；要坚持实行人口与计划生育目标管理责任制；要坚持以宣传教育为主，为广大育龄夫妇提供各项优质服务。

中国残疾人联合会和国家体委致电在巴塞罗那参加第九届残疾人奥运会的中国残疾人体育代表团祝贺他们为祖国赢得荣誉

9月15日

国家主席杨尚昆在人民大会堂会见南斯拉夫总理米兰·帕尼奇

国家工商局作出促进“三沿”地区开发开放的决定

国家工商局局长刘敏学在近日召开的沿海、沿江、沿边部分城市工商行政管理局长座谈会上说，国家工商局决定，进一步扩大外商投资企业登记授权，实行“先放开，后规范”原则，促进沿边地区边境贸易尽快发展起来；对一时看不准的事情，实行“先试验，后推广”的原则，保证改革开放健康发展。

刘敏学说，国家工商局决定，只要在编制、办公用房、干部配备和培训上符合条件，在三个层次上进一步扩大外商投资企业登记授权。一是授权给所有省、自治区、直辖市和计划单列市工商局；二是授权给沿海开放地区省辖市工商局；三是授权给其他地区外资企业超百家的省辖市工商局。此外，对一些“三资”企业较多的县级市及省辖市区、县，可由已被授权的市级工商局决定，授予初审权。

刘敏学说，目前沿边地区边境贸易正处于起步阶段，要实行“先放开，后规范”的原则，简化各种手续。形成一定的规模之后，再进行规范。对一时看不准的事情，要采取“先试验，后推广”的办法，把工作做得扎实稳妥，保证改革开放健康发展。

谈到开发开放“三沿”地区，同样要大力发展个体、私营经济时，刘敏学说，在政策上要放宽，特别是边贸地区和少数民族地区，要放手发展，使个体、私营经济真正成为一支活跃地方经济的重要力量。要鼓励“三沿”地区的个体工商户和私营企业发展外向型经济，鼓励他们发展“三来一补”业务，鼓励他们到国外经营，只要遵守所在国法律，钱赚得合法，都应该允许。

刘敏学要求“三沿”地区的工商行政管理机关，在思想观念上要有超前性，在工作上要有开拓性。在政策法规的制定和执行上，要根据“三沿”地区的特点大胆试验。

中共中央总书记江泽民在北京会见出席北京国际商务研讨会的外国企业家和经济专家

以“发展中的中国经济区域”为主题的北京国际商务研讨会开幕。

本次大会是由中国国际技术智力合作公司与美国斯坦福国际研讨院联合召开的。二十一个国家和地区的商业界首脑、银行家、大公司总裁近二百人出席会议，讨论珠江三角洲、天津、上海浦东和海南省的投资环境和开发前景。

江泽民主席会见了出席研讨会的外国企业家和经济专家，江泽民说，希望外商与中国企业界进行合作。

中共中央总书记江泽民在人民大会堂会见前来出席中国版权制度国际研讨会的联合国世界知识产权组织总干事鲍格胥及其他外国代表

江泽民在会见中赞扬鲍格胥和其他外国朋友为发展中国与世界知识产权组织和国际版权界的合作做大量工作。江泽民希望通过这次研讨会让国际社会更好地了解中国保护知识产权的政策和法律。

鲍格胥说，中国参加国际版权公约有利于中国作品在国外的传播，对中国的文化发展、对中国实现现代化将起促进作用。

国务委员兼国家科委主任宋健、最高人民法院院长任建新、国家版权局局长宋木文等参加会见。

国家主席杨尚昆在人民大会堂接受埃及新任驻中国大使沙米尔·伯罕和大韩民国新任驻中国大使卢载源递交的国书

中国代表沙祖康在莫斯科开幕的第二次中东和会军备控制和地区安全多边工作小组会议上发言强调中国支持建立中东无核武器区和无大规模杀伤武器区

中华人民共和国驻大韩民国首任特命全权大使张庭延向韩国总统卢泰愚递交国书

国务院副总理邹家华在马德里同西班牙副首相纳西斯·塞拉举行工作会谈

双方就进一步发展两国在政治、经济、贸易和科技等领域的合作问题交换意见。

会谈中，双方对近几年来两国的友好合作关系表示满意，并对进一步发展在各个领域的合作的具体问题进行深入的探讨。双方一致认为，两国今后合作的前景是良好的，只要双方共同努力，两国友好合作关系一定会达到新的水平。

应塞拉的要求，邹家华还介绍中国的经济发展和改革开放情况。塞拉表示，西班牙政府高度评价中国经济的发展，并希望中国继续保持这种发展势头。

中国和埃及两国政府在开罗签署一项关于建造五星级旅馆的换文

根据换文，中国将用以前援建开罗国际会议中心向埃及提供贷款的余额，帮助埃及建造一座拥有五百套房间的五星级旅馆，款项不足部分由埃及政府自筹。

湖南省委省政府在长沙举行仪式授予著名育种专家袁隆平“功勋科学家”的荣誉称号

中国专利局在人民大会堂举行颁布修改中国专利法的决定座谈会

全国科技情报工作会议在北京召开

国务院副总理吴学谦在中南海紫光阁会见由 22

名台湾大学生组成的“大专青年访问团”

高等教育发展与体制改革研讨会在北京举行

研讨会由国家教委国家教育发展研究中心和中国高等教育发展战略研究会举办。70多位教育专家、经济专家就我国高等教育发展与改革面临的许多重大问题深入探讨，提出不同的思路和许多对策与建议，为国家决策提供咨询。

与会者指出，这几年高教的改革与发展使学校的面貌发生很大的变化。但是，我国高等教育的体制，培养人才的种类、数量、质量，办学效益等仍不适应我国经济、社会发展的需要。专家们预测90年代末社会对人才的需求和我国高等教育应有的规模、发展速度、发展途径及相应的政策措施，提出不同的预测结果和发展方案。但都认为我国的高等教育必须积极发展，而这个发展要通过深化改革来实现。

专家们认为，我国高等教育目前的办学体制、管理体制、运行机制基本上仍是适应计划经济体制的模式，1985年中共中央《关于教育体制改革的决定》中指出的政府有关部门“对高等学校统得过死，使学校缺乏应有的活力”这种状况，至今没有很大改变；《决定》要求的“扩大学校的办学自主权”仍未充分实现；高校仍缺乏主动适应国民经济建设和社会发展的活力。这种状况，越来越不适应社会主义市场经济发展的趋势。针对目前高等教育存在的弊病，根据经济体制改革、科技体制改革的形势和社会需求的趋势，与会者认为我国高等教育应进行重大的改革，要有新的思路。他们着重研讨高等教育体制改革如何深入进行，专题探讨高等教育如何建立适应社会主义市场经济体制的管理体制，尤其对市场机制对于人才培养的作用问题，进行热烈的讨论；研究高等学校的法人地位与办学自主权及国家的宏观管理问题；研究在社会主义市场经济条件下如何建立高校主动适应社会需要的运行机制；研究高校办学体制的改革及关于私人办高校、社会力量办高校、与境外合作办学的原则与政策；结合今年扩大招收自费生的实践，探讨高校投资体制的改革、开辟多种投资渠道和收取学费制度等问题。

专家们在大的原则问题上看法一致或基本一致，都认为高教体制改革的主要目标是搞活学校，使学校具有主动适应经济和社会发展需要的能力与活力。至于如何实现这个目标，提出的思路和对策是多种的。他们认为充分研讨有利于高教发展与改革决策的科学化、民主化。不少与会者主张这些重大问题的研讨应在更大的范围内进行。

研讨会于9月15日至19日举行。

国家教委国家民委新疆维吾尔自治区人民政府联合在乌鲁木齐市召开内地高等学校支持新疆第二次协作会议

会议总结交流自1989年10月第一次协作会议以来的工作经验，落实今后3年的支持协作任务。国家教委副主任朱开轩、国家民委副主任图道多吉等在会上讲话。会议强调内地高等学校支持新疆是一项长期任务，要在加强人才培养和教学合作的同时，加强新技术、科技开发方面的协作，变“单向支援”为“双向协作”，使对口支援成为一件“互利互惠”的事情。内地高等学校要着重为新疆培养短缺专业和较高层次的应用学科专业人才及当前在沿边开放中迫切需要的人才；要把培养中青年骨干教师和学科带头人放在重要位置；办好预科教育、少数民族班。要搞好人才预测，制订规划，完善规章制度。

全国优秀体育教师颁奖会在北京人民大会堂举行

本次全国优秀体育教师暨最佳体育教师评选是在国家教委和国家体委的支持和参与下，由12家新闻单位联合举办，共评出“全国最佳体育教师”10名，“全国优秀体育教师”近千名。

获得“全国最佳体育教师”称号的是：北京第四中学韩茂富、黑龙江省伊春市东方红小学关艳云、新疆乌鲁木齐市实验中学地里木拉提·买买提、河南省汝南县三里店乡果园小学杨玉志、上海市长宁区教育学院中学部李华丰、河北省石家庄市第十五中学程志春、湖北省武汉市第四中学黄仲藩、广东省广州市第二十一中学廖荣贞、山东省泰安市泰山中学刑绍发、天津市南楼中学赵祝胜。

中国版权制度国际研讨会在北京举行

第二届全国古籍优秀图书奖评选在长沙揭晓

《人民日报》发表社论《发展经济同时抓紧计划生育》

当前，全国人民正在贯彻邓小平同志南巡谈话精神，进一步解放思想，深化改革，加速经济发展。就计划生育工作而言，尽心尽责地把计划生育抓紧抓好，把人口增长速度控制住，确保“八五”人口计划和十年人口规划任务的完成，就是服从和服务于经济建设这个中心。

今年是我国实施“八五”人口计划和十年人口规划的第二年，由于党中央、国务院的正确领导和各地的努力，现在全国计划生育工作总的形势是好的。全国上半年出生人数比1991年上半年略有减少。如果下半年继续努力抓紧工作，今年的人口计划可望完成。但是,我们应当清醒地看到,我国人口增长形势仍然严峻,不容乐观。今年是第三次人口出生高峰的峰顶年,我国育龄妇女的数量达到历史最高水平。计划生育工作还面临不少困难和问题,要完成今年人口计划并非轻而易举。当前值得注意的是,一些地方出现了放松和削弱计划生育工作的苗头,应引起各级领导的高度重视,各地要采取有效措施,切实加以解决。

应当认识到,在我国经济和社会发展过程中,人口问题始终是一个极为重要的问题。尽管从全国范围看,由于实行计划生育,妇女生育率已明显下降,但全国每年净增人口的绝对数都在1500万以上,大约相当于一年增加一个中等国家的人口。人口过多,已经成为严重制约我国经济和社会发展,影响人民生活水平和全民族素质提高的重要因素。在任何情况下,我们都不可忽视这个基本国情。在我国经济建设的战略目标中,不仅提出了总的国力要求,而且对人均水平也提出了相应的要求。控制人口增长是实现我国第二步、第三步战略目标必不可少的重要条件。因此,严格控制人口增长,努力提高人口素质,以求更快地提高各项经济指标的人均占有水平,是全面贯彻执行党的基本路线的一项重要而紧迫的任务,我们必须紧紧抓住,一时一刻也不能放松。要坚持一手抓发展经济,一手抓人口控制,决不可只重视发展经济而忘记计划生育基本国策。

中央已明确指出,必须坚持党政一把手亲自抓,负总责。这是做好人口控制工作最重要的经验。一个地区能否完成人口计划,是衡量这个地区党委和政府对计划生育工作抓得如何的主要标志,也是检验党政第一把手负总责负得如何的重要标准。各级党委和政府要按照中央的要求,积极自觉地、扎扎实实地抓紧抓好计划生育工作,只要全党全国人民共同努力,常抓不懈,真抓实干,90年代的人口控制任务就一定能够完成。

9月16日

全国政协在政协礼堂举行第七次常委专题座谈会

政协医卫体委员会副主任郭子恒在所作调查报告中说,搞好农村卫生,不仅仅是卫生部门的事,首先是各级政府的职责。郭子恒希望各级党政领导真正把卫生工作的重点放在农村。

提交给各位常委讨论的《加强农村卫生工作是实现小康战略目标的一项重要任务》的报告,是政协医卫体委员会与全国25个省、自治区、直辖市政协进行了为时一年多的协作调查、研讨的基础上形成的,在经常委们讨论修改后,将报中共中央和国务院。

郭子恒在讲话中说,在我国要实现"2000年人人享有卫生保健"的目标,有许多困难需要我们正视:全国仍有12%以上的村没有医疗点,不少地方三级医疗预防保健网的网底还没有修复;特别是贫困地区医疗设施十分简陋,仍然是缺医少药;乡镇卫生院房屋破漏,设备陈旧,缺乏基本的工作条件;农村卫生技术人员流失,队伍结构失衡,医疗技术水平下降等等。

郭子恒在报告中提出了加强农村卫生工作的几点建议:农村卫生工作是我国卫生工作的重点,希望各级领导提高认识,加强领导;应合理调整卫生事业费城乡分配比例,增加对农村卫生的投入;建议国务院授权地方政府,在经济条件许可的地方,可否增加一项卫生统筹,增加一项卫生提留;给农村卫生保健机构以学校一样的政策待遇;改革医学教育,逐步建立为农村培养、输送卫生技术人员的体系;加强农村卫生工作的法制建设。

卫生部副部长顾英奇在座谈会上对政协医卫体委员会的报告表示欢迎,并向常委们介绍我国农村卫生工作方面的有关情况。

全国政协副主席、政协医卫体委员会主任钱正英主持座谈会,洪学智、谷牧、王光英、程思远副主席出席座谈会。应邀参加座谈会的还有卫生部、农业部、全国爱卫会等有关部门负责人。

中共中央总书记江泽民国务院总理李鹏分别题词致信向全国饮食服务业优秀服务员表彰会表示祝贺

国家统计局国家计委国务院经贸办公室发出通知公布实施工业考核评价新办法

国家重点建设项目广西岩滩水电站第一台机组正式并网发电

国家"八五"重点建设项目兰新铁路复线破土动工

国务院副总理田纪云在参加中国西北地区国际经济技术合作洽谈会时发表讲话

田纪云指出:中国经济在90年代特别是下一个世纪后劲如何,关键在中西部地区开放上大做文章;没有中西部的发展与振兴,沿海地区的发展也难以持久。现在,大西北正以跳跃式的步伐推进开放,各方面特别是发达地区应给予积极的支持。

田纪云说,西北地区是我国重要的资源后备基地。这里的资源开发利用得如何,不仅在我国国民经济发展中具有举足轻重的地位,而且还关系到民族的团结和下个世纪我国国民经济战略布局的安排和我们与周边国家的关系；西北地区具有一定的工业基础。经过40多年的建设，西北地区资产存量已初具规模，建设一批煤炭、电力、石油化工、有色金属、机械电子生产基地。西北地区还有一大批技术水平高、科技人才济济、装备精良的军工企业，这是带动民用工业发展的一支重要力量；西北地区在对外经济中具有地理上的优势。新疆位于东亚与中亚的结合部，有漫长的边境线，与8个国家接壤；亚欧大陆桥的开通，对带动西北地区经济发展具有重要意义。总之，西北地区在我国社会主义建设中具有非常重要的地位，是我国21世纪经济发展的战略重点地区。

田纪云说，西北地区要充分利用沿边开放的大好机遇，加速自身的发展；要充分发挥地缘优势，加速发展同独联体、东欧国家的经贸合作；要“借桥出洋”，搞好向西开放；西北地区的开放开发要把利用外资放在十分重要的地位。田纪云希望西北地区各级领导同志，进一步解放思想，树立起紧迫感，抓住国内外的有利机遇，积极开拓，扎实工作，走出一条内陆地区对外开放的新路子。田纪云还希望沿海经济发达地区发挥技术、信息、资金、经营能力的优势，同内地发展各种形式的经济联系，为内地输送人才，培养、交流干部，转让技术，提供信息和经验等等。这既是帮助内地，也有助于自身的发展。

在西安期间，田纪云还考察西安高新科技开发区和中外合资企业，听取陕西省和西安市的工作汇报。

中共中央政治局常委李瑞环在钓鱼台国宾馆会见香港信德集团行政主席何鸿燊

中共中央政治局常委李瑞环在钓鱼台国宾馆会见日本国际交流基金理事长浅尾新一郎

印度尼西亚副总统苏达莫诺在雅加达会见司法部部长蔡诚

西班牙国王胡安·卡洛斯在拉萨苏埃拉宫接见国务院副总理邹家华及其主要随行人员

以色列总统赫尔佐克会见外交部部长钱其琛

钱其琛强调，世界形势的变化为中东问题的和平解决提供机会，但要取得实质性进展，有关各方仍需继续努力。

钱其琛对以色列新政府采取的一些灵活政策和态度表示欢迎，同时希望它为实现中东和平作出更大的努力。

钱其琛说：“我们也希望有关各方和国际社会共同作出努力，使中东和平进程取得进展。”同时指出：“中东和平进程的基础现在还是脆弱的，面临的任务还是艰巨的，要取得成果需要有决心和耐心。”

谈到双边关系，钱其琛说，中以两国合作关系发展迅速，继续加强两国在各个领域的合作，不仅会给各自的国家和人民带来好处，而且有利于世界及地区和平与稳定。

在谈到中国拒绝参加联合国安理会5个常任理事国中东军控会谈时，钱其琛说，美国向台湾出售F－16战斗机违反中美之间达成的协议，在此情况下，中国难以与会。

钱其琛指出，就军控而言，信义是非常重要的，“没有信义，就不能实现军控。”

佩雷斯对中国支持中东和平进程表示赞赏，同时对以中两国关系的发展表示满意。

外交部部长钱其琛在耶路撒冷东区同参加中东和谈的巴勒斯坦代表团高级顾问费萨尔·侯赛尼举行会谈

中国卫星地球站设备质量认证委员会成立

国家技术监督局于近日宣布正式成立中国卫星地球站设备质量认证委员会。该委员会由航空航天部、机械电子部、广电部、安全部、邮电部、公安部、国家教委、农业部、国家无线电管理委员会、邮电部通信广播卫星公司、航空航天部二〇三所、机电部五十四所、邮电部电信传输所等单位联合组成。

中国在合成分离鉴别新核素汞—208铪—185的科学研究中取得成功

中国科学院近代物理研究所最近在世界上首次人工合成并鉴别了汞—208、铪—185两种新核素，这是继中科院上海原子核研究所合成新核素锗之后，中国科学家在国际上远离稳定线核的合成和研究的激烈竞争中取得的重大成果。前不久前往该所视察的江泽民总书记对此给予高度评价。

专家认为，近代物理所取得的这两项重大成果，既在技术上有重大突破，又具有十分重要的学术价值。新核素汞—208、铪—185的人工合成，为检验理论模型提供重要实验依据，并显示出兰州重离子加速器在新核素合成和研究中的重要作用。

国务院副总理吴学谦在中南海紫光阁会见由12名台湾报纸负责人组成的台北市报业公会大陆访问团

中共中央国务院批准外交部国家环保局《关于出席联合国环境与发展大会的情况及有关对策的报告》

经党中央和国务院批准，中共中央办公厅、国务院办公厅最近转发了外交部、国家环保局《关于出席联合国环境与发展大会的情况及有关对策的报告》。报告指出，我国在联合国环发大会上，同世界各国一起，共同接受了会议通过的文件，并签署了两项公约。这不仅是我国在国际上承担了一定的义务和责任，也是做好我国环境保护工作、推动经济加速发展的实际需要。按照联合国环发大会精神，根据我国具体情况，《报告》提出了我国环境与发展领域应采取的十条对策和措施。具体内容是：

一、实行持续发展战略

目前，我国经济发展基本上仍然沿用着以大量消耗资源和粗放经营为特征的传统发展模式，这种模式不仅会造成对环境的极大损害，而且使发展本身难以持久。因此，转变发展战略，走持续发展道路，是加速我国经济发展、解决环境问题的正确选择。为此，必须重申“经济建设、城乡建设、环境建设同步规划、同步实施、同步发展”的指导方针。各级人民政府和有关部门制定和实施发展战略时，要编制环境保护规划，切实将环境保护目标和措施纳入国民经济和社会发展中长期规划和年度计划，并将有关的污染防治费用纳入各级政府预算，确保其实施；在产业结构调整中，要严格执行产业政策，淘汰那些能源消耗高、资源浪费大、污染严重的工艺、装备和产品；在项目建设中，必须严格按法律规定，先评价，后建设；在考核各地经济工作和干部政绩时，不但要看发展速度和经济效益，而且要考核社会效益和环境效益。

二、采取有效措施，防治工业污染

当前，影响环境质量的主要污染物来源于工业生产。工业设备陈旧、技术落后是主要原因。为此，在新建、扩建、改建项目时，技术起点要高，尽量采用能耗物耗小、污染物排放量少的清洁工艺；要根据环境承载能力，合理布局、实行资源优化配置；各级政府主管部门在审批项目时要严格把关，凡是采用落后工艺、布局不当、污染环境的工业项目，一律不得批准建设；工业污染防治要提倡区域综合治理和集中控制，提高规模效益；要坚持引导和限制的原则，积极防治乡镇企业污染，严禁对资源乱采滥挖；大力开展综合利用，最大限度地实现“三废”资源化；在转换企业经营机制的过程中，要明确企业治理污染的责任，坚持“污染者付费”的原则，不允许企业向社会转嫁污染换取自身的高效益。广泛开展创建“清洁文明工厂”和“环保先进企业”活动，努力建立现代工业新文明。

三、深入开展城市环境综合整治，认真治理城市“四害”

尽快改变城市环境污染面貌，对改善投资环境、促进改革开放、提高人民生活水平都有十分重要的意义。要继续实行以工业污染防治和基础设施建设为主要内容的城市环境综合整治。重点是：治理烟尘污染，普及工业与民用型煤，限制原煤散烧，大力推行集中供热和联片采暖；对城市污水要逐步实行清污分流、污水截流和集中处理，并尽可能回收利用；广泛开展固体废物、生活垃圾综合利用和无害化处理，尽快改变垃圾围城的状况；严格控制工业与交通噪声污染。新区建设和老城改造，应把集中供热、燃气、园林绿化、垃圾和污水处理等统一规划，配套建设。

四、提高能源利用效率，改善能源结构

为履行气候公约，控制二氧化碳排放，减轻大气污染，最有效的措施是节约能源。目前，我国单位产品能耗高，节能潜力很大。因此，要提高全民节能意识，落实节能措施；逐步改变能源价格体系，实行煤炭以质定价，扩大质量差价；加快电力建设，提高煤炭转换成电能的比重；发展大机组，淘汰、改造中、低压机组以节能降耗，实现能源部规划的“2000年全国供电煤耗每千瓦·时比1990年降低60克”的目标；逐步提高煤炭洗选加工比例；鼓励城市发展煤气和天然气以及集中供热、热电联产，并把优质煤优先供应城市民用。要逐步改变我国以煤为主的能耗结构，加快水电和核电的建设，因地制宜地开发和推广太阳能、风能、地热能、潮汐能、生物质能等清洁能源。

五、推广生态农业，坚持不懈地植树造林，切实加强生物多样性的保护

农业土壤和森林植被是生态环境的重要组成部分。大力植树造林，加强土地和森林资源保护，改变目前我国农田土壤瘠化和森林覆盖率低的状况，是一项紧迫和长期的任务。国家和地方要逐步增加对生态农业、植树造林和培育森林的投入，并且调动社会各方的积极性，多渠道、多层次筹集资金，加快改土、造林步伐；坚持以法治土、治林，认真执行采伐限额，加强农田、林政和林地管理，确保土壤改良和森林资源的稳定增长。我国的生物资源极为丰富，蕴藏着巨大的经济和科学价值，应该加快查明我国生物资源家底和濒危物种现状，进一步加强对生物多样性的保护和合理利用。要逐步扩大自然保护区的面积，加强建设和管理；要有计划地建设野生珍稀物种及优良家禽、家畜、作物、药物良种保护和繁育中心；切实抓好物种和遗传基因的保护和开发利用，并加强出口管理。开展对生物资源的科学研究、合理开发和利用；对乱捕滥猎、乱采滥挖珍稀动植物的行为，要依法严惩。

六、大力推进科技进步，加强环境科学研究，积极发展环保产业

解决环境与发展问题，根本的出路在于依靠科技进步。各级政府、有关部门、各企事业单位都要针对本地区、本行业存在的主要环境问题，积极研究、开发或引进无废、少废、节水、节能的新技术、新工艺；筛选、评价和推广环境保护适用技术。为此，要更多地增加这方面的投入。为了尽快把科技成果转化成现实的污染防治能力，必须正确引导和大力扶持环保产业的发展。要把环保产业列入优先发展领域，开发和推广先进实用的环保装备，积极发展绿色产品生产，建立产品质量标准体系，提高环保产品质量。各级计划、科技部门，要充分支持污染防治和自然保护的示范工程和示范区建设，在项目和资金安排方面给予优先考虑。

七、运用经济手段保护环境

随着经济体制改革的深入，市场机制在我国经济生活中的调节作用越来越强，企业经营机制也在逐步发生变化。因此，各级政府应更多地运用经济手段来达到保护环境的目的。按照资源有偿使用的原则，要逐步开征资源利用补偿费，并开展对环境税的研究；研究并试行把自然资源和环境纳入国民经济核算体系，使市场价格准确反映经济活动造成的环境代价；制定不同行业污染物排放的时限标准，逐步提高排污收费标准，促进企业污染治理达到国家和地方规定的要求；对环境污染治理、废物综合利用和自然保护等社会公益性明显的项目，要给予必要的税收、信贷和价格优惠；在吸收和利用外资时，要把环境保护工程作为同时安排的内容，引进项目时，要切实把住关口，防止污染向我国转移。

八、加强环境教育，不断提高全民族的环境意识

环境意识是衡量社会进步和民族文明程度的重要标志。加强宣传教育，努力提高全民族的环境意识是一项长期任务。各级宣传部门和广播、电视、报刊等单位要把环境保护宣传作为一项重要职责和经常性的任务，大张旗鼓地宣传环保方针、政策、法规和好坏典型。各级教育和有关部门都要重视环境教育，在中、小学和幼儿园中普及环境保护知识；办好大中专院校环保专业。各级党校、干校也要加强环境教育，提高各级干部对环发问题综合决策的能力。

九、健全环境法制，强化环境管理

我国实践表明，在经济发展水平较低、环境投入有限的情况下，健全管理机构，依法强化管理是控制环境污染和生态破坏的一项有效手段，也是具有中国特色的环境保护道路中一条成功的经验。发达国家"经济靠市场、环保靠政府"的有益经验应该借鉴。在政府机构改革和经济体制改革中，环境保护作为政府的基本职能将更显突出。因此，要健全和强化环境管理体系，要提高工作效率和服务质量，但不能放松对环保的审批要求。认真总结环保法实施中的经验和存在的问题，并在此基础上进一步完善环境保护法规和标准；各级党政领导部门要支持环保管理部门依法行使监督权力，做到有法必依、执法必严、违法必究；继续积极推行各项行之有效的环境管理制度，全面加强环境管理。

十、参照环发大会精神，制定我国行动计划

《二十一世纪议程》是在全球、区域和各国范围内实现持续发展的行动纲领，涉及国民经济和社会发展的各个领域，可对我国的环境与发展提供有益参考。国务院环委会组织有关部门制定环境与发展的行动计划，经综合平衡后纳入到"八五"后三年和"九五"计划中付诸实施。

宁夏破获特大盗贩文物案

宁夏回族自治区公安部门近日破获两起特大盗运珍贵文物案，共缴获文物117件，其中有国家一级文物11件，二级文物4件，三级文物94件，并查出一个特大文物犯罪集团，已收捕案犯11人。

9月17日

中共中央政治局在北京召开全体会议

中国共产党第十四次全国代表大会的筹备工作已基本就绪。9月17日，中共中央政治局召开全体会议，建议党的十四大于10月12日在北京召开，将提请十三届九中全会审议决定。

党的十四大的各项筹备工作进展顺利。十三届中央委员会向十四大的报告稿，已经中央政治局全体会议通过，将提请十三届九中全会审议。在此之前，这个报告稿曾在3000多人的范围内征求过意见。党的十三届中央委员会、中央顾问委员会、中央纪律检查委员会的成员，十四大代表，中央党政军各部门、各人民团体的党员负责干部，各省、自治区、直辖市党委和各大军区党委负责人，参加了讨论修改。9月上旬，中共中央在京征求了各民主党派、工商联负责人和知名无党派爱国人士对报告稿的意见。在起草报告稿的过程中，还听取了有关专家、学者的意见。

这次代表大会，是在深入贯彻邓小平同志年初视察南方重要谈话精神，我国改革开放和经济建设进入新阶段的形势下召开的。大会将以邓小平同志建设有中国特色的社会主义的理论为指导，认真总结十一届三中全会以来十四年的实践经验，确定今后一个时期的战略部署，动员全党同志和全国各族人民，进一步解放思想，把握有利时机，加快改革开放和现代化

建设步伐,夺取有中国特色的社会主义事业的更大胜利。大会将选举产生新的中央领导机构,一批德才兼备、年富力强的优秀中青年干部将进入新的中央委员会。

国务院总理李鹏在国务院全体会议上作题为《坚决开展反腐败斗争》的讲话

李鹏要求国务院各部门要坚决贯彻执行党中央关于反腐败斗争的决定,突出重点,扎实工作,务求在近期取得明显的阶段性成果。

国家主席杨尚昆在人民大会堂会见印度尼西亚最高评议院主席马拉登·庞加贝安

国家主席杨尚昆在人民大会堂会见密克罗尼西亚联邦总统贝利·奥尔特

中央社会治安综合治理委员会发出通知要求各地学习全国人大常委会关于加强社会治安综合治理的决定

中央社会治安综合治理委员会日前发出通知,要求各地进一步做好《全国人大常委会关于加强社会治安综合治理的决定》的学习和宣传工作。

通知说,全国人大常委会 1991 年 3 月 2 日作出《关于加强社会治安综合治理的决定》一年多来,学习和宣传工作得到各级党政领导的广泛重视和各有关部门、新闻单位的大力支持。为巩固和深化这次宣传活动的成果,使《决定》更加深入人心,有必要进一步加强经常性的深入扎实的宣传教育工作。

通知要求各地区、各部门要按照中共中央宣传部、司法部的要求,切实把对《决定》的学习纳入"二五"普法计划,并扎扎实实地做好组织、推动工作。各级党政机关、人民团体和企事业单位要安排专门时间,组织干部、职工学习《决定》,大中学校要充分利用法制课宣讲《决定》,特别是要组织好乡镇、街道、村委会、居委会的干部和群防群治队伍学习、贯彻《决定》。

通知要求各地抓紧对综合治理工作人员进行培训。各级综治办要会同有关部门,采用多种形式,分期分批组织综合治理工作人员认真学习《决定》。

通知要求各地深入开展社会治安综合治理知识竞赛活动。要运用知识竞赛这种有效的宣传手段,广泛深入地向各界群众宣传《决定》的基本精神和主要内容,更大程度地调动群众参与社会治安综合治理的积极性。在各地竞赛的基础上,中央有关部门准备适时联合举办一次全国性的社会治安综合治理知识竞赛。

最高人民检察院关于严格执行《中华人民共和国税收征收管理法》和《关于惩治偷税、抗税犯罪的补充规定》的通知

海峡两岸关系协会负责人就台湾"两岸直航问题与展望说帖"发表谈话

台湾"陆委会"九月十三日发表"两岸直航问题与展望说帖",记者为此走访海峡两岸关系协会负责人。

负责人说,众所周知,1979 年 1 月 1 日,全国人大常委会就提出直接"三通"。去年 6 月 7 日,中共中央台办负责人就海峡两岸关系与和平统一问题发表谈话,提出三点建议,其中第一点就是"由海峡两岸有关部门和授权团体或人士,尽快商谈实现直接三通与双向交流的问题",但至今没有得到台湾有关方面的回应。近几年来,随着两岸关系的日趋发展,两岸同胞对直接"三通"的呼声不断。在两岸各界人士的努力推动和强烈批评下,台湾有关方面终于对两岸直航问题作出说明,虽然晚了点,但我们仍很重视台湾有关方面发表的这个"说帖"。

负责人说,两岸直航确实要解决不少具体问题,但我们相信这些问题是可以找到解决办法的,关键是要本着一个中国的原则和促进直航的诚意,双方坐下来寻求解决的办法,而不是把这些问题当作"拦路虎"。我们注意到台湾有关方面发表的这个"说帖"中提到某些部分的谈判可以委托中介团体代劳。为此,我会提出两点建议:第一,两岸的授权团体尽快接触,就直航中某些具体问题进行接触商谈,为全面解决"三通"问题创造条件。海峡两岸关系协会愿意得到授权与台湾授权团体与人士进行接触商谈。第二,我们赞成"说帖"中加速目前两岸事务性协商的意见。我会 8 月 27 日关于恢复两岸事务性商谈的建议已表明,在两岸主张"海峡两岸均坚持一个中国之原则"的共识基础上,尽快恢复"两岸公证文书使用"和"挂号函件"两项事务性商谈,希望得到台湾方面的响应。

负责人还说,我们一贯主张和平统一,在去年的"六·七"讲话中,中台办负责人建议国共两党"派出代表进行接触,以便创造条件,就正式结束两岸敌对状态,逐步实现和平统一进行谈判"。值得注意的是,台湾有关方面一方面对此建议不做回应,另一方面又大谈什么直航有"安全"问题,人们不能不怀疑这是台湾方面反对直航的一个借口。"说帖"把直航与其他的政治问题如政治实体等联系在一起,我会则一贯主张应以实事求是、合情合理的态度推动两岸关系的发展,两岸之间的政治问题应当通过商谈早日解决。但在此之前,应当先加强两岸经济合作与各项交流,早日进行直接“三通”,而不要为两岸直航人为地预设政治障碍。

人事部国家体改委印发《股份制试点企业人事管理暂行办法》

《暂行办法》规定,股份制试点企业人事管理要根据国家有关人事管理的基本原则,通过公开、民主、竞争的方式,选贤择优。股份有限公司董事会为公司的常设权力机构。董事会由不得少于5人(含5人)的奇数成员组成。有限责任公司设立股东会的,董事会为股东会的执行机构;不设股东会的,董事会为公司的最高权力机构。董事会成员不得少于3人。董事长为企业的法定代表人。董事由股东会选举和罢免,国家股由代表国家投资的部门或机构委派股权代表参加选举,进入董事会董事的名额可根据国家股占企业全部股份的比例和企业章程对董事会组成所规定的董事总数确定。董事每届任期三至五年,可连任。董事长和副董事长由董事担任,并由全体董事选举和罢免。董事长任期与董事的任期相同,可连任。经理由董事会决定任免。任期与董事相同,可连任,连续任职一般不得超过三届。

《暂行办法》还规定,企业管理人员和技术人员实行聘任制、考核制。招聘境外管理人员和技术人员,须经政府有关部门批准。

财政部国家体改委发布《注册会计师执行股份制试点企业有关业务的暂行规定》

国务院副总理朱镕基在人民大会堂会见以香港英国商会会长赵雅各为团长的香港英国商会代表团

外交部发言人吴建民在记者招待会上就中美贸易谈判等问题答记者问

有记者问:美国贸易副代表莫斯考先生来华期间,双方是否谈及美向台湾出售F—16战斗机一事?此事是否影响中美之间的贸易谈判?

吴建民说,美贸易谈判副代表莫斯考此次来京是与中方就贸易问题进行非正式磋商,谈判将在10月份举行。

吴建民说,中美双方已就市场准入问题进行8轮正式谈判,磋商仍在继续进行。中方对于在下一轮谈判中达成协议是抱有诚意的,但达成协议需要双方共同努力。我们希望美方采取灵活、合作和务实的态度,解决目前还存在的分歧。

吴建民在评论今后的中美关系时说,美政府决定售台F—16战斗机,完全违反1982年中美“八·一七”联合公报,破坏中美关系的原则基础。美方应当承担中美关系恶化的全部责任。中美关系今后如何发展,取决于美方是否取消售台F—16战斗机的错误决定,回到中美三个联合公报所确立的原则上来。

以色列总理伊扎克·拉宾在特拉维夫会见外交部部长钱其琛

双方就双边关系、中东问题和其他共同关心的国际问题交换意见。

拉宾说,中国不仅是亚太地区的重要国家,而且是安理会常任理事国,在国际事务中发挥着重要作用。以色列重视与中国的关系,以色列人民多年来一直希望与中国建立关系,以色列政府非常赞赏中国政府同以色列建立和发展关系的决定。

拉宾认为,以中合作有益于两国,希望两国关系、特别是经济关系继续得到发展。

钱其琛说,中以建交为中以两国人民的交往开辟道路。中以两国各有所长,经济上互补性强,两国在经济领域加强合作有益于两国人民。

拉宾表示,以色列不会向台湾出售战斗机。钱其琛对以这一决定表示赞赏。以色列外长西蒙·佩雷斯16日也曾作出过同样的表示。

拉宾说,近年国际形势发生很大变化,中东形势也发生变化。以色列新政府已决定,在马德里中东和会的框架之内,推动中东和平。

钱其琛说,国际形势发生的重大变化为解决中东问题提供一个历史性机会。钱其琛表示,中国支持中东和平进程,希望中东和谈取得进展,中东地区各国能够平等相待,和平共处。

中国和津巴布韦签署经济技术贸易混合委员会第三次会议纪要

中国银行总行与新加坡发展工商财务有限公司在北京签署国际保理业务协议

1988年,中国银行北京分行率先开办国际保理业务。今年以来,中国银行几家主要分行已分别与德国、英国、美国、瑞典等国著名的保理公司签署协议。

国防部部长秦基伟上将会见前来参加中国津巴布韦经济技术贸易混合委员会第三次会议的津巴布韦国防部部长莫文·马哈奇

全国科技情报工作会议在北京闭幕

国务委员、国家科委主任宋健在闭幕的全国科技情报工作会议上强调,要创造性地开拓发展我国科技信息事业,要使信息事业在为经济建设服务过程中,不断发展，不断加强，不断增强活力。

宋健认为，科技情报机构的改革，必须首先改变老观念，建立新的思维和工作方式。要进入市场，在为市场服务中求发展，求进步，求提高。在市场上搞活了，站住了，就全盘皆活。从事科技信息工作的同志，要不怕困难，咬定这个方向，走下去。

这次情报工作会议后，国家科委根据科技情报界的要求，决定把“科技情报”这一名称改为“科技信息”。

在闭幕式上，大会奖励一批优秀的科技情报系统成果，表彰一批为我国科技进步和社会发展作出突出贡献的先进代表。

欢迎参加第九届残疾人奥运会中国体育代表团招待会在人民大会堂举行

国务院就禁止印制发售购买和使用各种代币购物券发出通知

日前，国务院就禁止印制、发售、购买和使用各种代币购物券发出通知。

通知说，党中央和国务院及其有关部门对禁止发放、使用各种代币购物券问题虽曾三令五申，但目前仍有一些单位拒不执行。通知强调，必须采取有力措施，坚决制止任何单位印制、发售、购买和使用各种代币购物券。对已经发放、使用的各种代币购物券，限期在 4 月底以前使用，过期一律作废。各级人民政府要立即对发售、购买各种代币购物券的单位进行一次检查。

9 月 18 日

国务院总理李鹏在人民大会堂同密克罗尼西亚总统奥尔特举行正式会谈

双方就双边关系、国际和地区形势友好地交换了意见，取得广泛的一致。

李鹏说，中密两国自 1989 年建交以来，在各个领域的合作关系发展顺利。中国政府一向重视发展同密克罗尼西亚和其他南太国家的友好合作关系。中密友好关系不断发展符合两国人民的利益。中国政府愿意与密克罗尼西亚政府一起，进一步加强友好交往和互利合作。李鹏对密克罗尼西亚政府和奥尔特本人重视对华关系和为此所作的努力表示赞赏。

李鹏向客人介绍我国独立自主的和平外交政策和关于建立公正合理的国际政治经济新秩序的原则立场，指出当今世界并不安宁，地区冲突和民族纠纷不断发生。中国认为，国与国之间的争端和各种冲突应通过和平协商加以解决，而不应诉诸武力。

奥尔特说，密克罗尼西亚奉行和平、友谊、合作的外交政策，特别是主张加强地区合作。在当今世界上，不论是区域性的、还是全球性的问题，不能由一两个国家包办，而应由各国协商共同解决。奥尔特重申密克罗尼西亚政府奉行一个中国的政策，表示不会同台湾发展任何形式的官方关系，李鹏对此表示赞赏。

国务院外办主任齐怀远、外交部副部长刘华秋等参加会谈，密方参加会谈的有外交部长莫瑟斯等。

全国海防管理工作座谈会在福建召开

日前在福建省召开的全国海防管理工作座谈会强调，要加强新形势下的海防管理工作，为沿海地区和全国创造一个更为安定、祥和的环境，保证改革开放和经济建设服务顺利进行。

来自沿海十一个省、市和五个军区边防委员会以及特邀单位的代表，在会上总结交流海防管理经验，探索这项工作如何在基层落实的问题。会议认为，海防管理要更好地为改革开放和经济建设服务，必须在思想认识和行动上树立四个观念，即服务的观念，努力维护沿海和海上的良好秩序，创造一个有利于经济、贸易、科技、文化交流和外商投资的良好环境；“两手抓”的观念，一手抓改革开放，一手抓打击各种违法犯罪活动，保障各项工作的顺利进行；安定的观念，保证改革开放和经济建设有一个安全稳定的环境；整体利益的观念，各个管理部门都要服从全局需要，主动协调，密切配合。

国家边防委员会代主任、国务院秘书长罗干在会上讲话，罗干首先肯定我国海防管理工作的成绩。罗干强调，要以求实、创新、开拓的精神，大胆探索出一条适应新形势、符合我国国情的海防管理的新路子。当前要加强新形势下海防管理的理论研究工作，建立健全海防管理规章制度，大胆探索改革海防管理的办法，搞好海防管理工作的基础设施建设。沿海地区党政军各级领导要把海防管理工作摆到应有的位置，使这项工作在基层真正落实，努力开创海防管理的新局面。

国务院副秘书长李昌安、副总参谋长徐惠滋、总政治部副主任周文元、福建省委书记陈光毅和省长贾庆林参加座谈会。

国务院召开第 112 次常务会议并原则通过《国务院关于发展高产优质高效农业的决定》

国务院总理李鹏主持国务院常务会议。

会议认为，党的十一届三中全会以来，中国农村改革和发展取得了重大成就，基本解决了温饱问题。目前，全国人民正在向小康目标迈进。与此相适应，90 年代我国农业必须从过去只重视农产品的数量转向高产优质高效并重。实现这一转变的好处是，可以进一步满足城乡居民生活不断提高的消费需求，缓解农产品卖难问题，进一步扩大农村就业容量，加快农业现代化进程，较快地增加农民收入。

会议认为，适应社会主义市场经济发展的新形势，进一步把农产品推向市场，是实现优质优价、加快发展高产优质高效农业的基本动力。在刚刚通过的《国务院关于发展高产优质高效农业的决定》中，把“进一步把农产品推向市场”列为第一条，要求各级人民政府和有关部门认真总结经验，创造条件，进一步放开农产品经营。

《国务院关于发展高产优质高效农业的决定》经修改以后，将由国务院发布施行。

国务院经贸办公室要求1992年继续做好扭亏工作

今年以来，全国预算内工业企业的扭转亏损工作取得可喜进展，但扭亏任务仍很艰巨。

今年头8个月与去年同期相比，全国预算内工业企业的亏损面减少4.8个百分点，亏损额增幅比7月末减少1.3个百分点。在全国44个省、自治区、直辖市和计划单列市中，有37个地区的企业亏损面比去年同期下降，其中上海、山东、河北、宁波、河南、山西、青岛、浙江、甘肃等地区的企业亏损面已降到20%以下；有27个地区的亏损额比去年同期下降，其中山东、山西、江西、沈阳、宁波、青岛减亏幅度达40%以上。

地方预算内工业企业扭亏情况好于全国平均水平，亏损面减少5.1个百分点，已达到国家扭亏的进度要求；亏损额下降10.9%。

经贸办的有关人士指出，扭转企业亏损工作的形势仍相当严峻，截至8月底，我国预算内工业企业的亏损面仍高达32%；亏损额达210多亿元，比去年同期增长3.3%。海南、青海、重庆、武汉、哈尔滨、黑龙江、辽宁、贵州、西安、长春等地的企业亏损面超过40%；广西、广东、海南、厦门、云南等地的亏损额则比去年同期增加50%以上。煤炭、石油、有色金属、烟草等4个行业的累计亏损额高达100多亿元。为此，国务院经贸办要求各地区、各部门认清扭亏工作的艰巨性，继续抓紧抓实，使亏损面和亏损额在今年后4个月中显著减少。

国办转发建设部关于进一步加强风景名胜区工作的报告

目前，全国有国家级风景名胜区84处，省级风景名胜区256处，县（市）级风景名胜区137处，总面积8.5万平方公里，占国土面积的0.9%。为了切实加强我国风景名胜区的保护、建设与管理，使我国的风景名胜区工作在“八五”期间上一个新的台阶，报告提出抓住有利时机，加快风景名胜区建设的步伐；开展风景名胜区达标管理活动；加强风景名胜区规划工作；加强风景名胜资源的保护工作；要进一步加强对风景名胜区工作的领导。

中国粮油食品进出口总公司成立40周年招待会在北京举行

国务院总理李鹏在北京会见以平岩外四为最高顾问斋藤英四郎为名誉顾问河合良一为团长的“1992年度日中经济协会访华团”

李鹏说，今年是中日邦交正常化20周年，中日关系发展到今天来之不易，这是中日双方共同努力的结果。

李鹏说，日中经济协会每年都组团访华，了解中国的经济情况，探讨进一步发展中日经济合作的途径，表明日本经济界对中日关系的重视和热情，对此中国政府给予积极评价。

国务院总理李鹏在北京会见俄罗斯总监察长波尔德列夫

李鹏说，中国愿意在和平共处五项原则基础上同俄罗斯联邦保持和发展睦邻友好关系。我们相信，叶利钦总统的来访将对发展两国关系发挥积极作用。中国方面很重视叶利钦总统将于12月对中国的访问，现在中俄双方有关部门都在进行准备。

李鹏对俄罗斯第一个访华的监察代表团表示欢迎，并应客人的要求简要介绍中国改革开放的情况。

代表团团长、俄罗斯联邦总监察长波尔德列夫说，俄罗斯愿意同中国保持传统的友好合作关系，在监察领域愿意研究和借鉴中国的经验。

外交部部长钱其琛抵达纽约出席第47届联大会议

外交部副部长徐敦信到达河内参加中越两国外交部副部长磋商

中华人民共和国政府和突尼斯共和国政府在突尼斯签署关于建设“突尼斯针灸培训治疗中心”的设计施工合同

韩国总统卢泰愚民自党总裁金泳三在汉城分别会见中国国际友好联络会会长国际行动理事会成员黄华

中国科学技术交流中心成立10周年庆祝会在北

京举行

作为全国性的民间科技外事机构，成立 10 年来，已同 30 多个国家和地区的 130 多个机构签订长期合作协议，并与全国 78 个地方对外科技交流中心协作形成全国性的科技交流网络。

国务院就清理有偿集资活动坚决制止乱集资问题发出通知

9月19日

全国人大常委会委员长万里在人民大会堂会见由议长谢赫·拉扎克·阿里率领的孟加拉国议会代表团

中共中央政治局常委乔石在钓鱼台国宾馆会见由贡达纳总书记率领的莫桑比克解放阵线党代表团

中共中央政治局常委乔石在人民大会堂会见中国天主教第五届代表会议代表

中共中央政治局常委乔石，中共中央政治局候补委员、中央书记处书记、中央统战部部长丁关根，国务委员陈俊生会见出席中国天主教第五次代表会议的全体代表，对会议圆满成功表示热烈祝贺。

会见之前，乔石等和新当选的中国天主教主教团主席、中国天主教爱国会主席宗怀德主教等进行交谈。

乔石希望全国天主教信教群众，继续高举爱国主义旗帜、坚定不移地执行独立自主自办教会的方针，进一步发扬爱国爱教的光荣传统，把中国天主教会办好，为把我国建设成为社会主义现代化强国，为祖国统一和世界和平作出更大贡献。

中国天主教第五届代表会议在北京结束

会议号召全国天主教信教群众，继续高举爱国主义旗帜、坚定不移地执行独立自主自办教会的方针，发扬爱国爱教的光荣传统，为把我国建设成为社会主义现代化国家，为祖国的统一和世界的和平作出更大贡献。

会议审议并通过《中国天主教主教团章程》，修改《中国天主教爱国会章程》。会议还通过调整中国天主教全国组织机构的决议，决定将原有的 3 个组织调整为中国天主教主教团和中国天主教爱国会。宗怀德主教当选为新一届中国天主教主教团主席暨中国天主教爱国会主席。

来自全国各省、自治区、直辖市的 270 多名代表参加这次大会。会议期间，国务院宗教事务局局长任务之等到会祝贺。

中宣部等单位联合印发《〈全民所有制工业企业转换经营机制条例〉宣传提纲》

中共中央宣传部、国家体改委、司法部和国务院经贸办最近联合印发《〈全民所有制工业企业转换经营机制条例〉宣传提纲》，同时还下发了落实《宣传提纲》的《通知》，要求各地区、各部门认真学习和宣传《条例》，切实搞好企业经营机制的转换工作。

《九十年代改革开放与经济发展》系列讲座在中南海怀仁堂举行

中共中央政治局常委李瑞环以及中央和国家机关、人民团体、解放军和北京市区县的领导干部 1000 多人，出席开幕式。

中央组织部、中央宣传部、中国科协、中直工委、中央国家机关工委，专门邀请首都理论界的一些专家学者就有关问题作专题讲座。

中宣部常务副部长徐惟诚主持开幕式。

在第一讲中，中国社会科学院副院长刘国光，就社会主义市场经济理论的若干问题作阐述。在以后的讲座中，方生、吴敬琏、段瑞春、厉以宁还分别就改革开放与利用资本主义、社会主义市场经济、知识产权与改革开放、股份制与证券市场等问题作专题讲座。

有关方面负责人赵宗鼐、于永波、朱光亚、陈广文等出席开幕式。

国务院研究室建议加快劳力分流鼓励农民参与小城镇建设

国务院研究室负责人日前指出，采取积极措施，加快农村劳动力分流，鼓励部分农民按照统一规划，相对集中地发展乡镇企业，参与工业小区和小城镇建设，促进农村经济健康发展，这一问题已引起国务院领导的重视。

前不久，安徽省庐江县、四川省潼南县的两位农民分别写信给国务院领导，反映本地因大量青壮劳力外出务工经商，出现耕地粗放经营甚至抛荒的情况。国务院领导立即指示国务院研究室派人前往调查。

调查结果表明，一些地方确实存在少量耕地抛荒或粗放的经营现象，约占当地耕地总量的百分之二至三；从总体看对农业发展尚未构成重要影响，但其增长势头值得关注。调查结果还表明，造成耕地抛荒和粗放经营的原因并非劳动力短缺。被调查的两县，外出劳动力仅占劳动力总数的百分之十至十六，农村尚有相当数量的富余劳动力，真正原因主要有四：种田，特别是种粮的比较效益低，影响了农民种田积极性；农业社会化服务跟不上，种田难、负担重、成本高；种植结构单一，产销脱节，农产品卖难；地块零碎，耕作不便。

国务院研究室调查组与地方干部、群众广泛交换意见,他们认为,我国农村人多地少,劳动力和劳动时间大量剩余,农民参与兴办乡镇企业,外出务工经商,向非农产业转移,是社会、经济发展的进步现象。现在转出去的不是多了,而是还太少。耕地少量抛荒是劳动力转移过程中出现的新问题,应当重视,但必须采取积极疏导而不是消极限制的办法,力争劳动力转移和农业发展相互促进,同步发展。

调查组认为,为了适应农村商品经济的发展,满足农民由温饱奔小康的强烈愿望,国家在政策和发展战略方面应当有新的、长期性考虑,以进一步调动农民种田的积极性,保持农业持续稳步发展。为此,他们建议:一、大力提倡走高产优质高效之路,以农业自身的效益吸引农民种好田。在粮食主产区要积极引导市场需求,不断优化结构,实行种、养、加相结合,多层次增加农产品的附加值,增强对农用生产资料涨价的消化能力,提高农民的收益水平。二、逐步放开农产品价格,进一步把农产品推向市场。这对于合理利用和配置资源,调整种植业结构,发展高产优质高效农业,实现传统农业向现代农业的转变,增加农民收入等都具有重大意义。三、加强农业社会化服务体系建设,为提高农户经营效益和承包土地的转移创造条件。四、制订包括户籍等方面在内的鼓励性新政策,为部分愿意"离乡又离土"的农民创造较为稳定的非农产业就业环境,让他们没有顾虑地放弃土地经营权,全身心地投入工业小区或小城镇建设。这样,另一部分种田能手就可以逐步扩大经营规模,提高土地集约经营水平和产出水平。目前,我国大城市高度集中,土地和水资源异常紧张;而中小城镇又发展不足,经济辐射范围有限。根据有些地方经验,利用、引导农民积极发展非农产业的要求,鼓励有条件的人自理口粮、自带资金,按照统一、创办二、三产业,建设星罗棋布的小城镇,对逐步改革我国农村人口比重过大的状况,构筑新的城乡经济格局具有重要意义。

中国代表团团长中国老龄问题全国委员会副主任王传斌在美国圣地亚哥市召开的人口老龄国际会议闭幕会上发言

王传斌说,中国从自己的经济发展水平和历史文化传统出发,把"老有所养、老有所医、老有所为、老有所学、老有所乐"作为解决中国老龄问题的目标。

王传斌回顾 1982 年联合国召开"老龄问题世界大会"和中国老龄委成立 10 年来我国老龄事业取得的成就,并希望各国老龄组织及专家本着和平、友好、团结与合作的原则,共同推进世界老龄事业的进一步发展。

中国和密克罗尼西亚联邦政府代表在北京分别签署三项有关文化经贸等方面合作的文件

国家主席杨尚昆和密克罗尼西亚总统贝利·奥尔特出席签字仪式。

签署的三项文件是:两国政府文化合作协定,两国政府经济技术合作协定的账务处理细则以及中方就建设密克罗尼西亚多功能会议中心项目进行考察和中方向密方赠送吉普车的换文。

签字仪式在钓鱼台国宾馆举行。

财政部副部长迟海滨在华盛顿举行的 1992 年秋季 24 国集团部长级会议上发言

迟海滨指出,世界各国经济的相互依赖日趋增强,发达国家应为世界经济的发展承担主要责任。

迟海滨说,多年来,许多发展中国家实施了政策调整并开放本国经济,但沉重的债务负担和恶化的贸易条件使他们无法取得应有的成效;许多发展中国家为减少贫困和保护环境作出了不懈的努力,但往往因缺乏必需的资金而不能获得预想的进展。这应引起国际社会的严重关注。当今世界各国经济的相互依赖日趋增强,没有发展中国家经济的发展,发达国家的经济发展也会受到制约。我们呼吁,发达国家应为世界经济的发展承担主要责任,奉行有助于世界经济稳定发展的宏观经济政策,主动减少对发展中国家出口的种种限制,尤其是非关税壁垒的限制,并应大幅度增加对发展中国家的资金支持。

迟海滨说,长达 6 年之久的乌拉圭回合贸易谈判迄今没有结果,这大大挫伤了单方面实行贸易开放的发展中国家的努力。我们呼吁主要发达国家表现出政治意愿,尽快打破谈判的僵局,为国际贸易的顺利发展作出积极的努力,为发展中国家的经济发展创造一个比较有利的外部环境。

迟海滨说,资金不足,是发展中国家发展经济中面临的主要问题之一。我们呼吁国际社会,主要是发达国家采取行动促使资金向发展中国家的转移。在这方面,需要指出,世界银行和国际货币基金组织在帮助新借款国实施经济调整的同时,应切实增加对其他借款国的资金支持。

迟海滨说,过去两年中,先后有 20 多个国家加入国际货币基金组织和世界银行,从而增加了两机构的国际性。需要强调的是,在成员国中,发展中成员国占 85%,因而它们在两机构执董会现有的代表性必须得到维护,坚持反对有可能削弱发展中国家代表性的建议和做法。

国办转发国家教委建设部全国教育工会《关于"八

五”期间解决城市中小学教职工住房问题的意见》

意见提出,“八五”期间,争取城市中小学教职工的住房达到全国城镇居民人均居住面积 7.5 平方米及成套率 40％～50％的水平;以解危解困为主,重点解决无房户及人均居住面积在 3～4 平方米以下的困难户。为实现这一目标,《意见》提出多渠道筹集住房建设资金,国家、集体、个人共同负担,实行优惠政策,加强规划等措施。

国务院批准在北京筹建“中国民族文化城”

国务院近日已经批准“中国民族文化城”建设立项。城址拟选在北京市雁栖湖,初步规划占地 280 公顷,建筑面积 15 万平方米,一期工程投资 6.6 亿元人民币。

吴仲华逝世

我国工程热物理学科创建人、杰出科学家吴仲华同志,因患癌症医治无效,于 1992 年 9 月 19 日在北京逝世,享年 76 岁。

吴仲华 1917 年生,江苏省苏州市人。1941 年他从西南联大机械系毕业后赴美国深造,1947 年获博士学位。1954 年冬,吴仲华和夫人李敏华取道欧洲回国,投身祖国的建设事业。在任清华大学动力工程系教授期间创建了燃气轮机专业与教研组和中国科学院动力研究室。1957 年,他当选为中国科学院学部委员。1978 年,他创建中国工程热物理学会并任理事长。1980 年,他创建中国科学院工程热物理研究所,任研究员、所长。1981 年,他被选为中国科学院主席团执行主席。

吴仲华同志 1980 年加入中国共产党。他还是第三届全国政协委员,第六、七届全国人大常委会委员。

吴仲华同志在科学技术上贡献卓著。从 1949 年起,他发表了一系列重要论文,提出了“径向平衡”、“通流理论”等。1952 年,他发表了“轴流、径流和混流式亚声速与超声速叶轮机械中三元流动的普遍理论”著名论文,创造性地建立了叶轮机械三元流动理论,得到了国际学术、工程技术界的一致公认,称其为“吴氏通用理论”,其主要方程被称为“吴氏方程”。50 年代由于计算机能力的限制,工程界将早期的“径向平衡”应用于工程实践设计。随着计算机的发展,三元流动理论在国际上逐步全面地应用于先进叶轮机械的设计中。叶轮机械的性能也随之得到大幅度的提高。60 年代中期,他提出了使用任意非正交曲线坐标与相应的非正交速度分量的叶轮机械三元流动基本方程组,将这个理论提高到了新的高度。在此基础上,他领导研究发展了一整套亚、跨、超声速计算方法与计算机程序,已在国内广泛推广应用,并得到了实验验证。至今,这一套理论仍是国际先进叶轮机械设计分析的理论基础。

吴仲华对发展我国航空动力与航机陆用倾注了大量心血,在提高我国能源利用水平、发展我国联合循环等总能系统的基础理论研究与实践都有重大贡献。

直到逝世前不久,他仍在医院内为发展我国的一体化煤气化联合循环进行研究,提出关键性建议。

吴仲华同志有着强烈的事业心,他服从党和国家的需要,以高度的献身精神致力于我国工程热物理学科的创建与发展。他的强烈事业心感染与熏陶了一大批中青年科技人员,并在国内培育了一批工程热物理的专家、学者,其中不少现在已成为学术带头人。

9 月 20 日

国务院副总理朱镕基到广州铁路局考察

朱镕基强调铁路工作要“两手抓、两边保”。即一抓当前运输生产,二抓铁路建设;一是通过运价调整保证建设投资,二是发展第三产业,搞好多种经营来增加收入保证运输生产。

国务院副总理邹家华出席在西班牙马德里开幕的第 15 届世界能源大会

西班牙国王胡安·卡洛斯主持开幕式。

大会本着改善生活质量、加强团结与合作等原则,探讨能源与环境、能源与经济、能源与发展以及能源合作等人类所面临的重大问题。来自八十多个国家和世界组织的约四千名代表参加大会。国务院副总理邹家华和由能源部部长王毅诚率领的中国代表团出席开幕式。

中国地质学会庆祝成立 70 周年大会在北京举行

中共中央书记处候补书记温家宝在庆祝会上提出,地质科学技术正面临着如何加快发展,适应更加艰巨繁重任务的挑战。为了完成地质工作的新任务,要靠改革开放,靠科学技术。

中国地质学会是中国创立最早、在中外地质学界有影响的学术团体之一。温家宝说,今年春天邓小平同志南巡谈话之后,我国的改革开放和经济建设步伐正在加快,新的形势给地质工作提出新的任务。地质工作是基础设施和基础工业的前期工作。这项工作搞不好,就会“一马挡道,万马不能前行”。

地质学会会长朱训介绍十年来我国地质科技的主要进展。来自地矿、冶金、有色、石油、煤炭、科协、中科院、建材、黄金、化工、轻工等行业和部门的数百名地质科学工作者、台湾地质学家和外籍华人地质学家参加了今天的大会。他们还将举行"当代地质科学进展与展望"学术会议。

国家教委主任李铁映给成人高等学校代表复信

李铁映提出，成人高等学校要贯彻面向经济建设的方针，在完成经济、社会发展提出的对从业人员的教育、培训任务的同时，根据不同条件兴办科技产业，大力发展新产品、新技术的开发、应用、推广和咨询；为行业、为社会提供服务。推动科技成果向现实生产力转化，促进知识产品商品化，增加自身的"造血功能"，改善办学条件，这是成人教育改革和发展的一个方向。李铁映指出，成人学校举办校办产业要发挥学校的优势，促进学校的教学工作；要根据社会的需要，注意与经济界、产业界的沟通与配合，争取他们的支持，努力取得较高的经济效益；所得收益应主要用于改善办学条件，同时改善教职工生活条件。

在汉城举行的世界青年田径锦标赛上中国队夺得8枚金牌居首位

这8枚金牌全部由女选手获得，吕亿的800米，王亚文的铅球，胡玲的200米，高红苗的5公里竞走，张林丽的3000米，刘东的1500米，包东英的铁饼，王军霞的10000米。另外有两名女选手获得银牌，陈玉梅的800米，张志英的铅球。比赛是15日至20日进行的。

光明日报社和日本每日新闻社在人民大会堂联合召开中日文化经济研讨会

中日两国经济界、文化界、新闻界知名人士在为期4天的会议上，将就中日两国经济发展、股份制、技术转让、三资企业、文学、电影艺术等问题，进行广泛深入的探讨和交流。

光明日报副总编辑王晨和每日新闻社董事长秋山哲主持开幕式。

国家副主席、中日友协名誉会长王震致信中日文化经济研讨会表示，在大家的共同努力下，由中日两国老一辈富有远见的政治家所共同开创的中日友好事业，一定会在新的时代繁荣发展，在即将到来的21世纪大放光彩。

每日新闻社社长小池唯夫、光明日报社总编辑张常海先后在开幕式上讲话。

全国人大常委会副委员长荣毅仁在人民大会堂会见出席中日文化经济研讨会的日本代表。

北京市旅游局和日本交通公社在北京展览馆剧场联合举办"中日友好民俗周"活动

3000名日本民间文艺爱好者自费来北京参加不同形式的演出。活动于9月20日至27日举行。

我国少数民族文化事业蓬勃发展

近年来，我国民族文化事业发展迅速，出现了创作繁荣、人才辈出、文艺舞台百花齐放、少数民族文化遗产挖掘整理工作硕果累累的喜人局面。

改革开放打破了我国民族地区封闭沉寂的状态，给民族文化工作注入了活力，拓展了我国民族文化工作的服务领域和功能，也促进了民族文艺创作的繁荣，使民族文艺舞台日趋活跃。以歌剧《阿里郎》、舞剧《阿诗玛》，话剧《旗长，您好！》、《意翁玛》、《冰山情》、《乌卡》，民间民族舞蹈《跳云南》、《山之舞》，民族歌舞《十二木卡姆》、《九州新月》、《铜鼓乐舞》，满族民间故事剧《一夜皇妃》，桂剧《瑶妃传奇》等为代表的一大批优秀作品相继问世，并获奖。许多具有民族特色的音乐、杂技、曲艺、美术、书法、摄影等优秀作品也纷纷在国外获奖。我国许多民族民间文艺遗产被发掘整理，重放异彩，少数民族地区的歌舞戏曲正沿着普及与提高相结合的方向发展。

近年来，少数民族地区文艺人才辈出，少数民族文艺队伍不断发展壮大。据不完全统计，我国现有民族文化事业机构9699个，从业人员达56635人，他们活跃在农村、牧区、千里边防线上，为开展群众文化活动做出贡献，使民族文化活动与民族地区的生产、经贸和旅游结合得越来越紧密，通过"文经结合"促进了文化、经贸、旅游的发展，收到了显著的社会效益和经济效益。

目前，我国少数民族地区有专业艺术表演团体545个，艺术表演场所185处，公共图书馆561个，博物馆90多个，群众艺术馆79个，文化馆626个，文化站7590个。

9月21日

国家主席杨尚昆在人民大会堂会见孟加拉国议长谢赫·拉扎克·阿里为团长的孟加拉国议会代表团

国务院总理李鹏在北京会见塞内加尔立宪委员会主席姆巴耶和夫人

国务院新闻办公室发布《西藏的主权归属与人权状况》白皮书

前　言

西藏曾经被认为是一个神秘的地区，现在她早已揭去神秘的面纱，呈现在世界面前。她正经历着从极端落后的中世纪状况逐步走向现代化的天翻地覆的变化。

但是世人对这一地区的实际情况仍然知之甚少。于是一些曾经侵略或试图侵略她的人高喊，她受到了侵略；一些曾经完全剥夺了这一地区人民人身自由的人呼叫，那里人民的人权受到了侵犯。谣言、歪曲、猜疑、误解……织成一层烟雾又笼罩着这个地区。

要了解这个地区的真实情况，还是要看事实。

因此，最好的办法就是把事实摆出来。

一、西藏的主权归属

西藏在中国的西南部。居住在这里的藏族先民，远在公元前就与生活在中原的汉族有联系。以后，经过漫长的岁月，西藏高原上分散的众多部落逐渐统一起来，成为现在的藏族。到唐朝（公元 618—907 年），藏汉双方通过王室间的联姻、会盟，在政治上形成了团结友好的亲谊关系，在经济和文化上建立了密切的联系，为最终建立统一的国家奠定了深厚的基础。在西藏自治区首府拉萨的布达拉宫，至今一直供奉着公元 641 年唐朝嫁给藏族吐蕃王的文成公主的塑像。大昭寺前的广场上还矗立着公元 823 年为双方会盟建立的“唐蕃会盟碑”。碑文记载，“舅甥二主，商议社稷如一，结立大和盟约，永无渝替！神人俱以证知，世世代代，使其称赞。”

13 世纪中叶，西藏正式归入中国元朝版图。自此之后，尽管中国经历了几代王朝的兴替，多次更换过中央政权，但西藏一直处于中央政权的管辖之下。

元朝（公元 1271—1368 年）

13 世纪初，蒙古族领袖成吉思汗在中国北部建立蒙古汗国。1247 年，西藏宗教界领袖萨迦班智达·贡嘎坚赞同蒙古皇子阔端在凉州（今中国甘肃武威）议定了西藏归顺的条件，其中包括呈献图册，交纳贡物，接受派官设治。1629 年成书的《萨迦世系史》记载着当时萨迦班智达写给西藏各地僧俗首领的信中关于必须归顺和接受所规定的地方行政制度的内容。1271 年，蒙古汗政权定国号为元，并于 1279 年统一了全中国，创建了继汉（公元前 206—公元 220 年）、唐王朝之后中国版图内各地区、各民族大统一的中央政权，西藏成为中国元朝中央政府直接治理下的一个行政区域。

元朝皇帝设置了宣政院，直接管理西藏地区军政要务。这一机构的人员选用，由皇帝决定，它的报告直接送给皇帝。掌握宣政院实权的是“院使”，一般由中央政府总理全国政务的右丞相兼领。

在西藏地区成立了地方军政机构，名为“宣慰使司都元帅府”，隶属于宣政院。宣慰使司下面还辖有管理民政的十三个万户府、千户所等。所有机构和官职的名称都是元朝中央规定的。元朝在西藏驻有军队，并由一位王子及其后裔率军驻守西藏地区的东部边缘，逢西藏有事，既可就近入藏，以尽镇戍边疆的职责。1290 年，一名万户长叛乱，元朝中央派遣这位王子率军入藏平息。

元朝中央派官员入藏，按照户口多寡，地形险易，出产丰啬，设立大小驿站，联成交通线，由西藏通往大都（今北京市）。

元朝中央还派官员在西藏进行人口调查，确定各万户属下可支应差役的人口数，决定沿驿路各地必须供给的力役、物资、运畜。1268 年、1287 年、1334 年进行了三次人口调查。藏文史书《汉藏史集》中有关于这三次调查的详细记载。

明朝（公元 1368－1644 年）

1368 年明王朝接替元王朝，继承了治理西藏的权力。

明朝中央对元代的官职名称、品秩，大都保留原状。在今西藏中部和东部分别设立“乌思藏行都指挥使司”与“朵甘行都指挥使司”，隶属于陕西行都指挥使司，相当于行省级军区机构，兼理民政。西藏西部阿里另设置“俄力思军民元帅府”。这些机构的负责官员均由中央任命。

明朝第三个皇帝明成祖（1403—1424 年在位），以西藏佛教和政治合为一体，大小派别各踞一方，为有利于治理，给西藏各地宗教领袖封以“法王”、“王”、“灌顶国师”等名号。王位的继承必须经皇帝批准，遣使册封，新王才能即位。按照朝廷的规定，每年元旦，王须遣使或亲自来京参加朝贺典礼，呈递贺表贡物。对于入贡期限、来京人数、所取路途、沿途各地供应，都有具体规定。至今西藏有的喇嘛寺内还保存着当年必须朝拜的皇帝万岁牌。

达赖喇嘛和班禅喇嘛两大活佛系统属于藏传佛教格鲁派。格鲁派在明代兴起，三世达赖喇嘛本是格鲁派的一个寺院的住持。明朝中央特别开例，准予他入贡，1587 年封赐他以“朵儿只唱”名号。

西藏地方官员犯法，亦由中央惩处。

清朝（公元 1644—1911 年）

1644 年，清王朝取代了明王朝，进一步加强了对西藏的治理。清朝皇帝于 1653 年、1713 年分别册封五世达赖喇嘛和五世班禅喇嘛，自此正式确定了达赖喇嘛和班禅额尔德尼的封号，以及他们在西藏的政治和宗教地位。达赖喇嘛在拉萨统治西藏的大部分地区，班禅额尔德尼在日喀则统治西藏的另一部分地区。1719 年，清政府派军队进入西藏，驱逐盘踞拉萨三年之久的准噶尔部，着手改订西藏的行政体制。清朝皇帝封西康地区的一个青年活佛为七世达赖喇嘛，护送入藏；任命四名有功有名望的藏官为“噶伦”，管理西藏政务。1727 年，设驻藏大臣，代表中央监督西藏地方行政，西藏与四川、云南、青海的界线，也于此时派员正式勘定。

为了完善西藏行政机构的职能，清朝多次颁下“章程”，整顿改革旧的制度，建立新的制度。1793年，颁布了《钦定藏内善后章程》，共二十九条。章程的主要内容有：

清政府掌握确定西藏各大活佛包括达赖喇嘛、班禅额尔德尼去世后转世灵童的大权。每逢一代达赖喇嘛、班禅额尔德尼和西藏各大转世活佛的转世灵童觅到时，即将灵童姓名缮写在签上，纳入中央颁发的金瓶，由驻藏大臣会集有关大活佛，掣签确定（金瓶和签现在仍保存在拉萨）。转世灵童的剃发、取法名、选定授戒的师傅和授经的师傅，也都须经过驻藏大臣奏报朝廷核准。当举行达赖喇嘛、班禅额尔德尼的坐床和亲政典礼时，中央派大员亲临监视。

驻藏大臣代表中央政府督办藏内事务，地位与达赖喇嘛、班禅额尔德尼平等。噶伦以下（包括噶伦）都是属员。

对西藏文武官员确定品级、名额和升补手续。最高一级藏族官员有噶伦四名、代本六名，由中央任命。噶伦、代本的年俸由中央发给。

在西藏成立正规藏军，名额3000人，规定了军官等级、人数，军饷补给来源，武器配备，驻防地点。另外，从内地调驻西藏各地官兵1400多名。藏汉军队统由中央派驻的官员管辖。

决定在西藏照内地之例，设立铸钱局，铸造官钱行使，银币正面背面分别用汉藏文字铸“乾隆宝藏”字样。

达赖喇嘛、班禅额尔德尼每年的财务收支，由驻藏大臣稽查总核。

西藏差役由全社会平均负担。贵族和大寺庙中实有劳绩可受优待免除差役者，须经过驻藏大臣及达赖喇嘛核准发给执照。

对来西藏贸易的尼泊尔、克什米尔商人要进行登记，造具名册，呈报驻藏大臣备案，由负责官员签发路证。凡外人要求到拉萨者，须听候驻藏大臣衙门审批。藏人出境至尼泊尔等地，由驻藏大臣签发路证，规定往返日期。

西藏西南部与印度、尼泊尔等国的边界上若干地点，设立国界标志，驻藏大臣每年出巡各地，检查驻军防务及界碑情况。

一切西藏涉外事宜均由驻藏大臣全权处理。噶伦不得与外方通信。达赖喇嘛、班禅额尔德尼接到外方信件、布施，俱报告驻藏大臣查验，并代为酌定回信。

对犯罪者的处罚，都要经过驻藏大臣审批。

从1727年始设驻藏大臣到清王朝覆灭的1911年，清中央政府先后派遣驻藏大臣达百余人。

中华民国（公元1912—1949年）

1911年秋，中国内地爆发了辛亥革命，推翻了统治中国近270年的清王朝，建立了中华民国。

中华民国一经成立，即宣布它是合汉、满、蒙、回、藏等民族为一体的共和国。1912年1月1日，中华民国第一任临时大总统孙中山在就职宣言书中向全世界昭告：“国家之本，在于人民，合汉、满、蒙、回、藏诸地为一国，则合汉、满、蒙、回、藏诸族为一人，是曰民族之统一。”当时作为国旗的五色旗即象征五族为一体。3月，中华民国南京临时参议院颁布的民国第一部宪法《中华民国临时约法》明确规定，西藏是中华民国领土的一部分。

1912年8月10日，为组建中华民国第一届正式国会，北京政府颁布《中华民国国会组织法》和国会议员选举法，规定西藏地方民众参加选举的办法和被选举的议员直接参政。1927年，中国国民党在南京组建国民党政府，并于1931年召开国民会议，十三世达赖喇嘛和九世班禅额尔德尼均派出正式代表参加。这次国民会议制订的《中华民国训政时期约法》总纲第一条规定：西藏是中华民国的领土。西藏地方政府和班禅的行政机构堪布厅的代表，还参加了南京国民政府于1946年召开的国民大会。

中华民国期间，中央政府一如元、明、清三朝，实行对西藏地方的治理。1912年中央政府设立蒙藏事务局（1914年5月改为蒙藏院），取代清朝的理藩院，主管西藏地方事务，并任命了中央驻藏办事长官，例行清朝驻藏大臣职权。南京国民政府成立后，于1929年设立蒙藏委员会，主管藏族、蒙古族等少数民族地区行政事宜。1940年4月，国民政府在拉萨设立蒙藏委员会驻藏办事处，作为中央政府在西藏的常设机构。

依历史定制，达赖喇嘛、班禅额尔德尼以及其他大活佛，必须得到中央政府的认可和册封，他们在西藏地方才有政治上和宗教上的合法地位。民国期间，外患不已，内乱频仍，中央政府孱弱，但达赖喇嘛、班禅额尔德尼继续接受中央政府的册封。达赖、班禅等多次表示维护祖国统一，拥护中央政府。1919年，十三世达赖对北京中央政府派出的代表团说：“余亲英非出本心……余誓倾心内向，同谋五族幸福。”他在晚年（1930年）还曾表示，“吾所最希求者，即中国真正和平统一”，“都是中国领土，何分尔我”，“英人对吾确有诱惑之念，但吾知主权不可失”，公开表明“不亲英人，不背中央”的意旨（摘自刘曼卿著《康藏轺征》）。九世班禅在遗嘱中说，“余生平所发宏图，为拥护中共，宣扬佛化，促成五族团结，共保国运昌隆。”

1933年12月，十三世达赖喇嘛圆寂，西藏地方政府依传统旧制向中央呈报。国民政府派专使入藏致祭，并批准热振活佛为摄政，代行达赖喇嘛职权。对于寻觅十三世达赖转世灵童应遵循的办法，西藏地方政府都按照历来的规定一一呈报中央政府。现在的十四世达赖出生于青海省，原名拉木登珠，在他2岁时被选为转世灵童之一。1939年，经西藏地方政府呈报，中央政府指令青海省当局派军队把他护送至拉萨。1940年，当时任中央政府首脑的蒋介石，经特派蒙藏委员会委员长吴忠信到拉萨察看后，同意西藏地方摄政热振关于免于金瓶掣签的申请，由国民政府主席正式颁布命令，批准拉木登珠为十四世达赖喇嘛。

中华人民共和国

1949年，中国人民解放战争取得了决定性胜利，中华人民共和国成立。原在国民党政府统治下的北平、湖南以及与西藏相邻的云南、新疆、西康等省相继以和平方式解放，中央人民政府根据西藏的历史和现实情况，决定也采取和平解放的方针。1950年1月，中央政府正式通知西藏地方当局“派出代表到北京谈判西藏和平解放”。但是，当时控制西藏地方政府的摄政大扎·阿旺松饶等人，在某些外国势力的支持下，不顾国家和西藏人民利益，拒不接受中央政府进行和平谈判的号召。他们在西藏东部昌都一线调集藏军主力，布兵设防，企图以武力对抗。在这种形势下，中央政府不得不于1950年10月命令人民解放军渡过金沙江，解放了昌都。

昌都解放后，中央政府再次敦促西藏地方政府派代表来北京谈判。中央政府坚持和平谈判的政策，给西藏爱国力量以巨大支持和鼓舞。以阿沛·阿旺晋美为代表的爱国上层人士力主和谈，得到了多数人的赞同和支持，提前亲政的十四世达赖喇嘛，接受了进行和平谈判的意见。1951年1月，达赖致信中央人民政府，信中说“余此次接受西藏全体人民热烈而诚恳的要求执政”，“决定和平达成人民之愿望”，派代表“向中央人民政府谋求解决西藏问题”。1951年2月，达赖喇嘛任命阿沛·阿旺晋美为首席全权代表，凯墨·索安旺堆、土丹旦达、土登列门和桑颇·登增顿珠等4人为代表，赴北京全权处理和中央人民政府谈判事宜。

1951年5月23日，中央人民政府和西藏地方政府的代表就西藏和平解放的一系列问题达成协议，签订了《中央人民政府和西藏地方政府关于和平解放西藏办法的协议》（简称“十七条协议”）。协议规定，西藏人民团结起来，驱逐帝国主义侵略势力出西藏；西藏地方政府积极协助人民解放军进入西藏，巩固国防；西藏实行民族区域自治；西藏现行政治制度和达赖喇嘛、班禅额尔德尼的固有地位及职权，中央不予变更，各级官员照常供职；实行宗教信仰自由的政策，尊重西藏人民的宗教信仰和风俗习惯；逐步发展西藏民族的语言、文字和学校教育，以及农牧工商业、改善人民生活；西藏地区的涉外事宜，由中央统一管理。协议还明确规定，有关西藏的各项改革事宜，中央不加强迫，西藏地方政府自动进行改革。

和平解放西藏的协议受到西藏各民族人民的赞成和拥护。1951年9月26日至29日，西藏地方政府召开有全体僧俗官员、三大寺代表参加的大会，专门讨论协议问题。大会最后通过的给达赖的呈文说，“签订的十七条协议，对于达赖之宏业，西藏之佛法、政治、经济诸方面，大有裨益，无与伦比，理当遵照执行。”达赖喇嘛于10月24日致电毛泽东主席，表示“双方代表在友好基础上，已于1951年5月23日签订了关于和平解放西藏办法的协议。西藏地方政府及藏族僧俗人民一致拥护，并在毛主席及中央人民政府的领导下，积极协助人民解放军进藏部队，巩固国防，驱逐帝国主义势力出西藏，保护祖国领土主权的统一”。班禅和堪布厅也发表声明，指出协议“完全符合中国各族人民，特别是西藏民族人民的利益”。同年10月26日，人民解放军在西藏人民支持下，顺利进驻拉萨。

西藏和平解放后，中央人民政府和西藏上层爱国力量为贯彻执行“十七条协议”做了大量工作。1954年，达赖、班禅联袂赴北京参加中华人民共和国第一届全国人民代表大会。达赖喇嘛在会上发言，对三年多来执行“十七条协议”所取得的成绩给予了充分肯定，对会议所审议的新中国第一部宪法草案中有关民族区域自治的原则和规定表示热烈拥护。在谈到宗教问题时，达赖喇嘛说：西藏人民具有很浓厚的宗教信仰，一些人制造的所谓“共产党、人民政府毁灭宗教”的谣言曾经使他们疑惑不安。但是现在，这种“挑拨离间的谣言已经全部破产了。西藏人民已经切身体会到了我们在宗教信仰上是有自由的。”他表示，要在中央人民政府的领导下，在各族人民帮助下，逐步把西藏建设成为繁荣幸福的地方。9月20日，达赖、班禅等西藏代表与出席会议的全国各族代表以投票表决方式通过了《中华人民共和国宪法》。在此次会议上，达赖喇嘛当选为全国人民代表大会常务委员会副委员长，班禅额尔德尼当选为全国人民代表大会常务委员会委员。他们作为国家领导成员，依照中国宪法，行使参与管理国家各项事务的权利。

1956年4月22日，达赖喇嘛就任西藏自治区筹备委员会主任委员，他在筹委会成立大会上致词说：“1951年我派代表到北京与中央人民政府代表进行谈判，在团结友爱的基础上，签订了《中央人民政府和西藏地方政府关于和平解放西藏办法的协议》。从此，西藏人民永远摆脱了帝国主义的奴役和羁绊，回到祖国大家庭，和祖国各兄弟民族人民一样，充分享受到民族平等的一切权利，开始走上了自由幸福的光明大道。”

二、所谓“西藏独立”的由来

700多年来，中国中央政府一直对西藏地方行使着主权，西藏地方从未成为一个独立国家。记载着700多年来历史事实的数百万件汉藏文档案材料仍保存在北京、南京和西藏拉萨的档案馆中。世界上从未有任何一个国家的政府承认西藏是一个独立的国家。1904年，英国外交大臣兰斯顿发出的正式训令称，西藏为“中华帝国的一个省”。1954年，印度总理尼赫鲁在印度人民院的讲演中说：“在以往数百年中，我就不知道在任何时候，任何一个外面的国家曾经否认过中国在西藏的主权。”达赖集团和国际反华势力曾散布自1911年辛亥革命到1949年中华人民共和国成立，西藏已是一个“充分行使权力”的国家。历史事实驳斥了这种谎言。仅十四世达赖喇嘛要经国民政府批准方得继承这一点，就充分说明当时的西藏根本没有什么独立的权力。达赖集团和国际反华势力大肆鼓吹的所谓“西藏独立”，不过是近代历史上帝国主义侵略中国的产物。

帝国主义是怎样阴谋策划西藏独立的

在20世纪初的藏语词汇中还没有“独立”这个词。1840年英帝国主义发动侵略中国的鸦片战争后，中国开始由一个独立的主权国家逐步沦为半殖民地国家。帝国主义势力乘清朝中央政府的虚弱，开始阴谋瓜分包括西藏在内的中国领土。

为了把西藏纳入英国的势力范围，1888年、1903年，英国侵略者发动了两次侵略中国西藏的战争。西藏军民奋起抵抗但遭失败。在第二次侵藏战争中，英军一度攻占了拉萨，十三世达赖喇嘛被迫出走，侵略者迫使西藏地方政府官员签订了《拉萨条约》。但由于清朝政府外务部认为《拉萨条约》有损主权，清朝驻藏大臣不予签字，条约无效。

帝国主义靠直接军事侵略没有达到完全控制西藏的目的之后，就变换手法，开始策划把西藏从中国分裂出去的活动。1907年8月31日，英、俄帝国签订了《英俄同盟条约》，其中把中国在西藏的主权改称为“宗主权”。这是在国际文件中第一次把中国对西藏地方的主权篡改为“宗主权”。

1911年，中国辛亥革命爆发。次年，英国利用清朝灭亡，民国初建，中国国内政局混乱之机，向中国外交部提出了否定中国对西藏主权的“五条”。在遭中国政府拒绝后，英国封闭了由印度进入西藏的一切道路。1913年，英政府又煽动西藏当局宣布独立，提出“西藏完全独立后，一切军械由英国接济”；“西藏承认英国派员来藏监督财政军事，以作英国扶助西藏独立报酬”；“民国军队行抵西藏，英国担负抵御之责”；“西藏执行开放主义，准英人自由行动”（摘自朱绣著《西藏六十年大事记》）。但英国的图谋未能得逞。

1913年，英国政府利用篡夺了中华民国大总统职位的袁世凯迫切要求得到各国外交承认和得到国际借款的心理，迫使北京政府参加英国政府提出的中、英、藏三方会议，即“西姆拉会议”。会前，英印政府派驻锡金政治专员柏尔单独会晤西藏地方政府参加会议的代表夏扎伦青，向他鼓吹“宗主权”具有“独立”的含义。柏尔在其所著《西藏之过去与现在》一书中自述：“当吾遇夏扎伦青于江孜时，吾劝其搜集所有关于昔日中藏交涉以及陆续为中国占领而西藏现今要求归还之各州县等项之文牍，携之赴会。”经过英国的唆使，西藏代表首次提出了“西藏独立”的口号，并提出“西藏疆域包括青海、理塘、巴塘等处并及打箭炉”等要求，当即遭到中国政府代表的拒绝。这时，英国代表按事先策划，提出了所谓的“折衷”方法，把中国藏族居住的所有地区划分为“内藏”、“外藏”两部分，“内藏”包括青海、甘肃、四川、云南等省的藏族居住地区，由中国政府直接管辖；“外藏”包括西藏和西康西部地区，要求中国政府“承认外藏自治”，“不干涉其内政”，“但中国仍派大臣驻拉萨，护卫部队限三百人”。这个“折衷”方案的实质，是把中国在西藏地方的主权篡改为所谓“宗主权”，使西藏在“自治”的名义下，脱离中国政府的管辖。如此无理的要求，当然遭到了全中国人民的强烈反对。1914年7月3日，中国政府代表陈贻范奉国内训示，拒绝在所谓“西姆拉条约”上签字，并且发表声明：“凡英国和西藏本日或他日所签订的条约或类似的文件，中国政府一概不能承认。”中国政府同时将此立场照会英国政府。会议遂以破裂告终。

1942年夏，西藏地方政府在英国代表的支持下突然宣布成立“外交局”，公开进行“西藏独立”活动。消息传出，遭到全国人民的同声谴责，国民政府也发出严正警告，西藏地方政府迫于压力，不得不向国民政府报告改变原议。1947年3月在新德里举行“泛亚洲会议”，英帝国主义幕后策划邀请西藏派代表参加，在会场上悬挂的亚洲地图和万国旗中，把西藏作为一个独立国家对待。经中国代表团提出严重抗议后，会议组织者不得不改正。

1949年底前后，美国人劳尔·汤姆斯以“无线电评论员”名义在西藏探索“华盛顿给西藏以可能的援助”，并在美报刊上报道：“美国已准备承认西藏为独立自由”的国家。1950年上半年，一批美国枪支弹药经由加尔各答运入西藏，用以对抗中国人民解放军进藏。同年11月1日，美国国务卿艾奇逊公开诬蔑中国解放本国领土西藏的行动是“侵略”。同月，美国指使他国在联合国提出干涉中国西藏的提案。由于中国政府的严正立场和一些国家的反对，这个阴谋没有得逞。

一百多年来的历史事实清楚地说明，所谓“西藏独立”完全是新老帝国主义者出于攫取西藏的野心而挑动起来的。十四世达赖喇嘛早年曾指出：“帝国主义利用西藏人民反对满清和国民党反动政府的情绪，进行各种诱骗和挑拨，企图使西藏人民脱离祖国而处于他们的压迫和奴役之下。”

1959 年武装叛乱是怎样发生的

和平解放前，西藏实行的是上层僧侣和贵族专政的封建农奴制，西藏的广大农奴迫切要求挣脱农奴制的枷锁。和平解放后，许多上中层的开明人士也认识到，如不改革旧制度，西藏民族断无繁荣昌盛的可能。中央人民政府考虑到西藏历史和现实的特殊情况，对西藏社会制度的改革采取了十分慎重的态度。“十七条协议”规定，这种改革中央不加强迫，由西藏地方政府自动进行。1957 年 1 月，国务院总理周恩来访问印度期间又向达赖、班禅及随行的西藏地方政府主要官员转交了毛泽东主席的信，传达了中央的决定，在第二个五年计划期间（1958—1962 年）不搞改革，过六年之后是否改革，仍然由西藏根据那时的情况和条件决定。

但是，西藏上层统治集团中的一些人根本反对改革，试图永远保持农奴制，以维护既得利益。他们蓄意违背和破坏“十七条协议”，变本加厉地进行分裂祖国的活动。1952 年 3、4 月间，西藏地方政府的司曹鲁康娃和洛桑扎西暗中支持非法组织“人民会议”在拉萨骚乱闹事。反对“十七条协议”。提出人民解放军“撤出西藏”。1955 年，西藏地方政府噶伦索康·旺清格勒等在当时的西康省藏区秘密策划煽动武装叛乱。1956 年，该区叛乱开始，叛乱分子围攻地方政权机构，残杀工作人员和群众数百人。1957 年 5 月，在西藏地方政府噶伦柳霞·土登塔巴、先喀·居美多吉的支持下，成立了“四水六岗”叛乱组织，稍后又成立号称“卫教军”的叛乱武装，提出“西藏独立”及反对改革的口号，叛乱活动愈演愈烈。武装叛乱分子窜扰昌都、丁青、黑河、山南等地区，杀戮干部，破坏交通，袭击中央派驻当地的机关、部队，并到处抢掠财务、残害人民，奸淫妇女。乃东宗一个名叫东达八扎的商人，因不肯参加叛乱，叛乱分子把他和他的妻子抓起来，吊打过后，将东达八扎杀死，将他妻子强奸。当时的旧西藏地方政府也承认，很多群众因遭叛乱分子残害向他们告状，仅 1958 年 8 月，就有 70 多起。

中央人民政府本着民族团结的精神，一再责成西藏地方政府负责惩办叛乱分子，维护社会治安，并对西藏地方政府的噶伦表示，“中央不改变西藏地区推迟改革的决定，并且在将来实行改革时仍要采取和平改革的方针”。但是西藏上层反动集团把中央这种仁至义尽的态度看作软弱可欺。他们宣称：“九年来，汉人动也不敢动我们最美妙最神圣的制度；我们打他们，他们只有招架之功，并无还手之力；只要我们从外地调一大批武装到拉萨，一打汉人准跑；如果不跑，我们就把达赖佛爷逼往山南，聚集力量，举行反攻，夺回拉萨；最后不行，就跑印度”。

西藏的武装叛乱，从开始就得到国外反华势力的支持。美国人诺曼·C·霍尔著《美国、西藏和中国》披露，1957 年，美国中央情报局从旅居国外的藏人中挑选 6 名青年，送美国的关岛，接受识图、收发报、射击和跳伞训练。此后，美国又在科罗拉多州海尔营地分批训练“康巴游击队员”达 170 人，经训练的“康巴游击队员”被分批空投或潜回西藏，“建立有效的抵抗运动”，“反对中国人的占领”。1975 年 9 月 5 日香港出版的《远东经济评论》所载《美国中央情报局对西藏的阴谋》一文记述：1958 年 5 月，首批受美训练的两名特务携带电台到叛乱头目恩珠仓·公布扎西设在山南的总部与美国中央情报局联系。不久，美国即在哲古地区空投一批武器弹药给叛乱分子，计轻机枪 20 挺，迫击炮 2 门，步枪 100 支，手榴弹 600 枚，炮弹 600 发，子弹近 4 万发。这一时期，美国还从陆路偷运大批武器弹药供给盘踞山南的叛乱分子。

在西藏顽固坚持农奴制度的农奴主和国外反华势力相互勾结下，叛乱活动迅速蔓延。1959 年 3 月 10 日在拉萨发生的全面武装叛乱，就是经精心策划而挑起的。

2 月 7 日，达赖喇嘛主动向西藏军区副司令员邓少东提出：“听说西藏军区文工团在内地学习回来后演出的节目很好，我想看一次，请你们给安排一下。”邓少东等当即表示欢迎，并请达赖确定演出时间、地点，同时将达赖的这一愿望告诉了西藏地方政府的索康等噶伦和达赖的副官长帕拉·土登为登等人。3 月 8 日，达赖确定 3 月 10 日下午 3 时到西藏军区礼堂看演出。西藏军区方面为此作了认真周到的接待准备工作。3 月 9 日晚，拉萨墨本（市长）却煽动市民说：达赖喇嘛明天要去军区赴宴、看戏，汉人准备了飞机，要把达赖喇嘛劫往北京；每家都要派人到达赖喇嘛驻地罗布林卡请愿，请求他不要去军区看戏。次日晨，叛乱分子胁迫 2000 多人去罗布林卡，又散布“军区要毒死达赖喇嘛”的谣言，呼喊“西藏独立”、“赶走汉人”的口号。叛乱分子当场打伤西藏地方政府卸任噶伦、时任西藏军区副司令员的桑颇·才旺仁增，用石头将爱国进步人士、自治区筹委会委员堪穷帕巴拉·索朗降措活活打死，并拴在马尾上拖尸到市中心示众。随后，叛乱头目连续召开所谓“人民代表会议”、“西藏独立国人民会议”，加紧组织和扩大叛乱武装。他们公开撕毁“十七条协议”，宣布“西藏独立”，全面发动了背叛祖国的武装叛乱。

虽然罗布林卡受到叛乱分子控制，同达赖喇嘛的联系十分困难，中央代理代表谭冠三仍设法通过爱国人士先后于3月10日、11日和15日给达赖喇嘛三封信。谭冠三在信中表示体谅达赖喇嘛的处境，关心他的安全，并指出叛乱分子猖獗地进行军事挑衅，要求西藏地方政府立即予以制止。达赖喇嘛亦于3月11日、12日和16日先后给谭冠三复信三封。信中说："反动的坏分子们正借口保护我的安全而进行危害我的活动，对此我正设法平息。""反动集团的违法行为，使我无限忧伤……以保护我的安全为名而制造的严重离间中央与地方关系的事件，我正尽一切可能设法处理。"在16日的信中，他还表示，已对地方政府官员等进行了"教育"和"严厉地指责"，并表示几天后还可能到军区去。达赖喇嘛这三封亲笔信的原件曾由新华社记者摄成照片公开发表，现仍保存完好。

但是，3月17日夜，噶伦索康、柳霞、夏苏等叛乱头目挟持达赖喇嘛逃离拉萨，前往叛乱武装的"根据地"山南。叛乱失败后，又逃往印度。

达赖喇嘛离开拉萨后，叛乱分子调集约7000人，于3月20日凌晨向党政军机关发动全面进攻。人民解放军在忍无可忍，让无可让的情况下，于当日上午10时奉命进行反击。在藏族爱国僧俗人民的支持下，仅用两天时间，就彻底平息了拉萨市区的叛乱。以后又平息了叛乱分子长期盘踞的山南地区的叛乱。流窜于其他地区的叛乱武装也相继瓦解。

人民解放军在平叛过程中军纪严明，得到广大僧俗人士的衷心拥护。他们主动配合人民解放军平息叛乱，各地群众纷纷组织自卫队、联防队、保畜队等自卫性组织，为平叛大军修路、运输、送信、引路、烧茶送水、站岗放哨、救治伤员，使叛乱分子陷于孤立。

三、达赖集团的分裂活动和中央政府的政策达赖集团是怎样进行分裂活动的

达赖喇嘛逃亡国外后，中央政府从维护祖国统一和民族团结的大局出发，对他采取了耐心等待的态度。他的全国人大常委会副委员长职务，一直保留到1964年。但是达赖喇嘛在国外反华势力和西藏分裂主义分子的包围下，完全背弃了自己曾经表示过的爱国立场，从事了大量分裂祖国的活动。

——公开鼓吹"西藏是独立国家"。1959年6月，达赖在印度穆索里发表声明，称"西藏实际上曾经一向是独立的"。1991年3月，达赖访问英国时向报界宣称，西藏"是当今世界上被占领的一个最大的国家"。他多次妄称"实现西藏独立的任务落到我们西藏境内外全体西藏人民的身上"。

——成立"流亡政府"。60年代初期，达赖集团在印度达兰萨拉召开"西藏人民代表大会"，成立了所谓"西藏流亡政府"，颁布所谓"宪法"，规定"由达赖任国家首脑"，"大臣由达赖任命"，"政府的一切工作均应由达赖同意方被认可"。1991年达赖集团修改后的所谓"宪法"中，仍规定达赖是"国家首脑"。达赖及其所谓"流亡政府"向国外藏胞长期征收"独立税"，在一些国家设立"办事机构"，出版发行宣扬"西藏独立"的刊物和书籍，从事"西藏独立"的政治活动。

——重新组建叛乱武装。1960年9月，达赖集团在尼泊尔木斯塘重新组建了"四水六岗卫教军"，在中国边境进行了长达10年之久的军事袭扰活动，其首任总指挥恩珠仓·公布扎西在其回忆录《四水六岗》中写道，"组织了一系列向中国哨所的进攻"，"有时，一二百人的西藏游击队的活动深入中国占领区达一百英里。"达赖撰文对公布扎西大肆赞扬。

——造谣诽谤，策动骚乱。达赖在出国后的30多年里，不顾事实，编造了大量诸如"'十七条协议'是武力逼迫下强加给西藏的"；"汉人屠杀了120万藏人"；"由于汉人移民，藏族在西藏成了少数"；"共产党在西藏强行对妇女实行计划生育、堕胎"；政府反对宗教自由，迫害宗教人士；藏族传统文化艺术遭到灭绝危险；西藏自然资源受到严重破坏；西藏环境受到污染等等谎言，蓄意挑拨民族关系，煽动西藏群众反对中央政府。1987年9月至1989年3月拉萨发生的多起骚乱事件，就是在达赖集团的煽动和派遣回藏的叛乱分子策划下挑起的，这些骚乱给西藏人民的生命财产造成严重损失。

达赖的言行表明，他并不像他自己所声称的那样，仅仅是一个宗教领袖，而已成为在国外长期从事分裂祖国活动的政治头目。

"西藏独立"不容讨论

中央政府对达赖喇嘛的政策是一贯的，希望他放弃分裂，回到爱国统一的立场上来。

1978年12月28日，中国领导人邓小平在会见美联社记者时说，"达赖可以回来，但他要作为中国公民"，"我们的要求就一个——爱国，而且我们提出爱国不分先后"，表明了中央政府欢迎达赖喇嘛回归祖国的态度。

1979年2月28日达赖喇嘛派代表回国与中央政府进行接触。3月12日，邓小平在会见达赖喇嘛的代表时明确表示："欢迎达赖喇嘛回来，回来以后还可以出去。"对于中央政府同达赖喇嘛方面谈判的问题，邓小平明确指出："现在是以西藏作为一个国家与中央对话，还是西藏是中国的一部分来讨论处理一些问题？这是个现实问题。""根本问题是，西藏是中国的一部分，对与不对，要用这个标准来判断。"

为了通过谈判，促成达赖喇嘛及其追随者放弃分裂主张，回归祖国，中央政府进行了种种努力。自1980年以来，中央领导人多次接见了达赖喇嘛派回的代表，多次重申中央对于达赖喇嘛的政策。

为了满足国内外藏族群众之间探亲和交往的要求，中央政府制定和实行了来去自由的政策，并表明了爱国一家，爱国不分先后，既往不咎的态度。从1979年8月至1980年9月，中央政府有关部门接待了达赖喇嘛先后派出的三批参观团和两批亲属回国参观。达赖喇嘛在国外的大部分亲属曾回国参观、探亲。自1979年以来，西藏和其他藏区已经接待了回国探亲、参观旅游的国外藏胞8000余人，安置了回国定居的藏胞近2000人。

令人遗憾的是，达赖不仅没有接受中央的好意，反而变本加厉地进行分裂活动。1987年9月，达赖在美国国会人权小组委员会发表了所谓西藏地位问题的“五点计划”，继续鼓吹“西藏独立”，煽动和策划了拉萨的多次严重骚乱事件。1988年6月，达赖提出了所谓解决西藏问题的“斯特拉斯堡建议”，这个建议以所谓西藏历来是独立国家为前提，将一国内部的民族区域自治问题变成所谓的宗主国与附庸国、保护国与被保护国的关系，否认中国对西藏的主权，变相搞西藏独立。这原是帝国主义为了瓜分中国玩弄过的阴谋。当然受到中央政府的拒绝。中央明确表示：“中国对西藏的主权不容否定，西藏独立不行，半独立不行，变相独立也不行。”

尽管如此，中央政府仍然希望达赖悬崖勒马，回心转意。1989年初，班禅大师圆寂。考虑到历世达赖、班禅互为师徒的历史宗教关系，经中央政府同意，中国佛教协会邀请达赖喇嘛回国参加班禅大师的追悼活动。中国佛教协会会长赵朴初亲自将邀请信交到达赖喇嘛的私人代表手中。这给达赖喇嘛提供了一个在流亡30年之后，同国内佛教界人士见面的良机。然而，达赖喇嘛拒绝了这次邀请。

1989年，在新的国际反华风浪中，挪威诺贝尔和平奖委员会怀着明显的政治目的，把1989年诺贝尔和平奖授予达赖喇嘛。达赖和西藏分裂主义分子得到了极大的支持。此后，达赖周游世界，到处鼓吹分裂。

与此同时，达赖喇嘛进一步加紧煽动和策划西藏地区的骚乱活动。1990年1月19日，他通过英国的广播说：如果北京政府一年之内不开始会谈他的西藏自治计划，他将不得不改变对中国妥协的立场，很多年轻的西藏人主张使用武力。1991年4月4日，达赖通过“美国之音”藏语广播说：“要进一步加强西藏独立的所有事情”。1991年10月10日，达赖又通过“美国之音”藏语节目进行煽动说：“当前大批汉人涌入西藏，使很多藏族青年找不到工作，这对西藏社会造成更加不安定的因素，因此再次爆发动乱的可能性很大。”

正是由于达赖喇嘛一直不肯放弃“西藏独立”的主张，继续在国内外进行分裂祖国的活动，使中央政府和达赖喇嘛代表的接触没有取得成果。

1991年5月19日，中华人民共和国国务院总理李鹏在西藏和平解放40周年前夕答新华社记者问中指出：“中央政府对达赖喇嘛的政策是一贯的，现在也没有变化。我们的根本原则只有一条，即西藏是中国不可分割的一部分。在这个根本问题上没有任何讨价还价的余地。中央政府一贯表示愿意同达赖喇嘛进行接触，但是达赖喇嘛必须停止从事分裂祖国的活动，改变‘西藏独立’的立场，除了‘西藏独立’不能谈，其他问题都可以谈。”

中央政府愿意与达赖喇嘛接触谈判的大门始终是敞开的。中央政府对达赖喇嘛的政策也是十分明确的。为了对历史负责，对中华民族负责，对包括西藏人民在内的11亿中国人民负责，中央政府在维护祖国统一这个基本问题上决不会有丝毫让步。企图依靠外国势力达到“西藏独立”、分裂祖国的活动是背叛祖国、背叛包括藏族在内的整个中华民族的可耻行径，中央政府坚决加以谴责，决不允许其得逞。中央政府将继续执行建设西藏、发展西藏的一系列特殊政策和优惠措施，以增强民族团结，繁荣经济文化，改善人民生活。任何破坏西藏安定团结的活动，任何制造骚乱、策动闹事的违法行为，都是违背西藏人民根本利益的，必将受到严厉的打击。

只要达赖喇嘛放弃分裂主张，承认西藏是中国不可分割的一部分，中央政府随时愿意与达赖喇嘛进行谈判，热诚欢迎达赖喇嘛早日回归祖国，为维护祖国统一和民族团结，为西藏人民的富裕、幸福做些有益的事情。

四、旧西藏的封建农奴制

1959年民主改革前，西藏长期处于政教合一、僧侣和贵族专政的封建农奴制社会，其黑暗、残酷比中世纪欧洲的农奴制度有过之而无不及。西藏的农奴主主要是官家、贵族和寺院上层僧侣三大领主。他们不到西藏人口的百分之五，却占有西藏的全部耕地、牧场、森林、山川以及大部分牲畜。据17世纪清朝初年统计，当时西藏实有耕地300多万克（15克相当于1公顷），其中官家占30.9%，贵族占29.6%，寺庙和上层僧侣占39.5%。1959年民主改革前，全西藏有世袭贵族197家，大贵族25家，其中最大的贵族有七、八家，每家占有几十个庄园，几万克土地。

农奴超过旧西藏人口的90%，藏语叫“差巴”（即领种份地，向农奴主支差役的人）和“堆穷”（意为冒烟的小户)。他们不占有土地,没有人身自由,都依附在某一领主的庄园中为生。此外还有占人口百分之五的“朗生”,他们是世代家奴,没有任何生产资料,也没有丝毫人身自由。

农奴主占有农奴的人身,把农奴当作自己的私有财产随意支配,可以买卖、转让、赠送、抵债和交换。据史料记载,1943 年,大贵族车门・罗布旺杰把 100 名农奴卖给了止贡地区噶珠康萨的一名僧官,每个农奴的价钱是 60 两藏银(约合 4 块银元);他还把 400 名农奴送给功德林寺,抵了 3000 品藏银(约合 1 万银元)的债。农奴主掌握着农奴生、死、婚、嫁大权。不是同一农奴主的男女农奴结婚要缴纳“赎身费”,有的是采取男换男,女换女的交换,有的是婚嫁后,夫妻双方的领属关系不变,将来生男孩归夫方领主,生女孩归妻方领主。农奴的子女一出生,就登记入册,注定了终身为农奴的命运。

农奴主用差役和高利贷对农奴进行残酷的剥削。旧西藏的差税制度十分残酷,有载入册籍的永久性差税,还有临时加派的差税。据不完全统计,仅噶厦(西藏地方政府)征收的差税种类就达 200 多种。农奴为噶厦和庄园主支的差,占农奴户劳动量的 50%以上,高者可达 70%至 80%。据民主改革前调查,属于十四世达赖的摄政大扎的达隆绛庄园共有土地 1445 克,全劳力和半劳力农奴计 81 个,全年共支差 21260 天,折合劳动量为 67.3 人全年服劳役,即 83%的农奴全年无偿地为农奴主支差服役。

农奴成年累月地辛苦劳动,却连温饱也得不到保障,经常要靠借高利贷勉强糊口。高利贷年利率一般都很高,向寺庙借钱利率为 30%,借粮为 20%或 25%;向贵族借钱利率为 20%,借粮为 20%或 25%。

噶厦设有几个放债机构,历代达赖喇嘛也有两个专管放债的机构。据 1950 年达赖的两个放债机构有关账簿的不完全记载,共放高利贷藏银 303.85 万两。

高利贷利滚利,造成永远还不完的“子孙债”和以借贷人和担保人全部破产而告终的“连保债”。墨竹工卡县有一名叫次仁贡布的农奴,他的祖父曾向色拉寺借了 50 克(1 克合 14 公斤)粮食,祖父、父亲和他三代人还利息达 77 年,总共付利息粮 3000 多克,可领主说他仍欠粮 10 万克。东噶宗有个叫丹增的农奴,1941 年借了农奴主 1 克青稞,到 1951 年,农奴主要他还 600 克,他只好逃亡,妻子被逼死,7 岁的儿子被抓去抵债。

西藏地方统治者制定了一系列法律以维护农奴主的利益。旧西藏通行了几百年的《十三法典》和《十六法典》,将人分成三等九级,明确规定人们在法律上的地位不平等。法典规定:“勿与贤哲贵胄相争”,“下打上者、小官与大官争执者犯重罪,均应拘捕”,“不受主人约束者逮捕之”,“百姓碰撞官长者逮捕之”,“向王宫喊冤,不合体统,应逮捕鞭击之”等等。不同等级的人触犯同一刑律,其量刑标准和处置方法大不相同。杀人赔偿命价律中规定:“人有等级之分,因此命价也有高低。”上等上级的人如王子、大活佛等,其命价为与尸体等重的黄金;而下等下级的人如妇女、屠夫、猎户、匠人等,其命价为草绳一根。伤人赔偿律中规定:仆人使主人受伤的,应斫掉仆人的手或脚;主人打伤仆人,延医治疗即可,不给赔偿费。

农奴主运用成文法或习惯法,设立监狱或私牢。地方政府有法庭、监狱,大寺庙也设法庭、监狱,领主还可在自己的庄园私设监狱。刑罚极为野蛮残酷,如剜目、割耳、断手、剁脚、抽筋、投水等。在西藏最大的寺庙之一甘丹寺就有许多手铐、脚镣、棍棒和用来剜目、抽筋等的残酷刑具。在北京民族文化宫的“西藏社会历史资料展”中,有当年被农奴主砍下的肢体等许多实物和照片。

在漫长的封建农奴制社会里,西藏广大农、牧奴政治上受压迫,经济上受剥削,动辄遭到迫害。农奴中流传着这样的话:“能带走的只是自己的身影,能留下的只有自己的脚印。”可以说,旧西藏是世界上侵犯人权最为严重的地区之一。

面对封建农奴制度的残酷统治,西藏劳动人民从未停止过反抗斗争。他们采用请愿、逃亡、抗租抗差,直至武装斗争等形式争取自己的人身权利。但是,他们的要求遭到三大领主的残酷镇压。旧西藏法律规定:“民反者均犯重法”,不但本人处死,而且家产没收,妻子为奴。五世达赖曾经发过一道谕令:“拉日孜巴的百姓听我的命令:……如果你们再企图找自由,找舒服,我已授权拉日孜巴对你们施行砍手、砍脚、挖眼、打、杀”。这道谕令多次被后来的当权者重申。

五、人民获得了人身自由

1951 年,中央人民政府和西藏地方政府签订了关于和平解放西藏办法的“十七条协议”,西藏获得和平解放,从而为西藏人民争取平等的人身权利带来了希望。1959 年叛乱平息后,中央人民政府顺应西藏人民的愿望,在西藏进行了民主改革,废除了极端腐朽、黑暗的封建农奴制度,百万农奴和奴隶翻身解放,不再被作为农奴主的个人财产加以买卖、转让、交换、抵债,不再被农奴主强迫劳动,从此获得了人身自由的权利。这是西藏历史上划时代的伟大变革。

旧西藏的法典被废除,人不再分为三等九级,各种野蛮刑罚被禁止,私设的监狱被全部拆除。新中国宪法和法律,保障了西藏人民人人享有生命与人身安全的权利。

民主改革废除了生产资料的农奴主所有制，参加叛乱的农奴主占有的耕地无偿分给了无地的农奴和奴隶。山南乃东县凯松豁卡的 443 位农民分得了 1696 克土地。当旧的地契、债约被扔进火堆时，昔日的农奴们围着火堆跳起舞蹈。75 岁的索朗说："过去种主人的地，白天黑夜都成了人家的人，半夜叫支差不敢等到天明，现在分地给我，真觉得睡觉香、吃饭甜，真想多活几年，看看今后的好日子。"对未参加叛乱的农奴主的土地和其他生产资料实行赎买政策，1300 多户未参加叛乱的农奴主和代理人的 90 万克土地和 82 万多头牲畜由国家支付赎买金 4500 多万元。

西藏劳动人民再不受农奴主的沉重差税和高利贷剥削，劳动果实全部留归自己，生产积极性空前高涨。全区粮食产量 1960 年即比 1959 年增长了 12.6%，牲畜存栏数增长了 10%。西藏人民开始得到争取温饱的生存权利。

六、人民享有的政治权利

在旧西藏"政教合一"的封建领主专政的政治制度下，达赖喇嘛作为藏传佛教格鲁派的首领之一，兼任地方政府的首脑，集政教大权于一身。原西藏地方政府的官制是僧俗双轨制，行政机构中既有俗官，也有僧官，僧官大于俗官，某些机构只有僧官而不设俗官。寺院在处理政治事务方面，享有特殊的权力。在召开商讨重大事务的"官员扩大会议"时，要有三大寺（即甘丹寺、色拉寺、哲蚌寺）和四大林（即功德林、丹吉林、策墨林、次觉林等四座大寺庙）的住持参加。形成决议后，需要地方政府和三大寺共同加盖印章方能生效。

民主改革结束了"政教合一"的政治制度，实行人民民主的政治制度。按照新中国宪法，西藏人民同全国各族人民一样，成为国家的主人，享有法律所规定的一切政治权利。

西藏自治区年满十八周岁的公民，不分民族、种族、性别、职业、家庭出身、宗教信仰、教育程度、财产状况和居住期限，都有选举权和被选举权。他们直接选举县、区、乡、镇人民代表大会代表，这些代表又选举出席全国和自治区、市人民代表大会的代表。通过各级人民代表大会，人民行使管理国家和地方事务的权利。西藏人民为获得当家作主人的权利而政治热情高涨，积极地行使自己的权利。1988 年西藏自治区第五届人民代表大会代表选举时，据拉萨、那曲、日喀则、林芝、山南五个地市统计，参选率达 93.88%。为了使不识字的群众也能参加选举，不少地方的群众用豆子代替选票，他们同意谁，就在那位候选人背后的碗中投进一颗豆子，谁得的豆子多，谁就当选。目前，以藏族为主的当地民族代表，在全区县人大代表总数中占 95%以上，在自治区人民代表中占 82%以上。全自治区 75 个县（市、区）的现任人民代表大会常务委员会主任绝大多数是昔日的农奴或奴隶。

为了保证西藏各阶层、各界人士都能在社会政治生活中充分表达意见和发挥作用，1959 年西藏即成立了"中国人民政治协商会议西藏委员会"。人民政协是中国共产党领导下的最广泛的爱国统一战线组织，是进行政治协商，实行互相监督，发扬社会主义民主的重要政治组织。政协的这种特点在西藏得到了充分的体现，西藏政协广泛吸收了藏族和其他民族各界人士参加。在这些人士当中，有不少是原西藏地方政府的爱国僧俗官员和宗教界上层人士，如昌都地区大活佛、现任全国政协副主席、西藏自治区人大常委会副主任帕巴拉·格列朗杰，原西藏大贵族、地方政府噶伦、现西藏政协副主席拉鲁·次旺多杰等。这些人士通过政治协商会议参政议政，帮助政府进行决策。在历届政协会议中，他们的提案涉及民族、宗教、文教、科技、卫生、农业、牧业、林业、城乡建设、环境保护等各个方面，对于维护祖国统一，加强民族团结，反对民族分裂，继承和发展民族传统文化，加速发展西藏地方经济，推进改革开放等项工作，发挥了重要作用。

根据中国宪法，西藏实行民族区域自治。早在 1955 年 3 月，中央政府就作出了成立西藏自治区筹备委员会的决定。1965 年 9 月，在拉萨召开了西藏自治区第一届人民代表大会第一次会议，西藏自治区宣告正式成立。参加大会的藏族代表绝大多数是翻身农奴和奴隶，也有上层爱国人士和宗教界人士。会议选举阿沛·阿旺晋美为西藏自治区人民委员会主席。广大农奴和奴隶砸碎了封建农奴制的枷锁后，获得了政治平等权利和民族平等权利。

《中华人民共和国民族区域自治法》规定："民族自治地方的人民代表大会有权依照当地民族的政治、经济和文化的特点，制定自治条例和单行条例。"西藏自治区人民代表大会根据民族区域自治法所赋予的权利，从 1965 年至今，已经制定了 60 余项符合西藏实际情况、维护西藏人民利益的地方性法规、条例、决定和决议，内容涉及政治、经济、文化、教育等各个方面。例如：《西藏自治区人民代表大会议事规则》、《西藏自治区地方性法规制定程序》、《西藏自治区集体矿山企业和个体采矿管理办法》、《西藏自治区学习、使用和发展藏语文的若干规定（试行）》、《西藏自治区文物保护管理条例》、《关于实行〈中华人民共和国婚姻法〉的变通条例》等。这些地方性法规的制定和实施，为西藏人民各项民主权利的实现和地方社会经济文化事业的发展，提供了重要的法律保障。

为了使西藏人民更好地行使管理国家和地方事务的权利，政府十分重视培养西藏民族干部。目前，西藏自治区共有藏族干部3.7万人，各级人大、政府、政协的主要领导职务都由藏族干部担任。藏族干部占干部总数的66.6%，在自治区一级干部中占71.7%，在县级干部中占74.8%。在旧西藏处于社会最底层的藏族妇女，也已走上领导岗位，1986年妇女干部已占全区干部总数的30%以上，现有五人任自治区一级干部，38人任专区一级干部，232人任县级干部。西藏的干部队伍主体是翻身农奴和奴隶，同时也包括各界爱国上层人士。即使对于参加过叛乱的农奴主和他们的代理人，只要放弃反动立场，确有所长也给予适当安排，使他们有机会为国家、为人民出力。

在司法活动中，西藏人民除了享有与中国其他地区的人民同等的法定权利外，还享有民族区域自治法所规定的特殊权利。西藏自治区人民代表大会规定："各级人民法院与检察院必须保障藏族公民用本民族语言文字进行诉讼的权利，对藏族诉讼参与人，要使用藏语文检察和审理案件，法律文书要使用藏文。"现在，西藏的各级检察院、法院的主要官员均由藏族公民担任。

七、经济的发展和人民生活的改善

旧西藏的封建农奴制度，严重束缚了社会生产力的发展，使西藏经济长期处于极其落后的状态。农业生产基本上是使用"二牛抬杠"的木犁耕地，牦牛踩场脱粒。在少数地方，还保持着"刀耕火种"、"烧荒肥田"的原始耕作方式。1952年，西藏亩产粮食平均只有80公斤(15亩为一公顷)，人均占有粮食125公斤。牧业基本上是靠天养畜，自然灾害经常造成牲畜大批死亡，1952年全区牲畜总头数仅为974万头(只)。旧西藏的民族手工业也十分落后，现代工业更是一片空白。旧西藏交通险阻，行路艰辛，货物运输、邮件传递全靠人背畜驮。横贯西藏的雅鲁藏布江上，只有明朝时残留下来的几条铁索桥，没有一座能通车的桥梁。英国人送给达赖喇嘛的汽车，由于没有公路，只能将汽车拆了，用牲畜驮到拉萨。能源状况落后，至1950年解放前夕，仅有一座125千瓦的水电站断续供电。经济的落后和农奴主的残酷剥削，使人民群众处于极端贫穷和悲惨的生活境地。仅就首府拉萨来说，民主改革前城区只有两万多人，城周围住在破烂帐篷里的贫民和乞丐就近千户。监狱不供犯人伙食，戴着手铐、木枷的"囚犯"沿街乞讨。无家可归者冻饿倒毙街头的凄惨情景处处可见。

民主改革大大激发了广大农牧民的生产积极性。40年来，特别是改革开放十多年来，西藏人民在中央政府和全国人民的支持下，发展生产，治穷致富，使整个社会发生了翻天覆地的变化。

发展农牧业在西藏的经济生活中处于最重要的地位。民主改革初期，中央和西藏地方人民政府即制定了符合当地实际的一系列发展农牧业的方针和政策，并从财力、物力等方面给予大力扶持，使农牧业生产水平明显提高。1966年，粮食总产量就由1959年的1.8亿公斤增加到3.15亿公斤，平均每年增长8.3%；牲畜从1959年的955.6万头(只)发展到1817.5万头(只)，增长90.2%，人民生活得到了初步改善。

1980年开始，政府对农牧民实行免征免购，不收任何农牧业税。1984年，除对农牧业继续提供免息贷款外。对1980年以前用于兴修水利、购买农牧业机械等项集体贷款免于归还。农牧区实行了以家庭经营为主的各种形式的生产责任制，发展家庭副业，恢复集市贸易，并开展了大规模的农田、草场基本建设。西藏解放前没有农业机械和化肥，现在拖拉机已成为农户自买的农具。科学种田、科学养畜受到普遍重视和欢迎。生产工具的进步和科学技术的应用使生产得到全面的发展。1991年，西藏农业总产值达到20.46亿元，比1952年增长3.4倍，粮食产量达到5.8亿公斤，平均亩产达到224公斤，分别比1952年增长2.7倍和1.8倍。尽管西藏人口1991年比1952年增长一倍多，但1991年人均占有粮食达到290.5公斤，仍比1952年提高1.2倍。畜产品产量大幅度增长，1991年肉类总产量达到9.1万吨，奶类总产量17.7万吨。

西藏现代工业是从民主改革后才起步的。1965年，西藏已建立了建筑、电力、汽车修理、森工、制革、硼砂、煤炭等工业企业80个，职工近万人，当年的工业总产值达2883万元。政府重视民族手工业的发展。1965年全区民族手工业发展到33个行业，年总产值由民主改革前的124万元增加到890万元，增长6.2倍。西藏缺油少煤，过去能源供应贫乏。为改变这种状况，1956年在拉萨修建了电站，这是西藏第一个公用电力企业。西藏地热资源丰富，由国家投资在羊八井建成了中国最大的兆瓦级地热电站。到1991年，西藏电力装机容量已达14万千瓦，年发电量4亿千瓦小时。经过40年的建设，西藏目前拥有电力、采矿、建材、森工、毛纺、印刷、食品等十多项现代工业，国营企业职工5.1万人。1991年，工业总产值为4.03亿元，比1959年增长4.3倍；民族手工业产值达到4600万元。

过去西藏没有一条正规公路。西藏和平解放后的第一项大规模建设，就是在平均海拔为3000米的崇山峻岭中修建四川和青海通往拉萨的公路。川藏公路全线长2413公里，青藏公路全线长2122公里。此后，又相继建成新藏、滇藏、中尼等干线公路。目前，全西藏有干线公路 15 条，支线公路 315 条，建成公路总长 21842 公里。除在深山之中的墨脱县外，所有的县和百分之七十七的乡都通了公路。一个以拉萨为中心，以青藏、川藏、滇藏、中尼公路为骨架的公路网络已经形成。为了解决西藏的燃料供应困难，国家拨款修建了一条从青海省格尔木至西藏拉萨的成品油输油管道，全长 1080 公里，对保证西藏能源供应、支援经济建设起到重要作用。为了更好地适应西藏对外开放的需要，在 1956 年开辟拉萨至北京航线后，又相继开通了拉萨至成都、西安、兰州、上海、广州等国内航线和拉萨至尼泊尔加德满都的国际航线。

旧西藏现代科技事业完全是空白。民主改革后，先后建立了农业、畜牧业、交通、电力、建筑、地质、水利、气象、卫生、藏医药、教育等专门科研机构，培养了一批藏族科技人员。1985 年成立了西藏自治区社会科学院。现在，西藏有专门科研机构 17 个，各类科技专业人员 2.69 万人。40 年来，西藏有 347 项科技成果获自治区级奖，其中“西藏太阳能资源的综合开发利用”等 21 项科研成果获国家级奖。

西藏高原雪峰和名寺古迹吸引着世界众多的探险客和旅游者。在对外开放中，西藏的旅游业开始逐步发展起来。现在，西藏已有旅行社 11 家，旅游涉外饭店、宾馆 19 家，床位 3600 张，开辟景区 60 多个。从 1980 年至 1991 年，共接待海外旅游者 15.09 万人次。

经过 40 多年的努力，西藏人民的生活水平普遍有了显著提高，绝大部分农牧民的温饱问题已基本解决，一部分农牧民已经富裕起来。1991 年全区农牧民人均纯收入为 455 元，扣除物价上涨因素，比 1979 年的 159 元增长 1.6 倍。喜马拉雅山下的亚东县珠居村，1986 年全村 75 户年收入36.16万元，全村有 74 户盖了新房。城镇居民家庭年人均收入为 2120 元，比 1981 年增长 2.3 倍。1991 年末，城镇储蓄存款余额为 49240 万元，比 1959 年增长 500 多倍。农牧民家庭已拥有数量可观的生产资料，平均每户拥有生产性固定资产价值 6021 元，牲畜 75 头(只)；每百户拥有汽车 9 台，大小拖拉机 6 台，机动脱粒机 3 台，马车 12 台。农牧民人均实物消耗量比解放前有大幅度的增长。1991 年，人均消费粮食 183.6 公斤，食用油 3.6 公斤，肉类 14.7 公斤，奶类 50 公斤。在保持传统饮食习惯的同时，饮食结构向多样化发展，增加了蔬菜、禽蛋、酒类、糖果、糕点等的消费。人民住房有了很大改善。据旧西藏地方政府统计，1950 年西藏有人口 100 万，其中没有自己住房的就有 90 余万人。现在，除了部分牧区的游牧民之外，所有的家庭都有固定的住房。1991 年城镇居民人均住房面积达到 13.7 平方米。西藏日喀则地区江孜县有 5.67 万人口，百分之八十以上的群众住进了新房，人均住房面积达 40 平方米。藏族人民传统的生活方式注入了现代化的内容。据抽样调查统计，城镇每百户居民有自行车 212 辆，彩色电视机 88 台，收录机 84 台，洗衣机 42 台，电冰箱 24 台，照相机 26 架。各项文化设施的建设，使西藏人民的精神、文化生活也越来越丰富充实。

由于西藏地区特别困难的自然条件和历史上特别落后的社会发展状况，今天西藏的经济发展水平和人民生活水平仍低于中国全国的平均水平。1989 年西藏自治区政府制定了《西藏经济社会发展战略设想》，实行对内对外开放，开拓区内、国内、国外市场，开发优势资源，发展重点区域和重点产业，力争尽快缩短西藏地区与中国其他地区的经济发展差距，为藏族和其他各民族的共同繁荣打好基础。

八、宗教信仰自由

西藏大多数人信奉藏传佛教。全区信奉伊斯兰教的只有约 2000 人，信奉天主教的近 600 人。

尊重和保护宗教信仰自由，是中国政府的基本政策。西藏和平解放后，西藏各级机构认真贯彻宗教信仰自由政策，受到广大僧俗群众的赞扬。现在，西藏人民在国家宪法和法律的保护下，享有开展正常宗教活动的充分自由。信教者家中几乎都设有小经堂或佛龛。每年到拉萨朝佛敬香的信教群众均达百万人次以上。在西藏处处可以看到善男信女悬挂的经幡、堆积的嘛尼堆。在大昭等一些著名的寺院内外，挤满了磕长头、转经、朝佛的信教群众。

在“文化大革命”期间，西藏同全国其他地区一样，宗教信仰自由政策遭到了严重破坏，宗教活动场所及设施受到了严重损失。“文化大革命”结束以后，西藏重新全面地落实宗教信仰自由政策。1980 年以来，西藏平反了冤假错案，相继恢复和新成立了宗教工作机构，在保障公民的宗教信仰自由权利方面做了大量工作。十多年来中国政府向西藏地方拨专款 2 亿多元用于落实宗教政策，维修了建于公元 7 世纪的大昭寺，公元 8 世纪吐蕃王兴建的桑耶寺，藏传佛教格鲁派四大名寺哲蚌寺、色拉寺、甘丹寺和扎什伦布寺。为了维修布达拉宫，国家一次就拨款 4000 多万元。1984 年，中央资助专款 670 万元，黄金 111 公斤，白银 2000 多公斤及大量珠宝，在十世班禅大师主持下，修复了五至九世班禅灵塔、祀殿。至今，西藏得到修复和开放的宗教活动场所已达 1400 多处，满足了信教群众正常宗教生活的需要。政府还多方设法寻回在“文化大革命”中散失的佛像、法器等宗教用品，分发给各寺庙，受到广大僧人和群众的欢迎。

近年来，西藏各宗教团体自主地组织各种宗教活动。中国佛教协会西藏自治区分会于1983年创办了西藏佛学院，并在各教派的一些寺庙中开办了学经班，现有学僧近3000名。另外每年还推荐一定数量的活佛、学僧到北京，进入中国藏语系高级佛学院进修深造。1984年自治区人民政府将档案馆保存的《甘珠尔》藏文大藏经拉萨版赠送给自治区佛协，并资助50万元开办了拉萨印经院，几年来已印出1000多部《甘珠尔》藏文大藏经，供给区内外各藏语系佛教寺庙。1990年，自治区佛协又得到政府资助50万元，在拉萨木如寺开始刻制十三世达赖喇嘛想要刻制而未能付诸实施的《丹珠尔》藏文大藏经拉萨版。1985年佛协创办了《西藏佛教》刊物。现在全区有34000多名僧尼。当选为各级人大代表、政协委员、佛协理事以及在政府中任职的宗教界人士共有615人，他们参政、议政，同其他公民一样共同致力于西藏的各项建设事业。

政府尊重和保护各教派的传统宗教活动与习俗。根据藏传佛教的仪轨和历史惯例，活佛去世后按传统的办法转世传承。1992年6月25日，中央政府批准了第十六世噶玛巴活佛的转世灵童。对一年一度的拉萨传召大法会，传统的马年转大雪山、羊年转纳木神湖和热振寺坝子等活动，政府有关部门都前往斋僧布施。群众婚丧嫁娶仪式中与宗教有关的习俗都受到完全尊重。

在西藏，由于认真贯彻执行了宗教信仰自由政策，各宗教、教派和寺庙之间，信教与不信教群众之间都相互尊重，和睦相处。同时，国家宪法也明确规定，任何人不得利用宗教进行破坏社会秩序、损害公民身体健康、妨碍国家教育制度的活动。对于利用宗教进行违法犯罪活动者，一律依法处理。近年来西藏有一些僧尼被依法治罪，都是因为触犯了刑律，如参加骚乱，危害社会治安，扰乱社会秩序，搞打、砸、抢、烧、杀等犯罪活动，没有一个是因宗教信仰而被拘捕判罪的。

西藏佛教组织和宗教界人士积极开展同外国宗教团体和宗教界人士之间的友好往来活动。改革开放以来，中国佛教协会西藏分会和一些寺庙，组织了宗教人士出国进行友好访问、参观、考察和学术交流；热情地接待了几十个国家前来西藏朝佛、参观、考察的团体和个人，共计一万多人次。

西藏和平解放以来，很多著名的宗教界人士同中国共产党和政府合作共事，参政议政，为国家和西藏的建设事业发挥积极的作用，深受群众的敬仰和政府的尊重。与达赖喇嘛并为藏传佛教领袖的十世班禅额尔德尼·确吉坚赞几十年如一日，一直坚持爱国主义立场，在和平解放西藏、反对分裂等斗争中，为维护祖国统一，增强民族团结，做出了重大贡献。建国以来，他历任全国人民代表大会常务委员会副委员长、中国佛教协会名誉会长等职，于1989年元月圆寂。政府决定在日喀则扎什伦布寺修建十世班禅额尔德尼·确吉坚赞遗体灵塔和祀殿，按照藏传佛教的仪轨，举行宗教悼念活动，办理遗体保护以及转世灵童的寻访、认定等事宜。目前灵塔和祀殿主体工程已基本完成，寻访十世班禅转世灵童的工作正在扎什伦布寺恰扎·强巴赤列活佛的主持下顺利进行。

九、教育和文化的发展

旧西藏教育十分落后，没有一所近代意义上的学校。西藏和平解放前，仅有2000余名僧侣和贵族子弟在旧式官办学校和私塾学习。广大农奴和奴隶没有接受教育的权利。

根据“十七条协议”中有关逐步发展西藏民族的语言、文字和学校教育的规定，1952年拉萨小学建立，1956年拉萨中学建立，西藏走上了现代教育的轨道。

为发展西藏教育事业，国家40年来累计投资11亿多元，并实施了一系列优惠政策。比如实行免费教育，藏族学生自小学直到大学毕业的学习费用全部由政府支付。从1985年起，又对部分藏族中小学学生实行包吃、包穿、包住政策，在广大农牧区学校推行寄宿制。各级各类学校招生实行“以当地民族为主”的原则，在大中专学校招生中，优先录取藏族等当地民族考生。进一步兴办藏语言文字、藏医学、藏族艺术、藏族历史等藏族文化系科（专业）、学校。

四十多年来，西藏已经基本建立起包括幼儿教育、小学教育、中学教育、中等专业技术教育、高等教育以及成人教育、电视教育等在内的具有西藏地方特色和民族特点的教育体系。广大城镇居民、农牧民享受到受教育的权利。据统计，到1991年，西藏已有西藏大学、民族学院、农牧学院和藏医学院4所现代大学，师范、农牧、卫生、藏医、财经、体育、艺术、邮电等中等专业技术学校15所，中学63所，小学2474所。在校生总人数达19.6万人，绝大多数是藏族学生；教职工达1.6万人，藏族教师占三分之二。大、中、小学建筑面积近150万平方米，电化教学成为重要的教学手段之一。40多年来，西藏高等学校毕业生达1.8万人，中小学毕业生51万人，其中中专、高中、技工学校毕业生4万多人，培训轮训干部1.5万余人，另有近7000人次获成人自学中专、大专考试合格证书，为各项建设事业培养出大批人才。

西藏教育事业的发展使人民群众文化素质普遍提高，为西藏人民更好地行使民族区域自治权利，实现民族全面发展创造了条件。但是，由于过去西藏教育的基础十分薄弱，西藏地区的人口居住过于分散，西藏人口中的文盲、半文盲虽已从过去的大多数人减为少数人，却仍占不小的比例。进一步发展西藏教育，仍是一个艰巨而紧迫的任务。

西藏有着丰富的民族传统文化，包括语言文字、文学、艺术、哲学、宗教、医学、天文历算等。中国政府历来重视维护和发展西藏的优秀民族传统文化，采取了一系列尊重、保护和繁荣民族传统文化的政策和措施，使西藏文化得到继承和发展。

藏语言文字是西藏全区通用的语言文字。1987 年 7 月，自治区人民代表大会通过了《西藏自治区学习、使用和发展藏语文的若干规定(试行)》，明确规定在西藏自治区，藏汉语文并重，以藏语文为主的原则。现在在西藏自治区，人大通过的决议、法规、法令，人民政府下达的正式文件、发布的布告，都用藏汉两种文字。报纸、广播、电视都用藏汉两种语言文字。自治区编辑出版的图书中，藏文图书占 70%。自治区招工、招干、招生对不同语言文字使用者平等对待，优先照顾藏语文使用者。群众参加的各种大型会议都使用藏语文。所有单位、街道、路标和公共设施一律使用藏汉两种文字的标记。各级各类学校的藏语文课是学生的主课。

藏族人民的传统风俗习惯受到广泛尊重。在西藏的城镇和农牧区，大多数藏族群众都依然保持着藏族服饰、饮食、住房的传统风格。每年，藏族群众以传统方式欢度藏历新年、雪顿节、酥油灯节、沐浴节、望果节、达玛节等藏族的传统节日。国家对民族必需品的生产采取优惠政策。

西藏地区的文物受到了全面的保护。布达拉宫、大昭寺等一批寺庙列为全国或自治区重点文物保护单位。从 70 年代中期起，展开了系统的高原考古工作，先后发掘了石器时代的文化遗址数十处。各种出土文物由西藏文物管理部门妥善保管，为研究西藏原始文化和藏族传统文化提供了宝贵资料。

对西藏民族传统文化遗产进行全面系统的普查、收集、整理、出版和研究。西藏藏文古籍出版社已收集到藏文古籍珍本 200 余部，整理出版了一批珍稀藏文古籍。西藏人民出版社重点整理出版了一批古典名著和历史档案丛书。截至 1990 年底，公开发行的藏文古籍已有 200 多种，100 多万册。数百年来只有手抄本、木刻本，被禁锢、埋没的藏文典籍，第一次有了各种装帧精美的印刷版本。

西藏的民间文学、戏剧、音乐、舞蹈的搜集整理工作也卓有成效。20 余部藏族民间文化作品和著述已经出版。《格萨尔王传》是藏族人民创作的世界上最长的英雄史诗，一直作为口头说唱艺术流传在藏族民间。对这部史诗的抢救、整理和研究工作被列为国家社会科学重点研究项目。并成立了专门机构。现已录制了 3000 多盘磁带，整理出版藏文版 62 部，发行 300 多万册。60 余万字的《中国戏曲志·西藏卷》已经编竣，填补了西藏历史上戏剧理论著述和专题志书的空白。关于民族舞蹈、民间歌谣、藏戏音乐、曲艺音乐、器乐、曲艺、民歌、民间故事、谚语的集成志书，也在全面普查收集资料和整理编纂之中。

藏学是研究藏族历史、宗教、文化、经济、政治、社会等各个领域的综合性学科。在西藏和其他一些地方现已建立了藏学研究机构 50 多个，并于 1986 年在北京成立了中国藏学研究中心。这些研究机构承担了大量研究课题，如西藏经济社会发展战略、简明西藏通史、梵文贝叶经的整理研究和西藏宗教源流与教派研究等项目；创办了《西藏研究》、《西藏佛教》、《西藏社会发展研究》、《西藏艺术研究》、《雪域文化》、《中国藏学》、《中国西藏》等近 30 种藏、汉、英文刊物。80 年代以来，随着西藏国际学术交流活动的逐渐开展，已有 10 多个国家和地区的 130 余名学者和旅居国外的藏胞学者来参观访问，进行学术考察和洽谈科研合作项目。一些藏族专家学者也应邀出国访问、讲学和参加学术会议。

今天，西藏的传统文化艺术已由过去只供达官贵人们消遣转为面向广大人民群众，西藏人民的文化生活日益丰富。自治区现有专业歌舞、藏戏等艺术表演团体 10 个，县级文艺团体 20 个，业余演出队 350 多个；具备现代化设施的多功能群众艺术馆 6 座，县级文化馆 25 座。西藏现有一支近 5000 人的专业文化工作者队伍，其中藏族占百分之九十。他们创作了一批具有浓郁民族风格和强烈时代气息的文艺作品和节目，有些作品还在国际上获奖。十余年来，西藏应邀出国演出的艺术团体有 14 个，表演艺术家近 300 人。在藏族各个传统节日期间，文化活动十分活跃，其中雪顿节已从传统的藏戏演出发展成为西藏一年一度最大的、包括各种文化艺术活动的综合性民族艺术节。西藏的民族传统体育活动也得到广泛开展。80 年代以来，收集、发掘并组织正规比赛的民族传统体育项目有 10 多个，在全国民族运动会上多次获奖。在传统节日里，西藏各地都举行传统体育项目的比赛和表演。西藏的现代竞技体育活动水平也不断提高，尤其是登山运动取得了举世瞩目的成绩。

在传统文化活动活跃开展的同时，现代文化设施也进入了西藏。目前全自治区有电视台、电视录像转播台和电视差转台共计 137 座，卫星地面接收站 297 座，广播电台、转播台、发射台共 26 座，各地县有线广播站 74 个，初步形成覆盖全区的卫星传输、无线电传输和有线广播传输相结合的广播电视网。西藏现有电影发行放映机构 82 个，放映队 553 个，年发行新片近

200部，农牧区免费放映电影。许多现代娱乐设施也已在西藏出现，传统文化活动与现代文化活动并存共荣。

十、人民健康和人口发展状况

封建农奴制度下的旧西藏，只有三所医疗设备极其简陋、规模有限的官办藏医机构和少量私人诊所，从业人员近百人，加上民间藏医也只有400余人，平均每千人口只有不到0.4名医务人员。这些藏医机构和人员主要为贵族、官员服务，广大农奴和奴隶有病得不到治疗。天花、鼠疫等烈性传染病屡有发生和流行。据记载，西藏和平解放前的150年间，天花大流行过4次，其中1925年的一次，仅拉萨地区就有7000人丧生。1934年和1937年的两次伤寒流行，拉萨又有5000余人死亡。当某些传染病暴发时，原西藏地方政府不但不采取措施救治病人，反而把病人赶进深山峡谷，派兵把守山口，将病人困死。根据历史资料记载，旧西藏人均寿命只有36岁，人口增长长期处于停滞状态。

控制对西藏人民生命健康危害最烈的传染病，是西藏发展医疗卫生事业的首要任务。中国政府认真贯彻“预防为主”的方针，从60年代初起，西藏再未发现过天花病例，各种传染病、地方病发病率大幅度下降，部分严重威胁人民健康的疾病已经消灭或基本控制。为了保护藏族儿童的健康成长，1986年以来，西藏广泛开展计划免疫，免疫接种率达85%以上。

民族改革后，自治区逐步建立了遍布城乡的医疗卫生网。1991年全区卫生机构已有1197个，比1951年增加400倍；医院床位由1951年的零增加到5077张；专业卫生人员9740人，比1951年增加97倍，其中卫生技术人员7749人，藏族约占卫生技术人员总数的80%。西藏88%的人口在农牧区，1991年，西藏农牧区有卫生机构850个，医院床位2300张，专业卫生人员3700人。此外，还有3500名乡村医生和卫生员直接服务于农牧民群众。在西藏，平均每千人口拥有病床2.3张，医生2.1人，分别相当和高于全国平均数，也高于中等收入国家平均数。

西藏的传统医学藏医、藏药得到继承和发展。政府投资2000万元新建了自治区藏医院住院部和5个地区藏医院。1991年，全区有藏医药人员1015名。为了适应藏医事业发展的需要，建立了藏医学院和藏医研究所，鼓励和支持著名老藏医著书立说，及时整理了一批年事已高的藏医药专家的宝贵经验。出版发行了藏医名著《四部医典》，编写出版了《四部医典系列挂图全集》、《医学百科全书·藏医分卷》、藏医《生理学》、《病理学》、《药理学》、《饮食学》、《新编藏医学》等数十种藏医教材或专著。藏药的生产也有了迅速发展，现已建立了三座藏药厂。

西藏医学科研机构对危害西藏人民健康的高原病等疾病进行重点研究，取得了重要成果。西藏医疗工作者在高原肺水肿、高山昏迷和慢性高原病的抢救和治疗方面，一直处于国内外领先地位。

为了适应卫生人才培养的需要，在西藏民族学院设立了医疗系，建立了西藏自治区卫生学校和日喀则、昌都卫生学校。这些学校共培养了6000多名高中级卫生人员。1980年以来，西藏自治区卫生系统对在职卫生人员进行了5000余人次的培训，提高了他们的专业技术水平和管理水平。

政府对藏族人民实行人人免费医疗，加之医疗卫生条件大大改善，西藏人民的寿命和健康水平有了很大提高。平均期望寿命已由解放前的36岁提高到目前的65岁。1985年与1965年相比，拉萨地区藏族青少年平均身高增加8.8厘米，平均体重增加5.2公斤。

政府对藏族的计划生育采取特殊的政策，对占全区总人口88%的农牧民未实行计划生育，只是向他们宣传合理生育、优生优育。西藏虽然地域辽阔，但能够利用的土地资源很少，1991年人均占有耕地仅1.54亩，而人口增长很快，有必要控制人口的增长。1984年以来，自治区政府在全区藏族干部、职工和城镇居民中提倡和实行一对夫妇生育两个孩子。对汉族干部、职工则提倡和实行一对夫妇只生一个孩子。实行计划生育的人口仅约占西藏总人口的12%。在实行计划生育中，始终坚持“宣传为主、自愿为主、服务为主”的原则，制止任何形式的强制性堕胎。

四十年来，西藏人口迅速增长。1950年至1990年，西藏人口净增119.6万人，其中藏族人口由100万增加到200多万，增长了一倍多。1951年西藏和平解放时，西藏地方政府没有准确的人口统计。1953年，中国进行第一次全国人口普查，当时由达赖喇嘛为首的西藏地方政府申报西藏人口为100万。1964年第二次全国人口普查，西藏人口为125.1万，其中藏族人口120.9万，占人口总数的96.63%。1982年第三次全国人口普查，西藏人口为189.2万，其中藏族人口178.6万，占人口总数的94.4%。1990年第四次全国人口普查，西藏人口为219.6万，其中藏族人口209.6万，占人口总数的95.46%。汉族和其他民族人口始终占5%左右。1970年以来，西藏的人口出生率、自然增长率均高于全国平均水平。1982—1990年，西藏藏族人口增长30.98万，自然增长率为17.34‰，高于同期全国平均人口自然增长率2.64个千分点。如果不是废除封建农奴制，经济得到发展，人民生活和医疗卫生条件得到很大改善，西藏地区的人口出生率和自然增长率不可能在这样短的时间里达到较高的水平。

在西藏的人口问题上，达赖集团散布了许多谎言。最耸人听闻的谣言之一是说西藏和平解放后被杀了120万人。以达赖为首的西藏地方政府在1953年提供的西藏人口数字不过100万人，果真以后杀了120万人，那么西藏的人早就完全被杀光了，更不可能发展为200多万人。

达赖集团又说，西藏不只是现在的范围，还包括四川、青海等藏族聚居的地方，共有600多万人。所谓大西藏不过是帝国主义企图瓜分中国而策划的阴谋。经过漫长的历史变迁，藏族除聚居于西藏之外，还分别聚居在四川、青海、甘肃、云南等省的一些地区。但这些地区过去就不属西藏行政区划范围，原西藏地方政府也未曾管辖过西藏以外的其他藏族聚居区。13世纪始，元朝、明朝中央政府即对西藏和其他各藏族聚居地区分别管辖。清朝中央政权更进一步明确了各藏区的行政区划。民国时期，西藏以外的藏族聚居区仍分别由原属省管辖。中华人民共和国成立以后，基本上维护原来的行政区划，在四川、青海、甘肃、云南四省的藏族聚居区建立了十个藏族自治州、两个藏族自治县。包括西藏和各省藏族聚居区的藏族人口，总共也没有600万人。在1953年全国人口普查时，全国包括西藏在内的藏族人口是277万，1990年人口普查时，全国藏族人口为459万。和西藏一样，其他地方的藏族人口也有了大幅度的增加。

还有一个对不了解实际情况的人有极大蛊惑性的谎言是说汉人大量移民，使西藏的藏族成为少数民族。西藏的自然条件极为严酷，低氧严寒，大部分为高山、荒漠、永久性冰雪地带。生活习惯更与内地不同，内地人极难适应。西藏不是过去美国的西部，可以大批移民开发。历次全国人口普查的统计数字，已彻底戳穿了这种在西藏汉族人口超过藏族的谎言。

十一、生存环境的保护

在大力发展西藏经济建设的同时，人民政府非常重视西藏的环境保护。西藏自治区认真贯彻了保护环境的国家基本政策，坚持经济建设、城乡建设和环境建设同步规划、同步实施、同步发展的战略方针；实行预防为主、谁污染谁治理和强化环境管理三项政策。西藏自治区人大常委会和人民政府根据西藏的实际，陆续颁布了一系列保护环境和自然资源的地方法规和行政规章，如《西藏自治区森林保护条例》、《西藏自治区草原管理暂行规定》、《西藏自治区人民政府关于保护水产资源的布告》等等，仅野生动物保护方面的规章就有20余件。1975年，自治区设立了环境保护机构，加强了对全区环境保护工作的统一监督管理。1990年，西藏自治区环境保护委员会成立，统一领导全区的环境保护工作。

西藏自治区开展的生态环境建设，取得了很大的成绩。全区已建成大小灌溉水渠1.3万多条，水库、塘坝5200余座，总库容2.7亿多立方米；河道堤防工程18处，堤防总长约250公里。多年来，坚持合理使用化肥和农药，对草场采取围栏养贮、引水灌溉和保护管理措施；开发河滩，种树种草；实行分季轮牧，禁止盲目开荒破坏草场。到1990年底，全区草场围栏面积达18.3万公顷，草场灌溉面积16.1万公顷，灭鼠、灭虫、灭毒草面积118.7万公顷。全区生态环境不断得到改善。

与此同时，全区坚持开展植树造林，护林防火，封山育林，制止乱砍滥伐。60年代初至今，全区植树7000多万株，每年封山育林约14万公顷。西藏现有森林面积632万公顷，其中人工林面积2.2万公顷，森林面积每年都在增加，林木生长量大于消耗量。全区已建成7个自然保护区，正在建设和规划中的5个，总面积32.53万平方公里，约占全区面积的26.5%，使一批珍稀野生动植物得到有效保护。

西藏坚持因地制宜，积极发展水电站建设，推广利用地热能、太阳能及风能。解放以来，全区已建成水电站424座，装机容量10.97万千瓦，地热电站2座，推广太阳能灶17750台，建太阳房10.5万平方米，推广太阳能热水器1.9万平方米，引进风力发电机700多台。使用这些无污染能源对保护环境起到了重要作用。

在进行生态环境建设的同时，西藏加强了环境管理。对一切影响环境的建设项目，坚持实行"环境影响评价"制度和治理污染设施与主体工程同时设计、同时施工、同时投产制度。对原有的一些污染源进行了治理。全区工业废气处理率已达80%。同时，还完成了西藏工业污染源调查、西藏土壤环境背景值调查研究、西藏环境天然放射性水平调查研究、西藏野生植物资源调查、西藏野生动物资源调查等项工作，为保护西藏的环境，合理利用资源，发展西藏经济提供了科学依据。在城乡建设中，坚持合理规划和布局，搞好配套建设，区内城市基础设施有所增强，拉萨市人均绿地达到12平方米，绿地覆盖率17.6%。为了及时掌握全区环境质量状况，自治区在拉萨建立了环境监测站，日喀则、昌都地区的环境监测站也正在建设中。

根据监测，目前西藏的环境状况保持良好状态。大气、水环境基本没有受到污染。全区没有出现酸雨，城市大气中总悬浮微粒年日均值为340微克/立方米，大大好于国家大气环境质量的要求。水体除个别河段轻度污染外，全区江河湖泊水质良好。环境辐射在正常范围之内，不存在任何人为造成的放射性污染。达赖集团到处散布中国在西藏存贮核废料，这完全是无中生有。

当然,西藏的生态环境也有不尽如人意的地方,如草场质量趋于下降;有些珍稀动物分布范围在逐渐缩小。对此,西藏自治区人民政府强化了管理和宣传教育,对破坏环境保护的违法行为严厉制裁,使近些年来一些濒危动物如黑颈鹤、羚羊、虎等又得到了繁殖发展。

十二、国家对西藏发展的特殊支持

西藏素有"世界屋脊"之称,自然条件十分严酷。全区平均海拔高度在4000米以上,空气稀薄,低温缺氧,气压和含氧量都不及平原地区的三分之二,气温在10摄氏度以上的时间还不及中国最北部的黑龙江省的一半,可耕地仅占总面积的0.2%至0.3%。高原气候和地理环境极大地制约着经济的发展。为改变西藏的落后面貌,促进各民族共同繁荣,中央政府和全国人民对西藏倾注了巨大的关心,在人力、物力、财力、技术和政策等方面给予了大力扶持和特殊照顾。

40年来,国家给西藏的财政补贴累计达157亿元,用于西藏重点建设项目的基建投资42.7亿元,两项合计近200亿元。除中央财政补贴和基本建设投资外,国务院各部委还根据西藏各项事业发展的需要,给予多种专项补助。仅1979年至1986年,此类补助即达59亿元。最近几年,国家对西藏的投入大幅度增长,1991年各项资金投入达到17亿元。目前,国家每年给西藏的财政补贴为10亿元,按人均计算,在全国各省、自治区、直辖市中是最高的。国家的大量投资,使西藏农牧业、能源、交通、邮电通信等基础产业和基础设施以及教育文化事业得以初步改变落后状况,为西藏经济、文化的较快发展奠定了物质基础。

为满足西藏人民生产、生活资料的需求,国家在运输距离长、运输条件十分困难的情况下,每年调集大批物资进藏。1959年到1991年,从内地共调进粮食138.8万吨,石油成品油281.5万吨和价值45.8亿元的各类工业品种类,进藏物资总重量达1000多万吨。

中央和内地各省市大力支援西藏的经济、文化建设,修建了穿越海拔五六千米高山的川藏、青藏等公路干线、格尔木至拉萨输油管道、羊八井地热电站等大中型基础设施。为了加速西藏的建设,1984年2月,中央组织内地9省市的人力、物力,用一年多时间,在西藏修建了包括能源、交通、建材、商业、文化、体育、教育、卫生、旅游、市政建设等43项工程,总建筑面积23.6万平方米,投资达4.8亿元,使用水泥、钢材和其他建筑物资总重量超过20万吨。

为了解决西藏缺少科技人才问题,国家各有关部门和全国各省市对西藏各地区实行对口支援,动员大批专业技术人员,包括各类科技人员、工程技术人员、专业管理人员、教师和医务工作者,进藏参加建设。对重点工程建设,组织各方面的专家、学者和工程技术人员进藏进行调查研究、编制规划、勘察设计、指导施工。1973年到1991年,全国10多个省、市先后派出了总计3000多人的医疗队进藏,向藏族医务工作者传授医疗技术,深入工厂、农牧区为广大群众防治疾病。内地各医学院校还努力为西藏培训医务人员,有百分之七十的藏族医务人员在内地进修学习过,技术业务水平显著提高。1974年到1988年,支援西藏的教师达2969人。许多省、市和院校为西藏各类学校培养、培训师资和管理人员。国家每年还统一分配一定数量的高等师范本科毕业生和研究生支援西藏教育。从1985年起,内地24个省、市开办西藏中学或西藏班,对在内地学习的藏族学生在学习、生活上给予特别的优待。据1991年统计,在内地西藏班、校学习的学生达9800人。

所有由内地到西藏的人员,都要遇到高山反应、生活习惯很不适应等种种困难,但为了响应政府支援西藏人民的号召,他们不惜付出很大个人牺牲,自觉服从调动。政府也照顾实际情况,规定了定期轮换等办法。

国家在西藏实行了一系列比内地优惠得多的经济政策和灵活措施,以增强西藏经济的内部活力。加快西藏的经济建设。1980年以来,西藏农牧区实行以家庭经营为主的多种经营方式,"土地归户使用,自主经营、长期不变","牲畜归户,私有私养、自主经营,长期不变"。农畜产品的销售以市场调节为主。对农牧民免征农牧业税。生产销售民族必需品的集体、个体工商企业免征工商税。农牧民个人和集体上市出售、交换农牧副和手工业产品,一律不收税。在对外开放方面,实行了比其他地区更为优惠的办法,外贸出口享受全部外汇留成,允许西藏在内地转销一般性进口商品。最近,西藏自治区政府还决定依照国家扩大开放的政策,建立对外经济技术开发区;增加边境开放口岸;允许对外商划地租赁;扩大与周边邻国的边民贸易和转口贸易。

从1991年开始,西藏进入了实施第八个五年计划和十年规划时期。为继续搞好经济文化建设,实现使大多数西藏人民的生活达到小康水平的目标,国家将继续对西藏给予大力支持,已经确定了由国家投资在西藏建设的重大项目的发展规划,这些项目包括:

——从1991年开始,投资10亿元,在雅鲁藏布江、拉萨河和年楚河中部流域河谷地带进行综合开发工程,把这一地区逐步建成西藏的商品粮基地、副食品基地,轻纺手工业和食品加工基地以及科技示范推广基地。

——投资8亿元,兴建被列为国家能源"八五"计划重点建设项目的羊卓雍湖抽水蓄能电站。1997年电站全部建成后，将从根本上缓解拉萨及周围地区电力供应紧张局面。

——投资十几亿元对西藏的青藏、川藏、黑昌、中尼四条主要公路干线进行整治和改建，确保西藏经济命脉公路运输的畅通。四条公路的整治、改建工程已于1991年全面展开。

——扩建拉萨贡嘎机场，跑道已于1991年9月竣工，可起降波音747等大型客机。

——建设拉萨市邮政枢纽楼，新增程控自动电话1.1万门，建成47个县的54个卫星地面站及配套设施。

西藏的现实充分说明，西藏人民摆脱封建农奴制后，获得了空前未有的广泛的人权。当然，由于西藏的经济、文化仍然比较落后，以及恶劣的自然地理环境的限制，西藏人民享有的人权还是不充分的，还需要不断作艰巨的努力，来改善人权的状况，这正是中国政府和人民在全力进行的。但是，无论从人权的哪个方面来说，现在的状况与封建农奴制的旧西藏相比，都已经有了天壤之别。达赖集团和国际反华势力打着“人权卫士”的旗号，对过去封建农奴主剥夺藏族人民一切人权的黑暗、野蛮、残酷丝毫不加谴责，却不顾谎言一再被揭穿，四处散布翻身做了国家主人的藏族人民丧失了人权。他们的目的无非是混淆视听，制造混乱，以达到梦寐以求的分裂中国、攫取西藏，进而颠覆社会主义中国的野心。所谓西藏的人权问题，实质在此。

任何分裂中国的图谋，都是不能得逞的。西藏人民和中国其他各族人民的紧密相连有着几千年悠久的历史，西藏地区和中国各省区统一为一个国家也已有七个世纪，在这么长的时期中，始终没有分裂，而是关系日益密切，这绝不是偶然的。根本原因在于，统一和分裂关系着藏族、汉族和国内其他民族的兴衰成败，合则共荣、分则两伤。西藏与中国其他部分始终结为一体，而不分裂，这是长时期历史所形成的必然结果。因此，企图把西藏从中国分裂出去，汉族和其他民族决不会答应，藏族人民也决不会答应。

全国县级机构改革试点工作座谈会在北京举行

会议的主要议题是，检查了解各地贯彻落实李鹏总理关于《积极推进县级机构改革》讲话的情况，总结交流县级机构改革试点的经验，研究试点过程中遇到的问题及解决办法等。

人事部部长、中央编委委员兼办公室主任赵东宛在会上作《认真总结经验，进一步推动县级机构改革试点工作》的讲话。

罗干、曾庆红、张志坚及各省、自治区、直辖市负责机构编制工作的有关负责人出席会议。

国务院副总理田纪云就加快发展第三产业问题答《科技日报》记者问

问：请您谈谈加快发展第三产业的重大战略意义和现实意义？

答：我想，至少有这样四个方面的重大意义：

1. 第三产业的兴起和蓬勃发展是促进国民经济更快地迈上一个新台阶的重大战略部署。第三产业是生产社会化的必然结果，也是商品经济发展的客观要求。在当代，它的发展水平已成为衡量一个国家和民族现代化程度的重要标志。90年代是我国社会主义现代化建设的关键时期。全党全国的战略任务是抓住有利时机，加快改革开放步伐，力争国民经济更好更快地迈上一个新台阶。加快发展第三产业，对于实现这个战略任务和实现现代化建设的第二步以至第三步宏伟目标，都具有重大的战略意义。当前，困扰我国经济发展的深层次矛盾主要是经济结构不合理和效益差，而这都与第三产业的落后直接相关。首先来看经济结构问题。三次产业结构，是国民经济最高层次的比例结构。第一、第二产业是第三产业发展的基础；而第三产业的全面、快速、健康发展，又会促进第一、第二产业更快更好地发展。我国经济结构不合理，突出表现在第三产业发展缓慢，极大制约着第一、第二产业的健康发展。如铁路运输，目前仅能满足需要量的一半左右。其他如通讯、金融、保险、咨询、信息等不发达，也严重影响着整个国民经济的发展。90年代，我国能源、交通、原材料等“瓶颈”产业增长速度也就是5%左右，如果产业结构不调整，万元产值能耗不降低，仍然主要靠工业的高速增长为主动力带动国民生产总值的增长，要实现国民生产总值上一个新台阶，能源、交通、原材料将难以支撑。与第二产业相比，第三产业对能源、交通、原材料的要求少，具有投资少、见效快、收益大的特点。因此国民生产总值的快速增长，在很大程度上要依靠第三产业的发展来带动。再看经济效益问题。我国经济效益不高，主要是因为生产的社会化、专业化程度低，“大而全”、“小而全”，低水平重复建设严重，人才、设备闲置，企业办社会的负担深重。这些问题也都需要通过发展第三产业，建立社会化的服务体系来逐步解决。因此，加快发展第三产业是优化国民经济结构、缓解经济生活中深层次矛盾和确保国民经济尽快迈上新台阶的有效途径。

2. 加快发展第三产业是进一步改革开放和建立社会主义市场经济运行机制的需要。我国加快发展第三产业的主要目标是建立起社会主义统一市场体系、城乡社会化综合服务体系和社会保障体系。大力发展社会主义统一市场体系、建立起生产资料、资金、外汇、人才、劳务、咨询、信息、科技、保险、房地产等各种市场，完善流通体制，形成合理的价格机制，生产要素就能快速而又合理流动起来，实现资源的最佳配置。只有企业都能在市场上顺利买到所需的各种生产要素，企业才能真正地被推向市场；社会保障体系建立健全起来，才能减轻企业在职工福利、医疗、养老等方面的沉重负担，才能做到职工的辞职、辞退和双向选择，实现用工制度的改革。这样，企业才能真正转换经营机制。城乡社会化综合服务体系发达了，多种服务实现社会化、专业化、产业化，服务质量和服务效率就会大大提高，机关、企事业单位办社会，“大而全”、“小而全”效益低下、封闭式自我服务的落后局面才能改观，才能变“包袱”为“财源”。农业社会化服务体系发展了，农民得到产前、产中、产后的优质服务，农业才能逐步提高专业化、现代化程度，提高商品率。现在，我国农业科技成果转化率仅有30%—40%，而发达国家一般为60%—70%。如果我们通过提高社会化服务程度，健全技术推广体系，使这一比例达到50%—60%，农业将会有一个更大的发展。

扩大开放，引进外资，参与国际竞争，也要求加快发展第三产业。特别是加快发展交通、通讯、金融、信息、咨询和其他服务业，创造更有吸引力的投资环境。

3. 加快发展第三产业，是缓解严峻的就业压力的重要出路。由于第三产业不发达，我国有60%多的劳动力长期被禁锢在有限的耕地上，还有20%在第二产业，第三产业的就业人数占全社会劳动者的比重还不到1/5。随着科学技术的进步和国民经济的加快发展，到2000年，我国农业大约要转移出1亿至1.5亿个劳动力；第二产业现有1亿职工中，约有20%左右的富余人员；城镇每年还将有600万左右新成长劳动力；转换政府职能也会精简出大量的行政工作人员。这么大的就业问题，只靠投资办工业显然解决不了，绝大部分人只能靠发展第三产业来解决。第三产业行业多，其中不少行业如商业、饮食业、旅游业、服务业等，是劳动密集型行业，就业容量大、人均就业费用也比较低。而且第三产业中咨询、信息、房地产等新兴行业亟待大发展，流通部门、服务部门有很广阔的领域有待开发，也需要大量人员。因此，加快发展第三产业是解决就业压力、改善就业结构的一项极现实的重要出路。

4. 加快发展第三产业，是人民生活从温饱型向小康型过渡的需要。到本世纪末，我国人民的生活水平将从温饱过渡到小康。在贫困向温饱的过渡阶段，居民的需求主要是吃饱穿暖，满足生存需要，追求的是对基本生活品数量的满足。而在向小康过渡的进程中，居民的需求结构将发生新的变化，从追求数量的满足转向追求生活质量的提高。除了温饱有余，还提出服务、享受和发展的要求：食品不只是粗茶淡饭，而是追求营养、卫生、方便、品味；衣着不只是结实耐穿，而是追求美观、舒适、名牌、个性；日用品不再是“三大件”、“四大件”，而是追求高档次、多功能、系列化。对服务业的要求，也不再是只满足生存需要，而是向更高层次和新的领域发展。居民会对文化、教育、卫生、体育等娱乐活动提出更多、更高要求。第三产业的发展状况，与人民群众的物质和精神生活息息相关，第三产业不断发展，不仅可以满足人民群众的物质和文化生活需求，还将对精神文明建设起到积极的促进作用。此外，我们能否在2000年实现小康，关键在农村，在8亿农民的生活水平提高程度，这就不仅需要建立健全农业生产服务的体系，还要建立健全为农民生活服务的体系和社会保障体系。

总之，要加快发展第三产业，首先要充分认识加快发展第三产业的重大意义。

问：当前第三产业发展过程中存在哪些主要问题？

答：改革开放以来，我国第三产业虽然得到不断发展，但从总体上看还是落后的。当前第三产业发展过程中的问题主要有以下几个方面：

1. 第三产业在国民经济中的比重低，内部结构也不合理，发展严重落后，制约了整个国民经济的协调发展。从国外的情况看，第三产业增加值占国民生产总值的比重和第三产业从业人员占就业人员总数的比重，发达国家平均达到65%左右；中等收入国家平均达到50%左右；就是低收入国家一般也在30%左右，而我国分别只为27%和18.6%。1990年和1991年，我国第三产业增加值增长速度分别为2.27%和5.3%，不仅没有达到计划指标，而且低于国民生产总值的增长速度，第三产业增加值占国民生产总值的比重在下降。今年上半年，第三产业增长速度比第二产业低8个百分点，比国民生产总值增长速度低3.6个百分点，三次产业的结构不合理问题更加突出。此外，我国第三产业的内部结构也不尽合理，房地产、信息、咨询、技术服务等新兴行业在第三产业中所占的比例小，远远没有发挥出对经济发展应起的重要作用。

2. 第三产业的发展缺乏明确的行业发展规划和行业管理，有的行业没人管，有的行业政出多门，经营行为不规范。绝大多数行业的发展难以在国民经济和社会发展计划中摆到重点位置，投入不足，发展缓慢。

3. 第三产业的社会化程度低。由于受产品经济思想的影响和管理体制上的原因，机关企事业单位兴办的大量第三产业项目，主要是自我服务，不讲求经济效益和社会效益，形成了机关企事业单位“办社会”、“小而全，大而全”的局面。这种局面一方面是大量设施利用率低下，浪费严重，效益差，而且往往成为主办单位的“包袱”；另一方面是缩小了服务市场，弱化了社会服务功能，限制了全社会第三产业的发展。

我国第三产业发展落后，原因是多方面的，主要是指导思想、理论认识的偏差和经济管理体制的制约，也与经济发展整体水平不高有很大的关系。

在指导思想和理论认识方面，长期以来机械地把发展国民经济完全等同于创造物质产品，等同于生产“有形产品”，各种服务等大多数“无形产品”被认为是“不创造价值”的，置于经济的从属地位。在长期坚持“以农业为基础，工业为主导”的发展方针时，忽视了第三产业及三次产业间的协调发展，重生产、轻流通、轻服务，没有把第三产业摆到国民经济发展中应有的地位。

在经济体制和运行机制方面，长期排斥市场机制的作用，不按价值规律办事，把相当一部分第三产业行业视为福利事业和公益事业，价格低于成本，价值得不到承认，消耗得不到及时补偿，靠财政补贴维持简单再生产，因而难以扩大再生产和提高水平，企业没有自我发展的内在动力。

另外，第一、第二产业不发达，人民群众生活水平不高，也是第三产业发展缓慢的一个重要原因。

问：加快发展第三产业的重点是什么？

答：加快发展第三产业的重点：一是投资少、见效快、就业容量大，与经济发展和人民生活关系密切的行业，主要是商业、物资业、对外贸易业、金融业、保险业、旅游业、房地产业、仓储业、居民服务业、饮食业和文化卫生事业等；二是与科技进步相关的新兴行业，主要是咨询业（包括科技、法律、会计、审计等咨询）、信息业、各种技术服务业等；三是农村的第三产业，主要是为农业产前、产中、产后服务的行业，为提高农民素质和生活质量服务的行业；四是对国民经济发展具有全局性、先导性影响的基础行业，主要是交通运输业、邮电通讯业、科学研究事业、教育事业和公用事业等。

我国各地区的经济发展水平、经济结构、资源条件等情况不一样，第三产业发展的重点也应有所不同。各地方要根据党中央、国务院的《决定》精神，结合本地区的实际情况，制定第三产业发展规划。各地要有各地的特点，不强求一致，以免造成结构趋同，违反比较利益原则。

加快发展第三产业，要注意处理好以下几个方面的关系：

一是传统行业与新兴行业的关系。我国第三产业中，传统行业所占比重很大，其增加值约占全部第三产业增加值的 2/3；信息、咨询、房地产、广告等新兴行业发展还不充分。因此，要在大力发展传统行业的基础上，加快发展这些新兴行业，努力将信息、咨询业、房地产业发展成为国民经济的支柱产业。

二是劳动密集型行业与技术、资金密集型行业之间的关系。既要看到劳动密集型行业投资少、见效快、就业量大的特点，也要看到技术密集型、资金密集型行业的发展优势和潜力，在大力发展劳动密集型行业的同时，大力发展技术密集型和资金密集型行业。

三是城镇第三产业和农村第三产业的关系。要坚持城乡并重的发展方针。在大力发展城镇第三产业的同时，充分认识到我国农村第三产业的严重落后状况，高度重视发展农村社会化服务体系以及为提高农民素质和生活质量服务的行业。

四是高、中、低服务档次的关系。改革开放以来，从总体上说，我国人民的生活水平是有了很大提高，有一部分地区、一部分人先富起来了。但是，目前对广大居民的消费水平还不宜估计过高。在发展各种服务业时，要兼顾高、中、低档，尤其要以发展中档为主，面向最广大的消费者。可以从制约因素小、起步易、阻力小的行业先起步。

问：科学技术在加快第三产业发展中的重要作用，以及第三产业对我国科技发展有何影响？

答：当今时代的显著标志是科学技术的飞速发展。科学技术是第一生产力，是推动经济和社会发展的伟大革命力量。科学技术及其在产业化领域的竞争是国际上综合国力竞争的关键所在。五六十年代以来，科技开发和知识更新越来越快，科学技术在生产和生活的各个领域中得到日益广泛的应用。特别是电子技术在社会生产中的应用，不仅极大地推动了工业生产，也为商业、交通、通讯、金融、保险、信息、咨询、技术服务等产业和个人服务业的进一步发展创造了条件。实践证明，科学技术的发展不仅促进了第一、第二产业的增长，而且也带动了第三产业的全面发展。首先，科学技术作为一个行业，本身就是第三产业中的重要组成部分。它发展得越快，第三产业也就随之发展壮大。其次，科学技术对第三产业其他行业的发展具有重大的促进作用。不久前国务院颁布的《国家中长期科学技术发展纲领》中，就把交通运输与通信部门列为依靠科技发展的重点。因此，科学技术的发展，必将带动整个第三产业技术和管理水平的提高。这些年来，我们在科技为农业、工业服务上已探索出一些新路子，如农科教统筹、技工贸结合等，但对科技与第三产业其他行业的结合上重视不够。今后应当在这方面多探索，总结出新的经验。

加快发展第三产业，可以为深化科技体制改革，振兴科技事业创造有利条件。改革开放以来，科技体制改革和科技开发都有了很大进展。当前，科技体制改革的核心是要建立和完善有利于科技与经济相结合的新体制和运行机制，把科研、生产、使用、服务、经营、销售结合起来，创造高技术应用的新市场，实现科技成果的商品化、产业化，调动广大科技人员的积极性、创造性。而第三产业的发展，尤其是技术市场、人才市场、咨询信息市场、技术服务市场的兴起，必将推动科技成果尽快转化为社会生产力。这几年，随着这些市场的不断发育、完善，科研单位的科技经营能力不断增强，大量科研机构特别是技术开发型科研机构正从单纯科研型和封闭状态向为经济建设服务的方向转化，向科研、生产、经营一体化的技术经济实体发展。这些实体主要从事技术开发、技术转让、技术咨询、技术服务等活动，从而加速了科技成果向生产的转化，对此应进一步鼓励、支持。第三产业劳动密集、知识密集、技术密集型行业并存，为广大科技人员施展才能提供了广阔的天地。加快发展第三产业，既可推动科学技术的进一步发展，也为广大科技人员提供了大显身手的机会。相信广大科技人员在加快发展第三产业中可以大有作为。

这里我还要特别强调一下科学技术与加快农村发展第三产业的问题。我国第三产业落后，在农村的表现尤为突出，为农业生产服务的行业不健全，水平低。目前我国还有36%的县没有建立农业技术推广服务机构，配混合饲料的普及率只有20%。为农民生活服务的行业更是少得可怜。农村的教育、科技水平低，农民的文化素质差，很不适应农业现代化的需要。这些问题不解决，农业就难以有大的突破，也就谈不上农业的现代化。农业现代化的根本出路在于科学技术，农村和农民迫切需要科学技术，科学技术在农村有广阔的发展天地，如培育良种、合理施肥、改造水土、技术推广、人才培训，等等。希望广大科技工作者特别是农业科技工作者，能积极投身到农村这个广阔天地中去，为加快发展农村的第三产业、实现农业现代化作出新的贡献。

问：您对我国第三产业的发展前景有何展望？

答：我对此持乐观态度。应该看到，40多年的社会主义建设，特别是13年的改革开放，为我国在90年代加快发展第三产业创造了许多有利条件。

一是党中央、国务院《关于加快发展第三产业的决定》颁布后，各地和有关部门经过反复、认真的学习，统一了思想，提高了认识，转变了观念，积极行动起来，根据《决定》精神，结合本地区、本部门的实际情况，着手制订贯彻落实措施和发展规划。可以说，加快第三产业发展已经有了一个良好的开端。

二是经过改革开放以来十多年的大发展，我国的第一、二产业已初具规模，人民生活水平已明显提高。因而，无论生产上还是生活上都对第三产业的快速发展提出了强烈要求。就农村而言，随着农业由传统自然经济向专业化、商品化、现代化的转化，客观上对科技、对产品销售等服务提出了更高的要求。而且农民在收入水平不断提高的同时，也迫切需要改善生活质量。因此，农村中的科学、教育、卫生、商业、通信、交通、公用事业等，也都要有一个大的发展。这样，才能真正改变农村的落后状况，实现农村的城镇化。这就要求第三产业在农村能有较快的发展。

三是经过十多年的改革开放，广大群众手中积累了大量的储蓄。目前，全国城乡居民储蓄已达一万多亿元，这为动员社会力量发展第三产业提供了雄厚的资金准备。

四是党政机关和企事业单位的富余人员以及从农村转移出来的剩余劳动力，为第三产业的发展提供了丰富的人力资源。

当然，加快发展第三产业也还存在一些制约因素，尤其是社会上长期形成的对第三产业的偏见还继续存在，几十年形成的第三产业管理体制很难一下子打破，新体制的建立还需要一定的时间等。但是，只要我们能认真贯彻落实党中央、国务院《关于加快发展第三产业的决定》，紧紧抓住当前有利时机，坚定信心，全力以赴，再加上正确的政策指导，第三产业发展的目标就一定能够实现。

三峡工程对重庆的影响问题及对策座谈会在重庆召开

座谈会由三峡工程论证领导小组和重庆市于9月21日至26日联合召开。全国政协副主席、三峡工程论证领导小组组长钱正英率领有关方面专家到渝考察、研讨。

座谈会期间，钱正英听取重庆市和长江水利委员会的有关情况汇报，水利部、能源部、交通部、环保局、中科院、清华大学和重庆市的近百名专家参加座谈研讨。他们围绕三峡工程的淹没处理与重庆市的防洪、库尾泥沙淤积对重庆的影响、工程对重庆市生态与环境影响等方面的问题及治理对策发表意见。

钱正英代表三峡工程论证领导小组综合会议讨论的意见作总结，对一些问题提出处理意见。钱正英指出，由于三峡工程第一期蓄水位比较低，工程对重庆的影响大部分发生在第二期蓄水之后，还有必要继续研究。只有经过第一期蓄水运用的检验，才能得出比较准确的结论。钱正英还指出，由于历史的和自然的因素，要妥善解决这些问题，除制订三峡工程第二期蓄水对重庆市影响的对策规划之外，还需制订重庆市社会经济发展和城市建设规划，二者相辅相成，缺一不可。重庆市的整体建设涉及方方面面，任务十分繁重，需要在国务院各有关部委、四川省的支持帮助下，同心协力，多方集资，分期实施才能完成。在长江上游干支流建设一些水利工程，与三峡工程相配套，对减轻三峡工程对重庆市的某些不利影响，将会起到重大的作用。

国务院副总理邹家华在第 15 届世界能源大会上发表讲话

邹家华指出当今世界能源生产和消费的不合理现状，并阐述我国发展能源的政策。

邹家华指出，当今世界，人类正面临一系列全球性的经济、能源和环境问题。人类的持续发展和生存受到日益严峻的挑战。

然而，当今世界的能源生产和消费的现状是“极不合理的”。第三世界国家能源丰富，大量能源向高收入国家输送；高收入国家消耗大量能源，而低收入的第三世界国家消耗的能源则少得可怜。占世界人口不到1/5的高收入国家消耗了世界2/3的能源，而占人口60%以上的低收入国家，消耗能源仅占 15%左右。低收入国家人均能源消耗不及高收入国家的 1/15，仅为中等收入国家的 1/3。

邹家华呼吁各国决策者立即开始行动，实施节能优先政策、研究和开发新能源和再生能源、控制人口增长、加强发达国家和发展中国家的国际合作、建立新的能源经济秩序、改革现行的能源价格体系和提倡低能耗的生产方式、实行再生资源的回收利用等措施。

在谈到中国的能源状况时，邹家华说，中国是一个人口大国，又是一个能源生产和消费大国。中国政府把环境保护列为一项基本国策，纳入国民经济和社会发展的战略目标，并在实践中形成了一套适合自己国情的政策、法规和措施。

邹家华说，为了解决好中国未来的能源问题，以适应进一步改革开放、加快经济建设的需要，中国政府将坚持能源开发与节约并重的方针，坚持能源发展与经济、社会发展相协调、能源发展与环境保护相协调的原则。

邹家华最后指出，中国政府除鼓励国内外实行多渠道集资办电、办能源以外，还大力鼓励利用外资，扩大能源领域里国际间的经济技术合作，以合理开发和利用中国的能源资源、提高能源利用效率、改善能源结构、减轻和控制环境污染。

外经贸部部长李岚清和突尼斯经济部部长萨迪克·拉巴赫在北京举行工作会谈

日本社会党在东京新大谷饭店举行招待会欢迎以中共中央政治局委员吴学谦为团长的中国共产党友好代表团

社会党副委员长涩泽利久在会上讲话说，在日中邦交正常化 20 周年之际，中共中央友好代表团的来访，不仅能促进两党间的交流，而且将为发展两国人民之间的友好关系作出贡献。

涩泽希望今后进一步开展两党和两国人民之间的交流，为促进日中友好合作作出贡献。

吴学谦在讲话中说，日本社会党曾为中日邦交正常化和发展两国的友好关系作出重要的贡献。吴学谦说，“国际形势错综复杂的变化，使得中日关系的重要性超出两国的范围，它对亚太地区乃至世界的和平、稳定和发展都具有重要的意义”。吴学谦说，中日友好合作具有很大的潜力和广阔的前景。中国愿意同日本各界朋友共同努力，迎接面向 21 世纪的中日友好时期的到来。

第 18 届国际航空科学大会(ICAS'92)在北京召开

这是国际航空科学理事会成立 35 年来第一次在发展中国家召开这样的大会。国务院总理李鹏为大会题词：加强国际学术交流，促进航空科技发展。

来自中国、美国、德国、俄罗斯、意大利等 30 多个国家的 400 多名代表出席大会开幕式。他们在会议期间将宣读和讨论内容涵盖当代航空科技各主要领域的学术论文 259 篇。中国科学院学部委员、航空航天部的空气动力学家庄逢甘教授在开幕式后作大会学术报告。中国作者的论文被选入本次大会的有 81 篇，占全部论文总数的 30.6%。

财政部副部长迟海滨在国际货币基金组织和世界银行发展委员会会议上发表讲话

迟海滨呼吁发达国家表现出政治意愿，从促进发展中国家和发达国家共同发展考虑，增加对发展中国家官方援助。

迟海滨说，促进资金流入发展中国家一直是发展委员会的首要任务，但长期以来，在这方面并没有取得多大的进展，尤其是商业贷款和双边资金实际上处于下降或停滞的局面。

迟海滨指出，发达国家，特别是主要发达国家在确定其宏观经济政策时，应更多地考虑到为发展中国家创造一个较好的外部经济环境，增加对发展中国家产品的进口，并减轻它们的借款成本和偿债负担。

迟海滨说，世界银行和国际货币基金组织作为多边金融机构，应根据各自的宗旨和业务范围发挥更大的作用。他说，一九九二财政年度世行批准的贷款总额下降了，这与发展中国家的迫切需要是不相适应的。这几年，对贷款附加的过多条件、对贷款领域的日趋限制以及不时发生的对世行独立决策的干预，使世行难以有效地履行其使命。这种情况令人关注。

迟海滨说,我们支持两机构帮助新借款国提供帮助以促进它们的经济调整和发展,但两机构也应增加对大多数低收入和其他传统借款国的资金支持。国际开发协会第十次补充资金的谈判已近一年,其结果不仅将直接影响到广大低收入国家的经济调整与发展,而且也将关系到国际开发协会今后的作用能否进一步得到加强。我们希望这次补充资金的实际规模能比上次有实质性的增加。

国家教委等四部门发布《关于进一步改善和加强民办教师工作若干问题的意见》

中央音乐学院中国艺术研究院音乐研究所等单位在北京平谷联合举办"全国首届音乐学教学研讨会"

首届全国教学图书展销会在北京举行

9月22日

中国民主促进会第八届中央常委会第十二次会议在北京举行

中国民主促进会第八届中央常务委员会第十二次会议于9月22日至24日在北京举行。

会议号召,民进各级组织和全体会员,在以江泽民同志为核心的中共中央领导下,振奋精神,解放思想,以实际行动迎接中共第十四次全国代表大会和民进第七次全国代表大会的召开。会议认为,邓小平同志南巡重要谈话以来,全国各条战线都发生了深刻的变化,改革开放加快发展,经济建设速度有了新的提高,社会主义现代化建设出现了鼓舞我国人民奋勇前进的可喜局面。会议要求,民进各级组织,要紧紧围绕着经济建设这个中心,发挥参政党的作用,做好参政议政工作,为经济建设献计出力。同时要加强民进组织的自身建设,研究如何适应新时期的特点,改进我们的思想政治工作,及时总结经验,使广大会员跟上改革大潮,发挥他们在改革开放中的积极作用。会议研究了召开民进七大的各项工作。按照民进八届四中全会的决定,民进七大将于今年12月中下旬在北京举行。

民进中央主席雷洁琼主持会议并讲话,副主席赵朴初、陈舜礼、葛志成、楚庄、叶至善、梅向明、冯骥才、邓伟志出席会议。

最高人民检察院发出关于认真开展未成年人犯罪案件检察工作的通知

通知的主要内容是:

一、各级刑检部门要认真组织干警学习《未成年人保护法》,提高对执行《未成年人保护法》以及开展未成年人犯罪检察工作的重要性的认识,增强责任感和自觉性。对未成年人犯坚持教育为主、惩罚为辅的原则,立足于教育、感化、挽救。各地刑事检察部门应在保证工作重点的同时,加强领导,把这项工作认真开展起来。

二、有计划地逐步建立办理未成年人犯罪案件的专门机构。《未成年人保护法》中对办理未成年人犯罪案件建立专门机构提出了要求。今、明两年,各地应在刑检部门内,建立和健全办理未成年人犯罪案件的专门机构或指定专人负责。

三、加强调查研究,完善工作制度。未成年人犯罪检察工作刚刚起步,实践中遇到的问题很多,各地要认真深入地开展调查研究,及时总结推广经验。要进一步解放思想,积极探索、大胆创新,逐步完善有中国特色的办理未成年人犯罪案件的检察制度。

四、正确掌握法律、政策界限,坚持区别对待。在办理未成年人犯罪案件中,一是要注意正确运用法律、政策,划清罪与非罪的界限,坚持可捕可不捕的不捕,可诉可不诉的不诉的方针;二是要坚持教育为主,惩罚为辅的原则,有针对性地做好教育、感化、挽救工作,促使未成年人犯悔罪服法;三是对于犯罪情节较轻的初犯、偶犯以及对被教唆而犯罪的未成年人犯,可以依法免除处罚。对于犯罪情节较重,但确有悔改表现的,也应依法从轻处理,可以提请人民法院减轻或免除处罚;四是对未成年人犯要坚持给出路的政策,对于免予起诉的未成年人犯,应在帮教的同时,注意配合有关部门帮助他们解决实际困难,使他们在复学、升学、就业等方面不受歧视,以利于他们改过自新。

五、加强侦查和审判活动监督,保障未成年人的合法权利。各地在办理未成年人犯罪案件中,不仅要查清事实,查明证据,做耐心细致的教育、感化、挽救工作,而且要认真履行法律监督职责,对公安、法院的侦查、审判活动是否合法实行监督,充分保护未成年人犯的各项诉讼权利。

中国法学会劳改法学研究会和香港善导会在北京共同举办罪犯矫正与回归社会研讨会

近100位内地和香港从事罪犯矫正工作的专家、学者和实际工作者在研讨后共同认为,尽管两地在文化、制度、社会结构等方面存在差异,但协助罪犯康复更生、重返社会的目标却是一致的,双方在这一领域可以取长补短,互相学习,互通有无。中港双方与会者在讨论和向研讨会提供的论文中,探讨在生理、心理、社会、文化、环境等方面罪犯犯罪的原因,介绍各自在对罪犯进行劳动改造、社会改造、回归社会、康复更生等许多方面的做法和经验。双方都认为要使对社会有过罪错的人重新做人，仅仅依靠惩罚的手段是不够的，社会必须有一个宽容的接纳的态度，从而促使罪犯彻悟是非、明了对错，积极而正确地面对人生，为家人、为社会、为国家献出自己的一份力量。

国务院批转国家体改委《关于改革棉花流通体制的意见》

国家体改委在 8 月 29 日的报告中提出：(一)高度集中的棉花流通体制已经不能适应建立新的经济体制的要求，必须积极推进棉花流通体制的改革。(二)棉花流通体制改革必须坚持积极稳妥的方针，要有利于稳定棉花生产和提高质量。改革的最终目标是：放开经营，放开市场，放开价格，逐步建立起在国家宏观调控下、以市场调节为主要手段、内外贸相联结、高效畅通的棉花流通新体制。(三)在实施步骤上采取“先行试点、逐步推进”的方法：1993 年，增加开放试点省；1994 年，能一次放开就一次放开，不能一次放开就再选择若干省扩大试点；1995 年基本建立起棉花流通新体制。(四)试点省要在以下几方面有较大突破：(1)改革现行合同定购办法，实行市场调节；(2)实行棉花供需直接见面；(3)棉花收购和供应价格由国家定价改为由买卖双方协商议价；(4)改革棉花由供销社统一经营的办法，允许棉花上市交易；(5)将原有的棉花财政补贴改为价格调节基金，由地方政府掌握用以调控价格，扶植生产，稳定市场。(五)非改革试点的产棉省(区、市)也要逐步推进棉花流通体制改革。(六)改革对棉农的奖售办法，1993 年度由实物改为返还平议差价，作为价外补贴，直接付给棉农。(七)试办棉花交易市场，逐步建立和完善棉花市场体系。(八)逐步建立健全国家和省(区、市)两级棉花储备制度。

中国人民银行批准组建华夏证券公司国泰证券公司南方证券公司

这是为培育和完善中国统一的证券市场，维护证券市场的稳定所采取的一项重大措施。三大证券公司是跨地区、跨部门、跨系统的股份制、市场型的公司，由中国工商银行、中国农业银行、中国人民建设银行、中国银行、交通银行和中国人民保险公司联合发起并入股组建，注册资本金均为十亿元人民币。

荷兰女王贝娅特丽克丝在海牙接见国务院副总理邹家华

国务院副总理邹家华在海牙向荷兰政界和工商界人士介绍中国改革开放和经济发展的趋势

外交部部长钱其琛在美国外交政策协会为他举行的午餐会上发表演讲

钱其琛指出，中美两国不应当对抗，而应该扩大交往，增进了解，本着互相尊重、平等相待、信守诺言、遵守协议的精神处理两国关系，使两国间存在的问题逐步得到解决。

钱其琛在演讲中谈国际形势发生的重大变化与中国改革出现的新局面，并阐述在这种新形势的背景下中国政府对发展中美关系的原则立场。200 多位美国各界人士参加了午餐会。

钱其琛说，中国作为世界上一个负责任的大国，为促进世界的和平与发展，坚定不移地奉行独立自主的和平外交政策。中国将继续在互相尊重、平等互利和互不干涉内政的基础上同世界各国发展友好关系，同周边国家发展友好睦邻关系。中国将继续参与地区和平进程，加强在维护世界和平与安全等重大国际问题上同各国的合作和在联合国范围内的协调。中国还将为建立公正合理、平等互利的国际经济新秩序作出不懈的努力。

钱其琛指出，在国际形势发生重大变化与中国改革出现新局面的情况下，如何处理中美关系是个突出的问题。是寻找并扩大共同利益、加强合作好呢还是突出分歧、制造麻烦有利？是互相尊重、平等互利处理双边关系中的问题好呢还是强加于人、造成对抗好呢？这是值得所有关心和致力于维护中美关系的人们深刻思考的问题。

钱其琛说，中美两国幅员辽阔，资源丰富，人口相加占世界总人口的 1/4。中美都是联合国安理会的常任理事国，又都是核大国。无论国际局势怎样变化，这样两个国家相互的关系必然会对亚太地区乃至世界的和平与稳定产生重要的影响。只有正视现实，从大处着眼，从长远考虑，才能摆正两国关系在各自外交决策中的位置，才能把握住两国关系发展的方向。

同样，中美两国关系正常与否直接影响两国人民在经贸、科技、文化教育等各个领域的交流与合作。美国是举足轻重的经济大国，中国经济发展有着巨大的潜力。两国经济互补性很强，发展良好的经贸关系与科技合作会给两国人民带来巨大的实惠，符合双方的利益。根据中方统计，1991 年中美贸易额达 142 亿美元，是 1979 年两国建交时的 6 倍多。在过去十多年里，中国向美国出售大量物美价廉的商品，为广大美国消费者所欢迎。同时中国已成为美国谷物、飞机、计算机、工业机械和化肥等商品的最大买主之一。现在美国在华投资项目已近 2300 家，投资总金额已超过 50

亿美元。美国一些著名的大公司,如克莱斯勒和通用汽车公司、麦道飞机公司、奥蒂斯电梯公司、施乐复印机公司、庄臣公司等在中国合资建厂,获得可观的利润,在中国占有一定的市场。显然,发展中美之间的交往与合作是双方共同利益之所在,符合两国人民的共同心愿。

钱其琛说,中美关系发展到目前这样的水平是来之不易的。它的基础是三个公报,即1972年的上海公报、1979年的建交公报及1982年的"八·一七"公报。中国政府和人民在处理与美国关系时,向来恪守中美3个公报,从未做过任何损害美国利益、伤害美国国家尊严的事情。同样,我们理所当然地希望,美方在处理对华关系时,也应遵守这些原则,做到言行一致。

钱其琛外长强调,中国重视中美关系,为两国关系的改善和发展作出巨大努力,两国关系一度有所好转。去年11月,中美两国外长在北京会谈达成一系列协议。今年年初,中美两国领导人在纽约进行会晤。中美就保护知识产权、禁止监狱劳动产品进出口等问题达成协议。在中美市场准入谈判中,中方表现极大的诚意。中国正式加入《核武器不扩散条约》。中国在推动朝鲜半岛的和平与稳定、禁止化学武器公约和防止武器扩散等谈判、对付国际恐怖主义、解决柬埔寨问题以及在联合国事务等方面,也同美方进行良好的合作。

但必须指出,在维护和改善中美关系方面,美方所作的努力远不能认为是足够的。今年虽是美国大选年,但这并不意味着美方可以向中方提出一个接一个的要求,而自己却在改善中美关系方面无所作为。更不能允许借口国内的因素,不顾大局和已经作出的承诺,采取不利于中美关系的行动。向台湾出售150架F—16战斗机的决定直接违反和破坏中美"八·一七"公报的规定,干扰和阻碍中国的和平统一大业,理所当然地遭到中国政府和全国人民的强烈反对。

钱其琛说:"如果一个国家、一个政府公然违背他们自己在国际协议中所作的承诺,怎么能取信于人呢?""如果一个国家、一个政府违反协议,怎么能指望别国不加反对,不作出反应呢?"

钱其琛指出,台湾问题是中国的内政,事关中国的民族尊严和国家的命运,事关中国人民的根本利益,中国政府和人民没有退让的余地。

钱其琛最后说,中美两国从70年代初重新打开交往的大门,20年来两国关系经历许多坎坷和曲折,取得的进展来之不易。我们应当倍加珍惜。任何企图将中美两个大国的关系由交往、合作重新推向隔绝与对抗的做法都是极不明智的,也是极为有害的。

外交部发言人就美国参议院通过"1992年美国—香港政策法"向记者发表谈话

外交部发言人要求美国政府认真考虑中方的立场,不支持该项法案。

发言人指出,香港问题在1997年7月1日以前是中国和英国之间的事情,在此之后则纯属中国的内政,其他任何国家都无权干涉。

发言人说,美国通过其国内立法干预香港事务不仅干涉中国内政,也违反公认的国际关系准则。美方此举无助于中英联合声明的实施,并将干扰中英双方在香港问题上的合作,使香港问题复杂化,从而将严重损害香港的繁荣与稳定,美国在香港的经济利益也会因此而受到损害。

发言人表示,中方要求美国政府认真考虑中方的立场,不支持该项法案。

日本首相宫泽喜一在东京首相官邸会见中共中央顾问委员会常务委员姬鹏飞

柬埔寨国家元首柬全国最高委员会主席诺罗敦·西哈努克亲王在金边会见外交部副部长徐敦信

西哈努克亲王说,中国为进一步促进柬和平进程、为建立一个独立、中立和不结盟的柬埔寨发挥积极作用。

徐敦信指出,巴黎和平协定签订以来,在西哈努克亲王领导下,柬和平进程取得进展。徐敦信强调西哈努克亲王在解决柬问题、实现民族和解和未来柬埔寨重建事业中所具有的特殊地位和重要作用。

徐敦信说,关于柬埔寨大选,中国政府一向主张按照巴黎和平协定的精神,由柬埔寨人民直接选举国家元首。中国政府积极支持西哈努克亲王提出的关于大选的建议。

参加东盟议会组织第13届年会的全国人大观察员代表团团长曾涛在东盟议会组织年会第一次全体会议上发言

曾涛说,中国支持东盟关于建立东南亚和平、自由、中立和无核区的主张,愿同东盟国家在维护地区和平与稳定方面进行广泛和密切的合作。

曾涛说,今年是中国人大第三次派代表出席东盟议会组织会议。它表明中国和东盟各国对发展友好关系非常重视,真诚地希望通过友好交往和对话,加深相互了解和信任,促进中国与东盟之间友好关系的不断发展。

曾涛高度评价东盟在维护和平与稳定,促进经济合作与发展等方面所发挥的积极作用。曾涛说,作为东盟国家的近邻,中国政府和人民一贯重视在和平共处五项原则基础上与包括东盟各国在内的周边国家建立和发展长期稳定的友好睦邻关系，并把它作为我国独立自主和平外交政策的一个重要基石。

由全国电视观众直接投票选举的第十届大众电视金鹰奖在杭州揭晓

7 部电视剧和 4 位演员获奖。

获优秀电视连续剧奖的是：《上海一家人》（上海电视剧制作中心、中央电视台）、《编辑部的故事》（北京电视艺术中心）、《外来妹》（广州电视剧制作中心）、《中国神火》（浙江省电视剧制作中心、中央电视台）。获优秀电视单剧奖的是《毛泽东和他的乡亲们》（中央电视台、岳阳电视台等），《少年毛泽东》（河北电影制片厂、中央电视台）获优秀儿童电视剧奖，《桃花扇》（玉溪卷烟厂、安徽电视台）获优秀电视戏曲片奖。最佳男主角由在《编辑部的故事》中饰李冬宝的葛优获得。最佳女主角获得者是李羚，她在《上海一家人》中饰若男。谢园和吴冕则分获最佳男女配角奖。谢园在《上海一家人》中饰阿祥，吴冕在《上海一家人》中饰桂花。

首届弱智人奥运会在西班牙马德里结束

中国 8 名男女运动员参加田径、游泳等 3 项比赛共获金牌 5 枚、银牌 1 枚，列奖牌总数第 7 位。

艾滋病对社会和经济发展影响的地区研讨会在昆明举行

卫生部副部长、国家艾滋病防治中心主任何界生在研讨会上宣布“到今年 9 月中旬为止，我国累计发现艾滋病病毒感染者 932 人，其中艾滋病病人 11 例，9 例已死亡”。来自联合国计划开发署、世界卫生组织、福特基金会以及中国、印度、缅甸、老挝、越南、泰国、香港、澳门的艾滋病预防控制官员和专家 100 多人会聚昆明，他们将就动员社会各界力量，加强预防控制艾滋病的地区与国际间合作问题，进行为期 3 天的研究讨论。

何界生在讲话中指出：“目前，艾滋病的危害不仅仅是公共卫生问题，而是一个关系到各国社会、经济发展的极其重要的问题。我国政府已充分认识到艾滋病的危害，在过去几年中，动员社会各方面的力量，在预防控制工作的组织管理、流行病学监测、法制建设、宣传教育及培训、科研、国际合作等方面做了大量工作。”

9 月 23 日

中共中央在中南海怀仁堂召开党外人士座谈会

中共中央近期在中南海怀仁堂召开党外人士座谈会，征求各民主党派中央、全国工商联领导人和无党派代表人士对党的十四大报告（征求意见稿）的意见。

中共中央总书记江泽民，中央政治局常委乔石，中央政治局候补委员、中央书记处书记丁关根，中央书记处候补书记温家宝，出席座谈会。

各民主党派中央和全国工商联领导人有：贾亦斌、彭清源、费孝通、钱伟长、孙起孟、万国权、雷洁琼、赵朴初、陈舜礼、卢嘉锡、方荣欣、章师明、董寅初、杨纪珂、王宋大、徐采栋、赵伟之、蔡子民、吴克泰、荣毅仁、王光英、孙孚凌和无党派代表人士阿沛·阿旺晋美等出席座谈会。

乔石主持座谈会。乔石说，中国共产党第十四次全国代表大会，是一次继往开来、肩负重大历史使命的大会。全党、全国各族人民，各民主党派、无党派的朋友们都非常关注这次大会，也寄厚望于这次大会。乔石说，十四大报告是一个重要的文件，为把报告进一步修改好，我们在中国共产党内一定范围征求意见，同时根据重大方针政策、重大政治文件要事先和各民主党派、工商联及无党派代表人士充分协商的一贯精神，前几天，中共中央委托中央统战部邀请各民主党派中央、全国工商联领导人，无党派代表人士阅读讨论十四大报告（征求意见稿）。希望大家坦诚相见，提出宝贵意见。

贾亦斌、费孝通、孙起孟、雷洁琼、卢嘉锡、董寅初、徐采栋、蔡子民、荣毅仁等在座谈会上先后发言，杨纪珂作书面发言，对十四大报告（征求意见稿）提出各自的修改意见和建议。

在听取大家的发言后，江泽民代表党中央对党外人士就十四大报告的修改问题提出许多很好的意见和建议表示衷心感谢，并作重要讲话。

西藏自治区政府主席江村罗布就国务院新闻办公室发表《西藏的主权归属与人权状况》白皮书向记者发表谈话

国务院新闻办公室日前发表了《西藏的主权归属与人权状况》白皮书。这个文件以翔实的历史资料和充分的事实依据，就西藏的主权归属和人权状况作了客观、公正、系统的介绍和阐述，对近年来一些人在国际上散布的谣言及各种不实之词作了有针对性的澄清，再一次向国际社会声明了我国政府的原则立场和基本政策。白皮书是帮助国内外各界人士真实地了解西藏历史和现实情况的重要文献。

西藏是中国不可分割的一部分。大量的历史事实和法律文件证明，自 13 世纪中叶以来的 700 多年间，中国中央政府一直对西藏地方行使着主权，世界上至今也从未有任何一个国家的政府承认西藏是一个独立国家。历世达赖喇嘛包括现在国外的第十四世达赖喇嘛都是由中央政府册封的。这是铁的事实，是任何人也无法否定的。长期以来，藏汉人民和睦相处，藏族人民对整个中华民族的形成和发展曾起过重要作用，并与国内兄弟民族一起，共同发展建设了西藏，创造了灿烂的文化。

1951年的和平解放，实现了西藏历史的伟大转折，逐步确立了社会主义的基本制度。在中央的正确领导和亲切关怀下，在全国人民的支援和帮助下，西藏社会、经济面貌发生了翻天覆地的变化，西藏各族人民充分享受着《宪法》和《民族区域自治法》赋予的各项权利。西藏人民从来没有像今天这样获得和享有包括人身自由、政治权利、经济生活、宗教信仰、文化教育以及健康保障、环境保护等内容在内的全面而广泛的人权。

说到人权，旧西藏曾经是世界上侵犯人权最为严重的地区之一。旧西藏对人权的侵犯，同中世纪欧洲存在的极不人道、极其残酷的农奴制度相比，有过之而无不及。今天，我们西藏没有一个人再愿意回到当年达赖喇嘛统治的旧西藏那种日子去。然而，具有讽刺意味的是，昔日曾经残酷剥夺西藏劳动人民人权的某些人，现在竟然以人权卫士自居，无中生有，散布西藏人权受到侵犯的谎言。同时，国际上某些反华势力，也利用所谓的"西藏人权"问题，混淆视听，支持、怂恿分裂主义势力，妄图达到控制西藏、分裂中国的野心。这是当年帝国主义者武力侵略西藏及策动西藏独立阴谋的继续。这就是所谓"西藏人权问题"的政治实质。掌握了自己命运的西藏人民才最清楚什么叫人权。因为当过奴隶的人最能够体会自由和权利的真实意义，最有发言权，他们珍惜今天的幸福生活，而对旧西藏不存在任何留恋。

那些过去欺压人民、践踏人权，现在又热衷于分裂祖国的人，有什么资格谈人权？请问，他们何时关心过西藏的发展进步和人民的富裕幸福？他们所煽动和策划的骚乱，严重地影响了西藏人民生活的安定和经济建设的发展。其实，他们对西藏真正的人权是不感兴趣的，他们所谓的"人权"，不过就是把西藏沦为帝国主义的附庸。这样的"人权"，西藏人民绝不需要。西藏人民在维护中国国家统一和主权完整这个基本问题上不会有丝毫妥协和让步，决不允许背叛祖国，背叛包括藏族在内的整个中华民族的任何政治图谋得逞。

我们从不讳言，由于历史和自然条件等方面的原因，西藏经济社会的发展程度与祖国其他地区相比还有一定差距，为改变这种现状，西藏人民正在进行艰苦奋斗。近来，在邓小平同志南方谈话和中央有关决策的推动下，西藏自治区加快了改革开放步伐，自治区人民政府制定了加快对内对外开放，开发优势资源，发展重点区域和重点产业的多种政策和措施。这无疑将进一步提高西藏人民的物质、文化生活水平。遗憾的是，有的人偏偏看不到这些，或许这正是他们所不愿看到的。

借此机会，我谨代表西藏自治区人民政府，表述以下意愿：希望全世界一切真正关心人权问题的国家、组织和个人，尊重西藏的历史，公正地看待西藏在中国共产党领导下取得的伟大成就。如果愿意，欢迎到西藏来实地看一看，听一听西藏大多数人的心声，以便对西藏的人权状况做出客观公正的评价。我们同时希望达赖喇嘛停止分裂祖国的活动，回到爱国统一的立场上来。

我们再次重申，任何国家、任何国际组织或任何个人以任何方式鼓动和支持西藏分裂主义分子搞"西藏独立"活动，都将遭到西藏各族人民的坚决反对，西藏独立不行，半独立不行，变相独立也不行。西藏只有在中国共产党领导下，只有在社会主义祖国大家庭里，才能繁荣昌盛，西藏各族人民才能真正成为主宰自己命运的主人！

国务院总理李鹏在北京全国县级机构改革试点工作座谈会上发表讲话

李鹏强调，进行机构改革的目的是为解放和发展生产力，适应建立社会主义市场经济体制的需要，促进改革开放和经济建设的发展。李鹏说，现在县级机构改革试点工作起步不错，形势很好，全国试点县已经达到350多个，并已取得不少好经验。我们要在此基础上，加强领导，扩大试点，配套进行，全面推动各级机构改革的展开，为经济建设和发展生产力服务。这也是贯彻小平同志南巡谈话和中央政治局全体会议精神的具体体现。

李鹏说，上级业务主管部门要放权，支持下面的改革，不要进行干预。李鹏强调，机构改革一定要坚持政企分开的原则，政府部门不再直接管理企业。为此要加强宏观管理，转变职能，精简机构，实行"小机构、大服务"，提高工作效率。

李鹏说，在机构改革中，国家机关将逐步实行公务员制度。现在，有关公务员制度的条件已经拟定，将经过批准后有步骤地实行。

李鹏最后指出，机构改革是一件大事，各级党委和政府要把这项工作列入重要的议事日程，切实加强领导，以保证机构改革工作的顺利进行。

澳门特别行政区基本法起草委员会在甘肃省兰州市举行专题小组会议

会议讨论中央与特别行政区的关系、政治体制、经济、文化和社会事务、居民的基本权利和义务等五个专题。

这是澳门特别行政区基本法起草委员会举行的最后一次专题小组会议。按日程规定，经过本次专题小组的讨论后，一部完整的澳门特别行政区基本法将由明年 1 月的第九次起草委员会全体会议通过，并提交第八届全国人民代表大会审议。政治体制、文化和社会事务两个专题小组今天同时举行会议，对有关条款通过讨论寻求共识。

除了专题小组讨论之外，委员们还将对区旗、区徽图案进行讨论。

澳门特别行政区基本法今年 3 月份通过草案稿后，便全面展开第二次征求意见工作。内地草委赴澳门听取各界人士的意见，澳门基本法咨委会也派团往内地展开交流参观活动。草委会秘书处及咨委会秘书处均收到许多对个别条文的不同意见。起草委员、政治体制专题小组中方召集人萧蔚云表示，本次会议将充分考虑澳门及内地人士的意见。会议于 9 月 28 日结束。

“周恩来展”在东京日中友好会馆开幕

展览会由日本“周恩来展”实行委员会、中日友好协会和中国革命历史博物馆共同主办。中共中央总书记江泽民为展览会题写的展名树立在展厅入口处。

开幕式上，首先宣读中国总理李鹏、日本内阁总理大臣宫泽喜一发来的贺电以及日本副首相兼外相渡边美智雄的贺电。

李鹏在贺电中说：“20 年来，中日两国友好关系在中日联合声明和中日和平友好条约的基础上取得了显著的发展，这符合两国人民的利益，也为亚太地区和世界的和平稳定与发展作出了积极的贡献。”

“周恩来总理生前特别关心中日友好事业，并为此倾注了大量心血。他是开拓新时期中日友好关系的奠基人，我深信，此时举办‘周恩来展’是对周总理很好的纪念，也将有助于中日友好关系的进一步发展。”

宫泽在贺电中表示，“希望通过这个展览会，能够加强日中两国的友好睦邻关系，并使之得到更大的发展。”

中日邦交正常化时的日本内阁官房长官二阶堂进和中国驻日本大使杨振亚在开幕式上发表讲话。

讲话后，二阶堂进、古井喜实、姬鹏飞、杨振亚等为展览会剪彩，并与出席开幕式的各界人士一起参观展览。

中国专利局成为国际专利初审单位

世界知识产权组织在日内瓦主持召开的专利合作条约联盟大会第 20 次会议，通过有关中文成为该条约的正式文字、中国专利局成为该条约的国际检索和国际初步审查单位的提案。

提案的通过使中国的专利申请人可用中文直接向中国专利局提交国际专利申请，并且该申请可在中国专利局进行国际检索和国际初步审查。

这不仅极大地简化中国的专利申请人申请国外专利的程序，促进中国的专利技术走向世界，而且还使中国专利局成为具有和美、日和欧洲国家专利局同样作用的少数专利局之一，大大提高中国在国际专利领域里的地位。

国务院总理李鹏在北京会见由台湾纺织业外销拓展会董事长赵谅公率领的台湾纺织业赴祖国大陆访问团

李鹏简要介绍大陆当前的经济形势和改革开放以来纺织业所取得的进展。李鹏欢迎台湾纺织界同大陆同行加强交流，取长补短，并积极探讨进一步扩大在资金、技术和贸易方面的合作途径。

会见中，赵谅公表示，这次海峡两岸纺织界共同举办的研讨会开得很好，签署的备忘录记载访问的成果，台湾纺织界愿意进一步发展同大陆纺织界的交流与合作。

纺织部部长吴文英等参加会见。

国务院副总理田纪云在人民大会堂会见以杨璟璇为团长的台湾海运交通专家访问团的全体团员

国务院台湾事务办公室发言人就台湾当局公布的“两岸直航的问题与展望说明书”向新华社记者发表谈话

发言人说，我们注意到台湾有关方面对两岸直航问题所作的若干说明。

近年来，海峡两岸关系取得了很大发展，两岸经贸交往、人员往来和各项交流日益频繁深入。两岸人民特别是台湾各界人士及广大民众要求直接三通的呼声日益高涨，对台湾当局继续阻碍两岸直接通航的批评日益强烈。在各方压力下，台湾当局不得不正视两岸直航问题，不得不表示“两岸应在适当时机开放直接通航”。这与过去相比是个进步。但是，这份说明却以很大篇幅强调两岸直航中的所谓种种“障碍”，不顾广大民众的热切期望，一再声称现阶段直航将危及岛内“安全”，并提出所谓“双方互不否认对方为对等政治实体”的先决条件，仍然为两岸直接通航人为地设置政治障碍，以此继续拖延两岸直接三通的进程，并混淆是非，将责任推给大陆一方。

我们一贯主张两岸应尽快实现直接三通，并为此采取一系列切实的措施，表现出极大的诚意。1979年全国人大常委会发表的《告台湾同胞书》就提出两岸三通的倡议。此后，中国共产党和国家领导人多次重申尽快实现三通的主张。与此同时，我交通部门已为台湾船舶停靠大陆港口和海上航行安全做好充分准备；民用航空部门为两岸空中直航的准备工作早已进行，在技术基础、航政管理上不存在什么解决不了的问题。我们同台湾各界人士和广大民众为消除敌意，增进了解，发展两岸关系，促进两岸三通作出了不懈的努力。这是有目共睹的。

发言人重申，我们坚决反对任何制造"两个中国"、"一中一台"、"一国两府"及"两个对等政治实体"的图谋。同时我们认为，在政治问题一时难以解决的情况下，应把两岸经济合作和促进直接三通放在首要位置。

发言人说，我们注意到，台湾当局在这份说明中表示两岸直航"不是国际问题"，"只能通过双方的协商"才能解决。去年6月7日，我办负责人受权发表谈话，已经建议"由海峡两岸有关部门和授权团体或人士，尽快商谈实现直接三通和双向交流的问题"。我们再次重申这个主张。两岸直航中确有一些问题需要协商解决。我们欢迎台湾有关部门和授权团体或人士，以适当名义和方式，就两岸直航与我进行商谈；可以在大陆谈，也可以在台湾谈。两岸直航是中国的内部事务，只要双方坚持一个中国的原则，真正从两岸人民的利益出发，本着积极务实的态度，直航中的有关问题通过商谈是可以解决的。

发言人最后说，实现直接三通是两岸人民的迫切愿望，对于进一步发展两岸关系，扩大两岸经济合作和交往交流，将起到重要作用。两岸直接三通已势在必行，不可阻挡。希望台湾当局顺应民意和两岸关系发展的历史潮流，真正为广大民众的实际利益着想，取消人为障碍，为两岸早日直航多做实事。

国家主席杨尚昆在人民大会堂分别接受瑞典新任驻中国大使林德思乌拉圭新任驻中国大使杜福卢和老挝新任驻中国大使本梅·达拉洛递交的国书

国务院总理李鹏在北京会见美国施格兰有限公司总裁兼世界犹太人大会主席布朗夫曼

全国人大常委会委员长万里在人民大会堂会见法国前总统蓬皮杜的夫人克洛德·蓬皮杜

荷兰首相吕贝尔斯在海牙会见国务院副总理邹家华

外交部部长钱其琛在第47届联大一般性辩论大会上发言

主席先生：

首先，请允许我对你荣任本届大会主席表示衷心的祝贺，相信以你的才能和经验，一定能成功指导本届大会履行联合国宪章赋予它的崇高职责。我对上届大会主席希哈比先生为完成大会的工作所作出的贡献表示赞赏和感谢。

借此机会，我向联合国今年接纳的13个新成员国，亚美尼亚、阿塞拜疆、波斯尼亚—黑塞哥维那、克罗地亚、格鲁吉亚、哈萨克斯坦、吉尔吉斯斯坦、摩尔多瓦、圣马力诺、斯洛文尼亚、塔吉克斯坦、土库曼斯坦和乌兹别克斯坦表示热烈欢迎和祝贺。

自上届联大以来，世界局势发生了深刻的变化。从东到西，从南到北，重大事变接连不断。国际社会最终摆脱了以两个军事集团对抗为主要特征的旧格局。世界从此进入了一个走向多极化的新的历史发展阶段。

鉴往知今。人类在本世纪，特别在二次大战后的曲折历程，揭示了一个历史真理。任何一个大国不论多么强大，如果违背了人民的和平愿望和发展要求，都会走向反面。世界和平，国家稳定，社会进步，经济发展，生活改善，始终是各国人民的共同愿望和努力方向。这一历史潮流是任何力量都无法阻挡的。

世界人民期望的真正和平，并没有因"冷战"的结束而自动降临。由于力量对比严重失衡，旧矛盾与新问题交织，武装冲突此起彼伏，世界还不太平。霸权主义和强权政治仍然存在。一些大国在政治上、经济上控制发展中国家的企图越来越明显。长期被掩盖的民族矛盾尖锐突出，南北问题愈加严重。世界人民争取和平与发展的道路充满着荆棘。

人们看到，如今从巴尔干半岛到高加索山脉，直至中亚地区，形成了一条危险的"地震带"。一些地区的人民再次生活在战火纷飞、兵荒马乱之中，成百万的难民涌向各方。这些冲突发生在传统多民族混居的地区，长期积累的矛盾在新的条件下爆发出来。它与历史积怨相交织，又和领土争端相联结，还夹带着政治斗争、经济利益、宗教纷争等因素。外来势力的卷入更使问题复杂化。

我们认为，不管问题有多么错综复杂，使用武力不是最终解决的选择，根本出路在于通过平等对话、和平谈判，实现各民族和解。我们殷切希望冲突有关各方，能从维护和平的大局和人民的利益出发，放弃使用武力和武力威胁，本着相互尊重、和睦相处、共同发展的精神，通过平等友好协商，政治谈判解决争端。

我们支持联合国为避免冲突升级和寻求和平解决

所作出的积极努力。外部必要的调解介入，要注意严格遵循联合国宪章的宗旨和原则以及国际法的基本准则，只有这样，才有助于推动和平解决争端，有助于维护主权国家的稳定和统一，有助于促进民族间的和睦相处。

在阿拉伯和以色列的共同努力和国际社会的积极推动下，中东和平进程出现了转机。我们希望有关各方抓住时机，灵活务实，认真谈判，排除障碍，在联合国安理会有关决议的基础上，争取中东问题包括恢复巴勒斯坦民族权利在内的全面、公正的解决。

亚洲太平洋地区政治相对稳定，经济持续发展。柬埔寨实现和平和重建是大势所趋，尽管还会遇到困难和曲折，政治解决的趋势是不可逆转的。全面实施巴黎和平协定既需要决心，也需要耐心。阿富汗抵抗力量已经接管政权，我们希望停止流血冲突，为举行选举创造条件。朝鲜半岛南北双方加强对话，局势进一步缓和。中国和韩国最近建立了外交关系，这将对东北亚地区的稳定与和平产生深远的影响。

动荡复杂的国际形势，使世界各国和人民更加觉醒，对建立国际新秩序的要求更加迫切和强烈。在未来世界中，不能只维护大国或大国集团的利益和权力，不能允许一些大国、强国、富国包办、操纵国际事务。建立在不平等关系基础上的旧秩序是行不通的。

国际新秩序应以世界各国遵循互相尊重主权和领土完整、互不侵犯、互不干涉内政、平等互利、和平共处的五项原则为基础，这是符合《联合国宪章》的宗旨和原则的。各国不分大小、强弱、贫富，都有权选择适合本国国情的社会制度和发展道路。国与国之间应当相互尊重，平等相待，坚持通过和平谈判解决国与国之间的争端。只有所有国家都承诺实施这些原则，才有可能在国际关系中建立起真正的民主。我们坚信，随着世界向多极化方向发展，一个和平、稳定、公正、合理的国际新秩序终将建立起来。

主席先生：

近年来，美俄两国在削减核武器方面达成一些新协议。国际社会对此表示欢迎，并希望有关国家切实履行这些协议。同时，人们也看到，即使这些裁军步骤完全实现以后，也并没有改变军事大国拥有最庞大、最精良核武库、尖端武器和发展空间武器能力的现实。

关于化学武器的国际公约，经过多年谈判，终于得以缔结，为在全世界范围内消除这类大规模杀伤性武器奠定了国际法律基础。尽管这个公约的某些内容还存在着不够公正和均衡缺点，但公约确定的宗旨和目标得到国际社会一致赞同和支持。我们希望这些宗旨和目标得到切实的遵守和执行，以有利于各国的安全。

中国一贯主张全面禁止和彻底销毁一切大规模杀伤性武器。在实现这一最终目标之前，为了世界和地区的安全与稳定，国际社会有必要采取适当的措施防止大规模杀伤性武器的扩散，作为过渡性步骤。我们认为，国际不扩散的努力应遵循公正、合理、全面、均衡的原则，不应减损各国正当的安全利益，不应损害各国的经济和社会发展，也不应妨碍和平利用科技的国际合作。

我们反对有的国家借口防止武器扩散，干涉并妨碍主权国家之间的正常合作。我们强烈谴责公然违反自己在国际协议中所作的承诺，大量出售先进武器装备、粗暴干涉别国内政的行为。

在裁军和军控方面，我们提出以下建议：

——所有核武器国家承诺不首先使用核武器，无条件地不对无核武器国家使用和威胁使用核武器。

——所有核武器国家支持建立无核区的主张，尊重现有无核区的地位并承担相应义务。在国外部署核武器的国家将其核武器全部撤回本国。

——所有拥有外空能力的国家，都应遵循和平利用外空的原则，立即停止对外空武器的研究、试验、生产和部署，不将武器系统引入外空。

主席先生：

当今世界，贫富鸿沟在进一步加深。世界最富裕国家的人口和最贫困国家的人口各占世界人口20%左右，可他们之间的收入差距已从60年代的30倍上升到90年代的90倍。南北问题尖锐地摆在我们面前，解决发展问题与解决和平问题同等迫切重要。

世界经济增长缓慢，不平等、不公正的贸易，多种初级产品的价格剧跌，巨额债务负担，这些不利的外部条件，继续严重制约着广大发展中国家经济的发展。不少发展中国家人均国民生产总值的增长速度不断下降，甚至有些国家经济出现负增长；外贸条件继续恶化，出口努力受到限制；吸引外来资金和技术更是困难重重。

和平与发展相辅相成，两者既相互促进，又相互影响，但不能相互取代。维持世界和平，不能没有发展作基础。离开发展中国家的经济发展和社会进步，难有世界的长期安定和繁荣。发展中国家经济长期停滞甚至倒退，也会影响发达国家经济的进一步发展。

发展中国家恢复经济有效增长，主要应当依靠自身的努力。许多发展中国家都在总结经验，积极探索适合本国国情的发展道路，同时进行经济结构改革，加快经济发展。

谁都不能否认，不合理和不公正的国际经济旧秩序是造成发展中国家的贫困落后的一个重要外部因素。发达国家有责任和义务，首先采取切实可行的积极措施，这主要包括如下各点：

——遵循联合国有关决议，将国民生产总值的0.7%用于援助发展中国家，增加官方发展援助，解决债务问题，扭转资金从发展中国家流向发达国家的不正常现象。

——遵守联合国贸发会议确定的普遍优惠制的基本原则，取消歧视性的贸易壁垒，进一步向发展中国家开放市场，努力稳定初级产品的合理价格。

——恢复和增加对发展中国家官方和民间的技术援助和优惠转让，逐步缩小南北科技差距，推动发展中国家的经济结构调整和技术进步。

需要强调的是，发展中国家保持政治稳定，是取得经济发展的重要前提。如果一手给援助，一手施加压力，导致一些国家内部发生动乱和不稳定，将更加不利于经济发展。

不顾历史背景和传统文化的差异，脱离实际条件，对发展中国家的人权状况评头论足，显然是片面和无益的。对发展中国家的人民来说，人权概念中的生存权和发展权无疑是最基本的和头等重要的权利。世界有些地区连年遭到严重自然灾害，人民食不果腹；有的地区战乱频仍，数百万难民背井离乡。处在这种情况下的人民，如何谈得上享有人权呢？

建立公正合理、平等互利的国际经济新秩序，是世界经济均衡、健康、持续增长的可靠保障，也是逐步缩小南北差距的重要前提。为了实现这一目标，需要南北双方认真对话，共同努力。只要双方采取积极态度，求大同，存小异，讲互利，努力探索有效合作途径，南北对话是能取得进展的。

联合国环境与发展大会通过的重要文件和在会议期间开放签字的气候变化和生物多样性的两个公约，体现了发展水平不同的国家，在环境保护与经济发展上的共识和谅解。我们希望能认真落实环保义务和权利，并以全球环保合作为契机，进一步推动南北关系的改善。

中国政府积极支持联合国召开社会发展问题世界首脑会议的倡议。中国政府热烈欢迎第四届世界妇女大会1995年9月在北京召开。中国已于今年8月成立了中国组织委员会并将为这次大会在北京顺利召开进行切实的准备工作。

主席先生：

国际形势历史性的变化，也给联合国本身提出了严峻挑战。各国人民对联合国寄以厚望。联合国如何适应新的国际形势，更加积极、平衡、公正、合理地处理重大国际事务，促进世界和平与发展，在建立国际新秩序中发挥应有作用，已成为国际社会普遍关切的重大问题。

联合国秘书长加利先生年中就联合国维持国际和平问题提出了一项内容广泛而详细的报告，值得我们深入研究。我们对秘书长的努力表示赞赏。

联合国的改革已提上议程，而改革的成功取决于正确的方向和原则。从联合国宪章的宗旨和原则出发，我们认为：

——联合国改革应有利于维护成员国的主权。主权国家是国际法的主体，是联合国组成的基础。维护国家主权是建立国际新秩序的基本点。

——联合国的改革应有助于国际冲突的和平解决。联合国应当是一个维护和平、增进合作的国际组织。这个组织只有遵循国际关系的基本准则，坚持以和平方式解决一切国际争端，反对使用武力和武力威胁，才能维护国际和平与安全。片面利用联合国的军事干预手段，不加区别动辄对成员国采取强制措施，不仅无助于冲突的解决，还有损于联合国的声誉和作用。

——联合国的改革应有益于世界各国经济的均衡、健康、持续的发展。联合国179个成员国中的大多数关心的是经济发展问题。当今世界南北经济差距日益扩大，贫富鸿沟越来越深。联合国应当像对待国际冲突危机那样，重视发展问题，才能赢得绝大多数会员国的支持。

——联合国的改革应体现出民主、公正、客观合理、平衡有效的基础原则。改革不只是少数大国、强国和富国的事。改革也不能脱离实际，不讲平衡。联合国改革应服从于促进建立和平、稳定、公正、合理的国际新秩序这个大目标。在改革问题上认真听取广大成员国的意见，进行全面充分的讨论和研究，才能得到广泛的理解和支持。

主席先生：

从1981年至1990年，中国国民生产总值年均增长8.9%。80年代中国的面貌有了很大的变化，政局稳定，经济繁荣，民族和睦团结，人民安居乐业。

进入90年代以后，我们力争以更高的速度发展经济，加快改革开放的步伐。在邓小平今年年初讲话的精神鼓舞下，中国的改革开放和经济建设进入了一个新的发展阶段。据预测，今年全年的国民生产总值增长将达到甚至超过9%。中国的经济生机勃勃，前景光明。

中国对外开放区域进一步扩大，初步形成了沿海、沿江、沿边和省会城市的全方位开放的新格局。中国利用外资的领域进一步扩大，今年上半年新签外来投资协议金额146亿美元，比去年同期增长2.2倍。今年上半年，中国进出口分别达330.6亿和356.1亿美元，比去年同期增长23.4%和17.3%。预计全年对外贸易总额将会超过1500亿美元。

中国的改革开放不是权宜之计，而是百年大计。

因为它顺应民心，使人民受益，得到人民的支持，一定能取得成功。中国是维护世界和平的坚定力量。中国政局稳定和改革开放的成功，将是对亚洲和世界和平与发展的一大贡献。中国将一如既往支持联合国为促进和平与发展作出的建设性努力。中国将同世界各国政府和人民一起，为建立一个有利于世界和平和共同发展的国际新秩序而努力。

谢谢主席先生！

外交部部长钱其琛在联合国拜会联合国秘书长布特罗斯·加利

外交部部长钱其琛在纽约接受美国《侨报》和美中电视台记者采访

钱其琛说，中国和韩国在一个月前建交打破战后40多年互相隔绝的局面，这不仅对中、韩两国很重要，而且对促进朝鲜半岛局势的缓和、对朝鲜北南双方进一步接触、缓和并发展它们之间的关系也很重要，而朝鲜半岛局势的稳定对东北亚、对亚太地区都十分重要。

关于日本天皇即将访华，钱其琛说，这将是历史上日本国家元首对中国进行的第一次访问，这对结束中日之间近一个世纪的冲突来说是需要的。

钱其琛认为，中日之间有着 2000 多年交往的历史，从长远来说，日本天皇访华对两国人民世世代代友好下去有重大意义。

中英联合联络小组在伦敦发表第 24 次会议新闻公报

中英联合联络小组第二十四次会议于 1992 年 9 月 21 日至 23 日在伦敦举行。

联合联络小组进一步讨论了目前在香港用于防务目的的土地的前途问题。

联合联络小组讨论了同香港有关的国际权利与义务问题，就科技、国际犯罪、运输（公路和铁路）和国际私法方面的十三项国际条约 1997 年后继续适用于香港的问题达成了协议，并就另两项国际私法公约的具体安排取得了一致意见。

联合联络小组就联合声明有关 1997 年后在香港居留权的条款的实施问题进一步交换了意见。会议期间，双方专家就该问题的某些方面进行了讨论。

双方就香港民航协定问题进一步交换了意见，并取得了进展。

联合联络小组就香港与有关国家之间的投资保护协定交换了意见。

联合联络小组就香港与有关国家之间的移交逃犯协定交换了意见，并取得了进展。

联合联络小组进一步讨论了跨越 1997 年的主要专营权问题，并取得了进展。

联合联络小组进一步讨论了香港同某些国家的刑事司法协助问题，并就协定范本在原则上达成了一致意见。

联合联络小组讨论了香港旅行证件问题，并就回港证在 1997 年前后的过渡性安排问题达成了一致意见。

下次联合联络小组会议将于 1992 年 12 月在香港举行。

中英联合联络小组第二十四次会议在伦敦结束

会议讨论同香港有关的国际权利与义务和有关目前香港用于防务目的的土地的前途等问题。

中英联合联络小组中方首席代表郭丰民会谈后在中国驻英大使馆举行的记者招待会上说，双方在这次会议上就某些问题取得一致意见，但是，在有些问题上没有取得一致意见，双方还需要进一步磋商。郭丰民说，现在离 1997 年香港政权交接不到 5 年了，双方更应该加强磋商和合作，以保证香港政权的平稳过渡。双方在香港用于防务目的的土地问题上还有不同意见。郭丰民说，中国一贯认为，在军事用地问题上需要达成一揽子解决办法，既要照顾防务需要，更要照顾到香港社会、经济发展的需要。目前中英双方在寻求一揽子解决办法的过程中，已取得一些进展，但还有距离。

郭丰民还说，这次会议没有讨论香港新机场问题。中国在新机场问题上强调成本和效益的原则。既要造好新机场，又不要成为香港居民的财政负担。本着这种精神，中国正在研究英方提出的方案。郭丰民强调指出，凡是涉及香港平稳过渡，同 1997 年衔接有关的问题都应在联合联络小组内讨论。中英联合联络小组下次会议将于今年 12 月在香港举行。

郭丰民在会谈后将前往纽约参加目前正在出席联合国大会的中国外交部长钱其琛和英国外交大臣赫德的会谈。

国务委员王丙乾在国际货币基金组织和世界银行第 47 次年会上发言

王丙乾指出，中国愿继续发展与世界各国的经济技术合作和交流，也期待国际货币基金组织和世界银行给予更多的支持。作为国际社会的一员，中国将一如既往地为世界和平与发展履行自己的义务，作出应有的贡献。

王丙乾在谈到世界经济形势时说，中国作为一个发展中国家，自然十分关心发展中国家在世界经济中的处境。面对增长乏力的世界经济、前途未卜的乌拉圭回合和日趋不足的发展资金，广大发展中国家的处境越来越困难。对此，我们不能不感到担忧。

王丙乾说，在国际经济合作中应遵循尊重各国人民自己的选择，确保各方公平、合理、互利的原则。世界是多样化的，由于各国的历史、文化和所处的经济发展阶段不同，不能要求所有国家不顾国情采用一种发展模式，更不应在提供经济援助时附加政治条件。否则，只会削弱国际发展合作的基础。

王丙乾在谈到中国改革开放的情况时说，改革开放的十三年是一个通过改革开放，解放和发展生产力的时期，也是中国历史上国民经济发展较快、人民实际受益较多的时期。中国的面貌发生巨大的变化，经济体制发生深刻的变革。

王丙乾说，对外开放是中国的长期国策。今年以来，中国加快扩大对外开放的步伐。开放地区从沿海向内陆发展，一个全方位的开放格局已经形成。开放的范围已从工业、旅游部门逐步扩大到金融、贸易、商业、交通和其他第三产业。中国将进一步改善外商投资环境，把对外资的优惠条件从主要是区域性优越向产业性优越转变；由提供税收优惠向创造一个综合的良好投资环境转变。中国还将按关贸总协定的国际贸易规范进一步改革进口管理体制，包括减少进口许可证管理范围和增加进口管理的透明度，以促进进出口贸易的发展和国内生产效益的提高。

此外，中国将改革外汇管理体制，努力建立统一的外汇调剂市场，逐步实行单一的人民币汇率制度，创造条件尽早使人民币能够自由兑换。

首届私人办学理论研讨会在天津举行

北京、天津、浙江、福建、广东等9省市11个地区的教育理论工作者和私立学校的代表参加由天津市教育科学研究院召开的研讨会。

会议研讨私人办学、私立学校等有关概念的界定和在社会主义教育体系中的地位作用；私立学校发展的社会背景和自身基础，历史沿革和中外比较研究；私立学校的内部管理；如何提高质量、办出特色；督导与评估；加强领导及有关政策、法规的研究；外国人和华侨、港澳台同胞来华办学的可行性研究等问题。

会议认为，民办、私立学校的兴起，为教育体制改革提供了新思路。它在办学自主权上和努力适应社会发展、经济改革的需要，按需施教方面，是对教育制度、教育体制、办学模式、教育机制等方面的革新。这一改革的着眼点是突出办学体制的改革，放手调整学校与社会之间的关系。把学校大胆推向社会，并赋予学校自主配置教学资源的权力和能力，使学校能够直接开发和利用全社会范围内所拥有的教育资源，逐步将国家包办教育、包办学校的旧体制，转变为由国家实行宏观引导和调控、社会各方面参与和资助、学校自主办学和发展的新体制。

会议指出，私立学校的发展大多都在当地政府和教育行政部门的扶持下走民办公助的道路，已成为现阶段我国办学体制的重要组成部分。但目前也存在一些亟待解决的问题：规模较小，场地不足且教学设备差；缺乏资金，办学经费无可靠来源渠道；生员相对比较差，给学校管理和提高教育质量带来难度；师资相对老化，年富力强教师流动大。

为保障私立学校健康发展，当前应解决好如下问题：一、适时地制定管理办法，待条件成熟后制订相应的法规，使私立学校走上依法治教的道路。二、加强对私立学校的审批和管理。严格申请办学者的资格审查制度，让懂教育、有责任心和使命感的教育工作者担任校长。三、要对公立学校教师转到私立学校后的政治学习、业务进修、工资待遇、医疗保险、职称评定、退休安置等作出规定。四、鼓励私立学校广辟筹资渠道，发展校办企业。在学校投资、配置设备等方面，优惠政策应用于或优于公立学校。

中共中央统战部与文化部在北京联合举行迎国庆座谈会

首都科技、教育、文化艺术、医疗卫生等各界知识分子欢聚一堂，共庆中华人民共和国成立43周年，喜迎即将召开的党的十四大。

全国人大常委会副委员长严济慈、雷洁琼等出席座谈会。

中共中央统战部常务副部长蒋民宽和文化部副部长高占祥在座谈会上分别向到会的党外知识分子致以节日的祝贺。

“长二捆”火箭总设计师王德臣、中科院学部委员卢强、中央歌剧院一级演员邹德华在座谈会上分别就“澳星”发射情况、教育体制改革、如何进一步繁荣文艺等发言。

卫生部发布《关于深化卫生改革的几点意见》

为认真贯彻邓小平同志南巡谈话与中共中央政治局会议精神，全面落实中共中央、国务院关于加快发展第三产业的决定，促使卫生事业更快更好地上一个新台阶，以建立健全基本适应社会经济发展和人民“小康”生活水平，具有中国特色的卫生服务、监督体系和健康保障制度，向社会提供更多的优质高效服务，最大限度地满足人们日益增长和不同层次的医疗预防保健需求，加快实现2000年人人享有卫生保健的目标，在继续贯彻执行国发〔1985〕62 号、〔1989〕10 号文件的基础上，现就深化卫生改革的若干问题提出如下意见：

(一)改革卫生管理体制，提高卫生服务的整体效能

各级政府加强对卫生工作的统一管理和宏观调控，提高卫生行政部门的综合协调能力和管理水平。按照精简、统一、高效的原则，逐步改变条块分割、政出多门的状况，对机构重叠、业务交叉的有关部门应进行调整。地方卫生行政机构的设置在保证实现卫生规划任务的前提下，由地方政府决定，不强求上下对口。

积极推行区域卫生发展规划，由卫生主管部门运用行政、法律、经济手段，通过规划、协调、监督、服务等方式，实施卫生全行业宏观管理。建立并完善分级管理体系。

建立健全卫生监督监测体制，强化卫生行政部门综合监督执法职能，逐步做到卫生监督执法与业务服务分离。扩大改革试点，逐步推开。

(二)拓宽卫生筹资渠道，完善补偿机制

我国卫生事业是公益性的福利事业，国家和地方要逐年增加对卫生事业的投入，使卫生投入的增长速度高于国家财政增长的速度。建议设立国家和地方专项卫生基金，以加强对卫生防病工作的调控能力。

鼓励采取部门和企业投资、单位自筹、个人集资、银行贷款、社团捐赠、建立基金等多种形式，多渠道筹集社会资金，用于卫生建设。

在财政补助政策上，要向农村和预防保健倾斜。对乡镇卫生院预防保健工作实行全额补助；争取对经济不发达地区的集体所有制乡镇卫生院，实行与全民所有制卫生院相同的补助政策；对老少边穷地区乡镇卫生院的经费实行全额补助。

遵循价值规律，改革医疗卫生服务价格体系，调整收费结构，保证基本医疗预防保健服务，放开特殊医疗预防保健服务价格。基本服务部分，适当调整技术劳务项目的收费标准，逐步实现按成本收费；特殊服务部分，分别情况实行浮动定价、同行定价或自行定价。不同等级的医疗预防保健单位应拉开收费档次。

预防保健机构在实行全额补助的前提下，扩大预防保健有偿服务的范围和覆盖面，合理确定有偿服务收入的分配比例，并大力推广各种形式的预防保健保偿制。有偿服务收入，不应冲抵正常的财政拨款。

(三)转换运行机制，推进劳动人事及工资制度改革

进一步扩大医疗卫生单位的自主权，使单位真正拥有劳动人事安排权、业务建设决策权、经营开发管理权和工资奖金分配权。继续坚持并完善各种形式的责、权、利相结合的目标管理责任制。

实行干部聘任制、专业技术职务聘任制或全员劳动合同制，试行评聘分开，逐步建立起干部能上能下，职工能进能出，收入能升能降的劳动人事制度。

鼓励公平竞争，实行双向选择，优化组合，促进卫生人才的合理流动。支持城市卫生技术人员以调动、辞职、兼职等方式，到农村及基层医疗卫生机构从事技术服务或管理工作，或创办高新技术产业，工资待遇及各项补贴由双方商定。

打破平均主义的分配方式，根据不同单位或条件，可分别实行结构工资、职等工资或绩效工资制，拉开分配档次。在有条件的单位实行工资总额包干，包干结余和创收部分，在保证事业发展和完成科教任务的前提下，可由单位自主支配。

继续放宽卫生技术劳务政策，鼓励医疗卫生单位扩大医疗卫生服务，并落实按劳分配政策，提倡有组织地开展业余服务和兼职服务，其纯收入应大部分分配给个人，体现多劳多得政策。

稳定农村基层卫生技术队伍，扩大农村定向招生、定向培养、定向分配比例，支持各地建立适合农村卫生技术人员职务晋升的有关规定，逐步解决"农转非"及子女升学就业等实际问题。鼓励采取城乡挂钩、横向联合、轮流下派、有偿支援等方式，扶持发展农村卫生事业。

(四)加强经营开发，增强卫生经济实力

医疗卫生单位应积极兴办医疗卫生延伸服务的工副业或其他产业，以工助医，"以副补主"。新办工副业争取按国发〔1989〕10 号文件精神，继续免征所得税。

支持有条件的单位办成经济实体或实行企业化管理，做到自主经营、自负盈亏；对不需要经费补贴的单位可以用人放开、自定编制；允许试行"一院两制"或"一院多制"的经营模式和分配方式；允许试办股份制医疗卫生机构。

鼓励冲破部门、单位和地区界限，开展城乡联合、院校联办、厂院联营，组建全国性或区域性的专业技术中心、服务公司或产业集团，促进集团化经营。打破"大而全"、"小而全"的封闭式自我服务体系，推行后勤工作和某些技术装备社会化服务。

为满足社会不同层次的医疗保健需求，在确保提供基本服务的前提下开展特殊服务。如专家门诊、特约会诊、高档病房、特需护理、上门服务和开展整形、美容、正畸、药膳等服务项目，收费可随需求浮动。大力发展中间医疗服务和护工行业。

预防保健服务机构应积极组织产品开发，可以直接同企、事业单位挂钩，联合进行预防保健项目的研制、开发和利用，并向社会提供服务和承揽有关课题。

加快科研成果向现实生产力转化，促进科研成果的商品化。医学科研机构和高等院校要分流出一定的力量，投入经济建设主战场，进入高新技术开发区，开发高新技术产业。积极推进科研机构和企业的联合，支持有条件的地区或单位创办科技企业集团，建立面向社会的开放型实验室，走科技产业化道路。鼓励科研单位、科技人员开展技术咨询、技术服务、技术开发、技术转让活动。对研制、开发、推广高新技术有显著成效的单位和个人要给予重奖。

高等医学院校应参照执行国家教委提出的 16 条改革意见和措施。根据社会需求，举办多种形式和层次的继续教育及岗位培训等非学历教育；成人高等学历教育在办学条件允许的前提下，适当增招委托培养和自费生。各类医学教育机构可与需求单位建立有偿定向培养项目。

（五）改革医疗保健制度，完善健康保障体系

改革现行公费、劳保医疗制度，逐步建立起医药费用由国家、单位、个人适量分担，社会化程度较高的健康保障体系。现阶段在合理确定年度医疗预算定额标准的前提下，实行多方参与、共同管理的办法。

积极推广形式多样、项目不同、标准有别的医疗保险制度，争取尽早制订全国性或地方性医疗保险法规。在农村，要大力推行合作医疗保险制度。

（六）扩大对外开放，开拓国际医药卫生市场

不失时机地进一步扩大对外开放，不断发展官方和民间、双边和多边的对外合作与交流，大力引进我国需要的资金、人才、先进技术装备、信息和管理经验，加速我国医药卫生科学技术现代化。积极引进、利用外资，进行合作办院、办所，准许以资金入股、技术入股方式兴办合作项目。同时，地市以上的卫生行政部门有权聘用外籍人员，简化报批手续。充分利用我国传统医药、卫生技术人员等优势，扩大医药卫生技术劳务输出。鼓励医学科技人员积极参与国际科研课题招标或国际合作项目，允许双边互聘或兼职。

积极吸引留学人员回国服务并为他们创造有利条件，对在国际交流与合作中对我国医药卫生事业作出突出贡献者给予重奖。

为保证卫生改革的健康、深入进行、必须坚持党的“一个中心、两个基本点”的基本路线，大力加强精神文明建设，建立并完善各种约束机制及监督体系；加强舆论宣传，争取社会各方面的支持，努力给卫生改革创造良好的外部环境。同时应选择不同地区或单位进行试点，不断总结、推广典型经验。

各地根据上述意见，结合实际情况，可制定具体方案和实施办法。

9月24日

国家计委负责人就转变职能培育市场问题向《人民日报》记者发表谈话

国家计委有关负责人日前向记者披露：培育市场，第一次被列为中国计划部门的一项主要职责。

这位负责人介绍了 1992 年以来国家计委贯彻落实邓小平同志南巡重要谈话和中央政治局全体会议精神的主要活动。他说，国家计委要站在改革开放前沿，积极开拓计划工作的新思路，就必须适应发展社会主义市场经济的需要，根本改变过去那种高度集中的行政指令性的计划管理体制，建立一种能够正确反映市场，有效引导市场的新型的宏观经济管理体制。这位负责人用 28 个字概括新确立的计划部门的主要职责：研究战略、制定规划、综合平衡、培育市场、重点建设、宏观调控、协调服务。

国家计委认为计划部门要从 8 个方面实现职能转变，即：从偏重于管理微观经济活动，定指标、分投资、批项目、分物资，转向用主要精力研究提出经济发展总体战略、重大方针和政策；从偏重于运用行政手段进行直接管理，转向主要运用经济政策、经济杠杆、经济法规进行间接管理；由主要着眼于全民所有制经济活动，转向引导和调控全社会经济活动；从偏重于实物和指标计划管理，转向注重价值管理和政策性、预测性计划管理；从偏重于对工业生产建设的管理，转向重视生产、分配、流通、消费全过程的引导和调控，特别是重视农业和引导第三产业的发展；从偏重于供给管理、忽视市场需求，转向面向市场和研究市场变化，重视对社会需求的调节，特别要加强对市场的开拓和市场体系的建设；从偏重于静态的、国内经济活动和资源的平衡，转向积极利用国内外两个市场、两种资源、两类资金，实行动态的、开放式的计划平衡；从偏重于控制型计划管理，转向协调服务型宏观管理，牢固树立为基层服务、为企业服务的观念，加强信息咨询服务。

中共中央总书记江泽民在中南海会见美国宇航专家宇航员张福林博士

张福林博士是应中国国际文化交流中心及中国科学院空间科学和应用委员会的邀请来华讲学的。张福林博士于 1980 年 5 月被选入美国国家宇航局。曾三次从佛罗里达肯尼迪角宇航中心升空，并在太空中做过多种科学实验。

中共中央总书记江泽民在中南海会见日本广播协会会长川口干夫

日本首相宫泽喜一在首相宫邸会见中共中央政治局委员吴学谦和由他率领的中国共产党友好代表团

国务院副总理姚依林在中南海紫光阁会见参加亚欧通信光缆工程研讨会的哈萨克斯坦和中亚各国邮电部负责人

这些负责人包括哈萨克斯坦邮电部副部长巴兹洛夫、吉尔吉斯斯坦邮电部副部长塔加耶夫、塔吉克斯坦邮电部长乌斯曼诺夫、土库曼斯坦邮电总局副局长波多拉宁和乌兹别克斯坦邮电部部长阿希莫夫。

姚依林在会见时说，中国正在集中力量发展国民经济。在这过程中，我们不仅要努力把中国自身的通信网建设好，还要努力把这个网同各国联系起来，使它成为促进各个国家经济、社会发展及和平交往的纽带。

姚依林说，在亚洲与欧洲之间特别是同独联体各国之间需要建设一个大容量的通信光缆。中国政府积极支持这项工程，希望大家共同努力建设好这项工程。

邮电部副部长朱高峰会见时在座。

外交部发言人吴建民在记者招待会上就联合国有关问题和东北亚经济合作问题阐述中国政府的立场

有记者问：中国对美、英、俄支持建立联合国常设部队有何评论？

吴建民说，联合国应当是一个维护和平、增进合作的国际组织。这个组织只有遵循国际关系的基本准则，坚持以和平方式解决一切国际争端，反对使用武力和武力威胁，才能维护国际和平与安全。吴建民指出，过分强调联合国的军事干预手段，动辄对成员国采取强制措施，不仅无助于冲突的解决，还有损于联合国的声誉和作用，也不符合联合国宪章的精神。

对于德国、日本等国要求成为安理会常任理事国的问题，吴建民说，安理会改革问题涉及修改宪章，在政治、法律、程序上有不少复杂的问题，需认真听取广大会员国的意见，进行全面充分的讨论和研究。

记者问：你对联大通过决议取消南斯拉夫在联合国的席位有何评论？中国对南重返联合国有何建议？

吴建民说，联大通过的有关决议并不意味着把南斯拉夫开除出联合国，这仅仅是一个过渡性的安排。“我们认为，原南各共和国均应在联合国占有席位，不应轻易排除任何一国。我们希望，南席位问题能够得到妥善解决，南联盟共和国能在联合国大家庭中占有自己的位置。”

有记者问：中韩建交后，有舆论认为在东北亚将出现一个经济圈，中国对东北亚经济圈持何立场？

吴建民说，中国对开放性的、能够推动互利合作和共同发展的地区经济合作持积极态度，并愿同有关国家一起，为促进东北亚地区国家间的经济合作与交流进行探讨与磋商。

日本社会党中央执委会委员长田边诚与中共中央政治局委员吴学谦在东京举行会谈

国家科委常务副主任朱丽兰在旧金山举行的太平洋经济合作理事会会议上发言

朱丽兰说，到本世纪末，中国国民经济增长的 50% 将依靠科技的力量获得。为此，中国用于科技发展的投资将逐步由目前的国民生产总值的 0.72% 增加到 1.5%。朱丽兰在介绍中国科技发展战略时说，中国正动员其大部分科技力量直接为经济建设服务，此外，还有一部分科研力量将跟踪世界的高技术发展趋势和开发自己的高技术，另外一小部分“精兵强将”将投入基础研究的新领域。

国务院副总理邹家华在海牙同荷兰经济大臣安德里森就进一步扩大中荷两国经贸科技合作问题进行会谈

全国人防办公室主任工作会议在北京举行

国务委员兼国防部长、全国人防委主任秦基伟出席会议并就如何做好新时期人防工作发表讲话。

秦基伟在讲话中指出，我国的人民防空事业，经过 40 多年的发展，已经打下一个很好的基础。人防建设是一项长期的任务，必须结合城市建设同步进行，坚持不懈地抓下去。秦基伟强调，我们要把人防建设纳入国家改革开放、发展经济的总体规划，使其与经济工作互相促进，同步发展。

116 个全国人防先进单位和 348 名全国人防先进个人受到表彰。

解放军副总参谋长、国家人防委副主任徐惠滋，国务院副秘书长、国家人防委副主任李昌安参加会议并讲话。

9 月 25 日

国务院召开第 113 次常务会议

国务院总理李鹏主持会议。会议原则通过国家语言文字工作委员会《关于当前语言文字工作的请示》。

国家语言文字工作委员会在《关于当前语言文字工作的请示》中提出，实现语言文字的规范化、标准化，是普及教育、提高文化、发展科学技术的一项基础工程，对我国进行改革开放和社会主义现代化建设具有重要意义。目前，社会上语言文字的规范意识比较淡薄，语言文字应用中的混乱现象相当严重，这种状况已经产生某些不良影响。因此，必须采取有力措施，加强领导，继续贯彻执行新时期语言文字工作的方针、政策，纠正语言文字应用中的混乱现象，努力促进语言文字的规范化和标准化，使语言文字适应经济和社会发展的需要，在改革开放和社会主义现代化建设中更好地发挥作用。会议经过审议，决定这一报告经修改后批转给各地方、各部门贯彻执行，并要求各级语言文字工作委员会在促进语言文字规范化、标准化方面充分发挥政府职能部门的作用，中央各有关部门和地方各级政府要关心、支持这项工作，加强对这项工作的领导。

中央社会治安综合治理委员会在人民大会堂举行第七次全体会议

会议研究如何进一步开展打击拐卖妇女儿童犯罪、查禁取缔卖淫嫖娼的问题。中共中央政治局常委、中央社会治安综合治理委员会主任乔石主持会议并作重要讲话。

乔石说，打击拐卖妇女儿童犯罪和查禁卖淫嫖娼工作一直得到党和政府的高度重视，经过几年的工作，取得一定成绩，有的地方效果比较明显。但是，就全国范围来说，拐卖妇女儿童犯罪和卖淫嫖娼仍呈发展趋势，有的地方还相当严重。

乔石说，拐卖妇女儿童和卖淫嫖娼，严重扰乱社会秩序，败坏社会风气，必须引起足够的重视，下决心采取坚决有力的措施加以制止。乔石说，解决拐卖妇女儿童和卖淫嫖娼问题，也要进行综合治理，各有关部门都要切实负起自己应负的责任，结合各自的业务和自身的特点，采取有效措施，做好工作。对问题严重的地区和行业，应进行重点治理。对那些拐骗、中转、出卖一条龙，带有黑社会性质的拐卖妇女儿童的犯罪集团，对那些组织、引诱、容留、介绍妇女卖淫的团伙，必须作为打击重点，发现一个坚决打掉一个，并对团伙头子从重判处，决不能手软。与此同时，跟上综合治理的其他措施，加强教育，健全制度，严格管理，并坚持不懈、毫不停顿地一直抓下去，以巩固治理的成果。

乔石强调说，对拐卖妇女儿童和卖淫嫖娼实行综合治理，各级党委和政府要给予足够的重视，积极加强领导。有的同志认为，要改革开放，要繁荣经济，就得容忍某些色情行业的存在，这是完全错误的。乔石说，我们扩大开放，引进外资，引进先进的科学技术和管理经验，要靠提供高水平、高质量的服务，靠创造促进生产力发展的有利条件和安全良好的环境，而绝不能靠一些乌七八糟的东西。各级党委、政府的负责同志要支持和督促政法部门严格执法，打击犯罪，要组织和推动各有关部门，协调各方面的力量，发动广大群众，同社会丑恶现象作斗争。

乔石说，党的十四大很快就要召开了，我们一定要从各方面做好工作，维护政治安定和社会稳定维护好治安秩序，为十四大召开创造良好的社会环境。

中央政法委员会副秘书长、中央社会治安综合治理委员会委员束怀德汇报全国反盗窃斗争座谈会精神传达贯彻情况。公安部副部长白景富代表全国妇联和公安部汇报打击拐卖妇女儿童犯罪、查禁取缔卖淫嫖娼活动情况和下一步工作意见。出席会议的委员们就打击拐卖妇女儿童犯罪、查禁取缔卖淫嫖娼的问题进行讨论。

中央社会治安综合治理委员会副主任任建新、王芳和委员会成员单位的委员和代表参加会议。

公安部召开反腐败电话会议

公安部部长陶驷驹指出：各级公安机关要集中时间、集中力量查处领导机关和领导干部执法犯法、索贿受贿、贪赃枉法、包庇犯罪等严重违法违纪案件，要从党性原则出发，无私无畏、敢于碰硬。公安部作出决定，取消特种行业、文化娱乐场所审查费、开业费，刑事案件、治安案件办案费，户口登记项目变更、更正费，弃婴收养入户费，治安拘留人员教育费、会见费，寻人查询费，交通安全宣传费，交通事故风险抵押金，交通协勤费，违章司机学习教育费等16项乱收费项目。

同时，公安部公布公安干警“十不准”的规定：一、不准徇私枉法，办人情案，向违法犯罪人员通风报信。二、不准违反国家规定乱没收、乱罚款，禁止内定和下达罚没款指标。三、不准乱收费。四、不准参与舞厅、歌厅、饭馆、发廊、录像放映点、按摩浴室的经营或者充当保护人。不准在其中占有干股、暗股、明股。五、不准为企业事业单位和个人讨债、逼债，插手经济纠纷。六、不准经商办企业，公安干警不准从事第二职业，不准以警察职权为亲友经商提供任何方便条件。七、不准利用职权强行推销社会公共安全产品。八、不准在公务活动中接受礼金和各种有价证券。九、不准强买强要、白吃白拿。十、不准参与、保护、包庇走私活动。

国家民委就《西藏的主权归属与人权状况》白皮书召开首都各民族人士座谈会

来自10个民族的30余位人士一致认为：国务院新闻办公室发表的《西藏的主权归属与人权状况》白皮书，是近年来关于西藏情况的较为完整系统的，也是最为丰富翔实的一份报告。它用铁的事实说明，西藏自古以来就是中国不可分割的一部分，西藏各族人民在社会主义祖国的怀抱里享有广泛的人权。

国家民委主任司马义·艾买提出席座谈会,国家民委副主任文精主持会议。中央民族学院藏学所所长丹珠昂奔(藏族)、北京民族文化宫主任春世增(蒙古族)、国家民委原副主任黄光学(朝鲜族)、中央民族学院教授王辅仁(汉族)、国务院宗教局副局长赤耐(藏族)、中国社科院民族研究所副研究员果洪升(满族)、中央民族学院副院长朱玛洪(维吾尔族)、中国伊斯兰教协会会长沈遐熙(回族)、国家民委干部韦洪新(布依族)在会上先后发言。

最高人民法院发出要求严惩走私犯罪活动的通知

通知说,当前,走私犯罪活动十分猖獗,走私物品范围越来越广,走私数额越来越大,大案要案明显增多。不仅海上陆路走私严重,而且逐渐向内河渗透,空中走私活动也时有发生。走私犯罪活动不仅严重地冲击了我国民族工业的发展和国家正常的对外贸易,使国家蒙受重大经济损失,而且严重败坏社会风气,损害了国家形象。通知要求,各级人民法院干警要充分认识走私犯罪的严重性和危害性,对走私犯罪分子,要继续贯彻执行从严惩处的方针。无论个人还是企事业单位走私,凡是构成犯罪的,都要严格依照刑法和全国人大常委会《关于惩治走私罪的补充规定》追究刑事责任。依法该重判的,一定要重判;要重视适用没收财产、罚金等财产刑,从经济上给犯罪分子以严厉制裁。对当地查获的走私犯罪案件,特别是大案要案,要提前了解情况,待起诉到法院后,立即组织力量,及时审判。

第二次全国班组工作会议在北京召开

会议提出,围绕适应转换企业经营机制的要求,切实加强班组建设,创造民主、和谐、奋发向上的小环境,进一步增强班组的凝聚力,努力开创企业班组工作的新局面。

国务院经贸办副主任陈清泰、全总副主席陈秉权分别在开幕会上讲话。陈清泰要求从七个方面加强班组建设:改善和加强班组的质量管理;改善班组劳动组织,合理分配工资奖金;广泛开展合理化建议活动,不断改善生产现场;加快新产品开发,促进新工艺实现,加快技术进步;加强业务技术培训,提高人的素质;改善和加强基础管理、民主管理,进一步健全以岗位责任制为主的各项班组管理制度和工作制度、工作标准;加强班组思想建设,建设"四有"职工队伍,教育职工爱企业、爱岗位,正确处理国家、企业和个人的关系,以实际行动支持改革开放,以创造性工作加速发展经济,肩负起工人阶级的历史重任,成为改革开放和发展经济的主力军。

陈秉权希望企业领导处理好几个关系:科学管理、严格管理和依靠职工、民主治厂的关系;坚持物质利益原则和加强职工思想政治工作的关系;讲求效率和社会公平的关系;提倡竞争和增强企业凝聚力,从而增强企业在市场中竞争能力的关系。

中组部召开培养教育青年干部工作座谈会

中央组织部召开培养教育青年干部工作座谈会,14 位青年干部谈自己在实践中锻炼成长的经历和体会,湖北、甘肃、鞍山、大庆四个省、市委组织部的负责人介绍他们培养教育青年干部工作的情况和经验。

中央组织部部长吕枫参加座谈会,并在会议结束时讲话。

全国县委书记县长工作研讨暨优秀成果颁奖会在人民大会堂举行

中顾委常委刘澜涛、中宣部常务副部长徐惟诚、广西壮族自治区人民政府副主席龙川和人民日报副总编辑郑梦熊出席会议并讲话。

国务院公布关于发展高产优质高效农业的决定

党的十一届三中全会以来,我国农村改革和发展取得了重大成就,特别是农产品数量的大幅度增长,对全国人民基本解决温饱问题起到了决定性作用。九十年代我国农业应当在继续重视产品数量的基础上,转入高产优质并重、提高效益的新阶段。这是我国农业发展史上的一个重大转变。实现这个转变,是发展社会主义市场经济、进一步解放和发展农村生产力、继续加强农业在国民经济中基础地位的需要;对于满足城乡居民生活不断提高的消费需求,为工业提供更多的优质原料,缓解农产品卖难问题,较快地增加农民收入,拓宽农村工业品市场,实现小康目标,加快农业现代化进程,都具有重要意义。为了更好地发展高产优质高效农业,现就有关问题作如下决定:

一、进一步把农产品推向市场

80 年代中期以来,我国已经相继放开了水产、水果、蔬菜、畜禽、蛋奶等大多数农产品的经营,促使这些产品的产量大幅度上升,优质高效比重不断扩大。实践证明,把农产品经营放开,推向市场,是实现优质优价、加快发展高产优质高效农业的基本动力。各级人民政府和有关部门要认真总结经验,根据社会主义市场经济要求,进一步放开农产品经营。对迄今尚未放开的农产品,都要积极创造条件逐步放开,使农产品生产与市场需求直接联结起来,推进高产优质高效农业更快发展。

抓紧当前有利时机,加快粮食购销体制改革,进一步向粮食商品化、经营市场化的方向推进。通过放开粮食购销价格,调动粮农尤其是主产区发展优质粮的积极性,充分发挥这些地区的粮食生产优势,形成合理的区域分工。同时,采取措施,保护粮食生产,稳定粮食市场。(一)抓紧以批发市场为主的市场体系建设,坚决消除地区封锁,建立多渠道、多形式、多层次、多经济成分的粮食流通制度。(二)建立强有力的宏观调控机制。除经济作物和林牧渔业集中产区外,实行农业税征收粮食实物;进一步完善中央和地方多级粮食储备体系,通过吞吐调节平抑市场粮价;在财政支持下多方筹资,建立中央和地方多层次粮食风险基金;健全市场预测制度和信息服务网络,指导产销地区之间建立相对稳定的大宗贸易协定;支持粮食部门转轨变型,实行企业化经营,开展以粮食加工为主的多种经营,继续发挥在粮食流通中的主渠道作用;实行粮食内外贸结合,更好地运用进出口调剂手段。(三)进一步加强对商品粮主产区的扶持,培育充足的粮源。适当增加农业基本建设投资和农业综合开发资金,加强生产和流通的基础设施建设;增加信贷规模,支持发展农产品加工业和乡镇企业;在良种、技术等方面支持加快发展养殖业;对粮食调出省给予一定数量的粮食出口权,同时纳入宏观调控计划并接受价格指导。

在粮食价格暂时尚未放开的地区,对国家定购的粮食参考市场价格,拉开品种、等级差价,做到优质优价。其他尚未放开的农产品同样要实行优质优价。

二、以市场为导向继续调整和不断优化农业生产结构

要把传统的粮食观念转变为现代的食物观念,把发展农业从仅仅依靠现有耕地转到开发利用全部国土资源。

对目前的种植业结构进行必要调整。在确保粮食稳步增长、积极发展多种经营的前提下,将传统的"粮食——经济作物"二元结构,逐步转向"粮食——经济作物——饲料作物"三元结构,不断提高农作物的综合利用率和转化率。

加快林业、畜牧业和水产业的发展,进一步提高这些产业在整个农业中的比重,不断增加动物性食物和木本食物的供给量,改善人们的食物构成,逐步提高全民族的营养水平和健康水平。

在继续加强牧区畜牧业的同时,进一步发展农区畜牧业。充分利用农区的大量秸秆发展养牛、养羊和其他草食动物,通过秸秆过腹还田,增加有机肥料,培育地力,降低成本。在畜牧业的基础上发展加工业,对肉、骨、皮、毛、血等各种主副产品进行综合开发、综合利用,实现多层次增值,为乡镇企业发展开辟新的途径。

不论种植业还是林业、畜牧业和水产业,都要把扩大优质产品的生产放在突出地位,并作为结构调整的重点抓紧抓好。除改善人们食物结构外,还要不断增加优质工业原料的供给量,为提高我国农产品加工业水平奠定基础。在保证满足市场产品需求总量增长的基础上,力争"八五"、"九五"期间使各业优质高效品种所占比重有明显提高。农业综合开发要带头走优质高产高效的路子,提高农业综合开发的整体水平。

三、以流通为重点建立贸工农一体化的经营体制

建立贸工农一体化的经营体制,按照市场需要组织生产和加工,形成生产、加工和流通环节紧密相连的产业体系,上联全国市场,下联千家万户,发展适度规模的商品生产基地和区域性支柱产业,是进入农村商品经济大发展时期以后的必然要求,也是发展高产优质高效农业不可缺少的基本条件。

鼓励各地建立贸工农一体化的经济实体或利益共同体,打破部门、地区和所有制的界限,不论农业、工业企业还是商业、外贸企业,不论国营、集体企业还是"三资"、股份合作企业或个体、私营企业,实行谁能牵头就支持谁牵头的政策。各地要进一步办好城乡农贸市场,继续鼓励农民有组织地参与流通,加快发展农村第三产业。

当前贸工农一体化经营组织,要重点发展加工、保鲜、运输和销售,实现农产品的多层次、大幅度增值,提高市场竞争能力,扩大农村劳动力的就业容量。提倡和鼓励加工企业兴建农产品原料基地,或者实行加工企业与农产品原料基地直接挂钩,减少中间环节。根据市场需求,在重点农业商品生产基地建立一些现代化的农产品加工生产线。

为扶持农产品加工、贮存、保鲜、运销等延伸环节的发展,对新办的从事这类经营活动的企业,实行优惠的税收、信贷政策。

农业社会化服务体系建设要把发展高产优质高效农业作为主要任务,推进技物结合,实行有偿服务,办好服务实体,使农业服务更具活力。县、乡政府机构要根据转变职能、加强服务的要求,加快改革进程,为发展高产优质高效农业和整个农村商品经济服务。

四、依靠科技进步发展高产优质高效农业

发展高产优质高效农业,必将在更大程度上依靠科技进步。农业科研、教育和技术推广要尽快转到以发展高产优质高效农业为主的轨道上来,加快农业高新技术开发及其产业化。深入贯彻落实科教兴农的方针,进一步推动农科教统筹结合,积极开展多种形式的农民职业教育,努力提高农民科技文化素质。各地要制定相应的政策措施,鼓励农业科研单位和科技人员进入农业和农村商品经济发展的主战场,同时在资金等方面增加对科技的投入。从各地实际出发,选择一

批技术成熟、市场前景广阔和经济效益好的重要科技成果，大力进行推广，加速农业向高产优质高效转变。

优良品种是发展高产优质高效农业的关键环节。坚持国内培育与国外引进并重的方针，目前要加快引进步伐，在此基础上培育出适合我国特点的更高水平的良种。允许科研单位、农业技术部门和农业院校依法自主经营自己繁育和引进的良种。通过发展技术市场，实行良种和先进技术的有偿转让。允许集体或个人按照国家有关法规，兴办良种繁育推广实体。加强种子管理工作，坚决打击伪劣假冒经营行为，对造成重大经济损失的要予以赔偿，违法的要依法追究法律责任。

加强农产品生产、加工、保鲜等先进技术的开发应用，制订农业高新技术发展计划，同时重视管理科学研究，不断提高我国农业科学管理水平。

实行农业科研成果推广的经济效益与科技单位、科技人员经济利益直接挂钩的制度，对有突出贡献的科技人员要实行重奖。在帮助农民富裕起来的同时，使科技人员也一起富裕起来。

五、建立健全农业标准体系和监测体系

这项工作要列入各级人民政府和有关部门的议事日程。对“绿色食品”等经国家有关部门正式确定的质量标志要严格管理，依法使用和保护。“八五”期间要以农产品等级制度为重点，初步建立主要农产品产前、产中和产后全过程的标准体系，通过试点，积极向全面实行农业标准化过渡。

六、继续增加农业投入，调整资金投放结构

中央和地方的农业基本建设投资、财政支农资金、农业信贷资金等，要随着国家财力的增强而逐步增加。同时，加快发展农用工业，增加农业物质投入，提高农业生产资料质量。

当前要适当调整资金投放结构，增加对高产优质高效农业的投入比重，把贸工农一体化经营组织作为支持对象，把农产品加工、贮藏、保鲜、批发市场、交通运输和良种繁育等基础设施的建设作为投资重点。

乡镇企业以工补农、建农进一步制度化、规范化，避免削弱对农业的支持或过多加重乡镇企业的负担。

进一步搞活农村金融。充分发挥农业银行和农村信用合作社的主导作用，经过试点，从明年开始逐步改变目前对农村信用合作社贷款实行规模和比例双重控制的办法，实行多存多贷的资产负债比例管理和风险管理，做到充分自主地运用资金。采用股份合作等多种形式筹集资金，继续发展农村合作基金会，满足高产优质高效农业发展的需要。

七、改善高产优质高效农业的生产条件

在发展高产优质高效农业过程中，要重视和抓好水利、林业、交通、气象、农机等方面的建设，改善农业生产条件，不断提高农业综合生产能力。

为此，从明年起，每年用以工代赈的办法重点扶持中西部地区。这项工作要与扶贫开发紧密结合起来，使至今尚未完全解决温饱的几千万人口尽快稳定地解决温饱，逐步脱贫致富。

八、积极扩大农业对外开放

加速农业对外开放步伐，参与国际市场竞争，利用国内外两个市场的资源转换机制，是发展高产优质高效农业的一个不可缺少的重要条件。

加快农产品外贸体制改革。提倡农贸结合，对有条件的农业企业、农产品加工企业（包括乡镇企业与农垦企业）和企业集团，根据国家有关政策，经批准后赋予进出口经营权，使它们直接进入国际市场。积极发展与周边国家的农产品边境贸易和农业合作，鼓励出国兴办农业企业和农产品加工企业。

进一步扩大对外经济技术交流。积极从国外引进农业方面的资金、技术、设备和先进管理方式，鼓励兴办“三资”农业企业和农产品加工企业，适当下放农业引进外资项目审批权。

九、加强领导，建立适应高产优质高效农业的考核制度

各级政府必须加强领导，各有关部门要站在改革的前列，从当地实际出发，共同努力，采取有力措施，切实抓出成效。国务院有关部门对本决定提出解决的各个专项问题，要抓紧研究，提出方案，作为配套文件，适时下达。各省、自治区、直辖市要根据实际需要，建立以开发高新技术为主的高产优质高效农业试验示范区。

为了推动农业向高产优质高效转变，从明年开始，改变过去单纯以产量指标为主的考核体系，建立产品数量与经济效益并重的综合考核体系，把农产品净收入、农民人均纯收入等效益指标列为重要考核内容，作为衡量各级人民政府尤其是县、乡政府工作实绩的基本依据。

国务院批准成立上海浦东海关

为适应浦东开发开放形势的发展需要，上海浦东海关筹备处将从 10 月 1 日起，开始办理部分海关业务。其中包括对浦东新区（包括保税区）行政机构、企事业单位、外商投资企业进口自用物资的减免税审批；对新区内建立的保税仓库、保税工厂的初审及进口原材料、设备等的登记审批；以及办理保税区与非保税区企业（包括外省市的企业）之间视同进出口货物的报关手续和委托加工业务的登记备案等。

国务院中央军委批准修建四川阆中机场

《人民日报》发表社论《鼓励农民走向市场》

国务院副总理田纪云与出席全国农村专业技术协会(研究会)经验交流会部分代表进行座谈并发表讲话

同志们:

刚才听了几位同志的汇报,很受启发。从汇报的情况可以看出,农村专业技术协会的作用不可低估,它对推动和促进农业生产的作用越来越显著。我没有更多的话讲,只补充讲两点意见供大家参考。

一、要在着力发展农村生产力上下功夫

党的十一届三中全会以来,我们在农村进行了广泛而深刻的改革,逐步制定和采取了一系列正确的政策和措施,特别是实行了以家庭联产承包为主要形式的责任制,从而大大地调动了广大农民的生产积极性,为我国农业注入了新的生机和活力。这是我国农业生产在80年代能蒸蒸日上,取得巨大成就的最基本的原因。党的十三届八中全会通过的《决定》,充分肯定了80年代农业和农村工作的成就,肯定了党在农村的一系列基本政策。学习和贯彻八中全会精神,关键是要继续稳定以家庭联产承包为主的责任制,不断完善统分结合的双层经营体制,积极发展社会化服务体系,逐步壮大集体经济实力,引导农民走共同富裕的道路,切不可偏离这一深化农村改革的重点和方向。根据八中全会的决定精神,我认为,在今后若干年内,我们工作的重点,不是过多地在变更生产关系上做文章,而是对党在农村现行的基本政策,特别是对家庭承包责任制采取长期稳定不变的方针。这个道理很简单,因为这个方针符合中国的国情,受到八亿农民的衷心拥护,群众不希望变。当然,还要不断完善,不断发展,但完善、发展不是改变,更不是否定。因此,今后若干年内,只要坚定不移地、不折不扣地贯彻八中全会的决定,少在生产关系方面搞什么新花样,把工作重点放在着力发展生产力方面,以培育和发展生产力为主题,在抓效益、抓质量、抓服务、抓流通上做文章,农村就能稳定,就能发展,就有可能实现小康以至现代化的宏伟目标。关于如何实现农村小康目标问题,我讲过要树立两种观点,走两条路子,搞好四个结合,即:一是树立大农业的观点,走农林牧副渔全面发展的路子;二是树立商品经济的观点,走高产优质高效的路子。四个结合:种养加结合、农工商结合、内外贸结合、农科教结合。我认为,这些路子和办法是比较切合中国实际情况的。根据这样一个思路,我认为当前培育和发展生产力的重点是:

(一)要用大农业的观点指导农业,走农林牧副渔全面发展的路子。不能仅靠种植业,也不能仅靠养殖业,林牧副渔业都要全面发展,从各地实际出发,宜农则农,宜林则林,宜牧则牧,宜副则副,宜渔则渔,适合什么就发展什么。我国现在一部分发展较快的地区,农业走的就是这条路。例如粤西地区的“二水一牧”、北运菜,周口地区的养牛,陕西的家庭养鸡都是如此,他们的经验值得推广。庭院经济利用房前屋后的空地,发展种植业、养殖业、编织业、加工业,把院子变成作坊,利用率很高,种果树一年也能收入几百元。河南庭院经济发展很快,新疆吐鲁番每家种植多少架葡萄,收入相当高,种植哈密瓜、葡萄成为一大收入来源。耀邦同志在世时讲过,绝不放松粮食生产,积极发展多种经营。这话是对的,就是要坚持绝不放松粮食生产,农林牧副渔全面发展。

(二)农业要在高产、优质、高效上做文章。农业的发展不能光讲数量,要在一定数量的基础上讲质量。过去长时期我们重视数量的增长,那是十分必要的,因为我们要解决十一亿人的温饱问题。现在农业综合生产能力大大提高了,主要农产品出现了供大于求的情况,人民温饱问题已基本得到解决。现在人民对消费质量的要求越来越高。因此,现在提出要向数量与质量并重转变,走高产、优质、高效农业的路子,是我国农业发展的一个重大转折,这既是人民消费需求的需要,也是农民增加收入奔小康的需要。因此,农业要狠抓高产、优质、高效,在高产、优质、高效上做文章。

(三)向农业的深度和广度进军。我国待开发的宜农资源潜力很大。这几年在农业开发方面已取得很好成绩,今后要坚持不懈、坚韧不拔地继续抓下去。全国有20亿亩耕地,其中中低产田大约有15万亩,进行改造后如每亩增产200～300斤,一年就可增产3000万～4500万斤粮食,潜力很大。可以开垦的宜农荒地还有1.6亿亩,以亩产500～600斤计算,可增加粮食产量1000亿斤。沿海滩涂5000万亩,未开发利用的还有3000万亩。7500万亩淡水水面,仍有一半没有利用。草山、草坡、荒丘、荒滩、草原,可改造利用的潜力很大。1988年以后的大规模农业开发,取得很大效果,形成生产能力的可增产260亿斤粮食,270万担棉花,水产成绩也不小。总之,要向农业的深度和广度进军,继续抓好农业的综合开发。

(四)在农产品加工、增值上做文章。对农产品进行加工、增值,就地转化,把增值的好处留给农民。今后大城市的工业应向高档次、高新技术方面发展,农产品加工要逐步地向农村小城镇转移。只有这样才有利于加快农村向小康、向现代化发展的进程。

(五)下大力气抓乡镇企业,包括第三产业。这在我国中西部地区显得尤为重要,尤为现实。据有关方面调查分析,目前我国东部与中西部经济发展差距

80%差在乡镇企业上,剔除乡镇企业的因素,东部与中西部的差距并不大。在发展乡镇企业上,应该说中西部比东部晚了一步。谁在乡镇企业这个问题上认识得早,抓得得力,谁就发展得快,就主动。现在要认识这个问题,急起直追,否则差距将进一步拉大。我们打算十四大以后在西安召开促进中西部乡镇企业发展的会议,请各省主管农业的领导都来,研究促进中西部乡镇企业发展的问题。

(六)抓服务、抓流通、大力发展第三产业。

服务和流通,现在越看越重要。它可以方便群众、促进生产、繁荣经济、利国利民。发展服务和流通的范围相当广泛,包括信息、咨询、技术、市场服务、信贷、保险、机耕、灌溉、施肥、防疫、生产资料供应、购销、运输等,搞好了,不仅可以方便群众,促进生产,而且还可以转移相当一部分劳动力从事第三产业,带动一大批人就业。我国有11亿人口,近9亿农村人口,有4亿~5亿农业劳力。到2000年从事种植业的人口,如果不转移相当一部分人到第二、三产业,只围着几亩地转,如何实现现代化呢?当然不可能像西方经济发达国家那样,农业人口只占4%~5%,也不应提这种不现实的口号。但种植业劳力比重总得下降,搞到四六开、五五开总可以吧!不然农业怎么能现代化?2000年种植业人口转移多少应当有个规划,不转移1~1.5亿人不行,转移越多越好。现在农村人口一年增加1000万人,到2000年差不多又增加1亿人。从现在到2000年,要下功夫把农村社会化服务体系搞上去,发展农产品流通,把第三产业搞上去。现在经济发达国家的第三产业的产值和就业人口比例占60%~65%,一般国家占50%左右,我国只有27%。不使第三产业产值、就业人口比例有个大提高,现代化来不了。仅靠第一、二产业安排这么大数量的劳动力是不可能的,没这么大容量。如果没有第三产业,每个企业都将是大而全;没有服务业,将制约第一、二产业的发展;没有各方面的服务,效益就总也提不高。

总之,目前农业发展的路子相当明确,不需要在生产关系上多做文章。对于未来农村种植业的集体化、集约化经营,不必操之过急,随着农村经济的发展,特别是二、三产业的发展,从事种植业的劳动力会向非农产业转移,到那时种植业的经营规模必将扩大,现在在一些经济比较发达的地区,已经出现了集体承包和专业承包土地经营的情况。对此我们要因势利导、积极扶持,使之健康发展,但切不可违背农民意愿,拔苗助长。总之,在农业上我主张生产关系基本稳定,放手发展生产力,努力提高经济效益。

二、农协是实行科技兴农的一种有效的组织形式

我们讲发展农业一靠政策、二靠科技、三靠投入。现在看,政策不仅已经明确了,而且还应长期稳定不变。党的十三届八中全会的《决定》给农民吃了一个“定心丸”。只要我们坚定不移地、全面地、不折不扣地贯彻执行八中全会的决定,农民的生产积极性就会继续保持和发挥,农业生产的活力就会持续旺盛不衰。稳定和完善党在农村的基本政策,这仍然是九十年代实现“小康”的最重要的因素。人的积极性是生产力中最基本的要素。不管什么措施都要通过人去做,没有人的积极性,什么措施都没有用。所以,要稳定和完善农村政策,这是实现“小康”的基本保证。关于进一步增强对农业的投入问题,国家已经有计划有步骤地对农用工业、农业开发、农村扶贫以及发展乡镇企业等方面做了安排。特别是近几年农民认识到农田水利基本建设的重要性,每年都是几千万劳动力上阵。农民劳务投入,这是最大的投入。总之,对农业的投入今后十年要比前十年会更多更好些。

小平同志说,科技是第一生产力。我们要发展农村生产力、实现“小康”,就必须抓科技。如果说科技是农业和农村经济发展的动力,那么掌握科学技术的人就是这个动力的基础。没有一定科技文化素质的人,科技是变不成生产力的。把农业发展同科技开发、智力开发结合起来,这是农村生产力发展的客观需要。近年来,在我国农村涌现出的12万个农村专业技术协会,就是适应农村生产力发展需要而盛开的一支有生力量。办好农村专业技术协会的主要经验有三条:一是民办民管。千万不要搞官办,如果把国营企业现行的运行机制用到农村专业技术协会上来,肯定管不好。二是用经济的办法来办,微利服务,不要求大利,当然亏本也不行。三是国家要给予一定的扶持。如果国家在信贷、税收、人才等方面给予支持和扶持。那么民办技术组织就可以发展得更快。实践证明,农村专业技术协会在推动农村科技进步,提高广大农民的科学文化素质,培养一批掌握现代科学技术的人才方面发挥了积极的作用。它不仅促进了农业科技的推广、普及,加快了科技成果转化为生产力的速度,而且还加强和完善了农村社会化服务体系建设。

在九十年代乃至下个世纪,农村将有大批劳动力转向第二、第三产业,转向非农产业,并带动一大批小城镇的兴起。对科学技术而言,农村是个广泛的天地,在那里是大有可为的。各级农协过去在科技兴农方面做了很多工作,大批农业科技人员在农村施展自己的才干,对推动农业生产作出了积极贡献。我希望各级科协和农协再接再厉,深入生产第一线,把农业科技的有效措施变为现实生产力,继续加强农业科学技术的研究,为振兴农业,攀登新高峰作出新贡献。

国务院总理李鹏在中南海会见英国伦敦出口公司董事长杰克·佩里

中国科协在北京表彰全国12万个农民技术协会中的十佳

国务院总理李鹏等为第四届全国大学生运动会题词

国务院总理李鹏签署第105号令发布《实施国际著作权条约的规定》

现发布《实施国际著作权条约的规定》，自1992年9月30日起施行。

总理 李 鹏

1992年9月25日

实施国际著作权条约的规定

第一条 为实施国际著作权条约，保护外国作品著作权人的合法权益，制定本规定。

第二条 对外国作品的保护，适用《中华人民共和国著作权法》(以下称著作权法)、《中华人民共和国著作权法实施条例》、《计算机软件保护条例》和本规定。

第三条 本规定所称国际著作权条约，是指中华人民共和国(以下称中国)参加的《伯尔尼保护文学和艺术作品公约》(以下称伯尔尼公约)和与外国签订的有关著作权的双边协定。

第四条 本规定所称外国作品，包括：

(一)作者或者作者之一，其他著作权人或者著作权人之一是国际著作权条约成员国的国民或者在该条约的成员国有经常居所的居民的作品；

(二)作者不是国际著作权条约成员国的国民或者在该条约的成员国有经常居所的居民，但是在该条约的成员国首次或者同时发表的作品；

(三)中外合资经营企业、中外合作经营企业和外资企业按照合同约定是著作权人或者著作权人之一的，其委托他人创作的作品。

第五条 对未发表的外国作品的保护期，适用著作权法第二十条、第二十一条的规定。

第六条 对外国实用艺术作品的保护期，为自该作品完成起二十五年。

美术作品(包括动画形象设计)用于工业制品的，不适用前款规定。

第七条 外国计算机程序作为文学作品保护，可以不履行登记手续，保护期为自该程序首次发表之年年底起五十年。

第八条 外国作品是由不受保护的材料编辑而成，但是在材料的选取或者编排上有独创性的，依照著作权法第十四条的规定予以保护。此种保护不排斥他人利用同样的材料进行编辑。

第九条 外国录像制品根据国际著作权条约构成电影作品的，作为电影作品保护。

第十条 将外国人已经发表的以汉族文字创作的作品，翻译成少数民族文字出版发行的，应当事先取得著作权人的授权。

第十一条 外国作品著作权人，可以授权他人以任何方式、手段公开表演其作品或者公开传播对其作品的表演。

第十二条 外国电影、电视和录像作品的著作权人可以授权他人公开表演其作品。

第十三条 报刊转载外国作品，应当事先取得著作权人的授权；但是，转载有关政治、经济等社会问题的时事文章除外。

第十四条 外国作品的著作权人在授权他人发行其作品的复制品后，可以授权或者禁止出租其作品的复制品。

第十五条 外国作品的著作权人有权禁止进口其作品的下列复制品：

(一)侵权复制品；

(二)来自对其作品不予保护的国家的复制品。

第十六条 表演、录音或者广播外国作品，适用伯尔尼公约的规定；有集体管理组织的，应当事先取得该组织的授权。

第十七条 国际著作权条约在中国生效之日尚未在起源国进入公有领域的外国作品，按照著作权法和本规定规定的保护期受保护，到期满为止。

前款规定不适用于国际著作权条约在中国生效之日前发生的对外国作品的使用。

中国公民或者法人在国际著作权条约在中国生效之日前为特定目的而拥有和使用外国作品的特定复制本的，可以继续使用该作品的复制本而不承担责任；但是，该复制本不得以任何不合理地损害该作品著作权人合法权益的方式复制和使用。

前三款规定依照中国同有关国家签订的有关著作权的双边协定的规定实施。

第十八条 本规定第五条、第十二条、第十四条、第十五条、第十七条适用于录音制品。

第十九条 本规定施行前，有关著作权的行政法规与本规定有不同规定的，适用本规定。本规定与国际著作权条约有不同规定的，适用国际著作权条约。

第二十条 国家版权局负责国际著作权条约在中国的实施。

第二十一条 本规定由国家版权局负责解释。

第二十二条 本规定自一九九二年九月三十日起

施行。

“毛泽东诗词墨迹碑林”在天津蓟县揭幕

中共中央总书记江泽民为碑林题写碑名。

“毛泽东诗词墨迹碑林”坐落在津门十景之一的蓟北雄关的八卦村内，占地 1100 平方米，用 99 块青花岗岩石组成，放大镌刻着毛泽东从 1923 年至 1964 年间创作并手书的诗词 26 首。

《邓小平和世界各国领导者》大型摄影艺术画册由中央文献出版社出版

国务院总理李鹏在听取浙江受灾和救灾情况汇报后代表党中央国务院向奋战在抗灾救灾第一线的浙江省人民表示慰问

9 月 26 日

十名“全国优秀乡镇企业家”致信邓小平

敬爱的邓小平同志：

小平同志，您好！

五年前，我们这批从黄土地上冒出来的普通农民，经过中国乡镇企业报、中央人民广播电台、中央电视台评选，成为全国最佳农民企业家，赢得了全国各方面广泛的理解和尊重，推动我们在您开创的中国改革开放的历史舞台上，更加壮着胆子朝前闯，向前迈。

五年来，每当获得成功和荣誉时，我们总是情不自禁地感激您，是您为我们设计的蓝图，指引的方向。每当碰到挫折和艰难时，我们也总感到有您在掌舵，有您在撑腰，没有闯不过的难关，没有过不去的河。

今年春上，党中央向全党、全国人民传达了您的南方谈话，我们九亿农民兴高采烈，奔走相告。尤其是我们这些历经风雨的乡镇企业当家人，心情更激动，有许多心里话要向您讲！

小平同志，您的南方谈话得民心，顺民意，震惊世界。学习了你的谈话，我们一是放心了，放心的是党的“一个中心、两个基本点”的基本路线一百年不变；二是有了主心骨了，明确了发展经济是硬道理；三是明白了，明白了计划经济和市场经济不是姓“社”姓“资”的分水岭。多年来让一些“理论”弄得莫名其妙的大问题，让您点透了，讲清了。我们乡镇企业再也不怕“左”的干扰，再也不管姓“社”姓“资”的纠缠，再也不理睬无端的指责了。我们只有一个目标，就是一心一意地发展经济，能搞多快搞多快，能走多远走多远，能上多高上多高，尽可能把咱社会主义的优越性都发挥出来。请您听我们的捷报吧！

小平同志，五年前您就说过：“农村改革，我们完全没有预料到的最大收获，就是乡镇企业发展起来了，异军突起。”今年，您在南方谈话中又重提这一光辉论断。您用“异军突起”这四个字，精辟地概括了乡镇企业在改革开放中的历史作用。我们越琢磨越觉得意味深长！

异军突起，突破了几千年来封建主义、小农经济的旧观念和习惯势力。我们祖祖辈辈面朝黄土背朝天，种田是“皇封”，受穷是“本分”。办乡镇企业是很多农民想办不敢办的事，想走不会走的路。而只有办这个事，走这个路，我们农民才能从政治到经济上彻底翻身解放！

异军突起，也突破了旧体制的重围，在国家没给钱，没给物，没给技术，没给人才的情况下，挤出了一片市场经济的新天地。

异军突起，更突破了求稳怕乱的老套子，抢了时间，争了速度。从 1978 年以来，乡镇企业总产值翻了 4 番，上缴国家税金翻了 4 番多，农民满意，社会稳定，为增强国力、富裕人民作出了奉献；也为以工补农、以工建农，推动农业现代化，作出了贡献。

异军突起，是人类社会有史以来的一大创举。它突破了西方资本主义国家实现工业化的老路子，农业剩余劳动力靠自我发展向二、三产业转移。这是一条有中国特色的社会主义工业化道路，是农民富裕之路，迈向小康之路，是国民经济翻两番的必由之路。

我们农民不会说虚话，不愿入形式主义的套。我们只想说实话，办实事。您说过，实践是检验真理的唯一标准。在南方谈话中，您又进一步提出了“三个有利于”的判断标准。我们明白您的话。我们检验自己办的事，是对还是错，就看能不能富民强国。

多少年来，尽管国内外风云变幻，我们乡镇企业这杆旗没有倒，我们这支队伍越战越强。我们做的，是富一方土，蹚一条路；我们为的，是要把全国亿万农民带动起来，走共同富裕之路。小平同志，我们十几年的经历，总结了一条，就是听您的话，真听真富，不听不富，似听非听就似富非富。您的政策，就是富民政策。

我们非常非常盼望，您能到我们的家乡来看一看，您一定会拍手称快。您和老一辈无产阶级革命家毕生奋斗，不正是为了让人民过好日子吗？社会主义，不就是为了解放生产力吗？我们九亿农民拥护这样的社会主义！我们的社会主义祖国，还要比资本主义更富，更强！

党的基本路线一百年不变，好！只有不变，才能带来千变万变。一百年后的今天，我们活不到，想不到，更看不到。但是，我们为了一百年后的今天而想，为了一百年后的今天而干。在迎接党的十四大的日子里，小平同志,我们向您保证,无论道路多么曲折,我们坚持改革开放的道路,执行"一个中心、两个基本点"的路线,一百年不变。您信任我们,支持我们,您说,"我们有优势,有国营大中型企业,有乡镇企业,更主要的是政权在我们手里。"我们一定更加挺直腰杆,担起您的重托,在党中央领导下,把社会主义经济建设搞得更红火,使中国社会主义的江山永放光辉!

小平同志您好!望您保重身体,愿您长寿,请您今后一年讲一次话,继续为全党、全国人民不断指引航向。

全国优秀乡镇企业家

禹作敏　鲁冠球　李桂莲　常宗琳　卢志民

区鉴泉　周作亮　肖水根　郭建民　武吉龙

1992 年 9 月 26 日

中共中央总书记江泽民在钓鱼台国宾馆会见日本前首相中曾根康弘

江泽民欢迎中曾根访问中国并参加中日邦交正常化十周年纪念活动。他说,这些纪念活动将有助于进一步增进中日两国人民之间的了解和友谊。宾主在会见中还就国际形势、中日关系及其他共同感兴趣的问题进行了友好的交谈。

国家主席杨尚昆在北京会见日本前首相中曾根康弘

杨尚昆说,日本明仁天皇陛下和皇后即将对中国的访问是"中日关系史上的一件大事。"

他说,"中国方面将尽一切努力使这次访问取得圆满成功。"

中曾根说,日本天皇陛下访华是他在担任首相时就开始讨论的一个问题,现在得以实现,他感到十分高兴。

宾主在会见时还就两国关系及国际和地区形势交换了看法。

杨尚昆称中曾根是中国人民的老朋友,对他为中日友好关系的发展所作出的积极贡献给予高度评价。

他说,中曾根先生在中日邦交正常化 20 周年之际来华访问很有意义。20 年来,两国在政治、经济、文化和科技等各个领域的交流与合作取得了很好的成果。他希望这种友好合作关系进一步发展。

杨尚昆表示相信,中日两国世世代代友好下去将有助于促进亚太地区和世界的和平、稳定与发展。

国务院总理李鹏在钓鱼台国宾馆会见英国前首相保守党下院议员爱德华·希思爵士

中共中央政治局委员中国共产党友好代表团团长吴学谦与日本社会党中央执委会委员长田边诚在东京举行第二次会谈

吴学谦与田边诚就中日关系、亚太地区和世界局势以及两党关系等问题广泛地交换意见。

关于中日关系,吴学谦指出,由于中日双方的长期共同努力,现在中日关系正处在很好的时期。这次,中共友好代表团访日取得成功,可以说为中日关系"锦上添花"。吴学谦希望并相信,今后日本社会党仍将大力促进和积极推动中日两国长期稳定的友好合作关系。田边诚说,日中邦交正常化 20 年来,世界发生很大变化,日中关系显得更加重要。今后日本与中国要作为世界中的日本与中国,确立面向 21 世纪的新的友好合作关系。

关于两党关系,吴学谦强调,中共重视与日本社会党的关系,认为加强和发展两党关系对促进中日世世代代友好及亚洲和世界的和平与稳定都具有重要意义。吴学谦说,明年是两党建立关系 10 周年。届时,中共将邀请日本社会党中央派遣代表团访华。田边诚对此表示感谢。田边诚强调,日本社会党希望以中共友好代表团访日为契机,更进一步发展与中共的友好交流,促进两国相互信赖的关系。

中华人民共和国政府和哈萨克斯坦共和国政府在北京签订汽车运输协定

台湾放宽海峡两岸民众探亲奔丧规定

台湾"行政院陆委会"通过有关大陆民众赴台和公务员赴大陆探亲等规定的修正案,对两岸民众探亲、探病和奔丧等规定进一步放宽。

根据修正案,主要放宽部分包括:

一、大陆地区人民赴台探病、奔丧的亲属对象,由现行的父母、配偶之父母、配偶、子女或兄弟姐妹,再增加祖父母、外祖父母、孙子女、外孙子女。探病对象的年龄由年逾 80 岁降为年逾 70 岁。

二、申请赴台探病的大陆人民抵台后,如在台探病对象年逾 70 岁,伤病未愈或行动困难乏人照料,且在台无子女者,可申请延期留台照料,但以具有照料能力者一人为限。在探病对象康复或病殁后,申请人应于 1 个月内离境,不得申请在台居留。

三、公务人员赴大陆探病及奔丧的对象范围,由现行的父母、配偶、子女、祖父母、外祖父母或兄弟姐妹,再增加孙子女、外孙子女;探病对象的年龄也从年逾 80 岁降至年逾 70 岁。

"陆委会"还决定增加明年大陆配偶来台居留的配额,由现在的每年 240 名增加到 300 名。同时,1949 年前结婚者不在配额限制内。另外,凡获得配额,但须等待的申请人,可以探亲名义申请赴台探亲,每次两个月,必要者可加长1个月。此项有关配额的规定从明年1月1日起实施。

1992年国际孔子文化节在山东曲阜市开幕

文化节由山东省济宁市和联合国教科文组织联合举办。

曲阜市文化部门在孔庙大成殿前为中外来宾表演大型仿古祭孔乐舞和失传两千多年、专门祭祀中华民族文明始祖黄帝的仿古乐舞《云门大卷》。这届孔子文化节内容包括举行孔子诞辰2543周年纪念会和孔府文物档案馆落成仪式、"寻根朝敬之旅"首游式、孔子家乡修学、品尝孔府家宴、乘仿古马车、仿古射箭等。有来自80多个国家和地区的1600多名海外来宾参加文化节。

《中国藏学》和《中国西藏》杂志联合举行座谈会

邀请在北京的部分藏学家、法学家和藏族著名人士座谈《西藏的主权归属与人权状况》白皮书。

与会者以自己的亲身经历和无可辩驳的事实,对达赖集团和国际反华势力对我国西藏地区的历史与现实大肆歪曲、捏造,给予了有力驳斥。

中央国家机关首届职工运动会在国家奥林匹克体育中心举行

9月27日

国务院总理李鹏在钓鱼台国宾馆会见柬埔寨国家元首最高委员会主席西哈努克亲王

藏传佛教噶玛噶举派第十七世活佛噶玛巴坐床典礼在楚布寺举行

国务院宗教事务局局长任务之代表国务院宗教局向十六世噶玛巴的转世灵童伍金卓堆·赤列多杰颁发国务院宗教局的《认定批准书》,正式批准他为第十七世噶玛巴活佛。噶举教派创始于十一世纪中期,它的支系噶玛噶举派是藏传佛教中的重要教派。噶玛巴曾先后得到元、明两代中央政府的册封。

距拉萨七十多公里的楚布寺是藏传佛教噶玛噶举派的主寺。根据十六世噶玛巴圆寂前立下的遗嘱,遵照宗教仪轨和传统做法,楚布寺民管会顺利寻访到第十六世噶玛巴·日贝多杰的转世灵童,经中国佛教协会西藏分会和各位活佛审核无误,报中国佛教协会认定。今年六月二十七日国务院宗教局正式批准转世灵童继任噶玛巴活佛。

国务院办公厅、国务院宗教事务局、中国佛教协会、西藏自治区政府和全国人大常委会副委员长阿沛·阿旺晋美向坐床典礼发来贺电和贺辞,并赠送礼品。

八蚌·司徒活佛和楚布·杰曹活佛专程从国外前来参加典礼,十多个国家和地区的噶玛巴教派学会代表和信徒也参加庆典活动。西藏各地和青海、甘肃、四川、云南等省区各大寺庙代表和近三万名信教群众前来祝贺、朝拜。

全国第一个以促进养牛为主题的文化艺术节在全国商品肉牛基地建设先进县安徽省蒙城县举行

最高人民法院向新闻界公布四起特大贪污案件

中国工商银行海口市分行东风办事处会计薛根和伙同陈贻全、熊道先、赵东方,串通杨绍琼等人,采取内外勾结办法,从1992年1月至10月,贪污人民币3344万元;薛根和贪污银行代收手续费4710元,挪用公款16万多元。中国工商银行湖州市信托投资公司财务计划股长冯阳,自1990年3月至10月,贪污公款合计510万元。中国银行总行营业部二处汇入科业务经办员罗玉海于1989年至1991年3月间,挪用公款125万余美元,进行营利活动,罗从中得款3万美元。广东康辉贸易公司业务部承包人徐晓春,1989年10—11月间,先后贪污350万元。上述4案的8名罪犯分别被海南、浙江、北京、广东等地人民法院判处死刑,剥夺政治权利终身。

9月28日

中共中央中央顾问委员会发布胡乔木逝世的讣告

中国共产党中央委员会、中国共产党中央顾问委员会沉痛宣告:久经考验的忠诚的共产主义战士、无产阶级革命家、杰出的马克思主义理论家、政论家和社会科学家、我党思想理论文化宣传战线的卓越领导人,中共中央顾问委员会常务委员、中共中央党史工作领导小组副组长、中国社会科学院名誉院长胡乔木同志,因病医治无效,于1992年9月28日7时16分在北京逝世,终年81岁。

胡乔木逝世

胡乔木因病在北京逝世,终年81岁。

胡乔木,1912年6月1日出生于江苏省盐城县鞍湖乡。1930年下半年在北平清华大学读书时加入中国共产主义青年团,曾任北平团市委委员、宣传部长。

1931年九一八事变后参与领导北平学生的抗日救亡运动。1932年在盐城加入中国共产党。1933年下半年到1934年底在浙江大学学习时，组织秘密读书会，传播社会科学和马列主义知识，是学生运动的领导人之一。1935年至1937年在上海参加左翼文化运动和中国共产党地下组织的领导工作，曾任左翼文化总同盟书记、中共江苏省委临时委员会宣传部长，是党在上海抗日救亡工作的领导者之一。1937年7月到达延安。在抗日战争初期，先后在中央宣传部、战时青年训练班和中央青委工作，任青训班负责人、中共中央青委委员、毛泽东青年干部学校教务长，主编中央青委机关刊物《中国青年》。从1941年2月起，任毛泽东同志的秘书、中共中央政治局秘书。担任这个职务，一直继续到1966年6月"文化大革命"爆发以前。在延安工作期间，协助毛泽东编辑供党的高级干部学习和研究党史用的《六大以来》、《六大以前》和《两条路线》等重要历史文献。1942年全党整风运动开展后，参与领导文艺界的整风运动。中央领导层的整风运动开展后，列席中央政治局的整风会议和党的六届七中全会，并作为正式代表参加党的第七次全国代表大会。在党中央、毛泽东的领导下，参加《关于若干历史问题的决议》的起草工作。还为延安《解放日报》撰写数十篇社论，抗战胜利后，作为毛泽东到重庆参加国共两党和平谈判的随行人员，同国民党统治区文化界进步人士进行了广泛接触。解放战争期间，先在陕甘宁边区的陇东参加土改，1947年4月中旬起，跟随毛泽东转战陕北。1948年4月到河北省平山县西柏坡后，任新华社总编辑和社长、中央宣传部副部长。多次为党中央起草重要文件。1948年2月，主要由胡乔木起草的《中共中央关于土地改革中各阶级的划分及其待遇的规定（草案）》，受到毛泽东的赞扬。为《解放日报》、新华社撰写和修改大量社论、评论和新闻。党中央进驻北平后，参与《中国人民政治协商会议共同纲领》的起草，出席第一届中国人民政治协商会议。

中华人民共和国成立后，1950年至1954年任中共中央宣传部常务副部长，1954年起任中共中央副秘书长，1956年9月后任中共中央书记处候补书记。在1951年撰写的《中国共产党的三十年》是新中国第一本简明党史。先后参加《毛泽东选集》第1至4卷的编辑工作。参加起草1954年的《中华人民共和国宪法》和1956年党的第八次全国代表大会的主要文件，在党中央政治局主持下撰写《再论无产阶级专政的历史经验》等文章。历任新华通讯社社长、《人民日报》社社长、中央人民政府新闻总署署长等职，为《人民日报》和新华社撰写过许多重要社论和新闻，历任政务院文化教育委员会秘书长、中国文字改革委员会委员、中央推广普通话工作委员会委员和汉语拼音方案审订委员会副主任，1975年任国务院政治研究室主任，主持修改《关于工业发展的若干问题》和关于科学院工作的《汇报提纲》等文件，在1978年10月国务院务虚会议上发表《按照经济规律办事，加快实现四个现代化》的讲话，党的十一届三中全会，被重新选为中央委员会委员，任中央副秘书长。在1980年2月的十一届五中全会上被选为中央书记处书记。1980年至1981年，在邓小平等主持下，负责《关于建国以来党的若干历史问题的决议》起草工作，接着又负责起草十二大的重要文件。胡乔木是十一届三中全会以后党中央关于党的文献编纂、党史研究和档案管理等方面工作的主要领导人，历任毛泽东著作编委会办公室主任、中共中央文献研究室主任、中共中央党史研究室主任。领导《毛泽东选集》第1至4卷第二版的修订工作，亲自编辑《毛泽东诗词选》新编本。协助邓小平同志审定《邓小平文选》等著作。是中国社会科学院的首任院长，又先后任中国大百科全书总编辑委员会主任，国务院学位委员会主任委员，吴玉章奖金基金委员会名誉主任。中共第八届、十一届、十二届中央委员会委员，第十二届政治局委员，第一届至第五届全国人民代表大会代表，第二届、第三届、第五届人大常务委员会委员，第一届中国人民政治协商会议全国委员会常务委员。著有《胡乔木文集》和他的诗选等。

国家主席杨尚昆在人民大会堂与大韩民国总统卢泰愚举行正式会谈

杨尚昆说，阁下是来中国访问的第一位韩国总统，中韩两国领导人首次会晤有重要意义，必将增进相互了解，促进两国关系在和平共处五项原则基础上全面向前发展。我们十分重视总统这次来访，相信访问一定会取得圆满成功。

杨尚昆说，由于历史原因，在过去40多年的时间里，我们两国处于相互隔绝的不正常状态。令人高兴的是，随着国际形势的变化和朝鲜半岛局势的缓和，中韩两国实现关系正常化，两国关系进入一个新的时期。中韩建交符合两国人民的根本利益，为两国在各个领域里的互利合作开辟广阔的前景，并有利于东北亚和整个亚洲的和平、稳定与发展，国际社会对中韩建交的反应是很好的。

卢泰愚说，韩中两国的交往有几千年的历史，我这次来访也是对两国传统关系的恢复。韩中两国领导人会晤不仅对两国关系的发展，而且对东北亚地区的和平与稳定都会产生积极的影响。卢泰愚说，中国实行改革开放，取得令人瞩目的成就，经济蓬勃发展，我们对此感到十分高兴和衷心的钦佩。我这次带来韩国最优秀的企业家,这将有效地推动两国经贸关系的发展。

杨尚昆说,近年来,朝鲜半岛局势走向缓和,北南关系逐步改善,最近北南总理会谈又取得积极的成果,为今后的交流与合作奠定基础,这是令人高兴的事。我们一贯支持朝鲜半岛局势的缓和,支持北南双方的接触和对话,支持整个朝鲜的和平自主统一。中国政府和人民将继续为朝鲜半岛和东北亚地区的和平与稳定作出自己的努力和贡献。

两位领导人还介绍了各自国内的情况,并就共同关心的国际问题交换意见。

国务委员兼外交部长钱其琛,中国政府陪同团团长、经贸部长李岚清,外交部副部长徐敦信,杨尚昆办公室主任赵宇田,中国驻韩国大使张庭延等参加会谈。韩国方面参加会谈的有:外务部长官李相玉,商工部长韩凤洙,科技部长金镇炫,韩国驻华大使卢载源等。

机关党建工作座谈会在北京结束

由中共中央组织部召开的机关党建工作座谈会,是建国以来第一次全国性的专门研究机关党的建设工作的会议。

中组部副部长赵宗鼐在总结大会上讲话。

中组部副部长武连元主持会议。各省、自治区、直辖市党委组织部,省、区、市直属机关工委(党委)和中央直属机关、中央国家机关工委负责人出席会议。

澳门特别行政区基本法起草委员会专题小组会议在兰州结束

委员们对照草委会秘书处和咨委会秘书处征集到的上千条意见,对基本法草案稿中央与特别行政区的关系、政治体制、经济、文化和社会事务、居民的基本权利和义务五个专题逐条逐句进行讨论修改。

这次专题小组会是 23 日开始举行的。讨论修改后的草案稿在诸多条款上吸收各界人士的意见和建议。政治体制问题是各界人士关注的重点,收集到的意见和建议比较多,修改补充也比较多。例如,第 58 条关于行政会委员的人数,原条款没有规定,此次专题小组会议一致同意有关人士建议,规定委员人数最多不超过 11 人;考虑到立法人员的廉政问题,专题小组一致同意在第 69 条中增加特别行政区立法会议员就任时要申报财产的内容。

关于居民的基本权利和义务,草委们根据澳门各界人士的意见对一些条款进行了修改和补充。其中第 28 条,草委们建议把"居民有权向法院申请颁发防止滥用权力的人身保护令"改为"公民有权向法院申请人身保护令";第 40 条中则进一步明确公民权利和政治权利公约,经济、社会与文化权利的国际公约适用于澳门的有关规定继续有效,通过澳门特别行政区法律予以实施。

经济专题没有太大的变动,但是针对澳门正在兴建的新机场,草委们建议增设有关航空条款:"澳门特别行政区政府可经中央人民政府授权自行制定民用航空管理制度。"文化和社会事务专题中,草委们一致达成共识,决定对新闻出版方面列出单独条款,其余条款则修改不大。

此次会议是澳门特别行政区基本法起草委员会的最后一次专题小组会议。会后,各专题小组将把讨论修改稿提交明年 1 月举行的第九次起草委员会全体会议讨论通过,并最后提交明年第八届全国人民代表大会审议。

沈阳军区雷锋纪念馆在辽宁省抚顺市建成并举行开馆仪式

中共中央国务院发出关于认真贯彻执行《全民所有制工业企业转换经营机制条例》的通知

通知的主要内容是:

一、经济体制改革的中心环节是企业改革,企业改革的关键是转换企业经营机制。当前和今后一段时间,各级党政主要负责同志要把主要精力放到转换企业经营机制上来,把贯彻落实《条例》作为中心工作来抓。要认真学好《条例》,深刻领会《条例》的精神实质,正确理解《条例》的各项规定;要充分利用报刊、广播、电视等各种宣传工具,积极宣传《条例》,使各级党政干部、企业职工以及社会各方面的人员都了解、掌握《条例》的有关规定,正确贯彻执行好《条例》。

二、转换企业经营机制,必须转变政府职能。各级党政部门要遵照《条例》的有关规定,围绕企业进入市场,本着政企职责分开,"宏观要管好,微观要放开"的原则,转变工作作风,提高办事效率,搞好服务工作。各级党政部门均不得要求企业设置对口机构、增加人员编制。各级政府要采取切实措施,制止一切向企业摊派的行为。企业所在地政府要积极为企业提供社会服务,减轻企业负担,支持企业进行劳动、人事、分配三项制度的改革,为企业进入市场创造良好的外部条件。

三、转换企业经营机制的重点是落实企业经营自主权。各级政府要遵照《条例》的规定,不折不扣地把经营自主权下放给企业,使企业真正成为自主经营、自负盈亏、自我发展、自我约束的商品生产者和经营者。要加强法制观念,对侵犯企业经营自主权的行为,上级政府要按《条例》规定追究有关部门和人员的法律责任,确保企业经营自主权真正落实到企业。

四、企业要充分运用《条例》赋予的经营自主权,主动地进入国内、国际两个市场进行竞争。要增强自负盈亏的责任感，确保国有资产的保值、增值。要强化自我约束机制，自觉接受政府有关部门和社会的监督。要敢于和善于运用《条例》提供的法律手段，维护自己的合法权益。企业要把贯彻执行《条例》与推进技术进步、强化内部管理、调整产品结构、提高经济效益等各项工作紧密结合起来，强化内部配套改革，改进经营管理方式，全面提高企业素质。

五、企业贯彻落实《条例》要紧紧依靠广大群众。有关改革的大事，要充分与职工商量，发挥职代会的作用，群策群力，做好各项工作。企业党组织和工会、共青团等组织，都要围绕转换企业经营机制开展工作，做好思想政治工作；要支持厂长的工作，保证企业转换经营机制工作的顺利进行。

六、要抓紧制定贯彻《条例》的实施办法。在今年内，各省、自治区、直辖市人民政府要按照《条例》的规定和要求，尽快制定《条例》的实施办法，经国家体改委和国务院经贸办审核后下发，并报国务院备案。国务院各有关部门要按照《条例》的规定和要求，抓紧制定《条例》的实施办法和配套的规章制度，与国家体改委、国务院经贸办联合下发。

七、各地党政部门要做好现行法规、规章和政策性文件的清理工作。凡与《条例》规定相抵触的，一律按《条例》的规定执行。

搞好国有大中型企业并非易事，但必须坚决把这件事办好。各级党政主要负责同志要加强领导，亲自抓好《条例》的学习、宣传和贯彻落实工作；要按照《条例》的规定，明确负责组织实施的部门和办事机构，坚持分类指导，分步推进。要深入进行调查研究，及时发现并解决好贯彻落实《条例》的有关问题，总结推广好的经验和做法，用典型推动面上的工作。各省、自治区、直辖市党委和人民政府、国务院各有关部门，要在今年年底前将贯彻落实《条例》的情况向党中央和国务院作一次报告。

“中取华东”战役最大项目华东铁路南北第二通道开通

气势磅礴的华东铁路建设主战场——南北第二通道，经过3万余名建设者5年的奋战，国庆前后“三喜临门”，9月28日，安徽第一、华东第二大的芜湖新火车站落成；9月30日，商（丘）阜（阳）铁路正式交付运营；10月1日，宣（州）杭（州）铁路开通临管运营。

至此，被誉为“华东经济走廊”的第二通道全线开通。

1987年10月以来，铁道部华东铁路建设指挥部会同各建设单位，在国家计委和各级地方政府支持下，从淮北到江南展开一场大会战。五年累计完成投资20余亿元，修建新线419公里，建成复线151公里，扩建铁路枢纽一座。

华东南北第二通道是铁路“中取华东”战役中投资最多、规模最大、战线最长的建设项目，包括开辟商丘—阜阳、阜阳—淮南、宣州—杭州等新线，增建淮南—合肥—芜湖复线，打通芜湖铁路枢纽以及改造火龙岗—宣州，长兴—杭州段既有铁路线。其中有5个大中型项目列入国家计划。

华东第二通道全线建成开通，将使华东路网的综合运输能力大大加强。芜湖新火车站落成，日接发旅客列车由7对增至21对，年发送旅客量由60万猛增到200万人次。商阜铁路正式运营后，年内将把每天开行的货运列车从4对逐步增加到14对，并计划在近期开通客运列车。宣杭铁路目前可开行两对直通货物列车。

华东南北第二通道北起中原古城商丘，经合肥，过长江，南抵西子湖畔的杭州，纵贯豫、皖、浙三省，连通陇海、水蚌、津浦、皖赣、沪杭、浙赣等10余条铁路干支线，全长838公里。它是我国内陆腹地通往东南沿海的捷径，西北华北物资和山西、河南煤炭经由此线到华东，比经陇海、京沪线缩短运输里程160公里。

国务院副总理姚依林在人民大会堂第八次会见作为第一位“洋厂长”闻名中国的德国专家格里希并向他颁发友谊奖证书

中共中央总书记江泽民在中南海会见英国前首相爱德华·希思爵士

国家主席杨尚昆在人民大会堂就中日关系中韩关系以及中国的改革开放等问题接受日本广播协会记者采访

杨尚昆在回答记者问题前说，中日两国一衣带水，有两千多年的友好交往历史。中日邦交正常化以来，两国关系发展得很好，中日友好更加深入人心。衷心祝愿中日两国人民世世代代友好下去。

接着杨尚昆回答记者问题。在评价现在的中日关系和展望中日关系的未来时说，今年是中日邦交正常化20周年。20年来，在中日两国政府和人民的共同努力下，两国在政治、经济、文化、科技等各个领域的关系都取得很大的发展，我们对此是满意的。杨尚昆说，20年来的历史证明，中日友好符合两国人民的根本利益，也有利于亚太地区和世界的和平、稳定与发展。

杨尚昆说，对于中日关系的未来，我是很乐观的。两国政府和人民，对中日友好的重要性和深远意义，都有充分理解。我相信，两国在各个领域的交流与合作将不断扩大。中日两国人民可以建立起长期稳定的睦邻友好关系。

记者问：您对天皇陛下访问贵国有何想法和期待？

杨尚昆说：贵国天皇和皇后陛下将于今年10月正式访问我国，这是中日关系史上的大事，具有重要意义。我热切地期待着他们来访，他们的来访将受到中国政府和人民的热烈欢迎。我相信，这次访问将进一步增进两国人民的传统友谊，巩固和发展两国业已存在的睦邻友好关系。希望中日双方共同努力，使这次访问取得圆满成功。

杨尚昆在回答关于中韩关系的问题时说，中韩建交不仅有利于两国关系的改善，而且有利于朝鲜半岛的和平与稳定，对本地区将产生积极影响，对中日两国及中日关系都是有利的。

记者问：请您谈谈贵国的改革开放政策将深入到什么程度？贵国的奋斗目标是什么？

杨尚昆说：中国的改革已进入关键时期。我们要通过改革，从根本上改变束缚生产力发展的旧体制，建立起充满生机和活力的新体制。围绕这一目标，将加快转换国有企业经营机制，加快市场体系的培育，加快分配制度和社会保障制度的改革，加快政府职能的转变。同时，进一步扩大对外开放，更多更好地利用国外资金、资源、技术和管理经验。为适应经济体制改革和经济发展的要求，我们将积极推进政治体制和其他方面的改革。

杨尚昆说，我们的奋斗目标是，努力把我国建设成为富强、民主、文明的社会主义现代化国家。90年代末，实现国民生产总值比1980年翻两番，人民生活由温饱达到小康。到下世纪中叶，也就是新中国诞生一百周年的时候，基本实现现代化。

杨尚昆在回答关于中美关系问题时重申中国政府的一贯立场。

国务院总理李鹏在人民大会堂会见参加中日产业科技研讨会的代表

李鹏说，1992年是中日邦交正常化20周年，为此中日双方举行了一系列庆祝活动，其中包括这次科技研讨会。中日关系现在不断发展，经济和科技领域的合作尤为显著，“对这一趋势我们感到高兴”。他说，中日双方举行这次研讨会，探讨两国在科技领域的互补性及开展合作的必要性，是十分有益的。

参加研讨会的日方代表团团长、三菱重工业株式会社董事长饭田庸太郎在会见中说，日中科技合作将进入更大的发展时期，今后双方将讨论更多的实际问题。

国务院总理李鹏会见巴基斯坦国防部长高斯·阿里·沙

中共中央政治局常委李瑞环在人民大会堂会见中国新加坡人才交流事务顾问邝摄治及夫人

美国总统布什否决国会通过的有条件延长1993—1994年度中国贸易最惠国待遇的议案

经美国参、众两院通过后提交总统签署的这项议案，以所谓“人权、军售和贸易行为”等为借口阻挠无条件延长中国的最惠国待遇。布什给众议院的信中表示，他并不是不赞成议案所提出的目标，但认为提出条件的做法“不能使我们更快地实现这些目标。”

布什在信中还谈到，美国对中国的出口今年将达80亿美元，如果取消中国的最惠国待遇而招致中国的报复，“我们就会失去这个日益扩大的市场，造成成千上万美国人失业，同时也会把我们占有的市场份额输给其他外国竞争者，而它们并未实施对华贸易限制”。

布什在信中认为，最惠国待遇是美国同中国保持接触“所必需的基础”，国会议案提出的附加条件将破坏这一基础，而且侵犯“总统代表美国进行外交谈判的绝对权威”。

布什说，因此，为维护美国的经济和对外政策利益，他不批准这项议案。

中国韩国两国民间经济协议会在北京成立

中国贸促会会长暨中国国际商会会长郑鸿业担任协议会会长，国务院特区办主任何椿霖、经贸部副部长吴仪、国务院经贸办副主任俞晓松任特邀顾问。

下午，中韩两国民间经济协议会在北京举行联席会议，签订“中国国际贸易促进委员会与大韩商工会议所合作协议”。

对外友协与中日友协在人民大会堂举行招待会庆祝中日邦交正常化20周年

国务院总理李鹏和日本前首相中曾根康弘、前官房长官二阶堂进，出席招待会。

中日友协会长孙平化在招待会上宣读了国家副主席王震的贺词。

对外友协会长韩叙在招待会上致辞。

20年前作为官房长官随同田中角荣首相、大平正芳外相访华并参加中日邦交正常化会谈的二阶堂进在招待会上致辞。

招待会前，李鹏会见前首相中曾根和夫人。会见中，中曾根转交宫泽首相给李鹏的亲笔信。中曾根说：宫泽首相表示，日中关系的顺利发展是双方根据联合声明与和平友好条约的精神不懈努力的结果。宫泽相信,日本天皇和皇后陛下即将对中国的访问将为促进日中友好合作关系作出重要贡献。表示赞同宫泽信中关于日中关系的评价。

随后,李鹏又会见二阶堂进、日中友好会馆会长古井喜实、民社党委员长大内启伍、日中友好议员联盟干事长林义郎、前外相小坂善太郎、日中协会会长向坊隆和日中文化交流协会代表理事千田是也等参加招待会的日本客人。

李鹏的夫人朱琳,国务院副总理吴学谦,中顾委常委姬鹏飞、黄华,全国人大常委会副委员长廖汉生等出席招待会。

由中国科技交流中心和日本财团法人国际研修协会举办的中日产业科技研讨会在北京开幕

中华人民共和国和土耳其共和国签订关于民事、商事和刑事司法协助的协定

9月29日

中共中央总书记江泽民在人民大会堂会见新加坡资政李光耀

江泽民对李光耀再次访华表示欢迎,对他为发展中新两国友好合作关系所作的贡献表示赞赏。

会见中,李光耀高度评价中国改革开放以来所取得的成就。双方还就地区和国际形势及其他共同感兴趣的问题进行交谈。

国务院总理李鹏在人民大会堂会见新加坡资政李光耀等前来参加中信国际经济论坛研讨会的各国和地区的代表

由中国国际信托投资公司主办的这次国际经济论坛研讨会于上午开幕,来自15个国家和地区的42位国际政治、经济界人士同20位中国政府部门和企业界人士将共同探讨世界经济和亚太地区的合作与发展问题。

李鹏在会见中说,在中国国庆节前夕,有如此众多世界知名的经济学家、企业家和金融专家汇聚在北京,就发展中国同世界各国的经济贸易关系广泛地交换意见,集思广益,这是一件非常有意义的事情,我们对此感到非常高兴。李鹏预祝研讨会取得成功。

全国人大常委会副委员长、中信公司董事长荣毅仁及有关部委和特区的负责人参加会见。

在此之前,李鹏和夫人朱琳单独会见资政李光耀和夫人以及副总理王鼎昌等新加坡客人。会见中,李鹏和李光耀对近年来中新关系的顺利发展表示满意,并希望今后进一步发展两国在各个领域的友好合作。双方还就金融、财政、企业管理等问题交换看法。

国务院总理李鹏在钓鱼台国宾馆会见韩国总统卢泰愚

李鹏说,我们两国是近邻,长期没有外交关系,是不正常的。对于两国建交,两国人民很高兴,国际社会也很欢迎。

李鹏说,我们重视发展同韩国的关系。中韩两国地理上毗邻,经济上互补,双方又有发展经贸合作的良好愿望,两国互利合作的前景是很好的。总统这次对中国的访问对两国关系的发展一定会有进一步的推动作用。

国务院侨务办公室港澳办公室和台湾事务办公室在北京联合举办国庆招待会

国务院副总理邹家华会见全国横向经济联合和对口支援工作会议全体代表

邹家华说,要发展经济就要搞好横向联合与协作。只有联合起来,使各地区分散的优势变成整体优势,才能更好更快地发展国民经济。

邹家华强调,横向经济联合与协作要同区域经济发展规划相结合。邹家华说,横向经济联合与协作是加快区域经济发展的重要措施和有效途径,区域经济发展规划要把横向经济联合与协作作为一项重要内容,互相促进、互相补充。西南和华南部分地区联合起来,统一规划,打通出海通道,就能同时发挥广西沿海港口和西南能、矿资源的优势。西北地区联合起来走"西口",形成合力,就能加快进入中亚和中东市场。

邹家华同时要求重视抓好对口支援工作。对口支援是横向经济联合与协作的一个重要方面。在这项富有经济、政治意义的战略任务中,既要提倡发扬风格,多讲奉献,也要体现价值规律,做到互惠互利,共同发展。

国务院在北京召开漳河水事协调会

受国务院领导委托,国务院副秘书长李昌安主持会议。会议开始时,国务院副总理田纪云到会讲话。

会议决定,由水利部海河水利委员会对漳河侯壁水电站至岳城水库间河段实行统一规划,统一治理,统一调度,统一管理。为此设立海河水利委员会漳河上游管理机构。

漳河水事协调会上,国务院有关部委、山西、河北、河南三省及有关地(市)、县、水利部门负责人,对水利部提出的进一步解决漳河水事纠纷的意见进行认真研究,形成会议纪要。会议认为妥善处理水事纠纷是各级政府义不容辞的重要职责,要认真贯彻国务院有关文件和今年 1 月 13 日水利部主持冀豫两省签订的《关于解决漳河水事纠纷的协议书》,协议中确定要处理的工程和采取的措施,应于今年 11 月 15 日前完成,完成后由省政府向国务院办公厅报告,由水利部组织验收。

会议还决定,由水利部与河北、山西、河南三省政府组成漳河水事协调小组,水利部任组长,协调小组负责研究、协调漳河水事中的重大问题,督促检查有关决定的实施。

会议还决定,对于破坏水利工程案件的查处,公安部已作部署,有关部门应抓紧进行,依法严肃处理。各地要采取得力措施,防止破坏水利工程案件再次发生。

中共中央政治局常委李瑞环在人民大会堂会见香港新世界有限公司(集团)主席郑裕彤

全国人大常委会委员长万里在人民大会堂会见香港新世界有限公司(集团)主席郑裕彤

全国电力系统贯彻《全民所有制工业企业转换经营机制条例》电话会议在北京召开

全国电力系统贯彻《条例》电话会议日前召开。

会议指出,行业部门和网局、省局要改变没权可放的观念,由单纯管企业转向为企业服务。大力推广华能集团的运营机制,将同样的政策应用于电力企业,帮助电力企业落实投资权、融资权、进出口权、计划权,以及实现合理电价等。要采取措施,探索适当的办法,给基层电厂、供电局以必要的自主权,使发电厂、供电局变为相对独立核算的单位。

会议号召电力系统上下一齐努力,自觉地、勇敢地去争取落实各项自主权。能源部已结合贯彻《条例》,对有关法规、规章和政策性文件开展了初步清理,对与《条例》抵触或不一致的废止和修改,这项工作将于年底前大体完成。今后将通过制订《条例》实施办法,进一步下放人权、财权、外事权、计划权等。《条例》规定的自主权落实到网、省电力公司后,还应把大部分权力放到基层企业去。

中共中央总书记江泽民在北京会见前来参加中日邦交正常化 20 周年纪念活动的前官房长官二阶堂进及其他日本人士

这些日本客人来自日本各政党、各友好团体和各界,其中还包括为中日友好作出贡献的已故人士的亲属。

江泽民说:20 年前的今天,中日两国政府就在这里签署联合声明,从而实现邦交正常化。当时的日本国首相田中角荣先生以政治家的远见卓识访问中国,同毛泽东主席和周恩来总理一起揭开中日关系的新篇章。

江泽民说,中日邦交正常化来之不易,是两国老一辈政治家和两国人民长期共同努力的结果。进一步发展中日友好合作关系,不仅符合两国人民的根本利益,对维护亚太地区及世界和平也将产生积极的影响。

1972 年作为官房长官随同田中首相访华并参加邦交正常化谈判的二阶堂进说,20 年前,日中领导人作出恢复邦交这一伟大的政治决断。20 年来,日中关系获得了顺利发展。二阶堂进表示,在座的各位日本人士都愿意继续为日中友好合作的发展而努力。

对外友协会长韩叙、中日友协会长孙平化和外交部副部长徐敦信会见时在座。

国家主席杨尚昆接受匈牙利新任驻中国大使梅可岚递交的国书

中共中央总书记江泽民在人民大会堂会见日本第四次"长城计划"访华团全体成员

江泽民在会见时说,1992 年是中日邦交正常化 20 周年。20 年来,中日关系得到了长足的发展。他表示希望中日两国青年广泛交流,互相学习,增进了解,共同促进中日关系向前发展。

"长城计划"是由日本前首相竹下登倡导的一项为期 10 年的交流计划,自实施以来推动了中日两国青年和人民间友好事业的发展。

中共中央政治局常委乔石在人民大会堂会见由总检察长阿布·塔里布·奥斯曼率领的马来西亚检察代表团

国务院副总理吴学谦在北京工艺美术馆会见日本佳能公司会长贺来龙三郎

贺来龙三郎是专程来京参加日本佳能公司与中国当代摄影学会主办的"中日摄影名家二十人联展"的。

吴学谦对日本佳能公司与中国各地日益加深的业务合作表示欢迎。希望这种合作向更深更广领域发展。

会见时,吴学谦得知日中邦交正常化 20 周年纪念委员会会长伊东正义因病未能前来,吴学谦说,伊东正义先生是中国人民的老朋友。请日中协会常务理事村井隆先生回去后转达他对伊东正义先生的亲切问候。

中顾委常委黄华、全国政协副主席谷牧、文化部副部长刘德有、对外友协副会长陈昊苏和中国当代摄影学会主席杨绍明等参加会见。

全国人大常委会委员长万里在人民大会堂会见各国议会联盟理事会主席英国保守党议员迈克尔·马歇尔爵士

外经贸部副部长佟志广就中美市场准入谈判等问题答记者问

经贸部负责对美政策的副部长佟志广在谈到中美市场准入谈判及其他有关问题对记者说，中国将继续将其贸易体制向国际标准靠拢。但不一定像美国所希望的那样。中国将走自己的路。

佟志广说，中国希望加入关贸总协定并愿意承担关贸总协定对发展中国家要求的义务。有没有市场准入谈判，或者市场准入谈判成不成功都是这样。

佟志广说，中国不希望在中美之间出现贸易战，因为这对两国都是不利的。但中国并不怕进行贸易战，尤其是对方以贸易报复手段相威胁的时候。他指出，如果一旦美国对中国实行高关税报复，中国必然会采取相应措施。这是毫无疑问的。但我们并不希望这样。

下面是记者采访佟志广的谈话内容：

问：佟副部长，您不久将赴美参加第九轮中美市场准入谈判，请问中方对这次谈判持什么立场？

佟：我们对于市场准入谈判是抱有诚意的，我们将在改革开放精神的指导下继续与美方进行谈判。但达成协议需要谈判双方的共同努力，我们希望美方抱着同样坦诚、务实的态度进行谈判，以解决目前双方还存在的分歧。我们也已经告诉美方，中国是发展中国家，我们不可能接受超出关贸总协定对发展中国家要求的条件，美国也没有理由要求中国做连美国自己也做不到的事情。希望美方及早丢掉幻想，采取灵活务实的态度，以利于双方达成协议。

问：美国方面在许多场合表示，中国能否进入关贸总协定，很大程度上取决于市场准入争端解决得如何，如果市场准入问题不能解决，美国就根本不可能让中国进入关贸总协定。对此您如何看？

佟：首先我要明确一点，就是，中国是关贸总协定的创始国之一，中国完全有权利、也应该恢复其在关贸总协定中的合法席位。我认为，中国恢复其在关贸总协定中的席位是对关贸总协定的有力支持。当前世界区域经济集团化趋势不断加强，关贸总协定的地位已受到挑战。我们主张，区域经济集团化的发展应符合关贸总协定所确定的多边自由贸易原则，而不应成为地区保护主义贸易集团。中国关于恢复关贸总协定席位的要求，正是对关贸总协定所确定的多边贸易体制的肯定和有力支持。中国作为一个拥有11亿人口的经济大国和贸易大国，正成为国际贸易体系中举足轻重的一员。如果没有中国的参与，多边贸易体制就是不全面的。中国在恢复关贸总协定缔约国席位后，不仅将享受应当享受的权利，也将认真履行其应当履行的义务。中国愿意在关贸总协定框架下为促进世界贸易的发展作出自己的贡献。

问：8月21日美国贸易代表办公室公布了一项针对从中国进口商品的拟议报复清单，并称，如果中美双方不能在10月10日之前就市场准入问题达成协议，美国就将对这些进口商品征收惩罚性关税。这是否意味着中美间将爆发一场贸易战？

佟：中美间是否爆发贸易战完全取决于美方的行动，因为是美方单方面提出以贸易报复相威胁。但如果美方对我实施报复，我们将不得不采取相应措施。美国一方面以关贸总协定原则要求其他国家，另一方面却经常以单方面贸易报复威胁别国。这本身就直接违背了关贸总协定原则。我们不愿看到中美之间发生贸易战，因为这既不符合中国人民的利益，也不符合美国人民的利益。翻翻中国的历史，就可以看到，中国人民对外来的威胁从来没有屈服过。新中国成立之后，西方国家的多年封锁、禁运也没有将我们压垮。针对美方公布的对我产品报复清单，我有关部门也已相应拟定了反报复清单，并正在征求公众意见。

问：如果中美间爆发贸易战，会对两国产生什么影响？

佟：贸易战对中美双方都是没有好处的。一旦发生贸易战，必将引起双边经贸关系的严重倒退。对中国来说，贸易战意味着对美出口将受到阻碍，许多产品将因受到高关税壁垒而被迫退出美国市场。遭受打击最严重的是我国经济最具活力的地区——东南沿海一带的“三资”企业，香港的经济也会受到较大的影响。对美国来说，引发一场贸易战也是不明智的。仅就目前而讲，美国许多产品对中国市场的依赖性已经形成。其中对华小麦出口约占其小麦出口总额的五分之一，磷肥对华出口约占其全部产量的六分之一，美国的商用飞机在中国也有很大市场。如果失去中国市场，生产这些产品的美国工厂、农场将出现大量失业人员。同时，美国市场对部分中国产品的依赖性已经很强，一旦得不到这些产品，美国消费者的利益将直接受到损害，他们将不得不为得到同类产品付出更多的钱。目前，中国对美出口的玩具约占美该产品全部进口的百分之三十一，鞋类占百分之四十五，纺织品和服装占百分之二十六，旅游箱包占百分之四十。此外，美国在华企业的利益也将受到威胁。目前美国在华投资企业已达2800多家，总投资额达54亿美元。这些企业中许多是依靠向美国返销产品维持生意的。如果两国经贸关系恶化，必然威胁到这些企业的发展和生存。而且，由于贸易战会直接影响到香港经济，在港美商利益也将受损。

从长远看，美国将在一定程度上失去中国这个大市场。虽然目前中国的购买力还不是很强，但其对外开放和经济改革必将带动经济的全面起飞。无论是这一过程中的基础建设还是这一过程完成之后的消费需求，均将形成一个巨大的进口市场。如果中美经贸关系恶化，美国的企业家和商人将坐失良机，今后恢复起来，也会很困难。这也不符合美国的利益。

问：如果中美市场准入谈判破裂，您认为中国开放市场的进程是否会停止不前？

佟：不会。我已经说过，我认为改革开放是中国自己的需要，也是我们的既定方针，无论有没有市场准入谈判或者市场准入谈判成功与否，中国都将继续开放贸易市场、向国际多边贸易体制靠拢。中国恢复关贸总协定席位既有利于中国本身，也有利于中国的贸易伙伴，并且有利于多边贸易体系的加强。如果有人认为没有美国来和我们谈市场准入，中国就不再改革开放，那就太幼稚了。

《人民日报》发表社论《继往开来，开创睦邻友好的新世纪——纪念中日邦交正常化二十周年》

外交部发言人就美国总统布什否决国会有条件延长对华最惠国待遇答记者问

外交部发言人说，中国欢迎布什总统否决美国国会有条件延长对华最惠国待遇的议案。

有记者问：你对布什总统9月28日否决美国国会有条件延长对华最惠国待遇议案有何评论？

发言人说，"我们欢迎布什总统的决定，中美两国互相给予最惠国待遇是对等、互惠的安排。保持两国间的最惠国待遇符合中美两国人民的利益，也有利于两国的经济贸易关系。"

解放军三军仪仗队国庆启用本军种军旗同时着装新式礼宾服

中央军委主席江泽民最近签署命令，公布中国人民解放军仪仗队使用的陆、海、空军军旗式样。自今年10月1日起，我陆、海、空军军种仪仗队单独执行司礼任务时，将分别使用本军种军旗。与此同时，三军仪仗队一律换着新式礼宾服装。这是为适应加快改革开放和扩大对外交往所采取的一项重要举措。

国家教委主任李铁映在第四届全国大学生运动会致开幕词

首届台湾香港澳门暨海外华文文学游记征文徐霞客奖颁奖活动在人民大会堂举行

颁奖活动由中国海外交流协会、中国文联出版公司《四海——台港澳海外华文文学》杂志社、新加坡文艺协会、香港中国旅游出版社和鸿运国际运输服务有限公司联合主办。中共中央政治局常委李瑞环和全国政协副主席钱伟长、程思远等出席颁奖仪式并为十位获奖者颁奖。

这次征文活动获奖的作品有：美国许以祺的《乡情的联想》；巴西朱彭年的《浮光掠影亚马逊》；法国张宁静的《陆地的边缘》；新加坡陈美华的《大理的风花雪月》；台湾郑明娳的《把我的根种在九寨沟》；瑞士赵淑侠的《当我万水千山走遍》；菲律宾柯清淡的《〈离骚〉又添新一页》；泰国梦莉的《人道洛阳花似锦》；香港曾敏之的《诗情画意记阳朔》；马来西亚戴小华的《松花江的神奇》。这些获奖作品是从来自世界各地的120多位作家、文学爱好者的240多篇来稿中遴选出来的，它反映了当代华文游记散文的新水平。

来自美国、香港、北京的作家和新闻单位的负责人，港台和海外华文文学的研究专家等共200多人出席活动。

第四届全国大学生运动会在武汉中南财经大学体育场举行开幕式

中共中央政治局委员、国务委员兼国家教委主任李铁映在开幕词中代表党中央、国务院祝贺这次体育盛会召开。湖北省省长郭树言致欢迎词。中南财经大学学生刘文莉代表全体参赛运动员发言。

国家体委主任伍绍祖接受全国大学生运动会支持北京申办2000年奥运会的信。

中共湖北省委书记关广富、国务院副秘书长徐志坚以及国家教委、国家体委、共青团中央和有关部门的负责人出席开幕式。

9月30日

国务院总理李鹏在人民大会堂举行国庆招待会庆祝中华人民共和国成立43周年

党和国家领导人及中外宾客1000人欢聚一堂，共度佳节。

晚上6时，江泽民、杨尚昆、李鹏、万里、乔石、姚依林、宋平、李瑞环等步入宴会大厅。

招待会在国歌声中开始。李鹏致祝酒词。

田纪云、李铁映、李锡铭、杨汝岱、吴学谦、秦基伟、丁关根、邹家华、朱镕基、刘华清、杨白冰、温家宝、姬鹏飞、严济慈、荣毅仁、叶飞、孙起孟、雷洁琼、宋健、王芳、李贵鲜、陈希同、陈俊生、钱其琛、方毅、洪学智、谷牧、钱伟长、程思远、罗干、迟浩田等出席招待会。

柬埔寨国家元首、柬埔寨全国最高委员会主席诺罗敦·西哈努克亲王和夫人莫尼克公主，各国议会联盟理事会主席迈克尔·马歇尔爵士，英国前首相爱德华·希思爵士也应邀出席。

国务院总理李鹏在庆祝中华人民共和国成立43周年招待会上发表讲话

各位来宾，朋友们，同志们：

今天我们欢聚一堂，热烈庆祝中华人民共和国成立43周年。我代表中共中央和国务院，向辛勤工作在各条战线的全国各族工人、农民、知识分子、广大干部、人民解放军和武警指战员、公安干警以及各界爱国人士，向台湾同胞、港澳同胞和海外侨胞，致以节日的祝贺和亲切的问候！我代表中国政府和人民，向出席招待会的各国来宾和驻华使节，表示热烈的欢迎！向所有关心和支持我国现代化建设事业的国际友人，表示衷心的感谢！

43年来，我国各族人民在中国共产党领导下，团结奋斗，艰苦创业，使中国面貌发生了根本变化。特别是中国共产党十一届三中全会以后的14年，我们坚持党在社会主义初级阶段的基本路线，积极实行改革开放，进一步解放和发展社会生产力，取得了举世瞩目的成就。

今年以来，在邓小平同志视察南方重要谈话和中共中央政治局全体会议精神鼓舞下，举国上下进一步解放思想，实事求是，抓住有利时机，加快改革开放和经济建设步伐，形势很好。国民经济增长速度明显加快。农村经济活跃，农业生产获得好收成。工业生产持续增长。第三产业发展速度加快。国内市场繁荣，物价比较平稳。对外贸易继续保持增长的好势头。经济发展过程中出现的一些薄弱环节和问题，已引起各方重视，正积极妥善地加以解决。以实行政企分开、转换企业经营机制为重点的经济体制改革和其他方面的改革，进一步深化。对外开放不断扩大，形成了沿海、沿江、沿边和省会城市全方位开放的新格局。外商来华投资踊跃，投资范围拓宽，投资额超过以往任何一年。教育、科技、文化、卫生、体育等各项事业，都有可喜的进步。中国人民解放军的革命化、现代化、正规化建设取得新的进展。现在，我国经济发展，政治稳定，社会安宁，城乡人民生活继续改善。11亿中国人民正满怀信心地沿着建设有中国特色的社会主义道路阔步前进。

实践经验充分证明，以邓小平同志建设有中国特色社会主义理论为指导的党的基本路线，是一条把中国引向富强民主文明的社会主义现代化国家的正确路线。坚定不移地全面贯彻执行党的基本路线，我们的事业就经得起任何风浪的考验，我们的国家富强和民族振兴就大有希望。

我们要坚持以经济建设为中心不动摇。要努力争取国民经济隔几年再上一个新台阶，更好地实现我国现代化建设第二步战略目标，在本世纪末达到小康。为保持国民经济发展的良好势头和实现经济发展的长远目标，要进一步调整和优化产业结构，高度重视农业、基础工业和基础设施的建设，积极发展第三产业。加速科技进步，大力加强教育，充分发挥知识分子的作用，积极推动经济与科技、教育的密切结合，促进经济由粗放经营向集约经营转变。

充分发挥各地优势，加快地区经济发展，逐步实现全国经济的合理布局。在提高经济效益和优化经济结构的基础上，保证我国经济持续以较高速度向前发展。

我们要继续深化改革。经济体制改革要加快市场体系的培育，更多地发挥市场的作用，改进国家的宏观调控，促进国民经济的发展。努力推进科技、教育、文化等各方面体制的改革。积极推进政治体制改革，加强社会主义民主和法制建设。同改革和发展相适应，大力进行行政管理体制和机构改革，转变政府职能，精简机构，提高效率。在各项改革中，要大胆探索，积极试验，不断总结经验。

我们要进一步扩大对外开放。为适应全方位对外开放新格局的要求，继续深化外贸体制改革，努力改善投资环境，进一步发展对外贸易和经济技术交流，更多更好地利用国外资金、资源、技术和管理经验，积极借鉴和吸收人类社会包括资本主义发达国家所创造的先进文明成果，为我国社会主义现代化建设服务。

安定团结是我国各族人民的根本利益所在。我们必须坚持四项基本原则，为改革开放和经济建设提供强有力的政治保证。要继续坚持物质文明建设和精神文明建设一起抓，大力加强廉政建设，坚决反对腐败行为和丑恶现象，进行党的基本路线教育和爱国主义、集体主义教育，不断提高全社会的精神文明水平，促进社会的全面进步。

朋友们，同志们！

中国共产党第十四次全国代表大会即将召开。这是我国政治生活中的一件大事。全国各族人民正在以巨大的改革和建设热情迎接这次大会。我们相信，党的十四大必将进一步促进我国改革开放和建设事业兴旺发达，成为中国共产党和中国社会主义现代化历史上的一个重要里程碑。

朋友们，同志们！

早日实现祖国统一，是全国各族人民包括台湾同胞、港澳同胞和海外侨胞的共同心愿。我们坚持“和平统一、一国两制”的方针，努力促进祖国统一大业。希望台湾当局顺应民心，为发展两岸交往和经济合作多做实事，为完成祖国统一大业作出贡献。我们希望保持和发展台湾海峡地区的缓和气氛。任何破坏这一地区缓和、稳定与和平的行为，都是我们绝不容许和坚决反对的。

实现香港、澳门政权的顺利交接和保持港澳地区的长期稳定繁荣，是中国政府坚定不移的政策。我们相信，在中英关于香港问题的联合声明和中葡关于澳门问题的联合声明的基础上，通过中英、中葡政府的密切合作以及全体港澳同胞的共同努力，这个目标一定能够实现。

朋友们，同志们！

一年来，国际形势发生了深刻复杂的变化，世界继续朝着多极化方向发展。世界人民为促进和平与发展作出了不懈的努力。但是，天下并不太平，霸权主义和强权政治仍然是导致世界不安宁的主要因素。一些国家和地区的民族矛盾、领土争端不断发生，南北发展严重不平衡。解决全人类所关切的和平与发展两大主题，需要世界各国人民继续坚持不懈地努力。

在动荡多变的国际形势下，中国坚定不移地奉行独立自主的和平外交政策，为维护世界和平与促进共同发展作出了自己应有的贡献。今年以来，我国同独联体各共和国、以色列国、大韩民国等 15 个国家建立了外交关系，至此同我国建交的国家已经达到 154 个。我国的国际地位不断提高，影响日益扩大。

我国注重同周边国家发展睦邻友好关系。不断发展与朝鲜民主主义人民共和国的传统友好合作关系是我们不可动摇的方针。中国政府和人民将继续为缓和朝鲜半岛局势，促成朝鲜的自主和平统一作出努力。中国重视同越南的睦邻友好关系。中越关系正常化以来，两国关系的恢复和发展是好的。历史遗留问题应该通过谈判解决。为了维护东南亚地区的和平与稳定，我们在维护南沙群岛主权的同时，提出了搁置争议、共同开发的合理主张。中国开始了同东盟的对话进程，友好关系进入全面发展的新时期。我国同南亚各国的友好关系继续发展。中日友好合作的领域正在不断拓宽，我们期待着日本天皇和皇后对中国的友好访问圆满成功。我国同俄罗斯、中亚各国以及其他国家的关系正在积极地发展。

加强同发展中国家的团结与合作是我国对外政策的一个基本点。我国同中东、拉美、非洲和南太平洋等地区国家的关系不断加强，经贸和科技文化交流日益增多。不结盟运动已正式接纳中国为观察员。中国同 77 国集团的关系进一步密切。中国是发展中国家，永远是发展中国家的可靠朋友。

我国同西欧各国的政治经济往来和科技文化交流不断扩大，前景广阔。中国政府愿意在求同存异、相互尊重和平等互利的基础上，为发展同西欧国家长期稳定的友好合作关系而努力。

中国一贯重视中美关系。中美三个联合公报确定的各项原则是中美关系的基础，任何违反和破坏这些原则、干涉中国内政的行为都是不能接受的。我们相信，只要双方严格遵守三个联合公报的原则，共同采取积极步骤，就可以克服困难，使中美关系得到正常发展。

中国是坚定维护世界和平的重要力量，从不谋求霸权和势力范围，也无意填补什么真空，同时坚决反对霸权主义和强权政治，反对干涉别国内政。不论今后国际风云如何变幻，中国都将坚持在和平共处五项原则的基础上同世界各国发展友好合作关系，为推动建立公正合理的国际新秩序，为维护世界和平与促进人类进步事业作出积极贡献。

现在，我提议：

为庆祝中华人民共和国成立 43 周年，

为全国各族人民的大团结，

为祖国的繁荣和人民的幸福，

为中国人民和世界人民的友谊，

为世界的和平与发展，

为各位来宾、驻华使节和夫人的健康，

为朋友们和同志们的健康，干杯！

首都庆祝中华人民共和国成立 43 周年文艺晚会在人民大会堂举行

党和国家领导人江泽民、杨尚昆、李鹏、乔石、姚依林、宋平、李瑞环、李铁映、杨汝岱、秦基伟、刘华清等和各族群众、港澳台同胞一起观看文艺演出。

全国人大常委会国务院致电祝贺四川凉山彝族自治州成立四十周年

海峡两岸关系协会致信台湾海峡交流基金会建议双方有关人士及早就汪道涵会长与辜振甫董事长会晤进行预备性磋商

信中说：“贵会董事长辜振甫先生 8 月 22 日致汪道涵会长函悉。汪会长对辜先生接受邀请，择期会晤，甚为欢迎；并对辜先生促进两岸关系、加强贵我两会联系与合作的态度，深表赞赏。”

信中说："汪会长与辜先生的会晤，尚属首次。为保证会晤成功，我会建议双方有关人士在北京或大陆其他适当地点及早进行预备性磋商，议定会晤的时间、地点、议题及其他各项有关事宜。"

"有关地点问题，我会愿意积极考虑辜先生的要求，但需通过预备性磋商后正式确定。"

中国人民银行同意中国平安保险公司扩大保险业务并开办一切险种和国际再保险业务

中共中央总书记江泽民在中南海会见意大利前参议院议长意中经济文化交流协会主席维托里诺·科隆博参议员

中共中央总书记江泽民在人民大会堂会见出席中信国际经济论坛研讨会的中外代表

国务院总理李鹏和副总理邹家华朱镕基在人民大会堂会见在科学技术管理方法文化教育等方面作出杰出贡献的40位外国专家

全国人大常委会委员长万里在人民大会堂会见哈萨克斯坦共和国议会科学教育委员会主席萨伯杰诺夫

中国韩国联合发表新闻公报

在韩国总统卢泰愚结束访问北京之际，中韩双方上午发表新闻公报。公报全文如下：

一、应中华人民共和国主席杨尚昆的邀请，大韩民国总统卢泰愚于9月27日至30日对中华人民共和国进行了国事访问。卢泰愚总统是访问中国的第一位韩国总统，受到了中国政府和人民的隆重欢迎和热情接待。

二、访问期间，中华人民共和国主席杨尚昆同大韩民国总统卢泰愚在友好的气氛中进行了会谈，中国共产党中央委员会总书记江泽民和国务院总理李鹏分别会见了卢泰愚总统。在会谈和会见中，双方介绍了各自国家的政治、经济情况，讨论了进一步发展双边友好合作关系问题。双方还就国际形势和地区形势广泛地交换了意见。

三、中韩两国领导人高度评价中韩建交，认为两国结束过去不正常的关系，在建交公报基础上发展睦邻友好合作关系，符合两国人民的利益，也符合当今国际形势的发展趋势。对亚洲和世界的和平与发展具有重要意义。

四、两国领导人对两国政府签署的贸易协定、投资保护协定、关于设立经济、贸易、技术联合委员会协定和科学技术合作协定表示满意，双方决定将积极开展在经济、贸易、科技、交通、文化、体育等领域的交流与合作。

五、卢泰愚总统介绍了韩国关于朝鲜半岛南北对话、建立朝鲜半岛无核区和实现和平统一等问题的立场。中国领导人赞赏朝鲜半岛南北对话取得的进展，表示希望朝鲜半岛无核化共同宣言的目标能够早日实现，并重申支持朝鲜南北双方早日实现朝鲜半岛的自主、和平统一。两国领导人一致认为，朝鲜半岛紧张局势的缓和不仅符合全体朝鲜人民的利益，而且有助于东北亚乃至整个亚洲的和平与稳定，这一缓和进程应继续发展下去。

六、两国领导人认为，加强东北亚及亚太地区的经济合作，有利于这些地区国家的发展和共同繁荣。双方同意在亚太经济合作会议等区域性经济机构内进行合作。

七、中韩双方相信，卢泰愚总统对中国的成功访问将推动两国睦邻合作关系进一步发展。

八、卢泰愚总统对中方的盛情款待表示感谢并邀请杨尚昆主席在方便的时候访问韩国。杨尚昆主席对此表示感谢并愉快地接受了邀请。

中国韩国签署四项协定

上午，国家主席杨尚昆和韩国总统卢泰愚在钓鱼台国宾馆出席中韩两国政府4项协定签字仪式。

这4项协定是：贸易协定、投资保护协定、关于设立经济、贸易、技术联合委员会协定和科学技术合作协定。经贸部部长李岚清、国务委员兼国家科委主任宋健，韩国外务部长官李相玉、商工部长韩凤洙、科技部长金镇炫分别代表两国政府在协定上签字。

中葡联合联络小组双方就关于《公民及政治权利国际公约》和《经济、社会、文化权利国际公约》适用于澳门的问题取得一致意见并在澳门签署会谈纪要

中葡联合联络小组中方组长康冀民和葡方副组长波特拉分别代表双方在会谈纪要上签字。

康冀民表示，中葡双方就关于两个国际人权公约的有关规定适用于澳门的问题达成共识，是通过友好磋商取得的一项成果，有利于澳门的平稳过渡和稳定发展，有利于保障澳门居民的基本权利和自由。

中国代表张克宁在联合国贸易和发展会议第39届理事会第一期会议上发言

张克宁指出，近年来广大发展中国家纷纷着手经济改革和结构调整，大力实行贸易自由化政策，使得其出口贸易有新的发展，与世界各国，特别是发达国家的经贸合作的条件得到改善。但是,发达国家的贸易保护主义措施,尤其是非关税壁垒不仅没有减少,反而大大增加。

张克宁说,发达国家各种形式的贸易保护主义措施的泛滥,不但使它们本国已失去竞争力的传统产业得不到淘汰和转移,而且也严重损害发展中国家的出口利益和世界贸易的正常发展。

张克宁认为,发达国家在贸易政策上普遍缺乏透明机制是导致保护主义泛滥的根本原因。因此,张克宁提出,建立贸易政策透明机制已成为当务之急。

张克宁表示,中国正在采取实际步骤,改革外贸体制,进一步开放国内市场,并增加贸易制度的透明度。张克宁说,为此,中国已降低 225 项关税,取消进口调节税,并决定除保留少量配额和按关贸总协定对幼稚工业进行必要保护外,在 3 年内逐步取消大部分进口许可证。

10月1日

《人民日报》发表社论《看神州大地充满生机——国庆献词》

金风送爽。共和国之树，苍劲挺拔，又添了一道年轮。

43年的征程不寻常，近14年的巨变更难忘。特别令人鼓舞的是，今年以来，在邓小平同志视察南方重要谈话和中央政治局全体会议精神的指引下，在以江泽民同志为核心的党中央领导下，全国各族人民为实现国民经济上一个新台阶而团结奋斗，我国的改革开放和现代化建设进入了一个蓬勃发展的新阶段。

放眼希望的田野，以家庭联产承包为主的责任制进一步稳定，9亿农民人心稳，劲头足，农业生产不断发展，乡镇企业生机勃勃。回眸繁华的都市，数以万计的全民所有制大中型企业，正认真贯彻企业转换经营机制条例，破陈规，闯新路，大踏步走向市场。个体经济、私营经济、三资企业也在迅速发展。各级政府积极转变职能，提高效率，更好地为经济建设服务。对外开放的步伐大大加快。沿海开放带更加开放，沿边、沿江以至内地许多城乡急起直追，形成全方位、多层次的对外开放新格局。一个充满生机和活力的社会主义新经济体制正在加速构建。

如今，神州大地，无论是城市还是乡村，沿海还是内地，到处都在说改革，话开放，议未来，谈发展，一片热气腾腾。看准了的，就大胆地试，大胆地闯，正蔚成风气。面对改革开放的好形势，全国人民精神振奋，海外华人欢欣鼓舞。

改革开放需要思想解放，思想解放促进改革开放。邓小平同志关于建设有中国特色社会主义的理论，是解放思想的强大武器。今年初邓小平同志视察南方的谈话，以马克思主义的革命首创精神和实事求是的科学态度，高屋建瓴、精辟透彻地回答了一系列重大的理论问题和实际问题，廓清了妨碍我们阔步前进的思想上的迷雾，进一步充实和发展了建设有中国特色社会主义的理论。亿万干部和群众通过认真学习这个重要谈话，思想认识发生了新的飞跃，这是党的十一届三中全会以来又一次意义深远的思想解放，它正在变成推动改革开放胜利前进的巨大物质力量。

改革开放是为了人民群众，改革开放也要紧紧地依靠人民群众。人民群众是历史的创造者，是我们国家的主人。离开人民群众我们将一事无成。社会主义的基本制度是为人民谋利益的，但是旧的经济体制束缚生产力的发展，妨碍了社会主义制度优越性的发挥。在坚持社会主义基本制度的前提下进行经济体制改革和其他方面的改革，是艰巨复杂的历史课题，必须有广大人民群众的理解、支持和参与才能成功。我们的各级领导干部在改革中要牢记全心全意为人民服务的宗旨，坚持“从群众中来，到群众中去”的群众路线。

创新的事业呼唤创新的人，创新的事业造就创新的人。建设有中国特色的社会主义是一项极其伟大的创新的事业，需要一支革命化、年轻化、知识化、专业化的干部队伍为其中坚。令人欣喜的是，在改革开放的大潮中，这样的优秀人才正在不断涌现。“江山代有才人出”，这是民族振兴的希望，是国家强盛的希望。对那些勇于改革创新的干部，要热诚关心、积极支持、加强指导，使他们在改革开放中更好地生光发热。

形势越好、发展越快，头脑越要冷静。我们要牢记：在整个改革开放和现代化建设中，必须全面贯彻党的“一个中心、两个基本点”的基本路线，始终维护安定团结的政治局面。我们要牢记：右可以葬送社会主义，“左”也可以葬送社会主义。中国要警惕右，但主要是防止“左”。我们要牢记：必须坚持两手抓，一手抓物质文明建设，一手抓精神文明建设；一手抓改革开放，一手抓打击各种犯罪活动。我们要牢记：要坚持对外开放，大胆引进和吸收国外一切好的东西，同时也要注意抵制腐朽的东西。在改革开放中，一定要把革命精神同科学态度结合起来，把远大理想同实干作风结合起来。

前程似锦，任务宏大，机遇难得。即将召开的中国共产党第十四次全国代表大会，将擘画90年代以至下个世纪振兴中华的宏图大计，是一次意义深远的大会。只要我们坚持邓小平同志建设有中国特色社会主义的理论和党的基本路线，我们的人民共和国一定能够沿着改革开放的强国之路奋勇前进，实现小康、走向发达！

四川省凉山彝族自治州举行集会庆祝建州40周年

全国人大常委会和国务院于9月30日联合发出贺电，向凉山各族干部和群众，驻州人民解放军和武警部队官兵及广大民兵致以热烈祝贺和亲切慰问。贺电说，四十年来，凉山各族群众认真执行党和国家的民族政策，使自治州经济文化等各项事业蓬勃发展，社会面貌发生深刻变化。特别是党的十一届三中全会以来，全州各族干部群众坚持改革开放，成就更是令人瞩目，这是党的改革开放政策和民族区域自治政策的伟大胜利。

中共中央政治局常委李瑞环在人民大会堂会见泰国正大集团董事长谢国民

中国常驻联合国代表李道豫在 77 国集团召开的第十六届外交部长会议上发表讲话

李道豫呼吁联合国重视发展问题，并在促进国际经济合作、特别在发展中国家的发展方面作出更大贡献。

中国作为观察员出席这次会议。

李道豫高度评价七十七国集团在促进国际经济合作、特别是在促进发展中国家的经济增长和发展方面所起的作用。他表示相信，作为发展中国家一支重要力量的七十七国集团，只要求大同、存小异，相互配合、加强团结，就一定能够加强其在多极化世界上的声音，就一定能够在建立国际新秩序、加强南南合作、推进南北对话、维护发展中国家权益的斗争中取得新的成就。

李道豫赞扬中国与七十七国集团的互相支持与合作，并表示中国政府十分重视加强与该集团的友好合作关系。

李道豫代表中国政府感谢此次会议将讨论欢迎中国参加发展中国家全球贸易优惠制问题。他说，中国作为发展中国家的一员加入这一优惠制，将有助于加强中国与其他发展中国家之间的合作，他希望这一问题能尽早得到解决。

国家教委在武汉举行"全国普通高等学校体育课程评估优秀学校暨全国普通高等学校优秀老体育教师表彰大会"

国家教委在各省、区、市教育部分检查、评比和推荐的基础上，决定表彰清华大学、北京大学、南开大学、河北农业大学、内蒙古财经学院、浙江农业大学、广西大学、西藏民族学院、新疆大学等 106 所全国普通高等学校体育课程评估优秀学校。

同时，还表彰了 50 位在高校工作的优秀老体育教师。

人民日报社和日本朝日新闻社朝日电视台共同举办的展望 21 世纪的亚洲国际研讨会在长江"峨眉"号船上开幕

最高人民法院主办的《人民法院报》在北京创刊

著名文学家教育家巴金的铜像在南京师范大学附中举行揭幕仪式

10 月 2 日

北京市十一学校庆祝建校 40 周年

第二届中国民族文化博览会在北京中国国际贸易中心开幕

中央芭蕾舞团一行 140 余人飞抵台北赴台湾演出

10 月 3 日

国务院副总理田纪云在钓鱼台国宾馆会见泰王国公主玛哈扎克里·诗琳通殿下

北京市市长北京奥申委主席陈希同在钓鱼台国宾馆会见国际奥委会执委库马尔和夫人

湖南农学院万文举等主持遗传工程水稻研究课题首次把玉米 DNA 导入水稻并育成高产优质水稻品系

国务委员宋健会见瑞典教育科学部长佩尔·恩克尔

中科院遗传所研究发现我国姓氏虽逾万仍嫌拥挤待创新

中国科学院遗传研究所研究人员杜若甫、袁义达最近披露，他们在搜集与研究中华姓氏时，获得了一些新发现，这里既有新生的姓，也有在文献中失传，其实仍然存在的姓。

皓、皖等姓氏在古代文献中曾有过记载，后来却不见了，有人以为这些姓消失了，其实没有消失。如皓，春秋时有此姓，今辽宁沈阳市仍有；皖，春秋时有此姓，今安徽、浙江等均有；众，春秋时有此姓，今浙江余姚仍有；号，汉时有记载，今浙江、台湾等地均有；栖，汉时有记载，今山东、台湾等均有；叱干，唐时有记载，今陕西彬县仍有；尸，明时有记载，今甘肃仍有；盰，明时有记载，今台湾新竹仍有；莳，明时有记载，今江苏武进仍有。

晋至唐朝，文献上曾出现过 300 多个代北复姓或多字姓，至今依然使用的不到 20 个，如慕容，呼延、尉迟、赫连、宇文、拓跋、叱干、大野、贺若、斛律，斛粟、长孙、可频、仆固、屈突、是云、钳耳、同蹄等。

新出现的姓氏多缘于两家通婚或过继，旨在为继承两家香火。如浙江的陆费、福建及香港的钱王，台湾的张简和范姜、广东顺德的刘胡等，均有上百年或几百年的历史。独生子女的大量涌现，使这类姓氏有越来越多的趋势。他们收集的 250 多个目前正在使用的二字汉族姓中，大约有一半属于这类新的复姓。两位研究人员还深为我国大姓人数越来越多、小姓人数越来越少担忧。他们根据 1982 年对全国二千分之一姓氏随机取样的调查结果，以及台湾省1967年的姓氏调查分析，中国的李、王、张，刘、陈五姓，分别占汉族人口的7.9%、7.4%、7.1%、5.4%及4.5%，即世界上李姓超过8700万人、王姓超过8000万人、张姓超过7800万人、刘姓超过6000万人、陈姓超过5000万人。仅这五个姓合起来，人口计三亿五千多万。

神州姓氏虽然多达一万多个，但却“拥挤不堪”。汉族人现在使用的姓氏，他们估计为3600个，以世界上汉族人口11亿计算，平均每个姓30万人。而我们的东邻日本，在姓氏上就比我国宽松得多。他们共有姓氏12万个左右，平均每姓1000多人，仅为中国的三百分之一。鉴于我国重复的姓名多如牛毛，明显减弱了姓名的本来意义，他们希望通过创造新姓、启用废弃的古姓、移植外姓等方式，能使中华大地上的姓氏多一一些。

我国遥感地质进展迅速

我国遥感地质近十年来取得重大进展，已成为有一定规模的、用高新技术武装配套的科技力量，在地质工作各个领域展示了广阔的发展前景。现代遥感技术既能同时获取大面积信息的优势，又能在局部地区精密地多参数综合信息。目前，我国的地矿、煤炭、石油、冶金、有色、化工、核工业、建设、铁道、黄金等部门先后建立了遥感地质专业机构，遥感专业工作人员已达3000人。

遥感技术不仅在传统的地质矿产勘查工作中大显身手，而且在城市地质、环境地质、农业地质、灾害地质、旅游地质等一些新领域得到广泛应用。据地矿部统计，十年内我国共完成勘查、科研项目313个，其中青藏高原遥感地质研究等100多项获得国家和省部级科技成果奖。

台湾海峡两岸工商实务访问团应全国政协邀请到祖国大陆进行友好访问

10月4日

国家主席杨尚昆在人民大会堂会见南非非洲人国民大会主席纳尔逊·曼德拉

公安部发出严禁买卖转借居民身份证的通知

国务院副总理邹家华就举办全国节能宣传周活动发表广播电视讲话

邹家华说：在我国经济发展和改革开放的步伐进一步加快的新形势下，举办全国节能宣传周活动，具有十分重要的意义。据有关部门初步测算，全国经济加快发展所需增加的能源，约有一半以上要靠节能来实现，经济上新台阶，节能降耗任重道远。

邹家华说，今年以来，全国人民认真贯彻落实邓小平同志南方谈话精神，深化改革，扩大开放，各方面的积极性进一步调动起来，经济发展加快。在这种新形势下，能源、交通运输等基础产业的“瓶颈”制约作用更为突出。无论生产用能还是人民生活用能，都会大量增加，不少地区能源供需矛盾加剧。能源短缺是我国经济上新台阶中必须解决的重要战略问题。

邹家华强调，解决我国经济建设所需能源问题，必须坚持一手抓开发，一手抓节约，尤其要把节能放到突出地位。应当看到，我国在能源利用方面，存在的损失浪费相当严重，节约能源的潜力很大。

邹家华还说，在国民经济加快发展的新时期，环境亦将面临很大压力，需要处理好环境保护与经济发展的关系。节约能源，降低消耗，是实现我国经济转型和保护环境的最有效措施之一，也是履行有关国际环保公约，加速我国经济发展的正确选择。

邹家华指出，推进节能降耗工作，要做到有目标、有政策、有措施。国家在制定长远发展规划和产业政策时，要把节能降耗作为目标之一；通过产业政策导向和结构调整，使我国产业政策轻型化，大力发展第三产业，增加高附加值、高技术、低能耗产品的生产，尽量少用能源。对一些重点产品的能源、原材料消耗指标，应纳入宏观调控范围，在信贷、税收方面研究制定优惠政策，运用经济杠杆推进节能工作。

邹家华最后希望各部门、各单位、各企业充分发动群众，针对在能源利用问题上存在的问题及薄弱环节，广泛开展节能合理化建议和技术改造、革新活动，扎扎实实地为节约能源办几件实事，促进全国节能降耗工作上个新台阶。

国务委员王丙乾受国务院总理李鹏委托在中南海会见国务院财税大检查工作组全体成员时发表讲话

王丙乾说，大检查已经搞了7年，成绩很大。光是收缴入库的违纪金额就达576亿元。有些成绩是无法用数字统计的。由于年年开展大检查，有些人不敢轻举妄动了，从而有效地遏制了一部分违法违纪行为的产生和蔓延，还有一批企业经过大检查，吸取了教训，改正了错误，提高了法纪意识，健全了内部管理，由违法违纪户变成了遵纪守法的先进单位。这方面的成绩，比每年收回几十亿元违纪收入还要大。在加快改革、扩大开放的新形势下，开展税收财务物价大检查更有其客观必要性。一些地区、部门、企业和个人，由于受自身经济利益的驱动，忽视全局利益，擅自减税让利和偷税漏税、截留国家收入等违法违纪行为还会有所发展。如果对这些行为不检查、不处理、不制止、不纠正,任其发展下去,势必会干扰改革开放的正确方向,妨碍经济建设的顺利进行。因此,越是加快改革开放,越要加强监督检查。

王丙乾说,领导重视是搞好大检查的关键。今年的大检查是在加快改革开放新形势下进行的,任务重,要求高,难度大。各地区、各部门更要加强对大检查工作的领导,特别是有些重大问题,领导同志不亲自出面是很难解决的。因此,不管工作多忙,事情再多,大检查这项工作是非抓不可的。领导重视不能停留在口头上,而是要体现在行动上,既挂帅,又出征,真抓实干。

王丙乾强调,要把大检查同推进财税改革、转换企业经营机制结合起来。大检查是一种手段,目的在于堵塞漏洞,严肃纪律,改进工作,加强管理。通过大检查可以发现财经工作和企业管理方面的许多矛盾和问题。对于这些问题,要分类整理,进行综合研究。在宏观上,积极提出改进财经工作和完善财税制度的意见和建议,推进财税改革,完善财经法规;在微观上,积极帮助企业建立健全财会制度,培训财会人员,加强内部管理,促进企业经营机制的转换。并且,工作组的同志要清正廉洁,秉公办事,以身作则,率先垂范。每个同志都要严格遵守国务院大检查办公室制定的《税收财务物价大检查工作人员守则》,做到不收受礼物,不公费旅游,不搞特殊化。

国家主席杨尚昆在人民大会堂会见泰王国公主玛哈扎克里·诗琳通殿下

大连经济技术开发区与日本22家企业合资开发大连工业园地项目在北京正式签订合同

这是日本政府首次在中国参与投资的成片开发土地项目。国务院副总理田纪云出席签字仪式。

中日合资开发的大连工业园地位于大连经济技术开发区内,总面积2.1695平方公里。日方由日本通产省倡议和组织日本海外协力基金会、伊藤忠商事、丸红株式会社、东京银行、兴业银行等22家企业、金融机构,共同组成"大连工业园地投资株式会社",与大连经济技术开发区管委会合资成立了"大连工业园地开发管理有限公司",公司总投资6250万美元,其中日方占80%,中方占20%。

合资公司的主要任务是开发、经营大连工业园地,为园地内企业提供咨询服务和员工培训。

进入大连工业园地的企业将以制造业为主,土地转让使用权为50年,近期将正式动工兴建基础设施。

英籍华裔女作家韩素音撰写的《周恩来与他的世纪1898—1998》先发中文版由中央文献出版社出版并在钓鱼台国宾馆举行首发式

国家教委发出关于将全国城市教育综合改革城市由原有15个扩大为47个并将55个城市列为各省自治区试点城市的通知

国务院正式批准建立十一个国家旅游度假区

据国家旅游局提供的消息,国务院最近正式批准建立11个国家旅游度假区。它们是:大连金石滩国家旅游度假区、青岛石老人国家旅游度假区、江苏太湖国家旅游度假区(分为苏州胥口度假中心和无锡马山度假中心)、上海横沙岛国家旅游度假区、杭州之江国家旅游度假区、福建武夷山国家旅游度假区、福建湄州岛国家旅游度假区、广州南湖国家旅游度假区、北海银滩国家旅游度假区、昆明滇池国家旅游度假区、三亚亚龙湾国家旅游度假区。

国务院在关于建立11个国家旅游度假区的批复中,对每一个度假区的地域界限、规划面积等都作了明确规定。已经批准建立的国家旅游度假区,主要利用外资进行建设,实行国务院赋予的试办国家旅游度假区的各项优惠政策以及所在地区的现行政策。

第三届冰心儿童图书奖颁奖大会在人民大会堂举行18个出版社的30种图书获奖

第四届全国大学生运动会在武汉闭幕

漳州市运动员余斌打破一项航海模型世界纪录

余斌上午在福建省第十届运动会航海模型F1—V15级比赛中,以10秒8的成绩(噪声78分贝),打破湖南运动员明晓刚去年10月25日在武汉举行的1991年全国航海模型动力艇锦标赛上创造的11秒的全国纪录。这一成绩还超过了浙江运动员胡胜高1989年5月22日在天津举行的第六届世界航海模型锦标赛上创造的11秒1的世界纪录。

竞走运动员谭明军在全国大学生运动会上打破男子万米竞走全国纪录

在苏黎世举行的第40届国际军事五项锦标赛上中国男女选手囊括4块金牌

24岁中国选手李忠在8000米越野赛上发挥出色,中国选手邵文芳在女子4000米越野赛上再奏凯歌,中国男队、中国女队双双摘取男、女团体桂冠。

10月5日

国务院总理李鹏在人民大会堂会见南非非洲人国民大会主席纳尔逊·曼德拉

国家计委等六单位联合举办全国节能宣传周活动

国家计委、国务院经贸办、能源部、全国总工会、共青团中央和中国科协于1992年10月的第二周(5日至10日)联合举办全国节能宣传周活动。

活动旨在进一步贯彻能源开发与节约并重方针,增强全民"节能意识"、"资源意识"、"环境意识",向节能降耗要经济效益和社会效益的活动,以各地区、各部门为主,根据各自的实际情况自行安排。重点放在基层和企业,树节约文明新风,依靠技术进步,通过节能降耗提高产品质量和经济效益。

各级工会、共青团、科协组织在这次活动中,动员广大职工、青年、科技人员向科学技术要效益。紧紧围绕节能降耗,开展群众性的合理化建议、技术改造和技术革新,以提高能源、资源综合利用率,改善环境保护。

建设部《关于开展1992年"世界住房日"活动的通知》

铁道部在北京召开北京至九龙铁路建设工作会议

会议对京九铁路的工程规模、线路走向、工期限定、任务划分、形象进度,以及勘测设计、施工安排、人员调配、资金来源、物资供应、后勤保障、征地拆迁等各项工作提出了具体要求。会议于6日结束。

第一汽车制造厂产销利润破历史纪录

截至10月5日,第一汽车制造厂汽车产量今年累计已突破10万辆大关,比去年同期增长48.65%;销售收入71.4亿元,比去年同期增长82.64%;实现利润6.2亿元,比去年同期增长5.5倍,均创历史同期最高水平。

中共中央总书记江泽民在中南海会见日本前首相海部俊树和前首相三木武夫的夫人三木睦子

江泽民欢迎海部在中日邦交正常化20周年之际来华访问,并赞扬他为发展中日友好合作关系所作的贡献。

江泽民说,我们应该倍加珍惜两国老一辈政治家共同培育的中日友谊,使两国人民世世代代友好下去。

国家主席杨尚昆根据全国人大常委会的决定任命驻外大使

一、任命丁原洪为中华人民共和国驻比利时王国特命全权大使。

二、任命陈健为中华人民共和国常驻联合国副代表、特命全权大使。

中共中央政治局常委宋平在人民大会堂会见尼泊尔共产党(联合马列)主席曼·摩汉·阿迪卡里

中华人民共和国与亚洲开发银行签订(沈阳—本溪公路项目)贷款协定

北京大学授予南非非洲人国民大会主席纳尔逊·曼德拉名誉法学博士学位

中国科学院学部委员著名古生物学家张弥曼女士当选为国际古生物协会第14任主席

最近张弥曼女士当选为国际古生物协会第十四任主席。

国际古生物协会是一个联系全球古生物学家的大型国际组织,成立于1933年。该协会的历任主席都是各国最优秀的地层古生物学家。张弥曼女士是第一位任协会主席职务的中国学者,也是协会第一位女主席。张弥曼是不久前在日本京都举行的第29届国际地质科学联合会大会上当选这一职务的。

解放军总后勤部发布《中国人民解放军基层后勤管理条例》

中国布氏病防治成就国际瞩目

由于数十年来中国在布鲁氏菌病防治方面取得的杰出成就,联合国粮农组织决定"亚洲动物布鲁氏菌病诊断与控制策略研讨会"10月5日在北京召开。

布鲁氏菌病是一种人畜共患的世界性流行传染病,对人类健康和畜牧业发展危害很大。世界各国政府都非常重视布鲁氏菌病的防治。联合国粮农组织、世界卫生组织、国际兽药局等50年代初就成立了专家委员会和遍布全世界的16个研究中心。我国政府也早已把控制布氏病纳入了国民经济发展的长远规划,从50年代至今,人间布氏菌感染率下降了91.3%,发病率下降了93.7%;畜间羊的布氏菌感染率下降了88.92%,尤其是中国研制成功的某些畜用疫苗在一些国家大面积应用后,效果极为显著,使有关国际组织决定和我国合作,在世界范围内推广。

这次策略研讨会除有关国际组织代表外,还有美国、澳大利亚、西班牙、利比亚等15个国家和地区的专家30余人参加。

国务院批转卫生部《关于严厉打击制售假劣医药商品违法活动的报告》的通知

贯彻执行《中华人民共和国药品管理法》，严厉打击制售假劣医药商品的违法活动，是保护人民群众身体健康和生命安全的一项重要工作，也是促进改革开放和经济发展的重要内容。各级人民政府要加强领导，协调各有关部门密切配合，妥善解决查处工作中的问题，坚决采取有力措施，迅速扭转当前制售假劣医药商品屡禁不止、坑害群众、图财害命的丑恶社会现象。

国务院

一九九二年十月五日

关于严厉打击制售假劣医药商品违法活动的报告

国务院：

近年来，各级卫生、医药部门在当地党委、政府的领导下，认真贯彻《中华人民共和国药品管理法》（以下简称《药品管理法》）、《国务院关于进一步治理整顿医药市场意见的通知》（国发〔1990〕29号，以下简称《通知》），积极会同有关部门开展医药市场整顿，查处假劣医药商品案件，维护人民群众健康，取得了很好的社会效益。1985年夏至1991年间，全国共查处假劣医药商品案件四万五千六百余起，假药、劣药、淘汰药品总值达三亿元，人民群众称这是为老百姓办了件大好事。但是，最近一个时期，社会各界不断反映医药市场混乱，制售假劣药的违法活动屡禁不止，严重威胁着人民群众的生命安全，也损害了党和政府的形象。党中央、国务院领导同志对此极为关切，多次指示要坚决查处此类案件。

卫生部于1992年5月在湖南召开了全国查处制售假劣医药商品工作现场会，总结了各地开展查处工作的经验，在贯彻全国质量工作会议精神的基础上，对进一步做好查处工作进行了部署。国家中医药管理局发出《关于贯彻执行〈国务院关于进一步搞活农产品流通的通知〉的有关意见》（国中医药经〔1992〕9号，以下简称《有关意见》）。近期，国家有关部门多次派人对市场上的假劣医药商品问题进行了联合调查和抽查。目前存在的主要问题如下：

一、制售假劣药的违法活动屡禁不止，越来越猖獗。广东、广西、四川、湖南、山西、河南、安徽等省（自治区）相继发现出售假劣药品。不法分子为了牟取暴利，不择手段，用木薯粉、淀粉甚至动物饲料做原料，经过加工和伪装，冒充国营药厂的药品到处兜售，一些发霉变质、过期失效、淘汰的药品也在出售。不法分子以低价、高回扣的方式将这些假劣药品批发给区乡级医疗单位、个体诊所和个体药品经营户，最终大都使农民或普通居民受到坑害。个别国营医药商业企业见利忘义，从药品贩子手中进货，致使假劣药品进入国营医药流通主渠道。甚至一些医疗单位不顾三令五申，擅自从个体药贩手中购进药品。

二、非法经营药品的情况十分严重。《药品管理法》和《通知》对药品经营企业的管理已有明确规定。但仍有一些地区无视国家的有关法律、法规和规定，肆意违法经营药品。一些地方新开办的医药市场以放开中药材为名，将化学药品和中成药引入集贸市场非法经营，违反了《药品管理法》及《通知》和《有关意见》的规定。

三、当前制售假劣药违法活动的特点，一是假劣药品的品种增多，不仅有大量贵稀、紧缺的中药材品种和保健营养药品，还有常用的治疗性化学药品和中成药品。二是数量大，广东省电白县一次就查获假西药八吨。江苏省在二十个县市查出的假氯霉素、假土霉素达一百九十多万片。三是假药混进药品流通的主渠道，造成的危害就更加严重。广东省高州县医药公司销往广西壮族自治区岑溪县的假利福平胶囊，已使七人中毒，其中一人死亡。广东省电白县也发生过八人服用假利福平后中毒的事件。

造成医药市场混乱，假劣药品案件回升的主要原因：一是不法分子置国家法律、人民健康于不顾，图财害命，知法犯法，已构成社会的一大公害。二是有些地方政府的有关管理部门贯彻执行国家药品监督管理法规不坚决，忽视医药商品的特殊性，盲目开放医药市场，管理上又有不少疏漏之处，给不法分子以可乘之机。三是一些地方存在着保护主义倾向，为了局部地方的眼前经济利益，对非法经营药品，制售假劣药等违法活动听之任之。四是少数地方的有关管理部门之间协调不够，互相扯皮，造成打击制售假劣药品的斗争成效不大。

为了维护国家法律的尊严，保护人民群众的健康和生命安全，保障社会主义经济建设的健康发展和有利于进一步改革开放，必须认真查处、严厉打击制售假劣医药商品的违法活动。对此，我们提出如下意见：

一、各级人民政府要把查处假劣药品的工作当作铲除社会公害、维护社会安定、保护改革开放成果、密切联系群众的大事来抓。切实加强领导，坚决支持执法部门依法行使对药品的监督职权，并制定相应措施，帮助执法部门解决困难和问题。对制售假劣药品的违法活动，卫生、工商行政管理、医药、中医药、公安和技术监督等部门要在当地人民政府统一领导下，密切配合，采取果断措施，坚决予以打击。要在不太长的时期内,使所辖区域的药品市场得到净化,为人民群众办好事、办实事。

二、要统一思想,统一认识,加强对医药市场的综合治理。要通过各种方式进行宣传教育,使各级领导都能认识到,药品是关系人民群众身体健康和生命安全的重要特殊商品,必须严格依照国家有关法律和文件的规定,进行管理。集市药材交易活动必须按有关规定办理经营手续,药品监督部门要对进入市场的药材质量进行监督检查。中药材以外的其他药品不得进入城乡集贸市场。

三、对制售假劣药品的违法犯罪分子,必须坚决打击,要依照法律追究其刑事责任,从严从重处理,不得以罚代刑。对制售假劣药品的集散地,如问题长期得不到解决,要追究当地政府领导的责任。对支持、包庇、纵容制售假劣药的政府工作人员,要依法追究刑事责任。对无证生产、经营药品和配制药剂的活动,要坚决取缔。对不按规定范围生产、经营药品的,要依法查处,绝不能姑息迁就。严禁从非法经营单位或个人手中采购药品,对购进假劣药品,造成药品事故的医疗单位或个体行医者,不仅要追究当事人的责任,而且要追究单位领导者的责任,构成犯罪的,依法追究法律责任。

四、在查处制售假劣药品违法犯罪活动的过程中,卫生、工商行政管理、医药、中医药、公安等部门要互相配合,各司其职,各负其责,互通情况,协同作战。查处过程中执行行政处罚的罚没款,一律上缴当地财政。各地财政部门,对查处假劣药品案件中所需的经费要予以支持。

五、为保证药品监督和查处假劣药品工作的顺利进行,各地要认真检查药品监督员编制的落实情况,凡是未落实的,要尽快落实。

六、继续做好《药品管理法》及《通知》和《有关意见》的宣传工作。要充分发挥新闻舆论的作用,采取多种形式,开展宣传和教育,普及药品监督管理法律知识。要鼓励群众大胆地举报生产、销售假劣药品的人和事,树立起人人关心、支持药品监督管理的良好社会风气。

以上报告,如无不当,请批转各地区、各部门贯彻执行。

10月6日

中共中央总书记江泽民在北京会见南非非洲人国民大会主席纳尔逊·曼德拉

江泽民说,曼德拉主席此次访华,必将进一步增进中国共产党同非国大及中国同南非两国人民的友好关系。

江泽民说,中国与南非虽然相距遥远,但我们一直关注着南非人民反对种族隔离的斗争。中国政府和人民一贯支持南非人民反对种族歧视、争取自由和民主的正义斗争。

江泽民说,中国共产党和非国大一直保持着友好关系。我们对曼德拉主席和非国大的英雄业绩十分敬佩。

曼德拉主席高度评价中国共产党在领导中国人民摆脱压迫、建设社会主义的过程中所发挥的重要作用,并表示非国大愿意继续保持和加强同中国共产党的关系。

曼德拉主席等人还向江总书记介绍了南非局势的最新发展情况。

会见是在亲切友好的气氛中进行的。会见结束后,江泽民总书记设午宴款待曼德拉主席一行。

全国青联中国青少年发展基金会和首都十大新闻单位联合举办的第三届"中国十大杰出青年"评选活动揭晓

第三届"中国十大杰出青年"名单今天正式公布。他们是:解放军冰上训练基地速滑队教练兼运动员叶乔波、北京大学生物系教授陈章良、四川省电视台二级导演潘小扬、安徽省农化新技术研究所所长台震林、河南省郑州市亚细亚商场总经理王遂舟、共青团贵州省黔西南州委副书记杨志贵、中国科学院化学所副所长白春礼、湖北省武汉大学经济学院人口所所长辜胜阻、山东省博兴县寨郝乡党委书记郝进然、中国银行上海分行副行长刘金宝。

"中国十大杰出青年"评选活动是由全国青联、中国青少年发展基金会和首都十家新闻单位联合举办的,每年举办一次。这次评出的青年十杰充分反映了当代亿万青年的追求和向往,成为引导他们积极投身改革开放、建设社会主义现代化事业的楷模。

北京大学中国人民大学等九所大学和科研单位共同发起的全国人权理论研讨会在北京大学召开

第三届国际包装学术研讨会在北京举行

研讨会主题为包装废弃物处理与环境保护。中国、美国、法国、日本、以色列等十多个国家和地区的专家、学者100余人出席会议。

国务院总理李鹏致信祝贺。全国政协副主席谷牧也给研讨会发来了贺信。

十多位专家在研讨会上宣读了论文。

这次国际包装学术研讨会是由国家计委、国家环保局、中国包装技术协会联合组织的。

首届中国农业博览会在北京全国农业展览馆开幕

国务院副总理田纪云为博览会剪彩，农业部部长刘中一到会讲话。

国务院总理李鹏为博览会题词："大力加强农业，促进农村经济全面发展"；田纪云的题词是："为开创农业和农村工作的新局面而努力奋斗"；陈俊生的题词是："充分发挥农业博览会交流推广农业科技成果的作用"。

国务院总理李鹏在人民大会堂会见美国大通银行国际咨询委员会主席前董事长戴维·洛克菲勒

中国政府和日本国政府在北京举行关于日本对中国提供第三批日元贷款1992年度政府换文签字仪式

中国常驻联合国代表金永健在联大二委会一般性辩论中就世界经济发展等问题发言

金永健指出，在外部不利因素的冲击下，发展中国家与发达国家的经济、科技、贫富差距进一步扩大。

金永健说，南北经济发展的强烈反差，使人们更加清楚地看到，国际经济体制的不公平、不合理及外部环境的恶化，依然是发展中国家贫困状况得不到改变的主要障碍。在向多极化过渡的阶段，要实现世界经济的真正长期、稳定发展，就必须逐步建立一个公平合理、互利合作的新秩序。

金永健说，当前发展中国家集中关心的是，国际社会，特别是发达国家，如何对发展中国家的需要作出积极的反应，在贸易、资金、债务方面进行必要的调整和改革，取消针对发展中国家的歧视性政策，尽早成功结束乌拉圭回合谈判，加强经济政策协调并特别注意确保发展中国家的有效参与。

金永健说，联合国应当不辜负广大发展中国家和人民的殷切期望，应该也可以发挥独特的作用。

金永健还就联合国在经社领域里的改革和联合国环发大会后续行动等问题阐明了中国的立场。他说，改革一定要遵循联合国宪章的有关规定，不应以任何形式损害会员国的主权，不应借改革之名对联合国系统的援助附加条件。有关各方应对环发大会采取切实有效的后续行动，特别是发达国家应尽快兑现其关于向发展中国家提供"新的、增加的"资金和以优惠条件转让技术的承诺。

中国用一枚运载火箭成功地发射两颗卫星

下午2时20分，在酒泉卫星发射中心用一枚运载火箭成功地发射中国的第十四颗返回式科学探测与技术试验卫星和瑞典的"弗利亚"科学试验卫星。

瑞典、美国、德国、法国、加拿大等国的政府官员和有关人士50多人，专程赶到酒泉卫星发射现场，观看发射。

国家语言文字工作委员会举行全体委员会议审议并通过《国家语言文字工作十年规划和八五计划纲要》(草案)

纲要指出，今后10年语言文字工作的基本任务是，针对我国语言文字工作的现状及社会发展对语言文字规范化、标准化工作的新要求，达到以下5个目标：(一)大力推广、积极普及普通话。到本世纪末使普通话成为乡中心小学以上各级各类学校的校园用语；县级以上机关团体、企事业单位等各行各业干部要会讲普通话，使普通话成为开会和接待外地人员的工作用语，不同方言区的人在公共场合的交际用语。县以上广播、话剧、影视制作要用标准的普通话。(二)加强对汉字的整理研究，要制定和完善汉字规范化的各项标准；继续加强社会用字管理，到本世纪末，做到全国县市以上城市各种面向社会公众的社会用字规范化，基本上消除社会用字混乱现象。(三)继续推行《汉语拼音方案》，扩大使用范围，逐步纠正乱拼、乱写等不规范现象。(四)加强现代汉语词语研究，做好现代汉语词语的规范化工作，参与审定科技名词术语。(五)会同机电部、国家技术监督局等有关部门，加强对语言文字信息处理的宏观管理。建立大型现代汉语语料库。

10月7日

中共中央总书记江泽民在中南海会见巴基斯坦总理纳瓦兹·谢里夫及其主要随行人员

国务院总理李鹏在人民大会堂与巴基斯坦总理纳瓦兹·谢里夫举行正式会谈

李鹏指出："与邻国建立睦邻友好关系是中国外交政策的重要内容。中国同周边国家开展一系列重要外交活动的目的就在于推动地区的和平与发展，并为中国的现代化建设创造一个和平的周边环境。"

中巴两国总理在亲切、友好的气氛中就双边关系以及共同关心的国际问题交换了意见。李鹏说，中巴友好合作关系堪称是以和平共处五项原则为基础发展国家关系的楷模。中国政府和人民珍视同巴基斯坦的友谊。

谢里夫说，中国是一支重要的和平力量，一个繁荣昌盛的中国符合整个第三世界的利益。巴中友谊是全天候的，巴基斯坦把发展同中国的友好合作关系视为巴基斯坦外交政策的基石，而不是权宜之计。

李鹏在谈及国际形势时表示，中国支持各地区有关国家在自愿的基础上建立无核区、和平区的努力。中国政府支持巴基斯坦政府关于建立南亚无核区的建议。谢里夫对此表示感谢。

会谈结束后，中巴两国政府签署了中巴领事条约、关于中国向在巴基斯坦境内的阿富汗难民提供救济物资的换文和北京—伊斯兰堡结为友好城市等三项协议。

国家主席杨尚昆在钓鱼台国宾馆会见巴基斯坦总理纳瓦兹·谢里夫

国务院批准国家商检局《中华人民共和国进出口商品检验法实施条例》

中共中央政治局常委宋平在北京会见孙越崎等解放前原资源委员会在北京的部分人士

原资源委员会下辖121个总公司。1948年10月，当时担任资源委员会委员长的孙越崎，在南京召集资源委员会本部及各地重要企业负责人开会，号召大家"坚守岗位、保护财产、迎接解放、办理移交"。

宋平在会见时说，在孙越崎等负责人的领导下，原资源委员会人员有组织、有领导地起来护产护矿，将所属工矿、企业和财产移交给人民，移交给新中国，是正义的爱国的行动，是有功劳的。中国共产党和中国人民充分肯定孙越崎等原资源委员会负责人和工作人员的这一历史功绩。

孙越崎在会见时说，我代表原资源委员会的同事们，感谢以江泽民同志为核心的党中央对我们的亲切关怀。人逢盛世精神爽，尽管我们已经老了，但为了改革开放和祖国统一大业，愿尽绵薄之力。

丁关根、谷牧及民革中央负责人等参加会见。

香港总督彭定康在立法局议会上宣读上任后第一份施政报告

彭定康在报告中承认，"香港的经济前景与中国、特别是广东省的前景息息相关。中国经济的惊人增长率，使香港不致出现近年来一直困扰全球大多数经济地区的衰退情况。"

因涉及香港的平稳过渡，而没有为中方所接受的增加1995年立法局直选议席一事，在报告中仍然被提出。

第三次全国设备管理工作会议在湖北省十堰市开幕

国务院总理李鹏为大会发来贺信，希望工业企业像战士爱护武器一样爱护机器设备，保证设备完好、有效，保护好生产力。

国务院经贸办副主任赵维臣在会上要求企业强化设备管理意识，重点抓好新投产设备的管理、老旧设备的改造更新，向设备管理要效益、要质量、要水平、要效率。

中国包装技术协会第四次全国代表大会在北京开幕

能源部召开电力系统节能电话会议

会议强调，今后要切实采取措施，改变一些地方只重视建电厂忽视电网建设的状况，集资办电厂的同时要相应建输变电，并有计划地对电网进行技术改造，特别改善目前配网超负荷运行状况，大力降低损耗。

能源部副部长陆佑楣在会上介绍，今年以来，电力系统继续坚持贯彻落实国务院提出的能源工作"开发与节约并重，近期把节约放在优先地位"的方针，取得很大成绩。在前两年全国火电厂供电煤耗下降8克/千瓦时的基础上，今年1到8月又比上年下降3.8克/千瓦时，其中部属厂完成6.8克/千瓦时。

但是，今年前三个季度很多电网线损比去年同期上升，原因之一是售电量增长快，今年上半年比去年同期增长11.7%，上半年发电量则增长11.2%；原因之二是电网投入少，输变电占电力投资比重已由80年代中期的21%下降到近年的16%。因此，这次会议将降低电网线损摆到了重要位置上，并提出了一些管理和技术方面的措施。

为进一步降低煤耗，能源部已制订规划，今后新建机组将向高参数、大容量发展，凝汽式机组供电煤耗不准超过330克/千瓦时，供热机组不准超过280克/千瓦时；现有2600万千瓦中低压机组除部分改供热外，大部分将逐步淘汰，以新建大机组替代。

此外，为改变火电厂辅机效率低、厂用电普遍偏高状况，今后三至五年中将完成大机组中低效辅机的改造与更换工作。

第二届大陆地震国际会议在北京召开

会议由国家地震局主持召开。来自20多个国家和地区的300多名中外专家，将分别就大陆地震活动性、大陆地震前兆、大陆地震成因及震源机制、活动构造和内陆地震、地震工程和工程地震以及减灾对策等进行交流、讨论。

国务委员宋健出席会议并讲话。

外交部部长钱其琛在北京同马来西亚外交部部长阿哈迈德·巴达维举行会谈

国家科委等四单位联合发布《全民所有制技术开发型科研机构技术经济承包责任制暂行办法》

国家科委、人事部、财政部、国家税务局最近联合发布《全民所有制技术开发型科研机构技术经济承包责任制暂行办法》,对科研机构实行技术经济承包责任制的基本原则、主要内容等作了具体规定。

科研机构技术经济承包责任制是在坚持科研机构全民所有制的基础上,按照所有权与经营权分离的原则,以承包合同的形式,明确国家和科研机构的责权利关系,使科研机构做到自主研究、开发和经营管理。

实行技术经济承包责任制,必须在保障国家利益和科研机构发展后劲的前提下,兼顾职工和承包者的利益,既包盈又包亏,引入竞争机制,发挥科研机构整体综合优势,充分调动广大职工和承包者的积极性。

技术经济承包责任制的主要内容,包括保经济效益、社会效益、科研水平和科研后续发展能力等综合指标,实行工资总额与承包指标完成情况挂钩,归纳起来就是"三保一挂"。各地方、各部门可以根据科研机构的水平、条件以及行业、产业的特殊要求,确定详细分类的具体指标和其他综合指标。

国家科委体改司负责人说,全国已有三千多个科研机构试行各种形式的承包责任制。这次发布的《暂行办法》,总结了多年来试行的经验,规范了技术经济承包合同,理顺了实行技术经济承包的技术开发型机构与上级主管部门的责、权、利关系,有利于这些机构本身引入竞争机制,带动内部分流。

负责人指出,股份制是转换运行机制的一种形式,承包制也是一种促进运行机制转变的形式。这个《暂行办法》的发布实施,不妨碍有条件的科研机构继续试行股份制。实行股份制的科研机构,不适用本办法。

国务院中央军委致电国防科工委航空航天部祝贺科学探测与技术试验卫星和搭载的瑞典"弗列亚"卫星发射成功

由中国发明协会主办的国际发明展览会在北京展览馆举行

国家教委负责人就重奖"高考状元"问题答记者问

国务院副总理吴学谦在钓鱼台国宾馆会见台湾十杰青年祖国大陆访问团

访问团是应全国青联邀请来北京参加第三届"中国十大杰出青年"颁奖典礼的。大陆和台湾青年之间进行这种交流尚属首次。

吴学谦说,大陆和台湾评选杰出青年都是为了培养更多的优秀人才,加快建设;这样的交流今后应该多一些。访问团团长、台湾青商总会会长杨三峰对此表示同意。杨三峰说,只有经过不断交往,才能有更好的合作。

吴学谦在介绍了大陆加速经济发展的情况后说,早日实现祖国的和平统一有利于海峡两岸的共同发展,为此应尽早实现两岸的"三通"和"双向交流"。

杨三峰表示:这也是我们大家的共同愿望。

10 月 8 日

第四届中国西部商品交易会在陕西宝鸡开幕

来自全国 30 个省、市、自治区的 100 多个代表团、400 多家工商企业,15000 多名国内客商和美、日、英、独联体、比利时、泰国等 12 国及港、澳、台近百名客商参加了盛会。在崭新的 3 万多平方米的室内展馆内,设有一个综合展馆和 6 个行业展馆,品种繁多,风采各异。另有 9 个专业交易市场;具有西部特色的名优特新产品以及汽车、钢材、粮油、科技等,参加交易的货源总值达 60 多亿元,开幕当天商品成交 39 亿元。

中国银行公布《中国银行出口买方信贷试行办法》

最近,经中国人民银行批准,中国银行公布了《中国银行出口买方信贷试行办法》。这标志着中国银行正式开办出口买方信贷新业务,对促进我国成套设备、船舶和其他机电产品的出口,优化我国出口商品结构具有十分重要的意义。

试行办法的主要内容有:中国银行出口买方信贷对象是中国银行认可的进口方银行,贷款用于国外购买我国的成套设备、船舶及其他机电产品。使用中国银行出口买方信贷的贸易合同金额应不低于 100 万美元,出口商品在中国制造的部分不能低于规定的比例,贸易合同中的一部分贷款(一般不低于 15%至 20%)应以现汇支付,出口企业应向中国人民保险公司投保出口信用险。出口企业在签订贸易合同前应尽早与中国银行联系并提供项目的有关材料。拟采用中国银行出口买方信贷的进口方银行应在进出口双方商谈贸易合同时向中国银行提供贷款申请,并提供有关文件及资料。

首家全国性证券评估公司——中国诚信证券评估有限公司在北京成立

经中国人民银行批准新组建的三大全国性证券公司之一的华厦证券有限公司宣告成立

国家主席杨尚昆在人民大会堂会见奥地利联邦议会常务副议长瓦尔特·施图岑贝格

奥地利客人来北京之前参加了在山东省莒县举行的纪念奥地利雅可布·罗生特医生的活动。杨尚昆说，罗生特是奥地利人民的优秀儿子，也是中国人民的忠实朋友。在中华民族处于危机时刻，他投入了中国人民的抗日战争和解放战争，为中华民族的解放事业建立了不朽的功勋。罗生特是伟大的国际主义战士，是奥地利的白求恩。

国家主席杨尚昆在人民大会堂会见卡塔尔国埃米尔的兄长谢赫·穆罕默德·阿勒萨尼

杨尚昆对两国建交以来第一位来访的卡塔尔王室成员表示欢迎。杨尚昆说，两国关系自建交后发展顺利，两国经济技术合作有着广泛的领域，希望两国在各领域的合作进一步加强。

国务院总理李鹏在人民大会堂会见马来西亚外交部长阿哈迈德·巴达维

李鹏说，近几年来，中马两国关系有了很大的发展。两国领导人多次会晤，双方在建立国际新秩序、环境与发展等许多重大问题上都持有一致的观点。在国际领域中，双方进行了很有成效的合作。

李鹏说，马来西亚提出的关于东亚经济会议的建议是个好建议，中国政府给予积极的支持。李鹏重申，中国的四个现代化建设是一个长期的过程，在国内需要一个安定团结的政治局面，对外需要一个和平的国际环境。我们愿意在和平共处五项原则基础上同世界上所有国家，特别是周边邻国发展友好合作关系。

李鹏还对马来西亚在经济建设和对外关系方面所取得的成就表示赞赏。

巴达维外长说，马来西亚是中国的友好邻国，十分关注中国的发展。他十一年后再度来访，发现中国发生了巨大的变化，给他留下了深刻的印象。他说，马来西亚十分赞赏中国为维护地区和平、促进地区经济合作所作的努力。马来西亚政府和人民，特别是企业界希望两国的经济合作领域不断扩大。

外交部发言人吴建民对香港总督彭定康的第一份施政报告发表评论

吴建民在每周一次的记者招待会上说，彭定康先生的这份施政报告包含有对香港现行的政治体制作重大改变的内容。这显然不符合中英联合声明有关双方在香港后过渡期加强磋商与合作、共同审议为平稳过渡所要采取的措施的规定和精神，必将给香港的平稳过渡和政权的顺利交接造成障碍。中方对此深感忧虑。

吴建民重申，中方一向主张，香港现行政制不应大变，政治体制的发展必须与基本法衔接。这是保证香港繁荣稳定和平稳过渡的重要前提。中方愿严肃指出，如香港在过渡时期的任何政制发展不能同基本法衔接，其责任完全不在中方。

国务院港澳办公室发言人就香港总督彭定康上任后第一份施政报告中的“宪制方案”内容对新华社记者发表谈话

发言人说，我们注意到彭定康先生在他上任后的第一份施政报告中包括有对香港现行的政治体制作出重大改变的内容，还注意到了他对 1995 年立法局选举的一套打算。这些决定和“建议”都是在没有同中方磋商的情况下作出的。显然，这样做同联合声明有关中英两国政府要在后过渡期加强合作，共同审议为平稳过渡所要采取的措施的规定是相违的，其后果只能是给香港的平稳过渡和政权的顺利交接造成障碍。我们对此深感忧虑。

发言人强调，在香港发展民主是我们的一贯主张。民主的发展应循序渐进。目前香港的政制不应大变，而且必须与基本法衔接，这是保证香港顺利过渡的基本前提。否则，将引起混乱。然而，彭定康先生所提出的一系列决定，对现有的政治体制作了重大的变动。关于 1995 年立法局选举的所谓“建议”，事先既没有同中方磋商，更无视香港社会的各种不同意见，因而更无从谈起同由特区筹委会所要决定的第一届立法会产生办法相衔接。至于改变区议会职能和取消区议会、两个市政局的委任制度也是不合时宜的。现在英方无视中方的合理要求，未经与中方磋商，即单方面公布其所谓“建议”，是蓄意挑起一场公开争论。

发言人指出，中英联合声明规定，英国政府负责香港在 1997 年 7 月 1 日以前的行政管理，以维护香港的社会稳定和经济繁荣，对此中国政府将予以合作。令人遗憾的是，彭定康先生却把中英两国的合作置诸脑后，无视中方一再向英方发出的加强磋商、良好合作的信息。我们不能不严肃地指出，假如香港在后过渡期发生的任何改变不能同基本法衔接，其责任完全不在中方。届时，中华人民共和国香港特别行政区及其有关机构将按基本法和全国人大的有关决定的规定加以设立。

国家教委发出《举办成人高等教育非师范类专科

起点本科班招生计划管理的暂行办法》

第二届中国摄影艺术节在北京民族文化宫开幕

由中国摄影家协会、中央电视台、广联实业有限公司等联合举办的摄影艺术节，为期 13 天，在北京和西安两地举行。

中国福利会第六届妇幼事业樟树奖颁奖大会在北京举行

中国抗灾救灾协会在北京宣布成立

武汉航空公司的一架旅游包机在甘肃省定西县白碌乡华家村坠毁

这架旅游包机于 14 时 18 分从兰州中川机场起飞，飞往陕西省户县。机上有乘客 28 人，其中台湾客人 11 人、西欧客人 14 人、大陆乘客 3 人；还有机组人员 7 人。事故发生后当场死亡 13 人、重伤 4 人。事故原因正在调查中。这架飞机坠毁后，甘肃省副省长王金堂等立即赶现场组织抢救，甘肃省公安、卫生部门都迅速派人前往抢救。

10 月 9 日

中国共产党第十三届中央委员会第九次全体会议公报

中国共产党第十三届中央委员会第九次全体会议，1992 年 10 月 5 日至 9 日在北京举行。

出席会议的有中央委员 166 人，候补中央委员 105 人。列席会议的有中央顾问委员会委员 169 人，中央纪律检查委员会委员 65 人，有关负责同志 65 人。中央政治局主持了会议，中央委员会总书记江泽民同志作了重要讲话。

全会决定，1992 年 10 月 12 日在北京召开中国共产党第十四次全国代表大会。

全会讨论并通过了中央委员会向党的第十四次全国代表大会的报告，讨论并通过了《中国共产党章程(修正案)》，一致决定将这两个文件提请党的第十四次全国代表大会审议。

全会同意中央政治局关于对赵紫阳同志在 1989 年政治动乱中所犯错误继续审查情况的汇报，同意维持十三届四中全会对赵紫阳同志所犯错误的结论并结束审查。

全会是在民主、团结的气氛中进行的，为十四大的胜利召开做了充分的准备。

中国共产党中央顾问委员会第九次全体会议公报

中国共产党中央顾问委员会于 1992 年 10 月 9 日在北京召开了第九次全体会议。出席会议的委员 169 人。受中央顾问委员会主任陈云同志的委托，中央顾问委员会副主任薄一波、宋任穷同志主持了这次会议。全会讨论并通过了《中共中央顾问委员会向党的第十四次全国代表大会的工作报告》，提请党的十四大审议。

会议认为，即将召开的党的第十四次全国代表大会，是我们党的历史上继往开来、团结奋进的一次重要会议。它对于加快改革开放和现代化建设步伐，夺取有中国特色的社会主义事业的更大胜利，保证党和国家的长治久安具有重大而深远的意义。全体委员怀着喜悦的心情，衷心预祝这次大会取得圆满成功。

中共中央顾问委员会第九次全体会议通过《中共中央顾问委员会向党的第十四次全国代表大会的工作报告》

党的第十四次全国代表大会是在我国发展的关键时期召开的，是我们党历史上继往开来、团结奋进的一次重要会议。它对于加快改革开放和现代化建设步伐，夺取有中国特色社会主义事业的更大胜利，保证党和国家的长治久安具有重大而深远的意义。我们完全拥护江泽民同志代表十三届中央委员会向大会所作的报告，衷心祝愿这次大会取得圆满成功。

现将中共中央顾问委员会的工作，向大会作如下报告，请予审议。

1982 年，在中共中央顾问委员会成立时，邓小平同志就对中顾委的性质和工作，作了重要的明确的指示。十年来，在党中央的领导下，在邓小平、陈云同志的先后主持下，中顾委根据党章规定的任务，并且按照“宜少不宜多、宜虚不宜实”和“量力而行、尽力而为”的方针，做了一些力所能及的工作，发挥了一定的作用。

(1)参与一些重要问题的讨论，并提出了一些建议。十年来，中顾委委员列席了这期间召开的历次中央全会和其他一些重要会议，参加了中央一些重要决定、文件的讨论。在日常工作中，中顾委组织委员们阅读文件，特别是及时传达中央的重要文件和中央领导同志的重要讲话，并组织委员进行学习和讨论，使大家及时了解中央的精神和工作部署，在政治上同党中央保持一致。在学习讨论中，大家畅所欲言，积极发表自己的看法和意见。中顾委通过简报等形式，向中央反映了委员们提出的建议和意见。

(2)完成中央交办的一些事情。在全国整党期间，有三十九位委员参加了整党的指导工作和联络工作。在机构改革中，不少委员参加了一些中央、国家机关和省、自治区、直辖市的机构精简、干部考核和人事调整工作。还有些委员参加了经济体制、科研体制、外贸体制、金融体制、教育体制改革的一些研究工作，以及党纪、党风方面的专案调查工作。参与这些工作的委员，认真遵照中央的指示精神，本着实事求是的原则，积极而谨慎地完成了交办的任务。

(3)深入实际进行调查研究。许多委员深入到农村、工厂、部队、学校、街道，听取干部和群众的意见，了解改革和建设中的一些新情况、新经验和需要解决的新问题。据不完全统计，十年来委员们所写的调查报告共有四百多篇，不下二百万字。这些调查报告所反映的情况和问题，提出的一些看法和建议，对于加强和改进党的工作是有助益的。不少委员还撰写了革命回忆录，参与了党史、军史和其他著作的编写工作。这些著述对于总结历史经验，发扬党的优良传统也是有助益的。

(4)参加一些社会活动和社会工作。许多委员走访了革命老区，重到当年战斗和工作过的地方，看望在艰苦岁月里生死与共的干部和群众，带去党的关怀，宣讲党的政策，了解群众的要求和愿望。有些委员还积极参加了老区的扶贫工作，担任一些社会团体的领导职务和一些学校的校外辅导工作，担任挽救失足青少年的帮教工作。1985年，“一二·九”五十周年前夕，中顾委受中央委托曾邀请九十三位参加过“一二·九”运动的老同志，同首都高等院校的一百四十多位师生代表举行了三天座谈，通过亲切交谈，不仅增进了两代人的相互了解，而且对于引导青年们继承和发扬革命传统，珍惜和维护安定团结的政治局面，自觉地站在改革和建设的前列，起了积极的促进作用。总之，通过开展这些社会活动和社会工作，向群众宣传了党的政策和主张，进行了爱国主义、集体主义、社会主义思想教育，有利于加强党同人民群众的联系。

(5)组织专题报告会。十年来，我们不定期地举行了数十次报告会，约请中央和国家机关有关部委的负责同志，给委员们介绍国内外形势，介绍改革开放和经济发展的情况。党中央和国务院的领导同志很关心中顾委的工作，江泽民、李鹏等同志曾亲自到中顾委通报国内外局势和中央的工作部署，并提出了希望和要求，这对于中顾委委员及时了解情况，做好工作，都是很重要的。

(6)与省、自治区、直辖市顾委交流做好顾委工作的经验。中顾委与省、自治区、直辖市顾委并无组织上的上下级关系，而有的省、自治区、直辖市顾委的同志常常来京，要求学习中顾委的工作经验。为此，中顾委应他们的要求，于1986年6月底7月初召开了一次各省、自治区、直辖市顾委主任座谈会。会上介绍了中顾委的工作内容，并且达成共识，希望中顾委和省、自治区、直辖市顾委的委员，都要积极支持新班子的工作，加强学习，安排好自己的晚年生活。这些年来，中顾委和省、自治区、直辖市顾委的委员们，可以说基本上做到了无论走到哪里，都不以老上级、老领导自居，不越权，不干预，摆正自己的位置，积极支持第一线的同志解放思想、实事求是、勇于探索、锐意改革，支持他们为贯彻执行党的基本路线，推进经济建设和各项事业的发展所进行的各种努力。

(7)坚决支持党中央为维护社会政治稳定所采取的正确决策。在1989年春夏之交发生动乱时，中顾委在陈云同志亲自主持下召开了第11次常委会议，随后又召开了中顾委各小组会议，向在京委员传达了陈云同志的重要讲话，大家旗帜鲜明地支持党中央为平息动乱和反革命暴乱所采取的果断措施和正确决策。

(8)认真学习邓小平同志视察南方的重要谈话。今年初邓小平同志视察南方发表重要谈话和三月中央政治局全体会议召开以后，中顾委及时传达了谈话和会议的重要精神，并组织委员们进行了学习和讨论。大家一致赞同和拥护，认为小平同志的谈话对当前形势作了精辟的分析，对改革开放十四年来党的基本实践和基本经验作了科学的总结，对我国社会主义现代化事业的发展具有重大的指导意义。

(9)注意加强中顾委自身的思想建设。在北京的一百多位中顾委委员，先后编成支部或小组，集中在中顾委过组织生活。无论在1983到1984年的整党中，还是在日常的组织生活中，委员们发扬民主，各抒己见，开展批评与自我批评，达到了研究问题、弄清思想、提高认识、增进团结的目的，使大家感到心情舒畅和有所收获。

(10)协助有关部门做好委员们的服务工作。对年老体衰的委员，经常派人去探望。对已经过世的委员的遗属，逢年过节前去慰问，并协助有关部门解决他们的一些实际困难，使他们感受到党的关怀。

顾问委员会是从实际存在的干部领导职务终身制走向退休制的过渡性组织，设立顾问委员会是我们党的一项创举。实践证明，党中央的这一决策是完全正确的，是符合我们的党情和国情的。这样做，既可以使一批老干部适时地退出第一线，以利于优秀中青年干部进入领导班子，又能在第二线过渡一段，继续发挥一些作用。这充分体现了党中央对老干部、老同志的深切关怀。十年来，中顾委的委员就是在这种良好的条件下做了以上这些工作的。

我们高兴地看到，这些年来，在党中央的领导下，我国的现代化建设和改革开放事业取得了巨大的成就，而且通过贯彻干部队伍的“四化”方针和加强党的建设，一大批忠诚于马克思主义和社会主义事业、又有专业知识的年轻干部成长起来了。各级领导班子，经过调整充实，老化的情况有了很大改变，党政领导机构的活力有了明显增强。以江泽民同志为核心的新的中央领导集体，进行了大量的富有成效的工作，得到全党和全国各族人民的拥护和信赖。这是我们党的事业兴旺发达的标志，也是保持党的政策的连续性，实现中国社会主义的壮丽前程的根本保证。

鉴于党的干部离休、退休制度已全面建立并正在顺利执行，实现新老干部的合作与交替已取得预期的进展；鉴于中顾委已历时两届，委员们的年事都很高了，已基本上完成了作为一种过渡性组织的任务，为此我们建议，党的第十四次全国代表大会后可以不再设立中央顾问委员会。

我们这些为共产主义事业奋斗了半个多世纪的老共产党员，有幸在毛泽东同志为核心的第一代中央领导集体的领导下，团结和依靠人民群众，经过长期艰苦奋斗，夺取了新民主主义革命的胜利，进而建立了崭新的社会主义制度，中华民族从此扬眉吐气地屹立于世界民族之林。我们为之感到光荣和自豪。十一届三中全会以后，我们又有幸在邓小平同志为核心的第二代中央领导集体的领导下，同全国各族人民一道，为社会主义现代化事业尽一份力量。我们党已开始找到了建设有中国特色社会主义的正确道路，中国的经济和社会发展从此开创了新局面，并向全世界展示了我们民族振兴和国家昌盛的美好前景。同样，我们为之感到光荣和自豪。

我们从自己的亲身经历和党的全部实践中深深感到，社会主义的中华人民共和国来之不易，我们国家的统一、民族的独立和人民的解放来之不易，我们党的优良传统和优良作风来之不易，我们建设有中国特色社会主义的道路来之不易。尽管在前进中还会遇到一些困难和问题，但我们坚信，只要全党同志紧紧依靠人民群众，毫不动摇地坚持党的“一个中心、两个基本点”的基本路线，毫不动摇地坚持邓小平同志视察南方谈话的主导思想，真正做到一百年不变，我们的改革和建设就一定能够顺利前进，我们已经创造的一切历史伟业和宝贵财富就一定能够继承、坚持和发展下去。我们这些老同志将一如既往地团结在党中央周围，为加快改革开放和现代化建设，继续作出自己力所能及的贡献。中国的经济建设搞上去了，各项事业全面发展了，中国的社会主义制度巩固了，不仅保证着中华民族赢得光辉的未来。而且也是对世界社会主义事业和人类进步事业的重要贡献。我们对未来充满信心。胜利必将属于中国共产党和中国人民！

中国共产党中央纪律检查委员会第九次全体会议公报

中国共产党中央纪律检查委员会第九次全体会议，于 1992 年 10 月 9 日在北京举行。中央纪律检查委员会委员 65 人出席了会议。

中共中央政治局常委、中央纪律检查委员会书记乔石主持会议并讲了话。乔石指出，党的十三大以来，在党中央的正确领导下，各级纪委坚定不移地贯彻执行党的基本路线和一系列方针政策，围绕经济建设这个中心，全面履行纪检机关的各项职能，做了大量工作，取得了显著成绩。他希望广大纪检干部，努力学习邓小平同志建设有中国特色社会主义的理论，坚持纪检工作为党的基本路线服务，搞好自身建设，加强团结，努力工作，为完成党的十四大提出的各项任务作出贡献。

全会讨论并通过了《中共中央纪律检查委员会向党的第十四次全国代表大会的工作报告》，同意提请党的第十四次全国代表大会审议。

中共中央纪律检查委员会第九次全体会议通过《中共中央纪律检查委员会向党的第十四次全国代表大会的工作报告》

党的十三大以来，中央纪律检查委员会和各级纪律检查委员会，坚持党的基本路线，落实党章赋予的任务，履行保护、惩处、监督、教育的职能，维护党的纪律，推动了党风和廉政建设，促进改革开放和经济建设的深入发展。现将五年来的工作向党的第十四次全国代表大会报告如下，请予审议。

五年来的主要工作

十一届三中全会以来，我们党以建设有中国特色社会主义的理论为指导，在实践中逐步形成和发展了“一个中心、两个基本点”的基本路线，开创了我国社会主义事业发展的新时期。党的十一届三中全会以后重建的中央纪委和各级纪委，在拨乱反正、整顿党风、严肃党纪、惩治腐败等方面做了大量工作，为保证党的基本路线和各项方针政策的贯彻执行，作出了应有的贡献。党的十三大以来，在党中央的领导下，中央纪委和各级纪委，牢固树立纪检工作必须保证党的基本路线贯彻执行的指导思想，以经济建设为中心，坚持四项基本原则，坚持改革开放，认真贯彻从严治党方针，大力加强党风和廉政建设。特别是今年年初以来，各级纪委认真学习贯彻邓小平同志南巡重要谈话和中央政治局全体会议精神，进一步增强了执行党的基本路线的自觉性，纪检工作出现了新局面。五年来，纪检工作在保证、促进改革开放和经济建设上发挥了重要作用。主要做了以下几方面工作：

一、支持保护改革开放，为经济建设服务

大力发展生产力是社会主义的根本任务。通过改革解放和发展生产力，是建设有中国特色社会主义的客观要求。中央纪委和各级纪委，始终把支持保护改革开放、促进经济发展作为工作的立足点，积极探索为经济建设和改革开放服务的途径。

深入实际，了解经济建设和改革开放全局。各级纪委和广大纪检干部，不断增强参与意识和服务意识，积极投身经济建设和改革开放的实际，了解经济发展状况，研究新情况、新问题，总结新经验；努力学习有关经济政策和现代化管理知识，掌握为经济建设和改革开放服务的本领；加强与经济部门的联系，与做经济工作的同志广泛接触，增进理解，不断拓宽工作思路，使纪检工作更好地为经济建设和改革开放服务。

明确违纪与非违纪的界限，保护党员干部改革开放的积极性。根据新形势下出现的新情况和新问题，各级纪委普遍制定了纪检工作为经济建设服务、促进生产力发展的具体措施和办法，积极会同有关部门研究和明确了一些政策界限，使广大党员干部，尤其是从事经济工作的同志，进一步放开手脚，大胆改革。各级纪委从关心和爱护党员、干部出发，对于工作中出现失误的，进行了耐心帮助；对受到错告和诬告的，在查清事实后予以澄清，并对诬告者进行了严肃处理。据不完全统计，五年来为7.7万多名被检举失实的同志澄清了是非。

加强企业党风党纪建设，推动企业经济发展。中央纪委加强了对企业纪检工作的指导，在深入调查的基础上，制定了《关于全民所有制工业企业纪律检查工作暂行规定》，并召开了企业纪检工作座谈会，对保证《企业法》的贯彻实施，搞好企业的党风党纪建设，促进企业经济发展，起了积极作用。各级纪委围绕搞好国营大中型企业，对企业的生产经营状况以及涉及党风党纪方面的问题，进行了大量的调查，积极主动地向党委提出工作建议，及时总结推广了党风正、管理严、效益好的企业的经验。近几年来，许多地方纪委重视剖析非正常亏损企业，找准影响企业经营和发展的非经济因素，协助主管部门调整领导班子，帮助企业建立健全规章制度，堵塞漏洞，解决经营思想、经营作风上存在的问题。据统计，1990年以来，共剖析非正常亏损企业1.5万多家，协助调整企业班子1.08万多个，查处案件2.06万多起，处分党员1.86万多人，挽回经济损失22.03亿多元。

排除干扰，为改革开放和经济建设创造良好环境。各级纪委经常检查、了解有关改革开放和经济建设方面政策的贯彻执行情况，在促进落实上做了大量工作。认真纠正影响经济发展的各种不正之风，查处经济领域的违法乱纪问题，对钻改革空子中饱私囊、行贿受贿、投机诈骗等违纪违法的党员进行严肃处理，为城乡经济的发展和改革的深化，排除干扰和阻力。县以上纪委还积极参与治理经济环境，整顿经济秩序，配合有关部门，对当时流通领域公司过多过滥的问题进行了清理，为完善市场机制，发展商品经济，创造了有利的条件。

二、严肃党的政治纪律，坚决维护党的团结和统一

中央纪委和各级纪委坚持和维护四项基本原则，旗帜鲜明地反对资产阶级自由化，不断克服"左"和右的干扰，坚决反对和纠正有令不行、有禁不止，对党的路线、方针、政策阳奉阴违的现象，在维护全党的团结，保证全局稳定和党的基本路线贯彻执行等方面，作出了积极努力。五年来，在全党深入开展了遵守和维护党的政治纪律的教育，查处了一批严重违犯党的政治纪律的案件，处分违犯政治纪律的党员13254人，其中县团级以上党员领导干部1179人。

在1989年春夏之交的政治风波中，中央纪委和各级纪委及广大纪检干部，表现出坚强的党性和组织纪律性，坚决拥护党中央的决策，紧密团结在党中央周围，经受住了严峻考验。中央纪委及时向全党发出了《关于严明党的纪律，维护党的团结统一的通知》，各级纪委也相应提出要求，对于保证各级党组织和全体共产党员遵守党的纪律，在政治上和行动上与党中央保持一致，起到了重要作用。

在中央领导下，中央纪委和各级纪委会同组织部门就动乱和暴乱中的问题，进行了清理和干部考察，对极少数严重违犯政治纪律的党员，严格按照政策进行了组织处理，维护了党的团结统一。

三、严肃查处违纪案件，坚决惩治腐败

这些年来，党内违纪案件呈上升趋势，党员领导干部违纪明显增多，严重官僚主义失职、渎职，经济方面违纪违法，道德败坏、腐化堕落等问题比较突出。各级纪委把查处党员违纪案件，特别是大案要案，作为从严治党、惩治腐败的重要措施来抓，重点查处了贪污受贿等经济方面违纪违法案件，侵犯国家和群众利益的严重以权谋私案件，以及腐化堕落、道德败坏的案件，清除了一批腐败分子。五年来，各级纪检机关共查处党内各类违纪案件874690件，处分党员733543人，其中开除党籍154289人，由司法机关依法给予刑事处分的党员42416人。在受处分的党员干部中，县团级16108人，地师级1430人，省军级110人。

在执纪办案中，紧紧依靠党组织，依靠群众，排除各种阻力，突破了一些难度较大的案件，特别是涉及党员领导干部的案件，以及违纪金额巨大、团伙作案、影响恶劣的案件。针对干扰办案的问题，中央纪委制定

了《关于对妨碍违纪案件查处的党组织和党员党纪处分的规定》，对严肃执纪起到了重要作用。各级纪委与执法监督部门密切配合，各司其职；坚持实事求是的原则，严格按照事实清楚、证据确凿、定性准确、处理恰当、手续完备的要求办事，提高了办案质量和效率。

为了搞好案件检查，加强群众监督，深入揭露党内消极腐败现象，各级纪委进一步加强了信访工作。五年来，全国纪检系统共处理群众来信来访724.9万件次，其中检举控告党员干部不正之风和违纪违法问题的275.2万件次，申诉27.2万件次。通过信访途径，了解核查了大量党风方面存在的问题，获得了一批党员违纪违法案件的线索，澄清了一些反映失实的问题，从而发挥了党内外群众的监督作用。

四、认真纠正党内不正之风，解决群众反映强烈的问题

各级纪委在大力提倡党的优良作风的同时，积极协助党委，采取措施认真纠正党内官僚主义、形式主义和以权谋私等各种不正之风。在党委领导下，各级纪委协同有关部门，从各地各部门的实际出发，从办实事入手，对那些带有倾向性的严重影响党群关系的突出问题，集中进行了清理和整顿，取得明显成效。1990年以来，在全国范围重点清理了党政干部违纪违法建私房、用公款超标准装修住房等问题。据统计，全国共清退多占公房17.9万多套，收缴退、罚款6.5亿元，受经济处罚的8.4万多人，受纪律处分的9800人。积极配合有关部门重点清理纠正乱摊派、乱收费、乱罚款和吃拿卡要、弄权勒索等行业不正之风。群众反映比较强烈的利用职权用公款送子女上学，用公款游山玩水、大吃大喝、挥霍浪费，以及农村财务管理混乱等问题，不同程度地得到了纠正。各级纪委还协助党委，对贯彻党的六中全会决定的情况，进行巡视和检查，总结交流经验，针对存在问题提出整改意见，进一步推动了六中全会决定的贯彻落实。

在党风和廉政建设中，各级党委、纪委努力加强制度建设，建立健全党风和廉政建设责任制、党风和廉政检查制度、民主生活会制度和党政领导干部廉洁规范制度。同时，协助有关部门实行了“公开办事规则、公开办事结果、接受群众监督”等监督制约制度，使党员干部置于制度约束和群众的监督之下。

五、加强党纪条规建设，深入开展纪律教育

中央纪委为了适应改革开放形势下从严治党、严肃执纪的需要，使纪检工作逐步走上制度化、规范化、科学化的轨道，把建立和完善党内法规作为党的纪律建设的基础性工作来抓。根据党员违纪状况、发展趋势以及执纪中亟待解决的问题，在调查研究、总结经验、广泛征求意见的基础上，先后制定了党员严重官僚主义、经济方面违纪违法、违犯外事纪律、违反社会主义道德等8个方面的党纪处分条例、规定和案件检查、案件审理、控告申诉等3个方面的程序性条例。这些条规的颁布和实施，进一步明确了党组织和党员的行为规范，统一了量纪标准，严格了办案程序，并使控告申诉、案件检查、案件审理互相衔接，为正确地执行纪律从制度上提供保证。同时，还制定了12个有关纪检工作的制度和规定，进一步提高了纪检工作规范化程度。这些党纪条规的制定，是多年来纪律检查工作经验的总结，是党章、《关于党内政治生活的若干准则》有关党的纪律规定的具体化，是新时期纪检工作的一项基本建设。

为加强纪律教育工作，中央纪委于1990年下发了《党的纪律检查机关党风党纪教育纲要（试行）》，进一步明确了对党的组织和党员进行党风党纪教育的工作任务。各级纪委在试行这个《纲要》的过程中，既配合有关部门进行了党的基本知识、基本理论、基本路线的教育，又紧密结合纪检工作实际，突出抓了党的优良传统作风、反腐倡廉的教育。随着党纪条规的相继制定和颁布，在全党开展了以党章、《准则》和党纪条规为主要内容的党规党法教育。各级党委、纪委广泛深入地宣传党的纪律知识和条规内容，组织广大党员、干部参加学习，受教育面达百分之八十以上。各地将已颁布的各项条例、规定汇编成册，编写了辅导和宣讲材料，发至基层支部和党员，并采取多种形式和办法，开展生动活泼的教育活动，使党员进一步增强了党性观念和纪律观念，提高了遵守和维护党的纪律的自觉性。

六、加强纪检组织建设，提高干部队伍素质

各级党委、纪委重视纪检队伍建设。尤其是党的十三届四中全会以后，加强了各级国家机关纪检组织，企事业和乡镇纪检组织也有了发展。适应改革开放的新形势，加强了纪检干部的思想作风建设和业务培训工作，进一步提高了广大纪检干部的政治素质和业务能力。有计划地组织干部交流，选派一批干部到基层挂职锻炼。选拔了一批符合“四化”标准、德才兼备、年富力强的干部，充实加强了各级纪委领导班子，县以上纪委班子的文化结构、年龄结构都有了明显改善。从总体上讲，纪检干部队伍的素质是好的，是有战斗力的。在纪检工作中涌现出一大批无私无畏、坚持原则、清正廉洁、实事求是、联系群众的优秀纪检干部。1990年11月份，中央纪委召开了全国先进纪检组织、优秀纪检干部表彰大会，表彰了55个先进纪检组织和296名优秀纪检干部，在全国开展了学先进、比先进、超先进，争做党的忠诚卫士的活动。

过去的五年是不平凡的五年。经过全党的努力，党风和廉政建设取得了显著成绩。党的队伍主流是好

的，党风总的说在向好的方面发展。但是，对党风和廉政建设的成绩不能估计过高。我们要清醒地看到，党内不正之风和腐败现象仍很严重，有些问题并没有得到遏制，有些问题边纠边犯，有些问题又以新的形式表现出来。一些党组织和党员领导干部“一手硬、一手软”的问题还没有很好解决，把党风和廉政建设同经济工作割裂开来、对立起来的思想仍然存在；执行党的纪律失之于宽、失之于软、惩治不力的问题在一些地方还比较突出；执纪办案中排除干扰还不够有力，监督作用发挥得不够。在加快改革开放和经济发展的新形势下，我们在思想认识、工作指导和工作方式方法上，都需要进一步提高和改进。

五年工作的基本经验

一、必须始终坚持党的基本路线，切实贯彻“两手抓”的方针

坚持党的基本路线，关键是坚持以经济建设为中心。纪检工作必须服从、服务于党的基本路线，紧紧围绕集中力量把经济建设搞上去来严肃执纪，加强党风和廉政建设。这是做好纪检工作的一条最根本的经验。实践证明，在新的历史时期，必须也只有紧紧扭住经济建设这个中心不放，把党风和廉政建设与改革开放紧密结合起来，才能使纪检工作充满生机和活力，路子越走越宽。

在纪检工作中坚持党的基本路线，必须坚定不移地贯彻邓小平同志反复强调的“两手抓”的方针，做到两手硬。改革开放，发展经济，为搞好党风和廉政建设提供有利条件；同时，经济建设和改革开放又要求以好的党风、严明的党纪作保证。五年来，各级纪检机关在党委领导下，努力排除阻力和干扰，坚持“两手抓”的方针，加强党风和廉政建设，坚决惩治腐败，在发展社会主义商品经济的新形势下，既拓宽了党风和廉政建设的途径，又保证了经济建设和改革开放的顺利进行。

大量的事实充分说明，只有不断加强党的建设，加强党风和廉政建设，才能有效地保证党的路线、方针、政策的贯彻执行，才能广泛调动人民群众的积极性，才能有力地惩治腐败和纠正各种不正之风，保持政治稳定，促进经济建设和改革开放的健康发展。否则，不正之风和腐败现象就会蔓延、发展，经济建设和改革开放就必然受到影响。因此，无论在什么情况下，都要坚定不移地贯彻党的基本路线，丝毫不能动摇“两手抓”的思想。

二、必须维护党纪的严肃性，把改革创新精神与纪律观念统一起来

党的纪律是维护党的团结统一，实现党的路线、方针、政策的可靠保证。在改革开放过程中，由于新旧体制的交替，各种利益的调整，以及政策不配套，制度不健全，难免出现这样那样的矛盾和问题。在这种情况下，加强党的纪律尤为重要。

从几年来的情况看，在执行和维护党纪方面，主要的问题是有些地区和部门纪律松弛，查处不力，执纪不严。究其原因主要是有些党组织和领导干部在维护纪律问题上不讲是非，不讲原则，不讲党性，怕得罪人，有的从局部和小团体利益出发，对本地区、本部门、本单位的问题，姑息迁就，大事化小，小事化了，助长了不正之风和违纪现象的滋生蔓延。维护党的纪律的严肃性，必须增强全党的纪律观念，克服个人主义、本位主义、自由主义等错误倾向。严肃党的纪律，关键是对领导机关、领导干部要严，真正做到纪律面前人人平等。领导干部的职位越高、权力越大，越要带头遵守纪律。任何人违犯了纪律，都必须受到追究。

在改革开放的新形势下，维护党的纪律的严肃性，必须正确认识和处理改革创新与加强纪律的关系。为加快经济发展，必须鼓励广大党员干部解放思想，大胆试验，敢于创新，勇于进取，并把改革创新精神同纪律观念统一起来，坚决地、创造性地执行党的路线、方针、政策，同时又能自觉地维护和遵守党的纪律。对改革开放中出现的问题，要从实际出发，慎重对待，稳妥处理。对一时拿不准的事情，可以看一看，深入进行研究，不宜急于下结论和处理。

三、必须抓住密切党群关系这个根本问题，坚定不移地搞好党风和廉政建设

党风问题，归根到底，是能否保持党的先进性、保持党与群众密切联系的问题。党风不正，腐败不除，就会从根本上损害党同人民群众的关系，也必然影响经济的发展和社会的稳定。

几年来，各级纪检机关对那些损害党的形象，影响党群关系的不正之风和腐败现象，着力加以纠正。特别是在党的十三届六中全会作出《关于加强党同人民群众联系的决定》后，各级纪检机关在党委的领导下，从本地区、本部门的实际出发，认真解决群众反映强烈的问题，力求做到办一件，成一件，巩固一件。对涉及面广或已成风的问题，采取领导与群众相结合，集中时间，集中力量，实行集中整顿、专项清理，在较短的时间内取得了明显效果。把群众反映的热点问题作为纠风的重点，进行清理和整顿，既反映了群众的愿望，又有利于组织群众参与，把问题搞深透，这是新形势下党风和廉政建设走群众路线的一条重要经验。

党风和廉政建设要取得成效，关键在于党委重视，做到坚定不移、坚持不懈地发动全党去抓，同时还在于领导机关、领导干部的表率作用。一些地方风气不正、问题成堆，往往同那里的领导干部自身不正或解决不力有直接关系。尤其是有的领导干部搞不正之风、违

法乱纪，带坏了一些干部。因此，必须坚持领导带头，逐级负责，既要有大的决心，又要有切实的行动，真抓实干，知难而进，一件件地抓落实，党风和廉政建设才能抓出成效。

搞好党风，反对腐败，必须坚持"一要坚决、二要持久"的方针，既要立足当前，认真解决紧迫问题，取得人民群众看得见的效果；又要坚持常抓不懈，妥善处理纠正与防范、治标与治本、阶段性与连续性的关系，坚决而持久地搞好党风和廉政建设。

四、必须全面履行"保护、惩处、监督、教育"四项职能，提高纪检工作的整体水平

中央纪委提出，纪检机关应该依照党章规定，履行"保护、惩处、监督、教育"四项职能。只有全面履行四项职能，才能从整体上提高纪检工作水平，更好地担负起党章赋予纪检机关的任务。

全面履行四项职能，必须把握各项职能之间的辩证关系。各级纪委在实践中体会到，四项职能相辅相成，是不可分割的统一体。在把查处违纪案件作为严肃党纪的中心环节的同时，必须使保护、惩处、监督、教育有机地结合起来。既要严肃执行纪律，又要重视保护党员的民主权利和合法权益，保护党员在四化建设中的积极性和创造性。即使对那些犯了错误的同志，在严肃查处的同时，也要依照党章保护他们应享有的民主权利，并认真贯彻"惩前毖后、治病救人"的方针，重在教育人、挽救人。既要集中力量查处党内违纪案件，又要把着眼点放在防范上，通过教育、监督和制度规范，防微杜渐，尽可能把问题解决在萌芽状态，并通过履行四项职能，把纠正党内不正之风与弘扬正气结合起来，克服消极因素，发展积极因素。这样，才能从整体上维护党的纪律，发扬党内民主，促进党内生活正常化，提高党员素质和党组织的战斗力。

全面履行四项职能，必须紧密结合改革开放和经济建设的实际，为解放和发展生产力服务。坚持做到，凡是有利于促进生产力发展的，就积极支持、保护；对妨碍甚至破坏生产力发展的，就坚决制止和严肃查处。各级纪委在履行职能过程中，认真坚持了这一重要原则，使纪检工作发挥了支持、保护改革开放和经济建设发展的重要作用，获得了广泛的理解和支持。

全面履行四项职能，还必须加强与党内外有关部门的联系和配合。几年来，纪检机关注意同党委的组织、宣传部门，国家的司法机关，政府的监察、审计、工商、税务等部门协调行动，形成合力，在保护、惩处、监督、教育等方面发挥整体效能。

今后工作的建议

坚定不移地贯彻党的基本路线，进一步解放思想，把握有利时机，加快改革开放和现代化建设步伐，夺取有中国特色社会主义事业的更大胜利，是全党和全国各族人民的奋斗目标。新的形势和任务对党的建设提出了更高的要求，也要求纪检工作为支持保护改革开放、促进经济建设作出新的贡献。

一、深入进行党风和廉政建设，保证党的基本路线的贯彻执行

各级党委和纪委要牢固树立纪律检查工作必须保证党的基本路线贯彻执行的指导思想，增强执行党的基本路线的自觉性和坚定性，增强以经济建设为中心的观念，使党风和廉政建设紧紧围绕这个中心来进行。在实际工作中要始终坚持"两手抓"的方针，做到两手都要硬。牢牢把握住"一个中心、两个基本点"，要警惕右，但主要是防止"左"，努力为经济建设和改革开放排除各种干扰。

认真贯彻落实党中央关于加强党风和廉政建设的各项决定和措施，扎扎实实地解决群众关心的问题，坚决克服党内消极腐败现象。以党政机关和党员领导干部为重点，坚决纠正官僚主义、形式主义、以权谋私、挥霍浪费以及在干部人事工作上的不正之风。认真解决部门和行业不正之风。切实加强企事业单位和农村基层党组织的党风党纪建设。

坚持从严治党的方针，始终把查处违纪案件作为严肃党纪的中心环节，坚决惩治腐败。重点查处违背党的基本路线，反对四项基本原则，抵制和对抗改革开放方针政策、干扰阻碍重大改革措施实施的案件；查处贪污盗窃、索贿受贿、严重以权谋私、严重官僚主义失职和渎职案件；查处道德败坏、腐化堕落等案件，严明党的纪律，坚决清除腐败分子。

深入开展党章、《准则》和有关党纪条规的教育，增强党员的党性觉悟和纪律观念，不断提高遵纪守法的自觉性和抵御歪风邪气的能力。加强制度建设，继续推行"两公开一监督"制度，建立和完善防范以权谋私等行为的制约机制，进一步抓好党纪条规的制定和完善，走出一条靠教育、靠法制搞好党风和廉政建设的路子。加强党内监督，健全对领导干部自下而上、自上而下，以及党委内部的监督制度，拓宽党内外监督渠道，发挥职能部门监督、群众监督和舆论监督的作用。各级领导干部要增强接受监督的意识，欢迎来自各方面的监督。坚持民主集中制原则，健全党内民主生活，保护党员的民主权利。对侵犯党员民主权利，压制党员批评，进行打击报复或诬告陷害的人和事，必须严肃查处。

二、适应新形势要求，不断提高纪检工作水平

随着改革开放的深入发展，纪检工作面临着新的形势。各级纪检机关和纪检干部，要用邓小平同志建设有中国特色社会主义的理论武装自己，进一步解放

思想，增强改革开放意识、市场经济意识、为经济建设服务的意识，克服不适应改革开放的旧思想、旧观念。在指导思想上，正确认识加强纪律与发展经济的关系，防止偏离经济建设这个中心；在履行职能上，注意综合发挥四项职能作用，防止“单打一”；在思维方式上，要适应变化了的形势，防止用老眼光、老观念观察事物，努力掌握和运用唯物辩证法去分析问题，使认识符合客观实际。

抓紧学习经济，学习现代科学文化知识，懂得经济规律，提高为经济建设和改革开放服务的水平。经常深入实际，调查研究，了解和掌握新情况、新问题，增强纪检工作的预见性和主动性。对改革措施出台以及实施过程中可能遇到的障碍和干扰，要认真分析研究，把工作做在前头，以严明的纪律保证新旧体制转换的健康进行。

坚持把是否有利于发展社会主义社会的生产力，是否有利于增强社会主义国家的综合国力，是否有利于提高人民的生活水平，作为纪检工作总的出发点和根本要求，实事求是地处理好改革中出现的矛盾和问题。对改革中涌现的新事物，对大胆试验、勇于探索、开拓进取的党员干部，要热情支持，对敢闯、敢试做出贡献而偶有错误的，主要是进行教育和帮助，对他们的问题要区别情况，慎重处理。对无视党纪国法、钻改革空子、违法乱纪的，要坚决查处。加强政策问题的调查研究，会同有关部门进一步明确有关规定。以党章、《准则》、党和国家的现行政策为依据，坚持原则，实事求是，正确地执行党的纪律。

在深化改革中不断拓宽党风和廉政建设的新思路，深入研究社会主义市场经济条件下，党风和廉政建设的特点和规律，寻找和创造新的工作方式和方法，积累新的经验。把深化改革作为加强党风和廉政建设的重要途径，通过改革和制度建设，逐步消除不正之风和腐败现象滋生的土壤和条件。

三、加强对纪检工作和党风廉政建设的领导

党风和廉政建设是执政党建设的重要内容，是全党的共同任务，必须坚持全党抓。各级党委要建立党风和廉政建设责任制，切实加强对纪检工作和党风、廉政建设的领导。党政主要领导同志要亲自抓，经常研究党风和廉政建设中出现的问题，定期检查党风和廉政制度的落实情况。发扬党的优良作风，要从各级领导机关和领导干部、尤其是党的高级干部做起，高标准，严要求，以身作则，身体力行，既要为广大党员干部作出表率，又要对存在的问题敢抓敢管。对于在维护党的纪律方面严重失职的，要追究党组织及其主要负责人的责任。

纪律检查工作只能加强不能削弱，必须按中央有关文件规定，把各级纪委的领导班子配好。地方各级纪委书记应由同级党委副书记一级干部担任，并参加同级党委常委。各级党委要积极支持纪检机关履行职能，从人力、财力、物力等方面提供工作条件。

各级纪委要在同级党委和上级纪委的领导下，积极主动地开展工作，努力当好党委的参谋和助手。上级纪委要加强对下级纪委的领导和指导，并对其工作进行有效的监督和检查。下级纪委对党风和廉政建设中一些带有倾向性的问题和典型的重大案件，应及时报告同级党委和上级纪委。

在党的基本路线的指引下，各级纪检机关和广大纪检干部，必将以对党和人民的事业高度负责的精神，兢兢业业，扎扎实实，紧紧围绕经济建设和改革开放，不断推进党风和廉政建设，为保证党的十四大确定的各项任务的顺利完成作出贡献。

全国人大常委会委员长万里视察北京新近建成即将开通的地铁西单站

图们江地区开发项目管理委员会第二次会议在北京举行

在10月9日至11日由联合国开发计划署在北京主持召开的图们江地区开发项目管理委员会第二次会议上，来自中国、蒙古、朝鲜、韩国和俄罗斯的5国高级政府官员签署了一份有关图们江地区开发的协议。

根据协议，图们江地区开发项目预研究将获得450万美元的援助，作为对该地区未来投资及发展方案的可行性研究的支持。

10月10日

《马克思、恩格斯、列宁、斯大林、毛泽东论人权》由中共中央党校出版社出版发行

《彭真》画册出版座谈会在北京举行

由邓小平题写书名的《彭真》画册近日出版。上午，画册的编辑单位中央文献研究室、新华通讯社在钓鱼台国宾馆举行座谈会，祝贺画册的出版。

中国共产党已同世界上百余国家的280多个政党建立联系

中共中央对外联络部介绍，中国共产党的对外交往不断扩大，现已同世界上100多个国家的280多个政党建立了不同形式的联系，其中包括共产党、社会党、社会民主党、工党和其他友好政党。

全国双拥工作领导小组就开展纪念双拥 50 周年活动发出通知

通知说,1993 年 1 月,是党中央倡导的、在延安和各解放区大规模兴起的拥军优属、拥政爱民活动 50 周年。半个世纪以来,我国军民继承和发扬双拥光荣传统,谱写了风雨同舟、鱼水相依的光辉篇章,坚强的军政军民团结,成为夺取革命和建设胜利的重要政治保证。在我国社会主义现代化建设的关键时期,纪念双拥运动 50 周年,对于动员、教育和团结全国军民贯彻落实党的十四大精神,维护和坚持党的基本路线,坚定不移地推进改革开放,具有十分重要的现实意义。通知对各地、各部队开展双拥 50 周年纪念活动提出了 4 个方面的要求:

一、深入贯彻党中央、国务院、中央军委关于双拥工作的重要通知精神,切实把做好双拥工作、加强军政军民团结作为一项长期的战略任务。各地、各部队要组织广大军民继续学好中央关于进一步加强双拥工作的通知,学习老一辈无产阶级革命家关于加强军政军民团结的论述,充分认识军政军民团结是国家安定、民族团结的重要标志,是巩固社会主义制度、顺利推进改革开放的重要保证,切实把双拥工作作为一项长期的战略任务,做到党政军主要领导亲自过问,双拥工作领导机构指导协调,军地各职能部门齐抓共管,形成整体合力。

二、开展双拥活动月,在全社会形成拥军优属拥政爱民光荣、维护军政军民团结光荣的良好风尚。全国双拥工作领导小组决定,明年 1 月为全国双拥活动月。各地、各部队要从实际出发,开展丰富多彩的活动。

三、深入扎实地开展创建双拥模范城(县)活动和军民共建精神文明活动,进一步提高双拥工作的整体水平。各地、各部队在创建双拥模范城(县)活动和军民共建精神文明活动中,要紧紧围绕贯彻执行党的基本路线,把促进改革和建设作为根本任务,不断巩固和发展新型军政军民关系,为社会主义现代化建设创造更好的社会政治环境。

四、按照隆重、热烈、俭朴、广泛的原则,做好双拥 50 周年纪念大会的准备工作。经党中央、国务院、中央军委批准,全国双拥工作领导小组和民政部、总政治部将在延安召开纪念大会,届时将命名表彰一批全国双拥模范城(县)。

全国人大常委会副委员长陈慕华在济南结束的全国人大财经工作座谈会上发表讲话

陈慕华强调要深刻领会小平同志南巡谈话精神,全面贯彻党的基本路线,进一步做好人大财经工作,坚持发展社会主义民主,健全社会主义法制,为建设具有中国特色的社会主义作出新的贡献。

陈慕华在讲话中充分肯定了人大财经工作取得的成绩。5 年来,全国人大财经委和各省、自治区、直辖市人大财经委参与经济立法、执法检查和参与拟定、审议的经济法律、法规达 545 件,为改革开放和经济建设提供了法制保障。同时,全国人大财经委还先后检查了几十项法律、法规的执行情况,发现和解决了一些执法中的问题。各地人大财经委紧紧围绕经济建设这个中心,对改革开放和经济发展中的重大问题,进行了调查研究,提出了一些建议。小平同志南巡谈话发表以后,各地人大财经委的工作有了新的进展。

陈慕华强调,高度的民主和完备的法制是一个国家现代化的标志之一。为了保障社会主义民主,保障正常的社会经济秩序,必须加强社会主义法制建设。在这方面,任务十分繁重而紧迫。一是我们正在建立社会主义市场经济新体制,迫切需要用法律、法规来保障新体制的建立和正常运转;二是社会主义市场经济对我们来说还是一个新事物,市场活动必将孕育着、产生着错综复杂的经济关系和社会关系,需要用法律、法规加以规范;三是社会主义市场经济运行中,国家必须运用经济的、法律的、行政的手段进行宏观调控与引导,以保障国民经济能够持续、稳定、协调地发展。这就需要逐步制定宏观管理方面的法律。

国家工商局《关于改进企业登记管理工作促进改革开放和经济发展的若干意见》

《意见》的主要内容是:一、积极支持国营大中型企业组建集团和进行股份制试点;允许企业根据自身条件从事综合性经营和跨行业经营。二、支持政府机关转变职能,兴办政企分开的经济实体。三、支持农业社会化服务体系的发展。四、加快对外开放,大力发展外商投资企业。

中国地产咨询中心在北京成立

这个隶属于国家土地管理局的咨询中心,是首家全国性专为地产业提供咨询服务的中介机构。其业务范围主要是受有关方面委派、委托、邀请,对有关建设项目的用地进行咨询、论证和验收技术认证;为各地评定、评估地价;代国内外客户办理有关地产事宜;为客户提供地产政策、法律咨询服务,开展国内外学术交流;培养各类地产专业人才。

国家科委关于进一步解放思想、加快步伐深入实施星火计划的若干意见

经党中央、国务院批准的星火计划实施以来,坚持依靠科技振兴农村经济的宗旨,在推动农村科技进步,促进农村商品经济发展，调整产业和产品结构，提高劳动者素质，全面振兴农村经济等方面都取得了“有目共睹，有口皆碑”的成就，深受广大农民和社会各界的欢迎，在国内外产生了巨大影响，具有强大的生命力。

星火计划是我国科技发展战略的一个重要组成部分，在面向经济建设主战场中，担负着引导农村实现现代化的历史使命。组织实施星火计划是一项长期的战略性任务。中共中央关于进一步解放思想、加快改革开放步伐的决策，为星火计划注入了蓬勃发展的生机和新的活力。星火计划面临着前所未有的大好形势，正在进入一个新的发展时期。我们必须抓住时机，加快步伐，尽快使星火计划跃上新台阶。

一、瞄准小康目标，尽快实现四个突破

（一）90年代星火计划的主要任务是促进农村经济尽快走上依靠科技进步和提高劳动者素质的发展轨道，为八亿农民奔向小康提供科技动力，为建设现代化社会主义新农村做出示范。为此，要坚定不移地坚持以振兴农村经济为宗旨，坚定不移地解放科技第一生产力，发展市场经济，引导乡镇企业、中小企业的健康发展。“八五”后三年，要以更大的勇气和魄力，深化改革，扩大开放，联合更多部门共同运用大科技，开发大市场，形成大产业，使星火计划跃上新台阶。

（二）星火计划上台阶要在四个方面尽快取得突破性进展。在实施规模上要尽快形成一批年产值超亿元，年利税超千万元的大产业；坚持先进适用的技术战略，大胆采用先进技术，开发高新技术，把星火技术提高到一个新水平；加快走向世界的步伐，提高外线作战能力，发展外向型经济；培养出一支有创业精神，敢于领办商品化大产业的星火企业家队伍。

二、大胆改革，运用市场经济规律指导组织实施

（三）进一步解放思想，全面进入市场经济机制运行轨道，更加充分地发挥市场调节作用。在符合国家产业和技术政策的前提下，星火计划要继续以经济效益为中心，面向市场，面向社会，大胆采用各种经济措施和市场调节手段，积极引进、移植经济发达国家先进的管理经验和生产方式，努力提高管理水平和劳动生产率。

（四）国家星火计划管理要进一步简政放权，主要任务是组织制定方针、政策和规划、加强宏观指导和协调。国家级星火计划项目的管理除少量跨省、跨地区，有重大示范作用的项目外，绝大部分国家级星火项目委托地方或部门自主管理，赋予项目管理自主权。充分发挥地方的主观能动性和首创精神，鼓励各地从实际出发，自主制定星火计划的规划、计划和有关配套政策。

（五）选择、确认或建立一批星火技术经济实体和信息咨询服务机构，为乡镇企业提供技术信息等有偿服务。星火项目技术选择、可行性研究、评估论证以及流通、供销、信息等，逐步委托技术经济咨询机构或具有相应能力的经济实体承办。各地要积极试点，大胆探索，建立适合市场经济规律的管理体制，逐步向管理社会化转变。鼓励各地兴办多种形式的技术经济实体，支持发展为星火计划实施服务的第三产业。

（六）坚持实事求是，从实际出发，因地制宜、分类指导。技术经济发达地区重点开发高新技术，发展外向型经济，并逐步形成由经济实体自我投资、自主管理、具有内在活力的组织实施体制。中西部地区，老、少、边、贫等经济不发达地区，重点开发资源型产业，大力发展乡镇企业。各级管理机构要继续加强政策引导，制定引导性计划，做好组织协调工作。

三、加强人才培养，努力造就一支星火企业家队伍

（七）振兴农村经济，实现小康目标，关键在人才。星火计划要把人才培养摆在更加突出的位置，列为最重要的任务之一。人才培养工作的核心是造就一批发展社会主义商品经济的星火企业家。星火计划组织实施的各项工作要为培养农村企业家服务，努力为企业家的成长创造条件。各地要尽快选拔一批具有企业家素质和发展潜力的培养对象，由他们领办星火支柱产业、星火密集区。星火项目要逐步向企业家集中。各地要从资金、技术、物资、流通、税收等方面为企业家的成长和成才创造条件，使他们尽快成为深入实施星火计划的中坚力量。

为鼓励企业家的成长，国家将组织评选星火明星企业家，组织企业家出国培训、参观考察，提供多种合作交流的机会。

（八）星火培训要出人才，出效益。努力提高星火培训质量，培训工作的重点要尽快转移到培养星火企业家，培养发展农村商品经济带头人的方向上来。国家级星火培训要以星火企业家、外向型企业人才和星火管理干部为主要对象，开展培训工作。量大面广的适用技术培训主要依靠地方、部门和社会力量组织。

（九）国家级星火培训基地在巩固、提高的基础上，按培养星火企业家的新要求，调整布局和培训内容，改革培训方式。星火培训基地的建设向以学养学、自主发展的方向转变，充分利用现有条件，实行培训、开发、经营一体化。鼓励培训基地开展技术经济信息咨询、技术转让、企业资信评估等有偿服务，向服务功能多元化方向发展。

四、切实加强区域综合开发，为农村发展规模经济做出示范

（十）区域综合开发是扩大实施规模和效益的主要措施，也是星火计划工作上台阶的重要任务。区域性

支柱产业、山区、滩涂综合开发、技术密集区及相应的企业集团、服务体系都是区域性综合开发的具体形式和内容。应继续加强引导，使其不断完善和发展，尽快形成一批产值上亿元、利税超千万元的产业和示范区，带动一片，发展农村规模经济。

星火技术密集区经过几年实践，证明方向是正确的，"八五"期间要加快建设步伐，国家将尽快制定星火技术密集区标准，对现有星火技术密集区要进行考核，并根据需要增列一批，以在全国形成合理布局。经考核确认的星火技术密集区由国家科委正式命名，并在技术、人才、资金等方面加强支持。各地可仿效高新技术产业开发区、经济开发区的政策，由当地政府制定鼓励扶植密集区建设的优惠政策。

（十一）继续巩固和加强星火科技服务体系建设，推动农村社会化服务体系的建立和发展。星火科技服务体系是以科技为龙头，以经济效益为纽带，扩散星火技术，促进区域支柱产业发展和技术密集区建设的科技服务组织。也是星火计划扩大规模效益，提高技术水平，吸收科技人员的最重要的组织形式。"八五"星火科技服务体系建设的主要任务是，与支柱产业和密集区建设紧密结合，完善服务功能，扩大服务范围，增加服务实力，以技术服务为核心，向购销、信息、咨询、资金、法律等综合服务方面发展，逐步把星火科技服务体系建设成为具有产前、产中、产后综合服务能力和较强经济实力的实业公司。不断创造经验，为农村社会化服务体系的建立和发展提供示范，为发展农村第三产业贡献力量。

五、提高技术水平，增强发展后劲

（十二）要继续坚持先进适用的技术标准、技术水平和产品档次，要在"七五"的基础上升级换代，特别是技术经济发达地区、星火技术密集区要优先选择开发高新技术，逐步在农村建立一批高新技术示范产业。

（十三）树立超前开发意识，加强星火技术的前期开发研究。继续加强同"科技攻关"、"八六三"、"丰收"、"燎原"、"推广"等计划的衔接和配合，并根据星火产业和区域开发对关键性技术成果的需求，以大专院校、科研院所为主要依托对象，面向社会，组织星火科技难题招标，以鼓励、引导科研机构参与星火计划，逐步在主要开发领域，建立星火科技开发研究中心。不断强化星火计划的科技依托实力，增强后劲。

（十四）选择一批经济实力、技术消化吸收能力较强的乡镇企业或国营、集体中小企业，建立星火技术中试基地。吸引科研单位、科技人员带成果、带技术到中试基地进行中间试验，共担风险，共享成果和效益。国家将拿出一定比例的经费以风险投资或入股的方式支持星火中试技术开发。

（十五）以市场需求为动力，运用经济手段推广星火成熟技术。技术转移可采取转让、入股、联合办厂、技物交易等多种方式进行。技术转移主要依靠社会力量推动，广泛开展官方或民间的技术交流和贸易洽谈，支持技术供需双方直接交易，鼓励各类技术中介机构、技术经济实体组织星火技术转让活动。

六、进一步拓宽资金渠道，扩大投入规模

（十六）星火资金要继续执行以企业自筹和银行贷款为主，国家适度引导的政策。除各级财政继续稳定增加星火计划投入，强化调控、引导能力外，要更充分地发挥星火投入效益高、机制灵活的优势，进一步拓宽融资渠道，扩大同银行、投资公司、保险公司、城乡信用合作社的资金融通业务。各地要积极创造条件，吸引国内外各类经济组织、金融机构和个人以各种形式投资星火事业。

（十七）大胆运用风险抵押、拆借、租赁、股份、债券等多种方式筹集资金，扩大星火资金的投入规模。具备条件的星火技术密集区、综合开发示范区和星火示范企业可实行股份合作制，经有关部门批准，可发行星火股票和科技债券，面向社会，广辟财源。

（十八）进一步改革资金投入方式。国家星火资金要适当集中，连续投入，重点支持区域综合开发，支持有创业精神的星火企业家创办大产业。国家引导经费主要以风险担保和股份投资方式重点支持关键技术的前期开发和中间试验。

七、优化政策环境，吸引科技人才

（十九）各地要努力创造更加宽松和优惠的政策环境，吸引科技人才到农村建功立业。对投身星火计划并作出突出贡献的科技人员，其个人收入要同所创造的经济效益切实挂起钩来，按比例提取报酬并保证兑现。贡献突出的还要给予重奖重酬，其所得报酬和奖金按有关政策规定减免个人收入所得税、调节税。

（二十）以优惠政策吸引科研机构、高等院校成建制地进入星火技术密集区、区域综合开发示范区和星火企业集团。科研机构可以保持其所有制性质和法人地位不变，成为星火企业集团或技术密集区的开发机构。科研单位可从科技开发所得净收入中提取一定比例，作为科技人员的奖金和津贴。支持科研单位、大专院校承包、领办星火企业，或以技术入股、资金入股等方式联办星火企业。

八、加快步伐，走向世界，参与国际市场竞争

（二十一）星火国际合作要面向世界，进出结合，实行全方位开放。在继续引进国外资金、技术、人才的同时，星火国际合作要以促进外向型经济发展为中心，以

星火技术和产品出口为重点，依托有出口创汇优势的沿海、沿江、沿边开放地区，强化星火计划外线作战的能力和实力。“八五”后三年要建立一批年出口创汇百万美元以上的外向型星火企业和示范区。本着由小到大、由近及远、先易后难的原则，首先面向发展中国家和周边地区，特别是东南亚地区，采用多种形式开辟合作渠道，尽快进入周边市场。鼓励、支持星火企业带技术、设备、人员或投资到境外办厂，逐步形成一批星火跨国企业和企业集团。对此，各级政府和有关部门应给予大力支持。

(二十二)各地要结合本地实际，积极创造条件，大力发展出口创汇，打开星火产品出口渠道。国家将根据发展需要，在有条件的地区设立一批星火技术、产品出口基地，由地方政府按当地鼓励出口创汇的有关规定给予对外合作和出口贸易自主权。对年出口创汇达到一定规模的星火企业和企业集团，国家科委、省(市)科委应向同级外(经)贸部门推荐，符合标准的，可授予星火产品自营出口权。

九、加强联合，调动一切积极因素

(二十三)星火计划是科技兴农和农村科技工作的重要组成部分，是发展高产优质高效农业的具体形式，也是一项社会化的系统工程。必须调动各方力量，组成实施星火计划的统一阵线。依靠联合和协作精神，推动星火上台阶，进一步巩固扩大实施星火计划的联合阵线。加强同计划、财政、金融、税收、商业、物资等部门的合作，充分发挥行业主管部门作用，依靠部门在技术、资金和管理方面的优势，联合推动星火计划的深入实施。继续鼓励和支持民主党派和群众团体参与星火计划。

(二十四)实施星火计划必须紧紧依靠各级政府，加强协调和组织领导，要树立抓星火计划就是抓第一生产力的观念，在政策、资金、物资、人才等方面给予实际支持。鼓励、支持各地借鉴、引用高新技术产业开发区、经济开发区和特区的优惠政策组织实施星火计划。国家星火技术密集区等综合开发示范区要由当地政府主要领导亲自抓。

(二十五)各级科委要把组织实施星火计划作为农村科技工作的最重要任务之一，做好规划、组织、协调和服务工作。进一步解放思想，勇于改革，只要有利于提高农村生产力，有利于提高农民生活水平，有利于星火事业发展的政策和措施，就要大胆探索，敢于突破。要继续增加投入，加强和充实星火管理力量，在机构改革和调整中要注意保持星火管理机构和队伍的相对稳定。县级科委要把科技管理的各项工作同实施星火计划结合起来，组织实施星火计划应作为县级科技工作的主要任务。

中共中央政治局常委乔石在人民大会堂会见由最高法院大法官特奥多罗·帕迪利亚率领的菲律宾司法代表团

外经贸部副部长佟志广和美国贸易副代表莫斯科分别代表两国政府正式签署《中华人民共和国政府和美利坚合众国政府关于市场准入的谅解备忘录》

一年多来，中美两国代表团就市场准入问题举行了9轮谈判。双方按照关贸总协定的原则，最终达成了协议。

佟志广和莫斯科在签字仪式上先后发表讲话。

佟志广指出，中美签署市场准入谅解备忘录是一件值得庆贺的事，将有利于维护和促进中美双边经贸关系，也有利于维护和改善整个中美关系。

佟志广说，中美最后一轮市场准入谈判是关系到中美经贸关系乃至全面关系大局的一场非常重要的谈判。他本人与美国贸易代表希尔斯大使、贸易副代表莫斯科、助理贸易代表沃尔夫举行了多次富有成效的会谈。在整个谈判过程中，中方表现出了很大的诚意，美国方面也表现了务实的态度。应该说，包括中美两国和香港在内的广大企业的合作精神和互相理解，为推动谈判的进展起了积极作用，中美两国在发展双边经贸关系中的共同利益是双方最终达成协议的最重要的基础。

佟志广在谈到中美经贸关系前景时指出，中国政府对于发展中美经济技术合作和贸易往来一向十分重视，并希望这种关系建立在长远和坚实的基础上。

佟志广说，希望这次达成的谅解备忘录成为中美双边经贸关系发展中的一个新的起点。希望彼此在谅解备忘录以及双边贸易关系协定的基础上，使中美经贸关系朝着健康的方向发展。

佟志广强调指出，通过一年多来的谈判，我们强烈地感觉到，中美两国经济的互补性很强，特别是中国作为亚太地区经济发展最快的国家之一，为美国的商品和投资提供了现实的可能性和巨大潜在市场。而且，随着中国改革开放的不断深入，美国企业所面临的机会将越来越多。我们希望两国政府共同努力，不断为两国企业界创造更加良好的经济合作和贸易环境。

佟志广还说，在结束这次华盛顿的访问之后，他将赴日内瓦参加关贸总协定中国工作组第11次会议。对此，他强调指出，中国与美国就市场准入问题达成协议，不仅符合中国改革开放的需要，同时也与中国申请恢复在关贸总协定中的缔约国地位的努力是一致的。在刚刚签署的谅解备忘录中，美国政府明确表示将坚定支持中国取得关贸总协定缔约国地位。他希望美方的承诺能真正体现在美方推动关贸总协定中国工作组进程的实际行动中。

佟志广表示相信,美国承诺放松高科技产品对中国出口的管制,将对中美贸易的发展起重要作用。

在佟志广讲话后,莫斯科发表了讲话。他说,两国达成协议,对美国的出口商、美国的农场主和工人都有很大好处。莫斯科还说:"协议的达成意味着我们根据301条款进行的调查于今天此时已经结束。"

中国驻美国大使朱启祯出席签字仪式。

外交部发言人就中美贸易谈判所取得的成果答记者问

有记者问:你对中美间原则上达成贸易谈判协议有何评论?

外交部发言人说:"中美双方市场准入谈判已于10月9日初步达成协议,但谅解备忘录的文字细节还在磋商。我们对双方代表团共同努力所取得的成果表示欢迎。"

兰州军区某部集会纪念邱少云牺牲40周年

中共中央总书记、中央军委主席江泽民,中央军委副主席刘华清分别为纪念活动题词。

40年前,邱少云在抗美援朝战场执行潜伏任务中,被敌弹燃起的烈火包围,邱少云为了不暴露目标一动也不动,直到壮烈牺牲,保证了战斗的胜利。40年来,邱少云生前所在的兰州军区某部坚持用邱少云精神育人,培养官兵遵纪守法意识,先后有370多名官兵被评为"遵纪守法标兵",全师以纪律严明而闻名于社会。

首届亚洲文明暨中国青铜文化国际学术讨论会在安徽铜陵闭幕

这次会议是中科院地理所、中国社科院亚太所、中科大、安徽大学等单位共同发起。10个国家和地区的专家、学者与会。

第二届全国农民运动会在湖北孝感体育场开幕

中共中央政治局委员、国务院副总理、本届农运会组委会名誉主任田纪云出席开幕式。

中顾委常委萧克宣布大会开幕。31个农民体育代表团陆续入场。

国务院副总理田纪云致开幕词。农业部副部长、组委会副主任陈耀邦宣读了《中华人民共和国第二届农民运动会支持北京申办2000年奥运会的信》。

开幕式由中国农民体协主席肖鹏主持。

来自全国30个省、自治区和直辖市以及台湾民间的河洛农民体育队的1456名选手,将参加田径、篮球、乒乓球、武术、游泳、中国式摔跤、中国象棋、民兵军事三项、自行车9个项目的比赛以及博克和部分武术项目的表演。农运会期间,同时举行大型经贸展销洽谈会、全国农村体育先进分子表彰会等活动。

出席开幕式的还有中共湖北省委书记关广富、解放军副总参谋长韩怀智,国家体委主任伍绍祖等中央有关部委和湖北省的负责人。

国务院副总理田纪云在孝感会见参加第二届全国农民运动会的台湾河洛农民体育队团长张晓春

田纪云在会见时说,台湾运动员来这里参加第二届全国农民运动会,是海峡两岸农民的一件大事,是炎黄子孙的团聚,是中华民族的团聚。

在张晓春先生谈到台湾不少人希望海峡两岸统一起来时,田纪云说,两岸的统一是中华民族共同的愿望,我们正在为实现这一目标而努力。

会见结束时,张晓春先生代表台湾河洛农民体育队向田纪云赠送了队旗。

参加会见的还有农业部部长刘中一、湖北省省委书记关广富和湖北省省长郭树言等。

10月11日

中国共产党第十四次全国代表大会在人民大会堂举行预备会议

中共中央总书记江泽民主持会议。

由34个选举单位选举产生的党的十四大代表实有1989人,中央特邀代表46人,共2035人。

出席预备会的代表1962人。

会议以举手表决方式,通过由16人组成的代表资格审查委员会名单,通过由198人组成的大会主席团名单,选举乔石为大会秘书长,通过大会秘书处的工作任务和机构设置。

会议还通过十四大的议程。大会的议程是:听取和审查中央委员会的报告,审查中央顾问委员会的报告(书面),审查中央纪律检查委员会的报告(书面),审议并通过中国共产党章程(修正案),选举中央委员会,选举中央纪律检查委员会。

中国共产党第十四次全国代表大会秘书长名单

秘书长 乔 石

中国共产党第十四次全国代表大会代表资格审查委员会名单(共16人)

主 任 宋 平

副主任 胡锦涛 吕 枫 李继耐

委　员(按姓氏笔划顺序排列)
布　赫(蒙古族)　刘丽英(女)　李力安　李正亭
杨振明　吴邦国　罗　干　赵富林　顾金池
郭　峰　黄启璪(女)　尉健行

中国共产党第十四次全国代表大会主席团名单
(共198名)(按姓氏笔划顺序排列)
丁关根　丁衡高　于永波(满族)　于是之
万　里　习仲勋　马文瑞　王　平　王　芳
王　海　王　群　王　震　王丙乾　王汉斌
王成斌　王兆国　王茂林　王首道　王恩茂
王维澄　毛致用　方　毅　方志纯　尹克升
邓小平　邓鸿勋　艾知生　布赫(蒙古族)
卢荣景　帅孟奇(女)　叶　飞　叶选平　田纪云
史玉孝　史来贺　白立忱(回族)
司马义·艾买提(维吾尔族)　邢崇智
成克杰(壮族)　吕　枫　吕培俭　朱　训
朱　良　朱光亚　朱镕基　乔　石　伍绍祖
伍修权　任建新　全树仁　刘　英(女)
刘　淇　刘中一　刘正威　刘华清　刘安元
刘宗德　刘复之　刘精松　刘澜涛
关广富(满族)　江　华　江村罗布(藏族)
江泽民　阮崇武　孙维本　李　鹏　李　灏
李九龙　李力安　李岚清　李泽民　李贵鲜
李铁映　李瑞环　李锡铭　李德生　杨白冰
杨汝岱　杨尚昆　杨泰芳　杨振怀　杨得志
杨静仁(回族)　萧　克　吴文英(女)
吴邦国　吴学谦　吴蔚然　何光远　何竹康
余秋里　谷　牧　邹家华　沈达人　沈辛荪
宋　平　宋　健　宋双良　宋任穷　宋德敏
宋德福　迟浩田　张　震　张丁华　张万年
张存浩　张仲先　张克辉　张劲夫　张勃兴
张爱平　陆定一　陈　云　陈丕显　陈光毅
陈作霖　陈希同　陈俊生　陈敏章　陈锡联
陈锦华　陈慕华(女)　邵华泽　林宗棠
林默涵　罗　干　岳喜翠(女)　周　南
周玉书　周光召　赵东宛　赵南起(朝鲜族)
赵富林　胡　平　胡　绳　胡仁宇　胡锦涛
柳随年　段君毅　侯　捷　侯宗宾　逄先知
姜春云　洪学智　姚依林　贺敬之　秦基伟
耿　飚　聂璧初　贾春旺　顾云飞　顾秀莲(女)
顾金池　钱正英(女)　钱其琛　钱学森
铁木尔·达瓦买提(维吾尔族)　倪志福
高　敏(女)　高德占　郭化若　郭东坡　陶驷驹
姬鹏飞　黄　华　黄　菊　黄　璜　黄启璪(女)
黄镇东　黄毅诚　戚元靖　崔乃夫　康世恩
章蕴(女)　尉健行　彭　冲　彭　真
彭珮云(女)　蒋顺学　韩杼滨　傅全有
鲁　平　普朝柱　曾宪林　温家宝　谢　非
路甬祥　蔡　诚　廖　晖　廖汉生
赛福鼎·艾则孜(维吾尔族)　谭绍文　熊清泉
薛　驹　薄一波　穆　青(回族)　魏金山

中国共产党第十四次全国代表大会主席团在人民大会堂举行第一次会议

会议由大会秘书长乔石主持。

江泽民在会议结束时讲话。

主席团会议以举手表决的方式,通过由31人组成的主席团常务委员会名单,通过胡锦涛、丁关根、温家宝为大会副秘书长。

会议听取中国共产党第十四次全国代表大会代表资格审查委员会关于代表资格审查的报告。

报告说,十三届八中全会确定党的十四大代表名额为2000名,中央分配到各选举单位的名额共1992名。代表选出后逝世1名(李先念),中央批复代表1991名后又逝世2名(胡乔木、王密妮),实有代表1989名。

报告说,党的十四大代表的选举工作,认真贯彻执行了民主集中制原则。党的十四大代表具有广泛的代表性。建党初期和北伐战争时期、土地革命战争时期、抗日战争时期、解放战争时期以及建国以后各个时期入党的党员都有适当数量的代表。

报告说,代表资格审查委员会认为,全国34个选举单位选出的1989名代表,符合党章和中央关于选举党的十四大代表通知的规定,代表资格有效。

报告说,这次大会参照十三大的做法,中央确定了46位1927年以前入党,并在党内担任过重要领导职务,德高望重的老党员为特邀代表。他们具有与正式代表同样的权利。

会议还通过大会列席和来宾的事项。中央决定,邀请党内有关负责人和部分党外人士列席这次大会。列席这次大会的有:不是十四大代表的十三届中央委员会及中央顾问委员会、中央纪律检查委员会的成员,不是十四大代表或特邀代表的党内部分老同志,以及其他有关负责同志,共307人。还邀请了全国人大常委会党外副委员长,全国政协党外副主席,各民主党派、全国工商联负责人和无党派人士,以及全国人大、全国政协常委中在京党外人士和部分少数民族、宗教界人士等,共139位,作为来宾列席大会开幕式和闭幕式。

主席团会议通过十四大大会日程。根据日程,十四大将于10月12日上午在北京开幕,10月18日下午闭幕。

中国共产党第十四次全国代表大会主席团常务委员会名单(共 31 人)

江泽民　邓小平　杨尚昆　李　鹏　陈　云
万　里　彭　真　乔　石　姚依林　宋　平
李瑞环　王　震　田纪云　李铁映　李锡铭
杨汝岱　吴学谦　秦基伟　丁关根　邹家华
朱镕基　薄一波　宋任穷　刘华清　杨白冰
温家宝　习仲勋　彭　冲　方　毅　洪学智
陈作霖

外交部副部长刘华秋就美国总统布什签署干涉中国内政的"1992 年美国—香港政策法"奉命向美国政府提出抗议

刘华秋近日召见美国驻中国大使芮效俭,就美国总统签署美国国会制订的"1992 年美国—香港政策法"一事,奉命向美国政府提出抗议。

刘华秋说,自去年 9 月美国国会提出"美国—香港政策法"后,中方曾多次向美方提出交涉,要求美国政府不要支持美国会审议通过这项法案,并采取措施予以制止。但美国政府不顾中方的反对,最近由美国总统签署了所谓的"1992 年美国—香港政策法",中方对此不能不表示极大的遗憾,并提出抗议。

刘华秋指出,香港问题在 1997 年 7 月 1 日以前是中国和英国之间的事情,由中英两国根据关于香港问题的联合声明处理;自 1997 年 7 月 1 日起,香港事务则纯属中国的内政。美方制定这项"香港政策法"旨在通过美国国内立法从政治上插手香港事务,干涉中国内政,违背了公认的国际法原则,这是中方坚决不能接受的。美方此举无助于中英联合声明的实施,而有损香港的繁荣与稳定,美国在香港的经济利益也会因此而受到损害。美国这种干涉中国内政的行径必将对中美关系产生不利影响,美方应对此负完全的责任。

国务院总理李鹏题词祝贺北京师范大学建校 90 周年

全国农民体育积极分子表彰大会在湖北孝感召开

表彰会由农业部、国家体委、中国农民体协联合召开。大会宣布了对 210 名全国农民体育积极分子进行表彰的决定。

农业部负责人称,这次评选出的 210 名全国农民体育先进分子长期活跃在农村体育第一线,是千百万农村体育骨干中的杰出代表。国家体委副主任刘吉在表彰会上讲话。刘吉说:我国农村体育受到党和国家的重视,1991 年全国乡镇级办比赛近 10 万次,农村体育的发展为我国高水平后备人才提供了丰富的来源。

北京国际马拉松赛在北京举行

"国际减灾日"纪念会在北京召开

国务院副总理、中国国际减灾十年委员会主任田纪云出席会议并发表讲话,田纪云说,各地、各有关方面必须抓住国际减灾十年活动的有利时机,切实加强领导,放手发动群众,有计划、有步骤、扎扎实实地开展减灾事业,把我国减灾十年活动引向深入。

田纪云指出,随着经济建设的发展,同样程度的自然灾害带来的损失可能会更大。因此,改革开放越深入,经济越发展,越要加强减灾工作,这是摆在我们面前的一项极为重要的任务。他强调,要把减灾作为经济建设的一项重要措施纳入国民经济和社会发展的总体计划,各级政府和有关部门务必要增强减灾意识,树立减灾是经济建设的一部分的指导思想。在经济发展计划中要有减灾计划,分步实施,务求实效。同时增加减灾的投入,在各项经济建设中,都要考虑减灾的因素。他要求大力推进减灾科学技术的研究和应用。

中国减灾十年委员会 33 个成员单位和国务院有关部门负责同志、联合国驻华机构代表、有关专家学者等出席了纪念会。国家科委、国家气象局等 7 个减灾十年委员会的成员单位有关负责人在会上发言。

10 月 12 日

中国共产党第十四次全国代表大会在北京开幕

上午 9 时,在人民大会堂李鹏宣布中国共产党第十四次全国代表大会开幕。

中共中央总书记江泽民代表十三届中央委员会向大会作报告,报告的题目是《加快改革开放和现代化建设步伐,夺取有中国特色社会主义事业的更大胜利》。

十四大应到代表 1989 人,特邀代表 46 人。上午到会的有 2000 位代表。

在大会主席台前排就座的有江泽民、杨尚昆、李鹏、万里、乔石、姚依林、宋平、李瑞环、田纪云、李铁映、李锡铭、杨汝岱、吴学谦、秦基伟、丁关根、邹家华、朱镕基、薄一波、宋任穷、刘华清、杨白冰、温家宝、彭冲、方毅、洪学智、陈作霖。

中共中央总书记江泽民在中国共产党第十四次全国代表大会上作题为《加快改革开放和现代化建设步

伐,夺取有中国特色社会主义事业的更大胜利》的报告

同志们:

中国共产党第十四次全国代表大会,在我国加快改革开放和现代化建设的新形势下召开了!现在,我代表十三届中央委员会向大会作报告。

这次大会肩负着重大的历史使命。全党同志和全国各族人民都寄希望于我们这次大会,世界上关心中国的朋友都注视着我们这次大会。我们相信,经过全体代表的共同努力,这次大会一定能开成团结的大会,胜利的大会。

十一届三中全会以来,在邓小平同志建设有中国特色社会主义理论的指导下,我们党和人民锐意改革,努力奋斗,整个国家焕发出了勃勃生机,中华大地发生了历史性的伟大变化。社会生产力获得新的解放。安定团结的政治局面不断巩固。十一亿人民的温饱问题基本解决,正在向小康迈进。我国经济建设上了一个大台阶,人民生活上了一个大台阶,综合国力上了一个大台阶。在世界风云急剧变幻的情况下,中国的社会主义制度经受住严峻的考验,显示了强大的生命力。

邓小平同志今年初视察南方的重要谈话,极大地鼓舞了全党同志和全国各族人民。广大干部和群众思想更加解放,精神更加振奋,上下团结一致,到处热气腾腾,进一步展现出中华民族实现伟大理想的壮丽前景。

十三届中央委员会全面分析了当前形势,一致认为,现在国内条件具备,国际环境有利,既有挑战,更有机遇,是我们加快发展的好时机。这次代表大会的任务是:以邓小平同志建设有中国特色社会主义的理论为指导,认真总结十一届三中全会以来十四年的实践经验,确定今后一个时期的战略部署,动员全党同志和全国各族人民,进一步解放思想,把握有利时机,加快改革开放和现代化建设步伐,夺取有中国特色社会主义事业的更大胜利。

一、十四年伟大实践的基本总结

十四年来,我们从事的事业,就是坚持党的基本路线,通过改革开放,解放和发展生产力,建设有中国特色的社会主义。就其引起社会变革的广度和深度来说,是开始了一场新的革命。它的实质和目标,是要从根本上改变束缚我国生产力发展的经济体制,建立充满生机和活力的社会主义新经济体制,同时相应地改革政治体制和其他方面的体制,以实现中国的社会主义现代化。

在我们党的历史上,以毛泽东同志为核心的第一代中央领导集体,领导全党和全国各族人民,经过长期奋斗,夺取了新民主主义革命的胜利,进而建立起社会主义基本制度,解放和发展了生产力,把一百多年来受尽外国侵略欺凌的半殖民地半封建的旧中国,变成了独立的人民当家做主的社会主义新中国。这场中国有史以来最伟大的革命,开辟了中国历史的新纪元。以邓小平同志为核心的第二代中央领导集体,领导全党和全国各族人民开始的又一次伟大革命,是要进一步解放和发展生产力,经过长期奋斗,把中国由不发达的社会主义国家变成富强民主文明的社会主义现代化国家,使社会主义优越性在中国充分体现出来。这场新的革命,是在过去革命取得成功和社会主义建设取得巨大成就的基础上进行的,是在我们党领导下有秩序有步骤地进行的。它不是要改变我们社会主义制度的性质,而是社会主义制度的自我完善和发展。它也不是原有经济体制的细枝末节的修补,而是经济体制的根本性变革。原有经济体制有它的历史由来,起过重要的积极作用,但是随着条件的变化,越来越不适应现代化建设的要求,十四年改革带来的最深刻的变化,就是摆脱了许多思想上和体制上的禁锢,调动起广大人民群众的积极性,拥有十一亿人口的中国正在创造着充满活力的社会主义。

在这次党的全国代表大会上,对十四年来党领导人民进行的伟大实践作一个历史的回顾,对党在实践过程中形成的基本理论、基本路线和一系列战略决策作出郑重的结论,是非常必要的。这对于进一步统一全党思想,坚持党的基本理论和基本路线不动摇,把有中国特色社会主义的伟大事业继续推向前进,具有重大的现实意义和长远意义。

大家都记得,粉碎“四人帮”的胜利从危难中挽救了党和国家,但“文化大革命”遗留下来的政治、思想、组织和经济上的混乱还极其严重。那时要摆脱困境,打开局面,是多么不容易。1978 年召开的十一届三中全会和全会形成的以邓小平同志为核心的中央领导集体,承担起艰巨的使命,实现了伟大的历史性转折,开创了我国社会主义事业发展的新时期。

我们党在十一届三中全会前后领导和支持了关于实践是检验真理唯一标准的大讨论。这场讨论冲破个人崇拜和“两个凡是”的束缚,重新确立了解放思想、实事求是的思想路线。这是思想路线的拨乱反正。

我们党在十一届三中全会上毅然抛弃“以阶级斗争为纲”这个不适用于社会主义社会的“左”的错误方针,把党和国家的工作中心转移到经济建设上来。这是政治路线的拨乱反正。在确定工作中心转移的同时,作出了实行改革开放的伟大决策,并针对拨乱反正过程中出现的错误思潮,旗帜鲜明地强调必须坚持社会主义道路、坚持人民民主专政、坚持中国共产党的领导、坚持马克思列宁主义毛泽东思想。“一个中心、两个基本点”的思想开始形成,奠定了新时期党的基本路

线的基础。

我们党强调必须以正确的组织路线来保证正确的思想路线和政治路线的实现。根据历史转折的新要求，加强党的组织建设，逐步调整和充实各级领导班子，提出干部队伍革命化、年轻化、知识化、专业化的方针，废除干部领导职务实际存在的终身制，实行新老干部的合作与交替。

我们党对重大历史是非作了认真的清理。采取一系列措施，平反冤假错案，落实了有利于增强党的团结和调动一切积极因素的各项政策。十一届六中全会专门作出关于建国以来党的若干历史问题的决议，根本否定了“文化大革命”和“无产阶级专政下继续革命”的理论，同时坚决顶住否定毛泽东同志和毛泽东思想的错误思潮，维护了毛泽东同志的历史地位，肯定了毛泽东思想的指导作用。随着国内局势的发展和国际局势的变化，越来越显示出党作出这个重大决策的勇气和远见。

在拨乱反正基本完成的基础上，1982 年召开了党的第十二次全国人民代表大会。这次大会提出“把马克思主义的普遍真理同我国的具体实际结合起来，走自己的道路，建设有中国特色的社会主义”的思想，确定分两步走在本世纪末实现国民生产总值翻两番的目标。随后又提出第三步到下世纪中叶基本实现社会主义现代化的战略。我们党举起了一面引导全国各族人民迈向 21 世纪的伟大旗帜。

新时期最鲜明的特点是改革开放。改革开放从十一届三中全会起步，十二大以后全面展开。它经历了从农村改革到城市改革，从经济体制的改革到各方面体制的改革，从对内搞活到对外开放的波澜壮阔的历史进程。

改革从农村开始，这是符合中国国情的战略决策。实行家庭联产承包，是中国农民的伟大创造。党中央尊重群众愿望，积极支持试验，几年工夫在全国推开。废除人民公社，又不走土地私有化道路，而是实行家庭联产承包为主，统分结合、双层经营，解决了我国社会主义农村体制的重大问题。八亿农民获得对土地的经营自主权，加上基本取消农产品的统购派购，放开大部分农产品价格，从而使农业生产摆脱长期停滞的困境，农村经济向着专业化、商品化、社会化迅速发展，广大城乡人民得到显著实惠，带动了整个改革和建设事业。乡镇企业异军突起，是中国农民的又一个伟大创造。它为农村剩余劳动力从土地上转移出来，为农村致富和逐步实现现代化，为促进工业和整个经济的改革和发展，开辟了一条新路。

适应改革从农村向城市发展的新形势，十二届三中全会通过了关于经济体制改革的决定。这个决定提出我国社会主义经济是公有制基础上的有计划商品经济，突破把计划经济同商品经济对立起来的传统观念，是对马克思主义政治经济学的新发展，为全面经济体制改革提供了新的理论指导。接着，党相继决定对科技体制和教育体制进行改革，并进一步提出政治体制改革的目标和任务。

兴办深圳、珠海、汕头、厦门四个经济特区是对外开放的重大步骤，是利用国外资金、技术、管理经验来发展社会主义经济的崭新试验，取得了很大成就。实践证明，经济特区姓“社”不姓“资”。在兴办经济特区之后，又相继开放沿海十几个城市，在长江三角洲、珠江三角洲、闽东南地区、环渤海地区开辟经济开放区，批准海南建省并成为经济特区。对外开放不断扩大，两亿人口的沿海地带迅速发展，有力地推动了全国的改革开放和经济建设。

改革和建设的顺利进行，需要强有力的思想和政治保证。党提出一系列“两手抓”的战略方针，强调一手抓改革开放，一手抓打击犯罪；一手抓经济建设，一手抓民主法制；一手抓物质文明，一手抓精神文明。十二届六中全会专门作出决议，指出我们的精神文明建设必须是推动社会主义现代化建设的精神文明建设，是促进全面改革和实行对外开放的精神文明建设，是坚持四项基本原则的精神文明建设。党还强调在整个社会主义现代化建设进程中都要进行反对资产阶级自由化的教育和斗争。

1987 年召开了党的第十三次全国代表大会。这次大会的主要历史功绩，是比较系统地论述了我国社会主义初级阶段的理论，明确概括和全面阐发了党的“一个中心、两个基本点”的基本路线。大会高度评价十一届三中全会以来开始找到建设有中国特色社会主义道路的伟大意义，强调指出，这是马克思主义与中国实践相结合的过程中，继找到中国新民主主义革命道路、实现第一次历史性飞跃之后的第二次历史性飞跃。

十三大以来的五年，是我们沿着有中国特色的社会主义道路继续前进的五年。在国际国内的复杂艰难情况下，党团结和领导全国各族人民，克服种种困难，实现了社会稳定、政治稳定和经济发展。我国经济从一九八四年到一九八八年经历了一个加速发展的飞跃时期，展现了农业和工业、农村和城市、改革和发展相互促进的生动局面，整个国民经济提高到一个新的水平。同时在前进中也出现了一些问题，主要是物价波动大了一点，重复建设比较严重。党决定用一段时间治理经济环境、整顿经济秩序，以利于更好地推进改革和建设。1989 年春夏之交发生了一场政治风波，党和政府依靠人民，旗帜鲜明地反对动乱，平息在北京发生的反革命暴乱，捍卫了社会主义国家政权，维护了人民的根本利益,保证了改革开放和现代化建设继续前进。与此同时,中央明确宣告,党的基本路线和十三大的决策是正确的,绝不因为发生这场政治风波而动摇。十三届四中全会选出新的中央领导集体。党中央全面坚持党的基本路线,继续抓住经济建设这个中心,努力纠正“一手比较硬,一手比较软”的现象,加强思想政治工作和党的建设工作。在国际局势剧变的情况下,党按照冷静观察、沉着应付的方针,坚持把注意力集中在办好我们自己的事情上,相继作出关于加强廉政建设的决定,关于进一步治理整顿、深化改革的决定,关于加强党同人民群众联系的决定,关于上海浦东开发开放的决策,关于国民经济和社会发展十年规划和“八五”计划的建议,关于搞好国营大中型企业的决定,关于进一步加强农业和农村工作的决定。党在历史关键时刻作出的这些重大决策,是完全正确的。

今年初邓小平同志视察南方发表重要谈话,精辟地分析了当前国际国内形势,科学地总结了十一届三中全会以来党的基本实践和基本经验,明确地回答了这些年来经常困扰和束缚我们思想的许多重大认识问题。谈话强调基本路线要管一百年,动摇不得,要求我们思想更解放一点,改革开放的胆子更大一点,建设的步子更快一点,千万不可丧失时机。今年三月中央政治局召开全体会议,完全赞同邓小平同志的重要谈话,认为谈话不仅对当前的改革和建设,对开好党的十四大,具有十分重要的指导作用,而且对整个社会主义现代化建设事业具有重大而深远的意义。接着,党中央和国务院作出关于加快改革开放和经济发展的一系列决定。以邓小平同志的谈话和今年三月中央政治局全体会议为标志,我国改革开放和现代化建设事业进入了一个新的阶段。

回顾十四年走过的道路,我们在工作中也发生过失误和偏差,现在还面临着很多困难和问题,人民群众还有不少意见和一些不满意的地方。但是总起来说,全党全国人民公认的事实是:这十四年是真正集中力量进行社会主义现代化建设的十四年,是人民生活水平提高最快的十四年,开创了历史的新局面,取得了举世瞩目的成就,党赢得了广大人民群众的拥护。

我们党所以能够取得这样的胜利,根本原因是在十四年的伟大实践中,坚持把马克思主义基本原理同中国具体实际相结合,逐步形成和发展了建设有中国特色社会主义的理论。从《共产党宣言》发表以来一百几十年间,俄国十月革命、中国革命和其他一些国家革命的胜利,证明无产阶级领导人民夺取政权是能够成功的。至于如何建设社会主义,也取得了巨大成就和宝贵经验,但是总的来说还需要很好地探索。近几年国际上发生的急剧变化,使这个问题更加引人深思。中国共产党历来坚持独立自主地进行革命和建设,历来认为中国社会主义的命运归根到底取决于我们自己,取决于党的理论和路线,取决于党同人民的团结奋斗。十四年来,社会主义在中国的新局面和新成就,更使我们从历史的比较和国际的观察中认识到,我们党建设有中国特色社会主义的理论是正确的,是符合最广大人民的利益和要求的。这个理论,第一次比较系统地初步回答了中国这样的经济文化比较落后的国家如何建设社会主义、如何巩固和发展社会主义的一系列基本问题,用新的思想、观点,继承和发展了马克思主义。

建设有中国特色社会主义理论的主要内容是:

在社会主义的发展道路问题上,强调走自己的路,不把书本当教条,不照搬外国模式,以马克思主义为指导,以实践作为检验真理的唯一标准,解放思想,实事求是,尊重群众的首创精神,建设有中国特色的社会主义。

在社会主义的发展阶段问题上,作出了我国还处在社会主义初级阶段的科学论断,强调这是一个至少上百年的很长的历史阶段,制定一切方针政策都必须以这个基本国情为依据,不能脱离实际,超越阶段。

在社会主义的根本任务问题上,指出社会主义的本质是解放生产力,发展生产力,消灭剥削,消除两极分化,最终达到共同富裕。强调现阶段我国社会的主要矛盾是人民日益增长的物质文化需要同落后的社会生产之间的矛盾,必须把发展生产力摆在首要位置,以经济建设为中心,推动社会全面进步。判断各方面工作的是非得失,归根到底,要以是否有利于发展社会主义社会的生产力,是否有利于增强社会主义国家的综合国力,是否有利于提高人民的生活水平为标准。科学技术是第一生产力,经济建设必须依靠科技进步和劳动者素质的提高。

在社会主义的发展动力问题上,强调改革也是一场革命,也是解放生产力,是中国现代化的必由之路,僵化停滞是没有出路的。经济体制改革的目标,是在坚持公有制和按劳分配为主体、其他经济成分和分配方式为补充的基础上,建立和完善社会主义市场经济体制。政治体制改革的目标,是以完善人民代表大会制度、共产党领导的多党合作和政治协商制度为主要内容,发展社会主义民主政治。同经济、政治的改革和发展相适应,以“有理想、有道德、有文化、有纪律”为目标,建设社会主义精神文明。

在社会主义建设的外部条件问题上,指出和平与发展是当代世界两大主题,必须坚持独立自主的和平外交政策,为我国现代化建设争取有利的国际环境。强调实行对外开放是改革和建设必不可少的,应当吸收和利用世界各国包括资本主义发达国家所创造的一切先进文明成果来发展社会主义，封闭只能导致落后。

在社会主义建设的政治保证问题上，强调坚持社会主义道路、坚持人民民主专政、坚持中国共产党的领导、坚持马克思列宁主义毛泽东思想。这四项基本原则是立国之本，是改革开放和现代化建设健康发展的保证，又从改革开放和现代化建设获得新的时代内容。

在社会主义建设的战略步骤问题上，提出基本实现现代化分三步走。在现代化建设的长过程中要抓住时机，争取出现若干个发展速度比较快、效益又比较好的阶段，每隔几年上一个台阶。贫穷不是社会主义，同步富裕又是不可能的，必须允许和鼓励一部分地区一部分人先富起来，以带动越来越多的地区和人们逐步达到共同富裕。

在社会主义的领导力量和依靠力量问题上，强调作为工人阶级先锋队的共产党是社会主义事业的领导核心，党必须适应改革开放和现代化建设的需要，不断改善和加强对各方面工作的领导，改善和加强自身建设。执政党的党风，党同人民群众的联系，是关系党生死存亡的问题。必须依靠广大工人、农民、知识分子，必须依靠各民族人民的团结，必须依靠全体社会主义劳动者、拥护社会主义的爱国者和拥护祖国统一的爱国者的最广泛的统一战线。党领导的人民军队是社会主义祖国的保卫者和建设社会主义的重要力量。

在祖国统一的问题上，提出“一个国家、两种制度”的创造性构想。在一个中国的前提下，国家的主体坚持社会主义制度，香港、澳门、台湾保持原有的资本主义制度长期不变，按照这个原则来推进祖国和平统一大业的完成。

建设有中国特色社会主义的理论还有其他许多内容，还要在研究新情况、解决新问题的过程中，在实践检验中继续丰富、完善和发展。

在建设有中国特色社会主义理论的指导下，我们党形成了社会主义初级阶段的基本路线，这就是：领导和团结全国各族人民，以经济建设为中心，坚持四项基本原则，坚持改革开放，自力更生，艰苦创业，为把我国建设成为富强、民主、文明的社会主义现代化国家而奋斗。“一个中心、两个基本点”，是这条路线的简明概括。同这条路线相适应，我们党还形成了包括经济、政治、科技、教育、文化、军事、外交等各方面的一整套方针政策。这条路线和这些方针政策也都要在实践中继续丰富、完善和发展。

建设有中国特色社会主义的理论，是在和平与发展成为时代主题的历史条件下，在我国改革开放和社会主义现代化建设的实践过程中，在总结我国社会主义胜利和挫折的历史经验并借鉴其他国家社会主义兴衰成败历史经验的基础上，逐步形成和发展起来的。它是马克思列宁主义基本原理与当代中国实际和时代特征相结合的产物，是毛泽东思想的继承和发展，是全党全国人民集体智慧的结晶，是中国共产党和中国人民最可珍贵的精神财富。邓小平同志是我国社会主义改革开放和现代化建设的总设计师。他尊重实践，尊重群众，时刻关注最广大人民的利益和愿望，善于概括群众的经验和创造，敏锐地把握时代发展的脉搏和契机，既继承前人又突破陈规，表现出了开辟社会主义建设新道路的巨大政治勇气和开拓马克思主义新境界的巨大理论勇气，对建设有中国特色社会主义理论的创立作出了历史性的重大贡献。

十四年伟大实践的经验，集中到一点，就是要毫不动摇地坚持以建设有中国特色社会主义理论为指导的党的基本路线。这是我们事业能够经受风险考验，顺利达到目标的最可靠的保证。

坚持党的基本路线不动摇，关键是坚持以经济建设为中心不动摇。社会主义基本制度建立后，由于国内因素和国际影响，阶级斗争还将在一定范围内长期存在，在某种条件下还有可能激化，我们必须清醒地认识和正确地处理这方面的问题。但是，我国社会的主要矛盾已经不是阶级斗争，经济建设已经成为我们的中心任务。除非发生大规模外敌入侵，无论在什么情况下都不能动摇这个中心。在历史上，由于没有能够清醒对待国际国内某些事件，我们有过离开经济建设这个中心的严重教训。这十四年，尽管国际国内发生了这样那样的重大事件，我们都没有动摇这个中心，今后还必须坚定不移地这样做。

坚持党的基本路线不动摇，必须把改革开放同四项基本原则统一起来。有中国特色的社会主义所以具有蓬勃的生命力，就在于它是实行改革开放的社会主义。我们的改革开放所以能够健康发展，就在于它是有利于巩固和发展社会主义的改革开放。坚持四项基本原则，坚持改革开放，都是为了更好地解放和发展生产力。在把握“一个中心、两个基本点”的问题上，在党内特别是领导干部中要警惕右，但主要是防止“左”。右的表现主要是否定四项基本原则，搞资产阶级自由化，甚至制造政治动乱。“左”的表现主要是否定改革开放，认为和平演变的主要危险来自经济领域，甚至用“阶级斗争为纲”的思想影响和冲击经济建设这个中心。右可以葬送社会主义，“左”也可以葬送社会主义。在我们党的历史上，“左”的思想根深蒂固。“左”带有革命色彩，拿大帽子吓唬人，好像越“左”越革命。在建设社会主义的进程中，从一九五七年起的二十年间出现的错误，主要都是“左”。改革开放要探索和开辟新的道路，突破束缚生产力发展的体制和观念，阻力主要来自“左”。现在明确要警惕右但主要是防止“左”，目的在于使全党同志特别是领导干部深刻吸取历史教训，密切结合当前实际，联系自己的思想工作，提高贯彻执行党的基本路线的自觉性和坚定性，解放思想，同心同德，把经济建设和各项事业搞上去。对思想认识问题和工作实践中的不同意见以至偏差，要实事求是地具体分析，不要随意说成是政治倾向上的“左”或右。

坚持党的基本路线不动摇，必须巩固和发展团结稳定的政治局面。没有政治稳定，社会动荡不安，什么改革开放，什么经济建设，统统搞不成。必须坚持四项基本原则，坚决排除一切导致中国混乱甚至动乱的因素。同时，如果不坚持经济建设为中心，不实行改革开放，没有经济的发展，也不可能有巩固的团结和稳定。基本路线不变，社会政治稳定，有了这两条，我们就能够不断地胜利前进。

二、九十年代改革和建设的主要任务

我们要在九十年代把有中国特色社会主义的伟大事业推向前进，最根本的是坚持党的基本路线，加快改革开放，集中精力把经济建设搞上去。同时，要围绕经济建设这个中心，加强社会主义民主法制和精神文明建设，促进社会全面进步。

我国近代的历史和当今世界的现实都清楚表明，经济落后就会非常被动，就会受制于人。当前国际竞争的实质是以经济和科技实力为基础的综合国力较量。世界上许多国家特别是我们周边的一些国家和地区都在加快发展。如果我国经济发展慢了，社会主义制度的巩固和国家的长治久安都会遇到极大困难。所以，我国经济能不能加快发展，不仅是重大的经济问题，而且是重大的政治问题。

九十年代我国经济的发展速度，原定为国民生产总值平均每年增长6%，现在从国际国内形势的发展情况来看，可以更快一些。根据初步测算，增长百分之八到九是可能的，我们应该向这个目标前进。在提高质量、优化结构、增进效益的基础上努力实现这样的发展速度，到本世纪末我国国民经济整体素质和综合国力将迈上一个新的台阶。国民生产总值将超过原定比1980年翻两番的要求。主要工农业产品产量显著增加。产业结构和地区经济布局比较合理。科学技术和管理水平有较大提高，一批骨干企业接近或达到国际先进水平。人民生活由温饱进入小康。建议国务院对“八五”计划做出必要的调整，并着手研究制订“九五”计划。

当前，要紧紧抓住有利时机，加快发展，有条件能搞快一些的就快一些，只要是质量高、效益好、适应国内外市场需求变化的，就应当鼓励发展。要坚持从实际出发，注意量力而行，搞好综合平衡，不要一讲加快发展，就一哄而起，走到过去那种忽视效益，片面追求产值，争相攀比，盲目上新项目，一味扩大基建规模的老路上去。要真抓实干，大胆而又细致地工作，齐心协力办好几件大事，走出一条既有较高速度又有较好效益的国民经济发展路子。

加快我国经济发展，必须进一步解放思想，加快改革开放的步伐，不要被一些姓“社”姓“资”的抽象争论束缚自己的思想和手脚。社会主义要赢得同资本主义相比较的优势，必须大胆吸收和借鉴世界各国包括资本主义发达国家的一切反映现代社会化生产和商品经济一般规律的先进经营方式和管理方法。国外的资金、资源、技术、人才以及作为有益补充的私营经济，都应当而且能够为社会主义所利用。政权在人民手中，又有强大的公有制经济，这样做不会损害社会主义，只会有利于社会主义的发展。

我国经济体制改革确定什么样的目标模式，是关系整个社会主义现代化建设全局的一个重大问题。这个问题的核心，是正确认识和处理计划与市场的关系。传统的观念认为，市场经济是资本主义特有的东西，计划经济才是社会主义经济的基本特征。十一届三中全会以来，随着改革的深入，我们逐步摆脱这种观念，形成新的认识，对推动改革和发展起了重要作用。十二大提出计划经济为主，市场调节为辅；十二届三中全会指出商品经济是社会经济发展不可逾越的阶段，我国社会主义经济是公有制基础上的有计划商品经济；十三大提出社会主义有计划商品经济的体制应该是计划与市场内在统一的体制；十三届四中全会后，提出建立适应有计划商品经济发展的计划经济与市场调节相结合的经济体制和运行机制。特别是邓小平同志今年初重要谈话进一步指出，计划经济不等于社会主义，资本主义也有计划；市场经济不等于资本主义，社会主义也有市场。计划和市场都是经济手段。计划多一点还是市场多一点，不是社会主义与资本主义的本质区别。这个精辟论断，从根本上解除了把计划经济和市场经济看作属于社会基本制度范畴的思想束缚，使我们在计划与市场关系问题上的认识有了新的重大突破。改革开放十多年来，市场范围逐步扩大，大多数商品的价格已经放开，计划直接管理的领域显著缩小，市场对经济活动调节的作用大大增强。实践表明，市场作用发挥比较充分的地方，经济活力就比较强，发展态势也比较好。我国经济要优化结构，提高效益，加快发展，参与国际竞争，就必须继续强化市场机制的作用。实践的发展和认识的深化，要求我们明确提出，我国经济体制改革的目标是建立社会主义市场经济体制，以利于进一步解放和发展生产力。

我们要建立的社会主义市场经济体制，就是要使市场在社会主义国家宏观调控下对资源配置起基础性作用,使经济活动遵循价值规律的要求,适应供求关系的变化;通过价格杠杆和竞争机制的功能,把资源配置到效益较好的环节中去,并给企业以压力和动力,实现优胜劣汰;运用市场对各种经济信号反应比较灵敏的优点,促进生产和需求的及时协调。同时也要看到市场有其自身的弱点和消极方面,必须加强和改善国家对经济的宏观调控。我们要大力发展全国的统一市场,进一步扩大市场的作用,并依据客观规律的要求,运用好经济政策、经济法规、计划指导和必要的行政管理,引导市场健康发展。

社会主义市场经济体制是同社会主义基本制度结合在一起的。在所有制结构上,以公有制包括全民所有制和集体所有制经济为主体,个体经济、私营经济、外资经济为补充,多种经济成分长期共同发展,不同经济成分还可以自愿实行多种形式的联合经营。国有企业、集体企业和其他企业都进入市场,通过平等竞争发挥国有企业的主导作用。在分配制度上,以按劳分配为主体,其他分配方式为补充,兼顾效率与公平。运用包括市场在内的各种调节手段,既鼓励先进,促进效率,合理拉开收入差距,又防止两极分化,逐步实现共同富裕。在宏观调控上,我们社会主义国家能够把人民的当前利益与长远利益、局部利益与整体利益结合起来,更好地发挥计划和市场两种手段的长处。国家计划是宏观调控的重要手段之一。要更新计划观念,改进计划方法,重点是合理确定国民经济和社会发展的战略目标,搞好经济发展预测、总量调控、重大结构与生产力布局规划,集中必要的财力物力进行重点建设,综合运用经济杠杆,促进经济更好更快地发展。

建立和完善社会主义市场经济体制,是一个长期发展的过程,是一项艰巨复杂的社会系统工作。既要做持久的努力,又要有紧迫感;既要坚定方向,又要从实际出发,区别不同情况,积极推进。在建立社会主义市场经济体制的过程中,计划与市场两种手段相结合的范围、程度和形式,在不同时期、不同领域和不同地区可以有所不同。要大胆探索,敢于试验,及时总结经验,促进体制转换的健康进行。建立社会主义市场经济体制,涉及到我国经济基础和上层建筑的许多领域,需要有一系列相应的体制改革和政策调整,必须抓紧制定总体规划,有计划、有步骤地实施。我们相信,社会主义条件下的市场经济,应当也完全可能比资本主义条件下的市场经济运转得更好。

为了加速改革开放,推动经济发展和社会全面进步,必须努力实现十个方面关系全局的主要任务。

第一,围绕社会主义市场经济体制的建立,加快经济改革步伐。

建立社会主义市场经济体制,要认真抓好几个相互联系的重要环节。

一是转换国有企业特别是大中型企业的经营机制,把企业推向市场,增强它们的活力,提高它们的素质。这是建立社会主义市场经济体制的中心环节,是巩固社会主义制度和发挥社会主义优越性的关键所在。通过理顺产权关系,实行政企分开,落实企业自主权,使企业真正成为自主经营、自负盈亏、自我发展、自我约束的法人实体和市场竞争的主体,并承担国有资产保值增值的责任。当前实行的经营承包制应当进一步完善。股份制有利于促进政企分开、转换企业经营机制和积聚社会资金,要积极试点,总结经验,抓紧制定和落实有关法规,使之有秩序地健康发展。鼓励有条件的企业联合、兼并,合理组建企业集团。国有小型企业,有些可以出租或出售给集体或个人经营。

二是加快市场体系的培育。继续大力发展商品市场特别是生产资料市场,积极培育包括债券、股票等有价证券的金融市场,发展技术、劳务、信息和房地产等市场,尽快形成全国统一的开放的市场体系。加强市场制度和法规建设,坚持打破条条块块的分割、封锁和垄断,促进和保护公平竞争。价格改革是市场发育和经济体制改革的关键,应当根据各方面的承受能力,加快改革步伐,积极理顺价格关系,建立起以市场形成价格为主的价格机制。

三是深化分配制度和社会保障制度的改革。统筹兼顾国家、集体、个人三者利益,理顺国家与企业、中央与地方的分配关系,逐步实行利税分流和分税制。加快工资制度改革,逐步建立起符合企业、事业单位和机关各自特点的工资制度与正常的工资增长机制。积极建立待业、养老、医疗等社会保障制度,努力推进城镇住房制度改革。

四是加快政府职能的转变。这是上层建筑适应经济基础和促进经济发展的大问题。不在这方面取得实质性进展,改革难以深化,社会主义市场经济体制难以建立。转变的根本途径是政企分开。凡是国家法令规定属于企业行使的职权,各级政府都不要干预。下放给企业的权利,中央政府部门和地方政府都不得截留。政府的职能,主要是统筹规划,掌握政策,信息引导,组织协调,提供服务和检查监督。进一步改革计划、投资、财政、金融和一些专业部门的管理体制,同时强化审计和经济监督,健全科学的宏观管理体制与方法。合理划分中央与省、自治区、直辖市的经济管理权限,充分发挥中央和地方两个积极性。

第二,进一步扩大对外开放,更多更好地利用国外资金、资源、技术和管理经验。

对外开放的地域要扩大,形成多层次、多渠道、全方位开放的格局。继续办好经济特区、沿海开放城市和沿海经济开放区。扩大开放沿边地区,加快内陆省、自治区对外开放的步伐。以上海浦东开发开放为龙头,进一步开放长江沿岸城市,尽快把上海建成国际经济、金融、贸易中心之一,带动长江三角洲和整个长江流域地区经济的新飞跃。加速广东、福建、海南、环渤海湾地区的开放和开发。力争经过二十年的努力,使广东及其他有条件的地方成为我国基本实现现代化的地区。

利用外资的领域要拓宽。采取更加灵活的方式,继续完善投资环境,为外商投资经营提供更方便的条件和更充分的法律保障。按照产业政策,积极吸引外商投资,引导外资主要投向基础设施、基础产业和企业的技术改造,投向资金、技术密集型产业,适当投向金融、商业、旅游、房地产等领域。经济技术开发区和高新技术产业开发区的建设,要合理布局,认真办好。

积极开拓国际市场,促进对外贸易多元化,发展外向型经济。扩大出口贸易,改善出口商品结构,提高出口商品的质量和档次,同时适当增加进口,更多地利用国外资源和引进先进技术。深化外贸体制改革,尽快建立适应社会主义市场经济发展的、符合国际贸易规范的新型外贸体制。赋予有条件的企业、科技单位以外贸自营权。积极扩大我国企业的对外投资和跨国经营。

第三,调整和优化产业结构,高度重视农业,加快发展基础工业、基础设施和第三产业。

根据我国经济的现实情况和发展趋向,应当着力提高第一产业即农业的质量,稳步增加产量;继续发展第二产业,积极调整工业结构;大力促进第三产业的兴起。

农业是国民经济的基础,必须坚持把加强农业放在首位,全面振兴农村经济。树立大农业观念,保持粮食、棉花稳定增产,继续调整农业内部结构,积极发展农、林、牧、副、渔各业,努力开发高产优质高效农业。坚持依靠科技、教育兴农,多形式、多渠道增加农业投入,坚持不懈地开展农田水利建设,不断提高农业的集约经营水平和综合生产能力。继续大力发展乡镇企业,特别要扶持和加快中西部地区和少数民族地区乡镇企业的发展。必须全面贯彻十三届八中全会的决定,深化农村经济体制和经营机制的改革。要把家庭联产承包为主的责任制,统分结合的双层经营体制,作为一项基本制度长期稳定下来,并不断充实完善。积极发展多种形式的农业社会化服务体系。从各地实际出发,逐步壮大集体经济实力。抓紧进行农产品价格和农村流通体制的改革,继续强化市场在农村经济中的调节作用。

加快交通、通信、能源、重要原材料和水利等基础设施和基础工业的开发与建设。这是当前加快经济发展的迫切需要,也是增强经济发展后劲的重要条件。集中必要的力量,高质量、高效率地建设一批重点骨干工程,抓紧长江三峡水利枢纽、南水北调、西煤东运新铁路通道、千万吨级钢铁基地等跨世纪特大工程的兴建。加强地质勘探。振兴机械电子、石油化工、汽车制造和建筑业,使它们成为国民经济的支柱产业。不失时机地发展高新技术产业。轻工、纺织等一般加工工业主要通过联合、改组和技术改造,提高素质和水平。高度重视节约能源和原材料,提高资源利用效率。固定资产投资的重点应当放在加强基础设施、基础产业,以及现有企业的技术改造和改建扩建上,尤其要重视老工业基地和大型骨干企业的技术改造。

第三产业的兴旺发达,是现代化经济的一个重要特征。目前我国第三产业在国民生产总值中的比重,大大低于发达国家和许多发展中国家。发展我国商业、金融、保险、旅游、信息、法律和会计审计咨询、居民服务等第三产业,不仅有利于促进市场发育,提高服务的社会化、专业化水平,提高经济效益和效率,方便和丰富人民生活,而且可以广开就业门路,为经济结构调整、企业经营机制转换和政府机构改革创造重要条件。要发挥国家、集体、个人三方面的积极性,加快第三产业的发展,使之在国民生产总值中的比重有明显提高。

第四,加速科技进步,大力发展教育,充分发挥知识分子的作用。

科学技术是第一生产力。振兴经济首先要振兴科技。只有坚定地推进科技进步,才能在激烈的竞争中取得主动。当前,我国经济正面临着加速发展、调整结构、提高效益的重大任务,尤其需要全社会提高科技意识,多方面增加科技投入,真正依靠科技进步。科技工作要面向经济建设主战场,在开发研究、高新技术及其产业、基础性研究这三个方面合理配置力量,确定各自攀登高峰的目标。在世界高科技领域中,中华民族要占有应有的位置。通过深化改革,建立和完善科技与经济有效结合的机制,加速科技成果的商品化和向现实生产力转化。不断完善保护知识产权的制度。认真抓好引进先进技术的消化、吸收和创新。努力提高科技进步在经济增长中所占的含量,促进整个经济由粗放经营向集约经营转变。

科技进步、经济繁荣和社会发展,从根本上说取决于提高劳动者的素质,培养大批人才。我们必须把教育摆在优先发展的战略地位,努力提高全民族的思想道德和科学文化水平,这是实现我国现代化的根本大计。要优化教育结构,大力加强基础教育,积极发展职业教育、成人教育和高等教育,鼓励自学成才。各级政府要增加教育投入。鼓励多渠道、多形式社会集资办学和民间办学，改变国家包办教育的做法。各级各类学校都要全面贯彻党的教育方针，全面提高教育质量。到本世纪末，基本扫除青壮年文盲，基本实现九年制义务教育。进一步改革教育体制、教学内容和教学方法，加强师资队伍的培养和建设，扩大学校办学自主权，促进教育同经济、科技的密切结合。

知识分子是工人阶级中掌握科学文化知识较多的一部分，是先进生产力的开拓者，在改革开放和现代化建设中有着特殊重要的作用。能不能充分发挥广大知识分子的才能，在很大程度上决定着我们民族的盛衰和现代化建设的进程。要努力创造更加有利于知识分子施展聪明才智的良好环境，在全社会进一步形成尊重知识、尊重人才的良好风尚。下决心采取重大政策和措施，积极改善知识分子的工作、学习和生活条件，对有突出贡献的知识分子给予重奖，并形成规范化的奖励制度。我们热情欢迎出国学习人员通过多种方式关心、支持和参加祖国的现代化建设。不论他们过去的政治态度如何，都欢迎回来参加社会主义建设，给予妥善安排，并实行出入自由、来去方便的政策。广大知识分子在社会主义现代化事业中已经作出巨大贡献，今后一定会不辜负国家和人民的厚望与重托，更加振奋精神，作出新的贡献。

第五，充分发挥各地优势，加快地区经济发展，促进全国经济布局合理化。

我国地域广阔，各地条件差异很大，经济发展不平衡。应当在国家统一规划指导下，按照因地制宜、合理分工、各展所长、优势互补、共同发展的原则，促进地区经济合理布局和健康发展。东部沿海地区要大力发展外向型经济，重点发展附加值高、创汇高、技术含量高、能源和原材料消耗低的产业和产品，多利用一些国外资金、资源，求得经济发展的更高速度和更好效益。中部和西部地区资源丰富，沿边地区还有对外开放的地缘优势，发展潜力很大，国家要在统筹规划下给予支持。这些地方应当根据市场经济的要求，加快对内对外开放的步伐，加强基础设施建设，促进资源的开发和利用，努力发展优势产业和产品，有条件的也要积极发展外向型经济，以带动整个经济发展。各地都要从国家整体利益出发，树立全局观念，不应追求自成体系，竭力避免不合理的重复建设和重复引进。积极促进合理交换和联合协作，形成地区之间互惠互利的经济循环新格局。要根据自然地理特点和经济的内在联系，充分发挥中心城市作用，努力发展各具特色的区域经济。

加快少数民族地区经济发展，对于加强民族团结，巩固边防，促进全国经济发展，具有极为重要的意义。贫困地区尽快脱贫致富，是实现第二步战略目标的重要组成部分。对少数民族地区以及革命老根据地、边疆地区和贫困地区，国家要采取有效政策加以扶持，经济比较发达地区要采取多种形式帮助他们加快发展。

第六，积极推进政治体制改革，使社会主义民主和法制建设有一个较大的发展。

同经济体制改革和经济发展相适应，必须按照民主化和法制化紧密结合的要求，积极推进政治体制改革。我们的政治体制改革，目标是建设有中国特色的社会主义民主政治，绝不是搞西方的多党制和议会制。我国宪法规定，中华人民共和国国家机构实行民主集中制的原则。这是我们的一项根本制度。人民民主是社会主义的本质要求和内在属性。没有民主和法制就没有社会主义，就没有社会主义的现代化。我们应当在发展社会主义民主、健全社会主义法制方面取得明显进展，以巩固和发展稳定的社会政治环境，保证经济建设和改革开放的顺利进行。进一步完善人民代表大会制度，加强人民代表大会及其常委会的立法和监督等职能，更好地发挥人民代表的作用。完善共产党领导的多党合作与政治协商制度，巩固和发展新时期的爱国统一战线，充分发挥人民政协在政治协商和民主监督中的作用。坚持“长期共存、互相监督、肝胆相照、荣辱与共”的方针，加强同民主党派协商议事，支持民主党派和无党派人士在国家机关担任领导职务，进一步巩固我们党同党外人士的联盟。我国是统一的多民族国家，各民族的大团结是维护祖国统一、实现社会主义现代化的重要保证。全面贯彻党的民族政策，坚持和完善民族区域自治制度，坚持平等、互助、团结、合作，以促进各民族的共同繁荣。认真贯彻党的宗教政策、侨务政策，为社会主义现代化建设服务。

决策的科学化、民主化是实行民主集中制的重要环节，是社会主义民主政治建设的重要任务。领导机关和领导干部要认真听取群众意见，充分发挥各类专家和研究咨询机构的作用，加速建立一套民主的科学的决策制度。加强基层民主建设，切实发挥职工代表大会、居民委员会和村民委员会的作用。强化法律监督机关和行政监察机关的职能，重视传播媒介的舆论监督，逐步完善监督机制，使各级国家机关及其工作人员置于有效的监督之下。

高度重视法制建设。加强立法工作，特别是抓紧制订与完善保障改革开放、加强宏观经济管理、规范微观经济行为的法律和法规，这是建立社会主义市场经济体制的迫切要求。要严格执行宪法和法律，加强执法监督，坚决纠正以言代法、以罚代刑等现象，保障人民法院和检察院依法独立进行审判和检察。加强政法部门自身建设，提高人员素质和执法水平。要把民主法制实践和民主法制教育结合起来，不断增强广大干部群众的民主意识和法制观念。

搞好社会治安，是关系广大群众切身利益，保证社会稳定和经济发展的大事。必须采取有力措施，认真改变有些地方治安不好的状况。要强化人民民主专政职能，依靠专门机关和广大群众的紧密结合，坚持综合治理，坚决打击敌对势力和各种刑事犯罪活动，伸张正义，保护人民。

第七，下决心进行行政管理体制和机构改革，切实做到转变职能、理顺关系、精兵简政、提高效率。

机构改革，精兵简政，是政治体制改革的紧迫任务，也是深化经济改革、建立市场经济体制和加快现代化建设的重要条件。目前，党政机构臃肿，层次重叠，许多单位人浮于事，效率低下，脱离群众，障碍企业经营机制的转换，已经到了非改不可的地步。各级党委和政府必须统一认识，按照政企分开和精简、统一、效能的原则，下决心对现行行政管理体制和党政机构进行改革。综合经济部门的工作重点要转到加强宏观调控上来。撤并某些专业经济部门和职能交叉重复或业务相近的机构，大幅度裁减非常设机构。精减机关人员，严格定编定员。机构改革、精兵简政是一项艰巨任务，必须统筹规划，精心组织，上下结合，分步实施，三年内基本完成。要把人员精减同提高工作效率和发展社会生产力结合起来，既改善机关人员结构，提高人员素质，又使大批人才转移到第三产业和其他需要加强的工作岗位上去，成为现代化建设的生力军。

加快人事劳动制度改革，逐步建立健全符合机关、企业和事业单位不同特点的科学的分类管理体制和有效的激励机制。这方面的改革要同机构改革、工资制度改革相结合。尽快推行国家公务员制度。

第八，坚持两手抓，两手都要硬，把社会主义精神文明建设提高到新水平。

改革开放和现代化建设，有力地推动着我国人民解放思想、开阔眼界、面向世界、走向未来，焕发出自强不息、奋力拼搏的精神，同时也对精神文明建设提出了更高要求。物质文明和精神文明都搞好，才是有中国特色的社会主义。精神文明建设必须紧紧围绕经济建设这个中心，为经济建设和改革开放提供强大的精神动力和智力支持。

精神文明重在建设。应当高度重视理论建设，保障学术自由，注重理论联系实际，创造性地开展研究，繁荣哲学社会科学，坚持和发展马克思主义。加强理论队伍建设，重视中青年理论工作者的培养和提高。坚持“为人民服务、为社会主义服务”的方向和“百花齐放、百家争鸣”的方针。积极推进文化体制改革，完善文化事业的有关经济政策，繁荣社会主义文化。要重视社会效益，鼓励创作内容健康向上特别是讴歌改革开放和现代化建设的具有艺术魅力的精神产品。加强新闻、出版、广播、电视和文学艺术等方面的工作。发挥思想政治工作的优势，激发广大群众投身社会主义建设的积极性。在全国各族人民特别是青少年中，进一步加强党的基本路线教育，爱国主义、集体主义和社会主义思想教育，近代史、现代史教育和国情教育，增强民族自尊、自信和自强精神，抵御资本主义和封建主义腐朽思想的侵蚀，树立正确的理想、信念和价值观。各行各业都要重视职业道德建设，逐步形成适合自身特点的职业道德规范，坚决纠正利用职权谋取私利的行业不正之风。加强社会公德教育，大力表彰具有时代精神的模范人物。搞好社区文化、村镇文化、企业文化、校园文化的建设，进一步开展军民共建、警民共建文明单位等群众性活动，把精神文明建设落实到城乡基层。精神文明建设要有相应的物质保障，要通过各种渠道增加投入，并把这方面的设施建设纳入城乡建设总体规划。

社会丑恶现象的滋长蔓延，毒害人们特别是青少年的身心健康，妨碍现代化建设和改革开放，损害社会主义形象，人民对此深恶痛绝。扫除各种丑恶现象，切不可手软，必须长期坚持，抓出成效。

各级党委要认真总结改革开放以来的新经验，加强和改进对精神文明建设的领导。我们要继承和发扬中华民族优良的思想文化传统，吸收人类文明发展的一切优秀成果，在生动丰富的社会主义实践中，创造出人类先进的精神文明。我们要为改革开放和现代化建设创造有利环境，培养一代又一代有理想、有道德、有文化、有纪律的新人。

第九，不断改善人民生活，严格控制人口增长，加强环境保护。

加快改革开放和经济发展，目的都是为了满足人民日益增长的物质文化需要。随着生产发展和社会财富的增加，城乡居民的实际收入、消费水平和生活质量要有明显提高。衣食住行尤其是居住条件，应有较多改善。文化生活更加丰富，体育、卫生事业进一步发展，人民健康水平继续提高。在我们这个占世界人口五分之一的国家里，人民过上小康生活，是一件了不起的大事。同时应当指出，我国底子薄，目前处在实现现代化的创业阶段，需要有更多的资金用于建设，一定要继续发扬艰苦奋斗、勤俭建国的优良传统，提倡崇尚节约的社会风气。

认真执行控制人口增长和加强环境保护的基本国策。计划生育工作决不能放松，必须确保实现既定的人口控制目标，坚持优生优育，提高人口质量。重视研究人口老龄化问题，认真做好这方面的工作。要增强全民族的环境意识,保护和合理利用土地、矿藏、森林、水等自然资源,努力改善生态环境。

第十,加强军队建设,增强国防实力,保障改革开放和经济建设顺利进行。

中国人民解放军是人民民主专政的坚强柱石,是捍卫社会主义祖国的钢铁长城,是建设有中国特色社会主义的重要力量。在当前和今后相当长的时期内,我国社会主义现代化建设仍将在复杂多变的国际环境中进行。必须始终不渝地坚持党对军队的绝对领导,必须按照邓小平同志关于新时期军队建设的思想,走有中国特色的精兵之路,把人民解放军建设成为强大的现代化正规化革命军队,不断增强我国国防实力,为改革开放和经济建设提供坚强有力的安全保证。我国已经裁军百万,今后军队要努力适应现代战争的需要,注重质量建设,全面增强战斗力,更好地担负起保卫国家领土、领空、领海主权和海洋权益,维护祖国统一和安全的神圣使命;同时,要自觉服从国家经济建设的大局,积极支持和参与改革开放和现代化建设,为国家的发展和繁荣贡献力量。军队要努力搞好各项建设和改革,切实把教育训练摆到战略地位,全面提高官兵素质,使全军部队做到政治合格、军事过硬、作风优良、纪律严明、保障有力。重视国防科技研究和国防工业,逐步改善武器装备。各级党组织、政府和全国人民要一如既往地关心国防建设,支持军队完成各项任务。抓好全民国防教育,广泛深入持久地开展拥政爱民、拥军优属活动,发展军政军民相互团结、相互支持的大好局面。做好民兵、预备役工作,不断加强国防后备力量建设。中国人民武装警察部队是保卫社会主义现代化建设的一支重要力量。要继续加强人民武装警察部队和公安、安全等部门的建设,更加有力地维护国家安全和社会稳定。

同志们!改革开放和现代化建设是人民群众的伟大事业。我们要胜利实现九十年代的繁重任务,必须全心全意依靠工人阶级和广大劳动群众,充分发挥全体人民的积极性和创造性。只要我国各族人民紧密团结,奋发图强,我们的社会主义现代化事业就一定会无往而不胜。

三、国际形势和我们的对外政策

在复杂多变的国际形势下,我国对外工作取得了重大成就。我们同周边国家的睦邻友好关系处于建国以来的最好时期,同广大发展中国家的团结合作进一步巩固和加强,同世界各国包括西方发达国家的关系在和平共处五项原则基础上得到了改善和发展。我国的国际影响不断扩大,国际地位不断提高。

当今世界正处在大变动的历史时期。两极格局已经终结,各种力量重新分化组合,世界正朝着多极化方向发展。新格局的形成将是长期的、复杂的过程。在今后一个较长时期内,争取和平的国际环境,避免新的世界大战,是有可能的。同时也要看到,目前国际形势仍然动荡不安。世界各种矛盾在深入发展,不少国家和地区的民族矛盾、领土争端和宗教纷争突出起来,甚至酿成流血冲突和局部战争。国际经济竞争日趋激烈,许多发展中国家经济环境更加恶化,南北差距进一步扩大。

和平与发展仍然是当今世界两大主题。发展需要和平,和平离不开发展。霸权主义、强权政治的存在,始终是解决和平与发展问题的主要障碍。世界的发展也决不能长期建立在广大发展中国家贫穷落后的基础之上。国际形势的剧变和动荡促使世界人民进一步觉醒。具有共同历史遭遇的发展中国家维护独立主权、团结合作的趋势正在加强。世界要和平,国家要发展,社会要进步,经济要繁荣,生活要提高,已成为各国人民的普遍要求。

面对新的国际形势,中国共产党、中国政府和中国人民将继续积极发展对外关系,努力为我国的改革开放和现代化建设争取有利的国际环境,为世界的和平与发展作出自己的贡献。

中国始终不渝地奉行独立自主的和平外交政策。维护我国的独立和主权,促进世界的和平与发展,是中国外交政策的基本目标。在涉及民族利益和国家主权的问题上,我们决不屈服于任何外来压力。中国是维护世界和平的坚定力量。中国不同任何国家或国家集团结盟,不参加任何军事集团。中国永远不称霸,永远不搞扩张,同时反对任何形式的霸权主义、强权政治和侵略扩张行为。中国反对军备竞赛,主张根据公正、合理、全面、均衡的原则,实行有效的裁军和军控。现在世界上有些国家也在谈裁军,但并没有真正裁减他们的尖端武器。在处理国际事务中,我国严格遵守联合国宪章和公认的国际关系准则,坚持实事求是和伸张正义的原则立场。

建立什么样的国际新秩序,是当前国际社会普遍关心的重大问题。根据历史经验和现实状况,我们主张在互相尊重主权和领土完整、互不侵犯、互不干涉内政、平等互利、和平共处等原则的基础上,建立和平、稳定、公正、合理的国际新秩序。这一新秩序包括建立平等互利的国际经济新秩序。世界是多样性的,各个国家之间存在着种种差异。各国人民都有权根据本国的具体情况,选择符合本国国情的社会制度和发展道路。国家无论大小、强弱、贫富,都应当作为国际社会的平等成员参与国际事务。国与国之间理应互相尊重,求同存异,平等相待,友好相处。国与国之间的分歧和争端,应当遵照联合国宪章和国际法准则,通过协商和平解决,不得诉诸武力和武力威胁。霸权主义和强权政治,少数几个国家垄断和操纵国际事务,是行不通的。建立国际新秩序是长期的任务,中国人民将同各国人民一道,为此作出不懈的努力。

中国作为联合国成员国和安理会常任理事国,重视联合国的作用,积极参与联合国事务。我们支持联合国及其安理会在维护世界和平,推进裁军进程,促进全球发展,以及解决国际争端等方面发挥积极的作用。

中国是发展中国家,加强同第三世界国家的团结与合作是我国对外政策的基本立足点,中国将一如既往地同发展中国家在维护各自国家的独立主权上相互支持,在经济、文化方面加强交流。中国已成为不结盟运动的观察员,同七十七国集团也建立了密切联系,今后将进一步加强同他们的合作。

中国愿意在和平共处五项原则的基础上,同所有国家发展友好合作关系。社会制度和意识形态的差别,不应成为发展国家关系的障碍。在国际交往中,我们绝不把自己的社会制度和意识形态强加于人,同样,也绝不允许别的国家将自己的社会制度和意识形态强加于中国。我们的这个原则立场,是绝不会改变的。

我们坚定不移地实行对外开放,愿意不断加强和扩大同世界各国在平等互利基础上的经济、科技合作,加强在文化、教育、卫生、体育等各个领域的交流。

中国共产党重视同各国政党的关系。现在,中国共产党已经同一百多个国家的许多政党和政治组织建立了不同形式的联系。我们将继续按照独立自主、完全平等、互相尊重、互不干涉内部事务的原则,同各国政党建立和发展友好关系,本着求同存异的精神,增进相互了解和合作。

中华人民共和国的成立,结束了中国各族人民长期受侵略、被压迫、遭凌辱的悲惨历史,人权状况得到了根本改善。人民成为国家的主人,不断创造着自己的新生活。我国的宪法从根本方面保障了人民的各种权利。中国参加了一系列有关人权的国际公约,赞成国际间就人权问题进行平等对话。人权问题说到底是属于一个国家主权范围的事,我们坚决反对利用人权问题干涉别国内政。

历史的经验告诉我们,不管打着什么旗号,只要是侵犯别国的独立主权,干涉别国的内政,以大欺小,以强凌弱,以富压贫,就不得人心。谁的手伸得太长,谁欺压别人,谁就会遭到世界人民的谴责和反对。得道多助,失道寡助,正义的力量终究是不可战胜的。

四、加强党的建设和改善党的领导

党的基本路线是毫不动摇地长期坚持下去,社会主义的改革开放和现代化建设要搞得更好更快,国家要长治久安和繁荣富强,关键在于我们党,在于坚持用邓小平同志建设有中国特色社会主义的理论武装全党。

七十多年来,中国共产党团结和带领全国各族人民,战胜种种艰难险阻,从根本上改变了中国人民的地位、中国历史的方向和中国社会的面貌。十一届三中全会以来,我们党领导人民全面开创了改革开放和现代化建设的新局面。伟大、光荣、正确的中国共产党,不仅能够领导革命取得胜利,而且能够领导改革和建设取得胜利。任何怀疑、削弱、否定党的执政地位和领导作用的观点与做法,都是根本错误和十分有害的。在新的历史时期,党所处的环境和肩负的任务有了很大变化,党的思想、政治、组织、作风建设都面临许多新情况和新问题。我们一定要结合新的实际,遵循党的基本路线,坚持党要管党和从严治党,加强和改进党的建设,努力提高党的执政水平和领导水平,使我们这个久经考验的马克思主义的党,在建设有中国特色社会主义的伟大事业中更好地发挥领导核心作用。

第一,认真学习建设有中国特色社会主义的理论,增强贯彻执行党的基本路线的自觉性和坚定性。

我们党是以马克思列宁主义毛泽东思想作为指导思想的工人阶级先锋队。马克思主义是深深植根于实践并在实践中不断发展的科学。建设有中国特色社会主义的理论,是马克思主义同中国实际相结合的最新成果,是当代中国的马克思主义,是指引我们实现新的历史任务的强大思想武器。学习马克思列宁主义毛泽东思想,中心内容是学习建设有中国特色社会主义的理论。党员领导干部首先是高级干部要带头学好用好。要认真学习邓小平同志的战略思想和理论观点,认真学习他运用马克思主义立场、观点和方法研究新情况、解决新问题的科学态度和创造精神。学习要联系实际,要精,要管用。通过学习,使广大党员干部坚定社会主义、共产主义信念,不断提高政治素质和解决实际问题的能力,使精神力量变为加快改革开放和现代化建设的巨大物质力量。

解放思想,实事求是,是建设有中国特色社会主义理论的精髓,是保证我们党永葆蓬勃生机的法宝。解放思想同实事求是是统一的,就是要求我们的思想认识符合客观实际,在马克思主义指导下,冲破落后的传统观念和主观偏见的束缚,改变因循守旧、不接受新事物的精神状态。我们决不能停留在对马克思主义的某些原则、某些本本的教条式理解上,或者停留在对社会主义的一些不科学的甚至扭曲的认识上,或者停留在那些超越社会主义初级阶段的不正确的思想上,而必须用辩证唯物主义和历史唯物主义的世界观、方法论去分析和解决问题,使思想适应发展变化的新形势。各级领导机关和领导干部要在改革和建设的实践中,把党的路线方针政策同本地区本部门的具体情况结合起来，勇于探索，大胆试验，及时总结经验，创造性地开展工作。

必须清醒地看到，现代科学技术突飞猛进，社会主义市场经济不断发展，我们不懂得、不熟悉的东西很多。全党同志必须边实践边学习，把坚持学习作为紧迫而又长期的重要任务。不仅要抓紧学习政治，而且要抓紧学习经济，学习先进经营管理，学习现代科学文化，刻苦钻研业务，努力成为本职工作的内行和能手。

第二，加强领导班子建设，培养社会主义事业接班人。

按照干部队伍革命化、年轻化、知识化、专业化的方针和德才兼备的原则，把各级领导班子建设成为忠诚于马克思主义、坚持走有中国特色社会主义道路的坚强领导集体，是保证党的路线的连续性和国家长治久安的根本大计。衡量干部的德和才，主要看在执行党的基本路线中的表现。对坚决执行党的基本路线，有高度革命事业心和为人民服务的强烈责任感，在改革开放和现代化建设中政绩突出、群众信任的干部，要委以重任。对不负责任、不胜任现职甚至以权谋私的干部，要果断地调整下来。对个人主义严重、伸手要官的人，决不能提拔重用。选拔任用干部要发扬民主，走群众路线，严格按规定程序办事，坚决防止和纠正用人问题上的不正之风。选拔大批优秀年轻干部进入各级领导班子，是当前一项紧迫而又重要的任务。要打破论资排辈、求全责备等陈旧观念，放开视野，拓宽渠道。对青年干部要热情爱护，严格要求。重视培养选拔妇女干部和少数民族干部。坚持实行干部交流。认真执行干部离退休制度，继续推进新老干部的交替与合作。要切实从政治上生活上关心离退休干部，使他们老有所为，安度晚年。

社会主义的巩固和发展，需要一代又一代人坚持不懈地努力奋斗。我们的事业任重道远，希望寄托在青年人身上。赢得青年，才能赢得未来。共青团是党的助手和后备军，要充分发挥团结和教育青年的作用。全党、全社会都要关心青少年的健康成长，在改革和建设的实践中努力造就千百万社会主义事业接班人。

在社会主义现代化建设过程中，和平演变与反和平演变的斗争将长期存在，决不能放松警惕。特别是党的高级干部要保持清醒的头脑。

第三，密切党同群众的联系，坚决克服消极腐败现象。

人民群众是我们的力量源泉和胜利之本。十一届三中全会以来，党的基本路线和方针政策符合人民利益，从根本上说党同群众的关系是好的。同时必须看到，当前领导工作中存在的官僚主义、形式主义等不良作风和少数党员干部的违法乱纪行为，严重败坏党的声誉，危害党群关系。每个党员都要牢记，在任何时候、任何情况下，都必须全心全意为人民服务，坚持理论联系实际、密切联系群众和自我批评的优良作风。各级领导机关和领导干部要深入基层，调查研究，体察群众意愿，关心群众疾苦，听取群众批评，精减会议和文件，办实事，求实效，把党的根本宗旨、优良作风和群众路线落实到实际行动中去。加强和改善党对工会、共青团、妇联等群众组织的领导，充分发挥他们作为党联系群众的桥梁和纽带作用。

坚持反腐败斗争，是密切党同人民群众联系的重大问题。要充分认识这个斗争的紧迫性、长期性和艰巨性。在改革开放的整个过程中都要反腐败，把端正党风和加强廉政建设作为一件大事，下决心抓出成效，取信于民。廉洁奉公，勤政为民，要从各级领导机关和领导干部做起。党员领导干部首先是高中级干部，要严以律己，以身作则，教育好子女，并且带头同腐败现象斗争。廉政建设要靠教育，更要靠法制。要切实加强各级党组织和纪律检查机关对党员干部的监督，加强人民群众、各民主党派和无党派人士对我们党的监督，建立健全党内和党外、自上而下和自下而上相结合的监督制度。特别要在执法部门和直接掌握人、财、物的岗位，建立有效防范以权谋私和行业不正之风的约束机制。腐败分子危害党和人民，不论是什么人，都必须依照党纪国法，坚决予以惩处。

第四，加强基层党组织建设，充分发挥党员的先锋模范作用。

党的基层组织是党的全部工作和战斗力的基础。各级党委要采取得力措施，努力把基层党组织建设成为团结和带领群众进行改革和建设的战斗堡垒。农村要进一步搞好以党支部为核心的村级组织建设。全民所有制企业要充分发挥党组织的政治核心作用，坚持和完善厂长负责制，全心全意依靠工人阶级。在其他各种经济组织中，也要从实际出发，抓紧建立健全党的组织和工作制度。机关、学校、科研院所、街道等基层党组织，都要根据自己的特点，加强和改进自身建设。要十分注意把生产第一线的工人、农民、知识分子中的优秀分子吸收到党内来。现在有一部分基层党组织软弱无力，上级党委要派出专门力量帮助整顿。

在新的历史时期，对共产党员的模范作用应该有新的要求。切实加强和改进对党员的教育和管理，提高素质，增强党性，使党员成为坚决贯彻执行党的基本路线，献身改革开放和现代化事业，诚心诚意为人民谋利益，带领群众为经济发展和社会进步做出实绩的先进分子。在全党大力提倡解放思想、改革创新的精神，尊重科学、真抓实干的精神，顾全大局、团结协作的精神，谦虚谨慎、崇尚先进的精神，艰苦奋斗、无私奉献的精神，把共产党人的先进性在社会主义物质文明和精神文明建设中充分发挥出来。

第五，坚持和健全民主集中制，维护党的团结和统一。

现代化建设和改革开放是极其宏伟艰巨的事业。只有实行民主基础上的集中和集中指导下的民主相结合，才能充分发挥各级党组织和广大党员的积极性创造性，集中全党智慧，保证党的决策的正确和有效实施，增强党的纪律和战斗力，使我们的事业顺利前进。要进一步发扬党内民主，加强制度建设，切实保障各级党组织和党员的民主权利。疏通和拓宽党内民主渠道，使党员的意见、建议、批评能够及时准确地反映上来。在党内生活中发扬讲真话不讲假话、言行一致的优良作风，支持和保护党员依据党章规定的权利发表意见。对侵犯党员民主权利，压制党员批评，进行打击报复或诬告陷害的人和事，要认真查处。各级党委必须坚持和健全集体领导制度。个人有不同意见，允许保留，但必须服从和执行集体的决定。坚持党员个人服从党的组织、少数服从多数、下级组织服从上级组织、全党各级组织和全体党员服从党的全国代表大会和中央委员会的组织原则。反对自由主义，反对无组织无纪律、有令不行、有禁不止、各行其是的行为。加强党的纪律和纪律检查工作。党员在党的纪律面前人人平等，任何人违犯党的纪律，都必须给以应有的处理。我们的目标，仍然是努力造成又有集中又有民主，又有纪律又有自由，又有统一意志、又有个人心情舒畅、生动活泼，那样一种政治局面。

党的团结是党的生命。在加快改革开放和现代化建设的关键时期，尤其需要全党同志在基本路线的基础上加强团结。每个党员特别是领导干部，都要自觉维护党的团结和中央的权威，在思想上政治上同中央保持一致。决不允许有任何破坏和分裂党的行为存在。从中央到地方各级党委，都要认真实行党的生活会制度。领导班子内部，要树立互相信任、互相支持、互相谅解和批评与自我批评的良好风气，齐心协力地做好工作。各级领导干部要带头做坚持原则、严守纪律、维护大局、加强团结的模范。全党朝气蓬勃，团结奋斗，我们的事业就有了胜利的保证。

为了加强党的建设和改善党的领导，十三届中央委员会提出了《中国共产党章程（修正案）》，请代表大会审议。修正案把建设有中国特色社会主义的理论和党的基本路线的内容写进党章，这对于统一全党的思想和行动，坚持沿着有中国特色社会主义的道路前进，具有十分重要的意义。

中央顾问委员会成立十年来，协助党中央为维护党的团结和社会稳定，推进改革开放和现代化建设，做了大量卓有成效的工作，为党、国家和人民建立了新的历史性功绩。中央顾问委员会向这次代表大会建议，从十四大起不再设立中央顾问委员会。

同志们！完成祖国统一大业，是中华民族的根本利益所在，是全中国人民包括台湾同胞、港澳同胞和海外侨胞的共同愿望。我们坚定不移地按照“和平统一、一国两制”的方针，积极促进祖国统一。我国政府将继续加强与英国、葡萄牙两国政府的合作，使香港和澳门平稳过渡，保持长期稳定和繁荣。台湾是中国神圣领土不可分割的一部分。我们坚决反对任何形式的“两个中国”、“一中一台”或“一国两府”，坚持反对任何旨在制造台湾独立的企图和行动。我们将继续促进两岸直接通邮、通航、通商，推动两岸人民的往来和各个领域的交流合作，特别是大力发展两岸经济合作，共同振兴民族经济。我们再次重申，中国共产党愿意同中国国民党尽早接触，以便创造条件，就正式结束两岸敌对状态、逐步实现和平统一进行谈判。在商谈中，可以吸收两岸其他政党、团体和各界有代表性的人士参加。在一个中国的前提下，什么问题都可以谈，包括就两岸正式谈判的方式问题同台湾方面进行讨论，找到双方都认为合适的办法。希望台湾当局顺应民心，消除阻挠祖国统一的人为障碍，使两岸关系有一个新的发展。

同志们！社会主义是人类历史上全新的社会制度，它必然代替资本主义，这是社会历史发展的总趋势。任何新兴社会制度的产生、巩固和发展，必然是充满牺牲奋斗，交织着成功和失败的曲折过程。共产党人和人民群众一定会从中经受锻炼，汲取经验教训，促使社会主义向着更加健康的方向发展。在我国，经过全党同志、全国各族人民团结奋斗，社会主义事业欣欣向荣。中国是拥有十一亿人口的大国，中国共产党是拥有五千万党员的大党。有中国特色的社会主义事业蓬勃发展，必将对世界社会主义事业和人类进步事业做出重大贡献。

从现在起到下个世纪中叶，对于祖国的繁荣昌盛和社会主义事业的兴旺发达，是很重要很宝贵的时期。我们的担子重，责任大。在九十年代，我们要初步建立起新的经济体制，实现达到小康水平的第二步发展目标。再经过二十年的努力，到建党一百周年的时候，我们将在各方面形成一整套更加成熟更加定型的制度。在这样的基础上，到下世纪中叶建国一百周年的时候，就能够达到第三步发展目标，基本实现社会主义现代化。全党同志和全国各族人民，在党中央领导下更加紧密地团结起来，同呼吸、共命运、心连心，高举建设有中国特色社会主义的伟大旗帜，朝着宏伟的目标奋勇前进！

中国共产党十三届中央委员会就提请党的第十四次全国代表大会审议《中国共产党章程(修正案)》的说明

今年三月，经中央政治局常委会研究，成立了党章修改小组，开始进行十四大修改党章的准备工作。修改小组在学习领会邓小平同志关于建设有中国特色社会主义的一系列论述特别是今年初视察南方重要谈话的基础上，认真研究了近年来一些地区、部门的党组织和党员对党章的修改意见和建议，认真研究了党的工作和党的建设面临的新情况、新问题，起草了党章(修正案)初稿。7 月 16 日和 8 月 27 日，中央政治局常委会议对党章(修正案)初稿进行了讨论。修改小组按照中央政治局常委会议讨论的意见作了修改，形成了党章(修正案)讨论稿。9 月 17 日，中央政治局会议讨论了党章(修正案)讨论稿，同意提交党的十三届九中全会讨论。10 月 5 日至 9 日举行的党的十三届九中全会讨论并通过了《中国共产党章程(修正案)》，决定提请党的第十四次全国代表大会审议。现就有关问题说明如下：

一、修改党章的基本考虑。

现行党章是 1982 年 9 月党的十二大通过的，1987 年 11 月党的十三大对部分条文作了修正。实践证明，十二大党章确定的党的性质、指导思想、最终目标、组织原则等都是正确的，关于党的工作和党内生活的规定也是可行的，十二大党章是一部好党章。

十二大以来，我国形势和党的任务发生了很大变化。邓小平同志在十二大提出的“走自己的道路，建设有中国特色的社会主义”的思想在实践中不断丰富发展，形成了建设有中国特色社会主义的理论和党的“一个中心、两个基本点”的基本路线以及一系列重大方针、政策，指引着全党和全国人民沿着建设有中国特色的社会主义道路不断前进，取得了举世瞩目的成就，开辟了社会主义事业和党的历史发展的新阶段。今年初邓小平同志视察南方重要谈话的发表，进一步激发了全党全国人民的热忱，改革开放和社会主义现代化建设蓬勃发展。新形势、新任务，对党的工作和党的建设提出了新的要求。为了适应形势的发展和党的任务的需要，为了加强党的建设，充分发挥党在领导社会主义现代化建设中的作用，十四大有必要对党章进行部分修改。

这次修改党章的指导思想是：总结十二大以来社会主义现代化建设和党的建设的新经验，把邓小平同志建设有中国特色社会主义的理论和党的基本路线及一系列方针、政策写入党章，对党的工作和党的建设提出切合实际的新的要求，把党建设成为领导全国人民沿着有中国特色社会主义道路不断前进的坚强核心。根据这一指导思想，修改中突出了建设有中国特色社会主义的理论和党的基本路线，并将其贯穿于党章全文；按照基本路线的要求，对部分条文的内容作了修改、调整和充实，使其更加符合现阶段党的工作实际；保持党章原总体框架不变，保留其中一切现在仍然适用的内容和规定，文字上可改可不改的没有修改。这样做，有利于维护和保持党章的权威性和党章内容的连续性，也有利于适应形势的发展，使党章更好地指导当前和今后一个时期党的工作和党的建设。

各级党组织和广大党员对这次党章修改非常关心。近一两年，许多地区和部门的党组织通过各种方式对党章修改提出了意见和建议，中央和中央有关部门也收到了不少对党章提出具体修改意见的党员来信。对这些意见和建议，都一一进行了认真研究，许多已经采纳。有的意见和建议，需要在实践中进一步研究探讨，这次没有写入。还有些建议，将在其他党内法规中去规定。

二、总纲部分修改的主要内容。

总纲是党的简要纲领。这次修改，对总纲部分作了较大的调整和充实，扼要地阐述了建设有中国特色社会主义的理论，增写了党在社会主义初级阶段的基本路线，并对党的建设和党的领导的基本要求作了补充。

1. 指出社会主义必然代替资本主义是社会历史发展不可逆转的总趋势。从半个多世纪以来社会主义的实践出发，修正案对总纲原第三、四自然段的内容作了改写，简要地叙述了马克思列宁主义关于人类社会历史发展的普遍规律和社会主义必然胜利的基本观点，指出《共产党宣言》发表一百多年来的历史证明，科学社会主义理论是正确的，社会主义具有强大的生命力。接着，写上了邓小平同志关于社会主义本质的论述。这段论述是对科学社会主义新的概括，表明我们党对社会主义认识的深化。最后，针对当前社会主义在发展中的变化和曲折，明确指出社会主义在发展过程中会有曲折和反复，但是社会主义必然代替资本主义是社会历史发展不可逆转的总趋势，社会主义必将逐步取得胜利。这充分表明了我们党对社会主义的必胜信念。

2. 增加了关于党的十一届三中全会以来历史进程的表述，鲜明地肯定了建设有中国特色社会主义的理论的历史地位和重要作用。关于历史进程的表述加在总纲原第六自然段中，肯定了十一届三中全会的历史地位，肯定了十一届三中全会以来党进行的主要工作和取得的成就，肯定了建设有中国特色社会主义的理论和路线、方针、政策。十一届三中全会是党的历史上的一次伟大的转折，十一届三中全会以来的历史是我们党开创建设有中国特色社会主义道路的历史，把这一历史进程载入党章是完全必要的，它反映了建设有中国特色社会主义的理论的形成过程。对建设有中国特色社会主义的理论的历史地位和重要作用，是这样表述的：它"阐明了在中国建设社会主义、巩固和发展社会主义的基本问题，继承和发展了马克思主义，是引导我国社会主义事业不断前进的指针"。

3. 增写了我国社会主义初级阶段的基本问题。这是建设有中国特色社会主义的理论的重要内容。在总纲原第七自然段增写的这些基本问题有：在初级阶段，必须从我国的国情出发，走有中国特色的社会主义道路；我国社会的主要矛盾是人民日益增长的物质文化需要同落后的社会生产之间的矛盾；我国社会主义建设的根本任务，是进一步解放生产力，发展生产力，逐步实现社会主义现代化，并且为此而改革生产关系和上层建筑中不适应生产力发展的方面和环节；社会主义的根本经济制度是坚持以生产资料公有制为主体、多种经济成分并存的所有制结构，实行以按劳分配为主体、其他分配方式为补充的分配制度；"三个有利于"是各项工作总的出发点和检验标准；我国经济发展的战略目标是分三步走，到下世纪中叶实现人均国民生产总值达到中等发达国家水平。

4. 增写了党的基本路线的内容。修正案把总纲原第八自然段中的总任务改为党的基本路线，并增写了三段，分别对一个中心、两个基本点进行阐述。对以经济建设为中心，强调党在领导社会主义事业中必须坚持这个中心，其他各项工作都服从和服务于这个中心，努力把经济建设搞上去。对两个基本点，修正案要求在社会主义现代化建设的整个过程中必须坚持四项基本原则，反对资产阶级自由化；强调从根本上改革束缚生产力发展的经济体制，建立社会主义市场经济体制，并进行政治体制改革和其他领域的改革，实行对内对外的全面开放。

5. 充实了社会主义精神文明建设的内容。修正案在总纲原第十自然段加上了社会主义精神文明建设为经济建设和改革开放提供强大的精神动力和智力支持，创造良好的社会环境的内容。强调尊重知识，尊重人才，提高全民族的思想道德和科学文化素质，弘扬民族优秀传统文化，繁荣和发展社会主义文化，增加了用党的基本路线和爱国主义、集体主义、社会主义思想教育党员和人民群众，增强民族自尊、自信和自强精神，对党员还要进行共产主义远大理想教育，抵御资本主义和封建主义腐朽思想的侵蚀，扫除各种社会丑恶现象等内容。

6. 对民主法制建设的内容作了补充。在总纲原第十一至十三自然段中，补充了以下内容：坚持人民代表大会制度，坚持共产党领导的多党合作和政治协商制度；积极支持人民当家作主；广开言路，建立健全民主决策、民主监督的制度和程序；加强国家立法和法律实施工作，使国家各项工作逐步走上法制化轨道；加强社会治安综合治理，保持社会长期稳定；坚持打击各种危害国家安全和利益、危害社会稳定和经济发展的犯罪活动和犯罪分子。修正案把人民解放军建设的内容从原第十一自然段分出来，另写一段，从新时期军队的地位和作用出发，强调党对军队和其他人民武装力量的领导，要求充分发挥人民解放军在巩固国防、保卫祖国和参加社会主义现代化建设中的作用。修正案在原第十二自然段加上了实现各民族的共同繁荣和全面进步的内容，在原第十三自然段中还增写了"一国两制"的方针。

7. 部分改写了党对国际事务基本立场的一段文字。修正案在总纲原第十四自然段增写了"中国共产党主张积极发展对外关系，努力为我国的改革开放和现代化建设争取有利的国际环境"的一段话。将党对国际事务基本立场的一段文字改为"坚持独立自主的和平外交政策，维护我国的独立和主权，反对霸权主义和强权政治，维护世界和平，促进人类进步"。并加上了"不断发展我国同周边国家的睦邻友好关系，加强同发展中国家的团结与合作"。

8. 对党的建设和党的领导提出了新的要求。根据党的任务以及党的工作面临的新情况、新问题，修正案对总纲原第十五至十九自然段作了补充，明确提出党的建设必须紧密围绕党的基本路线，坚持从严治党，把党建设成为领导全国人民沿着有中国特色的社会主义道路不断前进的坚强核心。对党的建设的基本要求，修正案把原来三项改写为四项，增加了"坚持党的基本路线"，作为第一项。要求全党要用建设有中国特色社会主义的理论和党的基本路线统一思想，统一行动，毫不动摇地长期坚持下去。必须把改革开放同四项基本原则统一起来，全面落实党的基本路线，反对一切"左"的和右的错误倾向，要警惕右，但主要是防止"左"。切实从组织上保证党的基本路线的贯彻落实。把"坚持解放思想，实事求是"作为第二项，增加了"积极探索，大胆试验，创造性地开展工作，研究新情况，总结新经验，解决新问题，在实践中丰富和发展马克思主义"等内容。在第三项"坚持全心全意为人民服务"的要求中，增加了党任何时候都坚持把群众利益放在第一位，坚持不懈地反对腐败，加强党风建设和廉政建设等内容。在第四项要求即"坚持民主集中制"中，把"在民主的基础上实行高度的集中"改为"民主集中制是民主基础上的集中和集中指导下的民主相结合"，并指出这既是党的根本组织原则，也是群众路线在党的生活中的运用。要求努力造成又有集中又有民主，又有纪律又有自由，又有统一意志又有个人心情舒畅的生动活泼的政治局面。修正案在总纲原第十九自然段中强调党要适应改革开放和社会主义现代化建设的要求，加强和改善党的领导。要求党必须集中精力领导经济建设，组织、协调各方面的力量，同心协力，围绕经济建设开展工作。必须实行民主的科学的决策，适应形势的发展和情况的变化，不断改进领导方式和方法，提高领导水平。

三、条文部分修改的主要内容。

党章条文部分的十章、五十条，保持原总体结构，对其中部分条文作了修改。主要是按照贯彻执行党的基本路线的需要，对党员、干部提出了新的更高的要求；同时，根据当前党的工作的实际，对党的组织制度、基层党组织的职责以及党内生活的一些规定作了必要的修改和补充。五十条中，删去了有关顾问委员会设置和工作任务的第三章第二十二条、第四章第二十八条；将第三章第十九条中有关党的全国代表会议职权的一段单列为第二十条；在第七章中增写了纪律的重要性和对党组织、党员执行纪律的要求的内容，作为第三十七条；原第三十八条第二段和第三十九条第四段合并为第三十八条。这样，总条文仍为十章五十条。

1. 对党员和党的干部提出了新的更高的要求。坚决贯彻实行党的基本路线和各项方针、政策，是新时期党员必须履行的主要义务和党的干部必须具备的基本条件。修正案在第一章第三条和第六章原第三十五条中增加了坚决贯彻执行党的基本路线和各项方针、政策的内容，要求党员带头参加改革开放和社会主义现代化建设，带动群众为经济发展和社会进步艰苦奋斗；要求干部立志改革开放，献身现代化事业，在社会主义建设中艰苦创业，开拓创新，做出实绩。对干部的基本条件，除强调必须履行党员义务外，还增加了掌握建设有中国特色社会主义的理论，努力用马克思主义的立场、观点、方法分析和解决实际问题；把党的方针、政策同本地区、本部门的实际相结合，讲实话，办实事，求实效，反对形式主义；有实践经验；正确行使人民赋予的权力，清正廉洁，勤政为民，以身作则，艰苦朴素，密切联系群众；坚持和维护党的民主集中制等要求。在第一章第八条，还规定党员领导干部必须参加党委、党组的民主生活会。

2. 删去了有关顾问委员会设置和工作任务的条文。十二大以来的十年中，中央顾问委员会和省、自治区、直辖市顾问委员会在党中央和省、自治区、直辖市党委的领导下，为维护党的团结和社会稳定，推进改革开放和现代化建设，做了大量卓有成效的工作，为党、国家和人民建立了新的历史性功绩。根据中顾委向党的第十四次全国代表大会的工作报告中提出的建议，经过中央审慎的考虑和研究，拟从十四大起不再设立党的中央顾问委员会，也不再设立党的省、自治区、直辖市顾问委员会。

3. 适当调整了党的地方组织和基层组织的任期。根据多年的实践和许多地方、基层党组织的要求，将第四、五章中县一级党的委员会的任期由三年改为五年，基层委员会的任期由三年改为三年或四年，总支部委员会、支部委员会的任期由两年改为两年或三年。由于基层组织党员人数、工作性质、职责权限、分布状况差异很大，对其任期作这样的弹性规定比较切实可行。

4. 进一步明确了党的基层组织的职责。根据实际工作需要，对第五章原第三十三条作了改写。对街道、乡、镇和村基层党组织，规定其领导本地区的工作，支持和保证行政组织、经济组织和群众自治组织充分行使职权。对全民所有制企业基层党组织，要求其发挥政治核心作用，围绕企业生产经营开展工作，并从保证监督党的方针政策的贯彻执行、坚持和完善厂长（经理）负责制、全心全意依靠职工群众、参与重大问题决策和加强自身建设等方面把政治核心作用具体化。由于其他企业，如乡镇企业、三资企业、私营企业、企业集团中党的基层组织的工作还需要在实践中探索，目前写入党章的时机尚不成熟，建议以后另行规定。对事业单位党的基层组织，修正案规定实行行政领导人负责制的事业单位中党的基层组织"发挥政治核心作用"，实行党委领导下的行政领导人负责制的事业单位中党的基层组织"对重大问题进行讨论和作出决定，同时保证行政领导人充分行使自己的职权"。

5. 对党的纪律和纪律检查机关的工作程序作了个别改动。这主要是根据多年的实践，从有利于纪检工作的开展出发修改的。在第七章增写了一条，指出党的纪律是党的各级组织和全体党员必须遵守的行为规则，党组织和党员必须严格执行和维护党的纪律，接受党的纪律的约束。第三十八条、三十九条中关于违犯政纪国法的党员受政纪或法律处理问题、向党外组织建议撤销党员党外职务问题，不属于党内问题和党纪处分，修正案将其删去。为了及时处理违犯党的纪律的党委成员，修正案在第四十条中规定中央政治局和地方党委常委会对这类处分可以先作决定，然后由全会追认。修正案第四十四条还规定，各级纪委发现同级党委委员有违纪行为，可以先进行初步核实，如果需要立案检查的，报同级党委批准，涉及常委的，经报同级党委后报上级纪委批准。

6. 恢复了十二大党章对党组的规定。十三大党章部分条文修正案取消了在政府机关、经济组织和文化组织中设立党组的规定。根据实际工作需要，这次修正案恢复了十二大党章关于在这些领导机关中成立党组的规定。对党组的任务，增写了讨论和决定本部门的重大问题和指导直属单位党组织的工作的内容。

《人民日报》发表社论《重大的历史使命——热烈祝贺党的十四大开幕》

最高人民检察院检察机关司法警察评定授予警衔的实施办法

国办《关于成立国务院证券委员会（简称证券委）的通知》

各省、自治区、直辖市人民政府，国务院各部委、各直属机构：

为了加强证券市场的宏观管理，统一协调股票、债券、国债等有关政策，保护人民群众利益，使我国证券市场健康发展，国务院决定成立国务院证券委员会（简称证券委），撤销原国务院证券管理办公会议。国务院证券委员会下设办公室，负责日常工作，由国务院办公厅代管。

国务院证券委员会组成人员名单如下：

主　任：朱镕基（兼）

副主任：刘鸿儒（兼）

周道炯（常务副主任）

委　员：（略）

为了建立健全证券监管工作制度，国务院决定成立中国证券监督管理委员会（简称证监会），受国务院证券委员会指导、监督检查和归口管理。刘鸿儒同志任中国证券监督管理委员会主席。

国务院办公厅

1992年10月12日

外经贸部发言人就中美双方签署市场准入谅解备忘录发表谈话

中美两国代表团于10月10日在华盛顿正式签署了关于市场准入问题的谅解备忘录，这是中美两国一年多来遵循关贸总协定的原则、共同努力而取得的成果。两国以及香港地区所有关注中美经贸关系的广大工商界的积极支持对于谈判的进展起到了积极的作用。谈判的最终成功，消除了影响中美经贸关系发展的又一个障碍，避免了双方贸易摩擦的升级，它应该成为双边经贸关系发展中的一个新起点。市场准入谈判的成功，只要双方抱着诚意，采取务实的态度，任何问题都可以通过平等协商得到妥善解决。

我们认为，中美两国经济互补性很强，中国作为亚太地区经济发展最快的国家之一，为美国商品和投资提供了现实的和潜在的巨大市场。随着中国改革开放的不断深入，包括美国在内的外国工商界在中国所面临的合作机会将越来越多。

我们希望美国政府能够严格履行其在《谅解备忘录》中所做的承诺，在中国恢复关贸总协定席位的进程中以及在放宽对华高技术出口管制方面，采取有效的实际行动予以推动，从而使中美两国经贸合作关系继续健康发展。

中国越南两国专家小组首轮边界谈判在北京举行

根据中越两国政府达成的协议，两国专家小组于10月12日至17日在北京举行了第一轮谈判。双方就解决两国边界领土争议的原则交换了意见。谈判是在友好、坦率、互相尊重和谅解的气氛中进行的，增进了相互之间的了解，并取得了成果。外交部副部长徐敦信于16日会见了越南专家小组全体成员。中越专家小组下一轮谈判将在河内举行，具体时间将另行商定。

中国与阿拉伯海湾国家工业经济合作研讨会在北京举行

这是我国与海湾各国建交以来举办的第一次大规模的会议。海湾6国负责工业事务的政府官员、6国自由贸易区董事长、投资银行、各主要大公司和企业的董事长或总经理、各国商工会负责人等约100人与中国政府官员、经贸界人士和企业家一起，共同交流各自的经济发展和贸易情况，介绍投资环境与需求，并将进行业务洽谈。

研讨会由中国贸促会和阿拉伯海湾国家合作委员会所属海湾工业咨询组织联合举办。

中国残疾人联合会主席邓朴方在第47届联大特别全会上发言

联合国为纪念1982年第37届联大宣布的“联合国残疾人10年”结束而举行特别全会。

邓朴方说，残疾人问题“是不容忽视、无法回避的社会问题，解决好残疾人问题是国际社会和各国政府的责任”。

邓朴方说：“人类社会发展到今天，如同民族解放、妇女解放一样，残疾人的解放已成为国际社会面临的紧迫而艰巨的任务。”

邓朴方说，第37届联大宣布了“联合国残疾人10年”，通过《关于残疾人的世界行动纲领》，这一具有历史意义的重大举措，为在全球解决残疾人问题揭开了新的一页，唤起了公众关注残疾人的意识，推动各国残疾人工作取得了不同的进展。

邓朴方说，过去10年，在各国政府、联合国有关机构以及残疾人组织的共同努力下，残疾人工作取得了一定成绩，但我们的目标远未实现。他说："联合国残疾人10年"行将结束，为给执行世界行动纲领注入新的活力，推动残疾人事业继续向前发展，特提出如下建议。

——在国际新秩序建立的过程中，应当关注社会问题，寻求经济和社会的协调发展。在国际经济、技术合作中，充分考虑残疾人，特别是发展中国家残疾人的需要，合理分配资源。联合国及有关残疾人的部门应予加强，努力解决人力、财力方面存在的困难；

——在拟召开的社会发展问题世界首脑会议上，将残疾人问题列为重要议题；

——联合国机构和各国政府应制定新的计划，全面落实世界行动纲领的基本原则，促进残疾人康复、教育和就业，改善残疾人平等参与社会生活的环境与条件；

——各国应建立和加强常设的、高层次的关于残疾人问题的国家协调机构，有效地组织和协调涉及多学科和跨部门的残疾人士工作；

——吁请联合国机构和世界各地对1993年至2002年的"亚太残疾人10年"活动给予有力支持，并采取适当形式推动世界其他地区残疾人工作的发展。

邓朴方最后表示，中国虽然取得了显著成绩，但还面临许多问题，"中国将努力解决好残疾人问题，并承担与中国发展水平相适应的国际责任与义务。"

中国残联主席邓朴方在联合国就中国残疾人现状和残疾人事业的发展答中外记者问

邓朴方接受联合国新闻部、人民日报、新华社、中国国际广播电台和当地侨报记者的联合采访，就中国残疾人现状和残疾人事业的发展回答了记者的提问。

问：在联合国残疾人10年中，中国残联主要做了哪些工作？取得了哪些成就？

答：中国是一个人口众多的大国，又是发展中国家，中国残疾人事业有其特色，即从中国现有经济文化基础上做起，在国家发展过程中同时改善残疾人状况。残联成立以来主要是根据联合国《关于残疾人的世界行动纲领》做了些事。1987年做了150万人的抽样调查；建立并完善了基层的残联组织；建立各级残疾人工作协调机构；制定了《残疾人保障法》和两个国家计划，即《残疾人5年工作纲要》和《残疾人3项康复工作方案》；对社会开展"理解、尊重、关心、帮助残疾人"的社会主义人道主义教育，以及对残疾人开展"自尊、自信、自强、自立"的教育等。同时制定了各种优惠、扶持政策和开展国际交流与合作。

问：中国残疾人当前面临哪些困难和问题，残联和政府将采取什么措施解决？

答：中国残疾人所面临的困难与各国残疾人相同，主要是残疾人教育普及率低；残疾人劳动就业受限制，处于不利地位；受经济水平限制，福利水平不高，对残疾人救济补助面不广，标准低，多数残疾人缺少必要的康复治疗手段等。这几年采取措施，召开了两次全国特教大会，把残疾人教育纳入全国9年义务教育，特教学校每年增长20%，达到900所，普通学校设特教班，在校残疾学生每年增长30%，并开展职业教育，建立了4万多个福利工厂，有65万人就业，残疾人保障法规定厂矿按比例接受残疾人，我们已经在上海、江苏试点，效果很好。

问：中国残疾人事业起步晚、起点低，至今仍较落后的原因是什么？

答：新中国成立后建立了平等的社会。但五六十年代主要是解决全国温饱问题，残疾人与一般人的生活水平差距不大，问题不尖锐。直到改革开放后，大家生活水平提高了，残疾人落后的问题就提出来了。世界其他国家也一样，要到经济发展到一定程度，残疾人问题才显得突出，也有能力解决。现在我们还受本国经济和社会发展水平的制约，所以还较落后。

问：中国残联制定的5年工作纲要主要内容是什么？经费如何筹集，有无保证？

答：5年纲要主要规定为60万名盲人复明，做22万例小儿麻痹手术，建立600个聋耳听力语言训练中心，实际已做了70万例白内障复明手术和25万例小儿麻痹手术，有2万聋儿已能说话。我们主要采取一方面治病，一方面给予生产资料和劳动技术的支持，"康复扶贫"，每年发放1亿元人民币贷款使残疾人一步步脱贫。到2000年要解决全国残疾人的温饱问题。

问：中国残联在开展国际合作方面做了哪些工作？联合国与中国残联有哪些合作项目，社会效果如何？

答：我们在1988年与联合国社会发展与人道主义事务中心签订了合作协议、交流信息，派出残疾人艺术团出访欧洲，纪念联合国残疾人10年，还参加联合国专家会议，参与标准规则起草工作，举行了北京专家会议，通过了北京宣言，我们与联合国儿童基金会、开发计划署等也进行了合作。在双边合作方面，我们已经与几十个国家的100多个残疾人组织、慈善团体建立了联系，参加了世界盲联、世界聋联、弱智人联盟等国际组织，与40多个组织开展了50多个合作项目。这些项目都很成功。我们希望联合国加强在社会发展事务，特别是残疾人事务方面的作用，讲人权和人道主义，最优先的项目首先应是残疾人事业，因为他们比任何人更困难。

国际办公自动化发展趋势研讨会在北京召开

国务院所属20个部委的办公厅和信息中心负责人近日聚会北京，研讨国际办公自动化发展趋势。

与会者认为：我国办公自动化工作开展已近10年，也取得了一定的成绩。电子排版、信息检索、电子文档、文字处理、电子表格等一批专业系统在国民经济各领域投入使用，有效提高了办公效率。整个办公自动化系统正朝着通用化、集成化、智能化、网络化方向发展。但是，现有的办公自动化系统远远不能满足各行业全方位、多层次的管理需要，现有办公设备也没有充分发挥作用。

研讨会上展示了处于国内领先水平的北京瑞星高级办公系统。这套系统通过软硬件结合方式，将桌面排版、事务管理、电子文档、电子表格、电子邮件五大功能融为一体，在国内率先采用形象、直观的图形化操作方式，不仅操作过程简单、自然，而且提供了多种国际流行软件的接口功能，受到与会中外专家的好评。

研讨会由国家科委信息中心、中国交通信息中心、铁道部电子计算技术中心、卫生部统计信息中心、国家建材局信息中心联合举办。

公安部《高层居民住宅楼防火管理规则》

10月13日

国务院总理李鹏在北京同埃及总统穆巴拉克举行会谈

李鹏早晨在人民大会堂同穆巴拉克总统会谈时对埃及发生地震表示深切的同情，并向受灾人民表示慰问。李鹏说，中国政府将向埃及提供力所能及的人道主义援助。

李鹏对穆巴拉克总统提前回国表示理解，并表示相信在埃及政府和穆巴拉克总统的领导下，埃及人民一定能够克服地震造成的困难和损失。

穆巴拉克总统感谢李鹏总理对埃及发生地震向埃及人民表示的慰问。他说，埃及是一个很少发生地震的国家，人民缺乏防震、抗震的经验，所以我要提前回国处理地震造成的后果。

关于双边关系，穆巴拉克说，埃及政府和人民十分珍视埃中两国的关系。两位领导人一致认为中埃关系很好，并对两国关系在各个领域取得的进展表示满意。双方表示愿意继续努力推动两国关系进一步向前发展。

两位领导人对中东问题的看法是一致的。双方表示将继续努力推动中东的和平进程，以使中东问题在联合国有关决议的基础上取得公正、合理、持久的政治解决。

国务院总理李鹏在人民大会堂会见日本创价学会名誉会长池田大作和夫人

李鹏在会见时对池田先生在中国邦交正常化20周年之际率团访华表示热烈欢迎。他说，“池田先生是国际知名社会活动家，长期致力于发展中日两国的友好关系和文化交流事业，我们对此高度赞赏。”

会见时，池田先生转交了日本宫泽喜一首相给李鹏总理的亲笔信。

李鹏应客人的要求介绍了中国共产党第十四次全国代表大会在中国共产党的历史上的重要作用、社会主义市场经济理论的形成过程以及我国在进行物质文明建设的同时重视精神文明建设的情况。

池田说，中国的改革开放和经济建设取得了很大的进展。目前正在召开的中国共产党第十四次全国代表大会引起了世界的普遍关注。他预祝大会获得圆满成功。

国务院总理李鹏在人民大会堂会见九国离到任驻中国大使

李鹏上午在人民大会堂会见了9国离任和新到任驻华大使。离任大使是保加利亚大使马尔科夫、科威特大使北江；新到任大使有德国大使傅泰民、埃及大使沙米尔·伯罕、韩国大使卢载源、瑞典大使林德思、乌拉圭大使杜福卢、老挝大使本梅、匈牙利大使梅可岚。

李鹏同各位大使进行了友好交谈并着重介绍了党的十四大的重要意义。

中日友好协会在昆仑饭店举行宴会欢迎由名誉会长池田大作率领的日本创价学会第八次访华团和创价学会日中友好交流团

1992年军转民新技术暨民用产品交易会在桂林召开

交易会由中国国防科技信息中心、桂林市科委和桂林国防贸易展览中心主办。来自航空航天部、机械电子部、兵器工业总公司、核工业总公司、国防科工委、总参、各大军区所属科研、生产部门及地方60余家企事业单位参展，参展项目3500余项。通过专家评选，从参展的成果项目评出金奖、银奖及优秀奖26项。交易会成交额3000余万元。

科学探测与技术试验卫星回收成功

中国于10月6日发射的科学探测与技术试验卫星在完成各项任务后12点30分顺利返回四川省中部

预定地区。

中国编辑学会成立刘杲任会长

10 月 14 日

中国共产党第十四次全国代表大会主席团在人民大会堂举行第二次会议

中共中央总书记江泽民主持会议。

会议以举手表决方式，分别通过大会关于十三届中央委员会报告的决议草案、关于中央顾问委员会工作报告的决议草案、关于中央纪律检查委员会工作报告的决议草案、关于《中国共产党章程》(修正案)的决议草案，决定将这四个草案提交各代表团审议。

会议还通过大会选举办法，并完成了其他议程。

中国共产党第十四次全国代表大会新闻发言人刘忠德举行中外记者招待会

中共十四大新闻发言人刘忠德举行中外记者招待会。应刘忠德的邀请，来自上海、广东、山东三个改革开放前沿地区的省市委书记吴邦国、谢非、姜春云三位代表回答了中外记者关心的问题。

400 多名中外记者，出席今天上午在梅地亚新闻中心举行的招待会。刘忠德告诉大家，上海、广东、山东在我国改革开放和社会主义现代化建设中取得了突出成绩，而且各有特色，他们非常乐意向大家介绍有关情况并回答大家的提问。

香港《南华早报》记者首先向上海市委书记吴邦国、广东省委书记谢非发问：改革开放使发达的上海、广东和落后地区的差距会越来越大，你们将如何看待这个问题？

吴邦国说，改革开放以后，中国的沿海开放地区有了很大的变化。我们的政策是：允许一部分地区一部分人先富起来，走共同富裕的道路。对于内地和边疆欠发达地区，我们采取了多种办法进行横向联合，并建立协作关系。沿海发达地区有责任带动欠发达地区经济的发展。

“这是一个现实问题”，谢非接过话题说，部分地区先富起来了，对部分欠发达地区如何加快发展步伐，党中央已经采取了措施，在全国范围内实行全方位的开放，这对缩小差距，促进后进地区的发展就有了保证；中央在政策上、财政上对欠发达地区给予了支持；沿海地区和内地特别是经济欠发达地区加强合作，发挥各自的优势，共同发展。

新华社记者向山东省委书记姜春云提出这样一个问题：“过去比较贫穷的山东，现在经济发展很快，原因何在？”

姜春云向大家介绍了山东这些年来的变化后说，山东的稳步发展一是得益于党的正确政策，得益于改革开放；二是从山东的实际出发；三是发挥资源优势，大做资源开发的文章；四是狠抓了技术进步；五是学习兄弟省市和先进国家、地区的经验；六是全省上下团结一致，为着一个经济发展的目标，一条心思地干。他说，党的十一届三中全会以后，山东经济有了很大发展，现在是历史上发展最快最好的时期。最近我们根据山东的实际情况，重新制订了今后 10 年至 20 年经济发展的计划，发展的速度大致保持在百分之十至百分之十二。这次党的十四大提出建设有中国特色社会主义的发展蓝图，我们的目标一定能实现，全省人民充满信心。

有记者问吴邦国对社会主义市场经济的提法如何看待？

吴邦国从三个方面谈了他对社会主义市场经济的认识：一是把企业推向市场；二是积极培育和发展市场；三是改善宏观管理。他说，社会主义市场经济理论的提出，意味着中国的改革开放将跃上一个新高度。

人民日报记者问谢非：“全国实行全方位的开放，广东还有什么优势？”

谢非说，党中央决定在全国实行开放的政策，我们感到高兴。因为，全国形成开放的气候，给广东带来很好的机会，对广东的发展也是很好的推动。实际情况是，近半年多来，全国开放，外商到广东来投资的不是减少，而是增加了；投资金额也增加了。他向记者们介绍了广东投资环境的优势。

来自台湾的记者问，广东、上海、山东如何对前来投资的台商进行保护？

谢非说，我们采取了比较积极的措施，给台商前来投资提供了各种便利条件。姜春云说，山东除了在政策、法律上保护台商投资外，山东人讲义气、重信誉，不会做出对不起朋友的事。吴邦国说，台商到上海不仅会得到保障，而且还会盈利。他们欢迎更多的朋友到广东、上海、山东去实地考察投资环境。

法新社记者问三位代表：十三大报告和十四大报告有什么区别，你们更喜欢哪一个报告？

吴邦国、谢非、姜春云在回答中都认为，党的十三大报告和十四大报告，都是我们党的历史上的重要文献，不存在更喜欢哪一个报告的问题。党的十四大报告全面阐述了党的基本路线，特别对邓小平同志关于建设有中国特色社会主义的理论进行了全面总结和系统阐述，同时提出了社会主义市场经济的理论，这更是马克思主义理论上的飞跃。

最高人民检察院发出关于积极配合全国税收财务物价大检查依法查办偷税、抗税犯罪案件的通知

海关总署对进出境旅客旅行自用物品的管理规定

为了适应扩大开放的形势,根据国际惯例和进出境旅客旅途中的实际需要,海关总署发布第35号令,自1992年10月15日开始实施《中华人民共和国海关对进出境旅客旅行自用物品的管理规定》。

规定指出,进出境旅客旅行自用物品指本次旅行途中海关准予旅客随身携带的暂时免税进境或者复带进境的在境内、外使用的自用物品。它的范围包括:(一)照相机、便携式收录音机、小型摄影机、手提式摄录音机、手提式文字处理机;(二)经海关审核批准的其他物品。

进境旅客(包括持有前往国家或地区签发的再入境签证的中国籍居民)携带上述物品每种不超过一件的,在向海关申报后,海关准予暂时免税放行。出境时,旅客应将原物带出。但由于特殊原因不能在本次回程时复带出境的,应事先报请出境地海关办结有关手续。

为方便中国籍居民、中国籍或外国籍非居民长期旅客携带上述物品出境使用后复带进境,他们在出境时应主动报请海关验核,以便在进境时,海关凭本次出境的有关单证放行。如不再复带进境,则出境时无须报请海关验核。这是中国海关自改革开放以来首次对进出境旅客旅行自用物品作出专门规定,也是海关旅检工作深化改革、促进开放的又一步骤。

中国第二座大陆桥——北疆铁路通过国家验收正式开通

北疆铁路东起乌鲁木齐西站,西至中国与哈萨克斯坦共和国相邻的阿拉山口站,全长460公里。这条铁路的建成,完成了陇海、兰新铁路向西的最终延伸,形成横跨亚欧大陆的第二座大陆桥。

外交部发言人就美国总统布什签署"中国学生保护法"答记者问

记者问对美国总统布什10月9日签署"中国学生保护法"有何评论。

外交部发言人说,美国总统近日签署的"中国学生保护法"严重违反了中美签订的有关协议精神,是破坏中美教育和文化交流、阻挠中国留学人员回国的严重步骤。

发言人说,最近,美国国会以中国留学人员回国"不安全",将受到所谓"政治迫害"为借口,通过了"1992年中国学生保护法",并得到总统批准。他指出,美方这一行动严重违反了中美签订的有关协议精神,是破坏中美教育和文化交流、阻挠中国留学人员回国的严重步骤。这是中方绝对不能接受的。

发言人说,中国政府一贯关心和爱护在外留学人员。广大留学人员是我们国家的宝贵财富。中国政府多次表示不管他们过去的政治态度如何,都欢迎他们回来参加社会主义建设,给予妥善安排,并实行出入自由、来去方便的政策。事实上,1989年下半年以来,不少在美留学人员已经学成回国工作,无一例外地得到了妥善的安置,数以千计的留学人员回国探亲并顺利返回了美国。

发言人还说,最近,我国国务院办公厅又公布了《关于在外留学人员有关问题的通知》,再次表明了我国政府欢迎留学人员回国工作,并实行来去自由的政策。因此,所谓回国"不安全",会受到"政治迫害"等等借口完全是站不住脚的。

人事部国家教委《关于进一步争取优秀留学博士回国做博士后的通知》

国务院总理李鹏签署第106号令发布《中药品种保护条例》

现发布《中药品种保护条例》,自1993年1月1日起施行。

总理 李 鹏

1992年10月14日

中药品种保护条例

第一章 总 则

第一条 为了提高中药品种的质量,保护中药生产企业的合法权益,促进中药事业的发展,制定本条例。

第二条 本条例适用于中国境内生产制造的中药品种,包括中成药、天然药物的提取物及其制剂和中药人工制成品。

申请专利的中药品种,依照专利法的规定办理,不适用本条例。

第三条 国家鼓励研制开发临床有效的中药品种,对质量稳定、疗效确切的中药品种实行分级保护制度。

第四条 国务院卫生行政部门负责全国中药品种保护的监督管理工作。国家中药生产经营主管部门协同管理全国中药品种的保护工作。

第二章 中药保护品种等级的划分和审批

第五条 依照本条例受保护的中药品种,必须是列入国家药品标准的品种。经国务院卫生行政部门认定,列为省、自治区、直辖市药品标准的品种,也可以申请保护。

受保护的中药品种分为一、二级。

第六条　符合下列条件之一的中药品种，可以申请一级保护：

（一）对特定疾病有特殊疗效的；

（二）相当于国家一级保护野生药材物种的人工制成品；

（三）用于预防和治疗特殊疾病的。

第七条　符合下列条件之一的中药品种，可以申请二级保护：

（一）符合本条例第六条规定的品种或者已经解除一级保护的品种；

（二）对特定疾病有显著疗效的；

（三）从天然药物中提取的有效物质及特殊制剂。

第八条　国务院卫生行政部门批准的新药，按照国务院卫生行政部门规定的保护期给予保护；其中，符合本条例第六条、第七条规定的，在国务院卫生行政部门批准的保护期限届满前六个月，可以重新依照本条例的规定申请保护。

第九条　申请办理中药品种保护的程序：

（一）中药生产企业对其生产的符合本条例第五条、第六条、第七条、第八条规定的中药品种，可以向所在地省、自治区、直辖市中药生产经营主管部门提出申请，经中药生产经营主管部门签署意见后转送同级卫生行政部门，由省、自治区、直辖市卫生行政部门初审签署意见后，报国务院卫生行政部门。特殊情况下，中药生产企业也可以直接向国家中药生产经营主管部门提出申请，由国家中药生产经营主管部门签署意见后转送国务院卫生行政部门，或者直接向国务院卫生行政部门提出申请。

（二）国务院卫生行政部门委托国家中药品种保护审评委员会负责对申请保护的中药品种进行审评。国家中药品种保护审评委员会应当自接到申请报告书之日起六个月内做出审评结论。

（三）根据国家中药品种保护审评委员会的审评结论，由国务院卫生行政部门征求国家中药生产经营主管部门的意见后决定是否给予保护。批准保护的中药品种，由国务院卫生行政部门发给《中药保护品种证书》。

国务院卫生行政部门负责组织国家中药品种保护审评委员会，委员会成员由国务院卫生行政部门与国家中药生产经营主管部门协商后，聘请中医药方面的医疗、科研、检验及经营、管理专家担任。

第十条　申请中药品种保护的企业，应当按照国务院卫生行政部门的规定，向国家中药品种保护审评委员会提交完整的资料。

第十一条　对批准保护的中药品种以及保护期满的中药品种，由国务院卫生行政部门在指定的专业报刊上予以公告。

第三章　中药保护品种的保护

第十二条　中药保护品种的保护期限：

中药一级保护品种分别为三十年、二十年、十年。

中药二级保护品种为七年。

第十三条　中药一级保护品种的处方组成、工艺制法，在保护期限内由获得《中药保护品种证书》的生产企业和有关的药品生产经营主管部门、卫生行政部门及有关单位和个人负责保密，不得公开。

负有保密责任的有关部门、企业和单位应当按照国家有关规定，建立必要的保密制度。

第十四条　向国外转让中药一级保护品种的处方组成、工艺制法的，应当按照国家有关保密的规定办理。

第十五条　中药一级保护品种因特殊情况需要延长保护期限的，由生产企业在该品种保护期满前六个月，依照本条例第九条规定的程序申报。延长的保护期限由国务院卫生行政部门根据国家中药品种保护审评委员会的审评结果确定；但是，每次延长的保护期限不得超过第一次批准的保护期限。

第十六条　中药二级保护品种在保护期满后可以延长七年。

申请延长保护期的中药二级保护品种，应当在保护期满前六个月，由生产企业依照本条例第九条规定的程序申报。

第十七条　被批准保护的中药品种，在保护期内限于由获得《中药保护品种证书》的企业生产；但是，本条例第十九条另有规定的除外。

第十八条　国务院卫生行政部门批准保护的中药品种如果在批准前是由多家企业生产的，其中未申请《中药保护品种证书》的企业应当自公告发布之日起六个月内向国务院卫生行政部门申报，并依照本条例第十条的规定提供有关资料，由国务院卫生行政部门指定药品检验机构对该申报品种进行同品种的质量检验。国务院卫生行政部门根据检验结果，可以采取以下措施：

（一）对达到国家药品标准的，经征求国家中药生产经营主管部门意见后，补发《中药保护品种证书》。

（二）对未达到国家药品标准的，依照药品管理的法律、行政法规的规定撤销该中药品种的批准文号。

第十九条　对临床用药紧缺的中药保护品种，根据国家中药生产经营主管部门提出的仿制建议，经国务院卫生行政部门批准，由仿制企业所在地的省、自治区、直辖市卫生行政部门对生产同一中药保护品种的企业发放批准文号。该企业应当付给持有《中药保护品种证书》并转让该中药品种的处方组成、工艺制法的企业合理的使用费,其数额由双方商定;双方不能达成协议的,由国务院卫生行政部门裁决。

第二十条 生产中药保护品种的企业及中药生产经营主管部门,应当根据省、自治区、直辖市卫生行政部门提出的要求,改进生产条件,提高品种质量。

第二十一条 中药保护品种在保护期内向国外申请注册的,须经国务院卫生行政部门批准。

第四章 罚 则

第二十二条 违反本条例第十三条的规定,造成泄密的责任人员,由其所在单位或者上级机关给予行政处分;构成犯罪的,依法追究刑事责任。

第二十三条 违反本条例第十七条的规定,擅自仿制中药保护品种的,由县级以上卫生行政部门以生产假药依法论处。

伪造《中药品种保护证书》及有关证明文件进行生产、销售的,由县级以上卫生行政部门没收其全部有关药品及违法所得,并可以处以有关药品正品价格三倍以下罚款。

上述行为构成犯罪的,由司法机关依法追究刑事责任。

第二十四条 当事人对卫生行政部门的处罚决定不服的,可以依照有关法律、行政法规的规定,申请行政复议或者提起行政诉讼。

第五章 附 则

第二十五条 有关中药保护品种的申报要求、申报表格等,由国务院卫生行政部门制定。

第二十六条 本条例由国务院卫生行政部门负责解释。

第二十七条 本条例自一九九三年一月一日起施行。

10月15日

中国共产党第十四次全国代表大会新闻发言人刘华秋在人民大会堂举行中外记者招待会

中共十四大另一位新闻发言人刘华秋,邀请经贸部长李岚清、人事部长赵东宛、国家体改委副主任洪虎三位代表,就我国经济体制改革、对外经济贸易和人事制度改革等问题回答记者们的提问。

台湾《自立早报》记者请李岚清谈谈对台商希望两岸签订投资保障协议的看法。

李岚清说,我们欢迎台湾同胞来大陆投资。为了保障台湾同胞投资的安全,除来大陆投资的台商可享受中外合资经营企业法中的有关规定和法律保障外,国务院还于1988年7月3日公布了关于鼓励台湾同胞投资的规定。应当说台湾同胞来大陆投资是有保障的,实际上也没有发生过不安全的情况。现在的问题是在台湾当局方面。迄今为止,台湾当局不顾台湾同胞来大陆投资的强烈愿望和已经有许多台胞来大陆投资的现实,仍不允许直接"三通",要说不安全,这才是不安全。至于双边投资保护协定,众所周知,是对等政府之间的协定,两岸之间签订这种协定当然是不现实的。但是,我们理解台湾同胞关心这一问题的心情。我想,只要台湾当局顺乎台胞的民心民意,真正鼓励台胞来大陆投资,是可以找到适当方式来解决这个问题的。

新华社记者问:十四大报告中提出要尽快推行公务员制度,请介绍一下这方面的进展情况。

赵东宛说,经过几年的准备工作,我们的公务员制度已经有了基础,取得了以下进展:一是我们已经有了一个适合中国国情的公务员条例,目前正按法律程序进行审批;二是为取得推行公务员制度的经验,已经进行了将近四年的试点工作,并取得了预期的效果,今年以来,全国已有二十几个省、自治区、直辖市进行试点;三是公务员条例中的某些单项制度,如考试录用制度、亲属回避制度等,已在全国范围内试行;四是为全面推行公务员制度培训了一批骨干力量,国家行政学院的筹建工作进展顺利。因此,今后我们将根据十四大精神加快推行公务员制度。全面推行公务员制度必须在机构改革的基础上进行,首先从中央和省两级政府开始,然后在省以下机关推行,大体用三年或更长一点时间,在全国范围内基本建立起公务员制度,并逐步加以完善。

斯洛文尼亚《劳动报》记者问中国老百姓对通货膨胀的承受能力有多大。

洪虎说,中国人民对通货膨胀的承受能力是在改革实践中逐步增强的。随着改革的不断深入,价格调整逐步为人民所理解。但当前,我认为人民对通货膨胀的承受能力仍然没有超过10%。在这个指数之下,可以保持经济的稳定发展。

法新社记者问政府精简机构的情况

赵东宛说,我国政府机关确实存在人浮于事的问题。为了适应建立社会主义市场经济的要求,十四大提出按照政企职责分工和精简、统一、效能的原则,转变职能、理顺关系、精简机构、提高效率。各地区各部门各单位的情况不同,精简机构的任务也不同。目前,我们正在抓紧制定中央、省(市)、地区、县、乡五级精简机构的方案。

香港无线电视台记者问:党政分开的口号现在为什么不提了?

赵东宛回答说,实行党政职能分开的目的,是为了改善与加强党的领导,建立高效灵活的政府工作系统。

我们党的十三大以来，各级党政机关按照党政职能分开的原则，在改善和加强党的领导，建立完善的政府工作系统方面做了大量工作。目前，在行政管理体制改革方面，主要矛盾是政企不分，需要转变政府职能，改革的根本途径是政企分开。

台湾记者请李岚清谈谈对大陆和台湾加入关贸总协定的看法。

李岚清说，大陆和台湾加入关贸总协定，对两岸的经贸发展和往来会产生积极影响。但是，中华人民共和国是中国的唯一合法代表，只有中华人民共和国恢复了在关贸总协定的缔约国地位后，台湾才能作为中国的一个单独关税区加入关贸总协定。我们愿意在中国恢复关贸总协定的缔约国地位以后，台湾也能尽快加入。我本人对中国恢复在关贸总协定的缔约国地位持乐观态度。

塔斯社记者问中国目前试行股份制的情况如何？

洪虎回答说，股份制是我们正在试点的一种企业制度，也是一种企业财产的组织形式。当前只在少数国有企业中进行这方面的改革，我们正在不断总结经验，创造条件，逐步扩大这种试点。现在，还没有条件大面积推开。今年前 7 个月，我们新批准股份制企业 363 户。我们制定的方针是，“坚决试，不求多，务求好，不要乱”，要按照规范的做法进行试点。待条件成熟后，我们将会扩大股份制企业。

丹麦记者问中国在企业改革中怎样保护工人的切身利益？

洪虎回答说，在企业改革中，为了保护工人的切身利益，我们制定了国有企业的职工待业保险制度。从 1986 年到今年 1 月，全国 41 万职工领取了待业保险金，其中有 28 万人在劳动部门的帮助下重新就业。现在，全国每年可筹集约 7 亿元待业保险金，而实际发放的不到 2 亿元，所以，职业待业保险的资金是有保障的。随着企业劳动制度的改革和适应企业组织结构调整的需要，我们要进一步完善待业人员的保险制度。

中外记者还就经济体制改革中国家与企业的关系、中美关系等问题发问，三位代表都一一作了回答。

国务院副总理田纪云在北京举行的世界粮食日纪念会上发表讲话

田纪云在讲话中指出，粮食是关系国计民生的重要商品，是人类赖以生存的基本生活资料。粮食问题对拥有 11 亿人口的中国来说尤为重要。各级人民政府要把爱惜粮食、节约粮食、充分利用粮食，提高人民的营养水平作为一项重要工作，常抓不懈。

田纪云说，新中国成立 43 年来，尤其是改革开放以来，党和国家为解决我国人民的吃饭问题，采取了一系列鼓励政策，投入了大量的人力、物力和财力，使粮食生产有了很大发展，我国已经基本解决了 11 亿人口的温饱问题。以世界 7% 的耕地，养育了世界 22% 的人口，这是举世瞩目的奇迹。但应清醒地认识到，我国人均粮食占有量仍然较低，我国人民的营养状况也不尽如人意，蛋白质、钙、铁、B 族维生素摄取量处于供给标准的低水平。目前，我国有限的粮食资源尚未得到充分利用，浪费粮食的现象较为严重。爱惜粮食，节约粮食，充分利用粮食的潜力很大。

田纪云指出，农业部门要大力发展高产、优质、高效农业，优化粮食种植结构，精耕细作，颗粒归仓；商业部门要努力减少在运输、储存、加工、销售等环节的损失和浪费；食品生产部门要与科研单位制定切实可行的节粮措施，把粮食损耗降低到最低限度；宣传部门要充分利用新闻媒介，广泛开展爱惜粮食、节约粮食、充分利用粮食的宣传教育。

国务院经贸办公室召开的华北东北华东地区限产压库促销座谈会议在泰安结束

会议提出今年最后两个半月限产压库促销的主要措施：一、认真解决认识问题，正确处理限产压库促销与上台阶的关系，坚决把质量差、效益低、没有销路的产品压下来；二、切实加强领导，狠抓措施落实，做到责任到人；三、抓好监督检查，特别是抓好重点企业、重点产品的监督检查；四、强化促销工作，从根本上解决已经形成的库存过大的状况，卸掉包袱；五、与铁路部门密切配合，挖潜扩能，保证重点物资和产品的运输。

国务院经贸办负责人要求各地抓紧今年最后两个半月的时间扎扎实实地工作，不要弄虚作假，确保完成全年限产压库促销任务。

全国人大常委会委员长万里在人民大会堂会见日本亚洲国际和平会议名誉总裁日本天皇的表舅梨本德彦

万里表示相信，日本天皇不久将对中国的访问一定会进一步促进中日友好合作关系的发展。

万里说，天皇的来访是中日关系史上的一件大事，相信这次访问一定会取得圆满成功。他说，中日两国政府和人民都希望两国世世代代友好下去。中日友好符合两国人民的利益，也有利于亚洲和世界的和平与稳定。

万里表示希望中日两国加强政治、经济、文化和科技等各个领域的友好合作关系。他说，中国是一个人口众多、资源丰富的国家，日本是工业和科技发达的国家，两国有很大的合作潜力。中国要向包括日本在内的发达国家学习先进的科学技术和管理经验。

万里在会见中还扼要向客人介绍了正在举行的党的十四大的重要精神。

梨本德彦说，能在中日邦交正常化20周年的喜庆日子里和天皇访华前夕来中国访问感到高兴。他希望两国携手合作，为日中两国和亚洲的和平与繁荣作出贡献。

中国代表王照华在第47届联大关于老龄问题特别全会上发言

第四十七届联大举行关于老龄问题特别全会，纪念"国际老龄问题行动纲领"十周年。中国老龄问题全国委员会主任王照华在会上发言时指出，当前世界各国普遍存在包括老龄问题在内的各种社会问题，而发展中国家面临的问题尤为严峻，国际社会对此应给予更多的关注和有效的援助。

王照华说，一九八二年联合国召开的老龄问题世界大会及通过的"国际老龄问题行动纲领"对中国和全球老龄工作的发展起了重大推动作用，也促进了世界和平、友好、团结与合作。十年来，在联合国有关机构的努力下，老龄问题已越来越引起世界各国的重视和关注。

谈到中国老龄问题时，王照华说，中国老龄人口增长很快，目前已超过一亿。敬老、爱老、养老是中国的传统美德。中国政府一向重视老龄问题，在履行联大有关老龄问题的决议和实施行动纲领中取得了显著成效。他说，中国已成立了老龄问题全国委员会，并根据自己的国情提出了"老有所养、老有所医、老有所为、老有所学、老有所乐"五项关于老龄工作的目标，并为此制定了保护老年人的法规和条例，出版老年报刊，成立老龄问题研究机构等。

王照华说，我们将进一步完善社会养老保障体系，充分发挥家庭和社会养老两个功能，走出一条适合中国国情的国家、集体、社会、家庭相结合的养老道路。

第二届中国民族文化博览会在北京闭幕

由文化部中国少数民族文化艺术基金会等单位主办的这届博览会，共展演了6大项目：民族之花大选、歌王歌后大赛、民间美术大展、民间珍藏大观、民族风情集锦和民族商品荟萃。

民族之花大选有10人获得最佳风采奖：汉族韩冬冬（上海）、壮族邓晓兵（广西）、布依族吴蔚（贵州）、达斡尔族敖丽杰（内蒙古）、藏族益呷（四川）、藏族措牡（西藏）、彝族瞿腊佳（云南）、白族李丽珠（云南）、维吾尔族米娜瓦尔（新疆）、哈萨克族古拉依扎（新疆）。

歌王歌后大赛，经过决赛，北京军区战友文工团孙秀苇获美声组"歌后奖"，中央歌剧舞剧院袁晨野获美声组"歌王奖"；获民族组的"歌后奖"与"歌王奖"的分别是中国歌剧舞剧院的韩延文和孙毅；获通俗组"歌后奖"和"歌王奖"的是满族歌手爱新觉罗·启笛和朝鲜族歌手崔京浩。

吴玉章奖金第二次评选揭晓

'92北京国际发明展览会在北京闭幕

10月16日

党的十四大新闻发言人刘华秋在北京梅地亚宾馆举行记者招待会

国务院经贸办副主任王忠禹、张彦宁，吉林化学工业公司党委书记李奇生，鞍钢党委书记程喜昌，东风汽车公司党委书记马跃在党的十四大新闻发言人刘华秋举行的记者招待会上就中国大中型企业如何转换经营机制回答记者提问。

有记者问：在政企分开后政府主管部门如何管理企业？

王忠禹回答说，政企分开，主要是政府和企业职能的分开，本着"宏观要管住，微观要放开"的原则，凡是规定国家要下放给企业的权利，各级政府都不能截留。政府对企业主要在宏观调控方面，更多地通过政策、法令、法规、税收等手段进行管理，对企业进行引导。政企分开后，政府只管确定原则，制定政策，对企业的日常经济活动不再进行干预。政府主要是做好"规划、协调、监督、服务"。

在回答记者有关企业自主权的问题时，王忠禹说，国务院制订的全民所有制工业企业转换经营机制条例虽然规定了企业享有14个方面的权利，但是因为《条例》规定的内容有些还比较原则，国务院要求经贸办负责《条例》的实施工作，并和体改委一起帮助各地区、各部门制定具体的实施细则。企业转换经营机制的改革工作要通过试点，取得经验，全面推开。

有记者问：国有企业同其他所有制形式的企业相比，能否适应市场经济需要，是否具有竞争力？

张彦宁答：国有企业特别是大中型企业，在过去国家经济建设中一直起着重要作用，在今后建立社会主义市场经济体制中仍将起主导作用。国有大中型企业所具有的许多优势是不言而喻的。现在一些大中型企业之所以缺乏活力，主要是由于国家下达的指令性计划较多，有些价格还未理顺造成的。相比之下，"三资"企业和乡镇企业等则享受比较优惠的税收政策。他说，为搞好国有大中型企业，国家已经采取了一系列措施。随着企业法的贯彻落实，经营机制的进一步转换，指令性计划的减少，价格体系逐步理顺，国有大中型企业的优势将进一步得到发挥，完全有条件在国内和国际市场上同其他所有制企业展开公平竞争。

在回答记者关于大中型企业实力雄厚，今后会不会出现大中型企业垄断的问题时，王忠禹说，既然企业入了市场，就要遵循市场的规则，进行公平的竞争。对目前存在不公平的竞争要通过健全市场机制，建立必要的市场规则等来解决。

在回答记者提出的大规模兼并、组建企业集团，会不会使效益好的企业背上包袱的问题时，张彦宁说，组建企业集团不是把经营好的企业和经营差的企业硬绑在一起，原则应该是优化组合。用通俗的说法，应该是1＋1 大于 2。

有记者问：现在中国国有企业进行的兼并、股份制等项改革，仅仅是经营机制的转换，还是产权的改变？

张彦宁答：在国有企业的改革中，很重要的一条就是理顺产权关系的改革。过去几年来，我国已有几千家企业之间进行了兼并。其中，既有国有企业之间的相互兼并，也有国有企业和集体企业之间的相互兼并。企业实行的股份制也有多种形式，国有企业之间可以相互参股，有的企业可吸收国外资金入股，有的企业可以让职工持股。在这个意义上，可以说企业的产权发生了变化，从原来单一的国有独资企业变为多种所有制并存的混合制企业。当然，在大中型企业中，国有资产仍占主导地位。

有记者提出：实行政企分开和经营机制转换后，企业党委书记和党组织将起什么作用？思想政治工作同经济工作是什么关系？

李奇生回答：在企业改革中，企业党组织将继续发挥重要作用，因为党的根本任务就是围绕经济建设这个中心开展工作。作为党委书记，也要懂经济。随着企业改革的深化，企业党组织在领导方式、活动方式上，将被赋予新的内容，以适应新形势的需要。企业发展生产，首先要调动职工的积极性，这就需要加强思想政治工作，这是党组织的重要任务，也是企业精神文明建设的重要方面。

有记者提出了企业进入市场、适应市场经济新体制要具备什么条件的问题。

马跃说，企业要适应社会主义市场经济体制，必须转变企业的经营机制。在外部要实行政企分开。国务院新近公布的《条例》规定企业享有 14 个方面的自主权。只要政府切切实实、认认真真地贯彻落实《条例》，把这 14 项权利不折不扣地交还给企业，企业转换经营机制就有了良好的外部环境。但对企业来说，更重要的是要眼睛向内，着眼于转变企业内部的机制。

记者问：企业改革是否会加重职工的负担、损害职工利益？

程喜昌针对记者提出的这个问题说，改革的目的是要发展生产，提高劳动生产率，改善职工生活。生产发展了，职工收入就增加。收入增加，就改善了职工的生活。所以改革和职工的利益是一致的。改革不仅不会损害职工的利益，反而会使职工从中得到更多实惠。

有记者问：国务院经贸办公室和经贸部是什么关系？它们各自的职能是什么？

王忠禹回答说，经贸办和经贸部都是国务院的职能部门，经贸办是管理国民经济和协调日常经济工作的一个综合部门，经贸部是国务院的专业部门。经贸办主要是协调日常经济工作当中所发生的一些重大问题，如负责协调行业之间、地区之间和部门之间出现的重大问题。经贸部作为专业部门，处理有关对外经济贸易方面的工作。

在回答记者关于是否鼓励企业吸收外资、进入国际市场和中国是否打算建立和参加贸易保护组织的问题时，王忠禹说，我国一直鼓励企业利用外资，有条件的就和外商兴办合资企业。我们主张吸收一切外资。要建立社会主义市场经济体制，首先要把企业推向市场，既推向国内市场，也推向国际市场。我国企业走向国际市场是开放型的，我们反对贸易保护主义。

当一位台湾记者问在座的三位企业负责人，是否同台商有生意上的往来时，李奇生、程喜昌、马跃三人都作了肯定的回答。并指出，现在还只是一个开端。他们表示，欢迎有更多的台商到大陆来，进一步扩大两岸的经济交流与合作。

中央社会主义学院在北京举行新校舍落成典礼暨建校 36 周年和复校 10 周年纪念会

中央社会主义学院是在毛主席、周总理等老一辈革命家的亲切关怀下创办的具有统一战线性质的高等政治学院，是民主党派和无党派人士的联合党校。邓小平为中央社会主义学院题写了校名，江泽民题写了“爱国、团结、民主、求实”的八字校风。

中共中央总书记江泽民给大会发来贺信。贺信说，创办社会主义学院，是一件有远见和深远意义的事情，也是一件有中国特色的事情。建院以来做了许多有益的工作，受到各民主党派和各界人士的共赞同钦。毫无疑义，社会主义学院，必须始终坚持社会主义方向。要认真组织学员同志学习马克思列宁主义、毛泽东思想，中心内容是学习邓小平同志建设有中国特色社会主义的理论，还要学习统一战线的理论方针政策，学习统一战线和各民主党派的历史。坚持理论联系实际，树立爱国、团结、民主、求实的校风。坚持解放思想，立足本职，奋发进取，真抓实干，力争在 2000 年以前，把中央社会主义学院建设成为更富有自己特色的名副其实的党外代表人士和党的统一战线干部的学习培训基地，使它在社会上享有更良好的声誉，在党外各界代表人士中更具有吸引力，在统一战线的学术研究方面达到更高的水平和应有的权威性。

宋平代表中共中央到会祝贺并讲话。他就办好中央社会主义学院谈了三点意见：充分认识和发挥社会主义学院在建设党外代表人士队伍和统一战线工作干部队伍中的作用；从实际出发办出中央社会主义学院特色；树立爱国、团结、民主、求实的好校风。

中央社会主义学院院长杨纪珂介绍了学院简况。中央社会主义学院从 1956 年到 1965 年，共举办 6 期学习班，有 1800 多名民主党派和无党派民主人士入校学习，对提高他们的社会主义觉悟，巩固和扩大统一战线，发挥了重要作用。中共十一届三中全会后，在邓小平同志的关怀下，中央书记处于 1982 年 2 月决定复办中央社会主义学院。复办 10 年来，共举办不同类型的班次 40 多期，培训学员 1600 多人，该院为建设统一战线两支队伍、发展新时期的爱国统一战线作出了应有的贡献。孙起孟代表各民主党派、无党派人士、全国工商联在会上致辞表示祝贺。纪念大会前，宋平、李锡铭、丁关根、阿沛·阿旺晋美、荣毅仁、费孝通、雷洁琼、程思远、卢嘉锡为中央社会主义学院新校舍落成揭幕。

出席纪念会的还有王光英、钱伟长、董寅初、蔡子民、荣德敏。

邓小平关于发展旅游业的谈话公开发表

邓小平在 1979 年关于旅游业要有大的发展的三次谈话在新近出版的《中国改革全书·旅游业体制改革卷》中第一次公开发表。

邓小平说："旅游事业大有文章可做，要突出地搞，加快地搞。"

国务院批准海南省洋浦经济开发区国有土地使用权出让合同

中英联合联络小组机场委员会中方代表重申英方有关新机场的新方案不能接受

中英联合联络小组机场委员会中方代表罗家骥重申：对于英方最近提出的有关新机场问题的新方案，中方是不能接受的。

罗家骥在发言中指出，英方提出的新方案，不仅没有真正解决香港社会和中方对香港新机场和机场铁路财务方面关注的主要问题，而且有些方面还比原来的财务安排倒退了，所以中方不能接受。

就英方新方案所强调的把机场铁路沿线 58 公顷土地的全部地价收入都注资于机场和机场铁路，罗家骥说，这 58 公顷土地非但没有按照联合声明规定列入年度批地计划，而且实际上就是要动用属于特区政府的土地基金，这种做法不可取。

罗家骥指出，新机场的建设必须按照谅解备忘录的要求，做到成本低、效益高，不在财政上给特区政府造成负担。中方要求英方将机场铁路成本单独核算，努力寻求降低成本的措施，并要求英方增加实际注资。但英方的新方案没有全面回应中方 9 月 9 日的意见，没有从降低成本方面作出应有的努力。他强调，中方希望英方采取积极的、主动的、真诚合作的态度，严格遵循机场谅解备忘录条文和精神，这样双方才能达成协议。

国家教委《关于招收少数民族优秀青年进入高等学校学习的意见》

意见提出，自 1992 年秋季起，在西北少数民族师资培训中心汉语语言文学专业进行的试点工作，招收新疆、宁夏、甘肃、青海、陕西的 50 名少数民族优秀青年入校学习。招生对象为获县级以上党组织、政府教育部门、妇联、共青团、工会授予先进工作者、劳动模范、优秀党团员、优秀教师称号，有两年以上实践经验，具有高中毕业或同等学力，身体健康，年龄在 28 周岁以下的少数民族青年，婚否不限。本人自愿报名，单位推荐，集中补习，参加全国高等学校统一招生考试，择优录取。考试成绩达到当地一般院校最低录取控制分数线的向重点高等院校推荐，低于一般本专科学校录取分数线 50 分的，向一般院校推荐，由院校择优录取。

10月17日

中国共产党第十四次全国代表大会主席团举行第三次全体会议

江泽民主持会议。

会议以举手表决的方式，通过差额预选后的中央委员会委员、中央委员会候补委员、中央纪律检查委员会委员候选人名单，提请大会进行选举。

16 日下午和 17 日上午，十四大各代表团分别进行了中央委员会委员、中央纪律检查委员会委员和中央委员会候补委员的预选。预选采用差额选举办法。整个预选工作在预选监票人的监督下，完全按照大会选举办法进行。

党的十四大新闻发言人刘忠德在北京梅地亚宾馆举行第四次中外记者招待会

西藏自治区党委副书记、政协主席热地，新疆维吾尔自治区党委副书记、政府主席铁木尔·达瓦买提和广西壮族自治区党委副书记、政府主席成克杰在党的十四大新闻发言人刘忠德举行的第四次中外记者招待会上回答记者提问。

有外国记者提问：在新疆和西藏是否有分裂主义情绪存在，新疆和中亚一些新独立的国家有共同的边界，这些国家新近发生的骚乱是否对中国造成压力？

铁木尔·达瓦买提和热地回答说，新疆和西藏都很稳定，改革开放使这两个地区经济发展，人民生活一年比一年好，各族人民心情舒畅，真心拥护祖国统一。热地说，西藏确实有极少数人企图闹分裂，但是他们代表不了西藏。西藏各族人民在社会主义祖国的大家庭里生活得非常美好，是真心拥护祖国统一的。铁木尔·达瓦买提说，苏联解体的时候，曾经有人担心会不会影响中国的新疆，现在可以告诉大家，苏联是苏联的事，我们是我们的事。新疆非常安定，情况非常好。哪位朋友不信，可以请你到新疆来看看。

中央电视台等单位的记者问，改革开放 14 年来，西藏、新疆和广西三个自治区的经济增长情况如何？

热地介绍说，自改革开放以来，西藏首先打破了延续多年的封闭性经济格局，实行全方位的对外开放，使经济建设发生了迅速变化。1977 年以前，西藏人均收入不足 200 元，到 1991 年，全区工农业总产值达到 25 亿多元，人均收入达 450 多元。今年以来，全区经济建设更是突飞猛进。自治区党委、政府推出了一批比内地还要优惠的政策，全区经济形势喜人。

铁木尔·达瓦买提说，改革开放 14 年来，新疆充分利用 5400 公里边境线这一优势，积极开展边境贸易。特别是邓小平同志视察南方谈话和中共中央政治局会议之后，边境贸易和对外经贸合作蓬勃发展，现在全区已与 50 多个国家和地区建立了经贸关系。1991 年与 1981 年相比，进出口和边贸总额增加了近 9 倍。为了更多地吸引外资，我们积极发展交通事业，目前已初步解决了走路难的问题。全区拥有空中航线 24 条，亚欧大陆桥的全线贯通也大大改善了全区的交通条件，边境地区已开通口岸 14 个。自从国务院批准乌鲁木齐、伊宁、博乐、塔城四市作为开放城市后，边境贸易以前所未有的势头在全区迅速发展，社会经济、各族群众的生活水平都有较大的发展和提高。

成克杰说，广西壮族自治区有着丰富的自然资源优势。它有 1500 公里的海岸线，背靠大西南，面向东南亚，市场广阔，发展旅游业更有其特殊的优势。改革开放 14 年来，广西社会和经济的各个方面都发生了巨大变化，但与沿海地区相比，由于历史、自然及人们思想观念等多方面的因素，还有一定的差距。为了加快改革开放步伐，目前全区正在加强基础设施建设和改善交通运输，争取提前两三年完成“九五”计划。今年以来，广西共引进国内外资金 20 多亿元。广西的经济大有希望。

美国记者问：寻找班禅转世灵童的工作目前进展如何？寻访到以后他的作用是什么，同中央政府的关系如何？

热地回答说，十世班禅大师于 1989 年 1 月 28 日圆寂后，1 月 30 日国务院就作出决定，要保护好班禅大师的法体，修建班禅的灵塔和祀殿，寻访和认定十一世班禅大师。藏区人民非常拥护这个决定。现在班禅大师的法体保护得非常好；他的灵塔和祀殿正在修建之中，预计明年年底可以完成；寻访转世灵童的工作也严格按照藏传佛教的仪轨和传统做法，进行得非常顺利。至于今后班禅转世灵童同中央政府的关系，热地说，十世班禅大师是一个伟大的爱国主义者，我们相信他的转世灵童也会如此。

人民日报记者请热地介绍一下有关西藏的人权情况。

热地说，西藏 1951 年和平解放，1959 年实行民主改革，社会发生了翻天覆地的变化。西藏人民在社会主义祖国大家庭中，在共产党的领导下，享有与各民族同样的当家做主的权利。他们从来没有像今天这样享受包括人身自由、政治、宗教信仰、文化教育、健康保障、环境保护等全面而广泛的权利。随着社会和经济的发展，西藏各族群众的这些权利还将不断扩大。至于极少数人想要的那种骚乱权、分裂国家权、破坏民族团结、影响社会安定的权利，是不可能有的。

在回答英国记者提出的关于中央对达赖的政策问题时，热地指出，中央政府对达赖喇嘛的政策一贯非常明确。我们希望达赖喇嘛能早日回到祖国，共同为祖国统一、民族团结和发展西藏作出贡献。中央政府与达赖喇嘛接触和谈判的大门始终是敞开的，只要他放弃“西藏独立”的立场，随时都可以进行谈判。

中共中央政治局常委乔石在钓鱼台国宾馆会见以副总书记勒内·恩德梅佐·奥比昂为团长的加蓬民主党代表团

江苏省扬州中学庆祝建校 90 周年

中国美术家协会主办的第八次“新人新作展”在成都举行

10 月 18 日

中国共产党第十四次全国代表大会在人民大会堂

闭幕

中共中央总书记江泽民主持大会。

江泽民、杨尚昆、李鹏、万里、乔石、姚依林、宋平、李瑞环、田纪云、李铁映、李锡铭、杨汝岱、吴学谦、秦基伟、丁关根、邹家华、朱镕基、薄一波、宋任穷、刘华清、杨白冰、温家宝、彭冲、方毅、洪学智、陈作霖等大会主席团常务委员会成员在主席台前排就座。

下午3时,江泽民宣布大会开始。

会议首先通过由34人组成的总监票人和监票人名单。

在大会监票人的监督下,到会的2007位代表以无记名投票方式,选举出189位第十四届中央委员会委员,130位中央委员会候补委员,共319人,选举中央纪律检查委员会委员108人。

大会依次通过关于十三届中央委员会报告的决议、关于中央顾问委员会工作报告的决议、关于中央纪律检查委员会工作报告的决议。

大会对十三届中央委员会的工作表示满意。大会赞成报告对14年伟大实践的基本总结,同意报告提出的加快改革开放和现代化建设步伐的决策和部署,同意报告对国际形势的分析和阐述的对外政策,强调要进一步加强党的建设和改善党的领导。

大会同意关于不再设立中央顾问委员会的建议,并向中央顾问委员会和老同志们表示衷心的感谢和崇高的敬意。

大会对中央纪律检查委员会的工作表示满意。

会议还通过关于《中国共产党章程》(修正案)的决议。大会认为,把建设有中国特色社会主义理论和党的基本路线写进党章,对于统一全党的思想和行动,夺取有中国特色社会主义事业的更大胜利,具有十分重要的意义。

下午6时,大会圆满完成各项议程后在《国际歌》乐曲声中闭幕。

大会选举后,各民主党派负责人和无党派人士阿沛·阿旺晋美、荣毅仁、费孝通、孙起孟、雷洁琼、帕巴拉·格列朗杰、王光英、邓兆祥、钱伟长、程思远、卢嘉锡、苏步青、丁光训、孙越崎、董寅初、蔡子民等,应邀列席会议并在主席台贵宾席就座。党内有关负责人也列席大会。

中国共产党第十四次全国代表大会关于十三届中央委员会报告的决议

中国共产党第十四次全国代表大会批准江泽民同志代表十三届中央委员会所作的报告。大会对十三届中央委员会的工作表示满意。

大会赞成报告对14年伟大实践的基本总结。十一届三中全会以来,党领导各族人民实行改革开放,进一步解放和发展生产力,开辟了社会主义现代化建设的新时期。我们所以能够取得举世瞩目的巨大成就,根本原因是坚持把马克思主义基本原理同中国具体实际相结合,逐步形成和发展了建设有中国特色社会主义的理论,制定和实行了党在社会主义初级阶段的基本路线。邓小平同志作为我国改革开放和现代化建设的总设计师,为这一理论和路线的创立作出了历史性的重大贡献。大会认为,报告对党在实践过程中形成的基本理论、基本路线和一系列战略决策,作出郑重的结论是十分必要的。这对于进一步统一全党思想,坚持党的基本理论和基本路线不动摇,把建设有中国特色社会主义的伟大事业继续推向前进,具有重大的现实意义和长远意义。

大会同意报告提出的加快改革开放和现代化建设步伐的决策和部署。全面完成报告提出的各项任务,必将有力地推动90年代我国经济的发展和社会的全面进步。大会指出,抓住有利时机,集中力量把经济建设搞上去,力争国民经济在讲求效益的前提下有一个较高的增长速度,是完全正确和可能的。大会认为,将我国经济体制改革的目标,确定为建立社会主义市场经济体制,是有中国特色社会主义理论的丰富和发展。建立社会主义市场经济体制,涉及经济基础和上层建筑的许多领域,要有一系列相应的体制改革和政策调整,必须抓紧制定总体规划,有计划、有步骤地实施。

大会同意报告对国际形势的分析和阐述的对外政策。大会指出,要坚持奉行独立自主的和平外交政策,反对霸权主义和强权政治,努力为我国的改革开放和现代化建设争取有利的国际环境,为世界的和平与发展继续作出贡献。

大会指出,适应加快改革开放和现代化建设步伐的新形势,必须用邓小平同志建设有中国特色社会主义的理论武装全党,进一步加强党的建设和改善党的领导。要加强领导班子建设,培养社会主义事业接班人;密切党和人民群众的联系,坚决克服消极腐败现象;加强基层党组织建设,充分发挥党员的先锋模范作用;坚持和健全民主集中制,维护党的团结和统一。

大会号召,全党同志要在十四届中央委员会的领导下,更加紧密地团结起来,为夺取有中国特色社会主义事业的更大胜利而努力奋斗。

中国共产党第十四次全国代表大会关于中央顾问委员会工作报告的决议

中国共产党第十四次全国代表大会批准中央顾问委员会的工作报告,大会同意关于不再设立中央顾问委员会的建议。

大会认为，中央顾问委员会成立十年来，协助党中央为维护党的团结和社会稳定，推进改革开放和现代化建设，做了大量卓有成效的工作，在新的历史时期为党、国家和人民建立了历史性功绩。

大会高度赞扬老同志为废除实际存在的领导职务终身制，实现新老干部的交替与合作，保证党的事业继往开来、后继有人所作出的重大贡献。大会向中央顾问委员会和老同志们表示衷心的感谢和崇高的敬意！

大会号召，全党要继续尊重和关心老同志，学习老同志坚定的政治立场，实事求是的精神，治党治国治军的丰富经验和优良传统，在建设有中国特色社会主义的道路上奋勇前进，把老一辈开创的无产阶级革命事业进行到底。

中国共产党第十四次全国代表大会关于中央纪律检查委员会工作报告的决议

中国共产党第十四次全国代表大会批准中央纪律检查委员会的工作报告。大会对中央纪律检查委员会的工作表示满意。

大会要求，中央和地方各级纪律检查委员会要按照党章的规定和十三届中央委员会的报告，适应加快改革开放和现代化建设步伐的新形势，进一步做好纪律检查工作。各级党委要加强对党的纪律检查工作的领导，坚持从严治党，切实搞好党风党纪和廉政建设，使党在领导建设有中国特色社会主义的伟大事业中更好地发挥领导核心作用。

中国共产党第十四次全国代表大会关于《中国共产党章程》(修正案)的决议

中国共产党第十四次全国代表大会通过十三届中央委员会提出的《中国共产党章程》(修正案)，决定自通过之日起，经修正后的《中国共产党章程》即行生效。

大会认为，把建设有中国特色社会主义的理论和党的基本路线写进党章，对于统一全党的思想和行动，夺取有中国特色社会主义事业的更大胜利，具有十分重要的意义。

大会要求，各级党组织和全党同志要坚决执行党章的各项规定，进一步增强党的凝聚力和战斗力，使党在改革开放和社会主义现代化建设中更好地发挥领导核心作用。

中国共产党章程

总　纲

中国共产党是中国工人阶级的先锋队，是中国各族人民利益的忠实代表，是中国社会主义事业的领导核心。党的最终目标，是实现共产主义的社会制度。

中国共产党以马克思列宁主义、毛泽东思想作为自己的行动指南。

马克思列宁主义揭示了人类社会历史发展的普遍规律，分析了资本主义制度本身无法克服的固有矛盾，指出社会主义社会必然代替资本主义社会、最后必然发展为共产主义社会。《共产党宣言》发表一百多年来的历史证明，科学社会主义理论是正确的，社会主义具有强大的生命力。社会主义的本质，是解放生产力，发展生产力，消灭剥削，消除两极分化，最终达到共同富裕。社会主义制度的发展和完善是一个长期的历史过程。社会主义在发展过程中会有曲折和反复，但是社会主义必然代替资本主义是社会历史发展不可逆转的总趋势。社会主义必将通过各国人民自愿选择的、适合本国特点的道路，逐步取得胜利。

以毛泽东同志为主要代表的中国共产党人，把马克思列宁主义的基本原理同中国革命的具体实践结合起来，创立了毛泽东思想。毛泽东思想是马克思列宁主义在中国的运用和发展，是被实践证明了的关于中国革命和建设的正确的理论原则和经验总结，是中国共产党集体智慧的结晶。

中国共产党领导全国各族人民，经过长期的反对帝国主义、封建主义、官僚资本主义的革命斗争，取得了新民主主义革命的胜利，建立了人民民主专政的中华人民共和国；建国以后，顺利地进行了社会主义改造，完成了从新民主主义到社会主义的过渡，确立了社会主义制度，发展了社会主义的经济、政治和文化；十一届三中全会以来，党总结正反两方面的经验，解放思想，实事求是，实现全党工作中心向经济建设的转移，实行改革开放，把马克思主义的基本原理与当代中国社会主义建设的实践相结合，逐步形成了建设有中国特色社会主义的理论和路线、方针、政策，开创了社会主义事业发展的新时期。建设有中国特色社会主义的理论，阐明了在中国建设社会主义、巩固和发展社会主义的基本问题，继承和发展了马克思主义，是引导我国社会主义事业不断前进的指针。

我国正处于社会主义初级阶段。这是在经济文化落后的中国建设社会主义现代化不可逾越的历史阶段，需要上百年的时间。我国的社会主义建设，必须从我国的国情出发，走有中国特色的社会主义道路。在现阶段，我国社会的主要矛盾是人民日益增长的物质文化需要同落后的社会生产之间的矛盾。由于国内的因素和国际的影响，阶级斗争还在一定范围内长期存在，在某种条件下还有可能激化，但已经不是主要矛盾。我国社会主义建设的根本任务，是进一步解放生产力，发展生产力，逐步实现社会主义现代化，并且为此而改革生产关系和上层建筑中不适应生产力发展的方面和环节。必须坚持以生产资料公有制为主体、多种经济成分并存的所有制结构，实行以按劳分配为主体、其他分配方式为补充的分配制度，鼓励一部分地区和一部分人先富起来，逐步消灭贫穷，达到共同富裕，在生产发展和社会财富增长的基础上不断满足人民日益增长的物质文化需要。各项工作都要把有利于发展社会主义社会的生产力，有利于增强社会主义国家的综合国力，有利于提高人民的生活水平，作为总的出发点和检验标准。我国经济发展的战略目标，是实现本世纪末国民生产总值比 1980 年翻两番，下世纪中叶人均国民生产总值达到中等发达国家水平。

中国共产党在社会主义初级阶段的基本路线是：领导和团结全国各族人民，以经济建设为中心，坚持四项基本原则，坚持改革开放，自力更生，艰苦创业，为把我国建设成为富强、民主、文明的社会主义现代化国家而奋斗。

中国共产党在领导社会主义事业中，必须坚持以经济建设为中心，其他各项工作都服从和服务于这个中心。要抓紧时机，加快发展，充分发挥科学技术作为第一生产力的作用，依靠科技进步，提高劳动者素质，做到效益好、质量高、速度快，努力把经济建设搞上去。

坚持社会主义道路、坚持人民民主专政、坚持中国共产党的领导、坚持马克思列宁主义毛泽东思想这四项基本原则，是我们的立国之本。在社会主义现代化建设的整个过程中，必须坚持四项基本原则，反对资产阶级自由化。

改革开放是解放和发展生产力的必由之路。要从根本上改革束缚生产力发展的经济体制，建立社会主义市场经济体制；与此相适应，要进行政治体制改革和其他领域的改革。开放包括对外对内的全面开放。要发展对外经济技术交流与合作，更多更好地利用外来资金、资源和技术，吸收和借鉴人类社会创造的一切文明成果，包括西方发达国家的一切反映现代社会化生产规律的先进经营方式、管理方法。改革开放应当大胆探索，勇于开拓，在实践中开创新路。

中国共产党领导人民在建设物质文明的同时，努力建设社会主义精神文明。社会主义精神文明建设为经济建设和改革开放提供强大的精神动力和智力支持，创造良好的社会环境。应当大力发展教育、科学、文化事业，尊重知识，尊重人才，提高全民族的思想道德和科学文化素质，弘扬民族优秀传统文化，繁荣和发展社会主义文化。应当用党的基本路线和爱国主义、集体主义、社会主义思想教育党员和人民群众，增强民族自尊、自信和自强精神，对党员还要进行共产主义远大理想教育，抵御资本主义和封建主义腐朽思想的侵蚀，扫除各种社会丑恶现象，努力使我国人民成为有理想、有道德、有文化、有纪律的人民。

中国共产党领导人民发展社会主义民主，健全社会主义法制，巩固人民民主专政。坚持人民代表大会制度，坚持共产党领导的多党合作和政治协商制度。积极支持人民当家作主，切实保障人民管理国家事务和社会事务、管理经济和文化事业的权利。广开言路，建立健全民主决策、民主监督的制度和程序。加强国家立法和法律实施工作，使国家各项工作逐步走上法制化轨道。加强社会治安综合治理，保持社会长期稳定。坚决打击各种危害国家安全和利益、危害社会稳定和经济发展的犯罪活动和犯罪分子。严格区分和正确处理敌我矛盾和人民内部矛盾这两类不同性质的矛盾。

中国共产党坚持对人民解放军和其他人民武装力量的领导，加强人民解放军的建设，充分发挥人民解放军在巩固国防、保卫祖国和参加社会主义现代化建设中的作用。

中国共产党维护和发展国内各民族的平等、团结、互助关系，坚持实行和不断完善民族区域自治制度，积极培养、选拔少数民族干部，帮助各少数民族地区发展经济、文化，实现各民族的共同繁荣和全面进步。

中国共产党同全国各民族工人、农民、知识分子团结在一起，同各民主党派、无党派民主人士、各民族的爱国力量团结在一起，进一步发展和壮大由全体社会主义劳动者、拥护社会主义的爱国者、拥护祖国统一的爱国者组成的最广泛的爱国统一战线。不断加强全国人民包括台湾同胞、港澳同胞和海外侨胞的团结。按照“一个国家、两种制度”的方针，完成祖国统一的大业。

中国共产党主张积极发展对外关系，努力为我国的改革开放的现代化建设争取有利的国际环境。在国际事务中，坚持独立自主的和平外交政策，维护我国的独立和主权，反对霸权主义和强权政治，维护世界和平，促进人类进步。在互相尊重主权和领土完整、互不侵犯、互不干涉内政、平等互利、和平共处五项原则的基础上，发展我国同世界各国的关系。不断发展我国同周边国家的睦邻友好关系，加强同发展中国家的团结与合作。按照独立自主、完全平等、互相尊重、互不干涉内部事务的原则，发展我党同各国共产党和其他政党的关系。

中国共产党要领导全国各族人民实现社会主义现代化的宏伟目标，必须紧密围绕党的基本路线加强党的建设，坚持从严治党，发扬党的优良传统和作风，提高党的战斗力，把党建设成为领导全国人民沿着有中国特色的社会主义道路不断前进的坚强核心。党的建设必须坚决实现以下四项基本要求：

第一，坚持党的基本路线。全党要用建设有中国特色社会主义的理论和党的基本路线统一思想,统一行动,并且毫不动摇地长期坚持下去。必须把改革开放同四项基本原则统一起来,全面落实党的基本路线,反对一切"左"的和右的错误倾向,要警惕右,但主要是防止"左"。加强各级领导班子建设,选拔使用在改革开放和社会主义现代化建设中政绩突出、群众信任的干部,培养和造就千百万社会主义事业接班人,从组织上保证党的基本路线的贯彻落实。

第二,坚持解放思想,实事求是。党的思想路线是一切从实际出发,理论联系实际,实事求是,在实践中检验真理和发展真理。全党必须依据这条思想路线,积极探索,大胆试验,创造性地开展工作,不断研究新情况,总结新经验,解决新问题,在实践中丰富和发展马克思主义。

第三,坚持全心全意为人民服务。党除了工人阶级和最广大人民群众的利益,没有自己特殊的利益。党在任何时候都把群众利益放在第一位,同群众同甘共苦,保持最密切的联系,不允许任何党员脱离群众,凌驾于群众之上。党在自己的工作中实行群众路线,一切为了群众,一切依靠群众,从群众中来,到群众中去,把党的正确主张变为群众的自觉行动。党风问题、党同人民群众联系问题是关系党生死存亡的问题,党坚持不懈地反对腐败,加强党风建设和廉政建设。

第四,坚持民主集中制。民主集中制是民主基础上的集中和集中指导下的民主相结合。它既是党的根本组织原则,也是群众路线在党的生活中的运用。必须充分发扬党内民主,发挥各级党组织和广大党员的积极性创造性。必须实行正确的集中,保证全党行动的一致,保证党的决定得到迅速有效的贯彻执行。加强组织性纪律性,在党的纪律面前人人平等。党在自己的政治生活中正确地开展批评和自我批评,在原则问题上进行思想斗争,坚持真理,修正错误。努力造成又有集中又有民主,又有纪律又有自由,又有统一意志又有个人心情舒畅的生动活泼的政治局面。

党的领导主要是政治、思想和组织的领导。党要适应改革开放和社会主义现代化建设的要求,加强和改善党的领导。党必须集中精力领导经济建设,组织、协调各方面的力量,同心协力,围绕经济建设开展工作。党必须实行民主的科学的决策,制定和执行正确的路线、方针、政策,做好党的组织工作和宣传教育工作,发挥全体党员的先锋模范作用。党必须在宪法和法律的范围内活动。党必须保证国家的立法、司法、行政机关,经济、文化组织和人民团体积极主动地、独立负责地、协调一致地工作。党必须加强对工会、共产主义青年团、妇女联合会等群众组织的领导,充分发挥它们的作用。党必须适应形势的发展和情况的变化,不断改进领导方式和方法,提高领导水平。共产党员必须同党外群众亲密合作,共同为建设有中国特色的社会主义而奋斗。

第一章　党　员

第一条　年满十八岁的中国工人、农民、军人、知识分子和其他革命分子,承认党的纲领和章程,愿意参加党的一个组织并在其中积极工作、执行党的决议和按期交纳党费的,可以申请加入中国共产党。

第二条　中国共产党党员是中国工人阶级的有共产主义觉悟的先锋战士。

中国共产党党员必须全心全意为人民服务,不惜牺牲个人的一切,为实现共产主义奋斗终生。

中国共产党党员永远是劳动人民的普通一员。除了法律和政策规定范围内的个人利益和工作职权以外,所有共产党员都不得谋求任何私利和特权。

第三条　党员必须履行下列义务:

(一)认真学习马克思列宁主义、毛泽东思想,学习建设有中国特色社会主义的理论和党的路线、方针、政策及决议,学习党的基本知识,学习科学、文化和业务知识,努力提高为人民服务的本领。

(二)贯彻执行党的基本路线和各项方针、政策,带头参加改革开放和社会主义现代化建设,带动群众为经济发展和社会进步艰苦奋斗,在生产、工作、学习和社会生活中起先锋模范作用。

(三)坚持党和人民的利益高于一切,个人利益服从党和人民的利益,吃苦在前,享受在后,克己奉公,多做贡献。

(四)自觉遵守党的纪律和国家的法律,严格保守党和国家的秘密,执行党的决定,服从组织分配,积极完成党的任务。

(五)维护党的团结和统一,对党忠诚老实,言行一致,坚决反对一切派别组织和小集团活动,反对阳奉阴违的两面派行为和一切阴谋诡计。

(六)切实开展批评和自我批评,勇于揭露和纠正工作中的缺点、错误,坚决同消极腐败现象作斗争。

(七)密切联系群众,向群众宣传党的主张,遇事同群众商量,及时向党反映群众的意见和要求,维护群众的正当利益。

(八)发扬社会主义新风尚,提倡共产主义道德,为了保护国家和人民的利益,在一切困难和危险的时刻挺身而出,英勇斗争,不怕牺牲。

第四条　党员享有下列权利:

(一)参加党的有关会议,阅读党的有关文件,接受党的教育和培训。

(二)在党的会议上和党报党刊上,参加关于党的政策问题的讨论。

(三)对党的工作提出建议和倡议。

(四)在党的会议上有根据地批评党的任何组织和任何党员,向党负责地揭发、检举党的任何组织和任何党员违法乱纪的事实,要求处分违法乱纪的党员,要求罢免或撤换不称职的干部。

(五)行使表决权、选举权,有被选举权。

(六)在党组织讨论决定对党员的党纪处分或作出鉴定时,本人有权参加和进行申辩,其他党员可以为他作证和辩护。

(七)对党的决议和政策如有不同意见,在坚决执行的前提下,可以声明保留,并且可以把自己的意见向党的上级组织直至中央提出。

(八)向党的上级组织直至中央提出请求、申诉和控告,并要求有关组织给以负责的答复。

党的任何一级组织直至中央都无权剥夺党员的上述权利。

第五条 发展党员,必须经过党的支部,坚持个别吸收的原则。

申请入党的人,要填写入党志愿书,要有两名正式党员做介绍人,要经过支部大会通过和上级党组织批准,并且经过预备期的考察,才能成为正式党员。

介绍人要认真了解申请人的思想、品质、经历和工作表现,向他解释党的纲领和党的章程,说明党员的条件、义务和权利,并向党组织作出负责的报告。

党的支部委员会对申请入党的人,要注意征求党内外有关群众的意见,进行严格的审查,认为合格后再提交支部大会讨论。

上级党组织在批准申请人入党以前,要派人同他谈话,作进一步的了解,并帮助他提高对党的认识。

在特殊情况下,党的中央和省、自治区、直辖市委员会可以直接接收党员。

第六条 预备党员必须面向党旗进行入党宣誓。誓词如下:我志愿加入中国共产党,拥护党的纲领,遵守党的章程,履行党员义务,执行党的决定,严守党的纪律,保守党的秘密,对党忠诚,积极工作,为共产主义奋斗终生,随时准备为党和人民牺牲一切,永不叛党。

第七条 预备党员的预备期为一年。党组织对预备党员应当认真教育和考察。

预备党员的义务同正式党员一样。预备党员的权利,除了没有表决权、选举权和被选举权以外,也同正式党员一样。

预备党员预备期满,党的支部应当及时讨论他能否转为正式党员。认真履行党员义务,具备党员条件的,应当按期转为正式党员;需要继续考察和教育的,可以延长预备期,但不能超过一年;不履行党员义务,不具备党员条件的,应当取消预备党员资格。预备党员转为正式党员,或延长预备期,或取消预备党员资格,都应当经支部大会讨论通过和上级党组织批准。

预备党员的预备期,从支部大会通过他为预备党员之日算起。党员的党龄,从预备期满转为正式党员之日算起。

第八条 每个党员,不论职务高低,都必须编入党的一个支部、小组或其他特定组织,参加党的组织生活,接受党内外群众的监督。党员领导干部还必须参加党委、党组的民主生活会。不允许有任何不参加党的组织生活、不接受党内外群众监督的特殊党员。

第九条 党员有退党的自由。党员要求退党,应当经支部大会讨论后宣布除名,并报上级党组织备案。

党员缺乏革命意志,不履行党员义务,不符合党员条件,党的支部应当对他进行教育,要求他限期改正;经教育仍无转变的,应当劝他退党。劝党员退党,应当经支部大会讨论决定,并报上级党组织批准。如被劝告退党的党员坚持不退,应当提交支部大会讨论,决定把他除名,并报上级党组织批准。

党员如果没有正当理由,连续六个月不参加党的组织生活,或不交纳党费,或不做党所分配的工作,就被认为是自行脱党。支部大会应当决定把这样的党员除名,并报上级党组织批准。

第二章 党的组织制度

第十条 党是根据自己的纲领和章程,按照民主集中制组织起来的统一整体。党的民主集中制的基本原则是:

(一)党员个人服从党的组织,少数服从多数,下级组织服从上级组织,全党各个组织和全体党员服从党的全国代表大会和中央委员会。

(二)党的各级领导机关,除它们派出的代表机关和在非党组织中的党组外,都由选举产生。

(三)党的最高领导机关,是党的全国代表大会和它所产生的中央委员会。党的地方各级领导机关,是党的地方各级代表大会和它们所产生的委员会。党的各级委员会向同级的代表大会负责并报告工作。

(四)党的上级组织要经常听取下级组织和党员群众的意见,及时解决他们提出的问题。党的下级组织既要向上级组织请示和报告工作,又要独立负责地解决自己职责范围内的问题。上下级组织之间要互通情报、互相支持和互相监督。党的各级组织要使党员对党内事务有更多的了解和参与。

(五)党的各级委员会实行集体领导和个人分工负责相结合的制度。凡属重大问题都要由党的委员会集体讨论,作出决定;委员会成员要根据集体的决定和分工,切实履行自己的职责。

(六)党禁止任何形式的个人崇拜。要保证党的领导人的活动处于党和人民的监督之下,同时维护一切代表党和人民利益的领导人的威信。

第十一条 党的各级代表大会的代表和委员会的产生,要体现选举人的意志。选举采用无记名投票的方式。候选人名单要由党组织和选举人充分酝酿讨论。可以直接采用候选人数多于应选人数的差额选举办法进行正式选举。也可以先采用差额选举办法进行预选,产生候选人名单,然后进行正式选举。选举人有了解候选人情况、要求改变候选人、不选任何一个候选人和另选他人的权利。任何组织和个人不得以任何方式强迫选举人选举或不选举某个人。

党的地方各级代表大会和基层代表大会的选举,如果发生违反党章的情况,上一级党的委员会在调查核实后,应作出选举无效和采取相应措施的决定,并报再上一级党的委员会审查批准,正式宣布执行。

第十二条 党的中央和地方各级委员会在必要时可以召集代表会议,讨论和决定需要及时解决的重大问题。代表会议代表的名额和产生办法,由召集代表会议的委员会决定。

第十三条 凡是成立党的新组织,或是撤销党的原有组织,必须由上级党组织决定。

党的中央和地方各级委员会可以派出代表机关。

在党的地方各级代表大会和基层代表大会闭会期间,上级党的组织认为有必要时,可以调动或者指派下级党组织的负责人。

第十四条 党的各级领导机关,对同下级组织有关的重要问题作出决定时,在通常情况下,要征求下级组织的意见。要保证下级组织能够正常行使他们的职权。凡属应由下级组织处理的问题,如无特殊情况,上级领导机关不要干预。

第十五条 有关全国性的重大政策问题,只有党中央有权作出决定,各部门、各地方的党组织可以向中央提出建议,但不得擅自作出决定和对外发表主张。

党的下级组织必须坚决执行上级组织的决定。下级组织如果认为上级组织的决定不符合本地区、本部门的实际情况,可以请求改变;如果上级组织坚持原决定,下级组织必须执行,并不得公开发表不同意见,但有权向再上一级组织报告。

党的各级组织的报刊和其他宣传工具,必须宣传党的路线、方针、政策和决议。

第十六条 党组织讨论决定问题,必须执行少数服从多数的原则。决定重要问题,要进行表决。对于少数人的不同意见,应当认真考虑。如对重要问题发生争论,双方人数接近,除了在紧急情况下必须按多数意见执行外,应当暂缓作出决定,进一步调查研究,交换意见,下次再表决;在特殊情况下,也可将争论情况向上级组织报告,请求裁决。

党员个人代表党组织发表重要主张,如果超出党组织已有决定的范围,必须提交所在的党组织讨论决定,或向上级党组织请示。任何党员不论职务高低,都不能个人决定重大问题;如遇紧急情况,必须由个人作出决定时,事后要迅速向党组织报告。不允许任何领导人实行个人专断和把个人凌驾于组织之上。

第十七条 党的中央、地方和基层组织,都必须重视党的建设,经常讨论和检查党的宣传工作、教育工作、组织工作、纪律检查工作、群众工作、统一战线工作等,注意研究党内外的思想政治状况。

第三章 党的中央组织

第十八条 党的全国代表大会每五年举行一次,由中央委员会召集。中央委员会认为有必要,或者有三分之一以上的省一级组织提出要求,全国代表大会可以提前举行;如无非常情况,不得延期举行。

全国代表大会代表的名额和选举办法,由中央委员会决定。

第十九条 党的全国代表大会的职权是:

(一)听取和审查中央委员会的报告;

(二)听取和审查中央纪律检查委员会的报告;

(三)讨论并决定党的重大问题;

(四)修改党的章程;

(五)选举中央委员会;

(六)选举中央纪律检查委员会。

第二十条 党的全国代表会议的职权是:讨论和决定重大问题;调整和增选中央委员会、中央纪律检查委员会的部分成员。调整和增选中央委员及候补中央委员的数额,不得超过党的全国代表大会选出的中央委员及候补中央委员各自总数的五分之一。

第二十一条 党的中央委员会每届任期五年。全国代表大会如提前或延期举行,它的任期相应地改变。中央委员会委员和候补委员必须有五年以上的党龄。中央委员会委员和候补委员的名额,由全国代表大会决定。中央委员会委员出缺,由中央委员会候补委员按照得票多少依次递补。

中央委员会全体会议由中央政治局召集,每年至少举行一次。

在全国代表大会闭会期间,中央委员会执行全国代表大会的决议,领导党的全部工作,对外代表中国共产党。

第二十二条 党的中央政治局、中央政治局常务委员会和中央委员会总书记,由中央委员会全体会议选举。中央委员会总书记必须从中央政治局常务委员会委员中产生。

中央政治局和它的常务委员会在中央委员会全体

会议闭会期间，行使中央委员会的职权。

中央书记处是中央政治局和它的常务委员会的办事机构；成员由中央政治局常务委员会提名，中央委员会全体会议通过。

中央委员会总书记负责召集中央政治局会议和中央政治局常务委员会会议，并主持中央书记处的工作。

党的中央军事委员会组成人员由中央委员会决定。

每届中央委员会产生的中央领导机构和中央领导人，在下届全国代表大会开会期间，继续主持党的经常工作，直到下届中央委员会产生新的中央领导机构和中央领导人为止。

第二十三条 中国人民解放军的党组织，根据中央委员会的指示进行工作。中央军事委员会的政治工作机关是中国人民解放军总政治部，总政治部负责管理军队中党的工作和政治工作。军队中党的组织体制和机构，由中央军事委员会作出规定。

第四章 党的地方组织

第二十四条 党的省、自治区、直辖市、设区的市和自治州的代表大会，每五年举行一次。

党的县(旗)、自治县、不设区的市和市辖区的代表大会，每五年举行一次。

党的地方各级代表大会由同级党的委员会召集。在特殊情况下，经上一级委员会批准，可以提前或延期举行。

党的地方各级代表大会代表的名额和选举办法，由同级党的委员会决定，并报上一级党的委员会批准。

第二十五条 党的地方各级代表大会的职权是：

(一)听取和审查同级委员会的报告；

(二)听取和审查同级纪律检查委员会的报告；

(三)讨论本地区范围内的重大问题并作出决议；

(四)选举同级党的委员会，选举同级党的纪律检查委员会。

第二十六条 党的省、自治区、直辖市、设区的市和自治州的委员会，每届任期五年。这些委员会的委员和候补委员必须有五年以上的党龄。

党的县(旗)、自治县、不设区的市和市辖区的委员会，每届任期五年。这些委员会的委员和候补委员必须有三年以上的党龄。

党的地方各级代表大会如提前或延期举行，由它选举的委员会的任期相应地改变。

党的地方各级委员会的委员和候补委员的名额，分别由上一级委员会决定。党的地方各级委员会委员出缺，由候补委员按照得票多少依次递补。

党的地方各级委员会全体会议，每年至少召开两次。

党的地方各级委员会在代表大会闭会期间，执行上级党组织的指示和同级党代表大会的决议，领导本地方的工作，定期向上级党的委员会报告工作。

第二十七条 党的地方各级委员会全体会议，选举常务委员会和书记、副书记，并报上级党的委员会批准。党的地方各级委员会的常务委员会，在委员会全体会议闭会期间，行使委员会职权；在下届代表大会开会期间，继续主持经常工作，直到新的常务委员会产生为止。

第二十八条 党的地区委员会和相当于地区委员会的组织，是党的省、自治区委员会在几个县、自治县、市范围内派出的代表机关。它根据省、自治区委员会的授权，领导本地区的工作。

第五章 党的基层组织

第二十九条 企业、农村、机关、学校、科研院所、街道、人民解放军连队和其他基层单位，凡是有正式党员三人以上的，都应当成立党的基层组织。

党的基层组织，根据工作需要和党员人数，经上级党组织批准，分别设立党的基层委员会、总支部委员会、支部委员会。基层委员会由党员大会或代表大会选举产生，总支部委员会和支部委员会由党员大会选举产生。

第三十条 党的基层委员会每届任期三年或四年，总支部委员会、支部委员会每届任期两年或三年。基层委员会、总支部委员会、支部委员会选出的书记、副书记，应报上级党组织批准。

第三十一条 党的基层组织是党在社会基层组织中的战斗堡垒，是党的全部工作和战斗力的基础。它的基本任务是：

(一)宣传和执行党的路线、方针、政策，宣传和执行党中央、上级组织和本组织的决议，充分发挥党员的先锋模范作用，团结、组织党内外的干部和群众，努力完成本单位所担负的任务。

(二)组织党员认真学习马克思列宁主义、毛泽东思想，学习建设有中国特色社会主义的理论和党的路线、方针、政策及决议，学习党的基本知识，学习科学、文化和业务知识。

(三)对党员进行教育、管理和监督，提高党员素质，增强党性，严格党的组织生活，开展批评和自我批评，维护和执行党的纪律，监督党员切实履行义务，保障党员的权利不受侵犯。

(四)密切联系群众，经常了解群众对党员、党的工作的批评和意见，维护群众的正当权利和利益，做好群众的思想政治工作。

(五)充分发挥党员和群众的积极性创造性，发现、培养和推荐他们中间的优秀人才，鼓励和支持他们在改革开放和社会主义现代化建设中贡献自己的聪明才智。

（六）对要求入党的积极分子进行教育和培养、做好经常性的发展党员工作，重视吸收在生产和工作第一线的工人、农民、知识分子中的优秀分子入党。

（七）监督党员干部和其他任何工作人员严格遵守国法政纪，严格遵守国家的财政经济法规和人事制度，不得侵占国家、集体和群众的利益。

（八）教育党员和群众自觉抵制不良倾向，坚决同各种违法犯罪行为作斗争。

第三十二条 街道、乡、镇党的基层委员会和村党支部，领导本地区的工作，支持和保证行政组织、经济组织和群众自治组织充分行使职权。

全民所有制企业中党的基层组织，发挥政治核心作用，围绕企业生产经营开展工作。保证监督党和国家的方针、政策在本企业的贯彻执行；支持厂长（经理）依法行使职权，坚持和完善厂长（经理）负责制；全心全意依靠职工群众，支持职工代表大会开展工作；参与企业重大问题的决策；加强党组织的自身建设，领导思想政治工作和工会、共青团等群众组织。

实行行政领导人负责制的事业单位中党的基层组织，发挥政治核心作用。实行党委领导下的行政领导人负责制的事业单位中党的基层组织，对重大问题进行讨论和作出决定，同时保证行政领导人充分行使自己的职权。

各级党和国家机关中党的基层组织，协助行政负责人完成任务，改进工作，对包括行政负责人在内的每个党员进行监督，不领导本单位的业务工作。

第六章 党的干部

第三十三条 党的干部是党的事业的骨干，是人民的公仆。党按照德才兼备的原则选拔干部，坚持任人唯贤，反对任人唯亲，努力实现干部队伍的革命化、年轻化、知识化、专业化。

党重视教育、培训、选拔和考核干部，特别是培养、选拔优秀年轻干部。积极推进干部制度改革。

党重视培养、选拔女干部和少数民族干部。

第三十四条 党的各级领导干部必须模范地履行本章程第三条所规定的党员的各项义务，并且必须具备以下的基本条件：

（一）具有履行职责所需要的马克思列宁主义、毛泽东思想的理论政策水平，掌握建设有中国特色社会主义的理论，努力用马克思主义的立场、观点、方法分析和解决实际问题。

（二）坚决执行党的基本路线和各项方针、政策，立志改革开放，献身现代化事业，在社会主义建设中艰苦创业，开拓创新，做出实绩。

（三）坚持实事求是，认真调查研究，能够把党的方针、政策同本地区、本部门的实际相结合，讲实话，办实事，求实效，反对形式主义。

（四）有强烈的革命事业心和政治责任感，有实践经验，有胜任领导工作的组织能力、文化水平和专业知识。

（五）正确行使人民赋予的权力，清正廉洁，勤政为民，以身作则，艰苦朴素，密切联系群众，坚持党的群众路线，自觉地接受党和群众的批评和监督，反对官僚主义，反对任何滥用职权、谋求私利的不正之风。

（六）坚持和维护党的民主集中制，有民主作风，有全局观念，善于团结同志，包括团结同自己有不同意见的同志一道工作。

第三十五条 党员干部要善于同非党干部合作共事，尊重他们，虚心学习他们的长处。

党的各级组织要善于发现和推荐有真才实学的非党干部担任领导工作，保证他们有职有权，充分发挥他们的作用。

第三十六条 党的各级领导干部，无论是由民主选举产生的，或是由领导机关任命的，他们的职务都不是终身的，都可以变动或解除。

年龄和健康状况不适宜于继续担任工作的干部，应当按照国家的规定退、离休。

第七章 党的纪律

第三十七条 党的纪律是党的各级组织和全体党员必须遵守的行为规则，是维护党的团结统一、完成党的任务的保证。党组织必须严格执行和维护党的纪律，共产党员必须自觉接受党的纪律的约束。

第三十八条 党组织对违犯党的纪律的党员，应当本着惩前毖后、治病救人的精神，按照错误性质和情节轻重，给以批评教育直至纪律处分。

严重触犯刑律的党员必须开除党籍。

党内严格禁止用违反党章和国家法律的手段对待党员，严格禁止打击报复和诬告陷害。违反这些规定的组织或个人必须受到党的纪律和国家法律的追究。

第三十九条 党的纪律处分有五种：警告、严重警告、撤销党内职务、留党察看、开除党籍。

留党察看最长不超过两年。党员在留党察看期间没有表决权、选举权和被选举权。党员经过留党察看，确已改正错误的，应当恢复其党员的权利；坚持错误不改的，应当开除党籍。

开除党籍是党内的最高处分。各级党组织在决定或批准开除党员党籍的时候，应当全面研究有关的材料和意见，采取十分慎重的态度。

第四十条 对党员的纪律处分，必须经过支部大会讨论决定，报党的基层委员会批准；如果涉及的问题比较重要或复杂,或给党员以开除党籍的处分,应分别不同情况,报县级或县级以上党的纪律检查委员会审查批准。在特殊情况下,县级和县级以上各级党的委员会和纪律检查委员会有权直接决定给党员以纪律处分。

对党的中央委员会和地方各级委员会的委员、候补委员,给以撤销党内职务、留党察看或开除党籍的处分,必须由本人所在的委员会全体会议三分之二以上的多数决定。在特殊情况下,可以先由中央政治局和地方各级委员会常务委员会作出处理决定,待召开委员会全体会议时予以追认。对地方各级委员会委员和候补委员的上述处分,必须经过上级党的委员会批准。

严重触犯刑律的中央委员会委员、候补委员,由中央政治局决定开除其党籍;严重触犯刑律的地方各级委员会委员、候补委员,由同级委员会常务委员会决定开除其党籍。

第四十一条 党组织对党员作出处分决定,应当实事求是地查清事实。处分决定所依据的事实材料和处分决定必须同本人见面,听取本人说明情况和申辩。如果本人对处分决定不服,可以提出申诉,有关党组织必须负责处理或者迅速转递,不得扣压。对于确属坚持错误意见和无理要求的人,要给以批评教育。

第四十二条 党组织如果在维护党的纪律方面失职,必须受到追究。

对于严重违犯党的纪律、本身又不能纠正的党组织,上一级党的委员会在查明核实后,应根据情节严重的程度,作出进行改组或予以解散的决定,并报再上一级党的委员会审查批准,正式宣布执行。

第八章 党的纪律检查机关

第四十三条 党的中央纪律检查委员会在党的中央委员会领导下进行工作。党的地方各级纪律检查委员会和基层纪律检查委员会在同级党的委员会和上级纪律检查委员会双重领导下进行工作。

党的各级纪律检查委员会每届任期和同级党的委员会相同。

党的中央纪律检查委员会全体会议,选举常务委员会和书记、副书记,并报党的中央委员会批准。党的地方各级纪律检查委员会全体会议,选举常务委员会和书记、副书记,并由同级党的委员会通过,报上级党的委员会批准。党的基层委员会是设立纪律检查委员会,还是设立纪律检查委员,由它的上一级党组织根据具体情况决定。党的总支部委员会和支部委员会设纪律检查委员。

党的中央纪律检查委员会根据工作需要,可以向中央一级党和国家机关派驻党的纪律检查组或纪律检查员。纪律检查组组长或纪律检查员可以列席该机关党的领导组织的有关会议。他们的工作必须受到该机关党的领导组织的支持。

第四十四条 党的各级纪律检查委员会的主要任务是:维护党的章程和其他党内法规,协助党的委员会加强党风建设,检查党的路线、方针、政策和决议的执行情况。

各级纪律检查委员会要经常对党员进行遵守纪律的教育,作出关于维护党纪的决定;检查和处理党的组织和党员违反党的章程和其他党内法规的比较重要或复杂的案件,决定或取消对这些案件中的党员的处分;受理党员的控告和申诉。

各级纪律检查委员会要把处理特别重要或复杂的案件中的问题和处理的结果,向同级党的委员会报告。党的地方各级纪律检查委员会和基层纪律检查委员会要同时向上级纪律检查委员会报告。

各级纪律检查委员会发现同级党的委员会委员有违犯党的纪律的行为,可以先进行初步核实,如果需要立案检查的,应当报同级党的委员会批准,涉及常务委员的,经报告同级党的委员会后报上一级纪律检查委员会批准。

第四十五条 上级纪律检查委员会有权检查下级纪律检查委员会的工作,并且有权批准和改变下级纪律检查委员会对于案件所作的决定。如果所要改变的该下级纪律检查委员会的决定,已经得到它的同级党的委员会的批准,这种改变必须经过它的上一级党的委员会批准。

党的地方各级纪律检查委员会和基层纪律检查委员会如果对同级党的委员会处理案件的决定有不同意见,可以请求上一级纪律检查委员会予以复查;如果发现同级党的委员会或它的成员有违犯党的纪律的情况,在同级党的委员会不给予解决或不给予正确解决的时候,有权向上级纪律检查委员会提出申诉,请求协助处理。

第九章 党 组

第四十六条 在中央和地方国家机关、人民团体、经济组织、文化组织和其他非党组织的领导机关中,可以成立党组。党组的任务,主要是负责实现党的路线、方针、政策,讨论和决定本部门的重大问题,团结非党干部和群众,完成党和国家交给的任务,指导机关和直属单位党组织的工作。

第四十七条 党组的成员,由批准成立党组的党的委员会指定。党组设书记、副书记。

党组必须服从批准它成立的党的委员会领导。

第四十八条 对下属单位实行集中统一领导的国家工作部门可以建立党委,党委的产生办法、职权和工作任务,由中央另行规定。

第十章 党和共产主义青年团的关系

第四十九条 中国共产主义青年团是中国共产党领导的先进青年的群众组织，是广大青年在实践中学习共产主义的学校，是党的助手和后备军。共青团中央委员会受党中央委员会领导。共青团的地方各级组织受同级党的委员会领导，同时受共青团上级组织领导。

第五十条 党的各级委员会要加强对共青团的领导，注意团的干部的选拔和培训。党要坚决支持共青团根据广大青年的特点和需要，生动活泼地、富于创造性地进行工作，充分发挥团的突击队作用和联系广大青年的桥梁作用。

团的县级和县级以下各级委员会书记，企业事业单位的团委员会书记，是党员的，可以列席同级党的委员会和常务委员会的会议。

中国共产党第十四次全国代表大会秘书处负责人就修改《中国共产党章程》答新华社记者问

中国共产党第十四次全国代表大会通过部分修改的《中国共产党章程》，新华社记者就此采访了十四大秘书处负责人。

问：首先，请你谈谈十四大修改党章的基本考虑。

答：现行党章是 1982 年 9 月党的十二大通过的，1987 年 11 月党的十三大对部分条文作了修正。实践证明，十二大党章确定的党的性质、指导思想、最终目标、组织原则等都是正确的，关于党的工作和党内生活的规定也是可行的，十二大党章是一部好党章。

十二大以来，我国形势和党的任务发生了很大变化。邓小平同志在十二大提出的“走自己的道路，建设有中国特色的社会主义”的思想在实践中不断丰富发展，形成了建设有中国特色社会主义的理论和党的“一个中心、两个基本点”的基本路线以及一系列重大方针、政策，指引着全党和全国人民沿着建设有中国特色的社会主义道路不断前进，取得了举世瞩目的成就，开辟了社会主义事业和党的历史发展的新阶段。今年初邓小平同志视察南方的重要谈话，进一步激发了全党全国人民的热忱，改革开放和社会主义现代化建设蓬勃发展。新形势，新任务，对党的工作和党的建设提出了新的要求。为了适应形势的发展和党的任务的需要，为了加强党的建设，充分发挥党在领导社会主义现代化建设中的作用，十四大有必要对党章进行部分修改。

十四大修改党章的指导思想是：总结十二大以来社会主义现代化建设和党的建设的新经验，把邓小平同志建设有中国特色社会主义的理论和党的基本路线及一系列方针、政策写入党章，对党的工作和党的建设提出切合实际的新的要求，把党建设成为领导全国人民沿着有中国特色社会主义道路不断前进的坚强核心。按照这一指导思想，修改中突出了建设有中国特色社会主义的理论和党的基本路线，并将其贯穿于党章全文；根据基本路线的要求，对部分条文的内容作了删改、调整和充实，使其更加符合现阶段党的工作的实际；保持党章原总体框架不变，保留其中一切现在仍然适应的内容和规定，文字上可改可不改的没有修改。这样做，有利于维护和保持党章的权威性和党章内容的连续性，也有利于适应形势的发展，使党章更好地指导当前和今后一个时期党的工作和党的建设。

问：你刚才谈到十四大修改后的党章突出了建设有中国特色社会主义的理论和党的基本路线，能否具体介绍一下这方面的内容。

答：经过十二大以来的十年实践，建设有中国特色社会主义的理论和党的基本路线已经在我们全党形成共识，越来越深入人心。把建设有中国特色社会主义的理论和党的基本路线写入党章，这是深入进行改革开放和社会主义现代化建设的需要，也是全党同志的共同愿望和要求。它进一步表明我们党对建设有中国特色的社会主义充满必胜的信心，毫不动摇地把党的基本路线长期坚持下去。

总纲部分，增加了关于党的十一届三中全会以来历史进程的表述，充分肯定十一届三中全会的历史地位，肯定十一届三中全会以来党进行的主要工作和取得的成就，肯定建设有中国特色社会主义的理论和路线、方针、政策。十一届三中全会是我们党的历史上的一次伟大的转折，十一届三中全会以来的历史是我们党开创建设有中国特色社会主义道路并不断前进的历史。把这一段历史写入党章，反映了建设有中国特色社会主义的理论的形成和发展过程。接着，鲜明地指出这一理论对于我国社会主义现代化建设的极端重要性，它“阐明了在中国建设社会主义、巩固和发展社会主义的基本问题，继承和发展了马克思主义，是引导我国社会主义事业不断前进的指针”。

对社会主义初级阶段的基本问题，党章总纲部分作了扼要的阐述。明确指出我国处于社会主义初级阶段，初级阶段必须从我国的国情出发，走有中国特色的社会主义道路；我国社会的主要矛盾是人民日益增长的物质文化需要同落后的社会生产之间的矛盾；我国社会主义建设的根本任务是进一步解放生产力，发展生产力，逐步实现社会主义现代化，并且为此而改革生产关系和上层建筑中不适应生产力发展的方面和环节；社会主义的根本经济制度是坚持以生产资料公有制为主体、多种经济成分并存的所有制结构，坚持以按劳分配为主体、其他分配方式为补充的分配制度；邓小平同志视察南方谈话中提出的三个“有利于”是各项工作总的出发点和检验标准；我国经济发展的战略目标是分三步走，到下世纪中叶实现人均国民生产总值达到中等发达国家水平。这些都是建设有中国特色社会主义的理论的重要内容。

党章还分别对社会主义精神文明建设、民主法制建设以及人民解放军建设、民族问题、统一战线问题、国际事务问题等一一作了阐述。这些同样是建设有中国特色社会主义的理论和党的基本路线以及重大方针、政策的重要内容。

关于党的基本路线，党章增写了三段，分别对一个中心、两个基本点进行阐述。对以经济建设为中心，强调党在领导社会主义事业中必须坚持这个中心，其他各项工作都服从和服务于这个中心，努力把经济建设搞上去。对两个基本点，要求在社会主义现代化建设的整个过程中都必须坚持四项基本原则，反对资产阶级自由化；强调从根本上改革束缚生产力发展的经济体制，建立社会主义市场经济体制，并进行政治体制改革和其他领域的改革，实行对内对外的全面开放。

问：党章对党的建设和党的领导提出了哪些新的要求？

答：实现社会主义现代化建设的宏伟目标，关键是把我们党建设好。党章明确提出了党的建设必须紧密围绕党的基本路线，坚持从严治党的方针，把党建设成为领导全国人民沿着有中国特色社会主义道路不断前进的坚强核心。按照这样的指导思想，党章把关于党的建设的三项要求改为四项，增加了“坚持党的基本路线”，作为第一项。要求全党要用建设有中国特色社会主义的理论和党的基本路线统一思想，统一行动，毫不动摇地长期坚持下去。必须把改革开放同四项基本原则统一起来，全面落实党的基本路线，反对一切“左”的和右的错误倾向，要警惕右，但主要是防止“左”。切实从组织上保证党的基本路线的贯彻落实。把“坚持解放思想，实事求是”作为党的建设的第二项要求，增加了“积极探索，大胆试验，创造性地开展工作，不断研究新情况，总结新经验，解决新问题，在实践中丰富和发展马克思主义”等内容。在第三项“坚持全心全意为人民服务”的要求中，增加了党“任何时候都把群众利益放在第一位”，“坚持不懈地反对腐败，加强党风建设和廉政建设”的内容。在第四项“坚持民主集中制”的要求中，把“在民主的基础上实行高度的集中”改为“民主集中制是民主基础上的集中和集中指导下的民主相结合”，并指出这既是党的根本组织原则，也是群众路线在党的生活中的运用，要求努力造成又有集中又有民主，又有纪律又有自由，又有统一意志又有个人心情舒畅的生动活泼的政治局面。对于党的领导，党章要求适应改革开放和社会主义现代化建设，加强和改善党的领导。要求党必须集中精力领导经济建设，组织、协调各方面的力量，同心协力，围绕经济建设开展工作，必须实行民主的科学的决策，不断改进领导方式和方法，提高领导水平。

问：党章对党员和党的干部提出了哪些新的要求？

答：坚决贯彻执行党的基本路线和各项方针、政策，是新时期党员必须履行的主要义务和党的干部必须具备的基本条件。党章在第一章第三条和第六章第三十四条中增加了这方面的内容，要求党员带头参加改革开放和社会主义现代化建设，带动群众为经济发展和社会进步艰苦奋斗；要求干部立志改革开放，献身现代化事业，在社会主义建设中艰苦创业，开拓创新，做出实绩。对干部的基本条件，除强调必须履行党员义务外，还增加了掌握建设有中国特色社会主义的理论，努力用马克思主义的立场、观点、方法分析和解决实际问题；把党的方针、政策同本地区、本部门的实际相结合，讲实话，办实事，求实效，反对形式主义；有实践经验；正确行使人民赋予的权力，清正廉洁，勤政为民，以身作则，艰苦朴素，密切联系群众；坚持和维护党的民主集中制等要求。

问：请你谈谈删去有关顾问委员会的条文的问题。

答：顾问委员会是党的十二大根据当时党的工作的实际和干部队伍的状况决定设立的。十年来，中央和省、自治区、直辖市顾问委员会在党中央和省、自治区、直辖市党委的领导下，为维护党的团结和社会稳定，推动改革开放和现代化建设，做了大量卓有成效的工作，为党、国家和人民建立了新的历史性功绩。根据中央顾问委员会向党的第十四次全国代表大会的工作报告中提出的建议，代表大会经过充分讨论，决定从十四大起，不再设立党的中央顾问委员会和省、自治区、直辖市顾问委员会。鉴此，删去了党章中有关顾问委员会的条文。

问：党章对党的地方组织和基层组织的任期作了哪些调整？

答：根据多年的实践和许多地方、基层党组织的要求，党章将县一级委员会的任期由三年改为五年，基层委员会的任期由三年改为三年或四年，总支部委员会、支部委员会的任期由两年改为两年或三年。作这样调整的主要考虑是，县一级委员会任期太短，换届频繁，不利于领导班子的稳定，不利于经济建设的长期打算和连续性；基层组织党员人数、单位规模、工作性质、职责权限、分布状况差异很大，对基层组织的任期作这样的弹性规定比较切合实际。至于各种不同类型的基层组织究竟执行哪种任期，将另行作出规定。

问：党章对党的基层组织的职责和作用作了哪些

补充规定？

答：党的基层组织是党在社会基层组织中的战斗堡垒，是党的全部工作和战斗力的基础。党章对党的基层组织的基本任务作了补充，增加了组织党员学习建设有中国特色社会主义的理论，提高党员素质，增强党性，重视吸收在生产和工作第一线的工人、农民、知识分子中的优秀分子入党等内容。从基层党组织的基本任务出发，党章分别对不同类型的基层党组织的职责和作用作了补充规定。明确街道、乡、镇党的委员会和村党支部领导本地区的工作，支持和保证行政组织、经济组织和群众自治组织充分行使职权；对全民所有制企业基层党组织，规定其发挥政治核心作用，围绕企业生产经营开展工作，并从保证监督党和国家的方针政策的贯彻执行、坚持和完善厂长（经理）负责制、全心全意依靠职工群众、参与重大问题决策和加强自身建设等方面把政治核心作用具体化。这些规定，同《企业法》、《全民所有制工业企业转换经营机制条例》的精神都是一致的。此外，关于事业单位和机关中党的基层组织的职责，党章也都区别不同情况作了规定。

问：党章对加强党风党纪建设提出了哪些新的要求？

答：党风党纪建设是党的建设的重要组成部分。进一步加强党风党纪建设，对于坚决、全面贯彻执行党的基本路线，保证改革开放和社会主义现代化建设的顺利发展至关重要。党章在这方面充实了一些新的内容。在总纲中增加了坚持从严治党、党风问题、党同人民群众联系问题是关系党生死存亡的问题，党坚持不懈地反对腐败，加强党风建设和廉政建设等内容。在条文部分增加了党员要坚决同消极腐败现象作斗争，党的基层组织要重视提高党员素质，增强党性，开展批评和自我批评，维护和执行党的纪律等内容，特别要求党的各级领导干部要正确行使人民赋予的权力，清正廉洁，勤政为民，以身作则，艰苦朴素，反对任何滥用职权、谋求私利的不正之风。在党的纪律一章中，还增写了“党的纪律是党的各级组织和全体党员必须遵守的行为规则，是维护党的团结统一、完成党的任务的保证。党组织必须严格执行和维护党的纪律，共产党员必须自觉接受党的纪律的约束”的新的一条。此外，还就党纪处分的程序作了必要修改。上述新的补充和规定，是根据多年的实践，从有利于纪律检查工作的开展而作出的。只要领导带头，以身作则，全党认真贯彻执行这些规定，就能够进一步促进党风党纪建设的改进和加强，为改革开放和社会主义现代化建设创造良好的环境。

问：各级党组织和广大党员对这次党章修改提了哪些意见和建议？请谈谈对这些意见和建议的处理情况。

答：各级党组织和广大党员对这次党章修改非常关心。近一两年，许多地区和部门的党组织通过各种方式对党章修改提出了意见和建议，中央和中央有关部门也收到了不少对党章提出具体修改意见的党员来信。对这些意见和建议，都一一进行了认真研究，许多已经采纳。有的意见和建议，需要在实践中进一步研究探讨，这次没有写入。还有些建议，将在其他党内法规中去规定。

中国共产党第十四届中央委员会委员名单

（共189人）

（按姓氏笔划为序）

丁文昌　丁关根　丁衡高　于永波（满族）
王　克　王　涛　王　海　王　群　王汉斌
王成斌　王兆国　王茂林　王忠禹　王维澄
王朝文（苗族）　王森浩　王瑞林　毛致用
乌力吉（蒙古族）　尹克升　邓鸿勋　艾知生
卢荣景　叶连松　叶选平　田纪云　田曾佩
史玉孝　白立忱（回族）　白清才
司马仪·艾买提（维吾尔族）　成克杰（壮族）
吕　枫　吕培俭　朱　训　朱光亚　朱森林
朱敦法　朱镕基　乔　石　伍绍祖　任建新
华国锋　全树仁　多吉才让（藏族）　刘中一
刘正威　刘仲藜　刘华清　刘安元　刘纪原
刘忠德　刘剑锋　刘精松　齐怀远
关广富（满族）　江泽民　阮崇武　孙维本
李　景　李　鹏　李九龙　李长春　李文卿
李来柱　李岚清　李伯勇　李希林　李际均
李其炎　李泽民　李贵鲜　李铁映　李瑞环
李德洙（朝鲜族）　杨正午（土家族）　杨白冰
杨国梁　杨德中　吴　仪（女）　吴文英（女）
吴邦国　吴官正　何光远　何竹康　何椿霖
佟宝存　谷善庆　邹家华　汪家镠　沈达人
宋　健　宋汉良　宋克达　宋清渭　宋德福
迟浩田　张　工　张　震　张丁华　张万年
张立昌　张连忠　张勃兴　张思卿　张美远
张帼英（女）　张福森　陈玉英（女）　陈邦柱
陈光毅　陈希同　陈奎元　陈俊生　陈敏章
陈焕友　陈锦华　陈慕华（女）　邵华泽　邵奇惠
林丽韫（女）　固　辉　罗　干　和志强（纳西族）
岳岐峰　周　南　周文元　周玉书　周光召
周克玉　郑必坚　赵志浩　赵南起（朝鲜族）
赵富林　郝建秀（女）　胡　平　胡启立　胡富国
胡锦涛　侯　捷　侯宗宾　姜春云　袁伟民

热　地(藏族)　贾庆林　贾志杰　贾春旺
顾秀莲(女)　顾金池　钱正英(女)　钱其琛
铁木尔·达瓦买提(维吾尔族)　倪志福　徐惠滋
高　严　高天正　高德占　郭振乾　郭超人
陶驷驹　黄　菊　黄　璜　黄启璪　黄镇东
曹双明　曹茂生　戚元靖　崔乃夫　梁栋材
尉健行　彭珮云(女)　葛洪升　蒋心雄　蒋民宽
蒋祝平　韩杼滨　程维高　傅全有　傅锡寿
鲁　平　普朝柱　温家宝　谢　非　谢世杰
雷鸣球　路甬祥　廖　晖　谭绍文　魏金山

中国共产党第十四届中央委员会候补委员名单(共130人)

(按得票多少为序)
王学萍(黎族)　耿全礼　马启智(回族)　孙文盛
克尤木·巴吾东(维吾尔族)　吴光宇
赵金铎(满族)　贾那布尔(哈萨克族)
桑结加(藏族)　曹伯纯　梁光烈　王志武
王洛林　江村罗布(藏族)　杜青林　李毅中
吴基传　张孝文　张俊九　郑斯林　钱树根
阎海旺　谭乃达　王云龙　石宗源(回族)
刘泽民　杨永良　吴玉谦　奉恒高(瑶族)
贾治邦　高祀仁　郭东坡　黄　瑶(布依族)
曾庆存　廖文海(女)　王广宪　许其亮　孙同川
汪啸风　沈滨义　陈明义　岳海岩　龚谷成
程安东　田成平　汤洪高　孙家正　李慧芬(女)
宋宝瑞　张彦仲　郝　岩　柴松岳
乌云其木格(女,蒙古族)　刘明祖　彭崑生
温宗仁　石兆彬　刘　淇　张德江　秦玉琴(女)
顾　浩　钱国梁　王太华　王乐泉　史大桢
白恩培　朱开轩　刘振华　李奇生　李淑铮(女)
陈云林　陈玉杰(女)　王如珍(女)
石玉珍(女,苗族)　卢瑞华　朱丽兰(女)
杨健强(白族)　栾恩杰(满族)　王思齐　刘云山
李春亭　邹竞蒙　范钦臣　罗冰生
丹　增(藏族)　回良玉(回族)　苏　荣　刘　毅
张　肖(女)　周永康　贺国强　刘方仁　张秋祥
王梦奎　邹世昌　高昌礼　汝　信　姜永荣
戴相龙　李嘉廷(彝族)　沙健孙(回族)
陈至立(女)　钱运录　徐匡迪　郭树言　李建国
欧广源　厉有为　刘华秋　杨振怀　曾培炎
黎　明　俞正声　曾宪林　田凤山　王　占
吴爱英(女)　赵延年(回族)　吴贻弓　李继耐
郑贤斌　桂世镛　熊光楷　张健民　马忠臣
兰保景　何其宗　叶　青　房维中　肖　秧

中共中央纪律检查委员会委员名单(共108人)

(按姓氏笔划为序)
丁凤英(女)　万绍芬(女)　马世昌　王　光
王其超　王茂润　王宗春　王富中　王福义
王德顺　王德瑛　乌兰木伦(蒙古族)
巴桑(女,藏族)　甘子玉　艾维仁　田聪明
冯少武　冯芝茂　冯锡铭　朱育理　多巴(藏族)
刘　崑　刘　锷　刘丽英(女)　刘明仁　刘贵岭
刘峰岩　刘积斌　刘善祥　安启元　祁培文
孙祖梅　孙隆椿　李　钊　李文海　李成仁
李至伦　李金华　李俊杰　李振东　李恩潮
李焕政　李清林　李惠仁　杨兴富　杨英昌
杨贤足　杨昌基　杨崇汇　杨敏之　杨德清
杨德福　吴景春(女)　何　勇　佟国荣　闵耀中
汪文风　沈茂成　宋国臣　张　轰　张文岳
张华林　张均法　张宝顺　张惠新　陈为松
陈光琳　陈作霖　陈明枢　范新德　林兆枢
林殷才　尚　文　周声涛　郑国雄
赵　丛(满族)　赵　地(女)　赵宗鼐　胡之光
柳　斌　侯　颖　侯宗宾　饶凤翥　洪　虎
贺邦靖(女,白族)　袁守芳　格日勒图(蒙古族)
贾　军　夏国华　顾云飞　钱冠林　徐　青
朗大忠(傣族)　曹庆泽　曹克明　崔　毅
尉健行　隋永举　彭　钢(女)　董范园(女)
蒋冠庄　韩德乾　傅　杰　傅志寰　谢安山
靳玉德　谭福德　翟泰丰

第二届全国农民运动会在孝感地区云梦县体育馆举行闭幕式

为期9天的农运会共进行了9项正式比赛和1项表演赛,代表全国九亿农民的1400多名运动员在比赛中赛出了水平、赛出了风格,超10项农运会纪录。东道主湖北获12枚金牌,总计36枚奖牌,排在所有参赛团队之首,山东获金牌11枚,奖牌31枚,辽宁获金牌8枚,奖牌28枚,分居第二、三位。17个代表团获得了金牌,23个代表团获奖牌,表明我国农村体育运动水平有了新的飞跃。

农业部、国家体委、中国农民体协及有关部门和湖北省政府负责人出席了闭幕式。闭幕式由国家体委副主任刘吉主持。

第二届全国农民运动会组委会副主任、中国农民体协主席肖鹏在闭幕词中指出,在党的十四大精神鼓舞下,第二届全国农民运动会,经过9天紧张激烈的拼搏、热烈友好的竞赛,取得了运动成绩和精神文明的双丰收。本届农民运动会结束后,我国农村将遵循党的十四大制定的路线、方针、政策,加快改革开放步伐,加

速经济发展，大踏步地向小康目标迈进；必将进一步发展农民体育事业，使之在农村两个文明建设中发挥越来越大的作用。

《中国潮》图片展在北京开幕

反映 14 年来改革开放成就的《中国潮》图片大展，在北京中国国际贸易中心开幕。李鹏总理为图展题写展名并题词："改革开放是建设有中国特色社会主义的必由之路。"黄华、钱伟长、朱穆之等出席开幕式。

图片展由国家体改委、中宣部、国家计委、国务院经贸办、国务院新闻办联合举办，旨在庆贺党的十四大召开和圆满成功。

10 月 19 日

中国共产党第十四届中央委员会第一次全体会议公报

中国共产党第十四届中央委员会第一次全体会议，于 1992 年 10 月 19 日在北京举行。

出席会议的有中央委员 188 人，中央候补委员 129 人。江泽民主持会议并讲话。

全会选举中央政治局委员、候补委员，中央政治局常务委员会委员，中央委员会总书记；根据中央政治局常务委员会的提名，通过中央书记处成员；决定中央军事委员会组成人员；批准中央纪律检查委员会第一次全体会议选举产生的书记、副书记和常务委员会委员人选。名单如下：

一、中央政治局委员、候补委员

中央政治局委员（按姓氏笔划为序）

丁关根　田纪云　朱镕基　乔　石　刘华清
江泽民　李　鹏　李岚清　李铁映　李瑞环
杨白冰　吴邦国　邹家华　陈希同　胡锦涛
姜春云　钱其琛　尉健行　谢　非　谭绍文

中央政治局候补委员（按得票多少为序）

温家宝　王汉斌

二、中央政治局常务委员会委员

江泽民　李　鹏　乔　石　李瑞环　朱镕基
刘华清　胡锦涛

三、中央委员会总书记

江泽民

四、中央书记处书记

胡锦涛　丁关根　尉健行　温家宝　任建新

五、中央军事委员会主席、副主席、委员

主　席　江泽民
副主席　刘华清　张　震
委　员　迟浩田　张万年　于永波　傅全有

六、中央纪律检查委员会书记、副书记、常务委员会委员

书　记　尉健行
副书记　侯宗宾　陈作霖　曹庆泽　王德瑛
　　　　徐　青

常务委员会委员（按姓氏笔划为序）

王　光　王德瑛　刘丽英　安启元　李至伦
何　勇　陈作霖　侯宗宾　徐　青　曹庆泽
尉健行　彭　钢　傅　杰

中共中央总书记江泽民在中共十四届中央委员会第一次全会上发表讲话

十四大显示了全党的团结和统一，也进一步加强了党的团结和统一。现在国际形势复杂多变，国内任务繁重艰巨，经济上、政治上、组织上、思想理论上都有大量工作要做。明年大多数省、自治区、直辖市党委、人大和政府还要换届。在这种情况下，维护和加强党的团结显得更为重要。建设有中国特色社会主义的事业能不能胜利发展，工作中的问题能不能及时正确地解决，关键在于各级党委是不是真正同心同德、团结一致地做好工作，努力提高领导水平。

讲团结，首先要讲各级领导班子的团结。这是全党团结和全国人民团结的前提。我们大多数领导班子的团结是好的和比较好的，也有一些领导班子存在不团结的现象，应该引起我们的高度重视。为什么一些领导班子会出现不团结的现象呢？原因很复杂，但不少情况下是有些同志考虑全局不够，考虑个人的东西多了些，这是同党的根本宗旨和优良传统不相符的。我国古代即有"淡泊明志"，"夙夜在公"的警句。今后衡量和检查领导班子，我认为首先应该看一看是不是团结，是不是同心同德地做工作。

为了加强党的团结，各级党组织都要坚持贯彻民主集中制，坚持集体领导和分工负责的原则。邓小平同志最近强调，民主集中制是我们党和国家的根本制度，也是最便利的制度，最合理的制度，永远不能丢。对于这个问题，一段时间以来，我们讲得少了。邓小平同志的这个指示很重要很及时，希望同志们好好领会，认真贯彻执行。我们面临复杂的情况，要解决各种复杂的问题，单凭个人的智慧和才能是很不够的，要靠集体智慧、集体领导，靠全党同志群策群力。领导干部一定要虚怀若谷，善于集纳群言，团结各方面的同志包括有不同意见的同志共同工作。团结就是力量，团结出凝聚力，出战斗力，出新的生产力，革命时期是这样，建设时期也是这样。这也是我们十四年来改革和建设取得巨大成绩的一个基本原因。讲团结，讲统一，讲顾全大局，是对各级领导干部的基本要求。每个真正的共

产党人，都必须具备这样的政治品格和遵守这样的政治纪律。团结统一的基础，就是马克思列宁主义、毛泽东思想，就是邓小平同志建设有中国特色社会主义的理论，就是党的基本路线。这也是我们的大局。只有在这个基础上，才能实现和巩固坚强的团结，实现和巩固高度的统一。至于具体工作中有这样那样的不同意见，是正常现象，要相互多谈谈心，集思广益，择善而从。同志之间一定要提倡互相谅解、互相支持，有了问题互相提醒一下。大家都有这样的经验，哪个班子团结得好，就生气勃勃，能够集中力量搞好工作。搞“团团”、“摊摊”，离心离德，陷于内耗，工作一定搞不好。这一点，务必引起我们经常注意。

邓小平同新当选的中共中央领导人会见出席中国共产党第十四次全国代表大会的全体代表

下午3时，当邓小平和江泽民、杨尚昆、李鹏、万里、乔石、姚依林、宋平、李瑞环、朱镕基、刘华清、胡锦涛、薄一波、宋任穷等一起来到大会堂宴会厅时，全场响起长时间的热烈掌声。

身着银灰色中山装的邓小平红光满面。他迈着稳健的步履，沿着红色的地毯走到代表们面前。他边走边向代表们频频招手致意，并不时停下脚步同代表亲切握手。代表们的掌声此伏彼起。

“小平同志您好！”

“祝小平同志健康长寿。”

发自肺腑的声音，表达了全体代表的心声，道出了全国各族人民对这位中国改革开放和社会主义现代化建设总设计师的深情祝愿。

作为党的十四大的特邀代表，邓小平始终关注着这次具有承前启后、继往开来伟大历史意义的大会。每天，他都翻阅十几份报纸，仔细了解大会的进程。上午，他看了十四大闭幕的有关报道后，欣慰地说：真是群情振奋！

邓小平精神矍铄，在江泽民等同志陪同下，沿着宽敞的宴会大厅绕场一周，时间达20分钟。

邓小平准备离开时对江泽民说：“这次大会开得很好，希望大家继续努力。”

江泽民握着邓小平的手说：“您今天同大家见面，使代表们深受鼓舞，大家的情绪达到了高潮。”他代表新当选的中央领导集体表示：现在大政方针已经确定，我们要真抓实干，把大会的精神落到实处。

邓小平满意地点着头，挥手向大家道别。

中共中央总书记江泽民等七位中共中央政治局常委会见中外记者

江泽民、李鹏、乔石、李瑞环、朱镕基、刘华清、胡锦涛，上午11时在人民大会堂东大厅会见中外记者。江泽民总书记对记者们说：“我衷心感谢你们对大会的采访、对我们工作的支持。”

江泽民说：“我们非常高兴有这样一个机会和各位记者见面。在十四大期间，大家都已经了解了我们党十三届中央委员会的报告。你们采访了我们的沿海地区、沿边地区和一些有关部门负责人。所有要说的话他们都已经说了，我的报告里也已经有了。现在大家最关心的一个问题，就是我们刚刚开完了十四届一中全会，选出了新的中央机构。新的中央政治局常委共有七位，现在我向大家介绍一下——”

“这位是李鹏同志，他是中央政治局常委，也是我们的总理，大家对他都已经熟悉了。”

“这位是乔石同志，也是我们的常委，大家对他也熟悉。”

“李瑞环同志，也是我们的常委，大家都认识。”江泽民说：“我们这四位都是原来的十三届的常委。”

江泽民笑着对记者们说：“这次新选出来的常委有朱镕基同志，现在是国务院副总理；刘华清同志，是老红军，他还是中央军委副主席。”江泽民指着胡锦涛说：“这是一位年轻人，胡锦涛同志，今年49岁。”

随着江泽民的介绍，记者们的镜头又逐个对准了各位常委。把摄像机、摄影机架在后排的记者们，在不停地调焦，拍下特写镜头。被介绍的常委们有的笑着向记者致意，有的挥手与记者打招呼。

会见结束时，中央政治局常委们向记者们频频招手。摄影记者尾随着不停地拍照摄影，文字记者则一直跟到门外。

中国共产党中央纪律检查委员会第一次全体会议公报

中国共产党第十四次全国代表大会选举产生的中央纪律检查委员会，一九九二年十月十九日在北京举行了第一次全体会议。

出席这次全会的中央纪律检查委员会委员一百零七人。尉健行同志主持了会议。全会选举了中央纪律检查委员会书记、副书记和常务委员会委员，报中央委员会批准。

《人民日报》发表社论《坚持伟大理论 夺取更大胜利——热烈祝贺党的十四大胜利闭幕》

中国共产党第十四次全国代表大会胜利闭幕了。这次大会开得很好、很成功，是一次民主的大会，团结的大会，充满改革开放精神和求实奋进气氛的大会。大会经过紧张而高效的工作，圆满地完成了历史赋予的重大使命，必将进一步推动我国的改革开放和现代化建设事业，为中国共产党的史册增添新的光辉篇章。

党的十四大高度评价江泽民同志代表十三届中央委员会所作的报告。这个报告通篇体现了邓小平同志今年初视察南方重要谈话的精神，集中了全党和全国人民的智慧，对党的十一届三中全会以来 14 年的基本实践和基本经验作了系统的、深刻的总结，对邓小平同志建设有中国特色社会主义的理论作了精辟的阐述，科学地分析了国内外形势，确定了 90 年代加快改革开放，推动经济发展和社会全面进步的主要任务，提出了建立社会主义市场经济体制，提出了加强党的建设和改善党的领导，是指引全党和全国人民胜利前进的纲领性文件。各级党组织应当认真组织学习，结合各地各条战线的实际情况，坚决贯彻执行。全党同志的思想认识都统一到报告的精神上来，将使我们党在新的更高的水平上实现思想上政治上的高度一致，将使我们的改革开放和现代化建设迈出更大的步伐。

党的十四大的突出特点和最大贡献，在于对建设有中国特色社会主义的理论作了新的概括，充分肯定了这个理论在马克思列宁主义与中国实际相结合的思想理论发展史上的重要地位，并且把这个理论和在这个理论指导下制定的党的“一个中心、两个基本点”的基本路线正式载入党章。伟大的实践需要伟大的理论，伟大的理论指导伟大的实践。建设有中国特色社会主义的伟大事业，前人没有做过，本本上也没有说过，只能在马克思主义基本原理的指导下，坚持从中国的国情出发，实事求是，探索前进。建设有中国特色社会主义的理论，是马克思主义同中国实际相结合的最新成果，是毛泽东思想的继承和发展，是当代中国的马克思主义。这个理论是全党和全国人民集体智慧的结晶，是我们最可珍贵的精神财富。我国改革开放和现代化建设的总设计师邓小平同志，对建设有中国特色社会主义理论的创立作出了历史性的重大贡献。如同新民主主义革命的伟大理论和伟大实践同毛泽东同志的名字紧紧连在一起一样，建设有中国特色社会主义的伟大理论和伟大实践是同邓小平同志的名字紧紧连在一起的。在当代中国，建设有中国特色社会主义的理论，最合乎国情、顺乎民意，最能够调动亿万人民群众的积极性、创造性，促进社会生产力的解放和发展，使我国建设取得举世瞩目的成就，使人民的生活水平迅速提高。实践是检验真理的唯一标准。14 年来我们所取得的一切成就，都是坚持建设有中国特色社会主义理论的指导，坚定全面地贯彻党的基本路线的结果。今后，在实现四化、振兴中华的伟大事业中，必须更加坚定不移地坚持这个理论和这条路线。当然，马克思主义要在实践中不断地丰富和发展，当代中国的马克思主义也必将在亿万人民群众的伟大实践中不断丰富和发展。

90 年代，全党和全国人民面临的改革和建设的任务十分宏伟、十分艰巨。党的十四大所提出的十大任务中，居于中心地位的仍然是经济建设。我们要集中精力把经济建设搞上去，要在提高质量、优化结构、增进效益的基础上，使国民生产总值平均每年增长 8—9%，使人民生活在本世纪末由温饱进入小康，使国民经济总体素质与综合国力迈上一个新的台阶，同时要围绕经济建设这个中心，加强社会主义民主法制和精神文明建设，促进社会全面进步。要实现这个奋斗目标，关键在于进一步解放思想，加快改革开放的步伐。特别要指出的是，十四大根据邓小平同志关于计划与市场的精辟论断，根据 14 年来的实践经验，明确宣布我国经济体制改革的目标是建立社会主义市场经济体制。这一理论上的重大突破，具有极其深远的意义，它必将推动人们思想的进一步解放，促进经济建设和各方面建设迅速发展。十四大报告中提出的十项主要任务，要通过扎扎实实的努力，一项一项地抓好落实。我们完全有理由相信，一个充满生机和活力的社会主义市场经济体制在中华大地上建立起来，90 年代的主要任务胜利完成，必将使我国的面貌发生新的巨大变化，社会主义制度的优越性必将更充分地显示出来。

中国共产党是领导建设有中国特色社会主义事业的核心力量。加强党的建设，改善党的领导，是实现十四大提出的历史性任务的根本保证。这次大会，选举产生了新的中央委员会和中央纪律检查委员会。一大批在改革开放的大潮中涌现出来的德才兼备、年富力强的新人被选进党中央，这是我们党兴旺发达、后继有人的生动体现。我们的党中央进一步实现了新老交替与合作，建设有中国特色社会主义的事业大有希望、大有前途。为了更好地肩负起新的历史使命，我们要在十四届中央委员会的领导下，全面加强党的建设，改善党的领导。首先是要组织全党认真学习建设有中国特色社会主义的理论，增强贯彻执行党的基本路线的自觉性和坚定性。只要全党同志进一步用建设有中国特色社会主义的理论武装起来，坚持党的基本路线一百年不动摇，我们就将无往而不胜。

90 年代，对我们这个发展中的社会主义国家来说，既有挑战，更是机遇。抓住有利时机，加快改革开放和现代化建设步伐，把我们自己的事情办好，促进祖国统一大业，推动人类和平和进步事业，是时代的召唤，人民的要求。让我们更加紧密地团结在党中央周围，勇于开拓，奋发进取，沿着建设有中国特色的社会主义道路阔步前进！

国务院作出关于表彰山东省地质矿产局第六地质队的决定

决定说，山东省地质矿产局第六地质队是全国地矿战线上功勋卓著的英雄群体。自1958年建队以来,他们几十年如一日,发扬以献身地质事业为荣、以艰苦奋斗为荣、以找矿立功为荣的精神,在平凡的工作岗位上,怀着对祖国和人民的无限忠诚,凭着高度的主人翁责任感和事业心,依靠科技,注重实践,顽强拼搏,奋发进取,克服了种种困难,先后探明特大金矿五处,大、中、小型金矿床共28处,提交黄金储量约占全国探明岩金储量的1/3。此外,还提交了储量可观的银、铅、锌、稀土等矿产资源。以他们的金矿勘查成果为基础,山东省胶东地区已建成投产金、银矿山近百处,成为我国第一大黄金生产基地,年产黄金居全国之首。他们在实践中探索并创立的"焦家式"金矿模式,打破了"大断裂带只导矿不储矿"的传统理论,不仅使我国金矿勘查实现了重大突破,而且在国际地学界也产生了重大而深远的影响。他们在金矿勘查中取得的重大成果和无私奉献精神,在我国黄金地质勘查史上谱写了光辉的篇章,为全国人民树立了榜样。

为了表彰这支英雄的队伍,国务院决定:对山东省地质矿产局第六地质队通令嘉奖,并授予该队"功勋卓著无私奉献的英雄地质队"荣誉称号。

决定说,国务院号召全国各条战线的广大职工向山东省地质矿产局第六地质队学习,学习他们热爱祖国,热爱社会主义事业,全心全意为人民服务的崇高思想;学习他们勇于解放思想,锐意改革,不断进取的开拓意识;学习他们依靠科技,勇于探索,求实创新的科学态度;学习他们艰苦创业,顽强拼搏,为国立功的奉献精神。

国务院希望山东省地质矿产局第六地质队再接再厉,在新的历史时期为祖国的社会主义现代化事业再立新功;希望广大干部和群众以山东省地质矿产局第六地质队为榜样,认真学习和贯彻落实党的十四大精神,立足本职,胸怀全局,解放思想,实事求是,加强学习,埋头苦干,为夺取有中国特色的社会主义事业的更大胜利而努力奋斗。

中央军委任命解放军总参谋部总政治部总后勤部主要领导人

经中共中央批准,中央军事委员会主席江泽民签署命令,任命张万年为中国人民解放军总参谋长、于永波为中国人民解放军总政治部主任、傅全有为中国人民解放军总后勤部部长。

国家教委办公厅提出《关于对全国143个少数民族贫困县实施教育扶贫的意见》

意见提出,为帮助和推动少数民族地区贫困县发展教育事业,促进各民族的共同富裕和繁荣,由经济、教育比较发达的省、直辖市安排所属有关县(市)及高等学校与民族地区的民族贫困县建立对口协作支援关系。由双方教委制定对口支援的具体方案、签订支援协议书,并组织实施。教育扶贫的主要内容,包括招收少数民族贫困县的学生,为其培养初、中级人才;帮助培训在职教师,派出优秀教师,提高当地师资水平和提高教育质量;参加和指导贫困县进行农村教育综合改革实验;协助办好实验性的学校等。

中国1990年人口普查国际讨论会在北京开幕

国务委员李铁映在书面讲话中指出,自70年代中国推行计划生育以来,人口过快增长的势头已经得到了有效控制,20年间全国大约少增加2亿多人。

李铁映说,实行计划生育是中国的一项基本国策。从中国的实际情况和人民的切身利益出发,中国只能在发展经济的同时,抓紧计划生育,严格控制人口增长,努力提高人口素质。中国的计划生育工作做好了,不仅对中国,而且对亚太地区以及全世界的人口控制将产生积极影响。

1990年全国人口普查是人类历史上规模最大的一次人口普查。

来自20个国家和地区的100余名人口专家在讨论会期间,将对这次人口普查的资料进行深入研讨,以开发利用总打印量达985万页的人口普查信息资料,促进中国和世界人口统计和人口研究工作。

10月20日

国务院宗教事务局在广西桂林举办全国宗教工作干部培训班

中国国民党革命委员会第七届中央常务委员会召开第十六次扩大会议

会议决议指出,中共十四大是一次承前启后、继往开来的具有划时代意义的大会,中共十四大报告是一个极其重要的纲领性文件。

会议要求民革各级组织立即推动全体党员认真学习这个报告,把大家的思想统一到报告精神上来,要进一步解放思想,更好地履行参政议政、民主监督的职责,进一步开展各项社会服务和促进祖国统一的工作,为加快改革开放和现代化建设作出新贡献。

民革中央副主席贾亦斌主持会议,副主席彭清源作工作报告。会议还决定,民革第八次全国代表大会于1992年12月20日在北京举行。

九三学社第八届中央常务委员会第十四次扩大会议在北京举行

会议通过《决议》,要求九三学社的各级组织和全体同志认真学习中共十四大文件和江泽民同志的报告,特别要深刻领会邓小平同志建设有中国特色社会主义的理论,牢固树立一切服从和服务于经济建设的观念,投身于改革开放的波澜壮阔的时代潮流,积极参政议政,加强自身建设,为社会主义市场经济新体制的建立、全面落实中共十四大提出的各项任务作出应有的贡献。

会议还研究即将召开的九三学社第六次全国代表大会的有关事宜。

九三学社中央副主席徐采栋、郝诒纯、安振东、王文元、杨檏、陈明绍、陈学俊、赵伟之,九三学社中央参议委员会主任王淦昌,副主任袁翰青、陈恩凤出席了会议。

会议于 10 月 23 日结束。

第 12 次企业管理国际讨论会在北京举行

讨论会由中国企业管理协会和世界经济论坛联合召开。五大洲 22 个国家和地区的 90 余位大企业高级领导人和我国各地的 80 多位大中型企业的管理者参加讨论会。国务院有关部委的领导张彦宁、洪虎、项怀诚、陈元等出席会议。

会议主要从宏观上探讨中国最新的经济政策和投资环境及中外企业家之间的经济管理交流和合作。

参加会议的外方代表团中有 50%以上的企业家都携有具体项目,项目几乎涉及交通、通讯、冶金、纺织、房地产、金融等各个领域。本次会议将为中外企业家们具体洽谈这些项目提供机会。

世界经济论坛是一个非官方的、为西欧及世界企业家组织活动与提供服务的国际性机构,在世界经济生活中具有广泛的影响,论坛与中国企业管理协会自 1979 年建立合作关系以来,已共同举办过 11 次企业管理国际讨论会。

中共中央政治局常委乔石在人民大会堂会见奥地利总检察长奥托·米勒

国务院副总理朱镕基在钓鱼台国宾馆会见芬兰外交部长帕沃·韦于吕宁

外交部部长钱其琛在钓鱼台国宾馆同芬兰外交部长帕沃·韦于吕宁举行会谈

在日本冈山县举行的第一届亚洲电视特别节目评比中辽宁电视台和日本富山电视台合拍的《辽河》获亚洲未来奖优秀奖

国务院批转国家教委国家民委《关于加强民族教育工作若干问题的意见》

现将今年 3 月召开的全国民族教育工作会议《关于加强民族教育工作若干问题的意见》发给你们。要结合学习贯彻党的十四大精神,根据本地情况,认真研究落实加强民族教育工作。

关于加强民族教育工作若干问题的意见

民族教育是我国整个教育事业的重要组成部分,也是民族工作的重要内容。建国后,特别是党的十一届三中全会以来,在党和政府的关怀与扶持下,民族教育事业取得了显著的成绩,少数民族在校学生和教师数均以高于全国平均速度大幅度增长。少数民族和民族地区教育程度有很大提高。四十多年来,各类学校培养了大批少数民族干部和专业技术人才,造就了一代新型的少数民族知识分子队伍,他们中的绝大多数人已成为民族地区乃至全国社会主义现代化建设的骨干,为民族地区乃至全国的经济发展与社会进步、增强民族团结、巩固边防和维护祖国统一作出了重大贡献。

但是,由于历史、社会和自然条件等多方面的原因,当前,我国大多数少数民族和民族地区教育事业发展的总体水平,与内地相比,仍然较为落后,特别是与当前加快改革开放的形势和当地社会主义建设事业的发展很不适应;大约占少数民族人口 2/3 的地区,教育发展水平明显低于内地,其中占少数民族人口近 1/3 的地区的教育发展尤为困难。

为继续巩固和发展我国平等、团结、互助的社会主义民族关系,实现各民族共同繁荣,保持国家的长治久安,顺利进行社会主义现代化建设,我们要根据邓小平同志南巡重要谈话和中央民族工作会议精神,认真总结发展民族教育的经验,并在已有成就的基础上,抓住当前有利时机,进一步解放思想,加快改革开放的步伐,努力把我国民族教育提高到一个新的水平。

一、要充分认识发展民族教育的重要战略意义

我国是一个统一的多民族社会主义国家。55 个少数民族有 9120 万人口,占全国总人口的 8%,民族区域自治地方的面积占全部国土的 64%,地域辽阔,资源丰富。加快少数民族和民族地区的经济和社会发展,维护全国各民族的大团结,不仅关系到少数民族的繁荣和幸福,而且关系到我国现代化建设的全局。中央民族工作会议指出,根据党的“一个中心、两个基本点”基本路线的要求,加快改革开放步伐,尽快把少数民族和民族地区的经济搞上去是当前民族工作的基本任务,而要完成这一任务,就必须依靠科技和教育,从培养民族人才、提高少数民族劳动者的素质入手。这是少数民族和民族地区经济振兴的必由之路,也是维护民族团结和祖国统一,建设有中国特色的社会主义的根本大计。各级党委、政府以及广大干部和群众,要提高对这一重要战略意义的认识,切实采取有力措施,加速我国民族教育事业的发展。

二、民族教育必须坚持社会主义办学方向

民族教育作为我国社会主义教育的重要组成部分,必须坚持党的领导,为社会主义现代化建设服务,培养德、智、体全面发展的建设者和接班人;必须在马克思主义的指导下,从少数民族和民族地区的特点出发,结合各民族学生的思想实际,联系国内外形势特别是改革开放的大好形势,加强对他们进行党的基本路线教育,进行增强民族团结、维护祖国统一和近、现代以及国情教育,不断增强学生热爱党、热爱社会主义的感情和信念。

全国中等和中等以上的各类学校,要根据学生年龄特点,采取多种形式,结合学校教学实际,充实马克思主义民族理论和党的民族政策的教学内容,加强民族平等、团结、互助、反对民族歧视的教育,进行无神论和科学世界观教育,引导学生逐步树立马克思主义的民族观和宗教观。要有针对性地对学生进行反对国内外敌对势力挑动民族矛盾、制造民族分裂的教育,提高学生抵制民族分裂活动的自觉性。

要认真执行《宪法》规定的教育与宗教分离的原则。任何人不得利用宗教干预学校教育和社会公共教育,更不能利用宗教进行妨碍实施义务教育的活动;不得在校内进行宗教活动。

发展民族教育,必须充分调动社会各方面的力量。大多数人信教的民族地区,要注意发挥宗教界爱国人士在动员适龄儿童入学、募集办学资金、改善办学条件等方面的积极性。

三、发展民族教育必须坚持从实际出发,充分考虑民族特点和地区特点

我国的民族教育,就其范围来说,是指对汉族以外的55个少数民族成员所实施的教育。要在党和国家统一的大政方针指导下,把贯彻执行党和国家统一的教育方针同贯彻执行党和国家的民族政策有机地结合起来。坚持从少数民族的特点和民族地区的实际出发,发展民族教育事业。各地要根据当地经济、教育发展的不同程度,合理确定和调整本地区各级各类民族教育事业发展规模、速度以及教育结构和办学形式。把提高劳动者素质,培养初、中级技术人才,全面提高教育质量,增强办学效益,为当地的经济和社会发展服务,作为现阶段民族教育改革与发展的重点。从实际出发,制定好"八五"计划和今后十年教育发展规划。

90年代,是我国加快改革步伐,实现第二步战略目标的关键时期,也是民族教育发展的重要时期。各级党委和政府,要努力完成"八五"计划和十年规划所确定的教育发展任务。民族教育的发展一要打好基础,在数量和质量上有一个新的发展和提高;二要坚持改革开放,进一步明确办学的路子,使民族教育更好地为当地经济建设和人民群众的富裕文明服务;三要努力缩小目前困难较大的民族地区同全国教育发展平均水平的差距,使民族教育的发展与全国教育的发展相适应,与少数民族地区的经济、社会发展相适应。

要大力加强基础教育,积极创造条件,实施九年制义务教育。目前,初等义务教育没有普及的地方,要抓紧普及初等义务教育,杜绝新文盲的产生;在少数办学确有困难的地方,可以先普及初等义务教育,至少先做到一户有一个合格的小学毕业生;同时要调整好初中的布局,有计划地办好所有初中。

积极发展多层次、多种形式的职业技术教育和成人教育。"八五"期间,少数民族较多的县(旗),要集中力量办好一所起骨干示范作用的中等职业技术学校,人口稀散的地方,可办在地区(州、盟)所在地;同时,要重视举办比较切合民族地区经济发展水平的初级职业技术教育;少数民族人口较多的乡(镇),要办好农(牧)民文化技术学校,积极开展短期实用技术培训。要加强普通中小学的劳动课和劳动技术课教学,并有计划地将一部分民族中学和普通高中改办成职业中学或综合中学。力争把民族地区的中小学办成具有传授科学文化知识、传播现代文明和推广实用技术等多种功能的中心,

在一些经济教育发展水平较低的民族地区,从小学高年级开始引入职业技术教育的因素,把学文化和学技术早期结合起来。有些地区还要根据实际需要,对学生进行家庭经营、家庭理财以及改变落后习俗所需要的教育。民族地区的县、乡两级政府,要积极实行"三教统筹"和"农科教结合",实施"燎原计划",通过多种形式的实用技术培训,大面积提高劳动者的科学文化技术素质,增强他们吸收运用科学技术的能力,落实"科教兴农"战略,充分发挥科技、教育在推动民族地区社会主义"两个文明"建设中的作用。

要优先办好民族师范学校,尽快提高民族教师队伍的水平。要改革招生与分配办法,定向为山区、牧区、有特殊困难的边远民族地区,单独举办师范班。注意加强热爱家乡、建设家乡的教育,并根据民族地区的实际需要,改革教学内容,使毕业生能够理论联系实际,不仅能教文化课,还能掌握一两项当地生产适用的技术,做到一专多能。有条件的民族地区师范专科学校,为当地经济建设培养部分迫切需要的专门人才。

民族地区的办学形式，力求符合当地的实际与需要，灵活变通，既要考虑学校的规模效益，又要适合当地自然环境和各民族生产生活的特点，以方便少数民族子女入学。人口稀少、居住分散的地方或经常流动的牧区，学校的布局要相对集中，从一定年级起举办寄宿制学校。在民族杂居地区，提倡不同民族学生合班或合校分班上课，风俗习惯不同的，可以分餐、分宿。对风俗习惯有特殊要求的少数民族，可以采取一些特殊措施，提高女童的入学率。对散杂地区的少数民族教育，各级政府要给予足够重视，切实帮助解决办学中的实际困难。

要利用广播电视等手段，促进少数民族和民族地区教育的发展，提高民族教育质量。“八五”期间，国家教委要争取安排卫星转发器，开通民族教育专有频道，建立民族文字音像教材编译室，编制与民族文字配套的音像教材。

重视和发挥民族地区高等院校在当地经济和社会发展中的重大作用。“八五”期间，要把工作重点放在适度发展、优化结构、改善条件、深化改革、提高质量上。要特别重视培养少数民族地区迫切需要的大专层次的经济、科技、管理方面的人才。国家教委和中央部委以及省、自治区、直辖市所属的高等院校，要有计划地招收少数民族学生，继续办好民族班和民族预科班；每年都要坚持选拔一定数量的有实践经验的少数民族优秀青年到高等院校学习，为把他们培养成各项建设事业的骨干，打好坚实的基础。在一定时期内，高等学校和中等专业学校招生，对少数民族考生仍需继续实行同等条件下优先录取和适当降分录取相结合的办法，尽量多为少数民族和民族地区培养一定数量的中、高级专业人才。

民族学院在历史上为培养民族干部发挥了重要作用，在新形势下应继续办好。当前除重点办好具有民族特色的学科、专业和对少数民族干部进行培训外，还要办好大学预科。民族学院现有的专业，要根据社会需要积极改善办学条件，深化改革，提高质量；民族地区急需的一些专业，要在统筹规划的基础上，努力创造条件，有计划地设置。

四、发扬优秀传统，扩大开放交流，鼓励相互学习，促进共同繁荣

发展民族教育要在继承发扬本民族优秀文化传统的同时，积极扩大民族间、地区间的交流，大胆吸收和借鉴人类社会所创造的一切文明成果。在使用民族语言文字教学的地区，要因地制宜地搞好双语文教学，大力推广普通话。民族学校的教学语言文字政策的具体实施，主要由各省（区）遵照《宪法》、《民族区域自治法》的有关规定和有利于民族的长远发展、有利于提高民族教育质量、有利于各民族的科学文化交流的原则，根据多数群众的意愿和当地的语言环境决定。要提倡汉族青年学习少数民族的语言文字、文学艺术、历史、医学等，以利于各族学生增进了解，广交朋友，团结互助，共同进步。

要加强民族教育的理论研究，不断扩大同国内外的学术交流。

五、坚持国家扶持与自力更生相结合的原则，多渠道增加民族教育的投入

各级党委和政府要把民族教育摆在优先发展的战略位置，认真抓好。要广泛深入宣传“依靠人民办教育，办好教育为人民”的思想，做艰苦细致的思想工作，把群众发动起来支持教育。根据民族地区的实际，基础教育要实行由地方负责、分级办学、分级管理的体制，以充分调动广大群众艰苦奋斗、自力更生办学的积极性。各级各类民族学校要充分利用当地资源，因地制宜，广泛开展勤工俭学活动。

西藏教育有特殊困难，全国要给予支援，要认真办好内地西藏班（校）。困难较多的一些省（区）的民族教育，中央和地方各级政府都要给予必要的扶持，首先要逐步增加地方财政支出中对民族教育的投资比例，力争做到“两个增长”。中央和省（区）财政要按照《民族区域自治法》的有关规定，设立民族教育专项补助经费。国务院决定中央财政每年拨给民族教育的专项补助经费由现在的二千万元随着经济的发展逐步有所增加；各省（区）民族教育专项补助经费数额，由省（区）根据实际情况确定。国家拨给民族地区包干经费中的“三项”补助经费（民族地区机动金、边境地区事业建设补助费、不发达地区发展资金），各省（区）要增加用于发展民族教育的比例。

国家教委与中国留学生服务中心联合赴美国招聘留学生团抵达洛杉矶招聘留美学生学者回国工作

中国驻洛杉矶总领事馆举行招待会欢迎国家教委与留学生服务中心首次派团来美。近100位留学生代表参加招待会。

招聘团团长张祖望说，欢迎留学生回国服务，长期的、短期的都行，回国旅游也好。

王学贤总领事介绍了国内改革开放的新形势。他指出，中国正在进入一个新的大发展时期，迫切需要人才，希望新一代李四光、钱学森式的人物回国作贡献。

招聘团在南加州及亚利桑那州几所中国留学生集中的大学举行招聘洽谈会后，于25日赴旧金山、芝加哥、纽约地区、马里兰州、北卡罗来纳州、田纳西州、佛罗里达州、得克萨斯州、俄克拉荷马州等地同中国留美学生、学者见面。

《中国教育报》发表国家教委主任李铁映对成人高校代表提出要大胆改革办好成人教育的复信

《中国教育报》编者按：最近，281所成人高等学校的代表联名写信给国务院和国家教委领导同志，汇报成人高校在完成教学任务的同时，进一步投入经济建设大潮，从事科研、开发、生产、服务的想法，要求有关部门对成人高、中等学校校办产业实行优惠政策。李铁映同志在复信中就成人学校教学、科研、生产的结合问题作了重要指示，对成人教育的改革和发展具有重要意义。

成人高校的同志们：你们好！

来信已阅，感谢你们对成人教育事业、对改革和建设事业的热忱。成人高、中等学校走一条教学、科研、生产紧密结合的办学新路子，既推动科技成果向现实生产力的转化，又促进知识产品的商品化，以增加自身的“造血功能”，改善办学条件。这是好事情，也是成人教育改革和发展的一个方向，我是赞成和支持的。

成人高等学校要认真贯彻面向经济建设的方针，要在办好教育、完成经济、社会发展提出的对从业人员的教育、培训任务的同时，根据不同条件兴办科技产业，大力发展新产品、新技术的开发、应用、推广和咨询，为行业、为社会提供服务。成人学校具有与地方、部门和企业、行业紧密联系的优势，在这方面潜力更大。

我认为，在发展成人学校校办产业方面，应解决好下面几个问题：首先，校办产业的发展要促进学校的教学工作；第二，校办产业要发挥学校的优势，根据社会的需要举办；第三，所得收益应主要用于改善办学条件，同时改善教职工生活条件；第四，校办产业要注意与经济界、产业界的沟通和配合，争取他们的支持，努力取得较高的经济效益。

关于成人学校校办产业在发展中需要解决的一些政策性问题，如税收等方面的优惠政策，国家教委将与有关部门协商，提出合理解决的方案。

希望你们在十四大精神的指引下，真正解放思想，大胆改革，努力工作，把成人教育推向新的高度，使成人高等学校办出新水平。

李铁映

1992年10月20日

全国报纸管理工作会议在浙江舟山举行

黄帝陵基金会成立大会在北京举行

国务院总理李鹏为基金会成立题词：“发扬中华文化，振奋民族精神。”中共中央政治局常委李瑞环写信祝贺：“黄帝是我们民族的人文始祖，黄帝陵是中华儿女共同景仰的圣地。做好黄帝陵的整修和保护工作，对弘扬中华文化、激励爱国热情，增强民族凝聚力，促进四化建设，具有重要意义。希望基金会广泛联系海内外同胞，群策群力，为又快又好地完成这项任务做出贡献。”

黄帝陵基金会成立大会由中华炎黄文化研究会和陕西省整修黄帝陵工作领导小组主持。黄帝陵基金会名誉会长薄一波在成立大会上讲话。

中华炎黄文化研究会执行会长萧克宣读他为基金会书写的一副楹联：“黄陵雄立示大统，神州胄衍皆同根。”陕西省副省长郑斯林，基金会会长、著名历史学家张岂之介绍整修黄帝陵工程和黄帝陵基金会有关情况。

基金会设在西安市。

10月21日

中国民主促进会中央举行第47次主席扩大会议

会议由民进中央主席雷洁琼主持。副主席陈舜礼、葛志成、楚庄、叶至善、梅向明、陈难先、邓伟志和在京中央常委等30余人出席会议。

会议通过《关于认真学习中共十四大精神的决定》，要求民进各级地方组织和全体会员领会江泽民报告的精神实质。

中国国民党革命委员会中央在北京举行座谈会纪念爱国主义者冯玉祥将军诞辰110周年

民革中央副主席贾亦斌在讲话中说，冯玉祥将军所做出的历史功绩，永远值得广大人民学习和怀念。

全国政协副主席洪学智、程思远在座谈会上讲话。

刘澜涛和民革中央、中共中央统战部、各民主党派领导，冯玉祥将军的子女和生前好友等，出席座谈会。

最高人民检察院作出关于人民检察院司法警察警衔授予和晋级批准权限的规定

国务院批准设立辽宁营口经济技术开发区

国务院日前批准设立营口经济技术开发区。

营口经济技术开发区位于辽宁营口鲅鱼圈，距营口市45公里，北接营口新海港，东邻沈大高速公路，规划面积5.6平方公里。

国务院批准建立海南岛海口保税区

海口保税区将实行比特区更加优惠的政策，如免除关税，国内货物进入保税区视同出境，可以退税；区内实行完全市场经济，按国际惯例，自由贸易；允许外商开办贸易机构，从事转口和进出口贸易；允许外商为区内企业代理出口业务；允许开设外资金融和保险、船务等机构；区内企业可以进入外汇调剂中心买卖外汇，保税货物之间交易可以外币结算，等等。

国务院批准山东省设立威海经济技术开发区

国务院批准福建省设立福清融桥经济技术开发区

国务院批准江苏省设立张家港保税区

国务院批准江苏省设立张家港保税区。保税区设在长江下游张家港港区东侧，规划面积四点一平方公里，起步区面积二平方公里。根据国务院要求，张家港保税区将充分发挥港口优势，积极为加工出口和拓展转口贸易服务，开展为贸易服务的加工整理、包装、储存、运输、商品展示等业务。

国务院总理李鹏在钓鱼台国宾馆会见芬兰外交部长帕沃·韦于吕宁

中共中央政治局常委李瑞环在人民大会堂会见由潮州会馆主席周鉴梅先生率领的泰国九属会馆首长访问团

国务院副总理姚依林在人民大会堂会见西班牙公共管理部大臣胡安·曼努埃尔·埃吉加赖

国务院港澳办公室主任鲁平在钓鱼台国宾馆同香港总督彭定康举行会谈

会谈开始时，鲁平欢迎彭定康首次作为港督来北京访问。鲁平说，正如中英联合声明所讲的，在香港过渡时期的后半段，中英双方要加强合作。鲁平表示希望在到 1997 年 7 月 1 日前的 4 年多时间里，双方能够为了香港的平稳过渡而密切合作。

鲁平说，相信只要中英双方能够严格遵守中英联合声明，使得过渡时期逐步和基本法衔接，就一定能实现 1997 年香港的平稳过渡。彭定康说，在未来近 5 年的时间里，我们不免将面对一些困难的挑战和问题，但“我相信双方可以从香港的利益出发，在互相尊重的基础上解决这些困难。”

中国代表侯志通在第 47 届联大第一委员会发言就全面禁止和彻底销毁核武器问题提出中国政府的三项建议

侯志通说：“首先，所有核武器国家以中国为榜样作出承诺，不首先使用核武器，无条件地不对无核武器国家和地区使用或威胁使用核武器，并就此达成一项国际协定；

“其次，所有核武器国家，应像中国一样支持建立无核区的主张，尊重现有无核区的地位，并承担相应的义务，有关核国家应立即将部署在国外的核武器全部撤回本国；

“第三，所有拥有外空能力的国家应遵循和平利用外空的原则，立即停止研究、试验、生产和部署外空武器，不将武器系统引入外空。”

侯志通说，中国作为一个核武器国家，在上述领域中已经单方面无条件地承担了相应的义务，作出了贡献，希望其他核武器国家也承担起自己相应的责任和义务。

世界银行国际金融公司在北京设立常设代表处

解放军总政治部发出全军认真传达学习中国共产党第十四次全国代表大会精神的通知

解放军总政治部向全军各大单位发出通知，要求全军以饱满的政治热情和严肃认真的态度，按照军委的部署和要求，切实把党的十四大精神传达学习好，贯彻落实好。

中国计划生育协会副主席中国医学科学院名誉院长吴阶平被推选为国际计划生育联合会中央理事会的副主席

10 月 22 日

甘肃建成世界最长引水隧道盘道岭隧道

世界上最长的引水隧道——甘肃盘道岭隧道，近日通过有关部门的验收。甘肃引大（通河）入秦（王川）工程是西北地区规模最大的自流灌溉水利工程。盘道岭隧道全长十五点七二公里，是这个工程中最长的隧洞，也是世界上包括铁路、公路及其他隧洞在内的十条大隧洞之一。

国务院副总理田纪云在山东省考察

10 月 22 日至 26 日田纪云来到山东省东营市、滨州地区考察黄河三角洲农业综合开发情况。指出黄河三角洲开发潜力很大，今后要进一步搞好农业、工业、第三产业的综合开发，加快黄河三角洲经济发展步伐。

田纪云反复嘱咐各级领导干部，要扎扎实实学习贯彻落实好党的十四大精神，按照建立社会主义市场经济的要求，进一步加快农业发展步伐。田纪云指出党在农村的基本政策要长期稳定，下一步农村工作的重点要在培育发展农村生产力上下功夫，而不是过多地在生产关系上做文章；要用大农业和商品经济的观点指导农业生产，促使农林牧副渔全面发展，要大力发展高产优质高效农业，提高农业的经济效益；几年来，我国农业开发成效卓著，今后要向农业综合开发的深度和广度进军。田纪云指出服务本身也是生产力，今后要继续抓好农村社会化服务体系建设，为农民提供生产中急需的服务，农产品流通是当前制约农业发展的重要问题，要鼓励农民进入流通领域，各地要积极培育市场，使货畅其流，保护农民生产的积极性；农村要实现小康目标，仅靠种植业不行，还要下大力气发展乡镇企业。

国家主席杨尚昆根据全国人大常委会的决定任免驻外大使

一、免去祝有容的中华人民共和国驻贝宁共和国特命全权大使职务。

任命赵惠民为中华人民共和国驻贝宁共和国特命全权大使。

二、免去喻明生的中华人民共和国驻牙买加特命全权大使职务。

任命王建立为中华人民共和国驻牙买加特命全权大使。

三、免去臧士雄的中华人民共和国驻阿曼苏丹国特命全权大使职务。

任命张志祥为中华人民共和国驻阿曼苏丹国特命全权大使。

外交部副部长姜恩柱同香港总督彭定康就香港的政治体制等问题举行会谈

外交部部长钱其琛在钓鱼台国宾馆会见香港总督彭定康

钱其琛指出，中英1984年签署关于香港问题的联合声明以后，双方的合作曾是良好的。但港英当局不久前发表的施政报告中提出将对香港的政治体制进行重大改变，这明显违背了中英联合声明的有关规定和精神，违背了英方关于要使香港政治发展同基本法衔接的承诺，违背了中英双方已达成的有关谅解。这种做法损害香港的繁荣与稳定，并为香港1997年的平稳过渡和政权的顺利交接设置障碍。

钱其琛说，我们希望合作，不希望对抗，港英当局的做法实际上是对合作的挑战。钱其琛说，要解决问题还是应该回到根据中英联合声明的规定进行认真磋商的轨道上来。

外交部发言人吴建民就中越边界问题谈判答记者问

吴建民在回答记者提问时说，中越专家小组就两国边界问题的谈判取得了一定进展。

吴建民在记者招待会上说，中越专家小组讨论了解决两国陆地边界和划分北部湾海域的原则，并就南沙问题交换了意见，增进了相互了解，并取得了一定进展。

至于李鹏总理年内访问越南期间双方是否将讨论南沙问题，发言人说，李鹏总理访越期间，双方将就进一步发展两国关系和共同感兴趣的问题交换意见。至于在南沙群岛问题上存在的争议，我们主张同有关国家通过谈判和平解决。

国务院中央军委发布1992年冬季征兵令

国务院、中央军委近日发布1992年冬季征兵命令。

命令作出了新兵征集的有关规定和要求。

征集对象和范围：征集农业户口的青年，应具备初中毕业以上文化程度，并尽量多征集具有高中毕业文化程度的青年；征集非农业户口的青年，应具备高中（含职业高中）毕业文化程度。企业、事业单位具有高中毕业文化程度的青年职工也应当征集。

征集年龄：男青年为1992年年满18至20岁，企事业单位的青年职工可放宽到21岁；应届高中毕业生年满17岁的，本人自愿也可以征集。

征兵命令对新兵的政治和身体条件也作了规定。

全国版权工作会议在厦门举行

会议介绍《伯尔尼公约》和《世界版权公约》，讨论了《涉外著作权贸易管理条例》。

10月23日

国家主席杨尚昆在人民大会堂会见日本国天皇明仁和皇后美智子

中宣部发出《关于学习、宣传党的十四大文件的安排意见》的通知

安排意见说，中国共产党第十四次全国代表大会，是一次具有重要历史意义的会议。江泽民同志在大会上的报告是在邓小平同志建设有中国特色社会主义理论指导下，动员全党和全国各族人民，进一步解放思想，把握有利时机，加快改革开放和现代化建设步伐，夺取建设有中国特色的社会主义事业更大胜利的纲领性文献。

一、各级宣传部门，要在党委的统一领导下，把组织学习、宣传党的十四大文件，作为当前的重要任务，切实抓好。要迅速把十四大精神传达到基层党员、干部、群众，一竿子插到底。要保证有一定的时间，着重学好江泽民同志的报告，并同学习邓小平同志关于建设有中国特色社会主义理论论著，包括今年年初邓小平同志视察南方的重要谈话结合起来。通过学习"十四年伟大实践的基本总结"，认识邓小平同志对建设有中国特色社会主义的理论与路线的创立所作出的历史性重大贡献，领会有中国特色的社会主义理论是马克思列宁主义基本原理与当代中国实际和时代特征相结合的产物，是毛泽东思想的继承和发展，是全党全国人民集体智慧的结晶，是中国共产党和中国人民最可珍贵的精神财富。警惕右，但主要是防止"左"，毫不动摇地坚持以建设有中国特色社会主义理论为指导的党的基本路线。通过学习"九十年代改革和建设的主要任务"，认识实现文件提出的十项任务，对于建立社会主义市场经济体制，加速改革开放，促进经济发展和社会全面进步的重大战略意义。通过学习"国际形势和我们的对外政策"，认识当今世界正处在大变动历史时期的新特点，认识我国奉行独立自主外交政策取得的伟大成就，认识我国在新形势下对外政策的策略与主张。通过学习"加强党的建设和改善党的领导"，认识在新的历史时期，加强和改进党的建设的极端重要性和主要任务。学习十四大文件，要坚持马克思主义理论联系实际的学风，解放思想，实事求是，充分发挥十四大文件在实现新的历史时期各项战略任务方面巨大的动员作用和组织作用，团结全党和全国各族人民振奋精神，同心同德，扎实工作，促进社会主义物质文明和精神文明建设，为夺取建设有中国特色社会主义事业的更大胜利作出贡献。

二、学习党的十四大文件和江泽民同志在十四届一中全会上的讲话，要按照各地区、各部门、各单位的实际，分层次、有重点地作出安排。县以上领导干部，可以采用集中轮训、组织研讨班等办法，精读文件原文，结合研讨若干理论与实践问题，学得深一点。要更新观念，换脑筋，摒弃那些过时陈旧及其他不符合实际的观念。广大党员都要有组织地参加学习。对非党干部和广大群众，可采用报告会、宣讲会等办法，由各级党委和宣传部门主要负责同志及十四大代表宣讲，进行广泛宣传。

学习十四大文件，要以学习原文为主。

三、理论、新闻、出版、文艺等宣传、思想系统各部门，要联系业务实际和思想实际，搞好自身的学习，同时要切实搞好宣传报道工作，有针对性地对文件精神从理论和实践的结合上进行阐释和宣传。及时报道各地区、各部门学习、贯彻十四大文件的经验、体会，宣传干部群众以实际行动贯彻十四大文件精神、推动改革开放和经济建设出现的蓬勃发展的新局面。

国务院批准山东济南航空口岸对外国籍飞机开放

国务院港澳办公室主任鲁平就香港总督彭定康结束在北京访问在新闻发布会上发表讲话

鲁平说，彭定康所发明的那一套，撇开了基本法、中英联合声明和中英过去达成的谅解。希望彭定康回到与中方合作的轨道上来。

鲁平指出，中英双方的合作应是全面的合作。中方不希望由于政制方面不能达成一致意见而影响其他领域的合作，但我们担心由于不是中方的原因而发生这种情况。与基本法的衔接也必须是全面的衔接，包括立法、行政、司法三方面都要衔接，很难想象，在立法机关不衔接而能够在行政和司法机关衔接。

鲁平在新闻发布会上举例说明了彭定康有关1995年香港立法局选举的建议不符合基本法。他表示，我们在会谈中不厌其烦地指出彭定康的建议哪些不符合基本法，但彭定康坚持说，他的"建议"是符合基本法的。鲁平指出，基本法的解释权在全国人大常委会，英方无权作出解释，彭定康个人更无权解释。

鲁平说，我们希望彭定康先生认真考虑中方的意见，回到基本法的轨道上来，如果彭定康先生完全不考虑我们的意见，那么无非是到时候我们按照基本法的规定组成香港特别行政区立法会、第一届香港特别行政区政府和司法机关，我们相信，我们能够使香港实现平稳过渡。

鲁平说，我们认为目前双方分歧的实质不是什么加快不加快香港的民主步伐的问题，而是究竟要合作还是要对抗。我们不希望见到对抗，因为这对香港不利，但对方一定要对抗，我们也只能奉陪。

在谈到香港的新机场建设问题时，鲁平说，如果英方对未来香港特别行政区政府承担的责任和义务单方面作出决定，就是单方面违反中英双方关于新机场问题的谅解备忘录，在这种情况下，中国政府将不得不宣布对整个新机场建设不能再支持，在新机场建设方面，所有需要1997年以后要香港特别行政区政府承担的责任和义务、债务与合约等，香港特别行政区政府一律不承担。如果英方单方面推翻谅解备忘录，致使机场建不起来，责任完全在英方。

鲁平说，中英联合声明签署以来，总的来讲，双方合作是好的，我们不希望这种合作关系遭到不应有的破坏。我们希望双方都以香港的利益为重，以中英友好为重，为实现香港的平稳过渡和发展繁荣共同合作。

在新闻发布会上，鲁平还回答了记者提出的问题。

中国代表杨燕怡在联大经济与财政委员会关于外债危机与发展的会议上提出解决世界债务问题的五点主张

杨燕怡说，广大发展中债务国为摆脱债务危机、恢复经济增长和发展，进行了艰巨的斗争，付出了沉重的政治、经济和社会代价。同时，债权国政府、国际金融机构以及商业债权银行也为此作出了一定的努力，部分发展中国家的外债危机终于开始出现一些缓解的迹象。但是债务问题还远未得到解决。国际社会，特别是债权国如不采取解决债务问题的适当政策，全球经济将继续为债务问题所困扰，世界经济的持续、稳定发展就难以实现。

杨燕怡提出：一、还债应以发展为前提，靠牺牲经济增长和发展来解决债务问题不符合债务国的利益，也不符合债权方的利益。

二、国际社会、特别是债权方应进一步采取措施，相应地为债务国创造有利的和支持性的国际环境。应通过多种渠道持续增加对债务国的新的资金流入。

三、有关各方应继续探索新的减债措施。

四、债权国政府应调整其政策，审查其国内的法律和法规，切实减少对债权国商业银行向发展中国家借款的限制，为推动商业银行积极参与债务战略创造条件。

五、国际金融机构、特别是世界银行和国际货币基金组织，应继续努力，在帮助新借款国实施经济调整的同时，切实增加对其他借款国的资金支持，并为改善债务管理提供技术帮助。

中国政府和土耳其共和国政府在安卡拉签订海运协定

海峡两岸在北京举行首次中文字体设计比赛发奖仪式

10月24日

中共中央总书记江泽民在钓鱼台国宾馆会见日本国天皇明仁

江泽民在谈到天皇在昨天发表的关于中日关系的讲话时说，“在我们看来，对于中日关系一要以史为戒，二要向前看，三要世世代代友好下去。”

江泽民欢迎日本天皇和皇后来中国正式访问。江泽民说：中日两国人民的友好交往可以追溯到公元前一世纪。两国人民在相互往来和文化交流方面传颂过许多动人的佳话。鉴真和尚矢志东渡日本，李白和阿倍仲麻吕（晁衡）至今仍被两国人民称颂。

江泽民在回顾了最近20年来中日关系在各个领域里的发展时说：“20年的实践证明，中日友好符合两国人民的根本利益，也有利于亚太地区乃至世界的和平、稳定与发展。两陛下的这次访问将会推动两国睦邻友好合作关系，使它向着新的深度和广度发展。”

日本天皇在听了江泽民总书记关于中日关系的讲话后说：“日中两国要回顾过去，展望未来。加强两国关系十分重要。”

在宾主回顾中日两国文化交往时，天皇指出，日本的文化受中国的影响很大。

日本国副总理兼外务大臣渡边美智雄等参加了会见和宴会。

中国方面参加会见和宴会的有，国务委员兼国家科委主任宋健，国务委员兼外交部长钱其琛，台盟中央主席团主席蔡子民等。

国务院总理李鹏在钓鱼台国宾馆会见日本国天皇明仁和皇后美智子

中纪委监察部发出要求纪检监察干部学好中国共产党第十四全国代表大会精神的通知

中宣部理论局和《人民日报》理论部邀请首都理论界人士座谈有中国特色的社会主义理论

与会专家学者认为，党的十四大全面系统地阐明建设有中国特色社会主义理论和提出社会主义市场经济理论，标志着我们党对社会主义发展规律认识的深化和飞跃，是对马克思主义的创新和发展。

中央党校赵曜教授在座谈会上说，建设有中国特色的社会主义理论，从指导思想上说是把马克思主义的普遍真理与中国具体实践相结合的产物；其理论精髓是解放思想，实事求是；这一理论的核心是党的“一个中心、两个基本点”的基本路线。这一理论和路线的确立，在马克思主义发展史上，标志着科学社会主义已进入了一个新的发展阶段；从党史上看，这是继我们党提出新民主主义革命理论之后的又一重大理论贡献。

中央文献研究室研究人员冷溶说，建设有中国特色社会主义的理论是全党智慧的结晶，而其中邓小平同志起了关键性的作用。这一理论体系许多基本内容和思路，如“以经济建设为中心”、“改革开放”、“坚持四项基本原则”、“和平与发展问题”、“一国两制”等都是邓小平同志创造性地提出并加以系统化的。

中国人民大学教授方生说，对外开放是小平同志建设有中国特色社会主义的重要组成部分，小平同志视察南方谈话后，对外开放进入新阶段，出现了崭新的局面，我们应当克服一些不必要的担心和想法，抓住时机，实行全方位开放，带动整个经济的发展。

中国人民大学经济学所所长胡乃武说，党的十四大提出了建立社会主义的市场经济体制，这是社会主义经济理论的一大突破和贡献。在计划与市场的关系上，十四大报告强调了市场在资源配置中的基础作用和在运行机制上的主要作用，并且明确了计划与市场是经济手段而不是制度、市场经济能够与社会主义基本制度结合在一起的基调。这样，长期以来束缚人们思想和困惑改革理论深入的问题得到澄清，今后的改革与发展的方向也就更加明确了。

国家体改委研究员李忠凡提出，要掌握建设有中国特色社会主义理论并付诸实践，就必须进一步解放思想，换脑筋。从传统的产品经济向市场经济过渡，要转变观念，也要对加快改革开放和经济建设步伐有新的认识。

中国社科院财贸所所长张卓元说，建立社会主义市场经济体制在理论和实践上都是一个新的创造。如何保证在市场竞争、优胜劣汰中实现共同富裕，公有制企业能否在市场竞争中保持主体地位等一系列问题需要研究解决。党的十四大提出了理论体系，对理论界来说肩上的担子不是轻了，而是更重了。

中国社科院社会学所所长陆学艺说，建立社会主义市场经济体制不仅仅限于经济范畴，城乡二元结构的转变，城市化的进程，以及社会保障制度，政府职能转变，科研、教育体制等一系列政策都应随着市场体制的建立作出政策上相应的调整。

中国社科院法学所所长王家福说，应当加强立法，使党的主张变成国家意志和全体人民的行动，从而保证党的十四大路线得以贯彻。

中国民主同盟中央第 59 次主席扩大会议在北京举行

会议一致表示坚决拥护江泽民所作的报告和大会通过的决议，坚决拥护中共十四届一中全会选出的中共中央新的领导机构。

民盟中央主席费孝通在会上说，十四大在决策上是民主的、科学的。江泽民的报告采纳了民盟同志提出的不少建议，尤其是关于知识分子地位和作用的一段。会前会后，中共中央统战部又及时和民主党派通报了有关情况，体现了多党合作和政治协商。

费孝通说，十四大提出建立社会主义市场经济体制这一战略思想，是马克思主义和中国实际相结合的最新成果，是指引我们实现新的历史任务的强大思想武器。我们学习十四大的精神，就要很好地领会这一精神。

会议通过《关于学习和贯彻中国共产党第十四次全国代表大会精神》的决议。

民盟中央副主席钱伟长、参议委员会主任苏步青以及在京的民盟中央常委参加会议。

中共中央总书记江泽民在人民大会堂会见以东京华侨总会名誉会长陈焜旺为名誉团长日中友好协会全国本部顾问安井正幸为团长的日中友好老朋友访华团

国家主席杨尚昆在人民大会堂分别接受阿尔及利亚荷兰和文莱达鲁萨兰国三国新任驻中国大使递交的国书

中共中央政治局常委乔石在人民大会堂会见以巴勒斯坦国总统政治顾问法塔赫中央委员哈尼·哈桑为团长的巴勒斯坦法塔赫代表团

中共中央政治局常委乔石在人民大会堂会见俄罗斯联邦最高法院院长列别捷夫

外交部部长钱其琛在钓鱼台国宾馆会见参加中俄副外长磋商的俄罗斯副外长格·弗·库纳泽和以他为首的参加中国同哈萨克斯坦吉尔吉斯斯坦俄罗斯塔吉克斯坦边界谈判的四国政府联合代表团的成员

钱其琛说，中苏边界谈判的积极成果应当由中国同哈萨克斯坦、吉尔吉斯斯坦、俄罗斯、塔吉克斯坦共同继续下去。我们之间的边界不应该是对峙、封闭的边界，而应成为友好、经济繁荣、人员来往密切的边界。边界谈判应当加快进行，以适应新的形势。

库纳泽副外长对这次磋商和边界谈判所取得的成果表示满意，并表达了发展俄中关系的愿望。

香港各界人士就彭定康首次访问北京无果而归发表谈话

港督彭定康首次访问北京毫无成果，其所作所为使香港各界人士深感忧虑。一些社会知名人士今天纷纷发表谈话，批评彭定康与中国搞对抗实非港人之福，希望他回到中英合作的正确轨道上来。

《镜报》社长徐四民说，彭定康此次北行毫无结果是意料中事，因为港督施政报告建议的政制改革，实际是想把香港引向独立，而非中英联合声明所规定的将主权归还中国。面对如此重大的原则性问题，中国政府绝无可能作出让步。香港的未来是取决于中英合作，彭定康乱开民主空头支票，与中国对抗，并非明智之举。

港事顾问朱幼麟认为，彭定康与中方对抗为主的策略，把他自己逼入了牛角尖。他在政制方案上采取先做后谈及试图在香港和国际上争取民意的做法，把对抗的实质加以包装。从中国人的感情来看，彭定康是殖民统治者的代表，面对他这样一个洋人的强硬不讲理的态度，只能唤起老百姓对饱受殖民者欺负的回忆。

"把香港搞乱对彭定康的政治前途亦不利"——这是立法局议员李鹏飞提出的忠告。港事顾问黄保欣认为，这次中英关系恶化，英方应负责任。

香港各大报纸均在显著位置刊登鲁平主任强烈抨击彭定康政制方案的谈话。

《大公报》、《文汇报》、《商报》分别发表社论或观察员文章，指出彭定康这次北行失败表明，英国政府已抛弃中英联合声明和机场谅解备忘录，彭定康有恃无恐地与中方对抗，中方只有被迫奉陪，港人亦可从中了解谁是谁非。

中国和美国医师心脏移植学术研讨会在北京安贞医院举行

由心肺血管医疗研究中心主办的中、美医师心脏移植学术研讨会近日在北京安贞医院举行。

全国初级卫生保健会议在杭州召开

世界首例活体亲属供脾劈裂脾移植手术在哈尔滨医大一院获得成功

国办发布关于确保人口变动情况抽样调查工作质量的通知

国务院办公厅最近发出《关于确保人口变动情况抽样调查工作质量的通知》。

《通知》指出，人口统计数据是反映基本国情、制定政策的重要依据，人口变动情况调查是我国获得年度人口数据的主要渠道之一。自1983年以来，在各级人民政府的领导下，统计、计划生育、公安等部门密切配合，每年进行一次全国人口变动情况抽样调查，为国务院和各省、自治区、直辖市人民政府提供了比较准确的年度人口数据。

《通知》还指出，目前，这项调查工作越来越受到各级领导的重视，但人为干扰调查数据的现象也时有发生。主要原因是，有些地区的同志担心，如实申报出生人口，可能会突破人口计划指标，影响对本地区政绩的考核。

为了保证人口调查数据质量，国务院办公厅要求各级人民政府，高度重视这项工作，加强领导，切实解决抽样调查工作中存在的问题；有关部门要密切配合，通力协作，高质量地做好这项调查工作；加强宣传教育工作，消除部分干部和群众的思想顾虑，支持抽样调查工作，如实申报；要认真贯彻执行《统计法》和中共中央、国务院《关于加强计划生育工作 严格控制人口增长的决定》，坚持实事求是，依法办事的原则，确保统计数字的准确性，严禁瞒报和虚报，任何部门和个人均不得干扰调查工作。

10月25日

国务院关于加强化肥农药农膜经营管理的通知

《国务院关于完善化肥、农药、农膜专营办法的通知》实施以来，农业生产资料多头插手倒买倒卖和价格失控的现象得到遏制，对促进农业生产资料生产和经营工作的正常开展，维护农民利益，确保农业增产，起到了积极作用。为进一步发展经济，深化改革，做好农业生产资料经营管理工作，特通知如下：

一、中国农业生产资料公司（以下简称中国农资公司）和各级供销社的农资经营单位是农资经营的主渠道。

农业部直属直供垦区（含建设兵团、农垦总局、管理局、国营农场等），继续执行中央和地方直供体制，由垦区组织供应。

农业植保站、土肥站、农技推广站（中心）开展技术推广和有偿技术服务所需配套的化肥、农药、农膜（含棚膜、地膜，下同），凡列入国家统配计划的，由农资公司按批发价供货；未列入国家统配计划的，按照市场经营机制进行，可由农资公司按批发价供货，具体品种、数量由供需双方商定，也可与生产企业直接订货，按当地零售价有偿转让给农民。

中央和地方统配的化肥、农药、农膜，委托中国农资公司和省（区、市）农资公司按国家规定的收购分配政策具体执行。统配以外的化肥、农药、农膜，生产企业可与农资公司、植保站、土肥站、农技推广（中心）等农资经营单位进行合同定购、联销、代销或自销给农民；可直供基层供销社；也可实行农民预定、淡旺季差价的办法。在有条件的地方，可逐步推广农工商相结合的农业生产资料社会化服务。具体采取哪种方式，由各省（区、市）人民政府结合实际情况决定。

除上述规定的单位外，任何单位和个人不得经营化肥、农药、农膜。各级工商行政管理机关要会同商业行政主管部门加强市场管理，坚决取缔非法经营。各级农资经营单位要利用自己的优势，充分发挥市场机制的作用，加强经营管理，降低经营费用，更好地为农业服务。

二、国家安排一部分企业承担统配化肥生产任务，由国家和省（区、市）计委按年度分别下达。同时，对利用外资进行建设和技术改造以及进口备品配件、调剂解决主要原材料所需的少量化肥一并下达。为挖掘企业生产能力，化肥、农药生产企业在完成国家年度统配计划的基础上，可组织来料加工。其产品可给来料加工单位用于农业生产，亦可通过农资经营单位经销。生产企业自己组织原料生产的产品，可销给农资经营单位。

三、要切实安排好中央统配的化肥、农药、农膜生产所需主要原材料、燃料和电力供应。所需原材料属中央指令性计划的，由国家计委同地方计委专项安排。其中生产化肥用天然气、油料分别由石油天然气总公司、石化总公司按计划保证供应；所需燃料、电力指标，由有关部门按产量、消耗定额核报，国家按双保企业下达。其他一般原材料，由企业自行组织购进，有关部门和地方政府要积极协助。地方统配的化肥、农药、农膜，可参照中央统配化肥供应管理办法，由地方各级计委下达计划，并负责安排主要原材料、燃料、电力供应，实行产品分配权和义务分级负责。

中央和地方统配的化肥、农药、农膜，由生产企业与中国农资公司和省（区、市）农资公司，分别按计划签订生产、收购合同。

四、为了保证突发性病虫害和其他灾害急用，中央、地方要分级储备一部分农药。中央储备的具体数量，由国务院农业生产资料协调领导小组牵头，商计委、农业、商业等有关部门报国务院审定。所需储备资金，由人民银行商有关专业银行在安排信贷计划时优先解决，利息由中央财政负担。省（区、市）的储备办法，由各省（区、市）人民政府参照中央储备办法自行确定。此项储备，中央部分由中国农资公司承担，省（区、市）储备的部分由省（区、市）农资公司承担。具体方案，分别由中央、省级农业部门与农资公司协商提出，报同级农业生产资料协调领导小组审定后，由农资公司执行。为了做好这项工作，各级人民政府要安排好农资系统储备仓库的配套建设。

五、为了保证流通渠道畅通，农资经营周转金要配套。对生产和经营所需流动资金，要专项安排，优先保证。具体办法，由人民银行与有关专业银行制定。有关专业银行对生产企业、经营单位（包括农垦系统、农技推广部门）所需周转金核定定额，实行专项管理，专款专用。中央和地方进口统配化肥、农药、农膜所需配套人民币资金，银行要优先给予支持。

六、要切实搞好工商衔接。凡中央和地方的统配化肥、农药、农膜（不含试验、示范和新研制膜），全部由中国农资公司和省（区、市）农资公司负责按月生产计划，及时收购、储备、调运，生产企业要按时按量交货，农资公司及时收购。逾期不能收购或交货的，由各级农业生产资料协调领导小组协调解决。非统配的产品，由市场调节。为了满足农业需求，各级政府要及时协调解决生产企业与经营单位产销中遇到的问题。

七、中央外汇和地方、部门自有外汇进口的化肥、农药（包括原料和中间体）及农膜、化肥包装、农用水利灌溉管原料，按照择优委托的原则，中央外汇进口的，可委托中国化工进出口总公司代理；农垦系统自有外汇进口农药的业务，可委托中国农垦进出口总公司代理；其他部门和地方自有外汇进口的，其委托代理进口单位按经贸部有关规定办理。国外捐赠的化肥、农药、农膜（料）等农用物资，按国务院国发〔1989〕16 号文件规定办理。

中央计划进口的化肥、农药（包括原料及中间体）、农膜、化肥包装原料及农用水利灌溉管原料，继续减免关税、产品税（增值税），不收保证金。农资公司（供销社）、农垦系统、农技推广部门经营或有偿转让的化肥、农药、农膜（料）、水利灌溉管（料），免征营业税。

八、化肥、农药、农膜及生产所需的主要原材料、燃料，交通、铁道部门要根据各级农资公司（供销社）和农垦系统、农技部门及生产企业申报的计划优先安排运输计划，及时组织运输卸运，保证不误农时。

九、积极稳妥地推进农业生产资料价格改革。为了促进农业生产资料的生产，搞活流通，必须深化价格改革，进一步理顺农业生产资料价格。随着粮、棉交易市场的发育和粮、棉价格的逐步放开，国家粮肥挂钩、棉花奖售的专项化肥应当逐步取消，放开价格，化肥的平议差价作为价外补贴，直接付给农民。农药、农膜的价格也应相机放开。当前，各级物价部门要会同有关部门继续抓好农业生产资料价格的管理，按照价格分工管理权限制定化肥、农药、农膜等价格，协调好农业、工业、商业的利益关系，防止农业生产资料价格出现大的波动，以利稳定粮、棉生产。

十、切实把农资生产、供应、进口工作组织、协调好。农业生产资料是关系到农业稳定和国民经济协调发展的重要商品。各级人民政府要进一步加强对农业生产资料的宏观管理和领导，组织有关部门把工作做细做好。中央和地方的总需求、总供给的平衡，国务院有关部门和省（区、市）间及各省（区、市）内需要解决协调的问题，分别由国务院和各省（区、市）人民政府农业生产资料协调领导小组负责。各有关部门要密切配合，齐心合力地把农业生产资料生产和供应工作做好。

对认真执行中央和省（区、市）计划有显著成绩的单位和个人，要给予表彰和奖励。对违反政策、规定者，以及积压农资贻误农时造成损失的，各级政府要认真查处。对将统配平价化肥、农药、农膜及其原料转为议价经营的，除没收全部非法收入外，还要追究单位负责人和经办人的责任。具体奖惩办法由国务院农业生产资料协调领导小组制定。无经营许可证或营业执照进口化肥、农药、农膜原料（包括边贸、地贸、易货贸易进口）的，除没收其产品交农资经营部门处理外，由有关部门依法惩处。

本通知从发布之日起，由各级人民政府组织实施。各地可根据本地实际情况，制定贯彻执行本通知的实施办法。国务院及有关部门以前发出的有关规定，凡与本通知不一致的，按本通知执行。

第二次农村改革与社会主义市场经济研讨会在北京举行

在研讨会上，与会的部分十四大代表、中央国务院有关部门负责人和专家学者认为，发展高产优质高效农业，必须抓住发育市场这个重点，通过建立健全有效的农产品生产、流通的调控机制，建立农民到市场的中间组织，建立农产品期货市场，建立贸工农一体化经营机制，从而降低农民交易费用，分散市场风险。

在研讨会上，许多代表提出，农业生产是各种资源和要素的转化过程，把农产品放到市场上由消费者取舍，就可以迅速地将消费者对优质农产品的需求反馈给生产者，从而刺激这部分产品的发展。但是能不能发展起来，关键是有没有生产这种产品所需要的土地、资金、劳力、技术的供给和优化配置。与会者认为，农产品走向市场，建立农民到市场的中间组织是一个迫切而现实的问题。为了降低农民交易费用，将市场风险尽可能分散到各方面承担，应逐步建立农产品期货市场，把小生产、小流通同大市场联结起来。国家应从农业投资中提取部分基金，用于承担农产品经营与生产的风险。

北京医科大学举行建校80周年庆祝活动

香港一些社会人士就彭定康挑起中英对抗的行为发表谈话

香港一些社会人士对港督彭定康拒不接受中方合理意见导致访北京失败十分不满，纷纷对彭定康顽固坚持其违反中英联合声明、违反基本法、违反中英协议的“宪制方案”，挑起中英对抗的行为提出尖锐批评。

港事顾问曹宏威指出，国务院港澳办主任鲁平日前对港督彭定康施政报告的批评，是根据基本法中列明的条文，既言之有理，又态度忍让。而彭定康将中英双方协议搁置一旁，自行发明一套政制；不使政制发展朝着衔接基本法的方向前进，是失职和不负责的行为。他说，当年中英签署联合声明和全国人大通过基本法后，香港经济稳定发展，有据可循；现时政局不明，人心惶恐，说明彭定康根本无视港人前途。

《文汇报》、《大公报》等香港报纸报道说，昨天上午彭定康在立法局简报他的北京之行时，多位议员根据鲁平主任谈到的情况，追问中英双方曾否就九五年立法局选举达成了协议，指出这是一个要害问题。民主建港联盟副主席谭耀宗提出，希望港督解释是否因为英国背信弃诺致使中国作出强烈反应。彭定康无言以对，只讲了一个“NO”字。在立法局有议席的一些政治团体，要求中英双方公开关于香港政制问题所达成协议的文件，以澄清哪一方面在说谎。民主民生协进会主席冯检基表示，彭定康要将他的宪制方案交立法局表决，立法局就有权了解事件真相。否则，会使立法局成为代罪羔羊，或者说，英国做了不负责的事都要让香港来承担。

香港中文大学亚太研究所副所长刘兆佳说，彭定康搞敌对中方政策，目的就是要增加反中力量，违反基本法就是为陆续而来的各种政治布置铺路。香港理工学院商学系副主任刘佩琼指出，彭定康首次访京失败而回，没有带回港人希望见到中英关系和好的消息，并且还强硬表示会将与基本法相违背的宪制方案提交立法局决定，这种做法不可能行得通。

10月26日

全国政协第七届常委会举行第二十一次会议

这次常委会议主要内容是传达、学习和贯彻中国共产党第十四次全国代表大会精神；审议全国政协视察河南、河北、山东、江苏、辽宁、山西、浙江的情况报告；审议全国政协代表团访问巴基斯坦的情况报告。

会议由全国政协副主席洪学智主持。

中共中央政治局常委、国务院副总理朱镕基在会上作关于改革开放和当前经济情况问题的报告。

朱镕基在报告中说，刚刚闭幕的党的十四大总结了十一届三中全会以来坚持党的基本路线伟大实践的经验，以邓小平同志建设有中国特色社会主义理论统一全党的思想，确定了加快改革开放和现代化建设的部署，这对于动员全党和全国人民夺取社会主义现代化建设的更大胜利，实现振兴中华的伟大理想，一定会产生巨大的推动作用。朱镕基在讲话中，还就当前的经济形势，加快改革开放步伐，加强经济宏观调控等问题，发表了意见。

全国政协副主席钱正英在会上传达了中国共产党

第十四次全国代表大会会议精神。

钱正英说，目前，全国政协正面临换届，今后政协如何进一步加强自身建设，如何在政协的各项工作中更好地贯彻十四大会议精神，特别是政协工作如何服从和服务于经济建设这个中心，十分需要常委们多发表意见，提出建议。

全国政协秘书长宋德敏就这次常委会议议程和日程安排问题，向与会常委作说明。

全国政协副主席谷牧、王光英、邓兆祥、赵朴初、马文瑞、王恩茂、钱伟长、胡绳、程思远、卢嘉锡、苏步青、司马义·艾买提、叶选平出席会议。

中共中央就各民主党派全国工商联祝贺中共十四大召开致信感谢

中共中央政治局委员丁关根在中央党校就建设有中国特色社会主义理论发表讲话

党的十四大是在我国改革开放和现代化建设进入新阶段的关键时刻召开的。这次大会是我们党历史上一次非常重要的会议，肩负着重大历史使命。在全体代表的共同努力下，大会开得很好，很成功，确实是一个团结的大会，胜利的大会。它对于进一步统一全党和全国人民的思想，更好地调动各方面的积极性，继续推进改革开放和社会主义现代化建设事业，具有极其重大的现实意义和长远意义。

在十四大上，江泽民同志代表党中央作了一个重要报告。这个报告是以邓小平同志建设有中国特色社会主义的理论为指针，在江泽民同志和中央政治局常委直接领导下起草的。报告充分体现了邓小平同志视察南方谈话精神和一贯思想，是十一届三中全会以来党的路线方针政策的继续、丰富、发展和理论升华，是我国人民 14 年伟大实践的科学总结，是全党智慧的结晶。

十四大报告对十一届三中全会以来的 14 年作出郑重的历史结论，阐述了建设有中国特色社会主义的理论，部署了今后一个时期的战略任务，明确确定坚持党的基本路线 一百年不动摇，明确确定建立社会主义市场经济体制，明确确定用邓小平同志建设有中国特色社会主义的理论武装全党，动员全党同志和全国各族人民，进一步解放思想，实事求是，抓住时机，加快改革开放，集中精力把经济建设搞上去，夺取有中国特色社会主义事业的更大胜利。

下面，就报告中的几个重要问题谈几点学习体会。

一、关于建设有中国特色社会主义的理论

关于建设有中国特色社会主义的理论，是十四大报告中最重要的内容。十一届三中全会以后，我们党正确分析基本国情，正确把握马克思主义关于社会主义的基本原理，不断总结实践经验，提出了关于建设有中国特色社会主义的一系列科学的理论观点。党的十三大归纳了十二个理论观点。党的十三届七中全会，提出了建设有中国特色社会主义的十二条原则。江泽民同志在庆祝建党 70 周年大会上的讲话中，论述了建设有中国特色社会主义的经济、政治、文化的基本要求。党的十四大，在这些基础上，进一步概括出建设有中国特色社会主义理论的主要内容。这次概括的特点：一是着重从理论的角度，第一次比较系统地初步回答了中国这样经济文化比较落后的国家如何建设、巩固和发展社会主义的一系列基本问题。一些比较具体的方针政策方面的内容未列入其中。这样层次高一些、理论性强一些。二是在这些基本问题上着重反映我们党和邓小平同志在十一届三中全会以来继承和发展马克思主义的新实践、新认识。三是反映了邓小平同志今年初南方谈话的新思想。四是阐述了这个理论形成的历史条件和发展过程，指出它是对马列主义毛泽东思想的继承和发展，同时说明它还要在实践中继续丰富、完善和发展。这次对建设有中国特色社会主义理论的概括，标志着我们党对社会主义的认识提高到了一个新水平，也标志着有中国特色社会主义的理论越来越丰富。

在对建设有中国特色社会主义理论的理解上，我的体会有四点：

第一，这个理论既具有中国特色，又具有一定普遍意义。

社会主义从来就不存在一个各国普遍适用的模式。社会主义国家要根据本国的特点，建设有本国特色的社会主义。任何追求社会主义单一模式，把社会主义教条化的做法，都是错误的。我们有中国特色社会主义的理论正是在这个认识的基础上，才产生和发展起来的。同时，我们也应该看到，任何一种正确的认识，都反映了事物发展的内在规律，具有一定的普遍意义。作为马克思主义的组成部分，有中国特色社会主义的理论必然对社会主义事业的发展产生一定指导作用。

第二，这个理论既凝结了我们 14 年社会主义实践的经验，也包含了前 29 年的经验。

建国后 43 年的历史，总起来说可以分前后两个时期。前一个时期是十一届三中全会以前的 29 年，后一个时期是在这以后的 14 年。十一届三中全会以前，在经济基础方面，我们坚持社会主义的生产资料公有制和按劳分配原则；在上层建筑方面，我们坚持四项基本原则。但是，我们在完成社会主义改造后的社会主义建设的实践中，没有紧紧把握住解放和发展生产力，而是片面强调了阶级斗争。直到十一届三中全会之后，我们党毅然抛弃“以阶级斗争为纲”这个不适用于社会主义社会的“左”的错误方针，把党和国家的工作中心转移到经济建设上来，确定了一条适合我国情况的社会主义现代化建设的正确道路。在这十几年里，我们进行了改革开放“第二次革命”，出现了马克思主义与我国实践相结合的“第二次飞跃”，正在奔向从温饱到小康的“第二步战略目标”。建设有中国特色社会主义的理论，主要是总结、概括了14年的经验。但是，历史不能割断。如果没有前29年，就不可能在十一届三中全会后走上正确的道路。建设有中国特色社会主义的理论是建国以来基本经验的科学总结。

第三，这个理论既已初步形成系统，又需继续丰富、完善和发展。

建设有中国特色社会主义的理论，就社会主义的一系列带根本性的问题已经作出了明确阐述，形成了一个理论体系。这一体系，不是封闭的、凝固的，而是不断发展的、富有强大生命力的。建设有中国特色的社会主义是马克思主义理论与我国实践相结合的产物。这个结合要经过一个相当长的历史过程。我们必须继续运用马克思主义的立场、观点、方法，研究和解决社会主义实践中遇到的新情况、新问题，不断用新的思想、观点丰富这个理论。

第四，这个理论既是全党智慧的结晶，又是邓小平同志的杰出贡献。

建设有中国特色的社会主义，是邓小平同志提出来的。1982年9月，他在党的十二大开幕词中指出：“把马克思主义的普遍真理同我国的具体实际结合起来，走自己的道路，建设有中国特色的社会主义，这就是我们总结长期历史经验得出的基本结论。”建设有中国特色社会主义的理论，是在和平与发展成为时代主题的历史条件下，在我国14年改革开放和社会主义现代化建设的实践过程中，在总结我国社会主义胜利和挫折的历史经验并借鉴其他国家社会主义兴衰成败的历史经验的基础上，逐步形成和发展起来的。这个理论是马克思列宁主义基本原理与当代中国实际和时代特征相结合的产物，是毛泽东思想的继承和发展，是全党全国人民集体智慧的结晶，是中国共产党和中国人民最可珍贵的精神财富。这个理论的许多观点都是邓小平同志首先提出和加以科学阐发的。他尊重实践，尊重群众，时刻注意最广大人民的利益和愿望，善于概括群众的经验和创造，敏锐地把握时代发展的脉搏和契机，既继承前人又突破陈规，表现出了开辟社会主义建设新道路的巨大政治勇气和开拓马克思主义新境界的巨大理论勇气，对建设有中国特色社会主义理论的创立作出了历史性的重大贡献。

建设有中国特色社会主义理论，是马克思主义与中国实践相结合的最新科学成果。十一届三中全会以来的实践证明，这个理论是正确的。这几年国际上发生的剧变，也证明这个理论是正确的。人民群众拥护我们的党，从根本上说，就是因为我们党坚持建设有中国特色社会主义理论和在这个理论指导下形成的路线、方针、政策。有中国特色社会主义的理论，是指引我们实现新的历史任务的强大思想武器。

二、关于坚持党的基本路线一百年不动摇

十四大报告回顾了从粉碎“四人帮”一直到今年初小平同志视察南方发表重要谈话，这样一个历史过程，有3000多字。这不仅仅是历史的简述，而是对14年一系列重大决策作出郑重的历史结论。1981年，在邓小平同志亲自主持下，我们党对建国以来的若干历史问题作过决议，这是一个十分重要的历史文献。那个决议重点是总结从新中国建立到十一届三中全会的历史。十一届三中全会以来的14年，是建国以后非常不平凡的14年，开辟了社会主义事业的新阶段。在这14年中，我们拨乱反正，重新确立了正确的政治路线、思想路线、组织路线；在这14年中，我们找到了建设有中国特色的社会主义道路，在理论和实践上都有许多重大的创新，形成了建设有中国特色社会主义的理论和路线、方针、政策；在这14年中，我们思想观念发生了深刻的变化，推行改革开放，逐步形成了全面改革和全方位开放的格局；在这14年中，我们集中力量发展经济，使我国经济建设、人民生活、综合国力都上了一个大台阶。高度概括地阐明这14年中党的一系列重大决策，实事求是地郑重地作出历史结论，意义重大。通过14年回顾，可以使我们更加清楚地了解党的基本理论、基本路线的形成和发展过程，更加深刻地认识14年我们实行的这条路线是正确的，我们党作出的一系列重大决策也是正确的，更加坚定坚持党的基本路线以及与这条路线相联系的基本政策不动摇的信念，进一步统一思想，明确方向，更好地建设有中国特色的社会主义。

十四大报告指出：“14年伟大实践的经验，集中到一点，就是要毫不动摇地坚持以建设有中国特色社会主义理论为指导的党的基本路线。”坚持党的基本路线不动摇，关键要坚持以经济建设为中心不动摇，把坚持改革开放同坚持四项基本原则统一起来，巩固和发展团结稳定的政治局面。基本路线不变，社会政治稳定，有了这两条，我们就能够立于不败之地。怎样理解坚持党的基本路线一百年不动摇？我体会：

第一，党的基本路线是关系全局、指引全局、决定全局的。党的基本路线正确，我们的事业就发展、就前进；党的基本路线错了，我们的事业就遭受挫折和失败。历史上我们党在不同的时期先后有过几条基本路线(或者称为总路线)。新民主主义革命时期的基本路线是:"无产阶级领导的,人民大众的,反对帝国主义、封建主义和官僚资本主义的革命。"全党坚定不移地贯彻这条基本路线,使我们取得了新民主主义革命的伟大胜利。在由新民主主义向社会主义的过渡时期,我党制定的总路线是:要在相当长的时期内,逐步实现国家的社会主义工业化,并逐步实现国家对农业、对手工业和对资本主义工商业的社会主义改造。这条总路线反映了历史的必然性,指引我们取得了基本完成社会主义改造的历史性胜利。1958 年党的八大二次会议通过的社会主义建设总路线是:鼓足干劲,力争上游,多快好省地建设社会主义。这条总路线及其基本点,其正确的一面是反映了广大人民群众迫切要求改变我国经济文化落后状况的普遍愿望,其缺点是忽视了客观的经济规律。在"文化大革命"中提出了一条完全错误的所谓"无产阶级专政下继续革命"的基本路线。这条路线给党和人民带来严重的挫折和灾难。十一届三中全会以后,我们党确定的基本路线是:领导和团结全国各族人民,以经济建设为中心,坚持四项基本原则,坚持改革开放,自力更生,艰苦创业,为把我国建设成为富强、民主、文明的社会主义现代化国家而奋斗。这是一条马克思主义的正确路线,是我们党把马克思主义基本原理同我国社会主义初级阶段的实际相结合提出来的,是亿万人民在实践中得出的最为宝贵的经验,代表了人民的根本利益。

坚持以经济建设为中心,坚持四项基本原则,坚持改革开放,是建设有中国特色社会主义的三个最基本的问题。这三个基本问题相互依存、缺一不可,中心是经济建设,同时"一个中心"也离不开"两个基本点"。"一个中心"不能变成"两个中心","两个基本点"不能变成"一个基本点"。"两个基本点",一个是立国之本,一个是强国之路,服务于"一个中心",统一于建设有中国特色社会主义的实践。正确理解了这三个基本问题及其相互关系,就能够正确地领导建设有中国特色社会主义的伟大事业。

第二,有了正确路线必须贯彻始终。不管遇到什么样国际和国内风浪,除非大规模外敌入侵,否则就不要改变。历史上我们曾有过制定了正确路线后又背离了的严重教训。党的八大曾提出党的主要任务是集中力量发展社会生产力的正确路线,但由于没有能够清醒对待当时的国际国内某些事件,后来偏离了这条路线,以致我们工作中心的转移,推迟了 20 年,错过了许多发展的机遇。十一届三中全会以来,我们遇到过不少风波。国内外都有人对我们能否坚持基本路线,持观望态度。邓小平同志以他丰富的历史经验和政治智慧,冷静而又正确地处理国际国内问题,一再郑重地表明要毫不动摇地坚持党的基本路线。1987 年初少数人闹事,党内人事变动,邓小平同志说,这对我们的方针政策不会有任何影响,一切照旧干下去。坚持四项基本原则不变,一心一意搞四个现代化建设不变,两个开放政策不变,进行经济体制改革和政治体制改革的方针不变。1989 年政治风波过后,邓小平同志坚定地说,党的十三大概括的"一个中心、两个基本点"没有错。我们要照样干下去,坚定不移地干下去。基本路线、基本方针、政策都不变。今年年初,邓小平同志在视察南方谈话中又指出,三中全会以来路线方针政策是正确的,谁想变也变不了。说过去说过来,就是一句话,坚持这个路线方针政策不变。正是由于我们党坚定不移地贯彻了党的基本路线,才使我们能够经受住风浪,站稳脚跟,顶住压力,克服困难。今后在前进的道路上还会遇到各种复杂情况,要按照实际情况,有什么问题解决什么问题。无论解决什么问题,都不能影响经济建设这个中心,都要为集中力量把经济建设搞上去创造更有利的条件。这一条要成为我们不可动摇的原则。在党的代表大会上,庄重宣告坚持党的基本路线一百年不动摇,表达了全党的决心和意志。

第三,基本路线要管一百年是根据社会主义初级阶段的长期性确定的,其含义是基本路线要贯穿整个社会主义初级阶段。十三大阐述的社会主义初级阶段理论指出,这个初级阶段从我国社会主义改造基本完成到社会主义现代化的基本实现,至少需要上百年。在上百年这样一个长的历史阶段中,始终要坚持以经济建设为中心,坚持两个基本点。14 年来我们党在基本路线指引下,提前实现了第一步发展目标。继续坚持这条路线,一百年不动摇,就能胜利地实现第二步、第三步发展目标。

为了更好地坚持党的基本路线,报告重申了邓小平同志"要警惕右,但主要是防止'左'"的重要论断。报告中对"左"和右的表述,包含这样几层意思:第一,讲了"左"和右的危害。"左"和右都可以葬送社会主义。第二,讲了要警惕右,但主要是防止"左"。从我们党的历史上看,"左"的思想根深蒂固。"左"带有革命色彩,拿大帽子吓唬人,好像越"左"越革命。在建设社会主义进程中,从 1957 年起的 20 年间出现的错误,主要都是"左"。改革开放要探索新的道路,突破束缚生产力发展的模式和观念,阻力主要来自"左"。第三,讲了"左"和右的界定。右的表现主要是否定四项基本原则,搞资产阶级自由化,甚至制造政治动乱。"左"的表现主要是否定改革开放,认为和平演变的主要危险来自经济领域,甚至用"阶级斗争为纲"的思想影响和冲击经济建设这个中心。不能把思想认识问题和工作实践中的不同意见，随意说成是政治倾向上的“左”和右。

三、关于改革是我们党领导的又一次伟大革命

十四大报告阐述了我们党领导的两次伟大革命：以毛泽东同志为核心的第一代中央领导集体，领导党和人民夺取政权，建立新中国，这是中国有史以来最伟大的革命。以邓小平同志为核心的第二代中央领导集体，领导党和人民通过改革开放，解放和发展生产力，经过长期奋斗，把中国由不发达的社会主义国家变成富强民主文明的社会主义现代化国家，这是又一次伟大革命。这不仅肯定了我们党第一代、第二代中央领导集体的历史功绩，同时也表明我们党对改革性质、意义的认识进一步深化和提高。

长期以来形成了一种传统观念：社会主义制度下，似乎不存在、也不会发生束缚生产力的问题，尽管已经多次明显地暴露出生产关系阻碍生产力发展的情况，但一直得不到根本的变革。在“左”的思想指导下，还曾把社会基本矛盾简单地归结为阶级矛盾，试图用政治运动甚至用“文化大革命”来解决问题，结果不但没有促进生产力的发展，反而严重地破坏了生产力，使国民经济濒临崩溃的边缘。十一届三中全会以来，邓小平同志提出解放思想、实事求是，为解决上层建筑、生产关系中束缚生产力的问题，展开了波澜壮阔的改革开放。如今神州大地一派兴旺繁荣的景象。事实证明，社会主义社会确实还存在解放生产力的问题。革命要破除发展生产力的桎梏，解放生产力；改革也是要破除发展生产力的障碍，解放生产力。改革是解放生产力的论点丰富了唯物史观。改革就其引起社会变革的广度和深度来说，是一场革命，是我国人民夺取政权，建立社会主义基本制度那次革命以后的“又一次伟大革命”。邓小平同志 1985 年在会见日本二阶堂进时，把这称为中国的“第二次革命。”

十四大报告对第二次革命是一场什么样的革命作了精辟的论述。报告中指出，这场新的革命，是在过去革命取得成功和社会主义建设取得巨大成就的基础上进行的，是在我们党领导下有秩序有步骤地进行的。它不是要改变我们社会主义制度的性质，而是社会主义制度的自我完善和发展。它也不是原有经济体制细枝末节的修补，而是经济体制的根本性变革。报告把“改革”和“革命”放到同等重要的地位，从解放生产力的角度认识改革的革命意义，这对推动我国改革开放有重要的理论意义和指导作用。

搞好第二次革命，最重要的是解放思想、实事求是。解放思想、实事求是是党的思想路线，是马列主义毛泽东思想的精髓。解放思想、实事求是是统一的。邓小平同志说：“解放思想，就是使思想和实际相符合，使主观和客观相符合，就是实事求是。今后，在一切工作中要真正坚持实事求是，就必须继续解放思想。”思想解放永远伴随着实践过程，实践没有终结，思想解放的任务也永远没有止境。改革是前无古人的伟大事业，只能靠大胆试验，大胆地闯。敢于试、敢于闯，主要靠两条：一条是坚持实事求是的思想路线，冲破教条主义、主观主义的束缚，创造性地解决改革开放中的新问题；一条是坚持从群众中来、到群众中去的群众路线，善于总结群众的实践经验，再推广到群众中去，经受实践的检验。敢闯不是乱闯、蛮干，要尊重客观规律。胆子要大，步子要稳，工作要细，作风要实。对了，继续干；错了，就纠正。判断各方面工作的是非得失，要以是否有利于发展社会主义社会的生产力，是否有利于增强社会主义国家的综合国力，是否有利于提高人民的生活水平。这“三个有利于”，既是经济标准，又是政治标准。它体现了坚持实践和生产力标准的彻底的唯物主义观点，也体现了把人民群众及其利益作为观察、思考和处理一切问题的出发点与归宿的彻底的群众观点。“三个有利于”标准的确定，必将进一步促进思想解放，改革深化，经济发展。

解放思想，加快改革开放步伐，应该正确认识资本主义，大胆吸收和借鉴人类社会创造的一切文明成果，吸收和借鉴当今世界各国包括资本主义发达国家的一切反映现代社会化生产和商品经济一般规律的先进经营方式和管理方法。对资本主义社会的东西，我们既不能盲目崇拜，也不能一概排斥，应当采取科学的态度，正确认识它、利用它，批判地继承它。早在 70 多年前，列宁就批评过拒绝学习资本主义的思想，他说：“我们不能设想，除了建立在庞大的资本主义文化所获得的一切经验教训的基础上的社会主义，还有别的什么社会主义。”建设社会主义必须吸收和借鉴资本主义有用的东西，用资本主义的“材料”建设社会主义的“大厦”。社会主义只有大胆地吸收和借鉴人类社会的一切文明成果，才能创造出比资本主义更高的劳动生产率，才能赢得与资本主义相比较的优势，最终战胜资本主义。

四、关于社会主义市场经济

十一届三中全会以来，我们在社会主义经济理论方面有两大突破，一个是 1984 年十二届三中全会提出有计划的商品经济理论，一个是这次十四大提出社会主义市场经济理论。这是我们党对马克思主义的新贡献。

经济体制改革的核心是计划与市场的关系问题。过去我们的思想被一些传统观念束缚，总认为计划经济是社会主义经济的基本特征，市场经济是资本主义特有的东西。邓小平同志关于计划与市场的几次谈话，特别是今年视察南方的谈话，从根本上解除了把计

划经济和市场经济看作属于社会基本制度范畴的束缚，使我们思想大解放，认识有了新突破。

要正确认识市场经济，需要搞清楚几个关系：

第一，市场经济与商品经济的关系。商品经济和市场经济是既相联系又相区别的。商品经济是相对于自然经济、产品经济而言的，市场经济是相对于计划经济而言的。市场经济与商品经济有其内在一致性。商品经济是市场经济存在和发展的前提和基础，市场经济是商品经济存在和发展的客观要求。

第二，市场经济与国家宏观调控的关系。我们讲市场经济，是要使经济活动遵循价值规律的要求，适应供求关系的变化；通过价格杠杆和竞争机制的功能，把资源配置到效益较好的环节中去，并给企业以压力和动力，实现优胜劣汰；运用市场对各种经济信号反应比较灵敏的优点，促进生产和需求的及时协调，发挥市场在国家宏观调控下对资源配置的基础性作用。市场经济并不排斥国家计划。市场有其自身的弱点和消极方面，需要加强和改善国家对经济的宏观调控。经济总量的平衡、大的结构调整、公平竞争、生态平衡和环境保护、公平和效率的关系等问题，都不能完全交给市场由那只“看不见的手”自发起作用，需要有“看得见的手”即国家、政府的干预。没有计划的市场，同日益社会化大生产的商品经济是不相适应的。就是当代在资本主义国家里也找不到没有国家宏观调控的市场经济，只是调控的方式、力度有所不同而已。关键是要找到宏观调控和市场机制的结合点。解决好这个问题，市场机制就能更好地发挥作用。

第三，市场经济与所有制的关系。市场经济是在私有制社会产生的，因此，不少人常常把市场经济与私有制联系在一起。其实，市场经济产生、发展的根源并不在于生产资料所有制。它是商品经济发展到生产社会化程度时所必然产生的。只要是在社会化大生产基础上的商品经济，不论其实行生产资料公有制还是私有制，都离不开市场经济这一运行形态。不能用市场经济来划分社会经济制度。为什么要在市场经济前加上“社会主义”？这不是说市场经济本身姓“社”，而是说我们的市场经济是在“社会主义条件下”或“社会主义制度下”的市场经济。

在不同的社会制度下，市场经济有它们的共性，也有其个性。从市场经济应具有的一般特征来说，社会主义市场经济同资本主义市场经济并不存在根本的差别。它们都应具有四个特征：一是一切经济活动都直接或间接地处于市场关系之中，市场机制是推动生产要素流动和促进资源优化配置的基本运行机制。二是所有企业都具有进行商品生产经营所应拥有的全部权力，从而能自觉地面向市场，自主地开展生产经营活动。三是政府部门不直接干预企业生产和经营的具体事务，而是通过财政、税收、价格、金融等政策调节、规范企业经营活动。四是所有经营活动按照一套法规体系来进行，整个经济运行有一个比较健全的法制基础。

社会主义市场经济体制，是同社会主义基本制度紧密结合在一起的。社会主义市场经济体制除具有上述市场经济的一般特征外，还具有其特殊性。这种特殊性的主要表现：在所有制结构上，社会主义市场经济是以公有制包括全民所有制和集体所有制经济为主体，多种经济成分并存。个体经济、私营经济、外资经济作为公有制经济的有益补充，长期共同发展。在分配制度上，以按劳分配为主体，其他分配形式为补充，坚持效率与公平相统一的原则，合理拉开收入差距，同时防止贫富两极分化，逐步实现共同富裕。在宏观调控上，在资本主义条件下，生产资料私人占有，国家对市场的调控一般是比较软弱的。我们是以公有制经济为主体，国家对市场的调控具有较雄厚的物质基础，对市场的宏观调控能力可以比资本主义国家强得多，从而可使市场机制更加健康地运行。

我们正处在经济体制转换的阶段。建立社会主义市场经济新体制，是一项艰巨复杂的社会系统工程，需要进行长期的艰苦细致的工作和多方面的配套改革。我们在思想认识、管理制度、领导方法等方面都必须相应地来一个很大的转变。过去有许多做法、经验已经不适用了，要根据新的实践要求，重新学习，不断创新，与时俱进。建立社会主义市场经济体制，既要积极，又要稳妥；既要看到长期性，又要有紧迫感；既要有统一规划，又要区别不同情况，从实际出发。

建立社会主义市场经济体制，当前必须认真抓好互相关联的四个重要环节：一是搞好国有企业经营机制的转换，从根本上解决政企不分的问题，使企业走向市场，平等竞争，优胜劣汰，真正成为自主经营、自负盈亏的商品生产者和经营者，具有自我改造、自我发展的能力。二是建立统一开放的社会主义市场体系，加强市场制度建设、法规建设，使市场在有管理和有监督的情况下建设和完善起来。同时，根据各方面的承受能力，加快改革步伐，积极理顺价格关系，建立起以市场形成价格为主的价格机制。三是深化分配制度和社会保障制度的改革。要统筹兼顾国家、集体、个人三者利益。理顺国家与企业、中央与地方的分配关系。四是转变政府职能。政企要分开，政府对企业从直接管理转变为间接管理，健全科学的宏观管理体制与方法。政府的职能主要是统筹规划，掌握政策，信息引导，组织协调，提供服务和检查监督。

社会主义市场经济体制的提出，必将大大促进改革开放的步伐，必将大大促进社会生产力的进一步解放和发展。我们完全有理由相信，建立在社会主义条件下的市场经济，能够把人民的当前利益与长远利益、社会整体利益与局部利益很好地结合起来，在处理计划与市场的关系、微观放活与宏观协调的关系、刺激经济效率和实现社会公平的关系等方面，比资本主义条件下的市场经济运行得更有成效。

五、关于加快发展经济，力争隔几年上一个台阶

抓住时机，加快发展，力争国民经济隔几年上一个台阶，是邓小平同志视察南方谈话的重要思想。十四大报告突出强调了这个思想，阐述了经济发展要不要加快，能不能加快，怎样加快的问题。

加快发展经济，力争隔几年上一个台阶，是建立在对国际形势和国内经济增长趋势客观分析和科学预测基础上的。本世纪人类社会经济发展进入了全面高速增长的时期，在不到一百年中所创造的生产力，比过去所有世纪创造的全部生产力还要多。许多国家和地区在发展过程中，都曾经有过高速发展时期，或若干个高速发展阶段。十四大报告指出："我国近代的历史和当今世界的现实都清楚表明，经济落后就会非常被动，就会受制于人。""如果我国经济发展慢了，社会主义制度的巩固和国家的长治久安都会遇到极大困难。""我国经济能不能加快发展，不仅是重大的经济问题，而且是重大的政治问题。"我们必须加快发展经济。把现代化建设搞成功了，就能进一步显示社会主义制度的优越性，对世界社会主义事业、对早日实现祖国统一大业，都将是一个有力的促进。

目前，我国经济发展完全有可能更快一些。从国际上看，两极格局终结，世界向多极化发展，我们有可能争取到一个较长时间的和平环境。世界范围新科技革命的加快，国际间产业结构的调整和重组，亚太地区经济的持续增长，为我们扩大对外开放和加快经济发展提供了良好机遇。从国内来说，现代化建设和改革开放所取得的伟大成就，大大增强了国家的经济实力，已经建立了一定的物质技术基础。我们调整产业结构的潜力很大，一般地说，调整产业结构期间，发展速度是比较快的。我们的科技发展潜力很大，科学技术是第一生产力，科技发展和科技与生产的结合大有作为。我们的市场潜力也很大，足以容纳一个长过程高速增长所创造出的生产力。前几年的治理整顿和深化改革，解决了经济发展中出现的一些问题，形成了比较好的经济社会环境。现在政治稳定、社会稳定，党的基本路线深入人心，特别是邓小平同志的重要谈话，极大地调动了全国人民的积极性。这些都说明当前正是我国加速发展的好机会。要紧紧抓住当前有利时机，使我国经济更快更好的发展。

关于90年代我国经济发展速度问题，在制定"十年规划"和"八五计划"的时候，曾把经济增长率定为6%。当时考虑，我们前十年发展速度较快，后十年只要6%的速度，就可以到本世纪末实现翻两番的目标。定计划时留有余地，执行结果可能超过计划的一二个百分点，实际达到7%到8%。邓小平同志提出抓住时机、加快发展的重要思想后，经过测算和论证，认为可以而且应该比原计划搞得快一些。报告提出90年代我国经济增长8%到9%是可能的，应该朝这个目标前进。

对发展速度问题，我的看法是：第一，必须要有一个积极的发展速度，没有一定的速度，经济建设就不能隔几年上一个新台阶。第二，我们需要的速度是在提高质量、优化结构、增进效益基础上的速度。不讲质量，不管机构，不论效益，这不是我们需要的速度，而且这样的速度也难以持久。第三，既要抓住时机，又要从实际出发，注意量力而行。中国如此之大，各地情况不同，要根据各自的条件确定适当的速度，不要互相攀比。有条件的能搞快一些就快一些，条件暂不具备的，要努力创造条件逐步快起来。只要是质量高、效益好、适应国内外市场需求变化的，就应当鼓励发展。第四，要搞好综合平衡，不能搞小而全，搞重复建设，不要一讲加快发展，就一哄而起，走到过去那种忽视效益，片面追求产值，盲目上新项目，一味扩大基建规模的老路上去。要走出一条既有较高速度又有较好效益的国民经济发展路子。

十四大报告提出了深化改革、扩大开放、产业结构、科技教育、地区布局、民主法制、机构改革、两手抓、人民生活、国防建设十个方面的主要任务。这十项任务是从提高综合国力的角度作出的部署。只要我们认真做好这十个方面的工作，就能够推动经济持续高速发展，促进社会全面进步。

六、坚持两手抓，两手都要硬

"两手抓"是建设有中国特色社会主义的重大战略方针。14年的实践反复说明，只抓一手不行，两手轮流抓不行，一手硬一手软也不行，必须坚持两手抓，两手都要硬，促进物质文明和精神文明建设协调发展。

第一，坚持两手抓，两手都要硬，是社会主义的本质决定的，是全面贯彻党的基本路线的客观要求。社会主义社会是一个全面发展的社会，社会主义现代化建设的各项事业是相互协调和全面发展的事业。在社会主义建设中，物质文明为精神文明的发展提供物质条件和实践经验，精神文明又为物质文明的发展提供精神动力和智力支持，为它的正确发展方向提供有力的思想保证。两个文明都搞好，这才是有中国特色的社会主义。我们应该而且能够建设起资本主义所无可比拟的精神文明。十四大在提出加快发展经济上新台

阶的同时,提出要把精神文明建设提高到新水平。经济发展登上新台阶和精神文明提高到新水平是相互促进的,精神文明提高到新水平,才能更好地促进和保证经济发展上新台阶。

第二,坚持两手抓,两手都要硬,是建立在对发展商品经济、实行改革开放的双重效应清醒认识基础上的。商品经济对人们的思想可以产生两种截然不同的影响。一方面促使人们实现一系列观念的转变,如竞争观念、效益观念、创新观念、平等观念、权利义务观念等等。另一方面可以诱使一些人唯利是图、损公肥私、损人利己,商品交换原则可能侵入政治生活,出现权力和金钱的交易。改革开放也是如此,打开国门,一些好的东西进来了,带来了巨大的社会进步,同时也会带来一些不好的东西。我们实行两手抓,就是要充分发挥发展商品经济和改革开放对社会和人们的积极影响,限制其消极影响,防止和减少各种丑恶现象的发生。我们一定要认真吸取过去曾经发生过的“一手比较硬,一手比较软,一软一硬不相称,配合得不好”的教训,坚定不移地贯彻两手抓、两手硬的方针。越是改革开放,越是要坚持两手抓;认真坚持两手抓,改革开放就能搞得更好。

第三,坚持两手抓、两手都要硬,就是坚持两点论,按辩证法办事。我们做工作,要多一点辩证法,防止片面性和绝对化。要加强工作中的原则性、系统性、预见性、创造性。要注意及时发现问题,并且尽可能解决在萌芽状态,不要使之积累成大问题,影响全局。

根据“坚持两手抓,两手都要硬”的方针,报告强调了“精神文明重在建设”的思想,对理论建设、文化建设、思想政治工作、道德建设等都提出了新的要求。这一部分内容很丰富,含量很大,每一项要求真正落实都需要做艰苦不懈的努力。我们必须发挥党的思想政治工作的优势,在改革开放和现代化建设中,培养一代又一代有理想、有道德、有文化、有纪律的新人。

报告中强调了民主法制建设。报告提出,我们应当在扩大社会主义民主、健全社会主义法制方面取得明显进展。要进一步完善人民代表大会制度,完善共产党领导的多党合作和政治协商制度,逐步完善监督机制,加强法制建设,加强基层民主建设,搞好社会治安。在民主问题上,我感到应该明确这样几个基本观点:①民主是社会主义的本质特征。社会主义民主才是真正的民主,是人民当家作主的民主。同时社会主义民主还需要不断完善。②中国共产党在革命战争年代一直为着民主、自由而奋斗。新中国建立以后,我们党也是不断地加强民主与法制建设。③民主、自由从来都是相对的、具体的,世界上没有绝对的抽象的民主。一个国家实行什么样的民主制度,要适合本国国情,要和本国的历史、政治、经济、文化、教育等具体实际相适应。我国现在实行的社会主义民主制度,适合我国的国情。④我们不把自己的民主制度施之于人,也决不允许别人把它们的制度强加于我。

报告中还强调了机构改革、精兵简政。现在我们机构臃肿,层次重叠,许多单位人员过多,效率低下,脱离群众,障碍企业经营机制的转换,已到了非改不可的地步。机构改革关系到国家的政治体制,也涉及很多人的切身利益,必须统筹规划,精心组织,上下结合,分步实施。要先开渠后放水,把人员精简同提高工作效率和发展社会生产力结合起来,既改善机关人员结构,提高人员素质,又使大批人才转移到第三产业和其他需要加强的工作岗位上去,成为现代化建设的生力军。

七、关于用邓小平同志建设有中国特色社会主义的理论武装全党

邓小平同志在视察南方的谈话中指出:“中国要出问题,还是出在共产党内部。”“说到底,关键是我们共产党内部要搞好。”实践证明,我们党是伟大、光荣、正确的党,不仅能够领导革命取得胜利,而且能够领导改革和建设取得胜利。对党的执政地位和领导作用不容有任何怀疑、削弱和否定。同时,我们应当看到,在新的历史时期,我们党所处的环境和肩负的任务有了很大的变化,党的思想、政治、组织、作风建设都面临许多新情况和新问题。十四大报告把加强党的建设和改善党的领导提高到关系党和国家兴衰成败的重大问题。

十四大鲜明提出用邓小平同志建设有中国特色社会主义的理论武装全党,这是新时期党的建设的根本任务。在历史上,党的七大确立了毛泽东思想为指导思想,统一了全党的思想,引导中国革命取得了胜利。党的十四大确定用邓小平同志建设有中国特色社会主义的理论武装全党,必将使全党达到新的统一和团结,引导我们党和人民从胜利走向新的胜利。

在用建设有中国特色社会主义的理论武装全党的总要求下,十四大报告阐述了在改革开放新形势下党的建设的指导思想、方针、原则,提出了五条要求。

(一)认真学习建设有中国特色社会主义的理论,增强贯彻执行党的基本路线的自觉性和坚定性。我们学习马克思主义,中心内容是学习建设有中国特色社会主义的理论。全党特别是领导干部努力学习和掌握好这个理论,我们党的马克思主义水平就会有一个新的提高,在领导改革开放和现代化建设中就会取得更大的主动权。我们要认真学习和掌握邓小平同志的战略思想和理论观点,认真学习他运用马克思主义立场、观点和方法研究新情况、解决新问题的科学态度和创造精神。学习要联系实际,要精,要管用。有了一个正确的理论,有了一条在这个理论指导下形成的正确路

线，我们党的建设就能从根本上得到加强。

(二)加强领导班子建设，培养社会主义事业接班人。选拔大批优秀年轻干部，关系到建设有中国特色社会主义事业的代代相传，关系到能否坚持基本路线一百年不动摇。邓小平同志以对革命事业高度负责的精神，多次语重心长地强调，“解决组织路线问题，最大的问题，也是最难、最迫切的问题，是选好接班人”，“这个问题解决不了，我们见不了马克思”，“向党和人民就交不了账”。十四大报告用非常明确的语言表明了我们的干部政策，强调选拔大批优秀年轻干部进入领导班子，是当前一项紧迫而又重要的任务。在重申干部队伍“四化”方针和德才兼备原则的同时，报告明确地提出衡量干部的德和才，主要看在执行党的基本路线中的表现。政治上的要求，就是要听党的话，是真正的共产党人，坚持党的基本路线，有坚定的社会主义、共产主义信念；业务上的要求，就是要有能力包括有知识，有实践经验，有组织领导才能。

选拔优秀年轻干部要进一步解放思想，不拘一格。要多选一些年轻干部，放到一定的领导岗位上，一边工作一边培养。对特别突出的，应该大胆破格提拔。要有这个魄力和勇气，不然新人上不来。选拔年轻干部一定要走群众路线，搞“五湖四海”。现在人才是有的，关键在于去发现，敢启用。要放开视野，拓宽渠道，打破论资排辈、平衡照顾、求全责备等陈旧观念。对年轻干部要给他们压担子，交任务，让他们在其位，谋其政，在实践中锻炼成长。

(三)密切党同群众的联系，坚决克服消极腐败现象。这是群众十分关心的问题。在改革开放新的历史条件下，坚持反腐败斗争，搞好廉政建设，对于保持党同人民群众的血肉联系，加强和改善党的领导，有特殊重要意义。应该肯定，我们党的主流是好的，大多数党组织和党员是好的。我们党全心全意为人民服务，从总体讲是清正廉洁的。另一方面也要看到党内一些人中间确实存在见利忘义、违法乱纪等问题。我们既不能夸大渲染党内某些消极腐败现象，无视党的主流是好的；也不能因为党的主流是好的，而对存在的问题掉以轻心。少数甚至极少数党员干部的腐败现象，会损害党的形象，影响党的信誉。在改革开放的整个过程中，我们一定要把廉政建设作为一件大事，下决心坚决持久地抓，抓出成效，取信于民。每一个共产党员首先是领导干部，都要严以律己，以身作则，接受群众的监督，带头同腐败现象作斗争。我们党是执政党，是为人民服务的党。对党的领导干部来说，权力意味着责任，职位意味着吃苦。我们要保持和发扬艰苦奋斗、勤俭建国、勤俭办一切事业的优良传统。我们所做的事都应对得起党，对得起国家，对得起人民。要时时处处以党和人民的利益为重，“淡泊明志”“夙夜在公”，不要计较个人得失。曾子说：“吾日三省吾身：为人谋而不忠乎？与朋友交而不信乎？传不习乎？”我们借用这句话，把“三省”的内容变为是不是对得起党、国家和人民；是不是对工作极端认真，极端负责；是不是努力学习，理论联系实际。我们应当经常以此来要求和检查自己。

(四)加强基层党组织建设，充分发挥党员的先锋模范作用。我们党是拥有5000多万党员的大党，全国平均20多个人中就有一名党员。充分发挥基层党组织的战斗堡垒作用和广大党员的先锋模范作用，对增强党的凝聚力，提高党的战斗力，团结和带领群众进行改革和建设，关系极大。报告强调要在全党大力提倡五种精神，即解放思想、改革创新的精神；尊重科学、真抓实干的精神；顾全大局、团结协作的精神；谦虚谨慎、崇尚先进的精神；艰苦奋斗、无私奉献的精神。这五条既包含着我们党的优良传统，又体现了时代精神。全党都按照这个要求去做，我们党就会有一个崭新的面貌，党员的先进性就能在社会主义物质文明和精神文明建设中充分发挥出来。

(五)坚持和健全民主集中制，维护党的团结和统一。民主集中制是党的根本组织原则，是群众路线在党的生活中的运用，是我国政权的构成形式，是我们党和国家的根本制度，也是最便利、最合理的制度，永远不能丢。坚持民主集中制事关党和国家的命运，绝不能看成一般的工作方法和领导方法问题。邓小平同志曾经指出，如果民主集中制执行得不好，党是可以变质的，国家也是可以变质的，社会主义也是可以变质的。我们要从这个高度来认识民主集中制，坚持民主集中制。真正做到民主基础上的集中和集中指导下的民主相结合，就能充分发挥各级党组织和全党同志的积极性、主动性和创造精神，就能有效地减少失误，保证党的决策顺利实施，使我们党成为行动统一的、具有强大战斗力的党，就能进一步发展又有集中又有民主，又有纪律又有自由，又有统一意志又有个人心情舒畅、生动活泼，那样一种政治局面。

党的团结是党的生命。特别是各级领导班子的团结，这是做好工作的重要保证。讲团结，讲统一，讲顾全大局，是对各级领导干部的基本要求。每个真正的共产党人，都必须具备这样的政治品格和遵守这样的政治纪律。团结就是力量，团结出凝聚力，出战斗力，出新的生产力。领导班子“一班人”团结一致，可以创造出大于个人能量之和的动力。古希腊哲学家亚里士多德有句名言：整体大于局部之和。如果班子团结得好，有个好班长，合起来的整体力量就会大于每个人的力量之和；如果领导班子出现内耗，就会给党的事业带来损失,那么局部之和就会小于整体。我们团结统一的基础是马克思列宁主义毛泽东思想,是邓小平同志建设有中国特色社会主义的理论,是党的基本路线。只有在这个基础上,才能实现和巩固坚强的团结,实现和巩固高度的统一。至于工作中有这样那样的不同意见,是正常现象,要互相多谈谈心,集思广益,择善而从。

加强领导班子的团结,要认真开展批评与自我批评。勇于自我批评是一种十分可贵的品格。常言说,“见人之过易,见己之过难”。一个共产党员应该为党和人民的利益坚持好的,改正错误的,这是对革命事业高度负责的表现。鲁迅说,“我的确时时解剖别人,然而更多的是更无情面地解剖我自己。”我们应当学习这种无私无畏的革命精神。共产党员不仅要进行自我批评,而且还要本着对党的事业和对同志高度负责的精神,开展善意的批评。共产党员在是非面前应该有明确的态度,对错误思想和行为不敢批评,不敢斗争,是党性不纯的表现。现实生活说明,敢于坚持原则,不怕得罪少数人,才能赢得多数人的信任;牺牲党的原则,不敢得罪少数人,就会失去多数人的拥护。当然,批评也要注意方式方法,从团结的愿望出发。要树立互相信任、互相支持、互相谅解的好风气。领导干部心胸要开阔,要有容人之度。海纳百川,有容乃大;壁立千仞,无欲则刚。领导者都要有这种胸怀。各级领导干部要带头做坚持原则、严守纪律、维护大局、加强团结的模范。

报告最后强调指出,社会主义尽管会发生曲折,但它必然要代替资本主义,这是历史发展不可逆转的大趋势,充分表达了中国共产党人对社会主义必胜的信念。中国有11亿多人口,5000多万党员,社会主义在中国的蓬勃发展,将对世界社会主义事业和人类进步事业做出重大贡献。我们的担子重,责任大。报告展望了到建党、建国“两个一百年”时的壮丽前景,激励人心。国家繁荣昌盛,人民生活幸福,这是历史和中华儿女对我们党的期望。我们要坚定共产主义理想,坚定马克思主义信念,坚定建设有中国特色社会主义的决心,担负起历史赋予我们的使命。

当前理论路线、大政方针、目标任务都已明确,关键是真抓实干,狠抓落实,做艰苦细致的工作。我们要把十四大精神的学习、宣传和落实,作为第一件大事,用邓小平同志建设有中国特色社会主义的理论武装全党,把思想统一到十四大精神上来。符合十四大精神的事就放手去干,大胆去干。要深入实际,深入群众,研究问题,解决问题,克服官僚主义、形式主义,真正使十四大精神变为广大干部和群众的自觉行动,变为全面推进有中国特色社会主义事业的强大动力。让我们在以江泽民同志为核心的党中央领导下,更加紧密地团结起来,集中精力把经济建设搞上去,为实现我国现代化建设的宏伟目标,埋头苦干,开拓前进,夺取建设有中国特色社会主义的更大胜利。

国务院批准兴建西起陕西神府东至河北黄骅的西煤东运新铁路通道

由国务院批准兴建的新铁路通道西起神府东胜煤田,横穿山西河北至位于渤海海滨的河北黄骅,全长820多公里,远期设计年运力为一亿吨,与大秦铁路大致相当。此外,在黄骅将新建一个大型专用运煤码头。路港总投资估算为107亿元人民币,合理工期6至7年。它的主要功能是运送神府东胜煤田的优质煤炭。

1992年海峡两岸工商企业界经贸交流会在北京开幕

交流会由中国工业经济协会和台湾工商建设研究会共同举办。中国工经协会长吕东首先致词说,这是一次较大规模的交流活动,是两岸经贸交往与合作的盛举。通过这次活动,将进一步促进两岸经贸往来和经济技术合作。

吕东说,我们非常重视与台湾工商企业界的经贸合作,欢迎台湾的企业家、实业家来大陆投资、办厂、做生意。台湾工商建设研究会和台湾工商企业家100多人来同我们一起交流、探讨和洽谈两岸如何进一步发展经贸合作,这是件非常有益的事。希望我们两个社会团体为进一步促进两岸经济界、企业界的交流和往来,推进经济贸易和技术合作,发挥很好的桥梁作用。

国家主席杨尚昆在人民大会堂会见新加坡总统顾问理事会主席林金山

国务院总理李鹏在人民大会堂会见荷兰外交大臣汉斯·范登布鲁克

国务院总理李鹏在人民大会堂会见以英国通用电气公司董事长普赖尔勋爵为团长的英国大型工商代表团主要成员

国务院副总理朱镕基在人民大会堂会见美国霍普民间健康基金会总裁小威廉·沃尔什

国务院副总理朱镕基在人民大会堂会见国际通信卫星组织总干事及首席执行长官欧文·戈尔茨坦

中共中央政治局常委乔石在钓鱼台国宾馆会见埃

及最高法院院长卡迈勒·安瓦尔·穆罕默德

中共中央政治局常委乔石在钓鱼台国宾馆会见由总书记英德拉吉特·古普塔率领的印度共产党中央代表团

外交部部长钱其琛在北京受委托接受老挝政府授予邓小平的老挝国家最高金质勋章

钱其琛说，凯山主席今年7月14日签署主席令，授予邓小平同志老挝国家最高金质勋章，表达了老挝政府和人民对邓小平同志的敬意和对中国人民的友好感情。钱其琛请大使向凯山主席、老挝政府和老挝人民转达邓小平同志本人及中国政府和人民的衷心感谢。

英国无形贸易委员会和中国银行联合举办的无形贸易研讨会"伦敦——世界上最大的国际金融中心"在北京开幕

亚太地区报刊与科技和社会发展研讨会在北京召开

研讨会由中国科技新闻学会、中国特稿社和中国国际科技会议中心于10月26日至29日联合举办。这是中国首次在这样一个领域召开国际会议。来自中国、马来西亚、日本、澳大利亚、美国、泰国、法国、德国等国家的近200位代表参加了讨论会，其中包括台湾、香港和其他地区的三十家华文报纸的董事长、社长和总编辑。

北京卫星通信测控站和基准站正式开通

国家教委主任李铁映签署第23号令发布施行《教师和教育工作者奖励暂行规定》

暂行规定指出，对长期从事教育、教学和管理、服务工作取得显著成绩的教师和教育工作者，分别授予"全国优秀教师"、"全国优秀教育工作者"称号，对其中有突出贡献者，授予"全国教育系统劳动模范"称号，并颁发相应的奖章和证书。奖励每两年进行一次，每次奖励人数为教职工总数的0.5‰左右，其中的10%为"全国教育系统劳动模范"。奖励工作由国务院教育行政部门会同人事部、全国教育工会、中国中小学幼儿教师奖励基金会统一组织领导、评审和批准获奖人选。对"全国优秀教师"、"优秀教育工作者"给予物质奖励，享受一次性奖金，"全国教育系统劳动模范"享受省(部)级劳动模范的待遇。省、直辖市、自治区和国务院有关部门、中国人民解放军、武装警察部队可参照本《规定》自行制订奖励所属学校和其他教育机构的优秀教师和优秀教育工作者的办法。

暂行规定并对获奖者的条件、评审程序、称号及奖励的授予和撤销的具体办法等作出规定。

中国海淀图书城建设促进会在北京成立

国务院经贸办公室和国家技术监督局《关于坚决制止各种社会评比活动的通知》

通知指出，为了切实减轻企业负担，减少对企业正常生产经营活动的干预，国务院早在去年就曾发出关于停止对企业进行不必要的检查评比和不干预企业内部机构设置的通知，明确规定："各地区、各部门和社会团体对企业的各种评比性检查，包括各种升级、评优及各类专项奖等活动，要立即停止进行。"《通知》下达后，政府有关部门的评比活动大都已停止。但是，近一段时间，一些社会团体无视《通知》规定，变换手法，利用办展览会、博览会等形式，搞变相的评比、评奖，向企业收取高额费用。越是质量高、效益好的企业，越成为轮番被评比的对象。各种名目的社会评比活动，由于缺乏科学性、公正性和权威性，评比的结果与实际状况并不相符。更有甚者，谁出钱多，就给谁冠以最高荣誉。这些评比活动，使企业正常的生产经营活动受到了严重干扰，广大消费者的利益也受到侵害。

通知规定：一、自本通知下达之日起，立即停止一切社会评优活动。正在进行的，由主办单位妥善处理，做好善后工作；已经收取的费用，如数退还企业；二、各企业有权拒绝各种社会评优活动，并可向有关主管部门举报，要求处理；三、对于极少数打着"评优"的旗号，对企业敲诈勒索，蒙骗消费者，为个人或小团体谋取私利的，要坚决予以揭露，没收其非法所得；情节严重的，要给予行政纪律处分；触犯刑律的，要移交司法部门处理；四、各地区经济综合部门和技术监督部门要抓好《通知》的落实工作，对违反《通知》规定的任何活动要严肃查处；五、各地区、各部门要经常发布经过检测的商品质量信息，指导消费，活跃城乡市场。

中共中央纪委就湖北省原宜昌市有关领导干部借地市合并之机突击提干滥发钱物之事发出通报

通报指出，这种突击提干和滥发钱物的问题，尽管是个别的，但性质恶劣，严重损害了党和政府的形象，干扰了改革开放和经济建设的顺利进行。中纪委要求，各级领导干部，特别是党员领导干部要从这一事件中吸取教训，在机构改革中坚持党性，严守纪律，起到表率作用。

10月27日

中共中央在中南海怀仁堂举行各民主党派全国工商联负责人和无党派代表人士座谈会

江泽民、李鹏、乔石、李瑞环、朱镕基、刘华清、胡锦涛七位新当选的中共中央政治局常委，和党外朋友促膝谈心，气氛热烈。

中共中央政治局常委、国务院总理李鹏主持会议。他向大家一一介绍了各位常委和出席通报会的中共中央政治局委员、书记处书记丁关根，中共中央政治局候补委员、书记处书记温家宝。

李鹏说，党的十四大开得很成功。党的十四大重要意义是多方面的，其中最重要的有两条：第一，是把邓小平同志提出的建设有中国特色社会主义的理论确定为武装我们全党、指导我们改革和建设的一项长期的方针。其中，建立社会主义市场经济体制的理论是理论上的重大突破，对我国今后改革开放具有重要意义。第二，选举了以江泽民同志为核心的新的中央领导集体，既保持了中央领导的连续性，又增加了新的力量。这次大会将在我国、我党的历史上发挥重要的承前启后的作用。他代表中共中央对各民主党派中央对大会的祝贺再次表示感谢。

江泽民在讲话中说，党的十四大开得很好，大政方针、目标任务都明确了，关键是真抓实干，狠抓落实。当前第一件工作就是要领导和抓好十四大精神的学习、宣传和落实，真正使它变为广大干部群众自觉的实际行动，变为全面推进建设有中国特色社会主义的强大动力。

江泽民说，党的十四大的重大收获和主要特点，就是充分肯定十一届三中全会以来14年改革开放和现代化建设所取得的巨大成就，对14年来党的一系列重大决策和重要成果作出了郑重结论，对邓小平同志建设有中国特色社会主义的理论进行了系统阐述，对90年代的主要任务作出了部署，同时明确确定坚持党的基本路线一百年不动摇，明确确定建立中国的社会主义市场经济体制，明确确定用邓小平同志建设有中国特色社会主义的理论武装全党。他说，十四大是一个团结的大会，胜利的大会，全面推进改革开放和社会主义现代化建设的大会。

江泽民说，学习、宣传和落实十四大精神，是全国各族人民政治生活中的大事，共产党员应该带头。他指出，学习十四大文件，要同学习邓小平同志的著作和视察南方的重要谈话结合起来。他要求各级领导干部努力向邓小平同志学习，掌握唯物辩证法，把解放思想和实事求是统一起来，结合本地本部门的实际，创造性地开展工作，把十四大精神贯彻好、落实好。

江泽民强调，坚持邓小平同志建设有中国特色社会主义的理论，坚持我们党的基本路线，要做的工作很多。就国内工作来说，主要是两条：一是始终不渝地坚持以经济建设为中心，不论遇到什么风浪，都要集中力量毫不动摇地把经济建设搞上去。二是围绕经济建设这个中心，继续处理好坚持四项基本原则和坚持改革开放的关系，处理好社会主义物质文明建设和精神文明建设的关系，切实做到两手抓、两手都要硬。他向在座的各位朋友，向民主党派、工商联和无党派代表人士提出一个要求："诚恳地希望得到大家的合作、帮助和监督。"

江泽民在讲话中希望民主党派、工商联和无党派代表人士在我国社会主义现代化建设中继续作出重要贡献。他说，民主党派是我国社会主义现代化建设中的一支重要力量。

无论改革开放、经济发展和社会进步，还是按照"一国两制"的方针促进祖国和平统一大业的完成，民主党派、工商联和无党派代表人士都肩负着光荣的职责。他说，在贯彻十四大精神的过程中，我们党和国家有关部门还将进一步听取民主党派、工商联和无党派代表人士的意见和建议，完善有关的制度、法规，更好地做好落实工作。

江泽民说，中国共产党和各民主党派、工商联和无党派代表人士之间在几十年革命和建设中建立起来的深厚情谊和互相信任、互相支持的良好关系，也在我们共同事业的前进中掀起了新的篇章。祖国繁荣昌盛、中华民族跻身世界先进民族之林的共同目标，要求我们同呼吸、共命运、心连心，更加紧密地团结起来。在贯彻落实十四大精神的过程中，相信各民主党派、工商联和无党派代表人士，一定会更好地发挥自己的积极作用，为加快改革开放和社会主义现代化建设步伐，夺取有中国特色社会主义事业的更大胜利，作出新的重要的贡献。

江泽民讲话后，各民主党派、全国工商联负责人和无党派代表人士发言。

全国工商联主席荣毅仁说，中共十四大是一次承前启后、继往开来的大会。十四大提出的建设有中国特色社会主义的理论，特别是建立社会主义市场经济体制的理论，对加速社会主义现代化建设有着深远的意义。他表示，工商联人士将以实际行动，认真贯彻中共十四大的精神。

致公党中央主席董寅初在发言中从四个方面论述了中共十四大的历史功绩。他认为，党的十四大充满改革开放和求实奋进精神。他希望全国人民团结一致，夺取改革开放和社会主义建设的巨大胜利。

全国工商联副主席王光英说，党的十一届三中全会以来的14年，是我国历史上发展最快最好的十四年。党的十四大令人欢欣鼓舞，就在于大会总结了14年来的成功经验，系统阐述了邓小平同志建设有中国特色社会主义的理论，对90年代以至今后一个时期的主要任务作出了部署。我们应该把十四大的精神学习好、宣传好、落实好。

民盟中央主席费孝通在讲话中对党的十四大闭幕和中共新的领导集体的产生表示祝贺。他在发言中详细谈到加快少数民族地区经济发展的问题。他说，现在加快少数民族地区经济发展的时机已经来到，我们应该在政策上给民族地区以优惠，在经济上给予支持。各民主党派的同志要多为民族地区的发展出主意、想办法。

民盟中央副主席钱伟长认为，党的十四大和八大一样，都是历史性的会议。他建议，重视边疆地区农业的开发，特别要注意水的利用和畜牧业的发展；机构改革要谨慎行事，开始步子不要太大；第二职业要注意引导，要让知识分子发挥专长。

民革中央副主席贾亦斌认为，十四大最大的功绩就是系统总结了邓小平同志提出的建设有中国特色社会主义的理论。他说，理论一经为群众所掌握，就会产生巨大的力量。他在讲话中就如何坚定不移地按照"和平统一、一国两制"的方针，积极促进祖国统一问题，提出了积极的建议。

民进中央主席雷洁琼在发言中说，江泽民在报告中提出，我们必须把教育摆在优先发展的战略地位，这是实现我国现代化的根本大计。要实现中共十四大提出的宏伟目标，就必须重视教育，以提高全民族的思想道德和科学文化水平。她提出，要加强师资队伍的培养和建设，切实采取措施防止教师队伍的流失。

阿沛·阿旺晋美、孙起孟、赵朴初、程思远、卢嘉锡、苏步青、蔡子民、徐采栋等70余人，出席座谈会。

全国政协第七届常委会第二十一次会议举行第二次全体会议

大会由全国政协副主席叶选平主持。人事部部长赵东宛在会上介绍行政体制和机构改革的思路与设想。

赵东宛在讲话中阐述了行政体制改革和机构改革的必要性和重要性。党的十一届三中全会以来，国家行政体制和机构虽然经过几次改革，但是都没有完全摆脱过去在那种高度集中的计划经济体制下形成的格局。这种机构设置，对宏观调控不利，对微观控制过死，不能适应社会主义市场经济的需要。赵东宛特别指出，现在各级党政机构庞大，人员过多，国家财政负担过重，行政体制改革和机构改革势在必行。

赵东宛强调，行政体制改革和机构改革总的指导思想是要围绕建立社会主义市场经济体制而进行，必须有利于加快改革开放，搞好大中型企业；必须有利于组织和培育市场；必须有利于加强宏观调控，提高效益。

赵东宛谈到行政体制改革和机构改革时，提出了六条具体原则：一、切实转变政府职能，真正做到政企分开；二、要围绕搞好国有大中型企业下放权力，真正推动企业进入市场；三、大力培育和发展市场，尽快形成统一的开放的社会主义市场体系；四、理顺各方面的关系，完善行政运行机制；五、大力精兵简政，提高工作效率；六、坚持因地制宜的原则，进行分类指导。

赵东宛还向常委们介绍了政府机构改革的设想。赵东宛说，党和国家一直十分重视机构改革富余人员的安置。这些人员是社会的宝贵财富，要积极妥善安置，让大多数人发挥所长，使他们成为社会主义建设的生力军。要把精简机构与发展生产力、提高机关工作效率结合起来，几年来改革试点的情况表明，这样做是正确的，并且收到了很好的效果。

出席大会的还有：全国政协副主席洪学智、谷牧、王光英、邓兆祥、赵朴初、马文瑞、王恩茂、钱伟长、胡绳、程思远、钱正英、苏步青、司马义·艾买提，秘书长宋德敏。

中国城市投资环境国际研讨会在北京举行

中国市长协会主办的"中国城市投资环境国际研讨会"在北京开幕，中国50个大中城市的市长，以及80多位海外高级官员、企业家，研讨城市投资环境问题。北京市市长陈希同主持开幕式，联合国副秘书长拉玛昌特兰发表致词。联合国开发计划署驻北京代表贺尔康就如何改善中国投资环境，发表见解。

建设部部长侯捷说，中国设市城市从1980年的223个发展到1990年的467个，城市建设10年完成投资692亿元，市政公用设施及能源、交通、通讯等基础设施的建设也跨出了一大步。现在，中国已经开放的城市达到了近百个，形成了一个由沿海至内陆至周边的全面对外开放的总格局。在激烈竞争的国际经济环境中，谁能够创造更好的投资环境，谁就能吸引更多的资金和技术。研讨会于10月30日结束。

国务院副总理吴学谦在人民大会堂会见台湾工商建设研究会大陆经贸访问团全体成员

外交部部长钱其琛在钓鱼台国宾馆会见新西兰对外关系和贸易部秘书长理查德·诺塔奇

国务院关于同意天津古海岸与湿地等十六处自然保护区为国家级自然保护区的批复

国家环境保护局：

你局《关于审批 1992 年新建国家级自然保护区的请示》收悉。现批复如下：

同意下列十六处自然保护区为国家级自然保护区。

一、天津古海岸与湿地自然保护区；

二、内蒙古贺兰山自然保护区；

三、内蒙古达赉湖自然保护区；

四、吉林伊通火山群自然保护区；

五、辽宁仙人洞自然保护区；

六、山东黄河三角洲自然保护区；

七、江苏盐城沿海滩涂珍禽自然保护区；

八、浙江凤阳山——百山祖自然保护区；

九、福建深沪湾海底古森林遗迹自然保护区；

十、湖北长江新螺段白暨豚自然保护区；

十一、湖北长江天鹅洲白暨豚自然保护区；

十二、广东惠东港口海龟自然保护区；

十三、广西合浦营盘港——英罗港儒艮自然保护区；

十四、贵州威宁草海自然保护区；

十五、贵州赤水桫椤自然保护区；

十六、甘肃安西极旱荒漠自然保护区。

上述国家级自然保护区的划界、保护、建设、管理等工作，由你局商有关部门和地方人民政府组织落实。

国务院

1992 年 10 月 27 日

中印边界问题联合工作小组第五轮会谈在北京举行

会议于 10 月 27 日至 29 日举行。

印方代表团由外交秘书迪克希特率领。中方代表团团长为外交部副部长徐敦信。

双方在友好、坦率和相互谅解的气氛中举行会谈。国务委员兼外交部长钱其琛会见了迪克希特一行，同他们就双边关系和共同感兴趣的国际问题进行了友好交谈。

在会谈和会见中，双方就如何解决两国边界问题交换了意见，进一步增进了相互了解。双方还就在实际控制线地区制定保持和平与安宁的措施问题进行了认真的讨论，取得一定进展。

关于双边关系，双方对近年来中印关系的改善和发展表示满意，并表示愿意进一步加强两国间的友好与合作关系，以使中印关系在和平共处五项原则的基础上朝着长期稳定的方向继续向前发展。

双方同意中印下一轮边界联合工作小组会谈于明年上半年适当时候在新德里举行，具体时间通过外交途径另行商定。

中国政府和克罗地亚共和国政府在北京签订经济贸易协定

国家教委提出《关于制订中等专业教育自学考试课程自学考试大纲的意见》

中国辞书学会在北京成立

著名语言学家吕叔湘等担任顾问。国家语委副主任、中国社会科学院语言文字应用研究所所长、教授曹先擢出任会长。

10 月 28 日

全国人大常委会委员长万里在第七届全国人大常委会党组会上发表题为《关于修改宪法的意见》的讲话

这些日子我反复阅读党的十四大文件，并与现行宪法对照看了几遍。1982 年通过的宪法是一部好宪法，但是，根据十四大文件和改革开放与社会主义现代化建设事业不断发展的形势，感到有几个重大问题需要进行修改。

一、邓小平同志关于建设有中国特色的社会主义的理论，是我们党的指导思想。党的基本路线要一百年不变。但在现行宪法中，对这个理论没有表述，对基本路线也没有完整的表述。应当在宪法的序言或总纲中表述清楚。

二、坚持改革开放，是党的基本路线的组成部分。十多年来，全国人民得益最多的也是改革开放。但在现行宪法中没有讲改革开放，这怎么行，必须在宪法的序言或总纲中加上“坚持改革开放”的内容。

三、搞市场经济，实践已走到前面去了。党的十一届三中全会以来，广东、深圳等许多地方搞市场经济，发展很快很好。十四大决定，以建立社会主义市场经济体制为我国经济体制改革的目标，并从理论上作了阐述。但现行宪法规定国家实行计划经济，这就必须加以修改，不改不行了。宪法应明确规定，国家实行社会主义市场经济。如果不这样修改，大家搞市场经济，岂不是违宪了？

四、小平同志关于有利于发展社会主义社会生产力，有利于增强社会主义国家综合国力，有利于提高人民生活水平的标准，是否可以考虑写入宪法。

五、农村家庭联产承包责任制长期不变，要在宪法中作出规定。现行宪法中还有“人民公社”的提法，应当删去。

六、县级党委的换届时间，党章规定已由三年改为五年，宪法也应将县级政府和人大换届时间的规定，由三年改为五年。

此外，还有什么地方需要修改补充的，请大家考虑。

可以成立一个修改宪法小组。要向中央报送关于修改宪法的报告。我主张采取积极的态度，在中央的领导下，抓紧工作，力争在八届全国人大一次会议通过宪法修正案。

海峡两岸公证书使用商谈有重要进展

10月28日至30日，海协会、中国公证员协会人员与台湾“海峡交流基金会”人员就海峡两岸公证书使用问题进行了工作性商谈，同时也就开办海峡两岸挂号函件遗失查询及补偿问题交换了意见。这次工作性商谈，不但在具体业务问题上取得了相当大的进展，而且也在海峡两岸事务性商谈中表述一个中国原则的问题上取得了进展。

祖国大陆海峡两岸关系协会和台湾海峡交流基金会的代表就海峡两岸文书使用问题在香港进行事务性商谈

海协会代表、海协会咨询部副主任周宁，在商谈结束后向报界表示，在这次工作商谈中，双方本着实事求是、合情合理、相互尊重和不强加于人的态度，就双方关心的问题交换了意见，商谈的气氛良好，并且在一些双方关心的问题上进一步扩大了共识。

周宁强调指出，“一个中国”的原则，主要是界定两岸事务性处理和商谈是中国内部的事。海基会代表对此也不予否认。因此，他认为在此问题上双方已有一定的共识，只是在“一个中国”原则的具体表述上，双方有不同的看法，都认为有进一步商谈的必要。他建议：在这次商谈结束后，应迅速安排两会负责人在北京或台北进行正式商谈并签署协议，以便迅速妥善解决海峡两岸交往中所产生的文书使用和查证问题。

商谈于29日结束。

外经贸部部长李岚清在广州举行的全国税贸协作会议上发表讲话

李岚清说，出口退税是税收方面支持出口的一项重要政策，为国际上普遍采用和承认。它有利于降低出口产品的成本，相应提高了出口产品的价格竞争能力，是扩大出口的有效手段。对于自负盈亏的外贸经营企业和外贸生产企业来说，出口退税的税款，已经成为流动资金的重要来源，因此可以说，1985年开始，1988年比较全面彻底实行的出口退税政策，有力地配合了外贸体制改革，取得了很大的成绩。

李岚清特别强调今后要加强税贸协作，尽快建立稳定、科学、严密的出口退税机制，该退的税，要按规定快退退足，不该退的，一分钱也不能多退，要从制度上把关设卡杜绝骗税现象。

李岚清要求海关、外汇管理部门、银行、财政等部门及地方领导对出口退税工作予以重视，以维护出口退税政策的严肃性和外贸的正常经营秩序。

国务院总理李鹏在人民大会堂会见以吴思钟理事长为团长的台湾工商建设研究会大陆经贸访问团

李鹏对访问团来北京参加经贸交流会表示欢迎。他简要介绍了中共十四大的情况，强调将继续坚定不移地执行改革开放政策，并按照社会主义市场经济的理论指导经济工作。李鹏表示欢迎台湾工商企业界同大陆加强来往，发展两岸经贸关系。李鹏还回答了客人们所关心的其他问题。

中央统战部部长丁关根在人民大会堂会见以香港中华厂商联合会会长梁钦荣先生为团长的香港工商业人士访京团

中国主管部门公布中英双方有关香港问题七份文件

这七个文件是：《英国外交和联邦事务大臣道格拉斯·赫德阁下致外交部长钱其琛阁下的书面信息》、《钱其琛外长就香港立法机构直选问题答复英外交大臣赫德的信息》、《英大使转交英外交大臣赫德致钱外长信息》、《钱外长就香港政制问题回答英外交大臣一月三十一日的信息》、《唐纳德大使就香港政制问题转达英方的新信息》、《陈滋英向唐纳德大使转达中方对英方二月六日信息的答复》、《外交及联邦事务大臣道格拉斯·赫德阁下给钱其琛外长阁下的信息》。

具体内容如下：

文件之一：英国外交和联邦事务大臣道格拉斯·赫德阁下致外交部长钱其琛阁下的书面信息

香港总督已向我汇报了他上星期访问北京的情况。我认为，访问十分重要，因为它使双方增进了对对方观点的了解，尤其是有关政治发展问题上的观点。此后，中国外交部又向英国使馆转达了进一步建议。阿伦·唐纳德爵士已告诉您的同事，我赞赏提出这些建议的积极精神，我认为这些建议比中国方面早先提出的建议前进了一步。阿伦爵士还告诉您如果可能的话，我希望能就一九九七年以前及其后的政治体制的发展问题达成谅解。我希望向您说清楚这一点。

我仔细考虑了您的建议，即：我们应该把一九九一年直接选举的议席数目限制在 15 个，作为交换，一九九七年你们将允许 60 个席位的立法机构中的 20 个(三分之一)议席由直接选举产生，此后在一九九九年直接选举的议席比例将增至百分之四十，二〇〇三年增至百分之五十。

此次香港之行，我非常清楚地感觉到，在香港大多数公共部门，包括很多工商业界部门都极力要求在一九九一年有 20 个议席由直接选举产生。我的印象是，如果不能做到这一点，一九九七年以前这段时间内英国在香港的权威将有遭到严重损害的危险。

如果不管香港社会大部分人士所明确表达的愿望，我们仍决定在一九九一年采纳较低的直选比例，我认为，唯一可行的办法是在一九九七年有足够的直选议席，而且此后的发展足以在香港获得广泛的支持。这样，我们也许能够消除人们因一九九一年不能有 20 个直选议席而产生的失望。

中方建议二〇〇三年的直接选举席位为百分之五十。我认为若该百分比属于早些时候开始的稳步增加的百分比的一部分，则该建议可为香港舆论所接受。但我担心中方关于一九九七年直选席位为 20 个的建议不足以赢得支持。然而，倘若中方准备在一九九七年将直选席位增至 24 个(百分之四十)，我认为基本法中关于政治发展的规定很可能在香港获得支持，我们届时将能积极支持这些规定。我们尤其将竭尽全力鼓励持温和意见的人士，包括工商界人士，在香港的政治生活中发挥积极的作用。

在这种情况下，英国政府准备将一九九一年的直选席位限至 18 个，将一九九五年的直选成员定为 24 名，英国议会中肯定有失望情绪，香港也会出现强烈的敌对反应，但是，按我概述的方法取得逐步、稳定的进展将使我能够为此决定进行有力的辩护。

这项建议与贵国外交部一月十五日向我方提出的建议在本质上无甚大区别，稍微提高了一九九一年的起点，将中方建议一九九九年席位的数提前至一九九七年实现。但是我认为这些小变动在争取香港支持方面，在确保英国从现在至一九九七年期间管理香港的能力不遭削弱方面将发挥关键性的作用。

如果你们希望基本法就设立大选举团一事作出规定，并安排使选举团的组成是开放的并具有充分的代表性，那么，我们希望我们双方通过磋商在一九九五年创建选举团，此年度为大选举团选出者若符合基本法规定的要求，其后即可成为第一届特别行政区立法机关的成员。根据基本法第二草案的规定，一九九五年立法机关的其他成员亦将成为第一届特别行政区立法机关成员。同时我还认为，如欲使基本法中有关政治体制的条款在香港获得支持，应采取香港习惯的方式进行选举，这一点至关重要，我们需要的是保证立法机关的总体连续性。

我非常希望我们能在这一重要问题上达成协议。这对于确保香港的政治稳定具有重要意义。这样做将使我方能够与贵方通力合作，共同建立一个能确保衔接和顺利过渡的政治体制。如果我们能就这些问题达成协议，这将使我能够访问北京，与你们讨论共同关心的问题，并进而考虑英国首相在其致江泽民总书记的信中提出的关于改善中英关系的设想。

文件之二：钱其琛外长就香港立法机构直选问题答复英外交大臣赫德的信息

一九九〇年一月二十日晨，外交部港澳办主任陈滋英，紧急约见英驻华大使唐纳德，请唐转达钱外长给英国外交大臣赫德的信息，内中回答了赫德于一月十八日给钱外长的信息里所提出的有关香港立法机构直选比例的反建议，全文如下：

“钱外长感谢外交大臣赫德先生传来的信息。他注意到了外交大臣对香港政制发展问题的关心。外长相信只要以香港的繁荣稳定为重，并本着曾使我们两国签署了《中英联合声明》的互谅互让精神行事，在我们之间就没有什么解决不了的问题。正是本此精神，中方于一月十五日就香港政制发展问题提出了一项新建议，这是我们在此问题上所做的积极努力和重大让步。考虑到各种因素，中方不能同意外交大臣阁下关于将一九九七年香港特别行政区第一届立法机构直选部分比例定为百分之四十的建议。但是若英方同意中方在十五日建议中所提出的一九九七年及其后各届立法机构的直选部分比例(即：总数 60 名，一九九七年占百分之三十三点三，一九九九年占百分之四十，二〇〇三年占百分之五十)，为了实现一九九七年前后政制上的衔接和政权转移的平稳过渡，中方愿意考虑英方把一九九一年立法局的直选议员从 15 名增至 18 名的想法。如中英双方能在这个问题上达成共识，将有利于香港的繁荣稳定，而且使我们两国在恢复和发展相互关系的道路上迈出重要的一步。”

文件之三：英大使转交英外交大臣赫德致钱外长信息

一九九〇年一月三十一日下午，英大使唐纳德见外交部港澳办主任陈滋英，请陈向钱其琛外长转交英外交大臣赫德的以下信息：

“感谢你一月二十日的信息，我仔细地作了研究。我完全同意你的看法：双方只要以香港的繁荣稳定为重，并本着互谅互让的精神行事，我们之间的分歧是可以得到解决的。

我真诚希望就一九九七年以前和以后对香港最为

合适的政治结构同你早日达成谅解。

对于你为了回答我们的关切所作出的努力表示感谢。

收到你的答复后，我作了深入的思考。我也仔细地研究了我接到的香港对在广州召开的基本法起草委员会政制专题小组提案的反应的报告。

我想中方也同我一样清楚，基本法起草委员会专题小组会议产生的结果在香港引起了真正的失望。

一直在努力谋求合理共识的香港温和派人士正在作出十分强烈的反应。因此，我们面对这样的情形，除非做很大的改动，否则，《基本法》中有关政治体制条款将得不到香港负责的舆论界的欢迎。这种情形对我们两国政府来说都将成为严重的政治问题。《基本法》对香港人如何认识他们的未来将产生重大影响。从这点上说，政治体制条款尤为重要。倘若这些条款遭到广泛批评，那么，对海内外投资者的信心所产生的后果将是严重的。

我在一月十八日信中说过，我们之间的主要分歧在两个领域：直选议席数目和一九九七年前后政制的衔接。

我们对直选议席的分歧不是很大，真正的问题是中方考虑的议席数目。我已解释过，我们受到压力，必须使一九九一年直选席位达到二十个。在一月十八日的信中，我说如果中方愿在一九九七年提供直选24席(百分之四十)，我们将同意把一九九一年直选议席限制在18名(百分之三十)。我们将很难做到这一点，除非你们能把九七年的直选议席增加到20个以上。

至于衔接，我有三点顾虑。首先是投票方式。香港人重视像现在立法局所采用的直截了当的方式。关于实施新的差额投票制度的报道已在香港，特别是在温和及明智的舆论界，引起广泛的关注。因为人们除了对新的投票方法不熟悉之外，还担心这一方法会妨碍立法程序而不能产生任何相应的益处。第二，保证选举立法局成员的任何大选举团或选举委员会应该是一个有充分代表性并以公开的方式组成的机构，我已在一月十八日的信息中强调了我们对这一问题的重视。我等待着你的保证：中方的考虑也正是如此。同样重要的是，应使香港人民清楚大选举团的组成及章程的细节，以使他们对未来政治体制的性质感到放心。之后我们可以考虑在一九九五年作出类似的安排，从而保证连续性。这是我们双方今后更加密切磋商的题目。

最后一点，我看到报告说基本法将有一新的条款，将立法局成员的外籍人士数字限制在总数的百分之十五，这在香港引起了关注，将给连续性设置严重障碍，也很难实施。

非常清楚的是，香港对一个有限的，如果是不断增加的直选席位比例的立法局的理智看法的接受力将受到我已提到的投票和其他安排的严重影响。所以，我希望你认真关注这几点。我愿再次向你保证，想方设法依照联合声明以确保一九九七年顺利过渡，这是英国政府的愿望。我们想在《基本法》颁布时能公开支持它，并说服香港人支持信任它。但我不得不说，假如有关政治体制条款不做改变，那么行政、立法两局将会提出辞呈。他们正是我们维持香港有效政府所要依靠的人。在讨论通过一九九一年选举的必要立法问题上，我们将可能得不到立法局的合作。在这种情况下，在英国行政管辖下的未来几年内，英国政府维持香港繁荣稳定的能力将遭受严重破坏。

我们应该相互合作以解决这些困难，这是至关重要的。我很清楚，在基本法起草委员会二月十二日召开全体会议之前，我们的时间不多了。因此我愿意派遣我的一位高级官员麦若彬先生来北京就这些问题的细节进行讨论。二月五日以后的那个星期，甚至你们认为有必要更早一些，他都可随时来京赴会。”

文件之四：钱外长就香港政制问题回答英外交大臣一月三十一日的信息

二月三日傍晚，外交部港澳办主任陈滋英紧急约见英国驻华大使唐纳德，请唐转达钱外长致英国外交大臣道格拉斯·赫德的信息，内中回答了赫一月三十一日所提出的问题。

钱外长信息全文如下：

“感谢你一月三十一日通过唐纳德大使转来的信息。对你希望就香港的政制发展同我早日达成谅解，我表示赞赏。

遗憾的是英方在有关的具体建议上没有作出任何让步，不能不令我深感失望。中方一直诚恳地寻求在这个问题上同英方达成共识。不管是中国领导人给撒切尔首相的信，还是在会见柯利达特使和港督卫奕信时的谈话，都阐明了中方的合情合理的立场。我的同事与港督的会谈和我本人给你的信息中曾不止一次地作了重大让步。但是，中方的诚意并未获得英方应有的积极响应。在这种情况下，我看不到有什么再派人来北京进行磋商的必要。

正如外交大臣所知道的那样，香港特别行政区基本法起草委员会即将召开会议，作出最后的决定。如果英方不能接受一月二十日我向你转达的信息中所提出的建议，那么基本法起草委员会就只能按原方案作出决定。我想外交大臣非常清楚地了解，基本法的起草完全是中国的内部事务。

中国愿意看到香港继续保持稳定和繁荣，希望英方能够作出正确的抉择，以避免发生我们双方都不愿意看到的情况。”

文件之五：唐纳德大使就香港政制问题转达英方的新信息

一九九〇年二月六日上午，外交部港澳办主任陈滋英应约紧急会见英驻华大使唐纳德。唐请陈将他刚刚收到的来自伦敦的紧急信息报告钱外长，并将所附三份书面材料转交中方基本法专家。

一、英方的信息全文如下：

(一)外交大臣已注意到钱外长最近信息中提出的各点并正给予紧急的考虑。

(二)外交大臣在一月十八日(应为二十三日——注)及一月三十一日的信息中提出了三个问题，如蒙能对中方的立场，作出紧急澄清以帮助外交大臣对这一问题的考虑，他将表示感激。这些问题是：大选举团，表决程序，以及对立法机关成员的国籍限制。钱外长给外交大臣的答复和陈(主任)的口头说明中均未提及这些问题。在对一九九一年直选席位的数额及此后衔接的可能性做决定时，英国政府需要立即知道中国政府现在对一九九七年后政制的设想。

(三)英国政府对这三个方面的关注及建议将分别在三份书面材料中提出。

二、英方三个文件的内容提要

(一)关于立法会成员的中国国籍要求

英方要求澄清：如立法会中外籍候选人超过百分之十五，如何取舍；只在香港享有居住权的非华人永久性居民是否亦受此限制，英方认为此类人应视为香港人。

(二)立法机构的表决程序

英方提出：英国政府在一九九五年不能采纳受港人强烈反对的分组表决程序。

英方要求：中国政府保留去年二月公布的基本法草案中的第七十四条第二段(即：特区立法会对法案和议案的表决，须经出席会议的过半数议员通过)。

(三)大选举团或选举委员会

英方提出：确保一九九七年顺利移交的办法是规定一九九五年当选的所有议员全部继续工作到一九九九年。为此英方原则上接受选举委员会方式，并将其介绍给一九九五年的立法机构。

英方提出选举委员会应有四个组成成分，各占四分之一，即：

1. 工商、金融、专业、劳工、社会服务和宗教等功能团体；

2. 高级政治人物(包括行政、立法两局前议员)；

3. 市政局和区议会成员；

4. 各法定及咨询委员会的代表。

三、三个书面材料全文

(一)香港特别行政区立法会成员的中国国籍要求

1. 一九九〇年一月十一日，李后和鲁平先生在北京会见港督时曾说，关于对香港特别行政区立法机构成员实行国籍限制的问题正在考虑之中。

2. 据新闻报道，基本法起草委员会政治制度专题小组已建议在基本法中加入一项条款，规定香港特别行政区立法机构成员应为长期在香港特别行政区居住的、不享有外国居住权的中国公民；长期在香港特别行政区居住的非中国国民或者享有外国居住权的特别行政区永久居民也可以被选为立法机构成员，但不能超过立法机构总人数的百分之十五。

3. 在香港，人们对这些建议的可行性深表怀疑。

英国政府希望下述意见将有助于中国政府对上述建议形成最后意见。

(1)尽管确有一些立法机构实行国籍限制，但香港立法局、市政局或区议会却从未实行过此种限制；因此，如果一九九七之后对香港立法机构成员实行国籍限制，势必有悖于现在香港大家已经接受的做法。

(2)这种规定将限制立法机构吸收人才的范围。

(3)这些规定也可能给一九九五年至一九九七年间立法机构成员的充分连续性造成严重的问题。

(4)如何执行拟议的百分之十五的规定，尚不明确。特别行政区的选举法应对其程序作出详细的规定。英国政府认为，这种法律规定必然是复杂而没有伸缩性的。例如：如果外国籍或在外国享有居住权的获胜候选人的总数超过了提出的上限，就难以决定应请哪位退出，以便符合百分之十五的规定，也难以决定，如何填补由此造成的空缺。

4. 如果中方能澄清百分之十五是否包括只在香港享有居住权的非华人永久居民这个问题，英国政府将不胜感激。我们希望这不是中方的意图，因为就“港人治港”的原则而言，这类人只能被视为港人。

(二)香港的宪制发展：特别行政区立法机构的表决程序

1. 一九九〇年一月十一日，李后先生和鲁平先生在北京会晤港督时解释了中国政府关于特别行政区立法机构表决程序的意见。

2. 据新闻报道，基本法起草委员会的政治制度专题小组在今年一月的会议上同意在基本法草案中加上一条有关分别计票的新条款，如下：

“除本法另有规定外，所有提交香港特别行政区立法会的法案和议案应获功能组别当选议员的简单多数，以及直选议员和与会的选举委员会的简单多数，方可通过。如果政府提出的一项法案在上述的两类与会议员的投票中都没有获得简单多数，政府应修正此法案并再次提交立法会，付诸表决：此类法案需在全体与会议员中获得简单多数方能通过。”

3. 这些新闻报道在香港引起了很多公众批评。对拟议中的这种投票表决制度的批评集中在它将造成分裂和低效率。普遍感到关注的是，政治制度专题小组不顾当地人的强烈反对同意了这一建议。

4. 英国政府谨就这一建议提出以下意见：

(1)分别计票将放慢立法的通过并影响办事效率；

(2)根据提议的这一条款，如果一项政府法案在两类委员的投票中都未能获得多数票，就可在修正后再次提交，以获得简单多数的通过。最初的分别计票有何作用令人怀疑；

(3)如果基本法最后文本采纳了这一条款，在香港会有人批评基本法起草人无视当地人的意见。这将对公众对整个基本法的态度产生不良影响；

(4)英国政府无法在一九九五年采纳当地人如此强烈反对的表决程序。

(5)英国政府提议，中国政府保留一九八九年二月二十一日全国人大常委会公布的基本法草案中第七十四条第二款。

(三)香港的宪制发展：大选举团或选举委员会

1. 一九九〇年一月十一日李后与鲁平先生在北京会见香港总督时，就基本法中有关今后香港特别行政区的政治体制的章节的起草提出了中国政府的设想。他们说，基本法起草委员会政治专家小组已经采纳了关于特别行政区的立法机构的一定比例将由一大选举团(GEC)或选举委员会选举产生的建议。他们说这种方式将会使香港一些有名望但又不希望参加直接选举的人经该机构的选举在立法机关中发挥作用。他们还建议在一九九五年经双方就选举委员会的组成及选举程序进行磋商后，立法局的一些议员可通过此方式来选举产生。英国政府对中国方就这一设想作出的解释表示谢意。

2. 英国政府认为：确保一九九七年顺利移交的一个最理想的方法是规定一九九五年所有当选的立法局议员都应继续工作到一九九九年。为此，如果我们两国政府能就为此选举所做的令人满意的安排达成谅解，我们将原则上愿意同中国政府合作并将选举委员会的选举方式介绍给一九九五年的立法机构。

3. 我们认为有必要达成协议的一些主要方面：

(1)选举委员会的规模及组成，每类成员的划分及每类各成员的选举。

(2)立法机构候选人的提名与选举程序。

4. 英国政府欢迎中国政府就这几点发表详细看法。就我们而言，我们相信以下原则能够最好地构成建立一个立法机构选举委员会的框架。

(1)鉴于选举委员会的目标是选举一部分立法机构的成员，它本身不应作为一个政府机构，一旦选举立法机构成员的主要任务完成，它就应该停止活动。每一次新的选举都将编制新的选举名册。

(2)选举委员会的构成应尽量避免与选举立法机构成员的其他组别的当选成员直接重复。

(3)选举委员会应尽可能具有代表性。

(4)选举委员会向立法机构提名候选人的程序应简单、公开并在选举法中作出规定。

(5)选举应以无记名投票的方式进行。

5. 注意到现有基本法草案所规定的其他选举委员会的组成，英国政府谨提出以下几点建议以便对选举委员会的组成作进一步的详细讨论：

(1)工业、商业和金融部门，专业、劳工、社会服务和宗教部门——百分之二十五。

(2)资深政治人物：包括前行政局议员，前立法局成员——百分之二十五。

(3)市政局和区议会的成员——百分之二十五。

(4)在《香港公务人员名册》中列出的各法定及咨询局和委员会的代表(只包含那些非公务员性质的成员)，百分之二十五选举委员会具有广泛的代表性，由经验丰富和名望高的人士组成，这就使立法机构能继续得益于具有广泛代表性的人士们的才能和经验。

6. 在香港现行政府制度中，没有使用选举委员会制度进行立法机构选举的先例，所以预先确定选举委员会的作用、组成及工作程序，在基本法中说明并在香港特别行政区选举法中及时予以详细规定，这是十分重要的。如果中国政府能够就拟议中的制度的原则向香港人民作出保证(也许可以在基本法起草委员会召开全会或颁布基本法时这样做)，也将十分有利于促使人们接受该制度。

文件之六：陈滋英向唐纳德大使转达中方对英方二月六日信息的答复

一九九〇年二月八日傍晚，外交部港澳办主任陈滋英紧急约见英驻华大使唐纳德，请唐向英方转达中方对英方二月六日信息的答复。中方答复全文如下：

“大使先生于二月六日代表英方向中方传递的信息，我已报告给钱外长，并将附来的三份书面材料转给了我基本法专家。现在，我奉命答复如下：

一、关于直接选举的比例问题。中方早已明确表示，如英方承诺九一年香港立法局的地区直接选举议席不超过十八席，中方可以考虑使特区第一届立法会的直选议席增至二十席。对此，中方希望英方以书面形式在基本法起草委员会第九次全体大会前予以确认。否则，中方将按基本法起草委员会政制专题小组已通过的十八席定案。

二、关于选举委员会问题。中方同意英方在文件中所提的关于选举委员会的五点原则。但对选举委员会组成的比例，中方认为只能按照基本法(草案)附件一第二项所规定的成分和比例。因为附件一在起草委员会第八次全体会议已获全体委员三分之二的多数通过。中方认为，上述成分和比例的规定是适当的，不宜再改。

三、关于分开计票问题。中方认为，此种表决方式有利于发挥立法会本身的制衡作用，从而保障香港各阶层的普遍利益，对香港的稳定繁荣有好处。至于分开计票的具体方法将由最近召开的起草委员会第九次全体会议讨论、决定。中方认为，英方如不打算在九五年的香港立法局中实行分开计票的办法，中方亦无意坚持此点。从九七年特区第一届立法会开始实行此项表决办法，对政制衔接并无影响。

四、关于非中国籍的和在外国有居留权的香港永久性居民在特区立法会的席位限额问题，中方的立场早已十分明确，基本法必须对下列两种人在特区立法会的席位数目加以限额规定：一种是外国人，即非中国籍的香港特别行政区永久性居民，另一种是在外国有居留权的香港特别行政区永久性居民中的中国公民。采取后一种人包括在内的措施，完全是由于英国单方面公布给予五万个家庭以'完全的英国公民地位'所引起的。英方自称在香港立法局没有国籍限制的说法是与香港的历史事实不符的。至于限额幅度，起草委员会第九次全体会议将会作出决定。"

文件之七：外交及联邦事务大臣道格拉斯·赫德阁下给钱其琛外长阁下的信息

一九九〇年二月十二日英驻华大使唐纳德将此件转交外交部港澳办陈滋英主任。

我现在有时间来充分考虑你二月三日的信息以及二月八日陈滋英先生按你的指示向爱伦·唐纳德爵士表明的几点意见。

如你所知，我极为重视我们两国政府就香港未来的政治制度达成谅解，重建相互信任的气氛。过去，在这种气氛里，我们两国政府曾共同为促进香港的稳定与繁荣而努力。我认识到中国政府也是本着同样的精神处理这个问题，并且为找到一条双方满意的前进道路进行了积极的努力。

在这一背景下，我现在准备就以下文字同中国政府确认一项谅解。如果《基本法》最后文本中规定香港特别行政区立法机构中的直选席位在一九九七年为二十个，在一九九九年二十四席，在二〇〇三年三十席，英国政府准备将于一九九一年实行直选时把直选席位限制在十八席。

但是，从我前几次给你的信中可以看出，直接选举席位的增长速度比许多香港人以及我们自己所期待的要慢。因此，我非常希望你看到一九九一年的立法机构进行运转后会逐渐赞同我们的观点，即：加速直接选举议员的比例增长是可行的、也是理想的；希望经与你达成一致意见之后，于一九九五年适当增加直接选举议员的比例，使直接选举议员的比例有一个急剧的增长以便在一九九七年以后继续增长。在此基础上，我提议在现阶段我只想说，一九九五年的立法机构中直接选举的议席不少于二十个。但是我可向你保证，英国政府将会继续认识到保持一九九七年以前和一九九七年以后安排的连续性是有益的。

我在前几次信中还提到另外一个继续使我十分关注的问题。那就是你所考虑的分开计票的条款。香港人对这一条款反应很差，大多数人认为这一条款极易引起分裂且会造成行政管理上的低效率。我不得不说，如果保存这一条款，实难赞成《基本法》中有关政治制度的安排，尽管我们希望有这些安排。因此我强烈地敦促你不在《基本法》中列入有关分开计票的安排。这一点对香港舆论十分重要。

我原则同意你提出的成立选举委员会的安排。这一选举委员会可于一九九五年成立。此项安排的详细细节可由双方在适当时间进行讨论。同时，我希望你已同意的五项原则能在《基本法》中得到反映。

我仍然认为，你提出的对香港非中国籍或享有外国居留权的永久性居民在香港特别行政区立法会中席位的限额，会给一九九五至一九九七年间立法局全体议员的连续性造成困难，而该限额在现在的《基本法》草案中是一项重要的规定。如果你继续认为有些限制极为重要的话，我希望你能考虑增加名额以减少这种风险。

国务院总理李鹏在人民大会堂会见前来参加关于中国扶贫问题国际研讨会的世界银行常务副行长斯文·桑德斯卓姆

国务院总理李鹏在北京会见中国城市投资环境国际讨论会中外代表

李鹏说，随着改革开放的扩大和经济建设步伐的加快，中国城市建设已经进入一个新的发展阶段。

李鹏向出席会议的中方代表及市长们提出了在城市建设方面应该注意的几个重要问题：重视发展中小城市；根据城市功能要求，搞好城市规划；逐步实行城市住房制度改革，为居民提供更好的居住条件；搞好城市基础设施配套建设；在搞好城市建设的同时，要重视农村集镇建设。

李鹏对来自美、英、日、德、意、韩、中国大陆及港澳的官员、学者和企业家们说，在联合国的支持下，由中国市长协会主办的这次讨论会是有意义的。

联合国副秘书长拉玛昌特兰在会见中说,城市发展是一个世界性的问题。在北京召开的这次讨论会将对城市发展提供有益的经验。联合国愿意继续同中国加强这方面的合作。

澳门中华总商会会长马万祺说,这次国际讨论会是在中共十四大胜利闭幕不久后召开的,将在探索城市建设方面发挥积极作用。现在中国投资环境越来越好,港澳地区各界人士愿意同内地加强合作。

中国代表唐承元在联大特别政治委员会上就推动空间技术发展问题发表讲话

唐承元说,为推动空间技术的发展,特别是在技术交流与技术转让方面,发达国家与发展中国家、空间国家与非空间国家以及空间国家之间应加强合作,其中发达的空间国家更应有所作为。

唐承元在发言中回顾了稳步发展的中国航天事业所取得的一些可喜的成就。他说,中国已成功地发射了14颗返回式卫星,其中1992年8月中国用自行研制的“长征二号”捆绑式火箭将美制澳大利亚通信卫星准确地送入轨道,同月将自制的第二代科学探测和技术试验卫星送入太空。10月又将一颗瑞典试验卫星成功地送入轨道。1992年中国首次用全球卫星定位系统完成了布设高精度大地网的任务,其测量精度达到世界先进水平。

中华人民共和国邮电部和美利坚合众国商务部在北京签订电信科学技术合作议定书

上海东方广播电台开播

国务委员李铁映听取卫生部农业部水利部关于血防工作的汇报

1991年全国35座重点城市环境综合整治考核揭晓

国家环境保护局通报,在这次考核中,苏州、广州、北京、武汉、大连、天津、成都、杭州、石家庄、长沙获前10名。

中国扶贫国际研讨会在北京开幕

研讨会由国务院贫困地区经济开发领导小组与世界银行联合召开。国务院副总理田纪云在研讨会上说,世界银行在把扶贫工作重心转移到帮助中国缓解贫困和加强贫困地区经济发展的过程中,应继续对中国提供优惠性贷款,不应受到社会制度和政治形势变化的影响。

田纪云说,我们非常关注世界银行对中国经济成就和贷款信誉的评价,对向中国提供优惠性援助的影响。他高度评价世界银行在促进中国经济改革和发展中发挥的重要作用。

国务委员、国务院贫困地区经济开发领导小组组长陈俊生今天在会上说,按可比价格计算,中国农村的贫困人口已经从1985年的1.25亿下降到1990年的8500万,减少了32%。尽管中国扶贫已经取得一定成绩,但仍然有一部分群众衣食无着,非常贫困。此外,全国尚有2700万左右的群众,年人均纯收入低于200元(按1985年可比价格计算),还没有解决温饱问题。收入介于200元到300元之间的群众大约有近6000万。

世界银行副行长斯文·桑德斯卓姆在研讨会上发言说,由中国起带头作用的东亚地区在全世界减贫方面是最为成功的。中国的绝对贫困人口从1978年的2.7亿人减少到1985年的9700万,即从占人口的1/3减少到总人口的1/10,这种减贫速度和规模都是史无前例的。

10月29日

人事部副部长程连昌在全国干部退休工作会议上发表讲话

程连昌在近日召开的全国干部退休工作会议上指出,干部退休工作要按照国家、集体和个人共同合理负担的原则,结合机构改革、干部人事制度改革、工资制度改革,建立机关、事业单位工作人员社会养老保险制度,实行国家保障、社会保障与个人自我保障相结合的办法,保障退休人员的生活,减轻国家负担,促进经济发展,积极探索退休干部管理社会化的新路子。

程连昌说,目前全国656万名离退休干部中,有专业技术干部178万人,其中具有高级技术职称的24万人,中级技术职称的69万人。他们是现代化建设的一支重要力量。要为他们在经济建设中发挥作用拓宽渠道,充分发挥他们的政治优势、技术优势和经验优势,鼓励他们从事技术开发、讲学授业、著书立说、人才培训以及种植业和养殖业,把他们的积极性引导到发展社会主义生产力,增强国家经济实力上来,变消极养老为积极养老,为搞活生产、发展经济服务。

交通部作出落实国务院颁发的《全民所有制工业企业转换经营机制条例》为企业办七件实事的决定

这七件实事是:改革我国国际海运行业管理体制,从事海运的船公司在规定的规模和经营范围内,可根据经营情况自行决定运力增减、买造船舶和出售自有贷款船舶或出租自有船舶；允许有经营管理能力的船公司经营远洋航线，从事国际运输的船公司可以经营船舶代理业务等；下放边境口岸运输审批权：新开辟的省内和邻省所属地方港口间的客运航线，管理，以及广东、福建、广西、海南省航行港澳航线的5000吨级以下船舶等将由省（市）交通主管部门审批；全面放开部属企业产品价格，由企业自主定价。部属企业税后利润可自行分配，交通部不再规定切块比例；部属企业在确保完成上缴利润的前提下，可按营运收入的1%提取新产品新技术开发基金；部属和双重领导的港口企业以留用资金和自筹资金从事生产性建设，不论投资额大小，都可自行立项，依法办理有关手续后自主决定开工；为了简化海员出境手续，经同有关部门商定，我国海员持海员证乘坐服务船舶以外的交通工具出境时，大型运输企业有权签发《海员出境证明》。

全国土地复垦工作座谈会在江苏徐州召开

中共中央政治局常委李瑞环在人民大会堂会见出席“亚太地区报刊与科技和社会发展研讨会”的各国代表以及台湾和香港新闻界人士

国家教委主任李铁映在人民大会堂会见香港金利来集团有限公司董事局主席曾宪梓

会见时，曾宪梓表示愿赠款一亿港元，与国家教委合作，成立曾宪梓教育基金会，用于奖励内地有贡献的优秀教师，发展内地的教育事业。

李铁映代表国家教委对曾宪梓此举和长期以来对内地教育事业的热心支持表示感谢。

会见时在座的有国家教委副主任滕藤。

国务院港澳办公室发言人就公布的关于香港政制问题七份外交文件作出说明

国务院港澳办公室发言人就28日公布的关于香港政制问题的七份外交文件作如下说明：

1990年1月，香港特别行政区基本法临近最后定案。在经过起草委员会第九次全体会议的讨论、修改后，基本法将提交给当年4月召开的七届全国人大第三次会议审议。当时，人们关注的焦点集中在基本法所规定的香港特别行政区的政制架构问题上。

众所周知，基本法的起草工作是民主的、开放的、有着很高的透明度。中国政府一再表示，愿意听取香港各方面的意见和建议。同时向英方说明，虽然起草基本法是中国的内政，但愿意听取英方通过外交渠道向中方表达他们的意见，只要是合理的、有利于香港平稳过渡的意见，起草委员会都将认真考虑、吸收。我们正是这样做的。28日公布的七份中英双方在当时来往的外交文件，就是在这种背景下产生的。

已经公布的七份文件只是这类外交文件的一部分，从中可以清楚反映出在基本法即将定案之际，中方为着香港1997年的平稳过渡和长期的稳定繁荣，以极大的诚意争取同英方的合作，寻求中英双方的共识。为便于公众了解真相，现仅就这七份文件所涉及的目前中英双方关于香港政制问题的两点争论，作一简要说明。

一、关于直接选举议席的数目

1990年1月，中英双方就香港立法局直选议席的数目开始以交换书面信息的方式进行磋商。英方坚持1991年立法局的直选议席不能低于18席，并要求1997年香港特别行政区第一届立法会的直选议席为24席。中方基于基本法起草委员会达成的共识，即香港的民主发展应符合循序渐进的原则，提出1997年立法局的直选议席数目为20席，1999年为24席，2003年达到立法会全部议席的一半，即30席。同时，中国外长钱其琛于1月20日在给英国外交大臣赫德的书面信息中明确表示：“为了实现1997年前后政制上的衔接和政权转移的平稳过渡，中方愿意考虑英方把1991年立法局的直选议员从15名增至18名的想法。”

2月12日，英外交大臣赫德在给钱外长的书面信息的第三段写道：“我现在准备就以下文字同中国政府确认一项谅解。如果基本法最后文本中规定香港特别行政区立法机关中的直选席位在1997年为20席，在1999年为24席，在2003年为30席，英国政府准备于1991年实行直选时把直选席位限制在18席。”英方在向我传递这一信息时还着重强调，外交大臣信息的第三段是对中方提议的明确答复。至此，中英双方就直选议席数目达成了谅解。

因此，现在英方说什么“中英两国对于1995年直选议席数目并没有任何协议或谅解”是不符合事实的。诚然，英方也表示希望在1991年选举后中方能考虑适当增加直选的议席，但是单方面的希望并不能否定双方的谅解，这是最简单的道理。

二、关于选举委员会的组成

在就直选议席数目磋商的同时，关于选举委员会的组成是中英双方磋商的另一项内容。英方于2月6日向中方提交了三份文件，其中对选举委员会提出了五项原则和由四部分人（各占百分之二十五）组成的建议。2月8日中方在给英方的答复信息中明确表示，同意英方所提的五项原则，但对选举委员会组成的成分和比例，中方表示“只能按照基本法（草案）附件一第二项所规定的成分和比例，因为附件一在起草委员会第八次全体会议已获全体委员三分之二的多数通过。”2月12日英外交大臣赫德在给钱外长的书面信息中确认:“我原则同意你提出的成立选举委员会的安排。这一举选委员会可于1995年成立,这项安排的详细细节可由双方在适当时间进行讨论,同时,我希望你已同意的五项原则能在基本法中得到反映。”由此可见,英方是同意按基本法附件一第二项的规定组成1995年的选举委员会的。关于英方提出的五项原则,绝大部分已体现在附件一的各项具体条文中,如选举委员会应具有广泛代表性,依据民主、开放的原则,制定选举法等。关于无记名投票方式一项,也已明确载入附件一第五项。至于表决制度,中方后来也考虑了英方的意见,改为凡政府的提案都一律以简单多数通过。英方在递交上述信息时的说帖中明确表示:双方在选举委员会问题上合作已无障碍,并感谢中方在这方面所做的努力。

英方在公布七个文件所作的介绍中称,基本法没有明确规定香港特别行政区第一届立法会的选举委员会,并说:“由于基本法没有提出有关1995年选举委员会的任何指引,该委员会与其他问题一起须由港督自行提出建议。”第一届选举委员会的组成所以在基本法中没有具体规定,这是由于英方已经同意根据基本法附件一关于选举委员会的具体规定来组成1995年的选举委员会。因此,根据《全国人民代表大会关于香港特别行政区第一届政府和立法会产生办法的决定》,实际上第一届立法会的选举委员会可以在1995年就组成。在这种情况下,不宜由基本法来明确规定。基于同样的原因,附件一第二款的有些提法,如“任期五年”、“立法会”议员等也不能原封不动地套用于第一届立法会的选举委员会。

综上所述,英方没有任何理由借故推翻英方已原则上同意的安排,即1995年选举委员会将按照基本法附件一的规定组成。至于这项安排的细节,英方同意将在适当的时候由中英双方进行讨论,也就是说英方无权单方面作出决定。

在基本法通过后,英国外交部曾公开声明,认为基本法是香港前途的一个重要里程碑,它反映了联合声明的精神,是一项受欢迎的宪法。在这之后,英方从来也没有提出由于英方对基本法某些条文的意见没有完全被吸收,而拟将过去双方达成的谅解推翻。而中方则是基于双方在立法机关过渡问题上达成了谅解,才同意了1995年这届立法局的组成如符合基本法的有关规定,其议员经过筹备委员会的确认,可过渡为特别行政区第一届立法会的议员。现在英方既单方面推翻了双方达成的谅解,这种安排也就失去了前提。

英方昨天发表的声明中,引用了1990年2月16日英国外交大臣赫德向英下议院发表的一段讲话:“如果我们到时决定采用基本法规定的选举安排,1995年选出的议员便可以跨越1997年的界线留任到1999年。”我们不禁要问:“英方现在究竟还要不要采用基本法规定的选举安排?也就是说,要不要和基本法衔接?”

中国常驻联合国代表李道豫在联合国大会第三委员会讨论妇女议题时表示中国保证世界妇女大会在北京顺利召开

李道豫说,一年来,国际社会对妇女问题的认识逐渐提高,取得了许多成果,不容忽视。但面对政治、经济、文化、社会等许多障碍,广大妇女在平等、发展与和平方面仍没有获得应有的地位。特别是在发展中国家,贫困、文盲等使她们许多人至今仍处于脆弱群体之列。国际、区域和国家各级社会组织有必要采取切实有力的措施,消除障碍,加速今后几年的工作。

李道豫介绍了中国妇女工作情况。

李道豫说,中国的《妇女权益保障法》已于今年10月1日生效。该法是一部维护妇女权益、促进男女平等的综合性、全面的基本法律。

在谈到第4届世界妇女大会时,李道豫说,中国政府和人民,尤其是妇女,对在北京举行世界妇女大会的决定感到荣幸,并决心把会议办好。

李道豫说,今年8月28日已成立了由国务院26个有关部委、新闻单位、北京市政府和群众团体等三十几个单位的主要负责人组成的组织委员会。

李道豫说,中国政府将认真履行东道国应承担的义务,并愿在筹备大会过程中与各国政府、联合国机构和有关非政府组织密切合作,为会议的顺利召开作出自己的努力。

在北京召开第4届世界妇女大会的决定是由联合国妇女地位委员会于今年年初作出的,会议将审评上届世界妇女大会通过的《前瞻性战略》的执行情况,并制定到本世纪末共同努力的行动纲领。

外交部发言人吴建民在记者招待会上就日本天皇明仁访问中国发表谈话

吴建民说,日本天皇和皇后两陛下应国家主席杨尚昆的邀请首次对中国进行正式访问,这是中日关系中的一件大事。“经过双方的共同努力,这次访问进行得很顺利,取得了圆满成功,达到了加深相互理解、促进睦邻友好的目的,对推动两国关系的发展将产生深远影响。”

吴建民在回答有关中印边界第五轮会谈的问题时说,中印边界问题联合工作小组第五轮会谈将于今天结束。双方就如何解决边界问题、在实际控制线地区制定保持和平与安宁的措施以及双边关系等问题认真地交换了意见，增进了相互了解。

吴建民在对塔吉克斯坦局势发表评论时说，塔吉克斯坦是中国的邻国。“我们对那里近来事态的发展表示关切。我们希望塔吉克斯坦有关各方通过和平谈判，尽快找到解决问题的办法，结束流血冲突。”

吴建民说，中国驻塔吉克斯坦使馆目前仍在照常工作。

吴建民应记者要求对以色列坦克进入黎巴嫩南部“安全区”一事发表评论时说，“近日黎巴嫩南部事态的发展令人关注，我们希望有关各方保持克制，为中东和谈创造良好的气氛，通过谈判解决争端。”

第二次“中国—东南亚”学术讨论会在北京举行

会议由中国现代国际关系研究所和东盟战略与国际问题研究所联合举办，来自东盟6国及中国有关单位的数十名学者出席会议。

与会者回顾了近年来中国与东盟国家关系的发展情况，认为双方贸易发展速度是迅速的。中国同东盟6国1987年贸易额为43.81亿美元，去年双方贸易额增加到79.59亿美元。在投资方面，截至1991年底，经中国政府批准的东盟国家在华直接投资的协议(合同)共1042项，金额达14.12亿美元。中国企业到东盟国家投资呈逐步扩大趋势。

学者们认为，中国与东盟国家经贸合作潜力很大，比如，中国同东盟国家的贸易只占中国外贸总额的5%～6%，占东盟国家外贸总额的2%～3%。为此，与会的专家学者们建议，如：在经贸关系中进一步扩大互补性；在贸易方面，提出了在巩固传统产品的基础上努力开发适销对路的新产品；在投资方面，要进一步改善投资环境，以便增加相互投资。

学者们认为，中共十四大明确提出建立社会主义市场经济体制，并对今后中国的经济发展提出了新的任务，这将为中国与东盟的经贸合作带来更多的机会。

讨论会于10月31日结束。

中央军委副主席张震在国防大学学员座谈会上发表讲话

张震强调，要以现代化为中心，努力加强部队全面建设。

张震在回顾了毛泽东同志把马克思主义普遍原理同中国革命的具体实践相结合，创立了农村包围城市、武装夺取政权的伟大理论和实践后说，邓小平同志创造性地运用马克思主义研究当代中国的实际，形成了建设有中国特色社会主义的理论，使我国社会主义事业焕发了勃勃生机，综合国力上了一个大台阶，并经受了世界风云急剧变化的严峻考验。张震要求学员把学习邓小平同志今年初视察南方的谈话和江泽民同志在十四大上的报告紧密结合起来，并要原原本本学好十四大文件，领会精神实质，用邓小平同志建设有中国特色社会主义理论武装全体指战员的头脑。

张震强调指出，军委江泽民主席多次说：邓小平同志既是我国经济建设和改革开放的“总设计师”，也是军队建设和改革的“总设计师”。邓小平同志关于新时期军队建设的一系列重要思想和战略决策，反映了新时期军队建设的基本规律，回答了建设有中国特色现代化、正规化革命军队的一系列重大问题，是在新的历史条件下搞好军队建设的根本依据和指导思想。我军只有坚定不移地按照总设计师的思路，把教育训练摆到战略位置，用战斗力标准衡量一切工作，真抓实干，做到“政治合格、军事过硬、作风优良、纪律严明、保障有力”，才能成为人民民主专政的坚强柱石，捍卫社会主义祖国的钢铁长城，从而为改革开放和经济建设提供坚强有力的安全保障。

10月30日

国家主席杨尚昆在人民大会堂会见乌克兰总统列·克拉夫丘克

国务院总理李鹏在钓鱼台国宾馆同乌克兰总统列·克拉夫丘克举行会谈

李鹏说，中国愿意在和平共处五项原则的基础上同乌克兰发展友好合作关系，特别是经济贸易关系。希望两国有关部门就合作的具体内容进行讨论。

克拉夫丘克总统说，他这次来华访问是乌克兰独立后的第一次，意义重大。他说，乌克兰同中国有着传统的友好交往。乌中友好合作关系已奠定了良好的基础。

李鹏说，乌克兰既是一个年轻的国家，也是一个具有悠久文化的国家。乌克兰自然资源丰富、人民勤劳，相信乌克兰人民有能力在乌克兰政府领导下克服暂时的困难，使经济得到恢复和发展。

在谈到中国国内情况时，李鹏着重介绍了改革开放14年的历程和中共十四大在中国和中国共产党历史上的作用。

应客人的要求，李鹏还介绍了中国价格和金融改革、转变政府职能、转换企业经营机制以及处理稳定和发展、物质文明建设和精神文明建设的关系等问题。

克拉夫丘克感谢李鹏总理的详尽介绍。他说，乌克兰很重视中国在这些方面的经验和做法，他们将根据自己的情况加以借鉴。

国务委员兼外交部长钱其琛，中国政府陪同团团长、轻工业部部长曾宪林等参加了会谈。乌克兰方面参加会谈的有国家经济政策问题顾问阿·叶梅利亚诺夫、外交部长阿·兹连科等。

第七届全国人大常委会第二十八次会议开幕

万里委员长出席会议。

在彭冲副委员长主持下，会议通过委员长会议建议的本次常委会会议的议程。

在上午的会议上，王汉斌副委员长和曹志常务副秘书长分别传达中国共产党第十四次全国代表大会的精神。

从下午开始，委员们将分组学习讨论党的十四次全国代表大会文件。

副委员长阿沛·阿旺晋美、赛福鼎·艾则孜、荣毅仁、叶飞、廖汉生、倪志福、陈慕华、费孝通、孙起孟、雷洁琼出席会议。

最高人民法院院长任建新、最高人民检察院检察长刘复之列席会议。

全国政协第七届常委会第二十一次会议闭幕

全国政协副主席王恩茂、王光英主持会议。

会议要求人民政协各级组织努力学习和掌握邓小平同志关于建设有中国特色社会主义的理论，认真学习和贯彻中共十四大精神，为加快改革开放和经济建设，推进民主法制和精神文明建设，促进祖国和平统一，夺取有中国特色社会主义事业的更大胜利作出新的贡献。

会议通过《关于学习贯彻中国共产党第十四次全国代表大会精神的决议》。

全国政协秘书长宋德敏在会上就决议修改情况作了说明。宋德敏说，会议期间，常委们对决议草案进行了认真的讨论，根据常委们的意见，会议秘书处对草案进行了修改，并经政协主席会议讨论审议，特提请常委会全体会议审议通过。

在全体会议上，万国权代表民建中央、陆榕树代表致公党中央、王文元代表九三学社中央、黄启章代表台盟中央、经叔平代表全国工商联、吴祖强（同时代表陈荒煤）和黄大能、林亨元、苏赫常委，先后在大会上发言。

出席大会的全国政协副主席还有：洪学智、邓兆祥、赵朴初、马文瑞、钱伟长、胡绳、程思远、卢嘉锡、钱正英、苏步青、司马义·艾买提。

全国政协第七届全国委员会常委会第二十一次会议《关于学习贯彻中国共产党第十四次全国代表大会精神的决议》

中国人民政治协商会议第七届全国委员会常务委员会第21次会议，完全赞同和拥护江泽民同志代表中国共产党第十三届中央委员会向第十四次全国代表大会所作的报告和大会通过的各项决议，完全拥护大会选出的以江泽民同志为核心的新的中央领导集体。

会议认为，中共十四大是一次肩负着重大历史使命的大会，是一次承前启后、继往开来，全面推进改革开放和社会主义现代化建设的大会。中国共产党自十一届三中全会以来，坚持把马克思列宁主义基本原理同中国实际相结合，在实践中逐步形成和发展了建设有中国特色社会主义的理论，制定和实行了党在社会主义初级阶段的基本路线，领导全国各族人民实行改革开放，进一步解放和发展生产力，取得了举世瞩目的巨大成就，开创了社会主义现代化建设的新时期。这是在我国开始的又一次伟大革命。建设有中国特色社会主义的理论，是毛泽东思想的继承和发展，是马克思主义与中国实际相结合过程中的又一次历史性飞跃，是指引我们胜利前进的旗帜。会议高度评价我国改革开放和现代化建设的总设计师邓小平同志对创立和发展这一理论所作出的历史性的重大贡献。

会议认为，江泽民同志的报告正确分析了国内外形势，系统总结了14年来伟大实践的基本经验，对建设有中国特色社会主义的理论作了新的概括，强调要毫不动摇地长期坚持党的基本路线。这对于动员全国各族人民，进一步解放思想，实事求是，把建设有中国特色社会主义的伟大事业继续推向前进，具有重大的现实意义和深远的历史意义。报告提出的加快改革开放和现代化建设步伐的决策和90年代我国改革和建设的各项任务，特别是抓住当前有利时机，集中力量把经济建设搞上去，力争国民经济在讲求效益的前提下有一个较高的增长速度，都是正确和可行的。报告明确提出建立社会主义市场经济体制，并把它作为我国经济体制改革的目标，这是一个极其重要的决策，也是理论上的重大突破，是有中国特色社会主义理论的丰富和发展。建立和完善社会主义市场经济体制，是一个长期发展的过程，是一项艰巨复杂的社会系统工程，要大胆探索，敢于试验，及时总结经验，促进体制转换的健康进行。

会议认为，中共十四大选出的新的中央领导集体，既保持了中央领导的连续性，又增加了新的力量。这是实现我国社会主义现代化宏伟目标的可靠保证。会议坚信，中共中央新的领导集体，一定能够带领全国各族人民开创改革开放和现代化建设更加蓬勃发展的新局面。

会议强调，中国共产党是领导全国各族人民建设有中国特色社会主义的核心力量。中国共产党以经济建设为中心，坚持四项基本原则，坚持改革开放的基本路线，也是我国各民主党派、人民团体和各族各界人士共同遵循的基本路线。会议要求人民政协的各参加单位和各级组织，努力学习和掌握邓小平同志关于建设有中国特色社会主义的理论，认真学习和贯彻中共十四大精神，坚持和完善共产党领导的多党合作和政治协商制度，坚持“长期共存、互相监督、肝胆相照、荣辱与共”的方针，巩固和发展新时期的爱国统一战线。要在社会主义和爱国主义旗帜下，团结一切可以团结的力量，调动一切积极因素，维护和发展稳定的社会政治环境，保证经济建设和改革开放的顺利进行。人民政协的各级组织要适应以经济建设为中心的要求，解放思想，振奋精神，加强自身的改革和建设，更好地履行政治协商和民主监督的职能，为加快改革开放和经济建设，推进民主法制和精神文明建设，促进祖国和平统一，夺取有中国特色社会主义事业的更大胜利作出贡献。

《毛泽东思想宝库》一书由中央党校出版社出版发行

第 72 届广交会闭幕

863 通信技术战略目标汇报会召开

中共中央总书记江泽民在中南海会见美国国际商用机器公司(IBM)董事长约翰·埃克斯

国家主席杨尚昆根据全国人大常委会的决定任免驻外大使

一、免去金永健的中华人民共和国常驻联合国副代表、特命全权大使职务。

二、免去范国祥的中华人民共和国常驻联合国日内瓦办事处和瑞士其他国际组织代表、特命全权大使职务。

任命金永健为中华人民共和国常驻联合国日内瓦办事处和瑞士其他国际组织代表、特命全权大使。

三、免去周文重的中华人民共和国驻巴巴多斯特命全权大使兼驻安提瓜和巴布达特命全权大使职务。

任命江承宗为中华人民共和国驻巴巴多斯特命全权大使兼驻安提瓜和巴布达特命全权大使。

四、免去孙治荣的中华人民共和国驻吉布提共和国特命全权大使职务。

任命杨永瑞为中华人民共和国驻吉布提共和国特命全权大使。

国务院副总理朱镕基在人民大会堂会见丹麦 A·P·莫勒集团副总裁索德贝克

中国以色列两国在耶路撒冷签署政府间贸易协定

中国和以色列在耶路撒冷签署了一项政府间贸易协定。根据协定，双方分别向对方提供最惠国待遇。

中国经贸部部长助理石广生和以色列外交部长西蒙·佩雷斯分别代表本国政府在协定书上签了字。

根据协定，两国开展互惠贸易，商品在对方市场享受优惠关税，并决定成立混合委员会。协定签署前，佩雷斯外长发表讲话说，以中两国间经贸合作前景好，潜力大，希望两国经贸关系得到进一步发展。

中共中央总书记江泽民为京剧艺术刊物《中国京剧》题词——“振兴京剧艺术 弘扬民族文化”

中国日本联合登山队 11 名队员登上 7782 米的南迦巴瓦峰

国家体委全国体总中国奥委会致电祝贺中日联合登山队成功攀登南迦巴瓦峰

10 月 31 日

中共中央总书记江泽民在中南海会见乌克兰总统列昂尼德·马卡罗维奇·克拉夫丘克

国务院经贸办召开部分地区部门资源综合利用工作座谈会在青岛结束

中国和乌克兰在北京发表联合公报

应中华人民共和国主席杨尚昆的邀请，乌克兰总统列·马·克拉夫丘克于一九九二年十月二十九日至十一月三日对中华人民共和国进行了正式访问。

江泽民总书记、杨尚昆主席和李鹏总理分别同列·马·克拉夫丘克总统在友好、坦率、求实的气氛中进行了会谈和会见，讨论了双边关系的现状和前景以及共同关心的问题。

双方同意声明如下：

一、中乌两国人民有着传统的友谊。中国与乌克兰间的互利合作关系正在顺利发展。中乌两国作为友好国家，确认在互相尊重主权和领土完整、互不侵犯、互不干涉内政、平等互利、和平共处等项原则的基础上建立关系的意愿。两国主张只用和平手段解决有争议的问题。

二、中乌两国将就促进发展与加强双边合作定期进行政治磋商，并就共同感兴趣的问题交换意见。两国领导人，议会、政府、各部门和其他社会团体的代表也将直接保持同样的接触。

三、双方将为进一步扩大与加深在政治、经济和文化及其他领域的长期互利关系作出必要的努力，并认真履行各自就此所承担的义务。

四、经济合作和贸易是两国相互关系的重要组成部分。双方将签订相应的协定，采取适当的措施，保证互利的经贸联系的发展。

为此，双方将：

——在经贸合作问题上相互提供最惠国待遇；

——在对方领土上开设公司、银行和其他对外经济活动参加者的代表机构，并协助其开展活动；

——发展投资方面的合作，在各自境内建立合资企业，并促进双方对外经济联系参加者在第三国市场上进行合作；

——促进两国各地区、各企业之间建立直接接触，其中包括在平衡基础上交换商品。

五、双方将在文化、科学、教育、体育和旅游方面促进合作与交往；促进有关组织、团体及个人之间的直接接触。

为此，双方将：

——鼓励学校、科研机构之间的合作，包括互派教师、科研工作者、大学生、研究生以及联合从事科研工作；

——在广播、电视和通讯社领域进行合作，相互促进报刊和音像资料的传播；发展在医疗、保健、卫生以及疾病防治等方面的合作。

六、双方承认环境保护具有全球意义。从共同利益出发，并考虑到各自的具体情况，双方将在保护和改善环境方面实施共同行动和计划。

七、双方将在防止有组织的犯罪、非法贩毒、恐怖活动、危害航空和航海的违法活动、走私，包括非法偷运文物出境方面进行合作。

八、双方支持其人民统一的意愿。

乌克兰承认中华人民共和国政府是中国的唯一合法政府，台湾是中国领土不可分割的一部分，并确认不和台湾建立官方关系。

中华人民共和国承认乌克兰的独立、主权和领土完整。

九、双方指出，两国在和平与发展、裁军、防止军备竞赛和反对在国际关系中推行霸权主义和强权等当代基本问题上立场相近或吻合。两国将继续维护各地区及全世界的和平与稳定。

十、双方将扩大和加深在联合国范围内的合作。两国主张保证联合国宪章的宗旨和原则以及国际法的有效实施，主张加强联合国在维护世界和平与安全，包括防止武装冲突方面的作用。

十一、双方指出，各国都有权根据自己的特点和利益选择社会制度、经济模式和发展道路。不论国家的大小和发展程度，这些方面的差异均不应妨碍各国之间的正常关系与合作。

十二、中乌两国重申恪守联合国宪章的宗旨和原则，主张在和平共处五项原则的基础上建立公正的国际政治和经济秩序。

中华人民共和国代表

乌　克　兰　代　表

一九九二年十月三十一日于北京

中国和乌克兰在北京签署10个文件

十个文件是：中乌两国领事条约；两国政府互免签证协定；两国外交部磋商议定书；两国政府关于两国间条约和协定使用文字的谅解备忘录；两国政府文化合作协定；两国卫生部卫生与医学科学合作协定；两国关于民事和刑事司法协助的条约；两国政府关于建立中乌政府间经贸合作委员会的协定；两国政府关于鼓励和相互保护投资协定；中国政府向乌克兰政府提供政府商品贷款的协定。中国乌克兰两国政府签署关于建立航空运输的纪要。

国务院总理李鹏在人民大会堂会见埃及前总理穆斯塔法·哈里勒

外交部部长钱其琛在北京与德国外交部长克劳斯·金克尔举行会谈

钱其琛在谈到双边关系时说，中德建交20年来，两国在各个领域的友好合作关系得到了全面的发展。近几年，中德关系虽然经历了暂时的曲折，但我们高兴地看到两国关系正在明显改善。金克尔外长这次对我国的访问为两国关系的进一步改善和发展提供了一个机会，在双方的共同努力下，中德关系将进入一个新的发展阶段。德国是国际上一个具有重要影响的国家，我们愿意看到统一后的德国在国际事务中发挥更为积极的作用。在当今动荡不定的国际形势下，中德加强合作不仅符合两国的利益，也有利于世界的和平与稳定，因此，两国外交部之间也应加强磋商。德国是中国在欧洲的最大贸易伙伴，两国经贸合作的潜力很大，经济上互补性很强。加强两国经贸、科技合作有利于中国的改革开放，符合德国的利益，有助于增强德国在中国市场的地位。

金克尔说，德中两国建交 20 年来各个领域关系的发展是好的。但近几年来，两国关系遭受了一些挫折。他这次来中国的目的就是要使两国关系回到正常的轨道上来。他说，中国是世界上一个重要国家，在政治上经济上具有重要作用。德国将中国视为国际上的重要伙伴，愿意进一步发展同中国的政治和经贸关系。中国的经济发展迅速，扩大同中国的经贸合作不仅对德国，而且对欧洲都有重要意义。德国经济界对中国的兴趣很大。

金克尔表示支持恢复中国在关贸总协定的缔约国地位，赞成两国外交部加强磋商。

金克尔重申，德国将坚持一个中国的政策。钱其琛对德国的这一立场表示赞赏。

关于国际问题，金克尔向钱其琛介绍了批准马斯特里赫特条约的进程和困难以及他对欧洲形势的看法。钱其琛应客人的要求介绍了亚洲形势，中日中韩关系。

国务院总理李鹏在人民大会堂会见科学基金制完善与发展国际讨论会代表

李鹏表示，科学技术现代化是中国的奋斗目标之一。随着经济的发展，中国政府将对科学技术的研究与开发给予更多的支持。

李鹏说，从根本上来说，农业的发展、企业经济效益的提高和经济实力的增强都要依靠科技的进步。随着社会主义市场经济体制的建立，科技领域引进了竞争机制，这将为科技的进一步发展创造条件。

李鹏说，科技成果是人类的共同财富。中国实行对外开放政策，其中一个优先课题就是搞好科技领域的对外开放。中国重视同其他国家在基础科学研究方面的合作，这次研讨会就此进行讨论是很有益的。

加拿大自然科学及工程研究理事会主席莫瑞德代表参加会见的客人说，有关各国科研机构同中国国家自然科学基金会有很好的合作关系，对中国自然科学界利用有限的资金支持了众多高水平的研究课题表示钦佩。他表示，各国代表愿意同中国加强在科技领域的合作与交流。

国家科委全国人大教科文卫委员会召开会议庆祝《中华人民共和国技术合同法》实施五周年

国家科委、全国人大教科文卫委员会在人民大会堂联合召开会议，庆祝《中华人民共和国技术合同法》实施 5 周年，为全国技术合同年成交额超百亿元祝捷，并对推进技术市场发展作出显著成绩的北京市等 14 个省、自治区、直辖市和计划单列市进行了表彰。

国务委员、国家科委主任宋健给会议带来李鹏总理的祝词“发展技术市场，加快科技成果转化”。

宋健说，技术市场是科技成果扩散和转化的捷径，而技术合同法是我国技术成果商品化的基本法律，是技术市场的基本准则。宋健强调，当前，我国科技工作深化改革、扩大开放的紧迫战略任务，就是要抓住有利时机，加快分流人才，合理调整结构，进一步转变科技系统的运行机制。

11月1日

《人民日报》发表社论《用建设有中国特色社会主义理论武装全党》

江泽民同志在党的十四大报告中指出:"建设有中国特色社会主义的理论,是马克思主义同中国实际相结合的最新成果,是当代中国的马克思主义,是指引我们实现新的历史任务的强大思想武器。"如同党的七大确立毛泽东思想作为全党工作的指导思想一样,党的十四大确认了邓小平同志建设有中国特色社会主义理论对全党各项工作的指导地位。这是党的十四大所取得的最重要的成果,它必将对我国的社会主义现代化事业产生巨大而深远的影响。

中国共产党是以马克思主义为自己指导思想的党。历史反复证明,党要领导中国的革命和建设事业取得胜利,关键是善于把马克思主义的基本原理同中国的国情、中国革命和建设的实践紧密结合起来,形成自己有特色的理论和路线,引导全国人民走自己的道路。能不能做到和做好这一点,是对党的考验,是衡量党的领导成熟性的一个最重要的标志。建设有中国特色社会主义理论是中国共产党总结40多年经验、借鉴国际经验,并带领中国人民进行了14年改革和建设实践的产物。它的产生和形成,经历了实践的反复比较和认识的逐步深化的过程。党的十四大报告对建设有中国特色社会主义的理论体系作了新的概括,体现了马克思主义基本原理同当代中国实际相结合的最新成果,标志着我们党对建设有中国特色社会主义的内在规律的认识达到了新的高度。这个理论,第一次比较系统地初步回答了中国这样的经济文化比较落后的国家如何建设社会主义、如何巩固和发展社会主义的一系列基本问题,用新的思想、观点,继承和发展了马列主义、毛泽东思想。按照有中国特色社会主义的理论去做,中国的社会主义事业就境界全开,表现出它巨大的生机。这个理论是中国人民付出了巨大代价换来并为全党和全国各族人民一致接受的真理,是中国共产党人和中国人民的无价之宝。

建设有中国特色社会主义理论是全党全国人民集体智慧的结晶。邓小平同志作为这一理论体系的奠基人,对这个理论的创立作出了巨大的历史性贡献。在创立建设有中国特色社会主义理论过程中,邓小平同志尊重实践,尊重群众,既继承前人又突破陈规,表现了开辟社会主义建设新道路的巨大政治勇气和开拓马克思主义新境界的巨大理论勇气。他的历史性贡献铭刻在全党和全国各族人民的心中,必将永载史册。我们坚持社会主义道路,就是要建设有中国特色的社会主义。我们要坚持马列主义毛泽东思想,就是要坚持建设有中国特色社会主义的理论。离开了当代中国的马克思主义,社会主义制度的巩固和社会主义事业的发展,都是不可能的。

确立建设有中国特色社会主义理论的指导地位,对于新时期党的建设具有重大的意义。中国共产党是全国各族人民团结的核心,处于领导地位和执政地位。中国的事情能不能办好,关键在于我们的党是否朝气蓬勃,富有凝聚力和战斗力。而要使我们的党富有战斗力,最重要的是加强党的思想理论建设,使党在政治上保持正确的方向并且达到全党的高度一致。建设有中国特色的社会主义理论,就是全党的灵魂与精神支柱。有了这个理论,全党坚强的团结和高度的统一就有了牢固的基础。在新民主主义革命时期,由于在毛泽东思想的基础上达到了全党思想上、政治上、组织上的空前统一和团结,抗日战争和解放战争很快取得了胜利。我们要夺取中国社会主义现代化事业的胜利,也必须用邓小平同志建设有中国特色社会主义的理论武装全党。

坚持党的"一个中心,两个基本点"的基本路线一百年不动摇,这是我们事业能够经受风险考验,顺利达到目标的最可靠的保证。正确理论是制订正确路线的前提,路线是理论的体现。党的基本路线是在邓小平同志建设有中国特色社会主义理论的指导下形成的,也是这一理论的重要组成部分,是这一理论的核心内容。全党同志特别是各级领导干部全面掌握了建设有中国特色社会主义的理论,才能深刻理解基本路线的实质、意义,增强贯彻执行基本路线的自觉性;才能辨别各种思潮,清醒对待国际国内的重大事件,提高贯彻执行基本路线的坚定性。用建设有中国特色的社会主义理论武装全党,是在任何情况下坚持党的基本路线的最重要的保证。

用邓小平同志建设有中国特色的社会主义理论武装全党,是新时期党的建设的一项根本任务,也是当前加快改革开放和现代化建设步伐的紧迫任务。各级党委要十分重视党的思想理论建设。各级领导干部特别是高级干部,要努力学习建设有中国特色的社会主义理论,认真做好各项实际工作。要把是不是认真学习和掌握这一理论,是不是毫不动摇地坚持这一理论,是不是善于运用这一理论去指导自己的工作,作为考核党的领导干部的重要内容。各级领导干部带头,一个扎扎实实学习和运用建设有中国特色社会主义理论的热潮必将在全党兴起。

学习建设有中国特色的社会主义理论,要抓住解放思想、实事求是这个精髓。这个理论之所以有独特的建树，就是因为它敢于面对现实，不固守过时的理论教条，回答了时代提出的马克思主义著作中没有现成答案的问题。应该看到，束缚我们头脑的陈旧思想观念还不少，面对改革开放和经济建设的新形势，我们的思想在很多方面还很不适应。我们要进一步解放思想，实事求是，大胆探索，勇于实践。要对各地区、各部门在改革开放和现代化建设中的实践经验加以总结、提高，深刻地认识过去，正确地规划未来。

学习有中国特色的社会主义理论，要认真学习和掌握邓小平同志的战略思想和理论观点，认真学习他运用马克思主义立场、观点和方法研究新情况、解决新问题的科学态度。江泽民同志在十四大的报告，全面体现和具体阐述了邓小平同志关于建设有中国特色社会主义的理论和思想，一定要认真学习，深刻领会，切实贯彻执行。理论是行动的指南，要把学习同落实十四大提出的各项任务结合起来。面对科学技术的突飞猛进和社会主义市场经济新体制的建立，我们不懂得、不熟悉、不精通的东西很多。这就要求我们用建设有中国特色社会主义理论继续研究新情况，解决新问题，在实践中加深对理论的理解。理论要联系实际，要结合本地区本部门本单位的实际情况创造性地解决问题，富有成效地开展工作。建设有中国特色社会主义是一篇大文章，把这篇文章做得有生气，有特点，有新意，需要付出极大的努力。现在，目标已经确定，方向已经指明，我们应该扎扎实实地工作，符合十四大精神的事，要放手去干，大胆去干，为建设有中国特色的社会主义作出新的贡献。

《求是》杂志 1992 年第 21 期发表社论《坚持用建设有中国特色社会主义的理论武装全党》

中共中央总书记江泽民国家主席杨尚昆国务院总理李鹏等为中国人民大学建校 55 周年题词。

第一届中国金鸡百花电影节在桂林漓江之滨开幕

11 月 2 日

第七届全国人大常委会第二十八次会议举行全体会议

人大常委会委员长万里出席会议，副委员长叶飞主持会议。

法律委员会副主任委员宋汝棼和顾明分别就海商法草案和矿山安全法草案的审议结果作报告。

国务院总理李鹏提请本次常委会会议审议产品质量法草案和科技进步法草案。国家技术监督局局长徐鹏航和国务委员兼国家科委主任宋健分别就这两个法律草案作了说明。

国务院同时提请本次常委会审议四个国际和双边的公约、条约。受国务院委托，国家版权局副局长刘杲向常委会会议作关于建议我国加入保护录音制品制作者防止未经许可复制其录音制品公约的说明；外交部副部长刘华秋作提请审议批准中国和阿拉伯也门共和国领事条约、联合国气候变化框架公约这两个议案的说明；国家环境保护局局长曲格平作提请审议批准生物多样性公约的说明。

副委员长彭冲、阿沛·阿旺晋美、赛福鼎·艾则孜、严济慈、荣毅仁、倪志福、陈慕华、费孝通、孙起孟、雷洁琼、王汉斌出席会议。国务委员宋健、最高人民法院院长任建新列席会议。

国务院总理李鹏向第七届全国人大常委会第二十八次会议提交审议四个议案

这四个议案是：国务院关于提请审议决定我国加入保护录音制品制作者防止未经许可复制其录音制品公约的议案，关于提请审议批准中华人民共和国和阿拉伯也门共和国领事条约、联合国气候变化框架公约、生物多样性公约的议案。

保护录音制品制作者防止未经许可复制其录音制品公约于 1971 年 10 月在日内瓦签订，并于 1973 年 4 月生效，到 1991 年末，该公约共有 43 个缔约国。

国务院的议案认为，我国加入这一公约，有利于进一步加强我国对录音制品的保护，也有助于促进我国在这个领域的国际交流与合作，扩大对外开放。

中华人民共和国和阿拉伯也门共和国领事条约由我国外交部长钱其琛和阿拉伯也门共和国外交部长埃里亚尼于 1990 年 3 月 4 日分别代表本国在阿拉伯也门共和国首都萨那签署。1990 年 5 月 22 日，阿拉伯也门共和国和也门民主人民共和国正式合并为一个统一的国家，国名也改为也门共和国。中也两国外交部就上述条约适用于也门共和国事宜多次磋商后，钱其琛外长和来访的也门共和国外长埃里亚尼于 1992 年 4 月 20 日在北京互换照会，确认双方一致同意中华人民共和国和阿拉伯也门共和国领事条约适用于也门共和国，双方照会构成该条约的组成部分，并将与该条约同时生效。

国务院在议案中说，两年多来，中国和也门共和国关系发展较快，两国签订领事条约，不仅可以为两国今后处理领事事务提供法律依据，而且有利于促进两国各方面关系的进一步发展。

联合国气候变化框架公约是 1992 年 5 月 9 日在

纽约通过的，是今年6月里约联合国环境与发展大会取得成果的重要组成部分。国务院总理李鹏于1992年6月11日在里约签署了公约。

国务院在提请审议批准的议案中认为，我国批准公约，有助于促进我国在环境与发展领域的对外交流和合作，加快我国清洁煤炭技术的利用和开发可再生能源的步伐，亦有利于我国在公约框架内进一步维护我国权益。

生物多样性公约是联合国环境规划署主持制订的环境保护领域的重要国际法律文书，1992年6月5日在里约通过，国务院总理李鹏于1992年6月11日在里约签署了这个公约。

国务院在议案中说，公约对于全球生物资源的保护与合理利用具有十分积极的意义。我国及早批准公约，符合我国对保护生物多样性的基本立场，有利于加强和发展我国的环境保护事业，促进我国在环境与发展领域的对外交流与合作。

受国务院委托，国家版权局副局长刘杲、外交部副部长刘华秋、国家环保局局长曲格平，在今天的全体会议上分别就上述议案作说明。

国务院总理李鹏向第七届全国人大常委会第二十八次会议提交审议产品质量法草案议案和科学技术进步法草案议案

李鹏在提请审议产品质量法草案议案时说，提高产品质量，加强产品质量管理是我国的一项基本政策。当前，我国不少产品质量差、经济效益低、物质消耗高，假冒伪劣产品屡禁不止，已成为我国现实经济生活中存在的一个突出问题。这种状况，严重地损害了国家和用户、消费者的利益，危害了社会经济秩序，因此，制定有关产品质量方面的法律是十分必要的。国务院有关部门在认真调查研究、广泛听取意见、深入进行论证的基础上，拟订了产品质量法草案。这个草案，已经国务院通过。

国务院关于提请审议的科学技术进步法草案的议案说，为了贯彻落实邓小平同志关于"科学技术是第一生产力"的科学论断和战略思想，确立科学技术在我国社会主义现代化建设中优先发展的战略地位，促进我国科学技术的发展，推动科学技术为经济建设和社会发展服务，国家科委等部门在总结我国科技体制改革经验的基础上，草拟了科学技术进步法草案。这个草案已经国务院通过。

受国务院委托，国家技术监督局局长徐鹏航、国务委员兼国家科委主任宋健受国务院委托分别作《关于〈产品质量法〉(草案)的说明》和《关于〈科学技术进步法〉(草案)的说明》。

中共中央办公厅和中共中央对外联络部发表公告

在中国共产党召开第十四次全国代表大会期间和江泽民同志当选为中共中央总书记以后，承蒙许多国家的政党及其领导人、国家和政府领导人、友好团体和友好人士、驻华使节以及旅居国外的华侨、华人和港澳台同胞等向大会、向中共中央、向新当选的领导人发来贺电贺信，表示热烈祝贺和良好祝愿。中共中央办公厅、中共中央对外联络部受中共中央和江泽民总书记的委托，谨表示衷心的感谢。

全国政协副主席钱伟长在北京会见以阿不都拉·提曼为团长的台湾促进两岸交流访问团

商业部副部长白美清在商业部民政部粮食储备局召开的电话会议上就做好秋粮收购发表讲话

白美清说，国务院对今年的秋粮收购工作十分重视。最近国务院领导指示，一定要把秋粮收购资金问题解决好。各地要在当地政府领导下，组织银行、财政、粮食等有关部门，共同争取保证定购，专储收购资金落实到位，对议购资金也要及时供应。粮食部门要用好收购资金，决不允许挪作它用，同时，要挖潜做好调销回笼，缓解资金紧张状况。

白美清还要求各地粮食部门，加强粮油保管，做好入库服务工作。同时继续抓好灾区生活安排，切实保证灾民的口粮供应。灾民粮食供应要继续采取救济、返销、借销等行之有效的办法，一户一户地安排落实。

中共中央总书记江泽民在人民大会堂会见德国外交部部长克劳斯·金克尔

国务院总理李鹏在钓鱼台国宾馆会见德国外交部部长克劳斯·金克尔

国务院总理李鹏在钓鱼台国宾馆会见泰国王储玛哈哇集拉隆功

国务院总理李鹏在钓鱼台国宾馆会见联合国教科文组织执行局委员澳大利亚执政的工党全国主席巴里·琼斯

国务院总理李鹏在钓鱼台国宾馆会见英国前贸工大臣大东电报局董事长杨勋爵和夫人

中共中央政治局常委李瑞环在人民大会堂会见印

度福利部部长国大党司库西塔拉姆·凯萨利

中共中央政治局常委李瑞环在人民大会堂会见韩国经济新闻社社长扈英珍

解放军总参谋长张万年在北京会见突尼斯海军参谋长穆罕默德·沙德利·谢里夫

国务院港澳办公室主任姬鹏飞在香港就彭定康“宪制方案”违反中英联合声明和基本法接受记者采访

中英有关香港问题的七个文件公布后，记者在香港采访原基本法起草委员会主任姬鹏飞。姬鹏飞指出，这些文件清楚地说明港督彭定康施政报告的“宪制方案”，不仅违反中英联合声明，违反基本法，也违反中英双方原来达成的协议和共识。

姬鹏飞说，任何歪曲基本法的企图都是枉费心机。他警告一意孤行者：此路不通。

姬鹏飞称，基本法是实现“一国两制”，维持香港繁荣、稳定的可靠的法律保证。他说，这次去港本想在“一国两制经济研究中心”举办的研讨会上，就此议题与香港的旧友新知共作探讨。但由于港英当局挑起了中英之间的公开争论，主持研讨会的人士认为时机不宜，决定将会议延期。

姬鹏飞希望英国当局以大局为重，回到同中国合作的道路上来，认真贯彻中英联合声明，在各个方面同基本法衔接。这样不仅对香港有利，对中国有利，对英国也有利。如果采取不合作态度，甚至对抗，其结果固然不利于香港的平稳过渡和政治的顺利交接，对英国也绝不会有任何好处。

姬鹏飞确信，任何人都不能阻挠香港回归祖国的进程。在广大爱国、香港人士的共同努力下，“一国两制”的科学构想必定会变为现实。

全军经费决算审计工作结束

为期8个月的全军经费决算审计工作已顺利结束。

经中央军委批准的这次决算审计工作在全军团以上单位开展。审计中采取以教育为主，总结经验教训、提高管理水平。对查出的问题，按照自查自报从宽、被审发现处理从严的原则，依据有关财经方针、政策和全军统一规定，分别情况认真处理。

全军决算审计领导小组日前召开会议，会议总结了这次决算审计的收获：查出全军结余军费开支。普遍整顿了财经纪律，从严查处了一些涉及领导干部的经济案件和重点问题。摸清了全军1991年各项经费的收支管理情况，而且查清了各级经费家底分布及占用情况，进一步端正了部队生产经营方向。强调部队开展生产经营活动目的是弥补军费开支的不足、减轻国家和人民的负担。掌握了地处不同地区、不同类型部队的生活补助情况，为军委、总部进行宏观决策提供了依据。

国家教委办公厅发出《关于加强民族散杂居地区少数民族教育工作的意见》

国家教委《关于支持中国青少年发展基金会实施“希望工程”的通知》

11月3日

中组部关于积极大胆地做好选拔年轻干部工作的通知

一、为贯彻落实党的十四大精神，把各级领导班子建设成为忠诚于马克思主义、坚持走有中国特色社会主义道路的坚强领导集体，必须按照干部队伍革命化、年轻化、知识化、专业化的方针和德才兼备的原则，选拔大批优秀年轻干部进入各级领导班子。这是保证党的路线的连续性和国家长治久安的根本大计，也是当前加强各级领导班子建设，适应加快改革开放和现代化建设步伐的迫切需要。目前，在各级领导班子中，年轻干部数量偏少，不少班子尚未形成梯次年龄结构；今明两年换届时，将有不少干部因达到退（离）休年龄而退出领导岗位；到本世纪末，现班子成员也将有大部分退下来。在这种情况下，各级党组织和领导干部，应当充分认识选拔年轻干部的重要性，增强责任感和紧迫感，不失时机地积极做好选拔年轻干部的工作。

二、选拔年轻干部，要按照党的基本路线的要求，全面执行干部队伍“四化”方针和德才兼备的原则。衡量干部的德和才，主要看他在执行党的基本路线中的表现。在选拔领导干部时，一要看他听不听党的话，是不是真正的共产党人，能不能坚持党的基本路线，有没有坚定的社会主义、共产主义信念；二要看他有没有必需的知识和才能。对于那些在执行党的基本路线的实践中勇于改革、开拓创新、政绩突出、廉洁务实、群众信任的优秀年轻干部，要委以重任，大胆地选拔进各级领导班子；对于那些不胜任现职或不负责任甚至以权谋私的干部，要果断地调整下来。对个人主义严重、伸手要官的人，绝不能提拔重用。在选拔任用干部时，要严格按规定的程序办事，坚决防止和纠正用人上的不正之风。

三、选拔优秀年轻干部，要同改善领导班子结构紧密结合起来。目前，要结合换届和领导班子调整，使各级党政领导班子形成合理的梯次年龄结构。50岁以下的干部，在省区市党委领导班子中，一般要有3名，政府领导班子中，要有2名，其中，至少各有1名45岁左右的干部；中央国家机关部委领导班子中，要有1～2名50岁以下的干部。在地市州党委、政府领导班子中，要各有2～3名45岁以下的干部，其中至少各有1名40岁以下的干部。在县市区党委、政府领导班子中，都要有2～3名40岁以下的干部。

各级党政领导班子主要负责人中，要有一批德才兼备的年轻干部，其中地市级党政领导班子主要负责人中，要有一批45岁左右的年轻干部；县级党政领导班子主要负责人中，要有一批40岁左右的年轻干部。

要通过换届和调整，不断完善领导班子的知识和专业结构，使领导班子逐步实现专业配套、知识互补。为适应领导班子领导经济工作的需要，要注意选拔懂经济、会管理的优秀年轻干部。

四、进一步解放思想，转变观念，坚决破除论资排辈、求全责备、迁就照顾等思想观念的束缚，不拘一格选人才。对于那些资历虽浅，但政治素质好，有潜力，政绩突出，能开创新局面的优秀人才，要大胆使用，个别特别优秀的，可以破格提拔；对于那些在改革和建设的实践中，由于缺乏经验而有某些失误的人，只要主流和本质好，就要热情帮助，敢于使用；对于那些工作中犯过错误，但本质好，确有才干和工作成绩的干部，只要认识和改正了错误，就要敢于量材使用，用其所长。

要放开视野，拓宽知人渠道。选拔年轻干部，不要仅限于党政机关，要从厂矿企业、高等院校、科研院所等方方面面，挑选那些政治上好、熟悉经营管理、实践经验丰富、有真才实学的干部，尤其要注意从大型企业、经济科技战线发现优秀人才。选拔年轻干部，要搞"五湖四海"，根据工作需要，可跨地区、跨部门交流使用。选拔领导干部，不仅要以担任下一级主要领导职务的后备干部为主要来源，还要注意把那些没有列入后备干部名单，但在经济建设和改革开放实践中政绩突出，群众拥护的干部纳入视野。

选拔年轻干部，一定要发扬民主，坚持走群众路线，实行主管部门和群众相结合，采取民主评议和民主推荐等办法，广泛发现和掌握优秀人才。各地各部门要大胆探索，积极改革干部选拔任用制度，努力为优秀人才脱颖而出创造良好的环境和条件。

五、切实加强对年轻干部的培养教育。要充分发挥各级党校、管理干部学校、培训中心等干部教育重要阵地的作用，按干部培训计划，有针对性地对年轻干部分期分批地进行培训。培训中，要密切联系建设和改革的实际，贯彻少而精的原则，抓好马克思主义基本理论的培训，中心内容是学习邓小平同志关于建设有中国特色社会主义的理论；同时要采取多种形式，结合各类干部的工作需要，增加有关发展经济和改革开放的政策、法规以及工业、农业、金融、国内外经济形势分析等教学内容，加强现代科学文化知识和商品、市场、先进经营管理知识的培训，使他们更好地适应领导经济建设和改革开放的需要。要鼓励年轻干部坚持在职自学，结合工作实际，学习理论和科技知识，不断提高理论和领导水平。

要有计划地组织年轻干部到建设和改革的第一线经受锻炼，增长才干。今后五年内，中央组织部拟分期分批地从中央国家机关和省区市挑选一批优秀年轻干部，放到沿海开放地区或条件比较艰苦的地区锻炼；各部门各地区应把中央国家机关和省区市党政机关中缺少三年以上基层工作经历的有培养前途的年轻干部，分期分批地选派到县、乡镇和企业事业单位工作，使他们接触群众，熟悉基层，积累实践经验，提高组织领导能力。要有计划地从基层单位和县、市选拔实践经验丰富的优秀年轻干部，到上级党政机关工作，增强全局观念，提高宏观管理水平。

要创造条件加强对各级领导班子党政主要负责人后备人选的培养。对那些有潜力担任党政主要领导职务的后备人选，可放到常务副职等重要岗位上压担子，有的可放到下一层次担任党政正职，让他们熟悉统管和驾驭全局的领导工作，积累经验，获得胜任全面领导工作的实际能力，基本成熟的，要及时提拔到党政主要领导岗位上来。

各地要充分利用开放地区和经济特区的优势，培训现代化建设的优秀人才。采取派出任职、定期交流、参观考察等多种形式，选派年轻干部到这些发达地区学习先进经验，使其开阔眼界，增强商品经济意识，提高搞好经济建设和改革开放的本领。采取这种形式，主要应派到本省区的经济发达地区去；到外省市学习的，要注意那些地区的承受能力和学习的实际效果，不要都集中到少数地方。

六、要继续做好后备干部工作。要在保证质量的前提下，扩大各级后备干部队伍的数量。各地各部门的后备干部，不应低于规定职数的2倍；数量不足的，要抓紧选拔培养。要改善后备干部队伍结构，大量充实德才素质好，具有专门知识和实践经验的年轻干部。要特别重视选拔党政主要负责人的后备人选。

要不断完善后备干部工作制度。考察后备干部，要作为一项经常性的工作，结合换届、调整班子所组织的考察和定期的民主评议、年度考核进行。实行下管一级、考察两级的制度。要坚持备用结合，实行动态管理，不断充实调整后备干部名单，及时把在改革开放、经济建设中涌现出的优秀分子吸收进后备干部队伍；对相形见绌的要及时调整。要建立后备干部工作责任制。今后，要把选拔培养年轻干部工作切实列入党政领导班子的议事日程，每年至少专门研究两次，还要把这项工作纳入领导班子特别是党政主要领导干部的岗位职责和任期目标，作为考核领导班子和领导干部的一项重要内容。

中共中央总书记江泽民在中南海会见日本福冈县知事奥田八二和议长井手宗夫

国家主席杨尚昆在人民大会堂会见泰国王储玛哈哇集拉隆功

第 12 届加中贸易理事会年会在北京召开

第 12 届中国电影金鸡奖第 15 届百花奖在桂林颁奖

11 月 4 日

国务院发出关于发展房地产业若干问题的通知

房地产业在我国是一个新兴产业，是第三产业的重要组成部分，随着城镇国有土地有偿使用和房屋商品化的推进，将成为国民经济发展的支柱产业之一。加快发展房地产业，对于提高土地既是资源又是资产的认识，促进土地的节约和合理利用，对政府筹集建设资金，加快城市建设和经济发展，都具有重要作用。为了推动房地产业的健康发展，现就有关问题通知如下：

一、进一步深化土地使用制度改革。要逐步扩大城镇国有土地有偿有限期使用范围。目前，除对国家投资的党政军机关、行政事业单位办公用房、住宅建设用地，公共设施、公用事业和国营工业等建设用地，继续采用划拨方式供应外，其他新增建设用地，首先是商业、金融、旅游、服务业、商品房屋和涉外工程建设用地，要逐步采用土地使用权有偿有限期出让的办法。对外开放城市及地区土地使用制度改革的步子可适当加快。

城镇国有土地使用权的出让，必须严格执行《中华人民共和国城镇国有土地使用权出让和转让暂行条例》。出让土地使用权一定要与建设项目相结合，不要盲目地成片出让土地使用权。出让土地使用权的审批权限不得层层下放。

集体所有土地，必须先行征用转为国有土地后才能出让。农村集体经济组织以集体所有的土地资产作价入股，兴办外商投资企业和内联乡镇企业，须经县级人民政府批准，但集体土地股份不得转让。

二、积极推行土地使用权出让集中管理的办法。城镇国有土地使用权的出让，由县级以上人民政府代表国家依法行使出让权，以规划为前提，统一规划、统一征用、统一开发、统一管理、统一出让。城镇国有土地的出让和使用，必须符合城镇规划的要求。城镇总体规划应能指导土地的开发，详细规划应能为出让土地提供足够的依据。土地使用者应当按照城镇规划和土地使用权出让合同规定的要求，开发、利用、经营土地。

为了节约和合理利用土地资源，防止出现供求失调、竞相压价、收益流失的现象，各级人民政府要加强土地使用权出让的计划性。所有出让的土地，包括地块数、用地面积等都要纳入规划和计划，做到有计划出让。土地使用权出让的计划，按现行土地利用计划编制程序进行。

各级人民政府要切实加强对城乡土地的统一和集中管理，严格按照国家的法律、法规和文件审批、办理建设用地手续。国务院重申：不论开发区或非开发区，凡行政划拨、有偿出让的建设用地，耕地一千亩以上，其他土地二千亩以上的，必须依照有关法规报国务院审批。对违反国家法律、法规和文件及本通知规定的行为，应立即予以纠正，并按有关规定补办建设用地审批手续。

三、合理确定地价，提高土地利用效益。要根据土地不同的区位、使用性质、容积率、级差收益和供求状况等因素，由政府组织的评估机构合理确定基准地价，使之与本地区的经济发展以及宏观调控的要求相适应。土地使用权出让价格，要以基准地价为依据，并体现国家产业政策。城镇住宅建设用地价格，随着住宅商品化的推进，按照涉外商品房、商品房、微利房、福利房的性质实行不同价格。

四、加强开发区的审批和土地出让管理。设立经济、科技、工业等各类开发区，要进行充分论证，然后报国务院或省、自治区、直辖市人民政府审批。乡镇一级不设立开发区，但可以搞工业和乡镇企业集中连片开发。各地在制定开发区和招商的优惠政策时，不得超越国家有关规定的权限。开发区经政府批准后，再进行土地开发和出让。土地出让和开发要按照合理布局、节约用地的原则，尽量利用荒地，严格控制占用耕地。

五、加强土地使用权出让合同的管理。出让方和受让方要按规定的程序签订土地使用权出让合同。土地使用权出让的合同里,必须明确规定土地使用权出让年限、土地用途、投资开发期限、在规定期限内的开发程度、土地出让金额和支付方式等。如不能按期开发、不按规定用途使用,或土地闲置时间超过两年者,县级以上人民政府有权依法收回土地使用权。

六、加强对划拨土地使用权的管理。凡通过划拨方式取得的土地使用权,政府不收取地价补偿费,不得自行转让、出租和抵押;需要对土地使用权进行转让、出租、抵押和连同建筑物资产一起进行交易者,应到县级以上人民政府有关部门办理出让和过户手续,补交或者以转让、出租、抵押所获收益抵交土地使用权出让金。

七、继续深化城镇居民住房制度改革。要按照房屋商品化的原则,多方筹集建设资金,使住房的建设、分配、交换、消费进入良性循环。要运用经济调控手段,努力保持住房市场价格的相对稳定。各地要把解决城镇居民住房,特别是困难户的住房问题,作为房地产开发工作中的一项重要任务。认真搞好福利房、微利房和商品房的建设,加快危房的改造。加强综合开发,配套建设。通过住房制度改革,促进房地产业的发展,满足人民群众对住房的需求。

八、完善房地产开发的投资管理。房地产开发建设投资是固定资产投资的一个组成部分,必须纳入国家固定资产投资总规模(外商投资除外)。在计划管理上,要适应改革开放的新形势,不断加以改进,做到既有利于宏观调控,又有利于微观搞活。为了促进房地产业的发展,今后,凡地方自筹资金用于房地产开发的项目,一律由省、自治区、直辖市及计划单列市人民政府自行审批。允许各专业银行发放房地产开发贷款。银行贷款规模、发行债券额度等要列入信贷计划、证券计划和投资计划,实行总量控制。

九、正确引导外商对房地产的投资。外商投资房地产开发经营可弥补我国投资的不足,并可引进竞争机制。要按照国务院《外商投资开发经营成片土地暂行管理办法》等规定,引导外商结合建设项目进行房地产开发。要正确引导投资方向,使其主要投向与我国规定的鼓励类引进项目相配套的房地产开发,以及高难度高档次的房地产开发项目。

十、建立和培育完善的房地产市场体系。在房地产交易中应充分运用竞争机制。房地产一级市场即土地使用权的出让,要在城市总体规划指导下,尽量通过招标、拍卖等方式进行,减少协议出让。房地产二级市场即土地使用权出让后的房地产开发经营和三级市场即投入使用后的房地产交易,以及抵押、租赁等多种经营方式,要在国家宏观管理下,放开搞活,实行市场调节。土地使用权的转让和房产所有权的转移(包括涉外房地产),必须依照规定到当地房地产市场管理部门办理过户手续。要建立与房地产市场配套的服务体系,建立房地产交易的中介服务代理机构、房地产价格评估机构和对市场纠纷的仲裁机构等,逐步形成规范、公开、有序的房地产市场。

十一、提高房地产开发企业的素质,严格资质审批。所有从事房地产开发经营的中、外资企业,都必须经过严格的资质审批。全民所有制房地产开发企业要通过贯彻国务院《全民所有制工业企业转换经营机制条例》,积极进行经营机制的转换。所有行政单位兼有房地产经营业务的,必须实行政企分开。各级政府部门都要转变管理职能,不直接干预企业的经营活动,不搞地方保护主义,简化各种办事手续,积极为企业服务。

十二、加强土地有偿使用收入的征收管理。目前,土地有偿使用收入(包括土地出让和房地产增值收益)的具体征收管理办法,由财政部依法制定。为防止房地产增值收益过多流向企业和个人,要逐步开征房地产增值税,把房地产增值收益中应当归国家所有的部分,通过税收的形式收归国有。房地产增值收益中的大部分目前可由地方人民政府掌握,连同现行的土地出让收益、城镇土地使用税、场地占用费一起,作为专项基金,主要用于城市基础设施建设、土地开发和发展农业。

十三、加强房地产业的法制建设。要从我国国情出发,逐步建立健全房地产法律体系。各地人民政府可按照现有的有关法规,根据本地的实际情况,先制定一些地方性法规。房地产业的干部、职工,要努力学习和掌握房地产开发经营的知识,熟悉有关法规,做到有法必依,依法办事。

十四、加强对房地产业的领导。我国房地产业的领导和管理体制,还处于探索阶段。各地人民政府可按照国务院的现行部门分工和本地具体情况,根据加强领导、统一管理、分工负责的原则,自行确定管理机构,不要求与中央的机构对口设置。要不断总结经验,积极探索,逐步形成有效、合理的房地产业管理体制。

中共中央总书记江泽民在中南海会见由主席克·普·巴特拉伊率领的尼泊尔大会党代表团

中共中央政治局常委乔石在人民大会堂会见土耳其上诉法院第一院长伊·奥贾克丘奥卢

国务院副总理吴学谦在钓鱼台国宾馆会见以阿不都拉·提曼为团长的台湾促进两岸交流访问团

国家教委办公厅发出关于制止中小学乱收费的通知

通知要求各地教育行政部门把收费问题作为一件大事来抓。立即组织力量进行检查，对于存在的问题，按照国家教委的有关规定，提出具体措施，该纠正的要坚决纠正，对违反国家规定乱收费而造成严重后果的，应追究有关人员的责任。

中国数学会与湖南教育出版社在北京科学会堂共同举办首届"华罗庚数学奖"颁奖仪式中科院陈景润陆启铿两教授获奖

"第二届国际水墨画展"在深圳举行

11月5日

第七届全国人大常委会第二十八次会议举行全体会议

万里委员长出席会议，廖汉生副委员长主持会议。

全国人大内务司法委员会副主任委员邹瑜、财经委员会副主任委员杨波、教科文卫委员会副主任委员张承先分别向会议报告了七届全国人大五次会议主席团交付这三个委员会审议的代表提出的议案的审议结果。

全国人大内务司法委员会和华侨委员会分别组织了对残疾人保障法和归侨侨眷权益保护法执行情况的检查，这两个检查组向本次常委会提交了检查结果的汇报。内务司法委员会副主任委员焦善民和华侨委员会副主任委员梁灵光向常委会作了报告。

会议印发全国人大代表团出席各国议会联盟第八十八届大会的工作报告和中华人民共和国中央军事委员会关于提请审议批准人民解放军选举委员会人选的议案，提请委员们审议。

副委员长彭冲、阿沛·阿旺晋美、赛福鼎·艾则孜、严济慈、荣毅仁、叶飞、倪志福、陈慕华、费孝通、孙起孟、雷洁琼、王汉斌出席了会议。国务委员宋健、最高人民法院院长任建新列席会议。

全国人大华侨委员会副主任委员梁灵光向第七届全国人大常委会第二十八次会议汇报关于检查归侨侨眷权益保护法的执行情况

根据委员长会议关于开展执法检查的决定和全国人大华侨委员会的今年执法检查计划，华侨委员会组织了三个执法检查组，从4月11日至5月30日，先后到广东、上海、黑龙江、吉林、内蒙古、湖南、广西、云南8个省市区40个市区县，对归侨侨眷权益保护法的实施情况进行了检查。

华侨委员会的汇报认为，归侨侨眷权益保护法的制定，是我国侨务法制建设的一件大事，在国内外侨界受到了广泛的关注和拥护。对我国的侨务工作产生了重大影响。其实施已初见成效：增强了侨务法制的意识和观念；促进了地方侨务法制建设；推动了侨房政策的进一步落实；改进了对归侨、侨眷的出入境管理；贯彻了对归侨、侨眷适当照顾的有关规定；查处了一批侵犯归侨、侨眷合法权益的事件和案件；扶持了侨属企业的发展。

关于实施保护法存在的主要问题，汇报认为表现在七个方面：保护法宣传学习的广度深度不够，有法不知法、有法不依法的现象和对"侨"的某些偏见及"左"的错误思想依然存在；保护法的实施办法不能及时出台，影响了该法的具体实施；落实侨房政策的任务仍很艰巨，新的侵权事件屡屡发生；华侨农场的困难问题亟待解决；出入境审批程序不够简化，乱收费现象普遍存在；侵犯归侨、侨眷人身自由和经济方面权益的事件和案件不断发生；华侨捐赠需用立法加以规范。

汇报对今后实施归侨侨眷权益保护法提出了七个方面的建议：结合国务院和地方的保护法实施办法的颁行，进一步广泛深入宣传保护法；加快保护法配套法规及华侨捐赠立法的步伐；根据邓小平同志南巡谈话的指示精神，建议国务院有关部门对原有的侨务政策规定，进行一次清理；采取有效措施解决华侨农场的困难问题；进一步改进出入境管理工作；加强对保护法实施的检查监督；建议国务院对新时期的侨务工作进行通盘考虑，制定相应的规划。

全国人大内务司法委员会副主任委员焦善民向第七届全国人大常委会第二十八次会议作关于检查残疾人保障法执行情况的汇报

根据全国人大常委会关于执法检查工作的部署，今年五、六月间，全国人大内务司法委员会组织检查组，赴云南、浙江、江苏三省，检查了残疾人保障法执行情况。

焦善民说，残疾人保障法颁布实施后，云南、浙江、江苏三省各级领导普遍重视，宣传工作比较扎实；三项康复工作成绩显著；残疾人教育事业有了较快发展，劳动就业有了新进展，福利有了改善；残疾人自尊、自信、自强、自立精神得到发扬。谈到执法中存在的问题，焦善民概括为五个方面：残疾人和残疾人工作尚未被社会充分理解，在一些地方未引起足够重视；法规不配套，残疾人保障法的有关规定难于落实；三项康复工作还不能满足残疾人的需要，工作进展很不平衡；残疾人入学升学不易，毕业分配难；残疾人劳动就业问题突出。

焦善民在汇报中提出了进一步实施残疾人保障法的建议:进一步深入宣传、贯彻保障法;制定保障法的配套法规;重视推广典型经验;充分发挥各级协调机构和残联的作用;积极开展残疾预防工作;进一步加强人大对残疾人保障法执行情况的监督检查。

中国人民银行行长李贵鲜就当前金融形势及金融体制改革向新华社记者发表谈话

李贵鲜日前在接受记者采访时说,当前金融系统主要任务是加快金融体制改革,扩大金融对外开放。

李贵鲜说,当前我国金融形势总的是好的,货币信贷比较稳定,存款上升,没有出现大的波动。前9个月的贷款规模也没有突破国家确定的目标。

李贵鲜指出,今年后两个月,还必须继续加强对信贷总量的宏观调控。对边生产、边积压和长期亏损又无资金弥补来源的企业或产品,对今年新增粮食亏损挂账的企业,银行要停止贷款。要坚决制止以各种名目挪用流动资金或用拆借资金搞固定资产投资项目,禁止各金融机构用信贷资金参与房地产、股票证券的炒买炒卖活动。

李贵鲜强调,要发展社会主义市场经济,银行从长远来说就必须实行利率市场化、资金商品化。他透露,要在控制专业银行存贷款利率水平、调整贷款结构和强化对金融机构风险管理的前提下,适当加大非银行金融机构利率浮动的范围和幅度。将来在条件成熟时实行中央银行基准利率控制下的市场利率,以发挥利率调节资金供求的作用。同时,还要逐步推行外汇管理制度的改革,并在此基础上发展外汇市场,促进汇率市场化,为最终实现人民币的自由兑换创造条件。

李贵鲜说,就资金市场而言,要在现有全国6大区域性同业拆借市场的基础上,建立一个公平的、高效的、开放的、统一的全国性融资市场,以调剂资金余缺。各金融机构只要手中有闲钱,都可到资金市场挂牌,实行自由调剂。他说,今后,政策性贷款和商业性贷款应划分开来,专业银行要实行企业化管理。各专业银行和其他非银行金融机构在确保国家重点资金需要的前提下,要让其做到自主经营、自求平衡、自负盈亏、自担风险、自我约束、自我发展。对资金自求平衡的银行要实行资产负债比例管理,贷款限额管理。对国家专业银行也要创造条件,使其资金自求平衡,逐步实行在贷款限额管理下的资产负债比例管理。

《人民日报》发表社论《论区域经济》

党的十四大报告提出,充分发挥各地优势,加快地区经济发展,促进全国经济布局合理化,是关系全局的一项主要任务。

打破行政区界限,实行横向联合,发挥整体优势,建设区域经济,联合起来走向全国、走向世界,这是90年代中国经济发展的大趋势。

长江流域以上海为龙头,以浦东开发和三峡工程为契机,以长江三角洲和沿江地区为开放带,带动长江流域广阔腹地加速发展;东北三省取消一切封锁,实行跨省联合,迅速建立全东北地区的大流通、大市场,参与东北亚地区的经济大循环;西南五省七市,利用独特的地缘、人缘优势,发挥能源和有色金属资源丰富的特色,联合起来,走向南亚和东南亚;西北地区协力进行能源、交通建设,通过欧亚第二大陆桥,联合起来走西口。以上地区再加上珠江三角洲、环渤海区以及中原地区,共同构成了中国90年代经济发展和对外开放的大格局。

区域经济是按照自然地域、经济的内在联系、商品流向、民族文化传统以及社会发展需要而形成的经济联合体。它是在中央支持、各省市自治区倡导、组织下发展起来的,但又不是新的行政区划,各方之间没有行政隶属关系。它是一束捆绑式火箭,力度更大,飞得更快,但又不是按照行政指令捆绑起来的,而是自愿平等互利的联合。它以横向联合为特色,发挥中心城市的作用,是过去条块分割、互相封锁、各自为战的对立物,因而它是全国统一大市场的一部分,是走向统一大市场的必要阶梯,不是排他性的经济集团。它以当地资源优势、产业优势以及技术优势的充分发挥为特色,形成各具不同特点的产业门类,不是大而全、小而全经济的简单相加。它是继50年代、60年代以来中国社会生产力的第三次大布局,是中国政府为了缩小东西差距、实现共同繁荣而采取的重大步骤。它更是各级党和政府,为了落实邓小平同志南巡谈话和中共中央政治局会议精神,抓住有利时机,加速经济发展而采取的重大措施。

区域经济是党的十一届三中全会以来党的改革开放政策的产物,是发展社会主义市场经济的必然趋势。随着改革的深入和开放的扩大,区域经济必将逐步形成并大放异彩。

区域经济的特色在联合,优势在整体。联合是它的核心,联合是它的精髓。区域经济的建立,有利于打破封锁,开通市场,货畅其流,实现贸易互补;有利于资金融通、资源共享、劳力调配,充分利用当地的经济资源和旅游资源,合作开发,协作配套,形成优势产业,实现生产力的合理布局和经济结构的合理调整;有利于集中必要的财力、物力、人力,联合起来办能源交通,共同打开水陆空的出口通道,改善投资环境;有利于共同利用当地高等院校、科研院所和三线企业的科技开发能力,组织联合攻关和技术开发,开办高新技术产业开发区，发展高起点、高附加值、低运量的产业，实现智力与技术互补；有利于组织跨省经济贸易集团，充分利用本地区的出海、出境口岸，共同走向国际市场。总之，联合产生新的生产力，它能克服一省一市一区的局限性，发挥整体优势，提高综合效益。

我国周边地区，都与友好国家相邻。其中沿边地区，又是少数民族地区和贫困地区。搞好区域联合，促进共同繁荣，有利于民族团结，边境安定，发展与周边国家的睦邻友好，而且直接关系到21世纪国民经济发展的战略布局，具有重大的经济意义与政治意义。因此，必须把区域经济的发展提到重大战略的位置上来。

解放思想是区域联合的基础。联合就要从一地一市的小圈子里跳出来，打破狭隘的地方主义、本位主义观念，树立整体观念。商品经济是横向经济，放则两利，堵则两伤。参与联合的省、市、区要同舟共济，真诚合作，不能互相封锁，互相提防，更不能以邻为壑。要看自己的口袋鼓了没有，不要老看别人的口袋鼓得多高。要打破闭关自守、自给自足、自成体系的观念，树立开放观念。各地的财力物力有限，有限的财力物力要投向条件最好、见效最快、效益最好的地方，这样才能尽快取得突破，如果分散使用，不但不能尽快形成拳头，反而延误对外开放进程。联合体成员之间机会均等，不分主从，但具体领域、具体项目则有主有从，有头有尾，不可能都当龙头。

统筹规划，是区域联合的前提。没有总体构想，就要打乱仗。各个区域历史、地理、资源的条件不同、对外开放的区域不同，不可能照搬一个模式。这就要组织专家学者，在调查的基础上进行论证，对当地的资源配置、经济发展进行统筹安排，按照因地制宜、合理分工、各展所长、优势互补、共同发展的原则，促进地区经济合理布局和健康发展。

互利互惠是区域联合的纽带。区域经济不是过去的大行政区，它的发展杠杆不是行政号令，而是自愿联合。因此，制订以价值规律为核心的区域联合政策，正确处理联合体成员之间的经济利益关系，是联合的生命。生命所系，一定要慎重对待。

发展第三产业，是区域联合的中心环节。其中发展内外贸易，是联合的突破口。发展金融、交通、信息业是重要内容。抓住流通，带动交通。抓住第三产业，带动第一、第二产业，为市场经济提供优质、高效服务。

雄伟建筑，是一木一石构成的。发展区域经济，关键在于真抓实干，例如联合扩大边境贸易，联合组织工程承包和劳务输出，联合建设口岸，联合兴办技工贸结合的加工工业，联合组织贸易旅游集团，联合建立协调机构，联合开拓海外窗口，联合制造舆论等，使每月每日都有进展，把建设区域经济的美好愿望变为扎扎实实的行动。

首钢购买秘鲁铁矿公司全部资产

外交部部长钱其琛在钓鱼台国宾馆同阿根廷外交和宗教事务部长吉多·迪特利亚举行会谈

钱其琛在谈到双边关系时说，今年是中阿建交20周年，迪特利亚部长此次访问具有重要意义。1990年，杨尚昆主席访阿和梅内姆总统访华对推动两国关系的发展具有重大意义。中国愿意同阿根廷保持这种高层接触。钱其琛说，阿根廷是中国在拉美的重要贸易伙伴，中国对近年来两国经贸关系的顺利发展感到高兴，并希望进一步加强这方面的交流与合作。

会谈中，迪特利亚对阿中建交20年来双边关系的顺利发展表示满意。迪特利亚说，中国是维护世界稳定的重要因素。近年来，中国的经济取得了重大进展，中国必将迅速成为重要的经济大国。阿根廷十分重视同中国的关系，此行的目的就是要使两国关系，特别是经贸交流与合作，在现有基础上得到进一步发展。

迪特利亚认为，恢复中国在关贸总协定的缔约国地位有助于加强该组织的谈判地位。钱其琛对阿根廷在这一问题上所持的正义立场表示赞赏。

迪特利亚还介绍了拉美地区的形势。钱其琛表示，近年来，拉美国家在国际事务中发挥着愈来愈重要的作用，中国重视同里约集团的对话。

会谈后钱其琛和迪特利亚签署中阿促进和相互保护投资协定。

外交部发言人吴建民在记者招待会上就克林顿当选美国总统回答记者提问

吴建民说："我们祝贺克林顿先生当选为美国总统。中国政府一贯重视中美关系，愿意在中美三个联合公报确立的原则基础上，同美国新政府一起为改善和发展两国关系而努力。"

有记者问：中方是否担心克林顿上台后将对中国的最惠国待遇附加条件？

吴建民回答说：中美相互给予最惠国待遇是中美经贸关系的基石，是中美之间一种对等、互惠的安排。这种安排有利于发展两国经贸合作，符合双方的共同利益。任何对最惠国待遇附加条件的做法都是不明智的，也是中方所反对的。

另有记者提出，克林顿在竞选期间曾在人权问题上对中国进行了激烈的批评，中国是否担心中美在人权问题上的争吵会导致两国关系的倒退？

吴建民说，中美之间既存在广泛的共同利益，又确实存在着分歧。由于社会制度、意识形态和文化、历史背景等方面的不同，双方在人权问题上存在分歧是很自然的。他说："我们主张双方在三个联合公报的基础上，进行合作，发展共同利益；有分歧，双方可以交换意见，增进了解，求同存异。"

中国国际贸易促进委员会和加拿大加中贸易理事会在北京举行研讨会

凯勒尔强调，加拿大作为西方最早承认中国并与中国建立了外交关系的国家之一，一直坚持只有一个中国的立场。加拿大方面高度评价两国之间的经贸关系并始终认为中国是非常重要的贸易合作者。这次加中贸易理事会代表团来华访问就说明，加拿大企业界对发展同中国的贸易与合作越来越重视。目前，加中贸易每年以较大的幅度增加，发展前景越来越好。

中国代表冯淬在第47届联大第三委员会呼吁加强禁毒领域的国际合作

中华人民共和国政府和沙特阿拉伯王国政府在北京签订经济贸易投资和技术合作协定

中国作家协会在北京召开学习贯彻中共十四大精神促进文学创作更大繁荣的座谈会

出席座谈会的三十多位作家、评论家吁请文学界同行同心同德，团结奋斗，认真、准确、全面地学习落实十四大精神，促进文学创作的更大繁荣。

外交部发言人吴建民在记者招待会上宣布中国红十字会总会通过红十字国际委员会向波黑人民提供五万美元人道主义捐款

一架"米—17"直升机在河南省原阳县城撞楼坠毁

上午，黑龙江省哈尔滨市友谊化妆品厂和河南省原阳县黄河大厦联合在原阳县城举办有奖销售活动，租用一架"米—17"直升机抛撒宣传品。飞机在超低空飞行时，突然撞到黄河大厦顶层，坠落在人群中爆炸起火。造成33人死亡，46人受伤。

11月6日

国务院举行第115次常务会议

国务院副总理朱镕基下午主持召开会议。会议审议并原则通过《全民所有制企业富余人员安置规定(草案)》、《全民所有制企业职工待业保险规定(草案)》。

会议认为，这两个规定(草案)，对于促进企业更好地转换经营机制，推进劳动制度改革，对于保障企业富余职工、待业职工的基本生活，维护他们的合法权益，具有重要的意义。

会议决定，这两个规定(草案)要在更广泛地征求意见的基础上进一步修改，然后由国务院发布施行。

第七届全国人大常委会第二十八次会议在人民大会堂举行全体会议就建立社会主义市场经济法律体系等问题进行大会讨论

万里委员长出席会议，孙起孟副委员长主持会议。

在下午的会议上，全国人大法律委员会副主任委员宋汝棼还汇报了法律委员会关于海商法草案修改稿和矿山安全法草案修改稿的修改意见。

副委员长彭冲、阿沛·阿旺晋美、严济慈、叶飞、倪志福、雷洁琼、王汉斌出席了会议。

国务委员李铁映列席会议。

新华社香港分社社长周南邀请在港的全国和省人大代表政协委员座谈通报中共十四大精神

周南首先介绍了有关党的十四大的情况，指出大会审议通过的政治报告，是一个具有历史意义的纲领性文件。以十四大为标志，我国的建设事业已经进入了一个崭新的阶段。十四大的胜利召开，说明中国的改革开放是不可逆转的，它大大地增强了香港居民的信心。

周南指出，当前国内局势总的讲是政治稳定，经济繁荣，社会安定，人民满意。在大好形势下希望朋友们进一步加强同内地经济合作，扩大对内地的投资，同时鉴于大陆建立和完善社会主义市场经济体系是一项复杂的系统工程，希望香港各界人士多方面提供咨询和建议。

联系到香港问题，周南指出，十四大政治报告在祖国统一的问题上将邓小平提出的"一国两制"的创造性构想列为建设具有中国特色的社会主义的理论的一个组成部分，这对香港是具有重大的积极意义的。

周南说，报告在阐述"一国两制"的含义时，明确指出这就是"在一个中国的前提下，国家的主体坚持社会主义制度，香港、澳门、台湾保持原有的资本主义制度长期不变"。它一方面强调了"在一个中国的前提下"，也就是说我们在国家主权的问题上是毫不含糊的，未来的香港特别行政区是中华人民共和国不可分割的部分，它直辖于中央人民政府。任何人如果妄想在香港搞什么"独立"、"半独立"，或变相地延续殖民主义统治，都是绝对行不通的。另一方面它又重申了香港在九七年后将保持原有的资本主义制度和生活方式长期不变。这一方面的问题，包括港人享有高度的自治和广泛的自由，以及按照循序渐进的原则逐步发展民主政制的问题，在基本法起草过程中通过反复征询香港各阶层代表的意见，在基本法中都已作出了充分的规定，是不容随意曲解和更改的。

谈到港督彭定康提出的施政报告问题时，周南表示，最近在北京召开的全国人民代表大会常务委员会也将这个问题列入了议程，说明中国人民对这一问题的重视。不久前钱其琛外长在北京会晤彭定康时，已明确指出他提出的施政报告的宪制部分违反了中英联合声明，违反了同基本法相衔接的原则，也违反了中英两国政府就有关问题达成的谅解，指出它是对中英合作的挑战，涉及还要不要中英联合声明的严肃问题。其后，鲁平主任也较详尽地说明了中方的观点，并指出了当前的问题是英方要合作还是要对抗的问题。他们讲的都是事实，都反映了中国政府的立场。

周南指出，摆在港英当局面前的无非是两种选择：一个选择是继续在目前的道路上滑下去，执意要撇开联合声明和基本法另搞一套，那就势必要损害香港居民的利益，破坏香港的稳定与繁荣，由此而产生的一切后果中国方面当然不能负任何责任。另一个选择是回到严格遵守联合声明和与基本法相衔接的道路上来，回到遵守两个政府已达成的各项谅解的道路上来，只有这样双方才可能恢复有意义的磋商，也只有这样才符合香港居民以及中英双方的根本利益。

周南表示，中国方面是真心实意地愿意同英国方面进行密切的合作，保证香港的平稳过渡和稳定繁荣。但要进行合作，必须双方都有合作的愿望与诚意才行。如果彭定康一定要做出头一种选择，我看也没有什么了不起，总之天是不会塌下来的。如果有人想把香港搞乱，我想香港人是不会答应的，中国政府也是不会答应的。中国政府一贯是重原则的，就是说决不会拿原则做交易；同时又是守信义的，叫做言必信，行必果。我们签署过的文件和协议都是算数的。即便对方没有合作的诚意，我们自己也有坚定的信心和足够的能力，同广大的香港居民团结一致，坚定不移地认真地贯彻联合声明和基本法，全面实现"一国两制"，保证香港的平稳过渡和稳定繁荣。因此，无论出现什么情况，我们对香港的前途都是十分乐观的。

《解放军报》发表评论员文章《军队要听党的话》

文章指出，中国人民解放军从诞生之日起，就是中国共产党领导下的一支新型的人民军队。党是我军的缔造者和领导者，我军是执行党的政治任务的武装集团。军队的性质和宗旨，决定了我军必须听党的话，坚持党的绝对领导。这是我军建设的根本原则，也是我军优良传统的核心问题，一定要始终不渝地继承和坚持。

文章说，在新的历史时期，听党的话，坚持党的绝对领导，仍然是军队建设的一个极其重要的问题。《邓小平文选》(1975—1982年)第一篇文章《军队要整顿》开宗明义第一句话就指出："我们这个军队有好传统。从井冈山起，毛泽东同志就为我军建立了非常好的制度，树立了非常好的作风。我们这个军队是党指挥枪，不是枪指挥党。"这一论述是邓小平同志新时期军队建设思想的极其重要的内容。邓小平同志在今年初视察南方的重要谈话中指出：要把我们的军队教育好。我们认为，把军队教育好，首要的、核心的问题是要把坚持党对军队绝对领导的教育搞好，把建设有中国特色的社会主义理论的教育搞好，把党的基本路线的教育搞好。

文章说，军队要听党的话，是很高的政治要求，有着丰富的内涵。当前应当特别强调的是，要坚持马列主义、毛泽东思想和建设有中国特色社会主义理论的指导，坚持贯彻执行党的基本路线和一系列方针政策，用邓小平同志关于新时期军队建设的思想武装全军，使全军同志都成为党的路线方针政策的坚定维护者和模范执行者。要坚定不移地服从以江泽民同志为核心的党中央、中央军委的指挥。这是对每个党员、每个干部的基本要求，也是每个同志行为的最高准则。军队任何时候都要坚定地跟党走，服从党中央的命令，听党中央的话。选人要选听党的话的人，有能力的人。这些传统任何时候都不能丢掉。

文章认为，坚持党对军队的绝对领导，一靠制度，二靠纪律。在这方面，特别要坚持民主集中制和集体领导的原则。军队各级党的组织务必严格执行和维护党的纪律，个人服从组织，少数服从多数，下级服从上级，全党服从中央。全军将士要以党的意志为意志，以人民的利益为利益。紧密地团结在以江泽民同志为核心的党中央、中央军委周围，为建设一支强大的现代化正规化革命军队而努力奋斗。

国务院在北京召开全国加快第三产业发展工作会议

会议的主要议题是，贯彻党的十四大精神，落实中央关于加快发展第三产业的决定，讨论全国第三产业发展规划基本思路，交流发展第三产业的经验，部署近期加快第三产业发展的工作，以推动和引导第三产业的快速发展，促进社会主义市场经济体制的建立，使国民经济更好更快地迈上新台阶。

国务院总理李鹏主持会议。邹家华、李铁映、吴学谦、宋健、陈俊生、罗干、房维中等和各省、自治区、直辖市以及国务院各部委的负责人出席会议。

李鹏在会上首先讲话。李鹏说，党的十四大提出到本世纪末初步建立起我国社会主义市场经济新体制，这就要求充分发挥市场机制在国家宏观调控下对资源配置中的基础性作用。因此，需要积极培育、发展各类市场体系，形成全国统一的、开放的和有序竞争的市场。第三产业中的许多行业与市场体系的形成和发展密切相关，与人民日益提高的物质生活和文化生活息息相关，不加快第三产业的发展，就会直接影响市场体系的发育和市场机制作用的发挥及人民生活水平的提高。同时，深化企业改革、分配制度和社会保障制度改革，以及加快政府职能的转变，也对第三产业的兴起和加速发展提出了迫切要求。第三产业中的一些行业还与国家宏观调控体系紧密相关，它本身就属于第三产业。它的深化改革和不断完善，也会直接影响着宏观调控作用的发挥。第三产业的内涵非常丰富，第三产业的发展水平是衡量现代经济发达程度的重要标志。所以，我们一定要把握住当前有利时机，加快改革开放步伐，积极引导第三产业快速、健康地发展。

国务院副总理兼国家计划委员会主任邹家华在会上作了题为《认真贯彻党的十四大精神，加快第三产业的兴起和发展》的报告。

邹家华首先分析了我国第三产业发展的情况。邹家华指出，建国以后的一个较长时期内，由于多种原因，我国第三产业没有得到应有的发展。改革开放十多年来，第三产业发展较快，80 年代年均增长达到 10.9%，超过同期国民生产总值年均增长 8.9%的速度。但是，总的来看，目前我国第三产业仍然相当落后，不仅数量不足，结构不合理，而且专业化、社会化水平低，福利化现象严重。从数量上看，1991 年的第三产业产值占国民生产总值的比重仅为 27.2%，第三产业从业人员占全社会劳动者总人数的比重仅为 18.9%，不仅远远低于发达国家，而且明显低于发展中国家的平均水平。在结构上，第三产业的内部结构不合理，基本上是以传统行业为主，而新兴行业比较少；直接服务于生产和科技发展的行业严重滞后；社会化服务体系和保障体系不健全；行业之间、行业内部发展不协调。在地域分布上也很不平衡，在经营机制和管理上，违背商品经济规律，财政负担沉重。特别是市场体系发育程度低，市场结构、市场法制和市场基础设施不健全。所有这些，影响着一、二、三产业的协调发展和社会再生产的顺畅运行，妨碍了经济效率和效益的提高。

邹家华在阐述发展第三产业的意义时说，我国改革开放和现代化建设进入了新的发展阶段，加快发展第三产业具有全局性的重大战略意义：加快第三产业发展，有利于推进社会主义市场经济体制的建立；可以为进一步扩大对外开放创造更加有利的环境和条件；是调整和优化产业结构，全面提高经济素质和效益的需要；对于顺利实现 90 年代经济增长目标有着重大的作用；是改善城乡人民生活，扩大劳动就业的重要条件。

在谈到加快发展第三产业要转变思想观念时，邹家华指出，首先需要进一步解放思想，更新观念。应当看到，第三产业劳动也是一般人类劳动，同物质产品的生产过程一样，在劳动过程中也消耗物化劳动和活劳动，并创造出使用价值和价值。所不同的是，第三产业是以第一、二产业所创造的产品为基本物质条件，主要通过服务形式满足生产和生活的各种需要。其次是要破除从事第三产业主要是商业、服务业劳动低人一等的陈腐观念。其实，第三产业不仅包括商业、服务业，而且包括交通、通信、科技、教育、文化、金融、房地产、信息、咨询、旅游等许多行业。因此，要改变对第三产业过于狭窄的认识，教育广大群众树立新的择业观念和对第三产业职业的荣誉感。第三，还需要改变传统的计划经济观念，树立发展社会主义市场经济的思想。发展社会主义市场经济，既要改变过去高度集中和主要靠行政手段管理经济的做法，又要适应市场经济发展的客观要求，全面发展为生产、生活服务以及促进科技进步的各类第三产业。从各级计划部门来说，必须更新计划观念，拓宽计划领域，改进计划方法，运用计划和市场两种手段，促进第三产业和整个国民经济的健康发展。

商业部国务院经贸办国家体改委全民所有制商业企业转换经营机制实施办法

第一章 总 则

第一条 为了促进全民所有制商业企业（以下简称企业）转换经营机制，增强企业活力，提高企业经济效益，根据《全民所有制工业企业转换经营机制条例》（以下简称《条例》），制定本办法。

第二条 企业转换经营机制的目标是：使企业适应市场的要求，成为依法自主经营、自负盈亏、自我发展、自我约束的商品经营单位，成为独立享有民事权利和承担民事义务的企业法人。

第三条 各级商业主管部门要围绕企业转换经营机制，转变职能，改革管理企业的方式，培育和发展市场体系；积极争取有关部门的支持，搞好配套改革；根据各地具体情况和企业的不同类型作出规划，加强领导，通过试点，分类指导，逐步达到转换企业经营机制的目标。

第四条 企业中的一切组织和全体职工，都应当根据《企业法》规定的根本任务和必须遵循的原则开展工作。社会各有关方面都应当为转换企业经营机制创造条件。

第二章 企业经营权

第五条 企业按照国家规定的资产经营形式，可依法选择承包经营责任制、租赁制，报政府主管部门批准后实行。创造条件，试行股份制以及国家规定或者认可的其他资产经营形式。

第六条 企业享有经营决策权。

企业有权自主确定经营范围。除国家明令规定不允许经营的商品外，其他商品都可以经营。

企业有权自主选择经营方式，批发企业可以经营零售，零售企业也可以经营批发。根据自身的条件，企业还可以采取代购、代销、代储、代运、联购分销、分购联销等多种经营方式。

企业可以利用自有设施和场地，兴办专业或综合批发市场。

第七条 企业享有选择购销渠道的自主权。

企业按照经营需要，可不受地区、行业和部门的限制，自主选择购销渠道，签订购销合同，建立经济合理的购销网络。

除政府委托收购的指令性计划商品外，企业有权拒绝任何单位或者部门强令收购和销售商品以及为企业指定供货单位或者供货渠道。

企业有权拒绝未经省级人民政府批准设立的任何检查站(所、卡、岗)的检查和处罚。

第八条 企业享有商品、服务定价权。企业经营的商品，除国务院物价部门和省级政府物价部门管理价格的个别商品外，由企业自主定价。对国家已放开的商品和饮食、服务等价格，各部门不得用毛利率、差率、限价等管理方式加以限制。法律对商品、服务定价另有规定的，从其规定。

第九条 企业享有进出口权。企业可以在全国范围内自行选择外方代理企业从事进出口业务，并有权参与同外商的谈判。

符合国家规定条件的企业，经批准可享有进出口经营权，在获得进出口配额、许可证等方面，享有与外贸企业同等待遇。

符合国家规定的企业，经批准，可与外商合资或者合作经营零售商业。

经当地人民政府批准，企业可从事边境贸易。

企业根据国家规定，可以在境外承揽工程、进行技术合作或者提供其他劳务。

第十条 企业享有投资决策权。企业按照国家法律和国务院有关规定，有权以留用资金、土地使用权、商业设施、实物或商品、技术、字号等向国内各地区、各行业的企业、事业单位投资，购买和持有其他企业股份。有条件的企业，可投资办招商商场。经批准，可以在特区办企业，享受特区政策待遇。可以与外商联合办项目，可以跨国界办实业。

企业在国家产业政策、城市发展规划和商业网点布局的指导下，用留用资金和自筹资金从事商业网点建设和开发，能自行解决建设和经营条件的，由企业自主决定立项，报政府主管部门备案，并接受监督。经有关部门依法办理手续后，企业自行决定开工。企业利用留用资金和借贷资金修缮改造、装修的商业网点，房地产部门不得擅自提高房租。

企业从事商业网点建设和开发，留用资金不足，按照国家规定的审批权限，报有关部门审核批准后，可发行企业债券和使用境外贷款。

第十一条 企业享有留用资金支配权。在确保国有资产保值、增殖的前提下，企业有权自主确定税后利润中各项基金的分配比例和用途，报主管部门和财政部门备案。企业用留利安排生产性建设项目或者补充流动资金的，经税务部门批准，可退还企业再投资部分已缴纳所得税的40%税款。

第十二条 企业享有资产处置权。企业对一般固定资产，在按照国家有关规定进行评估的前提下，可以自主决定出租、抵押或者有偿转让。地处偏僻或微利、亏损的小企业，经批准，可进行拍卖；国家另有规定的除外。

企业处置固定资产所得收入，必须全部用于设备更新和网点改造。

第十三条 企业享有联营、兼并权。企业可以跨地区、跨行业、跨所有制和其他企业进行联营，也可以入股、兼并、合并以及发展各类商商、商贸、工商、农商、农工商企业集团、连锁店及其他组织形式。

第十四条 企业享有劳动用工权。企业根据经营需要，按照面向社会、公开招收、全面考核、择优录用的原则，自主决定招工时间、条件、方式和数量。有些行业在城镇招工有困难，需要从农村招工的，按照企业所在地的省、自治区、直辖市人民政府规定执行。

除法律和国务院已有明令规定外，企业有权拒绝接收不需要的人员。

企业有权决定用工形式，可以实行合同管理或者全员劳动合同制。按照行业、工种、岗位的不同特点，订立固定期限、无固定期限、以完成某项任务为期限的劳动合同。企业技术骨干和熟练职工，可签订无固定期限的合同。实行全员劳动合同制的企业，原固定职工身份和待遇可作档案保留。

企业有权在做好定员、定额的基础上，对全体职工进行专业知识和工作业绩考核，实行合理劳动组合。考试合格者上岗，不合格者试岗，试岗期满仍不合格者转为内部待业。

企业有权按照法律、法规和企业规章，决定对职工辞退、除名和解除劳动合同。经职代会讨论通过，可决定开除职工。

第十五条 企业享有人事管理权。企业可打破管理人员和职工的身份界限。根据实际需要，企业可设置和聘用在本企业内部有效的专业技术职务。经有关部门批准，企业可聘用境外有关技术管理人员。企业中层行政管理人员，由经理（主任）按照国家规定决定任免，副经理（副主任）级行政管理人员，由经理（主任）按照国家规定提请政府主管部门任免，或者经政府主管部门授权，由经理（主任）任免。法律另有规定的除外。

第十六条 企业享有工资奖金分配权。企业的工资总额依照政府规定的工资总额与经济效益挂钩的办法确定。根据具体情况，可以实行工资总额同实现税利、销售额等项指标相联系的“工效挂钩”，也可实行提成工资制或者工资总额递增包干办法。企业在相应提取的工资总额内有权自主使用，自主分配工资和奖金。结合内部经营承包责任制，企业可以实行岗位工资制或者实行计件、提成等各种工资分配形式。通过对劳动贡献、劳动技能、劳动纪律、劳动态度、服务质量等项指标的考核，企业有权建立内部职工晋、降级制度，自主安排晋降级条件和时间，有权使工资，奖金向责任重大、对经营和效益提高有较大作用的岗位倾斜，向一线工种和苦、脏、累岗位倾斜。企业为鼓励扩大销售，可设立推销商品奖励基金，用于奖励推销人员。

第十七条 企业享有内部机构设置权。企业有权决定内部机构的设立、调整和撤销，决定企业的人员编制。任何部门和单位不能以任何借口强求企业设置对口机构，不能以机构不对口作为影响各种检查、评比、考核、达标的条件，也不得通过企业对口机构，干预企业经营。法律另有规定和国务院有特殊规定的，从其规定。

第十八条 企业享有拒绝摊派权。企业有权拒绝任何部门和单位，以任何方式向企业摊派人力、物力、财力。任何单位和部门抽查商品，都必须按照法律规定办事，对超出规定范围所造成的经济损失，企业有权要求给予赔偿。

第三章 企业自负盈亏的责任

第十九条 企业必须建立分配约束机制和监督机制。效益（依据实现利税计算）企业必须坚持工资总额增长幅度低于本企业经济增长幅度，职工实际平均工资增长幅度低于本企业劳动生产率（依据净产值计算）增长幅度的原则。企业职工的工资、奖金、津贴、补贴以及其他工资性收入，应当纳入工资总额。取消工资总额以外的一切单项奖。企业必须根据经济效益的增减决定职工收入的增减。实行“工效挂钩”的企业经济效益增长时，企业工资总额可按规定比例上升；经济效益下降时，企业工资总额必须按照同样的挂钩比例下降。未实行“工效挂钩”的企业，应当在政府有关部门核定的工资总额内，确定企业职工工资、奖金的增减。

第二十条 企业经理（主任）的收入应当按照国家有关规定的办法确定，也可以实行“双挂钩”。一是与承包指标挂钩，即完成承包基数指标和经营目标指标，确定当年基本收入。超额完成承包各项指标，依据超额幅度和难易程度，分档计算奖励收入。二是与职工年人均实际收入挂钩，当职工收入未增长时，经理（主任）的承包奖励应部分暂缓兑现，当职工收入下降时，经理（主任）的收入也应当下浮。经理（主任）晋升工资应当报主管部门批准。

第二十一条 实行承包经营责任制的企业，未完成上缴利润的，应当用风险抵押金，工资储备基金、留利补交。实行租赁制的企业，承租方在租赁期达不到租赁合同规定经营总目标或欠交租金时，应当以企业的风险保证金、预支生活费（或者承租成员的年收入）抵补，不足部分由承租人，担保人提供的担保财产抵补。

第二十二条 企业执行政府下达的指令性计划，要明确是否属于政策性亏损，应当事先明确抵补办法，签订协议。对政策性亏损，财政部门应当根据企业的实际亏损情况，给予相应的补偿。除国家下达的指令计划外，有关部门强令企业收购和销售商品而出现的亏损，由决策部门给予相应的补偿。

第二十三条 企业由于经营管理不善造成经营性亏损的，经理（主任）、领导班子其他成员和职工应当根据责任大小，承担相应责任。

企业一年经营亏损的，应当适当核减企业工资总额，经理（主任）、领导班子其他成员和直接责任人员不得领取奖金。企业亏损严重的，还应当根据责任大小，相应降低经理（主任）、领导班子其他成员和职工的工资。

企业连续二年经营亏损，亏损额继续增加的，应当核减企业的工资总额，除企业不得发放奖金外，根据责任大小，适当降低经理（主任）、领导班子成员和对企业主要领导可以免职或者降级、降职。

第二十四条 亏损企业的新任经理（主任），在规定期限内，实现扭亏增盈目标的，主管部门可分别情况对经理（主任）给予相应的奖励。奖金由决定奖励的部门拨付。

企业连续三年全面完成上交任务，并实现企业财产增殖的，主管部门可对经理（主任）及领导班子主要成员进行奖励。奖金由决定奖励的部门拨付。

第二十五条 对《条例》施行前企业长期积累的亏损，经清产核资后，按国务院有关规定另行处理。

第二十六条 企业必须严格执行国家财政、税收和国有资产管理的法律、法规和制度，要建立资产负债和损益考核制度，并进行审计。要定期进行商品盘点，做到账实相符。要经常分析商品库存结构、库存保值及商品适销情况，不得潜伏商品损失搞虚盈实亏。要建立利润审计制度，企业在兑现分配之前须对利润指标进行审计，对当年应提未提，应核未核、应处理未处理部分，一律抵减当年利润。

第四章 企业的变更和终止

第二十七条 企业因经营不符合市场需要，造成商品积压严重，应当调整经营范围，改变经营方式。批发企业为改变经营不利局面，可以调整经营组织形式，开展多元化经营，多功能服务。企业为获取更大的经济利益，也可以主动进行经营结构的调整。

第二十八条 企业出现经营性亏损，可以自行申请停业整顿，主管部门也可责令其停业整顿。整顿期间，主管部门可对企业领导班子进行调整。被整顿企业，要按照规定提出整顿方案，经主管部门批准后实施。

第二十九条 企业跨部门之间的合并，由企业提出方案，经主管部门同意后报政府批准。部门内的企业合并与分立，由企业或者主管部门提出方案，报政府批准。

第三十条 企业可自主决定跨地区、跨行业、跨所有制兼并其他企业。企业被其他企业兼并的，需主管部门批准。

第三十一条 企业经营性亏损扭亏无望的，要依法采用以留用资金、变卖抵押资产等方式清偿债务。不能清偿到期债务的，应当按照《中华人民共和国企业破产法(试行)》实行破产。

第五章 企业和主管部门的关系

第三十二条 各级商业主管部门为确保企业财产所有权，对企业行使下列职责：

(一)协同政府有关部门批准并考核企业资产保值、增殖指标，审查企业资产负债和损益情况。

(二)根据国务院有关规定，协同有关部门决定国家与企业的财产收益分配方式和比例或者定额。

(三)会同政府有关部门决定或者批准企业的资产经营形式和企业的设立、合并(不含兼并)、分立、终止、拍卖、批准企业提出的被兼并和破产申请。

(四)根据国务院的有关规定，会同政府有关部门审批企业资产的报损、冲减、核销和重要建筑物的抵押、有偿转让，组织清算和收缴被撤销、解散企业的财产。

(五)依照法定条件和程序，决定企业经理(主任)的任免(聘任、解聘)和奖惩。

(六)有关部门对企业财产的管理情况进行监督、检查。

(七)维护企业依法行使经营权，保障企业的经营活动不受干预。

第三十三条 商业主管部门应当转变职能，并会同政府有关部门加强行业管理。

(一)制定商业方针、政策，商业体制改革方案，商业法规和有关规章制度，并按照法定程序实施。

(二)制定商业发展战略、发展规划和规模布局。根据国家计划，组织实施必要的商品(粮食等)储备。

(三)协同有关部门利用利率、税率、价格等经济杠杆，调控和引导企业行为。

(四)制订行业业务技术等级标准。

(五)协同有关部门进行商品、服务质量监督。

第三十四条 商业主管部门应当采取下列措施，为企业提供服务。

(一)发展商业教育和公共服务事业，为企业提供市场预测，会计审计、人才培训等咨询服务。

(二)积极支持企业参加社会养老保险、待业保险和医疗保险。在社会保障体系建立和完善以前，继续组织企业进行职工养老社会统筹。

(三)组织商业科学、技术的推广和应用，鉴定重大科技成果，组织国际经济、科技合作和交流。

第六章 附 则

第三十五条 本办法适用于全民所有制商业(粮食)、饮食业、服务业、仓储业等行业的企业。

第三十六条 本办法公布之前商业部颁布的有关规章和行政性文件的内容，与本办法相抵触的，一律以本办法为准。

第三十七条 本办法由商业部负责解释，地方商业行政主管部门会同有关部门组织实施。

第三十八条 本办法未尽事项，均按照《全民所有制工业企业转换经营机制条例》执行。

第三十九条 本办法自发布之日起生效。

国家主席杨尚昆在人民大会堂会见摩尔多瓦总统米尔恰·斯涅古尔

国务院总理李鹏在钓鱼台国宾馆同摩尔多瓦总统米尔恰·斯涅古尔举行会谈

李鹏说，斯涅古尔总统作为摩尔多瓦独立后的第一位国家元首来华访问，是中摩两国关系史上的重要事件，它必将进一步推动两国友好合作关系的发展。

斯涅古尔总统说，摩尔多瓦宣布独立后，中国迅速给予承认，并派出政府贸易代表团，积极帮助摩尔多瓦恢复和发展经济。对此，摩尔多瓦政府和人民深表感谢。

国务院总理李鹏在北京会见沙特阿拉伯财经大臣穆罕默德·阿巴·海勒

国务院总理李鹏在钓鱼台国宾馆会见阿根廷外交和宗教事务部长吉多·迪特利亚

外交部部长钱其琛在钓鱼台国宾馆同摩尔多瓦外交部长尼古拉·茨乌举行会谈

外经贸部副部长谷永江在北京同摩尔多瓦对外经济关系部长安德烈·凯普蒂内就发展两国经贸关系举行会谈

中华人民共和国政府和摩尔多瓦共和国政府在北京签订关于鼓励和相互保护投资协定

中华人民共和国政府和摩尔多瓦共和国政府在北京签订文化合作协定

公安部有关负责人就外国人在中国就业须有合法手续问题向新华社记者发表谈话

我国专司在华外国人事务的公安部出入境管理局负责人对记者说，随着我国改革开放和经济建设的不断发展，有许多外国高水平的专业人才应聘到中国任职或就业，也有应聘到中国讲学、考察或从事经商等活动的。他们在华期间，绝大多数是遵守中国法律的，我们公安机关的出入境管理部门也积极在办理入境、居留手续等方面，为他们提供各种方便。但是近来我们也发现，在我国一些地方，出现了违背《中华人民共和国外国人入境出境管理法》的规定，非法雇佣外国人的情况。受雇的外国人，有的是已毕业或退学但仍滞留中国的原外国留学生，也有一部分是邻近国家的女青年。据公安机关的出入境管理部门调查了解，他们在中国所从事的活动，大部分与其申请来华签证时申报的事由不符，有的准予在华停留的期限已过，但仍非法居留，非法就业。

这位负责人指出，目前已在华非法就业的外国人，应当遵守中国的法律，停止这种非法就业的行为。同时，他也提醒国内的一些雇佣单位和其上级主管部门，不得无视国家法律，非法雇佣来中国学习的外国留学生以及未取得居留证件和未经中国政府劳动部授权的主管部门批准的外国人。

今后，无论是外国人申请来华就业，还是企事业单位聘雇外国人，均应通过合法途径提出申请，经主管部门批准后方可进行。否则视为非法，对此，公安机关将依法进行处理。

出席国际刑警组织第61届大会的中国代表团团长宋恩涛在缉毒委员会会议上阐述中国政府对缉毒问题的立场

宋恩涛说，吸毒贩毒已成为一个世界性的大问题。目前中国的毒品犯罪很严重。毒品主要来自国外。国际毒品走私集团通过中国领土进行走私已成一大问题，中国也是从"金三角"走私毒品的受害国之一。

宋恩涛说，面对这一严峻局势，中国政府采取了明确的立场：严禁吸毒、严厉打击毒品走私和堵截毒品的来源与流通。1991年，中国公安部门和海关共侦破8395起毒品犯罪案件，比1990年增加1.2倍，缴获1959公斤海洛因、2026公斤鸦片和其他毒品。

宋恩涛说，中国政府重视国际反毒斗争的合作，中国参加了国际刑警组织举办的各种研讨会并签署了有关的缉毒计划，中国同泰国、澳大利亚、巴基斯坦、加拿大、新加坡以及香港有着良好的合作与信息交流关系。

国务院批转国家语委关于当前语言文字工作的请示的通知

国务院同意国家语言文字工作委员会《关于当前语言文字工作的请示》，现发给你们，请贯彻执行。

语言文字工作关系到国家的统一、民族的团结、社会的进步和国际的交往；实现语言文字的规范化、标准化，是普及文化教育、发展科学技术、提高工作效率的一项基础工程，对社会主义物质文明建设和精神文明建设具有重要意义，必须给予高度的重视。

各级语言文字工作委员会要充分发挥政府职能部门的作用，加强管理，主动做好协调组织工作。各级人民政府和有关部门要支持这项工作，加强领导，坚持不懈地抓好推广普通话、推进文字规范化、推行汉语拼音等工作，使语言文字更好地为社会主义现代化建设服务。

少数民族语言文字工作由国家民委负责，有关问题可会同国家语委协商解决，妥善处理。

关于当前语言文字工作的请示

国务院：

根据我国新时期社会主义建设事业发展的需要，一九八五年党中央、国务院批准把中国文字改革委员会改名为国家语言文字工作委员会，一九八六年初又确定了新时期语言文字工作方针、政策和任务。几年来，我们在语言文字规范化、标准化方面做了一些工作，取得了一定成绩。但是，工作中也存在一些问题和困难，主要是对新时期语言文字工作的方针、政策宣传不力，必要的行政管理工作没有跟上，社会上的语言文字规范意识比较淡薄，语言文字应用中的混乱现象还相当严重。

语言文字工作关系到国家的统一、民族的团结、社会的进步和国际的交往，必须集中统一，不能各行其是。实现语言文字的规范化、标准化，是普及教育、提高文化水平、发展科学技术的一项基础工程，对我国改革开放和社会主义现代化建设具有重要意义。因此，当前必须采取有力措施，加强领导，继续贯彻执行新时期语言文字工作的方针、政策，纠正语言文字应用中的混乱现象，努力促进语言文字的规范化和标准化，使语言文字适应经济和社会发展的需要。现就当前工作中几个重要问题请示如下：

一、大力推广普通话，促进汉语规范化

推广规范的、全国通用的语言，是经济和社会发展的需要，是任何一个工业化国家所必须完成的社会历史任务。新中国建立以后，党和政府非常重视推广普通话，经过四十多年的努力，这项工作取得了很大成绩。但是，由于社会、历史的原因，全国通用的普通话现在还远未普及，显著的方言差异仍然妨碍不同地区人们的交际、社会信息的交换以及信息处理等新技术的应用。

推广普通话，促进汉语规范化，是我国新时期语言文字工作的首要任务，必须与各地区、各部门、各单位的业务工作结合进行。从地区上讲，全国推广普通话的重点是南方方言区，其他地区也应把这项工作抓紧、抓好。

推广普通话，学校是基础。学校用语一律使用普通话。学校和社会的推广普通话工作要互相结合，互相促进。

学校推广普通话，必须列入学校工作计划，提出明确的目标和要求，建立必要的规章制度。学校推广普通话的重点是各级各类师范院校，初等和中等学校。到本世纪末，普通话要成为城市幼儿园和乡中心小学以上以汉语授课为主的各级各类学校的教学用语，成为师范学校、初等和中等学校的校园语言。各级各类师范学校（包括承担师资培养任务的普通高校、有条件的部分民族院校）和职业高中的幼师类、文秘类、公共服务类（旅游、商业等）专业都要开设普通话课程，要把普通话作为一项重要基本功，认真训练，严格考核；普通话不合格的毕业生，必须进行补课和补考，补考合格后方可发给毕业证书。用普通话进行教学是合格教师的一项必备条件，应当成为评估教学质量、评选优秀教师、评聘教师职务的一个内容。对语文教师说普通话的能力和水平应有更高的要求。建议国家教委制订加强学校推广普通话工作的规定和实施办法。

社会推广普通话的工作，重点是抓好城市（首先是大城市、计划单列市、沿海开放城市、经济特区、经济开发区、重点旅游城市），特别是党政机关、部队和为生产和生活服务的"窗口"行业。到本世纪末，县级以上机关、团体、企事业单位的干部，解放军指战员，公安干警，武警指战员，检察院、法院的工作人员等应当把普通话作为工作用语；为生产和生活服务的"窗口"行业的职工要把普通话作为服务用语。

广播、电视、电影、话剧以及音像制品等在语言使用上具有很强的示范作用，必须使用标准的普通话。广播、电视部门要增加推广普通话和语言文字规范化知识的节目，一些使用方言的电台、电视台，要随着普通话的推广和普及有计划地逐步减少方言播音的时间和节目。

按照《中华人民共和国宪法》和《中华人民共和国民族区域自治法》的规定，少数民族地区也要重视推广普通话；在学校中应推行当地民族语言和汉语普通话的双语教学。少数民族地区推广普通话的具体要求和步骤由各地根据实际情况确定。

推广普通话是为了推动经济和社会发展，提高公民素质和工作效率；而不是禁止和消灭方言，也不妨碍各少数民族使用和发展本民族的语言。

二、加强社会用字管理，促进汉字规范化

《汉字简化方案》是由国务院正式公布的，在分批推行后又经国务院批准编制并公布了《简化字总表》。简化是汉字发展的总趋势。三十五年来，全国已有七亿多人学习、掌握了简化字。简化字是有深远的历史渊源和广泛的群众基础的。因此，当前必须巩固汉字简化的成果，继续推行简化字。今后，对汉字简化应持慎重态度，使汉字保持稳定，以利社会应用。

近些年来，社会用字相当混乱，主要表现为滥用繁体字、乱用不规范的简化字。为了尽快实现社会用字的规范化、标准化，必须采取有力措施，加强管理：

（一）凡党政机关、部队、团体、学校和企事业单位的法规、政令、公文、布告、证书、印章、票证、牌匾、标语用字，出版物用字，影视屏幕用字，计算机用字，商品包装说明，广告、地名、路名、站名牌用字等各种面向社会公众的文字，都必须符合规范和标准。

（二）各类文化体育活动和各种会议，如运动会、文艺演出、展览会、纪念会、庆祝会、商品交易会、各种竞赛等用字，必须合乎规范和标准。

（三）已经被简化了的繁体字，要严格限制其使用范围，只能用于古籍整理出版、文物古迹、书法艺术方面。书法作为艺术，可以写各种字体，但也应提倡写规范字。其他方面确需使用繁体字的，须按隶属关系报中央有关部委或省、自治区、直辖市政府主管部门批准，并报国家语委备案。

（四）各级各类学校要加强语言文字规范化、标准化教育和语言文字基本功训练。初等、中等学校语文学科和大专院校中文系的有关课程，要讲授新时期国家语言文字工作的方针、政策、任务和语言文字规范化知识。

(五)各级政府部门，特别是国家语委、国家教委、广播电影电视部、新闻出版署、商业部、经贸部、国家工商行政管理局、邮电部、交通部、铁道部、建设部、国家旅游局、机电部、国家技术监督局等有关部门及其所属行业系统，社会各界和有关群众团体，要紧密配合，齐抓共管，抓好本部门、本系统的用字规范化工作，严格执行社会用字的有关规定。各级领导干部要带头使用规范汉字。

科技名词用字的规范化，由国家语委与全国自然科学名词审定委员会共同协商，根据实际情况确定。

对于社会上已经出现的用字混乱现象，各级政府部门要按照上述要求进一步采取有效措施，坚决、稳妥、逐步地加以纠正。到一九九五年底，力争各省省会、自治区首府、直辖市、计划单列市、经济特区、经济开发区做到社会用字规范化。

三、继续推行《汉语拼音方案》，扩大使用范围

《汉语拼音方案》是经过全国人民代表大会通过的法定方案，也是拼写中国人名、地名等专用名词的国际标准。多年来，在给汉字注音、汉语教学、推广普通话、信息处理、排序检索以及其他汉字不便使用或不能使用的领域中，发挥了积极的作用。今后，要继续推行《汉语拼音方案》，扩大其使用范围，注重研究、解决它在应用中的一些问题；要消除乱拼乱写等不规范的现象。任何部门或单位都无权决定在应该使用汉语拼音的场合使用或推行其他拼音方案。

四、加强语言文字标准的研制，适应信息处理技术发展的需要

“八五”期间，我国的中文信息资料交换和检索、生产管理、办公室事务自动化以及印刷排版现代化等必将提高到一个新的水平。为适应现代化建设的需要，计算机的语言文字信息处理，需要加速由汉字编码击键输入向计算机文字自动识别和语言自动识别过渡，并由试验转向实际应用。这就对语言文字的规范化、标准化提出了更高更严的要求。近几年来，国家技术监督局、国家语委、机电部等有关部门和单位联合研究制订并颁布了若干个供信息处理用的汉字国家标准，对于计算机用字的规范化发挥了积极的作用。今后必须进一步坚决推行这些标准，并且要继续跟踪高科技的发展，适时颁布新的标准。

目前，我国语言文字信息处理技术宏观上缺乏统一管理、协调，形成各部门、各单位多头重复开发研制，这既不利于我国信息处理统一规范和标准的建立，又造成人力、物力、财力、时间的浪费。建议国家语委、机电部、国家技术监督局、新闻出版署等有关部门建立部级协调会议制度，负责语言文字信息处理的立项和成果的评审，组织、协调各方面的力量联合攻关。

五、加速语言文字应用管理的立法工作

为了使语言文字工作纳入法制管理轨道，拟做如下几项工作：

(一)国家语委拟与中央有关部门联合制订关于推广普通话、社会用字(包括涉外用字)管理的规章；重新修订发布社会用字管理的三个规定，即《关于地名用字的若干规定》、《关于广播、电影、电视正确使用语言文字的若干规定》、《关于企业、商店的牌匾、商品包装、广告等正确使用汉字和汉语拼音的若干规定》。

(二)建议中央各有关部门在制订或修订有关法律、法规时，要列入加强语言文字规范化、标准化的条文；在制订本部门、本系统的有关法规和管理制度时，要列入贯彻执行语言文字政策、法规的内容。

(三)国家语委在“八五”期间商同国务院法制局等有关部门，着手研究、拟订我国语言文字基本法草案，提交全国人民代表大会审议。

六、加强领导，做好语言文字工作

国家语言文字工作委员会是主管全国语言文字工作的行政职能部门(少数民族语言文字工作由国家民委管理)，负责制订全国语言文字工作的近期和中长期规划，加强宏观管理和协调工作。

中央各有关部门、地方各级政府要进一步提高认识，重视和支持语言文字工作，把它列入工作计划，切实把这项工作抓起来，做到有领导分管，有人员专管或兼管，定期对语言文字应用情况进行督促、检查、评比，表彰先进，以推动工作。

为推动语言文字的规范化、标准化，必须做好宣传工作，办好语言文字报刊，中央和地方的主要报刊、广播、影视等新闻媒介要大力配合，加强对新时期语言文字工作方针、政策的宣传，使语言文字规范意识日益深入人心。同时新闻媒介在正确使用祖国的语言文字方面应起示范作用。

以上请示如无不当，请批转各地和各有关部门贯彻执行。

11月7日

第七届全国人大常委会第二十八次会议继续进行大会讨论

人大常委会委员长万里出席会议，副委员长倪志福主持会议。

副委员长彭冲、阿沛·阿旺晋美、赛福鼎·艾则孜、严济慈、叶飞、廖汉生、费孝通、雷洁琼、王汉斌出席会议。

国务委员王芳列席会议。

第七届全国人大常委会第二十八次会议在人民大会堂闭幕

人大常委会委员长万里主持会议。

由委员们表决通过的海商法共十五章、278 条，将自 1993 年 7 月 1 日起施行；矿山安全法共八章、50 条，将自 1993 年 5 月 1 日起施行。杨尚昆主席分别签署了第 64 号和第 65 号主席令，公布这两部法律。

会议还表决决定我国加入保护录音制品制作者防止未经许可复制其录音制品公约；表决批准了中国和阿拉伯也门共和国领事条约，联合国气候变化框架公约，生物多样性公约。

会议通过全国人大内务司法委员会、财政经济委员会、教科文卫委员会分别提出的关于七届全国人大五次会议主席团交付这三个委员会审议的代表提出的议案审议结果的报告。

会议还表决批准人民解放军选举委员会主任、副主任、委员名单和任免名单。

副委员长彭冲、阿沛·阿旺晋美、赛福鼎·艾则孜、严济慈、叶飞、廖汉生、倪志福、费孝通、孙起孟、雷洁琼、王汉斌出席会议。国务委员陈俊生、最高人民法院院长任建新列席会议。

第七届全国人大常委会第二十八次会议通过《关于批准〈中华人民共和国和阿拉伯也门共和国领事条约〉的决定》

第七届全国人大常委会第二十八次会议通过《关于中国加入〈保护录音制品制作者防止未经许可复制其录音制品公约〉的决定》

第七届全国人大常委会第二十八次会议通过《关于批准国务院总理李鹏代表中华人民共和国于 1992 年 6 月 11 日在里约热内卢签署的〈生物多样性公约〉的决定》

第七届全国人大常委会第二十八次会议通过《关于批准国务院总理李鹏代表中华人民共和国于 1992 年 6 月 11 日在里约热内卢签署的〈联合国气候变化框架公约〉的决定》

第七届全国人大常委会第二十八次会议通过的任免名单

一、免去李宜俊的中国人民解放军军事检察院检察长职务。

二、任命刘宝臣为中国人民解放军军事检察院检察长。

第七届全国人大常委会第二十八次会议批准人民解放军选举委员会主任副主任委员名单

主　任：张　震

副主任：张万年　于永波　傅全有

委　员：徐惠滋　王瑞林　周克玉　程建宁
周子玉　邓正明　唐天标

国家主席杨尚昆签署第 64 号令发布《中华人民共和国海商法》

《中华人民共和国海商法》已由中华人民共和国第七届全国人民代表大会常务委员会第二十八次会议于 1992 年 11 月 7 日通过，现予公布，自 1993 年 7 月 1 日起施行。

中华人民共和国主席 杨尚昆

1992 年 11 月 7 日

中华人民共和国海商法

第一章 总　则

第一条 为了调整海上运输关系、船舶关系，维护当事人各方的合法权益，促进海上运输和经济贸易的发展，制定本法。

第二条 本法所称海上运输，是指海上货物运输和海上旅客运输，包括海江之间、江海之间的直达运输。

本法第四章海上货物运输合同的规定，不适用于中华人民共和国港口之间的海上货物运输。

第三条 本法所称船舶，是指海船和其他海上移动式装置，但是用于军事的、政府公务的船舶和 20 总吨以下的小型船艇除外。

前款所称船舶，包括船舶属具。

第四条 中华人民共和国港口之间的海上运输和拖航，由悬挂中华人民共和国国旗的船舶经营。但是，法律、行政法规另有规定的除外。

非经国务院交通主管部门批准，外国籍船舶不得经营中华人民共和国港口之间的海上运输和拖航。

第五条 船舶经依法登记取得中华人民共和国国籍，有权悬挂中华人民共和国国旗航行。

船舶非法悬挂中华人民共和国国旗航行的，由有关机关予以制止，处以罚款。

第六条 海上运输由国务院交通主管部门统一管理，具体办法由国务院交通主管部门制定，报国务院批准后施行。

第二章 船 舶

第一节 船舶所有权

第七条 船舶所有权，是指船舶所有人依法对其船舶享有占有、使用、收益和处分的权利。

第八条 国家所有的船舶由国家授予具有法人资格的全民所有制企业经营管理的，本法有关船舶所有人的规定适用于该法人。

第九条 船舶所有权的取得、转让和消灭，应当向船舶登记机关登记；未经登记的，不得对抗第三人。

船舶所有权的转让，应当签订书面合同。

第十条 船舶由两个以上的法人或者个人共有的，应当向船舶登记机关登记；未经登记的，不得对抗第三人。

第二节 船舶抵押权

第十一条 船舶抵押权，是指抵押权人对于抵押人提供的作为债务担保的船舶，在抵押人不履行债务时，可以依法拍卖，从卖得的价款中优先受偿的权利。

第十二条 船舶所有人或者船舶所有人授权的人可以设定船舶抵押权。

船舶抵押权的设定，应当签订书面合同。

第十三条 设定船舶抵押权，由抵押权人和抵押人共同向船舶登记机关办理抵押权登记；未经登记的，不得对抗第三人。

船舶抵押权登记，包括下列主要项目：

（一）船舶抵押权人和抵押人的姓名或者名称、地址；

（二）被抵押船舶的名称、国籍、船舶所有权证书的颁发机关和证书号码；

（三）所担保的债权数额、利息率、受偿期限。

船舶抵押权的登记状况，允许公众查询。

第十四条 建造中的船舶可以设定船舶抵押权。

建造中的船舶办理抵押权登记，还应当向船舶登记机关提交船舶建造合同。

第十五条 除合同另有约定外，抵押人应当对被抵押船舶进行保险；未保险的，抵押权人有权对该船舶进行保险，保险费由抵押人负担。

第十六条 船舶共有人就共有船舶设定抵押权，应当取得持有三分之二以上份额的共有人的同意，共有人之间另有约定的除外。

船舶共有人设定的抵押权，不因船舶的共有权的分割而受影响。

第十七条 船舶抵押权设定后，未经抵押权人同意，抵押人不得将被抵押船舶转让给他人。

第十八条 抵押权人将被抵押船舶所担保的债权全部或者部分转让他人的，抵押权随之转移。

第十九条 同一船舶可以设定两个以上抵押权，其顺序以登记的先后为准。

同一船舶设定两个以上抵押权的，抵押权人按照抵押权登记的先后顺序，从船舶拍卖所得价款中依次受偿。同日登记的抵押权，按照同一顺序受偿。

第二十条 被抵押船舶灭失，抵押权随之消灭。由于船舶灭失得到的保险赔偿，抵押权人有权优先于其他债权人受偿。

第三节 船舶优先权

第二十一条 船舶优先权，是指海事请求人依照本法第二十二条的规定，向船舶所有人、光船承租人、船舶经营人提出海事请求，对产生该海事请求的船舶具有优先受偿的权利。

第二十二条 下列各项海事请求具有船舶优先权：

（一）船长、船员和在船上工作的其他在编人员根据劳动法律、行政法规或者劳动合同所产生的工资、其他劳动报酬、船员遣返费用和社会保险费用的给付请求；

（二）在船舶营运中发生的人身伤亡的赔偿请求；

（三）船舶吨税、引航费、港务费和其他港口规费的缴付请求；

（四）海难救助的救助款项的给付请求；

（五）船舶在营运中因侵权行为产生的财产赔偿请求。

载运2000吨以上的散装货油的船舶，持有有效的证书，证明已经进行油污损害民事责任保险或者具有相应的财务保证的，对其造成的油污损害的赔偿请求，不属于前款第（五）项规定的范围。

第二十三条 本法第二十二条第一款所列各项海事请求，依照顺序受偿。但是，第（四）项海事请求，后于第（一）项至第（三）项发生的，应当先于第（一）项至第（三）项受偿。

本法第二十二条第一款第（一）、（二）、（三）、（五）项中有两个以上海事请求的，不分先后，同时受偿；不足受偿的，按照比例受偿。第（四）项中有两个以上海事请求的，后发生的先受偿。

第二十四条 因行使船舶优先权产生的诉讼费用，保存、拍卖船舶和分配船舶价款产生的费用，以及为海事请求人的共同利益而支付的其他费用，应当从船舶拍卖所得价款中先行拨付。

第二十五条 船舶优先权先于船舶留置权受偿，船舶抵押权后于船舶留置权受偿。

前款所称船舶留置权，是指造船人、修船人在合同另一方未履行合同时，可以留置所占有的船舶，以保证造船费用或者修船费用得以偿还的权利。船舶留置权在造船人、修船人不再占有所造或者所修的船舶时消灭。

第二十六条 船舶优先权不因船舶所有权的转让而消灭。但是，船舶转让时，船舶优先权自法院应受让人申请予以公告之日起满六十日不行使的除外。

第二十七条 本法第二十二条规定的海事请求权转移的，其船舶优先权随之转移。

第二十八条 船舶优先权应当通过法院扣押产生优先权的船舶行使。

第二十九条 船舶优先权，除本法第二十六条规定的外，因下列原因之一而消灭：

(一)具有船舶优先权的海事请求，自优先权产生之日起满一年不行使；

(二)船舶经法院强制出售；

(三)船舶灭失。

前款第(一)项的一年期限，不得中止或者中断。

第三十条 本节规定不影响本法第十一章关于海事赔偿责任限制规定的实施。

第三章 船　员

第一节 一般规定

第三十一条 船员，是指包括船长在内的船上一切任职人员。

第三十二条 船长、驾驶员、轮机长、轮机员、电机员、报务员，必须由持有相应适任证书的人担任。

第三十三条 从事国际航行的船舶的中国籍船员，必须持有中华人民共和国港务监督机构颁发的海员证和有关证书。

第三十四条 船员的任用和劳动方面的权利、义务，本法没有规定的，适用有关法律、行政法规的规定。

第二节 船长

第三十五条 船长负责船舶的管理和驾驶。

船长在其职权范围内发布的命令，船员、旅客和其他在船人员都必须执行。

船长应当采取必要的措施，保护船舶和在船人员、文件、邮件、货物以及其他财产。

第三十六条 为保障在船人员和船舶的安全，船长有权对在船上进行违法、犯罪活动的人采取禁闭或者其他必要措施，并防止其隐匿、毁灭、伪造证据。

船长采取前款措施，应当制作案情报告书，由船长和两名以上在船人员签字，连同人犯送交有关当局处理。

第三十七条 船长应当将船上发生的出生或者死亡事件记入航海日志，并在两名证人的参加下制作证明书。死亡证明书应当附有死者遗物清单。死者有遗嘱的，船长应当予以证明。死亡证明书和遗嘱由船长负责保管，并送交家属或者有关方面。

第三十八条 船舶发生海上事故，危及在船人员和财产的安全时，船长应当组织船员和其他在船人员尽力施救。在船舶的沉没、毁灭不可避免的情况下，船长可以作出弃船决定；但是，除紧急情况外，应当报经船舶所有人同意。

弃船时，船长必须采取一切措施，首先组织旅客安全离船，然后安排船员离船，船长应当最后离船。在离船前，船长应当指挥船员尽力抢救航海日志、机舱日志、油类记录簿、无线电台日志、本航次使用过的海图和文件，以及贵重物品、邮件和现金。

第三十九条 船长管理船舶和驾驶船舶的责任，不因引航员引领船舶而解除。

第四十条 船长在航行中死亡或者因故不能执行职务时，应当由驾驶员中职务最高的人代理船长职务；在下一个港口开航前，船舶所有人应当指派新船长接任。

第四章 海上货物运输合同

第一节 一般规定

第四十一条 海上货物运输合同，是指承运人收取运费，负责将托运人托运的货物经海路由一港运至另一港的合同。

第四十二条 本章下列用语的含义：

(一)“承运人”，是指本人或者委托他人以本人名义与托运人订立海上货物运输合同的人。

(二)“实际承运人”，是指接受承运人委托，从事货物运输或者部分运输的人，包括接受转委托从事此项运输的其他人。

(三)“托运人”，是指：

1. 本人或者委托他人以本人名义或者委托他人为本人与承运人订立海上货物运输合同的人；

2. 本人或者委托他人以本人名义或者委托他人为本人将货物交给与海上货物运输合同有关的承运人的人。

(四)“收货人”，是指有权提取货物的人。

(五)“货物”，包括活动物和由托运人提供的用于集装货物的集装箱、货盘或者类似的装运器具。

第四十三条 承运人或者托运人可以要求书面确认海上货物运输合同的成立。但是，航次租船合同应当书面订立。电报、电传和传真具有书面效力。

第四十四条 海上货物运输合同和作为合同凭证的提单或者其他运输单证中的条款，违反本章规定的，无效。此类条款的无效，不影响该合同和提单或者其他运输单证中其他条款的效力。将货物的保险利益转让给承运人的条款或者类似条款，无效。

第四十五条 本法第四十四条的规定不影响承运人在本章规定的承运人责任和义务之外，增加其责任和义务。

第二节 承运人的责任

第四十六条 承运人对集装箱装运的货物的责任期间，是指从装货港接收货物时起至卸货港交付货物时止，货物处于承运人掌管之下的全部期间。承运人对非集装箱装运的货物的责任期间，是指从货物装上船时起至卸下船时止，货物处于承运人掌管之下的全部期间。在承运人的责任期间，货物发生灭失或者损坏，除本节另有规定外，承运人应当负赔偿责任。

前款规定，不影响承运人就非集装箱装运的货物，在装船前和卸船后所承担的责任，达成任何协议。

第四十七条 承运人在船舶开航前和开航当时，应当谨慎处理，使船舶处于适航状态，妥善配备船员、装备船舶和配备供应品，并使货舱、冷藏舱、冷气舱和其他载货处所适于并能安全收受、载运和保管货物。

第四十八条 承运人应当妥善地、谨慎地装载、搬移、积载、运输、保管、照料和卸载所运货物。

第四十九条 承运人应当按照约定的或者习惯的或者地理上的航线将货物运往卸货港。

船舶在海上为救助或者企图救助人命或者财产而发生的绕航或者其他合理绕航，不属于违反前款规定的行为。

第五十条 货物未能在明确约定的时间内，在约定的卸货港交付的，为迟延交付。

除依照本章规定承运人不负赔偿责任的情形外，由于承运人的过失，致使货物因迟延交付而灭失或者损坏的，承运人应当负赔偿责任。

除依照本章规定承运人不负赔偿责任的情形外，由于承运人的过失，致使货物因迟延交付而遭受经济损失的，即使货物没有灭失或者损坏，承运人仍然应当负赔偿责任。

承运人未能在本条第一款规定的时间届满六十日内交付货物，有权对货物灭失提出赔偿请求的人可以认为货物已经灭失。

第五十一条 在责任期间货物发生的灭失或者损坏是由于下列原因之一造成的，承运人不负赔偿责任：

（一）船长、船员、引航员或者承运人的其他受雇人在驾驶船舶或者管理船舶中的过失；

（二）火灾，但是由于承运人本人的过失所造成的除外；

（三）天灾，海上或者其他可航水域的危险或者意外事故；

（四）战争或者武装冲突；

（五）政府或者主管部门的行为、检疫限制或者司法扣押；

（六）罢工、停工或者劳动受到限制；

（七）在海上救助或者企图救助人命或者财产；

（八）托运人、货物所有人或者他们的代理人的行为；

（九）货物的自然特性或者固有缺陷；

（十）货物包装不良或者标志欠缺、不清；

（十一）经谨慎处理仍未发现的船舶潜在缺陷；

（十二）非由于承运人或者承运人的受雇人、代理人的过失造成的其他原因。

承运人依照前款规定免除赔偿责任的，除第（二）项规定的原因外，应当负举证责任。

第五十二条 因运输活动物的固有的特殊风险造成活动物灭失或者损害的，承运人不负赔偿责任。但是，承运人应当证明业已履行托运人关于运输活动物的特别要求，并证明根据实际情况，灭失或者损害是由于此种固有的特殊风险造成的。

第五十三条 承运人在舱面上装载货物，应当同托运人达成协议，或者符合航运惯例，或者符合有关法律、行政法规的规定。

承运人依照前款规定将货物装载在舱面上，对由于此种装载的特殊风险造成的货物灭失或者损坏，不负赔偿责任。

承运人违反本条第一款规定将货物装载在舱面上，致使货物遭受灭失或者损坏的，应当负赔偿责任。

第五十四条 货物的灭失、损坏或者迟延交付是由于承运人或者承运人的受雇人、代理人的不能免除赔偿责任的原因和其他原因共同造成的，承运人仅在其不能免除赔偿责任的范围内负赔偿责任；但是，承运人对其他原因造成的灭失、损坏或者迟延交付应当负举证责任。

第五十五条 货物灭失的赔偿额，按照货物的实际价值计算；货物损坏的赔偿额，按照货物受损前后实际价值的差额或者货物的修复费用计算。

货物的实际价值，按照货物装船时的价值加保险费加运费计算。

前款规定的货物实际价值，赔偿时应当减去因货物灭失或者损坏而少付或者免付的有关费用。

第五十六条 承运人对货物的灭失或者损坏的赔偿限额，按照货物件数或者其他货运单位数计算，每件或者每个其他货运单位为 666.67 计算单位，或者按照货物毛重计算，每公斤为 2 计算单位，以二者中赔偿限额较高的为准。但是，托运人在货物装运前已经申报其性质和价值，并在提单中载明的，或者承运人与托运人已经另行约定高于本条规定的赔偿限额的除外。

货物用集装箱、货盘或者类似装运器具集装的，提单中载明装在此类装运器具中的货物件数或者其他货运单位数，视为前款所指的货物件数或者其他货运单位数；未载明的，每一装运器具视为一件或者一个单位。

装运器具不属于承运人所有或者非由承运人提供的，装运器具本身应当视为一件或者一个单位。

第五十七条 承运人对货物因迟延交付造成经济损失的赔偿限额，为所迟延交付的货物的运费数额。货物的灭失或者损坏和迟延交付同时发生的，承运人的赔偿责任限额适用本法第五十六条第一款规定的限额。

第五十八条 就海上货物运输合同所涉及的货物灭失、损坏或者迟延交付对承运人提起的任何诉讼，不论海事请求人是否合同的一方，也不论是根据合同或者是根据侵权行为提起的，均适用本章关于承运人的抗辩理由和限制赔偿责任的规定。

前款诉讼是对承运人的受雇人或者代理人提起的，经承运人的受雇人或者代理人证明，其行为是在受雇或者受委托的范围之内的，适用前款规定。

第五十九条 经证明，货物的灭失、损坏或者迟延交付是由于承运人的故意或者明知可能造成损失而轻率地作为或者不作为造成的，承运人不得援用本法第五十六条或者第五十七条限制赔偿责任的规定。

经证明，货物的灭失、损坏或者迟延交付是由于承运人的受雇人、代理人的故意或者明知可能造成损失而轻率地作为或者不作为造成的，承运人的受雇人或者代理人不得援用本法第五十六条或者第五十七条限制赔偿责任的规定。

第六十条 承运人将货物运输或者部分运输委托给实际承运人履行的，承运人仍然应当依照本章规定对全部运输负责。对实际承运人承担的运输，承运人应当对实际承运人的行为或者实际承运人的受雇人、代理人在受雇或者受委托的范围内的行为负责。

虽有前款规定，在海上运输合同中明确约定合同所包括的特定的部分运输由承运人以外的指定的实际承运人履行的，合同可以同时约定，货物在指定的实际承运人掌管期间发生的灭失、损坏或者迟延交付，承运人不负赔偿责任。

第六十一条 本章对承运人责任的规定，适用于实际承运人。对实际承运人的受雇人、代理人提起诉讼的，适用本法第五十八条第二款和第五十九条第二款的规定。

第六十二条 承运人承担本章未规定的义务或者放弃本章赋予的权利的任何特别协议，经实际承运人书面明确同意的，对实际承运人发生效力；实际承运人是否同意，不影响此项特别协议对承运人的效力。

第六十三条 承运人与实际承运人都负有赔偿责任的，应当在此项责任范围内负连带责任。

第六十四条 就货物的灭失或者损坏分别向承运人、实际承运人以及他们的受雇人、代理人提出赔偿请求的，赔偿总额不超过本法第五十六条规定的限额。

第六十五条 本法第六十条至第六十四条的规定，不影响承运人和实际承运人之间相互追偿。

第三节 托运人的责任

第六十六条 托运人托运货物，应当妥善包装，并向承运人保证，货物装船时所提供的货物的品名、标志、包数或者件数、重量或者体积的正确性；由于包装不良或者上述资料不正确，对承运人造成损失的，托运人应当负赔偿责任。

承运人依照前款规定享有的受偿权利，不影响其根据货物运输合同对托运人以外的人所承担的责任。

第六十七条 托运人应当及时向港口、海关、检疫、检验和其他主管机关办理货物运输所需要的各项手续，并将已办理各项手续的单证送交承运人；因办理各项手续的有关单证送交不及时、不完备或者不正确，使承运人的利益受到损害的，托运人应当负赔偿责任。

第六十八条 托运人托运危险货物，应当依照有关海上危险货物运输的规定，妥善包装，作出危险品标志和标签，并将其正式名称和性质以及应当采取的预防危害措施书面通知承运人；托运人未通知或者通知有误的，承运人可以在任何时间、任何地点根据情况需要将货物卸下、销毁或者使之不能为害，而不负赔偿责任。托运人对承运人因运输此类货物所受到的损害，应当负赔偿责任。

承运人知道危险货物的性质并已同意装运的，仍然可以在该项货物对于船舶、人员或者其他货物构成实际危险时，将货物卸下、销毁或者使之不能为害，而不负赔偿责任。但是，本款规定不影响共同海损的分摊。

第六十九条 托运人应当按照约定向承运人支付运费。

托运人与承运人可以约定运费由收货人支付；但是，此项约定应当在运输单证中载明。

第七十条 托运人对承运人、实际承运人所遭受的损失或者船舶所遭受的损坏，不负赔偿责任；但是，此种损失或者损坏是由于托运人或者托运人的受雇人、代理人的过失造成的除外。

托运人的受雇人、代理人对承运人、实际承运人所遭受的损失或者船舶所遭受的损坏，不负赔偿责任；但是，这种损失或者损坏是由于托运人的受雇人、代理人的过失造成的除外。

第四节 运输单证

第七十一条 提单，是指用以证明海上货物运输合同和货物已经由承运人接收或者装船，以及承运人保证据以交付货物的单证。提单中载明的向记名人交付货物，或者按照指示人的指示交付货物，或者向提单持有人交付货物的条款，构成承运人据以交付货物的保证。

第七十二条 货物由承运人接收或者装船后，应托运人的要求，承运人应当签发提单。

提单可以由承运人授权的人签发。提单由载货船舶的船长签发的，视为代表承运人签发。

第七十三条 提单内容，包括下列各项：

（一）货物的品名、标志、包数或者件数、重量或者体积，以及运输危险货物时对危险性质的说明；

（二）承运人的名称和主营业所；

（三）船舶名称；

（四）托运人的名称；

（五）收货人的名称；

（六）装货港和在装货港接收货物的日期；

（七）卸货港；

（八）多式联运提单增列接收货物地点和交付货物地点；

（九）提单的签发日期、地点和份数；

（十）运费的支付；

（十一）承运人或者其代表的签字。

提单缺少前款规定的一项或者几项的，不影响提单的性质；但是，提单应当符合本法第七十一条的规定。

第七十四条 货物装船前，承运人已经应托运人的要求签发收货待运提单或者其他单证的，货物装船完毕，托运人可以将收货待运提单或者其他单证退还承运人，以换取已装船提单；承运人也可以在收货待运提单上加注承运船舶的船名和装船日期，加注后的收货待运提单视为已装船提单。

第七十五条 承运人或者代其签发提单的人，知道或者有合理的根据怀疑提单记载的货物的品名、标志、包数或者件数、重量或者体积与实际接收的货物不符，在签发已装船提单的情况下怀疑与已装船的货物不符，或者没有适当的方法核对提单记载的，可以在提单上批注，说明不符之处、怀疑的根据或者说明无法核对。

第七十六条 承运人或者代其签发提单的人未在提单上批注货物表面状况的，视为货物的表面状况良好。

第七十七条 除依照本法第七十五条的规定作出保留外，承运人或者代其签发提单的人签发的提单，是承运人已经按照提单所载状况收到货物或者货物已经装船的初步证据；承运人向善意受让提单的包括收货人在内的第三人提出的与提单所载状况不同的证据，不予承认。

第七十八条 承运人同收货人、提单持有人之间的权利、义务关系，依据提单的规定确定。

收货人、提单持有人不承担在装货港发生的滞期费、亏舱费和其他与装货有关的费用，但是提单中明确载明上述费用由收货人、提单持有人承担的除外。

第七十九条 提单的转让，依照下列规定执行：

（一）记名提单：不得转让；

（二）指示提单：经过记名背书或者空白背书转让；

（三）不记名提单：无需背书，即可转让。

第八十条 承运人签发提单以外的单证用以证明收到待运货物的，此项单证即为订立海上货物运输合同和承运人接收该单证中所列货物的初步证据。

承运人签发的此类单证不得转让。

第五节 货物交付

第八十一条 承运人向收货人交付货物时，收货人未将货物灭失或者损坏的情况书面通知承运人的，此项交付视为承运人已经按照运输单证的记载交付以及货物状况良好的初步证据。

货物灭失或者损坏的情况非显而易见的，在货物交付的次日起连续七日内，集装箱货物交付的次日起连续十五日内，收货人未提交书面通知的，适用前款规定。

货物交付时，收货人已经会同承运人对货物进行联合检查或者检验的，无需就所查明的灭失或者损坏的情况提交书面通知。

第八十二条 承运人自向收货人交付货物的次日起连续六十日内，未收到收货人就货物因迟延交付造成经济损失而提交的书面通知的，不负赔偿责任。

第八十三条 收货人在目的港提取货物前或者承运人在目的港交付货物前，可以要求检验机构对货物状况进行检验；要求检验的一方应当支付检验费用，但是有权向造成货物损失的责任方追偿。

第八十四条 承运人和收货人对本法第八十一条和第八十三条规定的检验，应当相互提供合理的便利条件。

第八十五条 货物由实际承运人交付的，收货人依照本法第八十一条的规定向实际承运人提交的书面通知，与向承运人提交书面通知具有同等效力；向承运人提交的书面通知，与向实际承运人提交书面通知具有同等效力。

第八十六条 在卸货港无人提取货物或者收货人迟延、拒绝提取货物的，船长可以将货物卸在仓库或者其他适当场所，由此产生的费用和风险由收货人承担。

第八十七条 应当向承运人支付的运费、共同海损分摊、滞期费和承运人为货物垫付的必要费用以及应当向承运人支付的其他费用没有付清，又没有提供适当担保的，承运人可以在合理的限度内留置其货物。

第八十八条　承运人根据本法第八十七条规定留置的货物，自船舶抵达卸货港的次日起满六十日无人提取的，承运人可以申请法院裁定拍卖；货物易腐烂变质或者货物的保管费用可能超过其价值的，可以申请提前拍卖。

拍卖所得价款，用于清偿保管、拍卖货物的费用和运费以及应当向承运人支付的其他有关费用；不足的金额，承运人有权向托运人追偿；剩余的金额，退还托运人；无法退还、自拍卖之日起满一年又无人领取的，上缴国库。

第六节　合同的解除

第八十九条　船舶在装货港开航前，托运人可以要求解除合同。但是，除合同另有约定外，托运人应当向承运人支付约定运费的一半；货物已经装船的，并应当负担装货、卸货和其他与此有关的费用。

第九十条　船舶在装货港开航前，因不可抗力或者其他不能归责于承运人和托运人的原因致使合同不能履行的，双方均可以解除合同，并互相不负赔偿责任。除合同另有约定外，运费已经支付的，承运人应当将运费退还给托运人；货物已经装船的，托运人应当承担装卸费用；已经签发提单的，托运人应当将提单退还承运人。

第九十一条　因不可抗力或者其他不能归责于承运人和托运人的原因致使船舶不能在合同约定的目的港卸货的，除合同另有约定外，船长有权将货物在目的港邻近的安全港口或者地点卸载，视为已经履行合同。

船长决定将货物卸载的，应当及时通知托运人或者收货人，并考虑托运人或者收货人的利益。

第七节　航次租船合同的特别规定

第九十二条　航次租船合同，是指船舶出租人向承租人提供船舶或船舶的部分舱位，装运约定的货物，从一港运至另一港，由承租人支付约定运费的合同。

第九十三条　航次租船合同的内容，主要包括出租人和承租人的名称、船名、船籍、载货重量、容积、货名、装货港和目的港、受载期限、装卸期限、运费、滞期费、速遣费以及其他有关事项。

第九十四条　本法第四十七条和第四十九条的规定，适用于航次租船合同的出租人。

本章其他有关合同当事人之间的权利、义务的规定，仅在航次租船合同没有约定或者没有不同约定时，适用于航次租船合同的出租人和承租人。

第九十五条　对按照航次租船合同运输的货物签发的提单，提单持有人不是承租人的，承运人与该提单持有人之间的权利、义务关系适用提单的约定。但是，提单中载明适用航次租船合同条款的，适用该航次租船合同的条款。

第九十六条　出租人应当提供约定的船舶；经承租人同意，可以更换船舶。但是，提供的船舶或者更换的船舶不符合合同约定的，承租人有权拒绝或者解除合同。

因出租人过失未提供约定的船舶致使承租人遭受损失的，出租人应当负赔偿责任。

第九十七条　出租人在约定的受载期限内未能提供船舶的，承租人有权解除合同。但是，出租人将船舶延误情况和船舶预期抵达装货港的日期通知承租人的，承租人应当自收到通知时起四十八小时内，将是否解除合同的决定通知出租人。

因出租人过失延误提供船舶致使承租人遭受损失的，出租人应当负赔偿责任。

第九十八条　航次租船合同的装货、卸货期限及其计算办法，超过装货、卸货期限后的滞期费和提前完成装货、卸货的速遣费，由双方约定。

第九十九条　承租人可以将其租用的船舶转租；转租后，原合同约定的权利和义务不受影响。

第一百条　承租人应当提供约定的货物；经出租人同意，可以更换货物。但是，更换的货物对出租人不利的，出租人有权拒绝或者解除合同。

因未提供约定的货物致使出租人遭受损失的，承租人应当负赔偿责任。

第一百零一条　出租人应当在合同约定的卸货港卸货。合同订有承租人选择卸货港条款的，在承租人未按照合同约定及时通知确定的卸货港时，船长可以从约定的选卸港中自行选定一港卸货。承租人未按照合同约定及时通知确定的卸货港，致使出租人遭受损失的，应当负赔偿责任。出租人未按照合同约定，擅自选定港口卸货致使承租人遭受损失的，应当负赔偿责任。

第八节　多式联运合同的特别规定

第一百零二条　本法所称多式联运合同，是指多式联运经营人以两种以上的不同运输方式，其中一种是海上运输方式，负责将货物从接收地运至目的地交付收货人，并收取全程运费的合同。

前款所称多式联运经营人，是指本人或者委托他人以本人名义与托运人订立多式联运合同的人。

第一百零三条　多式联运经营人对多式联运货物的责任期间，自接收货物时起至交付货物时止。

第一百零四条　多式联运经营人负责履行或者组织履行多式联运合同，并对全程运输负责。

多式联运经营人与参加多式联运的各区段承运人，可以就多式联运合同的各区段运输，另以合同约定相互之间的责任。但是，此项合同不得影响多式联运经营人对全程运输所承担的责任。

第一百零五条 货物的灭失或者损坏发生于多式联运的某一运输区段的，多式联运经营人的赔偿责任和责任限额，适用调整该区段运输方式的有关法律规定。

第一百零六条 货物的灭失或者损坏发生的运输区段不能确定的，多式联运经营人应当依照本章关于承运人赔偿责任和责任限额的规定负赔偿责任。

第五章 海上旅客运输合同

第一百零七条 海上旅客运输合同，是指承运人以适合运送旅客的船舶经海路将旅客及其行李从一港运送至另一港，由旅客支付票款的合同。

第一百零八条 本章下列用语的含义：

(一)“承运人”，是指本人或者委托他人以本人名义与旅客订立海上旅客运输合同的人。

(二)“实际承运人”，是指接受承运人委托，从事旅客运送或者部分运送的人，包括接受转委托从事此项运送的其他人。

(三)“旅客”，是指根据海上旅客运输合同运送的人；经承运人同意，根据海上货物运输合同，随船护送货物的人，视为旅客。

(四)“行李”是指根据海上旅客运输合同由承运人载运的任何物品和车辆，但是活动物除外。

(五)“自带行李”，是指旅客自行携带、保管或者放置在客舱中的行李。

第一百零九条 本章关于承运人责任的规定，适用于实际承运人。本章关于承运人的受雇人、代理人责任的规定，适用于实际承运人的受雇人、代理人。

第一百一十条 旅客客票是海上旅客运输合同成立的凭证。

第一百一十一条 海上旅客运输的运送期间，自旅客登船时起至旅客离船时止。客票票价含接送费用的，运送期间并包括承运人经水路将旅客从岸上接到船上和从船上送到岸上的时间，但是不包括旅客在港站内、码头上或者在港口其他设施内的时间。

旅客的自带行李，运送期间同前款规定。旅客自带行李以外的其他行李，运送期间自旅客将行李交付承运人或者承运人的受雇人、代理人时起至承运人或者承运人的受雇人、代理人交还旅客时止。

第一百一十二条 旅客无票乘船、越级乘船或者超程乘船，应当按照规定补足票款，承运人可以按照规定加收票款；拒不交付的，船长有权在适当地点令其离船，承运人有权向其追偿。

第一百一十三条 旅客不得随身携带或者在行李中夹带违禁品或者易燃、易爆、有毒、有腐蚀性、有放射性以及有可能危及船上人身和财产安全的其他危险品。

承运人可以在任何时间、任何地点将旅客违反前款规定随身携带或者在行李中夹带的违禁品、危险品卸下、销毁或者使之不能为害，或者送交有关部门，而不负赔偿责任。

旅客违反本条第一款规定，造成损害的，应当负赔偿责任。

第一百一十四条 在本法第一百一十一条规定的旅客及其行李的运送期间，因承运人或者承运人的受雇人、代理人在受雇或者受委托的范围内的过失引起事故，造成旅客人身伤亡或者行李灭失、损坏的，承运人应当负赔偿责任。

请求人对承运人或者承运人的受雇人、代理人的过失，应当负举证责任；但是，本条第三款和第四款规定的情形除外。

旅客的人身伤亡或者自带行李的灭失、损坏，是由于船舶的沉没、碰撞、搁浅、爆炸、火灾所引起或者是由于船舶的缺陷所引起的，承运人或者承运人的受雇人、代理人除非提出反证，应当视为其有过失。

旅客自带行李以外的其他行李的灭失或者损坏，不论由于何种事故所引起，承运人或者承运人的受雇人、代理人除非提出反证，应当视为其有过失。

第一百一十五条 经承运人证明，旅客的人身伤亡或者行李的灭失、损坏，是由于旅客本人的过失或者旅客和承运人的共同过失造成的，可以免除或者相应减轻承运人的赔偿责任。

经承运人证明，旅客的人身伤亡或者行李的灭失、损坏，是由于旅客本人的故意造成的，或者旅客的人身伤亡是由于旅客本人健康状况造成的，承运人不负赔偿责任。

第一百一十六条 承运人对旅客的货币、金银、珠宝、有价证券或者其他贵重物品所发生的灭失、损坏，不负赔偿责任。

旅客与承运人约定将前款规定的物品交由承运人保管的，承运人应当依照本法第一百一十七条的规定负赔偿责任；双方以书面约定的赔偿限额高于本法第一百一十七条的规定的，承运人应当按照约定的数额负赔偿责任。

第一百一十七条 除本条第四款规定的情形外，承运人在每次海上旅客运输中的赔偿责任限额，依照下列规定执行：

(一)旅客人身伤亡的，每名旅客不超过 46666 计算单位；

(二)旅客自带行李灭失或者损坏的，每名旅客不超过 833 计算单位；

(三)旅客车辆包括该车辆所载行李灭失或者损坏的，每一车辆不超过 3333 计算单位；

(四)本款第(二)、(三)项以外的旅客其他行李灭失或者损坏的,每名旅客不超过 1200 计算单位。

承运人和旅客可以约定,承运人对旅客车辆和旅客车辆以外的其他行李损失的免赔额。但是,对每一车辆损失的免赔额不得超过 117 计算单位,对每名旅客的车辆以外的其他行李损失的免赔额不得超过 13 计算单位。在计算每一车辆或者每名旅客的车辆以外的其他行李的损失赔偿数额时,应当扣除约定的承运人免赔额。

承运人和旅客可以书面约定高于本条第一款规定的赔偿责任限额。

中华人民共和国港口之间的海上旅客运输,承运人的赔偿责任限额,由国务院交通主管部门制定,报国务院批准后施行。

第一百一十八条　经证明,旅客的人身伤亡或者行李的灭失、损坏,是由于承运人的故意或者明知可能造成损害而轻率地作为或者不作为造成的,承运人不得援用本法第一百一十六条和第一百一十七条限制赔偿责任的规定。

经证明,旅客的人身伤亡或者行李的灭失、损坏,是由于承运人的受雇人、代理人的故意或者明知可能造成损害而轻率地作为或者不作为造成的,承运人的受雇人、代理人不得援用本法第一百一十六条和第一百一十七条限制赔偿责任的规定。

第一百一十九条　行李发生明显损坏的,旅客应当依照下列规定向承运人或者承运人的受雇人、代理人提交书面通知:

(一)自带行李,应当在旅客离船前或者离船时提交;

(二)其他行李,应当在行李交还前或者交还时提交。

行李的损坏不明显,旅客在离船时或者行李交还时难以发现的,以及行李发生灭失的,旅客应当在离船或者行李交还或者应当交还之日起十五日内,向承运人或者承运人的受雇人、代理人提交书面通知。

旅客未依照本条第一、二款规定及时提交书面通知的,除非提出反证,视为已经完整无损地收到行李。

行李交还时,旅客已经会同承运人对行李进行联合检查或者检验的,无需提交书面通知。

第一百二十条　向承运人的受雇人、代理人提出的赔偿请求,受雇人或者代理人证明其行为是在受雇或者受委托的范围内的,有权援用本法第一百一十五条、第一百一十六条和第一百一十七条的抗辩理由和赔偿责任限制的规定。

第一百二十一条　承运人将旅客运送或者部分运送委托给实际承运人履行的,仍然应当依照本章规定,对全程运送负责。实际承运人履行运送的,承运人应当对实际承运人的行为或者实际承运人的受雇人、代理人在受雇或者受委托的范围内的行为负责。

第一百二十二条　承运人承担本章未规定的义务或者放弃本章赋予的权利的任何特别协议,经实际承运人书面明确同意的,对实际承运人发生效力;实际承运人是否同意,不影响此项特别协议对承运人的效力。

第一百二十三条　承运人与实际承运人均负有赔偿责任的,应当在此项责任限度内负连带责任。

第一百二十四条　就旅客的人身伤亡或者行李的灭失、损坏,分别向承运人、实际承运人以及他们的受雇人、代理人提出赔偿请求的,赔偿总额不得超过本法第一百一十七条规定的限额。

第一百二十五条　本法第一百二十一条至第一百二十四条的规定,不影响承运人和实际承运人之间相互追偿。

第一百二十六条　海上旅客运输合同中含有下列内容之一的条款无效:

(一)免除承运人对旅客应当承担的法定责任;

(二)降低本章规定的承运人责任限额;

(三)对本章规定的举证责任作出相反的约定;

(四)限制旅客提出赔偿请求的权利。

前款规定的合同条款的无效,不影响合同其他条款的效力。

第六章　船舶租用合同

第一节　一般规定

第一百二十七条　本章关于出租人和承租人之间权利、义务的规定,仅在船舶租用合同没有约定或者没有不同约定时适用。

第一百二十八条　船舶租用合同,包括定期租船合同和光船租赁合同,均应当书面订立。

第二节　定期租船合同

第一百二十九条　定期租船合同,是指船舶出租人向承租人提供约定的由出租人配备船员的船舶,由承租人在约定的期间内按照约定的用途使用,并支付租金的合同。

第一百三十条　定期租船合同的内容,主要包括出租人和承租人的名称、船名、船籍、船级、吨位、容积、船速、燃料消耗、航区、用途、租船期间、交船和还船的时间和地点以及条件、租金及其支付,以及其他有关事项。

第一百三十一条　出租人应当按照合同约定的时间交付船舶。

出租人违反前款规定的,承租人有权解除合同。出租人将船舶延误情况和船舶预期抵达交船港的日期通知承租人的,承租人应当自接到通知时起四十八小时内，将解除合同或者继续租用船舶的决定通知出租人。

因出租人过失延误提供船舶致使承租人遭受损失的。出租人应当负赔偿责任。

第一百三十二条 出租人交付船舶时，应当做到谨慎处理，使船舶适航。交付的船舶应当适于约定的用途。

出租人违反前款规定的，承租人有权解除合同，并有权要求赔偿因此遭受的损失。

第一百三十三条 船舶在租期内不符合约定的适航状态或者其他状态，出租人应当采取可能采取的合理措施，使之尽快恢复。

船舶不符合约定的适航状态或者其他状态而不能正常营运连续满二十四小时的。对因此而损失的营运时间，承租人不付租金，但是上述状态是由承租人造成的除外。

第一百三十四条 承租人应当保证船舶在约定航区内的安全港口或者地点之间从事约定的海上运输。

承租人违反前款规定的，出租人有权解除合同，并有权要求赔偿因此遭受的损失。

第一百三十五条 承租人应当保证船舶用于运输约定的合法的货物。

承租人将船舶用于运输活动物或者危险货物的，应当事先征得出租人的同意。

承租人违反本条第一款或者第二款的规定致使出租人遭受损失的，应当负赔偿责任。

第一百三十六条 承租人有权就船舶的营运向船长发出指示，但是不得违反定期租船合同的约定。

第一百三十七条 承租人可以将租用的船舶转租，但是应当将转租的情况及时通知出租人。租用的船舶转租后，原租船合同约定的权利和义务不受影响。

第一百三十八条 船舶所有人转让已经租出的船舶的所有权，定期租船合同约定的当事人的权利和义务不受影响，但是应当及时通知承租人。船舶所有权转让后，原租船合同由受让人和承租人继续履行。

第一百三十九条 在合同期间，船舶进行海难救助的，承租人有权获得扣除救助费用、损失赔偿、船员应得部分以及其他费用后的救助款项的一半。

第一百四十条 承租人应当按照合同约定支付租金。承租人未按照合同约定支付租金的，出租人有权解除合同，并有权要求赔偿因此遭受的损失。

第一百四十一条 承租人未向出租人支付租金或者合同约定的其他款项的，出租人对船上属于承租人的货物和财产以及转租船舶的收入有留置权。

第一百四十二条 承租人向出租人交还船舶时，该船舶应当具有与出租人交船时相同的良好状态，但是船舶本身的自然磨损除外。

船舶未能保持与交船时相同的良好状态的，承租人应当负责修复或者给予赔偿。

第一百四十三条 经合理计算，完成最后航次的日期约为合同约定的还船日期，但可能超过合同约定的还船日期的，承租人有权超期用船以完成该航次。超期期间，承租人应当按照合同约定的租金率支付租金；市场的租金率高于合同约定的租金率的，承租人应当按照市场租金率支付租金。

第三节 光船租赁合同

第一百四十四条 光船租赁合同，是指船舶出租人向承租人提供不配备船员的船舶，在约定的期间内由承租人占有、使用和营运，并向出租人支付租金的合同。

第一百四十五条 光船租赁合同的内容，主要包括出租人和承租人的名称、船名、船籍、船级、吨位、容积、航区、用途、租船期间、交船和还船的时间和地点以及条件、船舶检验、船舶的保养维修、租金及其支付、船舶保险、合同解除的时间和条件，以及其他有关事项。

第一百四十六条 出租人应当在合同约定的港口或者地点，按照合同约定的时间，向承租人交付船舶以及船舶证书。交船时，出租人应当做到谨慎处理，使船舶适航。交付的船舶应当适于合同约定的用途。

出租人违反前款规定的，承租人有权解除合同，并有权要求赔偿因此遭受的损失。

第一百四十七条 在光船租赁期间，承租人负责船舶的保养、维修。

第一百四十八条 在光船租赁期间，承租人应当按照合同约定的船舶价值，以出租人同意的保险方式为船舶进行保险，并负担保险费用。

第一百四十九条 在光船租赁期间，因承租人对船舶占有、使用和营运的原因使出租人的利益受到影响或者遭受损失的，承租人应当负责消除影响或者赔偿损失。

因船舶所有权争议或者出租人所负的债务致使船舶被扣押的，出租人应当保证承租人的利益不受影响；致使承租人遭受损失的，出租人应当负赔偿责任。

第一百五十条 在光船租赁期间，未经出租人书面同意，承租人不得转让合同的权利和义务或者以光船租赁的方式将船舶进行转租。

第一百五十一条 未经承租人事先书面同意，出租人不得在光船租赁期间对船舶设定抵押权。

出租人违反前款规定，致使承租人遭受损失的，应当负赔偿责任。

第一百五十二条 承租人应当按照合同约定支付租金。承租人未按照合同约定的时间支付租金连续超过七日的，出租人有权解除合同，并有权要求赔偿因此遭受的损失。

船舶发生灭失或者失踪的，租金应当自船舶灭失或者得知其最后消息之日起停止支付，预付租金应当按照比例退还。

第一百五十三条 本法第一百三十四条、第一百三十五条第一款、第一百四十二条和第一百四十三条的规定，适用于光船租赁合同。

第一百五十四条 订有租购条款的光船租赁合同，承租人按照合同约定向出租人付清租购费时，船舶所有权即归于承租人。

第七章 海上拖航合同

第一百五十五条 海上拖航合同，是指承拖方用拖轮将被托物经海路从一地拖至另一地，而由被拖方支付拖航费的合同。

本章规定不适用于在港区内对船舶提供的拖轮服务。

第一百五十六条 海上拖航合同应当书面订立。海上拖航合同的内容，主要包括承拖方和被拖方的名称和住所、拖轮和被拖物的名称和主要尺度、拖轮马力、起拖地和目的地、起拖日期、拖航费及其支付方式，以及其他有关事项。

第一百五十七条 承拖方在起拖前和起拖当时，应当谨慎处理，使拖轮处于适航、适拖状态，妥善配备船员，配置拖航索具和配备供应品以及该航次必备的其他装置、设备。

被拖方在起拖前和起拖当时，应当做好被拖物的拖航准备，谨慎处理，使被拖物处于适拖状态，并向承拖方如实说明被拖物的情况，提供有关检验机构签发的被拖物适合拖航的证书和有关文件。

第一百五十八条 起拖前，因不可抗力或者其他不能归责于双方的原因致使合同不能履行的，双方均可以解除合同，并互相不负赔偿责任。除合同另有约定外，拖航费已经支付的，承拖方应当退还给被拖方。

第一百五十九条 起拖后，因不可抗力或者其他不能归责于双方的原因致使合同不能继续履行的，双方均可以解除合同，并互相不负赔偿责任。

第一百六十条 因不可抗力或者其他不能归责于双方的原因致使被拖物不能拖至目的地的，除合同另有约定外，承拖方可以在目的地的邻近地点或者拖轮船长选定的安全的港口或者锚泊地，将被拖物移交给被拖方或者其代理人，视为已经履行合同。

第一百六十一条 被拖方未按照约定支付拖航费和其他合理费用的，承拖方对被拖物有留置权。

第一百六十二条 在海上拖航过程中，承拖方或者被拖方遭受的损失，由一方的过失造成的，有过失的一方应当负赔偿责任；由双方过失造成的，各方按照过失程度的比例负赔偿责任。

虽有前款规定，经承拖方证明，被拖方的损失是由于下列原因之一造成的，承拖方不负赔偿责任：

（一）拖轮船长、船员、引航员或者承拖方的其他受雇人、代理人在驾驶拖轮或者管理拖轮中的过失；

（二）拖轮在海上救助或者企图救助人命或者财产时的过失。

本条规定仅在海上拖航合同没有约定或者没有不同约定时适用。

第一百六十三条 在海上拖航过程中，由于承拖方或者被拖方的过失，造成第三人人身伤亡或者财产损失的，承拖方和被拖方对第三人负连带赔偿责任。除合同另有约定外，一方连带支付的赔偿超过其应当承担的比例的，对另一方有追偿权。

第一百六十四条 拖轮所有人拖带其所有的或者经营的驳船载运货物，经海路由一港运至另一港的，视为海上货物运输。

第八章 船舶碰撞

第一百六十五条 船舶碰撞，是指船舶在海上或者与海相通的可航水域发生接触造成损害的事故。

前款所称船舶，包括与本法第三条所指船舶碰撞的任何其他非用于军事的或者政府公务的船艇。

第一百六十六条 船舶发生碰撞，当事船舶的船长在不严重危及本船和船上人员安全的情况下，对于相碰的船舶和船上人员必须尽力施救。

碰撞船舶的船长应当尽可能将其船舶名称、船籍港、出发港和目的港通知对方。

第一百六十七条 船舶发生碰撞，是由于不可抗力或者其他不能归责于任何一方的原因或者无法查明的原因造成的，碰撞各方互相不负赔偿责任。

第一百六十八条 船舶发生碰撞，是由于一船的过失造成的，由有过失的船舶负赔偿责任。

第一百六十九条 船舶发生碰撞，碰撞的船舶互有过失的，各船按照过失程度的比例负赔偿责任；过失程度相当或者过失程度的比例无法判定的，平均负赔偿责任。

互有过失的船舶，对碰撞造成的船舶以及船上货物和其他财产的损失，依照前款规定的比例负赔偿责任。碰撞造成第三人财产损失的，各船的赔偿责任均不超过其应当承担的比例。

互有过失的船舶，对造成的第三人的人身伤亡，负连带赔偿责任。一船连带支付的赔偿超过本条第一款规定的比例的，有权向其他有过失的船舶追偿。

第一百七十条 船舶因操纵不当或者不遵守航行规章，虽然实际上没有同其他船舶发生碰撞，但是使其他船舶以及船上的人员、货物或者其他财产遭受损失的,适用本章的规定。

第九章 海难救助

第一百七十一条 本章规定适用于在海上或者与海相通的可航水域,对遇险的船舶和其他财产进行的救助。

第一百七十二条 本章下列用语的含义:

(一)"船舶",是指本法第三条所称的船舶和与其发生救助关系的任何其他非用于军事的或者政府公务的船艇。

(二)"财产",是指非永久地和非有意地依附于岸线的任何财产,包括有风险的运费。

(三)"救助款项",是指依照本章规定,被救助方应当向救助方支付的任何救助报酬、酬金或者补偿。

第一百七十三条 本章规定,不适用于海上已经就位的从事海底矿物资源的勘探、开发或者生产的固定式、浮动式平台和移动式近海钻井装置。

第一百七十四条 船长在不严重危及本船和船上人员安全的情况下,有义务尽力救助海上人命。

第一百七十五条 救助方与被救助方就海难救助达成协议,救助合同成立。

遇险船舶的船长有权代表船舶所有人订立救助合同。遇险船舶的船长或者船舶所有人有权代表船上财产所有人订立救助合同。

第一百七十六条 有下列情形之一,经一方当事人起诉或者双方当事人协议仲裁的,受理争议的法院或者仲裁机构可以判决或者裁决变更救助合同:

(一)合同在不正当的或者危险情况的影响下订立,合同条款显失公平的;

(二)根据合同支付的救助款项明显过高或者过低于实际提供的救助服务的。

第一百七十七条 在救助作业过程中,救助方对被救助方负有下列义务:

(一)以应有的谨慎进行救助;

(二)以应有的谨慎防止或者减少环境污染损害;

(三)在合理需要的情况下,寻求其他救助方援助;

(四)当被救助方合理地要求其他救助方参与救助作业时,接受此种要求,但是要求不合理的,原救助方的救助报酬金额不受影响。

第一百七十八条 在救助作业过程中,被救助方对救助方负有下列义务:

(一)与救助方通力合作;

(二)以应有的谨慎防止或者减少环境污染损害;

(三)当获救的船舶或者其他财产已经被送至安全地点时,及时接受救助方提出的合理的移交要求。

第一百七十九条 救助方对遇险的船舶和其他财产的救助,取得效果的,有权获得救助报酬;救助未取得效果的,除本法第一百八十二条或者其他法律另有规定或者合同另有约定外,无权获得救助款项。

第一百八十条 确定救助报酬,应当体现对救助作业的鼓励,并综合考虑下列各项因素:

(一)船舶和其他财产的获救的价值;

(二)救助方在防止或者减少环境污染损害方面的技能和努力;

(三)救助方的救助成效;

(四)危险的性质和程度;

(五)救助方在救助船舶、其他财产和人命方面的技能和努力;

(六)救助方所用的时间、支出的费用和遭受的损失;

(七)救助方或者救助设备所冒的责任风险和其他风险;

(八)救助方提供救助服务的及时性;

(九)用于救助作业的船舶和其他设备的可用性和使用情况;

(十)救助设备的备用状况、效能和设备的价值。

救助报酬不得超过船舶和其他财产的获救价值。

第一百八十一条 船舶和其他财产的获救价值,是指船舶和其他财产获救后的估计价值或者实际出卖的收入,扣除有关税款和海关、检疫、检验费用以及进行卸载、保管、估价、出卖而产生的费用后的价值。

前款规定的价值不包括船员的获救的私人物品和旅客的获救的自带行李的价值。

第一百八十二条 对构成环境污染损害危险的船舶或者船上货物进行的救助,救助方依照本法第一百八十条规定获得的救助报酬,少于依照本条规定可以得到的特别补偿的,救助方有权依照本条规定,从船舶所有人处获得相当于救助费用的特别补偿。

救助人进行前款规定的救助作业,取得防止或者减少环境污染损害效果的,船舶所有人依照前款规定应当向救助方支付的特别补偿可以另行增加,增加的数额可以达到救助费用的百分之三十。受理争议的法院或者仲裁机构认为适当,并且考虑到本法第一百八十条第一款的规定,可以判决或者裁决进一步增加特别补偿数额;但是,在任何情况下,增加部分不得超过救助费用的百分之一百。

本条所称救助费用,是指救助方在救助作业中直接支付的合理费用以及实际使用救助设备、投入救助人员的合理费用。确定救助费用应当考虑本法第一百八十条第一款第(八)、(九)、(十)项的规定。

在任何情况下,本条规定的全部特别补偿,只有在超过救助方依照本法第一百八十条规定能够获得的救助报酬时,方可支付,支付金额为特别补偿超过救助报酬的差额部分。

由于救助方的过失未能防止或者减少环境污染损害的,可以全部或者部分地剥夺救助方获得特别补偿的权利。

本条规定不影响船舶所有人对其他被救助方的追偿权。

第一百八十三条 救助报酬的金额,应当由获救的船舶和其他财产的各所有人,按照船舶和其他各项财产各自的获救价值占全部获救价值的比例承担。

第一百八十四条 参加同一救助作业的各救助方的救助报酬,应当根据本法第一百八十条规定的标准,由各方协商确定;协商不成的,可以提请受理争议的法院判决或者经各方协议提请仲裁机构裁决。

第一百八十五条 在救助作业中救助人命的救助方,对获救人员不得请求酬金,但是有权从救助船舶或者其他财产、防止或者减少环境污染损害的救助方获得的救助款项中,获得合理的份额。

第一百八十六条 下列救助行为无权获得救助款项:

(一)正常履行拖航合同或者其他服务合同的义务进行救助的,但是提供不属于履行上述义务的特殊劳务除外;

(二)不顾遇险的船舶的船长、船舶所有人或者其他财产所有人明确的和合理的拒绝,仍然进行救助的。

第一百八十七条 由于救助方的过失致使救助作业成为必需或者更加困难的,或者救助方有欺诈或者其他不诚实行为的,应当取消或者减少向救助方支付的救助款项。

第一百八十八条 被救助方在救助作业结束后,应当根据救助方的要求,对救助款项提供满意的担保。

在不影响前款规定的情况下,获救船舶的船舶所有人应当在获救的货物交还前,尽力使货物的所有人对其应当承担的救助款项提供满意的担保。

在未根据救助人的要求对获救的船舶或者其他财产提供满意的担保以前,未经救助方同意,不得将获救的船舶和其他财产从救助作业完成后最初到达的港口或者地点移走。

第一百八十九条 受理救助款项请求的法院或者仲裁机构,根据具体情况,在合理的条件下,可以裁定或者裁决被救助方向救助方先行支付适当的金额。

被救助方根据前款规定先行支付金额后,其根据本法第一百八十八条规定提供的担保金额应当相应扣减。

第一百九十条 对于获救满九十日的船舶和其他财产,如果被救助方不支付救助款项也不提供满意的担保,救助方可以申请法院裁定强制拍卖;对于无法保管、不易保管或者保管费用可能超过其价值的获救的船舶和其他财产,可以申请提前拍卖。

拍卖所得价款,在扣除保管和拍卖过程中的一切费用后,依照本法规定支付救助款项;剩余的金额,退还被救助方;无法退还、自拍卖之日起满一年又无人认领的,上缴国库;不足的金额,救助方有权向被救助方追偿。

第一百九十一条 同一船舶所有人的船舶之间进行的救助,救助方获得救助款项的权利适用本章规定。

第一百九十二条 国家有关主管机关从事或者控制的救助作业,救助方有权享受本章规定的关于救助作业的权利和补偿。

第十章 共同海损

第一百九十三条 共同海损,是指在同一海上航程中,船舶、货物和其他财产遭遇共同危险,为了共同安全,有意地合理地采取措施所直接造成的特殊牺牲、支付的特殊费用。

无论在航程中或者在航程结束后发生的船舶或者货物因迟延所造成的损失,包括船期损失和行市损失以及其他间接损失,均不得列入共同海损。

第一百九十四条 船舶因发生意外、牺牲或者其他特殊情况而损坏时,为了安全完成本航程,驶入避难港口、避难地点或者驶回装货港口、装货地点进行必要的修理,在该港口或者地点额外停留期间所支付的港口费,船员工资、给养,船舶所消耗的燃料、物料,为修理而卸载、储存、重装或者搬移船上货物、燃料、物料以及其他财产所造成的损失、支付的费用,应当列入共同海损。

第一百九十五条 为代替可以列为共同海损的特殊费用而支付的额外费用,可以作为代替费用列入共同海损;但是,列入共同海损的代替费用的金额,不得超过被代替的共同海损的特殊费用。

第一百九十六条 提出共同海损分摊请求的一方应当负举证责任,证明其损失应当列入共同海损。

第一百九十七条 引起共同海损特殊牺牲、特殊费用的事故,可能是由航程中一方的过失造成的,不影响该方要求分摊共同海损的权利;但是,非过失方或者过失方可以就此项过失提出赔偿请求或者进行抗辩。

第一百九十八条 船舶、货物和运费的共同海损牺牲的金额,依照下列规定确定:

(一)船舶共同海损牺牲的金额,按照实际支付的修理费,减除合理的以新换旧的扣减额计算。船舶尚未修理的,按照牺牲造成的合理贬值计算,但是不得超过估计的修理费。

船舶发生实际全损或者修理费用超过修复后的船

舶价值的，共同海损牺牲金额按照该船舶在完好状态下的估计价值，减除不属于共同海损损坏的估计的修理费和该船舶受损后的价值的余额计算。

（二）货物共同海损牺牲的金额，货物灭失的，按照货物在装船时的价值加保险费加运费，减除由于牺牲无需支付的运费计算。货物损坏，在就损坏程度达成协议前售出的，按照货物在装船时的价值加保险费加运费，与出售货物净得的差额计算。

（三）运费共同海损牺牲的金额，按照货物遭受牺牲造成的运费的损失金额，减除为取得这笔运费本应支付，但是由于牺牲无需支付的营运费用计算。

第一百九十九条 共同海损应当由受益方按照各自的分摊价值的比例分摊。

船舶、货物和运费的共同海损分摊价值，分别依照下列规定确定：

（一）船舶共同海损分摊价值，按照船舶在航程终止时的完好价值，减除不属于共同海损的损失金额计算，或者按照船舶在航程终止时的实际价值，加上共同海损牺牲的金额计算。

（二）货物共同海损分摊价值，按照货物在装船时的价值加保险费加运费，减除不属于共同海损的损失金额和承运人承担风险的运费计算。货物在抵达目的港以前售出的，按照出售净得金额，加上共同海损牺牲的金额计算。

旅客的行李和私人物品，不分摊共同海损。

（三）运费分摊价值，按照承运人承担风险并于航程终止时有权收取的运费，减除为取得该项运费而在共同海损事故发生后，为完成本航程所支付的营运费用，加上共同海损牺牲的金额计算。

第二百条 未申报的货物或者谎报的货物，应当参加共同海损分摊；其遭受的特殊牺牲，不得列入共同海损。

不正当地以低于货物实际价值作为申报价值的，按照实际价值分摊共同海损；在发生共同海损牺牲时，按照申报价值计算牺牲金额。

第二百零一条 对共同海损特殊牺牲和垫付的共同海损特殊费用，应当计算利息。对垫付的共同海损特殊费用，除船员工资、给养和船舶消耗的燃料、物料外，应当计算手续费。

第二百零二条 经利益关系人要求，各分摊方应当提供共同海损担保。

以提供保证金方式进行共同海损担保的，保证金应当交由海损理算师以保管人名义存入银行。

保证金的提供、使用或者退还，不影响各方最终的分摊责任。

第二百零三条 共同海损理算，适用合同约定的理算规则；合同未约定的，适用本章的规定。

第十一章 海事赔偿责任限制

第二百零四条 船舶所有人、救助人，对本法第二百零七条所列海事赔偿请求，可以依照本章规定限制赔偿责任。

前款所称的船舶所有人，包括船舶承租人和船舶经营人。

第二百零五条 本法第二百零七条所列海事赔偿请求，不是向船舶所有人、救助人本人提出，而是向他们对其行为、过失负有责任的人员提出的，这些人员可以依照本章规定限制赔偿责任。

第二百零六条 被保险人依照本章规定可以限制赔偿责任的，对该海事赔偿请求承担责任的保险人，有权依照本章规定享受相同的赔偿责任限制。

第二百零七条 下列海事赔偿请求，除本法第二百零八条和第二百零九条另有规定外，无论赔偿责任的基础有何不同，责任人均可以依照本章规定限制赔偿责任：

（一）在船上发生的或者与船舶营运、救助作业直接相关的人身伤亡或者财产的灭失、损坏，包括对港口工程、港池、航道和助航设施造成的损坏，以及由此引起的相应损失的赔偿请求；

（二）海上货物运输因迟延交付或者旅客及其行李运输因迟延到达造成损失的赔偿请求；

（三）与船舶营运或者救助作业直接相关的，侵犯非合同权利的行为造成其他损失的赔偿请求；

（四）责任人以外的其他人，为避免或者减少责任人依照本章规定可以限制赔偿责任的损失而采取措施的赔偿请求，以及因此项措施造成进一步损失的赔偿请求。

前款所列赔偿请求，无论提出的方式有何不同，均可以限制赔偿责任。但是，第（四）项涉及责任人以合同约定支付的报酬，责任人的支付责任不得援用本条赔偿责任限制的规定。

第二百零八条 本章规定不适用于下列各项：

（一）对救助款项或者共同海损分摊的请求；

（二）中华人民共和国参加的国际油污损害民事责任公约规定的油污损害的赔偿请求；

（三）中华人民共和国参加的国际核能损害责任限制公约规定的核能损害的赔偿请求；

（四）核动力船舶造成的核能损害的赔偿请求；

（五）船舶所有人或者救助人的受雇人提出的赔偿请求，根据调整劳务合同的法律，船舶所有人或者救助人对该类赔偿请求无权限制赔偿责任，或者该项法律作了高于本章规定的赔偿限额的规定。

第二百零九条 经证明，引起赔偿请求的损失是由于责任人的故意或者明知可能造成损失而轻率地作为或者不作为造成的，责任人无权依照本章规定限制赔偿责任。

第二百一十条 除本法第二百一十一条另有规定外，海事赔偿责任限制，依照下列规定计算赔偿限额：

（一）关于人身伤亡的赔偿请求

1. 总吨位 300 吨至 500 吨的船舶，赔偿限额为 333000 计算单位；

2. 总吨位超过 500 吨的船舶，500 吨以下部分适用本项第 1 目的规定，500 吨以上的部分，应当增加下列数额：

501 吨至 3000 吨的部分，每吨增加 500 计算单位；

3001 吨至 30000 吨的部分，每吨增加 333 计算单位；

30001 吨至 70000 吨的部分，每吨增加 250 计算单位；

超过 70000 吨的部分，每吨增加 167 计算单位。

（二）关于非人身伤亡的赔偿请求

1. 总吨位 300 吨至 500 吨的船舶，赔偿限额为 167000 计算单位；

2. 总吨位超过 500 吨的船舶，500 吨以下部分适用本项第 1 目的规定，500 吨以上的部分，应当增加下列数额：

501 吨至 30000 吨的部分，每吨增加 167 计算单位；

30001 吨至 70000 吨的部分，每吨增加 125 计算单位；

超过 70000 吨的部分，每吨增加 83 计算单位。

（三）依照第（一）项规定的限额，不足以支付全部人身伤亡的赔偿请求的，其差额应当与非人身伤亡的赔偿请求并列，从第（二）项数额中按照比例受偿。

（四）在不影响第（三）项关于人身伤亡赔偿请求的情况下，就港口工程、港池、航道和助航设施的损害提出的赔偿请求，应当较第（二）项中的其他赔偿请求优先受偿。

（五）不以船舶进行救助作业或者在被救船舶上进行救助作业的救助人，其责任限额按照总吨位为 1500 吨的船舶计算。

总吨位不满 300 吨的船舶，从事中华人民共和国港口之间的运输的船舶，以及从事沿海作业的船舶，其赔偿限额由国务院交通主管部门制定，报国务院批准后施行。

第二百一十一条 海上旅客运输的旅客人身伤亡赔偿责任限制，按照 46666 计算单位乘以船舶证书规定的载客定额计算赔偿限额，但是最高不超过 25000000 计算单位。

中华人民共和国港口之间海上旅客运输的旅客人身伤亡，赔偿限额由国务院交通主管部门制定，报国务院批准后施行。

第二百一十二条 本法第二百一十条和第二百一十一条规定的赔偿限额，适用于特定场合发生的事故引起的，向船舶所有人、救助人本人和他们对其行为、过失负有责任的人员提出的请求的总额。

第二百一十三条 责任人要求依照本法规定限制赔偿责任的，可以在有管辖权的法院设立责任限制基金。基金数额分别为本法第二百一十条、第二百一十一条规定的限额，加上自责任产生之日起至基金设立之日止的相应利息。

第二百一十四条 责任人设立责任限制基金后，向责任人提出请求的任何人，不得对责任人的任何财产行使任何权利；已设立责任限制基金的责任人的船舶或者其他财产已经被扣押，或者基金设立人已经提交抵押物的，法院应当及时下令释放或者责令退还。

第二百一十五条 享受本章规定的责任限制的人，就同一事故向请求人提出反请求的，双方的请求金额应当相互抵消，本章规定的赔偿限额仅适用于两个请求金额之间的差额。

第十二章 海上保险合同

第一节 一般规定

第二百一十六条 海上保险合同，是指保险人按照约定，对被保险人遭受保险事故造成保险标的的损失和产生的责任负责赔偿，而由被保险人支付保险费的合同。

前款所称保险事故，是指保险人与被保险人约定的任何海上事故，包括与海上航行有关的发生于内河或者陆上的事故。

第二百一十七条 海上保险合同的内容，主要包括下列各项：

（一）保险人名称；

（二）被保险人名称；

（三）保险标的；

（四）保险价值；

（五）保险金额；

（六）保险责任和除外责任；

（七）保险期间；

（八）保险费。

第二百一十八条 下列各项可以作为保险标的：

（一）船舶；

（二）货物；

（三）船舶营运收入，包括运费、租金、旅客票款；

（四）货物预期利润；

（五）船员工资和其他报酬；

(六)对第三人的责任;

(七)由于发生保险事故可能受到损失的其他财产和产生的责任、费用。

保险人可以将对前款保险标的的保险进行再保险,除合同另有约定外,原被保险人不得享有再保险的利益。

第二百一十九条 保险标的的保险价值由保险人与被保险人约定。

保险人与被保险人未约定保险价值的,保险价值依照下列规定计算:

(一)船舶的保险价值,是保险责任开始时船舶的价值,包括船壳、机器、设备的价值,以及船上燃料、物料、索具、给养、淡水的价值和保险费的总和;

(二)货物的保险价值,是保险责任开始时货物在起运地的发票价格或者非贸易商品在起运地的实际价值以及运费和保险费的总和;

(三)运费的保险价值,是保险责任开始时承运人应收运费总额和保险费的总和;

(四)其他保险标的的保险价值,是保险责任开始时保险标的的实际价值和保险费的总和。

第二百二十条 保险金额由保险人与被保险人约定。保险金额不得超过保险价值;超过保险价值的,超过部分无效。

第二节 合同的订立、解除和转让

第二百二十一条 被保险人提出保险要求,经保险人同意承保,并就海上保险合同的条款达成协议后,合同成立。保险人应当及时向被保险人签发保险单或者其他保险单证,并在保险单或者其他保险单证中载明当事人双方约定的合同内容。

第二百二十二条 合同订立前,被保险人应当将其知道的或者在通常业务中应当知道的有关影响保险人据以确定保险费率或者确定是否同意承保的重要情况,如实告知保险人。

保险人知道或者在通常业务中应当知道的情况,保险人没有询问的,被保险人无需告知。

第二百二十三条 由于被保险人的故意,未将本法第二百二十二条第一款规定的重要情况如实告知保险人的,保险人有权解除合同,并不退还保险费。合同解除前发生保险事故造成损失的,保险人不负赔偿责任。

不是由于被保险人的故意,未将本法第二百二十二条第一款规定的重要情况如实告知保险人的,保险人有权解除合同或者要求相应增加保险费。保险人解除合同的,对于合同解除前发生保险事故造成的损失,保险人应当负赔偿责任;但是,未告知或者错误告知的重要情况对保险事故的发生有影响的除外。

第二百二十四条 订立合同时,被保险人已经知道或者应当知道保险标的已经因发生保险事故而遭受损失的,保险人不负赔偿责任,但是有权收取保险费;保险人已经知道或者应当知道保险标的已经不可能因发生保险事故而遭受损失的,被保险人有权收回已经支付的保险费。

第二百二十五条 被保险人对同一保险标的就同一保险事故向几个保险人重复订立合同,而使该保险标的的保险金额总和超过保险标的的价值的,除合同另有约定外,被保险人可以向任何保险人提出赔偿请求。被保险人获得的赔偿金额总和不得超过保险标的的受损价值,各保险人按照其承保的保险金额同保险金额总和的比例承担赔偿责任。任何一个保险人支付的赔偿金额超过其应当承担的赔偿责任的,有权向未按照其应当承担赔偿责任支付赔偿金额的保险人追偿。

第二百二十六条 保险责任开始前,被保险人可以要求解除合同,但是应当向保险人支付手续费,保险人应当退还保险费。

第二百二十七条 除合同另有约定外,保险责任开始后,被保险人和保险人均不得解除合同。

根据合同约定在保险责任开始后可以解除合同的,被保险人要求解除合同,保险人有权收取自保险责任开始之日起至合同解除之日止的保险费,剩余部分予以退还;保险人要求解除合同,应当将自合同解除之日起至保险期间届满之日止的保险费退还被保险人。

第二百二十八条 虽有本法第二百二十七条规定,货物运输和船舶的航次保险,保险责任开始后,被保险人不得要求解除合同。

第二百二十九条 海上货物运输保险合同可以由被保险人背书或者以其他方式转让,合同的权利、义务随之转移。合同转让时尚未支付保险费的,被保险人和合同受让人负连带支付责任。

第二百三十条 因船舶转让而转让船舶保险合同的,应当取得保险人同意。未经保险人同意,船舶保险合同从船舶转让时起解除;船舶转让发生在航次之中的,船舶保险合同至航次终了时解除。

合同解除后,保险人应当将自合同解除之日起至保险期间届满之日止的保险费退还被保险人。

第二百三十一条 被保险人在一定期间分批装运或者接受货物的,可以与保险人订立预约保险合同。预约保险合同应当由保险人签发预约保险单证加以确认。

第二百三十二条 应被保险人要求,保险人应当对依据预约保险合同分批装运的货物分别签发保险单证。

保险人分别签发的保险单证的内容与预约保险单

证的内容不一致的，以分别签发的保险单证为准。

第二百三十三条 被保险人知道经预约保险合同保险的货物已经装运或者到达的情况时，应当立即通知保险人。通知的内容包括装运货物的船名、航线、货物价值和保险金额。

第三节 被保险人的义务

第二百三十四条 除合同另有约定外，被保险人应当在合同订立后立即支付保险费；被保险人支付保险费前，保险人可以拒绝签发保险单证。

第二百三十五条 被保险人违反合同约定的保证条款时，应当立即书面通知保险人。保险人收到通知后，可以解除合同，也可以要求修改承保条件、增加保险费。

第二百三十六条 一旦保险事故发生，被保险人应当立即通知保险人，并采取必要的合理措施，防止或者减少损失。被保险人收到保险人发出的有关采取防止或者减少损失的合理措施的特别通知的，应当按照保险人通知的要求处理。

对于被保险人违反前款规定所造成的扩大的损失，保险人不负赔偿责任。

第四节 保险人的责任

第二百三十七条 发生保险事故造成损失后，保险人应当及时向被保险人支付保险赔偿。

第二百三十八条 保险人赔偿保险事故造成的损失，以保险金额为限。保险金额低于保险价值的，在保险标的发生部分损失时，保险人按照保险金额与保险价值的比例负赔偿责任。

第二百三十九条 保险标的在保险期间发生几次保险事故所造成的损失，即使损失金额的总和超过保险金额，保险人也应当赔偿。但是，对发生部分损失后未经修复又发生全部损失的，保险人按照全部损失赔偿。

第二百四十条 被保险人为防止或者减少根据合同可以得到赔偿的损失而支出的必要的合理费用，为确定保险事故的性质、程度而支出的检验、估价的合理费用，以及为执行保险人的特别通知而支出的费用，应当由保险人在保险标的损失赔偿之外另行支付。

保险人对前款规定的费用的支付，以相当于保险金额的数额为限。

保险金额低于保险价值的，除合同另有约定外，保险人应当按照保险金额与保险价值的比例，支付本条规定的费用。

第二百四十一条 保险金额低于共同海损分摊价值的，保险人按照保险金额同分摊价值的比例赔偿共同海损分摊。

第二百四十二条 对于被保险人故意造成的损失，保险人不负赔偿责任。

第二百四十三条 除合同另有约定外，因下列原因之一造成货物损失的，保险人不负赔偿责任：

（一）航行迟延、交货迟延或者行市变化；

（二）货物的自然损耗、本身的缺陷和自然特性；

（三）包装不当。

第二百四十四条 除合同另有约定外，因下列原因之一造成保险船舶损失的，保险人不负赔偿责任：

（一）船舶开航时不适航，但是在船舶定期保险中被保险人不知道的除外；

（二）船舶自然磨损或者锈蚀。

运费保险比照适用本条的规定。

第五节 保险标的的损失和委付

第二百四十五条 保险标的发生保险事故后灭失，或者受到严重损坏完全失去原有形体、效用，或者不能再归被保险人所拥有的，为实际全损。

第二百四十六条 船舶发生保险事故后，认为实际全损已经不可避免，或者为避免发生实际全损所需支付的费用超过保险价值的，为推定全损。

货物发生保险事故后，认为实际全损已经不可避免，或者为避免发生实际全损所需支付的费用与继续将货物运抵目的地的费用之和超过保险价值的，为推定全损。

第二百四十七条 不属于实际全损和推定全损的损失，为部分损失。

第二百四十八条 船舶在合理时间内未从被获知最后消息的地点抵达目的地，除合同另有约定外，满两个月后仍没有获知其消息的，为船舶失踪。船舶失踪视为实际全损。

第二百四十九条 保险标的发生推定全损，被保险人要求保险人按照全部损失赔偿的，应当向保险人委付保险标的。保险人可以接受委付，也可以不接受委付，但是应当在合理的时间内将接受委付或者不接受委付的决定通知被保险人。

委付不得附带任何条件。委付一经保险人接受，不得撤回。

第二百五十条 保险人接受委付的，被保险人对委付财产的全部权利和义务转移给保险人。

第六节 保险赔偿的支付

第二百五十一条 保险事故发生后，保险人向被保险人支付保险赔偿前，可以要求被保险人提供与确认保险事故性质和损失程度有关的证明和资料。

第二百五十二条 保险标的发生保险责任范围内的损失是由第三人造成的，被保险人向第三人要求赔偿的权利，自保险人支付赔偿之日起，相应转移给保险人。

被保险人应当向保险人提供必要的文件和其所需要知道的情况，并尽力协助保险人向第三人追偿。

第二百五十三条 被保险人未经保险人同意放弃向第三人要求赔偿的权利，或者由于过失致使保险人不能行使追偿权利的，保险人可以相应扣减保险赔偿。

第二百五十四条 保险人支付保险赔偿时，可以从应支付的赔偿额中相应扣减被保险人已经从第三人取得的赔偿。

保险人从第三人取得的赔偿，超过其支付的保险赔偿的，超过部分应当退还给被保险人。

第二百五十五条 发生保险事故后，保险人有权放弃对保险标的的权利，全额支付合同约定的保险赔偿，以解除对保险标的的义务。

保险人行使前款规定的权利，应当自收到被保险人有关赔偿损失的通知之日起的七日内通知被保险人；被保险人在收到通知前，为避免或者减少损失而支付的必要的合理费用，仍然应当由保险人偿还。

第二百五十六条 除本法第二百五十五条的规定外，保险标的发生全损，保险人支付全部保险金额的，取得对保险标的的全部权利；但是，在不足额保险的情况下，保险人按照保险金额与保险价值的比例取得对保险标的的部分权利。

第十三章 时　效

第二百五十七条 就海上货物运输向承运人要求赔偿的请求权，时效期间为一年，自承运人交付或者应当交付货物之日起计算；在时效期间内或者时效期间届满后，被认定为负有责任的人向第三人提起追偿请求的，时效期间为九十日，自追偿请求人解决原赔偿请求之日起或者收到受理对其本人提起诉讼的法院的起诉状副本之日起计算。

有关航次租船合同的请求权，时效期间为二年，自知道或者应当知道权利被侵害之日起计算。

第二百五十八条 就海上旅客运输向承运人要求赔偿的请求权，时效期间为二年，分别依照下列规定计算：

(一)有关旅客人身伤害的请求权，自旅客离船或者应当离船之日起计算；

(二)有关旅客死亡的请求权，发生在运送期间的，自旅客应当离船之日起计算；因运送期间内的伤害而导致旅客离船后死亡的，自旅客死亡之日起计算，但是此期限自离船之日起不得超过三年；

(三)有关行李灭失或者损坏的请求权，自旅客离船或者应当离船之日起计算。

第二百五十九条 有关船舶租用合同的请求权，时效期间为二年，自知道或者应当知道权利被侵害之日起计算。

第二百六十条 有关海上拖航合同的请求权，时效期间为一年，自知道或者应当知道权利被侵害之日起计算。

第二百六十一条 有关船舶碰撞的请求权，时效期间为二年，自碰撞事故发生之日起计算；本法第一百六十九条第三款规定的追偿请求权，时效期间为一年，自当事人连带支付损害赔偿之日起计算。

第二百六十二条 有关海难救助的请求权，时效期间为二年，自救助作业终止之日起计算。

第二百六十三条 有关共同海损分摊的请求权，时效期间为一年，自理算结束之日起计算。

第二百六十四条 根据海上保险合同向保险人要求保险赔偿的请求权，时效期间为二年，自保险事故发生之日起计算。

第二百六十五条 有关船舶发生油污损害的请求权，时效期间为三年，自损害发生之日起计算；但是，在任何情况下时效期间不得超过从造成损害的事故发生之日起六年。

第二百六十六条 在时效期间的最后六个月内，因不可抗力或者其他障碍不能行使请求权的，时效中止。自中止时效的原因消除之日起，时效期间继续计算。

第二百六十七条 时效因请求人提起诉讼、提交仲裁或者被请求人同意履行义务而中断。但是，请求人撤回起诉、撤回仲裁或者起诉被裁定驳回的，时效不中断。

请求人申请扣船的，时效自申请扣船之日起中断。自中断时起，时效期间重新计算。

第十四章 涉外关系的法律适用

第二百六十八条 中华人民共和国缔结或者参加的国际条约同本法有不同规定的，适用国际条约的规定；但是，中华人民共和国声明保留的条款除外。

中华人民共和国法律和中华人民共和国缔结或者参加的国际条约没有规定的，可以适用国际惯例。

第二百六十九条 合同当事人可以选择合同适用的法律，法律另有规定的除外。合同当事人没有选择的，适用与合同有最密切联系的国家的法律。

第二百七十条 船舶所有权的取得、转让和消灭，适用船旗国法律。

第二百七十一条 船舶抵押权适用船旗国法律。

船舶在光船租赁以前或者光船租赁期间，设立船舶抵押权的，适用原船舶登记国的法律。

第二百七十二条 船舶优先权，适用受理案件的法院所在地法律。

第二百七十三条 船舶碰撞的损害赔偿，适用侵权行为地法律。

船舶在公海上发生碰撞的损害赔偿，适用受理案件的法院所在地法律。

同一国籍的船舶，不论碰撞发生于何地，碰撞船舶之间的损害赔偿适用船旗国法律。

第二百七十四条 共同海损理算，适用理算地法律。

第二百七十五条 海事赔偿责任限制，适用受理案件的法院所在地法律。

第二百七十六条 依照本章规定适用外国法律或者国际惯例，不得违背中华人民共和国的社会公共利益。

第十五章 附 则

第二百七十七条 本法所称计算单位，是指国际货币基金组织规定的特别提款权；其人民币数额为法院判决之日、仲裁机构裁决之日或者当事人协议之日，按照国家外汇主管机关规定的国际货币基金组织的特别提款权对人民币的换算办法计算得出的人民币数额。

第二百七十八条 本法自1993年7月1日起施行。

国家主席杨尚昆签署第65号令发布《中华人民共和国矿山安全法》

《中华人民共和国矿山安全法》已由中华人民共和国第七届全国人民代表大会常务委员会第二十八次会议于1992年11月7日通过，现予公布，自1993年5月1日起施行。

中华人民共和国主席 杨尚昆

1992年11月7日

中华人民共和国矿山安全法

第一章 总 则

第一条 为了保障矿山生产安全，防止矿山事故，保护矿山职工人身安全，促进采矿业的发展，制定本法。

第二条 在中华人民共和国领域和中华人民共和国管辖的其他海域从事矿产资源开采活动，必须遵守本法。

第三条 矿山企业必须具有保障安全生产的设施，建立、健全安全管理制度，采取有效措施改善职工劳动条件，加强矿山安全管理工作，保证安全生产。

第四条 国务院劳动行政主管部门对全国矿山安全工作实施统一监督。

县级以上地方各级人民政府劳动行政主管部门对本行政区域内的矿山安全工作实施统一监督。

县级以上人民政府管理矿山企业的主管部门对矿山安全工作进行管理。

第五条 国家鼓励矿山安全科学技术研究，推广先进技术，改进安全设施，提高矿山安全生产水平。

第六条 对坚持矿山安全生产，防止矿山事故，参加矿山抢险救护，进行矿山安全科学技术研究等方面取得显著成绩的单位和个人，给予奖励。

第二章 矿山建设的安全保障

第七条 矿山建设工程的安全设施必须和主体工程同时设计、同时施工、同时投入生产和使用。

第八条 矿山建设工程的设计文件，必须符合矿山安全规程和行业技术规范，并按照国家规定经管理矿山企业的主管部门批准；不符合矿山安全规程和行业技术规范的，不得批准。

矿山建设工程安全设施的设计必须有劳动行政主管部门参加审查。

矿山安全规程和行业技术规范，由国务院管理矿山企业的主管部门制定。

第九条 矿山设计下列项目必须符合矿山安全规程和行业技术规范：

(一)矿井的通风系统和供风量、风质、风速；

(二)露天矿的边坡角和台阶的宽度、高度；

(三)供电系统；

(四)提升、运输系统；

(五)防水、排水系统和防火、灭火系统；

(六)防瓦斯系统和防尘系统；

(七)有关矿山安全的其他项目。

第十条 每个矿井必须有两个以上能行人的安全出口，出口之间的直线水平距离必须符合矿山安全规程和行业技术规范。

第十一条 矿山必须有与外界相通的、符合安全要求的运输和通讯设施。

第十二条 矿山建设工程必须按照管理矿山企业的主管部门批准的设计文件施工。

矿山建设工程安全设施竣工后，由管理矿山企业的主管部门验收，并须有劳动行政主管部门参加；不符合矿山安全规程和行业技术规范的，不得验收，不得投入生产。

第三章 矿山开采的安全保障

第十三条 矿山开采必须具备保障安全生产的条件，执行开采不同矿种的矿山安全规程和行业技术规范。

第十四条 矿山设计规定保留的矿柱、岩柱，在规定的期限内，应当予以保护，不得开采或者毁坏。

第十五条 矿山使用的有特殊安全要求的设备、器材、防护用品和安全检测仪器，必须符合国家安全标准或者行业安全标准；不符合国家安全标准或者行业安全标准的，不得使用。

第十六条 矿山企业必须对机电设备及其防护装

置、安全检测仪器，定期检查、维修，保证使用安全。

第十七条 矿山企业必须对作业场所中的有毒有害物质和井下空气含氧量进行检测，保证符合安全要求。

第十八条 矿山企业必须对下列危害安全的事故隐患采取预防措施：

（一）冒顶、片帮、边坡滑落和地表塌陷；

（二）瓦斯爆炸、煤尘爆炸；

（三）冲击地压、瓦斯突出、井喷；

（四）地面和井下的水灾、水害；

（五）爆破器材和爆破作业发生的危害；

（六）粉尘、有毒有害气体、放射性物质和其他有害物质引起的危害；

（七）其他危害。

第十九条 矿山企业对使用机械、电气设备，排土场、矸石山、尾矿库和矿山闭坑后可能引起的危害，应当采取预防措施。

第四章 矿山企业的安全管理

第二十条 矿山企业必须建立、健全安全生产责任制，矿长对本企业的安全生产工作负责。

第二十一条 矿长应当定期向职工代表大会或者职工大会报告安全生产工作，发挥职工代表大会的监督作用。

第二十二条 矿山企业职工必须遵守有关矿山安全的法律、法规和企业规章制度。

矿山企业职工有权对危害安全的行为，提出批评、检举和控告。

第二十三条 矿山企业工会依法维护职工生产安全的合法权益，组织职工对矿山安全工作进行监督。

第二十四条 矿山企业违反有关安全的法律、法规，工会有权要求企业行政方面或者有关部门认真处理。

矿山企业召开讨论有关安全生产的会议，应当有工会代表参加，工会有权提出意见和建议。

第二十五条 矿山企业工会发现企业行政方面违章指挥、强令工人冒险作业或者生产过程中发现明显重大事故隐患和职业危害，有权提出解决的建议；发现危及职工生命安全的情况时，有权向矿山企业行政方面建议组织职工撤离危险现场，矿山企业行政方面必须及时作出处理决定。

第二十六条 矿山企业必须对职工进行安全教育、培训；未经安全教育、培训的，不得上岗作业。

矿山企业安全生产的特种作业人员必须接受专门培训，经考核合格取得操作资格证书的，方可上岗作业。

第二十七条 矿长必须经过考核，具备安全专业知识，具有领导安全生产和处理矿山事故的能力。

矿山企业安全工作人员必须具备必要的安全专业知识和矿山安全工作经验。

第二十八条 矿山企业必须向职工发放保障安全生产所需的劳动防护用品。

第二十九条 矿山企业不得录用未成年人从事矿山井下劳动。

矿山企业对女职工按照国家规定实行特殊劳动保护，不得分配女职工从事矿山井下劳动。

第三十条 矿山企业必须制定矿山事故防范措施，并组织落实。

第三十一条 矿山企业应当建立由专职或者兼职人员组成的救护和医疗急救组织，配备必要的装备、器材和药物。

第三十二条 矿山企业必须从矿产品销售额中按照国家规定提取安全技术措施专项费用。安全技术措施专项费用必须全部用于改善矿山安全生产条件，不得挪作他用。

第五章 矿山安全的监督和管理

第三十三条 县级以上各级人民政府劳动行政主管部门对矿山安全工作行使下列监督职责：

（一）检查矿山企业和管理矿山企业的主管部门贯彻执行矿山安全法律、法规的情况；

（二）参加矿山建设工程安全设施的设计审查和竣工验收；

（三）检查矿山劳动条件和安全状况；

（四）检查矿山企业职工安全教育、培训工作；

（五）监督矿山企业提取和使用安全技术措施专项费用的情况；

（六）参加并监督矿山事故的调查和处理；

（七）法律、行政法规规定的其他监督职责。

第三十四条 县级以上人民政府管理矿山企业的主管部门对矿山安全工作行使下列管理职责：

（一）检查矿山企业贯彻执行矿山安全法律、法规和情况；

（二）审查批准矿山建设工程安全设施的设计；

（三）负责矿山建设工程安全设施的竣工验收；

（四）组织矿长和矿山企业安全工作人员的培训工作；

（五）调查和处理重大矿山事故；

（六）法律、行政法规规定的其他管理职责。

第三十五条 劳动行政主管部门的矿山安全监督人员有权进入矿山企业，在现场检查安全状况；发现有危及职工安全的紧急险情时，应当要求矿山企业立即处理。

第六章 矿山事故处理

第三十六条 发生矿山事故，矿山企业必须立即组织抢救，防止事故扩大，减少人员伤亡和财产损失，对伤亡事故必须立即如实报告劳动行政主管部门和管理矿山企业的主管部门。

第三十七条 发生一般矿山事故，由矿山企业负责调查和处理。

发生重大矿山事故，由政府及其有关部门、工会和矿山企业按照行政法规的规定进行调查和处理。

第三十八条 矿山企业对矿山事故中伤亡的职工按照国家规定给予抚恤或者补偿。

第三十九条 矿山事故发生后，应当尽快消除现场危险，查明事故原因，提出防范措施。现场危险消除后，方可恢复生产。

第七章 法律责任

第四十条 违反本法规定，有下列行为之一的，由劳动行政主管部门责令改正，可以并处罚款；情节严重的，提请县级以上人民政府决定责令停产整顿；对主管人员和直接责任人员由其所在单位或者上级主管机关给予行政处分：

（一）未对职工进行安全教育、培训，分配职工上岗作业的；

（二）使用不符合国家安全标准或者行业安全标准的设备、器材、防护用品、安全检测仪器的；

（三）未按照规定提取或者使用安全技术措施专项费用的；

（四）拒绝矿山安全监督人员现场检查或者在被检查时隐瞒事故隐患、不如实反映情况的；

（五）未按照规定及时、如实报告矿山事故的。

第四十一条 矿长不具备安全专业知识的，安全生产的特种作业人员未取得操作资格证书上岗作业的，由劳动行政主管部门责令限期改正；逾期不改正的，提请县级以上人民政府决定责令停产，调整配备合格人员后，方可恢复生产。

第四十二条 矿山建设工程安全设施的设计未经批准擅自施工的，由管理矿山企业的主管部门责令停止施工；拒不执行的，由管理矿山企业的主管部门提请县级以上人民政府决定由有关主管部门吊销其采矿许可证和营业执照。

第四十三条 矿山建设工程的安全设施未经验收或者验收不合格擅自投入生产的，由劳动行政主管部门会同管理矿山企业的主管部门责令停止生产，并由劳动行政主管部门处以罚款；拒不停止生产的，由劳动行政主管部门提请县级以上人民政府决定由有关主管部门吊销其采矿许可证和营业执照。

第四十四条 已经投入生产的矿山企业，不具备安全生产条件而强行开采的，由劳动行政主管部门会同管理矿山企业的主管部门责令限期改进，逾期仍不具备安全生产条件的，由劳动行政主管部门提请县级以上人民政府决定责令停产整顿或者由有关主管部门吊销其采矿许可证和营业执照。

第四十五条 当事人对行政处罚决定不服的，可以在接到处罚决定通知之日起十五日内向作出处罚决定的机关的上一级机关申请复议；当事人也可以在接到处罚决定通知之日起十五日内直接向人民法院起诉。

复议机关应当在接到复议申请之日起六十日内作出复议决定。当事人对复议决定不服的，可以在接到复议决定之日起十五日内向人民法院起诉。复议机关逾期不作出复议决定的，当事人可以在复议期满之日起十五日内向人民法院起诉。

当事人逾期不申请复议也不向人民法院起诉、又不履行处罚决定的，作出处罚决定的机关可以申请人民法院强制执行。

第四十六条 矿山企业主管人员违章指挥、强令工人冒险作业，因而发生重大伤亡事故的，依照刑法第一百一十四条的规定追究刑事责任。

第四十七条 矿山企业主管人员对矿山事故隐患不采取措施，因而发生重大伤亡事故的，比照刑法第一百八十七条的规定追究刑事责任。

第四十八条 矿山安全监督人员和安全管理人员滥用职权、玩忽职守、徇私舞弊，构成犯罪的，依法追究刑事责任；不构成犯罪的，给予行政处分。

第八章 附 则

第四十九条 国务院劳动行政主管部门根据本法制定实施条例，报国务院批准施行。

省、自治区、直辖市人民代表大会常务委员会可以根据本法和本地区的实际情况，制定实施办法。

第五十条 本法自 1993 年 5 月 1 日起施行。

全国人大常委会委员和人大代表指出港督彭定康“宪制方案”严重违背中英联合声明和基本法

在七届全国人大常委会第 28 次会议上午举行的大会讨论中，符浩委员说，维护香港过渡时期的繁荣稳定，确保 1997 年的平稳过渡和政权的顺利交接，是中英两国根据联合声明共同承担的义不容辞的责任。八年前中英两国政府以两国人民的根本利益为重，经过两年多的谈判解决了历史上遗留下来的香港问题，这不仅为香港顺利回归祖国、保持香港长期的稳定和繁荣奠定了坚实的基础，而且使中英友好合作关系获得了进一步发展，也有利于维护亚洲与世界和平。从最近公布的中英双方就香港政制问题交换的七个文件中，可以清楚地看出，虽然制定基本法是中国的内政，但是中国方面为着香港 1997 年的平稳过渡和长期的稳定繁荣，以极大的诚意争取同英方磋商合作，寻求中英双方达成共识。这些文件也表明，中英之间确实就香港政制发展同基本法衔接的一些有关问题取得了谅解和共识。

符浩说，本来，人们完全可以期望，中英两国在香港问题上的良好合作关系能够循着联合声明的轨道继续向前发展。令人遗憾的是，在彭定康先生就任总督后，情况发生了同人们期望相反的变化。彭定康先生上任之初，曾多次表示要同中方建立相互信任的良好合作关系，在香港坚持以行政为主导的政治体制。然而，他的所作所为与他所说的完全背道而驰。在香港政制这样一个事关重大的问题上，港英当局不同中方认真磋商，便事先通过新闻媒介透露了所谓"宪制方案"的内容，然后又单方面在施政报告中予以公开宣布。

符浩说，中英联合声明规定，香港的现行社会、经济制度不变；现行的法律基本不变。彭定康的宪制方案对香港现行的整个政制模式作了重大改变：它改变了行政、立法两局的关系，使行政主导的体制逐步向立法主导演变；它采取种种手段企图把现行立法局选举中的功能组别和选举委员会的间接选举改为变相直选；它取消区议会委任制，改为全部由直选产生；等等。所有这些不是重大改变是什么？这种无视事实、不守信义的做法，说明彭定康对庄严的国际协议采取了极其轻率、毫不负责的态度。

符浩说，彭定康给他的"宪制方案"所贴的冠冕堂皇的标签之一，就是所谓在香港扩大民主，加快民主化步伐。世人皆知，英国在香港统治了150多年，从来就没有什么民主可言。在中国即将对香港恢复行使主权的时候，港英当局却急急忙忙提出来要在香港加速民主化步伐，为此而要对多年来行之有效的以行政为主导的政治体制大动手术，给香港的平稳过渡设置障碍。港英当局这种置中英联合声明于不顾，置中英友好合作于不顾，置香港的稳定繁荣于不顾的做法，不能不引起人们对英方真实用心的怀疑，也必然会使越来越多的人看清港英当局加快民主步伐的虚伪本质和不良的用心。

符浩说，香港居民的确要求发展民主，但是他们要求的是从香港的实际情况出发的循序渐进的民主，有利于保持香港长期稳定繁荣的民主。1990年第七届全国人大三次会议通过的基本法，其起草过程在香港历史上可称得上是前所未有的开放和民主，而基本法本身则对1997年以后香港所实行的民主提供了充分的保障。任何不带偏见的人都会看到，1997年以后香港的民主要比现在多得多。

符浩说，由彭定康"宪制方案"挑起的这场争论已向人们表明，现在的问题根本不在于是否要在香港推行民主，而是在于港英当局究竟要把中英联合声明这一庄严的国际协议置于何地？是不是要公开推翻双方已达成的协议和谅解以及自己的承诺？是不是要损害中英两国自联合声明签署以来所建立起来的良好合作关系？他说，我们奉劝彭定康先生要认清形势，还是回到根据联合声明进行认真磋商的轨道上来。我们希望合作，不希望对抗。当然，如果彭定康先生要一意孤行，铤而走险，那也没有什么了不起。90年代的中国完全有能力保持香港的繁荣稳定。"一国两制"的伟大科学构想一定能够实现。

吴大琨委员曾经参加香港特别行政区基本法起草工作。他说，起草基本法时，无论内地委员还是香港委员，都有一个基本的共识，即1997年前香港社会制度的各个方面包括政治体制都不应大变。然而，彭定康提出的政治方案却对香港现行的政制作了重大变动。连英国的报章都指其为"政制大变"方案。彭定康提出的这套政制方案，包括关于1995年立法局选举的方案，由于涉及跨越1997年和与基本法相衔接的问题，本应在推出之前广泛征求香港各界的意见，并与中方进行认真的磋商。这决不是说中方要干预港英的内部管理，而是这些安排本身存在着一个1997年前后能否衔接的问题，关系到能否平稳过渡。在彭定康发表施政报告前，中方曾向他指出其政制方案不符合基本法，违反了联合声明和中英双方过去达成的有关谅解，规劝其以中英关系的大局为重，不要轻率从事，但他却置若罔闻，我行我素，单方面地把他的一套方案公诸于世，企图造成既成事实，逼使中方接受。这是公然违反联合声明的有关规定，与中方不合作的表现，是在冒着牺牲香港社会的稳定及1997年平稳过渡的危险，进行的一场政治赌博。

全国人大代表、全国人大法律委员会顾问李后曾作为前香港特别行政区基本法起草委员会秘书长和前国务院港澳办公室副主任，参与了香港特别行政区基本法起草工作的全部过程。在上午的大会讨论中，以见证人的身份，就彭定康提出的关于1995年香港最后一届立法局选举涉及的有关问题以及中英双方就这些问题达成谅解的情况，发表了意见。

关于功能团体选举，李后说，本着把香港原来行之有效的东西保留下来的原则，我们把功能团体选举作为一种间接选举方式写进了基本法。基本法中所规定的功能团体选举，就是香港从1985年开始实行的那种间接选举，也是英方一再向我们推荐的选举方式。这一点是大家的共同理解，没有人认为这会是一个可能引起歧义的问题。1988年11月，基本法草案即将提交全国人大常委会审议以便公布征求意见，当时的港督卫奕信来北京谈有关过渡安排时，还再次确认这种制度是间接选举制度。然而，彭定康在施政报告中提出的功能组别选举方案是要让社会上每名在职人员都有第二个投票权，这样不仅在在职人员和不在职人员之间制造了矛盾和不公平，而且实际上把功能团体间接选举变成了分界别的直接选举，从根本上改变了功能团体选举的性质和意义。怎么能说它符合基本法的规定呢？

关于选举委员会，李后说，在 1990 年 4 月基本法提交全国人大审议通过之前，中英双方曾就选举委员会的组成进行过多次磋商。关于英方提出的五项原则，绝大部分都已在具体条文中得到体现，如选举委员会应具有广泛代表性，依据民主、开放的原则，制定选举法等。无记名投票方式一项也清楚地列入基本法附件一第五项。英方明确表示，双方在选举委员会问题上的合作已无障碍，并感谢中方在这方面所做的努力。这些难道还不足以证明中英双方对于选举委员会的组成已早有谅解和共识了吗？基本法之所以没有对第一届选举委员会的组成作具体规定，正是因为考虑到英方已同意根据基本法附件一关于选举委员会的具体规定来组成 1995 年的选举委员会，这个问题已不成其为问题，而且也不宜由基本法来作出规定。如果 1995 年产生的香港最后一届立法局要过渡到 1997 年后，英方在选举委员会的组成方面就必须遵循中英双方达成的谅解，依据基本法确定的原则和基本法附件一的规定作出安排。至于这项安排的细节，完全可以在适当的时候由中英双方进行讨论。但这里决没有什么可供“偷步”的“灰色地带”。彭定康有什么理由说，是由于基本法没有作出“指引”，所以要由他来提出 1995 年选举委员会全部或大部分从直接选举产生的区议会议员组成的方案？什么“具有广泛代表性”的原则，什么中英之间就此问题达成的谅解和共识，统统抛到了一边。这是彭定康先生向基本法挑战，向中英合作挑战的又一例证！

关于直接选举，李后说，为使 1997 年前后能够衔接，中英双方曾就 1991 年到 1997 年以后立法机关的直选议员数目进行过多次磋商。从已经公布的七份外交文件中可清楚看到，1990 年初基本法即将定案时，英国外相赫德在给钱其琛外长的信息中明确表示：“我现在准备就以下文字同中国政府确认一项谅解。如果《基本法》最后文本中的直选席位在 1997 年为 20 个，在 1999 年为 24 席，在 2003 年为 30 席，英国政府准备将于 1991 年实行直选时把直选席位限制在 18 席。”在白纸黑字的事实面前，不管彭定康说什么中英之间没有就 1995 年的直选数目达成任何谅解，都是抵赖不了的。按照基本法和全国人大关于香港特别行政区第一届政府和立法会产生办法的决定的规定，1995 年香港最后一届立法局及其成员如符合基本法和上述决定规定的条件，经过香港特别行政区筹委会的确认，可以成为 1997 年特区第一届立法会的议员，条件之一就是 1995 年立法局的组成必须同 1997 年特区立法会衔接。既然 1997 年的直选议席是 20 席，1995 年就必须同它一致，也是 20 席，否则就不能衔接。此外，赫德在 1990 年对英国下议院也说，“如果我们到时决定采用基本法规定的选举安排，1995 年选出的议员便可以跨越 1997 年的界线留任到 1999 年。”可见英方知道，只要按基本法的规定办，就可以使 1995 年的立法局议员过渡到 1997 年以后。那么彭定康有什么理由说中英双方对 1995 年的直选议席没有谅解呢？

李后说，彭定康先生就任港督时间不长，但在背离中英联合声明、背离基本法、背弃中英有关谅解的轨道上却是走得太远、太远了。中国有句古话，叫“人而无信，不知其可”。我们要责问彭定康先生：到底还想不想在联合声明的基础上与中方合作？到底还要不要与基本法衔接？到底中英两国政府过去达成的有关谅解还算不算数？

李后最后说，自 1984 年中英联合声明签署以来，中英在香港问题上的合作关系虽然有过波折，但总的来说是好的。目前中英在香港问题上出现的这场公开论战，责任完全不在中方，是彭定康先生挑起了这场论战，并要把中英关系引向倒退。倘若彭定康先生真的是以香港的利益为重，以中英两国的友好合作为重，那他就只有悬崖勒马，赶快回到按照联合声明和中英双方达成的有关谅解办事的正轨上来，不要再搞对抗。如果彭定康先生继续背信弃义，在香港政制问题上一意孤行，做出与基本法不衔接的种种安排，破坏 1997 年香港的平稳过渡，那么，到了 1997 年，中国将不得不推倒重来，按照基本法和全国人大有关决定的规定，自行建立香港特别行政区的行政、立法和司法机关。只要我们坚决贯彻“一国两制”的方针，严格按照基本法和中英联合声明办事，香港一样可以实现平稳过渡。我们对此充满信心。

致公党九届中常会第十六次会议在北京闭幕

会议通过决议要求致公党各级组织和党员认真学习贯彻十四大精神，真正从理论和实践上认识坚持“一个中心、两个基本点”的基本路线一百年不动摇的深刻含义，认识邓小平同志建设有中国特色社会主义理论的丰富内容，认识建立和完善社会主义市场经济体制对于社会主义现代化建设的深远意义。会议认为，把握有利时机，加快改革开放步伐，集中精力把国民经济搞上去，不仅是中国共产党、全国人民光荣而伟大的任务，也是致公党今后工作的中心。会议号召致公党党员解放思想，发挥致公党员与海外亲友有广泛联系的特点，在加快改革、扩大开放，建设有中国特色社会主义的伟大事业中，作出新的贡献。

会议决定致公党第十次全国代表大会12月中旬在北京举行。

致公党中央主席董寅初，常务副主席杨纪珂，副主席陆榕树、郑守仪、王宋大出席会议。

国务院批准将河南省商丘地区农村流通体制改革试验区列为全国农村改革试验区

国务院批准将陕西省延安地区扶贫综合开发改革试验区列为全国农村改革试验区

国务院批准将福建省宁德地区开放促开发扶贫综合改革试验区列为全国农村改革试验区

国务院批准将辽宁省大连市甘井子区金州区普兰店市发展乡镇企业出口创汇集团列为全国农村改革试验区

国务院批准将广东省清远市扶贫经济开发试验区列为全国农村改革试验区

中共中央总书记江泽民在中南海会见摩尔多瓦总统米尔恰·斯涅古尔

江泽民欢迎斯涅古尔总统访华。他说，摩尔多瓦的独立和中摩两国的建交为两国关系的发展开辟了广阔的前景。自今年1月中摩建交以来，两国交往日益增多，相信通过总统的这次访问，两国在各个领域的友好合作关系必将全面深入地展开。

江泽民说，“总统阁下即将动身去上海和厦门参观访问。我相信通过这次访问，你们会对我国改革开放的情况有更多的了解。”

斯涅古尔总统说，他这次来访主要是为转达摩尔多瓦人民对中国人民的问候。他还说，“从杨尚昆主席的会见、同李鹏总理会谈和同中国人民接触中，我们发现摩中两国之间在经济、文化等方面有着良好的合作前景。”

斯涅古尔说，我们已同中方签署了一系列重要文件，对访问结果十分满意。他重申摩尔多瓦是中国可靠的合作伙伴。

中共中央总书记江泽民在中南海会见阿根廷外交和宗教事务部长吉多·迪特利亚

江泽民说，拉美是一个有着巨大发展潜力的大陆，拉美人民是勤劳智慧的人民。他说，中国人民和拉美人民过去有过相似的历史遭遇，今天面临着建设各自国家的共同任务。

江泽民说，中阿两国虽然相距遥远，但两国建交20年来在各个领域里的友好合作关系得到了显著发展。他表示相信，迪特利亚外长的此次访问将会促进两国关系的进一步发展。

迪特利亚说，近年来中国经济发展迅速，改革开放取得了巨大成就。中国是建立公正、合理国际经济新秩序的重要因素。阿根廷把发展同中国的关系放在优先位置。阿根廷愿进一步加强和发展两国在各个领域里的友好合作关系。

外交部副部长刘华秋、阿根廷驻中国大使卡洛斯·卢卡斯·布兰科会见时在座。

国务院总理李鹏在人民大会堂会见印度人力资源开发部部长阿琼·辛格

李鹏说，近年来，中印关系不仅得到恢复，而且有了较大的发展。两国领导人及各个部门之间的友好交往不断增多。李鹏说，中印是世界上两个最大的发展中国家。进一步发展两国在各领域的友好合作关系不仅符合两国人民的利益，而且有利于亚洲和世界的和平与发展。

会见中，李鹏还介绍了中国教育改革的情况。李鹏希望两国加强教育领域的交流与合作。

辛格说，印度政府十分重视发展同中国的关系，并希望在两国总理互访成果的基础上扩大双边合作的范围。

辛格还介绍了印度开发人力资源的政策和做法。

国务院总理李鹏在人民大会堂会见以律政兼内政部长贾古玛为团长的新加坡内政部代表团

李鹏介绍了中国法制建设和社会治安综合治理的情况。李鹏说，虽然我们两国情况不同，但在这方面我们可以交流经验、加强合作。

贾古玛说，新加坡内政部和中国公安部的合作有了良好的开端，在治安工作方面加强交流和合作是两国双边关系的一个新领域，新方今后愿意在治安手段现代化方面同中方多交流经验。

国务院总理李鹏在人民大会堂会见即将离任的芬兰驻中国大使满撒拉

国家教委主任李铁映在人民大会堂同印度人力资源开发部长阿琼·辛格就进一步发展两国在教育领域

的交流与合作等问题举行工作会谈

中国和摩尔多瓦在北京签署五个协定

中国摩尔多瓦签署中摩两国外交部磋商议定书、中摩领事条约、中摩互免公务旅行签证的协定、中摩互免团体旅游签证的协定、中摩关于中国向摩尔多瓦提供商品的政府贷款协定和中摩科技合作协定。

中华人民共和国和摩尔多瓦共和国签署两国联合公报

国家主席杨尚昆和摩尔多瓦共和国总统米尔恰·斯涅古尔在北京签署两国联合公报。公报全文如下：

一、应中华人民共和国主席杨尚昆的邀请，摩尔多瓦共和国总统米·斯涅古尔于1992年11月6日至10日对中华人民共和国进行了正式访问。江泽民总书记、杨尚昆主席和李鹏总理分别同斯涅古尔总统在友好、求实的气氛中就双边关系和共同关心的国际问题交换了意见，并各自介绍了本国国内的情况和发展计划。

二、双方一致认为，中摩高级领导人之间的第一次会晤具有重要意义，确定了中华人民共和国和摩尔多瓦共和国相互关系的原则，并将促进两国互利合作的发展，有助于维护地区及世界的和平与安全。

三、中华人民共和国和摩尔多瓦共和国将按照联合国宪章，在互相尊重主权和领土完整、互不侵犯、互不干涉内政、平等互利、和平共处等原则基础上发展关系。

四、双方将促进两国政府、政府部门及民间组织之间的接触。两国外交部将就双方共同关心的问题进行磋商。

五、双方将在政治、立法、科技、文化方面进行平等和互利的合作。

六、双方一致认为，经济合作和贸易是两国相互关系的重要组成部分。双方将努力寻求新的经济合作和贸易交流形式，并优先发展在电子、电机、仪表、通讯、农业、轻工业、食品工业等方面的合作。双方将在本国法律范围内创造良好条件，鼓励对方在自己领土上投资并加以保护。双方特别重视在培养和提高经济部门的专家和领导干部的专业水平方面进行合作。

七、双方将在环境保护和合理利用自然资源方面进行合作。为此，双方将加强有关信息交流并在相互信任、平等互利的基础上努力发展合作的新领域。

八、摩尔多瓦政府承认中华人民共和国政府是中国的唯一合法政府，台湾是中国领土不可分割的一部分。摩尔多瓦共和国确认不和台湾建立官方关系。

九、中华人民共和国支持摩尔多瓦共和国巩固其独立和主权的努力。

十、会谈表明，两国在和平与发展、裁军、防止军备竞赛和反对在国际事务中推行霸权主义和强权政治等当代基本问题上立场相近。双方认为，各国都有权根据自己的特点选择社会制度。意识形态、经济模式和发展道路，这方面的差异不应妨碍各国之间的正常关系与合作。国家不分大小、强弱、贫富，都有权支配自己的命运，在参加讨论和解决世界事务方面都具有平等的权利。

十一、双方重申恪守联合国宪章的宗旨与原则，尊重普遍接受的国际法准则，支持扩大联合国在和平解决国际争端和地方冲突以及维护世界安全方面的作用，主张在和平共处和平等互利原则的基础上建立公正的国际政治和经济新秩序。

十二、双方声明，中摩两国之间的友好合作不针对第三国，也不损害第三国的利益。

郭沫若展在东京开幕

为庆祝中日邦交正常化20周年，纪念中国当代杰出的文学家、科学家和著名的国务活动家郭沫若诞辰100周年，由日中友好会馆、中日友协和郭沫若故居联合举办的“郭沫若展”在东京开幕。

中国国务院总理李鹏和日本首相宫泽喜一为展览会开幕发了贺电。李鹏在贺电中首先代表中国政府，并以他个人的名义向“郭沫若展”开幕表示祝贺。贺电说，这个展览有助于增进中日两国人民及文化学术界之间的友谊与合作。贺电衷心祝愿展览会取得圆满成功。宫泽在贺电中希望通过这个展览进一步加强和发展日中两国的友好睦邻关系。

中央军委发布《关于发扬优良传统，加强廉政建设的决定》

决定说，军委主席江泽民最近强调指出，全军要认真学习邓小平同志关于加强军队建设的一系列论述，发扬我军优良传统，保持老红军本色。这是新时期军队建设的重要指导思想。

决定高度概括了我军的优良传统，这就是：军队必须接受党的绝对领导，坚持“党指挥枪”的原则，成为贯彻执行党的路线、方针、政策的模范；坚决反对和克服危害军队团结统一的错误倾向；执行严格的组织纪律，一切行动听指挥，顾全大局，不允许破坏纪律和纪律松弛的现象存在；坚持艰苦奋斗的作风；坚持实事求是的作风；坚持发扬民主，走群众路线的作风；加强政治教育和政治机关的工作，特别注意加强连队的政治工作，不断提高广大干部战士的思想政治觉悟；加强军事训练，通过勤学苦练，不断增强干部的指挥能力、管理能力，提高部队的作战本领；坚持党管干部，遵循德才兼备、任人唯贤、公道正派、“五湖四海”、干部交流、能上能下的原则和标准，选拔使用干部；领导干部和老同志要带头继承和发扬我军的优良传统，发挥好传、帮、带的作用。

决定强调，在新的历史条件下，继承和发扬我军优良传统，永远保持老红军本色，具有十分重要的意义。我国的改革开放和现代化建设正处在一个关键时期。在建设有中国特色社会主义的事业中，党和人民对我军寄予厚望。只有把军队教育好、建设好，保持艰苦奋斗的政治本色，我军才能担负起保卫祖国安全、维护社会稳定的神圣使命。军委认为，发扬优良传统、加强廉政建设，是关系到保证我军无产阶级性质、履行我军根本职能的重大问题，务必引起全军高度重视。

决定要求发扬优良传统，加强廉政建设，当前应着力解决以下问题：(一)坚决纠正选拔使用干部中的不正之风。(二)坚决刹住以权谋私、权钱交易的歪风。(三)坚决克服经济工作中的违法乱纪现象。(四)坚决制止讲排场、摆阔气、挥霍浪费等奢侈之风。(五)坚决纠正官僚主义、形式主义等不良倾向。

决定强调要在贯彻落实上狠下功夫。各级党委必须把发扬优良传统、加强廉政建设摆上议事日程，并列为党委民主生活会的一项重要内容。主要领导要亲自抓，定期组织检查。要大力加强思想教育。认真学习老一辈无产阶级革命家特别是邓小平同志关于发扬优良传统、加强廉政建设的论述，学习党中央、中央军委的有关指示。在全军深入开展我军优良传统和法纪教育，激励干部战士牢固树立共产主义世界观、人生观和遵纪守法的观念。引导干部战士把坚持改革开放、建立社会主义市场经济体制和严守纪律、保持廉洁统一起来，提高拒腐防变的自觉性。大张旗鼓地宣扬先进人物和事迹，在全军形成恪尽职守、廉洁奉公的良好风尚。要抓好法规制度建设。近几年，党中央、中央军委先后制定颁发了加强廉政建设的一系列规定，必须不折不扣地执行。各级机关和部门要根据自身特点和实际情况，制定相应的廉政措施，并不断研究新情况，健全和完善有关制度和规定。要坚持从严治军，有法必依，违法必究，严惩违法乱纪行为，树立令行禁止的良好军风。

决定指出，发扬优良传统、加强廉政建设，关键在于高级干部和领导机关的模范带头作用。高级干部和领导机关应有更高的觉悟、更严的要求，必须以身作则，为全军做表率。

11月8日

全国市场工作会议结束

日前，全国市场工作会议结束。会议研究如何进一步培育社会主义市场体系问题。国家工商管理局局长刘敏学在工作会上说：“对培育和发展我国各类市场的总体考虑是，东部地区要上档次、上水平，中西部地区可以先放开后规划，要放手大胆地发展市场。”

各级工商管理部门将下大力培育一批功能全、档次高、辐射面大的农副产品、工业品和生产资料市场。并将以指导性意见的形式，对商品量大的农副产品组织批发市场，发展贩运队伍，建立一批区域性的工业品市场、专业市场。在能源、原材料重点产区进一步发展专业性或综合性的生产资料批发市场，在经济中心城市建立一些规范化的物资交易所。重点发展一批县级生产资料市场。对期货市场，将在国家统一规划下，积极稳妥地办。

国家工商部门对各类市场实行登记管理，把管理的重点放在查处打击走私、贩私、制售假冒伪劣商品行为和垄断市场的行为上。

外交部部长钱其琛在钓鱼台国宾馆会见柬埔寨问题巴黎会议两主席、法国外交部部长迪马与印度尼西亚外交部部长阿拉塔斯以及联合国柬埔寨过渡时期临时权力机构代表明石康

第四届中国“国际科学与和平周”在人民大会堂开幕

全国人大常委会委员长万里等到会祝贺。

中国科协主席朱光亚受中国人民争取和平与裁军协会会长周培源的委托在开幕式上致词。联合国秘书长加利为我国第四届“国际科学与和平周”发来贺电。至此，以“发展科学、振兴中华、保卫和平、造福人类”为宗旨，以“热爱祖国、热爱科学、热爱和平”为主题的大型综合纪念宣传活动，在北京、上海、深圳、无锡、本溪等地展开。

11月9日

国务院关于进一步搞好今冬明春水利基本建设的通知

主要内容是：

一、突出重点，搞好水利基本建设。从全国来讲，要加强长江、黄河、淮河、太湖等大江大河大湖治理，切实抓好在建的一些水利骨干工程项目。各地要从本地实际出发，因地制宜，积极开展中小河流的治理和河堤、海堤建设，提高防洪、防潮、防风暴能力。要加快中低产田改造和大中型灌区的更新改造，努力扩大灌溉面积和高产稳产农田。山丘区要加快小流域治理，搞好水土保持，搞好基本农田建设和农村小水电建设。缺水地区要加强水源工程建设，下大力量解决人畜饮水困难。在建设中要特别抓好水毁工程的修复和建筑物的配套、完善。

二、注重实效，提高质量，加强管理，建管并重。各地水利部门，要做好各项前期工作，统筹安排好物资和资金，加强施工技术指导，保证工程的质量和进度。要避免单纯追求上工人数和完成土石方数量，积极推广应用新技术、新工艺、新材料，并做到建一处，成一处，管好一处，充分发挥效益。要爱惜民力，注意做好防火、防冻工作，搞好安全施工。在有条件的地方要大力推广机械化施工。

三、切实加强对水利基本建设的组织和领导。各地人民政府主要负责同志要亲自挂帅，分管的领导同志要具体负责，认真部署，精心组织，抓好落实。要继续采取有效措施，多层次、多渠道集资投劳，大力兴修水利。要加强水利水保服务体系建设，建立健全县乡两级水利水保服务组织。计划、财政、银行、能源、商业、石化、物资等有关部门，要大力支持所需资金、物资、电力供应。水利部门要认真履行在水利建设中的规划、协调、管理、监督和服务职能，当好政府的参谋。新闻宣传单位要紧密配合，重点进行宣传报道，形成强有力的舆论支持，掀起一个兴修水利基本建设的新高潮。

中共中央政治局候补委员温家宝在湖南农村考察

温家宝 11 月 9 日至 18 日在湖南益阳地区和岳阳市就农业发展和农村工作作了考察，听取了基层干部和群众对农村改革和发展的意见。

温家宝指出，国民经济要上一个新台阶，农业也要上一个新台阶。要向农业的广度和深度进军，搞大农业，农林牧副渔并举，种植、养殖和加工结合，按市场需要调整农业结构；要依靠科学技术，积极发展高产优质高效农业；要积极发展乡镇企业；要加强包括生产和流通两个方面的农业基础设施建设，特别要抓紧大江、大河、大湖的综合治理和农田水利建设。

温家宝指出，要抓紧农副产品价格改革和购销体制改革，适应供求关系的变化，利用价值规律搞活流通，建立多渠道、多层次的市场体系，尤其要积极发展期货市场和批发市场，健全销售网络和信息服务网络。要转换国营农副产品经营部门的机制，使其更好地发挥主渠道作用和在储备、吞吐和平抑价格等方面的调节功能。

温家宝强调，农业形势越好，越要重视研究和解决存在的突出矛盾和实际问题，切不可有丝毫放松。要加强党对农村工作的领导，做到坚持党的基本路线不动摇，贯彻执行党在农村的基本政策不动摇，加强农业的基础地位不动摇。

国务院同意在江苏省苏州等 25 个城市增建国家高新技术产业开发区

国务院批转国家建材局等部门关于加快墙体材料革新和推广节能建筑意见的通知

全国人大常委会委员长万里在人民大会堂会见加拿大—中国儿童健康基金会董事长约翰·弗雷泽

外经贸部部长李岚清在北京会见关贸总协定副总干事查尔斯·卡莱尔

李岚清在会见来访的关税及贸易总协定副总干事查尔斯·卡莱尔时说，中国将本着“和平、竞争、合作”的精神，按照国际规则发展自己的经济。

李岚清指出，中国恢复关贸总协定缔约国地位，不仅有利于中国，也有利于整个世界。

李岚清说，目前中国人民都很关心这件事，都在谈论这件事。他认为，恢复中国在关贸总协定的地位意味着权利和义务的结合。

李岚清说，中国去年在全球贸易中位居第 13 位，今年可望跃居第 11 位。经过艰苦努力，中国将成为世界十大贸易国之一。

李岚清指出，在中国恢复关贸总协定缔约国地位之后，台湾作为中国单独关税地区加入关贸总协定。

在谈到目前美国与欧洲的贸易争端时，李岚清说，不应该发生贸易战。希望美欧之间尽快找到妥善的解决办法。

关贸总协定副总干事查尔斯·卡莱尔说，美欧贸易争端形势非常严重，这表明，关贸总协定体制的局限性。我希望乌拉圭回合贸易谈判能尽快结束，以便制定新的规定，这对中国是很重要的。

卡莱尔说，我希望中国早日恢复关贸总协定缔约国地位。关贸总协定对中国非常重要，反过来说，中国对于关贸总协定也非常重要。

卡莱尔指出，中共十四大提出建立社会主义市场经济体制，具有极为重要的意义。中国是目前世界上经济增长速度最快的国家之一。

关税及贸易总协定副总干事查尔斯·卡莱尔应邀来京参加明天开幕的“关贸总协定与中国”国际研

讨会。

中国和哈萨克斯坦等四国在北京举行边境裁军第八轮谈判

以王钢华大使为团长的中方代表团和以俄罗斯外交部亚太总局局长索洛维约夫为团长的哈萨克斯坦、吉尔吉斯斯坦、俄罗斯联邦、塔吉克斯坦联合代表团,就中国与上述四国边境地区相互裁减军事力量和加强军事领域信任的问题,于11月9日至27日在北京举行第八轮谈判。

第四届中日佛教交流学术会议在北京举行

会议由中国佛教协会和日本佛教大学联合举办。于10日结束。

这次会议的主题是"中国佛教的传统与创造"。中国佛教界、学术界隆莲等5人与日本佛教界、学术界藤堂恭俊等5人共向大会提交10篇论文。

赵朴初在开幕式上致词说,这次会不仅使双方在佛教文化学术上共同熏习切磋,并且推动两国佛教徒和人民的友好情谊向深度发展。

中国展团在第41届布鲁塞尔尤里卡世界发明博览会评奖结果中共荣获14项金奖7项银奖4项铜奖和1项特别奖

"中国大学生实用科技发明大奖赛"成果展览及技术交易会在北京中国科技馆举行

大奖赛共有193项成果获奖,其中特等奖2项,一等奖8项。与此同时举行的中国大学生实用科技成果科技交易会,协议成交额达1.2亿元,实现成交额总计817万元,项目成交率近2%。

1992年中国知识产权学术年会在广东结束

全国从事专利、商标、版权、司法等有关知识产权研究的数十名专家、学者认为,知识产权是商品经济的产物,我国在十几年的改革开放中,随着商品经济的发展,政府和企业的知识产权意识不断提高,商标法、专利法、著作权法等有关知识产权保护的法律体系框架已经形成,并且还参加了相关的知识产权保护国际公约。

专家们提出,总体来说,知识产权保护在我国还是个新领域,许多工作需要完善,特别是我们要发展市场经济,加入关贸总协定,做好知识产权的保护工作更为重要,目前应加强知识产权保护各领域的研究,贯彻执行好各项有关法律,加快完善我国的知识产权制度。

11月10日

《人民日报》发表社论《坚持党的基本路线不动摇》

江泽民同志在党的十四大报告中指出:"14年伟大实践的经验,集中到一点,就是要毫不动摇地坚持以建设有中国特色社会主义理论为指导的党的基本路线。"这是对十一届三中全会以来改革开放和经济建设基本经验的高度概括,它对我们进一步统一思想,坚定方向,更好地建设有中国特色社会主义具有长远的重要意义。

党的基本路线之所以正确,从根本上说,就是因为它建立在对现阶段中国社会主要矛盾的深入考察和科学分析的基础之上,是总结建国40多年来的经验教训、经过14年改革和建设的实践检验而得出的科学结论。因而它切合实际、符合国情、顺乎民心,反映了中国当代社会发展的客观规律,是一条马克思主义的正确路线。回顾十一届三中全会以前一段较长的时间内,由于对我国社会主要矛盾的错误估计,政治运动接连不断,经济建设屡受冲击,人民生活水平提高不快。十一届三中全会以来的14年,在党的"一个中心,两个基本点"的基本路线指引下,社会前景豁然开朗,中华大地气象万千,社会生产力得到空前的解放和发展,综合国力得到进一步增强,人民的物质文化生活得到明显改善。中国成为推进现代化建设最成功的国家之一,备受国际瞩目,赢得广泛赞誉。人们看到,在世界的东方,神州大地正在崛起,并日益成为国际社会中一支必须重视的力量。亿万各族人民从切身实践中体会到:党的基本路线是引导我国走向富强、繁荣、幸福的生命线。沿着这条正确路线走下去,我们的国家前程远大,社会主义事业灿烂光明。

毫不动摇地坚持党的基本路线,关键是始终不渝地坚持以经济建设为中心。能否做到这一点,是新的历史时期对我们各级党组织和每一个领导干部的重大考验。回顾历史,我们曾经有过制定了正确路线而又背离了的严重教训。党的八大曾提出党的主要任务是集中力量发展社会生产力的正确路线,但由于没有能够清醒对待当时和此后发生的国际国内某些事件,因而离开了经济建设这个中心。十一届三中全会以来,特别是1989年以来,国际国内曾经发生过若干风波,甚至是重大政治风波,但由于我们党特别是邓小平同志以丰富的历史经验和政治智慧,冷静而正确地处理了各种矛盾,从而保证了我们党和国家的工作始终没有离开经济建设这个中心。今后,阶级斗争还将在一定范围内长期存在,但是不论遇到什么样的风浪,只要不是大规模外敌入侵,以经济建设为中心绝不能改变。

我们要按照实际情况，有什么问题解决什么问题。解决任何问题，都是为了保证经济建设这个中心，都是为集中精力把经济建设搞上去创造更有利的条件。这一点要成为全党一致的坚定不移的原则。

毫不动摇地坚持党的基本路线，要求我们处理好坚持四项基本原则和坚持改革开放的关系，处理好物质文明建设和精神文明建设的关系，切实做到两手抓，两手都要硬。这同样是对我们各级党组织和每一个领导干部的重大考验。四项基本原则是立国之本，改革开放是强国之路，这两个基本点是我们国家经济建设持续发展、再上新台阶的强大动力和根本保证。这些年的实践告诉我们，不坚持四项基本原则，经济建设就失去了政治方向和保障，很难有一个发展经济所需要的团结稳定的政治局面。不搞改革开放，就不能摆脱束缚生产力发展的体制和观念，为经济发展注入活力，想快也快不了，四项基本原则最终也坚持不了。民主法制建设、精神文明建设，都要围绕经济建设这个中心进行，都要自觉地服从和服务于这个中心。同时，经济建设要靠民主法制建设和精神文明建设来支持和保证，否则，经济建设这个中心地位很难巩固。今后，我们的各项工作，只要是推动经济建设和社会全面进步的，就要理直气壮地去抓。发现哪个环节薄弱，或者出了问题，就要当机立断，组织力量抓紧解决。要完整、准确地理解和贯彻党的基本路线，就必须保持清醒的头脑，在党内特别是在领导干部中要警惕右，但主要是防止"左"。任何干扰和影响以经济建设为中心的倾向，任何把坚持四项基本原则和坚持改革开放割裂开来、对立起来的倾向，都是错误的。

坚持党的基本路线不动摇，必须正确认识和处理社会政治稳定和经济发展的关系。不以经济建设为中心，没有改革开放和经济发展，不可能有巩固的团结和稳定。没有团结稳定的政治局面，改革开放和经济建设也就搞不成。改革开放、经济发展同保证社会政治稳定是有机的内在的统一，紧密联系，互相促进。全党和全国各族人民要十分珍惜和维护安定团结的政治局面，努力消除一切不利于稳定、团结的因素，为加快改革开放和现代化建设步伐创造更加有利的社会政治环境。

信念的坚定来自思想和理论的武装。要更加自觉地坚持党的基本路线，就要认真学习党的十四大文件，学习邓小平同志的著作，深入进行党的基本路线教育，从理论和实际的结合上弄清楚这条路线赖以形成的理论基础。邓小平同志建设有中国特色社会主义的理论，把马克思主义的基本原理和当代中国实际与时代特征相结合，第一次比较系统地初步回答了中国这样的经济文化比较落后的国家如何建设社会主义，如何巩固和发展社会主义的一系列基本问题，是当代中国的马克思主义，是被实践证明了的真理。只有坚持这个理论，才是真正坚持马克思主义。哪些地方、部门和单位对这个理论认识得深、理解得透，就能够胸有全局、信念坚定、行动坚决，在改革开放和经济建设中不断开创新局面。反之，则心中无数，脚跟不稳，经不起风浪的冲击，很难自觉、坚定地贯彻党的基本路线。

向实践学习，向群众学习，与广大干部和群众一道在实践中总结历史经验和新鲜经验，从而不断加深对党的基本路线的理解，是进行基本路线教育的一个好办法。人民群众为什么拥护坚持党的基本路线？就是因为他们从历史的比较和现实生活的比较中，切身感受到这条路线符合实际，给他们带来了好处，给国家带来了繁荣。理论一经为广大群众的实践所证明，并为广大群众所掌握，就会成为巨大的精神力量。因此，各级领导部门和领导干部要深入实际，深入群众，调查研究，更多地了解国情，更积极地投身于改革与建设的实践，这样，就一定能够更深刻地体会到党的基本路线反映了各族人民的根本利益和共同愿望，是不可动摇也是动摇不得的。

中国共产党在自己的代表大会上庄严宣言：党的基本路线一百年不动摇。这是全体党员和全国各族人民意志和决心的忠实表达。我们将自始至终高举这面伟大的旗帜，排除任何艰难险阻，从胜利走向更大的胜利！

全国加快第三产业发展工作会议在北京结束

国务院召开的这次会议，是贯彻十四大精神讨论发展第三产业问题的一次重要会议。会议听取了国务院副总理邹家华所作的报告。与会代表认真讨论了报告中阐述的加快发展第三产业的意义、目标、重点、政策和制定规划的要求。代表们还讨论了国家计委提出的《全国第三产业发展规划基本思路》。北京、上海、山东、河南、广东、吉林、武汉、成都等8个省市和商业部、物资部两个部门介绍了发展第三产业的做法和经验。

国务院总理李鹏在闭幕大会上作重要讲话。他首先指出，加快第三产业发展是关系全局的重大任务。党的十四大提出了把建立起社会主义市场经济体制作为我国改革的方向和目标，这就要求第三产业有个大的发展。只有加快第三产业的发展，才能促进各类市场的发育和发展，为企业转换经营机制、成为市场竞争主体创造必要的条件。我们要在优化结构、提高质量、效益的基础上，加快经济发展速度，提高国民经济的总体素质和综合国力。同时要求加快第三产业的发展，特别是要使交通运输、邮电通信、科技教育等具有全局性、先导性、基础性的行业有较快发展。加快第三产业发展,还是人民生活实现由温饱向小康过渡的需要。在第三产业中,科技、教育、文化、卫生体育等事业的较快而健康的发展,对于社会主义物质文明和精神文明建设,无疑也会产生积极的和十分重要的作用。第三产业占国民生产比重已经成为衡量一个国家现代化水平的一个重要标志。第一、二产业的发展为第三产业的兴起提供了物质基础,反过来,第三产业的发展又促进第一、第二产业提高效率和水平。长期以来,由于我们忽视发展第三产业,第三产业的发展速度慢、比重低,在一定程度上也制约了经济的发展。这次会议的重大收获之一,是大家提高并加深了对发展第三产业的认识。

李鹏说,要坚持依靠深化改革推动第三产业的兴起和发展。加快发展第三产业,从根本上说,必须进一步解放思想,更新观念,按照社会主义市场经济的要求,破除那些妨碍第三产业发展的观念。一是充分发挥市场的作用。第三产业的发展必须建立在市场作用的基础上,要按照价值规律和供求规律办事。要对第三产业中的大多数行业进一步放开搞活,让市场在资源的配置中起基础性的作用。要搞大市场、大流通、大服务,打破条条块块的分割、封锁和垄断,促进和保护公平竞争。二是要建立充满活力的发展机制。要按照政企分开的原则把企业推向市场,根据不同行业的特点,实行不同的经营管理方式。第三产业企业一般都要成为自主经营、自负盈亏、自我积累、自我发展、自我约束的经济实体。在大力抓好以上两个环节的同时,还必须抓好政府职能转变,深化计划、流通、财政、金融、劳动工资和人事管理等方面的改革,为第三产业的兴起和发展提供配套的政策和条件。特别要重视和抓紧社会主义市场经济体制的法制建设。市场经济在很大程度上是以法律为规范的经济,经济活动都必须在法律规定的范围内进行。当前强调发挥市场作用,进一步放开搞活的时候,必须加强经济法制建设,加快经济立法,严格司法、执法,保证整个经济活动的健康运行。

李鹏指出,要依靠社会力量兴办第三产业。要使第三产业有一个大的发展,国家和各级政府必须逐步适当地增加投入。加快发展第三产业,主要应当依靠社会力量的投入。调动各方面的积极性,国家、集体、个人一起上,特别要注意吸收社会闲散资金发展第三产业。在加快发展第三产业中,我们不能只盲目增加投资,上新项目,铺新摊子,还要着眼于充分挖掘现有企业和社会事业单位的潜力。

李鹏最后说,要加强领导,搞好规划,引导第三产业健康发展。各级领导都要把发展第三产业作为深化改革,扩大开放,促进经济上新台阶的一件大事来抓,纳入议事日程。现在,不少地方和部门发展第三产业的积极性很高,同时也出现了一些值得重视的问题。各地区、各部门的领导要经常分析研究第三产业发展的情况,及时解决出现的问题。必须正确认识微观搞活和宏观调控的关系。我们要建立的社会主义市场经济体制,一方面要发挥市场对资源配置的基础性作用,使经济富有生机和活力;另一方面必须同时加强和改善国家对经济的宏观调控,引导市场的健康发展。强调宏观调控的目的,就是为了把大家发展第三产业的积极性保护好、引导好、发挥好,使之取得更好的效果。加快发展第三产业的一个重要方面是搞好发展规划。要注意从实际出发,合理确定发展目标。要因地制宜、量力而行。在发展速度问题上不搞互相攀比。要选准重点和带头行业。各地都要把培育市场体系,特别是发育生产资料市场作为发展重点。同时,要把加强交通运输、邮电通信和科技教育放在突出的地位。要重视发展与提高人民生活质量密切相关的行业,包括城乡饮食服务业和各类社区服务业。要努力把企业和机关服务业分离出去,提倡服务社会化。要拓宽第三产业发展领域,注意发展与市场体系建设密切相关的新兴行业,包括金融、保险、旅游、信息、法律和会计审计咨询等。同时,积极搞好城乡社会化服务体系和社会保障体系的建设。要处理好当前和长远、局部和全局的关系。把近期发展重点与长远发展目标结合起来,做到长计划短安排,有步骤地付诸实施。各地区、各部门要在全国整体规划的指导下,形成全国性、区域性、地方性多层次的和相互配套的第三产业发展格局。要把培养人才放到重要地位。现在第三产业人才不足,特别是金融、信息、咨询、法律、会计、审计等新兴行业人才更是奇缺。必须有计划地加快这些方面人才培训的步伐,提高人才的素质。

国务院副总理朱镕基主持闭幕大会,姚依林、田纪云、李铁映、吴学谦、邹家华、宋健、陈俊生、李岚清、罗干等领导出席会议。

国家科委国家体改委确定沈阳等八城市作为“八五”期间科技经济体制综合配套改革试点城市

国家科委和国家体改委最近决定,选择沈阳、南京、哈尔滨、黄石、广州、大连、烟台和重庆八个城市作为试点城市,在“八五”期间进行科技体制和经济体制综合配套改革的试点工作,探索在城市进一步深化改革和建立社会主义市场经济的路子。

试点主要任务有八方面:

——促进科技人才分流,调整科技组织结构,积极发展科技企业;

——加快以转换企业经营机制为中心的经济体制改革，加快市场机制的发育和发展，为科技进步创造环境条件；

——加速科技成果向现实生产力的转化，推进高新技术成果商品化、产业化和国际化，用科学技术特别是高新技术改造传统产业；

——把科学技术植入农村经济，依靠大科技发展大农业，促进城乡科技经济协调发展；

——建立全社会、多渠道、多层次的科技投入体系，保证科技投入的持续稳定增长；

——进一步落实科技人员政策，充分发挥科技人员的才能和智慧；

——全方位、多层次、大跨度扩大对外开放，推进国际科技合作和外向型经济的发展；

——完善科技政策法规体系，创造良好的发展环境和支撑条件。

国务院关于进一步改革国际海洋运输管理工作的通知

通知的主要内容是：

一、放开货代、船代，允许多家经营，鼓励竞争，以提高服务质量。凡符合开业条件、合法经营的企业（包括取得企业营业执照的分支机构），经批准都可以从事货代、船代业务，货主和船公司有权自主选择货代、船代，承运人与货主可以建立直接的承托运关系，任何部门都不得进行行政干预。

二、充分调动各方面的积极性，发展国际海洋运输事业。凡符合开业条件、合法经营的企业（包括大型企业集团和专业进出口公司），经批准都可以建立船公司，从事国际海洋运输业务。

三、按照《全民所有制工业企业转换经营机制条例》的规定，扩大船公司经营自主权。船公司根据国家的宏观要求，可自主决定航线经营、船舶配置、运力增减、船舶更新。

四、对国内船公司目前无力开辟的航线或航班密度不够的航线，应本着对等原则吸引外资班轮或侨资班轮挂靠我国港口，但不得经营沿海运输。有步骤地允许外国船公司在我境内开办独资或合资船务企业，经批准，可为其自有船舶进行揽货、签单、结汇和签订业务合同。

五、切实转变政府部门的管理职能。交通部、经贸部要按照政企职责分开的原则，简政放权，减少对企业具体事务的审批和行政干预。目前，货代管理的方针政策、法规、统计调查仍由经贸部归口负责；船公司、船代管理的方针政策、法规、统计调查仍由交通部归口负责。今后，两部主要是通过宏观调控和经济、法律等手段，对从事国际海运的船公司和货代、船代行业进行宏观管理，并参照国际惯例和根据我国国情，制定公正、合理的船公司、船代、货代经营资格标准和审批管理办法，为企业提供一个公平竞争的市场环境。两部对参与竞争的企业要加强行业管理，一视同仁，不得因隶属关系不同而对企业有亲疏之分。各级地方政府也要简政放权，并防止地区保护主义。

六、交通部要借鉴国外发展航运业的办法，商有关部门尽快研究制定促进我国海洋运输事业发展的具体政策，报国务院批准后执行。

交通部、经贸部以及其他有关部门，要尽快研究制定国有船代、货代企业和船公司与外资、合资船代、货代企业和船公司在税收和经营上平等竞争的具体政策，以及完善监督、约束机制，打破条块分割、封锁、垄断，取缔非法经营等远洋运输市场的管理办法，报国务院批准后执行。

七、交通部、经贸部所属企业要充分发挥自己的优势，并采取“联营”或“参股”等多种形式发展横向联合。

八、经贸部、交通部要在国际海洋运输管理工作中加强团结，密切合作，协商办事。遇有与其他部门有关的问题，必须商得有关部门同意或联合行文，不得单独下发与有关部门意见有分歧的文件。对协商不一致的重大问题，可报国务院决定。

九、中国远洋运输总公司、中国对外贸易运输总公司是我国最大的两家外贸运输企业，应享受国家给予的同等政策待遇。有关部门要给予支持，增强他们的对外竞争能力，促进我国国际海洋运输业的发展。

十、各有关部门要根据本通知的精神，对本部门以前所发文件进行清理，凡不符合本通知规定的，要按本通知的规定修改后下发执行。

本通知自下发之日起执行。

第四届中国经济发展国际研讨会在北京召开

研讨会由中国社会科学院、美国亚洲经济研究委员会、上海社会科学院联合召开，50余名中外著名经济学家参加。

中国社会科学院副院长刘国光教授作《中国经济发展的过去、现在和未来》的专题报告。他指出，90年代中国经济将持续以8%～9%的速度增长。要保证这一目标的实现，在发挥市场作用的同时，需要完善政策指导。美国经济协会会长、哥伦比亚大学经济学教授W·维克利，美国著名经济学家、诺贝尔经济学奖获得者L·R·克莱茵教授作了演讲。此次研讨会将围绕中国经济稳定发展的中心议题进行深入广泛的讨论。

“关贸总协定与中国”国际研讨会和高级研修班在人民大会堂举行

对外经济贸易部李岚清部长出席开幕式并讲话。

李岚清说，中国共产党第十四次全国代表大会提出了建立社会主义市场经济的改革目标，这不仅将大大促进中国的经济发展，同时也使中国的经贸体制在向关贸总协定的国际规范靠拢方面，迈出了重要一步。我们认为，恢复中国在关贸总协定地位的条件已经成熟，中国在享受关贸总协定的权利的同时，有能力承担履行关贸总协定的各项义务。

中葡联合联络小组第15次会议在钓鱼台国宾馆举行

联络小组中方首席代表康冀民大使在会议开始时对前来采访的记者说，他和联络小组葡方首席代表吉马良斯大使已商定，本次会议将讨论澳门过渡时期的三大问题，即公务员本地化、中文的官方地位和法律翻译和本地化问题，还将研究澳门加入有关国际组织和有关澳门国际机场建立以后空运协议范本工作小组等问题。吉马良斯大使说，葡中两国之间友好和坦诚的合作是十分必要的，希望能在本次会议中继续下去。他还说，“我们有信心使这次全体会议开得顺利，并取得好的成果。”联络小组中葡双方代表和专家参加了会议。

中华人民共和国外交部和秘鲁共和国外交部在利马签订关于建立政治磋商制度的议定书

全国人大常委会外事委员会副主任委员姚广在波恩同德国经济合作部长施普莱格尔就双边关系国际形势等问题进行会谈

全国青联承办的联合国教科组织第18届非政府青年组织集体磋商会议在北京举行

中国代表吴成江在联大第一委员会关于防止外空军备竞赛问题会议上重申中国政府的原则立场

吴成江说，外层空间属于全人类，应完全用于和平目的，造福于人类。因此，任何国家不应以任何理由发展外空武器。他说，中国主张全面禁止和彻底销毁外空武器，所有拥有外空能力的国家应立即采取措施防止和制止外空军备竞赛，首先是全面禁止外空武器。在这方面，具有最大空间能力的国家自然负有特殊责任，应立即停止发展、试验、生产和部署外空武器，并销毁现有的一切外空武器。吴成江说，中国认为，为实现制止外空军备竞赛的目标，有必要采取以下措施：

1. 全面禁止一切类型的外空武器，包括反弹道导弹武器和反卫星武器，实现外空“非武器化”；

2. 禁止在外空、从外空或向外空使用武力或进行敌对行动。

吴成江说，中国赞成裁军谈判会议尽快进行实质性谈判，以尽早缔结含有上述规定的国际协定。

国务院学位委员会第11次会议在北京结束

国务院学位委员会第十一次会议讨论了加快我国学位工作改革和发展的问题，同时审议了有关增列博士生导师和审核增加部分学位授权点等事宜。

与会学位委员指出，我国学位工作尽管取得了很大成绩，但还不能适应改革开放和社会主义建设的需要，必须加快改革和发展。他们认为，应积极稳妥地改革现行的学位授权审核办法，逐步下放增列博士生指导教师的审核权和硕士学位授权点的自行调整与新增审核权，并先在一些单位进行试点，同时还要建立健全保证授予质量的规章制度。

这次会议还就即将开始的审核增列博士生导师和学位授权点的工作进行了研究、审议。这次学位审核工作将审核批准一批博士生指导教师，其中以中青年为重点，45岁以下获得过博士学位的教授或相当此专业技术职务的人将被优先考虑。

中国儿童发展中心顾问林佳眉获第2届诸福棠奖

中国灾害防御协会等单位主办的全国大中型企业减灾工作交流会在上海宝山钢铁总厂召开

来自全国19个省、市、自治区的200多名专家和企业代表，就企业减轻灾害的经验与教训，企业减灾投入与效益，企业减灾的主要对策、措施等问题进行了交流和研讨。会议认为，尽管在我国，企业减灾工作还有待于深入，但不少具有远见卓识的企业，充分意识到减灾与生产相辅相成的关系，大幅度地增加了防灾投入，并取得了明显的经济效益与社会效益。如宝钢每年的防灾投入约2000多万元，从而确保了宝钢生产的安全。

11月11日

国务院副总理朱镕基在人民大会堂会见美国PPG工业公司董事长兼总裁文森特·沙尼日本旭硝子株式会社董事长兼总裁古本次郎日本伊藤忠商事株式会社常务董事山村隆志

朱镕基对这三家外国公司同中国大连玻璃厂和中国建筑材料及设备进出口公司签署建立名为“大连浮

法玻璃有限公司”表示祝贺，希望这一合资公司将来兴旺发达。

新形势下的中俄关系国际学术研讨会在北京开幕

近 50 名中国和俄罗斯的著名学者、专家及官员参加的“新形势下的中俄关系”国际学术研讨会上午开幕。俄罗斯驻中国大使罗高寿在开幕式上致词。

中国现代国际关系研究所所长耿惠昌和俄罗斯科学院远东研究所所长米哈依尔·基塔连科先后在会上作主题发言。俄罗斯联邦外交部长科济列夫给研讨会发来贺词。为期三天的研讨会是由俄罗斯科学院远东研究所、中国社会科学院东欧中亚研究所和中国现代国际关系研究所联合举办的。

“国际科学与和平周”中国青年科技城在北京中日青年交流中心开幕

中央综合治理委员会办公室和铁道部联合在湖南衡阳召开全国整顿铁路治安重点区段座谈会

会议提出，加强领导、强化措施，继续搞好铁路治安重点区段的整顿工作，进一步推动铁路治安综合治理，使铁路更好地为加快改革开放和经济建设服务。

中央综治委委员兼综治委办公室主任、中央政法委副秘书长束怀德在会上强调指出，当前在整顿取得比较大的成绩的情况下，尤其要注意防止产生松劲情绪。

铁道部副部长石希玉要求 1993 年重点区段的整顿工作要有一个突破性的进展，为了实现这个目标和任务，地方各级党委、政府和铁路部门要加强领导，明确目标，把重点整顿工作摆到重要位置；路地配合，集中力量，重点整顿车站及其附近地区和铁路沿线的治安秩序；打防并举，标本兼治，对抢劫和盗窃犯罪这两个重点，加大打击力度，严格管理，堵塞漏洞，认真总结经验，加强检查督促，巩固整顿成果，保持铁路治安长期稳定。

11 月 12 日

国务院总理李鹏到三峡地区考察

李鹏于 11 月 12 日至 18 日到三峡地区实地视察，调查研究。在四川涪陵、万县和湖北巴东、秭归等地，李鹏考察了移民试点村，视察了城镇和工厂，听取了关于移民工作的汇报。在三峡工程大坝坝址三斗坪中堡岛、葛洲坝大江电厂、荆州分洪区北闸等地方，李鹏实地考察了三峡工程建设的前期准备工作。李鹏还视察了重庆市和武汉市的经济和市政建设设施，神龙汽车、长飞光纤光缆等大型和高科技中外合资企业，以及武钢和宜昌、沙市、鄂州的一些工厂等。

在听取四川省、重庆市和湖北省、武汉市负责同志的工作汇报后，李鹏肯定了两省两市在工作中取得的成绩。李鹏说，在今后的工作中要深入贯彻十四大精神，抓紧转换企业经营机制和培育、发育市场的工作；要重视和发展农业，把农业生产逐步纳入高产优质高效的轨道。重庆市在商业“四放开”方面先行一步，是符合社会主义市场经济机制的。李鹏最后强调要认真做好明年生产的准备工作。

外经贸部部长李岚清在中宣部等五单位举办学习中共十四大精神报告会上作题为《认真贯彻落实十四大精神，进一步扩大开放，加速对外经济贸易发展》的报告

李岚清上午在报告中指出，中国要加快经济发展，实现现代化，必须加速发展对外经济贸易。李岚清主要讲了三个问题：一、改革开放、发展对外经济贸易是实现现代化的必由之路；二、抓住机遇，迎接挑战，进一步扩大对外开放，加速形成全方位发展格局；三、进一步改革对外经贸体制，加速对外经济贸易发展。

李岚清说，江泽民总书记在十四大报告中再次强调，实行对外开放是改革和建设必不可少的，应当吸引和利用世界各国包括资本主义发达国家所创造的一切先进文明成果来发展社会主义，封闭只能导致落后；并指出要进一步扩大对外开放，更多地利用国外资金、资源、技术和管理经验，吸取人类社会创造的一切文明成果。十四年来，我国对外开放逐步扩大，对外经济贸易发展取得了举世瞩目的成就，在社会主义现代化建设中发挥了重要作用。

李岚清在谈到进一步扩大对外开放时说：过去有一种观念，认为那些国内市场较大、资源较多的国家无需发展外向型经济，只有国内市场小又缺乏资源的国家才需要发展外向型经济。实践证明，这是一种片面的观念。当今世界的经济，相互依靠、相互合作和相互竞争的趋势越来越明显，任何封闭型的经济是不可能有较快发展的。

在谈到办好经济技术开发区时，李岚清说，经济技术开发区和高新技术产业开发区的建设，要统筹规划，量力而行，合理布局，讲求实效，认真办好。对于那些确有需要经过批准建立的经济技术开发区，要注意同老企业和老城市的改造很好地结合起来。现在许多位于城市中心的老企业，技术、设备和产品均已老化，可以鼓励他们同外商合作迁到开发区去办厂，这样不但老厂可以变成新厂，老产品可以变成适应市场需要的新产品，而且原来的厂址还可以腾出来发展房地产和第三产业，有利于老城市的改造。要防止把老企业放在那里不管，又到开发区去建一大批新厂的外延式的投入。

李岚清强调要进一步改革外经贸体制，促进对外经济贸易发展：

——要转变对外经贸行政管理职能，做到主要用法律、政策和经济等手段(包括税收、信贷、关税、利率、汇率等经济杠杆)，辅以必要的行政手段来强化对外经贸的宏观管理，弱化微观管理。

——根据建立社会主义市场经济的要求和国际惯例，加快经贸立法工作；同时要采取措施，增强经贸管理办法的透明度，促进经贸工作的更好发展。

——根据建立社会主义市场经济体制的要求，进一步改革进出口管理体制。出口商品要进一步放开。除了少数重要商品外，其他出口商品要在自负盈亏、平等竞争的基础上有步骤地放开经营，进一步放开经营的幅度将超过50%以上。

李岚清还谈了落实《全民所有制工业企业转换经营机制条例》，深化外贸企业机制改革、发展集团化、国际化经营、完善外贸协调服务机制、进一步改革和完善汇率机制、发挥关税对进出口调节作用、进一步取消进口补贴等问题。

国务院批准兴建中国首条内地与香港合资兴建和经营的地方铁路——金温铁路

金温铁路在浙江省境内北起金华新东孝，经武义、永康、缙云、丽水、青田至温州龙湾，全长251.51公里。

商业部加快90年代商业改革和发展步伐的意见

商业部最近组织干部深入学习党的十四大文件，结合商业工作的实际提出了贯彻十四大精神、加快90年代商业改革和发展步伐的一系列意见。

商业部提出，要建设大市场，参与大流通，发展大商业。国有商业(包括粮食部门)和供销合作社商业要适应社会主义市场经济要求，积极培育市场、建设市场，建立以市场为导向的价格体制。要打破地区封锁、部门分割，实现货畅其流，进一步促进商品统一大市场的形成和发展。

商业部还要求国有商业和供销合作社商业在市场竞争中发挥主导作用，要大力发展商业和饮食服务业，积极参加金融、保险、旅游、信息、法律和会计、审计、咨询、居民生活服务等第三产业，要发挥商业部门的特长和优势，开辟一些为市场经济和商品流通服务的新产业、新的服务领域。

商业部还针对机关实际，提出了转变政府职能，改革商业行政管理的问题。今后，商业行政部门主要是统筹规划、掌握政策、信息引导、组织协调、提供服务和检查监督以及少数重要商品的储备、调控等。

交通部确定培育和发展交通运输市场的目标

交通部确定的改革内容主要包括：改革过去的生产月度平衡会议，使平衡会逐步成为货、运双方直接见面，签订运输合同，组织货、港、船方平衡衔接的市场。同时，加强有形运输市场的基础设施建设，以48个公路主枢纽为中心，形成全国的运输市场网络。逐步减少生产资料的计划运输，直至全部过渡到市场运输。对已经纳入市场的运输和工程建设，要通过加强交通法制建设、完善市场规划，搞好市场管理，引导市场健康发展，使进入市场的国营、集体、个体企业处于平等竞争的地位。在运价方面，将逐步实行新设施新价和优质优价、向公路水路运价全部放开过渡，最终建立以市场价格为主的运价机制。

中南经济技术协作区九省区市代表在广州召开第七次联席会议

李嘉诚回答记者提问希望香港安定繁荣顺利过渡

原基本法起草委员会委员李嘉诚在回答记者提问时表示：基本法是好的，所有的人都希望香港能继续安定繁荣，顺利过渡。李嘉诚认为目前中英在香港政制问题上的争论，对于投资者会造成一定的影响。

中共中央政治局常委李瑞环在人民大会堂会见匈牙利基督教民主人民党主席、人民福利部长舒尔扬·拉斯洛

中国代表马朝旭在联大第二委员会讨论“国际合作以消除发展中国家贫困”的议题时提出消除贫困的几方面重点工作

1. 振兴发展中国家及贫困地区的经济增长和发展，启动贫困国家和地区内部的经济活力，进行开发性的生产建设，逐步形成依靠自己力量发展商品经济的自我发展能力。

2. 发展中国家消除贫困的努力应得到外部大力支持，发达援助国应当为改善发展中国家的贸易条件、减轻债务负担和改善环境创造有利条件。

3. 联合国应进一步加强在减轻和消除贫困领域的工作，提高向发展中国家提供援助的效率，加强各部门和机构之间的协调。

马朝旭说，国际合作在中国的扶贫工作中发挥了重要作用。在自身努力为主的基础上，我们还需要国际社会的支持和合作。

中国代表刘志贤在联大第三委员会讨论国际难民问题时提出中国对妥善解决难民问题的四点主张

1. 难民问题同世界和平与发展紧密相关。解决难民问题的关键在于消除产生难民的根源。

2. 难民署在援助和保护难民及流离失所者中应继续坚持其人道的和非政治的宗旨。我们不赞成将意识形态方面的争论带进难民领域,也不赞成将难民问题政治化。

3. 国际社会在重视和加强对其他地区难民和流离失所者的援助的同时,不应忽视或减少对千百万亚非拉地区的难民和流离失所者的援助。

4. 国际社会应继续本着加强团结和责任分担的精神为解决难民问题而共同努力。多年来广大发展中国家承受着巨大的难民负担,我们希望国际社会要设法帮助这些国家与他们一起分担责任。

刘志贤说,我们支持难民署加强对难民紧急情况的反应能力。我们赞同难民署把解决难民问题同发展援助和环保相结合的主张。

外交部发言人吴建民就国务院副总理朱镕基即将访问英国芬兰丹麦瑞典和挪威答记者问

外交部发言人吴建民下午在每周一次的记者招待会上回答提问时说,朱镕基副总理是怀着增进了解、加强友谊和发展合作的愿望应邀对英国、芬兰、丹麦、瑞典和挪威进行正式友好访问的。访问期间,朱镕基将会见五国领导人及其他各界人士,并就共同关心的国际问题和发展双边关系、特别是经贸合作关系问题广泛交换意见。

当被问及目前柬埔寨和平进程面临着严重的挑战,有观察家认为内战有可能重新爆发,中方对此有何评论时,吴建民说,目前,柬埔寨和平进程正处在关键时刻,努力维护来之不易的和平局面是柬埔寨人民的根本利益所在。"希望柬各方遵守巴黎协定,均能采取克制态度,防止战火再起。"

在应记者提问对日本恢复对越南的援助发表评论时,吴建民说,日越关系的改善有利于本地区的和平与稳定,"我们对此表示欢迎。"

吴建民在评论法国关于五核大国就停止核试验问题举行磋商的建议时说,中国政府注意到了法国的这一建议。中国政府愿在日内瓦裁军谈判会议的现有机制内与包括法国在内的裁军谈判会所有成员国一道,就有关问题进行讨论。

11 月 13 日

国家主席杨尚昆在人民大会堂会见智利总统帕特里西奥·艾尔文·阿索卡尔

中共湖北省委省政府在湖北省红安县举行黄麻起义 65 周年纪念大会暨"黄麻起义和鄂豫皖苏区革命烈士纪念馆"落成典礼

国务院港澳办公室决定港澳记者到内地采访可随时申请

中共中央政治局常委乔石在湖南考察

11 月 13 日至 19 日,乔石到湘南的衡阳、郴州和零陵等地、市考察。

在考察时,乔石强调,各级领导干部必须进一步解放思想,转变观念,坚定地按照邓小平同志建设有中国特色社会主义的理论和十四大精神,抓住有利时机把经济建设搞上去。坚持实事求是,坚持党的基本路线一百年不变,对这一点谁都不能动摇,并且一定要搞得深入人心。只有这样,才能为我国今后长期的改革开放和经济发展打下坚实的基础。发展社会主义市场经济是一项十分艰巨的任务。要切实抓紧搞,通过不断的努力,建成一个适合中国国情的社会主义市场经济体制,意义是巨大的。大中型企业尤其要深化改革,转换机制,以适应社会主义市场经济的需要。

乔石说,党的十一届三中全会以后,农村经济之所以发展很快,主要是因为实行了农村家庭联产承包责任制等经济政策,调动了农民的积极性。

改革 14 年来我国经济的蓬勃发展,与农村经济体制改革、农业生产的发展巩固是分不开的,离开了这一点,其他都谈不上。因此,要认真注意农业问题,要继续保持和发展农民对生产粮食和各种农作物的积极性,实现农业的长期稳定发展。农业仍然是国民经济的基础,不断加强这个基础的决心不能动摇。

乔石指出,发展第三产业和乡镇企业关系到国民经济的全局。在整个经济发展中要把它放在适当的重要位置上,使之发展得快一些。要善于借鉴在这方面搞得比较好的地方的经验,避免走别人走过的弯路,使第三产业和乡镇企业的发展更加符合当地实际,更加健康。与此同时,在农村要努力加强小城镇的建设。

乔石强调,要坚持两手抓、两手都要硬的方针,坚决维护社会稳定,打击犯罪,扫除各种丑恶现象,加强社会主义民主和法制建设。他指出,只要领导重视,依靠群众,动员全社会力量齐抓共管,社会治安的综合治理就能抓出成效。邵阳、衡阳地区的经验就说明了这点。他还指出要进一步抓好党的建设,密切党同人民群众的联系,以保障我国改革开放和现代化建设顺利进行。

外经贸部部长李岚清同荷兰外贸大臣伊冯娜·范·罗伊举行会谈

11月14日

中共中央总书记江泽民在钓鱼台国宾馆会见智利总统帕特里西奥·艾尔文·阿索卡尔

国家主席杨尚昆在钓鱼台国宾馆同智利总统帕特里西奥·艾尔文·阿索卡尔举行会谈

杨尚昆说,智利是南美洲第一个与中国建交的国家。中智建交22年来,两国关系发展顺利,智利已成为中国在南美大陆的重要伙伴之一。中国政府重视发展同智利的友好合作关系,并愿同它一道共同努力,将两国关系推向一个新的发展水平。中智两国的商品具有互补性,发展双边贸易很有潜力,希望双方为双边贸易的稳定增长共同努力。

艾尔文说,中国实行改革开放政策,智利对此极感兴趣。这将为智中开展新的、更多的交流和合作提供机会。亚太地区近年来的经济发展举世瞩目,智利也属太平洋国家,愿意发展包括同中国在内的亚太地区国家的友好合作关系。

最高人民法院最高人民检察院公安部关于依法文明管理看守所在押人犯的通知

通知的主要内容是:

一、各有关部门要进一步完善和落实各项管理制度和监督制度,严格按照《看守所条例》的规定关押和管理人犯,严禁打骂、体罚、虐待人犯,坚决杜绝各种不人道或有辱人格的事件发生,对人犯实行文明管理。加强看守所检察工作,对有关人员违法行为严肃查处,及时纠正。

二、除本人要求外,禁止给在押人犯剃光头,禁止剃有辱人格的发型。看守部门应定期组织给人犯理发、洗澡,对要求理怪发型的人犯应予拒绝,并进行教育。

三、为了便于区别和管理,有条件的地方可以给人犯穿统一式样的服装,但禁止在服装上印制"囚"、"犯人"等字样,也不得印有侮辱性的图案。

四、在审讯、审判、宣判等活动中,除对确有可能发生行凶、脱逃、自杀等危险的人犯和重刑犯外,禁止给人犯戴手铐、脚镣或者用警(法)绳捆绑。

五、严禁将死刑罪犯游街示众。对其他已决犯、未决犯和其他违法人员也一律不准游街示众或变相游街示众。

六、加强对人犯生活卫生的管理。人犯伙食必须保证卫生,吃熟、吃热、吃足标准,注意防治疾病,严禁克扣囚粮经费,严禁以"饿饭"作为对人犯的惩罚。人犯如故意浪费食物应按规定处理,严防狱霸强吃他人食物,一经发现要从严处罚。如发生饿死人犯的事件,要坚决追究有关人员的法律责任。

七、各地对外宣传报道务必严格审查,未经批准,任何人不准到看守所采访、参观和进行宣传报道活动。

中共中央统战部部长丁关根在人民大会堂会见由李东海主席率领的香港东华三院历届主席会北京及上海访问团

丁关根首先向访问团的32位成员介绍了中共十四大和国内形势。丁关根说,邓小平南巡发表重要谈话以来,全国各地迅速掀起经济建设热潮,到处都呈现出勃勃生机。搞社会主义市场经济是人类历史上没有先例的,而且在拥有11亿人口的社会主义国家搞市场经济更是没有过的。丁关根说,全国各地正在认真贯彻十四大精神,大家热情很高,都在研究如何适应市场经济体制。在谈到国内经济形势时,丁关根表示,今年的粮食生产、工业、储蓄、外贸等方面都很好,但仍存在一些诸如产品质量差、投资结构不够合理、经济效益低的问题。在借鉴资本主义国家先进经验的同时,中国会走出一条既要有比较高的经济增长速度,又要有比较好的效益的发展道路来。

东华三院历届主席会主席李东海说,目前内地的经济发展势头很好,香港也因此而得益。上个月曾随全国政协考察团前往上海、安徽视察,所到之处看到的都是欣欣向荣的景象,非常振奋人心。正是基于这种好形势,这次率东华三院历届主席会访问团到北京、上海考察投资环境,探求合作的可能性。

丁关根向客人表示,一国两制的政策是不会改变的,欢迎各位到沿海以及内陆地区投资。丁关根还希望访问团成员以及其他港商帮助内地工厂进行技术改造和发展第三产业。丁关根还回答了访问团其他成员的问题。

中共中央政治局常委胡锦涛在人民大会堂会见由中央政治局委员国际部长弗朗西斯·乌尔茨率领的法国共产党代表团

中华人民共和国政府和阿拉伯埃及共和国政府在开罗签订1993至1995年文化合作执行计划

中葡联合联络小组发布第十五次会议新闻公报

中葡联合联络小组第十五次全体会议于1992年11月10日至13日在北京举行。

双方正式确认了《公民权利和政治权利国际公约》、《经济、社会与文化权利国际公约》适用于澳门所达成的协议。

双方就澳门加入亚太电信组织、海关合作理事会和伦敦会议对《关于消耗臭氧层的物质的蒙特利尔议定书》的修正适用于澳门问题达成了协议。

双方还就澳门参加亚太发展中心、世界卫生组织西太平洋区域委员会和亚太经济合作会议达成原则协议。

双方继续审议了公务员本地化、落实中文官方地位和法律中译问题取得的进展，并就澳门过渡时期的其他重要问题交换了意见。

双方注意到澳门机场建设的进展情况，并指定了双方代表团的代表就空运协议范本工作小组的运作进行联系，该小组应早日开始工作。

会议以建设性的精神在亲切友好的气氛中进行。

中葡联合联络小组第十六次全体会议定于1993年3月9日至12日在澳门举行。

国务院港澳办公室发言人就香港立法局通过麦理觉议员修订动议一事答记者问

国务院港澳办公室发言人就香港立法局日前辩论通过麦理觉议员修订动议一事回答记者提问时指出：这表明港督彭定康无意同中方磋商，公然抛弃同基本法衔接的原则，欲继续沿着违背中英联合声明、基本法和中英两国政府已达成的谅解的错误道路走下去。这意味着彭定康对中方的挑战正在升级。

发言人说，我们再一次奉劝彭定康先生，不要再玩弄什么政治手腕，只有重新回到中英联合声明的轨道认真磋商，才是唯一的良方，任何在1997年7月1日不能同基本法衔接的政制安排都是没有前途的。

未成年人犯罪的预防审判和矫治国际研讨会在上海召开

研讨会是应国际少年与家庭法院法官协会的要求，中华人民共和国最高人民法院首次举办。

会议的主题是共同探索和努力采取有效措施减少青少年的违法犯罪。我国代表在会议上介绍了中国在加快现代化建设同时，加强社会主义精神文明建设，消除社会丑恶现象，保护青少年健康成长的一些措施，受到与会代表的重视。

郭沫若与中国现代文化的发展国际学术研讨会在北京举行

来自美、意、德、日等国家和中国大陆及台湾地区的近一百名学者举行"郭沫若与中国现代文化的发展"国际学术研讨会，纪念这位伟大的科学家、文学家、卓越的革命活动家一百周年诞辰。研讨会侧重探讨郭沫若的文化思想，如郭沫若的文化心态、品格和郭沫若的史学研究地位与影响等。

中共中央总书记江泽民 国务院总理李鹏题词祝贺中国运载火箭技术研究院建院35周年

全国普通高等教育工作会议在北京召开

国务委员、国家教委主任李铁映主持会议。

李铁映在会上说，这次会议的议题是学习邓小平同志视察南方的重要谈话和党的十四大精神，总结高等教育改革与发展的经验，研究在新形势下高等教育如何进一步发展和深化改革，全面提高教育质量和办学效益。

国家教委副主任朱开轩在会上作报告。朱开轩说，高等教育的体制必须有一个大的变革，以积极、主动地与社会主义市场经济体制相适应；我国高等教育在90年代要有一个较大的发展，质量要上一个台阶，结构更加合理，效益有明显提高，到本世纪末，使高教能够适应加快经济建设和社会发展的需要，并为下一世纪初的发展打下坚实的基础。

朱开轩指出，要探索发展高等教育的新路子，改变原有的由国家包下来的旧格局。要充分调动社会投资和办学的积极性，在以国家投资为主的同时，开辟社会企事业单位集资、民间集资、吸引外资和侨资、收取学费、学校办产业等多种渠道，逐步形成多种办学形式的新格局。要坚持走内涵发展为主的道路，国家要集中力量办好一批重点大学和重点学科。

朱开轩还就建立和完善国家统筹规划和宏观管理、学校面向社会自主办学的高等教育体制以及深化教学与科研改革、全面提高教育质量和科学水平等问题，发表了意见。

部分省、自治区、直辖市以及国务院有关部委和部分高校的负责人共400多人出席了会议。

全国高等学校设置评议委员会召开第一次会议

李铁映在会上说，全国高等学校设置评议委员会的设立，是改进高等教育宏观管理的一项重大措施，它将使我国的高等教育更加符合中国的实际情况，适应社会主义市场经济体制的建立。

会议明确提出高等学历教育的办学审批权限在国家教委，今后新建高等学校评议工作的主要依据是国务院、国家教委发布的有关政策法规。评议工作要把合理布局、优化层次科类结构、必备办学条件的有关规定放在突出位置。

该委员会主任由何东昌担任，徐敦潢、张玉玑、王学珍任副主任。

全国高等学校设置评议委员会在北京成立

国务委员、国家教委主任李铁映向受聘为评议委员的45名专家、学者颁发了聘书。凡新设置进行高等学历教育的高等学校，都必须先经该评议委员会评议，再由国家教委审批。

中国音乐家协会中央音乐学院在北京举行语言学家作曲家赵元任诞辰100周年纪念会

新华社记者就在外国的中国公民赴香港后工作及回内地探亲等活动走访有关部门

有一些在外国的中国公民应聘到香港私人机构工作，为此新华社记者走访了国家教委和人事部。

国家教委和人事部负责人介绍说，1990年9月港英政府宣布，允许部分在外国的中国公民到香港私人机构工作，目前已有一些人员应聘到港。为了方便在外国的中国公民赴港后的工作以及回内地探亲、旅行等活动，我有关部门将提供协助，主要是：

1. 在外国的中国公民应聘到香港工作后，遇有回内地探亲、旅行和从事业务活动等事宜，可与新华社香港分社取得联系，新华社香港分社将根据实际情况，向他们提供指导和协助。

2. 在外国的中国公民应聘赴港工作，持因公护照者，经新华社香港分社出具介绍函，可向我外交部驻香港签证办事处申请换领因私护照，外交部驻香港签证办事处将根据有关规定办理。他们在港期间的护照延期、加注、更换等事宜可向外交部驻香港签证办事处申办。工作签证延期则自行前往香港人民入境事务处办理。

3. 在外国的中国公民应聘赴港工作后回内地探亲、旅行、从事业务活动，往返内地与香港时，内地有关部门验凭其所持因私普通护照，按照对港澳旅客的有关规定办理。其在内地的配偶、子女赴港探亲可持新华社香港分社的证明，向当地公安机关申请办理有关手续。

4. 在外国的中国公民应聘赴港工作后，包括在港连续住满七年并依据当地有关规定取得香港永久性居民身份者，如愿意回内地工作，原身份为留学人员（包括自费留学取得大专以上学历者），愿意回内地教育系统工作的，可通过新华社香港分社向国家教育委员会提出申请，愿意回内地非教育系统工作的，可以向人事部提出申请，由国家教育委员会或人事部根据留学人员分配办法指导其就业；其他人员愿意回内地工作的，由人事部根据国家有关政策指导其就业。

国家教委、人事部的负责人希望在外国的中国公民应聘到港工作后遵守当地的法律，为香港的繁荣稳定作出自己的贡献。

11月15日

中共中央总书记江泽民在上海考察

11月15日至22日，江泽民在上海考察。江泽民在考察中指出，党的十四大把开发开放浦东列为我国90年代经济建设的重点，这是我国扩大对外开放的重要标志。为进一步发展当前的大好形势，我们要坚决解放思想，实事求是，既不能一哄而起，也不能一刀切。没有区别，就没有政策，浦东开发开放是从整个国家经济发展战略出发提出来的，一定要集中力量把浦东开发这件大事办好。

江泽民强调，建设具有中国特色的社会主义，要坚持两手抓，两手都要硬。各级党委要认真总结改革开放以来的新经验，加强和改进对精神文明建设的领导。爱国主义、社会主义和集体主义应当成为我们社会的“主旋律”。

全国质量管理工作座谈会在武汉结束

全国质量管理工作座谈会11月11日至15日召开，国务院经贸办副主任、国家技术监督局局长徐鹏航在全国质量管理工作座谈会上发表讲话强调，质量第一是我国经济建设的一个长期战略方针，各地区、各部门都要切实指导企业加强质量管理，提高产品质量，努力在三五年内使我国总体质量水平上一个较大的台阶。

徐鹏航指出，建设社会主义市场经济，是我国国民经济发展中的历史性转变。

在这个过程中，质量工作必须明确自己的使命和任务。我国下阶段质量工作的总体任务是，在今后3～5年时间内，努力弥补与国际先进水平的差距，使质量水平跃上一个大的台阶，到2000年，主要产品的质量基本达到国际90年代水平。

徐鹏航在充分肯定我国以往质量工作成绩后尖锐指出，当前质量管理松弛，假冒伪劣商品泛滥，质量问题令人担忧。

有的地方和部门在停止评优、升级之后，不知道质量工作干什么、怎么干；有的地方和部门重速度、重产量、轻质量的问题又有抬头，相当一部分企业质量管理松弛，产品检验把关不严；个别地方取消质量管理职能，撤销质量管理机构，产品质量出现了下滑的趋势。

徐鹏航呼吁，要把质量问题提到建设社会主义市场经济的战略高度来认识。徐鹏航说,质量工作既是政府职能,更主要的还是企业行为,要引导企业建立以质量管理为核心的经营管理体系,适应市场经济体制的需要。

香港中华总商会发表对港督彭定康施政报告中有关政制问题的意见书

意见书说,中华总商会早在1988、1989年就曾经发表过意见书,阐述民主进程必须循序渐进的主张。但遗憾的是,彭定康的施政报告中有关功能团体的选举办法实际是分界别的直接选举,这一办法违反原来设立功能团体的本意。

意见书说,根据中英双方在今年10月28日公布有关香港政制问题的七份文件内容,我们理解中英两国政府对于九五年立法局的组成与基本法衔接问题曾经多次交换意见,并达成共识。希望九五年选举委员会的组成能够符合中英两国外长互换函件内所同意的原则。

意见书表示,香港政制的发展必须与基本法衔接,否则不利于香港顺利过渡。更重要的是,我们希望中英双方继续维持长期友好合作的关系,为香港创造一个良好的投资环境,以利于保持香港繁荣稳定。

中英联合联络小组中方代表处发言人就英方宣扬单方面建设新机场问题发表谈话

今年7月上旬,中英双方就新机场财务安排问题在北京举行了高层会谈。由于英方坚持其严重违背谅解备忘录规定的方案,双方未能达成协议。为了不影响工程的进度和表示中方支持新机场建设的诚意,中方当时建议,在双方继续就新机场整体财务安排寻求达成协议的同时,港英政府可以先行就急需动工的机场平台拨款并批出合约。然而,英方在7月16日和30日的机场委员会会议上均明确反对中方的上述建议,称在整体财务方案未达成协议就进行大量拨款是不审慎的,是危险的,也是不正确的。布政司霍德先生7月17日在香港总商会的一个研讨会上发表演说,公开称中方建议的做法是不明智的。现在,港英政府却出尔反尔,又企图利用中方当时的建议为他们脱离备忘录而单方面建机场制造根据。

中方7月的建议是根据当时的情况提出的,但遭到了英方的断然拒绝。后来,由于港英政府高官不顾谅解备忘录的规定,接连制造新的问题,使情况已发生了重大的变化,也使中方7月的建议失去了原有的意义。中方因而不得不声明,中方不支持英方违背备忘录精神而采取的单方面的行动。

11月16日

《人民日报》发表社论《振兴经济的必由之路》

江泽民同志在党的十四大报告中明确提出,我国经济体制改革的目标是建立社会主义市场经济体制。这是关系社会主义现代化建设全局的重大决策,它为我国经济体制改革指明了方向,为我国经济的加速发展增添了巨大的动力,具有重大的现实意义和深远的历史意义。

社会主义市场经济的提出,是长期艰辛探索,总结了正反两个方面的经验而得出的必然结论。建国初期和第一个五年计划期间,我国面临着实现全国财政经济统一、对资本主义工商业进行社会主义改造和开展有计划的大规模经济建设的繁重任务,逐步建立起全国集中统一的经济体制。那个时候,在许多方面还没有统得很死,而且在社会主义改造的方法和步骤上坚持了从中国实际出发,有很大的创造。在当时的历史条件下,计划经济使中国经济得以迅速恢复,并且逐步建设了156项等一系列骨干工程,确实发挥了集中力量办大事的优势。但是,随着经济规模的扩大、经济结构的复杂、发展目标的多元化、技术更新的加快、人民生活要求的提高以及对外开放的发展,这种以高度集中统一的计划安排和行政指挥为特色的经济体制的弊端,日益显露出来。它难以调动企业和个人的积极性,严重束缚了我国生产力的发展。党的十一届三中全会吹响了第二次革命的号角,举起了体制改革的旗帜,在对计划和市场的关系的认识上不断进步和深化。特别是今年初,邓小平同志视察南方,进行调查研究,在总结当前实践经验和历史经验、借鉴国际经验的基础上,以深邃的历史洞察力,巨大的理论勇气和政治胆识,再一次提出了计划与市场不是社会主义与资本主义的本质区别的观点,抓住了中国这场改革的实质和要害,为深化改革、建立新体制提供了理论依据。这一观点的阐述,突破了传统观点,廓清了思想迷雾,使人们的脑子豁然开朗,起了极大的启蒙作用。党的十四大对社会主义经济目标的确定,正确地解决了计划与市场在资源配置中的作用这个核心问题,指出"要使市场在社会主义国家宏观调控下对资源配置起基础性作用",这是14年经济体制改革顺乎逻辑的发展,是一次思想大解放,是党继社会主义初级阶段理论、社会主义商品经济理论之后又一次理论上的重大突破,是坚持马克思主义思想路线的新的巨大成果。事实再次证明,我们党是一个勇于面对现实的党,马克思主义是反对僵化停滞的、充满活力的科学理论体系。

建立社会主义市场经济是振兴中华的必由之路,

是现阶段中国最大限度地发展社会生产力的历史选择。这一点,已为我国14年的改革实践所证实。十一届三中全会以来的改革实践,就是市场取向和在市场作用基础上进行宏观调控的伟大实验。这十几年来,我们实行了农村联产承包责任制和城市企业承包制,逐步放开了物资市场、生产要素市场和市场价格,逐步缩小了指令性计划和国家定价,市场机制在生产和流通中的作用日益明显地得到发挥。这些改革,有力地调动起广大人民群众的积极性和主动性,激发了中国经济的生机与活力,不仅显著地加快了中国经济发展的进程,而且大大增强了中国人民的社会主义信念,使我国在国际风云变幻中能够巍然屹立。实践证明,客观的经济规律不可违背,市场机制在现代社会化大生产中的基础作用不容忽视。当前,我国经济生活中还存在着经济结构不合理、国有企业经济效益不高、国家财政收支平衡压力过大等深层次矛盾,非深化改革难以奏效。当代世界经济正向国际化、一体化方向发展,现代市场经济成为普遍接受的形式,我国要大步走向世界,也必须深化改革。社会主义市场经济体制的确立,有利于推动国民经济深层次矛盾的解决,有利于在国内统一市场的基础上同国际市场接轨,因此它是我国经济进一步发展的客观需要。

市场经济是社会的自然历史过程,是商品经济发展和生产高度现代化社会化的产物。它依靠经济运行中灵敏反应的价格信息,引导经济资源和生产要素的流向,实现资源的优化配置,促进生产和需求的及时协调;它把经营自主权交给千千万万个作为法人实体的企业,使他们能够及时根据市场变化作出决策,并通过平等竞争、优胜劣汰,形成压力和动力,推动经济发展。但是,市场经济也不是万能的,它有自发性、盲目性、滞后性等弱点,因而实行市场经济体制的国家,都先后通过经济法规、政策、计划和行政措施,实现宏观调控,力求限制其不利因素。我国的市场经济,建立在共产党的领导、人民民主专政政权、以生产资料公有制和按劳分配为主体的条件下,目的是为了提高经济效益,加快经济发展,以不断满足劳动人民日益增长的物质和文化生活的需要。我们坚信,在社会主义市场经济下,经过长期艰巨的努力,整体与局部、长期与近期、计划与市场、微观与宏观的关系可以处理得更好,市场机制和国家干预这两大优势可以得到更有力的发挥,以实现公平和效率这两大目标。

社会主义市场经济目标的确立是思想解放的成果,实现这一目标也需要思想解放。从社会主义计划经济到社会主义市场经济,是经济体制的根本性变革,这一转变牵动全局,它不仅会深刻地影响经济生活、政治生活、文化生活等各个方面,而且会影响人们的价值观念、生活方式和思维方式。这就要求我们在思想认识、管理制度、领导方法方面都必须相应地来一个很大的转变。我们要自始至终以建设有中国特色的社会主义理论为指导,坚持实事求是的思想路线,根据新的实践要求,重新学习,不断创新,顺利推进经济体制的转换。

社会主义市场经济目标的确立,使我国改革开放进入一个配套改革、深层突破的新阶段。新体制的建立是一个长期的过程,是一个艰巨复杂的社会系统工程。既要做持久的努力,又要有紧迫感。既要积极,又要稳妥,避免发生大的社会动荡。既要统一规划,又要从实际出发,根据不同情况区别对待。市场经济需要有能够独立作出经济决策的市场主体,需要有一个统一而完备的市场体系,需要及时而有效的宏观调控和完整的法律法规体系,需要有完善的社会保障体系,需要有一大批有胆有识、学贯中外、能经营、会管理的人才,而我们在这些方面的工作还有很大的距离。这就需要制订一个总体规划,有计划有步骤地加以实施。我们要鼓励大胆探索创新,吸收和利用世界各国包括资本主义发达国家所创造的一切先进文明成果,进一步发挥经济特区的排头兵作用,把他们创造的经验结合当地实际,推广到全国去。

国务院召开的全国加快发展中西部乡镇企业经验交流会在西安开幕

国务院副总理田纪云主持会议,国务委员陈俊生出席会议并讲话。陈俊生强调,中西部需要重视乡镇企业的发展,解放思想观念,首先要树立全面发展国民经济的观念,把发展乡镇企业作为经济工作的一个重点来抓。要摆脱"左"的影响,放开手脚发展乡镇企业。要清除怕吃亏的思想,确立以开放求发展的意识,克服安于现状、故步自封的思想,发扬学习先进、敢冒风险的创新精神。要树立新的人才观念,大胆使用各种经济技术人才。要有新的市场观念,按照社会主义市场经济的改革总目标去发展乡镇企业。田纪云作会议总结。他指出,乡镇企业是社会主义市场经济发展的先导力量,乡镇企业西进是加快国民经济发展的重大战略选择,要加强领导,积极扶持,为加快发展中西部地区乡镇企业创造更宽松的环境。他同时指出,要更加重视农村改革和发展,始终把农业放在国民经济的首位。

国务院批准财政部《企业财务通则》《企业会计准则》

国务院副总理朱镕基在伦敦同英国贸工大臣赫塞尔廷举行会谈

朱镕基在会谈中指出,在经济领域,中英双方具有互补性。英国是发达国家，具有先进的科学技术水平；中国是世界上最大的发展中国家，正在建立社会主义市场经济体制，一个经济高速发展时期已经开始。这为中英两国进行互利合作开辟了广阔的前景。

赫塞尔廷贸工大臣和参加会谈的英国贸工部国务大臣尼达姆都表示，英国愿意成为中国发展经济贸易的良好伙伴。

在大型企业家代表团访华后，英方正在制订计划，决心赶上在中国市场上的其他贸易伙伴，更好地进入中国市场。

国务院副总理朱镕基在英国皇家国际事务研究所作题为《关于在中国建立社会主义市场经济问题》的演讲

讲演会由英国太古集团董事长施怀尔爵士主持，听众有来自英国政界、经济界、新闻界、学术界的知名人士二百多人。

朱镕基在讲演中强调："在过去的十多年里，中国的改革开放取得了举世瞩目的伟大成就。这些成就证明，中国改革开放的总设计师邓小平建设有中国特色社会主义的理论是完全正确的。""邓小平所倡导的改革开放在我国深入人心，中国人民将坚定不移地朝着既定的改革目标走下去。"

朱镕基说："中国经济改革的方向从一开始就提出了以市场为取向。前不久刚刚闭幕的中国共产党第十四次全国代表大会，再一次确认了中国经济改革的目标，是建立社会主义市场经济。我认为，明确认识，并充分肯定和大力发挥市场在配置资源中的基础作用，这是人类经过长期实践共同总结出的文明成果，也是中国人民在改革中获得的最有意义的精神解放。这也清楚地表明了，以江泽民为核心的中国共产党新的领导集体进一步推进改革开放的坚定信念。"

朱镕基指出："中国经济改革，特别是价格改革的一个显著特点，是采取了逐步推进的方式。经过十几年的价格改革，公众已经对市场机制由不熟悉到比较熟悉，由不适应到比较适应，无论从经济上，还是从心理上都对市场机制有了较强的承受能力和一定的认识能力。"

朱镕基说："建立社会主义市场经济必然要实行对外开放。中国的市场已经在相当的深度和广度上与国际市场联系在一起，对外经济贸易和技术交流合作大幅度扩展。"

朱镕基说："我们相信，我们既能按市场经济的模式来运作我们的经济，又能保持以公有制为主体，维护社会公正，实现共同富裕的社会主义制度；既能利用国外的资金，引进国外的先进技术和管理经验，又能够保持社会主义的精神文明和中华民族优秀的文化传统。因此，我们将满怀信心地在本世纪实现我们的第二步战略目标。"

朱镕基强调说："当前，中国经济正在以较高的速度健康地发展。这是由于十多年改革开放积累的潜能转化为动能的结果。这种发展有其客观条件和物质基础：第一，中国农业在邓小平改革思想指导下，不但已经成功地解决了中国人民的吃饭问题，而且还有大量的粮食储备。第二，我们的消费生产，大大超过了城乡居民的市场需求。现在我们发愁的，不是市场商品不足，而是太多，工厂的能力不能得到充分发挥。第三，重工业有一定的基础，能够生产我们需要的大部分能源、原材料和多数技术装备。第四，我国正逐步从封闭型经济转变为积极利用国际分工、国际交换的开放型经济，进出口贸易已经占了国民生产总值的三分之一，外汇有一定的储备，吸收外资的环境明显改善，可以从国际市场上调剂余缺，以支持国内的经济增长的需要。有不少外国朋友担心当前中国经济是不是过热了。这种担心是可以理解的。中国政府也注意到国民经济在结构和效益等方面的问题还不少，交通、能源、重要原材料等瓶颈部门正制约着经济的进一步发展。对此，我们的头脑始终十分冷静，我们正在从各个方面采取措施加以解决。中国政府有能力对国民经济进行宏观调控，避免结构失调和过热现象。"

朱镕基演讲后，有听众问：你对中英在香港问题上的分歧有何评论？朱镕基说：维护香港过渡时期的繁荣稳定，确保香港 1997 年的平稳过渡和政权的顺利交接，是中英两国根据中英联合声明共同承担的责任。这符合中英两国的利益，也符合香港的利益。1984 年中英两国签署关于香港问题的联合声明以后，双方的合作关系曾经是很好的。双方对香港的政制发展同《基本法》的衔接，通过充分的磋商，取得了基本的谅解和协议。去年又签署了机场谅解备忘录。这些都是中英双方在过渡时期合作的基础。

朱镕基说：但是，香港当局在不久前提出将对香港的政治体制进行重大改变，其做法和内容都明显违背了中英联合声明的有关规定和精神，违背了中英双方达成的关于要使香港政制发展同《基本法》衔接的谅解，为香港的平稳过渡和政权顺利交接设置了障碍，给香港的长期繁荣稳定造成危害。这理所当然地引起了我们的忧虑，也引起了香港各界的不满和反对。人们不禁要问，中英联合声明还要不要信守？中英双方达成的谅解是否就"一风吹"了？这是一个重大的原则问题。在原则问题上，中国政府和人民从来是绝对不含糊的。现在，在香港问题上发生了对抗，这不是我们挑起的。我们希望合作,不希望对抗。但是,不要以为对抗可以迫使我们在原则问题上让步,对此,任何人都不要作出错误的估计。

朱镕基说,我们真诚希望英方能以维护香港的繁荣稳定的大局和中英两国的共同利益为重,重新回到中英联合声明规定的磋商与合作的轨道上来。

国家主席杨尚昆同智利总统帕特里西奥·艾尔文·阿索卡尔出席中智双方关于签订两国领事条约的谅解备忘录和中国地矿部同智利矿业部地学科技合作谅解备忘录的签字仪式

全国人大常委会委员长万里在人民大会堂会见世界卫生组织总干事中岛宏博士

中国古脊椎所周忠和等人在辽宁省朝阳地区发现距今1.35亿年的20件鸟类化石 填补了鸟类起源等研究中的重要缺环

中国维吾尔族木卡姆系列活动在北京举行

“中韩代表画家交流展”在北京中国画研究院展览馆举行

中国首届高等美术院校版画研究年会在重庆四川美术学院召开

中共中央政治局常委李瑞环在人民大会堂会见由李东海主席率领的香港东华三院历届主席会北京及上海访问团

李瑞环对香港东华三院长期从事社会慈善福利事业表示敬意,对东华三院在去年华东水灾时的捐款表示感谢。李瑞环说,目前两地的经济发展势头很好,希望东华三院和香港各界人士多到内地来,广交朋友,兴办各种事业,为祖国统一和民族振兴作出更大的贡献。

香港东华三院历届主席会主席李东海先生说,东华三院自成立至今120多年来,一直奉行“取之社会,用之社会”的宗旨,为穷人提供免费医疗服务以及为各界人士提供各种社会福利。目前全世界都关注着中国经济的蓬勃发展,香港的一部分资金将从其他地方转移到内地来。

中国代表刘志贤在第47届联大第三委员会认捐会议上宣布中国政府将向联合国难民署1993年度一般援助项目捐款25万美元

11月17日

中共中央政治局常委李瑞环与民主党派全国工商联负责人进行座谈

座谈会在中央统战部礼堂举行。中共中央政治局委员、书记处书记、中央统战部部长丁关根主持座谈会。

李瑞环在讲话中指出,必须用邓小平同志建设有中国特色社会主义的理论指导统一战线工作。他说,中国共产党领导的多党合作和政治协商制度,是我国的一项基本政治制度。所谓基本制度,我理解它是长期的制度,是影响其他许多制度的制度。过去,依靠这个制度,我们风雨同舟,患难与共,在争取祖国统一和发展社会主义事业的前进道路上排除各种困难,夺取了一个又一个胜利。今后我们要完成统一祖国、振兴中华的伟大事业,也必须依靠这个制度。

李瑞环指出,中共十四大的意义是多方面的,其中最重要的是,明确提出邓小平同志建设有中国特色社会主义的理论。这是马克思主义同中国实际相结合的最新成果,是当代中国的马克思主义,是指引我们实现新的历史任务的强大思想武器。用这一理论指导统战工作,我认为至少要研究两方面的问题:一方面是如何更好地贯彻落实这一理论有关统战工作的内容;另一方面是如何更好地为根据这一理论所确定的总任务服务。

李瑞环强调,最大限度地团结人,是统战工作的一项重要任务。中共十四大提出的各项任务是令人鼓舞的,同时也是十分艰巨的,必须团结一切可以团结的人,调动一切可以调动的积极因素,共同奋斗。各民主党派有自己熟悉的领域,有自己的成员和所联系的群众,有自己具有广泛社会影响的代表人物,可以在实现最广泛团结的任务中,发挥特殊的作用。

李瑞环说,从现在起到年底,各民主党派将陆续召开代表大会。开好大会,对各民主党派积极稳妥地实行领导班子新老交替,加强思想建设和组织建设,提高参政议政和民主监督的能力,更好地坚持中共领导的多党合作和政治协商制度,有着非常重要的意义。

全国工商联主席荣毅仁、民建中央主席孙起孟、农工民主党中央主席卢嘉锡、民盟中央副主席钱伟长、民革中央副主席贾亦斌、台盟中央主席团主席蔡子民等,在会上先后发言,就统一战线如何落实中共十四大精神,更好地发挥各民主党派在改革开放和经济建设中的作用,完善共产党领导的多党合作和政治协商制度,加强民主监督,各民主党派如何加强思想建设和组织建设等问题,发表了意见,提出了建议。出席座谈会的还有：彭清源、高天、万国权、雷洁琼、赵朴初、陈舜礼、方荣欣、杨纪珂、周培源、徐采栋、李定、孙孚凌、张绪武、程思远等。

中华全国总工会国务院经贸办关于适应企业经营机制转换进一步加强工业企业班组建设的意见

班组是企业组织职工进行物质文明和精神文明建设的最基层单位。企业的经营发展战略、方针、目标和工作任务，最终要靠班组贯彻落实。企业内部改革的措施，也要依靠班组和班组职工才能实现。因此，加强班组建设是企业的一项重要基础工作。做好这项工作关系到企业的生产、经营和发展，关系到企业改革的顺利进行，也关系到全心全意依靠工人阶级办企业的重大方针的贯彻落实。近年来，班组建设工作取得了较大进展，但总体上还不能适应深化企业改革的要求，必须依照《全民所有制工业企业转换经营机制条例》（以下简称《条例》）的精神，以增强企业活力、提高经济效益为中心，依靠全体职工进一步全面加强班组建设。

一、加强班组思想建设，增强职工的企业主人翁意识

企业要以学习建设有中国特色社会主义的理论，学习党的基本路线，进行理想教育、改革和经济形势教育、职业道德和职业纪律教育、社会主义民主和法制教育等为基本内容，紧密结合企业的改革、生产、经营、管理等，组织好班组政治学习，做好班组的思想政治工作。要在继承和发扬思想政治工作优良传统和行之有效的形式、方法的基础上，结合企业实际，不断总结和创造出班组思想政治工作的新经验、新方法。加强班组群众性的自我教育，提高职工的思想认识，努力创造管理严格、纪律严明、民主团结、开拓创新的良好班组环境，建设一支有理想、有道德、有文化、有纪律的四有职工队伍，从而使广大职工更加积极地投身改革，为国家、企业和自身的利益而奋斗。

当前，企业要以邓小平同志南方谈话和党的十四大精神为指导，认真组织班组学习贯彻《条例》，解放思想，转变职工在计划经济体制中形成的传统观念，树立适合发展社会主义市场经济的竞争观念、效益观念、质量观念、市场观念和经营观念。要教育每个职工爱企业、爱岗位，充分认识自己对企业兴衰负有的责任，正确处理国家、企业、个人的关系，做好本职工作，在各自的工作岗位上，体现职工当家作主的地位。

二、加强班组科学管理，提高企业管理水平

加强班组管理是企业由粗放经营转为集约经营的基础。企业在转换经营机制中，要把提高产品质量、降低成本、提高劳动生产率作为加强班组管理的重点来抓，把挖潜降耗的措施具体落实到班组，以提高企业的市场竞争力和经济效益。要改善和加强班组的质量管理。根据市场的需要，对产品实物质量和工作质量不断地提出更高目标，进一步推行全面质量管理，强化生产现场管理，严格工艺纪律、劳动纪律，落实质量责任制，确保每道工序的产品质量。要改善班组劳动组织，合理分配工资奖金。按照“高效精干”的原则，搞好班组的定岗定员，提倡对职工实行平等竞争、公开考核、竞争上岗，实现合理的劳动组合；要依据职工的岗位技能、劳动贡献、工作质量严格考核，奖勤罚懒，按劳分配，调动职工的积极性，提高劳动效率。要扎扎实实地抓好班组基础工作，进一步加强标准化、定额定员、计量、信息等基础管理，从各个班组的特点出发，完善和健全以岗位经济责任制为核心内容的各项班组管理制度和工作标准，从严要求，不仅使班组各项管理制度成为班组全体职工的行为规范和准则，而且要通过民主管理，使之真正转化为班组和职工的自觉行动。要根据生产经营的需要，不断提高班组管理的现代化水平。在总结和完善全面质量管理、班组经济核算等行之有效的科学管理方法的基础上，积极运用现代化管理方法和手段，并在实践中不断总结和创造新的科学管理方法。

三、提高班组技术素质，加快企业技术进步步伐

提高班组的技术素质，是企业实现科技进步的重要基础。企业要积极引导班组职工树立尊重知识、尊重人才的良好风尚，提高班组成员学习技术、钻研业务的积极性。创造条件加强对职工的技术、业务培训，提高职工技术素质。尊重职工的首创精神，鼓励职工在本职工作上发挥聪明才智。引导和发动职工以主人翁精神立足本班组、本岗位，针对班组工作中的问题，主动提出合理化建议，自主实现生产现场工作条件和产品质量的不断改善。积极开展岗位技术练兵、技术革新、技术攻关、技术交流、技术协作和发明创造等活动，加快新产品的开发，促进新工艺的实现，使每个工作岗位成为职工施展自己才能的舞台。对有突出贡献的职工，企业应根据国家现行的政策规定，健全和落实奖励制度，及时予以奖励。

四、广泛开展社会主义劳动竞赛，发挥职工的积极性和创造性

开展社会主义劳动竞赛是发挥职工积极性、进行创造性劳动的有效形式。企业要以提高经济效益为中心，以提高产品质量、降低成本、加强管理、推进技术进步、增强职工素质和搞好安全生产等为主要内容，以创新、创优、创先、创最佳、创一流为目标，瞄准生产和经营管理中的难点、重点，组织职工开展适合本企业特点的创建先进班组、班组达标等行之有效的竞赛活动，促进社会主义市场经济的发展和企业经营机制的转换。

企业工会要精心做好竞赛的组织工作，企业行政要支持工会搞好竞赛，保证竞赛取得实效。

五、选拔和培训好班组长，充分发挥班组长的作用

班组长是班组生产管理的直接指挥者和组织者，主要职责是根据企业生产经营方针、目标，按照分厂、车间、工段的指令，做好本班组的生产、经营和管理的组织指挥工作，充分发挥班组全体成员的积极性，确保班组各项生产技术指标和工作任务的完成。搞好班组建设的关键是选拔和培训好班组长。因此企业要重视和加强班组长的选拔工作。选拔具备一定的思想政治素质、专业技术素质、管理素质和文化素质，能够以身作则、办事公道、作风民主的人担任班组长。要制定班组长培训规划，对班组长进行经营管理、企业改革、技术业务等内容的培训，尽快把他们培养成合格的、优秀的班组活动组织者。赋予他们应有的权力，包括班组生产经营活动的组织指挥权、劳动组织调配权、拒绝违章指挥和停止违章作业权、奖金分配权以及职工晋级、奖惩的建议权等，支持、鼓励班组长按照自己的责权大胆工作。要善于在班组长中发现管理人才，打破干部、工人界线，及时把优秀班组长提拔到企业各级领导岗位上来。

六、加强班组民主管理，发挥工会小组作用

班组民主管理，是职工最直接、最广泛、最经常的民主参与活动，是企业民主管理的基础，也是企业民主管理制度的重要组成部分。企业要在加强民主管理的同时，大力加强班组民主管理，建立、健全班组民主管理制度，保证职工行使民主管理权力。要坚持和完善班组民主管理会制度，通过班组民主管理会等民主管理形式，贯彻落实职工代表大会决议；讨论制定本班组建设规划、经济责任制方案和生产技术、管理，安全等措施；讨论审议本班组贯彻本厂规章制度的实施细则以及关系职工切身利益的问题；通过本班组职工的奖惩建议；听取班组长的工作报告和评议企业各级领导干部等。

工会小组工作是企业班组建设的重要组成部分。加强班组建设是班组长和工会小组的共同任务。企业要充分发挥工会小组在班组中的作用，支持工会小组参与制定加强班组建设规划；组织开展劳动竞赛；组织开好班组民主管理会，搞好班组民主管理；做好班组思想政治工作；搞好安全生产监督检查以及职工生活互助等，努力把班组建设成“职工之家”。

七、加强班组建设的组织领导，提高班组建设水平

加强班组建设是依靠工人阶级办好社会主义企业的重要措施，是企业综合性的基础建设，涉及各方面的工作。企业要在厂长（经理）的统一负责下，发挥党政工团各方面的积极性，从本企业的实际情况出发，形成必要的组织领导体系，明确职责，通力合作，加强班组建设。在实际工作中，要充分发挥企业党组织的政治核心作用和班组中党团员的骨干作用，加强班组思想政治工作，积极发展生产一线的党团员。行政部门要切实抓好有关改革、管理、培训和技术进步等方面的行政性工作。工会要着重抓好开展劳动竞赛、班组民主管理和工会小组建设等群众性工作。企业要及时总结班组建设经验，抓好典型，加强班组建设的理论研究，不断地推动班组建设的发展。

非工业企业亦可参照本《意见》，结合具体情况，加强班组建设。

国务院副总理朱镕基在伦敦会见英国首相梅杰

在会见中，谈到香港问题时，朱镕基强调指出，维护香港过渡时期的繁荣稳定，确保香港在一九九七年的平稳过渡和政权的顺利交接符合中英两国的利益，也符合香港的利益。不久前，香港当局在施政报告中提出对香港的政治体制进行重大改变，其做法和内容都明显违背了中英联合声明的有关规定的精神，违背了中英双方达成的关于要使香港政治发展同基本法衔接的谅解，为香港的平稳过渡和政权顺利交接设置了障碍，给香港的繁荣稳定造成危害。他希望英国政府能以维护香港的繁荣稳定的大局和中英两国的共同利益为重，重新回到中英联合声明规定的磋商和合作的轨道上来。

国务院副总理朱镕基在伦敦会见英国外交大臣赫德

外交部部长钱其琛就出访乌兹别克斯坦等独联体四国在北京机场接受记者采访

钱其琛说，此次出访的目的是为了加强同这些国家的睦邻友好关系。自今年1月中国同乌兹别克斯坦、吉尔吉斯斯坦和哈萨克斯坦建交以来，这三个新独立的中亚国家的总统和总理等领导人都先后来华访问。在双边关系方面，中国同这些国家的经济、贸易关系“已开始起步，有了一个良好的开端”，但就发展的潜力而言，双方尚需进一步努力，并且还面临诸如交通、双方制度相互适应等一些新的问题需要解决。钱其琛表示相信，中国同三国的关系将会不断发展。

钱其琛说，俄罗斯外长科济列夫今年3月曾访华，这次访俄是对科济列夫的回访，同时也是为俄罗斯总统叶利钦12月访华做准备。

钱其琛说，中俄是世界上的两个大国，又是山水相连的邻国，有着4000多公里的共同边界。中俄保持睦邻友好关系对地区以及世界的稳定与和平都有着

非常重要的作用。所以，我们很重视叶利钦总统的访问。

中国和智利在北京发表联合公报

一、应中华人民共和国主席杨尚昆阁下的邀请，作为杨尚昆主席 1990 年对智利所进行的国事访问的回访，智利共和国总统帕特里西奥·艾尔文·阿索卡尔阁下于 1992 年 11 月 13 至 17 日对中国进行了国事访问。

二、陪同智利共和国总统进行访问的高级代表团主要成员有外交部长恩里克·席尔瓦·西马、经济部长豪尔赫·马歇尔、矿业部长亚历杭德罗·阿莱斯、财政部副部长豪尔赫·罗德里格斯等。随同来访的还有其他政府官员和国会议员以及企业界的代表。

三、访华期间，智利共和国总统进行了富有成效的国事活动。艾尔文总统同中国国家主席杨尚昆进行了会见与工作会谈，中国共产党中央委员会总书记江泽民和全国人大常委会委员长万里分别会见了艾尔文总统。

四、智利是南美洲第一个同中华人民共和国建立外交关系的国家。两国元首对中国和智利人民之间的传统友谊与两国间的广泛合作表示满意。

五、两国元首强调指出，中智两国之间的友好合作关系是建立在根据两国政府 1970 年 12 月签署的建交公报中关于相互尊重主权和领土完整、互不干涉内政和对外事务，以及平等互惠原则的基础之上的。

两国元首表示坚信，中智双边友好合作关系将继续保持在不断发展的最佳水平上。

智方重申，中华人民共和国政府是代表中国的唯一合法政府，台湾是中国领土不可分割的一部分。中方对智利政府的这一立场表示赞赏。

六、两国元首就全球范围内国际关系的发展交换了意见，分析了当前的世界局势，一致认为，建立国际政治、经济新秩序应以促进稳定、公正和维护世界和平为目标。这将在联合国宪章的宗旨以及和平共处五项原则的基础上，为增进国际社会的谅解、对话与合作提供新的机会。

七、杨尚昆主席指出，近年来世界局势发生了重大、深刻和急剧的变化，两极格局已经终结，世界正朝着多极化的方向发展。这有利于世界和平与发展的崇高事业。广大发展中国家维护独立主权、团结和合作的趋势正在加强。中国和拉美国家都是发展中国家，愿为进一步密切中拉关系而努力。

八、艾尔文总统指出，拉美国家巩固民主体制具有重要意义，赢得民主政治制度的稳定是经济和社会赖以发展的必不可少的条件。

九、在多边领域内，两国元首一致表示，支持联合国及其安理会在维护国际和平与安全，推进裁军进程，促进国际经济合作与发展，以及解决国际争端等方面继续发挥积极的作用。

十、艾尔文总统对中国在安理会中所发挥的作用表示满意，特别指出中国对柬埔寨和平进程给予了重要支持。

另一方面，杨尚昆主席对智利积极参加联合国在柬埔寨的维持和平行动表示赞赏。

十一、艾尔文总统对中国就智利政府提出的关于召开一次世界社会发展首脑会议的倡议所给予的宝贵支持表示感谢。这将是一次具有历史性挑战意义的会议，将在全球范围内讨论困扰人类的最紧迫的社会问题。两国政府表示，愿为这一会议的召开和取得成功作出自己的贡献。

十二、在亚洲太平洋合作方面，两国强调指出，加强业已存在的机构，特别是太平洋经济合作理事会和亚太经济合作会议具有重要意义。

十三、在议会方面，两国元首对智中议会小组的成立和中国全国人大常委会所作出的关于成立中智议会小组的决定表示高兴。认为该两机构将有助于两国在立法工作方面的相互了解与交流。

十四、在经济方面，两国元首对最近在北京举行的第十三次混委会取得的成果表示赞赏，认为这些成果为密切和增进两国之间的经贸关系开辟了广阔的前景。

十五、双方表示准备在最近的将来就签署一项《植物检疫合作补充备忘录》进行商谈，以便创造条件使智利鲜果品能够进入中国市场。

十六、两国元首还强调，访问期间两国经贸界领导人和生产部门的代表进行接触的重要性，特别提到了中国国际信托投资公司组织的会晤和深圳经济特区的访问，以及在那里举行的经济——企业讨论会，并一致认为，上述活动将有助于智利和(中国)经济特区的工业部门之间的业务往来，从而有利于增进两国间整个经济交流。

十七、两国元首根据前条所表述的观点，决定指示两国有关机构进行必要研究，以尽快缔结一项促进和保护投资协定。

十八、双方强调了第一位智利共和国总统对中华人民共和国进行的这次国事访问所具有的历史意义，它表明双边关系开始进入一个新的阶段。

十九、两国元首对签署《地学科技合作谅解备忘录》表示满意，认为这将加强两国在矿业勘探和开采方面的技术合作。

同时，两国元首对签署《中华人民共和国政府和智利共和国政府签订两国领事条约的谅解备忘录》表示满意，其目标在于商谈签订领事条约，将有助于促进双方在领事方面的合作。

二十、智利共和国总统及其随行人员对他们在中国愉快的逗留期间受到中国政府和人民的款待表示特别的谢意。

中国国际友好联络会和日本笹川和平财团在东京联合举办“创造新型日中合作会议”

以中国国际友好联络会会长黄华为团长、全国政协副主席叶选平为首席顾问的中国代表团一行以及日本各界人士共500余人出席了会议。

中国国务院总理李鹏和中国国家副主席、中国国际友联会名誉会长王震和日本首相宫泽喜一向大会发来了贺电。

中国国务院总理李鹏和中国国际友联会名誉会长王震的贺电说，中日友好不仅符合两国人民的根本利益，有利于两国的繁荣发展，而且对亚太地区乃至世界和平与稳定也具有重要意义。

日本首相宫泽的贺电说，20年来，日中关系无论是深度还是广度都达到了一个新阶段。希望本次大会能使两国关系得到新的发展。中国代表团团长黄华、日本外相渡边美智雄、日本前首相竹下登向大会致了词。

中共中央政治局委员丁关根在人民大会堂会见以越南共产党中央委员龙安省委书记阮文炤为团长的越共省委书记代表团

国务委员李铁映在人民大会堂接见中日南迦巴瓦峰联合登山队

中共中央政治局委员丁关根在人民大会堂会见香港卫星广播有限公司副主席李泽楷

11月18日

国务院副总理田纪云在西安闭幕的全国加快发展中西部乡镇企业经验交流会上作题为《解放思想抓住机遇加快中西部乡镇企业的发展》的讲话

田纪云说，这次会议是在党的十四大刚刚举行不久召开的，也是自邓小平同志南巡重要谈话后我国经济发展速度明显加快、改革开放更大规模展开的新形势下召开的。会议围绕如何贯彻落实十四大的有关精神，加快中西部地区和少数民族地区乡镇企业的发展步伐，继续提高东部地区乡镇企业的发展水平，形成东、中、西部地区相互促进全面发展的新局面这一主题，交流了经验，讨论了政策，探讨了路子。这次会议对进一步推动乡镇企业持续健康发展，实现我国现代化建设第二、第三步宏伟战略目标，将起到意义深远的促进作用。

一、乡镇企业是社会主义市场经济发展的先导力量

80年代以来，我国改革与发展中一项最为引人注目的重大成就，就是乡镇企业发展起来了。小平同志曾经用“异军突起”这四个字概括乡镇企业的发展，非常恰如其分。

当初我们谁也没想到，在短短的十几年间，乡镇企业能发展到今天这样的规模。1991年，全国乡镇企业产值11621亿元，乡镇工业产值8709亿元，分别占全国社会总产值、全国工业总产值的26.5%和30.8%。预计今年全国乡镇企业总产值将超过1500亿元以上，比上年增长30%以上。全国社会总产值从1000亿元发展到1.1万亿元，用了31年时间，而乡镇企业从1000亿元达到1.1万亿元，仅用了8年时间。

乡镇企业的发展，对国家的贡献与日俱增。1978年以来乡镇企业上交国家税金累计达2356亿元，仅1991年就向国家财政缴纳税金454亿元，占全国税金的15%；从1985年到1991年国家税金净增量中，乡镇企业净增占33.5%。在一些乡镇企业较发达的县，乡镇企业税金已占县财政收入的70%左右。1991年，乡镇企业出口商品交货额达670亿元，占全国外贸收购总额的29.6%，为国家创取了大量外汇。由于乡镇企业主要是靠自己发展起来的，国家除了给予某些政策上的优惠以外，基本上没有直接投资，资金、人才、技术、设备和能源、原材料等是以较高价格通过市场获得的，因此对国家的贡献基本上属于净贡献，在相当程度上超过了名义贡献额。

乡镇企业的崛起，改变了农村经济结构，促进了农村经济的繁荣与发展。长期以来，我国农村单一经营种养业，1980年农村社会总产值中，农业占68.9%，非农产业占31.1%。随着乡镇企业的强劲崛起，1987年农村非农产业就突破了50%，1991年已达到61%。乡镇企业就地安置了农村富余劳力9613万人。仅1991年乡镇企业从业人员的工资收入就达1305亿元。“七五”期间农民平均纯收入净增的1/3来自乡镇企业，在乡镇企业发达地区，农民收入70%左右来自乡镇企业。到1991年乡村集体企业已形成3300亿元的资产，占集体财产的80%左右，成为农村社会主义公有经济在农村的主体。以乡镇企业为主的非农产业的发展，推动了农村城市化进程。尤其在沿海地区和大中城市附近，一大批具有现代生活特征的小城镇正在不断地出现，越来越多的农村富余劳动力转入城镇从事二、三产

业。乡镇企业还为农业的发展创造了条件。一方面大力发展农产品加工业，以农产品为原料的轻工业产值，从1985年的419亿元增加到1991年的2108亿元，近6年来就增长了4倍，对各种农副产品出现的卖难起到了缓解作用；另一方面，大力增加对农业的投入，“七五”期间乡镇企业的利润向农业投入累计279亿元，仅1991年就投入86亿元，超过了国家计划中用于农业基本建设投资的总和，有力地支持了农业现代化建设。

总之，乡镇企业是出自9亿农民的意愿而蓬勃兴起的。如同家庭联产承包制一样，乡镇企业是中国农民的又一伟大创举。在短短十几年的时间里，形成如此强大的经济实力，对国家作出如此之大的贡献，不能不说是中国改革开放的一个伟大奇迹。

乡镇企业之所以能够异军突起，当然是与我国改革开放的社会大环境分不开的。但更重要的一点是它自身在发展中形成了一个好机制，这就是市场经济的机制。

什么是市场经济的机制呢？我认为，首先，就是企业生产以市场为导向的机制。生产什么，怎样生产，生产多少都听命于市场需求，由市场来决定资源和生产要素的配置。乡镇企业正是由市场来决定其生产的，其旺盛的生命力正是来源于市场经济。市场上缺什么，它就生产什么，数量、品种、质量、价格都是根据市场需求来决定。同时它的原材料，所有的投入品都是来自市场，因为从它出生的那天起，在国家计划的大盘子里就没有它的份额。外部环境逼着它面向市场，走向市场，在市场上参与竞争，也在市场竞争中发展壮大。

其次，就是企业生产独立自主，自负盈亏的机制。企业要做到面向市场生产，自身就必须有完全独立的经营自主权，投资、价格、用工、分配等都由企业自行决定。同时，企业的财产预算约束边界必须是硬的，只有盈利企业才能发展壮大，亏损必须由企业自己承担，直到破产倒闭。乡镇企业正是具有这种自主经营、自负盈亏的机制。兴办乡镇企业是农民自己筹措资金，银行的贷款也必须到期归还，所以自然十分珍惜。为什么乡镇企业在遇到困难时，职工宁愿不发工资，加班加点工作，也要让企业摆脱困境呢？因为职工懂得，企业是他们自己的，他们的命运与企业牢牢捆在一起，没有别人能够救他们，只有自己救自己。另一方面，乡镇企业也没有那么多婆婆，唯一的主管部门就是各地的乡镇企业局，中央一级只是在农业部中设立一个乡镇企业司。这个管理机构本身也不直接掌握什么资金、物资、外汇，没有实际上也不可能直接插手乡镇企业的经营，只是进行了一些必要的宏观管理、指导和服务。没有把自己管死的“婆婆”，没有把自己封住的“笼子”，看起来似乎势孤力单，实际上却有利于乡镇企业的优胜劣汰，蓬勃发展。所以，乡镇企业能够自主经营、自负盈亏，显示出我国传统计划经济所没有的活力。全国每年有几万个乡镇企业倒闭，又有几万个、十几万个新冒出来。政府既不去干涉，也不运用传统计划经济保护它们的弱点，而是引导他们在市场经济的风浪中磨炼成长。经过市场经济的一次次洗礼，乡镇企业终于练就了一身强健的肌体，在重重困难挫折中逐步由弱到强，至今已经成为国民经济中最具活力的举足轻重的力量。尤其在乡镇企业发展较快的长江三角洲、珠江三角洲一带，已成为当地国民经济的骨干力量。

第三，就是干部能上能下，职工能进能出，生产要素合理流动的机制。乡镇企业的干部不论年龄，不管资格，不计身份，只要有能力就上，不行就下；职工不行就辞退，回家种地去，还没有听说哪里的乡镇企业因为辞退职工而发生罢工或闹事的。

乡镇企业正因为有了这种适应市场经济的运行机制，才能发展得这么快，总体效益才会这么好。当然，乡镇企业的机制并非十全十美，适应市场经济要求的政策环境也亟待改善，所以我们说乡镇企业只是我国市场经济发展先导力量。我国市场经济体制的最终确立和完善，还有赖于体制改革的全面深化。但是，无论如何，乡镇企业在我国市场经济的发展中确实走在前面了。从长远看，发展乡镇企业乃是我国农村实现小康乃至走向富裕，农业实现现代化的必由之路。

我国要在本世纪末实现小康目标，难点是在农村。农村实现小康目标最重要一条标准，是农民人均纯收入。如按全国农民2000年达到人均纯收入1100元计算，从1990年到2000年必须使农民人均纯收入平均每年递增5%，这个任务是相当艰巨的。我国人均农业资源占有量较少，农业的劳动生产率不高，就全国来讲，单靠发展农业实现小康目标是很困难的，必须大力发展以乡镇企业为主的二、三产业，农村乃至全国的小康目标才能实现。即使农业要增加收入，单靠提高农产品价格不行，主要靠发展规模经营和集约经营，降低成本，提高效益，这也有赖于乡镇企业。只有发展乡镇企业，使更多的农业富余劳动力向非农产业转移，才能为土地的适度规模经营和集约化创造条件，带动农业出现新的飞跃。而这种规模经营和集约化不是归大堆，走老路，基本形式是实行集体或大户联产承包和专业化经营。同时，劳动力的转移和规模经营的发展，又将为实现农业机械化和提高农业劳动生产率铺平道路。乡镇企业在十多年间吸收的劳动力相当于三十几年里城市大工业吸收的劳动力总和，打破了城乡分割的二元格局，发展起了星罗棋布的小城镇，使工农业、城乡间互相促进，协调发展。

从更深的层次上看，发展乡镇企业的意义绝不局限于农村经济发展，而且对我国整个经济体制从原来那种高度集中的传统计划经济转到社会主义市场经济上来，也有十分重要的促进作用。我国国有大中型企业，几十年来习惯于计划经济的一套管理办法，现在要让它们转到市场经济轨道上来，需要一段时间，需要借助外部力量的推动。而乡镇企业在计划经济中没有位置，只能按市场经济的路子来搞，结果它发展起来了，在工业中乡镇企业产值已占到1/3，也就说工业的1/3已变成了市场经济，市场经济在这么大一片土地上生长起来了。乡镇企业的蓬勃发展，既增加了国有大中型企业在市场竞争中的压力，又为增强国有大中型企业经营活力提供了可借鉴的经验，必然有利于促使国有大中型企业转变机制，转向市场经济，从而推进我国社会主义市场经济新体制的全面建立。

总之，乡镇企业的崛起，为我国农村社会经济的发展开辟了新的道路和有效的途径，为建设有中国特色的社会主义增添了新的内容。同时，乡镇企业蓬勃发展的实践证明，社会主义条件下的市场经济能够运转得很好，是我国农村经济和整个国民经济发展的基本推动力量。只要我们在不断探索中逐步建立和完善社会主义市场经济新体制，90年代我国农村经济和整个国民经济的发展，将会取得远远超过80年代的更加伟大的业绩。

二、乡镇企业西进是加快国民经济发展的重大战略选择

尽管这些年来，中西部地区经过努力，经济发展取得了相当大成绩，对我国国民经济发展作出了重要的贡献。但是中西部地区经济发展的整体水平还比较低，特别是乡镇企业发展还是一个薄弱环节。1991年乡镇企业总产值中，东部地区占65.7%，中部地区占30.1%，西部地区仅占4.2%；1991年东部与中部地区农业人口人均农村社会总产值的差距是1858元，其中81.2%来自乡镇企业，东部与西部地区差距是2247元，其中来自乡镇企业的部分占89.8%。1991年东部地区农民人均收入927元，其中24.4%来自乡镇企业，中部农民人均收入为596元，18.3%来自乡镇企业，西部农民人均收入566元，来自乡镇企业的仅占11.6%。东西部农民人均收入的差距是361元，其中来自乡镇企业的差距是161元，占44.6%。

以上数字说明了一个基本事实，我国东中西部地区之间农村经济发展很不平衡，主要表现在乡镇企业发展的差距上。这个差距的存在不仅会影响中西部地区经济的发展和小康目标的实现，而且将影响到全国经济的发展和小康目标的实现。现在，要根据党的十四大精神，在继续提高东部地区乡镇企业发展水平的同时，必须加快中西部地区和少数民族地区乡镇企业的发展，目的就是要逐步缩小中西部与东部之间的差距，促进全国11亿多人民实现共同富裕。这是我们建设有中国特色社会主义需要完成的一项历史性任务，是加快国民经济和社会发展的一项重大战略选择。

中西部地区自然资源丰富，劳动力充裕，加快乡镇企业发展，发挥中西部地区资源优势，不仅可以增强中西部地区本身的经济活力，加速实现小康目标，而且可以增强社会购买力，拓展和培育国内市场，促进全国经济协调发展。加快中西部地区乡镇企业发展也是促进我国政治稳定的重要保证。中西部地区人口占我国人口的2/3，其中有的是革命老区、边疆地区、贫困地区以及少数民族聚居地区。因此，加快中西部地区乡镇企业发展，尽快脱贫致富，逐步改变社会经济面貌，这不仅是经济建设问题，而且是一个政治问题。今后中西部地区能不能加快发展，直接关系到增强各民族的团结、平等和中华民族的凝聚力，也关系到边疆国防的巩固和毗邻各国的友好相处。中西部地区的革命老根据地，过去为革命作出了巨大的牺牲和贡献，我们更有责任和义务帮助这些地区加速发展经济，尽快使农民富裕起来。

江泽民总书记在向党的十四大所作报告中指出："继续大力发展乡镇企业，特别要扶持和加快中西部地区和少数民族地区乡镇企业的发展。"在全国深化改革、扩大开放的新形势下，按照十四大的精神，加快中西部地区经济的发展已成为当前一项紧迫的任务。我们应当看到中西部地区乡镇企业和农村经济已经具备加快发展的有利条件：一是经过十多年来的艰苦努力，中西部地区已经初步解决了大多数农民的温饱问题，刚刚跨越温饱线的农民，表现出比任何时候都要强烈的脱贫致富的愿望和积极性，这将是推动经济持续发展的主动力；二是全方位改革开放的大环境，从沿海开放到沿江、沿边和内陆省会城市的开放，从工农业到金融、外贸、保险、商业等第三产业的开放，都给中西部地区发挥自身的资源优势创造了新的条件；三是中西部地区有丰富的资源优势，特别是有农业资源、林业资源、矿产资源、水与水电资源、土地资源和劳动力资源的优势，有很大的开发潜力；四是中西部有一个尚待开发的广阔市场。中西部农民购买力的提高，将为全国提供一个巨大的市场；五是中西部地区适应市场需求又有当地特色的乡镇企业发展已有一定的基础，出现了一批好典型，创造和积累了适合当地条件的可贵的经验。这些都为加快中西部地区发展创造了条件。总之，我们既要正视中西部与东部的差距所在，同时看到中西部对于东部的优势所在，从而树立信心，抓住机遇，急起直追，迎头赶上。

我们强调加快中西部地区乡镇企业的发展,决不是要抑东扬西,放慢甚至限制东部地区的发展,而是同时也要求东部地区在提高中更快更好地发展。东部地区要发展高新产业、外向型经济,参与国际市场竞争,腾出一部分商品市场,一些资源加工型以及劳动密集型产业,向中西部地区梯度转移,从而带动中西部地区的发展,这是经济发展的必然规律。中西部地区乡镇企业发展了,可以为东部地区发展高尖精产品、发展外向型经济创造条件,同时也为东部地区提供了广阔的市场。因此,东中西部地区之间的优势互补、经济互利、共同发展的关系,我们要以东部发展带动中西部发展,中西部发展又有利于东部提高,从而实现全国乡镇企业的大发展、大提高。

要加快中西部地区乡镇企业的步伐,就必须解放思想,总结经验,从实际出发,走自已的发展路子。解放思想的关键在于我们各级领导干部。长期以来,思想认识上"左"的影响或者糊涂观念,若明若暗,时起时伏,根深蒂固地影响着一些同志的行动,阻碍着中西部地区乡镇企业的加速发展。例如:认为农民就是种地,务工经商是不务正业;认为发展工业是城市的事,是国家的事,农民办不了;认为发展乡镇企业会影响农业的发展和国有企业的主体地位;认为乡镇企业的存在争了国有企业的市场、资金、人才、原料和能源,影响国家计划;认为乡镇企业是以小挤大、以落后挤先进,是"不正之风"的风源;认为发展个体、私营企业会产生两极分化,不符合社会主义方向,等等。对于这些"左"的或者糊涂的认识必须坚决予以消除。同时,要学习东部地区发展的经验,其中最重要、最根本的就是清除等、靠、要的依赖观念,依托市场,自力更生,艰苦创业,走出一条符合本地实际的路子。

根据中西部地区发展乡镇企业的有利条件和制约因素,今后中西部乡镇企业应采取什么样发展战略呢?我认为,总的是要加快改革开放步伐,坚定不移地贯彻"积极扶持,合理规划,正确引导,加强管理"的方针,以市场需求为导向,以资源开发加工为突破口,二、三产业一齐上,依靠科技进步,加强企业管理,促进中西部地区乡镇企业高质量、高速度、高效益的发展。

第一,培养启用各类人才,是加快中西部地区乡镇企业发展的根本大计。发展乡镇企业,人才是关键。中西部地区人才缺乏,但也不是没有人才,关键在于我们去发现、去发掘。只要我们彻底丢掉传统观念,坚决破除"左"的思想束缚,而且只要我们的激励政策真正兑现,人才就会源源不断涌现出来。各级政府要下决心,采取切实有力措施,为乡镇企业创造一个大胆使用人才、积极吸引人才、加速培养人才和坚决保护人才的环境和条件。一要大胆选拔和放手使用那些敢想敢干,善于经营,在实践中成长起来的各种农村能人,即使是过去犯过某些错误但有一定专长的人才,只要基本素质是好的,就要大胆地启用。他们是社会主义市场经济时期发展商品经济的积极分子,是市场经济的开拓者,是农村先进生产力的代表,也是率领群众脱贫致富的带头人。我们要为这些能人构筑更大的舞台,使他们充分释放自己的能量,发挥带头、示范和骨干作用。农村党员要带头兴办企业,勇于带头脱贫致富。各地要围绕人才做文章,大力发展"能人经济",形成"政府搭台,能人唱戏"的新局面。在私营企业发展到一定程度时,在自愿的基础上可以通过农民参股和集体参股等形式,逐步引导到股份制企业(包括股份合作制企业)的轨道上来。二要以各种形式开发利用社会人才资源,培养引进人才,包括已经离退休的专业技术和管理人才,把向乡镇企业输送人才作为一项加快农村社会主义建设的光荣任务。三要结合机构改革,实行"小机构,大服务",采取"开笼放鸟"的政策,大力支持和鼓励那些有才能、有志向从事经济工作、技术工作的同志,到经济建设第一线创办、领办乡镇企业。四要鼓励和提倡大中专毕业生到乡镇企业工作,施展才华。五要继续倡导和支持科研单位、大专院校、国营企业技术、管理人员向乡镇企业流动。六要鼓励和支持社会办学,培养乡镇企业人才。各地区、各企业要制定吸引人才的各种优惠政策,并坚决兑现。对在发展乡镇企业中作出突出贡献的优秀科技人才、管理人才要给予重奖。

第二,实行"多轮驱动、多轨运行",是加快中西部地区乡镇企业发展的基本方针。中西部地区生产力发展水平较低,大量农村富余劳动力还滞留在土地上,缺少新的就业机会,在所有制形式上更需要放开,实行"多轮驱动,多轨运行",乡(镇)办、村(村民小组)办、联户(农民合作)办、户(个体、私营)办企业以及股份制(包括股份合作)企业、联营企业、外商投资企业一齐上,不限比例看发展,不限速度看效益,哪个"轮子"转得快就让它快转。不必担心这个快了,那个慢了,这个多了,那个少了。不同地区生产力水平不同,几个"轮子"不可能在每个地区都以同样的比重、同样的速度转动,适应当地生产力发展水平的"轮子"必然要转得快一些。在那些贫困落后、集体经济十分薄弱、办乡村集体企业缺乏条件的地区,可以放手发展个体、私营、联户企业,进而发展股份合作制企业。不论是何种经济成分,在政策上要做到一视同仁,创造平等竞争的条件。对于那些在竞争中发展得快,发展得好的企业,只要是合法经营,都要给予积极的鼓励和支持。决不能拘泥于所有制性质问题,搞"唯成分论",不能歧视、限制甚至打击个体、私营、联户企业。特别是近些年来,我国农村涌现出大批不同类型的股份制企业(包括股份合作制企业),这类新型的企业组织形式,一方面适应农村现实生产力水平,另一方面适应社会化大生产和商品经济发展的客观要求。有利于在自愿基础上筹集民间资金,聚集各种生产要素形成新的生产力;有利于明确企业产权关系,促进企业更加完善经营机制;有利于强化职工主人翁意识,增强企业凝聚力,调动各方面的积极性;有利于引导农民走共同富裕的道路。各地要认真总结经验,积极推广。

第三,因地制宜发展优势产业,是加快中西部地区乡镇企业发展的重要途径。在产业发展领域上,中西部地区应当比东部地区放得更宽、更活。各级政府及有关部门都要从中西部地区实际情况和加快经济发展的要求出发,因地制宜地执行国家产业政策,创造有利于开发资源的条件和政策环境,切忌搞“一刀切”。只要市场需要、保证质量、有效益、不污染环境,不破坏资源,不违背法律,能发展什么就发展什么,速度能多快就多快。不限规模大小、速度高低。当然,在决定发展规划和具体项目时,要从实际出发,仔细论证,慎重决策,讲求效益,不要一哄而起。就中西部大多数地方来说,要积极发展以农业、林业资源开发和农产品运输、储藏、保鲜及多层次加工、综合利用的“绿色企业”,以运输业、商业、服务业、旅游业等第三产业和手工业、采矿业、建筑建材业、劳务输出等产业起步,以劳动密集型,资源加工型企业为重点,扬长避短,发展本地优势产业。要综合开发利用水和水电资源,大力发展地方中小水电和乡镇供水,为地方经济和乡镇企业提供能源和用水。做到“八仙过海”,各显其能,把资源优势转化为经济优势。在生态条件比较差的地区,尤其要注意把经济效益与生态效益紧密结合起来。

第四,因地制宜、合理布局、适当集中,是加快中西部地区乡镇企业发展的一个重点。总结过去经验,根据社会经济发展的规律,中西部地区发展乡镇企业尤其工业企业不能走“遍地开花”的路子,也不能不切实际地搞消灭“空白村”之类的活动。而应从市场、资源、人才、交通、能源等综合条件出发,主要依托现有集镇,相对集中发展,使乡镇企业和集镇建设同步推进,取得国民经济与社会发展的双重成果。这样,有利于扬长避短节省资源,有利于产业合理布局,防止低水平的重复建设,有利于加快乡镇企业的发展。在有条件的地方可以试办依靠科技、起点较高的工业小区,以工业小区建设带动运输、商业、饮食、服务业等第三产业的发展。各地要制定优惠政策,吸引东部地区乡镇企业、城市国营企业和外商到中西部地区创办各种企业。在相对集中发展的同时,也要正确处理好集中与分散的关系。对于一些不宜集中经营的家庭手工业、服务业等,该分散的要分散,发动千家万户、千军万马一齐搞。

第五,加强横向经济联合,是加快中西部地区乡镇企业发展的有效形式。中西部地区有不少管理好、经营好、效益好的乡镇企业,其中大部分是联合兴办的。实践证明,只有通过联合,才能上规模、上档次,才能提高质量、提高效益。中西部地区要充分利用当前沿海地区产业结构进行升级换代,以及沿江、沿边和内陆省会城市开放的大好时机和有利条件,打开省门、县门、寨门,利用和发挥自身优势,创造良好的环境,实行多种形式的东西联合、城乡联合,国有企业与乡镇企业联合,实行以东带西、以城带乡、以大带小,做到优势互补、互惠互利、共同发展、共同提高。中西部地区乡镇企业要敢于让利,不怕“吃亏”,积极与东部发达地区、国有大中型企业、三线军工企业、大专院校和科研单位,以扩散加工配套、技术转让、共同投资等形式,实行经济技术联合与合作,引进资金、人才、技术、设备等,借梯登高,借船出海。各级政府及有关部门要积极组织,搭桥牵线,大力鼓励和支持东中西部大跨度横向经济联合,凡是东部地区和大中城市到中西部地区投资兴办乡镇企业和乡镇联营企业,可以享受当地的优惠政策。要继续倡导对口支援。这几年来,东中西部地区干部交流,对于推动东中西经济发展与两地合作,起到了很好的作用,应坚持下去,并不断发展。中西部地区还要利用有利时机、有利地理优势,积极发展外向型乡镇企业,尤其是开展边境贸易与合作,有条件的地区可兴办境外企业。

第六,培育和发展市场体系,是加快中西部地区乡镇企业发展的必然选择。现在我国经济体制正由传统计划经济向社会主义市场经济转变,为了加快商品经济发展,中西部地区乡镇企业必须坚持以市场为导向,大力开拓国际国内两个市场特别是广大农村市场。要重视市场信息,按照市场需要,开发资源,组织生产,变资源优势为经济优势。同时各级政府要重视搞好交通、通讯、能源等基础设施建设,培育和发展各类要素市场和专业市场,特别要重视发展边境地区的贸易市场。要打破垄断,搞活流通,积极鼓励农民和乡镇企业进入流通领域。并且要积极建立和充分发育人才、技术、劳务、资金等要素市场,并逐步与全国性、世界性市场接轨,形成大流通、大市场。努力实现资源的有效配置。这样,可以形成强大的人流、物流、信息流,使乡镇企业从过去千辛万苦到处跑,到处找的困境中解放出来,逐步转向日益完善、公平的市场满足各自的需求。通过要素市场使供需直接见面,实现生产要素的优化组合,以形成新的生产力。这种要素市场,对中西部来说,尤为迫切和重要。资金短缺,是制约中西部乡镇企业发展的重要因素。因此,国务院决定,从明年开始,到2000年，每年由中国人民银行为中西部地区单独安排一笔专项贷款，支持乡镇企业的发展。同时，还要搞活农村金融，广辟乡镇企业投资渠道。各级政府和各有关部门不仅要依靠行政手段对乡镇企业进行宏观指导、管理、协调、服务，还要努力通过抓要素市场建设来促进乡镇企业的发展，把要素市场作为新型第三产业来抓。

三、加强领导，积极扶持，为加快发展中西部地区乡镇企业创造更宽松的环境

加快发展中西部地区和少数民族地区乡镇企业，是党中央、国务院的重大决策，和发展高产优质高效农业一样，是当前经济工作的主要任务之一。不容否认，由于历史的原因，中西部地区的经济、社会条件差一些，乡镇企业发展的难度也大一些，但只要抓住机遇，路子对头，措施得力，政策正确，上下左右、方方面面共同努力，必定能够加快发展步伐。也应该肯定，中西部地区尤其是西部地区，过去贫困面太大，粮食不过关，各级领导需用很大的精力去解决广大群众的温饱问题，抓农业抓粮食，这是正确的。同时对乡镇企业越来越重视，并且取得了明显成绩。随着农村温饱问题的基本解决，中西部地区广大干部群众有着同全国人民同步奔小康的强烈愿望，加快中西部地区乡镇企业发展的条件已经成熟，已到了历史性的重要关头。

机遇千载难逢，稍纵即逝。如何抓住有利时机，加快中西部地区乡镇企业的发展？一些地区的经验表明，很重要的一点，是各级领导要提高对发展乡镇企业的重要性、紧迫性的认识。从现在起，中西部地区各级领导要把发展乡镇企业作为整个经济工作的一个重点，一项战略任务，摆上各级政府的工作日程，省、地、县、乡政府的主要领导都要亲自抓，及时研究解决乡镇企业发展过程中遇到的困难和问题。只要主要领导重视，摆上位子，各方面的困难就能够比较容易克服，工作局面就能很快打开。省、市领导在坚持以农业为基础的前提下，一手抓好国有大中型企业，一手抓好乡镇企业；地、县领导一手抓好农业，一手抓好乡镇企业。这里尤其要强调的是，中西部地区的县级政府在发展二、三产业上，要逐步转移到以发展乡镇企业为主的轨道上来，在积极富民的同时实现富县的目标。

加快中西部乡镇企业的发展，除了各级政府和主管部门要加强领导之外，各有关部门的通力协作和大力支持是非常重要的。从中央到地方的各有关部门，都要牢固树立以经济建设为中心的思想，把支持中西部乡镇企业的发展，作为贯彻执行党的十四大精神，加快改革开放步伐，集中精力把经济建设搞上去的实际行动，要急乡镇企业之所急，想乡镇企业之所想，努力为乡镇企业的发展搞好服务，创造一个更加宽松的环境。

在这个方面，总的要求主要有以下三点：一是树立为全面发展国民经济服务的思想，既要为国有大中型企业服务，又要为乡镇企业服务。应当看到，乡镇企业同国有大中型企业一样，也是国民经济的一个重要支柱。在建立发展社会主义市场经济体制的过程中，各有关部门都要积极为发展乡镇企业服务；二是在调查研究的基础上解决一些实际问题。乡镇企业在发展过程中必然会碰到许多困难和问题，其本身也存在不少缺陷和弱点。各有关部门都应当从国民经济发展的大局出发，积极主动地进行调查研究，在力所能及的范围内，制定相关的具体政策措施，与国务院的文件相配套，真正解决一些实际问题，促进乡镇企业的健康发展；三是抓紧清理有碍乡镇企业发展的文件和条例。前些年从国民经济紧缩的要求出发，各级人民政府和有关部门都分别下达了一些控制乡镇企业发展的文件和条例，要抓紧进行清理，其中有的需要废止，有的需要修改补充。属于哪一级政府、哪一个部门下达的文件或条例，由哪一级政府、哪一个部门进行清理。各级政府都要把这项工作抓紧做好。

同志们，90年代是我国改革和发展的关键时期。到本世纪末，要初步建立起社会主义市场经济新体制，实现全国小康，任务是十分艰巨的。各地要按照十四大确定的基本方针、原则和政策，加快改革开放的步伐，集中精力搞好经济建设，为全面振兴农村商品经济，实现国民经济和社会发展第二步战略目标，奠定下个世纪我国经济和社会更大发展的基础而努力奋斗。

国务院农民负担大检查组负责人就向农民乱摊派一事发表谈话

湖南省湘乡市新研乡农村妇女潘群英，因欠交乡里不合理摊派费用，在乡干部到她家强行收款时跳塘自杀身亡，在当地引起强烈反响。对潘群英死亡负有直接或间接责任的乡干部，事后不但没有受到处理，反而得到提拔，有的已经易地为官。

国务院农民负担大检查组负责人就这件事指出，农民负担问题处理不好，农民的权益得不到保护，就会损害农民同党和政府的关系。农民负担过重绝不只是个经济问题，而是个政治问题。各级领导要把减轻农民负担当作一件大事认真抓好。

国务院副总理吴学谦在广东考察

吴学谦于11月18日至27日在广东先后考察了广州、东莞、中山、珠海、深圳5市。

考察期间，吴学谦重点察看了一些旅游景点和旅游开发新区，听取了有关部门关于旅游工作的汇报。吴学谦说，广东省这几年旅游工作也搞得很好，旅游经

济效益尤其是创汇在全国名列前茅。这不仅仅是因为广东毗邻港澳，占有地域优势，更主要的是各级领导思想重视，真正把旅游业当作一项重要的创汇型产业来抓。

吴学谦谈到如何进一步发展旅游业说，要按照建立社会主义市场经济的要求，扩大利用外资，加快旅游资源、旅游商品的开发和旅游基础设施的建设，当前要特别抓紧对国家旅游度假区的开发建设，加大我国旅游业在国际旅游市场上的份额，提高创汇水平。同时要注意宏观控制，搞好科学论证和规划设计，避免不必要的重复建设，增加地方特色。

全国农村综合实力百强县博览会在中国革命博物馆开幕

国际中小企业新产品新技术展在天津开幕

国务院副总理田纪云、邹家华分别为大会发来贺电。全国人大常委会副委员长、全国总工会主席倪志福和中外来宾1000多人参加开幕式。

外交部部长钱其琛同乌兹别克斯坦外交部长阿卜杜拉扎科夫在塔什干举行会谈

阿卜杜拉扎科夫说，中国在十四大以后进一步改革开放，中国有许多成功的经验，值得乌兹别克借鉴。

钱其琛说，中国和乌兹别克斯坦是近邻。两国人民有着悠久的交往历史。最著名的“丝绸之路”就是从中国经过乌兹别克通向欧洲的。在现代新的形势和条件下，建立一条新的“丝绸之路”，也就是欧亚大陆桥，是可能的，也是必要的。

钱其琛强调，我国尊重乌兹别克斯坦等中亚各国人民的选择，并愿在和平共处五项原则的基础上发展同这些国家的睦邻友好、平等互利关系。

乌兹别克斯坦总统卡里莫夫在总统府会见外交部部长钱其琛

日本国内阁总理大臣宫泽喜一在东京会见以中国国际友好联络会会长黄华为团长全国政协副主席叶选平为首席顾问的中国友好人士访日团主要成员

中华人民共和国和玻利维亚共和国在拉巴斯签订领事条约

解放军副总参谋长李景中将在北京会见巴基斯坦陆军防空军司令纳扎·侯赛因中将

全国普通高等教育工作会议在北京结束

中共中央政治局委员、国务委员兼国家教委主任李铁映在会上讲话。李铁映说，教育战线各级领导当前的中心工作是要抓紧抓好十四大精神的学习、宣传和贯彻落实，坚持党的基本路线一百年不动摇。教育战线坚持党的基本路线，最重要的是使教育工作服从和服务于经济建设这个中心。面向经济建设，为解放和发展生产力服务，这是教育工作一个根本的指导思想。

李铁映说，坚持党的基本路线，必须坚定不移地深化改革，建立与社会主义市场经济体制相适应的教育体制，这是教育体制改革的主要目标。这个问题还远没有解决好，还存在不少未被认识的“必然王国”。因此，一个极为重要的问题就是要解放思想，转变观念，加大教育改革的力度。不仅要改革教育体制，而且要改革教育思想、教育内容和教育方法。要更好地把握四项基本原则，用邓小平同志建设有中国特色社会主义的理论武装我们的思想。他指出：教育战线面临着加快改革和发展的紧迫任务，要推进教育的现代化，必须转换脑筋，更新教育思想和教育观念，不仅要善于总结自己的好经验，而且要大胆吸收和借鉴世界各国包括资本主义国家一些好的教学管理经验、教学内容和方法。

李铁映说，根据新的形势，在继续提高质量和效益的前提下使高等教育有一个较大的发展，是完全必要的。高等教育的发展，不能只理解为规模上的扩大，更重要的是教育质量、科研水平要上新的台阶。今后一个时期，国家要集中力量逐步办好100所左右重点大学和一批重点学科，并使若干所大学在本世纪末进入世界先进行列。其他高等学校也都要提高质量，办出特色。要改变国家对高等教育包得过多、政府对高校管得过细的状况，走出一条多形式、多途径发展高等教育的路子。李铁映希望各级党委和政府坚决按照十四大的要求，把教育摆在优先发展的战略地位，努力增加对教育的投入，积极改善办学条件、教师的工作和生活条件，加强领导和大力支持教育的改革与发展。

会议于14日召开。

海峡两岸专利商标著作权学术研讨会在北京举行

研讨会就专利、商标、著作权、计算机软件的保护及知识产权纠纷的解决等问题进行讨论。

全国晚报年会在上海举行

国家体委在人民大会堂举行全国业余体育训练工作表彰会

国家体委最近决定，授予1988年以来培养输送高水平运动后备人才成绩显著的170所业余体校和640名个人“全国业余训练先进集体”和“先进工作者”称号。国家体委还决定，将体育事业贡献奖、体育运动荣誉奖、体育运动一级奖和世界冠军启蒙奖分别授予16所业余体校和215名教练员，表彰他们在优秀运动员早期基础训练中作出的贡献。

贵州省高级人民法院对制造销售假茅台酒的投机倒把犯罗德明依法执行死刑

罗德明原系贵州省仁怀县荣碌宫酒厂贵阳经营部经理。1988年3月，罗德明与广东省开平县蚬冈供销社签订了8000瓶茅台酒的供销合同，骗得该社预付款人民币32万元。罗德明又将购买的普通白酒，贴上假茅台酒商标标识，假冒茅台酒销售。从1988年6月至8月，罗德明向浙江省杭州市望江商业分公司等单位销售假茅台酒41292瓶，非法经营额331.9万余元，非法获利达209万余元。在销售过程中，致使有关企业遭受经济损失260余万元。

11月19日

中国民主建国会第六次全国代表大会在北京开幕

会议的主要议程是：认真学习贯彻中共十四大精神，审议通过民建第五届中央委员会工作报告，选举产生新的中央领导机构。

中共中央政治局委员李岚清到会宣读中共中央贺词。

贺词说，民建会具有光荣的爱国革命传统，是同中国共产党长期合作的亲密友党。自创建以来，积极带领广大成员和所联系的群众，与中国共产党并肩战斗，风雨同舟，走过了光辉的历程，为我国的革命和建设事业作出了重要贡献。在新的历史时期，民建拥护并认真贯彻“一个中心、两个基本点”的基本路线，贯彻《中共中央关于坚持和完善中国共产党领导的多党合作和政治协商制度的意见》，结合自身的实际，围绕国家的中心工作开展活动，积极参与国家事务的管理，参加政治协商、民主监督，提出了《关于解决全民所有制大中型企业当前几个问题的建议》、《关于当前商品流通中若干问题的建议》等很好的意见建议，发挥成员与港澳台同胞、海外侨胞及国外工商界人士联系广泛的优势，协助引进资金、技术和人才，为扩大开放，增进经贸往来，促进祖国和平统一，做了许多有益的工作。

贺词指出，在加快改革开放和现代化建设的新形势下，统一战线仍然是我们党的一个重要法宝，巩固和发展最广泛的爱国统一战线是我们党一项坚定不移的战略方针。我们将继续完善共产党领导的多党合作和政治协商制度，坚持“长期共存、互相监督、肝胆相照、荣辱与共”的方针，继续完善民主党派参政和监督的各项措施，支持民主党派和无党派人士在国家机关担任领导职务，进一步巩固我们党同民主党派、无党派人士的联盟，调动一切积极因素，共同致力于建设有中国特色社会主义的宏伟事业。

民进中央主席雷洁琼代表其他7个民主党派和全国工商联向大会表示祝贺。

民建六大主席团常务主席孙起孟代表民建第五届中央委员会向大会作工作报告。

倪志福、谷牧以及各民主党派及全国工商联的负责人参加大会。出席本届大会的代表共570人。

全国政协副主席政协宗教委员会主任赵朴初在北京会见由理事长高忠信率领的台湾中华道教总会文化交流访问团

全国总工会副主席章瑞英就工会要在改革中强化维护女职工权益的职能问题发表讲话

章瑞英日前指出，工会要在改革中强化维护女职工权益的职能。

章瑞英在谈到女职工被编余下岗比例偏高时认为，工会要坚持四个原则：一是平等竞争，择优上岗，不搞“一刀切”。工会不能一听女职工下岗就持反对态度，同时也坚决反对那种凡是女职工，不论其技术、身体条件如何，不到45岁就“一刀切”离开工作岗位的做法；二是先开渠，后放水，即基层女职工组织要及早摸清情况，积极参与制订改革方案，提出妥善安排下岗女职工的建议；三是区别情况，分别对待，对于自身素质差，难于胜任本职工作而下岗的，要做好思想工作，使她们增强紧迫感，通过举办培训班等形式，帮助她们提高素质。对于因工种不适合而下岗的，要通过各种途径，帮助她们调换工种；四是妥善解决下岗女职工的生活困难，特别是对那些家庭负担重，一时又安排不了工作的女职工，企业要保证她们的基本生活，这是关系到稳定社会和稳定职工队伍的大问题，切不可忽视。

国务院三峡工程建设工作会议在武汉举行

会议研究成立三峡工程建设领导机构问题，讨论三峡建设工程前期准备工作。

会议由国务院总理李鹏主持。国务院副总理邹家华、国务委员陈俊生、全国政协副主席钱正英、国务院秘书长罗干以及国务院有关部门和湖北、四川两省的负责人出席会议。

邹家华、陈俊生、钱正英等在会上分别就三峡工程建设的组织机构、开发性移民和三峡工程建设前期准备工作等问题讲话。

李鹏在会上说，全国人大已经通过了兴建三峡工程的决议。兴建三峡工程是一件功在当代、利在千秋，全国人民关注的大事。全国都要积极支援三峡工程建设。

李鹏说，三峡工程要用社会主义市场经济的办法进行建设，用现代化的经济管理办法进行管理。要采取多渠道多形式的办法筹集建设资金。三峡工程建设应该按照国际惯例，采用招标的办法，引入竞争机制。

李鹏说，三峡移民有100多万，移民工作量大，任务艰巨，是三峡工程成败的关键之一。三峡移民要贯彻中央关于开发性移民的方针，与发展经济相结合，不断提高移民地区的生产与生活水平。国家要给予必要的支持，为移民地区创造一个较好的投资环境，更多地吸引国内外的投资。三峡移民要形成一种自我发展的良性循环机制。移民要重点与一般相结合。移民工作由中央统一领导，分省负责，以县为基础，主要是依靠地方人民政府和党组织，做好移民工作。移民与工程建设进度要协调配合。

李鹏说，应该尽快成立精干、高效、职权分明的三峡工程建设领导机构。

国务院副总理田纪云在陕西商洛地区视察

中共中央政治局委员、国务院副总理田纪云近日视察陕西省比较贫困的商洛地区，田纪云来到商州市梁铺乡冀家村和铁炉子乡铁炉子村等地，看望了一些贫困户，走访了几户近几年脱贫的农民，视察了乡办商州塑料编织厂等。在商洛地区行署所在地，田纪云听取了地委书记杨永年的汇报，并与当地党政负责人就贫困地区如何尽快脱贫致富进行了座谈。

田纪云指出，近年来扶贫工作取得了很大的成绩，但仍有一些地区群众生活还比较困难，脱贫的农户也有返贫的现象，因此下一步扶贫工作决不能放松。像商洛这样的贫困地区，一定要从实际出发，发挥优势，抓住重点，特别要注重开放开发，经济振兴是大有希望的。田副总理在谈到开放时说，贫困地区大都交通不便，比较封闭，要改变这种状况。一方面，要抓好道路建设，中央和省上尽力给予扶持，创造开放的交通条件。另一方面要请进来，走出去。要鼓励劳力出去做工，既挣钱，又学手艺回来。在听到商洛大搞农民运销队时，田纪云给予了充分肯定和赞扬。

田纪云重点讲了贫困地区的开发问题。田纪云说，贫困山区绝不能放松粮食生产，吃饭是个前提。但是，不能光搞粮食，亩把地上创不出小康，要大力开展多种经营和矿产资源等开发。不少贫困山区都有丰富的山货和矿产资源，适宜于发展多种经营，办矿，搞加工。立足矿产搞工业，可以先卖原矿积累资金，再搞粗加工、精加工，规模能大则大、能小则小，不要受限制。在多种经营的开发上，要发挥科技的作用以提高质量和效益。要注意搞拳头产品、搞系列化，以带动千家万户。

田纪云还谈到，在贫困地区要注意两点：一是鼓励多种形式、多种所有制一齐上，特别要放开手脚发展个体和私营经济，充分鼓励户办、联办乡镇企业；二是充分发挥能人的作用。一个能人用好了，可以带动周围一批人、一项事业。要鼓励机关和事业单位的人员下去领办、创办乡镇企业。在政策上可以给他们留条后路，户口、住房等不改变，解除他们的后顾之忧，待乡镇企业办好了，他自己有了“金饭碗”，自然也就不要这个“铁饭碗”了。

公安部伪造货币、有价证券犯罪案件立案标准(试行)

根据《中华人民共和国刑法》和公安部《关于刑事侦察部门分管的刑事案件及其立案标准和管理制度的规定》(公发〔1979〕182号文件)等有关规定，结合各地公安机关办理伪造案件的实际情况，经征求最高人民法院、最高人民检察院有关部门的意见，对伪造货币、有价证券犯罪案件立案标准试行如下(略)

全国人大常委会委员长万里在人民大会堂会见以民主统一党主席议会议长莱昂内尔·达尔瓦为团长的圣多美和普林西比民主统一党代表团

乌兹别克斯坦最高苏维埃主席尤尔达舍夫在塔什干会见外交部部长钱其琛

尤尔达舍夫说，乌兹别克斯坦和中国都是东方国家，有许多共同点。乌兹别克斯坦首先要吸取东方国家的经验，为此要更好地研究中国政治、经济改革的经验。

尤尔达舍夫介绍了乌最高苏维埃的组织情况和职能。尤尔达舍夫说，乌最高苏维埃支持政府并为政府的改革创造条件，保护人民的利益。为了使乌兹别克斯坦的经济改革顺利进行，必须保持国家的稳定。尤尔达舍夫主席说：“乌中两国交往中没有任何障碍，我们要为两国经济合作开辟道路，恢复两国久已存在的友好关系。”他希望进一步发展两国的经济和其他方面的合作，以新的内容来充实、拓宽古老的丝绸之路。

钱其琛说，中乌两国立法机构之间的来往对促进两国关系和两国人民的友谊具有重要意义。钱其琛介绍了中国人民代表大会的组织情况、中国共产党领导的多党合作和政治协商制度。

钱其琛说，中乌两国有许多看法是一致的或相近的。中乌两国是近邻，希望本地区稳定，希望发展本国经济，这是发展两国经济合作的基础。

外交部发言人吴建民就法国达索公司与台湾签订出售战斗机合同等问题答记者问

吴建民要求法国政府恪守中法建交原则，拒绝批准有关公司同台湾签订的出售战斗机的合同。

有记者问：据报道，法国达索公司已与台湾签订了法售台60架幻影2000型战斗机合同。你对此有何评论？

吴建民说："我们看到了有关报道，如属实，其性质是极为严重的。中方已多次阐明坚决反对任何国家向台湾出售武器的严正立场，对此法方是很清楚的。"

吴建民说："我们强烈要求法国政府恪守中法建交原则，拒绝批准有关公司同台湾签订的出售战斗机的合同。如果法方不顾中方的强烈反对，一意孤行，中方将要作出强烈反应，由此产生的一切严重后果，法国政府必须承担全部责任。"

当被问及俄罗斯总统叶利钦访问韩国，并称俄外交政策重心将更多地转向亚洲，中国对此有何评论的问题时，吴建民说："俄罗斯联邦和韩国都是中国的邻国。我们希望俄韩关系的发展有利于本地区的和平与稳定。我们愿意在和平共处五项原则的基础上同包括俄罗斯在内的各国进一步发展友好合作关系，以利于地区乃至世界的和平、稳定与发展。"

在应记者提问对立陶宛劳动民主党在大选中获胜发表评论时，吴建民说："这是立陶宛的内政。我们愿意继续同立陶宛在和平共处五项原则的基础上发展友好合作关系。"

中英联合联络小组中方首席代表郭丰民就港英政府决定向立法局申请拨款批出机场平台合约向新华社记者发表谈话

港英政府置中英两国政府关于香港新机场建设及有关问题的谅解备忘录于不顾，准备在中英双方就有关整体财务安排达成协议之前，向立法局财务委员会申请拨款批出机场平台合约。对此，中方不得不严正指出，未经与中方磋商并取得同意就采取任何单方面的行动，中方都不能予以同意。在双方未就机场财务安排达成协议的情况下，英方单独兴建新机场，势将给特区政府带来沉重的财政负担，并在工程上造成极大的浪费，从而破坏了机场备忘录中双方达成的谅解。如果英方拒不执行谅解备忘录，一意孤行，由此产生的一切后果，未来的特区政府概不负责，作出决定者应向市民交代。

银河一Ⅱ十亿次巨型计算机由国防科技大学研制成功

标志我国大型科学工程运算和大规模数据处理将有重大突破的银河一Ⅱ10亿次巨型计算机，在长沙通过国家鉴定。中央军委主席江泽民、国务院总理李鹏、国务院副总理朱镕基、中央军委副主席刘华清等中央领导分别题词、写信向全体研制人员表示祝贺。国务委员宋健出席鉴定会。

银河一Ⅱ计算机是由国防科技大学计算机研究所研制的我国第一台通用10亿次并行巨型机。该机为共享主存紧耦合4处理机系统结构，主频50兆赫，基本字长64位，主存容量256MB，拥有2个独立的输入输出子系统，可进行每秒10亿次以上的运算操作，综合处理能力10倍于1983年诞生的银河一Ⅰ亿次巨型计算机。由全国42家计算机研究所、应用单位和高等院校的专家组成的鉴定委员会，经过对"银河一Ⅱ"巨型计算机系统为期一个月的全面严格的技术考核，一致认为它填补了我国通用并行巨型机空白。

国务院中央军委致电国防科工委参加银河一Ⅱ巨型计算机研制工作的全体人员表示祝贺和慰问

国家科委国家体改委发布《关于在国家高新技术产业开发区创办高新技术股份有限公司若干问题的暂行规定》

11月20日

国家主席杨尚昆在人民大会堂会见土库曼斯坦总统萨帕尔穆拉特·尼亚佐夫

国务院总理李鹏在人民大会堂同土库曼斯坦总统萨帕尔穆拉特·尼亚佐夫举行会谈

李鹏在谈到双边关系时说，苏联解体后，中土两国迅速建立了外交和贸易关系，为两国关系的发展奠定了基础。目前，两国经济合作虽处于起步阶段，但进一步拓宽合作领域是可能的，中方对此持积极态度。李鹏表示相信，尼亚佐夫总统的此次来访必将对发展中土两国的友好合作关系发挥重要作用。

在谈及中国国内情况时，李鹏指出，我国改革开放十四年来取得了巨大成就，经济有了很大发展。从根本上来说，这是因为我们坚定地按照邓小平同志建设有中国特色的社会主义理论办事、大胆探索和实践的结果。这些成就的取得与我国的政治稳定也是分不开的。

李鹏说，中共十四大把建立社会主义市场经济确定为我国改革的目标，我们将按照社会主义市场经济体制的要求，把转变政府职能、转换企业经营机制等方面的工作做好。

李鹏在向客人介绍我国外交政策时指出，中国愿在和平共处五项原则基础上同包括土库曼斯坦在内的独联体各国发展睦邻友好关系。

尼亚佐夫重申，土库曼斯坦政府承认中华人民共和国政府是中国唯一合法政府，台湾是中国领土不可分割的一部分的原则立场。李鹏对此表示赞赏和感谢。尼亚佐夫说，我此次率领大多数内阁成员访华，表明土库曼斯坦政府对土中关系的高度重视。此次访问的目的在于了解中国的改革开放情况，增进两国人民的友谊。

尼亚佐夫还向李鹏通报了土库曼斯坦的现行经济政策，并表示土政府十分希望在能源、加工工业等领域发展同中国的关系。

中宣部全国总工会中国职工思想政治工作研究会在北京联合举办的企业思想政治工作研讨班结束

全国土地使用制度改革政策法规工作座谈会在重庆召开

全国政协副主席钱伟长在人民大会堂会见并宴请台湾“两岸工商实务访问团”

钱伟长说，两岸经济有很强的互补性，加强合作，对双方经济发展都有好处。这些年来，大陆经济发展很快，开放程度越来越高，投资机会也越来越多，你们此次来一定可以找到很多的合作项目。

台湾政治大学外交研究所教授访问团团长朱新民说，当前，两岸在经济发展上各自都取得了一定经验，应该加强交流，相互借鉴。希望这次来北京能够进行经济等多方面的交流、沟通，在互补互惠的基础上加强经贸等方面的合作。

芬兰总统毛诺·科伊维斯托在总统府会见正在芬兰访问的国务院副总理朱镕基

国务院副总理朱镕基同芬兰副总理兼外贸部长佩尔蒂·萨洛莱宁在赫尔辛基进行会谈

朱镕基在介绍中国经济发展的情况和对外开放、吸收外资政策后表示，希望采取更加灵活多样的方式来进一步发展两国的经贸、科技合作；两国政府应鼓励两国企业间进行更多的交流和往来；欢迎芬兰企业到中国去投资。

萨洛莱宁对中国经济的巨大发展表示赞赏，并强调芬兰正为申请加入欧共体而努力；与此同时，也将更多地注意亚洲地区，特别是中国，希望加强同中国的经济关系。芬中贸易在过去的10年中增长了3倍，芬兰对此感到很满意；芬兰政府将为继续发展和促进芬中经济关系而努力。会谈中他还重申芬兰政府支持尽快恢复中国作为关贸总协定缔约国的地位。

外交部部长钱其琛同吉尔吉斯斯坦代理外交部长萨拉利诺夫在比什凯克举行会谈

钱其琛说，中吉建交之后，两国关系进入了一个新的发展阶段。阿卡耶夫总统和琴格舍夫总理对中国进行的访问都取得了圆满成功，为两国关系打下了坚实的基础。钱其琛表示，中国政府支持吉尔吉斯斯坦人民所作的选择，理解和尊重吉尔吉斯斯坦的内外政策。钱其琛介绍了我国独立自主的和平外交政策。中国反对霸权主义和强权政治。中国愿意在和平共处五项原则的基础上同世界各国发展友好合作关系。

奥地利国民议会议长菲舍尔在维也纳会见国家教委主任李铁映

新西兰副总理麦金农在惠灵顿会见中国南极考察队

中国第9次南极考察队104名队员经过3周的海上搏击，避开太平洋的第27号和28号两大台风，到达新西兰首都惠灵顿。这是我国南极考察队首次经新西兰赴南极，受到新西兰政府和科技界的欢迎。

新西兰副总理兼对外关系贸易部部长麦金农发表声明说，中国南极考察队的来访，为加强新中两国南极考察方面的合作和新中关系增添了新的内容。

麦金农说，发展与中国在南极问题上的合作，是新西兰拓展与亚太地区联系的战略的一部分。

北京军区队的董卫军和沈阳军区队的李双红在广州举行的全军第5届专用枪射击锦标赛中分别以384环和383环的成绩超亚洲纪录

第三届全国优生科学大会在北京召开

中共中央总书记江泽民、国务院总理李鹏为第三届全国优生科学大会题词。江泽民的题词是：“发展优生科学事业，提高中华民族素质。”李鹏的题词是：“大力普及优生科学，提高我国人口素质。”

国家计划生育委员会主任彭珮云在大会上公布：中国计划生育工作的“大盘子”已经确定：到本世纪末，总人口控制在12.94亿；到建党100周年即2021年，总人口期望控制在14.5亿；到建国100周年即2049年，总人口期望控制在 16 亿，并且总人口规模不再增加。

彭珮云说：实现这一远景的前提是现在每年人口自然增长率必须控制在 12.5‰以内，到本世纪末进一步压缩至 10‰以内。

11 月 21 日

首都各界人士在全国政协礼堂集会纪念郭沫若诞辰 100 周年

国务院总理李鹏出席大会，并发表讲话。

李瑞环、温家宝、宋健、谷牧、赵朴初、胡绳、张劲夫、罗干等出席纪念大会。大会由丁关根主持。

国务院总理李鹏在郭沫若诞辰 100 周年纪念大会上发表讲话

同志们，朋友们：

今天我们在这里隆重集会，纪念郭沫若同志诞辰一百周年。

郭沫若是我国杰出的作家、诗人和戏剧家，马克思主义的历史学家和古文字学家，革命的思想家、政治家和著名的社会活动家。他学识渊博、才华卓越，是继鲁迅之后我国文化战线上又一面光辉的旗帜。

郭沫若诞生以来的一百年，是中国社会发生翻天覆地变化的时期。郭沫若诞生之时，正是中华民族处于灾难深重的年代。不甘受凌辱和压迫的中国人民，前仆后继，进行过无数次艰苦卓绝的斗争。在辛亥革命和五四运动之后，一部分最有觉悟的知识分子接受了马克思列宁主义，并同工人运动相结合，从而诞生了中国共产党。党领导中国人民经过长期艰苦奋斗，取得了反帝反封建的新民主主义革命的胜利，开辟了中国历史的新纪元。新中国建立后，党又领导全国人民取得了社会主义革命和社会主义建设的巨大成就。郭沫若从青少年起，就站在时代前列，以极大的革命热忱，投身人民群众变革现实的伟大实践，为我国革命和建设事业，以及科学文化的发展，作出了不可磨灭的贡献。

郭沫若的一生，是革命的一生，战斗的一生，也是为中华民族文化的发展和繁荣不懈奋斗的一生。早在五四时期，他就以高度的革命激情，写下了著名的诗集《女神》，反映了反帝反封建的狂飙精神，强烈要求改造社会，歌颂革命，歌颂光明，热烈追求和赞美未来，开一代诗风，成为我国新诗歌运动的奠基者。后来，他通过翻译和介绍马克思主义著作和社会实践，认定“马克思主义在我们所处的这个时代，是唯一的宝筏”，从此，他把自己对理想的追求，自觉地融入了党领导下的革命事业之中。这一时期，他积极组织文学团体“创造社”，倡导无产阶级革命文学。1926 年他参加北伐战争，任国民革命军总政治部副主任。1927 年他参加南昌起义，在革命处于低潮的时候，加入了中国共产党。1928 年，郭沫若被迫旅居日本，在“风雨如晦”的日子里，他仍然关注着中国革命的进程，潜心研究中国古代史和古文字学。他的《中国古代社会研究》，是我国运用马克思主义观点研究中国古代历史的第一部著作。抗日战争爆发后，郭沫若回到祖国，在周恩来同志的领导下，从事国民党统治区文化统一战线工作。这一时期，他写出了著名的历史剧《屈原》，以古鉴今，产生了广泛的社会影响。1944 年写的《甲申三百年祭》，总结李自成起义的经验教训，受到毛泽东同志的赞赏，列为我党整风学习文件。这篇史论对于我们党密切联系群众，保持谦虚谨慎和艰苦奋斗的优良传统，有重要的鉴戒作用。全国解放后，郭沫若历任政务院副总理、中国科学院院长、中国文联主席、全国人大副委员长、全国政协副主席等重要职务，为我国革命和建设，为我国科学文化教育事业的繁荣和发展，为世界和平与进步事业作出了巨大贡献。

周恩来同志曾经这样说：“鲁迅是新文化运动的导师，郭沫若便是新文化运动的主将。鲁迅如果是将没有路的路开辟出来的先锋，郭沫若便是带着大家一道前进的向导”；称赞郭沫若“是革命的诗人，同时，又是革命的战士”，是“学术家与革命行动家”“兼而为之的人”。郭沫若集文艺家、科学家、革命家于一身，以他多方面的宏伟建树，丰富了我国的民族文化宝库，为我国文艺和科学工作者树立了一个光辉的学习榜样。

我们要学习和发扬郭沫若热爱祖国、热爱人民的精神。郭沫若从青少年时代起，就有“报国济民”的抱负，就将民族振兴、国家富强、人民幸福作为自己的理想和追求的目标。他早期从“昂首天外”到俯身于“水平线下”，接触了社会底层，感受到了人民群众的悲惨生活，“获得了宁愿牺牲个人的个性与自由为人民大众请命的新观念”。在长期的革命生涯中，他以是否符合人民利益作为自己做人和进行文学创作、学术研究的基本准则，他的心和笔始终和祖国的命运紧紧相连，和人民的呼吸息息相通。不论他弃医从文，还是投笔从戎，都表现了对祖国、对人民的无限赤诚。他的大量文艺作品，气势磅礴，充满着对人民的热爱，洋溢着浓厚的爱国主义情感。

我们要学习和发扬郭沫若追求真理、开拓创造的精神。郭沫若不论在民主革命时期还是在社会主义革命和建设时期，不论是在革命高涨时期还是革命处于低潮时期，都能保持旺盛的革命热情，不屈不挠地进行战斗和创造。郭沫若在对待文化问题上有博大的胸怀，既反对民族虚无主义，又反对盲目排斥西方文化。

他主张吸收异国民族文化的精华,"借石他山",但立足点必须是"经过本民族创造",赋予"中国作风"和"中国气派"。郭沫若在文艺创作和学术研究上,从不墨守成规,而是不断探索和开拓新的领域。他知识渊博,又虚怀若谷,善于博采众长,从多角度、多层次观察和分析问题,不断有新发展、新创造,在文化界、学术界独领风骚。他的研究工作,拿他自己的话来说,就是"不要别人已经穿旧了的衣裳","再不仰仗别人所依据的城垒",而要在"实事之中求其所以是",表现了马克思主义的实事求是的态度和开拓进取的精神。

我们要学习和发扬郭沫若尊重知识、尊重人才的精神。郭沫若深知知识无价、人才宝贵。他不仅自己注意积累和扩展知识,而且殷切期望科学文化知识得到普及,培养众多的人才,提高全民族的素质。建国初期,在他担任中国科学院院长后,他和一些老知识分子亲密共事,积极组织科研机构、建设科技队伍,为新中国科技事业奠定了基础。郭沫若十分爱护人才,特别对新生力量寄予厚望,热情关怀他们的成长,并以"教育英才"为最大乐趣。正是在他的倡议和领导下,成立了中国科学技术大学,并亲自担任校长。他平易近人,对青年学者、作家、文学爱好者,都热情给予指导,为历史学、文字学、考古学、文学艺术等领域一大批人才的成长付出了巨大的心血。

同志们,朋友们!

郭沫若辞世之际,我们国家正从十年动乱的危难中进入新的历史时期。我们党召开了十一届三中全会,开始了全党工作重点的战略转移。14年来,我们党和人民锐意改革,努力奋斗,整个国家焕发了勃勃生机,神州大地发生了历史性的伟大变化。不久前,我们党召开了第十四次全国代表大会,这是一次团结的大会,胜利的大会。大会总结了十一届三中全会以来14年的实践经验,阐述了建设有中国特色社会主义的理论,部署了今后一个时期的战略任务,明确确定用邓小平同志建设有中国特色社会主义的理论武装全党,明确确定坚持党的基本路线一百年不动摇,明确确定建立社会主义市场经济体制。这对于进一步统一全党和全国人民的思想,更好地调动各方面的积极性,继续推进改革开放和社会主义现代化建设事业,具有极其重大的现实意义和长远意义。当前,要把学习、宣传和落实十四大精神作为全党和全国的第一件大事,把思想统一到十四大精神上来,真正使十四大精神变为广大干部和群众的自觉行动,变为全面推进有中国特色社会主义事业的强大动力。

抓住当前有利时机,加快改革开放,集中精力把经济建设搞上去,这是全党和全国各族人民的最高利益和共同愿望,是整个国家的大局。在党和国家的全部工作中,只有经济建设这一个中心,没有另外的中心。经济部门要坚持这个中心,科学、教育、文化以及其他部门也必须自觉服从和服务于这个中心。

大力推进社会主义现代化建设,必须认真学习邓小平同志建设有中国特色社会主义的理论,这一理论,是对毛泽东思想的继承和发展。学习这一理论,重要的是学习邓小平同志的战略思想和理论观点,学习他运用马克思主义立场、观点和方法研究新情况、解决新问题的科学态度和创造精神。建设有中国特色社会主义的理论内涵极其丰富。邓小平同志对科学、教育、文化都有许多精辟的论述,是我们发展科学、教育、文化事业的重要指针,要认真学习和在实践中努力贯彻。

当前,特别要强调解放思想、实事求是。小平同志指出:"解放思想,就是使思想和实际相符合,使主观和客观相符合,就是实事求是。"要真正坚持实事求是,就必须继续解放思想,就要面向实际,了解实际,研究实际,勇敢地冲破落后的传统观念的束缚,克服对马克思主义的某些原则教条式理解,抛弃那些对社会主义不科学的甚至是扭曲的认识,把党的路线方针政策同本地区本部门的具体情况结合起来,研究新情况,总结新经验,解决新问题,创造性地开展工作。

经济建设必须依靠科学技术,充分发挥科技这个第一生产力的巨大推动作用。科学工作者要面向经济建设主战场,促进科技与经济的结合,加速科技成果向现实生产力的转化,为加快经济建设作出新贡献。改革开放和现代化建设蓬勃发展的形势,迫切要求文艺工作者努力反映时代精神,表现现实生活,为广大人民群众提供更多更好的精神食粮。文艺工作者要积极深入生活,深入实际,努力创作无愧于我们伟大的时代,无愧于我们伟大的民族,无愧于我们伟大人民的优秀作品,努力满足人民群众日益增长的文化生活需要,激励广大干部和群众奋发图强,投身改革开放和现代化建设的宏伟事业。在经济的发展越来越依靠科技进步的今天,知识分子的地位和作用越来越突出。各级党委和政府要尊重知识、尊重人才,充分发挥知识分子的聪明才智,广泛吸收他们参与各方面建设和改革工作,为他们创造良好的工作、学习和生活条件。

发展科学和繁荣文艺,必须坚持"为人民服务、为社会主义服务"的方向,坚持"百花齐放、百家争鸣"的方针,努力为科学和艺术的发展创造良好的环境。要按照艺术和科学的规律正确对待学术问题。艺术上不同的形式和风格可以自由发展,科学上不同学派可以自由讨论。不同风格不同学派之间要互相尊重,互相借鉴,交流切磋,取长补短。对艺术和科学中的一些不同意见,应当通过艺术界、科学界的自由讨论去解决,通过艺术和科学的实践去解决。这样,有利于为科学文化发展提供所需要的良好环境，有利于推动科学进步和文艺繁荣。

要在全国人民、特别是青少年中进一步开展爱国主义教育。爱国主义是我们人民强大的精神支柱。中国人民历来具有为维护民族尊严、国家主权而进行英勇斗争的光荣传统，“富贵不能淫、贫贱不能移、威武不能屈”，绝不容忍那些损害我们国家民族利益的事情存在。要从我国近代史和现代史中吸取经验和教训，树立高度的民族自尊、自信、自强精神，推动改革开放和现代化建设不断向前发展。

我们面临的任务是极其繁重的，全党和全国人民要团结起来，共同奋斗。团结出凝聚力，出战斗力。我们团结统一的基础是马列主义毛泽东思想，是邓小平建设有中国特色社会主义的理论，是党的“一个中心、两个基本点”的基本路线。各条战线、各级组织都要加强团结。科学、教育、文化战线也要加强团结。各级领导班子要带头搞好团结。要坚持团结——批评——团结的方针，提倡互相信任、互相支持、互相谅解，善于求大同存小异。大家要团结起来，以党的事业、国家的繁荣、人民的幸福为重，把主要精力放在发展经济、繁荣科学教育文化事业上。

同志们，朋友们！

现在，我们已经有了正确的理论和路线，确定了宏伟的奋斗目标。我国经济必将得到更大的发展，科学文化必将出现更大繁荣。让我们在以江泽民同志为核心的党中央领导下，团结一心，奋发图强，夺取有中国特色社会主义事业的新胜利。

全国检察长会议在广东召开

最高人民检察院副检察长张思卿在会上强调，1993 年各级检察机关要充分认识反腐败斗争的紧迫性、长期性和艰巨性，继续把反贪污贿赂犯罪作为检察工作的重点，运用法律武器，惩治贪污贿赂等经济犯罪。对于严重的贪污贿赂犯罪分子，不论是什么人，都必须依法坚决惩处。对于有严重官僚主义行为的有关领导人，构成犯罪的，依法追究其玩忽职守的刑事责任。

中共中央政治局委员、中共广东省委书记谢非，最高人民检察院检察长刘复之以及来自全国各地的检察长等共 300 多人出席会议。

中国和土库曼斯坦达成两项互免公务旅行签证的协定及关于互免团体旅游签证的协定协定

两协定将同时于 1993 年 2 月 1 日起生效。

根据协定，持有效的外交、公务、因公普通护照的中国公民和持有效的外交、公务、加注“公务”字样的普通护照的土库曼公民，及其使用同一本护照的偕行人，在缔约另一方入境、出境或者过境，免办签证；缔约双方由各自指定的旅游部门组织的旅游团，经由对方向国际旅客开放的口岸或经双方协商同意的口岸集体进出对方国境，免办签证。

中国和土库曼斯坦在北京发表联合公报

一、应中华人民共和国主席杨尚昆的邀请，土库曼斯坦总统萨·尼亚佐夫于 1992 年 11 月 19 日至 23 日对中华人民共和国进行了正式访问。

江泽民总书记、杨尚昆主席、李鹏总理分别同萨·尼亚佐夫总统在友好、求实的气氛中举行了会晤和会谈。

访问过程中，土库曼斯坦贵宾到上海市进行了参观访问。

二、在中土首次高级会晤期间，双方就双边关系和共同关心的国际问题交换了意见，并各自介绍了本国国内的情况。

三、中华人民共和国政府和土库曼斯坦政府同意在相互尊重主权和领土完整、互不侵犯、互不干涉内政、平等互利、和平共处的基础上发展两国之间长期、稳定的友好合作关系。双方认为，这符合两国人民的共同愿望和利益，有助于维护亚洲和世界的和平与稳定。

四、中华人民共和国政府和土库曼斯坦政府愿意进一步发展政治、经贸、科技、教育、新闻、文艺等领域的合作。双方特别重视并将采取措施保证在互利、平衡、长期稳定的基础上发展经贸关系。

五、双方将积极促进两国立法机构、政府部门、社会团体的联系和交往。

六、两国将就双边关系及共同感兴趣的国际问题经常进行磋商。

七、双方将根据实际可能在人员培训方面进行合作，包括互派留学生和进修生。

八、土库曼斯坦政府承认中华人民共和国政府是中国的唯一合法政府，台湾是中国领土不可分割的一部分。土库曼斯坦政府确认不和台湾建立任何形式的官方关系。

中华人民共和国政府支持土库曼斯坦政府为维护民族独立、发展经济所做的努力。

九、双方声明，中华人民共和国和土库曼斯坦发展友好合作关系不针对第三国，不影响各自根据同别国签订的双边和多边条约所承担的义务。

十、中国和土库曼斯坦领导人对中土首次高级会晤的成果表示满意。中土人民传统的友好合作关系掀开了新的一页，两国领导人对此给予高度评价。双方相信，两国关系的发展前景是美好的。

中华人民共和国主席 杨尚昆

土库曼斯坦总统 萨·尼亚佐夫

1992年11月21日于北京

中华人民共和国和土库曼斯坦在北京签订领事条约关于鼓励和相互保护投资协定文化合作协定

中央军委副主席刘华清上将在人民大会堂会见俄罗斯政府副总理绍欣

在会见中，双方对利用国防工业潜力为国民经济服务表示了极大的兴趣，一致表示将采取各种形式进一步加强两国在军转民领域里的合作。

刘华清说，在和平共处五项原则的基础上进一步发展中俄两国友好合作关系不仅符合两国人民的根本利益，而且有利于两国所在地区及世界的和平与稳定。

刘华清说，中俄两国各自的经济和科技潜力很大，且具有明显的互补性。两国加强合作、互通有无、取长补短对发展两国的经济、科技和国防具有重要意义。两国在各个领域里的合作具有广阔的前景。

绍欣说，俄中两国发展友好合作关系有利于两国人民，也有利于地区及世界的和平与稳定。鉴于两国经济的互补性和技术的兼容性，两国间的合作方式可以是多种多样的，前景是广阔的。

中国社会发展科学研究会副会长邓楠在美国新泽西州纽瓦克举行的“美洲中国工程师学会大纽约分会1992年年会”上发表讲话

邓楠说，大陆希望与台湾在科学技术领域进行全方位的交流与合作。

大陆与台湾的科学技术各有所长，应该抛开政治问题，从比较容易合作的方面开始，逐步将交流与合作扩大到各个科技领域。

邓楠在专题座谈会上作题为《中国跨世纪的科学技术发展战略》的发言中，阐述了中国科技发展战略、科技体制改革、科技发展布局和科技合作与交流等问题。她说，半个世纪以来，一批又一批中华儿女走出国门，负笈他乡，含辛茹苦，艰苦创业，以卓越成就展示了中华民族的才能和智慧。多少海外赤子身居异土，魂系中华，念念不忘为祖国振兴尽一份心力。她说，她期待着各位学者同仁为中国科学技术的发展、为促进海峡两岸的科技交流、实现中国统一大业和为促进中美两国科技界的合作作出贡献。

邓楠还表示欢迎广大留学生和访问学者以及海外科技界同仁通过多种渠道和多种形式参加中国的现代化建设，为中华民族的崛起和腾飞而砥砺进取，共同奋斗。

北京军区射手侯燕南在广州举行的全军第5届专用枪射击锦标赛男子步枪3×40比赛中以1162环成绩打破全军纪录全国纪录和亚洲纪录

11月22日

中共中央总书记江泽民在上海西郊宾馆会见土库曼斯坦总统萨帕尔穆拉特·尼亚佐夫

国家主席杨尚昆在钓鱼台国宾馆会见柬埔寨国家元首全国最高委员会主席西哈努克亲王和夫人

国务院总理李鹏就县级机构改革问题答瞭望周刊记者问

日前，李鹏接受瞭望周刊记者采访，就县级机构改革的基本方针、原则、指导思想和具体要求，作了阐述。

下面是李鹏总理对瞭望周刊记者提问的回答。

问：十四大确定在全国进行行政管理体制和机构改革，为什么这次机构改革要从县级开始呢？

答：从国家机构职能方面讲，县一级是城乡工作的结合部，在行政管理层次中处于基础地位，加之县级经济市场调节的比重大、受计划影响较小，改起来比中央、省、市容易些，因此，是机构改革比较适当的突破口。

我国的经济体制改革最先从农村开始，从人民公社制度转为以家庭联产承包为主的责任制，这是一个大的体制转变，解放了生产力，也为进一步深化改革创造了条件。现在农村经济正在向商品化的方向发展，县域内的经济大部分是受市场调节的，计划调节比较少；从所有制来看，国营经济比较少，集体经济比较多。从目前情况来说，解决诸如机构重叠、人浮于事、效率低下等问题，与大中城市和中央的机构改革相比，县级的机构改革比较容易一些。

从机构改革工作的实践来看，中央机构已进行了两次改革，一次是1982年，一次是1988年。1988年中央国家机关进行的机构改革，带有很大的试验性质，重点是进行政府职能的转变。所有国家机关都进行了“三定”：定职能、定机构、定编制。至于省、市这一级，基本是搞试点。而在这个阶段，全国有200多个县进行了县级综合改革试点。经过几年来的试点，县级机构改革已摸索出一套比较成功的经验，既包括比较发达地区的经验，也包括一般发展水平地区的经验和不发达地区的经验。试点县在实践中所创造的这些经验不仅对全面推开县级改革，而且对从中央到地方的各级机构改革都将起到推动作用。

机构改革的根本目的是解放和发展生产力，促进经济发展，这也是试点县的共同经验。各地试点县的实践证明，我们必须坚持以邓小平同志提出的三条标准来判断改革的成败。县级机构改革的形势很好，改革的方针、原则和基本做法也已基本成熟。这也说明选择县级作为机构改革的突破口是正确的。

问：现在各地都在进行机构改革试点工作，具体做法各有千秋。那么，在下一步县级机构改革中，我们应该遵循什么样的指导思想呢？

答：县级机构改革，总的方向是走“小机关、大服务”的路子，减少领导机关、部门对基层经济工作的行政干预，进一步发展服务体系。

县级机构主要任务是贯彻执行党的基本路线，贯彻执行党和国家的方针政策，执行国家的法律和法规，重点抓好规划、协调、监督、服务、信息。当然，也不排除有些事要直接管，如基础设施建设。在不发达地区，还需要集中县里的人力、物力、财力，直按管理重大工程的建设。从方向来看，随着经济发展，这种直接管理将会越来越少。经济体制改革的目标是要发展社会主义市场经济，把企业推向市场，发展趋势是市场调节的比重越来越大。县级机构改革要适应经济体制改革这种趋势的要求。

我们国家很大，各地情况千差万别，经济、文化、社会发展不平衡，各省、自治区、直辖市都有各自不同的情况。县级机构改革的具体做法，不必强求一致，要因地制宜。有的地方可先搞试点；有的地方现在可以扩大试点；有的地方条件成熟了，可以在较大的范围内推广。但就全国来说，还处于扩大试点的阶段。目前，县级机构改革试点是在上面体制未动的情况下进行的，但全面的推开则需上下同步、协同进行。在适当的时候，中央机构编制委员会将根据中央和国务院批准的机构改革方案，对县级机构改革做出全面的部署。

问：那么，这次县级机构改革要达到一个什么样的目标呢？

答：进行县级机构改革的目标，总的说，就是转变职能，精简机构，促进生产力的发展。生产力低下，经济落后是不少县面临的最大问题。现在我国有好多县是赤字县，要减少和消灭赤字，必须依靠改革。精简机构，精干队伍，可以减少财政负担，而且有利生产发展。当然这只是具体的目标。最基本的目标还是通过改革，真正转变政府职能，以适应社会主义市场经济发展的需要。正像邓小平同志讲的，改革是解放生产力，发展生产力。要从这个高度来认识政府机构改革的意义。

现在每个县各类机构平均有五六十个，机关行政编制平均每县六七百人，有的大县上千人。事业编制就更多了，还有一些编外人员。机构确实太庞大了，需要精简。精简机构不仅可以减轻国家财政负担，也有利于提高机关工作效率。可以设想，把县一级机构分成两类：一类是必设机构，主要是管理、监督职能，如公安、财政、工商、审计、统计；另一类是根据当地实际工作需要决定是否设立，中央不作统一规定。这里的根本问题，是中央省、地、市机构要按照转变职能的思路进行改革，不能要求下面都对口设置机构。

在目前，上级的“条条”干预有的是不适当的，对改革试点影响很大，必须制止。对于上级部门来讲，一方面，要按照《全民所有制工业企业转换经营机制条例》的规定向下级政府或企业放权，即使机构未改，放权也是可以进行的；另一方面，不要干预下面的改革，不能通过对人财物等的控制手段妨碍改革的进行。

人大、政协和检察院、法院机构的改革要与党政机构改革同步进行。对此，中央还要进行统一研究，中央编委也征求了有关部门的意见。总的来看，现在我们政法部门的人员比例比许多国家要少，力量比较薄弱，还不适应加强社会主义法制的需要，应当加强。当然，加强政法队伍不只是增加人数，还要提高人员素质。

县级改革非常重要，是我们整个改革事业的一个重要组成部分。县级建制是我们国家管理体制中直接面对广大农村、功能比较完备的一级政权组织，在行政管理层次中处于基础地位。全国 11 亿人口中，有 9 亿居住在农村和县属乡镇。农村经济的发展，对于全国经济的发展和社会的稳定关系极大。农村进一步深化改革，就是十三届八中全会规定的任务：继续稳定以家庭联产承包为主的责任制，不断完善统分结合的双层经营体制，积极发展社会化服务体系，逐步壮大集体经济实力。随着生产力发展，要相应地改革生产关系和上层建筑。城市要搞好国营大中型企业，就要转换企业经营机制，同时要转变政府职能。离开政府职能的转变，大中型企业转换机制就会遇到障碍。在农村也是这样。全国农村经济经过十多年来的改革和发展，都程度不同地转向发展社会主义商品经济的轨道，扩大了市场调节的比重。十多年来，我国农村面貌发生了举世瞩目的变化，乡镇企业的崛起和商品经济的发展使农村经济发生了历史性的进步。要深化改革，进一步发展商品经济，就涉及上层建筑的改革。作为城乡结合部的县，机构设置多是过去产品经济时代确定的，这就不能适应发展商品市场的需要，所以进行县级机构改革势在必行。我们希望各省、市、自治区都要重视县级机构改革，把县级机构改革作为整个经济体制改革和政治体制改革的一项重要内容，真正抓出成效来。

问：刚才您谈到要全面推进县级机构改革，那么，我们要重点抓好哪些工作呢？

答：县级机构改革是一项重大的改革任务。不能把机构改革看成单纯的减人缩编，更重要的是转变职能、强化服务。

县政府要逐渐地从单纯的管理职能转化为服务职能。当然，政府的管理职能不仅现在需要，将来也不可缺少。问题是哪些事由政府管，哪些事政府不要管。政府对企业、对农业的直接管理要缩小。各地可以从实际出发，打破农工商贸的界限，推行农工商、贸工商、产供销一体化的经营和管理。工商贸等专业管理部门要坚持政企分开的原则，减少对企业不必要的行政干预，弱化微观管理职能，强化行政监督职能，有些机构可以改为服务实体和经济实体。

县级改革还要注意与乡镇改革配套进行。县级改了，乡镇必须随之进行改革；随着县级改革的进行，乡镇改革也较易展开。

在乡镇一级的机构改革中，为了提高效率和精简机构，党政分开可不必过分强调，但政企职责分开的原则还要坚持，不能将党政企合而为一。尤其是在经济发达的地方，政府与企业职能的分离更有必要。在改革中，省、地、市要适当地下放权力给县，县要适当地下放权力给乡镇。要在县级机构转变职能的基础上，理顺县与乡镇的关系，让乡镇这一级能够办更多的事情。为支持乡镇改革，县里要根据不同情况、不同系统的特点，尽可能向乡镇放权。尤其应注意对现行供销社体制的改革，要使其真正成为活跃农村市场的农民集体经济组织。

现在乡镇的很多机构是县直接管理的，到底实行双重领导，以乡镇为主，还是维持原来的垂直领导？还是下放给乡镇？不同性质的机构可以采取不同的做法。这个问题中央现在不作统一规定，由各省根据情况自行决定。将来大体上是要划一个界限的，现在还不可能划这个界限。可以先通过试点，看哪种形式有利于经济发展，然后再全面推广。

问：县一级机构“吃财政饭”的人员中，事业单位的比例要超过党政机关。这次机构改革，事业单位的改革该如何进行呢？

答：在这次县级机构改革中，要重视事业单位的改革。事业单位人员是吃县财政的大头，县里2/3的人是事业单位人员，其中，文教事业比重最大。要改革事业单位的内部管理体制，解决吃大锅饭问题，采取与行政机关不同的人事、工资管理制度。

事业单位的改革，要区别不同情况，采取不同办法。总的来说，事业单位要逐步做到经费自给，或者实行企业化管理。要逐步减少全额拨款或定额补助的单位，扩大自收自支、实行企业化管理的范围。这样可以把竞争、激励、风险机制引入事业单位，使之更好地为经济建设服务，为社会发展服务。有些事业单位要办成经济实体，逐步“断奶”；大多数事业单位要通过兴办实体，实行企业化管理。有些事业单位与财政脱钩一时还比较困难，可以实行定额补助，经费包干。有的长期实行全额拨款的单位，也要改革管理办法。将来对一些事业单位的管理，主要是国家给一定补贴，逐步建立基金制度。

从改革的步骤上看，还应当从政府机构开始，先改革县级党政机构，然后着手对事业单位进行改革。因为有条件的事业单位还要容纳一部分从机关分离出来的人员。当然，有条件的地方，事业单位也可同步实行改革。

问：这次机构改革中，应该如何解决富余人员的出路问题呢？

答：这是一个重要的难度大的问题，过去几次改革都是精简后再膨胀，原因便是没解决好富余人员的出路。这次搞机构改革，精简机构，要十分重视这个问题，重视合理使用人才，实现人员分流；实现政府职能转变，把一部分政府部门变为服务实体和经济实体，有助于解决机构改革中人员安排困难的难题。

一般地讲，机关工作人员的素质是比较高的，但是目前机关人员过多，作用得不到发挥。他们离开机关出去搞企业，搞服务实体，聪明才智可以得到更好的发挥。但搞实体的人不能再兼行政职务。当然，该离、退休的，要严格地执行离、退休制度。总之，要通过走人才分流的道路，妥善地安置富余人员，实现人力资源的合理配置。

从各地实践经验来看，办服务实体和经济实体，是安置富余人员的一种办法，但一定要坚持政企完全分开的方向，实体要与财政脱钩，使之真正成为独立的自收自支和企业化管理的实体。在转变职能过程中，有些地方、有些单位向服务实体和经济实体转变，可能一时还不能与财政脱钩，还要给它一些管理的权力，这容易产生弊端，容易变成县政府和所属部门的“官产”，使少数人有空子可钻，利用手中的政府职权谋取私利，而不是为发展农村经济服务。这是值得警惕的。

不准许党政机关经商、办企业的原则不能有任何的动摇。兴办实体的目的是发展生产力，带动整个县域经济的发展，如果因此而导致政企不分或以权谋私等现象，就背离了改革的方向。因此，中央强调，不能将机关分流人员创办的经济实体作为政府的“小金库”，不能成为政府办的为机关谋福利的公司。

由于许多地方，尤其是经济不发达地区，机关的吸引力还很大，初创的经济实体自立能力不强，让这些人员、实体同机关立即脱钩"断奶",还难以做到。在这种情况下,为了推动机构改革的顺利进行,可不必要求他们立即脱钩"断奶",可以给一个一至三年的过渡期限,但最长不能超过三年。首先必须做到的一条,就是在经济上必须与县政府划开,不能成为政府的"小金库",也不能成为为政府机关谋福利的公司。这些实体必须在财政上与机关实行"两本账",实体人员要将脱钩自养作为发展目标。

党委部门和执法部门,也要转变职能,强化服务,但不要办实体、搞创收。

在专业经济管理部门转为经济实体的过程中,有些地方采取"一个机构、两块牌子"的做法,从原则上说这不是好办法。因为这里仍存在着政企不分的问题,不符合改革的方向。但是,在机构改革未全面展开、下改上不改的情况下,旧的机制还存在,机构、人员及其权力体系未变,"条条"上的干预还难以完全避免。考虑各地的不同情况,必要时也可在一定的时限内允许采用这种办法,作为平稳过渡的权宜之计。一方面,可以对上保持沟通;另一方面,又可以满足下面工作的需要。当然,这种办法只能是暂时的、过渡性的,其发展方向是实体或事业单位,行政牌子要尽快摘掉。这样做,也是为将来全面推行公务员制度创造条件。中央也正在考虑这方面的具体措施。

李鹏最后强调说,机构改革势在必行。搞好县级机构改革将会对我国的经济体制和政治体制改革起到积极的推动作用,一定要切实抓紧抓好。

台湾民主自治同盟四届六中全会在北京召开

会议代表讨论并通过即将提交给第五次全盟代表大会的《工作报告》(草案)和《台盟章程》(修改草案)。

中国民主建国会第六次全国代表大会通过新章程

新章程对民建的性质作了概括:"中国民主建国会是主要由经济界人士组成的、具有政治联盟特点的、致力于社会主义事业的政党。"鲜明地突出了民建同经济界紧密联系的历史特点。

新章程规定,"民建是中国共产党领导的多党合作和政治协商制度中的参政党",是接受中国共产党领导,与中共通力合作,共同致力于社会主义事业的政党,是参政党,不是在野党,更不是反对党。

新章程阐述了民建在社会主义初级阶段的政治纲领:遵循建设有中国特色社会主义的理论,坚定不移地、全面地贯彻执行中共以经济建设为中心、坚持四项基本原则、坚持改革开放的基本路线,提高民建和会员的组织、觉悟程度,密切联系群众,致力于解放和发展生产力,为把我国建设成为富强、民主、文明的社会主义现代化国家,为统一祖国、振兴中华,为维护世界和平而奋斗。

新章程还提出了民建当前的主要任务,即解放思想,把握时机,为加快改革开放和现代化建设步伐,集中精力把经济建设搞上去,实现国民经济和社会发展第二步战略目标,贡献一切力量;促进社会主义市场经济体制的建立与完善;发展社会主义民主和健全社会主义法制,实施民主监督,同一切消极腐败现象进行斗争。

根据新的章程,民建发展的对象是:大中企业的经理、厂长和中高级经营管理人员、工程技术人员,经济教学、研究人员,有关的专家学者以及与民建工作有关的财经部门的中高级人员,同时适当发展从事非公有制经济的人士。

民建新章程包括总纲和会员、组织制度、中央组织、地方组织、基层组织、附则6章44条。

监察部发布监察机关调查处理政纪案件办法

《办法》指出,监察机关调查处理国家行政机关及其工作人员和国家行政机关任命的其他人员的政纪案件适用此办法。监察机关依照国家法律、法规和政策调查处理政纪案件,不受其他行政机关、社会团体和个人的干涉。

《办法》强调,调查处理政纪案件,必须以事实为依据,以法律、法规和政策为准绳,在适用法律和政纪上人人平等;必须坚持行政监督与群众监督相结合,监督与改进工作相结合,惩处与教育相结合的原则;必须做到事实清楚,证据确凿,定性准确,处理恰当,程序合法;应当严格遵守国家保密规定。

《办法》共6章52条,自发布之日起施行。1988年5月11日监察部发布的《中华人民共和国监察机关调查处理政纪案件试行办法》同时废止。

国务院严格制止乱占滥用耕地的通知

国务院日前发出通知要求各地严格制止乱占、滥用耕地。

通知说,中共中央、国务院《关于加强土地管理制止乱占耕地的通知》和《中华人民共和国土地管理法》发布以后,我国耕地面积锐减的势头初步得到控制。但是,近两年来乱占、滥用耕地及违法用地、批地的现象又重新抬头。随着经济的发展不可避免要占用部分耕地,但要坚决制止乱占、滥用的行为。否则,势必影响农业的发展,从而制约国民经济的健康发展。为加强土地管理,坚决制止乱占、滥用耕地。

通知指出,要坚决制止乱占、滥用耕地,首先要加强宣传,切实提高对保护耕地的认识。我国是一个人口大国，现有人均耕地仅1.3亩。不少地区人均耕地已不足一亩，而且耕地后备资源严重不足。随着人口的增加，人地矛盾将更加尖锐。如不重视土地管理工作，切实保护耕地，我国耕地问题就会像人口问题一样积重难返。因此，各级宣传部门和土地管理部门要大力宣传土地资源特别是耕地的紧缺程度和危机感。各级政府要把土地管理特别是保护耕地工作列入重要议事日程，切实抓紧抓好。在改革开放和经济建设中，要正确处理经济发展与保护耕地的关系，力求少占耕地，特别要严格控制占用高产粮田和菜地，牢固树立我国人多地少的基本国情观念，坚定不移地贯彻落实"十分珍惜和合理利用每寸土地，切实保护耕地"的基本国策，按照"一要吃饭，二要建设"的原则，合理配置土地资源。绝不可只顾眼前利益，而牺牲子孙后代和中华民族发展强盛的长远利益。

通知指出，各地区、各部门必须严格执行《土地管理法》、《中华人民共和国城镇国有土地使用权出让和转让暂行条例》和《国务院关于出让国有土地使用权批准权限的通知》等法规、政策文件。各地制定的地方性法规凡与《土地管理法》不一致的，要予以纠正。地方各级人民政府不得越权审批土地，也不得将审批权层层下放，否则，要依法追究当事人及有关领导的责任。各地政府领导审批土地要坚持集体讨论，一支笔审批，由土地管理部门办理手续的做法。各级土地管理部门要提高办事效率，简化用地审批手续。土地部门发现违法用地现象要及时报告并予制止，各级政府对违法用地的责任者要坚决查处，依法办理。

通知说，要加强对各类开发区审批、建设的管理。设立经济、科技、工业等各类开发区，要进行充分论证，然后报国务院或省、自治区、直辖市人民政府审批，乡镇不设开发区。开发区建设要根据国家制定的社会经济发展总体规划，并结合本地区的土地利用规划和城市建设规划，经过充分论证，统一安排。在建的开发区，没有履行上述审批程序的，要重新补办审批手续，对脱离实际，开发区搞得过多、划定面积过大的，要撤并、核减。切实加强土地资源管理，开发区的用地禁止多占少用、占而不用，严格控制占用高产农田和菜地，尽量占用荒地、荒滩和闲置的土地。农业和土地管理部门应参与开发区项目的选址定点和可行性研究等前期工作，要坚持以项目带开发的原则，按项目审批土地。

通知指出，必须坚持资源管理和资产管理并重，进一步规范地产市场。地产市场是市场体系的重要组成部分，它对于合理利用土地资源具有相当重要的作用。因此各地要注意总结经验，逐步规范地产市场，各级政府要依法审批用地。当前，对建设用地，要实行由政府统一规划、统一征地、统一开发、统一出让、统一管理。发挥城市规划的指导作用和土地供应计划的调控作用，运用法律、经济、行政等手段调整土地供求关系，建立规范的地产市场。同时，要继续认真清理土地自发交易市场(亦称隐形市场)。要坚持资源管理和资产管理并重的原则，加强产权管理和资源开发管理，防止浪费土地资源和乱占滥用耕地。要研究集体土地如何进入市场的问题，从法律上完善集体土地使用制度。凡是建设占用耕地的，无论是通过划拨方式，还是通过出让的方式，地价收入都要用于农业。

通知最后要求各地要切实加强领导，做好耕地保护工作。各级人民政府和各级土地管理部门、农业部门要按照国务院有关文件精神，进一步加快基本农田保护区的建设步伐，制定保护办法，使基本农田得以保护和有效利用。要切实保证各级土地部门依法行使统一管理土地的职权。各级领导和各有关部门要高度重视，加强领导，密切配合，共同做好土地管理工作。

中共中央总书记江泽民国务院副总理朱镕基为上海电话设备容量突破百万门题词祝贺

《人民日报》发表"中国质量万里行"评论员文章《打击违法者决不手软》

荷兰教育和科学大臣里策恩在海牙会见国家教委主任李铁映

会见中，里策恩和李铁映认为双方在包括互换留学生、校际交流、合作科研等方面关系发展令人满意。特别在前两个领域内，双方一致指出，建交后取得了长足的发展。对于今后的合作，双方均表示愿意继续努力。如在加强汉语教学方面，中方同意给荷进一步的帮助。在中小学历史、地理教材的编写上也可加强合作。双方还讨论了相互承认学业文凭的问题。此外，里策恩希望在海洋、地质和近代科学方面加强同中国高等学校和机构的合作，促进人才交流。

中国政府和越南政府在北京签订关于中国与越南在胡志明市和广州市互设总领事馆的换文

全国扫盲及农村成人教育工作会议在宜昌举行

国家教委副主任王明达在会上指出，要按党的十四大要求，解放思想，真抓实干，加快我国扫盲和农村成人教育改革与发展的步伐，努力提高农村劳动者素质，更好地为社会主义现代化建设服务。

会上，国家教委表彰了1992年度全国50个扫盲先进单位、50名扫盲先进个人和81所先进农村成人教育学校；与全国妇联联合表彰了获第二届“巾帼扫盲奖”的 30 个先进单位及 100 名先进个人。

国家民委新闻出版署在北京联合举行首届中国民族图书奖颁奖大会

解放军广州军区等选手在广州举行的第 5 届全军专用枪射击锦标赛超过四项亚洲纪录

全军第五届专用枪射击锦标赛中，广州军区选手单红在 22 日进行的女子步枪 3×20 资格赛中，以 579 环的成绩打破全军纪录，并平了亚洲纪录。在男子步枪 60 发卧射资格赛中，兰州军区选手于波，以 597 环的成绩超过亚洲纪录。刘长云在男子标准手枪比赛中，以 577 环的成绩平亚洲纪录。

11 月 23 日

台湾民主自治同盟第五次全盟代表大会在人民大会堂开幕

来自全国各地的一百六十四名盟员代表在大会上学习领会中共十四大精神，总结台盟四大以来的工作，修改《盟章》并选举产生台盟中央新的领导机构。

全国人大常委会副委员长陈慕华、全国政协副主席马文瑞，中共中央统战部负责人万绍芬、刘延东、宋堃，其他七个民主党派中央、全国工商联和全国台联的负责人出席开幕式。

中共中央政治局委员邹家华到会宣读中共中央致大会的贺词。

贺词说，台盟具有光荣的爱国革命传统。自一九四七年成立以来，同中国共产党通力合作，致力于祖国的革命和建设事业，致力于祖国的统一大业，为建立独立、统一、富强的新中国作出了宝贵的贡献。

贺词称赞说，在新的历史时期，台盟积极发挥参政议政、民主监督作用，在参与国家大事的协商、讨论，协助中国共产党和政府做好对大陆台胞的工作，加强与岛内外台胞的交往，以及加强台盟自身建设等方面，都取得了新的成绩。台盟四十五年的光荣历程表明，台盟不愧是与中国共产党风雨同舟的亲密战友。

贺词说，在新形势下，我们将坚定不移地按照“和平统一、一国两制”的方针，积极促进祖国统一，坚决反对任何形式的“两个中国”、“一中一台”或“一国两府”，坚决反对任何旨在制造台湾独立的企图和活动。希望台盟继续以多种形式致力于祖国统一大业，为促进“一国两制”的实施，和平统一祖国，做出自己的贡献。

民革中央副主席贾亦斌代表其他七个民主党派中央和全国工商联致贺词。

全国台联会副会长郭平坦也在会上致词，对台盟五大的召开表示祝贺。

台盟第四届中央主席团主席蔡子民在开幕式上作题为《为建设有中国特色社会主义促进祖国和平统一贡献力量》的工作报告。

国务院总理李鹏在中南海紫光阁会见由港事顾问罗德丞和“新香港联盟”主席韦基舜率领的“新香港联盟”访京团

李鹏在谈到港督不久前在施政报告中提出的政制方案时说，中国政府对那个政制方案的态度是明确的、坚定的，也是一贯的。李鹏指出，这个方案违背了中英联合声明，不符合香港基本法，也背弃了中英双方过去达成的有关谅解，为香港的平稳过渡和政权的顺利交接设置了障碍。

李鹏再次重申，英方必须按联合声明、基本法和中英双方已经达成的一系列谅解办事，在港督方案基础上搞什么反建议或任何折中方案是绝对不能接受的。他说，这是个原则问题。在原则问题上中国政府是决不会妥协、让步的。我们希望英国政府从维护中英关系和确保香港长期繁荣与稳定的大局出发，切实回到正确的轨道上来，这才是唯一的出路。

国务院港澳办公室主任鲁平在北京会见香港星岛控股有限公司董事局执行主席兼集团董事总经理胡仙

海峡两岸关系协会会长汪道涵在上海会见台湾海峡交流基金会长江三角洲参访团

国家技术监督局等部门联合发出对部分电工产品进行强制性监督管理的通知

国家技术监督局、机械电子工业部等 11 个部门日前联合发出通知，要求各地区、各部门对实施安全认证的电工产品进行强制性监督管理，凡未经安全认证的此类产品，不准出厂、销售、进口和使用。

通知公布了首批实行强制性监督管理的电工产品、漏电电流动作保护器、DZ15 系列塑壳式断路器、家用及类似场所用断路器额定电压450/750V及以下橡皮绝缘软电缆、额定电压450/750V及以下聚氯乙烯绝缘电线电缆及屏蔽电线、额定电压0.6/1KV及以下船用电力电缆和电线、交流弧焊机、电动工具、电冰箱、电风扇、房间空调器、电视接收机、收录机（含组合音响及卡拉 OK 机）。

通知规定，各级电力、劳动部门在各自职责范围内，在用电安全检查时，应依本通知要求加强监督检查；国务院各有关行业主管部门要督促本行业企事业单位认真贯彻执行安全认证法规。

社会主义市场与法制建设研讨会在北京举行

“社会主义市场与法制建设”研讨会日前在北京举行，部分国家机关、执法部门、教学科研单位的负责人、专家、学者提出：必须抓紧制定与完善保证市场正常运行的法律，使市场主体行为规范化，市场秩序正常化，以促进市场经济的发展。雷洁琼、王汉斌出席了研讨会。

国务院总理李鹏在中南海紫光阁会见俄罗斯政府副总理绍欣

国务院副总理朱镕基在哥本哈根同丹麦外交大臣乌弗·埃勒曼—延森举行会谈

朱镕基介绍中共十四大制定的关于加快改革开放、建设社会主义市场经济体制的方针和中国经济形势。埃勒曼—延森向中国客人介绍欧共体一体化的进程及其遇到的问题。丹麦主张欧共体加强同中国的关系。会谈中，埃勒曼—延森还表示，鉴于中国在国际上的重要影响，丹麦政府支持尽早恢复中国作为关贸总协定缔约国的地位。

外交部部长钱其琛在阿拉木图同哈萨克斯坦外交部部长苏莱曼诺夫举行会谈

钱其琛说，哈萨克斯坦是中国在中亚国家中的最大邻国。中国重视同哈萨克斯坦的关系，愿意同这个国家发展持久的睦邻、友好、互利合作的关系。钱其琛指出，中哈两国对许多重大国际问题的看法相同或相似。关于经贸合作，钱其琛说，这是两国关系中的一个重要领域。他说，中哈之间有铁路、公路和国际航线联系，充分利用现有的交通运输，加强人员来往，对发展中哈两国经济都具有重要意义。

钱其琛表示，中国尊重哈萨克斯坦人民所作的选择，理解和尊重哈萨克斯坦的对外政策措施。

苏莱曼诺夫表示赞同钱外长关于进一步发展两国关系和经贸关系的看法和建议。去年哈萨克斯坦总统纳扎尔巴耶夫访问了中国，总理和外长今年又相继访华，两国签订了十几项协议，这对哈中关系有很大的推动。苏莱曼诺夫强调，哈萨克斯坦重视同中国的关系，愿同中国发展睦邻、和平、友好关系。苏莱曼诺夫介绍了哈萨克斯坦的国内情况和对外关系。哈萨克斯坦国内稳定，正在进行经济改革。

苏莱曼诺夫赞赏中国的外交政策，支持中国为维护亚太地区稳定和和平所起的积极作用。苏莱曼诺夫说，亚洲国家应该自己决定自己的事务。

哈萨克斯坦总统纳扎尔巴耶夫在阿拉木图会见外交部部长钱其琛

全国人大常委会委员杨纪珂在巴西利亚召开的各国议会联盟环境与发展大会全体会议上发言

杨纪珂强调，资金和技术转让是国际环境与发展合作必不可少的手段，没有这方面的保证，任何宣言或行动纲领都无法落实。杨纪珂说，全球环境与发展问题，是世界各国关注的重要问题之一。保护环境、实现持续发展是各国人民面临的共同挑战。杨纪珂介绍说，中国政府根据联合国环发大会制定的目标和原则，于今年9月重新提出了一整套保护环境与发展经济的政策和措施，其中包括：实行持续发展战略；采取有效措施，防治工业污染；深入开展城市环境综合整治，认真治理城市“四害”；推广生态农业，坚持植树造林，切实加强生物多样性的保护等。

中国和黎巴嫩文化合作协定在贝鲁特签字

中国文化代表团团长、文化部部长助理高运甲，黎巴嫩国民教育、美术部长达希尔分别代表本国政府在协定上签字。

中国科学院1993年度工作会议在北京举行

中科院院长周光召在开幕式上作工作报告，要求全院同志解放思想，转变观念，适应社会主义市场经济体制，加快改革开放步伐，投入市场竞争。周光召说，中科院未来发展的目标模式，应该是拥有一批国际水平的研究所，并形成若干个科学中心、工程研究中心，有一批优秀的高技术企业集团，有一个从全国最优秀的科学家中选出来的学部委员组成的学部。

中国京剧艺术基金会在北京成立

基金会以振兴、发展京剧艺术，弘扬民族文化为宗旨。中共中央政治局常委李瑞环到会祝贺，基金会名誉会长宋任穷、王光英等出席成立会。

李瑞环对基金会的成立表示祝贺。李瑞环说，中国京剧艺术是我国优秀民族文化中的瑰宝。我们有责任关心它、爱护它，使它在新的历史条件下继续发扬光大，而绝不能让它在我们这一代人手中凋谢。振兴京剧，京剧艺术工作者、京剧爱好者要努力，所有关心我们民族文化事业的人们特别是各级领导干部，都要努力，都要为此贡献一份力量。

李瑞环说，当前，这项工作存在的问题和困难很多，需要我们认真研究，通盘考虑，长远规划，分出轻重缓急，逐个解决。希望大家齐心合力，振兴京剧，并以此推动整个戏剧事业的发展。

基金会提供资助的主要事项有:对具有高度艺术价值、学术价值的表演艺术及其他重要艺术资料,进行抢救、保护、整理、出版和研究;根据振兴京剧的需要而举办的各种有重要意义的活动和演出;对振兴京剧有重大贡献者予以奖励。

会上,宣布了第一批向基金会提供捐赠者的名单,并向捐赠者颁发荣誉证书和纪念牌。

11月24日

最高人民法院委托湖北省高级人民法院在黄石市召开大会授予大冶县铜矿人民法庭庭长吴远瑞为全国法院模范称号

国务院祝贺南沿海2896公里光缆干线正式开通

南沿海光缆,途经中国东南沿海四省一市,北起南京,连通上海、杭州、福州、广州等大小72座城市。光缆干线沿线有中国经济最发达的长江三角洲、珠江三角洲、闽东经济走廊和深圳、汕头、厦门经济特区以及上海浦东开发区。这条干线投入运营后将上述地区的长途通信能力提高10倍以上。

国务院贺电指出,这条我国迄今建设速度最快、距离最长、容量最大、技术先进的长途光缆通信干线的建成使用,将大大改善东南沿海地区和沿长江部分地区的通信条件,对进一步促进这些地区的对外开放和经济发展具有积极的作用。

中共中央总书记江泽民在中南海会见香港星岛控股有限公司董事局执行主席兼集团董事总经理胡仙率领的访京团

全国打假办公室负责人就"打假"活动进展情况答记者问

国务院部署的全国"打假"活动再次成为全国人民关注的热点。这一工作开展3个月来,战况如何?就此,全国打假办公室负责人回答了记者的有关问题。

问:全国"打假"工作已进行了3个多月,目前进展如何?

答:全国"打假"电话会议后,各地都结合本地实际,确定了各自的"打假"重点产品、重点行业、重点地区。与以往不同的是,这次"打假",各部门、各地方各司其职、联合作战、综合治理,显示出协同配合的威力,并取得了阶段性成果。

一、集中销毁了一批假冒伪劣商品

7月下旬至10月中旬,据不完全统计,全国查获假冒伪劣商品728类、12944个品种、679.6万件,货值达24650.12万元。统一销毁的假冒伪劣商品货值达20722.65万元,对生产、经销假冒伪劣商品的工商企业罚款额达1258.91万元。销毁的假冒伪劣商品主要是食品、烟、酒、低压电器、假药、一次性药具、农药、化肥、假商标等。准备在元旦后、春节前进行第3批假冒伪劣商品的销毁工作。

二、捣毁制售假冒伪劣商品的窝点,狠抓大案要案的查处

各地将制售假冒伪劣商品的窝点、集散地以及非法印制和销售假冒商标标识、包装物、专用证件案作为重点打击目标。

截至10月中旬,全国各地捣毁制售假冒伪劣商品的窝点3899个,破获制售假冒伪劣产品的违法犯罪团伙75个;查处生产、销售假冒伪劣商品活动,共立案6900余起,其中移送司法部门2000多起;各地司法部门收审近3000人。

三、强化了宣传力度

各地在"打假"工作中,注意发挥舆论监督的作用,通过各种新闻传媒,对查实的典型案件及时曝光。30多个单位联合搞了一个"中国质量万里行打假特别行动";上海举办了"扶优治劣"展示会;沈阳仅上半年就举办假冒伪劣商品展览40余次,品种近50种,观众十几万。

四、着手整顿医药市场

卫生部、国家医药管理局、国家技术监督局、国家工商局等多次对医药市场、医药产品质量等问题进行联合调查。对医药市场问题较严重的河北无极、安徽阜阳、重庆南坪、山西侯马、广东湛江等经调查发现,一些医药集贸市场成了从事假劣医药产品经销活动的"集散地"和无责任市场。无极有药品经营单位207个,从事药品经营活动的有1.3万人。大量假冒伪劣医药产品都是通过非法经营药品的集贸市场流入个体不法药贩手中,以低价、高回扣批发给区、乡医疗单位和个体诊所,绝大部分用于农民或普通患者。目前,由卫生部牵头,已起草了一个对医药市场加强管理的意见。

问:当前制售假冒伪劣商品有哪些主要特点?

答:此类违法行为主要有三个特点——

一是量大面广。从生产资料到生活资料,从内销产品到出口外销,从一般商品到高档耐用消费品甚至高技术产品无所不为。

假劣药品、烟酒的问题突出,农药、化肥、饲料、种子和农机零配件等农用生产资料的假冒伪劣问题仍很严重,直接损害了广大农民利益的恶性案件也屡有发生。

二是活动隐蔽。制售假冒的窝点大都设在管理力量较薄弱的城乡结合部、农村集贸市场和边远地区。他们利用私刻公章、伪造发票、空白介绍信等手段进行违法经营活动，有的利用部分乡镇、集体企业违法出租的厂名、厂址，使大批劣质产品以合法的名义流向市场。

三是规模扩大。在有些地方已发展到相当规模的违法活动，出现了专门造假的地下加工厂。假冒技术手段越来越高，高技术的电脑软件、激光全息防伪标志、计算机防病毒卡等也出现了假冒的现象。少数不法分子开始假冒家电产品、汽车等产品。其中，假冒商标案尤为突出，今年1—9月，全国各级检察机关共受理假冒商标案2238件，为去年的2倍多。此外，还有假冒厂名、厂址，假冒优质产品标志、认证标志、生产许可证、卫生许可证标志，以及假冒专利产品等。

问："打假"办公室对下一步工作有何打算？

答：首先要充分认识"打假"工作的长期性、艰巨性、复杂性，树立长期作战的思想。近几个月来，在全国形成了打假的声势，但制假售假活动并没有从根本上得到遏制。在目前我国市场机制发育尚不健全的情况下，"打假"是一项长期艰巨的任务。我们建议，"打假"工作要长期抓下去，在适当时候由经贸办牵头，成立包括高检、高法、商检、工商、技术监督、卫生、公安、监察及有关工业部门组成的全国"打假"协调小组，发挥联手作战的综合优势，办事机构设立在经贸办质量司。

二是要大力破除地方保护主义。各地在查处伪劣商品活动中，查封的多，处理结案少。由于地方保护，阻碍了查处工作的顺利进行。不下决心破除地方保护主义，"打假"斗争就难以健康地发展。建议对假冒伪劣商品泛滥严重、长期得不到解决的地区，要追究主要领导者的责任。

三是继续抓紧抓好大案要案的查处工作。假冒伪劣商品屡禁不止的重要原因是打假不力，有些地方不恰当地以罚代法，以行政、党纪处分代替法律制裁。许多国家对制造假药的惩罚十分严厉，一经发现，终身监禁。目前，我们的惩处太轻，建议尽快颁布"打假"的法律。建议各级法院要依法从快从重判处一批制售假冒伪劣商品的不法分子。

四是要下决心取缔一批制造和销售假冒伪劣商品的窝点和集散地。当前，假药问题相当突出。全国已形成了50多处医药市场，不同程度地存在着假冒伪劣商品的问题。要下决心择其一两个问题突出的医药市场，下力气进行整顿。

五是要进一步掀起"打假"的宣传高潮。我们与有关部门协商，在近一两个月内准备对证据确凿、事实清楚的大案要案，召开新闻发布会。同时，对各地查处大案要案的情况，协同新闻单位进行跟踪报道，要抓各种不同类型的典型。

六是建章立制，规范市场秩序，逐步完善社会主义市场机制。通过"打假"活动，建立健全必要的规章制度。在生产、经销部门建立严格的质量保证体系，从进货渠道开始抓，不合格产品不许出厂；经销单位严把进货关，不合格品不许上柜台。当前"回扣"问题十分突出，建议有关部门就流通领域的"回扣"作出明确规定，对利用回扣推销假冒伪劣商品的要以行贿、受贿论处。

七是推动各地方打假工作深入发展。

打假工作主要依靠地方各级政府。我们打算11月下旬在6大区召开"打假"工作的片会，交流情况，进一步部署查处大案要案的工作。

全国人大常委会委员长万里在人民大会堂会见越南国会卫生和社会委员会主席阮氏亲

国务院总理李鹏在中南海紫光阁会见古巴国务委员会委员部长会议执委会秘书卡洛斯·拉赫·达维拉

李鹏指出，近年来，中古两国交往增多，相互了解不断加深，在国际组织和国际会议上密切配合、相互支持，在经贸、科技和文化等领域的合作与交流也不断扩大。李鹏还向古巴客人介绍了我党十四大的情况，简要阐述了社会主义市场经济理论的要点。

拉赫表示，古巴人民对中国人民怀有深厚的情谊。古巴十分关注中国的改革开放和经济的发展，并重视中国的经验。古巴党和政府愿意进一步加强同中国在各个领域的友好合作关系。

国务院副总理邹家华在钓鱼台国宾馆同古巴共产党中央政治局委员部长会议执委会秘书卡洛斯·拉赫·达维拉举行会谈

丹麦首相保罗·施吕特在哥本哈根会见国务院副总理朱镕基

俄罗斯联邦总统叶利钦在莫斯科克里姆林宫会见在莫斯科访问的外交部部长钱其琛

叶利钦说，中俄两国人民之间有着长期深厚的友好情谊，现在开始了中俄关系的新阶段，不应再回到过去几十年间那种疏远的状态。中国是一个伟大的国家，发展同中国的关系是俄罗斯外交政策的优先方面。意识形态的差异不应有损双方关系的发展。

叶利钦还说，俄罗斯看到中国改革的积极成果和对外关系的发展，尊重中国的国内政策，相信他访华时双方在很多问题上都能找到共同的语言。

钱其琛说，我这次来访主要是为叶利钦总统访华做准备工作，相信叶利钦总统即将对中国的访问将开辟中俄关系的新阶段，取得积极成果。

钱其琛接着说，中国政府十分重视同俄罗斯的关系，十分珍惜两国人民之间的传统友谊，希望两国之间的友好和互利合作关系继续巩固和发展。几十年的中苏关系的风风雨雨说明，要使两国关系长期稳定健康地发展，最重要的是相互尊重，互不干涉内政，尊重各自的选择，进行平等互利的合作。

中国代表张义山在联大第三委员会审议人权会议上发言

联合国大会第三委员会审议人权问题时，英美代表发言都点名攻击中国和其他一些国家，英国代表甚至表示"对中国，包括西藏境内的民族、文化、宗教组织遭受镇压表示遗憾"，并要求中国对"政治犯"实行大赦。

张义山在对英美代表的发言进行答辩时说，英美等国一直在人权问题上指责发展中国家，把人权问题政治化。他希望英美代表"不妨勇敢一点提出个把针对他们自己的人权决议案，如北爱尔兰问题，排外主义问题和洛杉矶事件等"。

张义山批评英美代表戴着有色眼镜看中国。他指出，英国代表无中生有地污蔑中国政府镇压西藏人民。他说，西藏问题不是民族问题，不是宗教问题，不是人权问题，而是一小撮前农奴主要恢复他们失去的黑暗落后的农奴制问题，是一些外国势力怂恿支持他们把西藏从中国分裂出去的问题。

张义山说，英国早在殖民主义时代就插手西藏问题，想把西藏从中国分裂出去。他指出："在这里我愿告诉英国代表，在殖民主义时代无法做到的事情，在我们的世界即将进入二十一世纪的今天就更办不到。"

中央军委副主席刘华清上将在钓鱼台国宾馆会见赞比亚国防部长本加明·姆维拉

中国和古巴在北京签订关于民事和刑事司法协助协定

南方航空公司一架民航客机在广西阳朔坠毁

一架波音737型2523号飞机，执行3943航班任务，由广州飞桂林，在广西阳朔县杨堤乡土岭村后山粉碎性解体，机上乘客133人和机组人员8人全部遇难，无一生还。在机上的乘客中，有外国乘客3人(其中加拿大1人，西班牙2人)，台湾乘客9人和1名澳门乘客。

11月25日

纪念宪法颁布10周年学术讨论会在北京结束

参加会议的专家、学者在讨论中提出，党的十四大报告系统概括的建设有中国特色社会主义理论的主要内容和基本精神，如何体现在我国的宪法理论研究中，是当前宪法学界一项重要而紧迫的研究课题。

中共中央政治局候补委员、全国人大常委会副委员长王汉斌出席了会议并讲了话。王汉斌说，现行宪法是一部体现了党的"一个中心，两个基本点"的基本路线，具有中国特色的、合乎我国国情的社会主义宪法，是新的历史时期治国安邦的总章程，也是我们国家发展社会主义民主、健全社会主义法制的里程碑。

与会者认为，党的十四大为宪法的理论研究提出了许多重要课题。当前和今后一段时期，要着重研究建立以宪法为核心的适应社会主义市场经济发展的法律体系。同时，要研究宪法与推进政治体制改革的关系、如何进一步完善人民代表大会制度、完善共产党领导的多党合作与政治协商制度，加强宪法监督、加强人权研究等问题。

一些专家、学者建议，随着我国改革开放和现代化建设事业的不断前进，宪法中原有的一些规定，在实践中已有较大的发展。因此，需要对宪法部分条文进行修改，以适应形势发展的需要。

中国法学会常务副会长朱剑明、全国人大常委会常务副秘书长曹志分别作主题发言和总结发言。提出，开展宪法理论研究要特别强调解放思想，实事求是。要把马克思主义的基本理论同我国的实际结合起来，研究新情况，总结新经验，解决新问题。同时，要敢于和善于吸收和借鉴外国包括资本主义国家宪政制度和宪政理论中的某些合理的可为我用的东西。讨论会是由全国人大常委会办公厅、全国人大常委会法制工作委员会、中宣部、司法部、中国法学会共同举办的。

全国伦理学理论讨论会在上海召开

来自全国伦理学界的百余位专家学者参加讨论会。中宣部常务副部长徐惟诚和中共上海市委宣传部长金炳华到会讲话。

与会代表认为，社会主义市场经济理论的提出，给中国当代的精神文明建设和伦理道德建设注入了强大的生机，使人们可以站在一个更高的层面上来把握中国社会主义精神文明建设和伦理道德建设的发展趋向。伦理道德建设要深入实际，为改革开放和社会主义市场经济创造良好的道德环境。

与会代表指出,搞社会主义市场经济,不是弱化道德的功能,而是要求在新形势下加强道德的功能。只有物质文明和精神文明建设两手抓,在两个文明建设的关系上,抓一手不行,一手硬一手软也不行,必须做到两手抓,真正做到两手硬。

与会代表强调,在社会主义市场经济条件下,对江泽民总书记提出的应当使爱国主义、社会主义和集体主义成为我们时代主旋律的思想,要深刻领会,并认真落实到精神文明建设和伦理道德建设的实际工作中去。

《人民日报》发表国务院研究室的文章《加快我国高新技术产业开发区的改革和建设——关于完善高新技术产业开发区政策的研究报告》

《人民日报》编者按:国务院研究室这篇研究报告,系统地分析了我国兴办高新技术产业开发区的情况、取得的成效和有待解决的问题,就如何进一步完善有关政策和制定发展战略提出了建议,值得所有关心高新技术产业的发展和高新技术产业开发区建设的同志们研究和参考。报告全文有一万多字,本报发表时作了删节。

高新技术产业开发区是我国改革开放中出现的新事物。它同经济特区、经济技术开发区一起构成了推动我国经济加速发展的新格局。目前,我国高新技术产业开发区还在初创阶段,充分认识它的战略意义,采取正确的方针和有力的政策措施,加快它的建设,以带动高新技术产业的迅速发展,是迫切需要研究和探讨的重大课题。

一、兴办高新技术产业开发区是实现我国现代化战略目标的必然选择

科学技术是第一生产力。当今世界经济的竞争越来越多地表现为物化在商品中的高新技术的竞争。许多国家高度重视高新技术的研究和开发,竞相发展高新技术产业。有关资料表明,目前世界高新技术产品总产值已超过1万亿美元,占整个制造业产值的比重达17%;美国则已超过20%,它的高新技术产品出口额占整个制造业出口额的比重高达40%以上。高新技术已是社会主义经济发展的强大推动力,高新技术产业发展规模则成为衡量一个国家综合国力的重要标志。引人注目的是,许多国家都把兴建高新技术产业开发区作为发展高技术、开拓新产业的一项重要措施。这是因为,实现高新技术成果的商品化和产业化,具有投资大和风险高的特点,需要予以特别的扶持。通过选择合适的地方建区,实行优惠政策,营造一个良好的环境,可以促进高新技术成果的开发和商品化,帮助高新技术企业生成和渡过风险难关。

近十多年来,随着国际经济竞争的加剧,世界上各种形式的科技园区如雨后春笋,迅速发展。到1989年底,世界各国已拥有开发区500余个,其中80%集中在西方发达国家,美国141个,英国40个,法国60个,德国70个,日本28个,澳大利亚23个,一些发展中国家也在积极兴办开发区。兴办开发区,促进高新技术产业化,已成为国际性发展趋势。

我们现在面临着到本世纪末实现第二步发展战略目标的历史任务。要努力实现国民生产总值平均每年以8%～9%的速度递增,使经济建设再上一个新的大台阶,必须走出一条既有高的速度又有好的效益的新路子来。大力发展高新技术产业,有利于调整产业结构,实现经济重组,而且能够带动传统产业的改造和升级。90年代我国经济能否更快更好地发展,在很大程度上取决于高新技术及其产业的发展速度。从长远看,我国要在下世纪中叶达到中等发达国家的水平,基本实现现代化,没有雄厚的高新技术及其产业的支撑,也是不可能的。邓小平同志审时度势,高瞻远瞩,明确提出"发展高科技,实现产业化",强调"任何时候,中国都必须发展自己的高科技,在世界高科技领域占有一席之地"。这是我国经济发展的一个极其重要的战略方针。

我国高新技术成果的开发和转化能力至今依然很弱。高新技术产业在整个产业中所占的比重还很小。加快高新技术产业开发区的建设,促进高新技术及其产业的发展,是一项十分紧迫的任务。从我国的实际考虑,兴办开发区还有两个特殊的理由:一是国内的市场经济发育还很不成熟,企业缺乏在竞争中创新的内在要求,科学研究缺乏同经济结合的内在机制,高新技术研究同成果的商品化、产业化严重脱节。在这种情况下,发展高新技术产业不仅具有更大的风险性,而且动力不足。建立开发区,在这个范围内首先造就一个市场经济的环境,并给予开发区企业一定的优惠政策,有利于解决上述问题。二是高科技需要高投入。与发达国家相比,我国财力极其有限,更应当通过兴办开发区的方式,把有限的财力物力集中起来,重点支持一批高新技术产业的发展。

我国兴办开发区时间不长,但已出现了良好的发展势头,展示了可喜的前景。据统计,到1991年底,27个国家高新技术产业开发区中,新技术企业已有3400多家,从业人员13.8万人,其中科技人员6.7万人,开发高新技术产品3900多项。1991年,技工贸总收入87.3亿元,总产值71.2亿元,利税总额16.1亿元,出口总额7.1亿元,分别比1990年增长45.1%、62.6%、114.7%和51.1%;人均创收6.3万元;销售额在千万元以上的

企业已有 159 家。在很短的创办时间里，开发区就在经济建设中发挥了积极的作用。

首先，推动了高新技术成果的转化。如北京开发区从 1988 年至 1991 年，4 年中完成科研课题与新产品开发 1287 项，其中 669 项成果已投入生产，120 项形成了拳头产品。在坚持自己研究开发为主的同时，各开发区还注重引进消化吸收外来技术，进行二次开发，研究设计适应国内外市场需要的高新技术产品。北京开发区的 120 项拳头产品，近 50％就是通过二次开发研制出来的。

其次，促进了传统产业的改造，带动了地方经济的发展。许多开发区注意把发展具有地方特色的支柱产业作为重点，一方面为传统产业注入高新技术，另一方面也使开发区逐步形成自己的优势。例如，成都开发区根据地方经济的特点和科技优势，侧重开发生物工程制品。沈阳开发区积极参与老工业基地的改造，大力开发新型材料和机电一体化产品。同时，开发区的高新技术企业还通过与老企业发展横向联合、联营等，使老企业焕发了新的生机和活力。完全可以预见，随着开发区的进一步发展，将为我国经济建设培育出新的增长点和支撑点，国民经济发展将会出现质的飞跃。

第三，为深化改革提供了有益的启示和经验。为探索科技与经济的结合、计划与市场的结合以及充分发挥科技人员的才能，最大限度的解放和发展生产力，开发区积极进行产权制度、分配制度、人事制度、管理体制与运行机制等方面的改革，并带动融资体系、社会保障和服务体系的改革与发展，在企业建立自筹资金、自愿组合、自主经营、自负盈亏、自我发展、自我约束的经营机制。这对我们探索建立社会主义市场经济的新体制，提供了有益的启示。同时，国营大中型企业在开发区设点办厂，科研院所和高等院校实行“一院两制”、“一校两制”，在开发区兴办企业，也对搞活大中型企业，深化科技、教育体制改革起到促进作用。

我国的开发区建设虽然处于起步阶段，但可以预见，只要引导对头、政策得当，完全有可能成为高新技术成果商品化、产业化、国际化的基地和改造传统产业的技术源头，成为深化改革的试验区、商品经济和科学技术密切结合的示范区和对外开放的重要窗口。

二、深化改革，完善政策，加快高新技术产业开发区建设

发达国家兴办高新技术产业开发区的经验表明，一个开发区要小成气候，需要一二十年，为了不失时机地加快我国高新技术产业的发展，必须及早对开发区的建设作出整体部署。

当前，影响高新技术产业开发区建设和发展的关键问题有两个：一是市场经济体制和运行机制还没有在开发区内完全建立起来；二是大院大所、高等院校和大中型企业作为发展高新技术及其产业的主要力量，在开发区的重要作用还没有充分发挥出来。

前一个问题突出表现在：第一，在资源配置上，计划和市场两种手段尚未有机结合并得到很好运用。开发区企业基本上是国家预算外和计划外的，难以正常地从国家计划的盘子中获得必要的生产资料和进行规模生产所需的资金。同时由于生产要素市场目前还很不健全，企业也无法稳定、及时地从市场获得必要的生产资料和资金。第二，开发区的部分企业特别是全民所有制企业，经营机制还没有完全转换。一些企业的所有权和经营权没有分离，责权关系不明，致使企业缺少应有的活力。第三，一些开发区管理体制的改革还没有重大突破，政府管得过多、统得太死的问题依然存在。同时，政府对开发区的建设和产业发展又缺乏统一规划和引导，一些开发区存在着与国家和地方经济发展规划的要求衔接不够、产品结构趋同和重复建设的问题。另外，不少开发区管理机构缺乏组织、协调各有关部门为企业服务的能力，尚未形成权威、精干、高效的管理机构。一部分企业科学和民主管理制度不健全，经营活动中存在着一定的盲目性和随意性。第四，适应市场经济发展需要的风险投资机制和社会保障体系还没有形成。高新技术企业开发的新产品数量很多，但形成规模生产的还很少。其主要原因是缺乏资金，无法解决规模生产的制造工艺技术和设备问题。

第二个问题关系我国开发区建设坚持什么方针，走什么路子的大问题。兴办开发区，目的是主要依靠我国自己的科技力量，开发高新技术和实现产业化。但从目前情况看，科技人员参与开发区建设的比例仍然很低。大院大所、高等院校和大中型企业同开发区在人才、智力交流与合作开发成果方面的渠道还不畅通。我国科技队伍特别是高等院校的人才优势、智力优势和技术优势，还没有在开发区充分发挥出来。究其原因，一方面，科技体制教育体制改革的一些深层次问题没有完全解决，科技、教育与经济紧密结合的机制没有很好建立起来。一些高等院校和科研院所还缺乏面向经济建设主战场、参与开发区建设的主动性，也缺乏行之有效的鼓励人才分流的办法。另一方面，开发区在吸引科技人员进区创业、吸收科研院所和高等院校的成果上，还没有形成有效的机制，缺乏得力的措施。从大中型企业来讲，由于经营机制的转换尚未完成，还缺乏参与开发区建设并带动自己技术改造和产品升级的内在动力。

解决好这两个问题，要求我们进一步解放思想、转变观念，提高对办好开发区、发展高新技术产业重要意义的认识，按照建立社会主义市场经济体制的要求，加

快开发区改革的步伐。同时，要尽快完善有关政策措施，为开发区的改革和建设创造更好的环境。根据我们的调查，建议尽快抓好以下八个方面的工作。

1. 以实施股份制改革为重点，加快企业经营机制的转换。

高新技术产业开发区作为改革开放的试验区，应当率先按照建立社会主义市场经济体制的要求，进行全面改革，尽快形成以市场导向为主的运行机制。这就必须抓住企业经营机制转换这个关键，使企业成为真正自主经营、自负盈亏的法人实体。在我国的开发区中，相当数量的企业是由国家有关部委和中科院的研究院所、高等学校和国营大中型企业兴办的。这些全民所有制或集体所有制的企业能否搞活，直接关系到我国高新技术及其产业的发展。近些年，中科院对其在开发区的企业实行两权分离、确立企业自负盈亏的原则，促进了企业经营机制的转换。但就开发区的大多数企业来说，这个问题还没有解决好。

股份制作为企业的一种组织形式，是加速企业经营机制转换的一个有效途径。企业实行股份制，有利于扩大融资范围，筹集生产资金，同时还有助于明确企业（特别是开发区内无主办单位的集体所有制企业）的产权关系。根据一些地方进行股份制改革的试点经验，对不同情况的高新技术企业可分别按照股份有限公司、股份合作企业和有限责任公司的模式进行股份制改造。对现有企业要争取在二三年内改造完毕；新办的企业一开始就应实行股份制。对于符合条件的股份制高新技术企业，应当按照国家的有关规定优先考虑其股票上市问题。

2. 按照“政企分开”、“小机关、大服务”的原则，改革开发区的管理体制。

高新技术产业开发区是科技“特区”。政府及其各部门要转变职能，对开发区进一步下放权力，实行“特事特办”。当前，要着重强化开发区管理机构的综合管理职能，赋予一定的项目审批、进出口业务管理、劳动人事管理等权限，以及统一协调工商、税务、银行、海关等部门在开发区工作的职能。

我国的高新技术产业开发区不同于经济特区和经济技术开发区，不是一块行政区域。高新技术产业开发区的管理机构只是对划定区域内的高新技术企业实施管理，这种管理应当是行业宏观管理。在开发区起步阶段，特别是新的经济体制和运行机制尚不健全的情况下，为更好地扶持开发区及其企业的发展，适当强化开发区管理机构的行政职能，是必要的。随着市场经济的建立和健全，开发区管理机构应强化宏观经济管理职能，逐步实行行业管理。从长远看，开发区有可能向多层次的高科技经济联合体方向发展。

3. 要加快开发区市场体系的培育。

培育市场体系是建立新的经济体制和运行机制的重要环节。应当大力培育、发展和完善开发区的生产资料市场、技术商品市场、金融市场、证券市场、人才劳务市场、信息市场等，并同国内市场相沟通，使生产要素得到合理配置。要相应建立健全一整套市场规则，以形成良好的市场秩序。开发区的各种市场规则应当符合国际惯例，以便同国际市场接轨，促进高新技术产业的国际化。

在目前两种体制并存、市场发育还很不成熟的情况下，为解决高新技术企业的生产资料问题，可以考虑在国家计划中划出一定的份额给开发区，并在开发区内按照市场配置资源的办法进行投放。对一些必须扶持的项目所急需的稀缺生产资料，应纳入计划，予以保证。

4. 建立风险投资机制，构筑社会保障和服务体系。

建立风险投资机制，是开发高新技术成果、实现高新技术产业化必不可少的保证。要采取多种办法，拓宽风险资金的筹措渠道。例如，由金融机构、保险机构组建风险投资公司；在社会各方面的支持下建立高新技术风险基金；在银行建立为支持高新技术产业发展的低息风险贷款项目，等等。另外，也可以考虑允许海外金融机构到我国开发区建立投资公司。

各级政府应优先考虑为开发区构筑社会保障和服务体系，逐步建立开发区企业的待业保险、医疗保险、养老保险和住房基金制度，并纳入地方的社会化管理。要建立综合性或专业性咨询服务机构、法律事务所、会计事务所等，为开发区企业提供综合服务。

5. 加快科技、教育体制改革，做好人才分流工作。

促进科技、教育与经济密切结合，建立人才流动和智力流动的有效机制，推动一部分科研教学人员以各种形式进入经济建设主战场，是当前科技、教育改革的重要内容。要进一步总结推广“一院两制”、“一校两制”的经验，推动科研院所、高等院校积极参与高新技术产业开发区的建设。科研院所应在确保一支精干的基础研究队伍的同时，放开大部分科研人员，鼓励他们积极开发高新技术，创办高新技术企业。高等院校在保证教学的前提下，也应鼓励一些教师直接投身开发区建设，或者“离教不离校”，从事成果开发。高等院校应与开发区建立协作关系，有组织地安排教师和研究生到开发区从事一定时间的研究开发工作，使教学同科研开发相互促进。同时，要适应经济建设的需求，开拓新的专业，为高新技术产业培养适用人才。

为促进人才和智力流动，应当采取更加灵活的政策。允许科研、教学人员从事合作研究、技术咨询等业余兼职工作。鼓励和引导高等院校、科研系统的系、所、室、组，发挥集体优势，成为与高新技术企业有机联系的技术依托机构，企业可给以经常性的资助。

6. 开发区要努力创造有利于吸引人才的良好环境。

发展高新技术产业，人才是关键。没有大批人才进入开发区，开发区是没有希望的。要进一步解放思想，鼓励科技人员通过辛勤劳动、建功立业先富起来。这是解放科技第一生产力的一个大政策。

要尊重知识产权，允许科技人员以研究成果、专利入股，并同其他股份一样享有资产收益。改革高新技术企业的工资制度，允许企业在积累的增长大于消费的增长，劳动生产率增长大于工资总额增长的前提下，自主确定职工工资标准和企业内部分配办法，国家可用个人收入调节税实行控制。对作出突出贡献的科技人员实行重奖，并使之制度化。有关部门要积极研究解决开发区中科技人员的技术职称评聘问题。要创造更好的条件，采取更有效的措施吸引留学人员以多种形式参加国内开发区建设。留学人员在境外的我国高新技术企业及有关单位工作，应视同回国服务。

7. 鼓励和引导大中型企业参与开发区建设。

我国大中型企业具有较强的人才、技术和经济实力，特别是一些军工企业这方面的优势更为明显。但是，这些企业也同时面临着艰巨的技术、工艺改造任务和产品创新任务。国外一些企业的经验表明，加强企业同开发区的联系与合作，乃至在开发区内设立研究、开发机构，是带动企业技术更新、产品升级的有效措施。这些做法很值得我们借鉴。应当积极鼓励和引导大中型企业同开发区的高新技术企业建立多种形式的联系和合作。一些有条件的大中型企业还可以组织科技人员到开发区建立与企业发展方向适应的高新技术“分厂”。这项工作做好了，对搞活大中型企业无疑具有重要作用。

8. 进一步完善对开发区企业的扶持政策。

1991 年 3 月，国务院为促进高新技术产业的发展，颁发了 12 号文件，制定了一系列优惠政策。随着形势的发展，各地和各开发区希望进一步完善有关政策。综合各地的意见，除以上谈到的措施外，还可以考虑适当延长对新办的高新技术企业减免所得税的时间；为高校、军工、民政系统兴办高新技术企业提供更加优惠的政策保障；适当发行建设债券，设立专项低息贷款，用于开发区基础设施建设；在进出口业务方面创造更加便利的条件，对高新技术企业经营管理人员和科技人员出境联系业务，要简化审批手续，提供方便。

现在，一些开发区和企业反映，国务院已确定的政策，有些还没有落到实处，有关部门和各地政府应当认真进行一次检查，坚决贯彻落实。

三、从我国的实际出发制定高新技术产业的发展战略

建设高新技术产业开发区，发展高新技术产业，是一项跨世纪的工程。我们必须及早制定科学而明确的发展战略，保证它的健康发展。

——做好高新技术产业开发区建设的总体规划。

从我国的经济发展看，没有四五十个小成气候的高新技术开发区，难以支撑 90 年代经济的持续高速发展，而且将影响下个世纪第三步战略目标的实现。当前，在集中力量办好现有开发区的同时，应根据国家和区域经济发展的需要，不失时机地再兴办一些开发区，使我国从沿海到内地，绝大多数省、市、区都有高新技术产业开发基地，形成星罗棋布的发展高新技术产业的新格局。力争到本世纪末，出现一批产值上百亿元的开发区，形成若干具有国际水平的高技术拳头产品，使高新技术产业的产值达到国民生产总值的 10%以上，高新技术产品出口额达到全国出口额的 8%以上。为下个世纪我国在世界高新技术领域处于有利的地位，奠定良好的基础。

我国高新技术产业开发区的建设，应遵循“抓住重点，统筹兼顾，发挥优势，形成支柱”的原则，确定各开发区的发展方向和任务。

国家级开发区要努力承担起国家高科技研究成果产业化的任务。几年来，国家实施“863”计划、科技攻关计划和火炬计划，涌现了一大批高科技成果。国家级开发区应当逐步成为转化这些成果的重要基地。当前，实现成果转化，迫切需要解决中试经费即产业化前期投资的问题。这个问题不解决，大量成果不能成为现实的生产力，在一定意义上说，是对高科技研究计划投资的浪费。因此，国家应当把建设开发区和发展高新技术产业的工作同上述高科技研究开发计划密切衔接起来，把一批有产业化前景的成果和相应的中试经费安排到具备条件的开发区去，让他们担负起成果的产业化任务。

各地办的开发区要充分发挥高新技术辐射源的作用，为地方产业升级、结构调整服务。要积极参与传统产业的改造，选择那些对地方经济发展推动大、竞争力强、见效快的高新技术项目，加速开发，形成产业，为地方经济发展培育新的支撑点，成为振兴地方经济的“龙头”。

开发区的建设应同进行产业结构调整、发展高新技术产业紧密联系起来。为此，建议国家根据产业政策尽快制定高新技术产业开发区建设的总体规划。这个规划应该包括开发区的布局、数量，各自主要任务，以及建区原则、主要政策和管理办法等，并将其纳入国民经济的总体规划。

——走自主开发与引进吸收并举的发展高新技术产业的道路。

我国发展高科技，实现产业化，必须主要依靠自己的力量，这是毫无疑义的。但是，高新技术的研究开发，只有在国际交流中才能更好地实现；高新技术产业，只有在国际市场竞争中才能发展壮大。许多开发区企业在引进、消化、吸收国外高新技术产品的基础上，进行二次开发，取得了很好的成效。开发区的中外合资、合营高科技企业，也为我们带来了一些先进技术和研究信息。实践证明，开发区只有进一步扩大对外开放，跟踪世界高科技的发展，才能加快我国高新技术产业化的进程。

高新技术企业参与国际竞争，是其生存、发展、壮大的必要条件。北京开发区联想、四通等集团公司积极走向国际市场，在海外建立开发销售中心、培训和维修网点，并着手到美国硅谷等高新技术发展的中心地带设点办厂，有力地推动了自己的产品步入世界高科技领域的先进行列。各地政府应当大力扶持开发区中一些有实力的企业尽快登上国际舞台。

——正确选择我国实现高新技术产业化、国际化的突破口。

我国的智力资源和人力资源相对丰富，适于发展技术密集、智力密集和劳动密集型的高新技术产业。在产品的成本和价格上也有竞争优势。因此，高新技术产业的发展，应扬长避短，选择适于发挥我们优势的若干产业作为实现高新技术商品化、产业化、国际化的突破口。同时，选择一些条件较好的开发区，建立这些产业的发展基地，并采取一些更特殊的优惠政策扶持其发展，进一步打入国际市场。建议国务院责成有关部门组织一定的力量，对这个问题进行周密的调查研究，提出具体可行的方案。

——抓紧管理人才的培养是开发区发展中一项不容忽视的重要任务。

目前许多开发区及其企业存在着管理人员素质不高，科技人员不懂得经营管理的问题，制约着开发区及其企业的发展。有关地方和开发区应尽快建立管理人才培训中心，有计划地开展培训工作。有条件的高等院校也应承担一定的培训任务。只要我们有了一大批懂科技、懂外语、会管理、会经营的科技企业家，高科技事业就大有希望。

——建立健全各项规章制度，依法治区。

为保证开发区的健康发展，应加强开发区的立法工作，尽快制定高新技术产业开发区管理条例，建立评价开发区工作的指标体系，进一步完善开发区企业认定、注册登记办法，健全会计、审计、统计等制度。同时，还要建立企业破产制度，使开发区的企业能进能出，优胜劣汰。

办好高新技术产业开发区，加速高新技术产业化，是落实邓小平同志视察南方谈话和中央政治局全体会议精神的一个重要措施，关系到我国三步走的发展战略目标能否实现，关系着社会主义中国和中华民族在未来世界上的地位。各级政府应当高度重视开发区的工作，加强调查研究，帮助开发区解决实际问题，促进我国高新技术及其产业有一个大的发展。

残疾人国际亚太区第三届大会暨第十届领导人培训研讨会在北京开幕

中共中央政治局常委、国务院总理李鹏致辞。

会议以“机会均等，改善社会环境，向 21 世纪迈进”为主题，共商亚太区残疾人工作。会议期间，来自亚太地区的 100 名代表，将就妇女与残疾、自助与组织、自立生活、家庭与残疾、社区综合服务、信息网络等专题展开研究和讨论。

中国残疾人联合会主席邓朴方在致欢迎辞中说，残疾人国际作为在全球残疾人中享有崇高威望的残疾人自己的组织，作为在世界残疾人事务中具有重要影响的团体，首次在中国举行的这次会议，意义重大，影响深远。

残疾人国际亚太区主席八代英太参议员、残疾人国际执行主任亨利·恩斯、亚太经社会代表辛婉华，也向大会致辞。

会上宣读联合国副秘书长维也纳联办主任捷卡梅里和日本宫泽喜一总理大臣致本次会议的贺词。

国务院总理李鹏在残疾人国际亚太区第三届大会上发表讲话

主席先生，

女士们、先生们：

残疾人国际作为残疾人自己的组织，在“亚太残疾人十年”即将开始的时刻，在北京召开残疾人国际亚太区第三届大会，共商亚太地区残疾人工作，这对于保障人权，建立人人共享的社会，具有重要意义。我高兴地代表中国政府，并以我个人的名义，向与会的朋友们表示热烈欢迎，向大会表示衷心祝贺。

朋友们，

在我们这个世界上，生活着五亿多残疾人，残疾人及其亲属占人口的 1/4。由于自身残疾的影响和外界环境的障碍，残疾人在社会中处于不利地位，是最困难的群体。人类社会发展到今天，残疾人的事业已成为国际社会面临的紧迫而艰巨的任务。残疾人作为公民，在政治、经济、文化和社会生活的各方面，享有与其他公民平等的权利。事实表明，残疾人有全面参与社会生活的能力，他们同样是物质和精神财富的创造者。保障残疾人的权利，尊重残疾人的价值，发挥残疾人的潜能，是人类文明和社会进步的标志，是国际社会和各国政府的责任。

中国是发展中国家，正经历着经济的迅速发展和社会的深刻变革。在这一历史进程中，中国政府响应联合国《关于残疾人的世界行动纲领》，从本国国情出发，采取了切实可行的措施，保障残疾人的权益。颁布了残疾人保障法，设立了残疾人工作协调机构，支持残疾人组织的建设并充分发挥其作用，制定并实施国家关于残疾人事业的两个五年计划，规定了对残疾人的优惠政策和扶持措施，开展国际交流与合作，使残疾人的康复、教育、就业和生活状况有了明显改善，文化、体育活动也日趋活跃。

女士们、先生们，

中国是“1993—2002 年亚太残疾人十年”的发起国之一和积极支持者。在亚太地区残疾人总数中，中国占较大比重。我们深知自己的责任和可以发挥的作用。中国在进一步改革开放、加速现代化建设的过程中，将努力解决好残疾人问题，并承担与我国发展水平相应的国际责任和义务，与亚太各国一道，为残疾人的“平等·参与·共享”，为本地区经济、社会的协调发展作出贡献。

祝大会圆满成功！

谢谢各位。

国务院加强流转税管理的通知

为了制止目前一些地区对企业承包流转税和越权减免税的现象，国务院最近发出通知，要求各地加强流转税的管理。

国务院通知指出，流转税（包括产品税、增值税、营业税）是我国工商税收的主体税种，是国家进行宏观调控的重要经济杠杆，也是国家税收的主要来源。按照国家税收法规征收流转税是保证国家财政收入的重要措施之一，也是企业进行平等竞争的一个必要条件。

通知强调，国家税法必须统一，各地区、各部门不得自行决定对企业承包流转税，对已经采取以减免税返还或财政返还形式承包流转税的，必须逐项清理予以纠正。税务机关对承包流转税的做法有权拒绝执行，并及时向上级税务机关报告。

通知要求坚决纠正越权减免流转税的做法，指出国家税权必须集中，不能分散。减免税权限不能层层下放，已放下去的要及时收回。各级人民政府不得超越税收管理权限制定流转税减税免税规定，凡违反税法规定和税收管理权限的，要立即纠正。按规定定期减税免税到期的，要立即恢复征税。对内资企业征收流转税，要严格执行税法，不得擅自变通，也不得比照外商投资企业征收工商统一税。

通知要求加强流转税税收政策的宣传工作，企业要树立依法纳税光荣的观念。各级人民政府、各有关部门和单位要切实支持和配合税务机关加强流转税的征收和管理工作。各级税务机关要坚持原则，秉公执法，认真贯彻国家税收法令，依法办事，依率计征。对税务人员贪污受贿、违法渎职的，要严肃追究，依法处理。

北京市投资贸易洽谈会在香港会议展览中心开幕

瑞典首相卡尔·比尔特在斯德哥尔摩会见国务院副总理朱镕基

国务院副总理朱镕基同瑞典副首相兼社会大臣本·韦斯特贝里举行会谈

外交部部长钱其琛在莫斯科同俄罗斯外交部部长科济列夫举行会谈

科济列夫说：叶利钦总统访华是十分重大的外交活动，对双边关系、世界的稳定都具有重要意义。他赞同中国方面为叶利钦总统访华做的一切准备。

关于中亚地区形势，科济列夫表示，俄罗斯将作出一切努力保持中亚地区的稳定。钱其琛说：中国非常关心中亚地区的稳定，愿同俄罗斯、中亚国家发展经济合作，改善交通运输，使该地区的经济得到进一步发展。

外交部部长钱其琛在莫斯科举行的记者招待会上发表讲话

钱其琛说：我同科济列夫外长的这次会谈是很有意义的。我此次访问的目的是为叶利钦总统访问做最后的准备，双方已准备好一个关于两国关系基本原则的文件。在今天的讨论中，我谈到对乌兹别克、吉尔吉斯、哈萨克三国的访问情况。在访问期间，我们都谈到中国希望作为中亚各国的邻国同其发展经济、贸易关系。同时我们知道，中亚各国与俄罗斯有着千丝万缕的各方面的联系，同时也是独联体的成员国。中国和俄罗斯在保持中亚的稳定、经济繁荣方面有着共同的利益，所以我们商定加强相互之间的联系，以便加强中亚这一联结欧、亚交通的要道，使中亚地区成为一个稳定、和平、繁荣的地区。

俄罗斯最高苏维埃主席哈斯布拉托夫在莫斯科会见外交部部长钱其琛

俄罗斯代总理盖达尔在莫斯科会见外交部部长钱其琛

会见时,双方就进一步改善铁路、公路、航空等交通问题交换了意见,一致认为只有解决了交通问题,两国经贸关系才能更顺利地、更深入地发展。

钱其琛说,中国改革是根据本国国情进行的,我们主张互相交流,但不主张照抄别人的经验。

荷兰首相吕贝尔斯在海牙会见国家教委主任李铁映

中华人民共和国政府和白俄罗斯共和国政府在北京签订文化合作协定

国家禁毒委员会副会长袁永源在曼谷出席联合国第十七届亚太地区国家缉毒执法机构负责人会议时向记者介绍禁毒情况

袁永源介绍说,目前亚太地区所面临的毒品生产、贩运和吸毒问题日趋严重,为确保本地区亿万人民的身心健康,各国应在禁毒工作的各个领域,尤其是在打击制造和贩运毒品方面进一步加强合作。

袁永源说,1991 年仅东南亚和东北亚各国所查获的海洛因就达 4415 千克,今年查获的毒品数量有增无减,这一方面说明本地区各国肃毒工作成绩显著,同时也表明本地区毒源仍然严重存在,国际市场的需求也在不断增加。因此,亚太各国的肃毒任务相当艰巨。

袁永源说,中国所面临的毒品问题主要是过境贩毒,国际贩毒分子利用中国的对外开放,将"金三角"地区所产的毒品从中国过境贩运到香港转运世界各地,从而引发了中国的毒品问题。

袁永源说,中国政府一贯重视禁毒工作,严厉打击各种毒品走私贩毒犯罪活动,并十分重视禁毒国际合作。

联合国教科文组织评定《人民日报》列世界十大报纸第六位

新闻出版科技座谈会在北京举行

会议讨论通过《关于发展科学技术依靠科技进步加快新闻出版事业繁荣和发展的若干意见》。

国务院总理李鹏在中南海紫光阁会见全国环境保护厅局长会议代表

李鹏说,党和政府都十分重视环境保护工作。江泽民在十四大报告中把加强环保工作列为今后我们要做的一项重要任务。他强调,我们要建设物质文明和精神文明,不仅需要经济发展,而且需要一个良好的工作和生活环境。

李鹏说,中国的环境保护工作有自己的特点,希望大家根据各地的具体情况,认真做好这项工作。

李鹏在讲话中赞扬国家环保局做了大量工作。李鹏希望环保战线广大干部和职工继续努力,不断把环保工作推向前进,促进改革开放和国民经济的发展。

11月26日

全国检察长会议在广东顺德闭幕

最高人民检察院检察长刘复之在会上讲话。他说,在经济体制转轨的新形势下,检察工作必须适应社会主义市场经济的要求,强化法律监督职能,保障改革开放和经济建设的顺利进行。

刘复之向全国检察官提出了在发展社会主义市场经济体制下,强化法律监督职能要求,即加强对贪污贿赂犯罪、刑事犯罪和法纪犯罪的检察。

刘复之要求各级检察官在查处各类案件时,"正确实践以事实为根据、以法律为准绳"和"一要坚决,二要慎重,务必搞准"的原则。特别是对贪污贿赂案件侦查工作,必须坚持实事求是,运用辩证思维,反对主观主义。必须坚持坚决、慎重、务必搞准;慎重才能搞准,只有准才能体现坚决。

在谈到发展社会主义市场经济体制新条件下,检察机关要正确、严格地区分罪与非罪界限的问题时,刘复之认为,各级检察机关在查办经济犯罪案件时,应注意研究建设社会主义市场经济新形势下出现的新情况、新问题。比如注意研究大量出现的回扣和佣金现象;贪污贿赂犯罪主体、客体复杂化等问题。

刘复之希望各地检察机关认真清理同社会主义市场经济不适应的旧的规章制度和旧观念,清理某些"左"的影响和在这种影响下形成的不正确的工作方法,使反贪污贿赂犯罪斗争继续深入地健康发展。

全国妇联六届五次执委会在北京召开

大会提出,认真学习、全面贯彻党的十四大精神,是妇联组织当前和今后一个时期的首要任务,也是新时期做好妇联工作的关键所在。

大会认为,今年以来,各级妇联组织坚定不移地贯彻党的基本路线,紧紧围绕经济建设这个中心,团结带领各族妇女持续深入地开展了"双学双比"、"巾帼建功"等活动;鼓励妇女参与商品经济活动、发展第三产业,取得了显著的成绩。同时,妇联在加强社会主义精神文明建设、开展国际交往、扩大妇女爱国统一战线等方面的工作也有了新的进展。

大会确定明年妇联工作的总任务是：以邓小平同志建设有中国特色的社会主义理论为指导，坚持党的基本路线，团结带领全国各族妇女解放思想、转变观念、提高素质、奋发进取，为建设有中国特色的社会主义事业建功立业。全国人大常委会副委员长、全国妇联主席陈慕华主持了大会开幕式，全国妇联第一书记黄启璪代表妇联作工作报告。

国务院总理李鹏在中南海紫光阁会见香港星岛控股有限公司董事局执行主席兼集团董事总经理胡仙女士

全国政协副主席中国和平统一促进会会长钱伟长在北京会见台湾中华工商管理学会理事长文化总会国际文化促进委员会副主任委员范光陵博士

中国民主建国会六届一中全会再次推选孙起孟任中央主席

全会同时选举陈邃衡、陈铭珊、万国权、冯梯云、黄大能、李崇淮、白大华、朱元成、冯克煦、路明、刘珩为副主席，还选举了二十五名常委。

罗荣桓元帅铜像在湖南衡东揭幕

国务院总理李鹏在中南海紫光阁会见坦桑尼亚即将离任的驻中国大使鲁辛达日本离任大使桥本恕和印度离任大使萨尔曼·海达尔以及阿尔及利亚新任驻中国大使阿贝德·马希埃丁

中国政府就法国与台湾签署出售幻影战斗机合同向法国提出最强烈抗议

外交部副部长田曾佩召见法国驻中国大使马腾，就法国与台湾签署出售幻影战斗机合同，向法方提出交涉。

田曾佩指出："据报道，法国达索等公司于 11 月 18 日与台湾签订了出售 60 架幻影 2000—5 型战斗机合同。我们对法方不顾中国政府的多次严正交涉和强烈反对，坚持与台湾签订出售战斗机合同，感到十分震惊和极大愤慨。这是法方恶化两国关系的严重步骤。我奉中国政府之命，向法国政府提出最强烈抗议。"

田曾佩说："众所周知，世界上只有一个中国，中华人民共和国政府是代表中国人民的唯一合法政府，台湾是中国领土不可分割的一部分。这是国际社会公认的事实，也是自中法建交以来法国历届政府都予以确认的。现在法方竟公然违背两国建交原则和国际关系基本准则，同意法国有关公司向中国的台湾出售先进战斗机，法方的这一行为粗暴干涉中国内政，严重侵犯中国主权，干扰和破坏中国的和平统一大业，这是我们决不能接受的。"

田曾佩还指出："中国政府一贯重视中法关系，并为维护和发展中法关系作出了巨大努力。然而，法国政府近几年来在双边关系中不断制造困难和障碍，现在又悍然采取向台湾出售幻影战斗机的行动，这必将给中法关系造成严重损害。"

田曾佩最后强调指出："中国政府严正要求法国政府恪守中法建交原则，取消售台战斗机合同。如果法方不顾中方的强烈反对，一意孤行，坚持其侵犯中国主权、危害中国安全的错误做法，中方将不得不作出强烈反应，由此产生的一切严重后果，法国政府必须承担全部责任。"

国务院副总理朱镕基在瑞典斯德哥尔摩发表题为《中国的改革开放和中国与西北欧国家的关系》的演讲

朱镕基说，中国从 70 年代末以来，在邓小平提出的建设有中国特色社会主义理论的指引下，实行改革开放政策，注重经济建设，改革管理体制，吸收外国经验，从此走上了通向繁荣的高速公路。

朱镕基说，14 年来，中国经历了从农村改革到城市改革，从经济体制改革到其他各领域的体制改革，从局部改革到全面改革的历史过程。中国的经济体制模式发生了重大变化。在进行经济体制改革的同时，中国对外开放不断扩大。在东部沿海地区、以上海浦东开放开发为龙头的长江沿岸地区、周边地区和以省会城市为中心的内陆地区，形成了一个多层次、多渠道、全方位开放的新格局。中国利用外资的政策进一步放宽，允许外商投资的范围从生产领域逐步扩大到金融、商业、交通、旅游和其他第三产业。中国过去封闭、半封闭型经济正逐步转向积极利用国际分工、国际交换的开放型经济，对外经济贸易和技术交流合作大幅度扩展。改革开放为中国经济注入了强大的活力，促进了社会生产力的迅速发展。虽然现在中国还算不上富裕，但 11 亿人民的温饱问题已基本解决，正在向小康社会迈进。今年春天，中国改革开放总设计师邓小平再次将中国改革开放事业推向一个新的阶段，出现了前所未有的大好局面。中国原定 90 年代国民生产总值平均每年增长 6%，使国民生产总值在本世纪的最后 20 年里增长 4 倍。不久前又根据国内外形势的发展，提出 90 年代的经济发展速度可以更快一些，达到年增长 8%～9%。这样，到本世纪末，中国的经济建设，人民的生产水平和综合国力将再上一个大台阶。

朱镕基说，14 年的实践证明，改革开放是中华民族走向全面振兴的必由之路，因此，必将作为中国的一项基本国策长期坚持下去。最近，中国共产党第十四次全国代表大会进一步明确改革的目标是全面建立社会主义市场经济体制，其核心是要使市场对资源配置起基础作用。这清楚地表明了以江泽民为核心的中国共产党新的领导集体进一步推进改革的坚定信念。

朱镕基说，“有的外国朋友提出，中国一方面实行改革开放，发展市场经济，另一方面又强调社会主义，这是否矛盾？我认为，这是不矛盾的。我们讲的市场经济就是指建立市场经济机制，并不是完全模仿资本主义市场经济的任何阶段。而且市场经济机制也不是资本主义独有的。我们相信，我们既能按市场经济的模式来运行我们的经济，又能保持以公有制为主体，维护社会公正，实现共同富裕的社会主义制度；既能利用国外的资金，引进国外的先进技术和管理经验，又能够保持社会主义的精神文明和中华民族的优秀文化传统。我们在以往的经济体制改革中，曾经学习和借鉴了国外不少对我们有用的东西。今后，我们在建设社会主义市场经济的过程中，仍将会学习和借鉴一切国家反映现代社会化生产和商品经济一般规律的先进经营方式和管理方法。”

朱镕基说，中国在自己的现代化建设事业中，十分重视同西北欧国家在相互尊重、平等互利的基础上发展长期稳定的友好合作，并共同为世界的和平与发展而努力。中国与西北欧互不构成威胁，相互间没有根本的利益冲突。多年来，中国与西北欧国家建立了多种形式的政治磋商和合作制度，对促进世界的和平与稳定起了积极的作用。当然也应看到中国与西北欧国家社会制度和意识形态不同，但这不应成为合作的障碍。世界本来就是多样性的，应该承认和欢迎这种多样性，超越意识形态，求同存异进行广泛的合作。经济上，中国与西北欧具有很强的互补性。中国有着丰富的人力物力资源以及巨大的正在发展中的市场。西北欧是世界经济和科技最发达的地区之一，拥有雄厚的资金、先进的技术和丰富的管理经验，双方可以取长补短。近十几年来，中国与西北欧各国的商品贸易额持续增长。中国还与西北欧国家开展了卓有成效的经济技术合作，而且范围不断扩大。西北欧国家对华直接投资不断增多，而且多数投资项目发展都很好。

朱镕基说，今年初以来，中国的经济进入了一个高速增长的新时期，今后将优先发展能源、通讯、化工、交通运输和基础设施等，数以万计的现有中小企业将需要逐步加以改造。中国外贸每年将以10%以上的速度递增。中国国内的投资环境也在进一步改善。这一切为中欧经贸合作提供了更多的机会，希望西北欧在中国的对外经济关系中占有更重要的份额，欢迎更多的西北欧经济企业界人士来华投资和洽谈其他合作业务。

朱镕基最后说，“中国和瑞典的友好关系源远流长。两国建交后，双方在各个领域的合作关系迅速发展。我们相信并真诚希望，随着中国改革开放的不断加快和深化，中瑞两国在政治、经贸和科技等方面的互利合作将会不断扩大，人民之间的友谊也会进一步发展。”

外交部部长钱其琛结束对乌兹别克斯坦吉尔吉斯斯坦哈萨克斯坦和俄罗斯四个独联体国家访问后答记者问

钱其琛在接受新华社记者采访时阐述了中国发展同独联体国家关系的原则以及中国发展同独联体国家关系对国际形势的影响。钱其琛外长回答的问题如下：

问：钱外长，您首次访问了独联体四国，您对这次访问总的印象如何？

答：中亚三个共和国宣布独立还不到一年，它们的对外关系发展得很快，同时正处在谋求发挥自己作用、寻求自己所处的地位、制定外交政策的过程中。这些国家在政治上宣布了独立，但在经济上，原苏联时建立的经济体系还难以改变。在原苏联范围内，它们与俄罗斯按经济计划进行分工。我认为，这些国家的经济目前的问题还不是私有化、市场经济，而是如何满足本国人民日常生活的需要。这些国家，如乌兹别克斯坦主要生产棉花和黄金。哈萨克斯坦在宇航、重工业、矿业方面拥有相当雄厚的基础，但从轻工业来讲，人民生活天天需要的东西，过去基本上靠俄罗斯来供应。它们面临的问题是要调整整个产业结构，从原来为全苏联服务转到满足自己的需要，这还要有一个过程。

俄罗斯的情况不同，他们在改革的速度、改革的方式等方面有些不同意见，正在探索。这四个国家给我总的印象是，都愿意同中国发展关系，这包括发展人民之间的友谊和进一步发展经济合作关系及政治关系。叶利钦总统准备访华和许多独联体国家的领导人先后都去过中国就说明了这种总的趋势。

问：您认为中国在发展同您所访问的四国以及其他独联体国家的经贸合作有哪些有利条件，存在什么主要问题，前景如何？

答：我认为最重要的有利条件是这几个国家都是我们的近邻，除乌兹别克斯坦外，其他三个国家都与我们有共同边界。

存在的问题有两个方面：第一，交通问题。中国与这些国家尽管是近邻，但长期以来交往是不够的。在前苏联时期，中亚处于封闭状态，尽管毗邻而居，但没有办法直接交往，现在创造了条件，虽然刚刚开始，但已经有了铁路、公路和空运交通。第二，相互适应问题。过去在经贸合作方面中国同中亚国家没有联系，相互不了解，到底怎么做合适不清楚，不熟悉。最近半年多才开始活跃起来，可以说已经起步，有了些效果，同时也存在不少问题，双方都处在试验阶段，有的成功，有的失败，也有的不很理想。要解决这个问题，需要有个认识和相互适应的过程，同时还要制定一些相适应的办法。试验阶段难免出现问题，但与这些国家发展经贸关系的前景还是良好的。

问：叶利钦总统在会见您时说，意识形态的差异不应约束俄中关系的发展，您对此有何看法？

答：我们一贯认为意识形态的差异不应成为发展关系的障碍。叶利钦总统说的话也是这个意思。中国一贯认为，意识形态、社会制度、以及价值观念、文化传统等方面的异同都不应该成为发展国家关系的障碍。国家间的关系应该建立在下列原则基础上：从政治上讲是和平共处、互相尊重、睦邻友好、互不干涉内部事务；从经济合作的实际交往来讲，应该是平等的，对双方都有利的。应该说，有这样的共同认识，中俄两国关系是可以得到很好发展的。

世界上总有一些人觉得搞成一样才最好。世界本身就是多样化的，各国差异很大。意识形态、宗教信仰、民族文化形形色色，各式各样，社会制度以及发展道路都有很大差别。在这样一个多样化的世界里，大家要和平相处、共同发展，只有从尊重这样一个客观事实出发，才能做到。所以，国家关系应该有一种准则，这就是和平共处五项原则。

问：中国同独联体国家发展睦邻友好合作关系对整个国际局势有何影响？

答：从前中国和苏联有过结盟关系，也有过很长的对抗时期。今后，我们同俄罗斯和其他独联体国家的关系就是：既不是结盟关系，也不是对抗关系。这才是正常的关系。重新回到结盟，不需要也不可能，对国际局势不利。重新搞对抗，对国际局势也不利。中国和独联体国家保持一种睦邻友好的、平等互利的合作关系，对国际形势可以起到建设性的作用。我们希望国际形势稳定，这才有利于我们的改革、开放和经济建设。中俄之间建立这种正常关系也有利于地区的稳定和世界的稳定。

中华人民共和国政府和约旦哈希姆王国政府在安曼签订文化合作 1993 至 1995 年执行计划

外交部发言人吴建民指出港督彭定康寻求国际支持无济于事

外交部发言人吴建民在回答有关港督彭定康最近四处活动为其政权计划寻求国际支持的问题时重申，“香港问题在 1997 年 7 月 1 日前是中英两国之间的事，在这之后则纯属中国的内政，其他任何国家对此说三道四是不适宜的。”吴建民说，“彭定康最近四处活动寻求国际支持是无济于事的，唯一的出路是重新回到根据《中英联合声明》的规定进行磋商与合作的轨道上来。”

全国培养开发使用军地两用人才经验交流暨表彰会和成果展览在北京举行

会议和展览由民政部和解放军总政治部联合主办。中央军委副主席张震，国务委员陈俊生，解放军总参谋长张万年、总政治部主任于永波、总后勤部部长傅全有、民政部副部长多吉才让等出席开幕式并参观展览。会议由民政部副部长范宝俊主持。总政治部主任于永波宣读江泽民、邓小平、杨尚昆、李鹏、刘华清、张震同志为培养和开发使用两用人才工作的题词，宣读国家民政部和解放军总政治部的表彰通报。这次受通报表彰的共有 88 个先进集体和 202 个先进个人。其中军队先进集体 29 个，先进个人 83 个；地方先进集体 59 个，先进个人 119 个。出席会议的领导为受通报表彰的先进集体和先进个人代表颁发奖旗、奖牌和荣誉证书。

《中国改革开放辉煌成就十四年》出版

中国第一部总结改革开放 14 年成就和经验的百卷丛书《中国改革开放辉煌成就十四年》近期由中国经济出版社出版。

中共中央文献研究室与中央档案馆在北京召开《党的文献》创刊五周年座谈会

国务院环保委表彰获得城市环境综合整治十佳城市——大连北京杭州天津广州武汉长沙苏州海口南京

国务院在北京召开电话会议部署安排今冬明春的森林防火工作

国务院副总理田纪云要求各地各级政府和有关部门，一定要下决心、下力量，把森林火灾上升的势头降下来，进一步把森林防火工作做得更好，确保不发生大的问题。

为尽快把森林火灾上升的势头降下来，田纪云强调，各地各级政府要不断提高对森林防火工作重要性、艰巨性、长期性的认识，思想上不能有丝毫麻痹，工作上不能有丝毫松懈，必须警钟长鸣，常抓不懈。在新的形势下，绝对不许出现大的森林火灾，以保证改革开放和现代化建设的顺利进行。

田纪云要求各地要切实加强领导，进一步健全森林防火体系。

国务院秘书长罗干代表中共中央总书记江泽民和国务院总理李鹏向“11·24”空难死者亲属表示慰问

第三届全国现场短新闻和第二届宣传人代会制度好新闻评选揭晓

11月27日

中共中央政治局常委国务院总理李鹏前往老挝驻中国使馆吊唁老挝人民革命党中央委员会主席老挝人民民主共和国主席凯山·丰威汉

中华人民共和国特使国务院副总理邹家华前往万象参加老挝人民革命党主席老挝人民民主共和国主席凯山·丰威汉的葬礼

老挝新任国家主席诺哈·冯沙万和老挝人民革命党中央新任主席坎代·西潘敦在万象会见专程前来参加凯山主席葬礼的中国特使国务院副总理邹家华

中国民主建国会第六次全国代表大会在北京闭幕

民建六届中央主席孙起孟致闭幕词。

大会自始至终紧紧抓住学习贯彻中共十四大精神这一主题，认真审议并通过五届中央委员会的工作报告和新章程，选举产生第六届中央领导机构，推举了中央咨议委员会，通过第六次全国代表大会关于第五届中央委员会工作报告的决议。

决议指出，民建今后的总任务是：以中共十四大精神为指南，坚持“一个中心、两个基本点”的基本路线，努力开创发挥参政党职能和自身建设新局面，为加快改革开放，集中精力把经济建设搞上去，促进社会全面发展而奋斗。

决议强调，民建各级组织和全体会员一定要认真学习贯彻好中共十四大精神，努力用邓小平同志建设有中国特色社会主义理论武装全会，提高执行基本路线的自觉性和积极性，解放思想，以新的精神面貌投入改革和建设的伟大实践。要坚持把中共的路线、方针、政策同本会具体实际结合起来，努力发挥本会同经济界密切联系的特点，发挥参政和监督作用，为建立社会主义市场经济体制，加快改革开放和现代化建设出大力、办实事。要切实加强以基本路线为中心的思想建设和为建立跨世纪的干部骨干队伍为目标的组织建设，把民建的政党建设提高到新的水平。

民建六大选举产生的民建六届中央委员会由184人组成，平均年龄57.3岁，比五届中央委员会组成人员的平均年龄下降0.8岁。其中具有高级职称的88人，占47.8%，比五届提高20.8个百分点。民建六届中央委员会主席、副主席共12人，平均年龄68.1岁，比五届中央委员会主席、副主席的平均年龄降低1.1岁。

“全国科技副县(市)长工作经验交流会”在山东泰安市结束

国务院批准河南省洛阳市吸收外资成片开发土地

中国有2000企业获得国际UL CSA BSI安全认证

葡萄牙总理席尔瓦在里斯本会见国家教委主任李铁映

中英联合联络小组中方首席代表郭丰民大使就港英当局决定批出9号货柜码头的合约一事发表谈话

郭丰民指出，9号货柜码头合约的有效期限将会跨越1997年7月1日。根据联合声明附件2的规定，中英双方在香港过渡期后半段时期中必须进行更密切的合作，共同审议为1997年顺利过渡所要采取的措施。据此，中方曾多次强调，凡涉及1997年顺利过渡的事宜，都必须先经中英联合联络小组协商解决，港英当局无权单方面作出决定。但最近港英当局宣布拟决定批出9号货柜码头的合约，事先并未提交中英联合联络小组讨论，这是港英当局违反联合声明的行为。如果港英当局一意孤行，单方面批出有效期限跨越1997年7月1日的合约，未来特别行政区政府将一概不予承认。

成都军区司令部和总参测绘学院共同研制的“三维地形数控自动成型系统”在四川成都通过部级鉴定

11月28日

陈云为新疆哈密的红军西路军进疆纪念碑题写碑名

台湾民主自治同盟第五次全盟代表大会在北京闭幕

大会讨论通过台盟第四届中央委员会的工作报告和台盟新章程，选举产生第五届中央委员会，推举产生了第二届中央评议委员会。

闭幕式上还通过第五次全盟代表大会决议。决议指出，台盟的工作要贯彻中共十四大精神，坚持“一个中心，两个基本点”的基本路线。全体盟员要在各自工作岗位上做好本职工作，为经济建设服务。台盟中央和各级组织要围绕经济建设这个中心积极参政议政；继续发挥台盟的优势，协助引进台资，开展咨询服务，为国家的经济建设服务。反对任何形式的“两个中国”、“一中一台”或“一国两府”，坚决反对旨在制造台湾独立的企图和行为。

蔡子民主持闭幕式，大会主席团执行主席张克辉致闭幕词。

国务院总理李鹏等为《中国税务》出刊百期题词

国家主席杨尚昆在青岛考察

杨尚昆 11 月 28 日至 12 月 12 日在青岛考察工作时指出，贯彻落实党的十四大精神，是当前和今后一个较长时期的主要任务。十四大提出的社会主义市场经济是一个新课题，也是一个新课堂。我们要勇于实践，大胆创新，掌握社会主义市场经济的规律，把改革开放，经济建设搞得更好。考察期间，杨尚昆听取山东省委书记姜春云，省长赵志浩等工作汇报。考察中，杨尚昆在马仲才、李振、韩喜凯、俞正声、刘镇等同志陪同下，先后到青岛第二啤酒有限公司、青岛针织一厂、青岛电冰箱总厂参观考察，还前往崂山区李村镇东李村村民的家中访问。每到一地，杨主席与干部职工和村民亲切交谈，详细询问工厂的生产经营情况，职工的住房收入情况和村民的生活情况，他告诉干部职工群众，没有这十几年的改革开放，就没有今天这样的好日子。十一届三中全会以来的路线归结到一点，就是实行改革开放。就是坚持一个中心、两个基本点的党的基本路线。实行社会主义市场经济，这是我们党总结几十年历史经验作出的正确选择。我们要按照党的十四大提出的方针、路线，扎扎实实，埋头苦干，把我们国家的经济实力再提高一步。杨尚昆在青岛期间，还听取了青岛市东部开发规划实施情况和青岛市高科技工业园规划建设情况的汇报。杨尚昆对青岛市的这两大举措表示赞赏，希望青岛的东部开发建设和高科技工业园建设一年一个新样子，并题词勉励：“开发东部，振兴青岛。”

国家主席杨尚昆根据全国人大常委会的决定任免驻外大使

一、免去温业湛的中华人民共和国驻加拿大特命全权大使职务。任命张毅君为中华人民共和国驻加拿大特命全权大使。

二、免去李国新的中华人民共和国驻阿根廷共和国特命全权大使职务。任命汤永贵为中华人民共和国驻阿根廷共和国特命全权大使。

国务院总理李鹏在中南海紫光阁会见澳大利亚贸易和海外发展部长约翰·克伦

全国人大常委会委员长万里在人民大会堂会见以阿瓦德·阿布·贾兹部长为首的苏丹内阁事务代表团

会见中，万里说，中国和苏丹建交以来，两国关系不断地发展。这次部长率苏丹监察代表团来访，同我国监察部门交换意见，增进相互了解，对促进两国监察部门友好关系的发展是很重要的。万里向客人们介绍了我国改革开放和经济建设的情况。万里说，党的十四大提出建立社会主义市场经济的目标，这就需要法制和纪律作保证，监察工作在新形势下有很重要的作用。

国务院副总理吴学谦在钓鱼台国宾馆会见海南台资企业协会会长林柏川常务副会长方翔

外经贸部部长李岚清在北京会见澳大利亚贸易和海外发展部长约翰·克伦并共同主持中澳经贸混委会第六次会议

全国培养开发使用军地两用人才经验交流暨表彰会在北京结束

民政部部长崔乃夫主持会议。

解放军总政治部主任于永波在讲话中说，全军同志要深刻认识做好培养军地两用人才工作的重要性，要勇于改革创新，不断拓宽培养军地两用人才的路子。他说，随着国家和军队改革的不断深入，培养军地两用人才工作会遇到许多新的课题。我们要进一步更新内容，使育才工作与时代发展相同步，与社会需求相一致。我们要引导干部战士全面提高素质，做有理想、有道德、有文化、有纪律的革命军人。要立足军营，在本职岗位上成才。同时，根据国家经济建设的需要，有计划地安排干部战士多学一些科学文化和民用知识、技能。这样，育才工作才能够真正推进部队的全面建设。

民政部副部长范宝俊在讲话中要求各级民政部门要服务于党的中心任务，进一步把退伍军人两用人才推向经济建设的主战场；要继续支持配合军队做好育才工作，开展军地共育，向军队提供人才需求信息，配合军队的定向培养；要采取多种形式，开展退伍军人的补训和再培训工作；要拓宽渠道，把退伍军人两用人才推向国内、国际劳务市场;要适应转换企业经营机制,做好城镇退伍军人安置工作。

会上,培养和开发使用军地两用人才先进单位的代表和军地两用人才先进个人介绍了经验。各省、市、自治区民政部门和军队各大单位宣传部门的负责同志参加了会议。

全国高等学校设置评议委员会第一次全体会议在北京结束

会议既是评议委员会的成立大会,也是评议委员会的第一次工作会议。中共中央政治局委员、国务委员、国家教委主任李铁映和国家教委副主任朱开轩出席会议并讲话。朱开轩代表国家教委宣读聘任的45名委员名单,李铁映向评议会委员颁发了聘书。会议讨论通过《全国高等学校设置评议委员会章程》,民主选举产生了评议会正副主任,对国家教委委托评议的高等学校进行了评议。

李铁映在讲话中指出:全国高等学校设置评议委员会的建立,是我国高等教育改革的重大措施,标志着我国高等学历教育机构的审批工作由过去单一行政决策,开始向专家咨询与行政审批相结合迈出可喜的一步。今后,申请设置高等学校,都要先由评议会进行评议、咨询后,国家教委再进行审批。朱开轩同志就评议会工作的方针、任务等作了讲话。出席会议的委员们一致表示要认真负责地做好这项工作,为国家教委行政决策当好参谋。

会议期间,委员们对国家教委委托的11所高等学校进行了认真的评议,并用无记名投票方式进行了表决。原则通过了国家教委关于普通高校充实整顿、合理调整布局工作遗留问题的处理意见。最后,评议会主任何东昌作总结讲话。

中国选手在法国雷恩举行的第10届世界技巧锦标赛上获得9金2银3铜中国队金牌总数和团体总分名列第二

11月29日

全国妇联六届五次执委会在北京闭幕

会议总结1992年的妇联工作,研究部署了1993年的任务,审议并通过全国妇联常委会的工作报告。

中共中央政治局常委、书记处书记胡锦涛在会上提出,要用邓小平同志建设有中国特色社会主义的理论指导妇联工作,动员和组织全国广大妇女为加快改革开放和现代化建设作贡献。

全国人大常委会副委员长、全国妇联主席陈慕华主持会议。会议还通过关于1993年9月召开中国妇女第七次全国代表大会的决定,号召各级妇联组织和全国妇女行动起来,在改革开放和社会主义两个文明建设中做出新的成绩,迎接中国妇女第七次全国代表大会和1995年第四次世界妇女大会的召开。

台湾民主自治同盟选出新的领导机构

台盟第五届中央委员会第一次会议,推举苏子蘅为台盟中央委员会名誉主席,选举蔡子民为主席,张克辉、陈仲颐为副主席,潘渊静为秘书长。会议还选出了台盟中央常务委员,他们是:叶庆耀、叶纪东、江浓、杨玉辉、吴克泰、吴国桢、张克辉、陈仲颐、范新发、林东海、林盛中、郑励志、洪涛、黄启章、蔡子民、廖灿辉、潘渊静。新当选的台盟中央副主席张克辉,现任全国台联会会长。根据台盟新的盟章,台盟中央取消主席团制,恢复主席制。同时举行的台盟第二届中央评议委员会第一次会议选举李辰为中评委主席,田富达、曾明知、许文思、曾重郎、徐萌山为副主席。

国家教委主任李铁映在里斯本和葡萄牙教育部长安东尼奥·费尔南多·科托·多斯桑托斯举行会谈

全国人大外事委员会发表声明抗议法国向台湾出售幻影—2000战斗机

全国政协外事委员会发表声明抗议法国向台湾出售幻影—2000战斗机

国务院总理李鹏致电祝贺"声援巴勒斯坦人民国际日大会"召开

值此"声援巴勒斯坦人民国际日"大会召开之际,我谨代表中国政府和人民向大会表示热烈祝贺,对巴勒斯坦人民表示崇高敬意。

中国政府和人民一贯支持巴勒斯坦人民为恢复其合法民族权利而进行的正义斗争,赞赏巴勒斯坦解放组织为推动中东问题的政治解决所作出的积极努力。目前中东和平进程进入了一个新的阶段。在有关各方和国际社会的共同努力下,中东和谈正在逐步深入,为政治解决以巴勒斯坦问题为核心的中东问题开辟了新的前景。祝大会为推动早日公正合理地解决中东问题作出贡献。

中华人民共和国
国务院总理李鹏
1992年11月29日

**中国广播电影电视部在第二十九届"亚洲——太

平洋广播联盟”大会上再次当选为“亚广联”理事会理事

国务院致电祝贺甘肃省农村工作暨乡镇企业“两西”建设扶贫开发工作会议召开

国务院日前向甘肃省人民政府发来贺电，祝贺甘肃省农村工作暨乡镇企业“两西”建设扶贫开发工作会议召开，向为全省扶贫开发和“两西”农业建设作出贡献的先进集体、先进个人和“两西”地区的广大干部群众、工程技术人员表示亲切的慰问！

贺电说，“三西”地区有“苦瘠甲天下”之称，党中央、国务院一直十分关心这一地区人民群众的生产和生活。1983年，国务院决定对“三西”地区采取特殊的扶持政策，中央财政连续十年，每年拨款2亿元用于“三西”地区农业建设。十年来，在各级领导和广大干部群众的共同努力下，“三西”地区发生了历史性的变化，生产和生活条件有了很大改善，温饱问题初步解决，取得了预期的成就，并已积累了许多成功的经验。对促进农村经济持续、稳定发展，解决贫困地区群众温饱问题，减少黄河上游水土流失，改善区域生态环境等，作出了显著的贡献。

国务院已经决定这项工程建设再延长十年。国务院希望甘肃省以建设有中国特色的社会主义理论为指导，深入贯彻党的十四大精神，进一步解放思想，深化改革。今后十年要坚持以往行之有效的政策和措施，着眼于使贫困地区的农户稳定地解决温饱问题，稳定地解决经济收入来源，重点改善生产条件，解决人畜饮水问题，发展乡镇企业和区域性支柱产业。同时，要切实抓好计划生育工作，控制人口增长，提高人口素质，继续发扬自力更生、艰苦奋斗的精神，努力使这一地区率先成为稳定解决温饱的地区，成为我国贫困地区中脱贫致富最早的地区，率先实现小康，为振兴甘肃经济，加快西部地区的开发步伐，作出更大的贡献！

11月30日

国务院总理李鹏与越南总理武文杰举行正式会谈

武文杰首先说：李鹏总理这次对越南的访问意义重大，越南方面十分重视。事实证明，一年前越中两国实现关系正常化是一项正确的决策，符合两国和两国人民根本、长远的利益，也符合本地区和世界和平与合作的趋势。

李鹏介绍了中国方面对当前国际形势的看法和中国的外交政策。李鹏指出：在两极体制解体后，世界并不安宁，世界所面临的和平与发展两大问题一个也没有解决。中国愿意同世界各国一道，为世界的和平与发展而共同努力。

李鹏说：在动荡的世界上，亚太地区相对稳定，充满着活力和希望。亚洲地区，特别是东亚，始终保持着较快的发展速度，亚洲地区经济持续发展是该地区保持稳定的重要因素。中越两国都处在东亚地区，既可以为亚太地区的和平与稳定作出贡献，也可以利用目前的有利条件，加快自身的经济发展。

李鹏批驳了国际上一种论调，即认为两个超级大国从亚洲撤出后，中国会填补真空。李鹏指出：“这是毫无根据的。中共十四大明确指出，我们的基本路线要管一百年。中国面临的中心任务只有一个，这就是经济建设。我愿意郑重声明：中国的国防力量完全是为了防御。中国反对霸权主义，自己也不称霸，即使将来强大了，也永远不称霸。我们不赞成‘填补真空’的说法，更无意填补什么‘真空’。”

李鹏说：去年杜梅总书记和武文杰总理对中国的访问实现了两国关系的正常化。一年来，在双方共同努力下，中越关系在各个领域都在恢复和发展，总的情况是好的，中国方面表示满意。当然，中越关系中，也还有一些尚待解决的问题，这也是很自然的。我们相信，中越双方本着友好协商、增进了解、求同存异的精神，这些问题是能够逐步得到解决的。

李鹏说：我们两国国情相近，经济上有一定互补性，又是近邻，进一步发展经济合作有不少有利条件，潜力很大。建议两国经贸部门积极探讨合作的形式，促进两国经贸关系的发展。

李鹏说：中国主张谈判解决争端，双方不使用武力或以武力相威胁。在问题获得解决之前，双方都保持克制，不要让这些问题影响两国关系的改善和发展。应当看到，中越双方的共同点要远远大于双方之间的分歧。

武文杰同意李鹏对两国关系总的评价。认为越中关系进一步发展潜力很大，表示越南方面愿意作出努力，积极促进两国经贸关系的发展。

武文杰说：“去年越中高级会晤时，双方都同意谈判解决争端。在问题解决前，双方不采取行动。今年，两国副外长一级的磋商和两国专家一级的会晤有助于增进相互了解。”

武文杰表示赞成双方都应保持克制，避免发生冲突。武文杰相信，双方从维护两国关系的大局出发，进行友好磋商，完全可以找到解决现存分歧的妥善办法。

公安部新闻发言人宣布经国务院批准又有18个市、县(旗)对外国人开放

黑龙江省：虎林县、密山市。

吉林省：敦化市。

云南省：中甸县、宁蒗彝族自治县、华坪县、石屏县。

湖北省：麻城市。

江西省：龙南县、会昌县、宁都县、定南县、于都县、高安县。

内蒙古自治区：准格尔旗、伊金霍洛旗、鄂托克旗、集宁市。

中共中央总书记江泽民在中南海会见美国众议院军委会军事设施与设备小组委员会主席帕特里夏·施罗德女士率领的美国众议员访华团

江泽民在会见美国众议员时说：中国希望与美国增加信任，减少麻烦；发展合作，不搞对抗。

江泽民表示，中国愿在中美三个联合公报的基础上，同克林顿先生和美国新政府建立合作，为中美关系的改善和发展而共同作出努力。

关于中美关系，江泽民说，中美都是世界上有影响的大国，两国关系的好坏，不仅直接关系中美两国人民的切身利益，而且对亚太地区以至整个世界的和平与稳定都有重大影响。国际形势虽发生了巨大变化，但中美之间依然存在着广泛的共同利益。当今世界仍处于动荡之中，不稳定因素很多。中美两国对维护亚太地区和世界和平与稳定所负有的重大责任并没有变；双方扩大经贸科技交往、造福本国人民的实际需要没有变；两国人民增进了解、发展友谊与合作的强烈愿望也没有变。在促进世界经济发展、改善人类环境、维护地区安全等许多方面，都需要中美扩大合作，发挥各自的作用。

江泽民表示，中国政府一贯重视中美关系，珍视两国人民共同努力所取得的来之不易的成果，并愿与美方一道继续推动两国关系向前进展。江泽民指出，对于双方存在的分歧，可以在相互尊重和平等的基础上进行讨论，增进相互了解，求同存异。我们希望与美国增加信任，减少麻烦；发展合作，不搞对抗；对存在的问题愿意进行友好磋商，争吵是无益的。这样做完全是出于中美关系大局，出于中美两国人民和世界人民的根本利益。但中国的立场是众所周知的，不会因任何困难和压力而放弃原则。江泽民对克林顿先生当选下任美国总统表示祝贺，并表示，中国愿在中美三个联合公报的基础上，同克林顿先生和美国新政府建立合作，为中美关系的改善和发展而共同作出努力。

施罗德等议员说，他们在这次访问中看到了中国发生的重大变化，并给他们留下了深刻的印象。施罗德等人赞扬中国社会安定，经济发展迅速，人民生活水平明显提高。表示希望中美双方努力加强官方、议会和民间交往，进行直接对话，以增进相互了解。

国务院总理李鹏在赴越南访问前在人民大会堂举行记者招待会

李鹏宣布，在他访越期间，由姚依林副总理代行总理职务，主持国务院工作。

李鹏说，不久前举行的中共十四大进一步确定了国家长期的奋斗目标和外交政策。中国将继续走有中国特色的社会主义道路，并把建立社会主义市场经济体制作为经济体制改革的目标。中国继续奉行独立自主的和平外交政策，愿意在和平共处五项原则的基础上同世界上一切国家发展友好关系。李鹏说，中越两国是近邻，“我们愿意和越南发展睦邻友好关系。因此，我希望并相信，这次访问能对促进两国之间的友好合作产生积极影响。”

李鹏在应越南驻京记者提问谈到访越感想时说，“这次赴越访问使我联想起许多往事。”他说，中越过去有着很好的关系。由于众所周知的原因，两国关系曾一度发生一些不愉快的事情。但去年杜梅总书记和武文杰总理访华后，两国关系实现了正常化。这是符合两国人民的根本利益的。“我希望这次访问能为两国结束过去、开辟未来作出新的贡献。”

李鹏说，中国和越南有许多共同点。例如，两国现在都以经济建设为中心，都在根据各自的情况进行改革开放或革新开放；两国又是邻国，有相当长的共同边界线，人民之间有着悠久的交往历史；两国经济有互补性；还有很重要的一点是，两国党和政府都作出这样的决策，希望不断发展双边友好合作关系。这些共同点都是中越发展关系的有利条件。

当被问及这次访问对中越之间有关南沙群岛等领土争议问题会产生何种影响时，李鹏说，中国政府一贯主张通过和平方式，而不是诉诸武力来解决国与国之间的领土争端；越南方面也表示了同样的愿望。他表示相信，只要双方都有共同的愿望，南沙问题是可以通过和平谈判得到妥善处理的。他说，中国同东盟一些国家就这个问题达成了很好的谅解。

李鹏指出，中越之间存在的问题，有的可以马上解决，一时解决不了的可以继续谈判，但共同点要远远超过争议。他说，通过这次访问，双方领导人可以更好地理解彼此的观点，增进相互了解，将有助于问题的解决。“因此，我相信此行能够获得圆满结果。”

国务院港澳办公室发言人就英国对香港行使管治权问题向新华社记者发表谈话

根据中英联合声明，英国对香港行使管治权将在1997年6月30日终止，它无权处理任何涉及1997年6月30日以后的事务。

据此，港英政府所签订或批准的所有合同、契约、协议的有效期也只能到 1997 年 6 月 30 日为止。

除土地契约按中英联合声明附件三另有规定外，港英政府签订或批准的其他合同、契约、协议，凡未经中方认可者，1997 年 6 月 30 日以后一律无效。

保持和发展香港的长期繁荣稳定，是中国政府的一贯政策。中国政府重申，欢迎中外私人资本在香港继续进行投资，在代表未来香港特别行政区政府审议 1997 年 6 月 30 日以后的合同、契约、协议时，将持以积极的态度。

国务院副总理朱镕基与挪威贸易和海运大臣戈达尔举行会谈

戈达尔在会谈中介绍挪威政府申请加入欧共体的情况。在谈到国际经济关系时戈达尔表示，挪威政府支持恢复中国关贸总协定缔约国地位。国际贸易体系不能缺少中国。

朱镕基感谢挪威政府在恢复中国关贸总协定缔约国地位问题上所给予的支持。朱镕基还表示，中国希望西欧一体化的进展能够有利于欧洲和世界的和平与稳定，有利于世界各国在平等互利基础上发展经济合作，有利于西欧国家与中国政治、经济关系的发展。朱镕基还介绍了中国的改革开放政策和中国的经济状况，指出中国重视发展同包括挪威在内的西北欧国家的经贸关系。

外交部部长钱其琛在北京会见巴布亚新几内亚外交部秘书长加布里埃尔·杜萨瓦

钱其琛说，中国一贯奉行睦邻友好政策，在国际事务中主张大小国家一律平等。中国愿意同包括巴布亚新几内亚在内的南太平洋各国发展友好合作关系。

杜萨瓦说，巴新重视中国在亚太地区的重要作用，把中国看作最真诚的朋友。巴新政府将继续坚持一个中国的原则，不断同中国加强友好交往和互利合作。

中国外交部和巴布亚新几内亚外交部在北京签订关于建立官员磋商制度的谅解备忘录

监察部发布《监察机关处理不服行政处分申诉的办法》

《办法》指出，监察机关处理不服行政处分申诉，坚持实事求是，有错必纠，不错不纠的原则；实行分级负责，归口办理和复申复核终结制；向监察机关提出不服行政处分申诉的，申诉期间不停止原行政处分决定的执行。《办法》共 5 章 33 条。

国家教委办公厅国家民委办公厅印发关于内地高等学校招收新疆少数民族学生及管理工作的暂行规定

中日友好城市乒乓球友谊赛在北京奥林匹克体育中心开幕

12月1日

国务院总理李鹏与越南总理武文杰在河内主席府举行单独会谈

两位领导人在友好、坦诚的气氛中就双边关系和共同感兴趣的问题深入地交换了意见。

首都各界人士在人民大会堂举行纪念1982年《中华人民共和国宪法》颁布10周年座谈会

座谈会由全国人大常委会办公厅、全国人大常委会法工委、中共中央宣传部、司法部和中国法学会联合召开。中共中央、全国人大、国务院、中央军委、全国政协、最高人民法院、最高人民检察院、各民主党派和群众团体、北京市有关方面的负责人以及首都法学界的专家学者等120多人出席座谈会。

全国人大常委会副委员长彭冲在座谈会上讲话。

全国人大常委会副委员长王汉斌在座谈会上说，现行宪法是一部具有中国特色的、合乎我国国情的，适应我们国家集中力量进行社会主义现代化建设需要的好宪法，是新的历史时期治国安邦的总章程，是我国进行社会主义现代化建设，坚持四项基本原则，坚持改革开放，把我国建设成为富强民主文明的社会主义国家的法律保障，也是我国发展社会主义民主、健全社会主义法制的里程碑。宪法的实施，一定能够在促进建设有中国特色的社会主义的宏伟事业中发挥伟大的作用。

在座谈会上，司法部部长蔡诚、中国法学会副会长王叔文、中国社会科学院法学所研究员刘瀚、中国政法大学教授江平、中国人民大学教授许崇德、北京大学教授肖蔚云先后发了言。发言一致认为，我国现行宪法是一部建设有中国特色的社会主义宪法。宪法实施十年来，在我国社会主义现代化建设事业中发挥了巨大作用。

全国人大常委会副委员长彭冲在首都各界人士举行纪念1982年《中华人民共和国宪法》颁布10周年座谈会上发表讲话

最高人民法院公安部关于处理道路交通事故案件有关问题的通知

新华社香港分社社长周南会见香港15位区议会主席

周南下午会见15位香港的区议会主席，认真听取了他们对港督彭定康取消区议会委任议席的批评意见，并就区议会主席们提出的目前港人普遍关心的香港形势等问题交换了看法。

区议会主席们谈到已向港督彭定康提出了约见的要求，希望当面表达他们对取消区议会委任议席的意见，但迄今尚未收到答复。区议会主席们称，彭定康发表施政报告前后，19位区议会主席中有18位向彭定康表达了反对取消区议会委任议席的意见，但遗憾的是未被彭所采纳。为了维护香港的繁荣稳定和平稳过渡，维护港人的切身利益，他们将以负责任的态度，继续向多方面表达自己的意见。

周南说，现在已有愈来愈多的香港居民看清楚了彭定康施政方案严重违反联合声明、违反基本法和中英已达成的协议的实质。他们认识到彭定康口口声声要人家在他的错误方案的基础上提出"反建议"，明明是想拖人家下水，同他一道反对基本法和中英协议。他们也认识到，彭定康沿着错误的道路走下去，已经并将继续造成破坏香港稳定繁荣和平稳过渡的恶果。中国政府将排除一切阻力坚决贯彻联合声明和基本法，坚定不移地实施"一国两制"的伟大构想。我们在这一重大原则问题上的立场是一贯的，毫不动摇的。我们绝不会接受任何折中和妥协的方案。我们已经和将要采取的一切措施都是为了维护香港的稳定繁荣，保证1997年的平稳过渡和维护香港居民的长远利益。摆在彭定康面前的唯一出路是立即抛弃他的所谓"政制改革"方案，不要再继续玩弄政治把戏，老老实实地回到联合声明、基本法和两国已达成的协议道路上来，舍此之外决无他径可循。

周南还着重指出：彭定康提出的所谓"政制改革"建议，不但将理应由间接选举产生的功能组别和选举委员会议席改为直选议席，严重违反了中英联合声明、基本法和两国政府已经达成的谅解，而且他的所谓"建议"中关于改变区议会职能，取消两个市政局和各区议会委任议席以及拟采用单议席单票制的选举方式等等内容，事先都未曾与中方磋商，因而统统是不能算数的。周南认为，大多数区议会主席所表达的关于区议会应保留委任制的意见是符合中英联合声明和基本法的精神的，是理应受到尊重的。

周南在回答问题时还重申了中国政府对新机场和跨越1997年的重大问题上必须事先得到中国政府同意的严正立场。

东起江苏连云港西至荷兰鹿特丹的新亚欧大陆桥开通运营

全程10800公里、横穿亚欧大陆的新亚欧大陆桥，连接太平洋和大西洋，辐射30多个国家和地区。首次国际集装箱联运列车由连云港站开出。

中共中央总书记江泽民在人民大会堂会见出席亚太地区空间技术与应用多边合作研讨会的代表

亚太地区空间技术与应用多边合作国际研讨会在北京开幕

国务委员、外交部部长钱其琛到会致辞。研讨会中方代表、航空航天部副部长刘纪原在开幕式上发言。

国务院总理李鹏在河内会见越南共产党中央顾问范文同

李鹏回顾了自1990年两国领导人会晤以来中越关系取得的进展,介绍了两国总理两天来会谈的情况。李鹏说:我同武文杰总理的两次会谈是富有成果的。双方同意采取措施进一步发展中越友好合作关系。对于中越两国关系中存在的问题,两国总理达成两点共识:一,用和平手段来解决争端,不诉诸武力或武力威胁;二,加速谈判的进程。在争端解决之前,双方不要让争端影响两国在各个领域里关系的发展。这两点共识有重要意义。

范文同说:越中两国要在友好、互利的基础上发展两国关系。对于两国间存在的问题,不论多么复杂,只要进行友好、耐心的磋商是可以逐步解决的。

国务院总理李鹏在河内向胡志明墓献花圈并参观胡志明故居

外经贸部部长李岚清在河内与越南贸易部部长黎文哲举行会谈

李岚清说:"两国经贸关系取得了很大的进展,由于两国经贸关系发展的潜力很大,双方所做的才仅仅是一个开始。当然,由于双方积极性很高,在发展经贸合作关系中也出现了一些问题。我相信,只要双方重视,这些问题是能够解决的。"

黎文哲说,据越方统计,1992年越中贸易额比1991年增长50%,这是可喜的。两位部长在友好的气氛中讨论了扩大双边贸易的具体途径和解决现存问题的办法。

两位部长一致认为,为进一步发展两国间的贸易,双方要推动各自有实力、有信誉的大公司增加往来;双方的大公司可以签订长期的贸易合同。两位部长还同意发展和扩大在投资、联营、老厂技术改造方面的合作。

两位部长认为,当前两国贸易中的主要问题是走私。双方同意由两国的专家具体研究打击走私的办法,并向双方政府提出建议。

挪威国王哈拉尔在奥斯陆会见国务院副总理朱镕基

挪威首相布伦特兰夫人在首相府会见国务院副总理朱镕基

印度总统尚卡尔·达亚尔·夏尔马在新德里会见以廖汉生副委员长为团长的全国人大代表团

中共中央政治局常委李瑞环在人民大会堂会见以陈瑞球为团长的香港纺织业联会访京团

全国政协副主席钱正英率全国政协代表团离开北京前往印度尼西亚访问

中国代表赴美国参加美俄关于俄罗斯军转民问题的国际研讨会

国防科工委科技委副秘书长王寿云和中国国防科技信息中心研究员柴本良作为特邀代表赴斯坦福大学参加"美、俄关于俄罗斯军转民的国际研讨会",并在开幕式当天介绍了中国军转民的成就,引起150余名到会人士的高度重视和赞许。会议主席美国斯坦福大学国际安全与军备控制中心主任佩里博士充分肯定了中国军转民的成就。

联合国亚太经社会残疾人十年会议在北京开幕

维也纳联合国社会发展及人道主义事务中心社会发展司副司长沙里夫先生和亚太经社会执秘拉夫丁·阿赫迈德先生在会上致贺词。

国务委员兼外交部长钱其琛代表中国政府出席会议并致辞祝贺。

钱其琛说,致力于现代化建设的中国,十分重视保障残疾人的权益,通过切实可行的措施使残疾人状况得到显著改善。今后,中国将积极支持和参与"亚太残疾人十年"活动,加强与亚太经社会及各成员的合作,为残疾人平等地全面参与社会生活,为亚太地区政治稳定、经济繁荣与社会进步作出贡献,迎接更加美好的未来。

中国残联主席邓朴方在讲话中说,在亚太地区近3亿残疾人中,中国占较大比重。在未来10年中,中国将以各种方式提高公众意识,进一步加强法制建设、充实协调机构、实施残疾人事业的第二个和第三个5年计划,力争在"亚太残疾人十年"结束时,解决残疾人的温饱问题,并使相当一部分残疾人的生活达到或接近小康水平;使300万残疾人康复;使残疾儿童入学率达到80%;使残疾人就业率达到80%;丰富残疾人文化生活;改善残疾人参与社会生活的环境与条件。

邓朴方在会上宣布,中国作为"亚太残疾人十年"的发起国之一和积极支持者,已决定向亚太经社会捐款5万美元,用于"亚太残疾人十年"活动。邓朴方表示,中国还愿派出残疾人艺术团到一些国家义务演出,宣传"亚太残疾人十年。"

解放军总后勤部党委召开扩大会议研究贯彻落实《中央军委关于发扬优良传统加强廉政建设的决定》

解放军总后勤部党委日前召开扩大会议,会议联系实际具体分析总后系统廉政建设的形势,专门研究制定总后贯彻落实军委《决定》的措施。《措施》共有8条,对党委和机关要从严律己、严格干部政策和纪律、严禁越级拨钱拨物和随意批钱批物、严禁以权谋私、加强生产经营管理、坚决纠正形式主义、在抓落实上狠下功夫等方面,作出了一系列规定。

新任中央军委委员、总后勤部部长傅全有在总后勤部党委扩大会议上强调,总后作为后勤工作的领导机关和军委管家理财的部门,一定要带头继承和发扬我党我军的优良传统,在廉政建设上为全军后勤作出表率。

傅全有强调,发展社会主义市场经济,必将加快提高社会生产力,为军队建设提供更加雄厚的物质条件。随着市场经济体制的逐步确立,军队后勤部门在物资筹措上必须坚持两手抓,一方面要继续依靠国家供应的主渠道,另一方面要大胆走向市场,搞好集约筹措和多渠道筹措。

北京举行"世界预防艾滋病日"纪念活动

200位中外关心和支持预防、控制艾滋病工作的各界人士,汇集首都人民大会堂参加纪念活动。中国环球性病艾滋病防治基金会还向我国艾滋病防治工作中有突出贡献的单位和个人首发了"小西预防和控制艾滋病奖"。

本年世界艾滋病日的主题是"预防艾滋病——一项全社会承担的义务"。近年来,我国各级政府对预防和控制艾滋病的工作给予了高度重视。在世界卫生组织及其他国际组织协助下,我国的艾滋病防治工作在制定规划、填补空白领域的基础建设等方面都进展迅速。现已初步形成比较完整的管理、研究、监测、检疫、宣传教育及培训系统,汇集和培养了一支多学科的骨干队伍。但随着改革开放及我国周边国家出现艾滋病急速增长的新形势发展,也使我国预防和控制艾滋病的工作的任务更加艰巨。

湖北仙桃至江陵一带抢救发掘东周至明清时期古墓1600座出土文物一万多件

12月2日

越南国家主席黎德英在河内主席府会见国务院总理李鹏

越南共产党中央总书记杜梅在河内越南党中央大楼会见国务院总理李鹏

李鹏说,去年11月杜梅总书记和武文杰总理对中国的访问实现了中越关系正常化。一年来,中越关系的发展总的是好的。虽然两国间还存在一些问题和分歧,但我们始终认为,中越友好合作是大局,是主流。双方之间的分歧是第二位的。

杜梅说,李鹏总理在中共十四大胜利闭幕后不久就来越南访问,将会促进越中友好合作关系继续发展,这符合双方的利益。越南党和政府愿意同中国在各方面深入、广泛地发展合作。

李鹏向杜梅总书记通报了中共十四大的情况。

中共中央决定邵华泽任人民日报社社长

国务院总理李鹏就访问越南答《人民日报》记者问

李鹏说,我国正在进行大规模的经济建设,需要有一个和平的国际环境。我国愿意在独立自主的和平外交政策和和平共处五项原则基础上,发展同所有国家的友好关系,特别是重视发展同周边国家的睦邻友好关系。中国反对霸权主义和强权政治。中国自己不称霸。即使将来发展起来,也决不称霸。中国的国防力量是防御性的。最近有一些谣言说,中国的扩充海军,要购买航空母舰,这完全是无稽之谈。中国与东南亚所有国家保持良好关系。这个地区政治稳定,经济发展,生机勃勃,充满活力。中国与越南发展关系,将有助于本地区的和平、稳定与发展。

国务院总理李鹏在河内巴亭会堂举行记者招待会就中越关系地区合作香港问题等回答记者提问

李鹏首先介绍这次访问越南取得的成果。李鹏说:这次我应越南社会主义共和国总理武文杰的邀请到越南进行正式友好访问,今天已是第三天了。我会见了杜梅总书记、黎德英主席,并同武文杰总理进行了两次会谈。通过这些会见和会谈,我们就国际形势和双边关系广泛深入地交换了意见,增进了彼此的了解,取得了广泛的一致。如果说双方还有分歧的话,那么这些分歧不是在扩大,而是在缩小。作为这次访问的成果,双方签订了4个合作协定,即《投资保护协定》、

《经济技术合作协定》、《科学技术合作协定》和《文化协定》。

我和我的同事们还有机会参观了越南的农村和工厂，同工人、农民进行了直接的交谈，看到越南共产党第七次全国代表大会的路线正在得到贯彻，而且卓有成效，越南的经济在发展，人民的生活在改善，这些都给我们留下了深刻的印象。我们明天就要离开河内到胡志明市去。这次访问是很成功的，我们感到满意。

路透社记者问：在您访问期间，中越双方同意要加快谈判进程来解决两国间的领土争端。双方将怎样作出妥协来解决这样的争端？中方是否已向越方作出了妥协？

李鹏答：中国和越南之间的共同点多于分歧。访问期间，双方就分歧问题坦诚地交换的意见，可以概括如下：

阐述了各自对领土争端的立场，增进了相互了解，为今后解决问题打下了良好的基础。当然，解决这些问题有一定的难度，因此双方同意首先就解决这些问题的原则达成谅解。对比较好解决的问题，中国方面提出了互谅互让、公平合理的原则。对一些难度较大的问题，如南沙群岛问题，我们提出了搁置争议、共同开发的主张。双方同意通过和平的方式，解决领土争端。在解决前，双方都采取克制的态度，不采取激化矛盾的措施。由于有些问题很复杂，因此不能着急，解决起来要有耐心，但是双方都同意采取积极的态度，加快谈判解决的进程。双方同意在继续进行专家级谈判的同时，尽早开始政府级的谈判。

关于中越陆地边界划分问题双方没有什么大的分歧，同意本着互谅互让的精神求得解决。北部湾是中国和越南共有的海湾。双方同意进行划界谈判，在划界问题解决前，双方都不进入争议地区进行开发活动。至于南沙、万安滩石油合同问题，双方愿意作出努力，寻求某种彼此都能接受的临时解决办法。

在此我想强调最重要的一点，是中越双方都同意不因存在争议而妨碍中越关系在其他各个领域的正常发展。总之，我们之间的分歧不是扩大了，而是缩小了，两国关系通过友好对话前进了，而不是后退了。

古巴拉美社记者问：总理先生，您能否讲一讲您同黎德英主席、杜梅总书记的谈话情况？

李鹏答：我同杜梅总书记和黎德英主席的谈话主要是关于如何加强合作的问题。谈到我们的合作，当然经济合作和贸易往来是一项重要内容，请李岚清部长回答这个问题。

李岚清答：两国总理、两国领导人对中越关系正常化以来，两国经贸关系的迅速发展表示满意。中越经济上有互补性，两国又是友好邻邦，再加上其他有利条件，经贸合作的潜力很大。我们可以进一步加强经济、贸易、财政、技术等方面的合作。我们今天签署的 4 个协定中有 3 个是经济方面的，连同我们过去已经签署的协议加在一起，已经签署 12 个协议。这是一个很大的进步。今天签订的投资保护协定将为我们开辟新的合作领域提供保证。我们将鼓励中国的公司到越南来进行投资，举办合作企业。李总理访问期间，中国国际贸易促进会在河内举办一个比较大的贸易展览会，向越南朋友介绍中国的产品，对推动两国的经贸技术合作是有益的。我们欢迎越南的企业，也到中国去举办同样的展览会。当然，在经贸关系发展的过程中，也会出现这样或那样的问题。现在两国政府都特别关心缉私问题。双方一致同意采取措施，打击走私活动。当然，对正当的贸易往来，我们要保护，要推动，要使它能够健康地发展。

《越南投资报》记者问：中越将如何开展经济合作？越南决定暂停进口 17 种商品是否会影响中越两国的贸易？

李鹏答：中越经济合作有多种形式。中国正在建立社会主义市场经济体制，各公司、各企业有着广泛的自主权。中国和越南的公司、企业增加来往，进行合作是大有可为的。

打击走私，保护正当的贸易是我们已经达成的共识，我们希望双方对于对方的商品都采取开放的政策。

《华盛顿邮报》记者问：驻柬的联合国临时权力机构今天称，红色高棉抓了 6 名联合国维持和平人员。中国对此持何立场？

李鹏答：中国是巴黎协定的签字国，我们真诚地希望巴黎协定能够得到全面、顺利的贯彻与执行，柬埔寨各方实现民族和解。一切有利于执行巴黎协定的事我们都赞成，一切不利于实施巴黎协定的事我们都不赞成。

英国《每日电讯报》记者问：中英在香港问题上的争吵导致香港股市暴跌。您对此有何评论？

李鹏答：目前香港出现的股市暴跌是中国所不愿意看到的。香港局势目前出现的情况，完全是港英当局一手造成的，责任不在中国。中英争论的实质不是要不要民主的问题，而是守不守信义的问题。中英关于香港问题曾达成了一系列文件，包括《中英联合声明》、香港的政制发展必须同基本法相衔接的谅解和关于新机场建设的谅解备忘录。港英当局理应按上述协议和谅解办事。现在解决问题的唯一办法是港英政府回到中英双方已经达成的协议的轨道上来。

中国对香港恒生指数的下降表示关切。中国希望看到香港保持繁荣稳定，这是中国政府一贯的主张。

中共中央政治局常委李瑞环在北京会见美国联合技术公司总裁兼首席执行官乔治·大卫

中共中央政治局常委李瑞环在人民大会堂会见由主席伊·维尔德茨率领的罗马尼亚社会主义劳动党代表团

中共中央政治局常委乔石在北京会见以参议院情报委员会主席戴维·博伦率领的美国参议员访华团

印度总理纳拉辛哈·拉奥在新德里会见以全国人大常委会副委员长廖汉生为团长的全国人大代表团

中国常驻联合国代表李道豫在联大第三委员会关于人权问题的会议上提出中国对开好明年的世界人权大会的五点主张

李道豫提出，开好人权大会是我们的共同愿望。要使这个愿望变成现实，首先，这次大会应当优先审议由于种族主义、种族隔离、殖民主义、外国侵略与占领等造成的大规模粗暴侵犯人权的行为，并为制止这些行为寻找更为有效的方法与途径和支持尚未取得独立的人民为争取和行使民族自决的斗争。其次，鉴于不合理和不公正的国际经济秩序严重阻碍着广大发展中国家的经济和社会发展，大会不仅应当重申发展权是一项不可剥夺的人权，而且应当提出实现这一权利的有效措施。第三，大会应强调各类人权的不可分割与互相依赖性和确保人权的普遍性、客观性、公正性和非选择性。第四，大会应重申作为国际性基本准则之一的国家主权原则，尊重各国自主选择的政治、经济和社会制度以及发展的道路。反对将一国或几国的政治制度、经济模式，价值观念包括自己的人权观念强加于人。第五，大会应促进人权领域的国际合作，这种合作应在严格遵守《联合国宪章》的宗旨和原则，在互相尊重、平等交流的基础上进行。联合国人权讲坛不应成为对他国进行政治攻击的场所。

中国文化节在印度首都新德里开幕

中国全国人大代表团团长、人大常委会副委员长廖汉生出席了开幕式并讲话，印度副总统纳拉亚南也到会讲话。

中央军委全体成员与国防大学学员进行座谈

座谈会由新任国防大学校长朱敦法、政委李文卿主持。

中央军委主席江泽民，副主席刘华清、张震，军委委员迟浩田、张万年、于永波、傅全有同学员围坐在一起，听取大家发言。军委领导不时插话，和大家一起讨论。

江泽民讲话。他在纵论了当前国际、国内形势后强调指出，正确认清当前的国际形势，是军队干部、特别是军队高级干部贯彻好军委的方针政策的一个出发点。要根据变化了的形势，研究军队现代化建设中的新情况、新问题，加强军队的质量建设，贯彻落实党的十四大精神和军委的各项方针决策，走出一条有中国特色的精兵之路。江泽民要求全军各级领导干部、特别是高级干部在新的历史条件下，要发扬我党我军的优良传统，加强自身建设，在当前特别要搞好廉政建设，艰苦奋斗，团结一致，为军队现代化建设贡献力量。

中国通信广播卫星公司中国邮电器材总公司购买美国CTE空间网络公司在轨通信卫星签字仪式在北京举行 这是中国首次向国外购买在轨通信卫星

广西百色地区小学生致信感谢邓小平两次为“希望工程”捐款

广西百色地区2500名小学生最近写信给邓小平，感谢邓小平对“希望工程”的支持。

孩子们在写给邓小平的信中说：“当我们得知您以‘一个老共产党员’的名义向希望工程捐赠了5000元钱，又知道中国青少年发展基金会把这笔钱用于救助我们百色革命老区的失学孩子时，我们激动得哭了。”

“我们感到，虽然您住在北京，离我们好远好远，但您的心与我们贴得好近好近。”

孩子们在信中说：“我们这些做梦也在呼喊着‘我要上学’的孩子又重新背上书包回到了学校。”

孩子们表示，一定不辜负邓爷爷的亲切关怀和期望，珍惜学习机会、好好学习，长大把家乡建设得更新更美。

全国作协文艺体制研讨会在厦门召开

中日友好城市乒乓球友谊赛在人民大会堂宴会厅闭幕

中国计生委第三届三次理事会在北京举行

国家计划生育委员会主任彭珮云在会上说，妇女生育水平的大幅度下降，是与从具体国情出发、抓紧抓好人口控制工作密不可分的。

彭珮云强调，计划生育工作任何情况下都不能动摇，要解放思想，实事求是，服从服务于经济建设中心，开拓出新的工作形式，密切党同人民群众的关系，使经济发展与人口增长进入良性循环。

中国首届人口与社区发展国际讨论会在海口召开

12 月 3 日

全国工商业联合会第六届执行委员会第五次会议在北京开幕

会议的中心议题是以邓小平同志建设有中国特色社会主义的理论为指导,学习贯彻中共十四大精神,研讨在建立社会主义市场经济体制中,如何有效地发挥工商联民间商会作用,把实现中共中央交给工商联新的历史使命落到实处。

开幕大会由全国工商联副主席王光英主持。全国工商联主席荣毅仁讲话。孙孚凌常务副主席作工作报告。

报告说,90 年代工商联工作要紧紧围绕经济建设这个中心,发挥统一战线优势,运用民间商会的特点和经济工作的特长,开展积极有效的思想政治工作,配合党和政府在非公有制经济代表人士中间培养起一支坚决拥护党的领导、适应社会主义市场经济发展要求的骨干队伍,并通过这支队伍影响和带动整个非公有制经济健康发展。张绪武常务副主席作了筹备工商联"七大"意见的报告。

中国农工民主党第十一次全国代表大会在北京开幕

会议的主要议程是:认真学习贯彻中共十四大精神,听取和审议农工民主党第十届中央委员会和中央咨监委员会工作报告;听取关于农工民主党章程(修改草案)的说明,审议和通过该党章程;选举农工民主党第十一届中央委员会;通过本次全国代表大会决议。

大会由主席团常务主席卢嘉锡主持。

中共中央政治局委员李铁映到会宣读中共中央的贺词。

民盟中央主席费孝通代表其他民主党派和全国工商联向大会致以祝贺。

卢嘉锡代表农工民主党第十届中央委员会作题为《解放思想,实事求是,团结一致,真抓实干,为夺取有中国特色社会主义事业的更大胜利作出新贡献》的工作报告。

出席开幕式的代表共 508 人。全国人大常委会副委员长彭冲、全国政协副主席胡绳以及中共中央统战部、各民主党派和全国工商联的负责人到会祝贺。

国家土地管理局印发《国家土地管理局科学技术发展十年设想》

中共中央总书记江泽民在中南海会见由美国参议院情报委员会主席戴维·博伦率领的美国参议员访华团

江泽民说:新的挑战和机遇要求中美从维护双方长远利益和维护世界和平与稳定出发处理好两国关系;中国政府希望与美国新政府共同努力,使两国关系在中美三个联合公报的原则基础上继续得到改善和发展。

江泽民说,在国际新旧格局转换时期,中美两国政府和领导人应该高瞻远瞩,把握好两国关系发展的方向。

江泽民指出,世界局势变了,但中美之间广泛的共同利益并没有随之消失。新的挑战和机遇要求双方从维护两国人民的长远利益和促进世界和平与稳定出发,处理好中美关系。

江泽民说,中美三个联合公报构成两国关系的原则基础,其中相互尊重主权和领土完整、互不干涉内政的原则尤为重要。中国政府希望与美国新政府共同努力,使两国关系在此基础上继续得到改善和发展。中美在一些问题上存在的分歧,可以通过平等协商、求同存异的方式予以妥善处理。双方应该努力扩大双方利益的汇合点,在一些重大国际问题上和双边关系方面加强合作。在当前国际经济竞争日趋激烈的情况下,中美经济的互补性更突出了。中国改革开放和现代化建设步伐的加快,将不断为中美经贸合作创造良好的机会。

江泽民指出,美国无论是共和党人还是民主党人,只要主张改善和发展中美关系,我们都愿交朋友,朋友越多越好。中美两国应该加深相互了解。我们欢迎更多的美国国会议员和其他各界人士来华参观访问。"百闻不如一见",看一看,走一走,可以了解到中国社会、经济和人民生活的实际情况,可以感觉到中国人民对美国人民的深厚友谊,可以体会到开展中美互利合作的巨大潜力。中美关系的力量来自于人民。让我们着眼于未来,一起努力推动、加强和扩大两国人民的交往。以有助于中美关系朝着正确的方向前进。

中共中央总书记江泽民在中南海会见英国前副首相和外交大臣杰弗里·豪

外交部发言人李建英举行记者招待会就中英在香港问题上的争论支持柬埔寨实现民族和解等问题答记者问

李建英说,中国一向支持柬埔寨各方实现民族和解,对柬各方采取一视同仁的态度希望有关各方都切实履行巴黎协定。

有记者问，联合国安理会通过制裁红色高棉的决议，中国投了弃权票，这是否意味着中国对红高态度发生变化？

李建英说："安理会关于柬埔寨问题的决议草案中的一些内容，我们可以接受；但决议草案中包含的制裁和三方选举的内容是不符合巴黎协定的。"

李建英指出，中国不赞成对柬任何一方采取任何形式的制裁措施，因制裁无助于问题的解决，反而会加深矛盾和分歧。对举行三方选举可能产生的不良后果，中国也深表忧虑。因此，中国对该决议草案投了弃权票。

有记者问："据报道，港府贸易署署长曾荫权将于本月访台。你对此有何评论？"

李建英说："中华人民共和国政府是中国的唯一合法政府，台湾是中国领土不可分割的一部分。我们一贯反对港英当局与台湾进行任何官方往来，反对任何制造'两个中国'或'一中一台'的活动。希望港英当局严格遵守中英两国建交公报确认的原则，恪守自己曾经作出的承诺。"

有记者问：联合国昨天通过了化学公约，中国是否将签约？

李建英说，中国支持《禁止化学武器公约》的宗旨和目标，正在认真研究签约问题。

有记者问：对沙特国王法赫德呼吁联合国使用武力保护波黑穆斯林有何评论。

李建英回答："我们呼吁波黑各方以波黑各族人民的利益为重，在国际社会的努力下，尽快采取切实措施立即停火，通过谈判方式解决争端，早日在国际会议的框架内找到公正、合理解决波黑危机的妥善办法。"

有记者问发言人："你认为如何解决目前中英在香港问题上的争论，中英联合联络小组会议是否将照常举行？"

李建英回答：目前关于香港政制发展问题的争论不是由中方挑起的。港督彭定康必须放弃其所谓的"宪制方案"，回到中英双方已经达成的协议轨道上来。

有记者问发言人对英方认为香港的合同在 1997 年后仍然有效有何评论。

李建英说，根据中英联合声明的有关规定，英国负责香港的行政管理至 1997 年 6 月 30 日止。联合声明附件二同时规定，中英双方在香港过渡期后半段期中必须进行更密切的合作，共同审议为 1997 年顺利过渡所要采取的措施。因此，凡涉及 1997 年顺利过渡的事宜，都必须先经中英联合联络小组协商解决，港英当局无权单方面作出决定。

李建英还表示，希望即将举行的中英联合联络小组会议"能够取得一些进展"。

中共中央政治局常委刘华清在广西考察

12 月 3 日至 7 日，刘华清上将在广西壮族自治区考察时说，不管是军工企业，还是民用工业企业，都要认真贯彻落实党的十四大精神，进一步改革开放，积极参与市场竞争，在竞争中求得发展、提高。

刘华清在广州军区司令员李希林、政委史玉孝、广西壮族自治区党委副书记丁廷模的陪同下，在广西考察柳州长虹机器制造公司、柳州汽车厂、桂林轮胎厂、桂林市美术陶瓷厂等单位。

在考察期间，刘华清在广州军区、广州空军负责人的陪同下，分别视察驻柳州、桂林部队、院校和有关单位。

刘伯承诞辰 100 周年军事理论研讨会在北京开幕

由军事科学院、国防大学、中国军事科学学会联合举办的刘伯承诞辰一百周年军事理论研讨会在北京开幕。中共中央总书记、中央军委主席江泽民出席会议，薄一波出席会议并讲话。会议由军事科学院院长赵南起主持，国防大学校长朱敦法致开幕词。

会议宣读中共中央总书记江泽民，中共中央政治局常委、中央军委副主席刘华清，中央军委副主席张震的题词。江泽民的题词是："继承刘伯承同志的军事理论遗产，把我军现代化建设事业推向前进。"刘华清的题词是："用兵典范，治军楷模。"张震的题词是："论兵新孙吴，功业照千秋。"

中共中央军委副主席张震在讲话中高度赞扬刘伯承元帅的军事指挥艺术和军事理论造诣在国内外屈指可数。刘伯承的军事理论对毛泽东军事思想的形成和发展作出了重大贡献，是毛泽东军事思想的重要组成部分，对于今天我军现代化建设和未来作战，仍具有重要的现实指导意义。当前，军队建设正处在一个高新科技发展时代，需要我们探讨研究对策。

摆在我们面前的一个重要问题是加强军事科学研究。我们要认真学习研究马列主义军事理论、毛泽东军事思想，学习老一辈军事家总结的我军建军和作战经验，借鉴外军军事理论和作战经验，探索现代条件下武装力量建设和人民战争的规律。邓小平同志关于新时期军队建设思想，是对毛泽东军事思想的继承和发展，是对我军新时期建军实践的科学总结，对我军建设具有长远的指导意义，全军同志都要认真学习、深刻领会，运用于军队建设的实际。军事科研工作要解放思想，面向部队，服务于我军建设，以刘帅为榜样，重视对重大现实问题的对策性研究，更好地为国防建设、军队建设和未来作战服务。要发扬学术民主，贯彻"双百"方针，不断提高军事科学研究水平。

张震强调，党的十四大对军队提出了今后一个时期建设有中国特色社会主义的任务和目标，对于军队来说，就是要贯彻邓小平同志关于新时期军队建设的思想，按照军委主席江泽民提出的“政治合格，军事过硬，作风优良，纪律严明，保障有力”的总要求，加强军队革命化、现代化、正规化建设，使我军真正成为人民民主专政的坚强柱石，捍卫社会主义的钢铁长城，建设有中国特色社会主义的重要力量。这要求大家紧密团结在以江泽民同志为核心的党中央、中央军委周围，齐心协力，发奋工作，开创我军建设的新局面，为完成党的十四大赋予的各项任务而共同奋斗。

出席开幕式的还有国务委员、国防部长秦基伟，总参谋长张万年，总政治部主任于永波，总后勤部部长傅全有等。

为纪念刘伯承元帅诞辰 100 周年《刘伯承传》出版发行

12 月 4 日

首都纪念 1982 年《中华人民共和国宪法》颁布 10 周年大会在人民大会堂举行

党和国家领导人江泽民、万里、乔石、李瑞环、丁关根、邹家华等和首都各界人士 3000 多人出席大会。

全国人大常委会常务副秘书长曹志、共青团中央书记宋德福、民革中央副主席贾亦斌、致公党中央副主席王宋大、九三学社中央副主席郝诒纯、台盟中央主席蔡子民也出席纪念大会。

大会由全国人大常委会委员长万里主持。中共中央政治局常委乔石在大会上发表讲话。

中共中央政治局常委乔石在首都纪念 1982 年《中华人民共和国宪法》颁布 10 周年大会上发表讲话

同志们，朋友们：

1982 年 12 月 4 日五届全国人大五次会议通过的《中华人民共和国宪法》，颁布实施已经整整十年了。今天，我们在这里隆重集会，纪念宪法颁布十周年，是为了在全社会进一步树立宪法的权威，保证宪法的实施，更好地贯彻落实中国共产党第十四次全国代表大会提出的各项任务，加快改革开放的步伐，促进社会主义现代化建设和民主法制建设，努力把我国建设成为富强、民主、文明的社会主义强国。

大家知道，宪法是国家的根本大法，在国家生活中具有极其重要的作用。宪法规定了国家的根本制度和根本任务，是维系国家统一、民族团结、社会稳定的基础。宪法具有最大的权威性和最高的法律效力。一切法律、法规和其他规范性文件都不得同宪法相抵触，任何组织或者个人都不得有超越宪法的特权，一切违反宪法的行为都必须予以追究。所有国家机关、社会组织和全体公民都以宪法为最高行为准则，国家的长治久安就有了保证。

我国现行宪法，是继承了 1954 年第一部宪法的优良传统，根据党的十一届三中全会以来所确定的路线、方针、政策，适应我国新的历史时期政治、经济等各方面发展的要求，经过全民讨论而制定的。它集中反映了全国各族人民的共同意志和根本利益，明确地把经济建设作为国家的中心任务，坚持了四项基本原则，体现了改革开放，是一部建设有中国特色的社会主义的好宪法。

宪法保障了我国社会主义现代化建设和改革开放的顺利进行。宪法规定：“今后国家的根本任务是集中力量进行社会主义现代化建设。”十年来，全党和全国各族人民扭住经济建设这个中心不放，进一步解放和大力发展社会生产力，使经济建设、人民生活、综合国力都上了一个新台阶，国家的面貌发生了深刻变化。宪法和 1988 年通过的宪法修正案，对经济体制改革和对外开放作了原则规定，包括保护个体经济的合法权益，允许私营经济在法律规定的范围内存在和发展，允许土地的使用权转让，完善经济管理体制和企业经营管理体制，实行各种形式的责任制，确认企业经营管理的自主权，允许外国的企业和其他经济组织或者个人在中国投资，同中国的企业或者其他经济组织进行经济合作等。宪法的这些规定，对于推动我国对内搞活经济和对外开放，促进经济体制的转换，起了重要作用。

宪法推动了社会主义民主政治建设。十年来，作为我国根本政治制度的人民代表大会制度不断完善。各级人大及其常委会密切联系群众，认真履行宪法赋予的各项职权，在立法、监督和决定重大问题等方面发挥了重要作用。国家的行政、审判、检察体制不断健全。各个国家机关之间明确分工、协调一致地工作，有力地巩固了我国人民民主专政的国家政权。保护公民权利是社会主义民主的基本内容。宪法吸取“文化大革命”中严重践踏公民权利的沉痛教训，对公民的自由和民主权利作了广泛的规定。它既包括生存权、人身权和政治权利，又包括经济、文化、社会等各方面的权利。十年来，依据宪法的规定，进一步完善选举制度，制定了一系列保护公民权利的法律，使公民权利的行使逐步走上法制轨道。坚持和完善中国共产党领导的多党合作与政治协商制度，巩固和发展了广泛的爱国统一战线，中国共产党就重大问题与各民主党派中央领导人和无党派代表人士进行协商已经形成制度。坚持实行和完善民族区域自治制度，维护和发展了各民族的平等、团结、互助关系,促进了各民族的共同繁荣。努力加强基层群众性自治组织的建设,保障了群众直接管理经济、文化和社会事务的权利。

宪法有力地促进了社会主义的法制建设。宪法是制定法律、法规的基础和依据,对建立和完善我国社会主义法律体系起着重要的指导作用。党的十一届三中全会以来,制定了204个法律和有关问题的决定或补充规定,还制定了617个行政法规,2360个地方性法规,初步改变了我国相当长时期内法制建设薄弱的状况,使国家政治、经济、社会生活的主要方面有法可依。各级行政、审判、检察机关建立健全了执法机构,改善了执法状况。全国人大常委会提出把对法律实施的检查监督放到同立法同等重要的地位。各级人大常委会有计划、有组织地开展了执法检查,纠正了一些违宪违法现象,推动了我国的法制建设。全国人大常委会两次作出了在公民中普及法律常识的决议,在全国范围内开展了以宪法为中心的普法教育,增强了全社会的宪法意识和法制观念。

在建设高度物质文明的同时,强调努力建设高度的社会主义精神文明,是现行宪法的一大特点。十年来,根据宪法的规定,国家大力发展教育、科学、文化和卫生体育事业,在全体人民中间进行了四项基本原则教育、理想教育、道德教育、公民意识教育等,培养有理想、有道德、有文化、有纪律的"四有"新人,并依法努力扫除各种社会丑恶现象,发扬良好的社会风尚,展现中华民族新的精神风貌。

过去的十年,我们在实施宪法方面取得了很大成绩,这些成绩的取得是来之不易的。同时也要看到,在实施宪法方面还有不足,主要表现在:保证宪法实施的具体制度还不健全,一些违反宪法的现象得不到及时有效的纠正,公民的宪法意识还有待进一步提高。因此,进一步维护宪法的尊严,保证宪法的实施,仍然是我们今后的一个长期的任务。

一个多月前刚刚闭幕的党的第十四次全国代表大会,是一次在我们党的历史上具有重大意义的会议。十四大总结了我国社会主义现代化建设的实践和经验,确定了用邓小平同志关于建设有中国特色的社会主义理论武装全党,确定了毫不动摇地坚持党在社会主义初级阶段的基本路线,确定了我国经济体制改革的目标是要建立社会主义市场经济体制,并且选举产生了新的党中央领导集体。现在,大政方针、目标任务都明确了,关键是真抓实干,狠抓落实。我们应当按照十四大提出的要求,进一步贯彻实施宪法,推动我国社会主义现代化事业的更大发展。

一、贯彻实施宪法,就要毫不动摇地坚持党的基本路线,加快改革开放和社会主义现代化建设的步伐。

实施宪法,首先就要认真贯彻"一个中心、两个基本点"的基本路线。坚持党的基本路线不动摇,关键是坚持以经济建设为中心不动摇。在这方面,我们是有深刻历史教训的。以史为鉴,"文化大革命"结束后不久,党的十一届三中全会作出了把党和国家的工作重点转到经济建设方面来的决策。邓小平同志反复告诫我们:"现在要横下心来,除了爆发大规模战争外,就要始终如一地、贯彻始终地搞这件事,一切围绕着这件事,不受任何干扰。就是爆发大规模战争,打仗以后也要继续干,或者重新干。"党的十一届三中全会以来的十四年中,尽管国际政治经济格局发生了重大变化,国内也出现过这样那样的事件,但是,在和平与发展成为时代主题的历史条件下,我们坚持党的基本路线,坚持以经济建设为中心,在改革开放和现代化建设方面取得了举世公认的成绩。十四年的伟大实践和成功经验表明,党的基本路线是符合全体人民利益和意志的,是完全正确的。全党和全国人民要继续下定决心,坚持党的基本路线一百年不动摇,集中精力把经济建设搞上去。当前,要紧紧抓住有利时机,加快改革开放和现代化建设的步伐。同时,也要注意实事求是、量力而行。要走出一条既有较高速度又有较好效益的国民经济发展的新路子。

坚持党的基本路线不动摇,必须坚定不移地坚持四项基本原则,坚定不移地坚持改革开放,二者是统一的。坚持四项基本原则离不开改革开放。社会主义只有通过改革开放,不断改革生产关系和上层建筑中同生产力发展要求不相适应的环节,才能有蓬勃的生命力,才能充分发挥出社会主义的优越性。同时,我们的经济建设和改革开放要顺利健康地进行下去,必须有坚定明确的政治方向,必须排除一切导致国家混乱甚至动乱的因素,保持安定团结的政治局面和良好的社会环境。没有政治稳定和社会安定就一切都谈不上。四项基本原则和改革开放的原则规定都是载入现行宪法的,都是党的基本路线不可分割的组成部分,并统一服务于经济建设这个中心的。在把握"一个中心、两个基本点"的问题上,我们要警惕右,但主要是防止"左",以提高贯彻执行党的基本路线的自觉性。

加快改革开放和现代化建设步伐,必须解放思想,实事求是。党在十一届三中全会前后,领导和支持了关于实践是检验真理唯一标准的大讨论。这场讨论冲破了个人崇拜和"两个凡是"的思想束缚,重新确立了解放思想、实事求是的思想路线,为我国改革开放的启动和现代化建设的发展,提供了思想前提,具有重大的意义。可以说,十四年来我们在改革开放和现代化建设的各个领域里取得的成绩,都是与我们坚持解放思想、实事求是的思想路线分不开的。解放思想同实事求是是统一的，就是要求我们的思想认识符合客观实际，不断破除落后的传统观念，摒弃对马克思主义的某些原则的教条式理解，澄清对社会主义的不科学的甚至扭曲了的认识，正确把握我国社会主义初级阶段的具体国情，使思想适应发展变化的新形势。我们要继续坚持把马克思主义基本原理同中国具体实践相结合，用建设有中国特色的社会主义理论武装头脑，把党的路线、方针、政策同本地区、本部门的具体情况结合起来，勇于创新，大胆试验，及时总结经验，创造性地开展工作。

党的十四大报告指出："加快我国经济发展，必须进一步解放思想，加快改革开放的步伐，不要被一些姓'社'姓'资'的抽象争论束缚自己的思想和手脚。"只要是有利于发展社会主义社会的生产力，有利于增强社会主义国家的综合国力，有利于提高人民生活水平的，就要坚定不移地干下去。社会主义社会是人类社会发展长河中的一个历史阶段，它只有在吸取人类社会创造的一切文明成果的基础上才能建成。在改革开放和社会主义现代化建设中，我们不仅必须吸收国际上的先进科学技术知识，也必须吸收和借鉴外国一切反映现代社会化生产和市场经济规律的先进经营方式和管理经验。这样，才有利于我国社会主义事业的发展，有利于早日跻身于世界经济强国的行列。

党的十四大确定我国经济体制改革的目标是建立社会主义市场经济体制。这就从根本上解除了把计划经济和市场经济看作属于社会基本制度范畴的思想束缚，是认识上的重大突破。当前，重要的是抓好转换国有企业特别是大中型企业的经营机制，加快市场体系的培育，深化分配制度、社会保障制度的改革，加快政府职能的转变。要更新计划观念，改进计划方法，把计划的重点放在确定经济、社会发展的目标，搞好经济发展预测、总量平衡、重大结构与生产力布局的规划等。要大力发展全国的统一市场，进一步扩大市场的作用，并根据客观规律的要求，运用经济杠杆、法律手段以及必要的行政管理，引导市场健康发展。

二、贯彻实施宪法，就要积极推进政治体制改革，使社会主义民主法制建设有一个较大的发展。

民主和法制是现代文明国家的重要标志之一。人民民主是社会主义的本质要求和内在属性。没有民主就没有社会主义，就没有社会主义的现代化。邓小平同志曾经说过，为了保障人民民主，必须加强法制。必须使民主制度化、法律化，使这种制度和法律不因领导人的改变而改变，不因领导人的看法和注意力的改变而改变。这是加强社会主义民主和法制建设一个极重要的指导思想。

宪法根据一切权力属于人民和民主集中制的原则，对我国国家机构的设置和政治体制改革作出了一系列重要规定。党的十四大明确提出，适应经济体制改革和经济发展，必须按照民主化和法制化相结合的要求，积极推进政治体制改革，使社会主义民主和法制有一个较大的发展。人民代表大会制度是我们国家的根本政治制度，它体现了工人阶级领导的、以工农联盟为基础的人民民主专政的社会主义国家的根本性质，是人民当家作主的最好形式。我们要按照宪法的规定和党的十四大的要求，进一步完善人民代表大会制度，加强人大及其常委会的立法、监督等职能，更好地发挥人民代表的作用。明年年底以前，各级人民代表大会都将换届。做好这次换届工作，对于坚持党的基本路线，完善人民代表大会制度，具有重要意义。对这次换届工作要高度重视，精心组织，周密安排，保证其顺利进行。在换届选举过程中，要充分发扬民主，严格依法办事。要把那些模范遵守宪法和法律，能够代表人民利益和意志的公民选为代表。要按照"革命化、年轻化、知识化、专业化"的方针和德才兼备的原则，把那些执行党的基本路线政绩突出、勇于改革、开拓进取的优秀人才，选进各级国家机关的领导班子。

"长期共存、互相监督、肝胆相照、荣辱与共"，是中国共产党与各民主党派和无党派爱国人士建立亲密关系的准则。我们要继续完善共产党领导的多党合作与政治协商制度，切实发挥各民主党派和各界爱国人士参政议政和民主监督的作用，支持民主党派和无党派人士在国家机关担任领导职务，更加紧密地联系和团结各阶层群众，以利于在新的历史时期继续巩固和发展广泛的爱国统一战线。

要切实保障宪法规定的公民的各项权利和自由，继续完善保护公民权利的各项法律，从制度上和物质上为公民行使权利提供保证。对于侵犯公民权利的行为，必须予以追究和制裁。要按照有关法律的规定，继续加强乡镇政权的组织建设、制度建设。要切实发挥居民委员会和村民委员会的作用，使广大人民群众积极参与政治、经济、社会生活的管理。要坚持和健全民主集中制，各级领导机关和领导干部要实行从群众中来、到群众中去的群众路线的工作方法，善于倾听群众的意见和呼声，保持同人民群众的血肉联系，推进决策的科学化和民主化。同时，也要抓紧制定推进社会主义民主政治建设、维护社会稳定等方面的法律。

社会主义市场经济体制的建立，对我国的法制建设也提出了新的要求。社会主义法制建设是社会主义市场经济体制建设的不可分割的组成部分，没有法律的保障，社会主义市场经济体制就不可能确立和完善起来。党中央提出要在九十年代初步建立社会主义市场经济体制，然后再用二十年时间，使这一体制更加定型和完善。为此，我们要在九十年代初步形成与社会主义市场经济相适应的法律体系，并随着新经济体制的逐步完善和定型，使法律体系相应地完善和定型。这是一项繁重而又紧迫的任务。要高度重视法制建设，特别是加快经济立法的步伐，围绕建立社会主义市场经济体制的要求，尽快制定一批规范市场主体行为、规范市场经济秩序、加强宏观调控以及社会保障等方面的法律，以适应社会主义市场经济体制的需要。对以往制定的不适应社会主义市场经济要求的法律、法规，应当及时修改或废止。建立与社会主义市场经济体制相适应的法律体系是一项新课题，要进一步解放思想，更新观念，大胆借鉴外国特别是经济发达国家在立法方面的经验和成果，结合我国的实际情况，加以改造、吸收，为我所用。

建立社会主义市场经济体制对各级执法部门也提出了更高的要求。必须下大力量改变有法不依、执法不严、违法不究的状况。执法机关要加强自身建设，提高执法人员素质和执法水平。要保障人民法院和检察院依法独立行使审判权和检察权。在适用法律过程中，要严格遵守法律面前人人平等的原则，依法严格区别违法与合法、罪与非罪的界限，既要严厉打击各种犯罪活动，又要切实保护人民群众的合法权益，巩固和发展改革开放和社会主义现代化建设的成果。

三、贯彻实施宪法，就要维护宪法，遵守宪法，以宪法为根本活动准则。

中国共产党和中国人民从历史的经验和教训中已经深刻地认识到，宪法的权威关系到我国政治的安定和国家的命运，决不允许对宪法根基的任何损害。人民是实施宪法的最深厚的基础和最基本的力量。亿万人民增强宪法意识，养成遵守宪法、维护宪法的观念和习惯，同违反和破坏宪法的行为进行斗争，这是一个伟大的力量。我国是一个有几千年封建社会历史的国家，缺乏现代法制的传统，近代以来，经济文化总的来说又比较落后。在一些干部和群众中，有法不知道，知道不执行的现象，至今还相当普遍。这种状况同我们建设富强、民主、文明的社会主义国家的要求是很不适应的。为了加强社会主义法制，必须把宪法和法律交给群众，让群众掌握法律武器，自觉地遵守宪法和法律，养成依法办事的观念和习惯，并且学会运用宪法和法律武器维护自己的合法权益。为此，需要做大量的、长期的法制宣传教育工作。当前，要在普法活动中继续把普及宪法知识作为重点，进一步提高广大干部群众的法制观念和宪法意识，保障宪法和法律的实施，坚持依法办事，严肃执法，促进依法治国和依法管理各项事业。宣传部门和新闻媒介应当把宣传宪法作为自己的重要职责和长期任务，努力发挥舆论监督作用。

党章明确规定："党必须在宪法和法律的范围内活动。"党领导人民制定宪法和法律，党也领导人民遵守宪法和法律。宪法和法律是党的主张和人民意志的集中体现。共产党员遵守和执行宪法、法律，就是服从全国人民的意志，就是服从党的领导。因此，从中央到基层的一切党的组织和党员的活动，都要自觉地纳入宪法和法律的范围，不得与之相抵触。各级党组织还要经常教育和监督党的干部和党员带头遵守宪法和法律。

贯彻实施宪法，还要求全国人大和全国人大常委会认真把监督宪法实施的职责承担起来。要加强对法律、法规是否违宪的审查，对任何违宪行为都要坚决纠正。地方各级人大及其常委会都要在本行政区域内保证宪法的遵守和执行。

宪法归根到底来源于社会实践。我国现行宪法是我国人民在党的十一届三中全会以来建设有中国特色的社会主义的伟大实践所积累的丰富经验的高度概括和集中体现。随着我国改革开放和社会主义现代化事业的不断发展，必然还会有些重要的新鲜经验和新的认识，从而需要依照法定的程序对宪法的某些规定作必要的修改和补充。全国人大常委会要很好地运用解释宪法的职能，对宪法实施中的问题作出必要的解释和说明，使宪法的规定得到更好的落实。

同志们，朋友们！

宪法是我国新的历史时期治国安邦的根基。全国各族人民、一切国家机关和武装力量、各政党和各社会团体、各企业事业组织，都应当把维护宪法尊严、保证宪法实施作为自己的职责。只要我们严格以宪法为根本的活动准则，就一定能够坚持党的基本路线，健全社会主义民主法制，保证党的十四大提出的各项任务的完成，保证社会主义现代化建设的顺利进行。

《人民日报》就现行宪法颁布实施十周年发表社论《治国安邦的根本大法》

中共四川省委省政府在刘伯承元帅故乡开县举行大会纪念刘伯承100周年诞辰同时举行刘伯承元帅铜像揭幕和刘伯承纪念馆落成典礼

党和国家领导人江泽民 杨尚昆 李鹏 乔石为招商局成立120周年题词祝贺

中共中央总书记江泽民在人民大会堂接见招商局集团领导成员

江泽民在讲话中赞扬招商局为我国的社会主义现

代化建设作出了积极贡献。江泽民说，毛主席、周恩来生前就曾对招商局的工作作过重要指示；改革开放以来，不少中央领导同志视察过招商局创办的深圳蛇口工业区。招商局的发展变化，得益于邓小平同志主持制定的改革开放的一系列方针、政策，也是同大家的勤奋工作分不开的。

江泽民希望大家认真贯彻党的十四大精神，既发挥社会主义企业的优越性，又充分利用香港拥有的市场条件和经营环境，本着对国家和人民负责的精神，真抓实干，开拓奋进，在市场竞争中得到进一步发展与壮大。

国务院关税税则委员会决定从 1992 年 12 月 31 日起降低 3371 个税目商品的进口关税税率

外经贸部和国家商检局关于边境贸易要走以质取胜之路的通知

外经贸部和国家商检局日前联合发出通知，要求各地加强对边境贸易的宏观指导和调控，引导边贸走"以质取胜"道路。

通知指出，商检部门既要认真检验把关，又要尽可能简化手续，加快检验放行。当前检验把关的重点是假冒伪劣商品和涉及安全卫生项目的商品及大宗货物，促进边贸健康发展。

国务院总理李鹏在广西壮族自治区考察

李鹏于 12 月 4 日至 9 日由广西壮族自治区党委书记赵富林、区政府主席成克杰陪同，对南宁、北海、桂林等地进行考察。

在广西期间，李鹏对防城、钦州、北海等沿海港口进行实地考察。指出，这三个港口的自然条件都较优越，都有建港的条件，但是必须进行总体规划，通盘考虑，经过可行性论证，合理布局，各有分工，发挥整体优势。基础设施也要防止盲目地重复建设。在发展速度上，有条件的可以快一些，但要考虑到经济效益和承受能力，要突出重点。

李鹏在考察中指出，一个和平的国际环境对中国的改革开放和经济建设是至关重要的。我们重视同周边国家的睦邻友好关系，并在此基础上发展经济技术合作。李鹏说，中越贸易具有互补性，广西要充分利用这种条件发展对越贸易。在边贸中，要注意产品质量，防止假冒伪劣产品损害出口产品的信誉。

李鹏参观南宁制糖造纸厂时指出，广西要充分利用农林等资源丰富这一优势，大力发展甘蔗等作物的综合利用，提高附加值。农业要走优质、高产、高效的路子，帮助农民尽快脱贫致富。

在同自治区领导座谈中，李鹏指出，党的十四大是一次意义十分深远的重要会议，尤其是提出了建立社会主义市场经济体制。市场经济的建立，有利于发挥各方面的积极性，有利于资源的有效配置。当然，也不能忽视宏观调控。广西在贯彻十四大精神中，要研究如何结合自己的具体情况发展社会主义市场经济，制定适合本地实际的发展战略，既要解放思想，又要实事求是，在提高经济效益的前提下加快发展速度。要加强交通等基础设施建设，使广西尽早成为大西南的出海通道。其中，关键的环节是加快修通南昆线，应把支援南昆线建设作为振兴广西经济的一件大事来抓。

李鹏说，广西北有桂林，南有北海，旅游资源丰富，在发展旅游业中，既要注重吸引国外游客，也要注重吸引国内游客；既要发展高档次设施，也要发展中低档次的，以满足不同旅游者的需要。

谈到广西的经济发展时，李鹏指出，由于历史等原因，广西的经济在全国比较落后，但同本地区的过去相比，特别是党的十一届三中全会以来，还是有了较大发展。

中国越南发表《中越联合公报》

一、应越南社会主义共和国政府总理武文杰的邀请，中华人民共和国国务院总理李鹏于一九九二年十一月三十日至十二月四日对越南社会主义共和国进行了正式友好访问。

李鹏总理同武文杰总理举行了会谈。越共中央总书记杜梅、国家主席黎德英以及越共中央顾问阮文灵、范文同会见了李鹏总理。

会谈和会见是在友好、坦诚、相互尊重和理解的气氛中进行的。

二、双方回顾了一九九一年十一月中越高级会晤以来两国关系取得的新的进展。双方一致认为，进一步巩固和加强两国之间的睦邻友好合作关系符合两国人民的根本利益和共同愿望，也有利于本地区的和平、稳定与发展。

根据双边会谈结果，双方签署了两国政府间的投资保护协定、经济技术合作协定、科学技术合作协定和文化协定。

三、双方就解决两国关系中存在的问题交换了意见，双方同意将采取有效措施，使这次签署的四项协定及此前签订的贸易、处理两国边境事务、经济合作、互免签证、国境铁路、海运、邮电、航空等八项协定得到全面实施，以促进两国在各个领域进行稳定和有效的合作。

四、双方重申一九九一年两国高级会晤达成的协议，通过谈判和平解决两国之间存在的边界领土争议问题。双方同意,在继续举行专家级谈判的同时,尽早开始政府级谈判,根据公认的国际法准则,就解决边界领土争议问题的基本原则达成一致,并根据这些原则加速谈判进程,早日解决包括海上和陆地上的领土争议问题。在谈判解决前,双方均不采取使边界领土争端复杂化的行动。

五、双方重申了两国领导人在一九九一年十一月十日"中越联合公报"中就台湾问题达成的一致意见。

六、双方通报了各自国家的政治、经济情况。

中方介绍了中国人民在中国共产党第十四次全国代表大会精神的指导和鼓舞下,团结一致,加快改革开放,建设有中国特色的社会主义的情况和所取得的巨大成就。越方介绍了越南人民在越南共产党的领导下,根据越南共产党第七次全国代表大会的路线进行各方面的改革和在建设一个繁荣富强的社会主义越南的事业中所取得的巨大和重要的成就。

七、双方就共同关心的国际问题交换了意见。双方认为,当今世界正处在大变动的历史时期。两极格局已经终结,世界正在朝着多极化方向发展。和平与发展仍然是当今世界两大主题。双方主张,在和平共处五项原则的基础上,建立和平、稳定、公正、合理的国际新秩序。

八、双方认为,保持亚太地区的和平与稳定,加强各国和区域经济合作,符合本地区各国人民的共同愿望和根本利益。双方主张,国与国之间的分歧和争端,应当遵照联合国宪章和国际法准则,通过协商和平解决,不得诉诸武力和武力威胁。双方欢迎东南亚及整个亚洲地区国家之间关系取得的新发展。双方表示将为促进本地区的和平、稳定与合作作出各自的努力。

九、作为柬埔寨问题巴黎协定的签字国,双方希望同有关各国和各方一起,为推动全面和严格履行巴黎协定作出积极努力,以便在柬埔寨实现民族和解与和睦,建设一个和平、独立、中立、不结盟、与所有国家都友好的柬埔寨,为巩固东南亚地区的和平、稳定作出贡献。

十、李鹏总理对越南政府和人民隆重、友好的接待表示衷心的感谢。

李鹏总理邀请武文杰总理在方便的时候对中华人民共和国进行正式访问。武文杰总理愉快地接受了邀请,访问时间将通过外交途径另行商定。

一九九二年十二月四日于河内

外交部部长钱其琛在钓鱼台国宾馆同埃塞俄比亚过渡政府外交部部长塞尤姆·梅斯芬举行会谈

国务院副总理田纪云在甘肃青海贫困地区考察

12月4日至9日,田纪云考察甘肃临夏回族自治州、定西地区和青海海东地区,充分肯定这里近十年来扶贫开发取得的成绩,鼓励干部群众继续打好扶贫攻坚战,力争本世纪末稳定地解决贫困地区温饱,逐步脱贫致富。

田纪云还和各级干部进行座谈,广泛听取意见。田纪云说,近十年来扶贫工作取得的成绩,充分说明了党中央、国务院关于加强扶贫工作的重大决策完全正确。它体现了党中央、国务院对贫困地区、老革命根据地和少数民族地区的深切关怀和高度重视;体现了我党全心全意为人民服务、关心群众疾苦的根本宗旨和光荣传统;体现了社会主义制度的优越性,受到了广大干部群众的衷心拥护和欢迎。目前全国没有解决温饱的人口还有2700万人;初步解决温饱但不稳定的约有6000万人。因此,下一步扶贫任务还相当艰巨。田纪云要求各级党委和政府,今后要一如既往地把扶贫工作列入重要日程,长期不懈地坚持下去。不要因为大部分地区温饱已基本解决而放松扶贫工作,不要看到沿海地区和其他比较发达地区农民富裕而忘掉扶贫工作。

在调查研究的基础上,田纪云指出90年代要在全国加快改革、扩大开放,集中力量把国民经济搞上去的总形势下,进一步加强扶贫开发工作,尽快实现稳定地解决贫困地区群众温饱,逐步脱贫致富。如何搞好扶贫,他认为主要是继续坚持开发扶贫的方针,帮助贫困地区发展生产,增强经济活力。为此,要在继续大力改善农业生产条件、发展农业生产的同时,大力发展乡镇企业。在发展乡镇企业的工作中,要放手搞好东西联合、放手发展外向型经济,放手发展第三产业,放开发展个体、联户、私营和股份合作经济,放手使用能人。

公安部就各地搞好1993年元旦春节期间爱民月活动发出通知

12月5日

中华全国总工会第十一届五次执委会议在北京召开

全国总工会主席倪志福在会上作题为《认真贯彻党的十四大精神,在加快改革开放推动社会主义现代化建设中充分发挥工会组织作用》的报告,要求各级工会认真贯彻党的十四大精神,动员和团结全国职工为实现党的十四大提出的各项任务而奋斗。

倪志福说,发展社会主义市场经济,劳动关系逐步由国家管理变为企业行为,企业劳动关系日趋复杂,维护职工合法权益的任务更加突出；市场经济在很大程度上是以法律为规范的经济，要求依法规范政府、市场、企业等各种行为，需要强化监督和制约机制，加大工会参与制定政策和经济立法的力度。

如何发挥工会在发展社会主义市场经济中的作用？倪志福说，在目前，工会必须把工作重点放在参与深化企业改革，特别是国有大中型企业经营机制的转换上。要努力推动《全民所有制工业企业转换经营机制条例》的落实，积极促进国有大中型企业进一步完善经营承包制、试行与发展股份制、合理组建企业集团和有些国有小企业的出租出售，加强工会的主动参与、跟踪调查和协调监督。工会在参与协调劳动关系方面，一方面要坚决支持和推动改革；另一方面要主动协助政府和行政，处理好改革中涉及职工利益的各种问题，努力使各种所有制、各种经营方式企业的积极性都能充分发挥出来。在物质利益分配上，既要建立竞争机制，不吃大锅饭，又要兼顾效率与公平。

倪志福说，发展社会主义市场经济，工会必须努力推进社会保障制度改革的深化。工会参与和推动社会保障制度、住房制度的改革，要注意统筹兼顾国家、集体、职工三者利益，做到三方合理负担。

在谈到职工的主人翁地位时，倪志福说，在这方面还缺少有效的司法监督，至今没有《劳动法》这样的基本法律。工会组织要加强对已有法律、法规如《工会法》、《企业法》等的贯彻执行情况进行监督；还要组织力量积极参与和推动《劳动法》、《最低工资法》、《社会保障法》等法律、法规的调查研究和制定工作。

全国“重视老年工作领导者功勋奖”、“老有所为先进集体创新奖”表彰大会在人民大会堂举行

中央统战部国务院宗教局《藏传佛教工作座谈会纪要》

中共中央统战部、国务院宗教事务局于 1992 年 8 月 25 日至 28 日，在北京召开了藏传佛教工作座谈会。西藏、四川、青海、甘肃、云南、内蒙古六个省区的统战、宗教部门及中央有关部门的同志参加了会议。

这次会议集中讨论了藏传佛教工作形势、依法加强寺庙管理、认真指导活佛转世等问题。与会人员通过交流经验，座谈讨论，进一步明确了今后藏传佛教工作的方针、任务和若干具体政策。

会议认为，当前，全国各族人民在邓小平同志今年初视察南方的重要谈话和中央政治局会议精神鼓舞下，正为建设有中国特色的社会主义而努力奋斗。宗教工作也应该跟上形势，为巩固和发展团结稳定的政治局面，加快改革开放和经济发展服务。近十年来，藏传佛教工作在各有关省区党委、政府领导下，各级统战、宗教工作部门和爱国宗教团体，共同努力，做了大量工作，取得了显著成绩。主要标志是，全面落实了党的宗教政策，妥善解决了宗教界的大量历史遗留问题；维修开放了一批宗教活动场所，广大信教群众过上了正常的宗教生活；恢复和建立了爱国宗教团体，公民的宗教信仰自由权利、正常的宗教活动和宗教团体的合法权益受到国家法律和政策的保护；依法打击了利用宗教进行的各种违法犯罪活动；党领导的同宗教界的爱国统一战线进一步巩固、壮大。近两年着重抓了依法加强对宗教事务的管理，加强对宗教界爱国人士和僧尼的思想教育，创造了不少好的经验，藏传佛教工作的水平大大提高了一步。宗教界爱国人士和广大信教群众的爱国主义、社会主义觉悟有了提高，他们衷心拥护党的领导，拥护社会主义制度，拥护改革开放，积极参加社会主义物质文明和精神文明建设。藏传佛教工作的总体形势是好的。但是，也面临许多新情况，存在一些不容忽视的问题。如：达赖集团利用宗教，对境内藏族地区进行渗透和破坏，争夺寺庙领导权，挑拨民族关系，煽动民族分裂，破坏祖国统一和民族团结，并在局部地区频繁制造事端，干扰藏区建设。有的地方由于对藏传佛教工作的特殊重要性认识不足，对寺庙的管理工作和对僧尼的思想教育工作抓得不实，因而出现开放寺庙、入寺僧尼的数量增长过快，大型宗教活动过多的情况。宗教干预国家行政、干预司法、干预学校教育的情况在一些基层也时有发生，有的基层还出现封建旧势力死灰复燃的苗头。这些问题的存在，直接影响着藏族地区的稳定与发展，干扰着改革开放和经济建设这个中心，应当引起重视，不可麻痹大意。

中央关于宗教工作的方针政策已经很明确，关键是各省区要结合当地实际，认真贯彻落实，扎扎实实地工作。宗教工作要服从和服务于经济建设这个中心，把全体信教和不信教群众的意志和力量，集中到加快改革开放和现代化建设的步伐上来。这是我们做好宗教工作必须遵循的指导思想。宗教工作中也必须警惕右，防止“左”。工作中的不同意见和出现的某些偏差，要实事求是地具体分析，是什么问题就解决什么问题，不要轻易地说成政治倾向上的“左”或右。只要我们保持清醒头脑，脚踏实地，大胆工作，不断总结经验，提高水平，就能把握正确方向，取得工作成绩。当前和今后一个时期，藏传佛教工作的重点要放在全面正确地贯彻执行党的宗教政策，依法加强对寺庙和一切宗教活动场所的管理上。通过认真地工作，把寺庙的各项活动纳入国家法律、法规和政策的范围内，使之与社会主义社会相适应。具体工作上，要解决好几个问题。

一、正确认识藏传佛教的特点和做好藏传佛教工作的重要性。藏传佛教在我国现有宗教中，有着明显的自身特点，研究和认识这些特点，对于做好藏传佛教工作是十分必要的。第一，藏传佛教主要是藏族等少数民族群众信仰的宗教，宗教问题往往和民族问题交织在一起。第二，藏传佛教信教群众聚居地区，大都是边远和经济文化不发达的地区。群众的宗教信仰对当地经济文化发展有着广泛而深刻的影响。第三，在藏族等信仰藏传佛教的少数民族中，信教群众占本民族人口总数的比例大，信仰虔诚。第四，在藏传佛教的两大活佛中，坚持爱国主义的班禅大师不幸圆寂，坚持分裂主义的达赖流亡国外。达赖集团的分裂主义活动往往打着民族宗教的旗号，对境内藏区进行渗透和破坏，欺骗性、危害性很大。藏传佛教的这些特殊性，决定了正确处理好宗教问题、做好宗教工作在藏区有着特殊重要的意义。它关系到藏区的稳定，关系到祖国的统一和民族的团结，关系到藏族以及信仰这个宗教的其他民族的发展和繁荣，归根结底也关系到国家的长治久安。实践证明，藏区的宗教工作做好了，可以促进藏区的稳定和发展，反之就会造成不良的影响，甚至可能引起矛盾和冲突，造成社会动荡不安。因此，要认真地在党员和干部中进行宣传教育，使各级干部，特别是各级领导同志都重视藏传佛教工作，采取特别慎重、“十分严谨”、“周密考虑”的态度和实事求是、深入、细致、踏实的工作作风，做好宗教工作。

二、全面正确地贯彻执行党的宗教政策。1992年《中共中央关于我国社会主义时期宗教问题的基本观点和基本政策》，1991年《中共中央、国务院关于进一步做好宗教工作若干问题的通知》，是指导我国宗教工作的两个重要文件，要进一步认真学习，全面正确地理解、宣传和贯彻执行。各级党政领导干部和宗教工作干部要很好地学习党的宗教政策和宗教理论，树立马克思主义宗教观，全面正确地贯彻执行党的宗教信仰自由政策，该落实的政策要坚决落实，寺庙的合法权益要依法保护，不得侵犯；对群众进行宣传教育，使他们真正了解和掌握党的宗教信仰自由政策的基本内涵和基本要求，懂得宗教信仰自由是宪法赋予公民的一项基本权利，包含着公民有信教的自由，也有不信教的自由这两个方面。任何强迫信教的人不信教，或强迫不信教的人信教以及对还俗僧尼进行惩罚的做法都是错误的。在大多数人信教的地区，要特别注意保护不信教群众的权利，也要尊重信仰其他宗教群众的权利。还要强调宣传公民在行使宗教信仰自由权利的同时，必须履行自己的义务，宗教活动必须在法律和政策的范围内进行，任何人都不得利用宗教反对党的领导和社会主义制度；不得危害祖国统一、社会稳定和民族团结；不得损害社会、集体和他人的利益，妨碍其他公民的合法权利；不得利用宗教干预国家行政、司法、学校教育和社会公共教育；不得恢复已被废除的宗教封建特权、宗教压迫剥削制度以及寺庙之间的隶属关系；不得对信教群众进行各种摊派和变相勒捐。一切信教群众和不信教群众都要遵纪守法，维护社会主义民主与法制，为维护祖国统一，增进民族团结，保持社会稳定，推进改革开放，发展民族经济作出贡献。

三、充分发挥爱国宗教团体和宗教界人士的作用。爱国宗教团体是党和政府团结教育宗教界人士和信教群众的桥梁。宗教界人士的绝大多数爱国守法，同党长期合作共事，是维护社会稳定，联系信教群众，宣传党的政策，搞好寺庙管理的重要力量。要巩固和扩大党同宗教界的爱国统一战线，切实改变一些地方发挥爱国宗教团体作用不够的现象。我们既要发挥宗教人士的作用，妥善处理信教群众中出现的纠纷，更要善于通过党政干部面对面地做好群众工作，化解矛盾。爱国宗教团体要接受党委和政府的领导，要加强政治、法律、法规和政策的学习。各级党政领导机关和统战、宗教工作部门，要经常听取他们的意见和建议，涉及宗教方面的重大事情，要同他们充分协商。要支持和帮助他们加强自身建设，按照自身特点和规章自主地开展有益的活动。要关心他们的学习、工作和生活，帮助解决实际困难。鼓励和支持他们到寺庙了解情况，主持宗教活动或与僧尼群众座谈讨论，进行思想教育，宣传政策法律，指导和帮助寺庙民管会（组）办好自养事业，搞好寺庙管理。要支持和帮助宗教团体办好佛学院校，切实担负起对宗教人士的培养责任和对寺庙民管会（组）成员的培训、轮训任务。

四、认真抓好寺庙管理工作。寺庙是藏传佛教的活动场所，又是特殊的社会实体，要认真调查研究，加强分类指导，本着“团结、教育、引导、帮助”的原则，把管理工作切实落到实处。管理的目的是为了保证党的宗教信仰自由政策的真正落实，更好地依法保护寺庙的合法权益，保护僧尼的正常教务活动和信教群众正常的宗教生活；防止不法分子利用宗教活动制造混乱，违法犯罪；抵制境外分裂主义分子利用宗教进行渗透和破坏活动。

——依法登记宗教活动场所。目前，各省区修复开放的宗教活动场所已基本满足了信教群众正常宗教生活的需要，今后除特殊情况外，一般不再批准兴建和新开宗教活动场所。对现有宗教活动场所要逐个调查，依法登记，建立档案，加强管理。对于擅自建立的宗教活动场所，要区别不同情况，妥善加以处理。经过登记的宗教活动场所，受国家法律保护。

——搞好寺庙民管会（组）建设。各级政府和统战、宗教部门要把抓好寺庙民管会（组）的建设放在寺庙管理工作的首位，特别加以关心和重视。要经常检查指导，定期考核评议，采取实际措施，对寺庙民管会（组）成员进行培训提高。对于坏人掌权的寺庙，要坚决采取措施加以调整，确保寺庙领导权真正掌握在爱国爱教的僧尼手里。

——建章立制。近两年，各有关省区政府和宗教工作部门，陆续制定了地方性宗教法规和寺庙管理章程，大多数寺庙建立了规章制度。当前主要是抓检查，抓完善，抓落实。没有建立的要尽快建立。寺庙的管理制度，要与政府颁布的法规和管理章程精神相一致，要易懂易记、简明宜行。寺庙和宗教界人士一般不要搞跨地区的宗教活动，如果确实需要，事先要报批，规模要控制，主持活动的寺庙和负责人要承担责任。

——住寺僧尼定员。僧尼定员要着眼于有利于民族地区的发展与进步，有利于群众生活的改善与提高，有利于解放生产力，要充分考虑寺庙的自养能力、管理能力和社会的承受能力。宗教信仰自由与否主要看公民是否享受到了宗教信仰自由的权利，是否基本满足了广大信教群众的正常宗教生活需要，而不能以僧尼和寺庙的多少来衡量。住寺僧尼定员可从各地实际出发，认真部署，通盘规划，但总量必须管住，不能互相攀比。一些地方采取考核办法解决僧尼过多的问题，值得仿效。进行此项工作要细要稳，耐心地做好思想工作。"社会喇嘛"可不在定员之内，但要登记并由所属寺庙负责管理。他们除参加寺庙的重要宗教活动外，主要在家从事生产劳动，不得随意转为住寺人员。

——实行分级管理，抓好重点寺庙。藏传佛教寺庙量多、分散，必须实行分级管理。各级政府（包括村、镇、居委会），对自己辖区内的宗教活动场所和散居在社会上的僧尼，要根据中央文件精神和本省区颁布的地方性宗教法规的具体要求认真地负起管理责任，并确定专人负责管理工作。省（区）、地（州、市）、县委和政府要把比较著名、僧尼较多、主要活佛影响较大、国内外敌对势力同我争夺激烈、对社会影响较大的寺庙作为重点，作出规划，分工负责，下功夫，花力气，做好工作。要帮助寺庙整顿民管会（组），建立健全切实可行的规章制度，对僧尼进行教育培训，鼓励爱国守法，勤修精进，不断提高其素质。各级党政主管领导干部，要定点联系，经常过问寺庙管理工作，帮助解决重大问题。要充分调动寺庙民管会（组）成员、宗教界爱国人士和各级佛教协会在寺庙管理工作上的积极性。要把寺庙管理工作纳入干部实绩考核的范畴，引起高度重视。对于寺庙的合理要求和实际困难，要尽可能帮助解决，以体现政府的关怀，防止分裂主义分子的挑拨离间。

——因地制宜地开展寺庙自养活动。要根据各寺庙的实际，创造条件，鼓励僧尼参加生产劳动，支持、引导寺庙开展以自养为目的的各项经营活动，使其逐步提高自养能力。提倡寺庙开展社会公益事业。寺庙举办的企业，应纳入集体经济、乡镇企业范围，接受政府工商部门的管理。

——鼓励宗教界为振兴教育贡献力量，动员信教群众送子女上学。寺庙办学要经教育部门批准，在学校中要使用西藏、四川、青海、甘肃、云南五省区统编藏文教材，不得讲授宗教课。

五、积极稳妥地做好活佛转世工作。活佛转世是宗教界和信教群众十分关心的一件大事，又是一项敏感而复杂的工作，它关系到掌握寺庙领导权，关系到同分裂主义的斗争，关系到藏区的稳定和发展。各省区要严格执行国务院办公厅关于活佛转世问题的通知精神，加强领导，统筹安排，做好政策宣传工作，稳步进行。要在干部中首先统一认识，坚持"可以转世，不可全转，从严掌握"的原则。各地可以搞宣传提纲（但不要登报，注意内外有别），重点对干部和宗教界人士宣传关于活佛转世的政策、要求。要调动各级佛协和宗教界知名人士的积极性，充分发挥他们的作用，克服畏难情绪，并通过他们做好对信教群众的宣传教育工作。活佛转世由国内寺庙和佛教协会按照宗教仪轨、历史惯例和政府有关规定办理，接受人民政府宗教事务部门的监督，不受国外任何组织和个人的干预和支配。国外认定的活佛和转世灵童，不予承认。对于国外认定且人在国内的转世灵童，寺庙僧尼承认、信教群众接受的，除在符合政策规定者中重新认定少数之外，难点放到以后去处理，不能一开始就突破规定，同时要按我们的部署抓好活佛转世工作，以制约其继续发展。要从当地实际情况出发，制定具体的实施方案，稳步进行，不要一哄而起，也不要按兵不动。要同宗教界人士和寺庙民管会成员充分协商，积极引导，不要包办代替。要从简、节约，控制各种典礼规模，不要大操大办，不要借活佛转世恢复"拉章"，滥修"昂欠"，增加群众负担。在具体工作中，要把好认定关，审批关和选配经师关。尤其要认真搞好对转世灵童的培养教育，订出计划，作好安排。

活佛转世，作为藏传佛教的一种传承方式，将会持续进行，各地要不断总结经验，排除各种干扰，保证此项工作顺利正常地进行。

六、加强党和政府对宗教工作的领导。加强党和政府的领导是做好藏传佛教工作的根本保证。实践证明，哪个地方党委和政府抓得紧，工作有条不紊，问题就解决得及时，难点也可以克服。因此，各级党委和政府要真正把宗教工作摆上重要日程，定期研究，经常检查，不断总结、改进工作。

当前，应主要加强对寺庙管理工作的领导，加强基层党组织和基层政权建设，重视对各级宗教工作干部的配备和培训，认真解决宗教工作上存在的实际困难。在实际工作中，一要坚持“两手抓”，既保持宗教政策的连续性、稳定性，坚定不移地贯彻宗教信仰自由政策，又十分警惕境外分裂主义分子利用宗教进行的渗透。要采取有力措施坚决制止借宗教问题煽动群众闹事，扰乱社会治安，破坏国家统一和民族团结，依法坚决打击利用宗教进行破坏活动的反革命分子和其他刑事犯罪分子。在我国对国外藏胞实行来去自由政策之后，一些尚居境外的宗教界人士回国，这种情况有利有弊，带来许多新问题。如何加强管理，兴利除弊，保证藏区稳定，促进开放，争取国外藏胞，打击、分化分裂主义分子，抵制渗透，尚需总结经验，制定对策。二要实行“双重管理”，一方面要加强党对宗教工作的领导和政府宗教工作部门依法对宗教事务进行行政管理，而且要落实到基层；另一方面要支持爱国宗教团体和宗教界爱国人士对宗教活动、寺庙、僧尼的自我管理。党和政府对宗教工作和宗教事务，第一要管，要抓大事，依法管，上轨道，不能放任自流；第二不能包办代替，不能把宗教界爱国人士的手脚捆死。要充分发挥他们自己解决自己的问题，自己管理自己的积极性和应有的作用。

各级党委和政府要坚持物质文明建设和精神文明建设一起抓的原则，加强思想教育工作，组织和指导宣传部门向广大群众持久地进行爱国主义、社会主义和民族团结的教育，加强科学文化知识的宣传，特别要积极向广大青少年进行辩证唯物主义和历史唯物主义(包括无神论)的教育，培养广大青少年成为有理想、有道德、有文化、有纪律的一代新人。

党对宗教的工作，是党的统战工作和群众工作的重要组成部分，涉及社会生活的许多方面。党委和政府要定期听取统战、宗教部门的工作汇报。统战、宗教部门要密切配合，互相支持，及时请示、汇报，积极主动地开展工作。各级党委和政府要指导和组织有关部门，包括民族、宗教、统战部门，政法部门，宣传、文化、教育、科技、卫生、旅游部门，以及工会、共青团、妇联等人民团体，统一思想，统一认识，统一政策，分工负责，密切配合，共同把这一事关藏区稳定与发展的工作坚持不懈地认真做好。

铁道部在北京召开全路运输安全工作会议

会议要求坚定不移地贯彻“安全第一”的思想，把安全工作摆在“重中之重”的位置，第一管理者必须集中精力加强管理，在任何情况下都真正做到安全工作占首位，不移位、不动摇；行车工种的职工不允许从事第二职业。会议还就加强思想政治工作、关心职工生活、建立安全生产机制等问题作出了决定。会议于7日结束。

鞍山钢铁公司齐大山铁矿扩建项目引进设备签字仪式在人民大会堂举行

在鞍钢齐大山铁矿扩建项目引进设备签字仪式上，鞍钢的代表和美国、德国、加拿大等国的12家企业代表在总金额1.5亿美元的合同上签了字。齐大山铁矿扩建项目是国家“八五”期间的重点建设项目，是鞍钢实现年产1000万吨钢的关键工程。这个项目投资24亿元，其中，利用外资1.9亿美元。项目中的采、选、装、运等关键设备从国外引进。经过国际招标和历时四个多月的谈判，鞍钢与12家外国设备制造厂家达成了引进设备的合同。

国务院副总理邹家华会见参加签字仪式的外国企业界人士时说，中国今后要大力发展钢铁工业，希望外国投资者与中国钢铁工业开展更广泛的合作。

中共中央总书记江泽民在中南海会见埃塞俄比亚过渡政府外交部长塞尤姆·梅斯芬

国务院副总理朱镕基在奥斯陆挪威商航大臣古达尔举行的宴会上发表讲话

朱镕基说，访问期间，和五国领导人就国际形势和双边关系问题深入地交换了意见，还同经济企业界人士进行了广泛的接触，参观了不少经济、金融和科技单位。朱镕基说，通过这些会谈、接触和参观，感到中国同西北欧国家在当前许多重大国际问题上有着一致或近似的观点，双方都有加深和扩大在各个领域友好合作的愿望。在经济领域，双方有着很强的互补性，合作潜力很大，前景很好。国家之间由于国情不同，难免存在一些观点上的差异，但是只要双方都遵循求同存异、相互尊重、互不干涉内政和平等互利的原则，这些差异就不会妨碍相互之间的合作。

朱镕基表示，他这次访问达到了增进中国同这五国相互了解，进一步推动相互间多方面合作关系发展的目的。

中共中央政治局常委李瑞环在北京会见美国逸仙工业园有限公司首席顾问著名实业家何宜慈博士

1992年度国家教委科技进步奖在北京揭晓

第二届上海国际动画电影节开幕有29个国家39部影片参展

亚太经社会发动亚太残疾人 10 年会议在北京闭幕

国务院副总理吴学谦代表中国政府出席会议，并对会议获得成功表示祝贺。

出席这次会议的有 28 个成员国、9 个联合国机构和 11 个非政府组织的代表。会议通过"亚太残疾人十年(1993—2002)行动计划"和"关于亚太残疾人平等和全面参与的宣言"。吴学谦代表中国政府在宣言上签字。

亚太经社会执行秘书阿赫迈德先生、外交部副部长刘华秋先后在会上讲话。

12 月 6 日

《中共中央文件选集》公布一批珍贵史料

新华社播发通讯《重要的文献珍贵的史料》，披露了《中共中央文件选集》编纂中发现的一些鲜为人知的史料。

一九七九年，首都二十九所高校党史教师联名给中央写信，建议出版一些历史资料，作为党史研究的依据。教师们的意见，受到中央的重视。经过广泛收集，挖掘和精心整理、编辑，公开本增补了新发掘和长期散失而又复得的文稿。

一九二〇年十一月的《中国共产党宣言》；一九二一年六月的《张太雷在共产国际第三次代表大会的书面报告》；一九二一年七月的《中国共产党第一次代表大会》、《北京共产主义组织的报告》、《广州共产党的报告》；一九二二年的《中国共产党对于目前实际问题之计划》、《第一次全国劳动大会宣言》；一九二三年六月的《陈独秀在中国共产党第三次代表大会上的报告》等文件，都是新发掘的珍贵史料，对研究中国共产党成立前后的历史有重要的参考价值。

遵义会议是中共党史上的一次具有重要历史意义的会议。会议作出决议的时间，一直是党史界研究的一个重要问题。选集在收编这一文件时，发现了五个版本，其中一个是"一九三五年二月八日政治局会议通过"、"二月十六日印发"的油印稿。编者认为，这一版本确是一九三五年印制的文件正本，是目前发现的《决议》最早的、最可靠的版本。

经过细致考证，编者判定"一九三五年二月八日政治局会议通过"、"二月十六日印发"，是可靠的，据此，公开版在收入遵义会议决议时，作了如下注释："档案原件所标'一月八日'有误。这次在遵义召开的中央政治局扩大会议是于一九三五年一月十五日开始，十七日结束的。决议是在会后写成，并于二月八日中央政治局通过的(另有一份档案原件即标'一九三五年二月八日政治局会议通过')"。这一考证结果，纠正了长期以来各种史著中延续的错误。

第三册收入的《中国共产党中央执行委员会告全党党员书》，是一九二七年八月七日中共中央召开紧急会议通过的。编者在收选时，见到的一九四九年以前出版的不同版本就有十个。通过比较发现，"八七"会议结束不久刊印的《中央通讯》的版本，内容较完整，文字较准确。而一九三〇年之后的版本，内容虽基本相似，但由于辗转翻印等原因，较《中央通讯》版本文字约少二百字。这些脱漏的文字，如果不经过不同版本的校勘，选择好版本，编者加工时是难以发现并补齐的。

中国人民大学法学院主办的宪法与民主政治国际学术研讨会在北京奥林匹克饭店召开

应邀到会的有美国、日本、德国、韩国、澳大利亚、新西兰、斯里兰卡和香港、澳门及中国大陆的宪法学专家学者 100 余人。

研讨会的主要议题有：宪法与人权、宪法保障制度、比较宪政理论、分权制衡的理论与实践、宪法在民主发展中的地位和作用、宪法与社会改革、改革开放中的中华人民共和国宪法及中国宪法与各国宪法的比较研究等。

12 月 7 日

中共中央政治局常委胡锦涛与中共中央党校第 13 期省部班学员就党的建设问题进行座谈并发表讲话

胡锦涛说：党的建设紧密联系党的政治路线，并为党的政治路线服务，这是党的建设的一条根本经验，是党建工作必须遵循的一个根本原则，当然也是十四大以后我们应当继续认真研究和着力解决的一个重大课题。坚持党的基本路线不动摇，关键是坚持以经济建设为中心不动摇。加强和改进党的建设，必须以邓小平同志建设有中国特色社会主义理论为指针，紧密联系党的基本路线，坚持以经济建设为中心不动摇，坚持改革开放和坚持四项基本原则的统一，坚持党要管党和从严治党，不断改进领导方法和工作方式，努力提高执政水平和领导水平，使我们党在建设有中国特色的社会主义事业中更好地发挥领导核心作用。这是我们在党的建设工作中必须首先明确和把握的重要问题。

贯彻十四大确定的党的建设的任务，要按照党的基本路线的要求，大力加强各级领导班子的建设。当前要着力解决好以下三个问题：(1)正确掌握德才兼备的原则，把那些全面贯彻党的基本路线、勇于开拓进取、在改革开放和现代化建设中政绩突出的干部选拔到领导班子中来。(2)大胆提拔年轻干部,要解放思想,破除论资排辈、求全责备的陈旧观念;放开视野,拓宽知人的渠道,不拘一格选拔人才;要多选拔一些年轻干部放到一定的领导岗位上,一边工作,一边培养,使他们在实践中积累领导经验,早压担子早成才。(3)加强领导班子思想作风建设,当前重点要解决一些领导班子不团结、不协调的问题。

要高度重视党的基层组织建设,并着力抓实抓好。重视党的建设,包括党的基层组织建设,这是小平同志的一贯思想,也是建设有中国特色社会主义理论的重要组成部分。党的基层组织是党的全部工作和战斗力的基础,也是保证党的基本路线一百年不动摇的坚实基础。我们要把党的建设的任务落到实处,必须把加强党的基层组织建设摆到应有的位置,列入重要议程。

要继续加强党风和廉政建设。要从各级领导机关和领导干部做起,要从群众最不满意的问题抓起,重点放在问题突出,群众反映强烈的地方、部门和单位,以及最容易发生权钱交易等腐败现象的环节和岗位。解决办法,既要靠教育,更要靠法制。抓教育,主要是加强对党员干部党风党纪教育和为人民服务宗旨的教育,增强党性;抓法制建设,主要是建立有效防范以权谋私的内部和外部的约束机制,也可以考虑把纪律检查和干部考察使用结合起来。

中共中央决定丁关根兼任中共中央宣传部部长不再兼任中共中央统战部部长职务

全国建立274个国家级商品粮基地占全国1/5耕地生产全国1/4粮食

全国占用耕地超标

1991年全国各类建设占用耕地870万亩,比上年增加约30%,耕地净减少350万亩。

国务院副总理邹家华在钓鱼台国宾馆同韩国副总理兼经济企划院长官崔珏圭就进一步扩大经济技术合作问题举行会谈

崔珏圭说,卢泰愚总统访华后,韩国企业家更加关注中国的经济发展,并愿意同中国企业家开展多方面的合作。崔珏圭注意到韩中两国已签署了投资保护协定,并正在就签署避免双重税收协议问题进行磋商。崔珏圭希望双方能尽快就航空、海运等问题达成协议。

崔珏圭建议两国政府共同努力,为两国企业界人士的合作创造更好的环境。

邹家华指出,发展中韩两国关系不仅符合两国人民的利益,也有助于维护亚洲特别是东北亚地区的和平与稳定。

邹家华认为,中韩两国经济具有很大的互补性,若将两国的优势结合起来,对两国经济发展都有利。尽管中韩两国的意识形态、社会制度不同,但这并不妨碍两国间开展经济技术合作。

外交部发言人就所谓中国向巴基斯坦出售M—11导弹答记者问

外交部发言人在北京说,有关中国最近向巴基斯坦出售M—11导弹的报道"没有根据"。

国防部部长秦基伟在人民大会堂会见由越南国防部长段奎大将率领的越南军事代表团

商业部财政部解放军总后勤部发出要求各地继续做好军粮供应工作的通知

商业部、财政部和解放军总后勤部近日联合发出通知,要求各地在推进粮食流通体制改革中,继续做好军粮供应工作。

通知说,军粮供应的任何改革,都要在中央的统一部署下进行。在国家对军粮供应办法实施改革以前,各地要继续执行全国统一的军粮供应政策和办法,不得随意加价和收取不合理杂费。

通知要求各级粮食部门结合本地区、本部门的实际情况,在粮源组织、粮油质量、调拨运输、供应安排上切实采取有效措施,按部队定量标准保质保量供应好。各地的军粮供应点要按照方便部队、便于供应的原则,合理布局,相对集中,确保军粮及时有效地供应。

通知要求全军各部队充分理解地方人民政府和粮食部门在组织军粮供应中遇到的困难和问题,严格执行国家粮食政策和军粮供应有关规定,加强与军粮供应部门之间的联系,协调地方部门搞好军粮供应。

全国博士后流动站总数299个社科领域有17个站

1992年度国家科技奖励评审揭晓共有980项科技成果4474位科技人员获奖

中共中央总书记江泽民国务院总理李鹏为爱国卫生运动40周年题词

12月8日

国务院举行第117次常务会议

国务院副总理朱镕基受国务院总理李鹏委托,主持召开国务院第 117 次常务会议。会议审议并通过《中华人民共和国国家安全法(草案)》、《关于惩治劫持航空器、船舰犯罪的补充规定(草案)》、《中华人民共和国商标法修正案(草案)》和《中华人民共和国农业技术推广法(草案)》,并决定将上述法律草案作必要的修改后提请全国人大常委会审议。

中共中央政治局常委胡锦涛在全国总工会第十一届第五次执委会上发表讲话

胡锦涛在讲话中指出,认真学习和贯彻落实党的十四大精神,是摆在全党全国人民面前的一件大事,也是各级工会组织要着力抓好的一件大事。各级工会组织要抓好建设有中国特色社会主义理论的学习,全面准确地理解精神实质,紧密联系实际,解放思想,实事求是,换脑筋。要把广大职工在学习中焕发出来的社会主义积极性,引导到为改革开放和现代化建设作贡献的实际行动中来。

胡锦涛强调,全面贯彻党的基本路线,是社会主义事业取得胜利的根本保证,也是做好工会工作的根本保证。胡锦涛要求各级工会以党的基本路线为指导,紧紧围绕经济建设这个中心开展工作,同时把坚持改革开放和坚持四项基本原则统一起来,在新的认识高度上统一思想,不断地增强贯彻执行党的基本路线的自觉性和坚定性。工会历年来围绕经济建设开展的一些行之有效的活动要坚持不懈,常抓常新,不断赋予新内容。

胡锦涛在谈到坚持党的全心全意依靠工人阶级的方针,充分发挥工人阶级主力军作用的问题时强调说,党和国家的性质,工人阶级的历史地位和作用,都决定了我们必须全心全意依靠工人阶级。当前我们面临着加快改革开放和社会主义现代化建设的繁重任务,只有全心全意依靠工人阶级,才能保证党的十四大确定的宏伟目标的实现。

胡锦涛说,改革是中国现代化的必由之路。改革代表着工人阶级的根本利益和长远利益。要引导广大职工积极支持改革,自觉地投身改革。

胡锦涛指出,改革开放和现代化建设的深入发展,尤其是社会主义市场经济体制的建立,将会引起社会生活各个方面的深刻变化。工会的工作领域、工作内容、活动方式、组织制度等也将发生相应的变化。这些都对工会工作提出了新的更高的要求。各级工会组织要注重研究新情况、新问题,主动地适应并促进社会主义市场经济的发展,在新的历史条件下努力使工会工作迈上一个新台阶。

胡锦涛充分肯定了党的十一届三中全会以来,特别是近几年的工会工作。他要求各级党委继续重视工会工作,进一步加强和改善党对工会工作的领导,更好地发挥工会的作用。

全国工商联第六届执委会第五次会议在北京结束

会议通过关于工作报告的决议、关于成立章程修改委员会的决议、关于学习和贯彻中国共产党第十四次全国代表大会精神的决议、关于召开第七届会员代表大会的决议。会议提出,全国工商联各级组织及广大会员要进一步深入学习、深刻领会中共十四大的精神,以邓小平同志建设有中国特色社会主义的理论为指导,抓住社会主义市场经济给予工商联的新机遇,开创工作新局面。

会议要求各级组织及广大会员进一步密切联系实际,发挥工商联统一战线、人民团体和民间商会的优势,全面贯彻"团结、帮助、引导、教育"八字方针,充分履行各项职能,更好为改革开放和现代化建设服务。

中国农工民主党第 11 次全国代表大会在北京闭幕

会议推举周谷城为农工党名誉主席。

大会经过审议,一致同意卢嘉锡代表十届中央委员会所作的报告;修改和通过了《中国农工民主党章程》;审议批准了第二届中央咨监委员会的工作报告;通过了给光荣引退的老同志的致敬信;选举产生了第十一届中央委员会。新当选的中央委员共 154 人,其中具有高级职称的 134 人,中级职称的 4 人;被选为中央候补委员的 18 人,其中具有高级职称的 16 人,中级职称的 2 人。

大会决议号召农工民主党全体党员更加紧密地团结在中国共产党周围,在改革开放、经济发展、社会进步和祖国统一大业中,更新观念,勇于探索,大胆实践,奋发进取,为夺取有中国特色社会主义事业的更大胜利而努力奋斗!

全国关心下一代工作座谈会在广东茂名举行

座谈会提出,越是深化改革,扩大开放,越要关心下一代的健康成长,抓紧青少年的思想教育,这是关系到社会主义事业兴衰成败和国家长治久安的大事。

中共中央政治局常委李瑞环十分关心老同志从事关心下一代的活动,中国关心下一代工作委员会常务副主任王照华在会上传达了李瑞环同志对开好这次座谈会提出的重要意见。李瑞环说,关心下一代是千秋万代的事业。中国关心下一代工作委员会成立这几年做了大量工作,取得了成绩,积累了经验,希望各级党委和政府都来关心、支持关心下一代工作,把这一工作做得更好。

澳门特别行政区基本法起草委员会在北京举行主任委员扩大会议

澳门特别行政区基本法起草委员会第三次主任委员扩大会议于8日至9日在北京举行，主任委员姬鹏飞，副主任委员胡绳、王汉斌、马万祺、雷洁琼、钱伟长、何厚铧、李后、郭东坡，秘书长鲁平等出席了会议。

会议的议程是，听取和讨论起草委员会五个专题小组的工作报告和鲁平秘书长关于澳门基本法（草案）修改建议的说明、讨论对澳门基本法（草案）提出修改提案的办法、讨论评选澳门特别行政区区旗区徽图案的投票办法和其他有关事项。

根据澳门基本法起草委员会的工作规程，明年1月将举行第九次全体会议，通过澳门基本法（草案），然后提请第八届全国人民代表大会第一次会议审议通过。

香港货柜运输业职工总会发表声明要求彭定康收回“政改方案”与中国加强合作

香港货柜运输业职工总会日前发表声明，要求彭定康收回“政制改革”方案，立即在中英联合联络小组讨论及解决有关9号货柜码头的专营权问题。

声明说，彭定康蓄意破坏中英两国的合作关系，引起一场公开争论，令股市下跌，人心浮动，破坏香港的繁荣稳定和平稳过渡，这完全是彭定康一手造成的。

声明说，自港督彭定康于10月发表施政报告要将香港现有政制作根本性改变以来，香港各界人士意见纷纷。绝大部分市民主张港府的任何施政措施都要以维护香港的继续繁荣稳定为目的，并以此为目标与中国政府加强合作。

声明批评彭定康不顾中英联合声明的精神及基本法的有关规定，擅自提出将香港原有政制进行根本性改变的“政改方案”，蓄意破坏中英两国原来的合作关系。

国家主席杨尚昆会见韩国副总理兼经济企划院长官崔珏圭

中央军委副主席张震在人民大会堂会见越南国防部长段奎大将

第六届全国优秀科技图书奖颁奖大会在北京举行

国家新闻出版署在北京召开大会，向93种获得第六届全国优秀科技图书奖的图书作者颁发了证书和奖金。中共中央总书记江泽民题词祝贺：“多出优秀科技图书，为建设有中国特色的社会主义服务。”

国务院批准民用航空局《中华人民共和国搜寻援救民用航空器的规定》

12月9日

中央社会治安综合治理委员会在人民大会堂举行第八次全体会议

会议审议1992年社会治安综合治理工作概况和1993年工作要点，通过了全国社会治安综合治理先进单位和先进个人名单。

中央政法委员会书记、中央社会治安综合治理委员会主任、中共中央书记处书记任建新主持会议。

国务委员兼中央社会治安综合治理委员会副主任王芳出席会议。

任建新在讲话中说，自去年中央综治委成立以来，在乔石同志领导下，社会治安综合治理工作有了很大发展，打开了新的局面，上了一个大的台阶。各级党委、政府、各部门广泛动员和组织群众，做了大量卓有成效的工作，取得了很大成绩，涌现出一批先进单位和先进个人。中央综治委各成员单位以务实精神做了大量工作，办了许多实事，较好地发挥了各自的职能作用，齐抓共管的局面初步形成。

在分析我国目前社会形势时，任建新指出，我国政治安定，经济发展，社会稳定，这是主要的、基本的大好形势。但同时还应当看到，社会治安方面的问题仍然很多，影响稳定的因素也还不少，重大刑事案件和社会丑恶现象还没有得到有效的控制，一部分城镇和乡村治安状况不好，流氓、抢劫、盗窃等犯罪团伙气焰嚣张，群众意见不少。因此，对治安形势切不可盲目乐观，思想上工作上绝不能有丝毫的麻痹松懈。

任建新强调，社会治安综合治理工作是一项长期的任务。

任建新认为，党的十四大对社会治安综合治理给予了充分肯定，提到了新的高度，提出了更高的要求。我们要乘十四大的强劲东风，再接再厉，进一步搞好综合治理，促进社会治安逐步好转，保持社会长期稳定，让党中央放心，让全国人民满意。

任建新说，1993年是实现社会治安综合治理第一个五年规划的决定性一年，我们要认真贯彻落实党的十四大和中央的精神，坚持党的基本路线和“两手抓、两手硬”的战略方针，坚持综合治理的基本原则，适应建立社会主义市场经济体制的需要，改进工作方法，把综合治理各项措施进一步落实到基层。坚持“严打”方针，深入开展重点治理和反盗窃斗争，加强治安防范和管理工作，保持社会稳定，为改革开放和经济建设创造良好的社会环境，推动社会全面进步。

中央政法委员会书记任建新在全国公安厅局长会议上发表讲话

任建新强调，在加快改革开放和现代化建设步伐的新的历史时期，公安政法部门要进一步增强使命感、责任感，坚定不移地执行党的基本路线，把党的十四大精神贯穿到各项工作中去，以维护政治和社会稳定为重点，充分发挥职能作用。

任建新说，要继续抓好社会治安综合治理工作，坚持“严打”方针，并把专门工作和群众路线更好地结合起来，把打击犯罪，扫除丑恶现象的工作搞得更有力、更扎实、更深入，为改革开放和经济建设创造良好的社会治安环境，促进社会的全面进步。同时，要积极改进各项业务工作，大力加强基层基础工作，为改革开放和经济建设提供更多更好的服务。

任建新说，加快改革开放，对社会主义民主和法制建设提出了更高的要求。公安机关作为一个重要的执法部门，对此一定要有充分的认识。要自觉转变在过去那种高度集中的计划经济体制下形成的观念和工作方法，切实增强民主意识和法制观念，大力推进社会主义法制建设，把各项工作逐步完全纳入法制的轨道。

任建新在充分肯定各级公安机关近几年来在加强执法监督、提高执法水平方面所做的大量工作和取得的成绩的同时，也指出当前执法工作中存在的一些问题。任建新要求公安政法部门要进一步大力加强执法工作，真正做到严格依法办事，充分发挥现有法律法规在维护稳定、打击犯罪中的作用。

任建新指出，公安政法工作是党和国家的一项重要工作。实现十四大提出的目标和任务，公安政法战线负有重大的责任。他要求各级党委特别是主要领导同志，要正确处理稳定和发展的关系，充分认识公安政法工作在维护社会安定和政治稳定中的重要作用，高度重视公安政法工作，摆上重要议事日程，切实加强对公安政法工作的领导，确保公安工作坚决贯彻执行党的路线、方针和政策。各级公安机关要及时向党委、政府报告在加快改革开放和现代化建设中出现的新情况、新问题，给党委、政府当好参谋。各级党委要监督、支持公安机关依法行使职权。他强调，在事关全局性的问题上，对上级党委、政府的指示和公安机关的规定，下级党委、政府和公安机关应当认真执行。

中国农工民主党十一届一中全会选举卢嘉锡为农工民主党中央主席

国办关于严禁开发区和城镇建设占用耕地撂荒的通知

通知的主要内容是：

一、国务院最近发出了《关于严格制止乱占、滥用耕地的紧急通知》，对各类开发区和城镇建设用地作了明确的规定。各地要按照通知精神，严格控制各类开发区的数量，严格执行各类开发区和城镇建设用地特别是占用耕地的审批制度。

二、凡以兴办开发区和城镇建设名义圈而未用的耕地，没有依法办理审批手续、又不具备补办条件的，一律退回，由原农村承包者种植，不得拖延贻误农时。

三、对已办理审批手续的各类开发区和城镇建设用耕地，近期占而不用的，由当地人民政府与用地单位协商，原则上应继续由被征地集体安排给农户种植，对征用两年仍未建设的耕地，要根据有关法规和政策收归当地人民政府交农民耕种。

四、对划定的基本农田保护区内的耕地和城镇郊区主要菜地，原则上不得占用。如特殊需要，要严格加以控制。并按《土地复垦规定》占用多少、补偿多少。

五、各省、自治区、直辖市人民政府要根据本通知精神，加强对开发区和城镇建设用地的管理，针对当地情况，制订禁止耕地撂荒的具体规定，今冬明春要组织力量，对耕地占用及撂荒情况进行认真的检查，并将检查情况、处理结果和意见于1993年3月底前报国务院。

《人民日报》发表社论《千万不可忽视农业》

建立社会主义市场经济体制目标的提出，必将大大促进我国的现代化建设，并使我国经济生活产生新的深刻变化。如何认识农业，如何进一步发展农业和农村经济，这是一个关系到改革能否全面、深入地展开，国民经济能否以较高速度持续发展，党的十四大提出的战略目标能否实现的重大问题。

农业的基础地位任何时候都不可动摇，这是由我国的基本国情所决定的。无论在什么经济体制下，保证十一亿人口的丰衣足食，保证工业生产的原材料供应，这是第一位的。建立和完善社会主义市场经济体制，是一个艰巨复杂的改革过程，需要健康良好的经济环境和长期稳定的社会秩序，而坚实的农业基础正是经济良性循环、社会稳定的必要保证和重要前提。建立社会主义市场经济体制，改变的是经济运行机制、经济的联系方式等，而不是改变农业在国民经济中的地位和作用。当今世界，无论哪个发达国家，都重视农业，总是小心谨慎地对待农业；无论工业和现代科学技术如何发达，都注意保护农业，努力促进农业生产的稳定和发展。在我国，如果不重视农业，不加强农业，不仅建立社会主义市场经济体制的目标难以实现，来之不易的经济大好形势也难以巩固和发展。江泽民同志在党的十四大报告中再次强调："农业是国民经济的基础，必须坚持把加强农业放在首位。"我们各级领导无论在什么情况下，都应该保持清醒头脑，千万不可忽视农业。

当前，有一些导致放松和忽视农业的认识问题值得重视。首先，农业连年丰收，市场农副产品丰富，有些同志就以为农业已经过关了；农村家庭联产承包责任制在实践中不断得到巩固和发展，有些同志就看不到农村存在的许多问题及深化改革的必要。其次，当前发展第二、第三产业热吸引了人们的注意力，一些同志出于对发展工业和第三产业的热情，往往有意无意地忽略了农业，甚至挤农业、挖农业。再次，随着各地经济迅速发展，综合实力大大增强，农业产值在国民经济中所占份额明显下降，致使一些同志误以为农业已不是大局问题，因而放到可抓可不抓的位置上。这些认识违背了我国的实际。我国农业基础的脆弱是显而易见的，农业还远远没有过关，农业综合生产力水平有待提高，农村改革有待深化。当前农村还存在大量问题，如农村市场发育、服务体系建设、种植结构调整、乡镇企业发展、科技普及、村镇建设、剩余劳动力出路、农田基本建设以及农药、化肥、良种等生产资料供应和农民经济利益的保障等等问题，都需要在深化改革中逐项加以解决。要实现江泽民同志在十四大报告中提出的"全面振兴农村经济"，任重道远。各级领导要经常研究农业和农村经济，要有足够的力量抓好这方面的工作。

随着社会主义市场经济体制的建立，农民的生产活动将主要面向市场，领导者的责任主要是正确地引导农民按照市场需要组织和发展生产。市场需要是多方面的，变化也很大，若依据不准确的信息调整产品种植结构，就会经常出现"卖难"和或"买难"的状况，给农民带来巨大的经济损失，也影响社会的稳定。把握市场运行的规律，这是一项极其复杂的工作，是一篇非常陌生的大文章。这就要求我们在指导思想、思想观念、工作方法等各方面来个变化。要用市场观念和全面发展农村经济的思想指导农业和农村经济发展。当前，主要是认真贯彻好党的十四大精神，继续执行党和政府巩固和发展农业的各项方针政策，制定出切合本地实际、有利市场发育的政策，努力把农民引向市场；搞好农村发展规划；培育和组织好社会化服务体系，切实帮助农民解决各方面的困难；努力办好一家一户办不到或办不好的各项事业；加强农业基础建设；保持粮食、棉花稳定增产；关心和维护农民的经济利益与合法权益，保证农副产品收购资金到位，保护农民的生产积极性；抓好农村精神文明建设和农村基层组织建设，搞好农村社会治安。总之，要研究新情况，适应新形势，努力按照社会主义市场经济的要求，创造性地开展农村工作。

进一步重视农业，涉农部门责任尤为重大。在机构改革中，农业和农村工作只能加强不能削弱，各级地方政府对于农业和农村中必须行使的政府职能不能荒废。一些单位与政府机构脱钩以后，按照价值规律进行生产经营是必要的，但不能忘记和违背为农服务的宗旨，更不能做坑农、害农的事情。广大涉农部门的干部职工是我国农业发展的有功之臣，今后要努力作出新的贡献。

14年的改革，使我国农业实现了前所未有的跨越，可以相信，在十四大精神鼓舞和指引下，经过全党全国各族人民的共同努力，我国农业一定会展现出更加夺目的光彩。

中共中央总书记江泽民在中南海会见加拿大不列颠哥伦比亚省省督林思齐和美国加利福尼亚州州务卿余江月桂

中央军委主席江泽民在中南海会见由越南国防部部长段奎大将率领的越南军事代表团

江泽民说，去年越南高级代表团访华和最近李鹏总理访越标志着中越两国关系进一步得到发展。江泽民说，两国军队间的关系在两国关系发展的基础上也得到了进一步的推进。

会见中，江泽民还向客人简要介绍了中共十四大以及中国改革开放和经济建设等情况。

段奎说，在访问期间同军委副主席张震、国防部长秦基伟进行了交谈，并一致认为，要进一步发展两国军队之间的友好关系，加强两军之间的友好往来。

国务院副总理朱镕基在中南海紫光阁会见美国加利福尼亚州副州长兼加州经济发展委员会主席里奥·麦卡锡

外交部部长钱其琛在钓鱼台国宾馆同莫桑比克外交部长帕斯库亚尔·曼努埃尔·莫昆比举行会谈

莫昆比在会谈中详细向钱其琛通报莫桑比克国内和平进程的情况。

在谈到今年10月4日在罗马达成的莫桑比克和平总协议时，钱其琛表示，中国十分关心莫桑比克的和平和稳定。钱其琛说，"经过11年的内战之后，莫桑比克政府和抵抗运动终于签署了和平总协议，我们对此表示祝贺。”

钱其琛说，这是一个很重要的协议，为莫桑比克的发展开辟了新的前景，对南部非洲的和平与稳定也具有重要意义。

钱其琛说，“我们赞赏希萨诺总统和莫政府为实现和平所作出的努力，希望莫桑比克早日进入恢复经济发展和民族和解阶段。中国政府愿意为协议的顺利实施、促进莫桑比克的和平、稳定与发展尽力提供支持和援助。”

国家科委主任宋健应美国总统科技助理兼白宫科技办公室主任布罗姆利博士邀请率领中国政府科技代表团赴美国访问

这是 1989 年以来中国政府科技代表团第一次应美方正式邀请访美。代表团成员包括：航空航天工业部部长林宗棠，卫生部部长陈敏章，国家科委副主任惠永正，国家自然科学基金委员会主席张存浩，中国科学院副院长胡启恒，中国农业科学院院长王连铮，中国医学科学院院长顾方舟等。

代表团在美国首都华盛顿活动期间，与美国副总统兼空间委员会主席奎尔、总统科技助理布罗姆利、商务部长富兰克林、总统贸易代表希尔斯、能源部长华特金斯及美国科学院院长普雷斯等会晤，正式恢复中美科技合作关系。

中国坦桑尼亚和赞比亚三国政府在卢萨卡签署三国关于坦赞铁路第七期技术合作议定书关于坦赞铁路专项贷款协定和四项推迟偿还到期的中国贷款的议定书

根据技术合作议定书，中国将向坦赞铁路派遣 122 名专家，向管理该铁路的计划、运输、财务、机车车辆等十个部门提供技术援助并参与管理。

根据专项贷款协定，中国同意向坦、赞两国各提供 3000 万元人民币贷款，用于从中国购买客车车厢和机车零配件等。

中国德国科技合作联合委员会第十一次会议在波恩结束

12 月 10 日

中组部发出通知要求各地做好外资企业中党的工作

中共中央组织部日前向各地印发了深圳市委组织部等 3 个单位加强外商投资企业中党的工作的经验。中组部在同时发出的通知中指出，做好外商投资企业中党的工作，是加强党的建设的一项重要任务，应当引起各级党委的重视。

中组部的通知说，在我国境内兴办的外商投资企业中，按照《中国共产党章程》建立党的组织，开展党的活动，是必要的，也是合乎我国有关法律规定的。做好外商投资企业中党的工作的目的，是坚持对外开放的正确方向，保证监督国家法律、法规的贯彻执行，维护中外双方的合法权益，促进企业的发展。

《通知》要求，各级党委要加强对外商投资企业中党的工作的领导。外商投资企业的规模、管理办法、职工队伍以及外方人员情况等方面差异很大，党组织开展工作要区别不同情况，采取不同的工作方法和活动方式，努力做到适合各种不同形式的外商投资企业的特点。各地应积极探索，并及时总结推广实践中创造的好经验，注意研究新情况，解决新问题，不断提高外商投资企业中党的工作的水平。

在中组部推荐的中共深圳市委组织部的经验中，介绍了他们如何针对全市外商企业多的特点，始终把外商投资企业党的建设作为全市党的工作的一个重点来抓，教育、引导特区的党组织和党员，牢记特区共产党人的历史使命，逐步发展壮大党员队伍，充分发挥外商投资企业党组织的作用，从而保证外商投资企业沿着正确的方向健康发展。

另外两个被中组部推荐的单位是中共上海大众汽车有限公司委员会和广东省汕头市华达宝陶瓷制作厂有限公司党支部。他们分别介绍了如何针对合资企业特点做好思想政治工作和怎样努力在外商独资企业中探索党的工作新路子的经验。

中纪委监察部发出关于严肃查处党政机关企事业单位走私案件的通知

通知的主要内容是：

在我国改革开放和经济建设深入发展的新形势下，一些地区走私活动问题严重，而且有恶性发展的趋势。有的边境地区成为走私活动热点地区，海上走私由东南沿海向北部湾、长江以北海域蔓延，并向内河渗透。值得注意的是，有些党政机关和企事业单位直接参与走私，甚至涉及军队和一些执法部门，走私大要案明显增多，有的数额巨大，在党内外造成极坏的影响。走私活动偷逃国家税收，扰乱经济秩序，危害民族工业，损害国家主权，影响与周边国家和地区的关系；严重腐蚀干部群众，败坏党风、政风和社会风气，影响社会治安，妨碍改革开放和经济建设的健康发展。对此，必须引起高度重视。

为了严厉打击走私活动，保证党的十四大提出的各项任务的贯彻落实，现就查处党政机关和企事业单位走私案件问题通知如下：

一、各级纪检、监察机关要把查处党政机关和企事业单位走私案件作为反对腐败的一项重要工作来抓

要深刻认识走私活动、特别是党政机关和企事业单位直接参与走私活动的严重危害性，从保持党政机关廉洁、搞好党风政风、密切党群关系、实现十四大提出的宏伟目标的大局出发，把查处这方面违纪案件的工作列入重要日程认真抓好。要坚决抵制一些地方、部门出于保护本地区、本部门利益为走私说情的倾向，澄清那种认为以走私为业是“开放搞活繁荣经济的好办法”的糊涂观念，排除各种干扰和阻力，对走私案件发现一起严肃查处一起。

二、会同有关部门协同作战，集中力量查处走私大要案

纪检、监察机关要在各级党委、政府的统一领导下，会同公安、海关、工商、司法等部门，集中力量查处那些数额巨大、危害严重、手段恶劣、内外勾结、执法犯法的走私大要案。对违反党纪、政纪，纵容、参与走私的党政干部，必须给予党纪、政纪处分；对于触犯刑律的，交司法部门依法惩处。绝不能以罚代纪、以罚代法。执法部门纵容和参与走私的，要从严处理。妨碍走私案件查处情节严重的，亦应给予党纪、政纪处分，不得姑息迁就。

三、要抓住典型，公开处理，严厉打击

对于党政机关和企事业单位参与走私的典型大要案，要公开处理，以狠狠打击走私分子的嚣张气焰，教育广大党政干部，遏制一些党政机关和企事业单位参与走私的趋势。各地、各部门可选择这方面的典型案件，随时报告中央纪委和监察部。

国务院授予山东省地矿局第六地质英雄地质队命名大会在北京举行

中国最大的煤炭集团——中国东北内蒙古煤炭集团成立

北京实现程控电话联网

农村养老保险试点工作已在全国950多个县级单位展开

国务院总理李鹏在北京会见美国前国务卿亨利·基辛格博士

李鹏在会见时说，中国政府愿意同美国新政府在中美三个联合公报原则的基础上，发展平等互利的合作关系。

李鹏强调，中国一向重视与美国的关系，并为两国关系的改善和发展作出了很大努力。李鹏说，“在发展中美关系方面，我们对共和党和民主党的作用是同样重视的，希望两党都为维护和改善两国关系作出努力。”

基辛格博士介绍了他对当前国际形势和中美关系的看法。基辛格强调，美中两国保持并发展良好关系，符合两国的根本利益，对维护世界和平与稳定也有重要意义。

李鹏说，当今世界正处在大变动时期，国际局势动荡不安，多极化趋势加速发展。中国所处的亚洲地区形势相对稳定，经济保持增长势头。面对这种形势，任何有远见的政治家都会认识到，继续改善和发展中美关系对两国人民和亚太地区乃至世界和平与发展都具有重要意义。

李鹏指出，中美都是太平洋两岸具有重大影响的国家。彼此之间既存在着广泛的共同利益，又存在着分歧，这是客观事实。只要双方遵循和平共处五项原则，相互尊重，求同存异，两国关系就能得到不断发展。

李鹏说，中美两国经济上有互补性，贸易上是互惠的。中国的市场是巨大的，而且正在进一步开放。中美保持正常的国家关系和互利的经贸往来符合两国人民的根本利益。

国务院总理李鹏在钓鱼台国宾馆会见莫桑比克外交部长帕斯库亚尔·曼努埃尔·莫昆比

国务院副总理朱镕基在人民大会堂会见澳大利亚昆士兰州副总理汤姆·伯恩斯和英中贸易集团主席迈克尔·帕利塞

外交部发言人吴建民在记者招待会上就中国在香港问题上的立场等问题回答记者的提问

吴建民在回答记者提出的中国将在香港问题上采取什么进一步措施等问题时说，目前关于香港政制发展问题的争论是港英当局一手挑起的。

吴建民引用中国的一句俗语说：“解铃还须系铃人。”他说，解决问题的唯一办法是港英当局根本改变立场，回到中英已达成的协议的轨道上来。

有记者问发言人对伊格尔伯格12月8日宣誓就任美国国务卿有何评论。

吴建民说：“我们对他就任国务卿表示祝贺。”

有记者问发言人，越南国防部长段奎大将在中国总理李鹏结束访越后不久访华的目的是什么？双方讨论了什么问题？

吴建民回答：此次段奎大将是应中国国防部长秦

基伟上将的邀请来中国进行友好访问的。此次访问标志着在两国关系正常化以后两军关系也开始恢复正常。

吴建民说，访问中，双方就发展两军关系及其他共同关心的问题交换了意见。双方一致同意恢复两军间的正常交往，以增进相互了解和友谊，在两国领导人确定的两国关系指导原则基础上发展两军之间的友好关系。

有记者问，法国提议召开波黑问题国际会议，中国对此持何看法？是否出席会议？

吴建民说，12 月 16 日将在日内瓦召开原南斯拉夫问题国际会议指导委员会部长级扩大会议，讨论波黑问题及原南危机中的其他问题。中国作为指委会成员国，已经收到与会邀请，与会问题正在研究。

吴建民指出："我们一贯支持有利于公正、合理、和平解决原南危机的国际努力，并愿同国际社会一道为此作出自己的贡献。"

吴建民在应记者要求评论印度由于宗教引起的骚乱时说："这是印度的内政。"这位发言人补充说："作为邻国，我们希望问题能得到妥善处理，以保持印度的稳定。"

国家科委主任宋健率领的中国科技代表团在华盛顿会晤美国副总统奎尔

奎尔在会见宋健国务委员一行时表示，他希望美中两国在科技领域继续合作下去，因为这种合作已经取得了成功，它不仅对美中两国而且对全世界都是重要的。

中英联合联络小组第 25 次会在香港结束

中方首席代表郭丰民在记者招待会上宣布：因为中英两国合作的基础现在受到严重破坏，这次会议没有达成任何协议。

这次会议围绕着中英两国要不要继续遵守联合声明，要不要与基本法衔接，要不要遵守双方已达成的协议和谅解等问题而展开。郭丰民说，中国政府认为港英当局提出的政改方案严重地破坏了中英两国在香港问题上合作的基础。要恢复合作，就必须放弃这一方案。

郭丰民说，中国政府对这次会议所讨论的香港公务员长俸保障问题，给予很大的重视。中国政府很理解香港公务员的要求，认为建立长俸储备基金方案是可行的。郭丰民告诉与会记者，这一问题是在中方一再要求下才列入议事日程的，而港英当局对此采取的是消极、敷衍的态度。

郭丰民重申中国政府的立场：坚持按照中英联合声明和基本法办事；坚持促进香港的平稳过渡，并希望英国政府尽快回到联合声明所提出的合作、磋商的道路上来，以维护香港的繁荣和稳定。郭丰民说，这正是香港居民有长远利益之所在。郭丰民最后表示，中国政府高度重视香港居民的长远利益，一切都以此为出发点。

中国印度尼西亚经济贸易和技术合作委员会第二次会议在雅加达闭幕

外经贸部副部长佟志广在日内瓦关贸总协定中国工作组第十二次会上指出中国的经济体制已与关贸总协定规则基本相符

中组部国家教委联合发出《关于加强全国中小学校长队伍建设的意见(试行)》

意见提出，中小学校逐步实行校长负责制，要全面贯彻干部队伍"革命化、年轻化、知识化、专业化"的方针和德才兼备原则，按照有关规定，选拔任免校长，一般不实行任期制。要加强中小学校校长的培训工作，"八五"期间对全体中小学校长进行一遍岗位培训，以后每 5 年轮训一次，形成制度。争取尽早培养出一批马克思主义理论水平较高和管理经验丰富、办学卓有成效的中小学教育专家。校长在搞好学校管理工作的同时，一般应兼任一定的教学工作，并参加教师专业技术职务的评聘。逐步实行校长职务津贴制度。

意见并对中小学校长的考核、奖惩、待遇、队伍建设工作的领导、后备干部的选拔培训等作出规定。中等专业学校、中等技术学校、中等师范学校、技工学校、职业中学、农业中学、工读学校、特殊教育学校、成人中初等学校校长队伍建设也可参照本《意见》执行。

上海独舞演员谭元元在第 5 届巴黎国际舞蹈比赛中荣获古典芭蕾少年组女子第一大奖

中国奥委会正式以哈尔滨为申办城市申办亚洲冬运会

12 月 11 日

中央党校校长乔石在中央党校第 13 期省部级干部进修班学员毕业典礼上发表讲话

乔石要求党的各级领导干部认真学习马克思主义的基本原理，特别要深入学习和掌握邓小平同志建设有中国特色社会主义的理论，不断研究新情况，探索和解决新问题，坚定不移地把有中国特色的社会主义建设事业推向前进。

乔石希望省部班学员回到工作岗位后要养成比较经常的读书学习和思考研究问题的习惯。乔石说，新形势下我们面临的新情况、新问题很多，加强理论学习和探讨，对各级领导干部是十分重要的。干部如果不重视和坚持理论学习，就难以适应新时期党和国家建设的需要，难以适应改革开放的需要。乔石说，邓小平同志带领我们制定了党的基本路线，党的十四大对建设有中国特色社会主义的理论作出了新的概括，在理论上有新的突破，我们要结合工作实际，继续认真学习，用以统一全党的思想，同时要继续深入探索和研究，在实践中使之不断充实和完善。乔石指出，建成有中国特色的社会主义，需要相当长的时间。在这个过程中，有许多问题要深入研究，比如：怎样既毫不动摇地坚持四项基本原则，又毫不动摇地坚持改革开放；再比如，如何搞好社会主义市场经济，怎样既搞好宏观调控，又发挥各个方面的积极性，等等。这些都需要一边实践，一边继续进行理论研究，不断深化认识，使有中国特色的社会主义不断丰富和发展。

乔石强调，在改革开放和现代化建设中，理论工作、党校建设只能加强，不能削弱。越是发展经济，就越要加强干部的理论学习和研究，越要加强党校工作。我们是马克思主义政党，要坚持马克思主义的基本原理，马克思主义最主要、最基本的著作要读。特别要结合中国的实际，学习毛泽东、邓小平等同志的著作。对各级领导干部、特别是年轻的领导干部都要进行基本的马克思主义教育。要努力把党校办成向广大党员干部传播马克思主义基本原理、传播建设有中国特色社会主义理论的重要阵地。他指出，党校教育要紧紧围绕党的"一个中心、两个基本点"的基本路线来进行，为党的基本路线服务。不能离开党的基本路线来孤立地谈党的建设和党校工作。党校的工作要加强，同时也要不断改进，党校本身也要不断改革，党校改革的中心是教学改革，关键是学习内容要精、要管用，认真贯彻理论联系实际的方针，把马克思主义基本原理的学习同研究、解决中国的实际问题紧密结合起来。原著要精选，课程要精简，要充实新的内容。乔石还说，要改善党校的办学条件，为学员在党校学习创造良好的环境。他希望省部级领导干部要关心和支持各级党校的建设，帮助搞好党校的工作。

中国民主促进会第七次全国代表大会在北京开幕

会议由民进七大主席团常务主席雷洁琼主持，大会主席团常务主席赵朴初致开幕词。

会议的议程是：以中共十四大精神为指导，审议并通过上一届中央委员会的工作报告；审议通过第二届中央参议委员会的工作报告；审议通过中国民主促进会章程；审议通过中央参议委员会组织条例；选举第九届中央委员会委员、候补委员；推选第三届中央参议委员会委员。

中共中央政治局委员、书记处书记丁关根代表中共中央在民进七大开幕会上宣读贺词。

贺词说，中国民主促进会是中国共产党久经考验的亲密战友，成立47年来，始终同中国共产党风雨同舟，患难与共，带领广大会员发扬爱国、民主、革命的优良传统，为中国革命和建设事业建立了光荣业绩，随着中国共产党领导的多党合作和政治协商制度不断发展和完善，民进同中国共产党进一步密切合作，在国家政治生活中发挥了重要作用。

贺词指出，建设有中国特色的社会主义，必须依靠广大工人、农民、知识分子，必须依靠各民族人民的团结，必须依靠全体社会主义劳动者、拥护社会主义的爱国者和拥护祖国统一的爱国者的最广泛的统一战线。各民主党派是爱国统一战线的一支重要力量，也是社会主义现代化建设的重要力量。

贺词说，坚持和完善共产党领导的多党合作和政治协商制度是我们党和各民主党派共同的政治任务。我们衷心希望并充分相信，各民主党派一定能够发扬优良传统，更好地履行参政议政和民主监督的职责，在建设有中国特色社会主义道路上，同中国共产党团结合作，共同前进。

农工民主党中央主席卢嘉锡代表其他7个民主党派和全国工商联向大会表示祝贺。

雷洁琼向大会作题为《解放思想，实事求是，为建设有中国特色社会主义多作贡献》的工作报告。

全国人大常委会副委员长叶飞、全国政协副主席谷牧、国务委员陈俊生、中共中央统战部常务副部长蒋民宽、全国政协秘书长宋德敏以及各民主党派中央、全国工商联和国务院有关部门负责人出席大会。

公安部部长陶驷驹在1992全国公安厅局长会议上发表讲话

陶驷驹在回顾1992年公安工作时说，今年以来，公安部和各地公安机关围绕为改革开放和经济建设服务这个主题，加强了维护稳定、打击犯罪等各项工作，陆续出台了撤销交通检查站、简化公民因私再出境手续、改进特种行业管理、改进建筑设计防火审核工作等一大批改革措施，收到了良好的社会效果。在其他不少方面也做了许多积极有益的探索，有些地方进行了机构改革的试点，各地都结合实际情况采取了一些改进和改革工作的措施。

陶驷驹认为，今年是公安战线思想解放的一年，是改革步伐迈得较大的一年，是各项工作取得显著成效的一年。

在谈到进一步解放思想，加快公安工作改革的时候，陶驷驹强调，公安工作的改革既要积极探索，大胆实践，又要严格执行中央和公安部的有关规定。公安工作条件的改善，归根到底要靠改革开放，靠经济的发展。

中共中央总书记江泽民在钓鱼台国宾馆会见美国前国务卿亨利·基辛格博士

江泽民说，在中美关系问题上，中国政府采取向前看的态度，愿意与美国新政府共同努力，在中美三个联合公报的基础上，使两国关系逐步得到改善与发展。

江泽民指出，两极格局已经终结，各种力量重新分化组合，世界还很不太平。中美两国都要认识到，在当前国际局势面临的历史性转折时期，如何全面估价并正确处理中美关系，是一个重大而迫切的课题。

江泽民说，国家与国家之间，都不应该企图把自己的意志和模式强加于人。我们认为，国际局势变了，但中美之间广泛的共同利益没有变。在促进世界和平与发展方面，中美两个大国都负有重要的责任。在处理政治、经济、科技、环保等一系列国际事务中，中美作为安理会常任理事国可以加强和扩大合作。在双边经贸关系上，中美之间的互补性突出，潜力巨大。

基辛格说，美国政府现处于过渡阶段。基辛格认为今后的中美关系仍将是重要的，在许多方面甚至比以往更重要。美中双方都应该从各自国家利益出发，努力改善两国关系。

中共中央总书记江泽民在钓鱼台国宾馆会见加拿大北方电讯有限公司总裁让·蒙蒂

中共中央政治局常委李瑞环在人民大会堂会见以主席团成员弗朗西斯科·弗鲁托斯·格拉斯为团长的西班牙联合左翼代表团

李瑞环向客人们介绍了中国的经济建设和改革开放，特别是政治体制改革的有关情况，以及中国共产党领导的多党合作和政治协商制度。李瑞环还应客人要求就当前某些重大国际问题阐述了中国的原则立场。

弗鲁托斯说，在这次访问中亲眼看到中国已找到发展自己国家的正确方针和政策。这给代表团留下了深刻的印象。

中国致公党主席董寅初、中联部部长朱良等参加了会见。

外交部发言人就德国取消对中国合作限制等问题答记者问

外交部发言人在回答记者提问时表示，中国欢迎德国联邦议院取消对华合作限制。

有记者问：德国议会投票通过结束对中国的制裁，实现德中关系正常化。中方对此有何反应？

发言人说："德国联邦议院完全取消对华合作限制，有利于中德关系的进一步改善和发展，这对双方都有益处，是值得欢迎的。"

有记者问：南非最近发生一些暴力事件，有的白人遭受袭击，造成一些伤亡。你对此有何评论？

发言人答：南非国内最近连续发生滥杀无辜的暴力事件，引起了国际社会的关注和忧虑。中国一贯反对并谴责任何形式的恐怖活动。我们希望南非各有关方面保持克制，通过谈判消除分歧，避免暴力事件的继续发生和不断升级，以使南非和平进程顺利进行下去。

中俄勘界专家会议在哈尔滨就树立界桩水文测量等问题达成协议并签署会谈纪要

党和国家领导人江泽民等在人民大会堂会见优秀科技人员代表

江泽民、李鹏、乔石、李瑞环、朱镕基、刘华清、胡锦涛在人民大会堂会见"1992 年度国家科技奖"和"第三届科技实业家创业奖"获奖者代表以及国防科工委专业技术会议代表。

国家科技奖是国务院颁布法规设立的科技界最高奖励。奖励内容包括在基础研究、高新技术及其产业和国民经济主战场三个层次的科技工作中取得的优秀成果。这些成果对推动我国经济与社会发展起到了重要作用。获奖人员有德高望重的科学家，有奋战在工农业生产第一线的科技骨干，有战斗在国防战线的优秀科技专家，有在改革中艰苦创业的科技实业家。

科技实业家创业奖获得者为创办我国科技实业，推进科技成果的商品化、产业化和国际化，做出了成绩。

党和国家领导人希望广大科技工作者认真学习贯彻"十四大"精神，努力攀登科技高峰，在社会主义现代化建设中作出更大贡献。

我国激光领域研究有重大突破

由吉林大学物理系高锦岳教授主持的科研小组，在钠原子中第一次观察到了无粒子数反转条件下的光放大讯号。

日前，在国家自然科学基金委员会主持下的专家评议会上，这项成果得到确认并被认为是激光物理学及量子光学领域的一个重大突破，在国际上居于领先地位。

激光是本世纪科学技术的重要成就之一，它已广泛应用于科学研究、国防武器，工业生产、医疗卫生等领域。然而到目前为止，各类普通激光器都要在有粒子数反转的条件下工作，这对激光工作物质的选择和激光波段的开拓带来很大限制。为解决这个问题，世界各国的科学家们提出了许多理论模型，但尚未观察到无粒子数反转条件下的光放大现象。

高锦岳教授主持的科研组经过3年努力，终于证明了当利用相干光激发原子时，在适当的条件下，不需要粒子数反转也可以获得光放大。

这项研究，为进一步研制无粒子数反转激光提供了实验依据，为激光的产生开辟了一条新的物理途径。不但具有广阔的应用前景，而且对激光物理、光与物质的相互作用等基础理论研究也将产生深远影响。

中国竹类研究处于国际先进地位已对500多种竹进行鉴定

中共中央政治局常委李瑞环在人民大会堂会见台湾胜大庄文化企业集团建德艺术集团总裁李志仁

第四届全国体育科学大会在山东潍坊结束

全国体育科学大会汇聚了500多位全国体育科技工作者，还有8名来自香港和台湾地区的专家学者。会议期间组织了社会主义市场经济与体育改革等专题研讨会、座谈会。

伍绍祖在发言中谈到，体育科技工作者为我国体育事业的发展和中国运动员攀登世界体育高峰作出了重要贡献。今年备战巴塞罗那奥运会时，有300多名体育科研人员（超过代表团选手人数）深入运动队，为各项目健儿出谋划策，参加攻关和科技服务。不少体育科技成果蜚声国内外，仅1992年获国家科技进步奖的就有3项，其中关于兴奋剂检测方法的研究获一等奖。关于运动医学方面的一篇论文获国际奥委会主席体育科学荣誉奖。

会上宣读的370多篇论文，内容包括运动训练、生物力学、医学、心理学以及体育社会学、情报信息、学校体育等13个学科。会议对评出的28篇优秀论文作者给予表彰奖励。伍绍祖还受国际奥委会委托，向为亚运工程建设等作出贡献的北京建筑设计院颁奖。

伍绍祖要求全国体育界一定要树立科技兴体的战略思想，希望体育科技工作者顺应和投身到改革开放大潮中，为我国体育上新台阶努力奋斗。

最高人民法院最高人民检察院关于执行《全国人民代表大会常务委员会关于严禁卖淫嫖娼的决定》的若干问题的解答

一、《全国人民代表大会常务委员会关于严禁卖淫嫖娼的决定》规定了几个新罪名？

《全国人民代表大会常务委员会关于严禁卖淫嫖娼的决定》（以下简称《决定》）规定了4个新罪名，即：组织他人卖淫罪（第一条第一款）；协助组织他人卖淫罪（第一条第二款）；介绍他人卖淫罪（第三条第一款）；传播性病罪（第五条第一款）。

二、怎样认定组织他人卖淫罪？

根据《决定》第一条第一款的规定，组织他人卖淫罪，是指以招募、雇佣、强迫、引诱、容留等手段，控制多人从事卖淫的行为。

本罪的主体必须是卖淫的组织者，可以是几个人，也可以是一个人，关键要看其在卖淫活动中是否起组织者的作用。

在组织他人卖淫的犯罪活动中，对被组织卖淫的人有强迫、引诱、容留、介绍卖淫行为的，应当作为组织他人卖淫罪的量刑情节予以考虑，不实行数罪并罚。如果这些行为是对被组织者以外的其他人实施的，仍应当分别定罪，实行数罪并罚。

三、怎样认定协助组织他人卖淫罪？

根据《决定》第一条第二款的规定，协助组织他人卖淫罪，是指在组织他人卖淫的共同犯罪中起帮助作用的行为。如充当保镖、打手、管账人等。

依照《决定》第一条第二款的规定，协助组织他人卖淫的行为，有具体的罪状和单独的法定刑，应当确定为独立的罪名，适用单独的法定刑处罚，不适用刑法总则第二十四条关于从犯的处罚原则。

四、怎样理解《决定》第二条第（三）项关于“强奸后迫使卖淫的”规定？

《决定》第二条第（三）项规定的“强奸后迫使卖淫的”，是指强奸行为与强迫他人卖淫的行为有联系，是强迫他人卖淫的法定从重情节。因此，只定强迫他人卖淫罪即可。如果强奸行为与强迫他人卖淫的行为之间没有联系，则应当分别定罪，实行并罚。

五、哪些是组织他人卖淫罪、强迫他人卖淫罪中“情节特别严重”的行为？

《决定》第一条第一款规定的组织他人卖淫罪中的“情节特别严重”，主要是指组织他人卖淫的首要分子情节特别严重的；组织他人卖淫手段特别恶劣的；对被组织卖淫者造成特别严重后果的；组织多人多次卖淫具有极大的社会危害性的，等等。

《决定》第二条第一款规定的强迫他人卖淫罪中的“情节特别严重”，是指《决定》第二条所列四项情形中特别严重的情节。在具体执行中，不要在这四项情形之外再扩大范围。

六、怎样认定引诱、容留、介绍他人卖淫罪？

引诱、容留、介绍他人卖淫罪是一个选择性罪名。引诱、容留、介绍他人卖淫这三种行为，不论是同时实施还是只实施其中一种行为，均构成本罪。如：介绍他人卖淫的，定介绍他人卖淫罪；兼有引诱、容留、介绍他人卖淫三种行为的，定引诱、容留、介绍他人卖淫罪，不实行数罪并罚。

引诱、容留、介绍他人卖淫是否以营利为目的，不影响本罪的成立。

根据《决定》第三条第二款的规定，引诱不满十四岁的幼女卖淫的，依照《决定》第二条第一款关于强迫不满十四岁的幼女卖淫的规定处罚，定强迫他人卖淫罪。

七、哪些是引诱、容留、介绍他人卖淫罪中“情节严重”的行为？

引诱、容留、介绍他人卖淫，情节严重的，一般有以下几种情形：

(一)多次引诱、容留、介绍他人卖淫的；

(二)引诱、容留、介绍多人卖淫的；

(三)引诱、容留、介绍明知是有严重性病的人卖淫的；

(四)容留、介绍不满十四岁的幼女卖淫的；

(五)引诱、容留、介绍他人卖淫具有其他严重情节的。

八、怎样认定传播性病罪？

根据《决定》第五条第一款的规定，传播性病罪，是指明知自己患有梅毒、淋病等严重性病而进行卖淫嫖娼的行为。

(一)本罪属特殊主体，即已满十六岁，具有刑事责任能力，且患有梅毒、淋病等严重性病的人。中国公民和外国人均可成为本罪的主体。

(二)必须实施了卖淫、嫖娼的行为。至于实际是否已造成他人染上性病的结果，不影响本罪的成立。行为人通过其他方式(如通奸等)将性病传播给他人的，不构成本罪。

(三)具备以下情形之一的，可以认定为“明知”：

1、有证据证明曾到医院就医，被诊断为患有严重性病的；

2、根据本人的知识和经验，能够知道自己患有严重性病的；

3、通过其他方法能够证明被告人是“明知”的。

九、对《决定》中提到的“他人”、“多人”、“多次”应当怎样理解？

(一)组织、协助组织、强迫、引诱、容留、介绍他人卖淫中的“他人”，主要是指女人，也包括男人。

(二)《决定》和本《解答》中的“多人”、“多次”的“多”，是指“三”以上的数(含本数)。

十、如何理解《决定》的时效问题？

(一)对在《决定》公布施行后发生的案件，依照《决定》的规定办理。对在《决定》公布施行前发生、公布施行后尚未处理或者正在处理的案件，依照刑法第九条规定的原则办理。

(二)本《解答》发布后，对应当按照《决定》处理的案件，适用本《解答》。《决定》公布施行前已处理的案件和本《解答》发布前已按《决定》处理的案件，不再适用本《解答》。

(三)鉴于《决定》对刑法第一百四十条和第一百六十九条以及《全国人民代表大会常务委员会关于严惩严重危害社会治安的犯罪分子的决定》第一条第6项的规定已进行修改、补充，对《决定》公布施行后依照《决定》处理的案件，在诉讼文书中不再引用上述有关条文。

最高人民法院最高人民检察院关于执行《全国人民代表大会常务委员会关于严惩拐卖、绑架妇女、儿童的犯罪分子的决定》的若干问题的解答

一、《全国人民代表大会常务委员会关于严惩拐卖、绑架妇女、儿童的犯罪分子的决定》规定了几个新罪名

《全国人民代表大会常务委员会关于严惩拐卖、绑架妇女、儿童的犯罪分子的决定》(以下简称《决定》)规定了6个新罪名，即：拐卖妇女、儿童罪(第一条)；绑架妇女、儿童罪(第二条第一款)；绑架勒索罪(第二条第三款)；收买被拐卖、绑架的妇女、儿童罪(第三条第一款)；聚众阻碍解救被收买的妇女、儿童罪(第四条第三款)；利用职务阻碍解救被拐卖、绑架的妇女、儿童罪(第五条第二款)。

上述各罪除绑架勒索罪外，其余均为选择性罪名。

二、怎样认定拐卖妇女、儿童罪

根据《决定》第一条第二款的规定，拐卖妇女、儿童罪，是指以出卖为目的，拐骗、收买、贩卖、接送或者中转妇女、儿童的行为。只要实施其中一种行为的，即构成本罪。

(一)借收养名义拐卖儿童的，以拐卖儿童罪追究刑事责任。

(二)确属通过介绍婚姻、介绍收养儿童索取了财物的，不构成本罪。

(三)拐卖妇女、儿童以外的人口的，依照刑法第一百四十一条和《全国人民代表大会常务委员会关于严惩严重危害社会治安的犯罪分子的决定》第一条第3项的规定，以拐卖人口罪定罪处罚。

三、怎样理解《决定》第一条第一款第(三)项关于

"奸淫被拐卖的妇女"的规定

《决定》第一条第一款第(三)项所规定的"奸淫被拐卖的妇女的",是指拐卖妇女的犯罪分子在拐卖过程中,与被害妇女发生性关系的行为。不论行为人是否使用了暴力或者胁迫手段,也不论被害妇女是否有反抗行为,都应当按照该款规定处罚。

四、怎样理解《决定》第一条第一款第(五)项关于"造成被拐卖的妇女、儿童或者其亲属重伤、死亡或者其他严重后果的"规定

《决定》第一条第一款第(五)项所规定的"造成被拐卖的妇女、儿童或者其亲属重伤、死亡或者其他严重后果的",是指由于犯罪分子拐卖妇女、儿童的行为,直接、间接造成被拐卖的妇女、儿童或者其亲属重伤、死亡或者其他严重后果的。例如:由于犯罪分子采取拘禁、捆绑、虐待等手段,致使被害人重伤、死亡或者造成其他严重后果的;由于犯罪分子的拐卖行为以及拐卖中的侮辱、殴打等行为引起的被害人或者其亲属自杀、精神失常或者其他严重后果的,等等。

对被拐卖的妇女、儿童进行故意杀害、伤害的,应当以故意杀人罪或者故意伤害罪与拐卖妇女、儿童罪实行并罚。

五、如何区分绑架妇女、儿童罪和绑架勒索罪

(一)根据《决定》第二条的规定,绑架妇女、儿童罪,是指以出卖为目的,使用暴力、胁迫或者麻醉方法,劫持妇女、儿童的行为。绑架勒索罪,是指以勒索财物为目的,使用暴力、胁迫或者麻醉方法,劫持他人的行为。两罪的主要区别在于:1. 犯罪目的不同。前者是以出卖为目的,后者则是以勒索财物为目的。2. 犯罪侵犯的客体不同。前者侵犯的是被绑架人的人身权利,后者侵犯的不仅是被绑架人的人身权利,还侵犯了他们的财产权利。3. 犯罪对象不同。前者的绑架对象仅指妇女、儿童,后者则是指包括妇女、儿童在内的一切人。

(二)根据《决定》第二条第二款的规定,以出卖为目的,偷盗婴、幼儿的,以绑架儿童罪定罪,并依照《决定》第二条第一款的规定处罚。

(三)以勒索财物为目的,偷盗婴、幼儿的,以绑架勒索罪定罪,并依照《决定》第二条第一款的规定处罚。

(四)以索债为目的,非法剥夺他人人身自由的,定非法拘禁罪,不能定绑架勒索罪。

六、怎样认定拐卖妇女、儿童罪和绑架妇女、儿童罪中"情节特别严重"的行为

拐卖妇女、儿童罪中的"情节特别严重",是指《决定》第一条第一款所列六项情形中特别严重的情节。在具体执行中,不应在这六项情形之外扩大范围。

绑架妇女、儿童罪中的"情节特别严重",主要是指绑架妇女、儿童犯罪集团的首要分子情节特别严重的;绑架手段极其残忍、恶劣的;造成被害人或者其家属重伤、死亡或者其他严重后果情节特别严重的;绑架妇女、儿童多人具有极大社会危害性的,等等。

七、怎样认定收买被拐卖、绑架的妇女、儿童罪

根据《决定》第三条第一款的规定,收买被拐卖、绑架的妇女、儿童罪,是指不以出卖为目的,收买被拐卖、绑架的妇女、儿童的行为。以出卖为目的,收买被拐卖、绑架的妇女、儿童的,以拐卖妇女、儿童罪论处。

(一)收买人必须明知是被拐卖、绑架的妇女、儿童而予以收买的,才能构成本罪。

(二)共同参与了收买被拐卖、绑架的妇女、儿童犯罪行为的(例如,有些收买行为是全体家庭成员或者亲属朋友共同商量决定的等),对于其中的主犯,应当追究刑事责任;对于其他参与者,如果是情节显著轻微危害不大的,不认为是犯罪,不追究刑事责任。

(三)被买妇女与收买人已成婚,并愿意留在当地共同生活的,对收买人可以视为"按照被买妇女的意愿,不阻碍其返回原居住地",不追究刑事责任。

八、怎样划分婴儿、幼儿、儿童的年龄界限

《决定》和本《解答》中所说的"儿童",是指不满14岁的人。其中,不满1岁的为婴儿,1岁以上不满6岁的为幼儿。

九、如何理解《决定》的时效问题

(一)对在《决定》公布施行后发生的案件,依照《决定》的规定办理。对在《决定》公布施行前发生、公布施行后尚未处理或者正在处理的案件,依照刑法第九条规定的原则办理。

(二)本《解答》发布后,对应当按照《决定》处理的案件,适用本《解答》。《决定》公布施行前已处理的案件和本《解答》发布前已按《决定》处理的案件,不再适用本《解答》。

(三)本《解答》发布前有关办理拐卖、绑架妇女、儿童案件的司法解释,与本《解答》不一致的,不再适用。

国务院作出关于表彰山东省地质矿产局第六地质队的决定

决定说,山东省地质矿产局第六地质队是全国地矿战线上功勋卓著的英雄群体。自1958年建队以来,他们几十年如一日,发扬以献身地质事业为荣、以艰苦奋斗为荣、以找矿立功为荣的精神,在平凡的工作岗位上,怀着对祖国和人民的无限忠诚,凭着高度的主人翁责任感和事业心,依靠科技,注重实践,顽强拼搏,奋发进取,克服了种种困难,先后探明特大金矿五处,大、中、小型金矿床共28处,提交黄金储量约占全国探明岩金储量的1/3。此外,还提交了储量可观的银、铅、锌、稀土等矿产资源。以他们的金矿勘查成果为基础,

山东省胶东地区已建成投产金、银矿山近百处，成为我国第一大黄金生产基地，年产黄金居全国之首。他们在实践中探索并创立的“焦家式”金矿模式，打破了“大断裂带只导矿不储矿”的传统理论，不仅使我国金矿勘查实现了重大突破，而且在国际地学界也产生了重大而深远的影响。他们在金矿勘查中取得的重大成果和无私奉献精神，在我国黄金地质勘查史上谱写了光辉的篇章，为全国人民树立了榜样。

为了表彰这支英雄的队伍，国务院决定：对山东省地质矿产局第六地质队通令嘉奖，并授予该队“功勋卓著无私奉献的英雄地质队”荣誉称号。

决定说，国务院号召全国各条战线的广大职工向山东省地质矿产局第六地质队学习，学习他们热爱祖国，热爱社会主义事业，全心全意为人民服务的崇高思想；学习他们勇于解放思想，锐意改革，不断进取的开拓意识；学习他们依靠科技，勇于探索，求实创新的科学态度；学习他们艰苦创业，顽强拼搏，为国立功的奉献精神。

国务院希望山东省地质矿产局第六地质队再接再厉，在新的历史时期为祖国的社会主义现代化事业再立新功；希望广大干部和群众以山东省地质矿产局第六地质队为榜样，认真学习和贯彻落实党的十四大精神，立足本职，胸怀全局，解放思想，实事求是，加强学习，埋头苦干，为夺取有中国特色的社会主义事业的更大胜利而努力奋斗。

国务院总理李鹏签署第 107 号令发布《储蓄管理条例》

《储蓄管理条例》已经国务院第九十七次常务会议通过，现予发布，自 1993 年 3 月 1 日起施行。

总理　李　鹏

1992 年 12 月 11 日

储蓄管理条例

第一章　总　则

第一条　为了发展储蓄事业，保护储户的合法权益，加强储蓄管理，制定本条例。

第二条　凡在中国境内办理储蓄业务的储蓄机构和参加储蓄的个人，必须遵守本条例的规定。

第三条　本条例所称储蓄是指个人将属于其所有的人民币或者外币存入储蓄机构，储蓄机构开具存折或者存单作为凭证，个人凭存折或者存单可以支取存款本金和利息，储蓄机构依照规定支付存款本金和利息的活动。

任何单位和个人不得将公款以个人名义转为储蓄存款。

第四条　本条例所称储蓄机构是指经中国人民银行或其分支机构批准，各银行、信用合作社办理储蓄业务的机构，以及邮政企业依法办理储蓄业务的机构。

第五条　国家保护个人合法储蓄存款的所有权及其他合法权益，鼓励个人参加储蓄。

储蓄机构办理储蓄业务，必须遵循“存款自愿，取款自由，存款有息，为储户保密”的原则。

第六条　中国人民银行负责全国储蓄管理工作。

中国人民银行及其分支机构负责储蓄机构和储蓄业务的审批，协调、仲裁有关储蓄机构之间在储蓄业务方面的争议，监督、稽核储蓄机构的业务工作，纠正和处罚违反国家储蓄法律、法规和政策的行为。

第七条　中国人民银行经国务院批准，可以采取适当措施稳定储蓄，保护储户利益。

第八条　除储蓄机构外，任何单位和个人不得办理储蓄业务。

第二章　储蓄机构

第九条　储蓄机构的设置，应当遵循统一规划，方便群众，注重实效，确保安全的原则。

第十条　储蓄机构的设置，应当按照国家有关规定报中国人民银行或其分支机构批准，并申领《经营金融业务许可证》，但国家法律、行政法规另有规定的除外。

第十一条　储蓄机构的设置必须具备下列条件：

(一)有机构名称、组织机构和营业场所；

(二)熟悉储蓄业务的工作人员不少于四人；

(三)有必要的安全防范设备。

第十二条　经当地中国人民银行分支机构批准，储蓄机构可以设立储蓄代办点。储蓄代办点的管理办法，由中国人民银行规定。

第十三条　储蓄机构应当按照规定时间营业，不得擅自停业或者缩短营业时间。

第十四条　储蓄机构应当保证储蓄存款本金和利息的支付，不得违反规定拒绝支付储蓄存款本金和利息。

第十五条　储蓄机构不得使用不正当手段吸收储蓄存款。

第三章　储蓄业务

第十六条　储蓄机构可以办理下列人民币储蓄业务：

(一)活期储蓄存款；

(二)整存整取定期储蓄存款；

(三)零存整取定期储蓄存款；

(四)存本取息定期储蓄存款；

(五)整存零取定期储蓄存款；

(六)定活两便储蓄存款；

(七)华侨(人民币)整存整取定期储蓄存款；

(八)经中国人民银行批准开办的其他种类的储蓄

存款。

第十七条 经外汇管理部门批准，储蓄机构可以办理下列外币储蓄业务：

（一）活期储蓄存款；

（二）整存整取定期储蓄存款；

（三）经中国人民银行批准开办的其他种类的外币储蓄存款。

办理外币储蓄业务，存款本金和利息应当用外币支付。

第十八条 储蓄机构办理定期储蓄存款时，根据储户的意愿，可以同时为储户办理定期储蓄存款到期自动转存业务。

第十九条 根据国家住房改革的有关政策和实际需要，经当地中国人民银行分支机构批准，储蓄机构可以办理个人住房储蓄业务。

第二十条 经中国人民银行或其分支机构批准，储蓄机构可以办理下列金融业务：

（一）发售和兑付以居民个人为发行对象的国库券、金融债券、企业债券等有价证券；

（二）个人定期储蓄存款存单小额抵押贷款业务；

（三）其他金融业务。

第二十一条 储蓄机构可以办理代发工资和代收房租、水电费等服务性业务。

第四章 储蓄存款利率和计息

第二十二条 储蓄存款利率由中国人民银行拟订，经国务院批准后公布，或者由国务院授权中国人民银行制定、公布。

第二十三条 储蓄机构必须挂牌公告储蓄存款利率，不得擅自变动。

第二十四条 未到期的定期储蓄存款，全部提前支取的，按支取日挂牌公告的活期储蓄存款利率计付利息；部分提前支取的，提前支取的部分按支取日挂牌公告的活期储蓄存款利率计付利息，其余部分到期时按存单开户日挂牌公告的定期储蓄存款利率计付利息。

第二十五条 逾期支取的定期储蓄存款，其超过原定存期的部分，除约定自动转存的外，按支取日挂牌公告的活期储蓄存款利率计付利息。

第二十六条 定期储蓄存款在存期内遇有利率调整，按存单开户日挂牌公告的相应的定期储蓄存款利率计付利息。

第二十七条 活期储蓄存款在存入期间遇有利率调整，按结息日挂牌公告的活期储蓄存款利率计付利息。全部支取活期储蓄存款，按清户日挂牌公告的活期储蓄存款利率计付利息。

第二十八条 储户认为储蓄存款利息支付有错误时，有权向经办的储蓄机构申请复核；经办的储蓄机构应当及时受理、复核。

第五章 提前支取、挂失、查询和过户

第二十九条 未到期的定期储蓄存款，储户提前支取的，必须持存单和存款人的身份证明办理；代储户支取的，代支取人还必须持其身份证明。

第三十条 存单、存折分为记名式和不记名式。记名式的存单、存折可以挂失，不记名式的存单、存折不能挂失。

第三十一条 储户遗失存单、存折或者预留印鉴的印章的，必须立即持本人身份证明，并提供储户的姓名、开户时间、储蓄种类、金额、账号及住址等有关情况，向其开户的储蓄机构书面申请挂失。在特殊情况下，储户可以用口头或者函电形式申请挂失，但必须在五天内补办书面申请挂失手续。

储蓄机构受理挂失后，必须立即停止支付该储蓄存款；受理挂失前该储蓄存款已被他人支取的，储蓄机构不负赔偿责任。

第三十二条 储蓄机构及其工作人员对储户的储蓄情况负有保密责任。

储蓄机构不代任何单位和个人查询、冻结或者划拨储蓄存款，国家法律、行政法规另有规定的除外。

第三十三条 储蓄存款的所有权发生争议，涉及办理过户的，储蓄机构依据人民法院发生法律效力的判决书、裁定书或者调解书办理过户手续。

第六章 法律责任

第三十四条 违反本条例规定，有下列行为之一的单位和个人，由中国人民银行或其分支机构责令其纠正，并可以根据情节轻重处以罚款、停业整顿、吊销《经营金融业务许可证》；情节严重，构成犯罪的，依法追究刑事责任：

（一）擅自开办储蓄业务的；

（二）擅自设置储蓄机构的；

（三）储蓄机构擅自开办新的储蓄种类的；

（四）储蓄机构擅自办理本条例规定以外的其他金融业务的；

（五）擅自停业或者缩短营业时间的；

（六）储蓄机构采取不正当手段吸收储蓄存款的；

（七）违反国家利率规定，擅自变动储蓄存款利率的；

（八）泄露储户储蓄情况或者未经法定程序代为查询、冻结、划拨储蓄存款的；

（九）其他违反国家储蓄法律、法规和政策的。

违反本条例第三条第二款规定的，依照国家有关规定予以处罚。

第三十五条 对处罚决定不服的，当事人可以依照《行政复议条例》的规定申请复议。对复议决定不服的，当事人可以依照《中华人民共和国行政诉讼法》的规定向人民法院提起诉讼。

第三十六条　复议申请人逾期不起诉又不履行复议决定的，依照《行政复议条例》的规定执行。

第三十七条　储蓄机构违反国家有关规定，侵犯储户合法权益，造成损失的，应当依法承担赔偿责任。

第七章　附　则

第三十八条　本条例施行前的定期储蓄存款，在原定存期内，依照本条例施行前国家有关规定办理计息事宜。

第三十九条　本条例由中国人民银行负责解释，实施细则由中国人民银行制定。

第四十条　本条例自 1993 年 3 月 1 日起施行。1980 年 5 月 28 日中国人民银行发布的《中国人民银行储蓄存款章程》同时废止。

12 月 12 日

国务院授予人民警察警衔仪式在人民大会堂小礼堂举行

国务院总理李鹏向总警监、副总警监和一级、二级警监代表 51 人颁发授予警衔命令证书。

被授予总警监警衔的是陶驷驹、顾林昉、贾春旺；被授予副总警监警衔的是田期玉、俞雷、白景富、蒋先进、胡之光、苏仲祥、宋平顺、夏仲烈、王胜俊、林超群、王金堂、唐正人、李治时。

出席仪式的领导还有朱镕基、姚依林、邹家华、王汉斌、张震、任建新、刘复之等。

党和国家领导人江泽民李鹏万里乔石李瑞环朱镕基刘华清胡锦涛在人民大会堂会见参加国务院授予人民警察警衔仪式的总警监、副总警监、一级警监、二级警监

国务院总理李鹏在国务院授予人民警察警衔仪式上发表讲话

同志们：

今天，国务院举行隆重的授衔仪式，为公安部门、国家安全部门、劳动改造、劳动教养管理部门担任领导职务的人民警察，分别授予总警监、副总警监、一级警监、二级警监的警衔，这是党和人民对你们所作贡献的肯定，是给予你们崇高的荣誉，也是全体人民警察的光荣。我代表党中央、国务院和中央军委，向你们表示热烈的祝贺。人民警察是一支政治上可靠，党和人民信赖的队伍，在保卫社会主义制度，维护社会治安，捍卫人民民主专政，保护公民合法权益等方面的工作中，作出了不懈的努力和重要的贡献。在此，谨向你们并通过你们向全国人民警察表示衷心的感谢。同时向在人民警察岗位上光荣离休、退休的同志们致以崇高的敬意。

实行警衔制度是人民警察的性质、任务所决定的，是加强和完善人民警察队伍建设的一项重大措施。人民警察是武装性质的国家治安行政力量，担负着维护国家安全和社会稳定，保卫改革开放和社会主义经济建设的艰巨任务。警察队伍的管理体制、机构设置，装备保障等不同于一般行政机关。这就要求这支队伍不仅要有很高的政治觉悟、无私的奉献精神、高度的组织纪律性，而且还要做到统一指挥、快速反应、连续作战，具有很强的战斗力。警衔制度的实施，对于充分发挥人民警察的职能，进一步加强人民警察队伍的革命化、现代化、正规化建设；对于增强人民警察的责任心、荣誉感和组织纪律性，提高队伍的战斗力，都具有十分重要的意义。我相信通过实行警衔制度，必将对人民警察队伍建设起到巨大的推动作用。

同志们，党的十四大号召全党、全军和全国各族人民加快改革开放和现代化建设的步伐，夺取有中国特色的社会主义事业的更大胜利。实现这一宏伟目标，需要全党同志和各族人民的共同努力，需要我们团结奋斗，克服前进中的困难，同时也需要创造一个良好的社会治安环境和团结稳定的政治局面。各级党委、政府要继续重视和加强人民警察队伍的建设，强化人民民主专政职能，依靠专门机关与广大人民群众相结合，坚持综合治理，坚决打击敌对势力和各种刑事犯罪活动。全体人民警察要认真学习邓小平同志的建设有中国特色社会主义的理论，增强贯彻执行党的基本路线的自觉性和坚定性；要树立全心全意为人民服务的思想，加强廉政建设，密切警民关系，改进工作作风，始终把党的事业和人民的利益放在首位；要严格教育、严格训练、严格纪律，努力提高政治素质、业务素质和执法水平，以高度的革命事业心和政治责任感为保卫社会主义经济建设和改革开放贡献力量。

同志们，建设有中国特色的社会主义现代化强国，是历史赋予我们的神圣使命。我深信在以江泽民同志为核心的党中央的正确领导下，人民警察队伍的革命化、现代化、正规化建设必将迈出更大的步伐，相信全体人民警察决不会辜负党和人民的期望与重托，为社会主义现代化建设创造良好的治安环境，作出更大的贡献！

邓小平经济思想理论研讨会在四川广安召开

人民日报社理论部、《人民论坛》杂志社编辑部和中共南充地委在四川省广安县联合召开邓小平经济思想理论研讨会。100多位专家、学者、企业家代表与会，参加红四方面军入川暨川陕革命根据地创建60周年活动的部分老红军也参加了会议。

与会者认为，邓小平同志建设有中国特色的社会主义理论是马克思列宁主义基本原理与当代中国实际和时代特征相结合的最新成果，是当代中国的马克思主义。学习、研究和宣传这一理论，用它来武装全党，指导工作，是夺取改革开放和社会主义建设胜利的根本保证。邓小平同志的经济思想理论是邓小平同志建设有中国特色的社会主义理论的重要组成部分。它既是马克思、恩格斯、列宁、毛泽东的经济思想理论的继承和在新的历史条件下的运用，又是马克思主义经济理论的丰富和重大发展。这一理论博大精深，内容十分丰富。这些都极大地丰富了马克思主义的经济理论宝库，是我国人民最珍贵的精神财富。与会的专家、学者认为，我们理论工作者有必要，也有责任去深入地研究、概括邓小平同志丰富的经济思想理论，并以研究的成果来改写现有的政治经济学教科书，完整、准确地进行宣传教育。与会的企业家和从事经济领导工作的同志认为，今后要建立和完善社会主义市场经济体制，加快改革开放和现代化建设步伐，仍然需要完整、准确地把握邓小平同志的经济思想，进一步解放思想，真抓实干。

国务院关于《中华人民共和国专利法实施细则》的批复

中国专利局：

国务院批准《中华人民共和国专利法实施细则》，由你局发布施行。

附：中华人民共和国专利法实施细则

国务院

一九九二年十二月十二日

中华人民共和国专利局令

《中华人民共和国专利法实施细则》已经国务院一九九二年十二月十二日批准修订，予以发布，自一九九三年一月一日起施行。

局长 高卢麟

一九九二年十二月二十一日

中华人民共和国专利法实施细则

（一九九二年十二月十二日国务院批准修订）

第一章 总 则

第一条 根据《中华人民共和国专利法》（以下简称专利法），制定本细则。

第二条 专利法所称发明，是指对产品、方法或者其改进所提出的新的技术方案。

专利法所称实用新型，是指对产品的形状、构造或者其结合所提出的适于实用的新的技术方案。

专利法所称外观设计，是指对产品的形状、图案、色彩或者其结合所作出的富有美感并适于工业上应用的新设计。

第三条 专利法和本细则规定的各种手续，应当以书面形式办理。

第四条 依照专利法和本细则规定提交的各种文件应当使用中文。国家有统一规定的科技术语，应当采用规范词。外国人名、地名和科技术语没有统一中文译文的，应当注明原文。

依照专利法和本细则规定提交的各种证件和证明文件是外文的，专利局认为必要时，可以要求当事人在指定期限内附送中文译文；期满未附送的，视为未提交该证件和证明文件。

第五条 向专利局邮寄的各种文件，以寄出的邮戳日为递交日。信封上寄出的邮戳日不清晰的，除当事人能够提出证明外，以专利局收到日为递交日。

专利局的各种文件，可以通过邮寄、直接送交或者以公告的方式送达当事人。当事人委托专利代理机构的，文件送交专利代理机构；未委托专利代理机构的，文件送交请求书中第一署名人或者代表人。当事人拒绝接收文件的，该文件视为已经送达。

专利局邮寄的各种文件，自文件发出之日起满十五日，推定为当事人收到文件之日。

根据专利局规定应当直接送交的文件，以交付日为送达日。

文件送交地址不清，无法邮寄的，可以通过公告的方式送达当事人。自公告之日起满一个月，该文件视为已经送达。

第六条 专利法和本细则规定的各种期限的第一日不计算在期限内。期限以年或者月计算的，以其最后一月的相应日为期限届满日；该月无相应日的，以该月最后一日为期限届满日。

期限届满日是法定节假日的，以节假日后的第一个工作日为期限届满日。

第七条 当事人因不可抗拒的事由而耽误专利法或者本细则规定的期限或者专利局指定的期限，造成其权利丧失的，自障碍消除之日起二个月内，但是最迟自期限届满之日起二年内，可以向专利局说明理由并附具有关证明文件，请求恢复其权利。

当事人因正当理由而耽误专利法或者本细则规定的期限或者专利局指定的期限，造成其权利丧失的，可以自收到专利局的通知之日起二个月内向专利局说明理由，请求恢复其权利。

当事人请求延长专利局指定的期限的，应当在期限届满前，向专利局说明理由并办理有关手续。

本条第一款和第二款的规定不适用专利法第二十四条、第二十九条、革四十一条、第四十五条、第六十一条规定的期限。

本条第二款的规定不适用本细则第八十八条规定的期限。

第八条　国防系统各单位申请发明专利，涉及国防方面的国家秘密需要保密的，其专利申请由国务院国防科学技术主管部门设立的专利机构受理；专利局受理的涉及国防方面的国家秘密需要保密的发明专利申请，应当移交国务院国防科学技术主管部门设立的专利机构审查，由专利局根据该专利机构的审查意见作出决定。

除前款规定外，专利局受理发明专利申请后，应当将需要进行保密审查的申请转送国务院有关主管部门审查；有关主管部门应当自收到该申请之日起四个月内，将审查结果通知专利局；需要保密的，由专利局按照保密专利申请处理，并且通知申请人。

第九条　除专利法第二十八条和第四十五条的规定外，专利法所称申请日，有优先权的，指优先权日。

本细则所称申请日，是指向专利局提出专利申请之日。

第十条　专利法第六条所称执行本单位的任务所完成的职务发明创造是指：

(一)在本职工作中作出的发明创造；

(二)履行本单位交付的本职工作之外的任务所作出的发明创造；

(三)退职、退休或者调动工作后一年内作出的，与其在原单位承担的本职工作或者原单位分配的任务有关的发明创造。

专利法第六条所称本单位的物质条件，是指本单位的资金、设备、零部件、原材料或者不对外公开的技术资料等。

第十一条　专利法所称发明人或者设计人，是指对发明创造的实质性特点作出创造性贡献的人。在完成发明创造过程中，只负责组织工作的人、为物质条件的利用提供方便的人或者从事其他辅助工作的人，不应当被认为是发明人或者设计人。

第十二条　同样的发明创造只能被授予一项专利。

专利法第九条规定的两个以上的申请人在同一日分别就同样的发明创造申请专利的，应当在收到专利局的通知后自行协商确定申请人。

第十三条　专利权人与他人订立的专利实施许可合同，应当自合同生效之日起三个月内向专利局备案。

第十四条　专利法第十九条第一款和第二十条规定的专利代理机构由国务院授权专利局指定。

第十五条　对一项发明创造的专利申请权或者被授予的专利权发生争议时，当事人可以请求专利管理机关处理，也可以直接向人民法院提起诉讼。

当事人因专利申请权或者专利权发生纠纷，并已请求专利管理机关处理或者向人民法院提起诉讼的，可以请求专利局中止有关程序。

依照前款规定请求中止有关程序的，应当向专利局提交请求书，并附具专利管理机关或者人民法院的有关受埋文件。

第二章　专利的申请

第十六条　申请专利的，应当向专利局提交申请文件一式两份。

申请人委托专利代理机构向专利局申请专利和办理其他专利事务的，应当同时提交委托书，写明委托权限。

第十七条　专利法第二十六条第二款所称请求书中的其他事项是指：

(一)申请人的国籍；

(二)申请人是企业或者其他组织的，其总部所在的国家；

(三)申请人委托专利代理机构的，应当注明的有关事项；

(四)要求优先权的，应当注明的有关事项；

(五)申请人或者专利代理机构的签字或者盖章；

(六)申请文件清单；

(七)附加文件清单；

(八)其他需要注明的有关事项。

申请人有两个以上而未委托专利代理机构的，应当指定一人为代表人。

第十八条　发明或者实用新型专利申请的说明书应当按照下列方式和顺序撰写：

(一)发明或者实用新型的名称，该名称应当与请求书中的名称一致；

(二)发明或者实用新型所属技术领域；

(三)就申请人所知，写明对发明或者实用新型的理解、检索、审查有用的背景技术，并且引证反映这些背景技术的文件；

(四)发明或者实用新型的目的；

(五)写明要求保护的发明或者实用新型的技术方案，使所属技术领域的技术人员能够理解，并且能够达到发明或者实用新型的目的；

(六)发明或者实用新型与背景技术相比所具有的有益的效果；

(七)有附图的，应当有图面说明；

(八)详细描述申请人认为实现发明或者实用新型

的最好方式，在适当的情况下，应当举例说明；有附图的，应当对照附图。

发明或者实用新型专利申请人应当按照前款规定的方式和顺序撰写说明书，除非其发明或者实用新型的性质用其他方式或者顺序撰写能节约说明书的篇幅并使他人能更好地理解其发明或者实用新型。

发明或者实用新型说明书中不得使用“如权利要求……所述的……”一类的引用语，也不得使用商业性宣传用语。

第十九条 发明或者实用新型的几幅附图可以绘在一张图纸上，附图应当按照“图 1，图 2，……”顺序编号排列。

附图的大小及清晰度，应当保证在该图缩小到三分之二时，仍能清楚地分辨出图中的各个细节。

发明或者实用新型说明书文字部分中未提及的附图标记不得在附图中出现，附图中未出现的附图标记不得在说明书文字部分中提及。申请文件中表示同一组成部分的附图标记应当一致。

附图中除必需的词语外，不应当含有其他注释。

第二十条 权利要求书应当说明发明或者实用新型的技术特征，清楚并简要地表述请求保护的范围。

权利要求书有几项权利要求的，应当用阿拉伯数字顺序编号。

权利要求书中使用的科技术语应当与说明书中使用的科技术语一致，可以有化学式或者数学式，但是不得有插图。除绝对必要的外，不得使用“如说明书……部分所述”或者“如图……所示”的用语。

权利要求中的技术特征可以引用说明书附图中相应的标记，该标记应当放在相应的技术特征后面，并置于括号内，以利于理解权利要求。附图标记不得解释为对权利要求的限制。

第二十一条 权利要求书应当有独立权利要求，也可以有从属权利要求。

独立权利要求应当从整体上反映发明或者实用新型的技术方案，记载为达到发明或者实用新型目的的必要技术特征。

从属权利要求应当用要求保护的附加技术特征，对引用的权利要求作进一步的限定。

第二十二条 发明或者实用新型的独立权利要求应当包括前序部分和特征部分，按照下列规定撰写：

（一）前序部分：写明发明或者实用新型要求保护的主题名称和发明或者实用新型主题与现有技术共有的必要技术特征；

（二）特征部分：使用“其特征是……”或者类似的用语，写明发明或者实用新型区别于现有技术的技术特征。这些特征和前序部分写明的特征合在一起，限定发明或者实用新型要求保护的范围。

发明或者实用新型的性质不适合用前款方式表达的，独立权利要求可以用其他方式撰写。

一项发明或者实用新型应当只有一个独立权利要求，并写在同一发明或者实用新型的从属权利要求之前。

第二十三条 发明或者实用新型的从属权利要求应当包括引用部分和限定部分，按照下列规定撰写：

（一）引用部分：写明引用的权利要求的编号及其主题名称；

（二）限定部分：写明发明或者实用新型附加的技术特征。

引用一项或者两项以上权利要求的从属权利要求，只能引用在前的权利要求。引用两项以上权利要求的多项从属权利要求，不得作为另一项多项从属权利要求的基础。

第二十四条 摘要应当写明发明或者实用新型所属的技术领域、需要解决的技术问题、主要技术特征和用途。摘要可以包含最能说明发明的化学式。有附图的专利申请，应当由申请人指定并提供一幅最能说明该发明或者实用新型技术特征的附图。附图的大小及清晰度应当保证在该图缩小到 4 厘米×6 厘米时，仍能清楚地分辨出图中的各个细节。摘要文字部分不得超过 200 个字。摘要中不得使用商业性宣传用语。

第二十五条 申请专利的发明涉及新的微生物、微生物学方法或者其产品，而且使用的微生物是公众不能得到的，除该申请应当符合专利法和本细则的有关规定外，申请人并应当办理下列手续：

（一）在申请日前或者最迟在申请日，将该微生物菌种提交专利局指定的微生物菌种保藏单位保藏，并在申请时或者最迟自申请日起三个月内提交保藏单位出具的保藏证明和存活证明；期满未提交证明的，该菌种被视为未提交保藏；

（二）在申请文件中，提供有关微生物特征的资料；

（三）涉及微生物菌种保藏的专利申请应当在请求书和说明书中写明该微生物的分类命名（注明拉丁文名称）、保藏该微生物菌种的单位名称、地址、保藏日期和保藏编号；申请时未写明的，应当自申请日起三个月内补正；期满未补正的，该菌种被视为未提交保藏。

第二十六条 有关微生物的发明专利申请公布后，任何单位或者个人需要将专利申请所涉及的微生物作为实验目的的使用的，应当向专利局提出请求，并写明下列事项：

（一）请求人的姓名或者名称和地址；

（二）不向其他任何人提供菌种的保证；

（三）在授予专利权之前，只作为实验目的使用的保证。

第二十七条　依照专利法第二十七条规定提交的外观设计的图片或者照片，不得小于 3 厘米×8 厘米，也不得大于 15 厘米×22 厘米。

同时请求保护色彩的外观设计专利申请，应当提交彩色和黑白的图片或者照片各一份。

申请人应当就每件外观设计产品所需要保护的内容提交有关视图或者照片，以清楚地显示请求保护的对象。

第二十八条　申请外观设计专利的，必要时应当写明对外观设计的简要说明。

外观设计的简要说明应当写明使用该外观设计的产品的主要创作部位、请求保护色彩、省略视图等情况。简要说明不得使用商业性宣传用语，也不能用来说明产品的性能和用途。

第二十九条　专利局认为必要时，可以要求外观设计专利申请人提交使用外观设计的产品样品或者模型。样品或者模型的体积不得超过 30 厘米×30 厘米×30 厘米，重量不得超过 15 公斤。易腐、易损或者危险品不得作为样品或者模型提交。

第三十条　专利法第二十二条第三款所称已有的技术，是指申请日前在国内外出版物上公开发表、在国内公开使用或者以其他方式为公众所知的技术，即现有技术。

第三十一条　专利法第二十四条第二项所称学术会议或者技术会议，是指国务院有关主管部门或者全国性学术团体组织召开的学术会议或者技术会议。

专利申请有专利法第二十四条第一项或者第二项所列情形的，申请人应当在提出专利申请时声明，并自申请日起二个月内，提交有关国际展览会或者学术会议、技术会议的组织单位出具的有关发明创造已经展出或者发表，以及展出或者发表日期的证明文件。

专利申请有专利法第二十四条第三项所列情形的，专利局认为必要时可以要求申请人提出证明文件。

第三十二条　申请人依照专利法第三十条的规定办理要求优先权手续的，应当在书面声明中写明第一次提出的专利申请（以下称在先申请）的申请日、申请号和受理该申请的国家；书面声明中未写明在先申请的申请日和受理该申请的国家的，视为未提出声明。

要求外国优先权的，申请人提交的在先申请文件副本应当经该国受理机关证明要求本国优先权的，申请人提交的在先申请文件副本应当由专利局制作。

第三十三条　申请人在一件专利申请中，可以要求一项或者多项优先权；要求多项优先权的，该申请的优先权期限从最早的优先权日起算。

申请人要求本国优先权的，如果在先申请是发明专利申请，可以就相同主题提出发明或者实用新型专利申请；如果在先申请是实用新型专利申请，可以就相同主题提出实用新型或者发明专利申请。但是，提出后一申请时，在先申请有下列情形之一的，不得作为要求本国优先权的基础：

（一）已经要求过外国或者本国优先权的；

（二）已经被批准授予专利权的；

（三）属于按照规定提出的分案申请的。

申请人要求本国优先权时，其在先申请自后一申请提出之日起即被视为撤回。

第三十四条　在中国没有经常居所或者营业所的申请人，申请专利或者要求外国优先权的，专利局认为必要时，可以要求其提供下列文件：

（一）国籍证明；

（二）申请人是企业或者其他组织的，其营业所或者总部所在地的证明文件；

（三）外国人、外国企业、外国其他组织的所属国，承认中国公民和单位可以按照该国国民的同等条件，在该国享有专利权、优先权和其他与专利有关的权利的证明文件。

第三十五条　依照专利法第三十一条第一款规定，可以作为一件专利申请提出的属于一个总的发明构思的两项以上的发明或者实用新型，应当在技术上相互关联，包含一个或者多个相同或者相应的特定技术特征，其中特定技术特征是指每一项发明或者实用新型作为整体考虑，对现有技术作出贡献的技术特征。

符合前款规定的两项以上发明专利申请的权利要求，可以是下列各项之一：

（一）不能包括在一项权利要求内的两项以上产品或者方法的同类独立权利要求；

（二）产品和专用于制造该产品的方法的独立权利要求；

（三）产品和该产品的用途的独立权利要求；

（四）产品、专用于制造该产品的方法和该产品的用途的独立权利要求；

（五）产品、专用于制造该产品的方法和为实施该方法而专门设计的设备的独立权利要求；

（六）方法和为实施该方法而专门设计的设备的独立权利要求。

符合本条第一款规定的两项以上实用新型专利申请的权利要求，可以是不能包括在一项权利要求内的两项以上产品的独立权利要求。

第三十六条　专利法第三十一条第二款所称同一类别，是指产品属于分类表中同一个小类；成套出售或者使用，是指各产品的设计构思相同，并且习惯上是同时出售、同时使用。

依照专利法第三十一条第二款规定将两项以上外观设计作为一件申请提出的,应当将各件外观设计顺序编号标在每件使用外观设计产品的视图名称的前面。

第三十七条 申请人撤回专利申请的,应当向专利局提出声明,写明发明创造的名称、申请号和申请日。

撤回专利申请的声明是在专利局作好公布专利申请文件的印刷准备工作后提出的,申请文件仍予公布。

第三章 专利申请的审查和批准

第三十八条 在初步审查、实质审查、复审、撤销和无效宣告程序中进行审查和审理的人员有下列情形之一的,应当自行回避,当事人或者其他利害关系人可以要求其回避:

(一)是当事人或者其代理人的近亲属的;

(二)与专利申请或者专利权有利害关系的;

(三)与当事人或者其代理人有其他关系,可能影响公正审查和审理的。

专利复审委员会成员曾参与原申请的审查的,适用前款的规定。

审查和审理人员的回避,由专利局决定。

第三十九条 专利局收到发明或者实用新型专利申请的请求书、说明书(实用新型必须包括附图)和权利要求书,或者外观设计专利申请的请求书和外观设计的图片或者照片后,应当明确申请日、给予申请号,并且通知申请人。

第四十条 专利申请文件有下列情形之一的,专利局不予受理,并且通知申请人:

(一)发明或者实用新型专利申请缺少请求书、说明书(实用新型无附图)和权利要求书的,或者外观设计专利申请缺少请求书、图片或者照片的;

(二)未使用中文的;

(三)不符合本细则第九十四条第一款规定的;

(四)请求书中缺少申请人姓名或者名称及地址的;

(五)明显不符合专利法第十八条或者第十九条第一款的规定的;

(六)专利申请类别(发明、实用新型或者外观设计)不明确或者无法确定的。

第四十一条 说明书中写有对附图的说明但无附图或者缺少部分附图的,申请人应当在专利局指定的期限内补交附图或者声明取消对附图的说明。申请人补交附图的,以向专利局提交或者邮寄附图之日为申请日;取消对附图的说明的,保留原申请日。

第四十二条 一件专利申请包括两项以上发明、实用新型或者外观设计的,申请人可以在专利局发出授予专利权的通知前,向专利局提出分案申请。

专利局认为一件专利申请不符合专利法第三十一条和本细则第三十五条的规定的,应当通知申请人在指定期限内对其申请进行修改;申请人期满未答复的,该申请被视为撤回。

分案的申请不得改变原申请的类别。

第四十三条 依照本细则第四十二条规定提出的分案申请,可以保留原申请日,享有优先权的,可以保留优先权日,但是不得超出原申请公开的范围。

分案申请应当依照专利法及本细则的规定办理各种手续。

分案申请的请求书中应当写明原申请的申请号和申请日。提交分案申请时,申请人应当提交原申请文件副本;原申请享有优先权的,并应当提交原申请的优先权文件副本。

第四十四条 专利法第三十四条和第四十条所称初步审查,是指审查专利申请是否具备专利法第二十六条或者第二十七条规定的文件和其他必要的文件,这些文件是否符合规定的格式;并包括审查下列各项:

(一)发明专利申请是否明显属于专利法第五条、第二十五条的规定的,或者不符合专利法第十八条、第十九条第一款的规定的,或者明显不符合专利法第三十一条第一款、第三十三条或者本细则第二条第一款的规定的;

(二)实用新型专利申请是否明显属于专利法第五条、第二十五条的规定的,或者不符合专利法第十八条、第十九条第一款的规定的,或者明显不符合专利法第三十一条第一款、第三十三条、本细则第二条第二款、第十二条第一款、第十八条至第二十三条的规定的,或者依照专利法第九条规定不能取得专利权的;

(三)外观设计专利申请是否明显属于专利法第五条规定的,或者不符合专利法第十八条、第十九条第一款的规定的,或者明显不符合专利法第三十一条第二款、第三十三条、本细则第二条第三款、第十二条第一款的规定的,或者依照专利法第九条规定不能取得专利权的。

专利局应当将审查意见通知申请人,要求其在指定期限内陈述意见或者补正;申请人期满未答复的,其申请被视为撤回。申请人陈述意见或者补正后,专利局仍然认为不符合前款所列各项规定的,应当予以驳回。

第四十五条 除专利申请文件外,申请人向专利局提交的与专利申请有关的其他文件,有下列情形之一的,被视为未提出:

(一)未使用规定的格式或者填写不符合规定的;

(二)未按照规定提交证明材料的。

专利局应当将视为未提出的审查意见通知申请人。

第四十六条　申请人请求早日公布其发明专利申请的,应当向专利局声明。专利局对该申请进行初步审查后,除予以驳回的外,应当立即将申请予以公布。

第四十七条　申请人依照专利法第二十七条规定写明使用外观设计的产品及其所属类别时,应当使用专利局公布的外观设计产品分类表。未写明使用外观设计的产品所属类别或者所写的类别不确切的,专利局可以予以补充或者修改。

第四十八条　自发明专利申请公布之日起至公告授予专利权之日前,任何人均可以对不符合专利法规定的专利申请向专利局提出意见,并说明理由。

第四十九条　发明专利申请人因有正当理由无法提交专利法第三十六条规定的检索资料或者审查结果资料的,应当向专利局声明,并在得到该项资料后补交。

第五十条　专利局依照专利法第三十五条第二款规定对专利申请自行进行审查时,应当通知申请人。

第五十一条　发明专利申请人在提出实质审查请求或者在对专利局第一次实质审查意见作出答复时,可以对发明专利申请主动提出修改。

实用新型或者外观设计专利申请人自申请日起三个月内,可以对实用新型或者外观设计专利申请主动提出修改。

第五十二条　发明或者实用新型专利申请的说明书或者权利要求书的修改部分,除个别文字修改或者增删外,应当按照规定格式提交替换页。外观设计专利申请的图片或者照片的修改,应当按照规定提交替换页。

第五十三条　依照专利法和本细则规定,发明专利申请经实质审查应当予以驳回的情形是指:

(一)申请不符合本细则第二条第一款规定的;

(二)申请属于专利法第五条、第二十五条的规定的,或者不符合专利法第二十二条、本细则第十二条第一款的规定的,或者依照专利法第九条规定不能取得专利权的;

(三)申请不符合专利法第二十六条第三款、第四款或者第三十一条第一款的规定的;

(四)申请的修改或者分案的申请超出原说明书和权利要求书记载范围的。

第五十四条　专利局发出授予专利权的通知后,申请人应当自收到通知之日起二个月内办理登记手续。申请人按期办理登记手续的,专利局应当授予专利权,颁发专利证书,并予以公告。专利权自颁发专利证书之日起生效。

期满未办理登记手续的,视为放弃取得专利权的权利。

第五十五条　依照专利法第四十一条规定,对专利局公告授予的专利权,可以提出撤销的理由是指:

(一)授予专利权的发明和实用新型不符合专利法第二十二条规定的;

(二)授予专利权的外观设计不符合专利法第二十三条规定的。

第五十六条　依照专利法第四十一条规定请求专利局撤销专利权的,应当提交撤销专利权请求书和有关文件一式两份,说明请求撤销专利权所依据的事实和理由。

专利局对撤销专利权的请求作出决定前,撤销专利权请求人可以撤回其请求。

第五十七条　专利局收到撤销专利权请求书后,应当进行审查。对不符合规定的撤销专利权请求书,应当通知撤销专利权请求人在指定的期限内补正;期满未补正的,该撤销专利权的请求被视为未提出。

撤销专利权请求书中未写明撤销专利权所依据的事实和理由或者提出的理由不符合本细则第五十五条规定的,专利局不予受理。

专利局应当将受理的撤销专利权请求书的副本和有关文件的副本送交专利权人,要求其在指定的期限内陈述意见,专利权人可以修改专利文件,但是不得扩大原专利保护的范围;期满未答复的,不影响专利局审查。

第五十八条　专利复审委员会由专利局指定有经验的技术专家和法律专家组成,主任委员由专利局局长兼任。

第五十九条　依照专利法第四十二条第一款的规定向专利复审委员会请求复审的,应当提交复审请求书,说明理由并附具有关的证明文件。请求书和证明文件应当一式两份。

申请人或者专利权人请求复审时,可以修改被驳回的专利申请或者被撤销的专利文件,但是修改应当仅限于驳回申请的决定或者撤销专利权的决定所涉及的部分。

第六十条　复审请求书不符合规定格式的,复审请求人应当在专利复审委员会指定的期限内补正;期满未补正的,该复审请求被视为未提出。

第六十一条　专利复审委员会应当将受理的复审请求书转交专利局原审查部门进行审查。原审查部门根据复审请求人的请求,同意撤销原决定的,专利复审委员会应当据此作出复审决定,并通知复审请求人。

第六十二条　专利复审委员会进行复审后,认为复审请求不符合专利法规定的,应当通知复审请求人,要求其在指定期限内陈述意见；期满未答复的，该复审请求被视为撤回。

第六十三条 复审请求人在专利复审委员会作出决定前，可以撤回其复审请求。

第六十四条 专利局对专利申请文件中的发明创造名称、摘要或者请求书的明显错误可以予以修改，并通知申请人。

专利局对专利公报和发出的文件中出现的错误，一经发现，应当及时更正。

第四章 专利权的无效宣告

第六十五条 依照专利法第四十八条的规定，请求宣告专利权无效或者部分无效的，应当向专利复审委员会提交专利权无效宣告请求书和有关文件一式两份，说明所依据的事实和理由。

专利复审委员会对无效宣告的请求作出决定前，无效宣告请求人可以撤回其请求。

第六十六条 专利权无效宣告请求书不符合规定格式的，无效宣告请求人应当在专利复审委员会指定的期限内补正；期满未补正的，该无效宣告请求被视为未提出。

无效宣告请求的理由是指被授予专利权的发明创造不符合专利法第二十二条、第二十三条、第二十六条第三款、第四款、第三十三条或者本细则第二条、第十二条第一款的规定的，或者属于专利法第五条、第二十五条的规定的，或者依照专利法第九条规定不能取得专利权的。

专利权无效宣告请求书中未说明所依据的事实和理由或者所提出的理由不符合本条第二款规定的，或者在已提出的撤销专利权请求尚未作出决定前又请求无效宣告的，或者就撤销专利权请求、无效宣告请求已作出的决定，又以同一的事实和理由请求无效宣告的，专利复审委员会不予受理。

第六十七条 专利复审委员会应当将专利权无效宣告请求书的副本和有关文件的副本送交专利权人，要求其在指定的期限内陈述意见，专利权人可以修改专利文件，但是不得扩大原专利保护的范围；期满未答复的，不影响专利复审委员会审理。

第五章 专利实施的强制许可

第六十八条 自专利权被授予之日起满三年后，任何单位均可以依照专利法第五十一条的规定，请求专利局给予强制许可。

请求强制许可的，应当向专利局提交强制许可请求书，说明理由并附具有关证明文件各一式两份。

专利局应当将强制许可请求书的副本送交专利权人，专利权人应当在专利局指定的期限内陈述意见；期满未答复的，不影响专利局作出关于强制许可的决定。

在国家出现紧急状态或者非常情况时，或者为了公共目的的非商业性使用的情况下，专利局可以给予强制许可。

专利局作出的给予实施强制许可的决定，应当依据强制许可的理由规定实施的范围和时间，并限定强制许可实施主要为供应国内市场的需要。

专利局作出的给予实施强制许可的决定，应当尽快通知专利权人，并予以登记和公告。强制许可的理由消除或者不再发生时，专利局可以根据专利权人的请求，对这种情况进行审查，终止实施强制许可。

第六十九条 依照专利法第五十七条规定请求专利局裁决使用费数额的，当事人应当提出裁决请求书，并附具双方不能达成协议的证明文件。专利局应当自收到请求书之日起三个月内作出裁决，并通知当事人。

第六章 对职务发明创造的发明人或者设计人的奖励

第七十条 专利法第十六条所称奖励，包括发给发明人或者设计人的奖金和报酬。

第七十一条 专利权被授予后，专利权的持有单位应当对发明人或者设计人发给奖金。一项发明专利的奖金最低不少于200元；一项实用新型专利或者外观设计专利的奖金最低不少于50元。

由于发明人或者设计人的建议被其所属单位采纳而完成的发明创造，专利权被授予后，专利权的持有单位应当从优发给奖金。

发给发明人或者设计人的奖金，企业单位可以计入成本，事业单位可以从事业费中列支。

第七十二条 专利权的持有单位在专利权的有效期限内，实施发明创造专利后，每年应当从实施发明或者实用新型所得利润纳税后提取0.5%～2%，或者从实施外观设计所得利润纳税后提取0.5%～2%，作为报酬支付发明人或者设计人；或者参照上述比例，发给发明人或者设计人一次性报酬。

第七十三条 发明创造专利权的持有单位许可其他单位或者个人实施其专利的，应当从收取的使用费中纳税后提取5%～10%作为报酬支付发明人或者设计人。

第七十四条 本细则规定的报酬，一律从制造专利产品、使用专利方法所获得的利润和收取的使用费中列支，不计入单位的奖金总额，不计征奖金税。但是，发明人或者设计人的个人所得，应当依法纳税。

第七十五条 本章关于奖金和报酬的规定，集体所有制单位和其他企业可以参照执行。

第七章 专利管理机关

第七十六条 专利法和本细则所称专利管理机关，是指国务院有关主管部门或者地方人民政府设立的专利管理机关。

第七十七条 对于在发明专利申请公布后、专利权授予前使用发明而未支付适当费用的单位或者个人，在专利权授予后，专利权人可以请求专利管理机关处理，也可以直接向人民法院提起诉讼。专利管理机关处理时，有权决定该单位或者个人在指定的期限内支付适当的费用。当事人对专利管理机关的决定不服的，可以向人民法院提起诉讼。

发明人或者设计人与其所在单位对其发明创造是否属于职务发明创造以及对职务发明创造是否提出专利申请有争议的，或者专利权的所有单位或者持有单位对职务发明创造的发明人或者设计人没有依法发给奖金或者支付报酬的，发明人或者设计人可以请求上级主管部门或者单位所在地的专利管理机关处理。

请求专利管理机关处理专利纠纷的时效为两年，自专利权人或者利害关系人得知或者应当得知之日起计算。

第七十八条 依照专利法第六十三条第二款的规定，对将非专利产品冒充专利产品的或者将非专利方法冒充专利方法的，专利管理机关可以视情节，责令停止冒充行为，消除影响，并处以一千元至五万元或者非法所得额一至三倍的罚款。

第七十九条 属于跨部门或者跨地区的侵权纠纷，当事人请求专利管理机关处理的，由发生侵权行为地的专利管理机关或者侵权单位上级主管部门的专利管理机关处理。

第八章 专利登记和专利公报

第八十条 专利局设置专利登记簿，登记下列专利权有关事项：

（一）专利权的授予；

（二）专利权的转认和继承；

（三）专利权的撤销和无效宣告；

（四）专利权的终止；

（五）专利权的恢复；

（六）专利实施的强制许可；

（七）专利权人的姓名或者名称、国籍和地址的变更。

第八十一条 专利局定期出版专利公报，公布或者公告下列内容：

（一）专利申请中记载的著录事项；

（二）发明或者实用新型说明书的摘要，外观设计的图片或者照片及其简要说明；

（三）发明专利申请的实质审查请求和专利局对发明专利申请自行进行实质审查的决定；

（四）保密专利的解密；

（五）发明专利申请公布后的驳回、撤回和视为撤回；

（六）发明专利申请公布后的专利申请权转让和继承；

（七）专利权的授予；

（八）专利权的撤销和无效宣告；

（九）专利权的终止；

（十）专利权的转让和继承；

（十一）专利实施的强制许可的给予；

（十二）专利申请或者专利权的恢复；

（十三）专利权人的姓名或者名称、地址的变更；

（十四）对地址不明的申请人的通知；

（十五）其他有关事项。

发明或者实用新型的说明书及其附图、权利要求书各行全文出版。

第九章 费 用

第八十二条 向专利局申请专利和办理其他手续时，应当缴纳下列费用：

（一）申请费、申请维持费；

（二）审查费、复审费；

（三）年费；

（四）著录事项变更费、优先权要求费、恢复权利请求费、撤销请求费、无效宣告请求费、强制许可请求费、强制许可使用费的裁决请求费，专利登记费以及规定的附加费。

前款所列各种费用的数额，由国务院有关主管部门会同专利局另行规定。

第八十三条 专利法和本细则规定的各种费用，可以直接向专利局缴纳，也可以通过邮局或者银行汇付，但是不得使用电汇。

通过邮局或者银行汇付的，应当写明申请号或者专利号、申请人或者专利权人的姓名或名称、费用名称及发明创造名称。

通过邮局或者银行汇付的，以汇出日为缴费日。但是，自汇出日至专利局收到日超过十五日的，除邮局、银行出具证明外，以专利局收到日为缴费日。

不符合本条第二款规定的，视为未办理缴费手续。

多缴、重缴、错缴专利费用的，当事人可以向专利局提出退款请求，但是该请求应当自缴费日起一年内提出。

第八十四条 申请人应当在收到受理通知书后，最迟自申请之日起二个月内缴纳申请费；期满未缴纳或者未缴足的，其申请被视为撤回。

申请人要求优先权的，应当在缴纳申请费的同时缴纳优先权要求费；期满未缴纳或者未缴足的，视为未要求优先权。

第八十五条 当事人请求实质审查、恢复权利、复审或者请求撤销专利权的，应当在专利法及本细则规定的相关期限内缴纳费用；期满未缴纳或者未缴足的，视为未提出请求。

第八十六条 发明专利申请人自申请日起满二年尚未被授予专利权的，自第三年度起每年缴纳申请维持费。第一次申请维持费应当在第三年度的第一个月内缴纳，以后的申请维持费应当在前一年度期满前一个月内预缴。

第八十七条 申请人办理登记手续时，应当缴纳专利登记费和授予专利权当年的年费。授予专利权当年已缴纳申请维持费的，不再缴纳当年的年费。期满未缴纳费用的，视为未办理登记手续。以后的年费应当在前一年度期满前一个月内预缴。

第八十八条 申请人或者专利权人未按时缴纳申请维持费或者授予专利权当年以后的年费，或者缴纳的数额不足的，专利局应当通知申请人自应当缴纳申请维持费或者年费期满之日起六个月内补缴，同时缴纳金额为申请维持费或者年费的25%滞纳金；期满未缴纳的，自应当缴纳申请维持费或者年费期满日起，其申请被视为撤回或者专利权终止。

第八十九条 著录事项变更费、强制许可请求费、强制许可使用费的裁决请求费、无效宣告请求费应当自提出请求之日起一个月内，按照规定缴纳；期满未缴纳或者未缴足的，视为未提出请求。

第九十条 申请专利和办理其他手续，缴纳本细则第八十二条规定的各种费用有困难的，可以按照规定向专利局提出减缴或者缓缴的请求。减缴或者缓缴的办法由专利局另行规定。

第十章 附 则

第九十一条 任何人经专利局同意后，均可以查阅或者复制已经公布或者公告的专利申请的案卷和专利登记簿。任何人均可以请求专利局出具专利登记簿副本。

已被视为撤回、驳回和主动撤回的专利申请的案卷，自该专利申请失效之日起满二年后不予保存。

已被撤销、放弃、无效宣告和终止的专利权的案卷自该专利权失效之日起满三年后不予保存。

第九十二条 向专利局提交申请文件或者办理各种手续，应当使用专利局制定的统一格式，由申请人、专利权人、其他利害关系人或者其代表人签字或者盖章；委托专利代理机构的，由专利代理机构盖章。

请求变更发明人姓名、专利申请人和专利权人的姓名或者名称、国籍和地址、专利代理机构的名称和代理人姓名的，应当向专利局办理著录事项变更手续，并附具变更理由的证明材料。

第九十三条 向专利局邮寄有关申请或者专利权的文件，应当使用挂号信函，不得使用包裹。

除首次提交申请文件外，向专利局提交各种文件、办理各种手续时，应当标明申请号或者专利号、发明创造名称和申请人或者专利权人姓名或者名称。

一件信函中应当只包含同一申请的文件。

第九十四条 各类申请文件应当打字或者印刷，字迹呈黑色，整齐清晰，不得涂改。附图应当用制图工具和黑色墨水绘制，线条应当均匀清晰，不得涂改。

请求书、说明书、权利要求书、附图和摘要应当分别用阿拉伯数字顺序编号。

申请文件的文字部分应当横向书写。纸张只限单面使用。

第九十五条 本细则由专利局负责解释。

第九十六条 本细则自一九九三年一月一日起施行。

本细则施行前提出的专利申请和根据该申请授予的专利权，适用根据一九九二年九月四日第七届全国人民代表大会常务委员会第二十七次会议《关于修改〈中华人民共和国专利法〉的决定》修改前的专利法的规定和一九八五年一月十九日国务院批准、一九八五年一月十九日中国专利局发布的《中华人民共和国专利法实施细则》的相应规定。但是，专利申请在本细则施行前尚未依照修改以前的专利法第三十九条、第四十条的规定公告的，该专利申请的批准和专利权的撤销、宣告无效的程序适用修改后的专利法第三十九条至第四十四条、第四十八条的规定和本细则的相应规定。

第三届全国科技实业家创业奖颁奖大会在北京举行

由国家科委主持并委托科技日报社和中国新技术创业投资公司承办的科技实业家创业奖本届共评出金奖获得者10名。他们是：冶金部自动化研究院院长于常友、中国林科院ABT综合研究开发中心主任王涛、烟台西苑实业总公司总经理吕道龙、中国乐凯胶片公司总经理陈兆初、北京科海高技术集团公司总裁陈庆振、解放军总后军需装备所科技开发部总经理周国泰、福建实达电脑股份有限公司总经理胡纲、深圳安科高技术有限公司总经理陶笃纯、四通集团公司总裁段永基、北京华讯通信发展总公司总裁戴焕忠。

中国电影《留守女士》在第16届开罗国际电影节荣获最高大奖金字塔奖女主角修晶双获最佳女主角奖

第一届东亚运动会组织委员会在上海举行第一次全体会议

12 月 13 日

国务院关于发展数字程控电话交换机有关问题的通知

一、除扩建国内已引进的三条局用程控交换机生产线外，对引进技术，建设新的局用程控交换机生产线，要根据国内需要和外商合作条件，采用议标和招标的办法进行。

目前，我国生产的用户程控交换机已基本满足国内的需要。今后，各部门和各地区不要盲目引进用户程控交换机生产线，应支持现有企业尽快形成经济规模，加强技术开发，提高产品质量，搞好售后服务。

二、在电信网的发展中，原网扩容要充分考虑国内现有机型和已生产的机型，经过技术经济比较，择优确定；凡引进新的制式，必须报经国务院有关部门批准，通过国际招标进行。对使用允许国际招标的国外贷款（包括政府贷款），进口局用程控交换机，应公开招标；对使用不允许国际招标的国外政府贷款，进口局用程控交换机，要加强项目的技术经济可行性论证，做到技术上可行，经济上合理。

三、有关地方和部门要大力支持程控交换机技术的研究和自主开发，为其成果商品化创造必要的条件，并通过市场竞争，加速技术进步；对技术力量强、市场开拓好和经济效益高的程控交换机生产企业要重点支持，鼓励这些企业不断开发新产品和扩大生产能力，形成经济规模，参与国际竞争，以促进我国程控交换机工业的发展。

本通知自发出之日起执行，过去有关规定凡与本通知不一致的，均以本通知为准。

农业部部长刘中一在全国乡镇企业协会理事会上发表讲话

农业部部长刘中一日前在全国乡镇企业协会理事会上强调：只有东、中、西部地区乡镇企业共同发展，全面提高，全国乡镇企业大发展的新格局才能形成。

刘中一说，新形势下，东部地区乡镇企业要进一步发展、提高，以促进、影响中西部地区；中西部地区乡镇企业要注意发挥自己的优势，进一步开放，借助外部有利条件加快发展速度，有条件的地方要跳跃式发展。

刘中一说，东部乡镇企业发达地区要进一步发展就必须广泛联合，多方突破。所谓广泛联合就是乡镇企业与乡镇企业联合，与国有大中型企业联合，与大专院校、科研单位联合，与国外企业联合。只要有利于生产，有利于扩大经营，有利于大发展，乡镇企业都应主动地去寻求。所谓多方突破，就是乡镇企业的经营范围要扩大，产业上要突破，要从农副产品的初加工进入二、三产业；地域上要突破，不能只限于一乡一镇、一个省、一个自治区，要面对国内、国外两个市场。

在谈到中西部乡镇企业应如何发展时，刘中一说，中西部乡镇企业要转换观念，发挥优势，打开门户，多方引进。

刘中一说，中西部乡镇企业目前遇到最大的一个“高门槛”是资金问题。乡镇企业要有本事把资金搞活，要有本事筹集到资金，搞股份制，搞合作基金，都是可行的好办法，应该支持其发展。

刘中一说，促进中西部乡镇企业起步的一个好办法就是加强东西联合，进行优势互补。东部的人才、技术、销售渠道、经营管理办法都可以转移到中西部来，把中西部地区的资源优势、劳动力的优势发挥出来。

国务院批准设立福建省厦门集美台商投资区

中国第一部《中华人民共和国工程分类目录》颁布

该目录把我国职业分为 46 个行业，4700 多个工种，它可以作为修订工人技术等级标准和企业制订工人岗位规模，进行工人技术培训、考核和各类职业技术学校设置专业（工种）的依据。

中国运载火箭研究所 704 所研制成功全球卫星导航定位仪主要指标达国际 90 年代水平

在北京举行的亚洲杯短跑道速滑锦标赛上李琰王秀兰郑春阳和张杰组成的中国女子短道速滑接力打破女子 3000 米接力世界纪录

在越南胡志明市举行的第 13 届世界杯乒乓球赛中中国选手马文革夺得男子单打冠军

12 月 14 日

全国政法工作会议在北京召开

国务委员、中央政法委员会委员王芳主持会议。中央政法委员会委员刘复之等以及各省、市、自治区党委主管政法工作的负责人出席会议。中共中央政治局委员、北京市市长陈希同到会祝贺。

中共中央书记处书记、中央政法委员会书记任建新讲话。

任建新提出 1993 年全国政法战线的主要任务是：认真贯彻落实党的十四大精神，进一步加强和改革政法工作，强化人民民主专政职能，坚决打击敌对势力和各种犯罪活动，落实综合治理，维护社会稳定，为建立社会主义市场经济体制提供多渠道、全方位的法律服务，保障加快改革开放和现代化建设的顺利进行。这次会议主要研究全国政法战线贯彻落实十四大精神的重大措施，部署 1993 年的全局性工作。

任建新说，一年来，政法各部门认真贯彻邓小平同志视察南方的重要谈话精神，解放思想，更新观念，深入调查研究，特别是适应加快改革开放的形势，围绕经济建设这个中心，在许多方面采取了有效的改革措施，充分发挥了各自的职能作用，积极主动地为改革开放和现代化建设服务，取得了很大成绩。同时，继续严厉打击各种犯罪活动，以反盗窃斗争为突破口，重点抓社会治安综合治理措施的落实，维护了社会的稳定。目前，社会秩序稳定，治安状况好于去年。今年 1 月至 10 月全国公安机关共受理群众报警案件 364 万多起，比去年同期下降 4.6%。大多数地方的群众安全感有所增强。

在谈到加强和改革政法工作时，任建新指出，政法工作在体制、机构设置、政策法律、制度规章、工作方式等方面的改革必须大胆探索，有领导地逐步推进。搞好政法工作的改革，关键是要解放思想，转变观念。政法工作在根据我国国情进行改革的过程中，也要认真吸收世界上一切先进的成果，借以完善我国的社会主义民主和法制。

任建新要求政法部门要坚决打击各种犯罪活动，创造良好的社会环境。任建新说，无论是经济建设、改革开放，还是坚持四项基本原则都离不开打击犯罪这一手。因此，各级党委、政府和政法部门都要把打击犯罪作为关系党和人民根本利益的大事来抓。必须采取有效措施，强化"严打"手段。1993 年在全国多数地区要把深挖犯罪集团和追捕逃犯作为"严打"的重点。

任建新指出，在发展社会主义市场经济的新形势下，加强法制建设具有特别重要的意义。目前存在的地方保护主义是建立和发展社会主义市场经济的大敌，它破坏社会主义法制的统一和尊严，影响全国统一的、开放的市场体系的形成。解决这个问题要实行五个严禁：严禁领导干部为维护本地区的不正当利益干扰依法办事；严禁打击报复秉公执法的政法干警；严禁政法部门在办案中偏袒本地当事人，作不公正裁决或推卸责任；严禁公安、检察机关插手经济纠纷案件，把合同、债务纠纷混作诈骗犯罪；严禁任何机关和个人阻碍人民法院裁决的执行，不得以扣押人质的方式追讨债款。对有禁不止、违反纪律、坚持搞地方保护主义的办案人员和党政领导干部，要视情节的轻重，给予党纪政纪处分，构成犯罪的要追究刑事责任。

中国国民党革命委员会第八次全国代表大会在北京开幕

会议由主席团常务主席彭清源主持，主席团常务主席贾亦斌致开幕词。

会议学习中共十四大会议精神，审议通过民革第七届中央委员会工作报告，修改民革章程，选举新一届中央委员会。

中共中央政治局委员、书记处书记尉健行在民革八大会上宣读中共中央的贺词。

中共中央的贺词指出，中国国民党革命委员会成立以来，继承、发扬孙中山先生爱国、革命和不断进步的精神，走过了一条爱国革命的光荣道路，为新民主主义革命和社会主义事业作出了重要贡献。民革同我们党在长期团结合作、并肩战斗的岁月中，建立了深厚的情谊和互相信任、互相支持的密切关系，是我们党久经考验的亲密战友。

贺词重申，民主党派是我国社会主义现代化建设的一支重要力量，无论是改革开放、经济发展和社会进步，还是按照"一国两制"的方针促进祖国和平统一大业的完成，各民主党派都肩负着光荣的职责。我们要继续坚持"长期共存、互相监督、肝胆相照、荣辱与共"的方针，不断完善共产党领导的多党合作和政治协商制度。

贺词说，实现祖国统一大业，是人民的要求，历史的必然，是中华民族的根本利益所在。民革同台湾、港澳和海外的各界人士有着广泛的联系，在促进祖国和平统一事业中，具有特殊的地位和作用。我们相信，这次大会将掀开民革历史新的一页，进一步推动民革的各项工作开拓前进。

民建中央主席孙起孟代表兄弟民主党派和全国工商联在会上致贺词。

主席团常务主席李沛瑶作题为《学习和贯彻中共十四大精神，进一步发挥参政党的职能，为建设有中国特色的社会主义作出新的贡献》的报告。

全国人大常委会副委员长陈慕华，国务委员王丙乾，全国政协副主席洪学智、程思远及其他民主党派和全国工商联的负责同志出席会议。

台湾"陆委会"通过大陆人民赴台定居或居留许可办法

台湾"行政院陆委会"通过"大陆地区人民在台湾地区定居或居留许可办法"（草案）及其"数额表"。这一办法草案只适用于 1993 年，并还有待"行政院"核定。

上述办法草案及"数额表"把大陆人民到台湾定居的数额分为 4 类，其中只有在台有直系血亲或配偶，年龄在 70 岁以上者，以及台湾地区人民在大陆之婚生子女,年龄在12岁以下者两项,在台定居可不限数额。大陆人民到台湾居留的数额被分为6类,其中只有台湾地区人民之配偶在1949年前结婚者,不限数额。对其余大陆人民在台湾定居或居留的数额则作了严格限制。

全国计划会议在北京举行

会议的中心议题是,认真贯彻落实党的十四大精神,研究确定明年改革开放和经济建设的任务,安排好国民经济和社会发展计划,并就"八五"计划的必要调整交换意见。与以往计划会不同的是,今年计划会改变了过去偏重于定指标、分投资、分物资的做法,重点放在正确分析当前经济形势与明年发展趋势和国内外市场环境,合理确定宏观经济目标、发展重点和重大建设项目,以及相应的方针政策和改革措施,引导资源合理配置和市场的健康运行。中共中央总书记江泽民、国务院总理李鹏出席闭幕会并就当前的经济形势和明年的经济工作发表重要意见。

会议期间,国务院副总理邹家华作题为《以党的十四大精神为指针安排好1993年经济计划工作》的报告。

朱镕基、姚依林、田纪云、吴学谦、李铁映、王丙乾、李贵鲜、陈俊生、钱其琛、李岚清、罗干等出席会议。

会议于18日结束。

中国建立26个农村改革试验区

全国人大常委会副委员长海峡两岸关系协会名誉会长荣毅仁在人民大会堂会见以台湾中央租赁公司董事长刘今程为团长的台湾工商企业考察团

香港52个社团要求港督彭定康撤回"政制方案"停止争论对抗

香港新界地区的52个社会团体发表声明书,对港督彭定康在没有与中方磋商和咨询港人的情况下抛出"政制方案"表示不满,并认为这一做法挑起了争论和对抗,使香港社会出现动荡。

声明指出,彭定康的方案违反了中英联合声明的精神和基本法的有关规定。他们认为,香港的政制发展必须循序渐进,任何反对与基本法衔接的方案和言论都会引起社会动荡,不利于平稳过渡。

香港华人革新协会在昨日的聚会中也促请彭定康及早回到中英合作的轨道上,立即撤回"政制方案"。协会主席蔡渭衡在阐述了对"政制方案"的看法后说,协会支持中方的严正立场,坚持以彭定康撤回"建议"为会谈的先决条件。蔡渭衡说,彭定康以"民主"的招牌贩卖"政制方案",并制造了一个"谁反对政制方案,谁就是反民主"的假象,目的是要推翻多年来中英两国共同努力达成的共识和协议,破坏凝聚广大港人意愿的基本法。

中国旧石器年代学研究获重大突破

科学家最近经过测定把山顶洞文化的年代从原定的距今1.1万年,推前到2.7万年左右,把下窨底部的年代从1.9万年推前到3.4万年左右。

人类学家根据这一新的年代数据推断,早在2.5万年前,中国人的祖先已缝衣御寒,用穿孔贝壳来满足审美要求,并实行埋葬死者、撒赤铁矿粉的原始宗教仪式。

这一结果是北京大学陈铁梅、中国科学院古脊椎动物与古人类研究所袁振新和英国牛津大学的海吉斯三位人类学家,不久前利用牛津大学的加速器质谱碳十四测定出来的。

这项测定还回答了山顶洞动物群化石中为什么会有果子狸、似鬃猎狗等热带和亚热带林栖和林缘栖动物,而不含华北地区晚冰期常见的披毛犀、猛犸象等喜寒动物这一疑问。

这个研究小组说,在距今4.4万至2.8万年,地球上出现了一个较为温暖的亚间冰期,而距今3万年则是这段亚间冰期的最高温期。这就解释了为什么山顶洞动物群中有好几个喜暖的成员,而未见喜寒动物。

有关专家指出,这次测定是中国旧石器年代学研究上的重大突破。

12月15日

中共中央总书记江泽民在中南海会见出席海峡两岸关系协会成立一周年座谈会的有关方面负责人

会见中,江泽民听取了国务院台湾事务办公室主任王兆国关于1992年对台工作情况的汇报和汪道涵会长关于海峡两岸关系协会一年工作情况的汇报。江泽民说,一年来,两岸关系有较大发展,并在一些方面有所突破,特别是两岸经济合作和人员往来、各项交流发展势头很好。这有利于消除敌意、增进相互了解,有利于发展海峡两岸的经济,有利于推进祖国和平统一大业。在过去的一年里,海协会为两岸民间交往做了许多工作。勉励大家继续努力,在新的一年里把工作做得更好。

江泽民指出,最近一个时期,岛内"台独"活动又有所抬头,甚至国民党内的某些人也公开附和"一中一台"的主张。这是值得严重关切的。我们历来主张中国只有一个,台湾是中国神圣领土不可分割的一部分,中华人民共和国政府是代表全中国的唯一合法政府。我们坚决反对任何形式的“两个中国”、“一中一台”或“一国两府”,坚决反对任何旨在制造“台湾独立”的企图和行动。我们主张用和平的方式实现国家统一,但是如果出现“台湾独立”或外国势力分裂中国,我们必将采取断然措施,坚决维护国家主权和领土完整。这正是为了维护整个中华民族包括两千万台湾人民的根本利益。

江泽民说,不久前中国国民党声明表示坚持一个中国,“绝不让‘台独’和‘一中一台’的企图得逞”,并表示要“逐步达成国家统一之目标”。这有利于遏制把台湾从中国分裂出去的势力的滋长,有利于维持岛内局势的稳定,有利于发展海峡两岸关系和中国的和平统一事业。我们对此表示赞赏,并希望国民党当局言而有信。

江泽民最后表示,我们希望台湾当局以民族大义为重,顺应历史发展的潮流,反对不利于坚持一个中国原则的事,不利于两岸关系缓和的事,并进一步消除人为障碍,积极发展两岸经济合作和各项交往,为逐步实现国家和平统一创造条件。我们将根据“和平统一、一国两制”的构想,为尽早实现国家的完全统一而进行坚持不懈的努力。

吴学谦副总理、荣毅仁名誉会长参加会见。

中国致公党第十次全国代表大会在北京开幕

中共中央政治局委员钱其琛到会宣读中共中央贺词。

贺词指出,中国致公党是同中国共产党长期合作,并肩战斗的亲密战友,具有爱国、革命的光荣历史。在夺取新民主主义革命的胜利和建设社会主义新中国的伟大事业中,致公党同我们党风雨同舟,通力合作,作出了重要贡献。在新的历史时期,在爱国主义和社会主义旗帜下,致公党动员和团结广大成员及所联系的归侨、侨眷和海外华侨,努力开创工作的新局面,为改革开放和社会主义现代化建设服务。致公党以自身的工作实践,为国家和人民作出了新的贡献,并赢得了社会的赞誉。

贺词指出,建设有中国特色的社会主义是一篇大文章。要做好这篇文章,必须在中国共产党领导下,最大限度发挥人民群众的积极性、创造性,同时必须团结一切可以团结的力量,调动一切积极因素。

九三学社中央常务副主席徐采栋代表其他7个民主党派中央和全国工商联向大会表示祝贺。

致公党上届中央主席董寅初主持大会。上届中央常务副主席杨纪珂致开幕词。这次大会的议程是:听取和审议九届中央委员会的工作报告,提出今后五年的工作方针和任务;修改并通过中国致公党新的章程,选举产生中国致公党新的中央领导机构。

董寅初代表上届中央委员会向大会作题为《团结奋斗,致力为公,为建设有中国特色的社会主义作出新贡献》的工作报告。

全国人大常务委员会副委员长倪志福、全国政协副主席马文瑞到会祝贺。宋德敏、蒋民宽、刘延东等有关部门负责人和其他民主党派中央、全国工商联负责人出席开幕式。

全国劳动厅局长会议在北京召开

劳动部部长阮崇武在会上宣布我国明年普遍实行弹性工资计划。

铁道部在北京召开铁路改革与发展理论研讨会

会议研究讨论了铁路发展战略的指导思想、目标、步骤、重点和政策措施。会议认为,铁路发展战略总的指导思想可以用“近筹缓解适应,远谋适度超前,闯出发展新路,真正当好先行”这四句话来概括。铁路发展进程划分为三个阶段:1993—2000年达到基本缓解,扭转严重滞后;2000—2020年摆脱限制型,变成适应型;2020—2050年实现铁路适度超前发展。“八五”、“九五”期间,要加快南北通路、“三西”(山西、陕西、内蒙古西部)煤炭外运通路、西北通路、西南通路、东北通路、华东通路等六大通路及沿海港口的后方通路的建设。要强化旧线改造,打好“短平快”。要大力发展铁路工业,多造车,造好车。要依靠科技进步,提高铁路现代化水平。要多方筹集资金,解决资金短缺问题。会议还对铁路改革的基本思路作了研究。12月19日会议结束。

海南洋浦基建工程总合同在北京签字

中国目前吸收外资成片开发的最大项目——总造价45.6亿港元的洋浦开发区基本建设工程总合同在北京签字,承担基建工程任务的保利房地产开发与工程建筑公司同时在北京成立。

田纪云、邹家华、迟浩田、张万年、于永波、刘剑锋等领导出席签字仪式。

由保利房地产开发与工程建筑公司董事长王军、总经理霍恩俊和海南洋浦土地开发公司董事长、熊谷组(香港)有限公司董事长于元平先生共同签署的洋浦开发区基本建设工程总合同,包括27.353平方公里开发区内的道路工程、排水工程和地盘平整工程。全部工程总造价45.6亿港元,计划10年内完成。第一期工程包括850公顷地盘平整、7公里道路和临时排水系统,工期为9个月,投资约1亿港元。

在仪式上，于元平先生还和中国对外建设总公司傅仁章总经理共同签署了洋浦开发区工程监理合同。

国务院副总理朱镕基在中南海紫光阁会见以台湾中央租赁公司董事长刘今程为团长的台湾工商企业考察团

国家主席杨尚昆在北京就中俄双边关系等问题接受俄通社—塔斯社和俄罗斯《消息报》驻北京记者的书面采访

杨尚昆指出，中俄高级会晤不仅是对两国关系建立一年来的总结，而且也标志着两国关系开始进入一个新阶段。

杨尚昆说，俄罗斯是中国最大的邻国，两国人民有着传统的友谊。目前，两国各方面的关系发展顺利，各个领域的合作都在积极进行，特别是双边贸易额超过了中国与前苏联贸易额的最高年份，这是一个良好的征兆。中俄双方在经济上互补性很强，合作潜力巨大，睦邻友好合作进一步发展的前景是广阔的。

杨尚昆说，中俄两国关系迈向新台阶的特点是，两国关系既不是对抗的，也不是结盟的，而是以和平共处五项原则为基础的睦邻友好、互利合作关系。这是一种新型关系，符合两国人民的根本利益，也符合时代的潮流。

杨尚昆在谈到叶利钦总统即将对中国进行的正式访问时说，这次访问是中俄关系史上的一件大事。两国领导人将就双边关系和重大国际问题交换意见。他表示相信，叶利钦总统的这次访问将增进相互了解，开辟两国关系的未来，给两国的睦邻友好关系注入新的活力，进一步推动双方在各个领域友好合作的发展。杨尚昆说："我们期待着叶利钦总统的来访并预祝访问取得圆满的成功。"

在谈到中俄两国相互关系在世界舞台上尤其是在亚太地区起什么作用时，杨尚昆说，中俄是两大邻国，又都是联合国安理会常任理事国，在包括亚太地区在内的国际事务中发挥着重要作用。因此，中俄两国在和平共处五项原则及其他公认的国际法准则的基础上发展睦邻友好和互利合作关系无疑将有利于亚太和世界的和平、稳定与发展。

在被记者问及两国之间在国际问题上存在着分歧和共同看法以及如何理解"求同存异"这一观点时，杨尚昆说，国与国之间在某些问题上存在分歧是很自然和正常的，世界上很难找到两个观点完全相同、没有分歧的国家。有分歧可以在平等的基础上交换意见，进行磋商，一时解决不了的，各自可以保留自己的观点，但这不应当妨碍两国在共同利益的基础上发展关系。中俄两国的共同利益和共同点远远超过分歧，这是事实，也是双方的共识。

记者提出，一九九二年俄中贸易将达五十亿美元，创俄中贸易额新纪录，但在对华经贸方面，俄罗斯仍远远落后于其他国家。如何才能发挥双方经济合作潜力？

杨尚昆说，中俄发展经贸合作的有利条件很多，两国经济上互补，地理上毗邻，交通方便，双方都有进一步发展经贸合作的愿望。我们已经有了一个良好的开端。目前双方经济合作潜力未能充分发挥的原因是多方面的，比如运输能力还不够，相互了解不够，对新的贸易和经济合作方式还不适应，缺乏必要的法律保护措施等等。但我们相信，只要双方共同努力，充分利用各种有利条件，两国的经济合作的潜力必将得到进一步的发挥。

在回答中国的哪些改革经验可以为俄国所用的问题时，杨尚昆说，各国的国情不同，经济改革没有统一的模式。对一个国家合适的东西，对另一个国家不一定完全合适。俄罗斯人民正在探索适合于本国国情的发展道路，"我们祝愿他们取得成功。"

至于中国共产党从苏共的失败中吸取了什么教训，杨尚昆说，走社会主义道路是中国人民经过一百多年的奋斗与摸索所作出的历史性选择，并已经在中华大地上带来了巨大的变化。他说：不久前召开的中共十四大指出，我们历来坚持独立自主地进行革命和建设，历来认为中国社会主义的命运归根到底取决于我们自己。建设有中国特色社会主义的理论就是在总结我国社会主义实践经验的基础上逐步形成和发展起来的。

值此新的一年即将到来之际，杨尚昆主席代表中国人民并以他个人的名义，向俄罗斯人民表示良好的祝愿。

杨尚昆说，中俄两国山水相连。中国人民对俄罗斯人民始终怀有友好的感情，殷切希望我们两国间的睦邻友好、互利合作的关系不断巩固和发展，两国人民之间的传统友谊不断加强。

杨尚昆说，"作为友好邻邦，我们衷心希望贵国国家稳定，经济发展，人民幸福。俄罗斯人民是伟大的人民。我相信，你们一定能克服暂时的困难，赢得国家的发展和繁荣。"

外交部发言人就《南华早报》捏造所谓中国已决定购买航空母舰并将用军事手段解决南沙领土争端的报道答记者问

有记者问：据《南华早报》报道，中国已决定购买航空母舰并将用军事手段解决南沙领土争端。请证实并评论。

发言人说，“这一报道纯系别有用心的捏造。”

新华社香港分社副社长张浚生在香港重申港督彭定康“政制改革”方案应收回

张浚生在一个公开场合上指出香港英国总督克里斯·帕滕即彭定康并无与中方磋商的诚意，并重申中方立场，要求港督收回他“三违背”的“政制改革”方案。

张浚生谈到港督声言的所谓愿意在任何时间、地点跟任何人一起讨论他的“政制方案”时指出，事实是港英总督对于中方多次明确表态以及香港各界人士的批评和报刊上诸多文章“视而不见、听而不闻”，致使中英双方友好合作的基础受到损害。张浚生还澄清了有报道说中英双方正在进行“秘密谈判”的说法。他说，彭定康破坏了中英之间的合作与磋商，连中英联合联络小组都无法正常讨论问题，怎能有秘密磋商呢？

中央军委发布给钟玉征教授记一等功的通令

12月16日

中共中央总书记江泽民中共中央政治局常委乔石在人民大会堂与出席全国政法工作会议的部分代表就当前政法战线的形势和加强政法工作的重要任务等问题进行座谈

江泽民在讲话中说，党的十四大对政法工作提出了新的更高的要求，在加快改革开放和现代化建设的新形势下，政法部门的任务更加繁重。政法工作只能加强，不能削弱。各级党委、政府和政法部门一定要充分认识加强社会主义法制建设，搞好社会治安工作，对于保障经济建设和改革开放的顺利进行的极其重大的作用，以高度的责任感承担起维护社会稳定的光荣政治任务。

座谈会由中共中央书记处书记、中央政法委员会书记任建新主持，中央政法委员会副秘书长束怀德汇报了会议情况。山东省委副书记高昌礼、福建省委副书记袁启彤、广东省委常委方苞、上海市委副书记倪鸿福，先后在座谈会上发言。他们结合本地情况分别就充分认识新形势下政法工作的重要地位；严格执法，加强执法监督；进一步落实社会治安综合治理的各项措施，维护社会长期稳定；加强和改革政法工作等问题，发表了意见。

大家发言后，江泽民发表了重要讲话。江泽民说，坚持“两手抓”的战略方针，维护政治安定和社会稳定，是顺利进行改革开放和现代化建设，集中力量把经济建设搞上去的政治保证，是建设有中国特色的社会主义的一个重要内容。没有团结稳定的政治局面，什么事情也搞不成。如果一个地方社会秩序、社会治安状况不好，人民群众缺乏安全感，怎么能集中力量搞经济建设呢？

江泽民说，社会主义市场经济体制的建立和运行，要求加强培育市场，充分发挥市场的作用，同时要运用经济的、法律的以及必要的行政手段加强国家宏观调控。无论是市场调节还是国家宏观调控，都要不断总结经验，逐步纳入法制轨道。没有健全的社会主义法制，也就没有良好的社会主义市场经济秩序。当前，打击破坏市场经济秩序的犯罪活动，加强经济司法，搞好法律咨询服务，完善对人财物流动和各种市场的治安管理等任务，更加突出地摆到政法部门面前，需要把法律服务和法律保障工作提到更加重要的位置。

江泽民在谈到严格执法，加强执法监督问题时说，十四大提出的重要任务之一，就是要使社会主义民主和法制建设有一个较大的发展。除了需要加快立法进程外，当前突出的任务是要严格执法，树立社会主义法制的权威。各级党委、政府都要模范地执行宪法和法律，防止和纠正以言代法、以权压法、干扰执法的现象。同时，要采取有效措施支持和监督法院、检察院依法独立行使职权，坚持秉公执法。要坚决清除执法中的地方保护主义，促进全国统一的开放的市场的形成。

江泽民提出，政法部门和广大干警要严格依法办事，坚持法律面前人人平等的原则，公正清廉，铁面无私，坚决纠正有法不依、执法不严、违法不究的问题。把执行党的路线方针政策、服从党委的领导同严格执法统一起来。加强各级党委、政府、人大常委会对执法工作的监督检查并逐步制度化。同时，政法部门也要建立和完善内部监督制约机制。要逐步使群众监督、舆论监督法制化。政法各部门都必须从大局出发，从党和人民的根本利益出发，在工作中加强合作，密切配合，相互支持，依法制约，形成一个拳头，发挥强有力的人民民主专政机器的作用。

江泽民强调，对社会治安实行综合治理，是解决我国治安问题，预防和减少违法犯罪的根本途径。它是我国人民的一大创造。各地区各部门要坚持不懈地抓下去，真正做到把打击、防范、教育等综合治理的各项措施落实到基层。在维护社会治安中，一定要坚持实行专门机关和广大群众相结合的原则。要把抓不抓社会治安综合治理，能不能保持社会安定，上升到是否全面坚持党的基本路线、是否坚持“两手抓”的高度来认识，作为考察各级党委、政府和各部门领导干部政绩的一个重要内容。

谈到政法工作的改革时，江泽民说，政法部门要在党委统一领导下，进一步解放思想，更新观念，认真总结推广我们自己的经验，同时注意吸取世界上一切可以为我所用的先进成果，逐步推进政法体制、机构设置、政策法律、规章制度、工作方法等多方面的改革，以利于提高政法工作的水平和整体素质，更好地保障、促进改革开放和现代化建设的顺利进行。

江泽民强调，要从严治警，提高政法队伍的政治业务素质。他说，我们的政法队伍应该永远是一支忠于党、忠于人民、不畏艰苦、不怕牺牲、有战斗力的好队伍。在发展社会主义市场经济的新形势下，将会出现许多新情况，甚至我们过去没有处理过的新问题，政法队伍无论是政治素质还是业务素质，都需要大大提高，否则就无法更好地为改革开放和经济建设服务。除要大力加强教育培训外，还必须严格组织纪律。要始终注意保持政法队伍的纯洁性。要认真查处少数干警中的严重违法乱纪问题，绝不允许执法犯法、徇私枉法的行为存在。要伸张正义、打击犯罪分子、保护人民群众的安全和利益，多为群众办好事、办实事，增进与群众之间的鱼水之情。

乔石在讲话中说，从国际、国内形势看，政法工作今后面临的任务更加繁重、更加艰巨。各地的经验表明，维护政治稳定和社会安定，坚持"严打"和落实综合治理的其他措施是非常必要的。在集中进行"打击"的同时，我们要坚持不懈地动员各部门，充分发动群众进行社会治安综合治理。乔石说，中央对政法工作是重视的，希望各级党委、政府要继续关心、重视政法工作，充分发挥政法机关的职能作用，为维护社会安定作出新贡献。

国务委员王芳、最高人民检察院检察长刘复之等，参加了座谈。

国务院副总理朱镕基与参加大型特大型企业转换经营机制问题研讨会的代表座谈

在中国社会科学院工业经济研究所主办的这个研讨会上，来自武钢、太钢、大同矿务局、一汽、东风汽车公司、西安飞机公司、华能精煤公司、上海江南造船厂、南京无线电厂等我国著名大型特大型企业的代表，就各自企业在转换经营机制过程中遇到的问题和贯彻《全民所有制工业企业转换经营机制条例》，与专家学者一道展开了深入研讨。会上，企业家和学者们提出，《条例》的颁布将极大地促进国有大企业由传统体制向市场经济体制过渡。今后一个时期的中心任务就是要把《条例》的各项规定落到实处。国有大中型企业当前首先要加强经营管理，从而提高产品质量和企业效益，增强企业在国际上的竞争能力。针对国有企业特别是国有大型特大型企业在深化改革，向社会主义市场经济体制转变中面临的情况和问题，与会者提出，企业经营机制转换的前提是政府职能的转变，应加快这一转变的步伐。同时应加快国有企业产权改革，使国有企业的产权进一步明晰化。要逐一落实企业的经营自主权，加快国有企业的股份制改造。此外，应促进企业集团的健康发展，加快社会保障制度的改革，以及重视为企业提供一个公平与规范的市场竞争环境。在研讨的同时，企业家和专家学者还就《条例》的贯彻落实提出了建议。

国务院关税税则委员会办公室负责人就中国决定调低3000多个税号的商品进口税率答记者问

日前，记者就中国决定调低3000多个税号的商品进口税率问题，采访了国务院关税税则委员会办公室负责人，该负责人就此作了回答。

记者：这次调低税率的商品主要涉及哪些方面？

答：这次调低进口税率共涉及3371个税目的商品，占海关进出口税则税目总数的53.6%，使我国关税总水平下降7.3%，是新中国建立以来调整关税涉及商品范围最广的一次，降低税率的重点商品是：(一)国内需要长期进口的原材料；(二)国内不能生产的先进技术产品；(三)产于发展中国家的若干产品；(四)我国在国际市场上已有一定竞争力的制成品。

按商品分类，农产品降税幅度为8%，矿产品降税幅度为6.9%，化工品降税幅度为4.2%，木材纸张的降税幅度为9.4%，纺织原料及纺织物降税幅度为9.6%，建筑材料的降税幅度为9.2%，金属及其制品降税幅度为7.3%，机电仪产品的降税幅度为6.2%，交通运输设备降税幅度为5.2%。

记者：降低关税水平与我国经济体制改革有何关系？

答：关税是国家宏观调控的一项重要手段，通过对不同的商品制定不同的进口税率，调节进口结构，为产业政策和外贸政策服务。当前我国正进行外贸管理体制的改革，改革的方向，是加强宏观调节，减少行政干预，逐步建立以汇率、关税为主要调控手段的外贸管理体制，使我国外贸管理体制向国际规模靠拢。这次降低关税，不仅是外贸管理体制改革的一个重大步骤，也是我国经济体制改革的一个组成部分。

记者：这次降低进口关税，对我国经济建设会产生哪些影响？

答：这次降低进口关税水平，是我国根据国民经济发展需要而采取的一个自主行动。由于认真贯彻了国家产业政策，充分考虑了各个产业部门的意见，根据工农业生产的发展和提高人民生活水平的需要来确定各类商品的具体税率，因此必将对我国经济建设产生积极的推动作用。

首先，能扩大先进技术设备的引进，有利于促进我国技术进步，为高速、高效发展经济打下基础。其次，有利于国内工农业生产所需要的原材料的进口，满足国内生产的需要。第三，有利于推动企业提高竞争意识，提高产品的档次和质量。

香港招商局举行成立120周年庆祝酒会

香港最大中资机构之一的招商集团有限公司，晚上举行酒会庆祝120周年华诞。新华社香港分社社长周南和香港各界知名人士近2000人出席纪念酒会。

国家主席杨尚昆专门发来贺电。贺电说，创建于清朝洋务运动中的招商局，是一个古老而又年轻的企业。100多年来，招商局为发展中华民族的江海航运业、银行保险业，为中国人民的反帝反封建的解放事业，为祖国的繁荣昌盛作出了重要贡献。特别是我国改革开放以来，招商局积极开拓进取，大胆借鉴外国的先进经营管理方法和经验，使这个百年老企业发展成为多元化、多层次、综合性的企业集团，取得了令人瞩目的成就。

国家主席杨尚昆根据全国人大常委会的决定任免驻外大使

一、免去申连瑞的中华人民共和国驻喀麦隆共和国特命全权大使职务。

任命张龙宝为中华人民共和国驻喀麦隆共和国特命全权大使。

二、免去安峰石的中华人民共和国驻加蓬共和国特命全权大使兼驻圣多美和普林西比民主共和国特命全权大使职务。

任命孙治荣为中华人民共和国驻加蓬共和国特命全权大使兼驻圣多美和普林西比民主共和国特命全权大使。

国务院总理李鹏在北京会见巴勒斯坦国外交部长法鲁克·卡杜米

外交部部长钱其琛在钓鱼台国宾馆同巴勒斯坦国外交部长法鲁克·卡杜米举行会谈

外交部部长钱其琛在外交部新闻司举行的新年招待会上发表讲话

外交部新闻司下午在国际俱乐部举行新年招待会。钱其琛在会上回顾了1992年中国在加快改革开放和经济建设中取得的成就。钱其琛说，1992年对中国来说是很有意义的一年。从年初邓小平同志南巡谈话，一直到不久以前中国共产党第十四次代表大会的胜利召开，标志着中国的改革开放和经济发展进入了一个新的阶段。

钱其琛在谈到外交领域的成就时说，1992年中国的对外关系取得了新的进展，中国同世界各国的友好合作得到了进一步加强。同中国建交的国家已达154个，中国领导人出访了48个国家，外国领导人及外长来华访问达60余起。在今年剩下的半个月里，还将有3位总统来访。

钱其琛说，随着中国外交活动日趋活跃，各国新闻界与中国的关系也在发展。今年外国常驻北京记者增加到180余人，临时来访记者约3000多人次。他表示相信中国与各国新闻界的交流和合作将会继续发展。

钱其琛在回答记者提问时说，叶利钦总统即将开始的访问是一次很重要的访问。在苏联解体后的一年时间里，中俄关系的发展是平稳的，双边经贸上升。现在双方需要讨论一些共同关心的问题，加强双边合作。他认为，这次访问将取得"圆满成功"。

在记者问对美国当选总统克林顿关于不必要取消对华最惠国待遇的讲话有何评论时，钱其琛说，最惠国待遇是中美之间一种平等互惠的安排，对中美贸易是不可缺少的。"所以，我认为克林顿先生的讲话是符合实际的。"当有记者问及中美关于售台F—16战斗机问题是否已经解决时，钱其琛说，这个问题还没有完结，我们主张双方就此进行专门讨论。中美双方在讨论双边关系问题时，将包括"八·一七"公报的执行问题。

钱其琛在谈到最近中国同法国就售台战斗机问题以及同英国关于香港问题发生的争论时说，这些问题"都直接关系到我们国家和民族的根本利益，我们不能在这些问题上作出让步"。当有记者问到中国对法国售台战斗机作何反应时，钱其琛说，"我们必然会作出强烈的反应，包括经济方面，也包括政治方面。现在法国政府一直告诉我们他们还没有正式批准这项合同。所以，我们要看一看，法国方面究竟怎样做。"

有记者问：韩国正在进行总统选举。如果反对党人士当选总统，对韩中两国关系有无影响？钱其琛说，"我不准备对韩国的内政进行评论。我相信，不论韩国的选举结果如何，都不会影响中韩关系。"

在记者问及中方同香港总督彭定康的争吵时，钱其琛说，彭定康先生是英国驻香港的最后一任总督。香港不是他的"选区"，他不必在那里搞"竞选"。

当有记者问及中国统一问题时，钱其琛说，海峡两岸都主张只有一个中国，台湾是中国领土不可分割的一部分，都反对台独。中国政府在祖国统一问题上的态度一向是毫不含糊的。

当有记者问及明年中国外交工作的安排时，钱外长说，“明年中国外交工作的整个计划目前正在讨论中。但我可以告诉你们，明年 1 月份，我将按照惯例出访非洲，还要到巴黎代表中国政府签署《禁止化学武器公约》。”

中华人民共和国与国际复兴开发银行在美国的哥伦比亚特区签订（广东省公路项目）贷款协定

中华人民共和国与国际复兴开发银行在美国的哥伦比亚特区签订（河南省公路项目）贷款协定

《人民日报》发表中科院院长周光召的文章《在改革中走出一条有中国特色的科学院道路》

全国语言文字工作先进单位先进工作者表彰大会在人民大会堂召开

大会开幕式上，国家语言文字工作委员会主任柳斌传达了中共中央总书记江泽民最近对语言文字工作的意见，并转达了中共中央政治局委员、国务委员李铁映对大会的祝贺。孙起孟、胡绳等出席大会开幕式。来自全国 116 个语言文字工作先进单位的代表和 321 名先进工作者在开幕式上受到表彰。

全国文化法制工作经验交流暨表彰会在北京召开

12 月 17 日

国家主席杨尚昆在人民大会堂会见俄罗斯联邦总统鲍里斯·尼古拉耶维奇·叶利钦

杨尚昆说：“你是访问中国的第一位俄罗斯国家元首，中俄首次高级会晤有重大意义，必将使两国关系提高到一个新水平，特别是对两国经贸关系的发展注入新的活力。”

叶利钦说：“俄方十分重视我这次对中国的访问，我访问的目的是为了开辟俄中关系的新纪元。访问期间，双方将签订约 20 个文件就是其重要标志。俄罗斯人民也十分关心这次访问，希望俄中关系迅速发展。”

杨尚昆说：“中俄两国人民有着传统友谊，两国发展友好合作有许多有利条件，双方有一切理由搞好两国的友好合作关系。发展同俄罗斯联邦的关系，在中国的对外政策中占有重要地位。我们愿意在和平共处五项原则的基础上发展同贵国的长期稳定的、睦邻友好与互利合作关系。两国发展这种合作关系，不仅符合两国人民的根本利益，而且也有利于亚太地区乃至世界的和平、稳定与发展。”

叶利钦说，中共十四大所确定的方针有利于俄中关系的发展。

共青团第十二届五中全会在北京开幕

这次会议的主要任务是，深入学习、贯彻中国共产党第十四次全国代表大会的精神，研究部署新形势下的共青团工作。

团中央书记处第一书记宋德福在会上作题为《高举建设有中国特色社会主义的伟大旗帜，全面推动共青团工作再上新台阶》的报告。

宋德福指出，共青团要解放思想，实事求是，在建立社会主义市场经济体制的过程中，探索发展的新走向，构建工作的新格局，毫不动摇地坚持以建设有中国特色社会主义理论为指导的党的基本路线，统一全团的意志；必须强调经济建设的中心地位，把团的全部工作渗透、纳入建立社会主义市场经济体制的各个环节；必须强调党团关系和团青关系的一致性，始终不渝地坚持党的领导和全心全意地为青年服务；必须强调在改革开放和经济建设的实践中培养“四有”的社会主义事业接班人，发挥团的政治优势。

宋德福指出，新的形势下团的思想教育要以学习建设有中国特色社会主义理论为主要内容，引导和帮助青年转变观念；团的劳动创造要以市场为取向，以科技为先导，走上劳动创造倚重科技、科技行动面向市场的轨道。服务青年工作在项目上要由少到多，在规模上由分到合，尽快建立健全共青团为团员青年服务、团员青年为经济建设服务、大家共同为国家服务的多方面社会化服务体系；各级团组织要根据各地实际情况和条件，搞好团的实体开发，把团的组织建设与经济建设紧密结合，与改革开放同步发展。

会议通过《关于团中央委员、候补委员卸职递补确认案》。

中国民主促进会第七次全国代表大会在北京闭幕

大会一致推举谢冰心、赵朴初为民进名誉主席。

民进七大先后审议并通过雷洁琼代表上一届中央委员会所作的报告，通过第二届中央参议委员会的工作报告，通过修改后的民进新章程，选举并产生新的一届中央委员会。这届中央委员会由 159 名中央委员和 19 名中央候补委员组成，其中具有高级职称的占总数的 84%，平均年龄 59.1 岁，比上届下降了 2.5 岁。

国务院关于进一步加强证券市场宏观管理的通知

各省、自治区、直辖市人民政府，国务院各部委、各直属机构：

证券市场的建立和发展，对于筹集资金，优化资源配置，调整产业结构，转换企业经营机制，促进社会主义市场经济发展具有积极的作用。我国的证券市场在改革开放中得到恢复并有了较快发展，今年以来，在邓小平同志视察南方时的重要谈话和中央政治局全体会议精神的指导下，又有了进一步发展。但由于我国有关证券市场的法律、法规和监督体系还不健全，证券市场的操作经验不足，投资者缺乏必要的风险意识，一些地方推行股份制改革和发展证券市场存在着一哄而上的倾向，加之证券市场管理政出多门、力量分散和管理薄弱，使证券市场出现了一些混乱现象。为了加强证券市场的宏观管理，统一协调有关政策，建立健全证券监管工作制度，保护广大投资者的利益，促进我国证券市场健康发展，国务院已决定成立国务院证券委员会（简称证券委）和中国证券监督管理委员会（简称证监会）。这是深化改革，完善证券管理体制的一项重要决策，对于保障证券市场健康发展有着重要意义。现就进一步加强证券市场宏观管理的有关问题通知如下：

一、理顺和完善证券市场管理体制

（一）证券委是国家对全国证券市场进行统一宏观管理的主管机构，主要职责是：负责组织拟订有关证券市场的法律、法规草案；研究制定有关证券市场的方针政策和规章；制定证券市场发展规划和提出计划建议；指导、协调、监督和检查各地区、各有关部门与证券市场有关的各项工作；归口管理证监会。

（二）证监会是证券委的监管执行机构，由有证券专业知识和实践经验的专家组成，按事业单位管理，主要职责是：根据证券委的授权，拟订有关证券市场管理的规则；对证券经营机构从事证券业务，特别是股票自营业务进行监管；依法对有价证券的发行和交易以及对向社会公开发行股票的公司实施监管；对境内企业向境外发行股票实施监管；会同有关部门进行证券统计，研究分析证券市场形势并及时向证券委报告工作，提出建议。

（三）国务院有关部门和地方人民政府关于证券工作的职责分工是：国家计委根据证券委的计划建议进行综合平衡，编制证券计划；中国人民银行负责审批和归口管理证券机构，同时报证券委备案；财政部归口管理注册会计师和会计师事务所，对其从事与证券业有关的会计事务的资格由证监会审定；国家体改委负责拟订股份制试点的法规并组织协调有关试点工作；上海、深圳证券交易所由当地政府归口管理，由证监会实施监督，设立新的证券交易所必须由证券委审核，报国务院批准；现有企业的股份制试点，地方企业由省级或计划单列市人民政府授权的部门会同企业主管部门负责审批，中央企业由国家体改委会同企业主管部门负责审批。新建和在建项目的股份制试点审批办法另行下达。

（四）要充分发挥证券行业自律性组织的作用，逐步建立起有中国特色的、分层次的、各司其职、各负其责、协调配合的证券市场监督管理体系。

二、严格规范证券发行上市程序

为了确保证券发行与上市的质量，体现“公开、公正、公平”的原则，对证券的发行程序作如下规范：

（一）股票发行、上市的程序是：经过批准的股份制试点企业，经证监会认可的资产评估机构和会计师事务所进行资产评估和财务审核后，向企业所在地的省级或计划单列市人民政府提出公开发行上市股票的申请，地方企业由省级或计划单列市人民政府在国家下达给该地的规模内审批；中央企业由其主管部门商企业所在地的省级或计划单列市人民政府在国家下达给该部门的规模内审批；被批准的发行申请送证监会进行资格复审后，由上海、深圳证券交易所发行上市委员会审核批准，报证监会备案（同时抄报证券委），十五日内无异议即可发行。何时上市，由证券交易所发行上市委员会确定。

股票发行要借鉴境外成功经验。目前，可试行在每一个公司股票发行之前，无限量发售只收工本费的一次性认购表，在公证机关监督下公开抽签，中签后再交款购买股票的办法，或者试用国际上通用的其他办法。

证券委及各有关部门要密切注意研究解决股票发行、上市中出现的问题，不断总结经验，逐步完善有关的管理办法，把试点工作做得更好。

（二）其他证券发行的管理职责分工如下：国债由财政部负责；金融机构债券、投资基金证券由中国人民银行负责审批；国家投资债券、国家投资公司债券由国家计委负责审批；中央企业债券由中国人民银行和国家计委负责审批；地方企业债券、地方投资公司债券由省级或计划单列市人民政府负责审批。

证券的发行必须按上述程序和职责分工，在国家下达的规模内，经过严格财务审核、信用评级，按照产业政策的要求从严掌握。任何地区和部门不得越权审批、突破规模。在遵守国家有关规定的前提下，发行主体和代理单位可自主签订合同，并承担相应的责任，各地区、各部门不得干预其正常业务活动。

三、关于一九九三年的证券发行问题

一九九三年证券的发行规模，由证券委根据有关部门提出的计划，结合全国经济发展情况提出计划建议，经国家计委综合平衡后，报国务院审批。分地区、分部门的年度规模，由国家计委会同证券委下达。各省、自治区、直辖市及计划单列市和国务院有关部门可在国家下达的规模内，各选择一两个经过批准的股份制企业，进行公开发行股票的试点（广东、福建、海南三省经批准可以适当增加试点企业的数目）；对一九九二年未经国家批准擅自公开发行股票、信托受益证券和超出国家规定范围发行内部股权证的地区，必须进行清理整顿并写出报告，经证券委审查合格后，再下达规模。债券的利率政策应当统一，对少数部门和企业违反国家规定高利率发行企业债券的现象，必须坚决制止。

四、进一步开放证券市场

为了更多更好地筹集资金，促进经济建设发展，我国的证券市场要逐步加快开放步伐，在加强统一管理的基础上，积极组织投资基金证券、可转换证券、信托受益证券等新品种的试点，丰富、活跃证券市场。要进一步放开搞活债券二级市场。要继续做好人民币特种股票（B股）的试点工作。目前，我国证券市场有关法规尚不完善，各有关部门在制定与证券市场有关的对外开放政策时，要事先与证券委研究。选择若干企业到海外公开发行股票和上市，必须在证券委统一安排下进行，并经证券委审批，各地方、各部门不得自行其是。

五、抓紧证券市场的法制建设

健全法规是证券市场健康发展的法律保障。近期，证券委要组织有关方面抓紧完成《股票发行与交易暂行规定》（国家体改委和证监会牵头），《证券经营机构管理办法》、《投资基金管理办法》（中国人民银行牵头），《证券从业人员行为规范》（证监会和证券业协会牵头），《股票发行资格审查管理办法》（证监会牵头）等法规的起草修改工作；国家体改委要组织有关部门抓紧《证券法》的起草工作。上述法规，按规定程序批准后发布实施。

六、研究制订证券市场发展战略和规划，加强证券市场基础建设

证券市场是社会主义市场经济体系的重要组成部分，我国的证券市场经过多年的发展，虽已初具规模，但与社会主义市场经济发展的要求还有很大距离。证券委要组织各有关方面，根据建立社会主义市场经济体制的要求和证券市场发展的规律，在充分调查研究的基础上，研究制订证券市场的发展战略和规划，不断加强和改善国家对证券市场的宏观调控，积极发挥证券市场对资金配置所具有的积极作用，努力克服并限制其自身的弱点和消极面，指导证券市场健康发展。要加强证券经营机构和证券交易所、证券业协会等机构以及全国证券交易系统的自身建设。要采取多种方式，大力培养证券专业人才。要建立证券市场的分析、预测和信息发布系统。积极开展对外交往与合作，学习借鉴境外的成功经验。

七、加强证券市场管理，保障证券市场健康发展

证券市场的稳定与健康发展，影响到国家的金融秩序、人民群众的切身利益和社会的安定，各地区、各部门要严格执行国家关于证券市场的有关规定，对突破国家计划规模或违反规定擅自发行股票、债券的，要严肃处理。要坚持两手抓，加强廉政建设，坚决查处在股份制企业设立和股票、债券发行上市等工作中的腐败行为和证券从业人员及会计、律师等人员利用职权违法违纪、营私舞弊的行为。对证券市场上出现的经济犯罪分子要坚决予以打击。

为了防止出现管理工作的脱节，各地区、各部门要按照证券委的统一部署和上述分工，各司其职，切实加强证券市场管理。各省、自治区、直辖市和计划单列市人民政府要指定一名负责同志分管证券工作，并将名单报证券委，抄送证监会。

中国证券市场研究设计中心消息股份制改革又有新进展公有法人股内部流通试点成功

中国城市综合实力50强排定

中国城市社会经济发展水平评价中心发布新闻：一九九二年度中国城市综合实力五十强评出，它们依次为：上海、北京、广州、天津、南京、武汉、深圳、大连、沈阳、厦门、成都、杭州、哈尔滨、昆明、苏州、长春、无锡、大庆、重庆、长沙、青岛、十堰、佛山、乌鲁木齐、石家庄、合肥、柳州、常州、南通、西安、福州、江门、克拉玛依、扬州、烟台、济南、郑州、宁波、鞍山、锦州、惠州、汕头、韶关、珠海、海口、保定、淄博、南宁、抚顺、威海。

外交部发言人吴建民就中美科技关系正式恢复等问题答记者问

吴建民应记者要求介绍宋健访美的成果时说，应美国总统科技顾问布罗姆利博士邀请，宋健近日率中国政府科技代表团对美国进行了为期 4 天的正式访问。此访取得了积极成果，为中美两国进一步发展关系创造了条件，并正式恢复了中美科技领域的双边关系。

吴建民说，美方表示，将尽快续签中美 29 个协议书中已到期的医学合作和核安全两个议定书。

有记者问：俄驻华大使罗高寿说，中俄双方已解决了 98％的领土争端，中俄边境还有哪些遗留下来的问题没有解决？吴建民说，中俄边界问题是历史遗留下来的，目前大部分地段的边界线走向已由边界协定确定，剩下的主要是黑瞎子岛等地区的归属问题。双方同意继续就这一问题进行谈判。

当记者问到在目前中东局势趋于紧张之际，中国在解决中东问题上能发挥什么作用时，吴建民说，中国

作为安理会常任理事国，愿意积极努力为推动中东和平进程，使中东问题早日在联合国有关决议的基础上获得公正、合理的政治解决而发挥自己的作用。

外交部副部长刘华秋在北京会见美国助理国务卿威廉·克拉克

刘华秋说，美国向台湾出售F—16战斗机问题并没有了结，美方必须面对事实，严格按照中美“八·一七”公报的原则妥善解决这个损害中美关系的严重问题。

克拉克说，美方重申，美中三个联合公报构成美中关系的基础，美方保证继续执行一个中国的政策，不搞“两个中国”或“一中一台”。在当前复杂的国际形势下，美方希望在维护世界和平与稳定等方面与中国加强合作。

中美两国商贸联委会在北京举行第七次会议

这是自1989年以来中美两国首次举行的部长级经贸会晤。

中国经贸部长李岚清和美国商务部长芭芭拉·富兰克林共同主持会议的开幕式。

中美商贸联委会是两国政府间的年度例会，也是两国经贸关系问题最重要的磋商机制。

两位部长都认为，此番恢复这一例会具有重要意义，必将对开创双方经贸关系的新局面产生积极的影响。

李岚清在介绍了中国深化改革、扩大开放和建立市场经济的情况后说，近年来，中美双方在经贸领域虽然遇到了一些麻烦，但双边贸易投资依然保持了较快的发展速度。

李岚清说，随着经济的发展，中国将不断增加从美国的进口，中国进口的大门是向美国敞开着的。

弗兰克林也对双边贸易取得的进展表示满意，对中国在这方面所作的富有成效的努力表示赞赏。弗兰克林说，美中两国政府都意识到发展双边经贸关系的重要性，希望双方经贸界和企业界人士能够共同努力，使双方经贸关系走上一个新台阶。

双方还就最惠国待遇、市场准入、贸易促进和投资环境等问题交换意见。

新闻出版署召开新闻发布会宣布《中国标准音像制品编码》1993年1月1日实施

全国第四次血吸虫病防治工作会议在安徽合肥结束

中共中央政治局委员、国务委员李铁映在会议上强调，血防要适应改革开放、发展经济的新形势，与当地的经济开发、治穷致富奔小康紧密结合，改革旧的体制，加快血防步伐，再上新的台阶。

李铁映指出，通过三年实践，我们已经初步探索出一条适合中国国情的综合治理、科学防治的血防路子，形成了共识，坚定了信心。只要积极探索，真抓实干，坚持不懈，就一定能够在本世纪末实现基本消灭血吸虫病的目标。

李铁映强调说，血防工作必须服从、服务于改革开放和经济建设。血防工作抓得好，必将促进经济发展，有利于投资环境的改善，推动改革开发进程；血防一定要与当地经济建设和群众生产致富，生活改善一齐抓，以收到良好的生态、社会和经济效益。他还再三指出，贫穷是不能战胜自然灾害和疾病的，只有靠发展生产力，才能最终战胜血吸虫病，使疫区人民尽快富裕起来，奔向小康，真正得到群众的拥护和欢迎。为加快血防工作开展，李铁映还要求各地解放思想，转变观念，改变过去计划经济指导下的血防体制，变国家包治为“奖补结合，群防群治”，增强群众的参与意识，提高自我保健和防病能力。各地要建立地方法规，以利于血防工作长期坚持下去。

12月18日

中共中央总书记江泽民在钓鱼台国宾馆会见俄罗斯联邦总统鲍里斯·尼古拉耶维奇·叶利钦

国务院总理李鹏同俄罗斯联邦总统鲍里斯·尼古拉耶维奇·叶利钦举行会谈

李鹏在会谈中指出：“总统阁下的此次来访把两国关系推向了更高水平。在即将发表的中俄两国联合声明中，首次载明‘相互视为友好国家’具有重要意义。不管今后形势如何变化，中国方面都将坚定不移地按照和平共处五项原则，特别是平等互利、睦邻友好的原则同俄罗斯发展长期稳定的友好合作关系。”

李鹏说，俄罗斯是中国最大的邻国，中俄两国人民有着传统友谊，中国政府十分重视同俄罗斯的关系。苏联解体后，中俄两国关系不仅没有停顿，而且得到了发展，我们对此感到满意。

关于两国在经贸、科技等领域的合作，李鹏说，一年来，中俄经贸关系保持了稳步发展的好势头，这是令人欣慰的。今年两国贸易额将超过过去中苏贸易额的最高水平，达到五十亿美元。我们两国有着长达四千多公里的共同边界，经济上更有优势，又有互补性，潜力很大。双方可以在平等互利的基础上开展多层次、多渠道、多领域、多形式的合作。在谈到如何解决两国关系发展中诸如交通问题等制约因素时，李鹏说，我们可以通过协商，采取有效措施加以解决。

叶利钦说："发展俄中关系在俄罗斯对外关系中占有优先地位。我十分欣赏李鹏总理讲的关于发展两国关系要遵循和平共处五项原则，特别是平等互利、睦邻友好的原则。一个强大的、统一的中国符合俄罗斯的利益。"

叶利钦表示，俄罗斯方面十分珍惜同中国建立的这种新型关系。俄中关系已进入一个新纪元。俄罗斯方面愿意进一步发展两国在经贸、科技、航空、航天、能源等领域的合作。叶利钦邀请中国参加在西伯利亚和远东地区的资源开发，表示俄方将进一步推动两国在边境地区的合作。

李鹏表示，中方对共同开发俄罗斯的西伯利亚和远东地区的资源持积极态度。

两位领导人还就国际形势、柬埔寨问题、朝鲜半岛等地区问题交换了意见。一致认为，在当今复杂多变的国际形势下，作为安理会常任理事国的中俄两国对国际和平与安全负有重要责任。双方同意加强两国在国际问题上的协商与合作。

两位领导人还通报了各自同美、日等国的关系，介绍了各自国内的情况。

叶利钦重申，俄罗斯坚持一个中国的立场。

叶利钦表示，俄罗斯方面承认中华人民共和国政府是代表全中国的唯一合法政府，台湾是中国的一部分。俄罗斯将不同台湾建立官方关系，或进行具有官方性质的来往。李鹏对俄方的这一立场表示赞赏。

国务委员兼外交部长钱其琛等参加会谈。叶利钦总统的主要随行人员也参加会谈。

国家主席杨尚昆和俄罗斯联邦总统叶利钦在钓鱼台国宾馆签署中俄两国联合声明

中国和俄罗斯发表《关于中华人民共和国和俄罗斯联邦相互关系基础的联合声明》

中华人民共和国和俄罗斯联邦（以下简称"双方"）基于中俄两国人民之间友好睦邻的历史传统，根据中俄首次高级会晤的结果，声明如下：

一、双方一致认为，将两国关系提高到一个新的水平并使其进一步巩固和发展，符合两国人民的根本利益，有助于亚洲和世界的和平与稳定。

二、中华人民共和国和俄罗斯联邦相互视为友好国家。它们将按照联合国宪章，本着互相尊重主权和领土完整、互不侵犯、互不干涉内政、平等互利、和平共处等原则及其他公认的国际法准则，发展睦邻友好和互利合作关系。

双方强调，各国人民自由选择其国内发展道路的权利应得到尊重，社会制度和意识形态的差异不应妨碍国家关系的正常发展。

三、双方确认，应以和平方法解决两国间的一切争端，相互不以任何方式，包括不利用同对方接壤的第三国领土、领水和领空使用武力或以武力相威胁，并为此建立相应的对话机制。

四、双方不参加任何针对对方的军事政治同盟；不同第三国缔结任何损害另一方国家主权和安全利益的条约或协定；任何一方均不得允许第三国利用其领土损害另一方国家主权和安全利益。

五、俄罗斯联邦的出发点是，中华人民共和国政府是代表全中国的唯一合法政府，台湾是中国领土不可分割的一部分。俄罗斯不同台湾建立官方关系和进行官方往来。俄罗斯与台湾之间的经济、科技、文化等联系在非官方基础上进行。

六、双方主张提高联合国的作用和威望，有效实施联合国宪章的宗旨和原则，恪守国际法准则，维护国际和平与安全及防止武装冲突。双方将在联合国范围内积极地相互协商，并重视在联合国安理会范围内、常任理事国之间的磋商与合作。

七、双方重申，中俄两国都不在亚洲和太平洋地区以及世界其他地区谋求霸权，也反对任何形式的霸权主义和强权政治。

八、双方确信，有利于国际和平、安全与稳定的国际裁军协议对于改善国际局势具有重要作用。双方反对任何军备竞赛。双方将采取措施加强不扩散核武器的制度，防止其他种类大规模杀伤性武器的扩散。双方重申，在任何情况下都不首先使用核武器及不对无核国家和无核区使用或威胁使用核武器。

九、双方将努力促进亚太地区的和平、安全、稳定和繁荣；促进有助于加强东北亚地区相互理解和经济发展的双边及多边合作计划的实施。

十、双方将扩大国际问题的双边磋商。磋商的议题包括巩固和平与安全、在亚洲和世界发展合作关系、寻求重大的全球和地区性问题的解决办法及其他双方感兴趣的问题。

十一、为进一步发展双边关系、加强相互信任和理解，双方商定保持各个级别的经常性的政治对话，包括高级对话。两国外交部应保持密切的合作。

双方将采取必要措施，以扩大两国中央和地方各级立法、司法和行政机关及社会团体之间的交往。

十二、双方将以有关目前中俄边界的条约为基础，根据公认的国际法准则，本着平等协商、互谅互让的精神，继续就中华人民共和国和俄罗斯联邦之间尚未协商一致的边界地段进行谈判，以便公正、合理地解决边界问题。

十三、双方认为，必须将中俄边境地区的军事力量裁减到与两国正常睦邻关系相适应的最低水平。双方确认，1990年4月21日中苏两国政府的协定将作为谈判的基础，并同意采取具体措施为在边境地区加强信任和保持安宁作出积极努力。

十四、双方将按照通常的国际实践进行军事交往，以加强军事领域的相互信任和合作。为此，将制定并实施相应的交流计划。

十五、双方将在民事和刑事案件的司法协助领域进行合作，保证一方公民在另一方境内根据该领域的现行的双边协议和各自的国际义务应享有的权利。

十六、双方愿在平等互利原则基础上保持和发展双边贸易领域中的合作。

双方应为国家间协定和议定书范围内的贸易联系，包括边境地区在内的地区间以及企业、组织及企业家之间直接联系基础上的贸易联系创造有利条件。

双方将促进彼此在经济和金融领域的合作，大力加强双方的经济关系，上述合作将包括下列对两国有重要意义的领域，即：农业；生物技术；能源；和平利用核能，包括核能安全；交通，基础设施；通讯；和平利用宇宙空间；军转民；零售贸易等。

双方将鼓励新的经济合作形式，尤其是在投资和兴办合资企业领域的合作，并为其创造良好条件。双方将促进各自经济组织的高效经营活动，并为此尽可能广泛地交流经济信息，使之向两国实业界人士和学者开放。

十七、双方将加强科技领域的合作，包括基础和应用科研及其成果推广，扩大科技信息交流，增加双方优先发展领域的合作项目，促进实施有第三国参加的共同计划。双方应促进中国和俄罗斯组织、科研所、高等院校、科研生产联合体和公司间建立直接的科技联系。

十八、双方愿在环境保护领域加强合作，并在多边合作范围内加强协调一致的行动。

十九、双方将促进并扩大文化、艺术、教育、信息、旅游和体育领域的相互联系，以及两国青年间的交流。双方将鼓励两国文化组织间的直接联系和公民之间的接触。

双方认为，相互教授两国语言和文学具有重大意义。双方将在培训文化干部、保护民族文化财富、翻译出版以及校际联系等方面进行合作。

二十、双方将在打击有组织的犯罪，反对国际恐怖主义、非法贩卖毒品和武器、走私，包括走私文物和濒危动、植物种的斗争方面进行合作。

二十一、本声明之各项内容绝不涉及双方对第三国承担的义务，也不针对任何第三国。

中华人民共和国代表 杨尚昆
俄罗斯联邦代表 叶利钦
1992年12月18日于北京

中国民主促进会九届一中全会选出新一届领导人

北京大学教授雷洁琼在中国民主促进会九届一中全会上再次当选中央主席。

民进九届一中全会还选举了9位中央副主席。他们是：陈舜礼、葛志成、楚庄、叶至善、梅向明、陈难先、冯骥才、邓伟志、许嘉璐。

会议选举产生由39人组成的民进第九届中央常务委员会，陈益群任中央委员会秘书长。

中国民主促进会第三届中央参议委员会推举赵朴初为该委员会主席。

全国计划会议在北京举行

全国计划会议12月14日至18日在北京举行，中共中央总书记江泽民、国务院总理李鹏出席闭幕会并就当前的经济形势和明年的经济工作发表了重要意见。

这次全国计划会议，是党的十四大之后国务院召开的全面部署明年经济工作的一次重要会议。会议的中心议题是，认真贯彻落实党的十四大精神，研究确定明年改革开放和经济建设的任务，安排好国民经济和社会发展计划，并就"八五"计划的必要调整交换意见。与以往计划会不同的是，今年计划会改变了过去偏重于定指标、分投资、分物资的做法，重点放在正确分析当前经济形势与明年发展趋势和国内外市场环境，合理确定宏观经济目标，发展重点和重大建设项目，以及相应的方针政策和改革措施，引导资源合理配置和市场健康运行。

江泽民在讲话中从六个方面作了阐述：一是关于当前的经济形势；二是正确处理发展速度同提高效益、调整结构的关系；三是积极探索建立社会主义市场经济体制的具体路子；四是大力培育市场和加强宏观调控；五是加强学习和改进领导工作；六是关于机构改革问题。

江泽民指出，当前经济形势很好，全国上下生机勃勃。同时一定要正视好形势下出现的一些必须解决的问题，扎扎实实地进行工作，防止发生经济过热现象，保证国民经济又好又快地向前发展，力争搞几年上一个新台阶，不断增强我国的经济实力和综合国力，这样才是真正积极地、正确地贯彻执行党的十四大和小平同志重要谈话的精神。

李鹏在讲话中指出，社会主义市场经济包括了市场和计划两种调控手段，必须十分重视培育和发展各类市场,发挥市场在资源配置中的基础作用。同时,也必须加强和改进国家宏观调控,改革计划管理,更好地发挥市场和计划两种手段的作用。

李鹏说,今年以来,我国的改革开放和现代化建设事业进入了新的发展阶段,成就为世界所瞩目。我们在成绩面前要保持清醒的头脑,要采取必要的措施,解决经济发展中出现的一些值得重视的问题。

李鹏强调指出,明年的经济工作既要加快改革和经济建设步伐,又要扎扎实实工作,讲求实效,要切实做好经济总量的控制,保持社会总供求的基本平衡,发展速度要建立在提高质量、优化结构、增进效益的基础上,要考虑到经济上的承担能力,以保证经济建设和改革开放更积极更健康地发展。

会议期间,国务院副总理邹家华作了题为《以党的十四大精神为指针安排好 1993 年经济计划工作》的报告。

朱镕基、姚依林、田纪云、吴学谦、李铁映、王丙乾、李贵鲜、陈俊生、钱其琛、李岚清、罗干等,也出席了会议。

纪念毛泽东延安南区合作社讲话发表 50 周年暨延安南区合作社纪念馆开馆仪式在延安举行

中华人民共和国政府与俄罗斯联邦政府在北京签订汽车运输协定

国务院副总理田纪云在全国商检局长会议上发表讲话

田纪云在全国商检局长会议上强调,商检工作对于维护国家信誉,开拓国际市场,保护国家和企业利益不受损害,起着重要作用。在进一步扩大开放,发展同世界各国对外经贸关系的同时,进出口商品检验工作只能加强,不能削弱。

田纪云指出,目前,一些假冒伪劣商品不仅充斥国内市场,而且一部分流出境外,特别是边境贸易部分出口商品质量问题严重,造成了很坏影响。田纪云要求经贸和商检部门要把好出口商品质量关,决不姑息迁就,要有铁石心肠、铁面无私、铁的手段、铁的纪律,对那些出口伪劣商品的企业,要严肃处理,直至取消其进出口经营权。

中国又有 41 个市县对外国人开放

公安部新闻发言人宣布,经国务院批准,中国又有 41 个市县列入对外国人开放地区。至此,中国已有 888 个市县对外国人开放。

这次对外国人开放的市县是:

吉林省:和龙县

黑龙江省:嘉荫县

云南省:河口瑶族自治县、东川市、蒙自县、金平苗族瑶族傣族自治县、元阳县、屏边苗族自治县、红河县、绿春县、文山县、砚山县、丘北县、富宁县、广南县、麻栗坡县、西畴县、马关县、华宁县、易门县、新平彝族傣族自治县、峨山彝族自治县、耿马傣族佤族自治县、沧源佤族自治县、双江拉祜族佤族布朗族傣族自治县、临沧县、云县、凤庆县、泸水县、昭通市、水富县、威信县、镇雄县、彝良县、大关县、盐津县、绥江县、孟连傣族拉祜族佤族自治县、江城哈尼族彝族自治县、澜沧拉祜族自治县、西盟佤族自治县。

中国经济类型划分新标准出台

国家有关权威部门表示,中国开始按照新的标准划分经济类型。新的标准将中国经济成分划分为 9 种类型。

国有经济 是指生产资料归国家所有的一种经济类型,是社会主义公有制经济的重要组成部分。包括中央和地方各级国家机关、事业单位和社会团体使用国有资产投资举办的企业,也包括实行企业化经营,国家不再核拨经费或核拨部分经费的事业单位和从事经营性活动的社会团体,以及上述企业、事业单位和社会团体使用自有资金投资举办的企业。

集体经济 是指生产资料归公民集体所有的一种经济类型,是社会主义公有制经济的组成部分。包括城乡所有使用集体投资举办的企业,以及部分个人通过集资自愿放弃所有权并依法经工商行政管理机关认定为集体所有制的企业。

私营经济 是指生产资料归公民私人所有、以雇佣劳动为基础的一种经济类型。包括所有按国家法律、规定登记注册的私营独资企业、私营合伙企业和私营有限责任公司。

个体经济 是指生产资料归劳动者个人所有,以个体劳动为基础,劳动成果归劳动者个人占有和支配的一种经济类型。包括所有按照国家有关规定登记注册的个体工商户和个人合伙。

联营经济 是指不同所有制性质的企业之间或者企业、事业单位之间共同投资组成新的经济实体的一种经济类型。联营经济只包括具备法人条件的紧密型联营企业。

股份制经济 是指全部注册资本由全体股东共同出资,并以股份形式投资举办企业而形成的一种经济类型。股份制经济主要有股份有限公司和有限责任公司两种组织形式。全民、集体、联营、私营企业等经济组织虽以股份制形式经营,但不以股份有限公司或有限责任公司登记注册的，仍按原有所有制性质划归经济类型。

外商投资经济 是指国外投资者根据我国有关涉外经济的法律、法规，以合资、合作或独资的形式在大陆境内开办企业而形成的一种经济类型。外商投资经济包括中外合资经营企业、中外合作经营企业和外资企业3种形式。

港澳台投资经济 是指港、澳、台地区投资者依照中华人民共和国有关涉外经济的法律、法规，以合资、合作或独资的形式在大陆举办企业而形成的一种经济类型。港、澳、台投资经济参照外商投资经济，可分为合资经营企业、合作经营企业和独资企业3种形式。

其他经济 是指以上8种类型之外的其他经济类型。随着经济体制改革的深化，可能会出现新的经济形式，或遇到不易划清的，可列入其他经济类型。

我国原有的经济类型划分标准，是国家统计局和国家工商行政管理局于1980年联合颁发的。随着体制改革的不断深化和社会经济的发展，我国国民经济结构发生了新的变化，出现了一些新的经济成分，原有的划分标准已不能反映我国经济体制格局发展变化的新情况。为正确反映我国所有制结构，适应宏观决策和业务管理的需要，国家统计局和国家工商行政管理局在调查研究的基础上，以生产资料的所有制性质和国家有关法规作为划分经济类型的依据，对原有的经济类型划分标准进行了修订、补充，并联合颁发修订后的《关于经济类型划分的暂行规定》，要求各地区及有关部门按照新的经济类型划分标准组织贯彻执行。

中国首条内地与香港合资兴建和经营的地方铁路金(华)温(州)铁路正式开工

国务院总理李鹏在中南海会见美国商务部长芭芭拉·富兰克林

李鹏表示，希望美国能以实际行动支持恢复中国的关贸总协定缔约国地位。一旦这一地位得到恢复，中国的市场将更加开放。

李鹏重申，中国政府重视中美关系，愿意同美国政府一道为改善、发展两国关系而努力，因为这有利于两国伟大人民的根本利益。

富兰克林在会见时说，她率领的代表团成员中有美国企业界的代表，这表明美国方面对发展两国经贸关系的重视。

参加会见的美国企业家表示，他们支持无条件延长中国的最惠国待遇，并愿意投资于中国交通、能源、通讯、电力等基础设施的建设和开展其他形式的合作。李鹏对此表示赞赏。李鹏说，中国正在进行大规模的经济建设，同外国的经济合作有广阔的前景。

全国人大常委会委员长万里在人民大会堂会见新西兰议会外交和防务委员会主席约翰·罗伯逊

中美第七届商贸联委会在北京结束

会议期间，双方回顾了近三年来双边贸易以及工业技术合作的发展情况，特别是今年以来双方在经贸关系方面取得的积极进展。双方认为，发展中美经贸合作十分重要，这届联委会的举行标志着两国经贸关系恢复正常的开端。

国家主席杨尚昆在人民大会堂分别接受克罗地亚首任驻中国大使安德里亚·科亚科维奇和密克罗尼西亚联邦首任驻中国大使马萨奥·纳卡亚玛递交的国书

捷克共和国国际关系部斯洛伐克共和国外交部分别照会中国驻捷克和斯洛伐克联邦共和国大使馆通知捷克和斯洛伐克两个共和国从1993年1月1日起将成为两个独立主权和自由的国家

中华人民共和国政府和俄罗斯联邦政府在北京签订关于和平利用与研究宇宙空间方面进行合作的协定

中华人民共和国政府和俄罗斯联邦政府在北京签订文化合作协定

中华人民共和国政府和俄罗斯联邦政府在北京签订关于在中国合作建设核电站和俄罗斯向中国提供政府贷款的协议

中华人民共和国政府与俄罗斯联邦政府在北京签订关于在社会劳动领域进行合作的协议

中华人民共和国政府和俄罗斯联邦政府在北京签订关于互免团体旅游签证的协定

中华人民共和国政府和俄罗斯联邦政府在北京签订1993年经济贸易合作议定书

12月19日

中共中央政治局常委胡锦涛在共青团十二届五中全会上发表讲话

胡锦涛上午在共青团十二届五中全会上强调，要用邓小平同志建设有中国特色社会主义理论教育青年一代,努力培养千百万社会主义事业接班人。

胡锦涛在讲话中指出,认真学习和贯彻落实十四大精神,是摆在全党、全国人民面前的一件大事,也是各级团组织要着力抓好的一件大事。各级团组织要认真抓好党的十四大精神的学习,紧密联系实际,解放思想,实事求是,换脑筋。要把十四大精神落实到自己的各项工作中去,动员和组织广大团员青年为加快改革开放和社会主义现代化建设作贡献。

胡锦涛指出,建设有中国特色社会主义的理论,是指引我们实现新的历史任务的强大思想武器,也是做好青年工作,培养和造就千百万社会主义事业接班人的强大思想武器。要引导广大团员青年学习好、掌握好、运用好这个理论。通过学习,搞清楚在中国这样经济文化比较落后的国家如何建设社会主义、如何巩固和发展社会主义的一系列基本问题,进一步坚定社会主义信念,增强信心,不断提高政治素质和解决实际问题的能力。要重视和加强青年学生和青年知识分子工作,引导他们按照祖国的需要更好地成长。当前,要突出对青年进行爱国主义教育。要积极引导青年学习市场经济,学习管理,学习现代科学文化,努力成为本职工作的内行和能手。要引导广大青年与实践相结合,与工农相结合,向人民群众学习,在实践中锻炼成长。

胡锦涛指出,共青团工作必须以党的基本路线为指导。各级团组织和广大团干部要不断增强贯彻执行党的基本路线的自觉性和坚定性,坚持党的基本路线一百年不动摇。要紧紧围绕经济建设这个中心开展共青团工作,同时把坚持改革开放和坚持四项基本原则统一起来。要动员和组织广大青年积极投身经济建设的主战场,把共青团的先进性在解放和发展生产力中充分发挥出来。要引导广大青年积极支持改革,自觉投身改革,推动改革的深入发展。

胡锦涛指出,当前和今后一个时期,是我国加快发展的大好时机,是青年一代报效祖国、锻炼成长、发奋成才的宝贵时机,也是共青团工作开创新局面,再上新台阶的有利时机。建设有中国特色社会主义的伟大事业召唤着青年一代为之奋斗和献身。广大青年要肩负起历史赋予的光荣使命,充分发挥自己的聪明才智,在改革开放和现代化建设的广阔舞台上大显身手,建功立业。各级团组织要进一步加强自身建设,切实履行各项职能,发挥自身的优势,把工作搞得更加生动活泼和富有成效,努力使共青团工作上一个新的台阶。

胡锦涛强调,青年代表着未来。赢得青年,才能赢得未来。培养千百万社会主义事业接班人,是保证我们的事业后继有人的百年大计。各级党委要从国家和民族前途命运的战略高度认识青年工作的重要性,进一步加强和改善对共青团工作的领导,更好地发挥共青团的作用。

中国致公党十届一中全会产生新一届领导机构

中国致公党十大上午选举产生由87名中央委员和4名候补委员组成的中央委员会,推举黄鼎臣为致公党中央名誉主席、伍觉天为中央名誉副主席。

中国致公党十届一中全会下午选出新的一届领导机构。77岁的董寅初再次当选中央主席。

全会还选举杨纪珂为中央常务副主席,陆榕树、郑守仪、王宋大、罗豪才为中央副主席。选出中央常委18人。

河南省第七届人民代表大会常务委员会第三十一次会议接受李长春辞呈任命马忠臣为副省长代理省长

中央社会治安综合治理委员会在人民大会堂召开全国社会治安综合治理先进单位先进个人表彰大会

大会对近几年来在社会治安综合治理工作中做出突出成绩的铁道部等108个先进单位和姚金兰等95名先进个人予以表彰。

全国人大常委会副秘书长曹志主持会议。中央社会治安综合治理委员会罗干等部分委员和全国政法工作会议代表出席表彰大会。

国务委员、中央社会治安综合治理委员会副主任王芳宣读表彰决定。

中共中央书记处书记、中央社会治安综合治理委员会主任任建新讲话。

任建新指出,加强社会治安综合治理,保持社会的长期稳定,是十四大提出的一项重要任务,是党章对每一个共产党员的要求。任建新要求各级党委、政府、各部门、各单位在贯彻落实十四大精神过程中,都要坚持“两手抓”、“两手都要硬”的方针,既抓改革开放和经济建设,又抓社会治安综合治理,保持社会稳定,夺取物质文明建设和精神文明建设双丰收。

国办转发林业部有关乱砍滥伐和乱捕滥猎综合治理措施的报告

国务院办公厅转发林业部关于当前乱砍滥伐、乱捕滥猎情况和综合治理措施的报告,要求各地各部门贯彻执行。

林业部的报告说,自今年年初以来,不少地方毁林案件大幅度回升,聚众哄抢林木、武装械斗事件明显增加,非法运输、销售木材活动加剧,猎杀、走私珍稀野生动物犯罪活动屡禁不止。据统计，全国林业公安部门上半年已受理各类森林案件 52315 起，查处违法犯罪人员 81899 人次，分别比去年同期增加 20%和 7.4%；案件造成的经济损失 4548 万元，比去年同期增加 57.2%；破坏林地的面积比去年增加 140.3%。今年以来，因乱捕滥猎，全国已损失了大量国家保护的野生动物。

林业部要求各地，进一步提高认识，切实加强森林资源的保护与管理工作，加强宣传教育，增强全社会保护森林的意识，动员和组织广大人民群众，共同做好森林资源保护与管理工作。要认真贯彻执行森林资源保护管理的各项法律、法规及有关规定，坚持依法治林。要进一步强化林业主管部门的森林资源和林政管理职能，稳定基层森林资源管理体系，重视和加强林业工作站建设，强化其资源管理职能。加强林业公安队伍建设，切实发挥林业公安部门在保卫森林资源，维护林区治安方面的重要作用。要采取有力措施严厉打击破坏森林资源的违法犯罪活动。当前，要集中力量，在乱砍滥伐和乱捕滥猎严重的地方，开展专项斗争和专项治理。对危害严重的盗伐林木犯罪分子和团伙，非法猎杀、走私国家保护的野生动物及其产品的犯罪分子和团伙，挑动群众哄抢破坏森林、伤害护林人员的犯罪分子和团伙等重点予以打击。

中国俄罗斯双方对首次中俄高级会晤结果表示满意

外交部提供一份消息稿，中俄双方对首次中俄高级会晤的结果表示满意。

消息说，叶利钦总统同江泽民总书记、杨尚昆主席和李鹏总理在友好、坦率和建设性的气氛中本着相互尊重、理解和信任的精神进行了会见和会谈。双方认为，中俄两国的稳定与繁荣，是保持国际和平、稳定与繁荣的不可缺少的条件。双方一致认为，中俄首次高级会晤开辟了两国睦邻友好和互利合作关系的新阶级。双方在某些问题上观点的自然差异不应是国家关系正常发展的障碍，而可以成为各个级别磋商的议题。

杨尚昆主席和叶利钦总统签署了中俄关于相互关系基础的联合声明。双方指出，《联合声明》为两个友好国家关系的发展奠定了原则基础，具有十分重要的意义。落实《联合声明》的各项原则，有助于两国间的相互理解和友谊、加强平等互利的实际合作，并将漫长的共同边界变成一条和平与合作的边界。

访问期间，双方共签署二十四个中俄在各个领域合作的政府间及部门间的协定或文件，其中包括两国政府一九九三年经贸合作议定书、在中国合作建设核电站及俄罗斯向中国提供政府贷款的协议、中国向俄罗斯提供商品的政府贷款协定、国际汽车运输协定、科技合作协定、和平利用与研究宇宙空间合作协定、文化合作协定、北京市与莫斯科市合作协议书、俄罗斯向中国汕头火电站提供设备的合同等。

消息说，双方确信，上述文件将加强两国在各领域卓有成效的互利合作的法律基础。中俄高级会晤还将推动其他领域合作的发展。

消息说，叶利钦总统邀请中国组织和实业界人士积极向俄罗斯投资，其中包括向军转民领域投资。中国领导人表示愿意促进这一工作。

访问中，两国领导人强调中俄作为联合国安理会常任理事国在维护国际和平与安全方面负有特殊责任。双方表示愿意就国际问题继续进行磋商与合作。双方对在远东和亚洲地区进行的多边经济合作持积极态度。

访问期间，叶利钦总统分别向中共中央总书记、国家主席和国务院总理发出了正式访问俄罗斯的邀请。中方表示感谢并接受了邀请。

外交部发言人就金泳三当选韩国总统等事发表谈话

发言人说："我们祝贺金泳三先生当选为大韩民国第十四届总统。中国政府愿意在中韩建交公报的基础上，同韩国政府一起为进一步发展两国睦邻友好合作关系而努力。"

外经贸部部长李岚清和古巴外贸部部长卡布里萨斯在北京分别代表本国政府签署 1993 年中古贸易议定书和其他有关文件

全国新闻学术年会在山东济南举行

年会的主题是新闻工作与改革开放。年会评选出 44 篇获奖论文。

中共中央文献编辑委员会编辑的《薄一波文选》由人民出版社出版

中宣部新闻出版署在北京联合举行全国农村图书发行工作研讨会暨百县表彰大会

大会向 10 家获得"全国百县农村图书发行表彰红旗单位"称号和 93 家获先进单位称号的代表颁发了奖牌、锦旗、证书。

全国城市计划生育工作会议在上海召开

国家计生委主任彭珮云在回顾分析城市计划生育

工作取得的巨大成绩后指出，在改革开放和建立社会主义市场经济的新形势下，城市计划生育工作面临许多新情况、新问题，城市计划生育工作不仅不能放松，而且要花更大的力气来抓紧抓好。

为了拓宽工作领域，适应新的形势，彭珮云明确提出了今后一段时期城市计生工作的基本思路，即要在党的十四大精神的指导下，解放思想，实事求是，不断深化计划生育工作的改革，把社会制约机制与利益导向机制更好地结合起来，积极探索和逐步建立同改革开放和社会主义市场经济相适应的新的机制，走出一条人口、经济、社会、资源、环境协调发展的新路子。在继续有效地控制人口增长、确保实现人口控制目标的同时，努力搞好优生优育，提高人口质量，把城市计划生育工作提高到一个新水平。

在这次会上，国家计划生育委员会对北京市西城区人民政府等 366 个城市计划生育工作先进集体和 600 名先进个人进行了表彰。

国务院批准国家医药管理局发布药品行政保护条例

经国务院批准，国家医药管理局发布《药品行政保护条例》。该条例将自 1993 年 1 月 1 日起施行。

《药品行政保护条例》是为扩大对外经济技术合作与交流，对外国药品独占权人的合法权益给予行政保护而制定的。它包括 5 章 24 条。凡与中华人民共和国缔结有关药品行政保护双边条约或者协定的国家、地区的企业和其他组织以及个人，都可以依照本条例申请药品行政保护。

12 月 20 日

中国致公党第十次全国代表大会在北京闭幕

会议审议并通过董寅初代表上届中央委员会作的工作报告，审议并通过修改后的《中国致公党章程》，通过给不再担任中央领导职务的老同志的致敬信，选举并产生了新的一届中央委员会。

大会通过的决议指出，致公党作为一个参政党，今后 5 年要不断地加强自身建设，增强参政党意识，提高参政议政的水平；要充分发挥本党的特点和优势，鼓励党员在做好本职工作的同时，积极参与各项社会服务和开展海外联谊活动，为开拓本党工作的新局面，为社会主义两个文明建设，为坚持和完善中共领导的多党合作和政治协商制度，为早日实现祖国的和平统一大业而努力奋斗！

中共中央总书记江泽民在湖北江汉平原调查农业问题

江泽民和中共中央政治局候补委员、书记处书记温家宝，国务委员陈俊生等 12 月 20 日开始为期 4 天的调查研究工作。在湖北省委书记关广富、省长郭树言、副书记回良玉的陪同下，先后到孝感、荆门、荆州等地市，与干部群众就发展农业生产、农业综合开发、调整农业结构、粮棉收购政策等问题，进行了座谈。江泽民等还察看农业综合开发基地、粮站和粮油加工厂，走访专业户、产粮户和贫困户。

每到一地，江泽民都要求大家讲真话，要求基层干部谈真实情况。江泽民说："我们想听到的是既不夸大又不缩小的情况，你们有什么问题就谈什么问题，这样我们才能做到情况明、决心大。"

在调研中，各地同志在谈到农村大好形势的同时，也如实反映了当前农业面临的突出问题、农村工作的困难和影响农民积极性的种种表现。他们用"喜中有忧"概括当前的农村形势，他们说，当前农民最盼望的是党和政府支持他们进一步搞活经营，带领他们发展市场经济，尽快达到小康水平；最担心的是有些政策措施不落实，打折扣；最不满意的是四面八方把手伸向农村，挤农业、挖农业、挖农民，损害农民利益。他们提出，农业要发展，当前必须解决这些影响农民种田积极性和干部抓农业积极性的问题。江泽民一边听、一边问、一边记，对于干部群众反映的情况，他十分关切，不时就一些问题和大家讨论。

江泽民反复强调，农业是国民经济的基础，这个指导思想任何时候都不能动摇。11 亿人的吃饭问题始终是一件大事，粮食生产任何时候都不能放松。要求上下齐心协力，采取有力措施，解决好当前农民和基层干部反映强烈的问题，确保农民增产增收，减轻农民负担。江泽民说，关心农民的利益，保护农民的生产积极性，关系到党和国家的威信，关系到国家的长治久安，切不可掉以轻心。

在湖北期间，江泽民还看望了人民解放军指战员、武警官兵和公安干警。

随同调研的中央、国务院有关部门的负责人有：刘中一、项怀诚、白美清、周正庆、滕文生、杨雍哲等。

共青团中央财政部国家工商局税务局共同签发《关于共青团发展第三产业、兴办经济实体有关问题的规定》

在上海举行的全国短池游泳锦标赛中上海游泳运动员薛磊两破女子 50 米仰泳全国纪录

12月21日

国家主席杨尚昆在人民大会堂会见马里总统阿尔法·乌马尔·科纳雷

科纳雷说："建立同中国的友好关系，是我们基于自己的主权原则做出的自愿选择。中国支持我国独立，为马里的建设提供帮助，马中合作始终符合我们的愿望和要求。马里不会忘记同中国交往中学到的经验，在致力于发展的过程中，要主要依靠自己的努力。"

杨尚昆赞赏马里政府和人民在科纳雷总统领导下，为维护国家主权和民族团结、发展经济和实现社会稳定所做的努力，积极评价马里政府奉行和平、不结盟、重视发展同各国友好关系、努力促进非洲团结和区域合作的外交政策。

科纳雷对中国取得的成就和中共十四大的成功表示祝贺。

最高人民法院院长任建新在第16次全国法院工作会议上发表讲话

任建新指出：从一定意义上说，市场经济就是法制经济。越是改革开放，越要强调维护法律的尊严和统一，强调执法的严肃性，强调判决的权威，做到有法必依、执法必严，坚决反对和抵制以言代法、以权压法。

任建新说，随着改革步伐加快，各种改革措施的相继出台，对外开放的扩大，以宪法为核心的适应社会主义市场经济发展的法律体系的建立，越来越多的社会关系需要运用法律手段来保障和调节，人民法院在国家政治生活、经济生活和社会生活中的地位和作用将更加重要，审判任务将更加繁重、艰巨。要自觉地把审判工作放在经济建设这个大局中来考虑，进一步全面加强审判工作，以适应加快改革开放和现代化的需要。

任建新提出，今后一个时期人民法院工作的指导思想是：在邓小平同志建设有中国特色社会主义理论的指导下，认真贯彻执行党的"一个中心，两个基本点"的基本路线，进一步解放思想，实事求是，全面加强审判工作，提高执法水平，更好地为建立社会主义市场经济体制、为加快改革开放和现代化建设，提供有力的法律保障和法律服务。

全国侨联第第四届四次全委会增补委员常委和副主席

全国侨联第第四届四次全委会新增补4名委员、2名常委和1名副主席。

《人民日报》发表社论《形成学习运用唯物辩证法的浓厚空气》

在党的十四大及十四届一中全会上，江泽民同志强调学习唯物辩证法的重要性，指出：要认真学习邓小平同志"运用马克思主义立场、观点和方法研究新情况、解决新问题的科学态度和创造精神"，"对于领导干部来说，要做好工作，学习和掌握唯物辩证法十分重要"。全党同志要认真理解马克思主义理论与实践的深刻联系，理解科学的世界观和方法论对于搞好改革和建设的巨大作用，形成一个学习运用唯物辩证法的浓厚空气。

当前，在国民经济和社会发展中，还存在着许多矛盾和困惑，等待着我们去解决。这不仅需要学习和掌握党的各项方针政策，而且需要在实践中学习和掌握唯物辩证法。例如，认识矛盾的普遍性存在于矛盾的特殊性之中，共性存在于个性之中，只有认真地考察矛盾的特殊性，才能正确地认识矛盾和处理矛盾的原理，才能更加自觉地从本地本部门的特殊情况出发，因地制宜，创造性地开展工作；认识对立统一的规律，才能更加深刻地懂得为什么要坚持两手抓、两手都要硬，既要抓好物质文明建设，又要抓好精神文明建设，既要努力推进改革开放，又要打击各种刑事犯罪活动，既要抓经济建设，又要抓民主法制；认识自然和人类社会都是一个复杂的大系统，其内部构成和外部环境都处于相互联系和相互作用之中，不可能绝对孤立、完全封闭地自我存在，才能更加自觉地推进配套改革，更加重视基础工程和基础设施的建设，保持国民经济的发展既有较高速度，又有较好效益；认识否定之否定规律中的每一次否定都是扬弃，克服前一发展阶段的消极的过时的东西，保留和发扬其积极的合理的东西，就可以进一步理解我们为什么要吸收和借鉴资本主义社会一切有价值的东西，等等。

一部人类文明史，就是人类对于客观世界的认识史和改造史。一部革命和建设史，就是蕴藏在战争、革命、改革、建设中的客观辩证法被人们认识并加以运用的历史。客观世界处于普遍联系和永恒发展之中，唯物辩证法就是对客观世界辩证发展和内在规律的深刻揭示。人们只有充分认识并自觉地运用它，才能接近真理，掌握规律，取得改造世界的主动权。唯物辩证法是工人阶级的世界观和方法论，是马克思主义全部理论的哲学基础。科学社会主义的基本原理，党的路线、方针、战略、策略，均在这个基础上产生。全面正确地贯彻党的路线、方针、战略、策略，也必须学会辩证思维。我们许多地方和部门工作搞得好，就是因为比较好地运用了唯物辩证法，比较善于用马克思主义的立场、观点、方法来认识问题和处理问题。为什么在思想认识上和实际工作中，会出现主观性、片面性，执行政策走样，以及官僚主义、形式主义呢？一个重要原因，就是马克思主义的唯物辩证法还没有学到手。

我们的党是一个善于把理论和实际联系起来的党，党的历史上有着把总结经验教训与学习掌握唯物辩证法结合起来的传统。第一次国内革命战争刚结束，毛泽东同志就对抗大学员作了《实践论》和《矛盾论》的演讲，对十年内战期间的经验教训作了深刻的哲学概括。延安整风中，毛泽东同志强调学习理论要"以研究思想方法论为主"，并把节录编辑的《马恩列斯思想方法论》当作 12 本干部必读书之一。党的六届七中全会通过的《关于若干历史问题的决议》，对党在历史上的错误的思想根源从世界观和方法论上作了深刻的分析，指出"他们都违背辩证唯物论和历史唯物论，把片面的相对的真理夸大为普遍的绝对的真理"。建国以后，毛泽东同志在若干报告和文件中，多次提醒全党要提倡唯物辩证法，反对唯心论和形而上学。我们党在十一届三中全会前后，进行了思想路线的拨乱反正，为新时期党的马克思主义政治路线奠定了重要的思想基础。在十一届六中全会通过的《关于建国以来党的若干历史问题的决议》中，专门对具有中国共产党人特色的立场、观点、方法作了新的概括，指出实事求是、群众路线、独立自主是毛泽东思想的活的灵魂。这次党的十四大报告，对改革开放 14 年的伟大实践作了基本总结，文中处处闪耀着唯物辩证法的光辉。我们继承党的传统，就包括着继承党的联系实际学习唯物辩证法，改造主观世界，改造主观世界同客观世界的关系的传统。我们党肩负着带领 11 亿人民走向新世纪的伟大任务，掌握唯物辩证法关系着国家的发展、民族振兴的全局。因此，全党尤其是党的领导干部一定要把学习理论、学习哲学、掌握唯物辩证法提到重要位置上来。

学习唯物辩证法，要学习马克思列宁著作和毛泽东著作，特别要学习邓小平同志的论著和党的十四大报告中体现的马克思主义的立场、观点、方法。邓小平同志的关于实事求是、一切从实际出发、理论与实践相结合、用实践检验真理和发展真理的论述，体现了辩证唯物主义的思想光辉；他关于马克思主义的基本原则是发展生产力、社会主义历史阶段还要继续解放生产力、科学技术是第一生产力以及判断各方面工作是非得失的生产力标准等，都是对于历史唯物主义的创造性阐述；他关于坚持两个基本点、坚持两手抓、坚持反对两种错误倾向、坚持对历史和历史人物的一分为二观点，是对立统一规律的杰出运用。党的十四大报告中对全党工作中心的分析、对改革开放的分析、对加快经济发展的分析以及对建立社会主义市场经济体制的分析等等，都是辩证思维的范例。认真学习和体会邓小平著作及十四大报告中的唯物辩证法思想，有助于我们大大提高贯彻执行党的基本路线的自觉性。

形成学习运用唯物辩证法的浓厚空气，中高级干部要起带头作用。要把学习和实践、和总结经验结合起来，把本地区本部门的经验教训提到世界观和方法论的高度加以认识。毛泽东同志曾经呼吁，"辩证法应该从哲学家的圈子走到广大人民群众中间去"，他殷切希望中国能够成为唯物辩证法充分发展的国家。掌握唯物辩证法，是人的各种素质中重要的素质之一。我们相信，经过全党的实践、认识、再实践、再认识，我们党的思想理论水平会更加提高，党对社会主义建设规律的掌握会更加自觉，党的执政水平和领导能力会有一个大进步。

国务院任命曾建徽为国务院新闻办公室主任

共青团十二届五中全会在北京闭幕

会议决定 1993 年 5 月在北京召开中国共产主义青年团第十三次全国代表大会。

中共中央政治局常委乔石在宁夏回族自治区考察

12 月 21 日至 25 日，乔石在宁夏回族自治区党委书记黄璜、自治区主席白立忱陪同下，在黄河两岸、贺兰山麓的银川、银北、银南地区考察。

乔石说，家庭联产承包责任制要进一步巩固和完善。对乡镇企业和个体经济，要积极鼓励其发展；同时要吸取其他地方的经验，注意加强引导和管理，使其依法经营，照章纳税。要坚持一部分人、一部分地区先富起来，逐步实现共同富裕的原则。在今后相当长的时期内，农业仍然是我国国民经济的基础，一定要高度重视，抓紧抓好。要认真研究解决农业发展中出现的新问题。对农业的投入要尽可能增加，农产品的价格要合理。要牢固树立大农业的观点，依据不同条件，发展多种经营。总之，一定要千方百计保持和提高农民生产和经营的积极性，把农业搞上去。在宁夏还必须搞好牧业生产，改进和加强草场的管理。

在工矿企业考察时，乔石说，各级领导要冷静地处理经济发展中遇到的各种问题。进一步深化企业改革，关键是把企业的机制搞活，效益提高。要加强技术改造，提高产品的档次和质量。产品不仅要能在国内畅销，还要努力打入国际市场。不要单纯追求产值和基本建设的规模。

乔石专门走访了回族家庭。乔石说，一定要十分关心和不断提高各族人民的生活水平，加强民族团结，做好信教群众的工作。不同的民族要相互尊重，相互帮助，共同建设幸福美好的生活。

乔石说，国际环境总的来说对我们的现代化建设事业是有利的，国内形势很好，只要我们坚定不移地按照党的十一届三中全会开辟的道路走下去，深入贯彻十四大精神，有中国特色的社会主义事业一定会不断取得新的胜利。

国务院致电祝贺大（同）秦（皇岛）铁路二期工程开通

大同—秦皇岛铁路二期工程及全线开通典礼上午在秦皇岛北站举行。全国人大常委会委员长万里为开通典礼剪彩。国务院副总理田纪云在开通典礼上讲话。

田纪云说："大秦铁路是我国西煤东运的战略动脉。一期工程开通四年来，已累计运煤1.3亿吨，社会效益与经济效益十分显著。现在全线开通后，将进一步发挥大通道、大运量的重载优势，这对确保晋煤外运，加速神府、东胜、准格尔煤田的开发，缓解华东、华南地区用煤紧张的局势，具有重大的战略意义。"

国务院治淮领导小组暨太湖治理领导小组第一次会议在北京结束

来自淮河、太湖流域6省市和水利部等有关部委负责人总结一年来治理淮河、太湖成果，研究今后治理淮河、太湖工作安排。

水利部长杨振怀在会上介绍说，一年多来，经过沿淮和太湖6省市的共同努力，治淮、治太骨干工程已有重要进展，国家和地方共投资16.7亿元，完成土石方1.7亿立方米。经治理后的太浦河、望虞河、杭嘉湖南排、淮河的入江水道等工程已发挥了部分效益。在治理淮河、太湖中，各地发扬了团结治水精神；在各级政府的有力动员组织下，形成了全社会支持治淮、治太的良好环境，广大群众踊跃投资投劳，各地多层次、多渠道筹资，保证了大规模治淮、治太的顺利进行。

国务院副总理田纪云在讲话中指出，国务院进一步治理淮河、太湖的设想是：淮河治理"八五"期间要初见成效，"九五"期间基本完成；治理太湖任务，"八五"期间要基本完成。当前，淮河治理的主要任务，上中游主要抓好开卡退堤，扩大泄洪能力，要使正阳关以上河道增加2000立方米每秒的泄洪能力；"八五"期间，要完成复建石漫滩水库和兴建杨庄滞洪区工程。在下游，通过整修、加固入江水道和分淮入沂工程，增加5000立方米每秒的泄洪能力；要着重抓好怀洪新河工程的兴建；沂沭泗水系东调南下主体工程要全面展开。太湖的治理，当前要继续抓好望虞河、太浦河、杭嘉湖南排和环湖大堤等四项主要工程的建设，望虞河、太浦河按设计于1994年以前开通。

田纪云说，明年治淮的一些关键性骨干工程将全面开工，太湖治理的流域性重点工程将全面加快进行，治理淮河、太湖进入关键时期。因此，各级政府要进一步加强领导，高度重视，建立强有力的组织指挥系统，协调好各方面的力量，齐心协力支援水利建设。各有关部门要一如既往地支持治淮、治太工作。在治水中，各地要进一步发扬顾全大局、互谅互让的精神，要反对只顾本单位、本部门和本地区的本位主义，更不允许搞以邻为壑。对今年一些地方又出现的盲目围垦湖泊洼地现象，各级政府要采取坚决措施加以制止。

国家工商局局长刘敏学在全国工商行政管理工作会议上发表讲话

刘敏学说，在市场建设逐步加快的新形势下，工商行政管理部门今后要把管理和监督工作从集贸市场扩展到大市场上来，以适应建立社会主义市场经济体制的需要。

刘敏学强调，工商管理部门不仅要继续管好农贸市场，更要管理好过去不熟悉的生产资料、生产要素市场。同时，要逐步改变传统的监督管理方式，更多地借鉴国际通用的管理方式。实行依法独立登记注册；采用通行的市场管理规则；推行商标代理制和广告代理制；开展经济合同民间仲裁等；逐步向国际惯例靠拢。

今后，工商局不要干预企业生产经营的具体业务，要转到运用法律和行政手段进行宏观监督管理，通过对市场活动的规范，间接调控企业的生产经营行为，不要限于对某个企业、某个行业或某个市场的具体管理。

刘敏学指出，要逐步完善工商行政管理法律、法规和政策。今后，凡是在我国境内从事经营活动的单位和个人，都应经过工商行政管理机关资格审查、注册登记，才能进入市场；要把从事经营的医院、报社、杂志社等属于第三产业的事业单位纳入登记注册范围，并逐步改变设立企业层层审批制度为登记机关依法独立登记注册的核准设立制度。要进一步放宽从业人员资格、经营范围和经营方式，除关系国家垄断、国家安全和人民健康的行业外，原则上都应允许个体、私营经济从事生产经营。老少边穷地区在开始发展个体经济时，可以不登记、不收费，"先放开、后规范"。

外经贸部部长李岚清同孟加拉国商业部长安瓦尔签署中孟两国贸易协定

"长征二号E"捆绑式运载火箭将澳大利亚"澳赛特B2"卫星送入太空

19时20分，西昌卫星发射中心再次成功地用"长征二号E"捆绑式运载火箭将第二颗澳星送入太空。

19时31分，卫星进入预定轨道，19时50分，西安卫星测控中心传来卫星轨道根数。紧接着，中、美代表在传真件上签字，指控大厅举行了交接仪式。

我国圆满完成了为澳大利亚发射两颗通信卫星的合同，标志着我国对外承揽卫星发射任务迈出了第一步，表明我国的航天发射能力进入了一个新的发展阶段。

美国、澳大利亚、日本、新加坡等国家和香港等地区的 100 多位专家、政府官员和各界知名人士应邀前来观看了发射，近千名国内各界代表和中外游客也专程赶来参观。

党和国家领导人江泽民 杨尚昆 李鹏 刘华清等分别打电话给国防科工委和国防科工委主任丁衡高祝贺中国发射第二颗“澳星”获得成功

中共中央国务院中央军委致电参加“澳星”发射的全体人员祝贺第二颗“澳星”顺利升空

中国卫星发射测控系统部负责人向记者发表谈话

负责人指出两颗“澳星”的成功发射，是中、美、澳三方在航天领域友好合作的结果。中国航天界愿意同美国以及其他国家的同行们继续加强这方面的合作，并力求在今后的合作中提供更好的服务。这位负责人再次重申，中国对外承揽卫星发射中将严格遵守中美两国政府签署的关于发射商业通信卫星的“国际责任、技术安全和商务”等三个协议备忘录。

国家教委主任李铁映在钓鱼台国宾馆会见香港金利来集团有限公司董事局主席曾宪梓和夫人

曾宪梓教育基金会在北京成立

公安部国家教委外交部发出《关于妥善解决外国留学生在华非法居留问题的通知》

第五届亚洲女子举重锦标赛在泰国北部城市清迈开幕

中国选手在第一天比赛中囊括三个级别的 9 项冠军，并打破 5 项世界纪录，平一项世界纪录。

中国实施保护大熊猫工程将在海内外募集资金建设熊猫保护区

1992 年度全国城市卫生检查评比揭晓 大连马鞍山江阴等分获十佳卫生城市称号

12 月 22 日

国务院总理李鹏同马里总统阿尔法·乌马尔·科纳雷在钓鱼台国宾馆举行会谈

李鹏说，科纳雷总统此次来访是中马友好关系史上的一件大事，必将增进中马两国政府和人民之间的相互了解和传统友谊，为进一步巩固和发展中马友好合作关系做出新的贡献。

科纳雷说，建交三十多年来，两国在各个领域进行了良好合作。马里十分珍视同中国的友好关系，马中友谊经历了时间的考验，是“无价之宝”。科纳雷强调，这次访问是为了进一步发展两国的友好合作关系，也是为了更多地了解中国人民的伟大实践。通过参观，不仅看到了中国实行改革开放的具体成果，而且也看到马中合作的广阔前景。

谈到国际形势时，李鹏指出，当今世界正处在大变动的历史时期，两极格局已经终结，各种力量正在重新分化组合，世界正朝着多极化方向发展，国际经济竞争日趋激烈，南北差距进一步拉大。李鹏说：“当今世界，和平与发展两大主题一个也没有解决。发展需要和平，和平离不开发展。我们必须为维护和平促进发展继续进行不懈的努力。”

李鹏还说：“中国同西非各国都保持友好关系。马里是在非洲国家中最早与中国建交的国家之一，中马建交几十年来，由于双方恪守和平共处五项原则，两国友好关系经受住了各种风浪的考验，在政治经济各个领域的合作卓有成效。我相信，在双方共同努力下，中马之间包括经济技术合作在内的多种形式的友好合作，必将取得新的更大的进展。”

参加会谈的有国务委员兼外交部部长钱其琛，马里对外关系部部长穆罕默德·阿卢塞尼·杜尔等。

七届全国人大常委会举行第二十九次会议

人大常委会委员长万里主持会议。

彭冲、阿沛·阿旺晋美、严济慈、荣毅仁、叶飞、倪志福、陈慕华、费孝通、孙起孟、雷洁琼、王汉斌副委员长出席会议。

国务委员王芳、最高人民法院院长任建新、最高人民检察院检察长刘复之列席会议。

六个法律草案被一并提请七届全国人大常委会第 29 次会议审议，从而使这次会议成为多年来审议法律草案最多的常委会会议之一。

由国务院和全国人大华侨委员会分别提请审议的这六个法律草案是：测绘法草案，华侨捐赠保护法草案，国家安全法草案，关于惩治劫持航空器、船舰犯罪的补充规定草案，商标法修正案草案，农业技术推广法草案。

测绘法草案在全国人大常委会第27次会议上提请初步审议后，提请本次会议进行再次审议。全国人大法律委员会副主任委员宋汝棼今天向委员们汇报了法律委员会对这个法律草案的审议结果。委员会认为，经过审议和修改，这个法律草案已基本成熟，建议本次常委会再次审议后予以通过。

会上，全国人大华侨委员会副主任委员梁灵光就这个委员会提请常委会审议的华侨捐赠保护法草案作了说明。受国务院委托，国家安全部部长贾春旺、公安部部长陶驷驹、国家工商局局长刘敏学、农业部副部长洪绂曾分别就国家安全法草案，关于惩治劫持航空器、船舰犯罪的补充规定草案，商标法修正案草案，农业技术推广法草案作了说明。

李鹏还将四个国际公约和双边条约提请本次常委会审议批准。这四个国际公约和双边条约是：劫持人质国际公约、中国和俄罗斯联邦关于民事和刑事司法协助的条约、中国和突尼斯领事条约、中国和立陶宛领事条约。外交部副部长刘华秋和徐敦信就这四个公约和条约向委员们作了说明。

国务院总理李鹏提请七届全国人大常委会第二十九次会议审议一个公约三个条约

受国务院委托，外交部副部长刘华秋和徐敦信分别就这四个公约和条约作了说明。

国务院在关于提请审议决定我国加入反对劫持人质国际公约的议案中说，反对劫持人质国际公约是经联合国大会协商一致于1979年12月17日通过的。"公约"于同年12月18日开放签字，并于1983年6月3日生效。截至1992年5月25日，共有67个国家批准加入了"公约"。"公约"是一项专门处理劫持人质问题的重要的反恐怖主义国际公约。反对国际恐怖主义是国际上普遍关注的问题。联合国大会多次通过决议，呼吁各国加入包括"公约"在内的有关反恐怖主义的国际公约。我国一贯反对国际恐怖主义，主张加强国际合作，有效地预防和制止各种形式的国际恐怖主义活动，以维护国际和平与安全和国际间的正常交往。"公约"的宗旨和主要内容与我国的立场是一致的。我国加入"公约"，将在国际上产生积极的影响，有利于加强我国在此领域的国际合作，也有利于我国人员的安全在国际上得到切实的法律保障。因此，国务院认为，我国现在加入"公约"是必要的、适宜的。关于"公约"中有关缔约国之间的"公约"的解释和适用方面发生的争端，应交付仲裁及按照国际法院的规定，根据我国以往的实践，拟在加入公约时声明保留。

国务院在关于提请审议批准中国和俄罗斯联邦关于民事和刑事司法协助的条约的议案中说，中俄司法协助条约已于1992年6月19日在北京签署。中俄司法协助条约是中俄双方在各自提出的条约草案基础上，经过友好谈判达成的。经审核，中俄司法协助条约符合我国的法律、法规，也符合两国的实际情况和国际惯例，有利于加强两国在司法领域的合作，促进两国经济、贸易等方面关系的发展。因此，国务院同意中国和俄罗斯联邦关于民事和刑事司法协助的条约。

国务院在关于提请审议批准中国和突尼斯共和国领事条约的议案中说，中突领事条约已于1992年3月31日在突尼斯签署。这个条约是中突双方在各自提出的条约草案基础上，经过友好谈判达成协议的。经审核，该条约的内容符合我国的法律、法规，也符合中突两国的实际情况。中突两国自1964年建交以来，友好关系逐步发展。近几年来，两国经济关系发展较快，人员往来不断增加。签订中突领事条约，不仅可以使两国今后处理领事事务时有法可依，而且有利于促进两国各方面关系的进一步发展。因此，国务院同意中突领事条约。

国务院在关于提请审议批准中国和立陶宛共和国领事条约的议案中说，中立领事条约已于1992年8月15日在北京签署。中立两国1991年6月建交以来，两国关系发展正常，我国地方上同立陶宛在经济、科技合作、文化交流等方面的交往逐渐增加，两国人员往来增多。条约是在中立双方提出的条约草案基础上，经过友好谈判达成协议的。经审核，该条约的内容符合我国的法律、法规，也符合中立两国的实际情况。签订中立领事条约不仅使两国处理有关领事事务和保护两国国家、法人和公民的权益有法可依，而且有利于进一步促进两国在各个领域的交往和合作。因此，国务院同意中立领事条约。

国务院总理李鹏向七届全国人大常委会第二十九次会议提交审议四个法律草案

在关于提请审议国家安全法草案的议案中，李鹏说，为了维护国家安全，保卫中华人民共和国人民民主专政的政权和社会主义制度，保障改革开放和社会主义现代化建设的顺利进行，国家安全部经过广泛调查，反复研究修改，草拟了国家安全法草案。这个草案已经国务院常务会议讨论通过。

国家安全部部长贾春旺在向委员们就国家安全法草案作说明时说，建国以来，境外间谍情报机关和其他各种敌对势力危害我国国家安全的活动从未停止过。隐蔽战线的斗争一直是尖锐、复杂的。尤其是在进一步加快改革开放的新形势下，这方面的斗争又出现了一些新的突出情况和复杂问题，过去的某些做法和现有的法律规定已经不能完全适应形势发展的需要，亟须制定维护国家安全的专门的法律。制定国家安全法，有利于保证改革开放和经济建设的顺利进行，推动国家安全工作更有效地服从于、服务于党的基本路线，提供安全保障，在隐蔽战线上充分发挥人民民主专政职能的作用。

李鹏在国务院提请审议关于惩治劫持航空器、船舰犯罪的补充规定的议案中说，为了惩治劫持航空器、船舰的犯罪活动，维护航空器、船舰以及旅客的安全，建议对刑法作出补充规定。公安部草拟的这个补充规定草案已经国务院常务会议讨论通过。

公安部部长陶驷驹在就这个草案作说明时说，劫持航空器是一种严重的国际恐怖犯罪活动，对旅客的生命、财产的安全和公共安全危害极大。我国现行刑法只有对劫机罪的规定，但尚不完善。按照刑法第一百条第三项的规定，劫机行为都是以反革命罪论处的。实践中对有些劫机行为以此定性有问题，尤其是对外国人劫持外国航空器到我国的，或者外国人劫持我国航空器的，在定罪量刑时，难以直接适用刑法。因此，对我国刑法加以补充是完全必要的。

国务院在提请审议农业技术推广法草案的议案中说，为了加强农业技术推广工作，促使科研成果和实用技术尽快转化为农业生产力，保障农业和农村经济的发展，实现农业现代化，农业部等部门经过广泛调查，反复讨论修改，草拟了这个法律草案。草案已经国务院常务会议审议通过。

农业部副部长洪绂曾在就农业技术推广法草案所作的说明中说，制定农业技术推广法的目的，就是要通过立法，明确农业技术推广工作在农村经济发展中的重要地位，确立适应社会主义市场经济发展需要的农业技术推广机制，规范各项农业技术推广活动的行为准则，规定农业技术推广的必要保障措施，保护推广者和应用者的合法权益，以加强农业技术推广工作，加快科研成果和实用技术的普及应用，推进我国农业和农村经济的持续发展。

国务院在关于提请审议商标法修正案草案的议案中说，商标法自1983年3月1日施行以来，对保护商标专用权，促使生产者保证商品质量和维护商标信誉，保护消费者合法权益，促进经济发展，起了重要的法律保障作用。同时，随着改革开放的深化和发展，商标法需要进一步完善。为了更好地贯彻深化改革和扩大开放的方针，进一步完善我国的商标制度，并与国际上通行做法相衔接，以适应我国发展社会主义市场经济的需要，有必要对商标法作适当修改。国家工商行政管理局经过反复研究论证后草拟的这个商标法修正案草案已经国务院常务会议讨论通过。国家工商局局长刘敏学就这个修正案草案作了说明。

中国民主同盟第七次全国代表大会在人民大会堂开幕

会议的主要议程是：学习贯彻中共十四大会议精神；听取和审议民盟第六届中央委员会工作报告；修改民盟章程；选举民盟第七届中央委员会和中央参议委员会。

大会主席团常务主席费孝通在会上致开幕词。

中共中央政治局委员田纪云在会上宣读中共中央的贺词。贺词说，中国民主同盟是我们党久经考验的亲密战友，是爱国统一战线的一支重要力量。民盟成立50多年来，同中国共产党风雨同舟，患难与共，走过了一条爱国、革命的光荣道路。为中国革命和建设事业作出了重要贡献。

贺词说，中共十一届三中全会以来，随着我国各项事业的发展和社会主义民主政治建设的不断加强，民盟在国家政治生活中的作用得到进一步发挥，同中国共产党的合作关系更加密切。近几年中，民盟的工作进一步适应新的历史时期的要求，坚持“一个中心、两个基本点”的基本路线，努力发挥参政议政、民主监督的作用，积极为改革开放、经济建设和社会发展献计献策，办好事、办实事。

贺词强调，民盟拥有许多专家、学者和多方面的优秀人才，在促进改革开放、发展国民经济和实现祖国统一的事业中大有可为。我们相信，民盟第七次全国代表大会必将动员全体盟员及所联系的知识分子，解放思想，振奋精神，在加快改革开放和现代化建设中作出新的贡献，开创民盟工作蓬勃发展的新局面。

民建中央主席孙起孟代表兄弟民主党派和全国工商联在会上也致了贺词。大会主席团常务主席钱伟长向大会作了题为《努力发挥参政党作用，在建设有中国特色社会主义的伟大事业中作出新贡献》的工作报告。

中国国民党革命委员会第八次全国代表大会在北京闭幕

民革第八次全国代表大会主席团常务主席李沛瑶致闭幕词。

大会通过《中国国民党革命委员会第八次全国代表大会决议》、《中国国民党革命委员会第八次全国代表大会关于第七届中央委员会工作报告的决议》、《中国国民党革命委员会第八次全国代表大会关于〈中国国民党革命委员会章程〉的决议》、《中国国民党革命委员会第八次全国代表大会关于中央监察委员会工作报告的决议》。大会还通过给不再担任中央领导职务的各位老同志的致敬信。

大会决议指出，新的形势和任务对民革提出了新的要求。民革要坚持以经济建设为中心，发挥民革的特点和优势，千方百计为改革开放和社会主义现代化建设多做实事。要切实加强自身建设，更好地发挥参政党的作用。

大会决议强调，90年代是祖国统一的重要时期，要根据两岸人民的迫切愿望，积极推进直接通邮、通航、通商和各方面的交流，促进经济合作。大会要求全体党员，充分运用各自的有利条件，为推进祖国统一的历史进程而努力工作。

民革第八届一中全会选出新一届中央领导机构

李沛瑶当选为中央主席。

当选的民革中央副主席是：彭清源、徐起超、李赣骝、何鲁丽、沈求我、周铁农、童傅、程志青、胡敏。这次当选的民革中央主席、副主席平均年龄61.8岁，比上届下降7.5岁，均具有大专以上学历，其中9人具有高级职称。

新当选的39名中央常务委员也均具有大专以上学历，平均年龄62.2岁，比上届降低2.7岁。据介绍，新一届中央领导机构是民革历届中央领导机构中最年轻的一届。

国务院副总理朱镕基在钓鱼台国宾馆会见香港事务顾问黄志祥

国务院港澳办主任鲁平会见由主席曾钰成率领的香港民主建港联盟访京团

鲁平说，在香港特别行政区基本法起草过程中，我们为平稳过渡同英国政府进行过很多磋商并达成了协议。“基本法根据中英双方达成的协议，作出了相应的修改并已经全国人大通过。但现在有人反过来说，过去没有这个协议。这不是欺人太甚吗？这是外交上的大骗局，好像做好圈套让我们玩”。鲁平强调说，“这是原则问题，是守不守信义的问题。对待这个问题，我们是绝对不会让步的，不守信义就没有合作的基础。”

会见开始时，曾钰成用“平稳过渡、繁荣创富、安居乐业”12个字表述了香港民主建港联盟对今后香港发展的期望。鲁平听后连声说，“这一定能够做到。”

鲁平说，我们有信心，只要大家齐心协力、共同努力，困难是一定可以克服的，关键是香港人自己。中国政府会起推动或促进作用的。

鲁平说，基本法明确规定1997年后香港政制如何改，这将是香港人自己的事情，只要立法会2/3通过，报人大常委会备案就是了，这属于香港特别行政区的事情，不是中央政府的事情。

国办通知严禁占用耕地撂荒

国务院办公厅最近发出通知，要求各地严禁开发区和城镇建设占用耕地撂荒。

通知说，当前，各地在兴办开发区和城镇建设中，占用耕地出现了多占少用，占而不用，闲置撂荒的情况，造成了耕地资源的严重浪费，必须引起各级人民政府的高度重视。

通知指出，国务院最近发出了《关于严格制止乱占、滥用耕地的紧急通知》，对各类开发区和城镇建设用地作了明确的规定。各地要按照通知精神，严格控制各类开发区的数量，严格执行各类开发区和城镇建设用地特别是占用耕地的审批制度。凡以兴办开发区和城镇建设名义圈而未用的耕地，没有依法办理审批手续、又不具备补办条件的，一律退回，由原农村承包者种植，不得拖延贻误农时。对已办理审批手续的各类开发区和城镇建设用耕地，近期占而不用的，由当地人民政府与用地单位协商，原则上应继续由被征地集体安排给农户种植，对征用两年仍未建设的耕地，要根据有关法规和政策收归当地人民政府交农民耕种。对划定的基本农田保护区内的耕地和城镇郊区主要菜地，原则上不得占用。如特殊需要，要严格加以控制。并按《土地复垦规定》占用多少，补偿多少。

通知强调，各省，自治区，直辖市人民政府要根据本通知精神，加强对开发区和城镇建设用地的管理，针对当地情况，制订禁止耕地撂荒的具体规定。今冬明春要组织力量，对耕地占用及撂荒情况进行认真的检查，并将检查情况，处理结果和意见报国务院。

中国第一家由工业企业首都钢铁总公司开办的商业银行——华夏银行开业

中华集体商业企业联合会在北京成立

中央军委发布通令给防化工程指挥学院教授钟玉征记一等功

中华人民共和国中央军事委员会最近发布通令，给解放军总参谋部防化指挥工程学院军用化学教研室教授钟玉征记一等功。

由军委主席江泽民签署的通令说，钟玉征自1950年入伍后，长期从事国防教学和科研工作。先后与人合编了我军第一本防化学有关专业分析的教材和《科学文献检索》等著作，为我军防化学有关专业教学科研工作的建立与发展和形成新体系作出了重要贡献。钟玉征对“亲核取代反应”等课题的深入研究，推动了我军防化科研工作的发展。1990 年和 1991 年，领导专家组受命代表国家参加联合国裁军委员会化学武器特设委员会组织的第二、三轮“国际化学裁军核查对比实验”。钟玉征曾被评为总参系统的优秀共产党员、全国“三八红旗手”、全国“优秀教师”、全国“巾帼建功标兵”。

中国选手在泰国举行的亚洲女子举重锦标赛再破七项世界纪录

在上午进行的 56 公斤级比赛中，中国选手张菊华在抓举中以 93 公斤和 95 公斤两次打破 92.5 公斤的世界纪录。在挺举中以 118 公斤和 120 公斤两次打破 117.5 公斤的世界纪录。张菊华的总成绩为 215 公斤，打破 210 公斤的世界纪录。张菊华获该级别三枚金牌。

中国选手苏园红夺走 60 公斤级比赛的三枚金牌。在抓举中，她以 98 公斤和 100 公斤两次刷新了原来 97.5 公斤的世界纪录。苏园红的挺举成绩为 120 公斤，总成绩为 220 公斤。

在 67.5 公斤级的比赛中，中国 17 岁选手雷丽八次打破三项世界纪录，并夺得该级别全部三枚金牌。雷丽先以 100 公斤、102.5 公斤和 105 公斤三次打破 98 公斤的抓举世界纪录，接着又以 130.5 公斤和 132.5 公斤两次打破 130 公斤的挺举世界纪录。雷丽的总成绩是 237.5 公斤，打破总成绩世界纪录。原世界纪录为 222.5 公斤。

12 月 23 日

乌兰夫纪念馆在内蒙古呼和浩特落成开馆

国务委员钱其琛在北京会见由主席曾钰成率领的香港民主建港联盟访京团

钱其琛指出，随着一九九七年的临近，中英双方应加强合作，保证香港平稳过渡。如果想在过渡时期后半段制造麻烦，对香港不利，对中英两国也不利。中国政府是不会答应的。

国务院副总理田纪云与全国各地经贸委主任经贸厅局长座谈

田纪云在与全国各地经贸委主任、经贸厅局长座谈时指出，要在近期内全国实现小康、到下世纪中期达到中等发达国家水平，就必须进一步加快改革开放步伐，对外经济贸易工作要有一个大发展，上更大的台阶。

田纪云说，改革开放 14 年，是我国对外经贸大发展的 14 年，其发展速度和规模，在我国历史上是绝无仅有的，在世界经贸发展史上，也是少见的。对外经贸的大发展，大大促进了国内经济的发展，提高了我国的技术水平、产品档次，加速了科技进步，同时也提高和丰富了人民的生活。

田纪云指出，我们要实现国民经济发展的第二步、第三步战略目标，要实现现代化，没有对外经贸的大发展是不可能的。要加速经济发展，仅仅依靠国内市场和国内资源是远远不够的，必须依靠国内国际两种资源，开拓国内国际两个市场。

田纪云要求经贸战线要适应建立社会主义市场经济的新形势，不断深化外贸体制改革，逐步向市场运行机制转换。田纪云说，我不赞成把现有的外贸企业抛在一边，另起炉灶，再搞一套。我国的外贸公司经过几十年的努力，培养了一大批外贸人才，建立了外贸渠道，并享有一定的信誉，这些都来之不易。外贸企业要更换脑筋，要一业为主、多种经营、讲求效率，并要发展各种形式的合作，推行工贸结合，在竞争中求生存、求发展。

田纪云指出，在拉美、海湾国家和独联体、东南亚等地区，我们未开拓的市场潜力还很大，一定要下大力气开拓新的市场，实现出口市场的多元化。

在谈到利用外资时，田纪云指出，要利用我们巨大的国内市场优势，吸引国际上的跨国公司和大企业来华投资一些资金和技术密集型的大项目，提高我国利用外资的档次。

国家主席杨尚昆在北京接受哈萨克斯坦首任驻中国大使穆拉特·穆赫塔尔乌雷·阿乌埃佐夫递交的国书

外交部副部长姜恩柱召见法国驻中国大使马腾奉命要求法国限期关闭驻广州总领馆

姜恩柱在召见法国驻华大使时指出，“最近，法国政府批准达索公司向台湾出售幻影战斗机，严重恶化了两国关系。”

姜恩柱说：“法国政府不顾中方的强烈反对，坚持向台湾出售战斗机，严重侵犯中国主权和安全，干涉中国内政，干扰和破坏中国的和平统一大业，这是中方决不能容忍的。”

姜恩柱强调指出，“法国政府的行为已对两国关系的基础造成严重的损害。在这种情况下，中方认为，法国继续单方面在中国广州设有总领馆是不适宜的。鉴此，我奉命通知如下：中方要求法方在一个月内关闭法国驻广州总领馆。”

中国俄罗斯贸易联谊会在北京举行

中国和马里两国政府代表在《中华人民共和国政府向马里共和国政府提供贷款的协定》和中国政府向马里赠送一般物资的换文上签字

航空航天部举行授奖仪式向10名有突出贡献的专家颁发航空金质奖章并授予荣誉证书颁发10万元奖金

获国家"航空金奖"的专家是：歼8飞机的总设计师顾诵芬；著名飞机设计师、强5飞机的总设计师陆孝彭；我国第一代飞机制造管理专家陆颂善；我国第一代航空发动机制造管理专家程华明；国家重点工程机载204雷达总体方案论证主持人朱克昕；海防导弹总设计师彭历生；著名航空材料专家彦鸣皋；国际著名焊接专家关桥；国际知名铸造专家周尧和；我国知名工程热物理湍流应用专家高歌。

全国新闻出版局局长会议在北京举行

会议学习贯彻党的十四大精神，对逐步建立适应社会主义市场经济体制的出版体制提出新的设想，对新闻出版行政管理机关转变职能、加强和改善宏观管理等问题提出要求。

第五届亚洲女子举重锦标赛在泰国清迈大学体育馆闭幕

中国选手囊括这次比赛九个级别全部27枚金牌，有7人30次打破16项世界纪录。

武陵源九寨沟黄龙列入世界遗产名录

联合国教科文组织世界遗产委员会最近决定，将中国的武陵源、九寨沟、黄龙三个国家级风景名胜区作为世界自然遗产列入《世界遗产名录》。

目前我国已有10项文化遗产和自然遗产被列入《世界遗产名录》。除武陵源、九寨沟、黄龙外，以前列入的还有北京故宫、周口店北京人遗址、长城、秦始皇陵、敦煌莫高窟以及黄山和泰山。

12月24日

中共中央总书记江泽民在武汉会见马里总统阿尔法·乌马尔·科纳雷

国家主席杨尚昆在人民大会堂会见以色列总统哈伊姆·赫尔佐克

中共中央总书记江泽民在武汉召开湖北湖南等六省农业和农村工作座谈会

江泽民12月24日、25日在武汉主持召开六省农业和农村工作座谈会，研究当前农村形势和保护农民利益、调动农民生产积极性问题。

在为期两天的座谈会上，江泽民、温家宝、陈俊生等，和湖北、湖南、江西、安徽、河南、四川六省的省委书记、省长，就当前农业和农村发展中出现的一些新情况、新问题，进行了讨论。

关广富、郭树言、熊清泉、陈邦柱、毛致用、吴官正、卢荣景、傅锡寿、李长春、杨汝岱、刘昌杰等，先后在座谈会上发言。认为，当前农业和农村发展总的形势是好的，同时也确实存在不少突出的问题，对这些问题必须有清醒的足够的认识，决不能疏忽大意。

与会者提出，在加快改革开放步伐的新形势下，在农村经济活跃、农业生产连年丰收的好形势下，在农村逐步向社会主义市场经济转变的重要时刻，一定要全面、正确地估量农业和农村工作；认真总结经验，继续发挥优势；充分正视存在的问题和困难，及时果断地采取正确对策，把已经出现的问题处理在初始阶段，从而牢牢掌握党和政府领导农村工作的主动权。

大家发言之后，江泽民作重要讲话。

国务院全国经济工作会议在北京举行

全国经济工作会议是12月21日至24日在北京举行的。会议的中心议题是：全面贯彻落实党的十四大精神，总结1992年的经济工作，研究部署1993年的经济工作。在闭幕会议上国务院总理李鹏发表讲话。

李鹏说，今年以来，全国上下精神振奋，改革开放步伐进一步加快，国民生产总值增长预计可达到12%左右，我国经济建设和改革开放进入了一个新的发展阶段。对我国的经济情况，国际舆论给予了积极评价。但是我们要保持清醒头脑，重视在大好形势下经济工作中出现的一些值得注意的问题。大家都希望经济发展有一个比较高的速度，过几年经济能够上一个新台阶。我们要求的速度，应该是结构合理，符合市场需求，讲求效益的速度。

李鹏突出谈了建立社会主义市场经济体制问题，他说，党的十四大在总结十四年改革开放经验基础上，根据邓小平同志建设有中国特色的社会主义理论，提出了建立社会主义市场经济体制。当前和今后一个时期内，要把培育与发展市场体系作为加快经济发展的一项战略性任务来抓。着重抓好几件事：一是切实转变政府职能；二是紧紧抓住转换企业经营机制这个环节，把企业推向市场。既要建立激励机制，又要有约束机制。三是要抓好市场建设，重点抓好生产资料市场的建设，促进相关市场的发育和形成。四是为了适应建立社会主义市场经济体制和加快经济发展的需要，要逐步建立符合经济规律的价格机制。价格改革既要积极，又要稳妥，要把物价总水平上升幅度控制在国家、企业和群众承受能力范围内，避免引起大的经济波动。五是按社会主义市场经济的要求，抓紧建立、健全有关法律、法规，逐步形成一套适合我国国情的市场经济管理法规体系和执行监督体系，促进市场经济运行的规范化和法制化。打破地区封锁、部门封锁和行业垄断，以及内外贸的分割，逐步实现国内国际两个市场的衔接。六是加强国家对经济的宏观调控。这就需要加强信息系统的建设，加强对市场运行情况的监测和市场供需预测，以保证国家调控的科学性、正确性。

谈到明年经济工作时，李鹏说，首先各级政府必须十分重视农业问题，加强对农业工作的领导，农业的基础地位不能动摇。其次，要真正把经济工作重点放在优化结构、推进技术进步、增进效益上，促进生产的健康发展。第三，深化企业改革，切实贯彻《条例》，搞好国有大中型企业，争取明年底大部分企业按照《条例》规定的新机制运行起来。第四，全国性清理三角债工作虽然宣告结束，但要防止发生新的拖欠。限产压库促销工作要坚持不懈地抓下去。要花大力气进一步扭亏增盈，减少企业亏损的亏损额和亏损面。第五，要开拓国内外市场，更多吸引外资，迎接国内外两个市场激烈竞争的严峻挑战。

李鹏强调指出，要强化质量监督的力度，发挥新闻舆论的作用，继续打击生产和销售假冒伪劣商品的行为。

第三届青年科技奖评选揭晓97名优秀青年科技工作者获奖

12月25日

国务院总理李鹏在钓鱼台国宾馆会见以色列总统哈伊姆·赫尔佐克及其随行人员

关于双边关系，李鹏说，中以建交前，两国在科技等方面就有了交往和合作，为中以建交奠定了基础。建交以来，双边关系发展顺利，我们对此感到满意。

赫尔佐克说，到中国的时间虽短，但同各方人士的接触证明，以中之间没有根本的利害冲突，两国友好合作的前景广阔。

李鹏在谈到中东问题时说，中国希望阿以双方通过谈判和平解决中东问题，包括巴勒斯坦在内的阿拉伯的合法民族权利应该得到恢复和保证，以色列的安全也应该得到尊重。阿以双方已经进行了多轮谈判，虽仍有不少困难，但取得了一些进展，“我们希望中东和平进程继续下去，使中东问题早日得到公正合理的政治解决。”

赫尔佐克说，以阿双方正在进行和平谈判，只有通过以色列与阿拉伯国家直接进行谈判，才能实现和平。以色列对中国参加中东问题多边会谈感到高兴，希望中国更多地参与中东和平进程。

李鹏说，最近以色列驱逐巴勒斯坦人事件引起普遍关注，“我们希望以色列政府本着人道主义精神，妥善解决这一问题”。

七届全国人大常委会第二十九次会议举行全体会议

全国人大常委会委员长万里出席会议，副委员长阿沛·阿旺晋美主持会议。

受国务院委托，国家计委副主任刘江向常委会汇报了我国第三产业的发展情况。全国人大民族委员会副主任委员李学智和全国人大法律委员会副主任委员项淳一分别作了七届全国人大五次会议主席团交付这两个委员会审议的代表提出的议案审议结果的报告。今年4、5月份和11、12月份，全国人大法律委员会和财经委员会分别就行政诉讼法、全民所有制工业企业法执行情况进行了检查。在会议上，全国人大法律委员会副主任委员顾明、全国人大财经委员会副主任委员杨波向委员们报告了这两个执法检查的情况。

全国人大代表团也向会议提交出访孟加拉国、尼泊尔、印度情况的书面报告。

副委员长彭冲、赛福鼎·艾则孜、严济慈、荣毅仁、叶飞、倪志福、陈慕华、孙起孟、雷洁琼、王汉斌出席了会议。国务委员王丙乾列席了会议。

全国人大财经委员会副主任委员杨波向第七届全国人大常委会第二十九次会议作《关于全国贯彻实施企业法情况的汇报》

全国人大财经委员会副主任委员杨波向七届全国人大常委会第29次会议作了关于检查全民所有制工业企业法执行情况的汇报。杨波说，根据委员长会议决定的今年执法检查计划的要求，由全国人大常委会部分委员、全国人大财经委员会部分委员及顾问组成的全国人大常委会全民所有制工业企业法实施情况视察组，于今年11月12日至12月5日分赴天津、辽宁、上海、山东、湖北、广西、四川、甘肃等8省、自治区、直辖市，对企业法实施情况进行了视察。

关于企业法颁布四年来的基本情况和取得的初步成效，杨波说，总的来看，各地对贯彻企业法比较重视，也比较认真。前两年，由于企业法实施条例及配套法规没有出台，又没有明确一个主管部门来抓，加上其他一些原因，企业法的贯彻实施情况很不理想。1991年9月中央工作会议后，确定了搞活国有大中型企业的

20条政策措施，今年7月国务院又颁布了全民所有制工业企业转换经营机制条例，并明确了主管部门，从而使贯彻实施企业法的步伐明显加快。4年来，各地主要做了以下工作：(一)开展了对企业法和条例的宣传、学习，逐步提高了贯彻实施企业法的自觉性；(二)地方人大对《企业法》实施情况经常进行监督检查；(三)国有企业的自主权程度不同地得到落实；(四)从实际出发，抓好试点，努力探索搞好国有大中型企业的途径；(五)深化企业内部改革，转换企业经营机制，企业管理不断加强；(六)清理法规、文件，制定条例实施办法，使企业法和条例更具有可操作性。

关于实施企业法和条例存在的主要问题，杨波说，当前各省、区、市贯彻实施企业法和条例的工作进度加快，取得一定的成效，但还存在不少问题，主要是：

(一)有些地方、部门和单位对贯彻实施企业法和条例重视不够，还没有真正把贯彻企业法和条例、转换企业经营机制和搞好国有大中型企业当作中心工作来抓，没有摆到主要领导干部的工作日程，亲自动手抓；(二)政府职能转变滞后，已成为制约企业转换经营机制的一个重要因素，不少事情被上面卡住了，企业法和条例规定的有些自主权不能真正落实；(三)企业法和条例赋予企业的自主权，不少还未完全落实，有些权虽然下放了，但企业不能用、不敢用，其中最不落实的是拒绝摊派权、机构设置权、劳动用工权和"三乱"现象严重；(四)社会保障体系建设滞后；(五)条例规定"国务院代表国家行使企业财产的所有权"，实际上难以操作；(六)与企业法和条例配套的一些法律、法规、办法不够完善。

这个视察组提出了进一步贯彻落实企业法和条例的意见：

(一)更加广泛深入地宣传、学习企业法和条例，进一步转变观念，提高思想认识，切实做到依法办事。

(二)加快政府职能的转变，按中央要求，把"宏观管好、微观搞活"，防止盲目进行重复建设，做好规划、协调、服务、监督工作，运用经济的、法律的和行政的手段，为企业创造平等竞争的环境和条件，推动、引导和帮助企业走向市场。

(三)切实解决企业自主权的落实问题，把条例规定的14项企业自主权不折不扣地下放到企业。

(四)企业要充分认识在转换经营机制中自身责任的重大，要有高度的责任感和紧迫感，国有企业要根据企业法和条例的要求，既要依法享有自主经营权，又要履行自负盈亏等项责任和义务，保证国有资产保值、增值，不断提高劳动生产率，多为国家创造财富。

(五)对由于国家政策、历史原因等外部因素造成严重困难和亏损的一些国有大中型骨干企业和困难大的老工业基地，国家要采取特殊政策，支持它们克服困难，把企业搞活搞好。

(六)抓好清理和完善贯彻企业法和条例的有关法律、法规。建议国务院集中必要的力量，上下结合统一清理有关的法律、法规和文件，凡是与企业法和条例规定不一致甚至相抵触的，该修改的修改，该废止的废止；建议全国人大加快经济立法，特别是与建立社会主义市场经济体制有关的法律。

全国人大法律委员会副主任委员顾明向第七届全国人大常委会第二十九次会议作《关于检查行政诉讼法执行情况的报告》

根据人大常委会检查执法情况的部署，全国人大法律委员会今年于4、5月、11月间组成了三个检查组分赴浙江、山东、贵州、湖南、四川五省检查了行政诉讼法的执行情况。顾明说，从了解到的情况看，各地为实施行政诉讼法都做了大量工作，取得了一定成效。行政诉讼法的实施，开始起到了推进我国民主法制建设的作用。同时也存在一些需要进一步研究解决的问题。

关于实施行政诉讼法取得的初步成效，顾明说，(一)保障了公民、法人和其他组织的合法权益。(二)维护了行政机关依法行使职权。(三)促进了政府工作法制化。建立健全了政府法制机构和行政复议机构，行政机关清理了大量的规章和其他规范性文件，各省加强了地方性法规的起草、制定工作，各级政府还开展了行政执法监督检查，行政机关加强了行政复议工作和行政诉讼的应诉工作。(四)公民、法人和其他组织不服具体行政行为依法提起行政诉讼，增加了对行政执法进行监督的渠道，帮助各级人大常委会实施对政府机关的监督。

关于行政诉讼法实施中遇到的阻力和问题，顾明说：

(一)对行政诉讼法的宣传，特别是对具体案例的宣传不够。行政诉讼法实施已两年，仍有相当一部分群众不知道这个法，很多群众存在着"民告官，告不翻"的思想，担心官官相护，担心赢了官司，高兴一阵子，难受一辈子。

(二)有的行政机关对实行行政诉讼制度的必要性和重要性的认识不够。有的行政机关为了避免当被告，作出具体行政行为时不告诉当事人诉权，不出书面处理决定，甚至恐吓、阻挠当事人向法院起诉；有的行政机关当了被告不应诉，不答辩，不移送有关材料，不提交作出具体行政行为的规范性文件；有的行政机关在原告起诉后，通过各种关系向原告甚至法院施加压力，干预法院行使审判权。还有的行政机关败诉后，不履行判决，也不交诉讼费。

(三)发现一些行政机关的违法现象比较严重。有的行政机关执法随意性较大，以言代法，以权代法，以罚代刑；有的运用行政手段非法干预经济纠纷；有的行政机关作出具体行政行为证据不足，程序违法，超越职权，滥用职权，以权谋私。

(四)有的法院对审理行政案件有顾虑。有的法院违反行政诉讼法规定不肯受理案件；有的法院将原告起诉的行政案件，先交行政机关协调，待协调一致后，再按协调意见裁判。不少法院对违法的具体行政行为，该撤销的不开庭判决撤销，而是劝说行政机关改变具体行政行为后，再动员原告撤诉，甚至在原告、被告之间反复谈判协商，让双方让步，动员原告撤诉。从法院审理行政案件结案的情况看，撤诉率高是一个突出的问题。有的法院自行政诉讼法实施以来，没有判决撤销过具体行政行为，而撤诉占结案总数的比例，高达50%至75%。由于行政审判面临的实际困难较多，承受的压力较大，不少行政审判人员对搞好行政审判工作信心不足，不安心从事行政审判工作。

(五)在实施行政诉讼法的过程中，发现有的法规和法律不一致；有的规章与法律、法规不一致，有的规章之间互相打架，造成执法困难。

关于对今后实施行政诉讼法的建议，顾明说，(一)建议继续加强对行政诉讼法的宣传，使干部群众进一步提高对行政诉讼法重要意义的认识，增强法制观念，提高执法的自觉性，消除思想顾虑。(二)建议地方人大常委会对行政诉讼法的执行情况进行检查，总结经验，改进工作，研究解决一些当地能够解决的问题。(三)建议政府继续提高行政执法人员的素质。(四)要根据小平同志的南巡重要谈话和党的十四大精神，高度重视法制建设，抓紧制定有关建立和完善社会主义市场经济体制的法律、法规；加紧清理并及时修改或者废止不适应市场经济发展要求的原有的法律、法规和规章，避免法规、规章与法律不一致的问题；加快出台与行政诉讼法有关的法律，为进一步实施行政诉讼法提供比较完备的法律保障。(五)建议在地方各级领导干部中培养、选拔一批学法、懂法的干部。

国家计委副主任刘江向第七届全国人大常委会第二十九次会议作《关于我国第三产业发展情况的汇报》

国家计委副主任刘江受国务院委托，向七届全国人大常委会第 29 次会议作了关于我国第三产业发展情况的汇报。

刘江说，80 年代中期以来，党中央、全国人大、国务院对第三产业发展给予了充分的重视。1991 年 4 月 9 日，全国人大七届四次会议通过的十年规划和“八五”计划纲要对第三产业给予了更加充分的重视，明确提出要“进一步重视第三产业，使之继续快于第一、第二产业的发展。到 2000 年，第三产业在国民生产总值中的比重，由现在的 1/4 左右提高到 1/3 左右”。1992 年 6 月 16 日，中共中央、国务院发布了关于加快发展第三产业的决定。中共十四大上，江泽民总书记在报告中指出：“第三产业的兴旺发达，是现代化经济的一个重要特征”，“要发挥国家、集体、个人三方面的积极性，加快第三产业的发展，使之在国民生产总值中的比重有明显提高。”这个论述精辟地阐明了人类社会经济发展和产业结构变动的客观趋势，指明了第三产业在现代经济中的地位和作用。党和国家对第三产业的高度重视，使全国第三产业发展出现了一个新局面。

刘江向委员们汇报了 11 月 6 日至 10 日举行的全国加快第三产业发展工作会的基本情况。

在汇报当前提出加快发展第三产业的基本出发点时，刘江说，建国以后的很长时期内，第三产业没有得到应有的发展。改革开放以来，第三产业发展较快。80 年代，第三产业平均每年增长 10.9%，超过同期国民生产总值年均增长 8.9%的速度。1991 年，第三产业增加值占国民生产总值的 27.2%，从业人数占社会劳动者总人数的 18.9%。第三产业传统行业不断扩大，金融保险业、交通通信业、商业物资业的比重占到整个第三产业的 2/3；同时信息咨询业、旅游业等新兴行业发展也较快。第三产业已成为国民经济的一个重要产业。

但从总体上看，我国第三产业仍然十分落后，在国民生产总值中的比重不仅大大低于经济发达国家，而且还低于发展中国家的平均水平。因而影响了一、二、三产业的协调发展和社会再生产的顺畅运行，妨碍了经济效率和效益的提高，也束缚了第三产业自身的发展。

刘江说，发展第三产业是我国实现社会主义现代化的需要。目前，第三产业发展水平已经成为世界上衡量现代社会经济发达程度的重要标志，科技、教育、信息和各项服务业的发展，是现代化大生产取得高效率、高效益的必要条件。从许多国家经济发展的规律看，当经济发展到一定水平时，第三产业的发展速度普遍高于第一、第二产业。特别是由于当前世界新技术革命及信息技术的飞速发展，发达国家第三产业占国民生产总值的比重已达到 60%以上，发展中国家的第三产业发展也很快。从三次产业发展的相互关系看，第三产业的发展要以第一、第二产业的发展为基础，同时又对第一、第二产业及整个国民经济的进一步发展具有明显的促进作用。我国国民经济经过 40 多年，尤其是改革开放以来的发展，经济总体实力大大增强，为加快第三产业发展提供了现实可能性。随着现代化建设步伐加快，90年代第三产业将进入一个新的发展时期。

刘江说，要充分认识发展第三产业对于建立社会主义市场经济体制，以及在90年代我国经济成长新阶段中，为实现经济增长目标、调整优化产业结构、扩大对外开放、扩大劳动就业、改善人民生活等方面的作用。

刘江提出了加快发展第三产业的指导原则：坚持依靠改革开放，按照建立社会主义市场经济体制的要求，从政策上、体制上、机制上为第三产业发展提供有利条件；在加强和改进国家宏观调控的同时，充分发挥市场机制的作用，使第三产业的发展充满生机和活力。坚持与调整和优化产业结构相适应。第三产业的发展要明显快于国民生产总值的增长速度，同时要与第一、第二产业发展统筹规划，需要与可能相结合，使一、二、三产业相互促进，协调发展。坚持不断改善第三产业结构和提高效益。坚持正确的政策引导。坚持调动各方面积极性，国家、集体、个人一齐上。坚持合理规划，突出重点，分类指导，全面发展。

关于90年代全国第三产业发展的总体目标，刘江说，要争取用10年左右或更长一些时间，逐步建立起适应社会主义市场经济体制的统一市场体系、城乡社会化综合服务体系和社会保障体系。90年代，要在第一、第二产业发展的同时加快发展第三产业，逐步实现第三产业的增长速度高于第一、第二产业，基本实现一、二、三产业的协调发展。第三产业增加值占国民生产总值的比重和从业人数占社会劳动者总人数的比重，力争达到或接近发展中国家的平均水平。

——增长速度：90年代国民生产总值年均增长8%至9%，第三产业年均增长11%左右。

——第三产业增加值占国民生产总值的比重：2000年达到1/3以上。

刘江向委员们介绍了加快发展第三产业的主要政策措施：(一)充分发挥国家、集体、个人的积极性，放手兴办第三产业，除了对国民经济发展有全局性、先导性影响的基础行业主要由国家兴办以外，其余大多数行业，要坚持谁投资、谁所有、谁受益的原则，进一步放手发展集体、个人、私营和其他经济成分，依靠社会各方面力量兴办。(二)加大改革力度，建立充满活力的第三产业自我发展机制，按照政企分开、把企业推向市场的原则，以产业化、社会化为方向，逐步实现第三产业绝大多数单位由福利型、公益型和事业型向经营型转变。根据第三产业不同行业的特点，实行不同的经营管理方式。(三)广开资金来源和筹资渠道，努力增加对第三产业的投入。(四)进一步理顺和放开第三产业的价格。(五)运用金融、税收、财政等经济手段扶持第三产业的发展。(六)简化第三产业企业开业审批手续。(七)赋予第三产业企事业单位充分的用人自主权和分配自主权。(八)鼓励和支持工业企业发展第三产业。(九)积极利用外资发展第三产业。(十)鼓励扩大第三产业企业的国际化经营。(十一)加快第三产业的法制建设。(十二)改革第三产业的计划、统计制度和方法。

关于下一步要做的工作，刘江说，今后第三产业工作要作为国民经济发展的重要工作持续抓下去。初步考虑近期要抓好以下几项工作：

(一)大力培育市场体系，首先把商品市场体系建设推进一步。抓紧做好有色金属、钢材、煤炭、粮食、棉花等重要生产资料和消费资料市场的规划，重点建设和完善国家级的批发市场和交易所，搞好与之配套的交通、仓储、信息、法规等建设；引导和完善区域级的批发市场。逐步建立与人民生活密切相关的油、肉、糖等农副产品批发市场。同时，积极稳妥地发展金融市场、技术市场、信息市场、劳务市场和房地产市场等。

(二)大力发展交通通信。一是千方百计筹集资金，解决交通通信建设资金不足的问题。国家要扩大对交通通信建设投资的倾斜，适当增加投入；扩大发行建设债券，吸引社会资金投入；进一步拓展飞机、船舶、电信设备和租赁业务；大力提倡中央、地方、企业和其他国内外投资者合资建设交通、通信设施，积极推行交通企业股份制试点。二是抓好重点项目建设，尽早形成生产能力。

(三)把政策引导作为推动第三产业发展的中心环节来抓。要进一步做好各有关部门之间的协调工作，尽快使促进第三产业发展的各项具体政策成熟一个、出台一个，有的可以先试行，再完善。

(四)1993年，在全国进行一次第三产业的全面普查，摸清底数，为进一步制定第三产业的发展规划和政策提供依据。

中共中央总书记江泽民在武汉召开的六省农业和农村工作座谈会上发表讲话

这次出来主要是研究农业和农村问题。中央对这个问题一直很重视。我记得十三届四中全会后不久，中央就开了一个农村工作座谈会。去年底，又召开了十三届八中全会，专门就加强农业和农村工作作出了决定。十四大刚开过一个多月，中央又把农业摆到重要议程，作为贯彻十四大精神的第一件大事来抓。为什么呢？一是因为农业和农村工作的地位和作用太重要了；二是当前农业和农村发展中出现了一些新情况新问题，需要引起全党重视。

20日到湖北后，先到孝感、荆门、荆州三个地市作了几天调查。接着，又请了湖北、湖南、江西、安徽、河南、四川六个省的主要负责同志来座谈。大家谈了许多情况和很好的意见，这对我也是一次进一步了解农村的机会。我查了一下统计资料，你们这六个省的土地面积占全国的五分之一，人口占全国的三分之一，粮、棉、油产量占全国的40%，对全国农业的发展作出了很大贡献。当然，其他省、区、市对全国农业的贡献也很大。

在调查和座谈中，大家都有这样一个共识，就是当前农业和农村发展的总的形势是好的，同时也确实存在不少突出的问题，对这些问题必须有清醒的足够的认识，决不能疏忽大意。只要全党同志认真重视，上下结合，群策群力，存在的问题是完全可以解决的，农村经济登上一个新台阶的前景是光明的。现在我讲几点意见和看法。

一、必须坚定不移地牢固树立农业是基础的思想

在我们国家的历史上，有许多说明农业重要性的话。比如说，民以食为天；手中有粮，心中不慌；丰衣足食，安民之基等等。这是人们一听都懂得的道理。

中国是个人口众多的大国，80%以上的人口居住在农村。农民积极性高涨，农业不断发展，大家都有饭吃，国家和社会的事情就好办多了。这也是我们治国安邦的一条基本经验。

农业是国民经济的基础，农村稳定是整个社会稳定的基础，农民问题始终是我国革命、建设、改革的根本问题。这是我们党从长期实践中确立的处理农业问题、农村问题和农民问题的重要指导思想。无论是各级党委还是全党同志，无论是主管农业和农村工作的部门还是其他部门，在任何时候任何情况下，都千万不能忘记这些指导思想，必须坚持不懈地把它贯彻于我国社会主义现代化建设的全过程，而决不能有丝毫的动摇。我相信，到了下个世纪中叶，我国基本实现现代化以后，经过长期的实践教育，那时这些指导思想在干部和群众的脑子里就会更牢固了。

农业是基础的思想，符合马克思主义的基本原理，符合中国的基本国情。马克思说过，人们只有在解决了吃穿住行以后，才有可能干其他的事情。这也就是说，解决最基本的生活资料，是人们从事其他社会事业和创造性劳动的前提与基础。而农业发展的根本任务就是不断地向人们提供基本的生活资料。我国人口多耕地少，用占世界7%的耕地养活占世界22%的人口，这在全世界所有国家中是独一无二的。我国人民的吃饭穿衣问题，不能靠任何别的国家来解决，一是靠人家靠不住，谁也解决不了这个大问题；二是即使能够解决，也会受制于人。至于我们为了调剂粮食的品种和其他需要，每年进口和出口一部分粮食，那是另一回事情。所以，从这个意义上来说，在我国，主要农产品特别是粮食，始终是一种战略性的特殊商品，直接关系着人民的生活和国家的安危。完全可以这样说，没有农业的牢固基础，就不可能有我们国家的自立；没有农业的积累和支持，就不可能有我国工业的发展；没有农村的稳定和全面进步，就不可能有整个社会的稳定和全面进步；没有农民的小康，就不可能有全国人民的小康；没有农业的现代化，就不可能有整个国民经济的现代化。总之，农业在我国经济和社会发展中的基础地位和战略作用，永远忽视不得，只能加强，不能削弱。

我们在中央工作的同志，经常思考和研究的一些经济大问题，首要的就是农业问题。我们曾经几次讲过，对我国农业问题必须有一个全面的实事求是的认识。改革开放14年来，农业和农村的发展确实很快，成绩巨大，但是对农业和农村经济的实力，对农民群众的富裕程度和承受能力，切不可估计过高，而且一定还要看到地区之间、农户之间存在的差别。没有差别，没有矛盾，就不成其为社会，不成其为世界。总的说来，我国农业的物质技术基础还是相当脆弱的，而且农业的负荷随着人口的增长和生活水平的提高是一年比一年加重的，必须加强对农业的扶持。在农业丰收时，出现某些农产品供大于求、销售困难的现象，这是在我们的消费水平不高、品种结构不适应、流通渠道不畅、加工转化能力不强、储备调节容量不够的复杂情况下产生的，属于暂时性的不平衡，而不是农产品真正过剩了。所以我认为，在相当长时期内，我们都不能说粮食已经多了，吃不完了，农业已经过关了。不但90年代不能说这个话，而且下个世纪的前50年，也不能轻易说这个话。我国现在人均粮食占有量还不到400公斤，即使到本世纪末，全国粮食总产量搞到10000亿斤，按那时的13亿人口平均，仍然达不到400公斤。不仅远远低于经济发达国家，就是比有些发展中国家也低不少。1990年，苏联人均占有粮食达到785公斤，法国达到970公斤，加拿大达到2214公斤，美国达到1250公斤，土耳其也达到538公斤，都比我们高得多。我看就是将来基本实现现代化以后，我国农业的基础地位也不会变，农业问题仍然会很重要。长期以来，我们党对农业是非常重视的，一再强调农业是国民经济的基础，粮食是基础的基础。现在和今后，仍然要使这个思想深入人心，做到家喻户晓。党的报刊和其他舆论工具要大力加强这方面的宣传，各级党委要经常对干部和群众进行这方面的教育。

历史事实告诉我们，什么时候我们党对农民问题解决得好，采取的政策是正确的，保护了农民群众的利益，调动了他们的积极性和创造性，工农联盟就很巩固，我们的革命和建设就顺利进行和蓬勃发展。民主

革命的历史充分说明了这一点。那个时候，我们党长期战斗在农村，主要是依靠广大农民的积极参与和大力支持，沿着农村包围城市的正确革命道路，才最终取得了新民主主义革命的胜利。今天，我们进行改革开放和社会主义现代化建设，始终需要农民群众的广泛参与和支持，需要充分发挥农民的积极性、主动性、创造性，需要在新的形势下不断巩固和发展工农联盟，否则要取得改革开放和现代化建设的胜利是不可能的。14年来的新的伟大实践已充分说明了这一点。

历史事实还告诉我们，什么时候农业和农村工作抓得紧，农业和农村经济形势好，我们的整个国民经济就稳定协调地向前发展，国家和人民的日子就比较好过。党的十一届三中全会以来，由于农村实行了家庭联产承包为主的责任制，进一步解放了农村生产力，农业经济获得了前所未有的发展。正因为有了农业的大发展，才促进了整个国民经济上了一个大的台阶；正因为农村改革取得了巨大的成功，才推动了整个经济改革的全面进行和深入发展。

同样，历史事实也告诉我们，什么时候农业和农村工作放松了，农业和农村经济形势不好，我们的国民经济全局就不稳定以至陷入困境，国家和人民日子就不大好过。1985年，由于当时我们对农业形势的估计有些过于乐观，放松了农村工作，结果造成了农业连续四年徘徊，给国家的整个经济生活带来了困难。农业形势好的时候，思想上往往容易忽视，工作上往往容易松懈，这个问题应该引起重视，为什么会容易发生这种问题呢？从思想方法来说，往往是犯了形而上学的片面性的毛病，对好的方面看到的多，对问题的方面注意不够；不警惕好形势下可能会潜伏新的矛盾和问题，一种倾向可能会掩盖另一种倾向。这样的历史经验很值得我们总结，全党同志特别是高中级干部，都应从中吸取教益，引以为戒。

当前，在农业和农村工作问题上，中央认为，有必要向各级党政领导和全党同志及时打个招呼，也可以说需要敲一下警钟。就是要求全党上下一定要记取忽视农业会带来严重后果的历史经验，千万不能好了疮疤忘了痛，一定要进一步警醒起来、行动起来，坚持按照十三届八中全会的决定和十四大的精神，切实重视和加强农业，切实重视和加强农村工作。

为什么现在要强调这一点呢？主要是基于这样几个原因。一是有些地方、有些同志在农业连续几年丰收和改革开放的新形势下，发生了忽视农业、对农业掉以轻心的苗头；二是在加快经济发展步伐的情况下，有相当一些地方的党政领导干部，把主要精力放到抓城市经济上去了，不是说城市的工业、第三产业不要花精力去抓，它们都很重要，积极去抓是对的，而是说相对比较起来，用在抓农业上的精力有些减弱了，农村工作有些放松了，农村基层干部和农民群众对此反映强烈；三是当前农村中普遍存在着一些损害农民利益，影响和挫伤农民生产积极性的突出问题，这些问题如果不认真加以解决，农业生产就有滑坡的危险；四是一些制约农业发展的因素，不仅现在存在着，而且今后一个长时期内还会存在下去。例如，全国每年净增1500—1600万人口；全国耕地面积平均每年减少400万亩左右等等，这些因素在短时期内是难以改变的，对于农业发展产生的制约作用不可低估。

考虑到以上这些情况和原因，中央认为，从现在起，各级党委和政府，应该立即加强对农业和农村工作的调查研究，以利于进一步弄清情况，统一认识，抓紧解决农民群众迫切要求解决、经过努力而又能够解决的一些重要问题，把农民的积极性特别是种粮的积极性引导好、保护好、发挥好，力争到本世纪末使我国的农业和整个农村经济再上一个新台阶。

二、切实保护农民利益，调动农民生产积极性

今年，又是一个丰收年，是1989年以来的连续第四个丰收年。主要农作物的产量都完成了国家计划。预计粮食总产8800亿斤，棉花9400万担，油料3亿多担，糖料16亿担，其他经济作物多数也是增产的，特别是水果、蔬菜产量增加，质量提高，品种增多。畜牧业又有新的发展，肉类总产量预计达到近3300万担，比去年增长4.4%，水产品的总产量预计超过1460万吨，增长9%以上。乡镇企业总产值将超过15000亿元，比去年增长35%，经济效益同步增长。现在，全国各种农产品供应充裕，库存较多，市场繁荣，农业和农村经济总的形势确实很好。

我们召开这次农业和农村工作座谈会，一个中心意思就是：在加快改革开放的新形势下，在农村经济活跃、农业生产连年丰收的好形势下，在农村逐步向社会主义市场经济转变的重要时刻，一定要全面、正确的估量农业和农村工作；认真总结经验，继续发挥优势；充分正视存在的问题和困难，及时果断地采取正确对策，把已经出现的问题和可能产生的问题处理在初始阶段，从而牢牢掌握我们领导农村工作的主动权。

今年以来，中央、国务院和各地方、各部门，抓了十三届八中全会决定的贯彻落实，抓了小平同志重要谈话、中央政治局扩大会议精神和十四大精神的学习、宣传和贯彻执行，对农业和农村经济的发展，发挥了重大的指导作用和促进作用。今年还抓了建立、健全农业社会化服务体系，提倡高产、优质、高效农业，支持中西部发展乡镇企业等几项重要工作。今年中央财政拿了20亿元，明年还要拿出50亿元来支持中西部地区发展乡镇企业。这些措施都受到农民群众欢迎，有的已初

见成效。同时，从各地的反映和调查材料中，我们也密切注意到农村中出现了一些必须解决的问题。现在，农民最盼望的是党和政府支持他们进一步搞活农村经营，引导他们进入社会主义市场经济的新天地，尽快脱贫致富，达到小康水平；最担心的是有些农村政策、支农措施不落实，打折扣；最不满意的是四面八方把手伸向农村，挤农业、挖农民，损害他们的经济利益，挫伤他们的积极性。在这次座谈会上，六个省的领导同志也都提出了这类问题。情况基本上是清楚的。情况明了以后，就要上下结合，果断地采取有效措施解决存在的问题。如果见事迟，动手解决晚了，就会陷入被动地位，甚至会造成难以挽回的损失。这样的教训，我们过去并不是没有经历过。

概括起来，当前农业和农村工作中必须解决的紧迫问题，是不是主要有以下这样几个方面。对于解决这些问题的具体措施和办法，中央和国务院正在研究。今天，我只能从解决的基本方向上，原则地提出一些看法，请大家共同研究。

(一)农产品特别是粮食卖出难、价格低、“打白条”的现象严重。这是农民最为不满的一件事，因为直接影响他们的收入，影响他们眼前的生活安排和即将到来的春耕生产。中央有关部门和地方各级政府一定要同心协力，千方百计地确保最迟在春节以前尽早地把所欠付农民的出售粮棉的价款，全部兑现到农民手中。在集中粮产区农民还确有余粮出售的，要增加一批专储粮的指标，尽快按保护价收上来。

(二)应该给予农民的优惠措施，有些不到位不落实，农民得不到实惠，对此也很有意见。凡属收购合同定购粮所应给予农民的优惠，包括“三挂钩”物资，各级政府和有关部门一定要坚持按合同执行，一定要保证交付到农民手中，不允许打折扣和拖欠，不允许截留和挪用。在粮食购销放开以后，要本着照顾粮农利益，照顾商品粮集中产区、粮食调出地区财政困难的原则，及早确定一个合理可行的办法，予以公布和实施。

(三)巧立名目加重农民负担的不正之风相当盛行，引起了农民群众强烈不满。我们对农业历来采取轻赋税的政策，农业税的实际税负只占农业收入的2.9%；农村集体经济组织的村提留、乡统筹，国家规定应该限定在占上年农民人均纯收入的5%以内。此外，对于农民承包土地、出义务工，都有明确规定。现在的问题是，在不少农村地区，这些规定没有得到严格遵守和执行。农民在完成上述各项义务之外，普遍发生了超额征收税费，巧立名目乱集资、乱摊派、乱罚款，以及五花八门的所谓达标活动，农民已不堪重负。因此必须重申：中央有关部门和地方各级政府一定要坚决把关，严格执行国家的政府规定，任何单位不得以任何名义增加农民负担，切实把农民的负担控制在占上年农民人均纯收入的5%的规定之内。即使是农村建设、农民福利等公益事业，凡是要农民出资、投劳的，也必须坚持两条原则，一是量力而行，二是群众自愿。凡是国务院规定需要审批的，必须先报请省区市级以上人民政府批准后施行。中央希望中央有关部门和各省区市的党政主要领导同志，于近期内负责对农民负担问题进行全面检查，并清理本部门、本地区的有关文件，凡是不符合国家规定的一律撤销。对那些有令不行、有禁不止的行为和违法乱纪者，坚决按党纪、政纪、国法严肃处理。

(四)有些地方掀起了一股搞开发区、搞房地产的“热潮”。对于这个问题有必要指出，搞这些“热潮”的同志的心是好的，大都是想快一点把当地的经济搞上去，但是往往忘记了解放思想同实事求是是统一的。不是说开发区、房地产都不可以搞，而是说一定要从实际需要和实际可能出发，不能不顾条件一哄而起。一哄而起的搞法是不正常的，是不符合小平同志视察南方的重要谈话和十四大的精神的，也是不符合经济发展的客观规律的。如果不赶快妥善解决，不仅难以为继，而且必然会给我们的经济生活带来许多不良后果。比如说，现在已经看到这种情况，一些地方由于开发区上得过多，建设资金很难落实，怎么办呢？就采取各种方式搞计划外集资，大大超过了承受能力，影响了银行存款的正常增长，从而也加剧了农副产品收购资金的筹集和供应的困难。这就是不良后果之一。80年代初，我曾参与了创办经济特区的筹备工作。为了了解国外搞经济特区和开发区的情况、办法、经验，曾走访了世界上许多国家，历时近50天。国外搞经济开发区不仅很慎重，而且筹划工作做得很细，不是像我们现在有些地方的那种搞活。搞开发区，至少要具备这样一些条件和程序：一是必须有可行性研究；二是要有投资建设项目；三是要有总体规划；四是要逐步推进，不要一锹挖出一个井。据国家土地管理局对24个省区市的调查，今年1—9月份，批建的开发区有1951个，规划占地1.53万平方公里，折合2400多万亩，其中80%以上是交通、水源条件好的耕地，仅此一项就圈占耕地1600万亩。现在国家在严格控制占用农民耕地的情况下，每年至少还要减少耕地400万亩，如果圈地占地失控，势必严重削弱农业的根本依托，此风绝不可长。国家对占用耕地是有严格的审批规定的。这个问题要赶快专门研究，重新作出控制占用耕地的决定，明令施行。

上述几个问题，不仅直接关系到农民的切身利益，而且直接影响到农业生产全局能不能稳定和农民生产情绪能不能稳住，应引起全党同志十分注意。各级党政领导同志必须当机立断，采取切实措施及时解决，切不可因为一些复杂的具体问题而互相扯皮，互相推诿，迁延不决。

此外，还有几个关系农业发展后劲和农民长远利益的重要问题，也需要我们认真进行通盘研究，并在此基础上尽快形成实施方案。

一是关于如何保证持续稳定地增加对农业投入的问题。同志们对这个问题提出了不少意见、要求和建议，我回去后将向中央常委会和政治局汇报，建议国务院在长期规划和年度计划中积极地加以考虑和安排。在国务院主持的《农业基本法》起草工作中，对这个问题已有考虑。在这个基本法报经全国人民代表大会审议通过后，还需要据以制定一系列具体实施办法和保障措施。

二是关于工农业产品剪刀差进一步扩大的问题。农民的反映也很强烈。但是应该看到，这个问题牵涉面广，情况复杂。我国经济正处于从计划经济体制向社会主义市场经济体制转换的初始阶段，我们的宏观指导、宏观调控一时还跟不上，不少经济改革的措施还不配套，致使工农业之间的经济关系产生了不少新的矛盾。我们一方面要采取一些应急措施，加以缓解；另一方面，要努力从工农业两个方面提高效益、降低成本，搞活城乡交流，调整价格体系等多方面来逐步解决。

三是关于为保护粮棉等大宗农产品持续稳定增产，保护粮农棉农和粮棉主产区经济利益的问题。粮棉主产区，长期担负着向全国各地、大中城市提供粮食、肉类以及棉花等工业原料的重任，做出了重大贡献。而他们的经济利益却历来是不高的。这不利于调动这些地区广大农民的生产积极性，也不利于粮棉生产水平的提高。如果这些粮棉主产区的生产发生萎缩，经济陷入困境，不仅会影响当地农民群众的切身利益，也是全国人民利害攸关的大事。因此，国家对这些地区应该采取必要的扶持、优惠和保护政策。同时，粮棉主产区和主销区原则上要实行利益共享、风险共担。有关部门正在加紧研究一套从生产到购、销、存、运的宏观指导和宏观调控方案。至于大家提出的如何解决粮食部门的财务挂账等问题，有关部门也需要尽快研究可行的解决办法。

总之，越是农业形势好，我们越要保持清醒的头脑，越要把主要精力放在敏锐地观察、发现新情况新苗头和及时果断地解决新问题上，学会善于见微知著、防微杜渐，不断地增强我们对农村工作的预见性和主动权。对农业这个社会效益大而经济效益差的比较脆弱的基础产业，千万不可掉以轻心。小平同志早就指示和告诫过我们，90 年代经济如果出问题，很可能出在农业上；如果农业出了问题，多少年缓不过来，整体经济和社会发展的全局就要受到严重影响。这是小平同志积多年的经验之谈，语重心长。我们各级党委和全党同志一定要牢牢记住，加倍努力工作，多为农民办实事，真正做到保护好农民的利益，保护好农民的生产积极性，以保证农业和农村经济的持续发展。

根据预测，明年的农业生产，特别是粮食生产有可能出现播种面积大幅度减少、投入也减少的不利情况。各地同志一定要充分注意，努力做好各方面的工作，把握好农村产业结构和产品结构调整方向和力度，着眼于大局，抓紧从现在到春节前后这一段时间，把广大农民的春耕生产的积极性调动起来，把种子、农用生产资料供应及各项生产条件安排得好一些。抓好春耕春播这一环，对明年全年农业的发展具有关键性意义，对整个国民经济的发展也具有重要意义。希望大家同心协力，继续为稳定地发展粮棉生产，为全面发展农村经济作出新的贡献。

三、积极发展农村社会主义市场经济，不断增强宏观调控能力

十四大提出了建立社会主义市场经济体制的改革目标，这也完全符合我国农村的实际情况。积极探索在农村建立社会主义市场经济体制的具体路子，努力发展农村社会主义市场经济，进一步解放和提高农村的生产力，是我国广大农民奔向小康、农业走向现代化的必由之路，是党在农村工作中面临的新的重大课题。

发展农村社会主义市场经济，总的讲，必须坚持以市场为导向，充分利用农村人力、土地和其他各种资源，农、林、牧、副、渔全面发展，一、二、三产业综合经营，科、贸、工、农相结合，以星罗棋布的新型集镇为依托，形成一个大农业、大流通、大市场的新格局，从而提高农业的整体经济效益和综合生产能力，走出一条建设有中国特色的社会主义新农村的路子。这也是我国农村改革走向新阶段的标志。

发展农村社会主义市场经济，当前首先必须解决好农副产品的价格政策问题，这是深化农村改革的关键。总的方向应该是放开价格，放开经营，确立“市场形成价格”的机制，理顺价格关系，体现价值规律的作用和要求，促进农副产品的生产和产品结构的改变，使市场的竞争机制、激励机制能够体现出来，并有效地发挥作用。经过 14 年的改革开放，绝大部分农副产品价格已经放开，目前只剩下粮食（四种主粮：大米、小麦、玉米和主产区的大豆）、棉花、油料、糖料等少数几个品种的价格尚未放开。价格改革，要认真执行积极稳妥的方针。粮食价格根据“统一政策、分类指导，分省决策、逐步推进”的原则，在全国将陆续放开。食油，在今冬和明年将要全部放开。棉花，国务院已经确定在几

个主产省建立市场和试点。价格放开、经营放开以后，应注意地区差价、季节差价、品种差价，要使价格真正起到促进生产、引导消费的积极作用。

发展农村社会主义市场经济，必须加快农业向高产、优质、高效方向转变，把农业推向市场。生产什么，要根据市场的需求来安排。发展高产、优质、高效农业，有一个调整农业结构的问题，要注意改进品种，提高质量，取得好的效益。特别是要注意同科技相结合，开发一项科技成果，往往就会带动一大片地方或产业的繁荣，效益会大幅度提高。比如，秸秆综合利用，氨化饲料养牛，对发展生产、增加农民收入、保护环境，收效都很显著。在调整农业结构过程中，对粮棉等主要产品仍应十分重视高产问题，以保持供需总量的平衡，防止大起大落。

发展农村社会主义市场经济，必须坚持不懈地发展乡镇企业，特别是要同建立社会主义的新型小集镇结合起来。这是具有战略意义的大事。中国有九亿农民，如果大量的农村劳力向城市流动，城市根本吃不消，整个经济发展和社会秩序都会受到严重影响。改革开放以来，各地大力发展乡镇企业，吸引了大量农村劳力，使农民离土不离乡。这是我国农民的一个新的伟大创造，是解决农村富余劳力的正确途径和根本出路，对于保持农村和整个社会的稳定具有重大而深远的意义。通过向农业和农村经济的深度、广度进军，通过发展农村二、三产业，就地消化农村的富余劳力，这个原则要长期坚持，不能动摇。今年以来一些地方出现的农民买城市户口的现象，是不符合这个原则的，中央已明令制止。这种做法会带来许多新的矛盾，会加大城市的负担，流弊无穷。发展乡镇企业应注意同建设小集镇结合起来，要适当集中，上水平，上台阶，从而使小集镇成为当地农村的经济中心、文化中心，并且成为商品的生产地和集散地。

发展农村社会主义市场经济，必须充分发挥流通领域的作用，形成多渠道、少环节、开放式、高效率的商品流通网络。这是解决农产品卖难、运难的重要途径。要支持和鼓励农民参与商品流通的积极性，使之成为流通领域的一支重要力量。对个体商贩、私营商业主，也要发挥他们的积极作用。在农村的国有粮食企业和合作社商业，要发挥好作为农村商品流通主渠道的作用，为此应适应改革开放的新形势，积极转变经营机制，并发展同农民和个体商贩等的经济联系，加强经济合作，疏通流通渠道，使城乡货畅其流。在农产品放开经营中，对于粮食等关系国计民生的重要商品，主渠道的作用一定不能削弱，粮食的流通体系不能打乱。“没有主渠道不稳，没有多渠道不活”，这是多年经验的总结。

在农村发展社会主义市场经济，放开价格，放开经营，不是放任自流，撒手不管。社会主义市场经济是在国家宏观指导下发展的，是以公有制为主体的。在建立、健全市场机制，放开经营的过程中，必须加强宏观调控。那种认为搞社会主义市场经济就是一切自由放任，想干什么就干什么，毫无制约的看法，是一种误解，也是一种盲目性，是不正确的。资本主义市场经济，也有政府的干预，也有宏观的调控。在当今世界上，所谓百分之百的完全自由市场经济是没有的。我们在放开价格、放开农产品市场后，必须努力建立国家的宏观调控体系。这种宏观调控体系，应该是能够自觉地运用价值规律的作用，运用国家掌握的经济杠杆和经济实力，对市场运行实行强有力的和正确有效的指导、引导和调控的体系，应该具有对全社会的经济行为、市场活动进行宏观调控的权威性。特别是对一些主要农副产品，如粮、棉、油、糖等，一定要加强各种调控手段，增强宏观调控的物质基础。从前一阶段的经验看，国家除了运用税收、信贷、财政等经济杠杆进行调控外，还要注意抓好以下几项工作。

第一，要建立重要农产品的储备制度，特别是建立粮、棉等的储备。这里，我要着重讲一下粮食储备。我国自古以来就有储粮备荒的传统。汉代以后，历代兴盛之时都设有“常平仓”，进行丰歉调节。中国人口多，自然灾害频繁，储备以应付突然事件是为上策。从1990年开始，我国已建立了粮食专项储备制度，目前已有了700亿斤的专项储备粮，这是我们的宝贵财富，不能看成是包袱。在去年南方大水灾中，专储粮发挥了重要作用，只动用90亿斤，就顺利渡过了灾荒。今后要进一步改进和完善专储制度。总的目标是建立以国家储备为中心的三级储备体系，除了中央储粮以外，地方(包括省、地、县)、农民都要储粮。粮价低时就多储存一点；粮价高时，就抛售一点。有了这种储备体系，就有了吞吐调节能力，就可以平抑粮价，稳定市场，防止粮价的暴涨暴跌。要探索建立一种有效机制，让地方和农民、乡、村都搞一些储备。这是增强宏观调控能力的重要物资手段。

第二，要把建立粮食等重要农产品的仓储体系作为系统工程来抓。全国要有一个总体规划，在联结粮食主产区和主销区之间的交通枢纽，在具有战略意义的地方，要改造和新建一大批骨干仓库和运输设施，使之能存得进，调得出。国家粮食储备库已有600多个，要继续抓紧建设好。要在全国形成一个布局合理、调度灵活、管理科学的粮食储运体系，使之和专项储粮制度相衔接，遇到各种特殊情况，都能调度自如。要建立起拥有现代化设施的信息网络、使国家有关部门能及时掌握粮食的信息情况，及时指挥。这件事也要制定一个总体方案，不要停留在口头上，重在抓落实，而且要年年抓，经过几年的努力，就可以收到成效。有了这样一个粮食储运体系，国有粮食企业的主渠道作用也就有了保证，国家的宏观调控能力就会得到很大的加强。

第三，要培育市场机制，建立农产品的多层次的市场体系。农村发展商品经济，调整农业结构，必须同市场建设相结合。在商品集散地，要建立农副产品的零售和批零兼营的初级市场。农民生产出商品后，可以在市场上卖得掉，销得出。除了初级市场外，还要发展和巩固按经济区划形成的区域性批发市场。这些批发市场，除了进行现货交易，还要有重点地发展中期、远期交货的合同交易。国家准备在上海、郑州两地试办粮食等农产品的期货市场，以提供价格信息，转移价格风险。需要强调指出的是，期货市场只能由国家试办，不能降低水平，一哄而上。各类市场都要向规范化、法制化方向发展，使各种经济成分、各种经营渠道在市场里进行公开、平等、公正的竞争。健全的农产品市场体系，能够为农民提供正确的信息，引导农民面向市场，搞好商品生产。

第四，要建立保障机制，逐步实行风险基金或调节基金的制度。这样才能有效地对付风险和进行调节。在价格上涨时，可以以较低的价格出售；在价格下跌时，又可以按保护价进行收购。这种机制应该尽早建立起来。重要的是先起步，以后逐步发展，逐步完善。

此外，计划调节的手段也很重要，不能削弱，更不能取消。问题是要切实革除过去计划机制中存在的弊端，努力更新计划观念，改进计划管理和运用计划手段的方法，使之合乎实际需要。像粮食、棉花、油料等重要商品，即使放开后，也必须有计划指导和宏观调控。

发展农村社会主义市场经济，充分发挥市场机制的作用，是一个长期的过程，需要坚持不懈地努力。当前，我们要抓住有利时机，迈开步伐，打好基础。这方面还会遇到许多新问题，需要各级党委和全党同志按照十四大的精神努力去探索，去改进，去完善。

四、全面加强和改进党对农村工作的领导

要落实党在农村的各项政策，搞好农业和农村工作，关键是要全面加强和改进党对农村工作的领导。关于这方面问题的意见，有的过去已经多次讲过，需要再重申一下；有的是根据当前农村的新情况而提出来的。

第一，各级党委必须把农业放在各项经济工作的首位，而且这种指导思想要长期坚持，毫不动摇。抓农业的精力绝不能放松，对农村工作必须抓紧抓实，这一点也要长期坚持，毫不松懈。领导班子的成员可以更替、可以变化，但是这种指导思想和做法不能变，一定要一届接一届、一代接一代地传下去。老同志要在这方面向新进领导班子的同志起好传帮带的作用。

第二，各级党委必须把农业和农村工作始终放在重要议事日程，经常讨论农业和农村中的重大问题，并及时作出决策。地、县两级党委必须坚持把工作重心和主要精力，放在抓农业和农村工作上。同时，省、地、县应该有一名副书记分工专管农业和农村工作。中央从总书记开始，地方从省区市委书记开始，一直到地、县，各级党委的主要负责同志都要亲自抓农业，对农村改革、发展、稳定的重大问题，第一把手应亲自调查研究，提出对策，安排部署，检查督促。各地农村自然条件和经济文化发展水平很不平衡，存在这样那样的差别，我们领导农村工作，一定要从实际出发，坚持实行分类指导。这些都是我们党多年来在领导农业和农村工作中行之有效的做法，是我们党的优良传统，应该继续发扬。

第三，鉴于目前有些地方的领导放松、减少甚至转移了抓农业和农村工作的精力，希望各省委、地（市）委、县委在近期内认真检查一次，一级检查一级，看看本省、本地（市）、本县抓农业和农村工作的精力够不够，集中不集中，工作抓得紧不紧，是不是把农业和农村工作确实摆到了应有的位置，是不是真正在想方设法解决农民反映强烈的一些问题，领导的方法对不对，作风扎实不扎实。通过检查，认真总结经验，好的加以肯定和表扬，不好的给予批评和帮助，力求从领导分工、领导方法到领导作风来一个大的改进。

第四，切实加强农村基层党组织的建设，努力发挥农村党员干部和党员的先锋模范作用。这是加强党对农村工作领导的基础一环。特别是对于那些长期不起作用，处于软弱涣散和瘫痪半瘫痪的党组织，上级党委一定要下大力气指导和帮助进行整顿。对于经过整顿仍无起色的乡、村党组织，县委应该下决心从县级机关中选派一些得力的干部下去，充实和加强这些党组织的领导力量。一些地方的经验说明，实行这种办法，既可以较快地改变后进党组织的工作面貌，又可以锻炼和提高干部。各地可以结合自己的实际情况加以仿行。

第五，党在农村的基层干部是党的重要力量和重要财富，他们肩负的任务很繁重，工作很辛苦，上级党委一定要热忱地关心和爱护他们。在工作上既要严格要求，要求他们坚持实事求是的科学态度，如实反映情况，鼓励他们克勤克俭，任劳任怨，公道正派地为群众办事情；又要加强对他们的指导和支持，帮助他们排忧解难。同时要采取多种形式，组织他们进行学习和培训，不断提高他们的思想政策水平、科学文化水平和组织领导能力，使他们能够适应形势发展的要求，在深化农村改革、发展农村经济、带领农民群众走共同富裕的道路中发挥更大的作用。

第六，县以上的党政领导机关，要经常分批地抽调干部深入农村，调查研究，了解情况，倾听意见，提供信息，发现先进典型，帮助做好工作。这不仅有利于加强农村工作，有利于加强党同农民群众的联系，同时也有利于改进领导机关的工作作风。这也是党在领导农村工作中行之有效的一种做法，在改革开放的新形势下，应形成制度，长期坚持下去。

第七，从中央到地方各级，无论是主管农业和农村工作的部门，还是其他部门，都要在党的统一领导下，协同一致，真心实意地为农民服务，大力支援农业，想农民之所想，急农民之所急，坚决反对一切损农、伤农、坑农的行为。在制止和纠正巧立名目加重农民负担的问题上，要有一个有效的监督管理办法，我看就是中央要负责管住中央的部门，省区市委要负责管住地方的部门。县委作为最后一道监督闸门，对于向农村的不合理的摊派、收费、罚款、达标，要敢于据理顶住。

第八，在领导农村工作的过程中，各级党委要始终坚持"两手抓"的方针，"两手"都要硬。既要大力推进农村的物质文明建设，又要重视和加强农村的社会主义精神文明建设；既要坚持改革开放，又要依法严厉打击各种经济犯罪和刑事犯罪活动，反对各种丑恶现象，努力把各种消极腐朽东西的影响和恶果消除到最低程度，维护好农村的社会治安，保障农民群众在生产和生活上的安全。真正做到既促进农村经济的繁荣，又促进农村社会的稳定和全面进步。在新的时期，教育和提高农民的任务仍然很繁重。在搞改革开放和发展社会主义市场经济的条件下，更要重视和加强对农民特别是青年农民进行爱国主义、集体主义、社会主义教育。农村的阵地，社会主义思想和优良的社会风尚不去占领，落后的错误的思想和消极不良的社会风气就会去占领。这个问题，各级党委务必注意。这里，我顺便讲一个农村社会主义思想教育问题。这项工作不少农村已经搞完了，还在进行的地方要把它同贯彻十四大精神紧密结合起来，善始善终地搞好，关键在于要收到实效。

只要我们全面加强和改进党对农村工作的领导，只要把党在农村的各项政策真正落实到基层，只要及时发现和妥善解决农村发展中的问题，只要各级领导干部诚心诚意地为农民谋利益、认真倾听农民的呼声、充分信任和依靠农民，我们就一定能够克服前进道路上遇到的各种困难，农业和农村工作的形势就会越来越好。经过若干代人持续不断的努力，建设有中国特色的社会主义现代化新农村的宏伟目标就一定能够胜利实现。

国务院召开全国清理三角债总结表彰会议

全国性清理三角债工作12月23日宣告结束。国务院召开总结表彰会，国务院总理李鹏向17个清理三角债先进单位颁发奖状。

受到表彰的分别是：天津、河北、内蒙古、辽宁、吉林、上海、江苏、浙江、安徽、湖北、湖南、贵州、陕西、沈阳、大连、哈尔滨和重庆等17个省、自治区、直辖市和计划单列市。

李鹏在颁奖后讲话。

李鹏说，从1991年下半年开始的全国清理三角债工作，经过各地区、各部门的努力，已经完成任务，取得了注入1元资金清理4元拖欠的效果。现在全国性的清理三角债工作宣告结束。今后企业之间如再发生新的拖欠，要由各单位自行负责，国家不再投入贷款清欠。哪个地方发生新的固定资产投资项目拖欠，就由哪一级政府负责按照国务院的规定加以解决，解决不力的要追究责任。

国务院副总理、国务院清理三角债领导小组组长朱镕基在会上作全国清理三角债工作的总结。各省、自治区、直辖市、计划单列市和国务院有关部门的负责人出席了表彰会。

国务院副总理朱镕基在全国清理三角债总结表彰会议上发表题为《总结清理三角债经验，防止产生新的拖欠，保证国民经济健康发展》的讲话

从1991年下半年开始的全国性清理三角债工作已经取得很大成绩。到目前为止，1991年12月底以前形成的三角债已基本清理完毕。因此，全国性的清理三角债的任务已经完成，经国务院批准，现在宣布结束。今天召开总结和表彰会议，主要是总结两年来清理三角债工作的成绩和经验，表彰在这项工作中涌现出来的先进集体，并重申防止新欠的措施。根据清理三角债领导小组讨论的意见，我讲四个问题。

一、清理三角债取得的成绩

1991年6月1日，李鹏同志主持总理办公会议，研究清理三角债问题。当时，全国三角债累计达3000亿元左右，1991年6月底，在工商银行开户的4万户企业，三项资金占用达3523亿元，其中产成品占用1306亿元，严重影响了国民经济的正常运行，许多企业转不动了，频频告急，要求尽快组织清欠。因此，国务院决定把清理三角债工作作为搞好国有大中型企业、提高经济效益的一个突破口来抓。

为了搞好清欠工作，国务院清理三角债领导小组作了认真的调查研究，分析了形成三角债的主要原因，一是由于建设项目超概算严重、当年投资计划安排不足和自筹资金不落实，造成严重的固定资产投资缺口，形成对生产部门货款和施工企业工程款大量拖欠；二是企业亏损严重，挤占了企业自有资金和银行贷款，加剧了相互拖欠；三是企业产品不适销对路或根本无销路，产成品资金上升，形成投入—产出—积压—拖欠—再投入—再产出—再积压的恶性循环。此外，商品交易秩序紊乱，结算纪律松弛，信用观念淡薄，也加剧了三角债。

首先在东北三省四市进行了清欠试点，进一步确认了上述分析，明确了清欠工作的指导思想，立足于治本清源，从解决三角债源头入手，重点对固定资产投资项目拖欠这个源头进行清理，并狠抓了限产压库促销、调整产品结构和扭亏增盈。这两年全国共注入清欠资金555亿元(其中银行贷款520亿元，地方和企业自筹35亿元)，清理拖欠项目14121个(基建5420个，技改8701个)，连环清理了1838亿元的拖欠。除少数不符合国家产业政策及贷款条件的项目外，全国基建、技改项目在1991年底以前形成的拖欠已基本清理完毕。

在连环清理债务链的过程中，与源头相关的机电、原材料以及配套工业等生产资料行业、建筑安装施工企业，相应清理了流动资金拖欠1400多亿元。为了解决与固定资产拖欠项目关联不大的行业的流动资金拖欠，1991年对拖欠煤炭、汽车、棉花的货款也进行了重点清理；1992年4月份又以宝钢为龙头进行流动资金清欠试点，在取得经验之后，又积极稳妥地在关系国计民生的煤炭、电力、林业和有色金属四个行业进行了重点企业流动资金清欠；为了缓解棉花收购资金紧张，在今年12月份又清理了棉花拖欠款28亿元。以上共清理流动资金拖欠352亿元。

这样，两年共清理固定资产投资和流动资金拖欠款2190亿元(1991年清理1360亿元，1992年清理830亿元)，实现了注入1元资金清理4元拖欠的效果。通过清理三角债，明显地缓解了企业资金紧张的状况，加速了资金周转，提高了经济效益，使一大批能源、交通、原材料重点建设项目建成投产，使一大批原来亏损、微利企业转为盈利，增强了经营活力，对国民经济的健康发展起到了重要作用。

二、清理三角债的主要做法和经验

李鹏同志在今年3月7日召开的总理办公会议上，对全国清理三角债工作取得的成绩给予了很高的评价。他说，这次清理三角债工作指导思想明确，工作方法科学得当，基本上遏制住了前清后欠的势头，取得了很大的成绩。这有利于搞好国有大中型企业，有利于企业转换经营机制，有利于国民经济的正常运行。

所以能取得这样的效果，主要是抓住了形成三角债的源头和清理的重点，采取了以下做法：

(一)立足于治本清源。从清理固定资产投资项目拖欠这个源头抓起，顺次解开债务链，同时在防止新欠上下功夫，抓住了主要矛盾。这个认识是通过调查研究并经过东北试点后取得的。实践证明，从固定资产投资拖欠项目入手进行清理的做法是成功的。两年来大部分清欠资金都回流到了机电、原材料等生产资料行业以及建筑安装行业的国有大中型企业。投入固定资产投资贷款，解开债务链后，收回了流动资金贷款，银行总的贷款规模并没有大的增加。

(二)治理流动资金拖欠采取釜底抽薪的办法，实行限产压库和“压贷双挂钩”的政策。流动资金的拖欠有三个源头。由于投资缺口产生的拖欠，通过注入固定资产投资贷款，相应得到清理。但是，由于企业亏损和产品积压造成的拖欠，就不能通过注入流动资金贷款来解决，那只能是增加企业亏损和积压占款。扬汤难以止沸，只有通过限产压库促销、清仓查库、扭亏增盈等工作促使企业改善经营状况，从而釜底抽薪，减少流动资金占压和企业间的拖欠。1991年全国完成限产压库229亿元，安排了70亿元技改挂钩项目，由于1992年库存上升和信贷规模十分紧张的原因，从清欠贷款指标中拿出30亿元兑现了部分技改挂钩项目，收到了好的效果。

(三)各级领导高度重视，各有关部门团结协作。国务院组织制定了清理三角债的方针、政策。各有关部门和各地政府主要负责同志加强领导，深入现场督促检查。各级计委、经委、银行、财政及清欠办等部门，通力合作，全国几十万人的清欠队伍统一行动，经过艰苦努力，辛勤劳动，认真操作，使注入的银行信贷资金及时到位，启动运转顺畅，各新闻单位加强宣传报道，保证了清欠工作的顺利进行。

(四)狠抓防欠措施的落实。为防止新欠继续产生，国务院有关部门制定了清理三角债、限产压库、扭亏增盈、防止新的粮食财务挂账等配套政策措施，各负其责。今年全国清理三角债工作会议以后，国家计委、人民银行、国务院经贸办、清理三角债领导小组分别发出《关于防止固定资产投资项目资金拖欠的通知》、《关于收回固定资产投资项目清欠贷款有关问题的通知》，并会同审计署两次发出通知，审计检查注入资金的项目是否又发生了新的拖欠。针对今年上半年粮食财务挂账和固定资产投资建设又出现拖欠的新情况，发出了《关于1992年上半年粮食财务挂账情况的通报》和《关于今年上半年固定资产投资新拖欠情况的通报》。国务院办公厅及时转发了这两个通报，推动了这项工作的顺利进行。

三、关于防止新欠的意见

去年以前全国范围内出现的三角债，是我国新旧经济体制转换过程中，通过资金形式反映出来的多年积累的国民经济深层次矛盾。产业结构失调、企业效益不高，导致了企业间的信用和金融秩序问题。货款拖欠是企业之间的经济行为，本应由企业按照法律规范予以解决。由国家投入信贷资金进行清理，实际是将企业之间的债权债务关系转移到企业与银行之间，这只能是国家采取的一种非常措施。目前国家组织的清理三角债任务已基本完成，但企业之间的三角债问题还没有完全解决。今年以来，由于国民经济高速增长，银行货币投放、信贷规模增长很快，产成品积压和企业亏损额也在上升，有的地区又靠新的拖欠和施工企业垫资上项目，建设项目超概算和资金安排不落实的情况仍很严重。据建设银行对1991年在建的266个大中型基建项目概算执行情况的调查分析，这些项目实际需要投资超过计划安排达50%以上；列入今年基建计划的402个续建大中型项目，也有63项超过计划投资总额。因此，必须认真贯彻落实防止新欠的各项措施，以免再度出现全国范围的三角债。

第一，搞建设要量力而行，不留资金缺口。要认真按照中共中央、国务院《关于加强固定资产投资和信贷规模进行宏观调控的通知》和中共中央办公厅、国务院办公厅《关于确保农副产品收购和严格控制新开工项目的紧急通知》精神，制止单纯追求工业产值和低水平重复建设的倾向，严格控制固定资产投资规模，严禁挪用流动资金贷款搞固定资产投资。要加快投资管理体制的改革，做到项目投资决策、审批者的权力和责任相统一。国家计委、国务院经贸办等有关部门已作出规定，要求安排建设项目要综合考虑物价、利率、汇率、劳动工资、建设期贷款利息和铺底流动资金等因素，不得留缺口，不准形成新的拖欠，不准挪用流动资金贷款搞固定资产投资。从今年开始由于建设资金不落实再发生新欠的，要扣减有关省市和部门下一年度的基本建设、技术改造投资规模和银行贷款规模，并对拖欠严重的企业以及上级主管单位有关负责人予以通报和行政处分。

第二，落实好清欠贷款回收计划。要按照中国人民银行等部门《关于收回固定资产投资项目清欠贷款有关问题的通知》，抓好清欠贷款的回收，按贷款合同规定的还款计划认真执行。凡完不成年度还款计划的，不得安排新开工项目。银行有权根据清欠借款合同，于第二年从企业自有资金或项目投资中扣还。企业无力归还的，从有关省（区、市）和部门固定资产投资计划中扣收。

第三，认真落实好《全民所有制工业企业转换经营机制条例》。《条例》所规定的十四项企业经营权，解决了容易产生拖欠的许多问题。各级政府要尽快转变职能，防止由于政府行政指挥或计划失当造成的产品积压和拖欠。企业要适应社会主义市场经济需要，在经营活动中自觉按市场经济的要求，规范自身的行为，严格按经济合同的要求办事，自觉防欠。

第四，加快企业补充自有流动资金和压缩三项资金占用工作。1991年为了搞好国有大中型企业，国家选定了1000多户骨干企业，在“八五”期间每年按销售收入的1%提取补充流动资金，这项工作已经取得了一定的成效，要逐步扩大到有承受能力的大中型企业。要继续压缩不合理的产成品资金占用，加快资金周转，对三项资金占用超过合理水平的企业，银行应当停止增加贷款。

第五，采取有效措施解决粮食财务挂账问题。各地区要按照国务院《关于解决财政欠拨、欠补、欠退和企业财务挂账问题的通知》要求，对老的挂账要逐步消化，属地方财政应补未补或未补足而出现新的挂账的，银行一律不予挂账，并停止贷款，由上一级财政部门如数将应补未补款扣回后拨给粮食部门。

第六，进一步加强法制管理。要支持、鼓励企业增强自我保护意识，依法保护自己的合法权益，在执行经济合同中发生的经济纠纷，企业应向仲裁机关申请仲裁或向人民法院提出起诉，追究违约方的责任。各企业对经确认无法收回的应收账款，要按照财政部颁发的《企业财务通则》和《企业会计准则》的有关规定处理，避免长期挂账，消除潜在亏损。

第七，加强对固定资产投资项目的监督检查。今后凡是由国家拨款、国家银行贷款、各级政府承担债务（或担保）的各类国外贷款固定资产投资项目，在项目决策阶段或开工建设之前，均需由国家审计机关审计确认资金（特别是自筹资金）来源的合理性和可靠性。未经验资的项目，有关部门不予办理开工手续，施工企业不得施工。

第八，加快银行结算制度的改革，适应社会主义市场经济体制的要求。要引导商业信用，使企业之间的信用行为合同化、票据化。银行要按照国务院《关于严格商品交易秩序加强结算纪律的通知》精神，继续认真加强银行系统的结算纪律和对企业结算活动的监督。企业不得无理拒付应付货款，银行也不得袒护在本行开户企业的无理拒付行为，否则追究有关人员的责任。

四、关于总结经验和表彰先进问题

历时一年半的全国性清理三角债工作取得了很大的成绩和丰富的经验。各地都要结合自己的情况，认真做好总结，并采取有力措施，防止产生新的拖欠；对清欠工作中涌现出来的先进集体和先进个人要进行表彰，他们以高度的责任心，认真负责，忘我工作，保证了清欠工作的顺利进行，在此，我代表国务院向他们表示衷心感谢和亲切慰问！国务院清理三角债领导小组这次只表彰了一些先进集体，因时间关系未来得及评选先进个人。希望各地在对这项工作进行总结时，要大力表彰清欠工作中涌现出来的先进集体和先进个人，并通过总结和表彰，推动今后各项工作的进行。

当前全党全国人民正在认真学习、贯彻党的十四大和邓小平同志南巡重要谈话的精神，我们一定要狠抓落实，真抓实干，为使我国的国民经济更快更好地上一个新台阶而努力奋斗！

中国工程咨询协会在北京成立

国务院总理李鹏在钓鱼台国宾馆会见即将离任的尼日利亚驻中国大使奥巴荷兰新任驻中国大使郝德扬和哈萨克斯坦新任驻中国大使穆·阿乌埃佐夫

中国环流器一号在科研中获重大进展

我国最大的受控核聚变装置——中国环流器一号瞄准当今世界核聚变研究前沿课题，近3年来在高技术项目研究中又获得重大进展。

我国自己设计、研制的这台受控核聚变装置自1984年9月启动，1985年10月正式通过国家鉴定验收后，仅用5年时间就使整个装置达到同类装置等离子品质参数的国际水平，具备了参与国际核聚变研究竞争和合作的条件，在世界核聚变研究中占了一席之地。

近3年来，我国科技人员瞄准核聚变研究中的前沿课题和高技术项目，采用新方法在环流器一号上进行实验研究，在受控核聚变的三大要素即等离子体的密度、温度和约束时间方面都取得了新的突破性进展。去年成功实现了目前国际上仅有少数几个装置能做到的等离子体由低约束模式向高约束模式转换和对等离子体的高密度约束，从而使等离子体密度成倍提高，等离子体电子温度提高50%以上；今年又首次成功地进行了低杂波电流驱动实验、电子回旋共振加热实验和靶丸注入等新的高技术项目，结束了我国只有欧姆加热和传统送气方式的历史。

据了解，我国科研人员8年间在中国环流器一号上共完成重大实验20余项，获得研究成果400多项，其中获省部级以上重大成果奖的就达130多项。

民政部通知要求各地安排五保户特困户过好春节

民政部近日发出《关于1993年春节期间走访慰问农村五保户和城乡社会救济对象》的通知，要求各地妥善安排他们的节日生活，使他们同全国人民一起欢度十四大后的第一个春节。

通知要求民政部门邀请党政领导带队，深入重灾区、贫困地区、边远山区、革命老区和少数民族地区，切实安排好他们的节日生活，使他们都能买上年货，吃上年饭，家庭有过年的气氛，同全国人民一起欢度春节。

通知还要求通过走访慰问，认真检查五保户供养、特困户补助和救济政策的落实情况。尤其要检查各地按国务院颁布的《农民承担费用和劳务管理条例》关于“公益金用于五保户供养、特别困难户补助”和“乡统筹费可以用于五保户供养”的规定，在不增加农民额外负担的情况下，妥善安排五保户和特困户生活的落实情况。解决好五保户应补未补以及城镇“三无定救”对象，在粮食、副食品调价后，救济费按有关规定同步增加的问题，以使他们的生活得到可靠保障。

通知最后要求各地要充分利用传统节日的大好时机，积极推动五保、救济工作的社会化。发动各界人士开展为五保户、敬老院、特困户和“三无”孤老残幼做好事、办实事、送温暖活动。

12月26日

中共中央总书记江泽民在钓鱼台国宾馆会见以色列总统哈伊姆·赫尔佐克

中共中央总书记江泽民国务院总理李鹏中共中央政治局常委乔石在人民大会堂会见第16次全国法院工作会议代表

江泽民在会见时讲话指出，社会主义法制建设同社会主义市场经济体制建设是密不可分的。要建立和完善社会主义市场经济体制，必须要有与之相适应的比较完备的社会主义法制。

江泽民说，几年来，在党的领导下，人民法院的各项工作取得了很大的进展。在此，我代表党中央，向你们并通过你们向全国法院干警表示亲切的问候。

江泽民说，党的十四大提出加快改革开放和现代化建设的步伐，建立和完善社会主义市场经济体制，这对我国的法制建设提出了新的更高的要求。法制建设是现代化文明建设的重要标志之一，也是长治久安的根本保证之一。建立和完善社会主义市场经济体制，需要更多地用法律手段来调整经济关系，规范经济活动，促进经济发展；需要用法律手段来维护社会秩序，保障社会安定，以巩固和发展稳定的社会政治环境。

江泽民指出，人民法院是国家的司法机关，法院的刑事、民事、经济、行政、海事等各项审判工作都要进一步加强。要严肃执法，保护人民的合法权益，制裁违法犯罪，调整经济关系，维护经济秩序。越是改革开放，越要维护法律的尊严和统一，维护执法的严肃性，为建立和发展社会主义市场经济体制，为加快改革开放和现代化建设，提供更多更好的法律保障和法律服务。

江泽民说，在新的形势下，需要进一步加强法院的建设，要抓好司法干部队伍的思想建设、组织建设、业务建设，创造必要的工作条件，进一步提高政治素质和业务素质，提高执法水平。要注意吸收国外司法制度的有益成果，推进我国法院自身建设和改革，努力发展和完善有中国特色的社会主义司法制度。江泽民说，新年快到了，祝同志们在新的一年里取得更大的成绩。

李鹏在会见时讲话说，我们一定要按照江总书记刚才的指示去做。搞社会主义建设需要法制，搞社会主义精神文明建设、抵制各种腐朽思想的侵蚀需要法制，维护正常的社会秩序也需要法制，所以，摆在我们各级法院面前的任务是十分繁重的。各级政府有责任支持各级法院的工作，并为他们提供必要的生活条件和工作条件。我相信，各级法院在各级党委的领导下，在各级政府和广大人民的支持下，在新的一年里一定能够取得更大的成绩。

最高人民法院举行司法警察授衔仪式

最高人民检察院举行司法警察授衔仪式

九三学社第六次全国代表大会在北京开幕

会议的主要议程是：学习中共十四大精神；听取和审议九三学社第八届中央委员会的工作报告；审议并通过《九三学社章程》；选举新一届中央委员会。

中共中央政治局委员陈希同到会宣读中共中央贺词。

贺词说，九三学社有着光荣的革命历史，近半个世纪以来，发扬"五·四"运动的反帝爱国精神，以民主、科学为宗旨，坚持同中国共产党亲密合作，共同奋斗，团结、动员广大成员和所联系的群众，为新民主主义革命的胜利，为社会主义革命和建设事业，作出了重要贡献。在新的历史时期，九三学社坚决拥护并积极贯彻执行"一个中心、两个基本点"的基本路线，发挥自身优势，努力为改革开放、经济建设和祖国统一事业服务，取得了显著成绩。事实证明，九三学社不愧是与中共风雨同舟、通力合作的亲密战友，是爱国统一战线和社会主义现代化建设的一支重要力量。贺词说，我们相信，九三学社一定能继续发挥自身特点和优势，进一步推动广大成员和所联系的群众，为发展我国科技和教育事业，为振兴经济、提高综合国力，作出新的更大的贡献。

开幕式由大会主席团常务主席吴阶平主持。九三学社主席周培源致开幕词。民建中央主席孙起孟代表兄弟民主党派和全国工商联致贺词。

全国人大常委会副委员长彭冲，国务委员、国家科委主任宋健，全国政协副主席胡绳，全国政协秘书长宋德敏，中共中央统战部常务副部长蒋民宽及其他民主党派和全国工商联的负责人出席了会议。

大会主席团常务主席徐采栋受九三学社第八届中央委员会委托作了题为《发挥科技优势，提高参政水平，为加快改革开放和现代化建设贡献力量》的报告。

国家教委发出关于加强普通高等学校招生计划管理工作的通知

第二届群众文化群星奖在北京工人俱乐部颁奖

新闻出版署人事部联合举行全国新闻出版系统先进集体和先进工作者表彰大会

国家科委中宣部新闻出版署在北京联合召开首届全国优秀科技期刊表彰及经验交流大会

12月27日

第七届全国人大五次会议期间代表所提议案办理完毕

全国人大常委会办公厅有关负责人向记者介绍，七届全国人大五次会议期间，人大代表联名和代表团提出的建议、批评和意见，已由各承办单位全部办理完毕，并直接答复了代表。

七届全国人大五次会议期间，30名以上代表联名和代表团共提出472件议案。经大会主席团决定，其中379件作为建议、批评和意见，按照全国人大组织法的有关规定，由全国人大常委会办公厅交有关部门研究处理并负责答复代表。

在这些建议、批评和意见中，所提问题已经解决或基本解决的有71件，占总数的18.7%；所提问题正在解决或列入计划将逐步解决的163件，占总数的43%；所提问题因目前条件限制或其他原因需待以后解决的100件，占26.4%；所提问题留作有关部门参考的45件，占11.9%。

全国人大常委会办公厅有关负责人介绍说，各承办单位对今年379件作为建议、批评和意见处理的议案的办理工作非常重视，把它作为一件大事来抓，坚持实事求是的原则，积极开展调查研究，注重解决实际问题。对一些难度较大、涉及面较广的问题，能够主动会同有关部门反复研究、协商，征求各方面的意见，力求给代表一个满意的答复。还有一些承办单位制定了办理工作的规章制度，有专门的机构和人员来负责，使办理工作逐步走上了规范化、制度化轨道。总之，今年作为建议处理的议案办理工作比较顺利，代表普遍感到满意。

最高人民法院院长任建新向记者介绍人民法院改革思路

任建新在解释人民法院改革思路时说，建立和完善社会主义市场经济体制，对人民法院组织建设提出了新的要求。为了保证人民法院依法独立行使审判权，为加快改革开放和现代化建设提供有力的法律保障和法律服务，有必要改革和理顺现有的人民法院制度和审判方式。

根据这个改革思路，最高人民法院已提出了一个《人民法院组织法》的修改方案，将报请全国人大常委会审议。这个修改方案对人民法院的任务、专门人民法院的种类、公开审理、上下级法院关系、人民法院的司法行政工作、人民法院院长的选举和罢免的程序等一系列问题提出了修改意见。

本着精简高效、方便诉讼、重点加强审判业务部门的原则，人民法院体制改革方面的内容还包括：加强法院队伍建设和法官制度的改革；在经济技术开发区和保税区设立基层人民法院甚至中级人民法院；建立和实行严格的岗位责任制等。

关于审判方式等方面的改革，任建新说，我国刑事、民事、行政诉讼体系已经形成，有中国特色的社会主义审判制度和原则已基本确立，但审判程序的具体运作还需要进一步完善和改进。

任建新提出，第一，在刑事案件的庭审方式上，作为定案根据的证据，要依法当庭质证，证人应出庭作证；第二，在经济、民事纠纷案件的庭审方式上，要重点强调当事人的举证责任，合议庭要做好必要的查证，法官在法庭上主要是听取双方当事人的举证和辩论，判断、审查、运用证据，认定事实，以正确适用法律；第三，要采取如经济调解中心等多种方式，加强调解工作；第四，完善法庭规则；第五，要充分发挥合议庭在审判案件中的作用；第六，要发挥陪审员的作用；第七，要把诉讼文书的改革作为加强审判业务建设，提高法院审判工作水平的一项重要措施来落实。

任建新说，各级法院要加强审判工作管理，目的是为了提高办案的质量和效率。要在保证裁判公正的前提下，努力缩短办案的周期，加快办案的速度，提高办案的效率。在建立和完善社会主义市场经济体制的条件下，一定要把提高办案质量、办案效率和扩大办案的社会效果三者结合起来，从而全面提高我国的司法水平。

国务院批准化工部《农业化学物质产品行政保护条例》

外经贸部发布取消部分产品进口配额管理公告

《公告》决定自1992年12月31日起，取消一次性成像照相机、示波器、数字程控电话交换机、一次性成像感光材料进口配额。

党和国家领导人江泽民等在人民大会堂会见航天事业有功人员

江泽民、李鹏、乔石、李瑞环、朱镕基、刘华清、胡锦涛等中央领导，晚上在人民大会堂会见为发展我国航天事业作出突出贡献的有功人员及有关协作单位的代表。

李鹏在会见时发表讲话。李鹏代表党中央、国务院、中央军委，向为我国航天事业作出卓越贡献的有功人员，向所有参加研制、生产、发射和测控的工程技术人员、解放军指战员以及从事勤务保障工作的同志们，向所有参与协作的地方和部门的同志们，表示祝贺，并致以谢意和问候。李鹏说："党感谢你们，祖国感谢你们，人民感谢你们！"

丁关根、温家宝、张震、陈慕华、宋健、谷牧等领导参加了会见。

《经济日报》在人民大会堂举行创刊10周年座谈会

12月28日

第七届全国人大常委会第二十九次会议闭幕

全国人大常委会委员长万里主持闭幕会议，彭冲、阿沛·阿旺晋美、赛福鼎·艾则孜、严济慈、荣毅仁、叶飞、倪志福、陈慕华、费孝通、孙起孟、雷洁琼、王汉斌副委员长出席会议，国务委员李贵鲜、最高人民检察院检察长刘复之列席会议。

《中华人民共和国测绘法》以96票赞成、6票弃权获得通过。

本次常委会会议还通过了《关于惩治劫持航空器犯罪分子的决定》。

在闭幕会上通过的，还有关于我国加入《反对劫持人质国际公约》的决定；关于批准《中华人民共和国和俄罗斯联邦关于民事和刑事司法协助的条约》、《中华人民共和国和突尼斯共和国领事条约》、《中华人民共和国和立陶宛共和国领事条约》的决定；民族委员会和法律委员会关于第七届全国人大第五次会议主席团交付审议的代表提出的议案审议结果的报告，以及免职名单和任免驻外大使名单。

全国人大法律委员会副主任委员宋汝棼代表法律委员会在上午举行的常委会全体会议上向全体委员作

关于对测绘法(草案修改稿)和关于惩治劫持航空器、船舰犯罪的补充规定(草案)修改意见的汇报。

第七届全国人大常委会第二十九次会议通过《关于批准〈中华人民共和国和突尼斯共和国领事条约〉的决定》

第七届全国人大常委会第二十九次会议通过《关于我国加入〈反对劫持人质国际公约〉的决定》

第七届全国人民代表大会常务委员会第二十九次会议决定:中华人民共和国加入《反对劫持人质国际公约》,同时声明,中华人民共和国对公约第十六条第一款予以保留,不受该款约束。

第七届全国人大常委会第二十九次会议通过《关于批准〈中华人民共和国和立陶宛共和国领事条约〉的决定》

第七届全国人大常委会第二十九次会议通过《关于批准〈中华人民共和国和俄罗斯联邦关于民事和刑事司法协助的条约〉的决定》

国家主席杨尚昆签发第66号令发布《中华人民共和国测绘法》

《中华人民共和国测绘法》已由中华人民共和国第七届全国人民代表大会常务委员会第二十九次会议于1992年12月28日通过,现予公布,自1993年7月1日起施行。

中华人民共和国主席　杨尚昆

1992年12月28日

中华人民共和国测绘法

第一章　总　则

第一条　为了保障测绘事业的顺利发展,促进测绘事业为国家经济建设、国防建设和科学研究服务,制定本法。

第二条　在中华人民共和国领域和管辖的其他海域从事测绘活动,必须遵守本法。

第三条　国务院测绘行政主管部门主管全国测绘工作。国务院其他有关部门按照国务院规定的职责分工,负责管理本部门的测绘工作。

省、自治区、直辖市人民政府管理测绘工作的部门,主管本行政区域内的测绘工作。省、自治区、直辖市人民政府其他有关部门,按照本级人民政府规定的职责分工,负责管理本部门的测绘工作。

军队测绘主管部门负责管理军事部门的测绘工作,并按照国务院、中央军事委员会规定的职责分工负责管理海洋基础测绘工作。

第四条　测绘应当使用国家规定的测绘基准和测绘标准。

第五条　国家鼓励加强测绘科学技术研究,采用先进技术和先进设备,提高测绘科学技术水平。

对在测绘工作和有关的科学技术研究等方面做出显著成绩的单位和个人,给予奖励。

第六条　各单位和个人应当对测绘提供便利,不得妨碍和阻挠测绘人员按照规定进行测绘活动。

第二章　测绘基准和测绘系统

第七条　国家设立和采用全国统一的大地基准、高程基准、深度基准、重力基准,其数据由国务院测绘行政主管部门审核,并同国务院其他有关部门、军队测绘主管部门会商后,报国务院批准发布。

第八条　国家建立全国统一的大地坐标系统、平面坐标系统、高程系统、地心坐标系统和重力测量系统,确定国家大地测量等级和精度,以及国家基本比例尺地图的系列和基本精度。具体规定由国务院测绘行政主管部门同国务院其他有关部门、军队测绘主管部门会商后制定,报国务院批准发布。

第九条　因建设、城市规划和科学研究的需要,局部地区可以建立相对独立的平面坐标系统。

大城市、中等城市和大型建设项目建立相对独立的平面坐标系统,应当按照规定经国务院有关部门或者省、自治区、直辖市人民政府批准,报国务院测绘行政主管部门备案,并与国家坐标系统相联系。

第三章　测绘规划及其实施

第十条　国务院测绘行政主管部门根据实际情况分别会同国务院其他有关部门、军队测绘主管部门,编制全国基础测绘和其他重大测绘项目规划,并按照分工组织实施。

国务院其他有关部门编制本部门专业测绘规划,报国务院测绘行政主管部门备案后,组织实施。

省、自治区、直辖市人民政府管理测绘工作的部门根据需要,可以编制本行政区域内局部地区的基础测绘和其他重大测绘项目规划,报国务院测绘行政主管部门备案后,组织实施。

军队测绘主管部门编制军事测绘规划和按照国务院、中央军事委员会规定的职责分工编制海洋基础测绘规划,并组织实施。

第十一条　国务院测绘行政主管部门会同国务院土地管理部门和国务院其他有关部门编制地籍测绘规划,并由国务院测绘行政主管部门按照规划组织协调地籍测绘工作。

第十二条　承担测绘任务的单位必须具备与其所从事的测绘工作相适应的技术人员、设备和设施,由国务院测绘行政主管部门或者省、自治区、直辖市人民政府管理测绘工作的部门对其测绘资格审查合格后，方可承担测绘任务。

国务院其他有关部门管辖系统内的单位承担本部门业务范围内的测绘任务，由该部门进行测绘资格审查。

军队测绘主管部门负责军事测绘单位的测绘资格审查。

第十三条 承担测绘任务的单位，施测前应当按照规定向测绘项目所在地的省、自治区、直辖市人民政府管理测绘工作的部门或者国务院授权的部门进行测绘任务登记。

需要进行登记的测绘任务的范围，由省、自治区、直辖市人民政府或者国务院授权的部门规定。

列入全国基础测绘规划、专业测绘规划的测绘任务，施测前由编制测绘规划的部门将任务安排通知测绘项目所在地的省、自治区、直辖市人民政府管理测绘工作的部门或者国务院授权的部门，不再另行登记。

军事测绘任务的登记，按照中央军事委员会的规定执行。

第十四条 测绘人员进行测绘时，应当持有测绘工作证件。

第四章 界线测绘

第十五条 中华人民共和国地图的国界线标准样图，由外交部和国务院测绘行政主管部门制定，报国务院批准发布。

第十六条 省、自治区、直辖市和自治州、县、自治县、市的行政区域界线的测绘，按照国务院规定的办法进行。

第十七条 土地、建筑物、构筑物以及地面上其他附着物的权属界址线测绘，按照县级以上地方人民政府确定的权属界线的界址点、界址线或者提供的有关登记资料和附图进行。

第五章 测绘成果管理

第十八条 国务院其他有关部门和县级以上地方人民政府有关部门完成的基础测绘成果和专业测绘成果，必须按照规定分别向国务院测绘行政主管部门或者省、自治区、直辖市人民政府管理测绘工作的部门汇交测绘成果目录；国务院其他有关部门和省、自治区、直辖市人民政府其他有关部门完成的天文测量、大地测量、卫星大地测量、重力测量的数据和图件以及正式印制的地图，必须按照规定分别向国务院测绘行政主管部门或者省、自治区、直辖市人民政府管理测绘工作的部门汇交副本。

国务院测绘行政主管部门和省、自治区、直辖市人民政府管理测绘工作的部门，应当定期编制测绘成果目录，并向有关使用单位提供。

第十九条 外国的组织、个人在中华人民共和国领域和管辖的其他海域测绘或者与中华人民共和国有关部门、单位合作测绘，须经中华人民共和国政府或者其授权的部门批准。

外国的组织、个人经批准在中华人民共和国领域和管辖的其他海域测绘或者与中华人民共和国有关部门、单位合作测绘，必须遵守中华人民共和国的有关法律、行政法规的规定，并向国务院测绘行政主管部门提交全部测绘成果副本一式两份。

第二十条 测绘成果需要保密的，其密级的确定、变更和解密以及使用，依照保守国家秘密法的规定执行。

对外提供保密的测绘成果，依照国务院、中央军事委员会规定的审批程序执行。

第二十一条 测绘成果实行有偿使用，具体办法由国务院规定。

测绘成果属于知识产权的，适用有关法律的规定。

第二十二条 中华人民共和国领域和管辖的其他海域的位置、高程、深度、面积、长度等重要地理信息数据，由国务院测绘行政主管部门审核，并同国务院其他有关部门、军队测绘主管部门会商后，报国务院批准，由国务院或者其授权的部门发布。

第二十三条 国务院测绘行政主管部门和省、自治区、直辖市人民政府管理测绘工作的部门对基础测绘成果实施质量监督。

测绘单位应当建立、健全测绘成果的质量管理制度。

第六章 测量标志保护

第二十四条 各单位和个人都有保护地上和地下的永久性测量标志以及在使用中的临时性测量标志的义务，不得损毁或者擅自移动，不得侵占永久性测量标志用地。

在永久性测量标志安全控制范围内，不得采矿、取土、挖沙、采石、爆破、射击以及进行其他危害测量标志安全和使用效能的活动。

第一款所称永久性测量标志，是指各等级的三角点、基线点、导线点、军用控制点、重力点、天文点、水准点的木质觇标、钢质觇标和标石标志，以及用于地形测图、工程测量和形变测量的固定标志和海底大地点设施等。

第二十五条 建设永久性测量标志的单位应当对永久性测量标志设立明显标记。

建设永久性测量标志的单位应当委托当地有关单位指派专人负责保管该测量标志。

第二十六条 进行工程建设，应当避开永久性测量标志；确实无法避开，需要拆迁永久性测量标志或者使该测量标志失去效能的，建设单位应当取得设置永久性测量标志单位的同意，经国务院测绘行政主管部门或者省、自治区、直辖市人民政府管理测绘工作的部门批准。建设单位应当支付迁建费用。

第二十七条 测绘人员使用永久性测量标志，必须持有测绘工作证件，并保证该测量标志的完好。负责保管该测量标志的单位和人员，应当查验使用后的测量标志的完好状况。

第七章 法律责任

第二十八条 违反本法规定，未经测绘资格审查违法经营测绘业务的，由省、自治区、直辖市人民政府管理测绘工作的部门或者其授权的部门责令停止测绘业务，没收违法所得，可以并处违法所得百分之五十至百分之百的罚款。

第二十九条 违反本法规定，施测前未按照规定进行测绘任务登记的，由省、自治区、直辖市人民政府管理测绘工作的部门或者国务院授权的部门责令停止测绘。

第三十条 测绘成果质量不合格给用户造成损失的，测绘单位应当承担赔偿责任。

多次测绘成果质量不合格给用户造成损失的，由省、自治区、直辖市人民政府管理测绘工作的部门或者其授权的部门取消其测绘资格。

第三十一条 当事人对行政处罚决定不服的，可以在接到处罚通知之日起十五日内，向作出处罚决定的机关的上一级机关申请复议；对复议决定不服的，可以在接到复议决定之日起十五日内，向人民法院起诉。当事人也可以在接到处罚通知之日起十五日内直接向人民法院起诉。当事人逾期不申请复议，也不向人民法院起诉，又不履行处罚决定的，作出处罚决定的机关可以申请人民法院强制执行。

第三十二条 阻挠测绘人员依法进行测绘的，损毁、擅自移动永久性测量标志或者进行其他危害永久性测量标志安全和使用效能活动的，依照治安管理处罚条例的规定予以处罚。

故意破坏永久性测量标志的，依照刑法第一百七十五条的规定，追究刑事责任。

第八章 附　则

第三十三条 军事测绘管理办法由中央军事委员会根据本法制定。

第三十四条 本法自 1993 年 7 月 1 日起施行。

刑法有关条款

第一百七十五条 故意破坏国家边境的界碑、界桩或者永久性测量标志的，处三年以下有期徒刑或者拘役。

以叛国为目的的，按照反革命罪处罚。

国家主席杨尚昆签发第 67 号令发布《全国人民代表大会常务委员会关于惩治劫持航空器犯罪分子的决定》

《全国人民代表大会常务委员会关于惩治劫持航空器犯罪分子的决定》已由中华人民共和国第七届全国人民代表大会常务委员会第二十九次会议于 1992 年 12 月 28 日通过，现予公布施行。

中华人民共和国主席 杨尚昆

1992 年 12 月 28 日

第七届全国人大常委会第二十九次会议通过《关于惩治劫持航空器犯罪分子的决定》

为了惩治劫持航空器的犯罪分子，维护旅客和航空器的安全，特作如下决定：以暴力、胁迫或者其他方法劫持航空器的，处十年以上有期徒刑或者无期徒刑；致人重伤、死亡或者使航空器遭受严重破坏或者情节特别严重的，处死刑；情节较轻的，处五年以上十年以下有期徒刑。

中国民主同盟第七次全国代表大会在北京闭幕

民盟七大主席团常务主席高天致闭幕词。

大会修改并通过《中国民主同盟章程》，选举产生了第七届中央委员会，推举产生了中央参议委员会。楚图南被推选为民盟中央名誉主席。

新的一届民盟中央委员会由 225 名委员和 39 名候补委员组成，具有高级专业技术职称的占全部人数的 88%。

大会通过一项决议，提出民盟现阶段的基本任务是：高举爱国主义、社会主义旗帜，遵循建设有中国特色社会主义的理论，坚定不移地贯彻中共的基本路线，为巩固和发展安定团结的政治局面、为推进社会主义现代化建设和改革开放、为健全社会主义民主和法制、为和平统一祖国服务。努力促进社会主义市场经济体制的建立和完善，促进政治体制改革和其他领域的改革，为解放和发展生产力，巩固和发展爱国统一战线，建设有中国特色社会主义的宏伟目标而奋斗。

中组部提出中央国家机关要采取措施选派年轻干部到基层锻炼任职

最近，中央组织部提出，要继续有计划地组织年轻干部到基层经受锻炼，增长才干。并计划在今后五年内，分期分批地从中央国家机关和省区市挑选一批优秀年轻干部，放到沿海开放地区或条件比较艰苦的地区任职锻炼。同时要求各地区各部门把党政机关中缺少3年以上基层工作经历的、有培养前途的年轻干部，分期分批地选派到县、乡镇和企业事业单位工作，使他们接触群众，熟悉基层，积累实践经验，提高组织领导能力。

全国马克思主义哲学与建设有中国特色的社会主义理论讨论会在南京举行

由中国马克思主义哲学史学会和江苏省委党校等单位联合发起的全国马克思主义哲学与建设有中国特色的社会主义理论讨论会最近在南京市召开。会议以党的十四大的精神为指针，探讨了建设有中国特色社会主义理论的哲学基础、实事求是与解放思想的辩证关系、正确进行反倾向斗争、社会主义市场经济条件下物质文明建设与精神文明建设的辩证关系、马克思主义哲学在当代的命运等具有重大现实意义的哲学理论问题。

会议高度评价邓小平同志关于建设有中国特色社会主义理论的重大意义，认为这一理论全面地阐述了科学社会主义、政治经济学和哲学在当代最重要最迫切的问题，既是对实践经验的深刻总结，也是对传统理论的重大突破，是马克思主义同中国实际相结合的最新成果，是当代中国的马克思主义。与会者认为，理论工作者的职责是从理论上论证和宣传这一理论。同时，应把注意力面向现实和未来，通过自己的深入研究，从这一理论中认真研究中国政治、经济、文化诸方面的特点，研究中国社会主义建设的道路，研究中国社会主义社会发展的规律，研究观察和解决当代问题的立场、观点、方法，为建立和完善当代中国哲学、当代中国经济学、当代中国社会主义等一系列有关当代中国的理论建设和学科建设作出自己的贡献。与会者也指出，理论工作者还应当把研究当代中国同当代世界结合起来，密切关注当代世界发展的趋向和重大问题。

商业部提出90年代商业改革和发展的十大任务

根据党的十四大精神和中央统一决策，商业部前不久提出90年代商业改革和发展的十大任务。

一、建设大市场，参与大流通，发展大商业。国有商业(包括粮食部门)和供销合作社商业要适应社会主义市场经济要求，积极培育市场、建设市场，建立以市场为导向的价格体制。要打破地区封锁、部门分割，实现货畅其流，进一步促进商品统一大市场的形成和发展。流通部门还要研究发达地区和不发达地区通过经济联合共同开发的办法，合理配置资源，实现共同发展、共同富裕。

二、发挥国有商业和供销合作社商业在市场竞争中的主导作用。当前和今后一个时期，国有商业和供销合作社要紧紧抓住企业经营机制转变这个中心环节，狠抓《全民所有制工业企业转变经营机制条例》和《全民所有制商业企业转变经营机制实施办法》的贯彻落实，加快企业机制转变的步伐，把企业推向市场，使企业真正成为自主经营、自负盈亏、自我发展、自我约束的经济实体和市场竞争的主体，使国有商业和合作社商业更有效地发挥主导作用。同时，要提高组织化程度，鼓励企业采用经济办法，建立以资产为纽带的企业集团，有条件的可以进行股份制改革试点。国有小型企业，可以采取承包、出租和出售等形式，出让给集体或个人经营，也可以发展连锁店。为了提高公有制企业的现代化程度，要采用多种办法筹措资金，包括引进外资，运用各种先进科技成果和管理技术、现代化设备，改造商业企业的经营设施，提高企业科学管理水平。

要大力发展集体商业，支持个体商业适度发展，发挥它们在社会主义统一市场中的有益的补充作用。

三、积极参与农业社会化服务体系建设。供销社、商业和粮食部门，要把为农村和广大农民服务作为今后发展服务的一个重点来抓。供销社要继续把为农业系列化服务作为己任，拓宽服务领域，积极支持发展大农业，发展优质、高产、高效农业，发展农业的集约化和规模化经营，支持壮大集体经济实力，支持发展农产品产、供、销经营一体化。

四、积极发展第三产业。各级商业部门的工作要适应经济结构调整，发挥国家、集体、个人三方面积极性，加快第三产业发展。不仅要大力发展商业和饮食服务业，还要积极参加金融、保险、旅游、信息、法律和会计、审计、咨询、居民生活服务等第三产业。要发挥商业部门的特长和优势，开辟一些为市场经济和商品流通服务的新产业、新的服务领域，提高服务水平。

五、转变政府职能，改革商业行政管理。要在中央和各级党委、政府的统一领导和部署下，做好各级商业行政管理机构的职能转变、机构改革工作。实行政企职责分开，把企业应该享有的权利还给企业。商业行政管理部门，主要是统筹规划，掌握政策，信息引导，组织协调，提供服务和检查监督以及少数重要商品的储备、调控等。对市场的管理要从过去直接管理为主转到间接管理为主；行业管理要从过去商业、粮食、供销社转到面向全社会各行业、各部门、各种所有制的商业企业；管理手段从过去的行政手段为主转到行政手段、经济手段、法律手段相结合并以经济和法律手段为主的轨道上来。

六、大力发展外向型经济，积极参与和适应国内、国际市场的对接。商业行政部门和企业，要积极参与国内、国际竞争。要注意研究和适应恢复我国“关税及贸易总协定”缔约国地位后市场流通方面的新情况，迎接新的挑战。国内工商企业要更多地参与国际贸易，积极争取有条件的商业企业的外贸经营权，积极引进外资、引进国外先进技术设备和经营管理办法，创造条件开展劳务出口、国外工程承包等国际经济技术合作。在有条件的地方，积极利用外资发展零售商业。

七、适应经济结构调整，大力发展商办工业。商办工业要积极利用外资，引进先进技术设备，对传统产业和行业进行技术改造。要因地制宜，充分利用本地资源优势，开发新的项目。要面对城乡、国内、国际市场，上水平，上档次，开发新产品、新工艺，提高经济效益，为丰富和活跃市场，提高人民生活水平服务。

八、重视科技、教育事业，提高商业整体素质。要大力发展和提高商业科技水平，采用高新技术和新装备武装商业部门，实现商业管理、商流、物流、信息流的现代化。

商业教育要适应整个教育体制和商业流通体制改革的需要，进行相应改革和调整，为商业改革和实现商业现代化服务。

九、加强商业法制建设。加强立法和执法、监督，促使微观和宏观商业的规范化，是今后商业管理的一项重要任务。在制定《商业法》的同时，积极参与制定和完善一批有关保护公平竞争，反对地区封锁，规范交易行为及市场秩序建设和其他方面的法律、法规，做到依法经商，以法治商。

十、坚持两个文明一起抓。在加强建设物质文明的同时，大力建设社会主义精神文明。要结合商业特点，教育全体商业战线职工，树立正确的理想、信念和价值观，建立符合市场经济需要的商业道德规范，按照“有理想、有道德、有文化、有纪律”的要求，培养商业职工队伍。

中国政府决定承认捷克共和国和斯洛伐克共和国

12 月 29 日

全国财政工作会议在北京闭幕

会议期间，与会者分析当前的经济和财政形势，对明年的财政计划和财政工作作了安排和部署，并按照建立社会主义市场经济体制的要求，研究了财政部门职能转变、深化改革、加强宏观经济调控等问题。

国务院总理李鹏在闭幕会上发表讲话。

李鹏说，党中央、国务院十分重视财政工作。在经济发展和改革中，财政工作是经济总量平衡、宏观调控的重要方面。这几年财政收入增长慢，支出增长快，对经济发展和改革开放是不利的，其根本原因是企业的经济效益低，当然也有财政管理上的问题，包括随意减免税、税收流失和开支上的浪费等，这些问题应引起重视，并下决心解决。

关于今明两年的财政工作，李鹏说，今年的财政情况总的看是比较好的，各级财政部门在狠抓增收节支和深化改革等方面做了大量卓有成效的工作，为支持改革开放和经济发展起了积极的促进作用。国务院对财税工作是满意的，我代表党中央和国务院向全国财税战线上的同志们表示感谢。希望财税战线的同志们把年终的收支和决算清理工作抓紧，把财政赤字控制在年初的预算之内。中央财政赤字不能突破，地方要自求平衡，地方出现财政赤字，中央财政不予弥补。明年的财政工作，会议已做了认真的研究，关键是要采取措施尽快落实下去。希望各地区、各部门要下功夫促进经济发展，支持企业转换经营机制、加强管理、狠抓扭亏增盈，努力提高经济效益。同时要加强收入征管，严格控制支出，不断提高资金使用效益。流转税是国家的主税种，应予保护。各级政府要支持财税部门大胆履行职责，真正做到依法理财，依法治税。

李鹏说，财税改革是整个经济体制改革的重要环节，对于社会主义市场经济体制的建立至关重要。财税改革的核心是按照社会主义市场经济体制要求，处理好国家与企业、中央与地方的利益分配关系，为市场发育和企业之间的公平竞争创造良好的外部条件，改进和加强宏观调控。财税改革的进程要加快，近期财税改革应积极进行国有企业“税利分流”的改革试点，规范国家与国有企业的分配关系；进一步修订和完善“分税制”财政体制的试点方案，规范中央与地方的分配关系；加快税制改革的步伐，为企业公平竞争和调节收入分配创造条件。

李鹏说，要严格国家的财经法纪。近一个时期以来，有的地方和部门从局部利益出发，置国家的统一政令和法纪于不顾，造成财政收入的流失，这种状况如不扭转，将给经济的发展和改革开放带来十分不利的影响。各级政府和企业主管部门要严格执行国务院最近发出的有关通知的精神，不能各行其是。财政部门要敢于对国家和人民负责，在宏观上要管住管好。财政工作是各种经济利益矛盾的焦点，各级领导都应重视和支持财政工作。

国务院副总理朱镕基也在闭幕会上讲了话。

出席全国财政工作闭幕会议的负责人还有王丙乾、李贵鲜、李岚清和罗干等。来自各省、自治区、直辖市及计划单列市的财政厅局长、税务局长和各部门主管财务工作人员参加了会议。

国务院在中南海召开全国农业工作电视电话会议

会议是为了切实加强农业的基础地位,保护农民利益,调动农民生产积极性,进一步解决当前农业生产和发展中的问题,重视农业和农村工作,全面发展和振兴农村经济。国务院副总理朱镕基主持会议。

国务院总理李鹏在全国农业工作电视电话会议上发表讲话。

李鹏在讲话中说,当前,我国经济包括农业的形势,总的说来是很好的。改革开放14年来,农业面貌发生了历史性的变化,农村经济出现了一次大的飞跃。粮食产量连续登上几个台阶。不仅基本上解决了11亿人口的温饱问题,而且为我国经济和社会的全面改革与发展奠定了坚实的基础。值得注意的是,目前不少地方和部门还相当严重地存在着损害农民利益,挫伤农民积极性,不利于农业持续发展的问题。突出的表现是,在农业连年丰收的情况下,农业生产的经济效益下降,粮棉集中的主产区增产多增收少,有的增产不增收,甚至减收。许多地方一直存在着卖粮难的问题,今年更为突出,国家收购粮食、棉花等农产品的付现率低,打“白条”现象相当普遍。与此同时,各种集资、摊派不断加重。“谷贱伤农”、“摊派坑农”,在一些地方已经引起农民的强烈不满。

李鹏说,为了加快改革开放和经济发展的步伐,大家积极努力地去抓二、三产业的发展是必要的,但是决不能因此而放松农业,更不能去挤农业、挖农业。许多地方出现开发区热、房地产热、盖楼堂馆所热,由此带来占地圈地热,用于粮食、蔬菜等农产品生产的耕地被大量占用。随之而来的是农业资金大量外流。

李鹏强调,邓小平同志指出,90年代经济出问题,很可能就在农业上。值得引起我们高度重视。无农不稳,无粮则乱,是经过历史检验的真理。农业的基础地位任何时候也不能动摇。李鹏说,为了切实保护和充分发挥农民的积极性,保持我国农业的稳定发展,经党中央、国务院研究,决定采取下列十项重要措施。

(一)按期完成今年的国家定购粮收购计划,适当增加粮食专项储备。

各地要加快定购粮收购进度,将今年以来合同定购数中尚未收购的粮食尽快保质保量地收购上来,不得以任何理由限收拒收,不得压级压价,不得将应收的定购粮压在农民手里。在春节以前,力争完成本年度粮食定购任务。

粮食主产区在完成定购粮收购计划以后,农民手中可能仍然有较多的余粮希望出售,要按保护价追加收购专项储备粮。

为了缓解粮食库容的紧张状况,除继续加快粮库建设外,当前要动员机关、部队和物资系统,将多余的仓库用来支持粮食储备。

(二)及时地全部兑现收购农副产品的欠款,解决“打白条”的问题。今年已经开出的“白条”,必须在春节以前全部兑现,以便农民购买年货,过好春节,做好明年春耕生产的准备。

粮食、供销、银行、财政等各有关部门要互相配合,通力合作,筹足农副产品收购资金,保证及时到位,不准截留挪用。已经被挪用的要限期追回。因挪用资金而延误兑付现金的,对挪用单位和决策人要进行严肃的批评、处分和通报。

今后各地必须把农副产品收购资金作为资金安排的必保项目,不得以任何理由挤占农副产品收购资金。在当前收购资金短缺的地区,要下这样的决心,宁可少上几个基建项目,少搞几个开发区,也要首先保证农副产品收购资金。

(三)制止各种违反法规的集资和摊派,切实减轻农民负担。

对各地农民的富裕程度要有切合实际的估计。办任何事情都要从实际出发,量力而行,不能超越农民的承受能力。

国务院关于农民负担不得超过上年人均纯收入5%的规定,必须严格执行,不准突破。各级执法部门要维护农民的合法利益。

凡是超过限度的,不论来自上边任何部门的文件,一律不办。上级部门进行干涉的,县里要敢于顶住,并可向省级政府直至国务院报告。举办各项社会公共事业都要充分尊重农民的意愿,坚持自愿原则,不准搞强迫命令。做到有多少钱办多少事。

取消农村一切达标竞赛活动,一方面避免铺张浪费,另一方面可让干部、群众集中精力、财力发展农村经济。

对于涉及农民负担问题,不论任何部门所发文件,出台前一定经国务院管理农业的部门(农业部)会签,并报国务院批准,否则一律无效。

(四)保留扶持粮棉生产的优惠政策。

为了保护粮棉的稳定增长,政府对粮棉生产仍要采取支持政策。不论粮棉价格是否放开的地区,国务院规定的“三挂钩”政策都不变,具体做法适当调整。从明年起,准备将化肥、柴油的平议差价折成现金,对定购粮棉实行价外加价,利益直接给农民。今年没有兑现的挂钩肥、油,要进行清理,如数给农民,欠多少,补多少。

(五)多渠道发展粮食的转化。

各级政府和有关部门要积极努力,开展粮食的加工、转化和综合开发利用。

国务院决定，从明年起再增加一部分粮食用于以工代赈，支持中西部地区进行农田水利基本建设、小流域治理和人畜饮水工程建设，发展农村交通和造林种草等。这项工作要与扶持贫困地区人民脱贫致富结合起来。

同时，利用陈粮制作饲料，支持发展养殖业，提倡养猪、养鸡、养牛和秸秆过腹还田；扩大加工转化，支持发展食品工业；要求销区多购多存一部分粮食，帮助产区减轻压力；动员农民和粮食部门采取多种渠道多种方式进行粮食转化。

（六）大力扶持粮食主产区发展经济。

中央和地方政府，都要根据《国务院关于发展高产优质高效农业的决定》的精神，扶持粮食主产区发展经济，为国家培育充足的粮源，改变高产穷县面貌。对提供商品粮多、调出任务重的产粮大县，要给予更多的支持。

（七）改进粮食管理和经营机制。

从下一个粮食年度起，在国家粮食宏观调控下，逐步实行粮食分级管理，建立中央和省、自治区、直辖市两级调控体系。国务院主要负责中央级储备粮和粮食进出口调剂，解决全国的总量平衡；各省负责解决省内的平衡，省与省之间的调进调出问题，由各省通过产销见面或批发市场解决。这项措施明年着手进行试点，逐步推广。

从明年新粮上市起，粮食收购实行季节差价，收购旺季价格低些，收购淡季价格相应调高，缓解粮食收购过于集中的状况。

坚持粮食专项储备制度，逐步实行粮食企业化经营与粮食专项储备管理的分流。

（八）保护耕地资源，稳定粮田面积。

国家和地方政府都要进一步健全永久性耕地保护制度。凡是列为永久性保护的耕地，都不得随意侵占。划入开发区规划范围还没有开工建设的土地，允许农民进行耕种，对耕地撂荒的要予以惩罚。开发区尽可能少占和不占耕地，更多地对荒坡荒滩进行开发。对占用耕地要有切实可行的补偿、复垦措施。

土地占用批准权不能层层下放。严格按土地法规定的审批权限，履行土地占用审批手续。严格建立开发区审批制度，从现在起，各地暂时停止审批新的开发区。乡镇企业集中连片发展是一个必然趋势，要搞好工业小区规划，并与中小城镇建设结合起来，改善企业投资环境，节约基础设施投资，减少占用土地。

各地特别是粮食主产区，要适应发展社会主义市场经济的要求，利用经济手段，保持粮田面积的相对稳定。要通过向粮农提供市场信息、优良品种和签订定购合同等方式，引导农民合理安排种植计划，保证粮食生产的稳定发展。定购合同要明确规定合理的价格，预购定金要随定购合同及早落实到户。要继续抓好菜篮子工程。

（九）增加对农业的资金投入和物质投入。

中央和地方都要随着经济的发展和财政收入的增加，稳步增加对农业的投入。

国家要支持农用工业的发展。增加化肥、农药、农膜等农业生产资料的生产和供应。对化肥、农药、农膜实行最高限价，制止农业生产资料乱涨价，打击生产和贩卖假冒伪劣化肥、农药等坑农行为。

大力提倡农区秸秆过腹还田，发展畜牧业，增加农家肥投入，培育地力，降低农业成本。

（十）加快农业结构调整。

要进一步优化农业结构，根据市场需求安排农产品生产。

要树立大农业观念，实行农林牧副渔全面发展，走高产优质高效的路子，同时大力发展乡镇企业，尤其是加快发展中西部地区和少数民族地区的乡镇企业。

李鹏说，搞好农村工作的关键在于加强领导。党政第一把手必须亲自抓国民经济的这项基础工作。这要作为一项基本的工作制度，长期坚持下去，永远不要放松。这次电话会议之后，希望各省、自治区、直辖市和国务院有关部委要做好以下三项工作。

（一）省、区、市党委和政府，于近期内召开一次专门研究农业问题的会议，学习江泽民同志的重要讲话，对本地区的农业形势进行一次认真的分析研究，针对存在的问题提出保护农民积极性、保持农业稳定发展的措施，并及时向党中央和国务院作出书面报告。

（二）由省长负责，有关部门参加，对前面讲的解决当前农业问题的十项措施，结合本省情况，逐条研究，逐条提出解决办法，逐条落实。对保护农民积极性、保持农业稳定发展做得好的地、县和部门，要进行表扬，总结推广他们的经验。对有令不行，有禁不止，甚至继续采取非法手段强迫农民交钱、交粮，伤害农民利益，引起恶性事件，情节恶劣、后果严重的，要依法严肃查办处理。要下决心把各种摊派制止住。

（三）认真抓好今冬明春的工作，安排好明年的生产，争取农业有一个好的收成。

国家土地管理局按照国务院的授权制定《县级以上地方人民政府土地登记专用章管理办法》

中国证券业协会举行第一届常务理事第四次扩大会议

中国有史以来第一套全国性的大型土地利用图《1/100万中国土地利用图》在北京通过专家鉴定

中央军委在人民大会堂举办驻京部队老干部迎新年茶话会

茶话会由中央军委副主席张震主持。中共中央总书记、中央军委主席江泽民在会上向老同志祝贺新年，并通报当前军队建设情况。

江泽民说，党的十四大以后，按照中央军委的部署，全军部队把贯彻大会精神作为第一位的大事，普遍进行了传达学习。大家原原本本学文件，联系实际谈认识，表现出很高的政治热情。通过十四大精神的学习，广大官兵受到很大教育和鼓舞，思想进一步解放，改革意识明显增强，执行党的基本路线更加坚定、更加自觉，对建设有中国特色社会主义充满信心。在学习贯彻中，各部队联系实际，深刻理解十四大对加强国防建设和军队建设提出的要求和邓小平同志关于新时期军队建设的思想，决心以高度的责任感，更好地履行保卫祖国的神圣职责，为改革开放和现代化建设创造长期稳定的安全环境。学习贯彻十四大精神是一项长期任务，明年全军要系统学习邓小平同志建设有中国特色社会主义的理论，学习邓小平同志关于新时期军队建设的思想，把十四大精神的学习贯彻引向深入。

江泽民说，军队建设至关重要的是把各级领导班子、特别是高层领导班子配备好，建设好，使枪杆子真正掌握在忠诚于党和人民事业的人手里。小平同志对这件事非常关心，反复强调要选拔培养好接班人，认为这是“决定我们命运的问题”，“党的基本路线要管一百年，要长治久安，就要靠这一条”。新的军委组成后，用很大的精力抓了三总部和各大单位领导班子的调整。经过调整交流，大单位领导班子的平均年龄有所下降，文化程度有了提高，结构更加合理，整体素质明显加强。这对维护全军的团结统一，更好地坚持党对军队的绝对领导，加强军队的长远建设，都具有深远的意义。调整后的新班子，贯彻中央和军委的指示很坚决，对部队工作抓得很紧，对自身的要求也比较严格。

在谈到发扬优良传统，加强廉政建设时，江泽民说，邓小平同志强调指出，军队要发扬优良传统，保持老红军的本色。这是新时期加强军队建设必须始终注意和认真解决好的一个重大问题。军委已作出了《关于发扬优良传统，加强廉政建设的决定》。这个《决定》就选拔使用干部、正确行使权力、严格财经纪律、遵守生活准则、转变工作作风等作出了严格的规定。《决定》下发后，各单位执行《决定》很认真，都结合实际制定了贯彻落实的措施。可以说，在加强廉政建设、树立良好军风方面，已经出现好的势头。军委、总部还对部队如何进行优良传统教育提出了明确要求，强调要把听党的话、全心全意为人民服务、艰苦奋斗、官兵一致、军民一致等优良传统进一步发扬光大。

江泽民赞扬说，老同志在革命战争年代，为拯救灾难深重的中华民族，创建社会主义的新中国，出生入死，英勇奋斗，许多同志是战功赫赫的人民英雄。建国后，为国家的繁荣昌盛，为军队的全面建设，呕心沥血，忘我工作，大家继续贡献自己的智慧和力量。党的十一届三中全会以来，老同志们坚决贯彻执行党的“一个中心、两个基本点”的基本路线，为我国的改革开放和社会主义现代化建设作出了新的贡献。江泽民说，对老同志的历史功绩，党和人民是永远不会忘记的。党中央要求全党尊重和关心老同志，使他们老有所为，安度晚年。军委最近讨论了如何在政治上、医疗上、生活上更好地关怀老同志，并要求全军同志认真做好。我们要在部队中广泛宣传老同志的历史功绩和崇高品质，树立尊重老同志、学习老同志的好风气。各级党委、机关和有关部门，要进一步加强对老干部工作的领导，改进服务工作，多为老同志办实事。同时，希望老同志们继续关心党和军队的事业，特别是在继承和发扬我党我军优良传统方面，发挥积极作用，对年轻的同志搞好传帮带，使老红军的传统一代一代传下去。

中国民主同盟七届一中全会选出新一届领导机构

在中国民主同盟七届一中全会上，上届民盟中央主席费孝通再次当选为民盟中央主席。

钱伟长、高天、谈家桢、陶大镛、罗涵先、马大猷、冯之浚、丁石孙、康振黄、孔令仁(女)、谢颂凯、吴修平、张毓茂当选为民盟中央副主席。俞泽猷当选为民盟中央秘书长。

在这次新当选的67名中央常务委员中有著名经济学家厉以宁，学部委员、清华大学教授卢强，国家自然科学基金会主任委员张存浩等。

中国民主同盟第三届中央参议委员会第一次会议推举苏步青教授为民盟第三届中央参议委员会主任，叶笃义、冯素陶、刘开渠、李文宜(女)、吴作人、陈敏之、林亨元、闻家驷、萧乾为副主任。

12月30日

国务院总理李鹏答《中华英才》记者问

即将出版的《中华英才》在《中南海专线》栏目中发表国务院总理李鹏答该刊记者问，题为《为夺取社会主义现代化建设新成就而努力奋斗》。

李鹏说，1992年我们党胜利地召开了十四大。这次大会以邓小平同志建设有中国特色社会主义的理论和视察南方重要谈话的精神为指导思想，在全面总结14年改革开放和社会主义现代化建设伟大实践的基础上，提出了90年代改革和建设的主要任务。特别是提出了建立社会主义市场经济体制的目标。这是理论上和实践上的重大突破，意义十分深远。1993年，是我们全面贯彻落实党的十四大提出的各项奋斗目标和任务的第一年。只要全党、全国人民团结一致、共同奋斗，我们的建设事业就一定能够取得更大的成就。如果说1992年小平同志的谈话是一股春风，那么党的十四大就如同春风化雨。现在是风调雨顺，春意盎然。

李鹏指出，贯彻党的十四大精神，最关键的一条就是要紧紧扭住经济建设这个中心不放松，坚持“一个中心，两个基本点”的党的基本路线一百年不动摇，解放思想，实事求是，真抓实干，抓住时机，加快改革开放和现代化建设的步伐。小平同志视察南方谈话的核心是这个内容，党的十四大主要的精神实质也是这个内容。我希望党和政府的各级领导和广大干部，一定要深入领会、坚决贯彻，在新的一年里，干出好成绩，做出新成绩，力争过几年再上一个新台阶。

在谈到调整“八五”计划和十年规划的工作时，李鹏说，这项工作由国家计委会同有关部委正在紧张地进行。估计到1993年的人代会上，国务院将提出报告。总的指导思想是：一方面要抓紧时机，充分发挥各方面的积极性，调动各方面的潜在力量，加快改革开放和现代化建设步伐，同时也要提倡有效益的速度。在农业上，要由单纯数量型逐步向高产优质高效方面转变。在谈到留学生政策时，李鹏说，留学生是祖国的宝贵财富。党和政府对留学生的政策是明确的，即欢迎他们学成回国，用他们掌握的知识和技术为祖国现代化建设服务。如果有的同学因为私事或从事研究或已经在国外就业等原因，暂时不能回来，我们也表示充分理解，实行来去自由的政策，欢迎他们随时回国探亲和进行学术交流。

在谈到机构改革时，李鹏指出，机构改革、精兵简政，是政治体制改革的紧迫任务，也是深化经济改革、建立社会主义市场经济体制改革的重要条件。当前，政府机构臃肿，层次重叠，许多单位人浮于事、效率低下、脱离群众，妨碍企业经营机制的转换，已经到了非改不可的地步。国务院和各级政府正在根据党的十四大精神制定切实可行的改革方案。目前县级机构改革已经有比较成熟的经验，将进一步扩大试点面。有的干部担心因为精简机构而失去工作。这种担心是不必要的。党和政府的政策是对人才实行分流，把一部分机关干部转移到企事业单位去，做到人尽其才，都能发挥作用。

九三学社第六次全国代表大会在北京闭幕

大会主席团常务主席吴阶平致闭幕词。大会主席团常务主席安振东主持闭幕式。九三学社中央名誉主席周培源、金善宝，中共中央统战部副部长刘延东出席闭幕式。

大会选举周培源、严济慈、金善宝为九三学社中央名誉主席。选举产生了由213人组成的九三学社第九届中央委员会及新一届九三学社中央参议委员会。

大会审议通过《九三学社章程》、《九三学社中央参议委员会组织条例》、《九三学社第八届中央委员会的工作报告》、《九三学社第六次全国代表大会决议》，还通过了大会给九三学社中央名誉主席的致敬信。

大会决议指出，九三学社要继续发挥自身的特点和优势，推动广大成员和所联系的知识分子，为发展我国经济、科技和教育事业，为社会主义物质文明和精神文明建设，作出新的更大的贡献。

国办关于加强公路交通治安的通知

国务院办公厅日前发出通知，要求各地加强公路交通治安工作，以保障公路交通运输安全畅通。通知要求：

一、各级人民政府要深入贯彻中央关于社会治安综合治理的各项政策，维护公路交通治安要切实做到加强领导，综合治理，力争在短期内改变重点路段治安不良的状况。

二、整顿公路治安工作，坚持实行谁主管谁负责的原则。县、乡级人民政府要对解决本地公路治安问题切实负起责任，会同上级业务主管部门认真做好整顿工作。公安司法机关要严厉打击抢劫、伤害、盗窃等危害交通运输安全的犯罪活动，特别对占路为霸、敲诈勒索、流氓滋扰等犯罪团伙要除恶务尽，坚决打击。

三、要重点治理整顿“车匪路霸”活动猖獗的一些国道干线和省、地、县结合部地段。对持械抢劫车辆、洗劫财物、杀伤乘客和司售人员的大案要案，公安机关要迅速侦破。

通知还要求各级公安机关和其他执法部门对危害公路交通安全的犯罪活动严加惩处，并广泛发动群众，实行综合治理。

中共中央决定王兆国任中共中央统一战线工作部部长

国务委员宋健在第三次全国火炬计划工作会议上发表题为《踏实实施火炬计划，建立发展高新技术产业的主力军》的讲话

这次火炬计划工作会议是党的十四大之后，科技界的一次盛会。会议紧紧地围绕着贯彻十四大精神，回顾了火炬计划取得的成绩，认真讨论了《火炬计划十年发展纲要》、《国家高新技术产业开发区管理暂行办法》等文件，规划了长期目标，布置了今后两年改革与发展的工作，交流了各地实施火炬计划、建设高新技术产业开发区的经验，有十几位同志在会上作了典型发言，会议开得很成功。李绪鄂同志代表国家科委党组在开幕式上作了工作报告，大家都很赞同。

今年，我国改革开放和经济建设进入了一个高速发展的新阶段。自从邓小平同志南方重要谈话以来，全国上下思想解放，精神振奋，改革开放和经济发展步伐大大加快。今年重工业、轻工业、乡镇企业产值等都有大幅度增长；农业虽遇到不少灾害，但收成较好，仍然是一个丰收年；进出口贸易总额增长也很快。据有关部门统计，国民生产总值可能增长12%以上。在这种新的形势下，作为引导我国高新技术产业发展的火炬计划的实施速度也在加快，这是理所当然的。

火炬计划自1988年8月经国务院批准组织实施以来，至今已有四年多了。四年多来，在各级政府和有关部门的大力支持下，火炬计划取得了意想不到的成绩：兴办了一大批高新技术企业，推动了我国高新技术产业的发展，这些企业正在成长为我国经济发展中的一支生力军；建立了一批高新技术产业开发区，其中经国务院批准的已有52个。高新技术产业开发区的发展，同经济技术开发区和经济特区的发展一样，对我国经济技术实力的提高和社会主义市场经济建设起到了重要推动作用，已引起国内外的关注。美国、韩国等国家都十分重视我们的这项政策和措施。执行火炬计划的另一结果是分流了人才，培养和造就了一批既懂科技、又善于经营、勇于开拓市场的高新技术企业家。这为深化科技体制改革，搞好人才分流提供了经验，探索了路子。火炬计划取得的这些成绩，为认真贯彻党的十四大精神，加快发展我国高新技术产业奠定了良好的基础。可以说，火炬计划已经度过了初创阶段，开始进入茁壮成长时期。

(一)

火炬计划是一面旗帜，是以市场为导向，引导科技进入世界经济的一项大政策。面对当前国内外形势的发展，我们应该对火炬计划赋予新的认识，寄予更大的期望。

世界经济的竞争发展到今天，主要是科学技术的竞争。作为科技发展中最活跃、最有生命力的高新技术，占据着当今世界整个竞争的制高点。全球新技术革命一浪高过一浪，新的产业革命此起彼伏，无论是发达国家还是发展中国家，都特别重视高新技术及其产业的发展，这是当今国际经济技术发展的一大趋势。一个国家高新技术及其产业发展的实力大小，将决定它在国际经济结构分工中位置的高低。可以说，谁的高新技术及其产业最发达，谁就将占据世界经济技术发展的主导地位。

世界公认，中国在科技领域中志在必得。我们有一支优秀的科技队伍，有相当强的科技攻坚能力。但我们的科技成果商品化、产业化能力较弱。我们有人才，有技术，但开拓和占领市场能力不行。

在党的十四大精神指引下，我国社会主义市场经济体制正逐步建立起来。政企在分开，大中型企业的经营机制朝着适应市场竞争的方向转换。目前正在积极推进的政府职能的转换将给经济的发展注入新的活力。随着恢复关贸总协定缔约国地位的迫近，我国的外贸体制也将发生大的变化。届时，我们的企业将面对面地与外国企业在国内外市场上竞争。所有这些，都要求我们大力推进火炬计划的实施，踏实发展高新技术产业，推动经济水平的提高，跟上世界经济发展潮流。

比如，乡镇企业在我国经济发展中发挥着举足轻重的作用。随着国民经济的高速发展，乡镇企业面临从劳动密集型向技术密集型的转变；只有依靠企业自身的科技进步，靠产品性能价格比的提高，靠高新技术的支撑，乡镇企业才能健康发展。火炬计划应该为乡镇企业提高科技水平服务。

火炬计划还要为我国大中型企业的技术改造服务。大中型企业规模大、技术力量较强，在我国国民经济建设中始终发挥着支柱性作用。最近召开的全国经济工作会议，要求大中型企业增强活力，调整结构，提高效益，大力推动科技进步。火炬计划要为大中型企业的科技进步做贡献。

当前国内外形势都对我们的高新技术产业的发展有利，我们要咬住这个机会不放，干它几十年。大中型企业活了，高新技术产业发展起来了，中国将成为一个真正屹立于世界的强国。我们要更高地举起火炬这面旗帜，倡导和推动社会上各方面力量，共同发展我国的高新技术产业，用高新技术武装各行各业，开辟新的市场，壮大经济实力，使我国在世界经济竞争中赢得主动地位。

(二)

要围绕着经济建设这个中心，深化改革、扩大开放，最大限度地解放科技第一生产力，建设好高新技术产业开发区这个基地。基地的任务是培养和造就发展高新技术产业的、能在国内外市场上驰骋的主力军、野战军。所以，一开始就要充分注意与国内外市场衔接，特别是要加强与国外市场的联系。高新技术产业开发区的工作是多方面的。要认真办好创业服务中心，要十分重视发展高新技术企业。创业服务中心要发挥它作为连接开发区与大专院校、科研院所、大中型企业的纽带作用，发挥它的“孵化器”功能，特别要培育出一批具有大市场前景的高新技术企业和一批怀有办大企业、办大集团雄心壮志的高新技术企业家。开发区要为此创造良好的环境条件，引导企业向技术水平高、规模大、效益好、并能沟通国际市场的方向发展，形成一大批大企业和大企业集团。

国际市场不是打不进去的铁板一块。没有那回事。过去十年的实践证明，国际市场到处都有孔可入，有虚可乘。发达国家之间互相封锁，互相掣肘倾轧，缺口多得很。况且科技本身的发展广阔无垠，源远流长，有如天地之无穷，江河之不竭。微机市场繁荣得很，联想集团就成功地打开了缺口，取得了很大成就。西方医药很发达，青蒿素这个重要的新药却出现在中国。1990 年有 5.6 万家乡镇企业产品出口，出口额占全国出口收购总额的 25%。由此可见，对实现高新技术产业国际化抱悲观消极态度是没有根据的。只要能在开发区这个根据地上培育出一批主力军、野战军，就一定能找到外线作战的机会。

对于开发区的改革要进一步解放思想，大胆试验，勇于率先建立市场经济体制，积累经验，探索路子，真正将开发区建设成为深化改革的试验区。这次会议上印发的开发区综合改革工作要点，要认真贯彻实施。

各地高新技术产业开发区的基础不同，资源和环境不同，各沿边省市面对的国际市场不同，所以开发区的建设和发展要因地制宜，发挥各自的优势，不强求划一，不能搞雷同，要有创造性，形成自己的特色，逐步摸索出一条适合于当地开发区建设和发展的路子来。

当前处于开创阶段的高新技术开发区的主要任务是为人才分流创造条件，孵化一大批中小企业。而对那些已经具有一定规模的开发区，要注意培育大企业，大力支持技术含量高、生产经营规模大和市场好的高新技术企业。激烈的竞争，要求高新技术企业追求规模经济效益，在不断提高职工待遇的同时，还能不断降低产品成本。要特别重视那些技术确有前途、产品市场前景看好的企业，尽可能对它们提供支持帮助，保证资金供应和其他支撑条件。法律、专利部门应该为这些企业提供产权保护等方面的法律保证，使其不断扩大生产经营规模，建立市场销售网络，提高经济效益，发展成支柱型产业。

要引导高新技术企业发展成具有现代科学管理制度的崭新企业，避免走传统企业管理模式的老路。对高新技术企业要大胆进行股份制试点，吸收国外成功的做法，认真总结我们自己的经验教训，加快推广的步伐。我们还要关心民办高新技术企业的成长，帮助它们妥善地理顺产权关系，引导它们走股份制的道路。此外，在分配制度、社会保障制度、企业内部管理等方面，都要以改革的精神，勇于突破，采取新的做法。比如分配制度，要真正体现多劳多得、按劳分配的原则，对有突出贡献者应给予较高待遇，激励大家多做贡献。

在发展高新技术产业、建设好开发区的同时，要大力发挥其带动、辐射和影响的作用，形成促进传统产业和地方经济迅速发展的大格局，这是火炬计划的总目标。

（三）

最后谈谈人才问题。实施火炬计划，建设高新技术产业开发区，最重要的是人才。科技人才是发展高新技术产业的关键。没有大批优秀人才的进入，高新技术产业的发展就没有希望。

早在制订火炬计划的时候，我们就确定了依靠自己的科技力量，引导科技人员走向经济建设主战场，实现高新技术成果商品化、产业化和国际化的方针。经过大家的共同努力，我们已经推动和吸引了一批科技人员和专业管理人员“带”笔从“戎”，投身于高新技术产业的发展之中。这批人才已经发挥了积极的作用。然而，从目前情况看，科技人员参与发展高新技术产业的比例仍然很低。如在智力密集度很高的西安市，在开发区内的高新技术企业中，由高校和科研院所主办的企业分别只占总数的 11.48% 和 10.6%，申请入区的科研项目数仅分别占总项目数的 1.65% 和 25.62%。这说明进一步引导人才分流仍然是当前最紧迫的任务。

党的十四大确立了建立社会主义市场经济体制的改革目标。作为经济体制改革配套工程的科技体制改革，要适应社会主义市场经济发展的需要，建立科技与经济密切结合和相互促进的新型体制。以市场为导向的火炬计划要进一步吸引科技成果进入开发区和市场。高新技术产业开发区要努力创造比经济特区、经济技术开发区更有吸引力的环境条件，吸引更多科技人员进来。

我们要进一步建立、健全人才流动服务体系和相应的社会保障体系，建立、健全知识产权保护制度，保障火炬计划的实施和进入开发区的科技人员的合法权益和地位。应该鼓励开发区的科技人员通过辛勤劳动建功立业，同时应为他们创造良好的工作和生活条件。开发区要进一步优化环境，以引导和吸引各类人才特别是高级人才、学有所成的出国留学人员、确有专长的海外专家到开发区创办、联办高新技术企业，或在境外为开发区内的高新技术企业工作。他们在人才培训、开拓市场、引进新技术方面，都能发挥重要作用。

正确的战略和战术确定之后，指挥员的素质高低是一个战役能否取胜的关键因素。当今中外成功企业的经验表明，一个优秀的企业家对企业的成功起着至关重要的作用。正是一批优秀企业家的艰难创业和苦心经营,我国才有了一批高新技术企业,并在短短的几年内发展成如此大的规模。培养和大胆任用一批有现代管理意识、有知识、有胆略、有魄力的科技企业家队伍,是我国高新技术产业得以顺利发展的关键所在。因此,各地区、各部门都要把培养管理人才作为开发区发展中一项重要工作切实抓好。各开发区都应开办管理人员培训班,应在条件适宜的学校开办培训企业家的课程或专业,培训大批懂科技、会外语、精通经营的科技企业家,让他们到国内外市场竞争的风浪中锻炼、拼搏、成长,增长他们发展大规模高新技术产业的才干。要大力弘扬科技企业家们的创业精神和取得的成就,使优秀的科技企业家受到科技界、经济界和全社会的尊重。各级政府、各有关部门都要热情爱护和关心科技企业家们的成长,尊重他们在人事、劳动、工资分配、经营决策等方面的自主权;要从政治上热情地关心他们,引导他们总结经验教训,大胆前进。提高科技企业家的社会地位,当然包括提高他们的经济地位。要使科技企业家的收入与他们的经营实绩挂钩,做出成绩的应获得较高收入或重奖。实行股份制的高新技术企业可以设立创业股。要在政策上、办事程序上为企业、企业家们提供方便,特别要为企业家们出境从事有关经营活动提供来去自由、往返方便的条件。为适应社会主义市场经济的发展,就要创造一切必要的环境和条件,使科技企业家的队伍迅速壮大起来,使他们成为发展我国高新技术产业的指挥员、司令员。

我们要十分重视年轻人才在开发区建设中的作用。邓小平同志年初在南方时谈到,高科技项目要让年轻人干,希望在年轻人身上。这一点非常重要。年轻人思想解放、创造力强、精力旺盛、勇于拼搏,适合高新技术及其产业发展的需要。我们应制定强有力的政策措施,吸引大批年轻人到开发区里去发展事业。这一点做好了,开发区就会兴旺发达。

总之,要通过政策引导、市场拉动、典型示范、舆论推动以及必要的行政措施,切实实行人才分流,吸引更多的人才到开发区来,到高新技术企业中来,到市场经济第一线中来。

进一步实施火炬计划,搞好高新技术产业开发区,加速高新技术产业化,是落实邓小平同志南方谈话和党的十四大精神的重要举措,它关系到我国社会主义现代化建设的战略目标能否实现,关系到中华民族在未来世界中的地位。火炬计划的实施才四年多,但我们已经取得了不小成绩。在党中央、国务院的正确领导下,只要我们坚韧不拔,努力奋斗,我国的高新技术产业一定会蓬勃发展,并驰骋在世界舞台之上,为使中国变成真正的科技强国,为社会主义现代化建设做出更大贡献。

国务院批转外经贸部出口商品管理暂行办法

对外经济贸易部制定的《出口商品管理暂行办法》日前已经国务院同意,并批转各地遵照执行。

从1993年1月1日起,实行出口许可证管理的商品品种减少一半,占出口总额的比重由过去的66%下降到30.5%,进一步下放配额许可证管理商品的分配权,并取消把出口商品分为一、二、三类的做法,使外贸企业可以进一步放开经营。

从明年1月1日起,国家实行配额许可证管理的出口商品品种共138种,其中实行计划配额管理的38种、实行主动配额管理的54种、实行一般许可管理的22种,实行被动配额管理的24种。这些出口商品主要是关系国计民生的大宗资源性出口商品及在我国出口中占有重要地位的大宗传统出口商品,在国际市场或某一市场占主导地位的重要商品,国外对我国有配额或要求我国主动限制出口数量的商品,以及出口额大且易于引起经营秩序混乱的商品和重要的名、优、特出口商品等。

根据这一《暂行办法》,大米、大豆、玉米、茶叶、煤炭、原油、成品油、棉花、棉纱、蚕丝、坯绸等16种特别重要的出口商品由国家组织统一联合经营,其他实行配额许可证管理的出口商品由各地经贸管理部门分配给外贸企业和有该种出口商品经营权的其他企业经营。除此以外的出口商品,凡经国家批准经营对外贸易业务的外贸企业都可以经营。有外贸自营权的生产企业或实体性企业集团、外商投资企业的经营范围仍为自产产品。

为了增强出口商品管理的透明度,实行配额许可证管理的出口商品每年配额的分配、实施结果,凡不涉及商业秘密的都将予以公布,以接受监督。

中华人民共和国政府和大韩民国政府在北京签订关于中国和大韩民国在釜山市和上海市互设总领事馆的换文

中华人民共和国政府和约旦哈希姆王国政府在安曼签订关于互免签证的换文

中共中央政治局常委乔石中共中央书记处书记任建新接见电视剧《特区法官》演职员

新闻出版署关于调整期刊变更主要登记项目办法的通知

第 6 届中国图书奖在深圳揭晓 92 种图书获奖

12 月 31 日

国家主席杨尚昆在中国国际广播电台向海外及台港澳听众发表新年讲话

各位听众朋友：

1993 年来到了，我很高兴再次通过中国国际广播电台向各国朋友、台湾同胞、港澳同胞和海外华侨、华人朋友拜年。我衷心地祝愿各位事业成功，生活幸福；同时，向那些因天灾战乱而蒙受痛苦的朋友们表示慰问，祝福他们在新的一年里安居乐业、和平安祥。

刚刚过去的 1992 年，对中国人民来说是一个生机勃发的年份。年初，中国改革开放和现代化建设的总设计师邓小平同志视察中国南方，就深入改革、扩大开放、加快经济发展发表了重要谈话，在中国大地上兴起了改革开放和现代化建设新的热潮。10 月，中国共产党召开了具有历史意义的第十四次全国代表大会。会议系统地总结了邓小平同志关于建设有中国特色社会主义的理论，确定建立社会主义市场经济体制，选举产生了以江泽民同志为核心的新的领导集体。一年来，中国社会安定，经济持续发展，外交更加活跃，人民生活水平日益提高。解放思想，实事求是，大胆探索，加快改革开放，集中力量把经济建设搞上去，已成为 11 亿中国人的共识和行动。为此我感到兴奋。我坚信，一个朝气蓬勃、繁荣昌盛的中国必将矗立在世界的东方。

各位朋友，一个国家的经济发展离不开安定团结的政治局面，世界上没有哪一个国家是在混乱动荡的政治环境中完成工业化、现代化进程的。这个历史的经验对中国的今天和明天都十分重要。保持党的路线方针政策的连续性，创造良好的社会环境和投资环境，保证改革开放深入发展，需要安定团结。把各界人士的爱国热忱凝聚起来，把全体人民的聪明才智调动起来，把大家的心思干劲集中到现代化事业中，也需要安定团结。我们有能力巩固和发展全国安定团结的政治局面。中国的天时、地利、人和的良好条件将会吸引更多的合作者和投资者。我相信中国经济发展和社会进步的前景是光明的。借此机会谨向所有关心、支持和参与中国现代化建设的各国朋友们表示诚挚的谢意。

各位朋友，任何国家的经济发展都离不开和平的国际环境。一个更加开放的中国需要同世界各国在平等互利的基础上不断扩大合作。1992 年，中国继续坚[illegible]自主的和平外交政策，更加积极地拓宽了对外[illegible]领域，并在国际事务中发挥了自己应有的[illegible]中国又同 15 个国家建立了外交关系，现在同我国建交的国家已达 154 个。我们的朋友遍及世界各个角落。但是，我们也清醒地看到：霸权主义和强权政治依然存在，和平与发展仍然是当今世界两大主题；同时，民族矛盾、领土争端、宗教纠纷、南北差距以及自然灾害等正给许多地区的人民带来深重的灾难，大批人口流离失所，丧失了最基本的生存权利。这种状况同和平与发展的历史潮流是不协调的，应当尽早结束。

促进中国的统一是大势所趋，不可阻挡。在过去的一年里，台湾海峡两岸的民间往来更加频繁，这是人心所向的最好例证。我希望台湾当局能够顺应民心，尽早以实际行动化解敌意，消除障碍，使两岸关系有一个新的发展。香港和澳门回归祖国已是指日可待，最近以来港英当局的一些行动，对香港平稳过渡造成了障碍，这是包括香港同胞在内的中国人民所不愿看到的。我希望港英当局改变态度，重新走向合作。

各位朋友，1992 年正值中国国际广播电台开播 45 周年。多少年来，这座电台一直把中国人民的友谊和亲情传递给你们，其中也包含着我的一份心意。与此同时，中国国际广播电台也得到了各位的厚爱和信赖。

最后再次表示我衷心的祝福。谢谢。

《邓小平新时期国防建设军队建设理论研究》出版

该书首次发表了中共中央政治局常委、中央军委副主席刘华清在全军邓小平新时期国防建设、军队建设理论研讨会上的讲话全文，共收集关于邓小平新时期国防建设军队建设理论研讨会论文 60 多篇。该书由军事科学院、中国军事科学学会编辑，军事科学出版社出版发行。

九三学社选出新一届领导机构

吴阶平教授在九三学社九届一中全会上当选为九三学社中央主席。

会议同时选举产生了 10 位中央副主席，他们是：徐采栋、郝诒纯（女）、安振东、王文元、杨櫄、陈明绍、陈学俊、赵伟之、洪绂曾、金开诚。随后举行的主席会议一致推举徐采栋为中央常务副主席，刘荣汉为秘书长。

41 人当选为该社中央委员会常委。

会议还选举了中央参议委员会，推选王淦昌为主任，黄汲清、袁翰青、柯召、谢立惠、陈立、高觉敷、陈恩凤、笪移今、启功、葛庭燧、方亮、李毅为副主任。47 人当选常委。

《人民日报》发表社论《团结合作 共创伟业——祝贺各民主党派全国代表大会胜利闭幕》

国务院批复长沙市城市总体规划

批复指出：长沙今后的建设要强化城市政治、经济、文化、科技中心的综合功能。要从区域角度统筹考虑长沙、湘潭、株洲三市的生产力布局，避免重复建设和城市发展连绵成片。批复同意到2010年长沙城市人口控制在160万左右，城市人均建设用地在100平方米以内，城市布局呈组团形态。批复强调要加强长沙市的文物保护工作。

国家体改委主任陈锦华向记者介绍目前贯彻《全民所有制工业企业转换经营机制条例》的情况和明年对这项工作的要求

陈锦华强调了一个鲜明的主题思想：要把转变国有企业经营机制作为建立社会主义市场经济体制的基础工程来抓紧抓好。

陈锦华介绍说，各地区、各部门贯彻《条例》主要有四个特点：一是把转换国有企业经营机制与建立社会主义市场经济新体制紧密结合起来，作为落实十四大精神的大事来抓，方向明确，领导重视。二是把企业转换机制与政府职能转变结合起来，双向推进，配套改革。三是重视法规制度的建设，做到有章可循；注意组织保证措施和宣传舆论工作的配合，形成贯彻《条例》的合力。四是试点引路、稳步推进，在坚持《条例》基本原则的前提下，各地和企业探索多种转换经营机制的途径和形式。总之，转换国有企业经营机制工作，正由局部试点发展为全面展开；由改革的局部工作，上升为整个经济体制改革的中心环节。

陈锦华进一步阐述了贯彻《条例》的重要性和必要性，并提出了1993年开展这项工作的进程。陈锦华指出，党的十四大确定了我国经济体制改革的目标是建立社会主义市场经济新体制。这种新体制就是要使市场在国家宏观调控下，对资源配置起基础性作用。这就要求建立一种新的企业经营机制，把企业推向市场，增强它们的活力，提高它们的素质，使企业真正成为自主经营、自负盈亏、自我发展、自我约束的法人实体和市场竞争的主体，并承担国有资产保值增值的责任。但是，目前就大多数国有企业的状况来说，还不能适应建立社会主义市场经济体制的需要，随着我国关贸总协定缔约国地位的恢复，企业将面临激烈竞争的国际环境，这些都迫切要求国有企业特别是大中型企业转换经营机制。因此，可以说，转换国有企业特别是大中型企业的经营机制，把企业推向市场，增强它们的活力，提高它们的效益，是建立社会主义市场经济体制的一项基础性工程，是巩固社会主义制度和发挥社会主义制度优越性的关键所在，也是实现现代化战略目标的一项根本措施。1993年经济体制改革一定要紧紧抓住这个中心环节。各地区、各部门以及众多的国有企业要加深对贯彻《条例》，转换企业经营机制重大意义的认识，抓紧制定配套规章和实施办法，把《条例》贯彻好、落实好，争取1993年底绝大多数国有企业能够按照《条例》规定的经营机制运行起来。

国务院副总理吴学谦在中南海紫光阁会见孟加拉国能源和矿产资源部部长莫沙拉夫·侯赛因

占审批